DICTIONNAIRE HISTORIQUE

DE LA

LANGUE FRANÇAISE

—

TOME PREMIER

A — ACT.

Paris. — Typographie de Firmin Didot frères, fils et Comp., rue Jacob, 56.

DICTIONNAIRE HISTORIQUE

DE LA

LANGUE FRANÇAISE

COMPRENANT

L'ORIGINE, LES FORMES DIVERSES, LES ACCEPTIONS SUCCESSIVES DES MOTS,
AVEC UN CHOIX D'EXEMPLES TIRÉS DES ÉCRIVAINS LE PLUS AUTORISÉS,

PUBLIÉ PAR L'ACADÉMIE FRANÇAISE

TOME PREMIER.

A — ACT.

PARIS

LIBRAIRIE DE FIRMIN DIDOT FRÈRES, FILS ET Cⁱᵉ,

IMPRIMEURS DE L'INSTITUT IMPÉRIAL DE FRANCE,

RUE JACOB, 56.

1865

AVERTISSEMENT.

L'Académie française, chargée, dès son origine, par la loi même de son institution, de composer le Dictionnaire de la langue, s'est acquittée de cette tâche dans des temps de perfectionnement social et littéraire, où la langue, sans se fixer invariablement, ce qui ne sera jamais, arrivait cependant à un certain degré de stabilité et de permanence. Elle s'est appliquée à reproduire fidèlement l'ensemble à peu près définitif de notre vocabulaire, de nos locutions, de nos tours, d'après la pratique commune, dans ce qui s'est appelé, par cette raison, le dictionnaire de l'usage, tenant compte, à chaque édition nouvelle, où s'améliorait son œuvre, des changements partiels que, depuis l'édition précédente, l'usage avait pu subir.

A côté de cet inventaire toujours ouvert et toujours incomplet, qu'il n'est à propos toutefois de compléter qu'à d'assez longs intervalles, il y avait place pour un recueil d'un genre différent, dans lequel on ne se bornerait pas à exposer l'état de la langue à une époque déterminée, mais où on la considérerait dans toute la durée de son développement; où les mots seraient suivis, à travers toutes leurs vicissitudes de forme, de construction, d'acception, depuis leur origine jusqu'au temps présent; où l'autorité de l'usage, constatée par une sorte de notoriété actuelle, ne serait plus seule invoquée, mais aussi, et surtout, celle des monuments écrits de tout âge dont se compose l'histoire de notre littérature; il y avait place, en un mot, pour un *Dictionnaire historique de la langue française*.

C'est ce nouveau Dictionnaire dont l'Académie, après de longues études et de nombreux essais, commence la publication, appelant sur ces premières feuilles les observations d'une critique éclairée.

Elle a d'abord à faire connaître dans quelles limites il lui a paru convenable de se renfermer, quelle méthode de recherches et d'exposition elle a cru devoir adopter.

La langue dont elle a entrepris de rédiger en quelque sorte l'histoire est uniquement celle de la vie ordinaire et de la littérature. En dehors de cette langue commune à tous, les diverses sciences, les diverses professions, les divers métiers

ont leurs termes à part, d'un sens unique et invariable, sans nuances, par conséquent sans histoire possible, qu'on ne peut que définir, et dont il convient le plus
souvent de réserver l'explication aux ouvrages spéciaux. C'est le parti qu'a pris en
général l'Académie, sauf le cas où des expressions scientifiques et techniques avaient
servi à un usage littéraire, étaient entrées dans la circulation commune ; sauf le cas
encore où des expressions du langage ordinaire avaient reçu, de la spécialité de certains langages qui les avaient adoptées, une acception particulière.

Ces emprunts mutuels devaient être remarqués. Ils ont, d'une double manière, mis
les mots en valeur, et, par là, fécondé la langue. Combien la chasse, la guerre, la
marine, ne lui ont-elles pas fourni d'expressions heureusement figurées ! Combien
n'en a-t-elle pas dû aux objets souvent renouvelés de nos préférences morales, à la théologie, à la philosophie, à la jurisprudence, aux sciences mathématiques et physiques ! Ce sont, pour ainsi dire, autant de couches successives dont s'est accrue à diverses époques la richesse du sol. Quant à ces mots du langage ordinaire, qu'un procédé contraire d'application métaphorique a transportés dans la langue des sciences,
des arts et même des métiers, n'a-t-on pas dit, pour n'en citer que cet exemple, en
parlant de pierres précieuses, dures et difficiles à travailler, qu'elles sont *fières sous
l'outil* (1)?

L'Académie n'a pas non plus compris dans sa tâche, déjà bien considérable, les
mots de l'ancien français depuis longtemps hors d'usage. Il lui a semblé que ces mots
devaient être l'objet d'un glossaire à part, dont la matière se prépare encore dans les
savants travaux entrepris en si grand nombre depuis quelques années sur les monuments des premiers âges de notre littérature. Seulement on ne s'est point interdit de
rappeler, à l'occasion de mots toujours subsistants, ceux de même famille auxquels
ils ont survécu. Il y avait, a-t-on pensé, de l'utilité, de l'intérêt à suivre chez tous,
avec la trace sensible de leur commune origine, de leur étroite parenté, les nuances,
les diversités d'acception qui avaient pu s'y produire, la variété des services qu'on en
avait tirés, à les expliquer ainsi les uns par les autres. Que d'occasions en outre de
pénétrer dans le secret des raisons qui règlent la plupart du temps la fortune en apparence toute accidentelle des mots, qui les font vieillir et les rajeunissent, les ban-
nissent et les rappellent, les maintiennent et les abrogent !

Il y en a de bien des sortes. C'est assez souvent, sans doute, le caprice de l'usage,
l'abandon ou le retour de sa faveur inconstante, ses préférences arbitraires et souveraines :

> Multa renascentur quæ jam cecidere, cadentque
> Quæ nunc sunt in honore vocabula, si volet usus,
> Quem penes arbitrium est, et jus, et norma loquendi.

_____

(1) MARIETTE, *Traité des pierres gravées.* Voyez plus loin l'article AGATE.

Mais c'est aussi, le même poëte l'a dit excellemment, ce renouvellement naturel qui remplace ce que le temps a usé, effacé, flétri, frappé de mort, par quelque chose de plus jeune, de plus énergique, de plus vivant :

> Ut silvæ foliis pronos mutantur in annos,
> Prima cadunt, ita verborum vetus interit ætas,
> Et juvenum ritu florent modo nata, vigentque (1).

C'est un discernement secret qui, d'instinct, élimine ce qui pourrait embarrasser l'esprit par quelque équivoque, offenser l'oreille par quelque dureté ; c'est le cours changeant des idées, des habitudes, des mœurs, qui se traduit dans les variations du langage ; c'est le choix des écrivains qui s'impose par l'autorité ou la séduction de leurs exemples : travail multiple qu'attestera ici le rapprochement de ces mots de même famille, mais de destinées diverses, les uns abandonnés par la langue, les autres associés à son progrès et à sa durée.

La matière du nouveau dictionnaire ainsi limitée, ce qui a dû d'abord attirer l'attention de l'Académie, c'est l'origine des mots, origine très-diverse. L'étymologie en rattache une grande partie, pour l'antiquité, au celtique, au grec, mais surtout au latin ; pour les temps modernes, aux langues néo-latines et aux langues germaniques. Les autres, une dérivation plus directe, plus prochaine, les tire des mots déjà fournis à la langue par les diverses sources qui viennent d'être rappelées.

On a indiqué l'origine étrangère des mots lorsqu'elle était, ou admise comme évidente, ou au moins très-vraisemblable, et on l'a en général indiquée sommairement. Les opinions nouvelles en ce genre, les développements, les démonstrations, ont paru n'être point du ressort de l'Académie, et appartenir plutôt à ces ouvrages de discussion savante, où la critique peut débattre à loisir de telles questions toujours si complexes ; où, s'aidant de l'étude de nos vieux textes, publiés de jour en jour en plus grand nombre et avec plus d'exactitude, de leur attribution désormais plus certaine à des dialectes primitifs mieux connus et mieux distingués, des éléments de comparaison fournis par les glossaires aujourd'hui si multipliés de nos idiomes provinciaux, elle peut rechercher patiemment et montrer avec les détails nécessaires par quelle voie s'est opéré le passage du mot latin (c'est le cas le plus ordinaire) au mot français.

Cette filiation concerne non-seulement la forme, mais le sens même des mots. Introduits dans une langue nouvelle, quelquefois ils y transportent sans altération leur signification première, la variété de leurs anciennes acceptions ; quelquefois aussi ils changent de valeur, se plient à des usages différents. De là un autre ordre de faits éty-

(1) HORAT., *Ars poet.*, 60, 70.

mologiques très-divers, très-curieux, et en même temps plus clairs, plus faciles à saisir et à exposer, sur lesquels on a dû naturellement insister davantage.

La dérivation, qui dans notre propre langue a tiré d'un premier mot, par certains procédés réguliers de composition verbale, certaines modifications de sens, une famille de mots nouveaux, n'était point difficile à reconnaître et à marquer. Cette dérivation eût apparu d'elle-même, avec évidence, si l'Académie, dans la disposition de son Dictionnaire, eût pu revenir à l'ordre autrefois suivi par elle, des radicaux et des dérivés. Elle avait de bonnes raisons pour ne point s'écarter de l'ordre alphabétique qu'elle avait plus tard adopté. Cependant, en certains cas, elle a pris entre les deux un moyen terme, rangeant, conformément à leur génération successive, les mots que la disposition alphabétique ne séparait que fort peu, qui non-seulement commençaient par la même lettre, mais encore dans cette lettre appartenaient à la même section. Ainsi, pour en donner un exemple, l'ordre alphabétique rangeait ainsi les mots suivants : *abondamment, abondance, abondant, abonder.* L'Académie n'a vu aucun inconvénient à le contredire un peu, pour rétablir entre ces mots leur ordre de génération, qui donne *abonder, abondant, abondance, abondamment,* précisément le contraire de l'autre manière de les ranger. Dans le présent Dictionnaire, les mots, en certains cas, sont donc classés d'après une méthode qui participe et de l'ordre alphabétique et de l'ordre par radicaux et dérivés.

Après l'origine des mots, il fallait rappeler la variété des formes orthographiques qui les ont, à plusieurs époques, représentés. L'Académie, dans cette partie de son travail, avait été prévenue par le Glossaire de la Curne de Sainte-Palaye, dont elle s'est approprié les recherches, signant toutefois du nom de l'auteur ce qu'elle lui empruntait, et cependant se permettant de le modifier de diverses manières, additions, retranchements, disposition nouvelle. Bien des formes orthographiques, soigneusement recueillies par le savant lexicographe, n'étant que des erreurs ou des caprices de copistes, ne devaient pas être conservées; d'autres, qui, en bien petit nombre, avaient échappé à ses recherches, devaient être recueillies; enfin il y avait lieu de marquer davantage certains faits généraux qui ont dominé les longues incertitudes de notre orthographe, ses étranges diversités, non-seulement de province à province, mais entre les écrivains d'un même lieu, d'un même temps, quelquefois chez le même écrivain, dans une seule page, une seule phrase. Celui de ces faits qui pouvait le mieux être rendu sensible, c'est, au moyen âge, lors de la première formation de nos mots, par voie de resserrement, de contraction, la suppression de certaines lettres étymologiques, et, au temps de la renaissance, leur rétablissement.

Dans les anciennes formes de notre orthographe, se sont marquées le plus souvent d'anciennes manières de prononcer. D'autres fois, la prononciation changeant, quelque chose du signe par lequel elle était rendue n'a pas laissé de subsister. Cet accord et ce désaccord dans la double traduction des mots, pour l'œil et pour l'oreille, devait être l'objet d'une attention particulière.

La détermination de l'origine des mots par l'étymologie et la dérivation, l'indication de leurs variations quant à l'orthographe et à la prononciation, ce n'était là que le point de départ de leur histoire.

Or cette histoire est de double nature : d'une part, spéculative et philosophique ; d'autre part, composée de certains faits positifs.

L'histoire philosophique des mots, telle qu'elle se découvre à la spéculation, consiste dans l'exposé des constructions diverses où ils ont naturellement trouvé place, dans l'exposé correspondant du chemin qu'ils ont parcouru depuis le sens le plus voisin de leur origine jusqu'au plus éloigné, des acceptions de toute sorte que leur a données, par extension, par figure, par abus même, la logique naturelle de l'esprit humain.

L'Académie a toujours attaché une grande importance à ces classifications méthodiques, trop négligées, sans lesquelles les notions grammaticales le plus laborieusement rassemblées ne forment jamais que des recueils incohérents. Seulement, dans son précédent Dictionnaire, qui, selon son intention, devait être surtout celui de l'usage, le sens le plus généralement usité était mis en première ligne, tandis qu'il est renvoyé, dans celui-ci, où chaque article devient une histoire, à son rang en quelque sorte généalogique.

Une telle généalogie n'est pas toujours facile à fixer. Il y a des mots que des significations différentes, quelquefois même des significations analogues, semblent rattacher à plusieurs origines. On a pensé, quand le cas s'est présenté, qu'il valait mieux y voir franchement plusieurs mots, de provenance distincte, réunis en un seul par l'identité de la forme, que de les ramener subtilement à l'unité, en opérant, au moyen de rapprochements métaphoriques, l'accord factice de leurs acceptions. Sans en chercher plus loin un exemple, remarquant que des sens, assez voisins d'ailleurs, du verbe *accorder,* les uns se tirent avec évidence de *cor*, les autres, non moins évidemment, de *corda*, on a tenu compte de l'une et de l'autre étymologie, et reconnu dans *accorder* un de ces mots mixtes, que la jonction d'un double courant, pour ainsi dire, est venue apporter à la langue. Varron disait, par une autre figure, de certains mots latins, les comparant à des arbres nés sur les confins de deux territoires, qu'ils poussaient à la fois leurs racines et dans le sol de Rome et dans celui des Sabins (1).

A quelles époques ont eu lieu ces modifications de la construction et de l'acception des mots ? On l'ignore le plus souvent. On leur assigne bien un ordre qui paraît être celui des procédés de l'esprit humain ; mais un ordre de dates positives, il est rare

(1) E quis nonnulla nomina in utraque lingua habent radices, ut arbores quæ in confinio natæ in utroque agro serpunt. M. T. VARRO, *De lingua latina,* V, 74.

qu'on le puisse, tant le travail par lequel se forment les langues, par leur appro-
priation aux besoins de l'esprit, est rapide et simultané dans ses produits. Cependant
la tradition a quelquefois conservé la trace de l'introduction ou de la disparition
d'un mot, d'un changement survenu dans l'usage qui en était fait, d'une valeur particulière, ou même nouvelle, qu'ont pu lui donner le goût des diverses époques
littéraires, certaines applications scientifiques, le génie ou le caprice des écrivains.
De là une autre sorte de faits dont se compose l'histoire, non plus, comme tout à
l'heure, philosophique, mais positive, des mots.

Ces deux histoires, qui se touchent par bien des points, l'Académie les a fait marcher de front, racontant, si on peut le dire, tout ensemble, ce qu'ont fait de nos mots,
depuis qu'ils existent, et cette logique naturelle qui nous guide, même à notre insu,
en pensant, en parlant, en écrivant, et les circonstances littéraires qui ont concouru
à son action.

Mais où trouver les éléments, pour ne pas dire les événements, de ces deux
histoires?

Pour la première, il suffisait et de la connaissance générale des lois que suit en tout
temps l'esprit humain dans la production de ses idées par le langage, et de la connaissance particulière des procédés employés auparavant par des langues qui ont
influé sur la formation de la nôtre.

Quant à l'autre histoire, on pouvait d'abord s'aider utilement des inventaires qui
ont été faits de notre langue à diverses époques. Dans les glossaires latins du moyen
âge (1), les traductions en langue vulgaire, tantôt par des mots formés sur ceux même
qu'ils doivent interpréter, tantôt par des mots de forme différente, sont doublement
instructives ; la présence de ceux-ci atteste qu'ils avaient déjà une existence reconnue,
tandis que l'absence des autres indique assez qu'ils étaient encore ou ignorés ou inusités. En outre, par le rapprochement des deux langues, sont mises en lumière les
acceptions primitives. On est placé à un point de vue inverse, mais conduit à des
résultats semblables par ce dictionnaire français-latin qui s'est perpétué, avec des
modifications et des additions successives, de 1539 à 1606, sous les noms de Robert
Estienne (2), de J. Thierry (3), de Nicot (4). Là se trouve, rapproché de ses origines
latines, et ainsi expliqué, tout ce que le seizième siècle a gardé des mots et des idio-
tismes de notre vieille langue. L'explication se complète, par une méthode semblable,
dans le Dictionnaire de Monet (5), et, au moyen d'équivalents anglais, dans le Dictionnaire de Cotgrave (6). Ensuite, les derniers restes de la langue du seizième siècle

(1) Voyez *Histoire littéraire de la France*, t. XXII,   (4) En 1584 et 1606.
p. 1 et suivantes.   (5) En 1636.
    (2) En 1539 et 1549.   (6) En 1611.
    (3) En 1564 et 1572.

s'effacent progressivement dans des lexiques où l'on expose, en même temps qu'elle se constitue, la langue du dix-septième siècle, dans les Dictionnaires de Richelet (1) et de Furetière (2), que reproduit et complète le Dictionnaire de Trévoux (3), dans le Dictionnaire de l'Académie (4), où continueront surtout de s'enregistrer (5) les changements désormais moins considérables, apportés par le temps à la composition de notre vocabulaire, à la forme et à l'emploi de nos mots. Car, au dix-huitième siècle, c'est le style qui change plutôt que la matière même sur laquelle il s'exerce. On possède toujours, à quelques exceptions près, le même fonds d'expressions, de constructions, d'acceptions, mais on en use autrement, avec un plus grand souci de la correction, de la régularité grammaticale, mais aussi, peut-être, avec un sentiment moins profond de la valeur originelle et propre des mots, des analogies naturelles par lesquelles ils s'attirent et s'assemblent, une moindre liberté de tours, une manière moins grande. On le voit, le dépouillement de ces espèces d'archives, où sont venues s'inscrire, en leur temps, les variations de notre langue, et même quelquefois, indirectement, les révolutions de notre goût, étaient au premier rang des travaux préparatoires pour l'exposition historique qu'on avait en vue.

Le même genre d'information pouvait se tirer d'ouvrages dans lesquels de savants et judicieux philologues se sont occupés de marquer le génie et d'éclairer l'histoire de notre langue; particulièrement à ces époques de crise où l'on en cherchait, où l'on en préparait la forme définitive. Ainsi, au seizième siècle, Henri Estienne, dans de piquants écrits inspirés, comme certains chapitres de Rabelais, par une sorte de patriotisme littéraire, signale, grand titre de gloire à ses yeux! la *conformité* de notre langue avec la langue grecque (6), proclame sa *précellence* parmi les langues modernes (7), défend son intégrité contre l'invasion du *nouveau langage françois italianisé* (8) et, comme il dit aussi, *espagnolisé* (9). Au même moment, animé du même esprit, Estienne Pasquier développe dans un livre entier de ses *Recherches* (10), dans beaucoup de ses *Lettres* (11) à ses doctes amis, des idées toutes pareilles; il s'étend complaisamment sur l'aptitude de notre langue à toutes sortes de sujets, sur la convenance de l'employer en tous de préférence au latin, sur la nécessité de maintenir intacte sa pureté, en ne recourant aux langues anciennes et étrangères qu'en cas d'absolue nécessité et avec retenue, en cherchant surtout ses moyens de renouvelle-

---

(1) En 1680.

(2) En 1690.

(3) En 1704.

(4) En 1694.

(5) Éditions de 1718, 1740, 1762, 1798, 1835.

(6) *Traicté de la conformité du langage françois avec le grec*, 1569.

(7) *Projet du livre de la Précellence du langage françois*, 1579.

(8) *Deux dialogues du nouveau langage françois italianisé et autrement desguisé, principalement entre les courtisans de ce temps*, 1578.

(9) Préface du *Traicté de la conformité du langage françois avec le grec*.

(10) *Recherches de la France*, 1560, 1565, etc., VIII.

(11) A Ramus, à Turnebe, etc. Voyez *Lettres*, I, 2, II, 2; IV, 4; VII, 1; XV, 10, etc.

ment en elle-même, dans ses vieux mots, ses vieux tours, la variété de ses dialectes, le divers langage des professions, des métiers, des conditions, dans les ressources infinies du style figuré. Viennent les commencements du dix-septième siècle, où, après la brillante anarchie du siècle précédent, après les luttes de l'école de Ronsard et de l'école de Malherbe, au milieu des ruines du régime littéraire qui finit, et des constructions ébauchées du régime nouveau qui va venir, dans l'interrègne, de caractère presque tout grammatical, qui les sépare, Vaugelas (1) rédige avec autorité, et non toutefois sans quelques contradictions (2), d'après la jurisprudence de l'usage et les inductions de l'analogie, le code du beau langage, préparant par ses ingénieuses *Remarques* l'instrument dont se serviront bientôt, avec tant de génie, nos plus grands écrivains. Ménage, quelque temps après, cherche ailleurs les raisons de l'emploi légitime des mots, remontant par des voies plus savantes, mais souvent aventureuses, à leurs *Origines* (3). C'étaient là, à des époques décisives, des témoins de grande autorité dont il importait de recueillir les dépositions; car leurs erreurs mêmes, comme lorsqu'ils réclament si vivement au nom de l'usage contre des nouveautés que les besoins nouveaux de la pensée, le tour particulier des divers esprits ont introduites et que l'usage consacrera un jour, ces erreurs, par la date, par l'origine qu'elles assignent aux nouveautés ainsi condamnées, avaient une valeur historique.

L'Académie ne devait pas négliger non plus d'interroger des ouvrages nés plus tard du long usage d'une langue arrivée à son plus haut degré de justesse, et dont un grammairien spirituel et élégant, Girard (4), a donné, au dix-huitième siècle, l'heureux exemple; ces lexiques, ces traités ingénieux, où, rapprochant des mots semblables en apparence par le sens, les suivant parallèlement dans la variété de leurs applications possibles, les soumettant, pour ainsi dire, *a priori*, aux expériences d'une pensée fine et d'un langage industrieux, ou bien par une autre méthode, profitant des expériences involontaires, et par là plus sûres, contenues déjà dans la pratique des bons écrivains, on a démêlé, distingué les nuances les plus délicates de la synonymie, et même entrepris d'en classer systématiquement les diversités, d'en déterminer les lois (5).

Mais c'était dans les monuments littéraires que l'Académie devait surtout chercher les matériaux de son Dictionnaire.

---

(1) *Remarques sur la langue françoise*, 1647.
(2) LA MOTHE LE VAYER, *Lettres touchant les nouvelles remarques sur la langue françoise*, 1647. Scip. DUPLEIX, *Liberté de la langue françoise dans sa pureté*, ou *Discussion des remarques de Vaugelas*, 1651.
(3) *Les origines de la langue françoise*, 1650.
(4) *La justesse de la langue françoise ou les dif-* férentes significations des mots qui passent pour synonymes, 1718; *Synonymes françois*, 1736, ouvrage continué et augmenté en 1769 par BEAUZÉE, en 1785 par ROUBAUD, en 1809 par M. GUIZOT.
(5) *Synonymes français*, 1841; *Dictionnaire des Synonymes de la langue française, avec une Introduction sur la théorie des Synonymes*, 1858, par M. LAFAYE.

A ce Dictionnaire ne suffisaient plus des exemples rédigés exprès pour appuyer la définition, d'après la connaissance que pouvaient donner de l'usage, à des hommes compétents, une longue étude de notre littérature, l'expérience de l'art d'écrire et le commerce du monde. Il fallait des exemples empruntés aux écrivains qui représentent avec quelque autorité les différents âges de notre langue.

On n'a pas craint de remonter aussi haut que possible dans le passé, malgré ce que pouvaient offrir quelquefois de rude, d'étrange, de barbare, les passages qu'un intérêt grammatical y faisait chercher. Dans ces passages, la rouille même du temps semblait devoir faire paraître avec plus d'éclat certains mots, certaines locutions, certains tours qu'elle n'avait pas atteints, et qui avaient gardé à travers les siècles la hâtive et ineffaçable empreinte du génie de notre langue. On comptait en outre, pour faire accepter de telles citations encore vieillies par le voisinage d'un français moderne et contemporain, sur le respect qu'on est loin de refuser aujourd'hui, malgré leur imperfection nécessaire, et en raison de leur antiquité même, aux monuments primitifs desquels on les tirait. Chez les Romains, si Perse (1), si Martial (2) se permettaient de rire, en satiriques moqueurs, des formes surannées de l'ancienne poésie latine, Quintilien, en critique d'un goût tout aussi délicat, assurément, mais plus équitable, faisait profession pour l'art des vieux poëtes, encore grossier dans sa grandeur, d'une déférence respectueuse. « Révérons Ennius, » disait-il, « comme ces bois « consacrés par un long âge, où de grands, d'antiques chênes nous frappent moins « d'admiration par leur beauté que d'une sorte de respect religieux (3). »

Pour le choix des exemples appelés à faire connaître la langue de nos grands siècles littéraires, on n'a pas dû se renfermer dans un cercle trop restreint, se borner aux plus glorieux représentants de la poésie et de l'éloquence, de la philosophie et de l'histoire. Au-dessous d'eux il y avait encore, sur la portion la plus noble de notre vocabulaire, de précieux témoignages à recueillir. Il y avait aussi à chercher la langue des affaires dans ces documents administratifs et diplomatiques où reparaissent, chaque jour, des modèles longtemps enfouis de justesse, de précision élégante ; la langue du commerce familier dans les correspondances et les mémoires, dans ces autres images de la vie où le roman et surtout la comédie n'ont cessé de reproduire le spectacle mobile de la société, les révolutions de ses mœurs et du langage qui les exprime.

En rapportant ces exemples, on a jugé convenable de séparer la prose et les vers : d'abord pour éviter une confusion, une bigarrure disgracieuses ; ensuite pour mettre mieux en lumière l'emploi plus ou moins semblable, plus ou moins fréquent, d'un

(1) *Sat.*, I, 76.
(2) *Epigr.*, XI, 91.
(3) Ennium, sicut sacros vetustate lucos, adore- mus, in quibus grandia et antiqua robora jam non tantam habent speciem, quantam religionem. *Inst. Orat.*, X, 1.

même mot, chez les prosateurs ou chez les poëtes, et quelquefois l'attribution exclusive de ce mot, soit aux uns, soit aux autres. Ce dernier cas, au reste, n'est pas chez nous très-commun. Notre langue poétique consiste moins dans des termes qui lui appartiennent en propre, que dans les tours et les figures par lesquels l'imagination, animant, colorant les mots d'un commun usage, les enlève à la prose. C'est encore ce qu'on s'est proposé de faire voir plus clairement par l'arrangement adopté.

Il n'a pas paru moins à propos d'observer, pour la disposition des exemples, dans cette double série, l'ordre chronologique des écrivains. Les variétés d'emploi, rappelées tout à l'heure, n'ont pas en effet été constantes; elles ont été soumises à des vicissitudes dont on pouvait ainsi marquer la succession et indiquer la date. Pendant tout le cours du moyen âge, un même vocabulaire semble suffire à tous les besoins de la pensée, aux plus humbles et aux plus relevés. Plus tard se fait sentir le besoin d'un vocabulaire d'élite pour le service de l'éloquence et de la poésie. On y travaille, à diverses époques, par des procédés différents, dans le seizième siècle par d'abondants emprunts faits à nos dialectes, à l'italien et à l'espagnol, comme aussi aux langues savantes; pendant la première partie du dix-septième siècle, au contraire, par un choix, par une sorte de triage dans ces acquisitions indiscrètes et confuses. La sévérité, la rigueur de cette réforme, dont se plaignent quelquefois nos meilleurs écrivains, est longtemps corrigée par les allures naturelles et libres de leur génie; mais dans l'âge suivant elles s'aggravent, et les effets en sont plus sensibles. Un moment viendra où, par le regret des anciennes facilités du style, par la fatigue d'une dignité de formes trop soutenue, trop contrainte, on abaissera, avec trop peu de réserve peut-être, les barrières mises entre le noble et le familier, entre la langue oratoire et poétique et le commun langage. Dans la succession chronologique des exemples qu'on empruntait tour à tour à la prose et aux vers, devait, à ce qu'il paraissait, ressortir avec évidence l'enchaînement de ces révolutions du goût qui ont tant agi sur la destinée des mots. Elle n'a pas paru moins utile pour marquer la persistance de leur sens étymologique et propre, à travers l'infinie variété des modifications auxquelles les ont soumis, pendant des siècles, pour la construction grammaticale et pour l'acception, les nécessités changeantes, les caprices mobiles de l'usage, le génie divers des écrivains.

Voilà l'esprit qui a présidé, dans la composition du nouveau Dictionnaire, à la recherche, au choix, au classement de ces exemples qui devaient en former le fonds principal.

On les a donnés assez nombreux pour représenter, sur chaque point particulier, la tradition entière des époques et des écrivains; ne craignant pas d'aller à cet égard au delà du strict nécessaire; pensant même que de telles revues, littéraires non moins que grammaticales, auxquelles, par cette raison, s'était plu l'Académie, pourraient n'être pas sans agrément comme sans instruction pour les lecteurs.

On les a donnés, d'autre part, avec assez d'étendue pour qu'ils offrissent généralement un sens complet, et qu'ils ne fussent pas, comme c'est assez l'ordinaire, par
trop de brièveté, trop dépourvus d'intérêt.

L'orthographe du temps y a été soigneusement conservée, excepté lorsqu'il s'agissait de ces grands auteurs du dix-septième siècle, qu'un commerce assidu a rendus
contemporains des âges suivants, dont de continuelles réimpressions n'ont cessé de
rajeunir la physionomie par des formes orthographiques nouvelles, et qu'il y aurait
maintenant quelque pédantisme à vieillir en les ramenant à des formes depuis longtemps surannées.

Enfin, pour que ces exemples s'offrissent avec cette autorité irrécusable qui manque
trop souvent, dans les lexiques, aux citations de ce genre, qu'on pût en vérifier le
texte, en contrôler la valeur, on ne les a pas rapportés sans indiquer l'ouvrage et la
partie de l'ouvrage, livre, chapitre, acte, scène, etc., d'où on les tirait. Faire plus,
renvoyer à l'édition, n'était pas praticable, car un tel renvoi suppose, ce qui nous
manque encore et que nous devrons peut-être bientôt à des réclamations et à des
exemples également persuasifs, des éditions dont l'excellence soit reconnue, auxquelles
l'établissement critique du texte ait donné comme un caractère officiel.

La lecture de ce Dictionnaire, car l'Académie a souhaité qu'il fût de nature à être lu
et non pas seulement consulté, donnera le spectacle curieux et instructif de l'esprit
humain en général, et, en particulier, du génie des écrivains, s'exerçant sur les formes
du langage, et les ployant, avec une adresse et une puissance merveilleuses, aux applications les plus diverses.

On y apprendra à faire, dans ces créations, la double part, et du public que conduit la simple logique naturelle, et de quelques esprits d'élite qui des mots et des
tours de tout le monde font un usage particulier et nouveau.

On y trouvera des raisons d'estimer davantage les qualités natives de notre langue,
si sensibles dans ces heureuses façons de dire, rencontrées dès le premier jour, et
après tant de temps non encore abandonnées; sa richesse même, trop souvent et trop
injustement contestée. Car ce n'est pas seulement par l'abondance du vocabulaire, par
une plus ou moins grande facilité de composition verbale, que les langues méritent
d'être appelées riches; c'est encore par leur industrie à tirer beaucoup des mots
qu'elles possèdent. On y prendra en même temps plus d'estime pour les services de
nos écrivains par qui cette belle langue a été si habilement façonnée, fortifiée, enrichie, qui ont tant contribué à en faire l'heureuse expression de l'esprit français.

Ces écrivains y seront quelquefois défendus, sans autre apologie que le rapprochement des textes, contre d'indiscrètes critiques, qui leur ont reproché comme des fautes
de langage ce qui n'était que l'emploi légitime de la langue de leur temps. A chaque
époque s'établissent des habitudes, des conventions, des règles même, auxquelles

n'ont pu assurément se conformer par avance les écrivains des époques antérieures, et qu'il n'est ni juste ni raisonnable de leur opposer, comme s'il s'agissait de ces premiers principes dont l'autorité est absolue et universelle. C'est pourtant, les lecteurs auront souvent l'occasion d'en faire la remarque, en vertu de cette jurisprudence rétroactive qu'ont été condamnées, chez d'excellents auteurs, des manières de parler alors admises, et auxquelles un long abandon n'a pas toujours enlevé ce qu'elles avaient de grâce et de vivacité.

Dans ce qui s'est effacé, aboli, et dont de bons écrits conservent la trace, on rencontrera bien des choses que l'usage, qui les a sans raison délaissées, pourrait reprendre. Non qu'il soit à propos d'encourager ces rajeunissements inconsidérés par lesquels on tenterait de remonter artificiellement aux grâces ou naïves, ou sérieuses, ou légères, d'âges écoulés, étrangers à l'esprit du nôtre, et qui ne peuvent revenir ; mais, sans renoncer au goût propre de son temps, sans cesser d'en parler la langue, pourquoi, usant des ménagements habiles que recommandait Horace, ne relèverait-on pas certaines manières de parler, accusées d'avoir vieilli, d'une désuétude injuste ?

> Obscurata diu populo bonus eruet, atque
> Proferet in lucem speciosa vocabula rerum,
> Quæ, priscis memorata Catonibus atque Cethegis,
> Nunc situs informis premit et deserta vetustas.
>
> Dixeris egregie, notum si callida verbum
> Reddiderit junctura novum (1).

C'est à de telles considérations, qui se sont souvent offertes à l'Académie pendant le cours de son travail, et qui l'y ont intéressée, qu'elle espère amener utilement les lecteurs de ce nouveau Dictionnaire, ou, pour parler plus justement, de cette suite alphabétique de mémoires sur l'histoire de notre langue.

(1) HORAT., *Epist.*, II, II, 115; *Ars poet.*, 47.

DICTIONNAIRE HISTORIQUE

DE

LA LANGUE FRANÇAISE.

A

A, substantif masculin.

Il désigne le plus ouvert des sons vocaux ; la première des voyelles orales ; la première des lettres de l'alphabet dans la langue française, et dans beaucoup d'autres langues.

Considéré comme voyelle, A est la reproduction du son naturel ; comme lettre, c'est la transcription de l'A ou *alpha* grec.

La voix A se forme en ouvrant fort la bouche : A. — A, A ; oui !

Molière, le Bourgeois gentilhomme, II, 6.

Les enfants commencent à bégayer à douze ou quinze mois ; la voyelle qu'ils articulent le plus aisément est l'A, parce qu'il ne faut pour cela qu'ouvrir les lèvres et pousser un son.

Buffon, Histoire naturelle de l'Homme, § de l'Enfance.

La voix A devoit nécessairement précéder toutes les autres dans la composition de l'alphabet, puisqu'elle est la première dans l'ordre de la nature.

De Brosses, De la Formation mécanique des Langues, c. 3.

La lettre A, chez presque toutes les nations, devint une lettre sacrée, parce qu'elle était la première.

Voltaire, Dictionnaire philosophique, art. A.

A *long*, **A** *bref*, **A** *moyen*, se disent, en raison de la tenue du son de l'A, dans les mots où il est employé.

L'accent circonflexe dont A est souvent marqué n'offre presque jamais qu'un signe étymologique, qui représente une lettre du mot primitif, conservée d'abord dans le dérivé, et qu'on a cessé plus tard de prononcer et d'écrire ; c'est ainsi que les mots *asne, aspre,* se prononcent et s'écrivent maintenant *âne, âpre.*

A signifie encore le caractère qui représente ce son vocal dans l'écriture et dans l'impression : A *bâtard*, A *coulé*, A *romain*, A *capital* ou *majuscule,* etc.

A, dans aucune de ses acceptions, ne prend la lettre *s* au pluriel.

Homère... ne s'assujettit pas à cette règle de l'harmonie qui rejette le concours des voyelles, et surtout des A.

Voltaire, Dictionnaire philosophique, art. A.

Proverbialement, *n'entendre, ne savoir ni A ni B,* se dit pour, Ignorer les premiers éléments de l'instruction commune.

Tex (tel) *ne set mie* encore A B,
Qu'avoirs (argent) fera encore abbé.

Fabl. et cont. anc., Méon, I, 294.

Bonnet sçeut la langue hébraïque
Aussi bien que la caldaïque ;
Mais, en latin, le bon abbé
N'y entendoit ni A ni B.

Du Bellay, Jeux rustiques, Épitaphe de l'abbé Bonnet.

I.

Les livres cadrent mal avec le mariage ;
Et je veux, si jamais on engage ma foi,
Un mari qui n'ait point d'autre livre que moi,
Qui *ne sache A ne B*, n'en déplaise à madame,
Et ne soit, en un mot, docteur que pour sa femme.

MOLIÈRE, les Femmes savantes, V, 3.

Il se dit, dans le même sens, au figuré.

Muses, venez m'aider : mais vous êtes pucelles,
Au joli jeu d'amour *ne sachant A ni B*.

LA FONTAINE, Contes, IV, 16.

Il était naturel qu'on se servît de la première et de la dernière lettre de l'alphabet pour faire entendre, par métaphore, le commencement et la fin : « Je suis l'*alpha* et l'*oméga*, » dit le Dieu, principe et terme de toutes choses, dans un verset célèbre de l'Écriture (*Apoc.*, I, 8 ; XXII, 13 ; trad. de de Saci). On dit de même proverbialement, *depuis A jusqu'à Z*, pour, Du commencement à la fin.

Cette manière de parler a donné lieu à la périphrase satirique par laquelle La Bruyère désigne les dictionnaires :

Il y a des ouvrages qui commencent par A et finissent par Z.

Caractères, c. 11.

On s'est servi, proverbialement, de cette locution : *faire du B un A*, dans le sens de, Dire une chose pour une autre.

Ne sai que vous *ferai* ici *du B un A*.

La Vie Bertrand du Guesclin, v. 19060.

Proverbialement encore, on a dit, *un homme marqué à l'A*, pour, Un homme d'une intelligence distinguée, d'une haute probité, d'un noble caractère.

J'ay ouy dire maintes fois qu'*un homme est marqué à l'A*, quand on le veut qualifier très-homme de bien ; et si je sçavois bien que cela estoit emprunté des monnoyes... En toutes les villes esquelles il est permis de forger monnoyes, on les marque par l'ordre abécédaire, selon leurs primautez... Paris, pour estre la métropolitaine de la France, est la première, et pour cette cause la monnoye que l'on y forge est marquée à l'A... On y a tousjours fait monnoye de meilleur alloy et poids qu'aux autres villes : qui a donné cours à cest adage.

ÉT. PASQUIER, Recherches de la France, VIII, 23.

Une panse d'a, c'est le trait arrondi qui forme le corps de l'*a* italique, et qui figure une espèce de panse ou de ventre.

A-t-il fait *une panse d'a ?*
Tout le monde de crier, Ah !

D'ASSOUCY, Vers burlesques.

Cette expression proverbiale se prend ordinairement dans le sens négatif :

Si je voulois recevoir tous les ans vos quatre mille livres, sans faire jamais *une panse d'a*, ni œuvre quelconque de mes mains pour votre service, vous seriez l'homme du monde le plus propre à me laisser faire.

VOITURE, Lettre 183e, à Mgr. d'Avaux.

A s'emploie proverbialement, et, en certains cas, d'une manière ironique, dans cette locution, Démontrer, prouver une chose *par A plus B*, c'est-à-dire, avec toute l'évidence d'une démonstration mathématique.

Le prix fut adjugé à un savant du Nord, qui démontra *par A plus B*, moins C, divisé par Z, que le mouton devait être rouge et mourir de la clavelée.

VOLTAIRE, Candide, c. 22.

Calculant tout, le caustique A *plus* B,
Plus fin que sage, et moins grand que célèbre.

LE BRUN, Épîtres, II, 10.

Bien que le son de l'A soit très-ouvert, il se modifie diversement, et même quelquefois disparaît, par suite de la rencontre de cette voyelle avec une autre ou avec une consonne.

A, devant E, auquel il s'incorporait sous la forme d'un signe particulier, Æ, ne représentant plus alors que le son pur de l'E, s'est longtemps conservé dans les mots tirés du grec et du latin qui nous l'avaient donné. Depuis plusieurs années, les dictionnaires remplacent Æ par E, excepté dans quelques mots scientifiques, quelques noms d'hommes ou de lieux. On a moins généralement renoncé à la fausse diphthongue ŒE, qui est de même nature.

A, devant I (à moins que ce dernier caractère ne soit surmonté d'un tréma), forme la voyelle ou fausse diphthongue AI, dont la prononciation variable ne peut être enseignée que par l'usage ; car elle équivaut tour à tour à l'*Hêta* et à l'*Epsilon* des Grecs, à l'E long, à l'E bref et à l'E fermé de notre langue, et souvent à deux de ces valeurs dans le même mot.

Depuis l'adoption de l'orthographe attribuée à Voltaire, et qui porte justement son nom, puisque son autorité seule en a consacré l'usage, AI a été substitué à *oi*, dans tous les mots où l'ancienne prononciation de cette diphthongue s'est amollie.

A, devant U, ne conserve pareillement sa valeur propre que dans certains noms d'hommes et de lieux, tels qu'*Esaü*, *Saül*, *Emmaüs*, où l'U est surmonté d'un tréma; partout ailleurs A représente presque invariablement le son de la voyelle O, même dans quelques mots où il est précédé d'un E, comme dans *eau*, d'un H et d'un E, comme dans *heaume*. (*Voy.* EAU et HEAUME.)

A, devant la fausse diphthongue ou, dans le mot *août*, est un simple signe étymologique, sans valeur propre, qui s'absorbe dans la voyelle dont il est suivi, quoique, par exception, on le prononce dans le verbe inusité *aoûter*. (*Voy.* AOÛT et AOÛTER.)

A subit une transformation plus considérable devant les consonnes nasales M, N, dans certains cas où il en est séparé par une voyelle de son espèce, c'est-à-dire par une voyelle orale. Il devient alors voyelle nasale, et représente un nouveau son simple, parfaitement élémentaire, mais auquel nos alphabets n'ont pas donné de signe particulier.

A, devant E suivi de N, se prononce AN, dans le nom de la ville de *Caen*.

A, devant I, suivi de M ou de N, forme en trois lettres la simple voyelle nasale IN, qui est également représentée dans l'écriture par les combinaisons IM, EIN, HEIN, ou par EN, à la fin de quelques mots, tels que *moyen*, *païen*. Dans les mots *daim*, *faim*, *main*, *nain*, *pain*, etc., reproductions inexactes des mots latins *dama*, *fames*, *manus*, *nanus*, *panis*, etc., A, simple lettre étymologique, ne sert qu'à rappeler le radical.

A, devant O suivi de N, perd moins de sa valeur propre, puisque la voyelle nasale AN, qui résulte de cette combinaison, ne diffère de l'A oral que par le mode d'émission. Ainsi, *faon*, *paon*, *Laon*, se prononcent, *fan*, *pan*, *Lan*, comme si O n'en faisait point partie. Il y a cependant quelques exceptions pour des noms propres de personnes ou de lieux, dans lesquels A et O se font entendre, *Craon*, *Gabaon*, *Phaon*, *Pharaon*. Par une exception plus singulière, *taon* se prononce *ton*, et *Saône*, *Sône*.

A, placé devant l'une ou l'autre des consonnes nasales, forme ordinairement avec elle la voyelle nasale AM, ou AN; ce qui ne lui est pas particulier, et appartient aussi à la voyelle E (*voy.* E). Cette règle d'ailleurs n'a rien d'absolu. A la fin des mots, les exceptions sont rares; elles se trouvent dans quelques noms propres; soit de lieu, soit de personne, *Jéroboam*, *Siam*, etc., où les deux lettres finales produisent chacune un son distinct; tandis que dans *un quidam*, *à son dam*, on les prononce comme si elles n'en faisaient qu'une. Hors de là, à la fin des mots, la voyelle nasale AN résulte toujours de la combinaison de ces lettres, même lorsqu'elles sont suivies d'une ou deux consonnes muettes, *un camp*, *des camps*, *un franc*, *cent francs*. Dans le corps des mots, les exceptions, beaucoup plus nombreuses, peuvent cependant être rapportées à une règle générale. La voyelle nasale est invariable toutes les fois que la consonne nasale qui concourt à la former se trouve suivie d'une consonne de nature différente, comme dans *pancarte*; elle se décompose, au contraire, toutes les fois que cette consonne est suivie d'une voyelle, comme dans *panier*, ou qu'elle est doublée, comme dans *panneau*.

Cette décomposition de la voyelle nasale par le retour de la consonne à sa valeur propre, n'a guère lieu à la fin des mots. Là, en effet, cette consonne, seule de toutes les consonnes finales, ne s'articule que dans un très-petit nombre de cas d'exception avec la voyelle qui la suit.

A, simple reproduction du cri le plus naturel à l'homme, s'est pris comme exclamation dès les premiers temps de la langue; mais il n'a pas tardé à recevoir une autre orthographe. (*Voy.* AH.)

On se sert quelquefois de A comme d'une sorte d'expression collective désignant, dans un dictionnaire, l'ensemble des mots qui commencent par cette lettre. Il en est de même des autres lettres de l'alphabet:

Venons d'abord, monsieur, à ce dictionnaire que l'Académie va faire imprimer. Vous aurez votre T dans un mois ou six semaines. Vous n'attendez pas après le T quand vous êtes à l'A.

VOLTAIRE, Lettres. 22 octobre 1760, à Duclos.

A se trouve souvent employé comme abréviation dans les livres manuscrits ou imprimés, pour désigner des mots qui commencent par cette lettre : en style de cérémonial écrit, *altesse*; en termes de commerce, *accepté*, *assuré*, etc.

A s'emploie aussi comme signe de numération, pour indiquer le premier objet d'une série. Alors les lettres suivantes de l'alphabet prennent, d'après leur ordre, une valeur relative.

A, dans ces usages de l'abréviation, de la numération, et dans beaucoup d'autres, s'exprime presque toujours par la lettre capitale ; en aucun cas, il ne reçoit d'accent modificatif.

Dans les nombreuses acceptions du même mot, dont nous avons encore à nous occuper, il est toujours surmonté de l'accent grave (à), qui n'est pas là un signe prosodique, ou bien un signe supplémentaire, comme est quelquefois l'accent circonflexe; il y sert uniquement à prévenir la confusion de l'A préposition avec l'A substantif ou verbe.

À, préposition (venant à la fois des prépositions latines *ad* et *a*).

De ces deux origines, la première paraît avec évidence dans l'ancienne forme *ad*, simplement transcrit de l'*ad* des Latins.

Si asistrent le rei *ad* sied real.
Les quatre Livres des Rois, IV, xi, 19.

Nous, qui gardions le poncel *ad* ce que les Turcs ne passassent.
JOINVILLE, *Histoire de Saint Louis*.

Ardent desir *ad* ce mon cœur allume.
CRETIN, *Déploration sur le trespas d'Okergan*.

On avait de même, très-anciennement, fait de la préposition latine *a* une préposition française correspondante. La Curne de Sainte-Palaye, dans son *Glossaire de l'ancienne langue françoise*, l'établit par les exemples suivants, empruntés aux sermons français de saint Bernard :

Aprenneiz *à* mi (de moi, par moi)... ke je suys sueys et humles de cuer (que je suis doux et humble de cœur).

Ensi ke nos mansuetume et humiliteit aprengniens *à* Nostre Signor (que nous apprenions ainsi de Notre Seigneur douceur et humilité).

C'est à l'extrême différence de ces origines, desquelles est sorti un seul et même mot, qu'il faut attribuer en grande partie l'infinie variété des acceptions qu'il a reçues, des usages auxquels il a été appliqué.

Un des plus anciens fut certainement de marquer entre les mots, dans notre langue sans déclinaison, les rapports qu'exprimait, dans la langue latine, la désinence du datif. À ce titre, on a pu, mais seulement par abus volontaire, par convention, appeler datif la locution que donne la préposition *à* avec un substantif, ou un verbe pris substantivement, pour régime. C'est ainsi qu'on a appelé génitif la locution analogue formée par la préposition *De*. (Voyez DE.)

De À et de l'article *le* et *les*, souvent interposé entre cette préposition et son régime, se sont faits, par contraction, *au* et *aux*, qui ont reçu de quelques grammairiens le nom d'article composé. À n'en reste pas moins toujours une préposition.

Primitivement on disait *al* et *as*.

Al Seignur sunt les quatre parties del mund.

E David... enveiad présenz de sa preie *as* antifs homes de Juda.
Les quatre Livres des Rois, I, ii, 8 ; xxx, 26.

Bons ert (était) *al* hostel et *as* chans.
Roman du Chastelain de Couci, v. 71.

Au lieu de *au*, on écrivait quelquefois *ou*, comme ou le verra plus loin.

Venu de deux prépositions latines qui gouvernaient, l'une l'accusatif, l'autre l'ablatif, À servit encore à former, avec ses régimes, des espèces d'accusatifs et d'ablatifs.

L'infinitif des verbes remplissant souvent dans la phrase le rôle d'un substantif, le présent de ce mode avait en latin ses cas, appelés gérondifs et supins. Or, à l'emploi de certains gérondifs et supins répond quelquefois celui de la préposition À, suivie du verbe qu'elle régit.

En rapport avec tant de formes latines, À ne pouvait manquer de devenir ce qu'il est de bonne heure devenu, une préposition générale, équivalent commode de toutes les autres.

Si nombreux et si divers que soient les sens d'un tel mot, ils ne se sont cependant pas produits au hasard. Nous tâcherons d'en présenter la suite régulière, depuis les plus voisins de l'étymologie et de l'acception primitive, jusqu'à ceux qui s'en éloignent le plus, et qu'il est difficile, quelquefois même à peu près impossible, d'y rattacher. Nous serons obligés en bien des cas, pour faire comprendre ce que signifie cette préposition, de la traduire par d'autres dont elle tient ou semble tenir la place. Mais de ces traductions, nécessairement un peu arbitraires et toujours imparfaites, on ne devra pas conclure que les deux mots aient absolument la même valeur ; bien loin de là, A paraîtra presque toujours plus vif, plus précis, plus français que son équivalent ; et il y aura lieu de remarquer, dans un grand nombre d'exemples, que ce qu'il offre de favorable à la rapidité du tour lui a valu généralement la préférence des poëtes.

I.

À, en raison du rapport étymologique qui le rattache au latin *ad*, exprime proprement l'idée de tendance, de direction vers un terme quelconque, lieu, époque, chose, personne, action. Il a en conséquence pour régimes particulièrement des noms et des verbes de toutes sortes.

I, 1. Et d'abord des noms de lieu, qu'ils soient pris au propre ou au figuré.

Lors... l'empereres... chevaucha *à* une autre cité qui estoit à une journée d'ilec.
        VILLEHARDOUIN, *Conqueste de Constantinoble*, CLXV.

J'ai quatre pauvres petits enfants sur les bras. — Mets-les *à* terre.
        MOLIÈRE, *le Médecin malgré lui*, I, 1.

À tant (alors) pasmés *à* terre chiet (tombe).
        Partonopeus, v. 5453.

Et, comme délivrée, elle (l'âme) monte divine
Au ciel, lieu de son estre et de son origine.
        REGNIER, *Satires*, III.

Je vais, lui dit ce prince, *à* Rome, où l'on m'appelle.
        BOILEAU, *Épîtres*, I.

À, dans ces exemples et d'autres qu'on y pourrait joindre en si grand nombre, est précédé de verbes qui marquent mouvement. Il l'est très-souvent aussi de verbes d'une nature toute différente, « signifiant ores, dit Nicot, stabilité en quelque lieu, » une extension naturelle ayant permis de se servir de À pour faire entendre, non plus qu'on se dirige vers un lieu, mais qu'on y séjourne.

À la porte du temple est sans cesse une foule de peuples.
        FÉNELON, *Télémaque*, IV.

Ilz ne sont bons qu'à seoir *ou* (au) banc
Soubz cheminées.
        ALAIN CHARTIER, *le Livre des quatre Dames*.

Seule il l'avoit laissée *à* la maison.
        LA FONTAINE, *Contes*, I, 3.

Enfin le verbe qui précède À, toujours avec la même sorte de noms pour régime, sert à exprimer qu'une action se passe dans un certain lieu.

Le vin s'altère *aux* caves, selon aulcunes mutations des saisons de sa vigne ; et la chair de venaison change d'estat *aux* saloirs, et de goust, selon les loix de la chair vifve, à ce qu'on dit.
        MONTAIGNE, *Essais*, I, 3.

L'herbe y lasse la faulx, comme *aux* valons humides.
        RACAN, *Psaume* LXVII.

Est-ce donc pour veiller qu'on se couche *à* Paris ?
        BOILEAU, *Satires*, VI.

Et je crois qu'*à* la cour, de même qu'*à* la ville,
Mon flegme est philosophe autant que votre bile.
        MOLIÈRE, *le Misanthrope*, I, 1.

Quelquefois À et le verbe son antécédent marquent la situation de quelque objet à l'égard d'un lieu, ou de quelque lieu à l'égard d'un autre.

Senz numbre, cume li graviers ki est *al* rivage de mer.
        Les quatre Livres des Rois, I, XIII, 5.

Le prince, gouverneur de la Bourgogne, qui touche *à* la Franche-Comté.
        VOLTAIRE, *Siècle de Louis XIV*, c. 9.

La relation marquée dans l'exemple suivant est toute morale.

La patrie est *aux* lieux où l'âme est enchaînée.
        VOLTAIRE, *Mahomet*, I, 2.

Aux diverses sortes de verbes qui viennent d'être indiqués comme antécédents de la préposition À, avec un nom de lieu pour régime, il en faut sans doute ajouter d'autres de valeur toute différente et même opposée ; par exemple, le verbe *renoncer*.

Je *renonce* à la Grèce, *à* Sparte, à son empire.
        RACINE, *Andromaque*, V, 3.

Remarquons cependant que, même dans cette expression, l'analyse retrouve un mouvement de l'âme en rapport avec un lieu ; qu'elle ne contredit par conséquent pas la signification primitive et propre de la préposition À.

Les différents verbes qui, dans la forme de construction dont il s'agit, servent d'antécédent à la préposition À, peuvent être sous-entendus ; et leur suppression donne lieu à des phrases elliptiques d'un usage ordinaire.

À la cour, à la ville, mêmes passions, mêmes foiblesses.

La Bruyère, Caractères, c. 9.

Souvent *au* bal, jamais dans le saint lieu.

Voltaire, la Pucelle, V.

De là un genre de titres fort usités au théâtre : *Ésope à la cour, Ésope à la ville, les Provinciaux à Paris*, etc.

Quelquefois, au lieu d'un verbe marquant le mouvement, c'est un substantif de nature analogue qui sert d'antécédent à la préposition À.

Je méditois ma fuite *aux* terres étrangères.

Racine, Bajazet, III, 2.

Le substantif qui précède À sert quelquefois à exprimer une mission, une fonction, une profession exercée en un certain lieu.

(Jean de Witt) avait contracté avec le chevalier Temple, ambassadeur d'Angleterre *à* la Haye, une amitié bien rare entre des ministres.

Voltaire, Siècle de Louis XIV, c. 9.

On se sert de la même forme quand il s'agit de l'institution, de l'établissement auquel une personne est attachée, *conseiller à la cour de cassation, avocat à la cour royale, commis au ministère de la guerre*, etc.

Le régime de la préposition À, qui n'est pas toujours en ce cas un substantif, qui est souvent un adjectif ou un adverbe, peut désigner non-seulement un lieu, mais même une partie déterminée de ce lieu, indiquer une position relative, comme dans les locutions si usitées, *au nord, au midi, au levant, au couchant, à droite, à gauche, au haut, au bas, à bas, au-dessus, au-dessous, au comble, au fond, à fond, au milieu, au bout, au travers, à travers, au dedans, au dehors, à l'entrée, à côté, au bord, à bord, à l'opposite, à l'écart, à l'entour, à la ronde, aux environs*, etc. (*Voy. ces mots.*)

Quelquefois ces locutions sont employées absolument ; quelquefois elles ont un complément or-

dinairement formé de la préposition *de* et de son régime ; telles sont *au comble de, à fleur de, à la tête de, au sein de, au pied de, aux portes de*, etc. (*Voy. ces mots.*)

On peut rapprocher de ces locutions celles que contiennent les exemples suivants, bien que la préposition *de* y ait un autre sens, qu'elle y serve, avec À, à marquer la distance.

On l'admire, il fait envie ; *à* quatre lieues *de* là, il fait pitié.

La Bruyère, Caractères, c. 3.

À quatre pas *d'*ici je te le fais savoir.

P. Corneille, le Cid, II, 2.

À la même manière de parler appartiennent certaines phrases elliptiques où À n'a plus son corrélatif *de*, et exprime seul *à la distance de*.

À trois longueurs de trait, tayaut ! voilà d'abord
Le cerf donné aux chiens.

Molière, les Fâcheux, II, 7.

Bien que consacrées proprement à la désignation précise d'une localité, les locutions dont il s'agit sont employées d'une manière figurée, quand il est question de choses ou de personnes.

J'ai paru devant les Romains, citoyen *au milieu* de mes concitoyens.

Pour qu'un homme soit *au-dessus* de l'humanité, il en coûte trop cher à tous les autres.

Montesquieu, Dialogue de Sylla et d'Eucrate.

Ne devois-tu pas lire *au fond* de ma pensée ?

Racine, Andromaque, V, 3.

Ces locutions ont le même caractère dans quelques cas où elles sont employées absolument.

Leur amour pour la maison d'Autriche s'est conservé pendant deux générations ; mais cet amour était, *au fond*, celui de leur liberté.

Voltaire, Siècle de Louis XIV, c. 9.

Fille de Scipion, et, pour dire encor plus,
Romaine, mon courage est encore *au-dessus*.

P. Corneille, Pompée, III, 4.

Avec certains noms qui désignent, soit proprement, soit figurément, des lieux, À forme des locutions proverbiales, telles que, *Au berceau, au champ d'honneur*. (*Voy. ces mots.*)

On a remarqué sans doute que À, quel que soit d'ailleurs son antécédent, ayant pour conséquent un nom de lieu, s'interprète le plus souvent par les prépositions *vers*, *dans* et *en*.

Ces prépositions ne pourraient toutefois lui être toujours substituées, sans préjudice pour l'élégance et même pour l'exactitude.

Ainsi À et *vers* servent tous deux à indiquer le mouvement ; mais À lui assigne un terme plus précis, plus arrêté.

Ainsi À et *dans* expriment également la situation ; mais *dans* semble la circonscrire davantage, la marquer plus fortement.

Enfin, entre À et *en* l'usage a mis de certaines différences qui tiennent à la manière plus ou moins générale et vague dont ces deux prépositions expriment une même idée. *En* se place communément devant les noms de royaumes et de provinces ; À, devant les noms de villes et de moindres lieux. On dit cependant, par exception, *aller à la Chine*, au *Japon*, au *Pérou*, au *Brésil*, etc., et l'on a dit autrefois *aller à l'Amérique* :

> L'un des trois jouvenceaux
> Se noya, dès le port, allant *à l'Amérique*.
>
> La Fontaine, *Fables*, XI, 8.

Les philologues qui se sont occupés de la synonymie française ont beaucoup insisté sur ces diversités, ces nuances, et sur d'autres encore. Selon Bouhours (*Remarques nouvelles sur la langue françoise*), on dit : *Monsieur est à la ville*, pour marquer qu'il n'est pas à la campagne ; et on dit : *Monsieur est* en *ville*, pour marquer qu'il n'est pas au logis.

En bien des cas, cependant, le choix entre ces prépositions peut paraître indifférent : cela est sensible dans ces vers :

> On a couru, madame, *aux* rives du Pénée,
> *Dans* les champs d'Olympie, *aux* murs de Salmonée.
>
> Voltaire, *Mérope*, I, 2.

Ici doivent être rappelées des locutions fort nombreuses, fort usuelles, où les noms, régimes de À, désignent certaines parties du corps, présentées comme le terme ou comme le siége de quelque action.

> Or, ces vapeurs dont je vous parle venant à passer, du côté gauche où est le foie, *au* côté droit où est le cœur, il se trouve...
>
> Molière, *le Médecin malgré lui*, II, 6.

> Où va-t-il me mener ? Il a peut-être dans cette ville quelque souterrain. Malepeste ! si je le croyois, je lui ferois voir tout à l'heure que je n'ai pas la goutte *aux* pieds.
>
> Le Sage, *Gil Blas*, III, 2.

> Moi-même, en cet adieu, j'ai les larmes *aux* yeux.
> Sauve-moi de l'affront de tomber *à* leurs pieds.
>
> P. Corneille, *Horace*, II, 8 ; *Rodogune*, V, 4.

> Et, jusques au bonjour, il dit tout *à* l'oreille.
>
> Molière, *le Misanthrope*, II, 5.

> C'est de lui que nous vient cet art ingénieux
> De peindre la parole et de parler *aux* yeux.
>
> Brébeuf, *la Pharsale de Lucain*, III.

Dans *en venir aux mains*, *être aux mains*, sont marqués, mais figurément, un mouvement, une situation du même genre.

Il en est de même de *mettre à la main*, d'où s'est formée la locution adverbiale *mettre le marché à la main*. (*Voyez* Main.)

À cette forme de langage appartiennent les expressions *prendre aux cheveux*, *à la gorge*, etc.

Ici encore, la suppression du verbe donne lieu à des locutions elliptiques d'un usage fort ordinaire.

> Je l'ai vu cette nuit, ce malheureux Sévère,
> La vengeance *à* la main.
>
> P. Corneille, *Polyeucte*, I, 3.

> Son diadème *au* front, et, dans le fond du cœur,
> Phædime... Tu m'entends, et tu vois ma rougeur.
>
> Racine, *Mithridate*, II, 1.

D'autres locutions elliptiques, formées de même, marquent l'état du corps, l'attitude ; telles sont, *À pied*, *à genoux*, *au pied levé*, *à cloche-pied*, *à califourchon*, *à tâtons*. (*Voyez ces mots*.)

1, 2. À reçoit encore pour régimes des noms et souvent aussi des mots d'une autre nature, qui marquent le temps.

Ces régimes peuvent être, en certains cas, le terme même de l'action exprimée par le verbe qui précède :

> Vous avez *à* demain remis le sacrifice.
>
> P. Corneille, *Horace*, V, 2.

Mais, le plus souvent, ils indiquent, par l'énonciation plus ou moins déterminée du siècle, de l'année, de la saison, du mois, du jour, de l'heure, etc., l'époque, ou passée, ou présente, ou future, à laquelle on rapporte cette action.

1° L'époque passée :

On était plongé dans les divertissements à Saint-Germain, lorsqu'*au* cœur de l'hiver, *au* mois de janvier, on fut étonné de voir des troupes marcher de tous côtés.

VOLTAIRE, *Siècle de Louis XIV*, c. 9.

Je l'ai, sans le quitter, *à* toute heure suivi.

RÉGNIER, *Satires*, II.

À l'heure dite, il courut au logis
De la cicogne son hôtesse.

LA FONTAINE, *Fables*, I, 18.

2° L'époque présente :

À la veille d'un si grand jour, et dès la première bataille, il est tranquille.

BOSSUET, *Oraison funèbre du prince de Condé*.

À l'heure de l'affût...
Au bord de quelque bois, sur un arbre je grimpe.

LA FONTAINE, *Fables*, X, 15.

3° L'époque future :

Le reste de la Flandre pouvait être envahi *au* printemps prochain.

VOLTAIRE, *Siècle de Louis XIV*, c. 9.

Cette manière de s'exprimer est très-ancienne, et l'on y peut rapporter les locutions, depuis longtemps hors d'usage, que présentent les exemples suivants :

Deu ne li respundi rien *al* jur.
Entre ces afaires, li reis David, *à* un jur, levad après meriene.

Les quatre Livres des Rois, I, XIV, 37 ; II, XI, 2.

Ainz que vienge demain *à* seir.

BENOÎT, *Chron. des ducs de Normandie*, v. 34696.

Car avons encre et parchemin ;
Si escrirons *à* ce matin.

Roman du Chastelain de Couci, v. 3112.

Boire ypocras *à* jour et *à* nuyctée.

VILLON, *Grand testament*, II.

Dans tous ces passages, nous supprimerions aujourd'hui la préposition À ; nous la supprimerions également dans ces autres passages d'une date bien plus récente :

Je vous montrerai cela *à* ce printemps, que j'irai à Paris.

Mme DE SÉVIGNÉ, *Lettre au comte de Bussy*.

.....*À* ce printemps, retournant à la cour,
J'irai revoir mon maître et lui dire bonjour.

RÉGNIER, *Satires*, II.

De même nous écririons *au* en place de *à*, dans la phrase suivante :

Je serai ici demain *à* soleil levant.

DANCOURT, *le Vert galant*, sc. 2.

On s'est fréquemment servi, cela était naturel, du mot *temps* diversement modifié, et précédé de la préposition À, pour exprimer ces différents rapports ; de là ces locutions : *au temps passé, au temps jadis, au temps présent, au temps où nous sommes, au temps chaud, au temps de, au temps que, au même temps, à même temps,* condamné par Vaugelas, approuvé par Ménage, et curieusement distingué par Bouhours de *en même temps* ; enfin, *à temps,* dans le sens de *assez tôt*. (Voyez TEMPS.)

À l'indication du temps présent au moyen de la préposition À, appartiennent :

À présent, usité depuis tant d'années, mais qui, vers le commencement du XVIIe siècle, comme on le voit chez Vaugelas, chez Bouhours, ne s'établit pas sans opposition dans le monde et à l'Académie ;

Aujourd'hui, qu'on écrit maintenant en un seul mot, mais où il est facile de retrouver des éléments tout à fait semblables à ceux dont se sont formées les locutions précédemment rappelées. (Voyez ces deux mots.)

Tout à l'heure sert également à marquer le passé et le futur.

Dans le même ordre d'expressions il faut ranger les formes adverbiales *à cette heure, à ce coup, à cette fois, à deux fois, à la fois, au commencement, à la fin, à l'instant, au même instant, à son rang, à son tour,* etc. (Voyez ces mots.)

Il y faut ranger aussi des locutions composées de À et d'un adverbe pris substantivement, *à quand, à tantôt, au plus tôt, à demain,* etc., quelquefois partie de la proposition, quelquefois suffisant seules à la former.

D'autres fois le régime de À marque, non plus un point précis du temps ou passé, ou présent, ou futur, mais la durée d'une action.

De là ces locutions usuelles, *à temps* (dans le sens de, Pour un temps fixé), *à la journée, à grandes, à petites journées, au mois, à l'année, à vie, à perpétuité, à toujours, à jamais, à tout jamais, au grand* jamais (*voyez ces mots*), et d'autres qui ont vieilli, telles que *à longtemps*, *à longues années*, etc.

En quoy le pape Grégoire treiziesme lairra sa mémoire recommandable *à longtemps*, et en quoy nostre royne Catherine tesmoigneroit *à longues années* sa libéralité naturelle et munificence, si ses moyens suffisoient à son affection.

Montaigne, Essais, III, 6.

Au bout de, qui se dit du temps aussi bien que des lieux, fait partie de cette classe d'expressions :

Il devoit, *au bout de* dix ans,
Mettre son âne sur les bancs.

La Fontaine, Fables, VI, 19

À la vie et à la mort est une forme proverbiale par laquelle s'exprime avec énergie ce qui doit durer toute la vie.

Dis à ce Turc.... que je ne les lui donne (ces cinq cents écus) ni *à la mort* ni *à la vie.*

Molière, les Fourberies de Scapin, II, 11.

On dit encore proverbialement *à la longue*, quand il s'agit d'une durée considérable, mais dont on n'assigne point le terme.

Et d'orgueil et d'outrage, et d'outrecuidance qui vient de très grant folie, ne doit nus (nul) joïr *à la longue.*

Philippe de Navarre, Ms. suppl. franç., n° 198, fol. 398 vo, c. 1.

L'excès du vin dégrade l'homme, et l'abrutit *à la longue.*

J.-J. Rousseau, Lettre à d'Alembert.

On peut ranger dans cette dernière classe des expressions formées de même, qui ont trait à la durée éternelle.

Afin que son amour dure *à l'éternité.*

Racan, Psaume CX.

Vous paroîtrez à tous un objet effroyable,
Et vous irez un jour, vrai partage du diable,
Bouillir dans les enfers *à toute éternité.*

Molière, l'École des Femmes, III, 2.

À, employé pour exprimer des rapports de temps, peut marquer l'intervalle entre deux époques, comme on a vu qu'il marque quelquefois la distance d'un lieu à un autre.

Pour se venger de cette tromperie,
À quelque temps *de là* la cicogne le prie.

La Fontaine, Fables, I, 18.

À deux mois de date, *à dix jours de vue*, etc., sont des expressions du même genre, usitées dans le style des affaires.

I.

La suppression du verbe antécédent de À donne lieu à des locutions elliptiques de la même nature que celles qui ont été précédemment remarquées : *à ce soir*, *à demain*, *à l'année prochaine*, etc. (*Voyez ces mots.*)

À, suivi de mots qui marquent le temps, sert souvent à exprimer l'âge des personnes.

À l'âge de quatorze ans, lorsque l'esprit commence à se former...

Bossuet, Discours sur l'Histoire universelle, III, 5.

Tel Sophocle *à* cent ans charmoit encore Athènes,
Tel bouillonnoit encor son vieux sang dans ses veines.

P. Corneille, Vers au Roi en 1676.

À, avec des régimes d'une autre nature, peut marquer implicitement le temps, et équivaut à *lors de.*

Philosophe en tout, *à* sa mort comme dans sa vie (Catinat).

Voltaire, Siècle de Louis XIV, c. 16.

N'espérez pas me chasser encore, comme vous fîtes *à* mon exil.

J.-J. Rousseau, Nouvelle Héloïse, III, 14.

L'analogie a conduit le même écrivain jusqu'à dire :

Chacun, ayant passé la journée à ses affaires, part le soir *à portes fermantes* (quand les portes se ferment), et va dans sa petite retraite respirer l'air le plus pur.

Lettre à d'Alembert.

La phrase suivante offre une ellipse de ce genre, mais plus forte encore :

Je ne sais comme on aura réglé les chaises des princesses, car elles en eurent *à* la reine d'Espagne.

Mme de Sévigné, Lettres. 10 janvier 1689.

I, 3. À, exprime encore l'idée générale de tendance ou de situation, dans les cas si nombreux où cette préposition a pour régimes des noms de chose, quelle qu'en soit la nature, physique ou métaphysique, qu'ils désignent des objets matériels ou expriment des idées abstraites.

L'idée de tendance paraît sensiblement dans les exemples suivants, où l'antécédent de À est un verbe;
Tantôt un verbe sans complément :

Ce plus ou ce moins (d'argent) détermine *à* l'épée, *à* la

2

robe, ou à l'Église : il n'y a presque point d'autre vocation.

LA BRUYÈRE, *Caractères*, c. 6.

Cinquante millions... furent consommés à cet appareil.

VOLTAIRE, *Siècle de Louis XIV*, c. 10.

Tous les hommes suivoient la grossière nature,
Dispersés dans les bois, couroient à la pâture.

BOILEAU, *Art poétique*, IV.

Tantôt un verbe avec un ou plusieurs compléments :

La plus commune façon d'amollir les cœurs de ceux
qu'on a offensez... c'est de les esmouvoir, par soubmission, à commisération et à pitié... Bétis..., d'une mine
non seulement asseurée, mais rogue et altière, se teint
sans mot dire à ces menaces.

MONTAIGNE, *Essais*, I, 1.

Chacun d'eux au péril veut la première part.

BOILEAU, *Épîtres*, IV.

Dans les exemples suivants se rencontre plutôt
l'idée de situation :

Si je ne suis plus en spectacle à l'univers, c'est la faute
des choses humaines, qui ont des bornes, et non pas la
mienne.

MONTESQUIEU, *Dialogue de Sylla et d'Eucrate*.

Aux fureurs des partis qu'ils ne soient plus en butte.

VOLTAIRE, *Tancrède*, III, 1.

Être aux abois, aux regrets, et autres locutions
semblables, se rapportent à cette acception.

À, exprimant ainsi une situation, on comprend
par quelle extension naturelle, déjà remarquée plus
haut, il prend, ici encore, le sens de *dans*.

Il y a quelque chose de doux et d'aimable à cette solitude, à ce profond silence, à cette liberté.

Mme DE SÉVIGNÉ, *Lettres*, 6 juillet 1689.

C'est son visage que l'on voit aux almanachs représenter le peuple.

LA BRUYÈRE, *Caractères*, c. 7.

N'espérons plus, mon âme, aux promesses du monde.

MALHERBE, *Paraphrase du psaume* CXLV.

Rome entière noyée au sang de ses enfants.

P. CORNEILLE, *Cinna*, I, 3.

Mais je m'assure encore aux bontés de ton frère.

RACINE, *Bajazet*, II, 1.

Son bonheur consistoit aux beautés d'un jardin.

LA FONTAINE, *Fables*, XII, 20.

D'autre part, en raison de ce qu'il marque en
général tendance, À peut correspondre, dans l'u-
sage, à d'autres prépositions, telles que *pour* :

Donc un nouveau labeur à tes armes s'appreste.

MALHERBE, *Ode à Louis XIII*.

Qui rencontre à son trône une ferme colonne....
Peut vanter son bonheur, et peut dire être roi.

ROTROU, *Venceslas*, V, 9.

Telles que *selon, suivant, d'après* :

Dieu dit ensuite : Faisons l'homme à notre image et à
notre ressemblance.

LE MAISTRE DE SACI, Trad. de *la Genèse*, I, 26.

Il n'a pas trop de toute sa puissance pour punir, s'il
mesure sa vengeance au tort qu'il a reçu.

LA BRUYÈRE, *Caractères*, c. 9.

On a souvent confondu dans l'usage, avec *en l'hon-
neur de*, la locution *à l'honneur de*, qui semble à
Bouhours d'un style plus noble, plus soutenu. (*Voy.*
HONNEUR.)

Là même confusion n'a pas lieu pour *à la louange,
à la gloire de*, où A s'emploie à l'exclusion de *en*.
(*Voyez ces mots.*)

À, précédé des verbes *être, réussir, tourner*, et
suivi de noms abstraits avec ou sans article, forme
des locutions qui expriment un événement agréable
ou désagréable ; telles sont : *être, réussir au gré de
quelqu'un, être à gré, être à souhait, tourner au
profit, au contentement, à la perte, à la ruine, à la
confusion de quelqu'un*, etc. (*Voyez ces mots.*)

De là ces façons de parler elliptiques et proverbiales, *à sa confusion, à son dam, à vos souhaits,
à mon gré*, et autres semblables. (*Voyez ces mots.*)

L'idée d'une issue favorable se trouve encore dans
ces expressions, *conduire, mener à bien, aller, arriver, venir à bien*. (*Voyez* BIEN.)

On a été conduit par l'analogie à se servir de À
entre un verbe avec ou sans complément, et un
nom abstrait, pour exprimer des idées fort éloignées
de celles de cause et de situation, comme dans
ces locutions si souvent employées, *dire adieu à,
renoncer à*, et autres semblables.

Montrez-lui comme il faut s'endurcir à la peine.

P. CORNEILLE, *le Cid*, I, 3.

Les rapports sans nombre à l'expression desquels

peut suffire la forme de langage dont il s'agit ici, sont comme compris dans l'expression générale *avoir rapport* ou *relation à*.

> Tout ainsi que nature nous faict veoir que plusieurs choses mortes *ont encores des relations* occultes *à* la vie.
> MONTAIGNE, *Essais*, I, 1.

> Rien ne lui paroît ni grand ni terrible, que ce qui *a relation à* l'éternité.
> BOSSUET, *Sermon sur la Providence*.

De là des locutions de forme un peu différente, puisque la préposition y a pour antécédents, au lieu d'un verbe, un nom et un adverbe, mais qu'il est naturel de noter ici d'avance, *Par rapport à*, *relativement à*. (*Voyez ces mots*.)

Le verbe avec ou sans complément, antécédent de la préposition À, est quelquefois supprimé par ellipse.

> Où le conduisez-vous?— *A* la mort.— À la gloire!
> P. CORNEILLE, *Polyeucte*, V, 3.

> Voilà mon âne *à* l'eau; jusqu'au col il se plonge.

> Voilà mon homme *aux* pleurs; il gémit, il soupire.
> LA FONTAINE, *Fables*, II, 10; IV, 20.

L'ellipse est plus forte encore dans le passage suivant:

> Remede n'y ha que d'escamper d'icy, je diz, plus tost que ne sont cuictz asperges. Et l'asne
> *Au* trot, *à* pedz, *à* bondz, *à* ruades,
> *Au* guallot, *à* pétarrades.
> RABELAIS, V, 7.

Par là s'expliquent de nouvelles expressions elliptiques fort usitées, comme *à l'aide! au secours! au feu! au meurtre! au voleur! aux armes!* autrefois *à l'arme*, d'où *alarme*, comme de *à l'erte* est venu *alerte*. (*Voyez ces mots*.)

On a dit même, par imitation de cette tournure elliptique et rapide:

> *Au* remède, vite! *au* remède spécifique!
> MOLIÈRE, *le Médecin malgré lui*, III, 6.

> Il entend déjà sonner le beffroi des villes, et crier *à* l'alarme.
> LA BRUYÈRE, *Caractères*, c. 10.

> Les ennemis des jésuites crièrent *à* l'arianisme.
> D'ALEMBERT, *Destruction des jésuites*.

Quelquefois la locution formée par À et son complément marque une circonstance en rapport avec l'action exprimée par le verbe, et qui favorise cette action, contribue à la produire.

> Oui, ma bile s'échauffe *à* toutes ces fadaises.
> MOLIÈRE, *le Tartuffe*, II, 2.

> Qu'à son gré désormais la Fortune se joue,
> On me verra dormir *au* branle de sa roue.
> BOILEAU, *Épîtres*, V.

> L'enfer s'émeut *au* bruit de Neptune en furie.
> LE MÊME, *Traité du Sublime*, traduit de Longin, c. 7.

> Il s'endort, il s'éveille *au* son des instruments.
> RACINE, *Esther*, II, 9.

Au lieu de verbes, la préposition À précédant un nom abstrait a souvent aussi pour antécédents des adjectifs; mais elle reçoit de leur nature diverse des sens fort divers aussi, qu'il est difficile d'énumérer complétement et de distinguer avec clarté. Ces adjectifs renferment, en effet, ou l'idée d'une certaine disposition apportée à un acte:

> Tantôt, comme une abeille ardente *à* son ouvrage,
> Elle s'en va de fleurs dépouiller le rivage.
> BOILEAU, *Art poétique*, II.

Ou celle d'un effet produit, d'un résultat obtenu:

> Un siècle si malheureux *à* l'empire... ne laissa pas d'être heureux *au* christianisme.
> BOSSUET, *Discours sur l'Histoire universelle*, I, 11.

> O vous, *à* ma douleur objet terrible et tendre.
> P. CORNEILLE, *Pompée*, V, 1.

> *A* tous les cœurs bien nés que la patrie est chère!
> VOLTAIRE, *Tancrède*, III, 1.

Ou celle de convenance:

> Voilà l'origine de l'amour-propre. Il étoit naturel à Adam, et juste en son innocence.
> PASCAL, *Pensées*, part. II, XVIII, 3.

> Par ainsi tout esprit n'est propre *à* tout sujet.
> REGNIER, *Satires*, I.

Ou celle de faveur, de complaisance, de retour:

> Soigneux de ma fortune et facile *à* mes vers.
> REGNIER, *Satires*, II.

> Friande de l'intrigue et tendre *à* la fleurette.
> MOLIÈRE, *l'École des Maris*, II, 9.

> Je me sens obligée *à* votre honnêteté.
> REGNARD, *le Distrait*, II, 7.

Ou celle d'opposition, de résistance:

> Qu'il se trouve des hommes indifférents *à* la perte de

leur être et *au* péril d'une éternité de misère, cela n'est point naturel.

Pascal, *Pensées*, part. II, 11..

Ce corps (le parlement) opposé à la cour.

Voltaire, *Siècle de Louis XIV*, c. 3.

C'est un roc immobile *à* la rage des flots.

Racan, *Psaume* XVI.

Muet *à* mes soupirs, tranquille *à* mes alarmes.

Racine, *Andromaque*, V, 1.

A exprime cette même idée, et est pris au sens de *par*, à la suite de certains adjectifs formés de verbes dont l'emploi au passif introduirait dans la phrase cette dernière préposition. Tels sont *inabordable*, *inébranlable*, *infatigable*, *invincible*, etc.

Nous avons une impuissance à prouver, *invincible à* tout le dogmatisme : nous avons une idée de la vérité, *invincible à* tout le pyrrhonisme.

Pascal, *Pensées*, part. II, 1, 3.

Bajazet, à vos soins tôt ou tard plus sensible,
Madame, *à* tant d'attraits n'étoit pas *invincible*.

Racine, *Bajazet*, V, 6.

On peut joindre à ces exemples les suivants, bien qu'à la place de l'adjectif s'y trouve un participe :

Quel plus agréable sacrifice à Dieu que celuy que l'homme luy fait de sa raison, de cette partie altière et présomptueuse, de cet animal fier et superbe, *né au* commandement et *à* la supériorité ?

Balzac, *Socrate chrétien*, disc. VI.

Au joug nous sommes *nés*, et n'a jamais esté
Homme qu'on ait veu vivre en pleine liberté.

Regnier, *Satires*, III.

Le participe *né* se trouve employé de la même manière dans une phrase d'un de nos vieux auteurs, que l'on cite ici par anticipation, la préposition À ayant pour régime dans cette phrase, au lieu d'un nom, un verbe à l'infinitif.

Ainsi que s'ils estoient seulement *nés à* boire et *à* manger.

Alain Chartier, *l'Espérance*.

Le même tour s'est retrouvé longtemps après dans ce passage :

Les esprits des Français ne sont pas *nés à* la servitude.

Pellisson, *Histoire de l'Académie française*, part. III.

Nourri à, pour, Nourri, élevé dans, est encore une expression du même genre.

J'ai été *nourri aux* lettres dès mon enfance.

Descartes, *Discours de la Méthode*, partie Ire.

A peut enfin se trouver placé entre deux substantifs, quand le premier exprime, soit au propre, soit au figuré, quelque mouvement, quelque action à l'égard de l'autre.

C'est en vain, ô homme, que vous cherchez dans vous-même le remède *à* vos misères.

Pascal, *Pensées*, part. II, v, 1.

Un honnête homme se paye par ses mains de l'application qu'il a *à* son devoir.

La Bruyère, *Caractères*, c. 2.

Ces prétentions toujours soutenues rendaient la moitié de Rome un asile sûr *à* tous les crimes.

Voltaire, *Siècle de Louis XIV*, c. 14.

À Rome, les emplois publics ne s'obtenoient que par la vertu, et ne donnoient d'utilité que l'honneur et une préférence *aux* fatigues.

Montesquieu, *Grandeur des Romains*, c. 4.

J'ai servi malgré moi d'interprète *à* ses larmes.

Racine, *Phèdre*, V, 1.

Et, sans égard *aux* frais,
Elle vous le rendroit avec les intérêts.

Regnard, *le Distrait*, II, 8.

I, 4. Les noms de personnes forment aussi une classe à part parmi les régimes si divers que donne à la préposition À l'une de ses significations étymologiques et primitives, l'idée générale qu'elle exprime de tendance, de direction vers un terme.

Avec cette nouvelle sorte de régimes, elle à les mêmes antécédents que lorsqu'elle gouverne des noms de lieux, de temps et de choses.

Premièrement, des verbes exprimant, soit au propre, soit au figuré, un mouvement vers des personnes, que ces personnes soient désignées par un nom propre, par un nom appellatif, par des pronoms et des relatifs.

Au propre, dans le sens de *vers* :

Layez venir *à* mi les petiz, car de teil gent est li règnes de ciel.

Saint Bernard, *Sermons français*. Voy. *les quatre Livres des Rois*, p. 543-544.

Et davantaige ordonna dix arbalestriers dedans les dicts fossez, pour tirer *à* ceulx qui en approucheroient avant que la porte fust ouverte.

COMMYNES, *Mémoires,* VI, 11.

Ce prince marcha *au* prince de Bade, campé sous Hailbron.

HÉNAULT, *Histoire de France,* année 1693.

Et tant tirai, que j'amené
Le fust *à* moi tout empené.

Roman de la Rose, v. 1721.

La lionne l'entend, rugit, et pleine d'ire,
Accourt, se lance *à* lui, l'abat et le déchire.

LA FONTAINE, *Captivité de saint Malc.*

Au figuré :

La dévotion vient *à* quelques-uns, et surtout aux femmes, comme une passion.

LA BRUYÈRE, *Caractères,* c. 3.

Je reviens *à* moi, et je cherche quel rang j'occupe dans l'ordre des choses qu'elle (la Divinité) gouverne.

J.-J. ROUSSEAU, *Emile,* IV.

Le plus souvent il s'agit d'une action quelconque, dont une ou plusieurs personnes sont l'objet.

(C'est le) mystère du Rédempteur qui... a retiré les hommes de la corruption du péché, pour les réconcilier *à* Dieu en sa personne divine.

PASCAL, *Pensées,* part. II, IV, 10.

Quel que doive être le prix de cette noble liberté, il faut bien le payer *aux* dieux.

MONTESQUIEU, *Dialogue de Sylla et d'Eucrate.*

Je ne dois qu'*à* moi seul toute ma renommée.

P. CORNEILLE, *Excuse à Ariste.*

Que me faudra-t-il faire ?
Presque rien, dit le chien : donner la chasse *aux* gens
Portants bâtons, et mendiants ;
Flatter ceux du logis, *à* son maître complaire.

LA FONTAINE, *Fables,* I, 5.

Qui va répondre *à* Dieu, parle *aux* hommes sans peur.

VOLTAIRE, *Tancrède,* III, 6.

A ces exemples se rapportent ceux où il s'agit, non pas précisément de personnes, mais d'abstractions personnifiées.

On veut essayer de peindre *à* la postérité, non les actions d'un seul homme, mais l'esprit des hommes dans le siècle le plus éclairé qui fût jamais.

Le roi courut aussitôt se montrer *à* la Fortune, qui fesait tout pour lui.

VOLTAIRE, *Siècle de Louis XIV,* c. 1, 9.

À, suivi d'un nom de personne, ou du pronom, du relatif qui le représentent, et précédé de certains verbes, comme *croire, reconnaître, savoir, trouver, voir,* etc., s'emploie elliptiquement quand il s'agit d'une remarque, d'une opinion au sujet de quelque personne.

Et je *lui* crois, pour moi, le timbre un peu fêlé.

MOLIÈRE, *les Femmes savantes,* II, 7.

On se sert de À dans une forme de construction analogue, que les exemples suivants feront connaître :

Le roi pleurera, le prince sera désolé, et les mains tomberont *au* peuple, de douleur et d'étonnement.

BOSSUET, *Oraison funèbre de la duchesse d'Orléans.*

Puis tout à coup il veoit qu'il se mescompte,
Dont la couleur au visage *luy* change.

CL. MAROT, *Epigrammes,* III, 24.

J'ai vu tendre *aux* enfants une gorge asseurée.

ROTROU, *Saint Genest,* II, 5.

La couleur *lui* renaît, sa voix change de ton :
Il fait par Gilotin rapporter un jambon.

BOILEAU, *le Lutrin,* I.

Souvent l'antécédent est complexe ; il se compose d'un verbe construit avec un autre verbe, avec un adjectif, avec un nom.

1° Avec un verbe :

Ils ne sont point si faschez du mauvais succès des affaires, qu'ils ne sont aises de l'honneur qui leur revient d'avoir bien harangué sur chaque proposition débatue, et de s'estre fait admirer *aux* députez et à l'assemblée.

BALZAC, *Aristippe,* disc. III.

Concevez quel déplaisir ce m'est de voir que, par l'avarice d'un père, je sois dans l'impuissance de goûter cette joie, et de faire éclater *à* cette belle aucun témoignage de mon amour !

MOLIÈRE, *l'Avare,* I, 2.

Il envoie s'excuser *a* ses amis.

LA BRUYÈRE, *Caractères,* c. 10.

2° Avec un adjectif :

La mer engloutit les vaisseaux, elle submerge des pays entiers ; et elle est pourtant utile *aux* humains.

MONTESQUIEU, *Dialogue de Sylla et d'Eucrate.*

3° Avec un nom :

Messire Jean de Hainaut prit congé pour ce soir *à la roine* et *à son fils*, et *aux autres seigneurs* d'Angleterre qui là estoient.

FROISSART, *Chroniques,* liv. I, part. 1re, c. 14.

Il faut qu'elle (la véritable religion) nous rende raison de l'opposition que nous avons *à* Dieu et *à* notre propre bien.

PASCAL, *Pensées,* part. IIe, v, 1.

Et ce choix sert de preuve *à tous les courtisans*
Qu'ils (les rois) savent mal payer les services présents.

P. CORNEILLE, *le Cid,* I, 3.

           Mon dessein
Est de rompre en visière *à tout le genre humain.*

MOLIÈRE, *le Misanthrope,* I, 1.

A se donner lui-même en spectacle *aux* Romains.

RACINE, *Britannicus,* IV, 4.

Ici se retrouve encore, en regard du sens primitif et principal de tendance, le sens accessoire de situation. Le verbe antécédent de la préposition À, suivie d'un nom de personne, ne marque pas toujours à l'égard de cette personne un mouvement, une action; il peut indiquer simplement une manière d'être. Tel est le verbe *être* lui-même; tels sont le verbe *appartenir,* le verbe *tenir,* dans cette locution, *il ne tient pas à moi, il ne tient qu'à vous,* et autres de ce genre. (*Voyez ces mots.*)

À Dieu soyez, à Dieu allez, sont de très-anciennes locutions, desquelles, par ellipse du verbe, semble être venu le mot *adieu.* (Voy. ADIEU.)

La locution *c'est à,* précédant *à* ou *de* dans des phrases qui commencent ainsi : *c'est à vous à, c'est à vous de,* exprime le droit, le devoir, la convenance; mais, comme on l'a établi par de bonnes raisons, d'après la valeur générale des deux prépositions, d'une manière plus indéterminée quand le verbe à l'infinitif qui complète la phrase est régime de *à;* avec attribution à un cas plus particulier, plus spécial, au contraire, quand ce même verbe est gouverné par *de.* (*Voyez* DE.)

Est-ce au peuple, madame, à se choisir un maître ?

Est-ce aux rois à garder cette lente justice ?

Pourquoi vous pressez-vous de répondre pour lui ?
C'est à lui de parler.

RACINE, *les Frères ennemis,* II, 3; *Athalie,* II, 5, 7.

Il faut tout sur-le-champ sortir de la maison.—
*C'est à vous d'*en sortir, vous qui parlez en maître.

MOLIÈRE, *le Tartuffe,* IV, 7.

On peut joindre à ces exemples le suivant, bien que le premier À n'y ait point pour régime un nom de personne, mais une abstraction personnifiée.

Comme si c'étoit *à* la règle *à* se fléchir, pour convenir au sujet qui doit lui être conforme.

PASCAL, *Provinciales,* V.

On a quelquefois aperçu entre ces locutions des nuances d'un autre genre.

C'est à vous à parler, votre tour de parler est venu ; *c'est à vous de parler,* c'est à vous qu'il appartient, qu'il convient de parler (*Dictionnaire de l'Académie*). Cette explication semble confirmée par la phrase suivante :

Appius, quand *ce fut* son rang *à* opiner, s'opposa également à ces deux avis.

VERTOT, *Révolutions romaines,* I.

Dans l'exemple suivant, la même locution offre un autre sens; *être à* n'y veut pas dire *appartenir à, convenir à,* mais *sembler à :* À, y équivaut à la préposition *pour.*

Ce n'était pas assez *au roi* d'avoir la préfecture des dix villes libres de l'Alsace, au même titre que l'avaient eue les empereurs.

VOLTAIRE, *Siècle de Louis XIV,* c. 14.

Que la terre *est* petite *à qui* la voit des cieux !

DELILLE, *Dithyrambe sur l'immortalité de l'âme.*

La préposition À, ainsi construite avec le verbe *être* ou quelque autre verbe pour antécédent, et un nom de personne pour conséquent, a exprimé des rapports, soit de tendance, soit de situation, qui auraient pu être rendus par les prépositions *devant, auprès de, envers, pour, chez, dans,* etc.

Par la préposition *devant :*

À lui s'encline la cort tote.

Roman du Renart, v. 9094.

Par la préposition *auprès de,* au sens propre :

Va s'excuser *à son mari,*
En grand danger d'être battue.

LA FONTAINE, *Fables,* VII, 10.

Par la préposition *envers :*

Sages soies et accointables...
Et *as* grans gens et *as* menues.

Roman de la Rose, v. 2109.

Non, je te connois mieux : tu veux que je te prie,
Et qu'ainsi mon pouvoir t'excuse *à* ta patrie.

             P. Corneille, *Horace*, II, 5.

C'est conscience *à* ceux qui s'assurent en nous ;
Mais c'est pain bénit, certe, *à* des gens comme vous.

             Molière, *l'École des Maris*, I, 3.

Par la préposition *pour :*

L'homme est *à* lui-même le plus prodigieux objet de la nature.

             Pascal, *Pensées*, part. I, vi, 26.

Tout est *aux* écoliers couchette et matelas.

             La Fontaine, *Fables*, V, 11.

Par la préposition *chez :*

À quelques-uns l'arrogance tient lieu de grandeur.

             La Bruyère, *Caractères*, c. 10.

Mais qu'*aux* femmes l'erreur n'étoit pas inouïe.

             Regnard, *le Légataire universel*, III, 2.

Par la préposition *dans :*

Mais ma force est *au* Dieu dont l'intérêt me guide.

             Racine, *Athalie*, IV, 3.

Le verbe avec ou sans complément, antécédent de la préposition À, peut encore ici être sous-entendu, et il en résulte des expressions elliptiques fort usitées.

De ce premier retour sur moi, naît... mon premier hommage *à* la Divinité bienfaisante.

             J.-J. Rousseau, *Émile*, IV.

À moi, comte ; deux mots.

             P. Corneille, *le Cid*, II, 2.

Grâce *aux* dieux, mon malheur passe mon espérance !

             Racine, *Andromaque*, V, 5.

Ces ellipses sont surtout d'usage dans les inscriptions dont l'objet est une consécration quelconque :

Ayant regardé en passant les statues de vos dieux, j'ai trouvé même un autel sur lequel il est écrit : *Au* dieu inconnu.

             Le Maistre de Saci, Trad. des *Actes des apôtres*, XVII, 23.

On lit sur un de nos monuments :

Aux grands hommes la patrie reconnaissante.

L'on appele le lieu *à* monseigneur saint Pierre...
Li lieux est appelés *à* Sainte-Magdelene
Du Mont, belle église, dévote et de biens plene.

         Gérard de Roussillon, Ms. de la Bibl. nat., suppl. franç., n° 254-2, fol. 110 v°.

Dans les dédicaces, les suppliques, les suscriptions de lettres :

À très-illustre prince et révérendissime monseigneur Odet, cardinal de Chastillon.

             Rabelais, *Dédicace* du livre IVe.

J'ai plusieurs lettres que je me suis chargé de rendre à leurs adresses... Voyons celle-ci... « *À* M. Bredouillet, avocat au parlement, rue des Mauvaises-Paroles... » Ce n'est point encore cela ; passons à l'autre... « *À* M. Gourmandin, chanoine de... » Ouais ! je ne trouverai point celle que je cherche?... « *À* M. Oronte... »

             Le Sage, *Crispin rival de son maître*, sc. 7.

Enfin, dans les santés, les toasts, au lieu de dire qu'on boit *à* la santé, *à* l'heureux voyage, *au* retour, *au* succès, etc., de quelqu'un, ou simplement *à* quelqu'un, on se contente du nom, précédé de la préposition À.

À la même sorte d'ellipses appartiennent certaines formules d'acclamation ou d'imprécation, d'un usage fréquent en poésie et dans la prose élevée. La préposition À y est précédée du nom qui est le sujet ou le régime du verbe sous-entendu : *Gloire à Dieu, paix aux hommes de bonne volonté ! honneur aux braves !*

La loi de l'univers, c'est : Malheur *au* vaincu !—
Eh ! malheur donc *à* Rome !

             Saurin, *Spartacus*, III, 4.

La préposition À, ainsi construite, exprimait autrefois, comme la préposition *de*, avec une énergie qui ne s'est conservée que dans le langage familier et populaire, un rapport de possession, et, par extension, de parenté.

Et quant cil de la cité virent venir l'ost *à* l'empereour Henri, si s'enfoïrent es montaignes.

         Villehardouin, *Conqueste de Constantinople*, CLXIV.

Ce roi, qui fut père *à* ce gentil roi Edouard, avoit deux frères de remariage.

         Froissart, *Chroniques*, liv. I, part. 1, c. 3

Devinrent home *au* Loherenc Garin.

         Garin le Loherain, t. II, p. 44.

Se jo ne sui fille *de* roi,
Si sui-je fille *à* riçe conte.

             Partonopeus, v. 10216.

Pleurons la mère *au* grand berger d'ici ;
Pleurons la mère *à* Margot d'excellence.

             L. Marot, *Complaintes*, I

De là des manières de parler familières et proverbiales, telles que : *la barque à Caron*, *la vache
à Colas*, *la botte à Perrette*, etc.

La préposition À, dans cette forme de construction, peut encore avoir pour antécédents des adjectifs. On remarquera que dans plus d'un passage elle
pourrait alors se traduire par *envers*, *à l'égard de*,
pour.

> Jamais peuple n'a été plus constant, plus sincère...
> plus commode *à* tous les étrangers.
>
> <div align="right">Fénelon, <i>Télémaque</i>, III.</div>

> Un homme dur au travail et à la peine, inexorable *à*
> soi-même, n'est indulgent *aux* autres que par un excès de
> raison.
>
> <div align="right">La Bruyère, <i>Caractères</i>, c. 4.</div>

> Ingrat *à* mon ami, perfide *à* ce que j'aime.
>
> <div align="right">P. Corneille, <i>Héraclius</i>, I, 4.</div>

> Jamais le ciel ne fut *aux* humains si facile.
>
> <div align="right">La Fontaine, <i>Philémon et Baucis</i>.</div>

Autrefois, on mettait *à qui* après un nom précédé
lui-même par la préposition A.

> C'est *à* vous *à qui* je vendy
> Six aulnes de drap, maistre Pierre.
>
> <div align="right"><i>Farce de Pathelin</i>.</div>

Au dix-septième siècle, l'usage s'établit de remplacer *à qui* par *que*, afin d'éviter ce qu'il y avait
de redondant pour l'esprit et de dur pour l'oreille
dans le redoublement de la préposition.

> Ce n'est pas *à* vous *que* je parle, c'est à l'autre.
> ...C'est *à* vous *que* je parle, ma sœur.
>
> <div align="right">Molière, <i>le Festin de Pierre</i>, I, 2 ;
<i>les Femmes savantes</i>, II, 7.</div>

Ces exemples peuvent faire douter que Molière
ait écrit, en 1665 :

> Puis-je au moins croire que ce soit *à* vous *à qui* je
> doive la pensée de cet heureux stratagème?
>
> <div align="right"><i>L'Amour médecin</i>, III, 6.</div>

Le même doute n'existe pas pour un vers dans
lequel Boileau, en 1668, semble avoir recherché,
comme un pléonasme expressif, la répétition de la
préposition À :

> C'est *à* vous, mon esprit, *à qui* je veux parler.
>
> <div align="right"><i>Satires</i>, IX.</div>

Beaucoup plus tard, Voltaire a cru de même pour
voir écrire :

> Ce n'est point *au* soleil *à qui* je rends hommage,
> C'est *au* Dieu qui le fit, *au* Dieu son seul auteur.
>
> <div align="right"><i>Les Guèbres</i>, I, 4.</div>

À qui se dit quelquefois, par ellipse, pour *à celui
qui*.

> Il est sévère et inexorable *à qui* n'a pas encore fait sa
> fortune.
>
> <div align="right">La Bruyère, <i>Caractères</i>, c. 9.</div>

À qui est, en bien des cas, interrogatif.

> Ciel ! *à qui* voulez-vous désormais que je fie
> Les secrets de mon âme et le soin de ma vie?
>
> <div align="right">P. Corneille, <i>Cinna</i>, IV, 3.</div>

Il en est de même de *à quoi*, forme employée
quand il s'agit des choses :

> *À quoi* s'arrête ici ton illustre colère?
>
> <div align="right">Le même, <i>Horace</i>, IV, 7</div>

À qui sert encore à former des locutions elliptiques qui expriment une sorte de rivalité, de concurrence.

> Je le voyois tous trois se hâter sous un maître
> Qui, chargé d'un long âge, a peu de temps à l'être;
> Et tous trois à l'envi s'empresser ardemment
> *À qui* dévoreroit ce règne d'un moment.
>
> <div align="right">P. Corneille, <i>Othon</i>, I, 1.</div>

> Entre Sénèque et vous, disputez-vous la gloire
> *À qui* m'effacera plus tôt de sa mémoire.
>
> <div align="right">Racine, <i>Britannicus</i>, I, 2</div>

De là l'expression *à qui mieux mieux*, que Vaugelas trouve basse, condamnant comme ridicule
l'abréviation *à qui mieux*. (*Voyez* Mieux.)

À, quelque espèce de noms qu'il ait pour régime,
noms marquant le lieu et le temps, noms désignant
les choses et les personnes, donne à certains verbes,
dont le régime est ordinairement direct, un régime
indirect, et en modifie par là d'une manière notable
la signification. On dit, par exemple, non-seulement *toucher* un lieu, une chose, une personne,
mais, dans un sens un peu différent, *toucher à* un
lieu, à une chose, à une personne. Les diversités de
sens qui résultent de ces changements de construction seraient difficilement rapportées, avec quelque clarté, quelque évidence, à une loi générale,

et ce n'est pas le lieu de les expliquer en détail. Il vaut mieux renvoyer aux verbes qu'elles affectent. Voyez entre autres *applaudir*, *attendre* et *s'attendre*, *chasser*, *commander*, *croire*, *insulter*, *manquer*, *penser*, *présider*, *prétendre*, *regarder*, *satisfaire*, *souscrire*, *suppléer*, *tenir*, *travailler*, *voir*.

À, forme avec des noms de toute sorte, mais plus particulièrement avec des noms de choses et de personnes, des locutions qui servent à désigner l'enseigne d'une hôtellerie, d'un magasin, etc.

> e descendy *à* l'hostel de la Lune.
>> *Vie de Froissart*, en tête de ses Poésies, p. 25.

> Nous logeâmes, si je m'en souviens bien, *au* Lion d'Or.
>> PRÉVOST, *Manon Lescaut*, partie I.

I, 5. La préposition À, considérée dans la même acception étymologique et primitive, n'exprime pas toujours une idée de tendance vers un lieu, une époque, une chose, une personne; la fin qu'elle sert à indiquer peut être une action, et son régime, par conséquent, un verbe.

Elle est alors le plus souvent précédée d'un autre verbe;

Soit d'un verbe marquant au figuré le mouvement:

> *À* vous faire périr sa cruauté s'attache.
>> RACINE, *Athalie*, IV, 2.

> Trop généreux, trop grand pour m'abaisser *à* feindre.
>> VOLTAIRE, *Zaïre*, IV, 2.

Soit d'un verbe signifiant une action quelconque:

> Et, monté sur le faîte, il aspire *à* descendre.
>> P. CORNEILLE, *Cinna*, II, 1.

> Que tardez-vous, seigneur, *à* la répudier?
>> RACINE, *Britannicus*, II, 2.

> À mon âge, crois-tu m'apprendre *à* me conduire?
>> REGNARD, *le Joueur*, III, 11.

> Mais *à* revoir Paris je ne dois plus prétendre.
>> VOLTAIRE, *Zaïre*, II, 3.

Ainsi placé entre deux infinitifs, À est en certains cas une forme elliptique correspondant à *de quoi*, *quelque chose*, *raison de*, *occasion de*, etc.

> Ceux qui attendent d'un mariage *à* remplir le vide de leur consignation.
>> LA BRUYÈRE, *Caractères*, c. 7.

I.

> Si dans son composé quelqu'un trouve *à* redire,
> Il peut le déclarer sans peur.
>> LA FONTAINE, *Fables*, I, 7.

À cet emploi de À se rapportent certaines locutions de l'usage ordinaire, telles que *donner à jouer*, *donner*, *avoir à manger*, *verser à boire*, *donner à laver*.

Un assez grand nombre de verbes, tels que *commencer*, *continuer*, *contraindre*, *convier*, *demander*, *différer*, *hésiter*, *échapper*, *s'efforcer*, *s'empresser*, *s'ennuyer*, *essayer*, *forcer*, *manquer*, *obliger*, *s'occuper*, *prier*, *servir*, *solliciter*, *tâcher*, *tarder*, etc. (*Voy. ces mots*), se construisent devant l'infinitif, tantôt avec la préposition À, tantôt avec la préposition *de*.

Le plus souvent, le choix entre ces deux formes est indifférent, et l'on se décide pour l'une ou pour l'autre, d'après certaines convenances; par exemple, afin d'éviter un son désagréable à l'oreille. Quelquefois aussi ce choix est déterminé chez les bons écrivains par un sentiment délicat de la valeur propre des deux prépositions, et par la nature particulière des mots qu'elles mettent en rapport.

On ne dit plus guère *oublier à*, autrefois en usage.

> J'ai *oublié à* lui demander si c'étoit en long ou en large.
>> MOLIÈRE, *le Malade imaginaire*, II, 2.

On ne dit plus du tout *choisir à*.

> O hommes... qui, pour délicieusement vivre, *choisissez à* mourir sans honneur.
>> ALAIN CHARTIER, *le Quadriloge*.

Beaucoup d'autres verbes sans doute ont perdu, avec le temps, cette liberté de construction que leur permettait la valeur quelquefois indécise des prépositions À et *de*.

À, nous semble rédondant, explétif, dans certaines formes de l'ancien langage, où il marquait, entre deux verbes, un rapport de tendance qui résulte maintenant de leur seule succession. Selon Sainte-Palaye, qui en a recueilli des exemples, on disait:

Au lieu de *faire mettre*, *faire à mettre*; au lieu de *se faire voir*, *se faire à veoir*; au lieu de *faire savoir*, *faire à savoir*. (*Voyez* SAVOIR.)

À, suivi d'un infinitif, a souvent pour antécédents les verbes *avoir* et *être*.

Avoir à faire est une locution fort usitée; et,

3

par une transposition élégante, le régime du second verbe est souvent attribué au premier ; on dit non-seulement *avoir à faire une chose*, mais *avoir une chose à faire*.

J'ai cru avoir rempli ma destinée, dès que je n'ai plus *eu à faire* de grandes choses. ·

　　　MONTESQUIEU, *Dialogue de Sylla et d'Eucrate*.

Ce prince était partout avec son fils, et venait ensuite rendre compte de tout au roi, comme un officier qui *aurait eu* sa fortune *à faire*.

　　　VOLTAIRE, *Siècle de Louis XIV*, c. 9.

Il en est de même dans bien des cas, où *avoir à* est suivi d'autres verbes.

Avoir à, avec le verbe complément de À, est susceptible de nuances diverses. Il n'exprime pas seulement qu'on peut, qu'on doit faire une chose, comme dans ces exemples :

Ils veulent asservir vostre liberté, et vous *avez à* vous deffendre de leur servage.

　　　ALAIN CHARTIER, *le Quadriloge*.

Ma tranquille fureur n'*a* plus qu'*à* se venger.

　　　RACINE, *Bajazet*, IV, 5.

On s'en sert encore pour dire qu'on est en droit de faire une chose :

Qu'*ai* je *à* me plaindre? où sont les pertes que j'ai faites?

　　　RACINE, *Iphigénie*, IV, 6.

Ou bien qu'on n'a rien de mieux à faire :

Sur ses aïeux sans doute il n'*a* qu'*à* se régler ;
Pour bien faire, Néron n'*a* qu'*à* se ressembler.

　　　RACINE, *Britannicus*, I, 2.

Il y a, et les autres formes impersonnelles du verbe *avoir*, employées tant au sens affirmatif qu'au sens négatif, sont un antécédent très-ordinaire de À suivi d'un verbe.

Il n'*y a* qu'*à être* heureux, tout réussit.

　　　Mᵐᵉ DE SÉVIGNÉ, *Lettres*, 16 août 1675.

Ils ont mis leur repos, leur santé, leur honneur et leur conscience pour les avoir (les richesses) : cela est trop cher, et *il n'y a rien à* gagner à un tel marché.

　　　LA BRUYÈRE, *Caractères*, c. 6.

Dans cette forme de langage, l'antécédent de À est souvent aussi le verbe *être*. De là des locutions de nature très-diverse, ayant la valeur tantôt du présent, tantôt du futur ;

Du présent :

Ces hommes qui en *sont encore à* penser et *à* écrire judicieusement.

　　　LA BRUYÈRE, *Caractères*, c. 6.

Et, sans les prompts secours qu'on prit soin d'apporter, *Il seroit* sur son lit peut-être *à* tremblotter.

　　　BOILEAU, *Satires*, X.

Du futur :

Le temps viendra, où cet homme qui vous sembloit si grand... sera comme l'enfant qui *est encore à* naître.

　　　BOSSUET, *Sur la brièveté de la vie*.

Je voudroie miex *estre à* nestre,
Que je féisse tel outrage.

　　　Fabl. et cont. anc., MÉON, III, 298.

Mais messieurs vos enfants *sont encore à* venir.

　　　DESTOUCHES, *le Philosophe marié*, I, 4.

Un bel emploi de cette forme, qui fait de À, précédé du verbe *être* et suivi d'un verbe à l'infinitif, l'équivalent du participe futur des Latins, s'est trouvé de bonne heure dans cette expression des anciens sermonnaires : *Ceux qui sont à ressusciter* ; euphémisme heureux, pour dire : Ceux qui sont morts.

Dans bien des cas, *être à*, suivi d'un verbe à l'infinitif, exprime simplement une idée de convenance. Dire d'une chose qu'*elle est à faire*, qu'*elle est à remarquer*, etc., ce n'est pas toujours dire qu'*elle n'a encore été ni faite ni remarquée*, mais qu'il serait convenable qu'on la fît, qu'on la remarquât. Il en est de même lorsqu'en parlant d'une personne, on dit qu'*elle est à craindre*, qu'*elle est à blâmer*, etc.

Être à dire, *se trouver à dire*, offrent une ancienne et singulière locution, que Monet, dans son dictionnaire, traduit par *abesse*, *desiderari*, *deesse*.

Quanqu'il (de tout ce qu'il) demande et desire,
Riens nule ne l'en *est à dire*,
Ne riens ne li faut (manque).....

　　　Partonopeus, v. 1689.

Toz les deniers je les vos doi ;
Les iex me crevez, je l'otroi,
Se il en *est à dire* un seul.

　　　Fabl. et cont anc., MÉON, III, 360.

Être homme à, *femme à*, et autres locutions de ce genre, précédant un verbe à l'infinitif, se disent de personnes qui sont capables de faire ou d'endu-

rer certaines choses, qui méritent d'éprouver certain traitement.

Quant au raisonnement du mariage, vous avez deux savants, deux philosophes, vos voisins, qui *sont gens à*
vous débiter tout ce qu'on peut dire sur ce sujet.
Molière, le Mariage forcé, sc. 5.

Dans cette manière de parler, le verbe, régime
de À, est toujours à l'actif; mais il exprime quelquefois, au lieu d'une action faite par les personnes
dont il s'agit, une action exercée sur elles.

C'est un *homme*, entre nous, *à* mener par le nez.
Molière, le Tartuffe, IV, 5.

Cela se remarque encore dans ces locutions analogues, indiquées plus haut, *être à craindre, être à
blâmer*, etc.

Mais, tout ingrat qu'il est, croyez-vous aujourd'hui
Qu'Amurat ne *soit* pas plus *à craindre* que lui?
Racine, Bajazet, IV, 5.

Je ne *suis* pas *à* jeter dans la rue.
La Fontaine, Contes, I, 7.

Quelquefois, dans cette forme de construction, *être*
se trouve suivi d'un nom de nombre qui attribue à
plusieurs l'action exprimée par le verbe régime de À.

Car c'est ne régner pas qu'*être* deux *à* régner.
P. Corneille, Pompée, I, 2.

Et dit: Nous *sommes* quatre *à* partager la proie.
La Fontaine, Fables, I, 6.

Quelquefois aussi, après *être*, se trouvent des mots
comme *le premier, le dernier*, exprimant le rang
dans lequel plusieurs personnes concourent à une
même action.

Ceux de qui la conduite offre le plus à rire
Sont toujours sur autrui *les premiers à* médire.
Molière, le Tartuffe, I, 1.

Être à s'est dit autrefois, dans le sens de *consister à*.

Les Juifs, qui ont été appelés à dompter les nations et les
rois, ont été esclaves du péché; et les chrétiens, dont la vocation a *été à* servir et *à* être sujets, sont les enfants libres.
Pascal, Pensées, part. II, xvii, 54.

Votre contentement n'*est* qu'*à* me maltraiter.
— Comme le vôtre n'*est* qu'*à* me persécuter.
P. Corneille, la Suivante, III, 2.

L'esprit doit sur le corps prendre le pas devant;
Et notre plus grand soin, notre première instance
Doit *être à* le nourrir du suc de la science.
Molière, les Femmes savantes, II, 7.

De *être à* se sont formées les expressions con-
jonctives *c'est-à-dire, c'est à savoir*, et, par ellipse,
les locutions adverbiales *à savoir* et *savoir*. (*Voyez*
Dire, Savoir.)

Le verbe qui précède À peut ici encore avoir un
complément, avec lequel il forme une sorte d'antécédent complexe de la préposition.

J'ai une démangeaison naturelle *à* faire part des contes
que je sais.
Molière, les Fourberies de Scapin, III, 3.

Quand je considère quelle peine ont les personnes de
mérite *à* en approcher (des grands)...
La Bruyère, Caractères, c. 9.

Toujours *à* vous louer il a paru de glace.
Molière, les Femmes savantes, IV, 2.

Le ciel s'est fait sans doute une joie inhumaine
À rassembler sur moi tous les traits de sa haine.
Racine, Iphigénie, II, 1.

L'antécédent de À, suivi d'un verbe, est très-
souvent aussi un adjectif.

Et, lents *à* le venger, prompts *à* remplir sa place.
Racine, Mithridate, I, 3.

Dans des locutions comme celles-ci, *beau à voir,
possible à dire, facile à connaître*, etc., se trouve,
comme il a été dit précédemment, l'équivalent du
supin des Latins.

Pardonnez-moi ce mot, il est *fâcheux à dire*.
P. Corneille, Nicomède, IV, 3.

Ce langage *à* comprendre est assez *difficile*.
Molière, le Tartuffe, IV, 5.

Toujours suivie d'un verbe, mais précédée d'un
substantif, la préposition À exprime la destination,
la propriété, l'opportunité d'une chose.

Ils ordonnèrent un grand parlement *à* estre en la dite
ville de Bruxelles.
Froissart, Chroniques, liv. I, part. 1, c. 95.

Un grand esprit, tout seul, est un grand instrument *à*
faire des fautes.
Balzac, Aristippe, disc. III.

Sur les rives de l'Orne, un berger amoureux...
Tourmenté de ses maux, accablé de ses chaînes,
Cherchoit une retraite *à* soupirer ses peines.
Segrais, Uranie, églogue VI.

Tout autre objet le blesse, et peut-être aujourd'hui

Il n'attend qu'un prétexte *à* l'éloigner de lui.
RACINE, *Andromaque*, II, 3.

Et la cour et la ville
Ne m'offrent rien qu'objets *à* m'échauffer la bile.
MOLIÈRE, *le Misanthrope*, I, 1.

La licence *à* rimer alors n'eut plus de frein.
BOILEAU, *Art poétique*, I.

De là des locutions fort usitées dans le langage ordinaire, *chambre à coucher, salle à manger, chanson à boire*, etc.

À cette forme de langage se rapportent des locutions comme *être de force, de taille à*, ou, sans le verbe, *de force, de taille à*, c'est-à-dire, assez fort, assez grand pour. (*Voyez* FORCE, TAILLE.)

À l'usage rappelé plus haut, de la locution *être à* suivie d'un verbe, se rapportent ces formes elliptiques d'un emploi fréquent, *une opération à terminer, des papiers à revoir, la vie à venir*, et autres encore, renfermant les idées soit d'existence et d'actes futurs, soit de possibilité, de convenance, exprimées en latin par des participes actifs et passifs.

C'est par un de ces participes qu'il faudrait traduire en latin l'expression fort remarquable, offerte dans cet ancien texte :

En seurté de le devant dite concorde, perpetueument *à* durer.
DUCHESNE, *Généalogie de Béthune*, preuves du liv. III, p. 146.

Quel fond *à* faire sur un personnage de comédie !
LA BRUYÈRE, *Caractères*, c. 8.

Fer jadis tant *à* craindre, et qui, dans cette offense,
M'as servi de parade et non pas de défense.
P. CORNEILLE, *le Cid*, I, 4.

D'après la signification de la préposition À, ayant pour régime un verbe, il est facile de comprendre qu'elle ait été employée en bien des cas où l'on se sert plus ordinairement aujourd'hui de la préposition *pour*.

J'esprouvay, en ma patience, que j'avois quelque tenue contre la fortune, et qu'*à* me faire perdre mes arçons il falloit un grand heurt.
MONTAIGNE, *Essais*, III, 12.

Celui qui ne se sert pas de son bien *à* marier ses filles, *à* payer ses dettes, ou *à* faire des contrats...
LA BRUYÈRE, *Caractères*, c. 6

Il nous servit de guide *à* passer les déserts.
RACAN *Psaume* CVI.

Que désormais le ciel, les enfers et la terre,
Unissent leurs fureurs *à* nous faire la guerre !
P. CORNEILLE, *Horace*, II, 3.

Je fais tout mon possible
A rompre de ce cœur l'attachement terrible.
MOLIÈRE, *le Misanthrope*, II, 1.

Certaines propositions se composent uniquement de À suivi du verbe, son régime ; telles sont celles-ci fort en usage, *au revoir, à revoir (Voyez* REVOIR), *à examiner, à finir*, etc.

On a dit autrefois, *au revenir*.

Ma chère dame, à Dieu vous commans, jusques *au revenir*.
FROISSART, *Chroniques*, liv. I, part. 1, c. 168.

À, toujours avec un verbe pour régime, rend, par une forme très-rapide et très-vive, ce qu'expriment les locutions *au point de, de manière à, capable de*, etc.

1° Après un verbe :

Alors nous nous saisîmes l'un l'autre, nous nous serrâmes *à* perdre la respiration... épaule contre épaule, pied contre pied...
FÉNELON, *Télémaque*, V.

Quand j'aurois volonté de le battre *à* mourir,
Eh bien ! c'est mon valet.
MOLIÈRE, *l'Étourdi*, III, 4.

Cet homme-là, ma sœur, t'aime *à* perdre l'esprit.
REGNARD, *le Distrait*, II, 7.

2° Après un participe ou après un adjectif :

La pâle est au jasmin en blancheur comparable ;
La noire *à* faire peur, une brune adorable.

Et j'en vois qui sont faites
A pouvoir inspirer de tendres sentiments.
MOLIÈRE, *le Misanthrope*, II, 5 ; III, 5.

3° Après un substantif :

Cette longue lunette *à* faire peur aux gens.

Et d'une impertinence
A décrier partout l'esprit et la science.
MOLIÈRE, *les Femmes savantes*, II, 7 ; IV, 3.

4° Après une proposition entière :

La curiosité qui vous presse est bien forte,
M'amie, *à* nous venir écouter de la sorte.
MOLIÈRE, *le Tartuffe*, II, 2.

Lorsque À régit plusieurs verbes, on peut, et cette observation est commune à la préposition *de* (*voyez* De), se contenter de l'exprimer devant le premier, et le sous-entendre devant les autres.

Comme si j'étois femme à violer la foi que j'ai donnée à un mari, et m'éloigner jamais de la vertu que mes parents m'ont enseignée!
Molière, Georges Dandin, II, 10.

Toutes les facultés de l'âme se réduisant à sentir et penser, nos plaisirs consistent à aimer et connoître.
Duclos, Considérations sur les mœurs.

Cette ellipse de À est moins ordinaire, lorsque ce n'est pas un verbe que régit la préposition.

Et, sans parler du reste, on sait bien que Célie
A causé des désirs à Léandre et Lélie.
Molière, l'Étourdi, V, 13.

I, 6. À, peut avoir pour régimes d'autres mots encore que des noms et des verbes; par exemple, des adverbes avec lesquels il forme un grand nombre de locutions qui seront expliquées en leur lieu.

D'autre part, il peut avoir pour antécédents certains adverbes, comme *convenablement*, *exclusivement*, *quant*, *relativement*, etc. (*Voyez ces mots.*)

À, précède quelquefois *de*, quand cette préposition désigne une quantité vague, un nombre indéterminé.

À de plus hauts partis Rodrigue doit prétendre.
P. Corneille, le Cid, I, 3.

À des dieux mugissants l'Égypte rend hommage.
L. Racine, la Religion, I.

Il est souvent précédé de la préposition *jusque*, dont la propriété est de marquer, avec plus de précision, le terme, le but, quelquefois aussi de faire comprendre ce qu'il y a d'excessif dans les choses, ce qui va au delà de l'ordinaire, soit en bien, soit en mal. (*Voyez* Jusque.)

Quelquefois on dit simplement À, lorsque le sens semblerait demander *jusqu'à*.

. . . . Une femme en sait toujours assez,
Quand la capacité de son esprit se hausse
À connoître un pourpoint d'avec un haut-de-chausse.
Molière, les Femmes savantes, II, 7.

À est encore l'équivalent de *jusqu'à*, lorsque, précédé de verbes, comme *aller*, *monter*, *se monter*,

et suivi de mots qui expriment le nombre, il assigne à une évaluation le terme qu'elle peut atteindre.

Il faudra le harnois et les pistolets, et cela *ira* bien *à* vingt pistoles encore... *À* combien est-ce qu'il fait *monter* son mulet?
Molière, les Fourberies de Scapin, II, 8.

Voici le contenu de nos dettes actives:
Et vous allez bien voir que le compte suivant,
Payé fidèlement, *se monte à* presque autant.
Regnard, le Joueur, III, 4.

À l'idée de terme correspond l'idée de point de départ; la préposition A doit donc avoir souvent pour corrélatif la préposition *de*.

Cet autre... augmente *d'*année *à* autre de réputation.
La Bruyère, Caractères, c. 10.

Quiconque a le génie de son art... passe bien vite et sans effort *du* petit *au* grand.
Voltaire, Siècle de Louis XIV, c. 13.

Et quelquefois aussi, quand la fougue me quite,
Du plus haut *au* plus bas mon vers se précipite.
Regnier, Satires, I.

De Paris *au* Pérou, *du* Japon jusqu'*à* Rome.
Boileau, Satires, VIII.

Cette forme de langage sert à exprimer, entre les choses et les personnes, des relations de plus d'une sorte, comme dans ces locutions: *de Turc à More, de pair à compagnon, de nation à nation, de puissance à puissance, de gré à gré, du tout au tout*, etc.

Tantôt les substantifs mis en rapport par À sont divers:

Il y a un commerce ou un retour des devoirs *du* souverain *à* ses sujets, et *de* ceux-ci *au* souverain.
La Bruyère, Caractères, c. 10.

Tantôt ces substantifs sont identiques:

L'argent est maître de tout dans un État; je dis dans un État, car il n'en est pas de même *de* nation *à* nation.
Voltaire, Dictionnaire philosophique, art. Égalité.

Ce combat *d'*homme *à* homme, *de* quinze *contre* quinze, fut comme celui des héros grecs et troyens.
Le même, Annales de l'Empire, ann. 1319.

Dans ce dernier exemple, la valeur de la préposition À se trouve expliquée par la préposition *contre*, dont l'auteur se sert ensuite.

À répond encore à *contre*, dans certaines locutions usitées au jeu, pour marquer la situation relative de deux joueurs.

> ...Il a dix trous *à* rien.
>
> REGNARD, *le Joueur*, III, 3.

Cette forme de construction a donné lieu à certains proverbes de l'usage familier, tels que : *à bon chat bon rat*, *à trompeur trompeur et demi*, *à bon jeu bon argent*, etc.

On se sert d'une forme analogue quand, croyant pouvoir se dispenser d'un calcul rigoureux, on permet de choisir, entre un nombre et un autre, un terme approximatif et vague.

> Il est demeuré, de part et d'autre, neuf *à* dix mille chats sur la place.
>
> LA BRUYÈRE, *Caractères*, c. 12.

Pour que cette locution puisse être employée, il faut qu'entre les deux nombres il y ait place pour des intermédiaires. S'ils se suivaient immédiatement, le choix ne serait plus possible qu'entre eux ; et il faudrait, au lieu de la préposition A, employer la conjonction alternative *ou*.

Cependant À se place fort bien entre deux nombres consécutifs, lorsqu'ils s'appliquent à des choses qui peuvent se diviser par fractions : *deux à trois livres, cinq à six lieues, un a deux régiments.*

Ces règles ont été longtemps à s'établir, et, jusque dans le XVIIIe siècle, de bons écrivains ne se sont pas fait scrupule de se servir de la préposition A, dans des cas où la conjonction *ou* serait aujourd'hui seule admise.

> Cela est admirable : on ne veut pas que j'honore un homme vêtu de brocatelle, et suivi de sept *à* huit laquais.
>
> PASCAL, *Pensées*, part. I, VIII, 14.

> Elle me mena dans un appartement composé de cinq *à* six pièces de plain-pied.
>
> LE SAGE, *Gil Blas*, III, 9.

A la même forme de construction se rapportent très-probablement certaines locutions, où A, placé entre deux noms, marque que l'on va d'une chose ou d'une personne à une autre.

> Nous suivons son mal jour *à* jour.
>
> Mme DE SÉVIGNÉ, *Lettres*, 16 mars 1671.

> Qui me vend pièce *à* pièce tout ce qui est dans le logis.
>
> MOLIÈRE, *le Médecin malgré lui*, I, 1.

L'habiller le matin et la déshabiller le soir, épingle *à* épingle.

> BEAUMARCHAIS, *le Mariage de Figaro*, I, 5.

> Eaige (l'âge) sonnant sa fleuste et son tambour
> Endort pluseurs entretant que je (la Mort) viens;
> Et an *à* an, mois *à* mois, jour *à* jour,
> Les fait passer, sans les advertir riens.
>
> P. MICHAULT, *la Dance aux Aveugles*, p. 70.

> Là-dessus, de la pièce il m'a fait un sommaire,
> Scène *à* scène averti de ce qui s'alloit faire.
>
> MOLIÈRE, *les Fâcheux*, I, 1.

> L'hirondelle leur dit : Arrachez brin *à* brin
> Ce qu'a produit ce maudit grain.
>
> LA FONTAINE, *Fables*, I, 8.

> Au sein d'Antiparos tu filtres goutte *à* goutte
> Tous ces glaçons d'albâtre, ornement de sa voûte.
>
> DELILLE, *l'Imagination*, V.

De là un grand nombre de locutions usuelles de valeur diverse, exprimant encore :

Soit correspondance : *but à but, mot à mot, pas à pas;*

Soit jonction ou opposition : *bout à bout, côte à côte, dos à dos, pied à pied, corps à corps, pair à pair, vis-à-vis, face à face*, etc.

Soit progression : *petit à petit, peu à peu;*

Soit succession : *tour à tour.*

> Il orent un parlement au roi, ù il parlèrent à lui *bouche à bouche.*
>
> *Hist. des ducs de Normandie et des rois d'Angleterre*, p 146.

> Iloc dedens fu enterés
> Ioste son frère, *lès à lès.*
>
> WACE, *Roman de Brut*, v. 9241.

> Mais or en viens à moi *cor à cor, per à per.*
>
> *La Chanson d'Antioche*, t. II, p. 270.

> Doi et doi (deux à deux) vindrent *main à main.*
>
> *Roman de Ham*, p. 272.

> Ils sont *braz à braz* mettez à èse (aise).
>
> *Fabl. et cont. anc.*, MÉON, I, 250.

La même idée de passage, de succession, de correspondance, se rencontre dans les locutions *un à un, deux à deux, quatre à quatre*, et autres de ce genre, qui se disent de choses ou de personnes distribuées par groupes égaux.

> Li diables... ès autres péciés (péchés), il prent les gens *un à un*, et en cestui les prent deus et deus, voire à le fie (quelquefois) quatre et quatre.
>
> *Le Mireoir dou monde*, ms. de la Bibl. nat. n° 7363, f. 221 v°, c. 1.

> Et lassez du travail, *trois à trois, quatre à quatre*,
> Couronnez de bouquets, s'en vont aux champs s'esbatre.
>
> DUBARTAS, *la Semaine*, Ve jour.

Dans la locution *seul à seul*, À s'interpose de même entre des adjectifs, et marque l'opposition, la lutte de deux personnes.

Eslisez un de vus, e vienge encontre mei, en bataille, *sul à sul.*

Les quatre Livres des Rois, I, xvii, 8.

Hé bien ! nous nous verrons *seul à seul* chez Barbin.

MOLIÈRE, *les Femmes savantes,* III, 5.

Seul à seul, dans les exemples suivants, marque non l'opposition, mais le secret.

Pierre Clairet... eut communication très privée avec ledict chambellan, en sa chambre, à Londres, *seul à seul.*

COMMYNES, *Mémoires,* VI, 1.

L'a dit au duc de Normandie
Tot *sol à sol* privéement.

BENOÎT, *Chron. des ducs de Normandie,* v. 34880.

À, qui, dans les exemples précédents, est l'équivalent tantôt de *contre,* tantôt de *avec,* pourrait s'interpréter par *à l'égard de, vis-à-vis de,* et même *en faveur de,* dans la phrase suivante :

Juif *aux* Juifs, gentil *aux* gentils, tout *à* tous, dit l'apôtre saint Paul, afin de les gagner tous.

BOSSUET, *Panégyrique de saint Bernard.*

Après le verbe *être,* À s'emploie quelquefois au sens de *relativement à, à l'égard de,* dans les phrases où l'on établit entre les choses certains rapports proportionnels.

La superstition est *à* la religion ce que l'astrologie est *à* l'astronomie, la fille très-folle d'une mère très-sage.

VOLTAIRE, *Traité sur la tolérance.*

II.

La préposition À, dans quelques-unes de ses acceptions, semble être en rapport avec l'étymologie qui la rattache à l'*a* de la langue latine, et servir à former, non plus, comme jusqu'ici, un datif, un accusatif, mais un ablatif. Elle exprime alors principalement, au lieu des idées de terme et de but, celles de point de départ et de moyen.

II, 1. L'idée de point de départ est sensible dans la locution *commencer à,* où À pourrait quelquefois se traduire par *À partir de.*

Me désavouerez-vous, messieurs, quand je dirai que le vrai mérite et la réputation de notre langue ont commencé à l'auteur du Cid et de Cinna ?

VOLTAIRE, *Discours de réception à l'Académie française.*

Dans d'autres locutions, où entrent des verbes actifs, comme *acheter à, entendre dire à, prendre à, puiser à,* etc., le complément du verbe marque également le point de départ de l'action qu'il exprime, et se rendrait de même en latin par *à,* suivi d'un ablatif.

Les exemples suivants opposent l'une à l'autre les deux valeurs générales de la préposition À, qui la rendent propre à exprimer à la fois et le point de départ et le terme.

Que l'ancienne Rome ne me vante plus ses dictateurs pris *à* la charrue, qui ne quittoient leur commandement que pour retourner *à* leur labourage.

BOSSUET, *Panégyrique de saint Vincent de Paul.*

Avant qu'un nœud fatal l'unît *à* votre frère,
Thésée avoit osé l'enlever *à* son père.

RACINE, *Iphigénie,* IV, 4.

À, marquant le point de départ, ne sert pas seulement à former, avec les noms qu'il régit, le complément de verbes actifs ou neutres : il entre encore, construit de même, dans la formation de termes qui, par l'expression d'une circonstance, modifient la proposition. Tels sont : *à cause de,* équivaleût et traduction d'un ablatif latin fort usité ; *à ces causes,* en usage dans le style des ordonnances ; *à la demande de, à ce titre, à titre de,* et, sous une forme interrogative, *à quel titre,* etc. (voyez ces mots) ; toutes formes employées pour faire connaître la raison sur laquelle on se fonde, dont on s'autorise.

À, dans un sens analogue, équivaut à d'*après* et est très-voisin de *par,* qu'on y pourrait aussi quelquefois substituer : *Vous les reconnaîtrez à leurs fruits,* traduit littéralement le latin : *a fructibus eorum cognoscetis eos* (MATTH., VII, 16, 20).

Ce n'est pas *à* ces marques vaines et lugubres de grandeur que l'ange annonce aujourd'hui à Marie que Jésus-Christ sera grand.

MASSILLON, *Petit Carême,* Grandeur de Jésus-Christ.

Je n'en serai point cru *à* mon serment, et l'on dira que je rêve.

MOLIÈRE, *Georges Dandin,* II, 8.

Moult samblés home, *à* ço que voi,
Qui l' doie bien faire el tornoi.

Partonopeus, v. 7833.

À l'œuvre on connaît l'artisan.

LA FONTAINE, *Fables,* I, 21.

À ces simplicités qui sortent de sa bouche,
À cet air si naïf, croirait-on qu'elle y touche?
REGNARD, le Distrait, I, 4.

Dans certains membres de phrases formés de même, À marque entre les choses tout à la fois dépendance et simultanéité.

À l'arrivée de la reine, la rigueur se ralentit.
BOSSUET, Oraison funèbre de la reine d'Angleterre.

Au seul son de sa voix la mer fuit, le ciel tremble.
RACINE, Esther, I, 3.

À l'orgueil de ce traître,
De mes ressentiments je n'ai pas été maître.
MOLIÈRE, le Tartuffe, V, 3.

À tous ces beaux discours j'étois comme une pierre.
BOILEAU, Satires, III.

À, répond encore à l'idée générale de point de départ dans des propositions incidentes qu'il forme avec le verbe son régime, et le complément ou les compléments de ce verbe. Ces propositions incidentes, qui peuvent se placer, selon le besoin du sens, au commencement, à la fin, dans le cours de la phrase, expriment d'ordinaire une condition à laquelle est subordonnée l'idée énoncée dans la proposition principale. À, y tient heureusement la place d'expressions moins vives :

De la préposition *pour*, suivie d'un infinitif :

À vous dire la vérité, il y a peu de choses qui me soient impossibles.

C'est une étrange chose, *à* vous parler sans feinte,
Qu'une femme qui n'est sage que par contrainte.
MOLIÈRE, les Fourberies de Scapin, I, 2; l'École des Maris, I, 2.

Ou bien encore de la préposition *en*, suivie d'un participe ; de *lorsque, quand, si*, construits diversement avec *on, nous, vous*, et leur verbe.

À voir les choses que Dieu a faictes de nostre temps et faict chascun jour, semble qu'il ne veuille riens laisser impugny.
COMMYNES, Mémoires, IV, 13.

À ne regarder que les rencontres particulières, la fortune semble seule décider de l'établissement et de la ruine des empires ; *à* tout prendre, il en arrive à peu près comme dans le jeu, où le plus habile l'emporte à la longue.
BOSSUET, Discours sur l'Histoire universelle, III, 2.

Il y a inconvénient partout : *à* ne prévoir rien, on est surpris ; *à* prévoir trop, on est misérable.
SAINT-ÉVREMONT, OEuvres mêlées ; Réflexions sur la vérité de nos défauts.

À vaincre sans péril, on triomphe sans gloire.
À raconter ses maux, souvent on les soulage.
P. CORNEILLE, le Cid, II, 3 ; Polyeucte, I, 2.

Et qu'il n'est à la cour oreille qu'il ne lasse
À conter sa bravoure et l'éclat de sa race.

Je trahirois mon cœur *à* parler d'autre sorte.

Quoi ! l'avez-vous surprise *à* n'être pas fidèle ?
MOLIÈRE, le Misanthrope, I, 1; le Tartuffe, I, 1;
les Femmes savantes, II, 6.

On ne fait donc point mal *à* se faire enlever?
REGNARD, le Distrait, I, 3.

Ni mon grenier, ni mon armoire
Ne se remplit *à* babiller.
LA FONTAINE, Fables, IV, 3.

Toutes ces phrases sont plus ou moins elliptiques ; mais aucune ne l'est autant que les suivantes, où paraît l'usage libre et hardi que l'on faisait primitivement de la préposition À :

On connoissoit sa présence sur les villes frontières, non pas *à* prendre ses divertissements et ses plaisirs, non pas *aux* comédies, *aux* jeux, *aux* bals, mais *aux* dévotions publiques, *à* soulager les pauvres et *à* délivrer les prisonniers.
MASCARON, Oraison funèbre d'Anne d'Autriche.

À nous punir, comme *à* nous pardonner,
On reconnoît sa bonté paternelle.
RACAN, Psaume CX.

Un de nos poëtes comiques a dit *à voir*, par ellipse, pour *à ce qu'on peut voir, à ce qu'il paraît*.

Vous êtes riche, *à voir?*
REGNARD, le Joueur, I, 10.

II, 2. Quelquefois, dans cette même forme de construction, c'est-à-dire suivi d'un verbe, À exprime plutôt l'idée de moyen.

On ne devient guère si riche *à* être honnêtes gens.
MOLIÈRE, le Bourgeois gentilhomme, III, 12.

Il est vieux et usé, dit un grand ; il s'est crevé *à* me suivre : qu'en faire?
LA BRUYÈRE, Caractères, c. 9.

Et les doctes du temps,
À les lire amusés, n'ont autre passe-temps.
REGNIER, Satires, II.

Il se tue *à* rimer : que n'écrit-il en prose?
BOILEAU, Satires, IX.

Deux parts en fit, dont l'une il souloit passer
L'une *à* dormir, et l'autre *à* ne rien faire.
LA FONTAINE, Epitaphes, I.

À la plupart des exemples qui précèdent s'applique l'observation faite au commencement de cet article sur le rapport qu'il y a quelquefois entre À suivi d'un verbe, et une forme de la conjugaison latine, le gérondif en *do*.

L'idée de moyen se retrouve dans des constructions où À est suivi d'un nom, et employé comme une sorte de synonyme de *par*.

> Il le fit despouiller et saisir *à* des bourreaux.
> <div align="right">MONTAIGNE, <i>Essais</i>, I, 1.</div>

> Qu'on fasse déchirer ce sacrilége *à* la Chimère.
> <div align="right">D'ABLANCOURT, trad. de Lucien, <i>Dialogues</i>, Minos et Sostrate.</div>

> Se fesoit batre *à* ses bajasses (servantes)
> Tant que de batre estoient lasses.
> <div align="right">RUTEBEUF, <i>la Vie sainte Elysabel</i>.</div>

> Va, va-t'en faire amende honorable au Parnasse
> D'avoir fait *à* tes vers estropier Horace.
> <div align="right">MOLIÈRE, <i>les Femmes savantes</i>, III, 5.</div>

Le verbe actif *changer* peut avoir deux compléments exprimant les deux objets d'un échange; or, l'un des deux a été quelquefois exprimé par l'équivalent de l'ablatif, qui, en pareil cas, sert de régime indirect au latin *mutare*, c'est-à-dire par À suivi d'un substantif.

> Cependant l'humble toit devient temple, et ses murs
> *Changent* leur frêle enduit *aux* marbres les plus durs.
> <div align="right">LA FONTAINE, <i>Philémon et Baucis</i>.</div>

> Peut-être avant la nuit l'heureuse Bérénice
> *Change* le nom de reine *au* nom d'impératrice.
> <div align="right">RACINE, <i>Bérénice</i>, I, 3.</div>

On rencontre un assez grand nombre de phrases où le verbe *laisser*, régissant un autre verbe, sert d'antécédent à la préposition À; il semble alors que cette préposition tienne à la fois aux deux verbes, qu'à l'égard de l'un elle marque le terme, à l'égard de l'autre, le moyen, l'instrument; qu'elle soit, dans le premier cas, le signe d'une sorte de datif, dans le second, l'équivalent du mot *par*.

> Ne vous *laissez* point accabler l'esprit *à* cette prévoyance infinie qui va chercher les maux jusqu'au bout du monde.
> <div align="right">BALZAC, <i>Aristippe</i>, disc. IV.</div>

> Faites votre devoir, et *laissez* faire *aux* dieux.
> <div align="right">P. CORNEILLE, <i>Horace</i>, II, 8.</div>

> ....J'aurois cette foiblesse d'âme
> De me *laisser* mener par le nez *à* ma femme?
> <div align="right">MOLIÈRE, <i>les Femmes savantes</i>, V, 2.</div>

I.

> Tout cœur se *laisse* *à* ce charme amollir.
> <div align="right">LA FONTAINE, <i>Contes</i>, II, 5.</div>

> Prends, mon fils; *laisse-toi* fléchir *à* ma prière.
> <div align="right">A. CHÉNIER, <i>Idylles</i>, le Malade.</div>

II, 3. L'analogie de À suivi de son régime, avec l'ablatif latin, peut encore servir à expliquer certains emplois de cette préposition, différents de ceux qui ont été précédemment définis:

Comme lorsqu'on en fait une sorte de synonyme des prépositions *en* et *dans*.

On trouve, chez d'anciens auteurs, des exemples de À dans le sens de *en*.

> Quar autre chose ne querroie,
> Mais que ge fusse *à* garison (sûreté)
> Et *à* repos en ma maison.
> <div align="right"><i>Fabl. et cont. anc.</i>, Méon, t. I, p. 99.</div>

Sainte-Palaye cite, d'après d'anciens textes, ces locutions curieuses: à *daerrains*, pour *en dernier lieu*; *à bonne foi*, pour *en bonne foi*; huit mille livres *à tournois*, pour *en tournois*; livres *à digenois*, pour *en monnoie de Dijon*.

On a dit, pour *en même temps*, *au même temps*; pour *être en peine de*, *être à la peine de*. (*Voyez* PEINE.)

À deux fois remplace *en deux fois*, qu'on aurait dû dire par analogie avec l'expression *en une fois*. (*Voyez* FOIS.)

À pour *dans* est très-fréquent, surtout en poésie.

> Nous mismes *au* Seigneur toute nostre espérance.

> Mes maux ont leur soulagement
> *Aux* biens que ta grace m'accorde.
> <div align="right">RACAN, <i>Psaumes</i> CVI, CXVIII.</div>

> Viens, suis-moi, va combattre, et montrer *à* ton roi
> Que ce qu'il perd *au* comte il le retrouve en toi.
> <div align="right">P. CORNEILLE, <i>le Cid</i>, III, 6.</div>

> Mais ma force est *au* Dieu dont l'intérêt me guide.
> <div align="right">RACINE, <i>Athalie</i>, IV, 3.</div>

Le complément du verbe *consister* se forme indifféremment au moyen de *dans*, *en* et de *à*. On le voit clairement par l'exemple suivant, où ces prépositions alternent.

La religion des Juifs sembloit *consister* essentiellement *en* la paternité d'Abraham, *dans* la circoncision, *aux* sacrifices, *aux* cérémonies, *en* l'arche, *au* temple de Jérusalem, et enfin *en* la loi et l'alliance de Moïse.
PASCAL, Pensées, part. II, art. XIV, § 1.

Ces locutions *à mon avis, à mon sens, à votre calcul*,

et autres pareilles où l'on pourrait remplacer *À* par *selon* ou *suivant,* répondent aussi à des ablatifs latins.

Nous ne quittons pas tant les vices comme nous les changeons, et, *à mon opinion,* en pis.

Montaigne, Essais, III, 2.

Le plus sot animal, *à mon avis,* c'est l'homme.

Boileau, Satires, VIII.

On peut être, *à mon sens,* homme sage et distrait.

Regnard, le Distrait, I, 1.

Telles sont encore des locutions qui expriment de même la conformité, la convenance, *à son choix, à sa fantaisie, à son gré, à sa guise, à son jugement, à sa manière, à son tour,* etc.

On y peut joindre *à plus forte raison, à la rigueur, à la vérité,* etc. (*Voyez tous ces mots.*)

Dans la classe de ces espèces d'ablatifs français, il faut encore ranger des locutions, composées de même, par lesquelles on indique l'attitude, la situation des personnes, leur manière d'aller, par exemple, *à pied, à cheval,* et d'autres du même genre qui ont cessé d'être en usage, *à chariot, à coche, à litière, à nef, à bateau,* etc.

On exprime par des locutions de même forme la manière dont une chose s'accomplit :

Apollon, *à* portes ouvertes,
Laisse indifféremment cueillir
Les belles feuilles toujours vertes
Qui gardent les noms de mourir.

Malherbe, Ode à Marie de Médicis, 1610.

Ou bien encore ce qui en est l'occasion, ce qui y donne lieu : *à la guerre, à la chasse, au jeu,* etc.

Console-moi, marquis, d'une étrange partie
Qu'*au* piquet je perdis hier...

Molière, les Fâcheux, II, 2.

On s'en sert même pour exprimer certaines chances d'une partie de jeu :

Dix fois *à* carte triple être pris le premier !

Regnard, le Joueur, IV, 10.

Des expressions semblables servent encore très-fréquemment à exprimer,

Soit la mesure, le poids, la quantité :

Vendre du vin à pot et à pinte ; vendre à la livre ; acheter au cent, à la douzaine ; donner à brassées, à poignées, à pleines mains, etc.

L'assentiment intérieur s'y prêtoit ou s'y refusoit *à* différentes mesures.

J.-J. Rousseau, Émile, IV.

Moeurent païen *à millere et à cent.*
(Les païens meurent par milliers et par centaines.)

Chanson de Roland, stance CIX, v. 6.

La javelle *à* plein poing tomber sous la faucille.

La javelle remplit le poing du moissonneur,
Et l'herbe *à* pleine faulx nourrit nos bergeries.

Racan, Stances. (Tirsis, il faut penser...); Psaume CIII.

Soit la valeur, le prix :

Je soustiens leur vie *à* la sueur et travail de mon corps, et ils guerroyent la mienne par leurs oultrages, dont je suis en mendicité.

Alain Chartier, le Quadriloge.

L'art de faire des vers, dût-on s'en indigner,
Doit estre *à* plus haut prix que celui de régner.

Charles IX à Ronsard. Voy. Goujet, Bibl. fr., t. XII, p. 204.

S'il met votre portrait ainsi chez l'usurier,
Étant encore amant, il vous vendra, madame,
À beaux deniers comptants, quand vous serez sa femme.

Regnard, le Joueur, V, 5.

Ou, d'un rival heureux enviant le secret,
Achète *au* poids de l'or les taches d'un œillet.

Delille, les Jardins, III.

À cet emploi se rapportent ces locutions usuelles : *Louer un cabriolet à douze francs par jour, dîner à trois francs par tête, emprunter à gros intérêts, placer ses fonds à cinq pour cent, les places sont à six francs, acheter du drap à vingt francs l'aune, vendre à bon compte, donner une marchandise à vil prix, à bon marché ; vivre à peu de frais,* etc.

À forme avec des adjectifs, sans doute par ellipse des noms auxquels ces adjectifs se rapportent logiquement, des locutions qui expriment la façon, la manière, et ont aussi la valeur d'ablatifs latins ; telles sont, *à la française, à l'étourdie, à la légère, à l'ordinaire,* et beaucoup d'autres, parmi lesquelles *à l'aveugle,* condamnée par Bouhours. (*V.* ce mot.)

Vous sçavez que je n'ay jamais vacillé en la religion de mes pères, c'est-à-dire, en la catholique, en laquelle je veux vivre et mourir : mais j'ay parlé librement de ceux qui se servoient de la religion pour en faire une cape *à* l'espagnole, et couvrir leur ambition.

J.-A. de Thou, Lettre du 22 août 1607, au cardinal du Perron.

Mort, dure mort, Dieu te mauldie!
Et comment es-tu si hardie,
Que noz deux cueurs *à l'estourdie*
As departy?
ALAIN CHARTIER, *le Livre des Quatre dames.*

L'ablatif, en latin, servant, aussi bien que le génitif, à marquer la qualité des personnes et des
choses, on la détermine de même, dans notre langue,
au moyen de prépositions qui suppléent chez nous
à l'absence du génitif, et, en certains cas, de l'ablatif, c'est-à-dire, tantôt par *de*, tantôt par *à.*

À, suivi de son complément, est donc employé
de cette manière,

1° Après des noms propres de lieu ou de personne :

Cette fameuse Thèbes *à* cent portes, où habitoit ce
grand roi.
FÉNELON, *Télémaque*, II.

On ne lit point Homère,
Sans que tantôt Achille *à* l'âme si colère,
Tantôt Agamemnon *au* front majestueux,
Le bien-disant Ulysse, Ajax l'impétueux;
Et maint autre héros, offre aux yeux son image.
LA FONTAINE, *Songe de Vaux*, II.

2° Après des noms appellatifs substitués à des
noms propres et en tenant lieu; après des noms
abstraits désignant des êtres métaphysiques poétiquement personnifiés :

Pour l'homme *aux* rubans verts, il me divertit quelquefois avec ses brusqueries et son chagrin bourru... Et
pour l'homme *à la* veste...
MOLIÈRE, *le Misanthrope*, V, 4.

La déesse *aux* cent bouches, dis-je,
Ayant mis partout la terreur...
LA FONTAINE, *Fables*, IV, 12.

Là gît la sombre Envie *à* l'œil timide et louche...
La Faiblesse *au* teint pâle, *aux* regards abattus...
La tendre Hypocrisie, *aux* yeux pleins de douceur...
VOLTAIRE, *la Henriade*, VII.

3° Après des noms, des adjectifs qui désignent
certaines natures, certaines classes de personnes :

Il y avoit, d'un côté, des savants *à* belles-lettres qui ne
cherchoient que la pureté des langues et les livres poliment écrits.
FÉNELON, *Dialogues sur l'Éloquence*, II.

Qu'un homme *à* paragraphe est un joli galant!
P. CORNEILLE, *le Menteur*, I, 6.

Je n'aime point céans tous vos gens *à* latin.
MOLIÈRE, *les Femmes savantes*, II, 7.

Enfin t'ai-je dépeint la superstitieuse,
La pédante *au* ton fier, la bourgeoise ennuyeuse.
BOILEAU, *Satires*, X.

...Pour vous faire croire homme *à* bonne fortune,
Vous passez en hiver des nuits au clair de lune.
REGNARD, *le Distrait*, IV, 6.

4° Après des noms appellatifs, qui désignent
plus ou moins directement des êtres animés :

Deux coursiers *à* longues oreilles...
L'ânier, qui tous les jours traversoit ce gué-là,
Sur l'âne *à* l'éponge monta.

L'animal *à* longue échine
En feroit, je m'imagine,
De grandes destructions.

Un jour, sur ses longs pieds, alloit, je ne sais où,
Le héron *au* long bec emmanché d'un long cou.

La dame *au* nez pointu répondit que la terre
Étoit au premier occupant.
LA FONTAINE, *Fables*, II, 10; IV, 6; VII, 4, 16.

5° Après des noms appellatifs qui désignent des
objets inanimés :

Se piquer d'avoir un ancien château *à* tourelles, *à* cré-
neaux et *à* machecoulis.
LA BRUYÈRE, *Caractères*, c. 8.

L'escut li freinst ki est *à* fleurs e *ad* or.
(Il lui brise son écu.)
Chanson de Roland, stance XCVI, v. 2.

Li esporon sont bel et gent,
Bien fait, *à* or et *à* argent.
Partonopeus, v. 5077.

Ces torrens *à* longs flots épars.
RACAN, *Ode au Roi.*

En un vase *à* long col et d'étroite embouchure.
LA FONTAINE, *Fables*, I, 18.

Quand un des campagnards, relevant sa moustache
Et son feutre *à* grands poils, ombragé d'un panache...
La cruche *au* large ventre est vide en un instant.
BOILEAU, *Satires*, III; *le Lutrin*, I.

Ici nous retrouvons, dans des locutions usuelles,
la construction déjà rencontrée plus haut, de À

entre deux substantifs, mais avec d'autres usages, pour indiquer particulièrement,

1° La forme, la structure, ou l'accessoire d'une chose :

Clou à crochet, table à tiroir, lit à colonnes, couteau à ressort, à gaîne, à manche d'ivoire ; bague à diamants, canne à épée, chandelier à branches, chapeau à grands bords, boîte à double fond, bâton à deux bouts, chaise à bras, maison à porte cochère, montre à répétition, voiture à deux roues, etc.

Premièrement, un lit de quatre pieds, *à* bandes de point de Hongrie... plus, un pavillon *à* queue... plus, une grande table de bois de noyer, *à* douze colonnes.

MOLIÈRE, l'Avare, II, 1.

J'aurois un bon carrosse *à* ressorts bien liants.

REGNARD, le Joueur, I, 1.

2° Ce qui sert spécialement, ce qui est nécessaire à l'emploi d'une machine, d'un instrument, etc. :

Arme à feu, fusil à vent ; bateau, machine à vapeur ; moulin à eau, à vent, à bras ; chaise à porteurs ; instrument à cordes, à vent, etc.

Mais, monsieur, prenez-y garde ; ce sont des *moulins à vent ;* et ce qui vous semble des bras n'est autre chose que leurs ailes.

FLORIAN, Don Quichotte, part. I, c. 8.

3° Le prix d'une chose :

Une comédie, jouée en 1662, était intitulée : *L'Intrigue des carrosses à cinq sols.*

4° La destination, l'usage d'une chose :

Terre à blé, marché à la volaille, moulin à farine, à poudre, à papier ; cuiller à pot, à soupe, à café ; pot à l'eau, bouteille à l'encre, boîte à thé, sac à ouvrage, plat à barbe, pierre à fusil, selle à tous chevaux, voiture à six places, etc.

Sa chape *à pluie* i est trossée (placée).

Partonopeus, v. 5126.

Ma mollier... (ma femme)
Desor moi a la seignorie...
Ge ne li sui fors chape *à pluie.*

Fabl. et cont. anc., Méon, t. IV, p. 368-369.

Le récit en farce en fut fait :
On l'appela *le Pot au lait.*

LA FONTAINE, Fables, VII, 10.

III.

On a suivi la préposition À, pour ainsi dire, dans les deux voies que lui a ouvertes à la fois son double rapport étymologique avec l'*ad* et l'*a* des Latins. On a pu démêler la trace, quelquefois presque effacée, de l'extension qui l'a conduite, loin de ses acceptions premières, à d'autres extrêmement nombreuses et diverses.

La même extension servira à expliquer, dans l'espèce de supplément qui va suivre, plusieurs sens, plusieurs emplois de ce mot, dont il semble plus difficile de rendre compte, et que n'a pas tous conservés l'usage.

III, 1. L'idée de destination, de fin, ordinairement rendue par la préposition *pour*, se retrouve dans les expressions *donner à femme, prendre à femme,* expressions fort anciennes, dont la seconde a longtemps appartenu au langage familier.

Quant vous créastes homme, vous le mariastes et lui *donnastes* ame *à son épouse* (pour son épouse), et estoit homme seigneur, et l'ame estoit dame.

Modus et Racio, Ms., fol. 210 r° (cité par Sainte-Palaye).

Hé ! oui, sandis ! c'est votre sœur que j'ai *prise à femme.*

LE GRAND, le Triomphe du temps futur, sc. 4.

Li quens (le comte) de Bretaigne Giefreis...
La *prist à femme* e *à moillier.*

BENOÎT, Chron. de Normandie, v. 24939.

Deus ! *donnez* m'*à mari* Garin,
Mon doux amin.

Romancero français, Bele Amelot, p. 72.

D'autres locutions formées de même, et dans lesquelles À a également le sens de *pour* ou de *comme*, ont plus vieilli. Quelques-unes sont même tout à fait sorties de l'usage, telles que *tenu à fable*, donné par les vieux lexiques ; *connu à fils de roi.*

Toutesfois il estoit lors peu *cogneu à filz de roy.*

HERBERAY DES ESSARTS, Amadis, III, 6.

Dans des locutions de ce genre, À recevait aussi pour régimes, au lieu de noms, des adjectifs.

Si com l'en (on) tient le lis *à bel*,
Doit l'en (on) tenir Elysabel
À sainte, *à* sage et *à* senée.

L'en (on) tient le povre *à fol* et le riche *à saige.*

RUTEBEUF, la Vie sainte Elysabel ; Additions, t. II, p. 478.

À, dans un sens très-voisin des précédents, a été pris pour *En qualité de :*

Deus t'ad enuint *à* prince e *à* rei.
> *Les quatre Livres des Rois,* I, x, 1 ; cf. xv, 17.

Lors le coronèrent *à* empereour un diemenche.... à mout grant honeur.
> VILLEHARDOUIN , *Conqueste de Constantinoble,* CLXIII.

Les aultres créèrent le dict Mathias *à* roi.
> COMMYNES, *Mémoires,* VI, 12.

... Clément conseille la royne d'adopter *à* fils Louis.
> Ét. PASQUIER, *Recherches de la France,* VI, 27.

À seignur lo volrunt aveir.
> MARIE DE FRANCE, *Fables,* XXII.

C'est celuy que vous avés uingt
À roy sur nous par vostre grace.
> MARGUERITE DE NAVARRE, *Chanson* (poésies de François Ier, p. 56).

À ces exemples on peut joindre le suivant, qui se rapporte à la même forme de langage :

À fol et *à* mauvés s'encuse
Qui ceste requeste refuse.
> *Nouv. rec. de fabl. et cont. anc.,* Méon, t. II, p. 188.

On peut rapporter à ces vieilles formes de langage des locutions d'un usage ordinaire , telles que :

Donner, prendre à ferme, à bail, à loyer, etc.; prendre à partie, prendre à témoin, prendre à tâche; tenir à honneur, à gloire, à honte; avoir à mépris; imputer à crime, etc.

Si À, exprimant l'idée de mouvement, l'idée de situation, a pu en bien des cas, soit au propre, soit au figuré, représenter la valeur des prépositions *vers, dans* et *en,* il a pu aussi quelquefois devenir l'équivalent de prépositions qui servent à rendre des rapports analogues, par exemple, de *chez, devant, sur* et *sous.*

On l'a donc employé au sens de *chez :*

Dampierre est très-affligée, mais elle cède à Théobon, qui, pour la mort de son frère, s'est enfermée *à* nos sœurs de Sainte-Marie de la rue Saint-Antoine.
> Mme DE SÉVIGNÉ, *Lettres.* 8 juillet 1672.

Au sens de *devant :*

C'est une autre qui, par mignardise, pâlit à la vue d'une souris, ou qui veut aimer les violettes et s'évanouir *aux* tubéreuses.
> LA BRUYÈRE, *Caractères,* c. 11.

Et faisons en ces lieux
Justice à tout le monde, *à* la face des dieux.
> P. CORNEILLE, *Cinna,* I, 3.

Le sang *à* ces objets facile à s'ébranler.
> RACINE, *Iphigénie,* IV, 1.

La meute en fait curée ; il lui fut inutile
De pleurer *aux* veneurs à sa mort arrivés.
> LA FONTAINE, *Fables,* V, 15.

Au sens de *sur :*

Il croyoit pouvoir dominer *aux* flots de la mer.

Est-il monté sur la croix? Est-il mort *à* ce bois infâme?
> BOSSUET, *Sermons,* sur l'Honneur, sur l'Exaltation de la sainte croix (1er sermon).

Il lit, *au* front de ceux qu'un vain luxe environne,
Que la fortune vend ce qu'on croit qu'elle donne.
> LA FONTAINE, *Philémon et Baucis.*

Laissez-moi sans regret me le représenter
Au trône où mon amour l'a forcé de monter.
> RACINE, *Bajazet,* III, 1.

Autant qu'un homme assis *aux* rivages des mers
Voit d'un roc élevé d'espace dans les airs,
Autant...
> BOILEAU, *Traité du Sublime,* traduit de Longin, c. 7.

Au sens de *sous :*

Enfin, après seize mois de siége, il (Ferdinand III) se rendit maître de Séville, la plus opulente ville des Maures, qui ne retourna plus *à* leur domination.
> VOLTAIRE, *Essai sur les Mœurs,* c. 64.

Il faut fléchir *au* temps sans obstination.
> MOLIÈRE, *le Misanthrope,* I, 1.

Et, nous foulant *aux* pieds jusques au fond des eaux...
> LA FONTAINE, *Fables,* II, 4.

La moitié de ce peuple *à* ses drapeaux se range.
> VOLTAIRE, *Adélaïde du Guesclin,* IV, 1.

De là les locutions *à l'abri,* dans une de ses acceptions du moins, *à l'ombre de.* (*Voyez* ABRI, OMBRE.).

À a pu même devenir l'équivalent de *contre :*

Et disent... que aussi grand desir ont-ils de combattre *à* vous que vous avez *à* eux.
> FROISSART, *Chroniques,* liv. I, part. 1re, c. 40.

De quoy nous sont tesmoins trois proverbes : Jamais homme ne gangne de plaider *à* son seigneur....
> H. ESTIENNE, *Précellence du langage françois.*

Point ne se fault courroucer *aux* affaires;
Il ne leur chault de toutes nos colères.
> AMYOT, traduct. de Plutarque; *du Contentement de l'esprit.*

... Auteurs de nos larmes,
Qui voulûtes *à* mes armes
Vos courages éprouver.
RACAN, Psaumes, XVII.

III, 2. Au second ordre des sens de À, peuvent, d'autre part, se rattacher des manières de parler où l'on retrouve, plus ou moins obscurément, l'idée de point de départ, l'idée de moyen, la valeur de certains ablatifs latins.

Ainsi À s'est pris fort anciennement, et, en certains cas, pourrait se prendre encore, au sens de *selon, suivant, conformément à.*

Entre nous serviteurs ne faisons que vivoter *à* l'ordonnance d'autruy, et tu vis dedans ta maison comme un empereur.
ALAIN CHARTIER, le Curial.

An la presse se fiert *à guise* de liepart.
(Dans la mêlée s'elance à la manière du léopard.)

Ele l'a salué *à la loi* de Mahom (Mahomet).
Chanson des Saxons, t. I, p. 235, 144.

Vers le palais s'en va; *à loi* d'omme guerrier
Moult noblement se fist vestir et chaucier.
La vie Bertrand du Guesclin, v. 9970.

Ainsi, dans une acception encore fort ancienne, la même préposition devant le pronom *ce*, pris absolument, c'est-à-dire sans substantif qui l'accompagnât, a signifié, *De la même manière que.* Sainte-Palaye en cite les exemples suivants :

Il n'y a homme au monde, quant il se voit déshérité, que il peust jamais aymer celluy qui l'a déshérité, *à ce* mesmement que (de la même manière que) vous déshéritastes mon père et moy.
Lancelot du Lac, t. III, fol. 46 r°, col. 2.

(Ils) lui pryoient tendrement que incontinent qu'il sçauroit nouvelles de la venue de celle nouvelle loy, qu'il leur amenast ung preud'homme qui de ce les informast, car *à ce* (de cette manière) ne vouloient plus vivre.
Perceforest, vol. VI, fol. 118 v°, col. 2.

D'autres fois cette même forme a exprimé, au contraire, l'idée de destination :

Je l'ay voué (mon livre) à la commodité particulière de mes parents et amis : *à ce que* m'ayant perdu... ils y puissent retrouver quelques traicts de mes conditions et humeurs.
MONTAIGNE, Essais; Au lecteur.

Monet, en 1636, tenait encore compte de cette forme de langage, blâmée comme surannée dans les remarques de Vaugelas.

À s'est pris longtemps dans certains sens d'*avec,* autres que ceux dont on a parlé précédemment. Il les tenait de l'*ab* roman, et celui-ci de l'*ab* latin, qui, dans plus d'un passage, équivaut à *avec.* C'est même de *ab* que quelques étymologistes font venir cette préposition *avec,* d'une origine si obscure et si controversée. (*Voyez ce mot.*)

Encuntreras les prophetes ki d'amunt vendrunt *à* estrumenz, psalterie, tympans, frestels e harpe.
Tut li altre passèrent od le rei (avec le roi) l'ewe (l'eau) de Cedron *à* plainte, *à* duleur e *à* plur.
Les quatre Livres des Rois, I, x, 5 ; II, xv, 22.

Si fu couronés *à* mout grant joie et *à* mout grant oneur li empereres Baudoins.
VILLEHARDOUIN, Conqueste de Constantinoble, CXI.

Si demeurèrent sur ce sablon par trois jours *à* peu de pourvéance de vivres.
FROISSART, Chroniques, liv. I, part. I, c. 18.

Ceste commission que Dieu luy avoit donnée, qui estoit de réformer l'Eglise *à* l'espée et de chasser les tyrans d'Italie.
COMMYNES, Mémoires, VIII, 26.

... Quant les oyseaulx *au* bec et *aux* ongles deffendent leurs nidz, et les ours et les lyons gardent leurs cavernes *à* force de leurs grifs et de leurs dens.
ALAIN CHARTIER, le Quadriloge.

Ilz ne sont en si grand nombre comme avoit Xerces; car il avoit trente cents mille combattans, si croyez Hérodote et Troge Pompée; et toutesfois Themistocles *à* peu de gens les desconfit.
RABELAIS, Pantagruel, II, 26.

Au commencement du xvii° siècle, cette manière de parler était encore admise dans le dictionnaire de Nicot. Elle convenait, par sa brièveté, au langage des vers :

Jo l'ocirai *à* mun espiet trenchant.
Chanson de Roland, stance LXVII, v. 7.

Le col li rumpt *à* ses deus meins.
MARIE DE FRANCE, lai du Laustic, v. 115.

Amors l'avoit fait *à* ses mains.
Roman de la Rose, v. 1864.

> Un satyre et ses enfants
> Alloient manger leur potage,
> Et prendre l'écuelle *aux* dents.

> Les chiens du lieu n'ayant en tête
> Qu'un intérêt de gueule, *à* cris, *à* coups de dents,
> Vous accompagnent ces passants.
>
> LA FONTAINE, *Fables*, V, 7; X, 15.

Quelques-uns de ces derniers exemples font comprendre comment de ce sens de À, qui a vieilli dans un grand nombre de ses applications, est venue la locution si usitée, *prendre à la main;* beaucoup d'autres, telles que *pêcher à la ligne, au filet,* etc.; *chasser à l'oiseau, au chien courant,* etc.; *jouer à la paume; combattre à l'arme blanche; se battre à l'épée, au pistolet,* etc.; *mesurer à l'aune, au mètre,* etc.; *dessiner à la plume; tracer au crayon, au compas; travailler à l'aiguille,* et, par ellipse, *des bas à l'aiguille, au métier,* etc.

Dans cette acception, on ajoutait quelquefois à la préposition À, mais sans que les deux mots se confondissent en un seul, l'adjectif *tout, toute.* Cette locution était déjà vieille au temps d'Amyot et de Montaigne.

> Lors li vint une novele qui mout li fu grief, car l'en (on) li dist que Esturmis, li amiraus des galies... estoit entrés *à tout* dix-set galies dedens Bouche d'Avie.
>
> VILLEHARDOUIN, *Conqueste de Constantinoble,* CLXXII.

> Passa la mer, et s'en vint *à toute* s'ost (son armée) et *à tout* son pooir.
>
> *Hist. des ducs de Norm. et des rois d'Anglet.,* p. 68.

> Un mien escuyer qui s'en estoit fui *à tout* ma bannière.
>
> JOINVILLE, *Histoire de Saint Louis.*

> Jamais Maugis hermite ne se porta si vaillamment *à tout* son bourdon contre les Sarrasins... comme feit le moyne à l'encontre des ennemys avec le baston de la croix.
>
> RABELAIS, *Gargantua,* I, 27.

> Nul ne feut veu si abbattu de bleceures, qui n'essayast en son dernier souspir de se venger encores, et, *à tout* les armes du désespoir, consoler sa mort en la mort de quelque ennemy.
>
> MONTAIGNE, *Essais,* I, 1.

> ... Il s'en vint en tapinois
> *À tout* mon drap sous son esselle.
>
> *Farce de Pathelin.*

On peut ranger dans la catégorie de ces locutions, où À est pris au sens d'*avec,* les suivantes, qui expriment :

Soit le mouvement, l'état du corps, l'attitude, l'expression physique :

À bras raccourci, à bras, à poing fermé, au doigt, à l'œil, à bras ouverts, à corps perdu, à gorge déployée, à toutes jambes, à pied, à pieds joints, à tête reposée, à plat ventre, à haute voix, etc. (*Voyez ces mots.*)

> Et quant Marie fu couverte,
> Si a parlé *à* bouche ouverte.
>
> RUTEBEUF, *la Vie sainte Marie l'Égiptianne.*

Soit le moyen, l'instrument, quelque circonstance de l'action :

À bride abattue, à bout portant, à chaux et à sable, à coups de, à la faveur de, à petit feu, à jeu sûr, à mitraille, à grand'peine, à clef, au verrou, à voiles et à rames, etc. (*Voyez ces mots.*)

Soit la disposition morale :

À l'aise, à cœur ouvert, à contre-cœur, à sa commodité, à dessein, à discrétion, à droit, à bon droit, à bon escient, à sa fantaisie, à gré, à bon gré, à bonne, à mauvaise intention, à loisir, au mépris de, à plaisir, à regret, à tort, à tort et à travers, etc. (*Voy. ces mots.*)

Soit enfin l'effet, le résultat :

Aux applaudissements de, à la gloire, à la honte de, à perte, à peine de, à ses périls, au péril de, à ses risques, au risque de, etc. (*Voyez ces mots.*)

> Mult valt mix (mieux) morir *à* honor
> Que longes (longuement) vivre *à* deshonor.
>
> WACE, *Roman de Brut,* v. 9165.

Les exemples qu'on va lire montrent À également employé pour *avec,* mais dans des sens bien différents, pour exprimer la communauté d'une résolution prise, d'un traité conclu, ou quelque chose d'analogue.

> Vilains et de mauvès afere
> Ne pot *à* els nul marchié fere.
>
> *Fabl. et cont. anc.,* Méon, t. IV, p. 2.

> Se tu la prens qu'elle soit belle, (ta femme)
> Tu n'aras jamais paix *à* elle.
>
> EUSTACHE DESCHAMPS, *le Miroir de mariage,* Ire partie.

À peut se traduire par *entre* dans certains membres de phrase, où il indique, avec son complément, le nombre de personnes qui prennent part à l'action exprimée par le verbe.

Nous n'avons bu qu'environ vingt-cinq bouteilles de vin à quatre.

J.-B. ROUSSEAU, le Café, sc. 3.

Car à cinq chevaliers, en nous cotisant tous,
Et ramassant écus, livres, deniers, oboles,
Nous n'avons encor pu faire que deux pistoles.

REGNARD, le Distrait, I, 6.

Quelquefois ces membres de phrase, exprimant un nombre de personnes déjà exprimé implicitement par le sujet du verbe, ne sont qu'une sorte de pléonasme destiné à marquer plus fortement le sens.

Voiture et Sarrazin n'ont pas, à eux deux, plus de soixante pages.

VOLTAIRE, le Temple du goût.

Avec les pronoms moi, toi, nous, vous, lui, eux, quelquefois suivis de l'adverbe même ou de l'adjectif seul, À sert à former des pléonasmes de même nature.

Nos occupations, à vous et à moi, ne sont pas petites maintenant.

MOLIÈRE, le Bourgeois gentilhomme, I, 1.

Tous mes sens, à moi-même, en sont encor charmés.

P. CORNEILLE, le Cid, I, 1.

Votre chaleur pour lui tombe en vous séparant,
Et vous me le traitez, à moi, d'indifférent !

MOLIÈRE, le Misanthrope, I, 1.

Le plus vil artisan eut ses dogmes à soi.

BOILEAU, Satires, XII.

Monarque, père, époux,
Il ressent, à lui seul, l'infortune de tous.

DELILLE, trad. de l'Énéide, ch. XII.

On peut rapporter à la même forme de langage des locutions où À, plus nécessaire au sens, a la même valeur que quant à et que pour.

Jamais Dieu n'a rien voulu avec tant de passion : or vouloir, à Dieu, c'est faire.

C'est qu'à cette dernière fois qu'il entre dans Jérusalem, il y entre pour mourir; et mourir, à mon Sauveur, c'est régner.

BOSSUET, Sermons. De la Toussaint (1er); sur la Circoncision (1er).

Dans les temps les plus anciens de la langue, À s'était réuni aux prépositions por et de, dans le sens de pour, par une espèce de pléonasme ou de redondance.

Por ti à salveir, por eles à saneir (pour te sauver, pour les guérir).

Poosteit de nos à salveir, volonteit de nos à salveir (pouvoir de nous sauver, volonté de nous sauver).

SAINT BERNARD, Sermons français ms., p. 148, 218. (Cité par Sainte-Palaye.)

À, dans la composition des mots, soit qu'ils viennent de mots latins composés eux-mêmes au moyen de la préposition ad, soit qu'ils aient été formés, sur le même modèle, d'éléments français, modifie diversement la signification de ces mots. Tantôt il y marque l'idée générale de tendance, de rapprochement, d'addition, d'attribution et autres de ce genre; tantôt il ne fait qu'en augmenter la force. Il perd alors, ou plutôt ne reçoit point l'accent, et souvent il détermine le redoublement de la consonne par laquelle commence le mot simple.

ABAISSER, verbe actif (de baisser, et celui-ci de bas ; voyez ces mots).

Autrefois ABAISSIER, ABASIER, ABESSER, ABESSIER (Voyez Sainte-Palaye, Glossaire de l'ancienne langue françoise), ADASSER, ABESER, ABEISIER, ABEISSIER, etc. (voy. les exemples ci-après).

Robert Estienne, en 1539, et Nicot, en 1606, donnent ABAISSER, mais renvoient à ABBAISSER, orthographe que maintient, en 1694, la première édition du Dictionnaire de l'Académie.

ABAISSER, comme l'établiront les exemples, et plus particulièrement ceux de la seconde série, les exemples en vers, est, dans toutes ses acceptions, d'un très-ancien usage.

Il se dit au sens propre, en parlant des choses que l'on fait descendre sur un point inférieur, par inclinaison, par déplacement;

En parlant, par exemple, de certaines parties du corps :

Voyez comme elle frappe cette poitrine innocente, comme elle se reproche les moindres péchés, comme elle *abaisse* cette tête auguste devant laquelle s'incline l'univers !

BOSSUET, *Oraison funèbre de Marie-Thérèse d'Autriche.*

Les oiseaux, dit Cicéron, qui ont les jambes longues, ont aussi le cou long à proportion, pour pouvoir *abaisser* leur bec jusqu'à terre et y prendre leurs aliments.

FÉNELON, *Existence de Dieu*, I, 2.

La tête en entier prend, dans les passions, des positions et des mouvements différents; elle est *abaissée* en avant dans l'humilité, la honte, la tristesse; penchée à côté dans la langueur, la pitié; élevée dans l'arrogance; droite et fixe dans l'opiniâtreté.

Il (le cheval) ne peut relever sa queue comme le lion, mais elle lui sied mieux, quoique *abaissée*.

BUFFON, *Histoire naturelle*, l'Homme (de l'âge viril); le Cheval.

Renars le vit, la teste *abaisse*,
A la terre cheoir se laisse.

Roman du Renart, Supplément, v. 35.

Mès quant je voi le vent venir,
Contre qui ne me puis tenir,
Mieux me vaut le col *abessier*
Et moy tout bellement bessier,
Que à plus fort de moy combatre.

Fables inédites, Robert, t. I, p. 92. *Du biau chesne qui ne se vouloit fléchir contre le vent.*

La beauté qui me blesse et me tient languissant,
Nonchalamment sus moy son beau chef *abaissant*,
S'est laissée assoupir d'un sommeil agréable.

PH. DESPORTES, *les Amours de Diane*, I, 31.

Nous allons à ses pieds
Abaisser sans regret nos fronts humiliés.

VOLTAIRE, *Adélaïde du Guesclin*, V, 5.

En parlant de certaines pièces du vêtement, de l'armure, etc. :

A la façon d'un gendarme, qui a le casque en tête, la visière *abaissée*.

Satire Ménippée, Nouvelles des régions de la lune, c. 3.

Il n'occupe point de lieu, il ne tient point de place; il va les épaules serrées, le chapeau *abaissé* sur ses yeux, pour n'être point vu... il est pauvre.

LA BRUYÈRE, *Caractères*, c. 6.

Enfin, en parlant d'objets de toutes sortes, d'une lance, d'un pont-levis, d'un mât, etc.

Voilà les François soudainement venus sur eux, lances

I.

abaissées, bannières déployées, et en bon convenant (ordre) de bataille.

Si *abaissa* le pont et ouvrit la porte.

FROISSART, *Chroniques*, liv. I, part. 1, c. 141, 292.

Ils *abaissèrent* le mât, et s'abandonnèrent ainsi à la mer.

LE MAISTRE DE SACI, *trad. des Actes des apôtres*, XXVII, 17.

Il ne s'agirait, pour exécuter la nuit absolument nécessaire au troisième acte, que d'avoir quatre hommes chargés d'éteindre les bougies dans les coulisses, tandis qu'on *abaisserait* les lampions du devant du théâtre.

VOLTAIRE, *Lettres*. 4 octobre 1748.

Et auquant *abeissent* lor tref
Por la nef corre plus soef.

(Et quelques-uns abaissent leur mât pour que la nef coure plus doucement.)

WACE, *Roman de Brut*, v. 11506.

Et li Danois apela le portier :
« Ovrés la porte, et le pont *abaissiés*. »

Ogier de Danemarche, v. 5862.

Caignet, *abaisse* un poi le (un peu la) broche.

Li jus de Saint-Nicholai. Théâtre au moyen âge, p. 192.

ABAISSER s'emploie encore au sens propre, en parlant d'un objet replié sur lui-même, dont l'extrémité inférieure descend quand on le déploie; tels sont des voiles, un voile, un rideau, les paupières, etc.

Jamais étoile, lune, aurore ni soleil,
Ne virent *abaisser* sa paupière au sommeil.

P. CORNEILLE, *Médée*, II, 2.

Dans le même ordre d'acceptions, on se sert d'ABAISSER quand il est question de choses dans lesquelles il s'opère une diminution de hauteur ou de volume.

Cis feus fu si grans et si oribles, que nel pot nus (nul ne le put) *abaissier* ne estaindre.

VILLEHARDOUIN, *Conqueste de Constantinoble*, XCI.

Ramener la voie (la route) à sa première forme, si que nus (nul) ne l'alesse, ne l'aloigne (ne l'élargisse, ne la détourne), ne auce (hausse), ne *abesse*.

Livre de Jostice et de Plet, préf. pag. ij.

(Noé) envoia un coulon, et il aporta un rain d'olivier

5

en son bec, en senefiance que la mer estoit *abessiée*, et que la terre aparoit.

RAYMOND LULLE, *le Livre de l'Enseignement puéril*, Des sept Aages du monde; ms. la Vallière n° 48, à la Bibl. nationale.

Quand ils sentirent la pluye cesser, ils mirent hors des chiens, lesquels estans revenus netz et mouillez, ils jugèrent l'eau n'estre encores guères *abbaissée*.

MONTAIGNE, *Essais*, II, 2.

Cependant nous les voyons (les eaux) agitées par une forte puissance, qui, s'opposant à la tranquillité de cet élément, lui imprime un mouvement périodique et réglé, soulève et *abaisse* alternativement les flots, et fait un balancement de la masse totale des mers en les remuant jusqu'à la plus grande profondeur.

BUFFON, *Théorie de la terre*, disc. II.

> Mais quant est (la lune) prof (proche) de nus,
> Dunc apert alt (paraît haut) sun curs ;
> Et quant est esluignée,
> Dunc pert (paraît) estre *abassée*.
>
> PHILIP. DE THAUN, *Livre des Créatures*, v: 1102.

De là l'expression très-usitée *abaisser la hauteur*, prise en un sens hyperbolique et mystique dans l'exemple suivant :

> Lève ton bras, lance ta flamme;
> *Abaisse la hauteur* des cieux.
>
> J.-B. ROUSSEAU, *Odes*, I, 16.

Il s'est dit, par extension, de la chaleur, de la force du vent, etc. :

Environ les dix heures les serrera-on (les vaches) dans les estableries, où séjourneront durant la grande chaleur... laquelle passée, ou, pour le moins, *abaissée*... les amènera-on au pastis jusques à l'entrée de la nuit.

OL. DE SERRE, *Théâtre d'agriculture*, IV, 7.

> Les cruex (cruels) venz qui si ventoient...
> Que Nostre-Dame a toz plessiez (tous soumis),
> Toz abatuz, toz *abessiez*.
>
> *Nouv. rec. de fabl. et cont. anc.*, Méon, t. II, p. 74.

Par une extension plus ordinaire, il se dit du bruit, des sons ; *abaisser la voix, abaisser le ton*.

Le meilleur récitatif.... doit rouler entre de fort petits intervalles, n'élever ni n'*abaisser* beaucoup *la voix*.

J.-J. ROUSSEAU, *Lettre sur la musique*.

> *Abaisiés* vostre *raison* (ton).
>
> THIBAUD ROI DE NAVARRE, *Chansons*, XL.

> Moi, je veux *abaisser* ce *ton* impératif;
> Il vous sied mal. Je veux vous rendre honnéte, affable.
>
> BOURSAULT, *les Fables d'Ésope*, IV, 4.

ABAISSER, pris au sens propre, ou dans un sens voisin du sens propre, a fourni des locutions aux nomenclatures particulières de diverses sciences, de divers arts et métiers.

Ainsi, en arithmétique, *abaisser un chiffre*, c'est Le transporter sur une ligne inférieure.

En chirurgie, *abaisser la cataracte*, c'est Faire descendre le cristallin devenu opaque au fond de l'œil, afin de rendre la vue à un malade affecté de la cataracte.

Dans le langage de la fauconnerie, *abaisser l'oiseau*, c'est Retrancher à celui qui a trop d'embonpoint une partie de sa nourriture, pour le rendre plus léger et plus propre à bien voler.

Un cuer de mouton est assez à paistre l'ottour (le faucon) une fois, et le tient en estat.... un cuer de porc engraisse, et, dit-l'en (on), *hausse*; un cuer de chièvre ou de bouc *abaisse*, id est amaigrit.

Le Ménagier de Paris, 3e distinction, 2e article, t. II, p. 322.

ABAISSER s'emploie au figuré en parlant des choses.

Soit qu'il (Dieu) élève les trônes, soit qu'il les *abaisse*... il leur apprend (aux rois) leurs devoirs d'une manière souveraine et digne de lui.

BOSSUET, *Oraison funèbre de la reine d'Angleterre*.

Non, Scapin, il n'y a point d'extrémité où je ne me porte pour empêcher ce mariage-là.— Doucement, monsieur; nous *abaisserons* ses fumées d'amour. Il ne la tient pas encore.

REGNARD, *la Sérénade*, sc. 11.

Henri VIII avait renversé toutes les barrières; Élisabeth en trouva quelques-unes nouvellement posées, qu'elle *abaissa* et qu'elle releva avec dextérité.

VOLTAIRE, *Essai sur les Mœurs*, c. 179.

ABAISSER *les yeux* est une expression de ce genre, qui signifie Accorder de l'attention, avoir égard, compatir, protéger.

> Montons, de grâce, au trône, et de là beaucoup mieux
> Sur le choix d'un époux nous *baisserons les yeux*. —
> Vous *les abaissez* trop.
>
> P. CORNEILLE, *D. Sanche d'Aragon*, I, 1.

L'autre, toute occupée à discourir des cieux,
Sur un simple mortel daigne *abaisser les yeux*.
SAINT-ÉVREMONT, *le Cercle*.

On a dit de même *abaisser la tête*, au sens où l'on dit encore *baisser la tête*, pour se résigner, s'humilier.

Certes, seigneurs, Jean Lyon..... *abaisse* la tête bien bas; mais il fait tout par sens et par malice.
FROISSART, *Chroniques*, liv. II, c. 52.

ABAISSER s'emploie encore en parlant des personnes ;

Soit au propre ou dans un sens voisin du sens propre :

Là..., soi jus esternanz en terre (se prosternant à terre) et *abaissiez* à ses piés, disoit ce estre de sa culpe.
Dialogues de saint Grégoire, ms. fonds N.-D., 210 *bis*, fol. 62 v°, Bibl. nat.

Il venoit à une fontainne... Il descendoit por boivre; et quant il estoit *abaissiez*, si se reponoit (cachait) la fontainne, si qu'il n'au pooit point veoir.
Roman du Saint-Graal, ms. 198, suppl. français, fol. 44 v°, c. 2.

As piés le (du) roi est Turpins *abatssiés*.
Ogier de Danemarche, v. 9572.

Soit au figuré.

Il signifie alors quelquefois Déprimer, ravaler une personne au-dessous de sa valeur réelle ou apparente, par des actes, par des discours.

S'il se vante (l'homme), je l'*abaisse*; s'il s'*abaisse*, je le vante.
PASCAL, *Pensées*, part. II, art. 1, § 5.

Écoutez, esprits moqueurs et libertins, qui prenez plaisir d'*abaisser* ceux que Dieu élève.
FLÉCHIER, *Oraison funèbre de madame la Dauphine*.

Quand l'homme s'allie dans un rang plus bas, il ne descend point, il élève son épouse; au contraire, en prenant une femme au-dessus de lui, il l'*abaisse* sans s'élever.
J.-J. ROUSSEAU, *Émile*, V.

Mahom lor signor pas n'*abaissent*.
Roman de Mahomet, v. 1287.

De quelques grands noms qu'on te nomme,
On t'*abaisse* : il n'est plus d'assez grands noms pour toi.
Mme DESHOULIÈRES, *Poésies*, Au Roi. 1685.

Pour élever sa gloire, on ne vous verra plus
Déprimer les Césars, *abaisser* les Titus.
VOLTAIRE, *Épîtres*, XII.

Il veut dire encore Rendre moins puissant, diminuer, faire tomber d'un rang élevé, affliger.

David guerriad fièrement les Philistiens, e mult les *abaissad*.

Le povre pople salveras, et les halz *abaisseras*.

De force e de vertud m'as ceint à bataille, e *abaissed* as desuz (sous) mei ces ki resturent (résistèrent) encuntre mei.
Les quatre Livres des Rois, II, VIII, 1; XXII, 28, 40.

Tu nos as *abaissiet* el liu d'affliction, si nos at coverz li umbres de mort.
Livre de Job. Voy. *Les quatre Livres des Rois*, p. 458.

Dieu donne le prince selon qu'il veult pugnir et chastier les subjectz, et aux princes les subjectz, ou leurs couraiges disposez envers luy, selon qu'il les veult eslever ou *abaisser*.
COMMYNES, *Mémoires*, V, 9.

Je vous représenteray premièrement mon estat; non pour me glorifier : toutes et quantesfois je le feray, Dieu m'*abaissera*.
HENRI IV, *Aux trois États de ce royaume*, 4 mars 1589. (Voy. *Recueil des Lettres missives de Henri IV*, t. II, p. 445.)

Rome même alloit trembler sous lui (Cromwell); mais ce petit gravier, qui n'étoit rien ailleurs, mis en cet endroit, le voilà mort, sa famille *abaissée*, et le roi rétabli.
PASCAL, *Pensées*, part. I, art. VI, § 7.

Ce jeune prince éleva et *abaissa* trop Arbogaste.
BOSSUET, *Discours sur l'histoire universelle*, I, 11.

J'admirois les coups de la fortune, qui relève tout à coup ceux qu'elle a le plus *abaissés*.
FÉNELON, *Télémaque*, II.

Servius Tullius...... avoit étendu les priviléges du peuple pour *abaisser* le sénat.

(Les Romains) ne soumettoient point de peuple qui ne servît à en *abaisser* d'autres.
MONTESQUIEU, *Grandeur des Romains*, c. 1, 6.

Il (le prince d'Orange) vouloit *abaisser* le roi de France, et détrôner le roi d'Angleterre.
VOLTAIRE, *Siècle de Louis XIV*, c. 15.

Les honors de Rome gasta,
Et les nobles gens *abaissa*.
WACE, *Roman de Brut*, v. 5814.

5.

Cist (Antechrist) les humles *abaisera*,
Et les félons essauchera (élèvera).

Li Lucidaires, fol. CLI V°, col. 2, ms. 283, in-fol., B. L.
Fr., à l'Arsenal.

Alixandres, qui si fu sire, (si puissant)
Qui à tant prince moustra s'ire, (montra sa colère)
Por aus (eux) *abessier* et donter,
Et por lui croistre et amonter.

Fabl. et cont. anc., Méon, t. III, p. 98.

On a dit de même au passif, *être abaissé de richesse*, pour Perdre de sa fortune.

Maint loiau marchié en sont lessié
(Beaucoup de loyaux marchés sont rompus),
Et maint de richece *abessié*.

GODEFROY DE PARIS, Chronique, v. 3567.

Il prend de plus, assez souvent, le sens de Dégrader, d'avilir.

Il avoit appris d'elle (de l'histoire) que la Vertu avoit eslevé cet homme, et que la Fortune ne l'avoit pu *abbaisser*.

BALZAC, Aristippe, avant-propos.

Leur conscience les afflige, le poids de leurs péchés les *abaisse*, et le premier effet de la grâce de Jésus-Christ, c'est de leur faire sentir combien ils s'en étoient rendus indignes.

FLÉCHIER, Panégyrique de saint François de Paule.

Les grands noms *abaissent* au lieu d'élever ceux qui ne les savent pas soutenir.

LA ROCHEFOUCAULD, Maximes, 94.

Il a une fausse grandeur qui l'*abaisse*, et qui embarrasse fort ceux qui sont ses amis et qui ne veulent pas le mépriser.

LA BRUYÈRE, Caractères, c. 9.

Et si Rome est encor telle qu'auparavant,
Le trône où je me sieds m'*abaisse* en m'élevant.

P. CORNEILLE, la Mort de Pompée, IV, 3.

Enfin on l'emploie pour Décourager, abattre.

Hercules, voyant qu'ilz estoyent ainsi *abbaissez* et humiliez, ne faisoit plus compte de les poursuyvre davantage.

AMYOT, traduct. de Plutarque, Vie de Thésée, 7.

ABAISSER se prend dans un sens favorable quand il s'agit d'un acte volontaire par lequel on témoigne de sa condescendance, de sa générosité.

Un prince n'est jamais plus grand que lorsque c'est la bonté qui l'*abaisse*.

MASSILLON, Oraison funèbre de M. le Dauphin.

Dans cette acception ABAISSER, comme aussi *abaissement* (*voyez ce mot*), présente le plus ordinairement l'idée d'humilité, et appartient au langage religieux.

L'humilité de Jésus-Christ l'a *abaissé* jusqu'à l'anéantissement.

FLÉCHIER, Sermons. Pour le jour de la Conception.

Mais Deus e hom (J.-C.)......
Des haus cieus d'amunt *abaissiez*,
E tant por nos humiliez
Qu'en vil leu povre deigna nestre (naître).

BENOIT, Chron. de Normandie, v. 23987.

ABAISSER s'emploie quelquefois par métonymie dans cette locution, *abaisser quelqu'un*, pour Diminuer sa taxe, lui imposer une charge moins forte; et, par une figure plus hardie, il s'est pris, dans un sens très-ancien, pour Affranchir d'un mauvais traitement ou préserver d'une vexation.

Il le supplioit qu'il lui fist faire droit à son oncle (rendre justice par son oncle), et l'*abaissast* des outrages et des forfais (injustices) qu'il luy faisoit.

Chroniques de Saint-Denys, t. I, fol. 246. (Cité par Sainte-Palaye.)

ABAISSER, pris au figuré, a très-souvent pour régimes, particulièrement dans le style oratoire et poétique, au lieu de noms de personnes, des noms qui désignent d'une manière abstraite les personnes, par leurs passions, leurs sentiments, leur caractère, leur situation.

Ainsi on dit :

ABAISSER l'âme, le cœur, la fierté, l'orgueil, la vanité, le courage, l'audace, etc. :

L'espérance ellievet lo cuer as haltes choses, et la cremors (crainte) l'*abaisset* contreval.

Livre de Job. Voy. Les quatre Livres des Rois, p. 507.

C'est chose qui ordinairement ravale et *abaisse* le cœur aux hommes, quand ils sentent quelque défectuosité ou quelque tare en ceulx dont ils ont pris naissance.

AMYOT, traduct. de Plutarque, Comment il faut nourrir les enfants, II.

On le voyoit (saint Louis)...... *abaisser* aux pieds des pauvres.... la majesté royale.

MASSILLON, Sermons. Pour le jour de Saint-Louis.

Comme l'éducation, dans les monarchies, ne travaille qu'à élever le cœur, elle ne cherche qu'à *l'abaisser* dans les États despotiques.

MONTESQUIEU, *Esprit des lois*, IV, 3.

> Por nostre parenté vengier,
> Et por lor orgoil *abaissier*.
>
> WACE, *Roman de Brut*, v. 11273.

Et, de ce mesme bras qui soutient l'innocence,
J'*abaisseray* l'orgueil des fronts audacieux.

Réveille-toi, Seigneur, relève l'innocence,
Que l'orgueil des méchants s'efforce d'*abaisser*.

RACAN, *Psaumes*, XVII, XLIII.

ABAISSER la colère, la haine :

> De moment en moment, son âme plus humaine
> *Abaisse* sa colère et rabat de sa haine.

> ..... N'attends pas que j'*abaisse* ma haine;
> Je te l'ai déjà dit, César, je suis Romaine.
>
> P. CORNEILLE, *Médée*, III, 2; *la Mort de Pompée*, III, 4.

ABAISSER la gloire, la renommée, la puissance, la grandeur, la dignité, etc. :

> Bien se gart li baillis qu'il ne soit avocas à celi qui plede devant li, ne qu'il ne parole por li, car il *abaisseroit* sa renommée.
>
> BEAUMANOIR, *Coutumes du Beauvoisis*, c. I, § 23.

Nous élevons la gloire des uns pour *abaisser* celle des autres.

LA ROCHEFOUCAULD, *Maximes*, 198.

> Ne velt son reine retailler (son royaume morceler),
> Ne sa dinité (dignité) *abaissier*.
>
> WACE, *Roman de Brut*, v. 14541.

Et comment as-tu nom? dit Salorez le fier.
Es-tu tant gentix hom que doies cest mestier (le combat)
Tenir sans mesprison, sans mon pris *abaissier?*

Chanson des Saxons, t. II, p. 171.

> Moult est ses nons et ses pris *abaissés*.
> (Son renom et son mérite.)
>
> THIBAUD ROI DE NAVARRE, *Chansons*, LII.

> Il (ils) *abaissent* des bons les los (mérites).
>
> *Roman de la Rose*, v. 1048.

Ne trop ne peu parler doit la princesse :
Car trop parler sa gravité *abaisse*,
Et le trop peu monstre simplicité.

J. MAROT, *Doctrinal des princesses et nobles dames;*
De trop parler.

> Ils verroient par ce coup leur puissance *abaissée*.
>
> RACINE, *Britannicus*, IV, 4.

Il y a longtemps qu'on ne dit plus, comme on l'a dit autrefois, ABAISSER la faim, ABAISSER la honte.

> Ne sai se de ces pois en cosse
> Que je voi à ces pors fouler
> Me porroie jà saouler,
> Et ma grant famine *abessier*.
>
> *Fabl. et cont. anc.*, Méon, t. I, p. 375

> Car tex (tel) cuide *abessier* sa honte,
> Ou vengier, qui l'acroist et monte.
>
> *Roman de la Rose*, v. 7885.

ABAISSER a perdu de même un assez grand nombre de régimes abstraits, devenus, avec le temps, un peu étranges, et dont les exemples suivants donneront une idée :

> Maintien les bones coustumes de ton royaume, et les mauvaises *abesse*.
>
> JOINVILLE, *Histoire de Saint Louis*.

> Or est de mes enfans li contes (le nombre) *abaissiés*.
>
> *Chanson d'Antioche*, v. 568.

> Cist max (ce mal), se nos ne l'*abesson*,
> Porra encore assez monter.
>
> *Roman du Renart*, v. 9756.

> ...Tuit li mire de Salerne
> N'*abesseroient* cette lime.

(Tous les médecins de Salerne n'adouciraient point la douleur qui me ronge.)

> Tote la noise est *abaissiée*.
>
> *Fabl. et cont. anc.*, Méon, t. I, p. 150, 268.

> ...N'ont pas la noise *abessiée*,
> Mès eslevée et essauciée.
>
> HERBERS, *Dolopathos*, p. 186.

On peut inférer des deux derniers exemples, contre l'opinion de Sainte-Palaye, qu'*abaisa* n'est pas simplement une forme particulière d'*apaisa*, dans ces vers cités par Borel :

> ...Ne pot soffrir tel desroy
> Pallas, qui la noise *abaisa*
> Tant que li un l'autre baisa.
>
> PHILIPPE DE VITRY, traduction d'Ovide, ms.

Le même emploi hardi d'*abaisser* se retrouve dans d'autres passages, dont quelques-uns sont fort anciens aussi, mais ont peut-être moins vieilli.

Se li prévolz aperçoit que la painne que il a enjointe ne puisse estre paiée du chatel (capital) à celui qu'il a condampné, il la puet bien apeticier, et ce qu'il en *abessera* ne porra pas estre demandé.

TANCRÈDE, *li Ordinaires*, fol. 106 v°, c. 1.

À sçavoir pour éviter que, pour le grand nombre d'enfans, il ne falust *abbaisser* le train, et, comme on dit par manière de proverbe, tailler les morceaux plus menus.

H. ESTIENNE, *Apologie pour Hérodote*, c. XVII, § 14.

Paien erent (étaient), et il paien
Bien se devroient entr'aidier
Por crestienté *abaissier*.

WACE, *Roman de Brut*, v. 13867.

Ahi, Mors! (ô Mort)............
Tu prens le miols (meilleur), le pior (pire) laisses;
Le mal montes, li bien *abaisses*.

Partonopeus, v. 5423, 5443.

... La loi Diu (de Dieu) voelent si *abaissier*.

Ogier de Danemarche, v. 10626.

Et ce voit-en (voit-on) bien que Rome a
Molt *abessié* nostre loi.

Fabl. et cont. anc., Méon, t. II, p. 332.

ABAISSER est resté d'usage dans ces expressions données par Robert Estienne et par Danet : *abaisser le prix des vivres, abaisser les impôts*, et en parlant d'un très-grand nombre de choses abstraites.

Sire, répondit d'Aubigné, j'ai été député malgré moi à ces assemblées..... Mais comme les Églises..... m'avoient marqué la confiance qu'elles avoient en moi, je me suis cru obligé à les servir avec d'autant plus de passion qu'elles étoient plus *abaissées*, ayant perdu votre protection.

Agrippa D'AUBIGNÉ, *Mémoires*.

Turenne se laissoit voir tel qu'il étoit, sans rien exagérer par orgueil, sans rien *abaisser* par une fausse modestie.

MASCARON, *Oraison funèbre de Turenne*.

(Le peuple) chercha donc à *abaisser* le consulat, à avoir des magistrats plébéiens...

MONTESQUIEU, *Grandeur des Romains*, c. 8.

On voit bien que c'est le courage d'esprit qui fait perdre ou conserver les États, qui les élève ou qui les *abaisse*.

VOLTAIRE, *Histoire de Russie sous Pierre le Grand*, part. I, c. 15.

ABAISSER s'emploie fréquemment comme verbe pronominal.

1° Au propre, en parlant des choses :

Il avoit trouvé un gentil-homme nommé Simontault, lequel, ennuyé de la longue demeure que faisoit la rivière à *s'abbaisser*, s'estoit délibéré de la forcer, se confiant en la bonté de son cheval.

LA REINE DE NAVARRE, *Heptameron*. Prol.

Le pays est rempli de montagnes qui *s'abaissent* peu à peu.

D'ABLANCOURT, traduction de Tacite, *Mœurs des Germains*, c. 2.

M. Cassini ne manqua pas d'aller revoir sa méridienne de Saint-Pétrone, qui avoit besoin de lui ; la voûte qui recevoit le soleil s'étoit *abaissée*.

FONTENELLE, *Éloge de Cassini*.

Tous les fleuves diminuent de jour en jour, parce que tous les jours les montagnes *s'abaissent*.

BUFFON, *Théorie de la terre*, art. XI.

Et mon œil esblouy de si grande clairté,
Craignant ses chauds regards, *s'abaissoit* arresté
Sur son beau sein d'albastre.

PH. DESPORTES, *Amours d'Hippolyte*, XXXV.

Leurs dos voûtés s'élevoient, *s'abaissoient*,
Aux longs élans des soupirs qu'ils poussoient.

VOLTAIRE, *l'Enfant prodigue*, I, 5.

Il se prend au même sens, en parlant des personnes, pour *se baisser*, se pencher vers quelqu'un ou vers quelque chose.

Quant il *s'abaissera*, ce est à dire quant il s'agenoillera por boivre,.... lors se repondra (cachera) la fontainne.

Roman du Saint-Graal, ms. 198, suppl. fr., fol. 47 v°, c. 2.

Adonc *s'abaissa* messire Gautier, et regarda sur le tombel.

FROISSART, *Chroniques*, liv. I, part. I, c. 241.

Les deux combattants s'allongent, se replient; *s'abaissent*.

FÉNELON, *Télémaque*, XX.

Il (Renart) *s'abaissa*, et cil l'asolt (l'absout)
Moitié roman, moitié latin.

Roman du Renart, v. 10832.

Quant cil de l'ost au (l'armée du) roy de France
Les voient viex, foibles et sales,
Touz désarmez, et de fain pales,
Et qu'en pleurant vers eus s'*abessent :*
Pitié en ont; aler les lessent.
G. GUYART, *Royaux lignages*, v. 3870.

La vache le (du) prestre s'*abesse,*
Por ce que voloit pasturer.

Un petit (peu) s'*abesse* et encline.
Fabl. et cont. anc., Méon, t. III, p. 271 ; t. IV, p. 194.

Si s'*abessa,*
Et un à un tous les besa (baisa).
GODEFROY DE PARIS, *Chronique*, v. 7151.

De la fontaine m'apressai;
Quant ge fui près, si m'*abessai*
Pór véoir l'iaue qui coroit,
Et la gravele qui paroit
Au fons plus clere qu'argens fins.
Roman de la Rose, v. 1531.

On l'a aussi employé, fort anciennement, d'une manière heureuse, en parlant de la défaillance subite du corps ou même de la chute de quelque objet.

Del colp chancelad... e vers terre s'*abaissad.*
Les quatre Livres des Rois, I, XVII, 49.

Le comte avise, et maintenant le fiert (frappe),
De la sajete (flèche) li mist el cors plain pié,
La maistre veine del cuer li a trenchié :
Li quens s'*abaisse,* et sa vertu li chiet.
(Le comte s'abaisse, et sa force tombe.)
Garin le Loherain, t. II, p. 238.

Et repundrai l'espeet ainz qu'à tere s'*abaiset.*
(Et je reprendrai l'épieu avant qu'à terre il ne tombe.)
Voyage de Charlemagne, v. 613.

L'extension remarquée plus haut, d'après laquelle *abaisser* se dit du bruit, des sons, est commune à s'ABAISSER.

Elle a conduit aussi à dire *le jour s'abaisse,* comme on dit encore *le jour baisse.*

Il vous faudra toujours aveugle demeurer,
Soit que le jour s'*abaisse* ou qu'il commence à luire.
PH. DESPORTES, *les Amours de Diane*, I, 17.

2° Au figuré.

Quand il s'agit d'un acte de condescendance, de modestie :

J'approuve fort cette théologie populaire qui fait la moitié du chemin jusques à nous, et s'*abaisse* un peu afin que nous n'ayons pas trop à nous élever.
BALZAC, *Lettres diverses*, VII, 46.

Sans se hausser pour paroître grand, sans s'*abaisser* pour être civil et obligeant.
BOSSUET, *Oraison funèbre du prince de Condé*.

L'humilité n'est souvent qu'une feinte soumission dont on se sert pour soumettre les autres : c'est un artifice de l'orgueil qui s'*abaisse* pour s'élever.
LA ROCHEFOUCAULD, *Maximes*, 254.

Les grands, placés si haut par la nature, ne sauroient plus trouver de gloire qu'en s'*abaissant.*
MASSILLON, *Petit carême*. Sur l'humanité des grands envers le peuple.

Il est quelquefois dangereux de s'*abaisser;* car on prend au mot notre humilité, et l'on nous méprise sur notre parole.
GIRARD, *Synonymes*.

Mult fu biax (beau), mult fu gent, gentiz hons resembla;
Ne fu trop orguillos, ne trop ne s'*abeissa.*
WACE, *Roman de Rou*, v. 3788.

Quand il s'agit, particulièrement au sens religieux, au sens chrétien, d'un acte d'humilité :

Par tant covient ke la pensée... soniousement soi *abaisset* en humiliteit.
Livre de Job. Voy. *Les quatre Livres des Rois*, p. 450.

Cil ki s'ensalce (s'élève), il serat *abaissiez;* et ki s'*abaisset* de son greit, il serat essalciez (élevé).
Sermon sur la Sagesse. Ms. fonds N.-D, n° 210 *bis*, fol. 182 v°.

Ki s'*abaisse,* Diex l'acroïst.
Proverbes ruraux et vulgaus.

Quiconque s'élève sera *abaissé,* et quiconque s'*abaisse* sera élevé.
LE MAISTRE DE SACI, *trad. de l'Évangile selon saint Luc*, XVIII, 14.

Nous les verrions s'*abaisser* profondément au nom de Jésus, toutes les fois que nous le prononcerons dans la suite de ce discours. *Abaissons-nous* aussi en esprit.
BOSSUET, *Sermons*. Sur la Circoncision (1er).

On la vit souvent s'*abaisser* et se dérober à sa dignité, pour se jeter aux pieds des pauvres.

L'élévation est .... la récompense naturelle de celui qui s'est *abaissé*.

FLÉCHIER, *Oraison funèbre de Marie-Thérèse; Panégyrique de saint François de Paule.*

Bel se mistrent en Ordre, bien se sunt *abessié*,
Car il resont seigneur de quanqu'il ont lessié.

(Ils se sont habilement mis en un couvent et abaissés, car ils redeviennent seigneurs de tout ce qu'ils ont abandonné.)

J. DE MEUNG, *Testament,* v. 5o6.

Ou bien au sujet du langage dans les conversations, dans les écrits, pour marquer le changement du ton, qui devient moins relevé, plus simple, plus familier.

Capable néanmoins (P. Corneille) de s'*abaisser* quand il veut, et de descendre jusqu'aux plus simples naïvetés du comique.

J. RACINE, *Réponse au discours de réception de T. Corneille.*

Ils sont toujours guindés (certains provinciaux), et croiroient se trop *abaisser* en nommant les choses par leurs noms.

FÉNELON, *Dialogues sur l'Éloquence,* II.

Ils croiroient s'*abaisser* dans leurs vers monstrueux,
S'ils pensoient ce qu'un autre a pu penser comme eux.

Il faut dans la douleur que vous vous *abaissiez*.

BOILEAU, *Art poétique,* I, III.

Souvent s'ABAISSER, au figuré, signifie s'humilier, se dégrader, s'avilir.

On scet assez que, entre toutes autres nations, Espaignolz sont gens qui d'eulx-mesmes ne se veullent pas *abaisser*, et ont tousjours l'honneur à la bouche.

Le loyal Serviteur, c. 23, édit. Petitot.

(L'esclave) sent que son maître a une âme qui peut s'agrandir, et que la sienne est contrainte de s'*abaisser* sans cesse.

MONTESQUIEU, *Esprit des lois,* XV, 13.

Dès qu'il (Charles XII) fut auprès de Bender, on lui conseilla d'écrire au grand vizir, selon l'usage, et il crut que ce serait trop s'*abaisser*.

VOLTAIRE, *Histoire de Russie sous Pierre le Grand,* part. I, c. 19.

Vous voulez que le roi s'*abaisse* et s'humilie !
Qu'il démente en un jour tout le cours de sa vie !

RACINE, *Mithridate,* III, 1.

Il dit à l'Océan : Que ton orgueil s'*abaisse*.

VOLTAIRE, *la Police sous Louis XIV.*

Quelquefois aussi s'ABAISSER, toujours pris figurément, n'exprime qu'une idée de décadence, de déclin.

La volonté seule des rois les appelait (les trésoriers de France) à ces grandes assemblées (un lit de justice). Leur décadence prouve à quel point tout peut changer. Des compagnies s'élèvent, d'autres s'*abaissent*, et enfin s'évanouissent. Il en est de même de toutes les dignités.

VOLTAIRE, *Histoire du parlement de Paris,* c. 7.

Il est très-ordinaire que s'ABAISSER, surtout dans ces diverses acceptions figurées, ait un complément formé de la préposition à et de son régime.

Ce régime est tantôt un nom :

...Au lieu de prendre le soin de son ménage... — De son ménage, monsieur ! Est-ce que vous voudriez qu'elle s'*abaissât* à ces sortes de *bagatelles* ? et est-ce pour cela que l'on prend aujourd'hui des femmes ?

DANCOURT, *les Bourgeoises à la mode,* II, 9.

L'utilité justifie l'astronome de s'être *abaissé à l'arpentage*.

Les sciences, en faveur desquelles il s'*abaissoit au rang* de simple particulier, doivent l'élever... au rang des Auguste et des Charlemagne, qui leur ont accordé aussi leur familiarité.

FONTENELLE, *Éloge de La Hire ; Éloge du czar Pierre Ier.*

Jésus-Christ... daigna s'*abaisser à* toute *la faiblesse du corps humain*, qu'il avait revêtu.

VOLTAIRE, *Traité de la Tolérance : Si la tolérance a été enseignée par Jésus-Christ.*

Feindre et nous *abaisser à* cette *lâcheté* !

Ah ! c'en est trop, madame !
Ne vous *abaissez* point *à* des *remercîments*.

P. CORNEILLE, *Héraclius,* V, 6 ; *Pertharite,* II, 5.

Et des grands conquérants les sublimes pensées
Sont *aux civilités* avec peine *abaissées*.

MOLIÈRE, *D. Garcia de Navarre,* III, 3.

La qualité d'ambassadeur
Peut-elle s'*abaisser à* des *contes* vulgaires ?

LA FONTAINE, *Fables,* VIII, 4.

Tantôt un verbe :

Faut-il qu'une personne comme vous *s'abaisse à parler* de la sorte?

MOLIÈRE, le Médecin malgré lui, I, 6.

Les uns se représentoient un Dieu oisif, retiré en lui-même...., ne daignant pas *s'abaisser à regarder* ce qui se passe sur la terre.

MASSILLON, Sermons. Pour le jour de Noël.

Il ne convient pas à une personne de ma qualité de *s'abaisser à prier* un homme de la vôtre.

LESAGE, Gil Blas, IV, 10.

Vous daignez vous *abaisser à revoir* des éditions, vous qui êtes fait assurément plutôt pour diriger des auteurs que des libraires.

VOLTAIRE, Lettres. 15 décembre 1732.

Eh! monsieur, lui dis-je, laissez-moi finir. Avec qui vous *abaissez-vous à feindre?* — Avez-vous oublié à qui vous parlez?

MARIVAUX, la Vie de Marianne, part. VIII.

Nous ne demandons point qu'un courage si fort
S'abaisse, à notre exemple, *à se plaindre* du sort.

Il est bon qu'un mari nous cache quelque chose,
Qu'il soit quelquefois libre, et ne *s'abaisse* pas
A nous *rendre* toujours compte de tous ses pas.

P. CORNEILLE, Horace, III, 5 ; Polyeucte, I, 3.

Abaissons-nous, ma sœur, *à faire* des avances.

MOLIÈRE, Psyché, I, 1.

Tantôt enfin une proposition entière.

Ce sont, monsieur, des bontés qui m'accablent; et je suis dans une confusion la plus grande du monde, de voir une personne de votre qualité *s'abaisser* pour moi *à ce que vous faites.*

MOLIÈRE, le Bourgeois gentilhomme, III, 6.

Le complément de s'ABAISSER se forme fréquemment au moyen de la préposition *jusque* ou *jusques*; *s'abaisser jusqu'à, jusques à.*

Les régimes varient de même; c'est tantôt un nom ou un pronom :

Le ciel *s'abaisse jusqu'aux abismes.*

BALZAC, Lettres diverses, I, 14.

La grandeur de Votre Majesté consiste à *s'abaisser jusqu'à ses sujets*, à s'égaler en quelque manière à eux.

PELLISSON, Premier discours au Roi.

Après ses prières accoutumées, *s'abaissant jusqu'à son néant*, ou s'élevant jusqu'à Dieu par la foi et la médita-

tion de ses mystères, elle lui demandoit sa grâce et lui offroit un cœur contrit et humilié.

FLÉCHIER, Oraison funèbre de madame la Dauphine.

Le prince s'est *abaissé jusqu'à moi*, en prenant soin de ma fortune.

Mme DE LA FAYETTE, la Princesse de Clèves.

Tantôt un verbe.

Il nous semble que de ces haults thrônes ils ne *s'abaissent* pas *jusques à vivre.*

MONTAIGNE, Essais, III, 2.

Les docteurs molinistes n'ont pas daigné *s'abaisser jusqu'à* nous en *instruire.*

PASCAL, Provinciales, III.

Un Dieu qui *s'abaisse jusqu'à se faire homme* étonne et confond la raison.

MASSILLON, Sermons. Pour le jour de la Circoncision.

Ce qui semble peu croyable, c'est que Montesquieu daigna lui répondre. Les trois doigts qui avaient écrit l'Esprit des Lois *s'abaissèrent jusqu'à écraser*, par la force de la raison, et à coups d'épigrammes, la guêpe convulsionnaire qui bourdonnait à ses oreilles quatre fois par mois.

VOLTAIRE, Commentaire sur l'Esprit des Lois. Avant-propos.

Photin, je parle au roi; vous répondrez pour tous,
Quand je m'*abaisserai jusqu'à parler* à vous.

P. CORNEILLE, la Mort de Pompée, I, 3.

Morbleu! c'est une chose indigne, lâche, infâme,
De *s'abaisser* ainsi *jusqu'à trahir* son âme!

MOLIÈRE, le Misanthrope, I, 1.

Quelquefois le régime est un adverbe.

C'est *jusqu'où* nous pouvons nous *abaisser* pour vous.

P. CORNEILLE, D. Sanche d'Aragon, III, 4.

S'ABAISSER ne se construit pas moins souvent avec la préposition *devant*, qui alors ne marque pas seulement la présence d'une personne, mais encore, la plupart du temps, son influence morale.

La république de Gênes *s'abaissa* encore plus *devant* lui (Louis XIV) que celle d'Alger.

VOLTAIRE, Siècle de Louis XIV, c. 14.

Que faites-vous donc, madame? levez-vous, lui criai-je; vous n'avez point de meilleure amie que moi. Est-il nécessaire de *vous abaisser* ainsi *devant* moi pour me toucher?

MARIVAUX, la Vie de Marianne, part X.

Et leurs fronts couronnés *s'abaissent devant* lui.

Soleil, astre de feu, jour heureux que je hais...
Toi qui sembles le dieu des cieux qui t'environnent...
Sur la voûte des cieux élevé plus que toi,
Le trône où tu t'assieds *s'abaissait devant* moi.

Voltaire, *Artémire*, fragments, I ; *Essai sur la poésie épique,*
IX., morceau trad. de Milton.

Dans l'exemple suivant, d'une date très-ancienne, *s'abaissier avant* (s'abaisser devant) est employé de même, mais au sens propre.

Li rosels *s'abaissie avant* le vent, et li malvais hom obéist al diable.

Maurice de Sully, *Sermons*, IIe dim. de l'Avent.
Ms. 2036-18, suppl. fr., Bibl. nat.

Par un tour très-voisin du précédent, on a dit s'abaisser *envers,* s'abaisser *vers.*

S'abaisser envers aucun, et le prier.

Robert Estienne, *Dictionnaire français latin.*

Cet orgueilleux savoir, ces pompeux sentiments
Ne sont aux yeux de Dieu que de vains ornements :
Il ne *s'abaisse* point *vers* des ames si hautes.

P. Corneille, *Imitation de J.-C.,* I, 1.

S'abaisser est aussi très-souvent suivi des prépositions *sous* et *au-dessous* ;

De la préposition *sous :*

Je me laisse plus naturellement aller après l'exemple de Flaminius, qui se prestoit à ceulx qui avoient besoin de luy plus qu'à ceulx qui luy pouvoient bien faire, que je ne fais à celuy de Pyrrhus, propre à *s'abaisser soubs* les grands et à s'enorgueillir sur les petits.

Montaigne, *Essais,* III, 13.

Jésus-Christ... dont on s'approche sans orgueil, et *sous* lequel on *s'abaisse* sans désespoir.

Pascal, *Pensées,* part. II, art. 10, § 4.

Le ciel *sous* ses pieds *s'abaisse.*

Racan, *Psaumes,* XVII.

Est-il juste, après tout, qu'un conquérant *s'abaisse*
Sous la servile loi de tenir sa promesse ?

Et vous, *sous* sa majesté sainte,
Cieux, *abaissez-vous* !

Racine, *Andromaque,* IV, 5 ; *Esther,* III, 9.

Et je vous apprendrai qu'on peut, sans s'avilir,
S'abaisser sous les dieux, les craindre et les servir.

Voltaire, *Sémiramis,* II, 7.

De la préposition *au-dessous :*

En matière de religion, on ne sçauroit s'eslever qu'en se faisant plus petit qu'on n'est, qu'en *s'abaissant au-dessous* de soy-même et de sa raison.

Balzac, *Socrate chrétien,* disc. XI.

Que fait l'humilité dans les autres ? elle les porte à *s'abaisser au-dessous* de nous, et voilà ce que nous aimons. Mais que feroit la même humilité dans nous ? elle nous porteroit à *nous abaisser au-dessous* des autres, et voilà ce que nous n'aimons pas.

Bourdaloue, *Pensées diverses sur l'humilité et l'orgueil.*

Leur feinte continence n'est que souillure, et, pour avoir dédaigné l'humanité, ils *s'abaissent au-dessous* d'elle.

J.-J. Rousseau, *la Nouvelle Héloïse,* VI, 6.

On a dit s'abaisser *dessous.*

C'uns chascuns ne *s'abast* mies solement *desoz* les devantriens (les anciens), mais nes assi (même aussi) *desoz* les plus jounes.

Saint Bernard, *Sermons françois,* ms., p. 264 (cité par Sainte-Palaye).

Ce qui vient d'être remarqué au sujet des compléments de s'abaisser est en bien des cas commun à abaisser. Ainsi l'on dit fort bien

Abaisser *à :*

Est-ce donc que l'âme est un sujet trop noble pour ses foibles lumières ? *Abaissons*-la donc *à* la matière ; voyons si elle sait de quoi est fait le propre corps qu'elle anime.

Pascal, Voy. *Des Pensées de Pascal,* p. 202.

C'est lui (Dieu) qui prend Cyrus par la main, qui le mène triomphant par toute la terre, et qui *abaisse à* ses pieds toutes les puissances du monde.

Bossuet, *Sermons.* Sur l'honneur.

Une ne les porent *abaissier*
À cele paiz faire otreier.

Benoît, *Chron. de Normandie,* v. 24569.

Point d'époux qui m'*abaisse au* rang de ses sujettes.

P. Corneille, *Attila,* II, 2.

.... Et nul en Thessalie
N'*abaissa* son courage *à* demander la vie.

Voltaire, *la Mort de César,* I, 3.

Abaisser *jusqu'à, jusques à :*

Ou il (saint Chrysostome) sçait *abaisser* la vérité *jusqu'à* nous, ou il sçait nous élever jusqu'à elle.

Balzac, *Socrate chrétien,* disc. XI.

L'esprit de parti *abaisse* les plus grands hommes *jus-qu'aux* petitesses du peuple.

LA BRUYÈRE, *Caractères*, c. 11.

La servitude *abaisse* les hommes *jusqu'à* s'en faire aimer.

VAUVENARGUES, *Réflexions et Maximes*. 22.

......L'amour est une autre science,
Burrhus; et je ferois quelque difficulté
D'*abaisser jusque-là* votre sévérité.

Sion, jusques au ciel élevée autrefois,
Jusqu'aux enfers maintenant *abaissée*.

RACINE, *Britannicus*, III, 1; *Esther*, I, 2.

ABAISSER *devant* :

Mettre au pied des pauvres..... cette pourpre qu'on *abaisse* à peine *devant* les têtes souveraines.

FLÉCHIER, *Panégyrique de saint Charles*.

Aujourd'hui *devant* vous *abaissant* sa hauteur,
Il demande à traiter par un ambassadeur.

VOLTAIRE, *Brutus*, I, 1.

ABAISSER *vers* :

Et comment connoîtrions-nous nettement les substances spirituelles, ayant un corps qui nous aggrave et nous *abaisse vers* la terre?

PASCAL. Voy. *Des Pensées de Pascal*, p. 304, note 1.

Comme il y a dans l'orgueil un certain poids qui l'*abaisse vers* la terre, il y a dans l'humilité je ne sais quoi de grand et de magnanime qui élève l'homme au-dessus de lui-même.

FLÉCHIER, *Sermons*. Pour le jour de la Cène.

ABAISSER *sous* :

Il *abaissa* sa grandeur royale *sous* l'humilité chrétienne.

FLÉCHIER, *Panégyrique de Saint Louis*.

ABAISSER *au-dessous* :

Vous ne l'avez qu'un peu *abaissé* (l'homme) *au-dessous* des anges.

MASSILLON, *Paraphrase du psaume VIII*.

C'est la diction seule qui *abaisse* M. de Campistron *au-dessous* de M. Racine.

VOLTAIRE, *Lettres*. Juin 1731.

Vous verriez.—Que verrois-je? et que pourrois-je apprendre
Qui m'*abaisse* si fort *au-dessous* d'Alexandre?

RACINE, *Alexandre*, II, 2.

On peut ajouter à ces diverses locutions ABAISSER *sur* :

Nous savons de plus que les Latins, et surtout les Grecs, élevoient ou *abaissoient* la voix *sur* un grand nombre de syllabes.

D'ALEMBERT, *Mélanges*. Sur l'harmonie des langues.

ABAISSER, comme beaucoup d'autres verbes actifs, peut être pris absolument, par ellipse de son régime.

C'est lui (Dieu) qui élève, c'est lui qui *abaisse*; c'est lui qui donne la gloire, c'est lui qui la change en ignominie.

BOSSUET, *Sermons*. Sur l'honneur.

ABAISSER a été très-employé autrefois, comme un verbe neutre, pour s'*abaisser*;

Au sens physique :

Lo colors (de l'envieux) devient palle, li oilh *abaisset* (son œil se cave).

Livre de Job. Voy. *Les quatre Livres des Rois*, p. 517.

Et mult en orent grant pitié, cum il virent ces haltes yglises et ces palais riches fondre et *abaissier*.

VILLEHARDOUIN, *Conqueste de Constantinoble*, p. 81, éd. Buchon

Mult oïssiez orgres (orgues) soner,
Et clers chanter et orguener;
Voiz *abessier* et voiz lever,
Chant avaler et chant monter.

WACE, *Roman de Brut*, v. 10799.

Molt est lié Noé, sa feme et sa maisnie :
(Très-content est Noé, sa femme et sa famille)
L'arc el ciel ont véu de colors esclarchie;
Or vont de totes parts les aighes (eaux) *abaissant*,
Les doces des salées se vont bien déservant:
L'arche s'areste.

L'Estoire de Noé et de l'Arche, fol. 7 v°, c. 1; ms. 283, in-fol. B. L. Fr., à l'Arsenal.

Jà ne verrés le soleil *abaisser*.

Ogier de Danemarche, v. 4639.

Au sens moral :

Heritages qui cascun an montent et *abaissent*, ne poent estre prisié fors par estimation.

BEAUMANOIR, *Coutumes du Beauvoisis*, c. XXVII, § 26.

Chis péchiés monte et *abaisce* selonc les ordenes et les dignités.

Chis péchiés monte et *abaise* selonc les persones qui le font, et selonc la hautece et la dignité dont il sont.

Le Miréoir dou monde, ms. 7363, fol. 223 v°, c. 1, Bibl. nat.

6.

Il (Dieu) lor donra chastiaus sanz chauz et sanz mortier,
Jà lor très grant richece ne porra *abaissier*,
Quar ce est paradis.
Vers sur la Mort, Avertissement, p. 14.

Certes, sire, je ne croi mie
Que si preudom soit sanz amie,
Con vous estes : nus (nul) ne l'croiroit :
Vostre pris en *abesseroit*,
Et si en vaudriiez molt mains (beaucoup moins).
Lais inédits, p. 56-57.

Tant fit que le mal *abesa*.
Nouv. rec. de fabl. et cont. anc., Méon, t. II, p. 399.

Mais ainz (avant) qu'il ait paié les noces,
Li (à lui) *abessera* la borsée (la bourse).

Au soir *abaissa* sa dolor.

[Les moines] Monter cuident, mais il *abessent*
Qant il Deu et lor ordre lessent.
Fabl. et cont. anc., Méon, t. I, p. 366; t. II, p. 101, 349.

On lit, dans le *Dictionnaire français-latin* de Robert Estienne, *qui va en abaissant et en empirant;* et dans le *Thrésor* de Nicot : *La rivière abaisse.*

Dans un très-ancien texte se rencontre la locution proverbiale *à l'abaisser*, au sens de En s'abaissant.

A cest mot s'est cil *abeissiez*,
A genoillons se met à terre.....
A l'abaissier vit le fromage.
Roman du Renart, v. 18398, cf. v. 13977.

A l'expression rappelée plus haut *être abaissé de richesse*, correspondent, dans les exemples suivants, ces expressions analogues, *abaisser d'avoir*, *abaisser d'honneur, de sens*, etc.

Nus ne doit son ami laisier,
Nient plus s'il le voit *abaissier*
D'avoir, com si le voit monter.

Cil ne l'doit pas entrelaisier (ce livre)
Qui ne velt *de sens abaissier*.

Puis ne vait s'oevre entrelaisant
Qu'il ne voist *d'onor abaissant*.

(Et puis il ne peut aller négligeant son œuvre qu'il n'aille diminuant d'honneur).
Li livres de Philosophie et de Moralité, fol. 156 r°, c. 1; fol. 203 v°, c. 1 et 2; ms. 283, in-fol. B. L. Fr., à l'Arsenal.

Luxure si est deshonneste
Péché, car la vie de beste

Prendre souvent fait et laissier
La nature, et *abaissier*
De l'amour de Dieu...
Louis XII, *le Livre contre tout péché* (voy. *Poésies de Charles d'Orléans*, appendice, p. 412, éd. de A. Champollion, 1842).

ABAISSER et s'ABAISSER se confondent souvent dans l'usage avec BAISSER et se BAISSER, même chez les meilleurs écrivains. (*Voyez* BAISSER.)

Il en est de même pour ABAISSER et RABAISSER (*voyez* RABAISSER), comme le montre bien le rapprochement des deux passages suivants :

Et qui suis-je, que tu daignes
Jusqu'à moi te *rabaisser?*
J. RACINE, cantique IV.

Qui suis-je, Seigneur? et pourquoi
Le Souverain de la nature
S'abaisse-t-il jusques à moi ?
J.-B. ROUSSEAU, *Odes*, I, 16.

Nicot a écrit : « On peut dire Je vous *abbaisserai* bien votre caquet, tout ainsi qu'on fait, Je vous *rabbaisserai* bien le caquet. »

RABAISSER semble cependant exprimer une intention plus marquée, un effort plus suivi, un résultat plus complet, le retour de la personne ou de la chose *abaissée* à leur juste mesure. Quelquefois, comme dans l'exemple qu'on va lire, où il est opposé à ABAISSER, il indique une sorte de réciprocité, de revanche.

Les évêques, sur lesquels ils (les jésuites) avaient dominé, les confondirent avec les autres religieux; et ceux-ci ayant été *abaissés* par eux, les *rabaissèrent* à leur tour.
VOLTAIRE, *Siècle de Louis XIV*, c. 37.

ABAISSÉ, E, participe.

Autrefois, outre les diverses orthographes déjà indiquées et dont il a été donné des exemples, ABAISSI, ABEISSI, ABESSI, etc.

Releveir...par orgailhouse main de répréhension l'arche *abaissie*.
Livre de Job. Voy. *Les quatre Livres des Rois*, p. 476.

Bien fust la crestienté essaucie (élevée), non mie *abaissie*.
VILLEHARDOUIN, *Conqueste de Constantinoble*, XXXIV.

Li avocaz qui par lor gloriose voiz relièvent les causes

qui sunt *abessies*, se il font tricherie ès causes que il ont à mener, il soffreront poine de traïson.

Le Livre de Jostice et de Plet, p. 280.

Kar par tei e par ta lignie
Iert la moie (était la mienne) mult *abeissie*.

WACE, *Roman de Brut*, v. 8059.

.... Saint[e] iglise
Esteit *abaissie* e maumise,
Destruite, eisilliée e gastée.

BENOÎT, *Chron. de Normandie*, liv. II, v. 45.

Très-haute amors ki tant s'est *abaissie*
Qu'en mon cuer se daigna hebergier.

THIBAUT ROI DE NAVARRE, *Chansons*, IV.

On trouve dans Nicot, traduit par *infractor*, *depressor*, et ensuite dans Cotgrave, Monet, Oudin, le substantif masculin :

ABBAISSEUR, ABAISSEUR.

Il n'est plus en usage que dans la langue des anatomistes, pour désigner, soit comme adjectif, soit comme substantif, certains muscles dont la fonction est d'abaisser les parties auxquelles ils sont attachés.

L'*abaisseur* des sourcils empêche les ordures d'entrer dans l'œil, et lui fournit une défense contre l'impression d'une lumière trop vive, lorsque, par la contraction de ce muscle, les sourcils se rapprochent de la paupière inférieure et en même temps l'un de l'autre.

Encyclopédie, art. ABAISSEUR.

ABAISSEUR désigne plus particulièrement un des quatre muscles de l'œil, dont l'office est d'abaisser le regard vers la terre, et que Dionis a distingué des autres muscles *abaisseurs* en l'appelant le muscle humble.

ABAISSEMENT, s. m. (d'*abaisser*).

Autrefois ABBAISSEMENT, ABESSEMENT, etc. (d'*abbaisser*, *abesser*).

ABAISSEMENT, se dit, au sens propre, en parlant des choses, de l'Action d'abaisser ou de s'abaisser de soi-même.

Aucune foiz puet l'en (on peut) dire que cil qui oste sa meson ou qui l'abesse nuist à la lumière (de) son voisin, quant il vient par cel *abessement* trop de lumière en sa meson.

Ancienne trad. du Digeste, fol. 102 bis v°, c. 2.

L'*abaissement* de ce mur, qui ôtoit la veue à cette maison, l'a bien égayée.

FURETIÈRE, *Dictionnaire*.

L'élévation et l'*abaissement* journaliers des eaux de l'Océan n'ont pas été plus régulièrement assujettis au cours de l'astre qui nous éclaire durant la nuit, que le sort des mœurs et de la probité au progrès des sciences et des arts.

J.-J. ROUSSEAU, *Discours sur les sciences et les arts*, I.

ABAISSEMENT, se dit également de l'état des choses qui ont diminué de hauteur, soit qu'on les ait abaissées, soit qu'elles aient baissé d'elles-mêmes.

L'*abaissement* du mercure dans le baromètre.

Dictionnaire de l'Académie.

ABAISSEMENT s'emploie, comme *abaisser*, par extension, en parlant de la voix, et marque le passage d'un ton plus élevé à un ton plus bas, principalement dans la musique et la déclamation.

Abbaissement de voix.

ROBERT ESTIENNE, *Dictionnaire français-latin*.

L'oreille, qui étoit accoutumée à sentir la différence des longues et des brèves, comme aussi de l'élévation et de l'*abaissement* de la voix.....

ROLLIN, *Traité des études*, liv. I, c. III, § 6.

Nous ne pratiquons point du tout ces élèvements et ces *abaissements* successifs de la voix, si familiers et si fréquents chez les anciens.

D'ALEMBERT, *Mélanges*. Sur l'harmonie des langues.

Nous y remarquerons (dans le son de la voix humaine)..... différents degrés d'*abaissement* ou d'élévation, selon que la fente de la glotte est plus ou moins ouverte.

DE BROSSES, *de la Formation mécanique des langues*, c. IV, § 52.

Toute syllabe est prononcée avec douceur ou avec rudesse, sans que cette douceur ni cette rudesse aient rapport à l'élévation ou à l'*abaissement* de la voix : et c'est là ce que l'on nomme aspiration.

D'OLIVET, *Prosodie françoise*, art. I.

ABAISSEMENT, pris au sens propre ou dans un sens voisin du sens propre, a, comme ABAISSER, fourni des locutions aux nomenclatures de plusieurs sciences, arts et métiers.

Il se dit, par exemple, en termes de blason, pour *abattement* (voyez ABATTEMENT);

En chirurgie, d'une opération qui se pratique dans la cataracte.

ABAISSEMENT se dit au figuré des personnes, et exprime, comme lorsqu'il s'agit des choses, soit, activement, l'action d'abaisser ou de s'abaisser, soit, passivement, l'état qui résulte de cette action. Il est alors, comme on va le voir, très-souvent lié par la préposition *de* à un substantif marquant ou la personne abaissée, ou ce qui en elle éprouve de l'abaissement. On dit, *l'abaissement d'un homme, d'une maison, d'un peuple; un abaissement de cœur, de courage, d'orgueil, de fortune, de puissance; les abaissements de la volupté*. On dit aussi, *mon, ton, son, leur abaissement*. Dans bien des cas, au contraire, *abaissement* est pris absolument.

Les mariages des cadets apportent d'ordinaire de l'*abaissement* dans les grandes maisons.

Mᵐᵉ DE LA FAYETTE, la Princesse de Clèves.

ABAISSEMENT, se prend communément dans cette acception pour désigner l'État de médiocrité, d'humiliation où vivent les personnes que la société dédaigne, rebute; qui sont tombées de la grandeur dans une condition obscure, de l'opulence dans la misère, de l'estime publique dans le mépris.

Cette grandeur de courage qui fait regarder d'un œil indifférent les élévations et les *abaissements*, le bonheur et le malheur, les plaisirs et les peines, la vie et la mort.

CARDINAL DE RETZ, Conjuration de Fiesque.

Le pécheur est souvent élevé en honneur..., tandis que l'homme de bien vit dans l'*abaissement*.

MASSILLON, Sermons. 1ᵉʳ dimanche de l'Avent.

La même réflexion fit comprendre que le respect qui pouvait se refuser à la personne, malgré l'élévation du rang, devait s'accorder, malgré l'*abaissement* de l'état, à la supériorité du mérite.

DUCLOS, Considérations sur les mœurs, c. 14.

La raison et l'humanité, sans compter la religion, nous portent à ménager les personnes qui sont dans le cas où celle-ci se trouve; il nous répugne de profiter contre elles de l'*abaissement* où le sort les a jetées.

MARIVAUX, la Vie de Marianne, part. VII.

Il s'emploie surtout pour marquer l'Affaiblissement progressif du pouvoir, jusqu'au dernier terme de sa décadence.

Cruelle mort le print en l'aage de vingt et quatre ans,

qui fut *abaissement* et dommage irréparable à toute noblesse.

Le Loyal serviteur, c. 54.

N'ignorant pas qu'il ne faut jamais rien attendre des personnes qui se font craindre, qu'une extrême défiance, et un *abaissement* continuel de ceux qui ont quelque mérite et qui sont capables de s'élever.

CARDINAL DE RETZ, Conjuration de Fiesque.

Son grand dessein a été d'affermir l'autorité du prince et la sûreté des peuples par l'*abaissement* des grands.

LA BRUYÈRE, Caractères, c. 10.

Le vieil With ne cessoit d'encourager son fils à l'*abaissement* de la maison d'Orange.

J. RACINE, Fragments historiques.

Il y a aujourd'hui une telle disproportion dans la puissance, qu'il n'est pas possible qu'un petit État sorte, par ses propres forces, de l'*abaissement* où la Providence l'a mis.

Après l'*abaissement* des Carthaginois, Rome n'eut presque plus que de petites guerres et de grandes victoires.

On pourroit dire ... que les humiliations de l'Église sa dispersion, la destruction de ses temples, les souffrances de ses martyrs, sont le temps de sa gloire; et que lorsqu'aux yeux du monde elle paroît triompher, c'est le temps ordinaire de son *abaissement*.

MONTESQUIEU, Grandeur des Romains, c. 3, 5, 22.

Le prix excessif des places au parlement, si diminué depuis, prouve quel reste de considération ce corps avait conservé dans son *abaissement* même.

VOLTAIRE, Siècle de Louis XIV, c. 25

César, à qui les dieux sembloient avoir promis
Le prompt *abaissement* de tous ses ennemis.

BRÉBEUF, la Pharsale de Lucain, III.

ABAISSEMENT, se dit, au sens moral, de la Dégradation de l'âme et de l'avilissement du caractère dans les individus et dans les peuples.

Il y en a plusieurs qui approuvent tout ce que font et disent les grands, par un *abaissement* intérieur de leur esprit qui plie sous le faix de la grandeur.

Logique de Port-Royal, III, 20.

Tous ceux qui se sont engagez dans de semblables desseins par un esprit de tyrannie et des intérêts qui ne vont

point à la grande réputation, ont commencé par une patience soumise et des *abaissements* honteux.
> CARDINAL DE RETZ, *Conjuration de Fiesque.*

On ne trouve pas dans la religion chrétienne un *abaissement* qui nous rende incapables du bien, ni une sainteté exempte du mal.
> PASCAL, *Pensées*, part. II, art. v, § 9.

S'il (Joachim d'Estaing, évêque de Clermont) n'eût eu que de la fermeté, c'eût été une vertu épiscopale; mais il avoit des foiblesses qui n'édifioient pas trop son peuple, et des *abaissements* qui le rendoient presque méprisable.
> FLÉCHIER, *les Grands jours de 1665*, p. 123.

C'est s'abaisser que de recevoir, et de cet *abaissement* ils (le Grand Seigneur et le Grand Mogol) se font un titre de grandeur.

C'était un grand *abaissement* d'être obligé d'envoyer à son successeur Stanislas les pierreries et les archives de la couronne; mais ce fut le comble à cet *abaissement* d'être réduit enfin à féliciter de son avénement au trône celui qui allait s'y asseoir à sa place.
> VOLTAIRE, *Essai sur les Mœurs*, c. 158 ; *Histoire de Charles XII*, liv. III.

Et c'est je ne sais quoi d'*abaissement* secret
Où quiconque a du cœur ne consent qu'à regret.
> P. CORNEILLE, *Remerciement au cardinal Mazarin*, en tête de *la Mort de Pompée.*

Tu sais si jusqu'ici le destin qui m'outrage
Au moindre *abaissement* a forcé mon courage.
> LA FOSSE, *Manlius*, II, 1.

ABAISSEMENT s'est dit aussi d'Un coupable abandon aux mauvaises passions, et de l'état auquel ces passions réduisent ceux qui s'y livrent.

Arrêtez! n'achevez pas ce souhait étrange; j'ai une horreur trop invincible pour ces sortes d'*abaissements* (de l'amour); et si jamais j'étois capable de descendre, je serois personne, sans doute, à ne me le point pardonner.
> MOLIÈRE, *la Princesse d'Élide*, II, 1.

Ce genre d'amour leur inspire une hauteur dans l'esprit qui les sauve des *abaissements* de la volupté.
> Mme DE LAMBERT, *Réflexions sur les femmes.*

ABAISSEMENT, se prend, dans une acception toute différente, pour Une abnégation volontaire de soi-même, inspirée par la piété, par la vertu, par la philosophie, par le malheur, et qui n'implique,

par conséquent, rien d'indigne du caractère le plus élevé. Ainsi on peut dire et on dit : un *noble abaissement*, un *abaissement généreux.*

Cette espèce d'alliance de mots paraît naturelle, lorsqu'elle est expliquée par la pensée. Le vers suivant :

Contemplez de Bayard l'*abaissement* auguste,
> DE BELLOY, *Gaston et Bayard*, III, 5,

n'est à blâmer que parce qu'il est prononcé par Bayard lui-même.

Psyché se jeta à leurs pieds pour toute réponse, et les leur baisa. Cet *abaissement* excessif leur causa beaucoup de confusion et de pitié.
> LA FONTAINE, *Amours de Psyché*, II.

Ce triste *abaissement* convient à ma fortune.
> RACINE, *Iphigénie*, III, 5.

L'*abaissement*, mes fils, convient aux malheureux.
> LONGEPIERRE, *Médée*, V, 5.

ABAISSEMENT, se dit particulièrement, en ce sens, de l'humilité chrétienne et des sacrifices qu'elle impose.

Son humilité la sollicite à venir prendre part aux *abaissements* de la vie religieuse.
> BOSSUET, *Sermons.* Pour la profession de foi de Mme de La Vallière.

Cet ordre d'équité et de justice, cette compensation de grandeur et d'*abaissement*, ne parut jamais mieux que dans la vie de l'humble, du pauvre, et toutefois du grand et de l'illustre François de Paule.
> FLÉCHIER, *Panégyrique de saint François de Paule.*

La mesure de nos *abaissements* en ce monde sera la mesure de notre gloire dans l'autre.

Il y a une humilité prétendue qui n'a de l'humilité que les apparences ; il y a de feints *abaissements* qui ne consistent qu'en de fausses démonstrations et des dehors trompeurs.
> BOURDALOUE, *Sermons.* Caractère de l'humilité; Solide grandeur de l'humilité chrétienne.

On se figure ... l'honneur du ministère... comme un degré de gloire et d'élévation; on vous a montré que c'é-toit une véritable servitude et un exercice continuel d'*a-baissement.*
> MASSILLON, *Discours sur les revenus ecclésiastiques.*

ABAISSEMENT est même pris souvent dans cette

signification, en parlant des humiliations et de la résignation de Jésus-Christ.

Dites-moi, je vous prie, si son *abaissement* (de Jésus-Christ) sur la terre est si redoutable, combien sera terrible son élévation dans les nuées?

BALZAC, Socrate chrétien, disc. II.

Les Juifs charnels n'entendoient ni la grandeur ni l'*abaissement* du Messie prédit dans leurs prophéties.

PASCAL, Pensées, part. II, art. VIII, § 5.

Ne croyez pas, chrétiens, qu'il nous faille rechercher bien loin ces trois *abaissements* du Dieu-homme.

BOSSUET, Sermons. Pour le jour de Noël (1er).

C'est à vous d'adorer votre Sauveur jusque dans ses *abaissements* et sur sa croix, parce qu'en effet ses *abaissements* mêmes sont adorables.

BOURDALOUE, Sermons. Sur la Passion.

Le pluriel du mot *abaissement* a été d'un usage beaucoup plus fréquent au dix-septième siècle qu'aux époques qui l'ont précédé ou suivi ; et maintenant il n'est guère employé que dans une acception mystique.

Les exemples suivants, qui se rapportent à quelques-unes des acceptions du mot ABAISSEMENT dont il vient d'être question, témoignent de l'ancienneté quelquefois contestée de ce mot.

Que est blameir lo juste de sa parole ki n'est mie conute, se quidier n'est del *abaissement* de la force estre trébuchement d'error?

(Blâmer le juste de sa parole qui n'est point connue, qu'est-ce sinon croire que l'abaissement de la force est trébuchement d'erreur?)

Livre de Job. Voy. Les quatre Livres des Rois, p. 476.

Je n'esgarderai mie (je ne regarderai pas à) vostre *abessement* ne vostre avillance.

Roman des Sept Sages, p. 29.

Ne voilles (veuilles) nostre *abaissement*.

BENOIT, Chron. de Normandie, v. 20584.

On trouve chez ce dernier auteur, v. 18040, un exemple du simple *Baissement*.

ABAJOUE, s. f. (formé, soit de *bas* et de *joue*, soit de *bajoue*. Voyez ces mots).

Espèce de poche située dans l'épaisseur des joues de certains animaux, qui s'en servent pour y placer leurs aliments et les y conserver quelque temps.

Le second (caractère des guenons), c'est d'avoir des *abajoues*, c'est-à-dire de poches au bas des joues, où elles peuvent garder leurs aliments.

L'orang-outang est le seul de tous les singes qui n'ait point d'*abajoues*, c'est-à-dire de poches au bas des joues ; toutes les guenons, tous les babouins, et même le magot et le gibbon, ont ces poches, où ils peuvent garder leurs aliments avant de les avaler : l'orang-outang seul a cette partie du dedans de la bouche faite comme l'homme.

BUFFON, Histoire naturelle, Nomenclature des singes ;
l'Orang-Outang.

Buffon, qui se croit obligé d'expliquer ce mot les deux premières fois qu'il l'emploie, indique assez par là qu'il le regarde comme très-peu usité, si ce n'est comme tout à fait nouveau. Aussi ne se trouve-t-il point dans les dictionnaires antérieurs à la publication de son ouvrage.

ABANDON, s. m.

Autrefois ABBANDON (*Voyez* Nicot et Cotgrave, dict.) ; HADANDON (*voyez* Sainte-Palaye, *Gloss.*), etc.

ABANDON vient de la préposition *a* et du vieux mot *bandon*, variété du français *ban*, formé du germanique *bann* (dans la basse latinité *bannus*), qui signifiait originairement Criée publique, proclamation, et s'est longtemps pris pour Sentence, bannissement, excommunication, et pour Permission, licence, exposition d'une chose à l'usage public, etc.

ABANDON ou BANDON, dit encore R. Estienne en 1539 et 1549 dans son *Dictionnaire français-latin*.

On disait *avoir, donner bandon*, au sens de Pouvoir, permettre.

Et nous tuit nous en amendon
(Et nous tous amendons-nous-en)
Tant com nous en *avons bandon* :
N'atendons pas jusqu'à la mort.

RUTEBEUF, la Vie sainte Marie l'Égiptianne.

Onques pucele de parage (famille)
N'ot d'amer tel *bandon* cum gié (comme moi),
Car j'ai de mon père congié
De faire ami et d'estre amée.

Roman de la Rose, v. 5845.

On disait *en bandon* au sens de Sous la puissance, *avoir en son bandon.*

> Desjà l'Empereur présumoit *d'avoir* le païs (la France) *en son bandon*, ainsi comme il en avoit la carte.
>
> G. Du Bellay, *Mémoires*, liv. VI, année 1536.

La préposition *à* fut d'abord jointe au mot BAN-DON par la construction, avant d'être incorporée dans le mot lui-même, comme il est arrivé pour *alarme, alerte*, primitivement *à l'arme, à l'erte*. De là ces expressions :

Être à bandon, c'est-à-dire Être sous la puissance.

> Si t'*iert* (te sera) Normendie *à bandon*.
>
> Benoît, *Chronique des ducs de Normandie*, v. 34854.

Avoir à son bandon, c'est-à-dire Avoir sous sa puissance, à sa disposition.

> Nous *avons* à nostre doz tout le païs seur et *à nostre bandon*, et un roy qui... sçaura pourvoir qu'il ne nous advienne d'ailleurs occasion de crainte inopinée.
>
> G. Du Bellay, *Mémoires*, liv. VII, année 1536.

> Moult a Largece pris et los;
> Ele *a* les sages et les fos (fous)
> Outréement (entièrement) *à son bandon*,
> Car ele sait fere biau don.
>
> *Roman de la Rose*, v. 1145.

Mettre à bandon, c'est-à-dire Exposer, livrer, laisser aller, sacrifier, etc.

> Qu'est-ce autre chose fors *mettre* tout *à bandon*.... et provoquer le monde.... à commune et publique luxure?
>
> Alain Chartier, *l'Espérance.*

> Tous mes trésors (mon trésor) vous soit *à bandon* mis.
>
> *Garin le Loherain*, t. II, p. 90.

> Va, si li di qu'il vigne (vienne) à moi,
> M'amor li *metrai à bandon.*
>
> *Fabl. et cont. anc.*, Méon, t. IV, p. 58.

> Or est fors mis de cest roiaume
> Li bons preudom,
> Qui *mist* cors et vie *à bandon.*
>
> Rutebeuf, *de Guillaume de Saint-Amour.*

> Et tot li a *mis à bandon*
> Et son réaume et sa maison.
>
> *Le Chastoiement*, cont. xxii, v. 9.

> Dedenz son cuer dit et promet
> Que de son cors li fera don,
> Toute s'i *metra à bandon.*
>
> Herbers, *Dolopathos*, p. 171.

Mettre à bandon, dans l'exemple suivant, est pris au sens primitif de Mettre au ban, condamner, proscrire :

> Or est Renars en mal randon,
> (en mauvais pas)
> Se l'en (on) le volt *mettre à bandon.*
>
> *Roman du Renart*, v. 1175.

Dans d'autres locutions, de signification analogue, BANDON, précédé de la préposition *à*, servait également de régime indirect à quelque verbe exprimé ou sous-entendu.

> Et son cors *à bandon* li livre.
>
> *Roman de la Rose*, v. 4531.

Bestes à bandon sont des bestes sans garde, dit Laurière, *Glossaire du droit françois*, au mot Coutume.

Très-souvent *à bandon* était pris adverbialement, dans des sens que les exemples suivants feront encore suffisamment connaître :

> Li rois fu ocis el doignon (dans le donjon),
> Et trestuit si fil (et tous ses fils) *à bandon.*
>
> *Partonopeus*, v. 285.

> ......(Geri) si a cuer de baron,
> Si portera molt bien ton confanon (ta bannière),
> Et conquerra le païs *à bandon.*
>
> *Raoul de Cambrai*, XLIX.

> Ogier escrie : Jà morrés *à bandon.*
>
> *Ogier de Danemarche*, v. 12175.

> Quant no baron les voient, laisent corre *à bandon*,
> Ensement com li faus vole après le coulon.
> (De même que le faucon vole après la colombe.)
>
> *Chanson d'Antioche*, ch. II, v. 814.

> Guiteclins de Soissoigne o (avec) son frère Gozon...
> Sont antré en ta terre à force et *à bandon.*
>
> *Chanson des Saxons*, t. I, p. 24, 25.

> Et serjant en lor maison prisent (prirent)
> *À bandon* quanqu'il (tout ce qu'ils) i troverent,
> Trestoute la sale reuberent (pillèrent).
>
> *Chroniques anglo-normandes*, t. III, p. 123.

I.

Et la jument de poor tranble ,
Un saut a fait tot *à bandon.*
      Fabl. et cont. anc., Méon, t. I, p. 98.

Après lo (le fer) coucha sor l'anclume,
   Si ferirent tot *à bandon*
   Plus de cent foiz en un randon (instant):
      Nouv. rec. de Fabl. et cont. anc., Méon, t. I, p. 117.

De cette construction habituelle se forma de bonne heure le mot ABANDON , et, par un pléonasme dont la trace ne tarda pas à disparaître , les locutions adverbiales *à abandon, en abandon, par abandon,* etc., remplacèrent celle dont on s'était servi auparavant , c'est-à-dire *à bandon.*

Je demeurerai vostre- serve, et mon fils vostre serf à toujours, et mettrons tout le royaume (d'Angleterre) *à* vostre *abandon,* et à bon droit.

Si leur mettoit *en abandon* cités, villes et chasteaux, et leur recommandoit à garder ainsi comme leur héritage.

Et ont les officiers du prince si surmonté toutes gens en Poitou , en Xaintonge, et en la Rochelle, qu'ils prennent tout *en abandon.*
FROISSART, *Chroniques,* liv. I, part. 1, c. 14; part. 11, c. 55, 254.

Tuz les aveirs de sa meisun
Li met li reis *en abaundun.*
      MARIE DE FRANCE, *lai d'Éliduc,* v. 643.

. . Cuer et cors *en habandon*
Avoit mis en très bien amer.
      Fabl. et cont. anc., Méon, t. IV, p. 276.

Désoremais est raison
De mon chant renoveler,
Car pris m'a *par abandon*
Amours, cui ser sans fauser
(Amour, que je sers sans tromper).
   JEAN DE NUEVILE. *Anc. poëtes fr. avant 1300,* t. I, p. 179. Mss. à la Bibl. nat.

Portons à leur poure mesnage
De nos biens *à grand abandon.*
      Les Marguerites de la Marguerite, Bergerie.

Laisse les vanités mondaines
En abandon aux âmes vaines.
      P. CORNEILLE, *l'Imitation,* I, 20.

Dans l'exemple suivant se retrouve, mais avec un déterminatif, la plus usitée de ces locutions :

Mius velt (mieux vaut) son cors metre en péril
Et *en abandon de* morir,
Que plainement Paris guerpir.
      WACE, *Roman de Brut,* v. 10255, cf. v. 13656.

ABANDON s'emploie passivement ou activement, pour exprimer, soit la situation de ce qui est délaissé, soit l'acte de délaisser.

Au premier de ces deux emplois appartiennent les exemples suivants :

Rien n'est si insupportable à l'homme que d'être dans un plein repos, sans passion, sans affaires, sans divertissement, sans application. Il sent alors son néant, son *abandon,* son insuffisance, sa dépendance, son impuissance, son vide.
      PASCAL. Voy. *Des Pensées de Pascal,* p. 218.

Je ne reçois de nouvelles de qui que ce soit, et j'éprouve déjà l'*abandon* des absents.
      Mme DE MAINTENON, *Lettres,* 12 mai 1675.

On se rassembloit par petits pelotons, on se chuchotoit à l'oreille; et je restois seul, sans savoir avec qui parler. J'endurai longtemps ce choquant *abandon.*
      J.-J. ROUSSEAU, *Confessions,* part. II, l. VIII.

L'*abandon,* et tout ce qui en a l'air, m'est insupportable. Jouissez du bonheur de vous suffire à vous-même.
      Mme DU DEFFAND, *Lettre* du 18 déc. 1776 (a H. Walpole).

J'avance en sûreté quand Dieu me veut conduire,
Et je tombe aussitôt que sa main se retire....
Par ce triste *abandon* la suprême sagesse
Fait aux saints quelquefois éprouver leur foiblesse.
      L. RACINE, *la Grâce,* II.

A cet emploi passif du mot ABANDON appartient la locution proverbiale dont il a été question plus haut , *à l'abandon,* locution si usitée, et qui se construit avec tant de verbes divers.

Combien d'honnestes hommes ont rejeté tout leur certain *à l'abandon,* et le font tous les jours , pour chercher le vent de la faveur des roys et de la fortune !

Ce n'est doncques plus par la raison, par le discours et par l'ame, que nous excellons sur les bestes...Il nous faut mettre nostre intelligence, nostre prudence et tout le reste *à l'abandon.*
      MONTAIGNE, *Essais,* I, 40; II, 12.

Tout ce que l'épargne, la puissance et la bonne fortune

de tant de roys avoient amassé durant plusieurs siècles, soit d'or et d'argent, de meubles, de pierreries ou d'autres choses précieuses, qui montoient à un prix inestimable et surpassant toute créance, tout cela estoit alors au pillage et *à l'abandon.*

    VAUGELAS, trad. de *Quinte-Curce,* III, 13.

L'Italie et Rome même....; deviennent la proie des barbares; tout l'Occident est *à l'abandon.*

    BOSSUET, *Discours sur l'Histoire universelle,* III, 7.

Tu quittes le soin de ton négoce, et tu laisses aller tes affaires *à l'abandon.*

    MOLIÈRE, *le Malade imaginaire,* 1er intermède, sc. i.

Mais que fait cet homme riche, ce père de famille si affairé, et forcé, selon lui, de laisser ses enfants *à l'abandon?*

    J.-J. ROUSSEAU, *Émile,* I.

Cependant, sans souliers, ceinture ni cordon,
L'œil farouche et troublé, l'esprit *à l'abandon,*
Vous viennent accoster comme personnes yvres,
Et disent pour bonjour : Monsieur, je fais des livres.
    RÉGNIER, *Satires,* II.

Et je m'étonne fort de voir *à l'abandon*
Du prince Héraclius les droits avec le nom.
    P. CORNEILLE, *Héraclius,* II, 8.

Après ces exemples, qui appartiennent presque tous au XVIᵉ et au XVIIᵉ siècle, il peut paraître singulier que Furetière ait dit de la locution proverbiale *à l'abandon :* « On s'en sert peu, excepté dans le discours familier; mais elle n'est pas assez noble pour le style élevé. »
On dit encore fréquemment *dans l'abandon.*

Il est beau de donner la paix à votre maître;
Son égal aujourd'hui, demain *dans l'abandon,*
Vous vous verrez réduit à demander pardon,
    VOLTAIRE, *Adélaïde du Guesclin,* II, 7.

ABANDON, dans cette signification passive, est souvent joint par la préposition *de* à un autre substantif, lequel exprime la cause du délaissement dont il s'agit.

Il est encore, ce qui revient au même, construit avec les adjectifs possessifs *notre, votre, son.*

La chute de saint Pierre.... n'arriva pas tant par sa négligence que par *l'abandon de* Dieu.

L'abandon de Dieu paroît dans les païens; la protection de Dieu paroît dans les Juifs.

    PASCAL, *Provinciales,* III; *Pensées,* part. II, art. XIII, § 5.

L'un et l'autre n'eurent d'éducation que celle qu'on peut recevoir de la nature, dans *l'abandon* général *de* toutes choses.

    VOLTAIRE, *Hist. de Russie sous Pierre le Grand,* part. II, c. 3.

Un malade dont le mal est incurable, qui peut juger de son état par des exemples fréquents et familiers, qui en est averti....par les larmes de ses amis, par la contenance ou *l'abandon des* médecins.

    BUFFON, *Hist. nat.* L'homme (De la vieillesse et de la mort).

À l'abandon de s'est anciennement dit, on l'a vu plus haut, pour Au pouvoir de, à la discrétion de.

La veue de ma maison m'estoit effroyable : tout ce qui y estoit estoit sans garde, et *à l'abandon de* qui en avoit envie.

    MONTAIGNE, *Essais,* III, 12.

J'ay longtemps voyagé, courant toujours fortune,
Sur une mer de pleurs, *à l'abandon des* flots.
    PH. DESPORTES, *Amours de Diane,* I, 48.

On a encore employé, mais rarement, *abandon de* dans le sens de Congé, permission.

Il sembloit qu'il eût droit d'en user de la sorte, par *l'abandon* et par la permission *du* roi.

    SAINT-SIMON, *Mémoires,* 1711, t. IX, c. 11.

ABANDON, avec la même forme de construction, a souvent un sens actif; et son complément exprime alors, non plus la cause, mais bien l'objet du délaissement, quel que soit d'ailleurs cet objet, qu'il s'agisse de personnes ou qu'il s'agisse de choses, soit de l'ordre physique, soit de l'ordre moral.

Et vous promets, sur *l'abandon de* ma teste, que si vous arrivez là, vous y prendrez terre à vostre volonté.

    FROISSART, *Chroniques,* l. I, part. 1er, c. 264.

Mais, ô force à faillir! ô hardiesse pour s'excuser! ô lâche *abandon d'*un cœur corrompu et livré à ses désirs!

    BOSSUET, *Sermons.* Sur les fondements de la vengeance divine.

C'est alors que Dieu doit à sa justice *l'abandon du* pécheur.

    MASSILLON, *Sermons.* Sur l'Impénitence finale.

La flatterie...., la perfidie, *l'abandon de* tous ses engagements...., forment, je crois, le caractère du plus grand nombre des courtisans.

> Montesquieu, *Esprit des Lois*, III, 5.

ABANDON, ainsi employé, signifie quelquefois Oubli blâmable de soi, de ses intérêts, de ses devoirs.

Il fut si fort consterné, qu'il se réduisit à un traité qui étoit moins une paix qu'un *abandon* de ses propres forces.

> Montesquieu, *Grandeur des Romains*, c. 5.

En ce dernier sens, ABANDON s'est pris quelquefois d'une manière absolue :

... En lui montrant que, par ce qu'il (le P. Letellier) se proposoit, il s'éloignoit de son objet, qui étoit le règne despotique de sa société, de ses dogmes, de ses maximes, et la destruction radicale non-seulement de tout ce qui y étoit contraire, mais de tout ce qui n'y seroit pas soumis jusqu'à l'*abandon* aveugle.

> Saint-Simon, *Mémoires*, 1709, t. VII, c. 3.

On tombera dans un esprit de nonchalance, de paresse, d'*abandon*, qui fera que l'État n'aura plus de force ni de ressort.

> Montesquieu, *Esprit des Lois*, VIII, 5.

D'autres fois ABANDON signifie Désistement, sacrifice.

Et de tous ses trésors l'*abandon* général.

> P. Corneille, *Médée*, II, 2.

Dans ce dernier sens et dans d'autres encore, ABANDON se construit, au moyen de la préposition à, avec un régime indirect.

Il sait que, par cet *abandon aux* choses licites, il se fait dans tout notre cœur un certain épanchement d'une joie mondaine.

> Bossuet, *Sermons.* Sur l'Impénitence finale.

Une probité exacte, beaucoup d'honneur... rehaussé de tout l'*abandon à* M. de Cambrai.

> Saint-Simon, *Mémoires*, 1711, t. IX, c. 22.

ABANDON, dans le langage mystique, exprime La sainte indifférence d'une âme désintéressée, qui s'abandonne totalement et sans réserve à Dieu.

Ce saint apôtre (saint Pierre), définissant l'*abandon*, dit

ces paroles : Rejetant en lui toute votre sollicitude, parce qu'il a soin de vous.

Cet acte, si c'est un seul acte, est un parfait *abandon*; je dis, si c'est un seul acte; car, en effet, c'est un amas et un composé des actes de la foi la plus parfaite, de l'espérance la plus entière et la plus abandonnée, et de l'amour le plus pur et le plus fidèle.

> Bossuet, *Instruction sur les états d'oraison*, X, 18.

Un parfait *abandon* au souverain vouloir.

> P. Corneille, *l'Imitation*, I, 25.

Les quiétistes se sont servis du même terme dans un sens analogue, mais auquel ils ont donné une extension condamnée par l'Église.

Voilà jusqu'où l'*abandon* se doit porter, selon les communes obligations. Il n'y a rien au delà, pour composer un état et une oraison extraordinaire, que l'*abandon* à être damné, dont nous avons déjà vu un petit essai dans l'indifférence de Molinos et de Malaval, mais dont nous allons voir le plus grand excès dans l'Interprétation du Cantique.

Malaval ne parle pas moins clairement ... Il n'y a, dit-il, qu'à pousser l'*abandon* à l'opération divine jusqu'à ne rien faire, et laisser tout faire à Dieu.

Voilà ce qu'on appelle l'*abandon*, ou cette renonciation absolue à toutes inclinations particulières, quelque bonnes qu'elles paroissent.

> Bossuet, *Instruction sur les états d'oraison*, III, 15, 3; V, 3.

ABANDON se dit particulièrement, en jurisprudence, d'un acte judiciaire ou conventionnel, par lequel un débiteur délaisse ses biens à ses créanciers.

Il a fait à ses créanciers l'*abandon* de sa terre. Il a signé l'*abandon* de tous ses biens.

> *Dictionnaire de l'Académie.*

L'emploi de ce mot, dans la langue du palais, est très-ancien.

Om fet en Vermandois une forme de letres tele que li emprunteeur dient... qu'il rendront toz les couz (coûts)... que li presteeur i auront... par l'*abandon* de totes lor choses.

> *Le Conseil de Pierre de Fontaines*, c. xv, § 17.

Sainte-Palaye cite, d'après Laurière (*Glossaire du Droit françois*) et le *Coutumier général* (t. I, p. 792), l'expression *Faire plainte d'abandon*, pour Requérir, demander le bénéfice de cession de biens; et une autre encore : *mettre en droit, loi et abandon*, pour *abandonner*.

Par une acception particulière, qui correspond à un des sens des mots *abandonner*, *abandonné*, *abandonnement*, le mot ABANDON signifie, en parlant des femmes, le Relâchement de leurs mœurs, leur facilité.

> De tout temps le monde a vu Don
> Être le père d'*Abandon*.
>
> LA FONTAINE, *Contes*, III, 13.

ABANDON, pris dans un sens plus général, peut encore signifier un Emportement passionné.

> Les armes, marques... de noblesse héréditaire..., sont mises ès mains d'une populace qui de liberté passera en licence, de licence à l'*abandon* de toute insolence.
>
> PALMA CAYET, *Chronologie novenaire*, I, année 1589.

ABANDON se dit enfin en parlant des manières, des discours, des ouvrages d'esprit et des productions des arts, pour exprimer une sorte de facilité, de négligence heureuse, qui exclut toute recherche, toute affectation, et ne laisse jamais sentir l'effort ni le travail.

Cette acception est moderne.

> Des attitudes tantôt animées, tantôt laissées dans un mol *abandon*.
>
> BUFFON, *Histoire naturelle*, le Cygne.

> L'homme qui se repose se soulage d'un malaise; on le voit sur son visage, dans l'affaissement, l'*abandon* de ses membres; et ces caractères manquent à ce berger.
>
> DIDEROT, *Salon de 1767. Les Sculpteurs; Mouchy.*

> J'aime l'*abandon*; je n'agis que de premier mouvement.
>
> Mᴸˡᴱ DE L'ESPINASSE, *Lettres*, 1ᵉʳ août 1773.

> Il trouvait en elle trop de hauteur, et pas assez de complaisance et d'*abandon*.
>
> MARMONTEL, *Mémoires.*

> L'aisance et l'*abandon* vont quelquefois jusqu'à la négligence marquée, et l'*abandon* jusqu'à la diffusion.
>
> LA HARPE, *Cours de Littérature.*

> Corinne était surtout aimable par l'*abandon* et le naturel.
>
> Mᵐᵉ DE STAEL, *Corinne*, IV, 6.

> Elle a beaucoup d'esprit, de sensibilité;
> Moi, j'ai de l'*abandon*, de la franche gaieté.
>
> COLLIN D'HARLEVILLE, *les Châteaux en Espagne*, II, 10.

> Son corps, à la beauté, ce trop fragile don,
> Joignait des mouvements le facile *abandon*.
> S'exprime avec clarté, parle avec *abandon*.
>
> DELILLE, *l'Imagination*; I; *la Conversation*, III.

> [Vous] dont le sentiment
> Se peignait si naïvement
> Dans un *abandon* plein de charmes.
>
> DUCIS, *Vers à madame Pallière.*

ABANDON se prend quelquefois dans la signification de Confiance entière.

> Elle (la religion) vous cherchera; vous, ne la fuyez pas;
> Vous, avec *abandon* jetez-vous dans ses bras.
>
> M.-J. CHÉNIER, *Calas*, III, 3.

> Avec quel saint respect, quel touchant *abandon*,
> Mon ami lui prêtait son cœur et son oreille !
>
> DUCIS, *Épître à l'Amitié.*

ABANDONNEMENT, s. m.

Ce mot marque, avec plus de force, la signification passive et active du mot *abandon*, la situation de ce qui est délaissé, l'action de délaisser.

Il se construit, en ce double sens, avec la préposition *de*, suivie d'un substantif, lequel fait connaître, tantôt par le fait de qui a lieu le délaissement, tantôt en quoi il consiste.

Au premier sens se rapporte cet exemple :

> Dans la désertion et l'*abandonnement* général *de* ses amis, il se livre tout entier aux chagrins et aux réflexions de la solitude.
>
> SAINT-EVREMOND, cité dans le *Dictionnaire de Trévoux.*

Dans l'exemple suivant, analogue au précédent, la préposition *de* est remplacée par la locution *du côté de*.

> Il étoit dans un si grand *abandonnement du côté de* Dieu, que.....
>
> JACQUELINE PASCAL, *lettre* du 25 janvier 1655, sur la conversion de son frère.

À cet emploi de la locution *abandonnement de*, appartient encore cet autre exemple :

> On tente Dieu continuellement par l'exercice de ces emplois mal choisis; et, au lieu d'attirer sa grâce et son secours, on attire sans cesse les effets de sa colère et de son *abandonnement*.
>
> NICOLE, *Essais*, traité III, c. 6; Des manières dont on tente Dieu

Les exemples qu'on va lire se rapportent au second sens :

L'*abandonnement*... qu'on fit *de* l'isle d'Oleron aux papistes.

Agr. D'Aubigné, Mémoires.

Allez, maudits, au feu éternel, qui est préparé au diable et à ses compagnons ! Pesez ces paroles si pesantes. Allez, dit-il, c'est un mot *d'abandonnement* perpétuel que Dieu fait *de* tels malheureux, les bannissant pour jamais de sa face.

S. François de Sales, Introd. à la Vie dévote, part. I, c. 14.

Ils (les protestants) n'ont pas craint de mettre leur foi en compromis entre les mains de quatre hommes, avec un si grand *abandonnement de* leurs propres sentimens, qu'ils leur ont donné plein pouvoir de changer la même confession de foi qu'ils proposent encore aujourd'hui à tout le monde chrétien.

Bossuet, Exposition de la doctrine de l'Église catholique, c. 20.

Cet *abandonnement de* sa propre cause, et par conséquent *de* sa vie,

Bourdaloue, Carême. Sermon sur la Passion.

La reine (Anne) l'avait aimée (la duchesse de Marlborough) avec une tendresse qui allait jusqu'à la soumission et à l'*abandonnement de* toute volonté.

Voltaire, Siècle de Louis XIV, c. 22.

Une passion telle que je viens de la dépeindre produit un *abandonnement de* soi-même qui rend incapable de tout art.

Mme Du Châtelet, Réflexions sur le bonheur.

Nicot donne cette locution, qui doit trouver ici sa place : *Abandonnement de raison : defectio a recta ratione*, comme il l'a traduit.

On disait, en style de jurisprudence, *abandonnement de biens*, expression ainsi expliquée par le même Nicot : « Cession de biens que fait un débiteur à ses créanciers, *bonorum abdicatio*, *cessio bonorum*. »

Il paraît qu'ensuite on s'est plus volontiers servi au palais du mot *abandon*. Danet, dans le xviie siècle, disait qu'*abandonnement* était plus d'usage qu'*abandon*, si ce n'est au barreau. Vers la même époque, Furetière écrivait sur le mot *abandon* : « Il n'est point du bel usage ; on ne le trouve guère que dans Molière (*Tartuffe*, act. I, sc. 1), lequel dit, en parlant des coquettes qui renoncent par nécessité au monde qui les quitte :

Dans un tel *abandon*, leur sombre inquiétude
Ne voit d'autre recours que le métier de prude.

Il n'est supportable en ce sens qu'en termes de pratique. Le débiteur a fait l'*abandon de* tout son bien à ses créanciers. *Abandonnement* vaut mieux. »

Nous l'avons dispensé et dispensons... de la peine de porter le bonnet vert, par lui encourue...., au moyen de la cession et *abandonnement de biens*.

Lettres patentes du Roi, du 25 mars 1678. Voy. Correspondance administrative sous le règne de Louis XIV, t. II, p. 209.

On fait un *abandonnement de* ses biens ; une abdication de sa dignité et de son pouvoir ; une renonciation à ses droits et à ses prétentions ; une démission de ses charges, emplois et bénéfices ; et l'on donne un désistement de ses poursuites.

Il vaut mieux faire un *abandonnement d'*une partie de ses revenus à ses créanciers, que de laisser saisir et vendre le fonds de son bien.

Girard, Synonymes françois.

Abandonnement peut encore être suivi de la préposition *à* et d'un substantif. Il répond alors à l'emploi réfléchi du verbe *abandonner*, et exprime, sous cette forme, l'action de se laisser entraîner, de se livrer avec trop de facilité, sans aucune réserve.

Ce n'est donc pas le peu de certitude qu'on trouve dans la religion qui fait conclure qu'il faut s'abandonner au plaisir.... C'est l'*abandonnement au* plaisir qui jette dans l'incertitude sur la religion.

Massillon, Carême, mardi de la IVe semaine.

Ce qui aliéna surtout les Anglais de lui, ce fut son *abandonnement à* ses favoris. Louis XIII, Philippe III et Jacques II avaient, en même temps, le même faible.

Peut-on dire que ce soit l'esprit de débauche, de licence, d'*abandonnement à* leurs passions, qui les réunit ?

Voltaire, Essai sur les mœurs, c. 179 ; Défense de milord Bolingbroke.

On a dit fort anciennement *abandonnement aux périls*, dans le sens où La Fontaine, on le verra plus loin, a dit lui-même, peut-être par souvenir de cette locution, s'*abandonner aux périls*.

Ses escus ert (son écu était) moult renommés,
Despit de mort estoit nommé ;
Bordés fu d'*abandonnement*
À tous périz. . . . .

Roman de la Rose, v. 15742.

On a dit, dans des sens analogues, *abandonnement avec* (voyez plus bas); *abandonnement dans*.

Le dernier excès de l'*abandonnement dans* le vice, est de n'en rougir point.

Logique de Port-Royal, part. III, c. 20.

ABANDONNEMENT peut être employé absolument, et, sous cette forme, suffit aux diverses acceptions qui viennent d'être définies ;

1° Quand il s'agit d'un délaissement complet, soit de Dieu, soit des hommes :

J'exagérai la honte de cet *abandonnement*, et le parlement envoya 40,000 livres à la reine d'Angleterre.

Le cardinal de Retz, *Mémoires*, liv. II, année 1649.

Ministres du Dieu des armées, dites-nous quels furent, dans ce triste *abandonnement*, les sentiments d'un cœur.....

Mascaron, *Oraison funèbre du duc de Beaufort.*

Leur âme éperdue et désespérée sentira l'*abandonnement* où elle est, en voyant ses meilleurs amis s'élever contre elle.

Bossuet, *Sermons. Des saints anges gardiens.*

La pauvreté, la honte, la maladie, l'*abandonnement*, la perte des amis, des parents, des enfants, ne produisent que des secousses passagères, dont le mouvement se ralentit peu à peu jusqu'à ce qu'il cesse entièrement.

Nicole, *Essais*, traité Ier, c. 12; De la foiblesse de l'homme.

Voilà ce que Dieu lui inspire; et, soit lumière, soit *abandonnement*, il faut qu'il arrive quelque changement en lui pour déranger ses opinions.

Mme de Sévigné, *Lettres*, 1er avril 1682.

Il faut que je vous demande pardon de l'avoir mariée, dans l'*abandonnement* où, faute de vous rencontrer, je me suis trouvée avec elle.

Molière, *les Fourberies de Scapin*, III, 8.

Eh ! bonjour, ma mignonne. Eh ; bon Dieu ! quel *abandonnement !* quelle disette de compagnie ! Avec plus de mérite que femme du monde, on vous trouve aussi esseulée qu'un favori disgracié.

Dancourt, *l'Été des Coquettes*, sc. 13.

Elle n'espéra plus, dans cet *abandonnement* universel, qu'en la tendresse d'Hamilton.

Hamilton, *Mém. du chevalier de Grammont*, c. 9.

(La religion) nous soutient surtout dans le malheur, dans l'oppression et l'*abandonnement* qui la suit.

Voltaire, *Lettres*, mars 1743.

2° Quand il s'agit du même délaissement, mais rapporté à son auteur :

Je me suis résolue quelquefois... à laisser ces enfants à la conduite de leur mère, mais j'entre en souci d'offenser Dieu par cet *abandonnement*.

Mme de Maintenon, *Lettres*, 1er septembre 1764.

Le sort lui cachoit un amant
Qui, dans un temps si nécessaire,
Loin de marquer l'empressement
D'une flamme vive et sincère,
Ne se montroit pas seulement;
Et ce lâche *abandonnement*
Mettoit le comble à sa misère.

Hamilton, *le Bélier.*

3° Quand il s'agit d'un oubli volontaire et entier de soi-même, par quelque cause que ce soit, passion, déférence, zèle, etc. :

Jugez si cette condition, qui ne donne le temps ni aux uns ni aux autres de songer seulement à leurs intérêts, n'est pas un pur *abandonnement*.

Le cardinal de Retz, *Mémoires*, liv. II, année 1649.

Quelque difficile que fût cette affaire, il suffisoit, monsieur, pour m'y porter avec *abandonnement*, que ce fust une occasion de faire le service du Roy.

L'évêque de Viviers à Colbert, *Corresp. administr. sous le règne de Louis XIV*, t. I, p. 293.

Je lui soumets tout avec un entier *abandonnement*.

Bossuet, Lettre XII, à M. Dirois.

Un *abandonnement* qui ne connoît plus ni règle, ni pudeur, ni bienséance.

Tant d'emportements honteux, tant de foiblesse et d'*abandonnement !* lui qui s'étoit piqué de raison, d'élévation, de fierté devant les hommes !

Massillon, *Paraphrase du psaume XIII; Avent, Mort du pécheur.*

On ne peut mieux peindre l'*abandonnement* du désespoir.

Laharpe, *Commentaire sur Voltaire*, p. 132.

Ainsi employé, ABANDONNEMENT signifie quelquefois Dérèglement excessif dans la conduite, dans les mœurs.

Avant que Néron se fût laissé aller à cet étrange *abandonnement*, personne ne lui étoit si agréable que Pétrone.

Saint-Évremond, *Jugement sur Pétrone.*

Vous vous révoltez contre le souper. Oh bien! nous aurons les violons, de la musique, un petit concert, le bal, et une espèce d'opéra même, si vous continuez à me contredire. — Ah! quel *abandonnement!* quel désordre! Mais quand vous seriez la femme d'un traitant, vous ne feriez pas plus d'impertinences.

Dancourt, les Bourgeoises de qualité, I, 5.

Souvenez-vous que Dieu n'aime pas les sacrifices imparfaits; rendez-lui tout votre cœur, que vous aviez prostitué, avec tant d'*abandonnement*, aux créatures.

Massillon, Paraphrase du psaume IV.

Abandonnement, en ce sens, n'est pas toujours, comme on l'a dit, employé absolument; il se trouve avec un et même deux compléments, exprimant et la personne qui s'abandonne et celle qui est l'objet de l'abandonnement.

Joconde apprend au roi l'*abandonnement de* sa femme avec le plus laid monstre de la cour.

Boileau, Dissertation sur Joconde.

Abandonnement a été employé absolument, dans le sens judiciaire rapporté plus haut, pour, *abandonnement de biens*. On disait *être reçu à abandonnement*, pour, Être admis à céder ses biens.

Cil qui a la propriété del serf le porra abandoner por son mellet, se il le let sanz tricherie; quar li *abandonemenz* ne tolt pas l'usaire (n'abolit pas l'usage) par droit.

Anc. trad. du Digeste, fol. 97, v° c. 1.

Nul home n'est tenu prisonnier pour debte de garde et commande, supposé qu'il ait juré et accordé à non vouloir *estre receu à abandonnement.*

Le Grant Coustumier de France, liv. II, de l'exécution des lettres.

L'emploi que le langage mystique fait du mot *abandon*, comme on l'a vu plus haut, s'est naturellement étendu au mot abandonnement.

Mon entier *abandonnement* de moi-même entre les mains de Dieu.

Mme de Chantal, lettre à la mère Angélique Arnaud, 3 août 1637.
Voyez Lettres chrétiennes et spirituelles de Saint-Cyran.

C'est là aussi ce qu'il (saint François de Sales) appelle l'*abandonnement*, qui est, selon lui, la vertu des vertus; et ce n'est, dit-il, autre chose qu'une parfaite indifférence à recevoir toutes sortes d'événements selon qu'ils arrivent,

et selon qu'il plaît à Dieu qu'ils se développent journellement à nos yeux.

Bossuet, Instruction sur les états d'oraison, VIII, 12.

Mais quel est son *abandonnement* à la providence de Dieu, lorsqu'après la naissance de Jésus-Christ il faut qu'il parte promptement, et qu'il le sauve des mains et du glaive du cruel Hérode?

Fléchier, Panégyrique de saint Joseph.

ABANDONNER, v. a.

Étienne Pasquier le décompose dans les trois mots *donner à ban*, c'est-à-dire exposer au public, livrer en proie. Il s'est formé simplement par la désinence de l'infinitif actif, ajoutée aux deux éléments du mot *abandon*.

Autrefois Abbandonner (*voyez* Nicot et Cotgrave, Dict.); Habandonner (*voyez* Sainte-Palaye, *Gloss.*); Abaundoner, etc. (*voy.* les exemples ci-après).

Abandonner exprime l'action de Faire l'abandon, de quitter avec effort ou avec négligence, mais entièrement.

Il a des régimes fort divers, qui comprennent tout ce qui peut être l'objet de l'abandon, lieux, choses et personnes.

Premièrement donc il se dit des lieux :

Lorsque les Juifs, emmenés en servitude, furent sur le point de quitter la Judée et de partir pour Babylone, le prophète Jérémie, à qui le Seigneur avoit ordonné de ne pas *abandonner* Jérusalem, leur parla de la sorte......

Massillon, Carême. Sur le petit nombre des élus.

Dès le commencement de la guerre, il (Pompée) fut obligé d'*abandonner* l'Italie.

Montesquieu, Grandeur des Romains, c. 11.

Les Français, commandés par le maréchal de Trivulce, *abandonnent* l'une après l'autre toutes les villes qu'ils avaient prises du fond de la Romagne aux confins de la Savoie.

Il *abandonne* les brèches par où les ennemis entraient.

Voltaire, Essai sur les mœurs, c. 113; Histoire de Charles XII, VIII.

Ne pense point que, pour te suivre, j'*abandonne* jamais la maison paternelle.

J.-J. Rousseau, la Nouvelle Héloïse, part. III, lettre XV.

J'*abandonnay*, sans avoir commis crime,
L'ingrate France.
Cl. Marot, *Épîtres*, I, xxi.

Et les Graces, qui sont les trois filles des cieux,
De leurs dons les plus beaux ceste princesse ornèrent,
Et pour mieux la servir les cieux *abandonnèrent*.
Ronsard, *poëmes*, liv. I. *Regret à l'Huillier parisien.*

. . . .*J'abandonne* sans peine
Votre Hélicon, vos bois, votre Hippocrène.
J.-B. Rousseau, *Épîtres*, I.

Au même ordre d'exemples appartiennent les suivants, bien que le régime du verbe ABANDONNER n'y soit pas précisément un nom de lieu, que l'idée de lieu n'y soit qu'implicitement indiquée.

Adrien *abandonna* les conquêtes de Trajan.

Ils ravagèrent tout depuis le Danube jusqu'au Bosphore, exterminèrent Valens et son armée, et ne repassèrent le Danube que pour *abandonner* l'affreuse solitude qu'ils avoient faite.

C'étoit une règle inviolable des premiers Romains, que quiconque avoit *abandonné* son poste ou laissé ses armes dans le combat, étoit puni de mort.
Montesquieu, *Grandeur des Romains*, c. 15, 17, 18.

Appliqué aux lieux, ABANDONNER n'implique pas toujours l'idée de retraite entière, de cession absolue. On l'emploie encore, par extension, lorsqu'il s'agit d'un acte de ce genre qui ne doit être que temporaire.

J'ai *abandonné* Ithaque pour chercher mon père.
Fénelon, *Télémaque*, XXI.

C'était une chose inouïe dans l'histoire du monde, qu'un roi de vingt-cinq ans qui *abandonnait* ses royaumes pour mieux régner.
Voltaire, *Hist. de Russie sous Pierre le Grand*, part. I, c. 9.

Avons-nous sans votre ordre *abandonné* Mycène?
Racine, *Iphigénie*, II, 2.

Louis, la foudre en main, *abandonnant* Versailles.
Boileau, *le Lutrin*, IV.

ABANDONNER se dit, en second lieu, des choses de toute nature.

Aux adieux, nous eschauffons, oultre l'ordinaire, l'affection envers les choses que nous *abandonnons*.
Montaigne, *Essais*, III, 5.

I.

Tantôt il fournit, selon son pouvoir, les fonds nécessaires pour assister ceux qui *abandonnent* tout pour suivre J.-C. qui les appelle.
Fléchier, *Oraison funèbre de Turenne.*

Il n'y a bien ne chose si exquise
Que d'ung grand cueur pour luy je n'*abandonne*.
Cl. Marot, *le Riche en povreté.*

Par cette lâcheté moi-même m'accuser,
Et tout *abandonner* quand il faut tout oser !
P. Corneille, *Cinna*, I, 4.

ABANDONNER, en parlant des choses, exprime l'acte de les délaisser, de les laisser à la discrétion d'autrui, comme dans cette phrase de Nicot : « Il a *abandonné* ses pâtiz, ses prez; » plus souvent celui de s'en éloigner, de les céder, d'y renoncer, par choix, par nécessité, par faiblesse, par indifférence, etc.

Employé de cette manière, ABANDONNER offre des nuances fort diverses, en raison de la nature particulière, et de la chose abandonnée et de l'abandon.

Ainsi l'action qu'il exprime peut se rapporter à des objets matériels que l'on possède et auxquels on renonce, qu'on livre.

Quand ceux de Caën ouïrent ce ban,... aucuns ouvroient leurs coffres et leurs écrins, et *abandonnoient* tout ce qu'ils avoient, mais qu'ils fussent assurs de leur vie.
Froissart, *Chroniques*, part. I, l. 1, c. 272.

Ces braves Impériaux donc emmenèrent bravement le corps de leur feu général, et... ne l'*habandonnèrent* jamais jusqu'à ce qu'ils l'eurent mis... en saulveté.
Brantôme, *Vies des capitaines illustres*, disc. 20.

Il *abandonne*, pour faire les cinq cents écus, quatre ou cinq vieux habits qui n'en valent pas trente.
Molière, *les Fourberies de Scapin*, III, 3.

C'étoit chez les Germains une grande infamie d'avoir *abandonné* son bouclier dans le combat.
Montesquieu, *Esprit des Lois*, XXVIII, 21.

De là, en termes de jurisprudence, la locution fort ancienne *abandonner ses biens*, ou, absolument, *abandonner*, laquelle correspond à *faire abandon de ses biens, de sa terre*, expliqué plus haut.

Se li uns de cels (ceux) qui plède n'*abandone* ses biens.
La Conseil de Pierre de Fontaines, c. xix, § 18.

8

Aucuns *abandonne* toz *ses biens* por paier ses detes.

Li cors de celi (celui) qui *abandone* ne doit pas estre emprisonez.

BEAUMANOIR, *Coutumes du Beauvoisis*, c. IV, § 6.

ABANDONNER peut aussi avoir pour régimes des noms abstraits exprimant, mais dans l'ordre moral, un autre genre de possession.

Se radviser et se corriger, *abandonner* un mauvais party, sur le cours de son ardeur, ce sont qualitez rares, fortes et philosophiques.

Après une heure de débat et de barguignage, l'un et l'autre *abandonne* sa parole et ses serments pour cinq sols d'amendement.

[On peut] *abandonner* sa réputation pour couvrir la honte d'autruy.

Hannibal se ruina d'*avoir abandonné* la conqueste d'un pays estranger pour aller deffendre le sien.

MONTAIGNE, *Essais*, I, 25, 40, 41, 47.

Commencez par supposer que je me suis trompé dans mes citations : je les *abandonne* toutes.

FÉNELON, lettre citée par Bossuet, *Relation sur le quiétisme*.

Le nouvelliste se couche le soir tranquillement sur une nouvelle qui se corrompt la nuit, et qu'il est obligé d'*abandonner* le matin à son réveil.

LA BRUYÈRE, *Caractères*, c. I.

Son industrie fut de séparer les Perses des côtes de la mer, et de les réduire à *abandonner* eux-mêmes leur marine, dans laquelle ils étoient supérieurs.

MONTESQUIEU, *Esprit des Lois*, X, 14.

Ce prince (François Ier) pouvait *abandonner* ses prétentions sur le Milanais, source intarissable de guerres et tombeau des Français, comme Charles *avait abandonné* ses droits sur la Bourgogne, droits fondés sur le traité de Madrid.

VOLTAIRE, *Essai sur les mœurs*, c. 125.

Le devoir du service en rien je n'*abandonne* ;
Je suis à prime, à sexte, et à tierce, et à none.

RONSARD, *Poëmes*. Réponse à quelque ministre.

Par moi seule, éloigné de l'hymen d'Octavie,
Le frère de Junie *abandonna* la vie.

Moi régner ! moi ranger un État sous ma loi,
Quand ma foible raison ne règne plus sur moi !
Lorsque j'*ai* de mes sens *abandonné* l'empire !

RACINE, *Britannicus*, I, 1 ; *Phèdre*, III, 1.

Un auteur, quelquefois trop plein de son objet,
Jamais sans l'épuiser n'*abandonne* un sujet.

BOILEAU, *Art poétique*, I.

Abandonnez ce penser inutile,
Dit le vieillard ; je vous parle en ami.

LA FONTAINE, *Contes*, IV, 9.

Il peut arriver que ces deux espèces de régime se trouvent réunis dans une même phrase.

Elle *abandonne*, pour avoir des armes et des munitions, non-seulement ses joyaux, mais encore le soin de sa vie.

BOSSUET, *Oraison funèbre de la reine d'Angleterre*.

Quelquefois encore le nom désignant un objet matériel qui sert de régime à *abandonner* doit être entendu au figuré, comme dans l'exemple suivant, Trône pour Dignité royale.

Trône, à t'*abandonner* je ne puis consentir !

P. CORNEILLE, *Rodogune*, V, 1.

Enfin les noms, régimes d'ABANDONNER, désignent des choses qui ne sont d'aucune manière en notre possession, mais auxquelles nous lient des rapports de diverses sortes, d'obéissance, de respect, d'attachement, d'habitude, etc.

Nous *avons abandonné* nature, et luy voulons apprendre sa leçon, elle qui nous menoit si heureusement et si seurement.

MONTAIGNE, *Essais*, III, 12.

Vous reculez, mon père ; vous *abandonnez* le principe général.

PASCAL, *Provinciales*, IV.

Ayant abandonné le monde pour mener une vie plus sainte et plus cachée dans la retraite...

FLÉCHIER, *Oraison funèbre de madame de Montausier*.

Quand on les sépare (la vertu et le plaisir), on tente violemment les hommes d'*abandonner* la vertu.

Quoiqu'on doive marquer chaque passion dans son plus fort degré, et par ses traits les plus vifs... on n'a pas besoin de forcer la nature et d'*abandonner* le vraisemblable.

FÉNELON, *Dialogues sur l'Éloquence*, I ; *Lettre à l'Académie françoise*, VII.

On *a* entièrement *abandonné* l'ordre gothique que la barbarie avoit introduit pour les palais et pour les temples. On a rappelé le dorique, l'ionique et le corinthien.

LA BRUYÈRE, *Caractères*, c. I.

Il n'*avoit* pas *abandonné* l'étude; ni son goût, ni ses étonnants succès, ne lui permettoient de l'*abandonner*.

FONTENELLE, *Éloge de Viviani.*

Depuis l'invention de la boussole, on a changé de manière, on a *abandonné* les rames.

Cela fit que les jurisconsultes les regardèrent (ces lois) comme odieuses, et dans leurs décisions en *abandonnèrent* la rigueur.

MONTESQUIEU, *Grandeur des Romains*, c. 4 ; *Esprit des Lois*, XXIII, 21.

La vérité ne doy *abandonner*
Pour escripre ne bourde ne mensonge.

Le Pas d'armes de la Bergère, v. 485.

Pleut au bon Dieu que n'*eusse habandonné*
Le bon conseil que l'on m'avoit donné
D'étudier !

MICHEL D'AMBOISE, *première complainte*, 1530.

ABANDONNER *une chose* signifie quelquefois simplement Renoncer à y donner suite, la laisser pour n'y point revenir.

Henri IV leur avait souvent raconté que, jouant aux dés avec le duc d'Alençon et le duc de Guise, quelques jours avant la Saint-Barthélemi, ils virent deux fois des taches de sang sur les dés, et qu'ils *abandonnèrent* le jeu, saisis d'épouvante.

VOLTAIRE, *Essai sur les mœurs*, c. 171.

De là l'expression proverbiale *abandonner la partie.*

Un autre, à sa place, *auroit abandonné la partie*; mais il ne se rebuta point.

LE SAGE, *le Diable boiteux*, c. 4.

De même qu'*abandonner un lieu* se dit quelquefois, comme on l'a vu plus haut, d'une absence temporaire, de même *abandonner une chose* peut s'employer lorsqu'il s'agit de ce qu'on laisse momentanément, de ce qu'on interrompt, de ce à quoi l'on doit revenir.

Il en fut si charmé, que, pour peu de chose, il *eût abandonné* ses noces, pour se jeter à corps perdu dans la conquête de cette charmante inconnue.

SCARRON, *Nouvelles tragi-comiques. Les Hypocrites.*

Car des brebis que pasteur *abandonne*
Souvent le loup en dévore à l'escart.

JEAN MAROT, *Voyage à Rome*, 1508.

Et sur ce poinct voys (je vais) ma lettre ployer,
Pour me remettre aux choses ordonnées,
Que pour t'escrire *avoye abandonnées.*

CL. MAROT, *Épîtres*, I, XXXVII.

ABANDONNER *une chose* c'est, en certains cas, Négliger, cesser de veiller sur elle.

Dans les plaisirs on *abandonne* son cœur et son esprit, on se découvre tout entier.

Mme DE LA FAYETTE, *la Princesse de Clèves.*

C'est encore Cesser de la refuser, l'accorder de guerre lasse.

Il (le ministre ou le plénipotentiaire) se fait longtemps prier, presser, importuner sur une chose médiocre, pour éteindre les espérances, et ôter la pensée d'exiger de lui rien de plus fort; ou s'il se laisse fléchir jusques à l'*abandonner*, c'est toujours avec des conditions qui lui font partager le gain et les avantages avec ceux qui reçoivent.

LA BRUYÈRE, *Caractères*, c. 10.

Enfin ABANDONNER s'applique aux personnes, réellement ou par figure, et signifie Se séparer de quelqu'un, le laisser seul, sans défense, sans secours; il exprime souvent, par une nuance délicate, un renoncement condamnable à un devoir de culte, de fidélité, de protection, d'affection.

Il se dit, en ce sens, au sujet des rapports réciproques de Dieu et de l'homme.

Mais celuy qui n'*abandonne* jamais les siens au besoing, et qui, au désespoir des autres, monstre sa puissance, ne permet que la vertu qu'il avoit mise en ceste femme fust ignorée des hommes.

LA REINE DE NAVARRE, *Heptameron*, nouv. LXVII.

Que j'ai de douleur de voir que Dieu vous *abandonne*, jusqu'à vous faire réussir si heureusement dans une conduite si malheureuse !

PASCAL, *Provinciales*, XVII.

C'est toi, âme infidèle, qui m'*as abandonné*, et t'es donnée, non pas à un seul amant, mais à mille et mille corrupteurs.

BOSSUET, *Élévations sur les mystères*, 1re semaine, VII.

Ne m'*abandonne* point pour l'horreur de mon crime.

RACAN, *Psaumes*, VI.

Je promets d'observer ce que la loi m'ordonne,
Mon Dieu, punissez-moi, si je vous *abandonne*.

RACINE, *Athalie*, IV, 3.

Il se dit, plus souvent encore, lorsqu'il s'agit des rapports des hommes entre eux.

8.

Le naturel du François est de n'*abandonner* jamais son prince.

Martin du Bellay, *Mémoires*, liv. II, année 1524.

Vibius Virius... conclud que le plus beau estoit d'eschapper à la fortune par leurs propres mains; les ennemis les en auroient en hônneur, et Hannibal sentiroit combien de fidèles amis il *auroit abandonnés*.

Montaigne, *Essais*, II, 3.

Dès le commencement de cette guerre, voyant que l'honneur que le roy mon mary me faisoit de m'aimer me commandoit de ne l'*abandonner*, je me résolus de courre sa fortune.

Marguerite de Valois, *Mémoires*, année 1580, p. 167.

Ses disciples en sont surpris, et l'*abandonnent*.

Fléchier, *Panégyr. de saint François de Paule*.

Tel *abandonne* son père qui est connu, et dont on cite le greffe ou la boutique, pour se retrancher sur son aïeul qui, mort depuis longtemps, est inconnu et hors de prise.

La Bruyère, *Caractères*, c. 14.

Nous nous sentons flattés d'avoir des manières qui prouvent que nous ne sommes pas dans la bassesse, et que nous n'avons pas vécu avec cette sorte de gens que l'on *a abandonnés* dans tous les âges.

Montesquieu, *Esprit des Lois*, IV, 2.

Je vous conjure de lire la parabole de l'hérétique Samaritain qui secourt et qui guérit le voyageur blessé, tandis que le prêtre et le lévite l'*abandonnent*.

Voltaire, *Un Chrétien contre six Juifs*, c. 27.

Il faut quitter Sophie; je ne dis pas l'*abandonner*.

J.-J. Rousseau, *Émile*, V

Suétone, après avoir froidement décrit les atrocités de Néron, change de ton tout à coup, et dit : « L'univers entier, ayant souffert ce monstre pendant quatorze ans, enfin l'*abandonna*. »

Marmontel, *Éléments de littérature*, art. Histoire.

Toutesfois vous avez bien sceu
Qu'à vous s'estoit du tout (entièrement) donné,
Quelque doleur qu'il ait receu,
Et vous l'*avez abandonné*!

Charles d'Orléans, *Complaintes*, II.

Car les amantz *abandonner* on peult;
Et les marys, c'est force qu'ilz demeurent,
Bons ou maulvais, jusques à ce qu'ilz meurent.

Quand je t'*auray* cent foys adieu donné,
Et à grand dueil des yeulx *abandonné*.....

Cl. Marot, *Élégies*, I, xx; *Rondeaux*, I, xix.

Au nom de cet amour, ne m'*abandonnez* pas.

Il vit tous ses amis lâches, muets et sourds ;
Tout lui refusa du secours
Et tout l'*abandonna*, jusqu'à son propre Père :
Cet abandon lui plut, il aima ce mépris.

P. Corneille, *Polyeucte*, IV, 3; *l'Imitation*, II, 1.

Eh bien ! il est donc vrai que Titus m'*abandonne*!

Vous êtes sans parents? — Ils m'*ont abandonné*.

Racine, *Bérénice*, IV, 5; *Athalie*, II, 7.

....Il est trop vrai que l'honneur me l'ordonne,
Que je vous adorai, que je vous *abandonne*.

Voltaire, *Zaïre*, IV, 2.

Abandonner est employé en ce sens, mais d'une manière ironique, dans les exemples suivants :

Ses bons voisins, qui n'étoient pas moins fins que lui, jurèrent qu'ils ne pouvoient point s'empêcher de le conduire dans son château, et qu'ils ne l'*abandonneroient* point qu'il n'y eût quelque accommodement.

Fléchier, *Mémoires sur les grands jours de 1665*, p. 194.

Les coquettes rusées sont fort aises de gagner au jeu; mais... elles n'en ont point d'obligation au pauvre sot qui se laisse perdre, qu'elles nomment leur duppe, et qu'elles n'*abandonnent* point qu'après lui avoir tiré la dernière plume.

Furetière, *le Roman bourgeois*, I.

Par une manière de parler analogue à ce qui a été remarqué plus haut des expressions *abandonner un lieu*, *abandonner une chose*, on a quelquefois dit ABANDONNER *une personne*, dans un sens affaibli, pour exprimer seulement l'interruption momentanée du commerce, ou même la fin d'une visite.

M. de Chaulnes m'écrit de Rome une grande lettre d'amitié, et se plaint que je l'*abandonne* bien dans sa solitude.

Mme de Sévigné, *Lettres*, 22 février 1690.

Je vis hier madame de Nevers tout le matin, et puis je retournai chez elle le soir. C'est pour vous dire que je ne l'*ai* point *abandonnée*.....

Coulanges, Lettre du 15 avril 1695 (à Mme de Sévigné).

Il sait (Onuphre) où se trouvent des femmes plus sociables et plus dociles que celle de son ami; il ne les *abandonne* pas pour longtemps, quand ce ne seroit que pour faire dire de soi, dans le public, qu'il fait des retraites.

La Bruyère, *Caractères*, c. 13.

Si tu voulois, Amour, tu saurois bien qu'en dire,
Toi qui ne l'*as* jamais *abandonné* d'un pas.
RACAN, *Ode pour le duc de Bellegarde.*

ABANDONNER, toujours avec un nom de personne pour régime, se dit, dans un sens particulier, des médecins lorsqu'ils désespèrent du rétablissement d'un malade. De là cet exemple de Nicot, qui fait remonter assez haut cette locution : « Les médecins l'*ont abbandonné*, si malade il est. »

Un médecin fameux s'étant converti du huguenotisme à la religion catholique, Henri IV dit à Sully : Mon ami, ta religion est bien malade, puisque les médecins l'*abandonnent*.
PÉRÉFIXE, *Histoire de Henri le Grand.*

Il le traitoit comme un malade désespéré, qu'on *abandonne*.
FÉNELON, *Télémaque*, VI.

Les médecins, qui ne le trouvoient pas assez obéissant, parce qu'il s'étoit rendu médecin lui-même, l'*abandonnèrent* bientôt.
FONTENELLE, *Éloge de Tschirnhaus.*

ABANDONNER, soit avec un nom de chose, soit avec un nom de personne pour régime, a eu quelquefois le sens de Laisser aller, laisser échapper, cesser de retenir, de contenir, et, par une extension naturelle, celui de précipiter, de lancer.

Je me suis fait une loi sévère de captiver une langue indocile : on ne m'a jamais vu *abandonner* une seule parole qui pût être amère au dernier de ses sujets.
MONTESQUIEU, *Lettres persanes*, 127.

A cette acception se rapporte la locution donnée par Danet : « *N'abandonnez* point l'étrier. » Elle veut dire au propre : « Tenez-vous ferme sur l'étrier, » et, selon le même lexicographe, se prenait au figuré et adverbialement pour : « Servez-vous des avantages que vous avez, ne les quittez point. »

Abandonner le frein, *les rênes*, est une expression de ce genre fort ancienne, qui peut être également prise au propre et au figuré.

..... *Le freint si abandunet.*
Chanson de Roland, st. CXV, v. 11.

La même expression se retrouve dans l'espèce d'ablatif absolu que présentent ces autres passages :

Congié preng, *frain abandonné*,

À ceus ki de Kievremont né
Sont.
Fabl. et cont. anc., Méon, t. I, p. 127.

Lors laissent corre (courir), *les frains abandonés*.
Ogier de Danemarche, v. 457.

Et Estiernes s'enfuit *la resne abandonnée*.
Chanson d'Antioche, ch. II, v. 733.

Et vienent de tel randonnée (impétuosité)
Chascun, *la resne abandonnée*.
G. GUIART, *Royaux lignages*, t. I, v. 5397.

Citons ici, par anticipation, quelques exemples où **ABANDONNER**, pris en ce sens, reçoit un régime indirect.

................Ele *abandone*
Le frain au palefroi et done...
Et li vairs palefrois (cheval pie) l'enporte;
Cele qui molt se desconforte
Li a le frain abandoné.
Fabl. et cont. anc., Méon, t. I, p. 198, 200.

Cels granz signors et cels granz dames
Qui por les cors perdent les ames,
Et en enfer les abandonent
Par *lou frain qu'au cors abandonent.*
Nouveau recueil de Fabl. et cont. anc., Méon, t. II, p. 2.

En termes d'équitation, *abandonner le cheval*, en termes de fauconnerie, *abandonner l'oiseau*, c'est Les laisser libres, les lancer.

ABANDONNER a été pris hardiment, en parlant des personnes, dans un sens analogue, auquel répond, on le verra plus loin, une des acceptions du verbe pronominal *s'abandonner*.

Les Français l'emporteront sur les ennemis, dit Folard, si on les *abandonne* dessus.
VOLTAIRE, *Dictionnaire philosophique*, art. BATAILLON.

Cele que Amours *abandonne*,
Amour et cuer et corps vous donne.
L'Histoire du Châtelain de Couci, v. 3151.

Dans l'exemple suivant, il est fait d'**ABANDONNER** un emploi analogue.

La religion païenne, qui ne défendoit que quelques crimes grossiers, qui arrêtoit la main et *abandonnoit* le cœur.....
MONTESQUIEU, *Esprit des Lois*, XXIV, 13.

ABANDONNER se dit également au passif des lieux, des choses et des personnes.

1° Des lieux :

La manufacture et Noisy sont mes endroits favoris.....
quant à Maintenon, il *est* un peu *abandonné*.

Mme DE MAINTENON, *Lettres*, 3 oct. 1684.

L'on court les malheureux pour les envisager ; l'on se
range en haie, ou l'on se place aux fenêtres, pour observer les traits et la contenance d'un homme qui est condamné, et qui sait qu'il va mourir : vaine, maligne, inhumaine curiosité! Si les hommes étoient sages, la place
publique *seroit abandonnée*, et il seroit établi qu'il y auroit de l'ignominie seulement à voir de tels spectacles.

LA BRUYÈRE, *Caractères*, c. 8.

2° Des choses :

Et fit commander sur le plat pays que chacun, dedans
un terme qui mis y fut, eust retrait le sien ès forteresses,
sur peine à *estre abandonné* tout ce qu'on y trouveroit.

FROISSART, *Chroniques*, liv. I, part. II, c. 363.

Brutus et Cassius se tuèrent avec une précipitation qui
n'est pas excusable ; et l'on ne peut lire cet endroit de
leur vie sans avoir pitié de la république, qui *fut* ainsi
abandonnée.

MONTESQUIEU, *Grandeur des Romains*, c. 12.

Tous ces jeux militaires commencent à *être abandonnés* ; et de tous les exercices qui rendaient autrefois les
corps plus robustes et plus agiles, il n'est presque plus
resté que la chasse.

VOLTAIRE, *Essai sur les mœurs*, c. 99.

3° Des personnes :

Ne dites pas que Dieu a éclairé ceux que les livres sacrés nous assurent *avoir été abandonnés* dans les ténèbres
et dans l'ombre de la mort.

PASCAL, *Provinciales*, IV.

Dans les monarchies, les choses sont rarement portées
à l'excès. Les chefs craignent pour eux-mêmes, ils ont
peur d'*être abandonnés*.

MONTESQUIEU, *Esprit des Lois*, V, 11.

On dit des lieux, des choses, des personnes, *être
abandonné par* et *être abandonné de*.

1° Être abandonné par :

Les charges devinrent si grandes, que les terres *furent
abandonnées par* les laboureurs, et se changèrent en forêts.

Claude ordonna que les esclaves qui *auroient été aban-*

donnés *par* leurs maîtres, étant malades, seroient libres
s'ils échappoient.

MONTESQUIEU, *Grandeur des Romains*, c. 19 ; *Esprit des
Lois*, XV, 17.

2° Être abandonné de :

Mal leur en print après, car *habandonnez furent de*
ceste maison de Bourgongne.

COMMYNES, *Mémoires*, I, 7.

Se fille avez, vous lui serez ung ombre ;
Celle *sera* requise et demandée,
Et *de* chascun la mère *abandonnée*.

OLIVIER DE LA MARCHE, *Moralités*, 26, le Miroir.

L'action qu'exprime le verbe ABANDONNER ne
semble appartenir qu'à une personne ; toutefois,
par une figure fort en usage, on l'attribue encore,
soit à des objets inanimés, soit même à des abstractions.

E férid en l'eve de cel mantel, par entente que l'eve se
devisast, e veie secche par li *abandunast* ; mais li flums ne
se devisad pas.

(Et il frappa de ce manteau dans l'eau, avec l'intention qu'elle se divisât, et lui abandonnât un passage sec
à travers ; mais le fleuve ne se divisa point.)

Les Quatre livres des Rois, IV, 11, 14.

L'ambition, l'avarice, l'irrésolution, la peur et les con-
cupiscences ne nous *abandonnent* point, pour changer de
contrée.

(Les grâces) m'*abandonnent* partout ; tout est grossier
chez moi.

(L'esprit) s'est si estroictement affrété (lié) au corps,
qu'il m'*abandonne* à tous coups, pour le suyvre en sa nécessité.

MONTAIGNE, *Essais*, I, 38 ; II, 17 ; III, 5.

..... Si c'eût été le sang d'autrui et non pas le leur, ils
n'en eussent pas fait si bon marché ; car la charité les eût
retenus, et l'amour-propre les *avoit abandonnés*.

BALZAC, *Socrate chrétien*, disc. III.

Réduit à l'extrémité, son courage ne l'*abandonna* pas.

BOSSUET, *Discours sur l'Histoire universelle*, I, 9.

Sa bonté naturelle et sa droite raison l'*abandonnoient*
en un instant.

FÉNELON, *Télémaque*, II.

(L'ame) voit... que tout l'*abandonne*, ses biens, ses proches, ses amis, ses dignités, hormis ses œuvres.

MASSILLON, Carême, Sur la Mort.

L'algèbre et la fortune n'*abandonnèrent* pas Dangeau dans cette nouvelle partie.

FONTENELLE, Éloge de Dangeau.

Une pâleur mortelle se répandit sur son visage; ses esprits l'*abandonnèrent*, et elle tomba sans mouvement.

LE SAGE, le Diable boiteux, c. 4.

Tout ce qui n'étoit que faute de jugement, que petitesse d'esprit, bagatelle que cela avec elle! son bon cœur ne l'*abandonnoit* pour personne, ni pour les menteurs qui lui faisoient pitié, ni pour les fripons qui la scandalisoient sans la rebuter, pas même pour les ingrats, qu'elle ne comprenoit pas.

MARIVAUX, la Vie de Marianne, part. IV.

Quand j'ai suivi durant quelques pages un auteur qu'il faut lire avec application, mon esprit l'*abandonne* et se perd dans les nuages.

J.-J. ROUSSEAU, les Confessions, part. I, liv. VI.

Au plus fort de ma maladie,
M'a *abandonné* espérance.

BENOÎT D'AMIENS, Rondel (dans le recueil de Charles d'Orléans, éd. Guichard, p. 358).

Mon cueur s'est de moy desparty...,
Il m'a voulu *abandonner*.

CHARLES D'ORLÉANS, Chansons, XXII.

Porte au pied des autels ce cœur qui m'*abandonne*.

Ainsi, de toutes parts, les plaisirs et la joie
M'*abandonnent.*

Je ne me soutiens plus; ma force m'*abandonne.*

RACINE, Andromaque, IV, 5; Bajazet, III, 1; Phèdre, I, 3.

ABANDONNER, quelle que soit la nature du sujet, se construit très-fréquemment avec deux régimes : l'un direct, exprimant l'objet délaissé; l'autre, indirect, exprimant la personne ou la chose à qui on le laisse. Cette construction peut s'offrir sous quatre formes diverses, selon qu'ABANDONNER a

1° Deux noms de personne pour régime direct et pour régime indirect ;

2° Un nom de personne pour régime direct, avec un nom de chose pour régime indirect ;

3° Un nom de chose pour régime direct, avec un nom de personne pour régime indirect ;

4° Deux noms de chose pour régime direct et pour régime indirect.

Nous allons parcourir ces quatre formes de construction avec les acceptions très-variées qu'en reçoit ABANDONNER.

Premièrement donc, ABANDONNER a deux noms de personne pour régime direct et pour régime indirect. Il signifie alors Renoncer à protéger une personne contre une autre, la mettre en son pouvoir, à sa discrétion, soit pour la maltraiter, soit pour la corrompre, soit pour en médire, etc.

Les lois nous laissent faire, en matière d'esprit et de livres ; elles nous *abandonnent* les uns *aux* autres.

BALZAC, Dissertations critiques, XIII.

Amalasonte..... est empêchée par les Goths de faire instruire le jeune prince comme méritoit sa naissance; et, contrainte de l'*abandonner aux* gens de son âge, elle voit qu'il se perd, sans pouvoir y apporter remède.

Régulus persuada au sénat, aux dépens de sa propre vie, d'*abandonner* les prisonniers *aux* Carthaginois.

BOSSUET, Discours sur l'Histoire universelle, I, 11; III, 6.

Théodose l'*abandonna aux* soldats, qui lui tranchèrent la tête.

FLÉCHIER, Vie de Théodose, IV, 61.

Madame de Miran elle-même ne se dédira-t-elle pas de cette bonté incroyable qu'elle a aujourd'hui de consentir à notre amour ? m'*abandonnera*-t-elle un fils qui pourra faire les plus grandes alliances.... ?

MARIVAUX, la Vie de Marianne, part. V.

Mes esclaves en sont : apprends de leurs indices
L'auteur de l'attentat, et l'ordre, et les complices;
Je *te les abandonne.*

P. CORNEILLE, Pompée, IV, 4.

Porte aux Grecs cet enfant que Pyrrhus m'*abandonne.*

Dites au roi, seigneur, de *vous l'abandonner.*

RACINE, Andromaque, III, 1; Esther, II, 1.

Madame, osez-vous bien, par un crime nouveau,
Abandonner Électre *au* fils de son bourreau?

VOLTAIRE, Oreste, II, 5.

J'en suis beaucoup plus maître, et la bête est si bonne.
Soit dit sans vous fâcher.—Ah! je *vous l'abandonne.*

GRESSET, le Méchant, II, 3.

On a pu remarquer, dans quelques-uns des exemples cités précédemment, que les noms de personne sont remplacés par des pronoms. Il en est très-souvent ainsi, et particulièrement dans le cas où une même personne est désignée à la fois par le régime direct et par le régime indirect.

Je l'*ai* (l'homme) *abandonné à* lui.
PASCAL, *Pensées*, part. II, art. v, § 1.

Je méritois d'être privé de votre secours, et d'*être abandonné à* moi-même.
FÉNELON, *Télémaque*, VII.

Le duc d'Orléans fit sans doute une grande faute d'*abandonner* le public *à* lui-même.
VOLTAIRE, *Siècle de Louis XV*, c. 2.

Faut-il *abandonner* l'adulte *à* lui-même, au moment qu'il sait le moins se conduire?
J.-J. ROUSSEAU, *Émile*, IV.

ABANDONNER, avec cette forme de construction, peut être pris dans un sens favorable, et exprimer une recommandation ou un acquiescement à la bienveillance, aux bons offices d'une personne envers une autre.

Cette belle entra dans un cabinet, où on lui avoit préparé un bain. Aussitôt ces nymphes se mirent en devoir de la déshabiller et de la servir. Elle fit d'abord quelque résistance, et puis *leur abandonna* toute sa personne.
LA FONTAINE, *Psyché*, I.

Deuxièmement, ABANDONNER a un nom de personne ou le pronom qui le remplace pour régime direct, et un nom de chose pour régime indirect. Il conserve, dans cette nouvelle forme de construction, la signification générale de Laisser exposé à, livrer à, de quelque danger d'ailleurs qu'il s'agisse, qu'il soit question des rigueurs de la fortune, des sévérités de la loi, des jugements de Dieu, des passions d'autrui, de ses passions propres, de son incapacité, de sa sottise, etc.

Je ne veulx pas qu'on emprisonne ce garson; je ne veulx pas qu'on l'*abandonne à* la cholère et humeur mélancholique d'un furieux maistre d'eschole.
MONTAIGNE, *Essais*, I, 25.

Dieu n'*a* pas *abandonné* ses élus *aux* caprices du hasard.
PASCAL, *Pensées*, part. II, art. XVIII, § 1.

Lorsque Dieu..... voulut affliger et punir la France par

elle-même, et l'*abandonna à* tous les dérèglements que causent dans un État les dissensions civiles et domestiques.

Il employa et son argent et son crédit pour ramener les officiers qu'*abandonnoit à* leur triste captivité l'indigence ou l'avarice de leurs familles.

Que diront, après cet exemple, ceux à qui tout est étranger et indifférent hors d'eux-mêmes, et qui, comme enivrés de leur fortune, *abandonnent* les autres *à* tous les accidents de la leur?
FLÉCHIER, *Oraisons funèbres de Turenne; de M. de Montausier; de madame d'Aiguillon*.

Jamais la charité n'étala ses tristes devoirs avec tant d'appareil; j'avois le cœur noyé dans la honte: et puisque j'y suis, je vous dirai que c'est quelque chose de bien cruel que d'*être abandonné au* secours de certaines gens.
MARIVAUX, *la Vie de Marianne*, part. I.

Lors, pour être tout roi, je ne serai plus père,
Et, vous *abandonnant à* la rigueur des lois,
Au mépris de mon sang je maintiendrai mes droits.
ROTROU, *Venceslas*, I, 1.

Le déplorable chef du parti le meilleur,
Que sa fortune lasse *abandonne au* malheur.

L'*abandonnerez*-vous *à* l'infâme couteau
Qui fait choir les méchants sous la main d'un bourreau?

Ne l'*abandonnez* pas *aux* fureurs de sa secte.
— Je l'*abandonne aux* lois, qu'il faut que je respecte.
P. CORNEILLE, *Pompée*, I, 1; *Horace*, V, 3; *Polyeucte*, III, 3.

Et me défend surtout de vous *abandonner*
Aux timides conseils qu'on ose vous donner.

Indigne également de vivre et de mourir,
On l'*abandonne aux* mains qui daignent le nourrir.
RACINE, *Iphigénie*, I, 2; *Bajazet*, I, 1.

Un peuple *au* fer *abandonné*.
J.-B. ROUSSEAU, *Odes*, II, 6.

On peut joindre à ces exemples le suivant, dans lequel le verbe ABANDONNER est accompagné de mots qu'on y joint quelquefois pour en augmenter la force.

Ne m'*abandonne* point *en proie à* la douleur.
RACAN, *Psaumes*, XXXIX.

Ici encore les deux régimes, direct et indirect,

peuvent se rapporter à une seule et même personne.

Je t'ai *abandonné* à tes voies.

BOSSUET, *Élévations sur les mystères*, VIII.

Sophie..... *abandonnant* Ivan à son incapacité.

VOLTAIRE, *Hist. de Russie sous Pierre le Grand*, part. I, c. 5.

Ta fortune est bien haut, tu peux ce que tu veux;
Mais tu ferois pitié, même à ceux qu'elle irrite,
Si je t'*abandonnois* à ton peu de mérite.

P. CORNEILLE, *Cinna*, V, 1.

Madame, à mon malheur m'*abandonnerez*-vous?

RACINE, *Iphigénie*, II, 5.

Avant qu'à nos erreurs le ciel nous *abandonne*.

BOILEAU, *Épîtres*, III

Vis, méchante, dit-il tout bas;
A ton remords je t'*abandonne*.

LA FONTAINE, *Contes*, I, 1.

S'il nous *abandonnoit* à notre liberté.

L. RACINE, *la Grâce*, III.

Je t'*abandonne* à ton indigne choix.

VOLTAIRE, *Nanine*, III, 6.

On peut placer ici une locution qui se rencontre fréquemment chez les historiens de l'empire romain et des commencements du christianisme, bien que le régime indirect d'ABANDONNER n'y soit pas précisément un nom de chose.

Mon maistre me condamna à mort et à estre *abandonné aux* bestes.

MONTAIGNE, *Essais*, II, 12.

Montre-moi Commode *abandonné aux* bêtes.

DIDEROT, *Essai sur la peinture*, c. 5.

Abandonner quelqu'un *au bras séculier* était une locution usitée dans l'ancien droit, pour dire : « Renvoyer un clerc tonsuré par-devant les juges laïques, sur un cas privilégié. »

Danet, qui donne cette définition, ajoute qu'on employait familièrement cette locution « en parlant de quelques restes de viande que les maistres abandonnent aux valets. » On en a pu faire et on en a fait d'autres applications.

L'exemple suivant offre un équivalent fort ancien de cette locution.

Sainte Église le (l'hérétique) doit *abandoner à le laie justice*, et le justice laie le doit ardoir, porce que le justice espirituel ne doit nului metre à mort.

BEAUMANOIR, *Coutumes du Beauvoisis*, c. XI, § 2.

Troisièmement, ABANDONNER a un nom de chose pour régime direct et un nom de personne pour régime indirect. Ainsi employé, il exprime l'idée d'une cession quelconque, ou, quelquefois, dans l'ancienne langue, d'une libéralité faite à autrui.

Le mestre s'agenoilla, et tendit le chief de son mantel au roy, et *abandonna au* roy quanque (tout ce que) il avoient à prenre pour s'amende (son amende), tele comme il la voudroit deviser.

JOINVILLE, *Histoire de saint Louis*.

Et *lui abandonnèrent* vivres et pourvéances et toutes autres choses à prendre à son aise et volenté.

FROISSART, *Chroniques*, liv. I, part. 1, c. 227.

Les Latins appellent louves... les femmes qui *abandonnent* leurs corps *à* tous venans.

AMYOT, Traduction de Plutarque, *Vie de Romulus*.

Deux épouvantables naufrages contraignirent les Romains d'*abandonner* de nouveau l'empire de la mer *aux* Carthaginois.

BOSSUET, *Discours sur l'Histoire universelle*, I, 8.

C'est dans ce même esprit qu'il méprisa souvent les bruits du vulgaire, et même, se renfermant dans ses bonnes intentions, il *lui abandonna* les apparences.

FLÉCHIER, *Oraison funèbre de M. de Lamoignon*.

Puisque vous m'avez bien voulu *abandonner* votre ressentiment.

MOLIÈRE, *le Sicilien*, sc. 19.

Je n'avois pas la force de reprendre l'autorité que je *lui avois abandonnée*.

FÉNELON, *Télémaque*, XIII.

Élevé par son caractère au-dessus des jugements humains, il *abandonne aux* âmes communes le mérite d'une vie suivie et uniforme.

Rien ne fait mieux comprendre le peu de chose que Dieu croit donner aux hommes en *leur abandonnant* les richesses, l'argent, les grands établissements et les autres biens, que la dispensation qu'il en fait, et le genre d'hommes qui en sont le mieux pourvus.

LA BRUYÈRE, *Caractères*, c. 1, 6.

Le roi remporta quatre fois le prix des jeux, et laissa disputer ensuite aux autres chevaliers les prix qu'il avait gagnés et qu'il *leur abandonnait*.

VOLTAIRE, *Siècle de Louis XIV*, c. 25.

D'où vient que je vous vois dans cet état-là ? ajouta-t-il, en me prenant la main qu'il accabloit de caresses, et que je ne retirois pas, mais que dans ma consternation je semblois lui *abandonner* avec décence.

MARIVAUX, *la Vie de Marianne*, part. II.

Del' suen (du sien) *li ad* offert asez,
La terce part de s'hireté (son héritage)
E sun trésur *abaundoné*.

MARIE DE FRANCE, *lai d'Éliduc*, v. 628.

Uns preudons vint : si *m'abandone*
Son hosteil por moi habergier.

RUTEBEUF, *la Lections d'Ypocrisie*.

Car Amours *as* siens *abandonne*
Toute joie.

L'Histoire du Chastelain de Couci, v. 7751.

Assez en trove l'en de teles
(On en trouve assez de telles femmes)
A cui Dex (Dieu) *a abandoné*
Sens et mesure et chastée.

Le Chastoiement, cont. XII, v. 260.

C'est ung secret à moy donné,
Qui n'est *à* l'homme *abandonné*.

JEHAN DE MEUNG, *les Remonstrances de nature*, v. 539.

Il ne *m'a* de tous biens mondains
Qu'un souvenir *abandonné*.

CHARLES D'ORLÉANS, *Chançons*, XVIII.

Il demande ma tête, et je *te l'abandonne*.

P. CORNEILLE, *le Cid*, III, 4.

Songez qu'en vous faisant moitié de ma personne,
C'est mon honneur, Agnès, que je *vous abandonne*.

Nous avons pris chacune une haine mortelle
Pour un nombre de mots, soit ou verbes ou noms,
Que mutuellement nous *abandonnons*.

MOLIÈRE, *l'École des Femmes*, III, 2 ; *les Femmes savantes*, III, 2.

Le dieu lui-même cède au torrent qui l'entraîne,
Et seul, désespéré, pleurant ses vains efforts,
Abandonne à Louis la victoire et ses bords.

BOILEAU, *Épîtres*, IV.

Ma vie est peu de chose, et je *vous l'abandonne*.

VOLTAIRE, *la Henriade*, II.

Ève *à* son jeune époux *abandonna* sa main.

DELILLE, *Paradis perdu*, I.

Les deux exemples ci-dessus de Corneille et de Voltaire ne sont pas sans rapport avec cette périphrase que donne Nicot, la traduisant par le mot latin *proscriptor :*

Celuy qui *abbandonne* la vie d'aucun *au* premier qui le pourra tuer.

Nicot y a joint ce commentaire :

« Mais cela ne se peut dire, si n'est de celuy qui est souverain seigneur de celuy dont la vie est *abbandonnée* à qui tollir la luy pourra ; car *abbandon* présuppose tousjours seigneurie et puissance, voire aussi droict de correction capitale par haute justice en la personne de celuy qui *abbandonne* sur la personne *abbandonnée*. Aussi telles proscriptions ne se font, si n'est par princes souverains, ou républiques tenans de Dieu et de l'espée, et sont impunissables, horsmis de Dieu, souverain des souverains. Mais si quelqu'un suscite des assassins et meurtriers d'autruy, cela ne se peut dire *abbandonnement* de la vie de celuy-là, ne proscription. Car tel *abbandonneur* n'a nul droict de seigneurie ne correction capitale par justice sur l'*abbandonné*, ains sera appelé subornation et attitrement d'assassins et meurtriers, et sera capitalement puni par son souverain et plus que capitalement par Dieu. »

On remarquera que, dans ce passage, se rencontrent tous les mots de la famille qui nous occupe, plus le substantif ABBANDONNEUR, forgé peut-être par Nicot, et moins l'adverbe ABANDONNÉEMENT, qu'il inscrit dans son dictionnaire, qu'on n'a guère revu depuis, et dont la perte n'est pas très-regrettable. Il sera question plus loin de l'un et de l'autre. L'ancien lexicographe, se rapportant à l'étymologie du mot ABANDONNER, en règle ici l'usage par un principe incontestable, du moins grammaticalement, et auquel ne dérogent point les deux exemples de Corneille et de Voltaire, les personnages qu'ils font parler pouvant se dire, en un certain sens, maîtres et souverains de ce qu'ils *abandonnent*, leur vie.

Abandonner la place à quelqu'un se dit, proverbialement, pour Lui céder, se retirer devant lui.

Le père de Cinna vient m'instruire en ces lieux :
Son ombre entre nous trois aime encore à paraître,

Son ombre nous console, et nous dit qu'à Paris
Il faut *abandonner la place aux* Scudéris.
VOLTAIRE, *Épîtres*, 83.

En quatrième et dernier lieu, ABANDONNER a deux noms de chose pour régime direct et pour régime indirect. Il conserve, sous cette forme de construction, les acceptions précédemment définies.

Quelle frénésie et manie d'*abandonner* son corps, son temps, son repos, sa vie, sa liberté *à* la mercy d'autruy !

Nous voyons que la conduicte et discipline de la jeunesse *est* de tous *abandonnée à* la charge et mercy des parents.
CHARRON, *De la Sagesse*, I, 59; III, 14.

C'est donc le monde visible que Dieu *a abandonné aux* arguments et aux disputes des philosophes, et non pas le monde caché : c'est la face extérieure de la nature, et non pas les secrets de la religion.

Il y a d'autres termes qui sont tout à fait insoutenables, et la plus grande indulgence du monde les doit *abandonner à* la rigueur des grammairiens.
BALZAC, *Socrate chrétien*, disc. VI et X.

J'*abandonnai* mon destin *à* tous les mouvemens de la gloire.
LE CARDINAL DE RETZ, *Mémoires*, liv. II, année 1648.

Car encore que notre esprit soit de nature à vivre toujours, il *abandonne à* la mort tout ce qu'il consacre aux choses mortelles; de sorte que nos pensées, qui devoient être incorruptibles du côté de leur principe, deviennent périssables du côté de leur objet.
BOSSUET, *Oraison funèbre de la duchesse d'Orléans.*

Nous *abandonnons* la vérité *à* l'indiscrétion des étourdis, *à* la censure des esprits forts, *à* l'erreur des hérétiques, *à* l'irréligion des mondains, *aux* illusions des hypocrites.
FLÉCHIER, *Panégyrique de saint Thomas de Cantorbéry.*

Je vivrai pour vous aimer, et j'*abandonne* ma vie *à* cette unique occupation.
Mme DE SÉVIGNÉ, *Lettres*, 6 mai 1671.

Fait défenses au sang d'être plus vagabond, errer ni circuler dans le corps, sous peine d'*être* entièrement livré et *abandonné à* la Faculté de médecine.
BOILEAU, *Arrêt burlesque.*

Il y a de petits défauts qu'on *abandonne* volontiers *à* la censure, et dont nous ne haïssons pas d'être raillés.
LA BRUYÈRE, *Caractères*, c. 5.

Quand on *abandonne au* hasard, ou *au* vulgaire ignorant, ou *à* la mode des femmes, l'introduction des termes, il en vient plusieurs qui n'ont ni la clarté ni la douceur qu'il faudroit désirer.
FÉNELON, *Lettre à l'Académie françoise*, III.

Charles Ier, roi d'Angleterre, venait de perdre la tête sur un échafaud, pour *avoir*, dans le commencement des troubles, *abandonné* le sang de Strafford *à* son parlement.
VOLTAIRE, *Siècle de Louis XIV*, c. 5.

Quant Hangist vit les siens torner,
Les dos *as* cols (aux coups) *abandoner*.....
WACE, *Roman de Brut*, v. 7969.

Et tantost la fortune *abandonne* sa vie
 A quelqu'autre danger.
MALHERBE, Alcandre plaint la captivité de sa maîtresse.

J'*abandonne* ma barque *à* la mercy du sort.
RACAN, *Bergeries*, IV, 1.

             Son amante en furie,
Près de ces lieux, seigneur, craignant votre secours,
Avoit au nœud fatal *abandonné* ses jours.
RACINE, *Bajazet*, V, 11.

L'impétueux Borée, enchaîné dans les airs,
Au souffle du zéphir *abandonnait* les mers.
VOLTAIRE, *la Henriade*, VI.

A l'air *abandonnant* ta libre chevelure.
DELILLE, *l'Imagination*, I.

Ici se place cette locution rapportée par Danet, et dans laquelle ABANDONNER prenait le sens de Sacrifier à, *Abandonner son ressentiment au bien de l'État* (*Injurias suas reipublicæ condonare*).

Ces diverses formes de construction, auxquelles donne lieu l'emploi de la locution *abandonner à*, peuvent se trouver réunies et mêlées dans une même phrase :

Ils étoient contraints d'*abandonner* leurs biens *à* l'avarice, leurs enfants *à* la luxure, leur sang même *à* la cruauté de ces magnifiques empereurs.
LA BOÉTIE, *De la Servitude volontaire.*

Quelquefois la préposition *à* qui suit le verbe ABANDONNER a eu pour régime, au lieu d'un nom, un verbe à l'infinitif.

9.

Abandoner le (serf) *à* sofrir peine.
Lo *Conseil de Pierre de Fontaines,* c. xxxv, § 34.

D'autre part, on vit chevaliers d'Angleterre et de Gascogne eux aventurer si très-hardiment, et si ordonnément chevaucher et requérir leurs ennemis, que merveilles seroit à penser, et leurs corps *au* combattre *abandonner.*
Froissart, *Chroniques,* liv. I, part. II, c. 41.

.... Je n'*auvois* pas
Abandonné mon cœur *à* suivre ses appas.
Molière, *l'École des Maris,* II, 9.

Dans des phrases de construction analogue, où ABANDONNER a le sens de Permettre, c'est le régime direct de ce verbe qui se forme au moyen de la préposition *à* ou de la préposition *de,* suivies d'un infinitif. On a dit encore, au même sens, ABANDONNER *que.*

E li marchis li *abandonna qu'*il i alast.
Villebardouin, *Conqueste de Constantinoble,* CLXXIV.

Adonc *abandonna* le comte aux chevaliers et escuyers *à* faire guerre aux Gantois, et eux contre-venger de leurs dommages.

Si y avoit grant presse, car le connestable *avoit abandonné à* passer qui passer pouvoit.
Froissart, *Chroniques,* l. II, c. 63, 184.

Est-ce que... vous *abandonnez à* la liberté des hommes *de* croire que la grâce efficace est nécessaire ou non ?
Pascal, *Provinciales,* II.

De ces constructions diverses, celle que consacre le dernier exemple, est seule restée en usage.

ABANDONNER se construit encore avec *pour,* suivi d'un substantif qui exprime la personne ou la chose en vue de laquelle se fait l'abandon.

.....Cette prévoyance infinie qui va chercher les maux jusqu'au bout du monde, et jusque dans la dernière postérité ; qui se jette si avant dans l'avenir qu'elle en quitte le présent et *abandonne* les choses qui sont *pour* celles qui peuvent être.
Balzac, *Aristippe,* disc. IV.

Il *abandonna* donc absolument toute autre étude *pour* la philosophie de Descartes.
Fontenelle, *Éloge du P. Malebranche.*

La guerre de Hollande, en 1670, effraya toute l'Europe

pour toujours par le succès que le roi y eut, et qu'il *abandonna pour* l'amour.
Saint-Simon, *Mémoires,* 1715, t. XIII, c. 1.

Ces hommes lâches qui *abandonnent* leur foi *pour* une médiocre pension.
Montesquieu, *Lettres persanes,* 145.

Qui depuis, égarée en ce funeste lieu,
Pour un maître barbare *abandonna* son Dieu.
Voltaire, *Zaïre,* II, 1.

Quelquefois, dans cette locution, le régime de la préposition *pour* est un infinitif.

Ainsi il *abandonna* la pénitence *pour* suivre la volupté.
Fléchier, *Mémoires sur les grands jours de* 1665, p. 114.

Lors de la conquête du Mexique, les Espagnols *abandonnèrent* les richesses naturelles *pour* avoir des richesses de signes.
Montesquieu, *Esprit des Lois,* XXI, 22.

ABANDONNER peut, comme la plupart des verbes actifs, être pris absolument.

Je t'abandonne. — *Abandonnez.*
Molière, *l'Avare,* IV, 5.

La légèreté, qui fait que l'on entreprend sans sujet, et que l'on *abandonne* de même.
Montesquieu, *Esprit des Lois,* XIV, 13.

ABANDONNER se construit souvent, quel que soit le sujet, avec le pronom personnel, et, dans cette forme de construction, ne va guère sans un régime indirect. Il signifie alors Se livrer à quelqu'un, à sa puissance, à sa conduite, se laisser aller à quelque chose, sans aucune réserve, sans aucune retenue, et, comme dit énergiquement Nicot, par un souvenir plus présent de l'étymologie du mot dont il est plus voisin, « se rendre captif et esclave » à quelqu'un et à quelque chose.

S'ABANDONNER *à* a donc souvent pour complément un nom de personne.

Vous apprendrez à la postérité que quand une fois les hommes *s'abandonnent à* la fortune, elle estouffe en eux toutes les bonnes semences de la nature.
Vaugelas, trad. de *Quinte-Curce,* III, 2.

Il y a des cas dans lesquels il faut *s'abandonner à* Dieu.
Rancé, *Lettres,* 25 novembre 1691.

Valens *s'abandonna* tellement *aux* ariens qu'il opprima les catholiques.

FLÉCHIER, *Vie de Théodose*, I, 7.

Pygmalion se défie des gens de bien et *s'abandonne à* des scélérats.

FÉNELON, *Télémaque*, III.

Franceis murrunt, si *à* nus *s'abandunent*.

Chanson de Roland, str. LXXII, v. 13.

...Qui a bele et buene amie,
Del tot (entièrement) *s'i* doit *abandoner*.

Partonopeus, v. 29.

Les grans dons que cil (ceux) me donnoient,
Qui tuit *à* moi *s'abandonnoient*,
Au miex amé abandonnoie :
L'en (on) me donnoit et ge donnoie.

Roman de la Rose, v. 14660.

Puisqu'il *se* veult *à* vous *abandonner*,
Legierement luy devez pardonner.

CHARLES D'ORLÉANS, *Enfance et jeunesse du prince.*

Ceci montre aux provinces
Que, tout compté, mieux vaut en bonne foi
S'abandonner à quelque puissant roi
Que s'appuyer de plusieurs petits princes.

LA FONTAINE, *Fables*, VIII, 18.

Fais ce que tu voudras; je *m'abandonne à* toi.

RACINE, *Phèdre*, III, 3.

Charles, qui *s'abandonne à* d'indignes ministres.

VOLTAIRE, *Adélaïde du Guesclin*, III, 7.

Plus souvent encore, le complément de S'ABAN-DONNER *à* est un nom de chose. Les exemples en sont innombrables, ce nom variant presque à l'infini comme les objets de notre asservissement.

On peut toutefois les ranger dans deux classes principales, selon que ces objets sont hors de nous ou en nous.

A la première classe appartiennent les exemples qui vont suivre :

Le roi Édouard... leur pria que chacun fust appareillé (armé) selon son estat, et fussent à un jour, qui adonc fut nommé, droit à Neuf-Chastel sur Tyne, pour aller reconquérir les droitures appartenans à son royaume d'Angleterre. Chacun *s'abandonna à* cette requeste.

FROISSART, *Chroniques*, l. I, part. 1, c. 56.

Empédocles remarquoit cette difformité aux Agrigen-tins, qu'ils *s'abandonnoient aux* délices, comme s'ils avoient lendemain à mourir.

MONTAIGNE, *Essais*, II, 1.

Elle *s'y abandonna* (aux affaires) parce qu'elle *s'abandonnoit à* tout ce qui plaisoit à celui qu'elle aimoit.

LE CARDINAL DE RETZ, *Mémoires*, liv. II, année 1649.

Pour faire ce grand effort, de nous détacher de nous-mêmes, il faut avoir quelque objet qui soit dans une si haute élévation que nous croyions ne rien perdre en renonçant à nous-mêmes pour *nous abandonner à* lui sans réserve.

Dieu a mis quelque chose en nous qui peut se soumettre à sa souveraine puissance, *s'abandonner à* sa haute et incompréhensible sagesse.

BOSSUET, *Sermons*. Sur la charité fraternelle; *Oraison funèbre de la duchesse d'Orléans.*

... Comme ces pilotes qui, se trouvant surpris par l'orage en pleine mer, sont contraints de quitter la route qu'ils veulent tenir, et de *s'abandonner* pour un temps *au* gré des vents et de la tempête.

FLÉCHIER, *Oraison funèbre de Turenne.*

Le temps que Dieu lui donne (à l'âme) est trop précieux, pour le perdre malheureusement dans ces vains amusements, de sorte que lorsqu'elle *s'y abandonne*, il faut que ce soit en s'aveuglant elle-même.

NICOLE, *Essais*, de la Comédie, c. 10.

Comment, pendard! c'est toi qui *t'abandonnes à* ces coupables extrémités!

MOLIÈRE, *l'Avare*, II, 2.

Ce fut par de semblables discours que la perfide Marcelle ébranla Léonor, qui, se laissant étourdir sur le péril qui la menaçoit, *s'abandonna* de bonne foi, quelques jours après, *aux* mauvaises intentions du comte.

LESAGE, *le Diable boiteux*, c. 4.

On sait comment les Étoliens, qui *s'étoient abandonnés à* leur foi, furent trompés. Les Romains prétendirent que la signification de ces mots, *s'abandonner à la foi d'un ennemi*, emportait la perte de toutes sortes de choses, des personnes, des terres, des villes, des temples et des sépultures mêmes.

MONTESQUIEU, *Grandeur des Romains*, c. 6.

Et qui au mal se tient et donne
À la mort d'enfer *s'abandonne*.

Nouv. rec. de Fabl. et cont. anc., Méon, t. II, p. 457.

Plus n'est saison qu'à nul bien *m'abandonne*.

CHARLES D'ORLÉANS, *Ballades*. CXXI

Venez-vous m'enlever dans l'éternelle nuit?
Venez, *à* vos fureurs Oreste *s'abandonne!*
RACINE, *Andromaque*, V, 5.

Bientôt ils oseront, les yeux vers les étoiles,
S'abandonner aux mers sur la foi de leurs voiles.
L. RACINE, *la Religion*, III

Aux plaisirs où le monde en foule vous appelle,
Abandonnez-vous prudemment.
VOLTAIRE, *Épîtres*, 4.

L'une mûrit l'été, l'autre tombe en automne,
Celle-ci dans l'hiver *à* la main *s'abandonne.*

Les dégoûts ont d'avance affaibli les regrets;
La mort ainsi se glisse, et quand le ciel l'ordonne,
L'homme comme un fruit mûr *au* trépas *s'abandonne.*
DELILLE, trad. des *Géorgiques*, II; *l'Imagination*, VI.

Dans la plupart des exemples qui précèdent, s'A-BANDONNER *à*, c'est Se livrer à, se laisser entraîner par; dans d'autres il a le sens de S'exposer à.

Ses aversaires *s'abandona* à ce grant péril.
Le *Conseil de Pierre de Fontaines*, c. VI, § 5.

S'abandonner au danger d'estre outragé.
NICOT, *Thrésor de la langue françoise.*

Il *s'abandonne au* bras qui me voudra venger.
RACINE, *Andromaque*, IV, 3.

À tels périls ne faut qu'on *s'abandonne.*
LA FONTAINE, *Contes*, IV, 9.

Une seconde classe d'exemples se rapporte au cas très-fréquent où nous nous abandonnons à ce qui est en nous, à nos dispositions de toutes sortes, physiques, morales, intellectuelles, à nos sentiments, à nos passions, etc.

S'ABANDONNER *à* y est pris dans des sens très-divers.

1° Dans un sens qui n'emporte ni blâme ni éloge:

Quittant sa résolution, il *s'abandonna au* deuil et *aux* regrets.
MONTAIGNE, *Essais*, I, 2.

Quoi! tandis que Néron *s'abandonne au* sommeil,
Faut-il que vous veniez attendre son réveil?
RACINE, *Britannicus*, I, 1.

M'abandonnant à la tristesse,
Sans espérance, sans désirs,

Je regrettois les sensibles plaisirs
Dont la douceur enchanta ma jeunesse.
LA FARE, *Vers à madame de Caylus.*

2° Dans un sens défavorable:

Ainsi tous les présents de la fortune vous seront un engagement pour *vous abandonner* tout à fait *à* des prétentions infinies.
BOSSUET, *Sermons*, sur l'Impénitence finale.

Dieu tempère la prospérité des hommes puissants par des peines presque inévitables, et les abandonne aux traits envenimés de l'envie, de peur qu'ils ne *s'abandonnent* eux-mêmes *à* l'ambition et *à* l'orgueil.
FLÉCHIER, *Oraison funèbre de madame d'Aiguillon.*

Mon maître donc, après avoir réfléchi, *s'abandonne à* la rage, il demande ses pistolets.

Je ne triomphois de mes tentations qu'en *m'y abandonnant.*
LESAGE, *Turcaret*, I, 1; *Guzman d'Alfarache*, IV, 4.

Les poëtes tragiques même qui *s'abandonnent* quelquefois *à* l'enflure, doivent toujours être en garde contre l'excès de l'expression.
DE LA MOTTE, *Discours sur la poésie.*

Nul bien ne fist ne (ni) ne dona,
A tout orgueil *s'abandona.*

Tout maintenant aler *s'en* volt
Et *à* la fuite *abandoner.*
Nouv. rec. de Fabl. et cont. anc., Méon, t. II, p. 434, 451.

... Ce monarque étonné
À ses frayeurs déjà *s'étoit abandonné.*
P. CORNEILLE, *Nicomède*, V, 8.

J'aime à voir que du moins vous vous rendiez justice,
Et que, voulant bien rompre un nœud si solennel,
Vous *vous abandonniez au* crime en criminel.
RACINE, *Andromaque*, IV, 5.

Comme *aux* tentations *s'abandonne* votre âme.
MOLIÈRE, *le Tartuffe*, IV, 7.

Une fausse vertu qui *s'abandonne aux* vices.
BOILEAU, *Satires*, X.

Il a sa place entre les beaux esprits,
Fait des sonnets, des bouquets pour Iris,
Quelquefois même *aux* bons mots *s'abandonne.*
J.-B. ROUSSEAU, *Épîtres*, I, 1.

..... C'est une nonchalante
Qui *s'abandonne au* cours d'une vie indolente.
PIRON, *la Métromanie*, I, 2.

3° Dans un sens favorable :

Il (l'orateur qui récite de mémoire) ne peut *s'abandon-ner à* un mouvement extraordinaire, sans se mettre en danger de perdre le fil de son discours.

Vous n'avez rien à craindre ici : tout vous est favorable. *Abandonnez-vous* donc *à* la joie.

FÉNELON, *Dialogues sur l'éloquence*, II ; *Télémaque*, IV.

Quelques jeunes personnes ne connoissent point assez les avantages d'une bonne nature et combien il leur seroit utile de *s'y abandonner*.

LA BRUYÈRE, *Caractères*, c. 3.

S'ABANDONNER a eu quelquefois un infinitif pour régime indirect ; et cette forme, qui semble éner-gique et vive, est appuyée par de fréquents exem-ples, dont quelques-uns très-anciens.

Se aucuns amoneste à un enfant à *abandoner* soi à pé-chier... il soit envoiez en essil.

Li Livres de Jostice et de Plet, fol. 178 r°, c. 1, ms., Bibl. nat.

Car ceulx qui *se habandonnent à* merchander à tous, il font ceste chose affin de acquisition de pecunes.

Nicolas ORESME, trad. de *la Politique d'Aristote*, VII, 12.

Le moindre défaut des femmes qui *se* sont *abandonnées à* faire l'amour, c'est de faire l'amour.

LA ROCHEFOUCAULD, *Maximes*, 131.

Je ne suis pas de ces gens qui *s'abandonnent à* parler de leurs maîtres à tort et à travers.

HAUTEROCHE, *le Cocher*, sc. 3.

Ne quide eschaper ne eissir :
(Aucun ne croit échapper ni en sortir)
Tuit (tous) *s'abandonent à* morir.

BENOÎT, *Chron. des ducs de Normandie*, v. 37345.

Et la dame *s'abandona*
A regarder frère Denise.

RUTEBEUF, *De frère Denise*.

Li rois Richart tant leur donnoit,
Que chascun d'eus *s'abandonnoit*
A lui honourer et servir.

G. GUYART, *Royaux lignages*, v. 1979.

Chascuns *à* prandre *s'abandone*.

Nouv. rec. de Fabl. et cont. anc., Méon, t. I, p. 184.

Et si dist (Ovide) : Cil qui *s'abandonc*
A tost doner, que deus fois done !

Li Livres de Philosophie et de moralité, fol. 195 r°, c. 2 ; ms. 283, in-fol. B. L. Fr., à l'Arsenal.

On a dit aussi, très-anciennement, devant un infinitif, au lieu de S'ABANDONNER *à*, S'ABANDONNER *de*.

Celle y vint et fut la plus simplement atournée qu'elle put, pour tant qu'elle ne vouloit mie que le roi *s'abandon-nât* trop *de* la regarder.

FROISSART, *Chroniques*, l. I, part. 1, c. 192.

Nus ne *se doit abandoner*
De promettre, ains doit tost doner,
Se il en est et lius et tans (lieu et temps).

Li Livres de Philosophie et de moralité, fol. 195 v°, c. 2 ; ms. 283, in-fol. B. L. Fr., à l'Arsenal.

S'ABANDONNER *de* s'est dit aussi devant un subs-tantif.

Kar chascun jur *de* mort *s'abandunet*
(Car chaque jour à la mort il s'expose).

Chanson de Roland, str. XXVII, v. 14.

S'ABANDONNER *à*, dans un sens particulier analo-gue à un des sens rapportés plus haut de la locution *mettre en abandon*, se dit d'un Mépris effronté des lois de la pudeur, d'une scandaleuse prostitution.

Ausi comme fait la fole feme, tu *t'abandonnas à* tous chiaus (ceux) qui à toi venoient.

Li Mireoirs dou monde, ms. 7363, fol. 207 r°, c. 1.

Mais si, dit Panurge, estant malade et impotent au deb-voir de mariaige, ma femme, impatiente de ma langueur, *à* aultruy *s'abandonnoit*.

RABELAIS, *Pantagruel*, III, 9.

Aux Indes orientales, la chasteté y estant en singulière recommandation, l'usage pourtant souffroit qu'une femme mariée *se* pût *abandonner à* qui luy offroit un éléphant ; et cela avec quelque gloire d'avoir esté estimée à si haut prix.

MONTAIGNE, *Essais*, III, 5.

La Fortune est une fille de condition qui *s'abandonne à* des valets.

LESAGE, *Gusman d'Alfarache*.

A un bel varlet se donna,
Et tant *à* li *s'abandonna*...
Si qu'elle fu grosse d'enfant.

Nouv. rec. de Fabl. et cont. anc., Méon, t. II, p. 132.

Sachant bien que Fortune est ainsi qu'une louve,
Qui sans choix *s'abandonne au* plus laid qu'elle trouve.

RÉGNIER, *Satires*, II.

Pris absolument, il a encore la même acception.

..... La femme qui, par faute de tenir la bride à son plaisir, *s'est abandonnée...*

H. Estienne, *Apologie pour Hérodote*, c. xv, § 22.

Semblables à ces malheureuses qui pouvoient *s'abandonner* publiquement avec impunité.

Saint-Réal, *de la Critique*, c. 1.

Cette fille, d'un enjouement et d'une liberté qui promettait tout, eut pourtant l'adresse de ne *se* pas *abandonner* entièrement.

Voltaire, *Essai sur les mœurs*, c. 135.

Fole est en fez, fole en parole ;
Partot (partout) se vent, partot se done,
Partot *s'otroie* et *abandone.*

Nouv. rec. de Fabl. et cont. anc., Méon, t. II, p. 24.

À sa mère on bâtit autel ;
Toute femme qui *s'abandonne*
La reconnoît pour sa patrone.

Scarron, *Virgile travesti*, I.

A cet emploi de s'abandonner répond celui qui est fait d'*abandonner* dans l'exemple suivant d'une date très-ancienne :

Cil fet holerie (métier infâme) qui a serves que il *abandonne* por vilain gaaing, et cil qui i *abandonne* sa fille est autresi mal renommez.

Anc. trad. du Digeste, fol. xxxvi, 1°, c. 1.

S'abandonner, toujours employé sans régime indirect, a plusieurs autres acceptions ; il peut signifier :

1° Se livrer, se laisser emporter, soit au sens physique, soit au sens moral :

Au bout de cinq ou six jours, les deux sœurs (de Psyché) revinrent ; elles *s'étoient abandonnées* dans les airs comme si elles eussent voulu se laisser tomber.

La Fontaine, *Psyché*, I.

Le peuple ne paroissoit dans la ville que pour y passer avec précipitation. Nul entretien, nulle familiarité : tout y étoit farouche et comme alarmé par le bruit des chars qu'il falloit éviter et qui *s'abandonnoient* au milieu des rues, comme on fait dans une lice pour remporter le prix de la course.

La Bruyère, *Caractères*, c. 3.

2° Se laisser aller à des mouvements naturels :

Ne vous roidissez pas, *abandonnez-vous.* Cet acteur ne *s'abandonne* pas assez.

Dictionnaire de l'Académie.

3° Cesser de veiller sur soi, de s'observer, de se régler :

La véritable grandeur ..... *s'abandonne* quelquefois, se néglige, se relâche de ses avantages, toujours en pouvoir de les reprendre et de les faire valoir : elle rit, joue et badine, mais avec dignité.

La Bruyère, *Caractères*, c. 2.

Lorsque la religion établit le dogme de la nécessité des actions humaines, les peines des lois doivent être plus sévères et la police plus vigilante, pour que les hommes qui, sans cela, *s'abandonneroient* eux-mêmes, soient déterminés par ces motifs.

Montesquieu, *Esprit des Lois*, XXIV, 14.

4° Se négliger dans son maintien, dans son habillement :

Il *s'abandonne* trop. Il ne faut pas *s'abandonner* ainsi lorsqu'on veut plaire.

Dictionnaire de l'Académie.

5° Perdre la confiance, le courage, renoncer à se défendre.

Je ne suis pas résolu de *m'abandonner* moy-mesme, et il ne sera pas dit que Philotas ayt contribué à sa condamnation.

Vaugelas, trad. de *Quinte-Curce*, VI, 10.

Les hommes sont aujourd'hui tellement corrompus, que, ne pouvant les faire venir à nous, il faut bien que nous allions à eux : autrement ils nous quitteroient ; ils feroient pis, ils *s'abandonneroient* entièrement.

Pascal, *Provinciales*, VI.

Cicéron ne pouvant plus douter qu'il n'en fût abandonné, *s'abandonna* pour ainsi dire lui-même.

Vertot, *Révolutions romaines*, XIII.

On serait bien heureux si on pouvait *s'abandonner* soi-même comme on peut abandonner les autres ; mais on est forcément avec soi, et fort peu d'accord avec soi.

Mme du Deffand, *Lettres*, 19 décembre 1770 (à H. Walpole).

6° Dans un sens contraire au précédent, Combattre sans se ménager, avec une ardeur emportée et téméraire, en désespéré.

Cet assaut dura moult longuement, et y perdirent les Escots moult de leurs gens ; car ils *s'abandonnoient* durement.

Froissart, *Chroniques*, liv. I, part. 1, c. 163.

Les Templiers voulant laver dans leur sang la faute qu'ils avoient faite, *s'abandonnoient* avec fureur au travers des bataillons ennemis.

Vertot, *Histoire des chevaliers de Malte*, I.

Trop folement s'abaundonèrent
Luinz (loing) de leur gent.

MARIE DE FRANCE, lai du Chaitivel, v. 119.

Trop vos abandunastes, si fistes grant folie.

WACE, roman de Rou, v. 4658.

Vint à Ogier, mervillous cop li done.....
Dessi en terre li bons braus s'abandone
(Jusqu'à terre le bon glaive s'abandonne).

Ogier de Danemarche, v. 2840 et 2845.

Granz cops se vont entredoner,
Bien se vuelent abandoner
Et souffrir dolor et martire ,
Por avoir l'onor....:.

Nouv. rec. de Fabl. et cont. anc., Méon, t. I, p. 402.

Roys folement jamais ne s'abandonne.

EUST. DESCHAMPS, ballade, Quels gens un prince doit avoir.

Il cherchait à mourir, et toujours invincible,
Plus il s'abandonnait, plus il semblait terrible.

VOLTAIRE, Tancrède, V, 1.

ABANDONNÉ, ÉE, participe.

Autrefois ABBANDONNÉ (voyez Nicot et Cotgrave, Dict.); HABANDONNÉ (voyez Sainte-Palaye,
Gloss.), etc.

Comme le verbe abandonner, dont il a les sens divers, ABANDONNÉ peut être employé avec ou sans
complément.

Ainsi, on dit fréquemment ABANDONNÉ à.

Édouard, prince de Galles, ... ne peut estre arresté
par les cris du peuple, et des femmes et enfants abandonnez à la boucherie, luy criants mercy et se jectants à ses
pieds.

MONTAIGNE, Essais, I, 1.

Virginie, que son père aima mieux tuer de sa propre
main, que de la laisser abandonnée à la passion d'Appius.

BOSSUET, Discours sur l'Histoire universelle, I, 8.

Les grands et les riches ont le malheur d'être abandonnés à eux-mêmes, à l'ennui inséparable de l'oisiveté,
au jeu plus funeste que l'ennui, aux petites factions plus
dangereuses que le jeu et l'oisiveté.

VOLTAIRE, Lettres. 23 décembre 1760.

Abandonné à lui-même, il (l'homme) mourroit de misère avant d'avoir connu ses besoins.

J.-J. ROUSSEAU, Émile, I.

Voyez tout l'Hellespont blanchissant sous nos rames,
Et la perfide Troie abandonnée aux flammes.

I.

Déjà de ses vaisseaux la pointe étoit tournée,
Et la voile flottoit aux vents abandonnée.

Moïse, par sa mère au Nil abandonné,
Se vit, presque en naissant, à périr condamné.

RACINE, Iphigénie, I, 5 ; Phèdre, III, 1 ; Athalie, V, 2.

Dans l'exemple suivant , de date très-ancienne,
ABANDONNÉ à est pris au sens, qu'il pourrait recevoir
encore , de Permis.

Il est deffendu as crestiens qu'il ne prestent à uzures ; et
s'il est deffendu as crestiens, por ce n'est-il pas abandoné
as Juis.

BEAUMANOIR, Coutumes du Beauvoisis, c. LXVIII, § 9.

D'une parole de l'Écriture s'est formée l'expression d'un emploi si fréquent dans le langage ecclésiastique , abandonné à son sens réprouvé.

On dit, en second lieu , quand on veut indiquer
l'auteur, la cause du délaissement, ce par quoi il se
produit, abandonné de.

Il meurt d'une mort honteuse, trahi par un des siens,
renié par l'autre, et abandonné de tous.

PASCAL, Pensées, part. II, art. x, § 3.

Gratien ... abandonné de ses troupes, toutes composées
d'étrangers, fut immolé au tyran Maxime.

BOSSUET, Discours sur l'Histoire universelle, I, 2.

Au moment où je me vis abandonné de tous les Grecs
par le conseil d'Ulysse.

FÉNELON, Télémaque, XV.

Malgré une constitution très-ferme, et une vie toujours
très-réglée d'un bout à l'autre, Méry se sentit presque
tout d'un coup abandonné de ses jambes...

FONTENELLE, Éloge de Méry.

Abandonnée de presque tous les peuples d'Italie, elle
(Rome) ne demanda point la paix.

MONTESQUIEU, Grandeur des Romains, c. 4.

Willame vi le pople tot (tout) à Riouf torné,
De sis homes meisme se vit abanduné.

WACE, roman de Rou, v. 2154.

Abandonné de parentelle,
Privé d'amitié fraternelle.

J.-A. DE BAÏF, les Mimes, II, 91.

Silanus, qui l'aimoit, s'en vit abandonné. .
..... Et son âme étonnée
De tout ce grand pouvoir se vit abandonnée.

RACINE, Britannicus, IV, 2.

Ou tel, abandonné de ses poutres, usées,
Fond enfin un vieux toit...

BOILEAU, le Lutrin, IV.

Abandonné de Dieu, *abandonné de Dieu et des hommes*, sont des expressions proverbiales fort usitées.

(Tibère) découvre à nu les inquiétudes et les peines d'une âme ennuyée de tout et mal satisfaite de soy-même, *abandonnée de Dieu et des hommes.*

BALZAC, *Socrate chrétien,* disc. IX.

Personne n'est assez *abandonné de Dieu* pour cela.

PASCAL., *Provinciales,* VI.

Eh bien ! suis-je en effet assez infortuné,
Des dieux et des mortels assez *abandonné ?*

LA HARPE, *Philoctète,* I, 4.

De même qu'on dit des médecins, qu'ils *abandonnent* un malade, on dit du malade qu'il est *abandonné des médecins.*

Une femme *abandonnée des médecins* se lève, et par deux fois avertit le corps de garde que l'on prenoit la ville par une telle maison.

Agr. D'AUBIGNÉ, *Histoire universelle,* I, 9.

Et je voudrois, monsieur, ... que vous fussiez *abandonné de tous les médecins,* désespéré, à l'agonie, pour vous montrer l'excellence de mes remèdes.

MOLIÈRE, *le Malade imaginaire,* III, 14.

Allez, monsieur, croyez-moi, je suis *abandonnée de Dieu et des médecins ;* mais cependant ne m'abandonnez pas.

Mme DU DEFFAND, *Lettres,* 29 mai 1764 (à Voltaire).

ABANDONNÉ *par* est moins usité, et on ne le préfère guère à ABANDONNÉ *de* que dans certains cas :

Quand il est amené par une opposition avec quelque autre participe construit de même.

Une femme... qui se voit trahie *par* sa sœur et *abandonnée par* son amant est un des plus heureux sujets de l'antiquité.

VOLTAIRE, préface du Commentaire sur l'*Ariane* de Th. Corneille.

Quand le mot que régit *par* est accompagné d'un adjectif.

Un père *abandonné par* un fils furieux.

VOLTAIRE, *Brutus,* IV, 3.

Quelquefois enfin, quand *abandonner* exprime l'idée de Livrer, quitter, renoncer.

Darius n'est pas loin d'icy, *abandonné* ou assassiné *par* les siens,

VAUGELAS, trad. de *Quinte-Curce,* V, 13.

Charles, *abandonné par* le grand vizir.......

Le grand ouvrage de la jonction du Tanaïs et du Volga, *abandonné par* l'Allemand Brakel.

..... Quand *par* Idoménée
L'île de Jupiter se vit *abandonnée.*

VOLTAIRE, *Hist. de Charles XII,* V ; *Histoire de Russie sous Pierre le Grand,* I, 10 ; *les Lois de Minos,* I, 2.

ABANDONNÉ s'emploie en outre, avec les mêmes formes de construction, dans des sens qui répondent à ceux du verbe pronominal s'abandonner.

ABANDONNÉ *à* pour Se laissant entraîner, emporter par, se livrant, se donnant à, etc., est d'un usage à la fois très-ancien et très-ordinaire.

Vous en faites (de l'autorité) violence brutale en mépris de Dieu, *abandonnée à* rompre la loy.....

ALAIN CHARTIER, *l'Espérance.*

Othon avoit passé la fleur de ses ans avec cette mauvaise réputation, qu'il n'y avoit point entre les Romains un homme plus *abandonné à* toutes sortes de vices que luy.

COEFFETEAU, *Histoire romaine,* VI.

Les hommes mous et *abandonnés aux* plaisirs manquent de courage dans les dangers.

FÉNELON, *Télémaque,* IV.

Ne sui pas *abandonnée*
A chascun ki dist : Vien chà.

Théâtre au moyen-âge, p. 39, col. 1.

A votre foi mon âme est tout *abandonnée.*

MOLIÈRE, *le Misanthrope,* IV, 3.

Sans mesure et sans règle *au* vice *abandonnée.*

BOILEAU, *Satires,* X.

Jadis tous les humains, errant à l'aventure,
A leur sauvage instinct vivoient *abandonnés.*

J.-B. ROUSSEAU, *Odes,* II, 10.

Dans les exemples suivants, d'une date très-ancienne, ABANDONNÉ *de,* suivi d'un infinitif ou d'un substantif, répond à *s'abandonner de* avec les mêmes compléments, locution expliquée plus haut, et peut se traduire par Jaloux de, impatient de, etc.

Li rois de France a l'escu pris,
Si s'est devant les autres mis ;
Abandonés est *de* joster,
Qu'il violt faire de soi parler.

Partonopeus, v. 8661.

Tex (tel) se fait ore (maintenant) *de* guerre *abandonné*,
Se l'empereres estoit là aroutés (en rang),
Jà n'i mestroit un denier monéé.

Garin le Loherain, t. I, p. 81.

ABANDONNÉ, pris absolument, a des acceptions fort variées.

Au propre, et quelquefois au figuré, il se dit de ce qui est sans défense, sans support, sans consolation, dans une entière solitude, et s'applique, en ce sens, d'abord aux personnes.

Le prince se vit quelque temps *abandonné*, mais son courage ne l'abandonna pas.

BOSSUET, *Oraison funèbre du prince de Condé.*

Je reviens à toi, nu, misérable, *abandonné*.

FÉNELON, *Télémaque*, XV.

Cette belle-mère (la duchesse d'Angoulême) étoit donc fort pauvre et fort *abandonnée* dans un appartement du couvent de Sainte-Élisabeth à Paris.....

SAINT-SIMON, *Mémoires*, 1713, t. XI, c. 4.

Mais Pierre *abandonné*, qui renonce son maître...

L. RACINE, *la Grâce*, II.

Qu'en horreur à ses fils, exécrable à sa mère,
Errant, *abandonné*, proscrit dans l'univers,
Il rassemble sur lui tous les maux des enfers.

VOLTAIRE, *OEdipe*, I, 3.

Prends pitié de sa mère, aux larmes condamnée,
Qui ne vit que pour lui, qui meurt *abandonnée*,
Qui n'a pas dû rester pour voir mourir son fils.

A. CHÉNIER, *Idylles*, le Malade.

ABANDONNÉ se dit, de la même manière absolue, et au même sens, des lieux.

L'Italie, toujours malheureuse et *abandonnée*, gémissoit sous les armes des Lombards.

Ces murailles nues, cette table dégarnie, cette maison *abandonnée*, où on ne voit plus cette foule de domestiques, lui fait peur.

BOSSUET, *Discours sur l'Histoire universelle*, I, 11; *Sermon pour la profession de madame de la Vallière.*

La cour, que Louis seul remplissoit de sa gloire et de sa majesté, ne lui parut plus qu'une solitude affreuse : elle crut vivre dans une terre déserte et *abandonnée*.

MASSILLON, *Oraison funèbre de la duchesse d'Orléans.*

Il se dit encore des choses qu'on regarde comme désespérées.

Richelet et Danet donnent ces locutions : « *Une affaire, une cause abandonnées; une ville, un pays abandonnés,* » pour : qu'on ne peut plus soutenir, qu'on a renoncé à défendre.

On ne parle que de la guerre : le roi a deux cent mille hommes sur pied ; toute l'Europe est en émotion ; on voit bien, comme vous dites, que la pauvre machine ronde est *abandonnée*.

Mme DE SÉVIGNÉ, *Lettres*, 23 mars 1672.

Ma nef sans gouvernail s'esgare *abandonnée*.

PH. DESPORTES, *Cléonice*, Dernières amours, LVII.

Je sais. . . . .
Que d'un si prompt supplice Achillas étonné
S'est aisément saisi du port *abandonné*.

P. CORNEILLE, *Pompée*, V, 3.

Il se dit de tout ce qu'on néglige, qu'on oublie, qu'il s'agisse d'objets de l'ordre physique ou de sentiments, de devoirs, etc.

Quelques jours avant sa mort, mon père ayant de fortune rencontré ce livre (le livre de Sebonde) sous un tas de papiers *abandonnez*, me commanda de le luy mettre en françois.

MONTAIGNE, *Essais*, II, 12.

Ne les laissant (les chèvres) jamais de l'œil ; car il ne faudroit qu'une couple de chèvres *abandonnées*, pour gaster tous les jardinages et vignobles d'un mandement.

OL. DE SERRES, *Théâtre d'agriculture*, IV, 14.

Et moi, pour lui faire pièce, par représailles j'ai fait relever un vieux moulin *abandonné*.

DANCOURT, *le Chevalier à la mode*, II, 9.

Ce merveilleux gnomon .... demeuroit *abandonné*, négligé dans l'église de Saint-Pétrone.

FONTENELLE, *Éloge de Manfredi.*

L'Italie, qui n'avoit plus que des jardins *abandonnés*, ne pouvoit par aucun moyen attirer l'argent de l'Orient, pendant que l'Occident, pour avoir de ses marchandises, y envoyoit le sien.

MONTESQUIEU, *Grandeur des Romains*, c. 17.

Comme les champs *abandonnez*,
Quand le soc les a seillonnez,
Nous donnent l'abondance.

RACAN, *Psaumes*, CXL.

J'ai vu, je m'en souviens, un vieillard fortuné,
Possesseur d'un terrain longtemps *abandonné*.

DELILLE, trad. des *Géorgiques*, IV.

10.

Dans les anciens temps de la langue, on s'est heureusement servi d'ABANDONNÉ pour exprimer le mouvement facile qui porte les princes, les grands à la libéralité.

En ce sens, on l'a quelquefois employé absolument, quelquefois aussi on lui a donné un complément, et l'on a dit *Abandonné de ses biens*.

Celui Hanry... fut appelé le Large conte Hanry; car large et *abandonné* fut-il tant envers Dieu que envers le monde.

> JOINVILLE, *Histoire de saint Louis*.

Le roi Alphonse..... fut large prince, honorable et *abandonné*.

Le seigneur d'Autre fut le plus large et *abandonné de ses biens* qu'homme de son temps, et ne plaindoit nulle dépense.

> OLIVIER DE LA MARCHE, *Mémoires, I*.

> Doulz Dieu, qui à ta créature
> Es larges et *abandonné*.
>
> Les Miracles de sainte Geneviève, voir Jubinal, *Mystères*, t. I, p. 264.

> Ung prince doit aymer la jouzte,
> Estre large et *habandonné*.
>
> *Études sur les mystères*, par M. O. Leroy, p. 315.

> Je suis assez *abandonné*
> A grant largesse *de mes biens*;
> Mais quant j'ay maintes foiz donné
> A plusieurs, semble qu'ilz n'ont riens.
>
> CHARLES D'ORLÉANS, *Complaintes*, VI.

D'autres fois il a pris l'acception analogue, mais défavorable, de Prodigue. Sainte-Palaye en cite l'exemple suivant :

. Je trouve deux manières de gens larges et *abandonnés* : les aucuns sont dissipateurs, etc.

> *Les Triomphes de la noble dame*, fol. 77.

Ou bien encore il a exprimé un attachement, un dévouement sans réserve.

C'est ung homme de grant valeur, large, courtois et *habandonné* en chevalerie.

> Le Jouvencel, fol. 32 r° (cité par Sainte-Palaye).

> .....De m'aimer n'ayez point de regret;
> Franc et loyal suis et *abandonné*.
>
> Loyer des folles amours, voy. *Les Quinze joyes de mariage*, p. 318.

Saint-Simon a dit, reprenant ou retrouvant cette ancienne acception :

Son ancienne gouvernante, devenue sa plus grande et sa plus *abandonnée* protectrice.

> *Mémoires*, t. IV, p. 29, édit. de 1817.

ABANDONNÉ, dans un sens analogue, exprime avec force la défaillance de la volonté, de la liberté, l'asservissement complet, la foi sans borne à autrui, une passion, un entraînement que rien ne modère, un vice sans frein.

Si ne m'est pas estrange se tu enseignes aux autres gourmandie et luxure *abandonnée*.

Que appelé-je guerre? Ce n'est pas guerre qui en ce royaulme se mainne : c'est une privée roberie, ung larrecin *habandonné*.....,

> ALAIN CHARTIER, *l'Espérance; le Quadriloge*.

Et les nostres..... firent semblant de s'estonner, et recullèrent tousjours sans se mettre en fuitte *abandonnée*.

> G. DU BELLAY, *Mémoires*, liv. VII, année 1536.

Tel l'a commandée (la trahison), qui par après l'a vengée vigoureusement sur celuy qu'il y avoit employé, refusant un crédit et pouvoir si effréné, et désavouant un servage et une obéissance si *abandonnée* et si lasche.

> MONTAIGNE, *Essais*, III, 1.

Qui a ouy parler d'amour si *abandonnée*, d'affection si opiniastre ?

> LA BOÉTIE, *De la Servitude volontaire*.

L'abbé Charrier profita très-habilement de cet avis; car il joua toujours l'ambassadeur en lui témoignant une confiance *abandonnée*.

> CARDINAL DE RETZ, *Mémoires*, l. II, année 1652.

Il faut nécessairement, ou que vous prouviez qu'ils ne croient pas en Jésus-Christ, ou que vous passiez pour les plus *abandonnés* calomniateurs qui furent jamais.

> PASCAL, *Provinciales*, XVI.

Il y a peu de pécheurs si *abandonnés*, qui dans ces saints jours ne se modèrent, ne se contraignent.

> BOURDALOUE, *Carême*. Sermon sur la communion pascale.

> Amors *abandonée* est pire
> Que cele où il [y] a contredit.
>
> *Lais inédits*, p. 113.

> Nulle loy ne retient mon Âme *abandonnée*.
>
> RÉGNIER, *Satires*, VII.

C'est par un emploi analogue qu'on dit en termes de chasse *chien abandonné*, c'est-à-dire qui prend les devants d'une meute, qui s'*abandonne* sur la bête.

ABANDONNÉ, se dit encore d'un homme et surtout d'une femme qui se livre, sans retenue, à des habitudes de libertinage et de débauche.

La fille au sénateur qui est *abandonnée* por vilain gaaing, ou qui a esté joerresse (saltimbanque), ou qui a esté dampnée en commun jugement, se puet quitement marier à celui qui a esté franchi; quar l'en ne li garde mie son honneur, dès qu'ele s'est abaudonnée à tel honte.

    Anc. trad. du Digeste, fol. 256, r° c. 1.

L'empereur (Néron), *abandonné* comme il étoit, ne pouvoit plus souffrir un témoin si délicat de ses infamies.

    SAINT-ÉVREMOND, *Jugement sur Pétrone*.

Il y a bien peu de femmes assez *abandonnées* pour aller jusque-là.

    MONTESQUIEU, *Lettres persanes*, 26.

Ta fille, devant toy par le bourreau forcée
Des plus *abandonnés* blessera la pensée.

    CYRANO, *Agrippine*, V, 4.

Selon Bouhours (*Suite des remarques nouvelles sur la langue françoise*), il faut distinguer entre ces expressions, *un homme abandonné*, *une femme abandonnée*. « *Un homme abandonné*, dit-il, signifie un homme délaissé, sans appui et sans secours ; *une femme abandonnée* signifie toute autre chose. »

Il y a de cette expression, appliquée aux femmes, de fort curieux exemples.

Tu fus tous tans (toujours) ardans et *abandonnée* en tes adultères.

    Li Mireoirs dou monde, ms. 7363, fol. 207 r°, c. 1.

Bien doi avoir tel guerredon (récompense)
De l'ordure que j'ai menée,
Comme vix (vile), comme *abandonnée*.

    Nouv. rec. de Fabl. et cont. anc., Méon, t. II, p. 160.

Vix (vile) et commune *abandonnée*,
Que nus n'en aloit refusés.

    Chroniques anglo-normandes, t. III, p. 85.

Une meschante deschirée
Qui a couru bourgs et villages,
Et est à tous *habandonnée*.

    G. COQUILLART, *Rubriche de Dolo*.

Elle a été employée, par extension, en parlant d'une famille entière :

Adieu, famille *abandonnée*, maison sans mœurs.

    BEAUMARCHAIS, *la Mère coupable*, V, 7.

On a dit, dans ce dernier sens, *abandonné de son corps*; comme, dans un autre sens, cela a été remarqué plus haut, *abandonné de ses biens*.

Toutefois, les autres ont escript que ceste Phea estoit une brigande, meurtrière, et *abandonnée de son corps*.

    AMYOT, traduction de Plutarque. *Vie de Thésée*.

On a dit fort anciennement, au même sens, *abandonné d'œuvres*, *de paroles*, etc.

Qui norrit anfant ne doit consentir, à son pooir, ne soffrir que il face males œvres, ne que il soit baux (hardi), ne *abandonez* de paroles vilainnes ne de vilains jeus.

Fame, ne doit estre *abandonée* ne baude (ni hardie) de maveise parole ne de vilainne œvre.

    Ph. DE NAVARRE, *Discipline des quatre âges*, ms. 198, suppl. franç., fol. 388, 389 r°, c. 2.

Enfin ABANDONNÉ, pris dans le même sens, mais substantivement, a donné lieu à ces locutions : *un abandonné*, et surtout *une abandonnée*.

C'est une infâme, qui va courir le pays avec eux, et qu'ils ne sauroient regarder que comme *une abandonnée*.

    BOILEAU, *Dissertation sur Joconde*.

J'aime fort la beauté qui n'est point profanée,
Et ne veux point brûler pour *une abandonnée*.

    MOLIÈRE, *l'Étourdi*, III, 3.

ABANDONNÉ, bien qu'avec un régime indirect, est encore pris substantivement dans les phrases suivantes :

Ces perdus, ces *abandonnez* de Dieu et *des* hommes sont contents d'endurer du mal pour en faire.

    LA BOÉTIE, *De la Servitude volontaire*.

L'anéantissement des libertés de l'Église gallicane, qui étoit le but auquel tendoient les véritables *abandonnés à* Rome.

    SAINT-SIMON, *Mémoires*, 1717, t. XIV, c. 26.

On a remarqué plus haut qu'en parlant des manières, des discours, des ouvrages d'esprit et des productions des arts, le mot *abandon* exprime une sorte de facilité, de négligence heureuse. A cette acception récente répond une acception assez récente elle-même du mot ABANDONNÉ.

Il est difficile, je crois, d'avoir une éloquence et plus forte et plus *abandonnée*.

    THOMAS, *Essai sur les éloges*, c. 29; de Mascaron et de Bossuet.

Dans l'exemple suivant, d'une date encore plus rapprochée de nous, ABANDONNÉ est dit, en un sens également nouveau, à ce qu'il semble, d'un acte Accompli sans contrainte, de bonne grâce.

Au moment de proclamer l'acte d'un grand dévouement, certainement inefficace s'il n'est pas rapide et vraiment *abandonné.*

MIRABEAU, Discours sur la contribution du quart (1789).

Outre l'adjectif verbal ABANDONNÉ, on avait encore tiré du verbe *abandonner* plusieurs mots dont il a été question précédemment. C'est ici le lieu de les rappeler.

ABANDONNEUR, substantif, dont nous avons cité un exemple emprunté à Nicot, et qui a reparu, un peu plus tard, chez Oudin.

ABANDONNÉEMENT, adverbe, synonyme de *à l'a-bandon*, dont Sainte-Palaye rapporte des formes orthographiques analogues à celles des mots de la même famille, ABANDONNÉMENT, HABANDONNÉE-MENT, HABANDONNÉMENT.

On en trouve des exemples où il a le sens de Hardiment, librement.

Le marchis demanda qui il estoit qui si *abandonnée-ment* rouvoit (demandait) ouvrir la porte.

Contin. de Guillaume de Tyr, D. Martène, Ampl.
Coll., t. V, col. 628.

Bien notèrent ceux qui l'entendirent celle parole, et s'épargnèrent moins que devant; et entrèrent *abandonné-ment* dedans les fossés.

FROISSART, Chroniques, l. II, c. 65.

Ailleurs il a le sens de Patiemment :

Petit et grant, et homes et fames, doivent *abandonéement* et viguereusement atendre et soffrir les aventures et les mescheances, et les pertes et les dolors qui lor avienent.

PH. DE NAVARRE, Discipline des quatre âges, ms. 198,
suppl. franç., fol. 404 v°, c. 2.

Ou le sens de Libéralement :

Si croy que Dieu l'envoya seulement
En ce monde pour monstrer la largesse
De ses haultz dons, qu'il a entièrement
En elle mis *abandonnéement.*

CHARLES D'ORLÉANS, Ballades, X.

Rob. Estienne en 1539 et 1549, et Nicot en 1606, ont encore inséré dans leurs dictionnaires ce mot, qu'ils traduisent par *licenter, indulgenter, solute*, etc.

C'est à peu près ainsi qu'il pourrait être rendu dans cette phrase de Saint-Simon, le dernier probablement qui l'ait employé avec tant d'autres mots vieillis.

Il leur étoit trop indignement et *abandonnément* vendu pour être plaint de personne.

SAINT-SIMON, Mémoires, 1718, t. XVII, c. 10.

ABAQUE, s. m. (d'*Abacus*, latin).

Quelquefois ABACO, par transcription d'un mot italien de même origine. (Voyez le *Glossaire* de Sainte-Palaye et les exemples ci-après.)

On a écrit aussi ABACE, ABACIE, ABACON. (Voyez le *Glossaire de la langue romane* de Roquefort.)

ABAQUE a eu dans notre ancienne langue la plupart des significations diverses que le mot latin *abacus* avait lui-même reçues du mot grec ἄϐαξ, sur lequel il s'était formé. On s'en est servi pour désigner une table, un buffet, une sorte d'échiquier, de damier, des tablettes à tracer des caractères, des machines à compter, à calculer.

Les anciens appeloient *abaques* de petites tables quarrées et polies, sur lesquelles ils traçoient des figures. Nous nous servons d'ardoises pour cela.

CL. PERRAULT, traduction de Vitruve, VII, 3, note 12.

Dans un sens abstrait, il a signifié, ainsi qu'*abacus* au moyen âge, la science même des nombres, l'arithmétique.

Amyot se fit expliquer les derniers livres d'Euclide par un petit escrivain, mais fort subtil mathématicien, qui apprenoit aux enfans à escrire avec l'*abaco*, selon qu'on parloit; c'est-à-dire avec l'arithmétique et l'art de calculer par jectons, ou par chiffres.

Séb. ROUILLARD, Histoire de Melun, p. 607.

De là, dans le bas latin, pour dire arithméticien, *abacista*, et, selon Roquefort, dans le vieux français, *abaciste.*

Abaque ou table de *Pythagore* est le nom consacré d'une combinaison synoptique de nombres, destinée à faciliter l'étude de l'arithmétique, dont on attribue l'invention à Pythagore.

Le nombre dénaire contient, selon lui, tous les rapports

numériques et harmoniques, et forme ou plutôt termine son *abaque* ou sa table.

Diderot, *Opinions des anciens philosophes.* Pythagorisme.

Il y a longtemps qu'on ne se sert plus d'Abaque que comme terme d'architecture. C'est à ce titre qu'il a pris place, depuis Monet seulement, dans nos lexiques, et, à dater de 1762, dans le dictionnaire de l'Académie.

On entend par ce mot, dans la langue de l'architecture, la partie supérieure du chapiteau des colonnes, sur laquelle porte l'architrave, partie nommée aussi tailloir, lorsqu'elle est taillée, c'est-à-dire, ornée de moulures. (Voyez le *Dictionnaire de l'Académie des beaux-arts,* art. Abaque.)

Vous ferez le dessus du chapiteau ionique tout quarré, lequel aucuns ont appellé tailloir, et les autres *abaco*, pris du latin.

La hauteur du chapiteau, outre l'*abaque*, est divisée en trois parties.

Philibert Delorme, *Architecture,* V, 27 ; VI, 8.

Le tailloir ou *abaque* dans l'ordre toscan est appelé plinthe au chapitre 5 du IVᵉ livre.

Cl. Perrault, traduction de *Vitruve,* III, 3, note 32.

Je m'estonne même que Philander, dans sa digression, ne se soit pas contenté d'arrondir la plinthe de la base comme a fait Vitruve, mais qu'il ait donné la même figure à l'*abaque* de son chapiteau toscan.

Blondel, *Cours d'architecture,* II, 7.

ABASOURDIR, v. a. (d'*Absurdus*, latin.)

Assourdir, étourdir, surprendre le sens de l'ouïe d'un bruit inattendu, ou le poursuivre et le fatiguer d'un bruit obstiné.

Ce coup de tonnerre m'a *abasourdi*.

Dictionnaire de l'Académie.

Abasourdir s'emploie plus ordinairement au figuré, et signifie Consterner, accabler, inspirer de l'étonnement, de la terreur ; réduire à un état de stupeur qui suspend la faculté de sentir et de penser.

Il a écrit au jeune auteur, lequel est tout *abasourdi* de la prise de Pondichéry, qui lui coûte juste le quart de son bien.

Il ne me reste de sentiment que pour vous aimer ; je suis *abasourdi* sur tout le reste.

Voltaire, *Lettres,* 20 juillet 1761 ; 29 août 1755.

A cette audace inattendue dans un homme ordinairement si craintif, je les vis l'un et l'autre atterrés, *abasourdis*, ne répondant pas un mot.

J.-J. Rousseau, *Confessions,* II, ix.

Or, comme il est le maître et qu'il a du crédit,
D'une seule menace il nous *abasourdit*.

Boursault, *les Fables d'Ésope,* V, 3.

Le coup est bien cruel ! — Ce coup m'*abasourdit*.

Dufresny, *Réconciliation normande,* II, 9.

Abasourdir signifie enfin, au sens hyperbolique, le plus commun de tous, Ennuyer, excéder ses auditeurs de choses de peu d'importance, de redites insupportables, de propos *absurdes*, ou de criailleries à rendre les gens *sourds*.

J'ai enfin quitté Paris, *abasourdi* de prose et de vers, de scènes et d'articles, de critiques et de compliments.

Diderot, *Correspondance.*

Ce verbe, dont l'usage est restreint au langage familier, ne s'emploie guère qu'à l'infinitif, au présent de l'indicatif, au parfait et au participe. Il est assez nouveau, et ne se trouve point dans Nicot. Danet et Richelet le confondent avec *abalourdir*, avec lequel il n'a aucun rapport étymologique ; il est plus voisin d'*assourdir*, son synonyme en quelques acceptions. *Voy.* Assourdir.

Abasourdi, ie, participe.

ABÂTARDIR, v. a. (de Bâtard. Voyez ce mot.)

Autrefois Abastardir, Abbastardir (voyez les exemples ci-après).

Faire déchoir une chose de son état légitime, en altérer la nature, la corrompre, la gâter.

Ce mot ne se prend jamais au sens propre absolu ; c'est-à-dire dans son rapport immédiat avec le substantif qui l'a produit ; mais il se dit au sens physique par extension et déjà par figure, en parlant des êtres sensibles, des animaux, des plantes qui dégénèrent.

Les grains, les fleurs, les animaux dégénèrent, ou plutôt prennent une si forte teinture du climat, que la matière domine sur la forme et semble l'*abâtardir*.

Buffon, *Quadrupèdes,* du Cheval.

L'on diroit que tous nos soins à bien traiter et nourrir ces animaux n'aboutissent qu'à les *abâtardir*.

J.-J. ROUSSEAU, *Discours sur l'inégalité parmi les hommes*, part. I.

ABÂTARDIR, s'emploie surtout au sens moral, dans une signification figurée analogue.

Leur sçavoir n'estoit que besterie, et leur sapience n'estoit que moufles (morgue), *abastardissant* les bons et nobles esperitz, et corrompant toute fleur de jeunesse.

RABELAIS, *Gargantua*, I, 15.

(Léonidas) rendit la ville de Sparte inaccessible à tous ouvriers de joyaux, d'affiquets, et de tous ornements dont on use pour parer le corps, disant que la corruptele de tels arts avoit esté cause du guaster et *abastardir* les bons mestiers.

AMYOT, trad. de Plutarque, *les Diets notables des Lacédémoniens*.

Les bestes altèrent et *abastardissent* aussi aysément que nous l'affection naturelle.

L'essence mesme de la vérité, qui est uniforme et constante quand la fortune nous en donne la possession, nous la corrompons et *abastardissons* par nostre foiblesse.

Il ne nous faut pas laisser emporter si entiers aux altérations naturelles, que d'en *abastardir* nostre jugement.

Voyez combien la forme des salutations, qui est particulière à nostre nation, *abastardit* par la facilité la grace des baisers.

MONTAIGNE, *Essais*, II, 8, 12 ; III, 2, 5.

La tristesse..... *abastardist* tout l'homme, endort et assoupist sa vertu, lorsqu'il se faudroit esveiller pour s'opposer au mal qui le meine et le presse.

Ce sont gens qui... ravallent leur esprit et *abastardissent* leur entendement, mais enflent leur mémoire.

CHARRON, *De la Sagesse*, I, 33, 42.

Les divisions mesmes qui peu après coururent par la France..... *abastardirent* presque toute la réputation que nos empereurs avoient acquise par leur vaillance et sagesse dedans l'Italie.

ÉT. PASQUIER, *Recherches de la France*, III, 4.

La servitude *abâtardit* le courage.

D'ABLANCOURT, *traduction de Tacite*.

L'excellence de son naturel n'avoit point été *abâtardie* par la solitude.

LA FONTAINE, *Psyché*, II.

Jamais on n'a vu votre empire si lâche, si efféminé, si *abâtardi*, si indigne des anciens Romains.

FÉNELON, *Dialogues des Morts*, XIII. Solon et Justinien.

Séparez-le des grands modèles... et nous verrons ce qu'il deviendra. Et pourquoi ne vous le garantirois-je pas *abâtardi*, nul, avant qu'il soit dix ans ?

DIDEROT, *Salon de 1765*. Roslin.

...Tenuz pour *abastardiz*.

BENOIT, *Chron. de Normandie*, v. 21320.

Bien est France *abastardie*.

HUES DE LA FERTÉ, Chanson, voy. *Romancero français*, p. 188.

ABÂTARDIR, est souvent pris au sens physique et au sens moral avec le pronom personnel.

Au sens physique.

Le fourment quelquesfois *s'abbastardist* et se convertit en avoine.

Il y a des arbres qui ne *s'abbastardissent* jamais en quelque sorte qu'on les face venir : comme sont les cyprez, palmiers, et laurier.

DU PINET, trad. de Pline l'Ancien, XVII, 10 ; XVIII, 17.

La terre se resjouit d'estre quelques-fois ensemencée d'autre bled que du sien propre ; et, au contraire, se fasche de la continuation des semences nées en elle-mesme, *s'y abastardissans* à la longue.

OLIVIER DE SERRES, *Théâtre d'agriculture*, II, 4.

Les plantes d'Orient qu'on apporte en Europe *s'abâtardissent*, et perdent beaucoup de leur bonté.

Dictionnaire de Trévoux.

Au sens moral.

Les anciennes loyx et coustumes *s'alloyent* tous les jours *abbastardissant*.

AMYOT, trad. de Plutarque, *les Diets notables des Lacédémoniens*.

Comme nostre esprit se fortifie par la communication des esprits vigoureux et réglez, il ne se peult dire combien il perd et *s'abastardit* par le continuel commerce et fréquentation que nous avons avec les esprits bas et maladifs. Il n'est contagion qui s'espande comme celle-là.

MONTAIGNE, *Essais*, III, 8.

Avec gens plus fermes et plus habiles, l'esprit se roidit et fortifie, et se hausse au-dessus de soy, comme avec les esprits bas et foibles l'esprit *s'abastardit* et se perd.

CHARRON, *De la Sagesse*, II, 9.

Le roi aguerrit ceux que bon luy semble,... et ne permet que leurs esprits *s'abastardissent* ou accasanent en voluptez.

ÉT. PASQUIER, *Pour-parler du prince*.

Les Gortues, peuples de l'Eubée..... qui *s'étoient abâtardis* et ne tenoient plus rien de la vertu de leurs ancêtres.

VAUGELAS, trad. de *Quinte-Curce*, IV, 12.

ABÂTARDIR, comme beaucoup de verbes actifs, on l'a déjà vu au sujet d'*abaisser*, a été aussi un verbe neutre; mais cette forme est depuis longtemps sortie de l'usage.

Ceste plante *abastardit* d'un jour à l'autre.
Nicot, *Thrésor de la langue françoise.*

ABÂTARDI, IE, participe.

ABÂTARDISSEMENT, s. m.

Autrefois ABASTARDISSEMENT, ABBASTARDISSE-MENT. (Voyez les exemples ci-après.)

Altération d'une chose. Diminution de valeur, de mérite, de bonne qualité. Ce mot se dit, au sens physique, d'une race d'animaux, ou d'une espèce de plantes; au sens moral, du langage, du caractère, des institutions, etc.

Cest *abbâtardissement* (des grains) vient principalement de l'humidité du terroir.
Du Pinet, trad. de *Pline l'Ancien*, XVIII, 17.

Par la seconde accusation ils disent que le mariage est une corruption et *abastardissement* des bons et rares esprits.....
Charron, *de la Sagesse*, I, 48.

Ce mal estoit entré en l'Église par le mespris des bonnes constitutions, par l'*abbastardissement* des colléges, des Graduez, nommez autres fois Esleus pour leur sçavoir.
Agr. d'Aubigné, *Histoire universelle*, II, 22.

Il (le duc de Bourgogne) étoit touché, jusqu'au plus profond du cœur, de la ruine de la noblesse, des voies prises et toujours continuées pour l'y réduire et l'y tenir, de l'*abâtardissement* que la misère et le mélange du sang, par les continuelles mésalliances nécessaires pour avoir du pain, avoyent établi dans les courages et pour valeur et pour vertu et pour sentimens.
Saint-Simon, *Mémoires*, 1712, t. X, c. 17.

ABATTRE, v. a.

Autrefois ABATRE, HABATRE, ABAUTRE, etc. (voyez le *Glossaire* de Sainte-Palaye); ABBATRE (voyez les dictionnaires de Rob. Estienne, Nicot, Cotgrave); ABBATTRE (voyez le *Dictionnaire de l'Académie*, édit. de 1694 et de 1718).

On n'est pas d'accord sur l'étymologie de ce mot. Faut-il, avec les auteurs de la première édition du Dictionnaire de l'Académie française, le dériver de

I.

battre, venu lui-même, par le bas latin *battare*, de *battuere*, mot de la bonne latinité qui veut dire frapper? Faut-il, avec Ménage, le faire remonter, par l'intermédiaire des verbes italiens *abbattere*, *battere*, à la même origine latine? Faut-il enfin, avec Nicot, le tirant de la locution française *à bas*, et par elle du latin *bassus*, le rapprocher par cette formation du verbe *abaisser*, dont il est déjà si voisin par le sens?

La conformité évidente, l'espèce de parenté du bas latin *battare*, et, dans les langues néo-latines, de l'italien *battere*, *abbattere*, de l'espagnol *batir*, *abatir*, du français *battre*, *abattre*, ne permet guère de douter qu'il ne faille assigner à tous ces mots, pour commune origine, le latin *battuere*.

ABATTRE se dit, au propre, en parlant de choses de toutes sortes qu'on jette à terre, qu'on renverse, qu'on détruit; par exemple, des édifices, des monuments, etc.

Cil Deu ki altels li reis Ezéchias *ad abatuz* ès munz.
(Ce Dieu dont le roi Ezéchias a renversé les autels sur les montagnes.)
Les quatre Livres des Rois, IV, XVIII, 22.

Et li Vénicien firent *abatre* de Jadres les murs et les tors.
Villehardouin, *Conqueste de Constantinoble*, LVI.

Venez-moi aider à (avec) toute votre gent à courir sus aux Allemands qui *abattent* et rompent le moustier de Mascon.
Joinville, *Histoire de saint Louis.*

Et en cheminant et allant, ils *abattoient* et foudroyoient, ainsi que tempestes, toutes maisons de avocats et de procureurs de la cour du roi et de l'archevesque, et n'en avoient nulle mercy.
Froissart, *Chroniques*, liv. II, c. 108.

On ne leur faisoit autre sépulture, sinon, quand tout estoit mort en une maison, on l'*abatoit* sur eux.
M. du Bellay, *Mémoires*, liv. X, année 1546.

Après que Cæsar, victorieux, eut fait redresser avecques honneur les statues de Pompée, qui *avoyent esté abbatues*, Cicero dict en relevant celles de Pompée avoit assuré les siennes.
Amyot, trad. de Plutarque, *Les dicts notables des anciens roys, princes*, etc.

Le sénat.... fit *abattre* toutes les statues, tous les

11

boucliers, tous les arcs triomphaux et tous les monumens qu'on avoit dressez à sa gloire (de Domitien).

COEFFETEAU, *Histoire romaine*, VIII.

Comme une colonne dont la masse solide paroît le plus ferme appui d'un temple ruineux, lorsque ce grand édifice qu'elle soutenoit fond sur elle sans l'*abattre*; ainsi la reine se montre le ferme soutien de l'État, lorsque, après en avoir longtemps porté le faix, elle n'est pas même courbée sous sa chute.

BOSSUET, *Oraison funèbre de la reine d'Angleterre*.

Chaque escadron défila par où il put, à travers les fossés relevés, les haies, les jardins, les houblonnières, les granges, les maisons, dont on *abattit* ce que l'on put de murailles pour se faire des passages.

SAINT-SIMON, *Mémoires*, 1693, t. I, c. 12.

Le logis sera magnifique, je ne veux pas qu'il y manque un zéro; je le ferois plutôt *abattre* deux ou trois fois.

LE SAGE, *Turcaret*, III, 4.

Le duc de Lorraine avait fait *abattre* les armes de France placées dans des terres qui relevaient du roi.

VOLTAIRE, *Essai sur les mœurs*, c. 78, note.

Cordres ad prise e les murs pecciez
Od ses cadables les turs en *abatied*.

(Il a pris Cordoue, et en a mis les murs en pièces; avec ses machines, il en a abattu les tours.)

Chanson de Roland, st. VIII. Cf. éd. 1851, I, 97.

Faleize sempres (aussitôt) assaillirent,
Un grant pan del mur *abatirent*.

WACE, *roman de Rou*, v. 8541.

Chastiax *abatent*, donjons et roilléis (barrières).

La Mort de Garin, v. 2916.

L'estandart *ont* contre terre *abatu*.

Ogier de Danemarche, v. 12941.

Je leur fais des tableaux de ces tristes batailles
Où Rome par ses mains déchiroit ses entrailles,
Où l'aigle *abattoit* l'aigle.

P. CORNEILLE, *Cinna*, I, 3.

En plaçant un pupitre on croit nous rabaisser:
Mon bras seul, sans latin, saura le renverser.
Que m'importe qu'Arnauld me condamne ou m'ap-
[prouve?
J'*abats* ce qui me nuit partout où je le trouve.

BOILEAU, *le Lutrin*, IV.

Par exemple encore, des arbres, des bois, des fruits, etc.

Se cil qui a la propriété n'oste pas les arbres que li

venz a *abatuz*, et li usaire (et si l'usage, l'usufruit) en empire, cil qui a l'usaire en puet plédier à lui.

Anc. trad. du Digeste, fol. 97 r°, c. 1.

Et dit-on au pays que ces bonnes choses-là viennent du paradis, et que le vent les *abat* des arbres qui sont en paradis terrestre, aussi comme le vent *abat* ès forestz de ce pays le bois sec.

JOINVILLE, *Histoire de saint Louis*.

Passa par dessoubs ung arbre au quel estoit monté ung villain charbonnier pour *abbattre* du bois.

RABELAIS, *Pantagruel*, II, 15.

Bessus Pœonien, reproché d'*avoir* de gayeté de cœur *abbatu* un nid de moineaux et les avoir tuez, disoit avoir eu raison, parce que ces oysillons ne cessoient de l'accuser faussement du meurtre de son père.

MONTAIGNE, *Essais*, II, 5.

(Il faut) loger les coudriers dans l'enceint des jardinages ou ailleurs, d'où l'on en puisse, aisément et sans perte, retirer le fruict de lui-mesme chéant des arbres... sans se donner peine de l'*abbattre*.

OL. DE SERRES, *Théâtre d'agriculture*, VI, 26.

Il le renverse comme le cruel aquilon *abat* les tendres moissons qui dorent la campagne.

FÉNELON, *Télémaque*, XV.

Nous avons fait argent de tout... nous *avons abattu* les bois de la maison de campagne, sous prétexte d'avoir de la vue.

REGNARD, *le Retour imprévu*, sc. 4.

Tarquin le Superbe, consulté dans son jardin par son fils, sur la manière dont il faut se conduire avec les Gabiens, ne répond qu'en *abattant* les pavots qui s'élevaient au-dessus des autres fleurs. Il faisait assez entendre qu'il fallait exterminer les grands, et épargner le peuple.

Le roi va coucher à Petit-Bourg; il y critique une grande allée d'arbres qui cachait la vue de la rivière. Le duc d'Antin la fait *abattre* pendant la nuit. Le roi, à son réveil, est étonné de ne plus voir ces arbres qu'il avait condamnés. « C'est parce que Votre Majesté les a condamnés qu'elle ne les voit plus, » répond le duc.

VOLTAIRE, *Essai sur les mœurs*, I, Des prophètes juifs;
Siècle de Louis XIV, c. 28.

Il voloit les meures *abatre*...
Mès celes qu'il a *abatues*
Sont dedenz le fossé chéues.

Roman du Renart, v. 24671.

L'automne *abbat* moins de feuilles aux plaines,

Moins en refait le plaisant renouveau,
Que tu desfais et fais d'amours soudaines.

           La Boëtie, *Poésies françoises*. Chanson.

J'ôte le superflu, dit l'autre, et l'*abattant*,
Le reste en profite d'autant.

           La Fontaine, *Fables*, XII, 20.

ABATTRE est ainsi employé dans un proverbe très-familier, par lequel on exprime la précipitation, l'étourderie :

Il y va du cul et de la teste, *comme une cornelle qui abbat des noix.*

       A. de Montluc, comte de Cramail, *la Comédie des Proverbes*, II, 2.

Le même emploi d'ABATTRE donne lieu, dans la phrase suivante, à la citation d'un autre proverbe.

Les deux amans entrèrent dans un préau couvert de cerisaye, et bien cloz de hayes de rosiers, et de groiseliers fort haults : là où ils feirent semblant d'aller *abattre* des amendes, à un coing du préau; mais ce fut pour *abattre prunes.*

       La reine de Navarre, *Heptameron*, nouv. XLIV.

ABATTRE *la tête*, abattre *la tête des épaules*, sont des expressions usitées pour La trancher, la couper :

Tu dois sçavoir qu'yssues sont ces bestes
Du grand serpent Hydra, qui eust sept testes :
Contre lequel Hercules combatoit,
Et quand de luy *une teste abbatoit*,
Pour une morte en revenoit sept vives.

           Cl. Marot, *l'Enfer.*

Le plus souvent ces expressions désignent le supplice de la décollation.

Sosius ayant mis en sa puissance Antigone, roy des Juifs, qu'il avoit pris dans Hierusalem, il le fit attacher à un poteau au milieu d'Antioche, puis le fit outrageusement fouetter, et enfin avec un excez d'inhumanité luy fit *abbattre la tête.*

       Coeffeteau, *Histoire romaine*, I.

Il n'*abattit* point *ces testes* orgueilleuses; il se contenta de les avoir humiliées.

       Fléchier, *Panégyrique de saint Louis.*

Un tyran soubçonneux *abat* toutes *les testes*
Qu'il voit par le crédit plus hautes qu'il ne faut.

       Godeau, *Institution du prince chrétien.*

.................Dès demain, *sa tête*,
Abattue à mes pieds, calmera la tempête.

       P. Corneille, *Pertharite*, IV, 3.

ABATTRE se dit encore au propre, en parlant de choses proposées comme but, qu'il s'agit d'atteindre et de faire tomber.

Ils ne leur donnent point à manger (à leurs enfants) qu'auparavant ils n'*aient* touché un but préparé, ou *abattu* quelque marque qui sera sur le sommet des pins les plus élevés.

       Regnard, *Voyage de Laponie.*

Le gouverneur le condamna à être pendu, et ne lui donna sa grâce qu'à condition que le coupable, qui passait pour archer très-adroit, *abattrait* d'un coup de flèche une pomme placée sur la tête de son fils. Le père, tremblant, tira, et fut assez heureux pour *abattre* la pomme.

       Voltaire, *Essai sur les mœurs*, c. 67.

On dit, dans un sens très-voisin du sens propre,

En termes de marine, *abattre un vaisseau*, pour Mettre sur le côté un vaisseau à réparer;

En termes de jeu, *abattre son jeu, ses cartes*, pour Les poser sur la table de manière à les faire connaître.

Par une analogie du même genre, ABATTRE a pu se dire, à d'anciennes époques de la langue, en parlant de pavillons de guerre, de tentes, de tentures d'appartement que l'on enlève, que l'on détache, ou bien encore de tapis étendus à terre.

Ce voyant le souldan, et la malice qui avoit esté conspirée contre sa personne, il s'enfuit en sa haute tour. Car ses gens lui *avoient* jà *abattu* tous ses pavillons.

Il convint *abattre* les apparoiz de la chambre, où se tenoit le roy (sur le vaisseau qui ramenait saint Louis d'Égypte).

       Joinville, *Histoire de saint Louis.*

Par terre ont abatu maint drap d'or, maint tapi.

       Adenès, *Roman de Berte*, p. 120.

Il s'est pris aussi dans le sens d'Abaisser.

Jean de Compays.... veit ledict de Vaudrey qui marchoit à visière levée : parquoy prestement ledict de Compays s'arresta, et de sa main dextre voulut lever la sienne; mais ledict de Vaudrey, de son costé, quand il veit ledict de Compays.... à visière close, il *abatit* la sienne.

       Olivier de La Marche, *Mémoires*, I, 9.

Un paysan de Luceno, en traversant la forêt pour s'en retourner chez lui, aperçut par hasard la trappe de notre souterrain, que tu n'*avois* pas *abattue.*

       Le Sage, *Gil-Blas*, III, 2.

Pigne-toy bel, ton chaperon *abat*,
Soies vestus de robe très jolie.

Eust. Deschamps, Ballade. *Des moyens de parvenir à la cour.*

Il les en voit sortir, mais à coëffe *abattue*.

P. Corneille, *le Menteur*, III, 2.

On a dit *abattre les voiles*, pour Les abaisser :

...Comme ceux de la caraque lui commandèrent de ameiner... il *abat* et amure sa grand voile tout d'un coup.

Agr. d'Aubigné, *Histoire universelle*, I, 9, ann. 1573.

Muet je suis, et n'ose dire
Que nostre infortuné navire
Court par les vagues emporté;
Déjà la voile est *abattue*.

J.-A. de Baïf, *les Mimes*, II, 78.

On s'est servi de la même locution en parlant de voiles détendues, faute de vent.

En même temps les vents se turent, les plus doux zéphyrs mêmes semblèrent retenir leurs haleines; toute la mer devint unie comme une glace; les voiles *abattues* ne pouvoient plus animer le vaisseau.

Fénelon, *Télémaque*, XXIV.

Abattre la bride a été employé au sens de La retirer, l'ôter, *exuere frenos*, comme il est dit dans le texte que traduit le passage suivant :

Cossus, général de la cavallerie, commanda pareillement (qui fut une seconde ruse non encor prattiquée) qu'on *abbatist les brides* aux chevaux, afin qu'ils s'eslançassent avec plus d'ardeur et d'impétuosité.

Coeffeteau, *Histoire romaine de L. Florus*, I, 11.

A bride abattue, ou simplement *bride abattue*, est fort usité, mais dans un sens un peu différent. On le dit d'un cavalier qui, voulant précipiter la course, hâter le pas de sa monture, lâche les rênes.

Et puis sans rien dire s'en retourna *à bride abatue* pareillement devers le roy, et s'arresta tout court devant luy en faisant remuer son cheval.

Le Loyal serviteur, c. 5.

On le perdit tout d'un coup de vue : quelques officiers s'avancèrent *à bride abattue* pour savoir où il pouvait être.

Voltaire, *Histoire de Charles XII*, III.

Un peu après arriva *à bride abattue* un courrier monté sur un dromadaire.

Bernardin de Saint-Pierre, *la Chaumière indienne*.

Deux traîtres de rouliers venoient *bride abattue*,
Frisant également les côtés de la rue.

J.-B. Rousseau, *le Capricieux*, IV, 4.

Cette locution est employée figurément dans les phrases suivantes :

Nature n'est jamais saoule ny contente; tousjours desire, veust monter, et s'enrichir, et ne va point seulement le pas, mais court *à bride abbattue*, et se rue à la grandeur et à la gloire.

Charron, *de la Sagesse*, I, 21.

Nous entendîmes, après dîner, le sermon du Bourdaloue, qui frappe toujours comme un sourd, disant des vérités *à bride abattue*, parlant à tort et à travers contre l'adultère.

Je me suis laissée aller à la tentation de parler de moi *à bride abattue*, sans retenue et sans mesure.

Mme de Sévigné, *Lettres*, 29 mars 1680; 13 novembre 1687.

Il ne faut pas aller *à bride abattue*, mais toute tirade demande à être un peu pressée (par l'acteur); c'est un point essentiel.

Voltaire, *Lettres*, janvier 1750.

En termes de chirurgie, ABATTRE remplace quelquefois Abaisser dans cette locution : *Abaisser le cristallin, abaisser la cataracte.* (Voyez Abaisser.)

L'invention d'*abattre* les tayes des yeux appellées cataractes, fut trouvée par une chèvre qui avoit une taye devant la pupille : se frottant et gallant contre des espines, *abbatit* ladite taye de devant la pupille, et par ce moyen recouvra la veue.

Ambr. Paré, *Introduction à la vraye cognoissance de la chirurgie*, I, 1.

Au mois d'avril 1726, étant à Fresnes, chez M. le chancelier, il *abattit*, en sa présence, les cataractes à une fille âgée de soixante ans.

Mairan, *Éloge de M. Petit*.

On peut se souvenir de ce que nous avons dit au sujet de l'aveugle-né auquel M. Cheselden donna la vue en lui *abattant* la cataracte.

Buffon, *De l'Homme*. Du sens de l'ouïe.

ABATTRE se dit également au propre en parlant des animaux.

Et *abat* les boines gens ausi comme fait li leus les aigniaus.

Li Miroirs dou monde, Ms. 7363, fol. 209 v°, c. 2.

Les François les poursuivirent (les Anglais) à pié et à cheval, moult asprement, et d'une coulevrine *fut abbatue* la hacquenée du dit Tallebot.

ALAIN CHARTIER, *Histoire du roi Charles VII*, ann. 1453.

Quand les chasseurs *ont abbatu* ou un sanglier ou un cerf, et qu'ils le veulent envoyer loing de la ville, ils y fichent dedans un clou de cuyvre, comme s'il avoit force et vertu d'empescher la putréfaction.

AMYOT, trad. de Plutarque, *les Propos de table*, liv. III, quest. 9.

Et (ils ont) partagé la peau avant que l'ours *fust abbatu*.

Agr. D'AUBIGNÉ, *Histoire universelle*, appendice.

Il étend la peau du lion de Némée, qui avoit si long-temps couvert ses épaules lorsqu'il alloit, d'un bout de la terre à l'autre, *abattre* les monstres et délivrer les malheureux.

FÉNELON, *Télémaque*, XV.

> Un cerf aveient reténu,
> Pris l'*aveient* et *abatu*.
> WACE, *Roman de Rou*, v. 5722.

Le bon destrier *abatent* sous Garin.
Mort de Garin, p. 240.

> Mainte lance y *fu* le jour de l'ui brisée;
> Maint cheval *abatu* encontre la terrée.
> CUVELIER, *Chronique de Bertrand Du Guesclin*, v. 418.

> J'aime mieux en soucis et pensers élevés
> Estre un aigle *abattu* d'un grand coup de tonnerre,
> Qu'un cygne vieillissant ès jardins cultivés.
> J. BERTAUT, *Stances*.

> Fuir devant un sanglier, ayant de quoi l'*abattre*,
> Le trait, Moron, n'est pas généreux.......
> MOLIÈRE, *la Princesse d'Élide*, I, 2.

ABATTRE est employé de même dans les vers suivants, bien qu'ils présentent un sens métaphorique :

> Me pourmenant dedans le parc des Muses,
> Prince, sans qui elles seroient confuses,
> Je rencontrai sur un pré *abattu*
> Ton Papillon, sans force ne vertu.
> CL. MAROT, *Épître au roi pour Papillon*.

On a pu voir, par quelques-uns des exemples qui viennent d'être cités, qu'ABATTRE se dit au propre des animaux, soit simplement jetés à terre, soit même mis à mort.

Au premier cas se rapporte une locution ainsi expliquée par l'Encyclopédie :

Abattre un cheval, c'est le faire tomber sur le côté par le moyen de certains cordages appelés entraves et lacs. On l'*abat* ordinairement pour lui faire quelque opération de chirurgie, ou même pour le *ferrer*, lorsqu'il est trop difficile.

Au second cas ces autres locutions :

Ce boucher *abat* bien des bœufs. Ce chasseur *abat* bien du gibier.

Dictionnaire de l'Académie.

Par une acception particulière, on a dit figurément, en termes de chasse, *abattre les chiens*, pour Les découpler, les lâcher. Cela signifiait au propre Retirer, *abattre* le couple qui les attache.

> Et puis *abattre les chiens courrans*.
> GACE DE LA BIGNE, ms., f° 109, r° (cité par Sainte-Palaye).

ABATTRE, au sens propre, se dit aussi des personnes, soit simplement renversées, terrassées, soit, par une extension déjà remarquée, frappées de mort.

Si com Diex vout (voulut), desconfirent les Grieus, et les commencièrent à *abattre* et à ocirre.

VILLEHARDOUIN, *Conqueste de Constantinoble*, CXXXVII.

Nul ne les osoit approcher ; et en *abbatirent* ce soir, si comme on dit, plus de soixante.

FROISSART, *Chroniques*, l. I, part. 1re, c. 31.

Les livres de la Table Ronde nous apprennent que ce n'est point honneur à un chevalier d'en *abbattre* un qui ne vault rien.

LA REINE DE NAVARRE, *Heptameron*, nouv. XLIX.

Puys le grand gualot courut après, tant qu'il attrapa les derniers et les *abattoyt* comme seille (seigle), frappant à torts et à travers.

(Pantagruel) frappoit parmy ces géans armez de pierres de taille, et les *abbatoyt* comme ung masson faict des couppeaulx, que nul n'arrestoit devant luy qu'il ne ruast par terre.

RABELAIS, *Gargantua*, I, 43; *Pantagruel*, II, 29.

Tacitus peint plaisamment des gens de guerre de nos anciens Gaulois, ainsi armez (pesamment) pour se maintenir seulement, n'ayans aucun moyen ny d'offenser, ny d'estre offensés, ny de se relever *abattus*.

MONTAIGNE, *Essais*, II, 9.

Les Diguiere chargea les Suisses, qui firent bien leur

devoir, *abattìrent* sous son cheval le chef des attaquans, qui estoit perdu sans le secours de Montbrun.

Agr. D'AUBIGNÉ, *Histoire universelle*, II, 9, ann. 1574.

Capanée *est* donc *abbattu* à la veue de Thèbes et de l'armée, par un coup qui fait trembler les assiégez et les assiégeans.

BALZAC, *Socrate chrétien*, disc. X.

Et tex kuid altre *abatre* ki tresbuche primier.

Mult véissiez vassals cumbatre,
Serjanz e chevaliers *abatre*;
Li Reis méismes *fu* féruz,
E de sun cheval *abatuz.*

WACE, *Roman de Rou*, v. 4324, 9132.

Coiffe ne heaume ne poet ses cous tenir:
Tant en *abat* et détrenche et ocit,
Sanglente en est et l'erbe et li larris (la prairie).

Garin le Loherain, t. I, p. 32.

Il *l'abat* loing enmi le pré.

Partonopeus, v. 8317.

Mors, tu *abas* à un seul jour
Aussi le roi dedens sa tour
Con le pouvre desous son toit.

Vers sur la mort, st. XXI.

Les mains li ont loïes (liées) par leur desloiauté,
Dessus un lit *l'abatent*, un drap ont sus geté.

ADENÈS, *Roman de Berte*, p. 27.

Quel étoit ton dessein, et que prétendois-tu,
Après m'*avoir* au temple à tes pieds *abattu?*

P. CORNEILLE, *Cinna*, V, 1.

Chacun se disputoit la gloire de *l'abattre.*

RACINE, *Andromaque*, V, 3.

Dans les exemples suivans, dont les premiers se rapportent à une date très-ancienne, le sens d'ABATTRE, soit en parlant des animaux, soit en parlant des hommes, est énergiquement complété par le mot *mort.*

Brandist son colp, si *l'ad mort abatut.*

Pleine sa hanste del cheval *l'abat mort.*

Pleine sa hanste *l'abat mort* des arçuns.
(De la longueur entière de sa lance, il, etc.)

Chanson de Roland, st. CXLIV, XCI, XCII, CXVII.
Cf. édit. 1851, III, 520; II, 544, 569; III, 140.

As fers des lances l'ont cosu,
A terre *l'unt mort abattu.*

WACE, *Roman de Rou*, v. 13672.

Hauce le poing, si le ferit el col,
Devant ses piés à terre l'*abat mort.*

Garin le Loherain, t. II, p. 237.

........Tant paëen mort gisant,
Tant Turc et tant François *abatu mort* sanglant.

Chanson d'Antioche, ch. II, v. 682.

Fière Atropos le vint *tout mort abbatre.*

J. BOUCHET, *Épîtres*, LXXVII, sur le trépas de maître Nicolas Petit.

Et là je fus longuement combattu,
Et mon cheval *mort* soubz moi *abatu.*

FRANÇOIS I er, *Épître à M me d'Heilli*, sur la bataille de Pavie.

On peut rapprocher des passages qui précèdent les suivants, d'une forme analogue :

Li rois fu fort et bien à cheval; si le feri si rudement, que du grand cop li creva le cuer et l'*abati tout plat.*

Chronique d'outre-mer. Voy. le *Romancero françois*, p. 140.

Et lui mit le glaive delez le cœur, et lui fit passer le fer de l'autre costé, et l'*abattit* jus (à bas) de son cheval, *navré à mort.*

FROISSART, *Chroniques*, liv. I, part. 1 re, c. 99.

A terre *estendu l'abati.*

WACE, *Roman de Rou*, v. 13171.

El cor li met la lance au fer bruni :
En plaine terre l'*a abatu soumis.*

Garins le fiert quant le vit aprochier :
Grant cop li donne amont desor le chief,
Tout estendu l'abatit à ses piés.

Garin le Loherain, t. I, p. 108, 131.

ABATTRE est d'un fréquent usage au figuré,
1° En parlant des choses ; -
De même qu'on dit au propre *abattre la poussière :*

Il arrosoit la terre échauffée avec un arrosoir de bois, pour *abattre* la poussière,

DANET, *Dict. fr.-latin* (phrase traduite de *Phèdre*, II, 5),

de même on dit au figuré *abattre le vent*, pour L'apaiser :

Abats les vents, calme les flots.

P. CORNEILLE, *l'Imitation*, III, 23.

De cette locution s'est formé le proverbe rappelé dans les exemples suivants :

Ha, messieurs, Dieu modère tout à son plaisir... *peu de pluye abbat grand vent.*

RABELAIS, *Pantagruel*, II, 11. Cf. I. 5; V, 44.

Les vents ne sont autre chose qu'une compression d'air engendrée par la descente des eaux, d'autant qu'après que les eaux sont tombées en bas, les vents sont soudain pacifiez : et de là est venu le proverbe que l'on dit, *Petite pluye abat grand vent.*

BERNARD PALISSY, *Des eaux et fontaines*, 48.

Cette petite pluie abattit le grand vent qui s'étoit élevé : l'on ne.... parla plus de la question.

CARDINAL DE RETZ, *Mémoires*, liv. II, année 1649.

On dit aussi *abattre la rosée*, dans le sens de La dissiper :

... Ce qu'il peut cognoistre quand il voit que la terre est remuée et frayée, que *la rozée est abatue*, et que l'herbe est encores foulée dedans les voyes.

CHARLES IX, *la Chasse royale*, c. 27.

Se gardera (le berger), ainsi que d'un dangereux escueil, de faire paistre à ses bestes avec l'herbe *la rozée* du matin; ains attendra avec patience que le soleil *l'aie abattue*.

OLIVIER DE SERRES, *Théâtre d'agriculture*, IV, 13.

Ou bien encore, par allusion, dans le sens de En combattre la fâcheuse influence :

(Il) desjeunoyt pour *abattre la rouzée* et maulvais aer.

RABELAIS, *Gargantua*, I, 21.

ABATTRE se prend de même figurément dans des phrases où sont exprimés la faiblesse, la langueur, l'accablement du corps.

La faim et la soif *abattent* le corps.

R. ESTIENNE, *Dict. fr.-latin* (1539).

L'âme est lors aggravée de profondes pensées, et le corps *abattu* et languissant d'amour.

MONTAIGNE, *Essais*, I, 2.

Je ne rappelle pas ici ces nuits que la nature a, ce semble, destinées au soulagement du corps, employées à *l'abattre* par les veilles et les prières.

MASSILLON, *Panégyrique de saint Benoît.*

Ses beaux yeux bleus se marbraient de noir, son teint jaunissait, une langueur universelle *abattait* son corps.

BERNARDIN DE SAINT-PIERRE, *Paul et Virginie.*

Dans les exemples suivants, *abattre* est dit par figure de choses prises elles-mêmes figurément.

Vous voyez comme en un moment d'heur nous *avons abattu* et mis soubs nos pieds la maison d'Alexandre le Grand, qui a esté le plus puissant et le plus redoubté prince du monde.

AMYOT, trad. de Plutarque, *vie de Paulus Æmilius.*

Déracinez l'avarice, déracinez l'ambition, déracinez l'amour du bien sensible et tout amour de la créature; c'est autant d'idoles que vous *abattez* dans votre cœur.

BOSSUET, *Méditations sur l'Évangile*, XXIXe jour.

Les temples profanes *sont* détruits, les chaires de séduction *abattues.*

MASSILLON, *Oraison funèbre de Louis le Grand.*

Il *a* de votre sceptre *abattu* le soutien.

P. CORNEILLE, *le Cid*, II, 9.

N'*avons-nous* pas cent fois, en faveur de la France,
Comme lui, dans nos vers, pris Memphis et Byzance;
Sur les bords de l'Euphrate *abattu* le turban,
Et coupé, pour rimer, les cèdres du Liban?

BOILEAU, *Épîtres*, I.

Abattre du bois, pris dans le sens propre, ou dans un sens voisin du sens propre, au jeu de trictrac et au jeu de quilles, en parlant des pièces de bois ou d'autres matières qui servent à ces jeux, se prend au figuré pour dire Expédier rapidement beaucoup d'affaires. Cela a conduit à dire plus figurément encore *abattre de la besogne.*

2° En parlant des personnes, pour exprimer

Soit la fatigue, l'affaiblissement, la décadence du corps et de l'esprit, quelquefois même la mort :

Ces gens-d'armes... ne sont pas de fer ne d'acier; ils ont huy tout le jour travaillé, et toute la nuict estampi (demeuré debout) en ces marests; et ne peut estre que, sur le jour, sommeil ne les preigne et *abatte.*

FROISSART, *Chroniques*, liv. II, c. 184.

Le poids de mes maux m'*abbat* de telle sorte, que je pense estre insupportable à tout le monde, comme je le suis à moy-mesme.

BALZAC, *Dissertations critiques*, XXIII.

L'homme est né pour penser; aussi n'est-il pas un moment sans le faire : mais les pensées pures, qui le rendroient heureux s'il pouvoit toujours les soutenir, le fatiguent et l'*abattent.*

PASCAL, *Discours sur les passions de l'amour* (voyez *Des Pensées de Pascal*, p. 395.)

Abattue par ses maux et non par ses chagrins, elle n'avoit que le désir d'accomplir la volonté du Seigneur.

FLÉCHIER, *Oraison funèbre de Mme de Montausier.*

Il vouloit causer avec vous, le pauvre garçon; mais il est si *abattu* aujourd'hui, qu'il ne peut parler.

Mme DE SÉVIGNÉ, *Lettres*, 22 septembre 1680.

Laërte même, quoique le poids des années l'*ait abattu*, jouit encore de la lumière.

Sa vieillesse paroissoit flétrie et *abattue* auprès de celle de Mentor.

FÉNELON, *Télémaque*, XI, XIX.

Il voulut essayer combien de temps il pourrait supporter la faim, sans en *être abattu*.

VOLTAIRE, *Hist. de Charles XII*, VIII.

Si je me portais mieux, si j'avais plus de force, je vous rendrais plus vivement le plaisir qu'elle m'a fait (la lecture de Shakspeare); mais je suis *abattue* par les insomnies.

Mme DU DEFFAND, *Lettres*, 15 décembre 1768 (à H. Walpole).

La mort qui adès (sans cesse) nos deffie,
Et qui *abat* et foible et fort....
Tout prent et à tort et à droit.
Nouv. rec. de fabl. et contes anc., Méon, t. II, p. 294.

Ah! vieillesse félone et fière,
Pourquoy m'*as* si tost *abatue?*
VILLON, *Les regrets de la belle Heaulmyere.*

On n'a point pour là mort de dispense de Rome;
.... Sans leur dire gare, elle *abat* les humains.
MOLIÈRE, *l'Étourdi*, II, 4.

Soit un profond découragement :

Lorsque les grands hommes se laissent *abattre* par la longueur de leurs infortunes, ils font voir qu'ils ne les soutenoient que par la force de leur ambition, non par celle de leur âme.

LA ROCHEFOUCAULD, *Maximes*, 24.

Le roi, la reine, Monsieur, toute la cour, tout est *abattu*, tout est désespéré.

BOSSUET, *Oraison funèbre de la duchesse d'Orléans.*

Combien de fois humiliée, mais non pas *abattue*, lui dit-elle avec une humble confiance, comme cet homme de l'Évangile : « Si vous voulez me guérir, Seigneur, vous le pouvez! »

FLÉCHIER, *Oraison funèbre de Mme la Dauphine.*

L'invincible Ulysse, que la fortune ne peut *abattre*.
FÉNELON, *Télémaque*, II.

Jamais un malheur, quel qu'il soit, ne me trouble ni ne m'*abat*, pourvu que je sache en quoi il consiste; mais mon penchant naturel est d'avoir peur des ténèbres.

J.-J. ROUSSEAU, *Confessions*, part. II, liv. XI.

Lâches, où fuyez-vous? Quelle peur vous *abat?*
BOILEAU, *le Lutrin*, IV.

Vous que doivent troubler mille accidents sinistres,
Que le malheur *abat*, que le bonheur corrompt.
FONTAINE, *Fables*, XII, 27.

Soit la persécution, le châtiment, la ruine :

Quant li hom a envie d'autrui, et il ne le puet sourmonter ne *abatre*, si en est dolans et iriés.

Li Mireoirs dou monde, ms. 7363, fol. 230 r°, c. 1.

L'opinion commune de ce temps-là estoit que le pape Paul troisième, espérant d'*abattre* d'un mesme coup André Doria, qu'il haïssoit pour quelques intérêts particuliers.....

CARDINAL DE RETZ, *Conjuration de Fiesque.*

Par les victoires du consul Flaminius, Philippe, roi de Macédoine, allié des Carthaginois, *fut abattu*.

SSUET, *Discours sur l'Histoire universelle*, I, 9.

Ainsi la fortune, en voulant *l'abattre*, l'avoit elevé à la véritable gloire, qui est celle de la sagesse.

FÉNELON, *les Aventures d'Aristonoüs.*

Envie *abat* et desmonte
Maint halt home et fait trebucier.
Li Livres de philosophie et de moralité, fol. 196 r°, c. 3.

Ne m'as-tu pas promis de marcher devant moi,
Et d'*abattre* à mes pieds ces tyrans de la terre
Qui pensent me faire la loi?
P. CORNEILLE, *l'Imitation*, III, 23.

Le peuple ne craint plus le tyran qui l'opprime,
Le foible *est* soulagé, l'orgueilleux *abattu*.
J.-B. ROUSSEAU, *Odes*, IV, 5.

Soit un état de déférence, d'humiliation, d'abrutissement :

La réputation d'être riche, savant, vertueux, produit dans l'imagination de ceux qui nous environnent, ou qui nous touchent de plus près, des dispositions très-commodes pour nous. Elle les *abat* à nos pieds; elle les agite en notre faveur.

MALEBRANCHE, *Recherche de la vérité*, VI, 4, § 1.

Les rois qui ne songent qu'à se faire craindre, et qu'à

abattre leurs sujets pour les rendre plus soumis, sont les fléaux du genre humain.

FÉNELON, *Télémaque*, II.

A des peuples ignorants, timides, *abattus*, il ne faut pas beaucoup de lois.

MONTESQUIEU, *Esprit des Lois*, V, 14.

Ou simplement, dans un usage ancien ou vieilli, l'action de céder, de se laisser vaincre :

Abbatre quelqu'ung de parolles et gaigner.

R. ESTIENNE, *Dict. lat.-fr.*, 1539.

Comment ! estes-vous gens pour vous laisser *abattre* de parolles ?

H. ESTIENNE, *Apologie pour Hérodote*, II, 31.

J'eus beau combattre ses sentiments, le prier même de s'y livrer avec plus de réserve; tout fut inutile. Si mes raisons paroissoient quelquefois l'*abattre*, il ne se relevoit bientôt qu'avec plus d'avantage.

MARIVAUX, *le Paysan parvenu*, part. VII.

De cet ordre d'acceptions se rapproche l'emploi fait d'ABATTRE au figuré, pour exprimer la défaite, l'abaissement, la destruction des peuples, des États, des partis , des sectes, etc., etc.

Les frères des Saz il les pourveut et leur donna place sur Seinne par devers Saint-Germain-des-Prez, où il se herbergèrent; maiz il n'i demourèrent guères, car il *furent abatus* assez tost.

JOINVILLE, *Histoire de saint Louis*.

Je ne prétends point justifier ici l'imprudence de la république, qui a permis l'élévation de cette maison (de Doria), qu'elle ne sçauroit plus souffrir sans honte, ni *abattre* sans danger.

CARDINAL DE RETZ, *Conjuration de Fiesque*.

Pendant qu'ils (Claude II et Aurélien) *abattoient* les Goths avec les Germains par des victoires signalées, Zénobie conservoit à ses enfants les conquêtes de leur père.

Tout tombe, tout *est abattu* par la justice divine, dont Nabuchodonosor est le ministre : il tombera à son tour; et Dieu, qui emploie la main de ce prince pour... *abattre* ses ennemis, le réserve à sa propre main toute-puissante.

BOSSUET, *Discours sur l'Histoire universelle*, I, 10; II, 4.

Il (Théodose) résolut d'*abattre* les ariens, que ses prédécesseurs avoient élevés.

FLÉCHIER, *Vie de Théodose*, II, 7.

I.

Quand je fus tné à Saint-Cloud, j'*avois* déjà *abattu* la Ligue.

FÉNELON, *Dialogues des Morts*; LXVIII, Henri III et Henri IV.

La république devant nécessairement périr, il n'étoit plus question que de savoir comment et par qui elle devoit *être abattue*.

MONTESQUIEU, *Grandeur des Romains*, c. 11.

Il y a beaucoup d'exemples d'États alliés conquis par une seule puissance; il y en a bien peu d'un grand empire conquis par plusieurs alliés : si leurs forces réunies l'*abattent*, leurs divisions le relèvent bientôt.

VOLTAIRE, *Histoire de Charles XII*, VIII.

Le roy, por les Flamens *abatre*,
Fist mander la chevalerie.

GODEFROY DE PARIS, *Chron. métrique*, v. 2289

3° En parlant des personnes encore, mais désignées d'une manière abstraite,

Par leur situation, comme dans cet exemple du Dictionnaire français-latin de R. Estienne, 1539 :

Cela *abbat* l'yvrongnerie d'une personne et le des-enyvre.

Par leurs qualités physiques ou morales :

Les cardinaux, qui estoient au danger des Romains, et qui ces paroles entendirent, n'estoient mie bien aises n'assurez de leurs vies; et les apaisoient et *abattoient* leur ire ce qu'ils pouvoient.

FROISSART, *Chroniques*, l. II, c. 20.

Je suis bien de contraire opinion, et pense qu'il n'est rien qui *abbate* plus le cueur d'un homme, que de hanter ou trop aimer les femmes.

LA REINE DE NAVARRE, *Heptameron*, nouv. LXX.

Ce sont les pieds du paon qui *abattent* son orgueil.

MONTAIGNE, *Essais*, III, 5.

Il fit des esclairs si effroyables, qu'ils esblouïssoient les yeux et *abattoient* le courage des soldats.

VAUGELAS, trad. de *Quinte-Curce*, VIII, 4.

Sage pour ménager dans des conjonctures difficiles ces esprits vains et remuants qu'il est également dangereux d'*abattre* ou d'élever.

FLÉCHIER, *Oraison funèbre de M. Le Tellier*.

Une bigoterie universelle *abattit* les courages et engourdit tout l'empire.

MONTESQUIEU, *Grandeur des Romains*, c. 22.

Les souffrances du corps *abattent* l'âme, surtout lorsque l'épuisement ne me permet plus la consolation du travail.

VOLTAIRE, *Lettres*, 21 mars 1754.

Il ne faut quelquefois qu'une petite plaisanterie pour *abattre* une grande présomption.

Vauvenargues, Réflexions, 433.

Mais toutefois si bien nous combatismes,
Que leur grand gloire alors nous *abatismes*.

François 1er, Épître à Mlle d'Heilli, sur la bataille de Pavie.

Pour moi, dont la foiblesse à l'orage succombe,
Quand mon heur *abattu* pourroit se redresser,
J'ay mis avecque toy mes desseins en la tombe :
Je les y veux laisser.

Malherbe, Poésies, VI, Vers sur la mort de Henri le Grand.

Un stupide repos n'*abbat* point leurs esprits.

Godeau, la grande Chartreuse.

Assez et trop longtemps l'arrogance de Rome
A cru qu'être Romain c'étoit être plus qu'homme :
Abattons sa superbe avec sa liberté.

Et j'*abattrai* d'un coup sa tête et ton orgueil.

P. Corneille, Pompée, I, 1 ; Héraclius, III, 3.

Du vieux père d'Hector la valeur *abattue*.

Réparez promptement votre force *abattue*,
Tandis que de vos jours prêts à se consumer
Le flambeau dure encore et peut se ranimer.

Ses malheurs n'*avoient* point *abattu* sa fierté.

Racine, Andromaque, IV, 5 ; Phèdre, I, 3 ;
Athalie, II, 5.

4° En parlant d'abstractions de toutes sortes, dans des sens analogues à ceux qui ont été précédemment expliqués ;

Quelquefois d'abstractions de nature générale et vague :

Car Vieillesse, la mère de Courrous,
Qui tout *abat* et amaine au dessoubz,
Vous donnera dedans brief une atainte.

Charles d'Orléans, Songe en complainte.

Très-souvent d'abstractions plus déterminées, qui se rapportent

Au corps :

Le jeûne et le travail matent et *abattent* la chair.

S. François de Sales, Introduction à la vie dévote,
part. III, c. 23.

La Faiblesse au teint pâle, aux regards *abattus*,
Tyran qui cède au crime et détruit les vertus.

Voltaire, la Henriade, III.

À l'âme :

Qui veut vivre hautement comme rois, primes li convient les péchiés destruire, les vices du cuer *abatre*.

Li Mireoirs dou monde, ms. 7363, fol. 196 v°, c. 1.

Le premier moyen d'*abbatre* la cholere... c'est de ne luy obéir, ny la croire point.

Amyot, trad. de Plutarque, De la mansuétude, comment il
fault refrener la cholere.

Il voit une puissance supérieure qui renverse d'en haut tous ses desseins, et toute la prudence humaine *abbattue* par la force de la destinée.

Balzac, le Prince, c. 3.

Il est des passions que l'on a beau combattre,
On ne sauroit jamais tout à fait les *abattre*.

Regnard, Démocrite, I, 4.

À des choses de l'ordre physique :

Les livres sur Évrard fondent comme la grêle
Qui, dans un grand jardin, à coups impétueux,
Abat l'honneur naissant des rameaux fructueux.

Boileau, le Lutrin, V.

À des choses de l'ordre moral :

Pur ço me jure, par Nostre Seignur, que, après mei, mes enfanz de la terre n'esraceras, ne ma mémorie n'*abateras*.

E par tutes les citez *abatid* les mahumeries (idolâtries).

Les quatre Livres des Rois, I, xxiv, 22 ; III, xv, 11, 12.

En l'ostel de Joinville, ... est ce mauvez language presque tout *abatu*.

Travaille que touz vilains péchiez soient ostés de la terre ; espécialement vileins seremens et hérésie fai *abatre* à ton pooir.

Joinville, Histoire de saint Louis.

Il ne cessa mie ..... de faire grans promesses pour détenir leur amitié et *abattre* l'opinion du roi de France, qui moult fort se penoit de les attraire à son amour.

Froissart, Chroniques, liv. I, part. 1, c. 310 :

L'accusation est *abbatue* et estincte.

R. Estienne, Dict. fr.-lat. ; Nicot, Thrésor.

Vous faites bien tout ce que vous pouvez pour *abbatre* le crédit et autorité de nostre poure courtisan françois.

H. Estienne, Dialogue II du Nouveau langage françois italianizé.

Plusieurs ont jugé n'y avoir moyen plus propre pour

esbranler et enfin *abbatre* une nouvelle religion, que d'en permettre l'exercice libre.

MATTHIEU, *Hist. des dern. troubles de France*, I.

Le même peuple dont vous vous serez servi pour *abattre* l'autorité des magistrats, ne reconnoîtra plus la vôtre dès que vous serez obligé de demander ce que les magistrats en exigent.

CARDINAL DE RETZ, *Mémoires*, liv. II, année 1649.

Me souvenant au nom de qui je parle, j'aime mieux *abattre* aux pieds de J.-C. les grandeurs du monde, que de les admirer plus longtemps en votre personne.

Eugène fut pris : il fallut le sacrifier à la vengeance publique, et *abattre* la rébellion par sa mort.

BOSSUET, *Sermons*. Sur l'honneur du monde; *Discours sur l'Histoire universelle*, I, II.

Il (le cardinal de Richelieu) *abattit* peu à peu cette puissance et cette autorité des grands, qui balançoit et qui obscurcissoit celle du roi.

SAINT-SIMON, *Mémoires*, 1715, t. XII, c. 19.

La puissance civile, qu'on avoit sans cesse *abattue*, se trouva hors d'état de contre-balancer la militaire.

MONTESQUIEU, *Grandeur des Romains*, c. 15.

Mahom, chou (ce) dist li sains hermites,...
Tu, desloiaus et plains de rage,
Abateras saint mariaige.

Roman de Mahomet, v. 51-57.

Hantise *abat* la révérence.

J. A. DE BAÏF, *les Mimes*, I.

Oui, seigneur, dans son mal Rome est trop obstinée;
Son peuple, qui s'y plaît, en fuit la guérison ;
Sa coutume l'emporte, et non pas sa raison;
Et cette vieille erreur que Cinna veut *abattre*
Est une heureuse erreur dont il est idolâtre.

P. CORNEILLE, *Cinna*, II, I.

Les tyrans ont toujours quelque ombre de vertu ;
Ils soutiennent les lois avant de les *abattre*.

VOLTAIRE, *Rome sauvée*, I, 5.

ABATTRE a été employé de cette manière avec hardiesse, en parlant des raisons d'un adversaire qu'on veut réduire :

Et sans débatre
Pour les raisons toutes *abatre*.....

ALAIN CHARTIER, *le Livre des quatre Dames*.

Prouvant le tout par escriptes raisons,
Par ditz moraux et par comparaisons,

Qu'on ne sçauroit aucunement desbattre,
Ne, desbattant, par le contraire *abattre*.

J. BOUCHET, *Épîtres*, 119.

On l'a dit très-hardiment aussi des idées, des ouvrages, pour exprimer l'abaissement des unes, le mauvais succès, l'oubli des autres.

Ils (les mauvais écrivains) sont assez hardis et desdaigneux pour ne suivre pas la route commune; mais faute d'invention et de discrétion les perd. Il ne s'y void qu'une misérable affectation d'estrangeté, des déguisements froids et absurdes, qui, au lieu d'eslever, *abattent* la matière (le sujet, la pensée).

MONTAIGNE, *Essais*, III, 5.

Ce livre mien d'épigrammes te donne.....
Présent te fais meilleur que la personne
De l'ouvrier mesme, et fust-il mieux chantant;
Car mort ne va les œuvres *abbatant*,
Et mortel est celluy-là qui les dicte.

Cl. MAROT, *Épigr.*, I, 7.

Favorisez cet œuvre, empêchez qu'on ne die
Que mes vers sous le poids languiront *abattus*.

LA FONTAINE, *le Quinquina*, L

ABATTRE se disait autrefois en termes de législation dans le sens de Rabattre, diminuer :

Abattre les frais :

En toutes cozes qui sont coutées por héritage, li *couts* (les frais) doivent estre *abatu* (*rabatu*?), quand il vienent à pris.

BEAUMANOIR, *Coutumes du Beauvoisis*, c. XXVII, § 18, éd. de M. Beugnot; Cf. Laurière, *Glossaire du droit françois*.

Abattre, comme aussi *rabattre* et *rabaisser, d'un prix :*

On doit *abatre du pris* de soixante sous, selonc ce qu'ele (la terre) vaut mains.

On doit *rabatre du pris* selonc ce que eles (les terres) valent mains.

On doit *rabaissier du pris.*

BEAUMANOIR, *Coutumes du Beauvoisis*, c. XXVII, § 11, 12, 14, 15.

Pour combien vous le me donrois ?
—Par foi, dist-il, jà le saurois.
Mais n'alés jà plus bargignant ,

12.

Que n'en *abateriés* noient (rien).
Roman du Renart, Supplément, p. 266.

Dans le sens de Supprimer, abolir :

Nous aveons aucunes coustumes à Orliens qui n'estoient pas porfitables à la ville, et nous agardasmes au profit des borjois et à la sauveté de nostre ame, et les *abatismes.*
Recueil des ordonnances, t. I, p. 15 (ann. 1168).

Et toutes les mauveses coustumes dont le peuple pooit estre grevé, il *abatit.*
JOINVILLE, *Histoire de saint Louis.*

Por les malveses coustumes *abatre* et les bones amener avant.
BEAUMANOIR, *Coutumes du Beauvoisis,* c. XLVII, § 1.

La première constitutions est *abatue* par la derrenière. Li premiers rescris générans est *abatus* par le derrenier espécial.
Le Conseil de Pierre de Fontaines, p. 479, 485.

Li reis sot ce (sut cela), et *abast* cest establissement.
Li Livres de Justice et de Plet, I, 3.

Se vos une male costume...
En vostre terre n'*abatez,*
Et du tout en tout ne l'ostez.
Nouveau recueil de fabl. et cont. anc., Méon., t. II, p. 357.

Il se disait également des monnaies qui cessaient d'avoir cours, et même de celles dont un acte de l'autorité rapprochait la valeur nominale de la valeur réelle.

Et comme nostre dit pueple requiert à présent..... que nos dites monoies *soient* dès maintenant *abatues* et menées à leur droit cours.
Toutes autres monnoyes .... *soient abbatues.*
Recueil des ordonnances, t. II, p. 192 (ann. 1343); t. III, p. 90 (ann. 1356).

A l'occasion de cette expression du moyen âge, *moneta abatuda,* c'est-à-dire *pretio deminuta,* du Cange cite d'une chronique française alors manuscrite, dans le Cartulaire de Saint-Magloire à Paris, les vers suivants :

L'an mil deus cens soissante-trois,
Furent *abbatus* li Mansois,
Li Escuciau, li Angevin ;
Aussi furent li Poitevin.
Voir *Branche des royaux lignages,* t. I, p. 10.

ABATTRE s'emploie comme verbe pronominal dans

des acceptions qui correspondent à celles dont il a été question jusqu'ici, soit au propre, soit au figuré.
—
Au propre, s'ABATTRE se dit de ce qui s'éboule, s'écroule :

Ne nous estant pas facile de nous retrancher dans le suble des dunes, aisé à s'ébouler et à *s'abbattre.*
SARASIN, *Histoire du siége de Dunkerque.*

Le comble *s'est abattu* sur les murailles, et les murailles sur les fondements.
BOSSUET, *Sermon pour la profession de madame de La Vallière.*

Il se dit d'un cheval qui tombe tout à coup, parce que les pieds lui manquent :

Prenons le cas qu'il se fust noyé dans une rivière, qu'un cheval *se fust abbata* sous luy et luy eust rompu le col; que la cheute d'une maison l'eust accablé, ou que par quelque autre accident vous en eussiez esté privée.
MALHERBE, *Lettres,* I, 3.

Un portier qui n'avoit jamais mené prit témérairement de jeunes chevaux; il monte sur le siége, il va choquant, rompant, brisant, courant partout. Un cheval *s'abat,* le timon va enfiler un carrosse, dont trois hommes sortent l'épée à la main; le peuple s'assemble.....
Mme DE SÉVIGNÉ, *Lettres,* 13 août 1688.

L'excellence des chevaux barbes consiste à ne *s'abattre* jamais.
BUFFON, *Quadrupèdes,* le Cheval.

S'ABATTRE se dit encore d'un animal jeté à terre, et tué par un coup violent :

De la force du coup pourtant il *s'abattit.*
LA FONTAINE, *Fables,* VIII, 27.

D'un oiseau carnassier qui fond sur sa proie :

Sur l'animal bélant à ces mots il *s'abat.*
LA FONTAINE, *Fables,* II, 16.

De tout autre oiseau qui descend avec rapidité vers quelque objet :

Le pigeon profita du conflit des voleurs,
S'envola, *s'abattit* auprès d'une masure.
LA FONTAINE, *Fables,* IX, 2.

Ainsi, d'un vol agile essayant la souplesse,
Cent fois l'oiseau volage interrompt son essor

S'élève, redescend, et se relève encor,
S'abat sur une fleur, se pose sur un chêne.
DELILLE, l'Imagination, V.

De tout ce qui s'abaisse et se porte en bas.

Elle étoit encore à leurs genoux lorsque le char *s'abattit.*
LA FONTAINE, Psyché, II.

Le dé, non sans fracas, part, rentre, part encore;
Il court, roule , s'abat.
DELILLE, l'Homme des champs, I.

Au figuré S'ABATTRE se dit, comme *abattre*, en parlant des choses :

Le vent s'*abat*, s'est *abattu*, ou bien encore est *abattu.*
Dictionnaire de l'Académie.

Ils jetoient leurs habits par terre sur son passage; ils coupoient à l'envi des rameaux verts pour en couvrir les chemins; et tout, jusqu'aux arbres, sembloit vouloir s'incliner et *s'abattre* devant lui.
BOSSUET, Méditations sur l'Évangile. Dernière semaine, 1er jour.

En parlant des personnes :

Ils veulent se mettre hors d'eulx et eschapper à l'homme; c'est folie : au lieu de se transformer en anges, ils se transforment en bestes; au lieu de se haulser, ils *s'abbattent.*
MONTAIGNE, Essais, III, 13.

C'est de ces lumières imparfaites qu'il arrive que les uns, connoissant l'impuissance et non le devoir, ils *s'abattent* dans la lâcheté; les autres, connoissant le devoir sans connoître leur impuissance, ils s'élèvent dans leur orgueil.

Qu'ont pu faire les hommes, sinon, ou s'élever dans le sentiment intérieur qui leur reste de leur grandeur passée, ou *s'abattre* dans la vue de leur foiblesse présente ?
PASCAL, Pensées, part. I, art. XI, § 3; part. II, art. V, § 5.

On s'amollit dans le plaisir, on *s'abat* dans la douleur.
SAINT-ÉVREMOND, OEuvres mêlées, Réflexions sur la vérité de nos défauts.

Nous avons vu quelquefois des pécheurs.... *s'abattre*, se détruire, se désoler.... et ne plus regarder la vie que comme le plus affreux de leurs tourments.
MASSILLON, Carême. Pour le mercredi de la Passion.

En parlant de personnes encore, mais désignées par leurs qualités morales :

Les hommes se laissent éblouir par une fausse idée de grandeur qui les flatte et qui les agite. Dès que leur ima-

gination en est frappée, elle *s'abbat* devant ce fantôme.
MALEBRANCHE, Recherche de la vérité, IV, 7.

Comme il y a des esprits insensibles qui s'endurcissent, il y a des esprits délicats qui *s'abattent.*
FLÉCHIER, Sermons. Sur les Afflictions.

Mon courage *s'abattit*, et, quelque chose qu'on me pût dire pour le relever, je redevins la proie des plus vifs chagrins.
LE SAGE, Gil Blas, IX, 8.

En parlant de personnes prises collectivement, des peuples, des familles, des partis , etc. :

Il (Dieu) a aussi ordonné dans les nations les familles particulières dont elles sont composées, mais principalement celles qui devoient gouverner ces nations, et en particulier dans ces familles tous les hommes par lesquels elles devoient s'élever, ou se soumettre, ou *s'abattre.*
BOSSUET, Oraison funèbre de Marie-Thérèse d'Autriche.

S'ABATTRE est employé au propre, mais comme verbe réciproque, dans les passages suivants :

Garins de Mez et Isorés li Gris
Muevent ensanble com chevalier gentil,
De plain se vont sor les escus férir;
Grans cous se donnent, ne vous en quiers mentir:
Amdui (tous deux) s'*abatent*, ne se porent tenir.
Garin le Loherain, t. I, p. 223.

Granz cox se donnent sor les escus voutis,
Que feus et flambe contreval en salli.....
Plaines leur lances s'*abatirent* sovin (*supini*, renversés).
Mort de Garin, p. 233.

ABATTRE, soit au propre, soit au figuré, se trouve fréquemment avec deux régimes : l'un direct, marquant la chose; l'autre, indirect, la personne :

Quand j'escris, je me passe bien de la compaignie et souvenance des livres, de peur qu'ils n'interrompent ma forme; aussi qu'à la vérité les bons autheurs *m'abbattent* par trop et rompent le courage.
MONTAIGNE, Essais, III, 5.

Les fautes ne se recognoissent qu'après qu'on les a faictes, et lors il est permis d'en rechercher la cause, et l'attribuer ou à nostre opinion qui nous bande contre les reigles de la raison, ou à nostre foiblesse qui *nous abbat* le courage et la résolution : l'une et l'autre nous donne par trop tard la prudence avec le repentir.
MATTHIEU, Hist. des dern. troubles de France, III.

Pourvu que j'aie le vivre et le vêtement, je suis assez paré de ma réputation; et la fortune, qui m'a fait du pis qu'elle a pu, n'a pu *m'abattre* ni l'air, ni le courage.

BUSSY-RABUTIN, *Lettre à Mme de Sévigné*, 4 juin 1687.

Nous employons toutes sortes de moyens pour *leur abattre* (aux femmes) le courage.

MONTESQUIEU, *Lettres persanes*, 38.

Garins le voit, si nel vout plus soufrir :
Grand coup li donne de la coupe d'or fin,
Qu'il *li abat* le cuir et le sourcil.

Garin le Loherain, t. II, p. 17.

César, car le destin, que dans tes fers je brave,
Me fait ta prisonnière et non pas ton esclave,
Et tu me prétends pas qu'il *m'abatte* le cœur
Jusqu'à te rendre hommage et te nommer seigneur.

P. CORNEILLE, *la Mort de Pompée*, III, 5.

Dans les exemples de même nature qui suivent, ABATTRE, outre son régime direct, a deux régimes indirects :

Mon père.... a enduré la mort pour luy mettre la coronne sur le chef; j'ay receu trente-cinq playes sur mon corps pour la luy maintenir; et, pour récompense, il *m'abbat* la teste *des* espaules.

P. MATTHIEU, *Histoire de France*, Henri IV, liv. III.

Il *li a dou chief abata*
Le hiaume et la coife abaisie.

Roman de la Violette, v. 5628.

Quelquefois, des deux régimes d'ABATTRE, c'est le régime direct qui marque la personne. On l'a pu voir dans quelques passages précédemment cités ; nous y ajouterons les suivants, de date fort ancienne, où ABATTRE est pris tantôt au propre, tantôt au figuré.

Tuz tems furent maliciens
Cil de Belesme et orguillus;
De grant orgueil les *abatit*
Cil ki Belesme lur toli:

Mielx voldreit estre à mort féruz,
Ke *del* regne fust *abatuz*.

WACE, *Roman de Rou*, v. 7681, 15534.

Du blanc destrier à terre *l'abati*.

Mort de Garin, v. 3264.

ABATTRE, comme tous les verbes actifs, peut s'employer absolument par ellipse de son régime.

Fort est qui *abbat*, et plus fort qui se relève.

COTGRAVE, *Dictionnaire*.

Comme on voit la foudre, conçue presque en un moment dans le sein de la nue, briller, éclater, frapper, *abattre*; ces premiers feux d'une ardeur militaire sont à peine allumés.... qu'ils brillent, éclatent, frappent partout.

MASCARON, *Oraison funèbre de Turenne*.

Pour changer les nations il ne suffit point d'*abattre*, il faut reconstruire.

THOMAS, *Éloge de Descartes*.

Veux-tu longtemps laisser en cette terre ronde
Régner ton ennemi? N'es-tu Seigneur du monde?
Toy, Seigneur, qui *abbas*, qui blesses, qui guéris
Qui donnes vie et mort, qui tue et qui nourris.

AGR. D'AUBIGNÉ, *Tragiques*. Misères, I.

La dame dit : *Abattez* seulement;
Quant au surplus, ce n'est pas votre affaire.

LA FONTAINE, *Contes*, II, 7.

.... En abattant ceci...
— Que parle-t-il d'*abattre*?

GRESSET, *le Méchant*, III, 9.

En termes de jeu, pour dire à quelqu'un d'*abattre* ses cartes, on lui dit quelquefois simplement, *Abattez*.

ABATTRE, comme autrefois ABAISSER, ABÂTARDIR (voyez ces mots), et beaucoup de nos verbes actifs, s'employait d'une manière analogue aux expressions latines : *Prora avertit, volventibus annis. nox præcipitat, insinuat pavor, Zephiri posuere*, etc. (Virg. *Æn.* I, 104, 234; II, 9, 229; X, 103), c'est-à-dire avec l'addition tacite du pronom personnel *se*. Il équivalait à *s'ABATTRE*.

Jà la (Soissons) verrez et ardoir et bruir,
Les murs *abatre* et les mostiers chéir.

Garin le Loherain, t. I, p. 144.

Dès que la mort ce grand coup eut donné,
Tous les plaisirs champestres s'assoupirent :
Les petits vents encores en soupirent,
Feuilles et fruits des arbres *abbatirent*;
Le cler soleil chaleur plus ne rendit;
Du manteau vert les prez se dévestirent...

Cl. MAROT, *Complainte IV, de madame Loyse de Savoye, mère du Roy, en forme d'églogue*.

ABATTRE, ainsi employé, a signifié, à une époque

fort ancienne de la langue, Entrer en possession d'une propriété :

Quant le fits (fils) puisné *abatist* en la terre après la mort son pier (père).

Littleton, Tenures, III, 6, § 396.

Sainte-Palaye, qui cite cet exemple, y interprète *abattre* par S'abattre : « S'abattre sur une terre, y entrer. » De là une acception analogue d'*abattement*. Voyez ce mot.

Abattu, ue, participe.

L'on a écrit ABATUT.

Brandist sun colp, si l'ad mort *abatut*.
Turpins de Reins, quant se sent *abatut*...

Chanson de Roland, st. CXLIV, CLIII. Cf. édit. 1851,
III, 520, 646.

Il a tous les sens du verbe au propre et au figuré.

Pris figurément (on l'a déjà vu par quelques exemples), il sert surtout à exprimer la fatigue du corps et le découragement de l'esprit ; on dit un corps, un visage, un regard, un esprit, un cœur, une âme, un homme, un peuple, etc., *abattu*.

Quand il rencontre un chef... le peuple s'enfle, se hausse, et se rend indomptable. Ostez-luy les chefs, le voilà *abattu*, effarouché, et demeure tout planté d'effroi.

La fortune peust bien rendre povre, malade, affligé ; mais non vicieux, lasche, *abbattu* : elle ne nous sçauroit oster la probité, le courage, la vertu.

Charron, de la Sagesse, I, 54 ; II, 7.

Comment veut-on qu'*un corps* languissant et *abattu* puisse suivre les mouvements rapides d'un grand courage ?

Balzac, Dissertations critiques, XI.

Les provinces, abandonnées à la rapine des surintendants, demeuroient *abattues* et assoupies sous la pesanteur de leurs maux.

Cardinal de Retz, Mémoires, liv. II, année 1646.

La douce vapeur du sommeil ne coule pas plus doucement dans les yeux appesantis et dans tous les membres fatigués d'un homme *abattu*.

Fénelon, Télémaque, VII.

En vérité, madame, avec une tête de quinze ou seize ans, avois-je tort de succomber, de perdre courage, d'être *abattue* jusqu'aux larmes ?

Marivaux, Vie de Marianne, part. II.

Je demeure immobile, et mon ame *abattue*
Cède au coup qui me tue.

P. Corneille, le Cid, I, 6.

Seigneur, que vous peut dire un cœur triste, *abattu* ?
Hé ! que puis-je au milieu de ce peuple *abattu* ?
Benjamin est sans force, et Juda sans vertu.

Sa vue a ranimé mes esprits *abattus*.

J. Racine, Alexandre, V, 3 ; Athalie, I, 1 ; II, 5.

Abattu se construit d'ordinaire avec la préposition *par*.

Ils (les Perses) étoient *abattus par* la mollesse et *par* les délices.

Vaugelas, trad. de Quinte-Curce, II, 1.

On dit que son courage ne fut point *abattu par* sa disgrace, et qu'il passa tout le temps de son exil dans les délices.

Perrot d'Ablancourt, trad. de Tacite. Annales, XIII, 14.

Le royaume d'Israël, *abattu par* les victoires des rois de Syrie et *par* les guerres civiles...

Bossuet, Discours sur l'Histoire universelle, I, 6.

Où est-elle
La plus belle
De mes dames les vertuz,
Dont la vie
Vivifie
Maints cueurs *par* mort *abattuz* ?

B. des Périers, Queste d'amitié, à la royne de Navarre.

Reste d'un tronc *par* les vents *abattu*.

Racine, Esther, II, 9.

Il se construit aussi avec *de*, qui remplace si souvent *par* dans notre langue. Les auteurs du XVIe et du XVIIe siècle en offrent surtout de nombreux exemples.

Le poure gentil homme, qui *de* maladie se voyoit ainsi *abatu*, faisoit les plus piteuses complainctes qu'on ouyt jamais.

Le loyal Serviteur, c. 55.

Nul ne feut veu si *abbattu de* bleceures, qui n'essayast en son dernier souspir de se venger encores.

Montaigne, Essais, I, 1.

Marc-Antoine, *abbattu de* la fortune, et ne luy restant plus que le droict de mourir, s'escria n'avoir plus rien que ce qu'il avoit donné.

Charron, de la Sagesse, III, 11.

Toutes ces choses rompoient les commencemens du concile, à quoi servit aussi la mort du cardinal Crescence, légat et président, *abbattu de* la frayeur d'un chien noir qui luy apparut au commencement de sa maladie, ne disparut point jusques à sa mort.

Agr. D'Aubigné, *Histoire universelle*, I, 3.

Ceux-cy faisoient tout ce qu'ils pouvoient pour luy persuader de retourner sur ses pas, et de regagner les larges et spacieuses campagnes de la Mésopotamie, ou du moins, s'il rejettoit ce conseil, qu'il séparast cette multitude innombrable d'hommes, et ne se mist point au hazard de voir toutes ses forces *abbatues d'*un seul revers de fortune.

Vaugelas, trad. de *Quinte-Curce*, III, 8.

A ces paroles, Phalante demeura épuisé et *abattu d'*un excès de douleur.

Fénelon, *Télémaque*, XVII.

Bien que mon esprit, *abattu*
Du travail et *de* la vieillesse,
Ne produise dans sa foiblesse
Qu'une languissante vertu.

Racan, *Ode au roi*.

.... Tombent devant ta face
Ainsi que des épis *de* langueur *abattus*.

P. Corneille, *l'Imitation*, III, 55.

Mais que vos cœurs du moins, imitant leurs vertus,
De l'aspect d'un hibou ne soient point *abattus*.

Boileau, *le Lutrin*, II.

Rappelons qu'abattre, précédé de *se laisser*, se construit volontiers, dans le style oratoire ou poétique, comme quelques autres verbes, avec la préposition à. Voyez À.

Je vous exhorte..... de ne *vous laisser* point *abattre aux* appréhensions de l'advenir.

Balzac, *Lettres*, XXIV, 21; 9 octobre 1651.

Ne *nous laissons* pas *abattre à* la tristesse, et ne croyons pas que la piété ne consiste qu'en une amertume sans consolation.

Pascal, *Pensées*, part. II, art. xvii, § 28.

Ne *vous laissez* point *abattre* mollement *à* la douleur, mais efforcez-vous de suivre la vertu.

Fénelon, *Télémaque*, XXIII.

Le participe abattu est employé substantivement dans les exemples qui suivent.

Cil ki fuient vunt abatant,
E les *abatus* ociant.

Wace, *Roman de Rou*, v. 7883.

Des *abatus* furent joncié li pré.

Ogier de Danemarche, v. 463.

Li sablons des *abatus* queuvre.
(La terre se couvre des guerriers abattus.)

G. Guiart, *Royaux lignages*, t. II, v. 964.

Par l'autre sont chargez
Les pauvres de thrésors, d'aise les affligez,
De gloire les honteux, l'ignorant de science,
L'*abbatu* de secours, le transi d'espérance.

Agr. D'Aubigné, *Tragiques*. Chambre dorée, III.

Abattre, s'abattre, abattu, qui, comme *abaisser, s'abaisser, abaissé*, peuvent, on l'a vu, être construits avec diverses prépositions, telles que *à, de, par, devant, sur*, le sont fréquemment avec la préposition *sous*. Aux exemples qui ont été donnés de cette dernière construction employée au sens propre, on peut ajouter les suivants, qui regardent son emploi au figuré.

Au lieu d'être toujours *abbattus sous* la majesté de notre juge, nous vivons dans un repos stupide, et nous agissons comme si nous étions entièrement assurés de notre salut.

Nicole, *Essais de morale*, 1er Traité. Des quatre dernières fins. Du jugement et de l'enfer, I, 3.

Et pour dire quelque chose qui nous touche de plus près, quand je vois cet ennemi déclaré du nom chrétien soutenir avec tant d'armées les blasphèmes de Mahomet contre l'Évangile, *abattre sous* son croissant la croix de Jésus-Christ notre Sauveur, diminuer tous les jours la chrétienté par des armes si fortunées.....

Bossuet, *Sermons*. Sur la Providence.

Mais, après tant de soins et de marques d'amour,
Sa justice, à son tour
Abattra sous ses pieds l'audace de la terre.

Racan, *Psaume* XXVIII.

Sous d'éternels regrets son âme est *abattue*.

Me voici, père aimé, prêt à les recevoir;
Je m'incline et *m'abats sous* ta main amoureuse.

Il chancelle, il *s'abat sous* le moindre revers.

P. Corneille, *Andromède*, V, 1; *l'Imitation*, III, 50, 54.

Abattre a servi à former d'autres verbes de même valeur, mais avec des nuances que distingue la synonymie;

L'un fort ancien et depuis longtemps inusité, qui vouloit dire Abattre entièrement, parabattre:

Les Gantois s'en vinrent de rechef à Male, l'hostel du comte..... et quand ils l'eurent fusté (dévasté), ils le *parabbatirent*.

Froissart, *Chroniques*, liv. II, c. 162.

Un autre, de date aussi ancienne, et aussi rare, mais dont il serait possible de se servir encore, S'ENTR'ABATTRE :

> Dont véissiés vasax combatre,
> Les uns les autres *entre abatre;*
> Cels asalir et cels desfendre,
> Grans cols reçoivre, grans cols prandre.
>
> WACE, *Roman de Brut,* v. 7953.

Il et Sadones *se sunt entr'abatus.*

> Ogier de Danemarche, v. 1838.

Ambedui (tous deux) *s'entr'abatent* tout sanglant en l'erbier.

> ADENÉS, *Roman de Berte,* p. 57.

> Hyaumes tentissent, hommes plessent (chancellent),
> Et en pluseurs lieus *s'entr'abatent.*
>
> G. GUIART, *Royaux lignages,* t. II, v. 4252.

Un troisième, resté dans l'usage et d'un emploi très-fréquent, RABATTRE. (Voyez ce mot.)

Du verbe ABATTRE se sont formés, quelquefois avec les mêmes variétés d'orthographe, un grand nombre de substantifs. Nous commencerons par ceux qui se rapportent de la manière la plus générale à l'action exprimée par le verbe, et sont conséquemment les plus usités, ABATTEUR, ABATTEMENT, ABATIS. Nous en donnerons ensuite quelques autres d'un usage plus spécial, plus technique, plus restreint, ABATTURES, ABATAGE, ABATTOIR, ABATÉE, ABAT-JOUR, ABAT-VENT, ABAT-VOIX.

ABATTEUR, s. m.

Qui abat.

Ce mot a été d'abord employé au sens propre dans des locutions de ce genre, *abatteur de bois, de noix, de quilles,* etc.

> De son temps estoit ung paovre homme villageois,
> ...... *abbateur* et fendeur *de bois.*
>
> RABELAIS, *Pantagruel,* IV, Nouveau prologue.

Encores avons-nous veu les capitaines de picorée et de petrinaux à ce poinct de brutalité que quand nous osasmes faire porter des picques, ils appelloyent nos soldats *abbateurs de noix.*

> Agr. D'AUBIGNÉ, *Histoire universelle.* Appendix aux deux premiers tomes.

On dit figurément et proverbialement *un grand abatteur de bois,* d'un homme qui a entrepris et exécuté des choses difficiles.

> Et chacun dit à haute voix :
> Oh ! le *grand abatteur de bois !*
>
> SCARRON, *Virgile travesti,* VI.

On le dit surtout, par ironie, d'un homme accoutumé à se vanter de prouesses qu'il n'a pas faites.

> *Grand abatteur de bois* et grand pourfendeur de géants.
>
> SOREL, *Francion.*

En ce sens, *abatteur de bois* paraît avoir été donné à la langue par les anciens chevaliers plutôt que par les bûcherons. La lance des combats s'appelait génériquement *bois;* c'était, selon Borel, son nom « par excellence. » Le vainqueur du tournoi était celui qui *abattait* le plus de *bois* ou de lances. Le *grand abatteur de bois* dont il est question dans Scarron en avait tant *abattu,* qu'on put en faire des fagots, des bourrées ;

> Et bûches longues et carrées,
> Sans oublier quelques cotrets
> Pour en faire un bûcher après.

Grand abatteur de bois et surtout *grand abatteur de quilles,* autre expression figurée et proverbiale, se prennent dans une acception à peu près pareille, à propos des prouesses de l'amour.

> Henri IV a eu une quantité étrange de maîtresses; il n'étoit pourtant pas *grand abatteur de bois.*
>
> TALLEMANT DES RÉAUX, *Historiettes,* Henri IV.

> Vous estes, je voy bien, *grand abbateur de quilles.*
>
> REGNIER, *Satires,* XL.

Ces locutions ne s'emploient que dans le langage le plus familier. On comprend cependant la possibilité de prendre ABATTEUR au sens propre ou au sens figuré, même dans le style élevé.

> L'herbe serrée, reprend l'*abatteur* d'hommes (Alaric), se fauche mieux.
>
> CHATEAUBRIAND, *Études historiques,* Disc. VI.

> Des ruines, c'est tout ce qu'ont laissé sur leur passage ces grands *abatteurs* de lois, de têtes et de monuments.
>
> J. DE MAISTRE, *Soirées de Saint-Pétersbourg.*

ABATTEMENT, s. m.

On l'a originairement employé dans le sens actif du verbe dont il est tiré, pour exprimer L'action d'abattre, le faisant suivre d'un complément qui désignait la chose abattue. C'est ce qu'atteste Nicot, et ce qu'on peut conclure des exemples suivants :

Abatemenz de meson que aucuns fet par force.
Ancienne trad. du Digeste, fol. 49 r°, c. 2. Ms. 340, Fonds de Sorbonne. Bibl. imp.

Voluntarie wast (volontaire dégât), si come en abatement des maisons ou en couper des arbres.
LITTLETON, Tenures, I, 8.

Abattement d'arbres.
R. ESTIENNE, Dict. fr.-lat., 1539.

M. le président, qui croyoit qu'il falloit soutenir la réputation des grands jours par l'abattement de quelques têtes orgueilleuses, avoit de sévères intentions pour ce criminel.
FLÉCHIER, Mémoires sur les grands jours de 1665, p. 234.

Il ne désiroit pas moins que lui l'abattement de l'orgueil et de la puissance de cette nation.
COLBERT (Charles) à Louis XIV, 29 janvier 1670. (Voy. Négociations relatives à la succession d'Espagne; t. III, p. 142.)

Les auteurs des deux premières éditions du Dictionnaire de l'Académie confirment la chose en disant : ABATTEMENT n'est guère en usage au propre.

ABATTEMENT n'est plus employé que dans un sens passif, et signifie Diminution de forces ou de courage, soit par des causes physiques, soit par des causes morales.

À l'abattement physique se rapportent les exemples suivants, où ABATTEMENT est tantôt suivi d'un complément qui désigne la chose, la personne abattue :

Son cœur ne se ressent jamais de l'abattement de son corps.
FLÉCHIER, Oraison funèbre de Mme de Montausier.

Tu veux en vain me cacher tes peines : je les lis, malgré toi, dans la langueur et l'abattement de tes yeux.
J.-J. ROUSSEAU, Nouvelle Héloïse, I, 31.

Tantôt rapporté par un adjectif pronominal à cette chose, à cette personne :

Admirez cette femme forte qui résiste aux foiblesses de son sexe dès son enfance...... à la douleur dans le temps de son abattement et de sa mort même.
FLÉCHIER, Oraison funèbre de Mme de Montausier.

Tantôt modifié par quelque adjectif, quelque proposition qui en marque la nature :

L'état où est la nôtre (notre république) tient de la nature de ces maladies qui, malgré l'abattement qu'elles causent, excitent dans l'esprit des malades de violens désirs pour la guérison.
LE CARDINAL DE RETZ, Conjuration de Fiesque.

Je n'ai point de fièvre, du moins on le juge ainsi; mais je suis d'une faiblesse et d'un abattement excessif.
Mme DU DEFFAND, Lettres, 22 août 1780 (à H. Walpole).

Tantôt enfin pris absolument.

Naïs et Cymodocé la tenoient entre leurs bras, tandis que d'abattement et de lassitude elle se laissoit aller la tête languissamment tantôt sur l'une, tantôt sur l'autre.
LA FONTAINE, Psyché, II.

Vous ne penserez pas bien, tant que vous vous porterez mal : dès que le corps est dans l'abattement, l'âme est sans vigueur.
Mme DE MAINTENON, VIIe Lettre à son frère.

Voyez le chef-d'œuvre de Rubens, qui a su exprimer sur le visage de Marie de Médicis la douleur de l'enfantement, l'abattement, la joie, le sourire et la tendresse, non pas avec quatre couleurs, mais avec toutes les teintes de la nature.
VOLTAIRE, Dictionnaire philosophique, art. ANCIENS ET MODERNES.

À l'abattement moral se rapportent ces autres exemples, où reparaissent les mêmes variétés de construction.

1° ABATTEMENT, avec un complément formé au moyen de la préposition de :

Sa piété n'est point un desgoust, ni une lassitude d'esprit, un abattement de courage ou faute de force.
BALZAC, Lettres, XIX, 23. 9 septembre 1638.

Incapable de telles et si soudaines variétés, d'une présomption démesurée à un horrible abattement de cœur.
PASCAL, Pensées, part. II, art. v, § 5.

D'où vient cet abattement des courages? C'est qu'ils ne sont plus exercés par des persécutions.
BOSSUET, Panégyrique de saint Victor.

Au milieu de la tristesse et de l'abattement de la cour,

la sérénité seule de son auguste front rassuroit les frayeurs publiques.

MASSILLON, *Oraison funèbre de Louis le Grand.*

L'Angleterre étoit toujours menacée de forts mouvemens. Le nombre des jacobites y étoit toujours grand, nonobstant l'*abattement de* ce parti.

SAINT-SIMON, *Mémoires,* 1717, t. XIV, c. 23.

Il y a des occasions où l'*abattement* d'esprit l'emporte sur le courage.

VOLTAIRE, *Siècle de Louis XIV,* c. 15.

2° ABATTEMENT, précédé d'un adjectif pronominal :

Je sais que.... leur tristesse est souvent un regret de mourir, plutôt qu'une douleur d'avoir mal vécu ; que *leur abattement* vient de la foiblesse de la nature, plutôt que du zèle de la charité.

FLÉCHIER, *Oraison funèbre de M*me *de Montausier.*

3° ABATTEMENT, suivi d'un adjectif ou de quelque proposition qui le modifie :

Elle tomba dans un *abattement qui* changea tous les traits de son visage.

FLÉCHIER, *Mémoires sur les grands jours de 1665,* p. 244.

Enfin tout ce composé charmant, cette figure capable de ramener l'univers à l'idolâtrie, paroissoit dans un désordre et un *abattement* inexprimable.

PRÉVOST, *Manon Lescaut,* part. II.

Ces gens-là, les plus malheureux de la terre, tombent dans un *abattement* affreux à la moindre fumée du Vésuve ; ils ont la sottise de craindre de devenir malheureux.

MONTESQUIEU, *Grandeur des Romains,* c. 14.

Garde-toi de tomber dans un *abattement* dangereux, qui t'aviliroit plus que ta foiblesse.

J.-J. ROUSSEAU, *Nouvelle Héloïse,* I, 30.

Dans quel *abattement,* ô ciel, je vous retrouve !

ROTROU, *Venceslas,* III, 2.

4° ABATTEMENT, pris absolument :

Nous nous appuyons sur les jugements des hommes, sur les plaisirs des sens, sur les consolations humaines, comme sur un air qui nous soutient pour un temps. Mais parce que toutes ces choses n'ont point de solidité, si nous cessons de nous remuer et de changer d'objet, nous tombons dans l'*abattement* et dans la tristesse.

NICOLE, *Essais,* 1er Traité, c. 12, de la Foiblesse de l'homme.

La tristesse paroissoit dans ses yeux, mais cette sorte de tristesse qui touche et qui émeut, parce qu'elle n'a rien de l'*abattement.*

LE CARDINAL DE RETZ, *Mémoires,* liv. III, année 1651.

Nous croyons souvent avoir de la constance dans les malheurs, lorsque nous n'avons que de l'*abattement ;* et nous les souffrons sans oser les regarder, comme les poltrons se laissent tuer, de peur de se défendre.

LA ROCHEFOUCAULD, *Maximes,* 420.

Songez à la fortune brillante d'un tel homme, à l'honneur qu'il avoit eu de commander les armées du roi, et représentez-vous ce que ce fut pour lui d'entendre fermer ces gros verrous ; et s'il a dormi par excès d'*abattement,* pensez au réveil !

Mme DE SÉVIGNÉ, *Lettres,* 26 janvier 1680.

L'inquiétude, la crainte, l'*abattement,* n'éloignent pas la mort.

LA BRUYÈRE, *Caractères,* c. 11.

Nulle parole ne sortoit de sa bouche... c'étoit un silence de désespoir et d'*abattement.*

FÉNELON, *Télémaque,* XVII.

Les secours extérieurs de la piété sont pour nous autant de nouvelles ressources dans l'*abattement* et dans la sécheresse.

MASSILLON, *Carême.* Pour le mercredi de la Passion.

Les écrits satiriques ne sont guère connus dans les États despotiques, où l'*abattement* d'un côté, et l'ignorance de l'autre, ne donnent ni le talent ni la volonté d'en faire.

La chaleur du climat peut être si excessive, que le corps y sera absolument sans force : pour lors l'*abattement* passera à l'esprit même.

MONTESQUIEU, *Esprit des Lois,* XII, 13 ; XIV, 2.

On voyait l'*abattement* peint dans les traits de ces guerriers qui avaient tant de fois affronté la mort dans les combats sans changer de visage.

BERNARDIN DE SAINT-PIERRE, *Paul et Virginie.*

Tandis qu'au fond de l'âme un lâche étonnement
Va de la fermeté jusqu'à l'*abattement.*

P. CORNEILLE, *l'Imitation,* II, 11.

Chaque passion parle un différent langage :
La colère est superbe, et veut des mots altiers ;
L'*abattement* s'explique en des termes moins fiers.

BOILEAU, *Art poétique,* III.

ABATTEMENT, comme *abaissement* et beaucoup d'autres substantifs de même sorte, a été employé élégamment au pluriel, surtout par les auteurs du XVIIe siècle.

13.

Cette langueur, ces *abattements* , ces diminutions que Tertullien appelle des portions de la mort.

FLÉCHIER, *Oraison funèbre de Mme de Montausier*.

Ma santé est assez bonne, Dieu merci ; mais les chaleurs m'ont jeté dans de grands *abattements*.

RACINE, Lettre à son fils, du 24 juillet 1698.

ABATTEMENT a signifié prise de possession d'une propriété.

Si... le puisné fits (fils) entra per *abatement* en la terre.

LITTLETON, *Tenures*, III, 6, § 396.

A cette ancienne acception se rapporte l'emploi fait par le même auteur du mot ABATTRE, on l'a vu plus haut (p. 94-95), et, comme l'établit l'exemple suivant, du mot *abatteur :*

Si le fits (fils)... relessa tout son droit à l'*abator*, en cest cas l'heire le disseisor (l'héritier du dessaisisseur) n'avera assise.... envers l'*abator*..... pur ceo que l'*abator* ad le droit del fits.

Voy. HOUARD, *Anciennes lois des François*, t. I, p. 538.

ABATTEMENT , conformément à une autre acception très-spéciale d'*abattre* (voyez ce mot), a encore signifié, en termes de chasse, l'action de découpler les chiens. Sainte-Palaye en cite l'exemple suivant :

Pour plainnement
Voir de chiens *abattement*.

FONTAINE GUÉRIN, *Trésor de la Vénerie*, ms., fol. 13.

En termes de blason, ABATTEMENT se dit d'une marque d'honneur supprimée dans l'écu, en punition de quelque faute.

ABATIS, s. m.

Autrefois ABATTIS, ABBATIS, ABATÉIS, ABBATÉIS, etc. (Voyez le Dictionnaire de Nicot, le *Trésor* de Borel et les exemples ci-après.)

Renversement , démolition , destruction d'une chose, et, par extension, amas de choses abattues.

ABATIS se dit particulièrement de la destruction des maisons, des bois, des arbres, etc. :

... Ceux à qui les bois et maisons ont esté abattues,

demandent... que son plaisir soit de les faire desdommager desdits *abbatcis*.

GODEFROY, *Histoire de Charles VIII*, Response des seigneurs aux articles du duc de Bretagne.

Le Scythe, retourné dans sa triste demeure,
Prend la serpe à son tour, coupe et taille à toute heure,
Conseille à ses voisins, prescrit à ses amis
Un universel *abattis*.

LA FONTAINE, *Fables*, XII, 20.

D'une coupe plus ou moins régulière pratiquée dans un bois, dans une forêt :

Cette vaste terre des côtes et de l'intérieur de la Guyane n'est donc qu'une forêt tout aussi vaste, dans laquelle des sauvages en petit nombre ont fait quelques clairières et de petits *abattis* pour pouvoir s'y domicilier, sans perdre la jouissance de la chaleur de la terre et de la lumière du jour.

BUFFON, *VIe Époque de la nature*.

Un *abattis* de sapins termine ce chant, et toujours sur le même ton.

LA HARPE, *Cours de littérature*, Poésie, I, 2, sect. VI.

Entre ses bras dui verais (deux bons) chiens a pris ;
Il les mit jus (bas), lez (près d') un *abutéiz*,
Si près du porc (sanglier) que chascuns bien le vit.

Garin le Loherain, t. II, p. 228-229.

Car regardez delez ce plasséiz (du côté de ce taillis),
Devers ce bois, delez cel *abasteiz*.

Mort de Garin, p. 229.

D'un amas d'arbres abattus ;
D'un retranchement formé d'arbres abattus, fortement liés ensemble :

On n'avoit pas fait beaucoup de chemin à travers de grands *abatis* d'arbres, qu'on sut que les ennemis avoient repassé le Rhin.

SAINT-SIMON, *Mémoires*, 1694, t. I, c. 22.

Les gladiateurs firent si bien à force de tranchées et d'*abattis* de bois dans les défilés, qu'ils arrêtèrent le consul tout court.

DE BROSSES, *Histoire romaine*, IV.

ABATIS se dit encore de la destruction d'une grande quantité de gibier.

Lorsque les louveteaux commencent à estre forts et qu'il leur faut plus de carnage, le loup et la louve vont ensem-

ble à la chasse pour s'ayder l'un et l'autre, afin d'y prendre davantage; c'est dans ce temps qu'ils font plus
d'*abbatis* de bestiaux.

SALNOVE, la Vénerie royale, III, 4.

Fais-moi un grand *abbatis* d'oiseaux de rivière, canards,
sercelles, beccasses, beccassines.

PALAPRAT, Arlequin-Phaéton, III, 1.

Il s'est pris autrefois en un sens analogue pour
exprimer le carnage des hommes ou des chevaux
fait dans une bataille.

La chasse de la déconfiture dura jusques ès portes
de Poictiers, et là eut (il y eut) grand'occision et grand
abbatis de gens et de chevaux.

En ce lieu eut (il y eut) adonc grand débat et grand
abbatis et dur hutin (combat).

FROISSART, Chroniques, liv. I, part. II, c. 44, 171.

Renouf vit li granz poignéiz (charges)
E vit li granz *abatéiz*,
Li noises (clameurs) oï e les cris.

WACE, Roman de Rou, v. 9235.

Des chevax fu grans li *abatéis*.

Mort de Garin, v. 3550.

L'un fiert sanz cri, l'autre menace,
Chascune ost (armée) est d'ire alumée :
Grant est la noise et la fumée,
La bataille et l'*abatéiz*.

G. GUIART, Royaux lignages, t. I, v. 6896.

Tout un grand jour d'estey dura le chapléis (la mêlée),
De morts et de navrez (blessés) fut grand l'*abatéis*.

Gérard de Roussillon, p. 119. Ms. du Suppl. fr.,
n° 254-2, Bibl. imp.

ABATIS est fort employé dans le langage familier
pour désigner certaines parties d'une volaille qui se
vendent ou se servent à part.

ABAT s'est pris autrefois et concurremment avec
abatis, dans sa première et générale acception.

Pour *abat* de chacun chesne, amende de six florins
carolus.

..... Au profit des seigneurs des bois desquels lesdits
larcins et *abats* auroient esté faits.

Coutumes du Hainaut, c. CXXXIII, § 5. Voy. Nouveau Cou-
tumier général, t. II, p. 148, col. 2.

On a dit aussi au lieu de *abatis*, dans l'acception militaire rappelée plus haut, ABATTEMENT,
ABATTURE, ABATTERIE.

Lors veissiés à la réonde....
Les champs de sanc acouveter (se couvrir)...
Et oïssiez croistre (craquer) la terre
Par le hydeus *abatement*......

G. GUIART, Royaux lignages, t. I, v. 5323.

Là eut (il y eut) une desconfiture
De François, dont alors mourut
Environ mille à l'*abature*.

Oultre n'avoit artillerie
A souffisance, n'aultrement,
Pour rompre ou faire *abaterie*.

MARTIAL D'AUVERGNE, Vigiles de Charles VII,
La journée de Crevent : Comment la Pucelle
vint devers le Roy.

ABATTURES, s. f. pl.

En termes de Vénerie, Vestiges que les bêtes
fauves laissent de leur passage dans une forêt;
broussailles, menues branches, débris de plantes
que le cerf abat de son ventre ou de son bois, que
le sanglier abat de ses défenses.

Du jugement des *abbateures* et foulures.—Si vous voulez
cognoistre si un cerf est haut sur jambes, semblablement
la grosseur et espesseur de son corps, il faut regarder
l'endroit par où il entre au fort, ès fougeres et menus
boys, lesquels il aura laissez entre ses jambes; sçavoir
de quelle hauteur il les aura abbatus avec le ventre : alors
cognoistrez s'il est haut sur jambes. La grosseur se cognoist aux deux costez, là où son corps aura touché;
car il y aura brisé et rompu les branches sèches des deux
costez, et par là pourrez mesurer sa grosseur.

DU FOUILLOUX, La Vénerie, c. 26.

Abbatures de cerf, c'est quand le cerf, ayant la teste
haute et large, passe par un bois branché.

Même ouvrage, Recueil des mots, dictions et manières
de parler en l'art de la Vénerie.

On a vu plus haut qu'ABATTURE a été employé
dans un des sens d'*abatis*. D'autre part, on a quelquefois pris *abatis* au sens d'ABATTURE :

Abbatis, c'est lorsque les jeunes loups vont et viennent
aux lieux où ils sont nourris, y faisant des petits chemins
où ils abbattent l'herbe.

SALNOVE, la Vénerie royale, Dictionn. des Chasseurs.

ABATAGE, s. m.

L'action d'abattre les bois qui sont sur pied, de les couper, ou les frais que ce travail nécessite.

En termes de marine, L'action d'abattre un navire.

Il signifie encore L'action de tuer, de mettre à mort les chevaux, les bestiaux, etc.

ABATAGE a, dans la langue spéciale de certains métiers, des acceptions trop particulières pour être rappelées ici.

ABATTOIR, s. m.

Bâtiment où l'on tue les bestiaux pour les boucheries.

Ce mot, fort nouveau, manque à la plupart des Dictionnaires. On a dit au même sens, fort anciennement, ABASTIRE, et à une époque plus rapprochée, *abatis*.

Deffend la dite chambre... à tous bouchers... de faire *abastires* ou tueries.

Rec. des Ordonnances, t. II, p. 386, col. 1 (ann. 1350).

Les tueries ou *abattis* doivent être placés hors des villes.

LAMARRE, *Dictionnaire de Police*, t. V, tit. xx, c. 7.

ABATÉE, s. f.

Quelquefois ABATTÉE, ABBATÉE. (Voy. le Dictionnaire de Trévoux, l'*Encyclopédie*.)

Mouvement horizontal de rotation, par lequel l'avant d'un navire en panne ou à la cape s'écarte jusqu'à un certain point de la ligne du vent, soit d'un côté, soit de l'autre, pour y revenir ensuite.

ABAT-JOUR, s. m. Il ne prend pas la lettre *s* au pluriel.

Quelquefois ABAJOUR (*Voy.* le Dictionnaire de Richelet).

Ce mot, employé à divers usages particuliers dans la langue de quelques arts, de quelques métiers, désigne principalement une sorte de fenêtre dont l'appui est en talus, renversé en forme de trémie, afin que le jour qui vient d'en haut se communique plus verticalement dans le lieu où elle est pratiquée. Telles sont les ouvertures qui éclairent des étages souterrains ; certaines cuisines, certains offices, les caves, les cachots, etc.

ABAT-JOUR signifie, par extension, toute espèce d'obstacle opposé au passage de la lumière, soit qu'il ait pour objet d'en changer la direction, comme les auvents des boutiques et les chapiteaux des lampes, soit qu'il serve à en diminuer l'intensité, comme les vitres mates, les rideaux et les stores.

ABAT-VENT, s. m. Il ne prend pas la lettre *s* au pluriel.

Quelquefois ABAVENT (Voy. l'*Encyclopédie*).

On entend principalement par ce mot :

Un petit auvent, qui garantit du vent, de la neige et de la pluie, les ouvertures d'une maison, d'une tour, d'un clocher, sans empêcher la circulation de l'air ;

Un petit toit léger placé à l'extérieur de la croisée des cloches, qui empêche le son de se perdre dans l'air, et qui le renvoie vers le bas.

ABAT-VOIX, s. m.

Couverture d'une chaire à prêcher, ou d'une tribune, qui sert à rabattre vers l'auditoire la voix du prédicateur ou de l'orateur.

ABBÉ, s. m. (d'*Abbas*, mot de la moyenne latinité, et *Abbas* du syriaque *Abba*, père).

Autrefois ABBAT, ABBEI, ABBÉS, ABÉ, ABEI, ABET, etc. (Voyez le *Glossaire* de Sainte-Palaye), ABES, etc. (Voyez les exemples ci-après.)

Ce mot serait d'un usage fort ancien, si, d'après une opinion peu vraisemblable, on regardait comme une épitaphe de Frodoard ou Flodoard, mort en 966, les vers suivants, trouvés, dit-on, à la tête d'un exemplaire manuscrit de son histoire latine de l'Église de Reims. (Dom Rivet, *Hist. littéraire de la France*, t. VI, p. 54, 317 ; t. VII, p. xlviij) :

Si ti veu (si tu veux) de Rein savoir li evesque,
Ly le Temporaire de Flodoon le saige.
Yl es mor du tam d'Odalry evesque,
Et fut d'Epernay né par parentaige ;

Vequit caste clerc, bon moine, meilleu *abbé*,
Et d'Agapit ly Romain fut aubé.
Par son histoire maintes nouvelles sauras;
Et en ille toute antiquité auras.

Mais M. Raynouard a fort bien prouvé (*Journal des Savants*, 1817, p. 290) que ces vers, dont la transcription paraît d'ailleurs très-défectueuse, et qui ne sont pas une épitaphe, mais une invitation à lire l'ouvrage de Flodoard, sont beaucoup plus modernes.

Le mot syriaque duquel dérivent *Abbas* et ABBÉ se trouve transcrit et traduit dans certains passages des livres saints (saint Marc, XIV, 36.; saint Paul, *Épître aux Romains*, VIII, 15; *aux Galates*, IV, 6); et a été transporté de là dans quelques-unes des versions françaises de ces passages, et, par voie de citation et d'allusion, dans le style ecclésiastique.

Et il disoit : *Abba*, mon père, tout vous est possible; transportez ce calice loin de moi; mais néanmoins que votre volonté s'accomplisse, et non pas la mienne !

LE MAISTRE DE SACI, trad. de *l'Évangile selon saint Marc*, XIV, 36.

C'est en envoyant en nous l'esprit de son Fils, que Dieu même nous fait dire : *Abba*, père !

BOSSUET, *Méditations sur l'Évangile*, LIᵉ jour.

Abba, *abbas*, et par suite ABBÉ, devinrent, à des époques plus ou moins voisines de l'institution du régime monacal, le titre que reçurent et que prirent les supérieurs des monastères. L'ancienneté de cette acception résulte de la censure qui en fut faite, au moment même où elle s'établissait, par saint Jérôme.

Tous les noms qui eurent cours sous la primitive Eglise, estoient plus noms de charges que d'honneur.... Depuis, sous le second aage, nostre Eglise prenant nouvelle discipline par nouvelle devotion, l'on commença de mettre entre nous le mot de pere, pour gratifier à ceux qui avoient les premiers lieux : ainsi vint le mot de patriarche en avant, qui veut dire prince des peres ; ainsi celuy d'*abbé*, qui ne sonne autre chose que pere, dont saint Hierosme toutesfois se plaignoit sur le cinquiesme chapitre de l'Epistre de saint Paul aux Galates, disant que les nouveaux religieux de son temps, par une ambition extraordinaire et irreguliere, se vouloient attribuer mesme tiltre que Nostre Seigneur avoit donné à Dieu son pere; quand il l'avoit appellé *abba pater*.

Est. PASQUIER, *Recherches de la France*, III, 3.

Quoique saint Jérôme se soit fort emporté contre les moines de son temps, qui, malgré la défense du Seigneur, donnaient ou recevaient le titre d'*abbé*, le sixième concile de Paris décide que si les *abbés* sont des pères spirituels et s'ils engendrent au Seigneur des fils spirituels, c'est avec raison qu'on les appelle *abbés*.

Aux thérapeutes juifs succédèrent les moines en Égypte.... ils firent bientôt corps... Chaque société de moines élut son supérieur.... choisit son père, son *abba*, son *abbé*, quoiqu'il soit dit dans l'Évangile : N'appelez personne votre père.

VOLTAIRE, *Dictionnaire philosophique*, art. ABBAYE.

Abbés, tu as non (nom) de persone,
Car cis nons *abbés* pères sone.
Abbés, peres ies (tu es) : sui ton non,
Et si comme peres bastonne (châtie).

RECLUS DE MOLLIENS (XIIᵉ siècle). *Roman de Charité*, ms. 7363, fol. 151 vᵒ, c. 2. Bibl. imp.

ABBÉ fut aussi, dans l'origine, un nom donné par respect à d'autres qu'à des supérieurs de monastères; à des hommes qui vivaient dans la solitude.

Dès les premiers temps, on donnoit le nom d'*abbé* à tous ces saints vieillards, à cause de leur âge et de leur vertu, quoiqu'ils fussent simples anachorètes, sans avoir d'autres moines à conduire.

FLEURY, *Histoire ecclésiastique*, XX, 3.

A quelque date qu'il faille faire remonter l'usage du titre d'ABBÉ, les historiens de l'Église ne font pas difficulté de s'en servir en parlant des plus anciens supérieurs de monastères.

Draconce étoit moine, prêtre et *abbé* d'un monastère. Il fut élu évêque d'Hermopolis.

On a des lettres de S. Pacôme à Corneille son disciple, *abbé* de Mochans, et à Sur, *abbé* de Chnum, qui vécut plus de cent dix ans.

Dans l'Égypte proprement dite, près d'Arsinoé, l'*abbé* Sérapion gouvernoit environ dix mille moines.

FLEURY, *Histoire ecclésiastique*, XIII, 12; XX, 9.

ABBÉ signifie donc, au propre, celui qui gouverne un monastère d'hommes, suivant la règle de l'ordre. De là des expressions telles que : *Abbé de l'ordre de Saint-Benoît*; *abbé crossé et mitré*, ayant droit de porter la crosse et la mitre; *abbé triennal*, élu pour trois ans ; *abbé régulier*, c'est-à-dire religieux; *abbé commendataire*, c'est-à-dire séculier, qui n'a point reçu de consécration, et qui n'exerce aucune juridiction sur les moines.

En tous ces monasteres il y eut tousjours un chef, que nous appellames *abbé*, lequel estoit esleu par les religieux..... On commença d'obtenir d'eux (des rois), par forme de privilege, les eslections des *abbez*.

Tous ces *abbez* et religieux ayans reduit leurs republiques devotes sous l'arbitrage du Sainct-Siege, et les evesques estans à demy reduits des la seconde lignée de nos roys, les papes attaignirent lors au comble de grandeur sur tous les benefices de la France, dont ils furent estimez les generaux et universels protecteurs.

Au lieu que sous la premiere famille de nos Roys, et devant, on parloit des grands evesques, sous cette derniere (la lignée de Charlemagne), on parla principalement des grands *abbez* et religieux qui florirent tant en cette France qu'ailleurs.

Est. Pasquier, *Recherches de la France*, III, 20, 19.

La communauté l'élut (Charles le Chauve) pour *abbé* : peut-estre que les religieux, craignant que leur abbaye n'eust le même sort que tant d'autres possédées alors par des laïques, supplièrent le roy de prendre luy-même le titre d'*abbé*..... Le roy ne dédaigna pas le nom et la qualité d'*abbé* de Saint-Denys, qu'un prince de sa maison venoit de porter avant lui.

Hugues Capet, qui n'estoit que comte de Paris et duc de France, fut des premiers à contribuer au rétablissement du bon ordre dans les monastères de sa dépendance. Il en tenoit plusieurs comme *abbé*, entre autres Saint-Denis et Saint-Germain-des-Prez, deux abbayes qu'il avoit, pour ainsi dire, hérité de ses pères : ce qui lui fait donner par Gerbert la qualité d'*abbé*-comte.

Dom Félibien, *Histoire de l'abbaye royale de Saint-Denis*, II, 33, année 867 ; 43, année 960.

Le titre d'*abbé* de Saint-Martin de Tours est un titre que prennent les rois de France*.

Aug. Galland, *Des anciennes enseignes et étendards de France*, p. 5.

* On cite, dans la *Biographie universelle*, t. XVII, p. 238, d'après les continuateurs de Moréri, les paroles, aujourd'hui fort étranges pour nous, que prononça l'abbé Nicolas Gervaise, prévôt de Suèvres en l'église de Saint-Martin de Tours, lorsqu'il vint présenter à Louis XV enfant, son *Histoire de Boëce* (Paris, 1715, in-12), précédée d'une épître dédicatoire à Louis XIV, et d'une autre au régent : « Sire, cet ouvrage, que j'ai l'honneur de présenter à Votre Majesté, « est le dernier monument du zèle que j'ai eu pour la gloire du roi « votre bisaïeul ; il devient le premier hommage que je viens rendre « à Votre Majesté, comme à mon roi, à mon seigneur particulier, et à

Quand je vois les évêques et les *abbez* de Cîteaux à la tête de ces armées qui faisoient un si grand carnage des hérétiques... Quand je vois l'*abbé* de Cîteaux désirer la mort des hérétiques de Minerbe... en tout cela je ne reconnois plus l'esprit de l'Église.

Fleury, *Discours sur l'histoire ecclésiastique*, IV, 14.

Élevé à la dignité d'*abbé* de ce monastère (Clairvaux)... loin d'affecter ces distinctions odieuses et ces vaines marques d'autorité qui laissent une distance si énorme entre les enfants et le père, il ne fut jamais plus avide d'abaissements.

Massillon, *Panégyrique de saint Bernard*.

Comme les comtes menoient les hommes libres à la guerre, les leudes y menoient aussi leurs vassaux ou arrière-vassaux ; et les évêques, *abbés*, ou leurs avoués (advocati), y menoient les leurs.

Montesquieu, *Esprit des Lois*, XXX, 17.

Des *abbés* bénédictins, longtemps avant Charlemagne, étaient assez puissants pour se révolter. Un *abbé* de Fontenelle avait osé se mettre à la tête d'un parti contre Charles Martel, et assembler des troupes.

Les *abbés* de Fulde, de Saint-Gall, de Kempten, de Corbie, etc., étaient de petits rois dans les pays où, quatre-vingts ans auparavant, ils défrichaient de leurs mains quelques terres que les propriétaires charitables leur avaient données.

Il y a des moines, *abbés réguliers*, qui jouissent de deux cent mille livres de rentes.

Voltaire, *Essai sur les mœurs*, c. 20, 33 ; *Siècle de Louis XIV*, c. 35.

Asez i ad evesques e *abez*,
Muines, canoines, proveires coronez.
(Il y a (aux obsèques de Roland et de ses compagnons) force évêques et abbés, moines, chanoines, prêtres à tonsure.)

Chanson de Roland, str. ccix ; cf. ch. IV, v. 560, éd. de 1851.

As eveskes e as *abez*,
E à plusurs clers ordenez,
Se fist confez (se confessa) si come il dut.

« mon *abbé*. » Dans la dédicace à Louis XIV, qui lui avait été lue deux mois avant sa mort, l'auteur n'appelle pas le roi son *abbé* ; il s'intitule seulement, dans la souscription : « Prévôt de votre église de « Saint-Martin de Tours. » Les paroles adressées, dit-on, par Gervaise au jeune roi Louis XV, lorsqu'il lui offrit son livre, n'en sont pas moins vraisemblables, et à cause de la singularité de son caractère, et parce qu'elles sont rapportées par le rédacteur du Supplément de Moréri (1749, t. I, p. 821), qui avait connu l'abbé Nicolas Gervaise, et qui paraît ici très-bien informé.

Le moniage ama e tint,
Puiz fu esli, par sa bunté,
A Saint-Oain à estre *abé.*

Wace, *Roman de Rou,* v. 5909, 7450.

A Saint-Denis en sunt li Wandre alé
Por le mostier ardoir et desmembrer;
Mais li bons *abes* fist le moustier horder (fortifier),
Por le deffendre trois cens moines armer.

Dis mille messes ferai chanter por li
A sains *abbés,* à prestres béuéis.

Garin le Loherain, t. I, p. 12; t. II, p. 246, cf. p. 264.

N'a (il n'y a) arcevesque an trestot mon païs,
Ne nul evesque, ne *abbet* benéit,
Se il me vuelt deffendre et contredir,
Que ne li face tos les menbres tolir.

Raoul de Cambrai, str. cclxxv.

Se vos voliez moines estre,
Je feroie de vos mon mestre,
Que je sai bien que li seignor
Vos esliroient à prior,
Ainz (avant) Pentecoste, ou à *abé.*

Roman du Renart, v. 1063.

N'a si boin *abé* dusque (jusque) à Troie,
S'il esgardeit vostre visage,
Ne changeast mult tost sun curage.

Marie de France, *Lai de Graelent,* v. 36.

Pou en y a ou nulz, soit moines ou prieus,
Ou *abbés,* ou evesques, qui ne soit vicieus.

Jehan de Meung, *Testament,* v. 725, cf. v. 2059.

Monde, tu ne te troubles pas
De voir ces larrons attrapeurs
Vendre et acheter bénéfices;
Les enfans, ez bras des nourrices,
Estre *abbés,* évesques, prieurs?...

Sottie à 9 personnages. Voy. *Bibliothèque du Théâtre françois,*
par le duc de La Vallière, t. I, p. 91.

De tous ses amis morts un seul ami resté,
Le mène en sa maison de superbe structure:
C'étoit un riche *abbé,* fou de l'architecture.

Boileau, *Art poétique,* IV.

Dans les passages suivants sont énergiquement opposés le sens primitif du mot *abbé* **et celui qui est devenu son sens propre.**

Il y a des choses qui, ramenées à leurs principes et à leur première institution, sont étonnantes et incompréhensibles. Qui peut concevoir en effet que certains *abbés* à

qui il ne manque rien de l'ajustement, de la mollesse et de la vanité des sexes et des conditions, qui entrent auprès des femmes en concurrence avec le marquis et le financier, et qui l'emportent sur tous les deux, qu'eux-mêmes soient originairement, et dans l'étymologie de leur nom, les pères et les chefs de saints moines et d'humbles solitaires, et qu'ils en devroient être l'exemple?

La Bruyère, *Caractères,* c. 14.

Les anciens moines donnèrent ce nom au supérieur qu'ils élisaient. L'*abbé* était leur père spirituel. Que les mêmes noms signifient, avec le temps, des choses différentes! L'*abbé* spirituel était un pauvre à la tête de plusieurs autres pauvres; mais les pauvres pères spirituels ont eu depuis deux cent, quatre cent mille livres de rente; et il y a aujourd'hui des pauvres pères spirituels en Allemagne qui ont un régiment des gardes.

Voltaire, *Dictionnaire philosophique,* art. Abbé.

On distinguait par le costume des différents ordres les abbés, particulièrement en *abbés blancs* et *abbés noirs.* Les premiers étaient les supérieurs des Augustins, des Dominicains, des Prémontrés, des Chartreux, des Carmes, des Bernardins, etc.; les seconds étaient ceux des Bénédictins. La même qualification s'appliquait aux religieux et religieuses, à leur ordre, et, on le verra plus loin, à leur abbaye.

Dont l'enmenèrent maintenant au mostier maistres Fouques de Nulli et li vesques de Soissons, et dui *blanc abbé* qu'il avoit amenés avec lui de son païs, et li atachièrent, de par Dieu, la crois en l'espaule.

Einsi estoit l'ost (l'armée) en discorde comme vous oés, et ne vos merveilliés mie de la laie gent se il se descordoient, quant li *blanc moine* de Cistiaus qui estoient en l'ost se descordoient aussi.

Si guerpi l'ost... et li *abbés* de Vaus, qui *blans moines* estoit.

Villehardouin, *Conqueste de Constantinoble,* XXVII, LII, LVI.

Le jour que je me parti de Joinville, j'envoié querre l'*abbé* de Cheminon, que on tesmoignoit au plus preudhomme d'ordre blanche.

Joinville, *Histoire de Saint Louis.*

Certes en ces religions
A mout (il y a beaucoup) d'ypocrites *abbez;*
C'est uns vices désesperez;
Il (y) en a molt en *l'ordre noire*
Et en *la blanche,* c'est la voire (la vérité).

Ne véez-vos des *blanz abbez*
Qui porchacent les évesquez?

Des *noirs* moines et des *abez*
Suiz-je forment désespérez.
Guiot de Provins, *la Bible.* Voy. *Fabl. et cont. anc.* Méon,
t. II, p. 382, 350, 341.

Et chardonax i ot et arcevesques dis
(Il y eut dix cardinaux et archevéques),
Evesques et *abez*, et *noirs moines* et *gris* ;
Et portent filatires, cors sains et crucifiz.
Simplement se maintienent.....
Chanson des Saxons, t. I, p. 73, vor.

Les *blances* et les *grisses* et les *noires nonains*.
Rutebeuf, *De la Vie dou monde.*

Il est fait à cette distinction une allusion badine
dans le passage suivant :

Riche manant, ayant soin du tracas,
Dîmes et cens, revenus et ménage
D'un *abbé blanc;* j'en sais de ce plumage
Qui valent bien les *noirs*, à mon avis.
La Fontaine, *Contes*, IV, 6.

Abbé *des abbés*, était un titre de prélature qui
se donnait exclusivement à l'*abbé* du Mont-Cassin.

L'*abbé* de Cluny ayant osé se qualifier *abbé des abbés*,
dans un concile tenu à Rome l'an 1116, le chancelier du
pape décida que cette distinction appartenait à l'*abbé* du
Mont-Cassin ; celui de Cluny se contenta du titre d'*abbé*
cardinal.
Voltaire, *Dictionnaire philosophique*, art. Abbaye.

Abbé-*chevalier*, se disait des champions du monastère.

Les *abbez*, les religieux, et plusieurs ecclésiastiques,
se sont servy de la voye des combats à outrance, pour
se faire payer ce qui leur estoit deub..... ; en ce cas ils
avoient leurs champions tous prests, nommez par quelques-uns abbati milites, *abbez-chevaliers*, et par d'autres
vicarii ,... et on nommoit cela le droit du duel.
Wilson de la Colombière, *le vray Théâtre d'Honneur*, c. 3.

Abbé *des cloches*, ou *des clochers* (*Abbat dey
clouchié*), était le titre particulier d'une dignité,
dans la cathédrale du Puy-en-Velay : *Journal de
Trévoux*, avril 1734, p. 761. Le même nom se
donnait, suivant Du Cange, par une espèce de mé-

tonymie badine, au sonneur de l'église d'Annecy.
Voy. *Glossar.*, Abbas, § *Abbas clocherii.*

Abbé, ou *abbat laïque*, désignait, en Béarn, un
séculier qui possédait les dîmes d'un village, et qui
nommait à sa cure.

Les *abbés laïcs* de Béarn jouissent des dîmes et de la
présentation à la cure; mais ils payent aux évêques un
droit que l'on nomme arcuit, qui se rapporte au cens
annuel introduit par Carloman.
Denisart, *Collection de décisions nouvelles*, au mot
Abbats laïcs.

Abbé, s'employait indistinctement, comme nous
l'avons vu, en parlant du bénéficiaire sans juridiction, qui n'avait point de monastère à gouverner, et
abstraction faite de l'exercice d'une fonction ecclésiastique. De là quelquefois cette expression, *abbé à
bénéfice.*

La jeunesse, en entrant dans le monde, prenoit le
parti que bon lui sembloit. Qui vouloit, se faisoit chevalier : *abbé*, qui pouvoit ; j'entends *abbé à bénéfice.*
Hamilton, *Mémoires de Grammont*, c. 2.

Je vis arriver en ce lieu
Le brillant *abbé* de Chaulieu,
Qui chantait en sortant de table.
Voltaire, *le Temple du Goût.*

Le prieur qui suppléait le bénéficiaire dans le
gouvernement des moines, s'appelait l'*abbé en second.*

Abbé, se prend depuis longtemps génériquement
pour désigner un homme qui appartient à l'ordre
ecclésiastique, et c'est le titre qu'on lui donne,
comme autrefois celui de père.

Ce nom de Buzay approchant un peu trop de Buse, il
se fit appeler l'*abbé* de Retz. Ce n'étoit pas encore trop
la mode, en ce temps-là, de ne porter pas le nom de son
bénéfice; à cette heure, il n'y a si petit ecclésiastique qui
ne s'appelle l'*abbé*; et ceux qui le sont effectivement
prennent le nom de leur famille, aussi bien qu'eux.
Tallemant des Réaux, *Historiettes*, le cardinal de Retz.

Fort peu de gens s'appliquent à leur mestier. C'est un
abbé qui preschoit à miracle, qui devient muet sitost qu'il
est évêque.
Arnoul, Lettre à Colbert, 28 décembre 1666. (Voy. *Corresp.*
administr. sous Louis XIV, t. II, p. 918.)

Moi, qui ne compte rien ni le vin, ni la chère,
Si l'on n'est plus au large assis en un festin
Qu'aux sermons de Cassagne ou de l'*abbé* Cotin.

BOILEAU, Satires, III.

ABBÉ, s'est étendu à des ecclésiastiques, non-seulement sans bénéfice, mais sans fonctions ; à de jeunes clercs pourvus de quelqu'un des ordres mineurs ou s'y préparant, et ayant pris par avance la tonsure, l'habit court et le petit collet ; enfin à diverses catégories de personnes non engagées dans les ordres, précepteurs, hommes de lettres, etc., lesquelles formaient, sous ce costume, dans l'ancienne société, une classe à part, souvent fort mondaine elle-même.

Il pleut des *abbés* et des demoiselles ; dès qu'un petit cuistre est habillé de noir, on l'appelle Monsieur l'*abbé*.

RICHELET, Dictionnaire.

C'estoit un jeune *abbé* sans abbaye, c'est-à-dire un tonsuré de bonne famille, où l'un des enfants est toujours *abbé* de son nom.

FURETIÈRE, Roman bourgeois, I.

Quoi! tu donnes dans les *abbés*, ma bonne, toi, qui ne pouvois les souffrir ?

DANCOURT, l'Été des coquettes, sc. 9.

Je ne crains pas le scandale, moi. Ah! vous n'avez pas affaire à un *abbé*, je vous en avertis.

LE SAGE, Turcaret, II, 3.

Allons, monsieur l'*abbé*, dit-il (le marquis de Sévigné à l'*abbé* Cogan), paroissez sur la scène. Mademoiselle (la Champmeslé) fit, hier le rôle d'Iphigénie, et vous faites le personnage d'*abbé*. Vous êtes ecclésiastique à peu près comme elle est princesse...

PRÉVOST, Mémoires d'un Homme de qualité, II.

J'entendis un jour une femme qui disoit : . . . . . Il est surprenant que ce jeune *abbé* ait été oublié ; il faut qu'il soit évêque : c'est homme de naissance, et je pourrois répondre de ses mœurs.

MONTESQUIEU, Lettres persanes, 107.

L'*abbé* Linant, ou plutôt Linant qui n'est plus *abbé*, vient d'arriver, toujours rempli de vous. Il lui faudra du temps pour reprendre l'habitude de la vie inquiète et tumultueuse de Paris, après avoir joui d'une si douce tranquillité auprès de vous.

Si vous n'êtes Monsieur l'*abbé* que pour avoir été tonsuré, pour porter un petit collet, un manteau court, et pour attendre un bénéfice simple, vous ne méritez pas le nom d'*abbé*.

Parmi ceux qui fesaient les honneurs de la ville, il y avait un petit *abbé* périgourdin, l'un de ces gens empressés, toujours alertes, toujours serviables, effrontés, caressans, accommodans, qui guettent les étrangers à leur passage, leur content l'histoire scandaleuse de la ville, et leur offrent des plaisirs à tout prix. Celui-ci mena d'abord Candide et Martin à la comédie.

VOLTAIRE, Lettres, 27 sept. 1753 ; Dictionnaire philosophique,
art. ABBÉ; Candide, c. 22.

C'est un homme qui porte un fort petit collet,
Avec un habit noir ; enfin, c'est, ce me semble,
Quelque façon d'*abbé* ; du moins il leur ressemble.

MONTFLEURY, le Gentilhomme de Beauce, III, 4.

Abbés blonds et musqués, qui cherchez par la ville
Des femmes dont l'époux soit d'un accès facile.

REGNARD, les Folies amoureuses, II, 5.

Petits *abbés* qu'une verve insipide
Fait barboter dans l'onde aganippide.

J.-B. ROUSSEAU, Épîtres, III.

Elles chantaient déjà, faute d'idées.
Quand dans la chambre entre Monsieur l'*abbé*.

VOLTAIRE, Épîtres, LXIII.

Qu'on la séduise! Il dit. Ses eunuques discrets,
Philosophes *abbés*, philosophes valets,
Intriguent, sèment l'or, trompent les yeux d'un père.

GILBERT, Satires, Mon Apologie.

Ces *abbés* ambitieux dont il est question dans les exemples de Montesquieu et de Voltaire, s'appelaient aussi *abbés de cour*.

Abbé de cour marque du déréglement et quelque chose de fort profane.

BOUHOURS, Remarques nouvelles sur la langue françoise.

ABBÉ, dans cette signification gratuite que l'usage lui avait donnée, a, depuis la fin du dix-septième siècle, tenu lieu de qualification nobiliaire à des cadets de famille qui n'en avaient point d'autre.

Ces dernières acceptions, et les diverses locutions qu'elles avaient produites, ont disparu du langage, depuis que les abus qu'elles signalaient ont cessé d'exister dans nos mœurs.

Il résulte d'un assez grand nombre de témoignages historiques (voy. Ménage, <i>Diction. étym.</i>, art.

14.

ABBÉ), que les meilleures abbayes ayant été dans le moyen âge inféodées sous la même condition de service personnel que les fiefs, le mot ABBÉ s'est pris autrefois chez nous pour celui de Noble , de Seigneur.

Pour ce que l'histoire parle souvent des *abbez* du royaume, aucuns pourroient penser que ce fussent moynes, gens de religion; mais nous cuidons mieux.... que ce fussent barons et grands seigneurs seculiers, à qui l'on donnoit abbayes et églises à temps et à vie : qui estoit mauvaise coustume, contre Dieu et l'intention de ceux qui les avoient fondé.

FAUCHET, *Antiquitez françoises*, X, 10.

Voyans nos roys que les abbayes s'estoient faites tres-opulentes , et qu'elles estoient presque reduites à l'instar de leurs benefices militaires , ils commencerent de les conferer à leurs gens-d'armes. Ce qui se trouva pratiqué depuis le regne de Charles le Chauve jusques à celuy de Robert ; ne redoutans les grands seigneurs qui suivoient les armes de s'appeller *abbez* et doyens, non plus que maintenant ducs, comtes, barons ou chastellains.

Est. PASQUIER, *Recherches de la France*, II, 16.

Au temps de Cujas, qui l'atteste (*De Feudis*, lib. I, tit. 1), le titre d'ABBÉ était encore dans les Pyrénées une qualification nobiliaire, indépendante de toute fonction ecclésiastique. Il en était de même à Gênes, où le premier magistrat s'appelait l'*abbé du peuple*.

On lit dans un manuscrit intitulé *l'Abbé commendataire* :

Alciat remarque que les consuls et les pricurs des arts se sont faits appeler *abbez*. Zacarilla dit que les gouverneurs en Aragon se nomment *abbez*, et leurs femmes *abbesses*.

Ms. n° 1720, p. 7. Fonds S.-Germain-des-Prés, Bibl. imp.

Des *Recherches historiques sur la corporation des Enfants de ville de Châlon-sur-Saône*, assez récemment publiées en cette ville (voyez le *Journal des Savants*, fév. 1850, p. 126), font connaître que le chef de cette corporation, moitié sérieuse, moitié folâtre, était électif, et prenait le nom d'*abbé de la grande abbaye*.

ABBÉ, s'est dit fort abusivement autrefois, du chef d'une de ces sociétés de plaisir , si communes au moyen âge, et dont l'institution offrait un scandaleux mélange de licence et de superstition.

L'ABBÉ *de liesse* d'Arras (*Mémoires sur l'histoire d'Artois*, par M. Hardouin).

... Les *abbés de Liesse* d'Arras, des mariés de Péronne, des faims de la Bassée, des Pau-prouffitans ou de Mal-Espargne, de Sens-Légier, de Saint-Bétremieu, des sots de Saint-Vaast, de Rousse-Amule de Béthune, des innocents de Lillers...

A Arras, l'*abbé de Liesse* levoit la bannière et prenoit la croche de l'*abbaye de Liesseté* pour présider aux jeux, esbatements et joyeusetez du cras dimenche.

Documents originaux concernant les jeux de personnages, mystères, etc., exécutés en Flandre pendant le XVe et le XVIe siècle. (Voy. *Documents historiques inédits extraits de la Biblioth. nationale*, etc., t. IV, p. 321 et note 1.)

L'ABBÉ *de Saincte Souffrette*.

Une assemblée de compaignons
Nommez les Gallaus sans soulcy.....
Qui aymoient bien besoigne faicte,
Et estoient de franc cueur transi
A l'*abbé de Saincte-Souffrette*.

VILLON, *la Repeue des Gallans sans Soulcy*.

L'ABBÉ *du clergé* de Viviers (Lancelot, *Mémoires de l'Académie des inscriptions*, tom. VII, p. 255).

L'*abbé du clergé* étoit un jeune clerc que le bas-chœur élisoit dans une de ces ridicules cérémonies que la simplicité de nos pères avoit introduites.

SAINTE-PALAYE, *Glossaire*, au mot ABBÉ.

L'ABBÉ *de la Malgouverne*, ou *de la fête de l'âne* de Rodez (du Tilliot, *Histoire de la fête des fols*, p. 22 et suiv.).

On a dit aussi en ce sens, ABBÉ *de Maugouverne* , et par corruption, *abbé de Maugouver*.

Mais vous (disoit-elle en lisant son calepin d'injures), *abbé de maugouver*, aliborum, amoureux de Bretaigne, ange de Grève, etc.

GUILLAUME DES AUTELZ, *Mythistoire barragouyne de Fanfreluche et Gaudichon*, p. 22.

L'ABBÉ *des conards* ou *cornards*, de Rouen.

Il y avait en Normandie, qu'on appelle le pays de Sapience, un *abbé des conards*, qu'on promenait dans plusieurs villes sur un char à quatre chevaux, la mitre en tête, la crosse à la main, donnant des bénédictions et des mandemens.

VOLTAIRE, Essai sur les mœurs, c. 82.

> Guillaume *abbé*, centième de ce nom ,
> *Des Conards* prince et prélat pacifique ,
> A tous nos sots ou qui en ont renom ,
> Et gouverneurs de nostre respublique ,
> Salut . . . .

Triomphes de l'abbaye des Conards, signature 1 rect.

Le mot ABBÉ est naturellement entré dans un assez grand nombre de proverbes. Tels sont les suivants :

Abbé et couvent ce n'est qu'un , mais la bourse diverse.

Proverbes communs (xve siècle).

Homme ne connoît mieux la malice que l'*abbé* qui a esté moine.

COTGRAVE , Dictionnaire.

L'*abbé* mange le couvent.

OUDIN, Curiositez françoises.

ABBÉ, se dit figurément et proverbialement dans ces phrases : *Pour un moine, on ne laisse pas de faire un abbé,* L'opposition d'un particulier n'empêche pas la délibération d'une compagnie ou la conclusion d'une affaire.

> Si Alaigre ne vient bientost, je le passerai maistre; *pour un moine on ne laisse pas de faire un abbé.*

Le comte de CRAMAIL, la Comédie des Proverbes, II, 3.

Le moine répond comme l'abbé chante, Les inférieurs prennent ordinairement le ton et les manières de leurs supérieurs.

Attendre quelqu'un comme les moines font l'abbé, Se mettre à table sans lui.

> Vous vous mîtes à table, et commençâtes à dîner *en l'attendant comme les moines attendent l'abbé*, c'est-à-dire en dînant : car l'heure du repas est si réglée dans les monastères, que, quand l'heure est sonnée , ils se mettent à table sans attendre personne, non pas même leur supérieur.

FLEURY DE BELLINGEN, Étymologie des proverbes, I, 7.

On dit aussi, *table d'abbé,* pour Une table somptueuse et délicate (Dictionnaire de Cotgrave) ; *Face d'abbé,* pour Un visage rubicond et bouffi

d'embonpoint (Bourgoing, *de Origine vocum vulgarium*, fol. 8 et 9) ;

Pas d'abbé, pour Une allure grave, composée, presque solennelle ;

> J'y recogneu le grand chemin de Bourges , et le veids marcher *à pas d'abbé.*

RABELAIS, Pantagruel, V, 26.

Jouer à l'abbé, pour Jouer à une sorte de jeu où l'on est obligé d'exécuter les mêmes gestes et les mêmes mouvements qu'un des personnages de la partie auquel on donne le nom d'*abbé :*

> Vous n'aurez qu'à faire comme au *jeu de l'abbé*, qu'à me suivre.

Le comte DE CRAMAIL, la Comédie des Proverbes, II, 5.

ABBÉ de Sainte-Espérance, pour désigner ironiquement, par le nom d'une abbaye imaginaire, un *abbé* sans titre et sans bénéfices.

Il peut être fait du mot *abbé* d'autres emplois figurés , comme le montrent les exemples suivants :

> Nous sommes ici (à Potsdam) trois ou quatre étrangers comme des moines dans une abbaye. Dieu veuille que le père *abbé* se contente de se moquer de nous !
>
> J'attends votre décision. Je suis un moine soumis aux ordres de mon *abbé*, et je n'attends que votre obéissance.

VOLTAIRE , Lettres, 17 novembre 1750 ; 16 juin 1754.

ABBESSE, s. f. (d'*Abbatissa*, moyenne latinité. Voy. Sidon. Apoll., *Epist.* VIII, 17).

Autrefois ABAESSE, ABBAÏASSE, ABBAISSE, ABEESSE, ABESE, etc. (Voyez le *Glossaire* de Sainte-Palaye.)

Supérieure d'une communauté de filles, qui a le droit de porter la crosse. *Mère abbesse, Abbesse triennale, Abbesse perpétuelle,* etc.

Au titre d'ABBESSE se joignait l'expression de dame et de madame; *la dame abbesse de Jouarre, madame l'abbesse de Jouarre.* Quelquefois on disait simplement, par analogie avec ce qui se pratiquait pour les évêques, *madame de Jouarre.*

> Le roi de France a faict faire commandement à l'*abbesse* de ne prendre aulcune coadjutéresse sans son exprès congé et consentement.

Le baron DE BOLWILLER au cardinal de Granvelle, lettre
du 29 janvier 1565. (Voy. Papiers d'État du cardinal
de Granvelle, t. VIII, p. 664.)

On la fit *abbesse*, sans que, dans un âge si tendre, elle sût ce qu'elle faisoit; et la marque d'une si grave dignité fut comme un jouet entre ses mains.

        Bossuet, *Oraison funèbre d'Anne de Gonzague.*

Madame l'abbesse de Jouare est la seule qui ait un clergé et un peuple, la seule qui ait usurpé la juridiction épiscopale.

Le pape ayant commis un autre évêque pour bénir *l'abbesse*, l'évêque de Meaux s'en plaignit comme étant injustement dépouillé de son droit.

        Le même, *Pièces concernant l'abbaye de Jouare*, sur la juridiction active, etc., XIVᵉ et XVᵉ pièce.

Pour M. de Paris (de Harlay), ce sont d'autres merveilles; il a emporté contre les commissaires, qui avoient la conscience plus délicate que lui, que le roi pût mettre des *abbesses* à plusieurs couvents de filles, surtout aux Cordelières; et cela commence à s'exécuter avec un bruit et un scandale épouvantable.

Pour moi, je mettrois la petite avec sa tante; elle seroit *abbesse* quelque jour; cette place est toute propre aux vocations un peu équivoques : on accorde la gloire et les plaisirs.

        Mᵐᵉ DE SÉVIGNÉ, *Lettres,* 30 oct. 1676; 9 juin 1680.

Le corps d'Abailard fut porté au Paraclet, dont Héloïse étoit *abbesse.*

        HÉNAULT, *Abrégé chron. de l'Histoire de France,* année 1140.

J'eus un jour la migraine : il n'en falloit pas davantage pour occuper toute la maison, depuis *l'abbesse* jusqu'aux sœurs.

        Mᵐᵉ DE STAAL, *Mémoires.*

    E si a dit e graanté (affirmé)
Ke jà n'ara mari, fors Dé (hors Dieu).
Nonain devint à Fontevralt.....
Poiz (depuis) fu dame de l'abéie,
Abéesse tote sa vie.

        WACE, *Roman de Rou,* v. 15404.

En bonnes œvres tant se tint
Qu'*abéesse* fu de s'église,
Et par son évesque i fu mise.

        Nouv. rec. de fabl. et cont. anc., Méon, t. II, p. 315.

Ne cuidiez pas que ce soit fables;
Je ne vodroie mie estre *abes,*
Se Hersent n'estoit *abéesse,*
Ou celeriere, ou prioresse.

        Roman du Renart, v. 28264.

      ....Miracle! dit *l'abbesse :*
Venez, mes sœurs, nos jeûnes ont tant fait
Que Mazet parle.

        LA FONTAINE, *Contes,* II, 16.

D'ABBESSE et aussi d'*abbé,* Rabelais a tiré les appellations bouffonnes que contient le passage suivant :

Les masles il nommoit Clergaux, Monagaux, Prestregaux, *Abbegaux,* Evesgaux, Cardingaux et Pappegaut, qui est unicque en son espèce. Les femelles, il donnoit Clergesses, Monagesses, Prestregesses, *Abbegesses,* Evesguesses, Cardingesses, Papegesses.

        RABELAIS, *Pantagruel,* V, 2.

ABBESSE *de Lens,* a été une locution proverbiale, employée, dans un sens équivoque, par allusion à l'adjectif Lent, pour désigner une personne indolente et paresseuse.

    Qui ne peut bien son service employer,
A Lens si voist mieus querre *l'abéesse.*
(Qu'il aille plutôt chercher *l'abbesse de Lens.*)

        Anciennes poésies françaises, ms. du Vatican, nᵒ 1490, fol. 171, rᵒ. (Cité par Sainte-Palaye.)

Avec cette locution et d'autres de même sorte qui correspondent à certains emplois figurés du mot *abbé,* cités précédemment pag. 108 et 109, il ne faut pas confondre une expression par laquelle est désignée, dans le passage suivant, une *abbesse* véritable de religieuses bernardines, celle de l'abbaye La Joie-lez-Nemours (*Gaudium Beatæ Mariæ Nemoris,* ou *Nemorosii*) ou bien encore de l'abbaye La Joie près Hennebon (*Gaudium Nostræ Dominæ,* ou *Beatæ Mariæ prope Hannebontium*), fondations de 1231 et de 1250.

    J'ai vu jadis *l'abbesse de la Joie,*
Malgré ce titre, à la douleur en proie.

        VOLTAIRE, *Stances à madame Denis,* aux Délices, 1755.

ABBESSE, se dit, par une extension grossière et odieuse, d'une femme déhontée qui tient une maison de débauche.

Le suppliant fut requis à aler querir une jeune femme au bourdeau de la ville de Tholouse, que *l'abbesse* ou maistresse lors dudit bourdeau avoit promis de bailler.

        Lettres de rémission de 1389. (Voy. dom CARPENTIER, Supplément au *Glossaire* de Du Cange, au mot ABBATISSÆ.)

Il l'envoya sans hésiter à la Gourdan, qui est, comme chacun sait, l'*abbesse* la plus accréditée de Paris.

BACHAUMONT, Mémoires.

Quelque veau d'or par Plutus illustré,
Ou quelque fée, autrefois sœur professe
Dans Amathonte, aujourd'hui mère *abbesse.*

J.-B. ROUSSEAU, Épîtres, II, 4.

Cette expression se rapporte à une extension pareille du mot *abbaye.*

ABBAYE, s. f. (d'*Abbatia*, moyenne latinité.) On prononce A-BÉ-IE.

L'orthographe actuelle est ancienne. Elle se trouve déjà dans la *Chronique* de Henri de Valenciennes et dans les *Poésies* manuscrites d'Eustache Deschamps, fol. 234, col. 4; 237, col. 2; 256, col. 3. On a écrit aussi ABÉIE, qui est l'orthographe de la prononciation, ABBÉIE, ABEYE, ABIE, ABBIE, etc. (Voyez le *Vocabulaire latin-français de G. Briton*, XIVᵉ siècle, au mot *Cenobium*; les *Glossaires* de Sainte-Palaye, et de Roquefort.)

ABBAYE, se dit proprement d'un monastère d'hommes qui a pour supérieur un abbé, ou d'un monastère de filles qui a pour supérieure une abbesse. *Abbaye royale*, fondée par un roi ou par une reine; *Abbaye noble*, dans laquelle on n'était point admis sans avoir fait preuve de noblesse; *Abbaye en règle*, où l'on n'entrait point sans faire des vœux; *Abbaye en commende*, où l'on pouvait nommer un séculier; *Abbaye privilégiée*, qui par sa bulle de fondation relevait immédiatement du pape sans être soumise à la juridiction immédiate de l'évêque, à moins qu'il n'eût été spécialement délégué à cet effet par le pape, etc.

ABBAYE s'est pris par extension pour désigner généralement tout autre couvent ou établissement religieux, qui n'est point placé sous la direction d'un abbé.

Se alquons (quelqu'un) meist main en celui qui la mère yglise requireit (réclamait), se ceo fust u *abbéie*, u yglise de religion, rendist ce que il i avereit pris, et cent sols de forfait.

Lois de Guillaume le Conquérant, dans Leges anglo-
saxonicæ</i>, etc. David Wilkins, Lond., 1721, p. 219, cité
dans les <i>Mémoires de l'Acad. des inscriptions</i>, t. XVII,
p. 179, in-4°.

La veille de Saint-Jehan-Baptiste en juing, vinrent à Saint-Estienne, une *abaïe* qui estoit à trois lieues de Constantinoble.

VILLEHARDOUIN, Conqueste de Constantinoble, LXI.

Se nous regardons ces cités, ces tours, ces eglizes cathedraus, ces *abéies roiaus*, où dame Fortune tourne chou desous descure (ce dessus dessous), plus tost que moelins à vent, que verrons-nous fors qu'espines poiguans ?

Li Mireoirs dou monde, fol. 203, r°, c. 2, Ms. 7363, Bibl. imp.

Au temps d'ichesty abbé (XIIᵉ siècle), fu muée la priourté de Saint-Victor en Caux en *abbaïe*, laquele prieurté estoit de la dite *abbaïe* de Saint-Ouen; et à cheu se consenti pour acroistre religion.

Les Chroniques des abbés de Saint-Ouen, p. 2.

Ceste *abbaye*... les prédécesseurs de ma dame la fondèrent; et tant y firent de bien, que aujourd'huy elle est une des dix meilleures *abbayes* de France.

A. DE LA SALE, Jehan de Saintré, c. 69.

Tant fut grand le cri des navrez (blessés), que le prieur de l'*abbaye* avec ses moynes sortirent.

Restoit seullement le moyne à pourvoir, lequel Gargantua vouloit faire abbé de Seuillé : mais il le refusa... S'il vous semble que je vous aye faict, et que puisse à l'advenir faire service agreable, octroyez-moi de fonder une *abbaye* à mon devis. La demande pleut à Gargantua, et offrit tout son pays de Theleme... Et requist à Gargantua qu'il instituast sa religion au contraire de toutes aultres. Premierement doncques, dist Gargantua, il n'y fauldra ja bastir murailles au circuit; car toutes aultres *abbayes* sont fierement murées.

RABELAIS, Gargantua, I, 27, 52.

(Dagobert) commanda d'estre enterré à S.-Denis, *abbaye* qu'il avoit fait bastir et orner d'or, d'argent et joyaux precieux, plus que pas une qui fut lors en France.

Au mesme temps (aucuns disent le seiziesme du regne de Clovis, qui reviendroit à l'an 660) l'*abbaye* de S.-Denis fut exempte de la subjection de l'evesque de Paris (ce disent les moynes), du consentement de S. Lendry, qui lors estoit evesque. Jaçoit que, suyvant un article du premier concile d'Orleans, toutes *abbayes* deussent estre sous la correction des evesques du diocese où elles sont basties.

FAUCHET, Antiquitez françoises, V, 10, 13.

Le nom du Paraclit demeura à cette eglise... et y fut establie une *abbaye* de nonnains, dont Heloïse fut la premiere abbesse, laquelle y vesquit avec telle austerité, que les evesques la tenoient pour leur fille, les abbez pour leur sœur, et les hommes laiz pour leur mere.

Est. PASQUIER, *Recherches de la France*, VI, 17.

Ces deux *abbayes* sont soumises à l'ordinaire dès leur origine; celle de Jouare ne doit pas se croire plus *privilégiée*.

BOSSUET, *Pièces concernant l'abbaye de Jouare*. Remarques sur la fondation.

Ne refusa-t-il pas une grande *abbaye* qu'on lui offrit pour un de ses fils ?

FLÉCHIER, *Oraison funèbre de M. de Lamoignon*.

On a pris six filles à Chelles pour être abbesses deçà et delà ; la d'Oradour n'en est pas, dont elle est tout à fait mortifiée, car elle a extrêmement l'esprit, et la vocation de la petite cour orageuse des *abbayes*.

Et tous nos vieux meubles qui sont passés d'abbés en abbés, et qui demeureront longtemps en l'état où vous les connoissez; car cette *abbaye* va devenir un patrimoine dans cette famille.

Mme DE SÉVIGNÉ, *Lettres*, 30 octobre 1676; 29 novembre 1689.

Celle qui délibère sur le choix d'une *abbaye* ou d'un simple monastère pour s'y renfermer, agite l'ancienne question de l'état populaire et du despotique.

Il s'est trouvé des filles qui avoient de la vertu, de la santé, de la ferveur et une bonne vocation, mais qui n'étoient pas assez riches pour faire dans une riche *abbaye* vœu de pauvreté.

LA BRUYÈRE, *Caractères*, c. 14.

Souvent la même main qui fondoit des *abbayes* nouvelles, dépouilloit les anciennes.

MONTESQUIEU, *Esprit des lois*, XXXI, 23.

Le concile de Meaux en 845, canon 10, appelle les *abbayes* paternités.

GUY DU ROUSSEAUD DE LA COMBE, *Recueil de jurisprudence canonique*, au mot ABBÉ.

Hugues son père, surnommé l'abbé, à cause des *abbayes* de Saint-Denis, de Saint-Martin de Tours, de Saint-Germain-des-Prés, et de tant d'autres qu'il possédait, avait ébranlé et gouverné la France.

VOLTAIRE, *Essai sur les mœurs* c. 38.

[Guillaume] A Caem fist dous (deux) *abéies*,
    U il mist mult grant mananties (domaines) :
    El non de Saint-Estienne fist
    Une *abéie* à muigues (moines) mist;
    L'altre *abéie* prist ne mains
    Mahelt sa fame, et mist nonains,

    Ki est de Sainte Trinité;
    Et por amor e por chierté
    Fu ele là ensepelie.

[Guillaume] Paiz fist de çà, paiz fist de là,
    Larronz destruit, félons greva.
    Là à la bataille [d'Hastings] out esté,
    Fist *abéie* e mist abé.

WACE, *Roman de Rou*, v. 10475, 14143.

Por vos devenrai nonc en l'église Saint-Pol;
    Por vos ferai une tele *abbaïc* :
    Quant c'est li jors que la feste ert (sera) nomeie,
    Se nus (nul) y vient qui ait s'amor fauseie,
    Ja del mostier n'en avera l'entreie.

AUDEFROY LE BASTARD, Bele Docte. Voy. *Romancero françois*, p. 47-48.

    Tuit dient que noz *abaïes*
    Sont par noz abbés esbahies ;
    Destruites sont par nos abbez.

GUIOT DE PROVINS, *la Bible*. Voy. *Fabl. et cont. anc.*, Méon, t. II, p. 341.

.... Veut estorer une *abie*
Ens en (dans) un grant marés qui est dehors Corbie.

Poëtes françois avant 1300, p. 1333. Ms. Bibl. imp.

Car faisons un castel à la Mahomerie (mosquée),
Et cil castiaus soit fait el non sainte Marie.
Se dame Dieu ce donne, qui tout a en baillie,
Que nous aions la vile en nostre comandie,
La douce mere Dieu là sera bien servie;
S'i ferons moines metre et faire une *abéie*.

Chanson d'Antioche, ch. IV, v. 420.

Rois Flores, qui moult ert hons de bone pensée,
Et Blanchefleurs aussi la royne loée,
Une bele *abaïe* ont el païs fondée
En l'onneur de Jhesu qui fist ciel et rousée,
Por l'amour de Bertain que Diex ot ramenée,
Et qui de ce péril fu ainsi eschapée ;
De soixante nonnains l'ont ainsi estorée :
Encore est l'*abaïe* de Val Berte apelée.

ADENÉS, *Roman de Berte*, p. 188.

.... En Bergoigne
A Cligni (Cluny) la maistre *abaïe*
Qui est de si grant seignorie
Que la contrée est toute lor
Sept lieues plaines tot entor.

J. LI CHAPELAINS, voy. *Nouv. recueil de fabl. et cont. anc.*, Méon, t. I, p. 318.

.... En la Bretonnerie
A (il y a) une petite *abbaïe*

Que l'en apele Sainte-Crois ,
Dont les frères metent les crois
Partie à blanc et à vermeil.
Le Dit eds Moustiers. Voy. *Nouv. recueil de contes,* etc.,
Jubinal, t. II, p. 110.

Prenez femme, *abbaye,* emploi, gouvernement,
Les gens en parleront, n'en doutez nullement.
LA FONTAINE, *Fables,* III, 1.

Comme il menait cette joyeuse vie,
Tel qu'un abbé dans sa grasse *abbaye.*
VOLTAIRE, *la Pucelle,* I.

La distinction remarquée plus haut entre les abbés blancs et noirs avait lieu aussi pour les AB-BAYES. On disait : *Abbaye de moines blancs, de moines noirs, de moines gris ; abbaye blanche, noire, grise.*

Et l'endemain jut (coucha) al Corthiac, chou est une riche *abbaye de moines gris.*
HENRI DE VALENCIENNES, *Conqueste de Constantinoble,* XVI.

Ilhs trovarent ung grant *abbie de noirs moynes* de l'ordre de Saint-Benoît que ons nommoit de Saint-Emon.

Et li fut livrée une *abbie de blans moynes* por tenir là son corps.
Jehan LEBEL, *Chroniques,* fol. 6 r°; 11 v°.

Et mesmes derriere le chastel boutirent le feu en une *abaye de moines noirs* , et en brûlèrent une grande partie, afin de non estre aprochez.
OLIVIER DE LA MARCHE , *Mémoires,* I, 12.

Une *abaïe de blans moines.*

En une *abaïe à blanc moine.*

Tout droit à la *noire abaïe.*

Qui sont d'une *abaïe blanche.*
Roman du Renart, v. 6520, 15821, 27866, 28691.

Je me rendisse tempre (tôt) ou tart,
Pour sauver m'âme, aucune part,
Dedens une *noire abéye.*
ROIS DE CAMBRAI, *la Division d'ordres et de religions,* dans Rutebeuf, t. II, p. 442.

En la terre et une *abaïe*
Blanche, de sainte gent guarnie.
Nouv. rec. de fabl. et cont. anc., Méon, t. II, p. 488.

Li soudoier (soldats) souvent descendent ;...
Et destruient par la contrée
Abaïes blanches et grises.
G. GUIART, *Royaux lignages,* t. II, v. 4288

I.

ABBAYE, se dit aussi pour l'abbé et les moines, pris collectivement. De là, dans le langage proverbial, *Faute d'un moine l'abbaye ne manque pas,* ce qui signifie : Quand une personne est empêchée de se trouver à un rendez-vous nombreux d'affaires ou de plaisir, les autres ne laissent pas de vaquer à ce qui avait été résolu.

ABBAYE, s'emploie par une extension aussi commune que le sens propre, pour Le bénéfice attaché au titre d'abbé, et pour les revenus qui en dépendent.

Les gentilshommes jouyssoient pleinement des *abbayes* et autres bénéfices et dignitez ecclésiastiques.
BRANTÔME, *Vies des capitaines françois,* disc. XLV.

Dès ce temps-là (sous Louis le Débonnaire), nos roys faisoient tenir les riches *abbayes* par leurs favorits.

Ce fut lors (sous Charles le Chauve), que, sans distinction et discretion, les gens de cour se mirent dans les *abbayes,* desquelles ils firent leur propre.
FAUCHET, *Antiquitez françoises,* VIII, 1 ; IX, 5.

Vous luy promistes *abbayes,* eveschez, et mons et merveilles.
Satyre Ménippée, Harangue de M. d'Aubray pour le tiers état.

Henry..., frère du roi Estienne et légat du pape, fit élire archevêque d'Yorck Henri de Coïlli... mais comme il étoit abbé de Saint-Estienne de Caen, le pape Innocent II ne voulut point qu'il fût archevêque, s'il ne renonçoit à l'*abbaye.*
FLEURY, *Histoire ecclésiastique,* LXVIII, 77.

Le coadjuteur est prêt à partir, lui qui avoit engagé son *abbaye* pour deux ans, qui vouloit vivre de l'air.

Cette mine de prospérité du coadjuteur, qui attire les *abbayes* et les heureux succès, vous a été bien plus profitable.
Mme DE SÉVIGNÉ, *Lettres,* 15 et 24 décembre 1673.

Phrases outrées, dégoûtantes, qui sentent la pension ou l'*abbaye.*

Ce garçon si frais, si fleuri et d'une si belle santé, est seigneur d'une *abbaye* et de dix autres bénéfices : tous ensemble lui rapportent six vingt mille livres de revenu, dont il n'est payé qu'en médailles d'or.
LA BRUYÈRE, *Caractères,* c. 1, 6.

Le monde, qui n'eut plus besoin de lui pour des évêchés et des *abbayes,* l'abandonna. Toutes les grâces de son

15

corps et de son esprit, qui étoient infinies et qui lui étoient parfaitement naturelles, se flétrirent.

SAINT-SIMON, *Mémoires*, 1695, t. I, c. 30.

La charité chrétienne donnoit à son désintéressement naturel sa dernière perfection; il ne s'étoit réservé sur *l'abbaye* de Saint-Martin de Cores, qu'il avoit possédée, qu'une pension de six cents livres, et il les laissoit à son successeur pour être distribuées aux pauvres du pays.

FONTENELLE, *Éloge de l'abbé Gallois*.

Vous auriez eu déjà de grands bénéfices, si vous étiez né du temps qu'on donnait un évêché à Godeau pour des vers, et une *abbaye* considérable à Desportes pour un sonnet.

VOLTAIRE, *Lettres*, 1735. A M. l'abbé de Breteuil.

Au temps heureux où vescurent nos peres,
On ne voit onc de ces prothé-notaires
Qui ont huit, neuf dignités ou prébendes,
Grans *abbayes*, prieurés et commandes.
Mais qu'en font-ils? Ils en font bonne chere.
Qui le dessert? Ils ne s'en soucient guere.

MARTIAL D'AUVERGNE, *Sur les gens d'Église*.

Pourvu qu'il eust arraché
Quelque *abbaye* ou évesché.

CL. MAROT, *Épîtres*, II, 10.

ABBAYE, se prend aussi, communément, pour la maison de l'abbé, pour le couvent, pour les bâtiments.

Le bourg ainsi pillé, se transportarent en *l'abbaye* avec horrible tumulte, mais la trouvarent bien resserrée et fermée.

RABELAIS, *Gargantua*, I, 27.

La Trappe est un lieu si connu et son réformateur si célèbre, que je ne m'étendrai point ici en portraits ni en descriptions; je dirai seulement que cette *abbaye* est à cinq lieues de la Ferté-au-Vidame ou Arnault, etc.

SAINT-SIMON, *Mémoires*, 1694, t. I, c. 15.

Contemplez ces débris d'une *abbaye* antique,
Monument oublié du faste monastique.

DELILLE, *l'Imagination*, IV.

L'ABBAYE, se dit à Paris, dans un sens absolu, en parlant d'une maison de détention qui appartenait à la juridiction de l'abbaye Saint-Germain des Prés, qui est devenue une prison publique, et dont le nom a pris place dans l'histoire par suite d'un des plus effroyables épisodes de nos annales révolutionnaires, *les massacres de l'Abbaye*.

ABBAYE, se prend encore, en quelques provinces, mais surtout en Suisse, par une extension qui fait sans doute allusion aux pratiques de l'hospitalité antique, pour désigner les hôtelleries les plus accréditées. *L'abbaye des gentilshommes à Berne.*

On voit par le passage suivant qu'on a aussi donné en Suisse le nom d'ABBAYE à certaines associations :

Hier, *l'abbaye de l'Arquebuse* de Couvet me fit offrir le même honneur (l'admission au nombre de ses membres), et je l'acceptai de même. Vous savez que je suis de celle de Mouliers.

J.-J. ROUSSEAU, *Lettres*, 7 janvier 1765.

ABBAYE, comme *abbé*, se rencontre dans quelques proverbes, tels que celui-ci :

L'abbaye est bien pauvre quand les moines vont au glan.

OUDIN, *Curiositez françoises*, au mot GLAN.

On a dit proverbialement, *amener une chose, la faire venir à son abbaye*, pour s'en emparer furtivement et par adresse.

Tout *vendra en nostre abbaye.*
Eustache DESCHAMPS, *Ballade :* Qu'est-ceci ? Dieu, quel belle épée !

On appelait autrefois, *cuir d'abbaye*, un cuir doux et bien passé.

Le faulcon doit avoir ung chaperon de bon cuir *d'abéie* bien faict et bien en forme.
Le livre du roi Modus et de la reyne Racio, Des Faulcons et autres oyseaux de proye, c. 2.

On disait de là, *souliers d'abbaye*, pour Souliers faits de cuir d'abbaye.

De bons harnois, de bons chauçons velus,
D'escafillons, de sollers *d'abbaye.*
Eustache DESCHAMPS, *Ballade :* Alarme, alarme ! Yvers est descendus.

ABBAYE (L') de *Monte-à-regret*, s'est dit par métonymie pour La potence; et cette locution, assez familière aux auteurs facétieux du dix - septième siècle, ne peut être négligée par le lexicographe.

On doit aussi recueillir la suivante, formée de même :

(Il) lui donneroit une prébende dans l'*abbaye de Vatan* (va-t'en).

Le comte DE CRAMAIL, *la Comédie des Proverbes*, II, 3.

On disait à Paris, selon Oudin, *Curiositez françoises*, d'un homme qui aime les femmes, « *Il est de l'abbaye de Longchamp*, il tient des dames. »

ABBAYE, s'est pris enfin, par une extension ironique du plus mauvais goût, pour, une maison de débauche. Dom Vaissete nous apprend, dans l'*Histoire de Languedoc*, qu'il existait autrefois à Toulouse un lieu public de prostitution appelé *la Grande abbaye*. (*Voy.* ABBESSE.)

ABBAYE est bien voisin de ce sens dans la locution *abbaye de s'offre - à - tous*, que donne l'exemple suivant :

Fausse estes, voir plus que pie,
Ne mais por vous
N'averai jà iex (yeux) plorous.
Vos estes de l'*abbaïe*
As s'offre-à-tous,
Si ne vos nommerai mie.

QUESNES DE BÉTHUNE, Bele, doce, dame chiere ; Voy. *Romancero françois*, p. 88-89.

ABBAYE, est employé d'une manière analogue, mais simplement badine, dans cet ancien exemple :

Car Amour, en son *abbaye*,
Le tenoit chief de son couvent.

CHARLES D'ORLÉANS, *Ballades*, LIV.

Par un emploi figuré qui répond à celui qu'on a fait quelquefois d'*abbé*, on l'a vu plus haut p. 109, ABBAYE s'est dit d'une retraite agréable, d'un séjour de plaisir, où l'on est entouré d'une société choisie.

Je devois bien cet adieu à la belle Diane et à l'aimable *abbaye*.

Voilà l'état de notre *abbaye* : on voudroit bien que je fusse obligée d'en partir pour aller au-devant de vous; car vous êtes une pièce fort nécessaire à notre véritable joie.

Mᵐᵉ DE SÉVIGNÉ, *Lettres*, 6 septembre 1675 ; 23 octobre 1676.

J'ai été bien consolé quand vous m'avez appris que vous viendriez passer quelque temps dans votre ancien hermitage, et accepter une cellule dans l'*abbaye de Ferney*

VOLTAIRE, *Lettres*, 11 juin 1767.

ABBAIETTE, est un diminutif très-ancien qui signifiait une petite abbaye.

. . . Proierent humblement que nous douuissions à la saincte église de Cambray. . . . . une *abbaiette* qui a nom Merville.

Trésor des Chartes, registre 22, pièce 6 (Cité par Sainte-Palaye).

ABIETE, s'était fait d'*abbaiette*, par contraction, et s'employait dans le même sens.

Mal et vilainie et péchié
Fist tel pucelette
Rendre en *abiete*.
Honnis soit de Diu
Qui me fist nonnette!

Chansons françoises du XIIIᵉ siècle, ms. de Bouhier, fol. 56 rᵒ., col. 2 (Cité par Sainte-Palaye).

ABBADESQUE, adj. des deux genres, ce qui appartient à l'abbé, ce qui en dépend, ce qui le caractérise, s'était formé du nom d'*abbé* dans le style burlesque propre à ces bouffonneries superstitieuses et impies dont nous avons parlé plus haut. On a imprimé à Chambéry, en 1613, in-8ᵒ, un livre intitulé : *Les fanfares et courvées abbadesques des Roullebontemps de la haute et basse Concaigne, et dépendances.*

ABBATIAL, E, adj. (d'*Abbatialis*, moyenne latinité).

Le *t* se prononce comme *c*, et on a quelquefois écrit ABBACIAL, conformément à la prononciation. (*Voyez* Martial d'Auvergne, *Arrêts d'amour.*)

Qui appartient à l'abbé, à l'abbesse, à l'abbaye. *Siége abbatial, église abbatiale, palais abbatial, maison abbatiale*, ou autrefois, du latin *mansio, manse abbatiale ; mense abbatiale*; portion du revenu de l'abbaye qui était propre à l'abbé, et qui retenait probablement ce nom de ce qu'elle lui avait d'abord

15.

été allouée pour sa table, *mensa*, *table abbatiale;
mitre abbatiale, sceau abbatial, juridiction abbatiale,
droits abbatiaux, prérogatives abbatiales*, etc.

Par devant nous comparut révérend père en Dieu,
monsieur Pierre, abbé de l'église et abbaye de Saint-
Amand en Peulle, lequel dit et confessa que sept ans y a
et plus, qu'il fut canoniquement pourveu de la *dignité
abbatiale* et pastorale de ladite église et abbaye, et, comme
tel et seigneur, receu par tous les religieux d'icelle.

> GODEFROY, *Histoire de Charles VIII.* Certificat donné par
> le bailly de Tournay. Année 1494.

Sa Majesté demande que M. le cardinal de Lorraine soit
restabli en la jouissance de la prévosté de Marson....
unye et annexée à la *table abbatiale* de son abbaye de
Sainct-Remy à Reims.

> Note du ministère de France (année 1564). (Voy. *Papiers
> d'État du cardinal de Granvelle*, t. VIII, p. 586.)

..... Il semble qu'on pourroit suivre l'expédient qui
fut pratiqué en l'assemblée de 1589, en laquelle les estats d'Artois ayant fait une imposition sur toutes les cheminées, on en excepta les *maisons abbatiales* et les chasteaux des gentilhommes.

> COLBERT (Charles), intendant, à Colbert, contrôleur des finan-
> ces, 12 avril 1667. (Voy. *Correspond. administr. sous
> Louis XIV*, t. I, p. 599.)

Ce qui obligea le roy et la cour de parlement de commettre quatre religieux.... pour gouverner le temporel
de l'abbaye pendant la vacance du *siége abbatial*.

> DOM FÉLIBIEN, *Histoire de l'Abbaye royale de Saint-Denis*,
> VI, 21; ann. 1440.

Henri IV fit dans l'*église abbatiale* de Saint-Denis
son abjuration publique, le dimanche 25 juillet 1593.

> SAINT-SIMON, *Mémoires*, 1717, t. XIV, c. 20.

Les élections dans les *églises* cathédrales et *abbatiales*
sont rétablies.

> VOLTAIRE, *Annales de l'Empire*, Frédéric d'Autriche, ann. 1447.

Les abbesses, comme les abbés, reçoivent des évêques
la *bénédiction abbatiale*.

La *juridiction abbatiale* de l'abbesse chef d'ordre de Fontevrault s'étend non-seulement sur les religieuses, mais
sur les moines de l'ordre de Fontevrault.

> *Dictionnaire raisonné du gouvernement, des lois, des usages
> et de la discipline de l'Église*, au mot ABBESSES.

La déposition de l'abbé.... ne se fait pas aussi solennellement que celle d'un évêque ou d'un prêtre, mais par
une nuë et simple fraction du *sceau abbatial*.

> Claude BLONDEAU, *Bibliothèque Canonique*, au mot ABBEZ.

Ledit seigneur abbé (pourra) avancer la clôture de sa
cour abbatialle et celle de son grand clos jusqu'au pavé et
passage public.

Tout vu et considéré, et le sainct nom de Dieu invo-
qué..., nous... avons éteint et supprimé à perpétuité le *titre
abbatial* de l'abbaye de Sainct-Remy de Reims.... et uni
aussi à perpétuité à l'archevêché de Reims tous les biens,
droits et revenus de la *manse abbatiale* de ladite abbaye
de Sainct-Remy.

> Acte du 10 janvier 1769; *Décret d'union de l'abbaye de
> Sainct-Remy à l'archevéché de Reims* (25 janvier 1777).
> Voy. *Archives législatives de la ville de Reims*, t. I,
> part. II, p. 239, note, col. 2; p. 283.

Il est fait du mot ABBATIAL un usage pareil, mais
moins sérieux, dans les passages suivants :

Cependant il fit grand chère des escus *abbatiaux*.

> Bon. DESPÉRIERS, *Nouvelles récréations et joyeux devis*.
> Du singe qu'avoit un abbé.

De mon pouvoir et grande auctorité
Abbatiale, imposer vueil silence
Entre vous deux.

> De Marot et Sagon les Trêves. (Voy. *OEuvres de
> Cl. Marot*, édit. de 1731, t. VI, p. 215.)

Je tiens ton ouvrage parfait,
Et ta demeure *abbatiale*
Est une maison sans égale.

> BOIS-ROBERT, *Épitres*, XXII.

ABBATIALE, s. f., s'est pris souvent par ellipse, pour désigner la demeure, la maison de l'abbé
ou de l'abbesse.

L'avant-cour de l'*abbatialle* est et demeure portion de la
manse totale de l'abbaye.

> Acte du 10 janvier 1769. Voy. *Archives législatives de
> la ville de Reims*, t. I, part. II, p. 239, note, col. 1.

L'*abbatiale* étoit devenue le réduit de ces scènes nocturnes.

> DIDEROT, *Jacques le fataliste*.

A B C, ou mieux ABÉCÉ, s. m.
Nom général de la collection des signes d'écriture
qu'on emploie dans la langue française. Ils y sont

représentés par les trois premiers, comme dans un mot de signification pareille, *Alphabet* (voyez ce mot), par les deux premières lettres grecques.

Et par ceste regle puet estre congneu en brief ce qui est voyeul, demi-voyeul, liquide, sonnant et mueles (muettes) des lettres de l'*A b c*, par lesquelles tout langaige latin et françois est escript et proferé.

> Eust. Deschamps, *l'Art de Dictier*. Musique.

Il faudroit.... reformer en la plus grand part nostre *A b c*.

> Ronsard, *Abrégé de l'Art poétique*, Des personnes des verbes françois.

Nostre monde vient d'en trouver un aultre..... non moins grand, plain et membru que luy, toutesfois si nouveau et si enfant, qu'on luy aprend encore son *A b c*: il n'y a pas cinquante ans qu'il ne sçavoit ny lettres, ny pois, ny mesure, ny vestements, ny bleds, ny vignes.

> Montaigne, *Essais*, III, 6.

En l'*abecé* est a premièrement.

> Thibaud, roi de Navarre, *Chansons*, LXII.

Lor nevoz (des cardinaux) sont avant chanoine
Qu'il aient apris l'*Abecé;*
Ainz qu'il saichent dire *b dé*,
Ont les provendes deus et deus.

Il vous apenra l'*A b c*.

> *Fabl. et cont. anc.*, Méon, I, 304-305; IV, 426.

Gramaire m'ont mainte gent appellée
Qui l'*A b c* faiz aux enfans apraudre.

> Eust. Deschamps, *Poésies*, Ballade de *la complainte de Grammaire*.

On nommait, dit Sainte-Palaye dans son *Glossaire*, *Lettres parties par* a b c, les chartes mi-parties, c'est-à-dire les écrits faits doubles sur une même feuille, dont le milieu contenait des lettres de l'alphabet qui étaient coupées en deux, afin de constater, en les rapprochant, que l'écrit était original.

Affin que vous adjoustez plus grand foy aux choses dessus dictes, j'ay mis à ces presentes lettres le scel de mes armes, et icelles signées de mon seing manuel et *parties par* a b c.

> Monstrelet, *Chroniques*, vol. I, c. 2.

Dans l'exemple suivant, de date ancienne, adécé désigne, par extension, une table de signes, de caractères convenus, de chiffres, avec leur explication, leur clef.

Ce qui fut sceu et descouvert par plusieurs messagers qui portoient des lettres des uns aux autres, lesquelles estoient escrites en chiffres, dont ils avoient les *abecez* pardevers eux.

> Godefroy, *Histoire de Charles VIII*, année 1486.

A b c, se dit d'un petit livre destiné à l'enseignement du premier âge, qui contient les lettres ou signes écrits de la langue française, suivant leur ordre usuel et convenu, et leurs principales combinaisons.

Par ma folie ai tout perdu,
Tout mon avoir et toz mes livres....
À Gandelus lez (près) la Ferté,
Là lessai-je mon *A b c*.

> *Nouv. rec. de fabl. et cont. anc.* Méon, t. I, p. 404.

A b c, signifie figurément et familièrement, le commencement d'un métier, d'un art, d'une science, d'une affaire.

Je voy bien, me dit le bon père, que vous ne scavez pas ce que c'est que la doctrine des opinions probables: vous parleriez autrement, si vous le sçaviez. Ah, vraiment, il faut que je vous en instruise!..... C'est le fondement et l'*A b c* de toute nostre morale.

> Pascal, *Provinciales*, V.

Je ne tardai guère à être employé à la filouterie commune....., en un mot, à cent pareils exercices, qui ne sont que l'*A b c* de l'école des filous, et qui élèvent, d'échelon en échelon, un honnête homme à la potence.

> Le Sage, *Guzman d'Alforache*, IV, 9.

C'est l'*A b c* de la profession.

> Voltaire, *Lettres*, mars 1769, à M. Panckoucke.

De là ces expressions proverbiales:

N'en être qu'à l'A b c d'une science, d'un art,
N'en avoir que les premières notions.

Si l'auteur croit que quelques vers heureux suffisent pour soutenir un ouvrage dramatique, il *en est encore à l'A b c du métier.*

> Diderot, *Lettre à M. de Sartine*, 1770.

L'enchanteresse Nérie
Fleurissoit lors, et Circé,
Au prix d'elle, en diablerie
N'eût été qu'à l'A b c.

> La Fontaine, *Contes*, III, 4.

Mettre, remettre, renvoyer quelqu'un *à l'A b c*, lui *enseigner l'A b c*, Le traiter en ignorant, le ramener aux plus simples éléments de connaissances qui lui sont étrangères, d'une question qu'il n'entend pas.

Rendre nos soldats autres qu'eux-mêmes, les *remettre à l'A b c* de leurs pas et paroles, et (qui estoit le plus difficile) leur faire oublier tout ce qu'ils sçavoient.

Agr. d'Aubigné, *Hist. universelle*, Appendix aux deux premiers tomes.

Maupertuis traite fort mal Mairan, dans un livret intitulé A B C, comme s'il avait voulu *enseigner l'A b c* à celui qui suivait l'ancien et véritable calcul.

Voltaire, *Dict. phil.*, art. Mouvement.

On a augmenté le nombre de ces noms, à mesure qu'on a... mieux connu la nature : plus on l'examinera..., plus il y aura de noms propres et de dénominations particulières. Lorsqu'on nous la présente donc aujourd'hui par des dénominations générales, c'est-à-dire par des genres, c'est nous *renvoyer à l'A b c* de toute connoissance, et rappeler les ténèbres de l'enfance des hommes.

Buffon, *Histoire naturelle. Le Rat.*

C'étoit à soixante ans nous *mettre à l'A b c :* Voyez pour tout un corps quel affront c'eût été !

Regnard, *le Légataire*, II, 10.

A B C D, mot de même composition, et dont toutes les lettres se prononcent également en appuyant sur l'é fermé (ABÉCÉDÉ), s'est pris souvent dans la même signification et dans les mêmes acceptions figurées.

C'est un prêtre mal décidé, Moitié robe, moitié soutane, Moitié dévot, moitié profane, Savant jusqu'à *l'A b c d.*

J.-B. Rousseau, *Épigrammes*, III, 31.

Dans les exemples suivants, ABÉCÉDÉ est pris par extension pour livre élémentaire quelconque.

Si ay print ung livret à faire ! *A b c d .....*

Guillaume Alexis, *Le Passe-temps de tout homme, etc.*

Plats *abécédés !* plats journaux.

Ledrun, *Épigrammes*, XXXVI.

On croirait qu'il n'est pas possible d'élever un doute sur l'étymologie du mot A B C, formé du nom de nos trois premières lettres, et dont la variante A B C D confirme si bien l'origine. Cependant, plusieurs étymologistes l'ont cherchée dans le latin *abacus*, duquel nous avons fait *abaque*, se fondant sans doute sur certains rapports de sens qui rapprochent en effet ABÉCÉ et *abaque.* (*Voy.* ce mot.)

ABÉCÉDAIRE, s. m. (*Abecedarium*, latin.)

Petit livre dans lequel les enfants apprennent à lire, tablettes des petites écoles. Ce mot, formé du nom des quatre premières lettres latines, qui sont aussi les nôtres, désigne comme A B C, ABÉCÉ, fort convenablement, notre table grammaticale, autrement nommée, d'après les deux premières lettres grecques, *Alphabet.* (*Voy.* ce mot.)

ABÉCÉDAIRE, signifie, par extension, le livre élémentaire d'une science ou d'un art. On peut traduire ainsi le titre d'un dictionnaire des peintres, sculpteurs et architectes, publié en 1704, à Bologne, par Orlandi, *Abecedario*, etc.

ABÉCÉDAIRE, s'est dit, selon Nicot, de « celui ou « de celle qui apprend encore la forme, ou figure, « et prononciation des lettres. » Cette acception, qui n'a jamais été très-usitée, a tout à fait disparu de l'usage.

ABÉCÉDAIRES, s. m. plur., est le nom que s'était donné une secte d'anabaptistes, vouée par ses rites à la plus profonde ignorance.

ABÉCÉDAIRE, adj. des deux genres. (*Abecedarius*, latin.)

Qui a rapport à l'*Abécédaire*, aux tablettes du premier enseignement. *Ordre abécédaire*, celui dans lequel les lettres sont rangées en français et dans les autres langues venues du latin. *Ignorance abécédaire*, c'est-à-dire complète. L'ignorance d'un homme qui n'a pas même fait les premières études, ou qui les recommence.

Il y a *ignorance abécédaire* qui va devant la science ; une autre doctorale qui vient aprez la science.

Montaigne, *Essais*, I, 54.

ABÉCÉDAIRE, en ce sens, s'est quelquefois appliqué aux personnes elles-mêmes.

On peut continuer en tout temps l'estude, et non pas l'escholage : la sotte chose qu'un vieillard *abécédaire!*

MONTAIGNE, *Essais*, II, 28.

Par un usage particulier aux biographes et aux philologues, on appelle poëmes, psaumes, vers *abécédaires*, ceux dans lesquels les premières lettres de la strophe ou du vers suivent l'ordre *abécédaire*, comme les *Lamentations* de Jérémie , et les *Sentences* de Publius Syrus.

Dans le *Dictionnaire étymologique* de Ménage, édit. de 1750, t. I, p. 167, un article additionnel de le Duchat tire de *Abecedarius, Becedarius, Bedarius*, BEDIER, fréquemment employé par nos vieux auteurs au sens d'Ignorant, et, qui connaît à peine les lettres de l'alphabet, et, par là, aussi voisin que par son origine , d'ABÉCÉDAIRE. Entre autres exemples de ce mot, depuis longtemps oublié, le Duchat cite les suivants :

Mais quand on trouva que Beda condamnoit un langage duquel à grande peine congnoissoit-il la première lettre, Beda fut déclaré *Bedier.*

H. ESTIENNE, *Apologie pour Hérodote*, Disc. prélim. Cf. c. 29.

Deniers avancent les *bediers,*
Et des premiers font les derniers.

Gabr. MEURIER, *Thresor de sentences dorées*, etc., lettre D.

Au substantif BEDIER le Duchat ajoute le verbe BEDER de même étymologie , et de sens analogue. *Faire beder*, c'était Réduire à recommencer, renvoyer d'où l'on était venu.

Depuis s'en vindrent par la ville ,
Pour François cuider suborner :
Mais l'en les *fist* sur pié sur bille (en désordre)
Bien-tost *beder* et retourner.

MARTIAL D'AUVERGNE, *Vigiles de Charles VII*, Comment le roy Henry fut couronné à Paris.

ABCÈS , s. m. (D'*Abscessus*, latin.)

Autrefois ABSCEZ (*Voyez* le Dictionnaire de Cotgrave); ABSCÈS (*voyez* le Dictionnaire français-latin de Danet; le Dictionnaire de l'Académie, édit. de 1694 et 1718; le Dictionnaire de Trévoux, éd. de 1752); ABSÈS (voyez le Dictionnaire de Furetière).

Ce mot, comme l'établit la date de ces formes orthographiques, est peu ancien. On disait auparavant, par emprunt à la langue grecque, *Apostême, Apostume*, qui s'est conservé dans l'usage populaire. (*Voyez* APOSTUME.)

ABCÈS , Tumeur formée d'humeurs corrompues, amas de pus dans quelque partie du corps.

Jason avoit été long-temps tourmenté d'un mal qui... estoit regardé comme incurable, lorsqu'un coup qu'il reçut dans le combat lui fit une large blessure, perça l'*abcès*, et lui procura... une prompte guérison.

AMYOT, trad. de Plutarque. Suppl. *Vie de Jason*, XIII.

Nous nous connoissons si peu, que plusieurs pensent aller mourir quand ils se portent bien, et que plusieurs semblent se porter bien quand ils sont proches de mourir, ne sentant pas la fièvre prochaine ou l'*abcès* prêt à se former.

PASCAL, *Pensées*, ms. p. 431. Voy. *Des Pensées de Pascal*, p. 215.

Il avoit un *abcès* dans la poitrine qui s'est crevé tout d'un coup et l'a étouffé.

Mme DE SÉVIGNÉ, *Lettres*, 4 oct. 1677.

Don Juan alloit vivre heureux et content; mais, ces jours passés, il tomba de cheval... et se blessa à la tête ; il s'y est formé un *abcès ;* les médecins ne l'ont pu sauver.

LE SAGE, *le Diable boiteux*, c. 15.

Il y avait longtemps que Madame était malade d'un *abcès* qui se formait dans le foie.

Ses yeux étaient nuit et jour baignés de larmes : elle attendait le moment où ceux de Zadig pourraient jouir de ses regards; mais un *abcès*, survenu à l'œil blessé, fit tout craindre.

VOLTAIRE, *Siècle de Louis XIV*, c. 26; *Contes*, Zadig, c. 1.

ABCÈS , pris au sens propre , a donné lieu à une comparaison plaisante dans le passage suivant :

C'étoit (Rion, favori de la duchesse de Berry) un gros garçon court, joufflu , pâle, qui avec force bourgeons ne ressembloit pas mal à un *abcès*.

SAINT-SIMON, *Mémoires*, 1716, t. XIV, c. 2.

ABCÈS s'est dit, par une extension badine et triviale, en parlant d'une enflure réelle ou apparente qui n'a pas le caractère d'une maladie, et les écrivains facétieux s'en servaient souvent pour désigner les grossesses clandestines. *Un abcès de neuf mois.*

Il s'est dit aussi , par allusion burlesque, de la

grosseur élevée sur la joue d'un glouton qui a la bouche pleine.

> Parbleu, c'est une fluxion qui lui est tombée sur une joue! Vite, une lancette pour percer cela! Le pauvre garçon n'en peut plus, et cet *abcès* le pourroit étouffer.
>
> MOLIÈRE, *le Festin de Pierre*, IV, 7.

Quoique ce mot ne paraisse pas de nature à prêter des images d'un bon choix au langage soutenu, il a pu être quelquefois employé dans un sens métaphorique par les poëtes.

> C'est une épée, un glaive favorable,
> Qui dans ses mains, malgré lui secourable,
> M'ouvrant le flanc pour abréger mon sort,
> Ouvre l'*abcès* qui me donnoit la mort.
>
> J.-B. ROUSSEAU, *Épîtres*, II, 6.

ABCÉDER, v. n. (D'*Abscedere*, latin.)

Dans ce verbe, l'*é* de *céder* se change en *è* au présent de l'indicatif et du subjonctif: il *abcède*, ils *abcèdent*; qu'il *abcède*, qu'ils *abcèdent*.

On a écrit d'abord ABSCÉDER. (*Voyez* le Dictionnaire de Trévoux, édit. de 1752; le Dictionnaire de l'Académie, édit. de 1762).

ABCÉDER paraît moins ancien encore qu'*abcès*; et, de même qu'*abcès* a été précédé, dans l'usage, par *apostême*, *apostume*, il a lui-même remplacé assez tardivement *apostumer*. (*Voyez* ce mot.)

ABCÉDER signifie Se tourner en abcès, se terminer par abcès.

> Tout le lobe gauche du cerveau étoit *abscédé*.
>
> *Histoire de l'Académie des sciences*, 1700, p. 44.

On a dit également, sous la forme pronominale, s'ABCÉDER.

> Cette tumeur s'*étoit abscédée*.
>
> SAINT-YVES, cité dans le *Dictionnaire de Trévoux*, éd. de 1752.

ABCÉDÉ, ÉE, participe.

ABDIQUER, v. a. (d'*Abdicare*, latin).

Autrefois ABDIQUIER (voyez le *Glossaire* de Sainte-Palaye).

Ce mot, peu ancien dans la langue, manque aux dictionnaires jusqu'à celui de Cotgrave.

Danet, Furetière et autres lui conservent le sens qu'avait au propre, chez les Romains, le mot dont on l'a tiré, *abdicare*. « *Abdiquer un fils*, » disent-ils, ce qui signifie L'abandonner, le rejeter, l'exclure de la maison paternelle et de la famille.

> Ce chevalier avoyt troys filz: l'ung fut accusé envers Cesar, par envie, qu'il conspiroit quelque mal contre luy, tellement que Cesar le print en haine, et dist au pere qu'il voulsist *abdiquier*, c'est-à-dire debouter son filz de luy, et le priver de la succession et droitz paternaulx.
>
> Guill. FILLASTRE, *Histoire de la Toison d'or*, de Seccsius, t. II, fol. 45, v°.

Dans un sens emprunté lui-même aux acceptions d'*abdicare*, et depuis longtemps seul usité, ABDIQUER signifie Renoncer à la possession d'une magistrature, d'une dignité souveraine, à la dictature, au pontificat, à l'empire, à la royauté, etc.

Les exemples en sont assez récents. On a dit précédemment *se déposer de*, comme Amyot, racontant, d'après Plutarque, l'abdication de Sylla, *se dévestir de*, comme Brantôme, parlant de l'abdication de Charles-Quint; on a dit surtout, et on dit encore, *se défaire de*, *renoncer à*, *quitter*, *résigner*, etc.

> Ce fut cette année que Sylla, sans que personne l'y contraignît, et dans le temps où le consentement des citoyens sembloit légitimer son usurpation, renonça à la plus haute fortune qu'aucun mortel eût possédée avant lui, et *abdiqua* volontairement la dictature.
>
> ROLLIN, *Histoire romaine*, XXXII, 2.

> Après trente ans d'intrigues et de guerres, il (Charles-Quint) se trouva beaucoup moins puissant lorsqu'il *abdiqua* l'empire, qu'au moment de son élection.
>
> VOLTAIRE, *Essai sur les mœurs*, c. 128.

> Quand Lycurgue donna des lois à sa patrie, il commença par *abdiquer* la royauté.
>
> J.-J. ROUSSEAU, *Contrat social*, II, 7.

> Richard (fils de Cromwell)...., qui n'était ni républicain ni royaliste, qui ne se souciait de rien, qui laissait les gardes lui dérober son dîner, et l'Angleterre aller toute seule; Richard *abdiqua* le protectorat.
>
> CHATEAUBRIAND *Les quatre Stuart*, Richard Cromwell.

ABDIQUER , en ce sens, se construit quelquefois avec des noms de nature abstraite et générale, tels que magistrature, rang, pouvoir, etc.

Tout magistrat qui, dans une circonstance aussi périlleuse, abandonne le soin de la patrie et *abdique* la magistrature, est un traître qui mérite la mort.

> J.-J. ROUSSEAU, *Dernière réponse à M. Bordes.*

Il y a dans les âmes élevées une crainte délicate de ne pas *abdiquer* assez facilement le pouvoir quand la fierté le leur conseille.

> Mme DE STAËL, *Considérations sur la révolution française,* part. I, c. 8.

> Sylla vient, qui remplit Rome de funérailles,
> Du sang des sénateurs inonde nos murailles :
> Il fait plus ; ce tyran, las de régner enfin,
> *Abdique* insolemment le pouvoir souverain.
>
> J'*abdique* pour jamais le rang de sénateur.
>
> CRÉBILLON, *Catilina,* IV, 1, 2.

On a dit de même, mais plus rarement, ABDIQUER un royaume, un État, un duché, etc.

(Les Suédois) obligèrent Christine à *abdiquer* le royaume.

> REGNARD, *Voyage de Flandre,* etc.

Ami de tous les partis, fidèle à aucun, souvent dépouillé de ses États, et tantôt les *abdiquant*, puis les reprenant, tantôt en France avec les rebelles, puis à la cour, etc.

> SAINT-SIMON, *Mémoires,* 1697, t. II, c. 6.

Carloman, frère de Pepin, *abdique* le duché de l'Austrasie.

> VOLTAIRE, *Annales de l'Empire,* Charlemagne, année 745.

ABDIQUER se prend, par métonymie, dans la même signification, en parlant des attributions du pouvoir et de ses insignes.

Il y a soixante et quelques années qu'une autre reine, nommée Christine, *abdiqua* la couronne pour se donner tout entière à la philosophie.

> MONTESQUIEU, *Lettres persanes,* 139.

Le roi de Sardaigne... Victor-Amédée... lassé des affaires et de lui-même, *abdiqua* par un caprice, en 1730, à l'âge de soixante-quatre ans, la couronne qu'il avait portée le premier de sa famille, et se repentit par un autre caprice un an après.

(Charles-Quint) avait joué longtemps le plus grand rôle dans l'Europe ; il voulut finir par une action plus singulière que tout ce qu'il avait fait dans sa vie, par *abdiquer* toutes ses couronnes et l'empire.

Stanislas hasarda, pour *abdiquer* un trône, plus qu'il n'avait fait pour s'en emparer.

> VOLTAIRE, *Siècle de Louis XV,* c. 3 ; *Annales de l'Empire,* Charles-Quint, ann. 1555 ; *Histoire de Charles XII,* VII.

C'était à ce tribunal que Dioclétien devait paraître au lever de l'aurore, pour *abdiquer* la pourpre au milieu des soldats sous les armes.

> CHATEAUBRIAND, *les Martyrs,* XVIII.

ABDIQUER, par une extension naturelle, s'est dit pour Renoncer à une qualité, à un droit, *à la qualité de sujet*, par exemple, *au droit de bourgeoisie et de cité,* etc.

(Le cardinal de Bouillon) attente à la majesté de son souverain, en *abdiquant sa qualité innée de sujet.*

> SAINT-SIMON, *Mémoires,* 1710, t. VIII, c. 28.

Je vous déclare donc, monsieur, et je vous prie de déclarer au magnifique conseil, que j'*abdique* à perpétuité *mon droit de bourgeoisie et de cité* dans la ville et république de Genève.

> J.-J. ROUSSEAU, *Lettres,* 12 mai 1763.

On comprend comment on est arrivé, par analogie, à cette expression *abdiquer la cour* pour Renoncer à la cour :

(Troisvilles) se jeta dans la dévotion, *abdiqua la cour,* et se sépara du monde.

J'ajouterai qu'il étoit plaisant de voir un homme de quarante ans, qui....., depuis ses infortunes, *avoit abdiqué la cour* avec éclat, n'oublier rien pour s'y raccrocher.

> SAINT-SIMON, *Mémoires,* 1704, t. IV, c. 16 ; 1711, t. IX, c. 9.

On s'explique aussi comment le même écrivain a pu dire *abdiquer Fréjus* pour Renoncer à ses prétentions sur l'évêché de Fréjus :

L'évêque de Fréjus.... demanda à se défaire de son évêché, en faveur de son neveu..... L'oncle ne fut pas longtemps d'accord avec lui-même, et il vexa tellement et si mal à propos son neveu, qu'il *abdiqua Fréjus* pour n'avoir point à lutter contre son oncle.

> SAINT-SIMON, *Mémoires,* 1698, t. II, c. 15.

I.

ABDIQUER, au sens général de Renoncer, a formé, avec des régimes abstraits, des locutions qui ne sont pas absolument sans exemple dans les auteurs des derniers siècles, mais dont l'usage s'est fort multiplié de nos jours, *abdiquer un emploi, abdiquer son autorité*, les plus rapprochées du sens propre, et par conséquent les plus naturelles; *abdiquer son opinion, son honneur, sa liberté*, etc.

Mais on dit qu'il *a abdiqué* depuis longtemps *un emploi* si odieux et si indigne d'un avocat.

VOLTAIRE, *Lettres*, 13 avril 1765.

Quoi! faut-il *abdiquer mon autorité* lorsqu'elle m'est le plus nécessaire?

J.-J. ROUSSEAU, *Émile*, IV.

Jamais elle (la Russie) ne parviendra à former un peuple éclairé et florissant, à moins qu'elle n'*abdique* la manie si dangereuse des conquêtes.

RAYNAL, *Hist. de l'établissement des Européens dans les deux Indes*, V, 22. Forces militaires de la Russie.

M. Necker, en défendant l'autorité royale, *abdiquait* nécessairement la faveur du parti populaire.

Mme DE STAËL, *Considérations sur la révolut. franç.*, part. II, c. 1.

Il semble que cette façon de parler était une affectation de nouvelle date, lorsqu'un poëte comique, en 1694, la tournait ainsi en ridicule :

Pour peu qu'on ait de goût, au rang où je me vois,
On *abdique* aisément ce qu'on a de bourgeois.

BOURSAULT, *les Mots à la mode*, sc. 3.

En certains cas, ABDIQUER devient verbe pronominal. On peut dire d'une chose qu'elle *s'abdique*, pour qu'Elle est abdiquée.

ABDIQUER s'emploie aussi, très-ordinairement, d'une manière absolue, par ellipse des régimes qu'il reçoit au sens propre, le pontificat, l'empire, la royauté, etc.

..... Son père (de Charles XI, roi de Suède), le célèbre Charles-Gustave, en faveur duquel la reine Christine fut obligée d'*abdiquer*....

SAINT-SIMON, *Mémoires*, 1697, t. II, c. 1.

(Jean-Casimir) suivit l'exemple de la reine Christine. Il *abdiqua* comme elle, mais avec moins de gloire, et alla mourir à Paris, abbé de Saint-Germain-des-Prés.

La cour de France tint la parole donnée à l'empereur : on alla proposer à Benoît d'*abdiquer*, et, sur son refus, on le tint prisonnier cinq ans entiers dans son propre château d'Avignon.

L'assemblée se contenta de ne reconnaître ni Auguste qui *avait abdiqué*, ni Stanislas élu malgré eux ; mais ils ne furent ni assez unis ni assez hardis pour nommer un roi.

VOLTAIRE, *Essai sur les mœurs*, c. 189 ; *Annales de l'Empire*, Venceslas, ann. 1398 ; *Histoire de Charles XII*, VIII.

Dans le passage suivant, ABDIQUER est pris deux fois absolument, d'abord au sens propre, ensuite par figure, et avec une intention ironique.

Lorsque le roi d'Espagne, attaqué de vapeurs, voulut enfin *abdiquer*, il confia son dessein à Daubenton (son confesseur); ce prêtre vit bien qu'il le serait forcé d'*abdiquer* aussi, et de suivre son pénitent dans sa retraite.

VOLTAIRE, *Mélanges historiques et littéraires*, Observations sur les Mémoires d'Adrien-Maurice de Noailles.

ABDIQUÉ, ÉE, participe.

ABDICATION, s. f. (d'*Abdicatio*, latin).

Le sens primitif d'*abdicatio* avait autrefois passé à ABDICATION, comme celui d'*abdicare*, on l'a vu, à *abdiquer* ; *abdication d'un enfant, d'un fils*.

L'*abdication d'un fils* rebelle et désobéissant.

DANET, *Dict. franç.-latin*.

Abdication d'un enfant. — On nomme ainsi l'acte par lequel, chez les Grecs et peut-être chez les Romains, un père retranchoit légitimement son fils du nombre de ses enfants, et le mettoit hors de sa famille. Le fils *abdiqué* étoit privé des mêmes droits que le fils déshérité. C'est pourquoi il ne falloit pas de moindres causes pour autoriser une *abdication*, que pour rendre une exhérédation valable ; et la seule différence qu'il y avoit entre l'un et l'autre de ces deux actes, consistoit en ce que le premier étoit suivi sans délai de son exécution, au lieu que le second n'en étoit susceptible qu'après la mort du père.

DENISART, *Collection de décisions nouvelles*, au mot ABDICATION.

ABDICATION était encore d'usage au palais dans ces locutions : *Faire abdication, faire une abdication de biens*.

En dehors de ces significations anciennes et spéciales du mot ABDICATION, il se rapporte au sens propre d'*abdiquer*, et exprime L'acte par lequel on renonce à la possession d'une magistrature, d'une dignité souveraine, à l'autorité dictatoriale, pontificale, impériale, royale, etc.

La plupart des Romains regardèrent une *abdication* si surprenante (celle de Sylla), comme le dernier effort de la magnanimité.

            VERTOT, *Révolutions romaines*, XI.

Construit avec la préposition *de*, ou avec le pronom personnel *son*, ABDICATION se dit par rapport à la personne qui abdique, ou à la chose abdiquée;

1° A la personne qui abdique :

Je vous ai rendu compte autrefois des raisons qui m'ont obligée à persévérer dans le dessein de *mon abdication*.

     CHRISTINE, Lettre à Chanut, du 5 mars 1654. (Voy. *le Recueil des harangues faites à la reine de Suède*, par Rangouse, Paris, 1656.)

Il fut encore malheureux à Alaric, qui fut justement achevé quand la reine (Christine de Suède) eut fait *son abdication*.

       TALLEMANT DES RÉAUX, *Historiettes*, Scudéry.

Ni l'*abdication de* ce roi (Victor-Amédée), ni sa tentative pour reprendre le sceptre, ni sa prison, ni sa mort, ne causèrent le moindre mouvement chez les nations voisines.

Le roi Auguste y retourna (en Pologne), protestant contre *son abdication*... il mit en prison Fingsten et Imhof, ses plénipotentiaires, qui avaient signé *son abdication*, comme s'ils avaient en cela passé leurs ordres et trahi leur maître.

       VOLTAIRE, *Siècle de Louis XV*, c. 3; *Histoire de Charles XII*, V.

2° A la chose abdiquée, une dignité, ses attributs, ses insignes, etc.

Dioclétien tomba malade cette année, et, se sentant affaibli, il fut le premier qui donna au monde l'exemple de *l'abdication* de l'empire.

Christine, non moins célèbre que son père, ayant régné aussi glorieusement qu'il avait combattu, et ayant présidé aux traités de Westphalie qui pacifièrent l'Allemagne,

étonna l'Europe par l'*abdication de* sa couronne, à l'âge de vingt-sept ans.

       VOLTAIRE, *Dictionn. philos.*, art. DIOCLÉTIEN; *Essai sur les mœurs*, c. 188.

Ces deux manières de parler se trouvent réunies dans l'exemple suivant :

Son *abdication de* la dictature fit voir que l'ambition et l'envie de régner n'avoit pas été sa passion dominante, et qu'il (Sylla) ne s'étoit emparé de la souveraine puissance que pour pouvoir se venger plus sûrement de ses ennemis.

       VERTOT, *Révolutions romaines*, XI.

Quoique le mot ABDICATION semble emporter l'idée d'un acte spontané de la volonté, on peut admettre cependant que cet acte n'est pas toujours entièrement libre; et il n'y a, par conséquent, ni rédondance vicieuse dans le premier des exemples suivants, ni contradiction dans l'autre.

Elle n'ignoroit pas que Guillaume, son bisaïeul, après avoir sagement gouverné ses États, s'en démit par une *abdication* volontaire, pour jouir d'une sainte tranquillité dans une retraite religieuse.

       FLÉCHIER, *Oraison funèbre de Mme la Dauphine*.

L'électeur roi de Pologne protesta contre l'*abdication* qu'on lui avait arrachée.

       VOLTAIRE, *Histoire de Russie sous Pierre le Grand*, part. I, c. 19.

ABDICATION s'est dit aussi quelquefois de certains actes du prince qui semblent impliquer l'*abdication* plutôt qu'ils ne la constituent.

Ils assurent que le parlement d'Angleterre a élu le prince d'Orange pour roi, disant que celui-ci a quitté son royaume et rompu le traité du souverain avec ses sujets, que sa fuite est une *abdication*.

       Mme DE SÉVIGNÉ, *Lettres*, 16 février 1689.

D'Angleterre, le czar repassa en Hollande, pour retourner dans ses États par l'Allemagne, remportant avec lui la science de la construction des vaisseaux... achetée courageusement par une espèce d'*abdication de* la dignité royale.

       FONTENELLE, *Éloge du czar Pierre*.

ABDICATION a pu participer à tous les sens d'extension du verbe *abdiquer*, et se dire de même d'un Abandon de certaines dignités, de certains droits.

                                 16.

Le bonhomme Broussel, qui eut scrupule que son nom fût allégué comme un obstacle à la paix, alla déclarer le 24, à l'hôtel de ville, qu'il se départoit de sa magistrature.... L'*abdication* volontaire du bonhomme Broussel consacra pour ainsi dire cette imprudence.

Le cardinal de Retz, *Mémoires*, liv. II, année 1652.

Vous avez présentement M. d'Arles; il m'a écrit de Paris, je lui ferai réponse à Grignan; et comme il me parle de *son abdication* (de la place de président des états de Provence), je n'hésiterai point à lui mander ce que j'en pense..... Enfin, ma fille, je suis blessée de cette *abdication*, et je souhaite à celle-là le même repentir qu'aux autres, afin de nous venger.

Mme de Sévigné, *Lettres*, 26 octobre 1689.

Par *abdication* ou par abandonnement *des* papes, les évêques sont tenus à faire leur charge.

Bossuet, *Pièces concernant l'abbaye de Jouare.*
Second moyen.

A l'égard de *son abdication*, il (J.-J. Rousseau) se croit un Charles-Quint qui *abdique* l'Empire.

Comment de malheureux écrivains mercenaires de nouvelles osent-ils calomnier *votre abdication* généreuse? Je voudrais que vous demeurassiez..... La retraite n'est bonne que pour des inutiles comme moi..... C'est à vous de rester dans Paris et dans votre place.

Voltaire, *Lettres*, 24 mai 1763; 6 novembre 1776.

On a dit, dans un sens analogue, *abdication de la patrie*.

Abdication ou *abandon de la patrie*. Quand un citoyen abandonne son pays pour s'établir dans un pays étranger, on dit qu'il *abdique sa patrie*. Nos loix prononcent des peines rigoureuses contre cette *abdication*, dans certaines circonstances qui la rendent vraiment digne de punition.

Denisart, *Collection de décisions nouvelles*, au
mot Abdication.

Enfin, par une dernière analogie avec *abdiquer*, abdication a pu exprimer, d'une manière générale, L'action de renoncer, d'abandonner, de renier, d'improuver. C'est ainsi qu'il est employé dans le passage suivant, d'une date ancienne, où Sainte-Palaye, qui le cite, a remplacé, avec vraisemblance, *abdication* par abdication.

Je trouve ceste vertu et discipline (l'obéissance) avoir eu, entre les Rommains et autres, sa vigueur en quatre manieres. La premiere, *abdication* et reboutement (rebut) de voluptez et de delices.

Guill. Fillastre, *Histoire de la Toison d'or*. Des
Exemples d'obedience, t. II, fol. 72, v°.

ABDOMEN, s. m. (Transcrit du latin *Abdomen*, il se prononce de même, en faisant sentir l'*n*.)

Ce mot, que la langue latine a tiré d'*abdere*, cacher, désigne La partie du corps qui cache, qui renferme les entrailles, le ventre.

Abdomen, au sens propre, est un mot scientifique dont on ne se sert ordinairement que dans la langue particulière de l'histoire naturelle et de la médecine. Dans l'usage, on dit presque toujours, Le ventre, en parlant de l'homme et des animaux, à l'exception des insectes, pour lesquels abdomen est le terme consacré. *L'abdomen de la guêpe, l'abdomen du hanneton.*

Abdomen, dans le petit nombre d'occasions où il s'emploie en parlant de l'homme, est une espèce de synecdoque. *Je souffre beaucoup de l'abdomen*, c'est-à-dire dans l'*abdomen*, ou des parties que recouvre l'*abdomen*, du foie, de la rate, des reins, des intestins.

Abdomen se prend cependant quelquefois pour le ventre, dans le style familier et badin, et par une sorte d'allusion ironique au langage des savants. *Un large abdomen, un abdomen insatiable.* Il était déjà employé ainsi en latin, et cette dernière manière de parler est de Cicéron : *Abdomen insaturabile* (*Pro Sext.* 51).

ABDOMINAL, E, adj.

En termes d'anatomie, Qui appartient à l'abdomen. *Région abdominale, douleurs abdominales, muscles abdominaux.*

ABECQUER ou **ABÉQUER**, v. a. (Soit d'*abbecare*, mot de la basse latinité; soit, comme *becquer* simple de *becqueter*, et *becquée* de *bec*. — Voyez BEC.)

Autrefois ABBECHER, ABECHER, ABECHIER, ABES-
CHER, ABESCHIER, ABECKER, ABBECQUER, etc. (*Voyez*
le *Glossaire* de Sainte-Palaye).

ABECQUER signifie au propre Donner la béquée à
un jeune oiseau « qui n'a encore, dit Nicot, l'adresse
de *becquer*; » introduire sa nourriture dans son bec
avec le doigt ou avec un petit bâton.

> Et quant il aura aprins, si l'*abeche* souvent devant les
> gens, et ne luy donne que deux ou trois bechées de
> chair à la fois.
>> *Le livre du roi Modus et de la reyne Racio*, Des faulcons
>> et autres oyseaux de proye, c. 2.

> Comme il *abeche* dans les aires
> Les corbeaux naissans, que les peres
> Laissent à la merci du sort.
>> RACAN, *Psaumes*, CXLVI.

ABECQUER s'est dit au figuré, même en parlant
des oiseaux adultes, pour Leur donner une partie du
pât ordinaire, afin de les tenir ou de les mettre en
appétit. C'était en ce sens un terme de fauconnerie.

> Sur ce débat, quand on a le loisir,
> Et qu'oyseaux ont faict assez bon devoir,
> On les *abesche*, en leur faisant plaisir,
> Sur le gybier...
>> CRETIN, *Débat entre deux dames.*

Il s'est pris aussi au figuré, dans un sens plus
étendu, pour Affriander, allécher, « attirer quelqu'un à sa cordelle, » dit encore Nicot. Mais cette
acception a depuis longtemps cessé d'être usitée.

> N'avoir été qu'*abequez*, et non repeus à suffisance.
>> DE VIGENERE, trad. de Chalcondile. (Cité par Nicot.)

> Clers, je te voi si alechié,
> Si ardant et si *abechié*,
> Que bien me sambles hors du sens.
>> *Roman du Renart*, supplément, p. 47.

> Le mensonge, qui fut vostre lait au berceau,
> Vous nourrit en jeunesse et *abeche* au tombeau.
>> Agr. D'AUBIGNÉ, *Tragiques*, Chambre dorée, III.

ABECQUÉ ou ABÉQUÉ, ÉE, participe.

D'ABECQUER on avait fait deux mots, recueillis

l'un et l'autre dans le Dictionnaire de Cotgrave, et
qu'il est superflu de définir :

ABÉQUETER, v. a.
ABBÉCHEMENT, s. m.

ABEE, s. f.

Ce mot, qui signifie l'ouverture par laquelle coule
l'eau qui fait tourner un moulin, est écrit ainsi dans
la dernière édition du Dictionnaire de l'Académie,
dans les Dictionnaires de Richelet, de Trévoux, et
dans la plupart des autres.

Furetière, qui, le premier, a recueilli ce mot d'a-
près d'anciennes coutumes, l'écrit ABBÉE.

> On ne peut empescher, les rivieres courans perpetuel-
> lement, que les moulins ne moulent, ou qu'ils n'ayent une
> *abbée* ou lanciere ouverte pour donner cours à l'eau.
>> *Coutumier général.* Voy. *Coustumes de Mon-
>> targis,* c. x, art. 8.

Ménage fait dériver ABÉE du latin *abitus*, une
issue, une sortie. Mais il faut lire *bée*, qui s'est
transformé en ABÉE par confusion avec l'article,
la bée, *l'abée*.

> Pareillement jambages de cheminées, lanciers et autres
> pièces assises en murailles, et ayant saillie, et aussi *bées*,
> et ouvertures de cheminées.
>> *Coutumier général.* Voy. *Coustumes du duché
>> d'Orléans*, art. 242.

Voyez BÉE, BÉER, BAYER.

ABEILLE, s. f. (D'*apis*, par *apicula*, latin.)

Insecte à quatre ailes nues, transparentes et vei-
nées, qui est armé d'un aiguillon dont la piqûre est
fort douloureuse; qui vit en famille ou en tribu,
sous une sorte de police instinctive; qui se colonise
par essaims; que l'industrie de l'homme rend domestique, en le renfermant sous une espèce de panier
ou de cloche qu'on appelle *ruche*; qui donne à la
consommation et au commerce le miel, la cire, la
propolis. Mouche à miel.

Il n'y a peut-être point de mot qui ait plus varié
que celui-ci dans sa forme et dans son orthographe,

sans s'éloigner absolument de son étymologie. (*Voyez* le *Glossaire* de Sainte-Palaye, au mot ABEILLE, et dans sa partie manuscrite, au mot AVEILLETTE. — *Voyez* aussi les Dictionnaires de Robert Estienne, de Nicot, de Borel, de Ménage, de Roquefort, etc.)

On a écrit :

EPS, EPZ, EPTE;

Tous trois immédiatement traduits d'*apis;* le dernier par la substitution du *t* à l'*s,* si commune dans la construction du génitif, comme dans *anas, anatis.*

> Si aucuns *eps* ou mouches à miel s'envolent hors de leurs vaisseaux, et celuy à qui ils appartiennent les poursuit tant qu'ils soient assis, iceux *eps* luy demeurent.
> *Coutumier général.* Voy. *Coustumes particulières au bailliage de Saint-Omer.*

EIS, AES, ÆS, EES, ES, EX,

Ceux-ci, de même formation, mais la consonne caractéristique retranchée pour l'euphonie.

> La nature de mouchez qui font le miel est sauvage... et por ce s'un autre (que le propriétaire) les requeut (recueille), il en sera sirez, et se les *eis* y ont fet breces (rayons de miel), chascun les porra oster.
> *Anc. trad. des Institutes de Justinien,* liv. II, c. I, § 14.
> Ms. 7057, fol. 10, r°, c. I. Bibl. imp.

> Se hom estagier de Paris vent le miel qui vient de ses *és,* il ne doit point de tonlieu (droit).
> Est. BOILEAU, *Le Livre des Métiers,* p. 331.

ELS,

Ce dernier ne peut appartenir au même radical. S'il n'est fait du substantif *ales,* insecte ailé, on doit le regarder comme une faute de copiste.

DEPS,

Orthographe abusive qui semble résulter de ce que l'article s'est incorporé au mot lui-même dans des expressions comme celles-ci : volée ou essaim d'*eps,* ruche d'*eps.* Cette remarque s'applique également aux quatre suivants, dans lesquels il faut voir ou transposition de l'article, ou peut-être fausse acception du sens :

ADEBTS, ADEBTZ, ADEX, ADEXS.

ABEILLE, correspondant au provençal *abelha,* à l'espagnol *abeja,* parait s'être introduit presque

simultanément dans un certain nombre de nos dialectes, et avec des variations peu importantes d'orthographe :

ABOILLE, ABOILE, ABAILLE, ABAILLIE, ABOILLIE, AVEILLE

> Comment doncques est-ce qu'on rechasse les moynes de toutes bonnes compaignies, les appellant trouble-festes, comme *aveilles* chassent les freslons d'entour leurs rousches?
> RABELAIS, *Gargantua,* I, 40.

Le diminutif AVEILLETTE fut naturellement formé d'*aveille,* et de là vint, sans doute, par contraction, AVETTE, qu'on reconnaît sous une forme un peu différente dans ce proverbe du XVI° siècle :

> Le roy des *Avetz* n'a esguillon.
> BOVILLI, *Proverbes.* (Voy. ÆROUX DE LINCY, *Le livre des Proverb. franç.,* t. I, p. 87.)

ÈVE serait aussi, selon Ménage, un des noms anciens de l'ABEILLE. A défaut d'exemples pour appuyer cette assertion, on peut dire qu'au XII° siècle, Benoît, dans sa *Chron. des ducs de Normandie,* t. I, p. 14, v. 335, employait le mot *ewettes.*

La mutation régulière du *p* en *b* et du *b* en *v* a, selon M. Raynouard (*Journal des Savants,* juin 1820, p. 372), amené la succession du latin *apicula,* du roman *abeilla* (*abelha*), du vieux français *avette,* dans laquelle il résume l'histoire du mot.

On a quelquefois distingué, quant à l'origine, d'après une étymologie empruntée aux anciens, les mots ABEILLE et AVETTE.

> Les *Abeilles,* ou mouches-à-miel, sont des Latins appellées *apes,* parce qu'elles naissent sans pieds, comme escrivent Probus et Priscianus, et Virgile en ceste sorte, *Trunca pedum primo.* Du latin *avis,* vient ce mot, *Avette,* comme qui diroit petit oiseau.
> OLIVIER DE SERRES, *Théâtre d'agriculture,* lieu V°, c. 14.

Il serait très-hasardeux d'attribuer à aucun des différents mots qui viennent d'être énumérés, une priorité positive. Ils semblent avoir pris naissance à la même époque, pour le même besoin, dans les dialectes divers dont ils ont subi la forme et l'esprit.

> Cil qui emble (enlève ou vole) *avettes,* que l'on appelle

eps en France, et *abeilles* en Poitou, l'en li doit crever les œils.

Ancienne Coutume d'Anjou, citée par Ménage.

Aveille et *Avette*, pour Mousche à miel, mot duquel on use en Touraine et Anjou; semble qu'il vienne de *apicula*. Aucuns prononcent *abeille*.

Rob. Estienne, Nicot, Dictionn.

Cependant, *eps* et sa famille, qui sont plus immédiatement traduits, présentent mieux le caractère primitif.

Les *éez* sont felonnesses, et laissent lor aguillons ès plaies qu'eles font; mais Nature a ordené qui li rois des *éés* n'a point d'aguillon.

Proverbes de Sénèqué, ms. 274 bis, fonds Notre-Dame, fol. 6-7. Bibl. imp.

Li sages de quan qu' (tout ce qui) est sos ciel
Trait sens, con (comme) es trait de flor miel.
Li es s'asiet de sor (sur) l'ortie,
Tant le porgarde (regarde) et tant l'espie
Qu'el trait le miel de l'amertume :
C'est del sage home la costume.

Partonopeus, v. 119.

AVETTE prévalut quelque temps sur *abeille*, principalement dans la poésie.

Comme aparoist par aucunes mouchettes
Qui miel font, qu'aucuns nomment *avettes*

Gringore, Menus propos. Exemple de la taulpe, etc.

Tu vois, en ce tems nouveau,
L'essaim beau
De ces pillardes *avettes*
Voleter de fleur en fleur...

Remi Belleau, Avril.

Il paraît cependant, par le premier de ces exemples, qu'il n'était pas d'abord de l'usage général.

Dès le milieu du xvi⁰ siècle, ces mots se prenaient indifféremment, et Ronsard les emploie tous deux.

Elles chassent de leurs ruches les bourdons et les *abeilles* bastardes, qui ne leur servent de rien, sinon à manger leur miel.

Ambr. Paré, Des animaux, etc., II, 7. Du gouvernement des mousches à miel.

Ici, de pré en pré, les soigneuses *avettes*
Vont baisant et suçant les odeurs des fleurettes.

Mon Passerat, je ressemble à l'*abeille*
Qui va cueillant tantost la fleur vermeille,

Tantost la jaune, errant de pré en pré,
Où plus les fleurs fleurissent à son gré.

Ronsard, Églogue ou Bergerie; poëmes, I, l'Hylas.

Au commencement du xvii⁰ siècle, AVETTE était encore quelquefois employé par les poëtes et même par les prosateurs. Il disparut ensuite peu à peu de la langue.

Qu'est-ce qui presse si fort les *avettes* d'accroistre leur miel?

S. François de Sales, Traité de l'amour de Dieu, XII, 2.

Déjà la diligente *avette*
Boit la marjolaine et le thym,
Et revient riche du butin
Qu'elle a fait sur le mont Hymette.

Théophile, Odes, le Matin.

ABEILLE est depuis longtemps le seul en usage.

En lieu temperé s'eslevent facilement les *abeilles* hayssant les extremitez des froidures et chaleurs.... Le temps aussi que les *abeilles* demandent est le mesme de celuy que les brebis et moutons desirent, assavoir sans bruines et abondant en fleurs.

Olivier de Serres, Théâtre d'agriculture, lieu Vᵉ, c. 14.

Les ruches des *abeilles* étoient aussi bien mesurées il y a mille ans qu'aujourd'hui; et chacune d'elles fait cet hexagone aussi exactement la première fois que la dernière.

Pascal, Pensées, part. I, art. 1.

Les cellules commençoient à se former, et à prendre une figure régulière. Une partie des *abeilles* les remplissoient de leur doux nectar.

Fénelon, Fables, les Abeilles.

Nous sommes..... au premier rang (s'il est permis de le dire) des animaux qui vivent en troupe, comme les *abeilles*, les fourmis, les oies, les poules, les moutons, etc. Si l'on rencontre une *abeille* errante, devra-t-on conclure que cette *abeille* est dans l'état de pure nature, et que celles qui travaillent en société dans la ruche ont dégénéré?

Voltaire, Essai sur les mœurs, Introduction.

Votre vocation, mon cher le Fèvre, est trop bien marquée pour y résister. Il faut que l'*abeille* fasse de la cire, que le ver à soie file, que M. de Réaumur les dissèque, et que vous les chantiez.

Le même, Mélanges littéraires, Sur les inconvénients attachés à la littérature.

Nous nous trouvons obligés de reconnaître que les *abeilles* se conduisent par rapport au bien de leur société, comme si l'unique motif de leurs actions était celui qui fait agir les plus grands hommes et les plus vertueux : elles ne semblent travailler que pour leur postérité; leurs avantages particuliers ne paraissent entrer pour rien dans tout ce qu'elles font.

> RÉAUMUR, *Histoire des insectes,* t. v, préface, p. xiv, édit. de 1741, in-4.

L'intelligence qui connaîtrait à fond la structure du corps de l'*abeille*, y verrait, sans doute, la petite machine qui construit ces cellules si régulières et si économiquement régulières. Elle jugerait des effets que cette machine doit opérer, comme un mécanicien juge de ceux d'un métier ou de toute une machine.

> Ch. BONNET, *Contemplation de la Nature,* part. XI, l. xxxvii.

Si Newton eût été une *abeille*, il n'eût pu faire, avec toute sa géométrie, son alvéole dans une ruche, qu'en lui donnant, comme la mouche à miel, six pans égaux.

> BERNARDIN DE SAINT-PIERRE, *Études de la nature,* X. De la convenance.

Environné de toutes parts,
Je n'entendois que cris à mes oreilles
De ces peuples épars,
Bruyans et voltigeans comme un essaim d'*abeilles*.

> RACAN, *Psaumes,* CXVII.

Des témoins déposoient qu'autour de ces rayons,
Des animaux ailés, bourdonnants, un peu longs,
De couleur fort tannée, et tels que les *abeilles*,
Avoient longtemps paru.

C'est du séjour des dieux que les *abeilles* viennent;
Les premières, dit-on, s'en allèrent loger
Au mont Hymette............

> LA FONTAINE, *Fables,* I, 21; IX, 12.

Mais ce n'est qu'à Virgile à chanter les *abeilles*.

> L. RACINE, *La Religion,* I.

L'hymen est inconnu de la pudique *abeille*.

L'instituteur fameux du conquérant du monde
Voulut que sans époux l'*abeille* fût féconde;
Et, de sa chasteté Réaumur moins jaloux,
Prostitua leur reine à de nombreux époux :
Chacun l'aime à son tour...

> DELILLE, trad. des *Géorgiques,* IV, v. 197; Les trois Règnes, VII.

L'industrie et les mœurs de l'ABEILLE ont été, dans le style soutenu de la prose et dans celui des poëtes, une source intarissable de comparaisons qui font allusion :

A l'intelligence de son travail et à la perfection de ses produits :

> Les *abeilles* pillotent de çà de là les fleurs, mais elles en font après le miel qui est tout leur ; ce n'est plus thym ni marjolaine : ainsi les pieces empruntées d'autruy, il les transformera et confondra pour en faire un ouvrage tout sien.
>
> MONTAIGNE, *Essais,* I, 25.

A son ardeur et à son activité :

> La nation est active et industrieuse; elle ressemble aux *abeilles* : on leur prend leur cire et leur miel, et, le moment d'après, elles travaillent à en faire d'autres.
>
> VOLTAIRE, *Dictionnaire philosophique,* art. POURQUOI (LES).

A l'inconstance avec laquelle elle passe de fleur en fleur pour en tirer son butin :

> [ses biens.
> C'est (la conversation) un parterre où Flore épand
> Sur différentes fleurs l'*abeille* s'y repose,
> Et fait du miel de toute chose.
>
> LA FONTAINE, *Fables,* X, 1. *Discours à madame de La Sablière.*

> Papillon du Parnasse, et semblable aux *abeilles*
> A qui le bon Platon compare nos merveilles,
> Je suis chose légère, et vole à tout sujet.
>
> LE MÊME, *Discours à madame de La Sablière,* 1684.

> Je vais jusqu'où je puis;
> Et, semblable à l'*abeille* en nos jardins éclose,
> De différentes fleurs j'assemble et je compose
> Le miel que je produis.
>
> J.-B. ROUSSEAU, *Odes,* III, 1.

> Et moi, timide *abeille*, errante dans la plaine,
> Je ravis non sans peine
> Un peu de miel aux fleurs qui parfument Tibur.
>
> LE BRUN, *Odes,* IV, 6.

C'est en ce sens que l'on a dit de l'ode elle-même :

> Tantôt, comme une *abeille* ardente à son ouvrage,
> Elle s'en va de fleurs dépouiller le rivage.
>
> BOILEAU, *Art poétique,* II.

C'est en ce sens aussi que les Muses ont été comparées aux *abeilles* :

> Les Muses sont des *abeilles* volages;
> Leur goût voltige, et fuit les longs ouvrages;
> Et, ne prenant que la fleur d'un sujet,
> Vole bientôt sur un nouvel objet.
> <div align="right">GRESSET, <i>Ver-vert</i>, I.</div>

A la douceur de son miel :

> Loi sainte, loi désirable,
> Ta richesse est préférable
> A la richesse de l'or,
> Et ta douceur est pareille
> Au miel dont la jeune *abeille*
> Compose son cher trésor.
> <div align="right">J.-B. ROUSSEAU, <i>Odes</i>, I, 2.</div>

A son aiguillon, à ses piqûres :

Tout ainsi que les picqueures des *abeilles* sont plus cuisantes que celles des mouches, ainsi le mal que l'on reçoit des gens de bien, et les contradictions qu'ils font, sont bien plus insupportables que les autres.
S. FRANÇOIS DE SALES Introduction à la vie dévote, III, 3.

Je vois bien, dit Virgile, que vos *abeilles* n'étoient pas plus faciles à irriter que le cœur des poëtes. — Il est vrai, répondit Aristée; ils bourdonnent comme les *abeilles*; comme elles, ils ont un aiguillon perçant pour piquer tout ce qui enflamme leur colère.
FÉNELON, Fables, II, Aristée et Virgile.

> La défense est de droit, et, d'un coup d'aiguillon,
> L'*abeille* en tous les temps repoussa le frelon.
> <div align="right">VOLTAIRE, <i>Épîtres</i>, à d'Alembert.</div>

A la forme apparente de son gouvernement:

...Sa taille (de Louis XIV), son port, ses grâces, sa beauté et sa grande mine, jusqu'au son de sa voix et à l'adresse et la grâce naturelle et majestueuse de toute sa personne, le faisoient distinguer jusqu'à sa mort comme le roi des *abeilles*.
SAINT-SIMON, Mémoires, 1715, t. XIII, c. 1.

La cour de France ressemble à une ruche d'*abeilles*; on y bourdonne autour du roi.
VOLTAIRE, Lettres, 25 février 1744.

Ma devise est une *abeille*, qui, voltigeant de plante en plante, amasse son miel pour le porter dans sa ruche; et l'inscription est : L'utile.
CATHERINE II, Lettre à Voltaire, août 1765.

Si votre devise est une *abeille*, vous avez une terrible ruche.
VOLTAIRE, Réponse à la lettre précédemment citée, 1765.

Ôtez la reine d'un essaim, vous aurez des *abeilles* tant qu'il vous plaira ; mais de ruche, jamais.
J. DE MAISTRE, Du Pape I, 4.

> L'*abeille* royaliste et pourtant populaire
> Joint Rome monarchique et Rome consulaire,
> Travaille pour l'État, et défend à la fois
> Et son humble cellule et le trône des rois.
> <div align="right">DELILLE, <i>les Trois Règnes</i>, VIII.</div>

ABEILLE se dit absolument dans le style figuré.
On s'en sert de cette manière en diverses occasions :

Pour caractériser Un génie plein de douceur, un écrivain d'une élégance extrême :

Xénophon a été appelé la muse et l'*abeille* athénienne à cause de la douceur de son style.
Mlle DE SCUDÉRY, Conversations sur divers sujets.

Un honnête homme (M. Rollin) a, par ses ouvrages d'histoire, enchanté le public : c'est l'*abeille* de la France.
MONTESQUIEU, Pensées diverses. Des modernes.

> On peut à Despréaux pardonner la satire :
> Il joignit l'art de plaire au malheur de médire.
> Le miel que cette *abeille* avait tiré des fleurs
> Pouvait de sa piqûre adoucir les douleurs.
> <div align="right">VOLTAIRE, <i>Discours sur l'envie</i>, III.</div>

Pour opposer l'activité utile à la paresse qui recueille les fruits du travail d'autrui.

Les *abeilles* ne deviennent point frelons.
COTGRAVE, Dictionnaire.

Émilie est toujours à la cour, et cette divine *abeille* va porter du miel aux frelons de Versailles.

Qu'importe au genre humain que quelques frelons pillent le miel de quelques *abeilles* ?
VOLTAIRE, Lettres, 29 août 1733; 30 août 1755.

I.

ABE

Comme on voit les frelons, troupe lâche et stérile,
Aller piller le miel que l'*abeille* distille.
BOILEAU, *Satires*, I.

Que de frelons vont pillant les *abeilles!*
VOLTAIRE, *Satires*, les Chevaux et les Ânes. .

ABEILLE s'emploie absolument aussi, par une figure du même genre, pour désigner Un esprit actif et curieux qui porte un goût délicat et fin dans ses recherches, un sage discernement dans ses études. On a appelé l'*abeille du Parnasse* Une personne dont la mémoire est remplie de bons vers ; l'*abeille des bibliothèques*, Un homme connu par le bon choix de ses lectures. La première de ces expressions, et d'autres analogues, où entrait le mot ABEILLE, ont, en outre, servi de titres à certains recueils.

C'est contre le bourdonnement de ces frelons que je vous demande votre secours, ma gentille *Abeille du Parnasse*.
VOLTAIRE, *Lettres*, 6 mai 1734.

Quant à mon livre de l'Esprit des Lois, j'entends quelques frelons qui bourdonnent autour de moi ; mais si les *abeilles* y cueillent un peu de miel, cela me suffit.
MONTESQUIEU, *Lettres familières*, 11 novembre 1749.

M. de La Combe nous annonce l'*Abeille du Parnasse anglois*. Ce sera une traduction des plus belles odes et des morceaux les plus sublimes des auteurs de cette nation.
BACHAUMONT, *Mémoires*, 1762, 25 juillet.

Proverbialement, on a dit : *Qui veut du miel souffre l'abeille*, dans le sens où nous disons aujourd'hui : *Point de rose sans épines*, et cette manière de parler est fort ancienne. .

Qui veult du miel, faut qu'il seuffre les *ces*.
CARTHENY, *Voyage du Chevalier errant*,
ms., fol. 32 r°. (Cité par Sainte-Palaye.)

MOUCHE-ABEILLE s'est pris ainsi quelquefois, en locution composée, pour désigner L'*abeille*.

...Une *mouche-aveille*
N'a tant desirs d'avoir
Du miel......
Hardiesse de plusieurs rois et empereurs, préface. Ms., ancien fonds, n° 7075. Bibl. imp.

LA MÈRE ABEILLE se dit de celle qu'on appelait auparavant la reine, et qui par sa fécondité pourvoit au renouvellement de l'essaim.

La *mère abeille* produit dix mille individus tout à la fois, et dans le même lieu.
BUFFON, *Discours sur la nature des animaux*.

ABEILLES, plur. fém., se dit d'un Insigne d'armoiries qui est de grande importance dans le blason de la monarchie et de la noblesse françaises. *Les abeilles de la première race, les abeilles impériales.*

Découverte faite à Tournay, du tombeau de Childéric. Outre l'anneau d'or de ce prince et plusieurs médailles d'or, on y trouva des *abeilles* de grandeur naturelle, faites d'or massif, ce qui a donné lieu à la conjecture que les *abeilles*, mal imitées dans la suite par nos peintres, devinrent nos fleurs de lys, lorsque, dans le XII° siècle, la France et les autres États de la chrétienté prirent des armes blasonnées..
HÉNAULT, *Abr. chron. de l'Histoire de France*, année 1655.

D'ABEILLE, ou plutôt d'ABOILE, relativement à l'intérêt économique, et à la jurisprudence qui le réglait autrefois, on avait fait :

ABOILAGE, par *Abollagium*, mot de la basse latinité; Droit du seigneur sur les *abeilles* épaves ou disséminées qui se trouvaient dans les forêts de sa châtellenie. Cette orthographe est celle de Ménage et de Borel.

ABOILLAGE se lit dans Du Cange, *Glossaire*.

ABOLLAGE, dans La Thaumassière :

Le titre suivant, de l'an 1319, tiré du chartulaire de la maison de Sulli, appelle ce droit *abollage*.
Note aux *Coutumes de Lorris*, c. v, art. 5.

ABEILLAGE paraît avoir été plus usité, mais aucun de ces mots n'est français aujourd'hui.

ABEILLON s'est dit pour Essaim d'*abeilles*.

Si aucun trouve un *abeillon* à miel espave en son héritage, qui ne soit poursuivy par celuy à qui il appartient, il est tenu de le révéler au seigneur justicier dedans vingt et quatre heures après qu'il aura sceu ledit *abeillon* estre en son héritage.
Coutumier général, voy. *Coustumes du duché de Bourbonnois*, c. 26.

ABEILLAUD en certains lieux a signifié Bourdon, frelon.

Touchant les bourdons ou frelons, qu'en plusieurs endroits de Languedoc l'on appelle *Abeillauds*, c'est une espèce d'Abeilles naissant avec les bonnes. Virgile les appelle *ignavum pecus*.
Olivier de Serres, Théâtre d'agriculture, Vᵉ lieu, c, 14.

ABEILLIER s'est pris assez naturellement en quelques provinces pour désigner Le rucher, ou cette espèce de petite construction légère qui contient les ruches.

APIER, d'*apiarium*, a été employé autrefois dans le même sens, selon le témoignage de Cotgrave, et il était propre au langage ou dialecte roman.

Los eissams se van pausar de un *apier* en autre.
- Traduction du Traité de l'arpentage, part. II, c. 1. Cité
par M. Raynouard, Lexique roman, au mot ABELHA.

APIE, s. f., par une allusion un peu maniérée à la douceur du miel de l'*abeille*, s'est dit quelquefois, mais très-rarement, dans le sens de Douceur, de grâce, d'aménité.

César composa un œuvre très-élégant, de la raison et manière de bien purement et nettement parler, dédiant cest œuvre et l'envoyant à Cicero, comme prince et inventeur de l'élégance et *apie* de la langue latine.
Théodose Valentinian, l'Amant ressuscité de la mort
d'amour, IV.

Il faut peut-être chercher dans ce mot inusité l'origine du nom de la pomme appelée *api* ou *apie*, si remarquable par sa douceur. *Voyez* API.

ABEILLANCE a été le nom encore moins connu d'une espèce de petite mouche blanche qui n'est pas autrement désignée par Oudin, Cotgrave et Sainte-Palaye.

Quant aux noms spécifiques de l'*abeille*, abeille ouvrière, abeille maçonne, abeille perce-bois, reine abeille, etc., ils appartiennent aux dictionnaires spéciaux.

ABERRATION, s. f. (d'*Aberratio*, latin.)
Mouvement apparent observé dans les astres, et qui résulte du mouvement propre de la lumière combiné avec celui de la terre.

C'est à M. Bradley que l'Astronomie est redevable de la belle découverte de l'*aberration* de la lumière.
Clairaut, de l'Aberration apparente des étoiles, causée par le
mouvement progressif de la lumière. (Mém. de l'Acad.
des Sciences, 1737, p. 105.)

Ce mot, à l'introduction duquel a donné lieu la découverte de Bradley publiée dans les Transactions philosophiques de 1727, a été traduit par Clairaut dans le mémoire dont on vient de donner la date, 1737, du mot latin *aberratio*, qu'avait employé, en 1730, Manfredi, traitant, après Bradley et avant Clairaut, du même sujet (*De iis quæ nuper a nobis observatæ sunt circa annuarum stellarum errores.* Comm. de Bologne pour 1730, page 599). Le Dictionnaire de l'Académie l'a recueilli en 1762.

ABERRATION se dit aussi, en termes d'Optique, de l'éparpillement que subissent les rayons lumineux, de même ordre ou de différente nature, émanés d'un même point, lorsqu'ils rencontrent des surfaces courbes qui les réfléchissent ou les réfractent, de sorte qu'ils ne peuvent plus ensuite être concentrés exactement en un même foyer.

ABERRATION, dans cette acception, avait encore été précédé par le mot latin correspondant. Ces écarts, qui dérogent à la loi de concentration générale, avaient été appelés très-justement *Aberrationes*, en 1761, par le physicien suédois Klingenstierna, dans un mémoire inséré au tome LI des Transactions philosophiques, sous ce titre : *de Aberratione luminis in superficiebus et lentibus sphericis.* Nous n'avons eu qu'à traduire la dénomination latine qu'il avait adoptée pour en tirer nos expressions françaises actuelles : *Aberration de sphéricité, Aberration de réfrangibilité.* Dans celles-ci le mot ABERRATION entre comme exprimant un effet absolu, dont la sphéricité des surfaces ou l'inégale réfrangibilité des rayons est la cause, de sorte qu'elles n'admettent pas l'adjonction du mot *lumière*. Ce complément ne s'emploie que dans l'application au phénomène astronomique.

ABERRATION, ramené au sens moral que recevait dans la langue latine *Aberratio*, s'applique maintenant, dans le style figuré, à des erreurs de jugement, des écarts d'imagination ou de conduite. On dit, fréquemment, *l'aberration* ou *les aberrations* des sens, des idées, de l'esprit humain. On va même jusqu'à dire les *aberrations* d'un écrivain, d'une école.

Le passage du mot français ABERRATION de son sens primitif, tout scientifique, à son acception morale, est marqué dans le passage suivant :

Il y a loin du talent de simplifier un principe, et de suivre strictement la chaîne des conséquences qui paraissent en résulter, au talent d'appliquer le principe avec justesse, et de calculer, si j'ose m'exprimer ainsi, toutes les *aberrations* auxquelles il peut être sujet dans la pratique.

GRIMM, *Correspondance*, février 1775.

ABÊTIR, v. a. (De *bête*, autrefois *beste*, et par ce mot du latin *bestia*.) *Voyez* BÊTE.

Autrefois, ABESTER, ABBETER, ABETER, ABETTER, ABESTIER, ABESTIR. (Voyez le *Glossaire* de Du Cange, au mot *Abbetator*, le *Glossaire* de Sainte-Palaye, etc.) Rendre quelqu'un stupide, l'abrutir ; littéralement, le réduire à l'état des bêtes.

Mais est *abesté* le bon-homme, et paist l'herbe, et est transfiguré en une beste, sans enchantement.

Au moins se deussent-ils garder de soy laisser ainsi *abester*.

A. DE LA SALE, *Les quinze Joyes de mariage*, VIIe joie.

ABESTER se prenait aussi alors dans un sens extrêmement voisin du sens propre, pour, Abuser et duper quelqu'un.

Lui ne puet-il mie guiler (tromper),
Ne engignier (duper) ne *abeter* ;
Il quenoit (connaît) tot et set et voit.

Bien guile la dame, et *abete*
Son seignor (son mari).
Fabl. et contes anc., Méon, t. II, p. 366; t. IV, p. 403.

Oez cum li cuilverz (le vaurien) l'*abete*.
BENOIT, *Chron. des ducs de Normandie*, v. 18352.

On employait dans le même sens un mot de même origine, qui est aujourd'hui de l'usage le plus grossier et le plus vulgaire.

Quand ils sont mariez, je les regarde embrider et *embester* mieux que les autres.

A. DE LA SALE, *Les quinze Joyes de mariage*, Épilogue.

ABESTER s'est dit proprement, dans un autre sens, beaucoup moins usité, pour Mettre les chiens sur la trace du gibier, exciter les animaux, les irriter les uns contre les autres; et de là, figurément, pour, Animer dans leur colère des champions ou des partis.

Par ceo que vos *abbestastes* et procurastes discorde entre notre seigneur le roy, et la royne, et les altres del realme.....
Texte de 1326, cité par Du Cange, *Gloss.*, au mot ABBETATOR.

Il a fourni des images au style élevé dans cette acception.

Il leur tourna l'escu vers le visaige, aussi fierement que fait le sanglier aux chiens quand ils sont *abesté.*
Perceforét, t. I, fol. 125 v°, col. 1. (Cité par Sainte-Palaye.)

ABESTIR, et ABÊTIR, ne se sont jamais employés que dans le sens de notre première définition ; et le dernier est peu d'usage, depuis qu'il est le seul qui s'écrive. Les exemples n'en étaient pas rares autrefois dans nos meilleurs écrivains.

Si cuiderent les maleureux *abestiz* que le Sainct-Esperit, en espece de colombe, luy (à Mahomet) revelast ses mensonges de par Dieu.
ALAIN CHARTIER, *l'Espérance.*

Car il sembloit que ses ennemys feussent aveuglez et *abestis*, qu'ilz ne deffendoient ce pas.
Ph. DE COMMYNES, *Mémoires*, VIII, 5.

Antonius estoit si *abbesty* et si asservy au vouloir d'une femme, que...
AMYOT, trad. de Plutarque. *Vie d'Antoine*, c. 78.

Combien ay-je vu de mon temps d'hommes *abestis* par temeraire avidité de science ?

Où est le sage ? Où est l'escrivain ? Où est le disputateur de ce siecle ? Dieu n'a-il pas *abesty* la sapience de ce monde ?

Voulez-vous un homme sain ? Le voulez-vous reiglé et en ferme et seure posture? Affublez-le de tenebres, d'oisiveté et de pesanteur. Il nous faut *abestir* pour nous assagir.

Cette-cy (l'action qui rapproche les sexes) met toute autre pensée soubs le joug, abrutit et *abestit*, par son imperieuse authorité, toute la theologie et philosophie qui est en Platon, et si ne s'en plainct pas.

           MONTAIGNE, *Essais*, I, 25; II, 12; III, 5.

C'est une fierre et furieuse passion que l'amour charnel; elle *abestist* et abrutit la sagesse, résolution, prudence, contemplation, et toute opération de l'âme.

           CHARRON, *De la Sagesse*, I, 24.

Trop de jeunesse et trop de vieillesse empêchent l'esprit; trop et trop peu de nourriture troublent ses actions; trop et trop peu d'instruction l'*abêtissent*.

           PASCAL, *Pensées*, part. I, art. IV, § 1.

Puis tout-à-coup se prenant au duc de Beauvilliers et au roi, et accusant son éducation : « Ils n'ont songé, s'écria-t-il (le duc de Berry), qu'à m'*abêtir*, et à étouffer tout ce que je pouvois être. »

           SAINT-SIMON, *Mémoires*, 1712, t. X, c. 38.

Se plusieurs se sont departis
Comme peu amans mon honneur,
Conclurons-nous, gens *abestis*,
Que s'en soit allé le seigneur?

     MARTIN FRANC, *le Champion des dames* (faisant parler
       l'Église aux pères du concile de Bâle, en 1440.)

Quant à espoir vous attendrez,
Vous en trouverez *abestiz* ;
Et en la fin vous apprendrez
Qu'espérance paist les chetifs

       ALAIN CHARTIER, *la belle Dame sans mercy*.

Gens qui cuident estre si saiges
Qu'ilz pensent plusieurs *abestir*.....

       CHARLES D'ORLÉANS, *Rondels*, LXXV.

Viens çà donc, insolente beste,
Qui tant en vain te romps la teste
Pour gens *abestir* comme toy.

    Epistre envoyée à Marot, à Sagon et à la Hueterie. (Voy.
    OEuvres de Cl. Marot, édit. de 1731, t. VI, p. 232.)

Le doigt qui escrivit devant les yeux du fils
De ce Roy *abesti*, que Dieu avoit prefix

Ses vices et ses jours, sceut l'advenir escrire,
Luy-mesme executant ce qu'il avoit peu dire.

       Agr. D'AUBIGNÉ. *Tragiques*. Vengeances, VI.

ABÊTIR est aussi un verbe neutre qui signifie, Devenir stupide, s'abrutir, descendre à l'état de bête.

C'est un enfant qui *abêtit* tous les jours.

       RICHELET, *Dictionnaire*.

S'ABÊTIR, verbe pronominal, a le même sens que le neutre ABÊTIR. Ils sont aussi anciens dans la langue que le verbe actif, et n'ont pas toujours été exclusivement, comme aujourd'hui, du style le plus familier.

Ainsi vindrent en usage les idoles des payens; et pour commemoration de l'idole de Belus, furent nommez leurs images Bel, Baal, Belphegor, Baalin et Belzebuth. Et depuis autres noms leur ont esté imposez selon les sottes pensées de ceulx qui à telles fantasies s'*abestirent*.

       ALAIN CHARTIER, *l'Espérance*.

(Ils) reçoivent, approuvent tout ce qui se présente, et pour ce qu'il a beau semblant et belle apparence, ou pour ce qu'il est en vogue, en crédit et observance commune, voire pensent qu'il ne soit pas permis d'en doubter, ou l'examiner, s'*abbétissans* et dégradans de cette façon.

       CHARRON, *De la Sagesse*, II, 12.

Dont plusieur sont,
Quand femmes ont,
Mal s'en chevissent (tirent);
Et grand mal font
Quand se forfont
Et s'*abestissent*,
Tant les chérissent
Et obéissent
Que de liberté se deffont.

     GUILLAUME ALEXIS, *Blason des faulces amours*.

Les Italiens ont une expression qui offre sous un aspect plus noble l'idée que réveille s'ABÊTIR, *Disumanarsi*, se dépouiller de l'intelligence et de la nature de l'homme.

      .....Guarda
Che nel disumanarti
Non divenghi una fera, anzi che un Dio.

(Crains qu'à cesser d'être homme, tu ne deviennes une brute plutôt qu'un Dieu.)

       GUARINI, *Pastor fido*, I, 1.

S'ABETTER s'est pris autrefois au sens figuré de S'obstiner, de S'attacher à un projet difficile, à une idée contestée; avec l'opiniâtreté d'une brute, ou jusqu'au point d'en devenir bête. Il se rattache figurément à l'emploi du mot ABESTER, dans le sens indiqué plus haut de Mettre les chiens sur la trace du gibier, exciter les animaux les uns contre les autres.

> Trop est folz qui à eux s'abette.
> Histoire des Trois Maries, en vers, ms. p. 339, col. 1.
> (Cité par Sainte-Palaye.)

ABÊTI, IE; autrefois ABESTÉ, ABESTI, etc., participe.

Sur les formes diverses de ce participe, et sur l'emploi qu'on en a fait adjectivement, voyez quelques-uns des exemples qui précèdent.

ABETERE, substantif, s'était formé d'abêtir, sous son orthographe, abeter, pour désigner un homme abêti, imbécile de naissance ou d'abrutissement.

Charles le Chauve, dit un poëte,

> D'une feme ki fu gentius,
> Avoit un fil ki fu soutius,
> Loéys li Baubes ot non.
> Et saciez k'il ot ces sornon,
> Pour cou k'il estoit baubetere :
> Mais il n'iert fos, ne abetere.

(Charles le Chauve, d'une femme qui fut noble, avait un fils qui fut subtil; il eut nom Louis le Bègue. Et sachez qu'il eut ce surnom, parce qu'il était bègue : mais il n'était ni fou ni abetere, ou imbécile.)

Ph. MOUSKES, Chronique, v. 12743.

ABESTÉ, adjectif, est un mot ancien formé du même radical, mais dans une acception particulière ; il se disait d'Un propriétaire de bestiaux, et spécialement d'un homme monté, ou d'un cavalier, par opposition à un homme à pied. (Voy. Cotgrave.)

Il fut conté d'un hoste, qui est sur les limites de Bretaigne et d'Anjou, qui a nom Mico l'abesté, ainsi nommé parce qu'il ne vouloit loger que ceux qui estoyent abestez, c'est à dire, que ceux qui avoyent des bestes, et no les gens de pied.

BOUCHET, Serées, liv. I, serée 11.

Il ne faut pas confondre avec les mots ABESTÉ, ABESTER, les mots hébété, hébéter, dont la racine n'est pas bestia, mais hebes, hebetare. (Voyez HÉBÉTER.)

Hébété et abêti se trouvent heureusement rapprochés et gradués dans le passage suivant :

Ils sont si hébétés ou plutôt si abétis d'appliquer leur étude à un abus frivole, où ils ne font que se tourmenter, sans nul profit.

CALVIN, Contre l'astrologie judiciaire et autres curiosités.

AB HOC ET AB HAC

AB HOC ET AB HAC, locution adverbiale et familière, formée d'éléments empruntés à la langue latine, se prononce comme en latin.

On en trouve une sorte d'explication dans le dicenda tacenda locutus d'Horace (Epist. I, VII, 72), et dans ces vers qui le traduisent et le commentent :

> Caquet bon-bec alors de jaser au plus dru
> Sur ceci, sur cela, sur tout : l'homme d'Horace
> Disant le bien, le mal à travers champs, n'eût sçu
> Ce qu'en fait de babil y sçavoit notre agace.
> LA FONTAINE, Fables, XII, 11.

AB HOC ET AB HAC signifie, D'ici, de là, confusément, sans ordre, sans suite, sans raison, à tort et à travers.

Je ne trouve pas que ceste façon de parler sente plus son college que quand on dit, il en prend ab hoc et ab hac, laquelle toutesfois est fort usitée.

H. ESTIENNE, Nouveau langage françois italianizé, dialogue II.

Je me suis hâté, mon bon ami, de vous faire ab hoc et ab hac mes petites observations, dans la crainte de les rendre trop tardives.

J.-J. ROUSSEAU, Lettres, 9 février 1768.

> Rimeur qui sait antithéser
> Est ravi quand il peut user
> Ab hoc et ab hac d'antithèse.
> SCARRON, Virgile travesti, III.

> Qu'on raisonne ab hoc et ab hac
> Sur mon existence présente;
> Je ne suis plus qu'un estomac :
> C'est bien peu, mais je m'en contente.
> FONTENELLE, Vers sur son estomac

Le bien aimé de l'almanach
N'est pas le bien aimé de France ;
Il fait tout *ab hoc et ab hac*,
Le bien aimé de l'almanach.

BACHAUMONT, *Mémoires*, 1770, 11 décembre.

On a dit aussi, peut-être pour la commodité du vers alexandrin, *et ab hoc et ab hac*, en prononçant également le premier *et* à la manière latine.

Il décide de tout *et ab hoc et ab hac*.

DE LAFONT, *les Trois Frères rivaux*, sc. 2.

Des cafés de Paris l'engeance fablière ;
Qui raisonne de tout *et ab hoc et ab hac*.

BACHAUMONT, *Mémoires*, 1770, 7 octobre.

L'ordre des mots dont se compose la locution a été interverti dans le passage suivant :

Dans leurs discours *et ab hac et ab hoc*.

Mme DESHOULIÈRES, ballade à M. Charpentier.

ABHORRER, v. a. (du latin *Abhorrere*.)
Autrefois, ABHORRIR. On trouve l'un et l'autre en 1549 dans le dictionnaire de Rob. Estienne, en 1564 dans celui de Jean. Thierry, et, plus tard, dans ceux de Monet et de Cotgrave.

ABHORRER, c'est, proprement, Avoir en horreur. Il exprime, particulièrement à l'égard des choses, un sentiment de profond éloignement.

Nous baillons en guarde.... nos corps aux medicins, qui tous *abhorrent* les medicamens, jamais ne prennent medicine.

RABELAIS, *Pantagruel*, II, 29.

(Les Romains) detestoient et *abhorrissoient* encore..... ce nom de roy.

Malvueillant et ennemy du genre humain (Timon), refuyant et *abhorrissant* toute compaignie et communication des autres hommes.

AMYOT, trad. de Plutarque, *Vie d'Antoine*, c. 16, 91.

L'Église *abhorre* tellement le sang, qu'elle juge encore incapables du ministère de ses autels ceux qui auroient assisté à un arrêt de mort.

Ils tombent ou dans l'athéisme ou dans le déisme, qui sont deux choses que la religion chrétienne *abhorre* presque également.

PASCAL, *Provinciales*, XIV ; *Pensées*, part. II, art. xv, § 2.

Le roi n'avoit point donné d'ouverture ni de prétexte aux excès sacriléges dont nous *abhorrons* la mémoire.

BOSSUET, *Oraison funèbre de la reine d'Angleterre*.

Madame étoit d'une nation qui *abhorroit* la bâtardise et les mésalliances.

Puységur, pétri d'honneur, *abhorroit* toutes ces friponneries.

Elle (l'inquisition) *abhorre* toute lumière, toute science, tout usage de son esprit.

SAINT-SIMON, *Mémoires*, 1692, t. I, c. 3; 1718, t. XV, c. 19 ; 1721, t. XIX, c. 20.

César gouverna d'abord sous des titres de magistratures; car les hommes ne sont guères touchés que des noms : et comme les peuples d'Asie *abhorroient* ceux de consul et de proconsul, les peuples d'Europe détestoient celui de roi.

MONTESQUIEU, *Grandeur des Romains*, c. 11.

Les Indiens... sont scandalisés de nous voir boire du vin et manger des viandes qu'ils *abhorrent*.

Vous détestez le fanatisme et l'hypocrisie, je les *ai abhorrés* depuis que j'ai eu l'âge de raison.

VOLTAIRE, *Essai sur les mœurs*, c. 4 ; *Lettres*, 29 novembre 1760.

J'aime trop la franchise et la vérité pour ne pas *abhorrer* les libelles et la satire.

J.-J. ROUSSEAU, *Lettres*, 8 septembre 1755.

Et de qui le courage, *abhorrant* la vengeance,
D'un volontaire oubly noye en sa souvenance
Les torts qu'il a receus et les biens qu'il a faicts.

J. BERTAUT, *Cantique* (argument pris du premier psaume de David).

Abhorrant le péché, tu chéris la justice.

Quoyque le crime se déguise,
J'*abhorre* sa fausse beauté.

GODEAU, *Paraphrase des Psaumes*, ps. XLIV, CXVIII.

L'hymen ne peut nous joindre, et j'*abhorre* des nœuds
Qui deviendroient sans doute un enfer pour tous deux.

MOLIÈRE, *Don Garcie de Navarre*, I, 1.

Des malheurs qui sont sortis
De la boîte de Pandore,
Celui qu'à meilleur droit tout l'univers *abhorre*,
C'est la fourbe, à mon avis.

LA FONTAINE, *Fables*, III, 6.

Ce qu'un jour il *abhorre*, un autre il le souhaite.

BOILEAU, *Satires*, VIII.

J'admirerai dans Alexandre
Ce que j'*abhorre* en Attila.
J.-B. ROUSSEAU, *Odes*, II, 6.

C'est dans un sens analogue qu'on a dit, par hyperbole, ABHORRER, pour Ne pouvoir admettre une chose ; ne pouvoir se concilier avec elle.

Pour le quel dommageable naturel plusieurs *abhorrent* la nourriture des chèvres, en pays de vignobles, fruits et taillis.
OLIVIER DE SERRES, *Théâtre d'agriculture*, lieu IV, c. 14.

Je crois même qu'il importe beaucoup qu'en traitant avec ceux du parlement (anglais), qui, comme le duc de Buckingham, *abhorrent* cette neutralité et voudroient voir leur maître prendre parti de côté ou d'autre pour en profiter, il importe, dis-je, que vous leur témoigniez d'entrer toujours dans leurs sentiments.
DE LIONNE au marquis de Ruvigny, 16 novembre 1667 (Voy. *Négociations relatives à la succession d'Espagne*, t. II, p. 533).

Le préjugé populaire *abhorre*, dans la petite vérole, la saignée et les médecines.
VOLTAIRE, *Lettres*, décembre 1723.

De là l'expression consacrée que donne le passage suivant :

Toutes les expériences leur avoient toujours fait remarquer que la nature *abhorroit* le vide.
PASCAL, *Nouvelles expériences touchant le vide*.

ABHORRER, dans un sens très-voisin du sens propre, et qui ne s'en distingue que par une nuance presque insensible, signifie Haïr violemment, détester, exécrer, et se dit aussi au sujet des choses, et plus particulièrement des personnes.

Les quatre ordres de mendians... apportèrent une infinité de fruits à la chrestienté par leurs saintes exhortations, qui (ce qui) m'a fait mille fois esmerveiller pourquoy Guillaume de Saint-Amour, et après luy Jean de Meun en son Roman de la Rose, les *abhorroient* pour avoir voué une pauvreté, tant en general qu'en particulier.
Est. PASQUIER, *les Recherches de la France*, III, 19.

Héliogabale s'acquit la haine publique, et se fit *abhorrer* de tous les gens de bien.
COEFFETEAU, *Histoire romaine*, XIV.

Quelle gloire monstrueuse ! Peut-on trop *abhorrer* et trop mépriser des hommes qui ont tellement oublié l'humanité ?
FÉNELON, *Télémaque*, XVII.

Mustapha, gouverné par son mufti, que les Turcs *abhorraient*, souleva contre lui tout l'empire.
VOLTAIRE, *Histoire de Charles XII*, V.

Sauvez-moi du tourment d'être à ce que j'*abhorre*.
MOLIÈRE, *Tartuffe*, IV, 3.

Vous l'*abhorriez ;* enfin, vous ne m'en parliez plus.

Trouverai-je partout un rival que j'*abhorre ?*
J. RACINE, *Andromaque*, I, 1; V, 5.

Oracles, que j'*abhorre*,
Sans vos ordres, sans vous, mon fils vivrait encore.
VOLTAIRE, *OEdipe*, VI, 1.

Ici se place un emploi hyperbolique d'ABHORRER, analogue à celui qui a été remarqué plus haut.

Un grand aime la Champagne, *abhorre* la Brie.
LA BRUYÈRE, *Caractères*, c. 9.

Un pays que j'*abhorrerois* si vous ne l'habitiez point.
J.-J. ROUSSEAU, *Lettres*, t. I, p. 81.

On déteste sa pièce, et chacun la déchire....
Ils ont beau l'*abhorrer*, je la trouve admirable.
BOURSAULT, *le Portrait du peintre*, sc. 8.

Dans l'exemple suivant, on retrouve la même forme hyperbolique, mais exprimant une contre-vérité.

J'ai jusqu'ici conduit mon affaire en silence ;
J'*abhorre* le fracas, le bruit, la turbulence.
REGNARD, *le Distrait*, II, 7.

ABHORRER prend quelquefois le pronom personnel.

L'irréligion non-seulement se contredit et se condamne, mais elle s'*abhorre* elle-même.
BOURDALOUE, *Sermons*. Jeudi de la 3e semaine.

Je m'*abhorre*, et ne puis me supporter.
FÉNELON, *Télémaque*, XVIII.

Je les ai tués tous deux en furieux ; je suis au désespoir, je me regarde comme un monstre, je m'*abhorre*.
MARIVAUX, *le Paysan parvenu*, part. III.

Je m'abhorre encor plus que tu ne me détestes.

J. RACINE, *Phèdre*, II, 6.

ABHORRÉ, ÉE, participe.
Autrefois ABHORRI, IE.

Il se dit, adjectivement, des choses qu'on ne peut souffrir, des personnes que l'on hait.

Il ne faisoit point la cour à la signora Olympia, qui étoit *abhorrée* dans Rome.

LE CARDINAL DE RETZ, *Mémoires*, liv. III, année 1655.

Ce malheureux (la Parisière, évêque de Nîmes), *abhorré* partout et dans son diocèse, y mourut banqueroutier.

Albéroni *abhorré* en Espagne, en tyran cruel de la monarchie, qu'il s'approprioit uniquement.

SAINT-SIMON, *Mémoires*, 1715, t. XII, c. 6; 1719, t. XVIII, c. 5.

Chez nos dévots aïeux le théâtre *abhorré*
Fut longtemps dans la France un plaisir ignoré.

BOILEAU, *Art poétique*, III.

Pâles tyrans de ces lieux *abhorrés*
Que l'œil du jour n'a jamais éclairés.

J.-B. ROUSSEAU, *Allégories*, II, 2.

Le nom de Polyphonte est partout *abhorré*.

VOLTAIRE, *Mérope*, V. 8.

Il a vendu sa femme, et ce couple *abhorré*,
Environné d'opprobre, est pourtant honoré.

GILBERT, *Satires*, le Dix-huitième siècle.

ABHORRÉ se construit souvent avec la préposition *de*.

C'est la cause pourquoy *de* tous sont huez et *abhorryz*.

RABELAIS, *Gargantua*, I, 4o.

Ce qu'il (le pécheur) soutiendroit le moins, ce seroit d'être regardé comme l'objet de l'abomination et de la haine publique, d'être méprisé, *abhorré*, détesté *de* tout ce qui l'environne.

BOURDALOUE, *Carême*. Sur le jugement de Dieu.

Haïssant les Espagnols à visage découvert (la reine d'Espagne), *abhorrée d'eux* de même, et n'ayant de ressource que dans les Italiens, qu'elle avança tant qu'elle put.

SAINT-SIMON, *Mémoires*, 1718, t. XVI, c. 20.

Jugement réprouvé et *abhorré de* tous les gens de lettres.

VOLTAIRE, *Supplément au Siècle de Louis XIV*, lettre à M. Roques.

I.

C'est tout ce que la nature permet dans ce moment *abhorré de* tous.

J.-J. ROUSSEAU, *Émile*, III.

Fuyez l'infâme, inhumaine personne
De qui le nom si mal cimbale et sonne,
Qu'*abhorré* est *de* toute oreille saincte.

Cl. MAROT, *Épigrammes*, IV, 10.

Ces fureurs jusqu'ici du vain peuple admirées
Étoient pourtant toujours *de* l'Église *abhorrées*.

Cet empire odieux
Abhorré des mortels, et craint même des dieux.

BOILEAU, *Satires*, XII; trad. de Longin, *Traité du Sublime*, c. 7.

Du participe présent d'ABHORRER, *abhorrant*, se distinguait, par la substitution de l'*e* à l'*a* dans la dernière syllabe, un adjectif autrefois fort usité, mais depuis longtemps tombé en désuétude,

ABHORRENT, TE.

Nicot en explique ainsi l'origine et le sens : « *Abhorrer* et *abhorrir* viennent de *ab* et *horror*, signifiant le dernier une tremeur causée aussi de peur. Et parce qu'on s'estrange de telles choses, *abhorrer* signifie aussi défuir et s'esloigner de quelque compagnie : selon laquelle signification, l'on dit une chose être *abhorrente*, quand elle est outre la commune et usitée façon de faire. »

ABHORRENT, qui, d'après cette définition, se rapproche fort de la locution latine *abhorrere a*, se construisait, d'une manière analogue, avec la préposition *de*.

La chose est tant hors les metes (bornes) de raison, tant *abhorrente de* sens commun, que à poine peult-elle estre par humain entendement conceue.

RABELAIS, *Gargantua*, I, 31.

ABHORRENT s'employait aussi absolument, comme en témoignent de très-nombreux passages du même écrivain.

Il estima sa promesse tant *abhorrente* et impossible, qu'oncques l'aureille prester ne luy voulut.

Si vray feust que l'homme ne parlast qui n'eust ouy parler, je vous menerois à logicalement inferer une proposition bien *abhorrente* et paradoxe.

18

Ces propheties aulcunement *abhorrentes* et estranges.

Au roy sembloit indecent que en sa cuisine le poete faisoit telle fricassée. Le poete lui remonstroit, que chose trop plus *abhorrente* estoit rencontrer le roy en cuisine.

Chose griefve, *abhorrente* et denaturée, est perir en mer.

Et ne semble l'interpretation *abhorrente*.

RABELAIS, Pantagruel, III, 16, 19, 21 ; IV, 11, 22, 28.

ABHORRISSEMENT, s. m., s'était fait d'*abhorrir*, pour exprimer l'action d'*abhorrer*, d'avoir en horreur.

La noblesse? Élection de vertu, *abhorrissement* de vice, acquest licite d'honneur ou biens, avec sa propre industrie; ornement qu'autre ne peult donner, ne tollir.

Ant. CHAPUIS, Description de la Limagne d'Auvergne.
Voy. DU VERDIER, Bibliothèque, art. Ant. CHAPUIS.

Que feront tous les nostres,... tant que ceulx qui sont à présent vivront se souviendront de l'estat présent,... pour continuer cet *abhorrissement*.

CHANTONNAY au cardinal de Granvelle, lettre du 24 novembre 1566. (Voy. Papiers d'État du cardinal de Granvelle, t. X, p. 15.)

ABHORREMENT, d'*abhorrer*, s'est dit plus tard, au même sens.

Il n'y a rien qui pousse la personne tant à sa vertu que l'honneur (l'horreur, *var.*) et l'*abhorrement* du vice.

BRANTÔME, Capitaines françois. Louis XI.

Ces deux mots ont disparu tout à fait de la langue, sans y laisser d'équivalent de même formation.

ABÎME, s. m. (d'*Abyssus*, latin, et, par ce mot, du grec ἄβυσσος, formé lui-même du privatif ἀ et de βυσσός, βυθός, fond, cavité).

Autrefois ABOSME, par la substitution de l'o à l'u, laquelle est, en certains cas, réciproque, comme dans *huit* pour *octo*, *huile* pour *oleum*, *huître* pour *ostrea*; ABISME, etc.; assez généralement ABYSME chez les écrivains du XVIe siècle, ABYME, chez ceux du XVIIe. Ces deux formes, toutefois, se perpétuent assez

longtemps, la première dans le XVIIe siècle, la seconde dans le XVIIIe. Le Dictionnaire de l'Académie donne ABYSME en 1694 et 1718, ABYME en 1740 et 1762.

Bien qu'on écrive encore quelquefois, d'après l'ancienne orthographe, *Abyme* par l'y grec, *Abîme* par *i* a, depuis longtemps, prévalu, mais avec l'accent circonflexe, qui annonce presque toujours le retranchement d'une lettre radicale.

Le même mot latin dont nous avons tiré *Abysme*, *Abyme*, *Abisme*, *Abîme*, et les Espagnols *Abysmo*, avait donné simplement *Abis* à la langue romane. L'introduction de la lettre *m* résulte probablement de la forme *abyssum*, l'accusatif étant souvent, dans les langues néo-latines, le type du terme dérivé. Quoi qu'il en soit, la forme sous laquelle la lettre *m* est devenue élémentaire et radicale se trouve déjà dans les monuments les plus anciens de notre littérature.

Et en cel point trebucherrent du ciel, les uns en *abisme* d'enfer, et les autres seur terre.

Il seront tourmentés en parfont *asbismes* d'enfer.

Livre de Sydrac. Les deubles ont-il painne en l'autre
siècle? Ms. n° 27, in-fol, Sciences et arts fr., à l'Arsenal.

ABÎME a été longtemps employé au féminin, comme un grand nombre d'autres substantifs qui commencent par une voyelle, et dont l'article, en s'élidant, n'indique point le genre.

Quant aux *abysmes* et ouvertures de terre, quelquefois *elles* demeurent ouvertes, etc. (Voyez plus bas).

DU PINET, trad. de Pline l'Ancien, II, 79.

Sur grans estangz d'amertume tous plains,
Et de douleur sur *abisme* parfonde,
Fortune là sa maison tousjours fonde.

ALAIN CHARTIER, le Régime de fortune.

Venez à moy, o *abysmes* loingtaines;
Puys, fontaines, arrestèz vostre cours.

J. MOLINET, le Throsne d'honneur.

Une importune, outrageuse tempeste,
Sifflant, bruyant, grondant, et s'eslevant...
Entr'ouvroit l'eau d'une *abysme* profonde.

Là de la terre et là de l'onde
Sont les racines, jusqu'au fond
De l'*abysme* la plus profonde
De cet orque le plus profond.

RONSARD, la Franciade, II; Ode au chancelier de l'Hôpital.

Les nuages bouffis d'une *abysme* de pluie.

Angot, *Poésies*, Ps. III.

ABÎME, en raison de son étymologie, signifie au propre Un gouffre très-profond.

C'est li pechiés pourquoi Dieus fist plouvoir feu sour Sodome, et Gomor, et Adaina, et Seboyna, et Segor : ces v cités foudirent en *abisme*.

Li Mireoirs dou monde, ms. 7363, fol. 223 v°, c. 1.
Bibl. imp.

Une chisterne où il n'a (n'y a) point de fons nient (nullement) plus qu'en *abisme*.

Roman de Raimbert, ms. 283, fol. 360, v° c. 1, in-fol.,
B. L. Fr., à l'Arsenal.

... ais d'une main entroit par grande force en un basteau : d'icelluy se jectoit derechief en l'eaue, la teste première, sondoit le parfond, creusoit les rochiers, plongeoit ès *abysmes* et goulfres.

Rabelais, *Gargantua*, I, 23.

Quant aux *abysmes* et ouvertures de terre, quelquesfois elles demeurent ouvertes, et monstrent la playe qu'elles ont fait à la terre ; quelquesfois aussi elles se resserrent, de sorte que parfois on ne pourra cognoistre le lieu où l'*abysme* aura esté, encores qu'il y ait eu des villes abysmées, ou une grande partie fondue en *abysme*.

Du Pinet, trad. de Pline l'Ancien, II, 79.

On voyoit partout des goulfres effroyables qui s'ouvroient dans la terre, et l'on trouvoit de l'eau salée dans ces *abysmes*.

Coeffeteau, *Histoire romaine*, XVII.

S'il falloit marcher par un sentier étroit et escarpé, entouré de toutes parts de précipices, ordonneriez-vous qu'on vous bandât les yeux pour ne pas voir le danger, et de peur que la profondeur de l'*abîme* ne vous fît tourner la tête ?

Massillon, *Carême*, Sur la mort.

On lira bientôt, avec un plaisir mêlé d'horreur, le récit de leur descente dans la grotte d'Antiparos, c'est-à-dire dans trois ou quatre *abîmes* affreux qui se succèdent les uns aux autres.

Fontenelle, *Éloge de Tournefort*.

Comme on peut juger... parmi les *abîmes* ceux qui sont les moins profonds, ainsi l'on peut chercher entre les religions fausses celles qui sont les plus conformes au bien de la société.

Montesquieu, *Esprit des lois*, XXIV, 1.

L'*abîme* du mont Ararath, dont M. de Tournefort donne la description dans son Voyage du Levant, est environné de rochers noirs et brûlés, comme seront quelque jour les *abîmes* de l'Etna, du Vésuve et de tous les autres volcans, lorsqu'ils auront consumé toutes les matières combustibles qu'ils renferment.

Buffon, *Théorie de la terre*, art. IX.

Tantôt de hautes et bruyantes cascades m'inondoient de leur épais brouillard, tantôt un torrent éternel ouvroit à mes côtés un *abîme* dont les yeux n'osoient sonder la profondeur.

Le prolongement du vallon, loin de descendre, monte le long du cours de la Reusse ; de sorte qu'il a fallu des temps infinis à cette rivière pour se caver, dans les *abîmes* qu'elle forme, un cours en sens contraire à l'inclinaison du terrain.

J.-J. Rousseau, *Nouvelle Héloïse*, I, 22 ;
Lettres, 28 janv. 1763.

...Est *abîmes* vroiement,
Car nule chose fonz n'i prent.

(C'est vraiment un *abîme*, car nulle chose n'y trouve de fond.)

Roman du Renart, v. 20221.

Dans le ms. 7607 de la Biblioth. imp., fol. 103 r°, c. 1, on lit :

..... Est *abisme* vraiement.

ABÎME, par une extension naturelle de son sens propre, s'applique à tout ce qui est immense en profondeur. C'est ainsi que l'on dit, surtout dans le style soutenu et le langage poétique, *les abîmes de la terre*, *les abîmes de la mer*, *des abîmes d'eaux*, *des abîmes*, etc.

Touts les métaulx cachez au ventre dès *abysmes*.
Soubdain la mer commence à s'enfler et tumulter du bas *abysme*.

Rabelais, *Pantagruel*, II, 8 ; IV, 18.

Comme des poissons qui se promènent par les sentiers secrets des *abysmes d'eaux*.

Arnauld d'Andilly, trad. des *Confessions de saint Augustin*, V, 3.

Le mont Etna cessa de vomir dès tourbillons de flammes ; on n'entendit plus les coups des terribles marteaux qui, frappant l'enclume, faisoient gémir les profondes cavernes de la terre et les *abismes de la mer*.

18.

Tantôt nous montions sur le dos des vagues enflées,
tantôt la mer sembloit se dérober sous le navire et nous
précipiter dans l'*abisme*.

FÉNÉLON, *Télémaque*, II, IV.

Jusqu'au moment terrible où le vaisseau s'enfonce,
l'*abîme* se referme, et tout disparoît.

THOMAS, *Éloge de Duguay-Trouin*.

O toy qui connois le danger
Où ma barque peut s'engager...
Conduis nos timides nochers,
Et que tes bontez toujours prestes
Les préservent, dans les tempestes,
Des *abysmes* et des rochers.

RACAN, *Psaumes*, LXVIII.

Quoi! pour noyer les Grecs et leurs mille vaisseaux,
Mer, tu n'ouvriras pas des *abysmes* nouveaux!

J. RACINE, *Iphigénie*, V, 4.

Profonds *abymes de la terre*,
Enfer, ouvre-toi!
Frappez, tonnerre,
Écrasez-moi.

VOLTAIRE, *Samson*, V, I.

Ne me reste-t-il plus d'asile
Que le vaste *abîme des mers?*

J.-B. ROUSSEAU, *Cantates*, V, Amymone.

Et le feu des éclairs et l'*abîme* des flots
Montraient partout la mort aux pâles matelots.

Croyez-moi, quand la terre entr'ouvre ses *abîmes*,
Ma plainte est innocente et mes cris légitimes.

VOLTAIRE, *la Henriade*, I; *le Désastre de Lisbonne*.

On s'est servi hyperboliquement du mot ABÎME,
en parlant de vallées profondes, de ravins.

On ne pouvait marcher que par des gorges étroites, et
par des *abîmes* sur lesquels plongeait l'artillerie ennemie,
et il fallait sous ce feu gravir de rochers en rochers.

VOLTAIRE, *Précis du Siècle de Louis XV*, c. 9.

Nous avons au revers du mont Jura, à trois ou quatre
cents pieds sous neige, juste au bout du chemin de la
Faucille, un *abîme* qu'on appelle Lellex, peuplé d'environ deux cents malheureux que la nature a placés dans
le pays de Gex, et que M. l'abbé Terrai en a détachés.

LE MÊME, *Lettres*, 26 janvier 1776.

En l'*abisme* d'une vallée,
Trouvay ung desert long et grant

Comme une place désolée.

ALAIN CHARTIER, *l'Hospital d'amour*.

L'expression *abîme d'eau* est employée également
par hyperbole dans le passage suivant :

Nous avons trouvé les chemins fort raccommodés, de
Nantes à Rennes, par l'ordre de M. de Chaulnes; mais les
pluies ont fait comme si deux hivers étoient venus l'un
sur l'autre. Nous avons toujours été dans les bourbiers et
dans les *abymes d'eau*.

Mme DE SÉVIGNÉ, *Lettres*, 31 mai 1680.

Dans la langue de l'Écriture, ABÎME, toujours au
sens propre, mais pris absolument, se dit des eaux
qui environnaient la terre le jour de la création.

La terre esteit vaine et vuide, et tenebres esteient sur
la face del *abisme*.

Ancienne trad. de *la Genèse*, I, 2; ms. in-fol., n° 8,
Théologie fr., à l'Arsenal, fol. 4 v°, c. I.

Il s'y dit aussi des cavernes immenses d'où sortirent les eaux du déluge, et où elles se retirèrent le
troisième jour.

Sis cens ans aveit Noé quant il entra en l'arche. Set
jors après ce habonderent les aigues, et furent les fontaines overtes dou ciel, et li *abisme*, et plut xl jors et
xl nuiz.

Ancienne trad. de *la Genèse*, VII, 11; ms. in-fol.,
n° 8, Théologie fr., à l'Arsenal, fol. 7 v°, c. 2.

ABÎME, sous cette forme absolue, se prend poétiquement pour LA MER.

Non luy seullement, ni les siens, mais les nations barbares... ont estimé aussi facile démolir le firmament et les
abysmes ériger au-dessus des nues, que desemparer vostre
alliance.

Plustost la terre monteroit es cieulx et les haults cieulx
descendroient en l'*abysme*, et tout ordre de nature seroit
perverti, qu'en si grande beaulté et elegance comme la
vostre, y eust une goutte de fiel ni de malice.

RABELAIS, *Gargantua*, I, 32; *Pantagruel*, II, 21.

Lucifer fut jeté au fond de la mer; et ce ne fut qu'après
avoir nagé pendant quarante jours qu'il sortit de l'*abîme*.

MONTESQUIEU, *Lettres persanes*, 39.

Ames de bronze, humains, celui-là fut sans doute
Armé de diamant, qui tenta cette route,
Et le premier osa l'*abysme* défier.

La Fontaine, Fables, VII, 12.

Jadis, lorsque mon bras faisait voler la prame
Sur le fluide azur de l'*abîme* calmé.

Chateaubriand, Poésies, l'Esclave.

Il est fait une allusion métaphorique à cet emploi d'*abime* dans ce vers :

Car j'ay du pleur tout l'*abisme* espuisé.

Saint-Gelais, Dixains, 43.

C'est encore en se reportant à l'idée de profondeur qu'implique le sens propre d'abîme, qu'on dit *l'abîme, les abîmes de l'enfer :*

Mais enfin *de l'enfer l'abîme* ténébreux
S'ouvrit, les engloutit, se referma sur eux.

Delille, trad. du Paradis perdu, VII.

Ou, absolument, comme il a été remarqué plus haut au sujet d'une autre application du même mot, *l'abime, les abîmes.*

La plus basse chose et la plus parfonde qui soit au monde est li poins de la terre, ce est li milieus dedanz qui est apelez *abismes*, là où enfers est assis.

Brunetto Latini, li Tresors, I, 97. Comment li mondes est.

Il tire (le corps) par sa pesanteur ou (au) parfont d'*a-bisme*, et tu le pues par agileté eslever par dessus les cieulx.

Alain Chartier, l'Espérance.

Par adventure eust-ce esté cause que le feu du ciel eust ars (brûlé) toute l'abbaye, et toutes feussions tumbées en *abysme* avec Dathan et Abiron.

Rabelais, Pantagruel, III, 19.

Les damnés sont dans l'*abysme* infernal.

S. François de Sales, Introduction à la vie dévote, I, 15.

Ils ont à combattre toutes les puissances de l'*abyme*

Patru, IIIe Plaidoyer.

Ce réprouvé qui sort aujourd'hui de l'*abîme*, pour vous instruire, étoit riche.

Massillon, Carême. Jeudi de la 2e semaine.

Profanes! qui n'entrez jamais dans les secrets de l'Éternel, vos lumières ressemblent aux ténèbres de l'*abîme*.

Pour moi, santon vénérable, je sais que l'envoyé de Dieu a enchaîné Satan et l'a précipité dans les *abîmes*.

Montesquieu, Lettres persanes, 18, 93.

Et vous ne craignez pas
Que du fond de l'*abysme* entr'ouvert sous ses pas
Il ne sorte à l'instant des feux qui vous embrasent,
Ou qu'en tombant sur vous ces murs ne vous écrasent?

J. Racine, Athalie, III, 5.

N'es-tu pas un de ceux que, pour prix de leur crime,
L'éternelle vengeance a plongés dans l'*abîme*?

Delille, trad. du Paradis perdu, IV.

Dans le langage biblique l'enfer est également désigné par cette expression, *le puits de l'abîme.*

Et le quint ange sonna sa busine (trompette)... et luy est donée la clef du *puys de l'abisme*, et ouvrist *le puys de l'abisme*...

Ancienne trad. de la Bible, ms. in-fol. n° 7, Théologie fr., à l'Arsenal, fol. 12 v°, 13 r°.

Quand Dieu laisse sortir du *puits de l'abisme* la fumée qui obscurcit le soleil, c'est-à-dire l'erreur et l'hérésie...

Bossuet, Oraison funèbre de la reine d'Angleterre.

Abîme, par une extension plus forte de son sens propre, peut servir à exprimer, non plus l'immense profondeur, mais l'immense hauteur, et dans cette acception s'appliquer, par exemple, à l'air et aux masses d'eau qui s'y forment.

Jetons les yeux sur cette terre qui nous porte, regardons cette voûte immense du ciel qui nous couvre, ces *abismes* d'air et d'eau qui nous environnent, et ces astres qui nous éclairent.

Nous vivons plongés dans des *abismes* d'air, comme les poissons dans des *abismes* d'eau.

Fénelon, De l'Existence de Dieu, part. I, c. 2, § 14.

C'est en ce sens qu'il a été dit, dans un vers rapporté plus haut au sujet du genre d'abîme :

Les nuages bouffis d'une *abysme* de pluie.

Ancot, Poésies, Ps. III.

A la même acception se rapporte l'expression poétique l'*abime des cieux*.

Je cours après Newton dans l'*abîme des cieux*.

Voltaire, Épîtres, XXX.

Et ce même soleil n'est, aux regards des dieux,
Qu'une étincelle, un point dans l'*abîme des cieux*.

Enthousiasme ! tu m'égares
A travers l'*abîme des cieux*.
LEBRUN, *la Nature*, I ; *Odes*, II, 1.

ABÎME, par l'extension de son sens propre, exprime l'immense étendue non-seulement en profondeur et en hauteur, mais encore dans une direction horizontale ; de là ces expressions *l'abîme de l'immensité*, *l'abîme de l'étendue*, en parlant des horizons sans fin de la terre et de la mer.

Dans ces lieux vides et sans bornes... la lumière du jour... ne renaît que pour... lui présenter (à l'homme) l'horreur de sa situation, en reculant à ses yeux les barrières du vide, en étendant autour de lui *l'abîme de l'immensité* qui le sépare de la terre habitée.
BUFFON, *Hist. natur.* Le chameau et le dromadaire.

On comprend comment ABÎME s'est dit, par une dernière et plus forte extension de son sens propre, de l'espace sans bornes,
Soit dans des expressions telles que celles-ci : *l'abîme du vide, les abîmes du chaos* :

L'univers se reforme encore
Dans *les abîmes du chaos*.
J.-B. ROUSSEAU, *Odes*, II, 1.

Au milieu d'un vaste fluide
Que la main du Dieu créateur
Versa dans *l'abîme du vide*,
Cet astre unique est leur moteur.
MALFILATRE, *Odes*. Le soleil fixe au milieu des planètes.

Soit sous une forme absolue, comme dans ce très-ancien exemple :

Homme et cheval cel noise (ce bruit) font,
Con se (comme si) li mondes en parfont (en profondeur)
Dusques (jusques) en *abisme* chaïst (tombait).
Roman de Mahomet, v. 1764.

Dans le *Vocabulaire latin français* de G. Briton (XIVᵉ siècle), le mot latin *chaos* est traduit par ABYSMES.

ABÎME passe au figuré lorsqu'on l'applique à des conceptions de l'esprit ou indéterminées, ou obscures, ou qui, par leur grandeur illimitée, dépassent la portée de la pensée humaine, laquelle s'y perd, pour ainsi dire, comme dans un gouffre sans fond, dans un *abîme*. Telles sont entre autres :
La notion de l'infini, celle du néant :

Qui se considérera de la sorte s'effrayera de soi-même, et, se considérant soutenu dans la masse que la nature lui a donnée entre ces deux *abîmes* de l'infini et du néant, il tremblera dans la vue de ces merveilles.
PASCAL, *Pensées*, part. I, art. IV, § 1. Voy. *Des Pensées de Pascal*, appendice n° 1.

C'est en vain que les *abîmes* de l'infini sont ouverts tout autour de nous ; un enfant n'en sait point être épouvanté ; ses foibles yeux n'en peuvent sonder la profondeur.
J.-J. ROUSSEAU, *Émile*, IV.

L'idée d'une immense étendue de temps, dans le passé ou dans l'avenir, l'idée de l'éternité :

Leur vraie histoire (des Égyptiens) étoit renfermée dans des bornes raisonnables, mais ils trouvoient beau de se perdre dans un *abisme* infini de temps qui sembloit les approcher de l'éternité.
BOSSUET, *Discours sur l'Hist. universelle*, III, 3.

Le passé ne lui paroît plus (au mourant) qu'un instant fugitif qui n'a fait que briller et disparoître : l'avenir est un *abîme* immense, où il ne voit ni fin ni issue, et où il va se perdre et s'engloutir pour toujours.

Une rapidité que rien n'arrête, entraîne tout dans les *abîmes* de l'éternité : les siècles, les générations, les empires, tout va se perdre dans ce gouffre, et rien n'en sort.
MASSILLON, *Mystères*, Sermon du jour de l'Assomption ; *Discours pour la bénédiction des drapeaux de Catinat*.

On croit que de simples gouverneurs de plusieurs grandes provinces du vaste empire de Charlemagne étoient devenus, dans la suite, des princes héréditaires. Mais M. Leibnitz soutient qu'ils l'avoient toujours été, et par là ennoblit encore les origines des plus grandes maisons. Il les enfonce davantage dans cet *abîme* du passé, dont l'obscurité leur est si précieuse.
FONTENELLE, *Éloge de Leibnitz*.

Rien ne surnagera sur l'*abîme* des âges.

THOMAS, Épître au peuple.

Certaines opinions sur la destinée de l'homme, la croyance à la fatalité par exemple :

N'enfonçons toutefois ni votre œil ni le mien
Dans ce profond *abyme* où nous ne voyons rien.

P. CORNEILLE, OEdipe, III, 15.

Certains dogmes :

Je ne vous conseille pas de vous enfoncer dans les *abysmes* de la prédestination.

BALZAC, Lettres, 11 novembre 1633, à M. Bois-Robert.

Quel mal y a-t-il donc à creuser ces *abîmes* de la grâce et de la bonté divine, comme on creuse la terre pour en tirer l'or ou des diamants ?

J. DE MAISTRE, Soirées de Saint-Pétersbourg, IIe entretien.

L'idée des perfections divines, et, dans cet ordre d'applications, ABÎME devient, presque toujours, une expression admirative, marquant moins la faiblesse de la pensée humaine, que la grandeur, la beauté de son objet :

Et pource que les jugemens de Dieu, sans qui riens ne se fait, sont une parfonde *abisme*, où nul entendement humain ne sçet prendre fons ne rive :

ALAIN CHARTIER, le Quadrilogue.

Mystère ineffable (la Rédemption) qui comprend l'*abysme* de la charité divine.

S. FRANÇOIS DE SALES. Introduction à la vie dévote, II, 14.

« O gouffres ! ô *abysmes* de l'amour de Dieu ! jetons-nous dedans sans appréhender... » Je suis de l'advis du prédicateur, et ne blasme point cette belle fougue de dévotion. Les *abysmes* de l'amour de Dieu sont les seuls *abysmes* où il y ait du plaisir à se perdre.

BALZAC, Socrate chrétien, disc. X.

Les règles de la justice humaine nous peuvent aider à entrer dans les profondeurs de la justice divine, dont elles sont une ombre ; mais elles ne peuvent pas nous découvrir le fond de cet *abisme*.

BOSSUET, Discours sur l'Histoire universelle, II, 1.

O richesses ô *abîmes* de la sagesse et des jugements de Dieu !

BOURDALOUE, Instruction pour l'Avent, § 3.

Dieu ne peut agir qu'avec ordre et qu'avec sagesse, quoique son ordre et sa sagesse soient souvent des *abysmes* impénétrables à l'esprit humain.

MALEBRANCHE, Recherche de la vérité. Éclaircissements sur le VIe livre, IVe preuve.

Pour t'élever de terre, homme, il te faut deux ailes,
La pureté du cœur et la simplicité ;
Elles te porteront avec facilité
Jusqu'à l'*abyme* heureux des clartés éternelles.

P. CORNEILLE, l'Imitation, II, 4.

Ne jugez point l'obscure Providence
Suivant les loix de l'humaine prudence ;
Et, sans vouloir de ses décrets profonds
Sonder en vain les *abîmes* sans fonds,
Contentez-vous...

J.-B. ROUSSEAU, Allégories, II, 2.

La personne de Dieu elle-même :

Quand je pense, Seigneur, que tout l'être est en vous, vous épuisez et vous engloutissez, ô *abisme* de vérité, toute ma pensée.

FÉNELON, De l'Existence de Dieu, I, 3, § 92.

Adorons le Père suprême,
Principe sans principe, *abysme* de splendeur.

J. RACINE, le Samedi à Vespres.

Les mystères de l'esprit humain, de la conscience, et par suite les pensées secrètes, les complots, etc. :

J'ai opposé l'*abysme* de mon ingratitude à l'*abysme* de votre grâce et faveur.

S. FRANÇOIS DE SALES, Introduction à la vie dévote, I, 11.

La raison humaine est un *abysme* où l'on se perd, quand on le veut sonder trop avant.

PERROT D'ABLANCOURT, trad. de Lucien, Hermotime.

Les contradictions et les *abîmes* de l'impiété sont encore plus incompréhensibles que les mystères de la foi.

MASSILLON, Petit Carême, 2e dimanche.

....On ne peut tromper l'œil vigilant des dieux :
Des plus obscurs complots il perce les *abîmes*.

VOLTAIRE, Sémiramis, I, 3.

C'est toi qui nous prédis ces tragiques fureurs
Qui couvent sourdement dans l'*abîme* des cœurs
DELILLE, trad. des *Géorgiques*, I.

L'homme lui-même :

Vous êtes un *abîme* de misère et de corruption aux yeux de Dieu.
MASSILLON, *Carême*, mardi de la 2ᵉ semaine.

Tous les cœurs sont cachés, tout homme est un *abîme*.
VOLTAIRE, *Discours sur l'homme*, I.

Les secrets de la nature :

Je me naye, je me perdz, je m'esguare, quand j'entre au profund *abysme* de ce monde.
RABELAIS, *Pantagruel*, II, 4.

Ces grands génies qui pénètrent les secrets les plus cachés de la nature, qui s'élèvent en esprit jusques dans les cieux, et qui descendent jusques dans les *abysmes*, devroient se souvenir de ce qu'ils sont.
MALEBRANCHE, *Recherche de la vérité*, préface.

La nature est pour l'homme un livre fermé, et le Créateur, pour confondre, ce semble, l'orgueil humain, s'est plu à répandre des ténèbres sur la surface de cet *abîme*.
MASSILLON, *Carême*, le jeudi après les Cendres.

Qui peut de la nature approfondir l'*abîme* ?
DELILLE, *l'Imagination*, II.

Le grand nombre et la confusion des opinions humaines, le cercle immense des sciences, les profondes difficultés de quelques-unes, l'obscurité de certaines questions, certaines erreurs, etc. :

En quoy je vous peulx asseurer qu'il m'ha ouvert le vray puitz et *abysme* de Encyclopedie.
RABELAIS, *Pantagruel*, II, 20.

Elle (la vérité) n'est pas, comme disoit Democritus, cachée dans le fond des *abysmes*, mais plustôt eslevée en hauteur infinie en la cognoissance divine.
MONTAIGNE, *Essais*, III, 8.

Ils se perdent dans l'*abisme* des opinions humaines.

Donnez-moi encore un moment, monseigneur, pour vous raconter la suite de leurs erreurs, et tous les pas qu'ils ont faits pour s'enfoncer dans l'*abisme*.

Les Juifs, contraints enfin d'avouer que le Messie n'é-

toit pas venu dans le temps qu'ils avoient raison de l'attendre selon leurs anciennes prophéties, tombèrent dans un autre *abisme*.
BOSSUET, *Panégyrique de saint André; Discours sur l'Histoire universelle*, II, 9, 10.

L'univers, que Dieu a livré à votre curiosité et à vos disputes, est un *abîme* où vous vous perdez; et vous voulez que les mystères de la foi, qu'il n'a exposés qu'à votre docilité et à votre respect, n'aient rien qui échappe à vos foibles lumières ?
MASSILLON, *Carême*, le jeudi après les Cendres.

Ta science est un *abîme* plus profond que l'Océan.
MONTESQUIEU, *Lettres persanes*, 16.

L'origine du mal a toujours été un *abîme* dont personne n'a pu voir le fond.
VOLTAIRE, *Dictionnaire philosophique*, art. BIEN.

Voulons-nous pénétrer dans ces *abîmes* de la métaphysique, qui n'ont ni fond ni rive, et perdre, à disputer sur l'essence divine, ce temps si court qui nous est donné pour l'honorer ?

Je vous déclare que si j'étois né catholique, je demeurerois catholique, sachant bien que votre Église met un frein très-salutaire aux écarts de la raison humaine, qui ne trouve ni fond ni rive quand elle veut sonder l'*abîme* des choses.
J.-J. ROUSSEAU, *Nouvelle Héloïse*, VI, 8 ; *Lettres*, 22 juillet 1764.

L'idée de la mort a été quelquefois présentée sous la figure d'un *abîme* où tout va se perdre.

De quelque superbe distinction que se flattent les hommes, ils ont tous une même origine, et cette origine est petite ; leurs années se poussent successivement comme les flots, ils ne cessent de s'écouler ; tant qu'enfin, après avoir fait un peu plus de bruit et traversé un peu plus de pays les uns que les autres, ils vont tous ensemble se confondre dans un *abisme* où l'on ne reconnoît plus ni princes, ni rois, ni toutes ces autres qualités superbes qui distinguent les hommes.
BOSSUET, *Oraison funèbre de la duchesse d'Orléans*.

ABÎME prête à beaucoup d'autres figures, d'un grand usage pour exprimer les Situations, les états extrêmes où l'homme peut se trouver ;

L'excès de certains sentiments, le plus souvent pénibles :

Vous sçavez tous en quel goufre et *abysme* de désolation nous avons esté par ce long et misérable siège.

Satyre Ménippée, harangue de monsieur d'Aubray.

Le cœur d'une grande reine, autrefois élevé par une si longue suite de prospérités, et puis plongé tout à coup dans un *abisme* d'amertumes, parlera assez haut.

BOSSUET, *Oraison funèbre de la reine d'Angleterre.*

La pauvre Vaubrun est toujours dans l'*abysme* de la douleur.

Mme DE SÉVIGNÉ, *Lettres*, 20 septembre 1675.

Ses amis, surtout son petit troupeau, tombèrent dans l'*abîme* de l'affliction la plus amère (à la mort de Fénelon.)

SAINT-SIMON, *Mémoires*, 1715, t. XII, c. 5.

Si je perdais l'espérance de vous revoir, je tomberais dans l'*abîme* des vapeurs.

Mme DU DEFFAND, *Lettres*, 10 janvier 1766 (à Horace Walpole).

Dedens l'*abisme* de douleur
Sont tourmentées povres ames
Des amans.

CHARLES D'ORLÉANS, *Rondels*, CXC.

Pour moi qui ne vois rien, dans le trouble où je suis,
Qu'un gouffre de malheurs, qu'un *abyme* d'ennuis.

P. CORNEILLE, *Rodogune*, V, 4.

L'excès de la dégradation morale :

Molt est griés chose d'eschever l'*abysme* des vices.
(C'est chose très-difficile d'esquiver (éviter) l'*abîme* des vices.)

Sermons de saint Bernard, à la suite des *Quatre livres des Rois*, p. 567.

En l'home est li *abismes* des charnaus desiriers (des desirs charnels), en quoi il ensevelit et noie et transgloutit (engloutit) l'œuvre de raison.

BRUNETTO LATINI, *li Tresors*, II, 39. *De Constance.*

Vitellius estoit à Rome, comme frappé de léthargie, s'ensevelissant dans les voluptez, dans lesquelles, comme dans un *abysme*, il alloit noyant les soins de la guerre.

COEFFETEAU, *Histoire romaine*, VI.

C'est dans cet *abisme* profond que la princesse Palatine alloit se perdre.

BOSSUET, *Oraison funèbre d'Anne de Gonzague.*

I.

Les nouveaux désordres où je tombai me portèrent bien plus loin vers le fond de l'*abîme.*

PRÉVOST, *Manon Lescaut*, part. I.

Cette loi, faite pour leur ôter les occasions de connaître leur joug, plaisait à une nation (les Moscovites) qui, dans l'*abîme* de son ignorance et de sa misère, dédaignait tout commerce avec les nations étrangères.

Je ne vois ici que des *abîmes* d'iniquités.

VOLTAIRE, *Histoire de Charles XII*, I ; *Vision de Babouc.*

L'ennemi veut que je succombe
Dans le piége qu'il m'a caché ;
Mais il vaut bien mieux que j'y tombe,
Que dans l'*abysme* du péché.

RACAN, *Psaumes*, CXVIII.

Ton cœur est, je l'avoue, un *abysme* de vice ;
Mais le sien en est un d'amour.

GODEAU, *Paraphrase des Psaumes*, ps. CXXIX.

Des *abymes* profonds où mon péché me plonge,
Jusqu'à toi j'ai poussé mes cris.

P. CORNEILLE, *Psaumes*, CXXIX.

L'excès du malheur, de la honte, du désespoir, etc.:

Juste seigneurie et honneur deschiet, obeissance ennuie, patience fault ; tout tombe et fond en l'*abisme* de ruine et de désolation.

ALAIN CHARTIER, *l'Espérance.*

Il nous entraîne, sans que nous l'apercevions, dans l'affreux *abysme* d'une éternelle damnation.

BOURDALOUE, *Pensées diverses sur la pénitence.*

Quand nous avons fini de vous louer par tout ce que vous avez de louable, nous pleurons sur votre malheur et sur l'*abysme* où votre étoile vous a jeté.

Mme DE SÉVIGNÉ, *Lettre* incluse dans une lettre de Corbinelli au comte de Bussy, 18 septembre 1672.

Elle (la princesse de Clèves) trouva qu'elle s'étoit ôté elle-même le cœur et l'estime de son mari, et qu'elle s'étoit creusé un *abisme* dont elle ne sortiroit jamais.

Mme DE LA FAYETTE, *la Princesse de Clèves*, part. III.

L'impiété, qui se creuse elle-même un *abisme* sans fond, où elle se précipite sans espérance.

FÉNELON, *Télémaque*, XVIII.

Dans l'*abîme* où il était (Mithridate), il forma le dessein de porter la guerre en Italie.

MONTESQUIEU, *Grandeur des Romains*, c. 7.

C'est ainsi qu'un instant d'égarement m'a perdue à jamais ; je suis tombée dans l'*abîme* d'ignominie dont une fille ne revient point.

Dans l'*abîme* de maux où je suis submergé, je sens les atteintes des coups qui me sont portés.

J.-J. ROUSSEAU, *la Nouvelle Héloïse*, I, 29 ; *les Confessions*, part. II, liv. XII.

Je ne prévois que des horreurs, je n'imagine que des *abîmes*, et il est sûr que nous périrons tous deux.

MARIVAUX, *la Vie de Marianne*, part. XI.

Ils étoient plus que rois, ils sont moindres qu'esclaves ;
Et la gloire qui suit vos plus nobles travaux
Ne fait qu'approfondir l'*abyme* de leurs maux.

P. CORNEILLE, *Sertorius*, III, 1.

Quelquefois même la félicité parfaite, le comble de la prospérité, la béatitude :

Considérez enfin quel bien ils ont tous de jouir de Dieu, qui les gratifie pour jamais de son amiable regard, et qui par iceluy répand dans leurs cœurs un *abysme* de délices.

S. FRANÇOIS DE SALES, *Introduction à la vie dévote*, I, 16.

Un si grand party qui la mettroit dans le fin fond et *abysme* de la grandeur, des biens, des richesses, de la faveur.

BRANTÔME, *Dames illustres*. Mᵐᵉ de Carnavalet.

Ils (les habitants des Champs-Élysées) sont plongés dans cet *abisme* de délices comme les poissons dans la mer.

FÉNELON, *Télémaque*, XIX

Une occasion d'illusions, d'embarras, de chute :

Quel *abîme* qu'une grande place qui nous établit sur les peuples, qui nous rend responsables devant Dieu... des suites de la paix ou de la guerre, de l'abondance ou des calamités publiques !

MASSILLON, *Panégyrique de saint Louis*.

De grands obstacles, de grands embarras, de grands dangers :

Il ne faut pas demeurer en si beau chemin, mais, au contraire, que vous tendiez tous vos sens pour nous aider à sortir de l'*abisme* où nous sommes.

CATHERINE DE MÉDICIS, lettre du 9 janvier 1563. (Voy. *Correspondance de Catherine de Médicis*, t. I, p. 356.)

Mais il s'en trouve de si malheureusement habiles, qu'ils se creusent des *abysmes*, et se font des précipices partout.

BALZAC, *Socrate chrétien*, disc. V.

Nous soulèverions demain le peuple si nous voulions ; le devons-nous vouloir ? Et si nous le soulevons, et si nous ôtons l'autorité au parlement, en quel *abisme* jetons-nous Paris !

LE CARDINAL DE RETZ, *Mémoires*, part. II, année 1649.

Voilà le bon sens qui parle, sans autre ornement que sa force. Il (Démosthène) rend la vérité sensible à tout le peuple ; il le réveille, il le pique ; il lui montre l'*abisme* ouvert.

FÉNELON, *Lettre à l'Académie*, § 4.

Ces états généraux étoient un *abîme* ouvert sous les pieds du régent, dans les conjonctures où on se trouvoit de toutes parts.

SAINT-SIMON, *Mémoires*, 1717, t. XV, c. 2.

Sylla... sembla ne faire des règlements que pour établir des crimes... il tendit des piéges, sema des épines, ouvrit des *abîmes* sur le chemin de tous les citoyens.

MONTESQUIEU, *Esprit des lois*, VI, 15.

Je ne vous dirai jamais assez avec quelle douleur je vous vois entrer dans une carrière couverte de fleurs et semée d'*abîmes*.

J.-J. ROUSSEAU, *Lettres*, janvier 1765.

Je frémis quand je voi ·
Les *abysmes* profonds qui s'offrent devant moi.

J. RACINE, *Esther*, III, 1.

Des causes de dépense et de ruine, la ruine elle-même, ou enfin la personne ruinée

Et la despence qu'il fait pour noz affaires n'est pas une chose limitée, mais c'est une droicte *abisme* où tout se fond et despend.

ALAIN CHARTIER, *le Quadrilogue*.

La passion du jeu est un *abîme* de désolation ; tout se perd dans ce gouffre, le temps, l'esprit, la joye, la santé.

DUFRESNY, *le Chevalier joueur*, II, 4.

Il faut cependant examiner si l'on veut bien courir le hasard de l'*abyme*, où conduit la grande dépense.

J'admire la Providence, qui permet qu'avec tant de grandeurs et de choses agréables dans votre établissement, il s'y trouve des *abymes* qui ôtent tous les plaisirs de la vie.

(M. de Sévigné) trouve l'invention de dépenser sans paroître, de perdre sans jouer, de payer sans s'acquitter; toujours une soif et un besoin d'argent, en paix comme en guerre: c'est un *abyme* de je ne sais pas quoi, car il n'a aucune fantaisie; mais sa main est un creuset où l'argent se fond.

Mᵐᵉ DE SÉVIGNÉ, *Lettres*, 20 mai 1672; 20 septembre 1675; 27 mai 1680.

Parmi les applications sans nombre qui ont été faites, par figure, du mot ABÎME, nous citerons la suivante, dans une phrase où il est question des altérations profondes de la santé:

Quand vous voudrez vous reposer, il ne sera plus temps..... il n'y aura plus aucune ressource à vos fatigues passées............. Ce sont des brèches sur d'autres brèches, et des *abymes* sur des *abymes*.

Mᵐᵉ DE SÉVIGNÉ, *Lettres*, 4 octobre 1671.

Dans un passage du même écrivain, ABÎME exprime heureusement l'image de la confusion, du désordre.

Parlons un peu de la table du cabinet de M. l'ambassadeur, de ce chaos de lettres, de ces *abymes* de poches, de cette confusion de papiers qui fait que, comme dans l'enfer, quand une pauvre lettre y est une fois jetée, jamais elle n'en sort.

Mᵐᵉ DE SÉVIGNÉ, *Lettres*, 24 juillet 1691.

ABÎME a fourni à un écrivain de cette époque une image non moins vive pour rendre l'effet des péripéties de la tragédie:

Le poëme tragique vous serre le cœur dès son commencement, vous laisse à peine dans tout son progrès la liberté de respirer et le temps de vous remettre; ou s'il vous donne quelque relâche, c'est pour vous replonger dans de nouveaux *abymes* et dans de nouvelles alarmes.

LA BRUYÈRE, *Caractères*, c. 1.

A l'emploi figuré d'ABÎME se rapportent quelques locutions consacrées; c'est ainsi que l'on dit:

Un abime de ténèbres. Un abime de mystère, en parlant d'une chose d'une obscurité impénétrable:

Nous estant éloignez de vous pour nous précipiter dans un *abysme de ténèbres*, votre Esprit-Saint estoit comme suspendu au-dessus de nous pour nous secourir dans le temps que vous aviez ordonné.

ARNAULD D'ANDILLY, trad. des *Confessions de saint Augustin*, XIII, 34.

O *abisme de ténèbres* qui m'épouvante! ne croirai-je jamais rien? croirai-je sans être assuré? Qui me tirera de ce trouble?

FÉNELON, *De l'Existence de Dieu*, part. II, c. 1, § 4.

Cela seul me paraît intelligible; tout le reste est pour moi *un abîme de ténèbres.*

VOLTAIRE, *l'Ingénu*, c. 10.

Je vois moins clair que jamais dans le sort de mon livre; c'est un *abîme de mystère* où je ne saurois pénétrer.

J.-J. ROUSSEAU, *Lettres*, 25 avril 1762.

L'*abîme de l'oubli*, en parlant de choses ou de personnes profondément oubliées:

La gloire et la réputation se perdent enfin dans les *abîmes* d'un éternel *oubli.*

FLÉCHIER, *Oraison funèbre de* Mᵐᵉ *d'Aiguillon.*

Un abîme de science, et même, absolument, comme on le voit par un exemple fort ancien, *un abîme*, au sens où on dit aussi, plus souvent, un puits de science, en parlant d'un homme extrêmement savant, dont on ne peut approfondir le savoir:

Thomas vaut autant à dire comme *abysme*. (Var.*abisme.*)

BRUNETTO LATINI, *li Tresors*, I, 75. De saint Thomas.

Parquoy, mon fils, je t'admoneste qu'employes ta jeunesse à bien proufiter en estude... somme que je voye *ung abysme de science.*

RABELAIS, *Pantagruel*, II, 8.

Il y a, entre telle chose et telle autre, *un abîme*, c'est-à-dire un profond intervalle, une immense différence ou un obstacle infranchissable:

Que V. M. considère, s'il lui plaît, elle-même, quelle différence il y a, quel éloignement, quel *abîme*, entre cette égalité glorieuse et volontaire du roi au sujet, dans la poursuite des crimes, cette modération, cette retenue, ce scrupule que je viens de remarquer, et le choix des juges par un roi qui est partie.

PELLISSON, 1ᵉʳ *Discours au Roi.*

Il y a entre telle et telle condition un *abyme* d'intervalle si immense et si profond, que les yeux souffrent de voir de telles extrémités se rapprocher.

LA BRUYÈRE, *Caractères*, c. 6.

19.

Le premier caractère du vice dont nous parlons, est de mettre comme un *abîme* entre Dieu et l'âme voluptueuse, et de ne laisser presque plus au pécheur d'espérance et de retour.

Massillon, Carême, vendredi de la 2e semaine.

Être près de l'abîme, être sur le bord de l'abîme, c'est-à-dire près de sa ruine, à la veille de sa perte; *être au fond de l'abîme*, c'est-à-dire tout à fait perdu :

La carrière des lettres… est plus épineuse que celle de la fortune. Si vous avez le malheur d'être médiocre, voilà des remords pour la vie; si vous réussissez, voilà des ennemis : vous marchez *sur le bord d'un abîme*, entre le mépris et la haine.

Voltaire, Lettres, à M. Le Fèvre, 1732.

Qui sait si, me voyant si *près de l'abîme*, la tête ne m'eût point tourné ?

Il ne me reste plus rien à espérer ni à craindre en ce monde, et m'y voilà tranquille *au fond de l'abîme*.

J.-J. Rousseau, la Nouvelle Héloïse, VI, 12 ; les Rêveries du promeneur solitaire, 1re promenade.

Creuser un abîme sous les pas de quelqu'un, creuser un abîme sous ses pas, se creuser un abîme, etc., c'est-à-dire travailler à la perte, à la ruine d'un autre ou à la sienne propre, la préparer, soit volontairement par esprit de haine, de vengeance, de méchanceté, soit involontairement par impéritie, par imprudence, par l'excès d'un zèle mal entendu.

Le roi (Auguste) très-embarrassé différa sous divers prétextes… Donner bataille aux Suédois pendant les négociations, et la perdre, c'était *creuser l'abîme*.

Voltaire, Histoire de Charles XII, III.

Aussi bien *sous mes pas* c'est *creuser un abyme*,
Que retenir ma main sur la moitié du crime.

P. Corneille, Rodogune, V, 1.

D'abîme en abîme est très-voisin de cette locution.

Voyez comme un pas vers la fortune nous a précipités tous *d'abîme en abîme*.

Bernardin de Saint-Pierre, Paul et Virginie.

Ainsi de piége en piége et *d'abysme en abysme*,
Corrompant de vos mœurs l'aimable pureté,
Ils vous feront enfin haïr la vérité.

J. Racine, Athalie, IV, 3.

Voltaire semble faire la critique de cette expression dans le passage suivant d'une de ses lettres :

Je ne sais pas pourquoi on a imprimé à Paris :

Nous marchons dans la nuit, et *d'abîme en abîme*.

Je vous assure que mon vers,

Nous partons, nous marchons de montagne en *abîme*,

est beaucoup plus convenable aux voisins du mont Jura. Je vois de mes fenêtres une montagne au milieu de laquelle se forment des nuages ; elle conduit à des précipices de quatre cents pieds de profondeur, et quand on est englouti dans cet *abîme* on trouve d'autres montagnes qui mènent à d'autres précipices. Je peins la nature telle qu'elle est.

Voltaire, Lettres, 13 avril 1767.

La traduction littérale de cette parole de l'Écriture, *abyssus abyssum invocat* (Ps. XLI, 8), *un abîme appelle un autre abîme*, a formé dans notre langue un proverbe, *l'abîme appelle l'abîme*, dont le sens est : Un excès conduit à un autre excès, un crime amène un autre crime

Une *abysme* attire

Coeffeteau, Hist. romaine, XIV.

Abîme, dans la langue spéciale du blason, est le nom qu'on donne au centre de l'écu, et, par extension, à toute pièce placée parmi beaucoup d'autres pièces, qui n'en touche et n'en charge aucune.

Abisme donc est le cœur de l'escu, comme quand l'on dit : *Mis en abisme*, c'est-à-dire au milieu de l'escu, sans que ce qui se met en cet endroit touche ny charge aucune pièce, quelle qu'elle soit.

P. Paillot, La vraye et parfaite science des armoiries, au mot Abisme.

D'abysme, abisme, s'étaient formés, au sens de Profond, les adjectifs

Abysmeux, recueilli par Cotgrave :

Abîmeulx sont de Dieu les jugemens.

J. Molinet, Le débat de la chair et du poisson.

Abismal, dont Sainte-Palaye cite cet exemple :

Que vos cors en la fosse *abismale* eussent esté ensevelis.

Triumphes de la noble dame, fol. 38, v°.

ABÎMER, v. a.

Autrefois d'*abosme*, ABOSMER, ABOMER. En voici quelques exemples, qui marquent l'ancienneté des acceptions figurées du mot. Il y est question de personnes affligées, abattues, pour ainsi dire plongées, englouties dans ces sentiments.

> Là troverent Rou e sa gent
> Si doleros, *si abosmiez*.
>> Benoît, *Chronique des ducs de Normandie*, t. I, v. 5889.

> Et li Turc s'en tornerent dolent et *abosmé*.
> Com est mes cuers dolens, tristes et *abosmés*.
>> *Chanson d'Antioche*, ch. III, v. 312 ; ch. VII, v. 376.

> Se vont à Gisors entassant
> Comme ceus que paour (la peur) *abosme*.
>> G. Guiart, *Royaux lignages*, t. I, v. 935.

On a fait aussi d'*abysme* et *abisme*, ABYSMER, ABISMER, ABYMER.

ABÎMER signifie au propre Jeter, précipiter dans un abîme.

Il se dit quelquefois en ce sens absolument.

En la mesme année, douze villes des plus célèbres de l'Asie furent renversées par un tremblement de terre qui fut d'autant plus effroyable, qu'arrivant de nuit, on ne put prévoir le danger, outre que, la terre s'ouvrant, on *fut abysmé* tout à coup.
>> Perrot d'Ablancourt, trad. de Tacite, *Annales*, II, 12.

Lisbonne *est abîmée*, et l'on danse à Paris.
>> Voltaire, *le Désastre de Lisbonne*.

Plus souvent, il se construit avec les prépositions *par*, *dans*, *sous*, etc.;

Avec la préposition *par* :

Autres montagnes se pourront manifester et eslever pour l'accroissement des roches et minéraux qui croissent en icelles, ou bien il adviendra qu'une contrée de pays *sera abysmée* ou abaissée *par* un tremblement de terre, et alors ce qui restera sera trouvé montueux.
>> B. Palissy, *Recepte veritable par laquelle tous les hommes de la France pourront apprendre à multiplier et augmenter leurs thresors.*

(Jupiter), lorsque tu étois jeune et bouillant, tu ne faisois ni paix ni trêve avec les coupables, et en *abysmois* les

uns *par* des tremblemens de terre, et les autres *par* des déluges, comme tu fis sous Deucalion.
>> Perrot d'Ablancourt, trad. de Lucien, *Timon ou le Misanthrope.*

La Grèce *ayant été abîmée par* un déluge, de nouveaux habitants vinrent la peupler.
>> Montesquieu, *Lettres persanes*, 131.

Un village *a été abîmé*, à quelques lieues de nous, *par* un tremblement de terre.
>> Voltaire, *Lettres*, 26 décembre 1755.

Avec les prépositions *dans* ou *en*, quelquefois, poétiquement, *à* :

> Si nous ne pouvons *abismer* Télémaque *dans* les flots.
>> Fénelon, *Télémaque*, VIII.

Vile créature, j'ai osé me révolter contre vous, mon créateur et mon roi, qui d'une seule parole pouviez m'écraser ou m'*abîmer dans* un étang de feu et de soufre.
>> Massillon, *Paraphrase du psaume* XXXI.

Presque toute l'artillerie et tous les chariots restèrent embourbés ou *abîmés dans* les marais.
>> Voltaire, *Histoire de Charles XII*, IV.

>   [leurs fers
> Ils se ressouvenoient (les Hébreux) que Dieu rompant
> *Abysma* leurs tyrans *aux* gouffres des enfers.
>> Godeau, *Paraphrase des Psaumes*, ps. LXXVII.

Avec la préposition *sous* :

> Jadis de toutes parts faisant regorger l'onde,
> *Sous* un déluge d'eaux il *abyma* le monde.
>> P. Corneille, *Attila*, V, 3.

> Dieu résolut enfin, terrible en sa vengeance,
> D'*abymer sous* les eaux tous ces ambitieux.
>> Boileau, *Satires*, XII.

> *Sous* Pélion Mimas *fut abîmé*.
>> J.-B. Rousseau, *Allégories*, II, 5, Minerve.

ABÎMER se dit souvent, par extension, en parlant de ce qui est Renversé, abattu, détruit, sans être jeté dans un abîme.

On portoit quelque respect aux places fortes, avant qu'une puissance à laquelle rien ne peut résister eût trouvé le moyen de les *abymer par* une grêle affreuse de bombes, et par le ravage de cent pièces de canon en batterie.

Hamilton, Mémoires du chevalier de Grammont, c. 2.

Enfin, *sous* mille crocs la maison *abymée*
Entraîne aussi le feu, qui se perd en fumée.

Boileau, Satires, VI.

Le sens propre d'ABÎMER, et les diverses constructions qui peuvent servir à l'exprimer, se retrouvent dans les phrases suivantes, d'ailleurs métaphoriques :

L'autre, voyant un fleuve flotter, s'écrioit ainsi : Mon âme n'aura jamais de repos qu'elle ne soit *abysmée dedans* la mer de la divinité, qui est son origine.

S. François de Sales, Introd. à la vie dévote, II, 13.

Ils *abisment* la justice et les subjets du royaume *dedans* les eaux et fanges d'erreurs et d'ignorance dont ils ne peuvent se retirer.

Matthieu, Hist. des dern. troubles de la France, IV.

Comment vous serez-vous tirée de ses pattes, et de ces inondations de paroles, *où* l'on se trouve noyée, *abymée?*

Mme de Sévigné, Lettres, 26 octobre 1689.

Un flot survient, et *l'abyme;* on ne le revoit plus, il est noyé.

La Bruyère, Caractères, c. 13.

Cette querelle, dans laquelle plusieurs auteurs prirent parti, donna lieu à un grand nombre d'ouvrages, et fut une tempête qui pensa *abismer* Balzac.

Niceron, Mémoires pour servir à l'histoire des hommes illustres, t. XXIII.

Maintenant, illustre ami des hommes et le mien, je me prosterne à vos pieds pour vous conjurer d'avoir pitié de mon état et de mes malheurs, de laisser en paix une mourante tête, de n'y plus réveiller des idées presque éteintes, et qui ne peuvent renaître que pour m'*abîmer dans* de nouveaux gouffres de maux.

J.-J. Rousseau, Lettres, 26 juillet 1767.

Ne vois-tu pas, Seigneur, quels violens orages,
Quels vens d'ambition, emeuz en nos courages,
Soufflent de tous costez, prests à nous *abysmer?*

J. Bertaut, Cantique.

Je m'enfuyois de Dieu; mais il enfla la mer,
M'*abysma* plusieurs fois, sans du tout m'*abysmer.*

Agr. d'Aubigné, Tragiques, Vengeances, VI.

Ton courroux qui m'*abysme en* des lieux ténébreux.

Racan, Psaumes, LXXXVII.

ABÎMER, soit sous une forme absolue, soit construit avec diverses prépositions, se prend souvent au figuré, dans le sens général de Perdre, en parlant de tout ce qui peut être comparé à un gouffre, à un abîme; par exemple :

La mort, le néant, l'enfer, les châtiments célestes, le malheur :

Hélas! mon âme, tu estois *abysmée dans* cet ancien *néant*, et y serois encores de présent, si Dieu ne t'en eust retirée.

S. François de Sales, Introd. à la vie dévote, I, 9.

Je pourrois ajouter encore que c'est en vain qu'on s'efforce de se distinguer sur la terre, où la mort nous vient bientôt arracher de ces places éminentes, pour nous *abismer* avec tous les autres *dans le néant* commun de la nature.

Bossuet, Sermons, Contre l'ambition.

Et plaise aussi à vostre vueil sublime
Me retenir pour vostre serviteur,
A celle fin que malheur ne m'*abisme,*
Qui de longtemps est mon persécuteur.

Michel d'Amboise, requête à Georges de Créqui.

Pour *abysmer* tout esprit et haultesse,
Qui fierement contre les cieulx se dresse.

Cl. Marot, Du bon pasteur et du mauvais.

Abysme ces esprits impies.

Racan, Psaumes, IX.

Que le ciel me punisse et m'*abîme* à l'instant,
Si dans mes volontés je ne suis pas constant !

Destouches, le Dissipateur, IV. 1.

Exterminer d'un coup, d'un signe, d'un clin d'œil,
Toi, tes chars, tes drapeaux, ta troupe criminelle,
Et vous *abîmer* tous *dans* la nuit éternelle.

Delille, trad. du Paradis perdu, VI.

La ruine en général :

Si le chantre demain ose le renverser,
Alors de cent arrêts tu le peux terrasser.

Pour soutenir tes droits que le ciel autorise,
Abyme tout plutôt : c'est l'esprit de l'Eglise.

BOILEAU, le Lutrin, I.

La ruine d'un État, d'un royaume, d'une province, d'une ville, etc. :

Il n'est pas possible que de si grands maux, qui sont capables d'*abismer* l'État, soient sans remède.

BOSSUET, Lettres, 2e à Louis XIV, 1675.

Dix heures sonnèrent, la compagnie se leva, et ainsi finit cette matinée qui faillit à *abismer* Paris.

LE CARDINAL DE RETZ, Mémoires, part. II, année 1651.

Nos six mille hommes sont partis pour *abymer* notre Bretagne.

Mme DE SÉVIGNÉ, Lettres, 31 juillet 1675.

Les tiraillements continuels de l'administration, partagée jusqu'alors entre deux ou trois ministres en guerre ouverte l'un avec l'autre, et qui, pour se nuire mutuellement, *abîmoient* le royaume.

J.-J. ROUSSEAU, Confessions, part. II, liv. XI.

La ruine des particuliers :

Votre Majesté voudroit-elle, sur des relations inventées, *abymer* la fortune d'un homme, parce qu'il est plus attaché à sa personne que les autres ?

Mlle DE MONTPENSIER, Mémoires, part. VI.

Monsieur le Prince, pour parvenir au dessein qu'il avoit formé de m'*abysmer* et de me perdre... fut trouver M. Le Tellier.

COLIGNY, Mémoires, éd. Monmerqué, 1844, p. 76.

Souvent, pour empêcher une pièce nouvelle de paraître, pour la faire tomber au théâtre, et, si elle réussit, pour la décrier à la lecture et pour *abîmer* l'auteur, on emploie plus d'intrigues que les wighs n'en ont tramé contre les torys, les guelfes contre les gibelins, les molinistes contre les jansénistes.

VOLTAIRE, Lettres, 23 décembre 1760.

Particulièrement, le désordre, la perte de la fortune :

Il a cinquante mille écus de dettes au delà de son bien, il est *abymé*, mais il est content.

Pour celui (le régiment) de Picardie, il n'y faut pas penser, à moins que de vouloir être *abymé* dans deux ans; mais c'est mal dit *abymé*, c'est déshonoré.

Mme DE SÉVIGNÉ, Lettres, 27 avril 1672; 26 août 1675.

J'avois pris les mêmes mesures que vous : flatter la jeunesse, la corrompre par des plaisirs, l'engager dans des crimes, l'*abismer* par la dépense et par les dettes, ... pouviez-vous mieux faire?

FÉNELON, Dialogues des morts, XXXIX, Sylla, Catilina et César.

Hé! monsieur, achevez-moi; par grace, ruinez-moi, *abîmez*-moi : que je vous aie cette obligation-là.

DUFRESNY, le Chevalier joueur, V, 7.

Si je connaissais sa maîtresse, j'irais lui conseiller de le piller, de le manger, de le ronger, de l'*abîmer*.

LE SAGE, Turcaret, IV, 12.

J'étois sur le point de m'expliquer fortement avec lui, pour nous délivrer de ses importunités, lorsqu'un funeste accident m'épargna cette peine en nous en causant une autre, qui nous *abîma* sans ressource.

PRÉVOST, Manon Lescaut, part. I.

Quelquefois, au contraire, l'excès dangereux de la puissance, de la richesse :

Concevez l'homme accompagné d'omnipotence, vous l'*abysmez*; il faut qu'il vous demande par aumosne de l'empeschement et de la resistance.

MONTAIGNE, Essais, III, 7.

Rome, *abîmée* par les richesses de toutes les nations, avoit changé de mœurs ; il ne fut plus question d'arrêter le luxe des femmes.

MONTESQUIEU, Esprit des lois, XXVII, 1.

Un coupable et funeste abandon aux plaisirs, au vice :

Au reste, encore qu'il (Héliogabale) fust tout noyé et comme *abysmé* dans les plaisirs, il ne laissa pas d'avoir aiguillon de gloire.

COEFFETEAU, Histoire romaine, XIV.

Je m'estois persuadé que parmy vous ce n'estoit que luxe, et que cette grande abondance de toutes choses vous *abysmoit* dans les voluptés.

VAUGELAS, trad. de Quinte-Curce, X.

... Avec cette étrange pénitence, cette âme malheureuse sort de son corps toute noyée et tout *abismée* dans les affections sensuelles.

BOSSUET, Sermons, Sur l'impénitence finale.

Vous qui vivez comme les payens qui n'ont point d'espérance, *abîmé dans* le désordre, et dont toute la vie n'est qu'un crime continuel.

MASSILLON, *Carême*, mercredi de la 4ᵉ semaine.

...... Ce châtiment c'est l'exécration où il est; et, quelque *abîmé* qu'on soit *dans* le crime, on est toujours sensible à cette punition.

VOLTAIRE, *Lettres*, février 1739, à M. Devaux.

.... Néron, *dans* le vice *abymé*.

P. CORNEILLE, *Othon*, III, 3.

Une émotion violente, la tristesse, la douleur, le désespoir, la jalousie, etc. :

Dieu montre de loin ce Messie tant promis et tant désiré, le modèle de la perfection et l'objet de ses complaisances, *abismé dans* la douleur.

BOSSUET, *Discours sur l'Histoire universelle*, II, 9.

Je suis *abymée dans* la mort.

Pour d'Hacqueville........ il est tellement *abîmé dans* la mort du comte de Guiche, qu'il n'est plus sociable.

J'ai vu madame de Fontenilles, qui a perdu sa mère : c'étoient des torrents de larmes; elle est *abymée dans* sa douleur.

Mᵐᵉ DE SÉVIGNÉ, *Lettres*, 27 juin 1672; 15 décembre 1673; 8 octobre 1688.

Il a de l'esprit, et faisoit bonne chère à ses amis quand il n'étoit pas si *abîmé dans* sa jalousie.

TALLEMANT DES RÉAUX, *Historiettes*, de Bias.

Et, l'ame *abymée dans* l'excès d'un sombre désespoir, il continuait son voyage vers l'Égypte.

VOLTAIRE, *Zadig*, c. 8.

Ainsi parmi les ténèbres,
Les yeux vainement fermés,
Dans mille pensers funèbres
Mes sens étoient *abîmés*.

J.-B. ROUSSEAU, *Odes*, IV, 6.

Le doute, l'ignorance :

Tu n'as frappé mes yeux d'un moment de clarté
Que pour les *abymer dans* plus d'obscurité.

P. CORNEILLE, *Horace*, III, 1.

Une préoccupation exclusive :

Cette raison, aussi impertinente que vous la voyez, vu la matière, satisfit la plupart des vieillards, noyés ou plutôt *abymés dans* les formes du palais.

LE CARDINAL DE RETZ, *Mémoires*, part. II, ann. 1652.

De grandes occupations, l'embarras des affaires :

Je reçois une lettre de madame de Vins;..... elle est *abymée dans* ses procès.

Mᵐᵉ DE SÉVIGNÉ, *Lettres*, 9 juin 1680.

Il y a des âmes sales, pétries de boue et d'ordure, éprises du gain et de l'intérêt,..... curieuses et avides du denier dix, uniquement occupées de leurs débiteurs, toujours inquiètes sur le rabais ou sur le décri des monnoies, enfoncées et comme *abymées dans* les contrats, les titres, les parchemins.

LA BRUYÈRE, *Caractères*, c. 6.

Vous trouverez le premier acte assez changé; c'est toujours beaucoup que je vous donne des vers, quand je suis *abîmé dans* la prose, *dans* les bâtiments, *dans* les jardins.

VOLTAIRE, *Lettres*, 8 novembre 1757.

Des études profondes, difficiles; la réflexion, la rêverie :

Corbinelli est toujours ..... le meilleur homme du monde, et toujours *abymé dans* sa philosophie christianisée.

Mᵐᵉ DE SÉVIGNÉ, *Lettres*, 16 avril 1689.

Le roi paraissait *abîmé dans* une rêverie profonde.

VOLTAIRE, *Hist. de Charles XII*, I.

Jusqu'au plus haut des cieux élève tes regards,
Jusqu'*au* fond de la terre *abyme* ta pensée.

P. CORNEILLE, *l'Imitation*, II, 12.

L'idée de la Divinité :

Abîmée devant la majesté de Dieu, toutes les grandeurs de la terre ne lui paroissoient plus qu'un atome et un néant (à Madame).

MASSILLON, *Oraison funèbre de Madame*.

La piété, la dévotion :

Tout recueillis, et comme tout *abysmés dans* nous-mêmes, ou, pour mieux dire, tout recueillis et comme tout *abysmés en* Dieu.

BOURDALOUE, *Carême*, le mercredi dès Cendres.

J'ai été à Sainte-Marie, où j'ai vu madame votre tante, qui m'a paru *abymée en* Dieu.

Mᵐᵉ DE SÉVIGNÉ, *Lettres*, 20 novembre 1664.

ABÎMER, dans une acception figurée très-familière, qu'admet seulement la conversation, signifie

aussi Gâter, endommager beaucoup. On dit métaphoriquement que *l'orage a abîmé les chemins*, *les
blés*, etc.; on dit de même, par une figure dont il est
plus difficile de se rendre compte, *abîmer un habit*,
un chapeau, etc., *un habit*, *un chapeau abîmés*. Ce
n'est point de cette expression peu exacte et peu élégante que l'on s'est servi dans le passage suivant, où
le mot ABÎMÉ est employé, selon son acception étymologique, en parlant d'effets, de vêtements en-
gloutis dans les sables.

      .....Mais où est-il, m'écriai-je, cet habit si bien em-
paqueté? — Péri, Monsieur, me dit-il en joignant les
mains. — Comment, péri! lui dis-je en sursaut. — Oui,
péri, perdu, *abymé*.

     HAMILTON, *Mémoires du chevalier de Grammont*, c. 7.

ABÎMER, soit dit absolument, soit accompagné des
compléments de diverses sortes dont il a été question plus haut, se construit fréquemment avec le
pronom personnel.

S'ABÎMER, c'est, au propre, Tomber, s'engloutir
dans un abîme.

    Le fantosme disparut et *s'abysma dans* les enfers, après
avoir frappé la terre du pié.

     PERROT D'ABLANCOURT, trad. de Lucien, *le Menteur
ou l'incrédule*.

    (Les sciences et les arts sont comme) ces fleuves qui
viennent à rencontrer un gouffre *où* ils *s'abîment* tout à
coup, mais qui, après avoir coulé sous terre... trouvent
enfin une ouverture par où on les voit ressortir avec la
même abondance qu'ils y étoient entrés.

     Ch. PERRAULT, *Parallèle des anciens et des modernes*.

    Dans votre sein il cherche à *s'abîmer*.
      Vous et lui jusques à la mer
      Vous n'êtes qu'une même chose.
     Mme DESHOULIÈRES, *Idylles*, le Ruisseau.

    Tel *s'abîme* un vaisseau battu des flots grondants.

    La nef tourne, *s'abîme*, et disparaît sous l'onde.
     DELILLE, *l'Homme des champs*, IV; trad. de l'*Énéide*, I.

S'ABÎMER, toujours au propre, c'est encore S'é-
crouler.

    Les applaudissements commencèrent dès la protase; à
chaque vers c'étoit un brouhaha, et, à la fin de chaque
I.

acte, un battement de mains à faire croire que la salle
s'abîmoit.

     LE SAGE, *Gil Blas*, X, 5.

S'ABÎMER est dit de même, mais par métaphore,
dans des passages comme les suivants :

    Vous vous abaissez jusques à moi, Seigneur, et pour
moi; et moi, que ne puis-je devant vous, et pour vous,
m'abysmer jusques au centre de la terre !

     BOURDALOUE, *Sermons*. Adoration de Jésus-Christ
dans l'Eucharistie.

    Je ne parle pas ici des biens de la fortune qui viennent
s'abîmer dans ce gouffre.

     MASSILLON, *Carême*, vendredi de la 2e semaine.

    Je quitte la brillante poésie, pour *m'abîmer* avec vous
dans le gouffre de la métaphysique.

     FRÉDÉRIC, Lettre à Voltaire, du 19 avril 1738.

    Ils verront pour eux seuls l'orage se calmer,
    Et de dessus le port, *dans* la mer de ce monde,
      Les pescheurs *s'abysmer*.

     RACAN, *Psaumes*, XCIII.

    Et, *dans* les doux torrents d'une allégresse entière,
    Tu verras *s'abymer* tes maux les plus amers.
     P. CORNEILLE, *la Toison d'Or*, prol.

    Laissons-les *s'abîmer sous* leurs propres ruines.
     J.-B. ROUSSEAU, *Odes*, I, 12.

S'ABÎMER se prend dans des sens figurés analogues aux sens figurés d'ABÎMER.

Quelquefois, par exemple, il se dit d'une personne
qui Se ruine, qui se perd.

    Voudriez-vous, ma chère enfant, achever de *vous aby-
mer* à Aix, ou vous dessécher cet hiver à la bise de Grignan?

    Enfin, c'est la commune destinée. Mais que celle de B.
est bizarre, de *s'abymer* à force de prêter à usure!

     Mme DE SÉVIGNÉ, *Lettres*, 8 novembre 1680; 19 février 1690.

    Quand le faquin (son homme d'affaires), pour obéir à
mes ordres réitérés, m'apporte de l'argent, il semble qu'il
donne du sien. Monsieur, me dit-il, *vous vous abîmes*;
vos revenus sont saisis.

     LE SAGE, *Gil Blas*, III, 3.

    Tu ne seras qu'un nigaud tant que tu penseras ainsi;
et si tu parvenois à ma place, avec tes beaux sentiments,
tu *t'abîmerois* là où les autres s'enrichissent.

     MARIVAUX, *le Paysan parvenu*, VIe partie.

                  20

Au commencement des troubles de la révolution, des ministres honnêtes gens, et même quelquefois capables, *se sont abîmés* devant les violences populaires.

CHATEAUBRIAND, *Écrits politiques*, Lettre à un pair de France.

Venons au jeu. Qu'est-ce aujourd'hui
Que les joueurs et les joueuses? . . .
On *s'abysme* en une séance;
On y perd plus qu'on n'a de bien.

REGNIER DESMARAIS, *Poésies françoises*. Sur l'excès où on porte toutes choses.

Quelquefois s'ABÎMER exprime l'action de Se plonger dans quelque étude, quelque réflexion, quelque sentiment, où l'on est comme perdu.

Les plus grossières et puériles ravasseries se trouvent plus en ceux qui traittent les choses plus hautes et plus avant, *s'abysment en* leur curiosité et presomption. La fin et le commencement de science se tiennent en pareille bestise.

MONTAIGNE, *Essais*, II, 12.

Laissons les parfaits goûter les douceurs d'un commerce intime avec Dieu, et *s'abysmer dans* la contemplation de ses infinis attributs.

BOURDALOUE, *Caractère de l'orgueil*.

O être, ô être! votre éternité, qui n'est que votre être même, m'étonne, mais elle me console. Je me trouve devant vous comme si je n'étois pas; je *m'abisme dans* votre infini.

FÉNELON, *De l'Existence de Dieu*, II, 5, § 95.

La sotte vie que je mène est la chose du monde la plus aisée à comprendre : je *m'abyme dans* ces pensées.

.... Et dans le temps qu'on alloit à Fontainebleau pour *s'abymer dans* la joie, voilà M. de Turenne tué.

Mme DE SÉVIGNÉ, *Lettres*, 16 mars 1672; 31 juillet 1675.

S'abimer en soi-même, c'est S'y plonger, s'y perdre, comme dans un abîme. On a appliqué cette expression à Dieu même dans les vers suivants :

Le seul Estre infiny, le Monarque suprême,
Luit de son propre éclat et *s'abisme en soy-mesme*.

SAINT-AMAND, *Moyse sauvé*, VI.

On a dit aussi qu'une chose *s'abîme dans* une autre chose, pour faire entendre qu'elle S'y confond.

Faire le panégyrique de l'humilité, c'est faire celui de François de Paule. Toutes ses vertus se sont comme *abysmées dans* celle-là.

BOURDALOUE, *Panégyrique de saint François de Paule*.

S'ABÎMER, par analogie avec une acception figurée d'ABÎMER, qui a été précédemment expliquée, se dit, dans le langage le plus familier, pour Se gâter, s'endommager, se détériorer, se salir.

Au lieu de s'ABÎMER, on a dit au sens neutre ABÎMER, par une ellipse du pronom personnel, autrefois admise, comme dans la langue latine, pour la plupart des verbes actifs. Voyez aux mots *Abaisser*, *Abâtardir*, et particulièrement *Abattre*, p. 94.

La mer Morte, autrement nommée Mare Asphaltites, en laquelle Sodome et Gomorre *abysmerent*.

P. BELON, *Observations de plusieurs singularitez et choses memorables de divers pays estranges*, I, 83.

Tu sçais quelle tempeste il faisoit, il y a trois jours, telle qu'il sembloit que le monde deust *abysmer*.

PERROT D'ABLANCOURT, trad. de Lucien, *l'Alcyon*.

Il jura à faire *abymer* toute l'hôtellerie.

SCARRON, *Nouvelles tragi-comiques*, les Hypocrites.

Paris *abyme*. Et par où *abyme*-t-il?

LA ROCHEFOUCAULD, *Lettre à Mlle de Sillery*, sa nièce.

Si que les nefz, sans crainte *d'abysmer*,
Nageoient en mer à voiles avallées.

Cl. MAROT, *Ballades*, III, 21.

Le cuir enflé flotte bien sur la mer,
Mais il ne peult au dedans *abysmer*.

AMYOT, trad. de Plutarque, *Vie de Thésée*, c. 28.

.... Je le veux croire,
Et m'embarquer dessus la même mer
Où j'ay pensé tant de fois *abismer*.

VOITURE, *Élégie*, II.

ABÎMÉ, ÉE, participe.

Il se prend, tant au propre qu'au figuré, dans les mêmes sens que le verbe. On l'a vu par d'assez nombreux exemples, auxquels nous ajouterons les suivants, où il semble employé comme une sorte d'adjectif;

Au sens de Profond :

Les poissons n'ayment à dormir es lieux trop *abysmez* ;

et en dormant ils touchent contre terre, ou sont appuyez à quelque pierre.

> P. Belon, *Observations de plusieurs singularitez et choses memorables de divers pays estranges*, I, 75.

> De toutes eaues la source
> Demeurera sans course,
> Comme un goufre *abismé*...
>
> Ant. Du Verdier, *Les diverses leçons*, I, 15.

Au sens de Abattu, détruit :

L'État périroit, le trône seroit renversé, nos villes *abîmées* et réduites en cendres, et nous aurions le même sort que Sodome et Gomorrhe, si Dieu ne voyoit encore au milieu de nous des serviteurs fidèles.

> Massillon, *Petit Carême*, 2ᵉ dimanche.

Au sens de Anéanti :

Les rides sur notre front, les cheveux gris, les infirmités, ne nous font que trop remarquer quelle grande partie de notre être est déjà *abysmée* et engloutie.

> Bossuet, *Sermons*, Sur l'importance du salut.

Et, en parlant des personnes, au sens de Perdu sans ressource :

Il ..... entra dans mes intérêts lorsqu'on me croyoit *abymé*.

> Le cardinal de Retz, *Mémoires*, part. II, année 1649.

Tel à la cour est *abysmé*, qui garde ailleurs tout son crédit.

> Bourdaloue, *Carême*, lundi de la 1ʳᵉ semaine.

Cela est tellement avéré que madame Scarron ne la voit plus, ni tout l'hôtel Richelieu. Voilà une femme bien *abymée*, mais elle a cette consolation de n'y avoir pas peu contribué.

> Mᵐᵉ de Sévigné, *Lettres*, 6 février 1671.

Au sens de Ruiné :

Je fais présentement l'équipage de mon fils, sans préjudice des lettres de change qui vont leur train : tout le monde est *abymé*.

Ils (les courtisans) n'ont jamais un sou, et font tous les voyages, toutes les campagnes, suivent toutes les modes, sont de tous les bals, de toutes les courses de bagues, de toutes les loteries, et vont toujours, quoiqu'ils soient *abymés*.

> Mᵐᵉ de Sévigné, *Lettres*, 23 mars 1672; 21 août 1680.

Ma chère, lui dira-t-il, je suis *abîmé* ; vous pouvez me sauver l'honneur et la vie, en signant seulement votre nom.

> Dufresny, *le Chevalier joueur*, I, 5.

L'argent qu'on en tire (des confiscations, dans les États despotiques) est un tribut considérable que le prince lèveroit difficilement sur des sujets *abîmés*.

> Montesquieu, *Esprit des lois*, V, 15.

Au sens de Recueilli :

Tout recueillis et comme tout *abysmés dans* nous-mêmes.

> Bourdaloue, *Carême*, mercredi des Cendres.

Au sens de Plongé dans la douleur, accablé :

La Marans est *abymée* ; elle dit qu'elle voit bien qu'on lui cache les nouvelles.

> Mᵐᵉ de Sévigné, *Lettres*, 20 juin 1672.

Au lieu d'*abîmé dans la douleur*, dont il a été donné plus haut des exemples, on a dit *abîmé de douleur*.

Je pense que le pauvre chevalier étoit bien *abymé de douleur*.

> Mᵐᵉ de Sévigné, *Lettres*, 28 août 1675.

Ces deux manières de parler ont beaucoup de rapport entre elles ; cependant, si l'on cherche quelle nuance les distingue, on voit que la première est celle qui annonce le plus de persistance dans l'affliction. Un homme peut être abattu lorsqu'il reçoit une atteinte cruelle, et retrouver bientôt son courage, sa force. Si l'on dit de lui qu'il fut *abîmé de douleur*, on s'exprimera avec plus d'exactitude que si l'on disait qu'il fut *abîmé dans sa douleur*.

On a dit, avec la même construction, des yeux *abîmés de pleurs*, pour noyés dans les pleurs, ou, absolument, des yeux *abîmés*.

L'expression du visage de la reine ne s'effacera jamais de mon souvenir. Ses yeux étaient *abîmés de pleurs*.

> Mᵐᵉ de Staël, *Considérations sur la révolution française*, part. III, c. 7.

> À ces mots, d'un torrent de larmes,
> Ressource des cœurs opprimés,

20.

La douleur inonda ses charmes,
Et ses yeux furent *abymés*.

HAMILTON, le Bélier.

On peut rapprocher de cette expression la suivante, employée, par plaisanterie, en parlant d'yeux fatigués par l'insomnie.

Hélas! mes pauvres petits yeux sont *abymés*; j'ai la rage de ne dormir que jusqu'à cinq heures.

Mme DE SÉVIGNÉ, Lettres, 20 novembre 1673.

La même construction *abîmé de* se retrouve dans cette locution usuelle : *abîmé de dettes.*

Ils engagèrent dans cette conspiration, Pison, jeune homme d'une maison illustre, mais téméraire, factieux, *abîmé de dettes.*

VERTOT, Révolutions romaines, XII.

Fatigué d'écrire, ennuyé de moi, dégoûté des autres, *abîmé de dettes* et léger d'argent... j'ai quitté Madrid.

BEAUMARCHAIS, le Barbier de Séville, I, 2.

C'est un roué dans toute la force du terme, *abymé de dettes*, et payant ses créanciers à coups de sabre.

BACHAUMONT, Mémoires, 1781, 13 janvier.

Dans les vers suivants, de date ancienne, se rencontre l'adjectif verbal, fort inusité,
ABÎMANT :

Fai, Seigneur, pour le moins, fay que les mieus vi-
Eschappent la fureur de ces flots *abismans*.   [vans

ANGOT, Prélude poétique, Songe élégiaque.

AB INTESTAT, locution adverbiale usitée en jurisprudence (du latin *Ab intestato*, locution adverbiale correspondante.)

Dans la langue latine, les participes *testatus*, qui a fait un testament, *intestatus*, qui n'a pas fait de testament, avaient donné lieu de dire, adverbialement, *testato*, avec testament, *intestato*, sans testament.

On disait encore : *Hæreditas quæ ab intestato defertur*, *succedere ab intestato*, *hæres ab intestato*, *possessor ab intestato*, manières de parler dans lesquelles *ab intestato*, comme une sorte d'adverbe, exprimait cette circonstance que la personne dont on héritait, dont on possédait les biens, n'avait point fait de testament.

De *ab intestato*, nous avons tiré, par voie de simple traduction, ou même de transcription, AB INTESTAT, comme de *intestatus*, INTESTAT. Voyez ce mot.

AB INTESTAT entre dans plusieurs expressions qui répondent toutes à des expressions latines :

Venir ab intestat, en parlant d'une succession qui échoit dans l'ordre prévu par la loi, en l'absence de toute disposition testamentaire :

Toutes les successions qui *viennent ab intestat* sont en ligne directe ou collatérale.

Est. PASQUIER, l'Interprétation des Instituts de Justinian, III, 2.

Succéder ab intestat :

Il y a trois ordres de personnes qui *succèdent ab intestat* : celuy des enfans et autres descendans; celuy des pères et mères et autres ascendans; et celuy des frères et sœurs et autres collatéraux.

DOMAT, les Loix civiles dans leur ordre naturel, liv. II, introd.

La raison qui fit que les loix romaines restreignirent si fort le nombre de ceux qui pouvoient *succéder ab intestat*, fut la loi du partage des terres.

MONTESQUIEU, Esprit des lois, XXVII

Succession ab intestat :

Il seroit impossible de dire combien de divers visages prindrent les loix de Rome, selon la diversité des temps, en matière de *successions ab intestat*..... Le droict de nostre France, en matière de *successions ab intestat*, ne fraternise pas grandement avec celuy de Rome.

Est. PASQUIER, l'Interprétation des Instituts de Justinian, III, 1.

On pourroit se passer de l'usage des successions testamentaires, mais non de celui des *successions* légitimes ou *ab intestat*.

DOMAT, les Loix civiles dans leur ordre naturel, liv. II, introd.

Héritier ab intestat :

Le Romain favorisoit l'héritier testamentaire au préjudice de l'*héritier ab intestat*.... et nous, au contraire, nous favorisons l'*héritier ab intestat* au préjudice du testamentaire.

Est. PASQUIER, l'Interprétation des Instituts de Justinian, III, 4.

On peut ajouter, comme un quatrième ordre d'*héritiers ab intestat*, celuy qui au défaut de parens appelle le mary à la succession de sa femme, et la femme à la succession de son mary.

DOMAT, *les Loix civiles dans leur ordre naturel*, liv. II, introd.

On a dit aussi *mourir ab intestat*, expression dont il est plus difficile de rendre compte que des précédentes, et à laquelle Furetière conseille, avec raison, de substituer *mourir intestat*.

Dedans Rome, nul ne pouvoit *mourir* partie testé, partie *ab intestat*, fors et excepté celui qui faisoit profession des armes.

Est. PASQUIER, *l'Interprétation des Institutes de Justinian*, III, 4.

Il a été fait quelquefois de ces expressions, toutes judiciaires, un emploi littéraire.

Géronte meurt de caducité, et sans avoir fait ce testament qu'il projetoit depuis trente années : dix têtes viennent *ab intestat* partager sa succession.

Qui voit-on dans les lanternes des chambres, au parquet, à la porte ou dans la salle du magistrat? des *héritiers ab intestat?* Non, les lois ont pourvu à leurs partages : on y voit les testamentaires qui plaident en explication d'une clause ou d'un article; les personnes exhérédées, etc.

LA BRUYÈRE, *Caractères*, c. 11, 14.

J'apprends soudain qu'un oncle trépassé,
Des vieux docteurs certes le plus avare,
Ab intestat malgré lui m'a laissé
D'argent comptant un immense héritage.

VOLTAIRE, *Contes en vers*, le Pauvre Diable.

On en peut dire autant de *Intestat*

Lequel, après avoir réfléchi mûrement
Que tout est ici bas fragile et transitoire...
Considérant que rien ne reste en même état,
Ne voulant pas aussi décéder *intestat*.....
—*Intestat!* — *Intestat!* ce mot me perce l'âme...
—A fait, dicté, nommé, rédigé par écrit,
Son susdit testament en la forme qui suit.

REGNARD, *le Légataire universel*, V, 6.

AB IRATO, locution latine qui signifie : Par un homme en colère.

On s'en servait primitivement, en termes de ju-risprudence, lorsqu'on réclamait contre certaines donations, certains testaments faits sous l'empire de la colère. *Donation ab irato, testament ab irato.*

La loi casse les *testaments* appelés *ab irato;* mais tous ces testaments qu'on pourrait appeler *a decepto, a moroso, ab imbecilli, a delirante, a superbo,* la loi ne les casse pas, ne peut les casser.

MIRABEAU, *Discours sur l'inégalité des partages dans les successions* (1791).

Il se trouve une allusion à l'emploi judiciaire de cette locution dans le passage suivant :

Je ne sais pas ce que le cardinal de Fleuri et le général dont vous parlez vous ont fait, mais il me semble, Monseigneur, qu'un bon chrétien comme vous, qu'un cardinal, devrait en mourant se réconcilier avec ses ennemis. Il semble que votre testament ait été fait *ab irato;* cela seul suffirait pour l'invalider.

VOLTAIRE, *Examen du testament politique du cardinal Albéroni.*

Depuis, AB IRATO a été appliqué, par extension, aux actes, aux discours, aux écrits de toute sorte que la colère paraissait avoir inspirés. On a dit : agir, parler *ab irato;* une mesure prise *ab irato*, un discours prononcé *ab irato*, une satire écrite *ab irato*, etc.

Cette manière de parler n'est sans doute pas bien ancienne, puisqu'il n'y en a point de trace chez nos lexicographes avant l'édition du dictionnaire de l'Académie donnée en 1799

ABJECT, ECTE, adj. (du latin *abjectus*, participe passif d'*abjicere*.)

Il semble qu'à une certaine époque on ait prononcé *abjet*, puisque le mot est ainsi écrit, avec suppression du c étymologique, non-seulement dans quelques lexiques, ceux de Monet, de Danet, de Furetière et dans le dictionnaire de Trévoux, mais quelquefois chez Corneille, peut-être pour la commodité de la rime, et chez d'autres écrivains, Vaugelas, Perrot d'Ablancourt, etc. (Voyez les exemples ci-après.)

Cette orthographe et la prononciation qu'elle représente n'ont eu cours, probablement, que dans une partie seulement du dix-septième siècle ; Robert Estienne en 1549, Nicot en 1606, écrivent ABJECT, comme plus tard, en 1694, l'Académie.

Selon Féraud, dans son Dictionnaire critique, en 1787, ABJECT doit se prononcer *abjek*. Cette prononciation, qui fait disparaître le *t*, comme l'autre le *c*, n'a de garant que Féraud, lexicographe estimable, mais d'origine provençale. C'est le besoin de la rime et une licence capricieuse, plutôt que l'usage, qui l'ont introduite dans ces vers :

> Si le style bucolique
> L'a dénigré,
> Il veut par le dramatique
> Être tiré
> Du rang des auteurs *abjects ;*
> Vivent les Grecs !
>
> J.-B. ROUSSEAU, *Vaudeville.*

ABJECT signifie, comme *abjectus*, rejeté, bas, vil, méprisable, dont on ne fait nulle estime.

Il peut, conséquemment, s'appliquer aux personnes et aux choses. On le dit, entre autres :

De l'homme, en général, considéré à un point de vue philosophique et religieux :

> Ceste infinie beauté, puissance et bonté, comment peut-elle souffrir quelque correspondance et similitude à chose si *abjecte* que nous sommes, sans un extresme... dechet de sa divine grandeur?
>
> MONTAIGNE, *Essais*, II, 12.

> La nature de l'homme se considère en deux manières : l'une selon sa fin, et alors il est grand et incompréhensible ; l'autre selon son habitude...., et alors l'homme est *abject* et vil.

> Cette élévation rendroit l'homme horriblement vain, ou cet abaissement le rendroit horriblement *abject.*
>
> PASCAL, *Pensées*, part. I, art. IV, § 10 ; part. II, art. V, § 7.

De certains hommes, comme aussi de certains animaux :

> Il ne me semble point que les plus *abjects* serviteurs facent volontiers pour leurs maistres ce que les princes s'honorent de faire pour ces bestes (les chiens, les chevaux, etc.).

> Quelles qualités de nostre corporelle constitution, en Platon et en Cicero, ne peuvent servir à mille sortes de bestes? Celles qui nous retirent (ressemblent) le plus, ce sont les plus laides et les plus *abjectes* de toute la bande : car, pour l'apparence exterieure et forme du visage, ce sont les magots.
>
> MONTAIGNE, *Essais*, II, 12.

> On ne mettoit que les personnes les plus *abjectés* et viles pour administrer l'eau aux plaideurs, dont est venu l'adage *Ad aquam malus.*

> Platon ne veut point que ses citoyens soient hostes et tiennent hostelleries, et le permet seulement ès plus *abjects* du peuple.
>
> J. BOUCHET, *Serées*, liv. I, scrée Ire.

> La troisieme piece contenoit l'histoire d'Absalon, qui barricada son pere, et le chassa de la ville de Jerusalem, ayant gaigné et corrompu par caresses indignes les plus *abjects* et faquins du menu peuple.

> Et vous seul n'aviez honte de vous rendre vil et *abject*, en deshonorant vostre lignée et vostre nation, tant estiez transporté d'appetit de vangeance et d'ambition.
>
> *Satyre Ménippée*, les Pièces de tapisserie, etc.; Épître du sieur d'Engoulevent, etc.

> La gloire qui s'acquiert sur des ennemis vils et *abjets* perd bientôt son lustre.
>
> VAUGELAS, trad. de *Quinte-Curce*, IX

> Tant d'autorité n'empêchoit pas ses alarmes (à Albéroni) sur des François qui étoient à Madrid, bien plus fortes sur des Parmesans *abjects* que de fois à autres la reine (d'Espagne) vouloit faire venir.

> Fier et *abject* (l'abbé de Tencin) selon les gens et les conjonctures, et toujours avec esprit et discernement....
>
> SAINT-SIMON, *Mémoires*, 1716, t. XIV, c. 15 ; 1719. t. XVIII, c. 1er.

> La canaille littéraire est ce que je connais de plus *abject* au monde.
>
> VOLTAIRE, *Lettres*, 24 septembre 1766.

> Au contraire cet autre, *abject* en son langage,
> Fait parler ses bergers comme on parle au village.
>
> BOILEAU, *Art poétique*, II.

Du nom, du rang, de l'état, de la position, d'un office, d'un mariage, etc. :

En toute police, il y a des offices necessaires, non-seulement *abjects* ; mais encore vicieux.

MONTAIGNE, *Essais*, III, 1.

Si nous sommes pointilleux pour les rangs, pour les seances, pour les tiltres, outre que nous exposons nos qualitez à l'examen, à l'enqueste et à la contradiction, nous les rendons viles et *abjectes* : car l'honneur, qui est beau estant receu en don, devient vilain quand il est exigé, recherché et demandé.

S. FRANÇOIS DE SALES, *Introd. à la vie dévote*, III, 4.

Je ne suis pas d'un lignage si *abject* que ce vous soit une honte de m'avoir pour gendre.

SOREL, *Francion*, IX.

Comme Dieu et comme homme, il (Jésus-Christ) a été tout ce qu'il y a de grand et tout ce qu'il y a d'*abject* ; afin de sanctifier en soi toutes choses, osté le péché, et pour être le modèle de toutes les conditions.

PASCAL, *Lettre sur la mort de son père*, voy. *des Pensées de Pascal*, appendice, nᵒ 2.

Aussi, il naît à Bethléem, dans un état pauvre et *abject*, sans appareil extérieur, lui dont les cantiques de toute la milice du ciel célébroient alors la naissance.

MASSILLON, *Avent*, le jour de Noël.

On n'a jamais que les sentiments de sa fortune présente : Adrien IV eut d'autant plus d'élévation dans l'esprit qu'il était parvenu d'un état plus *abject*.

VOLTAIRE, *Essai sur les mœurs*, c. 47.

Un mariage *abject* !... vous !... choisissez mieux votre épouse.

J.-J. ROUSSEAU, *la Nouvelle Héloïse*, V, 3.

Ce qui est moins excusable, c'est le rôle *abject* que l'on fait jouer à Crassus, ce qui n'est pas moins contraire aux faits historiques qu'aux mœurs romaines si généralement connues.

LA HARPE, *Cours de littérature*. Poésie, c. 4, sect. IV.

Et, dans les plus bas rangs, les noms les plus *abjets*
Ont voulu s'ennoblir par de si hauts projets.

Dis tout, Araspe, dis que le nom de sujet
Réduit toute leur gloire en un rang trop *abject*.

P. CORNEILLE, *Cinna*, IV, 3 ; *Nicomède*, II, 1.

Je me suis ravalé jusqu'au rang d'un coupable,
Jusqu'à l'ordre le plus *abjet*.

LE MÊME, *l'Imitation*, III, 13.

Du sang, pris en partie figurément, avec l'idée accessoire de naissance, d'origine :

Je ne veux pas d'un sang *abject* comme le tien :
Il faut à mon courroux de plus nobles victimes.

Une haute valeur qui part d'un sang *abjet*.

P. CORNEILLE, *Théodore*, IV, 1 ; *don Sanche d'Aragon*, V, 5.

Le sang le plus *abject* vous étoit précieux.

J. RACINE, *Britannicus*, IV, 3.

De l'âme, du cœur, de l'esprit :

Il luy fut respondu, que le peuple romain avoit l'honneur en si grande recommandation, qu'il aymoit mieux mourir que d'estre fouetté : au contraire des Turcs, qui ont le cœur si *abject* et si bas, qu'ils ne trouvent point ignominieuse la punition du fouët.

BOUCHET, *Serées*, liv. II, serée 14.

Ceux qui ont l'esprit fort et généreux ne changent point d'humeur pour les prospérités ou adversités qui leur arrivent ; ceux qui l'ont foible et *abject* ne sont conduits que par la fortune, et la prospérité ne les enfle pas moins que l'adversité ne les rend humbles.

DESCARTES, *les Passions de l'âme*, partie III, art. 159.

Eh quoi !... je puis sentir ce que c'est qu'ordre, beauté, vertu ; je puis contempler l'univers, m'élever à la main qui le gouverne ; je puis aimer le bien, le faire, et je me comparerois aux bêtes ? Ame *abjecte*, c'est ta triste philosophie qui te rend semblable à elles.

J.-J. ROUSSEAU, *Émile*, IV.

Je hais toutes ces petites bassesses, qui ne montrent qu'une âme *abjecte*.

DIDEROT, *Salon de 1765*, Greuze.

Et ne prendra jamais un cœur assez *abjet*
Pour se laisser réduire à l'hymen d'un sujet.

P. CORNEILLE, *Nicomède*, I, 1.

Des sentiments, des idées, du style, du langage :

Ils (mes discours) ne contiennent que terre et labourage ; si ne sont-ils pourtant *abjects* et contemptibles, ains de très-grande importance.

OLIVIER DE SERRES, *Théâtre d'agriculture*, dédicace au Roi.

Quand je pense à la vanité des hommes, je ne me sçaurois trop émerveiller comment leur esprit... ne fait que s'amuser aux plus *abjectes* considérations de la terre.

SOREL, *Francion*, V.

Néron n'avoit tiré de l'amour d'une servante que des sentimens bas et *abjets*.

PERROT D'ABLANCOURT, trad. de Tacite, *Annales*, XIII, 16.

Si le contraste de sa condition et de ses talents nous étonne, c'est que le mot esclave ne se présente à notre esprit qu'avec des idées *abjectes*.

DIDEROT, *de Térence*.

On reconnut de bonne heure que rendre les grandes idées par des termes *abjects* et les petites par des expressions pompeuses, c'était revêtir les maîtres du monde de haillons, et de pourpre les gens de la lie du peuple.

BARTHÉLEMY, *Anacharsis*, c. 58.

De la physionomie, de la contenance des manières :

Il estoit d'ailleurs si ennemy des flatteries, que si ceux qui le salüoient plioient le col trop servilement, ou luy donnoient quelques excessives loüanges, il les faisoit honteusement chasser, ou se rioit et se mocquoit ouvertement de leurs façons de faire ainsi *abjectes*.

COEFFETEAU, *Histoire romaine*, XV.

Il n'y avoit qu'eux qui pussent entendre ce qui se passoit ; le reste se tenoit éloigné, et ne pouvoit remarquer que les gestes et la contenance. Celle de Vitellius paroissoit basse et *abjecte*, et celle de l'autre humble et modeste.

PERROT D'ABLANCOURT, trad. de Tacite. *Histoires*, III, XI.

ABJECT, indépendamment de ces applications particulières, peut servir à qualifier beaucoup de substantifs divers, tels que *usage, habitude, commencement, détail*, etc. :

Il ne pouvoit voir sans larmes qu'une chose si sacrée fust profanée de la sorte, et employée à un usage si *abject*.

VAUGELAS, trad. de *Quinte-Curce*, V.

Le commencement des autres arts est bas et *abjet*, aussi bien que leur exercice ; celuy-cy est illustre, et commence par l'amitié.

PERROT D'ABLANCOURT, trad. de Lucien, *le Parasite*.

Il est inutile de reprendre ici ce qu'on a vu dans ces mémoires de l'infinie bassesse, des serviles et *abjects* commencements de l'esprit, des mœurs, du caractère de l'abbé Dubois.

SAINT-SIMON, *Mémoires*, 1718, t. XVI, c. 20.

Il s'informoit avec soin de la valeur des terres, de ce qu'elles rapportoient, de la manière de les cultiver, des facultés des paysans, de leur nombre, de ce qui faisoit leur nourriture ordinaire, de ce que leur pouvoit valoir en un jour le travail de leurs mains ; détails méprisables et *abjects* en apparence, et qui appartiennent cependant au grand art de gouverner.

FONTENELLE, *Éloge de Vauban*.

ABJECT, chez les écrivains ecclésiastiques et les orateurs sacrés, se dit, quelquefois, de personnes, non pas méprisables, mais dédaignées par le monde, ou volontairement abaissées par l'humilité chrétienne.

Que si quelques grands serviteurs de Dieu ont fait semblant d'estre fols, pour se rendre plus *abjects* devant le monde, il les faut admirer, et non pas imiter.

S. FRANÇOIS DE SALES, *Introd. à la vie dévote*, III, 5.

Ils voudroient qu'elle (l'Église) fût aussi dépendante des puissances temporelles, aussi pauvre et aussi *abjecte*... qu'elle l'étoit du temps des premiers Césars.

BOURDALOUE, *Sermons*, 20e dimanche après la Pentecôte.

Si lâche à embrasser ce qui est humble et *abject*.

VALART, trad. de l'*Imitation de J.-C.*, IV, 3.

ABJECT, on l'a pu voir dans la plupart des exemples qui viennent d'être rapportés, se joint assez ordinairement, par pléonasme, à d'autres adjectifs tels que vil, bas, méprisable, servile, etc. ; mais cette adjonction n'est point indispensable, comme le prétend Richelet, et on ne doit point l'ériger en règle.

Quoique ABJECT, ainsi qu'un grand nombre d'adjectifs, ne se place le plus souvent qu'après le substantif, il serait également trop absolu d'affirmer, avec quelques lexicographes, qu'il ne doit jamais le précéder.

Si parmi vos sujets une *abjecte* fortune
Permet de partager l'allégresse commune.

ROTROU, *Saint-Genest*, I, 5.

ABJECTION (on prononce *ab-jec-sion*), s. f. (du latin *abjectio*).

État d'extrême abaissement, d'avilissement, de mépris, où sont tombées certaines personnes ou certaines choses :

Combien en sçavons-nous qui ont fuy la doulceur d'une vie tranquille... et qui se sont jectez à l'*abjection*, vilité et mespris du monde, et s'y sont pleus jusques à l'affectation !
> MONTAIGNE, *Essais*, I, 40.

Nous sommes les sujèts d'un roi couronné d'épines; nous appartenons à un roi de souffrances, à un roi d'*abjection* et d'humiliation.
> BOURDALOUE, *Exhortation sur le couronnement de Jésus-Christ.*

(La religion) rend respectable l'*abjection* et la pauvreté.
> MASSILLON, *Avent.* Le jour de l'Épiphanie.

L'*abjection* et la détresse où elle avoit si longtemps vécu lui avoient rétréci l'esprit, et avili le cœur et les sentimens.
> SAINT-SIMON, *Mémoires*, 1715, t. XIII, c. 8.

J'étois tombé dans l'*abjection* et le malheur; je me faisois honte et pitié à moi-même.
> BEAUMARCHAIS, *Mémoires*, II; supplément.

> O Dieu...
> Divins tu nous peux rendre
> Par ton *abjection*.
>> *Les Marguerites de la Marguerite*, comedie de l'Adoration des trois Roys.

On dit également l'*état d'abjection* où se trouve une personne, et l'*abjection de son état :*

La piété diminue les amertumes de l'*état d'abjection.*
> GIRARD, *Synonymes françois.*

S'il étoit permis à ce malheureux que vous outragez de vous répondre, si l'*abjection de son état* n'avoit pas mis le frein de la honte et du respect sur sa langue...
> MASSILLON, *Carême.* Sur l'aumône.

Sa lettre (de Damiens au roi) est insensée, et conforme à l'*abjection de son état*, mais elle découvre l'origine de sa fureur.
> VOLTAIRE, *Précis du Siècle de Louis XV*, c. 37.

ABJECTION marquant le dernier degré de l'abaissement, l'usage distingue entre *abaissement* et ABJECTION :

En cette occasion, Homère a outré l'effet des contrastes

I.

et passé toute mesure. Il fallait sans doute que le héros fût dans l'abaissement, mais non pas dans l'*abjection*.
> LA HARPE, *Cours de littérature*, liv. I, c. 4, sect. 1, *l'Odyssée.*

ABJECTION se dit aussi en parlant du caractère, des sentiments, des mœurs :

A present les entretiens ordinaires des assemblées et des tables, ce sont les vanteries des faveurs receues et liberalité secrette des dames. Vrayement c'est trop d'*abjection* et de bassesse de cœur, de laisser ainsi fierement persecuter, paistrir et fourrager ces tendres et mignardes doulceurs, à des personnes ingrattes, indiscrettes, et si volages.

Il me plaist de veoir combien il y a de lascheté et de pusillanimité en l'ambition; par combien d'*abjection* et de servitude il luy fault arriver à son but.
> MONTAIGNE, *Essais*, III, 5, 12.

Avec combien peu d'orgueil un chrétien se croit-il uni à Dieu! Avec combien peu d'*abjection* s'égale-t-il aux vers de la terre !
> PASCAL, *Pensées*, part. II, art. v, § 11.

Que voulez-vous de plus? m'accabler, m'abîmer sous le poids de votre pitié? Je ne me sens pas faite pour cette *abjection*.
> Mlle DE L'ESPINASSE, *Lettres* (1775), 122.

Lorsque, dans le silence de l'*abjection*, l'on n'entend plus retentir que la chaîne de l'esclave et la voix du délateur... l'historien paroît chargé de la vengeance des peuples.
> CHATEAUBRIAND, *Mélanges littéraires.* Sur le Voyage pittoresque et historique de l'Espagne.

On ne remarque chez cette nation (l'espagnole) aucun de ces airs serviles, aucun de ces tours de phrase, qui annoncent l'*abjection des* pensées et la dégradation de l'âme.
> LE MÊME. *Aventures du dernier Abencerage.*

L'homme vil et corrompu, étranger à toutes les idées élevées, se venge de *son abjection* passée et présente, en contemplant, avec cette volupté ineffable qui n'est connue que de la bassesse, le spectacle de la grandeur humiliée.
> J. DE MAISTRE, *Considérations sur la France*, c. 8.

ABJECTION, qui répond, par les acceptions précédentes, à celles d'*abject*, se prend aussi, comme ce mot, dans une acception favorable, pour marquer l'État d'abaissement volontaire auquel les chrétiens se réduisent par humilité :

21

Saincte Elisabeth, toute grande princesse qu'elle estoit, aimoit surtout l'*abjection de* soy mesme.

Je ne laisserai pas d'agréer l'*abjection* et le mespris qui m'en arrivent.

S. François de Sales, *Introd. à la vie dévote*, III, 1, 6.

Bien loin de fuir l'*abjection* et l'humiliation, je dois l'accepter, la souhaiter, la demander plus que toutes les grandeurs et que tous les honneurs du monde.

Bourdaloue, *Retraite-spirituelle*, Ier jour.

Enfin la foi de ces mystères a trouvé tout l'univers docile : les Césars, qu'elle dégradoit du rang des dieux... les pauvres, à qui elle ordonnoit d'aimer *leur abjection* et leur indigence.

Massillon, *Carême*. Vérité de la religion.

ABJECTION a été employé dans le même sens au pluriel :

Voulez-vous sçavoir, Philothée, quelles sont les meilleures *abjections* ?

S. François de Sales, *Introd. à la vie dévote*, III, 6.

Souvenez-vous que les *abjections* et les opprobres sont le caractère des enfans de Dieu.

Massillon, *Discours prononcé dans la cérémonie de l'absoute.*

ABJECTION a été pris, dans le style biblique, pour signifier, d'après les mots du texte sacré, *abjectio plebis*, Le rebut du monde, l'objet du dédain et du mépris universel :

Moy, je suis ver et non pas homme, opprobre des hommes et *abjection du peuple*.

La saincte Bible en françois, Anvers, 1533, psaume XXI. Cf. édit. de Lyon, 1531.

Il est à remarquer que dans plusieurs des exemples qui précèdent, où ABJECTION n'est pas pris absolument, la préposition *de* modifie diversement ce mot :

Dans l'*abjection de son état*, l'*abjection des pensées*, le régime de la préposition *de* fait connaître ce qui, chez la personne, se trouve abaissé, ravalé.

Dans l'*abjection de soi-même*, ce régime désigne la personne elle-même volontairement dégradée par son humilité, et ABJECTION en reçoit une valeur plus active.

Enfin, dans l'*abjection du peuple*, ABJECTION a encore une valeur active, mais le régime de la préposition *de* désigne, non plus l'objet, mais bien l'auteur de la dégradation.

Aux mots ABJECT et ABJECTION il faut joindre deux mots de la même famille, depuis longtemps inusités, le second surtout :

ABJECTEMENT, adv. (du latin *abjecte*).
D'une manière abjecte.

ABJECTER, v. a.
Humilier, avilir.
On le trouve, sous sa forme pronominale, au sens religieux d'*abject* et *abjection*, dans les vers suivants :

Or, en Jesus nul au vray ne se fie,
Sinon celluy qui soubz son bras puissant
En tous endroictz *s'abjecte* et humilie.

Cl. Marot, *le Riche en povreté.*

Dans cet autre passage, d'un auteur oublié du XVIe siècle, il a été employé au participe passé, avec le sens de Méprisé :

Predicateurs... Hé! je voy bien
En ce siecle epicurien
Vostre parole meprisée
Et vostre sainct zele *abjecté*.

Cl.-Est. Nouvelet, *Hymne à la conscience.*

ABJURER, v. a. (du latin *abjurare*).
Mot qui doit être ancien dans la langue, bien que les dictionnaires antérieurs au XVIIe siècle ne l'aient pas donné.

Il n'a reproduit que la forme d'*abjurare*, lequel signifiait Nier par un parjure. Pour le sens, il se rapporte plutôt à *ejurare*, qui exprimait l'idée de récusation, de reniement, d'abandonnement, de renoncement. Il se prend en effet au propre pour Renoncer publiquement à une religion, à une croyance, à une doctrine qu'on avait professée et que l'on regarde actuellement comme fausse :

Le roy étoit résolu d'*abjurer* l'hérésie.

P. de l'Estoile, *Journal de Henri IV*, 17 mai 1593.

(Cranmer) *abjura* les erreurs de Luther et de Zuingle.

Bossuet, *Histoire des Variations*, VII.

Ils *ont abjuré* leur hérésie.

> Flécher, *Exhortation pour les pauvres de Poitou.*

L'affaire étoit bien avancée, quand M. d'Ablancourt retourna à ses anciennes erreurs, et qu'il *avoit* si solennellement *abjurées.*

> Patru, *Vie de d'Ablancourt.*

Mon fils, me dit Lucinde, puisque vous avez dessein de repasser un jour dans votre pays et d'y *abjurer* le mahométisme, je suis toute consolée.

> Le Sage, *Gil Blas*, V, 1.

Muncer, pris après la bataille, est condamné à perdre la tête. Il *abjura* sa secte avant de mourir.

> Voltaire, *Annales de l'empire.* Charles-Quint, 1525.

Le parlement rendit un arrêt par lequel la Sorbonne assemblée *abjurerait* l'erreur de Tanquerel.

> Le même, *Histoire du parlement de Paris*, c. 22.

Mon fils, répondit Philoclès, j'ai vu bien des gens qui, séduits à votre âge par cette nouvelle doctrine, l'ont *abjurée* dès qu'ils n'ont plus eu d'intérêt à la soutenir.

> Barthélemy, *Voyage d'Anacharsis*, c. 79.

ABJURER se dit cependant par extension pour Renoncer à une religion, à une croyance, à une doctrine, vraie dans l'opinion de celui qui écrit, et il n'est par conséquent pas exact de dire, comme on le lit dans le *Traité des synonymes*, qu'il ne se prend jamais qu'en bonne part :

Qui renonce à la charité renonce à la foi, *abjure* le christianisme, sort de l'école de Jésus-Christ, c'est-à-dire de son Église.

> Bossuet, *Méditations sur l'Évangile.* La Cène, Ire partie, LXXVe jour.

Les évêques des premiers siècles usoient d'indulgence envers ceux qui, dans les persécutions, vaincus par la rigueur des supplices, *avoient abjuré* ou paru *abjurer* la foi, en les tenant quittes, à la prière des martyrs, des peines qu'ils avoient encourues par leur apostasie.

> Bourdaloue, *Sermons.* Pour l'ouverture du jubilé.

Vous êtes... un chrétien perfide qui venez rétracter vos promesses devant les autels mêmes qui en furent témoins ; qui venez... *abjurer* la religion de Jésus-Christ sur ces fonts mêmes où vous l'aviez reçue.

> Massillon, *Carême.* Sur le respect dans les temples.

On a imprimé dans plusieurs livres qu'ils (les Hollandais) *abjuraient* le christianisme au Japon.

> Voltaire, *Essai sur les mœurs*, c. 196.

Sans parler du crime religieux que les Grecs auroient commis en *abjurant* leurs autels, ils n'auroient rien gagné à se soumettre au Coran.

> Chateaubriand, *Itinéraire de Paris à Jérusalem*, part. I. Voyage de la Grèce.

ABJURER se prend aussi dans une acception figurée, aujourd'hui plus commune que l'autre, pour Renoncer à, quelle que soit d'ailleurs la chose à laquelle on renonce, idée, sentiment, habitude, etc. :

Je vous *abjure*, ô souvenirs détestables et frivoles !

> S. François de Sales, *Introd. à la vie dévote*, I, 10.

Abjurer tout sentiment de pudeur et de vertu.

> Patru, IXe plaidoyer.

Je suis toujours prêt d'*abjurer* un style qui a gâté tout le monde.

> Scarron, *Énéide travestie*, V. Dédicace à l'abbé Deslandes-Payen.

Arsénie, ma maîtresse, plus fatiguée que dégoûtée du monde, *abjura* le théâtre.

Un père de Saint-Dominique m'a fait *abjurer* la poésie, comme un amusement qui, s'il n'est pas criminel, détourne du moins du but de la sagesse.

> Le Sage, *Gil Blas*, VII, 7 ; XI, 7.

S'il y a encore dans Paris quelques honnêtes gens qui n'aient pas *abjuré* le bon goût introduit en France...

> Voltaire, *Lettres*, 20 septembre 1777.

De tant de grands seigneurs dont le mérite brille,
Combien *ont abjuré* le nom de leur famille !

> Boursault, *le Mercure galant*, I, 2.

Grand roi, c'est vainement qu'*abjurant* la satire,
Pour toi seul désormais j'avois fait vœu d'écrire.

> Boileau, *Épîtres*, II.

Et qu'elle *abjure* enfin ses tendres sentimens.

La loi devroit contraindre une mère coquette...
D'*abjurer* la tendresse.

> Regnard, *le Joueur*, I, 6 ; *le Distrait*, III, 1.

De Cardan, d'Hippocrate il *abjure* les lois.

> De la Motte, *Fables*, I, 5.

21.

Abjurez, sage Galilée,
Le système de l'univers.
VOLTAIRE, *Ode sur le fanatisme.*

ABJURER se prend en ce sens hyperboliquement
et par badinage :

Être dans le palais d'un roi, parfaitement libre du matin
au soir, *avoir abjuré* les dîners trop brillans, trop considérables, trop malsains.

Si les médecins *ont abjuré* la robe, le bonnet et les consultations en latin... à qui en a-t-on l'obligation? Au
théâtre, au seul théâtre.

Je vous prie de me dire aussi si vous êtes idolâtre
d'Orphée, et si vous *avez abjuré* entièrement Roland et
Armide.
VOLTAIRE, *Lettres*, 27 avril 1751; 23 décembre 1760 ;
16 août 1774.

ABJURER, dans sa signification figurée, s'emploie
en parlant des personnes , mais en tant qu'elles représentent une doctrine, un système, une forme de
gouvernement, une dynastie, etc. :

A cela fut (par les Flamands) ajoustée une forme de
serment pour *abjurer* le roi d'Espagne.
AGR. D'AUBIGNÉ, *Histoire universelle*, t. II, liv. V, 20.

On proposa d'*abjurer* le roi et la royauté, et d'établir
pour l'avenir un corps représentant le peuple, qui gou-
vernât l'État en son nom.
FÉNELON, *Essai philosophique sur le gouvernement civil*, c. 14.

Nos quiétistes de la cour *abjurent* Mme Guyon presque
aussi mal à propos qu'ils l'avoient soutenue.
Mme DE MAINTENON, *Lettres*, 3 juillet 1698, à M. le cardinal
de Noailles.

Soyez bien sûr, par exemple, qu'il n'y a pas vingt personnes dans Genève qui n'*abjurent* Calvin autant que le
pape.

Tous ces messieurs, dit-on, *abjurent* Racine et m'im-
molent à leur divinité étrangère.
VOLTAIRE, *Lettres*, 20 décembre 1768; 27 août 1776.

Imposteur teint de sang, que j'*abjure* à jamais.
LE MÊME, *Mahomet*, V, 2.

A cette manière de parler se rapporte l'exemple
suivant, où ABJURER a pour régime un nom de lieu,
mais qui désigne collectivement des personnes :

Il la gronda; elle promit qu'elle n'iroit plus à Port-
Royal, sans toutefois l'*abjurer* le moins du monde.
SAINT-SIMON, *Mémoires*, 1699, t. II, c. 20.

ABJURER se dit absolument, mais seulement en
matière de religion :

On avoit mis que le roi... *abjureroit* de nouveau entre
les mains du legat, ou du nonce, ou d'autre ministre apostolique, et nous requismes que cela fust osté, attendu qu'il
avoit abjuré en personne à Sainct-Denys , en la présence
de plusieurs milliers d'hommes , et qu'on vouloit encore
que nous *abjurassions* icy en son nom publiquement.
LE CARDINAL D'OSSAT, *Lettres*, liv. II, lettre LXXIII, sept. 1596.

Il est bien étonnant que ni l'exemple de tant de vos amis
qui *abjurent*, ni votre respect pour le roi, ni votre amitié
pour moi, ni les raisonnemens de tant d'habiles théologiens, ni les conseils de votre ambition, ne vous ébranlent
pas.
Mme DE MAINTENON, *Lettres*, jeudi 14 août...,
à M. de Villette.

Son père se convertit comme il put, et fut tué devant
Philipsbourg; le roi mit le fils au collège, et la fille chez
madame de Miramion, où ils *abjurèrent*.
SAINT-SIMON, *Mémoires*, 1699, t. II, c. 24.

François Ier leur pardonna, à condition qu'ils *abjure-
raient*. On n'abjure guère une religion sucée avec le lait.
VOLTAIRE, *Essai sur les mœurs*, c. 138.

Du verbe ABJURER s'était formé :
ABJUREMENT, s. m.
Ce mot, que donnent quelques anciens dictionnaires, entre autres ceux de Cotgrave et de Danet ,
n'a jamais été fort usité. On ne se sert plus, depuis
longtemps, que de son synonyme ABJURATION.

ABJURATION, s. f. (du latin *abjuratio*).
Le *t* se prononce comme *s* ou *c* doux.
On a quelquefois écrit anciennement ABJURACION:

Abjuracion ou abnegacion.
Catholicon abbreviatum, 1492, au mot *Abjuratio*.

ABJURATION avait reçu, dans l'ancienne législation anglaise, un sens qui correspondait à celui par
lequel *abjurare terram*, *regnum*, etc., se disait, dans
la latinité du moyen âge, pour Renoncer à sa patrie.

Il désignait l'Action de s'engager par serment à ne profiter du droit d'asile que pour se soumettre au bannissement, sans procédure ultérieure.

Abjuracion est un serement que home ou feme preignont, quand ils ont commise felony, et fué à l'eglise ou au cimitoire, pour tuition de leur vies, eslisant plus tost perpetuel banissement hors del realme, qu'à estoiser (obéir) à la ley, et d'estre trié del felony.

Guillaume STAMFORD, Placita coronæ, II, 40.

ABJURATION se rapporte, dans son acception la plus commune, au sens propre d'*abjurer*, et exprime l'Action de renoncer publiquement à une religion, à une croyance, à une doctrine qu'on avait professée et que l'on regarde actuellement comme fausse.

On dit en ce sens, absolument, *une abjuration*, *des abjurations*, *l'abjuration*, *une forme d'abjuration*, etc. :

Ceux que la crainte de la mort presente avoit fait signer *une forme d'abjuration* faitte à Paris se desroboient la plus part à la première occasion pour joindre leurs freres.

(Les réformés) relevez des *abjurations*, sermens et cautions donnez pour cet effect.

Agr. D'AUBIGNÉ, Histoire universelle, t. II, liv. I, 6; t. III, liv. V, 17.

(Cranmer) plongea d'abord dans les flammes la main qui avait signé *l'abjuration*.

VOLTAIRE, Essai sur les mœurs, c. 136.

Tandis qu'on fesait ainsi tomber partout les temples, et qu'on demandait dans les provinces *des abjurations* à main armée, l'édit de Nantes fut enfin cassé, au mois d'octobre 1685.

LE MÊME, Siècle de Louis XIV, c. 36.

Par cette porte entrèrent nos sœurs les catéchumènes qui, comme moi, s'alloient régénérer, non par le baptême, mais par *une solennelle abjuration*.

J.-J. ROUSSEAU, les Confessions, part. I, liv. II.

Plus souvent ABJURATION se construit soit avec l'adjectif possessif *mon*, *ton*, *son*, etc., soit avec la préposition *de* suivie d'un régime marquant la chose *abjurée* ou la personne qui *abjure* :

(Christine) avait quitté son royaume et fait publiquement à Inspruck la cérémonie de *son abjuration*.

VOLTAIRE, Siècle de Louis XIV, c. 6.

Ces manières diverses d'employer le mot ABJURATION donnent lieu aux locutions suivantes :

Faire abjuration, faire une abjuration :

Leur réformateur (Crammer) *fit* une seconde *abjuration*, c'est-à-dire que lorsqu'il vit, malgré son abjuration précédente, que la reine ne lui vouloit pas pardonner, il revint à ses premières erreurs.

BOSSUET, Histoire des Variations, VII.

Je trouvai... la messe du roi si belle que je consentis à me faire catholique, à condition que je l'entendrois tous les jours et qu'on me garantiroit du fouet. C'est là toute la controverse qu'on employa et la seule *abjuration* que je *fis*.

Mme DE CAYLUS, Souvenirs.

Ses autres enfans étoient demeurés en France; on les avoit mis dans le service après leur avoir fait *faire abjuration*.

SAINT-SIMON, Mémoires, 1697, t. I, c. 39.

C'est un juif qui s'est fait catholique; mais, dans le fond de l'âme, il est encore juif comme Pilate, car on dit qu'il *a fait abjuration* par intérêt.

LE SAGE, Gil Blas, VI, 1.

Faire abjuration de :

On vit en peu de temps la multitude (des Albigeois) dispersée, et leur chef orgueilleux... *faire abjuration de* son hérésie.

FLÉCHIER, Panégyrique de saint Louis.

Faire son abjuration.

La conférence réussit; M. d'Ablancourt *fit son abjuration*.

PATRU, Vie de d'Ablancourt.

Voici encore un gentilhomme, mon parent au même degré que M. de Murçai. Il veut *faire son abjuration* entre vos mains.

Mme DE MAINTENON, Lettres, 30 janvier 1680, à l'abbé Gobelin.

Le jeune fils du comte de Roye, âgé de seize ans, étant à Rome..... a reçu un si bon petit rayon de la grâce efficace, qu'après une instruction fort sérieuse, il *a fait son abjuration* entre les mains du pape.

Mme DE SÉVIGNÉ, Lettres, 28 juillet 1682.

S. M. désire que vous fassiez chercher dans Paris le marquis de Mansé, qui est de Poictou ou du pays d'Aunix, lequel a promis de se convertir, affin de l'exciter à *faire* promptement *son abjuration*.

M. DE SEIGNELAY à la Reynie, 27 décembre 1685. (Voy. Corresp. admin. sous Louis XIV, t. II, p. 575.)

(Le prince électoral de Saxe) séjourna long-temps à Rome, où il *fit* secrètement *son abjuration*.

Henri IV *fit* dans l'église abbatiale de Saint-Dennis *son abjuration* publique, le dimanche 25 juillet 1593.

SAINT-SIMON, *Mémoires*, 1714, t. XI, c. 24; 1717, t. XIV, c. 20,

(Saurin) se rendit à la fin, et il *fit son abjuration* entre les mains du vainqueur, le 21 septembre 1690, âgé de 31 ans.

FONTENELLE, *Éloge de Saurin.*

A ces locutions correspond *recevoir l'abjuration de :*

Enfin le jour arriva où M. de Bernex alloit assurer à l'Église la conquête qu'il lui avoit acquise; il *reçut* publiquement *l'abjuration de* madame de Warens, et lui administra le sacrement de confirmation.

J.-J. ROUSSEAU, *Mémoire à S. E. le gouverneur de Savoie.*

ABJURATION, employé de ces diverses manières, peut, comme *abjurer*, se dire, par extension, de l'Action de renoncer à une religion, à une croyance, à une doctrine vraie dans l'opinion de celui qui écrit :

M. d'Ablancourt *fit sa* seconde *abjuration* (de la religion catholique) dans le temple du village d'Helme.

PATRU, *Vie de d'Ablancourt.*

A la renaissance des lettres, au XVIᵉ siècle, quelques écrivains de la France et de l'Italie, ravis des belles fables, devinrent de véritables païens, et *firent abjuration* entre les mains d'Homère et de Virgile.

CHATEAUBRIAND, *Études historiques*, IIᵉ discours.

C'est par allusion au sens propre d'ABJURATION qu'on a pu se servir de ce mot pour exprimer, soit l'Acte par lequel un enfant renonce à sa famille, soit celui par lequel un peuple rejette son roi :

Il falloit que les soldats romains, pour être incorporés dans la milice, *fissent* comme une espèce *d'abjuration* et *de* pères et *de* mères, entre les mains de ceux qui les commandoient, et l'on estimoit cette sévérité de discipline également juste et nécessaire.

BOURDALOUE, *Carême*. Sur la sagesse et la douceur de la loi chrétienne.

Ce même peuple qui, par une *abjuration* solennelle,

avoit exclus jusqu'à la postérité de son prince légitime, s'épuisoit en fêtes et en réjouissances pour son retour.

HAMILTON, *Mémoires du chevalier de Grammont*, c. 6.

ABJURATION se dit, par figure, de l'Action de renoncer à un principe, à un système, à une opinion, etc. :

Saint Augustin m'apprend qu'entre l'erreur et la vérité il n'y a point d'autre parti que la confession de l'une et l'*abjuration* de l'autre.

BOURDALOUE, *Sermons*. IIIᵉ dimanche après l'Épiphanie.

On soutint une thèse de pur cartésianisme en françois, dédiée à une des premières dames de Toulouse, que M. Régis avoit rendue fort habile cartésienne, et il présida à cette thèse..... Il semble qu'on affectât par toutes ces circonstances de *faire une abjuration* plus parfaite *de* l'ancienne philosophie.

FONTENELLE, *Éloge de Régis.*

ABJURATION s'est de même pris quelquefois, par une allusion familière et badine, pour exprimer l'Abandon facile d'une fantaisie, d'une habitude, d'un projet de peu d'importance, etc. :

Si la raison et les grâces que vous mariez si bien ne le convertissent pas (l'abbé Mongault), menacez-le de la princesse, à la bonne heure; qu'elle vienne aux mardis pour le confondre, et, s'il ne *fait* pas *abjuration* sur-le-champ, qu'il en soit exclus à jamais.

DE LA MOTTE, *Lettre à madame de Lambert.*

Monsieur Fabrice, lui dis-je... en branlant la tête, je ne sais si nous devons, le père de Saint-Dominique et moi, nous fier à *votre abjuration* (de la poésie).

LE SAGE, *Gil Blas*, XI, 7.

J'ai aimé la physique, tant qu'elle n'a point voulu dominer sur la poésie : à présent qu'elle écrase tous les arts, je ne veux plus la regarder que comme un tyran de mauvaise compagnie. Je viendrai à Paris *faire abjuration* entre vos mains.

VOLTAIRE, *Lettres*, 22 août 1741.

ABLATIF, s. m. (du latin *ablativus*, venu lui-même d'*auferre*; par *ablatum*).

Le sixième cas de la déclinaison latine, ainsi nommé parce qu'il marque, le plus ordinairement, retranchement ou séparation :

Quant aux cas des noms, ou cadences et terminaisons d'ung mesme mot au nominatif, genitif, datif, accusatif et *ablatif*, nous sommes entierement differens des Latins, car nous n'avons qu'ung cas ou terminaison au singulier pour tous ces six cas des Latins.

Rob. Estienne, *Grammaire françoise.*

Si la forme de l'ABLATIF nous manque, nous y suppléons au moyen de prépositions, dont une, malheureusement, la préposition *de*, servant à l'expression de plusieurs rapports divers, entre aussi dans la formation de la plupart des équivalents français des cas de la déclinaison latine. Dans ces phrases : « La ville *de* Rome est fort éloignée *de* Paris ; Les poëmes d'Homère sont toujours admirés *des* modernes, » la préposition *de*, répétée deux fois, donne aux substantifs de forme invariable dont elle est suivie la valeur d'abord du nominatif, ou du génitif, ensuite de l'ABLATIF.

De là, quelquefois, l'emploi du mot ABLATIF, même lorsqu'il semble qu'on ait eu en vue notre langue :

Me voicy devenu grammairien, moy qui n'appris jamais langue que par routine, et qui ne sçay encore que c'est d'adjectif, conjonctif et d'*ablatif*.

Montaigne, *Essais*, I, 48.

Ablatif... est le sixiesme cas des declinaisons des noms et pronoms et participes, duquel on use quand on veut oster quoy que soit d'aucune chose, dont il prend son nom.

Nicot, *Thresor de la langue françoise.*

Il n'y a pas en françois de marque fixe et certaine dans la grammaire qui distingue l'*ablatif* de tous les autres cas ; et nous disons qu'un mot est à l'*ablatif* par analogie avec la langue latine.

Dictionnaire de Trévoux.

Ablatif absolu, autrefois appelé, selon Bourgoing, *De origine et usu vocum vulgarium*, 1583, p. 11, selon Furetière et les auteurs du *Dictionnaire de Trévoux*, *ablatif égaré*, est un terme de grammaire, par lequel on désigne, lorsqu'il est question de la syntaxe latine, des mots à l'ablatif formant dans la phrase

une proposition détachée, indépendante, qui semble n'être régie par rien, et qui elle-même ne régit rien, comme *mortuo Cæsare, deleto exercitu*, « César étant mort, l'armée ayant été détruite. »

Je suis entièrement déclaré pour la langue latine, qui est extrêmement propre, à mon avis, pour les inscriptions, à cause de ses *ablatifs absolus*.

Boileau, *Lettres*, 15 mai 1705.

L'opinion de Boileau peut se défendre par de meilleures raisons. « César mort, l'armée détruite, » reproduction littérale de *Cæsare mortuo, deleto exercitu*, ne conviendraient pas moins par leur brièveté au style lapidaire, et il est permis de les considérer, d'après l'application du mot ABLATIF à certaines formes de notre langue, comme des *ablatifs absolus*.

C'est en effet le sentiment de quelques-uns de nos bons grammairiens, entre autres de Bouhours dans ses *Remarques nouvelles sur la langue françoise*, que nous avons nos *ablatifs absolus*. D'autres, comme Regnier Desmarais (*Grammaire françoise*, Traité des noms), aiment mieux dire des *nominatifs absolus*.

Quoi qu'il en soit de ces dénominations, dont toutefois la première a prévalu, la manière de parler à laquelle on la applique est des plus ordinaires dans notre langue.

On y peut rapporter un très-grand nombre de locutions usuelles, la plupart citées par Bouhours. Telles sont : *L'hiver passé, l'année passée ; cela fait, cela dit ; tout bien considéré, pesé, examiné ; vu l'état des choses, eu égard, joint que, Dieu aidant, sauf respect, révérence gardée, séance tenante*, etc. : tels sont encore le *vu*, etc., des ordonnances, décrets, arrêtés, le *parties ouïes* du style judiciaire.

L'*ablatif absolu* n'est pas d'un usage moins fréquent dans le style oratoire et dans le style poétique. Il s'y est produit de bonne heure, mais, quelquefois, par une imitation peu discrète des formes latines, avec une certaine gêne, une certaine obscurité.

Quant on me dit, *présent notaire*,
Pendu serez, je vous affie,
Estoit-il lors temps de me taire ?

Villon, *Ballade de son appel.*

Anne, royne, des dames la plus noble,
Ne peult parler pour sa dure destresse;
Sembloit Dido, quant Eneas delaisse,
Ou Ipsiphile, *habandonnant Jazon.*
Jean MAROT, *le Voyage de Venise*, 1508.

Absent le chat, les souris dansent.
J.-A. BAÏF, *les Mimes,* II.

Cette forme de style paraît au contraire aussi naturelle, aussi claire que rapide et animée, dans une foule de passages tels que les suivants :

Le pasteur frappé, les brebis sont dispersées.
MASSILLON, *Mystères.* Sur la Passion de Notre-Seigneur.

Trois ans déjà passés, théâtre de la guerre,
J'exerce de deux chefs les funestes combats.
MALHERBE, *Prosopopée d'Ostende* (1604) *.

Eux domptés, on entroit en de nouveaux hasards.
P. CORNEILLE, *Médée,* II, 2.

De quoi se mêle Rome, et d'où prend le sénat,
Vous vivant, vous régnant, ce droit sur votre état?
LE MÊME , *Nicomède,* II, 3.

On servit. Tête à tête, ensemble nous soupâmes;
Et, *le souper fini,* nous nous fûmes coucher.
MOLIÈRE, *Amphitryon,* II, 2.

Marché fait, les oiseaux forgent une machine
Pour transporter la pèlerine.
LA FONTAINE, *Fables,* X, 3.

Dans cet autre passage, par un tour plus vif encore, le participe lui-même est sous-entendu :

Le nombre d'un côté, la valeur de l'autre, la fortune est longtemps douteuse.
FLÉCHIER, *Oraison funèbre de Turenne.*

La brièveté et le mouvement sont le caractère d'une telle manière de parler; il faut donc, autant qu'il est possible, en exclure, comme traînants et lâches, les participes *étant, ayant.* Les écrivains du XVIᵉ et du XVIIᵉ siècle étaient dans l'usage de les placer en tête de l'incise :

* Cette expression a été depuis fort remarquée dans ces vers, où elle est exactement reproduite :

Huit ans déjà passés, une impie étrangère
Du sceptre de David usurpe tous les droits.
J. RACINE, *Athalie,* I, 1.

Estant desjà l'honneur de vaincre en tels jeux fort envié et chaudement poursuivy à Athenes, il fit peindre cette sienne victoire en un tableau..

S'estant les Grecs retirez de là sans rien faire, et *ayant* les Thessaliens pris party avec le roy..... les Atheniens... commencerent à trouver l'opinion de Themistocles bonne de vouloir combattre par mer.
AMYOT, trad. de Plutarque, *Vie de Thémistocles,* c. 9 et 13.

ABLATIF, IVE, adj.

Il se dit, en grammaire, au féminin seulement, d'une préposition qui marque retranchement ou séparation, et gouverne soit l'ablatif réel en latin, soit, en français, ce que nous appelons quelquefois, par convention, ablatif. *Ab, de, ex, præ* sont des prépositions *ablatives* latines. Dans ce vers :

De Paris au Pérou, du Japon jusqu'à Rome,
BOILEAU, *Satires,* VIII,

de et *du* sont des prépositions *ablatives* françaises.

ABLATIVO, adv. (de l'ablatif latin *ablativo*).

C'est par corruption qu'on a écrit ABBLATIVO (voyez le Roy, *Dictionnaire comique*); ABLATIVAUX (voyez le comte de Cramail, *Comédie des proverbes,* II, 2), ou prononcé ABLATIVOS.

Ce mot tout latin n'a jamais été employé chez nous que dans le style populaire et burlesque; et comme il ne s'explique pas de lui-même, on y a joint, pour lui donner le sens de Pêle-mêle, confusément, les mots *tous en un tas.*

Allons, morgué, *ablativo tous en un tas;* mettons toutes les noces en une.
DANCOURT, *le Charivari,* sc. 21.

ABLATION, s. f. (du mot latin, peu usité, *ablatio,* et, par ce mot, d'*ablatum* supin d'*auferre*).

Admis tardivement dans nos lexiques, ABLATION est cependant ancien, selon Roquefort, qui lui a donné place dans son *Glossaire de la langue romane.*

Il exprime en général, d'après son étymologie, l'Action d'enlever, de retrancher, de séparer, et s'est prêté naturellement, dans le langage scientifique, à plusieurs acceptions spéciales. On le dit surtout, en termes de chirurgie, de l'Action de retrancher une partie quelconque du corps : *L'ablation d'un membre, d'une tumeur.*

ABLE, s. m. ou ABLETTE, s. f. (venu, par suite d'une transposition de lettres, fréquente en toutes langues, ainsi que son correspondant latin *alburnus*, d'*albus*. « *Alburnos* arbitror esse quos vulgo *ablos* nominamus, » dit Pierre Gille, *De Gallorum nominibus piscium.* Suivant l'auteur du livret *De Nominibus piscium* (Rob. Estienne, 1545), on disait encore en Saintonge *Aubourne* au lieu d'ABLE).

Petit poisson plat et mince qui a le dos vert et le ventre blanc, et dont les écailles servent à faire l'essence d'Orient, employée à la fabrication des fausses perles :

Ilz y peschent moult grande quantité de petitz poissons semblables aux *ables.*

   P. BELON, *Observations de plusieurs singularitez et choses memorables de divers pays estranges*, I, 6o.

La mer Caspienne est la patrie de l'*able* aussi bien que les eaux douces de presque toutes les contrées européennes.
   LACÉPÈDE, *Poissons*, le Cyprin jesse... le Cyprin *able.*

L'éperlan argenté et l'*ablette*, dont les écailles servent à faire de fausses perles, se jouent sur les grèves de la Seine.
   BERNARDIN DE SAINT-PIERRE, *Études de la nature*, X.

Mais aussi coy que homme qui prent *ablettes.*
   G. CRETIN, *Épilogue du Débat sur le passe-temps des chiens et des oiseaux.*

D'ABLE s'est formé

ABLERET, s. m.

Autrefois écrit ABLERES, ABLIÈRE (voyez le *Glossaire* de Sainte-Palaye et les exemples ci-après).

Terme de pêche. Espèce de filet carré attaché au bout d'une perche, avec lequel on pêche des *ables* et d'autres petits poissons :

I.

Nous deffendons les *ableres* essener (fixer) à terre.
   Ordonnance de Philippe de Valois, avril 1328. (Voy. *Ordonnances des rois de France*, t. II, p. 12.)

Ung sac à pequier (pêcher) poisson... ung *abliere* et quatre fillez...
   Texte de 1511, cité par les nouveaux éditeurs du *Glossaire* de Du Cange.

L'on peut pescher en icelle... sans en pouvoir estre reprins... et aussi à l'*ableret*, autrement appelé le carré.
   Coutumes de Menetou-sur-Cher, c. 10. (Voy. *Coutumier général*, t. II, p. 279.)

ABLÉGAT, s. m. (du latin *ablegatus*, participe passif d'*ablego*).

Terme de chancellerie romaine. Envoyé ou légat extraordinaire du Pape.

ABLUER, v. a. (du latin *abluere*).

Au sens primitif, ce mot a dû se prendre, concurremment et indistinctement, comme synonyme de Laver ; mais il n'a jamais été fort employé dans ce sens, et depuis longtemps il ne l'est plus :

Je me ris encores mieux des medecins qui les ordonnent en onguent, comme le corail et autres, appliquez sur l'estomac, et veulent qu'ils entrent par les pores, *ablués* d'huile ou gresse.
   BERNARD PALISSY, *Abus des médecins.*

ABLUER s'est-il dit figurément, dans la langue mystique, pour Enlever les souillures de l'âme ? Il ne suffit pas pour l'établir de la phrase suivante, que rapporte un dictionnaire, en exemple de cette acception, et qui a été trop évidemment composée pour l'exemple même :

Nos péchés peuvent *être ablués* par le repentir

mais on peut l'induire de l'emploi qui a été fait quelquefois, on le verra plus loin, p. 171, col. 2, du mot *ablution* dans un sens analogue.

ABLUER paraît signifier exclusivement aujour-

22

d'hui, Passer légèrement une liqueur préparée avec de la noix de galle, sur le parchemin ou sur le papier, pour y faire revivre l'encre ; et c'est en ce sens un terme propre à la diplomatique, à l'art de l'écriture, à celui des expertises et vérifications sur pièces écrites :

Il faut *abluer* ce contrat. Des lettres *abluées.*
    Grand Vocabulaire.

Il peut cependant s'employer également en parlant,

Premièrement : de l'opération des faussaires qui *abluent* le papier écrit pour enlever les vestiges de l'écriture ;

Secondement : de celle des réparateurs de livres qui en font disparaître l'encre et les souillures, par des procédés analogues.

Ablué, ée, participe.

ABLUTION (on prononce *a-blu-ci-on*), s. f. (du latin *ablutio*, qu'un glossaire du xiiie siècle traduit par *lavance* et un du xve par *lavement*).

Comme *ablutio*, ablution, dans son acception primitive, signifie Lavement, c'est-à-dire action de laver. Mais ce mot, par lequel J. Thierry et Nicot l'expliquent, a depuis longtemps cessé d'être employé dans son sens général, sauf certaines locutions, telles que *lavement des pieds*, qui appartiennent au langage de l'Église.

Ablution ne se dit lui-même presque jamais de l'Action générale de laver, que par une allusion emphatique et une espèce de jeu d'esprit, à moins qu'il ne soit question des Orientaux :

Il lava aussi ses oreilles, ensuite ses mains, et, quand il eut fait ces *ablutions*, il teignit en noir sa moustache.
    Le Sage, *Gil Blas*, IV, 7.

Ablution exprime ordinairement, au sens le plus rapproché du sens primitif, l'Action de se laver diverses parties du corps, à des heures prescrites, avec de certaines formalités, selon les rites réglés par les lois religieuses de différents peuples :

Nous pouvons aussi dire que les éléphans ont quelque participation de religion ; d'autant qu'apres plusieurs *ablutions* et purifications, on les void haussans leur trompe, comme des bras, et tenans les yeux fichez vers le soleil levant, se planter longtemps en meditation et contemplation, à certaines heures du jour.
    Montaigne, *Essais*, II, 12.

Les *ablutions*, ou purifications par l'eau, étoient communes de tout temps parmi les Juifs, surtout parmi les Pharisiens.

Quand ils (les Juifs) avoient contracté quelqu'une des souillures exprimées dans la loi, il falloit qu'ils l'expiassent par les sacrifices et les *ablutions* prescrites à cet effet dans la même loi.
    Saint-Réal, *Vie de Jésus-Christ*, remarques XXV, XCIX.

Combien toutes ces *ablutions*, et ces expiations, et ces voyages nocturnes, et ces passages dans des cavernes étroites et obscures, remplissoient-elles l'esprit de superstition, de frayeur et de crainte !
    Fontenelle, *Histoire des Oracles*, Ire dissertation, c. 15.

Les *ablutions* furent toujours regardées dans l'Orient comme un symbole de la pureté de l'âme.
    Voltaire, *Essai sur les mœurs*, c. 7.

Mahomet laissa dans sa loi beaucoup de choses qu'il trouva établies chez les Arabes : la circoncision, le jeûne, les *ablutions* si nécessaires à la santé et à la propreté dans un pays brûlant où le linge était inconnu.
    Le même, *Dictionnaire philosophique*, art. Alcoran.

Pline, Élien, Solin, Plutarque, et d'autres auteurs plus modernes, n'ont pas craint de donner à ces animaux (les éléphants) des mœurs raisonnées, une religion naturelle et innée... l'usage de l'*ablution* avant l'adoration.
    Buffon, *Hist. nat.* Animaux sauvages. L'Éléphant.

Ces *ablutions*, ces privations et ces jeûnes... qu'on recommande si fort dans les mystères de la Grèce, n'étoient dans l'origine que des ordonnances de médecine et des leçons de sobriété.
    Barthélemy, *Voyage d'Anacharsis*, c. 75.

On dit en ce sens *ablution légale*.

Leur baptême (des chrétiens) est l'image de nos *ablutions légales*, et les chrétiens n'errent que dans l'efficacité qu'ils donnent à cette première *ablution*, qu'ils croient devoir suffire pour toutes les autres.

Montesquieu, Lettres persanes, XXXV.

Ablution se prenait pour le même acte religieux, accompli au moyen de la terre et du sable, soit à défaut d'eau, soit lorsqu'un malade ne pouvait souffrir le contact de l'eau sans tomber en danger de mort. On appelait cette espèce d'*ablution*, l'*ablution terreuse* ou l'*ablution sablonneuse*.

On a fait quelquefois d'ablution une application particulière à la cérémonie du baptême :

L'empereur est mort sans avoir reçu le baptême; mais il avoit souhaité ce sacrement, il l'avoit demandé avec ardeur et avec une foi vive. N'est-ce pas en avoir la grâce, quoiqu'on n'en ait pas reçu l'*ablution*?

Mascaron, Oraison funèbre de Turenne.

Ablution se dit spécialement, dans les pays catholiques, en parlant de quelques cérémonies de la messe.

Il signifie, premièrement, l'action du prêtre qui prend le vin après la communion ;

Secondement, l'action de répandre le vin mêlé d'eau sur les doigts du prêtre quand il a communié. *Prendre, recevoir, faire l'ablution; avant, après l'ablution* :

Ce vin, qu'on mettoit dans un calice pour le donner à ces enfans (après les avoir baptisés), s'appeloit *ablution*, par la ressemblance de cette action avec l'*ablution* que les prêtres prenoient à la messe.

Bossuet, Histoire des Variations, XI.

Ablution est encore le nom de plusieurs opérations chimiques qui ont pour objet de séparer les corps ou les médicaments des matières qui leur sont étrangères.

Ablution s'est dit, par extension, en termes d'alchimie, de la purification par le feu de la matière qui est en putréfaction; mais cette expression est tout à fait sortie de l'usage depuis que l'alchimie n'est plus comptée parmi les sciences :

Les anciens ont caché cette *ablution* sous l'énigme de la salamandre.

Pernety, Dictionnaire mytho-hermétique.

Ablution a pu se dire figurément, au sens moral, de la Purification de l'âme, comme on le voit dans les exemples suivants, dont le premier est le plus ancien que nous ayons pu citer du mot ablution :

Un vieil gens d'armes... avec une lance luy ouvrit son costé dextre, dont yssit sang et eaue : sang en pris de redemption... et eaue en *ablution* de nos pechiés.

Olivier Maillard, Passion de Jésus-Christ, p. 65.

Le baptême du Christ, ce baptême de l'esprit, cette *ablution* de l'âme qui sauve les hommes.

Voltaire, Dictionnaire philosophique, art. Quakers.

L'innocence, qui est sans la moindre souillure, n'a pas besoin d'*ablution*.

Diderot, Salon de 1767; Sculpture, Caffieri.

Il y a tant de momens où l'on éprouve le besoin de cet asile (l'Église), et jamais on n'y entre sans ressentir une émotion qui fait du bien à l'âme, et lui rend, comme par une *ablution* sainte, sa force et sa pureté.

Mme de Staël, de l'Allemagne, I, 7.

ABNÉGATION, s. f. (du latin *abnegatio*, venu lui-même, par *abnegare*, de *negare*).

Il a le sens de Négation dans ce passage de Rabelais :

Ainsi, dit Rondibilis, mettons-nous neutre en medicine et moyen en philosophie, par participation de l'une et l'autre extremité, par *abnegation* de l'une et l'aultre extremité, et par compartiment du temps, maintenant en l'une, maintenant en l'aultre extremité.

Pantagruel, III, 35.

Abnégation, rare dans nos lexiques avant le xviie siècle, s'est longtemps employé exclusivement dans le langage de la dévotion, pour exprimer, conformément à son étymologie, l'Action de renoncer à soi-même, à ses passions, à ses plaisirs, à ses intérêts, de se détacher de toutes choses, dans la vue de Dieu.

En ce sens, il se lie, par la préposition *de*, à un pronom et forme des locutions telles que l'*abnégation de soi-même, de lui-même*, etc.

22.

L'exercice de l'autorité ecclésiastique est une perpétuelle *abnégation de soi-même*.

Bossuet, Méditations sur l'Évangile. Dernière semaine,
LVIIe jour.

Ils ne goûtent pas que le Fils de Dieu ait publié dans sa religion, des maximes si rigoureuses : la haine de soi-même, l'*abnégation de soi-même*.

Bourdaloue, Sermons. Sur le scandale de la croix.

Cette *abnégation* entière de ce que nous avons de plus cher, qui est notre volonté propre et notre liberté, tellement que nous ne sommes plus maîtres de nos désirs, plus maîtres de nos résolutions, mais dans une dépendance totale et sous le joug de l'obéissance la plus universelle et la plus étroite.

Le même, Sermons. Sur la sainteté de la loi chrétienne.

O douce paix! ô heureuse *abnégation de soi-même!* ô liberté des enfans de Dieu, qui vont, comme Abraham, sans savoir où !

Fénelon, Entretien sur la vie religieuse, II.

La retraite, la prière, la fuite du monde, l'*abnégation d'elle-même*, furent les règles constantes de ses mœurs.

Massillon, Avent. Sermon pour le jour de la Conception
de la très-sainte Vierge.

Le détachement, le mépris du monde, la mortification des sens, l'*abnégation de nous-mêmes*, voilà les nouveaux biens qu'il vient montrer aux hommes.

Le même, Sermons. Pour le jour de la Circoncision
de Notre-Seigneur.

Souvent ce complément est sous-entendu et le mot pris absolument :

Ainsi François de Paule se réduisit-il dans une espèce d'anéantissement et dans l'*abnégation* la plus parfaite, par son renoncement total et absolu aux richesses du siècle, aux plaisirs du siècle, aux honneurs du siècle et à ceux même de l'Église.

Bourdaloue, Pour la fête de saint François de Paule.

Lisez ce que rapporte Eusèbe, et ce qu'il raconte de l'esprit d'*abnégation* où vivoient ces chrétiens.

Le même, Sermons. Sur l'opposition mutuelle des
religieux et des chrétiens du siècle.

.... La privation, l'*abnégation*, la diminution du poids du péché, sont des préparations nécessaires, afin que le poids de la grâce nous redresse et nous attache à Dieu.

Malebranche, Recherche de la vérité, I, v, § 2.

Il est inutile d'avoir renoncé à tout pour confesser une fois publiquement Jésus-Christ, si, en mourant tous les jours au monde et à vous-même, votre vie n'est pas une confession continuelle de son nom et comme un martyre perpétuel de foi et d'*abnégation*.

Massillon, Sermon pour une profession religieuse.

Abnégation, ainsi employé absolument, est quelquefois accompagné des épithètes *chrétienne*, *évangélique*, etc., qui marquent plus fortement l'acception particulière du mot. Il y a un traité *De l'abnégation intérieure*, ouvrage de la première jeunesse du cardinal de Berulle, vers la fin du XVIe siècle.

Le grand avantage de la profession religieuse, c'est l'*abnégation chrétienne*, c'est la mortification des sens, c'est la croix; et voilà sous quel aspect on la doit envisager.

Bourdaloue, De l'état religieux.

Les longues et fréquentes veilles, les jeûnes rigoureux, les sanglantes macérations, tout ce qu'inspire l'esprit de pénitence et l'*abnégation évangélique*.

Le même, Sermon pour la fête de tous les Saints.

Abnégation est détourné de son sens religieux et employé d'une manière moins particulière dans les passages suivants :

Dans l'acte important d'un jugement... toute *abnégation de soi-même* est la première loi qu'un magistrat doit s'imposer.

Beaumarchais, Mémoires, IIIe partie.

C'est une qualité dans les individus que l'*abnégation de soi-même* et l'estime des autres; mais le patriotisme des nations doit être égoïste.

Mme de Staël, de l'Allemagne, Ire part., c. 2, § 2.

L'usage que l'on fait aujourd'hui dans le langage ordinaire du mot *abnégation*, au sens général de Renonciation, de sacrifice, ne paraît pas bien ancien : il n'en est pas question dans les quatre premières éditions du Dictionnaire de l'Académie française, et Féraud, dans son Dictionnaire critique, en 1787, cite comme nouvelle cette expression, empruntée à un mémoire d'Élie de Beaumont :

Par cette *abnégation* honteuse *du* plus beau de ses priviléges.

A cet emploi du mot *abnégation* se rattache la locution usuelle, *faire abnégation de :*

Et cependant l'assemblée ne vouloit ni éloigner le roi du trône, ni *faire abnégation de* ses défiances passagères quand il s'agissoit d'une œuvre durable.

     Mᵐᵉ DE STAËL, *Consid. sur la Révolut. franç.*, IIᵉ part., c. 15.

Faire abnégation de se trouve déjà, mais au sens particulier d'Abjurer, dans ce passage d'un écrivain du XVIᵉ siècle :

Commandement à tous ministres, docteurs et predicateurs de ladite religion de vuider promptement le Roiaume sur peine de mort. A tous autres de ladite religion d'*en venir faire abnégation* dans six mois.

     Agr. D'AUBIGNÉ, *Histoire universelle*, t. II, liv. V, c. 21.

Il a été cité plus haut (voyez page 164, col. 2) un passage d'un glossaire du XVᵉ siècle, *Catholicon abbreviatum*, où les mots ABNEGACION et *abjuracion* sont donnés comme synonymes.

ABOI, s. m. (formé, comme le verbe latin *baubari* et le verbe grec βαΰν, desquels on l'a quelquefois dérivé, par onomatopée).

On a primitivement terminé ce mot par la fausse diphthongue *ai*, aussi bien que par la diphthongue *oi ;* l'*i* final y a été, à certaines époques, remplacé par l'*y* ; et la lettre *b*, d'abord doublée, comme dans les mots de composition analogue, y a fait place, assez tardivement, au *b* simple.

De là ces formes diverses :

ABBAIS, ABBAY, ABAY, ABAI (voyez le Glossaire de Sainte-Palaye, les Dictionnaires de Rob. Estienne, de Jean Thierry, de Nicot, et les exemples ci-après); ABBOY, ABOY, ABBOI (voyez les Dictionnaires de Cotgrave, de Monet, de Furetière, le Dictionnaire de Trévoux, le Dictionnaire de l'Académie, éditions de 1694 et de 1718); et enfin notre mot actuel ABOI, ancien lui-même, mais d'abord moins usité, et que le Dictionnaire de l'Académie a adopté seulement en 1740.

Selon Mabillon (*Acta Sanctorum ordinis S. Benedicti*, sæc. III, pars I, præf. p. LXXX), auquel se réfère Sainte-Palaye (*Gloss. de l'ancienne langue françoise*, p. 10), ce mot s'est aussi écrit, par corruption, ABDÉ, et, sous cette forme, entrait dans la composition du nom qu'on donnait à Reims à la cloche sonnée pour les agonisants, et annonçant, pour ainsi dire, le dernier *aboi* d'un moribond, *l'abbé-mort*. Mais il paraît que le nom de cette cloche, formé, non du substantif *aboi*, mais du verbe *aboyer*, était, en réalité, *abaie-mort*, *aboie-mort*, qui *aboie*, crie, proclame la mort (voyez *Archives législatives de la ville de Reims*, Statuts, t. I, p. 24 ; et *Archives administratives*, t. I, part. I, p. 987).

ABOI, c'est, au propre, le Cri du chien qui avertit ou qui menace :

Quel esbat y a il plus plaisant que... ouyr le son des cors et trompe, entendre l'*abboy* des chiens...?

     DU FOUILLOUX, *La Venerie*, édit. de 1573, Epistre aux princes, seigneurs et gentils hommes de France.

Si l'on me blasme sans cause, je ne me soucieray non plus de la medisance qu'un genereux lion se soucieroit de l'*abboy* des petits chiens qui courroient après luy.

     SOREL, *Francion*, VI.

Nous ouïmes mesme l'*aboy* d'un chien, et vismes de loin de la fumée, ce qui nous fit juger que le païs estoit habité.

     PERROT D'ABLANCOURT, trad. de Lucien, *l'Histoire véritable*, I, 5.

Quant il entent le grant *aboi* des chiens.

     Garin le Loherain, t. II, p. 226.

Il n'est *abay* que de vieil chien.

     Farce nouvelle d'ung Ramoneur de cheminees, Anc. Th. franç., t. II, p. 193. Bibl. elzevirienne.

Un long *aboy* des mastins s'entendoit
Par le bocage.

     RONSARD, *la Franciade*, IV.

De tant de gens épars le nombreux équipage,
Leurs cris, l'*aboi* des chiens, les cors mêlés de voix,
Annoncent l'épouvante aux hôtes des ces bois.

     LA FONTAINE, *Adonis*.

ABOI, dans cette acception, est plus usité au pluriel :

Ce chien, appercevant les meurtriers de son maistre, leur courut sus avec grands *aboys* et aspreté de cour-

roux, et par ce premier indice achemina la vengeance de
ce meurtre.

> MONTAIGNE, *Essais*, II, 12.

Ouyr des chiens les *aboys* et brayries.

> Cl. MAROT, *Épîtres*, II, 16.

Il me plaist tout soudain... animer les *abbois*
Des chiens bien ameutez sur la beste élancée.

> J.-A. BAÏF, *Éclogues*, II.

Et mille chiens oyans sa triste vois
Luy répondent à longs *abois*.

> SAINT-AMAND, *la Nüict*.

Cerbere donna treve à ses tristes *abois*.

> SEGRAIS, trad. des *Géorgiques*, IV.

Cependant le sanglier s'étoit fait un passage,
Et, courant vers son fort, il se lançoit parfois
Aux chiens, qui dans le ciel poussoient de vains *abois*.

> LA FONTAINE, *Adonis*.

Leur maître les rompit,
Bien que de leurs *abois* ils perçassent les nues.

> LE MÊME, *Fables*, XII, 23.

..... Trois pasteurs, enfants de cette terre,
Le suivaient, accourus aux *abois* turbulents
Des molosses, gardiens de leurs troupeaux bêlants.

> A. CHÉNIER, *Idylles*, l'Aveugle.

ABOI a pu, par extension, se dire d'un autre cri
que de celui du chien, et même s'appliquer à certains accents de la voix humaine :

Mais, Envieux, quel plaisir
Prends-tu d'ainsy me choisir...
Pour éclater de ta voix
Les miserables *abboys* ?

> J.-A. BAÏF, *les Passetems*, III. A l'Envieux.

S'il fuyoit au désert, les rochers et les bois
Effrayez abayoient au son de ses *abois*.

> AGR. D'AUBIGNÉ, *Tragiques*, Vengeance, VI.

ABOI s'est pris quelquefois au même sens figuré
que le verbe latin *latrare*, dans ce passage de Lucrèce, *De Nat. rer.*, II, 16 : *Nonne videre est Nil
aliud sibi naturam* LATRARE *nisi*..., et a signifié
Demande, réclamation faite avec instance :

Notez icy que son disner estoit sobre et frugal : car tant

seullement mangeoit pour refrener les *aboys* de l'estomach ; mais le soupper estoit copieux et large.

> RABELAIS, *Gargantua*, I, 23.

De l'importun besoin j'ai calmé les *abois*.

> A. CHÉNIER, *Idylles*, le Mendiant.

Enfin ABOI a pu être appliqué par figure à certains
bruits qui font penser au cri du chien :

L'antre se resserra, les vents resterent cois,
Et des flots orageux cesserent les *abois*.

> Rob. GARNIER, *la Troade*, III.

ABOI, ABOIS, se disent, par réciprocité, de l'État
d'un animal que poursuivent à outrance *l'aboi* ou *les
abois* des chiens :

Comme on doit sonner les *abbois* de la trompe, et parler
aux chiens de la voix.

Cestuy-cy (exemple) doit suffire aux piqueurs, pour
les faire cognoistre et entendre, qu'ils doivent aller sagement aux *abbois* du cerf.

> DU FOUILLOUX, *la Venerie*, c. 41, 43.

Il (un magistrat) leur raconte comme il n'a point perdu
le cerf de meute, comme il s'est étouffé à crier après les
chiens qui étoient en défaut, etc. L'heure presse, il achève
de leur parler des *abois* et de la curée, et il court s'asseoir
avec les autres pour juger.

> LA BRUYÈRE, *Caractères*, c. 7.

Abois, c'est lorsque le cerf est à l'extrémité et tout à
fait épuisé de forces.

> BUFFON, *Histoire naturelle*, Quadrupèdes ; le Cerf.

Ce mot *Abois* est pris des cris des chiens qui aboient
autour d'un cerf forcé, avant de se jeter sur lui.

> VOLTAIRE, *Commentaire sur P. Corneille*, Sertorius, I, 3.

Le rendez-vous est au milieu du bois ;
De là vous pourrez être au lancer, aux *abois*.

> LA CHAUSSÉE, *le Préjugé à la mode*, I, 7.

D'ABOI, ainsi entendu, se sont formées les expressions suivantes :

Aux abois :

Les historiens tombent sur lui comme des chiens sur
un cerf *aux abois*.

> VOLTAIRE, *Pyrrhonisme de l'Histoire*, c. 17.

Tel qu'un cerf *aux abois* d'une trop longue course
Va chercher dans les eaux sa dernière ressource.

Racan, Psaumes, XLI.

Mon cœur tout pantelant comme un cerf *aux abois.*

Regnard, le Bal, sc. 7.

L'animal *aux abois*
Se montre digne encor de l'empire des bois.

Roucher, les Mois, IX.

Être aux abois :

Quand les cerfs *sont aux abbois*, ils sont dangereux,
principalement en la saison du rut.

Du Fouilloux, la Venerie, c. 43.

Il bave et escume comme un sanglier qui *est aux abbois.*

A. Paré, Introduction à la vraye cognoissance de la
chirurgie, I, 21.

Les piqueurs... remettent ensuite les chiens sur la voie
du cerf... qui bientôt *est aux abois.*

Buffon, Histoire naturelle, Quadrupèdes; le Cerf.

Tenir, et, plus ordinairement, *mettre*, *réduire
aux abois :*

Cela n'est rien au prix que de voir le cerf sortir de
l'estang et à force *estre mis aux abois.*

Herberay des Essarts, Amadis de Gaule, IV.

Je consens que vous disiez d'un homme qui court le
sanglier, qui le *met aux abois*, qui l'atteint, qui le perce,
voilà un brave homme !

La Bruyère, Caractères, c. 12.

Las ! quantes foys par rochers et par boys
Les chiens courant l'*ont tenue aux abboys.*

Cl. Marot, la Métamorphose, II.

Comme un ardant limier, au plus espais du bois,
Lance et poursuit le cerf pour le *mettre aux abois.*

Remi Belleau, Poésies, l'Aymant.

Pour atteindre la proye et la *mettre aux abois.*

Saint-Amand, la Métamorphose de Lyrian et
de Sylvie.

Son frère *ayant* couru mainte haute aventure,
Mis maint cerf *aux abois*, maint sanglier abattu.

La Fontaine, Fables, VIII, 24.

Ces diverses expressions sont d'un grand usage
au figuré pour exprimer la situation de personnes
réduites, par quelque cause que ce soit, à la dernière extrémité, mourantes, vaincues, ruinées, dé-
couragées, ennuyées, etc :

Le trepignement qui se faisoit en la chambre fut ouï
de tout le conseil, ce qui fit lever et y courir le cardinal
de Guise et l'archevesque de Lyon; le dernier plus diligent arriva *aux derniers abois*, et assez tost pour ouïr
prononcer : Traistre Roi !

Agr. d'Aubigné, Hist. universelle, t. III, liv. II, 14.

Le centenier qui avoit charge de l'emmener (Néron)
à Rome pour en faire le chastiment, arriva comme il
estoit aux derniers abois.

Coeffeteau, Histoire romaine, V.

Lorsqu'il fut arrivé, et qu'il eut veu son fils unique
aux abois : Ha ! mon fils, s'écria-t-il, je suis perdu ! ta mort
met fin à ma vie !

Perrot d'Ablancourt, trad. de Lucien, le Meurtrier du tyran.

Assez impitoyables pour voir périr un pauvre à leurs
yeux, pour le voir presque *réduit aux abois* et prêt à
rendre l'ame.

Bourdaloue, Sermons. Ier vendredi de Carême.
Sur l'aumône.

Telle qu'est la joie que sentent des enfans qui voient
revenir la santé à un père abattu par la maladie qui le
mettoit aux abois.

Fénelon, l'Odyssée d'Homère, V.

Dans la plupart des livres, l'auteur n'a pas fait les
complimens ordinaires, que les lecteurs *sont aux abois.*

Montesquieu, Lettres persanes, CVIII.

Ah ! mon Dieu ! répondis-je, je *me trouve aux abois*,
je ne puis plus me soutenir.

Marivaux, la Vie de Marianne, part. XII.

Par un arrêt du conseil du 8 août, il (Brienne) fit promettre au roi de convoquer les États généraux le mois de
mai suivant; résolution tardive qui ne fit qu'annoncer la
fin d'un ministre *aux abois.*

Marmontel, Mémoires, XIII.

J'en laissai deux sans vie et *mis* l'autre *aux abois.*

P. Corneille, Œdipe, I, 6.

Fort malade et presque *aux abois.*

Bachaumont et Chapelle, Voyage.

Mais souvent, dans ce style, un rimeur *aux abois*
Jette là de dépit la flûte et le hautbois.
Boileau, *Art poétique*, II.

Vous conte longuement sa chasse, ses exploits,
Et *met*, comme le cerf, l'auditeur *aux abois*.
Delille, *l'Homme des champs*, I.

Les mêmes expressions s'appliquent aux nations, aux villes, aux armées, etc. :

Il *tint* les ennemys trois sepmaines durant *en aboy*.
Le loyal Serviteur, c. 63.

O peuple digne de l'empire de l'univers ! digne de la faveur et de l'admiration des hommes et des dieux ! Estant *reduit aux abois*, il n'abandonna point ce qu'il avoit commencé.
Coeffeteau, *Hist. rom. de L. Flor.*, II, 6.

Voyez comme tout s'ébranle : Philipsbourg *est aux abois* en dix jours, malgré l'hiver qui approche.
Bossuet, *Oraison funèbre du prince de Condé*.

Nous avons éprouvé une suite de malheurs dont la France ne peut se relever que par une longue paix ; et la famine, qui est le dernier et le plus grand de tous, nous *met aux abois*.
Mᵐᵉ de Maintenon, *Lettres*, 1709 (à la princesse des Ursins).

La paix (de Ryswick) qui suivit cette guerre, et après laquelle le roi et l'État *aux abois* soupiroient depuis longtemps, fut honteuse.
Saint-Simon, *Mémoires*, 1715, t. I, c. Iᵉʳ.

Le Parthe.....................
Nous surprend, nous assiége, et fait un tel effort
Que, la ville *aux abois*, on lui parle d'accord.
P. Corneille, *Rodogune*, I, 6.

Tantôt le bruit plaintif de ce peuple *aux abois*
Imite l'aquilon murmurant dans les bois.
Delille, trad. des *Géorgiques*, IV.

Enfin, on use des mêmes expressions au sujet des choses abstraites :

C'est ici que l'idolâtrie, qui sembloit *être aux abois*, découvrit tout à fait son foible.
Bossuet, *Discours sur l'Histoire universelle*, II, 12.

Souffrez qu'en vos mains je remette
Une âme *réduite aux abois*.
P. Corneille, *Psaumes*, XXX.

La liberté respire encore en un seul homme,
Et, ramassant sa force en ses *derniers abois*,
A l'injuste puissance elle oppose ses droits.
Brébeuf, *la Pharsale*, III.

Tout ce qui peut *réduire* un esprit *aux abois*,
Tout ce qu'un mari craint, se trouva dans ma femme.
La Fontaine, *Je vous prends sans verd*, sc. 13.

Moi, que j'aille crier dans ce pays barbare,
Où l'on voit tous les jours l'innocence *aux abois*
Errer dans les détours d'un dédale de lois.

Dès que j'y veux rêver, ma veine *est aux abois*.
Boileau, *Satires*, I, VII.

Déjà de tous côtés la chicane *aux abois*
S'enfuit au seul aspect de tes nouvelles loix.
Le même, *Épîtres*, I.

Alors, pour ranimer l'allégresse *aux abois*,
Vient un farceur, Roquelaure bourgeois.
Delille, *la Conversation*, II.

ABOI s'est encore construit, au moyen de la préposition *de*, ou d'un adjectif possessif, avec un nom abstrait exprimant la chose réduite à l'extrémité, prête à céder, à finir :

Ce qu'il (Vespasien) dit de plus sérieux en ces *derniers abois* de la vie, ce fut ce qu'il repartit à ses médecins et à ses amis.
Coeffeteau, *Histoire romaine*, VII.

Povreté m'a en *ses abois*.
Coquillart, *Blason des armes*. Monologue du gendarme cassé, etc.

Il y avoit long temps que dans les Païs-Bas
Deux partis, harassez de ruineux combats,
Haletoient les *abois de* leur force mi-morte.
Agr. d'Aubigné, *Tragiques*. Princes, II.

Mais pardonne aux *abois d*'une vieille amitié,
Qui ne peut expirer sans me faire pitié.
P. Corneille, *Cinna*, III, 2.

Dans le passage suivant, ABOI est construit de même, mais a le sens actif d'Attaque, de persécution, etc. :

Mes ennemys, non contenz et saoullés...
De m'avoir jà tourmenté quinze moys,

Se sont remis à *leurs* premiers *abboys*,
Pour me remettre en ma peine premiere.

Est. Dolet, *le Second Enfer,* épître I à François Ier, 1544.

On a même pris ABOI absolument, par exemple dans ces expressions, *sauver, rappeler des abois, approcher des abois,* que blâme Voltaire chez Corneille, comme manquant de noblesse et inusitées :

Ah ! quel âpre tourment! quels douloureux *abois* !

P. Corneille, *Médée,* V, 5.

Et ces esprits légers, *approchant des abois,*
Pourroient bien se dédire une seconde fois.

Le même, *Nicomède,* IV, 2.

Tous ces mourans, madame, à qui déjà la peste
Ne laissoit qu'un soupir, qu'un seul moment de reste,
En cet heureux instant, *rappelés des abois,*
Rendent graces au ciel d'une commune voix.

Le même, *OEdipe,* V, 11.

Unissons ma vengeance à votre politique
Pour *sauver des abois* toute la république.

Le même, *Sertorius,* I, 3.

En termes de venerie, *tenir les abois* se dit de la bête lassée qui s'arrête devant les chiens :

Si le cerf *tient les abois....* le piqueur doit bien regarder en quel lieu c'est.

Du Fouilloux, *la Venerie,* c. 43.

Rendre les abois, de la bête restée sans défense et sans moyen de salut.

Cette dernière expression a, comme toutes celles qui se sont formées du mot ABOI, passé au figuré, mais depuis longtemps ne s'emploie plus de cette manière :

Abbois de cerf et *rendre les abois,* quand le cerf n'en peut plus et se repose.

Du Fouilloux, *Recueil des mots, dictions et manieres . de parler en l'art de venerie.*

Si n'oublieray-je pas entre ce peu d'exemples que je veux amener (citer), ces façons de parler, *rendre les abbois* et *faire rendre les abbois;* car c'est un des gentils emprunts que nostre langage ait faict de messieurs les veneurs : disant d'un homme qui n'en peut plus, et pourtant est

contraint de se rendre, qu'il *rend les abbois* ou (comme les autres escrivent) *les abbais.* Et proprement se dit du povre cerf, quand, ne pouvant plus courir, il s'accule en quelque lieu le plus avantageux qu'il peut trouver, et là, attendant les chiens, endure d'estre abbayé par eux. Ce qui pourroit sembler toutesfois estre plus tost se *rendre aux abbois* que *rendre les abbois;* mais tant y a que ces mots, suyvant ceste signification-là, ont bonne grace en ce passage de Belleau (*la Reconnue,* V, 3) :

Aussi tost que ces advocas
Nous ont empietez une fois,
Ils nous *font rendre les abbois.*

H. Estienne, *Precellence du langage françois.*

Rendre les abbais, entre veneurs, c'est quand le cerf recreu de trop courre s'accule en un lieu le plus advantageux qu'il peult choisir, endurant que les chiens l'abbayent. Le contraire est au regard du sanglier, le quel est dict *rendre les abbays* quand il sort de sa bauge et giste abbayant aux chiens.

Nicot, *Thresor de la langue françoise,* 1584.

Tant qu'elle durera (la ville de Paris), je n'auray fauté de retraite où *rendre mes abbois.*

Montaigne, *Essais,* III, 9.

Don Juan d'Autriche, peu devant qu'il *rendist les derniers abbois....*

Brantôme, *Capitaines étrangers.* Le comte de Buren.

Witikind.... ne voulut jamais *rendre les abois,* quelque victoire que Charlemagne eust obtenue contre eux (les Saxons).

Est. Pasquier, *Recherches de la France,* VI, 1.

Comme Polystrate beuvoit de l'eau qu'il avoit puisée dans son casque, il vit des chevaux *rendant les abois,* et tout couverts de dards.

Des brouillarts, des tenebres, une eternelle nuit qui couvre la face des abysmes, une mer pleine de monstres hideux, des eaux croupissantes, où la nature tirant à la fin venoit comme *rendre les abois.*

Vaugelas, trad. de *Quinte-Curce,* V, 13; IX, 4.

Tous les deux m'ont vaincu, je reviens sous tes loix,
Et ma brutale ardeur va *rendre les abois.*

P. Corneille, *l'Illusion comique,* V, 3.

Dans le passage suivant se trouve une expression

I.   23 de forme à peu près pareille, *rendre* un cerf *aux abois :*

> Et à fin qu'il ne faille à *me rendre aux abois.*
> G. BOUCHET, *Complainte du cerf,* à M. du Fouilloux.

On peut rapprocher de ces dernières expressions celle qui se lit dans le passage suivant :

> Elle..... fit comme le cerf, qui, hors d'haleine et accablé de la meute, se rendant à l'homme, *jette les derniers abboys,* la larme à l'œil.
> S. FRANÇOIS DE SALES, *Traité de l'Amour de Dieu,* IX, 12.

ABOIEMENT ou ABOÎMENT, s. m.
Autrefois ABAEMENT (voyez le Lexique manuscrit du XIIIᵉ siècle, nᵒ 7692, à la Bibl. impériale); ABAYEMENT (voyez *Vocabularius brevidicus,* XVᵉ siècle); ABBAYEMENT, ABBOYEMENT (voyez les Dictionnaires de Rob. Estienne, J. Thierry, Nicot, Furetière); ABBOIEMENT (voyez le Dictionnaire de Monet).
Cri du chien qui avertit ou qui menace.

> Le chien sent de loin les étrangers, et pour peu qu'ils s'arrêtent ou tentent de franchir les barrières, il s'élance, s'oppose, et par des *aboiements* réitérés, des efforts et des cris de colère, il donne l'alarme, avertit et combat.
> BUFFON, *Histoire naturelle.* Quadrupèdes; le Chien.

> Les chiens jappent souvent en dormant, et, quoique cet *aboiement* soit sourd et foible, on y reconnoît cependant la voix de la chasse, les accents de la colère, les sons du désir ou du murmure.....
> LE MÊME, *Discours sur la nature des animaux.*

> L'*aboiement* d'un chien en attire un autre.
> J.-J. ROUSSEAU, *Essai sur l'origine des langues,* c. 15.

> Quand l'énorme chienne des Molosses, dans le premier accès de sa fureur, montre sous ses lèvres mobiles et retirées deux redoutables rangées de dents, le son menaçant de sa voix diffère de celui qu'on entend lorsqu'elle fait retentir tous les lieux d'alentour de ses longs *aboiements.*
> LA GRANGE, trad. de Lucrèce, *de la Nature des choses,* V.

> Les marins aiment tout ce qui se lie dans leur esprit aux souvenirs de la vie des champs, tels que les *aboiements*

du chien, le chant du coq, le passage des oiseaux de terre.

> CHATEAUBRIAND, *Itinéraire de Paris à Jérusalem,* part. I, Voyage de la Grèce.

> Nuls autre chose ne me douls (chagrine)
> Mes (plus) que du chien l'*abeiement.*
> YSOPET I, fable 57 (Voir ROBERT, *Fables inédites des XIIᵉ, XIIIᵉ et XIVᵉ siècles,* t. II, p. 480.

> Tantale vit enfin suspendre ses tourments,
> Et Cerbère retint ses triples *aboiements.*
> DELILLE, traduction des *Géorgiques,* IV.

ABOIEMENT a pu, comme *aboi,* se dire, par extension, d'un autre cri que de celui du chien :

> Le cri du cravant est un son sourd et creux que nous avons souvent entendu... c'est une sorte d'*aboiement* rauque que cet oiseau fait entendre fréquemment.
> BUFFON, *Histoire naturelle.* Oiseaux ; le Cravant.

ABOIEMENT se dit encore, par extension, de tous les bruits importuns et prolongés comme les aboiements du chien :

> Le chant françois n'est qu'un *aboiement* continuel, insupportable à toute oreille non prévenue.
> J.-J. ROUSSEAU, *Lettre sur la musique françoise.*

ABOIEMENT se prend familièrement au figuré pour Criailleries réitérées, clameurs, clabauderies fatigantes :

> Galaor, qui ne fut content de tel mespris, luy respondit : Penses tu, grand animal, que ton *abayement* puisse faire ou toy mieulx, ou moy moins valoir ?
> HERBERAY DES ESSARTS, *Amadis de Gaule,* I, 13.

> Fermons l'oreille aux *aboiements* de la critique; au lieu de défendre ce que nous avons fait, recueillons nos forces pour faire mieux.
> BUFFON, Discours académiques, *Réponse à M. le duc de Duras.*

> M. de Marmontel est un des hommes qui méritent le plus l'estime publique et les *aboiemens* des Frérons.
> VOLTAIRE, *Lettres,* 11 avril 1768.

> Cependant les injures imprimées alloient leur train...

Ce concours d'*aboiemens*..... avoit quelque chose de sinistre et d'effrayant.

J.-J. ROUSSEAU, Confessions, part. II, liv. XII.

ABOYER, v. n. (d'*Aboi*).

Les diversités d'orthographe d'*Aboi* ont passé à ABOYER, qu'on a écrit : ABBAYER, ABAYER, ABAIER, ABAER ; ABBOYER, ABOIER (voyez le Lexique manuscrit du XIIIᵉ siècle, n° 7692, à la Bibl. impér.; le *Vocabulaire latin-français* de G. Briton, XIVᵉ siècle ; les Dictionnaires de Rob. Estienne, J. Thierry, Nicot, Richelet, Furetière; le *Dictionnaire de l'Académie*, édit. de 1694 et 1718) ; et même encore, dit Sainte-Palaye, HABAIER, HABAER, ESBAIER.

ABOYER se dit, au sens propre, du chien qui fait entendre son cri pour avertir, pour menacer, pour exprimer son affection :

Aucuns dient que à chiens qui *abaient* l'en leur doit donner à mangier du poulmon de mouton ou de brebis, et ils n'*abaieront* plus.

Le Ménagier de Paris, 3ᵉ distinction, 2ᵉ art.

Autour de lui *abayent* les chiens, urlent les loups, rugissent les lions, hennissent les chevaulx, barrissent les elephants, siflent les serpens, braislent les asnes, sonnent les cigales, lamentent les tourterelles.

RABELAIS, Pantagruel, III, 13.

Ceux-ci... sont mauvais chasseurs et ont des chiens mal appris, qui ne font que courir çà et là et *abbayer* si terriblement, qu'ils ont effarouché mes chevres.

AMYOT, trad. de Longus, Daphnis et Chloé, II.

Nous entrons par cette ouverture, et trouvons Rhadamante à demy mort de frayeur, Cerbere *aboyant* et tout prest à nous devorer.

PERROT D'ABLANCOURT, trad. de Lucien. La Nécromancie.

Il faut attendre, pour faire le compliment d'entrée, que les petits chiens *ayent aboyé*.

LA BRUYÈRE, Caractères, c. 13.

Tous nos déclamateurs crient à l'idolâtrie, comme de petits chiens qui jappent, quand ils entendent un gros chien *aboyer*.

VOLTAIRE, Dictionnaire philosophique, art. IDOLE.

Un moment après, Fidèle étoit à leurs pieds, *aboyant*, gémissant et les accablant de caresses.

BERNARDIN DE SAINT-PIERRE, Paul et Virginie.

Abaient chens e sonent corns (cors).

BENOÎT, Chronique de Normandie, v. 41761.

Vous ressemblés, par mon chief, le mastin :
Dedans *abaie* et defors n'ose issir.

Garin le Loherain, t. II, p. 18.

De totes parts gasterent le païz.
Dex! quel domage poez ici oïr !
N'i chante cos, ne *abaie* mastins.

La Mort de Garin, v. 2927.

......Le chien *abaye*
Et li lierres (le larron) se met en voye,
Que plus n'i ose demourer.

YSOPET I, fable 22. (Voir ROBERT, Fables inédites des XIIᵉ, XIIIᵉ et XIVᵉ siècles, t. II, p. 457.)

Mordre, *abayer*, tout gaster et mal faire
Sçait faire ung chien, et aultre chose, non.

G. CRETIN, Débat sur le passe-temps des chiens et des oiseaux. La dame à l'épervier.

Ce n'est pas d'aujourd'huy qu'on voit force larrons...
C'est pourquoy mon mastin toute nuict ne repose
Et ne fait qu'*aboyer*.

RONSARD, Eclogues, IV.

Rude aux voleurs, doux à l'amant,
J'*abbayois* ou faisois caresse.
Ainsi j'ay sceu diversement
Servir mon maistre et ma maistresse.

MALLEVILLE, Poésies. Épitaphe d'un chien.

Et plus loin des laquais, l'un l'autre s'agaçans
Font *aboyer* les chiens et jurer les passans.

BOILEAU, Satires, VI.

Je vis d'abord notre portier Cerbère,
De trois gosiers *aboyant* à la fois.

VOLTAIRE, le Songe-Creux.

Là devant un insecte il se courbe avec joie
Ici son dieu mugit, et plus loin il *aboie*.

DELILLE, l'Imagination, VIII.

ABOYER a le même sens, mais est pris substantivement dans les passages suivants :

C'est à l'adventure quelque sens particulier... qui advertit les poulets de la qualité hostile qui est aux chats contre eux, et à ne se deffier du chien ; s'armer contre

23.

le miaulement, voix aucunement flatteuse, non contre l'*aboyer*, voix aspre et querelleuse.

> MONTAIGNE, *Essais*, II, 12.

En certain *abbayer* du chien, le cheval cognoist qu'il y a de la cholère.

> LE MÊME, *même ouvrage*, II, 2, et CHARRON, *de la Sagesse*, I, 35.

ABOYER s'est dit par extension du renard, qui a un certain cri analogue à celui du chien :

> Le renard glapit, *aboie* et pousse un son triste.
> BUFFON, *Histoire naturelle*. Quadrupèdes; le Renard.

ABOYER a pu se dire aussi, par comparaison, de certaines émissions de voix, de certains langages :

> Normanz dient k'Engleiz *abaient*,
> Por la parole k'il n'entendent.
> WACE, *Roman de Rou*, v. 13204.

> Païens mainent grant batestal (tapage)
> Et *abaient* comme mastins.
> *Le livre des Machabées*, fol. 252, r° c. 2. ms. 283, in-fol.
> B. L. Fr. à l'Arsenal.

On l'a dit au sujet de certains bruits qui rappellent les aboiements du chien :

> Quand l'eau bat contre quelque rive, tellement qu'elle semble *abbayer*.
> Rob. ESTIENNE, *Dictionnaire* fr.-lat., 1539.

> Alors Amour voulut que je reconnusse les propositions faites contre luy estre plus impuissantes... que les flots n'*aboyent* en vain contre un rocher pour l'ébranler.
> D'URFÉ, *l'Astrée*, part. I, liv. XII.

De même qu'*aboi* a été pris par figure dans le sens de réclamation, qu'on a dit, voyez plus haut, p. 174, col. 1, 2, les *abois de l'estomach*, on a pu dire aussi que l'estomac *aboie* :

> Car la faim estoit au corps, pour à laquelle remedier *abaye* l'estomach.
> RABELAIS, *Pantagruel*, III, 13.

> J'ay soupé; pourquoy me tourmente
> Cette faim? pourquoy se lamente

> Mon ventre *aboyant* sans raison
> J.-A. BAÏF, *les Passetems*, IV. A. M. de Chantereau.

ABOYER reçoit plusieurs sortes de régimes indirects. On dit :

Aboyer contre :

> Laissons *aboyer* les mastins *contre* la lune.
> S. FRANÇOIS DE SALES, *Introd. à la vie dévote*, III, 7.

> Tu étois comme un chien qui *aboie contre* tous les passants.
> FÉNELON, *Dialogues des morts*, Rhadamante, Caton le Censeur et Scipion l'Africain.

Aboyer après :

> Il *abbaye* comme le chien *après* le cerf.
> Mᵢₙ DU BELLAY, *Mémoires*, liv. IX, année 1541.

> Souvent même il passoit assez près de quelques mâtins, qui se contentoient d'*aboyer après* lui.
> FÉNELON, *Fables*, le Lièvre qui fait le brave.

> Il y a vingt ans qu'il écrit contre moi des libelles; et depuis OEdipe, il m'a toujours suivi comme un roquet qui *aboie après* un homme qui passe sans le regarder.
> VOLTAIRE, *Lettres*, 26 février 1735.

> Elle rejette
> Des pomes au mastin qui garde son troupeau;
> Il *aboye après* elle, et la suit jusqu'à l'eau.
> J.-A. BAÏF, *Eclogues*, XIX.

> Je veux faire *aboyer* tous nos chiens *après* luy.
> MONTFLEURY, *l'Ambigu comique*, IIIᵉ intermède, sc. 15.

Aboyer à :

> Ces chiens de garde, en outre, seront vigilans, de bonne guette, courageux, non desbauchés ne coureurs, plus rassis que hastifs, faciles à *abaier à* toutes nouvelles survenues.
> Olivier DE SERRES, *Theâtre d'agriculture*, IVᵉ lieu, c. 16.

> Et ce chien, qui voit arriver l'oiseau, qui a les deux pattes élevées sur un bout de terrasse, qui a la tête dressée vers le messager, qui *lui aboye* de joie, et qui semble agiter sa queue : il est imaginé avec esprit.
> DIDEROT, *Salon* de 1765, Boucher.

> Quand mes mastins m'esveillant tout à coup,
> Près de mon parc *aboyerent au* loup.
> J.-A. BAÏF, *Eclogues*, X.

J'abboyois au larron, à l'amant me taisois.
         MALLEVILLE, *Poésies.* Épitaphe d'un chien.

Connois-tu ce fâcheux qui *contre* la fortune
Aboye impudemment, comme un chien *à* la lune.
         THÉOPHILE, *Satire seconde.*

Quand avons-nous manqué *d'aboyer au* larron?
         RACINE, *les Plaideurs*, III, 3.

ABOYER, employé souvent autrefois comme verbe actif, a reçu aussi un régime direct :

Tesmoin le chien de Ruzé..., lequel, pour avoir mangé une grappe de raisin breton, près de Rennes, *abboya* le cep de la vigne, comme protestant se venger de telle aigreur.
      DU FAIL DE LA HÉRISSAYE, *les Contes d'Eutrapel*, XXXIII.

Ces lions dévorent tranquillement leur proye, et ces pasteurs ont beau animer et pousser leurs chiens, ils n'osent se jeter sur ces bêtes et se contentent de les *aboyer* en reculant.
       Mme DACIER, trad. de *l'Iliade*, XVIII, 586.

La plupart des chiens se contentent de *l'aboyer* (le hérisson) et ne se soucient pas de le saisir.
     BUFFON, *Histoire naturelle.* Quadrupèdes; le Hérisson.

Moi, je ne tue pas un chien qui *m'aboie.*
         DIDEROT, *Vie de Sénèque.*

Et si tost que sui (fui) aura
Tant que plus suire (fuir) ne porra
Et qu'il se fera *abaier...*
    La Chace dou cerf, XIIIe siècle. (Voy. *Nouv. rec. de Contes et Fabliaux*, édit. Jubinal, t. I, p. 165.)

Un léu (loup) vit en sa voie
Un grant chien qui *l'aboie.*
   YSOPET II, fable 37. (Voir ROBERT, *Fables inédites des XIIe, XIIIe et XIVe siècles*, t. I, p. 28.)

J'ai assez à mengier...
Et si ne fais neant
Fors qu'*abaier* forment (fortement)
Tous ceux que par nuit oy (j'entends).
       LE MÊME, *même ouvrage*, t. I, p. 29.

Mais comme le chien va dix ou vingt pas derrière,
Et *abbaye* le loup, auquel il n'en chaut guiere.
      AMADIS JAMIN, cité par H. Estienne, *Precellence du langage françois.*

Ils sont comme chiens qui de nuit
Abboyent la lune qui luit.
     Joachim DU BELLAY, *Sixain contre les envieux.*

Son mastin à gros poil pas à pas le suivoit,
Qui *aboyoit* son ombre.
         RONSARD, *Eclogues*, IV.

Si tu viens *m'aboier*, Cerbere,
J'ay de quoy te chastier bien.
     J.-A. BAÏF, *les Passetems*, III. De Diogène le chien.

Comme moy, de mon mal mes troupeaux s'amaigrissent,
Et mon chien *m'abboyant*, semble me reprocher
Que j'ay oré à mépris ce qui me fut si cher.
      REGNIER, *Chloris et Philis*, Dialogue.

Il démêle un sot de cent pas,
Le poursuit, *l'aboie* et le pille.
       Mme DESHOULIÈRES, *Apothéose de Gas.*

ABOYER s'est dit autrefois, comme *aboi*, par réciprocité ou transposition de sens, pour *être, se rendre aux abois*, dans des expressions figurées telles que celles-ci, *aboyer à la faim, aboyer à la mort* :

Si ces maudictes gens (les usuriers) lisent une pronostication qui die qu'on aura cherté de bled ou de vin, ils enlevent tout ce qui en vient au marché; et, depuis qu'ils l'ont serré, n'en donneront à quelque poure que ce soit, sinon en payant au double : tellement que par telle tyrannie le poure peuple *abboye à la faim*, et meurt sans misericorde.
     H. ESTIENNE, *Apologie pour Herodote*, c. 6.

Le vin arriva sur le point que *j'abayois à la mort*, et ne m'en fut pas baillé : mais en despartirent la moitié à des femmes enceintes de la cité.
       MONTLUC, *Commentaires*, III.

A la bataille de Pavie (monsieur de Saint-Pol) se montra tel qu'il estoit, car il y combatit si vaillamment qu'il fut trouvé après entre les morts, *aboyant à la mort*.
      BRANTÔME, *Capitaines françois*. M. de Saint-Pol.

ABOYER, dans son sens figuré le plus commun, se prend pour Clabauder, crier après quelqu'un, le poursuivre d'une manière importune; dire du mal, avec acharnement, d'une personne ou d'une chose; Soit pris absolument :

Il (les médisants) sont chien qui ont si apris à *abaier* que il ne le font pas par verité, mais par costume.

> BRUNETTO LATINI, *li Tresors*, liv. II, c. 70. *De Seurté.*

Il (Dalon) ne se lassa point de frapper à toutes les portes : on ne se lassa point non plus de le laisser *aboyer.*

> SAINT-SIMON, *Mémoires*, 1713, t. XI, c. 7.

Enfin, après un an de refus et de négociations, votre ouvrage s'imprime; c'est alors qu'il faut, ou assoupir les cerbères de la littérature, ou les faire *aboyer* en votre faveur.

> VOLTAIRE, *Mélanges littéraires.* Sur les inconvéniens attachés à la littérature. (Cf. Lettre à M. Lefebvre, 1732.)

Mais un fat me déplaît et me blesse les yeux;
Je le poursuis partout, comme un chien suit sa proie,
Et ne le sens jamais qu'aussitôt je n'*aboie.*

> BOILEAU, *Satires*, VII.

L'hypocrite sourit, l'énergumène *aboie.*

> VOLTAIRE, *Satires*, le Russe à Paris.

Soit avec ces formes de construction, aboyer *contre*, aboyer *après*, aboyer *sur*, aboyer *à* :

L'ung est ung fin et cauld regnard; l'autre mesdisant mesescripvant et *abayant contre* les anticques philosophes et orateurs comme ung chien.

> RABELAIS, *Pantagruel.* Nouv. prol. du IVᵉ liv.

Si les fidèles ont ces choses bien imprimées en leurs cœurs, ils seront assez munis pour repousser ces chiens mastins, qui *abbayent contre* la vérité tant certaine et infaillible.

> CALVIN, *Institution chrest.*, liv. I, c. 8, § 7.

Or, est-ce partout un grand et seur ornement à un jeune homme que le silence : mais encore principalement, quant escoutant parler un autre, il ne le trouble point, ni n'*abbaye* point *à* chaque propos, ains encore que le propos ne luy plaise gueres.

> AMYOT, trad. de Plutarque, OEuvres morales, *Comment il fault ouïr.*

Je ne veois icy que des estrangers passionnez *abboyants après* nous, et alterez de nostre sang et de nostre subsistance

> *Satyre Menippée*, Harangue de M. d'Aubray.

Mais l'argent d'autre part nous presse pour notre subsistance, et nous avons de tous côtés des gens qui *aboient après* nous.

> MOLIÈRE, *les Fourberies de Scapin*, I, 7.

..... Madame de Marbeuf fit place ce jour-là à madame de Coulanges, à Brancas et au fidèle Achate (Corbinelli), qui, dès le soir, se mit à *aboyer contre* Brancas, sur le jansénisme.

Je verrai demain, avant que de partir, ma nièce de Bussy, dont les tourrières ont *aboyé sur* moi, que je n'étois pas encore abordée.

> Mᵐᵉ DE SÉVIGNÉ, *Lettres*, 6 août 1677; 18 septembre 1684.

Il se flatte qu'à force d'*aboyer contre* d'honnêtes gens il sera entendu à la cour, et qu'il obtiendra une pension.

> VOLTAIRE, *Lettres*, 12 mars 1772.

Soit avec un régime direct; mais, au figuré comme au propre, cette manière de parler a vieilli :

Mandelot et le comte de Tournon, commandez de le suivre, l'*abaierent* cinq jours entiers sans le mordre.

> AGR. D'AUBIGNÉ, *Hist. universelle*, t. III, liv. I, 17.

Un advocat disant à quelqu'un qui l'injurioit : Pourquoi m'*aboyes-tu?* — Parce que je voy un voleur, répondit-il.

> PERROT D'ABLANCOURT, *Apophtegmes des anciens.*
> Apophtegmes plaisans.

Diogene le cynique... alleguoit une plaisante raison de son nom : c'est qu'à l'exemple des chiens il caressoit ceux qui lui donnoient, et *aboyoit* ceux qui ne lui donnoient rien.

> LE MÊME, *même ouvrage.*

Et pour ce donc qu'à mon fait je pourvoye,
Secourés-moy ou l'hospital m'*aboye.*
. . . .
Si ne suis-je pas yvre
En faisant livre duquel argent je paye,
Secourés-moy ou l'hospital m'*abaye.*

> André DE LA VIGNE, *Requête au roi Charles VIII.*

Pendant qu'on vit, la pâlissante Envie
Des bons esprits *aboye* le renom.

> Jacq. TAHUREAU, *Contre quelques-uns qui le blâmoyent de suivre la poésie.*

Sans trouble il voit l'Envie *aboyer* sa fortune.

> RACAN, *Psaumes*, CXI.

ABOYER peut devenir verbe pronominal pour exprimer l'action de deux chiens qui aboient l'un contre l'autre :

Si vous voyez deux chiens qui *s'aboient*, qui s'affrontent, qui se mordent et se déchirent, vous dites : Voilà de sots animaux, et vous prenez un bâton pour les séparer.

La Bruyère, Caractères, c. 12.

Ainsi est employé *s'entre-abboyer*, dans le passage suivant :

Ils ne *se* fussent ainsi injuriez, *entre-abboié*, et crié au renard l'un sur l'autre.

Du Fail de la Herissaye, les Contes d'Eutrapel, XIX.

Il peut, sous cette forme, passer au sens figuré.

Être aboyé, s'est dit, dans un sens passif, d'un animal poursuivi par les abois (voyez l'exemple cité plus haut, p. 177, 2ᵉ col., ligne 5), et a été pris lui-même figurément :

Depuis n'avous cessé, voyant comme nous *sommes aboyés* de tous côtés, à regarder les moyens comme l'on pourroit arrêter ce mal (la guerre civile).

Catherine de Médicis, Lettres, 4 mars 1563.

Dans la retraitte, que de loin que de près, cette cavalerie espagnolle qui marchoit serrée, *fut tousjours abaiée* d'une escoupetrie, qui se renforçoit au pris que les plus diligens arrivoient.

Agr. d'Aubigné, Hist. universelle, t. III, liv. IV, 17.

Le regret (de Pompée) de se voir ainsi *abbayé* de toutes parts, luy changea le courage, et le contraignit de rechercher de l'appuy pour conserver son authorité.

Coeffeteau, Hist. rom. de L. Florus, IV, 2.

.... Après quatre jours de chemin, toujours *abboyés de* quelques ennemis, ils arrivèrent enfin au fort de Retorton.

Mézeray, Hist. de France, Henri III, ann. 1587.

M. e prince de Conti... *aboyé de* tous, et n'osant mettre pied à terre dans un parage ennemi qui lui refusoit des vivres et ne vouloit laisser approcher aucun de ses bâtimens....

Saint-Simon, Mémoires, 1697, t. II, c. 2.

Aboyer se dit figurément et proverbialement dans cette manière de parler, *aboyer la lune, aboyer contre la lune* (voyez p. 180, 2ᵉ col., ligne 6), *aboyer après la lune*, et, plus souvent, *aboyer à la lune*,

pour Crier inutilement contre un plus puissant que soi, réclamer avec une violence inutile une chose qu'on ne peut obtenir, par allusion à l'action du chien qui *aboye la lune, contre la lune, après la lune*, ou *à la lune* :

Nous les penserons forcer à la guerre et ils quitteront la main, ils se mettront à la défensive, ils se renfermeront dans les villes qui braveront tous nos efforts, nous feront enrager, *abbayer la lune* et combattre les nuées.

Matthieu, Hist. des derniers troubles de France, II.

Malheureusement pour lui (le maréchal de Villeroy), il ne sut par où me prendre. Il eut recours à de misérables généralités et à *aboyer à la lune*.

Saint-Simon, Mémoires, 1726, t. XVIII, c. 20.

Ne sachant plus, dans la rage qui me tenoit toujours, après qui ni quoy aboyer, je me mis à *aboyer après la lune*.

Piron, le Chien enragé.

On a dit, de même, aboyer aux nues.

.... Le cœur me disoit que je n'*abboyois* pas *aux nues*...

Larivey, la Veuve, III, 2.

Aboyer s'emploie aussi dans cette phrase figurée et proverbiale, *tous les chiens qui aboient ne mordent pas*, pour exprimer l'idée que tous les gens qui menacent ne sont pas également redoutables :

A quoi il ajousta ce que les Bactriens disent en commun proverbe, Qu'*un chien qui abboye ne mord point*.

Vaugelas, trad. de Quinte-Curce, VII, 4.

Chien qui aboye ne veut mordre.

J.-A. Baïf, les Mimes, II.

Aboyer est encore figuré et proverbial dans cette locution, *jamais bon chien n'aboie à faux*, pour dire qu'un homme sage ne menace pas sans raison et qu'un homme habile ne se compromet jamais dans une attaque dont il n'a pas prévu les suites.

On trouve abayer, *abayer après une chose, à une chose, abayer une chose*, au sens de Prétendre, aspirer, désirer ardemment :

C'est un crime de lese-majesté d'abandonner le lan-

gage de son pays, vivant et florissant, pour vouloir dé-
terrer je ne sçay quelle cendre des anciens, et *abbayer*
les vertus des trépassez.

RONSARD, *la Franciade*, préface.

Maintenant leur puissance... vous advise de prendre
garde à eux, et qu'ils n'*abbayent* à autre chose qu'à occuper et à soy assubjettir toute la Germanie.

M^{in} DU BELLAY, *Mémoires*, liv. IV, année 1533.

Feraulez delibera de contenter un jeune homme pauvre, son sincère ami, *abbayant après* les richesses, et lui
feit present de toutes les siennes.

MONTAIGNE, *Essais*, I, 40.

Les difficultés que l'on susciteroit en la fonction de vos
charges et surtout en celle des finances *après* laquelle
chacun *abboyoit*.

SULLY, *OEconomies royales*, t. IV, c. 45.

Le duc de Savoie *aboyoit après* quelques pièces du
Montferrat qui étoient à sa bienséance.

SILHON, *Éclaircissements de quelques difficultés touchant l'administration du cardinal Mazarin*, Ire partie, 1651, c. 18.

Mais quand ces presens ils m'envoyent,
C'est qu'*après* mes biens ils *aboyent*.

J.-A. BAÏF, *le Brave*, III, 1.

Un honneste présent,
Honneste, et convenable à ma basse fortune,
Qui n'*abaye* et n'aspire, ainsi que la commune,
Après l'or du Pérou, ny ne tend aux honneurs.

REGNIER, *Satires*, III.

ABAYER, en cette acception, où il répond au
provençal *abaïr*, semble, selon l'observation de Furetière, fait de *bayer* ou *béer* (voyez ces mots), en
latin *inhiare*, Rester la bouche béante, dans le désir,
dans l'attente impatiente de quelque chose, *bayer
après les richesses, après les honneurs*. On comprend
comment deux mots divers d'origine et de valeur
ont pu se confondre en un seul et à cause de leur
identité quant à la forme, et par l'analogie des deux
sens figurés : *aboyer après une chose*, c'est-à-dire La
poursuivre de ses abois, et *bayer, abayer après une
chose*, c'est-à-dire La regarder bouche béante, offrant
des images et des idées assez voisines l'une de l'autre et dont un jeu naturel de l'esprit a pu opérer la
confusion.

De cette confusion résulte une équivoque qu'on

doit croire volontaire, comme le remarque Sainte-
Palaye, dans le passage suivant :

Ceste ville de Turin, *sur* laquelle principalement il *abbaye*, comme le chien après le cerf.

M^{in} DU BELLAY, *Mémoires*, liv. IX, année 1541.

De là cette expression *tenir quelqu'un en abay*,
pour Le flatter d'une fausse espérance, le leurrer
de vaines promesses :

Tenir aucung *en abbay* (producere aliquem falsa spe).

Rob. ESTIENNE, *Dict. fr.-lat.*, 1539.

... Ne faut douter que ceste façon de parler *Tenir
quelcun en abboy* (ou *en abbay*) ne soit... venue de la
venerie : mais il y a apparence que ce soit des bestes noires plustost que des autres, comme quand un sanglier se
laisse abbayer par les chiens perdans leur peine.

H. ESTIENNE, *Precellence du langage françois*.

Une assimilation du même genre a fait confondre
ABAYER, forme ancienne d'ABOYER, avec un troisième ABAYER, venant de *baye, baie* (voyez ce mot),
et signifiant Donner des baies, duper, se moquer :

Je te pry, sans plus m'*abaier*,
Que tu penses de moy payer;
Je ne veuil plus de ta *baierie :*
Paye tost....

Farce de Pathelin.

On remarquera qu'il y a encore ici, comme dans
le passage précédemment cité, une équivoque volontaire : la *baie* dont Agnelet paie Pathelin, son
avocat, est l'onomatopée *bée*, imitant le cri du mouton, par laquelle seule il répond à ses demandes.

ABOYÉ, ÉE, participe.
Il est surtout d'usage au figuré :

Un débiteur *aboyé de* ses créanciers.

Dictionnaire de l'Académie, 1694.

Je meurs *aboyé par* les dogues qui déchirent ce De-
lisle.

VOLTAIRE, *Lettres à d'Alembert*, 9 mai 1777.

Le participe présent ABOYANT, autrefois ABBAYANT
(voyez les Dictionnaires de Rob. Estienne, J. Thierry,

Nicot) est souvent employé comme une sorte d'adjectif ;

Au propre :

Puisque l'un vous comparez à un chien *abaiant*, l'autre à un fin frère renard.....

RABELAIS, *Pantagruel*, IV, Prologue.

Dresse l'apprest d'une *aboyante* chasse.

RONSARD, *le Franciade*, II.

Vis heureuse et contente,
Et laisse en paix
Désormais
Libre dans ses ressorts la machine *aboyante*.

Mme DESHOULIÈRES, *Réponse de Cochon à Grisette*.

On croit voir les cheveux de l'horrible Mégère,
Ou les crins hérissés de l'*aboyant* Cerbère.

DELILLE, *les Trois règnes*, VIII.

De l'horrible Scylla les meutes *aboyantes*.

LE MÊME, trad. du *Paradis perdu*, II.

Au figuré :

La presque totalité du second ordre, non des abbés *aboyans*, mais de ce second ordre pieux, éclairé, qui ne prétendoit à rien, et qui ne vendoit point sa foi et sa doctrine.

SAINT-SIMON, *Mémoires*, 1717, t. XIV, c. 26.

Ajoutez la calomnie, toujours *aboyante*, et les persécutions, toujours à craindre, vous verrez que j'ai besoin de solitude et de courage.

VOLTAIRE, *Lettres*, 22 mai 1768.

Rien ne luy profita, commander aux forests,
D'avoir mille piqueurs, mille épieux, mille rets,
Ny de mille chiens baux l'*aboyante* tempeste.

RONSARD, *les Vers d'Eurymedon et de Callirée*.

Leur *aboyante* faim.

J.-A. BAÏF, *le Brave*, III, 1.

Que les flots escumeux de l'*aboyante* mer
N'ont-ils faict en passant mon navire abysmer !

Rob. GARNIER, *Porcie*, IV, 7.

Dites-moy, ce ciel foudroyant,
Ce flot de tempeste *aboyant*,
Les flancs de ces montagnes grosses,
Sont-ils mortels à nos vaisseaux ?

THÉOPHILE, *Sur une tempeste*.

De ce monde *aboyant* cherchez qui vous délivre.

PIRON, *la Métromanie*, I, 6.

I.

Aboyant a été aussi pris substantivement,

Au propre, comme synonyme de chien, dans ce passage d'une date très-ancienne :

Li pié aux *abaïans* seront tranchié (les pieds des chiens seront coupés).

Prophétie de Merlin, rapportée par la *Chronique de Saint-Denis*. Voy. *Historiens de France*, t. XII, p. 1156.

Au figuré :

Tu es un *abbayant* (es oblatrator).

NICOT, *Thresor de la langue françoise*.

Une si grosse abbaye ne vaquoit pas tous les jours. Celle-ci... causa tant d'envie que les *aboyans*, outrés de la voir donner ainsi, se mirent à chercher ce que c'étoit que cet abbé de Chavigny.

SAINT-SIMON, *Mémoires*, 1710, t. VIII, c. 9.

ABOYEUR, s. m.

Autrefois ABBAYEUR (voyez les Dictionnaires de Rob. Estienne, 1549, J. Thierry, Nicot), ABAIEUR (voyez le Dictionnaire de Monet et le premier des exemples suivants).

Celui qui aboie, comme ABOYEUSE, f., peu usité, Celle qui aboie :

Chiens d'oisel sont grans rioteurs (hargneux) et grans *abbayeurs*.

GASTON PHEBUS, *Dequiz de la chasse. Du chien d'oisel.*

Il faut que le cri de cet oiseau ressemble à un aboiement, puisqu'il a pris chez les Anglais le nom d'*aboyeur* (barker).

BUFFON, *Histoire naturelle. Oiseaux; la barge aboyeuse.*

ABOYEUR signifiait, au sens propre, Le chien qui aboie, Celui qui est préposé à la garde de la maison, ou Celui qui n'est employé à la chasse que pour aboyer le gibier, sans le poursuivre et sans l'attaquer.

ABOYEUR s'emploie maintenant beaucoup plus ordinairement au sens figuré, pour désigner Un homme qui fatigue par des criailleries importunes, qui harcèle ses auditeurs de plaintes vaines, de paroles dénuées de sens, de reproches ou d'injures. Il se dit, dans le langage familier, d'un créancier obstiné, d'un critique hargneux et sans goût, d'un déclamateur sans idées :

Il ne lui sera pas aisé d'en échapper, car, outre que la fosse est profonde, il a des *aboyeurs* à ses costez, qui l'empeschent de se dédire.

PERROT D'ABLANCOURT, trad. de Lucien, *la Mort de Peregrinus.*

J'ai fort bien fait de produire le certificat du roi Stanislas, qui atteste la vérité de tous les faits rapportés dans l'Histoire de Charles XII. Les *aboyeurs* folliculaires sont confondus alors, et le public est éclairé.

VOLTAIRE, *les Honnêtetés littéraires ;* préambule.

Pour l'achever, quelque compilateur,
Froid gazetier, jaloux d'un froid auteur,
Vient l'entamer de sa dent mercenaire :
A l'*aboyeur* il reste abandonné,
Comme un esclave aux bêtes condamné.
Voilà son sort, et puis cherchez à plaire.

LE MÊME, *Épître LXXXII*, à Daphné.

ABOYEUR est passé dans l'usage du peuple, pour exprimer les habitudes et la profession de cette espèce d'hommes que le petit commerce place devant ses magasins, que les petits théâtres placent devant leur vestibule, pour achalander leurs entreprises et appeler les passants. Il se dit aussi du Crieur qui appelle les voitures à la porte des spectacles. En ces diverses acceptions, ce mot appartient au style le plus familier, et on en trouve peu d'exemples dans la langue écrite.

ABOYEUR s'est dit aussi pour signifier Un homme qui désire, qui envie, qui poursuit ardemment une chose, qui aspire incessamment à l'obtenir, *un aboyeur d'emplois, un aboyeur de bénéfices ;* mais il a depuis longtemps vieilli dans cette acception. Il est assez évident qu'en ce sens, il ne se rattache au sens propre et au radical étymologique que par une confusion d'orthographe. Il appartient alors au verbe *aboyer, abayer,* dans le sens de *bayer, béer* après, ou aspirer à. Voyez plus haut page 184, col. 1.

Voilà un *aboyeur* de bénéfices.

Grand Vocabulaire.

ABOLIR, v. a. (du latin *abolere*).

ABOLIR signifie, comme *abolere*, Détruire, anéantir.

On l'a pris au sens physique en parlant des choses et quelquefois aussi en parlant des personnes;

En parlant des choses :

La stupeur debilite et rend le mouvement plus tardif qu'il ne doit; la convulsion le deprave ; la paralysie l'oste et l'*abolit* entierement.

La veuë est *abolie* es aveugles.

A. PARÉ, *Introduction à la vraye cognoissance de la chirurgie,* I, 6, 24.

Il y a près de soixante et dix ans qu'ils sont morts, sans que le vainqueur *ait aboly* leurs images, ni les écrivains leur mémoire.

Croyez-vous que Rome consiste dans ces pierres et ces bastimens que vous voyez? Ce sont des choses muettes et inanimées qui peuvent *estre* reduites en poudre et *abolies.*

PERROT D'ABLANCOURT, traduction de Tacite, *Annales,* IV, 15; *Histoires,* I, 12.

Superbes monumens de l'orgueil des humains,
Pyramides, tombeaux......
Par l'injure des ans vous *estes abolis.*

SCARRON, *Sonnet :* Superbes monumens.

En parlant des personnes :

Osyris... *abolit* et rua jus (terrassa) tous les géans.

J. LE MAIRE DE BELGES, *Illustrations de Gaule,* c. 7.

Ce grand Thautes a permis que les bons *ayent esté* persecutez, pour espreuver leur vertu, et non pas *abolis,* afin de donner cognoissance que jamais ils ne sont entierement abandonnez.

D'URFÉ, *l'Astrée,* IIe partie, liv. VIII.

Jupiter résolut d'*abolir* cette engeance.

LA FONTAINE, *Philémon et Baucis.*

Dans le passage suivant, l'expression *abolir les images* est prise à la fois, et au sens physique, pour Détruire les images, et au sens moral, pour Supprimer le culte des images :

Léon l'Isaurien, Constantin Copronyme, Léon son fils, firent la guerre aux images ; et, après que le culte en eut été rétabli par l'impératrice Irène, Léon l'Isaurien, Michel le Bègue et Théophile les *abolirent* encore.

Montesquieu, Grandeur des Romains, c. 22.

Dans cet autre passage, le substantif construit avec ABOLIR désigne un objet matériel, mais doit être entendu au figuré :

> Et moy, si la douce folie
> Ne me deçoit, je te promets,
> Loyre, que ta lyre *abolie*,
> Si je vy, ne *sera* jamais.

Joachim Du Bellay, Odes à la princesse Marguerite, IV.

Le plus ordinairement ABOLIR ne s'emploie qu'au sens moral, dans des cas très-nombreux dont nous indiquerons les principaux ; lorsque l'on parle, par exemple,

De cultes, de sectes, de gouvernements, d'institutions, de lois, d'obligations légales, etc. :

Grigores li noevismes (Grégoire IX)..... osta et abati (*aboli,* var.) toutes autres decretales.

Brunetto Latini, li Tresors, liv. I, c. 92, de la Hautesce Fedrich.

Après qu'ils *eurent* deffaict en bataille les Carthaginois, et *aboly* plusieurs tyrannies, ils perirent tous meschamment, comme meschans qu'ils estoient.

Amyot, trad. de Plutarque, OEuvres morales, des Délais de la justice divine, c. 15.

Auguste *abolit* toutes les tailles et tous les subsides imposez par la nécessité des guerres civiles.

S. Goulard, Vie de Cæsar Auguste. Voy Amyot, trad. de Plutarque. Supplément.

Le legislateur des Thuriens ordonna que quiconque voudroit ou *abolir* une des vieilles loix, ou en establir une nouvelle, se presenteroit au peuple la corde au col.

Montaigne, Essais, I, 22.

De l'*abolir* comme elle est (la puissance paternelle), il n'est ny beau, ny honneste, ny expedient, mais bien dommageable.

Charron, de la Sagesse, I, 4, 7.

La comete qui sembloit menacer le prince... avoit fait croire que le temps estoit venu auquel Neron devoit estre chastié de ses crimes, et son empire *aboly.*

Coeffeteau, Histoire romaine, V.

Cette superstition *abolie* est maintenant la religion dominante.

Balzac, Socrate chrétien, disc. IV.

On venoit d'*abolir* la démocratie dans Athenes.

Perrot d'Ablancourt, trad. de l'Hist. de Thucydide, VIII, § 27.

La sagesse de Dieu ne voûlant *abolir* la synagogue qu'à la mort de Jésus-Christ.....

Nicole, Essais de morale, Sur l'évangile du 4e dimanche de carême, § 8.

A cette occasion, les Athéniens *abolirent* la royauté, et déclarèrent Jupiter le seul roi du peuple d'Athènes.

A ce mot, tout change dans le monde : la loi cesse, ses figures passent, ses sacrifices *sont abolis* par une oblation plus parfaite.

Et cela qu'étoit-ce autre chose qu'*abolir* la religion, et laisser tout à fait sans culte celui qu'on reconnoissoit pour le Dieu des dieux ?

Bossuet, Discours sur l'Histoire universelle, I, 5 ; II, 6, 12

Il (Charles XI, roi de Suède) *abolit* les états généraux et anéantit le sénat, desquels il tenoit toute son autorité nouvelle.

Saint-Simon, Mémoires, 1697, t. II, c. 1er.

Le paganisme a dû nécessairement envelopper les oracles dans sa ruine lorsqu'il *a été aboli* par le christianisme.

Fontenelle, Histoire des oracles, dissertation II, c. 5.

(En Angleterre) La messe *fut abolie,* les images enlevées des temples, les livres saints traduits d'une manière infidelle, et qui favorisoit les opinions dominantes.

Vertot, Histoire de l'ordre de Malte, XII.

Caligula... *abolit* ce crime arbitraire de lèse-majesté qu'il avoit établi.

Un prince qui travaille... à *abolir* dans ses États le gouvernement civil pour y établir le gouvernement militaire.

Montesquieu, Grandeur des Romains, c. 15, 16.

Pendant qu'on établissoit le combat comme un jugement de Dieu, on *abolissoit* les preuves par la croix, l'eau froide et l'eau bouillante qu'on avoit regardées aussi comme des jugemens de Dieu.

Le même, Esprit des lois, XXVIII, 18.

Ce fut lui (le pape Alexandre III) qui, dans un concile au douzième siècle, *abolit,* autant qu'il le put, la servitude.

24.

L'extinction de la maison de Bourgogne, le gouvernement de Louis XI, et surtout la nouvelle manière de faire la guerre, introduite dans toute l'Europe, contribuèrent à *abolir* peu à peu ce qu'on appelait la chevalerie.

VOLTAIRE, *Essai sur les mœurs*, c. 197, 97.

M. Turgot, ministre non moins éclairé, non moins ami de l'humanité que M. de Malesherbes, *abolit* la corvée.

Mme DE STAËL, *Considérations sur la révolution française*, part. I, c. 3.

Abolissant et l'hérésie
Et l'idolâtre hypocrisie.

J.-A. BAÏF, *les Mimes*, II.

De magistratures, de charges, d'offices, de dignités, etc. :

Ephialtes... vouloit oster et *abolir* la cour d'Areopage.

AMYOT, trad. de Plutarque. *Vie de Cimon*, c. 17.

Abolir la hiérarchie de l'Église.

MATTHIEU, *Histoire de François Ier*, liv. III.

A la fin le conseil des Trente *fut aboly*, et les decemvirs établis en leur place.

PERROT D'ABLANCOURT, trad. de l'*Histoire de Xénophon*, II, § 11.

Il *abolit* cette dignité (de patriarche), quoique assez dépendante de lui, et par là se trouva plus maître de son Église.

FONTENELLE, *Éloge du czar Pierre*.

Vouliez-vous que je visse tranquillement des sénateurs trahir le sénat pour ce peuple qui, s'imaginant que la liberté doit être aussi extrême que le peut être l'esclavage, cherchoit à *abolir* la magistrature même ?

MONTESQUIEU, *Dialogue de Sylla et d'Eucrate*.

Un soir donc, dans un moment de fermentation, un membre fit la proposition d'*abolir* tous les titres.

Mme DE STAËL, *Considérations sur la révolution française*, part. II, c. 14.

Non pas leurs gaiges *abolir*.

EUST. DESCHAMPS, *Supplication au Roy*.

D'ordres religieux :

Un prélat italien, s'adressant au pape, l'exhorta à *abolir* sur le champ et sans autre formalité un ordre (celui des

Templiers) contre lequel, dit-il, on avoit entendu plus de deux mille témoins.

VERTOT, *Histoire de l'ordre de Malte*, IV.

Ils ne se doutaient pas alors que les successeurs de Charlemagne et de Pierre *aboliraient* l'ordre des Jésuites. .

VOLTAIRE, *Fragmens sur l'histoire*, art. V.

De coutumes, de pratiques, de règles, de modes, etc. :

Vous sçavez comment Gargantua, mon pere, par tous ses royeaulmes, l'ha deffendu (le jeu de dez), bruslé avec les moules et pourtraicts, et du tout exterminé, supprimé et *aboly*, comme peste très dangereuse.

Cerès ja réverée par tout l'univers, parce qu'elle avoyt monstré et enseigné l'art d'agriculture, et, par invention de bled, *aboly* entre les humains le brutal aliment de gland.

RABELAIS, *Pantagruel*, III, 11; V, 47.

Quand le bled retourna au prix ordinaire, il feut sur le poinct d'*abolir* les distributions de bled que faisoit le public, pour ce que le peuple s'appuyant là dessuz ne tenoit compte de labourer les terres.

S. GOULARD, *Vie de Cæsar Auguste*. Voy. Amyot, trad. de Plutarque. Supplément.

On cuidoit supprimer et *abolir* du tout l'ordre et reiglement de plaidoirie.

DU FAIL DE LA HERISSAYE, *les Contes d'Eutrapel*, I.

Les jeux et la plupart des autres spectacles avoient esté *abolis* par la calamité des temps.

PERROT D'ABLANCOURT, trad. de Thucydide, *Histoire de la guerre du Peloponnese*, III, § 23.

J'admirai, sur ces passages, de voir que la piété du roi emploie sa puissance à défendre et à *abolir* le duel dans ses États, et que la piété des jésuites occupe leur subtilité à le permettre et à l'autoriser dans l'Église.

PASCAL, *Provinciales*, VII.

Il me sembloit bien qu'elle n'étoit point entrée dans les carrosses de la reine : les règles anciennes qui donnoient ce droit aux filles sont *abolies*.

Mme DE SÉVIGNÉ, *Lettres*, 8 juillet 1685.

Une mode a à peine détruit une autre mode, qu'elle est *abolie* par une plus nouvelle.

LA BRUYÈRE, *Caractères*, c. 13.

Le plus beau traité de paix dont l'histoire ait parlé est,

je crois, celui que Gélon fit avec les Carthaginois. Il voulut qu'ils *abolissent* la coutume d'immoler leurs enfans.

MONTESQUIEU, *Esprit des lois*, X, 5.

A ces pas d'armes, aux combats à la barrière, à ces imitations des anciens tournois partout *abolis*, ont succédé les combats contre les taureaux en Espagne.

Parmi les voix qui s'élevaient contre Luther, plusieurs fesaient entendre avec ironie que celui qui avait consulté le diable pour détruire la messe témoignait sa reconnaissance en *abolissant* les exorcismes.

VOLTAIRE, *Essai sur les mœurs*, c. 99, 128.

De sciences, d'arts, d'objets qui s'y rapportent :

L'empire de la medecine tomba du temps de Neron à Thessalus, qui *abolit* et condamna tout ce qui avoit esté tenu jusques à luy.

MONTAIGNE, *Essais*, II, 37.

Quoique les clepsydres ou horloges à eau, si usitées chez les anciens, *aient été* entièrement *abolies* parmi nous par les horloges à roues, infiniment plus justes et plus commodes...

FONTENELLE, *Éloge d'Amantons.*

Les Tartares subjuguèrent deux fois la Perse après le règne des califes arabes, mais ils n'y *abolirent* point les arts.

VOLTAIRE, *Essai sur les mœurs*, c. 193.

D'écrits :

Jamais on ne verra son nom (de Cl. Marot) estaint, ne ses escrits *abolis.*

DU VERDIER, *Bibliothèque françoise*, art. CL. MAROT.

Les histoires *seront abolies* (au dernier jour) avec les empires, et il ne se parlera plus de tous ces faits éclatans dont elles sont pleines.

BOSSUET, *Oraison funèbre du prince de Condé.*

En vain un empereur voulut-il les *abolir* (les livres sacrés de la Chine), ils triomphèrent de la tyrannie.

MONTESQUIEU, *Esprit des lois*, XXV, 8.

Des formes de la composition et du langage, des mots :

Le Turc... occupant par armes la meilleure partie de

toute l'Europe où on souloit (avoit l'usage de) parler la langue latine, l'a totalement *abolie.*

RONSARD, *la Franciade*, préface.

Les peuples du septentrion... declarerent une guerre si particuliere aux choses escrites, qu'il n'a pas tenu à eux que l'alphabet mesme ne soit *aboly.*

BALZAC, *De la Conversation des Romains.*

L'usage, qui est... le tyran des langues vivantes..., *abolit* souvent de bons mots sans raison.

BOUHOURS, *Entretiens d'Ariste et d'Eugène*, IIe entretien.

Je n'ai garde néanmoins de vouloir *abolir* les rimes; sans elles, notre versification tomberoit.

FÉNELON, *Lettre à l'Académie.* Projet de poétique.

Issue prospère, et vient d'issir, qui est *aboli.*

LA BRUYÈRE, *Caractères*, c. 14.

Quand ce parler ainsi n'*aboliriez.*

H. ESTIENNE, *Epistre de M. Celtophile aux Ausoniens* (au sujet de l'italien mêlé de français).

ABOLIR, sans changer d'acception, reçoit quelquefois pour régimes des noms de personne.

Pour l'édit des experts jurés, s'il s'exécute, il faudroit établir plus de 800 officiers dans le temps que le roy travaille si heureusement à *abolir* ceux qui sont inutiles et à la charge du peuple.

L'évêque de Marseille à Colbert, 20 novembre 1668. (Voy. *Correspondance administrative sous Louis XIV*, t. I, p. 382.)

Les crimes des templiers vinrent à un tel excès, qu'on fut obligé de les *abolir* au concile général de Vienne.

FLEURY, *Discours sur l'Histoire ecclésiastique*, VI.

Le droit canonique et le nouveau droit civil concoururent également à *abolir* les pairs.

MONTESQUIEU, *Esprit des lois*, XXVIII, 42.

Les jeux guerriers commencèrent à prendre naissance en Italie vers le temps de Théodoric, qui *abolit* les gladiateurs au cinquième siècle.

VOLTAIRE, *Essai sur les mœurs*, c. 99.

Les Lettres provinciales ont beaucoup perdu de leur piquant, lorsque les jésuites *ont été abolis* et les objets de leurs disputes méprisés.

LE MÊME, *Siècle de Louis XIV*, c. 32.

J'*abolis* les faux dieux, et mon culte épuré

De ma grandeur naissante est le premier degré.

VOLTAIRE, *Mahomet*, II, 5.

ABOLIR reçoit très-fréquemment pour régimes des noms, des expressions de nature abstraite :

Il *abolit* finement la difference qu'on faisoit auparavant entre les mestifs et les legitimes citoyens à Athenes.

AMYOT, trad. de Plutarque. *Vie de Thémistocles*, c. 1.

Autrement, de degré en degré, nous viendrions à *abolir* tout le droit qu'un tiers prend de nos promesses.

MONTAIGNE, *Essais*, III, 1.

J'*aboliray* toutes ces mangeries de justice, je supprimeray tous les sergens, procureurs, chiquaneurs, commissaires et conseillers, excepté ceux qui sont de nos amis.

Satire Ménippée, Harangue du sieur de Rieux.

Il sembloit que le commerce de la vie humaine fust *aboly* par la terreur des supplices.

COEFFETEAU, *Histoire romaine*, II.

Les inscriptions qu'ils ont laissées, pour avoir purgé la terre de la nation des chrétiens, pour *avoir aboli* le nom chrétien en toutes les parties de l'empire.

BALZAC, *Socrate chrétien*, disc. III.

Plusieurs de ces honneurs durent encore, les autres *ont esté abolis* par le temps, ou negligez incontinent après sa mort (de Germanicus).

PERROT D'ABLANCOURT, trad. de Tacite, *Annales*, II, 23.

On recherchoit les livres sacrés avec des soins extraordinaires pour en *abolir* la mémoire.

BOSSUET, *Discours sur l'Histoire universelle*, I, 10.

Le divin Sauveur est venu *abolir* la vengeance même.

BOURDALOUE, *Sermons*. Sur le soufflet donné à Jésus-Christ.

On vous est bien obligé d'*avoir aboli* cette vieille erreur.

FONTENELLE, *Dialogues des morts* : Erasistrate, Hervé.

M. Lemery fut le premier qui dissipa les ténèbres naturelles ou affectées de la chymie, qui la réduisit à des idées plus nettes et plus simples, qui *abolit* la barbarie inutile de son langage.

LE MÊME, *Éloge de Lemery*.

Vous crûtes devoir exterminer des nations qui ne sembloient subsister que pour s'efforcer d'*abolir* la gloire de votre nom et la sainteté de votre culte.

MASSILLON, *Paraphrase du psaume IX*.

Tout ce qui pouvoit arrêter la corruption des mœurs, tout ce qui pouvoit faire une bonne police, ils l'*abolirent*.

MONTESQUIEU, *Grandeur des Romains*, c. 13.

Et quant le jeune aage est passé
Et que beaulté soit *abollye*,
Que dist le mary ?

Force des cris de Paris. Ancien théâtre français, t. II, p. 312. Bibliothèque elzevirienne.

Certes plusieurs j'en voy,
Qui vont disant de moy :
Sa force est *abolie*.

Cl. MAROT, *Psaumes*, III.

Vice la noblesse *abolist*.

J.-A. BAÏF, *les Mimes*, II.

Pindare vit, et du divin Horace
Encores n'est *aboli* le renom.

J. TAHUREAU, *Poésies*; Contre quelques-uns qui le blâmaient de suivre la poésie.

On verra de David l'héritier détestable
Abolir tes honneurs, profaner ton autel,
Et venger Athalie, Achab et Jézabel.

J. RACINE, *Athalie*, V, 6.

Par une extravagance une autre est *abolie* ;
D'âge en âge on ne fait que changer de folie.

LA CHAUSSÉE, *l'École des Mères*, III, 1.

Les diverses sortes de régimes que peut recevoir ABOLIR se trouvent réunis dans cet exemple :

Nos superbes vainqueurs, insultant à nos larmes,
Imputent à leurs dieux le bonheur de leurs armes,
Et veulent aujourd'hui qu'un même coup mortel
Abolisse ton nom, ton peuple et ton autel.

J. RACINE, *Esther*, I, 4.

ABOLIR s'est dit particulièrement, dans le langage de la législation et de l'histoire, en parlant des dettes :

La première innovation et reformation qu'il feit du gouvernement de la chose publicque, feut qu'il ordonna que toutes debtes passées *seroient abolies*, de sorte qu'on n'en pourroit plus rien demander aux debteurs à l'advenir.

AMYOT, trad. de Plutarque. *Vie de Solon*, c. 24.

Après avoir divisé tout le païs en neuf mille parts

égales... il (Lycurgue) en voulut faire autant des meubles, après avoir *aboli toutes les dettes.*

PERROT D'ABLANCOURT, *Apophtegmes des anciens.* Coutumes
de Lacédémone.

La justice étant le plus ferme soutien des États, on ne
pouvoit *abolir les dettes* des particuliers sans ruiner la foi
publique, le seul lien de la société parmi les hommes.

VERTOT, *Révolutions romaines,* I.

Il s'est employé en ce sens, figurément :

Les véritables *dettes,* j'entends les peines dues au péché,
demeurent éteintes, et sont universellement *abolies.*

BOURDALOUE, *Sermon pour l'ouverture du jubilé.*

Tous deux devez, ce me semble, ainsi faire :
Vous, effacer ses maux par oraison ;
Luy, vostre *debte abolir* et deffaire.

MELLIN DE SAINT-GELAIS, *Dixains,* 48.

Tout obstacle est levé, toute *dette abolie*
Par celui qui réconcilie
La terre avec les cieux.

L. RACINE, *Ode tirée du psaume* XXII.

On peut rapprocher de l'expression *abolir une
dette,* cette autre expression, *abolir une rente :*

Les rentes viagères *abolies* et volées malgré la foi publique.

VOLTAIRE, *Lettres,* 26 janvier 1740.

Abolir un crime, et autres expressions équivalentes dont on verra des exemples dans les passages
suivants, se disaient, en termes de chancellerie et
de droit criminel, lorsque le prince, par un acte
de sa volonté souveraine, arrêtait ou interdisait la
poursuite d'un crime, et mettait à néant le crime
lui-même :

Esteint, assoupit, et *abolit* tout ce en quoy pourroient
avoir décliné du devoir et de la fidélité ceux qui ont participé ausdites contraventions.

La justice et clémence (de Henri IV) en firent cesser
toutes poursuites contre elle (la marquise de Verneuil),
et luy rendirent la liberté, *abolissant* la mémoire de tout
ce dont elle estoit prevenue.

MATTHIEU, *Hist. de Henri IV,* liv. III.

Il faut que les lettres d'abolition portent cette clause :
Nous avons quitté, remis et *aboli* le fait et cas, ainsi qu'il
est ci-dessus exprimé.

FERRIÈRE, *Nouvelle introduction à la Pratique,*
art. ABOLITION (1734).

Lettres d'abolition... par lesquelles... le roi entend que
le crime *soit* entièrement *aboli* et éteint.

LE MÊME, art. LETTRES D'ABOLITION.

Monsieur, pour conserver ma gloire et mon estime,
Désobéir un peu n'est pas un si grand crime,
Et, quelque grand qu'il fût, mes services présens
Pour le faire *abolir* sont plus que suffisans.

P. CORNEILLE, *le Cid,* II, 1.

De là, en certains cas, l'emploi, par allusion,
de cette manière de parler et d'autres analogues,
abolir une faute, un péché, une offense, etc., usitées surtout dans le langage ecclésiastique :

..... Effaçant et *abolissant* de ta grâce mes fautes
passées...

AMYOT, *Oraison pour dire devant la communion, escrite
pour le roy.*

Je vois dans la crèche un Sauveur déjà sacrifié comme
une hostie vivante pour *abolir* le péché qui nous a séparés de Dieu.

BOURDALOUE, *Avent.* Sur la nativité de Jésus-Christ.

Croyons-nous que des larmes de quelques jours expient,
effacent, *abolissent* devant Dieu des crimes?

MASSILLON, *Instruction sur le Jubilé.*

Les maux nous emportoient. . . .
Lorsqu'il pleut à ta grace *abolir* nostre offense.

PH. DESPORTES, *Psaumes,* LXIV.

A plus forte raison a-t-on pu dire, *abolir un jugement, une sentence :*

Ces sentences furent *abolies,* et l'honneur restitué aux
familles.

AGR. D'AUBIGNÉ, *Histoire universelle,* t. I, liv. IV, 1.

S'ABOLIR, verbe réfléchi, se prend pour S'annuler, sortir de l'usage, tomber en désuétude, soit

par l'action du temps, soit par le fait de la chose même qui *s'abolit :*

S'abolir et aller hors d'usage.
> Rob. Estienne, *Dictionnaire françois-latin,* 1539.

Quand on fait quelques loix, il faut donner ordre qu'elles ne *s'abolissent* par mépris ou contennement.
> Calvin, *Instit. chrest.,* II, 8, § 13.

Le luxe des tables, après avoir duré par l'espace de cent ans, depuis la bataille d'Actium jusqu'à l'empire de Galba, *s'abolit* enfin peu à peu.
> Perrot d'Ablancourt, trad. de Tacite, *Annales,* III, 18.

Quelques mots et quelques façons de parler pourront s'établir ou *s'abolir* suivant la bizarrerie de l'usage.
> Bouhours, *Entretiens d'Ariste et d'Eugène,* IIe entretien.

Ils m'exhortèrent... à faire des remarques sur la langue, et ils me disoient, pour leurs raisons,... qu'il *s'abolissoit* et s'introduisoit tous les jours des façons de parler dont il étoit à propos que le public fût informé.
> Le même, *Remarques nouvelles sur la langue françoise,* Avertissement.

Les plus anciennes pratiques *s'abolissent,* les plus saints règlemens sont négligés.
> Bourdaloue, *Pensées. Esprit religieux.*

Les langues devenant plus abondantes, le langage d'action *s'abolit* peu à peu.
> Condillac, *Essai sur l'origine des connaissances humaines,* IIe part., sect. 1, c. 8.

Dans cette phrase :

Les dignités peuvent *s'abolir,* les sectes peuvent s'éteindre, le droit des gens est éternel,
> Voltaire, *Mélanges historiques,* art. XXI, Dissensions des églises de Pologne,

le mot s'abolir n'est point l'infinitif d'un verbe réfléchi, le sens implicite de la phrase n'étant pas que les pratiques, les dignités *s'abolissent* d'elles-mêmes, mais qu'on peut les abolir. Il faut y voir un simple gallicisme qui représente un mode du passif latin. Pour éviter l'équivoque et mieux déterminer la valeur du verbe réfléchi, on le fait suivre quelquefois, par une sorte de pléonasme, des mots *de soi-même.*

Chez les Romains... la censure *s'abolit* pour ainsi dire *d'elle-même.*
> Montesquieu, *Esprit des Lois,* VIII, 14.

C'est au sens du verbe réfléchi qu'on disait *tout crime s'abolit,* ou *s'abolit de lui-même, au bout d'un certain nombre d'années,* pour dire qu'il est couvert par la prescription et ne peut plus être poursuivi. Cette expression ne s'emploierait plus aujourd'hui que dans le langage du droit, où les anciennes formes se perpétuent. Hors de là on se servirait plutôt de ces expressions *être prescrit, se prescrire.* Voyez Prescrire.

Aboli , ie, participe.
Le verbe abolir ne paraît pas avoir varié dans son orthographe, si ce n'est au participe, qui s'est quelquefois écrit abolu :

> A vostre filz dictes que je suis sienne,
> De luy soient mes pechez *aboluz,*
> Qu'il me pardonne comme à l'Égyptienne,
> Où comme il feit au clerc Theophilus.
> Villon, *Grand Testament,* ballade VI à Notre-Dame.

Aboli s'est écrit aussi, à certaines époques, comme les autres participes en *i,* et en général les mots terminés par cette voyelle, aboly. Telle est l'orthographe de ce participe dans les vers suivants, où abolir est pris , comme dans quelques exemples précédemment cités , au sens physique :

> Là vy les rondeaulx que faisoye
> Quant d'amours serviteur estoye;
> Là vy mon visaige joly
> Qui maintenant est *aboly.*
> Octavien de Saint-Gelais, *Séjour d'honneur,* IV.

Au verbe abolir se rattachent , comme dérivés , les mots abolisseur , abolitoire , abolissement , abolition , abolitionniste.

ABOLISSEUR, s. m.
Celui qui abolit.
Ce mot, qui correspond à l'*abolitor* d'Ausone, mais

qu'on a très-probablement tiré d'*abolir*, est rapporté par Oudin et par Monet, mais il ne paraît pas avoir jamais été fort employé, et depuis longtemps il est tout à fait sorti de l'usage.

ABOLITOIRE, adj. des deux genres.

Qui abolit, qui a la puissance d'abolir.

Il est pris en ce sens général, et lié par la préposition *de* à un complément, dans cet ancien exemple que cite Sainte-Palaye :

Il est deux manières de satisfaction, l'une est *abolitoire* de coulpe et *de* peine éternelle redevable à la coulpe.
CARTHENY, Voyage du Chevalier errant, fol. 97, r°.

ABOLITOIRE n'a, du reste, été de quelque usage que dans le style judiciaire en parlant des arrêts de révocation, de réhabilitation et d'abolition.

Un dérivé d'*abolir* plus souvent employé, longtemps recueilli par nos dictionnaires (Voyez ceux de Rob. Estienne, de J. Thierry, de Nicot, de Cotgrave, de Danet, de Richelet, de l'Académie, 1694, etc.), et dont il se rencontre encore, comme on va le voir, des exemples assez récents, c'est

ABOLISSEMENT, s. m.

Action d'abolir.

Il est pris au sens physique dans les exemples suivants :

Si, pour l'*abolissement* du ciel et *de* la terre, les fidèles ne laissent point d'estre establis devant Dieu, il s'ensuit que leur salut est conjoint avec son éternité.
CALVIN, Instit. chrest., liv. II, c. x. § 15.

Aussi leur advient aux cuisses un refroidissement et *abolissement* de sentir et mouvoir.
A. PARÉ, Introduction à la vraye cognoissance
de la chirurgie, XVI, 15.

Personne ne pourra avoir ny faire aucuns ponts au travers des courans ordinaires sans consentement de la justice, à peine de trois livres d'amende, d'*abolissement* du pont et confiscation du bois d'iceluy.
Coutumes du pays de l'Angle, rubr. 12. (Voir Coutumier général,
t. I, p. 312.)

On le prend plus ordinairement au sens moral :

Abolissement d'une partie d'une loy par une nouvelle.
Rob. ESTIENNE, Dict. fr.-lat., 1539.

I.

Jusques à l'entier *abolissement des* noms... s'est estendue la desolation de cette conqueste (de l'Amérique).
MONTAIGNE, Essais, II, 18.

L'*abolissement* ou l'abrogation *des* lois se fait par l'établissement de nouvelles. L'*abolissement des* coutumes arrive par le temps et par le non-usage. L'*abolissement des* cérémonies judaïques a été l'effet de la prédication de l'Évangile.
FURETIÈRE, Dictionnaire.

Ce qui contribua le plus à l'*abolissement de* cet usage, ce fut la nouvelle manière de faire combattre les armées.
VOLTAIRE, Essai sur les mœurs, c. 100.

L'*abolissement du* droit barbare de main-morte serait encore plus nécessaire que l'*abolissement des* jésuites.
LE MÊME, Lettres, 20 mai 1773.

Cette expression, *L'abolissement des jésuites*, est fréquente chez Voltaire, et on la lit notamment dans le titre du chapitre LXVIII° de son *Histoire du Parlement de Paris.*

Malgré ces autorités, ABOLISSEMENT n'était plus guère employé à la fin du dernier siècle que dans le style judiciaire, en parlant de lois et de coutumes, comme le remarquait en 1767 le Grand Vocabulaire. Depuis il est tout à fait sorti de l'usage, n'offrant plus qu'un synonyme inutile d'*abolition*.

ABOLITION, s. f. (du latin *abolitio*).

On prononce et on a écrit autrefois, conformément à la prononciation, ABOLICION.

En général, l'Action d'abolir, mais, ainsi que le verbe, assez rarement dans un sens physique :

Mais s'il estoit vray que la mort feust une entière *abolition* et destruction tant *de* l'âme que *du* corps... encores n'y auroit-il point ainsy mesme de mal au mourir.
AMYOT, trad. de Plutarque, Œuvres morales, Consolation à
Apollonius sur la mort de son fils, XXXVI.

La pâleur du visage, le froid du corps, la raideur des extrémités, la cessation des mouvemens, et l'*abolition des* sens externes, sont des signes très-équivoques d'une mort certaine.
BUFFON, Histoire naturelle de l'homme. De la vieillesse
et de la mort.

Au sens moral, il se dit surtout de la Suppression, soit par un acte de la volonté législative, soit par désuétude, d'une chose légale ou que l'usage et le temps ont consacrée ;

Par exemple, d'une institution religieuse, politique, civile, d'une constitution, d'une loi, d'une ordonnance, d'un règlement, d'une coutume, etc :

Et se firent plusieurs autres traittez, et mesmes de l'*abolition de* la pragmatique sanction.

M^le du Bellay, *Mémoires*, année 1515.

On créa les premiers consuls aux calendes de janvier, et ce en mémoire du recouvrement de leur liberté et *abolition de* la tyrannie.

Ant. Du Verdier, *les diverses Leçons*, II, 11; Division de l'an.

Au lieu de remettre l'exercice de la religion catholique, ils *en* jurèrent l'*abolition*.

Matthieu, *Hist. de François Ier*, liv. IV.

L'année d'après, que les Atheniens nomment anarchique à cause de l'*abolition de* la democratie.

Perrot d'Ablancourt, *Trad. de l'Hist. de Xénophon*, II, § 5.

Vous voyez dans Tite-Live tantôt l'*abolition des* vieilles loix et tantôt l'établissement des nouvelles.

Saint-Évremont, *sur les Historiens françois*.

Après cette mort du Christ et l'*abolition des* sacrifices, on ne voit plus qu'horreur et confusion.

Bossuet, *Discours sur l'Histoire universelle*, II, 4.

C'est Coriolan que nous accusons d'avoir proposé l'*abolition du* tribunat, cette magistrature consacrée par les sermens les plus solemnels.

Vertot, *Révolutions romaines*, II.

L'établissement de la religion chrétienne et l'*abolition du* judaïsme.

Pascal, *Pensées*, part. II, art. 4.

Et comptez-vous pour rien l'*abolition des* duels? dit, d'un air content, un autre homme qui n'avoit point encore parlé.

Montesquieu, *Lettres persanes*, LIX.

L'*abolition des* tournois est donc de l'année 1560.

Voltaire, *Essai sur les mœurs*, c. 99.

L'*abolition des* spectacles serait une idée plus digne du siècle d'Attila que du siècle de Louis XIV.

Voltaire, *Siècle de Louis XIV*, c. 25.

Dites-moi, je vous prie, si le commencement de l'année 1776 serait un temps convenable pour demander l'*abolition de* la main-morte après avoir obtenu l'*abolition des* bureaux des fermes.

L'*abolition des* corvées est surtout un bienfait que la France n'oubliera jamais.

Le même, *Lettres*, 29 décembre 1775.

ABOLITION s'est construit, en certains cas, comme *abolir*, mais, plus rarement, avec des noms servant à désigner des personnes.

Ainsi, de même qu'on a dit *abolir* une secte, on a dit l'*abolition* d'une secte :

L'on ne cesse de demander justice contre eux (les plagiaires), sans qu'on puisse obtenir l'*abolition de* cette secte.

Saint-Réal, *Lettre sur l'étude*.

De même qu'on a dit *abolir* les Templiers, les Jésuites, on a dit l'*abolition des* Templiers, *des* Jésuites.

ABOLITION a reçu les mêmes sens particuliers qu'*abolir*.

D'*abolir* les dettes est venu *abolition de* dettes, *abolition des* dettes, et autres expressions analogues :

Abolition de creances et vieilles scedules; generale *abolition de* debtes passées; *abolition de* comptes.

Rob. Estienne, *Dict. fr.-lat.*, 1539.

Ceste descharge feut une generale et universelle rescision et *abolition de* tous contraulx.

Amyot, trad. de Plutarque. *Vie de Solon*, c. 7.

Il en fut fait un sénatus-consulte qui renfermoit en même temps l'*abolition des* dettes.

Vertot, *Révolutions romaines*, II.

Portez devant Jésus-Christ... le prix de vos iniquités, l'*abolition de* vos dettes; le titre de votre immortalité et le droit de votre rédemption éternelle.

Massillon, *Instruction sur le Jubilé*.

Pour modérer leurs richesses (des nobles) il faut des

dispositions sages et insensibles; non pas des confiscations, des lois agraires, des *abolitions de* dettes, qui font des maux infinis.

Montesquieu, Esprit des lois, V, 9.

A l'expression *abolir* une sentence, *abolir un crime*, répondait ABOLITION exprimant, en termes de chancellerie et de droit criminel, un Pardon accordé par le prince, d'autorité souveraine, pour un crime non rémissible par les ordonnances :

ABOLITION, en ce sens, paraît s'être dit d'abord de l'Annulation du délit et de la peine dans son application à un pays, à une cité, à un corps, pour distinguer cet acte de la Grâce proprement dite, qui était une abolition privée et ne se rapportait qu'aux individus.

Abolition est.... une espece de lettres de grace d'un prince souverain d'aucun forfait, ou crime capital perpetré par une commune de pays, ville, bourg ou village de ses subjets. Car aucuns veulent mettre en avant cette différence entre lettres de grace et *lettres d'abolition*, c'est que lettres de grace soient dites quand à un, ou deux, ou trois, ou tel autre nombre de particuliers, se chargeans de tel delict, remission en est faite par ledict prince; et *lettres d'abolition* quand toute une commune se chargeant de tel forfait, dont nul n'est particulierement et designamment attaint, grace en est faite par le dict prince. Autres ne veulent restraindre si court ce terme d'*abolition* en fait de chancelerie.

Nicot, Thresor de la langue françoise.

On voit que cette expression avait déjà reçu, du temps de Nicot, l'extension qu'elle a conservée depuis.

Elle s'est employée de manières très-diverses :
On a dit l'*abolition* d'un crime :

Se repentant d'avoir esté mauvais François, il desiroit de rentrer es bonnes graces de son prince par un signalé service, en lui descouvrant une perfidie qui se commettoit au grand prejudice d'iceluy, mais qu'il n'en diroit point les particularitez qu'il ne luy eust fait avoir auparavant une *abolition de* tous ses crimes.

Sully, OEconomies royales, t. II. c. 34.

Ainsi se voulant rendre aymable à chascun... dès le commencement de son règne, il publia une *abolition* générale *de* toutes les offenses faites en son royaume.

D'Urfé, l'Astrée, Ire part., liv. II.

L'amnistie est une *abolition* générale *de* tout ce qui s'est commis dans la guerre civile.

Furetière, Dictionnaire.

On a dit l'*abolition* d'un criminel, *son abolition.*

Je m'en allai au Palais pour juger l'*abolition de* Charles de Beaumont Saint-Etienne et ses complices.

Olivier d'Ormesson, Journal, mars 1645.

Le criminel qui a reçu *son abolition* se regarde comme recevant une vie nouvelle.

Bossuet, Sermons. IVe pour la fête de la Circoncision.

On disoit qu'un homme qui étoit à elle étoit accusé de fausse monnoie...... et cet homme disoit qu'on avoit eu *son abolition.*

Tallemant des Réaux, Historiettes. Mme de la Roche-Guyon.

On a dit, absolument, l'*abolition*, une *abolition*, des *abolitions*, etc.; *faire, donner, obtenir, prendre, avoir une abolition*, etc. ; *porteur d'abolition*, etc. :

Et ne sert de rien d'alléguer l'*abolition qui nous a esté faicte*, touchant ce catholique assassinat.... Ne pouvant la dite *abolition* abolir la peine méritée. . . .

Satyre Menippée, Harangue de M. le recteur Roze.

Je... promets que je ne *bailleray* plus telles *abolitions.*

Henri IV, Lettres, 7 février 1603, IIe. (Voyez Lettres missives de Henri IV, t. VI, p. 28.)

En quoy me puis-je plus asseurer qu'en la parole du roy? S'il faut *une abolition* au duc de Biron, que faudra-t-il aux autres ?

Matthieu, Hist. de Henri IV, liv. III.

Sire ! les vers que Votre Majesté vient de lire passeront, s'il lui plaît, pour un très humble remerciement de la promesse qu'elle m'a faite de ne *donner* jamais d'*abolition* à ceux qui ont assassiné mon fils.

Malherbe, Lettre à Louis XIII.

25.

S'il ne tient qu'à donner à un victorieux qui est armé, un aveu des choses passées, pour lui faire poser les armes, ne vous opiniâtrez point à lui faire *prendre une abolition.*

Balzac, Aristippe, disc. VI.

Tous deux savent assez quelle servitude c'est que de commander à des rebelles, parmi lesquels. . . . . les meilleures actions ont besoin d'*abolition.*

Le même, le Prince, c. 2.

Le sénat le chargea de porter à Hierome un pardon général pour luy et pour tous ses complices;..... l'*abolition* fut signée en mesme temps et scellée avec toutes les formes nécessaires par Ambroise Senaregua, secrétaire de la République.

Le cardinal de Retz, Conjuration de Fiesque.

Le Roi, désirant la repeupler (la ville de Paris), y appela par un édit toutes sortes de nations et de gens, même les bannis et les criminels, auxquels, outre l'*abolition,* il donna des privilèges et des franchises.

Mezeray, Abrégé chron. de l'Histoire de France, ann. 1466.

Plus n'y aura temps de remission ,
Ne de grace, ne d'*abolicion.*

Octavien de Saint-Gelais, le Séjour d'honneur, II.

Penses-tu qu'à present un homme à bonne grace
Qui dans le Four-l'Evesque entherine sa grace,
Ou l'autre qui *poursuit des abolitions ,*
De vouloir jetter l'œil dessus mes actions ?

Regnier, Satires, V.

Cliton avoit commis un meurtre en pleine foire,
Et son seigneur pour luy picqué d'affection,
Bien loin de le punir d'une action si noire,
Lui vouloit *procurer une abolition.*

Brebeuf, Poésies diverses. Épigramme.

Enfin la même chose était fréquemment désignée par ces expressions, *édit d'abolition, lettres d'abolition :*

Bailler *lettres d'abolition* comme fait le roy.

Rob. Estienne, Dict. fr.-lat., 1539.

Voiant que le grand peuple qui avoit couru à la sedition se tenoit pour condamné et par là quelque danger d'emotion, il fit publier, le 10 decembre, un *edict d'abolition.*

Agr. d'Aubigné, Histoire universelle, t. III, liv. III, 12.

Je crois qu'il est bien heureux que les affaires de Saint-Jean-d'Angely s'apaisent et qu'il se trouve des *lettres d'abolition ,* qui ont été expédiées sur tout ce qui s'est passé.

Malherbe, Lettres , 12 janvier 1613.

Le duc de Bouillon vint trouver le roy à son lever, luy demanda pardon, fit de nouveau le serment de fidélité... Le roy commanda au garde des sceaux d'expédier promptement les *lettres d'abolition.*

Matthieu, Hist. de Henri IV, liv. III.

Le Roi n'accorde point de *lettres d'abolition* pour les duels, les assassinats prémédités, le crime de rapt commis par violence.

Ordonnance de 1670, titre xvi.

Il fut compris dans les *lettres d'abolition* accordées à son père.

Duclos, Vie de Louis XI.

C'est le chancelier qui scelle et délivre les *lettres de* grace, ou *d'abolition,* ou de rémission, ou de réhabilitation.

Voltaire, Lettres, 20 décembre 1773, à M. d'Étallonde.

Dans le dernier de ces exemples sont distinguées, avec raison, les *lettres d'abolition* et les *lettres de rémission.* Celles-ci s'accordaient à des crimes rémissibles, attendu les circonstances ; par exemple, à des homicides involontaires, ou commis dans le cas de légitime défense. Les autres s'appliquaient, au contraire, comme il a été dit plus haut, à des délits non rémissibles. De là, dans la manière de rédiger, d'expédier, d'entériner ces actes, etc., des différences qu'il appartient aux ouvrages spéciaux d'expliquer ; de là aussi, chez les écrivains, le soin d'en marquer la différence

Il alléguoit que la déclaration du roi portoit exclusion de toute *abolition,* mais qu'elle n'excluoit pas les rémissions.

Fléchier, Mémoires sur les Grands-Jours de 1665, p. 60.

D'une autre part, la phrase de Voltaire semble appliquer aux diverses sortes de *lettres* qu'elle énumère l'expression *lettres de grâce,* expression générale en effet, qui les comprenait toutes, et se disait par opposition à *lettres de justice.*

ABOLITION a été quelquefois employé en ce sens, mais par extension, en parlant d'actes analogues d'un autre ordre de sociétés :

Sylla se desclara luy-mesme dictateur... et se feit decerner *abolition* generale de tout le passé, et pour l'advenir licence de faire mourir qui bon luy sembleroit.

         AMYOT, trad. de Plutarque, *Vie de Sylla*, c. 14.

La chose estoit toute visible, que l'on ne pouvoit faire la recherche de ce massacre, sans ruiner la Republique : c'est pourquoy il fut trouvé bon *d'en donner l'abolition* par arrest du consul.

         COEFFETEAU, *Hist. rom. de L. Florus*, IV, 6.

Par une autre sorte d'extension, ou d'application figurée, déjà remarquée au sujet d'*abolir*, ABOLITION s'est dit des effets du mystère de la rédemption, de ceux de l'absolution prononcée par le prêtre au tribunal de la pénitence :

Il nous rendoit la vie par la rémission et l'*abolition de* tous nos péchés.

         BOURDALOUE, *Sermons*. Sur le crucifiement de Jésus-Christ.

Vous conjurez Dieu par la bouche du prêtre de jeter des regards propices sur ces offrandes saintes qui sont sur l'autel, et de les accepter comme le prix et l'*abolition de* vos crimes.

         MASSILLON, *Carême*. Sermon sur le respect dans les temples.

Le Redempteur a pour vous satisfaict,
Povres pecheurs.....
Pour vous pardons et *abolitions*
Sont en ce saint sacré lieu d'excellence.

         G. CRETIN, *Chant royal*, Des trois Estats.

Enfin ABOLITION a été quelquefois pris au sens général de Pardon, dans des phrases telles que celle-ci :

Les bonnes actions des autres sont récompensées ; les miennes auroient besoin d'*abolition*.

         BALZAC, *Lettres*, V, 19.

ABOLITIONNISTE, subst. et adj. des deux genres. Fait récemment, d'après l'anglais, pour désigner les adversaires de l'esclavage et de la traite des noirs, ou qualifier la doctrine qu'ils professent.

ABOMINER, v. a. (du latin *Abominari*, venu lui-même de *ab* et *omen*).

On l'a écrit autrefois, par une orthographe vicieuse qui s'étendait au verbe latin lui-même *Abhominari* (Gloss. lat. du XIIIe siècle, ms. n° 7692 ; du XVe, ms. n° 7684. Bibl. imp.), ABHOMINER.

Abominari signifiait au propre, en raison de son étymologie, Repousser, rejeter, avec aversion, une chose de mauvais augure, une personne dont la présence, dont l'approche était considérée comme funeste ; et, par extension, Abhorrer, détester, exécrer. C'est dans cette dernière acception que s'est pris chez nous ABOMINER, bien que, on le verra par plusieurs exemples, en certains cas où il s'agissait d'une répugnance, d'une horreur inspirée par les interdictions religieuses, par les sentiments de la nature, il se soit rapproché beaucoup de la première acception.

En parlant des choses :

Coradins, le roy de Jerusalem, *abominoit* et avoit en despit mult sexe de fame.

         Le continuateur de Guillaume de Tyr, dans D. MARTENNE, *Thes. anecd.*, t. V, col. 734.

Advise doncques, mon amy, de cestuy Senecque qui estoit payen et tant *abhominoit* les vices et pechiés : dont les devons bien *abhominer*, nous qui sommes, par vray baptesme, en la saincte foy de Jesus-Christ.

         A. DE LA SALE, *le Petit Jehan de Saintré*, c. 9.

L'esprit..... mesprise et *abhomine* les choses pures charnelles.

         J. BOUCHET, *Les Triumphes de la Noble Dame*, I. De chasteté et continence.

(Les Juifs) s'abstiennent... de manger du lievre, le hayssants et *abominants* comme une beste impure et pollue.

         AMYOT, trad. de Plutarque, *les Propos de table*, IV, 5.

Les prestres egyptiens ne salüoient jamais les pilotes

et gens de marine, ce dit Plutarque, à cause qu'ils estoient ordinairement sur la mer, dont est fait le sel : Et c'est aussi, adjoustoit-il, la principale raison pourquoy ces prestres *abominoient* le poisson, de sorte que quand ils vouloient escrire le hayr et l'*abominer*, ils peignoient un poisson.

G. DU BOUCHET, *Serées*, liv. III, 31ᵉ serée.

Si les princes sont touchez de voir le monde benir la memoire de Trajan et *abominer* celle de Neron....

J'abomine les exhortemens enragés de cette autre ame desreglée.

MONTAIGNE, *Essais*, II, 16 ; III, 1.

Le sot, si l'on recite y avoir d'autres mœurs, coustumes, loix, opinions contraires à celles qu'il voit tenir et usiter, ou il les mescroit et dit que ce sont fables, ou bien il les *abomine* et condamne promptement comme barbarie.

Il faut *abominer* les parolles tyranniques et barbares qui dispensent les souverains de toutes loix, raison, equité, obligation.

CHARRON, *de la Sagesse*, II, 11 ; III, 2.

Dieu aussi, de son costé, s'en tient pour offensé, irrité et mesprisé, desagreant, resprouvant et *abominant* l'iniquité.

S. FRANÇOIS DE SALES, *Traité de l'amour de Dieu*, II, 18.

... Je fis de l'estonné... *abominant* une telle vilenie.

CHAPELAIN, *le Gueux ou la vie de Gusman d'Alpharache*, part. I, liv. II.

Les Faunes et les Pans, et les nymphes compagnes,
Se cacherent d'effroy sous le creux des montaignes,
Abominans le sang et les glaives tranchans ;
Et nulle deité n'habitoit plus aux champs,
Abominant la terre en vices si feconde.

RONSARD, *Éclogues*, I.

Chacun retourne, triste, *abominant* l'oracle
Du prophete Calchas, et son sanglant spectacle.

Rob. GARNIER, *la Troade*, IV.

En parlant des personnes :

A la veuë de l'homme biguarré, aulcuns se mocquerent, aultres l'*abominerent* comme monstre infame créé par erreur de nature.

RABELAIS, *Pantagruel*, prol. du IIIᵉ livre.

Ceulx qui ne les fuyent, ne les detestent et ne les *abominent*.

AMYOT, trad. de Plutarque, *OEuvres morales*. De l'Envie et de la Haine, XXVII.

Apemantus... luy demandant la cause pourquoy il (Timon) cherissoit ainsi ce jeune homme-là seul et *abominoit* tous les autres....

LE MÊME, trad. de Plutarque, *Vie d'Antoine*, c. 15.

Cette loy qui leur commande (aux femmes) de nous *abominer* parce que nous les adorons, et nous hayr de ce que nous les aymons, elle est certes cruelle, ne fust que de sa difficulté.

MONTAIGNE, *Essais*, III, 5.

Ta fureur perd et extermine
Finalement tous les menteurs ;
Quant aux meurtriers et decepteurs,
Celui qui terre et ciel domine
Les *abomine*.

Cl. MAROT, *Psaumes*, V.

ABOMINER, transporté fort anciennement, on l'a pu voir, du latin dans notre langue, fort usité, bien des exemples l'établissent aussi, chez les écrivains du XVIᵉ siècle, que recueillent encore, dans le XVIIᵉ, Danet et Furetière, mais que n'admet point le Dictionnaire de l'Académie, était déjà vieux et contesté quand cette compagnie s'en occupait, comme on peut le conclure du passage suivant :

Borbonius (Nicolas Bourbon), père de l'Oratoire, qui ne savoit que du latin, et qu'on fit de l'Académie françoise à cause de ses vers latins, quand ce vint à opiner sur *abominer*, dit : Je l'aimerois mieux qu'execrer.

TALLEMANT DES RÉAUX, *Historiettes*, naïvetés, t. VI, p. 172.

ABOMINÉ, ÉE, participe.

ABOMINABLE, adj. des deux genres. (Venu peut-être directement d'*abominer*, sans remonter au latin, *Abominabilis*, qui ne se trouve que dans une déclamation attribuée à Quintilien, *Tribunus Marianus*, 4, et dans la Vulgate, *Lévitique*, XI, 10, 41.)

On l'a écrit autrefois, par conformité avec une orthographe vicieuse d'*Abominer*, ABHOMINABLE.

ABOMINABLE ne s'est pris dans notre langue, comme *Abominer*, qu'au sens d'extension d'*Abomi-*

nari. On le dit généralement de Ce qui inspire ou mérite d'inspirer du dégoût, de l'aversion, de l'horreur; il signifie Hideux, repoussant, odieux, détestable, exécrable.

Dans certains cas, quelques exemples le montreront, appliqué à ce qu'interdisent les lois de la religion et les instincts de la nature; il se rapproche, comme *Abominer,* de l'acception étymologique et primitive d'*Abominari.*

Aussi bien qu'*Abominer,* ABOMINABLE s'emploie en parlant des choses et en parlant des personnes; En parlant des choses :

Il ne loist pas que li citeain de Rome issent de la cité per aillors que par les portes; quar issir par aillors est chose *abominable* et maniere à anemis.

Ancienne traduction du *Digeste,* fol. 11 v°, c. 2, ms. Bibl. impér., 340, fonds Sorbonne.

Ainsi bannira ce tres desplaisant et *abhominable* pechié d'orgueil.

A. DE LA SALE, *le Petit Jehan de Saintré,* c. 5.

Quelle humilité dans nostre doulx Saulveur obeissant à son pere jusques à mort ignominieuse de la croix, en lieu *abominable,* entre deux larrons.

Olivier MAILLARD, *Histoire de la Passion de Jésus-Christ,* p. 56.

Ce precepte qui est si *abominable* en cette souveraine et maistresse amitié, il est salubre en l'usage des amitiez ordinaires et coustumieres.

MONTAIGNE, *Essais,* I, 27.

... Sans parler de la dissolution, et autres excès *abominables* et condamnés par toutes bonnes loix.

CHARRON, *de la Sagesse,* liv. II, c. 2, § 3.

Sidius... employa les secrets *abhominables* de la magie.

COEFFETEAU, *Histoire romaine,* IV.

Tout ce qui rampe sur la terre sera *abominable,* et on n'en prendra point pour manger.

LE MAISTRE DE SACY, trad. de la *Bible,* Lévitique, XI, 41.

C'est une chose étrange... que votre haine contre vos adversaires ayant été jusqu'à souhaiter leur perte éternelle, votre aveuglement ait été jusqu'à découvrir un souhait si *abominable.*

PASCAL, *Provinciales,* XI.

Si nous ne passons par ce milieu (par J.-C.), nous ne trouvons en nous que de véritables malheurs, ou des plaisirs *abominables.*

PASCAL, *Lettre sur la mort de son père.*

On ne peut lire sans étonnement les honneurs qu'il falloit rendre à Vénus, et les prostitutions qui étoient établies pour l'adorer. La Grèce, toute polie et toute sage qu'elle étoit, avoit reçu ces mystères *abominables.*

BOSSUET, *Discours sur l'Histoire universelle,* II, 5.

Toute créature mise à la place du Créateur, c'est une idole *abominable,* une idole désolante.

LE MÊME, *Méditations sur l'Évangile.* Dernière semaine du Sauveur, LXXe jour.

Il a trahi le Sauveur du monde : voilà de tous les crimes le plus *abominable.*

BOURDALOUE, *Sermons.* Sur la trahison de Judas.

Les balances trompeuses du monde, que l'Écriture appelle *abominables,* sont bien différentes de celles dont la justice de Dieu se sert pour peser toutes nos actions.

FÉNELON, *Entretien sur les caractères de la piété.*

Toutes les voies de l'impie deviennent *abominables.*

MASSILLON, *Paraphrase morale des psaumes,* IX.

Le poison *abominable* de la flatterie la plus insigne qui le déifia (Louis XIV) dans le sein même du christianisme.....

SAINT-SIMON, *Mémoires,* 1715, t. XIII, c. 1er.

Chez une nation superstitieuse où l'on croyoit *abominables* toutes les fonctions ecclésiastiques qu'avoit pu faire un patriarche qu'on croyoit intrus, cela produisit des schismes continuels.

MONTESQUIEU, *Grandeur des Romains,* c. 22.

Ce n'est pas assurément le temps de parler de comédie; il y a des tragédies bien *abominables* en France, qui prennent toute l'attention.

VOLTAIRE, *Lettres,* 4 février 1756.

J'eus dans le même temps une autre affaire qui occasionna la dernière lettre que j'aie écrite à M. de Voltaire, lettre dont il a jeté les hauts cris, comme d'une insulte *abominable,* mais qu'il n'a jamais montrée à personne.

J.-J. ROUSSEAU, *les Confessions,* part. II, liv. X.

Il est las de partager la honte de cette foule immense qui en secret abhorre autant que lui, mais qui approuve et encourage, au moins par son silence, des hommes atroces et des actions *abominables.*

A. CHÉNIER, *Écrits politiques.*

Ainsi soit fait, Seigneur, de ses semblables,
Qui ont commis cas sy *abominables*
Que de vouloir ton nom anéantir.

Les Marguerites de la Marguerite, Commedie des Innocens.

Voudroit-il bien (Dieu) qu'on vist son arche venerable
Honorer de Dagon le temple *abominable ?*

Jean DE LA TAILLE, *Saül furieux*, I, 2.

Il court parmi le monde un livre *abominable*,
Et de qui la lecture est même condamnable.

MOLIÈRE, *le Misanthrope*, V, 1.

Les dieux ordonneroient un meurtre *abominable !*

J. RACINE, *Iphigénie*, III, 5.

Manger l'herbe d'autrui, quel crime *abominable !*

LA FONTAINE, *Fables*, VII, 1.

Moi, votre époux ! quittez ce titre *abominable*,
Qui nous rend l'un à l'autre un objet exécrable.

VOLTAIRE, *OEdipe*, V, 5.

Ah ! qu'il va me payer sa fourbe *abominable !*

LE MÊME, *Zaïre*, IV, 5.

En parlant des personnes :

Aucuns de ces malades estoient si despis (dégoûtants)
que (*) les privez serganz du benoict roy en estoient
abominables et se tréoient arriere.

JOINVILLE, *Histoire de saint Louis*.

Si tost que ces trois *abhominables* monstres me furent
apparuz.

ALAIN CHARTIER, *l'Espérance*.

En parlant des vieilles femmes qu'il a mariées : A l'une
donnois cent fleurins, dit Panurge, à l'autre six vingts,
à l'autre trois cens, selon qu'elles estoient bien infames,
detestables et *abominables*.

RABELAIS, *Pantagruel*, II, 17.

Dieu établit ses enfans dans la terre de Chanaan, dont
il chasse par même moyen des peuples *abominables*.

BOSSUET, *Discours sur l'Histoire universelle*, II, 3.

On dit par commun proverbe : Si un mari quitte sa
femme, et que, se retirant de lui, elle épouse un autre
mari, la reprendra-t-il ? Cette femme ne sera-t-elle pas
souillée et *abominable ?*

LE MÊME, *Élévations sur les mystères*, I, VIII.

(*) Peut-être faut-il lire : « que aus privez serganz.... »

Je mis deux cents sultanins d'or dans ma bourse, et
j'allai trouver ce juge. Il me fit entrer dans son cabinet,
et me dit d'un air rébarbatif : Vous êtes un impie, un sacrilége, un homme *abominable ;* vous avez enterré un chien
comme un musulman : quelle profanation !

LE SAGE, *Gil Blas*, V, 1.

L'ancien paganisme enfanta des dieux *abominables*,
qu'on eût punis ici-bas comme des scélérats.

J.-J. ROUSSEAU, *Émile*, IV

Tu es tant trainée et brassée
Que tu es toute *abhominable*.

Le Debat de la nourrice et de la chamberière. Ancien
Théâtre françois, t. II, p. 424, *Biblioth. elzevirienne*.

Qui? ce chef d'une race *abominable*, impie?

Je n'en perdrai pas moins ce peuple *abominable*.

J. RACINE, *Esther*, II, 1, 6.

Qu'on ne m'en parle plus : c'est un fourbe exécrable,
Indigne du nom d'homme, un monstre *abominable*.

GRESSET, *le Méchant*, V, 4.

ABOMINABLE, ainsi que la plupart des adjectifs,
se met indifféremment après le substantif ou avant ;
mais sa position dans la phrase ne paraît pas
avoir la propriété d'augmenter ou de diminuer l'é-
nergie de l'expression, par elle-même très-hyper-
bolique. La place à lui donner ne dépend que de
l'oreille et du goût :

En ceste terre furent les deux cites... qui par leur
tres *abhominable* pechié fondirent en abisme.

A. DE LA SALE, *le Petit Jehan de Saintré*, c. 60.

Je demande... s'il y a dans l'Église des personnes sur
qui vous puissiez faire tomber un si *abominable* reproche.

PASCAL, *Provinciales*, XVI.

Ah ! quel *abominable* maître me vois-je obligé de
servir

MOLIÈRE, *le Festin de Pierre*, I, 3.

Il faut bien se garder de lui faire cette confidence,
interrompit en cet endroit l'*abominable* duègne.

LE SAGE, *le Diable boiteux*, c. 4.

C'étoit une *abominable* loi politique qui étoit une suite
d'un *abominable* droit des gens.

MONTESQUIEU, *Esprit des lois*, XXIX, 14.

Envoyez-moi, je vous prie, cette *abominable* justification de la Saint-Barthélemy.

        VOLTAIRE, *Lettres*, 24 décembre 1758.

La terrible explosion qui se fit contre cet infernal ouvrage (*Lettres écrites de la Montagne*), et contre son *abominable* auteur, épouvanta la compagnie, et l'entreprise
s'évanouit.

        J.-J. ROUSSEAU, *les Confessions*, part. II, liv. XII.

    Que direz-vous, races futures,
    Si quelquefois un vrai discours
    Vous récite les aventures
    De nos *abominables* jours?

        MALHERBE, *Odes*. Sur l'attentat commis en la personne
        de Henri IV.

Voilà, je vous l'avoue, un *abominable* homme.

        MOLIÈRE, *Tartuffe*, IV, 6.

Fuis, d'un mensonge indigne *abominable* auteur.

        VOLTAIRE, *OEdipe*, III, 4.

ABOMINABLE, soit en parlant des choses, soit en
parlant des personnes, reçoit quelquefois un complément formé des prépositions *à*, *devant*, etc., et
de leur régime, ou des mots équivalents, *leur*,
vous, etc. :

Ceo que adecertes ne ad pennes ne eschales... ert *à*
vous *abhominables*.

(Quidquid autem pinnulas et squamas non habet...
abominabile vobis.)

        Anc. trad. de la Bible, Lévitique, XI, 10. Ms. n° 6701,
        à la Bibliothèque impériale.

L'homme de sang et malicieux est *abhominable* à nostre
Seigneur.

        A. DE LA SALE, *le Petit Jehan de Saintré*, c. 9.

Finalement ils regarderent et considererent entre eux
que cette mesaise ils ne pouvoient longuement souffrir ni
porter, tant *leur* estoit la punaisie *abominable*.

        FROISSART, *Chroniques*, l. I, Ire part., c. 115.

Ils estoyent *abominables* à Dieu par les macules de
leurs vices.

        CALVIN, *Instit. chrest.*, liv. II, c. 8, § 1.

Tous les animaux qui se remuent et qui vivent dans les
eaux, sans avoir ni de nageoires ni d'écailles, *vous* seront
abominables.

        LE MAISTRE DE SACY, trad. de la Bible ; *Lévitique*, XI, 10.

I.

Ce qui est *abominable* à penser.

        BOSSUET, *Élévations sur les mystères*, XVIe semaine,
        IIIe élévation.

Quant au pouvoir de l'inquisition, je le tiens pour
abominable devant Dieu.

        SAINT-SIMON, *Mémoires*, t. III, p. 228. (Édit. de 1818.)

    Voulez-vous qu'à jamais la belle renommée
    De vos victoires soit de meurtres diffamée?
    La voulez-vous souiller? la voulez-vous ternir?
    Vous rendre *abominable aux* races à venir?

        Rob. GARNIER, *Les Iuifves*, III.

Que son perfide auteur (d'un crime), bien qu'il cache sa main,
Devienne *abominable à* tout le genre humain.

        P. CORNEILLE, *Surena*, V, 3.

ABOMINABLE se dit, par exagération, dans le langage ordinaire, de Ce qui passe les bornes de la
convenance, ou même de l'honnêteté :

Je lui dis des rudesses *abominables*, mais j'ai le malheur
qu'elle tourne tout en plaisanterie.

        Mme DE SÉVIGNÉ, *Lettres*, 29 septembre 1675.

J'ai écrit à Laleu de faire porter chez vous neuf cent
vingt livres, pour achever le compte *abominable* de
M. l'abbé d'Espagnac.

        VOLTAIRE, *Lettres*, 7 mars 1760.

ABOMINABLE est pris, par la même figure, dans le
style familier, pour désigner tout ce qui est mauvais en son genre, tout ce qui déplaît aux sens et à
l'esprit :

Voilà le plus *abominable* sabbat dont on ait jamais ouï
parler.

        LA BRUYÈRE, *Caractères*, c. 12.

Plombières est un vilain trou; le séjour est *abominable*,
mais il sera pour moi le jardin d'Armide.

        VOLTAIRE, *Lettres*, 16 mai 1754.

Otez aux tableaux flamands et hollandais la magie de
l'art, et ce seront des croûtes *abominables*.

        DIDEROT, *Pensées détachées sur la peinture*. De la Composition.

On nous donne des tragédies, des romans *abominables*,
et qui ne laissent pas d'avoir des admirateurs : le goût est
perdu.

        Mme DU DEFFAND, *Lettre* IV, 24 mars 1760, à Voltaire.

Il ne se présenta plus.... que des foules de prétendus François, qui, dans des baragouins *abominables*, se disoient l'un Provençal, l'autre Picard, l'autre Bourguignon.

J.-J. Rousseau, *les Confessions*, part. II, liv. VII.

ABOMINABLE a été, comme d'autres adjectifs, employé substantivement :

La fortune peut jeter cent et cent incidens dans une affaire de cette nature, qui couronnent *l'abominable* par le ridicule, quand elle ne réussit pas.

Le cardinal de Retz, *Mémoires*, part. II, année 1649.

ABOMINABLEMENT, adv. (de l'adjectif *abominable*).

Ce mot, qui se lit déjà dans un dictionnaire latin-français de la fin du XIV⁰ siècle (ms. n⁰ 7634, Bibl. imp.), mais que, parmi les auteurs de dictionnaires français, Monet a recueilli le premier, a dû, comme les mots de la même famille, s'écrire autrefois avec un *h*, ABHOMINABLEMENT.

Il tient la place de la locution : *D'une manière abominable*.

ABOMINABLEMENT s'est pris, comme *abominable*, dans un sens hyperbolique, en parlant des choses ou des personnes qui choquent les sens, l'esprit, le goût. *Chanter, danser abominablement*, etc.

Il se construit quelquefois avec un adjectif d'acception défavorable, dont il aggrave encore, le plus souvent par plaisanterie, la signification :

Une princesse *abominablement* laide.

Voisenon, *Romans et comtes; Alphanore et Bellanire*.

Il se construit même avec un autre adverbe dans cette locution du style le plus familier, que notent les dictionnaires : *abominablement mal*.

ABOMINATION, s. f. (d'*abominatio*, latin de la Vulgate et des auteurs ecclésiastiques).

L'addition de l'*h*, qui a produit les orthographes vicieuses rappelées plus haut, *abhominer, abhominable*, a, par une conséquence naturelle, conduit à écrire ABHOMINATION. On a écrit aussi, anciennement, par la substitution très-naturelle et très-ordinaire, dans des mots de cette forme, du *c* au *t*

(Gloss. lat.-fr. du XV⁰ siècle, ms. n⁰ 7684, Bibl. imp.), ABOMINACION.

On cite du mot, avec cette dernière orthographe, un exemple où il est pris, par une extension hardie, comme d'ailleurs *abominatio* dans la langue médicale de la basse latinité (voy. le *Glossaire* de Du Cange, au mot *Abominatio*), en un sens physique, celui de Dégoût, nausée, envie de vomir :

La mente... conforte l'estomac, et donne apetit de mangier et oste *abomination*.

Livre de Physique, ms. cité dans le Glossaire du Joinville du Louvre.

ABOMINATION n'est d'usage qu'au sens moral pour Aversion, détestation, exécration, etc.

Comme *abominer* et *abominable*, il rappelle, par certaines applications, le sens originel et propre d'*abominari* :

Et vraiement ses serganz (du roi) ne pooient, tele foiz estoit, ilecques demorer pour la corruption de l'air et pour la pueur et pour *l'abomination* des malades, et non-pourquant, il demoroit ilecques ausi comme se il n'en sentist riens.

Joinville, *Histoire de saint Louis*.

Tu trouves étrange que pour exprimer l'horreur de tes vices, on se serve d'un terme d'*abomination*.

Perrot d'Ablancourt, trad. de Lucien, *le Mauvais Grammairien*.

On n'y sacrifie jamais de pourceau, quoyque quelques-uns croyent que ce n'est pas par *abomination*, mais par respect, et que c'est pour cela aussi qu'ils n'en mangent point.

Le même, trad. de Lucien, *la Déesse de Syrie*.

ABOMINATION se construit communément avec les verbes *avoir* et *être*, suivis de la préposition *en*; *Avoir en abomination* :

Ils s'esjouyssoient de souffrir et porter, pour l'amour de vous et pour vostre nom, villennies et reprouches et peynes corporelles, et embrassoyent joyeusement et par grant affection tout ce que le monde *a en* orreur et *abhominacion*.

Le Livre de l'internelle Consolacion, II, 22.

De deux enfans qu'il a, l'un est meschamment meurtri

par la main de l'autre. Caïn lui demeure, lequel, à bon droict, il doit *avoir en* horreur et *abomination*.

CALVIN, *Instit. chrest.*, II, 10.

… Meschanceté est tost cogneuë et suspecte. Et posé que d'ycelle les ennemys se servent à leur prouffict, si *ont-ilz* tousjours les meschans et traistres *en abomination*.

RABELAIS, *Gargantua*, I, 47.

Les Atheniens *eurent en* telle haine et *abomination* les malheureux qui, par calomnie, feirent mourir Socrates, qu'ils ne leur daignoient pas allumer du feu, ny leur respondre quand ils leur demandoient quelque chose.

AMYOT, trad. de Plutarque, *OEuvres morales*, De l'Envie et de la Haine, XXVII.

Les Atheniens *eurent en* telle *abomination* ceux qui en avoient esté cause (de la mort de Socrate), qu'on les fuyoit comme personnes excommuniées : on tenoit pollu tout ce à quoi ils avoient touché.

MONTAIGNE, *Essais*, III, 12.

Nous *avons en* telle horreur et *abomination*… le nom, la memoire et la qualité de cet esprit infernal, de cet exe-crable parricide qui ensanglanta son cœur et ses mains, meurtrit et assassina proditoirement nostre bon roy.....

SULLY, *OEconomies royales*, t. IV, Nouvelles de la mort du roy.

Il n'entrera rien dans votre maison qui vienne de l'idole, de peur que vous ne deveniez anathème comme l'idole même. Vous la détesterez, et vous l'*aurez en abomination*.

LE MAISTRE DE SACY, trad. de la Bible, *Deutéronome*, VII, 26.

Pourquoi auroient-elles pris pour le principal objet de leur pieté ce sacrement qu'elles *auroient en abomination* ?

PASCAL, *Provinciales*, XVI.

Être en abomination à ou devant :

Il plaist à Dieu que nous honorions ceux ausquels il a donné quelque preeminence...... contemnence et contumace à l'encontre d'iceux *lui est en abomination*.

CALVIN, *Instit. chrest.*, II, 8, § 8.

Ce nom luy *feut en* tel effroy et *abomination* qu'il entra en desespoir.

RABELAIS, *Pantagruel*, IV, 37.

Tout ce qui se remue et qui vit dans les eaux sans avoir de nageoires ni d'écailles, *vous sera en abomination* et en exécration.

LE MAISTRE DE SACY, trad. de la Bible, *Lévitique*, XI, 10.

Tous les trompeurs *sont en abomination au* Seigneur.

LE MIAISTRE DE SACY, trad. de la Bible, *Proverbes de Salomon*, III, 32.

Il leur dit : Pour vous, vous avez grand soin de pa-roître justes devant les hommes : mais Dieu connoît le fond de vos cœurs; car ce qui est grand aux yeux des hommes *est en abomination devant* Dieu.

LE MÊME, *ibid.*, Nouv. Testament, saint Luc, XVI, 15.

Cette ville profane… *est en abomination à* notre saint prophète.

MONTESQUIEU, *Lettres persanes*, XXXI.

On a dit fort anciennement,
Avoir abomination pour :

A ceus qui estoient presens el lieu où les mors estoient, il (le roi) disoit : N'*aiez* pas *abominacion por* ces cors, car il sont martirs et en paradis.

JOINVILLE, *Histoire de saint Louis*.

ABOMINATION s'employant encore pour désigner la chose qui est un objet d'*abomination*, on a dit anciennement, en le faisant suivre des mêmes pré-positions *à* ou *devant*,
Être abomination :

Pauvre Caton! tu t'imagines que ta vertu t'élève au-dessus de toutes choses : ta sagesse n'*est* que folie et ta grandeur qu'*abomination devant* Dieu, quoi qu'en pensent les sages du monde.

MALEBRANCHE, *Recherche de la vérité*, liv. II, part. III, c. 4.

Par ceste foy nul n'aura fantaisie
Suyvre le monde, ou secte ou heresie,
Qui *est à* Dieu *abomination*.

Cl. MAROT, *Sermon du bon pasteur et du mauvais*.

La même manière de s'exprimer a été d'usage en parlant des personnes :

Car quiconque le fait, il *est abomination au* Seigneur ton Dieu.

ANT. DU VERDIER, *Les diverses Leçons*, II, 19 Des Masques.

Estrangers irritez, *à* qui *sont* les François

26.

Abomination, pour Dieu faictes le choix
De celuy qu'on trahit et de celuy qui tue.
Agr. d'Aubigné, *Tragiques*, les Fers, V.

A cette forme de langage se rapporte la locution commune : *Cet homme est l'abomination de tout le monde* et celle que contient l'exemple suivant :

Les mœurs de la plupart, la conduite et l'ambition de tous, les ont rendus *l'abomination du monde* jusque dans l'usage le plus effréné de leur crédit et de leur pouvoir.
Saint-Simon, *Mémoires*, 1717, t. XIV, c. 26.

ABOMINATION, dans cette dernière acception, pour Objet d'abomination, est d'un usage très-ordinaire, soit au singulier, soit au pluriel :

En mon temps, trois les plus exécrables personnes que je connusse en toute *abomination* de vie, et les plus infames, ont eu des morts reglées et en toute circonstance composées jusques à la perfection.
Montaigne, *Essais*, I, 18.

Je pris cet instant pour mettre *l'abomination* dans le ridicule ; ce qui fait le plus dangereux et le plus irrémédiable de tous les composés.
Le cardinal de Retz, *Mémoires*, part. II, année 1649.

Enfin, ils ne considèrent plus la religion que comme une police extérieure, nécessaire pour maintenir les peuples : maxime pleine d'*abomination*.
Bourdaloue, *Sermons*. Sur la parfaite observation de la loi.

Je regarde avec horreur... les désordres criminels de la vie que j'ai menée. J'en repasse dans mon esprit toutes les *abominations*.
Molière, *le Festin de Pierre*, V, 1.

La théologie morale d'Escobar est comme le précis de toutes les *abominations* des casuistes.
J. Racine, *Hist. de Port-Royal*, part. I.

Élie alloit reprocher avec une sainte indignation aux rois d'Israël *l'abomination* de leurs veaux d'or.
Massillon, *Conférences*. Retraite pour les curés.

Un arrêt du parlement de Dijon fit en même temps un grand bruit. Il fit brûler le curé de Seurre, convaincu

de beaucoup d'*abominations*, en suite des erreurs de Molinos et fort des amis de madame Guyon.
Saint-Simon, *Mémoires*, 1698, t. II, c. 13.

Cette *abomination* (les empoisonnements au temps de la marquise de Brinvilliers et de la Voisin) ne fut que le partage de quelques particuliers, et ne corrompit point les mœurs douces de la nation.
Voltaire, *Siècle de Louis XIV*, c. 28.

Et renioient Pere et Fils
Et aussi le Saint-Esperit...
Mainte autre *abomination*...
Godefroy de Paris, *Chron. métrique*, v. 4044.

ABOMINATION se dit quelquefois, par la même sorte d'exagération qu'*Abominable*, en parlant d'une chose simplement mauvaise, choquante, désagréable :

Je me donnerai bien de la peine, et, pendant ce temps-là, l'ouvrage paraîtra tronqué, défiguré, et dans toute son *abomination*.
Voltaire, *Lettres*, 13 juin 1755.

ABOMINATION, dans le style de l'Écriture, auquel notre langue semble avoir primitivement emprunté ce mot, a, chez les écrivains ecclésiastiques, certaines acceptions spéciales qui doivent être remarquées ici ;

Celle de Culte idolâtre, impie, en horreur à Dieu et aux hommes :

Nos Gaules, où l'impie et mystérieuse *abomination* des druides avoit fait si longtemps toute la religion de nos ancêtres, devinrent la plus pure et la plus florissante portion de l'Église de Jésus-Christ.
Massillon, *Conférences*. Du zèle contre les scandales.

Celle même d'Idole :

Sacrifie à ton Dieu les *abominations* des Égiptiens.
S. Bernard, *Sermons fr.* à la suite des *Quatre Livres des Rois*, p. 533-4.

Le roi souilla aussi et profana les hauts lieux qui étoient à main droite de la montagne du Scandale, et que Salomon roi d'Israël avoit bâtis à Astaroth, idole des Sidoniens, à Chamos, le scandale de Moab, et à Melchom, *l'abomination* des enfans d'Ammon.
Le Maistre de Sacy, trad. de la Bible, *Rois*, IV, XXIII, 13.

Le mot d'*abomination*, dans l'usage de la langue sainte, signifie idole : et qui ne sait que les armées romaines portoient dans leurs enseignes les images de leurs dieux et de leurs Césars, qui étoient les plus respectés de tous les dieux ?

> Bossuet, *Discours sur l'Histoire universelle,* II, 22.

De là , sous une forme absolue , *l'abomination,* pour dire L'idolâtrie :

> Au temps d'Isaac et de Jacob, *l'abomination* s'étoit répandue sur toute la terre.
>
> Pascal, *Pensées,* part. II, art. 4.

Ainsi quand Jérusalem fut assiégée, elle étoit environnée d'autant d'idoles qu'il y avoit d'enseignes romaines; et *l'abomination* ne parut jamais tant où elle ne devoit pas être.

> Bossuet, *Discours sur l'Histoire universelle,* II, 22.

Abomination de la désolation est une expression propre aux livres saints, et qui signifie le comble des impiétés et de la profanation :

> Quand donc vous verrez que *l'abomination de la désolation,* qui a été prédite par le prophète Daniel , sera dans le lieu saint, que celui qui lit entende bien.
>
> Le Maistre de Sacy, trad. de la *Bible,* Nouveau Testament, saint Matthieu, XXIV, 15.

L'abomination de la désolation dans le lieu saint... est visiblement la même chose que Jérusalem environnée d'une armée.... L'abomination, selon le langage de l'Écriture, signifie des idoles. L'*abomination de la désolation,* ce sont donc des idoles désolantes, tant à cause de l'affliction qu'elles causent par leur aspect au peuple de Dieu, qu'à cause de la dernière désolation dont elles leur étoient un présage.

> Bossuet, *Méditations sur l'Évangile.* Dernière semaine du Sauveur, LXXᵉ jour.

La plupart des interprètes prétendent que par cette *abomination de désolation* qui devoit éclater dans le lieu saint, il faut entendre les images des dieux et des empereurs qui étoient représentées dans les drapeaux et dans les enseignes des soldats romains, et auxquelles ces soldats avoient coutume de sacrifier.

> Saint-Réal, *Vie de Jésus-Christ.* Remarques, CIX.

Abomination de la désolation s'est dit, par extension et par hyperbole, de certains scandales qui affligent l'Église :

> Qui peut donc s'assurer de n'avoir point de part à

l'abomination de la désolation, c'est-à-dire aux profanations des choses saintes ?

> Nicole, *Essais de morale.* Sur l'Évangile du dernier dimanche d'après la Pentecôte, § 3.

L'abus des biens ecclésiastiques étoit, si j'ose parler ainsi , *l'abomination de la désolation* dans le lieu saint.

> Bourdaloue, *Panégyriques.* Pour la fête de Saint Louis.

Abomination de la désolation peut se dire aussi, par une espèce d'hyperbole bouffonne, de quelques scandales d'un ordre moins grave; mais il appartient, en ce sens, au style familier de la correspondance ou de la conversation :

> Nous apprenons qu'il s'élève une petite secte de barbares qui veut qu'on ne fasse désormais des tragédies qu'en prose. Ce dernier coup manquait à nos douleurs : c'est l'*abomination de la désolation* dans le temple des Muses.
>
> Voltaire, *Dictionnaire philosophique,* art. Rime.

ABONDER , v. n. (du latin *abundare,* venu lui-même, par *ab* et *undare,* de *unda*).

Quelquefois, aux temps anciens de notre langue, par une addition arbitraire de la lettre *h,* déjà remarquée plus haut, pages 48, 56, 81, 197, 199, 202, HABONDER, HABUNDER. (Voyez le *Glossaire* de Sainte-Palaye et les exemples ci-après.)

Au nombre des anciennes formes du verbe ABONDER , Sainte-Palaye compte ABONDIR, s'appuyant d'abord, par erreur, sur un texte ancien (*anc. Poés. fr.* ms. du Vat., n° 1490, fol. 56, r°, col. 2) qui précisément donne ABONDER, et citant plus loin deux exemples, du parfait *abondit* et du participe *abondi,* qui sont eux-mêmes d'une autorité douteuse.

ABONDER s'emploie absolument, et signifie Être en grande quantité, qu'il s'agisse des choses ou des personnes.

Au premier cas, de beaucoup le plus ordinaire , se rapportent les exemples suivants ;

Dans les uns il est question de choses de l'ordre physique, d'objets matériels :

> Loup *abonde* en Ytaille et en maintes autres terres.
>
> Brunetto Latini, *li Tresors,* liv. I, c. 182, du Loup.

Pour la grand'plenté (quantité) des biens qui *abondent* au pays, les gens y sont tous oiseux et n'y font point de labour.

FROISSART, *Chroniques*, II, 137.

Lorsque les biens et les richesses multiplioient par le royaulme, et que les finances y *habondoient* comme source d'eau vive.

ALAIN CHARTIER, *le Quadriloge*.

Nous voyons par expérience que le riche à qui tout *abonde* n'est pas moins impatient dans ses pertes que le pauvre à qui tout manque.

BOSSUET, *Sermons*. Sur l'impénitence finale.

Les lettres anonymes *abondèrent*, les délations, les faux rapports.

SAINT-SIMON, *Mémoires*, 1696; t. I, c. 35.

Les voyelles *abondent* dans les langues des peuples naissans.

BERNARDIN DE SAINT-PIERRE, *Harmonies de la nature*, VIII, Harmonies conjugales.

Frommanz èt seigles *habondoient*
Es lieus où les deus os (armées) estóient.

G. GUIART, *Royaux lignages*, t. I, v. 649.

Joustes très-grans, où l'or luit et *habonde*.

EUSTACHE DESCHAMPS, *Ballade*. Sur le néant des choses de ce monde.

Justes, ne soyez point jaloux
De voir qu'au pécheur en ce monde
Le bien de toutes parts *abonde*;
Il en sort aussi nud que vous.

RACAN, *Psaumes*, XLVIII.

Depuis qu'elle se voit la maîtresse du monde,
Depuis que la richesse entre ses murs *abonde*.

P. CORNEILLE, *Cinna*, II, 1.

Les trois enfants, émus à son auguste aspect,
Admiraient, d'un regard de joie et de respect,
De sa bouche *abonder* les paroles divines,
Comme en hiver la neige aux sommets des collines.

A. CHÉNIER, *Idylles*. L'Aveugle.

Dans les autres il s'agit de choses de l'ordre moral, le plus souvent désignées par des expressions abstraites :

En terre *habondevet* ceste espece (la pauvreté), et si *sorhabondevet*....

S. BERNARD, *Sermons françois*, à la suite des Quatre livres des Rois, p. 533.

Aucun home semblent estre de nature divine par la très grant vertu qui en eulx *habonde*.

BRUNETTO LATINI, *li Trésors*, liv. II, c. 36. Des vices.

Très-hault, très-excellent, très-puissant, très-magnanime et invincible prince,... en qui tout honneur et vertu *abonde*....

HENRI II, *Lettre à Soliman*, 3 juillet 1555 (Voyez *Négociations de la France dans le Levant*, t. II, p. 346-347).

La nouvelle église anglicane... se rendoit illustre par toute la terre. Les miracles y *abondoient* avec les vertus, comme dans les temps des apôtres.

BOSSUET, *Discours sur l'Histoire universelle*, I, 11.

Le péché *abonde*, la charité se refroidit, les ténèbres s'épaississent.

FÉNELON, *Sermons*. Pour la fête de l'Épiphanie.

La grâce *abonde* où le péché *avoit abondé*.

MASSILLON, *Carême*, vendredi de la 2e semaine.

Elle (la chancelière) avoit fondé avec le chancelier et bâti un hôpital à Pont-Chartrain, où tout le spirituel et le temporel *abondoit*.

SAINT-SIMON, *Mémoires*, 1714, t. XI, c. 11.

Jacobin sont venu el monde
Vestu de robe blanche et noire.
Toute bontez en els *abonde*,
Ce peut quiconques voudra croire.

RUTEBEUF, *la Discorde de l'Université et des Jacobins*. OEuvres, t. I, p. 153.

Rome, qui deust estre de nostre foi la fonde (base),
Symonie, avarice, et tos max i *abonde*.

LE MÊME, *de la Vie dou monde*. OEuvres, t. I, p. 233.

Si que l'en croie par le munde
Que vertu toute en nous *habunde*.

Roman de la Rose, v. 11873

En nostre enfer, où toute horreur *abonde*.

Cl. MAROT, *l'Enfer*.

......Au roy doulceur *abonde*.

LE MÊME, *Chants divers*, VII.

Voi-cy qui va le mieux du monde,
Puisqu'en vous deux malice *abonde*.

J.-A. BAÏF, *les Mimes*, III.

Ceux qui suivent ta loy, toute paix leur *abonde*.

Ph. DESPORTES, *Psaumes*, CXVIII.

Dans sa charité fausse où l'amour-propre *abonde*,
Croit que c'est aimer Dieu que haïr tout le monde.

BOILEAU, *Satires*, X.

La louange est si sèche, elle produit si peu!
Mais la critique *abonde;* elle coule de source.
La Chaussée, *Amour pour amour.* Prologue, I, 1.

A cet emploi d'ABONDER se rapporte la locution, usitée dans le langage de la jurisprudence, au sujet d'une surabondance sans inconvénient de raisons, de droits, de formalités, *Ce qui abonde ne vicie pas,* c'est-à-dire ne vicie point l'acte, Vicier étant verbe actif :

Ce qui abonde ne vicie pas.
Beaumarchais, *Mémoires,* part. I. Supplément.

On a quelquefois, abusant du mot Vicier (voyez ce mot), renversé la locution et dit, *Ce qui vicie abonde* :

Et malheureusement *ce qui vicie abonde.*
Piron, *la Métromanie,* I, 3.

Abonder, pris absolument, s'est dit encore des personnes, désignées alors, presque toujours, par des expressions collectives, et en a exprimé vivement l'affluence :

Il (Lauglée) étoit fort bien avec tous les princes du sang, qui mangeoient très souvent à Paris chez lui, où *abondoit* la plus grande et la meilleure compagnie.
Saint-Simon, *Mémoires,* 1700, t. II, c. 27.

Il (Chamillard) passoit deux mois à Courcelles, où toute la province *abondoit.*
Le même, *Même ouvrage,* 1721, t. XVIII, c. 23.

Le roi retourna au même appartement voir les deux mariées (Mlle de Bourbon et Mlle de Conti) chacune sur son lit, où toute la cour *abonda* le reste de la journée.
Le même, *Même ouvrage,* 1713, t. XI, c. 3.

J'ai remarqué parmi eux des gens qui non seulement sont sociables, mais sont eux-mêmes la société universelle. Ils se multiplient dans tous les coins, et peuplent en un moment les quatre quartiers d'une ville : cent hommes de cette espèce *abondent* plus que deux mille citoyens.
Montesquieu, *Lettres persanes,* LXXXVIII.

Dieu gard la court des dames, où *abonde*
Toute la fleur et l'eslite du monde.
Cl. Marot, *Épîtres.* I, 29.

Quand je vais par la rue, où tant de peuple *abonde.*
Joachim du Bellay, *Sonnet.*

J'entends une retraite isolée et profonde,
Et non celle où toujours le voisinage *abonde.*
Collin d'Harleville, *les Châteaux en Espagne,* III, 2.

La ville, les faubourgs, chez elle tout *abonde.*
Delille, *la Conversation,* II.

On a employé ABONDER même en parlant d'une seule personne, mais figurément et d'une manière analogue à l'emploi de *multus,* chez les Latins, dans cette locution : *Multus in aliqua re.* De là, par emprunt à un passage de l'Épître aux Romains, XIV, 5 : *Unusquisque in suo sensu abundet,* les expressions suivantes,

Abonder dans son sens ou *en son sens,* Montrer un attachement exclusif à sa propre opinion ;

Abonder dans le sens de quelqu'un, Parler d'une manière tout à fait conforme à l'opinion de quelqu'un :

Interprétez l'institution de quaresme à votre fantaisie...; chascun *abunde en son sens.*
Rabelais, *Pantagruel,* V, 29.

Car, pour ce qui touche les mœurs, chacun *abonde* si fort *en son sens,* qu'il se pourroit trouver autant de réformateurs que de têtes.
Descartes, *Discours de la Méthode,* VI.

Les pensées et les lumières des hommes étant différentes, chacun *abondera* toujours *dans son sens.*
Nicole, *Essais de morale.* Sur l'épître du 2e dimanche de l'Avent, § 9.

Je ne sais si tout ce que j'écris vaut la peine que vous le lisiez; je suis bien loin *d'abonder dans mon sens.*
Mme de Sévigné, *Lettres,* 15 janvier 1690.

Il vouloit faire ses écritures lui-même et *abondoit* furieusement *en son sens.*
Tallemant des Réaux, *Historiettes.* Le marquis de Rambouillet.

Dans la véritable oraison, personne n'*abonde en son sens,* chacun fait taire sa propre raison.
Fénelon, *Lettres sur l'Église,* VII.

Voyez, mon fils, à quelle absurdité mènent l'orgueil et l'intolérance, quand chacun veut *abonder dans son sens* et croire avoir raison exclusivement au reste du genre humain.
J.-J. Rousseau, *Émile,* IV; Profession de foi du vicaire savoyard.

Un chacun *en son sens,* selon son choix, *abonde.*
Regnier, *Satires,* XIV.

Vous savez qu'*en son sens* volontiers il *abonde.*
J.-B. Rousseau, *le Flatteur,* II, 5.

On parlerait mal, remarque Vaugelas , en disant, *abonder dans son sentiment,* quoique sens et sentiment soient ici la même chose.

C'est sans doute cette locution qui a produit une expression d'un usage assez rare que font connaître les exemples suivants :

Ceux qui introduisirent ces loix... n'eussent manqué de raisons selon l'*abondance de leur sens,* pour vous monstrer qu'il n'y avoit rien de plus juste que ce qui estoit par eux ordonné.
Est. Pasquier, *Lettres,* XIX, 7.

Si l'*abondance du propre sens,* ou l'ennui de la dépendance, avoit rendu le joug un peu plus incommode et porté à quelques sentimens contre l'obéissance et son aveugle simplicité, vous allez tout régler et tout réformer.
Bourdaloue, *Exhortations.* Sur le renouvellement des vœux.

Abonder, on l'a vu par quelques-uns des exemples qui précèdent, et les mots de même famille *abondant, abondamment,* donneront lieu à la même observation, peut être modifié par les adverbes *plus, moins,* etc.

Abonder signifie encore Avoir en grande quantité.

On l'a employé en ce sens d'une manière absolue, comme synonyme d'Être riche :

La devotion sçait *abonder* et souffrir pauvreté.
S. François de Sales, *Introduction à la vie dévote,* I, 2.

Uns francs povre home plus *habunde*
Que le plus riches serfs du monde.
Ysopet, I, fable 51. (Voir *Fables inédites des XIIe, XIIIe et XIVe siècles,* publ. par Robert, t. I, p. 26.)

C'est là une manière de parler fort rare. Généralement, Abonder, signifiant avoir en grande quantité,

est suivi d'un complément qu'on exprime, comme celui de l'adjectif *abondant* qui en dérive , par un substantif précédé de la préposition *en.* Ce complément est fort divers et comprend tout ce dont on peut vouloir, soit au physique , soit au moral , pour les choses ou pour les personnes, indiquer l'affluence :

...Ceulx de vers septemtrion... *habundent* plus *en* humidité et *en* sang, et les autres de vers midy *habundent* moins *en* telles choses.
Nicole Oresme, trad. de la *Politique d'Aristote,* liv. VII, glose.

Bref, *en* ce que nous avons ils deffaillent, et *en* ce que nous n'avons, ils *abondent.*
La Reine de Navarre, *Heptameron,* nouv. XXIX.

En ceste herbe y ha masle, qui ne porte fleur aulcune, mais *abunde en* semence.
Rabelais, *Pantagruel,* III, 49.

Ce siècle *abonde en* semblables desloyautez.
Henri IV, *Lettres,* 18 septembre 1606, Ire. (Voir *Lettres missives de Henri IV,* t. VII, p. 2.)

L'oraison faicte en l'union de ce divin sacrifice a une force indicible : de sorte, Philothée, que par iceluy l'ame *abonde en* celestes faveurs.
S. François de Sales, *Introduction à la vie dévote,* II, 14.

Qu'importe à l'État qu'Ergaste soit riche, qu'il ait des chiens qui arrêtent bien, qu'il crée des modes sur les équipages et sur les habits, qu'il *abonde en* superfluités ?
La Bruyère, *Caractères,* c. 10.

...L'Église de Corinthe, toute composée presque de prophètes, de docteurs, de fidèles, qui avoient reçu les dons miraculeux et qui *abondoient en* grâce et *en* vertu de l'Esprit saint...
Massillon, *Carême.* Sur la Communion.

Sparte étoit sobre avant que Socrate eût loué la sobriété; avant qu'il eût défini la vertu, la Grèce *abondoit en* hommes vertueux.
J.-J. Rousseau, *Émile,* IV; Profession de foi du vicaire savoyard.

Elle *abondoit* (Mme d'Houdetot) *en* saillies charmantes qu'elle ne recherchoit point et qui lui venoient quelquefois malgré elle.
Le même, *les Confessions,* IIe part., liv. IX.

L'île (de Céos) *abonde en* fruits et *en* pâturages.
Barthélemy, *Voyage d'Anacharsis,* c. 76.

Je sais que vous parlez, monsieur, le mieux du monde;
En beaux raisonnemens vous *abondez* toujours.
Molière, *le Misanthrope*, V, 1.

Chacun pour l'exalter *en* paroles *abonde.*
Boileau, *Satires*, XI.

De cette vérité deux fables feront foi,
Tant la chose *en* preuves *abonde.*
La Fontaine, *Fables*, II, 11.

Ta bouche *abondoit en* malice.
J.-B. Rousseau, *Odes*, I, 5.

On a dit aussi, par souvenir des formes de la langue latine, *abonder de* :

Maintes autres sortes de fruictz agrestes *dont* la région *habonde.*
J. Le Maire de Belges, *Illustrations de Gaule*, I, 21.

Que lui reste-il donc maintenant, sinon qu'il recognoisse son Dieu, en estant desnué et despourveu de toute gloire, duquel il n'a peu recognoistre la benignité et largesse cependant qu'il *abondoit des* richesses de sa grace?
Calvin, *Instit. chrest.*, liv. II, c. 2, § 1.

C'étoit chez quelqu'un de ces petits princes d'Italie *dont* ce païs-là *abonde*, car qui a de l'argent y devient altesse.
Scarron, *Nouvelles tragi-comiques*. Plus d'effets que de paroles.

Si les hommes *abondent de* biens, et que nul ne soit dans le cas de vivre de son travail, qui transportera d'une région à une autre les lingots ou les choses échangées?
La Bruyère, *Caractères*, c. 16.

Paris *abonde de* barbouilleurs de papier.
Voltaire, *Lettres*, 5 sept. 1752.

Cil Diex qui *de* bonté *habonde.*
Roman de la Rose, v. 16930.

Quant les biens qui sont en la ronde,
Sont miens, et je les donneray
Par grant largesse *dont* j'*abonde*,
Et après je les reprendray.
Charles d'Orléans, *Ballade* CXV. (Il fait parler la Fortune.)

Eh! qui peut prévenir tous les maux *dont abonde*
La guerre en cruautés, en ruines féconde?
P. Corneille, *Sertorius*, III, 4.

I.

Dans les faux biens *dont* sa misère *abonde.*
J.-B. Rousseau, *Épîtres*, II, 7.

Il semble qu'abonder ait été pris autrefois dans une signification active. Sainte-Palaye cite à l'appui de cette opinion quelques passages empruntés à de très-anciens écrivains, mais sur le sens et la syntaxe desquels on peut ne pas s'accorder. La phrase suivante, d'une époque beaucoup plus rapprochée de nous, est plus concluante :

Les brebis alaictantes seront mieux traitées que les autres, comme a esté dit, pour *les abonder en* laict.
Olivier de Serres, *Théâtre d'Agriculture*, lieu IV, c. 13.

On doit remarquer cependant que, dans un autre passage, le même écrivain se conforme à l'usage ordinaire :

On la logera (la chienne) chaudement, et là sera bien traitée pour *la faire abonder en lait.*
Même ouvrage, lieu IV, c. 16.

À un sens particulier qu'avait autrefois le mot *abondance* dans la langue du Palais (il en sera question plus loin, p. 222, 1re col.), répond l'emploi actif qu'on faisait du verbe abonder, pour dire Enfler, exagérer :

Si aucun acquereur, en faisant la cognoissance du retrait au lignager, *abonde* plus grand somme de deniers pour le sort principal qu'il n'en a payez... il restituera au... retrayeur les deniers qu'il *avoit* trop *abondez.*
Coutumes de Tours, tit. XVI, de Retraict. Voy. *Coutumier général*, t. II, p. 13.

On trouve abonder employé au participe dans cet ancien passage :

Li felonie estoit si *habondcie* ke li charitez estoit assi cum tote refroideie.
S. Bernard, *Serm. françois*, à la suite des *Quatre livres des Rois*, p. 527.

ABONDANT, ante, adjectif (du latin *abundans*).
On a écrit abondant, abondant, habondant, habundant, etc. Voyez le *Glossaire* de Du Cange, au mot *Ex abundanti*, le *Glossaire* de Sainte-Palaye, et les exemples ci-après.

27

Dans un très-ancien texte, l'eau de la Seine, que remonte Rollon, est dite :

Et pleinteive (large et profonde) et *abundose*.
BENOÎT, *Chronique des ducs de Normandie*, t. I, p. 187, v. 3016.

ABONDANT peut s'employer absolument, et s'applique, au propre, en raison de son étymologie, comme il sera dit des mots *abondance*, *abondamment*, à Ce qui coule à flots, s'épanche, se répand :

Des eaux *abondantes* tirées des rochers par un coup de verge.
BOSSUET, *Discours sur l'Histoire universelle*, II, 3.

D'où vient qu'en certains pays chauds, où il ne pleut presque jamais, les rosées de la nuit sont si *abondantes* qu'elles suppléent au défaut de la pluie?
FÉNELON, *Traité de l'Existence de Dieu*, I, 2.

Une pluie *abondante* qui tomba dans l'instant servit encore à séparer les deux armées.
LE MÊME, *Télémaque*, XVII.

Sophronyme immola plusieurs victimes, dont le sang inonda les autels de gazon qui environnoient le tombeau; il répandit des libations *abondantes* de vin et de lait.
LE MÊME, *Aventures d'Aristonoüs*.

Il... me témoigna de la joie de me voir échappé du danger que j'avois couru; ce qu'il attribuoit, disoit-il, à deux saignées *abondantes* qu'il m'avoit faites, et aux ventouses qu'il avoit eu l'honneur de m'appliquer.
LE SAGE, *Gil Blas*, VII, 16.

C'est à ces cavités que l'on doit attribuer l'origine des fontaines *abondantes* et des grosses sources.
BUFFON, *Hist. nat.* Théorie de la terre, Disc. II.

De grands arbres qui s'élèvent dans les places et dans les jardins garantissent les habitans des ardeurs du soleil; et une source *abondante*, nommée la fontaine d'Aréthuse, suffit à leurs besoins.
BARTHÉLEMY, *Voyage d'Anacharsis*, c. 4.

Une sueur *abondante* coule de leurs membres affoiblis.
LE MÊME, *même ouvrage*, c. 38.

Dans les exemples suivants on peut remarquer le passage du sens propre à une acception moins restreinte et même à un emploi figuré :

Cette source salutaire, d'où se fait encore aujourd'hui sur nous une effusion si *abondante* du sang du Sauveur et de ses mérites infinis.
BOURDALOUE, *Dominicales*. Sur la confession.

Les idoles seront brisées, et la connoissance du vrai Dieu sera *abondante* comme les eaux de la mer qui couvrent la terre.
FÉNELON, *Sermons*. Pour la fête de l'Épiphanie.

Je sais..... que la componction est quelquefois si vive dans un pécheur, ses larmes si *abondantes*....., qu'on doit abréger le temps des épreuves.
MASSILLON, *Carême*. Sermon sur la communion.

Homère florissoit environ quatre siècles après la guerre de Troie. De son temps la poésie étoit fort cultivée parmi les Grecs : la source des fictions qui font son essence ou sa parure devenoit de jour en jour plus *abondante*.
BARTHÉLEMY, *Voyage d'Anacharsis*, Introduction, part. I.

Son esprit étoit une source toujours *abondante*.
BERNARDIN DE SAINT-PIERRE, *Parallèle de Voltaire et de J.-J. Rousseau*.

ABONDANT se dit, employé de cette manière absolue, de tout ce qui est en grande quantité, nombreux, copieux.

Et d'abord lorsqu'il est question, soit au propre, soit au figuré, d'objets de l'ordre physique :

Nous y avons découvert (dans la Voie lactée) une infinité de petites étoiles, dont la splendeur plus *abondante* nous a fait reconnoître quelle est la véritable cause de cette blancheur.
PASCAL, *Pensées*, part. I, art. 1.

Ce peuple, si étrangement *abondant*, est tout sorti d'un seul homme.
LE MÊME, *même ouvrage*, part. II, art. 7.

Tous les biens sont communs : les fruits des arbres, les légumes de la terre, les troupeaux, sont des richesses si *abondantes*, que des peuples si sobres et si modérés n'ont pas besoin de les partager.
FÉNELON, *Télémaque*, VIII.

Il y met aussi du vin parmén̄ien avec une *abondante*

provision de miel d'Hymette, d'Hybla et d'huile attique, presque aussi douce que le miel même.

FÉNELON, *Aventures d'Aristonoüs.*

Il se peut que, les glaces étant devenues plus *abondantes* dans cette mer, elles empêchent aujourd'hui d'aborder.

BUFFON, *Preuves de la théorie de la terre,* art. XI.

Un enfant qui vient de s'ébattre et dont le corps croît a besoin d'une nourriture *abondante.*

J.-J. ROUSSEAU, *Émile,* II.

     Il ne dit pas qu'il fait chaud, qu'il fait froid,
       Dans quelle année, en quel endroit
    Les vivres furent chers, la moisson *abondante.*

DELILLE, *la Conversation,* III.

Danet traduit cette phrase de César : « Remigum magna copia ipsis suppetebat » par « leur chiourme étoit *abondante,* » expression en usage sur mer, ajoute-t-il.

Il est aussi très-ordinaire que l'adjectif ABONDANT s'applique en cette forme, et avec cette acception, à des objets de l'ordre moral, se construise avec des noms abstraits :

Il se trouve rarement de prudence humaine tant ex-cellente, de fortune si prospere, ny de vertus tant *abondantes,* qu'elles ayent la puissance de destourner les malignes constellations des astres.

SULLY, *OEconomies royales,* t. II, c. 27.

Dieu monstrant en ceste sorte les richesses de sa bonté, par ceste redemption copieuse, *abondante,* surabondante, magnifique et excessive.

S. FRANÇOIS DE SALES, *Traité de l'amour de Dieu,* II, 4.

Les chrétiens... n'entreront point dans le royaume de Dieu, si leur justice n'est plus *abondante* que celle des pharisiens.

NICOLE, *Essais de morale.* Sur l'évangile du 6e dimanche après la Pentecôte, § 1.

Ses aumônes, toujours *abondantes,* se sont répandues principalement sur les catholiques d'Angleterre, dont elle a été la fidèle protectrice.

BOSSUET, *Oraison funèbre de la duchesse d'Orléans.*

On pardonne aisément toutes les injures, si l'on est

rempli de cet esprit de miséricorde qui nous attire une miséricorde bien plus *abondante.*

BOSSUET, *Méditations sur l'Évangile,* Iᵉʳ jour.

Quelque *abondante* que soit l'iniquité du monde.

BOURDALOUE, *Avent.* Sur le scandale.

N'est-ce pas..... dans les conditions, dans les fortunes médiocres, que Dieu, par sa miséricorde, fait trouver les plus *abondantes* ressources ?

LE MÊME, *Carême.* Sur l'aumône.

Touchés du spectacle des souffrances du Sauveur, et des grâces *abondantes* qui coulent avec son sang, ils sentent tout d'un coup leur cœur changé et brisé d'une sainte componction.

MASSILLON, *Mystères.* Sur la Passion.

Il répondoit... qu'il ne connoissoit point de plus excel-lent livre ni d'une instruction plus *abondante.*

SAINT-SIMON, *Mémoires,* 1709, t. VII, c. 3.

Sans les fureurs de la Pythie, elle seroit moins con-sultée, et les libéralités des peuples seroient moins *abon-dantes.*

BARTHÉLEMY, *Voyage d'Anacharsis,* c. 23.

De même que le verbe *abonder* ne signifie pas seulement Être, mais Avoir en grande quantité, de même l'adjectif ABONDANT, outre son sens de Nom-breux, copieux, se dit encore de Ce qui possède, ou de Ce qui produit en grande abondance, de Ce qui est riche, fertile, soit au propre, soit au figuré :

Je ne doute point que le roi de Perse ne prît des pré-textes très-spécieux pour justifier ses armes quand il vint en Grèce... Il n'oublia pas que le grand roi ne venoit que pour châtier les petits tyrans, et qu'il apportoit aux peuples une riche et *abondante* liberté, au lieu de leur maigre et stérile servitude.

BALZAC, *Aristippe,* disc. III.

C'étoit pour cela qu'il (Dieu)... les avoit nourris de la manne dans le désert, qu'il les avoit menés dans une terre heureuse et *abondante.*

PASCAL, *Pensées,* part. II, art. 8.

La pêche qu'ils firent fut si *abondante* que leurs filets se rompoient.

BOURDALOUE, *Sermons.* Sur les œuvres sans la foi.

C'est en eux une stérilité de faits et de principes qui ne

peut être plus grande, mais à la vérité la meilleure récolte et la richesse la plus *abondante* de mots et de paroles qui puisse s'imaginer.

LA BRUYÈRE, *Caractères*, c. 13.

Vous amassez un trésor *abondant* de colère pour le jour terrible qui vous surprendra, et où il sera rendu à chacun selon ses œuvres.

MASSILLON, *Avent.* Délai de la conversion.

Eux dont les jours les plus *abondans* seroient pour vous des jours d'austérité et de souffrance

LE MÊME, *Carême.* Sur le Jeûne.

Après un si long séjour dans ce camp *abondant*, il fallut aller ailleurs.

SAINT-SIMON, *Mémoires*, 1694, t. I, c. 22.

Il étoit plus ou moins *abondant* (le dîner de Louis XIV), car il (le roi) ordonnoit le matin petit couvert, ou très petit couvert.

LE MÊME, *même ouvrage*, 1715, t. XIII, c. 12.

Que si l'on découvre des mines si *abondantes* qu'elles donnent plus de profit, plus elles seront *abondantes*, plus tôt le profit finira.

MONTESQUIEU, *Esprit des lois*, XXI, 22.

J'avois éprouvé trop souvent qu'il y a des nécessités insupportables, surtout pour une fille délicate qui est accoutumée à une vie commode et *abondante*.

PRÉVOST, *Manon Lescaut*, IIe part.

La vue... d'un coteau *abondant* retrace le chant des oiseaux, le murmure des ruisseaux, le bonheur des bergers, leur vie douce et paisible...

CONDILLAC, *Essai sur l'origine des connaissances humaines*, IIe part., sect. II, c. 3, § 39.

Le mont Taygète leur fournit une chasse *abondante*.

BARTHÉLEMY, *Voyage d'Anacharsis*, c. 48.

On trouve chez saint Jérôme (*Epist. ad Paulam super exitu Blœsillæ filiæ*) les riches désignés par ces mots *abundantes in sæculo*, auxquels répond une expression que Nicot traduit par *copiosus, Homme abondant et riche :*

Abondant, parce qu'il n'a rien; possédant tout, parce que tout lui manque.

BOSSUET, *Panégyrique de saint Joseph.*

ABONDANT se dit, employé de cette manière et dans ce sens, en parlant des idées, des langues, des littératures, des écrivains, pour exprimer chez les unes la richesse des développements, des formes, des œuvres ; chez les autres, l'étendue et quelquefois la superfluité du savoir, la fécondité du talent, l'aisance du style, le grand nombre des productions :

Il y a bien au dessus de nous, vers les montagnes, un gascon (un langage gascon) que je trouve... autant nerveux et puissant, et pertinent, comme le françois est gracieux, delicat et *abondant*.

MONTAIGNE, *Essais*, II, 17.

Les mêmes pensées... infertiles dans leur champ naturel, *abondantes* étant transplantées.

PASCAL, *Pensées*, part. I, art. 3.

On ne sauroit s'épuiser sur un sujet si *abondant*.

PERROT D'ABLANCOURT, trad. de Lucien. *La louange de la beauté.*

Il n'est pas temps de se préparer trois mois avant que de faire un discours public... il faut avoir passé plusieurs années à se faire un fonds *abondant*.

FÉNELON, *Dialogues sur l'éloquence*, I.

Notre langue deviendroit bientôt *abondante*, si les personnes qui ont la plus grande réputation de politesse s'appliquoient à introduire les expressions ou simples ou figurées dont nous avons été privés jusqu'ici.

LE MÊME, *Lettre à l'Académie française*, § 3.

Ayez le plaisir de voir que vous n'êtes arrêté dans la lecture que par les difficultés qui sont invincibles, où les commentateurs et les scholiastes eux-mêmes demeurent court, si fertiles d'ailleurs, si *abondans*, si chargés d'une vaine et fastueuse érudition dans les endroits clairs, et qui ne font de peine ni à eux ni aux autres.

LA BRUYÈRE, *Caractères*, c. 14.

L'amour est le plus *abondant* et le plus fertile de tous les sentiments.

FONTENELLE, *Réflexions sur la poétique.*

M. Parent étoit si *abondant* que, quoiqu'il eût ce journal à lui, il ne laissoit pas de se répandre encore dans les autres, dans celui des Savants, dans celui de Trévoux, dans le Mercure; il ne pouvoit se contenir dans ses rives.

LE MÊME, *Éloge de Parent.*

Il dit que vous n'avez que vingt-cinq ans, que vous êtes gai, vif, animé, *abondant*, enfin que vous l'avez charmé.

Mme DU DEFFAND, *Lettres*, 25 juin 1764 (à Voltaire).

Saint Ambroise est le Fénelon des Pères de l'Église latine; il est fleuri, doux, *abondant*.

CHATEAUBRIAND, *Génie du Christianisme*, IIIe part., liv. IV, c. 2.

Des trésors du génie économe prudent,
Brillant mais naturel, et pur quoique *abondant*,
Chez toi (Virgile) toujours le goût employa la richesse.

DELILLE, *l'Imagination*, V.

Dans l'exemple suivant, ABONDANT est appliqué, d'une manière analogue, à une composition poétique, pour exprimer la richesse d'idées et d'enseignements qu'elle contient :

Heureuse la fable *abondante*
Qui me dit quelque chose avant qu'elle ait tout dit !

DE LA MOTTE, *Fables*, I, XI.

ABONDANT n'est pas toujours employé absolument ; très-souvent il est suivi de la préposition *en* et d'un substantif, régime de cette préposition, lequel marque l'objet, soit de l'ordre physique, soit de l'ordre moral, dont l'adjectif ABONDANT exprime fortement la possession, la production :

Toutesfois je n'ay congneu nulle seigneurie, ne pays..., qui fust si *habondant en* richesses...

COMMYNES, *Mémoires*, V, 9.

Il disoit que les songes se comportent selon l'humeur qui domine en nous; les songes seulement nous demonstrans *en* quell' humeur nous sommes plus *abondans*.

G. BOUCHET, *Sérées*, liv. II, 16e sérée.

C'est un galant homme, beau, savant, sain, entendu et *abondant en* toutes sortes de commoditez et plaisirs.

MONTAIGNE, *Essais*, III, 7.

Et soient pommes ou poires, n'employez celles de peu ou point de jus, aians la matiere farineuse, ains servez-vous seulement des *abondantes* en liqueur, qui est ce que recerchez en cest œuvre.

Olivier DE SERRES, *Théâtre d'agriculture*, lieu IV, c. 15.

Il n'y a que lui (Dieu) qui, étant riche de sa propre essence, jouisse d'une solitude bien-heureuse et *abondante en* toutes sortes de biens.

BALZAC, *Aristippe*, disc. I.

La langue françoise est *abondante en* toutes sortes de termes et de façons de parler.

BOUHOURS, *Entretiens d'Ariste et d'Eugène*, II.

La joie, qui, *abondante en* ses propres biens, semble se contenter d'elle-même, cherche le sein d'un ami pour s'y répandre, sans quoi elle est imparfaite.

BOSSUET, *Sermons*. Sur la charité fraternelle.

Il faut aussi les mettre dans les pâturages les plus gras et dans un terrain qui, sans être trop humide et marécageux, soit cependant très-*abondant en* herbes.
Quoique cette espèce soit peut-être la plus nombreuse et la plus *abondante en* individus.

BUFFON, *Hist. nat.* Animaux domestiques. Le bœuf, l'âne.

Puissiez vous devider une longue jeunesse,
Et saine parvenir en heureuse vieillesse,
Abondante en enfans, *abondante en* honneur,
Abondante en l'amour du roy vostre seigneur.

Rob. GARNIER, *les Juifves*, II.

Et de quelque façon que l'on me considère,
Abondante en richesse ou puissante en crédit,
Je demeure toujours la fille d'un proscrit.

P. CORNEILLE, *Cinna*, I, 2.

La terre *en* trésors *abondante*,
Feroit germer l'or sous ses pas.

J.-B. ROUSSEAU, *Odes*, II, 9.

De même qu'on a dit quelquefois, cela a été rappelé plus haut, *abonder de*, on a pu dire aussi par analogie *abondant de* :

Taxiles... tenoit un païs aux Indes de non moindre estendue... que toute l'Ægypte, gras en pasturages, et *abondant de* tous fruicts.

AMYOT, trad. de Plutarque. *Vie d'Alexandre*, c. 15.

La Sicile... est une isle riche, puissante et *abondante de* peuple.

LE MÊME, même ouvrage. *Vie de Pyrrhus*, c. 7.

Je luy dis..... que l'Angleterre estoit *abondante d'*hommes vaillans par mer et par terre.

LE CARDINAL D'OSSAT, *Lettres*, liv. III, 1er février 1597.

ABONDANT *de*, est une forme vieillie et très-rare qu'on a assez récemment critiquée dans les vers suivants :

Fortune..............................
Qui sais de ton palais, *d'esclaves abondant*,
De diamans, d'azur, d'émeraudes ardent,
Aux gouffres du Potose, aux antres de Golconde,
Tenir les rênes d'or qui gouvernent le monde.

A. Chénier, Élégies, XXVII.

ABONDANT peut encore se construire avec la préposition *à*, ayant pour régime un verbe à l'infinitif :

L'esprit à qui Dieu n'a point donné de bornes dans ses pensées, toujours *abondant à* se former des idées nouvelles, ne sauroit se figurer rien de semblable.

Bossuet, Sermons. IIe pour la fête de Tous les Saints.

On a pu voir, par un grand nombre d'exemples cités précédemment, qu'ABONDANT, comme *abonder* et *abondamment*, se construit avec des adverbes qui en augmentent ou en restreignent la signification, *si*, *plus*, *le plus*, etc.

D'ABONDANT, locution adverbiale traduite du latin « ex abundanti » (QUINTILIAN. *Inst. orat.*, IV, 5, 15 ; V, 6, 2; VIII, 3, 83), et répondant à une autre locution adverbiale qui sera indiquée plus loin, p. 222, 1re col., *d'abondance*. Elle exprime ce qui va au delà du nécessaire, et a été longtemps employée dans le sens de De plus, outre cela :

D'*aboundant* li envoièrent touz les os le conte (du comte) Gautier de Brienne, pour mettre en terre bénoite.

Joinville, Histoire de saint Louis.

A une mesme heure (nous) avons retrouvé nostre filz si longuement perdu, et avec luy *d'abondant* une belle fille.

J. Le Maire de Belges, Illustr. de Gaule, I, 44.

Et *d'abondant* renouveloient lettres, sans briser ni corrompre les premieres.

Froissart, Chroniques, l. I, part. II, c. 138.

Il luy donnoit sept cens mille et troys philippus pour payer les barbiers qui l'auroyent pansé, et *d'abundant* luy donnoit la mestayrie de la Pomardiere à perpetuité franche pour luy et les siens.

Rabelais, Gargantua, I, 32.

Je protesteray ne vouloir m'aider de ce mien traitté, sinon ainsi que d'une piece que je produirois, comme *d'abondant*, après toutes les autres.

H. Estienne, la Precellence du langage françois.

Pompilie augmenta *d'abondant* le nombre des sacerdotes.

Du Verdier, Les diverses Leçons, II, 4. De la Religion des Romains et des Vestales.

J'adjoustay *d'abondant* que les ducs de Savoye avoient autres-fois pretendu audit marquisat.

Le cardinal d'Ossat, Lettres, liv. I, 25 décembre 1594.

J'estois desjà à vous par une infinité de titres, je le seray *d'abondant* par celuy de vostre très humble pensionnaire.

Balzac, Lettres, XXII, 13.

Nous condamnons *d'abondant* toutes les autres propositions pareilles.

Bossuet, Remarques sur la Réponse à la Relation du quiétisme.

Notre cochon ne nous faudra pourtant...
Et, *d'abondant*, la vache à notre femme
Nous a promis qu'elle feroit un veau.

La Fontaine, Contes, IV, 10.

Ce terme avait déjà vieilli au temps de Vaugelas, qui le dit dans ses *Remarques sur la langue françoise*. Son annotateur Th. Corneille nous fait connaître que Lamothe le Vayer le défendait, et que, sans l'interdire, Chapelain lui préférait *de plus*. Les exemples de Bossuet et de la Fontaine, qui, longtemps après cette discussion, ont repris le mot, autoriseraient à s'en servir à titre de locution ancienne.

Pour ABONDANT, on a dit ABONDABLE; *abondable de biens* :

Ly lieux est gras et drus et bons et délictables,
Et li hairs estrampés, *de tous biens habundables*.
(Et l'air tempéré).

Gerard de Roussillon, p. 11, Ms. suppl. franç., n° 254-2, à la Biblioth. imp.

ABONDANCE, subst. fém. (du latin *abundan-tia*).

On a écrit ABUNDANCE , HABONDANCE , HABUN-DANCE, etc. Voyez le *Glossaire* de Sainte-Palaye et les exemples ci-après.

ABONDANCE signifie Grande quantité.

Venu par *abundantia, abundare, undare*, de *unda*, il se dit au propre, ainsi que les autres mots de la même famille, de Ce qui coule à flots, s'épan-che, se répand :

En celui païs (il y) a grant *habundance de* fluns et de fontainnes.
BRUNETTO LATINI, li Tresors, I, 116. De Aufrique.

Alexandre s'esmerveilla fort quand il veit... la source du naphte, qui *en* jecte si grande *abondance* qu'elle en faict comme un lac.
AMYOT, trad. de Plutarque. Vie d'Alexandre, c. 12.

Alors commença une si grande *abondance de* pluye qu'il sembloit que Dieu me voulust faire noyer.
MONTLUC, Commentaires, II.

Il y avoit là un roc escarpé du costé d'occident, mais qui vers l'orient prenoit une assez douce pente, toute couverte de bois et pleine de sources d'où couloit une grande *abondance d'*eaux.
VAUGELAS, trad. de Quinte-Curce, VI, 6.

Il y sortit une si grande *abondance de* sang qu'il (Alexandre) tomba une seconde fois en sincope.
PERROT D'ABLANCOURT, trad. d'Arrian. Les Guerres d'Alexandre, VI.

La lettre qu'il a écrite au roi est la plus belle chose du monde, et le roi s'interrompit trois ou quatre fois par *l'abondance de* ses larmes.
Mme DE SÉVIGNÉ, Lettres, 15 décembre 1686.

ABONDANCE se construit, en ce sens, aussi bien qu'*abondant*, avec des noms de toute sorte qui dé-signent, soit des objets matériels , soit des choses de l'ordre moral.

Au premier cas se rapportent les exemples sui-vants :

E fist li rels que tel *abundance* out (il y eut) *de* argent

en Jérusalem cume *de* pierres, e *de* cèdre en i out (il y en eut) tant cum *des* sicomors ki creissent en la champaigne.
Les Quatre livres des Rois, III, x, 27.

Se tu as *habondance de* richesses, se tu as sagesse, se tu as noblesse et toute perfection de corps, le seul orgueil, s'il est en toy, destruit toutes les vertus.
A. DE LA SALE, le Petit Jehan de Saintré, c. 5.

Dieu... n'a point créé Adam jusques à ce qu'il eust enrichi le monde , et pourveu d'*abondance de* tous biens.
CALVIN, Instit. chrest., liv. I, c. 4, § 2.

Sans point de faulte y estoit *de* vivres *abondance*.
RABELAIS, Gargantua, I, 37.

Ceste invention est venue des bois essartés et bruslés sur les lieux, desquels en plusieurs parts le peuple tire *abondance de* bleds.
Olivier DE SERRES, Théâtre d'agriculture, lieu II, c. 1.

Lorsqu'on eut esteint le feu, il se trouva encore grande quantité de froment, et l'on commença aussi d'avoir *abon-dance des* autres choses.
VAUGELAS, trad. de Quinte-Curce, IV, 10.

... L'air était embaumé par une inconcevable *abon-dance de* roses.
Mme DE STAËL, Corinne, XVIII, 3.

Plus am mes feves, douce suer,
Asseur et à pais de mon cuer,
Que *de* viandes *habundance*.
YSOPET I, fable 12. (Voir Fables inédites des XIIe,
XIIIe et XIVe siècles, publ. par Robert, t. I, p. 54.)

Et les plus hauts rochers ont, par sa providence,
Les herbes et les fleurs, dont la gaye *abondance*
Réjouit les bergers et nourrit les troupeaux.
RACAN, Psaumes, CXLVI.

Avant cette fureur de la guerre civile,
A-t-on vu des sujets plus heureux que les miens ?
L'abondance du vin, *du* froment et *de* l'huile
En augmentoit le nombre en augmentant leurs biens.
P. CORNEILLE, Psaume IV.

Les exemples qui se rapportent au second cas, c'est-à-dire à la construction du mot ABONDANCE avec des noms qui désignent des choses de l'ordre moral, sont aussi fort nombreux.

Li planteiz (la grande quantité) et li *habondance des* choses temporels avoit ameneit l'obliement et la besoigne des permenanz (permanentes).

En sa sinestre sunt richesces et glore, et en sa dextre longitez de vie. *De* totes cez choses (il y) avoit en ciel grant *habondance.*

> S. Bernard, *Serm. fr.* à la suite des *Quatre livres des Rois*, p. 527, 533.

Meinons-la (la curiosité) à la lecture des histoires, et luy presentons *abondance* et affluence *de* tous maulx.

> Amyot, trad. de Plutarque. *OEuvres morales.*
> De la Curiosité.

Procurant la culture de la terre, je ferai le service de mon prince; ce que rien tant je ne desire, afin qu'en *abondance de* prospérités Vostre Majesté demeure longuement en ce monde.

> Olivier de Serres, *Théâtre d'agriculture*, dédicace au Roi.

Il y a des esprits actifs et remuans qui ne laissent pas d'être stériles, et à qui *l'abondance* même *de* certaines actions extérieures ôte le sentiment de la stérilité de leur âme.

> Nicole, *Essais de morale.* Sur l'évangile du dimanche de la Sexagésime, § 12.

(Ses aumônes) se répandoient de toutes parts, jusqu'aux dernières extrémités de ses trois royaumes, et s'étendant, par *leur abondance* même, sur les ennemis de la foi, elles adoucissoient leur aigreur et les ramenoient à l'Église.

> Bossuet, *Oraison funèbre de la reine d'Angleterre.*

Je comprends *l'abondance des* paroles vaines et vagues dont vous honorâtes l'adieu de madame l'abbesse.

> Mme de Sévigné, *Lettres*, 1er janvier 1690.

Dieu... vient... répandre *l'abondance* de ses dons et de ses grâces sur tout l'univers.

> Massillon, *Petit Carême.* Grandeur de Jésus-Christ.

La sublimité du génie d'Anaxagoras, son travail, son application et *l'abondance de* ses découvertes, ne firent que le conduire à l'incertitude.

> Bayle, *Dictionnaire*, art. Anaxagoras.

Il y a dans les mathématiques un champ d'une immense étendue de connoissances acquises et à acquérir, que nous serons toujours les maîtres de cultiver quand nous voudrons, et dans lequel nous recueillerons toujours la même *abondance de* vérités.

> Buffon, 1er discours, Manière d'étudier et de traiter l'histoire naturelle.

Je ne prise point telz baisiers
Qui sont donnés par contenance...
On *en* peut avoir par milliers,
A bon marchié, grant *habondance.*

> Charles d'Orléans, *Chansons*, XXVIII.

J'ay disette de biens et *de* vers *abondance.*

> Olivier de Magny, *Lettre à Jean du Thier*, secrétaire d'État des finances.

Il voulut en Judée étaler *l'abondance*
De sa miséricorde et *de* sa sainteté.

> P. Corneille, *Psaume CXIII.*

On trouve dans les lexiques de Robert Estienne et de Nicot cette expression : *Avoir abondance et foison de quelque chose.*

On a déjà vu par quelques exemples que les noms précédés de la préposition *de*, qui servent en ce sens de complément au mot ABONDANCE, sont quelquefois au singulier; ils expriment alors moins des choses qui se comptent que des choses dont on veut en général indiquer la mesure :

Itel home (de tels hommes) sont apelé angelique ou divin par *habondance de* vertu qui en eulx est.

> Brunetto Latini, *li Tresors*, II, 36. Des vices.

Si les grandes faultes commises par inimitié (recogneues depuis pour se humilier) sont dignes de pardon, que doibt il estre de celles qui sont causées par trop *d'abondance d'*amour.

> Herberay des Essarts, *Amadis de Gaule*, II, 10.

Ces erreurs-là sont cause qu'il y a grande indigence de sens et de bon entendement, et à l'opposite, grande *abondance de* babil et *de* caquet ès jeunes gens par les escholes.

> Amyot, trad. de Plutarque, *OEuvres morales*, Comment faut-il ouïr, c. 13.

Avec quelle profusion Dieu n'a-t-il point répandu cette *abondance de* bonheur sur l'humanité de Jésus-Christ !

> Nicole, *Essais de morale.* Résurrection de Jésus-Christ, I.

L'abondance de l'iniquité a prévalu.

> Bourdaloue, *Carême.* Sur la parfaite observation de la loi.

Ce que faisoient les premiers fidèles par une *abondance* et une ferveur *de* christianisme.

> Le même, *Dominicales.* Sur la Confession.

Y portez-vous (à la confession) cette vivacité de componction, cette *abondance de* douleur ce désir sincère de réparer le passé ?

> MASSILLON, *Carême*, dimanche des Rameaux. Sur la communion.

Un jugement très-dur est préparé à ceux qui sont établis pour commander aux autres, et à l'étendue de l'autorité l'*abondance du* châtiment est presque toujours réservée.

> LE MÊME, *Oraison funèbre de Louis le Grand.*

Madame de Mirau ne pensoit rien, ne disoit rien qui ne se sentît de cette *abondance de* bonté qui faisoit le fond de son caractère.

> MARIVAUX, *Vie de Marianne,* part. IV.

A cet emploi du mot ABONDANCE se rapporte la locution *abondance de droit*, rapprochée par Nicot du latin *copia causæ :*

> Pour donner plus de poids à l'affaire incompréhensible des trois cent mille livres, on lui fait déclarer qu'elle avait eu deux cent mille livres de plus, parce qu'*abondance de droit* ne nuit pas.
>
> VOLTAIRE, *Précis du procès de M. le comte de Morangiés contre la famille Verron,* 1772.

ABONDANCE dans cette même acception est quelquefois construit de la même manière avec un nom de personne :

> Et telle *habundance de* mariniers voyons-nous en aulcuns lieux, si comme en la cité de Eracle.
>
> NICOLE ORESME, trad. de la *Politique d'Aristote,* VII.

L'*abondance du* peuple guerrier et courageux que Dieu a commis sous vostre domination.

> SULLY, *OEcon. roy.,* t. II, c. 17.

Ce qui cause les révoltes, c'est la trop grande *abondance d'*hommes adonnés à la guerre, qui ont négligé toutes les occupations utiles dans les temps de paix.

> FÉNELON, *Télémaque,* XIII.

De prélas i ot (il y eut) *habundance.*
> GODEFROY DE PARIS, *Chron. métrique,* v. 2360.

ABONDANCE *de* ne se dit pas seulement des choses dont on veut exprimer la grande quantité, mais encore, dans un sens actif, de ce qui les produit. Il réveille alors l'idée de fécondité, de plénitude :

I.

J'use à mon ordinaire des biens de l'automne,... ne tenant pas.... qu'il faille estre sobre tant que les arbres nous offrent *leur abondance.*

> BALZAC, *Lettres,* VI, 22.

Réprimez d'une main avare et difficile
De ce terrain fécond l'*abondance* inutile.
> VOLTAIRE, *Contes en vers.* Les finances.

A cette acception se rapportent particulièrement des expressions venues plus ou moins directement du mot de l'Écriture : « Ex abundantia enim cordis « os loquitur » (Matth., XII, 34 ; Luc, VI, 45), *Parler de* ou *selon l'abondance du cœur, d'abondance de cœur*, *avec abondance de cœur*, etc., c'est-à-dire Avec épanchement, avec une pleine confiance :

> Il ne sçait que *de l'abondance du cœur* la bouche parle.
> Est. PASQUIER, *Lettres,* XX, 9.

Vous pouvez vous ressouvenir combien le nom de Lycidas vous estoit doux, et combien de fois il vous eschappoit de la bouche *pour l'abondance du cœur,* en pensant nommer quelqu'autre.

> D'URFÉ, *l'Astrée,* Ire part., liv. VIII.

Les personnes véritablement intérieures sont avec Dieu comme on est avec ses intimes amis : on ne mesure point ce qu'on dit, parce qu'on sait à qui on parle ; on ne dit rien que *de l'abondance* et de la simplicité *du cœur.*

> FÉNELON, *Éducation des filles,* lettre à une dame.

Ils ne pourroient point avoir le temps d'apprendre par cœur des sermons fort étudiés ; il faudroit que la bouche parlât *selon l'abondance du cœur,* c'est-à-dire qu'elle répandît sur le peuple la plénitude de la science évangélique et les sentimens affectueux du prédicateur.

> LE MÊME, *Dialogues sur l'Éloquence,* III.

J'ai fait par votre ordre près de trois mille vers sur des sujets de piété ; j'y ai parlé assurément *de* toute *l'abondance de mon cœur,* et j'y ai mis tous les sentimens dont j'étois le plus rempli.

> J. RACINE, *Lettres,* à madame de Maintenon.

Je n'avois pas dessein de m'étendre si longtemps sur ces généralités ; mais je vous parle *de l'abondance du cœur,* mon cher fils, et le cœur d'un père qui parle à un fils qu'il aime ne connoît pas de mesure.

> D'AGUESSEAU, *Instructions à son fils.*

28

Oui, c'est un savant du premier ordre qui a parlé comme cela; car ces hommes, tout fiers qu'ils sont de leur science, ils ont quelquefois des momens où la vérité leur échappe *d'abondance de cœur.*

MARIVAUX, *la Vie de Marianne*, part. I

Je n'ai parlé jusqu'ici qu'*avec abondance de cœur* et rendant avec grand plaisir justice aux bons offices de M. Hume.

J.-J. ROUSSEAU, *Lettres*, 10 juillet 1766.

On retrouve, sous une forme un peu différente, la même locution dans l'exemple suivant :

Rappelez en votre pensée ce qu'elle dit à Monsieur. Quelle force! quelle tendresse! O paroles qu'on voyoit sortir *de l'abondance d'un cœur* qui se sent au dessus de tout... sincères productions d'une âme qui, tenant au ciel, ne doit plus rien à la terre que la vérité !

BOSSUET, *Oraison funèbre de la duchesse d'Orléans.*

Ce qu'on a dit des paroles prononcées, on l'a dit par extension des paroles écrites et de ce qu'elles expriment, les sentimens, les pensées :

La plus grande des turpitudes, c'est une lettre écrite *d'abondance de cœur* à un ami et qui devient publique.

J'écris *d'abondance de cœur* et de plume, et, quand on parle à un ami, on ne croit point parler au public.

VOLTAIRE, *Lettres*, 5 juin 1741; 22 mars 1758.

Un écrivain a pu dans un cas particulier, par une contradiction volontaire, étendre la portée de l'expression jusqu'aux raisonnemens eux-mêmes :

On devine bien par le caractère d'Achille, déjà connu, que son raisonnement ne part pas *de l'abondance du cœur.*

DE LA MOTTE, *Discours sur Homère.*

Dans les locutions qui viennent d'être expliquées, ces mots *abondance de cœur, abondance du cœur,* sont toujours régimes d'une préposition. Ils pourraient être également employés comme sujets; mais les exemples en sont rares :

Et bien congnoys....
Aussi que faict *habondance de cœur*
Bouche parler.

Guill. CRETIN, *Poésies*, Epistres au nom des dames de Paris, au roy Charles VIII.

L'abondance de cœur rendant tout supportable.
DUFRESNY, *le Faux honnête homme*, III, 2.

Cette expression n'est pas sans analogie avec d'autres qui ont été rappelées plus haut, p. 208, 1re col. : *L'abondance de leur sens, l'abondance du propre sens.*

On a dit souvent l'*abondance d'une personne, son abondance*, pour exprimer son état de prospérité, de richesse :

Dieu, qui seul suffit à tous par *son abondance*, et que nous possédons d'autant plus que nous travaillons davantage à en faire part aux autres.

BOSSUET, *Sermons.* Sur la charité fraternelle.

Pour se cacher à lui-même sa misère, il emprunte de tous côtés; il remplit par ce moyen, en quelque façon, le vide de sa maison et soutient l'éclat de *son* ancienne *abondance.*

LE MÊME, *Sermon pour la profession de madame de la Vallière.*

Dans le christianisme, l'*abondance des* uns est le supplément de l'indigence des autres.

BOURDALOUE, *Carême.* Sermon sur l'aumône.

L'ambitieux ne jouit de rien : ni de sa gloire, il la trouve obscure; ni de ses places, il veut monter plus haut; ni de sa prospérité, il sèche, il dépérit au milieu de *son abondance.*

MASSILLON, *Petit Carême.* Tentations des grands.

Il n'y a point de pays au monde où la fortune soit si inconstante que dans celui-ci.... Celui-ci est étonné de sa pauvreté; celui-là l'est de *son abondance.*

MONTESQUIEU, *Lettres persanes*, XCIX.

N'épuisez donc pas seuls *votre* injuste *abondance.*
DELILLE, *Malheur et pitié*, I.

La même expression peut, en certains cas, s'employer au figuré :

J'aime mieux la sincérité de Zuingle et des Suisses qui confessent la pauvreté de leur cène, que la fausse *abondance de* nos calvinistes, riches seulement en paroles.

Bossuet, *Histoire des Variations*, X, 67.

L'analogie a conduit à dire l'*abondance* d'un pays, d'une ville, d'un peuple, pour en exprimer la richesse, comme on disait l'*abondance* d'une personne :

L'*abondance* de Paris ne se rencontre pas au village.

Balzac, *le Prince*, c. 1.

Son *abondance* (du pays de Babylone) le fit regarder, sous les anciens rois de Perse, comme la troisième partie d'un si grand empire.

Les Mèdes, autrefois si laborieux et si guerriers, mais à la fin ramollis par *leur abondance*, comme il arrive toujours, avoient besoin d'un tel général.

Bossuet, *Discours sur l'Histoire universelle*, III, 4.

ABONDANCE s'emploie d'une manière absolue en parlant des biens de la terre et des choses nécessaires à la vie et est très-souvent synonyme d'Aisance, de Richesse :

Si tu n'as peu en temps d'*abondance* toy garnir et pourveoir contre les nécessitez humaines, comment le feras-tu en temps maigre, souffraiteux et contrainct d'indigence?

Alain Chartier, *l'Espérance*.

C'est plus grant charité de donner au povre une pièce de pain en temps de chierté et de famine, que ung tout entier en temps de fertilité et d'*abondance*.

Christine de Pisan, *Lettre à Isabelle de Bavière*, 3 octobre 1405.

Je n'ay eu besoin que de la suffisance de me contenter, qui est toutefois un reglement d'ame, à le bien prendre, également difficile en toute sorte de condition, et que, par usage, nous voyons se trouver plus facilement encores en la disette qu'en l'*abondance*.

Montaigne, *Essais*, II, 17.

La dévotion.... rend également utiles l'*abondance* et la pauvreté.

S. François de Sales, *Introduction à la vie dévote*, I, 2.

Que sert l'*abondance* sans la libéralité, qu'à faire changer de nature au bien et à resserrer ce qui veut s'espandre?

Balzac, *Lettres*, XII, 14.

Qu'as-tu que faire de tant de richesses qui ne font qu'accroistre ta soif? Tu es le premier qui as trouvé la disette dans l'*abondance*.

Vaugelas, trad. de *Quinte-Curce*, VII, 8.

Cette reine malheureuse avoit eu de la joie, des trésors et de l'*abondance*.

Mme de Motteville, *Mémoires*, part. III, ann. 1649.

Ces péchés d'*abondance*, ils sont superbes et audacieux, ils veulent régner; vous diriez qu'ils sentent la grandeur de leur extraction.

Bossuet, *Sermons*. Sur l'impénitence finale.

Êtes-vous dans l'*abondance*? Il (Dieu) attend de vous un tribut abondant.

Bourdaloue, *Sermons*. Sur l'aumône.

Il est vrai que si la fortune l'avoit négligée, la nature avoit pris soin à l'embellir, et qu'elle avoit en beauté tout ce qui lui manquoit en *abondance*.

Fléchier, *Mémoires sur les grands jours de 1665*, p. 188.

Les femmes nourries dans la mollesse, l'*abondance* et l'oisiveté, sont indolentes et dédaigneuses pour tout ce détail (de l'économie).

Fénelon, *De l'Éducation des Filles*, c. 11.

Tu épouseras une femme gentille qui fera venir l'*abondance* chez toi.

Molière, *le Mariage forcé*, sc. 10.

... Elle étoit si fondue en pleurs en nous disant adieu, qu'il ne sembloit pas que ce fût elle qui partît pour aller commencer une vie agréable au milieu de l'*abondance*.

Mme de Sévigné, *Lettres*, 20 septembre 1695.

Les aises de la vie, l'*abondance*, le calme d'une grande prospérité, font que les princes ont de la joie de reste pour rire d'un nain, d'un singe, d'un imbécile et d'un mauvais conte : les gens moins heureux ne rient qu'à propos.

La Bruyère, *Caractères*, c. 9.

C'étoit presque la seule passion (l'amour) qui pût naitre dans l'*abondance* pastorale.

De la Motte, *Discours sur l'Églogue*

Dans les temps de paix où Paris étoit plein d'étrangers, les mathématiques rendoient bien, et il vivoit dans l'*abondance*; bien entendu que c'étoit l'*abondance* d'un homme réglé.

Fontenelle, *Éloge d'Ozanam*.

28.

Je m'accommode également du grand monde et de la retraite, de *l'abondance* et de la frugalité.

                  Le Sage, *Gil Blas*, VII, 13.

La maison... étoit propre et commode, et, quoiqu'il n'y eût rien que de propre dans l'ameublement, tout y sentoit *l'abondance*.

                  Prévost, *Cléveland*, III.

Aujourd'hui les spectacles journaliers, la foule des chars dorés, les milliers de fanaux qui éclairent pendant la nuit les grandes villes, forment un plus beau spectacle et annoncent plus *d'abondance* que les plus brillantes cérémonies des monarques du seizième siècle.

              Voltaire, *Essai sur les mœurs*, c. 121.

Il vaut mieux, croyez-moi, vivre dans *l'abondance* que dans l'opulence; soyez mieux que pécuniers, soyez riches.

        J.-J. Rousseau, *Gouvernement de Pologne*, c. 11.

De Gascoingne vint *l'abondance*,
Dont le royaume ot (eut) lors sustance.

        Godefroy de Paris, *Chron. métr.*, v. 7939.

Tu leur donnes, Seigneur, leur vivre accoustumé;
Ils recueillent les biens qu'épand ta providence,
Et ne s'ouvre ta main qu'ils sont pleins *d'abondance*.

        Ph. Desportes, *Psaumes*, III.

Un avare idolâtre et fou de son argent,
Rencontrant la disette au sein de *l'abondance*.

        Boileau, *Satires*, IV.

Un poëte aisément s'endort dans la mollesse;
L'abondance souvent unie à la paresse,
    Sèche sa veine et la tarit;
Mais la nécessité réveille son esprit.

        Regnard, *les Ménechmes*, prol., sc. 2.

Cette mer *d'abondance* où leur âme se noie.

        J.-B. Rousseau, *Odes*, I, 12.

Ainsi l'on voit en Angleterre, en France,
Par cent canaux circuler *l'abondance*.

        Voltaire, *Satires*. Défense du Mondain.

J'entends rouler les chars qui traînent *l'abondance*,
Et le bruit des fléaux retomber en cadence.

        Delille, *les Jardins*, IV.

On voit par plusieurs de ces exemples que le mot ABONDANCE, pris absolument, approche quelquefois beaucoup d'une personnification oratoire et poétique. Cela est sensible dans les exemples suivants :

Il n'est rien si empeschant, si degousté que *l'abondance*.

        Montaigne, *Essais*, I, 42.

L'abondance engendre le dégoût.

      Perrot d'Ablancourt, trad. de Lucien. *Dialogue de Lycinus et de son ami.*

Où regne ce valeureux prince...
La paix y florist; *l'Abondance*
Y répand ses fruits.

        J.-A. Baïf, *les Mimes*, II.

La Justice et la Paix qui, par ta providence,
    Reviendront dans Sion,
Auront à leurs costez la Joye et *l'Abondance*.

        Racan, *Psaumes*, LXVI.

Ceux-ci, pour premier vœu, demandent *l'abondance*,
    Et *l'Abondance* à pleines mains
Verse en leurs coffres la finance,
En leurs greniers le bled, dans leurs caves les vins.

        La Fontaine, *Fables*, VII, 6.

Colbert, c'est sur tes pas que l'heureuse *Abondance*,
Fille de tes travaux, vint enrichir la France.

        Voltaire, *la Henriade*, VI.

Du mot ABONDANCE, employé absolument, se sont formées des expressions telles que *puits d'abondance*, *grenier d'abondance* :

Le christianisme a placé la charité comme un *puits d'abondance* dans le désert de la vie.

      Chateaubriand, *Génie du Christianisme*, part. Ire, liv. II, c. 3.

Les grandes propriétés sont les véritables *greniers d'abondance* des nations civilisées.

        De Bonald, *Pensées.*

ABONDANCE, pris dans ce sens absolu, est souvent régi par la préposition *en*, et forme une locution, *en abondance*, qui correspond à l'adverbe *abondamment* :

Le pain des anges manjat li huem, viande enveiat à els *en habundance*.

(ỹ. 25 Panem angelorum manducavit homo; cibaria misit eis *in abundantia*.)

        Anc. trad. du Psautier de Corbie, ps. LXXVII.

Seroient.... les liets sans delices, quoyque y feust *en abundance* or, argent, electre, yvoire et porphyre.

        Rabelais, *Pantagruel*, III, 49.

Midas... tourmenté de grand soif... invoqua l'ayde de Bacchus, lequel ayant exaucé ses prieres, feit sourdre de l'eau *en abondance*.

> Amyot, trad. de Plutarque, *OEuvres mêlées.*
> Traicté touchant les fleuves et les montaignes.

Où Dieu veult, il depart ses graces *en abondance*.

> Henri IV, *Lettres*, 16 avril 1607. Circulaire sur la naissance du duc d'Orléans. (Voir *Lettres missives de Henri IV*, t. VII, p. 185.)

Les graces et les faveurs coulent *en abondance* de la profusion de cette excellente amitié.

> Balzac, *Lettres*, XXIV, 22.

Des gémissemens et des larmes, on en trouve *en abondance* dans le monde, comme on y trouve des misères *en abondance*.

> Nicole, *Essais de morale.* Traité I, liv. III, c. 4 ; Du Paradis.

Quand les biens sont promis *en abondance*, qui les empêchoit (les Juifs) d'entendre les véritables biens, sinon leur cupidité, qui déterminoit ce sens aux biens de la terre?

> Pascal, *Pensées*, part. II, art. 8.

Je la trouvai très-belle, le teint du plus grand éclat du monde, des lys et des roses *en abondance*.

> Le cardinal de Retz, *Mémoires*, part. I, année 1633.

Vous m'aimez, ma chère enfant, et vous me le dites d'une manière que je ne puis soutenir sans des pleurs *en abondance*.

> Mme de Sévigné, *Lettres*, 9 février 1671.

Le docteur... dit qu'il falloit aussi donner au chanoine de l'eau chaude à tout moment, assurant que l'eau bue *en abondance* pouvoit passer pour le véritable spécifique de toutes sortes de maladies.

> Le Sage, *Gil Blas*, II, 2.

Ce défaut est celui des esprits cultivés, mais stériles; ils ont des mots *en abondance*, point d'idées.

> Buffon, *Discours de réception à l'Académie française.*

Sicyone n'est qu'à une petite distance de Corinthe..... Ce canton, qui produit *en abondance* du blé, du vin et de l'huile, est un des plus beaux et des plus riches de la Grèce.

> Barthélemy, *Voyage d'Anacharsis*, c. 37.

Ton pouvoir a tiré des veines d'un rocher
Des eaux *en abondance*, et de vives fontaines.

> Ph. Desportes, *Psaumes*, LXXIII.

Heureux, dit-on, le peuple florissant,
Sur qui ces biens coulent *en abondance*.

> J. Racine, *Esther*, II, 9.

On a remarqué, et plusieurs des exemples précédents confirment cette remarque, que, dans l'usage rigoureux, *abondamment* et *en abondance* ne se confondent pas toujours ; que l'un, *abondamment*, qualifie plutôt l'action exprimée par le verbe, tandis que l'autre, *en abondance*, attire de préférence l'attention sur le sujet ou le régime du verbe, et implique l'idée de division, de distribution, de multiplicité.

Abondance, dans cette locution, peut être accompagné d'un adjectif qui en modifie le sens :

Et en tous endroicts d'icelles (montagnes) sourdent fontaines et ruysseaulx *en grant habondance*.

> J. Le Maire de Belges, *Illustrations de Gaule*, I, 21.

.....Car en toute là mer
N'a (il n'y a) de gravier *en si grant habondance*
Comme je vy de gens en celle dance.

> Octavien de S.-Gelais, *le Séjour d'honneur*, II.

Pauvre de l'or et de l'argent
Qu'il avoit *en grande abondance*.

> J.-A. Baïf, *les Mimes*, I.

Cette dernière locution est quelquefois remplacée, chez d'anciens écrivains, par *à grant abondance*, *à granz abondances* :

Son precieux sang yssoit *à grant abondance*.

> Olivier Maillard, *Passion de Jésus-Christ*, p. 47.

Et lor donne *à granz habondances*,
Dignités, honors et poissances.

> *Roman de la Rose*, v. 6193.

On dit encore, pour exprimer la même idée, *avec abondance* :

On est bien aise de voir qu'il y ait eu, et qu'il y ait encore des gens au monde, à qui Dieu communique son saint esprit et sa grâce *avec une telle abondance*.

> Mme de Sévigné, *Lettres*, 26 octobre 1689.

On trouve toutes les vérités et tout le détail des mœurs dans la lettre de l'Écriture sainte, et on l'y trouve non-seulement avec une autorité et une beauté merveilleuses, mais encore *avec une abondance* inépuisable.

> Fénelon, *Dialogues sur l'Éloquence*, III.

Ses larmes ne couloient plus comme autrefois *avec abondance* : la rage et le désespoir sembloient en avoir tari la source.

FÉNELON, *Télémaque*, VII.

Les traits familiers que j'ai semés *avec* assez d'*abondance* dans les deux autres parties, convenoient bien mieux aux inventions d'Ésope qu'à ces dernières.

LA FONTAINE, *Avertissement du livre VII des Fables*.

Parlez à cet autre de la richesse des moissons, d'une ample récolte, d'une bonne vendange; dites que les poiriers rompent de fruit cette année, que les pêchers ont donné *avec abondance*, c'est pour lui un idiome inconnu, il s'attache aux seuls pruniers : il ne vous répond pas.

LA BRUYÈRE, *Caractères*, c. 13.

La nature a creusé, disent les uns, d'immenses réservoirs dans les entrailles de la terre; c'est là que se rendent en grande partie les eaux du ciel; c'est de là qu'elles coulent *avec* plus ou moins d'*abondance* et de continuité, suivant la capacité du vase qui les renferme.

BARTHÉLEMY, *Voyage d'Anacharsis*, c. 64.

Précédé de la préposition *de*, ABONDANCE a formé autrefois une locution proverbiale, *d'abondance*, quelquefois employée dans le style familier comme synonyme de l'expression *d'abondant*, dont il a été précédemment question (p. 214, 1re col.) :

Or avoient-ilz accoustumé... de delivrer tous les ans à la Pasques un malefacteur. Commença *d'abondance* sur ce à les prier en leur baillant option de luy ou de Barrabas, larron, infame meurdrier, et traistre seditieux.

Olivier MAILLARD, *Passion de Jésus-Christ*, p. 45.

Remarquons *d'abondance* que la comtesse se plaît avec mon maître.

MARIVAUX, *le Legs*, sc. 3.

Ajoutez *d'abondance* que, parmi les artistes, je trouvois des hommes instruits.

MARMONTEL, *Contes moraux*. La Veillée.

Li viex Henriz, qui se desmist,
Son royaume en sa main remist,
Et saisi Gisorz *d'abondance*.

G. GUIART, *Royaux lignages*, t. I, v. 727.

On a dit autrefois, au même sens, *par abondance* :

Et *par abondance* nous renonçons dès lors par exprès au nom, au droit et au chalenge (à la revendication) de la couronne de France et du royaume.

FROISSART, *Chroniques*, l. I, part. II, c. 127.

Sainte-Palaye fait remarquer que, comme les frais d'une acquisition sont une augmentation du prix principal de la vente, dans l'ancien langage du barreau, on entendait par ABONDANCE, ABONDANCES, Les frais de contrat, de prise de possession :

Si l'acquéreur a mis ou fait mettre plus grand pris en son contract que la chose ne luy a cousté, et semblablement déclare plus grande *abondance* qu'il n'y a, le lignager ne les payera pas.

Coutumes du duché d'Anjou, XIIe partie. (Voy. *Cout. gén.*, t. II, p. 93.)

S'il est trouvé et prouvé que l'acquéreur ait mis ou fait mettre en son contract plus grand pris que la chose n'a cousté, il fait amende arbitraire.... et aussi s'il a mis en ses *abondances*, cousts et mises, plus grande chose qu'il ne doit, il en fera amende.

Ibid., p. 94.

De là, ajoute Sainte-Palaye, l'expression *mettre à abondance un achapt*, pour Augmenter avec fraude la somme tant du prix principal que des frais d'une acquisition, afin de faire payer au retrayant un héritage plus cher qu'on ne l'a acheté. Voyez *Cout. gén.*, t. II, p. 13.

L'emploi du mot ABONDANCE au pluriel, qu'on a pu remarquer dans un des deux exemples précédemment cités, n'est point particulier au langage de l'ancienne jurisprudence. Ces sortes de pluriels, assez ordinaires chez nos vieux auteurs, se sont depuis rencontrés fréquemment dans le haut style du XVIIe siècle, et, non moins que les autres, pris dans un sens général, le pluriel ABONDANCES :

Il avoit ce bel et grand heritage d'Aquitaine où tous biens et toutes *abondances* estoient.

FROISSART, *Chroniques*, liv. I, part. II, c. 152.

... Sur eulx règne Dieu immortel, qui l'orgueil de leur fier povoir peut reprimer et asservir à moindre de soy, et la vanité de leur grans *habondances* chastier et ramener à indigence et nécessité.

ALAIN CHARTIER, *le Quadriloge*.

Honoré, favorisé, élevé, environné d'*abondances*, ces vaines prospérités ne me toucheront plus.

MASSILLON, *Disposition à la communion*.

Vos œuvres comparées à leurs inutilités... vous paroissent des *abondances de* justice; tout ce que vous faites pour le salut au dessus d'elles, vous croyez le faire au delà de vos devoirs.

LE MÊME, *Mystères*. Sur les œuvres de miséricorde.

Corne d'abondance, corne remplie de fruits et de fleurs, qui est le symbole de l'abondance. Selon quelques mythologues, la corne d'abondance est la corne de la chèvre Amalthée, qui avait nourri Jupiter.

On dit spécialement *la corne d'abondance,* ou, en général, *une corne d'abondance:*

Mon songe presagit qu'en mon mariaige j'auray planté (grande quantité) de touts biens, avecque *la corne d'abun-dance.*

RABELAIS, *Pantagruel*, III, 14.

Et y en avoit d'aultres qui portoient des couppes d'argent, des tasses et gobelets faicts en forme de *cornes d'abondance.*

AMYOT, trad. de Plutarque. *Vie de Paulus Æmilius*, c. 15.

Flore et Pomone parurent tout à coup, d'un air riant, au milieu du bocage, se tenant par la main: l'une étoit couronnée de fleurs, et en faisoit naître sous ses pas empreints sur le gazon; l'autre portoit dans *une corne d'a-bondance* tous les fruits que l'automne répand sur la terre.

FÉNELON, *Fable XXV*. Le Départ de Lycon.

Je vois, dans tout ce que vous faites, toutes les fleurs de l'esprit, et tous les fruits de la philosophie: c'est *la corne d'abondance.*

VOLTAIRE, *Lettres*, 4 mai 1774; à Condorcet.

Qui pourroit nombrer.... toutes les herbes qui servent à nos aliments, à nos vêtements, à notre industrie?... Il semble que *l'abondance* a épuisé une de ses *cornes* dans nos jardins et dans nos campagnes.

BERNARDIN DE SAINT-PIERRE, *Harmonies*, I; Végétaux du Nord.

Partout epand ses fruits *la corne d'abondance.*

J.-A. DE BAÏF, *l'Hymne de la Paix*.

ABONDANCE se prend, spécialement, dans un sens littéraire, pour exprimer La fécondité de l'esprit, la facilité de la parole.

Dans cette acception, comme dans toutes les autres, il peut être suivi de la préposition *de* et d'un substantif qui exprime soit ce dont on veut marquer *l'abondance,* soit la personne à qui on attribue cette *abondance.*

A la première de ces deux manières d'employer, lorsqu'il est question de littérature, l'expression *abondance de,* appartiennent les exemples suivants:

Les Atheniens (dit Platon) ont, pour leur part, le soin de l'*abondance* et de l'elegance *du* parler; les Lacedemoniens, de la briefveté, et ceux de Crète, de la fecondité des conceptions, plus que du langage: ceux-cy sont les meilleurs.

MONTAIGNE, *Essais*, I, 12.

L'*abondance des* pensées produit celle des expressions.

D'AGUESSEAU, *Discours* Iᵉʳ.

Il règne dans presque tous les ouvrages de ce temps-ci une *abondance* d'idées incohérentes, qui étouffent le sujet.

VOLTAIRE, *Lettres*, 13 novembre 1765.

Cette *abondance de* mots, cette richesse d'expressions nettes et précises, ne supposent-elles pas la même *abondance* d'idées et de connoissances?

BUFFON, *Discours* I. Manière d'étudier et de traiter l'histoire naturelle.

Son éloquence... quelquefois dégénère en une vaine *abondance de* paroles.

BARTHÉLEMY, *Voyage d'Anacharsis*, c. 69.

Les exemples d'*abondance de* suivi, dans cette acception particulière, d'un nom de personne, ou, ce qui revient au même, accompagné d'un adjectif possessif, sont très-fréquents:

Il faut savoir sacrifier des vers; vous n'avez à craindre que *votre abondance,* vous avez trop de sang, trop de substance; il faut vous saigner et jeûner.

VOLTAIRE, *Lettres*, 3 avril 1741; à Helvétius.

Fuyez *de* ces auteurs l'*abondance* stérile.

BOILEAU, *Art poétique*, I.

Et justement confus de *mon peu d'abondance*,
Je me fais un malheur du bonheur de la France.
BOILEAU, *Épîtres*, IV.

Au lieu de dire, l'*abondance* d'une personne, on dit encore fort bien, l'*abondance de son esprit* :

Peut-être qu'il (saint Chrysostome) me communiquera ses secrets, qu'il m'allumera de son feu, qu'il remplira mon esprit de l'*abondance du* sien.
BALZAC, *Socrate chrétien*, disc. XI.

L'esprit fécond sans justesse se confond dans *son abondance*.
VAUVENARGUES, *Introduction à la connoissance de l'esprit humain*, liv. I. De l'esprit en général.

A cette dernière manière de parler appartient une expression d'un grand usage : l'*abondance d'une langue*.

Vous vantez, monsieur, et avec raison, l'extrême *abondance de* votre langue.
VOLTAIRE, *Lettres*, 21 janvier 1761.

ABONDANCE, toujours dans le même ordre d'idées, se prend encore absolument :

Il affectoit de dire tout ce qui se pouvoit sur un subjet, de sorte que l'*abondance* l'empeschoit.
DU VAIR, *de l'Éloquence françoise*.

Le grand nombre des choses qu'ils voient en chaque sujet leur ôtant la liberté du choix, et l'*abondance* les rendant pauvres, ils s'embarrassent dans la multitude de leurs raisons et s'arrêtent d'ordinaire à la plus mauvaise.
BALZAC, *Aristippe*, disc. III.

Il falloit d'une période en faire plusieurs et songer plus à l'ordre qu'à l'*abondance*.
LE MÊME, *Socrate chrétien*, disc. X.

L'*abondance* n'est pas toujours la marque de la perfection des langues.
BOUHOURS, *Entretiens d'Ariste et d'Eugène*, II.

Il résout en différentes manières les trois problèmes

de Comiers, les élève toujours ensuite à une plus grande universalité, et partout il fait paroître beaucoup de richesses et d'*abondance* géométrique.
FONTENELLE, *Éloge de Viviani*

Le style diffus peut convenir aux orateurs : il leur est permis d'étendre leurs raisons, et de les offrir sous diverses faces, pour suppléer par cette *abondance* à ce qui peut échapper aux auditeurs.
DE LA MOTTE, *Discours sur la poésie*.

Souvent trop d'*abondance* appauvrit la matière.
BOILEAU, *Art poétique*, III.

La locution *avec abondance* se prête elle-même fort bien à ce genre particulier d'acceptions :

Nous devons conclure qu'il parlera avec force, avec ordre, *avec abondance*.
FÉNELON, *Dialogues sur l'Éloquence*, II.

Plein de la lecture des anciens, et né avec une imagination vive et tendre, il (Fénelon) s'était fait un style qui n'était qu'à lui et qui coulait de source *avec abondance*.
VOLTAIRE, *Siècle de Louis XIV*, c. 32.

Qu'il soit permis de remarquer que, dans ce dernier exemple, le mot ABONDANCE est, par ce qui le précède et l'amène, heureusement rattaché à son sens primitif et à son étymologie. On peut faire la même observation au sujet du vers de J.-B. Rousseau, cité plus haut :

Cette mer d'*abondance* où leur âme se noie.

A la même acception se rapporte la locution particulière *parler d'abondance*, c'est-à-dire, Sans préparation ou sans réciter de mémoire :

Aussi n'y a-t-il que les sujets pathétiques sur lesquels il soit possible de *parler d'abondance*; expression qui peint vivement cette sorte d'éloquence, où, sans préparation,... une ame, pleine d'un grand sujet..., répand avec impétuosité les sentiments dont elle est remplie.
MARMONTEL, *Éléments de Littérature*, art. ABONDANCE.

Abondance, se dit du vin mêlé de beaucoup d'eau que l'on sert à table dans les colléges.

On l'appelle ainsi, dit le Dictionnaire de Trévoux qui recueille déjà cette expression, ou parce qu'on en donne *abondamment*, ou parce qu'il y a *abondance* d'eau.

Sainte-Palaye rapporte un synonyme fort ancien d'abondance,

Abondenement.

ABONDAMMENT, adv. (répondant aux adverbes latins *abunde*, *abundanter*, mais tiré peut-être directement des mots qui précèdent, *abonder*, *abondant*, *abondance*.)

D'après l'étymologie de ces mots, qui lui est commune, abondamment se dit, comme eux, au propre, de ce qui coule à flots, s'épanche, se répand :

La douleur amère est peinte sur ces visages farouches, et les larmes coulent *abondamment*.

Fénelon, Télémaque, XVII.

Le souper est-il prêt ?..... Aurons-nous du vin *abondamment ?*

Regnier, le Retour imprévu, sc. 6.

Buvez de l'eau *abondamment* ; c'est un dissolvant universel.

Le Sage, Gil Blas, II, 3.

Dans un jardin on arrose *abondamment* et on inonde, pour ainsi dire, une planche, sans que les planches voisines s'en ressentent considérablement.

Buffon, Discours, II. Théorie de la terre ; Preuves, art. viii.

Et que de la couronne en palme si fertile, Le miel *abondamment*, et la manne distile.

Regnier, Satires, I.

Il se dit par extension, et quelquefois figurément, tant au sens physique qu'au sens moral, en parlant de tout ce dont on veut marquer fortement l'affluence, la quantité ;

Au sens physique :

Il a tout à coup fait sortir comme de terre dans les Pays-Bas deux armées de quarante mille hommes chacune,

I.

et les y a fait subsister *abondamment*, malgré la disette des fourrages et la sécheresse de la saison.

Boileau, Remerciement à Messieurs de l'Académie françoise.

Car tel est l'usage des Turcs, non-seulement de défrayer les ambassadeurs jusqu'au lieu de leur résidence, mais de fournir tout *abondamment* aux princes réfugiés chez eux pendant le temps de leur séjour.

Voltaire, Histoire de Charles XII, liv. IV.

Ce cabaret, le plus estimé de l'Europe, méritoit alors de l'être : ceux qui le tenoient avoient su tirer parti de son heureuse situation pour le tenir *abondamment* approvisionné et avec choix.

J. J. Rousseau, les Confessions, part. I, liv. VI.

Dion n'avoit que deux vaisseaux de charge et trois bâtimens plus légers, tous *abondamment* pourvus de provisions de bouche et de guerre.

Barthélemy, Voyage d'Anacharsis, c. 60.

..... Tous les lapins fuyards Qu'on voyoit dans la rue *abondamment* épars.

Regnard, le Bal, sc. 2.

Au sens moral :

Que ses bienfaits (du prince) découlent *abondamment* en quelques endroits, pourvu qu'il soit maître de la source.

Balzac, Aristippe, disc. VII.

Il répandoit *abondamment* sur toute sorte de misérables les secours de sa charité.

Fléchier, Oraison funèbre de M. de Montausier.

Répandre *abondamment* sa grâce où le péché avoit abondé, voilà notre ministère.

Massillon, Carême, vendredi de la 1re semaine.

Les générations d'hommes, d'animaux, de plantes, se succèdent sans interruption : la terre fournit *abondamment* à leur subsistance.

Buffon, Discours, II. Théorie de la terre ; Preuves, art. ii.

Un de mes compagnons, qu'autrefois on a vu Des dons de la nature *abondamment* pourvu.

La Fontaine, l'Eunuque, II, 1.

Abondamment se dit, comme Amplement, de ce qui est beaucoup plus que suffisant : il marque en ce sens, un ordre de nuances très-délicates, mais très-réelles, traduites dans la prononciation par un certain effort de la voix, un certain accent, mais qu'il est difficile de déterminer rigoureusement par des définitions, et que des exemples feront mieux connaître :

C'est (la vraie vertu) la mere nourrice des plaisirs humains... Retranchant ceux qu'elle refuse, elle nous aiguise envers ceux qu'elle nous laisse, et nous laisse *abondamment* tous ceux que veut nature.
Montaigne, *Essais*, I, 25.

Le parasite ne sème ni ne moissonne, et trouve tout *abondamment*.
Perrot d'Ablancourt, trad. de Lucien, *Dialogues*. Le Parasite.

Parce qu'on est riche, on veut avoir, je ne dis pas suffisamment, mais *abondamment*, mais avec superfluité, avec profusion, toutes les aises de la vie.
Bourdaloue, *Sermons*. Sur les richesses.

Vous vous estimez dès à présent heureuses et *abondamment* dédommagées de tout ce que vous avez quitté.
Le même, *Sermons*. Sur le renouvellement des vœux.

Allons, qu'on ne les épargne point, et qu'après qu'ils auront été *abondamment* fustigés, on me les conduise tous, sans différer, droit aux bords du fleuve Léthé.
Boileau, *les Héros de romans*.

S'il y eut quelques taches dans sa vie, sa charité, suivant l'expression de Dieu même, les a *abondamment* effacées.
D'Alembert, *Éloge de Vauréal*.

C'est elle qui paie ma pension, qui m'a habillée, qui m'a fourni de tout *abondamment*, magnifiquement.
Marivaux, *la Vie de Marianne*, part. IV.

Li miel decoroient (découlaient) des chesnes, Dont *habundamment* se vivoient.
Roman de la Rose, v. 8416.

Du superflu nous n'avons nulle envie...
Car nostre ame est en Dieu si fort ravie,
Qu'en luy tous biens avons *abondamment*.
Les Marguerites de la Marguerite, Comédie du Désert.

Noviciat d'épreuves un peu dures :
Elle en reçut *abondamment* le prix.
La Fontaine, *Contes*, III, 6.

Ce qu'amour fait sentir de piquant et de doux
Combloit *abondamment* les vœux de ces époux.
La Fontaine, *les Filles de Minée*.

Le seul courroux d'Achille, avec art ménagé,
Remplit *abondamment* une Iliade entière.
Boileau, *Art poétique*, III.

Girard, expliquant, trop obscurément peut-être, l'idée accessoire que renferme le mot ABONDAMMENT, eclaircit son observation par ces exemples :

Ainsi l'on dit que la terre fournit *abondamment* à l'homme laborieux ce qu'elle refuse entièrement au paresseux, que les oiseaux, sans rien semer, recueillent de tout *abondamment*.
Synonymes françois.

Quoique, particulièrement en ce dernier sens, ABONDAMMENT semble avoir la valeur d'un superlatif, il peut se joindre cependant avec des adverbes qui en augmentent ou en restreignent la signification, comme *plus*, *moins*, *très*, *bien*, *assez*, *si*, etc. :

Et paya largement partout, et donna *assez abondamment* partout où elle pensoit qu'il estoit bien employé.
Froissart, *Chroniques*, liv. I, part. I, c. 158.

Ces nations que nous venons de descouvrir *si abondamment* fournies de viandes et de breuvage naturel, sans soin et façon, nous viennent d'apprendre que le pain n'est pas nostre seule nourriture.
Montaigne, *Essais*, II, 12.

Elle (la reine d'Angleterre) ne se servit plus de son pouvoir que pour protéger la foi catholique, pour multiplier ses aumônes, et pour soulager *plus abondamment* les familles réfugiées de ses trois royaumes.
Bossuet, *Oraison funèbre de la reine d'Angleterre*.

On lui voit... présenter son corps à cette huile sacrée, ou plutôt au sang de Jésus qui coule *si abondamment* avec cette précieuse liqueur.
Le même, *Oraison funèbre de la duchesse d'Orléans*.

Dieu a ses serviteurs choisis, à qui il communique *plus abondamment* sa sagesse et sa puissance.
Fléchier, *Panégyrique de saint François de Paule*.

Vous aurez honte de vous voir *si abondamment* pourvues de tout, tandis que les pauvres n'ont pas le nécessaire.
Bourdaloue, *Sermons*. Sur la charité envers les pauvres.

Me voici dans un lieu, ma fille, qui est le lieu du monde où j'ai pleuré le jour de votre départ *le plus abondamment* et le plus amèrement.

Le Saint-Esprit souffle où il lui plaît, mais qu'il se répandoit *bien abondamment*, dans les quatre premiers siècles, sur cette naissante Église! Quelle infinité de martyrs!

Mme DE SÉVIGNÉ, *Lettres*, 29 janvier 1672 ; 15 février 1690.

On cite un exemple du même adverbe sous une forme assez voisine du latin *abundanter*,
ABONDANTEMENT.

Je n'ay peu trouver que... *abondantement*... dans la préface d'un ancien recueil de poésies, intitulé : *les Fortunes de Jean Regnier, seigneur de Guerchy et bailly d'Auxerre*, imprimé à Paris en 1526.

REGNIER DESMARAIS, *Grammaire françoise*, Traité des adverbes.

ABONNER, v. a. (du verbe simple *bonner*, ou, directement, de *bonne*, forme ancienne de *borne*, dans la basse latinité *bonna*.)

Il y a de l'existence primitive des formes *bonna*, *bonne*, *bonner*, bien des témoignages et des exemples, parmi lesquels il suffira de citer les suivants :

Multi ibi limites, quos alii *bonnas* nominant, suorum recognoverunt agrorum.
GLABER (Rodolphus), *Hist.*, II, 10.

Bonnes si sont unes choses qui sont fichées en la devise d'une chose, comme pierres ou pex (pieux), et fet chascun certain par où son héritage vet (va).

Et *bones* sunt par acort mises des parties...
Et dit Gaubert que Tybert a ces *bones* arachies.
Li Livres de Jostice et de Plet, V, III, § 1. *Des Bonnes et de bonner*.

Se aucuns achate vin en terre franche, et il l'enmaine outre les *bones*, il doit le conduit devant devisé.
EST. BOILEAU, *le Livre des Métiers*, part. II, tit. VIII.

Hors de cest siecle trespassa
Où toute creature ha *bonne*.
G. GUIART, *Royaux lignages*, t. II, v. 13.

La terre méismes partirent (partagèrent),
Et au partir *bones* y mirent,
Et quant les *bones* i metoient
Mainte fois s'entrecombatoient.
Roman de la Rose, v. 9635.

Une ancienne coutume fait comprendre comment ABONNER a pris de *bonne* et sa forme et sa signification, lorsqu'elle traduit en quelque sorte ce verbe par *ameter*, formé de *meta*, qui signifie *borne* :

Si ce n'est que le fief fust ameté et *abonné*.
Coutumes de Mante, art. 24. (Voir *Coutumier général*, t. III, p. 185.)

Au sujet de cet article, il est remarqué dans la note marginale :

Ameté et *abonné* signifient ici mesme chose, qui est quand le seigneur féodal et le vassal se *bornent* par accord de ce que l'on doit payer pour les profits du fief.

De même que de *bonne*, *bonner*, on a fait ABONNER, on a fait aussi de *borne*, *borner*, ABORNER, ABOURNER.

Au lieu d'ABONNER on trouve quelquefois ABONNIR, qu'il ne faut pas confondre avec le verbe de même forme mais d'origine différente dont il sera question plus loin.

(*Voir*, sur ces diversités d'orthographe, le *Glossaire* de Sainte-Palaye et les exemples ci-après.)

ABONNER a d'abord signifié, au sens propre, Borner, limiter. Il s'est dit ensuite, au figuré, pour Fixer à un certain taux, évaluer ; établir la limite de certaines conventions ; composer à un prix convenu d'une redevance, d'un impôt ; vendre ou acheter, pour une somme déterminée, un droit sujet à variation par sa nature.

Dans cette acception, surtout d'usage en matière de droit féodal et en matière fiscale, ABONNER recevait également pour régime à l'actif, pour sujet au passif, le nom de la chose objet de la convention, et le nom de la personne avec qui elle était faite.

Au premier cas se rapportent, outre un passage de la coutume de Mantes cité plus haut, les exemples suivants, où ABONNER est tantôt pris absolument, tantôt construit, au moyen de la préposition *à*, avec

29.

un régime indirect, indiquant soit le taux de l'abonnement, soit la personne à laquelle il est accordé :

Le subjet qui doit cheval de service est quitte en payant la somme de cent sols tournois, sinon que tel cheval de service *fust abourné à* plus ou moins.

> Coutumes d'Anjou, art. 131. (Voir *Coutumier général*, t. IV, p. 542.)

Abonner un roussin (cheval) de service, c'est réduire sa valeur à prix honnête d'argent en faveur du vassal qui la doit. *Abonner* une taille, c'est imposer une taille de bon gré de ceux qui la subissent, à la différence de celle qui s'imposoit à la discrétion du seigneur.

> Monet, Dictionnaire.

Sa Majesté, sans passer par les mains de tant de gens inutiles, pourroit facilement *abonner*, en son conseil, les droits qu'elle prétend sur le vin, *aux cabaretiers de son royaume.*

> Boulainvilliers, *Mémoires*, V, part. I.

Ce prince (le roi d'Angleterre), prévoyant qu'il seroit obligé d'augmenter les dépenses de la marine, demanda qu'il fût réglé par un acte du parlement que le parlement suivant *abonneroit* ces dépenses.

> Saint-Simon, *Mémoires*, 1718, t. XVI, c. 5.

Au second cas se rapportent ces autres exemples :

Les fermiers des aides *ont abonné* ce cabaretier.
On *a abonné* cette province *à* telle somme.

> Dictionnaire de l'Académie, édit. de 1694 et de 1762.

Abonner un meunier, pour limiter un prix à la cession que le seigneur lui fait du droit de moudre le blé de ses vassaux dans l'étendue de sa seigneurie.

> Sainte-Palaye, Glossaire de l'ancienne langue françoise.

ABONNER ne se disait pas seulement de celui qui traitait de ses droits, mais de celui qui rachetait ses obligations et devoirs :

Abonner de son seigneur les devoirs dont on lui est tenu.

> Monet, Dictionnaire.

ABONNER, dans ce sens, impliquait ordinairement la diminution de l'exigence fondée sur le droit primitif :

Abonner des rentes et devoirs homagez, c'est les borner et les fixer... en les diminuant et les apetissant, pour user des termes de l'art. 208 de la coutume d'Anjou.

> De Laurière, *Glossaire du Droit françois.*

ABONNER emportait même en jurisprudence l'aliénation du droit sous des conditions convenues, et il est pris au sens d'Aliéner dans la coutume de Touraine :

Abonner aussi, selon maistre Fr. Ragueau, signifie aliéner, changer, quand le vassal alienne ses rentes et debvoirs, hommages, ou change l'hommage à devoir.

> Nicot, *Dict. fr.-lat.*, 1584.

Abonner, abourner ses droits feudaus à son vassal, comme la foi, l'hommage, les devoirs et services, ausquels il est tenu envers son seigneur, c'est les amortir en sa faveur, les lui aliéner à honnête condition.

Abonner homme et femme serfs, les affranchir, moyennant la rançon, le prix d'affranchissement.

> Monet, Dictionnaire.

ABONNER signifie plus spécialement aujourd'hui, et c'est son acception commune, Contracter au nom d'un autre et pour lui l'engagement qu'on appelle *abonnement.* (*Voir* ce mot.)

ABONNER a été de bonne heure fort usité sous sa forme pronominale.

S'abonner avec une personne c'était, et ce serait encore en certains cas, Entrer avec elle en composition de quelqu'une des manières spécifiées plus haut :

S'abonner, c'est composer avec le fermier. Comme si je vouloye vendre vin et faire taverne tout le long de l'an, je m'abonneroye ou abourneroye préallablement *avec* le fermier du huictiesme et composeroye avec lui à certaine somme de deniers, laquelle payant, je seroye quicte et éviteroye les harceleries qui peuvent advenir en tel cas. C'est donc comme mettre certaines bonnes ou bornes et limitations de la somme que je dois payer.

> Rob. Estienne, *Dict. fr.-lat.*

Il *s'abonnoit avec* luy pour plaider ses causes à vil prix, moyennant certaine somme par an.

> Furetière, *le Roman bourgeois*

Ce laboureur *s'est abonné avec le* curé pour les dixmes.
Je *me suis abonné avec* tel marchand pour me four-
nir, etc.
　　　　　Dictionnaire de l'Académie, édit. de 1694.

Les habitans (de Honfleur), pour se soustraire aux misères et à toutes les vexations qui accompagnent la taille,
se sont... abonnez pour la somme qu'ils avoient de coutume de paier chaque année.
　　　　　Vauban, *Projet d'une Dixme royale*. Premier fonds.

Au lieu de *s'abonner avec*, on trouve *s'abonner à*,
dans le passage suivant, où cette expression a un
sens particulier que le passage lui-même fera comprendre :

Il estoit si redoubté, que les riches personnes mesmes
de son pays *s'estoient abonnez à* luy par an et par termes,
affin que seurement et librement elles pussent vivre en
leurs maisons et par les champs.
　　　　　Cl. Haton, *Mémoires*, année 1571.

S'abonner se prend maintenant, plus communément, dans une acception plus restreinte, au sens de
Faire ou contracter pour son propre compte un *abonnement. (Voir ce mot.)*
S'abonner à se dit figurément, dans le style de la
conversation, pour Consentir à, se soumettre à, souscrire à :

Je *m'abonne à* cent coups d'étrivière ,
A me jeter la tête en bas dans la rivière ,
Si jamais je souscris à cette indignité.
　　　　　Chabanon, *le Faux noble*, III, 11.

Abonnée , ée , participe.
Conformément aux orthographes diverses du verbe,
on l'a écrit abonné, abourné; abonni, aborni;
quelquefois aussi abosné, abbosné, etc. (*Voyez le
Glossaire de Sainte-Palaye*.)
Pris adjectivement, il a eu, en termes de fief, les
significations particulières correspondant à celles du
verbe *abonner*, d'Évalué, fixé, mis à un taux déterminé, et, par suite, d'Aliéné, d'amorti. On a dit de
cette manière *abonné à tant*, ou, absolument, *abonné:*

Cest establissement est entendu des rachats qui estoient

à mercy : car cil qui sont *aboni* demeurent en leur
estat.
　　　　　Texte de 1269, cité dans le *Glossaire* de Du Cange.

Pour roncin (cheval) de service non apprecié ou
abonné, sera payé la cinquiesme partie de la valeur du
revenu dudit fief pour une année.
　　　　　Coutumes de Touraine, tit. IX, art. 96 (Voir *Coutu-
　　　　　mier général*, t. IV, p. 650).

On appelle *fief abonné*, celui dont les reliefs ou rachats,
les quints et les requints, et quelquefois l'hommage même,
sont changés et convertis en rentes ou redevances annuelles.
　　　　　Loisel, *Institutes coutumières*, liv. IV, tit. III,
　　　　　note à l'art. 23.

Abonner, c'est par équitable abbais avaluer (évaluer)
une chose, pour estre payée en argent, si mieux le redebe-
vancier ne l'aime payer en espèce. Comme tel fief est
chargé envers son souverain à nuance (changement)
d'homme d'un cheval de service *abonné à* soixante sols,
ou d'une paire de gants *abonnez à* deux sols.
　　　　　Nicot, *Dict. fr.-lat.*, 1584.

Droit féodal *abonné* et amorti.
　　　　　Monet, *Dictionnaire*.

Abonné se disait aussi des personnes auxquelles
avait été accordée une composition de ce genre :

Des taillables il y en a de deux espèces : les uns taillables à volonté, les autres *abonnés*.
Les *abonnés* sont ceux qui par une longue prescription
et laps de temps, ou par des contrats, sont *abonnés avec*
leurs seigneurs *à* certaines tailles annuelles. Si j'en estois
creu, on les appelleroit *abornés*, non *abonnés*.
　　　　　Est. Pasquier, *Recherches de la France*, IV, 5.

Outre les serfs et affranchis, autrement bourgeois, il
y a une tierce espèce d'hommes... qu'on appelle hommes
abonnés, lesquels ne sont bourgeois ny affranchis; aussi
ne sont-ils serfs taillables à volonté raisonnable, pour
être sujets à payer la taille serve par chacun an, mais
sont néanmoins serfs *abonnés* et mortaillables, et s'appellent *abonnés*, parce que les droits annuels de la taille
leur ont été *abonnés*, taxés et limités *à* certaines redevances annuelles.
　　　　　La Thaumassière, *Coutumes de Berry*, part. I, c. 85.

Hommes et femmes serfs *abonnés*. Musniers *abonnés*.
　　　　　De Laurière , *Glossaire du Droit françois*.

J'ay dit à M. de Chassan que je m'estonnois comme la ville de Tholoze, laquelle est *abonnée* et ne paye rien du don gratuit, souffroit que ses capitouls parussent icy dans les assemblées continuellement comme les tribuns du peuple contre le service du roy.

L'ARCHEVÊQUE DE TOULOUSE à Colbert, 11 décembre 1662. — (Voir *Corresp. admin. sous Louis XIV*, t. I, p. 98.)

Il est *abonné à* tant par an pour tous droits seigneuriaux.

FURETIÈRE, *Dictionnaire*.

ABONNÉ n'est plus d'usage dans ce sens depuis la suppression des droits seigneuriaux, mais on s'en sert encore en matière fiscale :

Ce marchand est *abonné à* cent écus par an avec le douanier, pour les droits d'entrée de toutes ses marchandises.

FURETIÈRE, *Dictionnaire*.

A l'expression *s'abonner à*, suivie d'un nom de personne, dont il a été plus haut donné un exemple, répond, chez le même écrivain, l'expression analogue *abonné à* :

Tant le lieutenant des marescheaux que celuy de corte robbe et leurs archers, avoient chascun une partie des meschans garnemens et voleurs du pays *abonnez à* eux et tributaires.

Cl. HATON, *Mémoires*, année 1571.

ABONNÉ se dit généralement aujourd'hui, employé comme adjectif ou comme substantif, de Celui qui a souscrit pour recevoir à des termes fixés les livraisons d'un ouvrage périodique ou les feuilles d'un journal ; pour assister à un spectacle ; pour se fournir de livres en lecture dans un établissement public ; pour prendre des repas, des bains, etc. :

Il se faisoit fort bien saigner, quand il en avoit besoin, par le chirurgien des domestiques, *avec lequel* on étoit *abonné à* quinze sols pour saignée.

TALLEMANT DES RÉAUX, *Historiettes*. Ménage.

Vous aimez la musique ? — Si je l'aime ? Malepeste ! je suis *abonné à* l'Opéra.

LE SAGE, *Turcaret*, IV, 5.

A frais communs, et à peu de frais, nous étions *abonnés* pour nos lectures avec un vieux libraire.

MARMONTEL, *Mémoires*, I.

Je vous trouvais le front d'un pâle journaliste Qui de ses *abonnés* voit décroître la liste.

ANDRIEUX, *Dialogue entre deux journalistes*.

Les *abonnés* à une publication de littérature ou d'art qui paraît par livraisons comme une publication périodique, mais qui doit se compléter à une époque fixe, s'appellent plus exactement Souscripteurs.

ABONNEMENT, s. m.

D'*aborner*, *abourner*, on avait fait encore ABORNEMENT, ABOURNEMENT, et d'*abonnir*, ABONNISSEMENT. (*Voir* le *Glossaire* de Sainte-Palaye.)

ABONNEMENT subsiste encore aussi bien qu'ABORNER, mais dans le sens primitif et propre qui les rattache à leur racine *borne*. (*Voir* plus loin ABORNER, ABORNEMENT.)

ABONNEMENT n'est pas bien éloigné de cette signification dans le passage suivant, où il équivaut à Évaluation :

L'arpent est... l'*abbonnissement* du vol d'un chapon.

Procès-verbal des Coustumes de Paris sur le huictiesme article. (Voir *Coutumier général*, t. III, p. 20.)

ABONNEMENT a signifié d'abord, et il se prend encore en ce sens, une Convention à prix fixe pour le rachat de certaines obligations, l'acquittement d'une redevance, d'une taxe, d'un impôt :

Il faut... bien distinguer les *abonnemens* ou les conversions d'hommages en devoirs annuels, des exemptions ou affranchissemens d'hommages : les exemptions d'hommages honoroient ordinairement les fiefs; mais les *abonnemens* les avilissoient.

LOISEL, *Institutes coutumières*, annotées par de Laurière, liv. IV, tit. III, art. 43.

..... En l'année 1660, le roy ayant révoqué l'*abonnement* à cause des difficultés continuelles que les cappitouls formoient toutes les années, dans les Estatz, aux demandes de S. M., on s'estoit engagé de changer doresnavant de conduite, s'il plaisoit à S. M. de leur restablir ledit *abonnement*.

FIEUBET, à Colbert, 19 avril 1660. (Voir *Correspondance administr. sous Louis XIV*, t. I, p. 48.)

Les habitans de Honfleur se sont encore chargez, pour

obtenir cet *abonnement*; d'une somme de cent mille livres, qu'ils ont empruntée.

> Vauban, *Projet d'une Dixme royale*. Premier fonds.

Le fermier... se faisant payer le droit d'*abonnement* de trois en trois mois, il ne peut jamais rien perdre.

> Boulainvilliers, *Mémoires*, V, part. 1.

Ces *abonnemens* (d'impôts) restant toujours au même taux, et les provinces non abonnées étant sujettes à des vérifications qui augmentoient annuellement le produit de l'impôt, c'étoit encore une autre source d'inégalité.

> De Montryon, cité par Mme de Staël dans les *Considérations sur la Révolution française*, part. I, c. 11.

Abonnement signifie plus communément aujourd'hui une Convention ou un marché qui se fait à un prix déterminé inférieur au prix ordinaire, et qu'on paye souvent d'avance, pour recevoir des journaux, pour assister à des spectacles, à des fêtes, pour prendre des repas, des bains, etc. :

Les comédiens de Grenade m'écrivirent pour me proposer d'entrer dans leur troupe, et pour me faire connoître que la proposition n'étoit pas à rejeter, ils m'envoyoient un état de leurs frais journaliers et de leurs *abonnemens*.

> Le Sage, *Gil Blas* VII, 7.

Abonnements suspendus se dit lorsque les personnes abonnées à un spectacle sont obligées de payer comme celles qui n'ont pas contracté d'abonnement.

ABONNAGE, vieux mot qu'on a aussi écrit abornage, abournage (*voir* Monet, *Dict.*; Sainte-Palaye, *Glossaire*, etc.), s'est dit au propre dans le même sens, qui sera expliqué plus loin, où se disent encore aujourd'hui bornage et abonnement. (*Voir* ces mots.)

Il était du reste, en termes de fief et en matière fiscale, synonyme d'*abonnement* :

Si le fief est abourné, on se doit regler selon l'*abournage*.

> *Coutumes de Châteauneuf en Thimerais*, c. IV, art. 22. (Voir *Coutumier général*, t. III, p. 681.)

L'*abonnage* n'est que pour régler les devoirs annuels à une somme certaine, et ne change pas la condition servile.

> La Thaumassière, *Coutumes de Berry*, p. 162. (Voir *Coutumes de Châteauneuf sur Cher*, tit. I, art. 13, au *Coutumier général*, t. III, p. 1021.)

Nul sans droit ou *abonage* ne peut faire pasturer bestes en la seigneurie de Meung.

> *Coutumes de Mehung*, rubriche XI, art. 12, note marginale. (Voir *Coutumier général*, t. III, p. 932.)

Serfs ou serfves abonnez sont et demeurent quittes de la taille serfve, à volonté raisonnable seulement, ou de la dicte taille serfve, bian et charroy ensemblement, ou de la geline de coustume aussi, selon que plus ou moins il est accordé entre le seigneur et le serf par le titre et instrument d'*abonnage*.

> *Coutumes de Châteauneuf sur Cher*, tit. I, art. 11. (Voir *Coutumier général*, t. III, p. 1021.)

Abonnage a signifié aussi le Droit même qui se payait en vertu d'un *abonnage* ou *abonnement* :

Droits de voirie, fouages,... quaiages, boüades, vinages, *abonnages*, etc.

> Sully, *OEconomies royales*. Discours des fortunes des plus grands rois.

On trouve dans le *Dictionnaire* de Cotgrave, dans le *Glossaire* de Sainte-Palaye, avec le sens d'acquéreur,

ABONNEUR, s. m.

ABONNIR, v. a. (De *bon*, et par ce mot du latin *bonus*.)

Rendre bon, rendre meilleur, améliorer, soit au sens physique, soit au sens moral :

Les caves fraîches *abonnissent* le vin.

> Richelet, *Dictionnaire*.

Rien ne faisoit mieux croire que c'est un miracle que de voir que Dieu semble la changer (Marguerite Périer), et qu'elle est *abonnie* depuis ce temps-là.

> Jacqueline Pascal, *Lettre* à madame Périer, 31 mars 1656. (Voyez *Jacqueline Pascal*, par M. V. Cousin, édit. de 1856, p. 266.)

Certes, Jaquinot mon amy,
Vous estes homme *abonny*.

Farce du Cuvier. Ancien Théâtre françois, t. I,
p. 34. (Bibl. elzevirienne.)

ABONNIR, comme presque tous les verbes actifs
autrefois (*voir* ABAISSER, p. 43; ABATARDIR, p. 81;
ABATTRE, p. 94; ABÎMER, p. 154), et quelques-uns
encore aujourd'hui, peut devenir verbe neutre :

Le bien est comme l'eau de senteur, qui dans un vaisseau net se conserve longtemps, *abonissant* toujours, et
qui dans un souillé, se corrompt et se perd toute à
l'heure.

CHAPELAIN, le Gueux ou la Vie de Guzman d'Alpharache,
part. I, liv. II.

ABONNIR s'emploie plus souvent comme verbe
pronominal :

Cet homme *s'abonnit* tous les jours depuis qu'il hante
les honnestes gens.

Les affaires criminelles *s'abonnissent* quand on les
fait tirer en longueur.

DANET, Dictionnaire fr.-lat.

Le vin du pays est blanc, fort agréable... et il *s'abonnit*
à chaque vendange.

L'abbé DE CHOISY, Voyage de Siam; 1685, 8 juin.

Vin *s'abonist* en fraische cave.

J.-A. BAÏF, les Mimes, II.

ABONNI, IE, participe.

ABORD, s. m. (De la préposition *à* et du substantif *bord*, le côté extérieur d'une chose. (*Voir*
BORD.)

Quelquefois ABORT, ABBORD. (*Voir* les exemples
ci-après.)

ABORD signifie Accès, et se dit particulièrement
des lieux accessibles aux vaisseaux :

La multitude esmerveillée... s'encourut à l'endroict du
bord où il sembloit que la flotte deust arriver; et... l'on
apperceut à l'œil que c'estoient daulphins, les uns en foule
environnants tout à l'entour, les aultres guidants la trouppe
au plus facile endroict et plus doulx *abord du* rivage.

AMYOT, trad. de Plutarque, OEuvres morales,
le Banquet des Sept Sages.

Le rendez-vous de l'armée fut en Hollande, isle d'un
abord facile.

PERROT D'ABLANCOURT, trad. de Tacite, Annales, II, 2.

Le port d'Archangel, *dont l'abord* exigeait un circuit
long et dangereux.

VOLTAIRE, Histoire de Charles XII, liv. I.

Après plusieurs jours de navigation heureuse, nous ar-
rivâmes au Bosphore de Thrace... L'*abord en* est dangereux.

BARTHÉLEMY, Voyage d'Anacharsis, c. 1.

Il fait bon voir.............
Leur superbe arcenal, leurs vaisseaux, *leur abbord*,
Leur Saint-Marc...

Joachim DU BELLAY, Sonnet (sur Venise).

Il s'applique à des lieux de toute espèce, servant
souvent à indiquer le plus ou le moins de facilité ou
d'agrément qu'ils offrent à ceux qui veulent en approcher, y pénétrer :

Ainsi aura la maison de nostre mesnager plaisant et
agréable *abord*.

OLIVIER DE SERRES, Théâtre d'agricult., 1er lieu, c. 4.

Gennes est en Ligurie entre les monts Appennius, au
plus meschant païs de l'Italie et le plus fâcheux *abord de*
ville qui se puisse voir.

Le duc DE ROHAN, Voyage, Gennes.

Ils avoient remparé le pied de la muraille de grosses
pierres pour *en* empescher l'*abord*.

PERROT D'ABLANCOURT, trad. d'Arrien. Les Guerres
d'Alexandre, II.

Elle (la princesse de Conti) le préféra à son logement
du château, pour s'attirer plus de monde par la commodité de l'*abord*.

SAINT-SIMON, Mémoires, 1711, t. IX, c. 21.

Près de ce village (Gigeri) il y avoit un vieux château
bâti sur le sommet d'une montagne, et d'un *abord* presque inaccessible.

VERTOT, Histoire des chevaliers de Malte, XIV.

Au delà... est un endroit nommé les Courtes, *dont*
l'*abord* passe pour un des plus pénibles et des plus périlleux de ces montagnes.

DE SAUSSURE, Voyages dans les Alpes. Voyage autour
du Mont-Blanc, c. 15, § 634.

Ces torrens, ces rochers, ces fosses, ces remparts,
Dont nous sommes sans art flancquez de toutes parts,

Et *dont* l'*abord* affreux et l'attaque meurtriere,
Des plus vaillans guerriers creuse le cimetiere.

Racan, *Psaumes,* CXXIV.

Là, comme dans un fort, son audace enfermée,
Se soutenoit encor contre toute une armée;
Et d'un bras qui portoit la terreur et la mort
Aux plus hardis guerriers *en* défendoit l'*abord.*

J. Racine, *Alexandre*, V, 3.

Cette fontaine a nom la Vérité d'amour.
On n'en approche plus : deux monstres à l'entour
Interdisent l'*abord d*'une source si belle.

La Fontaine, *Astrée*, II, 4.

En ce sens d'*Accès*, il s'emploie au pluriel, et, sous cette forme, est surtout d'usage en parlant des places de guerre :

Au nord les *abords de* la place étoient défendus par des fossés profonds.

Sarrasin, *Siége de Dunkerque.*

On diroit que la nature s'est réservé le secret de ce séjour de délices, et qu'elle a voulu que les *abords en* fussent périlleux.

Mme de Staël, *Corinne*, XI, 1.

Et, du fleuve vingt fois reconnoissant les bords,
Nous avons *de* la ville aperçu les *abords.*

Delille, trad. de *l'Énéide*, IX.

Dans le langage de l'ancienne jurisprudence, on disait *avoir abords contre* une rivière, pour Avoir des terres au bord d'une rivière :

Est ordonné... à un chacun *ayans abords contre* la grande riviere... qu'ils ayent à les entretenir.

Cout. du pays de l'Angle, rubr. xii. (Voir *Cout. gén.*, t. I, p. 312.)

Abord exprime quelquefois l'Entrée et, accessoirement, Le premier aspect d'un lieu :

Combien l'*abord de* Paris démentit l'idée que j'en avois!

J.-J. Rousseau, *les Confessions*, Ire partie, liv. IV.

Abord se dit également des personnes, et exprime particulièrement l'Action de toucher à une côte, d'entrer dans un port :

Leur abord fut bien prompt, leur fuite encor plus prompte.

P. Corneille, *le Cid*, IV, 1.

I.

Il se dit, généralement, des personnes qui atteignent un lieu quelconque, qui s'approchent de quelqu'un :

Grande nymphe, luy dit-elle, quelle bonne fortune pour nous a esté celle qui vous a conduitte en ce lieu? A *mon abord,* dit Léonide, je la vous ay ditte.

D'Urfé, *l'Astrée*, Ire part., liv. VII.

Chacun (à Rome) y fuyoit l'*abord* et la compagnie aussi bien *des* amis que *des* ennemis.

Coeffeteau, *Histoire romaine*, II.

A *son abord,* le roy luy toucha dans la main, et luy fit beaucoup de caresses.

Vaugelas, trad. de *Quinte-Curce*, VI, 5.

A *son abord* en Afrique tout se soumit aussitôt : les rois se donnèrent à lui (à Scipion).

Bossuet, *Discours sur l'Histoire universelle*, I, 8.

Et vous, préparez-vous à soutenir avec fermeté l'*abord de* votre père.

Molière, *les Fourberies de Scapin*, I, 3.

Monsieur, lui répondis-je, extrêmement émue de tout ce que *son abord* avoit de tendre et de charmant, asseyez-vous.

Marivaux, *Vie de Marianne*, part. IX.

J'évite également l'*abord de* tous les hommes.

Racan, *les Bergeries*, V, 5. Églogue.

L'homme qui fuit l'*abord des* médisans.

Le même, *Psaumes,*

Mon abord en ces lieux
Me fit voir Polyeucte, et je plus à ses yeux.

P. Corneille, *Polyeucte*, I, 3.

Vous ne m'attendiez pas, madame ; et je vois bien
Que *mon abord* ici trouble votre entretien.

J. Racine, *Andromaque*, IV, 5.

L'ingrate m'abandonne à mon jaloux transport,
Et rejette de moi message, écrit, *abord !*

Molière, *le Dépit amoureux*, IV, 2.

Nous allons régaler, mon père, *votre abord*
D'un incident tout frais, qui vous surprendra fort.

Le même, *Tartuffe*, III, 5.

Les cœurs que l'on croyoit de glace
Se fondent tous à *leur abord.*

La Fontaine, *Contes*, I, 1.

Aux cris qu'à *son abord* vers le ciel il envoie,
Il rend tous ses voisins attristés de sa joie.

Boileau, *le Lutrin*, III.

Ces rapides coursiers qui sous eux font la guerre,
Pouvaient à *leur abord* épouvanter la terre.
Voltaire, *Alzire*, II, 1.

On a pu voir qu'abord, lorsqu'il se dit des lieux, est souvent caractérisé par des épithètes. Il en est de même lorsqu'il se dit des personnes :

Son air étoit simple, sa physionomie spirituelle, et son *abord* très-affable.
Montesquieu, *Lettres persanes*, CXXXIII.

Par *son abord* humble et modeste,
Par son discours et par son geste
Meslez de crainte et de pudeur,
Elle amollit ce cœur de pierre.
Racan, *Cantique de Judith*.

Le beau ravissement et le plaisant transport
Qu'elle me veut marquer par ce muet *abord*.
Rotrou, *les Sosies*, II, 3.

Son abord importun vient troubler mon repos.
P. Corneille, *le Menteur*, IV, 4.

Et *du* méchant *l'abord* contagieux
N'altère point son innocence.
J. Racine, *Athalie*, II, 9.

Les filles, en ces lieux,
Ont *l'abord* familier et l'esprit curieux.
Regnard, *les Ménechmes*, II, 3

Grand, par tout ce que l'on admire,
Mais plus encor, j'ose le dire,
Par cette héroïque bonté
Et par cet *abord plein de grace*
Qui des premiers âges retrace
L'adorable simplicité.
J.-B. Rousseau, *Odes*, III, 2.

En ce sens, il se dit également de l'Action de deux personnes qui se rencontrent, qui s'approchent l'une de l'autre :

M. le chancelier, suivi de la compagnie, l'alla recevoir (la reine Christine) au carosse. Mais... je ne te puis dire bien certainement ce qui se passa à cet *abord*.
Patru, *Lettre à d'Ablancourt*.

Les caresses, les plaintes, les excuses, les prières, les promesses, furent mêlées en cet *abord*.
Mézeray, *Histoire de France*. Henri III, ann. 1587.

Les *abords* furent silencieux; les complimens brefs,

les visites courtes, et chacun se retira après avoir donné des marques d'une tristesse qui ne paroissoit pas passer le bord des lèvres.
Marivaux, *le Paysan parvenu*, VIIe partie.

Leur abord n'est pas familier; il est embarrassé, timide; ils ne se parlent point; leurs yeux baissés semblent s'éviter, et cela même est un signe d'intelligence.
J.-J. Rousseau, *Émile*, V.

Tout notre raccommodement, tant de sa part que de la mienne, consista dans l'embrassement du premier *abord*.
Le même, *les Confessions*, part. II, liv. IX.

... Elle m'envoie
Savoir à cet *abord* ce qu'on a vu de joie.
P. Corneille, *la Mort de Pompée*, III, 1.

A ce même sens du mot abord se rapporte l'usage élégant qu'on en a fait, au pluriel, pour exprimer d'une manière générale tout ce qui rapproche les hommes et les lie entre eux :

C'est... une très-utile science que la science de l'entregent; elle est, comme la grace et la beauté, conciliatrice des premiers *abords de* la société et familiarité.
Montaigne, *Essais*, I, 13.

Pourquoy (les femmes) n'orront-elles nos offres et nos demandes, autant qu'elles se contiennent soubs le debvoir de la modestie?..... Une royne de nostre temps disoit ingenieusement, que de refuser ces *abords*, c'est tesmoignage de foiblesse et accusation de sa propre facilité; et qu'une dame non tentée ne se pouvoit vanter de sa chasteté.
Le même, *même ouvrage*, III, 5.

Choisis tes amitiés, et n'en fais que de bonnes;
Hante peu la jeunesse, et de ceux du dehors
Souffre rarement les *abords*.
P. Corneille, *l'Imitation*, I, 8.

Il est facile de comprendre comment abord a été employé pour exprimer l'arrivée, l'attaque d'un ennemi :

Que l'ange protecteur de ta juste querelle
Rende de *ton abord* la force naturelle
Invincible aux assauts des plus fiers combattans.
Racan, *Psaumes*, CXXXI.

De ces vieux ennemis va soutenir *l'abord.*

P. Corneille, le Cid, III, 6.

Il combattoit Antoine avec tant de courage
Qu'il emportoit déjà sur lui quelque avantage;
Mais l'*abord de* César a changé le destin.

Le même, la Mort de Pompée, V, 3.

Abord s'est dit, en un sens analogue, de la rencontre de deux combattants, comme dans ces vers sur un duel :

Chissay, beau, jeune, en credit et support,
Feit son debvoir au combat et *abord.*

Cl. Marot, Rondeaux, I, 2.

Plein d'ardeur et léger, Adonis le devance.
On craint pour le héros; mais il sait éviter
Les coups qu'à cet *abord* la dent lui veut porter.

La Fontaine, Adonis.

Abord s'employait également pour exprimer La foule, l'affluence, et recevait alors ordinairement un complément formé de la préposition *de* et d'un substantif :

La grande affluence de peuple qui se trouve ordinairement en nostre bonne ville de Paris, et... *l'abord des* estrangers qui y viennent quasy de toutes les contrées du monde...

Henri IV, Lettres, 28 avril 1608, IIe. (Voir Lettres missives de Henri IV, t. VII, p. 535.)

La ville d'Éphèse devoit à son temple ses priviléges et *l'abord des* étrangers dont elle étoit enrichie.

Bossuet, Discours sur l'Histoire universelle, II, 12.

Il prit garde qu'à certains jours il y avoit grand *abord de* carrosses.

Pélisson, Histoire de l'Académie, II.

Le grand *abord de* négocians ne rendoit pas la ville plus difficile à surprendre.

Saint-Réal, Conjuration des Espagnols contre Venise.

Elle souffrit insensiblement un si grand *abord de* jeunes gens, et même de cavaliers, auprès de cette jeune fille, que quelquefois on y en a compté jusqu'à quinze.

Tallemant des Réaux, Historiettes. Mme de Gondran.

Ce grand *abord de* gens au logis de sa sœur.

La Fontaine, l'Eunuque, II, 1.

Quelquefois abord, en ce sens, était pris absolument; de là ces locutions, autrefois fort usitées, *l'abord, le grand abord, de grand abord, d'un grand abord,* etc. :

Comme maison de tout temps libre, *de grand abord* et officieuse à chacun, ma maison a merité assez d'affection populaire.

Montaigne, Essais, III, 9.

L'abord fut grand chez luy pour luy dire adieu.

Olivier d'Ormesson, Journal, 28 mars 1645.

Ce fut dans l'église des Cordeliers, qui est ce jour-là *d'un grand abord*, que je fis mes prières.

Fléchier, Mém. sur les grands jours de 1665, p. 108.

Quelquefois il lui prenoit des chagrins du *grand abord* qu'il y avoit chez lui; madame l'apaisoit en lui disant que sa sœur, qui logeoit avec elle, ne trouveroit jamais mari, s'il ne venoit bien du monde les voir.

Tallemant des Réaux, Historiettes. M. Chamrond.

Horace ne cherchoit pas les grandes hostelleries, à cause du trop *grand abord.*

Dacier, Remarques sur Horace. Satires, liv. I, sat. 5.

En des lieux séparés de tout profane *abord.*

La Fontaine, Captivité de saint Malc.

L'acception est la même, mais avec une forme passive en quelque sorte, dans les exemples suivants, où *abord* est dit, non de ceux qui affluent vers un lieu, mais du lieu vers lequel on afflue :

On croit que Tauris estoit l'ancienne Ecbatane, capitale de l'empire des Mèdes, et c'est encore aujourd'huy une grande ville et fort peuplée, comme estant *l'abord de* la Turquie, de la Moscovie, des Indes et de la Perse.

Tavernier, Voyages de Perse, I, 4.

La ville régnante, *l'abord de* toutes les nations, et qui rassemble le choix, comme le rebut de nos provinces.

Massillon, Oraison funèbre de Louis le Grand.

Abord s'applique de cette manière aux personnes dont on s'approche, et exprime figurément La facilité plus ou moins grande de leur accès, ce qui attire ou repousse dans leur accueil, leurs manières, etc.

On trouve dans Cotgrave cette locution : *de doux abord.*

30.

(Ptolémée estoit) ennemi de tout luxe, extrêmement libéral, de facile *abord*.

VAUGELAS, trad. de *Quinte-Curce*, IX, 8.

Mais enfin cet *abord* ne me permet plus de douter, et le coup d'œil qui m'a reçue m'apprend bien plus de choses que je ne voudrois en savoir.

MOLIÈRE, *le Festin de Pierre*, I, 3.

Le riche prétend avoir un titre pour devenir fâcheux, de difficile *abord*, d'humeur inégale.

BOURDALOUE, *Sermons*. Sur les riches.

Quand... il ne sera point d'un *abord* farouche et difficile, qu'il n'aura point le visage austère et la mine triste.

LA BRUYÈRE, *Caractères*, c. 13.

Un *abord* charmant, quand il vouloit se laisser approcher.

MASSILLON, *Oraison funèbre de Louis le Grand*.

Ses yeux creux (de Colbert), ses sourcils épais et noirs, lui faisoient une mine austère, et lui rendoient le premier *abord* sauvage et négatif.

L'abbé DE CHOISY, *Mémoires*, II.

Elle étoit encore, quand je la vis pour la première fois, une des plus belles femmes de Paris. Elle me reçut à sa toilette. Elle avoit les bras nus, les cheveux épars, son peignoir mal arrangé. Cet *abord* m'étoit très-nouveau; ma pauvre tête n'y tint pas.

J.-J. ROUSSEAU, *les Confessions*, part. II, l. VII.

Est-ce là cet *abord* de respect et de flamme
Que doit à son époux une pudique femme?

ROTROU, *les Sosies*, II, 3.

On a beau faire, il faut prendre femme à Paris;
L'on y taille en plein drap. Nos femmes de province
Ont l'*abord* repoussant, la mine plate et mince,
L'esprit sec et bouché, le regard de hibou,
L'entretien discourtois et l'accueil loup-garou.

REGNARD, *le Bal*, sc. 8.

ABORD, dans un sens analogue, sert aussi à rendre la manière dont une personne en aborde une autre :

J'allai au Palais-Royal, je trouvai un homme embarrassé, la tête basse, qui de honte n'osoit me regarder. Mon *abord* fut froid.

SAINT-SIMON, *Mémoires*, 1718, t. XVII, c. 13.

Je vois assez, monsieur, ce que vous pouvez être,
Et votre seul *abord* le peut faire connoître.

MOLIÈRE, *les Fâcheux*, III, 2.

ABORD a pu, en certains cas, se dire, non-seulement des personnes, mais des choses, pour en exprimer l'Accès, l'arrivée, l'affluence en un certain lieu :

Cette ville est renommée... pour le grand et premier *abord des* soyes qui viennent de la province de Guilan, dont elle est voisine.

TAVERNIER, *Voyages de Perse*, I, 5.

Du mot ABORD, construit avec certaines prépositions, certains adjectifs, se sont formées plusieurs locutions adverbiales et figurées qui veulent dire : Dès le premier instant, sur-le-champ, au commencement, premièrement.

D'ABORD est de toutes la plus usitée; elle se rencontre indifféremment avec des verbes qui expriment soit le passé, soit le présent, soit le futur, et sans distinction de modes :

Le grand secret de ceux qui entrent dans les emplois est de saisir *d'abord* l'imagination des hommes par une action que quelques circonstances leur rendent particulière.

LE CARDINAL DE RETZ, *Mémoires*, part. II, ann. 1643.

Je ne puis, messieurs, vous donner *d'abord* une plus haute idée du triste sujet dont je viens vous entretenir, qu'en, etc.

FLÉCHIER, *Oraison funèbre de Turenne*.

Peuples qui les vîtes venir, quelle fut *d'abord* votre surprise, et qui peut la représenter?

FÉNELON, *Sermons*. Pour l'Épiphanie.

En effet il paroît *d'abord* dans le caractère de Pilate des restes de droiture et de probité.

MASSILLON, *Petit Carême*, Obstacles que la vérité trouve dans le cœur des grands.

Au bout de l'an, il se remaria à une femme de chambre de sa femme, qui y étoit entrée *d'abord* pour avoir soin de ses chiens.

SAINT-SIMON, *Mémoires*, 1714, t. XI, c. 21.

Au nom de l'empereur, j'allois vous informer
D'un ordre qui *d'abord* a pu vous alarmer.

J. RACINE, *Britannicus*, I, 2.

Pour m'en éclaircir donc, j'en demande, et *d'abord*
Un laquais effronté m'apporte un rouge-bord.
Boileau, *Satires*, III.

Qu'en tout avec soi-même il se montre d'accord,
Et qu'il soit jusqu'au bout tel qu'on l'a vu *d'abord*.
Le même, *Art poétique*, III.

Cette idée d'antériorité, simplement exprimée par D'ABORD dans les passages qu'on vient de lire, il sert souvent à la marquer avec beaucoup de vivacité et de force :

Le jeune Scipion attaque Carthage-la-Neuve, et ses soldats l'emportent *d'abord*.

Les Égyptiens sont les premiers où l'on ait su les règles du gouvernement. Cette nation grave et sérieuse connut *d'abord* la vraie fin de la politique.
Bossuet, *Discours sur l'Histoire universelle*, I, 8; III, 3.

Tout au contraire, vous voyez ici un homme qui entreprend *d'abord* de vous éblouir.
Fénelon, *Dialogues sur l'éloquence*, I.

C'est une clémence que de faire *d'abord* des exemples qui arrêtent le cours de l'iniquité.
Le même, *Télémaque*, XII.

Quoi! débuter *d'abord* par le mariage..... La belle chose que ce seroit si *d'abord* Cyrus épousoit Mandane !
Molière, *les Précieuses ridicules*, sc. 5.

Une femme étoit tenue pour morte il y avoit six heures; elle étoit prête à ensevelir, lorsqu'avec une goutte de quelque chose vous la fîtes revenir et marcher *d'abord* par la chambre.
Le même, *le Médecin malgré lui*, I, 6.

Je connus *d'abord* le pèlerin : je m'aperçus qu'il vouloit passer pour un saint personnage.
Le Sage, *Gil Blas*, I, 17.

On alloit droit à l'ennemi, et la force décidoit *d'abord*.

Mithridate fit *d'abord* sentir à toute la terre qu'il étoit ennemi des Romains, et qu'il le seroit toujours.
Montesquieu, *Grandeur et décadence des Romains*, c. 1, 7.

L'impétuosité suédoise mit *d'abord* le désordre parmi les Danois et les Prussiens.
Voltaire, *Histoire de Charles XII*, liv. VIII.

J'ai vu dans ce détour un jeune homme paroître

Qui *d'abord*, de la part de cet impertinent,
Est venu me donner un bonjour surprenant.
Molière, *l'École des maris*, II, 5.

Il a reçu du ciel certaine bonté d'âme
Qui le soumet *d'abord* à ce que veut sa femme;
C'est elle qui gouverne...
Le même, *les Femmes savantes*, I, 3.

Mais non; dans ce dessein je l'aurois devancée;
L'amour m'en eût *d'abord* inspiré la pensée.
J. Racine, *Phèdre*, II, 5.

Ce n'est plus cette reine éclairée, intrépide,
Élevée au-dessus de son sexe timide,
Qui *d'abord* accabloit ses ennemis surpris,
Et d'un instant perdu connoissoit tout le prix.
Le même, *Athalie*, III, 3.

Il faut que devant lui *d'abord* tout s'humilie.

Un escadron coiffé *d'abord* court à son aide.
Boileau, *Satires*, V, X.

Le soleil en naissant la regarde *d'abord*,
Et le mont la défend des outrages du nord.
Le même, *Épîtres*, VI.

On croit le mal *d'abord*, mais, à l'égard du bien,
Il faut que la vue en réponde.
La Fontaine, *Contes*, II, 13.

Vouloir tromper le ciel, c'est folie à la terre.
Le dédale des cœurs en ses détours n'enserre
Rien qui ne soit *d'abord* éclairé par les dieux.
Le même, *Fables*, IV, 19.

J'ignorois qu'une fille, au mot de mariage,
D'une prompte rougeur dût couvrir son visage.
Je dois vous obéir, et, quand je l'entendrai,
Puisque vous le voulez, *d'abord* je rougirai.
Regnard, *le Distrait*, I, 4.

Voilà *d'abord* vingt têtes à l'envers
Pour un oiseau.
Gresset, *Vert-Vert*, II.

D'abord, en arrivant, il faut vous préparer
A le suivre partout, tout voir, tout admirer.
Le même, *le Méchant*, II, 7.

Dans les exemples qui précèdent, D'ABORD est employé d'une manière absolue, sans opposition marquée avec ce qui doit suivre. Souvent on exprime cette opposition, et alors à D'ABORD répondent, dans une autre proposition presque toujours amenée par la conjonction *mais*, les adverbes *ensuite*, *après*, *puis*, *bientôt*, *maintenant*, *enfin*, *à la fin*, *insensiblement*, etc. :

D'abord, tout le palais retentit de cris et de gémissemens ; *puis*, tout à coup, ce fut un silence comme dans une vaste solitude.

VAUGELAS, trad. de *Quinte-Curce*, X, 5.

Ils commencent assez paisiblement *d'abord* ; *mais*, la dispute venant à s'échauffer, c'est à qui le prendra d'un ton plus haut.

PERROT D'ABLANCOURT, trad. de Lucien, *la double Accusation.*

Ces sortes de libertés... accoutument *d'abord* à la résistance, et la produisent infailliblement *à la fin.*

LE CARDINAL DE RETZ, *Mémoires*, part. II, année 1652.

David régna *d'abord* sur Juda, *ensuite* il fut reconnu par tout Israël.

BOSSUET, *Discours sur l'Histoire universelle*, II, 4.

D'abord j'eus horreur de tout ce que je voyois, *mais insensiblement* je commençois à m'y accoutumer.

FÉNELON, *Télémaque*, IV.

Tout contribue à cette facilité de mouvement dans l'oiseau : *d'abord* les plumes... *ensuite* l'arrangement de ces mêmes plumes... *enfin* la légèreté même du corps.

BUFFON, *Hist. nat.*, Discours sur la nature des oiseaux.

D'abord on ne parla qu'en poésie, on ne s'avisa de raisonner que *longtemps après.*

J.-J. ROUSSEAU, *Essai sur l'origine des langues*, c. 3.

Lucile en fut *d'abord* légèrement émue, *bientôt après* rassasiée, et, avant la fin du jour, elle conçut qu'on pouvait s'ennuyer dans ce séjour délicieux.

MARMONTEL, *Contes moraux.* L'Heureux divorce.

Je n'ose vous en prier, *d'abord* parce que j'aime mieux ce qui vous convient que je n'aime mon plaisir ; ce n'est pourtant pas rigoureusement vrai, mais il en est des expressions de sentiment comme des traits d'esprit et des jeux de mots, qu'il ne faut jamais presser ni analyser.
Voilà que je me souviens que j'ai laissé un *d'abord* en l'air qui demande une seconde raison.

Mlle DE L'ESPINASSE, *Lettres*, CLX, ann. 1775.

D'abord il s'y prit mal, *puis* un peu mieux, *puis* bien,
Puis enfin il n'y manqua rien.

LA FONTAINE, *Fables*, XII, 9.

C'étoit *d'abord* un aspirant timide,
C'est *maintenant* un docteur intrépide.

J.-B. ROUSSEAU, *Épîtres*, II, 4.

D'ABORD a quelquefois pour corrélatif, au commencement de la proposition suivante, *avant de*, *avant que* :

Son naturel lui fit *d'abord* aimer les étrangers, *avant qu'*il sût à quel point ils pouvaient lui être utiles.

VOLTAIRE, *Histoire de Charles XII*, liv. I.

Les termes qui forment l'opposition exprimée par les exemples qu'on vient de lire peuvent être renversés, et D'ABORD ne venir qu'en dernier lieu :

On accepta leurs présens, qu'on avoit refusez *d'abord.*

PERROT D'ABLANCOURT, trad. de Xénophon. *La Retraite des Dix mille*, V, § 4.

Nous ne marchons plus que languissamment dans les voies où nous avions couru *d'abord* avec un zèle et une célérité si édifiante.

MASSILLON, *Conférences et discours synodaux.* Retraite pour des curés.

Quantité de jeunes gens ont cru obéir au génie, et leurs mauvais succès n'ont fait que les rendre incapables de suivre d'autres routes où ils auroient réussi, s'ils y étoient entrés *d'abord.*

DUCLOS, *Considérations sur les mœurs*, c. 10.

Dans les locutions qui viennent d'être expliquées, D'ABORD marque un rapport d'antériorité ; joint au mot *après*, il a servi à marquer un rapport tout contraire ; *d'abord après* a été employé dans le sens de Aussitôt après :

C'est une ignominie pour la religion que *d'abord après* avoir offert au Seigneur des prières pures et un sacrifice de louanges, dans l'assemblée des fidèles, vous alliez lancer les traits venimeux du serpent contre ceux... que leurs propres égaremens mêmes devroient vous rendre plus chers et plus respectables.

MASSILLON, *Carême.* Lundi de la 4e semaine.

Le plumage a toute sa beauté *d'abord après* la première mue.

BUFFON, *Hist. nat.*, Oiseaux ; le Bouvreuil.

Pendant plusieurs mois, *d'abord après* mon dîner, j'allois me promener seul au bois de Boulogne.

J.-J. ROUSSEAU, *les Confessions*, part. II, liv. VIII.

De même encore que Aussitôt, D'ABORD a été suivi quelquefois du mot *que*, et d'adverbe est devenu conjonction :

Il changea de dessein *d'abord qu*'il eut formé les grands et vastes projets que tout le monde a sus, et desquels il me fit part tout au long.

AGR. D'AUBIGNÉ, *Mémoires*, t. I, p. 163.

D'abord donc *qu*'on voit un miracle, il faut ou se soumettre, ou avoir d'étranges marques du contraire.

PASCAL, *Pensées*, part. II, art. XVI, § 2.

Une des sources de l'abus que les hommes font presque toujours de leurs dignités, est qu'ils s'en éblouissent *d'abord qu*'ils en sont revêtus.

LE CARDINAL DE RETZ. *Mémoires*, part. II, année 1652.

Comment diable! *d'abord qu*'on les approche, ils se mettent sur leurs gardes meurtrières.

MOLIÈRE, *les Précieuses ridicules*, sc. 10.

D'abord que la toile fut levée, un des acteurs... parut sur le théâtre.

LE MÊME, *les Fâcheux*, Avertissement.

Voyant que la conversation tomboit *d'abord qu*'on ne buvoit plus...

HAMILTON, *Mémoires du chevalier de Grammont*, c. 4.

Une illusion dangereuse, c'est de se persuader que le feu est éteint *d'abord qu*'il est couvert, et que la passion n'est plus quand elle ne paroît plus.

MASSILLON, *Conférences; Discours sur la communion.*

D'abord que je parus devant ma mère, une émotion que je lui causai lui annonça ma présence avant que ses yeux eussent démêlé mes traits.

LE SAGE, *Gil Blas*, X, 2.

Je n'en ai point douté *d'abord que* je l'ai vue.

MOLIÈRE, *l'École des femmes*, V, 10.

D'ABORD peut être précédé du mot *tout*, qui en augmente la force et marque que l'action exprimée par le verbe ne souffre point de retard :

Il (Reynold, colonel du régiment des gardes-suisses) s'etoit offert de très-bonne grâce à M. le duc d'Orléans

tout d'abord, et sans autre menagement pour M. du Maine.

SAINT-SIMON, *Mémoires*, 1715, t. XIII, c. 16.

J'ai pris *d'abord* de l'inclination pour lui, *tout d'abord*.

MARIVAUX, *Vie de Marianne*, part. IV.

Si quelqu'une de vous touche à la quatrième (part),
Je l'étranglerai *tout d'abord*.

LA FONTAINE, *Fables*, I, 6.

De prime abord, ou, comme on disait auparavant, *de premier abord*, est très-voisin de la locution précédente :

De premier abord l'effroy l'ayant pris, il s'en recourt tout sanglant dans le Louvre.

MARGUERITE DE VALOIS, *Mémoires*, année 1575.

Voire croy bien que *de premier abord*
Aux vieux guerriers ces mots desplaisoyent fort.

H. EST.ENNE, *Épistre de Celtophile aux Ausoniens.*

Morgué! le colonel est un homme fougueux,
Et qui *de prime abord*, si dans sa fougue il entre,
Feroit à son épée un fourreau de mon ventre.

MONTFLEURY, *Crispin gentilhomme*, I, 4.

De prime abord sont par la bonne dame
Expédiés tous les péchés menus.

LA FONTAINE, *Contes*, I, 4.

Du mot ABORDADE s'était autrefois formée la locution *d'abordade*, *à l'abordade*, correspondant à D'ABORD :

Et *d'abordade* allèrent assieger Marseille.

BRANTÔME, *Belles retraites d'armées.*

Les Gascons et Provençaux eurent pour despartement les fauxbourgs de S. Jean et de Bourneuf, qu'ils emportèrent *d'abordade.*

Le meurtrier alla de sa main poignarder tous les prisonniers, horsmis trois qui avoient esté depeschez *à l'abordade.*

AGR. D'AUBIGNÉ, *Hist. univ.*, t. I, liv. IV, c. 14 ;
t. II, liv. V, c. 4.

On employait au XVIe, et même au XVIIe siècle, les locutions *d'abordée*, *de prime abordée*, *de première abordée*, *à l'abordée*, formées à la manière des précédentes, du vieux mot ABORDÉE :

L'une partie ira rüer sus ce Grandgousier et ses gens.
Par ycelle sera *de prime abordée* facillement desconfict.
Rabelais, *Gargantua*, I, 33.

Les barbares se ruerent sur eulx, et *d'abordée* en tuerent un bon nombre.
Amyot, trad. de Plutarque, *Vie de Sertorius*, c. 4.

De première abordée on va entrer sur la bonté et mauvaisetié des femmes.
G. Bouchet, *Serées*, liv. I, 3e serée.

.... Le naturel des jeunes (est) plus enclin à l'apparence du bien que les plaisirs nous présentent *de première abordée*, qu'au vray bien, qui de prime face se montre laid et desplaisant.
Larivey, *les Escholiers*, II, 1.

Sur le progrez de ces victoires (du roi Antiochus), C. Popilius arriva à luy de la part du sénat; et *d'abordée* refusa de luy toucher à la main, qu'il n'eust premierement leu les lettres qu'il luy apportoit.
Montaigne, *Essais*, II, 24.

Quel relasche nous donne ceste importune passion.....? Si son but est d'augmenter nostre mal..... que ne la repoussons nous *à l'abordée* ?
Du Vair, *De la Constance et Consolation es calamitez publiques*, I.

L'expression *d'abordée* s'est perpétuée jusqu'au XVIIIe siècle par Saint-Simon, dans les *Mémoires* duquel on la rencontre très-fréquemment :

Je trouvai un maintien sérieux, un air concentré, un visage fâché qui me surprit beaucoup. « Monsieur, me dit-il *d'abordée*, j'ai fort à me plaindre de vous. »
Saint-Simon, *Mémoires*, 1715, t. XII, c. 15.

A l'abord, qui se disait autrefois, *au premier abord*, aujourd'hui plus usité, sont des locutions formées de même et d'égale valeur :

Ayant peur qu'Alexis *à l'abord* ne fust pas bien accoustumé de parler en fille, elle voulut interrompre leur discours.
D'Urfé, *l'Astrée*, IIe part., liv. XI.

...Qu'il connoissoit les Espagnols... que c'étoient les gens du monde avec qui il étoit le plus nécessaire de conserver, particulièrement *à l'abord*, de la réputation.
Le cardinal de Retz, *Mémoires*; part. II, année 1649.

..... Mondit sieur Mazarini m'a déclaré franchement que n'estant pas trop maistre de ses premiers mouvemens, il est prudent de ne s'y opposer pas *à l'abord*, mais qu'à la fin, revenant dans une autre situation, il estoit fort traictable, et se rendoit à la raison.
Colbert à son frère, 24 août 1663. (Voir *Corresp. admin. sous Louis XIV*, t. I, p. 473.)

Les enfans de cette grande famille (les Pythagoriciens), dispersée en plusieurs climats, sans s'être jamais vus, se reconnoissoient à certains signes, et se traitoient *au premier abord* comme s'ils s'étoient toujours connus.
Barthélemy, *Voyage d'Anacharsis*, c. 75.

Jadis un loup, dit-il, que la faim espoinçonne,
Sortant hors de son fort rencontre une lionne,
Rugissante *à l'abord*.....

Bien qu'il m'eust *à l'abord* doucement fait entendre
Qu'il estoit mon valet.....
Regnier, *Satires*, III, VIII.

Ses gardes *à l'abord* font quelque résistance.
P. Corneille, *Médée*, IV, 1.

Il m'a fait *à l'abord* cent questions frivoles.
Molière, *les Fâcheux*, I, 1.

On m'a fait *à l'abord* traverser un passage
Où jamais le jour n'est entré.
La Fontaine, *Contes*, IV, 8.

Dans le passage suivant, *à cet abord* a le même sens :

Fulvia mesme, quoyque femme mal endurante et haute à la main, *à cet abord* vescut assez doucement avec luy.
Coeffeteau, *Histoire romaine*, I.

À cette locution se rapporte *à l'aborder*, qui n'en diffère que parce que le substantif *abord* y est remplacé par le verbe *aborder* pris substantivement :

A l'aborder (il) y eut grosse et périlleuse charge.
Le loyal Serviteur, c. 14.

Les gentils chevaliers font le contraire, fiers *à l'aborder* et paisibles sur la fin.
Du Fail de la Hérissaye, *les Contes d'Eutrapel*, XXI.

Quelque nouveau poëte à la cour se présente;
Je veux qu'*à l'aborder* finement on le tente.
Joachim Du Bellay, *le Poëte courtisan*.

Dès l'abord, dès le premier abord, présentent, sous de nouvelles formes, la même locution :

Ce raisonnement, qui étoit très-subtil et qui est très-spécieux, me parut dès l'abord très-faux.

LE CARDINAL DE RETZ, *Mémoires*, part. II, année 1649.

Fuyons dès le premier abord, dès que nous voyons paroître l'étendard du péché.

BOSSUET, *Méditations sur l'Évangile*, LXXIe jour.

On voit que dès l'abord l'auteur ne met pas une grande différence entre la monarchie et le despotisme; ce sont deux frères qui ont tant de ressemblance qu'on les prend souvent l'un pour l'autre.

VOLTAIRE, *Politique et législation. Comment. sur l'Esprit des lois.*

Dès le premier abord notre prince étonné
Ne s'est plus souvenu de son front couronné.

P. CORNEILLE, *la Mort de Pompée*, III, 1.

Dès l'abord je la vis, dès l'abord je l'aimai.

LE MÊME, *la Toison d'or*, III, 1.

Dès l'abord mon esprit a compris tout le fait.

MOLIÈRE, *l'Étourdi*, IV, 1.

N'allez pas dès l'abord, sur Pégase monté,
Crier à vos lecteurs d'une voix de tonnerre :
Je chante le vainqueur des vainqueurs de la terre.

BOILEAU, *Art poétique*, III.

Dès l'abord leur doyen, personne fort prudente,
Opina qu'il falloit, et plus tôt plus tard,
Attacher un grelot au cou de Rodilard.

LA FONTAINE, *Fables*, II, 2.

Le souper fait, chacun se retira;
Tout dès l'abord Constance s'éclipsa.

LE MÊME, *Contes*, III, 6.

Il en est de même de *dans le premier abord* :

Il connoissoit les deux visages de la justice : l'un facile dans le premier abord, l'autre sévère et impitoyable quand il faut conclure.

BOSSUET, *Oraison funèbre de Michel Le Tellier.*

Dans l'abord, qui avait le même sens, a vieilli :

Elle m'a dans l'abord servi de bonne sorte;
Mais, depuis quatre jours, la pauvre femme est morte.

MOLIÈRE, *l'École des femmes*, III, 4.

Cet homme dans l'abord me paroissoit plus sage.

REGNARD, *les Ménechmes*, III, 8.

I.

J'en ai, je crois, dit un mot dans l'abord.

LA FONTAINE, *Contes*, II, 3.

Notre amoureux ne songeoit, près ni loin,
Dedans l'abord à jouir de s'amie.

LE MÊME, *même ouvrage*, II, 1.

Il faut sans doute considérer comme une variété de cette locution l'emploi du mot ABORD dans les vers suivants :

Tous deux dormoient. Dans cet abord, Joconde
Voulut les envoyer dormir en l'autre monde.

LA FONTAINE, *Contes*, I, 1.

On a dit enfin, dans un sens très-voisin des précédentes locutions, et par une construction analogue, *après l'abord* :

Ces trois quidams tout pleins de courtoisie,
Après l'abord, et l'ayant salué
Fort humblement..

LA FONTAINE, *Contes*, II, 5.

ABORDER, v. n.

Si l'on en croit Jacques Tahureau, mort en 1555 (*voyez ses Dialogues*, fol. 34 rᵒ et vᵒ, que cite Sainte-Palaye), ce mot était nouveau de son temps et nous venait de l'italien *abbordare*.

A cette origine semble se rapporter l'ancienne orthographe du mot ABBORDER, dont on verra plus bas un exemple dans une phrase empruntée à Amyot.

Les mots *abordare*, *abordatio*, desquels D. Carpentier, dans son Supplément à Du Cange, cite des exemples d'après un texte de 1480, n'ont probablement pas précédé l'italien *abbordare*, le français *aborder*, et ne paraissent pas en devoir donner l'étymologie.

ABORDER, Arriver à bord, prendre terre, qu'il s'agisse d'un bâtiment ou de ceux qui le montent.

En ce sens, il peut s'employer sans complément :

Chabrias... voulut aborder le premier avecques sa gualere, et descendre en terre maulgré les ennemys.

AMYOT, trad. de Plutarque. *Vie de Phocion*, c. 2

Estant abordé heureusement, il (Néron) rechercha ceux qui sembloient avoir esperé ou desiré qu'il fist naufrage.

COEFFETEAU, *Histoire romaine*, V.

31

On prépare mille vaisseaux excellens à la voile et à la rame; les uns ronds, pour soutenir la violence des vagues, les autres plats, pour *aborder* plus aisément.

PERROT D'ABLANCOURT, trad. de Tacite. *Les Annales*, II, 2.

Je ne comprends point le passage du Rhin à la nage. Se jeter dedans à cheval, comme des chiens après un cerf, et n'être ni noyé, ni assommé en *abordant*, tout cela passe tellement mon imagination que la tête m'en tourne.

Mme DE SÉVIGNÉ, *Lettres*, 13 juin 1672.

Nous *abordons* enfin, nous tirons notre vaisseau sur le sable, et descendons sur le rivage.

FÉNELON, *l'Odyssée d'Homère*, IX.

Charles XII, impatient de ne pas *aborder* assez près ni assez tôt, se jette de sa chaloupe dans la mer.

VOLTAIRE, *Histoire de Charles XII*, liv. II.

La gondole *aborde*, et j'en vois sortir une jeune personne éblouissante, fort coquettement mise et fort leste.

J.-J. ROUSSEAU, *les Confessions*, partie II, liv. VII.

Ils *abordent* sans peur, ils ancrent, ils descendent.

P. CORNEILLE, *le Cid*, IV, 3.

Et comme un jour les vents retenant leur haleine, Laissoient paisiblement *aborder* les vaisseaux....

LA FONTAINE, *Fables*, IV, 2.

Dans le passage suivant, le mot ABORDER est de même employé en son sens le plus particulier et absolument, mais d'une manière figurée :

Il y a quinze jours que nous sommes sur le rivage, et que nous vous voyons agités des mêmes pensées et des mêmes craintes que nous avons eues. Nous serons ravis de vous voir *aborder* comme nous, et tous également sauvés de l'orage.

Mme DE SÉVIGNÉ, *Lettres*, 28 mars 1689.

ABORDER, en ce sens, et avec cette forme absolue, a été pris substantivement :

A l'instant mesme du peril arriva en la ville Gongylus, qui venoit de Corinthe avecques une gualere, à *l'abborder* duquel estant incontinent tout le peuple... accouru à l'entour de luy, il leur declara... qu'il venoit après luy d'aultres gualeres à leur secours.

AMYOT, trad. de Plutarque. *Vie de Nicias*, c. 10.

Le plus souvent ABORDER ne va pas sans un com-

plément qui marque le lieu où l'on prend terre; il est alors accompagné des prépositions *à*, *au*, *en*, *dans*, *sur*, *chez*, etc., des adverbes *où*, *y*, *là*, *ici* :

Le vieil Macrobe en languaige ionicque demandoit à Pantagruel comment et par quelle industrie et labeur *estoit abordé à* leur port celle journée en laquelle avoit esté troublement de l'aer, et tempeste de mer tant horrificque ?

RABELAIS, *Pantagruel*, IV, 25.

Marius... monta sur mer, et vint *aborder en* un port de la Thoscane, qui se nomme Telamon.

AMYOT, trad. de Plutarque. *Vie de Caïus Marius*, c. 13.

Thrasylaus.... se faisoit accroire que tous les navires qui relaschoient du port de Pyrée, et *y abordoient*, ne travailloient que pour son service.

MONTAIGNE, *Essais*, II, 12.

Xénophon *aborda* avec ses vaisseaux *sur* les confins de la Bithynie.

PERROT D'ABLANCOURT, trad. de Xénophon, *la Retraite des Dix mille*, VI, § 3.

L'Angleterre, ah! la perfide Angleterre, que le rempart de ses mers rendoit inaccessible aux Romains, la foi du Sauveur *y* est *abordée*.

BOSSUET, *Sermons*. Sur la Circoncision de J.-C.

Elle (Pallas) brise et aplanit les flots, jusqu'à ce que le héros qu'elle protége eût échappé à la mort en *abordant chez* les Phéaciens.

FÉNELON, *l'Odyssée d'Homère*, V.

.... S'informant de la vérité d'un avenir et de cette autre patrie qui nous attend après le trépas, avec moins d'intérêt qu'ils n'écouteroient les relations d'une terre inconnue et peut-être fabuleuse, *où* nul mortel n'a pu encore *aborder*.

MASSILLON, *Petit Carême*. Obstacles que la vérité trouve dans le cœur des grands.

Ils nagent en se berçant sur l'eau, et lorsqu'ils *abordent à* terre, ils se dressent sur leurs pieds, battent des ailes et se secouent comme les canards.

BUFFON, *Hist. nat.*, Oiseaux ; le Tadorne.

La flotte ayant ... *abordé sur* les côtes de l'Attique, mit à terre.... cent mille hommes d'infanterie et dix mille de cavalerie.

BARTHÉLEMY, *Voyage d'Anacharsis*, Introd., IIe part. sect. 2.

Dans quelle terre *aborderez*-vous, qui vous soit plus chère que celle *où* vous êtes née?

BERNARDIN DE SAINT-PIERRE, *Paul et Virginie*.

A ce doulx port *où* je veulx *aborder.*

Cl. Marot, Hist. de Léandre et Héro.

Je chante les combats, et ce prince guerrier
Qui, fugitif de Troye, *aborda* le premier
Aux champs italiens.

Vauquelin de la Fresnair, l'Art poétique, II.

Seigneur, depuis huit jours, l'impatient Pharnace
Aborda le premier *au* pied de cette place.

J. Racine, Mithridate, II, 3.

Abordé près du parc, avant tout il partage
Sa troupe en deux...

La Fontaine, Contes, II, 14.

Là, conduit par le ciel, *aborda* le héros.

Voltaire, la Henriade, I.

Ou dit, dans un sens analogue, en termes de marine, *aborder à un bâtiment*, Diriger une embarcation de manière qu'elle arrive à toucher un bâtiment sans le heurter.

Aborder, est quelquefois verbe actif et prend un régime direct :

Quoique tous les esclaves de la chrestienté se trouvent libres en *abordant* cette coste, je ne suis pas moins à vous pour cela.

Voiture, Lettres, XL, 7 août 1633.

...Une petite barque, avec laquelle il (le jeune Marius) *aborda* les côtes de Carthage.

Saint-Réal, Affaires de Marius et de Sylla.

Les compagnons d'Ulysse, après dix ans d'alarmes,
Erroient au gré du vent, de leur sort incertains.
Ils *abordèrent* un rivage
Où la fille du dieu du jour,
Circé, tenoit alors sa cour.

La Fontaine, Fables, XII, 1.

Je chante les combats et cet homme pieux
Qui, des bords phrygiens conduit dans l'Ausonie,
Le premier *aborda* les champs de Lavinie.

Boileau, Art poétique, III.

Le ciel pour *aborder* cette rive étrangère
Accorde à tout mortel une barque légère.

Voltaire, Discours en vers sur l'homme, I ; notes et variantes.

Aborder s'emploie aussi activement, en termes de marine, pour dire Approcher, joindre une embarca-

tion, un vaisseau, ou les heurter par un choc accidentel, ou bien encore y monter par force dans un combat :

Que si un vaisseau qui est à l'ancre dans un port ou ailleurs, vient à..... en *aborder* un autre, et qu'en l'*abordant* il lui cause quelque dommage, le dommage se payera par moitié.

Ordonnance de la marine d'aoust 1681, liv. III, tit. vii, art. 10.

Duguay-Trouin... aperçoit un vaisseau redoutable, armé de cent canons.... deux fois il ose l'*aborder*...

Thomas, Éloge de Duguay-Trouin, part. II.

Car cil des galies françoises
Assaillent les sarrazinoises :
Jà en *ont* pluseurs *abordées.*

G. Guiart, Royaux lignages, t. II, v. 987.

Quelquefois, par figure, au lieu du bâtiment, le régime désigne les personnes qui le montent :

A cette manœuvre le capitaine Brou me cria : Vous êtes perdu, M. d'Aubigné, et le seul moyen de nous sauver est d'aller passer à la proue de ce bâtiment qui nous *aborde.*

Agr. d'Aubigné, Mémoires, t. I, p. 110.

Je vois à la portée du pistolet un gros navire...; il arrivoit sur nous et nous alloit *aborder* à babord... Enfin il nous a *abordez* par la poupe, et avec son beaupré a emporté une partie de notre couronnement.

L'abbé de Choisy, Voyage de Siam, 1685, 27 août.

Ils nous *abordent*, nous prennent, et nous emmènent prisonniers en Égypte.

Fénelon, Télémaque, II.

Quand de Lydie un grand vaisseau
Vient nous *aborder* à la rade.

Voltaire, Contes en vers. Les trois Manières.

Dans la phrase suivante, que donne un ancien dictionnaire, aborder a bien pour régime direct le mot Vaisseau, mais, comme le verbe latin *appellere*, il est pris au sens de Faire aborder :

Crainte de la tourmente, nous *abordons* nos vaisseaux. *Naves littori appellimus.*

Monet, Dictionnaire.

31.

ABORDER, exprimant, comme il vient d'être dit, la rencontre de deux bâtiments de guerre, peut être employé absolument :

> Tous les vaisseaux tascheront de gagner le vent sur les ennemys... se gardant d'*aborder* ou d'*estre abordez*, qu'ils ne soient entre les points de Coreille et Chef-de-Bois.
>
> Le cardinal de Richelieu, Ordre du 14 mai 1628. (Voir *Lettres de Richelieu*, t. III, p. 111.)

ABORDER s'emploie encore pour désigner l'accès en toutes sortes de lieux.

Par analogie avec un sens du mot ABORD, dans ces locutions expliquées plus haut, *grand abord de monde*, *lieu de grand abord*, etc., il exprime alors quelquefois l'idée d'Arriver en foule, d'affluer.

Comme au sens propre, il est souvent construit avec un régime indirect :

> Peu de temps après *aborderent au* chasteau de Grand-gousier, qui les attendoit en grand desir.
>
> Rabelais, *Gargantua*, I, 37.

> *En* ceste vostre maison journellement *abordent* gens de toutes parts.
>
> Le même, *Pantagruel*, IV, 12.

> Il ne se passoit guères de journées, qu'il n'allast chez messieurs Dupuy, à ce célèbre réduit *où* tous les curieux et tous les sçavans *abordoient*.
>
> Patru, *Vie de d'Ablancourt*.

> Les presens *abordoient chez* moi de toutes parts.
>
> Perrot d'Ablancourt, trad. de Lucien, *Dialogues*. Simyle et Polystrate.

> Nous sortimes ainsi du Palais, et nous allâmes dîner à six heures du soir chez moi, *où* nous eûmes peine à *aborder* à cause de la foule du peuple.
>
> Le cardinal de Retz, *Mémoires*, part. II, année 1649.

> Tu ne peux *aborder au* trône de la miséricorde, sinon par Notre Seigneur Jésus-Christ.
>
> Bossuet, *Sermons*. Sur la réconciliation avec nos frères.

> Ce fut donc pendant plusieurs jours un flot continuel de peuple qui *abordoit dans* cette église.
>
> J. Racine, *Histoire de Port-Royal*, I.

> J'ai passé quelques jours dans une maison de campagne auprès de Paris..... Étranger que j'étois, je n'avois rien de mieux à faire... que d'étudier cette foule de gens qui *y abordoient* sans cesse.
>
> Montesquieu, *Lettres persanes*, XLVIII.

Cependant les peuples *abordoient* en foule à Olympie. Par mer, par terre, de toutes les parties de la Grèce, des pays les plus éloignés, on s'empressoit de se rendre à ces fêtes.

> Barthélemy, *Voyage d'Anacharsis*, c. 38.

> *En* Inde feiz *aborder* mon charroy.
>
> Cl. Marot, *Jugement de Minos*.

> Et ma famille enfin à Corinthe *abordée*, Nous saluons Créon.
>
> P. Corneille, *Médée*, I, 1.

> Entre nous, verras-tu d'un esprit bien tranquille *Chez* ta femme *aborder* et la cour et la ville ?
>
> Boileau, *Satires*, X.

> Ne pouvant *aborder dans* ce palais profane.
>
> Voltaire, *Zaïre*, IV, 1.

Il reçoit très-souvent aussi un régime direct :

> Il avoit receu mille consolations d'avoir salué, en *abordant* chaque paroisse, les anges protecteurs d'icelle.
>
> S. François de Sales, *Introd. à la vie dévote*, II, 16.

> Quelles beautés ne trouveroit-on pas, si on pouvoit *aborder* la ville royale (Thèbes en Égypte), puisque, si loin d'elle, on découvre des choses si merveilleuses.
>
> Bossuet, *Discours sur l'Histoire universelle*, III, 3.

> Ses cheveux se dressent sur sa tête, quand il *aborde* le noir séjour de l'impitoyable Pluton.
>
> Fénelon, *Télémaque*, XVIII.

> Ces pauvres filles n'*abordoient* qu'en tremblant une maison qu'elles venoient pour ainsi dire affamer.
>
> J. Racine, *Histoire de Port-Royal*, I.

> Vous ne voulez pas qu'ils raccommodent les chemins du village, pour rendre votre maison plus difficile à *aborder*.
>
> Dancourt, *la Maison de campagne*, sc. 14.

> Une solitude qui étoit sans cesse épiée et qu'on ne pouvoit *aborder* sans péril d'exil et quelquefois de prison.
>
> Saint-Simon, *Mémoires*, 1709, t. VIII, c. 36.

> Et le druide craint, en *abordant* ces lieux, D'y voir ce qu'il adore et d'y trouver ses dieux.
>
> Brébeuf, *la Pharsale*, III.

Dans le passage suivant, ABORDER, pris au même sens, est mis absolument :

Mêmes soins à l'égard des gens considérables, tandis que tout le guet et toute la police étoient occupés à faire *aborder*, ranger, sortir les carrosses sans nombre avec tout l'ordre et la commodité possibles.

SAINT-SIMON, *Mémoires*, Minorité de Louis XV.

ABORDER, dans un sens qui a vieilli, veut dire encore, simplement, Venir au bord, approcher, et alors il se construit avec la préposition *de* :

La ville estoit battue des flots de tous costez... et le mur, qui estoit avancé dans la mer et escarpé, empeschoit qu'on ne peust *en aborder*.

VAUGELAS, trad. de *Quinte-Curce*, IV, 2.

Ni les apôtres, ni les martyrs, ni les séraphins même, tout brillans d'intelligence, tout brillans d'amour, ni la reine de tous les esprits bienheureux, l'incomparable Marie, ne peut *aborder du* trône de Dieu, si Jésus ne les introduit.

BOSSUET, *Sermons*. Sur l'Ascension de J.-C.

Depuis trois semaines qu'elle est dans ce village, je n'ai pas osé *en aborder*.

DANCOURT, *le Charivari*, sc. 5.

ABORDER signifie encore, par extension, Approcher de quelqu'un, l'accoster dans quelque intention que ce soit.

Il a pris quelquefois, en ce sens, un régime indirect :

Il *aborda jusques à* la personne du roy, et luy donna un coup de cousteau en la face, pensant bien le porter ailleurs.

Satire Ménippée. Supplément du Catholicon.
A la Majesté espagnole.

Là endroit sont dames et damoyselles
Sur l'herbe verd' assises et couchées;
Seigneurs aussi *abordent emprés* d'elles,
Leur presentant prunes vertes et grozelles.

G. CRETIN, *Débat entre deux dames*, etc.
La dame qui soustient les chiens.

Les exemples du régime direct sont infiniment plus nombreux :

Il n'est rien si digne d'estre hay, que celuy qui ne veult pas que l'on l'*abborde*, et qui dédaigne de parler aux gens.

AMYOT, trad. de Plutarque, OEuvres morales, *Comment il fault nourrir les enfans*.

Agis... prend vistement son casque et se couvre de son bouclier, maniant une pique, et défiant en cet estat les plus hardis de l'*aborder*.

VAUGELAS, trad. de *Quinte-Curce*, VI, 1.

J'*aborday* Homère, et le priay de me dire d'où il estoit.

PERROT D'ABLANCOURT, trad. de Lucien, *Histoire véritable*, II, 2.

Quel malheureux n'espéroit pas, en l'*abordant*, du secours ou de la pitié?

FLÉCHIER, *Oraison funèbre de Michel Le Tellier*.

On ne le voit presque jamais; il est seul, triste, abattu au fond de son palais : ses amis mêmes n'osent l'*aborder*, de peur de lui devenir suspects.

FÉNELON, *Télémaque*, III.

Un homme qui seroit en peine de connoître s'il change, s'il commence à vieillir, peut consulter les yeux d'une jeune femme qu'il *aborde*, et le ton dont elle lui parle : il apprendra ce qu'il craint de savoir. Rude école!

LA BRUYÈRE, *Caractères*, c. 3.

Nous ne trouverons plus de place pour voir les taureaux. Pardonnez-moi, a répondu Jacinthe; ce cavalier n'a qu'à nous remener où il nous a si poliment *abordées*, et ne vous mettez pas en peine du reste.

LE SAGE, *le Diable boiteux*, VIII.

On peut l'*aborder* avec indifférence, mais non pas la quitter sans émotion.

J.-J. ROUSSEAU, *Émile*, V.

Quelquefois, à la vue de Paul, elle alloit vers lui en folâtrant; puis tout à coup, près de l'*aborder*, un embarras subit la saisissait, un rouge vif coloroit ses joues pâles, et ses yeux n'osaient plus s'arrêter sur les siens.

BERNARDIN DE SAINT-PIERRE, *Paul et Virginie*.

Hors du couvent, l'autre-hyer soubz la couldrete,
Je rencontray mainte nonne proprette,
Suyvant l'abbesse en grand' dévotion :
Si cours après, et par affection
Vins *aborder* la plus jeune et tendrette.

Cl. MAROT, *Rondeaux*, I, 24.

Quand soudain Polyclète,
Des volontés d'Auguste ordinaire interprète,
Est venu l'*aborder* et sans suite et sans bruit,
Et de sa part sur l'heure au palais l'a conduit.

P. CORNEILLE, *Cinna*, IV, 5.

Je verrai le témoin de ma flamme adultère
Observer de quel front j'ose *aborder* son père!

J. RACINE, *Phèdre*, III, 3.

Gardez-vous d'imiter ce rimeur furieux,
Qui, de ses vains écrits lecteur harmonieux,
Aborde en récitant quiconque le salue,
Et poursuit de ses vers les passans dans la rue.
                          BOILEAU, *Art poétique*, IV.

S'il falloit, sans amis, briguant une audience,
D'un magistrat glacé soutenir la présence,
Ou, d'un nouveau procès hardi solliciteur,
Aborder sans argent un clerc de rapporteur.
                          LE MÊME, *le Lutrin*, III.

Le loup donc *l'aborde* humblement.
                          LA FONTAINE, *Fables*, I, 5.

C'est sa folie enfin : il n'*aborde* personne
Qu'un mémoire à la main; et déjà je m'étonne
Qu'il ne vous ait point fait quelque sot compliment.
                          REGNARD, *les Ménechmes*, III, 11.

ABORDER est employé de même, mais en un sens
voisin du figuré, dans les exemples suivans :

Je ne connois point, lui dit le roi, les véritables mœurs
des hommes : tout ce qui nous *aborde* est déguisé; c'est
l'art et non pas la nature simple qui se montre à nous.
                          FÉNELON, *Contes et Fables*, Histoire d'Alibée.

Il faut étudier les momens favorables pour *aborder* les
grands, et le choix des temps et des occasions est la
grande science du courtisan.
                          MASSILLON, *Oraison funèbre de M. le Dauphin.*

Faites bien entendre raison à M. le comte de Caylus
sur la difficulté qu'il y a de m'*aborder*.
                          Mme DE MAINTENON, *Lettre à* Mme *de Caylus*, 1686.

Albéroni, jaloux de tout ce qui pouvoit *aborder* la
reine, étoit fort affligé de l'arrivée de sa nourrice, qu'elle
avoit fait venir d'Italie.
                          SAINT-SIMON, *Mémoires*, 1715, t. XIII, c. 27.

C'est un usage dans les pays despotiques que l'on
n'*aborde* qui que ce soit au-dessus de soi, sans lui faire
un présent, pas même les rois.
                          MONTESQUIEU, *Esprit de lois*, V, 17.

Il n'étoit réservé qu'à moi d'être accusé pour avoir
donné de l'or à un juge, par le juge même que je n'ai pu
aborder qu'au prix de cet or.

Les Syracusains portoient leur or à ce Verrès qu'on ne
pouvoit *aborder* par aucune autre voie.
                          BEAUMARCHAIS, *Mémoires*, part. II. Supplément.

Aborder de paroles aucun, locution recueillie par
Rob. Estienne en 1539, par Nicot, etc., et qu'ils
traduisent par : *aggredi aliquem dictis*, se rapporte
au même emploi figuré du mot ABORDER.

On a dit depuis *aborder avec des discours :*

Avec de tels discours oses-tu m'*aborder*,
Perfide, et sans rougir peux-tu me regarder?
                          P. CORNEILLE, *la Place Royale*, II, 3.

L'emploi d'ABORDER dans un sens figuré a conduit
assez récemment à lui donner pour régime direct des
noms abstraits. On a dit *aborder* une idée, un sujet,
une question, une difficulté, un point, etc., pour
Commencer à s'en occuper, à les discuter :

Peut-être aucun homme n'est-il capable d'*aborder* le
crime sans subterfuge.
                          Mme DE STAËL, *de l'Allemagne*, IIe part., c. 21.

Il faut *aborder* sincèrement toutes les grandes idées.

Il (Bonaparte) a vu des souffrances dont on ne peut
aborder la pensée.
                          LA MÊME, *Considérations sur la Révolution française*,
                          IIe part., c. 13; IVe part., c. 19.

Par une figure analogue, on en est venu à dire,
se laisser aborder par une idée :

Elles (les églises orientales) se croiroient ridicules si
elles *se laissaient aborder par l'idée* d'avancer les conquêtes de l'Évangile.
                          J. DE MAISTRE, *du Pape*, III, 1.

ABORDER s'emploie avec le pronom personnel
comme verbe réciproque dans plusieurs des acceptions qui viennent d'être indiquées :

Les batailles des lansquenets impériaux et celles des
Suisses et François *s'abordèrent*.
                          Mn DU BELLAY, *Mémoires*, liv. X, ann. 1544.

S'il arrivoit que le temps fust si plain de brume, que
l'on ne peust s'entrevoir, de temps en temps les vaisseaux
feront battre leurs tambours et sonner leurs trompettes,
pour se tenir ensemble, de crainte de *s'aborder*.
                          LE CARDINAL DE RICHELIEU, *Ordre du* 14 mai 1628.
                          (Voir *Lettres de Richelieu*, t. III, p. 109.)

On y voit don Juan Osorio et don César Ursin qui
s'embrassent en *s'abordant*.
                          LE SAGE, *D. César Ursin*, II, 1. Avertissement.

Tout le monde *s'abordait*, s'interrogeait dans les églises sans se connaître.

VOLTAIRE, Précis du siècle de Louis XV, c. 12.

On disait, dans les anciens temps de la langue, s'ABORDER pour *aborder* :

Chascun aussi des princes print sa chascune, et chascun des gentilzhommes *s'aborda* à quelque dame ou damoyselle.

J. LEMAIRE DE BELGES, Illustr. de Gaule, I, 44.

Regarde bien *où* qu'*il s'abordera*.

OCTAVIEN DE SAINT-GELAIS ET ANDRÉ DE LA VIGNE, le Verger d'honneur (v. 1495).

ABORDÉ, ÉE, participe.

ABORDABLE, adj. des deux genres.

Qu'on peut aborder. « Qui se peut aisément abor-« der et approcher, estant, dit Nicot, ceste terminai-« son, *able*, ès mots françois, le plus souvent signifi-« cation de facilité et aisance. »

Il se dit au propre d'une côte dont l'accès est facile :

La côte de Barbarie, qui le borne (le golfe de Lion) d'un côté, n'est pas *abordable*, celle de Languedoc, qui le joint de l'autre, est très-mauvaise.

LE CARDINAL DE RETZ, Mémoires, part. II, ann. 1654.

La mer n'étoit plus praticable,
Et l'on n'espéroit les bons vents
Qui rendent l'onde navigable
Et le continent *abordable*
Qu'à la naissance du printemps.

GRESSET, le Carême impromptu.

Comme *abord*, ABORDABLE se dit généralement d'un lieu quelconque :

On ne pourra donc éviter de rendre le spectacle *abordable* en tous temps : l'hiver il faudra faire des chemins dans la neige, peut-être les paver, et Dieu veuille qu'on n'y mette pas des lanternes.

J. J. ROUSSEAU, Lettre à d'Alembert sur les spectacles.

Ce village... est *abordable*, même en voiture, par un chemin rapide, mais large et sûr.

DE SAUSSURE, Voyages dans les Alpes, Environs de Genève, XV, § 363.

ABORDABLE, par un emploi figuré qui se rapporte aussi à celui qu'on peut faire du mot *abord*, s'applique quelquefois aux personnes et exprime la facilité de leur accueil. On dit d'un homme qu'il est ou n'est pas *abordable*.

ABORDABLE, dans cette dernière acception, paraît être d'un usage récent. Il est à remarquer que le mot lui-même, bien que donné par Nicot, et employé par des auteurs du XVIIᵉ siècle, n'a été admis dans le Dictionnaire de l'Académie française qu'en 1740.

D'ABORDABLE s'est formé INABORDABLE. (*Voir* ce mot.)

ABORD et ABORDER ont de même donné lieu à la formation des substantifs suivants, dont un seul, le dernier, est resté : ABORDADE, ABORDÉE, autrefois usités particulièrement dans quelques locutions qui ont été rappelées plus haut, p. 239, 240; ABORDEMENT, ABORDAGE.

ABORDADE, ABORDÉE, s. f.

Dans l'exemple suivant ABORDÉE a, comme *abord*, le sens d'arrivée :

Tout fut troublé de la fière *abordée* de ce chevalier, qui d'une contenance brave, branslant sur son armet un grand panache blanc, franchit la barrière et sauta dans la lice.

Jacques YVER, le Printemps d'Yver.

ABORDEMENT, s. m.

On s'en est servi, naturellement, comme quelquefois d'*abord*, pour exprimer l'Action de toucher à une côte, d'entrer dans un port :

Estans sus le mole, et de loing voyans les mariniers et voyagiers dedans leurs naufz en haulte mer, seullement en silence les considerons, et bien prions pour *leur* prospere *abordement*.

RABELAIS, Pantagruel, III, 21.

On l'a employé aussi, comme *abord*, au sens d'Accès.

Quiconque est évêque dudit Théroane.... est seigueur... de ladite ville... et *abordement* d'icelle.

Coutumes de Théroane, tit. II, art. 6. (Voir Coutumier général, t. I, p. 158.)

ABORDAGE, s. m.

Action d'aborder un vaisseau. Il se dit ordinairement en parlant des combats de mer. *Aller, venir, se présenter, monter à l'abordage ; prendre un vaisseau par abordage, à l'abordage ; tenter, manquer l'abordage,* etc. :

C'étoit le fort des Romains de combattre de pied ferme. C'est pourquoi, lorsqu'ils *en vinrent à l'abordage*.... ils eurent une grande supériorité....

Rollin , Histoire romaine, XI, 1.

Malgré tout le feu de ses canons, les chevaliers *se présentèrent à l'abordage,* sautèrent dans le vaisseau turc, le sabre à la main, et s'en rendirent maîtres.

Les infidèles, après avoir mis en pièces les manœuvres de ce vaisseau, s'avancèrent pour *monter à l'abordage.*

Au lieu *d'aller à l'abordage*... il se contenta de canonner ces deux corsaires.

Vertot, Histoire des Chevaliers de Malte, X, XIV.

Une partie des vaisseaux fut brisée par la tempête ; une autre *prise* par les Anglais *à l'abordage,* après une résistance admirable.

Voltaire, Siècle de Louis XIV, c. 20.

On tire sur la troupe entière avec un gros fusil *d'abordage* qui écarte le plomb, et en tue ou blesse un bon nombre.

Buffon , Histoire naturelle, Oiseaux ; le Canard.

La chaloupe qui coule à fond , le mouvement de l'eau, sont bien rendus, si ce n'est qu'il est absurde que de frêles bâtimens *tentent un abordage* par un gros temps.

Diderot, Salon de 1767, Loutherbourg.

Le corsaire qui le chassait (le navire) était sur le point de le joindre ; et le capitaine, effrayé du danger de *l'abordage,* allait se livrer au pirate.

Marmontel, Contes moraux; la Mauvaise mère.

Le feu qui l'anime enflamme ses troupes : quatre fois elles *s'élancent à l'abordage,* quatre fois elles sont repoussées.

Thomas, Éloge de Duguay-Trouin.

Il se dit au figuré , dans un langage familier et même libre, d'une Attaque de paroles, de reparties, etc., à faire ou à soutenir :

Je ne *vais* qu'avec crainte à *l'abordage;* elle me paroît fille réservée.

Le Sage, le Traître puni, III, 7.

Allons, monsieur, allons ; en homme de courage, Il faut ici , ma foi, *soutenir l'abordage :* Monsieur Géronte approche.

Regnard, le Légataire universel, V, 2.

Bon , je *risque l'abordage;* Faites le guet.....

Dufresny, le Mariage fait et rompu, III, 3.

Abordage se dit aussi en parlant de deux bâtiments qui viennent à s'entre-choquer :

Cependant il (le navire) arrivoit sur nous, et nous alloit aborder à bâbord... On a donné un coup de gouvernail pour éviter *l'abordage.*

L'abbé de Choisy, Voyage de Siam, 1685, 27 août.

ABORIGÈNES, s. m. pl. (du latin *aborigines*).

Les auteurs du Dictionnaire de Trévoux l'écrivent encore, par conformité avec le mot latin dont on l'a tiré, aborigines. Le dictionnaire français-latin de Danet lui donne pour synonyme aborigéniens.

On n'était pas d'accord, dans l'antiquité, sur l'étymologie *d'aborigines.* La plus généralement admise le faisait venir de *ab origine,* ce que Virgile semble rappeler et expliquer par ces vers :

Saturnusque senex , Janique bifrontis imago Vestibulo adstabant, aliique *ab origine* reges.

Æn. VII, 180.

En conséquence, *aborigines* s'appliquait particulièrement aux peuples qui, *dès l'origine,* avaient habité le Latium, et d'une manière plus générale, comme on peut le conclure d'un passage de Pline l'Ancien, *Hist. nat.* IV, 22, 36, aux premiers habitans, aux naturels d'un pays, par opposition à ceux qui sont venus s'y établir.

Aborigènes a été naturellement employé dans la première de ces deux significations par les traducteurs des historiens latins et les historiens modernes de Rome qui les ont suivis. On le rencontre aussi, chez d'autres écrivains, avec la seconde, soit sous sa forme substantive, *les Aborigènes,* soit pris adjectivement :

Quelques-uns croient que *les Aborigènes,* dont descendent les Romains, étoient nés aussi dans l'Italie, et qu'ils furent ainsi nommés comme étant enfans de la terre même, c'est-à-dire qu'ils en tiroient leur origine.

ROLLIN, *Histoire romaine*, I, 1.

Ce mélange d'anciens Visigoths, de Vandales, d'Africains, de Juifs et d'*aborigènes*, dévastait depuis longtemps la terre qu'ils se disputaient.

Les Japonais ne paraissent pas être un mélange de différens peuples, comme les Anglais et presque toutes nos nations; ils semblent être *aborigènes*. Leurs lois, leur culte, leurs mœurs, leur langage, ne tiennent rien de la Chine.

VOLTAIRE, *Essai sur les mœurs*, c. 102, 142.

La plupart des peuples latins se disoient *aborigènes*, tandis que la Grande Grèce, beaucoup plus fertile, n'étoit peuplée que d'étrangers.

J.-J. ROUSSEAU, *Essai sur l'origine des langues*, c. 9.

Quoique les dictionnaires donnent toujours ce mot au pluriel seulement, son emploi au singulier n'a rien de contraire à la correction.

Dans le passage suivant on le trouve employé ainsi, et de plus avec un complément formé de la préposition *de* et de son régime :

Il arrive souvent qu'un animal n'est point *aborigène du* pays d'où on le tire, surtout *d'*un pays tel que le cap de Bonne-Espérance, où abordent des vaisseaux de toutes les parties du monde.

BUFFON, *Histoire naturelle*. Oiseaux; le Bonjour-Commandeur.

ABORNER, v. a. (de notre verbe *borner* ou de notre substantif *borne*).

Il a été question précédemment de l'identité d'A-BORNER et de ses dérivés ABORNEMENT, ABORNAGE, avec ABONNER, ABONNEMENT, ABONNAGE. *Voir*, p. 227, 230, 231, les articles sur ces mots.

Comme il a été dit dans ces articles, ABORNER s'est encore écrit ABOURNER; et, de même, ABORNEMENT, ABORNAGE, par une conséquence naturelle, ABOUR-NEMENT, ABOURNAGE.

ABORNER, depuis longtemps remplacé par le simple BORNER (*voir* ce mot), signifiait spécialement Mettre des bornes à un terrain.

I.

Aborner une terre.

RICHELET, *Dictionnaire*.

Il faut *aborner* ce terrain suivant les titres de propriété.

Grand Vocabulaire.

ABORNÉ, ÉE, participe.

ABORNEMENT, ABORNAGE, c'était l'Action d'*aborner* ou le résultat de cette action. Le premier a vieilli; le second a même disparu des dictionnaires. On ne dit plus que BORNAGE. *Voir* ce mot.

ABORTIF, IVE, adj. (du latin *abortivus*, et par ce mot, d'*abortus*, participe d'*aboriri*, formé lui-même de *ab* et *oriri*).

Il s'est écrit ABORTIX. (*Voir* le *Glossaire* de Sainte-Palaye et l'un des exemples ci-après.)

Le sens propre d'*abortivus* était : Qui produit l'avortement, et ABORTIF, par une extension assez rare et bornée au langage didactique, a été lui-même employé de cette manière. On a dit des *substances abortives*, des *remèdes abortifs;* on a dit, de certains exercices, qu'ils peuvent être *abortifs*.

ABORTIF signifie proprement Qui ne peut arriver à terme, acquérir son entier développement. Un enfant, un animal *abortif* :

Tout enfant qui naît avant le septième mois est *abortif*.

RICHELET, *Dictionnaire*.

On trouve dans le dictionnaire de Cotgrave cette expression *œuf abortif*, qui traduit l'expression latine *ovum abortivum* :

Pullus abortivo nec cum putrescit in ovo.

MARTIAL, *Épigr.* VI, 93.

ABORTIF se dit aussi des végétaux, une *plante abortive*, des *fruits abortifs*, etc. :

En entrant en la forest, ne faut aller du costé d'occident, car de ceste part le bois y est le pire, et se trouve communément tortu, comme *abortif*.

PHILIBERT DE L'ORME, *Architecture*. Inventions pour bien bastir, I, 1.

Cette expression, *fruits abortifs*, a été appliquée

par métaphore à des productions de l'esprit, trop précoces, trop hâtives, qui ne sont point arrivées, par le travail, à leur entier développement :

> Ce sont fruicts *abortifs*
> Dont la semence vient des poures apprentifs.
>
> VAUQUELIN DE LA FRESNAYE, *Art poétique*, I.

ABORTIF s'est dit, au figuré, en parlant d'un projet, d'une entreprise, d'un ouvrage, qui n'a pas reçu son accomplissement :

> Mes vers aussi ne sont point *abortifz*.
>
> J. TAHUREAU, *Sonnets;* à Nicolas Denisot.

ABORTIF a été pris substantivement, en parlant de l'Enfant venu avant terme, et, par extension, de l'Enfant mort en naissant :

> ... Tous les apothicaires de ladite ville de Paris ... jureront ... qu'ils ne vendront, ne bailleront aucune medecine venimeuse, perilleuse, ou qui puissent faire *abortix.*
>
> *Ordonnance* de Jean I (aoust 1353), *touchant les visites qui doivent estre faites chez les apothicaires.* (Voyez *Ordonn. des rois de France*, t. II, p. 533.)

> Gisant nu sans tombeau, je dy que l'*abortif*
> Est cent fois plus heureux que ce pauvre chetif
> Qui naist en vanité et retourne en tenebres.
>
> Remi BELLEAU, *OEuvres poétiques.* Discours de la vanité, c. 6.

Au sens du substantif on ne dit plus qu'AVORTON (*voir ce mot*); et l'adjectif est le plus souvent remplacé par le participe AVORTÉ. (*Voir ce mot.*)

ABOUCHER, v. a. (de *bouche*, et, par ce mot, du latin *bucca*).

On l'a écrit ABOICHER. (Voyez le *Glossaire* de Sainte-Palaye.)

Le plus ancien exemple de ce verbe se présente sous une forme pronominale et avec le sens de S'abattre, tomber le visage en avant sur quelque chose, *s'aboucher sur* :

> Le roy tout esperdu sur son arçon *s'abouche.*
>
> *Gérard de Roussillon*, p. 166 ms. de la Bibl. impér. suppl. fr.; n° 254-2.

On trouve, plusieurs siècles après, chez d'Urfé, *s'aboucher sur*, fréquemment employé dans le même sens ou dans des sens analogues :

> Quelle je devins, le voyant mort, jugez-le, belles bergeres, puisque veritablement je l'aimois. Je tombay *abouchée sur* luy, sans poulx, et sans sentiment.

> A ce mot ce pauvre berger *s'aboucha sur* les genoux de Bellinde, sans force, et sans sentiment.
>
> D'URFÉ, *l'Astrée*, Ire part., liv. VI, X.

> Avec un grand souspir je *m'abouchay sur* son giron, tenant sa main contre ma bouche.
>
> *Même ouvrage*, IIe part., liv. XII.

La locution reste à peu près la même dans cet autre passage, où, par une construction nouvelle, d'Urfé a écrit *s'aboucher à* :

> Elle alors *s'abouchant à* mon oreille : Je ne le vous permets pas seulement, me dit-elle; mais, etc.
>
> *Même ouvrage*, IIe part., liv. XII.

Le même écrivain en vient à dire, absolument, *s'aboucher* pour Tomber :

> Ce coup.... fut tel que l'estranger *s'en aboucha;* mais, se relevant incontinent, etc.
>
> LE MÊME, *même ouvrage*, Ire part., liv. VI.

Dans le passage suivant, le participe *abouché* semble employé d'une manière analogue aux anciennes manières de parler dont il vient d'être question :

> Les Reformez ne peurent faire autre chose que d'emplir et couvrir les canons, *abouchez en* terre, d'un grand amas de pouldre et y mettre le feu : quoique le bruit et l'effort fussent grands, les canons neantmoins demeurerent entiers.
>
> AGR. D'AUBIGNÉ, *Histoire universelle*, t. I, liv. III, c. 10.

On a dit anciennement *aboucher quelqu'un*, pour Conférer avec lui bouche à bouche, lui parler tête à tête :

> Un bon religieux... le vint *aboucher*, et lui remonstra rudement quel tort il se faisoit.
>
> EST. PASQUIER, *Recherches de la France*, X, 4 (V, 8).

> Y avoit-il ambassadeur qui eust affaire au roy ? il fal-

loit auparavant *aboucher* le seigneur d'Esperuon, pour, en après, luy donner entrée.

De Lux le vint *aboucher* (Henri IV) sur l'asseurance qu'il luy bailla d'un sauf conduit de sa personne.

Est. Pasquier, Lettres, XIII, 11 ; XVII, 5.

Cette locution est encore mentionnée dans quelques lexiques du XVIIe siècle :

On ne le peut *aboucher*, tant il est affairé et rude à l'abord.

Monet, Dictionnaire.

On ne peut *aboucher* cet homme-là, tant il a d'affaires.

Furetière, Dictionnaire.

Aboucher s'est restreint depuis au sens de Procurer à quelqu'un une entrevue, une conférence avec une ou plusieurs personnes, *aboucher avec* :

L'on doit aujourd'hui l'*aboucher avec* vous dans une maison empruntée.

Molière, l'Avare, II, 1.

Ne pourrions-nous point les *aboucher* avec leurs bergères ?

Dancourt, le Charivari, sc. 13.

Cette négociatrice ... en fait son rapport à ces veuves, qui font leurs réflexions là-dessus ; et si le cœur en dit auxdites veuves, elle les *abouche avec* lesdits étrangers.

Le Sage, le Diable boiteux, VI.

J'ai donné de longs dîners aux deux partis ; j'ai *abouché* M. Fabry *avec* eux.

Voltaire, Lettres, 2 déc. 1765.

M. de Tonnerre ... me proposa le voyage de Grenoble pour m'*aboucher avec* ledit Thevenin.

J.-J. Rousseau, Lettres, 23 novembre 1770.

On dit, au même sens, *aboucher deux ou plusieurs personnes, les aboucher ensemble* :

J'espere d'assembler et *aboucher* dedans quelques jours tous ces seigneurs *ensemble*.

Catherine de Médicis, Correspondance et négociations.
Lettre à l'évêque de Rennes, 18 janvier 1563.

Fort caché dans les commencemens, il fit *aboucher* souvent les deux évêques en sa présence.

Saint-Simon, Mémoires, 1711, t. IX, c. 11.

Je voulois en secret vous *aboucher* tous deux.

Molière, l'Étourdi, IV, 1.

Le pronominal s'ABOUCHER, dont on a rappelé plus haut les anciennes significations, ne signifie plus depuis longtemps que Avoir une conférence avec quelqu'un.

On dit : *s'aboucher avec* :

Ils (les protestants) s'estoient approchés de Paris, et je m'estois *abouchée avec* eux pour le bien de la paix.

Catherine de Médicis, Correspondance et négociations.
Lettre du 23 décembre 1562.

Le roi de Thunes (Tunis)... print terre à Naples, pour *s'aboucher avec* l'empereur Charles.

Montaigne, Essais, I, 55.

Comme on menoit ces ostages à la teste de l'armée, ceux qui parurent sur les murs les ayant reconnus, parce que c'estoit tous gens du païs, demandèrent à *s'aboucher avec* eux.

Vaugelas, trad. de Quinte-Curce, IX, 1.

La duchesse de Wirtemberg, qui était à Bareith pour *s'aboucher avec* le roi de Prusse, m'envoya chercher.

Voltaire, Lettres, 3 oct. 1743.

On dit *s'aboucher ensemble*, ou, simplement, *s'aboucher*.

Mes frere et sœur, le roy et royne de Navarre, avoient volonté de s'approcher du costé de Périgueux et de Jarnac pour voir mondit frere (le duc d'Anjou) et *s'aboucher ensemble* du faict de ladite paix.

Henri III, Lettre à M. du Ferrier, octobre 1580.
(Voir Négociations dans le Levant, t. IV, p. 23, notes, col. 1.)

Après cela ils (le jeune Pompée, Auguste et Antoine) s'approchèrent et *s'abouchèrent*, ayans chacun leurs vaisseaux à l'entour d'eux pour empescher toute sorte de surprise.

Coeffeteau, Histoire romaine, I.

Il ne s'agit que de faire qu'ils *s'abouchent* et qu'ils se parlent.

La Bruyère, Caractères, c. 8.

Il y eut d'abord une trêve entre les Romains et les Sabins. Bientôt après les deux rois *s'abouchèrent* et le traité de paix et d'alliance entre les deux peuples fut ratifié.

Rollin, Histoire romaine, l. I, 2.

D'abord qu'il fut débarqué, le comte et lui *s'abouchè-*

32.

rent ensemble ; ils eurent pendant deux jours des confé-rences sur la situation des affaires de la Nouvelle-Espagne.

> Le Sage, *le Bachelier de Salamanque*, VI, 6.

S'ABOUCHER est d'usage, dans la langue des arts et des métiers, en parlant de deux tubes, de deux tuyaux qui s'articulent l'un avec l'autre par leurs ouver-tures.

Il se dit, en anatomie, au sens où l'on emploie encore le mot tiré du grec *s'anastomoser*, de deux vaisseaux qui se réunissent :

> Toutes ces ramifications d'artères sont accompagnées d'autant de ramifications de veines, qui *s'anastomosent* ou *s'abouchent* ensemble.
>
> *Journal des Savants*, 1717, p. 277.

ABOUCHÉ, ÉE, participe.

ABOUCHEMENT, s. m.

ABOUCHEMENT, dans un sens très-voisin de son sens actuel, a signifié Conversation, colloque, dis-cours :

> Sus toutes choses les autheurs susdicts ont au medicin baillé advertissement particulier des parolles, propous, *abouchemens* et confabulations qu'il doibt tenir avecques les malades de la part desquelz seroit apellé.
>
> Rabelais, *Pantagruel*, liv. IV, épître dédicatoire.

ABOUCHEMENT ne se dit plus depuis longtemps que d'une Entrevue, d'une Conférence entre deux ou plusieurs personnes et, particulièrement, dans le cas d'intérêts communs à régler à l'amiable :

> Il travaille en tout ce qui lui est possible pour empes-cher la reconciliation d'entre nous et la reine d'Angleterre, et l'assemblée et *abouchement* de nos deputés.
>
> Catherine de Médicis, *Correspondance et négociations*, Lettre du 29 novembre 1561.

> C'est, disent-ils, une cerimonie ordinaire aux *abouche-mens* de tels princes, que le plus grand soit avant les aultres au lieu assigné.
>
> Montaigne, *Essais*, I, 13.

On dit, en ce sens, l'*abouchement* d'une personne *avec* une autre :

> L'*abouchement* de Charles-Quint *avec* François 1er.
>
> Richelet, *Dictionnaire*.

ABOUCHEMENT s'emploie aussi absolument :

> Durant cet *abouchement* nous ferons un sommaire des affaires plus esloignées.
>
> Agr. d'Aubigné, *Histoire universelle*, t. I, liv. I, c. 13.

> Il a esté et fort visité, là où il séjourne et par là où il passe, de personnes de grande qualité : quelques-uns appellent cela *abbouchement*, pourparler, et conspi-rations contre la France.
>
> Le cardinal d'Ossat, *Lettres*, liv. I, Lettre 35.

> J'ai loisir d'ajouter à ma dépêche la conversation que je viens d'avoir avec le prince d'Aversperg, lequel m'ayant demandé par un billet un lieu d'*abouchement*, j'ai été aussitôt chez lui.
>
> Le chevalier de Gremonville à Louis XIV, 24 novem-bre 1667. (Voir *Négociations relatives à la succession d'Espagne*, t. II, p. 346.)

ABOUCHEMENT a dû recevoir des acceptions spé-ciales qui correspondent à celles d'*aboucher*.

On dit, en termes d'art, l'*abouchement* de deux tubes, *de* deux tuyaux.

En termes d'anatomie, ABOUCHEMENT servait à exprimer la rencontre et l'union des bouches ou ori-fices de deux vaisseaux, des veines et des artères :

> L'*abouchement des* veines et *des* artères dans la ma-trice.
>
> Richelet, *Dictionnaire*.

ABOUCHEMENT, en ce dernier sens, est aujourd'hui moins usité que le mot, tiré du grec, ANASTO-MOSE. (*Voir* ce mot.)

ABOUT, s. m. (de notre substantif *bout*, précédé de la préposition *à*, ou, selon d'autres, de *a*, troi-sième personne du présent de l'indicatif d'*avoir*).

On l'a écrit ABOULT, HABOULT, HABOUT. (*Voir* le *Glossaire* de Du Cange au mot *Butum*, et le *Glos-saire* de Sainte-Palaye.)

Cette expression, qui paraît avoir été donnée au langage du droit par celui de l'arpentage, est prise, dans les titres les plus anciens, au sens de Borne, limite, extrémité qui confine avec une autre ; elle y exprime spécialement ce que l'on entend encore aujourd'hui par un mot de même racine et presque de même forme, dans cette locution, dont il sera question plus loin, *les tenants et aboutissants* :

... Sans particulière spécification des héritages, et sans désignation d'*abouts et tenants*.
Coustumes générales de Cambray, tit. V, art. 12.
(Voir *Coutumier général*, t. II, p. 288.)

Par une extension analogue à celle qui, en latin, a fait passer le mot *fines* de la signification de Frontière à celle de Pays, ABOUT s'appliquait à la terre elle-même dont on avait *désigné les abouts et tenants*, *les tenants et aboutissants*, et sur laquelle était assignée une hypothèque. On trouve fréquemment, dans les anciennes coutumes, ABOUT avec la signification d'Héritage hypothéqué, d'héritage affecté à la garantie d'une rente :

Est permis ... de se pourvoir ... sur les *abouts* ou héritages hypothéqués.
Ordonnances de Metz et pays Messin, tit. II, art. xxvij.
(Voir *Coutumier général*, t. II, p. 389.)

ABOUT est surtout un terme d'arts et métiers, signifiant, premièrement, Une pièce de complément, d'allonge ou de surcroît; secondement, l'Endroit où deux pièces se rejoignent. Il est susceptible, dans ces deux acceptions, d'un assez grand nombre d'applications particulières, qu'il appartient aux dictionnaires spéciaux de faire connaître.

ABOUTER, v. a. et n. (dans la basse latinité, *abuttare*).

On l'a écrit ABBOUTER. (*Voir* les exemples ci-après.)

Ce verbe, formé d'*about*, a eu naturellement des acceptions qui correspondaient à celles de ce substantif.

On entendait donc par ABOUTER, dans le langage de l'économie rurale et du droit, Fixer l'endroit où les *abouts*, les limites de deux terres, se rencontrent; marquer les bornes respectives de deux propriétés.

ABOUTER, c'était encore, par une extension analogue à celle du substantif *about*, Hypothéquer un fonds en le désignant par *bouts et côtés*, *abouts et tenants*, *tenants et aboutissants* :

Douaire préfix ne saisit la douairière, ains doit estre demandé de l'héritier ou héritiers, n'est doncques qu'il soit assigné et *abbouté* spécialement sur certaines pièces.
Cout. de Saint-Mihiel, tit. VII, art. 8. (Voir *Cout. général*, t. II, p. 1054.)

Enfin ABOUTER s'est dit et se dit encore, en termes d'arts et métiers, soit pour Mettre un *about*, c'est-à-dire une pièce de complément, d'allonge, de surcroît, soit pour Ajuster deux pièces qui doivent se rejoindre.

On peut rapprocher de ces emplois techniques d'ABOUTER, celui qui en est fait dans le passage suivant, d'une date ancienne :

Si fut ce beffroy sur ces quatre roues *abouté* et amené jusques aux murs.
FROISSART, *Chroniques*, liv. I, 2ᵉ part., c. 21.

ABOUTER s'employait de plus dans des acceptions conformes à celles d'*aboutir*, formant alors avec lui un seul et même verbe.

On le disait au propre, pour Toucher par un bout, confiner;

Soit activement, avec un régime direct :

Les nations qui *aboutent* les frontières de Scythie.
R. GARNIER, *Tragédies*. Dédicace.

Soit, plus souvent, employé comme verbe neutre et construit avec la préposition *à*, quelquefois avec les prépositions *ès* (dans), *sur* :

Chevaucheront droit à une forest... qui *aboute à* mains d'une lieue de Maliferne.
Livre de Modus et Racio, Comment Modus ordonna à courre sus aux vices.

Sezile (Sicile) qui *sus* mer *aboute*.

Un païs plein de gens estoute (emportés),
Qui *es* fiez (fiefs) de Bruges *haboute*.
G. GUIART, *Royaux lignages*, t. II, v. 6407, 5495.

On le disait au figuré, pour Conduire à une certaine fin, à un certain résultat, se terminer à :

... Tout leur consel *abouterent*
A çou qu'al roi Felipre alerent.
PH. MOUSKES, *Chronique*, v. 23545.

ABOUTÉ, ÉE, participe.

Il appartient spécialement au langage du blason, et il semble que dans le passage suivant on lui a substitué, avec cette signification spéciale, le participe du verbe *aboutir* :

Les refformez firent la guerre de tous les costez de la France jusques au commencement d'octobre, n'aians mot general que Vive le roi; quelques-uns d'eux portans des croix blanches *abouties* de fleurs de lis, et appeloient ces marques des contre-lignes.

         Agr. d'Aubigné, *Histoire universelle*, t. II, l. V, c. 10.

ABOUTIR, v. n. (venu, par *about*, de *bout*).

Il s'emploie au propre et au figuré, construit le plus ordinairement avec la préposition *à*, dans les deux sens déjà distingués au sujet du verbe *abouter*.

Aboutir, c'est, au propre, Se rendre, se terminer, toucher par un bout à un certain endroit :

Aboutir à une terre. *Confinem esse.*

         Rob. Estienne, *Dict. fr.-lat.*, 1549.

Ils (les Liguriens) tenoient l'extremité de l'Italie qui va *aboutissant aux* grandes Alpes.

         Amyot, trad. de Plutarque. *Vie de Paulus Æmilius*, c. 4.

Vous trouvastes le roy dans l'allée du parc qui *aboutit à* la forest, en laquelle il faisoit estat de s'aller promener.

         Sully, *OEconomies royales*, t. II, c. 21.

La Cilicie est enfermée d'une longue chaîne de montagnes rudes et inaccessibles, qui s'élevant du bord de la mer, se courbent en forme de croissant, et reviennent *aboutir au* même rivage.

         Vaugelas, trad. de *Quinte-Curce*, III, 4.

L'impression des objets se fait par les nerfs qui servent au sentiment, et il se trouve que ces nerfs *aboutissent* tous *au* cerveau.

         Bossuet, *de la Connoissance de Dieu et de soi-même*, c. 2, n° 6.

Tous les nerfs *aboutissent au* réservoir de ces esprits (esprits animaux).

         Malebranche, *de la Recherche de la vérité*, liv. II, part. I, c. 5, § 4.

Selon son dessein, tout doit *aboutir à* Pétersbourg, qui par sa situation seroit un entrepôt du monde.

         Fontenelle, *Éloge du czar Pierre Ier*.

Des lignes innombrables d'une circonférence *aboutissent* toutes *à* un point qui est le centre.

         Voltaire, *Lettres*, 1735, au P. Tournemine.

Du portique royal partent deux rues qui *aboutissent à* la place publique.

         Barthélemy, *Voyage d'Anacharsis*, c. 12.

Puisses-tu voir sous le bras de ton fils
Trébucher les murs de Memphis;
Et de Marseille *au* rivage de Tyr
Son empire *aboutir*.

         Malherbe, *Poésies*, III. Stances à la reine Marie de Médicis, 1611.

On trouve dans le passage suivant, avec le même sens, *aboutir jusqu'à*.

Si un homme observoit à Paris une étoile fixe, et qu'un autre la regardât du Japon, les deux lignes qui partiroient de leurs yeux pour *aboutir jusqu'à* cet astre ne feroient pas un angle et se confondroient en une seule et même ligne.

         La Bruyère, *Caractères*, c. 16.

Aboutir est de même pris au propre, mais appliqué par comparaison, par métaphore, à des choses de l'ordre moral, dans des passages tels que les suivants :

Chacun crie... que son chemin est le meilleur, et mène droit à la félicité, quoyqu'ils *aboutissent à* des lieux tout differens.

         Perrot d'Ablancourt, trad. de Lucien. *Hermotime*.

Il y a une voie dont les apparences sont trompeuses, que les hommes regardent comme une voie droite, mais dont les issues *aboutissent à* la mort.

         Bourdaloue, 2e *Avent*. Sermon sur la sévérité évangélique.

La cour est un pays très-amusant : on y respire le bon air, les avenues en sont riantes, d'un abord facile, et *aboutissent* toutes *à* un seul point.

         Dufresny, *Amusemens sérieux et comiques*, II.

Au reste, vous avez fait un correctif très-juste au système de Pope, en observant qu'il n'y a aucune gradation proportionnelle entre les créatures et le créateur, et que si la chaîne des êtres créés *aboutit à* Dieu, c'est parce qu'il la tient, et non parce qu'elle la termine.

         J.-J. Rousseau, *Lettres*, 18 août 1756 (à Voltaire).

Votre système économique est admirable ... Il s'étend

à tout : le champ est vaste; mais j'ai peur qu'il n'*aboutisse à* des pays bien différens de ceux où vous prétendez aller.

J.-J. Rousseau, *Lettres*, 26 juillet 1767 (au Mis de Mirabeau).

Aboutir, transporté par figure de ce qui regarde l'espace à ce qui regarde le temps, a pu servir, comme dans le passage suivant, à exprimer certains rapports chronologiques :

... Les trente ans de cette ère qu'on voit *aboutir à* la quinzième année de Tibère et au baptême de Notre-Seigneur.

Bossuet, *Discours sur l'Histoire universelle*, I, 10.

En général, aboutir signifie, au figuré, Arriver, atteindre à une certaine fin, à un certain résultat :

Je ne peus tirer de M. le prince de Piedmont... que des paroles qui n'*aboutissoyent à* aucune conclusion effective.

Le cardinal de Richelieu, *Lettres*, 8 mars 1630. (Voir *Lettres de Richelieu*, t. III, p. 570.)

Ces murmures alloient *aboutir à* une sédition.

Vaugelas, trad. de *Quinte-Curce*, IV, 10.

Ses pensées (du prince), qui ne devroient s'occuper qu'à la gloire, et n'avoir pour objet que le salut du public, *aboutissent* toutes *à* ce beau dessein.

Balzac, *Aristippe*, disc. VII.

Pythagore disoit que le luxe *aboutissoit à* la débauche, la débauche *aux* violences, et les violences *au* repentir.

Perrot d'Ablancourt, *Apophthegmes des anciens*. Pythagore.

Mais *à* quoi *auroient abouti* tant de qualités héroïques, si Dieu n'eût fait éclater sur lui la puissance de sa grâce?

Fléchier, *Oraison funèbre de Turenne*.

L'unique chose sur laquelle on peut soupçonner Virgile, est d'avoir un peu trop songé à sa fortune dans ses vers, et d'avoir fait *aboutir* son poëme *à* la louange, peut-être un peu flatteuse, d'Auguste et de sa famille.

Fénelon, *Dialogues sur l'éloquence*, I.

Les menées de M. le duc du Maine après sa disgrace, ou plutôt celles de madame sa femme, *aboutirent à* la conspiration de Cellamare, et vinrent encore approfondir sa chute.

Saint-Simon, *Mémoires*, Minorité de Louis XV.

Mes réflexions furent accompagnées de quelques transports de reconnoissance, qui pourtant n'*aboutirent à* rien.

J.-J. Rousseau, *les Confessions*, part. I, liv. II.

Voilà le terme inattendu *auquel aboutirent* enfin toutes mes grandes espérances.

Le Sage, *Gil Blas*, VIII, 13.

Tout ce que l'on peut faire en physique expérimentale ne peut pas nous donner des résultats rigoureusement exacts, et ne peut *aboutir qu'à* des approximations plus ou moins grandes.

Buffon, *Hist. nat.* Des élémens. Introd., partie expérimentale.

Tant qu'enfin *au* baiser le tout *est abouti*.

La Fontaine, *l'Eunuque*, IV, 3.

Aboutir, en ce sens et avec la même forme de construction, a souvent pour régime indirect un verbe à l'infinitif :

Il est venu un courrier de M. de Mandes, dont toute la dépesche *aboutit à* faire cognoistre le mauvais état où sont les vaisseaux espagnols.

Le cardinal de Richelieu, *Lettres*, 27 décembre 1627.

Tout *aboutit à* être disposé comme il faut envers Dieu et envers les hommes.

Bossuet, *Méditations sur l'Évangile*, Dernière semaine du Sauveur, XLIIe jour.

Quoi donc ! tant de trésors n'étoient renfermés que dans un vase d'argile, et tout ce que j'ai dit qu'elle fut n'*aboutira qu'à* dire qu'elle n'est plus !

Fléchier, *Oraison funèbre de madame d'Aiguillon*.

Tout *aboutira* donc, d'un côté, *à* satisfaire la curiosité et *à* entretenir l'oisiveté de l'auditeur, de l'autre, *à* contenter la vanité et l'ambition de celui qui parle!

Fénelon, *Dialogues sur l'éloquence*, I.

J'ai oüi dire au vieux maréchal de Villeroy,... que toutes ses leçons (de Mazarin à Louis XIV) rouloient sur des maximes générales, et *aboutissoient à* tenir les princes du sang le plus bas qu'il pourroit.

L'abbé de Choisy, *Mémoires*, II.

En matière de dépenses et de profusion, rien n'est blâmable et excessif selon le monde, que ce qui peut *aboutir à* déranger la fortune.

Massillon, *Carême*. Sur le petit nombre des élus.

J'ouvris la scène par une tirade de vers qui *aboutissoit*

à dire que, ne pouvant me défendre des charmes du sommeil, j'allois m'y abandonner.

Le Sage, *Gil Blas*, X, 10.

Elles venoient rendre elles-mêmes une de ces visites indifférentes, qui entre femmes n'*aboutissent* qu'à se voir une demi-heure, qu'à se dire quelques bagatelles ennuyeuses, et qu'à se laisser là sans se soucier les unes des autres.

Marivaux, *la Vie de Marianne*, part. VII.

On a dit, de même, *aboutir dans, aboutir en ;*
Au propre :

Une petite rue qui *aboutit dans* la rue Saint-Denis.

L'abbé de Choisy, *Mémoires*, VII.

Ce champ *aboutit dans* un marais.

Dictionnaire de l'Académie, 1694.

Au figuré :

Dieu voulut que la mairrie, après avoir changé de diverses mains... *aboutist* finalement *en* Pepin...

Nous faisons entrer dedans nos vers toutes sortes de syllabes, soient longues ou briefves, sans aucun triage, ains suffit qu'ils *aboutissent en* paroles de pareille terminaison.

Est. Pasquier, *Recherches de la France*, V, 1 ; VII, 7.

De ce dernier exemple on peut rapprocher les suivants, dans lesquels *aboutir en* est pris au sens où nous disons Se terminer en :

Quant au theâtre, qui s'appelle Odéon, il est par dedans faict à plusieurs ordres de sieges et plusieurs rangs de colomnes; mais la couverture est un seul comble rond, qui se va tout à l'entour courbant et couchant en soy-mesme, *aboutissant en* poincte.

Amyot, trad. de Plutarque. *Vie de Périclès*, c. 5.

La figure de la déesse est comme un globe qui *aboutit en* pyramide, sans aucune autre ressemblance, et l'on n'en sçait point la raison.

Perrot d'Ablancourt, trad. de Tacite, *Histoires*, II, 1.

On dit *aboutir auprès* :

Il existoit sur la montagne même un sentier qui commençoit à la plaine de Trachis, et qui, après différens détours, *aboutissoit auprès* du bourg d'Alpénus.

Barthélemy, *Voyage d'Anacharsis*, Introd.; part. II, sect. 11.

Aboutir est souvent construit avec des adverbes de lieu.

Avec l'adverbe *là*

Constantinople et Ispahan sont les capitales des deux plus grands empires du monde : c'est *là* que tout doit *aboutir*.

Montesquieu, *Lettres persanes*, CXV.

Charles assigna à Stanislas le revenu de ce duché (de Deux-Ponts), estimé alors environ soixante et dix mille écus : ce fut *là* qu'*aboutirent* pour lors tant de projets, tant de guerres et tant d'espérances.

Voltaire, *Histoire de Charles XII*, liv. VII.

Avec l'adverbe *y* :

La ville n'avoit pas même de rues, si l'on n'appelle de ce nom la continuation des chemins qui *y aboutissoient*.

Montesquieu, *Grandeur des Romains*, c. 1.

Surtout avec l'adverbe *où* :

Ils (les devoirs) sont tous enfermez dans la patrie, comme dans le centre *où* toutes les lignes *aboutissent*.

Perrot d'Ablancourt, trad. de Lucien. *Louange de la Patrie*.

Je pourrois, par ton moyen, avoir avec les séraphins une intime correspondance. Car enfin, treizième iman, n'es-tu pas le centre *où* le ciel et la terre *aboutissent*, et le point de communication entre l'abîme et l'empyrée?

Montesquieu, *Lettres persanes*, XVI.

En toute tragédie, comme en toute affaire, il y a un point principal, un centre *où* toutes les lignes doivent *aboutir*.

Voltaire, *Lettres*, 19 janvier 1762.

Dieu est le terme *où aboutissent* tous les chemins de la vie.

Bernardin de Saint-Pierre, *Études de la nature*, VIII.

Ces constructions, on vient de le voir particulièrement de la dernière, sont d'un grand usage au figuré; cela est plus sensible encore dans les exemples suivants, où *aboutir* n'est lié qu'à des mots de nature abstraite :

Tout est précieux, tout est important, si nous contemplons le terme *où* elle *aboutit* (la vie), et le compte qu'il en faut rendre.

Bossuet, *Oraison funèbre de la duchesse d'Orléans*.

Apprenez *où* doivent *aboutir* vos desseins, vos prétentions et vos fortunes, si vous ne les soutenez par vos bonnes œuvres.

FLÉCHIER, Oraison funèbre de Michel Le Tellier.

Vous verrez *où* aboutit enfin le monde, avec tous ses plaisirs et toute sa gloire.

MASSILLON, Avent. Le jour des Morts.

Les Indiens croient que le repos et le néant sont le fondement de toutes choses et la fin *où* elles *aboutissent.*

MONTESQUIEU, Esprit des Lois, XIV, 5.

Où veut donc *aboutir* un pareil entretien?

MOLIÈRE, l'École des Maris, III, 5.

Ne sachant pas *où* devoit *aboutir*
Tout ce mystère, il feignoit de dormir.

LA FONTAINE, Contes, I, 5.

ABOUTIR est un terme de médecine, de chirurgie, dont on se sert particulièrement en parlant des tumeurs ou des abcès arrivés à leur dernier période. C'est aussi, par figure, un terme de jardinage qui signifie Boutonner, et se dit de certaines pousses arrondies, qui se manifestent dans l'aisselle des feuilles ou des rameaux, et qui doivent produire de nouveaux rameaux et de nouvelles feuilles :

Quand quelque apostume *aboutit (Caput facit).*

Rob. ESTIENNE, Dict. fr.-lat.

Les jardiniers ont emprunté de la chirurgie beaucoup de termes et de comparaisons : le chirurgien dit qu'une tumeur qui doit dégénérer en abcès et venir en suppuration *aboutit,* lorsqu'elle perce en dehors; le jardinier dit que ses arbres fruitiers *aboutissent,* lorsqu'ils sont boutonnés et lorsque la séve s'est portée au bout des branches.

L'abbé ROZIER, Cours complet d'Agriculture, art. ABOUTIR.

Dans cette dernière acception, on a fait quelquefois d'ABOUTIR un verbe pronominal :

Nos arbres *s'aboutissent* fort bien cette année.
Les poiriers *s'aboutirent* très-bien l'année passée.
Ces abricotiers *s'aboutissent* bien.

Dictionnaire de Richelet, Dictionnaire de Trévoux,
Grand vocabulaire, etc.

S'ABOUTIR s'est dit, au reste, dans une acception moins particulière, pour ABOUTIR :

C'est comme une langue... de terre assez raisonnable

I.

ment large, qui sepere un grand lac d'un costé et la mer de l'aultre, laquelle *se va* là *aboutissant en* un grand port.

AMYOT, trad. de Plutarque, Vie d'Alexandre, c. 10.

ABOUTI, IE, participe.

Il n'est d'usage que dans certaines acceptions spéciales et techniques du verbe.

On lit cependant chez La Fontaine :

Cette figure à pans, d'une place est suivie ;
Mainte allée en étoile, *à* son centre *aboutie,*
Mène aux extrémités de ce vaste pourpris.

LA FONTAINE, Psyché, I.

ABOUTISSANT, ANTE, participe prés. et adj.

Qui *aboutit,* qui touche par un bout.

Il se construit, comme *aboutir,* avec la préposition *à :*

Tenant et *aboutissant à* ung autre *(Confinis).*

ROB. ESTIENNE, Dict. fr.-lat.

La flamme, après avoir circulé, est enfin emportée rapidement par d'autres tuyaux d'aspiration *aboutissant à* une grande et haute cheminée.

BUFFON, Hist. nat. Minéraux. Du Fer.

Par une porte *aboutissante aux* champs
Alloit, venoit, sans que ceux de la ville
En sussent rien, non pas même ses gens.

LA FONTAINE, Contes, II, 5.

On l'a aussi construit anciennement avec la préposition *de :*

Estre *aboutissant de* quelque contrée.

ROB. ESTIENNE, Dict. fr.-lat.

ABOUTISSANTS, s. m. plur.

Il s'emploie communément dans cette manière de parler : *les tenants et aboutissants, les tenants et les aboutissants,* qui se dit, en termes de droit, des Pièces adjacentes à celles qu'on veut désigner :

Toutes aliénations et hypothèques d'héritages... sont de nulle valeur... 'si les pièces de terres ou héritages ne sont spécifiées et désignées particulièrement par *aboutissans et tenans.*

Coutumes générales de Cambray, tit. V, art. 11.
(Voir Coutumier général, t. II, p. 288.)

Lequel (héritage) il doit désigner et déclarer par le menu, par *tenans et aboutissans.*

FERRIÈRE, Nouvelle introd. à la pratique. Art. SAISIES et
criées de rentes.

33

En matière réelle ou mixte, les exploits énonceront la nature de l'héritage... et deux au moins des *tenants et aboutissants*.

Code de Procédure, art. 64.

La même locution se prend figurément pour signifier les Circonstances, les particularités, les détails d'une chose ou d'un fait qu'il importe de connaître et d'approfondir sous tous les rapports :

Qu'ils me dient le nom, l'origine, *les tenans et aboutissans* de la chaleur, du froid, les qualitez de celuy qui agit et de celuy qui souffre, ou qu'ils me quittent leur profession, qui est de ne recevoir ny approuver rien, que par la voye de la raison.

MONTAIGNE, *Essais*, II, 12.

(Le lieutenant du prevost) descouvrit toutes vos assemblées et entreprises, par *tenants et aboutissants*, et fut cause que le roy bien adverty fit saisir le grand et petit Chastelet, l'Arsenal et Hostel de ville, et renforça ses gardes, pour empescher l'execution de vostre dessein.

Satire Ménippée, Harangue de M. d'Aubray.

Quand un seigneur luy venoit demander pour une personne ecclesiastique une abbaye vacquante, le Roy ne pouvoit sçavoir toutes les vacations, ny tous *les tenans et aboutissans* de telles choses.

LE CARDINAL D'OSSAT, *Lettres*, liv. II, lettre 82.

Vous savez mieux que moi *les tenans et les aboutissans* de cette affaire-là : vous y étiez, et je n'y étois pas ; mais on sait bien à peu près comment cela se gouverne.

MARIVAUX, *le Paysan parvenu*, Ire partie.

On a même dit, de cette manière, *les tenants et les aboutissants* d'une famille, d'une personne :

Il avoit épousé une telle, laquelle il cottoit par *tenans et aboutissans*.

THÉODOSE VALENTINIAN, *l'Amant ressuscité de la mort d'amour*, V.

Ce sont des émissaires admirables : ces gens-là savent tous *les tenans et les aboutissans* des familles, et nous en tirons de bons services.

DANCOURT, *la Femme d'intrigues*, IV, 14.

Il lâche ensuite, comme par abondance de cœur, *les tenans et les aboutissans*, la rue et le logis de M. Franchard.

DUFRESNY, *Historiettes*. L'Agioteur dupé.

On voit que le substantif ABOUTISSANTS ne se dit jamais que dans cette construction complexe : *les tenants et aboutissants*, ou *les tenants et les aboutissants*. Quant à la légère différence qui existe entre ces deux leçons, et qui résulte de la suppression d'un article, il ne faut pas croire qu'elle marque une nuance importante et qu'elle soit à considérer pour la correction. Tout au plus pourrait-on dire que la première est plus particulièrement consacrée dans le langage du droit.

ABOUTISSEMENT, s. m.

On l'a dit dans des sens analogues à ceux d'*aboutir*;

Par exemple, en parlant de terres contiguës :

Aboutissement de terres (*Confinium*).

ROB. ESTIENNE, *Dict. fr.-lat.*

Par exemple, encore, en parlant d'un morceau d'étoffe servant à en allonger un autre :

Cela est trop court ; il y faut coudre un *aboutissement*.

Dictionnaire de l'Académie, 1694.

Ce mot, vieilli et inusité, ne s'emploie guère qu'en parlant d'une tumeur qui perce, qui crève, qui *aboutit*.

AB OVO.

Locution adverbiale qui signifie : Dès l'origine, depuis le commencement. Elle est textuellement empruntée du latin, et fait allusion, soit au premier état des animaux ovipares, soit au mets par lequel le repas commençait chez les Romains, selon ce passage d'Horace :

Si collibuisset, *ab ovo*
Usque ad mala citaret, Io Bacche....

HORAT., *Sat.*, liv. I, sat. III, v. 6,

soit peut-être à un autre passage où Horace blâme un poëte d'avoir fait remonter jusqu'à l'œuf de Léda le récit de la guerre de Troie :

Nec gemino bellum Trojanum orditur *ab ovo*.

HORAT., *ad Pison*, v. 147.

Dans le premier volume, l'auteur prend son élève *ab ovo*.

BACHAUMONT, Mémoires, 1762, 30 juin.

> Et d'abord, sauvez-vous par une fuite prompte
> De ce conteur minutieux
> Dont l'ennui consciencieux,
> De quelque omission pour réparer la honte,
> Malgré vous *ab ovo* recommence son conte.

DELILLE, la Conversation, I.

ABRACADABRA, s. m.

Mot de convention, sans racine bien déterminée, dont les lettres disposées dans une certaine forme passaient pour avoir des vertus magiques :

> Je vous veux..... apprendre pour cette fièvre-là une recepte cent fois plus aisée :

> Inscribas chartæ quod dicitur ABRACADABRA,
> Sæpius et subter repetas, mirabile dictu !
> Donec in angustum redigatur littera conum.

(SERENUS SAMMONICUS, De medicina parvo pretio parabili.)

C'est-à-dire *Abracadabra;* et dessous *Abracadabr*, et à la troisième ligne *Abracadab*, etc. Vous fussiez-vous jamais avisé de cela ?

VOITURE, Lettres, CXCII.

Que vous m'avez obligé de m'apprendre cette propriété occulte d'*Abracadabra* !

COSTAR, Entretiens, lettre XXVII.

ABRÉGER, v. a. (du latin *abbreviare*, dérivé inusité de *breviare*, et, par ces mots, de *brevis*).

Primitivement ABREVIER, ABREVER ; d'après *brief*, ABRIEFVER, ABRIEVER, ABRIVER ; et enfin, par la substitution du *g* au *v*, ABRIDGER, ABRIGIER, ABREGIER, ABRÉGER, tous ces mots et autres encore, soit avec un seul *b*, soit avec deux. (*Voir* le Dictionnaire de Monet, le *Glossaire* de Sainte-Palaye, et les exemples ci-après.)

Cette dernière forme, ABRÉGER, est bien ancienne, puisqu'elle se trouve déjà dans une chronique du douzième siècle (la *Chronique des ducs de Normandie*, par Benoît, v. 8224), et dans plusieurs ouvrages du treizième.

On lit dans le Dictionnaire français-latin de Rob. Estienne, éditions de 1539 et 1549, ABBREGER, que reproduit en 1564 et 1572 J. Thierry, avec cette remarque : « Aucuns prononcent ABBREVIER. »

ABBRÉGER est encore donné par le Dictionnaire de l'Académie en 1694 et 1718, et c'est plus tard que devient générale dans nos lexiques la forme actuelle ABRÉGER.

ABRÉGER n'est pas employé d'une manière tout à fait conforme à sa signification propre dans cet ancien passage, où on lui donne le sens de Rapprocher :

> (Les Beduns) disent leur jour de mort estre determiné sans faille, et sans qu'il soit possible qu'il puisse estre eslongné ne *abregé*.

JOINVILLE, Histoire de saint Louis.

ABRÉGER signifie proprement Rendre plus court, Soit qu'il s'agisse de l'étendue, comme dans ces expressions, le plus souvent prises au figuré, *abréger le chemin, la carrière, le cours*, etc. :

> Je t'ay beaucoup d'obligation de m'avoir *abrégé le chemin*.

PERROT D'ABLANCOURT, trad. de Lucien, Hermotime.

> Je veux tout à l'heure te découvrir le fin de l'art salutaire que je professe depuis tant d'années. Les autres médecins en font consister la connoissance dans mille sciences pénibles, et moi je prétends *t'abréger un chemin* si long.

LE SAGE, Gil Blas, II, 3.

> Nous n'*abrégerons* pas, comme le défunt, notre *carrière*, à force de vouloir la prolonger.

J.-J. ROUSSEAU, Lettres, 22 septembre 1764.

> Nous autres gens de cour,
> Nous savons *abréger le chemin* de l'amour.

REGNARD, le Distrait, III, 2.

> Le chagrin vint flétrir la fleur de ses beaux jours;
> Une langueur mortelle en *abrégea le cours*.

VOLTAIRE, la Henriade, III.

Soit qu'il s'agisse de la durée, comme dans ces expressions, *abréger la durée, abréger le temps*, etc.

33.

On croit qu'il expose les troupes; il les ménage en abrégeant le temps des périls par la vigueur des attaques.

BOSSUET, Oraison funèbre du prince de Condé.

Les temps de paix sont abrégés.

MASSILLON, Oraison funèbre du Dauphin.

Le plus grand de nos arts seroit donc d'abréger le temps.

BUFFON, Histoire des Minéraux, introd. Des Élémens, part. II.

O bon Émile! aime et sois aimé!... je n'abrégerai point cet heureux temps de ta vie.

J.-J. ROUSSEAU, Émile, V.

Après avoir empoisonné ses jours, je ne suis point surpris qu'il en ait volontairement abrégé la triste durée.

MARMONTEL, Mémoires, X.

Et se Dex (Dieu) le tans n'abrejoit,
Les mois et les jors n'acorchoit (accourcissait),
Il ne seroient pas tot salvé.

Li Lucidaires, ms. 283, fol. clij, vᵉ c. 1.Bibl. de l'Arsenal.

Pour abreiger le temps de penitence.

LA REINE DE NAVARRE, Poésies de François Iᵉʳ, rondeau 68.

Et si, durant un jour, notre premier aïeul
Plus riche d'une côte avoit vécu tout seul,
Je doute, en sa demeure alors si fortunée,
S'il n'eût point prié Dieu d'abréger la journée.

BOILEAU, Satires, X.

Soit enfin qu'il s'agisse de la quantité, mais toujours par rapport à la durée, comme dans ces expressions, abréger les jours, le nombre des jours, abréger les heures, les moments, etc. :

Les plaisirs, pris sans modération, abrégent plus les jours des hommes, que les remèdes ne peuvent les prolonger.

FÉNELON, Télémaque, XVII.

Et ne savois-je pas tous ces remèdes que vous m'enseignez?— Que n'en usiez-vous donc... sans venir me chercher de si loin, et abréger vos jours par un si long voyage ?

LA BRUYÈRE, Caractères, c. 11.

Si la nature sembloit lui promettre des jours au-delà des jours du roi, sa tendresse les abrégeoit, et on lui a souvent ouï dire que sa plus douce espérance étoit de compter que le roi lui survivroit.

MASSILLON, Oraison funèbre du Dauphin.

On prolonge les heures du sommeil pour abréger celles de l'abstinence.

MASSILLON, Carême, le mercredi des Cendres.

Les remèdes fréquens n'abrégent point leurs jours;
Rien n'en hâte le long et le paisible cours.

LA FONTAINE, Poëme du Quinquina, I.

L'homme, avec ses dix doigts, sans armes, sans défense,
N'a point été formé pour abréger des jours
Que la nécessité rendait déjà si courts.

VOLTAIRE, Satires; la Tactique.

Mais mon incertitude est mon plus grand supplice :
Je supporterai tout pourvu qu'elle finisse.
Chaque instant qui s'écoule, empoisonnant son cours,
Abrége au moins d'un an le nombre de mes jours.

PIRON, la Métromanie, V, 1.

On dit généralement, ABRÉGER une chose, pour En abréger la durée, la faire arriver plus promptement à son terme, à sa conclusion :

Si ces longs parleurs se faschoyent autant de parler, que les auditeurs s'ennuyent d'escouter, ils ne feroyent leurs oraisons si longues, et abbreviroyent leur quanquam.

G. BOUCHET, Serées, liv. I, 12ᵉ serée.

Elles (les maladies) ont leur fortune limitée dès leur naissance, et leurs jours. Qui essaye de les abbreger imperieusement, par force, au travers de leur course, il les allonge et multiplie, et les harselle au lieu de les appaiser.

MONTAIGNE, Essais, III, 13.

De là on marche à Carantan, de qui ceux du pays firent la capitulation pour abreger leurs ruines.

AGR. D'AUBIGNÉ, Histoire universelle, t. II, liv. II, c. 7.

Il fit soigneusement prendre garde à elle, de peur qu'en ce desespoir elle ne se tuast pour abreger sa misere.

COEFFETEAU, Histoire romaine, I.

Ceux qui définissent les termes.... ne le font que pour abréger le discours, que de fréquentes circonlocutions rendroient ennuyeux.

Logique de Port-Royal, part. I, c. 12.

N'est-ce donc pas un bienfait de Dieu d'avoir abrégé les tentations avec les jours de Madame ?

BOSSUET, Oraison funèbre de la duchesse d'Orléans.

Quoiqu'elles (les histoires) semblent allonger l'instruction, elles l'abrégent beaucoup, et lui ôtent la sécheresse des catéchismes.

FÉNELON, de l'Éducation des filles, c. 6.

Elle (la Providence) est la consolation des tristes états de la vie ; elle *abrége* toutes les plaintes.

> Mme DE SÉVIGNÉ, *Lettres*, 13 juillet 1689.

Voilà par quels plaisirs nous tâchons d'*abréger* le songe de la vie !

> Mme DE MAINTENON, *Lettres*, XI, 17 septemb. 1714, à Mme des Ursius.

Les martyrs, en donnant leur vie pour Jésus-Christ, n'ont fait qu'*abréger* leur sacrifice.

> MASSILLON, *Sermon pour un saint martyr.*

Mademoiselle, comme les momens sont précieux, j'*abrége* toutes les galanteries que mériteroit une personne comme vous.

> DUFRESNY, *le Malade sans maladie*, II, 8.

Il (Félix, premier chirurgien de Louis XIV) consulta les meilleurs chirurgiens, il inventa avec eux les meilleurs instrumens qui *abrégeaient* l'opération et qui la rendaient moins douloureuse.

> VOLTAIRE, *Siècle de Louis XIV*, c. 27.

Il venait d'établir la juridiction consulaire à Paris et dans plusieurs villes, et par là il *abrégeait* des procédures ruineuses, qui étaient un des malheurs des peuples.

> LE MÊME, *Histoire du parlement de Paris*, c. 27. Du chancelier de l'Hôpital, etc.

Ces méthodes... *abrégent* le travail.

> BUFFON, *Discours*, I. Manière d'étudier l'histoire naturelle.

O grands philosophes ! que Dieu vous est obligé de lui fournir ainsi des méthodes commodes et de lui *abréger* le travail.

> J.-J. ROUSSEAU, *la Nouvelle Héloïse*, VIe part., lettre 6.

Parmi tant d'admirables méthodes pour *abréger* l'étude des sciences, nous aurions grand besoin que quelqu'un nous en donnât une pour les apprendre avec effort.

> LE MÊME, *Émile*, III.

Por un poi (peu) la paine *abregier*.

> MARIE DE FRANCE, *Lai de l'Espine.*

Là trouve l'on façon de prolonger
Ce qui se doibt et se peult *abreger*.

> Cl. MAROT, *l'Enfer.*

Coùrs par un prompt trépas *abréger* ton supplice.

> RACINE, *Mithridate*, II, 6.

On dit souvent *abréger la vie*, au sens de ces expressions tout à l'heure rappelées, *abréger le cours, la carrière de la vie, les jours*, etc. :

Et qui bien y penseroit, c'est miserable vie que la nostre, de tant prendre de peine et de travail pour s'*abreger la vie*, en disant et escripvant tant de choses, presque opposites à leurs pensées.

> COMMYNES, *Mémoires*, IV, 6.

Il y a parmi les moines des frères qui sont tout ensemble apothicaires et chirurgiens. Ces singes de médecins s'appliquent à la chimie, et font des drogues pernicieuses avec lesquelles ils *abrégent la vie* de leurs révérends pères.

> LE SAGE, *Gil Blas*, X, 1.

Cette noble fermeté lui attira de la part du pape même un nouveau sujet de mécontentement, qui ne contribua pas peu à *abréger* une *vie* si illustre.

> VERTOT, *Histoire des chevaliers de Malte*, XIII. Jean de la Valette.

Comptez que ces deux vers-là, et ceux qu'on m'envoie de Paris, contribueront à *abréger ma vie*.

> VOLTAIRE, *Lettres*, 21 décembre 1765.

La captivité *abrége* moins leur *vie* (aux éléphants) que la disconvenance du climat.

> BUFFON, *Histoire naturelle*. Quadrupèdes ; l'Éléphant.

Et li autre dist qu'il mentoit...
Et que bon chrestien estoient,
Et que par hayne et envie
Estoit *abregée* lor *vie*.

> GODEFROY DE PARIS, *Chron. métrique*, v. 6040 (lire 6060).

La tierce (Atropos) solement vous grieve (nuit),
Qui toutes les *vies abrieve*.

> *Roman de la Rose*, v. 19965.

Quelquefois *abréger sa vie, ses jours, sa carrière*, etc., signifient y mettre un terme par une mort volontaire :

Dites-lui qu'il doit trembler de l'état où je suis ; je ne réponds de rien si je le revois ; je suis capable de le suivre, je suis capable d'*abréger ma vie*, je suis capable de tout.

> MARIVAUX, *la Vie de Marianne*, part. IX.

Droit au torrent grand et inevitable...
S'en vont courant pour *abréger leurs vies*.

> *Marguerites de la Marguerite*, l'Histoire des satyres et nymphes de Dyane.

Mais aussitôt ma main, à moi seule funeste,
D'une infidèle *vie abrégera* le reste.

> RACINE, *Andromaque*, IV, 1.

On trouve dans le *Roman de la Rose* le pronominal s'ABRÉGER, employé en ce sens :

Se sai-ge bien que de legier
La *se* puet chascuns *abregier.*
Car mains acorcent bien lor vie,
Ains que l'amor soit defaillie,
Par eus faire noier ou pendre.
v. 17190.

ABRÉGER se prend, par figure, dans une acception favorable, pour Faire paraître court, embellir, égayer, etc. :

Le renard et le chat, faisant voyage ensemble,
Par maints discours moraux *abrégeoient* le chemin.
LA MOTTE, *Fables,* IX, 66.

Ces spectres, ces lutins rôdant dans les ténèbres,
Vieux récits dont le charme, amusant les hameaux,
Abrége la veillée et suspend les fuseaux.
DELILLE, *l'Imagination,* IV.

ABRÉGER est d'un grand usage en parlant des discours, des ouvrages d'esprit qu'on juge convenable de réduire. On dit *abréger un livre,* et même *abréger un auteur :*

Justiniens fu de moult grant sapience et de moult grant pooir ; il *abreja* les lois du Code et du Digeste.
BRUNETTO LATINI, *li Tresors,* liv. I, part. II, c. 87.

Pour leur donner les grâces de nostre langue, j'*abbrege* quelquefois des endroits qui seroient trop languissans.
PERROT D'ABLANCOURT, trad. des *Commentaires de César.*
Préface.

Ce livre, que feu mon père prit depuis la peine d'*abréger* pour son usage particulier... fut très bien reçu du public.
PELLISSON, *Histoire de l'Académie françoise,* part. V.

Ce sont les ouvrages médiocres qu'il faut *abréger.*
VAUVENARGUES, *Réflexions et maximes,* CCCLVI.

Je me fais bien du scrupule de toucher aux ouvrages de Richardson, surtout pour les *abréger.*
J.-J. ROUSSEAU, *Lettres,* 25 mai 1764.

Quelquefois un complément formé de la préposition *de* et de son régime fait connaître dans quelle mesure un ouvrage est abrégé :

Le traducteur qui rima l'Iliade
De douze chants prétendit l'*abréger,*

Mais par son style aussi triste que fade
De douze en sus il a su l'allonger.
J.-B. ROUSSEAU, *Épigrammes,* I, 20.

ABRÉGER, dans un sens analogue, signifie Donner de la brièveté, de la rapidité à ce que l'on dit, à ce que l'on écrit.

Cet emploi du verbe nous fait remonter par le premier des exemples qui suivent, dans un passage de date fort ancienne, à la forme primitive ABRE-VIER :

Li briés jors nos destrent ke nos *abreviens* (nous contraint d'abréger) nostre sermon, ne n'en est mies merveilles si nos brief parole faisons, quant Deus mismes li peires fit parole *abrevieie.*
S. BERNARD, *Sermons français.* (Voir à la suite des *Quatre
livres des Rois,* p. 535.)

Voilà ce qui m'oblige à continuer le récit de ce qui se passa dans ces temps-là, que j'*abrégerai* toutefois le plus qu'il me sera possible.

En ce qui regarde les assemblées du parlement, je n'*abrégerai* les détails qu'à l'égard de celles qui ont produit des délibérations considérables.
LE CARDINAL DE RETZ, *Mémoires,* part. II, année 1652.

Vous dites que vous n'êtes pas forte sur la narration, et je vous dis, moi, qu'on ne peut mieux *abréger* un récit.
Mᵐᵉ DE SÉVIGNÉ, *Lettres,* 2 février 1680.

Tacite fait un ouvrage exprès sur les mœurs des Germains ; il est court, cet ouvrage, mais c'est l'ouvrage de Tacite, qui *abrégeoit* tout parce qu'il voyoit tout.
MONTESQUIEU, *Esprit des Lois,* XXX, 2.

J'ai beaucoup *abrégé,* et j'ai réduit à une assez petite étendue cette histoire des oiseaux.
BUFFON, *Plan de l'ouvrage sur les oiseaux.*

Non pas, lui dis-je, n'*abrégez* rien, je vous en conjure ; je vous demande jusqu'au moindre détail.
MARIVAUX, *la Vie de Marianne,* part. IX.

Un défaut de la mauvaise poésie est d'allonger la prose, comme le caractère de la bonne est de l'*abréger.*
VAUVENARGUES, *Réflexions et maximes,* DI.

Là comence l'estoire ke nos dire devon ;
Mez por l'ovre espleiter li vers *abrigeron.*
WACE, *Roman de Rou,* v. 752.

Ai-je la matire reprise
Grossement, selonc la letre,

Et la vueil en ce romans metre,
Trop plus *abregée* d'assez.
G. GUIART, *Royaux lignages*, Prologue, v. 354.

Ains voil ma parole *abregier*
Por vos oreilles alegier.
Roman de la Rose, v. 19671.

Il auroit plus tôt fait de dire tout vingt fois,
Que de l'*abréger* une. Homme, ou qui que tu sois,
Diable, conclus, ou bien que le ciel te confonde!
RACINE, *les Plaideurs*, III, 3.

ABRÉGER une chose, c'est quelquefois En abréger le récit, l'exposition :

· Ce discours seroit trop ennuyeux si je *n'abrégeois* toutes nos petites querelles.
D'URFÉ, *l'Astrée*, part. I, liv. VI.

Enfin, pour *abréger* un si plaisant prodige,
Notre assassin renonce à son art inhumain.
BOILEAU, *Art poétique*, IV.

De là, dans les passages suivants, ces expressions, *abréger les idées, les pensées, abréger des règles, abréger la méthode* :

Enfin, mes pères, pour *abréger ces règles*, je ne vous dirai plus que celle-ci, qui est le principe et la fin de toutes les autres.
PASCAL, *Provinciales*, XI.

Les expressions de cette science (l'algèbre)... *abrégent* d'une manière merveilleuse toutes nos *idées* et tous nos raisonnemens.
MALEBRANCHE, *Recherche de la vérité*, I, II, § I.

Je n'ai *abrégé mes pensées* que par la crainte de ne pouvoir comprendre ce grand sujet dans toute son étendue.
BUFFON, *Hist. nat.* De la nature de l'homme.

Je lui simplifiai les règles, je lui *abrégeai la méthode*; dans six mois il n'y eut plus pour lui de difficultés de syntaxe.
MARMONTEL, *Mémoires*, II.

ABRÉGER se dit aussi en parlant de la prononciation, de l'écriture :

On n'usoit point encores lors, et ne sçavoit-on que s'estoit de notaires, c'est-à-dire d'escripvains qui, par

notes de lettres *abbregées*, figurent toute une sentence, ou tout un mot.
AMYOT, trad. de Plutarque, *Vie de Caton d'Utique*, c. 7.

Une des manières de varier ces noms étoit de les *abréger*, de les allonger, de les terminer en diverses inflexions, selon le génie des langues.
BOSSUET, *Discours sur l'Histoire universelle*, I, 7; variantes.

C'est une propriété des barbares *d'abréger* tous leurs mots.
VOLTAIRE, *Dictionnaire philosophique*, art. FRANÇOIS, sect. II.

Le Zilatat... nous *abrégeons* ainsi le nom mexicain de Hoitzilaztatl pour conserver à ce crabier l'indication de sa terre natale.
L'Angoli... nous *abrégeons* ce nom de celui de Cannangoli, que (cet oiseau) porte ordinairement à Madras.
BUFFON, *Hist. nat.* Oiseaux ; le Zilatat, l'Angoli.

ABRÉGER, dans l'acception définie tout à l'heure, a été ramené à sa forme primitive, *abrévier*, par un écrivain du dix-huitième siècle :

La première (difficulté) qui se présente, regarde les prénoms, et vient de la manière dont les Romains avoient coutume de les *abrévier*, car il ne leur arrivoit guères de les écrire tout au long.
BOINDIN, *Remarques sur les noms des Romains*.

Le premier (le nom de Marcus) *s'abrévioit* toujours par une M seule, et l'autre (celui de Manius) par une M avec une apostrophe, à peu près semblable à celle dont nous nous servons pour marquer les élisions.
LE MÊME, *même ouvrage*.

Dans la langue du droit féodal, on entendait par *abréger un fief*, le Diminuer, en amortir, en éteindre une partie, le démembrer de quelque manière que ce fût :

S'aucuns *abrege le fief* qui est tenu de li.....
BEAUMANOIR, *Coutumes du Beauvoisis*, c. XLV, § 26.

Il sont aucun fief c'on apele fiés *abregiés*.
LE MÊME, *même ouvrage*, c. XXVIII, § 7.

Un *fief abrégé*.
LAURIÈRE, *Glossaire du Droit françois*.

On disait encore *abréger les services d'un fief* :

Abridger les services d'un *fief*.
LITTLETON, *Tenures*, fol. 122 v°.

ABRÉGER a été fort employé sous sa forme pronominale, mais quelquefois avec des acceptions de
bonne heure vieillies ou même sorties de l'usage.

Ainsi, s'ABRÉGER a voulu dire Se réduire, décroître, diminuer :

> Toutes natures *s'abregent* et descendent.
>> GASTON PHÉBUS, *Le livre de la Chasse.* Des manieres et
>> conditions que doit avoir... (un) bon veneur.

S'ABRÉGER a voulu dire aussi, Se faire petit, s'humilier, s'abaisser :

> Chier freire, on quels fu li besoigne por kai li Sires de
> majestéit *s'umiliest* et *s'abreviest* ensi.
>> S. BERNARD, *Sermons français.* (Voir à la suite des *Quatre livres
>> des Rois*, p. 540.)

Enfin on a dit s'ABRÉGER pour Se hâter, s'empresser :

> Sire, dist lors Bennucq, qui pensoit que Passelion fist ce
> pour le plus honnorer, nous ne le ferons point, tant que
> vous soyez present, mais *abregez vous*, car le damoisel
> n'attend autre chose.
>> *Perceforest,* vol. IV, c. 37.

> Se de ouvrir tost *tu ne te abrege...*
>> *Farce nouvelle des cinq sens de l'homme.* Ancien Théâtre
>> français, t. III, p. 315. (*Bibl. elzevirienne.*)

> Que l'assault aux princes on donne,
> Car je vueil bruict et gloire acquerre,
> Et y estre en propre personne.
> *Abrigez-vous* sans plus enquerre.
>> GRINGORE, *la Mère sotte.* (Voir l'*Histoire du Théâtre
>> françois* des frères Parfait, t. I, p. 300.)

Dans de vieux textes, s'ABRIEVER, s'ABRIVER, ont
le sens de se porter impétueusement, s'élancer, et
Du Cange, qui les cite, est tenté de voir là, malgré
l'identité de la forme, un verbe différent venant du
provençal *abrivar* :

> Adonc *s'abrieverent* tuit contre lui (saint Etienne) et le
> getterent hors de la cité et le lapidoient. (*Act. apost.,*
> VII, 56 : impetum fecerunt in eum...)
>> *Vies des Saints,* mss., cod. 28, Saint-Vict. Paris, fol. 12, v° col. 2
>> (cité dans le *Glossaire* de Du Cange).

> Es chans où saint Louis arive
> Et l'ost qui après lui *s'abrive.*
>> G. GUIART, *Royaux lignages,* t. II, v. 541.

On peut rapprocher du dernier emploi de s'ABRÉ-
GER dont il vient d'être question, celui que fait
d'ABRÉGER un écrivain du quatorzième siècle, le construisant avec un nom de personne, et semblant lui
donner le sens de Décider, déterminer promptement :

> A ces paroles retourna le dit maréchal devers le duc
> et prit en sa compagnie le captal de Buch, le seigneur de
> Rosem et le seigneur de Mucident, pour mieux *abre-
> ger* le duc.
>> FROISSART, *Chroniques,* IIe part., liv. I, c. 325.

On trouve s'ABRÉGER, avec un sens analogue à un
des précédents, pour Se réduire, se raccourcir, dans
cette phrase d'un écrivain du dix-septième siècle :

> Nos corps, par la dernière résolution qui s'en fait dans
> le tombeau, se raccourcissent, *s'abrégent* presque jusqu'à
> s'anéantir.
>> BOURDALOUE, *Carême.* Sur la Cérémonie des Cendres.

S'ABRÉGER dans le sens passif de Être rendu, devenir plus court, est d'ailleurs une expression fort
usitée, soit au sens physique, soit au sens moral :

> Et s'en *abrege* tant la vie que à grant peine s'est veu
> nul roy en France, depuis Charlemaigne, avoir passé
> soixante ans.
>> COMMYNES, *Mémoires,* VIII, 20.

> La vie, déjà raccourcie, *s'abrége* encore par les violen-
> ces qui s'introduisent dans le genre humain.
>> BOSSUET, *Discours sur l'Histoire universelle,* II, 1.

> Les opérations, quoique longues, *s'abrégeront* natu-
> rellement, parce que l'habitude du calcul apprendra
> bientôt à franchir plusieurs propositions identiques.
>> CONDILLAC, *la Langue des calculs,* c. 13.

> ..... Des enfans découvrent le télescope; Galilée per-
> fectionne l'instrument nouveau : alors les chemins de
> l'immensité *s'abrégent.*
>> CHATEAUBRIAND, *Génie du christianisme,* IV, 3.

> Kar dès or *s'abregent* mi jor.
>> BENOÎT, *Chronique des ducs de Normandie,* v. 8224.

> Là trouve l'on façon de prolonger
> Ce qui *se* doibt et *se* peult *abreger.*
>> CL. MAROT, *l'Enfer.*

> Comment de nos soleils l'inégale clarté
> *S'abrége* dans l'hiver, se prolonge en été.
>> DELILLE, trad. des *Géorgiques,* II.

ABRÉGER peut s'employer absolument; quelquefois en parlant de la distance :

Nonancourt n'est qu'à cinq lieues de La Ferté, et quand on n'y passe point pour *abréger*, on avertit cette poste, qui envoie un relais sur le chemin.
SAINT-SIMON, *Mémoires*, 171, t. XIII, c. 26.

Par un renversement de cette locution, on dit du chemin lui-même, qu'il *abrège*.

ABRÉGER, dans une acception très-générale, signifie En finir promptement :

Je veux à l'advenir que l'on ne face point un si grand nombre de deputez, et pour le present regardez d'*abréger*, ou autrement je vous retrancheray.
HENRI IV, Réponse aux remontrances du clergé, 5 décembre 1605. (Voir *Lettres missives de Henri IV*, t. VI, p. 566.)

C'est *abréger* avec certaines gens que de penser qu'ils sont incapables de parler juste.
LA BRUYÈRE, *Caractères*, c. 12.

On me l'a bien dit, monsieur, que vous étiez un médecin tout différent des autres. — Rien de plus opposé que ma méthode et la leur; car j'allonge la vie en abrégeant la maladie, les remèdes et les consultations. — *Abrégez* donc, monsieur.
DUFRESNY, *La Malade sans maladie*, V, 4.

ABRÉGER est surtout d'usage lorsqu'il est question des paroles, des discours, des écrits :

Vous doncques, dist Pantagruel, monsieur de Humevesne, dictes ce que vouldrez, et *abbreviez*, sans rien toutesfois laisser de ce que servira au propous.
RABELAIS, *Pantagruel*, II, 11.

J'*abrège*, car je m'imagine que toutes ces minuties de mon bas âge vous ennuient.
MARIVAUX, *la Vie de Marianne*, part. I.

Une douleur fort vive, qui me tient depuis hier à la jointure du poignet, me donne à tenir la plume une difficulté qui me force d'*abréger*.
J.-J. ROUSSEAU, *Lettres*, 24 juin 1767.

J'étois dans l'antichambre à causer avec elle
En tout bien, tout honneur. — Eh! tâche d'*abréger*.
LA CHAUSSÉE, *l'École des Mères*, I, 6.

D'ABRÉGER, ainsi employé absolument, s'est for-

mée la locution proverbiale *Pour abréger*, correspondant exactement à une autre locution anciennement usitée, *Pour faire court* :

De vins et de viandes de diverses façons ne fault point escripre ne demander; et quand les tables, *pour abreger*, furent levées, les menestriers sonnerent pour dancer.
A. DE LA SALE, *Le petit Jehan de Saintré*, c. 53.

Pour abbreger, après quelques autres argumens et deduitz, l'abbé... luy va dire...
BONAVENTURE DES PÉRIERS, *les Contes ou les Nouvelles*, etc. Nouvelle LXXXV, de l'Honnesteté de M. de Salzard.

Pour abréger, elle arrive saine et sauve au delà du labyrinthe.
LA FONTAINE, *Psyché*, II.

Voilà, *pour abréger*, le dénouement de cette première intrigue.
HAMILTON, *Mémoires du chevalier de Grammont*, c. 3.

Pour abréger, je passe sous silence les autres usages et les superstitions des Groenlandois, que M. Crautz expose fort au long : il suffira de dire. . . .
BUFFON, *Hist. nat.* De l'Homme. Variétés dans l'espèce humaine.

Pour abregier,
Je le fis estre mon berger.
La Force de Pathelin.

Quel mestier voulez-vous elire?
Dites-le moi *pour abreger*.
La moralité des Enfans de maintenant. Ancien Théâtre français, t. III, p. 14. (*Bibl. elzevirienne.*)

Sept moys tindrent, *pour abreger*,
Sans savoir où plus vivre prendre.
MARTIAL D'AUVERGNE, *Vigiles de Charles VII.* Comment Rouen fut prins.

Messeigneurs, *pour* tout *abregier*,
Et sans plus faire de langaige. . . .
Le Mistere du siege d'Orleans, v. 3983.

Pour abreger, en lieu d'executer,
Devant Pavye allasmes nous boutter.
FRANÇOIS Ier, *Poésies.* Épistre du roy traictant de son partement de France.

Pour abréger, la chose s'exécute
Comme Richard s'étoit imaginé.
LA FONTAINE, *Contes*, I, 2.

Au lieu de *pour abréger*, on a dit, sans ellipse,

pour abréger l'histoire, le conte, pour abréger la ma-
tière, etc. :

Et *pour l'istoire abregier,* le conte vint devant le Roy
et luy dist......

Après toutes paroles et devisemens, *pour la matiere*
abregier, ils monterent à cheval et chevaulcherent pas
pour pas tant qu'ilz entrerent dedans la ville.

> *Le Livre du chevalereux comte d'Artois,* p. 69, 76-77.

Les histoires romaines... font tant de glorieuses men-
cions (des vrayes veufves de jadis) desquelles pour lors je
me passe *pour abregier ma matiere* et venir à mon propos.

> A. DE LA SALE, *le Petit Jehan de Saintré,* c. 2.

Je suppose même, *pour abréger matière,* qu'elle est
aussi folle que vous.

> DUFRESNY, *la Noce interrompue,* sc. 9.

Pour abréger matière, il engagea le roi à envoyer
M. de Torcy de sa part à madame de Nemours.

> SAINT-SIMON, *Mémoires,* 1699, t. II, c. 18.

.... *Pour abreger le compte,*
Soyez certain qu'au partir du dict lieu,
N'oublia rien fors qu'à me dire adieu.

> CL. MAROT, *Épîtres,* I, 14.

ABRÉGÉ, ÉE, participe.

On rencontre fréquemment chez les écrivains du
moyen âge, ABRIVÉ, employé adjectivement au sens
de Hâté, prompt, empressé. Mais peut-être y faut-il
voir le participe du verbe que Du Cange rapporte,
comme il a été dit plus haut, p. 264, au provençal
abrivar :

Et li baron sunt es chevaus monté,
Li un vers l'autre, le frein abandonné,
S'entreferirent durement *abrivé.*

> *Garin le Loherain,* t. II, p. 34. Cf. p. 50.

Gautiers lait corre le cheval *abrivé.*

> *Raoul de Cambrai,* CC.

Lors virent venir *abrivé*
Liemiers, levriers, et brachez.

> *Roman du Renart,* t. III, p. 103, v. 22582.

Et Renart est tant avalé
Qu'il saut en la nef *abrivé.*

> *Ibid.,* v. 22914.

Armé sunt, et quant armé furent,
Si saillent sus tuit *abrivé.*

> *Roman de la Rose,* v. 12224.

Un varlet vint tout *abrivé,*
Qui fort heurté à ma porte a,
Et une lettre m'apporta
De ma très douce dame chiere.

> G. DE MACHAUT, *Poésies;* le lay de l'Esperance, ms. 7609-2,
> fol. 194, v° col. 3, Bibl. impér.

ABRÉGÉ, sous ses diverses formes, s'est dit de
tout temps des choses, comme une sorte d'adjectif :

O briés parole de la parole *abrevicie,* mais plaine de
celestiene suatisme !

> S. BERNARD, *Sermons français.* (Voir à la suite des *Quatre*
> *livres des Rois,* p. 530.)

O comme grans graces, Sire, vous doys-je rendre, qui
m'avez monstré, et aux crestiens de ce present temps, si
droit et *abregé* chemin de parvenir à vostre pardurable
royaulme, se à nous il ne tient.

> GERSON, *l'Internelle Consolacion,* II, 18.

C'est (le recueil des Œuvres de Plutarque) en somme
un recueil *abregé* de tout ce qui a esté de plus memorable
et de plus digne faict ou dict par les plus grands roys,
plus excellens capitaines et plus sages hommes des deux
plus nobles, plus vertueuses et plus puissantes nations
qui jamais feurent au monde.

> AMYOT, trad. des Vies de Plutarque, *Préface.*

Ils aiment les voies courtes, décisives et *abrégées.*

> *Logique de Port-Royal,* III° partie, c. 19, § 6.

.....Ils voudroient des chemins *abrégés* pour aller au
bonheur sans peine.

> LEIBNITZ, *Théodicée ;* Préface.

Et comme on disoit autrefois que Caton étoit un sénat
abregé, capable de décider lui seul toutes choses, on peut
dire aussi que M. Talon lui seul étoit les grands jours.

> FLÉCHIER, *Mémoires sur les grands jours de 1665,* p. 330.

S. M. m'a tesmoigné qu'elle sera bien aise de voir les
mémoires *abregez* de toutes les debtes et des payemens,
que vous en devez envoyer.

> COLBERT au duc de Bourbon, 24 mai 1671. (Voir *Correspond.*
> *administrat. sous Louis XIV,* t. I, p. 447.)

Par le conseil de M. Beauvilliers, j'écrivis au roi mes
raisons fort *abrégées.*

> SAINT-SIMON, *Mémoires,* 1694, t. I, c. 21.

.... Une disposition fort commode et fort *abrégée* qui présentoit une grande suite de choses différentes en peu d'espace.

           FONTENELLE, *Éloge de Morin.*

L'attraction domine dans ce plan *abrégé* de physique.
           LE MÊME, *Éloge de Newton.*

Je tremble toujours qu'on ne parvienne à la fin à découvrir quelque secret qui fournisse une voie plus *abrégée* pour faire périr les hommes, détruire les peuples et les nations entières.

           MONTESQUIEU, *Lettres persanes,* CVI.

Je ne vous ai fait qu'un plan fort *abrégé* de mon poëme, mais vous devez m'entendre à demi-mot; votre imagination suppléera aux choses que j'ai omises.

           VOLTAIRE, *Lettres,* 23 janvier 1722, à J.-B. Rousseau.

On se fera donc des méthodes *abrégées* dont on se rendra raison, et on aura l'avantage de ne plus calculer par routine.

           CONDILLAC, *la Langue des calculs,* c. 13.

La métaphore... n'est au fond qu'une comparaison *abrégée* qu'achève l'imagination.

           LA HARPE, *Cours de littérature,* liv. II, c. 1, sect. 3.

On a fait d'ABRÉVIER, ancienne forme d'ABRÉGER, les mots ABRÉVIATEUR, ABRÉVIATION, ABRÉVIATURE, ABRÉVIATIF, ABRÉVIATIVEMENT.

ABRÉVIATEUR, s. m.

Autrefois ABBRÉVIATEUR. (*Voir* les Dictionnaires de Cotgrave, de Danet, et le *Dictionnaire de l'Académie,* en 1694 et 1718.)

Ce mot, qui semble peu ancien, bien qu'il se rattachant à une racine fort ancienne, n'est d'usage que dans un seul cas pour désigner un Auteur qui en abrège un autre :

Xiphilin, *abréviateur* de Dion, est fait patriarche de Constantinople.

           BOSSUET, *Discours sur l'Histoire universelle,* IVe part., XIe siècle.

Le poëme dont vous me parlez n'est ni un poëme ni une histoire. L'auteur y donne cinq ans de durée à son action, et là suit dans un ordre chronologique comme pourroit faire un *abréviateur* du P. Mäimbourg.

           J.-B. ROUSSEAU, *Lettres,* 5 avril 1721.

J'ai pris, comme vous voyez, l'emploi de *votre abréviateur.*

           VOLTAIRE, *Lettres,* 13 août 1731.

ABRÉVIATEUR se dit cependant de l'Auteur d'une composition écrite d'original, quand il s'est borné à rassembler sans développement et sans discussion des notions ou des faits établis avant lui :

L'évangéliste saint Marc, le plus divin de tous les *abréviateurs,* abrège en ces termes l'Évangile de saint Matthieu.

           BOSSUET, *Élévations sur les mystères,* XXIIIe semaine, 2e élévation.

Venons aux historiens de la seconde classe, les *abréviateurs* et les biographes.

Le président (Hénault) l'a nommé (Paterculus), avec justice, le modèle des *abréviateurs.*

           LA HARPE, *Cours de littérature,* l. III, c. 1, sect. 3.

ABBRÉVIATEUR, se dit en termes de chancellerie romaine, de certains officiers, dont la fonction spéciale est de faire dresser les minutes des bulles :

La succession de feu Tristan Guillémier, en laquelle se retrouve comme héritier grandement intéressé Pierre Eschinard, *abréviateur* de la chancellerie, qui a toujours tesmoigné estre affectionné à mon service.

           HENRI IV, *Lettres,* 1607, XXe. (Voir *Lettres missives de Henri IV,* t. VII, p. 418.)

ABRÉVIATION, s. f.

Primitivement ABBRÉVIATION. (*Voir* le Dictionnaire de Danet.)

Il a signifié d'abord Action d'abréger, manière, moyen d'abréger :

Ce nous seroit grande *abbreviation* de labeur, si nous l'oyons ung peu sus cette mienne perplexité.

           RABELAIS, *Pantagruel,* III, 24.

Monseigneur, je m'estois proposé de vous porter mon troisième projet touchant l'*abbreviation* des procès dans les parlemens.....

           ROBERTOT à Colbert, 22 juin 1665. (Voir *Corresp. admin. sous Louis XIV,* t. II, p. 157.)

On le retrouve, dans cette même acception, chez un de nos grands écrivains du dix-huitième siècle :

Une maladie grave et longue a interrompu pendant

près de deux ans le cours de mes travaux : cette *abré-viation de* ma vie, déjà fort avancée, en produit une dans mes ouvrages.

Buffon, Histoire naturelle; Oiseaux, avertissement.

C'est en ce sens qu'on appelait *lettres d'abrévia-tion* celles « que le roy octroye aux seigneurs justi-ciers pour faire tenir leur juridiction hors l'étendue de leurs fiefs et justices, et ce pour *abbrevier* les procès. » (*Coutumes d'Anjou,* note à l'art. 64. Voir *Coutumier général,* t. IV, p. 535.)

Abréviation signifie ordinairement aujourd'hui Retranchement de lettres dans un mot, pour écrire plus vite ou en moins d'espace :

Heribert, comte de Vermandois, que le commun de nos Annales appelle, par *abreviation,* Hebert.

Est. Pasquier, Recherches de la France, V, 2.

Ses yeux (du régent) ne pouvoient lire ma petite écri-ture courante et pleine d'*abréviations,* quoique fort peu sujette aux ratures et aux renvois.

Saint-Simon, Mémoires, 1717, t. XV, c. 2.

A l'égard des prénoms qui commençoient par les mêmes lettres, et *dont l'abréviation* par conséquent pou-voit être équivoque, les Romains avoient soin de les dis-tinguer ou par le nombre des lettres,... ou par la diffé-rence des caractères.

Boindin, Remarques sur les noms des Romains.

Les Orientaux prétendent qu'il fonda la ville de Can-dahar; ils disent que c'est une *abréviation d'*Alexandre, qu'ils ont appelé Iscandar.

Voltaire, Fragmens sur l'Inde et le général Lalli, art. V.

Cicéron avoit distribué dans le sénat des copistes qu'il exerçoit à écrire par *abréviation,* presque aussi vite que la parole.

La Harpe, Cours de littérature, Éloquence. II, c. 4,
sect. 4. Les Catilinaires.

Abréviation se dit aussi des signes ou des carac-tères qu'on a inventés pour suppléer à certaines syl-labes, à certaines combinaisons de lettres, et même à certains mots qui se présentent souvent dans l'u-sage, et qu'on est convenu de retrancher en écri-vant :

Il n'est demouré que ceste harangue seule de toutes celles que feit oncques Cato, parce que Cicero avoit ce jour-là attiltré des clercs qui avoient la main fort legere,

ausquels il avoit davantage enseigné à faire certaines notes et *abbreviations* qui, en peu de traicts, valoient et representoient beaucoup de lettres.

Amyot, trad. de Plutarque, Vie de Caton d'Utique, c. 7.

....Des imprimeries dont il a changé les anciens ca-ractères trop barbares et presque indéchiffrables à cause des fréquentes *abréviations.*

Fontenelle, Eloge du czar Pierre Ier.

On a employé dans ce dernier sens un mot de même racine,

Abréviature, s. f.

Autrefois Abbréviature. (*Voir* les Dictionnaires de Cotgrave et de Danet.)

Sur les mots quatrième et cinquième, on voit des bar-res qui marquent que ce sont des *abréviatures.*

Le Clerc, Bibliothèque choisie, t. XXIV, part. I, art. 3 , Mi-nucius Félix et Commodien, par M. Davies.

ABRÉVIATIF, IVE, adj.

Il s'est formé assez naturellement des mots *abré-viateur* et *abréviation,* et les grammairiens de nos jours en ont fait un usage fréquent pour désigner le signe ou la lettre qui abrége, qui indique l'abré-viation.

Ce néologisme en a produit un second :

ABRÉVIATIVEMENT, adv.

D'une manière abréviative, par abréviation.

On avait fait d'*abréger* les substantifs abrégeur et abrégement.

ABRÉGEUR, s. m.

Celui qui abrége.

Il se trouve construit avec la préposition *de :*

Quel expéditeur de causes, quel *abregeur de* procès, quel vuideur de debats, quel esplucheur de sacs, quel feuilleteur de papiers, quel minuteur d'escriptures ce seroit !

Rabelais, Pantagruel, V, 28.

ABRÉGEMENT, s. m.

Autrefois abriegement, abbregement. (*Voir* les Dictionnaires de Rob. Estienne, de Nicot, de Monet, de Cotgrave.)

Action d'abréger :

Abbregement de procès (*compendia litium*).

Rob. Estienne, Dict. fr.-lat. Nicot, Thrésor.

Le bon chevalier, qui congnoissoit bien comment il luy estoit, le pria qu'il le laissast pour ung peu penser à sa conscience, car de l'oster de là ne seroit que *abregement de* sa vie.

Le loyal Serviteur, c. 65. •

On n'a pas accoustumé de l'ébourgeonner, et c'est un *abregement de* peine (*et hoc compendium operæ est.* Plin.).

Danet, Dict. fr. lat.

Le plus grand *abrégement* que l'on puisse trouver dans l'enseignement des sciences, est de ne s'appliquer jamais à la recherche de tout ce qui est au-dessus de nous.

Logique de Port-Royal, IV, 1.

Je veuil ma vie *abbreger,*
Je ne requier que *abbregement.*

Moralité des Enfans de maintenant. Ancien Théâtre Français,
t. III, p. 66. (Bibl. elzevirienne.)

Abrégement s'appliquait, comme *abréger*, aux discours, aux paroles :

..... Peu à peu la coustume est venue d'oster ces mots, A la façon (de la sarge de Florence), et de dire seulement Sarge de Florence, comme par manière d'*abbregement.*

H. Estienne, Apologie pour Hérodote, t. I, part. II, c. 16.

Ceux qui ont voulu introduire l'usage des tables semblent avoir été trompés par l'*abregement des* paroles et *du* papier.

Nicole, de l'Éducation d'un prince, part. II, art. 26,
cité par Bouhours.

Mais pour l'*abregement de* l'œuvre,
De poinct en poinct te le descœuvre.

Jehan de la Fontaine, la Fontaine des amoureux, v. 922.
(Voir Roman de la Rose, édit. de Méon, t. IV, p. 280.)

On a dit *pour abrégement* au sens de *pour abréger,* locution adverbiale rappelée plus haut.

Or ça donc, *pour abbregement.....*

G. Coquillart, le Plaidoyer.

Dans la langue du droit féodal, de même que l'on disait *abréger un fief* (voir p. 263, col. 2), on disait aussi l'*abrégement d'un fief.*

S'aucuns *abrege le fief* à son home et s'oblige à li garantir comme *fief abregié,* et li sires par dessus y met le main, porce qu'il ne veut pas soufrir l'*abregement,* li sires qui l'*abregement* fist, pert l'ommage.

Beaumanoir, Coutumes du Beauvoisis, c. xxviii, § 8.

Abrégement, condamné chez les écrivains de Port-Royal cités plus haut, par Bouhours, en 1674, dans ses *Doutes sur la langue françoise,* et en 1692, dans sa *Suite des remarques nouvelles sur la langue françoise,* malgré la réclamation de Richelet, ne s'est pas maintenu. On peut le regretter : il eût suppléé en certains cas abréviation, depuis longtemps restreint à des acceptions particulières.

On trouve dans un vieux texte, au lieu d'abrégement, abregeacion :

L'historien n'en pense pas à traictier longuement, ainsois ne tend sinon à l'*abregeacion de* la matiere.

Le Livre du chevalereux comte d'Artois, p. 155.

ABRÉGÉ, s. m.

Autrefois abbregé. (*Voir* les Dictionnaires de Rob. Estienne, de J. Thierry, de Nicot, etc., le *Dictionnaire de l'Académie,* en 1694 et 1718.)

« Aucuns prononcent abbrevié, » dit, en 1564 et 1572, J. Thierry.

Ce mot ne paraît pas ancien. On cite un ouvrage de 1530, le *Commentarius puerorum,* cap. ii, § 90, où *Epitome* est encore rendu par *abbreviation de quelque chose.*

Abrégé se dit, d'une manière générale, d'un objet qui offre, dans une petite proportion, l'image exacte d'un objet beaucoup plus grand, et il s'emploie en parlant des choses :

Permettez-moi que je m'exclame en cest endroit..... pour deplorer le pitoyable estat de ceste royne des villes, de ce microcosme et *abregé du* monde.

Satire Ménippée, Harangue de M. d'Aubray.

Depuis, les divisions et les jalousies des Princes rendans ces assemblées plus difficiles, les Rois se contenterent du Parlement, comme de l'*abbregé des* trois Estats.

Matthieu, Histoire des dern. troubles de France, liv. I, an. 1588

C'estoit un *abregé de* toute sorte de cruauté et de dissolution, comme si une partie de la ville (de Rome) eust
esté folle, et l'autre furieuse.
PERROT D'ABLANCOURT, trad. de Tacite, *Histoires*, III, 13.

L'amour, comme dit saint Paul, est la plénitude et
l'*abrégé de* toute la loi.
MM. DE PORT-ROYAL, Préface du *Nouveau Testament* dit *de Mons.*

Les Juifs étoient accoutumés aux grands et éclatans
miracles, et n'ayant regardé les grands coups de la mer
Rouge et de la terre de Chanaan que comme un *abrégé des*
grandes choses de leur Messie..., ils attendoient de lui
des choses encore plus éclatantes.
PASCAL, *Pensées*, part. II, art. 8.

Il n'y a rien de nécessaire à la vie dont elle (la Franche-
Comté) ne soit fertile ; d'où vient que quelques écrivains
étrangers l'ont appelée l'*abrégé de* la France.
PELLISSON, *Histoire de Louis XIV*, livre VI, année 1668.

Qu'est-ce donc que la croix,... sinon l'*abrégé de* l'É-
vangile, tout l'Évangile dans un seul signal et dans un
seul caractère ?
BOSSUET, *Lettre sur l'adoration de la Croix.*

Je ne sçai si j'oserai dire qu'il fit dans cette campagne
comme un *abrégé de* toute la gloire militaire.
MASCARON, *Oraison funèbre de Turenne.*

Le martyre est l'*abrégé de* toutes les vertus : qui dit
martyr, dit tout.
FÉNELON, *Sermons.* Pour la fête d'un martyr.

Là mesme aux yeux de Dieu l'homme veut estouffer
La priere et la foi ; c'est l'*abrégé d*'Enfer.
AGR. D'AUBIGNÉ, *Tragiques*, Chambre dorée.

Cette grande et superbe ville ,
Cet *abrégé de* l'univers ,
Rome............
A. GODEAU, *Hymnes*, III. Sainte Cécile.

ABRÉGÉ, figurément, se dit aussi des personnes :

Heraclite et Democrite, descendez. Voicy l'*abrégé de*
la sagesse et de la folie du monde.
PERROT D'ABLANCOURT, trad. de Lucien, *les Sectes à l'encan.*

C'est un sujet accompli, un *abrégé de* toutes les vertus.
LE SAGE, *le Bachelier de Salamanque*, VI, 10.

Abrégé des merveilles du monde, des merveilles

des cieux, est une locution hyperbolique d'un usage
courant :

Je souhaitois passionnément d'être dans cette superbe
ville, qu'on m'avoit vantée comme l'*abrégé de toutes les
merveilles du monde.*
LE SAGE, *Gil Blas*, II, 6.

La géante paroît une déesse aux yeux ;
La naine , un *abrégé des merveilles des cieux.*
MOLIÈRE, *le Misanthrope*, II, 5.

ABRÉGÉ se dit, dans un sens restreint, d'un Travail
qui a pour objet de réduire une composition étendue
à de petites dimensions pour en rendre l'usage plus
commode :

Tout *abbregé* sur un bon livre est un sot *abbregé.*
MONTAIGNE, *Essais*, III, 8.

Le livre d'Aldroandus, ou plutôt l'*abrégé* qui en a été
fait par Jonston, peut aussi servir à les divertir utilement.
NICOLE, *de l'Éducation d'un prince*, part. II, art. 12

Guichardin est long ; j'aimerois assez les anecdotes de
Médicis , qui *en* sont un *abrégé.*
Mme DE SÉVIGNÉ, *Lettres*, 11 janvier 1690.

Pausanias... nous en a laissé une description fort ample, *dont* je crois qu'on sera bien aise de trouver ici un
abrégé exact.
FONTENELLE, *Histoire des Oracles*, dissertation I, c. 15.

Il ne se contentera pas de lire et relire cet ouvrage
avec la plus grande attention, et il en fera une espèce
d'*abrégé* ou plutôt d'analyse suivie.
D'AGUESSEAU, *Instructions sur l'Étude et les exercices qui
peuvent préparer aux fonctions d'avocat du roi ;* 1er objet.

Dans des temps d'ignorance, l'*abrégé d*'un ouvrage fait
souvent tomber l'ouvrage même.
MONTESQUIEU, *Esprit des Lois*, XXVII, 10.

Le marchand libraire sait que la plupart des gens do-
miciliés veulent avoir de petites bibliothèques, qu'il
leur faut des *abrégés* et des titres nouveaux ; il ordonne
à l'écrivain un *abrégé de* l'histoire de Rapin Thoyras, un
abrégé de l'histoire de l'Église...
VOLTAIRE, *Dictionnaire philosophique*, art. CHARLATAN.

M. le comte de Saint-Pierre m'ayant confié les manuscrits de feu M. l'abbé son oncle, j'avois commencé d'a-
bréger ses écrits afin de les rendre plus commodes à lire,

et que ce qu'ils ont d'utile fût plus connu ; mon dessein étoit de publier cet *abrégé* en deux volumes.

J.-J. Rousseau, Lettres, 5 décembre 1759.

Nous avons de lui (Justin) l'*abrégé* d'une histoire universelle de Trogue-Pompée.

La Harpe, Cours de littérature, Histoire, III, c. 1, sect. 3.

Il y a cette différence entre l'*abrégé* et l'analyse, que l'*abrégé* supprime quelques faits pour soulager la mémoire, et que l'analyse généralise l'ensemble des faits pour étendre les idées.

Bonald, Mélanges littéraires. De la Philosophie et de la morale.

> Hé ! finissez, rimeur à la douzaine :
> Vos *abrégés* sont longs au dernier point.
>
> <div align="right">J.-B. Rousseau, <i>Epigrammes</i>, I, 20.</div>

Abrégé se dit aussi de certains ouvrages qui ne sont pas de simples extraits d'autres livres, mais des ouvrages originaux où sont traités succinctement des sujets susceptibles de recevoir des développements étendus. On leur donne même quelquefois pour titre ce mot ABRÉGÉ :

Voilà l'*abrégé* de la vie de cet imposteur, que j'ay entreprise pour contenter la curiosité et venger l'honneur d'Epicure.

Perrot d'Ablancourt, trad. de Lucien, Alexandre ou le faux prophète.

Mais, afin de tout entendre, il faut savoir le rapport que chaque histoire peut avoir avec les autres ; ce qui se fait par un *abrégé*, où l'on voie, comme d'un coup d'œil, tout l'ordre des temps.

Bossuet, Discours sur l'Histoire universelle, Avant-Propos.

Quand M. Bardin laissa la première place vacante dans l'Académie, la compagnie ordonna qu'on composeroit pour lui un éloge succinct, et sans affectation de louanges, qui fût comme un *abrégé* de sa vie.

Pellisson, Histoire de l'Académie françoise, part. V.

Que le père Daniel, dans ses *Abrégés* chronologiques de Louis XIII et de Louis XIV, se trompe sur quelques noms, sur la position de quelques villes, ... ces légères fautes ne sont presque rien.

Voltaire, Supplément au Siècle de Louis XIV, partie I.

S'il savait que nous avons en notre possession son *Abrégé* du spinosisme !

Le même, Mélanges de littérature, les Honnêtetés littéraires, XXVII.

C'est cette difficulté de faire une bonne définition que l'on retrouve à tout moment, dans toutes les méthodes, dans tous les *Abrégés* qu'on a tâché de faire pour soulager la mémoire.

Buffon, Discours, I. Manière d'étudier l'histoire naturelle.

Que les jeunes gens se gardent de croire savoir tout, pour avoir lu quelques *Abrégés* de rhétorique.

La Harpe, Cours de littérature, Éloquence, II, c. 1, sect. 1.

Abrégé a été pris aussi, mais très-rarement, dans le sens d'*abréviation* :

Les *abregez* qui sont dans les bulles et les signatures de la cour de Rome sont mal aisez à lire.

Il faut apprendre à connoître les *abregez* des bulles.

Richelet, Dictionnaire.

Dans le passage suivant, ABRÉGÉ a le sens peu usité de Manière d'abréger, et semble mis à la place d'*abrégement* :

Il nous faut choisir quelque montagne, d'où l'on puisse tout voir : si tu pouvois monter au ciel, ce seroit un grand *abregé*, car tu contemplerois aisement tout de là-haut.

Perrot d'Ablancourt, trad. de Lucien, Caron.

Dans cet autre passage, on trouve par *abregez* employé, en un sens analogue, pour D'une manière abrégée :

Ignace Loyola... se mit à estudier à Barcelonne et à Salamanque, aagé de trente-trois ans : à cause de cest aage, il voulut au commencement estudier *par abregez*.

Agr. d'Aubigné, Histoire universelle, t. I, liv. III, c. 24.

Abrégé s'emploie adverbialement dans cette manière de parler : *En abrégé* ;

Rarement au sens, expliqué plus haut, de ces locutions adverbiales *pour abréger*, *par abrégement*, ou de l'adjectif *bref*, employé comme adverbe ;

Plus ordinairement, pour exprimer l'idée que les Latins rendaient par le mot *compendiose*, En raccourci, par réduction, sous un point de vue plus restreint :

Elle raconte en effet, quoiqu'*en abrégé*, le commencement des amours de Clarinthe et d'Alcidon.

Patru, Éclaircissement sur l'histoire de l'Astrée.

Votre puissance (celle de Dieu) peut, quand elle veut, mettre les temps *en abrégé*, et donner à quelques jours le mérite de plusieurs années.

MASCARON, Oraison funèbre de Turenne.

Telle est, *en abrégé*, la peinture que l'Apôtre nous a tracée de ces saints de la première alliance.

BOURDALOUE, Sermons. Sur la foi sans les œuvres.

Le discours est la proposition développée; la proposition est le discours *en abrégé*.

FÉNELON, Lettre sur l'Éloquence, § 4.

Je lis les figures de la sainte Écriture (la Bible de Royaumont); j'ai commencé par cette création du monde que vous aimez tant; cela conduit jusqu'à la mort de Notre Seigneur; c'est une belle suite; on y voit tout, quoique *en abrégé*.

Mme DE SÉVIGNÉ, Lettres, 28 août 1676.

Quel changement de fortune pour un amant rebuté! il reprend courage; et pour faire une déclaration *en abrégé*, il le tire (le diamant) de son doigt et le présente.

DUFRESNY, Amusemens sérieux et comiques, XI.

Si vous vouliez quereller *en abrégé*, mon petit mari, je vous en aurois bien de l'obligation. — *En abrégé*, madame! Et le moyen de renfermer en peu de paroles tous les sujets de plaintes que vous me donnez tous les jours?

DANCOURT, les Bourgeoises à la mode, IV, 5.

Nous formons un assemblage si bizarre, qu'on pourroit croire que nous serions ramassés de plusieurs mondes différens; à ce compte, il est assez commode d'être ici, on y voit les autres mondes *en abrégé*.

FONTENELLE, les Mondes, IVe soir.

Si l'on veut voir toute sa vie militaire *en abrégé*, il a fait travailler à trois cents places anciennes, et en a fait trente-trois neuves; il a conduit cinquante-trois siéges... il s'est trouvé à cent quarante actions de vigueur.

LE MÊME, Éloge de Vauban.

Quoiqu'un bon laboratoire soit, pour ainsi dire, toute la nature *en abrégé*.....

LE MÊME, Éloge de Poli.

Un sentiment qui n'a pas sa juste étendue ne peut faire effet. Qu'est-ce qu'une tragédie *en abrégé?*

VOLTAIRE, Lettres, 4 octobre 1760.

Les îles... fournissent par leurs végétaux et leurs animaux d'autres preuves qu'elles sont de petits continens *en abrégé*.

BERNARDIN DE SAINT-PIERRE, Études de la nature, IV.

Telle est *en abrégé* la république de Solon.

BARTHÉLEMY, Voyage d'Anacharsis, Introd., part. II, sect. 1.

C'est faire *en abrégé* votre panégyrique.

MOLIÈRE, l'Étourdi, II, 14.

En abrégé se rapporte à une des significations spéciales d'*abréger* et d'*abrégement*, dans certains cas où il signifie Par abréviation :

Comme ce prélat signait toujours l'ancien évêque de Mirepoix, *en abrégé*, et que son écriture était assez incorrecte, on lisait : L'ane évêque de Mirepoix, au lieu de l'ancien. Ce fut un sujet de plaisanterie.

VOLTAIRE, Mélanges littéraires, Commentaire historique.

ABREUVER, v. a. (Du latin *bibere*, par l'intermédiaire soit du provençal *abeurar*, soit du mot de la basse latinité *abeurrare*, soit enfin d'un autre mot bas-latin *beveragium*, d'où sont venus *beuvrage*, *brevage*, *breuvage*.)

On l'a écrit, conformément à cette étymologie, ABEUVRER, ABUVRER, ou bien encore, par suite de diverses modifications, ABOVRER, ABOVERER, ABOIVRER, ABIVRER, ABEVRER, etc. (Voir le *Glossaire* de Sainte-Palaye et les exemples ci-après.)

D'ABEUVRER, ABUVRER, on a fait, par transposition de consonne, ABREVER (voir le *Dict. fr.-lat.* de Rob. Estienne, 1539), ABREUVRER, ABRUVER, tous deux donnés en 1606 par Nicot. ABREUVER s'est perpétué dans les Dictionnaires de Monet, de Cotgrave, de Furetière, etc., enfin dans le Dictionnaire de l'Académie jusqu'en 1740, époque où semble avoir prévalu la forme actuelle ABREUVER.

Au temps de Richelet, selon une observation consignée dans son Dictionnaire, le petit peuple de Paris prononçait ABRUVER.

ABREUVER signifie au propre : Faire boire, désaltérer, et s'est dit d'abord, particulièrement, en parlant des animaux :

Li gué pour les bestes *abeuvrer*.

BEAUMANOIR, Coutumes du Beauvoisis, c. XXIV, § 14.

Eve (eau), non pas tant solement por aroser, mès por *abuvrer* bestes.

Le Livre de Jostice et de Plet, III, 19.

Deux fois le jour, en esté, matin et soir, *seront* ces bestes bouvines *abbruvées*.

    Olivier DE SERRES, *Théâtre d'agriculture*, lieu IV, c. 7.

Rebecca *abreuvant* les chameaux d'Abraham devint épouse de son fils.

    S. FRANÇOIS DE SALES, *Introd. à la vie dévote*, III, 2.

Il (Coesquen) voulut *abreuver* son cheval dans l'Escaut et s'y noya.

    SAINT-SIMON, *Mémoires*, 1692, t. Ier, c. 2.

L'eau qui reste dans les vases de ces plantes aquatiques est peut-être destinée à *abreuver* les petits oiseaux.

    BERNARDIN DE SAINT-PIERRE, *Etudes de la nature*, XI.

    Mult véissiés as escuiers
    Palefrois mener et destriers,
    Seles metre, seles oster.....
    Cevaux torchier et *abevrer*,
    Avaine et fuerre, erbe porter.

    WACE, *Roman de Brut*, v. 10620.

    Mon garçon va *abuvrer*
    Mon cheval et conreer (panser).

    COLIN MUSET, chanson. (Voir Rutebeuf, *OEuvres*,
    t. I, p. 11, note 2.)

Souvent, en ce sens, comme en la plupart de ceux qui vont suivre, ABREUVER se construit, au moyen de la préposition *de*, de la préposition *avec*, et, au passif, de la préposition *par*, avec un régime indirect :

On les *abreuvoit avec* un filet d'eau courante qui traversoit la volière.

    BUFFON, *Histoire naturelle*. Oiseaux ; les Grives.

Ilec sont les estables où li cheval gierront,
Et i metent douce iaue *dont* les *abevreront*.

    Aye d'Avignon, ms. n° 7989-4, fol. 122. (Voir *Hist. litt.
    de la France*, t. XXII, p. 342. Chansons de geste.)

Ils mordront la poussière, et ceux que je maintiens Marcheront dans leur sang qui baignera la plaine, Et *dont* j'*abreuveray* les corbeaux et les chiens.

    RACAN, *Psaumes*, LXVII.

Par une première extension, on s'est servi d'ABREUVER, ABREUVER *de*, ABREUVER *avec*, ÊTRE ABREUVÉ *par*, etc., en parlant des hommes :

L'eponge *dont* il (J.-C.) *fut abeuvré* en la croix.

    *Charte de Jeanne d'Évreux, reine de France et de Navarre,
    1343* citée par Ménage.

On y montroit encore les lieux où ils avoient habité, les puits qu'ils avoient creusés dans ces pays secs, pour *abreuver* leur famille et leurs troupeaux.

    BOSSUET, *Discours sur l'Histoire universelle*, II, 3.

Ils m'ont donné du fiel à boire ; et, dans ma soif, ils m'*ont abreuvé avec* du vinaigre.

    LE MÊME, *Méditations sur l'Évangile*, Dernière semaine
    du Sauveur, 3e jour.

Dieu leur a refusé le cocotier qui ombrage, loge, vêtit, nourrit, *abreuve* les enfans de Brama.

    VOLTAIRE, *Romans*, Lettres d'Amabed, I.

Voyagez, messieurs, et vous verrez si vous serez ailleurs mieux nourris, mieux *abreuvés*, mieux logés, mieux habillés et mieux voiturés.

    LE MÊME, *Dictionnaire philosophique*, art. POPULATION.

Les bons musulmans disent très-religieusement que Dieu a ordonné à cet oiseau de fréquenter le désert pour *abreuver* au besoin les pèlerins qui vont à la Mecque, comme autrefois il envoya le corbeau qui nourrit Élie dans la solitude.

    BUFFON, *Histoire naturelle*. Oiseaux ; le Pélican.

Cette nourrice des infortunés (l'Espérance), placée auprès de l'homme comme une mère auprès de son enfant malade, le berce dans ses bras, le suspend à sa mamelle intarissable, et l'*abreuve* d'un lait qui calme ses douleurs.

    CHATEAUBRIAND, *Génie du christianisme*, II, 3.

L'esponge à quoi l'en l'*abevra*.

    G. GUIART, *Royaux lignages*, t. II, v. 233.

C'est une taverne planiere,
Dont Fortune la taverniere
Trait aluine et piment en coupes
Por faire à tout le monde soupes ;
Tous les *en aboivre* à ses mains,
Mès les uns plus, les autres mains.

    Roman de la Rose, v. 6845.

Cent peuples différens *par* l'Euphrate *abbreuvez*.

    A. GODEAU, *Poëmes*. Saint Eustache.

Le cruel d'une main sembloit m'ouvrir le flanc,
Et de l'autre à longs traits m'*abreuver de* mon sang.

    CRÉBILLON, *Atrée et Thyeste*, II, 1.

Très-souvent ABREUVER, ainsi employé, exprime particulièrement l'idée de Faire boire du vin en abondance, d'enivrer, et il s'y joint, en certains cas, une intention de plaisanterie :

Chicquanous bien repeu et *abbreuvé* entre avecques Oudart en la salle.

RABELAIS, *Pantagruel*, IV, 14.

J'ordonnai qu'on apportât du vin pour *abreuver* l'escouade, et nous allâmes tous ensemble chez Camille à l'entrée de la nuit.

Il venoit souper chez moi tous les soirs quelques-uns des principaux commis des bureaux du ministre, qui prenoient fièrement la qualité de secrétaires d'État. Je leur faisois très-bonne chère, et les renvoyois toujours bien *abreuvés*.

LE SAGE, *Gil Blas*, II, 4; VIII, 9.

> Vortiger mult les onora
> Et bien les pot (les fit repaître) et *abevra;*
> A grant joie les faisoit vivre,
> Et assés sovent estoient ivre.

WACE, *Roman de Brut*, v. 6769.

> Bien *fu* péuz (repu) et *abevrez.*

MARIE DE FRANCE, *lai de Gugemer*, v. 377.

> Je boy bon vin et cler et fort,
> A hannap d'or tant com me plest :
> Table de roy m'*abéuvre* et pest (repaît).

YSOPET I, fable 36. (Voir *Fables inédites, etc.*, publ. par Robert, t. I, p. 226.)

> A ceus le donnent et delivrent (le ciel)
> Qui les *aboivrent* et enyvrent.

RUTEBEUF, *li Diz des Règles*.

> Sitôt que *du* nectar la troupe *est abreuvée.*

BOILEAU, *le Lutrin*, I.

> D'un vin d'Arbois, largement *abreuvé.*

VOLTAIRE, *Contes*, le Songe-creux.

> Vous *serez* bien payés, encor mieux *abreuvés.*

LA CHAUSSÉE, *le Rival de lui-même*, prologue, sc. 2.

A la même manière de parler on peut rapporter des locutions telles que celles qui se rencontrent dans les exemples suivants :

Pendant que les Juifs perçoient de clous les mains du Sauveur... qu'ils *abreuvoient* sa bouche *de* fiel, et sa bouche et ses mains demandoient grâce pour ces infidèles.

BOURDALOUE, *Sermons*. Sur la Passion de Jésus-Christ.

Mais enfin l'hôte se lassa d'*abreuver* tant de gosiers altérés.

LE SAGE, *le Diable boiteux*, c. 8.

Cela conduit à l'emploi fait, par figure, d'ABREUVER, au sujet du corps, ou de parties du corps, humectés, baignés par quelque liquide, le sang, une humeur, de l'eau, etc. :.

Son œil s'étoit considérablement apetissé; et toutes les parties voisines étoient tellement *abreuvées* et altérées par la fluxion, qu'on ne pouvoit lui toucher ce côté de la tête.

J. RACINE, *Histoire de Port-Royal*, I.

Plus son sang (de l'animal) devient chaud, et plus il communique de chaleur à toutes les parties du corps qu'il *abreuve* et nourrit.

BUFFON, *Hist. nat.*, Des Élémens, introd., part. I.

> .... Où l'avez-vous trouvé?
> — Au port, sur le gravois, *de* vagues *abreuvé.*

Rob. GARNIER, *la Troade*, IV.

ABREUVER, par une autre extension, voisine du langage figuré, se dit en parlant des plantes.

Les bois..... estans ainsi enflez, humectez et *abreuvez*, s'ils sont couppez en tel estat, l'humeur qui est dedans les porres s'eschauffera.

Bernard PALISSY, *Recepte véritable*, etc.

Et accouroit-on de toutes parts avec des vaisseaux pleins d'eau; pour l'arroser et *abbrever* (un arbre).

AMYOT, trad. de Plutarque, *Vie de Romulus*, c. 32.

Ils estoient assis sous un arbre qui *abreuvoit* ses racines dans la claire onde d'une fontaine.

D'URFÉ, *l'Astrée*, IIe part., liv. II.

Les cèdres du Liban que vous avez plantés seront *abreuvés* de la rosée du ciel.

MASSILLON, *Conférences*. De la vocation à l'état ecclésiastique.

> L'arbre ne produit rien, s'il a faute d'humeur,
> Et ne peut croistre aussy, si par trop on l'*abbreuve.*

Satire Ménippée, Nouvelles des régions de la lune, c. 11.

> Un clair ruisseau tombant d'une colline;
> Y roule entre les fleurs qu'il y vient *abreuver.*

FONTENELLE, *Églogues*, IX.

> Comme une tige élevée,
> D'une onde pure *abreuvée.*

J.-B. ROUSSEAU, *Odes*, III, 5.

On a été ainsi conduit à se servir d'ABREUVER, au sujet de la terre, des champs, des fossés, etc., rem-

plis d'eau, arrosés, humectés profondément, et, généralement, en parlant des corps poreux et absor-
bants, de quelque espèce qu'ils soient, qui s'imbibent
d'un liquide et qui le font disparaître, comme s'ils
l'avaient bu :

Li fossez dessous, qui est fossez de la ville (de Saint-
Quentin), est abuvrés par une busete (conduit), qui i
est et a esté anchiennement.

> Texte de 1313, cité dans le *Gloss.* de Du Cange,
> add. de D. Carpentier.

Les puits dont les eaux sont salées, sont *abreuvez* de
l'eau de la mer, et les puits d'eau douce, qui sont près des
salées et aussi près de la mer, sont *abreuvez des* esgouts
des pluyes qui viennent de la partie contraire de la mer.

> Bernard PALISSY, *des Eaux et fontaines.*

A la verité les pierres desquelles l'eau est sortie auparavant que leur decoction fust faite, si, estant *abbreuvées*
d'eau, la gelée vient là-dessus, elles ne faudront à se re-
duire en poudre.

> LE MÊME, *des Pierres.*

Les faut *abbreuver* (les prés) de l'eau de pluye, qui
court le long des rues et des grans chemins..... Se faut
garder de les *abbreuver* le premier an qu'on y aura semé
la graine de foin.

> DU PINET, trad. de Pline, *Hist. nat.*, XVIII, 28.

..... En esté, il se faict bien autrement ; car lors la terre
n'estant *abbreuvée*, il s'esleve des vapeurs, etc.

> G. BOUCHET, *les Serées*, liv. I, 2ᵉ serée.

Cela faict, vous jecterez de l'eaue par dessus en assez
grande quantité, et telle que le sable *en soit* si fort
mouillé et *abreuvé* que la chaux se puisse fuser par dessous, sans se brusler aucunement.

> PHILIBERT DE L'ORME, *l'Architecture*, I, 17.

Une belle fontaine... serpentoit par l'un des costez, et
l'*abbreuvoit* si bien que l'herbe fraische et espaisse rendoit ce lieu tres-agréable.

> D'URFÉ, *l'Astrée*, IIᵉ part., liv. V.

Les sommets des hautes montagnes ont en tout temps
des glaces et des neiges qui sont la source des rivières,
et qui, *abreuvant* les pâturages, les rendent plus fertiles.

> FÉNELON, *de l'Existence de Dieu*, part. I.

Il y a des réservoirs qui ont jusqu'à deux lieues de surface et qui servent à arroser et à *abreuver* une province
entière, au moyen des saignées et des petits ruisseaux
qu'on en dérive de tous côtés.

> BUFFON, *Théorie de la terre*, discours II.

Je veux que ce torrent, par un heureux secours,
Sans inonder mes champs, les *abreuve* en son cours.

> VOLTAIRE, *Discours en vers sur l'homme*, V.

Tout naît comme au hasard en ce fertile enclos,
Une source en fuyant l'*abreuve de* ses flots.

> ROUCHER, *des Mois*, Mai.

Dans ces prés *abreuvés des* eaux de la colline,
Couché sur ses genoux, le bœuf pesant rumine.

> DELILLE, *les Jardins*, I.

ABREUVER s'est dit de même en parlant d'une
étoffe pénétrée par un liquide :

Quand les plis de leurs hocquetons feurent *abreuvez*
d'eau, ils les chargerent encore plus, et les empeschoient
de combattre à leur ayse.

> AMYOT, trad. de Plutarque, *Vie de Timoléon*, c. 11.

La nuit, seul, dans sa couche nuptiale, il *abreuvoit* son
chevet de ses pleurs.

> J.-J. ROUSSEAU, *le Lévite d'Éphraïm*, I.

Par un emploi analogue, ABREUVER a quelquefois
servi à exprimer poétiquement l'action de la teinture sur une étoffe :

Que la pourpre de Tyr *abreuve* encor ses laines.

> BERTIN, *les Amours*, I, élégie 12ᵉ.

On l'a dit en parlant des pinceaux trempés dans
la couleur :

O poëtes de l'homme, et mes brillants modèles,
Ainsi que vous noirci de crayons infidèles,
A Windsor, à Ferney, sous de riants berceaux,
J'irai de vos couleurs *abreuver* mes pinceaux.

> M.-J. CHÉNIER, *Discours sur la Calomnie.*

ABREUVER s'est même dit en parlant des lotions
qu'on pratique sur les plaies, parce que la blessure
paraît absorber le remède salutaire dont elle est
baignée :

Le charme est consommé ; le bienfaisant vieillard
De ces sucs enchantés plus puissans que son art
Abreuve doucement la blessure profonde.

> DELILLE, trad. de l'Énéide, XII.

ABREUVER *des tonneaux*, *des cuves*, *des vases de*

35.

bois *ou de terre*, c'est les Remplir d'eau pour s'assurer qu'ils ne coulent point.

On a dit de même, en termes de marine, *abreuver un vaisseau.*

On entend par ABREUVER, en termes d'art, Mettre sur un fond poreux une couche d'huile, d'encollage, de couleur, ou de vernis, pour en boucher les pores et en rendre la surface unie.

ABREUVER se dit au figuré lorsqu'il est question de choses de l'ordre physique qui peuvent rappeler l'idée de breuvage, *abreuver de lumière, d'harmonie*, etc. :

A cet instant, les objets sont comme *abreuvés de lumière*, effet très-difficile à rendre.
DIDEROT, Salon de 1767, Loutherbourg.

ABREUVER, dans des locutions depuis longtemps sorties de l'usage, s'est dit de même, figurément, par allusion à l'action de verser, de répandre, pour Donner abondamment, donner à tous tour à tour :

Il arriva des gens sur moy qui me vouloient tuer, les quels je *abuvray* tous (entre lesquels je partageai mon argent).
Le Jouvencel, part. II, c. 10.

Si telle succession advient, tous les membres *en* sont *abbreuvez* (ils la partagent tous, chacun d'eux en reçoit sa part).
Coutumes du pays de Lodunois, c. CXXVII, art. 23. (Voir
Coutumier général, t. IV, p. 731.)

De là cette locution proverbiale :

. Qui mieux *abreuve*, mieux preuve. (Qui donne le plus, prouve le mieux.)
LOYSEL, Institutes coutumières, liv. V, tit. v.

ABREUVER s'est dit de la même manière pour Entretenir, approvisionner, fournir, dans des phrases telles que la suivante, rapportée par quelques dictionnaires :

Il y a dans ce bourg un gros marché qui nous *abreuve de* toutes choses nécessaires.
Dictionnaire de l'Académie, 1799.

La même sorte d'allusion a conduit à se servir

---

d'ABREUVER en un sens moral, dans des expressions telles que *abreuver de sang, de larmes, de fiel, d'amertume*, etc., très-voisines de locutions précédemment rappelées où ABREUVER était pris en un sens physique.

Amour, pour ne laisser tant de desdains impunis,... à permis, comme je le croy, qu'elle ait ressenty des amertumes, *dont* elle m'*abreuve* depuis si longtemps, par le divorce d'elle et de ce berger.
D'URFÉ, l'Astrée, IIe part., liv. IX.

Venez-vous... m'*abreuver* encore *de fiel et d'absinthe ?*
MASSILLON, Conférences. De la Communion.

On vit..... partout le crime triomphant, la vertu poursuivie, la terre *abreuvée de sang*.
BARTHÉLEMY, Voyage d'Anacharsis, c. 65.

Me nourrissant de fiel, *de larmes abreuvée.*
J. RACINE, Phèdre, IV, 6.

Monstre nourri de sang, cœur *abreuvé de fiel.*
J.-B. ROUSSEAU, Odes, IV, 8.

Ces serpens odieux de la littérature,
Abreuvés de poisons.
VOLTAIRE, Épîtres, CIV.

Très-souvent la comparaison de laquelle résulte le sens moral d'ABREUVER est marquée par certaines expressions empruntées à des objets physiques :

Serons tuit enyvreit de l'abondance de la maison de Deu, et si *serons abovercit del ruit* de son deleit.
(Nous serons tous enivrés de l'abondance de la maison de Dieu, et nous *serons abreuvés du torrent* de son amour.)
S. BERNARD, Sermons français. Lo diemenge apres l'Aparicion, II. (Voir ms. Mouchet, n° 2, p. 236, Bibl. impér.)

Pourquoy nous donne-t-elle la soif d'une *eau* si précieuse, puisqu'elle ne peut nous *en abbreuver ?*
S. FRANÇOIS DE SALES, Traité de l'amour de Dieu, I, 18.

Molt sont il en fole doctrine
Qu'il puissent (puisent) malvese science
En fontaine de sapience ;
Ne *sont* mie bien *abevré;*
Il boivent ou (au) ruissel troblé.
La Bible Guiot, v. 2503. (Voir Fabliaux et contes anc.,
édit. Méon, t. II, p. 387.)

Ou ces divins esprits, hautains et relevés,
Qui *des eaux* d'Hélicon ont les sens *abreuvés*.
REGNIER, Satires, IX.

Que l'*eau* d'une foi vive *abreuve* notre cœur.
L. Racine, à Laudes.

J'irai puiser sur ta trace
Dans les sources de ta grace,
Et, *de ses eaux abreuvé*,
Ma gloire fera connoître
Que le Dieu qui m'a fait naître
Est le Dieu qui m'a sauvé.
J.-B. Rousseau, Odes, I, 2.

Plus souvent encore la comparaison n'est rendue sensible par aucun complément. Abreuver se dit ainsi au sujet de tout ce que peut recevoir l'esprit, de tout ce dont on peut le remplir ;

Par exemple, au sujet des instructions, des préceptes, des opinions, des croyances, etc. :

Neantmoins tous les idolatres qui furent jamais, tant Juifs que Payens, *ont esté abreuvez de* ceste fantasie que nous avons dite.

Puis donc qu'ainsi est, que jusques au simple populaire tous sont *abreuvez de* ceste opinion que nous avons tous franc-arbitre.....
Calvin, Institution chrestienne, I, xi, § 9 ; II, ii, § 4.

Il y a plusieurs endroits et parties du corps qui donnent aux vices entrée pour se couler au dedans de l'âme ; mais la vertu n'a qu'une seule prise sur les jeunes gens, qui est les aureilles, pourveu qu'elles *soient* dès le commencement contregardées pures et nettes de toute flatterie, non amollies, ni *abreuvées d*'aucuns mauvais propos.
Amyot, trad. de Plutarque, OEuvres morales, Comment il faut ouïr, III.

Il me semble que les premiers discours, *de quoy on luy doit abreuver* l'entendement (de l'enfant), ce doivent estre ceux qui reglent ses mœurs et son sens.
Montaigne, Essais, I, 25.

Des hommes *abbreuvez et* imbus *de* cette superstition.
Le même, même ouvrage, II, 12.

Il faut entretenir l'esprit de choses utiles et serieuses, le teindre et *abreuver d*'opinions saines, douces, naturelles.

Que valets, servantes et viles personnes n'entretiennent les enfans, car c'est desja *abbreuver et* embabouiner cette tendre jeunesse *de* sottises et niaiseries.
Charron, de la Sagesse, III, 5, 14.

Il fallut faire tenir une confession de foi des églises françoises, pource qu'on *avoit abreuvé* les Allemans *d*'une autre confession contrefaicte.
Agr. d'Aubigné, Histoire universelle, t. I, liv. III, c. 10.

Au souverain bien la ramoine,
Dont jonesce la dessevroit,
Qui *des* vanités l'*abevroit.*
Roman de la Rose, v. 4556.

Toi que j'ai premierement,
Après la mort de ton pere,
Eslevé soigneusement
Ainsi qu'une douce mere,
Abbreuvant tes jeunes ans
De la foi des anciens.
Jacques Grevin, Ode pour le tombeau de son oncle.

Le mensonge et la vérité
Sont faits pour *abreuver* le monde,
L'une en petite quantité,
L'autre à torrent qui nous inonde.
Piron, Épigrammes : Le Mensonge et la Vérité.

Par exemple encore, au sujet d'une nouvelle, d'un bruit, etc., dans des locutions de forme très-elliptique et plus éloignées de l'usage actuel :

Chascun estoit desja *abreuvé de* ses vertus.
Le loyal Serviteur, c. 9.

L'Espagne estoit toute *abreuvée de* son entreprinse.
Montluc, Commentaires, année 1542.

L'Amiral *en abreuva* le conseil d'Angleterre, estant arrivé le premier.
Agr. d'Aubigné, Histoire univers., t. III, liv. IV, c. 27.

Presque toute la ville estoit *abreuvée de* ceste amour.
D'Urfé, l'Astrée, IIe part., liv. IV.

Faut-il..... que je ne me puisse mouvoir sans que tout le monde *en soit abreuvé.*
Le comte de Cramail, Comédie des Proverbes, II, 5.

Elles allerent chacune apprendre cette nouvelle à toutes celles qu'elles connoissoient, si bien qu'en un moment tout le village *en fut abbreuvé.*
Sorel, Francion, X.

Tout le monde est *abbreuvé de* cela.
Danet, Dictionnaire françois-latin.

Tout le monde est *abbreuvé d*'une telle nouvelle.
Dictionnaire de l'Académie, 1694.

Il n'y aura quartier de ce vague univers
Qui ne soit *abreuvé de* ses gestes divers.
Rob. GARNIER, *la Troade*, III.

Dans d'autres phrases, où il s'agit de récits, de questions, etc., ABREUVER a le sens accessoire de Fatiguer, excéder :

J'ai veu des recits bien plaisans, devenir ennuyeux en la bouche d'un seigneur, chacun de l'assistance *en ayant esté abbreuvé* cent fois.

J'auroys plustost besoing pour me donner un peu de lustre, de l'invention du musicien Antinonydes (Antigenidas), qui, quand il avoit à faire la musique, mettoit ordre que devant ou après luy, son auditoire *fust abbreuvé de* quelques autres mauvais chantres.
MONTAIGNE, *Essais*, I, 9; III, 5.

A cet emploi d'ABREUVER se rapporte la locution *abreuver de ce que, abreuver que*, assez fréquente au seizième siècle, pour Remplir de cette opinion que, etc. :

Ja estoit l'armée des François à dix ou douze milles de Milan, qui estoit toute *abreuvée de ce que* le bon chevalier estoit pris.
Le loyal Serviteur, c. 15.

Je connois un gentilhomme et seigneur, lequel voulant *abbreuver* le monde qu'il estoit devenu amoureux d'une belle et honneste dame... fit un jour tenir son petit mulet avec deux de ses pages et laquais au devant sa porte.
BRANTÔME, *Dames galantes*, discours I.

Perez... est ataqué d'une autre sorte, accusé d'heresie, et demandé par l'inquisition; estant le peuple *abreuvé qu'*il estoit magicien.
AGR. D'AUBIGNÉ, *Histoire univers.*, t. III, liv. III, c. 27.

ABREUVER, au figuré, se dit surtout en parlant des sentiments dont se remplit, se pénètre l'âme d'une personne ;

Quelquefois de sentiments agréables :

Les Espagnols ayant esté refusés de l'élection de leur infante et de l'archiduc Ernest..... ont *abreuvé* le duc de Guyse d'esperance d'espouser la susdite infante.
HENRI IV, *Lettres*, 14 juillet 1593, à M. de Maisse.

Je me le represente, ce prince, dans les plus beaux jours de sa gloire et de ses triomphes,... au moment où, après

avoir écouté les discours de ces courtisans, et s'être comme *abreuvé* de leurs louanges, il rentre seul dans son cabinet.
NECKER, *De l'Administration des finances en France*, t. III, c. 35.

Et dans la douce allégresse
Dont tu sais nous abreuver,
Nous puiserons la sagesse
Qu'il chercha sans la trouver.
J.-B. ROUSSEAU, *Odes*, II, 8.

Plus souvent de sentiments pénibles ; de là ces expressions si usitées : *abreuver quelqu'un de chagrins, de dégoûts, d'ennuis, d'humiliations*, etc. :

Tel qui rapporte de sa maison la douleur de la goutte, la jalousie ou le larrecin de son valet, ayant toute l'ame teinte et *abreuvée de* colere, il ne faut pas doubter que son jugement ne s'en altere.
MONTAIGNE, *Essais*, II, 12.

Je rends au moins graces au ciel de n'*avoir abreuvé* que moi *des* amertumes de ma vie.
J.-J. ROUSSEAU, *Lettres*, 26 février 1770.

Il est triste et même honteux qu'un artiste étranger, qui nous apportoit de nouveaux plaisirs, *ait été* si longtemps *abreuvé de* dégoûts par une cabale aussi savante qu'infatigable à nuire.
LA HARPE, *Cours de littérature*, Poésie, liv. I, c. 6, section IV. De l'Opéra.

(C'était) le seul mérite de cet homme *abreuvé de* honte.
MARMONTEL, *Mémoires*, III.

.....Je suis de grant deuil *abrivez.*
Girart de Rossillon, v. 1319.

Si est mon cueur tout *abrevé*
De douleur, que pou n'est crevé.
ALAIN CHARTIER, *le Livre des quatre Dames*

Au lieu d'*abreuvé de*, on a dit quelquefois *abreuvé en*, tant au propre qu'au figuré ;

Au propre :

La noix muscade, et un petit morceau de pain *abreuvé en* miel dompte la force du vin, et si chasse les fumées mordicantes.
G. BOUCHET, *Serées*, liv. I, serée Ire.

Au figuré :

La pluspart des hommes estant *abbreuvée en* ses erreurs ne voit goutte en un si beau theatre.
CALVIN, *Institution chrest.*, I, v, § 8.

ABREUVER s'emploie avec le pronom personnel,

tant au propre qu'au figuré, dans tous les sens qui viennent d'être passés en revue.

S'ABREUVER se dit au propre des animaux et des hommes qui boivent en abondance :

Les mouches à miel vont ordinairement *s'abreuver ès* fontaines et ruisseaux les plus prochains de leur retraicte.
OLIVIER DE SERRES, *Théâtre d'agriculture;* V^e lieu, c. 14.

Allons, monsieur, dis-je à mon maître, *abreuvons-nous de* cette liqueur bienfaisante.
LE SAGE, *Gil Blas,* II, 4.

Tous *se sont abreuvés de* cette horrible coupe.
CRÉBILLON, *Catilina,* IV, 3.

Alors, près d'un canal, le pasteur vigilant
Amène le troupeau qui *s'abreuve* en bêlant.
ROUCHER, *les Mois;* Juin.

Il croit entendre encor cette eau bruyante et claire;
Il *s'abreuve* à longs traits *de* l'onde imaginaire.
DELILLE, *l'Imagination* „II.

S'ABREUVER se dit, par une extension figurée, des plantes, de la terre, de tous les corps qui s'imbibent de quelque liquide :

L'urne verse un torrent, tout l'antre *s'en abreuve.*
LA FONTAINE, *Psyché,* I.

Les humbles prés *s'abreuvent de* cette onde.
VOLTAIRE, *Satires;* Défense du Mondain.

Montaigne a dit, figurément, *s'abreuver d'une odeur :*

Quelque odeur que ce soit, c'est merveille comme elle s'attache à moi, et combien j'ai la peau propre à *s'en abreuver.*
Essais, I, 55.

Les diverses locutions formées de *s'abreuver,* prises au sens physique, peuvent être, par figure, employées en un sens moral :

Souvenez-vous de ces immortelles sources où *vous vous êtes abreuvés des* saintes eaux de la sagesse.
PATRU, IVe plaidoyer.

L'âme heureusement captive
Sous ton joug trouve la paix,
Et *s'abreuve d'une* eau vive
Qui ne s'épuise jamais.
J. RACINE, *Cantiques,* IV.

C'est ainsi qu'on dit figurément *s'abreuver de sang, de larmes, de fiel, d'amertume,* etc. :

Toutes leurs idoles *s'abreuvent de sang* humain.
MONTAIGNE, *Essais,* I, 29.

J'ay par l'espace de quinze ans mené ceste vie pour l'amour de vous, me nourrissant de soings et travaux, et *m'abreuvant de larmes...*
LARIVEY, *la Veuve,* IV, 6.

Oh ! que les *larmes* de tendresse et de joie sont douces ! Comme mon cœur *s'en abreuve !*
J.-J. ROUSSEAU, *les Confessions,* part. II, liv. XII.

Jamais la victoire ne *s'abreuva de* plus de sang impur, *de* plus *de sang* innocent.
BARTHÉLEMY, *Voyage d'Anacharsis,* c. 40.

Un enfant inconstant
Qui *s'abreuve de sang* et *de larmes* brûlantes.
Ph. DESPORTES, *Élégies,* XVI.

Je ne *m'abreuve que de pleurs*
Ni ne me nourris que de cendre.
RACAN, *Psaumes,* CI.

On a dit *s'abreuver d'une opinion, d'une croyance,* etc. :

A raison de quoy il me semble que Platon admoneste prudemment les nourrisses de ne conter pas indifferemment toutes sortes de fables aux petits enfans, de paour que leurs ames, dès ce commencement, ne *s'abbreuvent de* folie et *de* maulvaise opinion.
AMYOT, trad. de Plutarque, *OEuvres morales.* Comme il faut nourrir les enfans.

Mais il faut avoir recours à elle (la coutume) quand une fois l'esprit a vu où est la vérité, afin de *nous abreuver* et de nous teindre *de* cette croyance qui nous échappe à toute heure.
PASCAL, *Pensées,* part. II, art. 3.

S'ABREUVER est très-usité en parlant des sentiments agréables ou désagréables dont on se remplit, dont on se pénètre :

Mon cœur, ivre de joie, *s'abreuvoit* chaque jour *d'un* siècle de félicité.
J.-J. ROUSSEAU, *Émile et Sophie,* lettre I.

Je *m'abreuvai,* pour ainsi dire, *de la* douceur de leurs regards.
MARMONTEL, *Contes moraux;* la Veillée.

A la locution *abreuvé en*, rappelée plus haut, correspond *s'abreuver dans* :

> Il jouit de lui-même, et *s'abreuve* à longs traits
> *Dans* les sources de la sagesse.
>
> J.-B. ROUSSEAU, *Odes*, II, 3.

> *Abreuvez-vous dans* le sang de vos frères.
>
> LE MÊME, *Épîtres*, I, 5.

ABREUVÉ, ÉE, participe.

D'ABREUVER se sont formés plusieurs substantifs, soumis aux mêmes variations d'orthographe que le verbe, et dont le dernier seulement est resté dans l'usage, ABREUVÉMENT, ABREUVAGE, ABREUVEUR, ABREUVOIR.

ABREUVEMENT, s. m.

On l'a écrit ABEVRUEMENT, ABBREUVEMENT, etc. (Voir le *Glossaire* de Sainte-Palaye.)

Action d'abreuver :

Xersès assembla si grans barnaiges (si grandes armées) que par l'*abevruement* de ses chevaux s'asseichoient les fleuves.

> ALAIN CHARTIER, *l'Espérance.*

Perennité d'*abreuvement.*

> RABELAIS, *Pantagruel*, IV, 61.

ABREUVAGE, s. m.

A ce que dessus, pour les prairies d'*abruvage*, ne sera autre chose adjoustée que l'eau, laquelle augmentera d'autant plus le revenu du pré, que plus fertile et mieux conduite sera.

> Olivier DE SERRES, *Théâtre d'agriculture*, IVe lieu, c. 1.

ABREUVEUR, s. m.

Autrefois ABBREUVEUR. (*Voir* les Dictionnaires de Nicot et de Monet.)

Celui qui est chargé d'abreuver.

ABREUVOIR, s. m. (Dans la basse latinité *abbreuvatorium*.)

Autrefois ABUVROIR, ABRUVOIR, ABEUVROUER, ·ABEUVRON ; ABBREUVOIR, ABREUVOUER, ABREVOIR, ABBREVOIR, etc. (Voir les exemples ci-après.)

ABREUVOIR s'est dit généralement de ce qui sert à abreuver, et, dans les anciens temps de la langue, a été employé au sens de Vase à boire :

Gillot tenant à sa main un *abuvroir* ou *abuvoir*, où ilz buvoient, plein de vin, offry à boire au dit Colart... le quel getta le vin du dit *abuvroir* à la paroy.

Icellui Jehan print un des *abeuvrons*, à quoy ilz beuvoient, et getta au visaige d'icellui Robinet du vin qui estoit dedenz.

Disant le suppliant qu'il luy rueroit ung *abeuvrouer* ou verre à la teste.

> *Lettres de rémission* de 1390, 1396, 1457, citées dans le *Gloss.* de Du Cange, addit. de D. Carpentier.

ABREUVOIR ne se dit plus, depuis longtemps, que du Lieu où l'on abreuve les animaux, où on les mène boire et aussi se baigner :

Pour engresser poucins, mettez-les en orbe (obscur) lieu, et leur nettoiez leur auget ou *abreuvouer* neuf fois ou dix le jour.

> *Le Mesnagier de Paris*, IIe distinction, 5e art.

De là en avant fut ordonné que gens d'armes garderoient l'*abrevoir* à l'heure d'abrever les chevaux.

> OLIVIER DE LA MARCHE, *Mémoires*, I, 10.

Bien souvent il meurt des bœufs, vaches et autre bestail, qui peuvent avoir pris leurs maladies ès *abreuvoirs* ainsi infectez.

> Bernard PALISSY, *des Eaux et fontaines.*

Quand on buvoit à la santé de quelqu'un, il falloit aller au tonneau, et se baisser pour boire comme une beste fait à l'*abreuvoir.*

> PERROT D'ABLANCOURT, trad. de Xénophon, *la Retraite des Dix mille*, IV, § 3.

Comme les maquignons en usent à l'égard des chevaux qu'on mène à l'*abreuvoir.*

> FURETIÈRE, *le Roman bourgeois.*

On voit cinq gros jets d'eau dans ce parterre....., un *abreuvoir* qui est un petit canal, des fontaines à l'office, à la lessive, et autrefois il n'y avoit pas de quoi boire.

> Mme DE SÉVIGNÉ, *Lettres*, 22 avril 1689.

Les barbares surtout, qui vivent de leurs troupeaux, ont besoin d'*abreuvoirs* communs.

> J.-J. ROUSSEAU, *Essai sur l'origine des langues*, c. 9.

La Seine est un bel *abreuvoir.*

> PIRON, *Épigrammes :* A Clément, que Dijon vit naître.

Dans le passage suivant, ABREUVOIR est pris métaphoriquement pour le Cabaret :

> Boivons-je un coup ? il seroit bon besoin.
> — Eh ! morbleu ! détalez, l'*abreuvoir* n'est pas loin.
> MONTFLEURY, *l'Ambigu comique*, sc. 4.

Chasse à l'abreuvoir se dit d'une Espèce de pipée qui se fait au bord des ruisseaux et où l'on prend sur de petits gluaux les oiseaux qui viennent s'abreuver :

> Les loriots ne sont point faciles à élever ni à apprivoiser. On les prend à la pipée, à l'*abreuvoir*, et avec différentes sortes de filets.
> BUFFON, *Hist. nat.* Oiseaux ; le Loriot.

ABREUVOIR se dit, par extension, d'une Plaie profonde des arbres, causée par l'altération des fibres ligneuses, et où séjourne l'eau pluviale :

> *Abreuvoirs*, ou gouttières. Trous qui se forment dans le bois pourri des chicots, et qui, retenant l'eau des pluies, pourrissent enfin le reste du tronc.
> J.-J. ROUSSEAU, *Fragmens pour un dictionnaire de botanique.*

On retrouve dans l'intérieur d'un arbre de cent ans les coups de marteau qu'on lui aura donnés à vingt-cinq, cinquante et soixante-quinze ans, et tous ces endroits sont remplis de pourriture et forment souvent des *abreuvoirs* ou des fusées en bas ou en haut qui gâtent le pied de l'arbre.

(C'est) ce qu'on appelle dans les forêts des *abreuvoirs* ou des gouttières.
> BUFFON, *Hist. nat.*, Expériences sur les végétaux, VI.

Abreuvoir à mouches est une manière de parler soldatesque et proverbiale, par laquelle on désignait, dans le langage le plus familier, et particulièrement dans le burlesque, une Plaie large et sanglante, sans danger sérieux :

> Il luy a jetté à la teste une coupe grande comme celle dont Nestor faisoit raison, et luy a fait un grand *abreuvoir à mouche*, et par ce moyen est demeuré victorieux.
> PERROT D'ABLANCOURT, trad. de Lucien, *Hermotime.*

> Quand Hercule, après maintes touches,
> Lui fit un *abreuvoir à mouches*.
> SCARRON, *Virgile travesti*, V.

I.

ABRI, s. m. (du latin *Apricus*).

On l'a écrit ABRIC, ABRIL, ABRIS, ABRIT, ABRY, ARBRI, etc. (Voir le *Glossaire* de Sainte-Palaye et les exemples ci-après.)

Il y a peu d'étymologies sur lesquelles on ait plus varié que sur celle d'ABRI. Ménage, par exemple, le fait venir d'*operire*, couvrir, par *opericus*, qu'il appelle inusité et qui est imaginaire. Sainte-Palaye s'appuie à la fois sur les orthographes ARBRI et ABRI, pour rapporter ce mot au mot *arbre*, qui s'est encore écrit *abre*. A l'appui de son opinion il cite *l'arbre de l'abri* ou *de l'abris*, si souvent nommé dans les anciennes coutumes.

L'opinion la plus générale fait remonter ABRI au latin *apricus*, origine qui peut elle-même s'autoriser d'une des formes primitives du mot, de la forme ABRIC.

Nos vieux grammairiens se sont préoccupés, avec raison, de l'opposition que semblent présenter, quant au sens, le radical latin *apricus* et son dérivé français ABRI :

> Je ne veux pas oublier ici le mot de *apricus*, latin, dont les nostres ont formé *abri*, et, toutefois, tous deux de contraire signification ; car le latin signifie à l'ouvert, et le nostre, au couvert du soleil.
> Est. PASQUIER, *Recherches de la France*, VIII, 61.

> Ce mot *abri* semble venir du latin *apricus*, combien qu'il signifie tout le contraire.
> MURET, Notes sur le 107e sonnet de Ronsard.

Peut-être est-il permis d'aller plus loin que n'ont fait Est. Pasquier et Muret, et de se rendre compte de la manière dont le substantif formé d'*apricus* a passé à une signification qui semble contredire si complétement son origine. *Apricus* se disait, en latin, des lieux exposés au soleil, offrant par conséquent un asile commode contre le froid. Par une extension hardie, il s'appliquait même aux personnes qui recherchaient cette sorte d'asile, qui étaient, comme Horace l'a dit de lui-même (*Epist.* I, xx, 24), *solibus apti* ; de là l'expression piquante de Perse (*Sat.* V, 179) *aprici senes*. Cela ne fait-il pas comprendre comment le substantif moderne ABRI, qui peut-être dans l'origine avait signifié, conformément à son étymologie, un lieu exposé au soleil, en est venu à désigner un lieu où l'on est garanti du froid, des injures de l'air, et même, quand l'origine du mot se fut effacée, de l'ardeur du soleil?

Abric avait, dans le provençal, la première de ces deux acceptions, directement empruntée d'*apricus*, comme en témoigne ce vers :

> Amon lo sojorn et l'*abric*.
> (Ils aiment le repos et l'abri.)
> MARCABRUS, l'*Emperaire*.

Abrigo, en espagnol, les a toutes deux, et naturellement a commencé par la première. *Abrigo vale reparo contra las inclemencias del cielo, particularmente contra el frio.* Ce sont les expressions de Covarruvias (*Trésor de la langue castillane*).

ABRI, Lieu où l'on peut se mettre à couvert du vent, de la pluie, de l'ardeur du soleil et des diverses incommodités du temps :

> Quant vint tempeste e pluie, en cel encloistre pur *abri* aveir entrerent.
> *Les quatre livres des Rois*, III, vi, (p. 251).

Ils s'estoyent mal posez en une coste où ils n'avoyent nuls *abris*.
> AMYOT, trad. de Plutarque; *Vie d'Alcibiades*, c. 21.

Un port de bon *abri* pour les navires.
> COTGRAVE, *Dictionnaire*.

Il y en avoit donc peu (de soldats) qui eussent des tentes; les autres faisoient des *abris* avec des vestemens, et les couvroient de cuir ou de roseaux.
> PERROT D'ABLANCOURT, trad. des Commentaires de César, *Guerre d'Afrique*, c. 10.

Ils (les chevaux sauvages) errent, ils bondissent en liberté dans des prairies immenses, sans habitation fixe : sans autre *abri* que celui d'un ciel serein, ils respirent un air plus pur que celui de ces palais voûtés où nous les renfermons.
> BUFFON, *Hist. nat.* Animaux domestiques; le Cheval.

Ceux (les éléphans) qu'on a transportés vivans jusqu'à Pétersbourg périrent successivement malgré l'*abri*, les couvertures, les poêles.
> LE MÊME, *même ouvrage.* Animaux sauvages; Éléphans.

> Je veux une coiffure, en dépit de la mode,
> Sous qui toute ma tête ait un *abri* commode.
> MOLIÈRE, l'*École des Maris*, I, 1.

> Sa rade infidèle
> N'offre plus qu'un *abri* peu propice au nocher.
> DELILLE, trad. de l'*Énéide*, II.

ABRI n'est pas toujours pris ainsi absolument; le plus souvent il se construit avec une préposition :
Avec la préposition *contre* :

Les maisons qu'on décore par l'architecture, dans leur fond, ne sont qu'un *abri contre* la neige et les orages, et les autres injures de l'air.
> BOSSUET, *Élévations sur les mystères*, VIe semaine, élévation 13.

Avec la préposition *de*, mais de double manière, le régime de la préposition désignant :
Soit ce qui procure l'*abri* :

> ..... Déjà les tristes Hyades
> Forcent les frileuses Dryades
> De chercher l'*abri des* rochers.
> J.-B. ROUSSEAU, *Odes*, II, 5.

Soit ce qui recherche l'*abri* :

> Pourquoi ce fleuve en vain couronné de roseaux,
> Et dont l'urne poudreuse est l'*abri des* oiseaux ?
> DELILLE, les *Jardins*, IV.

ABRI se dit en agriculture de Tout ce qui sert à garantir un terrain ou une plantation, soit de l'action des vents du nord, soit de la trop grande ardeur du soleil :

Vous aurez beau mettre un noyau de pêche dans de la saumure ou de la lessive; vous n'aurez de bonnes pêches qu'avec des *abris* et un sol convenable.
> VOLTAIRE, *Dictionnaire philosophique*, art. FERTILISATION.

> Les regards du soleil, le ruisseau, les *abris*,
> Fécondoient à l'envi ce lieu simple et champêtre.
> SAINT-LAMBERT, les *Saisons*; le Printemps.

ABRI se dit pareillement, en termes de guerre, de Tout ce qui met une troupe à couvert des projectiles de l'ennemi :

Vous aurez, je croy, les tourelles
Des François bien legierement ;
Ilz y morront prealablément,
Que nul *abry* leans y n'ont.
Le Mistere du siege d'Orléans, v. 2839.

ABRI se prend au figuré pour Asile, lieu de sûreté, lieu de refuge, quel que soit d'ailleurs l'objet et la nature du danger auquel on veut se soustraire. On s'en sert ainsi,

Tantôt au sens physique :

L'homme (isolé) étoit peut-être l'animal le plus sauvage et le moins redoutable de tous : nu, sans armes et sans *abri*, la terre n'étoit pour lui qu'un vaste désert peuplé de monstres, dont souvent il devenoit la proie.
BUFFON, *Hist. nat.* Animaux domestiques, Disc. prélim.

Ils parcourent librement et en tous sens les espaces dans l'eau ; ils y trouvent leur subsistance, *leur abri*, leur asile.
LE MÊME, *même ouvrage.* Oiseaux ; le grand Plongeon.

Tantôt au sens moral :

Leur amitié nous doit servir d'*abry contre* la tempeste.
PERROT D'ABLANCOURT, trad. de Lucien, *le Scythe ou l'Estranger.*

Le prince est donc par sa charge, à chaque particulier, un *abri* pour se mettre à couvert du vent et de la tempête.
BOSSUET, *Politique tirée de l'Ecriture*, liv. I, art. 3.

Si ceux qui se distinguent un peu n'étaient soutenus par quelque récompense honorable, et par l'attrait plus flatteur de la considération, tous les beaux-arts pourraient bien dépérir un jour au milieu des *abris* élevés pour eux.
VOLTAIRE, Épître dédicatoire de *Zaire.*

...Le trône qu'ils attaquoient (les Girondins) leur servoit d'*abri*, et ce ne fut qu'après en avoir triomphé qu'ils furent à découvert devant le peuple.
Mme DE STAËL, *Considérat. sur la révolution française*, partie III, c. 3, § 9.

Contre toutes les souffrances
T'être fait un sûr *abri.*
J.-B. ROUSSEAU, *Odes*, IV, 6.

Ces asiles pieux,
Des besoins, des douleurs, *abris* religieux.
DELILLE, *la Pitié*, II.

On dit fréquemment *sous l'abri de*, *sous l'abri que*, etc. :

Soit dans un sens physique :

L'ortie blanche porte une fleur monopétale labiée, dont le casque est concave et recourbé en forme de voûte pour recouvrir le reste de la fleur, et particulièrement ses étamines, qui se tiennent toutes quatre assez serrées *sous l'abri de* son toit.
J-J. ROUSSEAU, *Lettres élémentaires sur la Botanique*, II.

Soit dans un sens moral :

C'est *sous cet abri* favorable que je veux mettre en sûreté mes affaires.
MOLIÈRE, *le Festin de Pierre*, V, 2.

Je regarde à l'entour forcener la tempête,
Retiré *sous l'abri que* sa bonté me prête.
BERTAUT, *Bourgueil.*

C'est *sous l'abri de* tes ailes
Que finissent nos malheurs.
RACAN, *Psaumes*, CXVIII.

La règle avec la paix, *sous des abris* tranquilles,
Aux arts encouragés assura des asiles.
VOLTAIRE, *la Police sous Louis XIV.*

A l'abri est une locution de grand usage, employée tantôt comme préposition, tantôt adverbialement.

Dans le premier cas, elle se construit elle-même avec la préposition *de*, et est susceptible d'un double sens.

Tantôt elle a le sens de Mis à l'abri contre ;

Au sens physique :

Fut contrainct.... de suyvre le comte et se jeter sur sa foy *à l'abry des* coups de la ville.
MONTAIGNE, *Essais*, I, 5.

Les montagnes mettent cette côte *à l'abri des* vents brûlans du midi.
FÉNELON, *Télémaque*, III.

Dans ma chambre, *à l'abri du* nord.
LA BRUYÈRE, *Caractères*, c. 12.

Ces deux provinces sont *à l'abri des* incursions des petits Tartares.
VOLTAIRE, *Hist. de Pierre le Grand*, Ire partie, c. 1.

36.

La terre, élevée au-dessus du niveau de la mer, est *à l'abri de* ses irruptions.

Buffon, *Hist. nat.* De la Nature, première vue.

Virginie... accouroit vers la maison, la tête couverte de son jupon, qu'elle avoit relevé par derrière, pour se mettre *à l'abri d'*une ondée de pluie.

Bernardin de Saint-Pierre, *Paul et Virginie.*

Tel en un secret vallou,
Sur le bord d'une onde pure,
Croît *à l'abri de* l'aquilon
Un jeune lys, l'amour de la nature.

J. Racine, *Athalie,* II, 3.

Au sens moral :

J'essaye à n'avoir exprès besoin de nul... c'est chose que chacun peut en soi; mais plus facilement ceux que Dieu a mis *à l'abry des* nécessités naturelles et urgentes.

Montaigne, *Essais,* II, 9.

C'est un très-doux, paisible et plaisant sejour (le doute) où l'on est *à l'abry* et hors de tous dangers de participer à tant d'erreurs produites par la fantaisie humaine.

Charron, *de la Sagesse,* II, 2.

Quand la vertu n'auroit que cet avantage, de nous mettre *à l'abri de* toutes les tempêtes des passions.

Massillon, *Carême.* Mercredi de la Passion.

Voici le fait : nous partagerons la succession *à l'abri du* testament que vous avez.

Dufresny, *Le faux Honnête homme,* III, 11.

La place de contrôleur général, que Law occupoit si nouvellement, ne le mit pas *à l'abri du* pistolet sur la gorge, pour ainsi dire, de M. le prince de Conti, plus avide que pas un des siens.

Saint-Simon, *Mémoires,* 1720, t. XVIII, c. 8.

Une personne de son rang saura bien se mettre *à l'abri de* leur sévérité (des lois).

Le Sage, *le Diable boiteux,* c. 4.

Ma retraite ni ma vertu ne sauroient me mettre *à l'abri de* ses soupçons.

Montesquieu, *Lettres persanes,* IV.

Une maladie qui a fait le tour de la France est enfin venue s'emparer de ma figure légère, dans un château qui devrait être *à l'abri de* tous les fléaux de ce monde.

Voltaire, *Lettres,* février 1738.

Vouloir se mettre *à l'abri de* l'injustice, c'est tenter l'impossible.

J.-J. Rousseau, *Lettres,* 16 février 1762.

Il leur faisoit apprendre un métier utile qui pût les mettre *à l'abri de* l'indigence.

D'Alembert, *Éloge de l'abbé de Saint-Pierre.*

Ne sçaurois-je trouver un favorable port
Où me mettre *à l'abry des* tempêtes du sort?

Racan, *Bergeries,* V, 1.

Et lorsque je m'estime *à l'abri du* tonnerre,
Je me trouve abattu par un souffle léger.

P. Corneille, *l'Imitation,* III, 20.

Peut-être ils se mettroient *à l'abri de* la mort.

La Fontaine, *Poëme du Quinquina.*

Nous sommes dans ces lieux *à l'abri des* visites.

Regnard, *Démocrite,* I, 4.

Pour mettre quelque chose *à l'abri des* orages,
S'il vous plaisoit, du moins, de me payer mes gages?

Le même, *le Joueur,* III, 5.

Tantôt elle signifie : Sous la protection de ;
Au sens physique :

On prit une galere à cinq rangs, avec tous les soldats et les matelots... Le reste se sauva *à l'abry des* maisons de l'isle et *de* la digue.

Perrot d'Ablancourt, trad. des Commentaires de César, *Guerre d'Alexandrie,* c. 4.

Pour éviter la pluye, *à l'abry de* l'auvent,
J'allois doublant le pas...

Regnier, *Satires,* X.

Et c'est en vain que la fureur des eaux
Et l'insolent Borée, artisan des naufrages,
Font *à l'abry du* port retirer nos vaisseaux.

Maynard, *Odes :* Alcipe, reviens dans nos bois.

Ses soldats, à ses pieds étendus et mourans,
Le mettoient *à l'abri de* leurs corps expirans.

Racine, *Alexandre,* V, 3.

Encor si vous naissiez *à l'abri du* feuillage
Dont je couvre le voisinage!

La Fontaine, *Fables,* I, 22.

Au sens moral :

Ils trouverent Bellievre plain de remonstrance, de promesses et de menaces pour les faire retourner en leurs maisons, *à l'abri des* derniers édits du Roi.

Agr. d'Aubigné, *Histoire universelle,* t. II, liv. I, c. 8.

Ils vivent en repos *à l'abry de* nostre domination comme s'ils estoient au milieu de nostre Empire.

PERROT D'ABLANCOURT, trad. de Tacite, *la Germanie.*

L'art militaire avoit parmi eux (les Perses) la préférence qu'il méritoit, comme celui *à l'abri du*quel tous les autres peuvent s'exercer en repos.

BOSSUET, *Discours sur l'Histoire universelle,* III, 5.

Je parleray à M. le prince de Monaco pour empescher que la nommée de Pois ne donne à jouer *à l'abry de* ses livrées.

COLBERT à La Reynie, janvier 1678. (Voir *Corresp. administr. sous Louis XIV,* t. II, p. 563.)

...Elle croit cacher sa fragilité *à l'abri de* l'air sévère dont sa physionomie est ombragée.

DUFRESNY, *le Chevalier joueur,* I, 1.

Il crut être plus tranquille *à l'abri de* la qualité de docteur en médecine.

FONTENELLE, *Éloge de Lemery.*

À l'abri de ce badinage je dis des vérités que peut-être je n'oserais pas hasarder en style sérieux.

VOLTAIRE, *Lettres,* décembre 1732, à M. de Cideville.

N'auray-je pas toujours *à l'abry de* tes aisles
Un refuge assuré?

RACAN, *Psaumes,* LVI.

Sans craindre ici les yeux d'une profane cour,
À l'abri de ce trône attendez mon retour.

RACINE, *Esther,* II, 8.

Un galant de qui tout le métier...
Est d'aller, *à l'abri d'*une perruque blonde,
De ses froides douceurs fatiguer tout le monde.

En vain, tout fier d'un rang que vous déshonorez,
Vous dormez *à l'abri de* ces noms révérés.

BOILEAU, *Satires,* IV, V.

À l'abri, en ce sens, a été quelquefois joint par la préposition *de* à un nom de personne, ou désignant une personne :

Il faut que cette liberté de reprendre soit temperée...., de peur que, se voyans ainsi repris de toutes choses et blasmez à tous propos, ils ne s'en faschent et ne se despitent de sorte qu'ils se jettent à l'ombre et *à l'abry de* quelque flatteur.

AMYOT, trad. de Plutarque, *OEuvres morales,* Comment discerner le flatteur d'avec l'ami, XLIV.

...À l'honneur de votre fleurissant nom et très-grand profit de votre peuple, lequel, par ce moyen, demeure en seureté publique, sous son figuier, cultivant sa terre, comme à vos pieds, *à l'abri de* Votre Majesté, qui a à ses côtés la justice et la paix.

OLIVIER DE SERRES, *Théâtre d'agriculture.* Dédicace au Roi, 16 mars 1600.

Il étoit bien aise de ne le combattre qu'avec le secours ou *à l'abri d'*un géomètre.

FONTENELLE, *Éloge de Rolle.*

Je n'ai pu m'empêcher de rire de la ruse avec laquelle vous vous êtes mis *à l'abri du* Tasse, comme derrière un rempart.

J.-J. ROUSSEAU, *la Nouvelle Héloïse,* part. I, lettr. 25.

À l'abri des savans il met son ignorance.

MONTFLEURY, *Trigaudin,* I, 1.

À l'abri se prend aussi absolument, comme un adverbe, au sens général de À couvert ;
Au propre :

Quand je les vey ainsi bien couvertz, je m'en allay à eulx rendre *à l'abry,* ce que je ne peus tant ils estoient.

RABELAIS, *Pantagruel,* II, 32.

Themistocles passant au long des lieux où il falloit necessairement que les ennemis abordassent et se retirassent *à l'abry...*

AMYOT, trad. de Plutarque, *Vie de Themistocles,* c. 6.

Dans le canal, qui n'est pas moins seur que le port, plus de huit cens voiles se peuvent mettre *à l'abry.*

SARASIN, *Siége de Dunkerque.*

Le vent les fit entrer dans une rade, où ils se trouvèrent *à l'abri* et tout auprès du port.

FÉNELON, *Télémaque,* IX.

M'étant avancé vers elle pour l'aider à marcher, je vis qu'elle tenoit Paul par le bras, enveloppé presque tout entier dans la même couverture, riant l'un et l'autre d'être ensemble *à l'abri* sous un parapluie de leur invention.

BERNARDIN DE SAINT-PIERRE, *Paul et Virginie.*

Une pluie acheva l'affaire,
Il fallut se mettre *à l'abri.*

LA FONTAINE, *Contes,* II, 14.

Au figuré :

S'il luy plaisoit de temporiser, *à l'abry* et à son aysc, il pourroit veoir morfondre son ennemy.

MONTAIGNE, *Essais*, I, 47.

Quand on se verroit même assez *à l'abri* de toutes parts, l'ennui, de son autorité privée, ne laisseroit pas de sortir du fond du cœur, où il a des racines naturelles, et de remplir l'esprit de son venin.

PASCAL, *Pensées*, part. I, art. VII, sect. I.

Ce n'étoit que là qu'il se trouvoit *à l'abri* et à son aise.

SAINT-SIMON, *Mémoires*, 1711, t. IX, c. 22.

Les moineaux ont leurs nids, leurs nids les hirondelles :
On dresse quelque fuye aux simples colombelles :
Tout est mis *à l'abri* par le soin des mortels,
Et Dieu seul immortel n'a logis ni autels.

AGR. D'AUBIGNÉ, *Tragiques. Miseres*, I.

Vous ne pouvez enfin qu'aux dépens de sa tête
Mettre *à l'abri* la vôtre.

P. CORNEILLE, *La mort de Pompée*, I, 1.

D'ABRI, par l'intermédiaire d'*Abrier*, s'était formé un substantif de bonne heure hors d'usage, ABRIEMENT. Voyez G. Guiart, *Royaux lignages*, t. I, v. 1870.

C'est d'ABRI, et de ses formes rappelées plus haut, ABRIS, ABRIT, que s'est fait le verbe actif écrit successivement ABRIER, HABRIZER, ABRITER, et qui ne subsiste aujourd'hui que sous cette dernière orthographe.

ABRIER était fort d'usage au seizième siècle; on le rencontre souvent chez Montaigne, à qui Est. Pasquier a reproché, dans une de ses lettres, de s'en être trop servi :

Tout de ceste mesme façon s'est-il dispensé plusieurs fois d'user de mots inaccoustumés, ausquels, si je ne m'abuse, malaisement baillera-t-il vogue... *Abrier* pour Mettre à l'abry.

Est. PASQUIER, *Lettres*, XVIII, 1.

Pour ABRITER, si usité aujourd'hui, c'est tardivement qu'il paraît dans nos lexiques. Il manque

à ceux de Nicot, de Monet, de Richelet, de Furetière, au Dictionnaire de l'Académie jusqu'en 1740, au Dictionnaire de Trévoux jusqu'en 1770, et n'est d'abord admis que comme terme de jardinage :

Abriter un espalier.

Dict. de l'Académie, 1762.

Les fruits gèlent souvent parce qu'ils ne sont pas bien *abrités*.

Dict. de Trévoux, 1771.

HABRIZER ne se lit guère que dans le Dictionnaire de Cotgrave, où l'a pris Sainte-Palaye.

Le sens propre et le sens figuré d'*abri* ont naturellement donné au verbe formé de ce mot des significations correspondantes.

Aussi dans le passage suivant, de date très-ancienne, il a le sens de Mettre à l'abri :

Li ivers ert moult aspres de froit, de pluies... li cheval ne pooient *estre abrié*.

GUILLAUME DE TYR, II, 6.

Dans d'autres passages, où il est employé au propre, il peut être traduit par Couvrir :

Les accoustremens nous eschauffent, non de leur chaleur; mais de la nostre, laquelle ils sont propres à couver et nourrir : qui en *abrieroit* un corps froid, il en tireroit mesme service pour la froideur.

MONTAIGNE, *Essais*, I, 40.

Dans le soir les assiegez, sans beaucoup de pene, *abrierent* le rouage de fascines gouildronnées, et entrete nans une escoupeterie y mirent le feu.

AGR. D'AUBIGNÉ, *Hist. univ.*, t. III, liv. II, c. 30.

Si ot d'une chape forrée
Moult bien, si cum je me recors,
Abrié et vestu son corps.

Roman de la Rose, v. 399.

La très-precieuse couronne,
La très-digne, la très-honneste,
Que Jesus-Christ ot en sa teste,
Si comme Juis l'en *abrierent*,
Le jour qu'il le crucifierent.

G. GUIART, *Royaux lignages*, t. II, v. 217.

On s'est servi de même du pronominal s'ABRIER.

Je leur donne loy (aux médecins) de me commander de *m'abrier* chaudement, si je l'aime mieux ainsi que d'autre sorte.

MONTAIGNE, Essais, II, 37.

Tel sain faisoit desja sa fosse; d'autres s'y couchoient encore vivans. Et un manœuvre des miens, avec ses mains et ses pieds, attira sur soy la terre en mourant. Estoit-ce pas *s'abrier*, pour s'endormir plus à son aise?

LE MÊME, même ouvrage, III, 12.

ABRIER et s'ABRIER ont pu naturellement être employés au figuré pour Mettre, Se mettre à couvert :

> ... Vindrent oncques en Zélande
> Où lonc temps *se sont abriez*.
>
> G. GUIART, Royaux lignages, t. II, v. 10158.

ABRIER semble pris au figuré pour Protéger, dans ce passage, d'un ouvrage du XVIIe siècle, où il en est encore fait usage, sans doute par un archaïsme burlesque :

> Enfin le bon Dieu nous *abrie*;
> Courage, voicy les convois
> Et de la Beauce et de la Brie.
>
> SAINT-AMANT, Poésies, IIIe partie, Les nobles triolets.

Il semble, d'après ce que disent Richelet, Furetière, les auteurs du Dictionnaire de Trévoux, que ce vieux mot se soit conservé, comme terme de jardinage, jusqu'au moment où il a été remplacé par ABRITER :

Abrier une planche.

RICHELET, Dictionnaire.

Selon Furetière, Mézeray s'est encore servi d'ABRIER. On est autorisé à le croire par l'exemple suivant, de date un peu plus récente :

Cette mer n'a que des rades dont la plupart ne sont point *abriées*, et où l'on est plus mal qu'en pleine mer.

CHARDIN, Voyage... en Perse. Ire part.

ABRITER s'emploie surtout au propre, pour Mettre à l'abri ;

Soit absolument :

Je vous assure que mon port est bien joli et bien *abrité*.

VOLTAIRE, Lettres, 28 mars 1760.

... Le plus petit végétal *abrite* des amans.

BERNARDIN DE SAINT-PIERRE, Harmonies de la nature, VIII.

Soit avec un complément formé de certaines prépositions et de leur régime, des prépositions *contre*, *de*, et aussi, quand ABRITER est employé passivement au participe, de la préposition *par* :

La nature les a remparés de cuirs épais, de longs poils, de plumages qui les *abritent contre* les atteintes du dehors.

BERNARDIN DE SAINT-PIERRE, Études de la nature, VI.

Nous étions.... *abrités de* la chaleur pendant toute la journée.

LE MÊME, Paul et Virginie.

Ses fleurs sont apparentes... mais les parties sexuelles y sont *abritées par* une carène.

LE MÊME, Harmonies de la nature, I.

On se sert de même d'ABRITER avec le pronom personnel.

(La fleur du pissenlit)... a un moyen bien particulier de *s'abriter de* la chaleur....

BERNARDIN DE SAINT-PIERRE, Études de la nature, XI.

Mais il reçoit alors d'autres compléments encore formés surtout des prépositions *derrière*, *sous*, *dans*, et de leur régime; *s'abriter derrière*, *s'abriter sous*, *s'abriter dans* :

Elle ne fréquente pas les bords de la mer ni les eaux salées, mais elle se tient habituellement sur les eaux stagnantes et sur les rivières, où elle *s'abrite dans* les joncs.

BUFFON, Hist. nat. Oiseaux, la grande Aigrette.

S'abriter se dit aussi absolument :

L'homme a su se vêtir, *s'abriter*, se loger.

BUFFON, Hist. nat. Dégénération des animaux.

ABRITER et s'ABRITER sont, comme l'étaient

ABRIER et s'ABRIER , susceptibles d'acceptions figurées :

L'anarchie survient, et force le peuple à *s'abriter dans
la domination d'un seul.*
CHATEAUBRIAND, Études historiques, préface.

ABRITÉ, ÉE, participe.
Autrefois ABRIÉ , HABRIZÉ.

ABRICOT, s. m.

On a beaucoup disputé sur l'origine de ce mot ,
auquel correspondent, dans les autres langues modernes, des mots de forme à peu près semblable,
qu'il est aussi naturel de regarder comme venant
de lui que comme l'ayant amené.

Parmi les étymologies qu'on en a données, nous
ne nous arrêterons qu'à deux, les moins dénuées
de vraisemblance.

L'une, proposée par le P. Labbe , le rattache-
rait, comme *abri* et *abriter,* au latin *apricatus,* participe d'*apricor.* Elle se justifierait par cette circonstance, commune, il est vrai, à d'autres arbres
fruitiers, que l'ABRICOTIER , en France , a besoin
d'être exposé au soleil et *mis à l'abri* des vents
froids.

L'autre étymologie, préférée par Ménage, fait venir ABRICOT du nom de ce fruit chez les Romains,
præcoqua , præcocia , par une longue suite d'intermédiaires tels que le πραικόκκια, πρεκόκκια, βρεκόκκια,
βερικόκκια des Grecs, le *bericoco* ou *bericolo* des Italiens , etc.

ABRICOT est le nom d'un fruit à noyau :

Plus rare présent ne pourriés-vous faire à vos amis,
que de fruicts exquis : voire les plus grands seigneurs ont
accoustumé de recevoir humainement le plain panier d'*a-
bricots* bien choisis, et la douzaine de poires ou prunes
de remarque, que l'homme vertueux leur offre, tant petit soit-il.
Olivier DE SERRES, Théâtre d'agriculture, VI lieu, c. 16.

L'hiver est arrivé depuis deux jours; il a gelé et neigé
de telle sorte qu'il ne faut plus compter sur les *abricots.*
COULANGES, Lettre à Mme de Sévigné, 19 mars 1696.

Le genre de la prune contient trois espèces principales, savoir : la prune proprement dite, la cerise et
l'*abricot,* qui n'est qu'une espèce de prune. Le savant
Linnæus, divisant le genre dans ses espèces, a dénommé
la prune prune, la prune cerise, et la prune *abricot.*
J.-J. ROUSSEAU, Lettres élémentaires sur la Botanique, VII.

Les *abricots* dorés, les pêches veloutées et les coings
cotonneux exhaloient les plus doux parfums.
BERNARDIN DE SAINT-PIERRE, l'Arcadie.

> Là fut le glan, fils des chesnes ombreux,
> La meure teinte au sang des amoureux,
> L'*abricot* froid, la poire pepineuse.
RONSARD, Poëmes, I , la Lyre.

> Jà le pescher velu, jà l'oranger doré,
> Le friand *abricot,* et le coing décoré
> D'un blanchastre duvet, portent sur leur écorce
> Inscrite du grand Dieu la pourvoyante force.
DU BARTAS, la Semaine, IIIe jour.

L'*abricot,* dont l'Euphrate enrichit nos climats.
ROUCHER, les Mois; Juin.

Le prunier de Damas, l'*abricot* d'Arménie.
DELILLE, les Jardins, II.

Dans le passage suivant d'un poëte burlesque, il
est fait du mot ABRICOT, ainsi que du mot Prune, le
même emploi métaphorique que fait encore de ce dernier le langage populaire et celui des soldats :

> Les *abricots,* les grenades, les prunes,
> Que maintenant autour des demy-lunes
> On sert à Mars sur sa table de fer,
> En des bassins apportez de l'enfer,
> Sont bien d'un goust plus friand à la Parque.
SAINT-AMAND, Épître à Mgr le duc d'Orléans , au siège de
Gravelines.

Abricot-pêche, espèce d'ABRICOT dont le goût se
rapproche de celui de la pêche :

On peut cultiver dans les jardins de Pétersbourg des
cerises... des *abricots,* des *abricots-pêches.*
BERNARDIN DE SAINT-PIERRE, Vœux d'un solitaire.

L'ABRICOT ayant une couleur qu'on distingue facilement entre toutes les autres , le nom de ce fruit

se prend absolument pour désigner cette couleur ; une robe, un ruban, une écharpe *abricot*.

ABRICOTIER , s. m.

Arbre qui porte l'abricot :

Au contraire, les pommiers, *abricottiers*, peschers, et autres à noyau, ne rapportent tant, ne de si bons fruicts, vieux que jeunes.

> Olivier DE SERRES, *Théâtre d'agriculture*, lieu VI, c. 16.

Je suis bien fâché que vous ne soyez point encore habitué à Auteuil, où... mes deux puits et mes *abricotiers* vous appeloient.

> BOILEAU, *Lettres à Racine*, 29 juillet 1687.

Tel est l'*abricotier* d'Alexandrie, dont les fleurs, trop empressées d'annoncer leur printemps, sont presque toujours ruinées par la gelée.

> DUHAMEL DU MONCEAU, *Traité des Arbres fruitiers*, Armeniaca abricotier, X.

Un petit espalier couvert de cinq *abricotiers* et de dix péchers fait tout mon fruitier.

> ROLLIN, *Lettre* à M. le Pelletier.

ABROGER , v. a. (du latin *Abrogare* et, par ce mot, de *rogare*.)

On l'a écrit ABROGUER. *Voir* les exemples ci-après.

Dans le Glossaire du XIIIᵉ siècle (ms. 7692, Bibl. impér.), *abrogare* n'est encore rendu que par *détruire*. C'est plus tard qu'on en a formé ABROGER, recueilli par Rob. Estienne, en 1549, comme *abrogation* par J. Thierry, en 1564.

En termes de jurisprudence, *rogare* signifiait Proposer une loi ; *abrogare*, en Demander, en Faire prononcer l'annulation. De là la signification propre d'ABROGER, qui s'est dit d'abord en parlant des lois, édits, ordonnances, etc., pour les Annuler, les abolir :

La loi est *abroguée* et cassée aux fidèles.

> CALVIN, *Institution chrestienne*, II, VII, § 14.

La loy est l'œuvre du prince, laquelle il peut changer et *abroger* à son plaisir ; c'est le propre droict de la souveraineté.

> CHARRON, *De la Sagesse*, III, 16.

L'année suivante, Philon ayant succédé à Sophocle, qui étoit sorti de charge, le peuple d'Athènes *abrogea* cette loi odieuse que ce dernier avoit faite.

> LA BRUYÈRE, *Discours sur Théophraste*.

Il est quelquefois nécessaire de changer certaines lois. Mais on y doit observer tant de solennité et apporter tant de précautions, que le peuple en conclue naturellement que les lois sont bien saintes, puisqu'il faut tant de formalités pour les *abroger*.

> MONTESQUIEU, *Lettres persanes*, LXXIX.

On vit dans sa dernière maladie un effet singulier du pouvoir qu'ont les lois en Angleterre jusqu'à ce qu'elles soient *abrogées*.

> VOLTAIRE, *Essai sur les mœurs*, c. 135.

Le souverain est censé confirmer incessamment les lois qu'il n'*abroge* pas, pouvant le faire.

> J.-J. ROUSSEAU, *Contrat social*, IX, 11.

Un particulier s'écrie : Vous venez d'*abroger* votre loi. — Dites plutôt que je l'ai confirmée, répondit-il, en se plongeant l'épée dans le sein.

> BARTHÉLEMY, *Voyage d'Anacharsis*, c. 64.

Nous-mêmes, dans les états de 1787, n'avons-nous pas indirectement *abrogé* cet ancien règlement d'exclusion ?

> MIRABEAU, *Discours* du 23 janvier 1789.

ABROGER s'est dit ensuite, dans un sens plus étendu, en parlant des coutumes, des usages, et, en général, de ce qui a l'autorité d'une loi :

S. M. ne jugea pas à propos néantmoins d'*abroger* l'usage de ces rescripts (de la cour de Rome) par une déclaration.

> PONTCHARTRAIN (le chancelier de) à l'archevêque de Besançon, 27 août 1710. (Voir *Corresp. admin.* sous *Louis XIV*, t. II, p. 485.)

Cette coutume si bizarre, nous la savons par la loi qui l'*abroge*.

> MONTESQUIEU, *Esprit des lois*, XXI, 20.

Quand le prince voudra *abroger* ces coutumes, elles tomberont comme un bâtiment gothique qu'on détruit pour le rebâtir à la moderne.

> VOLTAIRE, *la Voix du sage et du peuple*.

Je trouvai cet usage injuste ; et, sans être François, je l'*abrogeai* pour les François.

> J.-J. ROUSSEAU, *les Confessions*, part. II, liv. VII.

Une extension naturelle a conduit à donner pour régimes au verbe ABROGER les noms des choses auxquelles les lois, les coutumes, les usages, s'appliquent, que ces lois, ces coutumes, ces usages établissent :

Cæsar feit publicquement decerner la guerre contre Cleopatra, et *abroguer* la puissance et l'empire d'Antonius, attendu qu'il l'avoit jà prealablement cedé à une femme.

AMYOT, trad. de Plutarque, *Vie d'Antonius*, c. 14.

Ne parlez point icy de luy *abroger* sa puissance.

Satire Ménippée, Harangue de monsieur de Lyon.

Il *abrogea* tous les priviléges.

PATRU, *Plaidoyer* XV.

. . . Bien que la pluspart des sommes contenues ès dites obligations avec la contrainte par corps *ayent esté abrogées* par nostre ordonnance du mois d'avril 1667 pour dettes civiles, néantmoins, etc.

Lettres patentes du Roi pour H. Rogier, 1678. (Voir *Corresp. administr. sous Louis XIV*, t. II, p. 208.)

Claude *abrogea* ce qui avoit été fait sous Tibère à cet égard.

Justinien *abrogea* toutes celles (les distinctions) qui restoient à cet égard.

MONTESQUIEU, *Esprit des lois*, XXIII, 21; XXVII, 1.

Aucun législateur de l'antiquité n'a tenté d'*abroger* la servitude.

VOLTAIRE, *Dictionnaire philosophique*, art. ESCLAVES.

C'est là le droit de la nature, que rien ne peut *abroger*.

J.-J. ROUSSEAU, *Émile*, V.

[phrase.
Monseigneur... — Tout d'abord j'interromps cette
Le mot de Monseigneur demande trop d'emphase :
Pour gens faits comme moi je l'*abroge*. — Monsieur...

BOURSAULT, *Ésope à la ville*, II, 5.

L'analogie a même conduit à dire :

Le plus grand avantage du mien (de mon système de notation) étoit d'*abroger* les transpositions et les clefs.

J.-J. ROUSSEAU, *les Confessions*, part. II, liv. VIII.

ABROGER s'emploie avec le pronom personnel.

On dit qu'une loi *s'est abrogée* d'elle-même, par désuétude, par laps de temps.

ABROGÉ, ÉE, participe.

D'ABROGER s'est formé le substantif ABROGEUR. Mais ce mot, qui correspond au mot latin *abrogator*, employé seulement par Arnobe, ne se trouve lui-même que dans le livre d'Oudin, où Sainte-Palaye l'a recueilli.

ABROGATION, s. f. (du latin *Abrogatio* et, par ce mot, de *rogatio*.)

L'opposition, remarquée plus haut, des mots *rogare* et *abrogare*, s'étendait naturellement, dans la langue de la jurisprudence, aux mots *rogatio* et *abrogatio*, l'un se disant de la Proposition et l'autre de l'Annulation d'une loi.

ABROGATION est dans un rapport semblable avec *abroger*, et s'est d'abord appliqué, au propre, à l'Annulation d'une loi, d'un édit, d'une ordonnance, et en général de tout ce qui a force de loi :

L'*abrogation* de la Pragmatique sanction s'est faite par le concordat entre François 1er et Léon X, en 1515.

FURETIÈRE, *Dictionnaire*.

L'*abrogation* diffère de la dérogation, en ce que la loi dérogeante ne donne atteinte qu'indirectement à la loi antérieure, et dans les points seulement où l'une et l'autre seroient incompatibles ; au lieu que l'*abrogation* est une loi faite expressément pour annuler une loi précédente.

Dictionnaire de Trévoux, au mot ABROGATION.

Valère Maxime met l'époque du luxe chez les Romains à l'*abrogation* de cette loi (la loi Oppia).

MONTESQUIEU, *Esprit des lois*, VII, 14.

ABROGATION s'est dit ensuite, par extension, de l'Abolition d'une coutume, d'un usage, d'un rite, d'une cérémonie, etc. :

L'*abrogation* du népotisme, dont vous me parlez, seroit d'une grande édification pour l'Eglise ; Dieu veuille en inspirer le dessein à celui qui a l'autorité pour la faire.

L'abbé de RANCÉ, *Lettres*, 11 nov. 1686.

ABROGATION, par une extension naturelle, expliquée plus haut, en parlant d'*abroger*, se joint, au moyen de la préposition *de*, non-seulement aux mots loi, coutume, usage, etc., mais aux noms des choses qui résultent des lois, des coutumes, des usages, etc. :

La retraite sur le Mont Sacré, l'*abrogation des* dettes, l'établissement du tribunat... toutes ces dissensions s'étoient toujours terminées par la voie d'accommodement, et sans effusion de sang humain.
Vertot, Révolutions romaines, IX.

Il n'y a point de loi qui contienne une *abrogation* expresse *des* priviléges, et *des* honneurs que les Romains païens avoient accordés aux mariages et au nombre des enfans.
Montesquieu, Esprit des lois, XXIII, 21.

Abrogation a été quelquefois employé absolument et au pluriel, comme dans l'exemple suivant :

Vous verrez dans la suite de l'histoire comment cette discipline a changé; si c'est de propos délibéré, par bon conseil, après avoir bien pesé toutes les raisons de part et d'autre, par des lois nouvelles, des *abrogations* expresses.
Fleury, Discours sur l'histoire ecclésiastique, II.

ABROUTI, IE, adj. (de *Brouter*. Voyez ce mot).

Terme d'eaux et forêts. Il se dit des bois dont les premières pousses ont été broutées, mangées par le bétail, et qui sont mal venus.

D'Abrouti s'est formé

ABROUTISSEMENT, s. m.

Ces arbres, souvent gâtés par l'*abroutissement* du bétail, ne s'élèvent pas.
Buffon, Expériences sur les végétaux, art. III.

ABRUPT, UPTE, adj. (du latin *Abruptus*).
Rompu, rapide, escarpé.

Ce mot se dit, au sens propre, des terrains, des rochers, des montagnes, qui présentent des formes anguleuses, brisées, bizarres, et un accès difficile.

Il se dit, au figuré, du caractère, des manières, des habitudes et plus particulièrement de certaines formes de style qui sont déjà désignées par la même figure chez Quintilien : *abruptum dicendi genus* (*Inst. orat.* IV, 2).

Bien qu'Abrupt avec sa double acception, au propre et au figuré, fût un latinisme très-naturel, il ne s'est introduit que tardivement dans la langue, comme en fait foi le silence de nos dictionnaires, jusqu'à ceux de ce siècle. C'est à titre de néologisme que Mercier, dans sa *Néologie*, cite de Diderot cette expression : *style abrupt*.

On en a trouvé le style (de la vie de Sénèque) haché, *abrupt*, incorrect.
Diderot, Essai sur les règnes de Claude et de Néron.

Ce discours (d'un Otaïtien) me paroît véhément; mais, à travers je ne sais quoi d'*abrupt* et de sauvage, il me semble y retrouver des idées et des tournures européennes.
Le même, Suppl. au voyage de Bougainville, II.

Abrupte, féminin, a cependant été employé par J.-J. Rousseau, dans son *Dictionnaire des termes d'usage en Botanique*, mais avec une acception scientifique qu'il appartient aux dictionnaires spéciaux de définir.

ABRUPTION, s. f. (du latin *Abruptio*).
Littéralement, fracture, brisement, désunion; il paraît s'être dit en termes de chirurgie :

Abruption d'os.
Cotgrave, Dictionnaire.

ABRUPTO (EX, et selon quelques dictionnaires AB).
Locution proverbiale empruntée du latin, qu'on emploie quelquefois pour dire : Brusquement, sans préambule, sans préparation, sans ménagements.

Cette manière de parler est surtout d'usage au sujet des discours faits à l'improviste et d'abondance :

Cicéron fit *ex abrupto* une très-belle oraison.
Diderot, Pensées détachées sur la peinture, etc. Différents caractères des peintres.

En termes de rhétorique, *exorde ex abrupto* se dit d'une sorte de début, autrement appelé *exorde*

37.

brusque, dans lequel l'orateur se livre de premier abord au mouvement de la passion :

> Quand une vive douleur, une grande joie, une indignation violente se trouve dans le cœur de ceux qui écoutent, on ne risque rien d'éclater en commençant..... On appelle cette espèce d'exorde, en terme d'art, *exorde ex abrupto*.
>
> LE BATTEUX, *Princip. de la litt.* Des genres en prose, part. I, sect. 11, c. 1.

> L'exorde doit être ordinairement de la plus grande clarté, de la plus grande simplicité, de la plus grande netteté, à moins que l'occasion ne vous présente un mouvement heureux, ce que les anciens appeloient l'*exorde ex abrupto*, par lequel vous commencez à heurter impétueusement ou un sophisme révoltant ou une proposition totalement illégale et insensée.
>
> LA HARPE, *Cours de littérature*, liv. II, Éloquence. Appendice.

C'est par extension qu'*ex abrupto* s'est dit non plus des discours, mais des actes. Il en a été fait, avec cette acception, une application familière et badine dans le passage suivant :

> Je pourrai t'épouser de même *ex abrupto*.
>
> REGNARD, *le Bal*, sc. 4.

ABRUPTEMENT, adv. (de l'adverbe latin *Abrupte*).

Il a existé dans la langue à une époque où il ne semble pas qu'*abrupt* y fût encore connu.

On le trouve, au sens figuré d'*ex abrupto*, dans ces anciens passages :

> Elle luy commença à dire *abruptement* : O déloyal !
>
> THÉODOSE VALENTINIAN, *l'Amant ressuscité de la mort d'amour*, III.

> Les autres petits poëmes veulent estre *abruptement* commencez, comme des odes lyriques.
>
> RONSARD, *Abregé de l'art poétique*, De la poésie en général.

Un autre passage, de date plus rapprochée, nous l'offre pris au propre, dans un sens physique :

> Ce mont roule *abruptement*, et se bouleverse turbulent et ruineux d'un mouvement terrible.
>
> Mlle DE GOURNAY, traduction des citations de MONTAIGNE, II, 34.

ABRUTIR, v. a. (de notre substantif *Brute*, formé lui-même de l'adjectif latin *brutus*.)

Rapprocher de la brute, rendre stupide.

Ce mot semble assez nouveau. Il manque aux dictionnaires de Rob. Estienne, de J. Thierry, de Nicot, et paraît, pour la première fois, dans celui de Cotgrave.

On l'a déjà vu (pag. 133), dans des passages qui devront être cités de nouveau, associé au verbe plus ancien *abêtir*. Ils sont d'origine analogue et de signification à peu près pareille, à cela près qu'*abêtir* se dit plutôt quand il est question de l'esprit et ABRUTIR en parlant de toute la personne, de l'être physique et moral :

> Mesme le dormir, qui semble en *abrutissant* les hommes les despouiller de leur vie, est un vray tesmoin de leur immortalité.
>
> CALVIN, *Institution chrestienne*, liv. I, c. 15, § 2.

> ... Il n'est rien si gentil que les petits enfans en France; mais ordinairement ils trompent l'esperance qu'on en a conceue; et, hommes faits, on n'y veoid aulcune excellence : j'ai ouy tenir à gens d'entendement que ces colleges où on les envoye, de quoy ils ont foison, les *abrutissent* ainsin.
>
> MONTAIGNE, *Essais*, I, 25.

> N'est-il pas surprenant de voir jusqu'à quel point ce péché *abrutit* les hommes ?
>
> BOURDALOUE, *Sermons*. Sur l'impureté.

> M. le Prince l'avoit matée (madame la princesse) jusqu'à l'avoir *abrutie*, et la disposition naturelle y étoit entière.
>
> SAINT-SIMON. *Mémoires*, 1713, t. XI, c. 3.

> Alexis, âgé de vingt-deux ans, se livra à toutes les débauches de la jeunesse et à toute la grossièreté des anciennes mœurs qui lui étaient si chères : ces dérèglements l'*abrutirent*.
>
> VOLTAIRE, *Histoire de Pierre le Grand*, II, 10.

> Pour rendre docile une jeune personne, il ne faut pas la rendre malheureuse; pour la rendre modeste, il ne faut pas l'*abrutir*.
>
> J.-J. ROUSSEAU, *Emile*, V.

> Vous l'avez accablé, contredit, *abruti*.
> Loin de l'encourager, vous l'effrayez sans cesse,
> Et vous l'*abrutissez* dès que vous lui parlez.
>
> GRESSET, *le Méchant*, I, 4.

ABRUTIR se dit aussi, par une extension naturelle, de l'esprit et du cœur, des facultés intellectuelles, des qualités morales :

Ceste-cy (l'action qui rapproche les sexes) met toute
autre pensée soubs le joug, *abrutit* et abestit, par son imperieuse authorité, toute la theologie et philosophie qui
est en Platon, et si ne s'en plainct pas.

MONTAIGNE, *Essais*, III, 5.

L'amour charnel... en son action... esgale et apparie
les fols et les sages, les hommes et les bestes ; elle abestit
et *abrutit* toute la sagesse... de l'âme.

CHARRON, *de la Sagesse*, I, 23.

Cette solitude achève de leur *abrutir* l'esprit, qu'ils
ont naturellement stupide.

VAUGELAS, trad. de *Quinte-Curce*, IX, 10.

On ne sauroit éviter avec trop de soin les débauches,
qui corrompent le corps et *abrutissent* l'esprit.

FÉNELON, *Vies des anciens philosophes*. Épicure.

. . . Comme pourquoi le vin réjouit ; pourquoi il
donne une certaine vivacité à l'esprit quand on en prend
avec modération ; pourquoi il *l'abrutit* avec le temps,
quand on en fait excès.

MALEBRANCHE, *Recherche de la vérité*, liv. II, 1er part.,
c. 2, § 3.

Pour être heureux, il faut qu'il (le pécheur) ne pense
point, qu'il se laisse mener comme les animaux muets,
par l'attrait des momens présens, qu'il éteigne et *abrutisse*
sa raison, s'il veut conserver sa tranquillité.

MASSILLON, *Avent*. Sermon pour la fête de tous les Saints.

Quand nous avons détruit... tant d'autres inventions
qui *abrutissaient* la nature humaine...

VOLTAIRE, *Politique et législation*. Idées républicaines, IX.

Mon maître.... étoit un jeune homme rustre et violent,
qui vint à bout, en très-peu de temps, de ternir tout l'é-
clat de mon enfance, et *d'abrutir* mon caractère aimant et
vif.

J.-J. ROUSSEAU, *les Confessions*, part. I, liv. I.

Deux fripons gouvernaient cet État assez mince ;
Ils avaient *abruti* l'esprit de Monseigneur.

VOLTAIRE, *Contes en vers*, l'Éducation d'un prince.

[mais il sait plaire ;
Il (Homère) ment ; mais en grand homme ; il ment ;
Sottement vous avez menti.
Par lui, l'esprit humain s'éclaire ;
Et, si l'on vous croyait, il serait *abruti*.

LE MÊME, *Apologie de la Fable*.

ABRUTIR se dit, par extension, en parlant des
pays et des peuples :

J'aurai toujours une dent contre des gens qui ont dévasté, *abruti* et appauvri la Grèce entière.

VOLTAIRE, *Lettres*, 23 février 1771.

Les esprits ont dégénéré dans l'Inde ; probablement le
gouvernement tartare les a hébétés, comme le gouvernement turc a déprimé les Grecs et *abruti* les Égyptiens.

LE MÊME, *Essai sur les mœurs*, c. 3.

Il avoit voué à la religion musulmane une aversion
particulière, moins encore pour son absurdité, que pour
l'appui déclaré qu'elle prête à l'ignorance et à tous les
moyens *d'abrutir* les peuples.

D'ALEMBERT, *Éloge de l'abbé de Saint-Pierre*.

ABRUTIR est aussi verbe pronominal, s'ABRUTIR.
Sous cette forme, il répond aux verbes latins *bru-
tescere, brutiscere, obbrutescere* :

Quant à ce que David dit que les meschans et insensez
pensent en leur cœur qu'il n'y a point de Dieu : premierement il se doit appliquer à ceux qui, ayans estouffé la
clarté de nature, *s'abrutissent* à leur escient.

CALVIN, *Institution chrestienne*, liv. I, c. 4, § 2.

Les esprits foibles *s'abrutissent* dans la solitude.

DANET, *Dict. fr.-lat.*

A mesure que ses mœurs se sont déréglées, les règles
lui ont paru suspectes ; à mesure qu'il *s'est abruti*, il a
tâché de se persuader que l'homme étoit semblable à la
bête.

MASSILLON, *Carême*. Sermon sur la vérité d'un avenir.

Car par l'oisiveté l'innocence se mine,
Notre âme *s'abrutit*, notre corps s'effémine.

DUBARTAS, *la Semaine*, II, 1er jour.

.........Abandonnant le Créateur suprême,
L'homme honora la brute et *s'abrutit* lui-même.

DELILLE, *Paradis perdu*, I

ABRUTI, IE ; participe.

Il s'emploie fréquemment, comme une sorte d'adjectif, dans la signification passive du verbe, et se
dit de même, non-seulement en parlant de l'homme,
mais de l'esprit, du cœur, des facultés intellectuel-

les, des qualités morales, et aussi des pays et des peuples.

Quelquefois ABRUTI a pour complément un substantif régi par la préposition *par* ou la préposition *dans;*

Abruti par :

Les voyez-vous noyés sans pudeur dans les sales plaisirs, et *abrutis par* des passions monstrueuses?

FÉNELON, *Sermons.* Pour la fête de saint Bernard.

Sha-Sophi, plus cruel que Sha-Abbas, moins guerrier, moins politique, *abruti par* la débauche, eut un règne malheureux.

VOLTAIRE, *Essai sur les mœurs,* c. 193.

Les dernières classes du peuple étoient encore plus *abruties par* l'ivresse que *par* la fureur.

Mᵐᵉ DE STAËL, *Considérations sur la révolution françoise,* part. II, c. 11.

Abruti dans :

Un cœur double, corrompu, et *abruti dans* les plus honteuses délices.

MASSILLON, *Conférences.* Du zèle contre les scandales.

Depuis longtemps par l'âge appesanti,
Dans le repos ce vieux prince *abruti,*
A ses flatteurs, comme tant d'autres princes,
Laissoit régir ses obscures provinces.

J.-B. ROUSSEAU, *Allégories,* II, 3.

Très-souvent ABRUTI est pris absolument :

Et de là est advenu que quelques-uns estants si *abrutis* qu'ils ne remarquoient aucune cause des effects qu'ils voyoient, ils estimoient que tout arrivoit par hazard.

G. DU VAIR, *de la Constance et consolation ès calamitez publiques.*

... Estant (Vitellius) si *abruti,* qu'il eust oublié qu'il estoit prince, si les autres ne s'en fussent souvenus.

PERROT D'ABLANCOURT, trad. de Tacite. *Histoires,* III, 11.

Le sens humain *abruti* ne pouvoit plus s'élever aux choses intellectuelles.

BOSSUET, *Discours sur l'histoire universelle,* II, 2.

Étrange état de cette âme; renversement universel de tout l'édifice intérieur! Plus de raison ni de partie haute :

tout est *abruti,* tout est corps, tout est sens, tout est abattu et entièrement à terre.

LE MÊME, *Méditations sur l'Évangile.* Dernière semaine du Sauveur, IVᵉ jour.

A cet égard les Égyptiens, les Grecs et les Romains n'ont pas été moins aveuglés et moins *abrutis* que les sauvages les plus grossiers.

FÉNELON, *de l'Existence de Dieu,* part. I, c. 3, § 90.

Comparons... la raison humaine perfectionnée à l'instinct humain *abruti.*

VOLTAIRE, *Mélanges de littérature.* Petites hardiesses à l'occasion d'un panégyrique.

Je voulus lui inspirer du courage; mais je trouvai une âme *abrutie,* sans principes et sans ressources.

BARTHÉLEMY, *Voyage d'Anacharsis,* c. 78.

Tant d'esprits *abrutis,* poussez au désespoir,
Qui renoncent leur Dieu.

AGR. D'AUBIGNÉ, *Tragiques.* Misères, I.

ABRUTISSANT, ANTE, adj.

Qui *abrutit,* qui est propre à *abrutir :*

Cette intempérance honteuse... ne vous laisse de goût et de sentiment que pour les plaisirs *abrutissans* de la table.

MASSILLON, *Avent.* Sermon pour le jour de Noël.

D'ABRUTISSANT, dont il a changé la désinence, Voltaire a fait le substantif ABRUTISSEUR :

Les affaires des Turcs vont mal. Je voudrais bien que ces marauds-là fussent chassés du pays de Périclès et de Platon : il est vrai qu'ils ne sont pas persécuteurs, mais ils sont *abrutisseurs.*

VOLTAIRE, *Lettres,* 4 septembre 1769.

ABRUTISSEMENT, s. m.

État qui rapproche de la brute.

Il se dit, passivement, de tout ce qui peut être réduit à cet état;

De l'homme :

Les fausses amitiez se convertissent et terminent en paroles et demandes charnelles... qui aboutissent bien souvent en *abrutissement* et forcenerie.

S. FRANÇOIS DE SALES, *Introduction à la vie dévote,* III, 20.

L'*abrutissement* du mari justifia l'audace de la reine.

VOLTAIRE, *Siècle de Louis XIV*, c. 10.

La mort de M. de Maisons m'a laissé dans un désespoir qui va jusqu'à l'*abrutissement*.

Il est impossible à un être qui pense de vouloir tâter de la première espèce de bonheur qui tient de l'*abrutissement*.

LE MÊME, *Lettres*, 27 septembre 1731; 20 janvier 1761.

Les esclaves perdent tout dans leurs fers, jusqu'au désir d'en sortir : ils aiment leur servitude comme les compagnons d'Ulysse aimoient leur *abrutissement*.

J.-J. ROUSSEAU, *Contrat social*, I, 2.

Les haillons dont ils étoient revêtus, leurs mains noircies par le travail, la vieillesse prématurée des femmes, l'*abrutissement* des enfans, tout auroit excité la pitié.

Mme DE STAËL, *Considérations sur la révolution françoise*, III, 6.

De l'esprit de l'homme :

Il a été un temps à la cour d'Espagne, surtout quand les Jésuites avaient du crédit, qu'il était presque défendu de cultiver sa raison. L'*abrutissement* de l'esprit était un mérite à la cour.

VOLTAIRE, *Lettres*, 10 août 1767.

D'une classe de la société, d'un peuple, d'un pays :

Il me paraît très-surprenant qu'un peuple qui certainement avait étudié les mathématiques depuis cinq mille ans, fût tombé dans l'*abrutissement* que Bernier et d'autres voyageurs lui attribuent.

VOLTAIRE, *Lettres*, 9 février 1776.

D'un temps :

Le fameux bénéfice de clergie, par lequel un criminel condamné à la mort obtenait sa grâce en cas qu'il sût lire, est la plus grande preuve de l'*abrutissement* de ces temps.

LE MÊME, *Essai sur les mœurs*, c. 73.

ABRUTISSEMENT a pu se dire encore, dans un sens actif, de ce qui abrutit :

Qu'on lui fasse un tableau frappant et vrai des horreurs de la débauche, de son stupide *abrutissement*.

J.-J. ROUSSEAU, *Émile*, IV.

ABSENT, ENTE, adj. (du latin *Absens*, participe d'*absum*, et, par ce mot, de *ab* et d'*esse*, comme *présent* vient, par *præsens* et *præsum* de *præ* et d'*esse*).

ABSENT est opposé à *présent*, et se dit proprement des personnes, lorsqu'elles ne sont pas au lieu où elles devraient être, par exemple au lieu de leur habitation.

ABSENT se construit en conséquence fort souvent avec la préposition *de* suivie de son régime :

La loi perpétuelle de Gênes..... ôte cette dignité (celle de doge) à tout doge *absent* un moment *de* la ville.

VOLTAIRE, *Siècle de Louis XIV*, c. 14.

Il ne résidait point dans cet empire au temps de la catastrophe du czarovitz; il *en* était *absent* depuis plusieurs années.

LE MÊME, *Histoire de Pierre le Grand*, IIe part, c. 10.

Absente de la cour, je n'ai pas dû penser,
Seigneur, qu'en l'art de feindre il fallût m'exercer.

Et jamais l'empereur n'est *absent de* ces lieux.

J. RACINE, *Britannicus*, II, 3, 6.

De ce même rivage *absent* depuis un mois,
Je le revis hier pour la première fois.

LE MÊME, *Iphigénie*, II, 7.

Dans cette locution, *absent de*, le régime de la préposition *de* a été quelquefois, par figure, un autre nom qu'un nom de lieu ; on a dit *absent d'une chose*, et même *absent d'une personne*.

Au premier cas se rapportent les passages suivants, dont le second a été blâmé par Bouhours, dans ses *Doutes sur la langue françoise* :

Encores que noz corps pour un brief temps se puissent dire *absens* et élongnez l'un *de* l'autre, si est-ce que noz ames et noz espritz estans conjointz et comme liez ensem-

ble par une si parfaite amour, ne seront onques separez.
Point ne seront absens, point ne seront élongnez.

THÉODOSE VALENTINIAN, *l'Amant ressuscité de la mort d'amour*, V.

Hors de leur intérêt, je pense que celui de leur maître
leur seroit fort cher. Mais le malheur est qu'ils ne sont
jamais *absens* de leur intérêt, non plus que *d'eux-mêmes*.

BALZAC, *Aristippe*. Disc. V.

Je vis dans un climat barbare, présent à tout ce qui
m'importune, *absent de* tout ce qui m'intéresse.

MONTESQUIEU, *Lettres persanes*, CLV.

Quoi qu'*absent de* ses yeux il me faille endurer,
Sire, ce m'est trop d'heur de pouvoir espérer.

P. CORNEILLE, *le Cid*, V, 7.

Que si l'homme est *absent de* vos tableaux rustiques...

DELILLE, *l'Homme des champs*, IV.

Les exemples du second cas sont plus nombreux,
et, bien que cette manière de parler ait vieilli, se
rencontrent encore chez des écrivains de date peu
ancienne :

Cette femme est d'un naturel hardy et fort entreprenant, et le Roy fort doux et timide, et qui *absent d'*elle la
cognoist bien et prend de belles resolutions sur la forme
de vivre qu'il luy doit prescrire, mais l'ayant pres de luy
s'y laisse entierement posseder.

SULLY, *OEconomies royales*, t. II, c. 18.

Je n'ay encore pu resoudre lequel est le plus grand,
du bonheur d'en estre aimé ou du malheur *d'en estre absent.*

VOITURE, *Lettres*, XXV.

Quelles inquiétudes n'a-t-il pas, dans l'incertitude où
il est s'il sera heureux ! Quel chagrin lorsqu'il est *absent
de* la personne aimée.

FLÉCHIER, *Mémoires sur les Grands jours de 1665.*

Quand j'ai été *absent de* Camille, je veux lui rendre
compte de ce que j'ai pu voir ou entendre.

MONTESQUIEU, *le Temple de Gnide*, V.

Vous allez à Versailles, mon cher chevalier; j'en suis
charmé, et je ne me croirai pas tout à fait *absent des
personnes* que vous allez voir, tant que vous serez auprès
d'elles.

J.-J. ROUSSEAU, *Lettres*, 3 nov. 1760.

. . . . La nostre amytié
Qui veult aussi que la moytié je sente
Du deuil qu'aurez d'estre *de* moy *absente.*

Cl. MAROT, *Elégies*, I, 6.

Pensant en vous, ayant la larme en l'œil,
Je me complains; mon cueur porte le dueil
En loing pays, estant *de* vous *absent.*

ROGER DE COLLERYE, *Rondeaux*, XX; l'Amy. Voir *OEuvres*,
p. 188 (*Bibl. elzevirienne*).

Philis, comme veux-tu qu'*absent de* toy je vive?

REGNIER, *Dialogue*

Un esprit amoureux, *absent de* ce qu'il aime,
Par sa mauvaise humeur fait trop voir ce qu'il est.

P. CORNEILLE, *la Veuve*, I, 5.

Absent de vous, je vous vois, vous entends.

FONTENELLE, *Poésies diverses*. Autres vers.

Par une sorte de figure, ABSENT, ainsi construit,
se rapporte quelquefois à d'autres noms que des
noms de personnes :

Tristesse et deuil *de* moy furent *absens.*

Cl. MAROT, *le Temple de Cupidon.*

ABSENT est très-souvent employé absolument,
Soit au propre, en parlant des personnes :

Plusieurs paroles, telles et autres..., remontra le roi
Charles de France à ses freres, present Charles dauphin,
son fils, et le duc d'Anjou *absent.*

FROISSART, *Chroniques*, II, 70.

Le premier président et le président de Mesme sont
absens, et nous ferons passer ce qu'il nous plaira dans la
compagnie, sans comparaison plus aisément que s'ils y
étoient présens.

LE CARDINAL DE RETZ, *Mémoires*, part. II, an. 1649.

Je n'ai jamais vu une personne *absente* être si vive dans
tous les cœurs.

Mme DE SÉVIGNÉ, *Lettres*, 11 mars 1671.

Quoique *absente*, il la voyoit ; elle étoit peinte et comme
vivante devant ses yeux.

FÉNELON, *Télémaque*, VI.

Tel autre fait la satire de ces gens qui... sortent de
leur patrie pour y retourner, qui aiment à être *absens*,
qui veulent un jour être revenus de loin.

LA BRUYÈRE, *Caractères*, c. 13.

Présente je vous fuis, *absente* je vous trouve.
J. Racine, *Phèdre*, II, 2.

Du palais d'un jeune lapin
Dame belette, un beau matin,
S'empara : c'est une rusée.
Le maître étant *absent*, ce lui fut chose aisée.
La Fontaine, *Fables*, VII, 16.

Elle attend ton retour, comme une jeune épouse
Attend son jeune époux *absent* depuis un an.
J.-B. Rousseau, *Odes*, IV, 5.

Soit au figuré, en parlant des choses :

(L'Ancien Testament) du temps que la vérité estoit encore *absente*, la représentoit par images, et a eu l'ombre au lieu du corps.
Calvin, *Institution chrestienne*, liv. II, c. xi, § 4.

Nous nous attribuons des biens imaginaires et fantastiques, des biens futurs et *absens*.
Montaigne, *Essais*, II, 12.

Nous allons beants après les choses incognues et advenir, d'autant que les presentes ne nous saoulent point, et estimons plus les *absentes*.
Charron, *de la Sagesse*, I, 39.

Tu as veu combien il estoit ridicule de se faire du mal pour s'empescher d'en avoir ; et pour une douleur *absente* et incertaine , endurer des maux présens et certains.
Perrot d'Ablancourt, trad. de Lucien. *Des Exercices du corps.*

Il cherche dans les choses *absentes* le secours qu'il n'obtient pas des présentes.
Pascal, *Pensées*, part. II, art. V, § 3.

La nuit même, malgré ses ténèbres, a une lumière, sombre à la vérité, mais douce et utile. Cette lumière est empruntée du soleil, quoique *absent*.
Fénelon, *de l'Existence de Dieu*, Ire partie, art. II, § 18.

Ne verray-je point le retour
De ta grâce toujours *absente ?*
Racan, *Psaumes*, LXVIII.

L'homme au trésor arrive, et trouve son argent
Absent.
La Fontaine, *Fables*, IX, 16.

I.

Absent d'esprit, ou, absolument, Absent, peuvent se dire d'une personne inattentive, distraite :

On peut être présent à la messe de corps, quoiqu'on soit *absent d'esprit.*
Pascal, *Provinciales*, V.

De corps auprès de lui, de cœur auprès de moi,
Rêvez incessamment ; chez vous soyez *absente*.
La Fontaine, *l'Eunuque*, I, 2.

Présente au milieu d'eux, sois seule, sois *absente*.
A. Chénier, *Élégies*, III.

Absent, pris absolument, a été employé, par euphémisme, pour Mort, comme *absens* dans ces vers du prologue ajouté quelqués années après la mort de Plaute à sa *Casina* :

Flos poetarum fuit,
Qui nunc abierunt hinc in communem locum,
Sed *absentes* tamen prosunt præsentibus.

Cela équivaut, selon Lambin, à *Mortui prosunt viventibus*.
Cette valeur négative donnée au verbe *esse*, duquel dérive *absens*, est de toutes les langues. *To be or not to be*, a dit Shakspeare ; c'est l'*esse* et l'*abesse* des Latins ; c'est, en certains cas, notre Absent, et, on le verra plus loin, notre *absence*.

Maintenant qu'*absent* tu es là-haut.
Satire Ménippée, Nouvelles des régions de la lune, c. 10.

La vertu precieuse
De l'homme, quand il vit, est tousjours odieuse :
Après qu'il est *absent* chacun le pense un Dieu.
Ronsard, *Amours*, II, 37.

On n'aime que la gloire *absente ;*
La mémoire est reconnaissante,
Les yeux sont ingrats et jaloux.
Lebrun, *Ode à Buffon*.

Absent, comme un grand nombre d'adjectifs, se prend substantivement , quelquefois au singulier, et, le plus souvent, au pluriel ;
Au singulier :

La science y plaidoit toujours la cause de l'*absent*.
D'Aguesseau, *Discours*, II.

Le désir immodéré d'amuser l'engage à immoler l'absent qu'il estime le plus, à la malignité de ceux dont il fait le moins de cas, mais qui l'écoutent.

DUCLOS, *Considérations sur les Mœurs*, c. 8.

Et ce vieux droit d'aînesse est souvent si puissant
Que pour remplir un trône il rappelle un *absent*.

P. CORNEILLE, *Nicomède*, IV, 3.

Sa fureur de sang avide
Poursuit partout l'innocent.
Rois, prenez soin de l'*absent*,
Contre sa langue homicide.

J. RACINE, *Esther*, III, 3.

Au pluriel :

Ne nous plaignons point les uns des autres, et ne parlons point mal des *absens*.

REGNARD, *le Retour imprévu*, sc. 21.

Le roi manda aux deux *absens* de prendre dès lors le titre, le rang et les honneurs de maréchaux de France.

SAINT-SIMON, *Mémoires*, 1693, t. I, c. 6.

On posait sur une table du pain, du vin et de l'eau ; chacun en prenait ; et on portait du pain et du vin aux *absens*.

VOLTAIRE, *Fragments sur l'histoire*, art. VIII.

Dans les confidences de la plus intime amitié, je ne lui ai jamais ouï parler mal des *absens*.

J.-J. ROUSSEAU, *les Confessions*, part. II, liv. IX.

Une femme allemande disoit avec une expression mélancolique : « Je ne sais à quoi cela tient, mais les *absens* me passent de l'âme. »

Mme DE STAËL, *de l'Allemagne*, I, 3, § 5.

Et vous qui, dans un verre, en formes apparentes,
Imitez des *absens* les actions présentes,
Faites voir Ydalie avec son favory.

RACAN, *les Bergeries*, II, 4.

L'éloge des *absens* se fait sans flatterie.

GRESSET, *le Méchant*, IV, 3.

L'ellipse par suite de laquelle ABSENT est pris substantivement peut avoir lieu même pour l'adjectif féminin, qui devient alors un substantif du même genre

Quelques instans seulement, quand je me trouvois tête à tête avec l'une ou l'autre, l'entretien s'embarrassoit un peu ; mais l'*absente* revenoit bien vite, et ne nous laissoit pas le temps d'éclaircir cet embarras.

J.-J. ROUSSEAU, *les Confessions*, part. I, liv. IV.

Mais le substantif masculin se prend ordinairement pour les deux genres, sans acception de sexe :

Elle ne parle des *absens* qu'avec la plus grande circonspection, surtout si ce sont des femmes.

LE MÊME, *Émile*, V.

On se sert de cette expression *les présents, les absents*, pour désigner Tout le monde :

Maintenant, qui se peut vanter d'avoir de quoy vivre pour trois semaines, si ce ne sont les voleurs, qui se sont engraissez de la substance du peuple, et qui ont pillé à toutes mains les meubles *des présens* et *des absens*.

Satire Ménippée, Harangue de M. d'Aubray.

Ils frappent sur tout ce qui se trouve sous leur langue, sur *les présens*, sur *les absens*.

LA BRUYÈRE, *Caractères*, c. 5.

ABSENT, pris substantivement, est d'usage dans cette manière proverbiale et familière de parler : *les absents ont tort*, pour dire : On néglige, on oublie souvent les absents.

Cela prouve qu'il ne faut jamais donner des tragédies de si loin, et que *les absens ont tort*.

VOLTAIRE, *Lettres*, 6 septembre 1755.

A mon époux vivant j'étois fidèle,
J'avois juré de l'être après sa mort,
Mais il n'est point de femme tourterelle.
Et *les absens ont* toujours *tort*.

LE GRAND, *la Famille extravagante*; les Proverbes.

Un homme tel que moi ne peut, sans imprudence,
S'absenter longtemps de la cour :
C'est un pays de résidence,
Où *les absens ont tort*.....

LA CHAUSSÉE, *le Retour imprévu*, II, 12.

Je la trouvois gentille ; elle me plaisoit fort ;
Mais Paris guérit tout, et *les absens ont tort*.

GRESSET, *le Méchant*, II, 7.

ABSENT, pris substantivement, a encore donné lieu à une autre phrase proverbiale : *les os sont pour les absents*, c'est-à-dire : On se passe des absents pour dîner, on ne leur laisse que des restes ; et, figurément, Pour recueillir les avantages d'une occasion heureuse, il faut la saisir à propos. C'est, au sens propre, la traduction du vieux proverbe latin : *Tarde venientibus ossa*, qui a prévalu dans l'usage, comme beaucoup de lieux communs de la même langue, même parmi les personnes qui ne savent pas le latin.

ABSENT, substantif masculin, se dit, particulièrement, en droit, d'une Personne qui a cessé de paraître au lieu de son domicile ou de sa résidence, et dont l'absence a été judiciairement déclarée, après un certain laps de temps, pendant lequel on n'en a pas eu de nouvelles :

Par coutume générale du royaume, le temps des retraits lignager et féodal, court contre les mineurs, *absens*, croisés, furieux, bannis et tous autres, sans espérance de restitution, contre ce qu'on tient en droit écrit.

LOISEL, *Institutes coutumières*, liv. III, tit. V, règle XLVI, § 467.

Si l'*absent* reparaît, ou si son existence est prouvée....., il recouvrera ses biens, dans l'état où ils se trouveront.

Code civil, liv. I, tit. IV, art. 132.

ABSENT se dit encore, en matière civile, pour Défaillant, de la partie qui manque à une assignation donnée, et, en matière criminelle, pour Contumace, de l'accusé qui n'a pas pu être saisi.

De l'adjectif ABSENT s'est formé le verbe

ABSENTER,
Écrit quelquefois, chez nos vieux auteurs, ABSENTIR (Voyez le *Glossaire* de Sainte-Palaye), et primitivement employé dans un sens actif,

Tantôt pour Quitter, délaisser :

Je sçay bien que surviennent ordinairement afaires de telle façon qu'il est besoing qu'un amant laisse l'autre, et l'*absente* pour un temps.

Théodose VALENTINIAN, *l'Amant ressuscité de la mort d'amour*, V.

Or, meurs donc, Cleopatre et plus longtemps n'*absentes* Antoine, qui t'attend aux rives pallissantes.

GARNIER, *Marc-Antoine*, V.

Tantôt, avec un complément formé de la préposition *de* et de son régime, pour Éloigner de, séparer :

Bien vouloit le roi de France que les autres s'ensoignassent en chef des besognes de France, et le duc d'Anjou son frère *en fust absenté*.

FROISSART, *Chroniques*, II, 70.

Nous voyons encore maintenant entre aultres reliques et monumens d'antiquité, qu'en toutes bonnes maisons, aprez ne sçay quants jours, l'on envoye ces nouveaulx mariez veoir leur oncle, pour les *absenter de* leurs femmes.

RABELAIS, *Pantagruel*, III, 6.

Plus mort que vif au monde j'ay esté,
Mais le mien cueur, lors *de* vie *absenté*,
Commence à vivre et revient à santé.

Cl. MAROT, *Rondeaux*, II, 23.

Impatient encore
De se voir *absenté de* l'amour qui dévore
Son esprit élongné des sœurs et d'Apollon.

VAUQUELIN DE LA FRESNAIE, *Art poétique françois*, I.

Dans ce passage allégué par Sainte-Palaye :

La duchesse Jaqueline demoura donc *absentée de* ses deux maris.

MONSTRELET, *Chroniques*, année 1426,

absentée de lui a paru mis pour Veuve de, ce qui répondrait à une acception analogue de l'adjectif *absent*, on l'a vu précédemment, et, on le verra plus loin, du substantif *absence*. Mais il y a erreur dans la manière dont on a lu le texte de Monstrelet, qui porte *abseulée*.

ABSENTER ne s'emploie plus depuis longtemps que sous sa forme pronominale.

S'ABSENTER, qui veut dire Se rendre absent, peut être construit, au moyen de la préposition *de*, avec diverses sortes de régimes indirects.

On dit, au propre, s'ABSENTER *d'*un lieu :

Les Lacedæmoniens... condamnerent leur roy en une grosse amende, laquelle luy ne pouvant payer, feut contrainct de s'*absenter de* Lacedæmone.

AMYOT, trad. de Plutarque. *Vie de Périclès*, c. 8.

Vous pouvez juger, mes enfans, quelle fut ma douleur en cette rencontre ; elle fut telle que je m'*absentai* cinq ans *de* la cour.

BUSSY-RABUTIN, *Mémoires*.

38.

Chaque paire de corbines occupe son district, d'où elle ne *s'absente* que pour aller à la provision.

BUFFON, *Histoire naturelle*. Oiseaux ; la Corbine.

On dit, au propre encore, s'ABSENTER *d'une assemblée, d'une cérémonie, d'un combat*, etc. :

À sa requeste (de Timon le misanthrope) feut silence faict, en expectation d'entendre chose d'importance, veu qu'il estoyt au conseil venu, qui tant d'années auparavant *s'estoyt absenté de* toutes compaignies et vivoit en son privé.

Par le froc que je porte ! dist frere Jean (à Panurge), tu *te* veulx *absenter du* combat... et ja ne retourneras.

RABELAIS, *Pantagruel*, IV; Prologue et c. 37.

Nestor, inconsolable d'avoir perdu son fils, *s'absente de* l'assemblée des chefs.

FÉNÉLON, *Télémaque*, XXI (sommaire).

Les curés qui *s'absentent* habituellement *de* la conférence de leur canton... seront d'abord avertis, après une ou deux absences, par le directeur ou le promoteur de la conférence.

MASSILLON, *Conférences*. Discours synodaux, XX.

On crut longtemps qu'il avoit perdu toute pensée de dispute avec les ducs ses anciens. Il y avoit encore alors des cérémonies où ils paroissoient, il *s'en absentoit* toujours, etc.

SAINT-SIMON, *Mémoires*, 1694, t. I, c. 16.

Il ne servit de rien au cardinal primat et à ceux qui avaient voulu demeurer neutres, de *s'être absentés de* l'élection, il fallut que dès le lendemain ils vinssent tous rendre hommage au nouveau roi.

VOLTAIRE, *Histoire de Charles XII*, liv. III.

Du sénat, par mon ordre, il s'absente aujourd'hui.

M. J. CHÉNIER, *Tibère*, I, 4.

On a dit figurément, s'ABSENTER *de* ou *d'avec* une chose, d'une personne, pour *s'en séparer, s'en éloigner* :

Quoique le roi de France l'absentast au lit de la mort et eloignast des besognes de France, le duc d'Anjou ne *s'en absenta* ni eloigna pas trop.

FROISSART, *Chroniques*, II, 70.

Certes ce m'est chose peu agreable quand un si bon chevalier que vous estes, *s'absente de* moy si longuement.

HERBERAY DES ESSARTS, *Amadis de Gaule*, I, 24.

Combien voyez-vous des mariz estre tous les jours contraintz *eux absenter de* leurs femmes.

Théodose VALENTINIAN, *l'Amant ressuscité de la mort d'amour*, V.

Jésus-Christ exerça ses apôtres par la vicissitude de son absence et de sa présence : il *s'absenta d'*eux par sa mort ; il leur rendit sa présence par sa résurrection.

NICOLE, *Essais de morale*. Sur l'évangile du 3e dimanche d'après Pâques, sect. I.

Tant que son cueur *s'est du* mien *absenté.*

G. CRÉTIN, *Poésies*, le Plàydoyé de l'amant doloreux.

....Bien cogneuz que de ta volunté D'avecques moy ne *t'estois absenté.*

Cl. MAROT, *Épîtres*, II, I.

Me respondant, quand de moy est requise, Que n'en peut mais, et sa beauté exquise *De moy s'absente*, affin qu'en oubly l'aye ; Mais pour absence en oubly n'est pas mise.

LE MÊME, *Chants divers*, VI.

Ainsi voyant ma totale ruyne, Deliberay du tout de *m'absenter De* sa presence...

Maurice SÈVE, *Saulsaye. Églogue de la vie solitaire.*

Car *de* mon amour *m'absenter*, Ce me scroit la vie oster.

L'amour et la douleur extrème Me font *absenter de* moy mesme.

JODELLE, *l'Eugène*, II, 4.

S'ABSENTER s'emploie aussi absolument, au propre et au figuré ;
Au propre :

Sachés que ceulx qui sont officiers en aucune ville ou pays, pour doubte de leur office, *se* veuillent partir et *absenter* fugitivement, et pour ce vendent leurs choses absconseement : sachés que telle vente ne vault.

BOUTEILLER, *Somme rurale*. Des officiers vendre leurs choses absconseement. Ed. de 1486.

Je puis dire avec saint Paul que si je *m'absente de* corps, je demeure en esprit avec vous.

BOSSUET, *Exhortation sur les devoirs de la vie religieuse.*

Mars, qui l'épioit (Vulcain), crut légèrement qu'il *s'absentoit*, et courut aussitôt chez la belle Cythérée.

FÉNELON, *l'Odyssée d'Homère*, VIII.

Le père, attentif à ce qui se passe dans sa maison, apprend que son fils *s'absente* toutes les nuits.

DIDEROT, *de la Poésie dramatique*.

Lisère s'étoit *absenté* pour deux jours; et Lucile saisit le temps de son absence pour exécuter son dessein.

MARMONTEL, *Contes moraux*. L'heureux Divorce.

Solon partit, après avoir demandé la permission de *s'absenter* pendant dix ans.

BARTHÉLEMY, *Voyage d'Anacharsis*, part. II, sect. 1.

Au figuré :

Vous estes plus absent de votre amy, quand il vous est present. Son assistance relasche vostre attention et donne liberté à vostre pensée de *s'absenter* à toute heure, pour toute occasion.

MONTAIGNE, *Essais*, III, 9.

On trouve dans un ancien texte s'ABSENTER, avec une signification analogue, à certains sens d'*absent* et d'*absence*, pour S'égarer, errer, se tromper :

Ho, qu'il a bien failly son point !
Mon ame, il *s'est* bien *absenté*.

Farce nouvelle... à troys personnaiges..., TOUT, RIEN et CHASCUN. *Voir* Ancien théâtre français, tome III, p. 208 (Bibl. elzevirienne).

S'ABSENTER DE, s'ABSENTER, ont eu quelquefois pour sujets d'autres noms que des noms de personnes :

Le Roy ce pendant mettoit toutes les peines qu'il pouvoit à la consoler et reconforter : et tant feit qu'elle recouvra sa raison qui *d'elle s'estoit absentée.*

Alors nouvelle joye se vint emparer dans l'esprit du beau Tenebreux, et *s'absenta* du tout ceste continuelle melancolie, qui l'avoit si longtemps tourmenté.

HERBERAY DES ESSARTS, *Amadis de Gaule*, I, 4; II, 10.

On a cru sans raison que notre chaleur naturelle et tous les mouvemens de nos corps dépendent de l'âme :

au lieu qu'on devoit penser au contraire que l'âme ne *s'absente* lorsqu'on meurt qu'à cause que cette chaleur cesse, et que les organes qui servent à mouvoir le corps se corrompent.

DESCARTES, *les Passions de l'âme*, part. I, art. 5.

Le soleil, qui *s'absente*, au matin nous revient.

REGNIER, *Plainte*.

S'ABSENTER s'est dit quelquefois, dans un sens judiciaire, pour S'abstenir, se dispenser, refuser de prendre part à une action, dont on est réellement témoin, mais dont on ne veut pas accepter la solidarité :

Des deux rapporteurs qui instruisaient le procès, l'un était Courtin, vendu au nouveau favori, et qui sollicitait des grâces, l'autre était Deslandes Payen, homme intègre, qui ne voulut jamais conclure à la mort. Cinq juges *s'absentèrent*, quelques-uns opinèrent pour le seul bannissement.

Le jour que Dubois vint prendre séance, le duc de Noailles, les maréchaux de Villeroi et de Villars sortirent, le chancelier d'Aguesseau *s'absenta*.

VOLTAIRE, *Histoire du Parlement de Paris*, c. 48, 62.

S'ABSENTER s'est dit encore, en termes de droit, pour Se soustraire par la fuite aux engagements d'un commerce, à l'appel d'une juridiction, aux poursuites de l'autorité judiciaire :

Tel marchand *s'est absenté*, parce qu'on avoit décrété contre lui.

FERRIÈRE, Dictionnaire de droit et de pratique, au mot ABSENTER.

ABSENTER, lorsqu'on l'employait encore comme verbe actif, avait un participe qu'il a perdu depuis qu'il n'est plus que verbe pronominal :

Ainsi variant arresta que, puisqu'il estoit venu si avant, essayeroit la fortune, laquelle souvent appelle les moyens quand on les repute plus *absentez*.

HERBERAY DES ESSARTS, *Amadis de Gaule*, I, 32.

Du verbe ABSENTER s'étaient formés les substantifs ABSENTATION, ABSENTEMENT, autrefois employés dans certains sens du mot *absence*.

Le premier se rencontre dans des chartes de 1387,

1399, citées par **D**. Carpentier, *Glossaire* de Du Cange, au mot *Absentandus*.

Le second se lit encore dans les *Recherches* de Pasquier, p. 478.

ABSENCE, s. f. (du latin *Absentia*).

On a prononcé et écrit ACENSE. (Voyez le *Glossaire* de Sainte-Palaye.)

ABSENCE, au sens propre, exprime L'état de la personne qui n'est pas présente, qui est éloignée, qui ne se trouve point où elle a coutume d'être.

Il peut alors se construire, comme *absent*, avec la préposition *de*, suivie d'un régime qui fait connaître le lieu d'où la personne dont il s'agit est absente :

Cette joie étoit troublée par l'inquiétude où ils se doutèrent bien que leur longue *absence de* la maison jetteroit leurs mères.

     BERNARDIN DE SAINT-PIERRE, *Paul et Virginie*.

Plus ordinairement le régime de la préposition *de* désigne la personne absente. On dit L'*absence* d'une personne, *son absence :*

Sa présence guérit le mal que *son absence* avoit fait.

     PERROT D'ABLANCOURT, trad. des *Commentaires de César.* Guerre d'Afrique, § 11.

N'étoit-ce pas assez que l'Angleterre pleurât *votre absence*, sans être encore réduite à pleurer votre mort?

     BOSSUET, *Oraison funèbre de la duchesse d'Orléans.*

... Du reste, il faut que je dise comme Voiture (lettre CX) : Personne n'est encore mort de *votre absence*, hormis moi.

Vous savez comme Corbinelli m'est bon, je sens *son absence.*

Le Roi a dit d'un homme *dont* vous aimiez assez l'*absence* cet hiver, qu'il n'avoit ni cœur ni esprit; rien que cela.

     Mme DE SÉVIGNÉ, *Lettres*, 18 février 1671; 3 juin, 15 août 1676.

Accoutumez-vous à *mon absence;* vous ne m'aurez pas toujours.

     FÉNELON, *Télémaque*, X.

Que leur dirai-je à l'une et à l'autre quand je les verrai pleurer de *votre absence?*

     BERNARDIN DE SAINT-PIERRE, *Paul et Virginie.*

L'attente d'un retour ardemment désiré
Donne à tous les instans une lenteur extrême,
     Et l'*absence de* ce qu'on aime,
Quelque peu qu'elle dure, a toujours trop duré.

     MOLIÈRE, *Amphitryon*, II, 2.

L'ingrat, de mon départ consolé par avance,
Daignera-t-il compter les jours de *mon absence?*

     J. RACINE, *Bérénice*, IV, 5.

ABSENCE est très-souvent pris absolument, au singulier et au pluriel;

Au singulier :

Je crains plus que vous mon voyage de Bretagne; il me semble que ce sera encore une autre séparation, une douleur sur une douleur, et une *absence* sur une *absence*.

Ce redoublement d'éloignement et d'*absence* me fait mal.

     Mme DE SÉVIGNÉ, *Lettres*, 23 mars 1671; 12 avril 1689.

Demandez-lui des lettres de consolation ou sur une *absence.*

     LA BRUYÈRE, *Caractères*, ç. 5.

Dans quelque lieu que j'achève ma vie, vous savez que je serai toujours à vous, et qu'il n'y a point d'*absence* pour le cœur.

     VOLTAIRE, *Lettres*, 9 décembre 1754.

Rozette, pour un peu d'*absence*,
Vostre cœur vous avez changé.

     DESPORTES, *Mélanges.* Villanelle.

Ne craignez rien de mal pour une heure d'*absence*.

     P. CORNEILLE, *Polyeucte*, I, 2.

Je vous veux un gros mal d'une si grosse *absence*.

     BOURSAULT, *les Mots à la mode*, sc. 6.

J'allois m'offrir à vous, flatté de l'espérance
D'adoucir les tourmens de près d'un mois d'*absence*.

     REGNARD, *le Distrait*, II, 6.

Au pluriel :

Je ne parle pas de ces *absences* fréquentes et presque journalières, qui n'ont pour but que l'amusement, la dissipation.

     MASSILLON, *Conférences*. De l'observation des statuts du diocèse.

La princesse des Ursins étoit d'une amitié que les temps ni les *absences* n'affoiblissoient point.

       Saint-Simon, *Mémoires*, 1701, t. III, c. 17.

Elle me dit que, depuis trois semaines je n'avois pas passé une journée entière avec elle ; qu'elle ne pouvoit soutenir de si longues *absences*.

       Prévost, *Manon Lescaut*, IIe part.

Que voulez-vous qu'on fasse de lui ? Ce sont des *absences* continuelles.

       Marivaux, *le Paysan parvenu*, IVe partie.

Elle quitte ses œufs..... mais si, pendant ces courtes *absences*, quelqu'un les touche..... on prétend qu'elle s'en aperçoit.

       Buffon, *Histoire naturelle*. Oiseaux ; l'Outarde.

La vie se passe en *absences* ; on est toujours entre le souvenir et l'espérance.

       Mme du Deffand, *Lettres*; 24 juin 1770. A Voltaire.

On dit encore fréquemment, dans un sens abstrait, *l'absence*.

L'absence diminue les médiocres passions, et augmente les grandes, comme le vent éteint les bougies et allume le feu.

       La Rochefoucauld, *Maximes*, CCLXXVI.

Quel jour, ma fille, que celui qui ouvre *l'absence* !

       Mme de Sévigné, *Lettres*, 27 mai 1675.

L'absence ni le temps n'étoient point capables de ralentir l'ardeur de son amitié.

       Mascaron, *Oraison funèbre de Turenne*.

C'est à vous à tromper *l'absence* par des lettres fréquentes.

       Voltaire, *Lettres*, 13 janvier 1736.

L'absence ny le temps ne me sçauroient guérir.

       Voiture, *Sonnet d'Uranie*.

L'absence est le plus grand des maux.

       La Fontaine, *Fables*, IX, 2.

Peu de cœurs, comme vous, tiennent contre *l'absence*.

       Voltaire, *Tancrède*, I, 6.

L'absence a été même personnifiée dans le passage suivant :

L'Oubly, ce noir fils de l'*Absence*.

       Saint-Amant, *Poésies*, part. III ; Épître à M. Desnoyers.

Par extension, ABSENCE s'est employé pour Entière séparation.

Tu vois depuis un temps comme il fuit ma présence ;
Lui-même il a déjà commencé *notre absence* ;
Nous sommes en exil dans la même maison.

       La Chaussée, *l'École des amis*, II, 4.

En l'absence de est, comme *En présence de*, une manière de parler fort en usage.

Outre voulons et ordonnons que *en l'absence des* officiers et ministres de justice, chacun puisse prendre tels malfaiteurs.

       Froissart, *Chroniques*, II, 241.

Il estoit legier à parler de gens, et aussi tost en leur presence que *en leur absence*, sauf de ceulx qu'il craignoit, qui estoient beaucoup.

       Commynes, *Mémoires*, I, 10.

Personne ne parle de nous en notre présence comme il en parle *en notre absence*.

       Pascal, *Pensées*, part. I, art. v, § 8.

Me souvenant de tes graces divines
Suis en douleur, princesse, *en ton absence*,
Et si languis quand suis en ta présence.

       Cl. Marot, *Épigrammes*, II, 5.

Quelques voisins m'ont dit qu'un jeune homme inconnu
Étoit, *en mon absence*, à la maison venu.

       Molière, *l'École des Femmes*, II, 6.

On a dit, absolument, *en absence*.

Je dirois volontiers absolument que cestuy mien voyage ne nous mettra *en absence* quelconque.

       Théodose Valentinian, *l'Amant ressuscité de la mort d'amour*, V.

Ce que je trouve de bon, c'est que le roi se soit souvenu d'Adhémar, *en absence*.

       Mme de Sévigné, *Lettres*, 1er nov. 1671.

Eulx et leur court, *en absence* et en face,
Par plusieurs fois m'ont usé de menace.

       Cl. Marot, *Épîtres*, I, 21.

J'aime en présence tant qu'on veut;
En absence, sauve qui peut.

Regnier-Desmarais, *Poésies françoises*; Madrigaux
et épigrammes.

ABSENCE ne se dit pas seulement, comme dans tous les exemples qui précèdent, en parlant des personnes absentes, mais encore, par figure, en parlant des choses éloignées :

Le séjour de ce mal plaisant lieu de Fontainebleau, ou l'*absence de* Paris, ou tous les deux, m'avoient rendu stupide.

Malherbe, *Lettres*, XVII, 18 juillet 1607.

Les passions se diversifient à la présence ou à l'*absence des* objets.

Bossuet, *de la Connoissance de Dieu et de soi-même*, c. 3, § 11.

De quelque secours que pût être sa conversation dans la solitude que cause l'*absence d'une cour*....

Hamilton, *Mém. du chevalier de Grammont*, c. 13.

Une nuit que chacun s'occupoit au sommeil
Et mettoit à profit l'*absence du* soleil.

La Fontaine, *Fables*, VIII, xi.

En parlant de ce qui manque, de ce qui fait faute :

Je vous envoie trois balades... *en l'absence du* lay (que je vous avais promis).

Froissart, *Poés.* La Prison amoureuse, ms. 7214, f° 214, col. 2.

Tout l'avantage qu'il en tireroit, est qu'il pourroit quelquefois suppléer à l'*absence des* livres, en cherchant avec peine en sa mémoire ce qu'elle auroit retenu.

Nicole, *Essais de morale*. De la Foiblesse de l'homme, c. 7.

On l'applique même à des idées abstraites.

La perfection est quelque chose de positif, et l'imperfection n'est que l'*absence de* ce positif.

Fénelon, *de l'Existence de Dieu*, part. II, c. 3, § 45.

Ce besoin dévorant, cette *absence d'un bien* inconnu, l'empêchoit d'être heureux.

Prévost, *le Doyen de Killerine*.

Le mouvement étant une action est l'effet d'une cause, *dont le repos n'est que l'absence*.

J.-J. Rousseau, *Émile*, IV.

Est-ce par l'*absence du* ridicule (qu'il faut juger d'un drame)?

Diderot, *de la Poésie dramatique*.

Une pareille production prouve une *absence* totale, non-seulement *de* talent, mais *d'*esprit.

La Harpe, *Correspondance littéraire*, lettre CLXXVI.

Quoiqu'il ait été déshonoré deux fois, d'abord par l'*absence* et ensuite par la prostitution *du* talent... il (le sujet de Jeanne d'Arc) n'est pas moins demeuré le seul sujet de l'histoire de France véritablement digne de la muse épique.

J. de Maistre, *Considérations sur la France*, c. 1X, § 10.

Par une autre sorte de figure, ABSENCE, rapporté à une personne, a pu dans cette locution, *absence de soi-même*, se dire des préoccupations, des distractions stériles de l'esprit :

Toute votre vie est une *absence* continuelle *de* vous-même; une vie toute de soins, de plaisirs, d'agitations : toute votre attention même se borne à n'être jamais un seul moment avec vous.

Massillon, *Carême*. Vendredi de la 1re semaine.

De là, l'expression fort usitée, particulièrement au pluriel, *absence d'esprit*, ou, absolument, *absence*, dans le sens de Distraction, et même, par euphémisme, d'Affaiblissement mental :

On veut parler dans la conversation, mais il y a des jours malheureux dans lesquels on rencontre mal..... la plus légère *absence d'esprit* fait malheureusement tomber dans des absurdités extravagantes les esprits même les plus justes et les plus pénétrans.

Malebranche, *Recherche de la vérité*, IV, 8, § 2.

Il a quelquefois des *absences d'esprit* qui le font soupçonner d'avoir quelques intervalles d'indifférence.

Fléchier, son *Portrait* par lui-même.

Il ne fut pas difficile à Elvire de s'apercevoir de la passion de Zelmis... Ses yeux, qu'elle rencontroit toujours, ses *absences* pour le jeu, ses paroles, qui ne s'adressoient qu'à elle, lui disoient assez ce qu'elle eût été fâchée de ne pas apprendre.

Regnard, *la Provençale*.

Ce n'est pas que,‹. les dissipations du monde ne l'emportent souvent hors d'elle-même, et ne lui fassent perdre
de vue la présence du Dieu qu'elle porte dans son cœur;
mais ce ne sont là que des surprises et des *absences* d'un
moment, pour ainsi dire.

> MASSILLON, *Mystères*. Le jour de la Pentecôte.

On le plaignoit beaucoup de ce que sa femme... avoit
une maladie... d'esprit... des *absences*... jusqu'à ne pas se
ressouvenir des choses les plus simples, jusqu'à oublier
son nom.

> SÉDAINE, *la Gageure imprévue*, sc. 19.

Votre *absence d'esprit* est une maladie
Qui se gagne aisément.

> REGNARD, *le Distrait*, IV, 9.

De là, dans des phrases telles que la suivante,
l'application du mot ABSENCE à la défaillance d'une
faculté morale ou intellectuelle :

Dans les meilleurs poètes, le goût le plus sûr peut bien
avoir ses *absences*.

> LA MOTTE, *Discours sur l'Églogue*.

ABSENCE, par un autre euphémisme déjà remarqué
au sujet d'*absent*, a pu se dire, figurément, pour la
mort :

Ce héros intrépide
Consolant les mortels de l'*absence* d'Alcide.

> J. RACINE, *Phèdre*, I, 1.

.... J'ai perdu mon épouse et mon fils :
De tout ce que j'aimois cette *éternelle absence*
Abattit mon courage, accabla ma constance.

> SAINT-LAMBERT, *les Saisons* : l'Hiver.

ABSENCE, en termes de droit, se dit particulièrement du défaut de présence d'une personne dont on
n'a point reçu de nouvelles depuis une certaine époque et dont la résidence n'est point connue. De là
ces expressions aujourd'hui usitées : *Présomption
d'absence*, quand l'*absence* n'a pas été déclarée par
un jugement ; *Déclaration d'absence*, jugement par
lequel l'*absence* est déclarée constante. De là aussi
d'autres expressions, comme *Dilation d'absence*, en
usage dans notre ancienne jurisprudence et qu'il
appartient aux dictionnaires spéciaux d'expliquer.

J.

ABSIDE, s. f. t. d'architecture. Voyez APSIDE.

ABSINTHE, s. f. (du latin *Absinthium*, venu
lui-même du grec Ἀψίνθιον, dont on a essayé diversement d'expliquer l'origine.)

Rabelais a dit facétieusement à ce sujet, reprodui-
sant une étymologie imaginée par certains comiques
grecs :

(Des plantes) ont leur nom par antiphrase et contrariété : comme *absinthe* au contraire de pinthe ; car il est
fascheux à boire.

> RABELAIS, *Pantagruel*, III, 49.

L'orthographe ABSINTHE, ou, comme Ménage a
préféré d'écrire, APSINTHE, est la seule conforme à
l'étymologie du mot.

Il semble qu'on ait écrit plus anciennement, sans
doute par conformité avec la prononciation, AB-
SINCE. (*Voir* les Dictionnaires de Rob. Estienne,
de J. Thierry, de Nicot, de Monet, de Cotgrave.)

On trouve encore, fréquemment, ABSINTE, AB-
SYNTHE.

Cette dernière orthographe a longtemps prévalu.
Elle s'est maintenue dans le Dictionnaire de l'Académie, particulièrement, jusqu'en 1762.

On n'a guère moins varié quant au genre de ce
mot, masculin chez la plupart des écrivains jusqu'à
la fin du XVIIe siècle, depuis exclusivement féminin.
Dès 1694 il était donné comme féminin par le Dictionnaire de l'Académie.

Malherbe, on le verra dans quelques-uns des
exemples qui vont être cités, l'a fait masculin au
singulier, féminin au pluriel, par une sorte d'ano-
malie dont quelques autres mots de notre langue,
amour, *délice*, *orgue*, offrent des exemples.

ABSINTHE est le nom d'une plante d'une saveur
très-amère :

Il me dit qu'il (l'*absinthe* romain) avoit plus de vertu à
conforter l'estomac que l'*absinthe* pontic.

> Bernard PALISSY, *Abus des medecins*.

Les autheurs louent l'*absinthe* pontique, laquelle j'ay
veu vendre et user es boutiques de Constantinoble..., qui

est correspondante en toutes enseignes à celle qui croist en noz jardins, excepté qu'elle est trouvée sauvage en ce pays-là.

Pierre Belon, *Observations de plusieurs singularitez et choses memorables de divers pays estranges,* I, 83.

Absince... aucuns l'appellent Aluine, les autres Fort, à cause de la forte odeur et vehemente amaritude.

Rob. Estienne, *Dict. françois-latin.*

Absinte Romain ou Pontique, Marin et Vulgaire, est dict aussi Aluine pour sa grande amertume, comme celle de l'Aloès : aussi, Fort, c'est-à-dire fort amère, ainsi distingué et appellé.

Olivier de Serres, *Théâtre d'agriculture,* VIe lieu, c. 15.

Par le nom d'*aluine,* autrefois donné à l'ABSINTHE, s'explique cette épitaphe satirique du connétable de Luynes :

Cet *absynthe* au nez de barbet
En ce tombeau fait sa demeure :
Chacun en rit, et moi j'en pleure ;
Je le voulois voir au gibet.

Malherbe, *Épigrammes.* Pour servir d'épitaphe à un grand.

ABSINTHE se dit aussi d'une liqueur qu'on obtient en faisant infuser des feuilles d'absinthe dans l'esprit-de-vin.

On compare fréquemment à l'amertume de l'ABSINTHE, comme à celle du fiel, les peines morales et ce qui les cause :

Loin d'ici ces juges sévères qui, selon le langage du Prophète, rendent les fruits de la justice amers comme de l'*absinthe.*

Fléchier, *Oraison funèbre de M. de Lamoignon.*

Les fruits de l'iniquité avoient été pour lui amers comme l'*absinthe.*

Massillon, *Carême.* Vendredi de la IIe semaine.

Que ce souvenir de ma patrie est pénible et douloureux ! Il a l'amertume de l'*absinthe.*

Barthélemy, *Voyage d'Anacharsis,* c. 40. Troisième élégie sur la troisième guerre de Messénie.

Ces comparaisons ont conduit au même emploi métaphorique du mot ABSINTHE, en français, qu'en latin du mot *absinthium.*

Il y a des cœurs aigres, amers et âspres de leur nature, qui rendent pareillement aigre et amer tout ce qu'ils reçoivent, et convertissent, comme dict le Prophète, le jugement en *absynthe,* ne jugeant jamais du prochain qu'en toute rigueur et aspreté.

S. François de Sales, *Introduction à la vie dévote,* III, 28.

Jusques icy ceste recherche ne m'avoit guere rapporté d'amertume ; mais, hélas ! c'est ce qui m'a tant fait avaller d'*absinthe,* que jusqu'au cercueil il ne faut pas que j'espère de gouster quelque douceur.

D'Urfé, *l'Astrée,* Ire part., liv. VI.

Il (le Seigneur) m'a rempli d'amertume ; il m'a enivré d'*absinthe.*

« Replevit me amaritudinibus : inebriavit me *absinthio.* »

Le Maistre de Sacy, trad. de l'Anc. Test. Jérémie, *Lamentations,* III, 15.

La vie est cruellement mêlée d'*absynthe.*

Mme de Sévigné, *Lettres,* 17 févr. 1672.

Parler et offenser, pour de certaines gens, est précisément la même chose ; ils sont piquans et amers ; leur style est mêlé de fiel et d'*absinthe.*

La Bruyère, *Caractères,* c. 5.

Je vous demande.... si vous faites beaucoup de grâce aux foiblesses d'autrui ; si votre langue n'est pas toujours trempée dans le fiel et dans l'*absinthe.*

Massillon, *Carême.* Le vendredi après les Cendres.

Mais je crains bien que ce livre-ci ne tienne plus de l'amertume de l'*absinthe* que de la douceur du miel, c'est-à-dire qu'il ne soit beaucoup plus utile qu'agréable.

« Sed nunc veremur ne parum hic liber mellis, et *absinthii* multum habere videatur, sitque salubrior studiis, quam dulcior. »

Gédoyn, trad. de Quintilien, *Instit. orat.,* III, 1.

Zadig éprouva que le premier mois du mariage, comme il est écrit dans le livre du Zend, est la lune du miel, et que le second est la lune de l'*absinthe.*

Voltaire, *Romans ;* Zadig, c. 3.

Je ne regrette point Pascal ; ses lumières étoient aussi étendues que sa société étoit triste : c'étoit de l'*absinthe* qu'il répandoit dans ses communications.

La Marquise de Créqui, lettres à Senac de Meilhan, publiées en 1856, p. 136.

Le ciel injuste m'a réservé
Tout le fiel et tout l'*absinthe*
Dont un amant fût jamais abreuvé.

MALHERBE, *Poésies*, III. *Chansons*. A la marquise de Rambouillet, 1619.

De son miel le plus pur vit composer l'*absinthe*
Que l'Erreur lui versoit.

J.-B. ROUSSEAU, *Odes*, IV, 12.

Les Muses, filles du ciel,
Sont des sœurs sans jalousie,
Elles vivent d'ambrosie
Et non d'*absinthe* et de fiel.

VOLTAIRE, *Lettres*, 7 janvier 1730.

ABSINTHE, dans cette acception figurée, a été employé au pluriel, de même qu'*absinthium* l'avait
été, mais au sens propre, par les Latins :

Ac veluti pueris *absinthia* tetra medentes
Quum dare conantur...

LUCRET. *De Nat. rer.*, I, 935.

Vaugelas improuve cette manière de se servir du
mot ABSINTHE, et Ménage, qui la tolère dans les vers,
l'interdit expressément à la prose :

Je ne ressentis de ma vie de plus fascheux *abscynthes*
que ceux que ceste Fortune, que vous nommez bonne,
m'a fait gouster depuis que je suis dans l'estat où vous
me voyez.

D'URFÉ, *l'Astrée*, Iʳᵉ part., liv. X.

Roi dont la mémoire est sans blâme,
Que dis-tu de cette belle âme,
Quand tu la vois si dignement
Adoucir toutes nos *absinthes*
Et se tirer des labyrinthes
Où la met ton éloignement ?

MALHERBE, *Odes*. A la reine Marie de Médicis, 1614.

ABSOLU, UE, adj. (du latin *Absolutus*, participe passif d'*absolvo*).

Il n'a point varié dans son orthographe au masculin ; mais le féminin s'est écrit, originairement,
par conformité avec *absoluta*, ABSOLUTE :

On peut desirer le bien d'aultruy, ou une chose illicite, par volunté non *absolute*.

Jehan BOUCHET, *les Triomphes de la noble et amoureuse
dame*. Quant avarice est peché. (Cité par Sainte-Palaye.)

ABSOLU ne se rattache à la signification d'*absoudre* que dans cette seule expression, qui sera expliquée plus loin, au mot ABSOUS, *jeudi, vendredi
absolu*.

Comme *absolutus*, ABSOLU a tiré toutes ses acceptions du sens primitif d'*absolvere*, Délier, déga-
ger, et, quelque emploi qu'on en ait fait, n'a jamais
exprimé qu'une idée d'affranchissement et d'indépendance, que l'absence d'empêchements, de modifications, de rapports, etc.

ABSOLU, au sens le plus général, signifie Achevé,
accompli, parfait, entier, qui n'est point limité,
restreint, conditionnel, etc.

On le trouve, en ce sens, joint à un nom de personne dans l'exemple suivant :

Il te peult assez soubvenir comment je n'ay rien es-
pargné (pour ton éducation) ; mais ainsi t'y ay-je secouru
comme si je n'eusse aultre thresor en ce monde, que de
te veoir une fois en ma vie *absolu* et parfaict, tant en
vertus, honnesteté et prud'hommie, comme en tout sçavoir liberal et honneste.

RABELAIS, *Pantagruel*, II, 8.

Plus ordinairement on le dit des choses :

Sa Majesté est pour conserver et accroistre son authorité parmy ses subjects, et sa reputation envers les estrangers, aussi bien, et possible mieux, en temps de
guerre, qu'en temps d'une paix *absolue*.

LE CARDINAL D'OSSAT, *Lettres*, liv. I, lettre II.

La plus grande ambition n'en a pas la moindre apparence, lorsqu'elle se rencontre dans une impossibilité *absolue* d'arriver où elle aspire.

LA ROCHEFOUCAULD, *Maximes*, XCI.

Il faut donc, si nous voulons entrer dans cette voie
que Jésus-Christ nous a tracée, et qui est celle des élus,
que notre désintéressement soit général, qu'il soit *absolu*,
qu'il soit sincère.

BOURDALOUE, *Sermons*. Sur la sévérité évangélique.

Il m'est impossible de m'abstenir de juger que je suis,

39.

puisque je pense; la clarté de l'idée de la pensee me met dans une *absolue* impuissance de douter si je suis.

FÉNELON, *de l'Existence de Dieu*, part. II, c. 1.

Monsieur l'évêque de Chartres tient pour les vœux *absolus*.

Mme DE MAINTENON, *Lettres*, 2 juillet 1686, à Mme la comtesse de Saint-Géran.

La grandeur du service que M. le Prince avoit rendu au cardinal Mazarin en le ramenant triomphant dans Paris, pesa bientôt par trop à l'un par la fierté et les prétentions *absolues* de l'autre, d'où naquit la prison des princes.

SAINT-SIMON, *Mémoires*, 1694, t. I, c. 16.

Il le faut de nécessité *absolue*.

FONTENELLE, *Pluralité des mondes*, IVe soir.

Solitude *absolue* (le désert) mille fois plus affreuse que celle des forêts.

BUFFON, *Histoire naturelle*. Quadrupèdes ; le Chameau.

Nous ne savons ce que c'est que bonheur ou malheur *absolu :* tout est mêlé dans cette vie.

J.-J. ROUSSEAU, *Émile*, II.

ABSOLU, dans un sens très-usité, exprime la plénitude de la puissance, une puissance souveraine, indépendante, sans conditions, sans limites. De là cette expression *maître absolu*, et autres semblables :

Il espioit les moyens de l'asservir (son pays) et s'en faire *absolu* seigneur.

AMYOT, trad. de Plutarque, *Vie de Timoléon*, c. 2.

Valstein... relegua premierement Tilly dans la Frise... afin que l'empereur n'eût plus le duc de Baviere pour compagnon, et que pour lui il demeurât, sans compétiteur, *absolu* directeur des choses.

SARRASIN, *la Conspiration de Valstein*.

Pompée régnoit dans le sénat, et son grand nom le rendoit *maître absolu* de toutes les délibérations.

BOSSUET, *Discours sur l'histoire universelle*, I, 9.

Depuis douze ans que ce prince règne, elle (la duchesse de Valentinois) est *maîtresse absolue* de toutes choses ; elle dispose des charges et des affaires.

Mme DE LA FAYETTE, *la Princesse de Clèves*, I.

Et moi, me dit-il, Eucrate, je n'ai jamais été si peu content que lorsque je me suis vu *maître absolu* dans Rome.

MONTESQUIEU, *Dialogue de Sylla et d'Eucrate*.

Il n'y a que le roi de Danemark, en Europe, qui, par la loi même, soit au-dessus des lois. Les États assemblés en 1660, le déclarent *arbitre absolu*.

VOLTAIRE, *Politique et législation*. Des idées républicaines, XIV.

De ses jours et des miens je suis *maître absolu*,
Et j'en disposerai comme j'ai résolu.

P. CORNEILLE, *Othon*, I, 4.

Ce Dieu *maître absolu* de la terre et des cieux.

J. RACINE, *Esther*, III, 4.

De là encore *souverain, roi, prince, magistrat, etc.*, *absolu* :

Auguste prit le nom d'empereur, non pas à la façon qu'on avoit de coustume d'en honorer les grands chefs de guerre... mais pour se déclarer *prince absolu* de tout l'empire romain.

COEFFETEAU, *Histoire romaine*, I.

Dix *magistrats absolus*, qu'on créa l'année d'après sous le nom de décemvirs, rédigèrent les lois des Douze Tables, qui sont le fondement du droit romain.

BOSSUET, *Discours sur l'histoire universelle*, I, 8.

Louis XI, fils de Charles VII, devint le premier *roi absolu* en Europe.

VOLTAIRE, *Essai sur les Mœurs*, c. 94.

On sait assez que tout *prince* veut être *absolu* et que toute république est ingrate.

LE MÊME, *Précis du règne de Louis XV*, c. 23.

Les *rois* veulent être *absolus*, et de loin on leur crie que le meilleur moyen de l'être est de se faire aimer de leurs peuples.

J.-J. ROUSSEAU, *Contrat social*, III, 6.

Mais songez que les *rois* veulent être *absolus*.

P. CORNEILLE, *le Cid*, II, 1.

Rome eut ses *souverains*, mais jamais *absolus ;*
Son premier citoyen fut le grand Romulus.

VOLTAIRE, *Brutus*, I, 2.

ABSOLU se dit encore, sans l'intermédiaire des mots, *maître*, *souverain* et autres, de la personne elle-même :

Pour lui (Sésostris), sage et *absolu* comme il étoit, on ne voit pas ce qu'il pouvoit craindre de ses peuples qui l'adoroient.

BOSSUET, *Discours sur l'histoire universelle*, III, 3.

Considérez la condition d'un homme qui a la meilleure part à la faveur et à la conduite des affaires, quelque sage et quelque *absolu* qu'il puisse être : que d'agitation ! que de traverses !

FLÉCHIER, *Oraison funèbre de madame d'Aiguillon.*

Un païen à qui la loi de Jésus-Christ n'aura point été annoncée, ne sera pas jugé par cette loi ; et Dieu, tout *absolu* qu'il est, gardera avec lui cette équité naturelle de ne le pas condamner par une loi qu'il ne lui aura point fait connoître.

BOURDALOUE, Ier *Avent.* Sermon sur le jugement dernier.

Louis se trouva seul, jeune, paisible, *absolu*, puissant, à la tête d'une nation belliqueuse.

MASSILLON, *Oraison funèbre de Louis le Grand.*

Le cardinal de Fleury ne prit point le titre de premier ministre et se contenta d'être *absolu.*

VOLTAIRE, *Précis du règne de Louis XV*, c. 3.

Eh bien ! je suis le dieu le plus puissant des dieux,
Absolu sur la terre, *absolu* dans les cieux.

MOLIÈRE, *Psyché*, IV, 3.

ABSOLU s'emploie d'une manière analogue dans les relations privées, en parlant, par exemple, de l'autorité du chef de la famille :

Contre un père *absolu* que veux-tu que je fasse ?
MOLIÈRE, *Tartuffe*, II, 3.

ABSOLU se dit enfin, par allusion, de toutes les personnes impérieuses, qui commandent ou prétendent commander l'obéissance :

Hommes modestes... quand je vous compare, dans dans mon idée, avec ces hommes *absolus* que je vois partout, je les précipite de leur tribunal et je les mets à vos pieds.

MONTESQUIEU, *Lettres persanes*, CXLIV.

Supposez que... il m'eût fallu voir, persuader, fléchir un homme *absolu*, jaloux de son pouvoir, entier dans ses opinions.

MARMONTEL, *Contes moraux.* Le Misanthrope corrigé.

ABSOLU, transporté des personnes aux choses, se dit fréquemment, en ce sens, de la domination, de l'autorité, du pouvoir, soit en matière de gouvernement, soit lorsqu'il s'agit de relations privées.

Au premier cas se rapportent les exemples suivants :

Ils sont sous la domination d'un Prince dont l'*autorité* est *absolue*, et non pas mendiée ou imparfaite comme celle des autres.

PERROT D'ABLANCOURT, tr. de Tacite ; *la Germanie*, c. 5.

La nature humaine, en connoissant Dieu, a l'idée du bien et du vrai, d'une sagesse infinie, d'une puissance *absolue*, d'une droiture infaillible, en un mot de la perfection.

BOSSUET, *De la Connoissance de Dieu et de soi-même*, c. v, section 6.

Je lui demandai en quoi consistoit l'autorité du roi, et il me répondit : Il peut tout sur les peuples, mais les lois peuvent tout sur lui. Il a une *puissance absolue* pour faire le bien, et les mains liées pour faire le mal.

FÉNELON, *Télémaque*, V.

Quand les souverains s'accoutument à ne connoître d'autres lois que leurs *volontés absolues*, ils sapent le fondement de leur puissance.

LE MÊME, *Examen de conscience sur les devoirs de la royauté.*

Seigneur, quoique votre souveraineté s'étende sur tous les hommes, c'est sur le cœur des justes surtout que vous exercez un *empire* paisible et *absolu.*

MASSILLON, *Paraphrase des Psaumes*, IX.

Tarquin prit la couronne sans être élu par le sénat ni par le peuple. Le *pouvoir* devenoit héréditaire : il le rendit *absolu.*

MONTESQUIEU, *Grandeur des Romains*, c. I.

Le cardinal Ximenès, esprit né austère et dur, qui n'avait de goût que celui de la *domination absolue.*

VOLTAIRE, *Essai sur les Mœurs*, c. 127.

L'*empire* de l'homme sur les animaux n'est pas *absolu*; combien d'espèces savent se soustraire à sa puissance...

BUFFON, *Histoire naturelle.* Animaux domestiques, *Introd.*

Je hais ces mots de *puissance absolue*,
De plein pouvoir, de propre mouvement...

PIBRAC, *Quatrains*, XCIII.

Cet *empire absolu* sur la terre et sur l'onde,
Ce pouvoir souverain que j'ai sur tout le monde.

P. CORNEILLE, *Cinna*, II, I.

On dit de même des *lois absolues*, des *décrets absolus*, des *commandements*, des *ordres*, etc., *absolus* :

On chasse les uns par un *commandement absolu* de se retirer; on bannit les autres par une ambassade.

BALZAC, *Aristippe*, disc. VII.

Vos prières ne furent pas exaucées : vous reçûtes un *refus absolu.*

OMER TALON, *Disc.*, t. I, p. 78. — Éd. de M. Rives.

On oubliait encore que si les lois juives défendaient à un frère d'épouser sa propre sœur, cette *défense* n'était pas *absolue; témoin* Thamar fille de David.

VOLTAIRE, *Essai sur les Mœurs*, c. 135.

Fais, Seigneur, que sous ton ombre,
Par tes *décrets absolus* ,
Je sois à jamais du nombre
De tes fidèles élus.

RACAN, *Psaumes*, CXVIII.

J'ai suivi Polynice, et vous l'avez voulu,
Vous me l'avez prescrit par un *ordre absolu.*

J. RACINE, *la Thébaïde*, II, 1.

Les exemples d'ABSOLU appliqué à des influences morales sont fort nombreux :

Il le faut, ma fille, et c'est moi qui vous le commande.
— Ce mot me ferme la bouche, et vous avez sur moi une *puissance absolue.*

MOLIÈRE, *George Dandin*, III, 14.

Vous allez devenir le *maître absolu* de mon cœur et de ma conduite.

FÉNELON, *Réflexions pour tous les jours du mois*, XXVᵉ jour.

Comptez que partout où je serai, vous aurez sur moi un *empire absolu.*

VOLTAIRE, *Lettres*, 4 juillet 1743.

Use sur tout mon cœur de *puissance absolue.*

P. CORNEILLE, *la Place royale*, III, 8.

ABSOLU se dit, par extension, de l'esprit, du langage, du ton, pour Décidé, impérieux, despotique :

Le cœur ne se conduit pas d'après la justice; il est despote et *absolu.*

Je n'ai jamais connu d'équivalent, de dédommagement à rien de ce que j'ai désiré; la passion est *absolue.*

Mˡˡᵉ DE LESPINASSE, *Lettres*, 6 sept. 1773.; 20 oct. 1775.

Il a reçu du ciel certaine bonté d'âme
Qui le soumet d'abord à ce que veut sa femme ;

C'est elle qui gouverne et, d'un ton *absolu*,
Elle dicte pour loi ce qu'elle a résolu.

MOLIÈRE, *les Femmes savantes*, I, 3.

Ce président tenoit à sa femme un langage
Marital, mais pourtant poliment *absolu.*

DUFRESNY, *le Mariage fait et rompu*, 1, 2.

ABSOLU signifie, dans le langage philosophique, Ce qui est complet en soi-même et de sa propre nature, ce qui existe en soi et indépendamment de tout rapport :

Dieu... est justice *absolue*, qui de soy-mesme est justifiée.

ALAIN CHARTIER, *l'Espérance.*

On ne connoît point certainement la grandeur *absolue* et naturelle de chaque corps.

Logique de Port-Royal, part. IV, c. 1.

La grandeur et la forme, qui paroissent être des qualités *absolues*, fixes et déterminées , dépendent cependant, comme les qualités relatives, de l'influence du climat.

BUFFON, *Hist. nat.* Sur la nature des végétaux.

L'homme naturel est tout pour lui; il est l'unité numérique, l'entier *absolu.*

J.-J. ROUSSEAU, *Émile*, I.

Un son n'a par lui-même aucun caractère *absolu* qui le fasse reconnaître : il est grave ou aigu, fort ou doux, par rapport à un autre.

Chaque couleur est *absolue*, indépendante, au lieu que chaque son n'est pour nous que relatif, et ne se distingue que par comparaison.

LE MÊME, *Essai sur l'origine des langues*, c. 16.

Quand nos analyses sont en elles-mêmes complètes, nous avons des connoissances *absolues*, c'est-à-dire que nous savons ce que les choses sont en elles-mêmes.

CONDILLAC, *Art de penser*, part. II, c. 4.

ABSOLU se prend même, en métaphysique, substantivement, pour désigner Ce qui existe indépendamment de tout rapport et de toute condition :

L'*absolu*, s'il existe, n'est pas du ressort de nos connoissances : nous ne pouvons juger des choses que par les rapports qu'elles ont entre elles.

BUFFON, *Discours sur l'histoire naturelle.*

Au langage philosophique appartiennent encore ces expressions dont on se sert en parlant de ce qui est d'une entière évidence, de ce qui n'admet pas de distinction, d'exception :

Axiome absolu :

Il faut se défier de ces *axiomes absolus*, de ces proverbes de physique que tant de gens ont mal à propos employés comme principes.

> Buffon, *Hist. des animaux*, c. 2. De la reproduction en général.

Rien ne détourne plus de la route qu'on doit suivre dans la recherche de la vérité, que ces principes secondaires dont on fait de petits *axiomes absolus*.

> Le même, *Hist. nat.* Minéraux. Du soufre.

Dans un sens absolu :

On ne doit pas prononcer *dans un sens absolu* que le soufre... ne contient point d'eau.

> Le même, *même ouvrage*.

J'ai dit que ces deux mots, le génie et le goût, pris ainsi *dans un sens absolu*, étoient particuliers à notre langue.

> La Harpe, *Cours de littérature*. Introduction.

Absolu se dit, en grammaire, pour Sans relation, sans régime :

« Auparavant qu'à lui » n'est pas français. Cet adverbe *absolu* n'admet aucune relation, aucun régime.

> Voltaire, *Commentaire sur Corneille*, Pompée, II, 4.

De là ces expressions, *Cas absolus, génitif absolu, ablatif absolu*, précédemment expliqué; voyez p. 166 et suiv. Ablatif.

On en a fait, par opposition à Relatif, le synonyme de Substantif :

Les noms qui servent à exprimer les choses s'appellent substantifs ou *absolus*.

> *Logique de Port-Royal*, part. I, c. 2.

On appelle Verbes *absolus* ceux qui ne reçoivent point de régime direct, les verbes neutres.

On appelle participe *absolu* celui qui ne prend les formes ni du féminin ni du pluriel :

S'il n'est pas permis à un poète de se servir en ce cas du *participe absolu*, il faut renoncer à faire des vers.

> Voltaire, *Commentaire sur Corneille*, Cinna, I, 2.

On distingue, dans les mots, le sens *absolu* et le sens relatif. Un mot est pris dans un sens *absolu*, lorsqu'il est employé sans complément :

On ne peut employer *dedans* que dans un sens *absolu*.

> Voltaire, *Commentaire sur Corneille*, Horace, IV, 5.

Absolu se dit, en droit, des empêchements au mariage qui portent nullité :

Empêchement formel, *absolu*, dirimant.

> J.-B. Rousseau, *l'Hypocondre*, V, 3.

Bien que le mot Absolu ne semble pas pouvoir admettre de degrés, il se construit, dans l'usage, ainsi que plusieurs autres mots, tels que Parfait, avec les adverbes *plus, moins, très, tellement, si, trop*, etc. :

Cette résolution *si absolue* de ne jamais abandonner Dieu, ny quitter son doux amour.

> S. François de Sales, *Introd. à la vie dévote*, part. IV, c. 13.

J'avois ordre de prendre sa dernière volonté (de Pascal) pour loi, mais si expressément et par une autorité *si absolue* que je n'ai non plus osé agir dans cette affaire que si elle ne m'eût point regardée.

> Jacqueline Pascal, *Lettres*. (Voy. *Jacqueline Pascal*, par M. V. Cousin, p. 209.)

Il y a plus de douze cents ans que la France a des rois : mais ces rois n'ont pas toujours été *absolus au point qu'*ils le sont.

> Le cardinal de Retz, *Mémoires*, part. II, ann. 1646.

Il dit ces mots d'un ton si ferme et *si absolu* que les plus obstinés demeurèrent sans réplique.

> Fléchier, *Histoire de Théodose*, III, 21.

Ce sont quelquefois les plus jaloux de leurs prétentions, les plus obstinés dans leurs sentiments, *les plus absolus* dans leurs ordres.

Ne seroit-il pas honteux, dit saint Chrysostome, que, dans une religion où nous reconnoissons Jésus-Christ pour maître, et pour maître souverain, il y eût des hommes qui voulussent exercer un empire *plus absolu que* lui ?

> BOURDALOUE, *Sermons.* Sur l'Ambition.

Achab étoit roi, et un roi *très-absolu.*

> LE MÊME, *Sermons.* Sur les remords de la conscience.

Jamais ministre n'avoit gouverné avec une puissance *si absolue* (que Mazarin), et jamais ministre ne s'étoit si bien servi de sa puissance pour l'établissement de sa grandeur.

> Mᵐᵉ DE LA FAYETTE, *Histoire d'Henriette d'Angleterre.*

Souvenez-vous que les pays où la domination du souverain est *plus absolue* sont ceux où les souverains sont moins puissans.

> FÉNELON, *Télémaque,* XII.

*Quelque absolus qu'*ils paroissent (les rois), on peut dire qu'ils perdent leur véritable pouvoir dès qu'ils perdent l'amour de ceux qui les servent.

> MASSILLON, *Petit Carême.* Grandeur de J.-C.

Il n'y a point d'autorité *plus absolue que* celle du prince qui succède à la république.

> MONTESQUIEU, *Grandeur des Romains,* c. 15.

Dans les monarchies *extrémement absolues,* les historiens trahissent la vérité parce qu'ils n'ont pas la liberté de la dire : dans les États extrêmement libres, ils trahissent la vérité à cause de leur liberté même.

> LE MÊME, *Esprit des lois,* XIX, 27.

Je crois cette censure trop générale et *trop absolue.*

> BUFFON, *Histoire naturelle.* Oiseaux; les Hoccos, 1.

Quand j'aurois fait à M. de Montmollin cette promesse, à laquelle je ne songeai de ma vie, prétendroit-il qu'elle fût *si absolue qu'*elle ne supportât pas la moindre exception?

> J.-J. ROUSSEAU, *Lettres,* 8 août 1765.

L'Europe n'a point de province
Où l'on puisse voir aujourd'huy
Luire la majesté d'un prince
Qui soit *absolu comme* luy.

> MAYNARD, *Odes.* Au cardinal de Richelieu.

ABSOLU peut être modifié par certains compléments.

Ainsi on l'a construit avec la préposition *à* suivie d'un verbe à l'infinitif :

(Boufflers) étoit parmi nous ce fidèle centenier dont Notre-Seigneur a fait l'éloge, aussi prompt à obéir qu'*absolu à* commander.

> LA RUE, *Oraison funèbre du duc de Boufflers.*

On le trouve aussi lié par la préposition *sur* à un substantif. L'expression dont il a été donné plus haut des exemples, *avoir un pouvoir absolu sur,* a pu conduire à cette locution elliptique, *absolu sur :*

Il n'étoit peut-être pas assez *absolu sur* les grands seigneurs de son royaume pour le pouvoir faire.

> P. CORNEILLE, *Examen du Cid.*

Oui, *sur* tous mes désirs je me rends *absolu.*

> LE MÊME, *Sertorius,* IV, 3.

Je veux croire avec vous qu'il redoute la Grèce,
Qu'il suit son intérêt plutôt que sa tendresse,
Que mes yeux *sur* votre âme étoient plus *absolus.*

> J. RACINE, *Andromaque,* III, 2.

Les auteurs du Grand Vocabulaire, qui ont pris beaucoup de peine pour indiquer les adjectifs qu'on ne peut placer convenablement avant le substantif, rangent mal à propos l'adjectif ABSOLU dans cette catégorie. C'est une erreur où ils sont tombés d'ailleurs en beaucoup d'occasions à défaut de sentir que ces nuances du discours échappent aux règles et dépendent tout à fait de l'usage et du goût. Dans le cas particulier dont nous parlons, ils avaient oublié bien des exemples tels que les suivants :

C'est une *absolue* perfection et comme divine, de sçavoir jouir loyalement de son estre.

> MONTAIGNE, *Essais,* III, 5.

Il ne lui plaît pas toujours (à Dieu) d'arrêter le cours des scandales par les voies extraordinaires de son *absolue* puissance.

> BOURDALOUE, *Avent.* Sermon sur le scandale.

Le Dieu de Polyeucte et celui de Néarque
De la terre et du ciel est l'*absolu* monarque.

> P. CORNEILLE, *Polyeucte,* III. 2.

De l'*absolu* pouvoir vous ignorez l'ivresse.

> J. RACINE, *Athalie,* IV, 3.

Usurpant sur son âme un *absolu* pouvoir.

> BOILEAU, *Épîtres,* XI.

Ah ! quand il serait vrai que l'*absolu* pouvoir
Eût entraîné Tarquin par-delà son devoir...

VOLTAIRE, Brutus, I, 2.

Du mot ABSOLU se sont formés, assez récemment, les substantifs ABSOLUTISME et ABSOLUTISTE, désignant, l'un le système du pouvoir absolu, l'autre les partisans de ce système. Ces deux mots, fort en usage à la tribune politique, ont passé de là dans le langage des publicistes et dans celui de la conversation.

ABSOLUMENT, adv.

Autrefois ABSOLUEMENT (voyez plus bas les exemples de Froissart, d'Amyot, de Montaigne et de saint François de Sales); ABSOLUTEMENT, d'*absoluta mente*, selon le mode de formation de ces sortes d'adverbes :

Disans *absolutement* qu'ils vouloient avoir certaines personnes.

MONSTRELET, Chroniques, c. 107.

Aux diverses acceptions d'*absolu* correspondent celles d'ABSOLUMENT.

La plus générale est Sans restriction, sans réserve, de tout point, tout à fait, entièrement, etc. :

Le dit Guy... resigna purement et *absoluement* ès mains du roi d'Angleterre la comté de Soissons.

FROISSART, Chroniques, liv. I, part. II, c. 258 ; édit. de Vérard.

Avant que passer outre, je veux dire *absoluement* ce qui m'en semble.

AMYOT, trad. de Plutarque, OEuvres morales. Comment
il faut nourrir les enfans.

Nous flottons entre divers advis : nous ne voulons rien librement, rien *absoluement*, rien constamment.

MONTAIGNE, Essais, II, 1.

Car, bien que beaucoup des actions des saints ne soient pas *absoluement* imitables par ceux qui vivent emmy le monde, si est-ce que toutes peuvent estre suivies ou de près ou de loin.

S. FRANÇOIS DE SALES, Introduct. à la vie dévote, II, 17.

Arrêtons-nous à quelque terme douteux, et qui vaille la peine d'être examiné; passons sur les autres qui sont *absolument* bons ou *absolument* mauvais.

BALZAC, Socrate chrétien, disc. X.

Nous ferons bien de nous défaire de tout le bagage inu-

I.

---

tile, et de ne garder que celuy dont on ne se peut passer *absolument*.

PERROT D'ABLANCOURT, trad. de Xénophon, la Retraite
des Dix Mille, III, § 1.

J'étois résolu de sortir *absolument* et entièrement de tout ce qui s'appelle intrigue.

LE CARDINAL DE RETZ, Mémoires, part. II, année 1650.

L'on passe quelquefois jusques à dire des choses qu'on sait bien être *absolument* fausses, pourvu qu'elles servent à la fin qu'on se propose.

Logique de Port-Royal, IIIe part., c. 19, sect. 1, § 9.

Ce seroit une trop grande rigueur que d'interdire *absolument* aux enfans les livres des payens, puisqu'ils contiennent un grand nombre de choses utiles.

NICOLE, de l'Éducation d'un prince, part. II, art. 46.

Je crois que si ce grand homme (Vaugelas) vivoit, il ne pourroit du tout souffrir ce qu'alors il n'osoit condamner *absolument*.

BOUHOURS, Doutes sur la langue françoise.

Retranchez ce jeu ; et parce qu'il est bien plus aisé de le quitter *absolument* que de le modérer....

BOURDALOUE, Sermons. Sur la pénitence.

Quoique la nature ne se montre jamais plus libre que dans les discours sublimes et pathétiques, il est pourtant aisé de reconnoître qu'elle ne se laisse pas conduire au hasard, et qu'elle n'est pas *absolument* ennemie de l'art et des règles.

BOILEAU, trad. de Longin, Traité du Sublime, c. 2.

Il n'est pas *absolument* impossible qu'une personne qui se trouve dans une grande faveur perde un procès.

LA BRUYÈRE, Caractères, c. 14.

Tu as raison, sa beauté lui tient lieu de tout, et mon maître est *absolument* déterminé à l'épouser.

REGNARD, le Retour imprévu, I, 2.

Une fille sage, vous l'avez dit cent fois, doit *absolument* éviter ces conversations, qui ne sauroient être que dangereuses.

LE SAGE, le Diable boiteux, ch. 4.

Les gens vertueux sont rares : mais ceux qui estiment la vertu ne le sont pas ; d'autant plus qu'il y a mille occasions dans la vie où l'on a *absolument* besoin des personnes qui en ont.

MARIVAUX, la Vie de Marianne, Ire part.

C'est un jeune homme (Linant) à qui la nature a donné tant de mérite qu'elle a cru qu'avec tout cela il pourrait se passer *absolument* de fortune.

VOLTAIRE, Lettres, 1723, à Moncrif. (Recueil de 1856.

40

Nous ne savons plus de quel côté nous tourner pour faire venir les choses les plus nécessaires à la vie, et je mets les bons livres parmi les choses *absolument* nécessaires.

VOLTAIRE, *Lettres*, 3 avril 1767.

Si vous ne voyez dans les actions des hommes que les mouvements extérieurs et purement physiques, qu'apprenez-vous dans l'histoire? *Absolument* rien.

J.-J. ROUSSEAU, *Émile*, II.

Je fus conduit dans un grand bâtiment à deux étages *absolument* nu, où je ne trouvai ni fenêtre, ni table, ni lit, ni chaise, pas même un escabeau pour m'asseoir, ni une botte de paille pour me coucher.

LE MÊME, *les Confessions*, part. II, liv. VII.

La brebis est *absolument* sans ressource et sans défense.

BUFFON, *Hist. nat.* Quadrupèdes; de la Brebis.

La dureté et l'étourderie sont des défauts de caractère qui n'excluent pas *absolument* et supposent encore moins la vertu, mais qui la gâtent quand ils s'y trouvent unis.

DUCLOS, *Considérations sur les mœurs*, c. 5.

Je reviens aujourd'hui de mon égarement,
Et ne veux plus jouer, mon père, *absolument*.

REGNARD, *le Joueur*, I, 7.

ABSOLUMENT signifie encore Avec une autorité souveraine, qui n'admet point de résistance. C'est le sens auquel, dans un exemple cité plus haut, le vieil adverbe ABSOLUTEMENT a été pris par Monstrelet :

Vous estes barons, vous estes comtes et ducs, en propriété de toutes les places et provinces que vous tenez. Vous y commandez *absolument* et en roys de carte : que vous faut-il mieux?

Satire Ménippée, Harangue de M. de Lyon.

Pour gouverner quelqu'un longtemps et *absolument*, il faut avoir la main légère, et ne lui faire sentir que le moins qu'il se peut sa dépendance.

Il dispose *absolument* de ces troupes : il en envoie tant en Allemagne, tant en Flandre.

LA BRUYÈRE, *Caractères*, c. 4, 10.

Un bailli... juge *absolument* dans les affaires criminelles.

REGNARD, *Voyage de Flandre*.

Le bonheur d'ici-bas se passe en un moment;
Le sort, roy de nos ans, y règne *absolument*.

RACAN, *Stances*. Consolation au duc de Bellegarde.

ABSOLUMENT se dit d'une manière analogue pour exprimer le caractère impérieux des volontés et des discours :

Après la mort d'Ephestion, Alexandre voulut *absolument*, pour se consoler, qu'Ephestion fût dieu.

FONTENELLE, *Hist. des oracles*, dissertation I, c. 11.

On voulait *absolument* pour roi le plus vaillant et le plus sage.

VOLTAIRE, *Romans*, Zadig, c. 19.

Il vous falloit *absolument* une lettre de moi; vous m'avez voulu forcer à écrire, et vous avez réussi.

J.-J. ROUSSEAU, *Lettres*, 24 nov. 1770.

Enfin je veux savoir la chose *absolument*.

MOLIÈRE, *Don Garcie de Navarre*, II, 7.

Eh mais!... *absolument* voulez-vous que je signe?

DESTOUCHES, *l'Homme singulier*, V, sc. dern.

Quelquefois *vouloir absolument* n'exprime qu'une insistance obligeante :

Matta voulut *absolument* que le chevalier de Grammont vînt s'établir chez lui.

HAMILTON, *Mémoires du chevalier de Grammont*, c. 3.

Le roi de Prusse est réellement indigné des persécutions que j'essuie; il veut *absolument* m'établir à Berlin.

VOLTAIRE, *Lettres*, 5 juillet 1743.

Madame de Sévigné a dit, par une heureuse alliance de mots, qu'elle-même a remarquée, *prier absolument*, exprimant ainsi, tantôt l'action d'une volonté qui n'a pas besoin de commander pour se faire obéir, tantôt l'autorité morale de l'amitié :

Toutes les dames s'en retournent; on épargne une partie du chemin à la maréchale (de Clérembault), en la *priant absolument* de demeurer à Poitiers, où elle avoit été prise.

Mme DE SÉVIGNÉ, *Lettres*, 6 décembre 1679.

Vous me ravissez en me *priant absolument* de vous donner cette écritoire. Je ne crois pas que ces deux mots-là se soient jamais trouvés ensemble.

LA MÊME, *même lettre*.

ABSOLUMENT se prend aussi pour Nécessairement, infailliblement, inévitablement :

Il faut *absolument* que notre corps porte sur quelque chose.

CONDILLAC, *Art de penser,* part. I, c. 4.

Il faut *absolument* qu'il se fasse celer.
— Pour moi depuis deux jours je ne puis lui parler.

J. RACINE, *les Plaideurs,* I, 7.

ABSOLUMENT se dit, dans le langage philosophique, pour En soi, dans son essence, dans sa nature, etc., toute idée de relation écartée :

Toutes les choses sont ou *absoluement* et simplement en leur estre, ou relativement eu esgard à nous.

AMYOT, trad. de Plutarque, *OEuvres morales.* De la vertu morale.

On ne doit rien aimer que Dieu, *absolument* et sans rapport.

MALEBRANCHE, *Recherche de la vérité,* liv. I, c. 2, § 4.

L'animal croissant, encore *absolument* foible, devient fort par relation.

J.-J. ROUSSEAU, *Émile,* III.

Comme nous l'avons souvent répété, il n'y a rien d'absolu, rien de parfait dans la nature, et de même rien d'*absolument* grand, rien d'*absolument* petit, rien d'entièrement nul, rien de vraiment infini.

BUFFON, *Hist. nat.* Minéraux, Introduction, part. I.

Un corps persévère dans son état de repos, à moins que quelque cause ne l'oblige à changer de lieu, c'est-à-dire à avoir d'autres relations avec des corps environnans, à en être plus ou moins distant : car le lieu ne doit être considéré que sous ce rapport, et jamais *absolument.*

CONDILLAC, *Art de raisonner,* II, 2.

Absolument parlant est une locution commune qui se rapporte à cette dernière acception, et qui signifie A considérer la chose d'une manière absolue :

Ce qui ne sert que pour des fins petites et basses, et qui nuit pour des fins très-importantes, est *absolument parlant* désavantageux.

NICOLE, *Danger des entretiens des hommes,* part. I.

Dieu est donc le seul qui agisse soit sur les corps, soit sur les esprits ; et de là il suit que lui seul, et *absolument parlant,* il peut nous rendre heureux ou malheureux, principe très-fécond de toute la morale chrétienne.

FONTENELLE, *Éloge de Malebranche.*

Un coq suffit aisément à douze ou quinze poules, et féconde par un seul acte tous les œufs que chacune peut produire en vingt jours ; il pourroit donc, *absolument parlant,* devenir chaque jour père de trois cents enfants.

BUFFON, *Hist. nat.* Discours sur la nature des oiseaux.

Dans le passage suivant, *absolument* a le sens de Spécialement et, comme le traduit l'écrivain lui-même, de Par excellence.

Les châteaux des Dardanelles sont tous deux sur le bord du canal de l'Hellespont, que les Turcs appellent *absolument* et par excellence Boghas, c'est-à-dire Gorge ou Canal.

THÉVENOT, *Voyage de Levant,* c. 14.

Rabelais l'a employé au sens de Proprement, simplement, mots par lesquels il l'interprète :

Il ne l'entend, selon mon jugement, en telle sophisticque et phantasticque allegorie. Il parle *absolument* et proprement des pulces, punaises, cirons, mousches, culices et aultres telles bestes.

Boyre est le propre de l'homme : je ne dy boyre simplement et *absolument,* car aussi bien boyvent les bestes ; je dy boyre vin bon et frais.

RABELAIS, *Pantagruel,* III, 22 ; V, 45.

ABSOLUMENT, en termes de grammaire, signifie Sans rapport grammatical avec d'autres mots, sans régime. Dans ce vers de Delille :

Pour les infortunés espérer c'est jouir,

les verbes *espérer* et *jouir* sont pris *absolument.*

Auparavant est un adverbe qui se met *absolument* et non devant les noms.

BOUHOURS, *Doutes sur la langue françoise.*

ABSOLUMENT se prend aussi, en grammaire, au sens d'Elliptiquement, lorsqu'on emploie, sans énoncer le mot qui la régit, une expression qui s'explique assez d'elle-même, figure de langage sur-

40.

tout propre et ordinaire au commandement : *Aux armes* pour Courez aux armes, *Pied à terre* pour Mettez pied à terre, sont pris *absolument*.

Quoique l'adverbe ABSOLUMENT, ainsi que l'adjectif *absolu*, semble exclure tout degré, il se trouve cependant quelquefois joint à des mots qui en augmentent ou en restreignent la signification, comme *plus*, *moins*, *très*, etc.;

Au sens de Entièrement :

Il se donna une sanglante bataille sur le lac Méler, qui étoit alors glacé : le roi la perdit *si absolument* qu'il ne lui resta pas assez de troupes pour assurer sa retraite.
VERTOT, *Révolutions de Suède*, ann. 1464.

Au sens de Avec une autorité souveraine :

Les autres obéissoient avec rage, et beaucoup croyoient obéir parce qu'ils ne commandoient pas *assez absolument*.
LE CARDINAL DE RETZ, *Conjuration de Fiesque*.

Ce jeune prince commandoit dans Fez *aussi absolument que* s'il en eût déjà été le roi.
SCARRON, *Roman comique*, part. II, c. 14.

Démétrius fut battu; et Cléopâtre, qui crut régner *plus absolument* sous ses enfants *que* sous son mari, le fit périr.
BOSSUET, *Discours sur l'Histoire universelle*, I, 9.

Au sens de Impérieusement :

Jusqu'ici il avoit dit : Je prie; il change de langage et il dit *plus absolument :* Je veux.
BOSSUET, *Méditations sur l'Évangile*, LXII⁰ jour.

Il m'ordonna *si absolument* de manger quelque chose *que* je le fis par respect pour ses ordres.
PRÉVOST, *Manon Lescaut*, part. I.

ABSORBER, v. a. (du verbe latin composé *Absorbere*), comme le vieux mot *sorbir* du simple *sorbere*).

L'un et l'autre se trouvent réunis dans le passage suivant :

Maint en *sorbist* l'iaue et afonde,

Maint sunt hors reflati par l'onde;
Mès li floz maint en *asorbissent*.
Roman de la Rose, v. 6081.

On l'a donc écrit ABSORBIR, ASSORBER, ASSORBIR, ASORBIR, etc. (Voyez le *Glossaire* de Sainte-Palaye.)

Ancien dans notre langue, comme en témoignent les textes des *Sermons français* de saint Bernard, des poésies d'Eustache Deschamps, du *Roman de la Rose*, auxquels renvoie Sainte-Palaye, et ceux qu'on y pourrait ajouter, il ne paraît pas avoir été constamment usité. Rob. Estienne, en 1549, dans son *Dictionnaire latin-françois*, traduit *absorbere* par Engloutir, et dans son *Dictionnaire françois-latin* ne donne point ABSORBER. Ce mot manque également aux Dictionnaires de J. Thierry et de Nicot, et paraît pour la première fois dans celui de Cotgrave.

Dans *absorbere* la préposition ajoute à la force du verbe simple *sorbere ;* de là le sens propre d'ABSORBER, qui signifie, lorsqu'il s'agit des choses liquides, Boire entièrement, engloutir :

Le bras du Pó de Venise *a absorbé* le bras de Ferrare et celui du Panaro, sans aucun élargissement de son lit.
FONTENELLE, *Éloge de Guglielmini*.

Le grand abîme *absorba* toutes les eaux superflues.
BUFFON, *Preuves de la théoria de la terre*, art. II.

Ces fissures, qui *absorbent* les eaux, sont même les causes de l'aridité de bien des montagnes du Jura.
SAUSSURE, *Voyages dans les Alpes*. Le Jura, c. 14, § 341.

Peut-être que ces abîmes... *absorbent* une partie des eaux du Pont, et les conduisent à des mers éloignées.
BARTHÉLEMY, *Voyage d'Anacharsis*, c. 1.

On dit de même, par une extension naturelle, *absorber* l'humidité, la chaleur, la lumière, l'air, etc. :

Quelle est donc la cause des couleurs dans la nature ? Rien autre chose que la disposition des corps à réfléchir les rayons d'un certain ordre, et à *absorber* tous les autres.
VOLTAIRE, *Lettres philosophiques*, XVI⁰ lettre.

Le feu ne peut subsister.... qu'en *absorbant* de l'air,

et il devient d'autant plus violent qu'il en *absorbe* davantage.

Tous les phosphores naturels rendent la lumière qu'ils *ont absorbee*.

BUFFON, *Hist. nat.* Minéraux, Introd., part. I.

Une preuve que dans les terres humides il faut différer la taille jusqu'au printemps, c'est l'usage où l'on est de semer, à travers les vignes, de l'orge et des fèves qui *absorbent* l'humidité.

BARTHÉLEMY, *Voyage d'Anacharsis*, c. 59.

Si l'obscure matière *absorbe* les rayons,
Le noir frappe nos yeux.

DELILLE, *les Trois Règnes de la nature*, I.

On se sert d'ABSORBER, dans un sens analogue, en parlant des couleurs, des sons, des odeurs, des saveurs :

La voix *est absorbée* dans les lieux voûtés.

DANET, *Dict. franç.-lat.*

Une voix foible *est absorbée* dans un grand chœur de musique.

Le goût de l'ail *absorbe* celui des autres assaisonnements.

Dictionnaire de l'Académie, 1718.

On se sert encore d'ABSORBER par une extension plus forte au sujet de toutes sortes de corps :

Les accidens extraordinaires, les prodiges, les tremblemens de terre, qui *ont* quelquefois *absorbé* des villes entières.

NICOLE, *de l'Éducation d'un prince*, part. II, art. 19.

Je commence à craindre que nous ne fassions la folie de nous approcher d'une planète aussi entreprenante que Jupiter, ou qu'il ne vienne vers nous pour nous *absorber*.

FONTENELLE, *Pluralité des mondes*, IVe soir.

Dans le torrent des temps, qui amène, entraîne, *absorbe* tous les individus de l'univers, l'homme trouve les espèces constantes, la nature invariable.

BUFFON, *Hist. nat.* De la Nature. Seconde vue.

On a pu, en certains cas, s'en servir de même au sujet de substances spirituelles :

Les stoïciens donnoient dans cette âme universelle qui *absorbe* toutes les autres.

LEIBNITZ, *Théodicée.* De la conformité de la foy, § 9.

ABSORBER s'emploie, par une extension remarquable, mais sans sortir du sens propre, en parlant de deux substances, analogues dans leur nature, mais inégales dans leur intensité, dont l'une domine et annule en quelque sorte l'effet de l'autre :

La lumière du soleil *absorbe* celle des autres astres.

Le parfum de la tubéreuse *absorbe* celui de la plupart des autres fleurs.

Dictionnaire de l'Académie, 1718.

ABSORBER signifie, au sens figuré, Consommer entièrement, réduire à rien, détruire, et cette manière de parler, d'un grand usage, est très-variée dans ses applications.

On s'en est servi anciennement, dans le style de la jurisprudence, en parlant des droits légaux qui touchent à la propriété :

Le cas est à repeter par le juge ordinaire et à luy en doit estre rendue la cognoissance... car par le droict escrit, nul ne *absorbist* le droict d'autre.

BOUTEILLER, *Somme rurale*, tit. CVII. Des escrits donnez par le prince.

On s'en sert, au plus près du sens propre, en parlant des choses matérielles, de la fortune, des biens.

Tes débauches *absorbent* ce que tes crimes ont acquis.

PERROT D'ABLANCOURT, trad. de Lucien. *Le mauvais Grammairien.*

Le nombre de ses créanciers... *absorboit* trois fois la valeur de sa succession.

FURETIÈRE, *le Roman bourgeois.*

Il ne prétend pas *absorber* le bien des particuliers par des prêts usuraires ou par des extorsions violentes.

FLÉCHIER, *Sermons.* Sur l'obligation de l'aumône.

Vous n'auriez pu avoir équipage; les habits et la nourriture auroient tout *absorbé*.

J. RACINE, *Lettres à son fils*, 19 sept.

Les prétentions de Damis..... *absorberoient* la succession.

        Dufresny, *le Jaloux honteux*, I, 1.

Toutes ces nations, qui entouroient l'Empire en Europe et en Asie, *absorbèrent* peu à peu les richesses des Romains.

        Montesquieu, *Grandeur des Romains*, c. 18.

....Réformer les abus sans nombre, la prodigalité outrée et le grand désordre qui *absorbaient* tous les revenus.

        Voltaire, *Précis du siècle de Louis XV*, c. 34.

Les guerres contre les Anglois, et la captivité de Jean le Bon, *ont absorbé* d'avance les ressources que préparoit la sagesse de son fils Charles V.

        Mme de Staël, *Considérations sur la Révolution françoise*, part. I, c. 2.

Absorber se dit d'une manière encore plus figurée, en parlant des choses abstraites :

...L'extrême autorité que le ministre (Mazarin) avoit usurpée dans ce royaume avoit..... *absorbé* la légitime.

        Mme de Motteville, *Mémoires*, année 1659.

Ils se plaignent du moindre mal comme s'il *absorboit* tous les biens dont ils ont joui.

        Leibnitz, *Théodicée*. De la bonté de Dieu, part. III, § 259.

Ils vivent dans une vicissitude éternelle d'occupations et d'affaires qui *absorbe* toute leur vie.

        Massillon. *Carême*. Lundi de la Passion.

Je me vois dans une situation à n'être ni flatté du succès, ni sensible à la chute : les grands maux *absorbent* tout.

        Voltaire, *Lettres*, 10 septembre 1755.

Le signe *absorbe* l'attention de l'enfant, et lui fait oublier la chose représentée.

Ici-bas, mille passions ardentes *absorbent* le sentiment interne, et donnent le change aux remords.

        J.-J. Rousseau, *Émile*, III, IV.

Outre l'indolence et le découragement qui me subjuguent chaque jour davantage, les tracas secrets dont on me tourmente *absorbent* malgré moi le peu d'activité qui me reste.

        Le même, *Lettres sur la Botanique*, 2 juillet 1768.

Je suis si foible que l'effet de l'opium *absorbe* toutes mes facultés.

        Mlle de Lespinasse, *Lettres*, 1775.

Si les sciences abstraites *absorbent* l'imagination d'un enfant, les arts d'imagination exaltent trop son jugement.

        Bernardin de Saint-Pierre, *Harmonies de la nature*, VII.

Il n'est rien que le temps *n'absorbe* et ne dévore.

        J.-B. Rousseau, *Odes*, IV, 2.

On dit également d'une chose abstraite qu'elle en *absorbe* une autre, quand elle la remplace dans l'esprit, dans le cœur, dans la mémoire des hommes, quand elle la fait oublier :

Il faut convenir qu'à ne regarder que superficiellement ces deux princes, le premier coup d'œil est pour Alexandre, et que la gloire du fils *absorbe* celle du père.

        Tourreil, *Trad. des Philippiques de Démosthène*. Préface.

Quand on aime bien on ne pense qu'à son amour; il *absorbe* toute autre considération.

        Marivaux, *la Vie de Marianne*, VIe part.

Mon pauvre cœur a tant aimé... tant d'affections diverses *l'ont* tellement *absorbé*, qu'il n'y reste plus de place pour des attachemens nouveaux.

        J.-J. Rousseau, *la Nouvelle Héloïse*, IVe part., lettre 1.

Un goût différent et trop contraire à celui-là croissoit par degrés, et bientôt *absorba* tous les autres : je parle de la musique.

        Le même, *les Confessions*, part. I, liv. V.

A Londres,... les intérêts politiques *absorbent* presque tous les autres.

        Mme de Staël, *Corinne*, I, 5.

Absorber peut recevoir pour régimes, à l'actif, pour sujets, au passif, même des noms de personnes.

Comme on dit *absorber* l'attention, la pensée, etc., on dit aussi, par une sorte d'hyperbole, *absorber* la personne elle-même :

S'étant livré sans bornes à cette tristesse salutaire de la pénitence, il s'y plonge jusqu'à faire craindre qu'il en seroit accablé, que sa douleur ne l'*absorbât*, ne l'abîmât.

        Bossuet, *Sermons*. Sur la tristesse des enfans de Dieu.

Comptez que cette étude, en m'*absorbant* pour quelque temps, n'a point pourtant desséché mon cœur.

        Voltaire, *Lettres*, 18 févr. 1737.

Les tracas m'*absorbent*, me tuent ; je suis excédé.
J.-J. Rousseau, *Lettres*, 25 février 1761.

Le verbe ABSORBER et son participe ABSORBÉ, ÉE, ne s'emploient pas seulement d'une manière absolue ; ils sont souvent modifiés par un complément formé de certaines prépositions et de leur régime ;
De la préposition *par* :

La voix.... *est absorbée* dans ces voûtes, comme le son de la flûte *par* celuy de la trompette, et le cry des nautonniers *par* le bruit de la tempête.
Perrot d'Ablancourt, trad. de Lucien, *Louange d'une maison*.

Ainsi, ce sacrifice étant parfait par la mort de Jésus-Christ, et consommé même en son corps par sa résurrection où l'image de la chair du péché *a été absorbée par* sa gloire, Jésus-Christ avoit tout achevé de sa part.
Pascal, *Lettre sur la mort de son père*. (Voir les *Études sur Pascal* de M. Cousin, cinquième édit. p. 419.)

Mais ce n'est là qu'une foible voix *absorbée*, pour ainsi dire, *par* le bruit formidable de la multitude.
Massillon, 1er *Sermon pour une profession religieuse*.

Les terres qui *ont été absorbées par* les eaux sont peut-être celles qui joignoient l'Irlande aux Açores.
Buffon, *Théorie de la terre*, art. XIX.

Votre cœur, *absorbé par* une amitié qui n'eut jamais d'égale, a gardé peu de place aux feux de l'amour.
J.-J. Rousseau, *la Nouvelle Héloïse*, partie II ; lettre 2.

De la préposition *à*, dans cette locution : *se laisser absorber à* :

Que de choses se sont dites sans ouvrir la bouche ! que d'ardens sentimens se sont communiqués sans la froide entremise de la parole ! Insensiblement Julie *s'est laissé absorber à* celui qui dominoit tous les autres.
J.-J. Rousseau, *la Nouvelle Héloïse*, part. V, lettre 2.

Des prépositions *en* et *dans*, ou de l'adverbe *y*.

Ceste unicque faulte doibt *estre* abolie, extaincte et *absorbée en* la mer immense de tant d'équitables sentences qu'il a données par le passé.
Rabelais, *Pantagruel*, III, 43.

Ceulx qui donnent le bransle à un Estat *sont* volontiers *absorbés en* sa ruine.
Montaigne, *Essais*, I, 22.

Quand je considère la petite durée de ma vie, *absorbée dans* l'éternité précédente et suivante...
Pascal, *Pensées*. (Voir les. *Études sur Pascal* de M. Cousin, cinquième édit., p. 258.)

Cultivez donc ces sciences, mais ne vous *y* laissez point *absorber*.
Bossuet, *Élévations sur les mystères*, XVIIe semaine, IIIe élévation.

L'âme est fixée et comme *absorbée dans* la contemplation des merveilles et des grandeurs de Dieu.
Massillon, *Carême*. Jeudi de la 1re semaine.

La mort *a été absorbée* dans sa propre victoire.
Le même, *Sermons*. Sur la résurrection.

Absorbé dans ces spéculations, il devoit naturellement être indifférent pour les affaires, et incapable de les traiter.
Fontenelle, *Éloge de Newton*.

Enfin les riches, en reculant peu à peu les bornes de leurs terres, *y avoient absorbé* et confondu la plupart des communes.
Vertot, *Révolutions romaines*, III.

Il faut (pour l'administration des revenus du prince) que de grands génies travaillent nuit et jour. ...Qu'*absorbés dans* les méditations, ils soient non-seulement privés de l'usage de la parole, mais même quelquefois de la politesse.
Montesquieu, *Lettres persanes*, CXXXVIII.

Voici le commencement du Shasta : « L'Éternel, *absorbé dans* la contemplation de son existence, résolut, dans la plénitude des temps, de former des êtres participant de son essence et de sa béatitude. »

C'est ainsi que tous les peuples se mêlent, et que toutes les nations *sont absorbées* les unes *dans* les autres, tantôt par les persécutions, tantôt par les conquêtes.
Voltaire, *Essai sur les mœurs*, c. 3, 177.

Mon cher frère, quoique je *sois absorbé dans* des in-folio, je n'oublie pourtant pas Corneille.
Le même, *Lettres*, 13 juillet 1764.

Ce neveu, tout *absorbé* qu'il étoit, disoit-on, *dans* la piété la plus profonde, avoit pu cependant compter tout doucement sur la succession de son oncle.
Marivaux, *la Vie de Marianne*, IXe part.

....Un homme entièrement *absorbé dans* le métier de versificateur.

> La Harpe, *Cours de littérature*, Poésie; part. III, liv. I, c. 5, sect. 3.

Absorber en Dieu, signifie : Occuper exclusivement la pensée des choses de Dieu :

> La charité... les consomme (les bienheureux esprits) dans cette unité sainte qui, les *absorbant en Dieu*, les met en possession des biens de toute la cité céleste.
>
> Bossuet, *Panégyrique de saint Jean.*

De là cette locution, de grand usage dans le langage ecclésiastique, *absorbé en Dieu* :

> L'âme est toute hors des bornes de son maintien naturel, toute meslée, *absorbée* et engloutie *en son Dieu.*
>
> S. François de Sales, *Amour de Dieu*, VI, 12.

La volonté de Dieu est accomplie en lui, et sa volonté est *absorbée en Dieu.*

> Pascal, *Lettre sur la mort de son père.* (Voir les *Études sur Pascal* de M. Cousin, cinquième édit., p. 420.)

Absorber s'emploie comme verbe pronominal au propre et au figuré :

> Dieu a méritoirement permis que ces grands pillages (des Espagnols en Amérique) *se soient absorbez par* la mer en les transportant, ou *par* les guerres intestines.
>
> Montaigne, *Essais*, III, 6.

> Son esprit, engourdi par une longue inaction, *s'absorbera dans* la matière.
>
> J.-J. Rousseau, *Émile*, II.

> Pythagore vouloit qu'on les éloignât (les canards) de l'habitation où son sage devoit *s'absorber dans* la méditation.
>
> Buffon, *Hist. nat.* Oiseaux ; le Canard.

> Les cultivateurs ont fui dans les villes, *où* leur population *s'absorbe....*
>
> Volney, *Voyage en Egypte et en Syrie*, Syrie, c. 18.

Absorber, absorbé, s'absorber, sont quelquefois accompagnés de l'expression *tout entier*, qui en augmente la signification :

> Avec ce petit train de vie, je fis si bien, en très-peu de

temps, qu'*absorbé tout entier par* la musique, je me trouvai hors d'état de penser à autre chose.

> J.-J. Rousseau, *les Confessions*, part. I, liv. V.

Absorbé, ée, participe.

On a pu voir, par plusieurs des exemples précédemment cités, qu'il se dit, à peu près adjectivement, d'une personne, d'un esprit, profondément appliqués à quelque chose.

On le trouve, chez Beaumarchais, employé en ce sens d'une manière absolue et qui s'éloigne du juste emploi du mot :

> Mon homme *absorbé* se promène en silence, rêve profondément, prend son parti tout de suite, et me dit....
>
> Beaumarchais, *Mémoires*, part. IV.

Du participe présent *absorbant*, le langage scientifique a fait un adjectif et même un substantif.

Absorbant, ante, adj., se dit, surtout en physique, en chimie et en matière médicale, des substances et des préparations qui ont la propriété d'absorber : *terre absorbante, poudre absorbante* :

> Les autres précipités du mercure par l'alcali et les terres *absorbantes* sont en poudre.
>
> Buffon, *Hist. nat.* Des Minéraux. Du mercure.

> Il suffira au praticien de savoir qu'une bouteille de pinte de ces eaux minérales contient quatre à cinq grains de sel alkali fixe, deux grains de terre *absorbante*, et une quantité de soufre.....
>
> Saussure, *Voyages dans les Alpes*, c. 8; Analyse de l'eau sulfureuse d'Etrembières.

Il se dit aussi, en anatomie, en physiologie végétale, etc., des tissus et des appareils qui servent à l'*absorption*, des pores, des glandes, des vaisseaux dont l'ensemble compose le *système absorbant* :

Absorbant, s. m., se prend pour Substance, ou préparation *absorbante*, ayant à un haut degré la propriété d'absorber :

> On a beau couper le lait de mille manières, user de mille *absorbans*, quiconque mange du lait digère du fromage.

Il y a des tempéramens auxquels le lait ne convient point, et alors nul *absorbant* ne le leur rend supportable; les autres le supportent sans *absorbans*.

J.-J. Rousseau, *Émile*, I.

ABSORPTION, s. f. (du substantif latin, fort peu usité, *Absorptio*, ou, sans cet intermédiaire, d'*absorptum*, supin d'*absorbere*).

Action d'*absorber :*

Les eaux s'abaissoient tant par l'*absorption* des substances coquilleuses que par l'affaissement des cavernes et des boursouflures des premières couches du globe.

Buffon, *Hist. nat.* Génésie des minéraux.

Rien de si opposé en apparence que le noir et le blanc : celui-là résulte de la privation ou de l'*absorption* totale des rayons colorés.

Le même, *même ouvrage*. Oiseaux. Variétés du Merle.

Absorption se dit, principalement en physiologie, de cette fonction par laquelle les êtres organisés attirent à eux et pompent les fluides qui les environnent ou qui sont exhalés intérieurement.

Il a été fait de ce mot, dans le passage suivant, un emploi figuré :

De même que, dans un État, un parti avait absorbé la nation ; puis, une famille le parti ; puis, un individu la famille : de même il s'établit d'État à État un mouvement d'*absorption*.

Volney, *les Ruines*, c. 11.

ABSOUDRE, v. a. (du latin *Absolvere*, et, par ce mot, comme notre vieux verbe *soudre*, de *solvere*).

L'orthographe de ce verbe a beaucoup varié à l'infinitif et, par suite, dans ses divers modes et temps. On l'a écrit, à l'infinitif : Absouldre, Absoldre; Assouldre, Assoudre, Assoudrer; Assaudre; Asoudre, etc. (Voyez le *Glossaire* de Sainte-Palaye.)

Il est probable qu'Absoudre a été employé d'abord, au sens le plus voisin de son étymologie, pour Délier, affranchir.

Il ne se rapproche nulle part autant de cette ac-

I.

ception primitive, que lorsqu'il signifie Relever une personne, un corps de l'État, une armée, un peuple, d'un engagement contracté envers le souverain, par exemple d'un serment de fidélité et de la peine attachée à la violation de ce serment :

Et cil roi les *avoit absous* et clamés quittes d'une grand' somme de florins dont ils estoient de jadis obligés et liés au roi de France.

Froissart, *Chroniques*, l. I, part. I, c. 106.

Il leur remonstra que ce avoit esté de gratis, et de sa liberalité, par laquelle ils n'estoient mie *absouds de* leurs promesses.

Maintenant je vous *absouds* et delivre, et vous rends francs et liberés comme auparavant.

Rabelais, *Gargantua*, I, 20, 50.

Lycurgus... resolut de mourir affin que ses citoyens ne peussent jamais estre *absoubz du* serment qu'ils avoyent faict entre ses mains.

Amyot, trad. de Plutarque, *Vie de Lycurgue*, c. 12.

Le comte d'Aiguemond.... estoit sans doute *absous de* son devoir, quand il eust survescu le comte de Horne.

Montaigne, *Essais*, I, 7.

Nostredict decret ne les a peu *absoudre du* serment de fidelité et obeissance naturelle que les subjects doivent à leur prince.

Satire Ménippée. Harangue de monsieur le recteur Roze.

...Déclare, consent, veut et entend ledit seigneur roi très-chrétien, que les hommes, vassaux et sujets desdits pays, villes et terres cédées à la couronne d'Espagne, comme il est dit ci-dessus, soient et demeurent quittes et *absous* dès à présent, et pour toujours, *des* foi et hommage, service et serment de fidélité qu'ils pourroient tous et chacun d'eux lui avoir faits, et à ses prédécesseurs rois très-chrétiens. ∴

Traité de paix de Nimègue. (Voir *Négociations relatives à la succession d'Espagne*, t. IV, p. 663.)

Nous déclarons... que les rois et les souverains ne... peuvent être déposés ni directement ni indirectement par les chefs de l'Église; que leurs sujets ne peuvent être dispensés de la soumission et de l'obéissance qu'ils leur doivent, ni *absous du* serment de fidélité.

Déclaration de 1682. Art. I.

Alexandre III, retiré dans Anagni, excommunie l'empereur et *absout* ses sujets *du* serment de fidélité.

Voltaire, *Annales de l'Empire*, ann. 1160.

41

ABSOUDRE est ramené à sa signification primitive d'Affranchir dans ce passage d'une date récente :

Chaque contour du torse (d'Hercule)... caractérise encore la force du héros, mais du héros qui, placé dans le ciel, est désormais *absous des* rudes travaux de la terre.

Mᵐᵉ DE STAËL, *de l'Allemagne,* II, 6, § 12.

ABSOUDRE, en raison de son étymologie, s'est fort anciennement appliqué, comme le latin *absolvere,* aux sentences d'acquittement rendues par les tribunaux. Seulement il s'est partagé entre deux ordres de juridiction : l'une civile, l'autre spirituelle. De là deux acceptions générales dont il faut successivement s'occuper.

ABSOUDRE, dans la langue du droit, signifie Acquitter, renvoyer d'accusation, décharger du crime, du délit et de leurs suites, ce qui a donné lieu à cette vieille expression rapportée dans le Dictionnaire français-latin de Rob. Estienne, 1539, *absouldre de peine et de coulpe :*

Nous l'*assolons* ou condamnons *de* la demande qu'il faisoit encontre luy par loial jugement.

Établissemens de Saint-Louis, II, 15.

Tibere mesme reprit aigrement les juges d'*avoir absous* d'adultere Antistius Vetus, l'un des grands de Macedoine.

PERROT D'ABLANCOURT, trad. de Tacite, *Annales,* III, 14.

Je l'*absoulz de* vostre demande (poursuite),
Et vous deffendz le proceder.

Farce de Pathelin.

On ne dit pas seulement, en ce sens, *absoudre de,* mais, absolument, *absoudre :*

S'en ira-il quitte ....*Sera-il absoult,* ayant deliberé non de me meurtrir seulement, mais de me sacrifier?

MONTAIGNE, *Essais,* I, 23.

Le bon Caton tant juste fût-il, *fut* cinquante fois accusé, les accusations receues, et autant de fois *absout.*

G. BOUCHET, *Serées,* 13ᵉ serée.

Lorsque le juge voudra prononcer la sentence, je m'y rendrai, pour m'entendre condamner ou *absoudre.*

PERROT D'ABLANCOURT, trad. de Lucien. *Les Images ou les portraits.*

Que peut-il y avoir de plus suspect, de plus redoutable à des accusés, que les juges, non pas naturels et ordinaires, mais établis exprès contre eux, qu'on n'a jamais vu être pour eux, qui ont toujours su condamner et pas une seule fois *absoudre ?*

PELLISSON, *Discours au Roi,* I.

Pilate, reconnoissant l'innocence et toujours prêt à l'*absoudre,* ne laisse pas néanmoins de la condamner.

BOSSUET, *Sermons. Sur la Passion de Jésus-Christ,* IIIᵉ.

Tullus Hostilius... n'osant ni condamner ni *absoudre* Horace... le fit juger par le peuple.

LE MÊME, *Discours sur l'histoire universelle,* III, 6.

Dans les États monarchiques, le prince est la partie qui poursuit les accusés, et les fait punir ou *absoudre.*

MONTESQUIEU, *Esprit des lois,* VI, 5.

La court t'*absoult,* entens-tu bien ?

Farce de Pathelin.

ABSOUDRE semble faire entendre qu'on reconnaît, qu'on déclare l'innocence de l'accusé :

Eh bien! messieurs, puisque vous ne voulez pas nous *absoudre* comme innocens, faites-nous donc grâce comme à des coupables.

LE SAGE, *Crispin rival de son maître,* sc. 26.

On a cependant quelquefois employé ce mot, peut-être par une nuance empruntée à son acception dans la langue ecclésiastique, dont il sera question plus loin, au sujet d'actions et de personnes jugées coupables :

Pourquoi pleurez-vous, puisqu'il ne tient qu'à vous de condamner ou d'*absoudre* un criminel ?

FÉNELON, *Vies des anciens philosophes.* Bias.

Je ne suys juge, ne commis
Pour punyr n'*absouldre* meffaict.

VILLON, *le Grant Testament,* huitain 33.

Absoudre le coupable
N'appartient qu'à celui qui peut le condamner.

L. RACINE, *Odes.* Les larmes de la pénitence.

J'*absous* cette coupable. — Et moi je la condamne.

VOLTAIRE, *les Guèbres,* I, 4.

Au lieu d'ABSOUDRE, on se sert fréquemment de cette locution, *renvoyer absous :*

Tels arrêts nous déchargent et nous *renvoient absous*, qui sont infirmés par la voix du peuple.

LA BRUYÈRE, Caractères, c. 12.

Caïus Tiberius.... défendit son client avec tant d'éloquence qu'il *fut renvoyé absous* par tous les suffrages de l'assemblée.

- VERTOT, Révolutions romaines, IX.

Que donras-tu, si je renverse
Le droit de ta partie adverse,
Et si je t'en *envoye absouz* ?

Farce de Pathelin.

ABSOUDRE, au sens spirituel, et dans l'usage de l'Église, se dit pour Remettre les péchés au pécheur qui se confesse et qui se repent.

On dit de même, en ce sens, *absoudre de*, ou absolument, *absoudre* :

Je vous *assoil*, de Diu, *de* tous les pechiés que vous oncques feistes jusques au point d'ore.

HENRI DE VALENCIENNES, Conqueste de Constantinoble, VIII.

Sire, dient li archevesques et li evesques de l'ost, nous vous *assaurons de* tout ce mefait et en prenderons le pechié sor nous.

LE MÊME, même ouvrage, XIX.

Il *absolvoit de* peine et *de* coulpe vrais confès et vrais repentans, le roi de France premierement, et tous ceux qui iroient avec lui en ce saint voyage.

FROISSART, Chroniques, liv. I, part. I, c. 60.

Nostre roy, qui avoit bien la parolle à son commandement, commencea à dire au roy d'Angleterre, en se riant, qu'il falloit qu'il vinst à Paris, et qu'il le festoyeroit avec les dames; et qu'il luy bailleroit monseigneur le cardinal de Bourbon pour confesseur, qui estoit celluy qui *l'absouldroit* très-voulentiers *de* ce peché, si aulcun en avoit commis.

COMMYNES, Mémoires, IV, 10.

Et quand les gentils-hommes et gens d'apparence luy faillirent, elle retourna à son dernier recours, qui estoit l'Eglise, et print compaignon de son peché celuy qui *l'en* pouvoit *absoudre* : ce fut son curé, qui souvent venoit veoir sa brebis.

LA REINE DE NAVARRE, Heptameron, 29e nouvelle.

Aler en conviendroit à Rome,
Se il *en* vouloit *estre absols*.

YSOPET, I, fable 25. (Voir Fables inédites publ. par Robert, t. I, p. 42.)

...Il faut, pour être *absous d'*un crime confessé,
Avoir pour Dieu du moins un amour commencé.

BOILEAU, Épîtres, XII.

Les exemples d'ABSOUDRE employé, en ce sens, absolument, sont fort nombreux.

Li apostoille lor manda as barons et as pelerins saluz, et qui les *assolt* come ses filz.

VILLEHARDOUIN, Conqueste de Constantinoble, LIV.

Cil qui l'aroient justicié seroient escommenié griement, sans *estre absols* que par l'apostole.

BEAUMANOIR, Coutumes du Beauvoisis, c. XI, § 44.

Il y a une brigue entre les prêtres pour la confesser : tous veulent *l'absoudre*, et le curé l'emporte.

LA BRUYÈRE, Caractères, c. 6.

Le ministre qui vous *absout* témérairement ne vous délie pas devant le Seigneur.

MASSILLON, Carême; le dimanche des Rameaux.

Du temps du roi Henri IV, presque tous les confesseurs refusaient d'*absoudre* les sujets qui reconnaissaient leur roi.

VOLTAIRE, Essai sur les mœurs, c. 21.

Jésus appelle à lui la foible Samaritaine ; il pardonne à la femme adultère ; il *absout* la pécheresse qui baigne ses pieds de larmes.

BERNARDIN DE SAINT-PIERRE, Études de la nature, XIV.

De sa main destre l'*ad asols* e seignet.

Chanson de Roland, st. 25, v. 10 (édit. de 1837, p. 14). Cf. st. 161, v. 6.

Il (Renart) s'abaissa et cil *l'assolt*
Moitié romanz, moitié latin.

Roman du Renart, v. 11832.

Si tost cum ot esté confesse
Dame Nature la déesse,
Si cum la loi vuet et li us,
Li vaillans prestres. Genius
Tantost *l'assot*, et si li donne
Penitence avenant et bonne
Selonc la grandor du meffait
Qu'il pensoit qu'ele éust forfait.

Roman de la Rose, v. 19611.

Larges sont du leur prendre, et larges d'euls *absoldre*.

JEHAN DE MEUNG, Testament, v. 1093.

41.

De Dieu et de sainct Dominique
Soient absolz quant seront mortz.

VILLON, *le Grand Testament,* huitain 152, var.

Or dictes Benedicite,
Et puis je vous confesseray,
Et en après vous *absouldray*...

Quel confesser ? dist le povre homme,
Fus-je pas à Pasques *absoulz ?*

LE MÊME, *les Repues franches,* § 1, v. 311 et 317.

Font-ilz toujours les gens *absoulz*
Par force d'escus ou de soulz,
Dont non pas Dieu, mais l'argent regne.

Cl. MAROT, *Épîtres,* II, 11.

Docteurs, dites-moi donc, quand nous sommes *absous,*
Le Saint-Esprit est-il, ou n'est-il pas, en nous ?

BOILEAU, *Épîtres,* XII.

Cet emploi d'ABSOUDRE avait donné lieu à la forme de souhait, autrefois fort en usage, *que Dieu absolve :*

... Feu Pregent de Coectivy, *que Dieu absoille,* et tous autres qui à ladite conqueste trespasserent.

ALAIN CHARTIER, *Chron. du roy Charles VII,* ann. 1450.

L'entrée, sire, de ceste narration a esté du mariage qui fut traicté entre luy (Charles-Quint) et la royne dernière decedée, *que Dieu absoille.*

DODIEU DE VÉLY et l'ÉVÊQUE DE MACON à François Ier,
19 avril 1536. (Voir *Négoc. de la France dans le Levant,* t. I, p. 297.)

...Estant arrivé en l'an 1632, que le feu roy, nostre très-honoré seigneur et père, de glorieuse mémoire, *que Dieu absolve,* auroit par son édict donné à Béziers au mois d'octobre de ladite année, supprimé, etc.

Édit de révocation de celui de Béziers en 1649. (Voir *Correspondance administr. sous Louis XIV,* t. I, p. 15-16.)

On a dit, soit au sens judiciaire, soit au sens ecclésiastique d'ABSOUDRE, *être absous à pur et à plein,* pour être entièrement absous :

Pericles ne se leva qu'une fois pour parler contre luy... de sorte qu'il eschappa, et *feut absoubz à pur et à plein* de ceste accusation.

AMYOT, trad. de Plutarque, *Vie de Cimon,* c. 9.

En somme, tous les cas reservez... sont *absoubs à pur*

et à plein par ceste quinte-essence catholique, jesuistique, espagnole.

Satire Ménippée. La vertu du Catholicon.

ABSOUDRE se dit, dans une acception plus générale, et par allusion à l'une ou à l'autre des acceptions précédentes, pour Excuser, pardonner.

Ici encore se retrouvent ces deux formes, *absoudre de,* ou absolument, *absoudre :*

Herodote... est tant amateur des barbares, qu'il *absoult* Busiris *du* maulvais nom qu'il avoit, de tuer ses hostes et de sacrifier des hommes.

AMYOT, trad. de Plutarque, *OEuvres mêlées. De la malignité d'Hérodote.*

Il est vrai que le caractère étonnant de ce peuple opiniâtre, capricieux, déterminé, bizarre, et qui brave tous les périls et tous les malheurs, semble, à la première vue, *absoudre* ses législateurs *de* l'atrocité de leurs lois.

MONTESQUIEU, *Esprit des lois,* VI, 13.

Tous ces crimes d'Etat qu'on fait pour la couronne,
Le ciel nous *en absout,* alors qu'il nous la donne.

P. CORNEILLE, *Cinna,* V, 2.

Résolvez l'un des deux : de punir ou d'*absoudre.*

MOLIÈRE, *Don Garcie de Navarre,* II, 6.

Talent qui peut *absoudre* un siècle qui l'admire.

GILBERT, *Satires.* Le XVIIIe siècle.

ABSOUDRE s'emploie dans cette même acception, mais plus figurément, en parlant de choses abstraites que l'on personnifie. Il en était de même d'*absolvere,* comme on le verra par quelques-uns des exemples suivants, traduits du latin :

... Ou voulez-vous *absoudre* la guerre en vous associant aux forfaits et aux malheurs qu'elle produira ?

MARMONTEL, traduction de *la Pharsale,* ch. II.

Proscrit par les triumvirs, L. Plotius, frère de Plancus censeur et deux fois consul, fut décelé dans sa retraite, à Salerne, par l'odeur de ses parfums. Une telle infamie *absout* la proscription entière.

P.-C.-B. GUEROULT, *Morceaux extraits de l'histoire naturelle de Pline,* XIII, 5.

...C'est aux bienfaits seuls d'*absoudre* la richesse.

THOMAS, *Épîtres.* A Ange-Marie Eymar.

ABSOUDRE se prend dans le même sens, par une hyperbole admise dans le langage familier, pour Excuser un tort léger, remettre une faute de peu d'importance :

Je vous *absous du* crime dont je vous accusois.
MALHERBE, *Lettres.* XIV; 21 mars 1607.

Bien qu'ABSOUDRE ne paraisse pas, en raison de sa signification, susceptible de devenir verbe pronominal, on dit, en certains cas, par une sorte d'extension figurée, *s'absoudre de, s'absoudre :*

Toutes voies se mon corps est deshonnouré, ce n'est pas le cuer, et pour tant *me absols-je du* pechié, mais non pas *de* la peine.
Le Ménagier de Paris, 1re distinction, 4e article.

De ses remords secrets triste et lente victime,
Jamais un criminel ne *s'absout de* son crime.
L. RACINE, *la Religion,* I.

S'ABSOUDRE, en d'autres cas, se dit passivement, pour être absous :

Car, selon l'intérest, le crédit ou l'appuy,
Le crime se condamne, et *s'absout* aujourd'huy.
REGNIER, *Satires,* III.

ABSOUS, OUTE, participe.
Il n'a pas moins varié dans son orthographe que le verbe. On l'a écrit ABSOLT, ABSOULS, ABSOUT; ASOUS, ASOZ; ASSAUZ, ASSOS, ASSOUBZ, ASSOUS, etc. (Voyez le *Glossaire* de Sainte-Palaye et les exemples ci-après.)
L'orthographe ABSOUT était fondée sur deux raisons, qui auraient peut-être dû la faire prévaloir : la première, c'est qu'elle offre la contraction régulière du latin *absolutus,* comme *goût, août, moût* celle de *gustus, augustus, mustum ;* la seconde, c'est que du masculin ABSOUT se tirait plus naturellement le féminin ABSOUTE.
De l'adjectif féminin ABSOUTE est venu le substantif féminin
ABSOUTE,
Écrit autrefois ABSOULTE, ABSOLTE, ASSOULTE, etc.
ABSOUTE n'a plus varié dans son orthographe de-

puis le XVIe siècle; mais alors il se prenait encore au sens général d'Absolution, de pardon :

Puisses-tu, forcené, courant de terre en terre,
Durant ta vie errer, pour ton *absoute* querre.
J.-A. BAÏF, *Poëmes,* III.

ABSOUTE, ainsi employé comme substantif, n'a conservé que certaines acceptions spéciales.
Il signifie, dans le langage ecclésiastique, l'Absolution publique et solennelle qui se donne au peuple en général, et dont la cérémonie se fait le jeudi saint au matin ou la veille au soir dans nos cathédrales, et, par exception, dans quelques-unes de nos églises; le vendredi saint dans toutes les églises d'Orient.
De là ces expressions, *Le jeudi de l'absoute, le vendredi de l'absoute :*

C'est pourtant aujourd'hui *le jeudi de l'absoute.*
VOLTAIRE, *Lettres,* 19 mars 1761.

Dans un village, au *jeudi de l'absoute,*
Certain pasteur dit au peuple amassé...
J.-B. ROUSSEAU, *Épigrammes,* XLIV.

ABSOUTE se dit de la même absolution renouvelée aux grand'messes de Pâques.
Cette expression s'étend, au prône, au discours que le prêtre adresse au peuple pour le préparer à l'*absoute.*
On entend encore par ABSOUTE les prières qui suivent la messe des morts et se récitent autour du corps, ou, en l'absence du corps, du catafalque. De là, en parlant de l'officiant, cette expression, *faire l'absoute.*
Au lieu d'ABSOUS, on a dit longtemps, par conformité avec le participe latin *absolutus,* ABSOLU :

Chil qui est escommeniés ou renforciés pot estre deboutés d'ofice d'avocat, de partie ou de juge, jusques à tant qu'il *soit absolus.*
BEAUMANOIR, *Coutumes du Beauvoisis,* c. V, § 17.

Beneoiste *soit* France et de Dieu *absolue !*
Chanson d'Antioche, III, v. 3.

Dame, j'ai à non Berte, si *soit* m'ame *absolue !*
Or soit de Dieu li âme de Bertain *assolue !*
ADENÈS, *li Romans de Berte,* LII, v. 3 ; CII, v. 16.

Je voi ci que la mort m'atrape :
J'ai tant taillé et tant tolu,
Jamais n'en serai *absolu*.

GODEFROY DE PARIS, *Chron. métrique*, v. 7108.

Absolu m'a de mes pechiés.

Roman de la Rose, v. 11309.

Mès n'est hom si contrais, ne vielle si boçue,
Dont l'âme ne soit bele puisqu'ele est *absolue*.

RUTEBEUF, *OEuvres*, t. I, note M. *La chante-pleure.*

A vostre filz dictes que je suis sienne;
De luy soient mes pechez abolus;
Qu'il me pardonne comme à l'Egyptienne,
Ou comme il feit au clerc Theophilus,
Lequel par vous fut quitte et *absoluz*.

VILLON, *Ballades*, VI. A la requeste de sa mère.

Il se disait encore ainsi au XVIᵉ siècle :

Cette femme *ayant été absolue* de justice.

AMYOT, trad. de Plutarque (cité par Monet).

Jeudi absolu, *vendredi absolu*, pour Jeudi, Vendredi *absous*, se sont dits du Jeudi, du Vendredi de
l'*absoute*, dont il a été question plus haut :

Chis mandemens fu apportés à l'empereour, ensi come
vous avez oï, par un *joesdi absolu*.

HENRI DE VALENCIENNES, *Conqueste de Constantinoble*, XXVIII.

Au *vendredi absolut*, sont vendus de deux mille à trois
mille lars.

Le Ménagier de Paris, IIᵉ distinction, 4ᵉ article.

Tellement que le *jeudy absolu* fusmes contraints de
nous retirer à Marignan.

Mᵉ DU BELLAY, *Mémoires*, liv. II, ann. 1522.

...Le *jeudi absolu*, 15 avril 1604.

HENRI IV, date d'une *lettre* à Sully. (Voir *Lettres missives
de Henri IV*, t. VI, p. 229.)

Honorer les restes des martyrs; aller à l'adoration des
restes le jour du *jeudi absolu*.

BALZAC, *Socrate chrétien*, disc. X.

Cette absolution que l'on donne tous les ans le jeudi
saint, quoiqu'elle ne soit plus que cérémoniale, est la marque de la sacramentelle que l'on donnoit aux pécheurs

durant le carême ; aussi ce jour s'appelle encore *jeudi
absolu*, parce qu'on y absolvoit les pénitens.

ARNAULD, *De la fréquente Communion*, IIᵉ part. c. 20

S'irons, le *joedi absolu*,
De nos pechiés estre absolu.

PHILIPPE DE REIMES, *la Manekine*, v. 5809.

...Son Fil ki moru
Au grant *venredi absolu*
Pour nous de si crueuse mort.

Renart le Nouvel, v. 5427.

Dans les exemples suivants ABSOLU semble synonyme de Saint; on y lit *jour absolu*, probablement
pour Jour saint, *terre absolue* pour Terre sainte :

Tant ont par leur journées alé et pourséu,
Que à la Saint-Jehan, un haut *jour assolu*,
Sont tout droit en Hongrie leur païs revenu.

ADENÈS, *li Romans de Berte*, CI, v. 4.

....

Ainçois leront aux Beduins
Maintenir la *terre absolue*,
Qui par defaut nous est tolue.

RUTEBEUF, *Complainte d'outre-mer.*

ABSOLUTION, s. f. (du latin *Absolutio*).

Absolutio, remontant par son étymologie au mot
solvere, qui signifie délier, délivrer, renfermait l'idée
générale de libération. En ce sens, il appartenait spécialement à la langue du droit. Il en a été de même, en
français, du mot ABSOLUTION ; mais, par une extension fort naturelle, et le mot latin et le mot français
se sont appliqués de fort bonne heure aux sentences
spirituelles rendues par l'autorité ecclésiastique. De
là, comme on l'a remarqué plus haut au sujet du
mot de même famille *absoudre*, deux sortes d'acceptions du mot ABSOLUTION : une judiciaire, une
autre ecclésiastique, dont il faut successivement s'occuper.

En termes de droit, ABSOLUTION signifie généralement : Jugement par lequel un homme *est absous* et
déclaré innocent du crime ou du délit dont il était
accusé :

Le souverain pontife Spurius Minucius, en luy prononceant sa sentence d'*absolution*, l'admonesta de n'user plus desormais de paroles moins honnestes que sa vie.

AMYOT, trad. de Plutarque, OEuvres morales. *Comment on pourra recevoir utilité de ses ennemis*, XI.

Fulcinius commença par de vieilles et d'inutiles accusations, et reprocha à Pison son ambition et son avarice au gouvernement de l'Espagne, et autres choses semblables, qui ne servoient ni à la condamnation ni à l'*absolution* du coupable.

PERROT D'ABLANCOURT, trad. de Tacite. *Annales*, III, 2.

Laissons de côté ces jugemens légers, ces *absolutions* cavalières.

BEAUMARCHAIS, *Mémoires*, part. IV.

ABSOLUTION, dans la seconde acception distinguée plus haut, se dit de l'Acte religieux par lequel le prêtre remet au pénitent ses péchés.

ABSOLUTION, en ce sens, s'emploie diversement, soit d'une manière absolue, soit avec un complément formé de la préposition *de* et de son régime.

Au premier cas appartiennent les exemples suivants :

J'ay escript à monseigneur l'evesque de Senlis, ... qu'il m'escrive des derniers propos et comportemens du feu pauvre miserable Roy (Henri III), s'il a eu bonne repentance à sa fin, et s'il a esté reconcilié à l'Église par confession et *absolution* sacramentale, que tout presbtre à ceste extremité luy a peu conferer.

AMYOT, *Lettres au duc de Nivernoys*, août 1589 (Voir A. de Blignières, *Essai sur Amyot*, 1851, p. 349).

Il ne vous faudra d'aultre *absolution* ...qu'une demie dragme de catholicon.

Satire Ménippée. La vertu du Catholicon, § 15.

Croyez-vous qu'il soit permis de donner *l'absolution* indifféremment à tous ceux qui la demandent ?

PASCAL, *Provinciales*, X.

Tu trouveras des confesseurs de large conscience et faciles à l'*absolution*.

CHAPELAIN, *Le Gueux ou la vie de Gusman d'Alpharache*. Part. I, liv. II.

Vous... qui ne vous présentez au sacrement de réconciliation que pour arracher à l'Eglise une *absolution* qui vous lie encore davantage.

FLÉCHIER, *Oraison funèbre de madame la Dauphine*.

Dieu a ratifié dans le ciel la sentence d'*absolution* que le ministre de son sacrement a prononcée sur la terre.

BOURDALOUE, *Sermons*. Sur la Nativité de Jésus-Christ

Il a été (Pomenars), avant l'opération, à confesse au grand Bourdaloue. Ah! c'étoit une belle confession que celle-là! Il y fut quatre heures... Il n'a point langui du tout après *l'absolution*...

Mme DE SÉVIGNÉ, *Lettres*, 12 janvier 1680.

La belle madame (de Montespan) s'est plainte au roi de ce qu'un prêtre lui a refusé *l'absolution*.

Mme DE MAINTENON, 2e *lettre* à la comtesse de Saint-Géran.

Enfin, se laissant fléchir aux prières de l'Église, persuadé de leur conversion, il leur donnoit (l'évêque aux pénitents) *l'absolution* solennelle.

FLEURY, *Mœurs des chrétiens*, XXV.

Le but de ce livre (*la fréquente Communion* d'Arnauld) étoit... de combattre les *absolutions* précipitées qu'on ne donne que trop souvent à des pécheurs enviellis dans le crime, sans les obliger à quitter leur mauvaise habitude et sans les éprouver par une sérieuse pénitence.

J. RACINE, *Histoire de Port-Royal*, I.

Il était permis de se confesser à un laïque, et même à une femme, en cas de nécessité. Cette permission dura très-longtemps; c'est pourquoi Joinville dit qu'il confessa en Afrique un chevalier, et qu'il lui donna *l'absolution*, selon le pouvoir qu'il en avait.

VOLTAIRE, *Essai sur les mœurs*, c. 21.

Les prêtres guelfes refusaient *l'absolution* aux Gibelins, et les prêtres gibelins se gardaient bien d'absoudre les Guelfes.

LE MÊME, *Dictionnaire philosophique*, art. CONFESSION.

Enfin il fallut que le pape Alexandre VI, qui au moins avait le mérite de mépriser ces disputes, lui envoyât une *absolution*.

LE MÊME, *Essai sur les mœurs*, c. 109.

Car *absolucion* n'ont demandé
A lur pastur.

Vie de saint Thomas de Cantorbery, v. 851. (Voir BENOÎT, *Chron. des ducs de Normandie*, t. III, p. 489).

On dit encore *l'absolution* du pécheur, du péché, *leur absolution* :

Après la solempnelle messe ouye, que l'evesque chanta à Nostre-Dame de Paris, eulx tous confessez, leur donna la benediction et *la papale de paine et de coulpe absolucion*..;

Et quant vint aux deux heures, que tous furent absoubz, allerent au roy, qui en la grant salle estoit.

A. DE LA SALE, *le petit Jehan de Saintré*, c. 59.

Par la confession vous ne recevrez pas seulement *l'absolution des* pechez veniels que vous confesserez, mais aussi une grande force pour les eviter à l'advenir.

S. FRANÇOIS DE SALES, *Introd. à la vie dévote*, II° part., c. 19.

Les prisonniers que j'ai retenuz..... ne me peuvent rien reprocher, puis que j'*en* ay *absolution* de mon grand aumosnier et confesseur.

Satire Ménippée, Harangue de monsieur le Lieutenant.

Le ministre de la pénitence.... prononcera sans hésiter la sentence de *votre absolution*.

BOURDALOUE, *Sermons*. Sur le pardon des injures.

Un jour qu'il (Louis XIV) revenoit d'une perte de connoissance, il demanda *l'absolution* générale *de* ses péchés au père Tellier.

SAINT-SIMON, *Mémoires*, 1715, t. XII, c. 29.

Il fallut ensuite aller à l'inquisition recevoir *l'absolution du* crime d'hérésie, et rentrer dans le sein de l'Église avec la même cérémonie à laquelle Henri IV fut soumis par son ambassadeur.

J.-J. ROUSSEAU, *les Confessions*, part. I, liv. II.

Trestout s'agenollierent sans noise et sans tenson... Et puis si atendirent *lor absolution*.

Chanson d'Antioche, I, v. 858.

Droit avons, contre iaus plaiderons,
Car dou pape Innocent avons
Previlege de confiesser,
De penance enjoindre, et donner
Absolutions de tous cas.

Renart le Nouvel, v. 7489.

Souz tes clers devons prendre *nostre absolucion*.

JEHAN DE MEUNG, *Testament*, v. 574.

On dit également l'*absolution du* prêtre, pour Donnée par le prêtre :

Croyez-vous qu'une vie entière de volupté sera purifiée par *la* simple *absolution du* prêtre trop facilement accordée ?

MASSILLON, *Mystères*. Sur la ferveur des premiers chrétiens.

ABSOLUTION s'est entendu de la Rémission des péchés accordée par un simple signe de croix du prêtre ne pouvant communiquer au confessional avec le pénitent, ou même par lettres, comme cela s'est longtemps pratiqué :

Clément VIII défend de donner *l'absolution* par lettres.

BOSSUET, *Discours sur l'Hist. univ.* Suite, IV° part., XVII° siècle.

ABSOLUTION paraît s'être dit de cette Rémission plénière du péché que l'Église accordait aux chrétiens sous certaines conditions, et que dès lors on appelait aussi Indulgences :

(Agnès Sorel), requist au dit maistre Denys, son confesseur, qu'il la voulsist absoudre de peine et de coulpe par vertu d'une *absolution*, qui (lors) estoit à Loches.

ALAIN CHARTIER, *Histoire de Charles VII*.

Ce qui révoltait le plus les esprits, c'était cette vente publique et particulière d'indulgences, d'*absolutions*..... C'était cette taxe apostolique, illimitée et incertaine avant le pape Jean XXII.

VOLTAIRE, *Essai sur les mœurs*, c. 127.

ABSOLUTION se prend, par allusion familière, dans les relations ordinaires de la société, pour la Rémission d'une petite faute :

Si vous êtes coupable, avouez-le-moi, et je vous donnerai *l'absolution*.

VOLTAIRE, *Lettres*, 14 juillet 1760.

Ne si n'ai pas affeccion
D'avoir double *absolucion* :
Assés en ai de la premiere.

Roman de la Rose, v. 11325.

ABSOLUTOIRE, adj. des deux genres (du latin *Absolutorius*).

Qui *absout*, qui exprime, qui manifeste l'*absolution*.

Il s'est dit des actes de l'autorité civile et de l'autorité ecclésiastique portant absolution : *Sentence absolutoire ; lettre absolutoire ; bref absolutoire.*

En droit criminel, on ne dit plus que *jugement d'absolution*, *sentence d'absolution*.

Depuis longtemps ABSOLUTOIRE ne s'emploie que dans la langue ecclésiastique, et même dans cette seule expression, *bref absolutoire*.

Le féminin *Absolutrice* paraît avoir été reçu dans la même acception. On lit dans le procès de Jacques Cœur, ms., p. 17 : *sentence absolutrice.* (Cité par Sainte-Palaye.)

ABSTÈME, s. des deux genres (du latin *Abstemius*, formé lui-même du privatif *abs* et de *temetum*, qui signifie Vin, et avait encore fourni à la langue latine un mot de sens tout contraire, *temulentus*).

Abstème, en raison de son étymologie, se dit de celui ou de celle qui ne boit point de vin.

Il semble n'avoir été d'usage, primitivement, que dans la langue ecclésiastique, et s'être particulièrement appliqué aux prêtres qu'une aversion naturelle pour le vin empêche d'en faire usage en célébrant le sacrifice de la Messe, et que l'Église dispense de la participation au calice.

Abstème, avec cette acception spéciale, a servi de texte à de grandes controverses dans les églises réformées, c'est-à-dire entre les calvinistes, qui prétendaient que les *abstèmes* pouvaient communier par la seule apposition des lèvres au limbe de la coupe, et les luthériens, qui considéraient cette proposition comme sacrilége, la communion par l'espèce du vin étant littéralement prescrite ; et, c'est à l'occasion de ces débats que la langue écrite l'a reproduit le plus souvent :

M. de Meaux s'est servi de l'exemple des *abstèmes*, pour défendre le retranchement de la coupe.
Dictionnaire de Trévoux.

Abstème a été employé depuis, mais rarement, dans sa signification générale :

On a vu un célèbre *abstème* dans le commencement du christianisme ; ce fut Apollonius de Thyane.

Eméric, fils de saint Étienne, roi de Hongrie, fut *abstème*.

Nous avons vu dans le dernier siècle le fameux Tiraqueau et le célèbre Voiture, qui ont été de véritables *abstèmes*.
Dictionnaire de Trévoux.

Les Musulmans sont *abstèmes*, ou doivent l'être.
Grand Vocabulaire.

I.

Quiconque a vécu jusqu'à vingt ans sans goûter de liqueurs fermentées ne peut plus s'y accoutumer : nous serions tous *abstèmes* si l'on ne nous eût donné du vin dans nos jeunes ans.
J.-J. Rousseau, *Émile*, II.

ABSTENIR (s'), v. pronominal (du latin *Abstinere*, formé lui-même de *abs* et de *tenere*).

On l'a écrit Abstiner, Astenir, Atenir, etc. (Voyez l'*Histoire littéraire de la France*, t. xxii, page 22, au sujet d'un *Glossaire ms.* de 1352, Bibl. imp., fonds lat., n° 4120, et le *Glossaire* de Sainte-Palaye.)

Abstenir n'a pas toujours été seulement un verbe pronominal. Le Glossaire latin-français du xiiie siècle (Bibl. imp., n° 7692), qui rend *abstinere* par *abstenir*, semble en faire un verbe actif ordinaire. On cite de l'emploi d'Abstenir avec un autre régime direct que le pronom personnel, et dans le sens d'Empêcher, de Gêner, cet exemple :

Vous voulez tout anneantir
Et du tout femmes interdire.
— Non fais vrayement (dist-il), beau sire,
Je ne vous veux point *abstenir*.
Guillaume Alexis, *Blason des faulces amours*, v. 285 et suiv.

A cette manière ancienne d'employer Abstenir se rapporte une locution donnée par le Dictionnaire de Monet : *Abstenir ses yeux, ses mains d'une chose*, réminiscence de la locution latine : *Abstinere oculos, manus a.*

Le même Dictionnaire donne cette autre phrase, dans laquelle le pronom personnel semble simplement sous-entendu : *Il faut faire abstenir le malade de trop manger.* On peut citer de cette manière de parler l'exemple suivant :

...La crainte des châtimens et des récompenses sert à *faire abstenir* les hommes *du* mal.
Leibnitz, *Théodicée*, De la bonté de Dieu, Ire partie, § 71.

S'abstenir s'emploie le plus ordinairement avec un complément formé de la préposition *de* et de son régime. Il semble cependant avoir été employé autre

42

fois avec la préposition à, dans le sens de Se borner, se réduire à : *S'abstenir à du pain*, Se borner, se réduire à du pain, *Contredits de songe-creux*, f° 36, r°, cités par Sainte-Palaye.

S'abstenir de, signifie Se priver volontairement de l'usage d'une chose, se la refuser, ou bien S'interdire un acte, et peut, des deux parts, se construire avec un nom substantif.

C'est, en certains cas, un nom de personne :

Il avoit si ardemment enaimé par amour la belle et la noble dame Alips, comtesse de Salebrin, qu'il ne *s'en* pouvoit *abstenir*.

> FROISSART, *Chroniques*, liv. I, part. I, c. 191.

Il ne suffiroit point de *nous abstenir de* tout dieu estrange...

> CALVIN, *Instit. chrest.*, liv. II, c. VIII, § 16.

Je n'ay trouvé qu'une chose digne de moy dans l'histoire de ta vie, c'est de *t'estre abstenu de* la femme de Darius.

> PERROT D'ABLANCOURT, trad. de Lucien. *Dialogue d'Alexandre et de Philippe*.

Ils ne logent donc jamais ny ne mangent qu'avec ceux de leur religion ; ils *s'abstiennent de* femmes estrangeres, quoyqu'ils soient fort addonnez à la luxure.

> LE MÊME, trad. de Tacite. *Histoires*, V, 1.

Les condors ont le bec si fort qu'ils percent la peau d'une vache ; deux de ces oiseaux en peuvent tuer et manger une, et même ils ne *s'abstiennent* pas *des* hommes.

> BUFFON, *Hist. nat.* Oiseaux de proie. Le Condor.

C'est le plus ordinairement un nom de chose :

Socrates conseilloit de *s'abstenir des* viandes qui provoquent les hommes à manger quand ils n'ont point de faim, et *des* bruvages qui convient à boire, encores que l'on n'ayt point de soif.

> AMYOT, trad. de Plutarque, OEuvres morales. *De la Curiosité*.

Pourquoi, parlant en public, *nous abstiendrons-nous d'*un mot qui est dans la bouche de tout le monde ?

> BALZAC, *Socrate chrétien*, disc. X.

Jamais on ne vit rien de si superbe ny de si insolent que luy, et quoyqu'il *s'abstinst du* titre de Prince, il en avoit toute la pompe et la suite.

> COEFFETEAU, *Histoire romaine*, VI.

Lorsqu'un homme ou une femme auront fait vœu de se sanctifier, et qu'ils auront voulu se consacrer au Seigneur, ils *s'abstiendront de* vin et *de* tout ce qui peut enivrer.

> LE MAISTRE DE SACY, trad. de l'Anc. Test., *Nombres*, VI, 2 et 3.

La pénitence du carême.... ne se réduit pas à jeûner ni à *s'abstenir des* viandes défendues.

> BOURDALOUE, *Instruction pour le temps du carême*.

Cet autre qui, pour conserver une taille fine, *s'abstient de* vin et ne fait qu'un seul repas, n'est ni sobre ni tempérant.

> LA BRUYÈRE, *Caractères*, c. 2, 10.

Si, content du sien, on eût pu *s'abstenir du* bien de ses voisins, on avoit pour toujours la paix et la liberté.

> LA BRUYÈRE, *Caractères*, c. 2, 10.

Il y avait déjà quelques chrétiens à Rome du temps de Néron : on les confondait avec les Juifs, parce qu'ils étaient leurs compatriotes, parlant la même langue, *s'abstenant* comme eux *des* alimens défendus par la loi mosaïque.

> VOLTAIRE, *Essai sur les mœurs*, c. 8.

Voyez ces pieux solitaires qui *s'abstiennent de* tout ce qui a eu vie...

> BUFFON. *Hist. nat.* Animaux carnassiers, Préamb.

De char ne me puis atenir.

> *Roman du Renart*, v. 15241.

De grosses chars et de choulz abstenir
Et de tous fruiz se doit-on en partie.

> EUST. DESCHAMPS, *Ballades*. Sur l'épidémie.

C'est enfin, très-souvent aussi, lorsqu'il s'agit d'un acte que l'on s'interdit, un nom abstrait :

En ce precepte : Tu ne tueras point, le sens commun des hommes ne considere autre chose, sinon qu'il *se faut abstenir de* tout outrage et de toute cupidité de nuire.

> CALVIN, *Instit. chrest.*, liv. II, c. VIII, § 9.

Celui qui *s'est abstenu d'*effusion de sang n'est pas pourtant innocent du crime d'homicide.

> LE MÊME, *même ouvrage*, liv. II, c. VIII, § 40.

Platon, maistre ouvrier en tout gouvernement politique, ne laissa de *s'en abstenir*.

D'estre subject à la cholique, et subject à *m'abstenir du* plaisir de manger des huistres, ce sont deux maulx pour un : le mal nous pince d'un costé ; la regle, de l'autre.

> MONTAIGNE, *Essais*, III, 9, 13.

Vologésès ayant fait comme un trophée des armes et des corps morts, pour tesmoignage de nostre défaite, *s'abstint de* la venue de nos légions, afin de donner des preuves de sa modestie, après avoir soûlé son ambition.

PERROT D'ABLANCOURT, trad. de Tacite, *Annales*, XV, 1.

Et il lui apprit, dès son enfance, à craindre Dieu et à *s'abstenir de* tout péché.

LE MAISTRE DE SACY, trad. de l'Anc. Test., *Tobie*, I, 10.

Il suffit que les plaisirs ne soient pas nécessaires pour *s'en abstenir.*

NICOLE, *Essais de morale*, IIe traité, c. 13. De la vigil. chr.

Une solide pénitence n'est pas seulement de *s'abstenir du* mal qu'on a commis, mais de pratiquer le bien qu'on n'a pas fait.

BOURDALOUE, *Sermons*. Sur les fruits de la pénitence.

On conseilla secrètement à Périandre de *s'abstenir de* l'usage du vin.

FÉNELON, *Vies des anciens philosophes*, Pittacus.

De toutes les joies et de toutes les voluptés humaines, hélas! il n'en reste pas plus au lit de la mort, au pécheur qui les a toujours goûtées, qu'au juste qui *s'en est* toujours *abstenu.*

MASSILLON, *Avent.* Le jour des Morts.

Si nous détestions le vice autant que nous aimons la vie, *nous nous abstiendrions* aussi aisément *d'*un crime agréable que *d'*un poison mortel dans un mets délicieux.

J.-J. ROUSSEAU, *Emile*, IV.

Ils (les brames) sont forcés à chaque instant de se laver, de se purifier et de *s'abstenir d'*une multitude de jouissances innocentes.

BERNARDIN DE SAINT-PIERRE, *la Chaumière indienne.*

Trois fois se pame de fuleur,
Ne *se peut atenir de* pleur.

Roman d'Atis et de Prophilias, ms. 164, in-fol., fol. 6, r°. Bibl. de l'Arsenal.

Et pour montrer par exemplaire
Qu'on *se doit de* meurtre *abstenir.*

MARTIAL D'AUVERGNE, *Vigiles de Charles VII.*

Dans les exemples suivants, *s'abstenir de*, suivi d'un verbe à l'infinitif, a également le sens de S'interdire un acte :

De tant plus la véoit, tant plus la desiroit regarder ; et, par adventure, s'il *s'en fust* voulu *abstenir*, il n'eust peu ne sceu.

Le Livre du chevalereux comte d'Artois, p. 142.

Et ne *se* fut adonc nullement refrené ni *abstenu d'*eux combattre.

FROISSART, *Chroniques*, liv. I, part. I, c. 287.

Jamais gourmand ne *s'absteint d'*un bon morceau pour gourmandise, ny yvrongne de bon vin pour yvrongnerie, comme les avaricieux *s'abstiennent de* toucher à l'argent pour leur avarice et convoitise d'argent.

AMYOT, trad. de Plutarque, OEuvres mor. *De l'Avarice.*

Estant oultré de douleur et troublé en son entendement, il luy print soubdainement volonté de se faire mourir en *s'abstenant de* manger.

LE MÊME, *Même ouvrage*, Vie de Timoléon, c. 3.

Que tout magistrat et tout juge *s'en abstienne* (de manquer à la sobriété), sur le poinct d'executer sa charge et de consulter des affaires publicques.

MONTAIGNE, *Essais*, II, 2.

Il me semble... que ceux-là redescendent, c'est-à-dire se rendent en quelque façon moins savans que s'ils *s'abstenoient d'*étudier.

DESCARTES, *Discours de la Méthode*, VI.

Il n'y a plus que les gens d'Église qui *s'abstiendront de* tuer ceux qui leur feront tort en leur honneur, ou en leur bien.

PASCAL, *Provinciales*, VII.

Ne doit-il pas, par respect, *s'abstenir de* toucher à mes inclinations ?

MOLIÈRE, *l'Avare*, IV, 4.

N'avez-vous point toléré des injustices lors même que *vous vous êtes abstenu d'*en faire ?

FÉNELON, *Examen sur les devoirs de la royauté*, art. III, § 15.

Il me parut même d'une si grande simplicité que je ne pus m'empêcher de penser que j'aurois bien de la peine à *m'abstenir de* lui jouer quelque tour.

LE SAGE, *Gil Blas*, X, 11.

Guillaume III ne voulut point faire de miracles, et ses successeurs *s'en sont abstenus* comme lui.

VOLTAIRE, *Essai sur les mœurs.* Introduction, Des miracles.

Dieu vous tiendra compte de ce que vous avez dit, et de ce que *vous vous serez abstenu de* dire.

MARIVAUX, *Vie de Marianne*, V^e partie.

Carles se pasmet, ne *s'en pout astenir.*

Chanson de Roland, st. CCIII, v. 11 (édit. de 1837, p. 111).

La dame l'ot (l'entend), tout li sang li fremist,
Tenrement plore, ne *s'en pot astenir.*

42.

Dont chiet pasmée, ne *s'en* pot *astenir*.
> Garin le Loherain, t. II, p. 106, 267.

Quer (car) hom ki vit en siecle ne *se* pot *astenir*
De pechier, *de* jurer, *de* trichier, *de* mentir.
> WACE, *Roman de Rou*, v. 2470.

Quant l'ermites le voit, si en a soupiré,
Ne *s'en* pot *astenir*, des yeux en a lermé.
> ADENÈS, *li Romans de Berte*, XLV, v. 45.

S'ABSTENIR se dit, absolument, dans toutes ses acceptions :

Et lui pria à jointes mains, pour si haut seigneur que Dieu est, qu'il *se* voulût *abstenir* et affrener un petit, tant qu'il eût parlé à lui.
> FROISSART, *Chroniques*, liv. I, part. II, c. 32.

Voici un homme qui *se* sait *abstenir* au milieu de l'abondance et ayant de l'appétit.
> BALZAC, *le Prince*, c. 6.

Combien d'efforts à faire, soit pour agir, soit pour *s'abstenir* et pour souffrir !
> BOURDALOUE, *Sermons*. Sur la Nativité de Jésus-Christ.

Ne pouvant plus faire aucun bien qui ne tourne à mal, ne pouvant plus agir sans nuire à autrui ou à moi-même, *m'abstenir* est devenu mon unique devoir, et je le remplis autant qu'il est en moi.
> J.-J. ROUSSEAU, *Les Rêveries du promeneur solitaire*, Iʳᵉ promenade.

Mon Dieu, il m'a presque assommée ;
Je vous en prie, *abstenez-vous*.
> *Farce du Badin qui se loue*. Anc. Th. fr., t. I, p. 194.
> (*Bibliothèque elzevirienne*.)

On trouve employé de même absolument, au lieu de s'ABSTENIR, ABSTENIR :

Partant, à propous nous estre la sentence du philosophe qui commandoit soustenir et *abstenir*.
> RABELAIS, *Pantagruel*, V, 17.

Dans des acceptions spéciales, s'ABSTENIR se prend absolument pour Refuser de participer à un partage, à une succession, à une délibération, à un jugement :

Les discours qu'ils ont tenus sur mon compte ne de-

vroient-ils pas être un assez puissant motif pour les engager à *s'abstenir du* jugement ?
> BEAUMARCHAIS, *Mémoires*. Suppl. part. II.

ABSTENU, UE, participe.

Il ne s'emploie, comme le verbe lui-même, que sous la forme réfléchie, et n'est d'usage que dans les temps composés.

ABSTENTION, s. f. (du mot de la basse latinité *Abstentio*).

On l'a écrit ABSTENSION, ASTENSION.

C'est récemment que le mot *abstentio* a été introduit dans la lexicographie latine, sans autre autorité que celle d'un écrivain médical, assez barbare, du II° et selon d'autres du V° siècle seulement, Cœlius Aurelianus (*de Acutis*, III, c. 18, init.). On peut conclure du passage de Cœlius qu'*abstentio* exprimait en général, comme *abstinentia*, l'Action de s'abstenir.

Dans le passage suivant, ABSTENTION, pris également en un sens général, est synonyme d'Abstinence :

Et il li firent fere par tot processions,
Osmones e géusnes e grandz *astensions*.
> WACE, *Roman de Rou*, v. 3088.

ABSTENTION n'a pas conservé dans la langue française, cette généralité d'acception. Il y est devenu un terme de droit par lequel on a d'abord désigné l'Acte négatif de l'héritier qui ne se présente pas, qui renonce tacitement à l'héritage :

Le survivant ou la survivante ne peut profiter du rapport ni de l'*abstention*, mais les héritiers seuls.
> *Coutumes de Bouchaute*, rubr. XXIII, art. 9 (voir *Nouveau Coutumier général*, t. I, p. 799).

La succession en ligne directe doit se répudier par une renonciation expresse ; mais la seule *abstention* suffit pour la succession en ligne collatérale.
> *Dictionnaire de Trévoux* au mot ABSTENTION.

ABSTENTION se dit aussi de l'Acte par lequel un juge *s'abstient*, se récuse, et, par extension, de l'absence ou du refus de vote de toute personne appelée à délibérer.

Abstention de lieu signifie enfin l'Acte de *s'abstenir* d'une résidence interdite par un jugement ou par une loi.

ABSTINENCE, s. f. (du latin *Abstinentia*).

On l'a écrit ABSTINANCE, ABSTENANCE, ASTE-NANCE, etc. (*Voir* les exemples ci-après.)

ABSTINENCE, dans son sens le plus général et le plus ancien, c'est l'Action de *s'abstenir*.

On a dit *abstinence de guerre* pour Suspension d'armes :

Ils envoyerent une ambassade vers le roy d'Angleterre à Rouen... pour avoir *abstinence de guerre* ou trefve.
JUVÉNAL DES URSINS, Hist. de Charles VI, ann. 1419.

Le Roy... fit treve et *abstinence de guerre.*
La Chronique scandaleuse, ann. 1472.

Après toutes ces choses passées y eut quelque *abstinence de guerre* entre France et Espaigne.
Le loyal Serviteur, c. 26.

Abstinence de guerre (feriæ bellicæ).
Rob. ESTIENNE, Dict. fr.-lat., 1549.

Ont envoyé par devers vous
Pour ung peu avoir *abstinence*
De guerre, eulx et vos gens tous.
Le Mistere du siege d'Orleans, v. 5983.

On a dit, à une époque plus rapprochée de nous, *abstinence d'hostilités :*

Il convient en outre de régler le commencement et la durée de la suspension (d'armes) : si ce sera une simple *abstinence d'hostilités,* ou si on rétablira le commerce et la communication entre les sujets (français et espagnols)...
Louis XIV au duc de Chaulnes, 22 décembre 1667. (Voir Négociations relatives à la succession d'Espagne, t. II, p. 580.)

ABSTINENCE est pris en ce sens, absolument, dans une ancienne ordonnance :

Afin que nostre guerre... puisse estre plus tost finée, nous ne leur donrons (aux gens d'armes) treves ne *abstinences.*
Ordonnance de Jean II, 23 décembre 1355. (Voir Ordonnances des rois de France, t. III, p. 36.)

Charron, énumérant les qualités qu'exige la discipline militaire, a dit :

Abstinence, par laquelle les soldats gardent leurs mains nettes de toute violence, fourrage, larcin.
CHARRON, de la Sagesse, III, 3.

Il y a de l'emploi d'ABSTINENCE dans son sens le plus général, des exemples de dates fort diverses et quelques-unes assez récentes :

Apren faire *abstinence de* tes anciens vices, et si oblies les malvaises mours.
S. BERNARD, Sermons françois. Lo diemenge apres l'aparicion, II. (Voir ms. Mouchet, n° 2, p. 236, Bibl. impér.)

L'*abstinence de* faire est souvent aussi genereuse que le faire ; mais elle est moins au jour.
MONTAIGNE, Essais, III, 10.

Pour cette frugalité tant vantée, ce n'étoit point un retranchement des choses superflues, ou une *abstinence* volontaire *des* agréables.
SAINT-ÉVREMOND, Réflexions sur les divers génies du peuple romain, c. 2.

Telle est la foiblesse humaine, qu'on doit mettre au nombre des bonnes actions l'*abstinence du* mal qu'on est tenté de commettre.
J.-J. ROUSSEAU, les Confessions, part. I, liv. VI.

Les mêmes principes que je viens de développer répandent une vive lumière sur tous les devoirs du gouvernement : la mesure dans les récompenses, l'*abstinence des* grâces inutiles, la réforme des abus, le retranchement des dépenses superflues, tout s'enchaîne à une seule et même idée.
NECKER, De l'Administration des finances de la France, t. I, c. 2.

ABSTINENCE s'est appliqué encore, comme en latin *abstinentia*, au Sentiment qui fait que l'on s'abstient ; il a exprimé l'idée de Modestie, de retenue, d'intégrité, etc. :

Abstinance et honestez... refraignent les mauveises volantez de mangier.
Enseignemens des philosophes, ms. 198. Suppl. fr. fol. 383, v°, c. 1. Bibl. impér.

Blandissez-le sans *abstinence,*
Le servant de belles paroles.
Sottie nouvelle des Trompeurs. (Anc. Th. français, t. II, p. 257-258. (Bibliothèque elzevirienne.)

Quelque souvenir de cette ancienne acception semble s'être conservé chez des écrivains plus rapprochés de nous :

Je suis enfin dans le repos de mes bois, et dans cette *abstinence* et ce silence que j'ai tant souhaités.
Mᵐᵉ DE SÉVIGNÉ, *Lettres*, 14 août 1680.

Ce caractère... fait que l'*abstinence* et la jouissance, le plaisir et la sagesse, m'ont également échappé.
J.-J. ROUSSEAU, *les Confessions*, Iʳᵉ part., liv. I.

ABSTINENCE, dans un sens plus restreint, signifie Privation volontaire d'aliments ou de boisson, et cette acception spéciale n'est pas moins ancienne que l'autre :

> Les desloiaus gens, les maldites,
> Que Jhesus apele ypocrites;
> Dont maint, por sembler plus honeste,
> Lessent à mangier char de beste
> Tous tens en non de penitence;
> Et font ainsinc lor *astenence*,
> Si cum nous en karesme fomes;
> Mès tous vis menguënt les homes.
Roman de la Rose, v. 15464 et suiv.

ABSTINENCE, dans cette acception, reçoit ordinairement un complément formé de la préposition *de* et de son régime; *abstinence de, faire abstinence de :*

En moins de cinq ans la communauté de biens, le jeûne, l'*abstinence de* viande, le silence, la veille de la nuit, et enfin toutes les austérités de la règle de saint Benoît furent établies à Port-Royal.
J. RACINE, *Hist. de Port-Royal*, I.

On diroit qu'elle doit sa force et son embonpoint à une vie plus dure et à l'*abstinence des* viandes défendues.
MASSILLON, *Carême*. Le mercredi des Cendres, II.

Cet état idéal d'innocence, de haute tempérance, d'*abstinence* entière *de* la chair, de tranquillité parfaite, de paix profonde, a-t-il jamais existé?
BUFFON, *Hist. nat.* Animaux carnassiers. Préamb.

Font fere *de* char *abstinance*.
La Bible Guiot, v. 1404. (Voir MÉON, *Fabl. et contes anciens*, t. II, p. 353.)

Démocrite, habile médecin,

Dit que *du* vin surtout l'on doit faire *abstinence*
Quand on veut mourir tard.
REGNARD, *Démocrite amoureux*, I, 1.

Burigny a publié, en 1740, une traduction du *Traité de Porphyre touchant l'abstinence de la chair*.

ABSTINENCE est si usité en cette acception, qu'il s'y prend absolument :

Seintifiad Isaï e ses fiz, kar il les fist estre en *abstinence*.
Les Quatre livres des Rois, I, XVI, 5.

Les oyvres (œuvres) de penitence et les travalz d'*abstinence*.
S. BERNARD, *Sermons français* à la suite des *Quatre livres des Rois*, p. 540.

Les medecins lui conseillerent d'user d'une grande *abstinence* : ayant jeusné deux jours, il est si bien amendé, qu'ils lui déclarent sa guarison.
MONTAIGNE, *Essais*, II, 13.

Les mercredy, vendredy et samedy, sont les *jours* esquels les anciens chrestiens s'exerçoient le plus à l'*abstinence*.
S. FRANÇOIS DE SALES, *Introd. à la Vie dévote*, III, 23.

Et puis voyez comme il avoit bonne raison de prêcher l'*abstinance*.
SOREL, *Francion*, III.

Leur *abstinence* ridicule... alloit jusqu'à faire un crime de manger les animaux.
BOSSUET, *Discours sur l'histoire universelle*, part. II, c. 12.

Il lui imposa la loi d'une *abstinence* perpétuelle, pour l'entretenir dans la pénitence, compagne inséparable de l'humilité évangélique.
FLÉCHIER, *Panégyrique de saint François de Paule*.

La sainte *abstinence* que nous célébrons ne peut modérer parmi nous les profusions et les excès des tables et des repas.
MASSILLON, *Carême*. Le 4ᵉ dimanche.

Qu'il (l'homme) évite les excès, qui sont encore plus nuisibles que l'*abstinence*.

Ces pieux solitaires... ne résistent que pendant peu d'années à cette *abstinence* cruelle.
BUFFON, *Hist. nat.* Animaux carnassiers. Préamb.

En attendant, le déjeuner m'est de bon augure; il me semble que la dévotion de ces gens-ci ne compte pas ses morceaux, et n'est pas entêtée d'*abstinence*.
MARIVAUX, *le Paysan parvenu*, Iʳᵉ partie.

Beaucoup d'exercice et beaucoup d'*abstinence* vont mal ensemble.

> J.-J. ROUSSEAU, *Lettres*, 19 juillet 1766.

> Dex n'aime pas fole *abstinence*
> Ne ypocrite contenance.
> La *Bible Guiot*, v. 1890. (Voir MÉON, *Fabl. et contes anc.*, t. II, p. 368.)

> Tu vas preeschant *astenance*.
> — Voire voir, mès·g'emple ma pance
> De bons morciaus et de bons vins.
> *Roman de la Rose*, v. 11425.

> Le seul chanoine Evrard, d'*abstinence* incapable,
> Ose encor proposer qu'on apporte la table.
> BOILEAU, *le Lutrin*, IV.

> Par ma foi, la science
> Ne s'acquiert point du tout à force d'*abstinence* ;
> C'est mon système, à moi ; l'esprit croît dans le vin.
> RÉGNARD, *Démocrite amoureux*, IV, 7.

> On le condamne à deux mois d'*abstinence*,
> Trois de retraite, et quatre de silence.
> GRESSET, *Vert-Vert*, IV.

ABSTINENCE se dit particulièrement, dans ce sens, de la Privation de l'usage de la viande, qui est prescrite par l'Église à une certaine époque de l'année et à certains jours de la semaine :

> Le christianisme est plein de bon sens : l'*abstinence* est de droit divin ; mais une *abstinence* particulière est de droit de police, et on peut la changer.
> MONTESQUIEU, *Esprit des lois*, XXIV, 26.

> Un dévot aux yeux creux, et d'*abstinence* blême,
> S'il n'a point le cœur juste, est affreux devant Dieu.
> BOILEAU, *Satires*, XI.

On a dit, en ce sens, dans les anciens temps de la langue, *avoir abstinence* :

> ...*Abstinence* doit avoir (le chevalier)
> Et doit juner au venredi.
> *L'Ordene de Chevalerie.* (Voir MÉON, *Fabl. et contes anciens*, t. I, p. 70.)

> En junes et en *abstinenche*.
> *Du chevalier au Barizel.* (Voir MÉON, *fabl. et contes anciens*, t. I, p. 211.)

On dit, communément, *faire abstinence* :

> Il choisit deux ou trois jours dans l'année où, à propos de rien, il jeûne ou *fait abstinence*.
> LA BRUYÈRE, *Caractères*, c. 13.

On appelle *temps d'abstinence, jours d'abstinence*, les Temps, les Jours où l'usage de la viande est défendu par l'Église :

> Voici.... un *temps* de privation et d'*abstinence*.
> FÉNELON, *Entretien pour les principales fêtes de l'année*, X.

> Tout y annonce au dehors leurs *jours* de jeûne et d'*abstinence*.
> MASSILLON, *Carême. Le mercredi des Cendres*, II.

> Ils observaient (les Moscovites) régulièrement quatre carêmes par an ; et dans ces *temps d'abstinence* ils n'osaient se nourrir ni d'œufs ni de lait.
> VOLTAIRE, *Histoire de Charles XII*, liv. Ier.

ABSTINENCE se prend quelquefois au pluriel dans cette acception :

> Elle ne cessoit de prier Dieu, et d'aller en voyages, et faire *abstinences*.
> LA REINE DE NAVARRE, *Heptameron*, 21e nouv.

> Saint Hierosme advoue qu'elle (sainte Paule) estoit reprehensible, en ce que, contre l'advis de son evesque, elle faisoit des *abstinences* immoderées.

> Une continuelle et moderée sobrieté est meilleure que les *abstinences* violentes faictes à diverses reprises et entremeslées de grands relaschemens.
> S. FRANÇOIS DE SALES, *Introd. à la Vie dévote*, IIIe part., c. 1, 23.

> Toutes ces pieuses observances avoient dans la reine l'effet bienheureux que l'Église même demande : elle se renouveloit dans toutes les fêtes ; elle se sacrifioit dans tous les jeûnes ; elle se fortifioit dans toutes les *abstinences*.
> BOSSUET, *Oraison funèbre de Marie-Thérèse*.

> L'Écriture nous apprend qu'il y a des jeûnes réprouvés, et des *abstinences* hypocrites que Dieu rejette.
> FLÉCHIER, *Panégyrique de la Madeleine*.

> Nous voyons au milieu de l'infidélité des *abstinences* et des austérités où je ne sais si notre délicatesse se réduiroit jamais.
> BOURDALOUE, *Sermons*, 3e dimanche après la Pentecôte.

Elle regardoit la loi des jeûnes et des *abstinences* comme une loi meurtrière.

MASSILLON, *Carême*. Le mercredi des Cendres, II.

D'*astenances* portoit grant fes.

BENOÎT, *Chron. des ducs de Normandie*, v. 20943.

Les freres vit de mult saint estre,
Bien servanz Dieu le roi celestre
En géunes, en penitances,
Et en autres granz *abstinances*.

RUTEBEUF, *Vie de sainte Marie l'Égiptianne*.

L'ABSTINENCE est devenue, dans le *Roman de la Rose*, v. 16511, un personnage allégorique, sous le nom de *Dame Contrainte abstenence*.

ABSTINENCE, comme le mot latin *abstinentia*, quelquefois synonyme d'*inedia*, signifie quelquefois aussi Privation absolue, soit volontaire, soit même involontaire, de nourriture :

Or (Pomponius Atticus), ayant choisi de se tuer par *abstinence*, voylà sa maladie guarie par accident : ce rémede qu'il avoit employé pour se desfaire le remet en santé.

MONTAIGNE, *Essais*, II, 13.

Il sortit du sénat, et finit sa vie par *abstinence*.

PERROT D'ABLANCOURT, trad. de Tacite, *Annales*, IV, 15.

Le bruit vient de se répandre ici que Silius Italicus a fini ses jours par une *abstinence* volontaire.

DE SACY, trad. des *Lettres de Pline le jeune*, III, 7.

Quoique très-vorace, le vautour peut supporter l'*abstinence* pendant quatorze jours.

BUFFON, *Hist. nat.*, Oiseaux de proie. Le Vautour.

J'en ai vu s'échapper et revenir d'eux-mêmes à la volière, après un jour ou deux d'absence et peut-être d'*abstinence* forcée.

LE MÊME, *ibid*. La Crécerelle.

Dans tous les cas qui précèdent, ABSTINENCE se rapporte à l'usage des aliments. Il s'est cependant pris quelquefois, avec ou sans régime, dans une acception plus étendue, pour signifier un Renoncement volontaire à toute espèce de plaisirs :

On y trouva des nations n'ayans (que nous sçachions) jamais ouy nouvelles de nous..., où nos jeusnes et nostre

caresme estoient representez, y adjoustant l'*abstinence* des femmes.

...Si elles (les dames) me retiennent pour le conseil, suivant le privilege de mon aage : je leur conseille doncques, comme à nous, l'*abstinence*; mais si ce siecle en est trop ennemy, au moins la discretion et la modestie.

MONTAIGNE, *Essais*, II, 12 ; III, 5.

Quels suffragans de chasteté sont ceux-cy, je vous prie, qui vont encherissant si haut la force et la grace des effets de Cupidon, que de faire accroire à la jeunesse qu'on n'en sçauroit pas simplement ouïr deviser sans peril et sans transport? S'ils le disent à des femmes, n'ont-elles pas raison de mettre leur *abstinence* en garde contre un prescheur qui soustient que c'est chose impossible d'ouïr seulement parler de la table sans rompre son jeusne?

Mᴵˡᵉ DE GOURNAY, *Préface des Essais*.

Trois choses sont que j'admire à part moi :
La probité d'un homme de finance,
La piété d'un confesseur du roi,
Un riche abbé pratiquant l'*abstinence*.

J.-B. ROUSSEAU, *Épigr.* II, 16.

Mais que, fier de ses croix, vain de ses *abstinences*,
Et surtout en secret lassé de ses souffrances,
Il condamne dans nous tout ce qu'il a quitté,
L'hymen, le nom de père et la société;
On voit de cet orgueil la vanité profonde.

VOLTAIRE, *Discours en vers sur l'homme*, V.

Votre Salente et vos murs malheureux
Où vos Crétois, tristement vertueux,
Pauvres d'effet et riches d'*abstinence*,
Manquent de tout pour avoir l'abondance.

LE MÊME, *Contes en vers*; le Mondain.

ABSTINENCE a même reçu, par extension, la signification spéciale de Continence ou privation volontaire des plaisirs de l'amour. Mais cet emploi est particulier à un temps plus rapproché de nous, et il semble qu'on n'y a recouru que pour éviter la forme un peu scolastique du mot propre :

Elle n'honora jamais du nom de vertu une *abstinence* qui lui coûtoit si peu.

J.-J. ROUSSEAU, *les Confessions*, part. I, liv. V.

Les plaisirs le sollicitaient, mais..... la nature lui en prescrivait une *abstinence* humiliante.

MARMONTEL, *Mémoires*, IV.

ABSTINENT, ENTE, adj.

On l'a quelquefois employé, dans un sens général, pour Qui s'abstient : *abstinent de*...

Ceuz qui ont cogneu les admirables qualitez de Scipion l'Africain refusent la gloire que Panætius lui attribue d'avoir esté *abstinent de* dous.

Montaigne, Essais, III, 10.

On l'emploie plus ordinairement, dans un sens particulier, pour Qui observe la tempérance dans le boire et dans le manger : *Abstinent de...*, ou, absolument, *abstinent*.

Alexandre estoit d'une temperature plus sanguine, cholere et ardante : et si esmouvoit encore ceste humeur par le vin, *du* quel Cesar estoit tres-*abstinent*.

Montaigne, Essais, II, 34.

On honore le précurseur de Jésus-Christ, c'est-à-dire le plus austère et le plus *abstinent* des hommes, par des intempérances et des excès.

Bourdaloue, Mystères. Sermons pour la fête de tous
les saints.

Les peuples du Midi sont plus *abstinents* que ceux du Septentrion.

Furetière, Dictionnaire.

Il s'est pris autrefois dans la même acception que le mot Continent :

Daniel...*abstinens* fut et chastes.

S. Bernard, Sermons français, à la suite des Quatre
livres des Rois, p. 566.

Les familiers du philosophe Stilpo disoient qu'estant nay subject au vin et aux femmes, il estoit rendu par estude tres-*abstinent de* l'un et *de* l'autre.

Montaigne, Essais, II, 11.

Si ert (il était si) chastes e *abstinens*...

Benoît, Chron. des ducs de Normandie, v. 8852.

On l'a réduit de bonne heure à exprimer l'exacte et sévère observance du jeûne et les autres prescriptions diététiques de l'Église :

Valentinien... devint si *abstinent* qu'il jeûnoit très-souvent et mangeoit fort peu, même dans ces festins magnifiques qu'il faisoit à ses courtisans.

Fléchier, Histoire de Théodose, IV, 34.

I.

A l'exception de ce sens spécial, il est presque tout à fait hors d'usage, et aujourd'hui on ne dirait plus que Sobre.

Abstinents, s. m. pl., se dit, dans les histoires ecclésiastiques, d'une secte d'hérétiques du IIIe siècle, qui s'étaient interdit le mariage. Comme ils s'abstenaient d'ailleurs de la chair et du vin, ils avaient sans doute adopté ce nom dans son sens le plus général :

Tant de sectes d'*abstinens*, de flagellans, de continens, qui ont paru dans le monde...

Bourdaloue, Sermons. 3e dimanche après la Pentecôte.

ABSTERGER, v. a. (du latin *Abstergere*).

Essuyer, nettoyer, débarrasser les parties superficielles d'un corps des ordures qui s'y amassent :

Ne faut oublier à mesler tousjours avec les onguens un peu de theriaque ou mithridat... et autres semblables, qui ont vertu d'attirer et resoudre le venin, et d'*absterger* et nettoyer l'ulcère.

Ambr. Paré, Introd. à la vraye cognoissance de la chirurgie,
XXI, 13.

Absterger ne s'emploie qu'en termes de médecine et de chirurgie, et ne reçoit point de sens figuré, comme *abstergere*, qui se prenait pour *tollere: Abstergere fastidia, molestias, dolorem, luctum*, etc. C'est par erreur que les dictionnaires donnent **absterger** pour synonyme absolu à *déterger*. **Absterger** se dit, relativement à la surface, aux parties extérieures des corps; *déterger*, relativement aux parties intérieures. On *absterge* les blessures, on *déterge* les intestins. (*Voy.* Déterger).

ABSTERGÉ, ÉE, participe.

ABSTERGENT, ENTE, adj. (du latin *abstergens*, participe présent d'*abstergere*).

Terme de médecine et de chirurgie. Il se dit des remèdes extérieurs qui servent à nettoyer les plaies, les ulcères.

On l'employait autrefois, par extension, en parlant des remèdes qui servent à résoudre les tumeurs, les duretés, les engorgements, pour Dissolvant ou Résolutif.

ABSTERGENT est aussi substantif :

Les *abstergents* sont les remèdes dont on se sert pour nettoyer la peau ou les parties superficielles d'un corps des ordures qui y sont amassées et qui bouchent les pores.

HARR¨S, *Dictionnaire universel des arts et des sciences.*

ABSTERGENT se dit pour ABSTERSIF, et celui-ci, réciproquement, pour ABSTERGENT ; mais ni l'un ni l'autre ne sont fort usités, toute cette famille de mots étant bornée à une acception purement technique.

ABSTERSIF, IVE, adj. (d'*Abstersum*, supin d'*abstergere*).

Qui est propre à *absterger.*

Il est pris en un sens général dans ce passage d'un écrivain du XVIᵉ siècle :

Les choux mangez cuits ou cruds, ou le jus d'iceux beu, esteignent la force du vin, et si desenyvrent, selon Cato (qui loue les choux jusqués à fascher), à cause de la grande contrariété qu'ils ont ensemble ; ou, selon Aristote, à cause du jus de chou, qui est doux et *abstersif.*

G. BOUCHET, *Serées,* liv. I, Iʳᵉ serée.

Il n'est d'ailleurs d'usage que comme terme de médecine et de chirurgie, et se dit spécialement, en parlant des topiques et des lotions propres à *absterger,* à nettoyer les plaies, les ulcères :

Faculté *abstersive.* Remède *abstersif.*

Dictionnaires de J. Thierry, de Nicot, de Monet, de Cotgrave.

ABSTERSIF, ainsi qu'ABSTERGENT, se prend comme substantif :

On use aussi de la poudre de ceste racine ès detersifs, et *abstersifs.*

DU PINET, trad. de Pline. *Hist. nat.,* XX, 2.

ABSTERSION, s f. (d'*Abstersum*, supin d'*abstergere*).

Action d'*absterger,* de nettoyer, nettoiement.

Il est, comme ABSTERSIF, pris en un sens général, dans cet ancien passage :

Notez que des chappeaulx les ungs sont ras, les aultres à poil, les aultres veloutez, les aultres taffetassez, les aultres satinizez. Le meilleur de touts est celluy de poil : car il faict tres bonne *abstersion de* matiere fecale.

RABELAIS, *Gargantua,* I, 13.

Le baptême, l'immersion dans l'eau, l'*abstersion,* la purification par l'eau est de la plus haute antiquité.

VOLTAIRE, *Dictionnaire philosophique* ; art. BAPTÊME, sect. 2.

Il s'est d'ailleurs réduit de même, depuis longtemps, à une acception toute spéciale dans la langue de la médecine et de la chirurgie.

ABSTERSION, qui est actif dans cette acception, s'est pris aussi passivement, suivant Harris, *Dictionnaire universel des sciences et des arts,* c'est-à-dire pour l'Effet produit par l'ABSTERSION, *l'état d'abstersion et de netteté.* Il se dit moins fréquemment encore dans ce sens que dans l'autre.

ABSTRAIRE, v. a. (du latin *Abstrahere,* comme le simple *traire,* sur lequel il se conjugue, de *trahere*).

Plusieurs temps de ce verbe n'étant pas usités, et plusieurs personnes des temps usités n'étant pas euphoniques, on y supplée par la locution *faire abstraction.*

ABSTRAIRE s'est d'abord employé au propre, dans le sens d'*abstrahere,* pour Retirer de, enlever de :

La noble pucelle Cassandre se veist *abstraire* par force et violence hors du temple de Minerve.

J. LE MAIRE DE BELGES, *Illustrations de Gaule,* II.

A cette acception primitive se rapporte l'emploi, fort ancien lui-même, du pronominal s'ABSTRAIRE pour se Retirer, s'arracher du monde, comme on voit dans l'exemple suivant :

Mieulx *te* vauldroit *abstraire,*
Et aller demeurer en un lieu solitaire.

Triumphe des neuf preux, p. 267, col. 2. (Cité par Sainte-Palaye.)

On est revenu à l'acception générale qu'ABSTRAIRE tenait de son étymologie, lorsqu'on a dit, par figure, *abstraire son esprit d'une chose :*

J'ai été forcé d'*abstraire* mon esprit dix, douze et quinze heures par jour, *de* ce qui se passoit autour de moi pour me livrer puérilement à la composition d'un ouvrage dont personne ne parcourra une ligne.

CHATEAUBRIAND, *Études ou discours historiq.;* Avant-propos.

ABSTRAIRE, recueilli tardivement par les dictionnaires, ne s'entend guère depuis longtemps que dans un sens métaphysique tout spécial, et signifie Séparer par un acte de l'esprit, prendre à part et considérer en elle-même une partie d'un tout, ce tout ne fût-il divisible que par la pensée.

Les exemples d'ABSTRAIRE, en ce sens, ne sont pas bien anciens. Ce n'est pas par ce verbe qu'au XVIIe siècle, la Logique de Port-Royal, la Logique de Bossuet, traduisent le verbe latin *abstrahere*, usité dans l'enseignement de la philosophie et de la théologie, mais par des périphrases équivalentes :

Analyser c'est décomposer, séparer, c'est-à-dire *abstraire.*

CONDILLAC, *Art de penser,* Ire part., c. 8.

En distinguant ses idées, on considère quelquefois, comme entièrement séparées de leur sujet, les qualités qui lui sont le plus essentielles : c'est ce qu'on appelle plus particulièrement *abstraire.*

LE MÊME, *Essai sur l'Origine des connoissances humaines,* Ire part., sect. 2, c. 6, § 57.

ABSTRAIRE est aussi, en ce sens, un terme d'algèbre, et il se dit des nombres.

ABSTRAIT, AITE, participe (d'*Abstractus,* participe passif d'*abstrahere*).

On l'a écrit ABSTRAICT, ASTRAICT, ABSTRACT. (Voyez pour ce dernier mot, qu'on a quelquefois distingué d'ABSTRAIT quant à la signification, le Dictionnaire de Furetière, et la première édition, en 1694, du Dictionnaire de l'Académie.)

ABSTRAIT a été employé, comme son verbe, au sens propre, pour Extrait de :

Parce que les Estats catholiques n'agueres tenuz à Paris, ne sont point Estats à la douzaine, ni communs et accoustumez, mais ont quelque chose de rare et singulier par dessus tous les autres qui ayent jamais esté tenuz en France, j'ay pensé faire chose agreable à tous bons catholiques zelez, et servir à l'edification de la foy, d'en mettre par escrit un sommaire, qui est comme un elixir et quinte-essence tirée et *abstraicte,* non seulement *des* harangues, mais aussi *des* intentions et pretentions des principaux personnages qui jouerent sur cest eschaffaut.

Satire Ménippée. La vertu du Catholicon.

Pour Originaire de :

Ce fut la mere de son pere
Qui fut *astraicte.de* Bretaigne.

Farce de Pathelin.

Ou bien encore pour Tiré, entraîné, ravi hors de :

En tel personnaige studieux vous voyez suspendues toutes les facultez naturelles, cesser tous sens exterieurs; brief vous le jugerez n'estre en soy vivant, estre *hors soy abstraict* par ecstase.

RABELAIS, *Pantagruel,* III, 31.

Cet exemple fait comprendre comment le participe ABSTRAIT est devenu un adjectif appliqué aux personnes qu'une forte préoccupation sépare des objets qui les entourent et des discours qu'on tient devant elles :

Théocrine.... est *abstrait,* dédaigneux, et semble toujours rire en lui-même de ceux qu'il croit ne le valoir pas.

Phédon est *abstrait,* rêveur, et il a, avec de l'esprit, l'air d'un stupide.

LA BRUYÈRE, *Caractères,* c. 16.

Quelques-uns disent Distrait pour *abstrait* : « Je n'ai « jamais veu un homme plus distrait. » M. Pélisson dit dans son *Discours sur les œuvres de M. Sarasin,* en faisant les divers caractères de la conversation : « On en voit « d'autres qui n'ont ni ce chagrin ni cette fierté, mais qui, « par une trop forte application à leurs desseins, sont tou-« jours distraits, et ne portent en aucun lieu que la moi-« tié de leur esprit. » — Distrait est un très-beau mot, et il exprime parfaitement ce que M. Pélisson veut dire;

43.

mais il n'exprime pas, ce me semble, tout ce que signifie *abstrait*, ou plutôt il exprime quelque autre chose. Qui dit *abstrait* dit une personne qui n'entre point dans la conversation, qui n'écoute nullement ce qu'on dit, qui ne songe à rien, ou qui songe à toute autre chose qu'à ce qu'on dit; qui songe, par exemple, à la matière subtile de M. Descartes, quand on parle des nouvelles de la guerre. Distrait, au contraire, dit une personne qui écoute, à la vérité, ce qu'on dit; mais qui n'y donne pas une attention entière. Un esprit distrait dans la conversation est un esprit qui ne suit pas la conversation, que ses pensées emportent ailleurs de temps en temps, et que la conversation rappelle aussi de temps en temps. Après tout, *abstrait* et Distrait se confondent quelquefois, et on peut s'en servir indifféremment dans plusieurs rencontres où il seroit assez inutile de les distinguer.

Bouhours, *Remarques nouvelles sur la langue françoise.*

On est *abstrait*, lorsqu'on ne pense à aucun objet présent, ni à rien de ce qu'on dit... Un homme *abstrait* n'a point l'esprit où il est... Les gens *abstraits* se soucient peu de la conversation; les distraits en perdent le fruit...

Girard, *Synonymes françois.*

On dit d'un homme qu'il est *abstrait*, quand il ne s'occupe que de ce qu'il a dans l'esprit, sans se prêter à ce qu'on lui dit.

Dumarsais, *des Tropes*, III, 11. Sens abstrait.

Abstrait se dit, dans un sens pareil, non pas précisément de la personne, mais, ce qui revient au même, de son esprit :

Certes, saint Gregoire Nazianzene tesmoigne que plusieurs aymant et admirant saint Basile, s'estoient laissez porter à l'imiter, mesme en ses imperfections exterieures, en son parler lentement, et avec un esprit *abstrait* et pensif, en la forme de sa barbe, et en sa desmarche.

S. François de Sales, *Introd. à la vie dévote*, IIIe part., c. 22.

Quelquefois un esprit *abstrait*, nous jetant loin de la conversation, nous fait faire ou de mauvaises demandes ou de sottes réponses.

La Bruyère, *Caractères*, c. 5.

Cet *esprit* solitaire, *abstrait*, recueilli en lui-même... se communiquait peu aux hommes.

Marmontel, *Mémoires*, XIII.

Abstrait, dans le langage philosophique, désigne un objet sur lequel s'est exercée la faculté d'*abstraire*, c'est-à-dire que l'on a séparé par la pensée du tout qui le comprenait, pour le considérer à part.

On le dit, en ce sens, des choses, dans cette expression, *choses abstraites*, et d'autres analogues :

Je suis tellement esclave de mon corps que je ne puis même m'appliquer sans peine et sans dégoût aux *choses abstraites*.

Malebranche, *Conversations chrétiennes*, Entretien IV.

Ce qui est *abstrait* est incompréhensible à la plupart des hommes ; c'est le sensible qui les réveille, et qui fixe et soutient la vue de leur esprit.

Le même, *Recherche de la vérité*, X. Éclaircissement sur la nature des idées.

Il (l'homme) ne peut être longtemps attentif à ce qui est *abstrait*.

Fénelon, *Dialogues sur l'Éloquence*, II.

On dit des *matières abstraites* :

Ce qui peut-être vous surprendra, c'est que, sur une *matière* si sublime par elle-même et si *abstraite*, je ne vous dirai rien que de pratique.

Bourdaloue, *Sermons*. Sur sainte Thérèse.

Il falloit à cette compagnie un secrétaire qui entendît et qui parlât bien toutes les différentes langues de ces savans... qui pût donner à tant de *matières* épineuses et *abstraites* des éclaircissemens, un certain tour, et même un agrément que les auteurs négligent quelquefois de leur donner.

Fontenelle, *Eloge de Du Hamel.*

Des *idées*, des *notions*, des *vérités*, des *questions abstraites* :

Je ne m'engagerai point ici dans un long détail, ni en des *questions* subtiles et *abstraites*.

Bourdaloue, *Sermons*. Sur la foi sans les œuvres.

Tout ce qui est *vérité* universelle et *abstraite* est une idée.

Fénelon, *de l'Existence de Dieu*, part. II, c. 4, § 50.

Tous les hommes ont assez de peine à comprendre, et encore plus à retenir les *vérités abstraites*, c'est-à-dire les rapports qui sont entre les choses qui ne tombent point sous l'imagination.

Malebranche, *Recherche de la vérité*, II, 5, § 1.

Les *vérités* ou les *erreurs abstraites*, qu'il est indifférent de croire ou de nier, n'intéressent presque personne.

MASSILLON, *Carême.* Mardi de la 4ᵉ semaine.

Il n'y a aucun terme dans leur langue pour exprimer le vice et la vertu. Leur extrême simplicité ne leur a pas encore permis de former des *notions abstraites ;* le sentiment seul les dirige.

VOLTAIRE, *Histoire de Pierre le Grand*, Iʳᵉ part., c. 1.

Les préjugés et les fausses applications se sont multipliés à mesure que nos *hypothèses* ont été plus savantes, plus *abstraites* et plus perfectionnées.

BUFFON, *Manière d'étudier l'histoire naturelle.* Discours I.

Les *idées* générales et *abstraites* sont la source des plus grandes erreurs des hommes.

J.-J. ROUSSEAU, *Émile*, IV.

Nous entendons... par *idée abstraite* toute idée par laquelle nous considérons dans un même objet une ou quelques-unes seulement de ses propriétés, sans faire attention aux autres.

D'ALEMBERT, *Essais sur les Élémens de philosophie;* Éclaircissemens, § 2.

Les *idées abstraites* sont des idées partielles séparées de leur tout.

CONDILLAC, *Art de penser*, Iʳᵉ part., c. 8.

L'histoire de la nature se divise en science de vérités sensibles, la physique ; et en science de *vérités abstraites*, la métaphysique.

LE MÊME, *Art de raisonner.* Discours préliminaire.

...Les notions *abstraites* se forment en cessant de penser aux propriétés par où les choses sont distinguées, pour ne penser qu'aux qualités par où elles conviennent.

LE MÊME, *Essai sur l'origine des connoissances hum.*, Iʳᵉ part., sect. 5, § 1.

Des *raisonnemens abstraits :*

Il est certain qu'il (Pascal) avoit quelque éloignement des *raisonnemens abstraits* et métaphysiques que plusieurs ont employés pour l'établissement des vérités de la foi.

NICOLE, *de l'Éducation d'un prince*, part. II, art. 43.

Je n'ai pas cru devoir employer des *raisonnemens* fort *abstraits.*

MONTESQUIEU, *Lettres persanes*, XI.

Des *termes, des mots abstraits :*

Il faut toujours se souvenir que les *termes abstraits* sont l'ouvrage des précisions et abstractions mentales ; de sorte qu'on ne doit pas s'imaginer que les formes qu'ils signifient comme détachées subsistent en cette sorte, ou même qu'elles soient toujours distinctes de ce qui est exprimé comme sujet.

Les *termes abstraits* sont tous substantifs, encore que la plupart ne signifient pas de substances.

BOSSUET, *Logique*, I, 42.

Il n'y a point d'être réel appelé volonté, désir, mémoire, imagination, entendement, mouvement, mais l'être réel appelé homme comprend, imagine, se souvient, désire, veut, se meut. Ce sont des *termes abstraits* inventés pour faciliter le discours.

VOLTAIRE, *Philosophie générale;* le Principe d'action, X.

La vérité est un *mot* général, *abstrait*, qui signifie les choses vraies.

LE MÊME, *même ouvrage.* Tout en Dieu. Résultat.

Tout adjectif est un *mot abstrait.*

J.-J. ROUSSEAU, *Discours sur l'origine de l'inégalité*, etc.

Les *termes abstraits* fixent l'esprit, ils nous servent à mettre de l'ordre et de la précision dans nos pensées ; ils donnent plus de grâce et de force au discours.

DUMARSAIS, *Mélanges de grammaire.* Abstraction.

Des *sciences abstraites :*

J'avois passé beaucoup de temps dans l'étude des *sciences abstraites.*

PASCAL, *Pensées*, part. I, art. IX, § 17.

Philosophes... attachés à ce qu'on appelle physique, ou occupés des *sciences abstraites* qu'on appelle mathématiques...

BOSSUET, *Élévations sur les mystères*, XVIIᵉ semaine, 3ᵉ élévation.

Il ne négligera pas même ces *sciences abstraites* que le commun des hommes ne méprise que parce qu'il les ignore.

D'AGUESSEAU, *Discours I.*

On va de définitions en définitions dans les *sciences abstraites;* on marche d'observations en observations dans les sciences réelles.

BUFFON, *Manière d'étudier l'histoire naturelle.* Discours I.

Des *qualités*, des *propriétés abstraites* :

L'étendue, par exemple, étant une *propriété* générale et *abstraite* de la matière, n'est pas un sujet fort composé.

Buffon, *Hist. nat.* Des Animaux, c. 2. De la reproduct. en gén.

Il nous est impossible de parler sans abstraire. Parler, c'est énoncer une suite de propositions. Or, dans toute proposition, l'attribut est un terme abstrait, il désigne une *qualité abstraite*.

Laromiguière, *Leçons de philosophie*, XIᵉ leçon.

Abstrait se dit quelquefois en parlant d'un être ou d'un fait qui n'existe absolument point, mais dont on admet la supposition par un effort de l'esprit :

On est obligé... de faire des suppositions toujours contraires à la nature, de dépouiller le sujet de la plupart de ses qualités, d'en faire un être *abstrait* qui ne ressemble plus à l'être réel.

Buffon, *Manière d'étudier l'hist. nat.* Discours 1ᵉʳ.

Il faut... généraliser nos vues, et considérer dans notre élève l'homme *abstrait*, l'homme exposé à tous les accidens de la vie humaine.

Il connoît l'étendue *abstraite* à l'aide des figures de la géométrie ; il connoît la quantité *abstraite* à l'aide des signes de l'algèbre.

J.-J. Rousseau, *Émile*, III.

De là, chez un écrivain de notre temps, l'expression *pièce abstraite* en parlant de drames dont les personnages n'ont point d'existence individuelle :

...Ils (les Allemands) ont fait des pièces *abstraites*, pour ainsi dire, dans lesquelles les rapports des hommes entre eux sont indiqués d'une manière générale.

Mᵐᵉ de Staël, *de l'Allemagne*, IIᵉ part., c. 22, § 18.

Abstrait se dit, en mathématiques, des nombres considérés comme nombres, dans leur valeur abstraite, indépendamment de leur application à quelque objet déterminé. Trois est un *nombre abstrait* ; trois chiffres, trois lieues, trois hommes, sont des nombres concrets.

De la difficulté réelle ou prétendue de saisir certaines abstractions est venu un emploi abusif du mot ABSTRAIT que signale le passage suivant :

Dans le langage vulgaire de la conversation... on entend ordinairement par le mot *abstrait* ce qui demande de la part de l'esprit une forte application.

D'Alembert, *Essais sur les Élémens de philosophie;* Eclaircissemens, § 2.

Abstrait se prend souvent en mauvaise part pour Trop métaphysique, Trop subtil, obscur :

Il y a... une infinité de questions métaphysiques qui, étant trop vagues, trop *abstraites* et trop éloignées des principes clairs et connus, ne se résoudront jamais.

Logique de Port-Royal, part. IV, c. 1.

C'est donc sous un si habile maître que j'ai fait mon apprentissage, et j'ose dire qu'il y paroît. J'ai si bien pris son esprit, que je compose déjà des morceaux *abstraits* qu'il avoueroit.

Le Sage, *Gil Blas*, VII, 13.

Ce discours, quoique *abstrait*, me paroît assez bon.

Regnard, *Démocrite amoureux*, IV, 7.

Vous nous parlerez le jargon
De l'*abstraite* philosophie.

Voltaire, *Lettres;* juin 1721. A Fontenelle.

On le dit, en ce sens, des personnes elles-mêmes :

Voilà le précis de tout le livre. L'auteur est très-*abstrait* : c'est une suite de lemmes et de théorèmes qui répandent quelquefois plus d'obscurité que de lumières.

Voltaire, *Mélanges de littérature.* Lettre sur les Français. De Mˡˡᵉ Huber.

D'autres fois, ABSTRAIT, soit en parlant des choses, soit en parlant des personnes, signifie Sans objet positif, sans application utile :

Mon dessein n'est pas de m'arrêter uniquement à de sèches controverses, ni à des spéculations *abstraites* et sans fruit.

Bourdaloue, *Essai d'octave du Saint-Sacrement;* Dessein général.

Ne faisons point des oraisons élevées, *abstraites*, et qui ne se rapportent point à la pratique des vertus.

Fénelon, *Entretien sur les caractères de la piété.*

Fuyez, comme le chant des sirènes, les discours

séducteurs de ces philosophes *abstraits* et souvent encore plus oisifs, qui, sensibles au bonheur de leur indépendance et sourds à la voix de la société, vous diront que l'homme raisonnable ne doit s'occuper que du vrai considéré en lui-même.

D'Aguesseau, *Instruction à son fils*, II. Étude de l'histoire.

Le christianisme... toujours d'accord avec les cœurs, ne commande point des vertus *abstraites* et solitaires, mais des vertus tirées de nos besoins et utiles à tous.

Chateaubriand, *Génie du christianisme*, II, 3.

Abstrait, pris substantivement, est un terme scolastique opposé à Concret, autre adjectif dont on peut faire de même un substantif :

Nous prenons donc partout *l'abstrait* pour le simple, et le réel pour le composé. Dans la nature, au contraire, *l'abstrait* n'existe point ; rien n'est simple et tout est composé.

Buffon, *Hist. nat.* Des Animaux, c. 2. De la reproduc. en gén.

...Tous ces docteurs célèbres
Qui, le dilemme en main, prétendent de *l'abstrait*
Catégoriquement diviser le concret.

L. Racine, *la Religion*, V.

ABSTRAITEMENT, adv.

D'une manière abstraite :

Aimeroit-on la substance de l'âme d'une personne *abstraitement?*

Pascal, *Pensées*, part. I, art. viii, § 17.

Système pour système, chimère pour chimère, si les calculateurs ne cherchoient qu'à présenter *abstraitement* le plan de recouvrement le plus économe, un impôt unique sur un objet de consommation leur conviendroit autant que tout autre.

Necker, *De l'Administration des finances de la France*, t. I, c. 7.

Ce mot, bien fait et autorisé, manque cependant à presque tous les dictionnaires. *Abstractivement*, plus employé au dernier siècle, n'en est pas l'équivalent exact, se rapportant plutôt, comme on le verra, au procédé de l'esprit qui abstrait.

ABSTRACTION, s. f. (du mot latin inusité *Abstractio*).

Ce mot, comme tous ceux de la même famille, a d'abord signifié, au sens propre et étymologique, l'Action de détourner, d'enlever, de ravir. L'emploi qu'avait fait, en ce sens, du mot *abstractio*, dans le seul exemple qu'on en cite, le traducteur du prétendu Dictys de Crète (I, 4) : *abstractio conjugis animum permoverat*, a passé, peut-être par voie de traduction, dans la phrase suivante empruntée à un vieil écrivain français :

Achilles tenoit à grave injure l'*abstraction de* sa concubine Briséis.

J. Le Maire de Belges, *Illustrations de Gaule*, II.

Cette acception et le mot lui-même se perdirent bientôt. Abstraction, que nos anciens lexicographes, Rob. Estienne, J. Thierry, Nicot, Monet, ont omis dans leurs dictionnaires, ne reparut que longtemps après, et, particulièrement, avec un sens métaphysique où il est resté de grand usage.

Il s'est dit cependant dans un sens physique, de l'Opération par laquelle on sépare une substance d'une ou de plusieurs autres qui formaient avec elle un tout complexe :

Je lavai soigneusement la terre qui resta sur le filtre ; je la trouvai réduite à la moitié du poids des écailles que j'avois employées, soit par l'*abstraction de* l'acide et *de* l'eau de crystallisation de la sélénite, soit, etc.

Saussure, *Voyages dans les Alpes*, Analyse de l'eau sulfureuse d'Étrembières, c. 8, § 271.

Abstraction, dans un sens métaphysique, se dit d'une Opération de l'esprit par laquelle il considère séparément des choses qui sont réellement unies, et détache d'un tout, pour y borner son attention, quelqu'une de ses parties ; d'une substance, quelqu'une de ses qualités :

Le peu d'étendue de notre esprit fait qu'il ne peut comprendre parfaitement les choses un peu composées qu'en les considérant par parties, et comme par les diverses faces qu'elles peuvent recevoir. C'est ce qu'on peut appeler généralement connoître par *abstraction.*

Logique de Port-Royal, part. I, c. 5.

Les idées que nous avons communément du simple ou du composé sont des idées d'*abstraction*.

> Buffon, *Hist. nat.* Des Animaux, c. 2. De la reproduction en général.

L'idée dont on s'occupe par *abstraction* est tirée, pour ainsi dire, des autres idées qui ont rapport à celle-là; elle en est comme séparée, et c'est pour cela qu'on l'appelle idée abstraite.

> Dumarsais, *Des Tropes*, III, xi. Sens abstrait.

Il me semble que l'évidence ne peut jamais être dans les lois naturelles et politiques qu'en les considérant par *abstraction*.

> J.-J. Rousseau, *Lettres*, 26 juillet 1767.

Il (Sieyès) avoit mené jusqu'à quarante ans une vie solitaire, réfléchissant sur les questions politiques, et portant une grande force d'*abstraction* dans cette étude.

> Mᵐᵉ de Staël, *Considérations sur la Révolution française*, IIᵉ part., c. vi, § 10.

Abstraction, en ce sens, ne se prend pas toujours ainsi absolument.

On le trouve quelquefois déterminé par un adjectif, tel que *mentale* :

L'opération de l'esprit qui la tire (l'idée) de son sujet s'appelle précision ou *abstraction mentale*.

> Bossuet, *Logique*, I, 22.

Il se lie aussi assez souvent, au moyen de la préposition *de*, à un mot qui fait connaître par quoi s'opère l'abstraction. *Abstraction de l'esprit, des sens, du langage* :

C'est... par une simple *abstraction de l'esprit* que le géomètre envisage les lignes comme sans largeur et les surfaces comme sans profondeur.

> D'Alembert, *Essais sur les élémens de philosophie;* Géométrie, XV.

Parler, c'est donc abstraire, et l'*abstraction du langage* n'est pas moins naturelle que celle *de l'esprit* et *des sens*. .....Les sens font-ils des abstractions? le langage en fait-il? N'est-ce pas toujours l'esprit qui abstrait? L'observation est fondée... cependant nous croyons devoir conserver ces manières de parler *abstraction des sens, abstraction du langage*.

> Laromiguière, *Leçons de philosophie*, XIᵉ leçon.

Abstraction s'emploie communément dans cette manière de parler : *Faire abstraction de*, laquelle signifie Laisser de côté, négliger, et se dit en parlant de faits, de circonstances, d'idées dont on ne tient pas compte :

Enfin, mes Pères, dites-moi, je vous prie, pour la dernière fois, ce qu'il faut que je croie pour être catholique. —Il faut, me dirent-ils tous ensemble, dire que tous les justes ont le pouvoir prochain, en *faisant abstraction de* tout sens : *abstrahendo a sensu thomistarum, et a sensu aliorum theologorum*.

> Pascal, *Provinciales*, I.

...Quand même on *feroit abstraction du* concours de Dieu, tout est lié parfaitement dans l'ordre des choses.

> Leibnitz, *Théodicée*. De la bonté de Dieu, Iʳᵉ part., § 2.

Faites pour un moment abstraction des vérités révélées, cherchez dans toute la nature, et vous n'y trouverez pas de plus grand objet que les Antonins.

> Montesquieu, *Esprit des lois*, XXIV, 10.

Le nombre des hommes croît et diminue indéfiniment, en raison des subsistances, en *faisant abstraction des* accidens passagers.

> Voltaire, *Essai sur les mœurs*, Remarques, XIX.

Faites abstraction de toutes les modifications l'une après l'autre, imaginez que ce que vous appelez substance ou sujet de ces modifications en soit dépouillé successivement, il ne vous restera plus l'idée de rien, et la substance ne sera plus qu'un mot que vous prononcerez.

> D'Alembert, *Essais sur les élémens de philosophie*, Éclaircissemens, § 7.

Pour juger sainement, je *ferai abstraction de* haine et d'amour.

> Mˡˡᵉ de Lespinasse, *Lettres*, 3 juillet 1775.

A l'égard des sociétés, si l'on veut *faire abstraction de* quelques différences d'expressions, on trouvera que la classe générale des gens du monde et la bourgeoisie opulente se ressemblent plus au fond qu'on ne le suppose.

> Duclos, *Considérations sur les mœurs*, c. 8.

Abstraction ne se dit pas seulement de l'opération de l'esprit qui abstrait, mais encore de ce qu'elle produit, dans ces expressions : *Une abstraction, des abstractions*, etc.

De ce qu'une même chose peut être considérée sous

diverses raisons, naissent les précisions de l'esprit, autrement appelées *abstractions mentales,* chose si nécessaire à la logique et à tout bon raisonnement.

Bossuet, Logique, I, 22.

La présence intime de l'idée vague de l'être en général est la cause de toutes les *abstractions* déréglées de l'esprit.

Malebranche, Recherche de la vérité, III, 8 ; somm.

Un point géométrique est une supposition, une *abstraction,* une chimère.

Voltaire, Philosophie générale. Lettres de Memmius, III, § 12.

N'est-ce pas porter dans la réalité des ouvrages du Créateur les *abstractions* de notre esprit borné, et ne lui accorder, pour ainsi dire, qu'autant d'idées que nous en avons?

Buffon, Manière d'étudier l'histoire naturelle. Discours I.

Nos *abstractions mentales* ne sont que des êtres négatifs, qui n'existent, même intellectuellement, que par le retranchement que nous faisons des qualités sensibles aux êtres réels.

Le même, Hist. nat. Des Animaux, c. 5. Exposition des
systèmes sur la génération.

Les idées distinctes et les vérités nécessaires sont moins sensibles, parce que nous ne les acquérons qu'en formant des *abstractions,* c'est-à-dire en ne donnant notre attention qu'à une partie des idées que les sens transmettent.

Condillac, Art de penser, Ire partie, c. 2.

L'homme, pourvu de cinq organes, dont chacun lui sert à acquérir une espèce particulière d'idées, distribue nécessairement tous les objets sensibles en cinq espèces de qualités. Le corps humain, si l'on peut ainsi le dire, est une machine à *abstractions.*

Laromiguière, Leçons de philosophie, XIe leçon.

Pour les *abstractions* j'aime le platonisme.

Molière, les Femmes savantes, III, 2.

Le pluriel *abstractions* se dit, dans une acception défavorable, des idées trop métaphysiques, des théories trop générales, trop vagues, qui ne peuvent recevoir d'application :

Cependant on sacrifiait à des *abstractions* et à de vaines espérances le bien des générations futures.

Napoléon, Mémoires, t. IV, p. 214.

On exprime encore de même, par une extension très-forte, l'état de l'esprit qui résulte des abstractions et lui fait perdre de vue les faits :

Les personnes qui font de profondes études et celles qui ont de grandes affaires ou de fortes passions, sont plus sujettes que les autres à avoir des *abstractions.*

Girard, Synonymes françois.

D'Abstraire, ou plutôt du supin d'*abstrahere, abstractum,* on a tiré, outre abstraction, plusieurs mots : abstracteur, abstractif, abstractivement, le premier depuis longtemps sorti de l'usage, les deux autres assez récemment introduits.

ABSTRACTEUR, s. m.

Il se disait pour Alchimiste, et a désigné, par extension, un homme à esprit spéculatif, s'occupant de sciences abstruses, d'expériences, d'entreprises chimériques :

En contemplation des studieux desirs, desquelz me semblez avoir en vos cueurs faict insigne montjoye et suffisante preuve, je vous retiens presentement en estat et office de mes *abstracteurs.* (C'est Quintessence qui parle.)

Rabelais, Pantagruel, V, 22.

C'est *abstracteur* d'idées ou essences suivoit Eutrapel.

Du Fail de la Herissaye, Contes d'Eutrapel, X.

Rabelais a signé le deuxième livre de son ouvrage du nom d'Alcofribas, *abstracteur* de quintessence.

ABSTRACTIF, IVE, adj.

Il se lit depuis quelque temps dans certains ouvrages scientifiques, où il qualifie :

Premièrement, une opération, une formule, une méthode d'abstraction ;

Secondement, une substance ou un agent qui a la propriété d'abstraire, de séparer.

ABSTRACTIVEMENT, adv.

D'une manière abstractive, par abstraction :

Cette épreuve faite a donné à mes sentimens la forme

invariable qu'ils ont toujours observée *abstractivement de toute réflexion.*

J.-B. ROUSSEAU, *Lettres*, 14 mai 1731.

Cette analyse nous fera connoître que le mot *sensation*, pris *abstractivement*, n'exprime proprement aucune idée, mais que ce mot est seulement une expression commune à toutes les idées que nous recevons par les sens.

D'ALEMBERT, *Essais sur les élémens de philosophie;* Eclaircissemens, § 2.

Abstractivement parlant, un reproche général peut être bien fondé.

BEAUMARCHAIS, *Mémoires*, part. I.

Ce qui pourra surprendre, c'est que ces deux mots, le génie, le goût, pris *abstractivement*, ne se trouvent jamais ni dans les vers de Boileau, ni dans la prose de Racine, ni dans les dissertations de Corneille, ni dans les pièces de Molière.

LA HARPE, *Cours de littérature*. Introduction.

ABSTRACTIVEMENT n'avait paru dans aucun dictionnaire avant le *Grand Vocabulaire*, en 1767, et ce dictionnaire en attribuait par erreur (le premier des exemples cités le prouve) l'introduction à d'Alembert.

ABSTRUS, USE, adj. (du latin *Abstrusus*, participe passif d'*abstrudo*, et, par ce mot, de *abs* et de *trudo*).

Ce mot, que ne donne aucun dictionnaire avant celui de J. Thierry, en 1564, désigne, en raison de ses deux éléments étymologiques, ce qui est enfoncé, éloigné, par conséquent difficile à aborder et à atteindre, et, figurément, difficile à comprendre. Il n'est usité qu'au figuré, et se prend ordinairement en assez mauvaise part :

Les grands esprits... par longue et religieuse investigation, penetrent une plus profonde et *abstruse* lumiere, es écritures.

Je ne trouve aulcune qualité si aysée à contrefaire que la devotion, si on n'y conforme les mœurs et la vie : son essence est *abstruse* et occulte; les apparences, faciles et pompeuses.

MONTAIGNE, *Essais*, I, 54; III, 2.

On veut que ce consentement de l'Église, moyen que l'antiquité a toujours donné pour si facile, soit d'une re-

cherche si *abstruse* et si embarrassante que les simples n'y connoissent rien.

BOSSUET, *IIIe Avertissement aux protestans*, § 25.

Il ne faut qu'une âme simple et innocente qui porte encore en elle ces traits primitifs de lumière que vous avez mis en elle en la créant, et qui ne les a pas encore obscurcis ou éteints par les ténèbres des passions, ou par les fausses lueurs d'une *abstruse* et insensée philosophie.

MASSILLON, *Paraphrase des psaumes*, VIII.

Il pénétroit déjà dans la géométrie la plus *abstruse*, et la perfectionnoit par ses découvertes à mesure qu'il l'étudioit.

FONTENELLE, *Éloge de Bernouilli*.

Il y a dans le CONTRAINS-LES D'ENTRER de Bayle des choses beaucoup plus hardies : à peine s'en est-on aperçu, parce que l'ouvrage est long et *abstrus*. Ceci est court et à la portée de tout le monde.

VOLTAIRE, *Lettres*, 2 janvier 1763.

ABSTRUS, par extension et dans le langage familier, se dit quelquefois des personnes : *Ce philosophe m'a paru fort abstrus.*

ABSTRUS s'emploie aussi quelquefois substantivement. *Il affecte d'être profond, et il tombe dans l'abstrus.*

ABSTRUSEMENT, adv.

D'une manière abstruse.

Il a pu se dire en quelques occasions, puisque Monet l'a recueilli; mais on n'en cite point d'exemples, et il est absolument inusité aujourd'hui.

ABSURDE, adj. des deux genres (du latin *Absurdus*).

Absurdus se disait, au propre, de tout bruit qui assourdit, qui fatigue, qui répugne à l'ouïe, et, figurément, de toute chose qui répugne à l'esprit.

ABSURDE, par lequel on n'a pas d'abord traduit *absurdus* (voir le Glossaire lat.-fr. ms. du XIIIe siècle, n° 7692, Bibl. impér.), et qu'on ne rencontre pas dans nos dictionnaires avant celui de Rob. Estienne, en 1549, n'a jamais eu que la dernière de ces acceptions.

Il s'applique surtout aux choses, et se trouve souvent joint à ce mot *chose* :

Quelques-uns (des législateurs) ont affecté de se servir d'une autre langue que la vulgaire, *chose absurde* pour un faiseur de lois : comment peut-on les observer, si elles ne sont pas connues ?

Montesquieu, Lettres persanes, LXXIX.

Que si le gouverneur d'une ville étoit indépendant du bacha, il faudroit tous les jours des tempéramens pour les accommoder, *chose absurde*, dans un gouvernement despotique.

Le même, Esprit des lois, V, 16.

On le dit des dispositions morales, des défauts du caractère, et même quelquefois de ce qu'il peut y avoir d'excessif dans ses qualités, des sentiments, des actes :

C'est une hardiesse dangereuse et de consequence, oultre l'*absurde* temerité qu'elle traisne quand et soy, de mespriser ce que nous ne concevons pas.

Montaigne, Essais, I, 26.

Il ne se rebutoit point des propositions les plus ineptes ou des demandes les plus *absurdes*.

Saint-Simon, Mémoires, 1699, t. II, c. 22.

Il faut rendre l'intolérance *absurde*, ridicule et horrible, mais il faut respecter les préjugés.

La sentence qui condamne les Sirven est plus *absurde* encore que l'abominable arrêt contre les Calas.

Voltaire, Lettres, 2 janvier 1763 ; 5 janvier 1769.

Je n'ai pu ni dû, d'aussi loin, former l'*absurde* projet de vous corrompre.

Beaumarchais, Mémoires, part. II. Suppl.

Il distille à longs traits son *absurde* malice.

Voltaire, Discours en vers sur l'homme, III.

Du conseiller l'*absurde* prudhommie
Eût tout perdu par pure économie.

Le même, Satires. Défense du Mondain.

Il se dit des conceptions de l'esprit, des idées, des raisonnements, des systèmes, des discours, etc. :

Quelles métamorphoses plus *absurdes* que celles des poëtes !

Fénelon, de l'Existence de Dieu, part. I, c. 3, § 86.

Tous ces bruits pourtant, quoique si *absurdes*, ne laissoient pas que d'être écoutés par les gens du monde.

J. Racine, Hist. de Port-Royal, I.

On n'y trouve (dans les actes de la Tour de Londres) ni contradictions ni absurdités, ni prodiges ; rien qui révolte la raison, rien, par conséquent, que des sectaires s'efforcent de soutenir ou de renverser par des raisonnemens *absurdes*.

Voltaire, Dictionnaire philosophique, art. Secte, sect. 1.

Il y a dans l'histoire naturelle beaucoup de faits qui paroissent ridiculement *absurdes*.

Buffon, Hist. nat., Oiseaux. La Gelinotte.

La logique du cœur est *absurde*.

Mlle de Lespinasse, Lettres, 27 août 1775.

Et si tant de témoignages ne balancent pas en vous les plus *absurdes* calomnies, gens honnêtes ! interrogez enfin mon intérêt.

Beaumarchais, Mémoires, part. II, Suppl.

Quelque *absurde* que soit ce récit, il paroît avoir un fondement réel.

Barthélemy, Voyage d'Anacharsis, c. 36.

Une merveille *absurde* est pour moi sans appas ;
L'esprit n'est point ému de ce qu'il ne croit pas.

Boileau, Art poétique, III.

Absurde se construit quelquefois avec la préposition à :

Il mentait à son cœur, en voulant expliquer
Ce dogme *absurde à* croire, *absurde à* pratiquer.

Voltaire, Discours en vers sur l'homme, II.

Il est absurde de, *il est absurde que*, et autres locutions analogues, sont fort usitées.

Il est absurde de, etc. :

Il seroit absurde de dire que le Créateur, sans ces règles, pourroit gouverner le monde.

Montesquieu, Esprit des lois, I, 1.

Il me paraît toujours *absurde de* faire dépendre l'existence de Dieu d'*a* plus *b* divisé par *z*.

Voltaire, Lettres, juin 1753.

Il est absurde que, etc. :

Il eût été absurde qu'un simple usufruitier eût disposé de la propriété de la chose.

Montesquieu, Esprit des lois, XXXI, 33.

44.

N'est-il pas absurde que la France ait dépensé tant d'argent en Amérique, pour y être la dernière des nations de l'Europe?

VOLTAIRE, *Lettres*, 3 octobre 1760.

ABSURDE peut se dire également des personnes :

Il faut absolument que le débauché obscur et bas qui écrivit cette satire, plus infâme qu'ingénieuse, ait été le consul Titus Petronius; il faut que Trimalcion, ce vieillard *absurde*, ce financier au-dessous de Turcaret, soit le jeune empereur Néron.

VOLTAIRE, *des Mensonges imprimés*, art. XXXVI.

Encore un moment, lecteur, et mon adversaire est enfin démasqué. Que ne puis-je en dire autant de vous tous, ennemis non moins *absurdes* que méchans, qui me déchirez sans relâche!

BEAUMARCHAIS, *Mémoires*, part. II, Suppl.

Ornez donc ce séjour; mais, *absurde* à grands frais,
N'allez pas ériger une ferme en palais.

DELILLE, *les Jardins*, IV.

ABSURDE se prend substantivement.
On a dit autrefois *un absurde* :

Ce seroit *un* trop grand *absurde*.

NICOT, *Thresor de la langue françoise*, 1606.

Depuis.. longtemps, on dit plus communément *l'absurde* :

Le puéril ne doit pas être cité, et *l'absurde* ne peut être cru.

VOLTAIRE, *Siècle de Louis XIV*, c. 4.

Orgon se récrie d'admiration sur cette réciprocité d'injures..... c'est entasser *l'absurde* sur *l'absurde*.

LA HARPE, *Cours de littér.*, part. III, liv. I, Poésie, c. 5, sect. IX.

Quand *l'absurde* est outré, l'on lui fait trop d'honneur
De vouloir, par raison, combattre son erreur.

LA FONTAINE, *Fables*, IX, 1.

De là cette expression, *réduire à l'absurde*, Forcer un adversaire à se rendre, dans la discussion, sous peine de déraisonner :

On doit éviter avec soin de soutenir des thèses tellement improbables qu'on *soit* bientôt *réduit à l'absurde*.

BARTHÉLEMY, *Voyage d'Anacharsis*, c. 57.

ABSURDEMENT, adv. (en latin *Absurdè*).

D'une manière absurde, périphrase de plus d'usage que l'adverbe, admis dans les dictionnaires depuis celui de Rob. Estienne, en 1549 : le Dictionnaire de Monet n'en fait point mention; le Dictionnaire de l'Académie ne l'a recueilli qu'en 1762.

Les anciens philosophes ont raisonné fort *absurdement* sur la physique.

RICHELET, *Dictionnaire*

EX ABSURDO est une locution adverbiale, toute latine, qui signifie, en logique, Une manière d'argumenter fondée à dessein sur des raisonnements absurdes, pour en tirer une conséquence opposée à celle que l'adversaire en avait déduite.

AB ABSURDO a la même signification et est plus employé :

Les hypothèses *ab absurdo* sont à la fois amusantes et utiles.

BERNARDIN DE SAINT-PIERRE, *Études de la nature*, X.

ABSURDITÉ, s. f. (du mot latin inusité *Absurditas*).

Caractère d'une chose absurde :

Ils alleguent que ce seroit grande *absurdité* que l'Esprit de Dieu, auquel toutes choses devroyent estre assujetties, fust sujet à l'Escriture.

Or ce que je di, la volonté estre despouillée de liberté, et necessairement estre tirée au mal, c'est merveille si quelcun trouve ceste maniere de parler estrange, laquelle n'a nulle *absurdité* et a esté usitée des anciens docteurs.

CALVIN, *Instit. chrest.*, l. I, c. IX, § 2 ; l. II, c. III, § 5.

Pour l'affaire d'Homère, il me semble, monseigneur, qu'elle est presque vidée entre vous et moi. J'ai prétendu seulement que l'*absurdité du* paganisme, la grossièreté de son siècle, et le défaut de philosophie, lui avoient fait faire bien des fautes.

LA MOTTE, *Lettres à Fénelon*, 13 décembre 1714.

Si vous me dites que votre copie étoit incorrecte, je me demanderai qui vous forçoit d'employer une lettre visiblement incorrecte, qui n'est remarquable que par son *absurdité*.

J.-J. ROUSSEAU, *Lettres*, 4 novembre 1755.

ABSURDITÉ se dit souvent de la chose même qui est absurde : *une absurdité, des absurdités*, etc.

Il n'y a point d'*absurdités* si insupportables qui ne trouvent des approbateurs.

Logique de Port-Royal, Discours I.

On ne sauroit trop donner à des gens qui ne peuvent jamais rien conclure de tout ce qu'on leur donnera. Plus on leur passe d'*absurdités*, plus ils sont pris par leurs propres principes.

FÉNELON, *de l'Existence de Dieu*, part. I, c. 3, § 83.

Les plus grandes *absurdités* étoient révérées à la faveur d'une obscurité mystérieuse dont elles s'enveloppoient, où elles se retranchoient contre la raison.

FONTENELLE, *Éloge de Lemery*.

Ceux qui ont dit qu'une fatalité aveugle a produit tous les effets que nous voyons dans le monde ont dit une grande *absurdité;* car quelle plus grande *absurdité* qu'une fatalité aveugle qui auroit produit des êtres intelligens?

MONTESQUIEU, *Esprit des lois*, I, 1.

Il est vrai que les contradictions, les *absurdités*, les anachronismes, sont répandus en foule dans ce livre (l'Alcoran).

VOLTAIRE, *Essai sur les mœurs*, c. 7.

Dans le système qui admet un Dieu, on n'a que des difficultés à surmonter, et dans tous les autres systèmes, on a des *absurdités* à dévorer.

LE MÊME, *Élémens de philosophie de Newton*, I, 1.

...Il leur eût prouvé par les propriétés mêmes de la matière que, quoi qu'en dise Locke, la supposition de la matière pensante est une véritable *absurdité*.

J.-J. ROUSSEAU, *Lettres*, 15 janvier 1769.

J'ai assez dit d'*absurdités* dans ma vie pour m'y connoître, et j'aurois perdu le seul fruit que j'en pouvois tirer, si cette maxime ne m'en paroissoit pas une bien conditionnée.

DIDEROT, *Essai sur les règnes de Claude et de Néron*, I, § 46.

Personne n'a osé avancer que le corps de l'homme n'est jamais dans l'enfance. C'est peut-être la seule *absurdité* que les philosophes aient oublié de dire.

CONDILLAC, *Art de raisonner*, I, 5.

Attendez-vous à un tissu d'*absurdités*; elles vous montreront du moins jusqu'à quel excès on a porté quelquefois l'imposture et la crédulité.

BARTHÉLEMY, *Voyage d'Anacharsis*, c. 64.

ABSURDITÉ se dit aussi, comme *absurde*, en parlant des personnes :

Je ne sais encore si l'*absurdité de* ces gens-là doit me faire pouffer de rire ou d'indignation.

VOLTAIRE, *Lettres*, 8 juillet 1757.

On dit quelquefois, d'une manière absolue, *l'absurdité :*

Avec ces faibles essais, toutes les écoles restaient dans *l'absurdité*, ou le monde dans l'ignorance.

VOLTAIRE, *Siècle de Louis XIV*, c. 31.

Ceci est la cause du bon sens contre l'*absurdité*.

LE MÊME, *Lettres*, 14 septembre 1762.

De là des expressions telles que celles-ci : *c'est le comble de l'absurdité; cette opinion, cet homme est l'absurdité même :*

La pièce *est le comble* de l'extravagance, *de l'absurdité* et de la platitude; mais j'ai peur que le siècle n'en soit digne.

VOLTAIRE, *Lettres*, 8 février 1732.

ABUSER, v. n. et v. a. (Du latin *Abusus*, participe d'*abuti*).

Comme d'autres mots, tels que : *abandonner, abattre, abonder*, etc. (Voyez plus haut, p. 56, 81, 205, etc.), on lui a donné pour initiale, par une addition arbitraire, la lettre *h*, HABUSER :

Las ! aujourd'ui voy mainte créature
De ces cinq sens laidement *habuser*
Et en user contre toute droiture.

Eust. DESCHAMPS, *Poés.* Ballade très-morale.

C'est comme verbe neutre qu'ABUSER se rapproche le plus de l'emploi du déponent *abuti* dont on l'a tiré, signifiant de même User mal.

ABUSER, en ce sens, se construit naturellement, au moyen de la préposition *de*, avec un régime indirect, équivalent de l'ablatif ordinairement régi par *abuti*. Toutefois, ainsi qu'*abuti*, ABUSER a pu, dans les anciens temps de la langue, recevoir un régime direct.

> Soy *abuser* au pillaige.
>
> *Le Jouvencel*, ms. p. 125. (Cité par Sainte-Palaye.)

Cette manière de parler, fort ancienne, ne s'est pas maintenue, et, de bonne heure, on n'a dit que *abuser de* en parlant de toutes les choses utiles ou permises dont on peut faire un mauvais usage.

Comme il y a plus d'une manière d'user mal, on peut distinguer des nuances diverses dans l'emploi si fréquent qui est fait d'ABUSER.

ABUSER paraît s'être dit autrefois pour User sans droit. C'est le sens qui lui est donné dans cet ancien texte :

> Se il advenoit que aucuns... non esleu, mis et institué oudit Office de Courraterie (de courtier)... se ingeroit de faire le dit Office... que tel qui ainsi se ingere et *abuse* du dit Office, soit et puisse estre... privez et deboutez du fait et de l'Office de la dite Courraterie.
>
> *Lettres* de Jean Ier, juillet 1362, art. 39. (Voir *Ordonn. des rois de France*, t. III, p. 587.)

ABUSER signifie souvent User avec légèreté, avec indiscrétion, avec excès :

> Indifferemment on *abuse du* nom de Dieu en propos de folie et vanité.
>
> CALVIN, *Institution chrestienne*, liv. II, c. VIII, § 25.

> Laissons-les *abuser de* leur loisir : nous avons affaire ailleurs.
>
> MONTAIGNE, *Essais*, I, 25.

> Si *j'abuse* de votre courtoisie, dites-le moi, je serai plus retenu à l'avenir.
>
> MALHERBE, *Lettres*, 20 juillet 1611.

> *Abusant de* la facilité d'un maître facile, et *de* l'avantage que leur esprit a sur le sien, ils règnent eux-mêmes à découvert.
>
> BALZAC, *Aristippe*, disc. VII.

> Alexandre... voyoit qu'il avoit tué un homme (Clitus), qui, à la vérité, *avoit abusé de* sa patience, mais qui, au reste, estoit un grand guerrier.
>
> VAUGELAS, trad. de *Quinte-Curce*, VIII, 2.

> On *abuse* quelquefois beaucoup *de* ce reproche de pé-

danterie, et souvent on y tombe en l'attribuant aux autres.

> *Logique de Port-Royal*, Discours I.

> Guilleragues disoit hier que Pélisson *abusoit de* la permission qu'ont les hommes d'être laids.

> Je pense à votre belle jeunesse, à votre santé; de quelle manière elle a été maltraitée ; comme vous *en avez abusé*...
>
> Mme DE SÉVIGNÉ, *Lettres*, 5 janvier 1674 ; 11 mai 1680.

> ... Je ne sais point user d'une chose que je n'*en abuse*.
>
> Mme DE COULANGES, *Lettres*, 30 sept. 1695.

> On voit bien à leurs discours et à toute leur conduite qu'ils ne songent ni à leurs grands-pères, ni à leurs petits-fils : le présent est pour eux, ils n'en jouissent pas, ils *en abusent*.
>
> LA BRUYÈRE, *Caractères*, c. 8.

> Il avoit de plus une grande facilité naturelle de parler, à laquelle il joignoit le rare mérite de n'*en abuser* jamais.
>
> FONTENELLE, *Éloge de Dodart*.

> Jamais homme n'aima tant les odeurs (que Louis XIV), et ne les craignit tant après, à force d'*en avoir abusé*.
>
> SAINT-SIMON, *Mémoires*, 1697, t. II, c. 6.

> La première supérieure venoit chez elle (Mme de Maintenon à Saint-Cyr) quand elle vouloit, mais sans *en abuser*.
>
> LE MÊME, *ibid.*, 1719, t. XVII, c. 21.

> Ah ! c'est vous, s'écria-t-elle aussitôt qu'elle m'aperçut ; je vous croyois perdu. Il y a sept ou huit jours que je vous ai permis de me venir voir : vous n'*abusez* point, à ce que je vois, *des* libertés que les dames vous donnent.
>
> LE SAGE, *Gil Blas*, III, 9.

> Après la mort à jamais effrayante et déplorable de Henri IV, dans la faiblesse d'une minorité et sous une cour divisée, il était bien difficile que l'esprit républicain des réformés n'*abusât de* ses privilèges, et que la cour, toute faible qu'elle était, ne voulût les restreindre.
>
> VOLTAIRE, *Siècle de Louis XIV*, c. 36.

> Il n'y a rien de si utile *dont* on ne puisse *abuser*, ne fût-ce que par l'excès.
>
> DUCLOS, *Considérations sur les mœurs*, c. 12.

> Non, monsieur, lui dis-je, permettez que je me retire ;

on ne peut être plus sensible à vos honnêtetés que je le suis, mais je ne veux pas *en abuser.*

MARIVAUX, *Vie de Marianne,* II⁰ part.

J'*abuse* trop longtemps *de* l'indulgence des lecteurs.

J.-J. ROUSSEAU, *Émile,* V.

Adieu! j'*abuse* de votre temps... mais il est si doux, si naturel de s'oublier avec ce que l'on aime!

Mˡˡᵉ DE LESPINASSE, *Lettres,* 1774.

Prince, vous *abusez* trop tôt *de* ma bonté.

P. CORNEILLE, *Nicomède,* II, 3.

J'*abuse* trop, seigneur, *d'*un précieux loisir.

LE MÊME, *Sertorius,* I, 3.

J'*abuse,* cher ami, *de* ton trop d'amitié.

J. RACINE, *Andromaque,* III, 1.

La vieillesse......
Inhabile aux plaisirs *dont* la jeunesse *abuse,*
Blâme en eux les douceurs que l'âge lui refuse.

BOILEAU, *Art poétique,* III.

Le prélat par la brigue aux honneurs parvenu
Ne sut plus qu'*abuser d'*un ample revenu.

LE MÊME, *le Lutrin,* VI.

La fortune a son prix, l'imprudent *en abuse,*
L'hypocrite en médit, et l'honnête homme en use.

DELILLE, *l'Imagination,* VI.

ABUSER signifie encore, par une progression naturelle, non-seulement User plus qu'il ne faudrait, mais encore Faire un mauvais usage :

On ne peut *abuser* que *des* choses qui sont bonnes.

MONTAIGNE, *Essais,* II, 6.

Ils n'*ont* pas seulement *abusé du* ciel, *de* la terre et *de* tous les élémens; ils ont généralement fait un mauvais usage de tout ce qu'il y a de doux et de consolant dans le monde.

NICOLE, *Essais de morale,* Traité I. Du Jugement, II, 4.

C'est *abuser de* la vie que Dieu nous a donnée pour le servir, que de la passer toute dans ce qu'on appelle divertissement.

LE MÊME, *même ouvrage,* traité IV. De la Comédie, c. 8.

Rome ne vouloit pas vaincre par des trahisons, ni profiter de la perfidie d'un lâche qui *abusoit de* l'obéissance d'un âge innocent.

BOSSUET, *Discours sur l'histoire universelle,* I, 8.

Que diront ici ceux qui, parce qu'ils n'ont pas volé le bien d'autrui, croient être en droit d'*abuser du* leur ?

FLÉCHIER, *Oraison funèbre de M. de Lamoignon.*

Cent fois votre cœur vous a séduits de la sorte, et fait *abuser de* la prière, pour porter devant Dieu même les intérêts de vos passions.

BOURDALOUE, *Carême. Sermons. Sur la prière.*

Peut-être que j'*abuse de* ma raison, que je passe au delà des bornes qui me sont marquées, et que je me livre moi-même à l'erreur toutes les fois que je veux juger.

FÉNELON, *de l'Existence de Dieu,* IIᵉ partie, c. 1, § 5.

J'ai *abusé des* connoissances que Dieu a mises dans mon esprit, comme les femmes vaines et immodestes *abusent des* grâces du corps.

LE MÊME, *Sermons.* Pour la profession d'une religieuse.

Ces hommes, qui avoient *abusé de* la vertu même.....

LE MÊME, *Télémaque,* XVIII.

Si nous n'avons pas fait tout l'usage que nous devions de ses châtimens, *n'abusons* pas du moins *de* ses bienfaits.

MASSILLON, *Mandemens.* Pour la publication d'un jubilé.

Vous n'avez qu'à dire, me répondit-il, et je vous instruirai de tout ce que vous souhaiterez; d'autant mieux que je vous crois homme discret, et que vous n'*abuserez* pas *de* ma confiance.

MONTESQUIEU, *Lettres persanes,* XLVIII.

On voit dans le *Banquet de Xénophon* une peinture bien naïve d'une république où le peuple *a abusé de* l'égalité.

LE MÊME, *Esprit des lois,* VIII, 2.

Si les princes *ont abusé* souvent *de* leur pouvoir, les peuples n'ont pas moins *abusé de* leurs droits.

VOLTAIRE, *Essai sur les mœurs,* c. 95.

Qu'il soit aisé, si l'on veut, de faire de meilleures lois. Il est impossible d'en faire *dont* les passions des hommes n'*abusent* pas, comme ils *ont abusé des* premières.

J.-J. ROUSSEAU, *Consid. sur le Gouvernement de Pologne,* c. 1.

J'ai lu les harangues; c'est bien *abuser de* la parole.

Mᵐᵉ DU DEFFAND, *Lettres;* 4 mars 1776, à H. Walpole.

Avez-vous prétendu que, muet et tranquille,
Ce héros, qu'armera l'amour et la raison,
Vous laisse pour ce meurtre *abuser de* son nom?

J. RACINE, *Iphigénie,* I, 1.

Aussi ne vois-je rien qui soit plus odieux

. . . .

Que ces francs charlatans, que ces dévots de place,
De qui la sacrilége et trompeuse grimace
Abuse impunément, et se joue à leur gré,
De ce qu'ont les mortels de plus saint et sacré.

Molière, *Tartuffe*, I, 6.

En *abusant du* bien, tu fais qu'il devient mal.

La Fontaine, *Poëme du Quinquina.*

Bien que, selon le mot de Montaigne cité plus haut, on ne puisse *abuser* que des choses bonnes, abuser s'emploie, par extension, au sujet de toutes les choses, quelle qu'en soit la nature, dont on a le tort de se prévaloir, de s'autoriser, de tirer parti :

Quand Absalon, *abusant de* la bonté de David, eut péri dans sa rébellion, ce bon père s'abandonnoit à la douleur.

Bossuet, *Politique tirée de l'Écriture*, liv. V, art. 2.

Théodecte... n'a nul discernement des personnes, ni du maître, ni des conviés : il *abuse* de la folle déférence qu'on a pour lui.

La Bruyère, *Caractères*, c. 5.

Il ne faut pas, mon père, *abuser* plus longtemps *de* votre crédulité.

Regnard, *le Retour imprévu*, sc. 18.

Il a, depuis peu, mis au théâtre une pièce qui a eu une réussite extraordinaire, et il la fait imprimer, pour n'*abuser* pas plus longtemps *de* l'estime du public.

Le Sage, *Gil Blas*, VII, c. 13.

Je ne lui dis pas le quart de tout cela, parce que j'aurais l'air d'*abuser du* peu de bien que je lui fais.

Voltaire, *Lettres*, 27 octobre 1733.

Je n'*abuserai* jamais *du* malheur de personne.

Marivaux, *Vie de Marianne*, part. VII.

...Pouvez-vous justement
Abuser jusque-là *de* son aveuglement?

P. Corneille, *Héraclius*, II, 3.

Des ennemis de Dieu la coupable insolence,
Abusant contre lui *de* ce profond silence,
Accuse trop longtemps ses promesses d'erreur.

J. Racine, *Athalie*, I, 2.

Un cousin, *abusant d'*un fâcheux parentage,
Veut qu'encor tout poudreux, et sans me débotter,
Chez vingt juges pour lui j'aille solliciter.

Boileau, *Épîtres*, VI.

C'est en vain que le chantre, *abusant d'*un faux titre,
Deux fois l'en fit ôter (le lutrin) par les mains du cha-
[pitre.

Boileau, *le Lutrin*, I.

Vous *abusez* beaucoup, magistrat d'une année,
De votre autorité passagère et bornée.

Voltaire, *Rome sauvée*, I, 5.

Abuser *d'*un sens, *d'*un mot, *d'*une expression, c'est en changer la valeur, les détourner de leur signification propre :

Nous *abusons* aucunement *du* mot de monstre pour plus grand enrichissement de ce traicté; nous mettrons en ce rang la Balaine, et dirons estre le plus grand monstre poisson qui se trouve en la mer.

A. Paré, *Vraye cognoissance de chirurgie*, XXV, 34. Des monstres.

J'ai vu un autre autheur *abuser* aussi *d'*un autre adjectif verbal...

Vaugelas, *Remarques*, Pardonnable.

Vous *abusez* malicieusement *de* quelques paroles ambiguës d'une de ses lettres.

Pascal, *Provinciales*, XVI.

...On pourroit *abuser des* divers sens qui se rencontrent dans les termes.

Le même, *Pensées*, part. I, art. III.

Je n'ai jamais vu de si bons ennemis, je les aime tendrement; voyez la belle chose d'*abuser des* mots : je n'ai point d'autre manière pour vous dire que je vous aime, que celle dont je me sers pour les confédérés.

Mme de Sévigné, *Lettres*, 11 sept. 1676.

Quelquefois ils *abusoient de* la subtilité des termes de leur langue.

Montesquieu, *Grandeur des Romains*, c. 6.

On *abuse* donc *du* nom de soufre, lorsqu'on dit que les métaux sont minéralisés par le soufre.

Buffon, *Histoire naturelle*. Minéraux. Du Soufre.

Il est curieux de remarquer avec quelle confiance on se sert du langage, dans le moment même qu'on *en abuse* le plus.

Condillac, *Essai sur l'origine des connoissances humaines*, IIe part., sect. I, c. XI, § 115.

Il *abuse* encore *d'*un mot
. Et traite notre rire et nos discours de braire.

La Fontaine, *Fables*, XI, 5.

Ce n'est pas quelquefois qu'une muse un peu fine
Sur un mot, en passant, ne joue et ne badine,
Et d'un sens détourné n'*abuse* avec succès.

Boileau, *Art poétique*, II.

Abuser se dit aussi au sujet des personnes, en des sens divers. *Abuser d'une personne*, c'est,

User à l'excès de sa bonne volonté, de sa complaisance :

Adieu, ma très-chère ; embrassez toujours la belle Pauline pour l'amour de moi : voyez comme j'*abuse de vous*, de vous demander des choses si difficiles.

Mme de Coulanges, *Lettre* à Mme de Sévigné,
10 décembre 1694.

La traiter avec trop peu de considération, de cérémonie, trop légèrement :

Je n'ai que des riens à vous mander : c'est *abuser* d'une lieutenante-générale, qui tient les États dans une ville et qui n'est pas sans affaires.

Mon Dieu ! ma fille, j'*abuse de vous* ; voyez quels fagots je vous conte.

Mme de Sévigné, *Lettres*. 7 octobre 1671 ; 30 octobre 1673.

La maltraiter, l'opprimer :

L'autre (tyrannie) moins mauvaise, qui ne touche les consciences, mais seulement les corps et les biens, est en *abusant des* subjects, leur deniant justice, ravissant la liberté des personnes et la propriété des biens.

Charron, *de la Sagesse*, III, 16.

La tromper, acception dans laquelle se confondent (on le verra plus loin) abuser, verbe neutre, et abuser, verbe actif :

Vous *abusez* d'une infinité de personnes en leur faisant accroire que les points sur lesquels vous essayez d'exciter un si grand orage sont essentiels à la foi.

Pascal, *Provinciales*, XVII.

Mentir, tromper et *abuser* d'autrui...

Louise Labé, *la belle Cordière*, IIIe élégie.

Ou si c'est une erreur qui lui promet ce roi,
Souffrez-vous qu'elle *abuse* et *de vous* et *de moi* ?

P. Corneille, *Don Sanche d'Aragon*, IV, 2.

Ne crains pas qu'un vain songe *abuse* ici *de toi*.

Delille, trad. de *l'Énéide*, VIII.

Par une autre confusion des sens du verbe neutre et du verbe actif, le premier se prend, comme l'autre, pour Posséder une femme d'une manière illégitime, criminelle, la corrompre par artifice ou la déshonorer par violence :

Ayant examiné vostre confesseur sur aucuns crimes à luy imposer, m'a confessé *avoir abusé de* vostre personne.

La reine de Navarre, *Heptameron*, 22e nouv.

Les débauches du roi Roderic ou Rodrigue firent livrer l'Espagne aux Maures... Le comte Julien, pour venger sa fille, *dont* Roderic *abusoit*, appela ces infidèles.

Bossuet, *Discours sur l'histoire universelle*, I, 11.

Ce cas grave arriva en 1454. Un chevalier, nommé Jean Picard, accusé d'*avoir abusé de* sa propre fille, fut reçu par arrêt à se battre contre son gendre, qui était sa partie.

Voltaire, *Essai sur les mœurs*, c. 100.

Abuser s'est pris dans une acception analogue plus odieuse encore :

Il se trouve divers historiens qui disent que Néron *avoit abusé* plusieurs fois *de* Britannicus.

Perrot d'Ablancourt, trad. de Tacite, *Annales*, XIII, 5.

Abuser a reçu quelquefois un second complément au moyen de la préposition *à*, prise au sens de Pour, et de son régime, nom substantif ou verbe à l'infinitif :

Il vit que ses ennemis *abusoient*, *à* sa ruine, *du* nom de celui qu'il avoit fait roi.

Vaugelas, trad. de *Quinte-Curce*, X, 9.

Cestius donc remontra en plein sénat... qu'on ne donnoit retraite à personne dans les temples ni au Capitole pour *en abuser à* des crimes.

Perrot d'Ablancourt, trad. de Tacite, *Annales*, III, 36.

Allez, il vous sied mal de railler ma douleur,
Et d'*abuser*, ingrate, *à* maltraiter ma flamme,
Du foible que pour vous vous savez qu'a mon âme.

Molière, *les Fâcheux*, I, 8.

Abuser, employé d'une manière absolue, c'est-à-dire sans régime, ni direct, ni indirect, signifie Faire un usage excessif, ou un mauvais usage, sans spécifier les choses dont il est question et qui restent sous-entendues :

Empedocles meit en justice et feit condemner des principaulx de sa ville qui *abusoient* insolentement, et desroboient tous les deniers publics.

> Amyot, trad. de Plutarque, *OEuvres morales*. Contre l'épicurien Colotes.

Qui est-ce qui nous a appris à *abuser* (si abus il y a)? N'est-ce pas les medecins?

> Bernard Palissy, *Abus des medecins*.

J'ay bien voulu presentement me mettre en debvoir de monstrer qu'on *ait abusé* en l'appellation de plusieurs choses moult vulguaires.

> Pierre Belon, *Singularitez et choses memorables de divers pays estranges*, I, 1.

Ne chicanez point, accordez-moi beaucoup, vous verrez que je n'*abuse* point.

> Mlle de Lespinasse, *Lettres*, 30 mai 1773.

Il n'est ni inspection ni contrôle qui puisse être une caution certaine, quand le comptable veut *abuser*.

> Necker (cité par Féraud, *Dictionnaire critique*).

Usez, n'*abusez* point; le sage ainsi l'ordonne.
Je suis également Epictète et Pétrone.

> Voltaire, *Discours en vers sur l'homme*, V.

User fait le bonheur, *abuser* le détruit.

> Delille, *l'Imagination*, VI.

Abuser, verbe actif, est synonyme de Tromper. On le dit souvent, d'une manière absolue, avec un régime direct seulement :

C'est enfant nous *abuse*, car les estables ne sont jamais en haut de la maison.

> Rabelais, *Gargantua*, I, 12.

Hanno... se meist en la teste qu'il avoit inventé une bonne ruse et subtile finesse pour *abuser* les ennemys.

> Amyot, trad. de Plutarque, *Vie de Timoléon*, c. 8.

Je m'en vais droict au cabinet de la Royne ma mère, où le Roy (Henri III) estoit, pour me plaindre de ce qu'il m'*avoit* jusques alors *abusée*, m'ayant tousjours empeschée d'aller trouver le Roy mon mary.

> Marguerite de Valois, *Mémoires*, ann. 1576.

Ce ne sont qu'inventions pour *abuser* le monde et donner pasture à sa legereté.

> Henri IV, *Lettres*, 4 mai 1609. (Voir *Lettres missives de Henri IV*, t. VII, p. 701.)

Vous sçavez que je luy ay dit verité, comme c'est mon naturel et coustume de n'*abuser* persoune.

> Le cardinal d'Ossat. *Lettres*, liv. III, 20 avril 1597.

Quoique ce soit un masque fort usé et reconnu d'un chacun, il ne laisse pas pourtant de servir toujours et d'*abuser* encore le peuple.

> Balzac, *le Prince*, c. 8.

Rien ne lui montre la vérité; tout l'*abuse*.

> Pascal, *Pensées*, Ire part., art. VI, § 27.

Mais ici notre imagination nous *abuse* encore.

> Bossuet, *Oraison funèbre de la duchesse d'Orléans*.

Quoi! toujours libertin et débauché, vous voulez cependant vous ériger en homme de bien! — Et pourquoi non? Il y en a tant d'autres comme moi, qui se mêlent de ce métier et qui se servent du même masque pour *abuser* le monde!

> Molière, *le Festin de Pierre*, V, 2.

La bonté avec laquelle un homme nous traite nous attache à lui; ce n'est pas pour l'*abuser* qu'on lui cède, c'est pour ne pas l'attrister, pour ne pas lui rendre le mal pour le bien.

> J.-J. Rousseau, *les Confessions*, part. I, liv. II.

Ainsi du genre humain l'ennemi vous *abuse*;
Ce qu'il ne peut de force, il l'entreprend de ruse.

> P. Corneille, *Polyeucte*, I, 1.

J'ai vu ce qui t'*abuse*, et me fait mépriser,
Et t'aime encore assez pour te désabuser.

> Le même, *Héraclius*, I, 2.

De tout ce que j'entends étonnée et confuse,
Je crains presque, je crains qu'un songe ne m'*abuse*.

> J. Racine, *Phèdre*, II, 2.

C'est pleurer trop longtemps une mort qui t'*abuse*.

> Le même, *Esther*, I, 1.

Quittez ces vains plaisirs dont l'appât vous *abuse*.

> Boileau, *Satires*, IX.

Aussitôt il vous quitte; et content de sa muse,
S'en va chercher ailleurs quelque fat qu'il *abuse*.

> Le même, *Art poétique*, I.

Quoi qu'il en soit, enfin, je ne t'*abuse* pas,
Je fais la guerre ouverte........

Regnard, le Joueur, I, 2.

Mais je te parle en homme, et sans rien déguiser :
Je me sens assez grand pour ne pas t'*abuser*.

Voltaire, Mahomet, II, 5.

Souvent aussi, ABUSER, au sens actif de Tromper, est déterminé, au moyen des prépositions *par* et *de*, par un régime indirect ;

De la préposition *par* :

Les sens *abusent* la raison *par* de fausses apparences.

Pascal, Pensées, Iʳᵉ part., art. vi, § 27.

J'ai vu avec dédain la grossière fausseté de ceux qui vouloient m'*abuser par* des caresses si maladroites.....

J.-J. Rousseau, Lettres, 14 août 1772.

On ne m'*abuse* point *par* des promesses vaines.

J. Racine, Iphigénie, IV, 6.

De la préposition *de* :

Il y en eut quelques-uns qui... troublerent fort les patriciens, en leur mettant sus qu'ils *abusoyent de* vaines et folles persuasions la rude multitude.

Amyot, trad. de Plutarque, Vie de Romulus, c. 11.

Ne m'*abusez*-vous point *d'*un faux espoir ?

Molière, le Festin de Pierre, V, 1.

On dit que, sous mon nom à l'autel appelée,
Je ne l'y conduisois que pour être immolée,
Et que, *d'*un faux hymen nous *abusant* tous deux,
Vous vouliez me charger d'un emploi si honteux.

J. Racine, Iphigénie, IV, 6.

Et j'irois l'*abuser d'*une fausse promesse !
Je me parjurerois !

Le même, Bajazet, II, 5.

Le régime d'ABUSER, pris en ce sens, n'est pas toujours un nom de personne, mais un nom de chose, ou un nom abstrait, désignant indirectement la personne.

C'est ainsi qu'on dit *abuser les yeux*, *abuser les regards* de quelqu'un :

Une image trompeuse ne vient-elle point *abuser* mes *yeux?*

Fénelon, Télémaque, IV.

...Si quelque erreur n'*abuse* ici mes *yeux*.

Molière, l'Étourdi, V, 14.

Par ses déguisemens à toute heure elle *abuse*
Les *regards* éblouis de l'Europe confuse.

Voltaire, la Henriade, IV (parlant de la Politique).

Abuser la vieillesse ou *le jeune âge* de quelqu'un, ses *esprits*, son *cœur*, etc. :

En ceste tragœdie, ils se servent du nom et de l'authorité de monsieur le cardinal de Bourbon mon oncle, duquel ils *ont abusé* la *vieillesse*...

Henri IV, Lettres, 5 avril 1585. (Voir Lettres missives de Henri IV, t. II, p. 31.)

...Si les traîtres qui m'ont ôté toutes les consolations de la vie n'eussent profité de mon éloignement pour *abuser* sa *vieillesse*.

J.-J. Rousseau, les Confessions, part. II, liv. XII.

Notre profond silence *abusant* leurs *esprits*,
Ils n'osent plus douter de nous avoir surpris.

P. Corneille, le Cid, IV, 3.

...Clitandre *abuse* vos *esprits*.

Molière, les Femmes savantes, II, 3.

Tu ne remportois point une grande victoire,
Perfide, en *abusant* ce *cœur* préoccupé,
Qui lui-même craignoit de se voir détrompé.

J. Racine, Bajazet, IV, 5.

On dit aussi ABUSER *l'amour*, *l'espérance*, *l'attente*, *les vœux*, etc. :

La maîtresse ne peut *abuser* votre *foi*,
A moins que la suivante en fasse autant pour moi.

................Dis-moi si ta belle maîtresse
N'*abuse* point mes *vœux d'*une fausse tendresse.

Quoi ! le premier transport d'un *amour* qu'on *abuse*...

Molière, le Dépit amoureux, I, 1, 2; IV, 2.

Ce seroit mal répondre à vos soins généreux
Que d'*abuser* encore un *amour* malheureux.

Crébillon, Rhadamiste et Zénobie, IV, 3.

ABUSER, employé activement, se dit encore, par une espèce d'euphémisme, pour Séduire, corrompre, déshonorer une fille :

S'il y a des fourbes dans le monde, des gens qui ne

45.

cherchent qu'à *abuser* des filles, vous devez me tirer du nombre.

> MOLIÈRE, *le Festin de Pierre*, II, 2.

Vous l'*avez abusée,* et sans vous elle auroit encore son innocence.

> MARMONTEL, *Mémoires*, IV.

Tu m'*as* seduitte, *abusée* et perdue.

> AMYOT, trad. de Plutarque. *Œuvres morales.* De la mauvaise honte.

Je sais qu'en vous flattant le galant ne désire
Que de vous *abuser,* et puis après s'en rire.

Mais d'un trop pur amour mon âme est embrasée ;
J'aimerois mieux mourir que l'*avoir abusée.*

> MOLIÈRE, *l'École des femmes,* II, 6 ; V, 2.

Mais l'*ayant abusée,* entre nous,
Vous êtes obligé, monsieur, en conscience,
A l'épouser...

> MONTFLEURY, *l'Ambigu comique,* sc. 10.

Demoiselle Ignorance étoit grosse d'enfant :
Demandez-moi qui l'*avoit abusée ?*
Je n'en sais rien, mais on comprend
Qu'*abuser* l'Ignorance est chose bien aisée.

> LA MOTTE, *Fables,* IV, 3.

Dans cet exemple, La Motte prend le verbe ABUSER en deux acceptions différentes : la première, au sens particulier dont nous nous occupons maintenant ; la seconde, au sens général dont nous avons parlé précédemment. La confusion qu'il affecte d'en faire n'est donc qu'un simple jeu de mots.

ABUSER s'emploie aussi, dans son acception active, avec le pronom personnel, et signifie Se tromper, se faire illusion :

Je crain d'entreprendre rien en cest endroit, de peur que si je disoye quelque chose qui ne vinst pas bien à propos, je donnasse occasion de mesdire aux meschans, ou aux ignorans de *s'abuser.*

> CALVIN, *Institution chrestienne,* liv. I, c. 13, § 18.

Sa ceincture feut de troys cens aulnes et demie de sarge de soie, moitié blanche et moitié bleue, ou je *me suis* bien *abusé.*

> RABELAIS, *Gargantua,* I, 8.

Chascun de nous *s'abuse* en son propre faict.

> AMYOT, trad. de Plutarque, *Œuvres morales.* Comment on pourra discerner le flatteur d'avec l'amy.

Il n'est rien tel que ce qu'on tient, et l'on court grand risque de *s'abuser,* lorsque l'on compte sur le bien qu'un autre vous garde.

> MOLIÈRE, *le Médecin malgré lui,* II, 2.

On va fort à l'opéra nouveau ; on trouve partout que l'autre étoit plus agréable ; Baptiste (Lully) croyoit l'avoir surpassé ; le plus juste *s'abuse.*

> Mme DE SÉVIGNÉ, *Lettres,* 29 janvier 1674.

C'est mon avis, et je le hasarde avec vous, parce que, si je *m'abuse,* vous me détromperez.

> VOLTAIRE, *Lettres,* 2 mai 1754.

Je ne sais si je *m'abuse,* mais il me semble que le véritable amour est le plus chaste de tous les liens.

> J.-J. ROUSSEAU, *Nouvelle Héloïse,* part. Ire, lettre 40.

Autrement seroit *s'abuser.*

> JEHAN DE MEUNG, *Remonstrances de Nature,* v. 522.

Celluy qui ne vise à la voye
Par où il va, fault et *s'abuse.*

> Cl. MAROT, *Épigrammes,* IV, 24.

Tu t'*abuses,* Belleau, si pour estre sçavant,
Sçavant et vertueux, tu penses qu'on te prise.

> Joachim DU BELLAY, *Sonnet.*

Voulant nous affranchir, Brute *s'est abusé.*

> P. CORNEILLE, *Cinna,* II, 2.

Il est vrai, jusqu'ici j'ai cru la chose claire ;
Mais ton bâton, sur cette affaire,
M'a fait voir que je *m'abusois.*

> MOLIÈRE, *Amphitryon,* I, 2.

Oui, c'est toi ; vainement je cherche à *m'abuser.*

> VOLTAIRE, *Œdipe,* IV, 2.

Comme ABUSER, S'ABUSER reçoit des régimes indirects ; on a dit *s'abuser à une chose, s'abuser dans* on *en une chose, sur une chose, s'y abuser :*

De fait Christ en ce passage ne defend pas de jurer par le ciel et la terre et Jerusalem, pour corriger la superstition, comme aucuns *s'y abusent.*

> CALVIN, *Institution chrestienne,* liv. IV, c. 8, § 26.

Il ne connoît ni les armes, ni les machines, ni les termes de la guerre, et *s'y abuse* à tous propos.

> PERROT D'ABLANCOURT, trad. de Lucien. *Comment il faut écrire l'histoire.*

Veut-on que tout un public *s'abuse sur* ces sortes de choses?

MOLIÈRE, *la Critique de l'École des femmes*, sc. 7.

Le long usage du monde et des plaisirs ne vous permet plus de *vous abuser sur* le faux bonheur qu'on se promet dans le crime.

MASSILLON, *Carême*. Mercredi des Cendres.

Les grands hommes ne *s'abusent* point *sur* leur supériorité; ils la voient, ils la sentent, et n'en sont pas moins modestes.

J.-J. ROUSSEAU, *Émile*, IV.

Fais, ô mon maître, que celui qui veut me perdre se trompe sur moi, me croie un homme sans force, et *s'abuse dans* ses moyens.

BEAUMARCHAIS, *Mémoires*, IV.

Mais quoy? le naturel des femmes est volage....
Bien fol qui *s'y abuse.*

Rob. GARNIER, *Antoine*, I.

On a dit encore *S'abuser à* faire ou *de* faire une chose.

Je *me suis abusé de* dire une potence, et tu seras roué tout vif.

MOLIÈRE, *l'Avare*, V, 4.

Et, si je ne *m'abuse, à* lire dans son âme.

P. CORNEILLE, *le Cid*, I, 1.

S'abuser est quelquefois aussi lié par la conjonction *jusqu'à* à une proposition qui en détermine le sens :

Nul ne *s'abuse jusqu'à* croire qu'il méritera le bonheur des saints, sans avoir jamais fait une seule démarche pour s'en rendre digne.

MASSILLON, *Sermons*. Mardi de la Passion.

Le temps me fera voir *jusques où je m'abuse.*

P. CORNEILLE, *OEdipe*, I, 3.

Mais ne *t'abuse* pas *jusqu'à* te figurer
Que...

MOLIÈRE, *Sganarelle*, sc. 16.

Au lieu de *s'abuser jusqu'à*, on trouve chez Pascal *s'abuser à* :

Il n'est pas possible de *s'abuser à* prendre un homme pour être ressuscité.

PASCAL, *Pensées*, part. II, art. XII, § 1.

S'ABUSER peut devenir verbe réciproque :

Les deux principes de vérité, la raison et les sens, outre qu'ils manquent souvent de sincérité, *s'abusent* réciproquement l'un l'autre.

PASCAL, *Pensées*, Ire part., art. VI.

S'ABUSER a pu aussi se prendre au sens passif de *être abusé* :

L'on disoit pour ung homme qu'on en avoit tué cent.... et avec telles mensonges *s'abusent* bien aucunesfois les maistres.

COMMYNES, *Mémoires*, II, 2.

Se laisser abuser, se laisser abuser par, ou, comme on disait autrefois, *se laisser abuser à, s'y laisser abuser*, sont des manières de parler fort voisines de l'emploi du pronominal *s'ABUSER* :

Par conséquent, chrétiens, ne *nous laissons* point *abuser à* ces belles conversions des mourans.

BOSSUET, *Sermons*. Jeudi de la 2e semaine de carême.

Avec la plus profonde connoissance des hommes, il *se laisse abuser* quelquefois, et n'en revient pas.

J.-J. ROUSSEAU, *les Confessions*, part. II, liv. XII.

Aucun des assistans ne *s'y laisse abuser.*

LA FONTAINE, *Poëme du Quinquina*, I.

ABUSER peut, au sens de Tromper, comme au sens de User mal, se prendre absolument.

ABUSÉ, ÉE, participe.
Il s'emploie surtout, au second sens du verbe, pour Trompé;
Souvent, comme le verbe lui-même, absolument :

Il ne fut jamais homme suyvant les armes qui mieulx congnust l'ypocrisie, et souvent disoit que c'est la chose en ce monde où les gens sont les plus *abusez* ; car tel fait le hardi breneux en une chambre qui aux champs devant les ennemys est doulx comme une pucelle.

Le loyal Serviteur, c. 66 et dernier.

Pour ceste faulse et *abusée* opinion, ils se plaignent de toutes sortes de morts.

AMYOT, trad. de Plutarque, *OEuvres morales*. Consolation à Apollonius.

Monsieur, nous étions bien *abusés*. Je ne suis détrompé que d'hier.
Pascal, Provinciales, I.

En vérité, mes Pères, je ne m'empêcherai jamais de leur dire qu'ils sont grossièrement *abusés*, et que leur zèle est bien aveugle.
Le même, même ouvrage, XI.

Un des juges,..... devint l'avocat public des Calas dans toutes les maisons de Toulouse, où les cris continuels de la religion *abusée* demandaient le sang de ces infortunés.
Voltaire, Traité sur la Tolérance, I.

Imagine-toi la meilleure et la plus *abusée* des mères faisant l'éloge de sa coupable fille.
J.-J. Rousseau, la Nouvelle Héloïse, Ire part., lettre 63.

Mon filz, tu es trop *abusé*.
Jehan de Meung, les Remonstrances de Nature, v. 748.

Helas ! pouvres sotz malheureux !
N'estes-vous pas bien *abusez*,
Foulx, estourdiz, et incensez?
Sermon des fous. Anc. théâtre français, t. II, p. 212
(Biblioth. elzevirienne).

N'ay-je passé ma jeunesse *abusée*
Autour de vous, laquelle j'eusse usée
En meilleur lieu, peult estre en pire aussi?
Cl. Marot, Épîtres, II, 3.

Vous, Lucile, pardon, si mon âme *abusée*...
Molière, le Dépit amoureux, V, 9.

Que, s'il se peut, ma fille, à jamais *abusée*,
Ignore à quel péril je l'avois exposée !
J. Racine, Iphigénie, I, 1.

Si je suis *abusé*, pourquoi m'en avertir ?
Que mon erreur me paroit belle!
Que je serois heureux de n'en jamais sortir !
Quinault, Armide, IV, 4.

Voilà votre portrait, stoïques *abusés ;*
Vous voulez changer l'homme, et vous le détruisez.
Voltaire, Discours en vers sur l'homme, V.

Abusé, pris absolument, a une acception particulière, qui lui vient, comme les autres, du verbe; il se dit en parlant d'une femme Séduite et déshonorée :

L'amour fait retentir ce tribunal, on n'y entend parler

que de pères irrités, de filles *abusées*, d'amants infidèles et de maris chagrins.
Montesquieu, Lettres persanes, LXXXVII.

Il y a dans le Deutéronome une loi par laquelle une fille *abusée* était punie avec le séducteur.
J.-J. Rousseau, Émile, V.

On a dit substantivement *un abusé, une abusée :*

Pauvre *abusée* que vous estes...
D'Urfé, l'Astrée, IIe part., liv. III.

Qui ay mes jours en vain usé,
Comme *ung* malheureux *abusé*.
Octavien de Saint-Gelais, le Séjour d'honneur.

Change, pauvre *abusé*, change de batterie.
P. Corneille, la Veuve, I, 1.

Je plains cette *abusée*...
Le même, Othon, III, 1.

Abusé s'emploie encore avec un complément formé de la préposition *par*, ou de la préposition *de*, et de leur régime ;
De la préposition *par :*

Les Megariens, *abusez par* ce qu'ils voyoient de loing, si tost qu'ils feurent abordez, se jecterent incontinent à terre en foule, cuidant aller prendre des femmes, et n'en eschappa pas un qu'ils ne feussent tous tuez sur la place.
Amyot, trad. de Plutarque, Vie de Solon, c. 4.

Ils ne sçavoient s'ils voyoient des choses vrayes, ou s'ils estoient *abusez par* la vaine image d'un songe.
Du Ryer, Supplém. de Freinshemius sur Quinte-
Curce, liv. II, c. 11.

Ce n'est pas l'homme que j'ai méprisé, ne le croyez pas; ce sont les opinions, ce sont les erreurs *par* lesquelles l'homme *abusé* se déshonore lui-même.
Bossuet, Oraison funèbre de la duchesse d'Orléans.

Ma jeunesse, nourrie à la cour de Néron,
S'égaroit, cher Paulin, *par* l'exemple *abusée*.
J. Racine, Bérénice, II, 2.

Le monde, à mon avis, est comme un grand théâtre,
Où chacun en public, l'un *par* l'autre *abusé*,
Souvent à ce qu'il est joue un rôle opposé.
Boileau, Satires, XI.

De la préposition *de*, ou de son équivalent *en* :

A tous propos ont une loy au bec, ou une hystoire : et la meilleure qui se puisse trouver se tourneroit bien à mauvais sens; mais les saiges, et qui auroient leu, n'*en* seroient jamais *abusez*.

    Commynes, *Mémoires*, II, 11.

Or ceux-là qui en delaissant l'Escriture, imaginent je ne say quelle voye pour parvenir à Dieu, ne sont point tant *abusez* d'erreur, qu'ils sont agitez de pure rage.

    Calvin, *Institution chrestienne*, liv. I, c. 9, § 1.

Je suis *abusé* et deceu *de* mon esperance.
J'ai esté fort *abusé de* l'estime que j'avoye de toi.

    Rob. Estienne, *Dict. fr.-lat.*

Ces bergers,... *abusez de* la faveur que vous leur faites de les escouter....

    D'Urfé, *l'Astrée*, part. II⁰, liv. VIII.

... *D'*un crédule espoir trop longtemps *abusés*,
Nous attendons les vents qui nous sont refusés.

    J. Racine, *Iphigénie*, I, 2.

Tes yeux *d'*un faux éclat ne sont point *abusés*.

    Voltaire, *Discours en vers sur l'homme*, I.

Dans cette dernière manière de parler, le régime de la préposition *de* a été quelquefois un verbe à l'infinitif :

Le soleil... fit des effets tant admirables que plusieurs estans *abusés de* luy recognoistre tant de perfections, l'ont cru estre ce grand Dieu, duquel il n'estoit toutesfois qu'une bien imparfaite ressemblance.

    D'Urfé, *l'Astrée*, partie III, liv. X.

Quelquefois aussi le régime de la préposition *de* a été un nom de personne, et ABUSÉ a pris le sens de Charmé, séduit, épris.

Damon ne sceut faire autre chose, voyant comme j'*en* estois *abusée*, que de plier les espaules, et depuis ne m'en osa plus parler de peur de me desplaire.

    D'Urfé, *l'Astrée*, part. II, liv. VI.

Nier je ne vous puis
Que je l'aime et que suis
*Abusé d'*elle...

    Bonaventure des Periers, *l'Andrie*, V, 3.

Te voilà de retour, sans gloire, mesprisé,
Lascivement vivant, *d'*une femme *abusé*.

    Rob. Garnier, *Antoine*, I.

D'ABUSER se sont formés les substantifs ABUSEUR, ABUSEMENT, ABUSION, ABUS; l'adjectif ABUSIF; l'adverbe ABUSIVEMENT.

ABUSEUR, s. m. (Soit de notre verbe *Abuser*, soit du substantif latin inusité *Abusor*.)

On l'a prononcé ABUSEUX, mot que rapporte à part Cotgrave et dont il fait un adjectif.

ABUSEUR, c'est Celui qui *abuse;* de là deux sens correspondant au sens neutre et au sens actif du verbe, User mal et Tromper.

On paraît l'avoir dit, au premier de ces deux sens, des Prévaricateurs, des Dépositaires infidèles de la fortune publique :

Jureront que là où ilz sçauront et cognoistront aucuns officiers, sergens ou autres, qui sont rapineurs, et *abuseurs* en leurs offices... qu'ilz ne les soustiendront ne celeront.

    Joinville, *Histoire de Saint Louis*.

Il s'est pris, depuis, dans l'acception générale de Trompeur, imposteur, hypocrite.

On a dit ABUSEUR *de* :

... L'appellant hereticque et *abuseur de* peuple, de dire qu'il eust revelation, ne chose semblable.

    Commynes, *Mémoires*, VIII, 26.

C'estoient divinateurs, enchanteurs et *abuseurs de* simple peuple.

    Rabelais, *Pantagruel*, IV, 58.

Abuseur de simples gens.

    Rob. Estienne, *Dict. fr.-lat.*

Les hérésiarques ont été des *abuseurs des* peuples.

    Richelet, *Dictionnaire*.

Il y a des jeunes gens qui font vanité d'être *abuseurs de* filles.

    Furetière, *Dictionnaire*.

On a dit, absolument, ABUSEUR.

D'un petit nombre d'*abuseurs* sont sorties plusieurs sectes comme un menu fretin.

    Calvin, *Institution chrestienne*, liv. I, c. 13, § 22.

Ceux qui vouldroyent ce maintenir, qu'ils soient repu-tez *abuseurs*,... imposteurs et seducteurs.

RABELAIS, *Pantagruel*, II, prologue.

Je ne dy pas que quelques honorables hommes n'ayent esté trouvez avoir conduict de belles œuvres, mais pour un bien faisant, il y a beaucoup d'*abuseurs*.

Philibert DE L'ORME, *Architecture*, I, 10.

De ce advient que les *abuseurs* qui contrefont les insensez, ont gaigné le nom de prophetes en Turquie.

Pierre BELON, *Singularitez et choses memorables de divers pays estranges*, II, 22.

...Celles-ci (les bonnes et louables choses) encore maintenant ne leur peuvent entrer en l'entendement (des femmes), et à faute de ce, sont comme en proie aux *abuseurs*.

H. ESTIENNE, *Apologie pour Hérodote*, t. J, part. II, c. 15.

Autrement les Dieux seroient des *abuseurs* et non pas des Dieux.

D'URFÉ, *l'Astrée*, part. II, liv. III.

Venez donc, *abuseurs* publics, toujours contraints, toujours contrefaits, lâches et misérables captifs de ceux que vous voulez captiver.

BOSSUET, *Sermons*. Premier dimanche de l'Avent.

Saint Paul n'exprime pas d'abord la cause profonde pour laquelle ces *abuseurs* défendoient l'usage de deux choses si naturelles.

LE MÊME, *Histoire des Variations*, XI.

Quand vous seriez filz de Roy,
Pour un *abuseur* je vous tien.

GUILLAUME ALEXIS, *le Loyer des folles amours*.

Sur son espaule ardante et colorée
Tu verras peudre une trousse dorée,
Et au dedans ses pestiferés traictz,
Dont le cruel *abuseur* plein d'attraictz
A bien souvent faict mainte playe amere.

Cl. MAROT, *de l'Amour fugitif de Lucien*.

..... En ce temps c'est plus de honte d'estre Mal-advisé qu'ingrat, mal pourvoyant que traistre, Abusé qu'*abuseur*.

Agr. D'AUBIGNÉ, *Tragiques*. Princes,II.

...Comme un *abuseur* qui séduit ce qu'il loue.

P. CORNEILLE, *l'Imitation*, III, 50. .

ABUSEUR a été souvent, surtout en poésie, cons-truit, par apposition, avec un autre substantif.

Seigneur mon Dieu, si ceste voix procede de l'esprit *abuseur* pour me destourner de prier, fai ceste grace à tou serviteur qu'elle ne soit plus ouïe de moi.

Agr. D'AUBIGNÉ, *Histoire universelle*, t. III, liv. I, c. 9.

Par avant que venir à son bien destiné, .
FAUX-SEMBLANT, l'*abuseur*, tâche le mettre en fuite.

J.-A. DE BAÏF, *Passetems*, II (à Charles IX sur le *Roman de la Rose*).

Si je n'ai point forgé dedans ma fantaisie
Mille Dieux *abuseurs* que feint la poësie,
Si d'autre que de toi je n'ai cherché secours,
Guéris-moi, ô Seigneur.

Jean DE LA PÉRUSE, *Oraison pendant sa maladie*.

De lauriers *abuseurs*, flétrissants et caduques.

VAUQUELIN DE LA FRESNAIE, *Art poétique*, III.

On l'a pu voir par les exemples cités, ABUSEUR, que les dictionnaires en général disent vieilli et familier, a été admis dans le style soutenu jusqu'au temps de Bossuet et de Corneille.

ABUSEMENT, s. m.

Ce mot, que donnent Rob. Estienne, J. Thierry, Nicot, et qu'ils traduisent par *frustratio*, *ludificatio*, signifie, en effet, naturellement, Action d'abuser, de tromper, tromperie, déception.

On trouve chez Cotgrave, qui le recueille à son tour, cette expression : *abusement de l'œil ou de vue*. Il entend par là Un obscurcissement qui trouble la vision.

ABUSEMENT paraît avoir été de très-peu d'usage, car, depuis le seizième siècle, il a, assez générale-ment, disparu des dictionnaires. On en a tiré toute-fois, de nos jours, pour exprimer l'action de dé-tromper ou de se détromper, le substantif DÉSABUSE-MENT :

Je suis parvenu à ce point de *désabusement* que je ne saurais que désirer, si tout dépendait de moi.

Benjamin CONSTANT, *Lettre* du 2 juin 1791. (Voyez *Caliste*, par Mme de Charrière, édit. de Paris, 1845, p. 298.)

ABUSION, s. f. (du latin *Abusio*, borné d'abord, comme terme de rhétorique, à un sens particulier dont il sera question plus loin, et devenu fort tard, dans la basse latinité, synonyme d'*abusus*).

ABUSION, ancien dans les dictionnaires, comme dans la langue, mais qui, après le seizième siècle, a cessé d'être en usage, avait reçu des deux sens principaux d'*abuser* des acceptions fort diverses.

Ainsi il exprimait d'une manière générale l'Action d'*abuser*, c'est-à-dire d'user mal, l'idée de désordre, d'excès, d'action coupable :

> Tu dis si grant *abusion*
> Que nus ne la porroit descrire.
> RUTEBEUF, *Desputizons dou Croisié.* (Voir Œuvres; t. I, p. 128.)

> Telz crimes, telz *abusions*,
> Telz delictz, ne vallent...
> G. COQUILLART, *le Plaidoyer.*

> Qui d'aucun mal donne l'occasion,
> Luy mesme faict mal et *abusion.*
> Cl. MAROT, *Oraison devant le crucifix.*

Dans un sens plus particulier, appliqué au mauvais usage de la victoire, il a signifié Sac et pillage :

> Enfanz fuient et fames veuves,
> Com se ce fust *abusion.*
> G. GUIART, *Royaux lignages*, t. II, v. 3930.

D'autre part, ABUSION avait le sens de Tromperie, mensonge, vain discours :

> Ce qui confirmoit l'*abusion.*
> COMMYNES, *Mémoires*, VIII, 23.

> Se ne sont pas *abusions*
> Que je vous dy, ne mocqueries.
> *Farce de Pathelin.*

Le sens d'Illusion :

> Songes fu ou *abusions.*
> *Le Fabel d'Aloul.* (V. Méon, *Fabl. et contes anc.*, t. III, p. 336.)

> Ce monde n'est qu'*abusion.*
> VILLON, *Grant Testament*, Ballade 2, édit. de Cl. Marot.

> Jusques à quand emprises vaines,
> Sans fruict, et d'*abusion* pleines,
> Aymerez-vous, et chercherez?
> Cl. MAROT, *Psaumes*, IV.

I.

Le sens d'Erreur, de folie, de duperie :

> Plusieurs de la cité vouloient que l'on prinst le party de la ligue, et que on habandonnast de tous poinctz le Roy : disans que ce n'estoient que *abusions* et follyes de s'y attendre.
> COMMYNES, *Mémoires*, VIII, 26.

> Fol est qui se mesle d'amis
> Et d'enfans; c'est *abusion...*
> *Farce des femmes qui demandent les arrerages de leurs maris.* Anc. Th. fr., t. I, p. 126. (*Bibl. elzevirienne.*)

> En reprenant vostre conclusion,
> Où avez dit que œil faict plus qu'ouye,
> Touchant cela, c'est tout *abusion.*
> Guill. CRÉTIN, *Poésies.* La Dame qui soubstient les chiens.

> Pourquoi concludz que c'est *abusion*
> D'estre amoureux.
> Cl. MAROT, *Rondeaux*, II, 11.

Le sens d'Égarement criminel, de dérèglement :

> Enfans, la grant *abusion*
> Que vous suyvez vous damnera.
> *Moralité nouvelle.* Ancien Th. fr., t. III, p. 100. (*Bibliothèque elzevirienne.*)

ABUSION offrait une expression vague propre à rendre le Trouble de l'esprit. C'est ainsi qu'il semble employé dans les passages suivants :

> En ce temps qu'il s'en devoit aviser, tant de merancolies et d'*abusions* le prirent et aherdirent de tous lez (côtés), que il entra en une frenesie et ne vouloit ni boire ni manger.

> Entrementes que (pendant que) le connestable et les mareschaux de France et de Bourgogne estoient au pas de Comines en celle *abusion*, ni ils ne savoient lequel faire pour le meilleur, soubtilloient (s'excitaient en secret) autres chevaliers et escuyers... à eux aventurer vaillamment et à passer celle rivière de la Lys.
> FROISSART, *Chroniques*, liv. I, part. II, c. 388; liv. II, c. 179.

ABUSION a été employé, en termes de rhétorique, dans le sens particulier et primitif d'*abusio*, c'est-à-dire pour désigner cette Figure qui consiste à abuser du sens d'un mot, et qu'on a depuis préféré d'appeler de son nom grec *catachrèse.*

ABUS, s. m. (du latin *Abusus*).

Il a signifié d'abord, comme *abusus*, Mauvais usage, emploi irrégulier, excessif ou injuste, de quelque chose, de la force, de la santé, de la jeunesse, de l'esprit, du pouvoir, de la richesse, etc.

ABUS, en ce sens, est nécessairement suivi de la préposition *de* et d'un substantif désignant la chose dont il est fait *abus* :

Telz usages de ces choses sont euvres de vertuz, et les *abuz* de telles choses sont euvres vicieuses.

> NICOLE ORESME, trad. de *la Politique d'Aristote*, liv. VII. Glose.

Si dedans vostre moynerie est tel *abus de* parolles en usaige, laissez le là ; ne le transportez hors les cloistres.

> RABELAIS, *Pantagruel*, IV, 50.

L'*abus des* vérités doit être autant puni que l'introduction du mensonge.

> PASCAL, *Pensées*, partie I, art. X, § 40.

Si l'*abus des* dons naturels et *des* biens de la terre doit faire dans l'âme du pécheur une impression si violente, que sera-ce de l'*abus des* grâces et *des* dons surnaturels?

> BOURDALOUE, *Sermons*. Vendredi de la 2ᵉ semaine de carême.

Comprenez bien qu'il y a dans l'*abus de* la prédication une espèce de sacrilége que nous pouvons comparer à l'*abus de* la communion.

> LE MÊME, *Sermons*. Dimanche de la 5ᵉ semaine de carême.

...... C'est plutôt un *abus* qu'un usage *de* l'esprit.

> VOLTAIRE, *Siècle de Louis XIV*, c. 32.

Le despotisme est l'*abus de* la royauté, comme l'anarchie est l'*abus de* la république.

> LE MÊME, *Politique et législation*. Pensées sur l'administration publique, XXIII.

Comme il y a dans les conditions élevées plus de faux désirs, plus de vaines prétentions, plus de passions désordonnées, plus d'*abus de* son âme que dans les états inférieurs, les grands sont, sans doute, de tous les hommes, les moins heureux.

> BUFFON, *Hist. nat.* Discours sur la nature des animaux.

C'est l'*abus de* nos facultés qui nous rend malheureux et méchans ; nos chagrins, nos soucis, nos peines nous viennent de nous.

> J.-J. ROUSSEAU, *Émile*, IV.

Mais qui peut arrêter l'*abus de* la victoire ?

> VOLTAIRE, *Alzire*, I, 1.

On rencontre fréquemment deux locutions fort voisines l'une de l'autre par la forme et par le sens, et qu'il faut pourtant distinguer : l'*abus du pouvoir* ou *d'un pouvoir*, et *un abus de pouvoir ;* la première s'applique à une manière générale d'agir, la seconde à un acte particulier.

Le gouvernement de Rome fut admirable en ce que, depuis sa naissance, sa constitution se trouva telle . . . . que tout *abus du pouvoir* y put toujours être corrigé.

> MONTESQUIEU, *Grandeur des Romains*, c. 8.

Dans une république où un citoyen se fait donner un pouvoir exorbitant, l'*abus de* ce pouvoir est plus grand, parce que les lois, qui ne l'ont point prévu, n'ont rien fait pour l'arrêter.

> LE MÊME, *Esprit des lois*, II, 3.

Il n'y a jamais que l'*abus du pouvoir* qui puisse énerver le pouvoir.

> VOLTAIRE, *Mélanges de littérature*. Lettre sur les Français.

Abus de confiance est le nom d'une classe de délits définis par la loi. Voyez le *Code pénal*, liv. III, titre II, sect. II, § II, art. 406 et suiv.

L'expression *abuser du langage*, *abuser des mots*, etc., conduit à dire *l'abus*, *les abus du langage*, *l'abus des mots*, etc.

On ne tarit point sur cet *abus des mots*. En histoire, en morale, en jurisprudence, en médecine, mais surtout en théologie, gardez-vous des équivoques.

> VOLTAIRE, *Dictionnaire philosophique*, art. ABUS DES MOTS.

... Ce n'est qu'à force de simplifier le langage, qu'on *en* pourra prévenir les *abus*.

> CONDILLAC, *Essai sur l'origine des connoissances humaines*, Iʳᵉ part., sect. I, c. 2, § 14 ; note.

Avec ces *abus de mots*, rien n'étoit plus ni faux, ni vrai, ni juste, ni injuste.

> LA HARPE, *Cours de littérature*. Histoire, III, c. 2, sect. 1.

A cet emploi d'ABUS se rapporte l'expression fort usitée *faire abus de* :

Tous les péchés que je commets sont autant d'*abus* criminels que je *fais de* moi-même.

> BOURDALOUE, *Dominic. IV*. Caractère du chrétien.

La violence et l'*abus* qu'il *a fait de* ses pouvoirs.

La Bruyère, Caractères, c. 6.

Votre récompense est-elle attachée à l'*abus* qu'on peut *faire de* votre aumône, ou à l'intention elle-même qui l'offre?

Massillon, Carême. 4e dimanche.

Je conviens que l'hypocrite est digne de l'exécration de Dieu et des hommes, que l'*abus* qu'il *fait de* la religion est le plus grand de tous les crimes.

Le même, Carême. Mercredi de la 4e semaine.

J'aime encore mieux l'*abus* qu'on *fait* ici *de* la liberté d'imprimer ses pensées, que cet esclavage dans lequel on veut chez vous mettre l'esprit humain.

Voltaire, Lettres, 8 août 1743, à M. d'Argenson.

.... Les sociétés policées dépendent de l'usage et quelquefois de l'*abus* que l'homme *a fait de* sa raison.

Buffon, Hist. nat. Discours sur la nature des animaux.

On ne dit pas seulement l'*abus* d'une chose, mais l'*abus* dans une chose :

L'*abus* dans la vénération des reliques dégénère en superstition.

Fleury, Discours sur l'Histoire ecclésiastique, III, 6.

On dit absolument et d'une manière générale l'*abus* :

Laissons donc ceux qui se trompent, ou qui veulent tromper, confondre sans cesse l'usage et l'*abus*, et ne voir dans les meilleures choses que l'excès qui les dénature.

La Harpe, Cours de littérature. Introduction.

Qu'on punisse l'*abus*; mais l'usage est permis.

Voltaire, Épîtres. Au roi de Danemarck.

Par abus appartient à cette manière absolue et générale de se servir du mot ABUS :

En même temps le roi permit à Sourches, prévôt de son hôtel, dit *par abus* grand prévôt, de céder sa charge à Monsoreau.

Saint-Simon, Mémoires, 1714, t. XI, c. 18.

ABUS est employé fréquemment d'une manière

absolue, c'est-à-dire sans régime exprimant ce dont il est fait abus, au sujet d'une pratique opposée à l'ordre naturel ou légitime des choses :

Il mettoit grand peine à réformer les *abuz* de l'ordre de Sainct Benoist et d'aultres religions.

Commynes, Mémoires, VIII, 26.

Par la ratte dieu! j'advertiray le roy des énormes *abuz* qui sont forgez ceans, et par vos mains et menées.

Rabelais, Gargantua, I, 20.

On ostera ces lourds imposts qu'on a inventé à l'hostel de ville sur les meubles et marchandises libres, et sur les vivres qui entrent aux bonnes villes, où il se commet mil *abuz* et concussions.

Satire Ménippée, Harangue de M. d'Aubray.

Dans ce déclin de la religion et des affaires des Juifs, à la fin du règne d'Hérode, et dans le temps que les pharisiens introduisoient tant d'*abus*, Jésus-Christ est envoyé sur la terre pour rétablir le royaume dans la maison de David.

Bossuet, Discours sur l'histoire universelle, II, 6.

Il eût voulu corriger tous les *abus*, et réformer tous les défauts.

Fléchier, Oraison funèbre de M. de Montausier.

Arsace aimoit si fort à conserver les lois et les anciennes coutumes des Bactriens, qu'il trembloit toujours au mot de réformation des *abus*, parce qu'il avoit remarqué que chacun appeloit loi ce qui étoit conforme à ses vues, et appeloit *abus* ce qui choquoit ses intérêts.

Montesquieu, Arsace et Isménie.

La coutume, qui fait tout, et qui est cause que le monde est gouverné par des *abus* comme par des lois...

Voltaire, Siècle de Louis XIV, c. 2.

La politique dans tous les temps conserva les *abus* dont se plaignait la justice.

Tout *abus* qu'on veut réformer est le patrimoine de ceux qui ont plus de crédit que les réformateurs.

Le même, Dictionnaire philosophique, art. ABUS, CHARITÉ.

Le premier *abus* toléré en amène un autre; et cette chaîne ne finit plus jusqu'au renversement de tout ordre et au mépris de toute loi.

J.-J. Rousseau, Émile, IV.

Il crut..... qu'il y a des *abus* que leur antiquité même

46.

rend respectables, et qui se confondent presque avec les
fondemens des États.

THOMAS, *Éloge de d'Aguesseau.*

Et des *abus* dont l'Église est fourrée,
J'en parlerois, mais garde la bourrée.

Cl. MAROT, *Épîtres,* II, 4.

C'est un *abus* commun qu'autorise l'usage,
Et j'en usois ainsi du temps de mon jeune âge.

P. CORNEILLE, *le Menteur,* IV, 4.

C'est un vilain *abus,* et les gens de police
Nous devroient bien régler une telle injustice.

MOLIÈRE, *Sganarelle,* sc. 17.

Pourquoi donc voulez-vous que, par un sot *abus,*
Chacun respecte en vous un honneur qui n'est plus?

BOILEAU, *Satires,* V.

Chansonniers, mes confrères,
Le cœur, l'amour, sont des chimères,
Ce sont de vieux *abus,*
Des vertus qu'on n'a plus.

COLLÉ, *Chansons.*

Ce qui charmera le plus
Ah! c'est notre maître
Qui, se croyant un *abus,*
Ne voudra plus l'être.

LE CHEVALIER DELILLE, *Chanson.*

On dit, d'une manière générale, *les abus :*

Esdras, docteur de la loi, et Néhémias, gouverneur du
peuple de Dieu nouvellement rétabli dans la Judée, ré-
formoient *les abus.*

BOSSUET, *Discours sur l'histoire universelle,* I, 8.

La meilleure manière de condamner *les abus,* c'est de
montrer dans ses exemples le véritable usage des choses
dont on abuse.

MASSILLON, *Carême.* Mercredi de la 3ᵉ semaine.

Tenir *les abus* nécessaires dans les bornes précises de
la nécessité, qu'ils sont toujours prêts à franchir, les renfermer dans l'obscurité à laquelle ils doivent être condamnés, et ne les en tirer pas même par des châtimens
trop éclatans...

FONTENELLE, *Éloge de d'Argenson.*

Carthage périt parce que, lorsqu'il fallut retrancher *les
abus,* elle ne put souffrir la main de son Annibal même.

MONTESQUIEU, *Grandeur des Romains,* c. 8.

Babouc conclut qu'il y avait souvent de très-bonnes
choses dans *les abus.*

VOLTAIRE, *Romans.* Le Monde comme il va.

Il (M. Necker) n'a pas fait un pas dans la carrière politique, sans que les novateurs lui reprochassent sa prudence, et les partisans de tous *les anciens abus* sa témérité.

Mᵐᵉ DE STAËL, *Considér. sur la Rév. franç.,* 1ʳᵉ part., c. 5.

On verra *les abus* par ta main réformés.

BOILEAU, *Épîtres,* I.

Hélas! j'ai beau crier et me rendre incommode,
L'ingratitude et *les abus*
N'en seront pas moins à la mode.

LA FONTAINE, *Fables,* XII, 16.

On a dit, d'une manière plus générale encore,
l'abus :

Et quant au dernier chef d'accusation, qui est *l'abus*
des abus, l'imposture des impostures.....

SULLY, *OEconomies royales,* t. II, c. 50. 2ᵉ c.
de l'année 1605.

Il (M. de Besons) dit mesme que *l'abus* estoit entré jusques dans le sanctuaire, faisant bien cognoistre, quoiqu'il
ne nommast personne, qu'il vouloit parler des voyes illicites dont on s'estoit servy pour parvenir à l'archevesché
de Narbonne.

L'ÉVÊQUE DE SAINT-PAPOUL à Colbert. (Voir *Correspondance administrative sous Louis XIV,* t. I, p. 60.)

L'abus, quelque commun qu'il soit, n'autorise jamais la
transgression de la loi.

MASSILLON, *Conférences,* XVII.

ABUS, avec cette forme absolue, a signifié encore,
comme *abusion,* Illusion, erreur, mensonge, et a
longtemps été employé ainsi, surtout en poésie :

Tousjours on leur donnoit reconfort, et tout estoit
abus.

Je fus present au rapport; et à plusieurs sembla que
ce n'estoit que *abuz.*

COMMYNES, *Mémoires,* VIII, 16, 23.

Laisse-moy l'astrologie divinatrice et l'art de Lullius
comme *abuz* et vanitez.

Ne me parangonnez point icy (ne comparez point avec
les vertus de l'amiante) la salamandre : c'est *abus.*

RABELAIS, *Pantagruel,* II, 8; III, 52.

Puisque nous sommes sur le propos des arbres, et des *abus* que les ignorans commettent au gouvernement d'iceux, combien penses-tu qu'il y ait de gens qui regardent le temps et saison convenable pour coupper les bois de haute futée?

Bernard PALISSY, *Recepte veritable*, etc.

L'histoire en est ...ecrite, mais non au vray, pour l'accusation qu'on a suscitée à la reyne d'y avoir esté consentante. Ce sont *abus* et menteries.

BRANTÔME, *Vies des Dames illustres*. Discours III.

Que ne plaist-il un jour à Nature nous ouvrir son sein, et nous faire voir au propre les moyens et la conduicte de ses mouvemens et y preparer nos yeux? O Dieu! quels *abus*, quels mescomptes nous trouverions en nostre pauvre science!

MONTAIGNE, *Essais*, II, 12.

Le monde est un *abus*.

MASSILLON, *Carême*. Mercredi de la 1re semaine.

O beau Pâris, je ne crois pas qu'Helaine,
Que tu ravis par Venus dedans Grece,
Eust de beauté autant que ma maistresse :
Si on le dict, certes ce sont *abus*.

Cl. MAROT, *Épîtres*, II, 1.

..... Et me l'eust dit Phœbus,
J'eusse dit son trepied et lui n'estre qu'*abus*.

RONSARD, *Poèmes*, II. *Épître au cardinal de Châtillon*.

Des vains destins de Francus je n'ai cure:
Tels sots *abus* ne me viennent piper.

LE MÊME, *la Franciade*, II.

Tant s'en faut que je vueille aux *abus* demeurer,
Que je me veux du tout des *abus* separer,
Des *abus* que je hay, que j'abhorre et mesprise.

LE MÊME, *Réponse à un ministre*.

Si les vers ont été l'*abus* de ma jeunesse,
Les vers seront aussi l'appui de ma vieillesse;
S'ils furent ma folie, ils seront ma raison.

Joachim DU BELLAY, sonnet des *Regrets*.

Celuy qui veut pécher avec impunité
Dit qu'il n'est point de Dieu qui dans l'éternité
Dispense et la peine et la gloire;
Et que c'est un *abus*, que nostre vanité
S'efforce de nous faire acroire.

Ces ouvrages où l'art, imitant la nature,
Prétendoit nous donner par leur docte imposture
Le bienheureux aspect de tous les immortels,

Verront finir l'erreur où leur *abus* nous plonge;
Le vray Dieu détruira ces tyrans des autels.

RACAN, *Psaumes*, LII, XCVI.

Qu'un si charmant *abus* seroit à préférer
A l'âpre vérité qui vient de m'éclairer!

...Deux fois Léontine osa tromper ton père;
Et, semant de nos noms un insensible *abus*,
Fit un faux Martian du jeune Héraclius.

P. CORNEILLE, *Héraclius*, III, 1; V, 4.

...Près de tomber dans un malheur extrême,
J'en écartois l'idée en m'abusant moi-même :
Mais il faut renoncer à des *abus* si doux.

LE MÊME, *Pulchérie*, II, 1.

Le peuple, je l'avoue, et la cour les dégradent;
Je foiblis, ou du moins ils se le persuadent;
Pour bien écrire encor j'ai trop longtemps écrit,
Et les rides du front passent jusqu'à l'esprit :
Mais contre cet *abus* que j'aurois de suffrages!

LE MÊME, *Épître au Roi*, 1676 (parlant de ses dernières tragédies).

Cet emploi d'ABUS autrefois si fréquent, particulièrement chez nos poëtes, et que cependant Voltaire a blâmé chez Corneille (*Héraclius*, IV, 4), s'est retrouvé dans ces vers d'un poëte de date récente :

Mais quand le cœur honore un objet adoré,
L'erreur est respectable et l'*abus* est sacré.

DELILLE, *l'Imagination*, VII.

ABUS s'est dit encore, de la même manière, en parlant d'une Erreur de conduite, d'un acte inutile, maladroit, imprudent, etc. :

C'est *abus* que de labourer une terre sèche.

DANET, *Dictionnaire fr.-latin*.

Alléguer l'impossible aux rois, c'est un *abus*.

LA FONTAINE, *Fables*, VIII, 3.

Sur du fumier l'orgueil est un *abus*.

VOLTAIRE, *l'Enfant prodigue*, III, 1.

ABUS en ce sens s'est perpétué, surtout dans certaines exclamations, telles que *franc abus! quel abus!*

Quel abus! les grands et les puissans, ceux qui sembleroient avoir besoin de pénitence,..... sont les seuls qui s'en dispensent.

Quel abus de se bannir de ces assemblées saintes !

MASSILLON, *Sermons.* Mercredi des Cendres ; 1ᵉʳ dimanche de Carême.

Quel abus! Lisette, quel abus!

MARIVAUX, *l'Heureux Stratagème*, I, 4.

Ils pourroient bien s'aimer, et je vois...— *Franc abus!*

MOLIÈRE, *Mélicerte*, I, 4.

Quel abus! nous faisons tous les jours alliance
Avec tout ce qu'on voit de femmes dans la France.

REGNARD, *le Distrait*, III, 2.

Ou bien encore, sous une forme elliptique, *abus!*

Ne me dites point, mes chers auditeurs, que, sans cette voie si ordinaire d'obliger vos enfans à embrasser l'état de l'Église, ou celui de la religion, vous êtes dans l'impuissance de les établir : *abus!*

BOURDALOUE, *Sermons.* 1ᵉʳ dimanche après l'Épiphanie.

En tout ce que je lis, dites-vous, il ne s'agit que d'un amour honnête : *abus!* mes frères. Appelez-vous amour honnête celui, etc. ?

LE MÊME, *Sermons*, 3ᵉ dimanche après Pâques.

Car de croire que votre conduite leur soit inconnue et qu'elle demeure secrète pour eux : *abus!* chrétiens.

LE MÊME, *Sermons.* 2ᵉ dimanche de l'Avent.

Abus que tout cela! est la même locution complétée et fortifiée. Il y a un grand nombre de locutions analogues : on dit par exemple : Erreur, fiction, mensonge, etc., que tout cela !

Abus que tout cela! Cette amitié prétendue qu'on fait parade de substituer à l'amour n'est qu'un masque honnête pour cacher le dégoût, pour déguiser l'inconstance.

DESTOUCHES, *l'Amour usé*, III, 2.

On trouve chez un de nos vieux poëtes dramatiques la locution *jouer d'abus*, pour Abuser, tromper :

Je m'apperchois bien par cest croix
Que mes gens m'*ont joué d'abus.*

Farce nouvelle du Pasté et de la Tarte. Ancien Théâtre français, t. II, p. 70. (*Bibl. elzevirienne.*)

L'Erreur a été personnifiée sous le nom d'ABUS dans notre ancienne poésie, sur notre ancien théâtre :

Sus galant, sus, troussez vos quilles
Et allez parler vitement...
A Pauvreté qui vous attend,
Et *Abuz* qui legerement
Vous veulent mener, comme voy,
A l'hospital de par le roy.

LE ROI RENÉ, moralité de l'*Abuzé en court.*

ABUS, terme de jurisprudence, se disait d'une Contravention commise par les juges et supérieurs ecclésiastiques en matière de droit.

Il s'est conservé dans le style administratif de notre temps, pour désigner l'anticipation ou l'usurpation d'une des autorités de l'État sur une autre. *Le conseil d'État a jugé qu'il y avait abus.*

Appel comme d'abus ou, autrement, *appellation comme d'abus*, signifiait, Appel interjeté d'une sentence des juges ecclésiastiques, excédant leur juridiction et entreprenant sur la puissance séculière, ou, réciproquement, d'une sentence des juges laïcs jugée attentatoire aux droits de l'Église :

Des *appellations comme d'abus*, remede introduict, tant contre des entreprises des ecclesiastiques, que reformation de leurs mœurs.

Est. PASQUIER, *Recherches de la France*, liv. III, titre du c. 33.

Nous empruntâmes de lui (de Bertrand, évêque d'Autun, répondant à Pierre de Congnieres, avocat du roy à la cour du parlement de Paris, dans le lit de justice tenu par Philippe de Valois en 1329, au sujet des entreprises des ecclesiastiques sur la puissance seculiere) le mot d'*abus*... appropriant ce mot... à toutes les entreprises indues que les ecclesiastiques font, tant sur les moindres de leur ordre, que sur les personnes laïques. Auquel mot maistre Jean Gerson donna principalement sauf-conduit en son traité qu'il fit au concile de Constance, de la Puissance ecclesiastique. Et ayant ce mot pris cette façon entre nous par l'authorité de ceux que nous sçavons n'avoir jamais vacilé contre la foy et religion de l'Eglise romaine, de là est venu puis après l'*appel comme d'abus*, quand nous appelons des ecclesiastiques pardevant le roy en son parlement.

LE MÊME, *ibid.*

Introduction de la forme de l'*appel comme d'abus,* dont les principes sont plus anciens que le nom. On le nommoit autrefois la voie des recours au prince.

HÉNAULT, *Abrégé chronologique de l'histoire de France,* année 1329.

La formule d'*appel comme d'abus* ne fut introduite que sur la fin du règne de Louis XII.

On appela toujours des sentences des officiaux aux parlemens, et peu à peu cette procédure fut nommée *appel comme d'abus.*

VOLTAIRE, *Dictionnaire philosophique,* art. ABUS.

Il fut attentif à conserver l'usage de l'*appel comme d'abus* au parlement des ordonnances ecclésiastiques dans tous les cas où ces ordonnances intéressent la juridiction royale.

LE MÊME, *Siècle de Louis XIV,* c. 35.

Que dites-vous de nos conseillers de la cohue des enquêtes, qui ont fait vœu de n'aller ni aux spectacles, ni aux Tuileries, jusqu'à ce que le roi leur rende les *appels comme d'abus?*

LE MÊME, *Lettres,* 27 juin 1732.

A l'expression *appel comme d'abus* correspond cette autre expression, *appeler comme d'abus :*

Elles (les religieuses) se crurent néanmoins obligées, pour leur propre justification... d'*appeler comme d'abus* de toute la procédure.

J. RACINE, *Histoire de Port-Royal,* II.

C'est une erreur de penser que Pierre de Cugnières, chevalier ès-lois, avocat du roi au parlement de Paris, *ait appelé comme d'abus* en 1330, sous Philippe de Valois.

VOLTAIRE, *Dictionnaire philosophique,* art. ABUS.

Ces expressions *appel comme d'abus, appeler comme d'abus,* ont été quelquefois employées, dans le style badin, pour marquer plaisamment l'action de s'opposer, de réclamer, de contredire :

Je me porte pour *appelant* de soif, *comme d'abus.*

RABELAIS, *Gargantua,* I, 5.

Et moi, morbleu! j'en appelle *comme d'abus* (des jugemens du parterre); j'en appelle au bon sens ; j'en appelle à la postérité.

REGNARD, *Critique du Légataire universel,* sc. 2.

En *appellant* d'Atropos trop irée
      Comme d'abus.

Cl. MAROT, *Chants,* V; *Cantique de la royne* (Eleonor) *sur la maladie et convalescence du Roy.*

Il vous épousera, ne vous alarmez plus.
— Ma foi! j'*en* interjette *appel comme d'abus.*

MONTFLEURY, *l'Ambigu comique,* 2ᵉ intermède.

ABUSIF, IVE. adj. (du latin *Abusivus*).

Il a répondu, naturellement, aux deux sens principaux d'*abuser* et d'*abus.*

Ainsi on l'a pris, anciennement, au sens de Trompeur :

Tout ce que les hommes apprennent de Dieu par les images est frivole, et mesme *abusif.*

CALVIN, *Institution chrestienne,* liv. I, c. 11, § 5.

Ce seroit (dist Panurge) plus tost faict et expedié à trois beaulx dez. Non, respondit Pantagruel : ce sort est *abusif,* illicite, et grandement scandaleux ; jamais ne vous y fiez.

RABELAIS, *Pantagruel,* III, 11.

A ce songe pensa longuement Amadis jugeant en soy mesmes qu'ilz ne sont quelquefois *abusifs.*

HERBERAY DES ESSARTS, *Amadis de Gaule,* II, 3.

La méthode que tu donnes à ces apprentifs est *abusive,* les met en erreur, les abuse.

MONET, *Dictionnaire.*

Il a signifié plus communément et signifie encore Où il y a *abus,* usage excessif, mauvais usage, par conséquent Contraire à la raison, à l'ordre, à la règle, à la loi :

Comme l'abus vient en toute chose, encore que l'invention ne soit point *abusive.*

H. ESTIENNE, *Du nouveau Langage françois italianisé.* Dialogue I.

C'est par coutume *abusive* que vous usurpez ce droit.

MONET, *Dictionnaire.*

Ce magistrat (de Gravelines) m'a parlé de priviléges... Je leur ay dit que leurs priviléges estoient *abusifs...*

NACQUART, à Colbert, 8 août 1666. (Voir *Corresp. admin. sous Louis XIV,* t. I, p. 796.)

Abolir tous privilégiés, toutes lettres d'État *abusives.*

FÉNELON, *Plan du gouvernement,* art. II, § 4.

...Ce qui est non-seulement irrégulier, mais tortion-
naire et *abusif*.

BOILEAU, *Arrêt burlesque.*

Cicéron... ne laisse pas... de soutenir que cet usage
(des auspices), tout *abusif* qu'il étoit selon lui, devoit être
respecté par rapport à la religion et à la prévention des
peuples.

ROLLIN, *Histoire romaine,* I, 2, § 1.

Il essaya de faire entendre raison à son chapitre sur
des droits si *abusifs*.

SAINT-SIMON, *Mémoires,* 1700, t. II, c. 30.

C'est un grand exemple du pouvoir *abusif* que les moines avaient alors en France. Un souverain se croyait
obligé de demander la protection d'un abbé de Citeaux.

VOLTAIRE, *Un chrétien contre six juifs,* XVI.

On me fait en trois semaines pour trois, quatre, cinq
cents livres de frais *abusifs* par jour. Il semble que le
bonheur de me ruiner soit le seul attrait qui anime mon
adversaire.

BEAUMARCHAIS, *Mémoires,* IIe part. Addition au Supplément.

Il (M. Necker) a défendu non-seulement l'autorité
royale, mais les propriétés même *abusives* des classes pri-
vilégiées, lorsqu'il croyoit possible de les racheter, au
lieu de les supprimer sans compensation.

Les possesseurs de priviléges... étoient les premiers à
s'excuser des avantages *abusifs* dont ils jouissoient.

Mme DE STAËL, *Considér. sur la Révol. franç.,*
Ire part., c. 4, 15.

Déclarons *abusif* et sujet à rupture
Tout hymen fait, à faire, où l'un des contractans
Subit ou subira la moindre violence.

LA CHAUSSÉE, *les Tyrinthiens,* I, 8.

Bien qu'une loi ne puisse être *abusive*, dans le
sens strict du mot, puisque la chose *abusive* est
celle qui déroge aux lois, ABUSIF n'a pas laissé de
se dire des lois elles-mêmes, établies sans égard aux
vrais principes de la justice et de la morale :

On fit revivre l'ancienne défense ecclésiastique d'épouser la fille de son parrain... La loi était visiblement *abusive*, mais on se servait de tout.

VOLTAIRE, *Histoire du Parlement de Paris,* c. 41.

Les plus *abusives* des lois sont celles qui donnent prise
sur les biens.

MARMONTEL, *Bélisaire,* c. 12.

ABUSIF se disait particulièrement, en droit, des
entreprises, procédés et jugements de l'autorité ecclésiastique où il y avait *abus*. Un jugement d'of-
ficial contre un laïque et pour cause profane était
abusif.

Toutes les usurpations de la juridiction ecclésiastique
sur la temporelle sont *abusives*.

FEVRET, *Traité de l'Abus,* I, 2.

Tout est subreptice, tout est *abusif*, dans les procédés
de l'ecclésiastique qui dispute le bénéfice à l'abbé de Val-
druche.

VOLTAIRE, *Lettres,* 3 nov. 1738.

ABUSIF se dit communément, en littérature et en
grammaire, pour Inusité, irrégulier, vicieux, en
parlant du mauvais emploi et de la fausse application des mots :

Je trouve *abusive* et forcée la figure qui attribue au lit
l'effronterie de la malade.

LA HARPE, *Cours de littér.,* Éloquence, part. I, liv. II,
c. 1, sect. 3.

ABUSIVEMENT, adv. (en latin *Abusivè*).
Formé directement d'ABUSIF, à ce qu'il semble,
il a dû en reproduire la double acception.

On l'a donc pris pour D'une manière *abusive*,
c'est-à-dire trompeuse :

Nostre vue est alterée, se represente les choses *abusivement*, et nous est advis qu'elles lui faillent à mesure qu'elle
leur fault.

MONTAIGNE, *Essais,* II, 13.

Il a signifié plus généralement, et plus constamment, D'une manière *abusive*, c'est-à-dire contraire
au bon usage, à l'ordre, à la règle, à la loi.

Il s'emploie, en jurisprudence, pour Avec abus,
par excès d'autorité, hors des limites de la compé-
tence, contre le texte de la loi :

Juger *abusivement*.

LE MAÎTRE, *Plaidoyer* Xe.

Tous les juges d'une voix unanime déclarèrent la famille innocente, tortionnairement et *abusivement* jugée par le parlement de Toulouse.

VOLTAIRE, *Dernier arrêt rendu en faveur de la famille Calas.*

ABUSIVEMENT se dit aussi en littérature, en grammaire, en parlant de certains mots et de certaines manières de parler, pour Improprement, irrégulièrement, dans un sens qui n'est pas conforme à l'usage.

Parce que le mot de comédie est pris *abusivement* pour toutes les espèces de dramatique, la comédie est préférable à la tragédie : n'est-ce pas là bien conclure?

LA FONTAINE, *Psyché*, I.

Il (Corbinelli) dit que ce qui ne nous paroît pas doux est amer. Je sais bien qu'il n'y a ni doux ni amer, mais je me sers de ce qu'on nomme *abusivement* doux et amer pour le faire entendre aux grossiers.

Mme DE SÉVIGNÉ, *Lettres*, 26 août 1676.

Particule est un terme vague, assez *abusivement* employé dans les grammaires.

DUCLOS, *Sur la Grammaire de Port-Royal*, part. II, c. 12.

Une heureuse chaleur anime ses discours, disait Boileau en parlant d'Homère, et c'est la seule fois qu'il s'est servi en ce sens de ce mot de chaleur, prodigué de nos jours si *abusivement*.

LA HARPE, *Cours de littérature*, liv. II, c. 1, sect. 2.

ACABIT, s. m.

Il se dit au propre des choses, en parlant de leur bonne ou de leur mauvaise qualité, de ce qui fait qu'elles soient ou ne soient pas recherchées des acheteurs.

Avec ce sens s'accorde assez l'étymologie proposée par Ménage. Selon lui, ACABIT viendrait d'*acapitum*, dérivé comme ses synonymes *acaptio*, *acaptamentum*, *acaptagium*, d'*acaptare*, et qui, dans la latinité du moyen âge, ayant désigné le droit acquitté en certains cas pour inféodation, exprima par suite l'idée générale d'acquisition. Il serait donc

en rapport d'origine, aussi bien que de signification, avec *achat*, *acheter* (voyez ces mots).

Bien que, dans son acception propre, ACABIT se dise des choses, quelles qu'elles soient, il s'emploie surtout lorsqu'il est question des fruits et des légumes.

On dit des pêches, des laitues, des oranges, qu'elles sont d'un bon ou mauvais *acabit*.

L'abbé ROZIER, *Cours complet d'agriculture*, article ACABIT.

ACABIT ne se dit pas seulement des choses au sens physique; mais encore, par extension familière, par figure, au sens moral.

Je me suis dépêché de fermer le livre avant que j'y fusse tout à fait pris. Or, préchez et patrocinez tout à votre aise, je vous promets que je ne rouvrirai de mes jours, ni celui-là, ni les vôtres, ni aucun autre de pareil *acabit*.

J'entrevois que l'impression du chiffon académique tient encore à quelque autre manœuvre souterraine de même *acabit*.

J.-J. ROUSSEAU, *Lettres*, 22 août 1767; 4 février 1769.

Il se dit quelquefois aussi, de la même manière, des personnes.

Et quel *acabit* de mari lui baillez-vous, s'il vous plaît ?

DANCOURT, *les Vendanges de Surène*, sc. 1.

On lui a donné, depuis un mois qu'il est sorti de sixième, de toutes sortes d'*acabits* de maîtres : d'armes, de musique, de danse, d'écriture, de cheval, d'orthographe et d'arithmétique.

LE GRAND, *l'Usurier gentilhomme*, sc. 5.

Outre ces Patagons... nous en avons vu un bien plus grand nombre d'autres nous suivre au galop le long de leurs côtes; ils étoient de même *acabit* que les premiers.

BUFFON, *Hist. nat. De l'homme. Variétés dans l'espèce humaine*; addit. (citation de M. Commerson).

Vous me demandez ce que je pense de vos cousins; je les trouve, si l'on peut s'exprimer ainsi, de même *acabit* que vous, et cet *acabit* n'est pas le plus commun.

Mme DU DEFFAND, *Lettres*, 1er août 1773. A H. Walpole.

.....Et ta plume baptise
De noms trop doux gens de tel *acabit*.

J.-B. ROUSSEAU, *Épîtres*, I, 3.

I.

47

Ces soubrettes m'ont fait presque tourner l'esprit;
Mais nous en choisirons d'un meilleur *acabit*.

      Boissy, *la Comédie-anonyme*, III, 12.

Entre nos deux marquis le choix est incertain,
Gens de même *acabit*, personnages frivoles.

      La Chaussée, *le Préjugé à la mode*, III, 4.

  Ce mot a été quelquefois employé comme substantif féminin et alors on l'a écrit ACABIE.

Un mari de cette *acabie* est une trouvaille.

      Palaprat, *la Fille de bon sens*, I, 2.

Et de quelle *acabie* étoit-il conseiller?
Étoit-ce en robe longue, en robe courte, en botte?
— Nou, monsieur; il étoit conseiller garde-note.

      Boursault *Ésope à la ville*, IV, 3.

ACACIA, s. m. (du latin *Acacia*, et par ce mot du grec ἀκή, pointe).

L'arbre que les anciens appelaient *acacia* devait certainement son nom aux épines dont il est armé. C'est sur le radical ἀκή que se sont formés en grec, et par suite en latin, les noms de la plupart des plantes épineuses, depuis l'*acanthe*, *acanthus*, jusqu'à l'ortie, ἀκαλήφη, *acalephe*. Le même principe nous a dirigés dans la désignation de quelques-uns de nos arbustes, l'Épine-vinette, l'Épine noire, l'Épine blanche ou Aubépine.

ACACIA s'écrivait autrefois, surtout dans les dialectes romans, ACASSIA. (Voyez le *Lexique roman* de Raynouard.)

Chez nos vieux écrivains français ACACIA est employé au sens des anciens, en parlant de deux espèces de Mimosa qui fournissent la gomme arabique et la gomme du Sénégal.

En la mesme region (l'Égypte) y a un arbre espineux dont ceux du pays font aussi grand estat, et principalement de celuy qui est noir, car il ne se pourrit jamais en l'eau, aussi est-il singulier pour faire le ventre et les flancs des navires. Au contraire, l'*acacia* blanche se pourrit en l'eau. L'une et l'autre sont espineuses... La fleur d'*acacia* est fort belle, aussi s'en sert-on à faire chappeaux, et est d'ailleurs fort propre en medecine. L'*acacia* jette une certaine gomme de soy-mesme.

      Du Pinet, *trad. de Pline l'Ancien*, XIII, 9.

Nous passasmes... (près de Suez) un desert sterile, où il ne croissoit une seule plante, fors plusieurs arbres d'*acacia*, dont la gomme est diligemment recueillie par les Arabes, et est celle dont nous usons en Europe, en gommant l'encre et les teinctures.

      Pierre Belon, *Singularitez et choses memorables de divers pays estranges*, II, 56.

On a pu remarquer que dans le premier de ces deux exemples ACACIA est féminin, contrairement à l'usage établi depuis.

ACACIA a quelquefois conservé la même acception chez des écrivains de date récente.

L'arbre *acacia* était en vénération dans l'Arabie; on en faisait de grandes haies qui préservaient les moissons de l'ardeur du soleil. Mahomet est l'*acacia* qui doit couvrir la terre de son ombre salutaire.

      Voltaire, *Essai sur les mœurs*. Introd. Des oracles.

L'*acacia* de l'Asie offre aux oiseaux des retraites qui sont impénétrables à leurs ennemis... A l'endroit où les branches de l'arbre se divisent, il y a une ceinture de plusieurs rangs de larges épines de dix à douze pouces de longueur, et hérissées à peu près comme des fers de hallebarde.

      Bernardin de Saint-Pierre, *Études de la nature;* XI. Harmonies animales des plantes.

De la gousse d'un de ces ACACIAS dont il vient d'être question, on extrait un suc employé dans la médecine et de tous temps désigné lui-même par le nom d'ACACIA.

Quant à l'*acacia*, elle vient d'Égypte, et est faite de certains arbres espineux dont les uns sont blancs, les autres noirs et les autres vers;... toutes ces espines portent une graine semblable à la lentille... Pour en tirer le jus que nous appelons *acacia*, ils, etc.

      Du Pinet, *trad. de Pline l'Ancien*, XXIV, 12.

La terre a-t-elle cessé de produire l'Amomum, Calamus odoratus, Ammi, Costus, *Acacia* et autres choses semblables, qui estoient anciennement en si grand usage?

Qui vouldra recouvrer du vray Calamus odoratus, il convient aller (à Constantinople) es boutiques des marchands et demander cassabouserire, et pour *acacia* leur prononcer *akakia*.

      Pierre Belon, *Singularitez et choses memorables de divers pays estranges*, I, 21, 76.

ACACIA s'applique maintenant à peu près exclusivement à un arbre inconnu des anciens, originaire d'Amérique, naturalisé en France depuis moins de deux siècles, en même temps que le marronnier d'Inde, par les soins du savant botaniste Vespasien Robin, et qui en avait reçu le nom de Robinier.

Sur le devant étoient une douzaine d'arbres jeunes encore, mais faits pour devenir fort grands, tels que le hêtre, l'orme, le frêne, l'*acacia*.
     J.-J. ROUSSEAU, *la Nouvelle Héloïse*, part. IV, lettre XL.

Assis avec elle sur un banc de gazon, sous un *acacia* tout chargé de fleurs.
     LE MÊME, *les Confessions*, part. II, liv. IX.

Je planterois autour de ce vaste terrain et le long de ses rivages les arbres, les arbrisseaux, et les herbes dont là France a été enrichie depuis plusieurs siècles. On y verroit les marronniers d'Inde, des tulipiers, des mûriers, des *acacias* de l'Amérique et de l'Asie.
     BERNARDIN DE SAINT-PIERRE, *Études de la nature*, XIII. D'un Élysée.

On y feroit contraster... l'*acacia*, dont les ombres légères jouent avec les rayons du soleil, avec l'épais mûrier de la Chine qui leur interdit tout passage.
     LE MÊME, *Vœux d'un solitaire*. Vœux pour les nations.

Les grammairiens ne sont pas d'accord sur l'orthographe du mot *acacia*, au pluriel. Ménage, *Observations sur la langue françoise*, veut qu'on écrive des *acacia*, et Th. Corneille, notes sur les *Remarques* de Vaugelas, paraît se ranger à son opinion. L'Académie a tranché la question en écrivant des *acacias*, avec la lettre caractéristique de notre pluriel français, mais sans exprimer une règle précise pour l'orthographe des mots de même nature, c'est-à-dire empruntés à une langue ancienne ou à une langue étrangère, et il faut avouer que cette règle reste encore à établir. La question à résoudre se présente cependant assez naturellement. Ou le mot de cette espèce qui s'est introduit dans la langue n'y subsiste que par emprunt et pour quelques circonstances exceptionnelles, ou bien il s'est fixé et naturalisé dans l'usage, comme celui dont nous parlons. Au premier cas, il se distingue par un signe particulier, soit en écrivant, soit en imprimant; la

plume le souligne, la presse lui donne l'italique; il n'est pas français, et par conséquent il conserve les signes du genre et du nombre qui lui sont propres dans la langue à laquelle il n'a pas cessé d'appartenir. On dit depuis quelque temps en France un *carbonaro*, un *dilettante*, mais les personnes qui parlent bien disent au pluriel des *carbonari*, des *dilettanti*. Il n'en est pas de même du mot *acacia*, puisqu'on n'a jamais dit, selon la forme de son pluriel latin, des *acaciæ*. Le mot *acacia* est français, il ne se souligne plus dans l'écriture, il ne prend plus l'italique à l'impression, il a été nécessairement soumis aux règles de notre déclinaison commune, à compter du moment que nous l'avons soustrait aux règles de la sienne. Il faut écrire des *acacias*, comme nous écrivons des *opéras*, parce que nous n'avons jamais écrit des *opere*, conformément aux règles de la déclinaison italienne; comme nous écrivons des *factums*, des *dictons*, des *rogatons*, par la raison que nous n'écrivons pas des *facta*, des *dicta*, des *rogata*, conformément aux règles de la déclinaison latine. Il est vrai que l'Académie a écrit des *errata* sans *s*, mais c'est précisément à cause de l'emploi fait par quelques écrivains du singulier *erratum*. Si le mot peut passer en français de la terminaison latine du singulier à la terminaison latine du pluriel, il n'a plus aucun besoin de prendre le signe par lequel notre langue marque ce dernier nombre.

ACADÉMIE, s. f. (du latin *Academia* ou du grec Ἀκαδήμεια, Ἀκαδημία, et par ce mot d'Ἀκάδημος).

Académus, ou comme on écrivait encore, Écadémus, Echadémus, était, selon la légende fabuleuse des Grecs, un héros compatriote et contemporain de Thésée. A lui se rattachait le nom soit d'*Academia*, soit d'*Ecademia* donné au célèbre jardin voisin d'Athènes, dans lequel Platon établit le siége de son enseignement philosophique.

Par une extension naturelle, le nom du lieu où Platon philosophait devint chez les Grecs celui de sa doctrine elle-même et des divers systèmes qui, dans la suite, la modifièrent.

C'est avec cette double acception que le mot *aca-*

demia a passé, par voie de simple transcription, dans la langue latine. C'est de ces deux manières aussi qu'a été employé, une fois transcrit, soit des Grecs, soit des Romains, ou des uns et des autres ensemble, notre mot ACADÉMIE.

Un tel emploi, tout érudit, ne pouvait de long-temps devenir vulgaire. Voilà sans doute pourquoi le mot ACADÉMIE manque à tous nos vieux lexiques. On lit dans Pellisson que par un oubli bizarre il manquait également à la première rédaction du Dic-tionnaire de l'Académie.

Pris dans son sens primitif et propre, ACADÉMIE désigne Le jardin d'Académus, le lieu de promenade fréquenté par Platon, ses disciples, ses succes-seurs.

> Penses-tu estre en la forest de *l'Academie?*
> RABELAIS, *Pantagruel*, V, 12.

Les Lacedemoniens ayant par tant de fois bruslé et gasté entierement tout le reste du païs d'Attique, ne tou-cherent jamais à *l'Academie*, en l'honneur de cestuy Academus.
> AMYOT, trad. de Plutarque. *Vie de Thésée*, c. 9.

L'Academie, qui n'estoit qu'un petit verger qui ne cousta d'achapt que trois mille drachmes, estoit l'habita-tion de Platon, de Xenocrates et de Polemon, qui là te-noient leurs escholes et y demouroient tout le temps de leur vie.
> LE MÊME, *OEuvres morales*. Du Bannissement ou de l'exil.

Il n'est plus question de s'huyler, de jouer à la paume, de luicter, d'aller ouïr les philosophes au parc de *l'Aca-demie* ou en celui de Lycæum.
> LE MÊME, *même ouvrage*. De l'Avarice.

L'Académie n'est éloignée de la ville que de six stades. C'est un grand emplacement qu'un citoyen d'Athènes nommé Académus avoit autrefois possédé... Non loin de là Platon a fixé sa résidence... il vient tous les jours à *l'Académie*.
> BARTHÉLEMY, *Voyage d'Anacharsis*, c. 7.

Dans un sens très-voisin du sens propre, ACADÉ-MIE désigne encore, mais beaucoup plus rarement, une promenade que Cicéron, ce disciple enthousiaste de Platon, avait nommée *Académie*. Elle faisait par-tie, nous le savons par lui-même, de son domaine de

Tusculum; selon Pline l'Ancien, il avait près de Pouzzoles une autre *Académie* où il fit ses Acadé-miques.

> Cicero luy imposa (à sa villa de Pouzzoles) le nom d'*A-cademie*, pour le rapport que sa forest avoit à l'Acade-mie d'Athenes; mesmes il y fit ses Questions academi-ques.
> DU PINET, *trad. de Pline l'Ancien*, XXXI, 2.

> (Cicéron) les indique... sous ce titre général... du lieu où ils avoient été méditez et composez, savoir dans la campagne de Cumes, retraite où il avoit ménagé et em-belli une espèce de portique, qu'il nommoit encore, pour platonizer, son *Académie*.
> DAVID DURAND, *Trad. des Académiques de Cicéron*. Préface, p. IV.

> N'hésitez point à m'envoyer tout ce que vous trouve-rez de semblable, et que vous jugerez propre à mon *Aca-démie*.
> SAINT-RÉAL, trad. des *Lettres de Cicéron à Atticus*, I, 5.

ACADÉMIE se prend par extension, comme chez les Grecs et chez les Romains, pour La doctrine de Platon, la philosophie platonicienne.

> Chabrias et Phocion, deux grands capitaines des Atheniens, sont sortis de *l'Academie*, eschole de Platon.
> AMYOT, trad. de Plutarque, *OEuvres morales*, Contre l'épicurien Colotes.

> Disons-le donc et redisons-le à la honte de *l'Académie* et du Lycée.
> BALZAC, *Socrate chrétien*, disc. XI.

> Académus laissa près d'Athènes un héritage où Platon enseigna la philosophie. Ce lieu fut appelé Académie, du nom de son ancien possesseur. De là la doctrine de Pla-ton fut appelée *l'Académie*.
> DUMARSAIS, *des Tropes*, part. II, sect. 2.

> *L'Académie* enfin, par la voix de Platon,
> Va dissiper en moi tout l'ennui de Zénon.
> L. RACINE, *la Religion*, II.

Outre ces deux sens, le mot ACADÉMIE, dans son application à des choses modernes, s'est dit de fort bonne heure et presque à la fois, en parlant de réu-nions officielles et libres, d'établissements publics et privés, ayant pour objet soit la culture commune des lettres et des sciences, soit l'instruction de la jeunesse, soit l'étude et la pratique de divers arts. Il s'est dit enfin, par extension, de certains lieux de divertissement et a reçu cette acception même dans le langage légal.

L'usage du mot ACADÉMIE pour désigner une société d'hommes instruits qui confèrent entre eux sur différentes questions de science ou de littérature, remonte au moins jusqu'à l'*Academia Palatina*, instituée par Charlemagne à la sollicitation d'Alcuin.

On tint devant le roi des conférences qui peuvent être l'origine des *académies*, et surtout de celles d'Italie, dans lesquelles chaque académicien prend un nouveau nom. Charlemagne se nommait David ; Alcuin, Albinus; et un jeune homme nommé Ilgebert, qui faisait des vers en langue romance, prenait hardiment le nom d'Homère.

VOLTAIRE, Annales de l'Empire. 781 et 782. Charlemagne.

Ce ne fut que sept siècles après que la même dénomination fut adoptée à Naples par la fameuse *Académie* d'Antoine Panormita, fondée sous le règne d'Alphonse 1er, dont Jovianus Pontanus fut depuis le législateur, et qui reçut le nom de *Pontaniana*, en mémoire de cet illustre écrivain, lors de sa restauration en l'an 1809. C'est en considération de celle-ci qu'Alde l'Ancien nomma son *académie*, *Académie nouvelle*, *Aldi Neacademia*, lorsqu'il l'établit à Venise vers l'an 1500. Elle ne fleurit pas longtemps, et ses membres les plus illustres brillaient quelques années plus tard dans l'*Academia romana* de Léon X. L'*Académie* des *Intronati* de Sienne, que Naudé, ordinairement plus exact, cite comme la première de toutes, ne date que de 1525. L'*Academia veneziana* ou *della Fama*, établie par les soins et dans la maison de Badoaro, où elle subsista de 1556 à 1561, rappelle encore le nom des Aldes, qui prêtèrent inutilement à sa prospérité trop passagère le secours de leurs études et de leurs presses ; mais elle mérite d'être citée comme l'académie italienne dont l'organisation se rapprocha le plus de celle de l'INSTITUT. Après cette époque, à laquelle est postérieur l'établissement des célèbres Académies *della Crusca* (en 1582); *del Cimento* (en 1657); *des Arcades* (en 1690), les académies d'Italie ne peuvent plus se compter; il y en a autant que de villes. Chez nous le nom d'ACADÉMIE n'était connu encore en ce sens que de quelques amateurs des littératures étrangères.

Il faut arriver à la fameuse pléiade de Ronsard, pour trouver dans notre littérature quelque exemple de cette acception. Charles IX pensa sérieusement en 1570 à former une *Académie* de cette brillante élite des poëtes contemporains dont il était l'émule ; « A ce que ladite *Académie* soit tenue et honorée des « plus grands, dit-il dans ses Lettres-patentes, nous « avons liberalement accepté et acceptons le sur- « nom de protecteur et premier auditeur d'icelle. » Ce privilége fut accordé, non sans opposition du Parlement, de l'Université et de l'évêque de Paris, sur la demande de Jean-Antoine de Baïf. La compagnie naissante dut à la faveur de Charles IX, et ensuite de Henri III, son second protecteur, quelques années d'existence, auxquelles mirent fin les troubles civils. Les hommages et les épigrammes qui l'accueillirent introduisirent, dès cette époque, dans l'usage ce nom d'ACADÉMIE que, d'après les exemples de l'Italie, lui avait appliqué l'acte de son institution. Baïf disait à Charles IX :

En vostre *Academie* on euvre incessamment
Pour, des Grecs et Latins imitant l'excellence,
De vers et chants reglés decorer vostre France.

J.-A. DE BAÏF, Poemes, V. au R oy.

et Passerat à Henri III :

Ma muse n'est point ennemie
De la nouvelle *Academie*,
Ni ne veult desplaire à son roi.

A propos de quelques vers traduits du liv. VIe de l'Énéide.

On lit chez Agr. d'Aubigné :

...D'Aubigné se maintint quelque temps, ayant accès aux grands pour son savoir en choses agreables; mesmement le roi (Henri III) l'ayant fait de son *Academie* (c'estoit une assemblée qu'il faisoit deux fois la semaine en son cabinet pour ouïr les plus doctes hommes qu'il pouvoit, et mesmes quelques dames qui avoient estudié, sur un probleme tousjours proposé par celui qui avoit le mieux fait à la derniere dispute).

Histoire universelle, t. II, liv. II, c. 18.

De nouveaux et plus durables établissements devaient bientôt achever de consacrer la nouvelle acception du mot ACADÉMIE.

En 1607, dans un pays voisin, la Savoie, où notre langue était parlée, aimée et cultivée, surtout depuis le mariage de Marguerite de France avec Emmanuel-Philibert, on forma à Annecy une société d'amis des lettres sous le titre d'*Académie florimontane*. Les règlements de cette compagnie offraient quelque analogie avec ceux qu'allait recevoir notre Académie française, et elle comptait parmi ses principaux fondateurs, outre saint François de Sales, le président Favre dit *Vaugelas*, père du grammairien illustre qui devait bientôt prendre une si grande part aux travaux de nos premiers académiciens. Il ne paraît pas cependant qu'on se soit souvenu d'elle lorsque commença en 1629 le corps dont Pellisson raconte ainsi l'établissement presque fortuit.

Environ l'année 1629, quelques particuliers logés en divers endroits de Paris, ne trouvant rien de plus incommode dans cette grande ville que d'aller fort souvent se chercher les uns les autres sans se trouver, résolurent de se voir un jour de la semaine chez l'un d'eux. Ils étoient tous gens de lettres et d'un mérite fort au-dessus du commun : M. Godeau, maintenant évêque de Grasse, qui n'étoit pas encore ecclésiastique, M. de Gombauld, M. Chapelain, M. Conrart, M. Giry, M. Habert, commissaire de l'artillerie, M. l'abbé de Cerizy, son frère, M. de Serizay et M. de Malleville. Ils s'assembloient chez M. Conrart... Là ils s'entretenoient familièrement de toutes sortes de choses, d'affaires, de nouvelles, de belles-lettres. Si quelqu'un de la compagnie avoit fait quelque ouvrage, il le communiquoit volontiers à tous les autres, qui lui en disoient librement leur avis ; et dans la suite, quand ils parloient de ce temps-là et de ce premier âge de *l'Académie*, ils en parloient comme d'un âge d'or.

PELLISSON, *Histoire de l'Académie françoise*, part. I.

ACADÉMIE ne signifiait alors qu'une association spontanée, indépendante, fidèle à la signification étymologique du nom qu'elle avait choisi, car la tradition nous apprend que la plupart des séances étaient suivies d'une promenade et quelquefois d'un banquet comme dans l'Académie de Platon.

L'acception du mot changea lorsque Richelieu, transformant cette société en institution de l'État, eut créé par des lettres-patentes du mois de janvier 1635, ce que l'on appela bientôt l'*Académie françoise*.

On délibéra aussi dans ces commencemens du nom que prendroit la compagnie, et entre plusieurs qui furent proposés, celui de l'ACADÉMIE FRANÇOISE, qui avoit déjà été approuvé par le cardinal, fut trouvé le meilleur. Quelques-uns l'ont nommée depuis l'*Académie des beaux esprits* ; quelques autres l'*Académie de l'éloquence*... Plusieurs... ont cru qu'elle s'appeloit l'*Académie éminente*, par une allusion a la qualité du cardinal son protecteur, et j'avoue que je m'y suis aussi trompé autrefois... mais enfin elle ne s'est jamais appelée elle-même que l'*Académie françoise*.

PELLISSON, *Histoire de l'Académie françoise*, part. I.

ACADÉMIE devint le titre commun des assemblées de même nature qui ne tardèrent pas à s'établir à Paris et dans les provinces, de l'*Académie des inscriptions et belles-lettres*, instituée en 1663, de l'*Académie des sciences*, en 1666, de l'*Académie d'architecture*, en 1671. Depuis 1648 on avait déjà une *Académie de peinture et de sculpture*. La plus ancienne de toutes les sociétés littéraires de l'Europe moderne, le *Collège du gai savoir* ou *de la gaie science*, qui jouissait déjà d'une haute renommée en 1323 et qui était connue en 1525 sous le nom de *Jeux floraux* de Toulouse, ambitionna et obtint par lettres-patentes de 1694, le titre d'*Académie*. Beaucoup d'autres villes eurent des *académies*, ordinairement désignées par le nom de ces villes mêmes.

Supprimé avec les sociétés littéraires et savantes par le décret du 8 août 1793, le nom d'ACADÉMIE a été attribué, par l'ordonnance du 22 mars 1816, aux classes qui représentaient dans l'Institut de France les anciennes Académies. La classe des sciences physiques et mathématiques est devenue l'*Académie des sciences*; la classe de la langue et de la littérature française, l'*Académie française*; la classe d'histoire et de littérature ancienne, l'*Académie des inscriptions et belles-lettres*; la classe des beaux-arts, l'*Académie des beaux-arts*; enfin la classe des sciences morales et politiques a reçu le nom d'*Académie des sciences morales et politiques*, lors de son rétablissement en 1830.

> Je sais que, grâce aux soins des plus nobles génies,
> Des prix sont proposés par les *académies*;
> J'en donnerai.
>
> VOLTAIRE, *Satires*. Les Systèmes.

ACADÉMIE se prend cependant absolument et sans épithète pour désigner l'*Académie française*, et c'est à elle que ce mot se rapporte le plus ordinairement, quand il n'est pas accompagné d'un autre.

> Je n'y vois plus de remède, si Messieurs de l'*Académie*, par un coup d'autorité, ne bannissent de la Sorbonne ce mot barbare.
>
> PASCAL, *Provinciales*, I.

> Voilà, madame, un billet à garder. — Il y a peut-être quelque mot qui n'est pas de l'*Académie*; mais j'y remarque un certain respect qui me plaît beaucoup.
>
> MOLIÈRE, *la Comtesse d'Escarbagnas*, sc. 15.

> Ce n'est plus ce même Eugène... qui discouroit de la langue françoise, comme s'il eût été non-seulement de l'*Académie*, mais toute l'*Académie*.
>
> BARBIER D'AUCOUR, *Sentiments de Cléante sur les Entretiens d'Ariste et d'Eugène*, lettre VII.

> Tout au plus trouvera-t-on dans son discours quelque construction peu exacte, quelque terme impropre ou censuré par l'*Académie*.
>
> FÉNELON, *Dialogues sur l'éloquence*, II.

> Il est vrai que ma prose a son mérite; elle est signée et approuvée par quatre fermiers-généraux. — Cette approbation vaut mieux que celle de l'*Académie*.
>
> LE SAGE, *Turcaret*, I, 5.

> Fais ce que je te dirai, et je te promets, avant six mois, une place à l'*Académie*.
>
> MONTESQUIEU, *Lettres persanes*, LIV.

> En vain contre le Cid un ministre se ligue,
> Tout Paris pour Chimène a les yeux de Rodrigue.
> L'*Académie* en corps a beau le censurer,
> Le public révolté s'obstine à l'admirer.
>
> BOILEAU, *Satires*, IX.

> Où peut-on avoir dit une telle infamie?...
> C'est à Paris. C'est donc dans l'hôpital des fous?
> Non, c'est au Louvre, en pleine *Académie*.
>
> LE MÊME, *Épigrammes*, XIX.

> Il entrera, quoi qu'on die;
> C'est un impôt que Pontchartrain
> Veut mettre sur l'*Académie*.
>
> CHAULIEU, *Chansons*. Sur le choix que l'Académie françoise fit de Laloubère.

> Celui qui si maussadement
> Fit parler Catulle et Lesbie
> N'est pas cet aimable génie
> Qui fit ce Voyage charmant,
> Mais quelqu'un de l'*Académie*.
>
> LE MÊME, *Épigrammes*. Sur Chapelle.

ACADÉMIE s'emploie également d'une manière absolue, en parlant de l'*Académie française*, pour le lieu où elle tient ses séances; figure d'ailleurs commune dans des usages analogues : aller à la chambre, au conseil, à l'Opéra, etc.

> Voilà deux mois que je ne sors point, si ce n'est pour aller un peu à l'*Académie*.
>
> LA FONTAINE, *Lettres*. 10 février 1695.

ACADÉMIE s'applique par extension à toute réunion savante ou littéraire constituée par acte officiel, comme les Académies, mais sous d'autres noms.

> L'une des plus fameuses de toutes les *académies* est celle qui est établie à Londres, sous le nom de Société royale d'Angleterre.
>
> FURETIÈRE, *Dictionnaire*. Art. ACADÉMIE.

> Charles II... donna des lettres-patentes à cette *académie* naissante; mais c'est tout ce que le gouvernement donna. La Société royale, ou plutôt la Société libre de Londres, travailla pour l'honneur de travailler.
>
> VOLTAIRE, *Siècle de Louis XIV*, c. 31.

> Oulougbeg, qui lui succéda (à Tamerlan) dans les États de la Transoxane, fonda dans Samarcande la première *académie* des sciences.
>
> LE MÊME, *Essai sur les mœurs*, c. 88.

> Le fameux docteur Swift forma le dessein, dans les dernières années du règne de la reine Anne, d'établir une

Académie pour la langue, à l'exemple de l'Académie française.

VOLTAIRE, *Dictionnaire philosophique,* art. SOCIÉTÉ ROYALE DE LONDRES.

ACADÉMIE se dit aussi d'une société, d'une assemblée libre, où aiment à se rencontrer des personnes accoutumées à discourir entre elles de sciences et de lettres. Cette dénomination n'était pas rare dans les temps voisins de l'établissement de l'Académie française, comme en témoignent les exemples suivants :

... Et parce que nous étions souvent visités par des gens d'esprit qui se plaisoient à la pureté de la langue, et qu'il n'y en avoit pas un de nous qui ne fît état de la même chose, nous composâmes une espèce de petite *académie,* qui ne nous fut pas inutile.

L'ABBÉ DE MAROLLES, *Mémoires,* part. I, ann. 1619.

J'étudiai beaucoup, je pris avec soin habitude avec tout ce qu'il y avoit de gens de science et de piété. Je fis presque de mon logis une *académie.* J'observai avec application de ne pas ériger l'*académie* en tribunal.

LE CARDINAL DE RETZ, *Mémoires,* part. I, ann. 1641.

Je prends trop de part à la gloire de ces messieurs qui s'assemblent chés moy et je chéris trop l'occasion de vous donner quelque marque de mon obéissance, pour différer à vous présenter la liste que vous demandés des noms et des ouvrages des excellens hommes de notre *académie.*

MOYSANT DE BRIEUX, *Poematum pars altera.* Lettre à M. de Saint-Clair Turgot, p. 101.

N. B. Cette société, où figuraient, en 1671, Huet, Bochart, Ménage, Segrais, etc., devint l'Académie de Caen.

Il y a dans Paris un grand nombre d'*académies,* toutes célèbres et de toutes sortes de caractères. Il y en a pour les belles-lettres, pour les sciences et pour les arts. Il y en a de publiques, où tout le monde est bien venu, et de particulières, où il ne va que ceux qui les composent. Il y en a où l'on traite indifféremment de toutes sortes de matières, et d'autres où l'on ne parle que d'un seul sujet à chaque conférence. Il y en a dont les entretiens ressemblent à des conversations ordinaires et d'autres où l'on ne confère qu'après qu'un particulier a longtemps discouru sur quelque matière déterminée. Il y en a dont le nombre des académiciens est grand et d'autres dont il est petit. Enfin il y en a qui font beaucoup de bruit par leur esta-

blissement, par leur authorité et par leur travail ; et d'autres au contraire dont on parle peu, pour estre petites, plus cachées et plus paresseuses.

LE GALLOIS, *Conversations de l'Académie de M. l'abbé Bourdelot,* 1674.

N. B. Ce passage est extrait d'une partie de cet ouvrage ainsi intitulée : « Entretien servant de préface où il est traité de l'origine des *académies,* de leurs fonctions et de leur utilité, avec un discours particulier des *académies* de Paris. »

On lit dans la dédicace à Monseigneur le Duc, petit-fils du grand Condé :

« ...Ces conversations... vous appartiennent de droit, puisqu'elles viennent d'une *académie* qui a commencé dans l'hostel de Condé sous l'authorité de feu Monseigneur le Prince, grand-père de votre Altesse, et qui a continué dans celle de Monseigneur le Prince vostre père. »

J'ai été autrefois de l'*académie* de Mme la vicomtesse d'Ochy : j'ai vu les conférences de MM. Bourdelot, d'Esclaches, de Rohaut, Duchamp et Delaunay ; et l'on m'a quelquefois entretenu de celles de M. de Montmor, des Sabbatines et des Mercuriales.

L'ABBÉ D'AUBIGNAC, *Dissertation* IV, p. 176.

N. B. Les Sabbatines et les Mercuriales étaient des réunions qui avaient lieu les samedis chez mademoiselle Scudéry, les mercredis chez Ménage.

L'abbé d'Aubignac en avait formé une qu'il appelait *l'Académie des belles-lettres,* et pour laquelle il sollicita en 1664 des lettres-patentes par un mémoire ainsi intitulé :

« Discours au Roi sur l'établissement d'une seconde *Académie* dans la ville de Paris, par messire François Hédelin, abbé d'Aubignac. »

Fort civil et fort officieux envers les personnes d'esprit et les gens de lettres, qui, pour cette raison, se trouvoient volontiers chez lui, où il se faisoit comme une espèce d'*académie.*

PELLISSON, *Histoire de l'Académie françoise,* part. V.

N. B. Il parle d'un abbé Granier (Auger de Mauléon) exclu de l'Académie française en 1685.

C'est une vraie perte pour les gens de lettres que la dissolution de ces sortes de petites *académies* libres, et il est fâcheux pour vous que celle du P. Desmolets soit aussi culbutée.

MONTESQUIEU, *Lettres,* 3 décembre 1750.

A ces exemples, où il s'agit de réunions qui ont existé avec plus ou moins d'éclat au dix-septième et au dix-huitième siècle, on en peut joindre d'autres dans lesquels le mot ACADÉMIE s'applique à des réunions de même sorte, mais imaginaires.

Je veux établir chez vous une *académie* de beaux esprits.

MOLIÈRE, *les Précieuses ridicules*, sc. 10.

Ce beau réduit étoit une de ces *académies* bourgeoises dont il s'est étably quantité en toutes les villes, et en tous les quartiers du royaume, où on discouroit de vers et de prose, où on faisoit les jugemens de tous les ouvrages qui paroissoient au jour.

FURETIÈRE, *le Roman bourgeois*.

Quatre amis dont la connoissance avoit commencé par le Parnasse, lièrent une espèce de société que j'appellerois *académie*, si leur nombre eût été plus grand et qu'ils eussent autant regardé les muses que le plaisir.

LA FONTAINE, *Psyché*, I.

Mes poëtes commencèrent à s'entretenir d'eux-mêmes et à se louer. Celui-ci, d'un air fier, citoit les grands seigneurs et les femmes de qualité dont sa muse faisoit les délices. Celui-là, blâmant le choix qu'une *académie* de gens de lettres venoit de faire de deux sujets, disoit modestement que c'étoit lui qu'elle auroit dû choisir.

LE SAGE, *Gil Blas*, VIII, 9.

Je possède cet idiome à fond. J'ai même composé une grammaire et un dictionnaire en langue indienne, et ces deux ouvrages ont l'honneur d'avoir l'approbation de l'*Académie* de Petapa. A ce mot d'*académie*, je fis un éclat de rire. Comment donc, m'écriai-je, il y a dans cette bourgade une *académie* ? Il n'est donc pas à présent de petite ville qui n'en ait ?

LE MÊME, *le Bachelier de Salamanque*, V, 5.

Je n'ai rien fait en vers, mais j'ai lieu d'espérer
Que je pourrai bientôt vous montrer, en amie,
Huit chapitres du plan de notre *académie*.

MOLIÈRE, *les Femmes savantes*, III, 2.

ACADÉMIE s'emploie encore par figure en parlant de ce qui rappelle à l'esprit les réunions, les travaux, les habitudes académiques.

Que de gens font le portrait d'un prince ! tout son royaume, tous les pays étrangers, sont pour lui une *académie* de peintres dont il est le modèle.

NICOLE, *Essais de morale*, De la connoissance de soy-même. Traité I, part. I, c. 4.

Un roi d'Arménie demanda à Néron un acteur excellent et propre à toutes sortes de personnages, pour avoir, disoit-il, en lui seul une troupe entière. On eût pu de

I.

même avoir en M. de la Hire seul une *académie* entière des sciences.

FONTENELLE, *Éloge de la Hire*.

Notre séjour à Potsdam est une *académie* perpétuelle. Je laisse le roi faire le Mars tout le matin, mais le soir il fait l'Apollon.

VOLTAIRE, *Lettres*, 8 mai 1751.

ACADÉMIE se dit encore par ellipse pour une œuvre, une étude d'*académie*, et il se rapportait d'abord expressément aux études des élèves de l'Académie de peinture. On l'emploie en ce sens en parlant d'une figure entière dessinée ou peinte d'après nature sur un modèle nu, et qui n'est pas destinée à entrer dans la composition d'un tableau. Il se dit aujourd'hui par extension de toutes les figures du même genre qui sont données pour modèles à copier dans les écoles de dessin.

Si l'on se reporte aux origines de notre mot ACADÉMIE, on comprendra comment avant l'époque où il s'appliqua spécialement à des réunions officielles de littérateurs, de savants, d'artistes, ou même quelquefois après cette époque, on s'en servit pour désigner certains établissements d'instruction publique. L'ancienne, la moyenne, la nouvelle *Académie*, chez les Grecs, l'*Académie platonicienne*, fondée à Florence, vers le milieu du quinzième siècle, par Cosme de Médicis, en faveur de Marsile Ficin, avaient été, non-seulement des sociétés, des conférences de philosophes, mais des écoles de philosophie. Dans la latinité moderne, les universités avaient constamment reçu le nom d'*Academia*. On ne faisait que se conformer à une longue tradition lorsqu'on employait au même usage ou à des usages analogues ce nom devenu français.

De là ces expressions, en parlant soit de l'Université de Paris,

Là rencontra un escholier... et... lui demanda : Mon amy, d'où viens-tu à ceste heure ? L'escholier lui respondit : De l'alme, inclyte et celebre *Academie*, que l'on vocite Lutece.

RABELAIS, *Pantagruel*, II, 6.

soit du Collége royal, du Collége de France, au moment où, récemment fondé, sans dénomination bien arrêtée, sans domicile fixe, il n'était encore, selon la belle parole d'Estienne Pasquier, « que bâti en hommes. »

...Sans les sciences tant humaines et divines, la langue hébraïque et grégeoise y flourissent, de sorte que par toute ladite *Académie* se commencent à entendre et divulguer.

Nicolas WOLKYR, Traduction de Vegece, Épître dédicatoire, 1536.

Autant comme eulx, sans cause qui soit bonne,
Me veult de mal l'ignorante Sorbonne;
Bien ignorante elle est d'estre ennemie
De la trilingue et noble *Académie*
Qu'as érigée.

Cl. MAROT, Épître au Roi du temps de son exil à Ferrare.

De là, même dans le siècle suivant, chez quelques écrivains, l'usage persévérant d'expressions semblables en parlant des Universités françaises et étrangères.

Ce miserable... s'estant d'abord adonné au jeu et à l'ivrognerie à Sedan, où je l'avois envoyé aux *academies*, et s'estant ensuite degousté de l'estude, acheva de se perdre entièrement dans les musicos d'Hollande, parmi les filles de joie.

Agr. D'AUBIGNÉ, Mémoires, vers la fin.

Il me vient souvent en pensée de parcourir les *académies* de l'Europe, principalement celles de Paris.

BOUHOURS, Vie de saint François Xavier, liv. III.

L'*Académie* d'Oxford est si illustre que son chancelier est toujours un des premiers seigneurs du royaume.

LARREY, Histoire d'Angleterre, d'Écosse et d'Irlande.

Alfred jeta les fondemens de l'*Académie* d'Oxford.

VOLTAIRE, Essai sur les mœurs, c. 26.

Peu à peu cependant le besoin de la clarté restreignit le mot ACADÉMIE aux acceptions nouvelles qu'il avait reçues de l'institution de Richelieu.

Il en a été ainsi jusqu'au commencement de ce siècle, où s'est reproduite l'homonymie et par suite la confusion qu'on avait voulu éviter. La suppression des Académies, en 1793, ayant comme retranché de la langue le mot même d'ACADÉMIE, du moins en son acception de société littéraire ou savante, il fut repris avec son acception latine d'école par l'administration de l'instruction publique. Il signifie donc maintenant une des divisions de l'Université de France, dont chacune est dirigée par un Recteur.

L'Université sera composée d'autant d'*Académies* qu'il y a de cours d'appel.

Décret du 17 mars 1808.

On a étendu quelquefois le mot ACADÉMIE par analogie avec ses deux acceptions, soit de réunion savante, soit d'école, à des établissements où se pratiquaient, s'étudiaient en commun certains arts.

ACADÉMIE *de musique*, ACADÉMIE *royale de musique*, tels furent les noms officiels donnés dès l'origine, par lettres-patentes de 1669 et de 1672, sur la demande d'abord de l'abbé Perrin, ensuite de Lully, au spectacle plus communément et plus familièrement nommé Opéra.

Le public a toujours conservé l'habitude d'aller à l'Opéra et jamais à l'*Académie de Musique*.

VOLTAIRE, Dictionnaire philosophique, art. ACADÉMIE.

Académie royale de Musique, c'est le titre que porte encore aujourd'hui l'Opéra de Paris. Je ne dirai rien de cet établissement célèbre, sinon que de toutes les *Académies* du royaume et du monde, c'est assurément celle qui fait le plus de bruit.

J.-J. ROUSSEAU, Dictionnaire de musique, art. ACADÉMIE.

ACADÉMIE *de danse*, ainsi fut encore nommée officiellement, en 1661, par lettres-patentes de Louis XIV, âgé alors de vingt-trois ans et fort épris d'un art dans lequel il excellait, une assemblée composée de treize habiles maîtres à danser.

ACADÉMIE *d'équitation*, *de manége*, et même ACADÉMIE pris absolument, se disaient aussi et se disent encore quelquefois d'un établissement où l'on apprend à monter à cheval. École d'équitation et Manége paraissent plus usités aujourd'hui.

... Ils firent à peu près ce que l'on fait dans les salles d'escrime ou les *académies de manége*.

FLEURY, du Choix des Études, c. 12.

Guy Allard dit que Pluvinel est le premier qui a établi en France des *académies* pour apprendre à monter à cheval.

FURETIÈRE, *Dictionnaire*, art. ACADÉMIE.

ACADÉMIE *d'escrime*, ou simplement ACADÉMIE, s'est employé plus anciennement, et si l'on peut s'exprimer ainsi, par excellence, pour désigner l'école où l'on enseigne à tirer des armes. On paraît avoir dit aussi : *Académie d'armes.*

On trouve dans Paris quantité d'*académies* qui ont toutes des vues différentes dans leur établissement : *académie de musique* pour exciter les passions; *académie de philosophes* pour les calmer; *académie* pour observer le cours des astres; *académie* pour régler le cours des mots; *académie* d'éloquence et de peinture qui apprend à immortaliser les hommes; *académie d'armes* qui enseigne à les tuer.

DUFRESNY, *Amusemens sérieux et comiques*, X.

ACADÉMIE s'est pris souvent d'une manière absolue et en un sens collectif, pour signifier un établissement où se pratiquent tous les exercices de l'éducation physique, comme dans les gymnases des anciens.

Il ne voulut point que je quittasse ses enfans quand il les envoya à *l'académie*; et ainsi j'y fus mis avec eux, plutôt comme un camarade que comme un valet. Nous y apprîmes nos exercices; on nous en tira au bout de deux ans.

SCARRON, *Roman comique*, partie I, c. 13.

Ceux qu'on destinoit à la cour ou à l'armée alloient honnêtement à *l'académie*; ils apprenoient à monter à cheval, à danser, à faire des armes, à jouer du luth, à voltiger, un peu de mathématique, et c'étoit tout.

SAINT-ÉVREMOND, *Lettre au comte d'Olonne.* « Vous me laissâtes hier... »

La palestre, parmy les Grecs, estoit un edifice public pour toutes sortes d'exercices, tant de l'esprit que du corps, comme estant composé d'un college et d'une *académie*, dans la signification que ces noms ont en françois. Néanmoins la pluspart des auteurs ne prennent la palestre que comme une *académie* pour les exercices du corps, suivant l'etymologie du nom, que l'on fait venir de *palé*, qui en grec signifie la lutte.

Cl. PERRAULT, *Trad. de Vitruve*, V, 11, note 1.

Pour les gens de qualité, il leur seroit honteux de n'avoir pas été au collège avant que d'entrer à *l'académie*.

FLEURY, *du Choix des Études*, c. 1.

Murçai est plus étourdi, mais il est joli; il va à *l'académie*. Le roi lui donnera une pension quand il saura ses exercices.

Mᵐᵉ DE MAINTENON, *Lettres*, 25 janvier 1682. A Mᵐᵉ de Villette.

Vous voyez un jeune homme tout frais sorti de *l'académie*, qui cherche à entrer dans le monde, mais qui aimeroit mieux n'y mettre jamais le pied, que de n'y pas entrer par une belle porte.

DANCOURT, *la Femme d'intrigues*, II, 6.

Toutes les commanderies de la religion étoient encore comme autant de séminaires, et en même temps d'*académies* où les chevaliers étoient également élevés dans la piété et dans l'exercice des armes.

VERTOT, *Histoire des chevaliers de Malte*, VI. Antoine Fluvian.

A cette gymnastique des anciens... ont succédé les exercices que nos jeunes gens apprennent à *l'académie* et dont ils ne sont plus déjà si amoureux qu'ils l'étoient autrefois.

GÉDOYN, *de l'Urbanité romaine.* (Voir *Mém. de l'Acad. des inscript. et belles-lettres*, t. VI, p. 225-226.)

Mon espérance étoit de l'engager à m'envoyer de l'argent sous prétexte de faire mes exercices à *l'académie*.

PRÉVOST, *Manon Lescaut*, part. II.

Nos exercices d'*académie* sont des jeux d'enfans auprès de ceux de l'ancienne gymnastique.

J.-J. ROUSSEAU, *Lettre à d'Alembert*.

C'est aux gymnases des anciens que le mot ACADÉMIE est appliqué d'une manière en quelque sorte rétroactive dans l'exemple suivant :

Ce furent les Lacédémoniens et les Crétois, dit Platon, qui ouvrirent ces *académies* fameuses qui leur firent tenir dans le monde un rang si distingué.

MONTESQUIEU, *Esprit des lois*, VIII, 11.

A cet emploi d'ACADÉMIE se rapportait l'expression *tenir académie*, c'est-à-dire recevoir des élèves pour leur enseigner les principes et les exercices de l'éducation gymnastique.

De là, naturellement, l'habitude de désigner ces établissements par le nom de celui qui les tenait.

Mon révérend père, ce jeune homme qui faisoit ses exercices dans l'*académie* de Longpray, et que M. de Romainval, votre parent, menoit quelquefois chez vous... est celui-là même aujourd'hui qui a l'honneur de vous adresser cette lettre.

MAIRAN, *Lettre* au R. P. Malebranche du 17 mars 1713.
(Voir *Journal des Savants*, août 1842, p. 467.)

En 1691, j'étois en philosophie, et commençois à monter à cheval à *l'académie* des sieurs de Mémon à Rochefort.

SAINT-SIMON, *Mémoires*, 1691, t. I, c. 1.

ACADÉMIE se disait encore, par extension, soit des exercices eux-mêmes enseignés dans ces diverses écoles; et cela a donné lieu à l'expression aujourd'hui vieillie, *faire son académie* ou *ses académies* :

Sans *avoir fait son académie*, un voyageur monte à cheval, s'y tient, et s'en sert assez pour le besoin.
J.-J. ROUSSEAU, *Émile*, II.

Soit des élèves qui fréquentent ces écoles.

Ce jour-là tel écuyer fit monter toute son *académie* à cheval.
Dictionnaire de Trévoux.

Il est, de plus, devenu par figure, comme aussi École (*Voyez* ce mot), le titre de traités où l'on trouvait exposés les principes des arts enseignés dans les *académies*; où l'on pouvait, pour ainsi dire, en aller prendre des leçons. Girard Thibault a fait imprimer à Anvers, en 1628, gr. in-fol., fig., un ouvrage intitulé : ACADÉMIE *de l'art de l'épée, où se démontrent la théorie et la pratique des secrets du maniement des armes à pied et à cheval*. Romeyn de Hooge a de même intitulé ses belles études de lutteurs, Leyde, 1712, in-4°, L'ACADÉMIE *de l'art admirable de la lutte.*

Il existe des livres avec ce titre : *Académie des jeux* : c'est une figure du même genre qui se rapporte à l'extension déplorable par laquelle ACADÉMIE s'était dit au dix-septième siècle et même au dix-huitième, pour Maison de jeu, lieu public où l'on donne à jouer, un tel établissement étant considéré, ainsi que le font comprendre les deux exemples suivants, ou comme assemblée ou comme école, l'une et l'autre de bien mauvaise sorte.

Je ne sais pourquoi les lieux publics où l'on joue ont usurpé le beau nom d'*académie*, si ce n'est parce qu'on y apprend quelquefois aux dépens de tout son bien à gagner subtilement celui des autres.

DUFRESNY, *Amusemens sérieux et comiques*, X.

Ce titre (d'*académie*) a été tellement prodigué en France qu'on l'a donné, pendant quelques années, à des assemblées de joueurs qu'on appelait autrefois tripots. On disait *académie de jeux*.

VOLTAIRE, *Dictionnaire philosophique*, art. ACADÉMIE.

Cette expression figurée était reçue même dans le langage administratif.

Voulons que les ordonnances de police pour chasser ceux chez lesquels se prend et se consomme le tabac, qui tiennent *académie*, brelans, jeux de hasard et autres lieux défendus, soient exécutées.

Ordonnance de 1666.

Ces lieux que l'on appelle fort improprement *académies*, mais beaucoup mieux du nom infâme de brelans: ce sont ces maisons que tout homme d'honneur doit éviter et que les lois condamnent.

LA MARE, *Traité de la Police*, liv. III, tit. IV, c. 3.

A plus forte raison avait-elle cours dans le style des romans et des comédies.

Il s'en alloit... passer une heure de temps dans quelque *académie de jeu*, où tout le monde le caressoit à cause de sa femme.

SCARRON, *Nouvelles*. Les Hypocrites.

Cet homme avoit un valet qui tenoit *académie de jeu*. C'est le privilège des écuyers des ambassadeurs.

TALLEMANT DES RÉAUX, *Historiettes*. Le maréchal d'Estrées.

Madame de Mazarin a quitté la France pour aller établir dans Londres une bassette, pour y faire de sa maison une *académie* publique *de jeu* et de tous les désordres que le jeu entraîne, ou auxquels il sert ordinairement de couverture.

ERARD, *Plaidoyer pour M. le duc de Mazarin*. Seconde audience.

Son mari revint fort tard de *l'académie* où il avoit coutume d'aller jouer.

LE SAGE, *le Diable boiteux*, IV.

Le principal théâtre de mes exploits devoit être l'hôtel de Transylvanie, où il y avoit une table de pharaon dans une salle, et divers autres jeux de cartes et de dés dans la galerie. Cette *académie* se tenoit au profit de M. le prince de R...

PRÉVOST, *Manon Lescaut*, part. I.

Si M. L... avoit été reçu dans une *académie de* lansquenet ou *de* biribi, je n'en serois pas étonné; mais à l'Académie françoise, cela est un peu surprenant!

J.-B. ROUSSEAU, *Lettres.* 10 mars 1730.

On a pu voir par quelques-uns des exemples qui précèdent que l'abus fait du mot ACADÉMIE avait donné lieu de détourner aussi à un fâcheux usage la locution *tenir académie.*

Hanter les académies, pour Fréquenter les tripots, les maisons de jeu, était à la même époque une locution usitée.

ACADÉMIE s'est pris enfin, par une allusion plus grossière encore, pour une maison consacrée aux plaisirs des buveurs et même aux débauches des libertins.

Il y a, outre cela, quantité d'*académies* bachiques où les bons gourmets..... enseignent l'art de boire et de manger, art qui s'est beaucoup perfectionné depuis peu.

DUFRESNY, *Amusemens sérieux et comiques,* X.

Académie d'amour s'est dit pour mauvais lieu chez les écrivains facétieux du dix-septième siècle.

Le Roux, dans son *Dictionnaire comique, satyrique et proverbial,* appuie cette acception de l'autorité d'Assoucy. Heureusement on a fait quelquefois de ce mot un usage plus délicat.

Dans ces maisons où on tient un honnête brelan ou *académie de jeu,* il s'en tient aussi une *d'amour* qui d'abord est honnête, mais qui ne l'est pas trop à la fin.

FURETIÈRE, *le Roman bourgeois.*

Amour en a dans son *académie,*
Si l'on vouloit venir à l'examen,
Que j'aimerois pour un pareil hymen,
Mieux que mainte autre à qui l'on se marie.

LA FONTAINE, *Contes,* III, 6.

On comprend comment ACADÉMIE a pu être employé quelquefois métaphoriquement, au sens d'École, par exemple :

Le mont Calvaire est la vraie *académie* de la dilection.

S. FRANÇOIS DE SALES, *Traité de l'Amour de Dieu,* XII, 13.

De toutes les nouvelles chiourmes on en composeroit deux ou trois gardes-côtes, ou plutost *académies* pour leur apprendre la fatigue et leur faire prendre l'air de la galère.

ARNOUL à Colbert, 28 décembre, 1666. (Voir *Corresp. admin. sous Louis XIV,* t. II, p. 917.)

Le seigneur de la Montagne se servoit de ces malheureux pour se défaire de ses ennemis particuliers... c'étoit comme une école et une *académie d'*assassins.

VERTOT, *Histoire des chevaliers de Malte,* II.

Nos histoires souvent ne sont que des calomnies, nos traités de morale des satires, et nos sociétés des *académies de* médisance et d'épigrammes.

BERNARDIN DE SAINT-PIERRE, *Voyage à l'île de France,* lettre X.

ACADÉMIQUE, adj. des deux genres. (Du latin *Academicus.*)

Quelquefois, selon l'étymologie, ACADÉMICQUE.

ACADÉMIQUE n'est indiqué dans les dictionnaires qu'au sens de l'adjectif. Il a cependant commencé par être employé comme substantif masculin, ordinairement pluriel, pour désigner les philosophes qui suivaient les principes soit de l'ancienne, soit de la moyenne, soit de la nouvelle Académie, et il n'a perdu cette signification qu'après l'établissement des Académies littéraires et savantes du dix-septième siècle. On avait dit jusque-là les *académiques* comme les sceptiques, les stoïques, les cyniques, etc.

Je le nomme animal suivant la doctrine tant des *academicques,* que des peripateticques.

RABELAIS, *Pantagruel,* III, 32.

(Colotes) veult, comme je me doubte, assaillir les Cyrenaïques les premiers et puis après les *academicques* d'Arcesilaüs : car ceulx-ci estoient ceulx qui doubtoient de toutes choses.

AMYOT, trad. de Plutarque. *OEuvres morales.* Contre l'épicurien Colotes.

Lysander souloit dire qu'il faut tromper les enfans avecq des osselets et les hommes avecq les juremens...

Les enfans ravissent les osselets et les *academicques* prennent les paroles.

> AMYOT, trad. de Plutarque. *OEuvres morales.*
> Propos de table, liv. IX, quest. 12.

D'où viennent les troubles, sectes, heresies, seditions que des fiers, affirmatifs et opiniastres resolus, non des *académiques*, des modestes, indifferens, neutres, sursoyans, c'est-à-dire sages?

> CHARRON, *de la Sagesse*, II, 2.

C'est par allusion à ce sens d'ACADÉMIQUES qu'on l'a pris pour Sceptiques dans le passage suivant :

Nos *académiques*, fondateurs de la sceptique, ont eu leur incomparable époque.

> LA MOTHE LE VAYER, *Dialogues d'Orasius Tubero,*
> dial. I, part. II.

ACADÉMIQUES s'est pris, substantivement, dans une autre acception beaucoup plus restreinte et beaucoup plus rare, en parlant du livre composé sous ce titre par Cicéron.

Comme dit Tulles en son livre de *Achademicques.*

> Nicole ORESME, *Trad. de la politique d'Aristote.* Épître
> dédicatoire à Charles V.

(Il est arrivé) tout le contraire de ce que Cicéron auroit voulu : les grandes *Académiques* ont péri : tout ce qui s'en est sauvé se réduit aux douze ou treize premiers chapitres du livre Ier ; morceau d'un grand prix sans doute, mais qui ne nous console point de la perte de tout le reste, puisqu'il ne fait pas en tout la seizième partie d'un ouvrage que son auteur estimoit tant... Les petites *Académiques* ont éprouvé un sort moins cruel.

> David DURAND, trad. des *Académiques* de Cicéron,
> Préface, p. VII.

ACADÉMIQUES a été encore employé substantivement, dans le sens du mot *académiciens*, en parlant des membres de l'Académie de Baïf.

> Mais si cela seulement pique
> Quelque petit *academique*,
> Laissez aller les combattans.
>
> Jean PASSERAT, A propos de quelques vers traduits
> du livre VI de l'*Énéide*.

ACADÉMIQUE, au sens adjectif, le seul qui se soit conservé, se dit généralement de tout ce qui appar-

tient à l'Académie, dans quelque acception, autorisée par l'usage, que l'on prenne ce dernier mot.

Il s'emploie donc très-convenablement, quoique un peu suranné, et c'est le danger de l'équivoque qui l'a fait vieillir, quand on parle de l'école, de la doctrine, de la philosophie de Platon et de l'Académie d'Athènes.

Je rends graces à Colotes et à tous ceulx qui disent et afferment que la doctrine *academicque* a esté introduicte par Arcesilaüs.

> AMYOT, traduction de Plutarque. *OEuvres morales.*
> Contre l'épicurien Colotes.

Premierement doncques, pour commencer, par maniere de dire à la deesse Vesta, par la reverence et crainte retenue des philosophes *academicques* envers la divinité, nous declarons que nous ne pretendons en parler comme si nous en sçavions certainement ce qui en est.

> LE MÊME, *même ouvrage.* Des délais de la justice
> divine, c. 4.

Les plus hardies sectes, épicurienne, pyrrhonienne, nouvelle *academique*, encore sont-elles constraintes de se plier à la loy civile, au bout du compte.

Ceste inclination *academique* et ceste propension à une proposition plustost qu'à une aultre, qu'est-ce aultre chose que la recognoissance de quelque plus apparente verité en ceste-cy qu'en celle-là ?

> MONTAIGNE, *Essais*, II, 12.

ACADÉMIQUE se dit beaucoup plus communément aujourd'hui des choses qui se rapportent à un corps de gens de lettres ou de savants constitué sous le titre d'Académie. *Questions, séances, conférences, exercices, honneurs, lauriers, couronnes*, etc., *académiques*.

Elle (l'Académie) connoît la passion que vous avez toujours eue pour les exercices *académiques*.

> FLÉCHIER, *Réponse* au discours de réception de Huet.

La première chose qu'ils firent, ce fut de bannir d'entr'eux les conversations réglées, et tout ce qui sent sa conférence *académique*.

> LA FONTAINE, *Psyché*, I.

Son application à la théologie ne nuit point à ses devoirs *académiques*.

> FONTENELLE, *Éloge de du Hamel.*

Il ne fit presqu'aucune fonction *académique* : seulement son nom servit à orner une liste où le public eût été surpris de ne le pas trouver.

FONTENELLE, *Éloge de Régis.*

Les libraires impatiens ont fait achever les deux derniers chapitres (des Éléments de la philosophie de Newton) par un mathématicien à gages qui leur a donné tout crus de vieux mémoires *académiques.*

Le roi de Prusse me mande qu'il a fait acquisition de vous, Monsieur, et de MM. Wolf et Euler. Cela veut-il dire que vous allez à Berlin, ou que vous dirigerez, de Paris, les travaux *académiques* de la société que le plus aimable de tous les rois, le plus digne du trône, et le plus digne de vous, veut établir ?

VOLTAIRE, *Lettres*, 15 juin 1738; 1er juillet 1740.
A Maupertuis.

Je suis persuadé qu'il se fait plus de figures un jour de marché à la Halle, qu'il ne s'en fait en plusieurs jours d'assemblées *académiques.*

DUMARSAIS, *des Tropes*, part. I, art. 1.

Déjà le mauvais sens, reprenant ses esprits,
Songe à nous redonner des poëmes épiques,
S'empare des discours mêmes *académiques.*

BOILEAU, *Épîtres*, VIII.

ACADÉMIQUE se prend cependant plus spécialement encore, et d'une manière presque absolue, en parlant de l'Académie française. L'expression consacrée, *le fauteuil académique*, est même exclusivement propre à cette compagnie, parce qu'elle se rapporte à une anecdote de son histoire. (*Voy.* FAUTEUIL.)

Vous connoissez Sorel, dont le style comique
Raillera sans respect la troupe *académique.*
SAINT-ÉVREMOND, *les Académistes*, II, 2. (Voir Académiste.)

A nos seigneurs *académiques.*
MÉNAGE, *Requête des dictionnaires.*

C'est ce petit rimeur, de tant de prix enflé,
Qui, sifflé pour ses vers, pour sa prose sifflé,
Tout meurtri des faux pas de sa muse tragique,
Tomba de chute en chute au trône *académique.*
GILBERT, *Satires.* Mon Apologie.

Style académique, *éloquence académique*, sont des expressions consacrées par l'usage pour désigner de certaines formes de style, que des convenan-

ces de goût et de politesse ont introduites à la longue dans les discours d'apparat de l'Académie. On dirait, en ce sens, cet ouvrage, ce discours, cette phrase ne sont point *académiques*, pour dire qu'ils ne sont point conformes à l'esprit, aux bienséances de l'Académie. De là encore cette expression : *esprit académique.*

Ces hommes qui, ayant reçu pour ainsi dire les prémices de l'*esprit académique*, l'ont entretenu dans la compagnie, et qui joignant la raison à l'usage et les réflexions à l'expérience, nous ont laissé des règles et des exemples de bien parler, de bien écrire et de bien vivre.

FLÉCHIER, *Réponse* au discours de réception de Huet.

Les ouvrages de concours et les discours de réception commencèrent à tirer l'*éloquence académique* du cercle étroit et rebattu où elle étoit renfermée depuis un siècle.

LAHARPE, *Cours de littérature*, liv. II, c. 1, section III.

ACADÉMIQUE se prend quelquefois en mauvaise part pour marquer l'exagération ou l'affectation des qualités dites *académiques.*

Quittant le ton de la nature,
Répandent sur tous leurs discours
L'*académique* enluminure.
GRESSET, *la Chartreuse.*

ACADÉMIQUE s'est dit par extension des réunions particulières où l'on affecte de montrer de l'esprit et de parler littérature.

Ismène ouvre ce soir son cercle *académique.*
LA CHAUSSÉE, *la Fausse antipathie*; prologue, sc. 5.

ACADÉMIQUE s'est dit également des personnes, en parlant des gens de lettres qui réunissent les qualités *académiques*, et qui paraissent dignes par leurs talents de faire partie de l'Académie.

Je ne fus jamais un sujet *académique* ; je n'ai pu me défaire d'écrire rapidement.

SAINT-SIMON, *Mémoires*, 1723, t. XX, c. 24. Conclusion.

Un académicien l'ayant proposé (Voltaire) en ce temps-là pour remplir une place vacante à laquelle notre auteur ne songeait point, M. de Boze déclara que l'auteur de *Brutus* et de *Zaïre* ne pouvait jamais devenir un sujet *académique.*

VOLTAIRE, *Mélanges littéraires.* Commentaire historique.

ACADÉMIQUE se dit communément aussi en parlant des études et des travaux qui ont lieu dans les écoles où s'enseignent les beaux-arts, mais plus particulièrement de ceux qui se rattachent aux arts du dessin et de la peinture.

> Lorsque l'élève sait dessiner facilement d'après l'estampe et la bosse, je le tiens pendant deux ans devant le modèle *académique* de l'homme et de la femme.
>
>   DIDEROT, *Essai sur la peinture*, c. 1.

Dans cette acception encore, ACADÉMIQUE est quelquefois pris en mauvaise part.

> Toutes ces positions *académiques*, contraintes, apprêtées, arrangées...
>
>   DIDEROT, *Essai sur la peinture*, c. 1.

> Je désire seulement qu'ils (les peintres) s'écartent des manières *académiques* qui les lient.
>
>   BERNARDIN DE SAINT-PIERRE, *Études de la nature*, X.

ACADÉMIQUE s'est dit beaucoup plus récemment pour caractériser les titres, les études, les travaux, les exercices, les concours des *Académies* instituées sous le nouveau régime universitaire.

ACADÉMIQUEMENT, adv.

D'une manière académique.

Il ne se prend guère qu'en mauvaise part.

> C'est un Hector bien *académiquement* posé, ramenant bien un de ses bras vers l'autel, pour contraster avec le corps.
>
>   DIDEROT, *Salon de 1765*. Challe.

D'ACADÉMIQUE, dans le sens de ce mot qui se rapporte aux arts du dessin et de la peinture, ou peut-être d'*Académie*, Diderot a fait mal à propos le verbe *académiser*, Imiter servilement un modèle convenu ; se conformer, aux dépens de l'imagination et du génie, à la tradition classique de l'école.

> Vous *académiserez*, vous redresserez, vous guinderez toutes vos figures.
>
>   DIDEROT, *Essai sur la peinture*, c. 4.

> On prétend que Suzanne est *académisée* : seroit-ce

qu'en effet son action auroit quelque apprêt, que les mouvemens en seroient un peu trop cadencés pour une situation violente ?

>   LE MÊME, *Salon de 1765*. Vanloo.

Un mot bien plus anciennement formé d'*Académie*, mais pour peu de temps, c'est *académié*, qui semble, d'après l'exemple suivant, avoir été pris comme ACADÉMIQUE, dans le sens de Sceptique.

> Tournant ainsi à toutes légèretez et conseils, on demeureroit assez perplex, confus et *académié*, pour ne rien entreprendre.
>
>   DU FAIL DE LA HERISSAYE, *Contes d'Eutrapel*, XXVII.

Cotgrave, qui a recueilli ce mot, le traduit à peu près ainsi : Abruti par l'étude, embarrassé de trop de savoir.

ACADÉMICIEN, s. m.

ACADÉMICIEN, comme auparavant *académique*, a signifié, dans son acception la plus ancienne, un philosophe attaché aux opinions de l'Académie d'Athènes, particulièrement de la moyenne et de la nouvelle Académie.

> Et y notez prudentement que ce est la vraye psychogonie de Platon, tant celebrée par les *academiciens* et tant peu entendue.
>
>   RABELAIS, *Pantagruel*, V, 36.

> Anaxarque maintenoit que l'homme ne jugeoit rien par science, ains seulement par opinion : ce qu'ont suivy les pyrrhoniens et les nouveaux *academiciens*.
>
>   PIERRE DE LA RAMÉE, *Dialectique*. 1555.

> Jamais *academicien* ou pyrrhonien ne sera heretique ; ce sont choses opposites.
>
>   CHARRON, *de la Sagesse*, II, 2.

> Après avoir dit que les *académiciens* étoient différens des pyrrhoniens, en ce que les *académiciens* avouoient qu'il y avoit des choses plus vraisemblables que les autres, ce que les pyrrhoniens ne vouloient pas reconnoître, il (Montaigne) se déclare pour les pyrrhoniens en ces termes : L'avis, dit-il, des pyrrhoniens est plus hardi, et quant et quant plus vraisemblable.
>
>   *Logique de Port-Royal*. Discours I.

Au dix-septième siècle, a été publié par l'abbé Foucher un ouvrage avec ce titre :

Critique de la Recherche de la vérité, où l'on examine en même temps une partie des principes de M. Descartes. Lettre par un *académicien*. Paris, 1675, in-12.

Voltaire se reporte à l'usage primitif du mot dans le passage suivant :

Nous ne sommes, ni vous ni moi, de sa secte : nous sommes *académiciens* ; c'est au fond n'être d'aucune secte.

Lettres de Memmius à Cicéron, I.

L'acception nouvelle que reçut de l'établissement des Académies le mot ACADÉMICIEN, donna lieu à une équivoque dont on abusa aussitôt ingénieusement, en disant de Lamothe le Vayer :

Vayer qui de pyrrhonien
S'est fait *académicien*.

MÉNAGE, *Requête des dictionnaires*.

ACADÉMICIEN se prend aujourd'hui, à peu près exclusivement, pour désigner un Membre d'une compagnie de gens de lettres, de savants ou d'artistes régulièrement constituée en Académie.

Un *académicien* n'est pas un homme sans fonctions dans la république des lettres : il a ses règles et ses obligations.

FLÉCHIER, *Réponse au discours de réception de Huet*.

Mais ce qui nous touche de plus près, c'est qu'il étoit encore (P. Corneille) un très-bon *académicien* ; il aimoit, il cultivoit nos exercices ; il y apportoit surtout cet esprit de douceur, d'égalité, de déférence même, si nécessaire pour entretenir l'union dans les compagnies.

J. RACINE, *Discours prononcé à l'Académie française à la réception de MM. Corneille et Bergeret*.

(M. Dodart) possédoit souverainement les qualités d'*académicien*, c'est-à-dire d'un homme d'esprit qui doit vivre avec ses pareils, profiter de leurs lumières, et leur communiquer les siennes.

FONTENELLE, *Éloge de Dodart*.

Il a été marié deux fois et a eu huit enfans. Chacun de ses deux mariages nous a fourni un *académicien*.

LE MÊME, *Éloge de la Hire*.

Comme il est sans exemple que l'Académie ait fait l'éloge d'un souverain, en faisant... celui d'un de ses membres, nous sommes obligé d'avertir que nous ne regarderons le feu czar qu'en qualité d'*académicien*, mais d'*académicien* roi et empereur, qui a établi les sciences et les arts dans les vastes États de sa domination.

LE MÊME, *Éloge du czar Pierre*.

Il (Fontenelle) donna en souriant et à petit bruit le Monseigneur tant désiré au cardinal *académicien* (Dubois) qui y mettoit ou feignoit d'y mettre une si grande importance.

D'ALEMBERT, *Histoire des membres de l'Académie française*, art. CARDINAL DUBOIS.

Quand j'eus bien remercié l'*académicien* de l'Académie des sciences de m'avoir mis au fait, je m'en allai tout pantois.

VOLTAIRE, *l'Homme aux quarante écus*.

Il est bon d'opposer le témoignage impartial d'un *académicien* de la Crusca aux invectives de Rousseau et de Desfontaines.

LE MÊME, *Lettres*, 15 octobre 1736.

Pour éviter à l'avenir un quiproquo... désignez-moi par le titre d'*académicien* de Berlin.

DIDEROT, *Lettres*, 3 août 1759.

Il semble même que l'application de ce titre était bornée dans le bon usage, surtout quand il était pris absolument, aux membres des premières Académies littéraires et savantes instituées à Paris par lettres-patentes.

Le titre d'*académicien* n'a été attaché par l'usage qu'aux gens de lettres des trois Académies, la française, celle des sciences et celle des inscriptions.

VOLTAIRE, *Dictionnaire philosophique*, art. ACADÉMIE.

ACADÉMICIEN se dit plus généralement dans la forme absolue pour Membre de l'Académie française.

En qualité d'*académicien*, je condamnerois d'autorité... ce pouvoir prochain qui fait tant de bruit pour rien.

PASCAL, *les Provinciales*. Réponse aux deux premières lettres.

Le jour que je fus reçeu au nombre des *académiciens*, je fis, selon la coustume, un petit discours en forme de remerciment.

BUSSY-RABUTIN, *Discours à ses enfants*.

I.

En France, on fait par un plaisant moyen
Taire un auteur quand d'écrits il assommé ;
Dans un fauteuil d'*académicien*,
Lui quarantième, on fait asseoir mon homme.

Ci gît Piron qui ne fut rien,
Pas même *académicien*.

PIRON, *Épigrammes*.

ACADÉMICIENNE, s. f., s'est dit par exception, dans certains cas particuliers, au même sens qu'*académicien*, c'est-à-dire en parlant des femmes qui ont fait partie d'une Académie régulièrement instituée.

On a ajouté un féminin en faveur de Mme Deshoulières. L'Académie d'Arles lui a envoyé des lettres d'*académicienne*. C'est la première de son sexe à qui l'on ait déféré cet honneur.

FURETIÈRE, *Dictionnaire*, au mot ACADÉMIE.

ACADÉMISTE, s. m.

ACADÉMISTE n'a jamais été employé comme *académique* et *académicien* pour désigner un membre de l'Académie de Platon, un partisan de sa doctrine, de celle d'Arcesilas, de Carneade.

On l'a appliqué, dans la première moitié du dix-septième siècle, par abus ou avec une emphase ironique, aux membres des sociétés savantes ou littéraires, et particulièrement de l'Académie française.

Il faut croire que les *académistes*, qui sont ordinairement personnes de crédit et de mérite, ne manquent pas aussi de faire éclater ces actions le mieux qu'il leur est possible, parce qu'elles servent d'époques assez remarquables à tout le reste de leurs vies.

On pourroit dire, avec Pétrone, à tous ces messieurs les *académistes* : « Pace vestra liceat dixisse, etc. »

NAUDÉ, *Mascurat*, in-4°, p. 150, 151.

Après eux venoient nos *académistes*, qui... étoient allés au devant d'eux.

Mme DE MOTTEVILLE, *Mémoires*, année 1645.

S'il se rencontroit grosse bande
De gens comme vous en Hollande,
La Hollande disputeroit

De l'esprit, et l'emporteroit
Sur nos plus fins *académistes*.

SCARRON, *Poésies diverses*. Épître à M. d'Aumale d'Haucourt.

En 1643 fut publiée par Saint-Évremond, sous le nom de des Cavenets, *la Comédie des Académistes pour la réformation de la langue*. Elle reparut en 1650 avec le même titre. Dans la collection des *OEuvres complètes* de l'auteur (1753), elle est intitulée : *la Comédie des Académiciens*, variante de laquelle il résulte que le mot ACADÉMISTE n'était plus dès lors en usage comme synonyme d'*Académicien*.

ACADÉMISTE n'est guère resté que dans un sens qui se rapporte à une acception particulière et restreinte du mot *Académie*, lorsqu'on s'en sert pour désigner un gymnase, une école d'équitation, d'escrime, ou d'autres exercices corporels. Il se dit pour désigner la personne qui exerce ce genre d'enseignement, et réciproquement la personne qui le reçoit, mais surtout celle-ci.

Il se contentoit de se tenir droit sur son cheval, en bandant le jarret, comme un *académiste* qu'il étoit.

LE SAGE, *Gusman d'Alfarache*, VI, 1.

On appela les jeunes gens qui apprenaient l'équitation et l'escrime dans les écoles destinées à ces arts, *académistes* et non pas académiciens.

VOLTAIRE, *Dictionnaire philosophique*, art. ACADÉMIE.

Ce jeune *académiste* est dans une posture
A n'appréhender pas qu'on l'égale jamais.

BENSERADE, *les Noces de Pélée et de Thétis*, entrée VIII.

On appelait aussi *Académiste* un membre de l'Académie royale de danse. « Chaque *académiste*, » disent les règlements de cette Académie, « aura droit de *committimus* et sera exempt de taille, de tutèle, de garde, de lettres de maîtrise. » Les membres de l'Académie royale de musique, dans laquelle l'Académie de danse s'est incorporée, ne prennent ni le nom d'*Académicien*, ni le nom d'ACADÉMISTE.

ACAGNARDER, v. a. (de *Cagnarder, cagnard*. *Voyez* ces mots).

On l'a écrit : ACCAGNARDER (Voyez les *Diction-*

naires de Nicot, Monet, Oudin, Cotgrave; le *Dictionnaire de l'Académie*, éditions de 1694 et 1718);
ACCAIGNARDER (*voyez* les exemples ci-après).

Accoutumer quelqu'un à mener une vie molle et fainéante.

La mauvaise compagnie l'a *acagnardé*.
Dictionnaire de l'Académie.

Ce verbe est très-peu usité au sens actif, dont ne font nulle mention les anciens dictionnaires, et que donne celui de l'Académie seulement en 1718; il l'est peut-être moins encore au sens neutre ou absolu.

ACAGNARDER, verbe neutre, s'est dit cependant pour Se relâcher, mollir, devenir incapable de résolution et de volonté.

Craignant... de vous voir *accaignarder* au logis.
Est. PASQUIER, *Lettres*, t. III, p. 586. (Cité par Sainte-Palaye.)

ACAGNARDER, se prend plus souvent comme verbe pronominal. *S'acagnarder* signifie alors, comme *cagnarder*, « se complaire à rien faire, » dit Nicot, vivre sans occupation, au coin du feu ou au soleil, s'abandonner à la paresse, à une vie lâche et inactive.

Je coguois vostre roy, issu du noble sang de France (comme j'en suis aussi sorti); estant jeune comme il est, et ambitieux aussi bien que moy, il n'a garde de *s'accagnarder* en oysiveté ni aux plaisirs de sa cour.
BRANTÔME, *Capitaines étrangers.* Charles-Quint.

Vous n'avez qu'à remercier
Les dieux du ciel et les prier
Que ce grand hymen s'accomplisse,
Et qu'Énéas l'on divertisse
Si bien, que sans courir ailleurs,
Ni chercher des gîtes meilleurs,
Auprès de vous il *s'accagnarde*.
SCARRON, *Virgile travesti*, IV.

Il *s'accagnarde* au cabaret
Entre le blanc et le clairet.
MAYNARD, *Priapées.*

Je *m'accagnarde* dans Paris
Parmi les amours et les ris.
BOISROBERT, *Épîtres.*

ACAGNARDÉ, ÉE, participe.

Vous avés secouru des personnes qui estoient dans les rues sur les tabliers, ou *accaignardés* près du feu; je vous demande l'aulmosne pour des gens qui ont servi, qui servent nuict et jour et employent leur vie pour vous tenir en repos.
HENRI IV. *Ce que le Roy a dit à Messieurs du Parlement, le 13 avril 1597, à Paris.* (Voir *Lettres missives de Henri IV*, t. IV, p. 743.)

D'ACCAGNARDER, on a fait les substantifs, depuis longtemps hors d'usage, ACCAGNARDEMENT et ACCAGNARDISE, donnés tous deux par Monet et le premier seulement par Cotgrave.

ACCAGNARDISE répond à *cagnardise*, resté dans la langue. (*Voyez* ce mot.)

ACAJOU, s. m.

ACAJOU désigne dans la langue guarani le fruit d'un arbre que la même langue appelle *acaiaiba*. De là, en français, mais particulièrement dans les livres d'histoire naturelle, les relations de voyages, les nomenclatures spéciales des droguistes et des teinturiers, des expressions où le mot ACAJOU est employé conformément à son étymologie, et qui s'appliquent à deux parties distinctes du fruit de l'*acaiaiba*, pomme d'ACAJOU, noix d'ACAJOU. L'arbre lui-même a été quelquefois appelé ACAJOU, notamment par le P. Du Tertre, *Histoire générale des Antilles*, II, III, § 6.

ACAJOU, par une extension difficile à expliquer, est devenu pour nous le nom d'un arbre de l'Amérique méridionale, auquel la plupart des langues de l'Europe ont conservé son nom primitif de *mahogoni*, ou, par contraction, *mahoni*. Le bois de cet arbre, naturellement blanchâtre, mais qui se colore à l'air et passe successivement d'un blond brillant et doré à diverses nuances du rouge et du brun, est du plus grand usage, soit en colonie, soit en feuilles, dans la menuiserie de luxe, l'ébénisterie, la tabletterie, la marqueterie et surtout le placage.

Des rapports de ressemblance ont fait étendre ce nom d'ACAJOU à un autre arbre de l'Amérique méridionale qu'on emploie avantageusement à Saint-

49.

Domingue dans la charpenterie, la menuiserie, la construction des bateaux et même dans quelques usages de la tabletterie commune, c'est le Cédrel des botanistes, nommé *cèdre acajou* et *acajou à planches* par nos colons des Antilles.

L'*acajou* rouge que les Hollandois et les Anglois appellent très-mal à propos Cèdre..... Le ver marin de l'Amérique, qui ronge et gaste tellement tous les navires par dessous que l'on est presque obligé de leur donner un radoub à chaque voyage, ne touche point ceux qu'on double de planches d'*acajou*.

Le P. Du Tertre, *Histoire générale des Antilles*, II, iii, § 4.

C'est sur les rivages des îles Antilles que croît l'*acajou* qu'on y appelle improprement Cèdre à cause son incorruptibilité.

Bernardin de Saint-Pierre, *Études de la nature*, XI. Harmonies humaines des plantes.

Par acajou, pris absolument, on entend le bois du premier de ces deux arbres. C'est toutefois à celui du second, employé dans la fabrication des meubles fort simples, que semblent se rapporter les exemples suivants.

Tels étoient... l'*acajou*, le bois de fer, qui se sont trouvés propres aux ouvrages de menuiserie.

Raynal, *Établiss. des Européens dans les deux Indes*, X, 3.

Tout étoit, au contraire, d'une extrême simplicité, des tables d'*acajou*, des boisures unies, des glaces sans bordures...

Diderot, *l'Oiseau blanc, conte bleu*, 4ᵉ soirée.

Le mot acajou a nécessairement reçu, dans le langage spécial de l'ébénisterie, autant d'épithètes distinctives que le bois de l'arbre ainsi nommé offre d'accidents et d'effets divers à l'art de l'ouvrier qui le met en œuvre; on dit, et plusieurs de ces expressions heureusement trouvées ont la valeur d'une définition, d'une description, acajou *marbré, moiré, moucheté, ondé, panaché*, et même, par un néologisme admis seulement dans cet usage, *ronceux*.

Acajou se dit absolument, en parlant d'un meuble fait avec le bois de l'acajou.

Sur l'*acajou* veiné la porcelaine brille.

Delille, *les trois Règnes*, IV.

Enfin, acajou se dit, toujours absolument, en parlant de la couleur du bois d'*acajou*, prise à la nuance du rouge brun, celle qui se modifie le plus lentement. *Peindre en acajou.*

ACANTHE, s. f. (du latin *Acanthus*, et, par ce mot, du grec Ἄκανθος, venu lui-même d'Ἀκή, pointe. Voy. *Acacia*).

Plante à fleur labiée, dont l'espèce commune, vulgairement nommée Branche ursine, est remarquable par ses belles feuilles découpées qui se recourbent naturellement à leur extrémité.

Cette plante conserve son nom latin chez nos vieux écrivains français.

L'herbe d'*acanthus* mol y croist (en Crète) en plusieurs lieux humides; mais l'*acanthus* espineux est sauvage, croissant par les champs et par les sentiers.

Pierre Belon, *Singularitez et choses mémorables de divers pays estranges*, I, 18.

Elle ne tarde pas à enrichir notre langue d'un nouveau mot :

Une jeune fille de Corinthe, preste à marier, estant morte, sa nourrice posa sur son tombeau, dans un panier, quelques petits vases que cette fille avoit aimez pendant sa vie, et afin que le temps ne les gâtast pas si tost estant à découvert, elle mit une tuile sur le panier, qui ayant esté posé par hazard sur la racine d'une plante d'*acanthe*, il arriva, lorsqu'au printemps les feuilles et les tiges commencerent à sortir, que le panier qui estoit sur le milieu de la racine, fit élever le long de ses costez les tiges de la plante, qui rencontrant les coins de la tuile furent contraintes de se recourber en leur extrémité et faire le contournement des volutes. Le sculpteur Callimachus..... passant auprès de ce tombeau, vit le panier et de quelle sorte ces feuilles naissantes l'avoient environné : cette forme nouvelle luy plut infiniment, et il en imita la manière dans les colonnes qu'il fit depuis à Corinthe, établissant et réglant sur ce modèle les proportions et les mesures de l'ordre corinthien.

Cl. Perrault, trad. de *Vitruve*, IV, 1.

Plus bas est une pièce toute couverte d'*acanthes*, si douces et si tendres sous les pieds qu'on ne les sent presque pas.

Sacy, trad. des *Lettres de Pline le Jeune*, V, 6.

On avoit vu à sa porte les branches de laurier et d'*a-
canthe* que, suivant l'usage, on suspend à la maison d'un
malade.

BARTHÉLEMY, Voyage d'Anacharsis, c. 8.

Çà et là de hauts cyprès remplaçaient les colonnes
tombées dans ces palais de la mort; l'*acanthe* sauvage
rampait à leurs pieds, sur des débris, comme si la nature
s'était plu à reproduire sur les chefs-d'œuvre mutilés de
l'architecture, l'ornement de leur beauté passée.

CHATEAUBRIAND, Lettre sur Rome. A M. de Fontanes.

Je courberais le lierre et l'*acanthe* en berceaux....

Et lorsque autour de lui, déchaîné sur la terre,
L'hiver impétueux brisait encor la pierre,
D'un frein de glace encore enchaînait les ruisseaux,
Lui déjà de l'*acanthe* émondait les rameaux.

DELILLE, trad. des Géorgiques, IV.

Delille s'est écarté de l'usage en faisant *acanthe* du
masculin dans le vers suivant:

Le Nil du vert *acanthe* admire les feuillages.

Même ouvrage, II.

N. B. On a pensé qu'il s'agissait ici, non pas de la plante que
nomme ailleurs Virgile dans ses *Géorgiques*, et dans ses *Bucoliques*,
III, 45; IV, 20; mais de l'arbre appelé par Dioscoride (liv. I,
c. cxv) Ἄκανθα ἀραβική; par Théophraste (liv. IV, c. III),
Ἄκανθος; par Pline (liv. XXIV, c. xII), *Spina Ægyptiaca*, et auquel nous avons longtemps donné d'après les Anciens le nom d'*Acacia*. (Voir ce mot.)

ACANTHE se dit encore de l'ornement d'architecture imité de la feuille d'*acanthe*.

On lit chez Nicot, au mot *Branque ursine* :

Les architectes la nomment vulgairement *acanthe*.

Thrésor de la langue françoise.

ACARIÂTRE, adj. des deux genres.

Autrefois ACARIASTRE, que donnait encore en
1694 et 1718 le Dictionnaire de l'Académie.

On lit chez Bourgoin, *De origine et usu vocum
vulgarium*, p. 16 v° : ACHARIASTRE.

Des étymologies fort nombreuses par lesquelles
on a cherché assez vainement à expliquer l'origine
d'ACARIÂTRE, le rapportant à des mots tantôt de la
vieille langue française, tantôt de la langue celtique, le rattachant tantôt au latin et tantôt au grec,
nous ne rapporterons que les suivantes :

Sainte-Palaye, *Glossaire de l'ancienne langue
françoise*, et récemment M. Burguy, *Grammaire de
la langue d'oil*, sont tentés de rapporter ACARIÂTRE
à notre vieux mot *char*, *care*, tête, duquel on avait
fait *acharier*, *acarier*, mettre tête à tête, confronter.

Ménage fait venir ACARIÂTRE d'*acer*, par l'intermédiaire d'*acriaster* qu'il forme au moyen du féminin *acris* et de la terminaison *aster*. En faveur de
cette étymologie, il allègue la définition d'ACARIÂ-
TRE dans le Dictionnaire de l'Académie, Un homme
d'humeur aigre. On peut ajouter que Danet traduit
ACARIÂTRE par *acer*.

ACARIÂTRE paraît s'être dit, fort anciennement,
de certains maniaques, de certains fous. Il est joint
au mot fou, *fol acariastre*, et traduit par *insanus,
mente captus, furiatus*, dans le dictionnaire de Robert Estienne, édition de 1549, et dans celui de
Nicot, en 1606. Ces deux lexicographes inclinent
même à le dériver, d'après notre vieux grammairien
Jacques Dubois ou Sylvius, du nom de saint Acaire,
auquel on recommandait, on menait en pèlerinage
les gens atteints de folie, pratique ancienne dont il
est question dans un drame du moyen âge, le *Jeu du
mariage*, composé par Adam de la Halle vers 1260,
et dans ces vers d'Eustache Deschamps :

.... Tu serois plus hors de sens
Que ceux qu'on mène à Saint-Acaire.

Ce n'est certainement pas de cette pratique qu'est
venu le mot ACARIÂTRE. Elle vient plutôt elle-même
de la ressemblance de ce mot avec le nom de Saint-
Acaire. C'est l'opinion de Ménage et de La Mothe Le
Vayer particulièrement. Ils rapportent, l'un dans ses
Origines de la langue françoise, l'autre dans la
sixième journée de son *Hexameron rustique*, des
exemples fort nombreux et fort piquants de pareilles pratiques qui n'ont pas une autre origine.

L'on recommande sur un pareil fondement les personnes
sujettes au vertigo ou aux dérèglemens de cervelle, à
saint Avertin; d'autres à qui la tête tourne à saint Atourny
qui est sans doute saint Saturnin, et les *acariâtres*. . . .
à saint Acaire.

LA MOTHE LE VAYER, à l'endroit cité.

ACARIÂTRE semble pris au sens de Fou dans les passages suivants :

De telle maniere de gens sont venus en avant je ne say quels *acariastres*, lesquels pretendent orgueilleusement la doctrine de l'Esprit, mesprisans quant à eux toute lecture.

CALVIN, *Institution chrestienne*, liv. I, c. IX, § 1.

Ses festes orgiennes estoient celebrées de trois ans en trois ans, par des femmes foles et *acariastres*, avec des hommes.

G. BOUCHET, *Serées*, liv. I, 1ʳᵉ sérée.

Philippe le Bel manda à Boniface huitième qu'il n'avoit puissance quelconque sur les rois de France, et que ceux qui disoient le contraire estoient des sots et des *acariastres*.

Ant. ARNAULD, *Plaidoyer pour l'Université* (juillet 1594).

ACARIÂTRE ne s'applique plus depuis longtemps à une maladie mentale, mais seulement à un défaut de caractère.

Il se dit d'une personne Aigre, fâcheuse, criarde, opiniâtre.

N'est-ce pas une estrange chose, dit-elle, qu'on en veut tant à nostre pauvre religion? On nous appelle libertins, cruels, *acariastres*, imposteurs, semeurs de zizanies, la peste des Estats et l'origine de tous les mal'heurs qui ont inondé toute la France.

Les Caquets de l'accouchée, IIᵉ journée.

Ils... empescheront bien que ces meschants huguenots *acariastres* n'entrent aux Estats.

Satire Ménippée, Harangue de M. le lieutenant.

Ces raisons étant adroitement débitées parmi un peuple mutin et *acariâtre*,... y imprimerent la haine des François.

MÉZERAY, *Histoire de France*. Année 1583; Henri III.

On dit que cette *acariâtre* a tenu garnison quelquefois des quinze jours entiers dans la chambre de sa sœur, et n'alloit pas seulement à la messe de peur que le mari ne lui fît fermer la porte.

TALLEMANT DES RÉAUX, *Historiettes*, le Président le Cogneux.

Cette belle-mère étoit une grande femme sèche, bilieuse, *acariâtre* et brutale.

DUFRESNY, *Historiettes*. Le Correspondant de la Guinguette.

Ne vous souciez pas d'une femme *acariâtre*, des caillettes, et des âmes basses.

MONTESQUIEU, *Lettres*, 15 décembre 1754.

Ils ressemblent à cet Allemand qui ayant eu une petite difficulté à Blois avec son hôtesse, laquelle avait les cheveux un peu trop blonds, mit sur son album : *Nota bene:* Toutes les dames de Blois sont rousses et *acariâtres*.

VOLTAIRE, *des Mensonges imprimés*, art. XXXIII.

Sa femme devenant tous les jours plus laide, devint *acariâtre* et insupportable.

LE MÊME, *Romans ;* Candide, c. 30.

Le ciel ne les fit point insinuantes et persuasives pour devenir *acariâtres;* il ne les fit point foibles pour être impérieuses; il ne leur donna point une voix si douce pour dire des injures.

J.-J. ROUSSEAU, *Émile*, V.

Je suis trop difficile, trop exigeante, trop *acariâtre;* j'ai tous les défauts d'une malheureuse créature qui aime avec abandon.

Mˡˡᵉ DE LESPINASSE, *Lettres*, LXXII, 1774.

Junon, déesse *acariastre*
Autant ou plus qu'une marastre,
Lui fit passer de mauvais jours.

SCARRON, *Virgile travesti*, I.

La dispute hautaine...
Monstre hargneux, superbe, *acariâtre*.

J.-B. ROUSSEAU, *Allégories*, II, 4.

ACARIÂTRE se dit, par extension, de l'esprit, de l'humeur, du caractère, etc.

Il y a longtemps que je suis las de votre humeur *acariâtre*.

DUFRESNY, *l'Esprit de contradiction*, sc. 2.

La veuve, d'un air *acariâtre :* Je vous en prie, dit-elle, je vous en prie.

LE MÊME, *le Double veuvage*, I, 12.

Louis XII avoit épousé en secondes noces Anne de Bretagne, veuve de son prédécesseur Charles VIII... Il ne fut pas heureux avec elle; cette princesse étoit d'une humeur chagrine, *acariâtre*, tracassière.

SAINTE-FOIX, *Essais historiques sur Paris*. Hôtel des Tournelles.

D'ACARIÂTRE, on avait fait :
ACARIÂTRETÉ, ACARIASTRETÉ, ACCARIASTRETÉ

(*Voyez* Oudin et Cotgrave, Dictionnaires), Habitude d'un caractère aigre, fâcheux, opiniâtre.

Elle a bien fait voir que ç'a été plutôt par *acariâtreté* qu'autrement qu'elle résista à d'Oradour.

TALLEMANT DES RÉAUX, *Historiettes.* Ferriez, sa fille et Tardieu.

ACARIÂTRETÉ, malgré son air étrange, n'est pas plus mauvais qu'*opiniâtreté*, mais il n'a pas reçu la sanction de l'usage et il n'est plus français.

ACATALEPSIE, s. f. (du grec Ἀκαταληψία venu lui-même d'*ά* privatif et de κατάληψις).

Impossibilité de savoir, de comprendre une chose ; Doctrine de quelques philosophes anciens qui n'admettaient aucune certitude dans les connaissances humaines, et pas même la certitude qu'il n'y a rien de certain ; Opinion d'Arcésilas et des académiciens de son école, plus absolue encore que celle des sceptiques.

L'*acatalepsie* de Pyrrhon ne s'étendoit pas au rapport des sens.

DIDEROT, *Opinions des anciens philosophes.* Philosophie pyrrhonienne ou sceptique.

ACATALEPSIE, se dit, par extension, en médecine d'une Maladie du cerveau qui prive ceux qui en sont atteints de la faculté de percevoir une idée et de suivre un raisonnement.

ACATALEPTIQUE, adj. des deux genres.

Ce qui appartient à la doctrine de l'*acatalepsie*, ses partisans et même ses principes.

On l'a dit aussi par extension des malades atteints de la maladie appelée *acatalepsie*.

ACCABLER, v. a.

Quelquefois, comme on le voit dans les dictionnaires de Cotgrave, de Richelet, de Furetière et dans le Grand vocabulaire, ACABLER.

Des étymologies assez nombreuses, imaginées

pour rendre compte d'ACCABLER, la moins dénuée de vraisemblance est celle qui le rattache à certaines significations de notre vieux mot *chaable, chable, caable ;*

Non pas à celle que Cotgrave a en vue lorsqu'il traduit arbitrairement, ce semble, ACCABLER par « attacher avec ou à un câble » ; mais à d'autres plus en rapport avec l'usage constant de ce verbe.

Plusieurs exemples, cités par Du Cange, D. Carpentier, Caseneuve, établissent qu'on se servait de *chaable* pour exprimer, tantôt un abatis d'arbres ou de branchages ; tantôt l'action de jeter à terre, un coup, une meurtrissure ; d'autres fois enfin pour traduire un mot de la basse latinité, *cabulus*, qui désignait dans le moyen âge une machine à lancer des pierres, une catapulte. On disait aussi dans le premier sens *chablaie, chablis* encore employé par la législation forestière, *caablis, cablis ;* dans le second *chapliz,* comme l'atteste l'exemple suivant :

Mettre les batailles en ordre, representer la rencontre, le conflit, l'execution de l'artillerie, le traict des haquebutiers, archiers, arbalestiers, poulsiz de piques, chocz d'hommes d'armes, heurtis de chevaulx, coups d'espée, *chapliz* de masses, haches et halebardes.

GUILLAUME DU BELLAY, *Prologue de ses Mémoires.*

De là donc, très-probablement, par l'intermédiaire d'*achabler*, ACCABLER.

Raoulin vint au suppliant..... l'*achabla* et tira à terre.

Lettres de rémission de 1423. Voy. *Glossaire* de Du Cange, addit. de D. Carpentier.

La trace de cette origine s'aperçoit dans les anciennes définitions d'ACCABLER ; dans celle de Nicot :

« Affouler aucun de coups pesans, l'aterrer à force de pesanteur et de charger sur lui. »

Dans celle de Cotgrave :

« ...Porter à terre par coups... oppresser sous un poids trop fort, un fardeau trop lourd. »

Ainsi pris au propre, ACCABLER se dit des choses et plus souvent des personnes ;

Des choses :

Il voit quelques fuyards sauter dans une barque ;
Il s'y jette, et les siens, qui suivent leur monarque,
D'un si grand nombre, en foule, *accablent* ce vaisseau,
Que la mer l'engloutit avec tout son fardeau.

> P. Corneille, *la Mort de Pompée*, V, 3.

Des personnes :

Les maisons où nous habitons, comme elles sont assiduellement sujettes à brusler de jour, nous menacent... de nuict de nous *accabler*.

> Calvin, *Institution chrestienne*, liv. I, c. 17.

Ils ne feurent pas plus tost partis que le comble de la gualerie tomba sur les garsons qui estoyent demourez dessoubz, et les *accabla* tous.

> Amyot, trad. de Plutarque, *Vie de Cimon*, c. 10.

Et pour n'avoir pas esté la poudre bien dispensée ni logée, la terre enlevée *accabla* deux cens hommes dans le fossé, des plus choisis de l'armée.

> Agr. d'Aubigné, *Histoire universelle*, t. II, liv. I, c. 9.

Hippias, d'un âge plus avancé, sembloit devoir *accabler* Télémaque, dont la tendre jeunesse étoit moins nerveuse.

> Fénelon, *Télémaque*, XIII.

ACCABLER, au figuré, ne se dit guère que des personnes, quand il s'agit de ce qui est pour elles comme un poids, un fardeau difficile à porter.

Tels sont, dans l'ordre physique, l'âge, les besoins du corps, les infirmités, les maladies, les fatigues, les austérités, etc.

L'abstinence et maceration de la chair l'*accabloient*, et l'oraison ne l'allegeoit nullement.

> S. François de Sales, *Introd. à la Vie dévote*, IV, 15.

Considérez bien où vous êtes ; voyez la mortalité qui vous *accable* ; regardez cette figure du monde qui passe.

> Bossuet, *Sermons*. Contre l'ambition.

Mes vapeurs n'ont pas voulu m'*accabler* pendant que j'étois occupée à ma jambe.

> Mme de Sévigné, *Lettres*, 28 juin 1685.

Sa vieillesse ne ressembloit point à celle des hommes que le poids des années *accable* sur la terre.

> Fénelon, *Télémaque*, XIV.

Le sommeil m'*accable*, et je ne réponds pas que j'entende, sans me rendormir, tous les vers que vous avez à me dire.

> Le Sage, *le Diable boiteux*, XIV.

Ces vins généreux, propres à nourrir et fortifier les tempéramens robustes qui en ont l'habitude, mais qui *accablent*, ruinent et enivrent les foibles et délicats qui n'y sont point faits.

> J.-J. Rousseau, *Discours sur l'origine de l'inégalité parmi les hommes*. Préface.

Tels sont, dans l'ordre moral où les applications de ce mot sont en nombre infini,

Par exemple, le courroux céleste :

Suffit qu'il faut que le courroux du ciel l'*accable* quelque jour.

> Molière, *le Festin de Pierre*, I, 1.

La supériorité, la victoire d'un ennemi, d'un adversaire :

Les ennemis alloient *accabler* ce petit nombre, quand le capitaine Fiffer, etc.

> Sarasin, *Siége de Dunkerque*.

Ninus, plus entreprenant et plus puissant que ses voisins, les *accabla* les uns après les autres.

> Bossuet, *Discours sur l'Histoire universelle*, III, 4.

Tout appelait ces mêmes barbares qui n'avaient pu vaincre la république guerrière, et qui *accablèrent* Rome languissante, sous des empereurs cruels, efféminés et dévots.

> Voltaire, *Essai sur les mœurs*, Introd. Conquêtes des Romains.

Il croit que c'est assez d'un coup pour t'*accabler*,
Et ne t'a jamais fait l'honneur de redoubler.

> Molière, *les Femmes savantes*, III, 5.

Ce n'est plus cette reine éclairée, intrépide,
Élevée au-dessus de son sexe timide,
Qui d'abord *accabloit* ses ennemis surpris.

> J. Racine, *Athalie*, III, 3.

De mauvaises lois, un pouvoir oppressif, l'énormité des charges publiques, une grandeur, une gloire trop chèrement achetées :

Renversez ce mauvais ordre qui *accable* les bons, qui récompense le vice.

> Fénelon, *Télémaque*, X.

La France, presque épuisée, avoit éprouvé ces temps difficiles, où le salut des peuples rend la dureté des charges publiques nécessaire, et où pour les défendre il faut presque les *accabler*.

> MASSILLON, *Panégyrique de saint Louis.*

Quelques tyrans qui *accablassent* l'Italie, les Allemands étaient ce que Rome haïssait le plus.

> VOLTAIRE, *Annales de l'Empire.* Henri l'oiseleur.

A vaincre tant de fois mes forces s'affoiblissent;
L'État est florissant, mais les peuples gémissent,
Leurs membres décharnés courbent sous mes hauts
Et la gloire du trône *accable* les sujets.   [faits,

> P. CORNEILLE, *la Toison d'or.* Prologue, sc. 1.

Haï, craint, envié, souvent plus misérable
Que tous les malheureux que mon pouvoir *accable.*

> J. RACINE, *Esther,* II, 1.

L'infortune, le déshonneur, la tristesse, le travail, les affaires, l'ennui :

Pour exprimer ceste morne, muette et sourde stupidité qui nous transit, lorsque les accidens nous *accablent* surpassans nostre portée.

> MONTAIGNE, *Essais,* I, 2.

Parmi tant de devoirs, vous jugez bien que je péris ; ce que je fais m'*accable*, et ce que je ne fais pas m'inquiète.

Je finis, ma très-chère, pour ne pas vous *accabler.*

> Mme DE SÉVIGNÉ, *Lettres,* 13 mai 1672 ; 3 juin 1675.

Un homme que le nombre, le poids, la diversité, la difficulté et l'importance des affaires occupent seulement et n'*accablent* point.

> LA BRUYÈRE, *Caractères,* c. 11.

Cet amas de gloire dont ils ont hérité n'est plus qu'un poids de honte qui les flétrit et qui les *accable.*

> MASSILLON, *Petit Carême.* Grandeur de Jésus-Christ.

La tristesse et l'ennui t'*accableront* au sein des amusemens frivoles.

> J.-J. ROUSSEAU, *la Nouvelle Héloïse,* part. II, lettre XI.

Vous serez surpris si je vous avoue que la perte de la vue n'est pas mon plus grand malheur; celui qui m'*accable*, c'est l'ennui.

> Mme DU DEFFAND, *Lettres.* 1er mars 1769. A Voltaire.

Chaque instant l'affoiblit, et chaque effort l'*accable.*

> P. CORNEILLE, *Attila,* V, 6.

I.

La misère m'*accable* et la douleur me presse.

> LE MÊME, *Psaumes,* XXXVII.

Et le déchaînement de toute la nature
Ne m'*accableroit* pas comme cette aventure.

> MOLIÈRE, *le Misanthrope,* IV, 2.

Et sans doute elle attend le moment favorable
Pour disparoître aux yeux d'une cour qui l'*accable.*

> J. RACINE, *Bérénice,* I, 3.

Tant de coups imprévus m'*accablent* à la fois,
Qu'ils m'ôtent la parole et m'étouffent la voix.

> LE MÊME, *Phèdre,* IV, 2.

Il est assez puni quand l'opprobre l'*accable.*

> GRESSET, *le Méchant,* V, 10.

Certaines impressions, certaines pensées, trop fortes pour l'esprit, certaines situations difficiles ou gênantes.

Votre infini m'étonne et m'*accable* : c'est ma consolation.

> FÉNELON, *Traité de l'Existence de Dieu,* II, 2, § 27.

Je le sens, mon ami, le poids de l'absence m'*accable.*

> J.-J. ROUSSEAU, *la Nouvelle Héloïse,* part. I, lettre XXV.

Un excès de plaisir nous rend tout languissans,
Et quand il surprend l'âme, il *accable* les sens.

> P. CORNEILLE, *le Cid,* IV, 5.

                       [mande;
Un cœur né pour servir sait mal comme on com-
Sa puissance l'*accable*, alors qu'elle est trop grande.

> LE MÊME, *la Mort de Pompée,* IV, 2.

Assez et trop longtemps mon amitié t'*accable.*

> J. RACINE, *Andromaque,* III, 1.

Des preuves, des arguments sans réplique, des remontrances, des reproches, des menaces, des importunités, des persécutions :

Ils ont fait faire des consultations par tous les plus grands docteurs d'Italie, qui leur donnent cause gagnée, et pensent nous *accabler* à force de paragraphes et d'authoritez de divers docteurs.

> LE CARDINAL D'OSSAT, *Lettres,* liv. V ; 17 février 1599.

Cela vous justifie si peu, qu'il n'y a rien qui vous *accable* davantage.

> PASCAL, *Provinciales,* XIII.

On les presse, on les importune, on les *accable*, et on réussit en les *accablant*.

> Fénelon, *Télémaque*, XIII.

Ami, n'*accable* point un malheureux qui t'aime.

> J. Racine, *Andromaque*, I, 1.

Accabler une personne veut quelquefois dire Achever, consommer sa perte.

Ces perfides adorateurs de la fortune... qui nous *accablent* dans la disgrâce.

> Molière, *l'Impromptu de Versailles*, sc. 3.

Loin d'*accabler* les infirmes et les pêcheurs, sa voix charitable les appellera, et sa main bienfaisante sera leur soutien.

> Bossuet, *Discours sur l'Histoire universelle*, II, 4.

Voulez-vous *accabler* un malheureux ?

> Massillon, *Carême*. Lundi de la IVe semaine.

On ne devait pas s'attendre que le sénat de Gênes se joignît aux oppresseurs de la patrie, pour *accabler* ses défenseurs et pour achever sa perte.

> Voltaire, *Siècle de Louis XIV*, c. 21.

En général les lâches aiment à faire leur cour aux puissans, en achevant d'*accabler* tous ceux qu'ils oppriment.

> J.-J. Rousseau, *Lettres*, 1770. A M. de Saint-Germain.

Ils vouloient tous ensemble *accabler* Mithridate.

> J. Racine, *Mithridate*, V, 4.

Dans cet emploi d'accabler, le nom de la personne est quelquefois remplacé par une qualification abstraite.

Le vice... aussy tost qu'il s'attache à l'âme, il la brise et l'*accable* et ruine ; il remplit l'homme de douleurs, de lamentations, de rancunes, de regrets et de repentance.

> Amyot, trad. de Plutarque, *OEuvres morales*. Que le vice seul est suffisant pour rendre l'homme malheureux.

Luy seul, sans rien dire, sans siller les yeux, se tint debout, contemplant fixement le corps de son fils ; jusques à ce que la vehemence de la tristesse *ayant accablé* ses esprits vitaux, le porta roide mort par terre.

Cet effort acheva d'*accabler* le peu de vie qui lui restoit.

> Montaigne, *Essais*, I, 2 ; II, 22.

Jouer longuement à la paume, ce n'est plus recréer le corps, c'est l'*accabler*.

> S. François de Sales, *Introduction à la vie dévote*, part. III, c. 3 r.

Ces montagnes d'écritures *accablent* les têtes et n'édifient point les esprits.

> Balzac, *Socrate chrétien*, disc. V.

Je sais trop comme agit la vertu véritable ;
C'est sans en triompher que le nombre l'*accable*.

> P. Corneille, *Horace*, IV, 1.

Le poids de sa couronne *accablait* sa faiblesse.

> Voltaire, *la Henriade*, I.

Accabler, toujours au figuré, peut avoir pour régime à l'actif, pour sujet au passif, soit des expressions collectives désignant des régions, des États, des peuples, soit des mots qui expriment des idées abstraites.

Vous succédez à une mouarchie florissante, il est vrai, mais que les pertes passées *ont accablée*.

> Massillon, *Petit Carême*. Tentations des Grands.

Cette abondance de lois adoptées, et, pour ainsi dire, naturalisées, est si grande qu'elle *accable* également la justice et les juges.

> Montesquieu, *Lettres persanes*, CI.

L'Orient *accablé*
Ne peut plus soutenir leur effort redoublé.

> J. Racine, *Mithridate*, III, 1.

Accabler, tant au propre qu'au figuré, se construit fréquemment avec des prépositions dont le régime marque la cause de l'action exprimée par le verbe ;

Avec la préposition *par* :

Particulièrement au figuré, en parlant des personnes ou de ce qu'on personnifie :

Les Ægyptiens... veulent que leurs ames soient estayées de corps legiers, habiles et dispos, et non pas que la partie divine qui est en eulx soit opprimée, et *accablée par* le poids et la force de celle qui est mortelle.

> Amyot, trad. de Plutarque, *OEuvres morales*. D'Isis et d'Osiris.

La fortune acheva de l'*accabler par* ce dernier coup.

> Vaugelas, trad. de *Quinte-Curce*, III, 13.

Les jansénistes les tiennent en échec, et les pressent si furieusement, que la moindre parole qui leur échappe contre les principes des Pères, on les voit incontinent *accablés par* des volumes entiers, où ils sont forcés de succomber.

PASCAL, *Provinciales*, III.

C'est par des changemens continuels que l'âme se maintient dans un état supportable et qu'elle s'empêche d'*être accablée par* l'ennui et le chagrin.

NICOLE, *Essais de morale*. De la Foiblesse de l'homme, traité I, c. 12.

Sidétès, qui ne pouvoit soutenir ses effroyables dépenses que par des rapines insupportables, *fut accablé* tout d'un coup *par* un soulèvement général des peuples et périt avec son armée tant de fois victorieuse.

BOSSUET, *Discours sur l'Histoire universelle*, I, 9.

Ces faux savans *les ayant* souvent *accablés par* le poids de leur profonde érudition.

MALEBRANCHE, *de la Recherche de la vérité*, liv. II, part. II, c. 4.

Paroissez *accablé*, outré, hébété *par* le chagrin ; surtout écoutez patiemment la mercuriale : songez que l'argent est au bout.

DUFRESNY, *le Chevalier joueur*, II, 3.

..... Le sublime, le pathétique, *accablent* comme *par* leur poids, et au lieu d'applaudissemens arrachent des pleurs.

RÔLLIN, *Traité des études*, IV, 2.

Rome étoit en ce malheureux état, qu'elle étoit moins *accablée par* les guerres civiles que *par* la paix.

MONTESQUIEU, *Grandeur des Romains*, c. 11.

Nés pour la médiocrité, nous *sommes accablés par* les esprits sublimes.

LE MÊME, *Dialogue de Sylla et d'Eucrate*.

Trop petit pour cette immensité, *accablé par* le nombre des merveilles, l'esprit humain succombe.

BUFFON, *Manière de traiter l'histoire naturelle*. Discours I.

Avec la préposition *de* :
Encore en parlant des personnes, soit au propre :

Il lui alla mettre le coude dans le creux de l'estomac, l'*accablant de* tout son corps.

SCARRON, *Roman comique*, I, 6.

Tu lui avois promis de lui donner ce que les Sabins portoient à la main gauche. Elle croyoit avoir les brace-lets de grand prix qu'elle avoit vus : on lui donna tous les boucliers *dont* on l'*accabla* sur le champ.

FÉNELON, *Dialogue des morts*, IX. Romulus et Tatius.

Il pensa *être accablé de* pierres par les paysans qui le prenoient pour un voleur.

FONTENELLE, *Éloge de Tournefort*.

Soit d'une manière figurée, très-fréquemment et avec les acceptions très-diverses énumérées plus haut,

Au sens physique :

Vous connoissez bien le bon homme Appius Claudius : regardez-le, je vous prie, *accablé d'*années et *de* maladies...

BALZAC, *le Romain*. Discours I.

Il suffit que je vous ordonne, à vous et à votre fille, de ne point célébrer sans mon consentement vos noces avec lui, sur peine d'encourir la disgrâce de la Faculté et d'*être accablé de* toutes les maladies qu'il nous plaira.

MOLIÈRE, *Pourceaugnac*, II, 2.

C'est... la vraie grâce de l'aumône, en soulageant les besoins des pauvres, de diminuer en nous d'autres besoins, c'est-à-dire des besoins honteux, qu'y fait la délicatesse ; comme si la nature n'étoit pas assez *accablée de* nécessités.

BOSSUET, *Oraison funèbre d'Anne de Gonzague*.

Il vous montre son père *accablé de* vieillesse, et alarmé des périls de ce cher enfant.

FÉNELON, *Lettre à l'Académie*, V.

J'y ai fait élever des tours, d'où nos troupes peuvent *accabler de* traits tous les ennemis qui viendroient des montagnes dans notre pays.

LE MÊME, *Télémaque*, X.

Je crois que le maréchal de Bellefonds ne relèvera point de la maladie *dont* il est *accablé*.

Mme DE SÉVIGNÉ, *Lettres*, 8 novembre 1679.

Peu de gens résistent aux années. Je crois ne m'*en* être pas encore laissée *accabler*.

NINON DE L'ENCLOS, *Lettre* à Saint-Évremond.

Le tremblement arriva justement à l'heure marquée dans la prédiction, et quarante mille personnes *en furent accablées*.

CHARDIN, *Journal du voyage en Perse*, Ire part., p. 296.

... Il arriva *accablé des* fatigues d'un si long voyage.

50.

Tout est changé, dit pour lors un homme qui paroissoit *accablé de* goutte.

MONTESQUIEU, *Lettres persanes*, XII, LIX.

L'honneur étant mis à ne combattre qu'à cheval, on prit l'habitude de porter une armure complète de fer qui *eût accablé* un homme à pied *de* son poids.

VOLTAIRE, *Essai sur les mœurs*, c. 58.

Comment, dis-je, mon père *accablé de* tant d'âge,
Et sa force à présent servant mal son courage,
Ne se décharge-t-il, avant qu'y succomber,
D'un pénible fardeau qui le fera tomber ?

ROTROU, *Venceslas*, I, 1.

Battez, frappez, chargez, *accablez-*moi *de* coups.

MOLIÈRE, *Amphytrion*, III, 8.

Soit au sens moral :

Ils mettent grand peine à recueillir force tesmoignages de l'Escriture, afin que... pour le moins ils nous puissent *accabler de* la multitude.

CALVIN, *Institution chrestienne*, liv. II. c. v, § 6.

Perseus le pere suivoit,... vestu d'une robe noire... il estoit tout esperdu et troublé de sens et d'entendement pour la poisanteur des maulx et malheurs *dont* il se sentoit *accablé.*

AMYOT, traduction de Plutarque. *Vie de Paulus Æmilius*, c. 15.

Ils vous assomment de l'authorité de leur experience : ils ont ouy, ils ont veu, ils ont fait, vous estes *accablé d'*exemples.

MONTAIGNE, *Essais*, III, 8.

Vous auriés pitié de moy, si me voyés, car je suis *accablé d'*affaires que j'en succombe soubs le faix.

HENRI IV, *Lettres*, 1590. (Voir *Lettres missives de Henri IV*, t. III, p. 320.)

Mais ce prince ayant desja l'esprit *accablé du* soin des affaires qu'il avoit sur les bras, estoit encore agité en dormant par les images du mal-heur qui le menaçoit.

VAUGELAS, trad. de *Quinte-Curce*, liv. III, c. 215.

La Rapinière les *accabla de* cent contes pleins de vanité.

SCARRON, *Roman comique*, I, 4.

Il les *accable d'*emplois, d'occupations, *de* desseins, *de* divertissemens qui les empêchent de penser à eux.

NICOLE, *Sur l'Épître du IVe dimanche de carême.*

Nous nous trouvons également *accablés de* ce que nous avons fait et *de* ce que nous avons manqué de faire.

BOSSUET, *Oraison funèbre de la reine d'Angleterre.*

Par cette multitude d'empereurs et de césars, l'État *est accablé d'*une dépense excessive.

LE MÊME, *Discours sur l'Histoire universelle*, III, 7.

Il assembla ses frères et ses parents : tous les mécontens, tous ceux qui étoient *accablés de* dettes.... se joignirent à lui.

LE MÊME, *Politique tirée de l'Écriture*, liv. VI, art. 3.

Mon Dieu, j'appréhende d'*être accablé du* poids de mes péchés, mais je crains encore plus d'*être accablé du* poids de vos bienfaits.

FLÉCHIER, *Sermons.* Pour le jour de la Cène.

Malheur à vous, qui chargez vos frères de fardeaux pesans, *dont* ils sont *accablés* et qu'ils ne peuvent porter.

BOURDALOUE, *Sermons.* Sur la sévérité évangélique.

Ah ! seigneur Argante, vous me voyez *accablé de* disgrâce.

MOLIÈRE, *les Fourberies de Scapin*, III, 7.

Cette pauvre de Vins est *accablée de* procès.

Je me suis laissée *accabler de* visites.

Mme DE SÉVIGNÉ, *Lettres*, 3 juillet 1680; Jour de la Toussaint, 1680.

Il y a des hommes si *accablés de* quiétude et *d'*indolence, qu'ils se marient seulement pour se désennuyer.

DUFRESNY, *Amusemens sérieux et comiques*, VII.

Je vous demande grâce, s'écria-t-elle, je me rends; vous *m'accablez de* mondes et *de* tourbillons.

FONTENELLE, *les Mondes*, 5e soir.

Et moi, je vais le chercher pour l'*accabler d'*injures; je sens que je suis sa femme.

LE SAGE, *Turcaret*, V, 15.

Je suis *accablé* sans cesse *d'*ordres, *de* commandemens, *d'*emplois, *de* caprices.

Il n'est, je crois, arrivé qu'à lui (Louis XIV) d'être en même temps comblé de plus de richesses qu'un prince n'en sauroit espérer, et *accablé d'*une pauvreté qu'un particulier ne pourroit soutenir.

MONTESQUIEU, *Lettres persanes*, IX, XXXVII.

Quand viendra donc le temps où je vous *accablerai* tout le jour *de* prose et *de* vers !

VOLTAIRE, *Lettres en vers et en prose*, 5 novembre 1734. A Cideville.

Après la mort du roi, on leva le siége de Frédérichshall ; tout changea dans un moment : les Suédois, plus *accablés* que flattés *de* la gloire de leur prince, ne songèrent qu'à faire la paix avec leurs ennemis.

VOLTAIRE, *Histoire de Charles XII*, liv. VIII.

Le plus digne usage de ma raison est de s'anéantir devant toi (Dieu) ; c'est mon ravissement d'esprit, c'est le charme de ma foiblesse, de me sentir *accablé de* ta grandeur.

J.-J. ROUSSEAU , *Émile*, IV.

Combien en voit-on qui sont *accablés de* sollicitations sur une fausse réputation de crédit, et qui. . . se gardent bien d'écarter les importuns en les détrompant !

DUCLOS, *Considérations sur les mœurs*, c. 7.

Je vous *accable de* mes écritures , et l'on se plaint ailleurs que je n'écris point.

Mme DU DEFFAND, *Lettres*, 27 mars 1771. A H. Walpole.

Quand on eut médité à loisir les lois de Solon, il fut assiégé d'une foule d'importuns qui *l'accabloient de* questions, *de* conseils, *de* louanges ou *de* reproches.

BARTHÉLEMY, *Voyage d'Anacharsis*, Introd., part. II, sect. 1.

Et moi je restai seul *accablé de* regrets.

RACAN, *les Bergeries*, V, 1.

Dieu n'a fait que parler, et *de* sa voix divine
Ils ont paru tous *accablés*.

P. CORNEILLE, *Psaumes*, XLV.

[mes,
Quand je verrai ses yeux, armés de tous leurs char-
Attachés sur les miens, m'*accabler de* leurs larmes.

J. RACINE, *Bérénice*, IV, 4.

Il vit chargé de gloire, *accablé de* douleurs.

LE MÊME, *Mithridate*, V, 4.

Et *d*'injustes fardeaux n'*accable* point ses frères.

LE MÊME, *Athalie*, IV, 2.

Ce courroux dédaigneux *dont* il m'ose *accabler*.

VOLTAIRE, *Tancrède*, IV, 5.

Je plains l'homme *accablé du* poids de son loisir.

N'offrez point à vos sens *de* mollesse *accablés*
Tous les parfums de Flore à la fois exhalés.

LE MÊME, *Discours sur l'homme*, IV.

Dans les exemples suivants, le régime de la préposition *de* est lui-même un nom de personne.

Ainsi *fut* la Croacie *accablée du* grand-seigneur.

AGR. D'AUBIGNÉ , *Histoire universelle*, t. III, liv. I, c. 21.

Les Bulgares... se joignirent à tant d'ennemis *dont* l'empire *étoit accablé*.

BOSSUET, *Discours sur l'Histoire universelle*, I, 11.

D'Hacqueville n'aime que ceux *dont* il est *accablé ;* accablons-le donc.

Mme DE SÉVIGNÉ, *Lettres*, 16 octobre 1675.

Il y a quelques jours qu'un homme de ce caractère nous *accabla* pendant deux heures *de* lui, de son mérite et de ses talens.

On attacha sans retour et sans espérance des gens *accablés* l'un *de* l'autre, et presque toujours mal assortis.

MONTESQUIEU, *Lettres persanes*, L, CXVII.

Au même sens, en parlant d'abstractions :

La mémoire est le plus souvent *accablée de* fardeaux inutiles ; aussi ne cherche-t-elle qu'à les secouer.

FONTENELLE, *Éloge du P. Malebranche*.

Il ne s'informe point de ce qu'on délibère
Dans ces graves conseils, *d'*affaires *accablés*.

RACAN, *Stances à Tyrsis*.

Il semble toutefois que mon âme troublée
Refuse cette joie et s'*en* trouve *accablée*.

P. CORNEILLE, *le Cid*, I, 1.

Avec la préposition *sous*, et, plus anciennement, *dessous*,

Au propre, et en parlant des choses :

Maints chasteaux *accablés dessous* leur propre faix,
Enterrent avec eux les noms et les devises
De ceux qui les ont faits.

RACAN, *Ode à Bussy-Rabutin*.

Et que tantôt, aux yeux du chapitre assemblé, [*cablé*.
Il *soit* (le lutrin) *sous* trente mains en plein jour *ac-*

BOILEAU, *le Lutrin*, IV.

Au propre encore, en parlant des personnes :

Tarpéia... estant portée par terre à coups de bracelets et de pavois, elle mourut *accablée soubs* le faix.

AMYOT, trad. de Plutarque. *Vie de Romulus*, c. 26.

(La mine) emporta grande partie d'icelle grosse tour, et *sous* les ruines *accabla* ledit seigneur comte (de Dampmartin), dont ce fut aux François très-grand dommage.

MARTIN DU BELLAY, *Mémoires*, VIII, année 1537.

Le désordre fut augmenté par un stratagème; car coupant les cordages des tentes, les soldats demeuroient *accablez dessous*, et estoient égorgez aisément.

PERROT D'ABLANCOURT, trad. de Tacite. *Histoires*, V, 2.

La mèche d'un soldat étant tombée dans un tonneau de poudre, fit sauter une muraille, *sous* les ruines de laquelle il demeura *accablé*.

PELLISSON, *Histoire de l'Académie*, notice sur M. Habert.

Les Dieux mêmes peuvent *être accablés sous* les ruines de leurs temples, mais son sage (de Sénèque) n'en sera pas accablé.

MALEBRANCHE, *de la Recherche de la vérité*, liv. II, part. III, c. 4.

Six mémoires à la fois contre moi! c'étoit assez d'un seul pour mes forces, et je me vois *accablé sous* les boucliers des Samnites.

BEAUMARCHAIS, *Mémoires; Procès Goëzman*, part. II, Addition.

Dans le sein de Priam n'a-t-on pu l'immoler?
Sous tant de morts, *sous* Troie, il falloit l'*accabler*.

J. RACINE, *Andromaque*, I, 2.

Au figuré, en parlant des choses:

J'irai *sous* mes cyprès *accabler* ses lauriers.

P. CORNEILLE, *le Cid*, IV, 2.

En parlant des personnes:

Après que l'on a receu sur ses espaules une grande puissance, la porter, la manier, et ne se laisser point *accabler* ne briser *dessoubz* par la grandeur et poisanteur des affaires, c'est faict en homme qui a la vertu, l'entendement et le courage tel comme l'avoit Alexandre.

AMYOT, trad. de Plutarque, *OEuvres morales*. De la fortune ou vertu d'Alexandre, traité II.

... Une personne exposée aux outrages de la Fortune, *accablée sous* les ruines d'un parti détruit.

BALZAC, *le Romain*, Discours I.

Nous sommes *accablés* et comme opprimés *sous* la foule de nos pénitens.

PASCAL, *Lettres provinciales*, X. De l'Absolution.

Quoique nos ruines respirent encore quelque air de grandeur, nous n'en sommes pas moins *accablés dessous*.

BOSSUET, *Sermons*. Sur la mort.

Après cette séparation, *accablée sous* le poids de ses infirmités, elle s'appliqua à les souffrir chrétiennement.

FLÉCHIER, *Oraison funèbre de madame de Montausier*.

On trouvoit dans ses discours (de Périclès) une majesté imposante, *sous* laquelle les esprits restoient *accablés*.

BARTHÉLEMY, *Voyage d'Anacharsis*, Introd., part. II, sect. 3.

Un ministre honnête homme, et qui fait son devoir,
Est lui-même *accablé sous* un si grand pouvoir.

BOURSAULT, *Ésope à la cour*, V, 7.

J'y vois un homme *accablé*
Sous le poids de sa misère.

J.-B. ROUSSEAU, *Odes*, II, 2.

Au même sens, en parlant d'abstractions:

Lorsque et ton corps et ton âme estoient de tout poinct, *accablez soubs* le faix d'une calamité si estrange et si peu propensée.

AMYOT, trad. de Plutarque, *OEuvres morales*. Consolation envoyée à Apollonius.

Le premier ouvrage de Tournefort est fait... pour les distribuer (les plantes) en genres et en espèces, qui en facilitent la connoissance, et empêchent que la mémoire des botanistes ne soit *accablée sous* le poids d'une infinité de noms différens.

FONTENELLE, *Éloge de Tournefort*.

Pour l'Asie et l'Afrique, elles *ont* toujours *été accablées sous* le despotisme.

Ces auteurs dont le métier est... d'*accabler* la raison *sous* les agrémens.

MONTESQUIEU, *Lettres persanes*, CXXXI, CXXXVII.

La nature *accablée sous* le poids des fléaux, stérile, abandonnée, reprendra bientôt avec une nouvelle vie, son ancienne fécondité.

BUFFON, *Hist. nat.* De la Nature, première vue.

Il falloit que sa rage, à l'univers funeste,
Allât encor de lois embrouiller un digeste,
Cherchât pour l'obscurcir des gloses, des docteurs,
Accablât l'équité *sous* des monceaux d'auteurs.

BOILEAU, *Satires*, VIII.

ACCABLER, toujours avec les mêmes formes de

construction, s'emploie par hyperbole au sujet de certaines contrariétés.

Tout le monde m'*accable* de me demander si vous êtes partie.

Mme DE SÉVIGNÉ, *Lettres*, 2 février 1674.

C'est un coup enragé qui depuis hier m'*accable*,
Et qui feroit donner tous les joueurs au diable.

MOLIÈRE, *les Fâcheux*, II, 2.

ACCABLER, toujours avec les mêmes formes de construction, peut être pris en bonne part.
Rarement en parlant des choses :

La vigne étoit *accablée sous* son fruit.

FÉNELON, *Télémaque*, I.

Plus souvent en parlant des personnes.

Ce sont, monsieur, des bontés qui m'*accablent*.

MOLIÈRE, *le Bourgeois gentilhomme*, III, 6.

Je trouve M. l'évêque de Léon moins chaud que nous n'avions lieu de l'espérer d'un homme que la cour vient d'*accabler de* grâces...

Le marquis de LAVARDIN à Colbert, 29 novembre 1673. (Voir *Correspondance administrative sous Louis XIV*, t. I, p. 525.)

Mesdames de Lavardin, de la Troche et de Villars m'*accablent de* leurs billets et *de* leurs soins.

La reine d'Angleterre a toute la mine, si Dieu le vouloit, d'aimer mieux régner dans le beau royaume d'Angleterre, où la cour est grande et belle, que d'être à Saint-Germain, quoique *accablée des* bontés héroïques du roi.

Mme DE SÉVIGNÉ, *Lettres*. 29 mai 1675; 2 février 1689.

Opulente elle-même et *accablée du* superflu.

LA BRUYÈRE, *Caractères*, c. 3.

Mais vous, comment vous en va? — Tu vois, mon enfant, le mieux du monde; toujours gai, gaillard, *accablé d'*honneurs et comblé de dettes.

DANCOURT, *les Curieux de Compiègne*, sc. 2.

Il (le duc du Maine) me trouvoit également sec et roide, lent et bref à lui rendre les révérences longues et marquées *dont* il m'*accabloit*.

SAINT-SIMON, *Mémoires*, 1716, t. XIV, c. 1.

Ce poëte qu'on vous a dépeint comme environné des applaudissemens du monde, et comme *accablé des* caresses des grands, n'a trouvé de consolation que dans les sentimens de religion dont il étoit pénétré.

L. RACINE. *Mémoires sur J. Racine*. Avant-propos.

Je fis de profondes révérences au porteur, je l'*accablai de* civilités.

LE SAGE, *Gil Blas*, I, 15.

En m'*accablant* tous les jours *de* présens, il semble que vous vous imaginiez avoir besoin de ces liens-là pour m'attacher à vous.

LE MÊME, *Turcaret*, I, 5.

La Providence... vous a comblé de biens, elle vous *accable de* gloire. Il vous falloit des malheurs; elle a trouvé l'équilibre en vous rendant sensible.

HALLER, *Lettre à Voltaire*, 1755.

Frappé de voir ce pauvre homme (Voltaire) *accablé*, pour ainsi dire, *de* prospérités et *de* gloire, déclamer toutefois amèrement contre les misères de cette vie, et trouver toujours que tout étoit mal, je formai l'insensé projet de le faire rentrer en lui-même.

J.-J. ROUSSEAU, *les Confessions*, part. II, liv. IX.

Madame de Grammont y est retournée le 20 de ce mois, *accablée de* gloire et de fatigue.

Mme DU DEFFAND, *Lettres*, 27 mars 1774. A H. Walpole.

J'écarte en vain une foule de moyens pour me renfermer dans les principaux; leur abondance m'*accable*.

BEAUMARCHAIS, *Mémoires*; Procès Goëzman. Supplém., part. II.

Tu trahis mes bienfaits, je les veux redoubler ;
Je t'en avois comblé, je t'en veux *accabler*.

P. CORNEILLE , *Cinna*, V, 3.

Je vous vois *accabler* un homme *de* caresses.

MOLIÈRE, *le Misanthrope*, I, 1.

Non content d'enrichir, vous *accablez de* biens.

BOURSAULT, *Ésope à la cour*, III, 2.

Sa femme, le voyant tout prêt de s'en aller,
L'*accable de* baisers.

LA FONTAINE, *Contes*, I, 1.

Et depuis que tes dons sont venus m'*accabler*....

BOILEAU, *Épîtres*, VIII.

De charges et *d'*honneurs on l'*accable* à mes yeux.

LA FOSSE, *Manlius*, I, 3.

ACCABLER devient quelquefois verbe pronominal.

Au propre :

Un des trois cents, dit-il, qui estoit demouré seul, ayant honte de s'en retourner à Sparte, ses compagnons estans tous demourez morts sur le champ, *s'accabla* lui-même en la place *dessoubs* un monceau de boucliers et de pavois.

Amyot, trad. de Plutarque. De la Malignité d'Hérodote, c. 18.

Au figuré :

Quel aveuglement..... de prendre plaisir à se charger de soins, de peines, de fatigues, et à s'en charger jusqu'à *s'accabler!*

Bourdaloue, Sermons. Sur l'Ambition.

C'eût été faire peu d'honneur à mes premières résolutions, que de les changer, et de vouloir *m'accabler* encore *d'*une dette de mille écus.

Mᵐᵉ DE Sévigné, Lettres, 2 nov. 1689.

Il *s'est accablé de* superfluités, que l'habitude enfin lui rend nécessaires.

La Bruyère, Caractères, c. 11.

De tous les gouvernemens despotiques, il n'y en a point qui *s'accable* plus lui-même que celui où le prince se déclare propriétaire de tous les fonds de terre et l'héritier de tous ses sujets.

Montesquieu, Esprit des lois, V, 14.

Je sais, là-dessus, tout ce qu'on peut me dire. Je *m'accable* sans cesse *de* reproches ; je suis désolée ; je voudrois être morte.

Diderot, le Fils naturel, II, 2.

Ne *vous accablez* point *d'*inutiles douleurs.

J. Racine, Alexandre, IV, 2.

ACCABLER, avec le pronom personnel, ne s'emploie pas seulement comme verbe réfléchi, mais comme verbe réciproque.

Dans le temps même que les Anglais entraient dans la ville, les vaincus *s'accablaient* réciproquement de reproches et d'injures.

Voltaire, Précis du siècle de Louis XV, c. 34.

ACCABLER, comme tous les verbes actifs, peut s'employer absolument.

M. de Longueville a été tué ; cette nouvelle *accable*.

Mᵐᵉ DE Sévigné, Lettres, 17 juin 1672.

Les revers de la fortune épargnent souvent lorsqu'on les craint le plus, et souvent ils *accablent* lorsqu'on les mérite et qu'on les prévoit le moins.

Hamilton, Mémoires du chevalier de Grammont, c. 9.

Le joug du monde est un joug de fer, qui meurtrit et qui *accable*.

Massillon, Carême. Mercredi des Cendres.

Que dirai-je de ce personnage qui... *accable* par le grand nombre et par l'éminence de ses talens ?

La Bruyère, Discours de réception à l'Académie françoise.

Dans ce pays où la chaleur excessive énerve et *accable*.

Montesquieu, Esprit des lois, XIV, 5.

ACCABLÉ, ÉE, participe.

Il s'emploie absolument, comme une sorte d'adjectif, et se dit surtout au sens moral, en parlant d'une personne qui succombe sous le poids de la fatigue ou de l'émotion.

Au théâtre..., j'aime un désespoir qui ne s'exhale pas en paroles, mais où la nature *accablée* succombe sous la violence de la passion.

Saint-Évremond, A un auteur.

Je fermerai ma lettre ce soir ; je ne veux pas la faire longue, vous me paroissez *accablée*.

Mᵐᵉ DE Sévigné, Lettres, 3 avril 1671.

La nature est tous les jours plus *accablée*.

Fléchier, Oraison funèbre de madame de Montausier.

Elle alla s'asseoir dans le même endroit d'où venoit de sortir M. de Nemours ; elle y demeura comme *accablée*.

Mᵐᵉ DE LA Fayette, la Princesse de Clèves, part. IV.

Mes larmes et mes soupirs continuoient ; je n'osois pas lever les yeux, et j'étois comme une personne *accablée*.

Marivaux, Vie de Marianne, part. V.

Il restait interdit, *accablé*, immobile.

Voltaire, Zadig, c. 16.

Peut-être ma lettre arrivera-t-elle mal à propos ; si vous souffrez, si vous êtes *accablé*, ne me lisez point, at-

tendez que vous soyez calme et sans douleurs et d'assez
bonne humeur pour que je ne vous sois point importune.

Mᵐᵉ ᴅᴜ Dᴇꜰꜰᴀɴᴅ, Lettres, 31 déc. 1767. A H. Walpole.

ACCABLANT, ANTE, adj.
Qui accable ou qui peut accabler.

A ces mots, Idoménée parut comme un homme qu'on
soulage d'un fardeau *accablant.*

Fᴇɴᴇʟᴏɴ, Télémaque, X.

Ces callosités des babouins... sont sèches et saines,
parce qu'elles ne proviennent pas de la contrainte des
entraves ni du faix *accablant* d'un poids étranger.

Bᴜꜰꜰᴏɴ, Hist. nat. Dégénération des animaux.

Partout l'air *accablant* pèse de tout son poids.

Dᴇʟɪʟʟᴇ, les trois Règnes, II.

Il se dit plus ordinairement, au figuré, des
choses qui sont considérées comme un fardeau, un
poids difficile à porter.

Sais-tu que ces péchés qui semblent légers, deviennent
accablans par leur multitude.

Bᴏssᴜᴇᴛ, Oraison funèbre de Marie-Thérèse.

En vérité, on est bien heureux de regarder Dieu dans
toutes les choses de ce monde; sans cela la vie n'auroit
rien que d'*accablant.*

L'ᴀʙʙᴇ ᴅᴇ Rᴀɴᴄᴇ, Lettres, 24 août 1692.

C'est (la royauté) une servitude *accablante,* qui demande
un courage et une patience héroïque.

Fᴇɴᴇʟᴏɴ, Télémaque, XIX.

Si l'autorité doit être un joug *accablant,* elle doit l'être
pour ceux qui l'exercent et qui en sont revêtus, et non pour
ceux qui l'implorent et qui viennent y chercher un asile.

Mᴀssɪʟʟᴏɴ, Panégyrique de saint Louis.

Ce nouveau coup de foudre, peut-être plus *accablant*
que le premier, renversa de nouveau la princesse.

Sᴀɪɴᴛ-Sɪᴍᴏɴ, Mémoires, 1694, t. I, c. 23.

Hélas! qu'il est *accablant* d'avoir été heureux, lorsqu'on est condamné à porter le souvenir de son bonheur
au milieu d'un désespoir sans remède.

Pʀᴇᴠᴏsᴛ, Cléveland, liv. III.

Leur droit civil (des Romains) n'étoit pas moins *accablant.*

Mᴏɴᴛᴇsꞯᴜɪᴇᴜ, Esprit des lois, XXI, 14.

L'étonnement est une surprise longue et *accablante.*

Vᴀᴜᴠᴇɴᴀʀɢᴜᴇs, Introduction à la connoissance de
l'esprit humain, II, 40.

Quel poids *accablant* et insupportable que celui d'une
fausse louange et d'une estime que le cœur rejette en secret!

J.-J. Rᴏᴜssᴇᴀᴜ, la Nouvelle Héloïse, part. I, lettre 63.

Socrate : Mais qui vous engage à venir si tôt? — *Cri-
ton :* Une nouvelle *accablante,* non pour vous, mais pour
moi et pour vos amis, la plus cruelle et la plus affreuse
des nouvelles.

Bᴀʀᴛʜᴇʟᴇᴍʏ, Voyage d'Anacharsis, c. 67.

On l'emploie en ce sens au sujet de ce qui embarrasse, de ce qui confond et ne souffre pas de réponse.

Quelle force invincible et *accablante* des témoignages
rendus successivement!

Lᴀ Bʀᴜʏᴇʀᴇ, Caractères, c. 16.

Sa mère, qui mettoit les gens en pièces, en sérieux ou
en ridicule, avoit toujours quelques ᴍᴀɪs *accablans* quand
elle entendoit dire du bien de quelqu'un.

Sᴀɪɴᴛ-Sɪᴍᴏɴ, Mémoires, 1709, t. VII, c. 1.

Poniatowski... dressa un mémoire *accablant* contre le
grand-vizir.

Vᴏʟᴛᴀɪʀᴇ, Histoire de Charles XII, liv. V.

M. de Foncemagne laisse cette objection *accablante*
sans réplique.

Lᴇ ᴍᴇ̂ᴍᴇ, Doutes sur le testament politique du cardinal de
Richelieu.

Ces foudroyans regards, ces *accablans* reproches.

Tʜ. Cᴏʀɴᴇɪʟʟᴇ, Ariane, IV, 5.

Aᴄᴄᴀʙʟᴀɴᴛ s'applique aussi, par hyperbole, tant
aux choses qu'aux personnes.

Je ne suis pas trop caressante ni *accablante* de civilités.

Portraits de Mˡˡᵉ de Montpensier, XXX. Portrait de
Mᵐᵉ la comtesse de Brienne la fille, fait par elle-même.

Ces conversations graves et sérieuses, où nul enjouement n'est permis, ont quelque chose de si *accablant*
que je ne m'y trouve jamais, que le mal de teste ne m'en
prenne.

Mˡˡᵉ ᴅᴇ Sᴄᴜᴅᴇʀʏ, Conversations. De la Conversation.

I.

A cette prolixité près, qui, je l'avoue, est *accablante*, les livres d'Aldrovande doivent être regardés comme ce qu'il y a de mieux sur la totalité de l'histoire naturelle.

BUFFON, *Manière de traiter l'histoire naturelle*, Disc. I.

ACCABLEUR n'est pas un néologisme d'aussi fraîche date que le prétendent quelques dictionnaires, puisqu'il est donné par Monet comme synonyme d'Oppresseur.

Accableur, oppresseur des foibles et innocens.

Inventaire des deux langues latine et françoise.

ACCABLEMENT, s. m.

Il se prend dans un sens passif pour l'État d'une personne *accablée*, soit au physique soit au moral;

Par la chute, la ruine de quelque corps pesant :

Ayant vu à Six l'espouvantable *accablement* survenu il y a quelques années par la chute d'une piece de montagne.

S. FRANÇOIS DE SALES, *Lettre* du 16 sept. 1611.

La plupart des hommes et des femmes couroient en chemise dans les places et dans les rues, sans savoir où se cacher, pour éviter l'*accablement* dont ils se croyoient menacés par les ruines des maisons.

Mᵐᵉ DE VILLARS, *Lettre* du 10 octobre 1680, à Mᵐᵉ de Coulanges.

Par la maladie, par la fatigue :

Cette langueur, cette défaillance, c'est une espèce d'*accablement* et comme un abattement de toutes les forces.

BOSSUET, *Sermons*. Sur la Passion de Jésus-Christ.

L'abbé Tétu est toujours très-digne de pitié; fort souvent l'opium ne lui fait rien, et quand il dort un peu, c'est d'*accablement*, ou parce qu'on a doublé la dose.

Mᵐᵉ DE SÉVIGNÉ, *Lettres*, 3 janvier 1689.

Le corps même vient à souffrir de ce désordre et de ces combats intérieurs : il languit dans l'*accablement* ou se consume par l'agitation que cet état produit.

BUFFON, *Hist. nat.* Discours sur la nature des animaux.

Je suis arrivé ici dans un *accablement* inconcevable; mais, depuis deux jours que j'y suis, je me sens déjà beaucoup mieux.

J.-J. ROUSSEAU, *Lettres*, 17 juin 1762.

Par l'affliction, la tristesse, l'ennui, etc.

Au moins n'ai-je pas... ces heures de chagrin et d'*accablement* qui empoisonnent jusques à l'âme.

VOITURE, *Lettres*, 7 août 1633.

Pour ma santé, elle est passable; je m'acquitte de tous mes exercices. Le plus grand *accablement* que j'aie est le nombre des gens qui viennent dans notre monastère.

L'ABBÉ DE RANCÉ, *Lettres*, 3 sept. 1691.

Voyez comme saint Augustin gémit sous le poids de ses occupations. En cet *accablement*, s'il avoit quelque peu de relâche, il l'employoit... à la prière ou à la méditation de l'Écriture.

FLEURY, *Discours sur l'Histoire ecclésiastique*, II, 15.

Il les conjure de ne pas l'abandonner dans son *accablement*.

MASSILLON, *Carême*, Vendredi saint.

Pardonnez, mon adorable, si je ne vous en dis pas davantage; j'ai l'esprit dans un *accablement* mortel.

LE SAGE, *Turcaret*, I, 2.

L'âme unie avec le corps en est sans cesse tyrannisée. Si le mouvement du sang est trop lent, si les esprits ne sont pas assez épurés, s'ils ne sont pas en quantité suffisante, nous tombons dans l'*accablement* et dans la tristesse.

MONTESQUIEU, *Lettres persanes*, XXXIII.

La pesanteur des charges produit d'abord le travail; le travail, l'*accablement*; l'*accablement*, l'esprit de paresse.

LE MÊME, *Esprit des lois*, V, 9.

J'avois l'esprit bouleversé; c'étoit de ces *accablemens* où l'on est comme imbécile.

MARIVAUX, *Vie de Marianne*, part. VI.

Tant de chagrins coup sur coup me jetèrent dans un *accablement* qui ne me laissoit guère la force de reprendre l'empire de moi-même.

J.-J. ROUSSEAU, *les Confessions*, II, IX.

Par le malheur, la ruine :

Leurs forces ne répondront de longtemps à leur zèle; les nécessités de l'État les ont épuisés; laissez-les respirer (vos sujets) de leur *accablement*.

MASSILLON, *Petit Carême.* 1ᵉʳ dimanche.

Dans mon *accablement*, j'envisage ce que la mort de D. Gaspard a de cruel pour mon amour.

LE SAGE, *Gil Blas*, IV, 10.

De même que le verbe *accabler*, ACCABLEMENT peut exprimer l'idée d'un Surcroît qui s'ajoute à un lourd fardeau.

Pour dernier *accablement*, son adversaire en le quittant lui donna un coup de pied au haut de la tête.

SCARRON, *Roman comique*, part. I, c. 10.

Ce lui fut encore un nouvel *accablement* d'apprendre la mort du duc de Chabannes.

Mᵐᵉ DE LA FAYETTE, *La princesse de Montpensier.*

Le moyen de songer à l'état de vos affaires sans une vraie douleur? La mort de M. l'archevêque (d'Arles) vous fait encore un *accablement.*

Mᵐᵉ DE SÉVIGNÉ, *Lettres*, 12 avril 1689.

Si c'est assez d'avoir à répondre de soi seul, quel poids, quel *accablement* que celui que donne tout un royaume !

LA BRUYÈRE, *Caractères*, c. 10.

...Il fut tué (le maréchal de Schomberg) à la bataille de la Boyne, que le prince d'Orange gagna contre le roi d'Angleterre, laquelle fut le dernier coup de son *accablement.*

SAINT-SIMON, *Mémoires*, 1719, t. XVII, c. 23.

Alexandre ne partit qu'après avoir... achevé d'accabler les Grecs; il ne se servit de cet *accablement* que pour l'exécution de son entreprise.

MONTESQUIEU, *Esprit de lois*, X, 14.

Et de la fausseté de ce raisonnement
Ne fais point un *accablement*
A cette douleur si cuisante
Dont je souffre ici le tourment.

MOLIÈRE, *Psyché*, II, 1.

Dans plusieurs des exemples qui précèdent, ACCABLEMENT est accompagné de l'adjectif possessif; il se construit aussi d'ordinaire avec la préposition *de* suivie d'un régime qui a marqué quelquefois la personne accablée :

Par bon-heur et discipline de huict cens ans, ceste grande masse d'empire est ainsi parcrue, laquelle ne se peut mettre bas sans la ruine et *accablement* de ceux qui tascheront à l'esbranler.

Blaise DE VIGENÈRE, *trad. de Tacite* (cité par H. Estienne, dans la *Précellence du langage françois*).

On suppose toujours que, vu la misère et l'*accablement des* peuples, l'intention du roi, ni celle du régent du royaume, ne sont point de doubler ni de tripler la taille.

BOULAINVILLIERS, *Mémoires*, III.

L'*accablement de* cette pauvre cousine ne sauroit s'imaginer..... son cœur semble étouffé par l'affliction.

J.-J. ROUSSEAU, *la Nouvelle Héloïse*, part. III, lettre 1.

Si l'on approfondit les causes de l'*accablement des* Égyptiens, on trouvera que ce peuple, maîtrisé par des circonstances cruelles, est bien plus digne de pitié que de mépris.

VOLNEY, *Voyage en Égypte et en Syrie*, État politique de l'Égypte, c. 7, § 2.

Plus souvent le régime de la préposition *de* marque ce qui, chez la personne dont on parle, est accablé ;

Son corps, son esprit, etc. :

La religieuse... entra, et me surprit dans cet *accablement de* cœur et d'esprit.

MARIVAUX, *Vie de Marianne*, VIII.

Brutus... se présente avec un front morne, et dans tout l'*accablement* d'une âme qui porte un grand fardeau.

LA HARPE, *Cours de littérature*. Poésie, 1. I, c. 3, sect. 6.

Ses affaires :

C'est ce bon patriarche qui maintient encore l'ordre et la règle et le calcul dans votre maison ; et si vous avez le malheur de le perdre, ce sera le dernier *accablement de* vos affaires.

Mᵐᵉ DE SÉVIGNÉ, *Lettres*, 19 août 1676.

Quelquefois, dans cette forme de construction, le régime de la préposition *de* marque ce qui accable, et ACCABLEMENT prend alors un sens actif.

A cette manière de parler appartient l'expression fort usitée *accablement d'affaires* pour Causé par les affaires.

Il n'y avoit pas d'apparence d'abandonner mon ami dans un si grand *accablement d'affaires.*

SCARRON, *Roman comique*, part. I, c. 15.

Ainsi vous voyez clairement l'*accablement d'affaires*

que vous me donnez, et le bel usage que je fais de toute ma bonne volonté.

Mᵐᵉ ᴅᴇ Sᴇ́ᴠɪɢɴᴇ́, *Lettres*, 6 décembre 1679.

L'*accablement des affaires* a tué mon esprit pendant mon séjour à Paris.

Vᴏʟᴛᴀɪʀᴇ, *Lettres*, 2 juillet 1736.

Cent fois j'ai voulu vous écrire, mais l'agitation continuelle, toutes les souffrances du corps et de l'esprit, l'*accablement de mes propres affaires*, ne m'ont pas permis de songer aux vôtres.

J.-J. Rᴏᴜssᴇᴀᴜ, *Lettres* à M. Buttafuoco, 24 mars 1765.

La préposition *de* reçoit de même pour régimes des noms qui indiquent la cause ou la nature de l'ᴀᴄᴄᴀʙʟᴇᴍᴇɴᴛ.

Il se soumet, ce Fils unique de Dieu, au bon plaisir de son Père; il s'y soumet dans le dernier *accablement de* l'affliction.

Bᴏᴜʀᴅᴀʟᴏᴜᴇ, *Exhortations*. Sur la prière de Jésus-Christ.

Énée, dans l'*accablement de* douleur où il est au... second livre de l'*Énéide*, lorsqu'il raconte la misérable fin de sa patrie, ne cède pas en audace d'expression à Virgile même.

Bᴏɪʟᴇᴀᴜ, trad. du *Traité du sublime*, XIᵉ réflexion.

Si les hommes... sont équitables... que deviennent les lois, leur texte et le prodigieux *accablement de* leurs commentaires.

Lᴀ Bʀᴜʏᴇ̀ʀᴇ, *Caractères*, c. 12.

Vous ne serez plus en état alors de chercher Jésus-Christ, parce que ou le temps vous manquera, ou le temps vous étant accordé, l'*accablement de* vos maux ne vous le permettra pas.

Mᴀssɪʟʟᴏɴ, *Carême*. Lundi de la 11ᵉ semaine.

Toutes les manières et la plus splendide magnificence du plus grand seigneur, avec un air de grandeur naturel qu'il ne déposoit jamais avec personne, le roi seul excepté, devant lequel il savoit ramper comme par *accablement de* ses rayons.

Sᴀɪɴᴛ-Sɪᴍᴏɴ, *Mémoires*, 1718, t. XV, c. 21.

Déjà découragés par l'*accablement du* travail, ils font consister toute leur félicité dans leur paresse.

Mᴏɴᴛᴇsǫᴜɪᴇᴜ, *Esprit des lois*, XIII, 2.

Si cela est joué, bien joué, joué, vous m'entendez, avec ces sanglots étouffés, ces larmes involontaires, ces silences

terribles, cet *accablement de* la douleur, cette mollesse, ce sentiment, cette douceur, cette fureur..., comptez qu'on fera des signes de croix.

Vᴏʟᴛᴀɪʀᴇ, *Lettres*, 24 octobre 1761.

Et qu'un *accablement* d'amertume et d'ennuis
De nos jours les plus beaux fait d'effroyables nuits.

P. Cᴏʀɴᴇɪʟʟᴇ, *l'Imitation*, III, 48.

Par un *accablement* d'extrême pauvreté.

Mᴏʟɪᴇ̀ʀᴇ, *l'École des femmes*, V, 9.

Aᴄᴄᴀʙʟᴇᴍᴇɴᴛ s'est quelquefois pris d'une manière absolue et dans un sens général, *l'accablement*.

La vie est si malheureuse d'elle-même, et s'écoule si vite, qu'il ne faut pas, s'il se peut, laisser passer dans *l'accablement* des jours si brefs.

Bᴏssᴜᴇᴛ, *Politique tirée de l'Écriture*, liv. VIII, art. ɪᴠ.

La mort,... le sang, la dissention, la guerre, les oppressions, la famine et *l'accablement*, ne sont-ce pas des fléaux que Dieu a créés pour la punition des méchans?

Fʟᴇ́ᴄʜɪᴇʀ, *Sermon III*, pour l'ouverture des États de Languedoc.

Comme beaucoup d'autres substantifs ᴀᴄᴄᴀʙʟᴇᴍᴇɴᴛ a été employé, surtout par des écrivains du dix-septième siècle, au pluriel.

Elle (la Provence) espère... que S. M. sera touchée de la foule des malheurs et des *accablemens* dont elle est affligée par un logement continuel des troupes, par la peste, par la rigueur de l'hiver, une fort mauvaise récolte...

T. ᴅᴇ Jᴀɴsᴏɴ, évêque de Digne, à Colbert, 21 juin 1665.
(Voy. *Correspond. admin. sous Louis XIV*, t. I, p. 353.)

J'ai écrit à d'Hacqueville; au reste qu'il ne me vienne plus parler de ses *accablemens*, c'est lui qui les aime.

Mᵐᵉ ᴅᴇ Sᴇ́ᴠɪɢɴᴇ́, *Lettres*, 9 octobre 1665.

ACCAPARER, v. a.

Ce verbe semble d'un usage peu ancien, puisqu'il ne se rencontre dans aucun lexique antérieur au Supplément de Trévoux en 1752, et que le Dictionnaire de l'Académie ne le donne qu'en 1762.

Il vient très-probablement de l'italien *Caparrare*,

formé lui-même du latin *Arrha* et qui veut dire *arrher*. Il a avec *arrher* de grands rapports d'origine, de forme et de signification.

ACCAPARER signifie, au sens propre, Acheter ou arrher une quantité considérable d'une marchandise, pour la rendre plus chère en la rendant plus rare, et se faire ainsi seul le maître de la vente et du prix.

Il ne permit l'importation des blés qu'à prix d'argent, les *accapara* lui-même, obligea les marchands de les lui vendre à raison de dix drachmes la mesure, et les vendit ensuite trente-deux aux malheureux Égyptiens.

> SAINTE-CROIX, *Examen critique des historiens d'Alexandre*, p. 295.

Lorsque ces spéculations, faites en temps de disette, dégénèrent en ce qu'on appelle communément monopole, c'est-à-dire dans un trafic où l'on n'a pour but que d'*accaparer* momentanément les blés pour imposer ensuite des conditions rigoureuses aux consommateurs, il faut alors que l'administration arrête les effets de cette cupidité.

> NECKER, *de l'Administration des Finances de la France*, c. 19.

Les pachas... *accaparent* les semences et les bestiaux, en sorte que les cultivateurs sont forcés de les acheter au-dessus de leur valeur.

> VOLNEY, *Voyage en Égypte et en Syrie.* État politique de la Syrie, c. 16.

J'*accapare* tout, je ne laisse rien à faire aux autres.

> PICARD, *la Manie de briller*, III, 13.

ACCAPARER s'emploie par extension pour Amasser en grande quantité, et emporte une idée de blâme ou de raillerie.

> ..... Ce riche avare
> Couché sur l'or qu'il *accapare*.
> DELILLE, *la Conversation*, III.

ACCAPARER se prend aussi figurément.

On a renversé les fontaines publiques sous prétexte qu'elles *accaparaient* les eaux, et les eaux se sont perdues.

> RIVAROL, Extrait du journal *le Politique-National*.

Il (M. Necker) tâcha de dérober aux députés futurs le bien qu'ils vouloient faire, afin d'*accaparer* l'amour du peuple pour le roi.

> Mme DE STAËL, *Consid. sur la révolution franç.*, part. I, c. 14.

On dit, dans le style familier : *Accaparer* les voix, les suffrages, etc.

On dit encore par une figure du même genre et dans le même style, *accaparer* une personne, pour s'emparer exclusivement de son attention, de sa compagnie.

ACCAPARER, soit au propre, soit au figuré, peut se prendre absolument.

N..., célèbre partisan, *accaparoit* dans un temps de disette.

> *Supplément au Dictionnaire de Trévoux*, 1752.

Il est certain qu'à présent on ne peut acheter le blé qu'au marché et qu'on met en prison ceux qui enarrhent, *accaparent* et l'achètent des fermiers de la main à la main.

> GALIANI, *Dialogues sur le commerce des blés*, VII.

> Dans l'espoir d'un maudit lucre,
> L'un accapare le thé,
> L'autre accapare le sucre.
> Même aux fanges d'Hélicon
> D'*accaparer* on menace.
> LEBRUN, *Épigrammes*, V, 9.

ACCAPARÉ, ÉE, participe.

ACCAPAREUR, EUSE, s. Celui, celle qui accapare.

Comme le verbe dont il est formé, il se prend au propre et au figuré ;

Au propre :

Me dénonçant au peuple comme un *accapareur de* blés.

> BEAUMARCHAIS, *Procès Kornman*, Mém. III.

Au figuré ; on en cite cet exemple :

Vous êtes une *accapareuse de* cœurs.

> DUFRESNY.

Il a aussi, comme *accaparer,* son emploi absolu.

Dans l'état de liberté parfaite du commerce, tout le monde pouvant acheter, l'*accapareur* seroit obligé de payer trop cher pour avoir seul par préférence toute la denrée.

Encyclopédie méthodique, art. Accaparer.

ACCAPAREMENT, s. m. Action d'*accaparer.*

Un traitant... avait fait un *accaparement* de blé qui avait mis le peuple au désespoir.

Chamfort, *Caractères et anecdotes.*

La limite qui sépare une spéculation utile d'un *accaparement* nuisible, ne peut jamais être désignée en termes exprès.

Necker, *de l'Administr. des finances de la France,* c. 19.

Quelquefois le résultat de cette action, un Amas, un magasin d'objets *accaparés.*

M. de Crosne a bien voulu faire passer toutes les nuits une patrouille déguisée autour d'immenses magasins où je tiens de la librairie qu'on cherchait à donner au peuple pour des *accaparemens* de blés.

Beaumarchais, *Procès Kornman,* Mém. III.

ACCAPAREMENT, comme *accaparer* et *accapareur,* se prend absolument.

La police doit empêcher les *accaparements.*

Dictionnaire de l'Académie, 1762.

Enfin, soit sous cette forme absolue, soit avec un complément, il participe à l'emploi figuré des mots de la même famille.

La dynastie des sans-culottes, qui avaient accaparé le civisme, espèce d'*accaparement* beaucoup plus réel que tous les autres dont on fait tant de bruit.

La Harpe, *Cours de littérature.* Appendice. L'esprit de la Révolution.

ACCÉDER, v. n. (du latin *Accedere,* et, par ce mot, de *Cedere*).

ACCÉDER n'a qu'un des sens les plus particuliers d'*accedere,* et signifie proprement Prendre part aux engagements contractés déjà par d'autres dans un traité, dans un contrat.

Il appartient au style de la diplomatie et des affaires, et paraît ne s'être introduit qu'assez tard dans la langue commune. Les premiers Dictionnaires où il se trouve sont celui de l'Académie en 1740, de Trévoux en 1752.

Le traité entre la France et l'Angleterre, signé, comme on l'a dit, à La Haye, étoit demeuré secret dans l'espérance d'y faire *accéder* les Hollandois.

Saint-Simon, *Mémoires,* 1717, t. XIV, c. 21.

Presque tous les potentats, ennemis les uns des autres, suspendirent leurs querelles pour s'unir ensemble à Cambrai contre Venise. Le Turc, son ennemi naturel, et qui était alors en paix avec elle, fut le seul qui n'*accéda* pas à ce traité.

Voltaire, *Essai sur les mœurs,* c. 113.

Lorsque le pape eut donné ces biens aux hospitaliers de Saint-Jean de Jérusalem, le roi *ayant accédé à* cette donation, le parlement mit en possession les hospitaliers par un arrêt rendu en 1312.

Le même, *Histoire du parlement de Paris,* c. 4.

Les Lacédémoniens prirent le parti de ne point *accéder* à la ligue; les Athéniens, sans se déclarer ouvertement, celui de la favoriser.

Barthélemy, *Voyage d'Anacharsis.* Introd., part. II, sect. 2.

ACCÉDER s'emploie par extension dans un sens plus général pour Donner son assentiment, adhérer, accepter.

On dit *accéder à* un vœu, à une proposition, à une volonté, et même *à* la chose souhaitée, proposée, voulue.

C'était parler en maître. Les princes catholiques *accédèrent* tous à la volonté de l'empereur.

Voltaire, *Annales de l'Empire.* Ferdinand II, 1623.

Il m'est impossible d'empêcher la réimpression du roman, lorsque M. de Malesherbes y donne son consentement. Mais je n'y saurois *accéder* à moins que Rey n'y consente aussi.

J.-J. Rousseau, *Lettres,* 21 décembre 1760.

Ce dont il s'agit maintenant, sire, c'est d'*accéder aux vœux raisonnables de la France* : daignez vous résigner à la constitution angloise.

NECKER,. Rapport au roi en 1789. (Voir Mme de STAËL, *Considérations sur la révolution françoise*, part. I, c. 20).

Les privilégiés avoient dit qu'ils *accéderoient à* cette égalité, mais ils ne l'avoient point encore formellement décrété.

Un généreux mouvement de l'âme décida le roi à s'exposer à tout plutôt que d'*accéder à la proscription des* prêtres.

Mme DE STAËL, *même ouvrage*, part. I, c. 17; part. III, c. 6.

ACCESSION, s. f. (du latin *Accessio*).

ACCESSION paraît dans nos dictionnaires bien avant *accéder* ; mais il n'y reçoit qu'assez tard, de l'usage particulier de ce verbe, le sens dans lequel on l'emploie surtout aujourd'hui :

Consentement par lequel une puissance entre dans un engagement déjà contracté par d'autres.

ACCESSION ne commence à être défini de cette manière qu'en 1752, dans le Dictionnaire de Trévoux, et l'exemple cité à l'appui est une phrase empruntée au *Mercure* de juin 1725.

Il sera permis aux autres puissances d'entrer dans ce traité : le terme d'*accession* sera d'une année.

On y peut joindre ces autres exemples, à peu près du même temps :

Alberoni avoit demandé pour condition de l'*accession du roi d'Espagne au traité de la quadruple alliance*, que la propriété des îles de Sardaigne et de Sicile fût laissée et cédée au roi catholique.

Beretti se vantoit de suspendre par sa dextérité l'*accession des états généraux* vivement pressés par la France et l'Angleterre.

SAINT-SIMON, *Mémoires*, 1718, t. XVI, c. 10, 19.

C'est plus tard encore que le mot ACCESSION, par une extension analogue à celle qu'a prise le mot *accéder*, mais moins reçue dans l'usage, s'est dit en général de l'Action par laquelle on adhère à une chose, à un acte, à un contrat quelconque.

Il y a eu *accession* du père *au* contrat de mariage du fils.

Dictionnaire de Trévoux, V^e et VIe éditions.

Primitivement ACCESSION a été employé dans des sens plus rapprochés de ceux du mot sur lequel on l'a formé, le latin *accessio*.

Accessio exprimait au propre l'Action de s'approcher. De là, en style de pratique, l'expression *accession de lieu*.

Le juge a ordonné une *accession de lieu* pour dresser procès-verbal de l'état des choses.

Dictionnaire de Trévoux.

C'est par un latinisme de même sorte qu'un écrivain de nos jours s'est servi d'ACCESSION dans le sens d'Avénement.

L'*accession* au trône est une nouvelle naissance : on ne compte que de ce moment.

J. DE MAISTRE, *Considérations sur la France*, § 47.

Accessio se disait encore de l'Action de s'ajouter, et de la chose ajoutée ; il signifiait Addition, accroissement, et ce sens a dû passer aussi à ACCESSION.

Quant à moy..... je ne trouve pas estrange, veu la gentillesse et dextérité de ta nature, que aux bonnes parties qui ja estoient en toy, il y ait une *accession* et accroissement si grand.

AMYOT, trad. de Plutarque. *OEuvres morales*, De la Mansuétude.

La durée n'est aucune *accession à* la sagesse.

MONTAIGNE, *Essais*, II, 12.

Le soleil envoyant constamment à la terre une certaine quantité de chaleur, l'*accession* ou le gain de cette chaleur extérieure a dû compenser en partie la perte de sa chaleur intérieure.

BUFFON, *Hist. nat.* Minéraux, extraction. Partie hypothétique.

De là, toujours dans la langue de la jurisprudence, les expressions *droit d'accession*, *accession*, en parlant soit du Droit que le propriétaire d'une chose mobilière ou immobilière, a sur ce qu'elle produit, sur ce qui s'y unit et s'y incorpore, comme dépendance, comme accessoire, naturellement ou artificiellement ; soit quelquefois des Choses mêmes sur lesquelles ce droit est exercé.

Accession est une manière d'acquérir l'accessoire de la chose principale qui nous appartient. — Le Droit romain explique diverses sortes d'*accessions*, en vertu desquelles une chose accroît au profit du propriétaire de la chose principale.

> Ferrière, *Nouvelle Introduction à la Pratique*, au mot Accession.

La propriété s'acquiert aussi par *accession* ou incorporation, et par prescription.

> *Code civil*, art. (547), 712.

Au reste, accession, que Robert Estienne et Nicot, qui l'inscrivent les premiers dans leurs Dictionnaires, rendent en latin par *appendix*, s'appliquait dans la langue commune à des additions, à des accroissements de toutes sortes.

On le disait par exemple d'un Supplément, d'un complément ajouté à un ouvrage.

> Si pendant que l'œuvre s'imprime il m'en survient quelqu'un des oubliez ou que l'on m'advertisse d'aucun nouvel ouvrage, nous ferons imprimer à la fin du livre une *accession* où il sera mis.
>
> Du Verdier, *Bibliothèque*. Préf., p. 25 (1585).

Dans les exemples suivants, voisins de notre temps, accession, appliqué à des usages scientifiques, reprend son acception originale et exprime à la fois l'idée d'approche, d'adhérence et celle d'addition.

> Tel est l'effet du feu renfermé dans cet acide, que le soufre s'y détruit à l'instant même qu'il se forme ; la moindre *accession* d'un nouveau feu suffisant pour le dégager de ses liens et le mettre en explosion.
>
> Buffon, *Hist. natur.* Minéraux. Du Nitre.

Le mercure prend également de la solidité et ne reprend de la fluidité que par l'*accession* de la chaleur.

> Le même, *Même ouvrage*. Du Mercure.

D'accession on a formé un autre substantif, accesseur, que donne le passage suivant :

> Tant plus qu'on persecute, qu'on proscrit, qu'on punit

les heretiques à Prague, à Augsbourg, tant plus qu'on defend leurs assemblées, tant plus ils croissent, tant plus ils ont d'*accesseurs*, deviennent sans nombre parmy les prisons, les fouëttades, les flammes et les gibets.

> Matthieu, *Hist. des derniers troubles de France*, liv. I.

ACCESSOIRE, adj. des deux genres.

Autrefois : Accessorie (Voir le *Glossaire* de Sainte-Palaye).

Bien que, sous cette ancienne forme, accessoire semble la reproduction d'*Accessorius*, mot de la basse latinité, on doit le rattacher au latin *Accessio* et à son radical *Accedere*.

Rob. Estienne le traduit par *accedere* dans cette phrase :

> Estre *accessoire* et se donner parmy le marché.
>
> *Dictionnaire françois-latin.*

Accessoire sert en effet à désigner Ce qui s'ajoute à une chose sans en devenir une partie intégrante, ce qui n'en est regardé que comme la suite, la dépendance, l'accompagnement.

> Un autre dict : Boire, manger et paillarder, c'est le principal ; tout le reste je l'estime *accessoire*.
>
> Amyot, trad. de Plutarque, *Œuvres morales*. De la Morale.

> Le procureur général continuoit ses difficultés..... non sur la chose et le fond..... mais sur cent bagatelles *accessoires* dont il composoit des volumes de mémoires.
>
> Saint-Simon, *Mémoires*, 1710, t. VIII, c. 29.

> Plusieurs peuples se sont conduits avec tant de sagesse qu'ils ont donné l'empire (des terres découvertes) à des compagnies de négocians qui, gouvernant ces états éloignés uniquement pour le négoce, ont fait une grande puissance *accessoire*, sans embarrasser l'État principal.
>
> Montesquieu, *Esprit des lois*, XXI, 21.

> Mais laissons les choses *accessoires* et extérieures ; et sans nous occuper plus longtemps des ornemens et de la draperie du tableau, revenons à la figure.
>
> Buffon, *Histoire naturelle*. De l'Homme. Age viril.

> Ces sons *accessoires* accompagnent toujours un son principal quelconque.
>
> J.-J. Rousseau, *Dictionnaire de musique*, art. Son, § 1.

ACCESSOIRE se construit quelquefois avec la préposition *à*.

La vente suppose un prix : l'esclave se vendant, tous ses biens entreroient dans la propriété du maître... Il auroit un pécule, dira-t-on ; mais le pécule est *accessoire à* la personne.

MONTESQUIEU, *Esprit des lois*, XV, 2.

Ces parties extérieures et pour ainsi dire *accessoires au* corps de ces animaux sont aussi peu constantes que les couleurs du poil.

BUFFON, *Hist. naturelle*, Animaux sauvages, le Buffle.

ACCESSOIRE s'emploie aussi au masculin comme substantif, et est alors presque toujours opposé à Principal pris lui-même substantivement.

L'*accessoire* luy sera plus utile que le principal de son voyage.

AMYOT, trad. de Plutarque, *OEuvres morales*. Le banquet des Sept Sages.

L'être qui est dépendant dans le fond de son être ne peut être que dépendant dans toutes ses opérations : l'*accessoire* suit le principal.

FÉNELON, *Existence de Dieu*, part. I, c. 2, § 65.

L'*accessoire*, chez Cicéron, c'étoit la vertu ; chez Caton, c'étoit la gloire.

MONTESQUIEU, *Grandeur et décadence des Romains*, c. 12.

Les Indes et l'Espagne sont deux puissances sous un même maître ; mais les Indes sont le principal, l'Espagne n'est que l'*accessoire*. C'est en vain que la politique veut ramener le principal à l'*accessoire* : les Indes attirent toujours l'Espagne à elle.

LE MÊME, *Esprit des lois*, XXI, 22.

Les principales occupations de notre espèce sont le logement, la nourriture et le vêtement ; tout le reste est accessoire, et c'est ce pauvre *accessoire* qui a produit tant de meurtres et de ravages.

VOLTAIRE, *Dictionnaire philosophique*, art. HOMME.

C'est donc l'organisation, la vie de l'âme qui fait proprement notre existence ; la matière, considérée sous ce point de vue, en est moins le sujet que l'*accessoire* ; c'est une enveloppe étrangère dont l'union nous est inconnue et la présence nuisible.

BUFFON, *Histoire naturelle*, Des Animaux, c. 1.

L'harmonie..... n'est qu'un *accessoire* éloigné dans la

musique imitative ; il n'y a dans l'harmonie proprement dite aucun principe d'imitation.

J.-J. ROUSSEAU, *la Nouvelle Héloïse*, part. I, lettre 49.

Le pluriel du substantif ACCESSOIRE est fort usité.

Il faut commencer par bien connoître la juridiction propre et essentielle à l'Église, et la distinguer soigneusement des *accessoires* qu'elle a reçus de temps en temps.

FLEURY, *Discours sur l'Histoire ecclésiastique*, VII, § 1.

Dans les climats du nord, à peine le physique de l'amour a-t-il la force de se rendre bien sensible ; dans les climats tempérés, l'amour, accompagné de mille *accessoires*, se rend agréable par des choses qui d'abord semblent être lui-même, et ne sont pas encore lui.

MONTESQUIEU, *Esprit des lois*, XIV, 2.

Chaque mot entraîne avec lui différens *accessoires* en chaque langue.

VOLTAIRE, *Lettres chinoises*, III.

A-t-on bien observé si les faits généraux dont on s'autorise, ne sont point accompagnés de circonstances et d'*accessoires* qui en dénaturent les résultats ?

VOLNEY, *Voyage en Égypte et en Syrie*, État politique de l'Égypte, c. 7, § 2.

La chose léguée sera délivrée avec les *accessoires* nécessaires.

Code civil, art. 1018.

Après ACCESSOIRE substantif, on a mis quelquefois la préposition *à*, comme après ACCESSOIRE adjectif.

Chevance et avoir ne sont qu'*accessoires* et serves *à* vertu et comme chamberieres.

ALAIN CHARTIER, *Quadriloge*.

C'est (le savoir) chose de qualité à peu près indifférente, très-utile *accessoire à* une âme bien née, pernicieuse à une autre âme et dommageable.

MONTAIGNE, *Essais*, III, 8.

L'Espagne n'est qu'un *accessoire à* ces Annales de l'Empire.

VOLTAIRE, *Annales de l'Empire*, 1521. Charles-Quint.

Il est plus souvent suivi de la préposition *de*.

La prise de Velitres fut comme un *accessoire de* ceste expedition.

AMYOT, trad. de Plutarque, *Vie de Camille*, c. 21.

I.

Ce differend particulier n'est qu'une dependance ou *accessoire du trouble universel* qui a infecté tout le royaume.

—. LE CARDINAL D'OSSAT, *Lettres,* 18 décembre 1595.

Vous avez desjà beaucoup plus que tout cela, et celuy qui possède Julie, du gré et du consentement d'Artenice, ne doit considérer les grandeurs du monde que comme *accessoires de* son bonheur.

BALZAC, *Lettres,* 15 février 1645.

Persée fut le principal de la guerre, et Gentius n'*en* fut que l'*accessoire.*

PERROT D'ABLANCOURT (traduct. de cette phrase de Tite-Live, XXV, 7 : *Gentius accessio Macedonici belli, Perseus caput belli erat*).

Plusieurs ne préchoient que les indulgences, les pélerinages, l'aumône donnée aux religieux, et faisoient le fond de la piété de ces pratiques qui n'*en* étoient que les *accessoires.*

BOSSUET, *Histoire des Variations,* V, 1.

J'ai dit qu'un grand Etat devenu *accessoire d'*un autre s'affoiblissoit et même affoiblissoit le principal.

MONTESQUIEU, *Esprit des lois,* XXVI, 23.

Cinq ou six cent mille florins que la terre peut valoir ne sont que l'*accessoire de* cette affaire; le principal serait que, etc.

VOLTAIRE, *Lettres,* août 1738. A Frédéric.

Je fus mené processionnellement à l'église métropolitaine de Saint-Jean pour y faire une abjuration solennelle et recevoir les *accessoires du* baptême, quoiqu'on ne me rebaptisât pas réellement.

J.-J. ROUSSEAU, *les Confessions,* part. I, liv. II.

L'obligation de délivrer la chose comprend *ses accessoires.*

Code civil, art. 1615.

ACCESSOIRE, soit adjectif, soit substantif, au singulier ou au pluriel, se dit fréquemment en parlant des œuvres littéraires, de ce qui n'est pas une partie essentielle de l'idée, de la phrase, de la composition.

Comme une érudition sans fin est placée non pas dans le système, mais à côté du système, l'esprit est distrait par des *accessoires* et ne s'occupe plus du principal.

MONTESQUIEU, *Esprit des lois,* XXX, 23.

Le style suppose la réunion et l'exercice de toutes les facultés intellectuelles : les idées seules forment le fond du style, l'harmonie des paroles n'*en* est que l'*accessoire.*

BUFFON, *Discours de réception à l'Académie française.*

Les mots, en petit nombre, ne désignoient encore que des idées principales; et la pensée n'achevoit de s'exprimer qu'autant que le langage d'action, qui les accompagnoit, offroit les idées *accessoires.*

CONDILLAC, *Grammaire,* part. I, c. 12.

Ces expressions, tantôt délicates, tantôt énergiques, qui réveilloient dans mon esprit je ne sais combien d'idées *accessoires...* je ne les retrouve plus.

DIDEROT, *Mélanges de littérature.* De Térence.

La connoissance du théâtre seule apprend à circonscrire l'événement principal et à faire concourir tous les *accessoires* au même but.

Mme DE STAËL, *de l'Allemagne,* partie II, c. 21.

Mon sujet est petit, cet *accessoire* est grand.

LA FONTAINE, *Fables,* XII, 10.

On se sert de même d'ACCESSOIRE, particulièrement au pluriel, en parlant des productions des arts quelles qu'elles soient.

C'est un grand art de savoir négliger les *accessoires....* Les *accessoires* trop soignés rompent la subordination... Il est plus permis de négliger les *accessoires* dans les grandes compositions que dans les petites.

DIDEROT, *Pensées sur la peinture.* Définitions.

Il semble que le temple n'étant pas ici un pur *accessoire,* une simple décoration de fond, il fallait le montrer davantage et n'en pas faire une fabrique pauvre et mesquine.

LE MÊME, *Salon de* 1765. Carle Vanloo.

ACCESSOIRES se dit particulièrement au théâtre de certains objets qui peuvent être nécessaires à la représentation, tels que : lettre, bourse d'argent, écritoire, etc.

En anatomie les ACCESSOIRES désignent certains nerfs ou muscles dont l'action fortifie ou corrige celle d'autres nerfs ou muscles qu'ils accompagnent.

L'ancienne langue du palais appelait ACCESSOIRE un Incident survenu dans le cours d'un procès.

Pour.... oster les parties de long procez en plaidoiries, nous ordonnons que de quelconques *accessoires* qui seront proposez en la cour des dites foires... les gardes d'icelles foires pourront faire délaisser les parties, sans icelles recevoir en jugement.

PHILIPPE VI, *Ordonnance du 6 août 1349. Voir Ordonnances des rois de France*, t. II, p. 312.

Autant on glissera sur le principal, autant on va s'appesantir sur les *accessoires*.

BEAUMARCHAIS, *Mémoires; Procès Goëzman*, part. II, Suppl.

> On laisse tout le principal
> Pour venir à un *accessoire*.

EUSTACHE DESCHAMPS, *Comment ceuls qui ont l'administracion de justice oppriment les poures.*

> Laissez en paix cest *accessoire*,
> Et venons au principal.....

La Farce de Pathelin, v. 1312.

ACCESSOIRE était aussi employé, d'une manière plus générale, pour Accident subit, conjoncture fâcheuse, embarras.

> Mettant les hommes en un misérable *accessoire*.

MARTIAL D'AUVERGNE, *Arrêts d'amour*, LIII.

Detestant et mauldissant Neoptolemus, par le quel il avoit esté reduit à si piteux *accessoire*.

AMYOT, trad. de Plutarque, *Vie d'Eumène*, c. 3.

Tout amant qui sera vrayement amant, et qui desirera que son amitié prenne traicte, se donnera soigneusement garde de tomber en cest *accessoire*.

Est. PASQUIER, *Lettres*, I, 10.

Les Italiens craignans de tomber au mesme *accessoire* qu'auparavant, si on élisoit un François, jettoient toutes leurs opinions sur un qui fust de leur nation.

LE MÊME, *Recherches de la France*, III, 25; VI, 11.

Doit le sage, en tels *accessoires*, esquiver le plus qu'il peut.

Je pense bien que... M. de Bressuire fut en grand *accessoire* après cette lettre reçue.

BRANTÔME, *Capitaines françois*. Digression du discours L.

Encore ne sceustes-vous empescher les reistres de passer; et s'il n'y eust eu que vous et les vostres qui vous en fussiez meslez....., ils fussent venuz boire nostre vin jusques à nos portes, et vous eussent mis en merveilleux *accessoire*.

* *Satire Ménippée*. Harangue de M. d'Aubray.

Cette acception indiquée par nos vieux lexicographes, par Robert Estienne, par Nicot, ne manque point aux lexiques de Danet, de Furetière, aux premières éditions du Dictionnaire de l'Académie en 1694 et 1718; seulement on y fait remarquer qu'elle a vieilli et qu'elle est hors d'usage.

Le dernier exemple qu'on en puisse citer est peut-être le suivant, dans une pièce représentée en 1662 :

> Et tout ce qu'elle a pu, dans un tel *accessoire*,
> C'est de me renfermer dans une grande armoire.

MOLIÈRE, *l'École des femmes*, IV, 6.

C'est par oubli des usages de notre vieille langue que l'expression reproduite par Molière a été jugée impropre; tout au plus aurait-on eu le droit de la trouver surannée. Voici, par exemple, ce qu'écrivait La Motte en 1714 :

> Pour mettre encore mieux en jour notre impuissance à juger de l'expression d'Homère, transportons-nous à deux mille ans dans l'avenir... Quelque homme de lettres de ce temps-là, et profond dans le françois, n'employeroit-il pas hardiment en cette langue *accessoire* pour conjoncture, pour occasion; et ne croiroit-il pas bien prouver l'élégance et la propriété de son expression en la montrant dans Molière?

Discours sur Homère. De l'expression.

ACCESSOIREMENT, adv.

Ce mot, omis dans presque tous les dictionnaires, y compris les quatre premières éditions du Dictionnaire de l'Académie, avait été cependant recueilli par Cotgrave.

Il était fort ancien. *Accessoriament, accessoriamen*, se lisent dans des textes provençaux des treizième et quatorzième siècles cités par Raynouard.

ACCESSOIREMENT, d'une manière accessoire.

Le commerce même du Levant, dépendant aujourd'hui de celui que les grandes nations font aux Indes, l'Italie ne le fait plus qu'*accessoirement*.

MONTESQUIEU, *Esprit des lois*, XXI, 21.

La propriété d'une chose, soit mobilière, soit immobilière, donne droit sur tout ce qu'elle produit et sur tout ce qui s'y unit *accessoirement*.

Code civil, art. 546.

ACCESSIT, s. m.

Ce mot longtemps employé comme mot latin dans les distributions de prix faites aux écoliers, a fini par devenir français et a pris place à ce titre dans nos dictionnaires, d'abord dans ceux de Danet, de Richelet, de Furetière ; et, à dater de 1740, dans le Dictionnaire de l'Académie.

Il est resté latin par la prononciation, le T final devant se faire entendre tant au singulier qu'au pluriel. Doit-il cesser de l'être par l'orthographe, et l'usage qui s'introduit d'écrire des *accessits* est-il à approuver ? Cela résulterait de la règle proposée plus haut à l'occasion du mot *Acacia* (*Voyez* p. 371). On peut dire toutefois qu'il paraît assez étrange qu'une troisième personne d'un verbe latin reçoive le signe français du pluriel, et qu'il est plus naturel de continuer à écrire des *accessit* comme on écrit des *deficit*, des *exeat*, des *obit*.

ACCESSIT se dit d'une Distinction accordée dans les écoles, les colléges et dans les Académies à celui ou à ceux qui ont le plus approché du prix.

Je suis charmé que vous ayez eu le prix et qu'il ait eu l'*accessit*.

VOLTAIRE, *Lettres*, 23 janvier 1769.

Peut-être trouverez-vous, et dans vos talens, et dans le sentiment de votre force, de quoi dédaigner l'*accessit*. Les Académies de tout l'univers ne sauroient vous faire descendre de la place où la nature vous a placé.

Mlle DE LESPINASSE, *Lettres*, CXXII, 1775.

ACCESSIT a été employé comme *accès* pour traduire le mot latin *accessus*, dans une acception toute moderne, celle par laquelle il exprime à Rome une manière de voter en usage dans le conclave (*Voyez* ACCÈS).

ACCÈS, s. m. (du latin *Accessus*, et par ce mot d'*Accedere*).

On l'a écrit, dans les anciens temps de la langue,

ACÈS, AXCÈS, ASSÉES, ASSÈS, etc. (Voyez *le Glossaire* de Sainte-Palaye et quelques-uns des exemples ci-après.

ACCÈS, qui peut se traduire par Approche, par Abord, se dit au propre des lieux ainsi que des personnes ;

Des lieux :

Les Vaudois se retirerent en un pré nommé du Tour, où il n'y a que trois *accez*.

AGR. D'AUBIGNÉ, *Histoire universelle*, t. I, liv. II, c. 7.

Vaincre les dégoûts et les soulèvemens de cœur que peut causer l'*accès de* ces demeures infectées par la pauvreté et par tout ce qui l'accompagne, c'est déjà une des œuvres de la pénitence les plus laborieuses.

BOURDALOUE, *Exhortations*. Sur la Charité envers les Pauvres.

Dans cette vue il mit son armée en des quartiers *dont* tous les *accès* étoient faciles.

SAINT-SIMON, *Mémoires*, 1710, t. IX, c. 4.

Ceux qui iront après nous visiter le fond du glacier, nous auront l'obligation de leur *en* avoir facilité l'*accès*.

SAUSSURE, *Voyage dans les Alpes*, c. 15, § 628.

Ouvrez, princes, ouvrez vos portes éternelles ;
Portes du grand palais, laissez-vous pénétrer :
Laissez-*en* l'*accès* libre aux escadrons fidèles;
Le roi de gloire y veut entrer.

P. CORNEILLE, *Psaumes*, XXIII.

Et depuis quand, seigneur, entre-t-on dans ces lieux
Dont l'*accès* étoit même interdit à nos yeux ?

J. RACINE, *Bajazet*, I, 1.

Elle seule la brave, elle seule aux procès
De ses paisibles murs veut défendre l'*accès*.

BOILEAU, *le Lutrin*, I.

Des personnes :

Louis XI donnoit des audiences publiques à tous ses sujets; *son accès* étoit doux et charmant, sa présence étoit agréable.

MATTHIEU, *Histoire de Louis XI*, liv. III.

Leurs yeux, leur démarche, leur ton de voix et *leur accès*, marquent longtemps en eux l'admiration où ils sont d'eux-mêmes et de se voir si éminens.

LA BRUYÈRE, *Caractères*, c. 11.

Sa familiarité (du régent) et la facilité de *son accès*

plaisoient extrémement, mais l'abus qu'on en faisoit étoit excessif.

SAINT-SIMON, *Mémoires*, 1716, t. XIV, c. 3.

Accès dans cette acception est quelquefois employé au pluriel par Saint-Simon.

Elle s'étoit ménagé les *accès de* sa nièce de son vivant, et les sut bien cultiver après.

Qui que ce soit n'avoit sa confiance (Albéroni); *ses accès* étoient très-difficiles.

SAINT-SIMON, *Mémoires*, 1696, t. I, c. 32; 1717, t. XV, c. 14.

Molière avait dit de même, employant ACCÈS d'une manière absolue :

Vous savez que je suis auprès d'elle en quelque espèce de faveur, que j'y ai les *accès* ouverts.

MOLIÈRE, *les Amans magnifiques*, I, 1.

On fait grand usage de cette expression *d'un accès, d'accès* facile, difficile, etc., précédée, le plus souvent, de verbes tels que *être, se rendre* et autres; Tantôt en parlant des lieux :

Fut dit et prononcé qu'on envoiroit aux frontieres ès lieux *de* seur *accès*, adjourner à son de trompe ledit seigneur Empereur.

MARTIN DU BELLAY, *Mémoires*, liv. VIII, ann. 1537.

Au dos de ces montagnes, dans les endroits les plus reculez, il y a trois entrées fort estroites, et *de* difficile *accès*.

VAUGELAS, trad. de *Quinte-Curce*, III, 4.

A ce que je pus juger de loin, le port est *de* difficile *accez*.

TAVERNIER, *Voyages de Perse*, II, 6.

Ces plaines en montagnes, sont souvent fort élevées, et toujours *de* difficile *accès*.

BUFFON, *Théorie de la terre*, preuves, art. IX.

La montée estoit torte et *de* fascheux *accès*.

RÉGNIER, *Satires*, XI.

Tantôt en parlant des personnes :

Quand il n'avoit rien à faire en public, alors estoit-il *de* difficile *accez*.

AMYOT, trad. de Plutarque. *Vie de Nicias*, c. 2.

Non, s'écrioit-il (Moïse), il n'y a point de nation qui ait des dieux aussi proches d'elle que notre Dieu l'est de nous, ni *d'un accès* aussi facile pour elle que notre Dieu l'est pour nous.

BOURDALOUE, *Pensées*. Jésus-Christ conversant dans l'Eucharistie.

Elles (les coquettes) sont *d'un* facile *accès* et d'un dangereux commerce.

DUFRESNY, *Amusemens sérieux et comiques*, X.

...D'ailleurs *d'un accès* charmant, obligeant (le cardinal de Rohan)...

SAINT-SIMON, *Mémoires*, 1713, t. XI, c. 1.

Qui est cet homme... qui nous a tant parlé des repas qu'il a donnés aux grands, qui est si familier avec vos ducs, et qui parle si souvent à vos ministres, qu'on me dit être *d'un accès* si difficile?

MONTESQUIEU, *Lettres persanes*, XLVIII.

Accès, particulièrement lorsqu'il est régime des verbes *avoir, donner, chercher, trouver, ouvrir, fermer*, etc., se construit avec des prépositions qui marquent mouvement, tendance;

Avec les prépositions *Dans* ou *En*, ou l'adverbe *Y*, lorsqu'il est question des lieux :

Un ami oublie ce qu'il doit à son ami, et ne compte plus pour rien d'abuser de l'*accès* qu'il a *dans* une maison pour la déshonorer.

BOURDALOUE, *Carême*. Sermon sur l'impureté.

L'*accès* obligeant qu'il (le président de Lamoignon) me donna *dans* son illustre maison, fit avantageusement mon apologie contre ceux qui vouloient m'accuser alors de libertinage et de mauvaises mœurs.

BOILEAU, *le Lutrin*. Avis au lecteur.

Un prêtre de Jupiter qui avoit *accès dans* la maison...

LA BRUYÈRE, *Caractères*, c. 3.

Il est souvent plus difficile d'avoir *accès dans* les maisons bourgeoises que *dans* les palais des rois.

GIRARD, *Synonymes*.

De soi le pooit-il savoir,
Puisqu'*accès* n'*i* poïst avoir
Si cum avant avoit éu?

Roman de la Rose, v. 12523.

...Ne sauriez-vous point, comme on la tient de près,
Qui *dans* cette maison pourroit avoir *accès*?

MOLIÈRE, *l'École des femmes*, III, 4.

Quelque *accès* m'est ouvert *en* ce séjour sacré.

VOLTAIRE, *Sémiramis*, I, 1.

Et, lorsqu'il est question des personnes, avec la préposition *auprès* :

Je suis icy en lieu où c'est un grand crime d'en parler (de Henri III), sinon en detestation, et où l'on calomnie et prend-on en mauvaise part tous mes propos et toutes mes actions pour avoir eu *accès auprès de* lui.

AMYOT, *Lettre au duc de Nivernoys*, août 1589. (Voir de Blignières, *Essai sur Amyot*, 1851, p. 350).

Cet ambitieux courage ne pouvant souffrir qu'on traitast si indignement ceux de sa nation, et d'ailleurs aspirant à la tyrannie, espia l'occasion de surprendre Varus, *auprès duquel* il avoit toutes sortes *d'accez* et de familiarité.

COEFFETEAU, *Histoire romaine*, I.

Ce jaloux maudit, ce traître de Sicilien me fermera toujours tout *accès auprès d*'elle.

MOLIÈRE, *le Sicilien*, sc. 5.

Tous les arts fleurirent de son temps, et la poésie latine fut portée à sa dernière perfection par Virgile et par Horace, que ce prince n'excita pas seulement par ses bienfaits, mais encore en leur donnant un libre *accès auprès de* lui.

Jésus-Christ parcourt toute la Judée, qu'il remplit de ses bienfaits; secourable aux malades, miséricordieux envers les pécheurs, dont il se montre le vrai médecin par l'*accès* qu'il leur donne *auprès de* lui.

BOSSUET, *Discours sur l'Histoire universelle*, I, 10; II, 6.

Elle savoit que ceux qui ont *accès auprès des* rois doivent, selon leur pouvoir, leur présenter les supplications et les larmes de leurs sujets.

FLÉCHIER, *Oraison funèbre de madame de Montausier*.

Aujourd'hui c'est un mérite (l'impiété) qui donne *accès auprès des* grands.

MASSILLON, *Petit Carême*. Respect que les grands doivent à la religion.

Il se fourra donc dans le subalterne de la cour de Turin, par là eut quelque *accès auprès des* ministres.

SAINT-SIMON, *Mémoires*, 1717, t. XV, c. 10.

Molière n'avait point encore *auprès du* roi un *accès* assez libre.

VOLTAIRE, *Mélanges littéraires*. Vie de Molière.

Anselme a grand *accès auprès de* Trufaldin.

MOLIÈRE, *l'Étourdi*, I, 9.

ACC

Avec la préposition *chez* :

Comme j'étois son proche parent, j'avois un fort grand *accès chez* elle.

BUSSY RABUTIN, *Histoire amoureuse des Gaules*.

L'Epinay chassé s'en alla en Hollande, où il eut facilement *accès chez* la reine de Bohême.

TALLEMANT DES RÉAUX, *Historiettes*. M. D'Orléans (Gaston).

Malheur aux maisons et aux familles qui donnent *accès chez* elles à ces ennemis de tout bien (les esprits forts).

MASSILLON, *Paraphrase des Psaumes*, XIII.

C'est la paix qui *chez* vous me donne un libre *accès*.

P. CORNEILLE, *Horace*, I, 4.

Et je lui ferai voir...
Que nous avons dans l'ombre un libre *accès chez* elle.

MOLIÈRE, *le Dépit amoureux*, I, 4.

. . . . L'amant,
Bon gré, malgré, je ne sais pas comment,
Eut à la fin *accès chez* sa maîtresse.

LA FONTAINE, *Contes*, V, 4.

Anciennement on s'est plus volontiers servi, pour marquer les mêmes rapports, des prépositions, *à*, *vers*, *envers* ;

De la préposition *à* :

(Le roi Louis IX voulait) que tous eussent franc *accès à* lui.

Vie de Saint-Louis, par le Confesseur de la reine Marguerite.

Nul ne peut avoir *accès à* lui.

ROB. ESTIENNE, J. THIERRY, NICOT, *Dictionnaires*.

L'autre se maintint quelque temps, aiant *accès aux* grands pour son savoir en choses agreables.

AGR. D'AUBIGNÉ, *Histoire universelle*, liv. II, c. 18.

S'il y a quelque caractère singulier dans cette monarchie, c'est l'*accès* libre et facile des sujets *au* prince.

LOUIS XIV, *Mémoires*.

Il examina de près toutes ses démarches, la vit de facile *accès à* tous ceux qu'il regardoit comme ses rivaux.....

DUFRESNY, *Nouvelles historiques*. La Blonde brune.

Tout semble m'interdire, pour toujours, l'*accès au* trône de vos miséricordes.

MASSILLON, *Paraphrase des Psaumes*, III.

> Je vous fais asçavoir
> Que nul ne peult *accès au* pere avoir,
> Sinon par moy.
>
> Cl. Marot, *Sermon du bon pasteur et du mauvais.*

Des prépositions *vers, envers, devers.*

Facile *accez* et entrée *envers* aucun.

Rob. Estienne, J. Thierry, Nicot, *Dictionnaires.*

Clitus repliqua :.....nous tenons pour bien-heureux ceulx qui sont morts avant que de veoir les Macedoniens..... contraincts de prier les Perses pour avoir *accez* et entrée *devers* leur roy.

Amyot, trad. de Plutarque. *Vie d'Alexandre,* c. 14.

Avoir, donner *accès vers* quelqu'un.

Monet, *Dictionnaire.*

Mes adversitez me laissent encore assez de jugement pour me faire taire, si je n'estois contraint de parler à Votre Majesté, qui ne me refusera point cette grâce, puisqu'au fort de ma captivité ma voix a toujours eu de l'*accez envers* Dieu.

Théophile, *Apologie au Roy.*

Si on ne se sert plus guère d'*accès à*, il n'en est pas de même d'*accès jusqu'à.*

De forts muscles dans un cou raccourci portent et dirigent les coups réitérés que le Pic frappe incessamment pour percer le bois et s'ouvrir un *accès jusqu'au* cœur des arbres.

Buffon, *Histoire naturelle.* Oiseaux, le Pic.

Accès peut recevoir encore d'autres compléments, par exemple l'adverbe *partout.*

Il a partout affaire, il a *partout accès.*

Delille, *la Conversation,* II.

Accès, avec ces diverses formes de construction, s'emploie fréquemment au figuré.
De là, par exemple, ces expressions :
Accès auprès de Dieu :

Tout nous vient de Dieu par Jésus-Christ, en qui seul nous avons *accès auprès du* Père.

Bossuet, *Sur la lettre de M. Jurieu.*

Ce qui devoit leur donner un *accès* plus facile *auprès*

de lui (de ce Dieu-homme), et leur faire trouver grace...

Bourdaloue, *Pensées.* Sur le jugement universel.

Accès du trône :

Plus vous *en* rendez l'*accès* (du trône) facile à vos sujets, plus vous *en* augmentez l'éclat et la majesté.

Massillon, *Petit Carême.* Sur l'humanité des grands.

Accès dans l'âme, le cœur, l'esprit, etc. :

Aimez vos peuples, sire, et que ces mêmes paroles si souvent portées à vos oreilles, trouvent toujours un *accès* favorable *dans* votre cœur.

Massillon, *Petit Carême.* Grandeur de J.-C.

Aurois-je pu croire que l'émotion du plaisir pût trouver sitôt *accès dans* mon âme.

Mme de Staël, *Corinne,* II, 4.

> Je ne querelle point ; mais votre humeur, madame,
> Ouvre au premier venu trop d'*accès dans* votre âme.
>
> Molière, *le Misanthrope,* II, 1.

Accès chez une personne, pour dire Dans son âme.

> La joie imprudente et légere
> *Chez* lui ne trouve point d'*accès.*
>
> J.-B. Rousseau, *Odes,* II, 6.

On trouve même des expressions telles que : *accès de* la gloire, *accès à* la clémence, *auprès de* la miséricorde, etc.

Ce qui est ordinairement le plus envié, c'est la gloire ; car, encore que celle des autres n'empêche pas que nous n'y puissions aspirer, elle *en* rend toutefois l'*accès* plus difficile et en renchérit le prix.

Descartes, *les Passions de l'âme,* part. II, art. 183.

En public ils dissimuloient leur haine pour l'utilité commune, et picquoient souvent Othon par lettres, sans se réserver d'*accès à* sa clémence.

Perrot d'Ablancourt, trad. de Tacite, *Histoires,* II, 10.

L'aveu même de notre indignité n'est-il pas un titre pour avoir *accès auprès* d'une miséricorde que les plus grands crimes ne peuvent épuiser et qui invite les plus grands pécheurs à s'approcher d'elle avec confiance.

Lhomond, *Doctrine chrétienne,* lect. XCVII.

Accès s'est dit de cette manière en parlant de la

facilité ou de la difficulté que présentent certaines lectures, certaines idées, l'étude de certaines sciences.

J'appris exprès la langue grecque, pour avoir plus d'*accès* auprès de lui (de saint Denis l'aréopagite).

BALZAC, *Socrate chrétien*, disc. XI.

Elles sont (les mathématiques et la physique).... épineuses, sauvages et *d'un accès* difficile.

FONTENELLE, *Préface* sur l'utilité des mathém. et de la physiq.

Elle veut (sa doctrine) que par l'effort d'une méditation suivie, on s'élève à une certaine région d'idées *dont l'accès* est si difficile, que même parmi les philosophes, pour qui tous les autres hommes sont peuple, il y a encore un peuple qui ne peut guère aller jusque-là.

LE MÊME, *Éloge du P. Malebranche*.

Dans l'exemple suivant les mots *voie* et *accès* construits avec la préposition *de*, ont le sens de Moyen, de Facilité.

Il eut *voie* et *accès de* parler à lui.

FROISSART, *Chroniques*, liv. I, part. II, c. 51.

ACCÈS se dit absolument, soit au propre, en parlant des lieux :

... En lieu si coupé... que c'étoit miracle que seulement les chevaus puissent avoir *accès*.

MONTAIGNE, *Voyages*, Foligni.

Passez, seigneur, dit-il, passez dans cette barque.
Les sables et les bancs cachés dessous les eaux·
Rendent *l'accès* mal sûr à de plus grands vaisseaux.

P. CORNEILLE, *la Mort de Pompée*, II, 2.

En parlant des personnes :

Tous les soins qu'on me voit prendre ne sont que pour fermer tout *accès* aux galans.

MOLIÈRE, *le Sicilien*, sc. 8.

Ne vous faites pas un principe de leur rendre *l'accès* si facile, qu'ils désespèrent de pouvoir être admis au banquet.

BOURDALOUE. *Dominicales*. Sur la fréquente communion.

Je prie à Dieu, pour mieux vous empescher,
De vous donner cinquante-deux procès,
Forte partie, un juge sans *accès*.

MELLIN DE SAINT-GELAIS, *Maledictions contre un envieux*, IX.

D'un et d'autre côté *l'accès* étant permis,
Chacun va renouer avec ses vieux amis.

P. CORNEILLE, *Horace*, I, 4.

La princesse se plaît à ses bouffonneries,·
Il s'en est fait aimer par cent plaisanteries,
Et peut, dans cet *accès*, dire et persuader
Ce que d'autres que lui n'oseroient hasarder.

MOLIÈRE, *la Princesse d'Élide*, I, 1.

Soit au figuré en parlant de choses abstraites.

Les discours flatteurs assiégent leur trône, s'emparent de toutes les avenues, et ne laissent plus d'*accès* à la vérité.

MASSILLON, *Petit Carême*. Tentations des grands.

D'un fin discernement sa grande âme pourvue,
Sur les choses toujours jette une droite vue ;
Chez elle jamais rien ne surprend trop d'*accès*,
Et sa ferme raison ne tombe en nul excès.

MOLIÈRE, *Tartuffe*, V, 7.

Pour le fléchir enfin tente tous les moyens ;
Tes discours trouveront plus d'*accès* que les miens.

J. RACINE, *Phèdre*, III, 1.

ACCÈS se dit en médecine, comme le latin *accessus* de certains phénomènes morbides qui se montrent à des intervalles ordinairement réguliers, et spécialement de ceux qui caractérisent les fièvres intermittentes.

Comme s'ils sortoient d'un *accès de* fièvre, ils languissent après avoir été agités.

BALZAC, *le Prince*, c. 22.

J'ai quelquefois des rêveries dans ces bois, d'une telle noirceur, que j'en reviens plus changée que d'un *accès de* fièvre.

Mme DE SÉVIGNÉ, *Lettres*, 31 mai 1671. ,

Son agitation, qui avoit, comme la fièvre, ses *accès* et ses redoublemens, ne fut jamais plus sensible.

LE CARDINAL DE RETZ, *Mémoires*, IIe partie, 1652.

Sa santé (du roi d'Espagne) se rétablit enfin d'ellemême sans remèdes, et la fièvre le quitta après beaucoup d'*accès* et différentes rechutes.

SAINT-SIMON, *Mémoires*, 1718, t. XVI, c. 12.

Pendant que j'étais malade, Votre Majesté a fait plus de belles actions que je n'ai eu d'*accès de* fièvre.

Souvent qui a résisté à cinquante *accès de* fièvre consécutifs, ne résiste pas à un chagrin.

VOLTAIRE, *Lettres,* avril 1742 ; 17 mars 1773.

Elle tomba hier dans l'*accès d*'une fièvre ardente qui n'a fait qu'augmenter sans cesse et lui a enfin donné le transport.

J.-J. ROUSSEAU, *la Nouvelle Héloïse,* part. I, lettre 27.

Et après ce, à tous venoient
Les *assées* ou fortes frissons.
Journal d'un bourgeois de Paris sous Charles VI et VII, p. 113.

Un *pouré accès* de fièvre l'omme efface.
EUST. DESCHAMPS, *Ballades.* Qu'il faut profiter de la jeunesse.

Dites-nous comme il est possible,
Qu'un corps dans le désordre amène réglément,
L'*accès* ou le redoublement.
LA FONTAINE, *Poëme du Quinquina,* I.

J'examinois ses yeux : à ce qu'on peut comprendre,
Quelqu'*accès* violent sans doute va la prendre,
Lequel sera suivi d'un assoupissement.
REGNARD, *les Folies amoureuses,* III, 10.

Il est pris au même sens, mais métaphoriquement, dans les vers suivants :

Soulève l'Océan, produit du haut des airs,
Par *accès* réguliers, cette fièvre des mers.
LE MIERRE, *les Fastes,* VII.

ACCÈS se dit aussi, mais moins exactement des attaques de certaines maladies qui ont ordinairement des retours et des redoublements, comme la rage, la folie, la goutte, le mal caduc.

Je suis aux prinses avecque la pire de toutes les maladies... j'en ay desjà essayé cinq ou six bien longs *accez* et pénibles.

La gloire, voire celle des quatre fils Aymon, est trop chère achetée à un homme de mon humeur, si elle luy couste trois bons *accez de* colique.
MONTAIGNE, *Essais,* II, 37.

Celle (la maladie) que nous appelons la dernière, qu'est-ce autre chose, à la bien entendre, qu'un redoublement et comme le dernier *accès du* mal que nous apportons au monde en naissant.
BOSSUET, *Oraison funèbre de Marie-Thérèse.*

I.

Il est bien à plaindre dans les *accès de* sa goutte, car on souffre cruellement ; mais il a du moins l'avantage de souffrir sans risque.
J.-J. ROUSSEAU, *Lettres,* 26 août 1764.

Les Loris... sont sujets, même dans leur pays natal, à des *accès* épileptiques, comme les Aras et autres perroquets.
BUFFON, *Hist. nat.* Oiseaux; les Loris.

Profitant des *accès de* vapeurs auxquels elle étoit sujette, ses parens la firent enfermer comme folle.
BERNARDIN DE SAINT-PIERRE, *Paul et Virginie.*

Son *accès de* folie à chaque instant redouble.
REGNARD, *les Folies amoureuses,* III, 2.

Et *d'*une horrible toux les *accès* violens
Étouffent l'animal qui s'engraisse de glands.
DELILLE, trad. des *Géorgiques,* III.

ACCÈS se dit figurément, au sens moral, des passions :

Et pourtant est-il bien meilleur de se tenir coy, ou s'enfuyr et se cacher.... quand on sent comme un *accès du* hault mal qui nous veult prendre.
AMYOT, trad. de Plutarque, *OEuvres morales.* Comment il faut refrener la cholere.

Les passions... ne sont que bonds et volées, *accès* et recès fievreux *de* folie.
CHARRON, *de la Sagesse,* II, 1.

De violentes passions avec des intervalles, sont des *accès de* folie, des maladies de l'âme d'autant plus dangereuses qu'elles sont plus longues et plus fréquentes.
BUFFON, *Hist. nat.,* Discours sur la nature des animaux.

Il n'a que des *accès d*'ambition qui cèdent à une paresse naturelle.
DUCLOS, *Considérations sur les mœurs,* c. 13.

Il (l'homme animé de quelque grande passion) commence une multitude de discours, il n'en finit aucun, et à l'exception de quelques sentimens qu'il rend dans le premier *accès,* et auxquels il revient sans cesse, le reste n'est qu'une suite de bruits foibles et confus, de sons expirans, d'accens étouffés que l'acteur connoît mieux que le poëte.
DIDEROT, *De la poésie dramatique.* Entretien II.

Eschyle n'a jamais peint les douceurs et les fureurs de l'amour; il ne voyoit dans les différens *accès de* cette passion que des foiblesses ou des crimes d'un dangereux exemple pour les mœurs.

BARTHÉLEMY, *Voyage d'Anacharsis*, c. 69.

Rhadamiste... se laisse emporter à de nouveaux *accès de* jalousie en voyant Arsame avec Zénobie.

LA HARPE, *Cours de littérature*, part. III, liv. I, c. 4, sect. 1.

Laissez-moi profiter de son *accès de* haine.

DUFRESNY, *la Réconciliation normande*, II, 7.

Si la fièvre d'amour avoit, quand il nous berce,
Ses jours intermittens comme la fièvre tierce,
On seroit ces jours-là honteux jusqu'à l'excès
Des sottises qu'on fait quand on est dans l'*accès.*

J.-B. ROUSSEAU, *le Flatteur*, III, 9.

Des diverses affections de l'âme :

J'ai ressenti de nouveaux *accès de* joye à toutes les lettres qui en portoient quelque témoignage.

PASCAL, *Lettre* à sa sœur, du 16 janvier 1648.

Il lui prenoit de temps en temps des *accès de* dévotion.

TALLEMANT DES RÉAUX, *Historiettes*. Les Amours de l'auteur.

Il prit à Aimée un *accès de* sincérité.

DUFRESNY, *le Puits de la vérité*; les Vapeurs.

J'ai peut-être mal pris mon temps, et j'ai bien peur que dans un accès de goutte, vous n'ayez eu pour moi un *accès d'*indifférence.

J'ai appris au départ de mon paquet que notre bienfesant ministre avait un nouvel accès de goutte. J'apprends aussi que ses ennemis ont un nouvel *accès de* rage.

VOLTAIRE, *Lettres*, 20 février 1754; 26 janvier 1776.

Ce crik... semble être fâché si on le néglige, et vindicatif si on le chagrine; il a des *accès de* désobéissance...

Tous les perroquets aiment le vin, particulièrement le vin d'Espagne et le muscat, et l'on avoit déjà remarqué du temps de Pline les *accès de* gaîté que leur donnent les fumées de cette liqueur.

BUFFON, *Hist. nat.* Le Crik à tête et à gorge jaunes; Le Jaco.

Quelquefois les gens de condition se permettent avec les financiers ces petits *accès d'*une humeur modérée, d'autant plus flatteuse pour l'inférieur qu'elle ressemble au procédé naïf de l'égalité.

DUCLOS, *Considérations sur les mœurs*, c. 10.

J'ai des *accès d'*abattement; cela est naturel dans l'état de maladie.

J.-J. ROUSSEAU, *Lettres*, 7 mars 1765.

J'étois dans un état d'angoisse qui ressembloit à l'agonie et qu'avoit précédé un *accès de* larmes qui avoit duré quatre heures.

Mlle DE L'ESPINASSE, *Lettres*, XXVII, 1774.

Ce chagrin philosophe est un peu trop sauvage,
Je ris des noirs *accès* où je vous envisage.

MOLIÈRE, *le Misanthrope*, I, 1.

Il aura réfléchi, c'est son jour de raison,
Son bon jour; mais l'*accès* pourra bien lui reprendre.

DUFRESNY, *la Coquette de village*, I, 3.

Un fou dont les *accès* vont jusqu'à la furie.

BOILEAU, *Satires*, V.

Aux *accès* insolens d'une bouffonne joie
La sagesse, l'esprit, l'honneur furent en proie.

LE MÊME, *Art poétique*, III.

Réparons tout; le plus sage en sa vie
A quelquefois des *accès de* folie.

VOLTAIRE, *Nanine*, II, 10.

Est-elle vertueuse, elle l'est à l'excès;
Sa sagesse devient un véritable *accès.*

LA CHAUSSÉE, *La Fausse antipathie*, III, 2.

De l'exaltation religieuse et de l'inspiration poétique.

Ils n'ont ni entendu les paroles ineffables dont les concerts des anges retentissent, ni senti les formidables *accès d'*une fureur divine.

MONTESQUIEU, *Lettres persanes*, XCVIII.

Tel, aux premiers *accès d'*une sainte manie,
Mon esprit alarmé redoute du génie
L'assaut victorieux.

J.-B. ROUSSEAU, *Odes*, III, 1. Au comte du Luc.

De là la locution *par accès*;
Soit au sens physique :

Quelque fort que soit un vent continu, il ne causera jamais les désastres que produit la fureur de ces vents qui soufflent pour ainsi dire *par accès.*

BUFFON, *Hist. nat.* Théorie de la terre, art. XIV.

Dans l'état de nature, le chien est presque muet; il n'a qu'un hurlement de besoin *par accès* assez rares.

LE MÊME, *même ouvrage.* Dégénération des animaux.

Soit au sens moral.

Tous les projets d'ambition qui, *par accès*, avoient animé mon zèle.....

J.-J. ROUSSEAU, *les Confessions*, part. II, liv. IX.

Livrés alternativement et *par accès* à la dissipation, à l'ambition, ou à ce qu'ils appellent philosophie.

DUCLOS, *Considérations sur les mœurs*, c. I.

ACCÈS se dit en parlant de ce qui se pratique au conclave, lorsque dans le scrutin, aucun cardinal n'ayant eu le nombre de voix requis pour être élu pape, on cherche à compléter ce nombre au moyen d'un autre scrutin où chaque votant doit passer à un nouveau candidat, à moins que par une manœuvre admise et usitée, il ne préfère s'en tenir au premier, en ne portant son suffrage sur personne. Comme on se sert alors de billets conçus en ces termes : *Accedo domino cardinali N.; accedo nemini*, l'opération s'appelle *accessus* : de là, en français, *accès*. On dit les billets *de l'accès; aller à l'accès; avoir tant de voix à l'accès; être fait pape à l'accès*, etc.

Le cardinal Corradini eut trente voix au scrutin, mais *à l'accès* il n'en eut que vingt-huit.

Dictionnaire de Trévoux.

On a traduit aussi *accès*, pris en ce sens, par ACCESSIT.

Il y a un cardinal vénitien nommé Barbarigo, évêque de Padoue, qui avoit plus de voix qu'il ne lui en falloit au scrutin pour être pape; mais *l'accessit* gâta tout : je ne sais ce que c'est; je vois bien seulement que c'est quelque chose qui empêche qu'on ne soit pape.

Mme DE SÉVIGNÉ, *Lettres*, 16 octobre 1689.

A *l'accessit* on est maître de n'accéder à personne : *accedo nemini*, cela est fréquent, et c'est même le cardinal *Nemini* qui a souvent le plus de voix... C'est à *l'accessit*, que se font les plus fins coups de politique...

On me marque que lorsque Passionei, scrutateur du jour, vint à ouvrir le trente-troisième bulletin en faveur de ce cardinal (Aldovrandi), il devint pâle comme un linge dans la crainte de trouver bientôt le trente-quatrième parmi ceux qui restoient dans le calice. Il en a été quitte pour la peur; rien de plus à *l'accessit*.

DE BROSSES, *Lettres sur l'Italie*, X, 11.

En termes de droit canon, on entendait par ACCÈS la faculté qu'on accordait à quelqu'un de posséder un bénéfice après la mort du titulaire.

ACCÈS, dans le sens de Contribution que lui donnent d'anciens textes, doit peut-être se rattacher aux mots *accense*, *accenser*, venus de *census*, *censere*, par l'intermédiaire des mots de la basse latinité *accensa*, *accensare*, Cens, Donner à cens.

Comment tréux, péages et *assés* furent mis sus.

BOUTEILLER, *Somme rurale*, liv. I, titre LXVIII.

Surcharger ses peuples de levées de gens de guerre, *d'accès*, impôts, tailles et tributs.

Mémoires de Sully, t. XII, p. 478, pet. in-12; Amsterdam, 1725.

D'ACCÈS, pris en ce sens, on avait fait selon Sainte-Palaye, le substantif

ACCESSADEUR, celui qui tient à cens.

ACCESSIBLE, adj. des deux genres (du latin *Accessibilis*. Voyez TERTULL. adv. *Prax.* 17.)

Dont on peut approcher, qui peut être abordé.

Il se dit, au propre, des lieux et autres objets sensibles et des personnes;

Des lieux, des objets sensibles;

Soit absolument :

Si par mer il avoyt peregriné en lieu aultrement *accessible* par terre.

RABELAIS, *Pantagruel*, IV, 24.

Nous... rancontrames après le païs qui s'applanissoit, et n'avions plus à nos flancs que des petites cropes fort *accessibles*.

MONTAIGNE, *Voyages*, Vachimara.

C'est une île triangulaire et mal *accessible*.

MARTIN DU BELLAY, *Mémoires*, liv. VIII, ann. 1537.

53.

Le père Bourdaloue tonne à Saint-Jacques de la Boucherie. Il falloit qu'il préchât dans un lieu plus *accessible;* la presse et les carrosses y font une telle confusion que le commerce de tout ce quartier-là est interrompu.

Mᵐᵉ ᴅᴇ Sᴇ́ᴠɪɢɴᴇ́, *Lettres,* 27 février 1679.

Les camps et les quartiers n'étoient plus *accessibles.*

Sᴀɪɴᴛ-Sɪᴍᴏɴ, *Mémoires,* 1692, t. I, c. 1.

L'on ne peut nier que l'endroit ne fût bien choisi, puisqu'il étoit tout à la fois le plus éloigné, le plus caché et le moins *accessible.*

Bᴜғғᴏɴ, *Hist. nat.,* Oiseaux ; la Huppe.

Je me suis quelquefois demandé pourquoi les temples ouverts et isolés des anciens sont si beaux et font un si grand effet... c'est qu'ils étoient *accessibles* de toutes parts, image de la sécurité.

Dɪᴅᴇʀᴏᴛ, *Essai sur la peinture,* c. 4.

Dans les siècles d'ignorance on habitoit des bourgs ouverts et *accessibles :* dans des temps plus éclairés, on s'enferme dans des villes fortifiées.

Bᴀʀᴛʜᴇ́ʟᴇᴍʏ, *Voyage d'Anacharsis,* c. 38.

On peut ajouter à ces exemples d'autres tels que les suivants où Aᴄᴄᴇssɪʙʟᴇ est bien pris au propre, en un sens physique, mais dans une phrase de sens figuré.

C'est pour eux (les gens du monde) qu'Horace, Pope, Addison, La Fontaine, Gesner, ont applani les rudes sentiers de la sagesse, et les ont rendus plus *accessibles* et plus aimables que les précipices trompeurs de la folie.

Bᴇʀɴᴀʀᴅɪɴ ᴅᴇ Sᴀɪɴᴛ-Pɪᴇʀʀᴇ, *Études de la nature,* II.

Le voile n'est le rempart le plus sûr
Contre l'amour, ni le moins *accessible :*
Un bon mari, mieux que grille ni mur
Y pourvoira, si pourvoir est possible.

Lᴀ Fᴏɴᴛᴀɪɴᴇ, *Contes,* II, 16.

Soit avec un complément formé de la préposition à et de son régime :

Il congédia tous les eunuques, rendit sa maison *accessible* à tout le monde.

Mᴏɴᴛᴇsǫᴜɪᴇᴜ, *Lettres persanes,* CXI.

Des personnes;
Soit absolument :

Il falloit se rendre plus auguste en se rendant moins commun et moins *accessible.*

Mᴇ́ᴢᴇʀᴀʏ, *Histoire,* Henri III, 1574.

Y a-t-il rien de plus *accessible* que Jésus-Christ, rien de plus affable, rien de plus doux ?

Bᴏssᴜᴇᴛ, *Sermons.* Pour le jour de la Pentecôte.

Accessible, accueillant, honnête, sachant employer son temps et quelquefois même le perdre pour compâtir à des misérables, à qui il ne reste d'autre consolation que celle de redire ennuyeusement leur misère.

Fʟᴇ́ᴄʜɪᴇʀ, *Oraison funèbre de Michel Le Tellier.*

Venez dans la solitude de mon cabinet, le philosophe est *accessible.*

Lᴀ Bʀᴜʏᴇ̀ʀᴇ, *Caractères,* c. 6.

Je comparois ce roi invisible avec Sésostris, si doux, si *accessible,* si affable.

Fᴇ́ɴᴇʟᴏɴ, *Télémaque,* III.

Nos rois, sire, ne perdent rien à se rendre *accessibles;* l'amour des peuples leur répond du respect qui leur est dû.

Mᴀssɪʟʟᴏɴ, *Petit Carême,* IVᵉ dimanche.

Ceux qui ne savent pas tirer parti des autres hommes sont ordinairement peu *accessibles.*

Vᴀᴜᴠᴇɴᴀʀɢᴜᴇs, *Réflexions et maximes,* XCIX.

L'orateur compare l'affabilité de Trajan, toujours ouvert et *accessible,* à l'effrayante et impénétrable retraite où vivaient les tyrans de Rome.

Lᴀ Hᴀʀᴘᴇ. *Cours de littérature,* part. I, liv. II, Éloquence, c. 5.

Soit avec un complément formé de la préposition à et de son régime.

Sa grandeur l'élève au-dessus de nous, sa bonté l'approche de nous et le rend *accessible aux* hommes.

Bᴏssᴜᴇᴛ, *Sermons.* Pour le jour de Noël.

Accessible à tous, il ne disputoit pas même au dernier de ses sujets le plaisir de voir son souverain.

Mᴀssɪʟʟᴏɴ, *Panégyrique de saint Louis.*

Je ne suis plus *accessible,* et encore moins *à* mes parens qu'*aux* autres.

Mᵐᵉ ᴅᴇ Mᴀɪɴᴛᴇɴᴏɴ, *Lettres,* XXII, 1ᵉʳ avril. A M. de Villette.

Les Parthes ne pûrent supporter ce roi, qui, ayant été élevé à Rome, se rendit affable et *accessible* à tout le monde.

Mᴏɴᴛᴇsǫᴜɪᴇᴜ, *Esprit des lois,* XIX, 2.

Un conseil sera plus *accessible* que le trône *aux* opprimés.

J.-J. Rousseau, *Polysynodie*, c. 10.

Pisistrate *accessible aux* moindres citoyens, leur prodiguoit les consolations et les secours qui tarissent la source des maux, ou qui en corrigent l'amertume.

Barthélemy, *Voyage d'Anacharsis.* Introd. part. II, sect. I.

Être *accessible à* tous par son humanité.

Boursault, *Ésope à la cour*, III, 3.

C'est en vain que forçant ses soupçons ordinaires,
Il se rend *accessible à* tous les janissaires.

J. Racine, *Bajazet*, I, I.

Accessible se dit aussi figurément en parlant des choses, le plus souvent des choses abstraites ;
Soit absolument :

La sagesse est bonne, elle est *accessible*; mais il faut l'aimer, et travailler pour l'avoir.

Bossuet, *Politique tirée de l'Écriture sainte*, l. V, VIIe proposition.

Poésie simple, qui adoucit l'éclat d'une grande idée, la fait descendre jusqu'au vulgaire par la familiarité de l'expression et rend la sagesse plus persuasive en la rendant plus *accessible*.

Chamfort, *Éloge de la Fontaine*, part. II.

Soit avec un complément formé de la préposition *à* et de son régime.

Les philosophes platoniciens disoient que la nature divine n'étoit pas *accessible aux* hommes, et que nos vœux ne pénétroient pas jusqu'à elle.

Bossuet, *Sermons*, I, sur la Nativité de Notre-Seigneur.

Souvent la préposition *à*, qui suit Accessible, a pour régime, au lieu d'un nom de personne, un nom abstrait ;
Soit lorsqu'il est question de lieux et d'objets sensibles :

Malgré la grande irrégularité de ce terrain, toutes ces plantations étoient, pour la plupart, aussi *accessibles au* toucher qu'à la vue.

Bernardin de Saint-Pierre, *Paul et Virginie*.

Soit lorsqu'il est question de personnes :

L'homme n'étoit *accessible au* mal que par la complaisance pour soi-même, par l'amour de sa propre excellence.

Bossuet, *Traité de la Concupiscence*, c. 25.

L'affabilité ne seroit plus qu'une insulte et une dérision pour les malheureux..., si elle ne nous rendoit plus *accessibles à* leurs plaintes que pour nous rendre plus insensibles à leurs peines.

Massillon, *Petit Carême*, Humanité des grands.

Je suis trop malheureuse, trop profondément malheureuse, pour être *accessible aux* plaisirs et *aux* sottises de la vanité.

Mlle De Lespinasse, *Lettres*, CXXX, 25 septembre 1775.

Et se montrant alors *à* la peur *accessible*.

Mairet, *Sophonisbe*, II, 4.

Soit enfin lorsqu'il est question de choses abstraites.

Cette patience, cette attention, cette docilité toujours *accessible à* la raison, que Salomon lui demandoit (à Dieu) pour juger son peuple.

Bossuet, *Oraison funèbre de Michel Le Tellier.*

La toute-puissante sagesse qui règle tout a des moyens si nombreux, si diversifiés, si admirables, que la partie *accessible à* nos regards devroit bien nous apprendre à révérer l'autre.

J. de Maistre, *Soirées de Saint-Pétersbourg*, IVe entretien.

...Si ton cœur sensible
À la compassion peut se rendre *accessible*.

P. Corneille, *Médée*, IV, 6.

D'Accessible on a fait Inaccessible (Voir ce mot).

ACCÉLÉRER, v. a. (du latin *Accelerare* et, par ce mot et le simple *celerare*, de *celer*).

Accélérer ne se trouve point dans le Dictionnaire de Robert Estienne, et Nicot, dans le *Trésor* duquel il paraît pour la première fois, en marque la nouveauté, aussi bien que le sens, lorsqu'il dit : « Le naïf françois est *haster*. » Richelet et Furetière le renvoient presque exclusivement à « la philosophie » et, à la fin du dix-septième siècle, le grammairien la Touche le trouve « encore fort étranger; » « il faut, ajoute-t-il, attendre à s'en servir, que l'usage l'ait plus naturalisé. »

ACCÉLÉRER, comme l'indique son étymologie, signifie Presser le mouvement, augmenter la vitesse, rendre plus rapide, plus prompt, hâter, comme il a été dit plus haut, et s'emploie au propre et au figuré;

Au propre :

Il (le sieur de Cottignac) fera toute diligence possible pour *accélérer* son voyage.

> MORVILLIERS à Henri II, 11 août 1547. (Voir *Négociations de la France dans le Levant*, t. I, p. 28.)

Nous supposons qu'on ait tiré une fusée volante où l'action du feu seroit durable et *accéléreroit* beaucoup le mouvement d'impulsion.

> BUFFON, *Histoire naturelle*. Théorie de la terre, preuves, art. Ier.

Il *accélère* sa course en étendant les ailes.

> LE MÊME, *Hist. nat.* Oiseaux; le Messager.

Le P. Mersenne et Gassendi ont assuré que le vent favorable ou contraire n'*accéléroit* ni ne retardoit le son.

> J.-J. ROUSSEAU, *Dictionnaire de musique*, art. SON, § 2.

Il est vrai que dans l'eau ou dans l'air, les corps *accélèrent* leur chute à proportion de leur pesanteur.

> Hæc pro ponderibus casus celerare necesse est.
> LA GRANGE, trad. de *Lucrèce*, II, 231.

Nous armons nos pieds de crampons qui assurent nos pas et nous permettent d'*accélérer* notre marche.

> SAUSSURE, *Voyage dans les Alpes*, t. II, c. xv, p. 26, § 630.

A peine est-il en chemin, qu'il rencontre de nouveaux députés, dont les uns le pressent d'*accélérer* sa marche, les autres de la suspendre.

> BARTHÉLEMY, *Voyage d'Anacharsis*, c. 60.

Au figuré :

Il en est de la raison comme de la nature dont souvent on trouble la marche en voulant l'*accélérer*.

> D'ALEMBERT, *Éloge de l'abbé de Dangeau*.

Dans l'état de nature, la nécessité, la liberté, le choix de la nourriture qui leur est propre, peuvent contribuer à *accélérer* le développement de leur instinct et le progrès de leur éducation.

> BUFFON, *Hist. nat.* Oiseaux; le Coucou.

Il se peut qu'un tel bouleversement *ait accéléré* le progrès de mes maux.

> J.-J. ROUSSEAU, *Lettre I* à M. de Malesherbes.

Il y a dans la société des causes inévitables par lesquelles le progrès des passions *est accéléré;* si l'on n'*accéléroit* de même le progrès des lumières qui servent à régler ces passions, c'est alors qu'on sortiroit véritablement de l'ordre de la nature, et que l'équilibre seroit rompu.

> LE MÊME, *Émile*, IV.

Si vous êtes fonctionnaires publics, redoublez d'activité pour *accélérer* la marche encore trop lente de notre nouvelle organisation politique.

> VERGNIAUD, *Projet d'adresse au peuple français*, 27 décembre 1791.

ACCÉLÉRER, employé au figuré, n'a pas toujours pour régimes, comme dans les exemples qui précèdent, des mots qui marquent le mouvement, *marche*, *progrès*, etc., mais des noms de toutes sortes.

Ayant congneu que le roy prendroit plaisir à ce plaidoyer, si je l'*accelerois*.

> H. ESTIENNE, *Précellence du langage françois*. Préface.

Et pour d'autant plus *accelerer* et avancer la dicte entreprise...

> Olivier DE SERRES, *Théâtre d'agriculture*, V, 15.

Vous aurez veu comme nous avons advancé l'affaire que le Roy nous commande d'*accelerer* de tout nostre pouvoir.

> LE CARDINAL d'OSSAT, *Lettres*, liv. V, 22 septembre 1599.

Le plus expedient seroit d'*accelerer* le traité, et resoudre promptement à la paix ou la guerre, devant que l'affoiblissement des Estats paroisse davantage.

> HENRI IV, *Lettre* du 26 juin 1607. (Voir *Négociations* du président Jeannin.)

Il (l'archevêque d'Arles) ne dissimula pas aussi que la vue prochaine du chapeau lui avoit fait faire les fortes démarches qu'il avoit crues utiles pour se l'assurer et se l'*accélérer*.

> SAINT-SIMON, *Mémoires*, 1719, t. XVIII, c. 3.

Il n'y a guère de négociant qui ne répète souvent à ses apprentis que ce fut un marchand nommé Gresham qui sauva la patrie en retardant l'équipement de la flotte d'Espagne, et en *accélérant* celui de la flotte anglaise.

> VOLTAIRE, *Essai sur les mœurs*, c. 166.

La flotte du czar croisait toujours sur les côtes de Suède et faisait des prises : il prétendait par ces hostilités *accélérer* la conclusion d'une paix si nécessaire à la Suède, et qui devait être si glorieuse à son vainqueur.

VOLTAIRE, *Histoire de Pierre le Grand*, part. II, c. 15.

La première étincelle qui touche à l'imagination *accélère* à coup sûr l'embrasement des sens.

Consultez l'expérience, vous comprendrez à quel point cette méthode insensée *accélère* l'ouvrage de la nature et ruine le tempérament.

Quand ils se plaignent que le temps coule trop vite, ils mentent; ils payeroient volontiers le pouvoir de l'*accélérer*.

J.-J. ROUSSEAU, *Émile*, IV, V.

L'énorme pouvoir des éphores, qui fut sans danger tant que Sparte conserva ses mœurs, en *accéléra* la corruption commencée.

LE MÊME, *Contrat social*, IV, 5.

Je ne saurois, monsieur, durer plus longtemps sur ce théâtre public. Pourriez-vous, par charité, *accélérer* un peu notre départ?

LE MÊME, *Lettres*, 26 décembre 1765.

Il mourut le 15 juillet 1765, d'un coup de sang, à ce qu'on dit; et j'y consens, pourvu qu'on m'accorde que les Grâces maussades qu'il avoit exposées au salon précédent, *ont accéléré* sa fin.

DIDEROT, *Salon de 1765*. Carle Vanloo.

Ce luxe-ci n'est que le masque fatal d'une misère presque générale, qu'il *accélère* et qu'il aggrave.

LE MÊME, *Salon de 1767*. Lagrenée.

La mort du général répandit la consternation parmi les Phéniciens, et la multiplicité des chefs y mit une confusion qui *accéléra* leur perte.

BARTHÉLEMY, *Voyage d'Anacharsis*. Introd., part. II, sect. 2.

On a dit s'ACCÉLÉRER au sens de Être accéléré.

Cette forme de la Terre et des Planètes s'est conservée jusqu'à ce jour et se conservera perpétuellement, quand même l'on voudroit supposer que le mouvement de rotation viendroit à *s'accélérer*.

BUFFON, *Époques de la nature*, I.

Le luxe a fait du progrès parmi ces bonnes gens. C'est la pente générale, c'est le gouffre où tout périt tôt ou tard. Mais ce progrès *s'accélère* quelquefois par des causes particulières; et voilà ce qui avance notre perte de deux cents ans.

J.-J. ROUSSEAU, *Lettres*, 29 novembre 1760.

ACCÉLÉRÉ, ÉE, participe.

Il s'emploie surtout au propre en parlant des corps et de l'accroissement de leur vitesse.

La pesanteur, la chute *accélérée* des corps tombant sur la terre, la révolution des planètes dans leurs orbites, leurs rotations autour de leur axe, tout cela n'est que du mouvement.

VOLTAIRE, *Lettres philosophiques*, II.

Ce n'était qu'une équivoque... fondée sur l'abus de la découverte du grand Galilée, que les espaces parcourus dans le mouvement uniformément *accéléré* étaient comme les carrés des temps et des vitesses.

LE MÊME, *Dictionnaire philosophique*, art. MOUVEMENT.

Les comètes sont sujettes à des vicissitudes étranges, par ces alternatives de chaleur et de froid extrêmes, aussi bien que par les inégalités de leur mouvement, qui tantôt est prodigieusement *accéléré*, et ensuite infiniment retardé.

BUFFON, *Hist. nat.* De la Nature, première vue.

Dans la marche à pied, toutes les articulations agissent, et le mouvement du sang *accéléré* excite une transpiration salutaire.

J.-J. ROUSSEAU, *Lettres*, 19 juillet 1766.

Sous ces arches descendoit à grand bruit un large torrent; ses eaux interrompues, *accélérées*, se hâtoient vers la place du site la plus profonde.

DIDEROT, *Salon de 1787*. Vernet.

ACCÉLÉRÉ, pris au propre, entre dans quelques expressions consacrées et techniques, comme : Pas *accéléré*, voitures *accélérées*, roulage *accéléré*, etc.

Autrefois ACCÉLÉRÉ a été employé pour désigner, non pas comme ici, un mouvement augmenté, mais en général un mouvement prompt. Sainte-Palaye, qui fait cette remarque, l'appuie de cet exemple :

Tous les citadins vindrent au devant de luy (le seigneur de Langey), lesquels en grande et *accelerée* diligence rabillerent le pont.

MARTIN DU BELLAY, *Mémoires*, liv. VIII, année 1537.

Accéléré est aussi quelquefois employé au figuré :

J'ai appris dans Zadig, et la nature me confirme de jour en jour, qu'une mort *accélérée* n'est pas toujours un mal réel, et qu'elle peut quelquefois passer pour un bien relatif.

J.-J. Rousseau, *Lettres*, 18 août 1756.

C'est l'image même de l'âme rendue par les inflexions de la voix, les nuances successives, les passages, les tons d'un discours *accéléré*, ralenti, éclatant...

Diderot, *Salon de 1767*. Loutherbourg.

ACCÉLÉRATEUR, TRICE, adj., Qui accélère, ne s'emploie que dans la langue des sciences.

Cette différence de la force *accélératrice* à des distances différentes, n'est fondée sur aucune expérience.

Voltaire, *Le Préservatif*, IV.

La force *accélératrice* dans la chute des corps est mesurée.

Thomas, *Éloge de Descartes*.

M. de Mairan calcule cet effet à la manière des géomètres, suivant les lois des causes *accélératrices*.

Bailly, *Lettres sur les sciences*.

Accélérateur s'est dit, en termes d'anatomie, de certains muscles.

On trouve déjà, chez Cotgrave, *muscle accélérateur*.

ACCÉLÉRATION, s. f.

Comme le verbe *accélérer*, dont il est formé, il se dit au propre des corps et de leurs mouvements.

En quelle proportion l'*accélération des* corps graves augmente.

Régis, *Physique*, II, 23.

Les fleuves, près de leurs sources, descendent ordinairement de quelques montagnes, et là ils tirent leur vitesse de l'*accélération de* la chute.

Fontenelle, *Éloge de Guglielmini*.

La montre est actuellement sous la cloche ; je crois m'apercevoir que le balancier a pu aller peut-être un peu plus vite, étant plus libre dans le vide ; mais cette *accélération* est très-peu de chose, et dépend probablement de la nature de la montre.

Voltaire, *Lettres*, 28 février 1739. Au prince royal de Prusse.

Une expérience unique sur l'*accélération des* corps qui tombent, fait découvrir les lois de leur chute sur des plans inclinés.

D'Alembert, *Mélanges*. Discours préliminaire de l'Encyclopédie.

Il est sensible par le raisonnement, indépendamment même de l'expérience, que la chaleur doit s'augmenter par des accroissements toujours plus grands et par une véritable *accélération*.

Bailly, *Lettres sur les sciences*.

Accélération s'emploie aussi au figuré :

J'attends d'heure à autre le sieur d'Aramon... Si tost qu'il sera arrivé, luy et moy vous le ferons entendre, ensemble ce que sera résolu pour la seureté et *acceleration de* son partement (pour Constantinople)...

Morvilliers, à François Ier, 5 et 14 février 1547. (Voir *Négociations de la France dans le Levant*, t. I, p. 640.)

Je pense que nous devons être rapprochés du monarque, pour l'*accélération de* notre ouvrage.

Mirabeau, *Discours*. 5 et 6 octobre 1789.

La marche de tous ces vers est en elle-même trop uniforme ; il y a trop peu de mouvement et encore moins d'*accélération* de mouvement.

La Harpe, *Cours de littérature*, liv. I. Poésie, c. 2, sect. 5.

A l'emploi figuré du mot Accélération se rapportent ces expressions fort usitées : L'*accélération* d'une affaire, d'un jugement, de travaux, etc.

Danet, en 1685, ne l'admettait guère que de cette manière, dans le style du barreau, et lui préférait, comme de plus d'usage, *célérité*.

ACCENT, s. m. (du latin *Accentus*, formé d'*accentum*, supin d'*accinere*, et par ce mot de *canere*).

Comme le mot duquel il tire son origine, Accent a le sens général de Son.

Il se dit en ce sens, le plus souvent au pluriel, dans le style soutenu et le langage poétique ;

1º De la voix humaine, se produisant soit par la parole, soit par le chant. C'est ce que remarque, le premier, Furetière, mais dans des termes qui montrent que cet emploi d'ACCENT était alors encore assez rare :

Les poëtes et les amoureux se servent quelquefois du mot d'*accent* au pluriel pour signifier la voix ou des cris. Les *accens* plaintifs, les derniers *accens*. Il expliqua sa passion par ses tristes *accens*. Pousser des *accens* funèbres.

FURETIÈRE, *Dictionnaire.*

Il n'était pas toutefois nouveau, comme le montrent quelques-uns des exemples qui suivent :

Tous les propos de Thalès estoient belles chansons,... estans les paroles accompaignées de chants, de gestes et d'*accens* pleins de douleeur et de gravité.

AMYOT, trad. de Plutarque, *Vie de Lycurgue*, c. 2.

C'estoit aussi une chose bien pleine de compassion d'ouïr sur les chemins proches des villages les clameurs des femmes et des vieillards, qui d'un *accent* lugubre appeloient encore Darius leur seigneur et leur roy.

VAUGELAS, trad. de *Quinte-Curce*, IV, 16.

Si Lulli a excellé dans son art, il a dû proportionner, comme il a fait, les *accens* de ses chanteurs à leurs récits et à leurs vers.

BOSSUET, *Maximes et réflexions sur la comédie*, III.

...Car il vous parle, mes chères sœurs, et sans les *accens* de la voix.

BOURDALOUE, *Sermons*. Sur le renouvellement des vœux.

Le vallon retentit des cris qu'elle fut contrainte de faire. Jamais les échos n'avoient répété de si pitoyables *accens*.

LA FONTAINE, *Psyché*, II.

Vous auriez cru que les rochers attendris alloient descendre du haut des montagnes aux charmes de ses doux *accens*.

FÉNELON, *Télémaque*, II.

C'étoit un très-petit homme gros, d'une figure assez ridicule, avec un *accent* désagréable, mais qui parloit bien et avec qui il y avoit à apprendre, et même à s'amuser.

SAINT-SIMON, *Mémoires*, 1697, t. II, c. 4.

L'autre, qui paroît en cul-de-jatte, est un drôle qui a l'art de tirer de sa poitrine des sons si lamentables qu'à ses tristes *accens* il n'y a point de vieille qui ne descende d'un quatrième étage pour lui apporter un maravedi.

LE SAGE, *le Diable boiteux*, c. 17.

Je ne désapprouve pas que la nourrice amuse l'enfant par des chants et par des *accens* très-gais et très-variés.

J.-J. ROUSSEAU, *Émile*, I.

Le reste n'est qu'une suite de bruits foibles et confus, de sons expirans, d'*accens* étouffés que l'acteur connoît mieux que le poëte.

DIDEROT, *Entretiens sur le fils naturel*, II.

J'ai entendu les sons de ta guitare ; tu célébrois les héros de mon pays : je t'ai devinée à la beauté de tes *accens*.

CHATEAUBRIAND, *Aventures du dernier Abencerage.*

Et d'un *accent* impératif et grave
Me demandant ma naissance et mon nom,
Et mon estat...

Cl. MAROT, *l'Enfer.*

Tout le jour dans sa barque il avoit fait des plaintes
En si piteux *accens*, que les nymphes contraintes
Avoient de tiedes pleurs ses cris accompagnez.

Ph. DESPORTES, *Élégies*, II, la Pyromance.

Écoute les *accens* de sa mourante voix.

P. CORNEILLE, *Médée*, V, 8.

Qu'aux *accens* de ma voix la terre se réveille!

J. RACINE, *Athalie*, III, 5.

Aux *accens* dont Orphée emplit les monts de Thrace,
Les tigres amollis dépouilloient leur audace.

BOILEAU, *l'Art poétique*, IV.

Aux magiques *accens* que sa bouche prononce,
Les Seize osent du ciel attendre la réponse.

VOLTAIRE, *la Henriade*, V.

Soyez ma muse, échauffez mes *accens*.

GRESSET, *Vert-vert*, I.

Aux douces lois des vers je pliois les *accens*
De sa bouche aimable et naïve.

A. CHÉNIER, *Odes*, XI ; la jeune Captive.

2º Du cri des animaux :

Il cherche à reconnoître le pays, à découvrir, à surprendre l'ennemi dans son fort ; il recherche ses traces, il les suit pas à pas; et par des *accens* différens indique le temps, la distance, l'espèce, et même l'âge de celui qu'il poursuit.

BUFFON, *Histoire naturelle*. Animaux domestiques. Le Chien.

A quoi lui auroit servi sa pensée, si riche et si féconde, si sa langue, indigente et captive, eût été réduite à l'*accent* inarticulé de la brute?

LA HARPE, *Cours de littérature*. Philosophie du XVIIIe siècle, liv. II, c. 2.

> Icy les *accens* des corbeaux
> Et les foudres dedans les nues
> Ne me parlent que de tombeaux.

THÉOPHILE, *au Roy, sur son exil*.

> Même son ne rend pas leur joie et leur tristesse;
> Ils ont leur cri de rage et leur cri de tendresse:
> Combien d'*accens* divers du coq, roi de nos cours,
> Expriment les désirs, les haines, les amours!

DELILLE, *les Trois règnes*, VIII.

3° Par extension et par figure, Du bruit que font entendre certains objets inanimés.

Ceux-là, les mains élevées, frappent des tambours bruyans; aux *accens* aigus des bassins d'airain se mêle le son enroué des cornets, et l'air retentit au loin du chant sauvage des flûtes barbares.

L'ABBÉ ARNAUD, *De Catulle*. (Trad. des *Noces de Pélée et de Thétis*, v. 263.)

> Ses *accents* ressembloient à *ceux de* ce tonnerre
> Quand du mont Sinaï Dieu parloit à la terre.

VOLTAIRE, *la Henriade*, VII.

> Qu'il (le cheval) entende déjà le cliquetis du frein,
> Le roulement des chars, les *accens de* l'airain.

DELILLE, trad. des *Géorgiques*, III.

> Si d'un ruisseau voisin j'entendois les *accens*,
> J'allois, je visitois ses consolantes ondes.

LE MÊME, *les Jardins*, III.

On a, dans la langue poétique, prêté des *accents* même à des abstractions.

> Ces *accens* de la mort sont la voix de Ninus.

VOLTAIRE, *Sémiramis*, I, 3.

> Alors on n'entend plus dans ce vaste carnage
> Que l'*accent* de la mort et le cri de la rage.

DELILLE, trad. de l'*Énéide*, XI.

Dans quelques-uns des exemples qui précèdent, le mot ACCENT, signifiant Langage, est accompagné d'une épithète qui en fait connaître le caractère : *doux accents*, *magiques accents*, etc.; d'autres fois il est suivi de la préposition *de*, avec un nom pour régime, et, sous cette forme, exprime Ce qui, dans la voix, dans les paroles, répond aux diverses affections de l'âme.

> Ce sont les *accens* de la nature qui causent ce plaisir.

MONTESQUIEU, *Esprit des Lois*, XXVI, 4.

Là, les pleurs, les sanglots, les soupirs, et tous les *accens* d'une douleur amère étouffèrent la voix de mademoiselle Habert et l'empêchèrent de continuer.

MARIVAUX, *le Paysan parvenu*, part. III.

Ces hommes (les comédiens) si bien exercés au ton de la galanterie et aux *accens de* la passion n'abuseront-ils jamais de cet art pour séduire de jeunes personnes?

J.-J. ROUSSEAU, *Lettre à d'Alembert*.

Que seroit-ce si j'avois fait jouer tous les mouvemens du dépit, les *accens* étouffés d'une douleur profonde?

SEDAINE, *la Gageure imprévue*, sc. 24.

L'*accent* d'une âme passionnée est aigu, sifflant, précipité; l'A est trop long pour elle; il faut une bouche pastorale qui puisse prendre le temps de le prononcer avec lenteur.

CHATEAUBRIAND, *Génie du christianisme*, part. II, liv. III, c. 6, note.

Le Tasse, plus touchant, fait entendre dans son invocation les *accens de* la reconnoissance d'un grand homme infortuné.

LE MÊME, *Voyage en Italie*, Lettre sur Rome à M. de Fontanes.

Il faut des *accens de* vérité pour être éloquent.

Mme DE STAËL, *Consid. sur la révolution françoise*, part. IV, c. 16.

> On entend tour à tour les vœux de l'amitié,
> L'*accent du* désespoir, celui *de* la pitié.

DELILLE, trad. de l'*Énéide*, V.

ACCENT s'emploie de cette manière, même en parlant des animaux.

Les chiens jappent souvent en dormant; et quoique cet aboiement soit sourd et foible, on y reconnoît cependant la voix de la chasse, les *accens de* la colère, les sons du désir ou du murmure.

BUFFON, *Hist. naturelle*, Discours sur la nature des animaux.

Les fauvettes remplissent tous les lieux de la terre et les animent par les mouvemens et les *accens de leur* tendre gaîté.

BUFFON, *Hist. nat.*, la Fauvette, 1re espèce.

Les cris des oiseaux de proie sont aigus, glapissans et entrecoupés de sons graves. Il y en a même qui font entendre les *accens* de la douleur humaine.

BERNARDIN DE SAINT-PIERRE, *Études de la nature*, X.

Sa voix est un clairon; son organe sonore
Marque l'heure des nuits, et réveille l'Aurore;
C'est le chant du matin, c'est l'annonce du jour,
L'*accent* de la Victoire et le cri de l'Amour.

DELILLE, trad. du *Paradis perdu*, VII.

ACCENT s'entend aussi des Inflexions de voix particulières à une nation, aux habitans de certaines provinces.

Je ne tenois plus rien du tout *de* notre pays, non pas même les *accens*, car je demeurois avec des Normands, des Picards, des Gascons et des Parisiens.

SOREL, *Francion*, III.

L'*accent du* pays où l'on est né demeure dans l'esprit et dans le cœur comme dans le langage.

LA ROCHEFOUCAULD, *Maximes*, CCCXLII.

Ayant vieilli dans Athènes, possédant si parfaitement le langage attique, et *en* ayant acquis l'*accent* par une habitude de tant d'années, il ne s'étoit pu donner ce que le simple peuple avoit naturellement et sans nulle peine.

LA BRUYÈRE, *Discours sur Théophraste*.

L'air de cour est contagieux; il se prend à Versailles comme l'*accent* normand à Rouen ou à Falaise.

LE MÊME, *Caractères*, c. 8.

Les Suédois sont les plus ressemblans aux François, et gardent moins l'*accent* de leur païs.

L'ABBÉ DE CHOISY, *Mémoires*, IV.

Il est difficile pour ne pas dire impossible, de se défaire des mauvais *accens* que l'on a pris. Quand vient-on à bout de perdre entièrement l'*accent* normand, ou gascon, ou provençal, ou le parisien, qui n'est peut-être pas le moins mauvais ?

GÉDOYN, *de l'Urbanité romaine*. (Voir *Mém. de l'Acad. des Inscript. et B.-Lettres*, t. VI.)

Sa femme, bien qu'horriblement laide, faisoit l'adora-

ble, et disoit mille sottises assaisonnées d'un *accent* biscayen qui leur donnoit du relief.

LE SAGE, *Gil Blas*, III, 3.

Ce n'est point la voix douce et mignarde de nos Vaudoises; c'est un certain *accent* dur, aigre, interrogatif, impérieux, moqueur, et plus fort que celui d'un homme.

J.-J. ROUSSEAU, *la Nouvelle Héloïse*, part. II, lettre XXI.

En chaque nation, en chaque province, et même en chaque ville, on s'énonce avec une sorte de modulation particulière. C'est ce qu'on appelle *accent* national ou *accent* provincial.

DUMARSAIS, *Mélanges de grammaire*. Art. CONSONNES.

Charles-Quint, s'arrêtant aux divers *accens des* langues européennes, disoit que l'angloise étoit propre à parler aux oiseaux, l'allemande aux chevaux, l'italienne aux dames, la françoise aux hommes, l'espagnole à Dieu.

BERNARDIN DE SAINT-PIERRE, *Harmonies de la nature*. Leçon de botanique à Paul et Virginie.

Un jeune Bordelais qui avait un peu perdu l'*accent*, mais conservé les saillies et la gaîté *de* son pays.

PICARD, *les Filles à Marier*, I, 2.

C'est le seul Gascon qui n'a pris
Ni l'air, ni l'*accent du* païs,
Et l'on jugeroit à sa mine
Qu'il n'a jamais quitté Paris.

CHAPELLE ET BACHAUMONT, *Voyage*.

Tout n'est pas pur, et l'*accent de* province
Ne se perd point, même à la cour du prince.

VOLTAIRE, *la Pucelle*, IV.

On dit en ce sens l'*accent* d'une personne, aussi bien que l'*accent* d'une nation, d'une province :

Voilà, dit-il... en lui-même, l'*accent de* ma chère Elvire; mais hélas! ce n'est pas elle, elle est bien loin d'ici.

REGNARD, *la Provençale*.

Quoiqu'avec beaucoup d'étranger dans son maintien, dans ses expressions et dans *son accent*, il (Law) s'exprimoit en fort bons termes.

SAINT-SIMON, *Mémoires*, 1716, t. XIV, c. 8.

On racontoit à un Gascon une chose extraordinaire; il sourioit : Quoi, Monsieur, lui dit-on, vous ne me croyez pas ? — Pardonnez-moi; mais je ne répéterai pas votre histoire, à cause de *mon accent*.

Mme NECKER, *Mélanges*, t. I, p. 267.

54.

Ou bien encore on l'emploie absolument.

Les deux nations et langues (françoise et italienne) lesquelles sont... pour la plus grant part, ennemyes... par la différence du ciel, des mœurs et des coustumes, quant au fait ; et des *accentz*, contenances et prononciations, quant à la parole.

J. LEMAIRE, *la Concorde des deux langaiges.* Prologue.

De quel païs, Monsieur, êtes-vous ? — De Provence.
— De Provence ? Voyez ! je ne l'aurois pas cru.
Vous n'avez point *l'accent.*—C'est que j'ai tant couru.
En voyageant *l'accent* diminue et s'efface.

COLLIN D'HARLEVILLE, *les Châteaux en Espagne,* II, 4.

ACCENT, soit accompagné d'une épithète qui en détermine le sens, soit pris absolument, sert quelquefois à désigner la prononciation des personnes de province, par opposition à celle des gens instruits de la capitale ; à distinguer celle du bas peuple de celle des gens bien élevés.

Les femmes ouvrants la bouche le plus qu'elles peuvent, font issir leur voix en fausset, remuants la langue entre les dents, la retirants vers le palais, et font un *accent* agu, tel que font les femmes des villages sur la fin de leur cry, en vendant le laict à Paris.

Pierre BELON, *Singularitez et choses memorables de divers pays estranges,* II, 35.

Il se faut garder soigneusement d'un certain *accent* populaire qui rend les plus belles choses désagréables.

Mlle DE SCUDÉRI, *Conversations.* De parler trop ou trop peu.

Comme il me restoit encore un petit *accent,* et même quelques expressions de village, on remédia à cela en disant que j'arrivois de la campagne, et que je n'étois à Paris que depuis deux ou trois mois.

MARIVAUX, *le Paysan parvenu,* part. II.

Aussi est-ce une ancienne maxime que pour bien parler françois, il ne faut point avoir d'*accent.*

D'OLIVET, *de la Prosodie françoise,* art. II, § 1.

Il est fait allusion à ces dernières acceptions d'ACCENT dans le mot que rappelle le passage suivant :

Une femme disoit : « Ce livre est assez agréable, mais il a un mauvais *accent.* »

TALLEMANT DES RÉAUX, *Contes, naïvetés,* etc.

On se sert aussi d'ACCENT, en parlant du Caractère expressif ajouté aux paroles par la manière de les prononcer. De là cette expression *accent pathétique,* qui désigne une modulation de la voix en rapport avec la passion de celui qui parle, et affectant la phrase entière ; de là cette autre expression, *accent oratoire,* laquelle s'entend d'un effort de la voix porté de préférence, en raison de leur importance relative, sur certains mots de la phrase ; de là enfin, dans l'usage ordinaire, pour signifier l'un ou l'autre de ces deux modes d'expression, l'emploi absolu du mot ACCENT.

Fault en cela imiter les joueurs de tragœdies, lesquels adjoustent bien du leur au roolle qu'ils jouent, le geste, l'*accent* et la contenance qui lui est convenable, mais toutesfois ils escoutent tousjours leurs protocolles.

AMYOT, trad. de Plutarque, *OEuvres morales.* Instruction pour ceulx qui manient affaires d'Estat.

Mon desseing est de representer, en parlant, une profonde nonchalance d'*accent* et de visage, et des mouvemens fortuits et impremeditez, comme naissans des occasions presentes.

MONTAIGNE, *Essais,* III, 9.

Leur chant (celui des enfants) n'a jamais d'âme : de même dans la voix parlante, leur langage n'a point d'*accent...* comme dans leur discours il y a peu d'*accent,* il y a peu d'énergie dans leur voix.

J.-J. ROUSSEAU, *Émile,* II.

L'*accent* pathétique ou oratoire, qui par diverses inflexions de voix, par un ton plus ou moins élevé, par un parler plus vif ou plus lent, exprime les sentimens dont celui qui parle est agité, et les communique à ceux qui l'écoutent.

LE MÊME, *Dictionnaire de musique,* art. ACCENT.

Il est vrai que les *accens* sont la modification du son vocal qui approche le plus de la musique, tellement qu'ils paroissent former dans la nature une espèce moyenne, intermédiaire entre la parole et le chant ; comme leur nom même le désigne (*accentus,* id est *ad cantum, prope cantum*). Convenons encore que lorsque l'*accent* est poussé fort loin, dans le mouvement d'une passion véhémente de douleur ou de joie, il devient assez sonore pour se convertir presque tout-à-fait en chant. Aussi le bon goût des *accens* entre-t-il pour beaucoup dans la composition musicale, surtout dans le récitatif et dans les airs passionnés.

DE BROSSES, *De la Formation mécanique des langues,* c. 4, § 50.

C'est l'acteur qui donne au discours tout ce qu'il a d'énergie ; c'est lui qui porte aux oreilles la force et la vérité de l'accent.

DIDEROT, *Entretiens sur le Fils naturel*, II.

La quantité des mots est bornée ; celle des *accens* est infinie ; c'est ainsi que chacun a sa langue propre, individuelle et parle comme il sent.

LE MÊME, *Salon de 1767*, Vernet.

C'est l'*accent* qui donne du caractère à l'expression ; de l'esprit, de la vérité, de la variété à la lecture ; de la vie et de l'âme à la déclamation.

MARMONTEL, *Élémens de littérature*, art. ACCENT.

La voix de Blanca, légèrement voilée, avoit cette sorte d'*accent* qui remue les passions jusqu'au fond de l'âme.

CHATEAUBRIAND, *Aventures du dernier Abencerage*.

Dieu donna à la franchise, à la fidélité, à la droiture, un *accent* qui ne peut être ni contrefait, ni méconnu.

J. DE MAISTRE, *du Pape*, liv. II, c. 7, art. Ier.

A ces mots, prononcés d'un *accent* solennel,
Il se lève...

DELILLE, trad. de l'*Énéide*, VIII.

Jean-Jacques Rousseau semble confondre l'AC-CENT, habitude de prononciation, avec l'ACCENT, moyen d'expression, lorsqu'après avoir dit : « que le peuple et les villageois... parlent presque toujours plus haut qu'il ne faut, qu'en prononçant trop exactement ils ont les articulations fortes et rudes ; qu'ils ont trop d'accent... » il ajoute :

...Se piquer de n'avoir point d'*accent*, c'est se piquer d'ôter aux phrases leur grâce et leur énergie. L'*accent* est l'âme du discours ; il lui donne le sentiment et la vérité. L'*accent* ment moins que la parole : c'est peut-être pour cela que les gens bien élevés le craignent tant.

Emile, I.

La même confusion, mais ici volontaire, se remarque dans l'exemple suivant, où ACCENT a un double sens. Il ne doit pas s'entendre seulement du son des paroles, mais encore de leur expression passionnée.

Conjuguez avec moi, pour bien prendre l'*accent*.
— *Io amo*, j'aime.

— *Io amo*, j'aime.
— Vous ne le dites pas du ton que je demande...
Il faut plus tendrement prononcer ce mot-là.

REGNARD, *le Distrait*, III, 3.

En termes de grammaire, et c'est uniquement comme tel qu'il est considéré dans les anciens Dictionnaires de Rob. Estienne, de J. Thierry, de Nicot, de Cotgrave, de Monet, ACCENT signifie l'Élévation ou l'abaissement de la voix sur certaines syllabes. De là ces expressions : *l'accent syllabique*, *l'accent tonique*, *l'accent prosodique*, ou, absolument *l'accent*, *les accens*.

Que chascune letre ait son son et chascuns moz son *accent*.

BRUNETTO LATINI, *li Tresors*, II, 56.

D'où vient qu'encorès aujourd'huy les Pythopolitains appellent un certain lieu de leur ville la Maison de Hernus ; mais ils faillent à *l'accent* en le mettant sur la dernière syllabe.

AMYOT, trad. de Plutarque. *Vie de Thésée*, c. 7.

Quand j'aurai prouvé que notre langage n'ignore point *les accens* non plus que celuy des Italiens, je protesteray ne vouloir nier pourtant que *les accens* sont observez plus songneusement en la prononciation du leur.

H. ESTIENNE, *de la Précellence du langage françois*.

Priscien... dit dans son traité des *accens* que *l'accent* est la loi, qu'il est la règle certaine qui enseigne comment il faut relever ou abaisser la voix dans la prononciation de chaque syllabe.

DUBOS, *Réflexions critiques sur la poésie et sur la peinture*, III, 4.

L'*accent* nous avertit d'élever ou d'abaisser la voix, et la quantité de s'arrêter plus ou moins sur les syllabes.

ROLLIN, *Traité des Études*, II, 2.

Chez les Grecs, *l'accent* servoit à hausser ou à baisser la syllabe ; chez nous, il sert moins à la baisser ou à la hausser qu'à renfler ou affoiblir le son.

D'ALEMBERT, *Éloge de d'Olivet*, note 7.

...Il y avoit dans le grec et dans le latin des *accens* qui, indépendamment de la signification d'un mot, ou du sens de la phrase entière, déterminoient la voix à s'abaisser sur certaines syllabes, et à s'élever sur d'autres.

CONDILLAC, *Essai sur l'origine des connoissances humaines*, part. II, sect. I, c. 3, § 17.

Cette élévation et cette dépression de la voix étoient plus sensibles chez les anciens qu'elles ne le sont parmi nous, parce que leur prononciation étoit plus soutenue et plus chantante. Nous avons pourtant aussi élèvement et abaissement de la voix dans notre manière de parler, et cela indépendamment des autres mots de la phrase; en sorte que les syllabes de nos mots sont élevées et baissées selon l'*accent prosodique* ou *tonique*, indépendamment de l'accent pathétique, c'est-à-dire du ton que la passion et le sentiment font donner à toute la phrase.

Dumarsais, *Mélanges de Grammaire*, art. Accent.

Enfin les signes qui servent à marquer les *accents*, reçoivent eux-mêmes le nom d'accent.

Les gens doctes ont de coustume de faire servir les *accens* en deux sortes. L'une est en prononciation et expression de voix, expression dicte quantité de voyelle; l'autre en imposition de marcque sur quelcque diction.

Est. Dolet, *la Manière de bien traduire*. Des accens.

Il me recommanda de la copier (l'homélie) avec toute l'exactitude possible. Je n'y manquai pas; je n'oubliai ni *accent*, ni point, ni virgule.

Le Sage, *Gil Blas*, VII, 3.

Toutes ces modifications de la voix, qui sont très-sensibles dans l'élocution, sont ou peuvent être marquées dans l'écriture, par des signes particuliers que les anciens grammairiens ont aussi appelés *accens*. Ainsi, ils ont donné le même nom à la chose et au signe de la chose...

Les Grecs paroissent être les premiers qui ont introduit l'usage des *accens* dans l'écriture... Au reste, ces *accens* dès Grecs n'ont eu pour objet que les inflexions de la voix, en tant qu'elle peut être ou élevée ou rabaissée...

Aujourd'hui, dans la grammaire latine, on ne donne le nom d'*accent* qu'aux trois signes dont nous avons parlé, le grave, l'aigu et le circonflexe... Mais les anciens grammairiens latins n'avoient pas restreint le nom d'*accent* à ces trois signes. Priscien, qui vivoit dans le sixième siècle, et Isidore, qui vivoit peu de temps après, disent également que les Latins ont dix *accens*.

Dumarsais, *Mélanges de Grammaire*, art. Accens.

Si l'on croit suppléer à l'accent par les *accens*, on se trompe; on n'invente les *accens* que quand l'accent est déjà perdu.

J.-J. Rousseau, *Essai sur l'Origine des langues*, c. 7.

Ils savent à propos placer une virgule,
Pas un *accent* n'échappe à leur docte scrupule.

Delille, trad. de l'*Épître de Pope à lord Arbuthnot*.

Nous avons en français trois accents : *l'accent aigu* ('), *l'accent grave* (\`), et *l'accent circonflexe* (ˆ). On a mis en doute que ce fussent de véritables *accents*.

Nous croyons avoir des *accens* dans notre langue, et nous n'en avons point : nos prétendus *accens* ne sont que des voyelles ou des signes de quantité.

J.-J. Rousseau, *Essai sur l'Origine des langues*, c. 7.

Il est bien vrai que ces signes ne servent point à indiquer l'élévation ou l'abaissement de la voix sur certaines syllabes, mais tantôt à faire connaître la prononciation d'une voyelle, tantôt à distinguer le sens d'un mot d'un autre mot qui s'écrit de même.

On met *l'accent aigu* sur un é pour marquer que c'est un é fermé, et qu'il doit être prononcé comme dans ces mots *santé, charité*. Cette manière d'écrire ne fut d'abord reçue que pour le singulier. Est. Dolet (ouvrage cité) conseilla de l'étendre au pluriel, où l'on se servait et où l'on continua longtemps après lui, dans le seizième siècle et même dans le dix-septième, d'après l'autorité de Vaugelas, de Regnier Desmarais, des auteurs du Dictionnaire de Trévoux, de se servir de la terminaison *ez, santez, charitez*.

On met l'accent grave sur un è pour marquer que c'est un e ouvert, comme dans *procès, succès*. Mais l'usage de cette orthographe, aujourd'hui général, ne paraît pas remonter plus haut que le dix-huitième siècle. Auparavant on mettait seulement l'accent grave, comme on n'a pas cessé de le mettre, sur à, préposition, pour le distinguer de a, troisième personne du singulier du présent de l'indicatif du verbe *avoir*; sur là, adverbe, pour le distinguer de *la* article; et sur *où*, adverbe, pour le distinguer de *ou* conjonction.

Quant à *l'accent circonflexe*, on le met sur les voyelles longues, où il indique la suppression d'une voyelle comme dans *âge*, *rôle* (*aage*, *roole*), ou celle d'un *s*, comme dans *tête*, *gîte*, *côte*, *flûte* (*teste*, *giste*, *coste*, *fluste*). Cette suppression n'étant devenue commune que dans le cours du seizième siècle, on ne peut faire remonter plus haut l'usage de l'accent circonflexe. C'est assez récemment qu'on a pris l'habitude de marquer de cet accent circonflexe l'*a* du mot *âme*, pour conserver la trace de la contraction qui a formé ce mot du latin *anima*. (Voyez Ame.)

Rousseau considérant le rôle que joue en certains cas notre *accent*, l'appelle *accent orthographique* (*Essai sur l'Origine des langues*, c. 7).

Accent a, en musique, des acceptions analogues qu'il appartient aux ouvrages spéciaux d'expliquer. Il s'y dit, par exemple, de l'Expression dont un joueur d'instruments, un chanteur, animent leur exécution, un compositeur son œuvre.

Accent sert aussi quelquefois à désigner certaines qualités énergiques et expressives dans les productions de la sculpture et de la peinture.

Voyez dans le *Dictionnaire de l'Académie des beaux-arts* l'article Accent.

ACCENTUER, v. a.

On lit dans le lexique latin-français du treizième siècle (n° 7692, Bibl. impér.), comme traduction du barbarisme *accentuare*, et dans le *Glossaire de Sainte-Palaye*, qui renvoie au glossaire de l'*Histoire de Bretagne*, Accenter.

Accentuer, ainsi qu'*accent*, dont il est formé, a été lui-même employé d'une manière générale dans le sens de Chanter, réciter.

> Là maint gosier barritonant bondit,
> Qui lay prononce ou balade *accentue*,
> Virelay vire, ou rondel arondit.
> J. Lemaire, La concorde des deux langaiges.

On le prend de plus dans autant de sens particuliers que l'on compte de genres d'*accents*, pour dire Marquer fortement

Soit l'*accent* pathétique ou oratoire :

L'homme a trois sortes de voix, savoir : la voix parlante ou articulée, la voix chantante ou mélodieuse, et la voix pathétique ou *accentuée*, qui sert de langage aux passions et qui anime le chant et la parole.
J.-J. Rousseau, Émile, II.

L'art de bien parler, de bien réciter, soit pour l'acteur, soit pour l'orateur, consiste singulièrement à *accentuer* plus ou moins la parole, selon le genre d'élocution, et à l'*accentuer* toujours avec justesse et sobriété.
Marmontel, Élémens de littérature, art. Accent.

Soit l'*accent* grammatical.

Il est comme impossible que le geste des personnes qui parlent une langue dont la prononciation est devenue plus sonore et plus *accentuée*, ne devienne pas aussi plus vif et plus fréquent.
Dubos, Réflexions critiques sur la poésie et la peinture, III, 4.

Plus la langue est *accentuée*, et par conséquent mélodieuse et chantante, plus aussi ceux qui la parlent ont naturellement de facilité à chanter.
J.-J. Rousseau, Dictionnaire de musique, art. Chant.

Accentuer est employé en ce sens, mais par figure, dans le passage suivant :

Enfin la nature fait entendre cette lettre rurale (A) dans ses bruits, et une oreille attentive peut la reconnoître diversement *accentuée* dans le murmure de certains ombrages..., dans la première voix ou dans la finale du bêlement des troupeaux, et la nuit dans les aboiements du chien rustique.
Chateaubriand, Génie du christianisme, III, 6, note.

Le sens le plus ordinaire d'accentuer est Employer les signes nommés *accents*.

> Un bon faiseur de commentaires
> Qui dans quelques vieux exemplaires,
> Après s'être longtemps tué,
> Trouve un mot mal *accentué*,
> Enchanté de sa découverte
> De son temps ne plaint point la perte.
> Ch. Perrault, la Chasse.

Accentuer a passé, comme accent, dans la langue des beaux-arts et on l'y emploie d'une manière analogue, particulièrement en louant, dans l'exécution ou la composition des œuvres musicales, dans les productions de la sculpture et de la peinture, certaines qualités expressives et énergiques. (Voyez dans le *Dictionnaire de l'Académie des beaux-arts* l'article ACCENTUER.)

La partie à laquelle je m'étois le plus attaché, et où je m'éloignois le plus de la route commune, étoit le récitatif. Le mien étoit *accentué* d'une façon toute nouvelle et marchoit avec le débit de la parole.

J.-J. ROUSSEAU, *les Confessions*, II, 8.

ACCENTUÉ, ÉE, participe.

ACCENTUATION, s. f.

Manière d'*accentuer*, c'est-à-dire de marquer l'*accent* dans la parole, ou surtout d'employer dans l'écriture les signes nommés *accents*.

Un autre objet qui eût été bien digne des observations et peut-être même des réformes de l'abbé d'Olivet, c'est l'usage absurde qu'on fait des accens dans la langue françoise, même pour déterminer la prononciation de certaines syllabes. On prodigue l'accent aigu dans un grand nombre de mots, qu'on prononceroit ridiculement en suivant à la rigueur cette *accentuation*.

D'ALEMBERT, *Éloge de d'Olivet*, note 7.

ACCEPTER, v. a. (du latin *Acceptare*, fréquentatif d'*accipere*).

Agréer ce qui est offert.

ACCEPTER reçoit pour régimes des noms de toutes sortes, et d'abord des noms de choses, pris au propre ou au figuré;

Au propre :

Pour éviter de diviser nostre religion, avons esté contrainctz d'*accepter* l'isle de Malte qu'il a pleu à l'empereur nous offrir.

VILLIERS L'ILE-ADAM, *Lettre au maréchal de Montmorency*, juin 1527. (Voir *Négociations de la France dans le Levant*, t. I, p. 138.)

Acceptez pour gage de ma foi cet anneau que je vous donne.

MOLIÈRE, *l'Amour médecin*, III, 6.

Elle vous a donc dit, entre autres choses, que je n'avois plus ce gros brillant qu'en badinant vous me mites l'autre jour au doigt et que vous me forçâtes d'*accepter*.

LE SAGE, *Turcaret*, II, 3.

La plupart des citoyens rougirent d'*accepter* la solde même, et voulurent servir à leurs dépens.

MONTESQUIEU, *Grandeur et décadence des Romains*, c. 16.

Lorsque les Normands... eurent, pendant plusieurs siècles, ravagé la France, ne trouvant plus rien à prendre, ils *acceptèrent* une province qui étoit entièrement déserte et se la partagèrent.

LE MÊME, *même ouvrage*, c. 19.

J.-J. Rousseau a l'honneur d'offrir à messieurs les Oratoriens de Montmorency un exemplaire d'Émile. *Accepter* un ouvrage, ce n'est pas s'engager à adopter toutes les opinions de l'auteur. En conséquence Jean-Jacques Rousseau espère que son hommage ne sera pas refusé.

J.-J. ROUSSEAU, *Billet aux Oratoriens de Montmorency*.

Mais enfin apprenez qu'*accepter* des cassettes
Et de ces beaux blondins écouter les sornettes
. . . .
Est un péché mortel des plus gros qu'il se fasse.

MOLIÈRE, *École des femmes*, II, 6.

Au figuré.

Un maire de Londres va le lendemain suivi de cette populace lui offrir la couronne. Il l'*accepte*; il se fait couronner sans assembler le parlement.....

VOLTAIRE, *Essai sur les mœurs*, c. 117.

[autre :
Je ne veux point changer mon sceptre contre un
Je perdrois ma couronne en *acceptant* la vôtre.

P. CORNEILLE, *Médée*, II, 5.

Ma main de se donner n'est point embarrassée,
Et voilà votre ami, sans trop m'inquiéter,
Qui, si je l'en priois, la pourroit *accepter*.

MOLIÈRE, *le Misanthrope*, V, 8.

J'eusse *accepté* le trône avec moins de plaisir.

J. RACINE, *les Frères ennemis*, IV, 3.

En *acceptant* son cœur, je refuse sa main.

DESTOUCHES, *le Glorieux*, I, 9.

ACCEPTER a très-souvent aussi pour régimes des noms abstraits.

Ainsi on dit ACCEPTER des dons, des secours, des offres, des promesses, une invitation, etc.

Le duc d'Anjou, qui tendoit toujours à hanter seigneuries et hauts honneurs, si retint les dons à grand magnificence et les *accepta* pour lui et pour ses hoirs.

FROISSART, *Chroniques*, II, 5o.

Nous admirons Xenocrates de ce qu'il ne voulut pas *accepter* un present de cinquante talens qu'Alexandre luy envoyoit; n'admirerons-nous pas aussi celuy qui le luy donnoit.

AMYOT, trad. de Plutarque, *OEuvres morales.* De la fortune ou vertu d'Alexandre, traité I.

Fabrice, qui n'étoit farouche que dans le combat, et ne savoit offenser que des rois armés, ne voulant pas *accepter* ce qui lui avoit été offert, le voulut refuser de bonne grâce.

BALZAC, *le Romain.* Discours II.

C'est ainsi, prophète, ajoutoit le Seigneur, que je regarde les habitans de Jérusalem... Or sache que je n'*accepte* plus leurs sacrifices.

BOURDALOUE, *Sermons.* Sur l'état du péché et l'état de la grâce.

François se servit-il de l'ascendant qu'il eut sur l'esprit es princes? *accepta*-t-il les libéralités et les présens qu'ils lui offrirent?

FLÉCHIER, *Panégyrique de saint François de Paule.*

Je vous réitère encore la promesse que je vous ai faite : ne l'*acceptez*-vous pas, et ne voulez-vous pas consentir à être ma femme?

MOLIÈRE, *le Festin de Pierre*, II, 2.

Dans cet embarras, il aperçoit parmi les spectateurs un de ses amis qui lui avoit souvent fait des offres de service, que par fierté il n'avoit jamais voulu *accepter.* Il perd toute honte en cette occasion.

LE SAGE, *le Diable boiteux*, c. 8.

Le ministre le remercia poliment de son zèle, et n'*accepta* point ses services.

VOLTAIRE, *des Mensonges imprimés*, art. XVII.

La plus digne réponse que je puisse faire à vos offres est de les *accepter*, et je les *accepte.*

J.-J. ROUSSEAU, *Lettres*, 4 déc. 1765.

Elle ne me quitta.... qu'un quart d'heure pour une visite qui lui attira des importunités désolantes et des invitations qu'elle n'eut garde d'*accepter.*

Je ne crus point, après tout, me compromettre en *ac-*

I.

ceptant un dîner où j'étois en quelque sorte invité par tout le monde.

LE MÊME, *les Confessions*, part. I, l. VI, x.

Si l'hymen, comme à vous, me paroissoit charmant,
J'*accepterois* votre offre avec ravissement.

MOLIÈRE, *les Femmes savantes*, III, 7.

Qui n'*eût* pas *accepté*, comme je viens de faire,
L'inestimable bien que m'offre votre père?

BOURSAULT, *le Mercure galant*, III, 2.

J'*accepte* tous les dons que vous me voulez faire.

J. RACINE, *Phèdre*, II, 3.

...Pour te couvrir de sa main redoutable,
Accepte de mon corps l'épaisseur favorable.

BOILEAU, *le Lutrin*, V.

J'*accepte* vos présens. Cette cendre est à vous.

VOLTAIRE, *Oreste*, III, 6.

ACCEPTER des titres, des dignités, des emplois, etc.

Il taschoit à esviter les charges qui estoyent ou trop difficiles, ou trop petites; et là où il en *acceptoit* quelque une, son regard estoit tousjours de ne rien hazarder.

AMYOT, trad. de Plutarque, *Vie de Nicias*, c. 3.

Théodose .... quitta sans répugnance l'empire qu'il n'avoit *accepté* que par force.

BOSSUET, *Discours sur l'Histoire universelle*, I, 11.

Ils burent à la santé de leur roi, qui, n'*acceptant* pas encore ce titre, leur fit raison à la liberté de la république.

Le roi... permit au duc de Berwick d'*accepter* la grandesse que le roi d'Espagne lui accorda.

SAINT-SIMON, *Mémoires*, 1697, t. II, c. 2; 1707, t. V, c. 22.

Les lois doivent-elles forcer un citoyen à *accepter* les emplois publics?

MONTESQUIEU, *Esprit des lois*, V, 19.

ACCEPTER la liberté, la gloire, le bonheur, etc.

Vous croyez que la vertu se tient lieu de digne et suffisante récompense, mais que néanmoins elle *accepte* la gloire sans l'exiger.

BALZAC, *De la Gloire.*

As-tu pensé que je pusse *accepter* ma liberté aux dépens de la tienne?

MONTESQUIEU, *Lettres persanes*, LXVII.

Cependant c'en est peu (de prudence) que de n'ac-
[cepter pas
Le bonheur qu'on recherche au péril du trépas.
P. Corneille, Cinna, II, 2.

Accepter est d'usage dans le langage mystique, en parlant des sentiments de soumission, de résignation, des sacrifices volontaires, dont l'homme fait hommage à Dieu, et qui sont agréés de lui.

Le cœur qui s'unit au cœur de Dieu ne se peut empescher d'aimer et d'*accepter* enfin suavement les traits que la main de Dieu descoche sur luy.
S. François de Sales. Lettres. A une dame, sur la mort
de son fils.

Acceptez la mort et la vie de tout ce que vous aimez, pour l'amour de celui qui donna sa vie et reçut la mort pour vous.
Le même, Lettre à une parente, 11 nov. 1614.

Et vous, pauvres, apprenez à vous consoler dans votre pauvreté.... toute nécessaire qu'elle est, faites-en une pauvreté volontaire, en l'*acceptant* avec soumission, et en la supportant avec patience.
Bourdaloue, Sermons. Sur les richesses.

C'étoit assez que la victime se présentât devant l'autel : son sacrifice fut agréable, quoiqu'il ne *fût* pas *accepté*.
Fléchier, Oraison funèbre de Mme d'Aiguillon.

On dit très-communément accepter des propositions, des conditions, un marché, un traité, un rendez-vous, une démission, etc.

Ceste chose ne vouloient accorder les Anglois ni *accepter*.
Froissart, Chroniques, l. I, part. I, c. 146.

...Et, meuz de grant avarice, aymoient mieulx la piller, que *accepter* appoinctement, qui leur fut offert.
Commynes, Mémoires, II, 1.

Par le péché vous avez perdu la grace de Dieu, quitté votre part de paradis, *accepté* les peines éternelles de l'enfer, et renoncé à... l'amour éternel de Dieu.
S. François de Sales, Introd. à la vie dévote, part. Ire, c. 6.

Le confesseur dit au prélat que le roi avoit *accepté* sa démission.
Saint-Simon, Mémoires, 1697, t. I, c. 41.

Je ne sache rien de si magnanime que la résolution que prit un monarque qui a régné de nos jours, de s'ensevelir plutôt sous les débris du trône que d'*accepter* des propositions qu'un roi ne doit pas entendre.
Montesquieu, Grandeur et décadence des Romains, c. 5.

Venceslas, éveillé de son sommeil léthargique, veut enfin défendre sa couronne impériale contre Robert. Les deux concurrens *acceptent* la médiation du roi de France Charles VI.
Voltaire, Annales de l'empire. 1402-1403. Robert.

Ce traité, qui paraissait si naturel, ... ne *fut* cependant pas *accepté* du duc d'Orléans.
Le même, Histoire de Charles XII, liv. VIII.

Hé, mutuellement, croyons-nous gens de bien!
Je risque plus du mien que tu ne fais du tien;
Accepte sans façon le marché qu'on propose.
Molière, Sganarelle, sc. 22.

Et faisons qu'à ses fils il ne puisse dicter
Que les conditions qu'ils voudront *accepter*.
J. Racine, Mithridate, I, 5.

Accepter un défi, un duel.

Les chevaliers dudit ordre (du roi) ne peuvent envoyer ny *accepter* cartel ne combat l'un contre l'autre.
Martin du Bellay, Mémoires, liv. VIII, ann. 1537.

Et Navarrus dit fort bien qu'en cette occasion il est permis d'*accepter* et d'offrir le duel : *Licet acceptare et offerre duellum.*
Pascal, Provinciales, VII.

Il arriva même quelquefois que les gens d'église offrirent et *acceptèrent* le duel.
Voltaire, Essai sur les mœurs, c. 100.

Cependant mon hableur, avec une voix haute,
Porte à mes campagnards la santé de notre hôte,
Qui tous deux pleins de joie, en jetant un grand cri,
Avec un rouge-bord *acceptent* son défi.
Boileau, Satires, III.

Accepter le combat, le jour du combat.

Et conseilla adonc qu'on envoyast hérauts par devers le roi de France pour demander et *accepter* la journée de la bataille.
Froissart, Chroniques, liv. I, part. Ire, c. 90.

Annibal présenta la bataille plusieurs jours de suite

à Fabius, qui, bien loin de l'*accepter*, ne laissoit pas sortir un seul homme de son camp.

> Saint-Évremond, *Réflexions sur les divers génies du peuple romain*, c. 7.

Les brebis, pour leur niceté (niaiserie, sottise),
Orent jà pris et *accepté*,
Contre les loups, jour de bataille.

> Ysopet, I, fable 49. (V. Robert, *Fables inédites*, t. I, p. 202.)

Accepter la paix.

Moi j'*accepte* la paix que vous m'avez offerte.

> P. Corneille, *Sertorius*, V, 7.

Accepter un testament, une succession, un legs, etc.

Ceux qui premiers virent ce testament, s'en mocquerent : mais ses heritiers en ayant esté advertis, l'*accepterent* avec un singulier contentement.

> Montaigne, *Essais*, I, 27.

Quand ce fut à lui (Monseigneur) à parler... se tournant vers le roi d'un air respectueux mais ferme, il lui dit... qu'il prenoit la liberté de lui demander son héritage puisqu'il étoit en état de l'*accepter*.

> Saint-Simon, *Mémoires*, 1700, t. III, c. 3.

Ce chapitre fut fait pour éviter que la succession ne fût tellement épuisée par des legs, que l'héritier refusât de l'*accepter*.

> Montesquieu, *Esprit des lois*, XXVII, 1.

Accepter une lettre de change : cette expression est employée au figuré dans l'exemple suivant :

Je crois mes lettres de change *acceptées* de trop bonne foi pour ne pas être acquittées exactement.

> Mme de Sévigné, *Lettres*, 12 août 1674.

Accepter une loi, une ordonnance, un édit, etc.

Nous embrassons l'évangile de cet envoyé de Dieu, nous *acceptons* la loi de ce Souverain législateur.

> Bourdaloue, *Exhortations*. Sur le Couronnement d'épines.

Ces ressorts (de la politique) furent employés pour faire *accepter* la Constitution par la Sorbonne.

> Voltaire, *Siècle de Louis XIV*, c. 37.

Je leur remontrerai qu'il faut *accepter* votre édit purement et simplement, comme on *acceptait* la bulle.

> Le même, *Lettres*, 8 décembre 1775.

Accepter, toujours avec des noms abstraits pour régimes, a servi quelquefois à marquer élégamment certaines nuances délicates ; à exprimer, par exemple, La reconnaissance d'un principe, d'une règle :

Ce qui doit la faire *accepter* (cette règle), c'est la raison naturelle qui lui sert d'appui.

> P. Corneille, *Discours sur la tragédie*, III. Des trois unités.

C'est l'usage. — L'usage ? Eh bien ! soit. Je l'*accepte*.

> Boursault, *le Mercure galant*, IV, 6.

L'adhésion de l'esprit à une idée offerte, présage, espérance, occasion, etc. :

J'*accepte* ces présages que je crois heureux.

> Fénelon, *Télémaque*, XIV.

Ah ! je respire, Arsace, et tu me rends la vie :
J'*accepte* avec plaisir un présage si doux.

> J. Racine, *Bérénice*, III, 2.

Je chéris, j'*acceptai*, sans tarder davantage,
L'heureuse occasion de sortir d'esclavage ;
D'autant plus qu'il falloit l'*accepter* ou périr.

> Le même, *Bajazet*, V, 4.

Et sur mes foibles mains fondant leur délivrance,
Il me fit d'un empire *accepter* l'espérance.

> Le même, *Esther*, I, 1.

La soumission de la volonté à quelque épreuve pénible, la résignation, le dévouement, le sacrifice.

Combien void-on de monde en la guerre des Turcs et des Grecs *accepter* plus tost la mort très-aspre que de se descirconcire pour se baptiser !

> Montaigne, *Essais*, I, 40.

Il douta si son cousin *accepteroit* le dangereux personnage qu'il avoit à jouer dans cette pièce hors des règles.

> Scarron, *Nouvelles*. La Précaution inutile.

Ce peuple abandonneroit son pays ou se livreroit à la mort, plutôt que d'*accepter* la servitude.

> Fénelon, *Télémaque*, VII.

Il *accepteroit* comme une grâce l'état le plus obscur et le plus rampant, si l'on vouloit prolonger ses jours.
Massillon, Avent. Le jour des Morts.

La résignation qui *accepte* l'adversité.
Diderot, Vie de Sénèque.

Pour mettre en sûreté quelques restes de vie,
Vous *avez* du triomphe *accepté* l'infamie,
Et ce peuple déçu qui vous tendoit les mains,
N'a revu dans son roi qu'un captif des Romains.
P. Corneille, Sophonisbe, III, 6.

S'il faut être du mal instrument ou victime,
J'*accepte* la douleur, épargne-moi le crime.
Thomas, Pétréide. Fragments.

Dans un sens analogue on a dit spirituellement Accepter une chose, pour S'y faire, s'y accoutumer.

Le naturel qui *accepteroit* la rubarbe comme familiere, en corromproit l'usage : il faut que ce soit chose qui blesse notre estomach pour le guerir.
Montaigne, Essais, I, 29.

Accepter n'a pas seulement pour régimes des noms de choses, mais encore des noms de personnes.

Il est alors assez ordinairement lié par la préposition *pour* à un autre nom qui marque à quel titre, en quelle qualité la personne *est acceptée.* Accepter *pour* maître, *pour* époux, *pour* gendre, etc.

Charles XI, roi de Suède... mourut avec l'honneur d'*avoir été accepté pour* médiateur de la paix qui se traitoit.
Saint-Simon, Mémoires, 1697, t. II, c. 1.

Nous respectons don Sanche et l'*acceptons pour*
[maître.
P. Corneille, Don Sanche d'Aragon, IV, 2.

Elle-même a semé cette erreur populaire
D'un faux Héraclius qu'elle *accepte* pour frère.

Je t'adopte pour fils, *accepte*-moi *pour* père.
Le même, Héraclius, I, 3; V, 3.

Parlons à votre femme, et voyons à la rendre
Favorable... — Il suffit, je l'*accepte pour* gendre.
Molière, les Femmes savantes, II, 4.

Elle venoit, seigneur, fuyant votre courroux,
A la face des Dieux l'*accepter pour* époux.
J. Racine, Phèdre, V, 6.

On dit de même *accepter* un maître, un époux, un gendre, etc.

Son père l'aura contrainte d'*accepter* un nouvel époux.
Fénelon, Télémaque, VII.

Votre plus court sera, madame la mutine,
D'*accepter* sans façon l'époux qu'on vous destine.
Molière, Sganarelle, sc. 1.

Quelquefois une ellipse de pensée permet de dire, absolument, *accepter* une personne.

Ce sont princes qui n'*acceptent* pas les hommes à moitié, et mesprisent les services limitez et conditionnez.
Montaigne, Essais, III, 1.

Jésus-Christ offert pour nous, Jésus-Christ livré pour nous, Jésus-Christ *accepté* pour nous; c'est-à-dire Jésus-Christ offert, livré, *accepté* comme le prix de notre rédemption.
Bourdaloue, Mystères. Sur la Purification de la Vierge.

C'est un homme que je n'épouse point par amour, et sa seule richesse me fait résoudre à l'*accepter.*
Molière, le Mariage forcé, sc. 12.

Il... m'envoie à sa place, avec un petit mot de lettre pour me faire *accepter.*
Le même, le Sicilien, sc. 10.

Dès ce moment je me donne à vous : faites voir, par la promptitude avec laquelle vous m'*accepterez,* combien ce présent vous est cher.
Montesquieu, Lettres persanes, LXVII.

Venez à moy, vous tous qui par labeur
Estes lassez, et chargez de douleur;
Je suis celuy qui vous *accepteray.*
Marguerite de Navarre, Marguerites de la Marguerite, Le miroir de l'âme pécheresse.

Vous n'osez m'*accepter,* et disposez de moi.
P. Corneille, Sertorius, II, 2.

J'ai deux amis aussi que je vous puis donner,
Qui contre tout venant sont gens à dégaîner...
Acceptez-les, monsieur.
Molière, le Dépit amoureux, V, 3.

Mais s'il s'en rencontroit quelqu'un qui pût me plaire,
Je pourrois l'*accepter* ainsi qu'a fait ma mère.
R<small>EGNARD</small>, *le Distrait*, I, 4.

En citoyen zélé, j'*accepte* votre fille.
V<small>OLTAIRE</small>, *Tancrède*, I, 1.

Dans l'exemple suivant, ACCEPTER, construit de cette manière, a le sens de *faire acception*.

Pensant qu'il falloit à ung chascun faire droict sans varier ny *accepter* personne.
R<small>ABELAIS</small>, *Pantagruel*, II, 13.

D'autres fois ACCEPTER se lie par la préposition *de* à un nom de chose ou de personne qui marque d'où vient ce qui est offert ; ACCEPTER *de* quelqu'un, *de* la main de quelqu'un.

Pensez-vous que les dieux...
*D'*une main parricide *acceptent de* l'encens.
P. C<small>ORNEILLE</small>, *Horace*, V, 2.

De la main de César Brutus l'*eût acceptée.*
L<small>E MÊME</small>, *Cinna*, III, 2.

La paix ! ah ! *de* sa main pourriez-vous l'*accepter ?*
J. R<small>ACINE</small>, *Alexandre*, I, 2.

ACCEPTER peut devenir verbe pronominal ; on dit s'ACCEPTER au sens passif de Être accepté.

Ce sont de ces choses qui *s'acceptent* et qui ne se demandent pas.
J.-J. R<small>OUSSEAU</small>, *Lettres*, 23 octobre 1768.

Enfin l'offre *s'accepte*, et la paix désirée
Sous ces conditions est aussitôt jurée
P. C<small>ORNEILLE</small>, *Horace*, I, 4.

ACCEPTER peut aussi être employé absolument.

Mais, lui dis-je, quel pouvoir auront des évêques fortuitement à Paris, ou qui y seront mandés, d'*accepter* pour leurs comprovinciaux, destitués de procurations d'eux ?
S<small>AINT</small>-S<small>IMON</small>, *Mémoires*, 1713, t. XI, c. 1.

On dit qu'un pape, à son élection, pénétré de son incapacité, fit d'abord des difficultés infinies. Il *accepta* enfin, et livra à son neveu toutes les affaires. Il étoit dans l'admiration et disoit : « Je n'aurois jamais cru que cela eût été si facile. »
M<small>ONTESQUIEU</small>, *Esprit des lois*, II, 5.

On composa un corps de doctrine qui contenta presque les deux partis ; on tira parole du cardinal qu'enfin il *accepterait.*
V<small>OLTAIRE</small>, *Siècle de Louis XIV*, c. 37.

Elle (madame de Luxembourg) avoit ouï parler de la Julie : elle savoit qu'on l'imprimoit ; elle marqua de l'empressement de voir cet ouvrage ; j'offris de le lui lire : elle *accepta.*
J.-J. R<small>OUSSEAU</small>, *les Confessions*, II, 9.

ACCEPTER est ainsi employé, mais, de plus, pris substantivement dans le passage suivant :

Comme le donner est qualité ambitieuse et de prerogative, aussi est l'*accepter* qualité de soubmission.
M<small>ONTAIGNE</small>, *Essais*, III, 9.

Le participe présent d'ACCEPTER a été lui-même quelquefois employé substantivement.
On a dit au Palais :

Un tel est l'*acceptant*, une telle est l'*acceptante.*
R<small>ICHELET</small> et F<small>URETIÈRE</small>, *Dictionnaires*.

D'autres fois, ACCEPTANT a pu servir à désigner un parti religieux ou politique formé par un acte d'adhésion commune.

L'Église de France resta divisée en deux factions, les *acceptans* et les *refusans* : les *acceptans* étaient les cent évêques qui avaient adhéré sous Louis XIV avec les jésuites et les capucins ; les *refusans* étaient quinze évêques et toute la nation.
V<small>OLTAIRE</small>, *Siècle de Louis XIV*, c. 37.

ACCEPTÉ, ÉE, participe.
Autrefois : ACCEPT. (Voir le *Glossaire de* Sainte-Palaye.)
Un de nos anciens auteurs s'en est servi avec élégance dans un des sens du latin *acceptus*, en parlant d'un livre Reçu favorablement du public, accrédité, adopté :

Et pour ce, par l'espace de mil et six cens ans et plus, en toutes loys et sectez et par tout le monde, a esté plus *accepté* et en plus grande auctorité que quelconque autre escripture de polices mondaines.
Nicole O<small>RESME</small>, trad. de la Politique d'Aristote. *Dédicace à Charles V.*

ACCEPTABLE, adj. des deux genres (du latin *Acceptabilis*).

Autrefois : ACCETAVLE, ACEPTABLE. (Voir le *Glossaire de Sainte-Palaye.*)

ACCEPTABLE a été très-anciennement employé dans le sens que les auteurs ecclésiastiques donnent à *acceptabilis*, et où se prenait, on vient de le voir, d'après le latin *acceptus*, notre mot *accepté*, celui de Reçu favorablement, d'agréable, soit en parlant des choses, soit en parlant des personnes. C'est par *acceptus*, par *gratus* qu'ils le traduisent, dans leurs Dictionnaires, Rob. Estienne et Nicot.

Si veirement cume Deus vit, prudum es e leals; et tis alers e tis venirs devant mei mult m'est *acceptables.*
Les quatre livres des Rois, I, XXIX, 6.

Je voudrois bien, de plusieurs aultres presens qu'ils (les ans) ont à faire à ceux qui les hantent longtemps, qu'ils en eussent choisi quelqu'un qui m'eust esté plus *acceptable.*

Il n'en est aulcune (chose) si laide et vicieuse et esvitable, qui ne puisse devenir *acceptable* par quelque condition et accident.

S'estudiant l'amant de se rendre *acceptable* par la bonne grace et beauté de son ame, celle de son corps estant pieça fanée.
MONTAIGNE, *Essais*, II, 37 ; III, 5 ; I, 27.

.... Tel proiere doit hum faire
Qui à la gent ne seit nuisable
Et qui à Deu soit *acceptable.*
MARIE DE FRANCE, *Fables*, XXV, 13.

De bonne heure cependant, ACCEPTABLE s'est réduit à signifier Qui peut, qui doit être *accepté.*

Diex a fait *acceptable* justice sanz les œuvres de la loy.
SAINT-PAUL, *Épître aux Romains;* GUYART-DESMOULINS, *la Bible historiale*, ms. Aᶠ. 1², Bibl. Sainte-Geneviève.

Ce n'estoit pas honorable ni *acceptable* de prendre en trève et en repit ville, chastel ni forteresse.
FROISSART, *Chroniques*, l. II, c. 221.

Ce mot, que Danet disait être : « de très-peu d'usage », a été cependant fort employé.

Les Anglais, en effet, n'étaient venus que dans l'intention de se montrer, et d'engager le czar, par ces démonstrations, à faire aux Suédois des conditions de paix *acceptables.*
VOLTAIRE, *Histoire de Pierre le Grand*, part. II, c. 16.

La rente que vous me proposez, trop forte pour le capital, ne me paroît pas *acceptable*, même à mon âge.
J.-J. ROUSSEAU, *Lettres*, 26 mars 1767.

J'en fis la proposition... sans trop imaginer qu'elle fût *acceptable.*
Mᵐᵉ DU DEFFAND, *Lettres*, 15 novembre 1772. A H. Walpole.

On se doute bien que madame Goëzman n'acceptoit rien, parce qu'en effet rien n'étoit *acceptable.*
BEAUMARCHAIS, *Mémoires*, procès Goëzman, part. I.

La parole étoit encore un médiateur *acceptable* entre les deux partis.
Mᵐᵉ DE STAËL, *Consid. sur la Révolution franç.*, IIᵉ part., c. 17.

D'ACCEPTABLE on avait fait, dans les temps les plus anciens de la langue,
ACCEPTABLEMENT.

Samuel *acceptablement* el tabernacle serveit.
Les quatre livres des Rois, I, 11, 18.

ACCEPTATION, s. f.

Peut-être ce mot a-t-il été dérivé directement d'*accepter*, sans l'intermédiaire d'*acceptatio* qu'on lit, il est vrai, dans quelques manuscrits d'Apulée, mais à la place duquel le plus grand nombre donne *acceptio*.

ACCEPTATION signifie l'Action d'*accepter*, et se construit avec la préposition *de* régissant d'ordinaire le nom de la chose *acceptée.*

De là des expressions fort usitées dans le langage mystique :

La simple et pure *acceptation* de la volonté de Dieu rend une souffrance extrêmement pure.
S. FRANÇOIS DE SALES, *Introd. à la vie dévote*, part. III, c. 16.

Soit qu'il s'efforce à nous porter jusque dans le sein de Dieu, pour nous unir étroitement avec lui par une amoureuse *acceptation de* toutes ses volontés.
P. CORNEILLE, trad. de l'*Imitation de Jésus-Christ*. Dédicace.

Il est vrai qu'il y a encore une autre partie après la mort de l'hostie, sans laquelle sa mort est inutile : c'est l'*acceptation* que Dieu fait *du* sacrifice.

PASCAL, *Pensées*, part. II, art. XVIII, § 2.

De là d'autres expressions encore, mais non du style oratoire, encore moins du style poétique, qui répondent à quelques-uns des usages du verbe *accepter*; ACCEPTATION d'une proposition, d'une condition, d'un traité, d'une loi, d'un acte, etc.

Il me paroît qu'il n'y a pas de jugement dans le choix qu'on a fait de lui ni dans l'*acceptation* qu'il a faite *de* cet emploi.

BUSSY-RABUTIN, *Lettres*, 17 sept. 1680. A Mme de Scudéry.

Le duc de Beauvilliers donnera sa voix au traité de partage et le chancelier à l'*acceptation* pure et simple *de* cette belle succession.

Mme DE MAINTENON, *Lettres*, XLVII. A Mme la comtesse de SAINT-GÉRAN.

Quand ce fut à lui à parler, les ripostes finies, il (Monseigneur) s'expliqua avec force pour l'*acceptation du* testament.

SAINT-SIMON, *Mémoires*, 1700, t. III, c. 3.

Le nonce Aldovrandi pressoit de son côté les évêques d'Espagne de faire au plus tôt une *acceptation* universelle, publique et positive de la Constitution.

LE MÊME, *même ouvrage*, 1718, t. XVI, c. 2.

Le czar... proposa au duc d'Orléans, régent de France, un traité dont l'*acceptation* eût pu mettre le comble à la grandeur moscovite.

VOLTAIRE, *Histoire de Charles XII*, liv. VIII.

L'*acceptation* pure et simple (de la bulle) fut envoyée au pape.

LE MÊME, *Siècle de Louis XIV*, c. 37.

On dit en termes de pratique : *Acceptation* d'une donation ;

Si le donataire est majeur, l'*acceptation* doit être faite par lui, ou, en son nom, par la personne fondée de sa procuration.

Code civil, art. 933.

En termes de banque : *Acceptation* d'une lettre de change.

Le tireur et les endosseurs d'une lettre de change sont garants solidaires de l'*acceptation* et du paiement à l'échéance.

Code de commerce, art. 118.

ACCEPTATION peut être encore lié par la même préposition *de*, mais prise dans le sens de *par*, à un nom qui marque par qui la chose est acceptée ;

Soit dans le langage mystique :

L'aumône, selon la doctrine des Pères, peut, par l'*acceptation de* Dieu, être substituée aux jeûnes.

BOURDALOUE, *Sermons*. Sur la prière.

Soit dans le langage ordinaire :

..... Le même jour que Mgr le prince de Conty nous viendra donner part de l'*acceptation du* roy.

L'ARCHEVÊQUE DE TOULOUSE à Colbert, 15 janvier 1665. (Voir *Corresp. admin. sous Louis XIV*, t. I, p. 113.)

Il ne pouvoit dépendre d'une volonté de particulière de faire un homme duc ou de l'empêcher de l'être, ce qui arrivoit pourtant en ce cas par l'*acceptation* ou par la renonciation *de* la maréchale de Villeroy.

SAINT-SIMON, *Mémoires*, 1699, t. II, c. 17.

ACCEPTATION s'emploie quelquefois absolument.

La Royne.... luy dit : M'amye, je veulx desormais que le Damoysel de la mer vous serve et qu'il soit vostre. Ce que l'infante Oriane accepta voluntiers, et de faict ceste *acceptation* s'imprima en l'esprit du Damoysel, de telle sorte que jour de sa vie il n'eut envie d'en servir ou aymer aultre.

HERBÉRAY DES ESSARTS, *Amadis de Gaule*, I, 5.

Le peuple le contraignit (Vitellius) de prendre le titre d'Auguste, qu'il refusoit : mais l'*acceptation* et le refus luy furent également inutiles.

PERROT D'ABLANCOURT, trad. de Tacite, *Histoires*, II, 23.

Dans tous les accidens et toutes les disgrâces... où il ne nous manque qu'une *acceptation* volontaire et une soumission chrétienne.

BOURDALOUE, *Panégyrique de Saint-Louis*.

Le chancelier, toujours peu prévenu pour M. le duc d'Orléans, et payé pour l'être en faveur des officiers de la couronne, fut d'avis du refus. Moi, au contraire, j'inclinai à l'*acceptation*.

SAINT-SIMON, *Mémoires*, 1710, t. VIII, c. 6.

Au moyen de ce petit débat de prières, de refus et d'*acceptations*, j'éludai les demandes que j'appréhendois.

MARIVAUX, *le Paysan parvenu*, VI⁰ partie.

ACCEPTION, s. f. (du latin *Acceptio*).

Action d'*accepter*, comme *acceptation*.

Il a été quelquefois employé en ce sens dans le langage mystique, au lieu d'*acceptation* :

Comme il a pleu au Seigneur, ainsi a-t-il esté faict : le nom du Seigneur soit béni. Ce sont les paroles de résignation et *acception*, par manière de souffrance et de patience.

S. FRANÇOIS DE SALES, *Traité de l'Amour de Dieu*, IX, 3.

Saint Louis, au milieu des délices de sa cour, a pu être pénitent : qui nous empêche de l'être dans de continuelles épreuves où nous nous trouvons, dans les maladies, dans les souffrances, dans les pertes des biens, dans tous les accidens et toutes les disgrâces à quoi nous sommes exposés, et où il ne nous manque qu'une *acception* volontaire et une soumission chrétienne?

BOURDALOUE, *Panégyrique de saint Louis*.

Dans un sens plus restreint et presque figuré qui s'est longtemps conservé seul, après la perte du sens positif, Égards qu'on a pour quelqu'un, distinction, préférence arbitraire particulièrement dans la distribution des grâces ou dans l'application des jugemens et des lois; « respect et gratification hors d'équité, » dit Monet.

L'usage de cette expression paraît nous avoir été donné par la Vulgate, où on lit fréquemment *acceptio personarum* (Voir *Deut.*, X, 17; *Paralip.*, II, XIX, 7; *Paul*, *Rom.*, II, 11; *Éphès.*, VI, 9, etc.), et ses traducteurs.

Acception de personne n'est mie envers Dieu.

GUYART DESMOULINS, *la Bible historiale*, ms. A¹ 1², Bibl. Sainte-Geneviève.

Il n'y a point d'injustice dans le Seigneur notre Dieu, ni d'*acception de personnes*...

Non est enim apud Dominum Deum nostrum iniquitas, nec *personarum acceptio*...

LEMAÎTRE DE SACY, trad. de l'Ancien Testament, *Paralip.*, II, XIX, 7.

Il semblerait, d'après le passage suivant, que cette manière de parler a eu quelque peine à s'établir :

L'*acception des personnes* n'est pas bien françois.

CHEVREAU, *Chevræana*, t. II, p. 25.

Il y en a, toutefois, de fréquents exemples chez les écrivains ecclésiastiques, les orateurs de la chaire.

Je prétends que ce doit être une obéissance prompte et sans retardement,... indépendante de toute considération humaine et sans *acception de personnes*.

BOURDALOUE, *Sermons*. Sur l'obéissance religieuse.

Il n'y a point en lui d'*acception de personnes*; il est le Seigneur des cèdres du Liban comme de l'hysope qui croît dans les plus profondes vallées.

MASSILLON, *Petit Carême*, Vices et vertus des grands.

L'exemple suivant, emprunté au même écrivain, peut faire voir comment *acception de personnes* a passé du langage mystique dans l'usage ordinaire.

Que de devoirs sacrifiés, ou à vos intérêts, ou aux passions, et aux intérêts d'autrui! que d'*acceptions de personnes* contre l'équité et la conscience!

LE MÊME, *Avent*, 1ᵉʳ dimanche.

Il y a, de l'emploi général de cette expression, des exemples qui remontent assez haut et ils n'ont cessé depuis de devenir plus fréquents chez nos écrivains.

Ils vont aux prisons le 20 août 1428, tuent et massacrent tout ce pauvre peuple qui y estoit, sans *acception* ou exception *de personnes*.

EST. PASQUIER, *Recherches de la France*, VI, 3.

...J'apporteray tout ce que Dieu m'a donné de moyen, sans *acception de personnes* et exception de religion, pour y faire obéir vostre volonté et justice.

HENRI IV, *Lettres*, 21 décembre 1582, Iʳᵉ. (Voir *Lettres missives de Henri IV*, t. I, p. 487.)

La partialité ou l'*acception des personnes* va contre la justice.

LEIBNITZ, *Théodicée*, préface.

On crut que [le roi], instruit qu'il se disoit tout haut que madame de Soubise, l'ayant pour juge, il n'étoit pas possible qu'elle perdît,... il avoit été bien aise de montrer qu'il ne faisoit *acception de personne* en justice.

SAINT-SIMON, *Mémoires*, 1706, t. V, c. 13.

La décence au moins exige qu'on cache au peuple ces choquantes *acceptions de personnes* qui punissent le foible innocent des fautes du puissant coupable.

J.-J. Rousseau, Lettres écrites de la montagne.

Toute *acception de personnes* est un crime dans un juge, qui doit connoître l'affaire et non les parties, et ne voir que l'ordre et la loi.

Le même, Lettre à d'Alembert.

N'apprendra-t-on jamais en France qu'il n'y a point d'*acception de personnes* devant la loi?

Mme de Staël, Consid. sur la Révolution franç., part. IV, c. 5.

Nous n'avons encore vu le mot ACCEPTION qu'avec le mot Personne pour régime. On s'en est servi quelquefois en parlant des choses, des lieux, des temps, etc.

Sans exception ni *acception* d'*aage, de sexe, ny de personnes.*

Est. Pasquier, Lettres, liv. XIII, lettr. 16.

Sous un dais de feuillage et sur un trône de gazon, comme sous le lambris doré de son palais et sur son lit de justice, sans brigue, sans faveur, sans *acception de* qualité ni *de* fortune, il rendoit sans délai ses jugemens...

Fléchier, Panégyrique de saint Louis.

On convient assez qu'il faut examiner indistinctement tous les ouvrages sans *acception de* pays, ni *de* siècle.

La Motte, Discours sur Homère, préface.

Je vous conjure, Monseigneur, d'examiner cette idée, de lui donner toute son étendue, et ensuite de la juger sans aucune *acception de* parti.

Voltaire, Lettres, 8 mars 1738, au prince de Prusse.

On s'en est servi même absolument.

Dieu nous revele sa voulenté et ses commandemens en diverses manieres et par diverses personnes sans avoir *acception.*

L'Internelle consolacion, III, 5.

Et, au cas que la dicte fourniture ne fust preste, prendrés des bleds par toutes les maisons de nos villes où il y en aura, sans aucune *acception.*

Henri IV, Lettre du 11 avril 1592. (Voir Lettres missives de Henri IV, t. IV, p. 612.)

ACCEPTION est généralement gouverné en ce sens

I.

par le verbe *avoir* ou le verbe *faire*; *avoir acception, faire acception.*

Je cognois bien qu'Amour n'*a acception de* |personne, et qu'il n'espargne ne vieil ne jeune.

Herberay des Essarts, Amadis de Gaule, liv. II, c. 20.

Le Dieu que nous adorons n'*a acception de personne*, ni *de* celui qui est dans la grandeur, ni *de* celui qui est dans l'abaissement, ni *du* riche, ni *du* pauvre, ni *du* monarque, ni *du* sujet, ni *de* l'affranchi, ni *de* l'esclave.

Bourdaloue, Pensées. Sur la Rédemption des hommes.

Ils doivent répondre de leurs actions devant un juge souverain, qui ne *fait* nulle *acception de personnes*, qui ne les distingue pas par leurs dignités, mais par leurs vertus.

Fléchier, Sermons; pour le jour de la Cène.

Le Dieu du ciel et de la terre, qui n'*a acception de personne.*

Voltaire, Contes. Zadig, VII.

Instituons des règlemens de justice et de paix auxquels tous soient obligés de se conformer, qui ne *fassent acception de personne* et qui réparent en quelque sorte les caprices de la fortune, en soumettant également le puissant et le foible à des devoirs mutuels.

J.-J. Rousseau, Discours sur l'origine de l'Inégalité parmi les hommes, part. II.

N'aurez-vous doncque esgard à ma condition?
—Je ne veux *de personne avoir acception.*

Rod. Garnier, les Juives, act. IV, v. 139.

ACCEPTION signifie en grammaire le Sens dans lequel un mot est reçu ou *accepté* par l'usage.

Cet emploi d'ACCEPTION paraît assez récent. Il n'en est pas encore question dans Richelet.

Ce mot a plusieurs *acceptions;* ce mot dans sa première et plus naturelle *acception.*

Dictionnaire de l'Académie, éd. de 1694.

Ainsi le mot Basileus, Rex, Roi, a eu plusieurs *acceptions* différentes; et les noms et les choses ont subi les mêmes vicissitudes.

Voltaire, Histoire du parlement de Paris, c. 1.

A prendre le terme dans la rigueur de l'*acception*, il n'a jamais existé de véritable démocratie, et il n'en existera jamais.

J.-J. Rousseau, Essai sur l'origine des langues, c. 9.

56

Pour pouvoir donner une idée juste et précise de ce mot esprit, et des différentes *acceptions* dans lesquelles on le prend, il faut d'abord considérer l'esprit en lui-même.

HELVÉTIUS, *de l'Esprit*, I, 1.

Ils travaillent... sur les mots, et s'imaginent... avoir épuré le langage quand ils l'ont corrompu en détournant les *acceptions*.

BUFFON, *Discours de réception à l'Académie française.*

Il faut vous accoutumer de bonne heure à saisir cette analogie qui fait passer les mots par différentes *acceptions*.

CONDILLAC, *Art d'écrire*, II, 8.

Il s'agissoit d'abord de l'*acception* des mots, de la difficulté de les circonscrire et de l'impossibilité de s'entendre sans ce préliminaire.

DIDEROT, *Salon de 1767. Vernet.*

Et c'étoit même (l'archevêque de Sens) un homme d'esprit, dans l'*acception* commune de ce mot.

Mme DE STAËL, *Consid. sur la révolution franç.*, Ire part., c. 10.

ACCEPTION ne désigne pas seulement les sens réels que l'usage donne aux mots, mais encore les sens accidentels qu'ils peuvent recevoir de l'intention particulière et du caprice de celui qui parle.

Il a bien fallu trouver de nouveaux mots ou donner aux anciens de nouvelles *acceptions*.

MONTESQUIEU, *Esprit des lois.* Avertissement.

Francus ne signifiera pas un homme libre, mais un homme puissant, et Francus est pris ici dans cette *acception*.

LE MÊME, *même ouvrage*, XXX, 25.

J'ai tâché de fixer par un sens précis des expressions qu'on laissoit avec art incertaines, pour leur donner au besoin telle *acception* qu'on vouloit.

J.-J. ROUSSEAU, *Lettres écrites de la Montagne.*

Je les prends (mes termes) dans le sens commun de la langue, sans être au fait ou en souci des honnêtes *acceptions* qu'on leur donne dans les vertueuses sociétés de Paris.

LE MÊME, *les Confessions*, part. II, liv. X.

Les mêmes mots ont dans différentes bouches, et souvent dans la même, des *acceptions* bien différentes.

CONDILLAC, *Art de penser*, part. II, c. 2.

On a pu voir, par les exemples qui précèdent, qu'ACCEPTION, en ce sens, peut se construire avec la préposition *dans;* on l'a construit aussi, mais moins naturellement, avec la préposition *sous*, comme on dit *sous une forme.*

On doit considérer un mot *dans* toutes ses *acceptions*... Le mot..... est considéré *sous* diverses *acceptions*.

Grand Vocabulaire français.

ACCEPTION s'est employé aussi pour exprimer tout ce qui est reçu et absorbé dans le corps de l'homme et des animaux, soit par la peau, soit par le canal alimentaire; mais il est, en ce sens, d'un usage assez rare, selon l'opinion des auteurs du *Dictionnaire de Trévoux*, qui l'empruntaient à l'*Encyclopédie*, d'où il a passé dans la plupart des lexiques postérieurs sans obtenir beaucoup de crédit. On dit aujourd'hui *assimilation.*

On trouve dans un vieux texte pour ACCEPTATION ACCEPTANCE.

Hom n'avera advantage per tiel releas (abandon) que serra encounter son proper *acceptance*.

LITTLETON, *Tenures*, liv. III, c. 8, sect. 477.

ACCEPTEUR, s. m. (du latin *Acceptor*).

A l'expression rappelée plus haut, *acceptio personarum*, répond, dans la Vulgate (*Act.*, X, 34), cette autre expression *acceptor personarum*, qui avait également passé dans notre langue par voie de traduction.

Dieu n'est pas *accepteur* des hommes, mais *des* vertus et *des* vices.

OLIVIER DE LA MARCHE, *Mémoires.* Introduction, c. 4.

Paris de royal parentage... n'est point *accepteur de personnes.*

J. LEMAIRE, *Illustrations de Gaule*, liv. I.

Les grâces de Dieu ne se donnent point aux hommes pour leur noblesse ou richesses, mais selon qu'il plaist à sa bonté, qui n'est point *accepteur de personnes*, lequel élit ce qu'il veut.

LA REINE DE NAVARRE, *Heptaméron*, nouvelle IIe.

Richelet donne ACCEPTEUR comme un mot de peu d'usage et qui n'entre que dans le discours simple et familier.

N. passe pour l'*accepteur* : il aime mieux être l'*accepteur* que le donneur.

RICHELET, *Dictionnaire.*

ACCEPTEUR n'est plus que terme de banque. On le dit de celui qui *accepte* une lettre de change.

L'acceptation d'une lettre de change payable dans un autre lieu que celui de la résidence de l'*accepteur,* indique le domicile où le payement doit être effectué ou les diligences faites.

Code de commerce, art. 125.

A la même famille de mots appartient ACCEPTILA- TION, que notre ancienne jurisprudence avait tra- duit du mot *acceptilatio,* en usage dans la jurispru- dence des Romains. Les passages suivants en donne- ront à la fois la définition et l'exemple.

Acceptilation est la quittance que aucun faict de la dette ou du convent qui luy estoit deu, et que le creancier clame quitte son detteur, et recognoisse que sa dette tient pour bien payée.

BOUTEILLER, *Somme rurale,* tit. XLIX. De Acceptilation.

Après avoir parlé *de obligationibus quæ ex contractu vel ex quasi contractu nascuntur,* l'empereur traicte ici de la closture d'icelles, et par quel moïen on en demeure franc et quitte. Et, après avoir recueilly ce qu'il déduict diversement, nous pouvons dire qu'il y en a deux princi- paux moïens, c'est à sçavoir, ou par payement réel de la chose deüe, ou par quittance et *acceptilation* du créancier.

Est. PASQUIER, *l'Interprétation des Institutes de Justinian,* liv. III, c. 66.

Acceptilation est un payement ou plustost un acquit imaginaire de ce qui est deu par stipulation, et se formé ainsi entre le débiteur et le créancier : Tiens-tu pas pour eu et receu ce que je t'ai promis? Ouy, je le tiens.

NICOT, *Thresor de la langue françoise.*

ACCIDENT, s. m. (du latin *Accidens* et, par ce mot d'*accidere* et *cadere*).

ACCIDENT a dû recevoir de fort bonne heure le sens philosophique que, chez les anciens et dans le moyen âge, on donnait surtout au participe *accidens* pris substantivement :

Qualité ou propriété qui se joint à un sujet et le modifie, sans être nécessaire à son existence, ni en être inséparable ; car, dans le bon usage, en parlant des qualités ou propriétés essentielles des êtres, on se sert plutôt du mot Attribut.

Ce sens philosophique est, selon Nicot, le sens propre du mot ; c'est celui par lequel commenceut plusieurs lexicographes, comme Furetière, comme les auteurs du *Dictionnaire de Trévoux* et du *Grand Vocabulaire.*

ACCIDENT, en ce sens, est souvent opposé au mot Sujet, on vient de le voir, et à des mots de même si- gnification, tels que Substance et Être.

Bien qui est substance est, par nature, devant bien qui est *accident.*

Nicole ORESME, trad. d'Aristote. *Eth.,* VI, 10.

Les sens sont nos propres et premiers juges qui n'aperçoivent les choses que par des *accidens* externes.

MONTAIGNE, *Essais,* III, 8.

Je veux... suivre en ceci l'opinion commune des philo- sophes, qui disent qu'il n'y a du plus et du moins qu'entre les *accidens,* et non point entre les formes ou natures des individus d'une même espèce.

DESCARTES, *Discours de la méthode,* I.

Vous voulez peut-être savoir si la substance et l'*acci- dent* sont termes synonymes ou équivoques à l'égard de l'être.

MOLIÈRE, *le Mariage forcé,* sc. 6.

Nous appelons *accident* ce qui arrive à la chose et sans quoi elle peut être : par exemple le triangle peut être, sans être de telle grandeur ni en telle situation...... Être raisonnable, c'est ce qui constitue l'homme ; ex- pliquer ses pensées par la parole ou par quelque autre signe, c'est une propriété qui suit de là ; être éloquent ou ne l'être pas, c'est un *accident* qui lui arrive.

BOSSUET, *Logique,* liv. I, c. 44.

L'*accident* ne peut être plus noble que la substance, ni l'accessoire plus considérable que le principal, ni le bâti- ment plus solide que le fonds sur lequel il est élevé, ni

56.

enfin ce qui est attaché à notre être plus grand ni plus important que notre être même.

BOSSUET, *Sermons. Sur la Mort.*

Ni l'édifice n'est plus solide que le fondement, ni l'*accident* attaché à l'être plus réel que l'être même.

LE MÊME, *Oraison funèbre de la duchesse d'Orléans.*

A qui persuadera-t-on que dans les principes d'Aristote, tels qu'ils se trouvent dans ses livres, un corps puisse être en plusieurs lieux, la quantité puisse être sans la matière, et les *accidens* sans la substance?

ARNAUD, *Mémoire* cité par Saint-Marc dans son édition de Boileau. Avertissement de l'arrêt burlesque.

Tous les naturalistes regardent les couleurs des corps comme de simples *accidens*.

BERNARDIN DE SAINT-PIERRE, *Études de la nature,* X.

    Et muent (les astres) par lor influences
    Les *accidens* et les sustances
    Des choses qui sunt souz la lune.

Roman de la Rose, v. 17159.

    Et l'*accident* je mue en substance.

Charles d'ORLÉANS, *Ballades.* Je meurs de soif auprès de la fontaine.

Substance qui jamais ne reçoit d'*accident.*

P. CORNEILLE, *Polyeucte,* III, 1, Édit. de 1643-1648.

ACCIDENT a le même sens, lorsqu'en parlant du saint sacrement de l'Eucharistie, on applique cette expression à la figure, à la couleur, à la saveur, etc., qui restent après la consécration.

Le Fils de Dieu nous a voulu donner son corps sous les *accidens* du pain visible et matériel.

ARNAULD, *Sur la fréquente Communion.*

Dieu a voulu que les *accidens* sensibles subsistassent dans l'Eucharistie, afin que les sens, qui ne jugent que de ces *accidens*, ne fussent pas trompés.

PASCAL, *les Provinciales,* XXVII.

Il dit, et, par une division au-dessus de tout l'ordre naturel et jusque-là inconnue à toute la raison humaine, de foibles *accidens*, tels que ceux du pain et du vin, couleur, odeur, saveur et autres, sont séparés de leur sujet.

BOURDALOUE, *Pensées.* Jésus-Christ naissant dans l'Eucharistie.

C'est le dogme de la transubstantiation qui a engagé les

scholastiques à soutenir que les *accidens* peuvent subsister séparément de leurs sujets.

JURIEU (cité par Furetière).

La permanence de ces *accidents* sur lesquels on a beaucoup disputé a donné lieu à l'expression *accident absolu.*

Accident absolu qui subsiste ou qui peut au moins surnaturellement et par miracle subsister sans sujet. Tels sont les *accidens* du pain et du vin dans le sacrement de l'Eucharistie.

Dictionnaire de Trévoux.

On me demanda une promesse par écrit que je réformerois ma philosophie, et surtout que je parlerois de l'état de pure nature, des *accidens absolus* et de nos chères formes substantielles. Je la donnai sincèrement, je la gardai fidèlement. On fut content de mes formes substantielles; mes *accidens absolus* ne déplurent pas; mon état de nature satisfit tout le monde; je crus avoir paré tous les coups de mes adversaires.

LE P. ANDRÉ, *Lettre* du 13 septembre 1722. (*Voyez Journal des savants,* janvier 1841, p. 27.)

Dans un sens analogue, ACCIDENT exprime les Modifications qu'éprouvent, les Variétés que présentent, au physique ou au moral, les personnes et les choses.

Ces gens icy font tout à bon escient, sauf de vivre... Ce qui n'est qu'*accident* leur est principal, et le principal ne leur est qu'accessoire.

CHARRON, *de la Sagesse,* III, 6.

Les grands et les petits ont mêmes *accidens*, mêmes fâcheries et mêmes passions.

PASCAL, *Pensées,* part. I, art. IX, § 31.

Nous y ajoutons (à la passion de nous agrandir) cent autres désordres, qui n'en sont, il est vrai, que les *accidens*, mais les *accidens* presque inséparables et pires que la substance de la chose.

BOURDALOUE, *Sermons,* sur l'Ambition.

Quand Sapho veut exprimer les fureurs de l'amour, elle ramasse de tous côtés les *accidens* qui suivent et accompagnent... cette passion. Mais où son adresse paroît principalement, c'est à choisir de tous ces *accidens* ceux qui marquent davantage l'excès et la violence de l'amour, et à bien lier tout cela ensemble.

Les images, dans la poésie, sont pleines ordinairement d'*accidens* fabuleux et qui passent toute sorte de croyance.

Boileau, Traité du Sublime, trad. de Longin, c. 8, 13.

Il y a des causes générales, soit morales, soit physiques, qui agissent dans chaque monarchie, l'élèvent, la maintiennent ou la précipitent; tous les *accidens* sont soumis à ces causes... l'allure principale entraîne avec elle tous les *accidens* particuliers.

Montesquieu, Grandeur et décadence des Romains, c. 18.

Aimer n'est qu'un *accident* de votre âge qui ne tient pas à votre âme.

Mlle de l'Espinasse, Lettres, XXXIV, 1774.

Tous les *accidens* des vents dépendent uniquement de l'action du soleil sur l'atmosphère du globe.

Volney, Voyage en Syrie. État physique de la Syrie, c. 2, note.

De là l'expression d'*accident,* pour désigner ce qui n'est ni essentiel ni constant, expression dont Montesquieu particulièrement fait un très-fréquent usage.

Ces trésors amassés par des princes... corrompent le successeur, qui en est ébloui... Il forme d'abord de grandes entreprises avec une puissance qui est d'*accident,* qui ne peut pas durer, qui n'est pas naturelle, et qui est plutôt enflée qu'agrandie.

Les soldats avoient trois sortes d'avantages : la paye ordinaire, la récompense après le service, et les libéralités d'*accident,* qui devenoient très-souvent des droits pour des gens qui avoient le peuple et le prince entre leurs mains.

Montesquieu, Grandeur et décadence des Romains, c. 16, 18.

C'est une mauvaise espèce de richesse qu'un tribut d'*accident,* et qui ne dépend pas de l'industrie de la nation, du nombre de ses habitans, ni de la culture de ses terres.

L'esclavage dans la conquête est une chose d'*accident.*

Le même, Esprit des Lois, XXI, 22; X, 3.

Les maladies d'*accident* et plusieurs blessures ne se guérissaient pas... comme aujourd'hui.

Voltaire, Essai sur les mœurs, Introd. Des différentes races d'hommes.

Cette signification générale du mot ACCIDENT, a donné lieu à plusieurs locutions particulières d'un emploi fréquent.

Par exemple, on appelle ACCIDENT, ce qui survient de fâcheux dans le cours d'une maladie.

La médecine le travailla de telle sorte que les *accidens* qui s'en suivirent fortifièrent l'accusation.

Vaugelas, trad. de Quinte-Curce, III, 6.

ACCIDENT, en ce sens, n'est pas toujours pris absolument.

Les occasions qui m'ont guary moy, et qui guarissent mille aultres qui n'appellent point les médecins à leur secours, ils (les médecins) les usurpent en leurs subjects : et quant aux mauvais *accidens,* ou ils les desavouent tout à fait, ou en attribuent la coulpe au patient.

Montaigne, Essais, II, 37.

On donne ce même nom d'ACCIDENT ou d'ACCIDENT *de terrain,* aux aspects inattendus, aux perspectives variées que présentent, par certains mouvements du sol, naturels ou factices, les campagnes et les jardins.

Pour ces chiens, ils sont très-bien, et la terrasse qui forme l'enceinte et qui s'élève du bord de votre toile... je vous y reconnois, c'est vous, à sa vérité, à ses *accidens,* à sa couleur chaude et à sa merveilleuse dégradation.

Diderot, Salon de 1765. Loutherbourg.

Il y a aussi plus de verdure naturelle, plus de prairies, d'asiles ombragés de bocages, des contrastes plus fréquens et des *accidens* plus rapprochés.

J.-J. Rousseau, les Rêveries, V^e promenade.

La rivière aime aussi que des arbres divers...
Ornent souvent son cours. Quelle source féconde
De scènes, d'*accidens* !

Delille, les Jardins, III.

Enfin, par cette expression ACCIDENT *de lumière,* on exprime les Effets partiels que produisent dans les paysages, dans les intérieurs, les rayons lumineux arrivant, soit à travers les nuages, à travers les arbres, soit par les portes, les fenêtres, les différentes ouvertures d'un édifice.

Tantôt nous voyons des nuages de toutes les figures et de toutes les couleurs les plus vives, qui changent à chaque moment cette décoration par les plus beaux *accidens de lumière*.

FÉNELON, *Existence de Dieu*, part. I, c. 2, § 16.

Si la lumière forte descend brusquement et perce les ténèbres d'une caverne, c'est un *accident* dont je permets l'imitation à l'artiste.

DIDEROT, *Pensées sur la peinture*, etc. Du coloris, etc.

Les rayons du soleil levant rasoient déjà les plaines et projetant sur les champs, par longues ombres, les arbres, les coteaux, les maisons, enrichissoient de mille *accidens de lumière* le plus beau tableau dont l'œil humain puisse être frappé.

J.-J. ROUSSEAU, *Émile*, IV.

Au lieu de ces *accidens de lumière* qui nous retracent chaque matin le miracle de la création, les anciens ne voyoient partout qu'une uniforme machine d'opéra.

CHATEAUBRIAND, *Génie du christianisme*, part. II, liv. IV, c. 1.

ACCIDENT est susceptible, en ce genre, de beaucoup d'autres applications analogues dont les exemples suivants donneront une idée.

Conserver sur la toile, aux objets imités, la couleur des êtres de la nature dans toute sa force, dans toute sa vérité, dans tous ses *accidens*.

DIDEROT, *Salon de 1767*.

Il y a dans un habit vieux une multitude infinie de petits *accidens* intéressans; de la poudre, des boutons manquans, et tout ce qui tient de l'user : tous ces *accidens* rendus réveillent autant d'idées.

LE MÊME, *Essai sur la peinture*, c. 3 ; suite.

Il faut d'ailleurs parcourir un peu le glacier pour voir ses beaux *accidens*, ses larges et profondes crevasses, ses grandes cavernes, ses lacs remplis de la plus belle eau renfermée dans des murs transparens de couleur d'aigue marine.

SAUSSURE, *Voyages dans les Alpes*, Le Montanvert, c. 13 , § 615.

Réunissez donc en un même moment, par la pensée, les plus beaux *accidens* de la nature.

CHATEAUBRIAND, *Génie du christianisme*, part. I, liv. V, c. 2.

La grammaire a elle-même ses ACCIDENTS, par lesquels les grammairiens entendent des Propriétés attachées au mot, mais qui n'entrent point dans la définition du mot. Tels sont, par exemple, pour les verbes, la voix, le mode, le temps, la personne, etc.

Dans son acception la plus ordinaire, celle qui forme aujourd'hui son sens le plus propre, ACCIDENT se dit de Ce qui arrive, de Ce qui survient par hasard, d'un cas fortuit.

Il se prend presque toujours en mal quand il n'est pas accompagné d'une épithète qui en détermine le sens en bien.

S'il ne leur advient aucune chose hors raison (c'est-à-dire, si il ne survient empêchement par aucun *accident*, si comme par infortune ou très-grande adversité en corps ou en biens).

Nicole ORESME, trad. de la *Politique d'Aristote*, liv. VII. Glose.

Le temps amene tous les jours beaucoup de divers *accidens* à l'homme ausquels il n'avoit jamais pensé.

AMYOT, trad. de Plutarque, *Vie de Solon*, c. 20.

Quant à ses mœurs, elles se changerent et tournerent avec le temps par plusieurs fois, et ne s'en faut pas esbahir, veu les grandes fortunes et les divers *accidens* où il se trouva depuis.

LE MÊME, même ouvrage, *Vie d'Alcibiade*, c. 1.

Comme quelques jours aprez, un de ses gens vint à mourir, il se laissa emporter à ce dernier *accident* ; et quittant sa resolution, s'abandonna au dueil et aux regrets.

… Pour exprimer ceste morne, muette et sourde stupidité qui nous transit lorsque les *accidens* nous accablent, surpassans nostre portée.

Ou ces beaux discours de la philosophie ne sont en nous que par contenance, ou les *accidens* ne nous essayant pas jusques au vif, nous donnent loisir de maintenir toujours nostre visage rassis.

MONTAIGNE, *Essais*, I, 2, 18.

Les circonstances et le vent des occasions et *accidens* nous emportent et nous changent.

CHARRON, *de la Sagesse*, liv. I. Préface.

Il me semble de la voir là au milieu de nous, revêtue d'immortalité, au lieu d'un corps fragile et sujet à tous *accidens*.

D'URFÉ, *l'Astrée*, part. I, liv. VII.

La Providence permit qu'il arrivât un *accident* qui fit éclater tout d'un coup ces différens sentimens.

LE CARDINAL DE RETZ, *Conjuration de Fiesque*.

Il arrive quelquefois des *accidens* dans la vie, d'où il faut être un peu fou pour se bien tirer.

LA ROCHEFOUCAULD, *Maximes*, CCCX.

Voyons-la dans ces hôpitaux où elle pratiquoit ses miséricordes publiques ; dans ces lieux où se ramassent toutes les infirmités et tous les *accidens* de la vie humaine.

FLÉCHIER, *Oraison funèbre de Marie-Thérèse d'Autriche*.

Ne craignez rien, vous ne périrez point, vous aborderez sans *accident* chez le peuple voisin.

FÉNELON, *l'Odyssée d'Homère*, V.

Il y a des gens à qui la faveur arrive comme un *accident* ; ils en sont les premiers surpris et consternés.

LA BRUYÈRE, *Caractères*, c. 8.

L'avenir est pour chaque homme un tissu d'*accidens* tout divers qui ne peuvent être prévus.

ROLLIN, *Histoire ancienne*, III, 4.

Soyez seul, et arrivez par quelque *accident* chez un peuple inconnu ; si vous voyez une pièce de monnoie, comptez que vous êtes arrivé chez une nation policée.

MONTESQUIEU, *Esprit des Lois*, XVIII, 15.

Il y a là une complication d'*accidens* qui ressemblent fort à ce que fait la destinée, quand elle veut perdre quelqu'un.

VOLTAIRE, *Lettres*, 2 mai 1741.

Des hommes, tout ainsi, je ne puis reconnoître
Les grands, mais bien ceux-là qui méritent de l'être,
Et de qui le mérite, indomptable en vertu,
Force les *accidens* et n'est point abattu.

Quand on se brûle au feu que soi-même on attise,
Ce n'est point *accident*, mais c'est une sottise.

RÉGNIER, *Satires*, XIV.

Et, pour garder enfin ses États d'*accidens*,
Quel ordre il doit tenir et dehors et dedans.

ROTROU, *Venceslas*, I, 1.

Je crains cent *accidens* qui peuvent arriver.

MOLIÈRE, *le Dépit amoureux*, II, 6.

Je me tiens toujours prêt contre tous *accidens*.

BOURSAULT, *le Médecin volant*, sc. 11.

Même *accident* finit leurs précieuses trames,
Même tombe eut leurs corps, même séjour leurs âmes.

LA FONTAINE, *les Filles de Minée*.

ACCIDENT, en ce sens, est souvent suivi ou précédé d'un adjectif qui fait connaître la nature et la gravité de l'*accident*.

Afin qu'il (l'historien) y enveloppe (dans sa narration) l'infortune de quelqu'un ou quelque mauvais *accident* ou acte reprehensible qui lui sera advenu.....

AMYOT, trad. de Plutarque, *de la Malignité d'Hérodote*.

Il y a en la vie plusieurs *accidens* pires à souffrir que la mort mesme.

Les bruits et opinions populaires sont au nombre des *accidens* publics dont l'histoire doit tenir registre.

MONTAIGNE, *Essais*, II, 3 ; III, 8.

Ce mal est double, externe et interne ; l'un vient de dehors, l'on l'appelle d'une infinité de noms, adversité, affliction, injure, malheur, *accident* mauvais et sinistre : l'autre est au dedans, en l'âme, mais causé par celuy de dehors.

CHARRON, *de la Sagesse*, III, 19.

En somme, jamais nuls *accidens*, bons ny mauvais, ne changeront mes bonnes inclinations.

HENRI IV, Lettre du 10 mai 1584. (Voir *Lettres missives de Henri IV*, t. I, p. 661.)

Il n'y a point d'*accident* si malheureux dont les habiles gens ne tirent quelque avantage, ni de si heureux que les imprudens ne puissent tourner à leur préjudice.

LA ROCHEFOUCAULD, *Maximes*, LIX.

C'est la seule réflexion que me permet dans un *accident* si étrange une si juste et si sensible douleur.

Qui de nous ne se sentit frappé à ce coup, comme si quelque tragique *accident* avoit désolé sa famille ?

Ce courage paisible qui, sans faire effort pour s'élever, s'est trouvé, par sa naturelle situation, au-dessus des *accidens* les plus redoutables.

BOSSUET, *Oraison funèbre de la duchesse d'Orléans*.

Pour peu qu'un père de famille ait été absent de chez lui, il doit promener son esprit sur tous les fâcheux *accidens* que son retour peut rencontrer... et ce qu'il trouve qui ne lui est point arrivé, l'imputer à bonne fortune...

MOLIÈRE, *les Fourberies de Scapin*, II, 8.

...Voyez les plus vieux médecins, ont-ils de pareils remords ? Oh que non ! Ils vont toujours leur train..., rejetant sur la nature les *accidens* funestes, et se faisant honneur des événemens heureux.

LE SAGE, *Gil Blas*, X, 1.

Sire, lui répondis-je (Mme de Staël à l'empereur Alexandre), je sais que la Russie est maintenant heureuse, quoiqu'elle n'ait d'autre constitution que le caractère personnel de votre Majesté. — Quand le compliment que vous me faites auroit de la vérité, répondit l'empereur, je ne serois jamais qu'un *accident* heureux.

Mme DE STAËL, *Consid. sur la révolution franç.*, part. VI, c. 10.

Maints fascheux *accidens* surprennent sa vieillesse.

REGNIER, *Satires*, V.

Mais nous ne verrons point de pareils *accidens*,
Lorsque Rome suivra des chefs moins imprudens.

Quand le ciel me voulut, en rappelant Mécène,
Après tant de faveurs montrer un peu de haine,
Je te donnai sa place en ce triste *accident*.

P. CORNEILLE, *Cinna*, II, 2 ; V, 1.

L'histoire nous apprend qu'en de tels *accidens*
On fait de pareils dévouemens.

LA FONTAINE, *Fables*, VII, 1.

ACCIDENT est employé, par plaisanterie, dans des passages tels que les suivants :

Cette grande inégalité d'âge, d'humeur et de sentimens, rend un mariage sujet à des *accidens* très-fâcheux.

MOLIÈRE, *l'Avare*, I, 7.

Il n'ose vous mander un *accident* qu'on croit qui lui est arrivé : c'est d'être passionnément amoureux de la borgnesse, fille du maréchal ; c'est amour, fureur, à ce qu'on dit.

Mme DE SÉVIGNÉ, *Lettres*, 19 février 1672.

Deux de ses parentes, madame d'Aumont et madame de Fontaines, toutes deux d'Angennes et toutes deux veuves, donnèrent de quoi marier cette fille, de peur d'*accident*.

TALLEMANT DES RÉAUX, *Historiettes*. Mme de Maintenon.

Être infatué de soi, et s'être fortement persuadé qu'on a beaucoup d'esprit est un *accident* qui n'arrive guères qu'à celui qui n'en a point.

LA BRUYÈRE, *Caractères*, c. 5.

Depuis huit jours entiers, avec nos longues traites,
Nous sommes à piquer des chiennes de mazettes,
De qui le train maudit nous a tant secoués
Que je m'en sens, pour moi, tous les membres roués,
Sans préjudice encor d'un *accident* bien pire
Qui m'afflige un endroit que je ne veux pas dire.

MOLIÈRE, *Sganarelle*, sc. 7.

Et je ne pensois pas que la philosophie
Fût si belle qu'elle est, d'instruire ainsi les gens
A porter constamment de pareils *accidens*.

LE MÊME, *les Femmes savantes*, V, 1.

Il en est de même dans cet autre exemple où ACCIDENT est dit par une sorte d'antiphrase d'un événement qui n'a rien de fortuit.

On publia peu de temps après que l'archevêque de Brague condamné à la prison y étoit mort de maladie, *accident* assez ordinaire à certains prisonniers d'état que la politique ne permet pas de faire monter sur un échafaud.

VERTOT, *Révolutions de Portugal*.

ACCIDENT peut être encore déterminé par un complément formé de la préposition *de* et de son régime.

Ainsy moururent Pelopidas et Epaminondas, et feut leur mort plustost acte de vertu qu'*accident de* malheur.

AMYOT, trad. de Plutarque, *OEuvres morales*. De la fortune d'Alexandre, traité II.

Il me semble bien qu'il passe un peu legerement ce grand *accident de* la mort de Pompeius.

MONTAIGNE, Jugement sur César à la première page de son exemplaire des *Commentaires*.

Les habitans qui ont fait des pertes par des *accidens de* feu, *de* gresle ou autrement, présentent leur requeste pour être exempts des impositions.

Mémoire sur l'Artois, 1698. (Voir *Correspondance administr.* sous Louis XIV, t. I, p. 563.)

Quand je vous ai fait le récit de quelques *accidens de* ma vie, je ne m'attendois pas, ma chère amie, que vous me prieriez de vous la donner tout entière et d'en faire un livre à imprimer.

MARIVAUX, *la Vie de Marianne*, part. I.

Car ce sont *accident d*'amors.

CHRESTIEN DE TROYES, *Roman de Cligès*, ms. 6987, fol. 270 v°, col. 3. Bibl. impér.

On dit les *accidens de la* nature, les *accidens de la* fortune, les *accidens du* sort.

...Albert Valstein... avoit avec la pluspart des hommes cette foiblesse de vouloir laisser en des masses de pierre des monumens de grandeur, ne songeant pas que les fascheux *accidens de la nature* ou *de la fortune* les pouvoient destruire en un moment.

Sarasin, Conspiration de Valstein.

On le vit dans son désert, qui servoit comme de refuge public à tous les malheureux, réparer dans les uns les *accidens de la fortune,* dans les autres les défaillances de la nature.

Fléchier, Panégyrique de saint François de Paule.

Les *accidens de la fortune* se réparent aisément.

Montesquieu, Esprit des Lois, X, 13.

L'âme la plus robuste et la mieux préparée
Aux *accidens du sort.*

Théophile, Stances: La frayeur de la mort ébranle les plus fermes.

Dans le passage suivant, *l'accident* est dit absolument pour le hasard :

Tout ainsi qu'aux maladies qui s'engendrent es corps humains, on applique des remedes suyvant l'art de medecine, pareillement celles qui sont spirituelles en ont aussi besoin ; mais souvent l'art ni le conseil ne les aportent, ains *l'accident.*

La Noue, Discours politiques et militaires, XVIII.

Par accident, locution adverbiale, répond aux divers sens d'ACCIDENT. Il se dit, en termes de philosophie, de ce qui n'a pas de raison nécessaire d'être.

Ce sophisme est appelé dans l'école *fallacia accidentis,* qui est lorsqu'on tire une conclusion absolue, simple et sans restriction de ce qui n'est vrai que *par accident.*
L'on suppose qu'une cause qui, *par accident,* a eu un certain effet en une rencontre et étant jointe à plusieurs circonstances, le doit avoir en toutes rencontres.

Logique de Port-Royal, part. III, c. 19, § 5; c. 20, § 3.

...Le véritable mouvement de l'âme est toujours essentiellement amour du bien, et n'est que *par accident* fuite du mal.

Malebranche, Recherche de la vérité, V, 3.

A cette acception, se rapporte l'exemple suivant :

Bref, ce sont gens de bien *par accident,* par occa-

sion, par ressorts externes et estranges, et non en verité et essence.

Charron, de la Sagesse, II, 3.

Et même, quoique moins directement, ces autres exemples :

Ce qui me sert peut aussi, *par accident,* servir à un autre.

Montaigne, Essais, II, 6.

Il auroit regardé la France comme un théâtre propre à faire éclater la gloire de Dieu et, *par accident,* la sienne propre.

Fléchier, Panégyrique de saint François de Paule.

Par les reflets, la lumière primitive peut se replier sur elle-même et devenir plus forte *par accident.*

Diderot, Pensées sur la peinture, etc. Du Coloris, etc.

Par accident se dit souvent aussi en parlant d'un cas fortuit.

Plusieurs belles et rares choses sont venues en lumière *par accident.*

Olivier de Serres, Théâtre d'agriculture, lieu V, c. 16.

Ce qui étoit au delà (de bien mener une aile de cavalerie) surpassoit fort sa portée (du maréchal de Besons), comme il a paru quand il a eu quelquefois des armées à commander *par accident.*

Saint-Simon, Mémoires, 1715, t. XIII, c. 17.

Voulez-vous que dans la douleur et dans les extrémités où je suis, un homme avec qui je n'ai été qu'une heure *par accident,* et que je ne verrai jamais, m'ait rendue si amoureuse de lui et si passionnée que j'en aie perdu tout bon sens et toute conscience?

Marivaux, Vie de Marianne, part. III.

Nisus, près d'atteindre le but fixé, tombe *par accident;* mais, dans sa chute, se ressouvenant de son ami... il fait tomber exprès Salius qui le suivit...

Bernardin de Saint-Pierre, Harmonies de la nature, VII; de l'Amitié.

Les exemples qui suivent font comprendre comment s'est formée la locution *par accident.*

Elle s'approche pour lui demander s'il étoit aveugle de naissance, ou s'il l'étoit devenu *par accident.*

Bossuet, Oraison funèbre d'Anne de Gonzague.

I.

...L'entreprise fut si bien concertée et eut un si plein succès, que le jeune Fiesque étoit maître de Gênes au moment qu'il périt *par un accident.*

J.-J. Rousseau, *Lettres,* 27 septembre 1766.

ACCIDENTÉ, ÉE, adjectif.

Ce mot de date peu ancienne, et qui ne se trouve que dans des lexiques assez récents, se dit d'un terrain inégal, raboteux, d'aspect varié. On l'emploie surtout en termes de stratégie.

ACCIDENTEL, ELLE, adj. (du mot de la basse latinité *Accidentalis*).

Autrefois : Accidental, ale (*Voir* Rob. Estienne, Nicot, Cotgrave, Monet, Dictionnaires). .

On trouve aussi accidentaire.

...L'inhabileté de la personne pour affaires et offices *accidentaires,* n'empêcha point, etc.

Le Roi à l'archevêque de Narbonne, 10 mars 1647.

(Voir *Corresp. admin. sous Louis XIV,* t. I, p. 12.)

Comme *accident,* accidentel a son sens philosophique et se dit de Ce qui n'est point substantiel, essentiel, de ce qui n'a rien de nécessaire.

Ils (les législateurs, docteurs, instructeurs) sont beaucoup plus scrupuleux, exacts et rigoureux aux choses libres et *accidentales* qu'aux necessaires et substantielles.

Telle cause estant *accidentale* et du dehors peut venir à faillir ou s'affoiblir et changer.

Charron, *de la Sagesse,* I, 53 ; II, 3.

Ne scais-tu pas qu'il y a des choses indifférentes, et d'autres qui ne le sont pas, comme il y en a d'essentielles et d'*accidentelles ?*

Perrot d'Ablancourt, trad. de Lucien, *la Double accusation.*

Il faut... observer ici que telle chose, considérée par rapport aux autres, est *accidentelle,* qui ne laisse pas, étant considérée en elle-même, d'avoir son essence, ses propriétés et ses accidens.

Bossuet, *Logique,* I, 44.

Les défenses des lois civiles sont *accidentelles* parce qu'elles dépendent d'une circonstance *accidentelle.*

Montesquieu, *Esprit des Lois,* XXVI, 14.

Dans des sens analogues, également en rapport avec les diverses acceptions d'*accident,* accidentel signifie,

Soit Fortuit :

Ung aultre (guérissoit de) toute espece de goutte, feust... naturelle, feust *accidentale.*

Rabelais, *Pantagruel,* V, 21.

Ilz furent joieulx de joie *accidentalle.*

Jean Bouchet, *les Triumphes de la noble dame,* liv. II, fol. 77.

Ma vertu, c'est une vertu, ou innocence, pour mieulx dire, *accidentale* et fortuite.

Au demeurant, je hais cet *accidental* repentir que l'aage apporte.

Montaigne, *Essais,* II, 11 ; III, 2.

Je suivis de l'œil sa conduite à mon égard, pour ne me pas méprendre entre ce qui pouvoit être *accidentel* dans un homme chargé d'affaires épineuses, et ce que j'en soupçonnois.

Saint-Simon, *Mémoires,* 1711, t. IX, c. 21.

Le détroit de Magellan n'est qu'une coupure *accidentelle.*

Buffon, *Époques de la nature,* II.

Je distingue trois sortes de signes : 1° les signes *accidentels,* ou les objets que quelques circonstances particulières ont liés avec quelques-unes de nos idées, en sorte qu'ils sont propres à les réveiller...

Condillac, *Essai sur l'origine des connoissances humaines,* part. I, sect. 2, c. 4, § 35.

La révolution de France est une des grandes époques de l'ordre social. Ceux qui la considèrent comme un événement *accidentel* n'ont porté leurs regards ni dans le passé ni dans l'avenir.

Mme de Staël, *Consid. sur la révolution franç.,* part. I, c. 1.

Et cette toux est-elle
Ordinaire à madame, ou bien *accidentelle ?*

Montfleury, *la Dame médecin,* II, 5.

Soit Accessoire, épisodique, partiel :

L'homme prudent étaie le mérite de son métier de plusieurs mérites *accidentels* et de côté, qui le soutiennent en cas de révolution.

Diderot, *Correspondance de Grimm,* 1er juin 1765.

Aucune de ses scènes *accidentelles*, qui ne fît seule un tableau.

Diderot, Salon de 1767. Vernet.

Il y a plusieurs moyens techniques pour affoiblir ou fortifier, hâter ou retarder, cette dégradation (de la lumière) sur sa route : par les ombres *accidentelles*, par les reflets, etc.

Diderot, Pensées sur la peinture. Du Coloris, etc.

Accidentel se construit quelquefois avec la préposition *à*. On dit *accidentel à*, comme on dit Essentiel à.

Le mouvement considéré dans une pierre *lui* est *accidentel*, car cette pierre peut être en repos ; mais le mouvement considéré en lui-même a son essence, comme d'être le transport d'un corps.

Bossuet, Logique, I, 44.

Tout semble prouver que cette espèce, dont il est venu quelques individus de l'Amérique, n'est qu'*accidéntelle à* ce continent et y a été apportée des Grandes-Indes.

Buffon, Hist. naturelle. Oiseaux ; le Vasa, ou perroquet noir.

J'en conviens, reprit cette dame, la naissance est *accidentelle à* l'homme.

Marivaux, le Paysan parvenu, part. VII.

Accidentel a dans les sciences et les arts, dans les mathématiques, l'anatomie, la pathologie, la musique, etc., des sens particuliers qu'il appartient aux dictionnaires spéciaux de définir.

ACCIDENTELLEMENT, adv.

Autrefois Accidentalement (*Voir* Cotgrave, Dictionnaire).

Par accident.

Accidentellement, comme l'attestent le *Dictionnaire* de Furetière, le *Dictionnaire de Trévoux*, les quatre premières éditions du *Dictionnaire de l'Académie*, a été longtemps moins usité que *par accident*, et d'usage seulement dans le style philosophique.

Il s'employait et s'emploie encore en ce style par opposition à Essentiellement, nécessairement. Ainsi on peut dire que la blancheur, la rondeur, etc.,

ne sont qu'*accidentellement* dans les sujets où elles se trouvent.

C'est assez tard, en 1787, que Féraud remarque, *Dictionnaire critique de la langue française*, qu'on se sert aussi d'accidentellement dans le discours ordinaire, pour Par circonstance fortuite, par hasard, acception pourtant ancienne.

Or peuvent bien toutes ces choses estre advenues *accidentalement* et par cas fortuit.

Amyot, trad. de Plutarque, Vie de César, c. 83.

On trouve aussi en certains bois des nœuds et durillons (comme on fait au marbre)... Quelquefois ces durillons adviennent *accidentalement* par le moyen de quelque pierre qui demeurera incorporée dans le bois de l'arbre.

Du Pinet, trad. de Pline l'Ancien, liv. XVI, c. 39.

Je ne veulx pas qu'on refuse aux charges qu'on prend, l'attention, les pas, les paroles, et la sueur et le sang au besoing... Mais c'est par emprunt et *accidentalement*, l'esprit se tenant tousjours en repos et en santé, non pas sans action, mais sans vexation, sans passion.

Montaigne, Essais, III, 10.

... Les défenses des lois civiles... dépendent d'une circonstance accidentelle, les cousins germains et autres habitant *accidentellement* dans la maison.

Montesquieu, Esprit des Lois, XXVI, 14.

Les végétaux, ainsi que les poissons, ne paroissent s'y trouver qu'*accidentellement* et en assez petit nombre.

Buffon, Hist. nat., Époques de la nature, III.

ACCISE ou **EXCISE**, s. f.

Autrefois Assise (des mots de la basse latinité *accisia, assisia*).

Assisia, comme l'explique au long Du Cange, se disait dans la langue latine du moyen âge d'Assemblées convoquées pour rendre la justice ou faire des règlements d'intérêt public (*Voyez* assise). Par une extension naturelle, *assisia* servit aussi à désigner les Arrêts, les décisions de ces assemblées. De là l'application qui en fut faite, ainsi que d'*accisia* et des mots assise et accise, venus de l'un et de l'autre, à certains impôts.

Accise paraît avec son ancienne forme assise dans

cette phrase d'un célèbre historien italien du quatorzième siècle cité par Du Cange :

Comincio a raddopiare al popolo *assise*, gabelle et malatolte.

J. Villani, Istor. Fiorentine, VIII, 3.

Dans un texte du quinzième siècle, ajouté par D. Carpentier à l'article de Du Cange, au lieu d'Assise on lit *assis*.

Plusieurs grandes fautes, excès et abus, qui s'estoient faits et faisoient, tant au fait et gouvernement de la justice et de la police d'icelle (ville de Saint-Omer) comme au bail des *assis*, fermes et autres droits.

Charte de 1447, citée par D. Carpentier au mot Assisia.
Suppl. au Glossaire de Du Cange.

Accise, avec le temps, a remplacé assise, comme aussi *accès*, qui a eu le même sens (*Voir* accès), a pris la place d'*assès*.

Les six receveurs... ont l'administration de tous les revenus de la ville, tant des *accises*, impôts, amendes, etc. La franchise des *accises* et autres exemptions.

Coutumes de Bruxelles, tit. I, art. 26 ; Coutumes de la cour de Brabant, art. 1. Voir Coutumier général, t. I, p. 1237, col. 1 ; p. 1274, col. 1.

Par les détails qui précèdent, semble réfutée l'opinion assez spécieuse de quelques étymologistes (Recueil des *Bollandistes*, t. III, p. 738, *Glossaire* de Sainte-Palaye, *Dictionnaire de Trévoux*, etc.), qui, sans tenir compte des anciennes formes *assisia*, *assise*, *assis*, *assès*, tirent directement *accisia* d'*accidere*, retrancher ; et voient dans l'accise, ainsi que dans la taille, autre impôt qu'ils en rapprochent, un retranchement fait au profit de l'État sur un capital.

Accise est encore le nom d'une taxe qui se lève sur les boissons et autres objets de consommation en Angleterre et dans d'autres pays.

En Angleterre, l'administration de l'*accise* et du revenu des postes, telle qu'elle est aujourd'hui, a été empruntée des fermiers.

Montesquieu, Esprit des Lois, XIII, 19.

ACCLAMATION, s. f. (du latin *Acclamatio* et, par ce mot, de *clamare*).

Il manque à nos vieux dictionnaires, à ceux de Rob. Estienne, de J. Thierry, de Nicot, de Cotgrave, de Monet, quoique déjà fort en usage.

Il se dit, soit au singulier, soit au pluriel, des Cris par lesquels un nombre plus ou moins grand de personnes marquent la joie qu'elles ont de quelque chose, ou la haute estime qu'elles ont pour quelqu'un.

Feurent ouys du mole dix coups de... faulconneaux, ensemble grande et joyeuse *acclamation* de toutes les naufs.

Rabelais, Pantagruel, IV, 3.

Chascun se leva, l'accompaigna (Sophocle) et le reconvoya jusques en sa maison, avecques grandes *acclamations* de joye et battemens de mains à son honneur.

Amyot, trad. de Plutarque, OEuvres morales. Si l'homme d'aage se doibt encore entremettre des affaires publicques.

Mais aussi ne faut-il pas inconsiderement user de toutes sortes d'*acclamations* à la louange du disant...

Le même, même ouvrage. Comment il faut ouïr, c. 22.

Les soldats ne purent plus se retenir, ny s'empescher de tesmoigner leur passion par leurs larmes, et par ces *acclamations* qui sont le langage de la multitude.

Vaugelas, trad. de Quinte-Curce, VII, 2.

Les François ne furent pas plus tost chassez de Gênes, que l'on entendit crier dans les rues le nom de Doria, les uns suivant dans ces *acclamations* leurs véritables sentimens, les autres, etc.

Le cardinal de Retz, Conjuration de Fiesque.

Les plus sages parurent aussi fous que le peuple, le peuple me parut plus fou que jamais, et les *acclamations* passèrent tout ce que vous vous en pouvez figurer.

Le même, Mémoires, part. III, année 1651.

J'arrivai hier à Dover, où j'ai trouvé Monk avec une grande quantité de noblesse qui m'ont pensé accabler d'amitié et de joie pour mon retour. J'ai la tête si furieusement étourdie par l'*acclamation* du peuple et la quantité d'affaires, que je ne sais si j'écris de sens ou non.

Charles II, Lettre du 26 mai 1660, à sa sœur la duchesse d'Orléans. (Ms. de la collection Donnadieu.)

Ils (les Jésuites) furent installés à Clermont par l'intendant de la province et par un huguenot qui leur avoit prêté son carrosse, et ouïrent pour premières *acclama-tions* les murmures de toute la ville.

FLÉCHIER, *Mémoires sur les grands jours de 1665.*

Revenoit-il de ces glorieuses campagnes qui rendront son nom immortel, il fuyoit les *acclamations* populaires, il rougissoit de ses victoires.

LE MÊME, *Oraison funèbre de Turenne.*

La scène retentit encore des *acclamations* qu'excitèrent à leur naissance le Cid, Horace, Cinna.

J. RACINE, *Réponse au discours de réception de Thomas Corneille.*

Je vous demanderai compte de ces talens éclatans... qui vous avoient attiré les bénédictions des justes et les *acclamations* même des mondains.

MASSILLON, *Sermons.* Sur le jugement universel.

Là dessus *acclamations* de ducs, d'avocats, de gens d'affaires; complimens, embrassades, louanges, remercie-mens comme de gens morts qu'on ressuscite.

SAINT-SIMON, *Mémoires,* 1694, t. I, c. 18.

Être plus jaloux du nom de père de la patrie que du titre de conquérant, et moins sensible aux *acclamations* qui suivent ses triomphes qu'aux bénédictions du peu-ple soulagé dans sa misère, c'est la parfaite image de la grandeur d'un roi.

D'AGUESSEAU, *Discours III.*

Après un grand bruit de mousquetades j'entendis mes compagnons crier à pleine tête : Victoire! victoire! A cette *acclamation,* la terreur qui s'étoit emparée de mes sens se dissipa.

LE SAGE, *Gil Blas,* I, 9.

Je m'en tiens à l'expérience pour faire voir que les *ac-clamations* du théâtre sont souvent fugitives et sujettes à de honteux retours.

LA MOTTE, *Réponse à la XI° réflexion de Boileau sur Longin.*

Il y eut un moment où un transport de saisissement s'empara de tout l'auditoire; presque tout le monde se leva à moitié par un mouvement involontaire; le mou-vement *d'acclamation* et de surprise fut si fort qu'il troubla l'oratenr (Massillon prêchant son sermon du *Petit nombre des élus*).

VOLTAIRE, *Dictionnaire philosophique,* art. Éloquence.

Aux *acclamations* publiques j'entendis quelquefois se mêler des sifflemens de la part de plusieurs particuliers nés dans les villes ennemies de celles qui avoient donné le jour aux vainqueurs.

BARTHÉLEMY, *Voyage d'Anacharsis,* c. 83.

Dans l'exemple suivant on a marqué avec art la valeur étymologique du mot ACCLAMATION :

Ces hardis monumens que l'univers admire,
Les *acclamations* de ce puissant empire,
Sont autant de témoins dont le cri glorieux
A déposé pour vous au tribunal des Dieux.

VOLTAIRE, *Sémiramis,* I, 5.

Quelquefois ACCLAMATION, on vient de le voir, est déterminé par divers compléments, la préposi-tion *de* suivie de son régime, un pronom personnel, un adjectif, une proposition conjonctive; quelque-fois aussi il est employé absolument.

Des hymnes et des cantiques chantés gravement leur tenoient lieu *d'acclamations* et de louanges.

FLÉCHIER, *Panégyrique de saint Bernard.*

Tout retentissoit *d'acclamations.*

MONTESQUIEU, *Esprit des Lois,* XXV, 2.

D'ACCLAMATION, construit avec certains verbes, certaines prépositions, se sont formées les locutions suivantes :

Faire des acclamations.

Les courtisans se laissent toujours amuser aux *accla-mations* du peuple, sans considérer qu'elles *se font* pres-que également pour tous ceux pour qui elles *se font.*

LE CARDINAL DE RETZ, *Mémoires,* part. II, année 1652.

Aux avénemens des princes et à leurs premières en-trées dans les villes, les peuples ont accoutumé de *faire des acclamations* et des réjouissances publiques.

ROCHEFORT, *Dictionnaire curieux.*

Donner des acclamations.

Il faut bien se garder de croire qu'un homme a parlé d'une façon grande et sublime, quand on lui *a donné* de fréquentes *acclamations* et de grands applaudissemens.

FÉNELON, *Lettre à l'Académie,* IV.

Il se peut encore que les communes, à l'élection de Henri l'Oiseleur, *eussent donné* leurs *acclamations* et non pas leurs suffrages, et c'est ce qui est le plus vraisem-blable.

VOLTAIRE, *Annales de l'Empire,* année 936; Othon Ier.

Avec une acclamation, des acclamations ; avec acclamation.

Il estimoit tant et faisoit si grand compte du tesmoignage de Neocles, et de l'adoration de Colotes, que s'il eust esté receu en la feste et assemblée des jeux olympicques *avecques acclamations* de joye et battemens de mains.

AMYOT, trad. de Plutarque, *OEuvres morales.* Que l'on ne sauroit vivre joyeusement selon la doctrine d'Épicure.

A ceste remonstrance assentirent les soldats *avecques une* militaire *acclamation,* unanime et alaigre.

G. DU BELLAY, *Mémoires,* ann. 1536.

Cette ville (Avignon) est belle ; elle est, ce me semble, toute brillante ; vous y aurez été reçue *avec des acclamations.*

Mme DE SÉVIGNÉ, *Lettres,* 12 juin 1689.

Madame de Bullion... soutint la gageure, se brouilla avec ses protectrices, et perdit son procès avec toutes les sauces et *avec une acclamation* générale.

Le roi d'Espagne alla de Saragosse à Lérida, où il fut reçu *avec de* grandes *acclamations* des peuples et de son armée.

Bercy, intendant des finances et gendre de Desmarets, qui faisoit tout sous lui, fut chassé en même temps sans retour, *avec l'acclamation* publique.

SAINT-SIMON, *Mémoires,* 1698, t. II, c. 9; 1710, t. IX, c. 2; 1715, t. XIII, c. 17.

Vous eussiez vu ces mêmes séditieux qui avoient voulu massacrer ce seigneur aller en foule... le demander pour le conduire à son palais *avec des acclamations* et des démonstrations de joie excessives.

LE SAGE, *le Bachelier de Salamanque,* part. VI, c. 6.

Il est vrai que je dois aimer ce séjour (Lyon)... Je n'y ai point encore trouvé de prédicateur qui ait prêché contre moi, et j'ai été reçu *avec des acclamations* à l'Académie et aux spectacles.

VOLTAIRE, *Lettres,* 6 décembre 1754.

Parmi les ou des acclamations; au milieu des acclamations.

Elle nous parut, par sa modestie, comme un ange de Dieu *parmi les acclamations* et les fêtes de cette ville royale.

FLÉCHIER, *Oraison funèbre de Marie-Thérèse.*

Souvenez-vous, Messieurs, de ces jours heureux où, *parmi* les vœux et *les acclamations* des peuples, elle parut au milieu d'une cour pompeuse...

LE MÊME, *Oraison funèbre de Mme la Dauphine.*

La lecture se fit *au milieu des acclamations* de toute la compagnie.

MARIVAUX, *le Paysan parvenu,* part. VII.

Aux acclamations.

Le duc d'Ossone entra dans Madrid *aux acclamations* d'un concours prodigieux de peuple accouru de toutes parts pour le voir.

LE SAGE, *le Bachelier de Salamanque,* part. VI, c. 13.

Condé revint dans Paris *aux acclamations* de ce même peuple qui l'avait tant haï.

VOLTAIRE, *Siècle de Louis XIV,* c. 4.

Par acclamation est une locution proverbiale fort usitée, qui exprime la manière dont une assemblée donne son suffrage lorsqu'une personne est élue, une proposition adoptée, etc., tout d'une voix et sans qu'il soit besoin d'aller au scrutin.

Balben fut élu *par acclamation* et avec les suffrages unanimes de tout le chapitre.

VERTOT, *Histoire de l'ordre de Malte,* II. Auger de Balben.

En 1746, il remporte le prix à l'Académie de Berlin sur la cause générale des vents, et l'ouvrage couronné lui valut de plus l'honneur d'être élu membre de cette Académie sans scrutin et *par acclamation.*

D'ALEMBERT, *OEuvr. posth.* Fragments d'un mémoire sur lui-même.

Il le présenta, il y a quelques mois, à l'Académie, qui reçut l'artiste *par acclamation.*

DIDEROT, *Salon de* 1765. Fragonard.

Les Lacédémoniens opinèrent *par acclamation* en faveur des Athéniens.

BARTHÉLEMY, *voyage d'Anacharsis,* Introd., part. II, sect. 2.

ACCLAMATION s'est dit d'une manière spéciale, comme en latin, *acclamatio,* de certaines formules officielles de satisfaction, d'approbation en usage,

Soit à Rome, particulièrement au temps de l'Empire :

Les honneurs des *acclamations* se rendoient principalement aux empereurs, à leurs enfans, à leurs favoris, et aux magistrats qui présidoient aux jeux.

Néron, passionné pour la musique jusqu'à la fureur, prit soin de perfectionner celle des *acclamations*.

Hist. de l'Acad. des inscriptions et belles-lettres, t. I, p. 116, 117.

Dans le code théodosien, liv. VII, il est fait mention des *acclamations* du peuple romain aux entrées des empereurs Auguste et Constantin.

ROCHEFORT, *Dictionnaire curieux*.

Les injures de vos ennemis sont les *acclamations* satiriques qui suivent le cortége des triomphateurs.

J.-J. ROUSSEAU, *Lettres*, 10 septembre 1755. A Voltaire.

Soit dans les assemblées de l'Église.

Anciennement on se servoit d'*acclamations* et d'applaudissemens dans les églises comme dans les théâtres. Les magistrats, les évêques, s'élisoient autrefois par les suffrages et les *acclamations* publiques.

FURETIÈRE, *Dictionnaire*.

Nous avons vu avec plaisir les évêques renouveler, en faveur de ce grand prince, ces saintes *acclamations*, ces vœux si tendres et si touchans que les Pères des conciles généraux ont faits autrefois en faveur des empereurs romains.

D'AGUESSEAU, *Discours XIII*.

Selon Richelet, les antiquaires ont quelquefois appelé ACCLAMATIONS les vœux, les remerciements, adressés aux empereurs ou à l'État dans les représentations, dans l'exergue de certaines médailles : ils ont étendu ce nom aux médailles elles-mêmes.

ACCLAMER, v. a. (du latin *acclamare*, ou de notre vieux verbe simple *clamer*).

Ce mot, récemment recueilli par les dictionnaires et dont on use beaucoup aujourd'hui, signifie proprement Appeler par acclamation une personne à quelque emploi, quelque dignité. On dit fort bien, en ce sens : *acclamer, être acclamé* roi, empereur, régent, etc.; ou, absolument, *acclamer, être acclamé*. C'est le sens qui lui est donné dans le passage suivant :

Je partis de là pour lui faire entendre (au duc d'Orléans)

de quelle importance il lui étoit de profiter de la tenue des États généraux pour les capter... et d'en saisir les premiers élans d'amour et de reconnoissance pour se faire *acclamer* en conséquence des renonciations, et en tirer brusquement un acte solennel en forme de certificat de vœu unanime.

SAINT-SIMON, *Mémoires*, 1715, t. XII, c. 21.

Dans cet autre passage ACCLAMER, rapproché d'*acclamation*, est pris dans le sens donné à ce dernier mot par le passage précédemment cité de D'Aguesseau :

A l'acclamation de la clôture du Concile (de Trente), il *acclama* tous les rois en nom collectif, pour éviter, contre la coutume constante jusqu'alors, de nommer le roi de France le premier.

SAINT-SIMON, *Mémoires*, 1722, t. XX, c. 16.

ACCLAMATEUR, est un pur néologisme qui ne remonte, ainsi que tant d'autres, qu'à Mercier, de qui l'on cite cette phrase : « L'ouvrage entraîne la foule des *acclamateurs*. » (Voir encore sa *Néologie*, au mot CLAMATEUR.)

ACCLIMATER, v. a. (de *Climat*, voir ce mot).

ACCLIMATER est inconnu à tous nos dictionnaires, jusqu'à celui de Féraud, qui le recueille en 1787, et en attribue l'introduction récente à Raynal.

On s'en sert au propre dans le sens de Accoutumer à la température et à l'influence d'un nouveau climat.

De temps en temps on *acclimate*, on civilise quelques espèces étrangères ou sauvages.

BUFFON, *Époques de la nature*, VII.

Ces oiseaux se transportent assez difficilement et ne s'accoutument qu'avec peine à un autre climat; mais une fois *acclimatés*, ils vivent jusqu'à six ou sept ans, c'est-à-dire autant et plus que certaines espèces du pays.

LE MÊME, *Hist. nat. Oiseaux. Les Bengalis et les Sénégalis*.

Là par Zéphire transplanté
Bientôt l'arbuste *acclimaté*
Se croit dans son berceau...

DELILLE, *Épître à la duchesse de Devonshire*.

ACCLIMATER s'emploie aussi au figuré.

Par ses hardis travaux, tel le plus grand des czars
Sut chez un peuple inculte *acclimater* les arts.
                                    DELILLE, *les Jardins*, I.

ACCLIMATER peut devenir verbe réfléchi et signifie
Se faire à un nouveau climat.

Les habitans de l'Europe *s'acclimatent* difficilement
dans les Antilles.

Cette plante a peine à *s'acclimater* dans nos provinces.
                                    Dictionnaire de l'Académie.

ACCLIMATÉ, ÉE, participe.

D'ACCLIMATER se sont formés récemment les substantifs ACCLIMATEMENT, ACCLIMATATION; exprimant
l'action d'*acclimater*, de *s'acclimater*. De là l'expression toute nouvelle *Société d'acclimatation*.

ACCOINTER (s'), v. pron.

Ce verbe, sous sa forme réfléchie et au sens de
Se lier intimement, se familiariser avec quelqu'un,
est, ainsi que le substantif ACCOINTANCE, voulant dire
Habitude, familiarité, communication, liaison entre deux personnes de sexe différent, tout ce qui
reste d'un grand nombre de mots de même forme,
sinon de même origine, très-usités au moyen âge et
dans le seizième siècle.

Le plus ancien semble être l'adjectif COINT, TE,
CHOINT, TE, ou simplement COINTE pour les deux
genres, rattaché par les uns au latin *cultus* ou *com-
ptus*, par les autres au celtique *Koant*, et qui signifiait, comme ces mots, Ajusté, élégant, agréable, gracieux, joli.

De là plusieurs mots également sortis de l'usage,
le verbe COINTER, COINTIR, COINTOIER, les substantifs COINTISE, COINTIE, COINTERIE, l'adverbe COINTE-
MENT, à la définition desquels suffit leur rapport
avec le radical *coint*.

De là aussi les composés d'orthographes fort diverses :

1° ACCOINCT, TE, ACCOINT, TE, ACOINT, TE (Voir
le *Glossaire* de Sainte-Palaye), employé au même
sens que COINT, TE.

2° ACCOINCTER, ACCOINTER, ACCOINTIR, ACOIN-
TER, ACCOINTIER, ACUINTER, AQUOINTER, ACUNTIER,
ACUNTER, etc. (Voir le *Glossaire* de Sainte-Palaye
et les exemples ci-après), qui naturellement voulut
dire comme *cointer*, Ajuster, parer, orner, rendre
agréable, joli.

Par une extension assez naturelle, ACCOINTER fut
aussi employé dans le sens de Disposer, préparer,
ACCOINT dans le sens de Prêt.

A la même famille de mots et au même ordre d'acceptions ont aussi appartenu :

Le substantif ACOINTE avec le sens de Plaisir, agrément, goût de la parure et du luxe ;

L'adverbe ACOINTEMENT, voulant dire Gracieusement.

Comment ACCOINTER a-t-il servi à exprimer l'idée
générale de S'approcher, de rechercher, de s'unir,
par des rapports de société, par l'amitié, l'amour,
la parenté? Comment ACCOINT, dans des sens cor-
respondans, a-t-il voulu dire Familier, ami, amant,
parent? Il est difficile de se l'expliquer.

Ménage suppose qu'ACCOINTER vient d'*adcomitare*,
accompagner ;

Du Cange (au mot ACUNYDARE) le fait venir
d'*adcognitare*, Se joindre à, d'accord, en cela, avec
des étymologistes (M. Burguy, *Grammaire de la
langue d'oïl*; M. Littré, *Dictionnaire de la langue
française*), qui depuis ont tiré *cointe*, comme l'italien *conto* de *cognitus*.

Nicot le rattache au radical *coint* et à ses dérivés
par cette définition :

« .. Avec *cointise* et honnesteté rechercher aucun
pour se le faire familier et amy. »

Quoi qu'il en soit de ces questions d'origine res-
tées obscures, ACCOINTER a signifié S'approcher de
quelqu'un, l'aborder, le rechercher, le fréquenter,
se lier avec lui.

Personne ne les saluoit ni *accointoit* (les accusateurs de
Socrate).
                                    MONTAIGNE, *Essais*, III, 12.

Por ce n'*acointe* home ne fume.

GAUTIER DE COINSI, *De l'Empereri qui garda sa chastée*, v. 2917 (VOIR *Nouv. rec. de Fabl. et Cont. anc.*, t. II, p. 93, édit. Méon).

Bon fait *acointier* hommes riches,
S'il n'ont les cuers avers et chiches.

                Roman de la Rose, v. 13309.

Et non-seulement au propre, avec un nom de personne, mais figurément, avec un nom de chose, ou un nom abstrait pour régime direct.

Il appartient à un seul Socrates d'*acointer* la mort d'un visage ordinaire, s'en approvoiser et s'en jouer.

                MONTAIGNE, *Essais*, III, 4.

Peu y en a qui considerent les maux en eux-mesmes, qui les goustent et *acointent*, comme fit Socrates la mort.

                CHARRON, *de la Sagesse*, III, 29.

Qu'onque si douce chose ne vi ne n'*acointai*.

                ADENÈS, *li Romans de Berte*, LVII.

ACCOINTER est également pris pour Approcher, rechercher, mais au sens figuré, dans les exemples suivants :

Je peregrine, très-saoul de nos façons, non pour chercher des Gascons en Sicile, j'en ai assez laissé au logis ; je cherche des Grecs plustost et des Persans ; j'*acointe* ceux-là, je les considere.

                MONTAIGNE, *Essais*, III, 9.

Priere douce et humble, embrasée et devoste,
Se joint si près de Diex, et *acointe* et acoste
Que du cuer dont elle ist toute mauvestié oste.

                Jean DE MEUNG, *Testament*, v. 1445.

On a dit dans un sens analogue,
ACCOINTER une personne d'*une* autre ou *à* une autre pour les Mettre en rapport.

Samuel ne *fud* encore *à* Deu *acuintez*.

                Les quatre Livres des Rois, I, III, 7.

Et emmena avec lui quinze jeunes et preux chevaliers d'Angleterre pour estre à ce tournoi avec lui et pour eux *accointer des* seigneurs et *des* chevaliers qui là devoient estre.

                FROISSART, *Chroniques*, liv. I, part. I, c. 27.

I.

ACCOINTER, avec un régime direct, s'est dit pour avoir commerce avec une personne d'un autre sexe.

Quant il fu revenu de Rome il *acointa* la femme à un mercier.

                MARTENE, *Continuation de Guillaume de Tyr*, XXIII, 11.

On comprend comment ACCOINT a eu le sens, Soit de Familier, d'ami :

Mon accoinct, meus familiaris.

                ROB. ESTIENNE, *Dictionnaire françois-latin*.

Soit d'Amant, d'amante :

Si estoit moult noble et moult cointe,
De mainte dame estoit *acointe*.

                GAUTIER, *de Connebert*, v. 33 et 34 (V. *Nouv. rec. de Fabl. et Cont. anc.*, t. I, p. 114, édit. Méon).

Si n'ay-je Robin ne Gautier
Ne homme *dont* je soie *acointe*.

                EUST. DESCHAMPS, *Poésies*. Du dangier en quoy s'est mis ly poures maris.

Privée sui moult et *acointe*
De Deduit le mignot, le cointe.

                Roman de la Rose, v. 592.

Soit enfin, selon Nicot, Monet, etc., de Mari, de parent.

Nous arrivons à la forme réfléchie, sous laquelle seule subsiste encore le verbe ACCOINTER.

On a dit :

S'ACCOINTER une personne, pour l'Admettre auprès de soi, se familiariser, se lier avec elle.

Et me semble que l'ung des plus grans sens que puisse monstrer ung seigneur, c'est de *s'accointer* et approcher de luy gens vertueux et honnestes.

                COMMYNES, *Mémoires*, II, 3.

On a dit, au même sens :
S'ACCOINTER *avec*.

Clodius... *s'estoit* derechef *raccointé avec* Pompeius.

                AMYOT, trad. de Plutarque, *Vie de Caton d'Utique*, c. 13.

S'ACCOINTER à :

As riches hummes *s'accuinta.*
> MARIE DE FRANCE, *Lai de Milon*, v. 377.

On a dit surtout, et on dit encore :
S'ACCOINTER *de* :

Ce Jacques de plus en plus *s'accointa* si bien *de* Yvain de Gallès que Yvain n'avoit en nul si grant fiance comme il avoit en lui.
> FROISSART, *Chroniques*, liv. II, c. 30

Or, pour achever sa meschanceté, *s'accointa d'*un invocateur nommé Gallery...
> LA REINE DE NAVARRE, *Heptameron*, nouv. Ire.

Pompeius par despit *s'accointa* lors *de* Publius Clodius, le plus seditieux et le plus audacieux de tous ceulx qui se mesloyent de prescher lors le peuple.
> AMYOT, trad. de Plutarque, *Vie de Caton d'Utique*, c. 10.

Dou roi Noblon *m'acointerai.*
> *Renart le novel,* v. 4723.

Car je te vueil avecques moy mener
Vers ung seigneur *dont te* fault *acointer.*
> Ch. D'ORLÉANS, *Poésies,* Enfance et jeunesse du Prince.

Mais maintenant, puisque porte lunettes,
De Cupido ne *m'acointerai* plus ;
De sa maison suis chassé et forclus.
> OCTAVIEN DE SAINT-GELAIS, *Séjour d'honneur.*

D'embas la troupe sainte, autrefois amoureuse,
Nous honorant sur tous,
Viendra nous saluer, s'estimant bien heureuse
De *s'accointer de* nous.
> RONSARD, *Amours diverses.* Chanson 3.

Hante les bons, *des* mechans ne *t'accointe.*
> PIBRAC, *Quatrains*, XXXV.

S'ACCOINTER à, S'ACCOINTER *de* ont été employés en ce sens au figuré :

Euripides... conseille et commande aux gouverneurs de fouir l'ambition comme une très pestilente et mortelle furie à ceux qui *s'accointent d'*elle.
> AMYOT, trad. de Plutarque. *Vie de Sylla*, c. 5.

J'ay au moins ce profit de la cholique, que ce que je n'avoy encore peu sur moy, pour me concilier du tout et *m'accointer à* la mort, elle le parfera.
> MONTAIGNE, *Essais*, II, 37.

Quar *de* petit (de peu) de chose *se* porra *acointier.*
> *Chanson des Saxons*, CXXXIX.

On a dit aussi s'ACCOINTER *de* en parlant d'une liaison amoureuse :

Tarutius.. *s'accointa de* ceste Larentia, et l'aima tellement que, depuis venant à mourir, il la laissa son heritiere de plusieurs grands biens.
> AMYOT, trad. de Plutarque. *Vie de Romulus*, c. 3.

Car je sçay bien que Venus, jeune et coincte,
Du vieil Saturne en nul temps ne *s'accoincte.*
> Cl. MAROT, *Épîtres*, II, 20.

S'ACCOINTER a pu être quelquefois employé comme verbe réciproque.

Nature nous a à tous en commun donné ce grand present de la voix et de la parole, pour *nous accointer* et fraterniser davantage.
> LA BOÉTIE, *Discours de la Servitude volontaire.*

On s'est servi de s'ACCOINTER en parlant de combattans qui s'abordent et s'attaquent.

Autres fois avez bien ouy comment deux chevaliers *se scavent entre accoincter* aux espées, quant il touche l'honneur de l'ung et de l'autre.
> *Perceforest*, vol. II, c. 33.

Dans cet autre exemple, s'ACCOINTER a le sens de Se placer :

Desous un aubespin un petit *m'acointai.*
> RUTEBEUF, *De la vie dou monde.* (Voir Œuvres, t. I, p. 232.)

Il est difficile de rattacher aux deux principales acceptions d'ACCOINTER, qui viennent d'être étudiées, quelques sens particuliers de ce verbe, dont le *Glossaire* de Sainte-Palaye, surtout, donne des exemples :

Le sens de Voir de près, apercevoir ; de Faire part, avertir :

Puis vait au prestre ses pechiés *acointier.*
> Voir *Hist. litt. de la France*, tome XXII, p. 539 : Chansons de geste, *Moniage Rainouart*, ms. 7535, fol. 339.

D'accointer, pris en ce dernier sens, D. Carpentier, dans ses additions à Du Cange, au mot *advisare*, dérive le mot

Accointaire, espèce de Navire pour aller à la découverte, d'aviso, et en cite l'exemple suivant :

Une *accointaire* chargée de femmes de Peyres fut prise des Turcs.
Martene, Thesaurus novus. Anecdot., t. I, col. 1823.

Accointé, ée, participe.

Il a été employé substantivement aux mêmes sens que l'adjectif *accoint* ;

Au sens de Familier, d'ami, d'amant :

Apollo envieux de l'honneur de Venus et pour causer despit et stomachation à elle et à Mars son *accointé*... fait signe de la main pour obtenir silence.
J. Lemaire de Belge, Illustrations de Gaule, liv. I.

Au sens de Parent, d'allié :

Les Anglois escrivirent au duc de Bretagne, comme à leur *accointé*, qu'il les voulust aider.
Juvénal des Ursins, Hist. de Charles VI.

On avait fait d'accointer l'adjectif

Accointable, « Aisé à hanter et estre fait ami, » dit Nicot.

Et se accointoit ce qu'il pouvoit des barons et des chevaliers d'Escosse ; mais il en estoit si petit visité que rien. Car si comme je vous ai dit, il y a petit d'amour et sont gens mal *accointables.*
Froissart, Chroniques, liv. II, c. 228.

Il n'y a rien si contraire à l'amitié, ne si mal *accointable*, que l'estre fascheux, chagrin, tousjours reprenant, et tousjours se plaignant.
Amyot, trad. de Plutarque, OEuvres morales. Comment on
pourra discerner le flatteur d'avecques l'amy.

Et trouvoit-on sa maniere de vivre trop estrange d'estre ainsi mal *accointable* et si peu populaire comme il estoit.
Le même, même ouvrage. Vie de Nicias, c. 4.

A li se tint uns chevaliers
Accointables et biaus parliers.
Roman de la Rose, v. 1253.

Belaud estoit mon compagnon
A la chambre, au lit, à la table ;
Belaud estoit plus *accointable*
Que n'est un petit chien friand.
Joachim Du Bellay, Poésies. Épitaphe d'un chat.

On a dit accointable *à.*

Sortant des termes de prince courtois et *accointable à* tout le monde et se desvoyant es façons de faire de monarchie.
Amyot, trad. de Plutarque, Vie de Romulus, c. 13.

Sages soies et *accointables...*
Et *as* grans gens et *as* menues.
Roman de la Rose, v. 2109.

On avait fait encore d'accointer les substantifs :
Accointeres, acointeur pris ou dans le sens d'Ami, de Camarade, ou dans le sens de Galant.

Acoin, acointement, acointage, acointise, acointance (avec un ou deux *c*, comme tous les mots de cette famille).

De ces synonymes d'*accointance*, resté seul dans l'usage, le plus usité paraît avoir été

Accointement, s. m.

Male-Bouche dès-lors en çà
A espier me commença ;
Et dist qu'il metroit bien son œl
Que entre moi et Bel-Acuel
Aroit (il y aurait) mauvès *acointement.*
Roman de la Rose, v. 3531.

Quant loing me vy des doulx *accointemens*
De celle en qui toute vertu abonde.
Eust. Deschamps, Ballade : J'ai tant de plours arrosée ma face.

ACCOINTANCE, s. f.

Employé au singulier, ou quelquefois au pluriel, soit absolument, soit avec la préposition *de*, soit enfin dans ces locutions : *avoir, prendre accointance à* ou *avec*, et autres semblables, répondait aux divers sens d'*accointer* ou de *s'accointer.*

On s'en servait pour exprimer des relations de toutes sortes ;

Relations de voisinage et d'affaires :

58.

Nous vous disons pour le mieux que vous n'*ayez* nulle *accointance* ni challandise *à* ceux de Flandre.

FROISSART, *Chroniques*, liv. II, c. 172.

Relations de domesticité, de service :

En l'*accointance* domestique que dressent avecques moy ceulx qui me servent, je... m'enquiers peu d'un laquay, s'il est chaste, je cherche s'il est diligent ; et ne crains pas tant un muletier joueur que imbécille, ny un cuisinier jureur qu'ignorant.

MONTAIGNE, *Essais*, I, 2.

Relations de patronage, de faveur :

Ahi ! grant clerc, grant provandier,
Qui tant estes grant viandier,
Qui fetes Dieu de vostre pance,
Dites-moi par quel *acointance*
Vous partirez au Dieu royaume
(Vous aurez part au royaume de Dieu).

RUTEBEUF, *la Complainte d'outre-mer*. (Voir Œuvres, t. I, p. 95.)

Por ce amoit-il moult l'*acointance*
De Richece et la bienvoillance.

Roman de la Rose, v. 1125.

Car mains maulx lui faut endurer...
Avant qu'il puisse recouvrer
L'*accointance* de Reconfort.

CH. D'ORLÉANS, *Balades*, III.

Le bel esprit, au siècle de Marot,...
Des grands seigneurs il donnoit l'*accointance*.

Mᵐᵉ DESHOULIÈRES, *Poésies*. Rondeau, ann. 1677.

Relations de simple civilité, de société :

L'*accointance* d'ung fol jamais ne prouffita à la longue.

COMMYNES, *Mémoires*, II, 3.

Accointance de fol ne vaut rien.

H. ESTIENNE, *la Precellence du langage françois*.

On trouve facilement des hommes propres à une superficielle *accointance*.

J'ay une façon ouverte, aisée à s'insinuer et à se donner credit aux premieres *accointances*.

MONTAIGNE, *Essais*, I, 27 ; III, 1.

Il y a double amitié : la commune et imparfaicte qui se peut appeller bienveillance, familiarité, *accointance* privée...

CHARRON, *de la Sagesse*, III, 7.

Mon maistre, l'*acointance* et familiarité que j'ay avec cet Italien ne passe plus outre que bon jour et bon an.

LARIVEY, *le Laquais*, I, 4.

Dès mon premier âge, j'ai pourchassé l'*accointance* des messieurs du théâtre, parce qu'ils sont volontiers courtois et joviaux.

REGNARD et DUFRESNY, *les Chinois*, I, 1.

Mais ne sai s'*avés acointance*
En cest païs, ne connissance.

Roman de Partonopeus de Blois, v. 7835.

Car jeunes gens perdent tost contenance
Quant en lieu sont où n'*ont* point d'*accointance*.

CH. D'ORLÉANS, *Poésies*. Enfance et jeunesse du Prince.

Je ne prise point tels baisiers
Qui sont donnez par contenance
Ou par maniere d'*accointance*.

LE MÊME, *Chançons*, XXVIII.

...Maintz seigneurs (je le dy sans ventance),
Riches et grans, cherchoient *mon accointance*.

CL. MAROT, *De la Métamorphose*, II.

Relations d'affection, d'amitié :

Mon amy, mes femmes disent que vous cognoissez don Florestan, et que l'aymez grandement : je vous prie (par la foy que vous devez à Dieu) me dire quelle *accointance* avez eue *à* luy et où vous l'avez veu dernierement.

HERBERAY DES ESSARTS, *Amadis de Gaule*, liv. II, c. 9.

Ce que nous appelons ordinairement amis et amitiez, ce ne sont qu'*accointances* et familiaritez nouées par quelque occasion ou commodité.

Nous voyons les chevaux prendre certaine *accointance* des uns *aux* autres, jusqu'à nous mettre en peine pour les faire vivre ou voyager separement.

MONTAIGNE, *Essais*, I, 27 ; II, 12

Notre accointance ne print commencement qu'environ six ans avant sa mort.

LE MÊME, *Avertissement des œuvres de la Boëtie*.

Je le retiens pour ma plaisance,
Espoir, mais que leal me soit,
Et, se jamais il me deçoit,
Je renie *son accointance*.

CH. D'ORLÉANS, *Chançons*, XV.

J'irois autant dix fois par delà Romme
Que j'en suis loing, cercher *son accointance*.

CL. MAROT, *Épigrammes*, I, 37.

Bacchus ne luy est plus doux,
Ny *de* Venus l'*accointance.*

Ronsard, Odes, V, 16.

Relations d'amour et de galanterie :

...Plusieurs femmes d'estat et riches bourgeoises de la ville, *dont* autresfois il *avoit eu* grant privaulté et grant *accointance,* luy gaignerent leurs maris et de leurs parens.

Commynes, Mémoires, III, 7.

Mais dis-moi, Pierrot, ma femme *a*-t-elle quelque *accointance avec* des gens de qualité? En vois-tu venir quelqu'un au logis?

La Critique de la Cause des femmes, sc. 1 (Voir Théât. ital.,
édit. 1717, t. II, p. 63).

Sainz Esperiz l'a si esprise
Que ses cors n'aime ne ne prise
Acointance n'amor humaine.

Gautier de Coinsi, de l'Empereri qui garda sa chasté, v.2113-15.
(V. Nouv. rec. de Fabl. et Cont. anc., t. II, p. 89, édit. Méon.)

.... Recordant ses beautés
Et son grant sens et *sa* bele *accointance.*

Thibaut de Navarre, Chansons, XXIX.

Fox est qui s'acointe d'Oiseuse ;
S'acointance est trop perilleuse.

Roman de la Rose, v. 3017.

Pleust à Dieu que peussiez sentir
Une fois la dure grevance
Que m'avez fait longtemps souffrir
Par *vostre* plaisant *acointance.*

Ch. d'Orléans, Balades, V.

En cas d'amour c'est trop peu d'une dame ;
Car si un homme aime une honneste femme,
Et s'il ne peut à son aise l'avoir,
Il fait très bien d'autre *accointance avoir.*

Mellin de Saint-Gelais, Rondeau.

Un mutuel désir d'éternelle *accointance*
Au profond de nos cœurs s'émeut également.

Bertaud, Sonnets. A M. Gentian.

Lors de *faire accointance,*
Turcs d'approcher, tendrons d'entrer en danse.

La Fontaine, Contes, IV, 6.

Commerce charnel avec des personnes de sexe différent :

Les anciens Gaulois estimoyent à extreme reproche d'avoir *eu accointance de* femme avant l'aage de vingt ans.

...En l'*accointance des* femmes, où l'incitation est violente, et, dit-on, parfois invincible.

Montaigne, Essais, II, 8 ; III, 2.

Les Jesuites declarerent au duc de Bar sa damnation pour *avoir acointance avec* une heretique.

Agr. d'Aubigné, Histoire universelle, t. III, liv. V, c. 11.

Un si execrable attentat fut décelé par une misérable courtisane nommée Fulvia, qui *avoit l'accointance avec* quelques-uns des premiers de la ville.

Coeffeteau, Histoire romaine de L. Florus, IV, 1.

C'estoit la commune opinion que Livia estoit grosse de *son accointance.*

Le même, Histoire romaine, I.

Alliance, affinité :

Il y avoit entre eux *accointance* que on appelle affinité de par leurs femmes.

Chronique de Saint-Denys, liv. I, fol. 563 r°.

Il s'est dit de liaisons et d'arrangements politiques.

Comment quatre barons de Bretagne remontrerent au duc leur seigneur que il se déportast de *l'accointance des* Anglois.

Froissart, Chroniques, liv. II, c. 77.

L'*acointance* qu'ele vout faire
Pur son seignor de prison traire.

Benoît, Chroniques des ducs de Normandie, t. I, v. 2795.

Le duc de Bretaigne de suitte,
Pour tousjours croistre l'*acointance,*
Espousa dame Marguerite.

Martial de Paris, Vigiles de Charles VII, part. 1,
La nativité du Roy.

De là, autrefois, l'expression *légats d'accointance,* en parlant d'Ambassadeurs sans autre mission que d'entretenir la bonne intelligence et l'amitié entre des souverains.

Promis leur avoit de leur envoyer *legatz d'acointance.*

Triomphe des neuf preux, Jules César. Des legatz qui, etc.

Comme *accointer, s'accointer,* ACCOINTANCE s'emploie aussi au figuré ; les exemples en sont très-fréquents chez Montaigne :

Cependant il laissoit cheminer toutes les autres nations en vanité et erreur, comme si elles n'*avoyent* nulle *accointance avec* lui.

> CALVIN, *Institution chrestienne,* liv. 1, c. 11, § 11.

Celuy-là est certes bien indigne de *son accointance* (de la vertu) qui contrepoise son coust à son fruict.

Je ne sçay si je n'aimerois pas mieux beaucoup en avoir produict un [enfant] parfaictement bien formé de *l'accointance des* Muses que de *l'accointance de ma* femme.

Platon, luy qui *a eu* ses conceptions si celestes, et si grande *accointance à* la divinité que le surnom lui en est demeuré...

J'ay attaqué cent querelles pour la deffence de Pompeius et pour la cause de Brutus. Ceste *accointance* dure encore entre nous.

> MONTAIGNE, *Essais,* I, 19 ; II, 8, 12 ; III, 9.

ACCOINTANCE, très-employé, même dans le style noble, on vient de le voir, au seizième siècle, était noté, dès le commencement du dix-septième, dans les dictionnaires comme vieux et familier.

On peut ajouter avec Furetière qu'il ne se prend guère qu'en mauvaise part comme dans cet exemple d'un écrivain du seizième siècle :

Je n'ay trouvé rien meilleur que de fuyr le voisinage et *accointance de* telles gens, et me retirer au labeur de la terre.

> Bernard PALISSY, *Jardin délectable,* Des confrontations.

Et dans cet autre d'un écrivain des dernières années du dix-huitième siècle.

D'un autre côté, elles n'évitoient pas avec moins de soin *l'accointance des* petits habitans, pour l'ordinaire jaloux, médisans et grossiers.

> BERNARDIN DE SAINT-PIERRE, *Paul et Virginie.*

C'est en se reportant aux habitudes de langage du seizième siècle, que Voltaire a fait ainsi parler François Iᵉʳ :

Je sais que vous avez l'honneur,
Me dit-il, d'être des orgies
D'un certain aimable prieur
Dont les chansons sont si jolies
Que Marot les retient par cœur,
Et que l'on m'en fait des copies;
Je suis bien aise, en vérité,
De cette honorable *accointance.*

> VOLTAIRE, *Épître XIII,* au prince de Vendôme.

ACCOINTANCE avait moins vieilli qu'ACCOINTER, s'ACCOINTER « entièrement hors d'usage, » écrivait Féraud en 1787, et que le *Dictionnaire de l'Académie* n'a recueilli que dans ses deux dernières éditions.

ACCOISER, ACCOISEMENT. *Voir* COI.

ACCOLER, v. actif.

Autrefois, ACCOLLER, ACCOLÉER, ACOLER. (*Voyez le Dictionnaire françois-latin* de Rob. Estienne et le *Glossaire* de Sainte-Palaye.)

La première édition du *Dictionnaire de l'Académie* le dérive directement du français *col;* Ménage le rattache au bas latin *adcolare,* d'autres, comme Rob. Estienne, remontent jusqu'aux radicaux latins de ce mot, *ad* et *collum.*

ACCOLER signifie au propre, Jeter les bras au cou de quelqu'un en signe d'affection, l'embrasser, l'étreindre ; il est très-souvent joint au mot Baiser, que quelquefois il remplace.

Li Qens (le comte) et ses fix estoient si fort acousu ensanle (ensemble) et *acolé,* c'on ne les pooit departir.

> *Voiage du comte de Pontieu* (Voir *Nouv. rec. de Fabl. et cont. anc.* t. I, p. 446, édit. Méon.)

Quand la comtesse de Montfort sçut les nouvelles de la revenue des dessus dits Anglois et Bretons, elle en fut grandement resjouie ; si alla contre eux et les festa liement et baisa et *accola* chacun de grand cœur.

> FROISSART, *Chroniques,* liv. I, part. I, c. 185.

Là feut resjouy comme ung tel pere povoit estre,

voyant ung sien tel enfant. Et le baisant et *accollant* l'interroguoit de petits propous pueriles en diverses sortes.

RABELAIS, *Gargantua*, I, 13.

Desjà, m'*accollant* de rechef, elle commençoit à me dire...

LARIVEY, *la Veuve*, V, 1.

Il s'approcha du vieillard pour l'*accoler*; et ces deux petits-maîtres, pour se divertir, commencèrent à se le renvoyer l'un à l'autre comme deux joueurs de paume qui pelotent une balle.

LE SAGE, *Gil Blas*, III, 3.

Ensaule (ensemble) dorment doucement,
Acolé sont estroitement.

Floire et Blancheflor, v. 2367.

A icel mot li chiet au pié,
La dame en pleure de pitié,
Si l'a sus trait (relevé) et *acolé*
Et sor lui longuement ploré.

Roman de Partonopeus de Blois, v. 7691.

Quant il l'oï, si l'*acola*,
Vers li la traist, si la beisa.

MARIE DE FRANCE, *Lai du Bisclavaret*, v. 37.

Doucement l'*a* baisiée, estrainte et *acolée*.

ADENÈS, *li Romans de Berte*, CXXVII.

Quant entre vos bras les tenés
Et les *acolés* et baisiés.

Roman de la Rose, v. 16860.

Un autre qui perdu avoit
Jura qu'aux dez plus ne jourroit,
Et se leva pour s'en aler :
Un autre le va *acoler*
En disant : N'en yrez pas ores,
Par ma foy, vous jourrés encores.

EUST. DESCHAMPS, *Poésies*. Le dit du Gieu des dez.

Si de mes bras le tenant *acollé*,
Comme du lierre est l'arbre encercelé,
La mort venoit de mon aise envieuse
. . . .
Bien je mourrois plus que vivante heureuse.

LOUISE LABÉ, *Sonnets*.

Lors se tournant vers moy,
M'*accolle* à tour de bras et, tout pétillant d'aise,
Doux comme une épousée, à la joue il me baise.

REGNIER, *Satires*, VIII.

ACCOLER a le même sens, mais est dit au figuré dans l'exemple suivant :

Dieu a les bras ouvers pour t'*acoler*,
Prest d'oublier ta vie pecheresse.

CHARLES D'ORLÉANS, *la Complainte de France*.

On a pu se servir d'ACCOLER au sens de Prendre-à-bras le corps.

Acolée l'*a* par les flans,
Si le (la) mist jus dou palefroi.

Renart le Novel, v. 6868.

ACCOLER est quelquefois verbe réciproque.
On dit que deux personnes s'*accolent* ou bien encore s'*entr'accolent*.

Moult plorent andui tenrement,
Et s'*entr'acolent* doucement.

Roman de Partonopeus de Blois, v. 3748.

On l'a aussi, toujours en ce sens, employé quelquefois absolument.

Ensamble gisent é parolent
Et sovent baisent é *acolent*.

MARIE DE FRANCE, *Lai de Gugemer*, v. 533.

Je voy hayneurs *entre acoler*,
Vérité voy dissimuler.

JEHAN DE LORRAINE, *Rondel*. Voir Poésies de Ch. d'Orléans.

ACCOLER s'est dit non-seulement des personnes, mais, par figure, des choses;
1° Au sens physique,
Pour Embrasser, étreindre, caresser :

Une amitié molle et indiscrete, en laquelle il advient ce qui se void au lierre, qu'il corrompt et ruine la paroy qu'il *accole*.

MONTAIGNE, *Essais*, II, 10.

L'air va des elles (ailes) *acolant*.

EUST. DESCHAMPS, *Poésies*, Du mauvais gouvernement de ce royaume.

. . . . . Maintefoiz m'est advis
Que je vous tiens entre mes bras, m'amye;

Lors *accolle* mon oreiller, et crie :
Mercy amours!

Ch. D'ORLÉANS , *Balades*, XIII.

Pour Renfermer, contenir :

Tous les lieus qu'Auvergne *acole*.

G. GUIART, *Royaus lignages*, t. I, v. 4894.

Pour attacher :

Si la fist battre de bastons et mener tout batant à son ourme et lui fist *acoler* et la fist lier.

Journal de Paris sous Charles VI et VII, p. 85.

Sainte-Palaye, qui cite les deux exemples précédents, établit par d'autres qu'on s'est servi également d'ACCOLER , en parlant d'ajustements et d'armes serrant le cou ou quelque autre partie du corps.

Il vint à son cheval et dessus tost monta,
Le glaive prist aux mains et l'escu *acola*.

CUVELLIER, *la Vie Bertran du Guesclin*, v. 1783.

C'est le sainct nom du pape qui *accolle*
Les chiens d'enfer, s'il lui plaist, d'une estole.

Cl. MAROT, *l'Enfer*.

2° Au sens moral,
Pour Aimer, rechercher, atteindre, saisir, etc.

Si tu n'*accoles* la mort, au moins tu luy touches en paulme une fois le mois.

MONTAIGNE, *Essais*, III, 13.

Briefment tuit clerc.....
Vuelent avarisce *accoler*.

RUTEBEUF, *de l'Estat du monde*. (Voir *OEuvres*, t. I, p. 222.)

En mon palais vous feray paindre...
Si Fortune une fois j'*accolle*.

Farce d'un mary jaloux. Voir *Anc. Th. franç.*, t. I, p. 130. (Bibl. elzevirienne.)

A l'emploi figuré d'ACCOLER se rapportent les locutions suivantes :

Accoler la cuisse, accoler la botte à quelqu'un, Lui embrasser la cuisse, la botte, ce qui était une marque de grande soumission et d'infériorité.

Accoler la vigne, la relever et la lier à l'échalas.

Accoler la vigne est un terme fort bien inventé, car en la liant il semble qu'on l'arrête par le cou.

LIGER cité dans le *Dictionnaire de Trévoux*.

Accoler deux ou plusieurs articles dans un compte, Les réunir par une *accolade* (*voyez* ce mot), ou bien comprendre, sous une seule marque, sous une seule somme, deux ou plusieurs articles de compte.

Accoler des épithètes, des rimes, etc.

Je ne me souviens point d'avoir lu ces belles épithètes ainsi *accolées*.

VOLTAIRE, *Un chrétien contre six juifs*, XXXIII.

Et d'un fatras de rimes *accolées*...

J.-B. ROUSSEAU, *Épîtres*, II, 4.

Accoler deux personnes, deux noms dans un même discours, Les y faire figurer l'un à côté de l'autre.

Ce fut un étonnement général que de voir ces deux noms *accolés* ensemble.

SAINT-SIMON, *Mémoires*...

Cette dernière locution est aujourd'hui la plus usitée de toutes celles où entre le verbe ACCOLER.

On a dit, dans des sens analogues, soit au physique, soit au moral, *accoler à, s'accoler à*.

Non-seulement ils vouloient, ce qui étoit raisonnable, marier, pour ainsi dire, chaque art mécanique à la science dont il peut tirer des lumières... mais ils vouloient encore, qu'on nous passe cette expression, *accoler* chacun de ces arts *à* la partie des belles-lettres qu'ils s'imaginoient y avoir le plus de rapport, comme le brodeur à l'historien, le teinturier au poëte, etc.

D'ALEMBERT, *Éloges*. Le comte de Clermont.

Les Turcs avoient autrefois *accolé* le minaret d'une mosquée *au* portique du Parthénon.

CHATEAUBRIAND, *Itin. de Paris à Jérusalem*. Part. I. Voyage de la Grèce.

Nous aimons à *nous accoler à* un auteur favori : c'est une colonne qui nous soutient contre les tempêtes du monde.

BERNARDIN DE SAINT-PIERRE, *Harmonies de la nature*, I. Leçon de botanique à Paul et Virginie.

ACCOLÉ, ÉE, participe.

On l'emploie surtout au sens de Joint, réuni, mis ensemble; soit absolument, soit suivi de l'adverbe *ensemble*, des prépositions *avec*, *à*, *de*.

La queue est... semée de miroirs ou de taches brillantes... chaque penne de la queue a deux de ces miroirs *accolés* l'un *à* l'autre, la tige entre deux.

            BUFFON, *Hist. nat.* Oiseaux; l'Éperonnier.

Le bouleau a sa graine *accolée à* deux ailes qui lui donnent l'apparence d'une petite coquille.

         BERNARDIN DE SAINT-PIERRE, *Études de la nature*, XI.

Ajoutez à cela certain petit trait *accolé de* deux points, qui finit toutes vos lettres, et qui me fournissoit un indice décisif au gré de ma pointilleuse défiance.

         J.-J. ROUSSEAU, *Lettres*, 10 nov. 1761.

Il se dit adjectivement en termes de blason de deux choses attenantes et jointes ensemble.

Il insista tellement que le roi lui dit franchement que cette fille portoit les armes de Bourbon qui le choqueroient *accolées avec* les siennes.

On a vu ailleurs quels sont les Lawenstein, et le bruit que fit Madame, et même madame la Dauphine, de voir les armes palatines *accolées à* celles de Courcillon, à la chaise de madame de Dangeau.

    SAINT-SIMON, *Mémoires*, 1697, t. I, c. 39; 1720, t. XVIII, c. 18.

On l'a dit aussi, en termes d'art, de deux figures juxtaposées.

Pour ce Janus, il a l'air de deux mauvaises figures égyptiennes *accolées*.

         DIDEROT, *Salon de 1765*. Carle Vanloo.

Du verbe ACCOLER s'étaient formés un assez grand nombre de substantifs exprimant l'action d'embrasser.

Il n'en reste que

ACCOLADE, s. f.

Quelquefois écrit ACCOLLADE, ACOLADE. (*Voir* le *Glossaire* de Sainte-Palaye.)

Il signifie, au propre, Embrassement.

I.

Je montay lors sur un petit mullet..... et m'en allay droict à la descente des galleres. Tous les seigneurs et gentils-hommes estoient encore dedans, s'amusans à faire des *acollades*.

         MONTLUC, *Commentaires*, I.

Le baron reçoit cette espée, une *accollade* et un baiser de son père, ne respond que d'une reverence, et va mettre ensemble ceux qui eurent le courage de le suivre, qui estoient en tout trente-huit.

    Agr. D'AUBIGNÉ, *Hist. univ.*, t. II, liv. II, c. 4, p. 115.

Ces quatre cavaliers débutèrent par de vives *accolades* qu'ils se firent.

         LE SAGE, *Gil Blas*, III, 3.

    Là, parmi les prés mollets,
    Tu gagnes les *accolades*
    Et les jeux mignardelets
    Des sylvains et des dryades.

         Gilles DURANT, *Ode au sieur d'Auteuil*.

    L'an renouvelle son cours,
    Chacun se donne l'*accolade*;
    On s'épuise en jolis discours :
    C'est la mascarade.

         PESSELIER, *Mascarade du Parnasse*.

ACCOLADE se dit aussi d'une des principales cérémonies anciennement observées dans la réception d'un chevalier, et qui consistait ordinairement à donner trois coups du plat de l'épée sur l'épaule et sur le cou de celui qu'on armait chevalier, après quoi on l'embrassait.

Donner, recevoir l'accolade.

Il y a eu des occasions où non seulement on les frappoit de l'épée sur l'épaule, mais on leur donnoit un soufflet et après on les embrassoit, ce qu'on appeloit *donner l'accolade*, pour leur apprendre qu'ils devoient estre également prests à souffrir les injures et à recevoir des caresses.

         Le P. MÉNESTRIER, *De l'ancienne chevalerie*, c. I.

Le chevalier de Grammont et Matta se mirent donc en chemin, tels à peu près qu'Amadis ou don Galaor, après *avoir reçu l'accolade* et l'ordre de chevalerie, cherchant les aventures et courant après l'amour, la guerre et les enchantemens.

         HAMILTON, *Mémoires du chevalier de Grammont*, c. 4.

Les princes à qui ces chevaliers s'engageaient, leur ceignaient le baudrier et leur faisaient présent d'une épée, dont ils leur donnaient un coup léger sur l'épaule. Les chevaliers chrétiens ajoutèrent d'autres cérémonies à l'accolade.

VOLTAIRE, *Essai sur les mœurs*, c. 44.

Le nouveau chevalier faisait la veille des armes, ensuite on le mettait au bain, il venait *recevoir l'accolade* et le baiser en tunique...

LE MÊME, *Annales de l'empire*, ann. 1184. Frédéric Ier.

Ils faisoient des chevaliers par l'*accolade*.

HÉNAULT, *Abrégé chronologique de l'histoire de France*. IIIe race. Remarques particulières.

L'*accolade*, selon les uns, est l'embrassade; et selon les autres, c'est le coup qu'on donne sur le cou du nouveau chevalier, *adcolata*. Quoiqu'il en soit, c'est sur le cou qu'on doit le frapper, et non sur l'épaule comme on fait aujourd'hui.

SAINTE-FOIX, *Essais historiques sur Paris*. Conformités, changements et différences dans nos mœurs et coutumes.

Il (Grimm) m'accorda le baiser de paix dans un léger embrassement qui ressembloit à l'*accolade* que le roi donne aux nouveaux chevaliers.

J.-J. ROUSSEAU, *les Confessions*, part. II, liv. IX.

ACCOLADE s'est dit et se dit encore, dans un sens analogue, de certaines politesses officielles.

De là ces expressions : *Accolade fraternelle, donner l'accolade à* un officier après l'avoir fait reconnaître.

C'est par une allusion plaisante à l'emploi du mot *accolade* dans le cérémonial de l'ancienne chevalerie que l'on a dit :

Nous voilà donc encore une fois confrères en Apollon; en cette qualité, *recevez l'accolade*.

MONTESQUIEU, *Lettres*, 5 mars 1753.

ACCOLADE s'emploie comme *accoler*, au figuré en parlant des choses :

Je prends l'extrème congé des jeux du monde : voicy nos dernieres *accolades*.

MONTAIGNE, *Essais*, III, 5.

Donnant à l'outre de si rudes *accolades*, que nous l'eûmes bientôt vidée.

LE SAGE, *Gil Blas*, II, 8.

L'usage fait en termes de blason du verbe AC-

COLER, s'est étendu naturellement au substantif ACCOLADE.

M. le baron de la Gelinotière ne demanderoit pas mieux non plus que de faire une *accolade* de ses armoiries avec celles de madame la comtesse.

LE SAGE, *Théâtre de la foire*, la Pénélope moderne, I, 5.

Saint-Simon s'est servi, dans un sens analogue, du mot *accollement* dont il sera question plus loin.

Quelque monstrueux que fût l'*accollement* de la dignité de pair de France avec la qualité de conseiller à la cour souveraine....

SAINT-SIMON, *Mémoires*, 1714, t. XI, c. 30.

ACCOLADE se dit surtout, au figuré, par allusion, à une sorte de trait en forme de crochet brisé à son milieu (‿‿‿‿‿), trait appelé ACCOLADE, qui sert, dans l'écriture et l'impression, à embrasser plusieurs objets, soit pour en former un tout, soit pour montrer ce qu'ils ont de commun et d'analogue entre eux.

Un original d'auditeur, qui, parce qu'il a un équipage, rougit de honte quand il est obligé de se servir d'un carrosse de louage. Faisons une *accolade* de cet auditeur avec un licencié de ses parens, qui possède une dignité d'un grand revenu dans une église de Madrid, et qui va presque toujours en carrosse de louage, pour en ménager deux fort propres et quatre belles mules qu'il a chez lui.

LE SAGE, *le Diable boiteux*, c. 10.

Enfin vous y verrez un commissaire, un notaire, une *accolade* de procureurs.

D'ALLAINVAL, *l'École des bourgeois*, III, 4.

Faut-il toujours qu'on me compare
A notre ami Charlot? l'*accolade* est bizarre.

VOLTAIRE, *Charlot*, I, 6.

On s'est servi anciennement, en même temps que d'ACCOLADE, dans ses principaux sens, du mot

ACCOLÉE OU ACCOLLÉE, ACOLÉE. (*Voir* le *Glossaire* de Sainte-Palaye.)

Ainsi ACCOLÉE, comme *accolade*, voulait dire Embrassement.

Six ou huict baisers, tous entiers, à grandes *accollées* et ambrassées.

Martial d'Auvergne, *Arresta amorum*, XXI.

Hé frere Jean... l'*accollée*, mon amy... que je t'esrene à force de t'accoller.

Rabelais, *Gargantua*, I, 39.

Lorsque nos Roys vouloient semondre quelques gentilshommes ou braves soldats à bien faire le jour d'une bataille, ou bien qu'ils leur vouloient gratifier à l'issue d'une entreprise, les caressoient d'une *accolée*.

Est. Pasquier, *Recherches de la France*, II, 16.

Quel dolor au cuer me tenoit,
Quant en pensant me sovenoit
Des biaus diz, des douz aesiers (familiarités),
Des douz deduiz, des douz besiers,
Et des très-douces *acolées*
Qui s'en ierent sitost volées.

Roman de la Rose, v. 13068.

Accolée remplaçait encore fort souvent *accolade* lorsqu'il était question de la cérémonie en usage pour la réception des chevaliers.

Le bon roy, qui aymoit le dit Jehan et tous les François, à très grant joye l'*accolée* et ordre luy *donna*.

Ant. de la Sale, *le petit Jehan de Saintré*, c. 60.

Quant à l'*accolée*, c'est comme une marque de souvenance de l'acte, et, possible, à l'imitation de ce que jadis on faisoit à l'affranchissement des serfs, en leur baillant sus la joue.

Fauchet, *Origines des chevaliers*, etc. I, 1.

Alors le seigneur qui devoit lui conférer l'ordre... lui *donnoit* l'*accolade* ou l'*accolée* : c'étoit ordinairement trois coups du plat de son épée nue sur l'épaule ou sur le col de celui qu'il faisoit chevalier, c'étoit quelquefois un coup de la paulme de la main sur la joue.

Sainte-Palaye, *Mémoires sur l'ancienne Chevalerie*, partie II.

Dux Naymes leur ala les esperons chaucier,
Et li bons rois Pepins leur ceint les brans d'acier,
L'*acolée* leur *donne*, puis les ala baisier.

Adenès, *Roman de Berte*, CXXX.

Li dus li a ceinte l'espée
Et puis li *done* l'*acolée* :
Amis, dit-il, chevalier soies...

Douins, *le roman de Trubert*, v. 1750. (Voir *Nouv. rec. de Fabl. et contes anc.*, t. I, p. 246, édit. Méon).

Là si furent faitz chevaliers...
Qui eurent l'*accollée* et paulme.

Martial d'Auvergne, *Vigiles de Charles VII*, part. II, 12.

C'est en se reportant à l'ancien usage de la langue, qu'un auteur du dix-huitième siècle a écrit :

Le chevalier des Lions n'hésita pas, et le damoisel ayant assisté le matin aux saints offices, ce qui pouvoit remplacer la veille des armes dans un lieu saint, il lui *donna* l'*accolée* et l'embrassa tendrement : aussitôt il appela le fidèle Gandalin et lui demanda une épée pour la ceindre au nouveau chevalier.

Le comte de Tressan, *Amadis de Gaule*.

Au lieu du composé ACCOLÉE on employait aussi le simple

COLÉE.

Et li *dona* li uns une *colée*, et dist : Chevaliers soyés.

Beaumanoir, *Coutumes du Beauvoisis*, c. XXXV, § 26.

Pas ne *reçoivent* tel *collée*
Tous chevaliers qui ceint espée.

Guilleville, cité par Fauchet, *Origines des chevaliers*, I, 1.

Dans les passages suivants COLÉE a le sens de Coup d'épée ou autre, de mauvais traitement.

Tous apperçoivent et prevoient leur commune desertion et ruine et chacun attent le chef enclin la *colée*.

Alain Chartier, *l'Esperance*.

Moult drece haut li rois s'espée,
Doner l'en cuide grant *colée*.

Moult fierent de lance et d'espée,
Si *reçoivent* mainte *colée*.

Roman de Partonopeus de Blois, v. 3131, 8795.

Aux bourjois *ont donné* mainte dure *colée*.

Cuvellier, *la Vie Bertran du Guesclin*, v. 3821.

Sainte-Palaye a recueilli des exemples d'autres formes moins usitées et plus tôt disparues du même mot ;
ACCOLLE, ACCOL :

Mon col, qui eut l'*accol* de chevalier,
Est accolé de trop mortel collier.

Cl. Marot, *Élégies*, II, 1.

ACOLEMENT :

Luy fit la plus grant chiere du monde, non pas sans
plusieurs baisers et *acolemens*.

Ant. DE LA SALE, *Le petit Jehan de Saintré*, CLXIV, sommaire.

ACCOLERYE :

Relever fault son amy quand il chet,
De cueur entier, en doulce *accolerye*.

Roger DE COLLERYE, *Rondeaux*. CXI.

On ne peut guère regarder que comme un caprice bouffon la forme employée dans le passage
suivant :

Faites une *accollercite* à ce gentilhomme, que vous devez à tout jamais, à perpétuité et par tous les siècles,
chérir, comme s'il avoit tourné en vostre ventre.

Le comte de CRAMAIL, *Comédie des Proverbes*, 1616, III, 7.

La locution *accoler la vigne* a donné lieu à un
substantif qui désigne, en termes de culture, le
lien de paille ou d'autre chose dont les vignerons se
servent pour cette opération :

ACCOLURE.

L'*accolure* n'est pas une marchandise bien chère.

Dictionnaire de Trévoux.

ACCOMMODER, v. a. (soit directement du
français *Commode*, soit de l'italien ou du latin *Ac-
commodare*).

On l'a souvent écrit ACCOMODER.

ACCOMMODER une chose, c'est proprement La rendre commode, convenable, la disposer, l'ajuster,
l'agencer, la mettre dans un bon état.

Je vous adverty que, pour *accommoder* ma maison,
j'ai deliberé dedans huyctaine demolir icelluy figuier.

RABELAIS, *Pantagruel*, IV, ancien Prologue.

Ne voit-on point, je vous prie, qu'à faute d'*avoir* bien
approprié, tourné et *accommodé* un logis, il (l'architecte)
rend les habitans tristes, maladifs, desplaisans, et accompagnez de toutes disgraces et incommoditez.

Philibert DE L'ORME, *Archit.*, liv. 1, c. 6.

L'archer doit premierement savoir où il vise, et puis
accommoder la main, l'arc, la corde, la flesche, et les
mouvemens.

MONTAIGNE, *Essais*, II, 1.

Les Rochelois..... depeschent le capitaine Mirande
avec une galiotte bien *accommodée*.

Agr. D'AUBIGNÉ, *Histoire universelle*, t. I, liv. I, c. 9.

Quant aux blessés, il en eut un soin si particulier que
le linge manquant pour bander leurs playes, il coupa
ses habits pour les *accommoder*.

COEFFETEAU, *Histoire romaine*, IX. Trajan.

On y pesche mesme des perles, mais d'une couleur
sombre et livide. Quelques-uns croyent que c'est faute de
les sçavoir *accommoder*.

PERROT D'ABLANCOURT, trad. de Tacite, *Vie d'Agricola*, c. 3.

La valanede..... est la coquille du gland dont les
conroyeurs se servent pour *accommoder* leurs cuirs.

TAVERNIER, *Voyages de Perse*, I, 7.

On voyoit Mytis sur le sien (mausolée), entourée d'A-
mours, qui lui *accommodoient* le corps et la tête sur des
quarreaux.

LA FONTAINE, *Psyché*, II.

On *accommoda* bien Rastadt, et on prit toutes les précautions nécessaires pour bien asseurer le camp.

SAINT-SIMON, *Mémoires*, 1697, t. II, c. 1.

L'autre jour, comme j'ouvrois mon manuscrit et *accommodois* mes lunettes sur mon nez, un de ces fanfa-
rons... me dit...

MONTESQUIEU, *Lettres persanes*, CXXX.

On a un vieux clavecin tout dérangé, Émile l'*accommode*
et l'accorde.

J.-J. ROUSSEAU, *Émile*, V.

Elle est tous les jours plus empressée pour moi :
quoi! elle *accommode* mon feu, j'en suis vraiment honteuse.

Mme DE GRAFFIGNY, *Lettres*, 8.

Votre chaise à présent doit être *accommodée*.

REGNARD, *les Folies amoureuses*, II, 3.

ACCOMMODER se dit en ce sens de l'Arrangement
de la coiffure, de la parure.

A mon réveil, Manon me déclara que, pour passer le
jour dans notre appartement, elle ne prétendoit pas que

j'en eusse l'air plus négligé, et qu'elle vouloit que mes cheveux *fussent accommodés* de ses propres mains.

Prévost, Manon Lescaut, part. II.

Elle... me vit d'ailleurs si jeune, si joliment *accommodée*, si jolie moi-même ..... qu'elle ne put s'empêcher de me dire...

Marivaux, la Vie de Marianne, part. III.

Il se dit aussi de la préparation des aliments.

Je, parle d'un cochon de lait que votre intendant me vient d'envoyer, et je veux vous l'*accommoder* à ma fantaisie.

Molière, l'Avare, V, 2.

Il alla *accommoder* une biche, que la reine mangea à son souper.

Ch. Perrault, Contes, la Belle au bois dormant.

Dès que je fus dans l'hôtellerie, je demandai à souper. C'étoit un jour maigre : on m'*accommoda* des œufs.

Le Sage, Gil Blas, I, 2.

Accommodez chez vous ce poisson promptement,
Puis l'apportez incontinent.

La Fontaine, Contes, IV, 4.

On a dit non-seulement *accommoder* le dîner, mais à *dîner*, à *manger*.

Ce cuisinier *accommode* fort bien *à manger* et fort proprement.

Danet, Dictionnaire françois-latin.

Il est fait à cet emploi particulier du mot ACCOMMODER une allusion familière et plaisante dans le passage suivant :

Il me prend des tentations d'*accommoder* tout son visage à la compote.

Molière, Georges Dandin, II, 6.

ACCOMMODER se dit aussi dans un sens moral.

Et eulx ne sçavent pas..... *accommoder* leur ouye, affin que rien ne leur eschappe de ce qui se dict utilement.

Amyot, trad. de Plutarque, OEuvres morales. Comment il faut ouïr, V.

Pleust à Dieu que nous, qui portons les armes, prin-

sions ceste coustume d'escrire ce que nous voyons et faisons. Car il me semble que cela *seroit* mieux *accommodé* de nostre main.

Vous qui vous enfermez dans les places, advisez à ne prendre pas si tost l'effroy, et encor' que vostre ennemy *ait* bien *accommodé* tout son faict, ... esvertuez-vous, retranchez-vous.

Montluc, Commentaires, liv. III, IV.

Il (Charlemagne) fait les lois canoniques, les *accommodant* de son authorité, et les envoye par des baillez ou baillys diversement à tous ses evesques.

Est. Pasquier, Recherches de la France, III, 10.

J'ay envoyé ce soir vers le sieur Vestrio, pour sçavoir si le Pape avoit veu et approuvé la minute que nous *avions* hier *accommodée*.

Le cardinal d'Ossat, Lettres, 22 sept. 1599.

Platon s'est au projet simplement arrêté,
Quand de sa République il a fait le traité ;
Mais à l'effet entier je veux pousser l'idée
Que j'*ai* sur le papier en prose *accommodée*.

Molière, les Femmes savantes, III, 2.

S'il est un conte usé, commun et rebattu,
C'est celui qu'en ces vers j'*accommode* à ma guise.

La Fontaine, la Matrone d'Éphèse.

De là l'expression *accommoder ses affaires, les affaires de quelqu'un*, pour Les mettre en meilleur état.

Si je vous suis suspect je ne me mêle plus de rien, et vous n'avez qu'à chercher..... qui *accommodera vos affaires*.

Molière, les Fourberies de Scapin, II, 10.

Mes *affaires* sont dans un état très incommode, et il ne me paroît pas que l'on songe à *les accommoder*.

Mme de Maintenon, Lettres, 1675. A l'abbé Gobelin.

Quand vos *affaires* seront *accommodées*, apprenez-le moi pour consoler mon cœur.

J.-J. Rousseau, Lettres, 24 août 1767.

Accommoder une affaire s'entend différemment ; c'est La terminer, en mettant d'accord les parties.

Il a violé la fille de nostre voisin, et couroit fortune

de la vie, si l'on n'*eust accommodé l'affaire* pour de l'argent.

PERROT D'ABLANCOURT, trad. de Lucien. *Hermotime.*

Bussy... ne songea plus qu'à mettre sa proye en liberté et à tascher d'*accommoder son affaire.*

SAINT-SIMON, *Mémoires*, 1696, t. I, c. 32.

L'affaire est sérieuse et pressante. — On l'*accommodera.* J'ai pris mes mesures : cela sera réglé demain.

LE SAGE, *Turcaret*, III, 7.

Grâce à mon frère aîné, cette *affaire* cruelle
Vient d'*être accommodée*.....

DESTOUCHES, *le Philosophe marié*, V, 3.

On dit aussi *accommoder* un différend, une querelle, etc.

Taschés par tout à entretenir l'union de ceux que vous commandez, comme je fis en ceste ville, là où tout *fut rapaisé et accommodé.*

MONTLUC, *Commentaires*, III.

Vous ne faites point de voyage en ce pays-là que vous n'ayez mille vieilles querelles à *accommoder.*

BALZAC, *Lettres*, III, 24; 25 mai 1623.

L'empereur Mathias, touché des justes plaintes de la république, *accommoda* cette brouillerie.

SAINT-RÉAL, *Conjuration contre Venise.*

Nicolas du Hamel, son père, étoit avocat dans la même ville (Vire, en basse Normandie); malgré le caractère général qu'on attribue à ce pays-là, et malgré son intérêt particulier, il ne songeoit qu'à *accommoder* les procès qu'il avoit entre les mains, et en étoit quelquefois mal avec les juges.

FONTENELLE, *Éloge de du Hamel.*

Ceux qui liront l'histoire de Pachymère connoîtront bien l'impuissance où étoient et où seront toujours les théologiens par eux-mêmes d'*accommoder* jamais leurs différends.

MONTESQUIEU, *Grandeur et décadence des Romains*, c. 22.

Tout est *accommodé*, ne te déguise point.

MOLIÈRE, *l'Étourdi*, V, 7.

ACCOMMODER, avec un nom de personne pour régime, a des acceptions analogues;

Il signifie par exemple, au sens physique, Placer quelqu'un dans une situation commode.

Donnez-moi son manteau fourré et des oreillers, que je l'*accommode* dans sa chaise.

MOLIÈRE, *le Malade imaginaire*, I, 7.

Il signifie au sens moral, comme le mot *arranger* dans le langage familier, Procurer à quelqu'un de la commodité, lui être utile, avantageux, agréable, être à sa bienséance, à sa convenance.

Tant s'en faut aussi que l'establissement de ces rares et riches estoffes et denrées *accommodent* vos peuples et enrichissent vostre Estat, qu'elles les jetteroient dans le luxe, la volupté, la feneantise et l'excessive despence.

SULLY, *OEconomies royales*, t. II, c. 25.

Il n'y avoit que la seule maison d'Austriche qui eust esté dépouillée pour *accommoder* les autres.

PÉRÉFIXE, *Histoire de Henri le Grand*, 3e partie, année 1609.

Qu'il s'avance, et qu'il nous dise ce qu'il sçait faire; s'il m'*accommode* je l'achetteray.

PERROT D'ABLANCOURT, trad. de Lucien, *les Sectes à l'encan.*

Avec l'âge il devint ennemi des modes..... néanmoins, il en prenoit tout ce qui pouvoit l'*accommoder.*

PATRU, *Vie de. d'Ablancourt.*

Telle est la foiblesse de nos yeux ; un flambeau nous *accommode* mieux que le soleil.

BOSSUET, *Méditations sur l'Évangile*, dernière semaine du Sauveur, XXVe jour.

On voit des avares de naissance. Toutes leurs vues vont à acquérir et à amasser. Leurs mains tombent de leur propre poids sur le bien d'autrui, et s'attachent à tout ce qui les *accommode*, sans aucune règle de droit ou d'équité.

FLÉCHIER, *Sermons.* Pour le jour de la Conception de la Sainte Vierge.

L'indolence continuelle ne m'*accommode* pas ; je veux des hauts et bas dans la vie.

BUSSY-RABUTIN, *Lettres*, 14 mai 1675.

Elle dit aux gens familièrement : « Vous ne m'*accommodez* pas ; si je puis m'accoutumer à vous, je vous le ferai savoir. »

TALLEMANT DES RÉAUX, *Historiettes*, Mme de Choisy.

N'envions point à une sorte de gens leurs grandes richesses ; ils les ont à titre onéreux, et qui ne nous *accommoderoit* point.

LA BRUYÈRE, *Caractères*, c. 6.

Les hommes ne jugeant des vices et des vertus que par ce qui les choque ou les *accommode*, sont aveugles et sur le bien et sur le mal.

> FÉNELON, *Télémaque*, XVIII.

Si le parti vous *accommode*, elle vous mettra à la tête de vingt-cinq mille livres de rente.

> DANCOURT, *la Femme d'intrigues*, II, 6.

Oseriez-vous prétendre..... que tout ce qui vous flatte, vous *accommode*, nourrit votre orgueil, satisfait vos caprices, corrompt votre cœur, vous soit pour cela nécessaire?

> MASSILLON, *Carême*, IVᵉ dimanche. Sur l'aumône.

Une maison est pauvre quand il n'y a pas beaucoup de choses superflues que le maître ignore et qui *accommodent* les voleurs.

> DACIER, trad. d'Horace, *Épîtres*, I, VI, 45.

Vous avez rencontré un homme disposé à vous décharger de la meilleure partie de vos nippes, et à vous compter des espèces sonnantes. Montrez-moi ce qu'il y a dans votre paquet, et je mettrai à part ce qui m'*accommodera*.

> LE SAGE, *Guzman d'Alfarache*, II, 5.

Comme votre aversion m'*accommode*.

> MARIVAUX, *le Legs*, sc. 20.

C'est ici que Chapelle a demeuré, c'est-à-dire s'est enivré deux ans de suite. Je voudrais bien qu'il eût laissé dans le château un peu de son talent poétique, cela *accommoderait* fort ceux qui veulent vous écrire.

> VOLTAIRE, *Lettres*, 15 juillet 1716. A Chaulieu.

Les corneilles des Maldives... sont plus familières et plus hardies que les nôtres; elles entrent dans les maisons pour prendre ce qui les *accommode*, et souvent la présence d'un homme ne leur en impose point.

> BUFFON, *Hist. nat.* Oiseaux. La corbine.

Vous voilà tous pourvus : n'est-il point quelque fille Qui pût *accommoder* le pauvre Mascarille?

> MOLIÈRE, *l'Étourdi*, V, 16.

Ceux qui de galante humeur
N'ont affaire qu'à Madame
N'*accommodent* pas Monsieur.

> LE MÊME, *l'École des femmes*, III, 2,

De si fades raisons ne m'*accommodent* pas.

> BOURSAULT, *Ésope à la ville*, IV, 4.

Accommoder quelqu'un de, se dit, dans le même sens, en parlant de certaines choses, dont on convient, dont on traite ensemble dans le commerce de la vie.

... La pièce de terre dont l'autre l'auroit *accomodé*...

> EST. PASQUIER, *l'Interprétation des Institutes de Justinian*, III, 51.

Quantité d'importuns officieux appellent le passant, l'attirent, le tiraillent, et lui déchirent un habit neuf pour l'*accommoder* d'un vieux.

Je déloge demain, dit brusquement notre homme; je prends une maison magnifique : Vous la connoissez, c'est celle que ce banquier faisoit bâtir quand il fit banqueroute; ses créanciers m'en *accommodent*.

> DUFRESNY, *Amusemens sérieux et comiques*, X, XI.

Si vous avez, Monsieur, quelque manuscrit persan, vous me ferez plaisir de m'en *accommoder*.

> MONTESQUIEU, *Lettres persanes*, CXLII.

Dans le passage suivant *accommoder de* semble pris en un sens un peu différent :

Depuis le jour de ma promotion, monsieur le cardinal de Joyeuse m'a logé et traitté en son palais de Monte-Jourdan... mis en son appartement... et m'a *accommodé de* ses coches et carosses.

> LE CARDINAL D'OSSAT, *Lettres*, liv. V, 23 mars 1599.

ACCOMMODER, est quelquefois employé absolument.

Si cette louange de nostre nom peut *accommoder* et servir en quelque chose à nos enfans, parens et amis survivans, bien soit; il y a de l'utilité.

> CHARRON, *de la Sagesse*, I, 38.

Je suis arrivé avec les jambes et les mains enflées. Cette petite addition à mes maux n'*accommode* point en voyage.

> VOLTAIRE, *Lettres*, 4 juin 1753.

ACCOMMODER a eu le sens d'Aider, de Secourir.

.....La fortune l'*accommoda* plus que le conseil.

> EST. PASQUIER, *Recherches de la France*, V, 11.

Il a eu aussi le sens de Mettre à l'aise, enrichir. De là l'emploi du participe *accommodé*, suivi de la préposition *de*, pour dire Pourvu de.

Voici comment je voudrois que ces hommes fussent *accommodez*, à sçavoir de corcelets noirs assez larges, car les pesans accablent....

LA NOUE, *Discours politiques et militaires.* Disc. XI.

A leur retour, ils trouvent leurs maisons vagues, désertes, ruynées, où il n'y a plus que les murailles, au lieu qu'ils les avoyent laissées richement meublées et *accommodées de* toutes choses.

Satyre Ménippée, Discours de l'imprimeur, etc.

Sa Majesté fit exprès construire une grande maison au bout de son jardin des Tuilleries à Paris, *accommodée de* toutes choses nécessaires, tant pour la nourriture des vers que pour les premiers ouvrages de la soye.

Olivier DE SERRES, *Théâtre d'agriculture,* V, 15.

Je luy dis . . . . . l'ordre que vostre Majesté avoit donné, à ce que monsieur le Légat fust receu et accompagné par tout le royaume le plus honorablement qu'il seroit possible, et *accommodé* et servy de tout ce qui feroit besoin.

LE CARDINAL D'OSSAT, *Lettres,* liv. II, 16 juillet 1596.

La garnison étoit nombreuse, les bourgeois aguerris, les magasins pleins, les particuliers *accommodés de* toutes choses.

SARASIN, *Histoire du siège de Dunkerque.*

Un homme *accommodé des biens de la fortune,* c'était un homme Aisé, riche.

Il (d'Urfé) feignit que dans le Forez..... il y avoit eu. . . . . une troupe de bergers..... qui, assez *accommodés des biens de la fortune,* ne laissoient pas néanmoins par un simple amusement, et pour leur seul plaisir, de mener paître eux-mêmes leurs troupeaux.

BOILEAU, *Discours sur le dialogue intitulé* les Héros de roman.

On se servait de la même expression en parlant d'une famille.

G. de Massieu, né à Caen, y fut élevé avec tout le soin que comportoit l'état de sa famille peu *accommodée des biens de la fortune,* mais pleine d'honneur et de bonne volonté.

DE BOZE, *Éloge de Massieu.*

ACCOMMODÉ, pris absolument, était très-usité dans le même sens, tant au XVIe qu'au XVIIe siècle.

Je te sauvay, je te mis entre mains tous tes biens, et t'ay enfin rendu si *accommodé* et si aisé que les victorieux sont envieux de la condition du vaincu.

MONTAIGNE, *Essais,* I, 23.

Aujourd'huy tu es si riche et si *accommodé,* que les vainqueurs ont sujet d'avoir de la jalousie de la gloire du vaincu.

COEFFETEAU, *Histoire romaine,* liv. I. (Auguste à Cinna).

Je vous assure, Monsieur, que don Manuel et la senora Osaria ont ici de beau bien, et que s'ils y pouvoient rentrer, ils seroient mieux *accommodés* qu'à Bruxelles.

VOITURE, *Lettres,* 22 octobre 1633. A M. de Chaudegonne.

Mon père étoit des premiers et des plus *accommodés* de son village.

SCARRON, *Roman comique,* Ire partie, c.13.

J'ai découvert sous main qu'elles ne sont pas fort *accommodées* et que leur discrète conduite a de la peine à étendre à tous leurs besoins le bien qu'elles peuvent avoir.

MOLIÈRE, *l'Avare,* I, 2.

Il (M. le comte de Saigne) passoit sa jeunesse comme font les gentilshommes qui ne sont pas fort *accommodés,* à épargner son petit patrimoine et à chercher quelque établissement qui fît sa fortune.

FLÉCHIER, *Mémoire sur les grands jours de 1665,* p. 187.

Quand il vint à Paris, il faisoit l'homme de bonne naissance et l'homme *accommodé.*

Le mari, quoique *accommodé,* se fit l'intendant du galant de sa femme.

TALLEMANT DES RÉAUX, *Historiettes,* Sarrazin, M. de Guise.

Le mariage en Perse est de fort grande dépense, et souvent l'on s'y ruine : aussi n'y a-t-il que les gens *accommodez* qui s'y engagent ; les autres se contentent d'une concubine ou d'une esclave.

CHARDIN, *Journal du voyage en Perse,* Ire part., p. 268.

La Queue, seigneur du lieu dont il portoit le nom, à six lieues de Versailles, étoit un gentilhomme fort simple et assez médiocrement *accommodé,* qui avoit épousé une fille que le roi avoit eue d'une jardinière.

SAINT-SIMON, *Mémoires,* 1704, t. IV, c. 16.

On a dit, plus rarement par opposition, *incommodé* (voyez ce mot), pour Peu à l'aise, pauvre.

Non, Céladon, n'entrez point en doute que je sois *incommodée*, pourveu que je vous voye *accommodé*.

D'URFÉ, *l'Astrée*, part. I, liv. IV.

Factum ou requête, ou tout ce qu'il vous plaira, pour Paul Scarron, doyen des malades de France; Anne Scarron, pauvre veuve deux fois pillée durant le blocus; Françoise Scarron, mal payée de son locataire; enfans du premier lit de feu maître Paul Scarron,... tous trois fort *incommodés*, tant en leurs personnes qu'en leurs biens, défendeurs, etc.

SCARRON, Titre d'un de ses factums.

Revenons donc aux personnes *incommodées*, pour le soulagement desquelles nos pères... assurent qu'il est permis de dérober.

PASCAL, *Provinciales*, VIII.

ACCOMMODÉ a pu se dire au même sens en parlant des familles.

Mais de plus, comme ils mesurent la grandeur des familles par l'ancienneté, quelques auteurs ont compté celle des Valsteins entre les principales, encore qu'elle ne fût pas des plus *accommodées*.

SARASIN, *Conspiration de Valstein*.

Les ouvriers en avoient encore construit un grand nombre d'autres (d'échafauds pour les spectacles) pour leur compte, qu'ils avoient loués aux familles les plus riches et les plus *accommodées*.

VERTOT, *Révolutions romaines*, IX.

Ou bien encore en parlant des nations.

La France pouvoit fournir non seulement à sa nécessité, mais au luxe des nations voisines, qui n'estoient *accommodées* que de ce qu'elles empruntoient de nous.

DU VAIR, *Actions et traités oratoires*.

On en a pu faire aussi une application métaphorique.

La langue italienne se peut-elle vanter d'avoir crédit à l'endroit de la greque, comme j'ay amplement monstré qu'ha la nostre? Et par le moyen de ce crédit elle emprunte d'elle plusieurs choses, tant pour estre mieux *accommodée* qu'aussi pour estre plus ornée.

H. ESTIENNE, *la Précellence du langage françois*.

.·. Une peinture est recommandée, si, représentant

I. •

une belle histoire, elle est bien *accommodée de* couleurs, *de* beaux traits, linéamens, proportions...

P. LARIVEY, *la Veuve*, Prologue.

ACCOMMODER entrait dans quelques expressions de l'usage familier qui ont vieilli.

On disait *accommoder quelqu'un* : soit, par analogie avec une expression rappelée plus haut, pour Arranger ses cheveux, en parlant d'un coiffeur;

Soit pour Le bien loger, le bien traiter, le bien servir, en parlant d'un aubergiste, d'un hôte.

On a dit, dans le style familier, *accommoder quelqu'un de toutes pièces*, comme *habiller quelqu'un de toutes pièces*, pour Le maltraiter en actions et en paroles, ou bien encore : *accommoder de tous points*.

Pour m'*accommoder de tous points*, je demeuray trois ans sans pouvoir guerir de mon bras en aucune maniere.

MONTLUC, *Commentaires*, I.

On ne sauroit aller nulle part où l'on ne vous entende *accommoder de toutes pièces*. Vous êtes la fable et la risée de tout le monde.

MOLIÈRE, *l'Avare*, III, 5.

Hé bien! George Dandin, vous voyez de quel air votre femme vous traite..... L'on vous *accommode de toutes pièces*, sans que vous puissiez vous venger.

LE MÊME, *George Dandin*, I, 3.

Le pauvre Gregorio *fut accommodé de toutes pièces*; les petits maîtres lui lançoient tour à tour des traits dont le sot ne sentoit point l'atteinte.

LE SAGE, *Gil Blas*, III, 4.

Accommoder mal, mal accommoder.

Lorsque vous *accommodâtes* si *mal* la pauvre Philomèle, qu'après Térée personne ne l'a jamais traitée si mal que vous, je n'en fis pas tant de bruit.

VOITURE, *Lettres*, XCII. A Costar.

Votre sœur et M. Doucin sortent d'ici..... allez, je ne les *ai* pas *mal accommodés*; demandez le train que je leur ai fait.

MARIVAUX, *le Paysan parvenu*, part. III.

On a dit au même sens, d'une manière absolue, *Accommoder*.

60

Si j'étois roi, je te ferois *accommoder* comme tu le mérites.

MM. DE PORT-ROYAL, trad. de Térence. *Les Adelphes*, II, 1.

Votre fille l'a emporté sur moi; mais j'ai en main de quoi vous faire voir comme elle m'*accommode*; et Dieu merci mon déshonneur est si clair maintenant que vous n'en pourrez plus douter.

MOLIÈRE, *George Dandin*, II, 9.

ACCOMMODÉ se dit familièrement d'un homme qui est en mauvais état, par quelque cause que ce soit.

Vous voylà bien *accommodé*, monsieur le gouverneur, qui aurez perdu vostre place, veu que dans vostre propre lict on vous maudira.

MONTLUC, *Commentaires*, III.

Holà! ho! quelqu'un, du vin, de la glace et de l'eau cordiale! — Voilà déjà un honnête garçon bien *accommodé*.

DANCOURT, *l'Impromptu de Surène*, sc. 12.

Comme on dit *accommoder* une affaire, un différend, on dit aussi *accommoder* les personnes qui y sont intéressées.

Ils *seront accommodés* devant les maréchaux de France.

Mme DE SÉVIGNÉ, *Lettres*, 30 juillet 1677.

Il pria encore Madame de nommer quelqu'un pour les *accommoder*. Elle consentit, pour empêcher qu'ils ne se battissent, que la paix se fît chez Mme de Meckelbourg.

Mme DE LA FAYETTE, *Histoire d'Henriette d'Angleterre*.

En allant pour *accommoder* deux gentilshommes qui prétendoient une même fille, il les mit d'accord en la prenant pour lui.

TALLEMANT DES RÉAUX, *Historiettes*, le maréchal de Roquelaure.

Dans cette opposition de sentimens, il faut qu'un arbitre choisi par les parties vous *accommode*, ou que le sort des armes décide; il n'y a point de milieu.

FÉNELON, *Télémaque*, XVII.

Dispute pour le commandement de l'armée entre M. d'Angoulême et M. de Bassompierre; pour les *accommoder*, on donna une armée séparée à commander à Bassompierre, et M. d'Angoulême servit dans celle du Roi.

HÉNAULT, *Abrégé chronologique de l'histoire de France*, ann. 1627.

Deux voisins sont près d'entrer en procès; il les gagne; il les *accommode*.

J.-J. ROUSSEAU, *Émile*, V.

Elle a fait trop de bruit pour ne pas s'accorder,
Puisque déjà le roi veut les *accommoder*.

P. CORNEILLE, *le Cid*, II, 3.

Peu de prudence eurent les pauvres gens
D'*accommoder* un peuple si sauvage.

LA FONTAINE, *Fables*, VII, 8.

C'est par figure que ACCOMMODER est quelquefois dit de choses qu'il s'agit de concilier.

Il n'est pas honnête à un personnage aussi grave et aussi important que vous l'êtes, de songer à *accommoder* des consonnes qui se choquent, et à mesurer des périodes.

VOITURE, *Lettres*, CLXXXVI. A M. d'Avaux.

La machine n'a pas plus d'adresse quand elle ne sert qu'à faire descendre un dieu pour *accommoder* toutes choses, sur le point que les acteurs ne savent plus comment les terminer.

P. CORNEILLE, *IIIe Discours sur la tragédie*.

L'esprit du père et celui du fils sont des choses si opposées qu'il est difficile d'*accommoder* ces deux confidences ensemble.

MOLIÈRE, *l'Avare*, I, 1.

Son ambition (d'Alexandre) le porta aux Indes, quand il pouvoit *accommoder* la gloire et le repos.

SAINT-ÉVREMOND, *Réflexions sur les divers génies du peuple Romain*, c. 7.

Notre duchesse me persécute pour y demeurer (à la cour); je meurs d'envie d'en sortir, mais je voudrois n'y être point brouillée. Cela est difficile à *accommoder*.

Mme DE MAINTENON, *Lettres*, 1675. A l'abbé Gobelin.

Le cardinal (de Richelieu) vouloit *accommoder* les religions (catholique et protestante) et méditoit cela de longue main.

TALLEMANT DES RÉAUX, *Historiettes*, le cardinal de Richelieu.

Il y a moyen d'*accommoder* tout dans la vie.

MARIVAUX, *la Vie de Marianne*, part. I.

ACCOMMODER, dans le sens d'Adapter, ajuster une chose à une autre, la lui rendre conforme, se construit fréquemment avec la préposition *à*.

Le Seigneur Jésus..... *accommode* aucunement son oraison *à* leur capacité.

Telles manieres de parler sont *accommodées à* nostre sens.

    CALVIN, *Institution chrestienne*, liv. II, c. x, § 6 ; XVI, § 2.

Il a esté dict anciennement qu'il falloit *accommoder* la pierre *à* la reigle et non pas la reigle *à* la pierre.

Solon *accommodant* ses ordonnances *aux* choses et non pas les choses *à* ses ordonnances.....

    AMYOT, trad. de Plutarque, *OEuvres morales :* Comment l'on pourra apercevoir si l'on... prouffite en l'exercice de la vertu; *Vie de Solon*, c. 15.

Je te supliray seulement d'une chose, lecteur, de vouloir bien prononcer mes vers et *accommoder* ta voix *à* leur passion.

    RONSARD, *la Franciade;* au lecteur.

Pourtant ay-je pris à dire ce que je sçay dire, *accommodant* la matiere *à* ma force.

    MONTAIGNE, *Essais*, I, 20.

Il est certain que les hommes n'*accommodent* pas leur deuil *à* leur douleur, mais *à* l'opinion de ceux avec lesquels ils vivent.

    CHARRON, *de la Sagesse*, I, 32.

Ils sçavent les passages de l'Escriture pour *accommoder à* leurs propos, et les tourner, virer aux occasions comme ils en auront besoin.

    Satyre Ménippée, Harangue de M. de Lyon.

Ce que je déduiray cy-après regardera les belles rencontres des faits, pour enseigner tous les juges de n'*accommoder* leurs volontés, en jugeant, *aux* volontés extraordinaires des roys leurs maistres.

    EST. PASQUIER, *Recherches de la France*, VI, 9.

La charge qu'il exerce dans l'Église ne luy peze point; il *y* a de telle sorte *accommodé* son humeur que dans les plus pénibles fonctions d'un si haut devoir, il n'y a plus que de l'aisance et des délices pour luy.

    BALZAC, *Lettres*, V, 21. 5 janvier 1633.

Comme il passoit à cheval le long des rangs, il parloit différemment aux soldats, *accommodant* ses discours *à* l'humeur des nations et *à* l'esprit de chacun.

    VAUGELAS, trad. de *Quinte-Curce*, III, 10.

J'*accommodois* même mes plaisirs *au* reste de ma pratique.

    LE CARDINAL DE RETZ, *Mémoires*, liv. I, ann. 1641.

L'éloquence n'est elle-même qu'une solide et forte raison tellement *accommodée au* sens général, et aux divers goûts des hommes qu'elle entre dans les esprits malgré qu'on en ait.

    PELLISSON, *IIe Discours au roi.*

Il faut, Monsieur, que l'air soit *accommodé aux* paroles.

    MOLIÈRE, le *Bourgeois gentilhomme*, I, 2.

On sait bien que dans les langues on doit *accommoder* la raison *à* l'usage, mais cela n'empêche pas qu'on ne puisse aussi essayer peu à peu d'y *accommoder* l'usage *à* la raison.

    BARBIER D'AUCOUR, *Sentimens de Cléante sur les Entretiens d'Ariste et d'Eugène*, lettre III.

Dans le jugement que nous faisons, nous *accommodons* ordinairement, non pas notre pensée *à* la chose, mais la chose *à* notre pensée.

    BOSSUET, *Sermons*. Sur les jugemens humains.

Il goûtoit un véritable repos dans la maison de ses pères, qu'il *avoit accommodée* peu à peu à sa fortune présente, sans lui faire perdre les traces de l'ancienne simplicité.

    LE MÊME, *Oraison funèbre de Michel Le Tellier.*

Vous ne verrez dans ce discours ni ces digressions politiques qu'on *accommode au* sujet avec art et qu'on ramène à la religion avec peine, ni etc.

    FLÉCHIER, *Oraison funèbre de madame la Dauphine.*

Nous *accommodons* la loi de Dieu *à* nos intérêts, *à* nos vues, *à* nos inclinations et *à* nos passions, au lieu d'*accommoder* nos intérêts et nos passions, nos inclinations et nos vues *à* la rigueur de la loi de Dieu.

    BOURDALOUE, *Mystères*. Sur la purification de la Vierge.

Dieu *a accommodé* le corps *à* l'âme et a fait par avance que le corps est poussé à exécuter ses ordres.

    LEIBNITZ, *Théodicée*. De la bonté de Dieu, part. I, § 66.

Il *accommodoit* la raison *à* l'usage de ceux qui la connoissoient le moins.

    FONTENELLE, *Éloge de d'Argenson.*

Il appuyoit sur toutes ses syllabes et prononçoit ses paroles d'un ton emphatique, avec des gestes et des yeux *accommodés au* sujet.

    LE SAGE, *Gil Blas*, III, 11.

On croirait, sur la foi de quelques dissertateurs qui *accommodent* tout *à* leurs idées, que les républiques furent plus vertueuses, plus heureuses que les monarchies.

    VOLTAIRE, *Essai sur les mœurs*, c. 197.

Accommoder à peut être suivi d'un nom de personne.

Il se trouve quasi à toutes les hostelleries des rimeurs qui font sur le champ des rimes *accommodées aux* assistans.

MONTAIGNE, *Voyages.* Fano.

Quelques pensées familières, instructives, *accommodées au* simple peuple.

LA BRUYÈRE, *Caractères.* Introd.

On dit de même *accommoder avec*, mais il y a entre les deux locutions cette différence que dans la seconde la chose accommodée subsiste, tandis que la première en marque plus ou moins l'altération.

Bussy lui répond..... « S'il vous plaît que je le baise, j'y suis tout disposé; » et *accommodant* ses gestes *avec* la parole, lui fist une embrassade à la pantalonne.

MARGUERITE DE VALOIS, *Mémoires.*

Il y a certains intérêts délicats... que les dévots ne savent que trop *accommoder avec* la vertu.

FLÉCHIER, *Panégyriques.* S. François de Paule.

Ces âmes, dirai-je trompeuses, dirai-je trompées, qui, pour plaire à Dieu et pour plaire aux hommes, *accommodent* la religion *avec* les plaisirs, regardent quelquefois le ciel sans perdre la terre de vue.

LE MÊME, *Oraison funèbre de madame la Dauphine.*

Nous nous fions à sa prudence pour *accommoder* le langage du Saint-Esprit *avec* le service du roi.

Mᵐᵉ DE SÉVIGNÉ, *Lettres,* 31 juillet 1676.

On *accommode* par tout pays sa religion *avec* ses passions.

VOLTAIRE, *Fragmens historiques sur l'Inde,* art. IX.

[herbes
J'aime bien mieux, pour moi, qu'en épluchant ses
Elle *accommode* mal les noms *avec* les verbes.

MOLIÈRE, *les Femmes savantes,* II, 7.

Accommoder avec s'emploie aussi en parlant des personnes.

Je n'ai pas su de quelle façon la Baguenodière fut *accommodé avec* les deux frères; si tant il y a qu'il le fut.

SCARRON, *Roman comique,* II, 1ᵉʳ.

Arcemboldi, légat du pape Léon X dans les royaumes du Nord, passa de Danemark en Suède, et intervint pour *accommoder* l'archevêque (d'Upsal) *avec* l'administrateur (de Suède).

VERTOT, *Révolutions de Suède,* ann. 1515.

Il en a été quelquefois de même d'*accommoder à.*

Les théologiens crurent en avoir besoin (d'Aristote), et l'*accommodèrent à* notre religion.

FLEURY, *du Choix des études,* c. 7.

ACCOMMODER, construit avec le pronom personnel, se prend dans des sens analogues à ceux qui viennent d'être exposés.

Ainsi on a dit, et peut-être pourrait-on dire encore, s'ACCOMMODER pour S'ajuster, se parer, en parlant des personnes :

Les plus belles... sont les plus curieuses de se bien parer pour adjouster beauté sur beauté,.. on appelle cela s'*accommoder.*

H. ESTIENNE, *Dialogue II du nouveau langage françois italianisé.*

Les femmes sont un an à s'*accommoder.*

DANET, *Dictionnaire.* Traduit de Térence, *Heaut.,* v. 240.

J'étois dans ma chambre à m'*accommoder.*

DALAINVAL, *l'École des Bourgeois,* II, 3.

On l'a dit pour Travailler à sa fortune, s'enrichir.

Les peuples, en leurs mariages, ne regardent qu'à faire leurs affaires et s'*accommoder.*

CHARRON, *de la Sagesse,* 1, 51.

Il (Valstein) se résolut, pour s'*accommoder,* de rechercher en mariage une veuve fort riche et d'une illustre naissance.

SARASIN, *Conspiration de Valstein.*

Villars, en rendant compte au roi,... ne lui dissimuloit pas qu'il s'*étoit* un peu *accommodé,* mais que c'étoit aux dépens de ses ennemis.

SAINT-SIMON, *Mémoires,* 1703; t. IV, c. 9.

Pour S'embellir, en parlant des choses :

Le jardin commence à s'*accommoder.*

Mᵐᵉ DE MAINTENON, *Lettres,* 6 octobre 1682.

On l'a dit pour Se bien établir en un lieu; pour Prendre ses commodités, ses aises.

Les catholiques *se vouloyent accommoder* à Estampes, encor que ce soit la pire ville du monde.

Quand on estoit arrivé au quartier, on fortifioit très-bien les avenues, et *s'accommodoit*-on souvent dans les temples et chasteaux.
La Noue, Discours politiques et militaires. Disc. XXVI.

Après qu'on *se fut* bien *accommodé* dans ce camp, il se trouva que vieille les convois qu'on tiroit du fort Louis étoient incommodes et périlleux.
Saint-Simon, Mémoires, 1697, t. II, c. 1.

De là cette expression proverbiale, citée par Danet : *Accommodez-vous, le pays est large,* pour Prenez vos commodités, mettez-vous à votre aise.

De là cette autre manière de parler : *Qu'il s'accommode,* pour Qu'il s'arrange :

A son compte, je suis un misérable, un gredin; sa sœur une folle, une vieille égarée : à tout cela, il n'y a que le prochain de foulé; *qu'il s'accommode !*
Marivaux, le Paysan parvenu, part. III.

On l'a dit pour Être d'une humeur facile, se faire aisément aux temps, aux lieux, aux personnes.

Les âmes simples et débonnaires *s'accommodent* facilement où elles se trouvent attachées.
Charron, de la Sagesse, I, 48.

Nous nous *accommodons* selon l'occurrence des choses.
Danet, Dictionnaire françois-latin.

Il *s'accommode* mieux que jamais à Paris.
Richelet, Dictionnaire.

On l'a dit, par raillerie, pour Se mettre en mauvais état, par exemple s'enivrer.

Quand il trouve de bon vin, il *s'accommode* comme il faut... d'importance.
Leroux, Dictionnaire comique.

S'accommoder est surtout d'usage en parlant, soit des contestations :

J'aime mieux remettre l'empire que de respandre le sang de nos concitoyens, et s'il ne tient qu'à cela que les affaires ne *s'accommodent,* je vous prie d'en eslire un autre.
Vaugelas, trad. de Quinte-Curce, X, 8.

Nous vîmes entrer M. le maréchal d'Estrées, qui venoit pour m'exhorter de ne point rompre, et pour me dire que les choses *se pouvoient accommoder.*
Le cardinal de Retz, Mémoires, part. I, ann. 1646.

Enfin, le procès des deux libraires *s'accommoda.*
Tallemant des Réaux, Historiettes. Chapelain.

Eh! ne pouviez-vous accommoder cette affaire ? — L'accommoder! tu ne connois pas toutes les entraves de l'honneur . . . Est-ce sur le champ de bataille que de pareilles affaires *s'accommodent?*
Sedaine, le Philosophe sans le savoir, IV, 17.

Soit des personnes qui contestent; le plus souvent de toutes à la fois :

Je sçay que souvent *vous vous accommodez* pour avoir le plaisir de rompre encore une fois.
Voiture, Lettres. LXIII. A Mlle de Rambouillet.

Enfin il n'est propre qu'à commettre de nouveau deux personnes qui veulent *s'accommoder,* si elles l'ont fait arbitre de leur différend.
La Bruyère, les Caractères de Théophraste, c. 12.

Vous n'avez point d'argent, je ne veux point de procès, *accommodons-nous.*
Dancourt, les Agioteurs, II, 8.

Avec la même méthode.... ils (les théologiens du bas empire) ne *se seroient* jamais *accommodés* jusqu'à la fin du monde.
Montesquieu, Grandeur des Romains, c. 22.

Les plaideurs seront réduits à la dure nécessité de *s'accommoder.*
Voltaire, Lettres, 28 décembre 1770.

Quelquefois aussi d'une seule de ces personnes.

Il lui fut répondu que le meilleur conseil qu'on lui pourroit donner étoit de digérer doucement cet abandonnement et de *s'accommoder.*
Le duc de Rohan, Mémoires, I, 1.

M. le Prince ajouta qu'il n'oublieroit jamais l'obligation qu'il nous avoit; qu'en *s'accommodant*, il nous accommoderoit aussi avec la cour.

LE CARDINAL DE RETZ, *Mémoires*, part. II, ann. 1649.

La France n'ayant plus l'Angleterre pour ennemie, força bientôt les autres puissances à *s'accommoder*.

VOLTAIRE, *Histoire de Charles XII*, liv. VII.

S'ACCOMMODER est quelquefois suivi de l'adverbe *ensemble*.

Peut-être pensiez-vous que la prospérité et la religion ne *s'accommodent* guère *ensemble*.

FLÉCHIER. *Sermon III* pour l'ouverture des États de Languedoc.

Comme on dit *accommoder de*, on dit aussi dans des sens analogues et avec des nuances très-diverses s'ACCOMMODER *de* :

1° Pour Se contenter d'une chose ou d'une personne, s'y réduire, s'y résigner ;

D'une chose :

A faute d'eau courante l'on *s'accommode de* celle de puits ou de citerne.

OLIVIER DE SERRES, *Théâtre d'agriculture*, V, 14.

Cependant, à notre honneur, *vous vous accommodez de* votre place souveraine, exposée, brillante : la pauvre femme! et moi *de ma* médiocre fortune, *de* mon obscurité et *de* mes bois.

Mme DE SÉVIGNÉ, *Lettres*, 12 juin 1680.

Deux écrivains... ont blâmé Montaigne... l'un ne pensoit pas assez pour goûter un auteur qui pense beaucoup; l'autre pense trop subtilement pour *s'accommoder des* pensées qui sont naturelles.

LA BRUYÈRE, *Caractères*, c. 1.

Je *m'accommode* également *du* grand monde et *de la* retraite, *de* l'abondance et *de la* frugalité.

LE SAGE, *Gil Blas*, VII, 13.

Vous me demanderez comment un prince a pu *s'accommoder de* ce bouge : c'est que ce prince était alors un écolier.

VOLTAIRE, *Lettres*, 24 mars 1755.

Vous avez trop d'amans qu'on voit vous obséder,
Et mon cœur *de* cela ne peut *s'accommoder*.

MOLIÈRE, *le Misanthrope*, II, 1.

D'une personne :

Elle cherchoit les plus saintes (religieuses), et *s'accommodoit de* celles qui n'avoient qu'un mérite médiocre.

Mme DE MOTTEVILLE, *Mémoires*. Ann. 1644.

Le moyen, mon oncle, qu'une fille un peu raisonnable se pût *accommoder de* leur personne ?

MOLIÈRE, *les Précieuses ridicules*, sc. 5.

S'il n'y avoit présentement d'autres maîtres qu'Apollonius et Archimède, la délicatesse de la plupart des modernes ne *s'en accommoderoit* guère.

FONTENELLE, *Éloge de M. de la Hire*.

2° Pour Avoir à gré une chose ou une personne, les trouver à son goût, à sa convenance, les accepter volontiers ;

Une chose :

Je ne *me* sçaurois *accommoder de* votre indifférence ni de votre haine.

VOITURE, *Lettres amoureuses*, lettre XXXIV.

Si le monde, tout religieux que je suis, ne laisse pas de *s'accommoder de* mes maximes, et si je *m'accommode* également *des* maximes du monde, je ne suis plus religieux que de nom.

BOURDALOUE, *Retraite spirituelle*, Ier jour.

M. de Coulanges me mande qu'il a vu le chevalier de Grignan, qui *s'accommode* mal *de* mon absence.

Je m'en vais donc être avec moi et avec votre cher et douloureux souvenir ; je m'en vais voir comment je *m'accommoderai de* cette compagnie.

Mme DE SÉVIGNÉ, *Lettres*, 4 décembre 1675 ; 29 sept. 1679.

Je ne saurois *m'accommoder d'*une philosophie triste. — Ni moi *d'*une gaie.

FÉNELON, *Dialogues des morts*. Démocrite et Héraclite.

Les jeunes gens, à cause des passions qui les amusent, *s'accommodent* mieux *de* la solitude que les vieillards.

LA BRUYÈRE, *Caractères*, c. 11.

Je voudrois bien, Madame, me trouver entre vous deux ; ma destinée ne le veut pas : elle m'a fait suisse et jardinier. Je *m'accommode* très-bien *de* ces deux qualités.

VOLTAIRE, *Lettres*, 22 mars 1758. A Mme de Graffigny.

Épicure me plaît, et ses dogmes sont forts. — Je *m'accommode* assez, pour moi, *des* petits corps.

MOLIÈRE, *les Femmes savantes*, III, 2.

De ce régime, moi, je *m'accommode* fort.

COLLIN D'HARLEVILLE, *l'Inconstant*, I, 6.

Une personne :

Comment vous *accommodez-vous* du P. de Chavaroche ? N'est-ce pas un vray bon-homme et bon religieux, de bonnes mœurs, de bon esprit, et de bon sens ?

VOITURE, *Lettres*, 1ᵉʳ avril 1645. A M. d'Avaux.

Qui peut essuyer ce premier froid, *s'accommode* assez de lui dans la suite.

FLÉCHIER, *son Portrait écrit par lui-même*.

J'ai fait des visites avec Mᵐᵉ de La Fayette ; et je me trouve si bien d'elle, que je crois qu'elle *s'accommode de* moi.

Mᵐᵉ DE COULANGES, *Lettres*, 26 décembre 1672. A Mᵐᵉ de Sévigné.

Mᵐᵉ de Bourg veut vous épouser. Mandez-moi à tout hasard si vous pourriez *vous accommoder de* sa personne.

Mᵐᵉ DE MAINTENON, *Lettres*, 6 février 1675. A M. d'Aubigné.

Je ne puis *m'accommoder* d'un valet qui a de si belles connoissances.

Je ne comprends pas comment, toi qui as l'esprit délié, tu peux *t'accommoder de* convives si lourds.

LE SAGE, *Gil Blas*, III, 3 ; VIII, 9.

On vous ôte un amant qui est trop grand seigneur pour être votre mari ; mais en revanche on vous en donne un autre que vous n'auriez jamais eu, et *dont* une belle et bonne fille de bourgeois *s'accommoderoit* à merveille.

MARIVAUX, *la Vie de Marianne*, part. VI.

*T'accommodes-*tu mieux *de* ces douces Ménades...?

BOILEAU, *Satires*, X.

Cette expression *s'accommoder d'une personne* a quelquefois donné lieu à des équivoques badines.

Les païsans sont personnes laborieuses, lesquels ne *s'accommodent de* leurs femmes, sinon quand et autant que nature les y pousse.

G. BOUCHET, *Serées*, liv. II, XXIIIᵉ serée.

Voilà une malade qui n'est pas tant dégoûtante, et je tiens qu'un homme bien sain *s'en accommoderoit* assez.

MOLIÈRE, *le Médecin malgré lui*, II, 6.

Il avoit un commis, nommé Argenoust, qui avoit une

jolie femme ; le président *s'en accommodoit*, et le commis, par droit de représailles, *s'accommodoit de* sa fille.

TALLEMANT DES RÉAUX, *Historiettes*, Mᵐᵉ Coulon.

De là ces locutions usuelles *s'accommoder de tout, de tout le monde ; ne s'accommoder de rien, de personne.*

Mon humeur est heureuse, elle *s'accommode* et s'amuse *de tout*.

Mᵐᵉ DE SÉVIGNÉ, *Lettres*, 23 août 1671.

Et moi je ne *m'accommode de rien* : tout me déplaît.

FÉNELON, *Dialogues des morts*. Socrate, Alcibiade et Timon.

Il étoit fort éloigné (Nocé) de *s'accommoder de tout le monde*.

SAINT-SIMON, *Mémoires*, 1715 ; t. XII, c. 23.

Manger froid, boire chaud, dormir couché, debout, Un garçon comme moi *s'accommode de tout*.

DESTOUCHES, *le Curieux impertinent*, II, 3.

3° Pour *Tirer* avantage d'une chose ou d'une personne, les mettre à profit.

On dit que les héritiers *s'accommodent* mieux *des* médecins que *des* confesseurs.

MONTESQUIEU, *Lettres persanes*, LVII.

On voit des enfans qui ne peuvent *s'accommoder du* lait de certaines femmes ; ils maigrissent, ils deviennent languissans et malades.

BUFFON, *Histoire naturelle*. De l'Homme. De l'enfance.

Dans une acception plus particulière *s'accommoder d'une chose* se dit pour S'en arranger, consentir à la recevoir en échange, en paiement, en dédommagement, à l'acheter.

Comme je sais que vous êtes une personne considérable, je voudrois vous prier de les voir et de les entendre (des esclaves), pour les acheter s'ils vous plaisent ou pour leur enseigner quelqu'un de vos amis qui voulût *s'en accommoder*.

MOLIÈRE, *le Sicilien*, sc. 8.

Il faut que je vous prie de me mander quelle proposition on vous fit sur votre abbaye de Saint-Symphorien, quand M. de Beauvais eut dessein de *s'en accommoder* pour son séminaire.

L'ABBÉ DE RANCÉ, *Lettres*, 14 septembre 1689.

Eh!... le voilà, Madame, vous *vous en êtes accommodée* avec monsieur Turcaret apparemment?

J'ai l'honneur de vendre quelquefois des dentelles et toutes sortes de pommades à madame Dorimène. Je viens de l'avertir que j'aurai tantôt un bon hasard ; mais elle n'est point en argent, et elle m'a dit que vous pourriez *vous en accommoder*.

LE SAGE, *Turcaret*, III, 5; IV, 10.

J'avois dessein de m'habiller; et pour vous faire plaisir, tenez, je *m'accommoderai de* votre robe.

MARIVAUX, *la Vie de Marianne*, part. III.

Voyez s'il y en a quelques-uns (des livres), *dont* vous ou vos amis puissiez *vous accommoder ;* brûlez le reste, et ne cédez rien à aucun libraire.

J.-J. ROUSSEAU, *Lettres*, février 1767.

Dans l'exemple suivant s'ACCOMMODER *de* est employé un peu différemment, en parlant, non plus comme c'est l'ordinaire, de la partie prenante, mais de l'autre.

Maréchal, premier chirurgien du roi, dont le fils avoit la survivance, mais si dégoûté du métier, qu'il ne vouloit plus l'exercer, *s'accommoda de* sa charge *avec* la Peyronie.

SAINT-SIMON, *Mémoires*, 1719, t. XVII, c. 19.

S'*accommoder d'une chose* signifie quelquefois dans le langage familier, Disposer, se servir d'une chose, comme si on en était propriétaire, se l'approprier.

On adjouste que Brunehaud fit tuer Basile patrice, de sens froid, et non pour autre cause que pour *s'accommoder de* ses biens par forme de confiscation.

EST. PASQUIER, *Recherches de la France*, X, 14.

Dans la primitive Église, les plus habiles auteurs chrétiens *s'accommodoient des* pensées des Platoniciens qui leur revenoient le plus.

LEIBNITZ, *Théodicée*. De la confirmation de la foi, § 6.

Un jour, comme il y avoit beaucoup de courtisans avec lui à son lever, une montre d'or sonnante qu'il aimoit fort, fut volée. Quelqu'un dit : « Il faut fermer les portes et fouiller tout le monde. » Monsieur dit humainement : « Au contraire, Messieurs, sortez tous, de peur

que la montre vienne à sonner et à découvrir celui qui *s'en est accommodé* ; » et il les fit tous sortir.

TALLEMANT DES RÉAUX, *Historiettes*, M. d'Orléans (Gaston).

Le même auteur raconte qu'à ce voyage que Théodose fit à Rome, Serena, femme de Stilicon, voulut entrer dans le temple de la mère des Dieux pour lui insulter, et qu'elle ne fit point de difficulté de *s'accommoder d'*un beau collier que la déesse portoit.

FONTENELLE, *Histoire des Oracles*, dissert. II, c. 4.

Nos troupes *s'accommodèrent de* douze cents habits neufs trouvés dans Calcinato.

SAINT-SIMON, *Mémoires*, 1706, t. V, c. 5.

S'*accommoder de* est quelquefois suivi d'un verbe à l'infinitif.

Nous faisons toujours la même vie, et je *m'accommode* mieux que je n'eusse jamais cru *d'*être trois ou quatre heures toute seule.

Mme DE SÉVIGNÉ, *Lettres*, 16 juillet 1689.

M. de la Rochefoucauld... luy dit (au roy) qu'il ne pouvoit *s'accommoder d'*aller comme les derniers de la cour demander une place à l'officier qui les distribuoit.

SAINT-SIMON, *Mémoires*, 1696, t. I, c. 32.

Je ne serois pas étonné qu'un peuple sensé, mais moins ami des règles, *s'accommodât de* voir l'histoire de Coriolan distribuée en plusieurs actes.

LA MOTTE, *Premier discours sur la Tragédie*.

Jaloux d'ailleurs comme un Vénitien, et qui, pour rien au monde, ne *se seroit accommodé d'*être l'ami des galans de sa femme.

VOLTAIRE, *Romans*. Cosi-Sancta.

D'autres fois dans cette locution, s'ACCOMMODER *de*, le sujet de s'ACCOMMODER est un nom de chose.

Le roy... luy dit assez sèchement que sa gravité (de Mme la princesse de Conti) ne *s'accommodoit* pas *de* leur ivrognerie.

La jalousie de Lauzun, qui toute sa vie avoit été sa passion dominante, ne *se* pouvoit *accommoder d'*une maison soir et matin ouverte à Paris et à la cour.

SAINT-SIMON, *Mémoires*, 1695, t. I, c. 30; 1696, t. I, c. 34.

L'histoire, qui doit être écrite naturellement, ne *s'accommoderoit* pas *d'*un style affecté.

ROLLIN, *Traité des Études*, liv. IV, c. 3, art. 1er, § 4.

. Patkul... avait été général du roi Auguste; mais son esprit vif et altier *s'accommodant* mal *des* hauteurs du général Flemning, favori du roi...

Voltaire, Histoire de Charles XII, liv. III.

La bulle de canonisation envoyée par Benoît XIII parut contenir des maximes *dont* les lois *de* la France ne *s'accommodent* pas.

Le même, Histoire du parlement de Paris, c. 65.

La vivacité de l'enfance *s'accommode* mal *de* ces lenteurs.

J.-J. Rousseau, Émile, II.

Pourquoi l'art *s'accommode*-t-il si aisément *des* sujets fabuleux, malgré leur invraisemblance?

Diderot, Pensées détachées sur la peinture, etc.

Ces enfans-là, la sculpture *s'en accommoderoit* assez sur le tour d'un vase antique.

Le même, Salon de 1765. Boucher.

S'accommoder *à* est aussi très-usité, dans le sens de Se conformer à, se prêter à, s'ajuster, s'adapter à, etc.

Tantôt s'accommoder *à* se dit d'une chose à l'égard d'une autre :

Comme l'eau que l'on transvase, qui toujours coule et *s'accommode* à la façon et figure des vases et lieux qui la reçoivent.

Amyot, trad. de Plutarque. OEuvres morales. Comment on
pourra discerner le flatteur d'avecques l'ami.

A ce biais *s'accommode* la voix divine : ne soyez pas plus sage qu'il ne faut; mais soyez sobrement sage.

Montaigne, Essais, I, 29.

La nature humaine *s'accommode* à tout avec le temps.

Charron, de la Sagesse, II, 8.

Leurs pièces ne se peuvent jouer parce qu'elles ne *se* peuvent *accommoder au* théâtre.

Balzac, Aristippe, disc. IV.

C'est ainsi qu'il faut profiter des foiblesses des hommes, et qu'un sage esprit *s'accommode aux* vices de son siècle.

Molière, le Festin de Pierre, V, 2.

Alors la piété étoit véritable, parce qu'elle n'étoit pas encore devenue un art : elle n'avoit pas encore appris à *s'accommoder au* monde.

Bossuet, Sermons. Sur l'honneur.

L'armée romaine, divisée en ses petits corps, profite de tous les lieux et *s'y accommode*.

Le même, Discours sur l'Histoire universelle, III, 6.

Rien n'est durable, qui ne *s'accommode* à la nature. La grâce, dont nous parlons tant, *s'y accommode* elle-même.

Saint-Évremond, Conversation de M. d'Aubigny avec M. de
Saint-Évremond.

La douceur et la facilité de son esprit *s'accommodent* à ma foiblesse.

Mme de Sévigné, Lettres, 5 avril 1687.

Un terme nous manque, nous en sentons le besoin : choisissez un son doux et éloigné de toute équivoque, qui *s'accommode* à notre langue, et qui soit commode pour abréger le discours.

Fénelon, Lettre à l'Académie, III.

Son mal *s'accommoda* à sa philosophie ; le corps, qu'il avoit tant méprisé, se réduisit presque à rien, et l'esprit, accoutumé à la supériorité, demeura sain et entier.

Fontenelle, Éloge du P. Malebranche.

Tantôt s'accommoder *à* se dit d'une personne à l'égard d'une chose :

Et qui est l'homme, ou si laborieux, ou si facile à transmuer en toutes façons et à prendre tous visages, qui peust se former à tous patrons et *s'accommoder à* tant de natures.

Amyot, trad. de Plutarque, OEuvres morales. De la
pluralité d'amis, 10.

Ils obscurcissent parfois leurs naïfves opinions et jugemens et les falsifient pour *s'accommoder à* l'usage.

Montaigne, Essais, II, 12.

Vous venez quelquefois vous délasser en ma retraite, et *vous y accommodez à* mon genre d'étude.

Balzac, Dissertations critiques, XXIV.

Mettez s'il vous plaît, Monseigneur, quelques bornes à vos victoires, quand ce ne seroit que pour *vous accommoder à* la capacité de l'esprit des hommes, et pour ne passer pas plus avant que leur créance ne peut aller.

Voiture, Lettres, CLXXXI. Au duc d'Enghien.

Phrahatès quittant les coustumes romaines, où il avoit esté nourry l'espace de tant d'années, et voulant *s'accommoder à* l'intempérance des Barbares, fut emporté d'une maladie.

Perrot d'Ablancourt, trad. de Tacite. Annales, VI, 15.

Il faudroit les exclure presque tous de nos confession-
naux, si nos pères n'eussent un peu relâché de la sévérité de la religion, pour *s'accommoder* à la foiblesse des
hommes.

C'est une vie unie à laquelle il (l'homme) ne peut
s'accommoder; il lui faut du remuement et de l'action.

PASCAL, *Provinciales*, VII ; *Discours sur les passions de l'amour.*

Il (Valstein) vit l'Allemagne, l'Angleterre, la France ;
s'accommoda aux mœurs et *aux* habits de ces païs.

SARASIN, *Conspiration de Valstein.*

La plupart (des courtisans) *s'accommodoient* par politique *à la* religion du prince.

Ceux-ci, réglant leur foi sur leur ambition et leur intérêt, *s'accommodoient au* temps; et comme ils avoient
été hérétiques sous Valens, ils étoient devenus catholiques sous Théodose.

FLÉCHIER, *Histoire de Théodose*, I, 7; II, 42.

C'est pour *nous accommoder* à la manière ordinaire de
parler, que nous dirons dans la suite que les sens sentent.

MALEBRANCHE, *Recherche de la vérité*, liv. I, c. 1, § 1.

Il est bon de *s'accommoder* à son sujet; mais il est encore meilleur de *s'accommoder à* son génie.

LA FONTAINE, *Psyché*, I.

La religion est peu connue à la cour. Au lieu de *s'accommoder à* elle, on veut l'accommoder à soi.

Mᵐᵉ DE MAINTENON, *Lettres*, 31 janvier 1700. Au cardinal
de Noailles.

Argenson étoit un homme d'infiniment d'esprit et d'un
esprit souple, qui, pour sa fortune, *s'accommodoit à* tout.

SAINT-SIMON, *Mémoires*, 1718, t. XV, c. 16.

Ce n'est pas la faute du musicien s'il ne peut se servir
d'une lyre comme d'une flûte; il faut qu'il *s'accommode à*
l'instrument.

FONTENELLE, *Histoire des Oracles*, dissert. II, c. 5.

Une pareille opiniâtreté le brouilla avec tous les ministres de la Porte successivement : il ne savait *s'accommoder* ni *au* temps ni *aux* lieux.

VOLTAIRE, *Histoire de Russie sous Pierre le Grand,*
part. I, c. 19.

Et que *t'accommodant à* la foiblesse humaine,
Tu voilerois sous les mets de la cène
La trop vive splendeur de ton être divin.

RACAN, *Psaumes*, CIX.

Toujours *au* plus grand nombre on doit *s'accom-
[moder.*

MOLIÈRE, *l'École des maris*, I, 1.

[sance
Mais la fresque est pressante, et veut sans complai-
Qu'un peintre *s'accommode à* son impatience.

LE MÊME, *la Gloire du Val de Grâce.*

A ses moindres désirs il sait *s'accommoder.*

J. RACINE, *Britannicus*, II, 2.

Aux usages reçus il faut qu'on *s'accommode.*

BOILEAU, *Satires*, X.

Il faut qu'*à* la mode
Chacun *s'accommode ;*
Le fou l'introduit,
Le sage la suit.

LEGRAND, *les Paniers;* divertissement.

Tantôt, enfin, mais plus rarement, s'ACCOMMODER
à se dit d'une personne à l'égard d'une autre personne.

Telle se farde qui n'y pense point à mal ; mais vous
sçavez qu'il faut qu'elles *s'accommodent aux* autres.

H. ESTIENNE, *Dialogues du nouveau langage françois italianisé.*

Et encore pour ce jour d'hui se trouvent des courtisans qui affectent ceste prononciation, *s'accommodant*
en cela *à* quelques mignardes et non à la raison.

LE MÊME, *Apologie pour Hérodote*, II, 28, 8.

Ne soyez point si aspre et si violent ; *accommodez-vous
à* eulx ; ne faictes point de bande et de corps à part ;
joignez-vous ensemble.

MONTAIGNE, *Lettres*, V. A son père.

Comme un bon medecin *s'accommodant à* son malade,
(le Druide) luy assaisonnoit tous ses conseils par quelque
dessein d'amour.

D'URFÉ, *l'Astrée*, part. II, liv. VIII.

Ne savez-vous pas que nous *nous accommodons à* toute
sorte de personnes?

PASCAL, *Provinciales*, IX.

Ma fille a de la complaisance , et vous verrez qu'elle
s'accommodera entièrement *à* vous.

MOLIÈRE, *le Mariage forcé*, sc. 14.

Vous le verriez, recevant une foule d'amis, comme si
chacun eût été le seul, distinguant les uns par la qualité,

les autres par le mérite, *s'accommodant à* tous, et ne se préférant à personne.

FLÉCHIER, *Oraison funèbre de Lamoignon.*

Se familiarisant avec les uns, s'abaissant avec les autres, s'ouvrant et se confiant à ceux-ci, entrant dans les affaires de ceux-là, *s'accommodant* et se proportionnant *à* tous.

BOURDALOUE , *Oraison funèbre du prince de Condé.*

Ne vaut-il pas mieux *s'accommoder aux* hommes tels qu'on les trouve, que de vouloir les haïr jusqu'à ce qu'ils *s'accommodent à* nous?

FÉNELON, *Dialogues des morts*, XVIII. Socrate, Alcibiade et Timon.

La louable impatience d'instruire les enfans fait imaginer des histoires dépourvues de raison pour *s'accommoder à* ces mêmes enfans qui n'en ont pas encore.

Ch. PERRAULT, *Contes.* Dédicace de la première édition, 1697.

Au lieu de S'ACCOMMODER *à*, on peut dire encore S'ACCOMMODER *avec*, et dans des phrases construites absolument de même ;

Tantôt marquant le rapport d'une chose à une autre chose :

Ce dessein, don Juan, ne choque point ce que je dis, et la compagnie d'une femme légitime peut bien *s'accommoder avec* les louables pensées que le ciel vous inspire.

MOLIÈRE, *Le Festin de Pierre*, V, 3.

Il s'est trouvé des princes et des rois astronomes, et qui faisoient gloire de l'être. La grandeur des astres sembloit *s'accommoder avec* la grandeur de leur dignité.

MALEBRANCHE, *Recherche de la vérité*, V, 7.

Je suis fort aise que vous vous divertissiez, et j'approuve fort vos soupers et vos fêtes ; mais ce petit déréglement *s'accommode-t-il avec* vôtre délicatesse ?

Mme DE SÉVIGNÉ, *Lettres*, 10 août 1680.

Si l'amour des grandeurs, la soif de commander
Avec son joug étoit pouvoient *s'accommoder.*

J. RACINE, *Athalie*, III, 3.

Tantôt marquant le rapport d'une personne avec une chose :

Mon père, lui dis-je, cela est fort bon; mais comment vous *accommodez-vous avec* le ciel?

MONTESQUIEU, *Lettres persanes*, LVII.

Un moment de paix succéda à ces troubles : Condé *s'accommoda avec* la cour.

VOLTAIRE, *Essai sur les mœurs*, c. 171.

Tantôt, enfin, marquant le rapport d'une personne avec une autre personne.

Pour *s'accommoder avec* Dieu de ses acquests, il dit estre tous les jours après à satisfaire par biensfaicts aux successeurs de ceux qu'il a desrobez.

MONTAIGNE, *Essais*, III, 2.

Je voudrois... que vous pussiez *vous accommoder avec* cet ennemi du genre humain.

VOITURE, *Lettres*, CXLIV. Au marquis de Pisany.

...Les religionnaires et les ministres... étoient mal satisfaits de lui (Henri IV)... ils avoient découvert, par quelques paroles qu'il laissa échapper, qu'il *s'accommoderoit* volontiers *avec* les Parisiens pour la religion, s'il ne tenoit qu'à cela qu'ils ne *s'accommodassent avec* lui pour le reste.

MÉZERAY, *Histoire de France*, Henri IV, ann. 1590.

J'eusse pu aisément *m'accommoder avec* elle (madame de Montbazon), car jamais femme n'a été de si facile composition; mais comment accommoder cet accommodement avec mes autres engagemens?

LE CARDINAL DE RETZ, *Mémoires*, part. II, ann. 1649.

Pour peu que les enfans de ces princes fussent capables de *s'accommoder avec* les vainqueurs, ils (les Perses) les laissoient commander dans leur pays.

BOSSUET, *Discours sur l'Histoire universelle*, III, 5.

S'ACCOMMODER *avec* se dit quelquefois en parlant d'un arrangement, d'un marché fait avec quelqu'un.

Le maréchal de Bellefonds, par un pur sentiment de piété, *s'est accommodé avec* ses créanciers.

Mme DE SÉVIGNÉ, *Lettres*, 18 mars 1671.

Il faut se rendre traitable, et chacun *s'accommoder* de gré à gré *avec* son frère.

BOSSUET, *Méditations sur l'Evangile*, sermon sur la montagne, XVIIe jour.

On ne put rien apprendre d'elle, excepté que c'étoit une étrangère qui *s'étoit accommodée avec* le capitaine pour son passage dans l'île de Sainte-Hélène.

PRÉVOST, *Cléveland*, liv. III.

Quelquefois, dans S'ACCOMMODER, *se* est pris pour

61.

à soi ; *s'accommoder une chose* signifie alors Se la préparer, se l'adapter, se l'ajuster.

> Ses escoliers (d'Abélard), avertis de sa nouvelle demeure, quittèrent les leurs, pour se venir habituer près de luy, et dès lors, sur le modelle de son oratoire, *s'accommodèrent* de petites cellules.
>
> Est. Pasquier, *Recherches de la France*, VI, 17.

> Un paon muoit : un geai prit son plumage;
> Puis après *se l'accommoda.*
>
> La Fontaine, *Fables*, IV, 9.

Accommodé, ée, participe.
On l'a écrit Accomodé, ée.

ACCOMMODANT, ANTE, adj.

On l'a écrit Accomodant.
Il s'est dit des choses, dans le sens de Qui accommode quelqu'un, qui lui convient, qui est utile à ses affaires.

> Une succession inespérée est fort *accommodante.*
>
> Danet, Furetière, *Dictionnaires.*

Il se dit plus ordinairement des personnes Qui s'accommodent facilement ou avec lesquelles il est facile de s'accommoder, D'un commerce aisé, d'une humeur complaisante.

> Son cher mary se tenoit religieusement aux clauses de son contract... *accommodant* et discret.....
>
> Scarron, *Nouvelles*. Les Hypocrites.

> Si Œcolampade fut plus doux (que Luther et Zuingle), on voit aussi ceux de Bâle plus *accommodans.*
>
> Bossuet, *Hist. des Variations*, liv. IV, c. 21.

> Ce vilain Mirepoix est aussi dur, aussi fanatique, aussi impérieux que le cardinal de Fleuri était doux, *accommodant* et poli.
>
> Voltaire, *Lettres*, juillet 1743. Au roi de Prusse.

> Ne soyons pas si difficiles :
> Les plus *accommodans*, ce sont les plus habiles.
>
> La Fontaine, *Fables*, VII, 4.

Accommodant se construit aussi avec des noms abstraits qui le plus souvent désignent les personnes par leurs qualités ou par leurs actes.

> Sur ce fondement seroy-je d'advis d'essayer si les médecines douces, lénitives et *accommodantes*, deviendront plus proffitables que les violentes, amères et corrosives.
>
> Sully, *OEconomies royales*, c. xl, t. I, p. 190.

> Ceux qui s'étoient appuyés sur des conseils *accommodants* et sur des condescendances flatteuses.....
>
> Bossuet, *Sermons*. Sur le Jugement dernier.

> Y eut-il jamais un esprit plus doux, plus facile, plus *accommodant ?*
>
> Fléchier, *Oraison funèbre de Mme de Montausier.*

> Le zèle ou la complaisance des hommes ne les rend (les saintes paroles de la loi) ni plus austères ni plus *accommodantes.*
>
> Massillon, *Sermons*, pour le IIe dimanche de la Passion.

> Aussi ce qu'on se peut figurer sous le ciel
> De bon, de beau, de charmant et d'aimable,
> D'*accommodant*, j'y mets encor ce point.
>
> La Fontaine, *Contes*, II, 14.

Souvent à ce mot, dans ces divers emplois, s'attache un sens plus ou moins improbatif, une nuance d'ironie.

> Votre théologie *accommodante* passe pour une sage condescendance.

> Quand vous avez entrepris de décider les cas de conscience d'une manière favorable et *accommodante.*
>
> Pascal, *Provinciales*, XII, XIII.

> N'y a-t-il pas des hypocrites d'honneur, des hypocrites d'amitié, des hypocrites de probité et de bonne foi..... si *accommodans*, si souples et si adroits, qu'on donne dans leurs filets, et ceux même qui les connoissent?
>
> Bossuet, *Sermons*. Sur le Jugement dernier.

> Elle ne chercha pas des docteurs de la loi faciles et *accommodans* pour calmer ses remords.
>
> Fléchier, *Panégyriques*. De la Magdeleine.

> Nous l'aimons comme un Dieu humainement débonnaire et *accommodant*, et nous ne voulons point nous accommoder à sa loi, à l'ordre immuable de ses divines perfections.
>
> Malebranche, *Recherche de la vérité*, IV, 5, § 1.

Cependant vous aimez mieux un doute *accommodant* qu'une sûreté trop gênante.

MASSILLON, *Carême*. Sur le salut.

Il y a d'autres personnes à consulter qui sont bien plus *accommodantes*, qui ont des expédiens pour passer doucement pardessus la loi, et rendre juste ce qui n'est pas permis.

MOLIÈRE, *le Malade imaginaire*, I, 9.

Il m'est dû mille francs; j'ai entre mes mains un contrat du double : compensons la chose, faites-m'en un transport, je vous rends le billet. — Cela est fort *accommodant*; vous donnez le surplus? — Qu'est-ce à dire le surplus? Je demande du retour...

DANCOURT, *les Agioteurs*, II, 8.

L'analogie a conduit à construire ACCOMMODANT, aussi bien qu'*accommoder*, *s'accommoder*, avec la préposition *à*.

Personne ne se doit croire nécessaire dans ce monde, puisque celle-là (Anne d'Autriche) ne l'a pas été à ses enfans, elle qui avoit toujours été si *accommodante à* tout ce qu'elle croyoit pouvoir plaire au Roi, à la Reine, à Monsieur et à Madame.

Mᵐᵉ DE MOTTEVILLE, *Mémoires*, ann. 1666.

Jamais les dévotions ne furent si *accommodantes à* la cupidité.

L'ABBÉ DE RANCÉ, *Lettres*, 3 août 1671.

ACCOMMODABLE, adj. des deux genres.

On l'a écrit ACCOMODABLE.

Qui peut s'accommoder.

Il s'est dit des choses en parlant de leur convenance avec d'autres choses.

L'institution a gaigné cela sur moy... que sauf la biere, mon appetit est *accommodable* indifferemment *à* toutes choses de quoy on se paist.

Plutarque a les opinions platoniques, douces et *accommodables à* la societé civile.

C'est (la raison) un instrument de plomb et de cire, alongeable, ployable et *accommodable à* tout biais et *à* toutes mesures; il ne reste que la suffisance de le sçavoir contourner.

MONTAIGNE, *Essais*, I, 25 ; II, 10, 12.

Il s'est dit, même des personnes.

Personne *accommodable*... avec ou *à* toutes choses.

MONET, *Dictionnaire*.

Il ne s'emploie plus guère qu'en matière de différend et de querelle, et, absolument. On dit d'une affaire qu'elle n'est pas *accommodable*.

ACCOMMODEMENT, s. m.

On l'a écrit ACCOMODEMENT.

Il s'est dit, au sens physique, des choses, en parlant de ce qui les rend plus commodes et mieux séantes.

Le Roy... le prit par la main, se mit à le promener à fort grands pas, luy monstrant ses allées, et contant tous ses desseins, et les beautez et *accommodemens de* cette maison.

SULLY, *OEconomies royales*, c. LXVI, t. I, p. 374.

On dit dans le sens propre : les *accommodemens d'*une maison ; il faut faire à cette maison quelques *accommodemens*.

BOUHOURS, *Remarques nouvelles sur la langue françoise*.

Où seroit l'homme qui osât dire qu'une servante barbouillant au hasard cette toile avec un balai, les couleurs se seroient rangées d'elles-mêmes pour former ce vif coloris, ces attitudes si variées, ces airs de tête si passionnés, cette belle ordonnance de figures sans confusion, ces *accommodemens de* draperies...

FÉNELON, *Existence de Dieu*, part. I, c. 1.

Il s'est pu dire de même au sens moral.

Ces prologues doivent avoir beaucoup d'invention, et je ne pense pas qu'on y puisse raisonnablement introduire que des dieux imaginaires de l'antiquité, qui ne laissent pas toutefois de parler des choses de notre temps, par une fiction poétique, qui fait un grand *accommodement de* théâtre.

P. CORNEILLE, *Premier Discours*. De l'utilité et des parties du poëme dramatique.

ACCOMMODEMENT, pris dans le XVIIᵉ siècle au sens moral, pour Commodité, intérêt, avait été blâmé par des écrivains de cette époque.

On ne dit point *accommodement* pour signifier Commodité, ou intérêt, comme dit un de nos meilleurs écrivains : « Ne témoignent-ils pas assez qu'ils sont amis d'eux-mêmes, puisqu'ils ne cherchent que leur *accommodement* et leur avantage particulier ? »

BOUHOURS, *Remarques nouvelles sur la langue françoise.*

Et votre fils rencontre en un métier si doux
Plus d'*accommodement* qu'il n'eût trouvé chez vous.

P. CORNEILLE, *l'Illusion comique*, V, 5.

Dans son acception la plus ordinaire et la seule qui ait subsisté, ACCOMMODEMENT signifie l'Accord que l'on fait d'un différend, d'une querelle entre des personnes.

Ils sont ennemis de tout *accommodement.*

BALZAC, *Aristippe*, disc. VI.

...Les affaires s'y disposoient à recevoir quelque *accommodement.*

LE MÊME, *Lettres*, II, 21.

Il s'entremit donc d'*accommodement* à l'instante prière du Lombard.

MÉZERAY, *Abrégé chronol. de l'histoire de France*, année 754.

Bucer méditoit des *accommodemens*, et jamais homme ne fut plus fertile en équivoques.

BOSSUET, *Hist. des Variations des églises protestantes*, l. III, n° III.

Je l'ai vu....., dans les *accommodemens*, calmer les esprits aigris.

LE MÊME, *Oraison funèbre du prince de Condé.*

Combien de fois, par des *accommodemens* raisonnables, a-t-il arrêté le cours de ces divisions qui passent des pères aux enfans, et qui se perpétuent dans les familles !

FLÉCHIER, *Oraison funèbre de M. de Lamoignon.*

N'entendre à nul *accommodement*, à nulle composition.

BOURDALOUE, *Sermons*, sur l'Ambition.

Il se mit dans la tête qu'on pouvoit accommoder les deux religions ; il a fait plusieurs livres sur ce prétendu *accommodement.*

TALLEMANT DES RÉAUX, *Historiettes.* La Milletière.

Dans les États despotiques... il n'y a point de tempérament, de modification, d'*accommodemens.*

MONTESQUIEU, *Esprit des lois*, III, 10.

Un *accommodement* ne suppose pas qu'on cède tout d'un côté et rien de l'autre, mais qu'on se rapproche des deux côtés.

J.-J. ROUSSEAU, *Lettres*, 9 février 1768.

Les *accommodemens* ne font rien en ce point.

P. CORNEILLE, *le Cid*, II, 3.

Ce doux début s'accorde avec mon jugement,
Et présage déjà quelque *accommodement.*

MOLIÈRE, *Tartufe*, V, 4.

Vous me devez ; cherchons quelqu'*accommodement.*

REGNARD, *le Bal*, sc. 18.

On a parlé de paix et d'*accommodement.*

BOILEAU, *Satires*, III.

ACCOMMODEMENT, en ce sens, et ainsi employé absolument, entre dans un grand nombre de locutions usuelles. C'est ainsi qu'on dit :
Par accommodement.

Nous n'oubliâmes ni soumissions, ni prières, pour faire passer les choses *par accommodement.*

SCARRON, *Roman comique*, I, 15.

Elles crurent... que leurs larmes feroient passer l'affaire *par accommodement.*

LE MÊME, *Nouvelles.* Les Hypocrites.

Il y a là un autre héritier de cette plaideuse, et qui prétend vous épouser *par accommodement.*

DUFRESNY, *le Jaloux honteux*, I, 5.

Monsieur Franchard pourroit, *par accommodement*,
Aux pupilles laisser chacune leur amant.

LE MÊME, *le Faux Sincère*, III, 2.

Je ne suis point méchant et j'ai l'âme assez tendre.
Composons, s'il vous plaît : payez dans ce moment
Deux mille écus tournois *par accommodement.*

VOLTAIRE, *Contes en vers, les Finances.*

Ouvertures, propositions, voies, termes, etc. d'accommodement.

Il portoit des *ouvertures d'accommodement* plausibles mais captieuses.

LE CARDINAL DE RETZ, *Mémoires*, part. I, ann. 1641.

Attendez, mon ami, revenez dans quelques jours ; je suis en *termes d'accommodement* avec un des principaux personnages de la douane.

LE SAGE, *le Diable boiteux*, c. 8.

A peine l'armée fut assemblée qu'on écouta des *propositions d'accommodement.*

> VOLTAIRE, *Histoire de Charles XII,* liv. VI.

J'ai préparé quelques *voies d'accommodement,* sur deux articles.

> LE MÊME, *Lettres,* 14 décembre 1765.

Homme d'accommodement, femme d'accommodement.

Vous êtes *homme d'accommodement.*

> MOLIÈRE, *Pourceaugnac,* III, 6.

Si vous étiez *femme d'accommodement,* madame Amelin. — L'accommodement est admirable ! vous vous moquez de moi, je pense.

> DANCOURT, *les Bourgeoises à la mode,* I, 12.

Esprit d'accommodement.

Parole de malédiction pour ces *esprits d'accommodement,* qui sans jamais choquer le monde, croient avoir le secret de contenter Dieu, et qui, sans rien faire pour Dieu, voudroient que Dieu fût content d'eux.

> BOURDALOUE, *Sermons.* Pour le dimanche dans l'octave de l'Ascension.

Le ministre ou le plénipotentiaire..... agit néanmoins dans les points difficiles et dans les articles contestés, comme s'il se.. relâchoit de lui-même sur le champ et comme par un *esprit d'accommodement.*

> LA BRUYÈRE, *Caractères,* c. 10.

Faire, proposer, refuser, conclure, rompre un accommodement; s'entremettre d'accommodement, d'un accommodement ; traiter d'un accommodement, entrer en accommodement, etc.

Dans ces locutions et d'autres semblables, ACCOMMODEMENT reçoit souvent des compléments formés des prépositions *avec, entre, de* et de leurs régimes ; De la préposition *avec :*

- Que s'il appeloit les François... il se fermeroit toutes les *voies d'accommodement avec* l'empereur.

> LE CARDINAL DE RETZ, *Conjuration de Fiesque.*

Pour Caderousse, je n'imagine *d'accommodement avec* lui que de jouer sa part à trois dés contre M. de Grignan.

> Mᵐᵉ DE SÉVIGNÉ, *Lettres,* 12 août 1676.

Quelques-uns lui *proposèrent* (à T. Gracchus) *un accommodement avec* le sénat.

> SAINT-RÉAL, *Conjuration des Gracques.*

L'année commença par *l'accommodement* que le premier président fit, par ordre du Roi, des jésuites *avec* l'archevêque de Reims.

> SAINT-SIMON, *Mémoires,* 1698, t. II, c. 7.

De la préposition *entre :*

Les lueurs *d'accommodement entre* le Palais-Royal et Saint-Maur n'étoient pas tout-à-fait éteintes.

> LE CARDINAL DE RETZ, *Mémoires,* part. II, ann. 1651.

Le monde ne persuade que trop à ceux qui l'écoutent .... qu'il y a des *accommodemens entre* les maximes du siècle et celles de l'Évangile.

> FLÉCHIER, *Sermons.* Pour une vesture.

Ce ministre (le comte de Croissy) fit ce qu'il put ..... pour *ménager un accommodement entre* les rois de Suède et de Prusse, mais celui-ci demandait trop, et Charles XII ne vouloit rien céder.

> VOLTAIRE, *Histoire de Charles XII,* liv. VIII.

Quel *accommodement* veut-on *faire entre* nous ?

> MOLIÈRE, *le Misanthrope,* II, 7.

De la préposition *de,* ayant pour régimes, soit des noms de chose, comme Querelle, Différend, etc. :

Je m'en vais pour l'accommodement *d'*une chaude querelle qu'il faut empêcher.

> SAINT FRANÇOIS DE SALES, *Lettres,* 29 septembre 1612.

Le roi souhaite beaucoup *l'accommodement de* ce différend.

> LYONNE à l'archevêque d'Embrun, 10 juillet 1669 (Voir *Négoc. relatives à la succession d'Espagne,* t. II, p. 183).

L'accommodement des différends *entre* les cours de Rome et de Madrid avoit été conclu entre Aldovrandi et Albéroni, et signé par eux.

> SAINT-SIMON, *Mémoires,* 1717, t. XV, c. 8.

Soit des noms de personnes : de là l'emploi fréquent du mot ACCOMMODEMENT, avec l'adjectif possessif.

Je travaille à *leur accommodement.*
J'ai fait *leur accommodement.*

> BOUHOURS, *Remarques nouvelles sur la langue françoise.*

Allons donc, Messieurs, mettez bas toute rancune, et faisons ici *votre accommodement.*

> MOLIÈRE, *l'Amour médecin*, III, 1.

On a dit même par ellipse, *l'accommodement d'une personne, son accommodement,* pour Sa réconciliation, son arrangement, son traité avec une autre.

Ottobon, Verrina, Calcagno et Sacco... remirent en liberté... les prisonniers qu'ils avoient entre leurs mains, sans prévoir qu'ils leur pourroient être nécessaires pour *leur accommodement.*

> LE CARDINAL DE RETZ, *Conjuration de Fiesque.*

Tous les généraux, à la réserve de M. de Beaufort...... méditoient *leur accommodement* particulier.

> LA ROCHEFOUCAULD, *Mémoires.*

Le légat (Arcemboldi), qui cherchoit à entrer en matière, dit à ce prince (Sténon) qu'il avoit ordre du pape de travailler à *l'accommodement* de l'archevêque et à la paix entre la Suède et le Danemark.

> VERTOT, *Révolutions de Suède.* Ann. 1515.

ACCOMMODEMENT s'emploie aussi en parlant des Moyens, des Expédients, qu'on trouve pour concilier les esprits, terminer les affaires.

Peut-être même qu'il ne seroit pas impossible de porter la couronne d'Espagne, pendant la vie du roi et celle du prince, à couvenir de cet *accommodement* (une cession territoriale) pour la dot et les prétentions de la reine.

> LYONNE à Louis XIV, décembre 1663. (Voir *Négoc. relatives à la succession d'Espagne*, t. I, p. 248.)

Il m'est avis qu'il ne faudroit pour ça qu'un petit mot *d'accommodement* sous seing privé.

> DANCOURT, *le Mari retrouvé,* sc. 9.

Engagez-vous tous deux à souscrire à *l'accommodement* que j'ai à vous proposer : votre querelle peut se terminer sans qu'il en coûte de sang.

> LE SAGE, *le Diable boiteux,* c. 13.

Enfin toute la grâce et *l'accommodement*
Où s'est avec effort plié son sentiment,
C'est de dire, croyant adoucir bien son style,
Monsieur, etc.

> MOLIÈRE, *le Misanthrope,* IV, 1.

Le ciel défend de vrai certains contentemens;
Mais on trouve avec lui des *accommodemens.*

> LE MÊME, *le Tartufe,* IV, 5.

Voici, dans cette affaire, un *accommodement.*

> LE MÊME, *les Femmes savantes,* V, 3.

ACCOMMODAGE, s. m.

On l'a écrit ACCOMODAGE.

Ce mot a exprimé en général le Travail, l'apprêt, par lesquels on accommode, on met en bon état, on répare quelque chose que ce soit. Danet et Furetière en donnent pour exemple cette expression, *l'accommodage* de la chambre, *des* chambres.

Dès le temps de Danet, qui en fait la remarque, on se servait plutôt, en bien des cas, de *raccommodage* (voyez ce mot).

ACCOMMODAGE s'est à peu près restreint dans l'usage, à quelques acceptions particulières.

On l'a dit, et on ne le dit plus guère, du Travail de ceux qui arrangent les cheveux, *l'accommodage d'une* perruque.

On l'emploie surtout en parlant de l'Apprêt que les cuisiniers ou les rôtisseurs donnent aux viandes, *l'accommodage des* viandes.

ACCOMMODATION, s. f.

On l'a écrit ACCOMODATION.

Ce mot aujourd'hui hors d'usage, avait reçu du verbe dont il s'était formé des sens assez divers.

Ainsi *accommoder* voulant dire rétablir ce qui était en désordre, ACCOMMODATION a servi à exprimer ce rétablissement selon Monet, qui le traduit par *in integrum restitutio.*

Accommoder voulant dire encore Disposer, approprier, ACCOMMODATION a été employé dans le sens de Arrangement, application.

Quant aux contes qu'ils avoyent coustume de reciter es presches qu'ils faisoyent sur la louange de quelque sainct ou saincte, *l'accommodation* estoit telle qu'à chacune vertu qu'ils lui attribuoyent... ils ajoutoyent, pour un tesmoignage irrefragable, quelque conte... de ce qui avoit esté faict ou dict par luy.

Or laisseray-je veoir la deduction et *accommodation* de ce propos à ceux qui auront le livre, puisque je leur ay cotté l'endroit où ils le pourront veoir.

> H. ESTIENNE. *Apologie pour Hérodote,* c. XXXIV, § 14 ; c. VIII.

Ainsi encore *accommoder*, *s'accommoder* signifiant Mettre, se mettre d'accord, ACCOMMODATION s'est pris en général pour Conciliation et, dans la langue du palais, pour Arrangement à l'amiable. Furetière donne de l'un et de l'autre ces deux exemples :

Le plus grand soin des commentateurs est de trouver l'*accommodation* de leurs auteurs qui se contrarient.

Ce procès est si embrouillé qu'il n'y a pas moyen d'en sortir que par voie d'*accommodation*.

Ainsi enfin, *s'accommoder* ayant le sens de S'accoutumer, s'habituer, ACCOMMODATION a pris celui d'Accoutumance et d'habitude.

Par longue *accommodation* vous apprendrez à faire du vice vertu.

H. ESTIENNE, 1er *Dial. du nouveau langage français italianisé.*

D'une des acceptions du simple *commodare* lequel voulait dire Prêter, était venu, en termes de coutume, l'emploi du mot ACCOMMODATION dans le sens de Prêt gratuit.

Accommodation que les coustumiers appellent prester à autre, par courtoisie, aucune chose.

BOUTEILLER, *Somme rurale*, tiltre LX.

ACCOMMODEUR , s. m.

ACCOMMODEUSE , s. f.

On a écrit ACCOMODEUR, ACCOMODEUSE.

De tous les mots qui se rattachent à *accommoder*, ce sont ceux dont il subsiste le moins de traces.

Il y en a cependant des exemples au sens physique et au sens moral ;

Au sens physique :

Au sortir de là, il se met l'*accommodeur de* fraise du Roi, et fait connaissance avec les officiers de la garderobe.

TALLEMANT DES RÉAUX, *Historiettes*, Mme de Beringhen.

Au sens moral :

C'est la plus grande *accommodeuse de* querelles qui ait

I.

jamais été : il y a bien des familles qui lui sont obligées de leur repos.

TALLEMANT DES RÉAUX, *Historiettes*, Mme Pilou.

Selon plusieurs de nos lexicographes, Bayle s'est servi d'ACCOMMODEUR, en parlant de ceux qui se sont proposé de réunir les diverses communions chrétiennes, de les *accommoder*, d'opérer entre elles un *accommodement*, comme on l'a pu voir dans un exemple cité plus haut, p. 474, 2° col. ; il les a appelés *accommodeurs de* religions.

ACCOMPAGNER , v. a. (de *Compain*, *compaing*, ancienne forme de COMPAGNON. Voyez ce mot).

Autrefois ACCOMPAINGNER, ACCOMPAIGNER, ACCOMPAIGNIER, par deux ou par un seul c, ACOMPAGNER, etc. (Voyez Robert Estienne, Nicot, Sainte-Palaye, etc., Dict.)

ACCOMPAGNER, signifie, au propre, Être compagnon de quelqu'un, aller de compagnie avec quelqu'un, être sa société, soit ordinaire, soit accidentelle.

Son compagnon Bellabre fut aussi tost prest que luy, lequel le fut *acompaigner* jusques à la Breesle, où fut leur disnée, et là prindrent congé l'ung de l'autre.

Le Loyal serviteur, c. 9.

Vous deviez bien me mander qui vous *accompagne* dans cette promenade.

Mme DE SÉVIGNÉ, *Lettres*, 13 mai 1672.

Il fait avec elles les mêmes visites ; il les *accompagne* au bain, aux eaux, dans les voyages.

LA BRUYÈRE, *Caractères*, c. 3.

Minerve, qui *accompagnoit* Télémaque sous la figure de Mentor, ne vouloit pas être connue de Calypso.

FÉNELON, *Télémaque*, I.

C'est pour *accompagner* leurs époux dans le ciel que tant de femmes se brûlèrent et se brûlent encore sur le corps de leurs maris.

VOLTAIRE, *Lettres chinoises*, IX.

Ah ! puisqu'un nouveau sort te touche, que tu cherches d'autres pays que ton pays natal, laisse-moi t'*accompagner* sur le vaisseau où tu pars.

BERNARDIN DE SAINT-PIERRE, *Paul et Virginie*.

Demeure dans la ville ou gagne la campagne,
Tu n'iras nulle part sans que je t'*accompagne*.
MOLIÈRE, *les Fâcheux*, III, 4.

Mais un ordre est donné contre votre personne,
Et lui-même est chargé, pour mieux l'exécuter,
D'*accompagner* celui qui vous doit arrêter.
LE MÊME, *Tartuffe*, V, 6.

Que souvent vous prenez trop de vin de Champagne,
Et qu'il faut que toujours quelqu'un vous *accompagne*.
REGNARD, *le Distrait*, IV, 6.

Au sens général d'ACCOMPAGNER, se joignent, dans beaucoup de cas, les idées accessoires de dépendance, de civilité, de déférence respectueuse, de protection, etc.

Ainsi ACCOMPAGNER se prend pour Être de la suite, du service, de la domesticité d'une personne.

L'*accompagnant* en tous lieux et hantant avec luy fort privément et domesticquement.
MARTIN DU BELLAY, *Mémoires*, année 1533.

Il va me renvoyer avec tous les noirs qui l'*accompagnent*.
MONTESQUIEU, *Lettres persanes*, XXII.

Y a-t-il rien de comparable à l'attachement du chien pour la personne de son maître?... Quelle fidélité à *accompagner*, quelle constance à suivre, quelle attention à défendre son maître!
BUFFON, *Histoire naturelle*. Le Chien.

Pour, Tenir compagnie à une personne prête à partir, reconduire une personne dont on a reçu visite :

S'en allant derechef sur la marine, reguarda partir ceulx qui s'embarquoyent, ambrassant et disant adieu à tous ses hostes et amys, auxquels il avoit conseillé de se saulver, les *accompaignant* jusques dedans leurs vaisseaux.
AMYOT, trad. de Plutarque. Vie de Caton d'Utique, c. 18.

La femme du Paria qui pleurait, resta sur la porte de la cabane, tenant son enfant dans ses bras, mais son mari *accompagna* le docteur jusqu'à la sortie du bois.
BERNARDIN DE SAINT-PIERRE, *la Chaumière indienne*.

Pour, Suivre par honneur dans quelque circonstance importante, quelque cérémonie :

Ordonna de sa sepulture, et qui il vouloit qui l'*accompagnast* par le chemin.
COMMYNES, *Mémoires*, VI, 11.

Ainsi fut enterrée ceste martire de chasteté, en l'église Sainct-Florentin, où toutes les femmes de bien de la ville ne faillirent de faire leur devoir de l'*accompaigner* et honorer autant qu'il estoit possible.
LA REINE DE NAVARRE, *Heptaméron*, nouv. II.

Dieu n'est pas le dieu des morts : il n'est pas digne de lui de ne faire, comme les hommes, qu'*accompagner* ses amis jusqu'au tombeau, sans laisser au-delà aucune espérance.
BOSSUET, *Discours sur l'histoire universelle*, II, 19.

Quel honneur pour un sujet d'*accompagner* son roi, de lui servir de conseil, et, si j'ose le dire, d'exemple, dans une importante conquête!
FLÉCHIER, *Oraison funèbre de Turenne*.

Le duc de Saint-Aignan joignit la reine d'Espagne à Pau, et l'*accompagna*, par ordre du roi, jusqu'à Madrid.
SAINT-SIMON, *Mémoires*, 1714, t. XI, c. 26.

Une foule innombrable de peuple l'*accompagna* jusqu'au port de Carlscroon en faisant des vœux pour lui, en versant des larmes et en l'admirant.
VOLTAIRE, *Histoire de Charles XII*, l. II.

Qu'Azarias partout *accompagne* le roi.
J. RACINE, *Athalie*, IV, 6.

De là l'expression *dame pour accompagner*.

ACCOMPAGNER se prend encore pour Escorter.

J'avois écrit dès le soir à leur capitaine de me venir *accompagner*.
VOITURE, *Lettres*, XCIV.

Ils m'offrirent de m'*accompagner*, mais je n'avois pas besoin de cette escorte pour le voyage que j'avois résolu.
LE CARDINAL DE RETZ, *Mémoires*, part. III, année 1652.

Il (le duc de Bragance) se fit toujours si bien *accompagner*, qu'il fit perdre l'espérance que l'on avoit de se rendre maître de sa personne.
VERTOT, *Révolutions de Portugal*.

Les bourgeois,... pleins d'admiration pour leur maître,... étaient tous devenus soldats sous lui ; ils l'*accompagnaient* dans les sorties; ils étaient pour lui une seconde garnison.
VOLTAIRE, *Histoire de Charles XII*, l. VIII.

Toute la maison de guerre *accompagnait* le roi, et toute la maison de service précédait ou suivait.

Le même, Siècle de Louis XIV, c. 26.

ACCOMPAGNER, employé au propre, peut avoir pour sujets et pour régimes, non-seulement comme dans les exemples précédents, des noms de personne, mais même des noms de chose exprimant des objets matériels.

Je fis connoissance avec la Rancune, qui étoit venu d'Orléans aussi bien que nous dans un coche qui *accompagna* notre carrosse.

Scarron, Roman comique, I, 18.

La nouvelle en vint au Bacha, dans le temps qu'il *accompagnait* le chariot du roi de Suède.

Voltaire, Histoire de Charles XII, l. VII.

ACCOMPAGNER est d'un fréquent usage, au figuré, pour exprimer diverses sortes d'associations entre les personnes et les choses.

Il peut alors avoir pour sujet un nom de personne et pour régime un nom abstrait. Souvent, surtout en poésie, au lieu de dire qu'on *accompagne* une personne, on dit qu'on *accompagne* ses pas, sa fuite, ses armes, etc.

Si jamais Dieu *a accompagné* la fortune d'un homme, il *a accompagné* la mienne.

Montluc, Commentaires, l. I.

Et pour l'honneur d'un prince ou d'une nation,
De quelque ambassadeur *accompagner* la gloire.

J. du Bellay, Sonnet.

De mon heureux rival j'*accompagnai* les armes.

J. Racine, Bérénice, I, 4.

Osez me suivre, osez *accompagner* ma fuite.

Le même, Phèdre, V, 1.

. . . . *Accompagne* mes pas,
Jusqu'à ce fier lion qui ne te connoît pas.

Le même, Esther, I, 4.

D'autres fois, au contraire, il a pour sujet un nom abstrait, et pour régime un nom de personne.

Afin qu'il vous plese estre asseuré que la santé que vous m'avez commandé de garder m'*a* jusques icy *accompagnée*...

La reine de Navarre, Lettres à François Ier, 3 déc. 1525, lettre xxii.

C'est un reproche qui *accompagne* l'homme tout le long de sa vie... quand on luy peut mettre devant le nez qu'il n'est pas issu de bon pere et de bonne mere.

Amyot, trad. de Plutarque, OEuvres morales. Comment il faut nourrir les enfants.

Cette variation et contradiction qui se void en nous si souple, a fait qu'aucuns songent que nous ayons deux âmes, d'autres deux puissances, qui nous *accompaignent* et agitent, chacune à sa mode, vers le bien l'une, l'autre vers le mal.

Montaigne, Essais, II, 1.

Les vices qui se contractent à l'entrée de la jeunesse *accompagnent* ordinairement les hommes jusqu'au tombeau.

Péréfixe, Histoire de Henri le Grand, part. I, ann. 1572.

L'on peut tout espérer d'un prince que la sagesse conseille, que la valeur anime, et que la justice *accompagne* dans toutes ses actions.

Bossuet, Oraison funèbre de la reine d'Angleterre.

Tant de naissance, tant de biens, tant de grâces qui l'*accompagnoient*, lui attiroient les regards de toute l'Europe.

Le même, Oraison funèbre d'Anne de Gonzague.

Tout seul qu'il est, on se figure autour de lui ses vertus et ses victoires qui l'*accompagnent*.

Fléchier, Oraison funèbre de Turenne.

Quand les prophètes, pour remplir leur ministère, paroissoient dans les cours des princes idolâtres, la grâce de Dieu les y *accompagnoit*.

Bourdaloue, Carême. Sermon sur les tentations.

Les œuvres de la charité nous suivent après la mort, et elles doivent nous *accompagner* jusqu'au trône de Dieu.

Abbadie, Sermons. Sur la mort du juste.

Le cardinal, le voyant entrer dans sa chambre, s'avança avec cette majesté douce et riante qui l'*accompagnoit* presque toujours.

Pellisson, Histoire de l'Académie.

La mignardise et l'affectation l'*accompagnent* dans la douleur et dans la fièvre; elle meurt parée et en rubans de couleur.

Quel bonheur surprenant *a accompagné* ce favori.

La Bruyère, Caractères, c. 3, 12.

62.

Cela représentera naïvement une présidente vertueuse, que la pudeur *accompagneroit* encore, quoique la vertu fût déjà bien loin.

DUFRESNY, *le Jaloux honteux*, V, 5.

Cette rapidité de fortune qui *avait accompagné* les Français dans les commencemens de toutes leurs expéditions, ne se démentit pas.

VOLTAIRE, *Essai sur les mœurs*, c. 113.

Un désert entièrement découvert où le voyageur n'a jamais respiré sous l'ombrage, où rien ne *l'accompagne*, rien ne lui rappelle la nature vivante.

BUFFON, *Histoire naturelle*. Le Chameau et le Dromadaire.

Devers Haynaut, sur les fins de Champaigne,
Est arrivé le bon duc d'Alençon,
Avec honneur qui toujours *l'accompaigne*,
Comme le sien propre et vray escusson.

CL. MAROT, *Ballades*, XI.

Courage, mon garçon, tout heur nous *accompagne*.

MOLIÈRE, *l'Étourdi*, III, 5.

Très-souvent, enfin, le sujet et le régime d'ACCOMPAGNER sont également des noms abstraits.

Il y a certes je ne sçay quelle congratulation de bien faire, qui nous resjouit en nous mêmes, et une fierté généreuse qui *accompaigne* la bonne conscience.

MONTAIGNE, *Essais*, III, 2.

Il est fort difficile que durant la nuit et parmy le tumulte qui *accompagne* d'ordinaire ces entreprises, le cœur ou le jugement ne manquent à quelqu'un des conjurez.

LE CARDINAL DE RETZ, *Conjuration de Fiesque*.

Il tremble encore quand il voit cette suite immense de soins et d'affaires qui *accompagnent* la royauté.

BOSSUET, *Politique tirée de l'Écriture*, l. V, art. I.

Je parle désormais d'une sagesse que la véritable piété *accompagne* et d'un courage que l'esprit de Dieu fortifie.

FLÉCHIER, *Oraison funèbre de Turenne*.

Les grâces *accompagnent* jusqu'à ses refus.

LE MÊME, *Oraison funèbre de Mme de Montausier*.

Me voici encore, ma chère fille, avec tous les chagrins qui *accompagnent* les départs retardés.

Cette entrevue eut toute la joie et tout le désordre qui *accompagne* d'ordinaire ces premiers momens.

Mme DE SÉVIGNÉ, *Lettres*, 15 mai 1671; 23 octobre 1676.

Le deuil et la désolation de ses sujets est le seul chant de joie qui *accompagne* ses victoires.

MASSILLON, *Petit Carême*. Tentations des grands.

Le chant a fait naître la poésie, ou *l'a* du moins accompagnée dans sa naissance.

FONTENELLE, *Histoire du Théâtre françois*.

L'esprit de parti et... toutes les fureurs qui *l'accompagnent*.

VOLTAIRE, *Fragments sur l'histoire*, art. VII.

Il est triste que la bonté n'*accompagne* pas toujours la force.

VAUVENARGUES, *Introduction à la connoissance de l'esprit humain*, III, XLIV. De la grandeur d'âme.

..... Dans ces recherches, je pensai comme les gens dont vous parlez, qui ne rejettent pas une vérité claire ou suffisamment prouvée pour les difficultés qui *l'accompagnent* et qu'on ne sauroit lever.

J.-J. ROUSSEAU, *Lettres*, 15 janvier 1769.

Rien que le naturel sa grâce n'*accompagne*.

RÉGNIER, *Satires*, IX.

Mais un traître qui n'est hardi qu'à m'offenser,
De qui nulle vertu n'*accompagne* l'audace.

J. RACINE, *Mithridate*, II, 4.

ACCOMPAGNER, pris dans un sens figuré, a quelquefois aussi des noms de chose, soit pour sujets, soit pour régimes, soit enfin pour sujets et pour régimes tout à la fois.

Je sçay qu'au nombre de vos biens vous contez vos amis les premiers, et ne donnez que le second rang à vostre dignité et à cinquante mille escus de rente qui *l'accompagnent*.

BALZAC, *Lettres*, IV, 4.

C'est une grande villace (Casbin) dont les maisons sont basses et mal basties, à la réserve de sept ou huit qui *accompagnent* les jardins du roy, et qui ont quelque apparence.

TAVERNIER, *Voyages de Perse*, l. I, c. 5.

M. le duc de Verneuil lui dépêcha un gentilhomme pour lui apporter cette lettre avec une des siennes qui *l'accompagnoit*.

DE BEZONS à Colbert, 8 février 1669. (Voy. *Correspondance administrative sous Louis XIV*, t. I, p. 238.)

Les bois sacrés *accompagnoient* presque toujours les temples.

ROLLIN, *Traité des études*, liv. III, c. 1, art. 2.

L'épée du Gaulois ne le quitte jamais : mariée, pour ainsi dire, à son maître, elle l'*accompagne* pendant la vie, elle le suit sur le bûcher funèbre, et descend avec lui au tombeau.

CHATEAUBRIAND, *les Martyrs*, VII.

Si douze mille francs d'un revenu certain,
Qui doivent de ma fille *accompagner* la main...
BOURSAULT, *le Mercure galant*, V, 2.

ACCOMPAGNER, avec le sens figuré et les constructions diverses dont il vient d'être question, exprime quelquefois l'idée d'Assortir, de convenir ;
Soit pris absolument :

Quoyque la mort de son pere l'eust contrainte de porter le dueil, et que la tristesse de son ame *accompagnast* fort bien l'habit qu'elle avoit, si est-ce que ce desplaisir n'avoit point amoindry sa beauté.
D'URFÉ, *l'Astrée*, 2e part., l. III.

Combien de fois me suis-je surprise à dire des choses qui auroient eu bien de la peine à passer toutes seules : sans le jeu d'une physionomie friponne qui les *accompagnoit*, on ne m'auroit pas applaudie comme on faisoit.
MARIVAUX, *Vie de Marianne*, part. I.

Sa voix, sa démarche, son geste, son attitude *accompagnent* son visage.

La mode qui fait de la tête des femmes la base d'un édifice à plusieurs étages... qui éloigne les cheveux du visage, bien qu'ils ne croissent que pour l'*accompagner*.
LA BRUYÈRE, *Caractères*, c. 8, 13.

Soit qu'on le fasse suivre de l'adverbe *bien*, ce qui est plus ordinaire.

Sa crinière *accompagne bien* sa tête, orne son cou.
BUFFON, *Histoire naturelle*. Quadrupèdes ; le Lion.

ACCOMPAGNER se construit fréquemment avec la préposition *de*.
On a dit *accompagner* une personne *de l'œil*, pour La suivre de l'œil.

Il y avoit longtemps qu'il nous *accompagnoit de l'œil*.
L'*accompagnant* toujours *de l'œil*, comme la regrettant desjà.
D'URFÉ, *l'Astrée*, part. I, l. X ; part. II, l. VIII.

On dirait encore *accompagner* une personne *du* regard, *de ses regards*, ou, au figuré, *de ses regrets*, *de ses vœux*, etc.

On a dit aussi *accompagner* une personne *d'une* lettre, pour L'en charger.

Je ne l'ay pas voulu laisser aller sans l'*accompaigner de* cette lettre.
HENRI IV, *Lettres*, 22 oct. 1572. (Voir *Lettres missives de Henri IV*, t. I, p. 45.)

On a dit *accompagner* une personne *d'une autre*, ou *de plusieurs autres*, pour Les lui adjoindre comme compagnie, comme escorte.

Les fit le roi *accompaigner de* douze chevaliers et *de* deux cents armures de fer.
FROISSART, *Chroniques*, l. I, part. I, c. 44.

On dit *se faire accompagner de* :

De peur d'en être volé, je m'*en étois fait accompagner*.
VOITURE, *Lettres*, XCIV. A Mlle de Rambouillet.

On dit *accompagner* une chose *d'une autre*, pour Joindre, ajouter une chose à une autre ;
Soit dans un sens physique :

Il *accompagna* cet excellent ragoût *d'*un vin qui étoit si bon, disoit-il, que le roi n'en buvoit pas de meilleur.
LE SAGE, *Gil Blas*, II, 7.

Soit dans un sens moral :

... Mais la nécessité le contraint (M. de Burie) de lesser sa charge, s'il ne vous plest *accompaigner* l'honneur *de* vostre libéralité.
LA REINE DE NAVARRE, *Lettres à François Ier*, 1537. Lettre XCV.

Certes ces choses escrites de bonne plume et digerées par ordre pour vostre memoire tant heureuse et presente, *accompaigneroient* vostre parler ordinaire *de* graces infinies.
AMYOT, *Projet de l'éloq. royale, composé pour Henri III*.

..... J'*accompagneray* toujours vos requestes *de* la mienne.
HENRI IV, *Lettres*, 31 oct. 1576. (Voir *Lettres missives de Henri IV*, t. I, p. 111.)

Je veux croire de plus qu'il *accompagnera* sa doctrine

de 'tant de prudence.....,, qu'il n'y aura pas un mot qui sente la passion des partis.

BALZAC, *Dissertations critiques*, III.

Il *accompagna* ce succès *d'*une largesse publique, et rendit à chacun ce qu'il disoit avoir perdu.

PERROT D'ABLANCOURT, trad. de Tacite, *Annales*, l. II, II.

Tullus Hostilius établit par de sévères règlemens la discipline militaire et l'ordre de la guerre, que son successeur Ancus Martius *accompagna* de .cérémonies sacrées, afin de rendre la. milice sainte et religieuse.

BOSSUET, *Discours sur l'histoire universelle*, III, 7.

Accompagnant les honneurs qu'on lui rendoit *d'*un air de grandeur et d'intelligence.

FLÉCHIER, *Oraison funèbre de Mme la Dauphine*.

Les Israélites *accompagnoient* leurs mariages *de* festins et *de* grandes réjouissances.

FLEURY, *Mœurs des Israélites*, § 14. Mariages. Femmes.

M. le prince, M. le duc, madame la duchesse et toute leur maison, sont dans la joie du mariage du duc de Bourbon avec mademoiselle de Nantes, que le roi *accompagne de* tout ce qu'ils peuvent désirer d'utile et d'agréable.

Mme DE MAINTENON, *Lettres*, 9 juin 1685.

Il savoit *accompagner* sa résistance *de* tant de douceur et de modestie, qu'on ne pouvoit s'empêcher de l'estimer et de l'aimer, lors même qu'on ne suivoit pas ses sentimens.

D'AGUESSEAU, *Vie de son père*.

Jamais prince ne fut plus généreux (qu'Auguste, roi de Pologne), ne donna plus, n'*accompagna* ses dons *de* tant de grâce.

VOLTAIRE, *Histoire de Charles XII*, l. I.

Ce qui me surprit le plus dans sa proposition, ce fut cette rapidité avec laquelle il la fit, et cette franchise obligeante *dont* il l'*accompagna*.

MARIVAUX, *la Vie de Marianne*, part. VIII.

Cette manière de parler est d'un grand usage pour marquer l'accord mutuel des paroles, des regards, des gestes, etc.

Elle (madame de Beringhen) vint donc un matin seule avec son langage composé, où elle mit toute l'éloquence qu'il lui fut possible, qu'elle *accompagna de* beaucoup de larmes.

... Mais au fond, glorieux (Grimaldo) comme nos se-
crétaires d'État, avec ses deux petites mains collées sur son gros ventre, qui, sans presque s'en décoller ni se joindre, *accompagnaient* ses propos *de* leur jeu.

SAINT-SIMON, *Mémoires*, 1715, t. XIII, c. 21; 1721, t. XIX, c. 3.

Je ne pus m'empêcher de laisser échapper les noms de perfide et d'infidèle, que j'*accompagnai d'*autant de soupirs.

PRÉVOST, *Manon Lescaut*, part. I.

Voilà de mes réponses que j'*accompagnois* civilement *de* courbettes de corps courtes et fréquentes, auxquelles, apparemment, ces messieurs prirent goût.

MARIVAUX, *le Paysan parvenu*, part. V.

Il n'y répondit que par une révérence qu'il *accompagna d'*un coup d'œil où il y avoit bien des choses que j'entendis toutes, mais que je ne saurois rendre.

LE MÊME, *la Vie de Marianne*, part. II.

Je ne sais si vous vous souvenez des étranges discours que vous me tîntes... et des manières *dont* vous les *accompagnâtes*.

J.-J. ROUSSEAU, *Nouvelle Héloïse*, part. I, lett. L.

*Accompagnez d'*un mot vos regards, vos soupirs.
Ce mot, c'est le grand mot; dites-moi : Je vous aime.

DUFRESNY, *la Coquette de village*, I, 9.

On dit de même au passif *Être accompagné de*, *accompagné de*;

Soit au propre entre deux noms de personnes :

Il monta en mer bien *accompagné de* comtes, *de* barons et *d'*autre bachelerie.

FROISSART, *Chroniques*, l. I, part. I, c. 71.

Le conte d'Artois... leur ala au-devant *accompaigné de* nobles hommes.

Le Livre du très-chevalereux conte d'Artois, p. 20.

Je offre de passer en Italye en personne, *accompaigné de* cinquante mil hommes de pied et trois mil hommes d'armes avec l'équippage d'artillerye et municions qui sera nécessaire.

FRANÇOIS Ier, *Lettre à l'évêque d'Auxerre* (V. *Négociations de la France dans le Levant*, t. I, p. 187).

Jannetin Doria... se leva en grande haste, et sans *estre accompagné d'*autre personne que *d'*un page qui portoit un flambeau devant luy, il accourut...

LE CARDINAL DE RETZ, *Conjuration de Fiesque*.

Gênes bombardée se vit forcée à venir demander la

paix par son doge en personne, *accompagné de* quatre sénateurs.

Saint-Simon, Mémoires, 1715, t. XIII, c. 1.

Il étoit monté sur un bon cheval et *accompagné de* deux esclaves maures qui marchoient à ses étriers.

Le Sage, le Bachelier de Salamanque, part. IV, c. 3.

De ses plus braves chefs qu'elle entre *accompagnée*.

Racine, Athalie, V, 2.

Irois-je, *accompagné d'*une femme importune,
Me rouiller dans ma terre et borner ma fortune.

Gresset, le Méchant, II, 7.

Soit, au figuré, entre un nom de personne et un nom abstrait :

Le seigneur doncques ayant rencontré un architecte *accompagné de* tant de belles singularitez, et sur tout d'une bonne âme, s'en pourra asseurer, et luy commettre hardiment son œuvre.

Philibert de l'Orme, Archit., l. I, c. 3.

C'estoit un seigneur (l'évêque de Liège) *accompaigné de* beaucoup de vertus, de prudence, de bonté, et qui parloit bien françois.

Marguerite de Valois, Mémoires.

Quant à Clément Marot..., encore qu'il ne fust *accompagné de* bonnes lettres, si n'en estoit-il si desgarny qu'il ne les mist souvent en œuvre fort à propos.

On dit que celuy qui faict profession de mentir doit estre *accompagné de* mémoire.

Est. Pasquier, Recherches de la France, VII, 6; X, 17.

Digne d'être reçue dans le ciel, où elle se présente *accompagnée de* ses bonnes œuvres.

Fléchier, Oraison funèbre de Mme de Montausier.

Sa chambre est parfumée; c'est l'air de Vénus qui descend des cieux, *accompagnée des* grâces qu'une divinité pourroit avoir dans le commerce des mortels (la princesse de Conti).

Mme de Grignan, Lettres, 5 janv. 1697. A Mme de Simiane.

Un Jean-Baptiste *accompagné de* sa seule vertu devient le censeur d'une cour voluptueuse.

Massillon, Carême, Sermon sur la mort.

La mort même... n'est point un mal, quand elle nous rencontre *accompagnés de* la vertu.

Chateaubriand, les Martyrs, XV.

Soit entre un nom abstrait et un nom de personne :

Nos actions qui seroient guidées et *accompaignées de* la divinité ne seroient pas simplement humaines; elles auroient quelque chose de miraculeux comme notre croyance.

Montaigne, Essais, II, 12.

Soit enfin, ce qui est le cas le plus ordinaire, entre deux noms abstraits :

Je laisse là les empoisonnemens, les embusches, les violences *desquelles* la vie de l'homme est partie menacée en la maison, partie *accompagnée* aux champs.

Calvin, Institution chrétienne, l. I, c. XVII, § 10.

... En cette sorte de mort, la plus muette me semble la mieux séante, si elle est *accompaignée d'*un ferme visage et grave.

Montaigne, Essais, II, 6.

Je ne suis point icy exposé pour controller ce grand concile de Trente : mais j'eusse souhaité que la dévotion qu'on y apporta eust esté *accompagnée de* toutes les parties que les sages desirent en un bon zele.

Est. Pasquier, Recherches de la France, III, 34.

Ce conseil ne fut pas moins *accompagné d'*heur que *de* prudence, car tous furent taillez en pièces avec leur chef.

Vaugelas, trad. de Quinte-Curce, l. IV.

Il (Fiesque) estoit bien fait de sa personne et... tout ce qu'il faisoit estoit *accompagné d'*un air noble et grand, qui sentoit sa naissance illustre.

Le cardinal de Retz, Conjuration de Fiesque.

Les choses sont tellement disposées que ce qui est convenable au corps est *accompagné de* plaisir, comme ce qui lui est nuisible est *accompagné de* douleur.

Bossuet, de la Connaissance de Dieu et de soi-même, c. 3, art. VIII.

Un sommeil médiocre *accompagné d'*un exercice réglé, rend une personne gaie, vigoureuse et robuste.

Fénelon, de l'Éducation des filles, c. 2.

(P. Corneille) fit voir sur la scène la raison, mais la raison *accompagnée de* toute la pompe, de tous les ornemens dont notre langue est capable.

J. Racine, Réponse au discours de réception de Th. Corneille, 2 janvier 1685.

Il y a peu d'hommes dont l'esprit soit *accompagné d'*un goût sûr et *d'*une critique judicieuse.

La Bruyère, Caractères, c. 1.

L'élévation toute seule ne fait pas le bonheur des grands, si elle n'est *accompagnée de* la vertu et *de* la crainte du Seigneur.

MASSILLON, *Petit Carême.* IIIe dimanche.

La réputation et la vertu y sont regardées comme imaginaires, si elles ne sont *accompagnées de* la faveur du prince.

MONTESQUIEU, *Lettres persanes,* XC.

Les bienfaits des hommes sont *accompagnés d'*une maladresse si humiliante pour les personnes qui les reçoivent!

MARIVAUX, *la Vie de Marianne,* part. I.

Ce que je viens de dire est peut-être plus que suffisant pour prouver que l'instant de la mort n'est point *accompagné d'*une douleur extrême ni de longue durée.

BUFFON, *Histoire naturelle.* De la Vieillesse et de la Mort.

Être accompagné de, accompagné de, s'emploient de même avec des noms de chose.

C'est une chose esmerveillable qu'en tous ces bons vieux autheurs..., vous ne trouvez un seul nom *accompagné de* surnom.

EST. PASQUIER, *Recherches de la France,* IV, 203.

..... Ulysse, chez les Phéaciens, avouoit franchement qu'il ne connoissoit point d'autre félicité qu'un festin *accompagné de* musique.

FLEURY, *Mœurs des Israélites,* § XVII. Plaisirs.

Il (l'enfant) ne commence à rire qu'au bout de quarante jours : c'est aussi le temps auquel il commence à pleurer; car auparavant les cris et les gémissemens ne sont point *accompagnés de* larmes.

BUFFON, *Histoire naturelle.* De l'Enfance.

J'ai cent fois vers le ciel, témoin de mes douleurs,
Poussé pour toi des vœux *accompagnés de* pleurs.

ROTROU, *Saint-Genest,* III, 4.

Cela a lieu plus particulièrement dans la description de certaines localités.

Une muraille épaisse, flanquée de quantité de grosses tours, soustenue d'un grand rempart, et *accompagnée d'*un fossé revestu de brique.

SARAZIN, *Siége de Dunkerque.*

Un gros bourg *accompagné d'*une petite forteresse de brique cuite au soleil.

TAVERNIER, *Voyages de Perse,* l. II, c. 5.

Un pavillon dont le dessous étoit un grand salon *accompagné de* deux cabinets.

Mme DE LA FAYETTE, *la Princesse de Clèves,* part. III.

On dit quelquefois, avec des nuances particulières difficiles à définir, *être accompagné par, accompagné par.*

..... Je remerciois très-humblement Sa Majesté de vouloir que je *fusse accompagné par* une personne de condition jusqu'à la frontière.

L'ARCHEVÊQUE D'EMBRUN à Louis XIV, 15 juillet 1667. (Voir *Négociat. relat. à la success. d'Espagne,* t. II, p. 185.)

Il sortit sur-le-champ de sa maison et de Rome, sans vouloir *être accompagné par* aucun de ses amis.

VERTOT, *Révolutions romaines,* II.

On dit, absolument, dans des acceptions analogues à celles qui ont été précédemment expliquées, *bien, mal, peu accompagné,* etc.

Les hommes d'armes estoient très-forts, *bien montez* et *bien accompaignez;* car peu en eussiez-vous veu qui n'eussent cinq ou six grands chevaulx.

Quant je congneuz cela, il me sembla bien qu'il n'y avoit pas de peril, et le manday au Roy, lequel vint incontinent à la porte, *bien acompaigné.*

COMMYNES, *Mémoires,* I, 2; IV, 9.

Le vingtiesme de novembre, le prince de Conti, fort *peu accompagné,* ayant auparavant averti les chefs des estrangers, fut receu à Prunai par Chastillon.

AGR. D'AUBIGNÉ, *Histoire universelle,* t. III, l. I, c. 16.

Sans mentir, dit Paris, mon père avoit tort d'avoir peur que vous fussiez *mal accompagnée,* et s'il eust sceu que vous l'eussiez esté si *bien,* il n'en eust pas tant esté en inquiétude. Gentil Paris, dit Silvandre, une personne qui a tant de vertus qu'a ceste belle nymphe, ne peut jamais estre *mal accompagnée.* Et moins encores, respondit-il, quand elle est entre tant de sages et belles bergères.

D'URFÉ, *l'Astrée,* part. I, l. VIII.

La bonté qui est si aimable en tous les sujets où elle se trouve, est beaucoup plus estimable en vous, en qui elle est *mieux accompagnée* qu'elle ne fut jamais en personne.

VOITURE, *Lettres,* XXIII. A Mlle de Rambouillet.

Le lendemain... sur les sept heures du soir, le corps

du roi d'Angleterre (Jacques II), fort *légèrement accompagné*... fut conduit aux Bénédictins anglois à Paris.

Saint-Simon, *Mémoires*, 1701, t. III, c. 18.

Je meurs, mais mon âme s'envole *bien accompagnée*.
Je viens d'envoyer devant moi ces gardiens sacriléges qui
ont répandu le plus beau sang du monde.

Montesquieu, *Lettres persanes*, CLXI.

ACCOMPAGNER, dans ces diverses sortes d'acceptions et de constructions, à l'actif et au passif, ne se prend pas toujours en un sens favorable. On y attache quelquefois, soit sérieusement, soit par plaisanterie, une intention ironique :

Ledict seigneur et moy avec luy nous retirasmes vers la petite chappelle, beaucoup *mieux accompagnez* au retour qu'à l'aller, mais c'estoit de bonnes arquebuzades.

Montluc, *Commentaires*, l. IV.

L'amertume et le dégoût intérieur qui *accompagneroit* nécessairement l'attention que l'on feroit sur soi-même.

Pascal, *Pensées*, art. VII, 1.

Lorsque l'ignorance et la foiblesse *accompagnent* la crainte, elles l'étendent à une infinité de sujets.

Malebranche, *Recherche de la vérité*, V, 12.

La noblesse, de soi, est bonne; c'est une chose considérable : mais elle est *accompagnée de* tant de mauvaises circonstances, qu'il est très-bon de ne s'y point frotter.

Molière, *George Dandin*, I, 1.

Ils *accompagnent* un langage si extravagant *d*'un geste affecté et *d*'une prononciation qui est contrefaite.

La Bruyère, *Caractères*, c. 5.

Pour faire un bon vers on *l'accompagne d*'un autre vers qui le gâte.

Fénelon, *Lettre à l'Académie française*.

Tel est celui qui entre témérairement dans un état et dans une voie que Dieu ne lui avoit pas destinée; il y marche seul, *accompagné de* ses seules foiblesses.

Massillon, *Conférences*, Sur la vocation à l'état ecclésiastique.

Comment casser son mariage (de Henri VIII) avec une femme telle que Catherine d'Espagne, à laquelle on ne pouvait reprocher ni stérilité, ni mauvaise conduite, ni même cette humeur qui *accompagne* si souvent la vertu des femmes.

Voltaire, *Essai sur les mœurs*, c. 135.

Tous les malheurs en foule *accompagnent* mes pas.

Racan, *Psaumes*, LXXXVII.

I.

Puissent tant de malheurs *accompagner* ta vie,
Que tu tombes au point de me porter envie !

P. Corneille, *Horace*, IV, 5.

En une autre saison cette naïveté
Dont vous *accompagnez* votre crédulité,
Anselme, me seroit un charmant badinage.

Molière, *l'Étourdi*, II, 5.

Comme si, condamnée à ne plus rien chérir,
La vieillesse devoit ne songer qu'à mourir,
Et *d*'assez de laideur n'est pas *accompagnée*
Sans se tenir encor malpropre et rechignée.

Le même, *l'École des maris*, I, 1.

Un fou rempli d'erreurs que le trouble *accompagne*,
Et malade à la ville ainsi qu'à la campagne,
En vain monte à cheval pour tromper son ennui.

Boileau, *Épîtres*, V.

Quand des chiens étrangers passent par quelque endroit
Qui n'est pas de leur détroit,
Je laisse à penser quelle fête !
Les chiens du lieu, n'ayant en tête
Qu'un intérêt de gueule, à cris, à coups de dents,
Vous *accompagnent* ces passans
Jusqu'aux confins du territoire.

La Fontaine, *Fables*, X, 15.

ACCOMPAGNER a été autrefois employé dans le sens de « Recevoir en sa compagnie, *in societatem accipere*; » c'est ainsi que l'explique et le traduit, dans son Dictionnaire français-latin, Robert-Estienne.

Amis, dist-il, puisque Raison
As avec toy acompaignie,
Tu m'auras en ta compaignie.

Jean Bruyant, *Chemin de povreté et de richesse*, dans le *Ménagier de Paris*, t. II, p. 33.

On disait : *accompagner une personne en une chose*, pour l'Associer à cette chose.

Charlemagne *accompaigna* Loys... *en* l'empire.

Chroniques de Saint-Denis, t. I, fol. 122 v°.

Faisons assavoir que NN..... nous *accompaignèrent* et *accompaignent* (nous ont associé et associent) *en* toutes les bourgeoisies... de cette ville et les yssues (revenus) desdites choses.....

Ordonnance de Charles V, 1371 (Voir *Ordonnances des rois de France*, t. V, p. 390).

On disait aussi, dans un sens analogue, *accompagner une personne à une autre personne*, pour L'associer à cette personne :

> Seigneur, pour la plus haute chose qui soit, *somes acompaignié à* la plus haute gent du monde.
>
> VILLEHARDOUIN, *Conqueste de Constantinoble,* XXXIX.

(Il devait) *estre accompaigné aux* neuf preux pour les biaux faits qu'il fit.

MÉNARD, *Histoire de Bertrand du Guesclin,* p. 2.

On trouve, dans un vieux texte, *accompagné,* pris absolument, dans le sens de, Associé, allié :

> Somes tant ami e veisin,
> Si féaument *accompaignié,*
> E si d'amor entr' alié...
>
> BENOIT, *Chronique des ducs de Normandie,* v. 11760.

Enfin on a dit : *accompagner une personne,* pour Lui donner une compagne :

> Un particulier auroit eu soin de mieux *accompagner* ses fils.
>
> SAINT-SIMON, *Mémoires,* 1708, t. VI, c. 13.

ACCOMPAGNER s'est longtemps employé avec le pronom personnel, dans des sens divers ;

Soit comme verbe réciproque, pour dire Se faire compagnon, aller de compagnie, se lier, se fréquenter, vivre ensemble :

> Et tellement *se accompaignerent* et aymerent, que deux freres ne sceussent mieulx se plus entre aymer.
>
> ANT. DE LA SALE, *le petit Jehan de Saintré,* c. 47.

Il est certain que les vertus et les vices *s'accompagnent* en nos mœurs, comme font les joies et les ennuis en nos aventures.

MALHERBE, *Consolation à la princesse de Conti.*

> Et lor pria qu'il s'entr'amassent
> Et que souvent *s'accompagnassent.*
>
> GODEFROY DE PARIS, *Chronique métrique,* v. 7143.

Ou bien encore pour dire S'associer, se rassembler, s'appareiller.

> ... Avons ordené... que nulz de noz officiers...

ne *se accompaigneront,* ne participeront à marchandise.

Ordonnance de Jean I ou Jean II, 1355 (Voir *Ordonnances des rois de France,* t. III, p. 33).

> Dous (deux) Engleiz vit mult orguillos
> Ki *s'esteient acumpaignié*
> Por ço ke bien erent preisié (estimés).
>
> WACE, *Roman de Rou,* v. 13431.

> Et li vilain *s'accompagnièrent*
> A grant torbes.....

> Dui et dui (deux à deux) au geu *s'acompeignent;*
> Li un perdent, li un gaheignent.
>
> LE MÊME, *Roman de Brut,* v. 6270, 10841.

On trouve, au lieu du verbe réciproque, *s'accompagner,* *s'entr'* *accompagner* :

> Ores avint que Ysangrins
> Et dans (maître) Ronneaux li bons mastins
> En un bois *s'entr'accompagnièrent*
> Et moult grant piece ensemble alerent.
>
> YSOPET, I, fable 51. (Voir ROBERT, *Fables inédites,* t. I, p. 26.)

Soit comme verbe réfléchi avec des significations analogues.

On a dit, de cette manière, *s'accompagner à :*

> E ces ki (ceux qui) de pour (peur) ce (se) furent muschiez (cachés), quand virent que li Philistien fuirent, *as* lurs *s'accumpaignierent.*
>
> *Les Quatre livres des Rois,* I, XIV, 22.

Sé tu *te* voloies *acompaigner à* moi, je te porteroie foi et loiauté, et porrions conquerre assés de ceste contrée.

VILLEHARDOUIN, *Conqueste de Constantinoble,* CXXXIII.

Et por ce se doit on penre garde à l'acompaignier *à* qui on *s'acompaigne,* car cil qui pert par le negligence de son compaignon ne s'en doit penre qu'à sa folie.

BEAUMANOIR, *Coutumes du Beauvoisis,* c. XXI, 32.

Pierre Alphons dit : Ne *t'acompaigne* pas *à* tes anciens ennemis, car ce que tu feras de bien, ils le pervertiront ou amenuiseront.

LE MÉNAGIER DE PARIS, 1re distinction, 9e art., t. I, p. 201.

> Mult s'entremet de grant folie,
> Q'à plus fort de lui *s'acumpaigne.*
>
> MARIE DE FRANCE, *Fables,* XII, 16.

S'accompagner avec :

Si vinrent le sire de Clisson, à belle route (avec belle troupe) de gens d'armes, et aussi le sire de Labreth (d'Albret), atout (avec) deux cents lances, et *s'accompagna* en voyage *avec* le captal de Buch.

           Froissart, *Chroniques*, l. I, part. II, c. 213.

Jesus-Christ ne auroit nulle occasion d'avoir honte en nous acceptant : mais pource que selon sa grace infinie il *s'accompagne avecques* nous, qui sommes bas et contemptibles, voilà pourquoy il est dit qu'il n'en a point honte.

           Calvin, *Institution chrestienne*, l. II, c. xiii, § 2.

Certes, gentil chevalier, si c'estoit vostre plaisir, je *m'accompagnerois* volontiers *avec* vous.

           J. Louveau, trad. de Straparole, *V*e *nuit, fable I.*

..... Petit garçonnet, cherche, de par Dieu, cherche *t'accompagner avec* qui t'aime.

           Larrivey, *la Veuve*, I, 5.

S'accompagner envers :

(Le duc de Bretagne étant entré chez le connétable de Clisson) tous se levèrent... et le recueillirent... il *s'accompaigna* et humilia grandement *envers* eux et s'assit entr'eux.

           Froissart, *Chroniques*, l. III, c. 64, année 1387.

Enfin, *s'accompagner de*, qui est resté dans l'usage, que n'ont cessé de donner les dictionnaires; mais en remarquant, à compter du xviie siècle, qu'il ne se prend guère qu'en mauvaise part, et qu'il vieillit :

Il prenoit mal son faict... de se trouver en telle sorte, ainsi desguisé, au devant de son roy et de son maistre, et à qui estoient tous les gens d'armes *dont il s'acompagnoit*.

           Commynes, *Mémoires*, III, 12.

Les uns (parmi les jeunes gens mal élevés) *s'accompagnent de* flatteurs et *de* plaisans poursuivans de repues franches.

           Amyot, trad. de Plutarque, *OEuvres morales*, Comment il fault nourrir les enfans.

Desja contre son exprès commandement ellé *s'est accompagnée* pour le venir trouver *des* comtes d'Ortenay et *de* Liscoit Escossois.

           Sully, *OEconomies royales*, t. II, c. 18.

Douglas se mit dans une chaise de poste, *s'accompagna de* deux hommes à cheval, tous trois fort armés.

           Saint-Simon, *Mémoires*, 1715, t. XIII, c. 26.

Si un larron d'adventure apperçois,
Avec luy cours : car autant que lui vaulx,
T'accompaignant de paillards et ribaux.

           Cl. Marot, *Psaumes*, XXXII.

S'accompagner, *s'accompagner de* se disent particulièrement, en termes de vénerie, d'une ruse du cerf et du daim, pour échapper aux chasseurs, lorsque, pressés par les chiens, Ils se joignent à des bêtes de leur espèce et s'en servent pour donner le change.

Ilz..... *s'accompaignent* deux ou trois ou quatre cerfs ensemble.

           Gaston Phœbus, *De la Chasse* (mss. de la Bibl. Imp.).

Il a plus souvent besoin de *s'accompagner*, de revenir sur ses voies.

           Buffon, *Histoire naturelle*, Quadrupèdes. Le Cerf ou le daim.

.... Tout alloit des mieux,
Lorsque *d*'un jeune cerf *s'accompagne* le nôtre.

           Molière, *les Fâcheux*, II, 3.

Ainsi que ACCOMPAGNER, *s'accompagner de*, s'est pris au figuré.

L'incivilité, l'ignorance, la simplesse, la rudesse, *s'accompaignent* volontiers *de* l'innocence.

           Montaigne, *Essais*, II, 12.

Et *de* quelle indiscrétion
Ne s'accompagne point ton ardeur déréglée.

           P. Corneille, *la Place royale*, III, 6.

Dans le passage suivant la préposition *de* exprime un rapport différent et équivaut à Au sujet de :

Se tele compaignie se fet, ne sont il pas compaignon de toz lor biens, mais des cozes tant solement *de* quoi il *s'acompaignerent*.

           Beaumanoir, *Coutumes du Beauvoisis*, c. xxi, 30.

ACCOMPAGNER est d'un usage spécial dans la langue des arts, en parlant de tout ornement accessoire.

Neptune danse avec sa suite. Les tritons, les fleuves et les pêcheurs *accompagnent* ses pas *de* gestes différens et *de* bruits de conques de perle.

MOLIÈRE, *les Amants magnifiques*, 1ᵉʳ intermède, sc. 3.

En terme de musique, particulièrement, ACCOMPAGNER signifie Jouer sur un ou plusieurs instruments, ou chanter les parties accessoires d'une pièce de musique, pendant qu'une ou plusieurs voix chantent, ou qu'un ou plusieurs instruments jouent la partie principale du sujet.

Allons, vous autres, venez, *accompagnez* sa voix.
MOLIÈRE, *le Festin de Pierre*, IV, 12.

Non pas; mais là-dessus j'ai fait une chanson,
Je vais l'*accompagner* avec mon tympanon.
LE GRAND, *Foire Saint-Laurent*, sc. 25.

De la harpe et du luth frémissant sous leurs doigts,
La corde harmonieuse *accompagnait* leurs voix.
DELILLE, *le Paradis perdu*, I.

ACCOMPAGNER, en ce sens, reçoit quelquefois un complément formé de la préposition *de* et de son régime qui indique l'instrument dont on se sert pour accompagner.

Il vous faudra trois voix, un dessus, une haute-contre et une basse, qui seront *accompagnées d'*une basse de viole, *d'*un théorbe et *d'*un clavecin.
MOLIÈRE, *le Bourgeois gentilhomme*, II, 1.

Rien ne le divertit tant qu'une belle voix *accompagnée d'*un luth touché délicatement.
LE SAGE, *Gil Blas*, l. VIII, c. 11.

On ne dit pas seulement ACCOMPAGNER en parlant d'un morceau de musique, qu'on exécute, des instruments, des voix, mais en parlant des personnes elles-mêmes.

Nous voyons dans un des écrits de Lucien que Solon, après avoir parlé au Scythe Anacharsis des acteurs des tragédies et de ceux des comédies, lui demande s'il n'a point aussi remarqué les flûtes et les instrumens qui les *accompagnoient* dans leurs récits, et pour traduire mot à mot, qui chantoient avec eux.
DU BOS, *Réflex. critiq. sur la poésie et sur la peinture*, III, 7.

Sitôt que la musique s'y mêle (dans une pièce de théâtre), il faut qu'elle s'arme de tous ses charmes pour subjuguer le cœur par l'oreille. Si elle n'y déploie toutes ses beautés, elle y sera importune, comme si l'on faisoit *accompagner* un orateur par des instrumens.
J.-J. ROUSSEAU, *Observations sur l'Alceste de Glück*.

ACCOMPAGNER semble employé en ce sens particulier, mais au figuré, dans l'exemple suivant :

Tout le peuple payen éclate en sanglots... toi seule, ô Sophronie, n'*accompagnes* point le deuil général, et quand tout pleure sur toi, toi seule ne pleures pas.
J.-J. ROUSSEAU, traduit du TASSE.

ACCOMPAGNER, en ce sens, s'emploie absolument.

Il (le serin) quitte la mélodie de son chant naturel pour se prêter à l'harmonie de nos voix et de nos instrumens; il applaudit, il *accompagne*, et nous rend au delà de ce qu'on peut lui donner.
BUFFON, *Histoire naturelle*, Oiseaux, le Serin.

Les Italiens méprisent les chiffres; la partition même leur est peu nécessaire; la promptitude et la finesse de leur oreille y supplée, et ils *accompagnent* fort bien sans tout cet appareil.

Ce mot même avertit celui qui *accompagne* dans un concert, qu'il n'est chargé que d'une partie accessoire ; qu'il ne doit s'attacher qu'à en faire valoir d'autres; que sitôt qu'il a la moindre prétention pour lui-même, il gâte l'exécution.
J.-J. ROUSSEAU, *Dictionnaire de musique*, art. ACCOMPAGNEMENT, ACCOMPAGNER.

Je fus transporté d'aise en apprenant qu'il *accompagnoit* du clavecin.

Madame Bruna, chanteuse italienne, chanta le motet, et *fut* bien *accompagnée*.
LE MÊME, *Confessions*, part. II, l. VIII, IX.

Il est aussi verbe pronominal. On dit *s'accompagner d'*un instrument, ou, absolument, *s'accompagner*.

Elle dessinoit, elle chantoit, elle *s'accompagnoit* du théorbe.
J.-J. ROUSSEAU, *les Confessions*, part. I, l. I.

Corinne, en *s'accompagnant de* sa lyre, chanta les merveilles de la création.

Mme DE STAËL, Corinne.

S'accompagner s'emploie encore dans un sens passif, en parlant d'un morceau qui est accompagné.

Un solo de violon *s'accompagne du* violoncelle ou *du* clavecin.

J.-J. ROUSSEAU, Dictionnaire de musique, art. ACCOMPAGNEMENT.

ACCOMPAGNÉ, ÉE, participe.

ACCOMPAGNEMENT, s. m.

Autrefois ACCOMPAIGNEMENT, par deux ou par un seul *c*. (Voyez Robert-Estienne, Sainte-Palaye, etc., Dict.)

Au propre, Action d'accompagner, d'escorter, et par extension, Compagnie, escorte ;

Soit pris absolument :

Cependant M. le cardinal Colonna est arrivé à Barcelone pour faire la fonction de *l'accompagnement* (de l'infante devenue impératrice).

L'ARCHEVÊQUE D'EMBRUN à Louis XIV, 29 décembre 1664. (Voir
Négoc. relatives à la succession d'Espagne, t. I, p. 213.)

Le roi alla les premiers jours d'octobre passer une semaine chez M. le comte de Toulouse à Rambouillet, avec un très-court *accompagnement*.

Les entrailles du roi furent portées sans cérémonie à Notre-Dame, par deux aumôniers du roi, dans un de ses carrosses, sans personne d'*accompagnement*.

SAINT-SIMON, Mémoires, 1712, t. X, c. 31; 1715, t. XIII, c. 15.

Soit joint par la préposition *de* au nom de la personne ou de la chose accompagnée :

Aians consideracion..... à l'*acompaignement* qu'ils ont fait *de* Nous et *de* notre Lignée.....

Jean I ou Jean II, Ordonnance de 1362. (Voir Ordonnances
des rois de France, t. III, p. 588.)

Quelquefois, dans cette forme de construction, la préposition *de* a eu pour régime un nom désignant au contraire ce qui compose le cortége, l'escorte.

... Une quantité de hardes inutiles... un grand *accompagnement de* chevaux.

VOITURE, Lettres. CXLV. Au marquis de Pisani.

Ces *accompagnemens* inutiles *de* personnes qui n'ont rien à dire, puisque celui qu'ils accompagnent a seul tout l'intérêt à l'action, ces sortes d'accompagnemens, dis-je, ont toujours mauvaise grâce au théâtre.

P. CORNEILLE, Examen du Cid.

Le même écrivain qui a dit (on l'a vu plus haut, p. 499, 2e col.) *S'accompagner d'une chose*, pour S'associer au sujet d'une chose, a employé d'une manière analogue le substantif ACCOMPAGNEMENT :

Quant *acompaignemens* est fes *de* quel coze que ce soit et perte tourne en la compaignie, cascuns des compaignons doit paier de le perte selonc ce qu'il emportast du gaaing s'il y fust.

BEAUMANOIR, Coutumes du Beauvoisis, c. XXI, 35.

ACCOMPAGNEMENT, au figuré, a le sens général d'Accessoire.

On le dit, par exemple, d'un édifice, d'un jardin.

Cette maison magnifique, avec ses *accompagnemens* et ses jardins.

LA FONTAINE, Songe de Vaux.

On le dit de toute œuvre d'art, des productions de la littérature et du théâtre.

L'harmonie dans les pièces de théâtre ne doit être qu'un simple *accompagnement*.

SAINT-ÉVREMOND, Réflexions sur l'Opéra.

Il n'y a que trois actes, dis-tu? — Non, et quelques *accompagnemens* qui font la longueur d'un spectacle ordinaire.

DUFRESNY, le Double veuvage, Prologue.

Il est encore permis d'inventer beaucoup, pourvu qu'on laisse dans leur entier les faits et les caractères principaux, et que le reste n'en soit que des préparations et des *accompagnemens* nécessaires.

LA MOTTE, Sur la tragédie. 1er discours.

Il avait conçu le dessin des *accompagnemens de* la statue du roi qu'il a faite pour Reims, sur les paroles qu'il avait lues dans le *Siècle de Louis XIV*.

VOLTAIRE, Lettres, 1763. A d'Alembert.

On le dit généralement de Tout ce qui s'ajoute à une chose, à la puissance, à la beauté, etc., et la fait valoir.

La coutume de voir les rois accompagnés de gardes, de tambours, d'officiers,..... fait que leur visage, quand il est quelquefois seul et sans ces *accompagnemens*, imprime dans leurs sujets le respect et la terreur.

PASCAL, Pensées, art. V, 7.

M. le Prince vouloit la même chose, avec de grands *accompagnemens*.

Mᵐᵉ DE MOTTEVILLE, Mémoires, année 1652.

Au reste, je crois, selon l'idée que je me fais de la personne et de l'esprit de Pauline, qu'elle est fort piquante et fort aimable, et mille fois plus que des beautés qui n'ont point ces *accompagnemens*.

Mᵐᵉ DE SÉVIGNÉ, Lettres, 14 septembre 1689.

Ne croyons pas que la charité défende de voir toutes sortes de vérités, et de juger des événemens qui arrivent et de tout ce qui en est l'*accompagnement*.

SAINT-SIMON, Mémoires, Introd.

Vous voyez, lui dit-il, le visage charmant
Et les traits délicats dont la reine est pourvue ;
Je vous jure ma foi que l'*accompagnement*
Est d'un tout autre prix et passe infiniment.

LA FONTAINE, Contes, IV, 9.

ACCOMPAGNEMENT est pris quelquefois, comme *accompagner*, dans un sens défavorable ou ironique.

La favorite étoit demeurée dans les mêmes sentimens de galanterie et de vanité, qui sont de mauvais *accompagnemens* à l'âge de quarante-cinq ans.

Mᵐᵉ DE MOTTEVILLE, Mémoires, année 1643.

Une figure à laquelle on s'accoutumoit, et qui, malgré une bosse médiocre par-devant, mais très-grosse et fort pointue par-derrière, avec tout le reste de l'*accompagnement* ordinaire des bossus, etc.

SAINT-SIMON, Mémoires, 1694, t. I, c. 16.

Mes ouvrages... n'en seront que mieux débités, quand ils paroîtront dans la pureté où ils doivent être, et dépouillés d'un *accompagnement* qui les salit et que j'ai toujours désavoué.

J.-B. ROUSSEAU, Lettres, 14 janvier 1732.

Pour moi, je suis obligé de mettre mon petit orgueil à souffrir la goutte et tous ses *accompagnemens*.

VOLTAIRE, Lettres, 11 février 1771.

ACCOMPAGNEMENT est un terme de musique qui se dit des mélodies ou parties secondaires qui servent à accompagner la mélodie principale ou sujet d'un morceau de musique exécuté par une voix ou par un instrument.

Il se dit aussi de l'exécution de ces mélodies.

Quand le musicien saura son art, les parties d'*accompagnement* concourront ou à fortifier l'expression de la partie chantante, ou à ajouter de nouvelles idées que le sujet demandoit et que la partie chantante n'aura pu rendre.

DIDEROT, Lettre sur les sourds et muets.

L'harmonie de l'*accompagnement* ajoute à l'agrément du chant, en rendant les sons plus sûrs, leur effet plus doux, la modulation plus sensible, et portant à l'oreille un témoignage de justesse qui la flatte.

J.-J. ROUSSEAU, Dict. de musique, art. ACCOMPAGNEMENT.

C'est à l'aide de ces modulations savantes, de cette harmonie simple et pure, de ces *accompagnemens* vifs et brillans, que ces chants divins déchirent ou ravissent l'âme.

LE MÊME, Lettre sur la musique françoise.

Leçons d'accompagnement est une expression fort usitée.

Un organiste lui a donné quelques *leçons d'accompagnement*.

J.-J. ROUSSEAU, Émile, V.

ACCOMPAGNEMENT est usité dans les locutions suivantes :

Accompagnement de quatuor, c'est-à-dire des seuls instruments à cordes, violons, altos, basses et contre-basses ; *Accompagnement d'harmonie*, c'est-à-dire, des seuls instruments à vent ; *Accompagnement à grand orchestre*, c'est-à-dire, auquel concourent tous les instruments.

On dit, absolument, l'*accompagnement* pour La science de l'accompagnement :

Plusieurs conseillent d'apprendre la composition avant de passer à l'*accompagnement*; comme si l'*accompagnement* n'étoit pas la composition même.

J.-J. ROUSSEAU, Dictionn. de musique, art. ACCOMPAGNEMENT.

Il est fait allusion à l'acception musicale du mot ACCOMPAGNEMENT dans le passage suivant :

Sa lyre suspendue (d'Ovide) ne rendait plus que des accords plaintifs, lugubre *accompagnement* des vents du nord.

Mme DE STAËL, *De l'Allemagne*, part. II, c. 22.

ACCOMPAGNEMENT est aussi un terme de blason ; il se dit de Tout ce qui est hors de l'écu, comme les supports, le cimier, les lambrequins, etc.

Les parties intégrantes du blason sont : 1° l'escu ; 2° les émaux ; 3° les partitions, etc. ; 4° les autres *accompagnemens* de l'escu.

P. MÉNESTRIER, *Abrégé méthodique des principes héraldiques.*

ACCOMPAGNATEUR, TRICE, s. m. et f.

Terme de musique. Celui, celle qui accompagne avec la voix ou avec quelque instrument la partie principale d'un morceau de musique exécuté par une voix ou par un instrument.

Ce mot ne paraît dans le Dictionnaire de l'Académie qu'en 1762 ; quelques dictionnaires en citent cependant cet exemple du XVIIe siècle :

Je chantois passablement, mais j'avois au clavecin le plus misérable *accompagnateur.*

Mme DE SÉVIGNÉ, *Lettres.*

Il faut qu'un bon *accompagnateur* soit grand musicien.

J.-J. ROUSSEAU, *Dict. de musique*, art. ACCOMPAGNATEUR.

On trouve dans *Beaumanoir, Coutumes du Beauvoisis*, c. XXI, 32 (passage cité plus haut, pag. 498, 2e col.), le substantif ACOMPAIGNIER, au sens de Compagnon.

On trouve dans Nicot et dans Cotgrave l'adjectif ACCOMPAGNABLE, ainsi défini par le premier : « Celui ou celle qui est aisé à se rendre compagnon d'aucun. »

..... Et parceque l'homme prévenu de sa passion ne sauroit ni bien juger ni bien élire, Dieu l'a rendu *accompagnable* et lui a donné un naturel qui aime la société.

D'URFÉ, *l'Astrée*, IIe part., l. XII.

ACCOMPLIR, v. a. (de la préposition *à* et du vieux verbe *complir*, formé sur le latin *complere*). On l'a écrit ACOMPLIR, ACUMPLYR, etc. (Voir le *Glossaire* de Sainte-Palaye et les exemples ci-après).

ACCOMPLIR signifie au propre Achever entièrement et quelquefois amener à la perfection.

Il vous a pleu me commander que je achevasse et *accomplisse* diligemment la translation des œuvres de Jules César par moy pieçà commencée.

ROB. GAGUIN, trad. des *Commentaires de César*, prologue (à Charles VIII).

Quelque cruelle que la mort vous paroisse, elle ne doit servir à cette fois que pour *accomplir* l'œuvre de la grâce.

BOSSUET, *Oraison funèbre de la duchesse d'Orléans.*

Le sang des martyrs étoit encore la semence des fidèles, et les chrétiens persécutés *accomplissoient* encore dans leur corps ce qui manquoit à la passion de leur maître.

MASSILLON, *Panégyrique de sainte Agnès.*

Son visage s'achève par un menton qui l'*accomplit.*

Portraits de Mlle de Montpensier, XCIII. Portrait d'une princesse.

Mais Dieu, qui est le maître des cœurs, et dont le divin esprit souffle où il veut, fit de ce prince (le duc de Bourgogne) un ouvrage de sa droite, et entre dix-huit et vingt ans il *accomplit* son œuvre.

SAINT-SIMON, *Mémoires*, 1712, t. X, c. 17.

Il se prend généralement pour Effectuer, mettre à exécution, faire.

Que pouvoit penser le prince, si ce n'est que pour *accomplir* les plus grandes choses, rien ne manqueroit à ce digne fils que les occasions.

BOSSUET, *Oraison funèbre du prince de Condé.*

Il se dit, en ce sens, de ce qui est souhaité, demandé, promis, résolu, convenu.

Et cis, pour leur proiere *accomplir*... dist que il iroit mout volentiers.

VILLEHARDOIN, *Conqueste de Constantinoble*, CXIX.

Je fis un vœu que je n'*ai* point *accompli*, dont moult me pèse.

Et se mirent... douze bourgeois des plus suffisans en otages, pour *accomplir* les convenances.

FROISSART, *Chroniques*, l. I, part. I, c. 47 ; 234.

Plus legièrement ou plustost ensuyvent et *accomplissent* l'appétit et voulenté de la chair que le plaisir et commandement de Dieu.

Le livre de l'internelle consolacion, II, 3.

Si Dieu a eu envie de faire une personne belle, il *a* bien *accomply* sa volunté en ceste dame.

HERBERAY DES ESSARTS, *Amadis de Gaule*, l. I, c. 41.

Apprenons donc de ceste seule confession de David, que les saincts Peres sous l'Ancien Testament n'ont pas ignoré combien Dieu *accomplist* peu souvent, ou du tout n'*accomplist* jamais en ce monde les choses qu'il promet à ses serviteurs.

CALVIN, *Institution chrestienne*, l. II, c. X, § 17.

Si tu veux l'éprouver, tu trouveras qu'il ne me manque rien pour *accomplir* tes désirs et les miens.

PERROT D'ABLANCOURT, trad. de Lucien. *Dialogue de Cléonarium et de Léena.*

La volonté divine est en tout état efficace par elle-même, et contient en elle-même tout ce qu'il faut pour *accomplir* ses décrets.

BOSSUET, *Traité du libre arbitre*, c. 10.

Ses vœux *furent* enfin *accomplis* : mais elle ne vit pas le jour du Seigneur ; elle mourut.....

FLÉCHIER, *Oraison funèbre de Mme la Dauphine.*

Obligée (Venise) par des traités de donner passage aux troupes allemandes, elle *accomplissait* ces traités sans peine.

VOLTAIRE, *Siècle de Louis XIV*, c. 18.

Les circonstances étaient favorables ; le czar en liberte ne se pressait pas d'*accomplir* ses promesses.

LE MÊME, *Histoire de Charles XII*, l. VI.

Tandis que le ciel poursuit ses desseins, l'enfer *accomplit* ses menaces.

CHATEAUBRIAND, *les Martyrs*, XIII.

Mult, dist-il, te donrai...
Se tu ta parole *acomplis*.

WACE, *Roman de Brut*, v. 8451.

Bien *a* dus Begues son convent (dessein) *accompli*.

Garin le Loherain, t. II, p. 170.

Et je me voil, fet-il, pener
De tot son voloir *acomplir*.

Roman du Renart, v. 18154.

..... Il vit qu'il ne porroit
Acomplir ce qu'il désirroit.

.. De tout mon pooir sui preste
D'*acomplir* ta bonne requeste.

Roman de la Rose, v. 1505, 4693.

Et l'empereur ne fait qu'*accomplir* à regret
Ce que toute la cour demandoit en secret.

J. RACINE, *Britannicus*, III, 3.

Rien ne me retient plus, et je puis dès ce jour
Accomplir le dessein qu'a formé mon amour.

LE MÊME, *Bajazet*, II, 1.

Résolu d'*accomplir* ce cruel sacrifice,
J'y voulus préparer la triste Bérénice.

LE MÊME, *Bérénice*, II, 2.

J'ai reçu ta parole, il faut qu'on l'*accomplisse*.

VOLTAIRE, *Alzire*, I, 4.

Il se dit encore de ce qui a été annoncé, prédit.

Ore *acumplirad* Nostre Sires ço que il par mei parlad, e tun règne trencherad.

Les quatre livres des Rois, I, XXVIII, 17.

La fortune... *accomplit* à Sylla la révélation qu'il avoit eue en dormant.

AMYOT, trad. de Plutarque. *Vie de Sylla*, c. 13.

Le temple *avoit accompli*, pour ainsi parler, tout ce à quoi il étoit destiné ; le Christ y avoit paru selon les oracles d'Aggée et de Malachie.

BOSSUET, *Méditations sur l'Évangile*, la dernière semaine du Sauveur, LXVIIe jour.

Ce discours lui a si bien frappé la tête, qu'elle n'a point eu de repos qu'elle n'*ait accompli* les prophéties.

Mme DE SÉVIGNÉ, *Lettres*, 1er janvier 1674.

J'ai été assez heureux pour que ma prédiction *ait été accomplie*.

MONTESQUIEU, *Lettres persanes*, CXXX.

Mon rêve n'*a-t-il* pas *été accompli* ?

VOLTAIRE, *Essai sur les mœurs*, c. 6. Usages et sentimens des nations anciennes.

Dieu, qui voyez mon trouble et mon affliction,
Détournez loin de moi sa malédiction,
Et ne souffrez jamais qu'elle *soit accomplie*.

J. RACINE, *Athalie*, V, 7.

Il se dit enfin de ce qui a été ordonné, réglé.

Ma parole....... n'*ad acumpli*.
Jo ai *acumpli* son cumandement.

Les quatre livres des Rois, I, XV, 11, 13.

Ostruce (autruche)... oblie ses oes (œufs) en tel maniere que jamais ne l'en sovient ne po ne grant; mais la chalor dou soleil et l'atempremens dou tens *acomplit* son office et eschaufe ce que la mere devroit eschaufer.

BRUNETTO LATINI, *li Trésors*, part. II, liv. I, c. 164. De l'Ostruce.

Iceulx obéirent voulentiers au roi de France et *accomplirent* son mandement.

FROISSART, *Chroniques*, l. I, part. I, c. 61.

Il a tousjours presché publicquement que le roy retourneroit de rechief en Italie, pour *accomplir* ceste commission que Dieu luy avoit donnée, qui estoit de reformer l'Église à l'espée et de chasser les tyrans d'Italie...

COMMYNES, *Mémoires*, VIII, 26.

Tous les justes ont le pouvoir d'*accomplir* les commandemens de Dieu; néanmoins, pour les bien *accomplir*, ils ont besoin d'une grâce efficace.

PASCAL, *Provinciales*, II.

Il n'est pas dit que celui qui *accomplit* la loi aime le prochain : mais il est dit que celui qui aime le prochain *accomplit* la loi.

NICOLE, *Essais de morale*. Sur l'Épître du quatrième dimanche d'après l'Épiphanie, VI.

Il faut néanmoins, pour *accomplir* cette course, qu'elle (la lune) aille cinq mille six cents fois plus vite qu'un cheval de poste qui feroit quatre lieues à l'heure.

LA BRUYÈRE, *Caractères*, c. 16.

Cette ville profane (Venise) manque d'eau vive; il est impossible d'y *accomplir* une seule ablution légale.

MONTESQUIEU, *Lettres persanes*, XXXI.

Peu de prélats ont aussi bien connu que lui la force et l'étendue de la maxime la plus consolante de l'Évangile, maxime qu'on ne répète pas assez et qu'on pratique moins encore : celui qui aime son frère *a accompli* la loi.

D'ALEMBERT, *Éloge de Vauréal*.

.... Tu *accompliras*
Nuit et jour les commandemens
Que ge commande as fins amans.

Roman de la Rose, v. 2050.

Vostre vouloir suy content d'*accomplir*.

CHARLES D'ORLÉANS, *Poésies*. Au temps passé quand nature me fit.

Que peut-on m'ordonner que mon bras n'*accomplisse?*

P. CORNEILLE, *le Cid*, V, 8.

...... J'*accomplis* l'ordre de Mithridate.

J. RACINE, *Mithridate*, V, 3.

Oui, si près d'*accomplir* notre grande entreprise,
Je frémis à vos yeux de joie et de surprise.

LA FOSSE, *Manlius*, III, 5.

ACCOMPLIR s'est autrefois dit des personnes aussi bien que des choses.

I.

D'une seule, dans le sens de l'Achever, la mettre à mort, comme le mot latin *conficere*, mais avec l'addition de quelque mot rappelant l'idée d'une exécution légale.

Il doit lors *être* mené et *accomply* à justice, et le corps, jaçoit ce qu'il soit mort, livré à tel exemple, comme s'il fust en vie.

BOUTEILLER, *Somme rurale*, tiltre XXXIV.

De plusieurs, dans le sens d'en Compléter le nombre.

Donna la charge de les *accomplir* jusques au nombre de deux mille hommes.

G. DU BELLAY, *Mémoires*, liv. VI, ann. 1537.

Dans le langage de l'ancienne chevalerie, *accomplir ses armes*, c'était Mener à fin une entreprise de chevalerie; *accomplir les armes*, *le faict d'armes*, *l'entreprise* d'un chevalier, c'était Répondre au défi.

Saintré ne cessa de querir puissants destriers..... et autres choses à luy necessaires pour briefvement faire son voyage et *accomplir ses armes*.

ANT. DE LA SALE, *le petit Jehan de Saintré*.

A tous chevaliers et escuyers gentilzhommes de nom et d'armes sans reproche : Je..... fais assavoir à tous, que à l'ayde de Dieu, de Nostre-Dame..... seray..... prest pour lendemain faire *les armes* qui cy-après sont escriptes..... S'il est adonc gentilhomme..... qui *accomplir les me* vueille; et premièrement serons et le gentilhomme..... qui *accomplir me* vouldra *mon emprinse*, montez à cheval en selles de guerre.....

MONSTRELET, *Chroniques*, vol. I, c. 8.

En ce temps aussi y avoit un Anglois nommé Cornouaille..... vaillant chevalier. Il vint en France à sauf-conduit, pour faire armes pour l'amour de sa dame, voires à outrance. Aussi y avoit-il en la cour du roy un vaillant chevalier..... lequel fist sçavoir au dit Cornouaille qu'il estoit prest de *lui accomplir le fait d'armes*, ainsi qu'il le requeroit.

JUVÉNAL DES URSINS, *Histoire de Charles VI*, année 1409.

Accomplir la faute d'un chevalier c'était le Suppléer dans l'exécution de son engagement, tenir sa place au combat en son absence.

64

Le chevalier aux trois couleuvres estoit appareillé d'*accomplir la faulte* de ses deux compagnons qui estoient blecez.

> *Perceforest*, t. VI, fol. 64 r°, col. 2.

On disait encore *accomplir de sa lance* pour, En rompant une lance.

Se dressa Lancelot sur les estriers..... et frappa ung chevalier..... si durement qu'il le porta à terre... et passa oultre pour..... *accomplir de sa lance*, car elle n'estoit pas encore rompue.

> *Lancelot du Lac*, t. III, fol. 117 v°, col. 2.

Accomplir peut se dire d'une manière absolue.

Il faut consulter lentement, exécuter promptement, délibérer à loisir, et vistement *accomplir*.

> Charron, *De la sagesse*, II, 10.

Aujourd'hui il n'est plus question de résoudre; il est temps d'exécuter et d'*accomplir*.

> Bourdaloue, *Sermons*. Sur la Communion pascale.

Accomplir est aussi verbe pronominal.

Si tant de bons effets qui *s'accomplissent* par la liberté des hommes se rapportent toutefois si visiblement à la volonté de Dieu, il faut croire que tout l'ordre des choses humaines est compris dans celui des décrets divins.

> Bossuet, *Traité du libre arbitre*, c. 3.

Quelle intention puis-je avoir, disoit-elle, sinon que la volonté du Seigneur *s'accomplisse?*

> Fléchier, *Oraison funèbre de Mme la Dauphine*.

Nos années s'écoulent, le compte de nos jours *s'accomplit* insensiblement.

> Le même, *Lettres*, CL.

Mais la prophétie ne tarda pas à *s'accomplir* en la personne de la duchesse de Meckelbourg.

> Saint-Simon, *Mémoires*, 1694, t. I, c. 25.

Fais-moi savoir si tu veux que le mariage *s'accomplisse* dans le sérail.

> Montesquieu, *Lettres persanes*, LIII.

Et que je meure au moins dessus le même lit
Où mon funeste hymen hier au soir *s'accomplit*.

> Mairet, *Sophonisbe*, V, 5.

J'en ai fait le serment, il faut qu'il *s'accomplisse*.

> Voltaire, *Mahomet*, III, 7.

ACCOMPLI, IE, part.

Il se prend dans les divers sens du verbe et se dit, au propre, de ce qui est Achevé entièrement.

Tout homme de bon entendement, sans voir une histoire *accomplie*, peut presqu'imaginer de quelle humeur fut un peuple, lorsqu'il lit ses anciens statuts et ordonnances.

> Est. Pasquier, *Recherches de la France*, IV, 1.

En effet, quelle diligence! en neuf heures l'ouvrage est *accompli*.

> Bossuet, *Oraison funèbre de la duchesse d'Orléans*.

Ce fut pendant le cours de cette maladie que la paix de Savoie devint publique et que le roi régla tout ce qui regardoit la princesse de Savoie et les deux otages, jusqu'aux restitutions *accomplies*.

> Saint-Simon, *Mémoires*, 1696, t. I, c. 35.

Un cercle *accompli* tout entier.

> *Roman de la Rose*, v. 17020.

Et pour fermer ma complainte *accomplie*...

> Cl. Marot, *Élégies*, I, xviii.

Qu'en un lieu, qu'en un jour, un seul fait *accompli*
Tienne jusqu'à la fin le théâtre rempli.

> Boileau, *Art poétique*, III.

Il est, en ce sens, fort usité lorsqu'il est question du temps, de l'âge.

Il n'ha encores cinq ans *accomplis*.

> Rabelais, *Gargantua*, I, 50.

La trève estoit expirée et les quatre moys *accomplis* et plus.

> Froissart, *Chroniques*, l. I, part. I, c. 160.

Est-ce que les temps de confusion ne sont pas encore *accomplis?*

..... Ce peu d'heures, saintement passées parmi les plus rudes épreuves,..... tiennent lieu toutes seules d'un âge *accompli*.

> Bossuet, *Oraison funèbre de la duchesse d'Orléans*.

Il ne faut pas vingt années *accomplies* pour voir changer les hommes d'opinion sur les choses les plus sérieuses.

> La Bruyère, *Caractères*, c. 12.

Voici le plus jeune des auteurs qui vient vous demander votre protection pour ses ouvrages. Il auroit bien voulu attendre pour les mettre au jour qu'il eût huit ans *accomplis*; mais il a eu peur qu'on ne le soupçonnât d'ingratitude s'il étoit plus de sept ans au monde sans vous donner des marques publiques de sa reconnoissance.

> *Recueil des ouvrages de M. le duc du Maine*, Épître dédicatoire à Mme de Montespan, par Mme de Maintenon.

La nature lui avoit donné le privilége singulier de charmer les hommes pendant le cours de sa vie, qui duroit encore après quinze lustres *accomplis*.

> Le Sage, *Gil Blas*, VIII, 1.

Iloc séjorne huit jors tos *accomplis*.

> *La mort de Garin*, v. 2479.

Bien a set ans passez et *accomplis*
Que je ne vi ma moillier et mon fis.

> *Hist. littér. de la France*, t. XXII, p. 291. Chansons de geste. — Amis et Amile, ms. 7227-5, fol. 94 v°.

Et Bertran avoit bien seize ans tous *accomplis*.

> Cuvelier, *Chronique de Bertrand Du Guesclin*, v. 318.

Dies illa, dies iræ
Encores n'est pas *accomply*
Quant vefve a son cueur adiré
Et mis son mary en obly.

> Martin Franc, *Champion des dames*.

Le théâtre jamais ne doit être rempli
D'un argument plus long que d'un jour *accompli*.

> Vauquelin de la Fresnaie, *Art poétique*.

Et quand l'âge *accomply* les conduit au trépas,
Ce n'est que pour renaître à la vie éternelle.

> Racan, *Psaumes*, XXIII.

Les temps sont *accomplis*; princesse, il faut parler.

> J. Racine, *Athalie*, I, 2.

On s'est autrefois servi de la même manière du simple *compli*.

Et quant il ot xv anz et *compliz* et passez.

> *Parise la duchesse*, p. 87.

ACCOMPLI est encore fort usité en parlant de ce qui a eu son effet, souhaits, promesses, desseins, conventions, prédictions, ordres, etc.

Lores fud *acumplie* la parole Nostre-Seigneur qu'il out dite à Hiéu que ses fiz jesque à la quarte geneŕation tendreient le sied réal de Israel.

> *Les quatre livres des Rois*, IV, xv, 12.

Brief on peut alleguer que les promesses de Dieu n'ont nulle certitude, si elles dependent d'une impossibilité pour n'estre jamais *accomplies*.

> Calvin, *Institution chrestienne*, l. II, c. 5, § 10.

Prophétie trop réelle et trop véritablement *accomplie!*

> Bossuet, *Oraison funèbre de la reine d'Angleterre*.

Ce qui a renversé et ce qui renverse tous les jours des familles entières, ne sont-ce pas des souhaits trop vastes, des souhaits criminels, *accomplis* par des divinités d'autant plus mortellement et plus malignement ennemies, qu'elles étoient plus condescendantes et plus faciles?

> Bourdaloue, *Carême*. Sermon sur la prière.

En toi sera la profésie,
Que Sibile dist, *accomplie*.

> Wace, *Roman de Brut*, v. 11218.

La volenté de Dieu *accomplie* en sera.

> Cuvelier, *Chronique de Bertrand Du Guesclin*, v. 127.

Faut-il, Abner, faut-il vous rappeler le cours
Des prodiges fameux *accomplis* en nos jours?

> J. Racine, *Athalie*, I, 1.

On donne à votre choix un plein consentement,
Vos vœux sont *accomplis*.

> Destouches, *l'Irrésolu*, V, 2.

ACCOMPLI est quelquefois adjectif.

On le trouve dans de vieux textes au sens de Complet, entier.

On asseure que la levée des gens de pied est de seize mil hommes, afin qu'estans arivez en Hongrie, ils soient douze mil *accomplis*.

> Le cardinal d'Ossat, *Lettres*, l. I, lettre xx, 23 juin 1595.

Hervis enchauce (poursuit) une lieue *acompli*.

Mantel ot riche et pelisson hermin
Qui li traîne demi-pié *acompli*.

> *Garin le Loherain*, t. II, p. 32; 180.

ACCOMPLI, adjectif, signifie communément Qui est parfait dans son genre.

Il se dit des choses;
Au sens physique:

La louoit de tous ses membres si beaux, *accomplis* et proportionnez.

> G. Bouchet, *Serées*. Troisième serée, des femmes et des filles.

..... Son visage est presque *accompli*.

AUTREAU, *Démocrite prétendu fou*, I, 6.

Au sens moral :

Là est tousjours (au pays où nous sommes) la parfaite religion, la parfaite police, le parfait et *accomply* usage de toutes choses.

L'enfance de la poésie et de plusieurs autres sciences, il (Homère) l'a rendue meure, parfaite et *accomplie*.

MONTAIGNE, *Essais*, I, 30; II, 36.

C'est un tribut de l'humanité que de ne voir jamais çà bas chose qui soit entièrement *accomplie*.

D'URFÉ, *l'Astrée*, 2e part., l. XII.

D'où il paroît que les hommes sont dans une impuissance naturelle et immuable de traiter quelque science que ce soit dans un ordre absolument *accompli*.

PASCAL, *Pensées*, part. I, art. II, 15.

Marie a été le modèle *accompli* de la dévotion parfaite.

NICOLE, *Essais de morale*. Sur l'évangile du 2e dimanche après l'Épiphanie, IX.

Si madame de Bouillon eût eu autant de sincérité que d'esprit, de beauté, de douceur et de vertu, elle eût été une merveille *accomplie*.

LE CARDINAL DE RETZ, *Mémoires*, part. II, 1649.

Ainsi fut donnée au monde, en la personne de Jésus-Christ, l'image d'une vertu *accomplie*.

BOSSUET, *Discours sur l'histoire universelle*, II, 6.

Quoique tout soit également parfait en soi, puisque tout est sorti des mains du Créateur, il est cependant, relativement à nous, des états *accomplis* et d'autres qui semblent être imparfaits ou difformes.

BUFFON, *Histoire naturelle*. La Chauve-Souris.

Sa cour (de Louis XIV) était remplie des hommes les mieux faits de l'Europe, et il y avait à la fois plus de trente femmes d'une beauté *accomplie*.

VOLTAIRE, *Fragments sur l'histoire*, art. XXVII.

J'étois né pour servir d'exemple à ta colère,
Pour être du malheur un modèle *accompli*.

J. RACINE, *Andromaque*, V, 5.

Il se dit aussi, et très-fréquemment, des personnes.

Il estoit *accomply* en toutes les beautez et graces que gentilhomme pourroit avoir.

LA REINE DE NAVARRE, *Heptaméron*, 16e nouv.

Ja ressembles tu de visage et corsage a ton grant père qui fut en son temps ung des *accomplis* chevaliers qui feust en chrestienté.

Le loyal serviteur, c. 1.

Certes il seroit impossible de trouver gentilhomme si *accomply* en beaulté et chevalerie comme il est.

HERBERAY DES ESSARTS, *Amadis de Gaule*, l. I, c. 10.

Il (le prince de Conti) avoit la tête fort belle, tant pour le visage que pour les cheveux, et c'étoit un très-grand dommage qu'il eût la taille gâtée, car, à cela près, c'étoit un prince *accompli*.

BUSSY-RABUTIN, *Mémoires*.

Le capitaine n'est pas *accompli*, s'il ne renferme en soi l'homme de bien et l'homme sage.

FLÉCHIER, *Oraison funèbre de Turenne*.

Je vous exhorte toujours à bien ménager le désir qu'a cet enfant de vous plaire; vous en ferez une personne *accomplie*.

Mme DE SÉVIGNÉ, *Lettres*, 11 mai 1689.

Il ne lui manquoit (à Mme de Mazarin) que de l'esprit pour être *accomplie*.

Mme DE LA FAYETTE, *Histoire d'Henriette d'Angleterre*.

Il passe en beauté feu Narcisse
Qui fut un blondin *accompli*.

MOLIÈRE, *Pastorale comique*, sc. 2.

Insensé que j'étois! ai-je dû présumer
Que le Ciel pour moi seul eût pris soin de former
Ce qu'on ne vit jamais, une femme *accomplie*?

DESTOUCHES, *le Philosophe marié*, I, 1.

En hommes *accomplis* chaque roman abonde,
Mais ils sont, par malheur, fort rares dans le monde.

PICARD, *les Conjectures*, I, 1.

Bien que l'idée exprimée par ACCOMPLI ne paraisse pas devoir admettre de degrés, il est très-ordinaire qu'il se construise, comme *parfait* et autres mots de ce genre, avec les adverbes *plus* et *moins*.

Virgile en ses *Géorgiques*, que j'estime *le plus accomply* ouvrage de la poésie.

MONTAIGNE, *Essais*, II, 10.

Il faut auparavant que je donne l'idée d'une méthode encore plus éminente et *plus accomplie*.

PASCAL, *Pensées*, part. I, art. II, 4.

Il est vrai que l'Odyssée représente dans Ulysse un héros plus régulier et *plus accompli*.

Fénelon, Dialogues sur l'éloquence, I.

C'étoit (le duc de Médina-Sidonia) un des plus grands seigneurs d'Espagne et des *plus accomplis*.

Saint-Simon, Mémoires, 1713, t. XI, c. 7.

Nerva adopta Trajan, prince *le plus accompli* dont l'histoire ait jamais parlé.

Montesquieu, Grandeur des Romains, c. 15.

Et voit-on sous le ciel prince *plus accompli*.

P. Corneille, Héraclius, I, 2.

On l'a construit autrefois avec l'adverbe *mieux*.

De point en point c'est la *mieux acomplie*
Qui aujourd'hui soit ou (au) monde vivant.

J'ai une dame choisie
La *mieux* en bien *accomplie*
Que l'on puist jamais veoir.

Charles d'Orléans, Bollades, X ; Chansons, III.

On a dit et on peut dire encore, pour marquer davantage la valeur absolue du mot : *accompli de toutes pièces, accompli de tout point* :

Nos anciens evesques, abbez et religieux qui prindrent la charge de nostre histoire, nous representent Clovis pour un prince *accomply de toutes les pieces* qu'on pouvoit desirer en un grand guerrier.

Est. Pasquier, Recherches de la France, V, 1.

Je prétends qu'il soit fait comme on n'en trouve point,
Qu'il soit posé, discret, *accompli de tout point*.

Regnard, le Distrait, I, 1.

Accompli en tout genre.

Nous ne devons pas être étonnés que Cyrus ait été si *accompli en tout genre*, nous qui savons que c'est Dieu lui-même qui l'avoit formé pour être l'instrument et l'exécuteur des desseins de miséricorde qu'il avoit sur son peuple.

Rollin, Traité des Études, liv. VI, part. III, c. 2, art. 1er.

Accompli a été quelquefois pris en mauvaise part, ironiquement.

O détestable filou ! il ne te manquoit donc plus qu'à faire l'hypocrite pour être *le plus accompli* scélérat du monde.

Scarron, Nouvelles tragi-comiques. Les Hypocrites.

Il est vray, Mademoiselle, que lorsque vous ne voulez pas estre meschante, vous êtes *la plus accomplie* personne du monde.

Voiture, Lettres, XXII. A Mlle de Rambouillet.

Je vous prendrois pour un sot, mon très-cher ami, si je ne vous connoissois depuis longtemps pour le fou *le plus accompli* qu'il y ait eu au monde.

Vauvenargues, Caractères, l'Etourdi.

Accompli se trouve quelquefois avec un complément formé au moyen des prépositions *en*, *par*, *de* et de leur régime;
De la préposition *en* :

Tous les Derviches et Santons génerallement sont de grands hypocrites, car ils se font passer pour des gens addonnez entièrement à la contemplation de Dieu, et cependant ils sont *accomplis en* tous vices sans exception.

Thévenot, Voyage de Levant, c. 40.

De la préposition *par* :

Vous... princesse *accomplie par* l'assemblage de tant de qualités... vous mourrez, et vous mourrez tout à l'heure.

Mascaron, Oraison funèbre d'Henriette d'Angleterre.

La France le vit alors *accompli par* ces derniers traits.

Bossuet, Oraison funèbre du prince de Condé.

De la préposition *de* :

Il est *accompli de* toutes les bonnes parties que l'homme sçauroit avoir.

Rob. Estienne, J. Thierry, Nicot, Dictionnaires.

Les cinq journées estoient *accomplies de* si belles histoires, qu'elle avoit grand peur que la sixieme ne fust pas pareille.

La Reine de Navarre, Heptaméron, 50e nouv.

Il n'y a ny statues ny trophées de marbre, ny arcs de triomphe, ny coulomnes, ny sepultures magnifiques, qui puissent combattre la durée d'une histoire éloquente, *accomplie des* qualitez qu'elle doibt avoir.

Amyot, Trad. des vies de Plutarque, Aux Lecteurs.

De combien se rend notre poésie plus douce, quand elle est *accomplie de* la rime.

Est. Pasquier, Recherches de la France, VIII, 8.

Les périodes sont *accomplies de* tous leurs nombres.

BALZAC, *Lettres*, I, 1.

ACCOMPLISSEMENT, s. m.

On l'a écrit, comme le verbe, par un seul *c*.

Achèvement, exécution entière, soit d'une chose commencée ;

Le commencement nous vient de la nature, le progrès et accroissement des préceptes de la raison, et l'*accomplissement* de l'usage et exercitation.

AMYOT, Traduction de Plutarque, *OEuvres morales.* Comment il faut nourrir les enfans.

Les anciens ont dit que celuy qui a bien et heureusement commencé, a la moitié de *l'accomplissement de* son œuvre.

Sous deux personnes de mesme nom fut le royaume restably : premierement, par la venue de Jeanne la Pucelle, et, pour *accomplissement,* par Jean Bastard d'Orleans, comte de Dunois, qui reduisit en fin la Normandie et la Guyenne sous l'obéissance de Charles VII.

EST. PASQUIER, *Recherches de la France,* III, 22 ; IV, 26.

Servius Tullius, et ensuite Tarquin le Superbe l'édifièrent, l'un des richesses des alliez, et l'autre des dépouilles des ennemis ; mais l'*accomplissement de* l'ouvrage estoit réservé à la liberté.

PERROT D'ABLANCOURT, Trad. de Tacite, *Histoires,* liv. III, xi

Cela ne veut dire autre chose si non que la création de ce monde n'étoit qu'un préparatif de l'ouvrage de Dieu, et que la gloire de ses élus *en* seroit le dernier *accomplissement.*

BOSSUET, IIe *Sermon de la Toussaint.*

Soit d'une chose souhaitée, promise, résolue, convenue :

Je me jette aux pieds de la grande bonté qui peult vous donner l'*accomplissement de* mon desir, qui, je suis seure, seroit vostre contentement.

LA REINE DE NAVARRE, *Lettres,* 1546. Lettre 141, à François Ier.

J'escris à la Royne, ma bonne sœur, en faveur du sieur de La Noue pour l'*accomplissement de* la grâce qu'elle luy avoit ci-devant accordé.

HENRI IV, *Lettres,* 5 septembre 1589. (Voy. *Lettres missives de Henri IV,* t. III, p. 24.)

Voyez quelle sérénité cet *accomplissement de* ses desirs répand dans son cœur et sur son visage.

LA BRUYÈRE, *Caractères,* c. 8.

On peut dire que l'*accomplissement de* ses promesses est la preuve la plus décisive du miracle de sa résurrection.

MASSILLON, *Carême.* Le jour de Pâques.

Demandez au Seigneur, pour l'*accomplissement de* ses desseins sur son Église, des princes religieux, des pasteurs fidèles.

LE MÊME, *ibid.* Jeudi de la 1re semaine.

Dieu, qui souffle sur les projets des hommes, n'a pas permis l'*accomplissement de* celui-là.

Je triomphois, je me vengeois, je nageois dans ma vengeance ; je jouissois du plein *accomplissement des* desirs les plus véhémens et les plus continus de toute ma vie.

SAINT-SIMON, *Mémoires,* 1711, t. X, c. 7 ; 1718, t. XVII, c. 8.

C'est un bonheur rare que le projet le mieux pensé vienne à son entier *accomplissement.*

FONTENELLE, *Éloge du P. Sébastien.*

Soit d'une chose prédite :

Les devins... le prindrent en mauvaise part, craignans que ce ne feust l'*accomplissement de* la prophetie qui leur promettoit que les Atheniens debvoyent une fois prendre tous les Syracusains.

AMYOT, Trad. de Plutarque, *Vie de Nicias,* c. 8.

Dieu donna à la majesté de son fils de faire taire les prophètes durant tout ce temps, pour tenir son peuple en attente de celui qui devoit être l'*accomplissement de* tous leurs oracles.

BOSSUET, *Discours sur l'histoire universelle,* II, 4.

Tout ce que vous avez pensé de Maëstricht est arrivé comme l'*accomplissement d*'une prophétie.

Mme DE SÉVIGNÉ, *Lettres,* 11 septembre 1676.

Et ce qui fut prédit par la voix des prophètes
Trouve au sang de David son *accomplissement.*

RACAN, *Cantique de Zacharie.*

Soit d'une chose ordonnée :

A bon droict il (saint Paul) nomme Jesus Christ l'*accomplissement* ou la fin *de* la Loy.

CALVIN, *Institution chrestienne,* l. II, c. 7, § 2.

C'est une erreur de condamner généralement toutes

les communions qui précèdent l'*accomplissement de* la pénitence.

Arnauld, *De la fréquente Communion*, partie II, c. 5.

Il tient leurs cœurs entre ses mains et les tourne comme il lui plaît, afin qu'ils servent à l'*accomplissement de* ses volontés et à l'avancement de sa gloire.

Fléchier, *Oraison funèbre de Marie-Thérèse.*

Il faut s'envelopper dans sa vertu et chercher sa consolation dans l'*accomplissement des* œuvres de Dieu.

Le même, *Lettres*, CXII.

On a dit dans un sens analogue *accomplissement de Justice :*

Enquerre la vérité des crimes et malefaçons dessus dictes... et... faire sur ce *accomplissement de justice*.

Lettres de rémission de 1334. (*Trésor des Chartes*, c. LXVI, pièce 1461. Voir *Bibl. de l'École des Chartes*, IVe série, t. II, p. 69.)

Parmy les promesses dessusdictes, ledit Roy d'Angleterre et duc de Guyenne doit deffendre les dessusdiz seigneurs envers tous et contre tous..... et fera et aydera à faire bon *acomplissement de justice* du duc de Bourgogne.

Monstrelet, *Chroniques*, vol. I, c. 101.

A l'emploi d'*accompli*, signifiant Complet, parfait, répond l'emploi d'accomplissement dans les exemples suivants, où il est dit de Ce qui met le comble à une chose :

Ce que l'on ne debvroit pas appeler punition simplement, mais achèvement et *accomplissement de* punition.

Amyot, Trad. de Plutarque, *OEuvres morales*. Pourquoy la justice divine diffère quelquefois la punition des maléfices.

Et pour *accomplissement de* tout malheur, ceste prodigieuse et monstrueuse mort (de Henri III) estant survenue, me fait desormais avoir regret à ma vie.

Le même, *Lettre au duc de Nivernoys*, août 1589. (Voir de Blignières, *Essai sur Amyot*, 1851, p. 345-346.)

Messire Antoine Du Prat, chancelier de France, avoit pris la première nourriture dedans le Palais de Paris, accroissement de fortune par la maison d'Angoulesme, sous le regne de Louys douziesme, et *accomplissement de* grandeur sous celuy de François Ier.

Les vers des Grecs et des Romains, si ainsi me permettez de le dire, marchent et vont avec leurs pieds, et les nostres glissent et coulent doucement sans pieds, voire quand bien il n'y auroit point de rime, en laquelle toutefois gist l'*accomplissement de* nos vers.

Est. Pasquier, *Recherches de la France*, VI, 11; VII, 8.

Il faut que les perfections de l'entendement donnent l'*accomplissement* à celles de la volonté.

Leibnitz, *Théodicée*, préface.

Il y a d'anciens exemples du mot

ACCOMPLISSEUR, s. m. (Voir les dictionnaires de Cotgrave, Oudin, le *Glossaire* de Sainte-Palaye).

Accomplisseur de mes desirs.

J.-A. de Baïf, *L'Eunuque*, V, 9.

ACCOQUINER, ACCOQUINANT, voyez Acoquiner, acoquinant.

ACCORDER, v. a.

On a écrit, par un seul *c*, acorder ou encore acourder; voyez les exemples ci-après.

Quelques étymologistes tirent accorder du latin *chorda, corde*, et regardent par conséquent comme ses sens primitifs et propres ceux par lesquels il se rapporte, ainsi que ses dérivés *accord, accordance*, etc., à la disposition harmonique des cordes d'un instrument, au concert des instruments et des voix. D'autres, au contraire, considérant que ce genre d'acception, probablement figuré, ne se rencontre pas dans les plus anciens textes français; que les mots de la basse latinité qui répondent à *accord, accordia, accordium*, ont une grande analogie avec les mots latins dérivés de *cor, concordia, discordia*, etc., font venir, non sans beaucoup de vraisemblance, accorder de *ad* et *cor*.

Peut-être faut-il accepter à la fois l'une et l'autre étymologie et reconnaître dans accorder, nous avons déjà eu occasion de le dire (*Avertissement*, p. IX), « un de ces mots mixtes que la jonction d'un double courant est, pour ainsi dire, venue apporter à la langue. »

ACCORDER, signifie donc au propre « Amener à ung cœur, à une mesme volonté, » disent Robert Estienne et Nicot, Réunir dans un sentiment commun, remettre en bonne intelligence des personnes divisées.

Chascun des parties devoit envoyer quatre personnes souffisans pour traicter toutes bonnes voyes pour *accorder* les parties.
FROISSART, *Chroniques*, l. I, part. I, c. 143.

Le roy Louis XII..... dépescha monseigneur François, duc de Valois....., afin de les *accorder* et assopir la jalousie qu'ils pouvoient avoir l'un de l'autre.
M^m DU BELLAY, *Mémoires*, liv. I, ann. 1512.

On ne se mettoit point en peine d'*accorder* les princes chrétiens pour faire une ligue contre le Turc.

Jésus-Christ a ainsi traité les sages du monde : de cette sorte il a pacifié leurs querelles et leurs guerres. En les réfutant tous, il les *a* tous *accordés*.
BALZAC, *le Prince*, avant-propos; *Socrate chrétien*, disc. I.

On vous employe à *accorder* les Suédois et les Impériaux.
VOITURE, *Lettres*, CLXXXVII. A monseigneur d'Avaux.

Le lendemain, s'étant rencontré lorsque quelques-uns d'eux se querelloient..... et tâchant de les *accorder*, il leur dit : ...
LEMAISTRE DE SACY, *Traduction des Actes des apôtres*, c. 7.

J'étois fatigué de me trouver toujours entre ces deux hommes que je ne pouvois *accorder*.
FÉNELON, *Télémaque*, XIII.

Seigneur cavalier, répondit la dame, cherchez un autre tempérament pour les *accorder*. Pourquoi me rendre la victime de leur accommodement ?
LE SAGE, *le Diable boiteux*, c. 13.

Il parut que le cardinal de Richelieu avait trop présumé, et qu'il est plus difficile d'*accorder* des théologiens que de faire des digues sur l'Océan.
VOLTAIRE, *Siècle de Louis XIV*, c. 36.

A lendemain, quant armé furent
Et il combatre se redurent,
La roïne les *accorda*.
WACE, *Roman de Brut*, v. 5254.

Tuz *accorda* ses ennemis.
MARIE DE FRANCE, *lai d'Eliduc*, v. 747.

Un quart voleur survient, qui les *accorda* net,
En se saisissant du baudet.

Vous voyez, reprit-il, l'effet de la concorde;
Soyez joints, mes enfans, que l'amour vous *accorde*.
LA FONTAINE, *Fables*, I, 13; IV, 18.

Des arbitres, dis-tu, peuvent nous *accorder*.
BOILEAU, *Satires*, X.

Dans le passage suivant, ACCORDER est dit, par allusion à cette manière de parler, d'une seule personne, qui, partagée entre plusieurs opinions, se met, en quelque sorte, d'accord avec elle-même.

Un..... voyant que l'un disoit qu'au commencement du repas il fallait mettre force eau, l'autre que c'estoit à la fin, va dire que leurs discords l'*accordoient* à ne mettre d'eau dans son vin, ny au commencement de table, ny au milieu, ny à la fin.
G. BOUCHET, *Sérées*. 1re Sérée. Du vin.

Quelquefois, dans la même forme de construction, le sens d'ACCORDER est complété par l'expression *entre eux*, *ensemble*.

Accordez sont tout maintenant
Entr'eus deux.
G. GUIART, *Royaux lignages*, v. 1231.

On dit fréquemment ACCORDER une personne *avec* une autre.

Soudain le roy (Henri III) commanda que l'on fît venir Bussy pour l'*accorder avec* Quélus.
MARGUERITE DE VALOIS, *Mémoires*, ann. 1578.

Accorde qui pourra le père *avec* la fille;
L'égarement d'esprit règne sur la famille.
P. CORNEILLE, *la Suivante*, IV, 5.

On a dit ACCORDER une personne *à* une autre;

Se jà *à* vos François *accorder* me povés.
Chanson d'Antioche, ch. V, v. 174.

S'au roi *acorder* le pooit,
Il en avoit au cuer grant joie.
Roman du Renart, v. 19138.

Ou bien encore *envers* une personne :

Jà n'en serons *envers* Dieu *acordé*,
Se sa pitié ne vaint no cruauté.
Raoul de Cambrai, p. 63.

ACCORDER, s'emploie par extension en parlant des choses ;

Soit, dans certains cas, des choses matérielles, par exemple deux montres qu'il s'agit de faire marcher ensemble, des bataillons qu'on dispose régulièrement, etc. :

On auroit pu ajouter à ces conseils de charité évangélique la réflexion plus frappante encore de Charles-Quint qui, ne pouvant *accorder* deux montres, s'étonnoit d'avoir fait tant d'efforts durant quarante ans de règne pour accorder vingt millions d'hommes sur l'invocation des saints et la présence réelle.

D'ALEMBERT, *Éloge de Colbert.*

Il seroit plus difficile *d'accorder* les horloges de la capitale que les arbitres de nos productions.

DIDEROT, *Essai sur les règnes de Claude et de Néron.* Conclusion.

Piritoüs *a* conzées (disposées, rangées)
Ses batailles et *accordées*
D'un à l'autre.

Athis, ms., fol. 71 v°, col. 2 (cité par Sainte-Palaye).

Soit, plus ordinairement, des choses abstraites, dont on fait disparaître la contrariété, la contradiction, que l'on concilie :

Le mareschal d'Estrées, qui vit que le cardinal se mettoit dans l'esprit de se restablir dans le public en *accordant* les affaires de Bordeaux et en remettant l'ordre dans les rentes.....

LE CARDINAL DE RETZ, *Mémoires,* part. II, année 1650.

Accordez ces discours que j'ai peine à comprendre.

P. CORNEILLE, *Pompée,* V, 3.

Mon vin a la vertu d'assortir les humeurs,
D'*accorder* les esprits, de rapprocher les mœurs ;
De trente nations il n'en fait qu'une à table.

DUFRESNY, *le Mariage fait et rompu,* I, 2.

On dit de cette manière ACCORDER une chose et une autre, deux choses entre elles, ensemble.

Corneille *accorde* heureusement la vraisemblance et le merveilleux.

J. RACINE, *Réponse à Thomas Corneille,* 2 janvier 1685.

Vous saurez *accorder* votre amour et ma gloire.

P. CORNEILLE, *Sertorius,* III, 4.

Et je saurai peut-être *accorder* quelque jour
Les soins de ma grandeur et ceux de mon amour.

J. RACINE, *Andromaque,* I, 2.

Qu'il est doux *d'accorder* l'amour et la grandeur !

QUINAULT, *Roland,* IV, 6.

Qu'il est doux *d'accorder* ensemble
La gloire et les plaisirs !

LE MÊME, *le Retour des plaisirs,* prologue.

Ou bien ACCORDER une chose *avec* une autre.

La cour a produit certains docteurs qui ont trouvé le moyen *d'accorder* le vice *avec* la vertu.

BALZAC, *le Prince,* c. 8.

Je vous dirai néanmoins, Madame, que j'y ai beaucoup appris (dans un livre du médecin Menjot) par la manière dont il *accorde,* en peu de mots, l'immatérialité de l'âme *avec* le pouvoir qu'a la matière d'altérer ses fonctions et de causer le délire.

PASCAL, *Lettre à Mme de Sablé,* 1660.

Une longue suite de rois d'Assyrie inconnus aux Grecs et qu'il est aisé *d'accorder avec* l'histoire sacrée.

BOSSUET, *Discours sur l'histoire universelle,* I, 7.

Nous est-il aussi aisé *d'accorder* la souveraine liberté de Dieu *avec* sa souveraine immutabilité, qu'il nous est aisé d'entendre séparément l'un et l'autre ?

LE MÊME, *Traité du libre arbitre,* c. IV.

Avec le magnanime et l'héroïque, il sut *accorder* tout le brillant et tout le sublime des talents de l'esprit.

BOURDALOUE, *Oraison funèbre du prince de Condé.*

Je suis persuadée que vous aurez la visite de vos prélats, et que vous serez au nombre des plaisirs qu'ils veulent *accorder avec* leur gloire.

Mme DE SÉVIGNÉ, *Lettres,* 25 août 1680.

Il m'est plus doux de nier Dieu que de l'*accorder avec* une tromperie si spécieuse et si entière.

LA BRUYÈRE, *Caractères,* c. 16.

Quand je vois des hommes qui rampent sur un atôme... se proposer directement pour modèles de la Providence, je ne sais comment *accorder* tant d'extravagance *avec* tant de petitesse.

MONTESQUIEU, *Lettres persanes,* LIX.

Mon cœur, plein de son nom, n'osoit, je le confesse,
Accorder tant de gloire *avec* tant de jeunesse.

J. RACINE, *Alexandre,* III, 3.

Comment peut-on, *avec* tant de colère,
Accorder tant d'amour.
Le même, *Athalie*, III, 8.

J'aime et comme en amour le sort n'*accorde* guère
Le penchant d'une fille *avec* le choix d'un père.....
Palaprat, *la Prude*, I, 8.

Ou bien encore ACCORDER une chose *à* une autre.

..... Aucuns estant pour le party qu'il falloit du tout *accorder* l'escriture *au* parler.
Est. Pasquier, *Recherches de la France*, VIII, 1.

Je ne sais s'il y a moyen de donner des règles fermes pour *accorder* les discours *à* l'inconstance de nos caprices.
Pascal, *Pensées*, part. I, art. 3.

Mais quoi! oublié-je mon triste sujet? et comment *accordé-je* ici le souvenir de ces joyeuses solennités *à* cet appareil de cérémonies funèbres.
Fléchier, *Oraison funèbre de madame la Dauphine.*

On le voit (Louis XIV) au plaisir *préférer* le devoir,
Accorder là clémence *au* suprême pouvoir,
A la sage conduite une vigueur soudaine.
La Monnoye, *Discours sur le duel.*

Dans un sens analogue, ACCORDER peut avoir pour régimes des mots exprimant le défaut de concert, l'opposition qui est entre les personnes et entre les choses. Tels sont les mots *contrariété, contradiction, querelle, différend*, etc. :

Il arriva des ambassadeurs de Lacédœmone, lesquels tindrent les plus honnestes paroles du monde, disans avoir plein pouvoir d'*accorder* et appoincter tous differends avecques toutes raisonnables et équitables conditions.
Amyot, trad. de Plutarque, *Vie d'Alcibiade*, c. 6.

Le bon père jésuite m'avoit promis de m'apprendre de quelle sorte les casuistes *accordent* les contrariétés qui se rencontrent entre leurs opinions et les décisions des papes, des conciles et de l'Écriture.
Pascal, *Provinciales*, VI.

..... Ces fables..... étoient pleines d'une infinité de contradictions qu'il étoit impossible d'*accorder*.
Fleury, *Discours sur l'histoire ecclésiastique*, I.

Ensi *fu* li guerre *acordée*
Et l'ire des frères finée.
Wace, *Roman de Brut*, v. 2873.

D'Albe avec mon amour j'*accordois* la querelle.
P. Corneille, *Horace*, I, 4.

Elle employa sa médiation
Pour *accorder* une telle querelle.
La Fontaine, *Fables*, VII, 8.

L'analogie avait conduit jusqu'à faire régir par ACCORDER des mots exprimant une convention entre des personnes, *paix, trève, conditions*, etc. :

Et *fu* tel lor conseil entr'eux *accordé*.
Villehardoin, *Conqueste de Constantinoble* (éd. de du Cange, p. 6).

Accorder une paix. — Les choses *accordées* aux Estats.
Rob. Estienne, *Dict. françois-latin.*

Le pact *fut accordé*.
Rabelais, *Pantagruel*, III, 23.

Je leur ay dit que les ministres du roy et du grand-duc ne s'estoient point bien entendus jusques icy, et qu'à présent tout estoit *accordé*.
Le cardinal d'Ossat, *Lettres*, l. IV, 12 mai 1598.

Il est certain qu'il faut une grande justesse pour *accorder* l'heure des attaques, et bien du bonheur pour qu'elles réussissent également.
Le cardinal de Retz, *Conjuration de Fiesque.*

Bonnes chartres en furent faites,
Que les rois qui les *açordèrent*
De deux parties scellèrent.
G. Guiart, *Royaux lignages*, v. 1444.

On disait aussi :

ACCORDER une chose *entre soi, ensemble*, ACCORDER *que*, etc.

Fut accordé que chascun se retrayst a sa loge pour boire et manger ce qu'ilz pourroient avoir.
Froissart, *Chroniques*, l. I, part. I, c. 37.

Et pour ne perdre la présence du roy, *accordèrent* ensemble *que* quand le mary iroit en ses maisons aux champs, elle le feroit sçavoir au roy.
La reine de Navarre, *Heptaméron*, 3e nouvelle.

A la fin... ils *accordèrent* entre eulx, *qu'*ilz decideroient ce différend par le vol des oiseaux...
Amyot, trad. de Plut., *Vie de Romulus*, c. 14.

Nous allons conclure ces mariages, *accorder* quand et où se fera le banquet.

    P. LARIVEY, *le Morfondu*, V, scène dernière.

... Flamans *acorder* vouloient
Que leurs forteresses devoient
Abatre et paier les despans.

    GODEFROY DE PARIS, *Chron. métrique*, v. 6551.

ACCORDER une chose *avec*.

..... Ce nous a esté très-grand plaisir d'entendre au retour des deputez de notre très-cher et très-honoré seigneur et pere le roi et nostres, ce qu'ils *ont accordé avecques* les vostres touchant la bonne paix, amytié et reconciliation que desirions estre faicte.

    MARIE STUART, *Lettres*, 21 avril 1559. A Élisabeth.

Quand quelqu'un veut se marier de cette première façon, il *accorde avec* les parens de la fille qu'il a envie d'épouser, combien de dot il donnera à leur fille.

    THÉVENOT, *Voyage de Levant*, c. XLI.

Je pensois faire marché en argent avec l'exprès; mais il le fallut faire en toile. Mon conducteur *accorda avec* luy à deux pièces de toile bleue, à condition qu'il seroit de retour en deux jours et demi.

    CHARDIN, *Journal du voyage en Perse*, part. I.

ACCORDER une chose *à* quelqu'un, pour En convenir.

Ilz *accordent* les uns *aux* autres *qu*'ilz ne se loueroient point un terme que par certain pris.

    Modus et Racio, ms., fol. 223 v° (cité par Sainte-Palaye).

ACCORDER *à* une chose, pour Y consentir.

J'accorderoye incontinent sans difficulté à leur opinion.

    CALVIN, *Institution chrestienne*, liv. II, c. 5, § 7.

On a dit aussi absolument ACCORDER pour Convenir.

Ains *accordèrent* ses ennemis entre eux paisiblement.

Après ce parlement, quand ainsi *fut accordé*.....

    FROISSART, *Chroniques*, l. I, part. I, c. 9; 14.

Ainsi *fut* traictié, *accordé*, consenty et tenu.

    ALAIN CHARTIER, *Histoire de Charles VII*, année 1449.

... Et feit aucunes ouvertures, disant audict duc que ceulx qui estoient en Bretagne pourroient bien *accorder* sans luy.

    COMMYNES, *Mémoires*, II, 5.

ACCORDER *avec* ou *à* quelqu'un, pour Traiter, convenir avec quelqu'un, *accorder ensemble*, pour Se concilier.

Ils *accordèrent aus* amiraux en tel manière, que sitôt......

    JOINVILLE, *Histoire de saint Louis*.

Elle est telle que vous nous aydiez à *accorder au* comte Derby et aux Anglois, afin que nous demeurions en paix.

    FROISSART, *Chroniques*, l. I, part. I, c. 234.

Je vous conseille que vous *accordiez à* vos adversaires et que vous ayez paix avec eulx.

    Le Ménagier de Paris, 1re distinction, 9e art., t. I, p. 226.

Il faut que vous *accordiez avec* luy, et que vous lui quittiez l'héritage en recevant cent escus.....

    HENRI ESTIENNE, *Apologie pour Hérodote*, l. I, c. VI.

Nous avançons la paix tant qu'il nous est possible, *ayans*, ces jours, *accordé avec* ceux du Languedoc.

    HENRI IV, lettre de mars 1581. (Voir *Lettres missives d'Henri IV*, t. I, p. 366).

... Ce dernier se plaignoit d'avoir été contraint..... *d'accorder avec* sa partie, à d'injustes... conditions.

    MÉZÉRAY, *Histoire de France*, Henri III, ann. 1576.

Monseigneur, *accordons* ensemble;
Pour Dieu, que je ne plaide point.

    Farce de Pathelin.

Quoy que je luy voulsisse dire,
Elle estoit preste d'escouter,
Sans *m'accorder* ne contredire.

    VILLON, *Double ballade.*

On a dit, pour Convenir de, *accorder de, accorder entre soi de* ou *que*.

Ils *accordèrent* entre eux *de* tirer au sort.

    AMYOT, trad. de Plutarque. *Vie de Thésée*, p. 58.

Du temps et *du* lieu *acordâmes*.

    J. A. DE BAÏF, *l'Eunuque*, III, 4.

Elle n'*accordera* jamais
D'espouser un clerc du palais.

    R. BELLEAU, *la Reconnue*, III, 3.

De là ces expressions du langage judiciaire que donne le dictionnaire latin-français de Rob. Estienne: *Accorder* et convenir *de juges*; convenir et *accorder de juges*.

ACCORDER est d'usage en grammaire et signifie Mettre les mots comme ils doivent être les uns par rapport aux autres.

La distinction des deux nombres, singulier et pluriel, a obligé d'*accorder* le substantif *avec* l'adjectif en nombre, c'est-à-dire de mettre l'un au singulier ou au pluriel, quand l'autre y est.
M.-M. DE PORT-ROYAL, Grammaire générale.

Il faut les *accorder* en genre, en nombre, en cas.
REGNARD, le Distrait, III, 3.

ACCORDER, soit d'après l'étymologie qui lui a été assignée plus haut *ad cor*, et l'extension figurée qui l'a rendu propre à exprimer des rapports de convenance entre les choses, soit comme dérivé du mot *chorda*, a reçu un sens particulier relatif à l'harmonie musicale et qui en fait un terme de musique fort usité.

Accorder un instrument, c'est Mettre les cordes juste au ton où elles doivent être entre elles.

Ainsi fait le bon amy comme le sçavant musicien, qui, pour *accorder* son instrument, tend aucunes de ses cordes et en lasche les autres.
AMYOT, trad. de Plutarque, OEuvres morales. Comme il faut discerner le flatteur d'avec l'amy.

Pour la musique, je m'y plaisois fort; mais j'avois l'oreille et la voix si discordantes, que je n'ay jamais pu *accorder* un luth.
RACAN, Lettres, X, novembre 1656.

En *accordant* un instrument, nous tâtons la corde à diverses fois jusques à ce que nous l'ayons mise à notre point.
BOSSUET, de la Connoissance de Dieu et de soi-même, c. V, art. 5.

Elle se rendit de bonne grâce à ses instances, prit un luth tout *accordé*, joua quelques airs tendres.
LE SAGE, Gil Blas, VIII, 2.

Poussé du Saint-Esprit, lui-même il *accordoit*
Sa harpe à chanter tes merveilles.
P. CORNEILLE, l'Imitation, IV, 1.

Vous seriez trop longtemps, Monsieur, à l'*accorder* (une
Et de plus mon valet a la clef dans sa poche. [basse),
REGNARD, le Bal, sc. 10.

C'est Virgile *accordant* sa lyre harmonieuse.
DELILLE, l'Imagination, V.

Accorder des instruments, c'est les Mettre tous au ton où ils doivent être les uns à l'égard des autres.

Essayez d'*accorder* la lyre et le hautbois.
J.-B. ROUSSEAU, Poésies en musique.

On dit proverbialement *accorder ses flûtes*, pour Convenir entre soi de ce qu'on veut faire, convenir des moyens de faire réussir un dessein.

Voyez comment ces pauvres gens *accordent leurs flûtes*.
J.-J. ROUSSEAU, Lettres, 8 février 1765.

Peut-être y a-t-il une allusion à cette expression proverbiale dans la phrase suivante :

Dionysius se mocquoit des grammairiens........ qui *accordent leurs fleutes* et *n'accordent* pas leurs mœurs.
MONTAIGNE, Essais, I 24.

ACCORDER *sa voix, son chant* et *un instrument, avec* ou *à un instrument*, et réciproquement, c'est Faire que de l'un et de l'autre il résulte un concert régulier et agréable.

Et pour mieux honorer le nom du roy des rois,
Accordez dans vos chants vos cœurs *à* vos paroles
Ainsi que vos luths *à* vos voix.

C'est en vain que pour plaire à ces sourdes idoles,
Nous *accordons* nos luths, nos chants et nos paroles.
RACAN, Psaumes, XXXII; CXIII.

Les bergers, *accordant* leur musette *à* leur voix,
D'un pied léger foulent l'herbe naissante.
Mme DESHOULIÈRES, idylle. Les Oiseaux.

De là les expressions figurées que présentent les exemples suivants :

L'églogue, dit Euclide, doit peindre les douceurs de la vie pastorale; des bergers... tantôt *accordent* leurs chalumeaux *au* murmure des eaux et du zéphyr, tantôt chantent leurs amours.

> Barthélemy, *Voyage d'Anacharsis,* c. 80.

Là, pour charmer nos sens, grands et petits oiseaux
Volant de toutes parts aux bords de ces fontaines,
Accordent leur ramage *au* murmure des eaux
Qui du haut des rochers dégoutent dans les plaines.

> Racan, *Psaumes,* CIII.

Près du temple sacré les grâces demi-nues
Accordent à leurs voix leurs danses ingénues.

> Voltaire, *la Henriade,* ch. IX.

D'ACCORDER en ce sens on a fait DÉSACCORDER. (Voyez ce mot.)

On a dit, dans un sens analogue, transportant le mot d'un art à un autre, ACCORDER un tableau, pour y mettre de l'harmonie.

Quel est donc pour moi le vrai, le grand coloriste ? c'est celui qui a pris le ton de la nature et des objets bien éclairés, et qui a su *accorder* son tableau.

> Diderot, *Essai sur la peinture,* c. 11.

ACCORDER, dans un ordre d'acceptions qui semble lui donner pour origine l'expression composée *ad cor,* signifie Octroyer.

D'un supérieur envers le requérant, *accorder* est Ottroyer;........ aussi les placets présentez... à nos rois estoient et sont tousjours couchez en ces mots : plaise au roi *accorder,* c'est-à-dire Ottroyer.

> Nicot, *Thresor de la langue françoise.*

ACCORDER en ce sens a ordinairement pour régime à l'actif, et au passif pour sujet le nom, quel qu'il soit, de la chose que l'on accorde.

Tous les capitaines et soldats... vous obligerons nos testes que tous combattrons le jour de la bataille, si vous plaist de l'*accorder,* et nous donez congé de combattre.

> Montluc, *Commentaires,* liv. II.

Ce qui *est accordé* à force de prières est bien chèrement vendu.

> Charron, *de la Sagesse,* III, 11.

Les Volsques... maîtres de la campagne et du pays,... menaçoient de tout perdre si on n'*accordoit* leur demande.

> Bossuet, *Discours sur l'Histoire universelle,* III, 6.

Le monde est plus séduisant par les charmes qu'il promet, qu'il ne l'est par les faveurs réelles qu'il *accorde.*

> Massillon, *Panégyrique de S. Benoît.*

De là il suivoit que les juges chez les Romains n'*accordoient* que la demande précise, sans rien augmenter, diminuer, ni modifier.

> Montesquieu, *Esprit des lois,* VI, 4.

La patience obtient quelquefois des hommes ce qu'ils n'ont jamais eu l'intention d'*accorder.*

> Vauvenargues, *Réflexions et maximes,* CCCCXXXIX.

Le sujet qui sollicite une injustice est moins coupable que le prince qui l'*accorde* sans examen.

> Barthélemy, *Voyage d'Anacharsis,* c. 6.

Je ne te veux qu'un mot, *accorde* ma prière.

> Rotrou, *Saint-Genest,* IV, 4.

Accordez ma prière ou tremblez pour vos jours.

> Voltaire, *Oreste,* IV, 3.

ACCORDER une chose *à* quelqu'un est de l'usage le plus fréquent.

Je vous vouldroye bien prier que..... vous *nous accordez* ung respit qui dure demain seulement.

> Froissart, *Chroniques,* liv. I, part. I, c. 255.

Une requeste *m'avez accordée,* et encoire une aultre je vous fays.

> Le livre du chevalereux comte d'Artois, p. 76.

Saint Augustin disoit aussi en parlant des commandemens : *accordez-moi* ce que vous me commandez.

> Bossuet, *Méditations sur l'Évangile,* la Cène, part. II, LXVIIIe jour.

Pour nous dégoûter d'un bien que nous avons longtemps désiré, il suffit que la Providence *nous* l'*accorde.*

> Massillon, *Sermons.* Purification.

La prière qu'il (Apollonius de Thyane) avait coutume de faire aux dieux est admirable : « Dieux immortels ! *accordez-nous* ce que vous jugerez convenable et dont nous ne soyons pas indignes. »

> Voltaire, *Essai sur les mœurs,* Introduction, c. 33.

ACCORDER dans cette forme de construction comme dans celles dont il sera question plus loin, sert à exprimer des nuances très-diverses, à donner l'idée;

Tantôt d'un consentement, d'une grâce obtenus avec peine :

Le roi s'humilia, et donna et *accorda* trèves *au* duc de Brabant.

Ledit messire Charles ne savoit mie quel don il vouloit demander, car, s'il l'eût sçu, jamais ne *lui eût accordé.*

FROISSART, *Chroniques,* liv. I, part. I, c. 54 ; 187.

Si quelqu'un se hasarde de lui emprunter quelques vases, il les lui refuse souvent; ou, s'il les *accorde,* il ne les laisse pas enlever qu'ils ne soient pesés.

LA BRUYÈRE, *Caractères de Théophraste,* c. 18.

Je demande une grâce que je crains qu'on ne *m'accorde* pas.

On ne *leur accorda* que ce qu'il étoit impossible de leur refuser.

MONTESQUIEU, *Esprit des lois,* préface; XXXI, 23, note.

Le pape Clément VII ne put alors se dispenser *d'accorder à* Charles-Quint outragé, et *aux* prérogatives du saint-siége, une bulle contre Henri VIII; mais le pape par cette bulle perdit le royaume d'Angleterre.

VOLTAIRE, *Essai sur les mœurs,* c. 135.

Je consens que vous ne *m'accordiez* rien qu'à titre de grâce.

J.-J. ROUSSEAU, *Lettres,* 17 juin 1764.

C'est une occasion qu'au ciel j'ai demandée,
Sans que, jusqu'à cette heure, il *me l'ait accordée.*

Enfin je vois qu'il faut se résoudre à céder,
Qu'il faut que je consente à *vous tout accorder.*

MOLIÈRE, *le Tartuffe,* III, 3 ; IV, 6.

Mais, avec tant d'ardeur, pourquoi me demander
Ce que ma gloire ici ne *vous peut accorder ?*

LA FOSSE, *Manlius,* III, 2.

Et d'ailleurs j'avoûrai qu'*au* plus mauvais ouvrage
Bien souvent, malgré moi, j'*accorde* mon suffrage.

DESTOUCHES, *le Glorieux,* II, 5.

Tantôt au contraire d'une adhésion facile, d'une condescendance, d'une prévenance généreuse, de faveur, de libéralité :

Plutarque dit que ceux qui par le vice de la mauvaise honte sont mols et faciles à *accorder* quoy qu'on leur demande, sont faciles après à faillir de parole et à se desdire.

MONTAIGNE, *Essais,* III, 10.

Ç'a esté une reigle fort familière aux Ecclesiastics de tirer à nécessité ce que, du commencement, on *leur avoit accordé* par dévotion.

EST. PASQUIER, *Recherches de la France,* III, 4.

Refusa-t-il à quelqu'un la liberté de lui dire des choses nécessaires? n'*accorda-t-il* pas *à* plusieurs la consolation de lui en dire de superflues?

FLÉCHIER, *Oraison funèbre de M. de Lamoignon.*

Également reconnoissante de ce qu'on *lui accordoit* avec plaisir ou de ce qu'on lui refusoit avec peine.

LE MÊME, *Oraison funèbre de Madame la Dauphine.*

Le père et la fille *vous accordent* la prière que vous leur faites d'être toujours l'un à l'autre la consolation de leur vie.

BUSSY-RABUTIN, *Lettres,* 28 octobre 1683, à Mme de Sévigné.

Le même prince qui refuse aujourd'hui une chose, et qu'il croit lui-même qu'il n'accordera jamais, l'*accorde* au bout de quelque temps.

LE MÊME, *Lettres,* 6 août 1687.

Le sénat se défendoit par une condescendance paternelle à *accorder au* peuple une partie de ses demandes.

Si elle (la Providence) ne les *avoit accordées* (les richesses) qu'*aux* gens de bien, on ne les auroit pas assez distinguées de la vertu, et on n'en auroit plus senti tout le néant.

MONTESQUIEU, *Grandeur des Romains,* c. 8 ; *Lettres persanes,* XCVIII.

A elle point mis en oubly
Ce qu'il lui pleut de *m'accorder*
Quand me donna le nom d'amy.

CHARLES D'ORLÉANS, *Ballades,* XXXII.

Toutes les dignités que tu m'as demandées,
Je *te* les *ai* sur l'heure et sans peine *accordées.*

P. CORNEILLE, *Cinna,* V, 1.

Pour *vous* tout *accorder* il suffit qu'il vous aime.

BOURSAULT, *Ésope à la ville,* V, 1.

Tous vos désirs, Esther, *vous seront accordés.*

J. RACINE, *Esther,* III, 4.

Qu'à chacun Jupiter *accorde* sa requête,
Nous lui romprons encor la tête.

LA FONTAINE, *Fables,* VI, 11.

Le ciel, pour aborder cette rive étrangère,
Accorde à tout mortel une barque légère.

VOLTAIRE, *Discours sur l'homme.*

Malheur à qui les dieux *accordent* de longs jours.
Saint-Lambert, *les Saisons*, L'Automne.

Dans cette manière de parler ACCORDER est synonyme d'Attribuer :

Il me semble que le mieux qu'on puisse faire pour les animaux, c'est de *leur accorder* des sensations.
Bossuet, *de la Connoissance de Dieu et de soi-même*, c. 5, art. V.

Tout favorise... une jeune personne, jusqu'à l'opinion des hommes qui aiment à *lui accorder* tous les avantages qui peuvent la rendre plus souhaitable.

Tel... s'applaudit d'un mérite rare et singulier qui *lui est accordé* par sa famille, dont il est l'idole, mais qu'il laisse chez soi toutes les fois qu'il sort, et qu'il ne porte nulle part.
La Bruyère, *Caractères*, c. 3 ; 12.

Quelquefois un grand homme donne le ton à tout son siècle : celui *à* qui on pourroit le plus légitimement *accorder* la gloire d'avoir établi un nouvel art de raisonner étoit un excellent géomètre.
Fontenelle, *Éloges*, préface.

Il n'y a point de vertu que le peuple n'*accorde à* ceux qu'il plaint ou qu'il regrette.
Mme de Lambert, *Discours sur la différence qu'il y a de la réputation à la considération.*

C'est, ce me semble, une preuve assez forte que les Français, quand ils sont bien conduits, peuvent avoir ce courage patient qui est quelquefois aussi nécessaire que l'ardeur impétueuse qu'on *leur accorde.*
Voltaire, *Essai sur les mœurs*, c. 122.

ACCORDER *à*, quelle que soit la nature du consentement qu'il exprime, se construit aussi avec un nom abstrait.

Que si Dieu *accorde aux* prières les prospérités temporelles, combien plus *leur accorde-t-il* les vrais biens, c'est-à-dire les vertus!
Bossuet, *Oraison funèbre de Marie-Thérèse d'Autriche.*

Otant ainsi aux particuliers l'espérance d'obtenir de lui par importunité ou par amitié ce qu'il n'*avoit accordé* ni *à* la reconnaissance qu'il avoit pour son bienfaiteur, ni *au* respect qu'il devoit à la plus grande reine du monde.
Fléchier, *Oraison funèbre de M. de Lamoignon.*

Semblables à ceux qui voient de loin périr un homme

au milieu des flots, ils peuvent tout au plus *accorder* des larmes *à* son malheur, ou faire des vœux inutiles pour sa délivrance.
Massillon, *Mystères*. Sermon du jour de l'Assomption.

Le roi répondit qu'il avait refusé à ses amis la grâce du criminel, et qu'il n'*accorderait* jamais *à* l'intérêt ce qu'il n'avait pas donné à l'amitié.
Voltaire, *Histoire de Charles XII*, liv. III.

Permets que ta clémence à mes désirs propice
Accorde à mon remords ce que de ta justice
Je ne puis espérer.
Racan, *Psaumes*, LIV.

Sa grâce à vos désirs pouvoit *être accordée.*
J. Racine, *Andromaque*, III, 6.

Le ciel peut *à* nos pleurs *accorder* son retour.
Le même, *Phèdre*, II, 5.

D'autre part, dans cette locution *accorder à*, ACCORDER a quelquefois pour régime un nom de personne :

On fut contraint de *lui accorder* (au peuple) des magistrats particuliers.
Bossuet, *Discours sur l'histoire universelle*, III, 7.

Les chefs de l'armée s'assemblèrent dès le lendemain pour *accorder* un roi *aux* Dauniens.
Fénelon, *Télémaque*, XXIV.

Au lieu de dix chrétiens que je dus *t'accorder*
Je t'en veux donner cent, tu les peux demander.
Voltaire, *Zaïre*, I, 4.

ACCORDER ou ACCORDER *à*, sont quelquefois liés par la conjonction *que* à une proposition.

Constantin troisiesme, voyant combien son authorité estoit diminuée à l'endroict des papes,... *accorda que* l'eslection des papes fut bonne et valable sans attendre son consentement ou de son lieutenant.
Est. Pasquier, *Recherches de la France*, III, 4.

Puisque vous le voulez, *j'accorde* qu'il le fasse.
P. Corneille, *le Cid*, IV, 5.

On dit aussi ACCORDER *de.*

Les dieux ne lui ont point *accordé de* revoir sa patrie.
Fénelon, *Télémaque*, III.

ACCORDER peut, enfin, être employé absolument.

Il écoutoit avec patience, il *accordoit* avec bonté, et refusoit même avec grâce.

FLÉCHIER, *Oraison funèbre de M. Letellier.*

On ne sait quelle fut plus grande, ou dans les plébéiens la lâche hardiesse de demander, ou dans le sénat la condescendance et la facilité d'*accorder*.

Lorsqu'un ministre refuse, on s'imagine toujours que le prince *auroit accordé*.

MONTESQUIEU, *Esprit des lois*, XI, 18; XII, 23.

On n'*accorde* qu'à regret *au* mérite; cela ressemble trop à la justice, et l'amour-propre est plus flatté d'accorder des grâces.

DUCLOS, *Considérations sur les mœurs*, c. 7.

Il faut que l'enfant demande, et non qu'il commande; il faut que la mère *accorde* souvent, mais qu'elle ne cède jamais.

J. J. ROUSSEAU, *Lettres*, 3 septembre 1764.

ACCORDER, dans un sens analogue, signifie, Pardonner une chose à quelqu'un, la lui passer.

Que se peut refuser la foiblesse humaine, pendant que le monde *lui accorde* tout.

BOSSUET, *Oraison funèbre de la duchesse d'Orléans.*

Il signifie aussi Consentir à reconnaître une chose pour vraie, en faire la concession.

Vous *m'accorderez qu'*il est permis à ceux qui sont injustement persécutés, de déplorer leur infortune.

COEFFETEAU, *Histoire romaine*, XI.

Quoi que ce soit qu'on veuille persuader, il faut avoir égard à la personne à qui on en veut, dont il faut connoître l'esprit et le cœur, quels principes il *accorde*, quelles choses il aime.

PASCAL, *Pensées*, part. I, art. 3.

Je ne puis pardonner à Descartes; il voudrait bien dans toute sa philosophie se pouvoir passer de Dieu; mais il n'a pu s'empêcher de *lui accorder* une chiquenaude pour mettre le monde en mouvement; après cela il n'a plus que faire de Dieu.

LE MÊME, voir *Mémoires de mademoiselle Périer.*

Plutôt que d'*accorder qu'il* faille dire la forme d'un chapeau, j'*accorderois que* je ne suis qu'une bête.

MOLIÈRE, *le Mariage forcé*, sc. 6.

Après beaucoup de discours où Bucer montra toute sa souplesse, Luther prit pour rétractation les articles que *lui accordèrent* ce ministre et ses compagnons.

BOSSUET, *Hist. des variations des églises protestantes*, l. 4, n. 22.

Mais quoi! (Sénèque) n'*accordera-t-il* pas *que* son sage peut devenir misérable, puisqu'il *accorde qu'*il n'est pas insensible à la douleur?

MALEBRANCHE, *Recherche de la vérité*, l. II, part. III, c. 4.

L'on reçoit le reproche de la distraction et de la rêverie, comme s'il *nous accordoit* le bel esprit.

Ils ne nient ces choses ni ne les *accordent*; ils n'y pensent point.

LA BRUYÈRE, *Caractères*, c. 11; 16.

Ceux-là sont impies envers les dieux, dit Platon, qui nient leur existence ou qui l'*accordent*, mais soutiennent qu'ils ne se mêlent point des choses d'ici-bas.

MONTESQUIEU, *Esprit des lois*, XXV, 7.

Nous ressemblions, dans ces temps-là, aux Chinois, qui se croyaient le seul peuple raisonnable, et qui n'*accordaient* pas *aux* autres hommes la figure humaine.

VOLTAIRE, *Essai sur les mœurs*, c. 5.

Prouver que j'ai raison, seroit *accorder* que je puis avoir tort.

BEAUMARCHAIS, *le Mariage de Figaro*, I, 1.

Oui, j'*accorde qu'*Auguste a droit de conserver
L'empire où sa vertu l'a fait seule arriver.

P. CORNEILLE, *Cinna*, II, 1.

Dans quelques manières de parler, les deux ordres d'acception du verbe ACCORDER, qui ont été distinguées, semblent se rapprocher: mais des différences de régime, de construction, l'emploi de certaines circonstances déterminantes, empêchent de les confondre.

Ainsi *Accorder une paix, accorder la paix*, expliqué plus haut, veut quelquefois dire La ménager, la conclure, quelquefois aussi cela signifie Y consentir.

Ainsi encore, *accorder un mariage, un traité de mariage, accorder deux personnes*, s'est dit pour S'entendre au sujet d'une union matrimoniale, en convenir.

Puis envoyèrent deux de leurs chevaliers et clercz droit par devers le sainct père en Avignon, pour impétrer dispensation dicelluy mariage *accorder*.

Si *fut* ce mariage *accordé.*

FROISSART, *Chroniques,* l. I, part. I, c. 45 ; 48.

M. le duc de Retz, aîné de notre maison, rompit dans ce temps-là , par le commandement du roi, le traité de mariage qui *avoit été accordé* quelques années auparavant entre M. le duc de Mercœur et sa fille.

LE CARDINAL DE RETZ, *Mémoires,* part. I, année 1632.

Les Arméniens *accordent* leurs enfans quoiqu'ils n'ayent que trois ou quatre ans, et même quand deux femmes amies se trouvent enceintes, elles *accordent* leurs enfans, au cas que l'une ait un garçon et l'autre une fille.

TAVERNIER, *Voyage de Perse,* l. IV, c. 12.

Le ciel qui de sa main daigna nous *accorder,*
Doit faire que l'effet à l'attente réponde.

ROTROU, *Antigone,* I, 4.

Et l'on dit, *accorder une fille en mariage,* ou simplement *accorder une fille* pour La promettre verbalement ou par écrit à celui qui la demande pour l'épouser.

Si fit requérir au roi de France qu'il *lui* voulsist donner et *accorder* une sienne fille.

FROISSART, *Chroniques,* l. I, part. II, c. 134.

Il y aura, ce me semble, demain huit jours que sa fille *fut accordée* à M. d'Orléans. Si le mariage s'achèvera quand ils seront grands, c'est une question.

MALHERBE, *Lettres à Peiresc,* 27, 1608.

Je venois me présenter à lui et tâcher par mes respects et par mes prières de disposer son cœur à vous *accorder à* mes vœux.

MOLIÈRE, *le Malade imaginaire,* III, 21.

Toute là grâce que je luy demandois estoit de *m'accorder* sa fille et de faire faire le contrat de mariage tout comme il luy plairoit.

SAINT-SIMON, *Mémoires,* 1694, t. I, c. 15.

Si elle *m'accorde à* vous, vous n'aurez point de peine à m'obtenir de moi-même.

MARIVAUX, *les Fausses confidences,* II, 14.

Alors me prêtant à leurs jeux, je me chargeois du personnage de Raguel et *j'accordois* à Paul ma fille Séphora en mariage.

BERNARDIN DE SAINT-PIERRE, *Paul et Virginie.*

On *m'avoit accordée* à Monsieur de la Motte.

BOURSAULT, *le Mercure galant,* III, 3.

Mon père est près de m'*accorder.*

LA FONTAINE, *Contes,* III, 7.

ACCORDER est encore verbe réfléchi et se dit au propre des personnes qui sont ou se mettent d'intelligence, qui agissent, ou conviennent d'agir de concert.

Si ne *se porent* à celle fois *acorder.*

VILLEHARDOUIN, *Conqueste de Constantinoble,* VIII.

Il est presque impossible que deux grans seigneurs *se* puissent *accorder,* pour les rapportz et suspection qu'ilz ont à chascune heure.

COMMYNES, *Mémoires,* I, 14.

Accordez-vous, si vous voulez, car si *vous ne vous accordez,* je vous jetteray par la fenestre.

G. BOUCHET, *Serées,* première serée, du Vin.

Paris (l'archevêque de) veut que Reims (l'archevêque de) demande permission d'officier ; Reims jure qu'il n'en fera rien : on dit que ces deux hommes ne *s'accorderont* jamais.

Mme DE SÉVIGNÉ, *Lettres,* 20 janvier 1672.

Non-seulement les médecins particuliers, mais les facultés de médecine, semblent se faire un honneur et un plaisir de ne *s'accorder* pas.

FONTENELLE, *Éloge de Chirac.*

Galère et Constance Chlore n'ayant pu *s'accorder,* ils partagèrent réellement l'empire.

MONTESQUIEU, *Grandeur des Romains,* c. 17.

Devant tous s'entrebaisent et *se sont acordé.*

Chanson d'Antioche, ch. III, v. 443.

Fetes paiz, si *vos acordez ;*
Séiez amis com vos devez.

WACE, *Roman de Rou,* v. 15554.

Messieurs, gardez que l'on *s'accorde,*
Sans vous en demander advis.

Satyre Ménippée. Familière description des Estats de la Ligue.

Qu'ils *s'accordent* sans nous, s'ils peuvent *s'accorder.*

P. CORNEILLE, *Agésilas,* IV, 3.

Réunissons trois cœurs qui n'ont pu *s'accorder.*

J. RACINE, *Andromaque,* V, 5.

Ne disputez pas davantage,
Bergers, il faut *vous accorder.*

QUINAULT, *le Temple de la Paix,* IIe entrée.

I.

On dit proverbialement que des gens *s'accordent comme chiens et chats.*

S'ACCORDER est pris au même sens, mais en parlant d'une seule personne, dans la locution que donne l'exemple suivant :

Qui ne *s'accorde* pas facilement (*inhabilis ad consensum*).
ROD. ESTIENNE, *Dictionnaire françois-latin.*

S'ACCORDER est souvent, comme ACCORDER, suivi des expressions *entre eux, ensemble ;*
S'accordér entre eux :

Les Ariens..... ne peuvent *s'accorder entre eux* et changent tous les jours leur symbole.
BOSSUET, *Discours sur l'histoire universelle,* I, 10.

Si *se sunt entr'aus acordé.*
WACE, *Roman de Brut,* v. 5166.

[porte?
Qu'ils *s'accordent entre eux* ou se gourment, qu'im-
MOLIÈRE, *les Femmes savantes,* II, 7.

S'accorder ensemble :

[ensemble.
Les nôtres (nos dieux) bien souvent *s'accordent* mal
P. CORNEILLE, *Polyeucte,* IV, 6.

De là, autrefois, le verbe composé s'ENTRACORDER

Se sont ensamble entracordé.
WACE, *Roman de Brut,* v. 5261.

S'ACCORDER peut s'employer avec un nom collectif.

Cette république (l'Europe chrétienne), quoique divisée, *s'était accordée* longtemps dans les projets des croisades.
VOLTAIRE, *Essai sur les Mœurs,* c. 53.

On dit fréquemment *s'accorder avec,* pour, Se réconcilier, s'entendre.

Pour l'envoyer en Flandre, il n'y seroit pas plus tôt qu'il *s'accorderoit avec* les rebelles.....
BRANTÔME, *Vies des capitaines illustres.* Discours XLI, art. 11.

Le roy (Henri III) lui dit (à Bussy) qu'il vouloit qu'il

s'accordast avec Quélus, et qu'il ne se parlast plus de leur querelle.
MARGUERITE DE VALOIS, *Mémoires,* année 1578.

Eux, de leur côté (les princes), avoient promis aux Espagnols qu'ils ne *s'accorderoient* point *avec* le roi, que premièrement on ne leur eût rendu toutes les places que le roi tenoit sur eux.
Mme DE MOTTEVILLE, *Mémoires,* année 1658.

L'un et l'autre à la reine ont-ils osé prétendre?
Avec qui semble-t-elle en secret *s'accordér ?*
RACINE, *Mithridate,* II, 3.

Les Anglois *avec* moi pourraient mal *s'accorder.*
VOLTAIRE, *Adélaïde du Guesclin,* IV, 5.

S'accorder avec s'emploie encore pour exprimer qu'une personne est de la même opinion qu'une autre, ou conséquente avec elle-même.

Accordez-vous avec vous-même; accordez vostre bouche d'appellante avec vostre cœur de mère.
LE MAISTRE, *Plaidoyers,* VII.

Accordons-nous avec nous-mêmes; accordons nos mœurs avec notre foi.
BOURDALOUE, *Carême.* Sermon sur la religion chrétienne.

Je ne puis sur ce point *m'accorder avec* vous.
REGNARD, *le Joueur,* IV, 1.

On a dit S'ACCORDER *à,* avec des constructions et dans des acceptions diverses, dont plusieurs ont vieilli et sont même sorties de l'usage;
S'ACCORDER *à* une personne a signifié Faire sa paix avec elle :

Si hom pèche vers altre, *à* Deu *se* purrad *acorder.*
Les quatre livres des Rois, I, 11, 25.

Quant *se fu acordez* Karles *à* ses barons...
Chanson des Saxons, t. I, p. 75.

Si croi le consel de ta mère,
Si *t'acorderas à* ton frère.
WACE, *Roman de Brut,* v. 2857.

Au roi de France vint Richars à merci,
Au roi *s'accorde,* si furent bon ami.
Garin le Loherain, t. I, p. 70.

S'entendre, être en bonne intelligence avec elle :

Ce fut ung de ceulx....... à qui le roy *se accorda* le mieulx.

> Lancelot du Lac, t. III, fol. 36 v°, col. 2.

Chascuns du tout à li *s'accorde*.

> Fabl. et contes anciens, Méon, III, 480.

Être de la même opinion qu'elle :

Je *m'accorde à* Théophraste et suis de son opinion.

> Ror. Estienne, Dict. françois-latin.

On a dit S'accorder à une chose pour S'y conformer, s'en arranger, y accéder, l'adopter.

A ce conseil *s'acordèrent* li conte et li baron.

> Villehardouin, Conqueste de Constantinoble, X.

Quant aucuns apele de faus jugement... il atent tant que li jügemens est prononcies et que tuit li home *se sunt acordé au* jugement...

> Beaumanoir, Coutumes du Beauvoisis, LXI, 45. Des gages de bataille.

Oncques à nul de ces traictés ne *se* voulurent *accorder*.

> Froissart, Chroniques, l. I, part. I, c. 42.

Pour ce je *me accorde à* paix.

> Le ménagier de Paris, 1re distinction, 9e art., t. I, p. 231.

Finalement ledict duc *s'y accorda*, tousjours ung petit murmurant.

> Commynes, Mémoires, II, 13.

Sainct Bernard *s'accordant à* la doctrine de sainct Augustin, parle ainsi.....

> Calvin, Institution chrestienne, liv. II, c. 3, § 5.

Les Espagnols le disent ainsy, les François aussi *s'y accordent*.

> Brantôme, Vies des capitaines françois, discours IX, art. 11.

... J'ay veu ce qui a esté traité; ..... à quoi je me *suis accordé* pour la considération de la nécessité de vostre garnison.

> Henri IV, Lettres, 26 juillet 1588 (voir Lettres missives de Henri IV, t. I, p. 385).

Eu égard à l'ordre du monde et au bien de la police, je *m'accorderois à* cette opinion.

> Balzac, Lettres, IV, 13.

Consentez donc et *vous accordez* volontairement à une chose qui, outre qu'elle est juste, est pareillement nécessaire.

> Voiture, Hist. d'Alcidalis et de Zélide.

Les provinces *s'accordoient* encore *à* cette forme de gouvernement, ennuiées de la domination du sénat et du peuple.

> Perrot d'Ablancourt, trad. de Tacite. Annales, I, 11.

La reine ayant un jour prié la reine d'Angleterre de venir voir danser le roi un soir en particulier, elle *s'y accorda*.

> Mme de Motteville, Mémoires, année 1655.

Je *m'accorde* le plus aisément du monde *à* tout ce qu'il veut.

> J. Racine, Lettres, IX, 1661.

Si les catholiques *s'y accordoient*, les hérétiques en conviendroient-ils?

> Fleury, Discours sur l'histoire ecclésiastique, disc. IV, § 12.

Ma réponse n'a rien de trop flatteur; mais je ne saurois en faire une autre. — Stelle-là est belle et bonne, et je *m'y accorde*.

> Marivaux, l'Épreuve nouvelle, sc. 3.

> *A* ce *se sont acordez* tous.
> Godefroy de Paris, Chron. métrique, v. 3096.

> Tel dit souvent je *m'y accorde*,
> Qui le vouldroit bien autrement.
> P. Gringore, les Faintises du monde, str. 52.

> Quicunques à Raison *s'accorde*,
> Jamès par amors n'amera,
> Ne Fortune ne prisera.
> Roman de la Rose, v. 6907.

> Emiant, quant à moy, du pain entre mes doigts,
> À tout ce qu'on disoit doucet je *m'accordois*.
> Régnier, Satires, X.

Madame, enfin Galba *s'accorde à* vos souhaits.

> P. Corneille, Othon, II, 3.

Dans le passage suivant, *s'accorder à*, pris au même sens, est construit avec un verbe à l'infinitif pris substantivement :

Si parlèrent ensemble et *s'acordèrent au* faire.

> Villehardouin, Conqueste de Constantinoble, XV.

On a dit de même *s'accorder à* faire une chose, pour En convenir.

66.

S'acordent à aler en Thunes
Sans faire longue demourée.
G. Guiart, *Royaux lignages*, v. 2533.

S'accorder à, suivi d'un infinitif, signifie, surtout aujourd'hui, S'accorder pour, se réunir dans un même sentiment, dans un même acte.

Les méchans *s'accordent* aisément *à* mal faire.
Perrot d'Ablancourt, trad. de Tacite, *Histoires*, I, 8.

Après tant de sortes de miracles qu'il (l'homme) fait faire tous les jours aux plus intraitables, je veux dire au feu et à l'eau, ces deux grands ennemis, qui *s'accordent* néanmoins *à* nous servir dans des opérations si utiles et si nécessaires.
Bossuet, *Sermons*, IVᵉ semaine du carême; *sur la mort.*

Une armée (celle d'Annibal) toute composée de peuples divers, qui, sans s'entendre entre eux, *s'accordoient* si bien *à* entendre les ordres de leur général.
Le même, *Discours sur l'histoire universelle*, III, 6.

Ils *s'accordent* tous (les spectateurs) *à* le savoir (*le Cid*), *à* prévenir au théâtre les acteurs qui le récitent.
La Bruyère, *Caractères*, c. 1.

Ils ne *s'accordent* (les peuples) qu'*à* n'entendre point leurs intérêts communs.
Fontenelle, *Eloge de Leibnitz.*

Toutes les nations *se sont* également *accordées à* attacher du mépris à l'incontinence des femmes.
Montesquieu, *Esprit des lois*, XVI, 12.

Les voyageurs *s'accordent à* dire que cet oiseau a un ramage très-agréable.
Buffon, *Histoire naturelle*. Oiseaux. Le Scarlatte.

Cotgrave cite cet ancien proverbe :

Deux chiens ne *s'accordent* point *à* un os.

S'accorder dans, ou en, s'accorder sur, sont encore des locutions fort usitées;
S'accorder dans ou *en* :

Celui-là *en* l'estime duquel nos ennemis *s'accordent.*
Balzac, *Lettres*, I, 11.

Il n'est pas possible que différents peuples se soient *accordés dans* les mêmes méthodes, les mêmes connaissances, les mêmes fables et les mêmes superstitions.
Voltaire, *Lettres*, 13 décembre 1775.

S'accorder sur :

S'arrachant la parole l'un à l'autre, pour *s'accorder sur* leurs sentiments.
La Bruyère, *Caractères*, c. 5.

Ces deux filles ne s'aimoient pas et ne *s'accordoient* guères que *sur* le goût qu'elles avoient l'une et l'autre pour madame Scarron.
Mᵐᵉ de Caylus, *Souvenirs.*

L'essence même des choses a totalement changé. *Vous* ne *vous accordez* ni *sur* la définition de l'âme, ni *sur* celle de la matière.
Voltaire, *Lettres philosophiques*, xivᵉ lettre.

On a dit S'accorder *d'une chose* ou *de faire une chose*, pour Faire une convention au sujet d'une chose, convenir d'une chose.

Seigneur, la Dieu merci, *nos nous somes tuit acordé de* faire empereour.
Villehardouin, *Conqueste de Constantinoble*, CX.

Nous ne pourrons *nous accorder de* l'orthographe.
H. Estienne, *la Précellence du langage françois.*

Accordez-vous premièrement *de* ces principes et puis je m'y soumettray.
Charron, *de la Sagesse*, II, 2.

Étant tous unis dans le dessein de perdre M. Arnauld, ils se sont avisés de *s'accorder de* ce terme de prochain que les uns et les autres diroient ensemble quoiqu'ils l'entendissent diversement.
Pascal, *Provinciales*, I.

Ensi à Noblon *s'acorda*
Renars *de* trestous ses meffais.
Renart le Nouvel, v. 2368.

A l'emploi d'accorder, lorsqu'il s'agit de conventions matrimoniales, se rapporte celui qui est fait des locutions *s'accorder à*, *s'accorder de*, dans les passages suivants :

Et *se fust* assez tost le roy *accordé à* la fille du duc de Lorraine ; car elle estoit moult belle damoiselle.
Froissart, *Chroniques*, l. II, c. 229.

Qu'un tel dedans un mois *d'*une telle *s'accorde.*
P. Corneille, *la Veuve*, I, 1 (vers changé après l'éd. de 1634).

On a dit, enfin, dans le même sens, S'ACCORDER *que*.

Il *s'accorda* pour une grande somme avec les principaux des Celtibériens *qu'ils* emmeneroient leurs troupes.
DANET, Dict. (trad. de Tite-Live).

Pierres Abailart reconfesse
Que suer Heloïs, l'abéesse
Du Paraclet, qui fu s'amie,
Accorder ne *se* voloit mie
Por riens *qu'*il la préist à famè.
Roman de la Rose, v. 8799.

On a dit *s'accorda que*, pour : Il fut convenu que.

S'acorda, entre li et ses créanciers, *que*...
BEAUMANOIR, Coutumes du Beauvoisis, c. XXVII, § 27.

Dans l'exemple suivant, *s'accorder de* a le sens de S'accommoder de :

Quelqu'ami que je fusse de la maréchale de Villeroy, jamais je n'avois pu *m'accorder des* airs audacieux de son mari, dont jusqu'aux caresses étoient insultantes.
SAINT-SIMON, Mémoires, 1707, t. V, c. 17.

S'ACCORDER, se dit, par extension, des choses, pour en exprimer la conformité, la conciliation.

Quelquefois les habillemens aussi (des hommes et des femmes) *s'accordoyent* fort.
H. ESTIENNE, Premier dialogue du nouveau langage françois italianisé.

C'est..... par ce moyen que *s'accordent* tous ces passages de l'Écriture qui semblent le plus opposés.
PASCAL. Provinciales, XVIII.

C'est une liseuse que cette dernière, elle sait un peu de tout; j'ai aussi une petite teinture; de sorte que nos superficies *s'accordent* fort bien ensemble.
Mme DE SÉVIGNÉ, Lettres, 3o avril 1689.

Il étoit dit que l'amour et la fortune *s'accorderoient* en ma faveur jusque dans les moindres choses pour contenter mes désirs.
MARIVAUX, le Paysan parvenu, 8e partie.

La letre et la parole *se* vont bien *accordant*.
Chanson des Saxons, t. I, p. 157.

Ta bourse et ton esprit ne *s'accordent* jamais.
ROTROU, les Ménechmes, III, 2.

L'amour et la raison peuvent ils *s'accorder*?
DESTOUCHES, l'Ingrat, II, 2.

On dit aussi que plusieurs choses *s'accordent entre elles*, *s'accordent ensemble* :

Toutes les étoiles *s'étoient accordées ensemble* pour luy donner (à Zélide) ce qu'elles avoient de meilleur.
VOITURE, Histoire d'Alcidalis et de Zélide.

J'ai consulté si l'on pouvoit prendre du café deux heures après la germandrée ; on en peut prendre en toute sûreté, et même ils *s'accordent* fort bien *ensemble*.
Mme DE COULANGES, Lettres, 27 juillet 1695, à Mme de Sévigné.

Il est vrai que ces bienfaits et ces trahisons semblent *s'accorder* fort mal *ensemble*; tout cela s'accorde pourtant fort bien.
J.-J. ROUSSEAU, Lettres, 16 août 1766.

Sens et folie, ce me semble,
Ne *s'accordent* pas bien *ensemble*.
YSOPET I, fable 1 (voir Robert, Fables inédites, t. I, p. 82).

On dit de même qu'une chose *s'accorde avec* une autre :

La philosophie et le christianisme *s'accordent* en tout cela *avec* la nature.
BALZAC, Aristippe, disc. VII.

(Les Pyrrhoniens) se contredisent..... souvent en parlant de leur opinion, leur cœur ne pouvant *s'accorder avec* leur langue.
Logique de Port-Royal, 1er discours.

L'exactitude que je demande n'a rien de forcé... elle *s'accorde* bien *avec* une certaine négligence, qui est peut-être un des plus grands ornemens du style.
BOUHOURS, Remarques nouv. sur la lang. franç., Avertissement.

Ils ont (les princes) honte de la vaine joie que leur cause la flatterie, et ils connoissent que la vraie gloire ne peut *s'accorder* qu'*avec* le mérite.
BOSSUET, Discours sur l'histoire universelle, Avant-propos.

La tendresse pour son époux *s'accordoit* en elle *avec* les soins pour la république.
FLÉCHIER, Oraison funèbre de Mme de Montausier.

Sa tête est fort bien faite et *s'accorde* à merveille *avec* son cœur.
Mme DE SÉVIGNÉ, Lettres, 3o novembre 1689.

Tout ce qui favorise leur élévation *s'accorde* toujours *avec* leur conscience.

MASSILLON, Carême. Sermon du Vendredi-Saint.

Il est toujours nécessaire qu'elle (la religion) *s'accorde avec* la morale.

MONTESQUIEU, Esprit des lois, XXIV, 8.

Il (M. le duc de Choiseul) a beaucoup d'esprit, et la hauteur qui *s'accorde avec* les grâces.

VOLTAIRE, Lettres, 23 janvier 1760.

Ce n'est qu'une coquette avec tous ses attraits ;
Sa langue *avec* son cœur ne *s'accorde* jamais.

P. CORNEILLE, Mélite, III, 4.

Et que ta voix *s'accorde avec* ce que j'écris.

J. RACINE, Iphigénie en Aulide, I, 1.

Si sa bouche *s'accorde avec* la voix publique.

LE MÊME, Bérénice, I, 3.

Quelque sujet qu'on traite, ou plaisant ou sublime,
Que toujours le bon sens *s'accorde avec* la rime.

BOILEAU, Art poétique, I.

Ou bien qu'elle *s'accorde à* une autre.

A l'esgard des mille livres de rente dont vous m'escrivez, si c'estoit chose asseurée, le party ne seroit à nesgliger, mais que les mœurs *s'y accordassent*.

EST. PASQUIER, Lettres, I, 13.

Pour commencer, je vais dire que ses actions ne *s'accordent* pas *à ses* paroles.

PERROT D'ABLANCOURT, trad. de Lucien, la Double accusation.

Comme ces mêmes maximes ne *s'accordent* pas *au* dessein de la plupart des gens, ils les laissent à l'égard de ceux-là, afin d'avoir de quoi satisfaire tout le monde.

PASCAL, Provinciales, V.

Ce souvenir, qui *s'accordoit à* son devoir, s'imprima fortement dans son cœur.

Mme DE LA FAYETTE, la Princesse de Clèves, IVe part.

Tout le tournoit du côté des sciences, et heureusement... ses dispositions naturelles *s'y accordoient*.

FONTENELLE, Éloge de l'abbé de Louvois.

Le moyen de lui résister (à la nature) quand elle *s'accorde à* la voix du cœur.

J.-J. ROUSSEAU, Nouvelle Héloïse, part. Ire, lettre 10.

Por que m'oevre *à* mon dit *s'acort*.

WACE, Roman de Brut, v. 11314.

Le ciel tranquille et beau, et les vagues de l'air
S'accordent au repos des vagues de la mer.

REMI BELLEAU, La Bergerie, IIe journée, le Pescheur.

Ma volonté *s'accorde à* celle d'Arthénice.

RACAN, les Bergeries, V, 2.

Oui, Monsieur a raison, Madame, il faut choisir ;
Et sa demande ici *s'accorde à* mon désir.

MOLIÈRE, le Misanthrope, V, 2.

Cet ordre, dans le fond, *s'accorde à* mes pensées.

DESTOUCHES, l'Irrésolu, V, 15.

S'accorder à, lorsqu'il s'agit de choses, peut, en certains cas, comme lorsqu'il s'agit de personnes, être suivi d'un verbe à l'infinitif.

Toutes les nouvelles *s'accordent à* dire qu'il est très-bien, et que cette affreuse catastrophe ne peut avoir nulle suite fâcheuse.

VOLTAIRE, Lettres, 1757.

S'ACCORDER est, comme ACCORDER, terme de grammaire.

Aussi a-t-il un nom fait pour remplir la bouche de l'avocat et qui *s'accorde avec* le demandeur ou le défendeur comme le substantif et l'adjectif.

LA BRUYÈRE, Caractères, c. 11.

Vous avez bien raison dans ce que vous dites du style des avocats ; ils n'ont jamais su combien la déclamation est l'opposé de l'éloquence, et combien les adjectifs affaiblissent les substantifs, quoiqu'ils *s'accordent en* genre, *en* nombre et *en* cas.

VOLTAIRE, Lettres, 25 mars 1765, à d'Alembert.

Il est aussi terme de musique.

La quatrième corde convient et *s'accorde à* la septième. (Quarta ad septimam respondet.)

ROB. ESTIENNE, Dict. françois-latin.

Mon instrument et ma voix *s'accorderent ensemble* pour dire plusieurs chansons les plus folâtres que l'on ait jamais ouïes.

SOREL, Francion, VII.

Penses-tu que le luth et la lyre des poëtes
S'accordent d'harmonie *avecques* les trompettes.

RÉGNIER, Satires, IV.

C'est encore comme terme de musique, mais au figuré, que *s'accorder* est pris dans l'exemple suivant :

> Le murmure des fontaines
> *S'accorde au* bruit des zéphirs.
>
> Racan, *la Venue du printemps*, ode.

ACCORDER, au sens de Octroyer, concéder, devient aussi verbe réciproque et verbe réfléchi;

Verbe réciproque :

Les deux ennemis furent contraints de *s'accorder* une suspension d'armes.

Voltaire.....

Verbe réfléchi :

Qui vous a passé cette définition? sont-ce les loups, les singes et les lions? ou si *vous vous l'êtes accordée* à vous-mêmes.

La Bruyère, *Caractères*, c. 12.

En jouissant du plaisir de se porter bien, on *s'accorde* encore autant de douceurs et de priviléges que si on étoit toujours convalescente.

Marivaux, *la Vie de Marianne*, partie III.

Dans bien des cas s'ACCORDER remplace le passif Être accordé.

Par exemple, en parlant d'une querelle que l'on accommode :

> Tu n'as dans leur querelle aucun sujet de craindre,
> Elle a fait trop de bruit pour ne pas *s'accorder*,
> Puisque déjà le roi les veut accommoder.
>
> P. Corneille, *le Cid*, II, 3.

Par exemple encore, et c'est le cas le plus fréquent, en parlant des choses octroyées, données, concédées :

Cette gloire lui avoit été réservée, Messieurs, et c'étoit uniquement à ses vœux que devoit *s'accorder* une paix ferme et générale.

Fléchier, *Oraison funèbre de Marie-Thérèse*.

Il obtint donc cette place du roi et de madame de Maintenon, sans laquelle ces sortes d'emplois ne *s'accordoient* point.

Saint-Simon, *Mémoires*, 1696, t. I, c. 38.

Le despotisme, aussi bien que la liberté, se prend et ne *s'accorde* pas.

Mme de Staël, *Consid. sur la révolut. franç.*, Ve partie, c. 13.

> Un baiser de civilité
> *S'accorde* après un long voyage.
>
> Autreau, *Démocrite prétendu fou*, III, 4.

Autrefois (et cela se rapporte à ce qui a été dit plus haut, p. 520, 1re col., de l'emploi absolu d'*accorder*), au lieu de s'ACCORDER on a dit ACCORDER;

Soit absolument :

Mal *accorder*, point *accorder*.

Rob. Estienne, *Dict. françois-latin*.

> De paroles i ot plenté (abondance),
> Mès la fin fu qu'il n'*accordèrent*.
>
> Godefroy de Paris, *Chron. métrique*, v. 7972.

Soit construit avec les prépositions *en*, *de*, *avec*, *à* ;

Avec la préposition *en* :

Nous *accordons* tous deux *en* tout.

Rob. Estienne, *Dict. françois-latin*.

Avec la préposition *de* :

Les uns disent que Memnon les trouva en Égypte ; autres *accordent du* lieu, mais asseurent.....

Des Accords, *Bigarrures*, fol. 1 v°.

Avec la préposition *avec* :

Les psaltérions, les lyres, les espinettes, les flustes, et aultres tels instruments de musique que l'on a inventez pour *accorder* et consoner *avec* les passions humaines...

Amyot, trad. de Plutarque, *OEuvres morales*, de la Vertu morale.

Avec la préposition *à* :

Ce que envoyé nous aves par avant n'*acorde* pas *à* ce que escript nous aves à présent.

Monstrelet, *Chroniques*, vol. I, c. 9.

Qu'il nous souviene que c'est une chose en laquelle chacun peut avoir son jugement libre; et pourtant, que nous n'esmouvions point contention contre celui qui n'*accordera* point *à* nostre sentence.

Calvin, *Institution chrestienne*, liv. II, c. 8, § 12.

A dire vray, je ne suis pas encores arrivé à cette perfection d'habileté et galantise d'esprit, que de confondre
la raison avecques l'injustice, et mettre en risée tout ordre et règle qui n'*accorde à* mon appétit.

MONTAIGNE, *Essais,* III, 5.

Adonc congneu que ma pensée
Accordoit à ma destinée.

CHARLES D'ORLÉANS, *Ballades,* LXIII.

Je m'enquiers seulement à toy
Pour voir si ce qu'on dit de luy
Accorde à cela qu'aujourd'huy
On m'a par missives mandé.

JODELLE, *l'Eugène,* II, 2.

ACCORDER s'est dit également pour *s'accorder* en
parlant du concert des voix, des instruments, des
chanteurs, des musiciens.

Accorder parmi d'autres en chantant.

ROB. ESTIENNE, *Dict. françois-latin.*

On dit de plusieurs musiciens chantants ou jouants
d'instruments musicaux ensemble : ils n'*accordent* pas.

NICOT, *Thresor de la langue françoise.*

Tel dit messe qui n'est point prestre,
Tel chante qui *n'accorde* point.

P. GRINGORE, *les Faintises du monde,* str. 96.

De ce lieu frais, tant excellent et cher,
N'osoient pasteurs ne bouviers approcher;
Mais mainte muse, et nymphes seulement
Qui de leurs voix *accordoient* doulcement
Au son de l'eau.

CL. MAROT, *des Visions de Pétrarque,* v. 39.

Quelques traces de cet emploi de la forme absolue ACCORDER pour *s'accorder,* se rencontrent encore au XVIIe et même au XVIIIe siècle, particulièrement avec l'addition du mot Faire.

Si le cardinal de Richelieu n'étoit pas mort, il alloit
faire accorder les deux religions (catholique et protestante).

GUY-PATIN, *Lettres,* 14 mars 1670.

Comment les Indiens ont-ils transporté ces grandes
pierres, et comment sont-ils venus à bout de les *faire
accorder* d'une manière si parfaite, malgré leur irrégularité ?

BERNARDIN DE SAINT-PIERRE, *Études de la nature.* Étude 13e. (Note.)

Ce sont les noms des mots, et l'on doit regarder
En quoy c'est qu'il les faut faire ensemble accorder.

MOLIÈRE, *les Femmes savantes,* II, 6.

Puissent les immortels *accorder à* nos vœux.

Mme DESHOULIÈRES, *Aux Muses.*

ACCORDÉ, ÉE, participe.

Il a perdu, comme le verbe lui-même, plusieurs
des sens dans lesquels il était primitivement employé. On ne, le dit plus guère pour Apaisé, conci-
lié, en bonne intelligence, et plus particulièrement
Stipulé, convenu. etc. ;

Il avoit faict entendre que Amadis estoit mort en combat *accordé.*

La belle Grimanese vint trouver par une nuict *accordée*
son amy Apolidon.

HERBERAY DES ESSARTS, *Amadis de Gaule,* I, 1 ; 21.

Mais on s'en sert encore beaucoup dans le sens de
Octroyé :

Ce fut lors que les Parisiens commencèrent à voir des
hostes vivants à discrétion en leurs maisons, contre tous
les anciens priviléges à eux *accordez* par les deffuncts roys.

Satyre Ménippée, Harangue de M. d'Aubray.

Les coutumes de Normandie *accordées* par le duc Raoul.

MONTESQUIEU, *Esprit des lois,* XXVIII, 45.

La confession commençait à être une grâce *accordée*
aux condamnés.

VOLTAIRE, *Essai sur les mœurs,* c. 94.

Elle (la véritable éloquence) est bien différente de cette
facilité naturelle de parler, qui n'est qu'un talent, une
qualité *accordée* à tous ceux dont les passions sont fortes,
les organes souples et l'imagination prompte.

BUFFON, *Discours de réception à l'Académie françoise.*

Dans le sens de Concédé.

Chose *accordée* être véritable.

ROB. ESTIENNE, *Dictionnaire françois-latin.*

Il suffit... pour cette méthode, de n'employer aucun
terme qui ne soit défini, ni aucun axiôme qui ne soit *accordé.*

FLEURY, *Discours sur Platon.*

ACCORDÉ, en ce sens, peut former à lui seul une proposition elliptique dont on se sert quand on se rend à une requête ou que l'on fait quelque concession.

Ainsi le roy, au bas des placets qu'il ottroye, met ce seul mot, *Accordé*, c'est-à-dire ottroyé.

       Nicot, *Thrésor de la langue françoise.*

Il se comporta (le maréchal de Matignon) à la cour, toujours de mieux en mieux, avec sa lentitude et son mot usité *accordé* et son serment col-Dieu.

       Brantôme, *Vies des capitaines françois,* disc. 81, art. 11.

Il faut noter qu'il y avoit deux styles différents aux édicts, car les uns traitoient par mutuelle conference, les autres par requestes et suplications ; aux articles desquels on mettoit *accordé.*

       Agr. d'Aubigné, *Histoire univ,* t. III, l. IV, c. 28.

ACCORDÉ a continué aussi d'être employé comme terme de musique, en parlant des instruments et des voix.

Rien ne vous émeut... ny la doulceur de la voix *accordée....*

       Amyot, trad. de Plutarque, *OEuvres morales,* S'il est loysible de manger chair, traité I.

Elle se rendit de bonne grâce à ses instances, prit un luth tout *accordé.*

       Le Sage, *Gil Blas,* VIII, 11.

Je vous avois dit de faire arranger mon clavecin.... s'il étoit *accordé,* j'en toucherois.

       Sédaine, *la Gageure imprévue,* sc. 2.

Mais ceste vierge en voix mieulx *accordée*
Qu'orgues, ne lutz, chanta ce beau dicté.

       Cl. Marot, *Chants divers,* II, 25.

Sur son luth *accordé* Ligdamon fit entendre
Un mélange inouï de sons harmonieux.

       Voltaire, *Contes en vers.* Les trois manières.

ACCORDÉ, suivi des prépositions *avec* ou *à,* s'est dit longtemps et pourrait encore se dire dans le sens d'Engagé pour le mariage, *avec* ou *à* une personne, par articles signés de part et d'autre.

L'office, que vous tirez en ligne de compte, il l'a acheté véritablement depuis qu'il est *accordé à* ma cousine.

       Les caquets de l'accouchée, la Quatriesme journée.

I.

Cet oncle étoit un cavalier fort riche qui n'avoit qu'un fils *accordé avec* une cousine, fille unique aussi.

       Scarron, *Nouvelles tragi-comiques,* la précaution inutile.

Il lui fait tourner la tête ; il l'a dégoûtée d'un parti proportionné *auquel* elle est comme *accordée.*

       Mme de Sévigné, *Lettres,* 25 octobre 1679.

Elle était *accordée* depuis quelques jours *à* un petit vieillard ratatiné.

       Voltaire, *Contes.* Cosi-Sancta.

C'est le sens du substantif masculin et féminin ACCORDÉ, ACCORDÉE.

Je me mis à poursuivre la conclusion de mon mariage ; mais le chevalier Salviati, oncle de *mon accordée,* le rompit absolument sur la différence de religion qui étoit entre nous.

       Agr. d'Aubigné, *Mémoires,* t. I, p. 37.

Elle reçoit les visites d'un autre avec qui il doit avoir une amitié assez étroite, puisqu'il est *accordé* de sa sœur.

       P. Corneille, *Examen de Mélite.*

Je vous dis que vous ne carressiez point *nos accordées.*

       Molière, *le Festin de Pierre,* II, 3.

On envoya la nouvelle à l'*accordé,* avec ordre de revenir au plus tôt pour épouser.

       Fléchier, *Mémoires sur les grands jours de 1665.*

Le roi le fit (le comte de Quélus) menin de Monseigneur, et la veille des noces il envoya à l'*acordée* un colier de perles de dix mille écus.

       L'abbé de Choisy, *Mémoires,* l. V.

Quand le marché est fait, l'*accordé* se met à amasser ce qu'il a promis pour avoir sa maîtresse.... Pendant qu'il amasse ce qu'il doit donner, il a la liberté d'aller voir privément *son accordée.*

       Chardin, *Journal du voyage en Perse,* part. I.

L'instant de l'action qu'a représenté M. Greuze (dans son tableau de l'Accordée de village) est celui où le père de l'*accordée* délivre à son gendre futur l'argent de la dot de sa fille.

       Sainte-Foix, *Essais sur Paris.*

Puis-je, *mon accordé,* Monsieur, étant aux champs,
Souffrir avec honneur aucun homme céans.

       Poisson, *les Fous divertissants,* III, 3.

Et Monsieur l'*accordé* veut-il que je le baise ?

       Boursault, *la Satyre des satyres,* sc. 6.

Je vous cède les droits que j'ai sur l'*accordée*
Et ne me charge point de fille hazardée.
REGNARD, *le Bal*, sc. 18.

ACCORDANT, ANTE, adjectif.
Qui s'accorde bien.

Peut-être a-t-il été primitivement terme de musique.

Cri *accordant*, son *accordant*, voix *accordante*.
ROB. ESTIENNE, J. THIERRY, NICOT, *Dictionnaires*.

J'ouy la voix de certaines vierges, qui........ chantoyent le Pseaume cent quatriesme.... leur voix estoit douce et bien *accordante*....
B. PALISSY, *Recepte véritable*, etc.

Il faut de l'inégalité, mais modérée; l'harmonie n'est pas ès sous tous pareils et bien *accordans*.
CHARRON, *de la Sagesse*, I, 62.

En ce sens particulier à la musique qui a subsisté presque seul, il se rapporte assez ordinairement à un nom pluriel, et est suivi de l'expression *entr'eux*, *entr'elles*. Ainsi l'on dit que Ut et Sol sont des tons *accordants entr'eux*.

C'est en ce sens, mais d'une manière figurée, qu'il est pris dans le passage suivant :

N'est-ce point chose bien estrange, Messieurs les zélateurs, de véoir nostre union maintenant si saincte, si zélée et si dévote, avoir été presque en toutes ses parties composée de gens qui, auparavant les sainctes barricades, estoyent tous tarez et entachez de quelque note mal solfiée et mal *accordante* avec la justice.
Satyre Ménippée, Harangue de Monsieur de Lyon.

Cet exemple peut faire comprendre comment ACCORDANT s'est dit, en général, des choses, pour en exprimer la convenance ;
Soit absolument :

On ne peut faire une bonne physionomie qu'en accordant toutes nos contrariétés, et il ne suffit pas de suivre une suite de qualités *accordantes* sans concilier les contraires.
PASCAL, *Pensées*, art. XVI, 10.

Soit suivi des prépositions *à* et *avec* ;
De la préposition *à* :

Nous considérants que notre royaume est dit et nommé le royaume des Francs, et voullants que la chose en vérité soit *accordant* au nom, etc.
Ordonnance de Louis le Hutin, du 3 juillet 1315.
(Voir *Ordonn. des rois de France*, t. I, p. 583.)

... Oultre les bonnes nouvelles qu'il vous a pleu m'envoyer, j'ay trouvé Brion, que j'ai ramené pour ce soir, lequel vous porte chose *accordant à* ce bon commencement.
LA REINE DE NAVARRE, *Lettres à François Ier*, 3 décembre 1525; lettre XXIII.

Sire, il n'est rien advenu en Escosse depuis que je suis ambassadeur de V. M. en ce Royaulme (d'Angleterre) que je ne l'aie prévu longuement auparavant, et que je ne l'aie advertie quelles estoient les factions *accordantes* et contraires *aux* praticques des Anglois.
CASTELNAU, *Lettre ms.* à Henri III, 23 avril 1584.

Ma tête montée au ton d'un instrument étranger étoit hors de son diapason; elle y revint d'elle même, et alors je cessai mes folies, ou du moins j'en fis de plus *accordantes à* mon naturel.
J. J. ROUSSEAU, *les Confessions*, part. I, l. III.

Brief, rien n'y faut, sinon que ton plaisir
Soit *accordant à* mon ardent désir.
CL. MAROT, *Élégies*, II.

De la préposition *avec*.

La vie et les meurs si mal *accordantes avec* la creance.....
CHARRON, *de la Sagesse*, II, 5.

Et pour autant que nos Gaulois apprenoient mal aisément de latin comme une langue mal *accordante avec* la leur.
EST. PASQUIER, *Recherches de la France*, VIII, 1.

Encore qu'ils (les fondements de ma physique), soient presque tous si évidents qu'il ne faut que les entendre pour les croire..... toutefois, à cause qu'il est impossible qu'ils soient *accordants avec* toutes les diverses opinions des autres hommes, je prévois que je serois souvent diverti par les oppositions qu'ils feroient naître.
DESCARTES, *Discours de la méthode*, VI.

ACCORDANT s'est employé de cette manière en parlant des personnes.

Le duc de Bourgoigne et les riches hommes du païs d'oultre mer, qui estoient *accordans avec lui*....

> JOINVILLE, *Histoire de saint Louis.*

ACCORDABLE, adj. des deux genres.

Il s'est pris dans des sens analogues aux principaux sens du verbe *accorder.*

On le dit encore en parlant des personnes pour : Qui est disposé à entrer en arrangement, qui est en mesure de le faire.

Ces plaideurs ne sont pas *accordables.*

> *Dictionnaire de l'Académie.*

On le dit aussi en parlant des choses pour : Qu'on peut concilier :

Ce différend est fort *accordable.*

> MONET, *Dictionnaire.*

Qu'on peut octroyer.

Cette grâce n'est pas *accordable.*

> *Dictionnaire de l'Académie.*

On ne le dit plus pour, Dont on peut convenir.

Si commencèrent à traicter comme devant, et cheurent sur aucunes voyes assez *accordables.*

> FROISSART, *Chroniques,* liv. I, part. I, c. 144.

Comme ACCORDER et tous les mots formés de ce verbe, ACCORDABLE a été terme de musique :

La fleute est *accordable au* tambour et *aux* violes.

> MONET, *Dictionnaire.*

On avait fait de l'adjectif ACCORDABLE l'adverbe

ACCORDABLEMENT.

Sainte-Palaye en a cité pour exemple la phrase suivante, où il est pris dans le sens de Unanimement :

Dient les auteurs *accordablement.*

> GUILLAUME DE NANGIS, *Chronique françoise manuscrite,* ann. 1344.

ACCORD, s. m.

On l'a écrit ACCORT, ACORT, etc. (Voyez le *Glos-*

saire de Sainte-Palaye, et les exemples ci-après).

Action de s'accorder.

Comme le verbe dont il est formé, il se dit, au propre, des personnes, et, par extension, des choses.

Dans le premier cas, il signifie l'Accommodement d'un différend, d'une guerre entre des particuliers ou entre des peuples, et plus généralement une Convention, un traité.

Adonc monstra Joffrois de Villehardoin, li mareschaus de Champaigne, la parole, par *l'accord* et par la volonté as autres.

> VILLEHARDOUIN, *Conqueste de Constantinoble,* XVI.

Pechié fait les âmes anemies et hayneuses à Dieu; Penitence refait *l'acort* et la paix.

> GERSON, *Sermons françois.* Sur les sept péchés capitaux.
> (*Voy.* Thèse de l'abbé Bonnet, 1858, p. 75.)

Æmylius ..... les rompit et chassa jusque dans leurs villes, puis leur feit porter paroles *d'accord* et d'appointement.

> AMYOT, trad. de PLUTARQUE, *Vie de Paul Emile.*

Cette grande dispute qui a toujours esté entre les philosophes, pour trouver le souverain bien de l'homme, dure encore et durera éternellement sans résolution et sans *accord.*

> MONTAIGNE, *Essais,* I, 53.

Si Spartacus, après la défaite de tant d'armées consulaires, ravageant impunément l'Italie, n'avoit pû obtenir seureté publique par un *accord.....*

> PERROT D'ABLANCOURT, trad. de Tacite, *Annales,* III, 18.

Il (André Doria) se rendit au Sénat ... où il représenta ... que la République n'estoit point obligée de tenir *l'accord* qu'elle avoit fait avec les Fiesques.

> LE CARDINAL DE RETZ, *Conjuration de Fiesque.*

Les vainqueurs, après s'être défaits du foible Lépide, firent divers *accords* et divers partages.

> BOSSUET, *Discours sur l'histoire universelle,* III, 7.

Memmius, dit-il, vient de communiquer au Sénat *l'accord* que son compétiteur et lui avoient fait avec les consuls....

> MONTESQUIEU, *Grandeur des Romains,* c. 10.

Le roi et le duc doivent gouverner le Holstein, fief de l'Empire, et Slesvich, fief du Danemarck, en commun. Tous les *accords* ont été des sources de guerres, mais celui-ci surtout.

> VOLTAIRE, *Annales de l'Empire;* Frédéric d'Autriche, 1481.

J'ai tout lieu de croire que 'le décret en vertu duquel on vend cette terre, est un *accord*, par lequel quelqu'un de la famille veut se la faire adjuger.

LE MÊME, *Lettres*, décembre 1737.

Chapitre tindrent (les diables) lendemain
Et s'accordent à cet *accort*
Que......

RUTEBEUF, *le Pet au vilain ;* OEUVRES, t. I, p. 283.

Monseigneur Jehan de Chalon
Si dist : Sire, moult bien volon
Que bon *acort* soit entre vous.

GODEFROY DE PARIS, *Chronique métrique*, v. 3103.

Tuit trois par ung *acort* me prennent.

Roman de la Rose, v. 15045.

L'orgueil s'assortit mal avec le mauvais sort,
Et tous deux insolents font un mauvais *accord*.

ROTROU, *Antigone*, IV, 3.

Nous surprend, nous assiége, et fait un tel effort
Que la ville aux abois on lui parle d'*accord*.

P. CORNEILLE, *Rodogune*, I, 6.

Si j'y pouvois porter quelque foible espérance
D'y conclure un *accord* d'une telle importance.

LE MÊME, *Sertorius*, III, 2.

J'y consens de grand cœur et me réjouis fort
Que tout soit terminé par un heureux *accord*.

MOLIÈRE, *le Dépit amoureux*, III, 4.

La chatte détruisit par sa fourbe l'*accord*.

LA FONTAINE, *Fables*, VI, 1.

Mais il faut des combats, tel est l'arrêt du sort ;
Et surtout évitez un dangereux *accord*.

BOILEAU, *le Lutrin*, V.

Je vais leur déclarer d'une façon très-claire
Que je romps tout *accord*.

GRESSET, *le Méchant*, V, 5.

ACCORD, en ce sens, est quelquefois suivi de la préposition *de*, régissant les noms des personnes entre lesquelles l'accord se fait.

Le conte d'Artois sejourna en Parpignan, où il fist la paix et *accord des* parties.

Le Livre du chevalereux comte d'Artois, p. 60.

Avant que mon frère (le Duc d'Alençon) partist, il désira faire l'*accord du* Roy mon mary et *de* Monsieur le Mareschal de Biron.

MARGUERITE DE VALOIS, *Mémoires*, année 1581.

Ou bien, ce qui revient au même, il est précédé de l'adjectif possessif.

Le vieux messire Hue le père et le Comte d'Arondel se tenoient en la ville de Bristol et plusieurs autres qui étoient de *leur accord*.

FROISSART, *Chroniques*, liv. I, part. I, c. 20.

Philostrate dit que les Indiens contractoient leur amitié, faisoient la paix et *leurs accords*, en buvant de l'eau de Tentale.

G. BOUCHET, *les Serées*. Deuxième serée : de l'Eau.

Notre accord fut bientôt fait : je ne demandois rien, et il promettoit beaucoup.

J. J. ROUSSEAU, *les Confessions*, part. I, liv. IV.

ACCORD , dans les passages suivants de même construction, semble exprimer une conformité de sentiment :

Sanz l'*acort* et sanz le sau (sù) *des* Cardinaus et *des* Evesques.

Chroniques de Saint-Denis (Voir *Histor. de Fr.*, t. XII, p. 204).

Le Duc respondit que c'estoit bien *son accord* que on le combatist.

FROISSART, *Chroniques*, liv. I, part. I, c. 90.

C'est *mes accords*.

EUST. DESCHAMPS, *Poésies manuscrites*, fol. 549, col. 2 (cité par Sainte-Palaye).

On disait autrefois *de son accort*, pour A son avis, de son aveu.

Et mes biens, mon cueur et mon corps;
Je les vous ay du tout soubzmis,
Mais ça esté *de leurs accors*.

CHARLES D'ORLÉANS, *complainte :* Ma seule dame et ma maitresse.

Plus souvent l'on dit l'ACCORD *d'une personne, d'une nation avec une autre*, ou l'ACCORD *de deux personnes, de deux nations entre elles, conclu, passé*, etc. *entre elles*.

Je voudrois bien *passer un accord avec* les médecins par lequel il fust dit que toutes les choses agréables fussent bonnes.

BALZAC, *Lettres*, I, 10.

L'accord à peine *conclu entre* la France et l'Allemagne.
       Fléchier, *Oraison funèbre de Marie-Thérèse.*

Mr Brussel rapporte *un accord* de l'an 1206, *entre* le roi et Thibaut, comte de Champagne, par lequel il étoit convenu que les Juifs de l'un ne prêteroient point dans les terres de l'autre.
       Montesquieu, *Esprit des lois,* XXI, 20, note 2.

Accord est employé de cette manière, mais au figuré, dans des passages tels que les suivants :

Tel est l'*accord* que nous devons faire *de* la raison et *de* la foi.
       Bourdaloue, *Pensées ; Sur la Foi.*

   Ils devroient moyenner l'*accort*
   Du mérite et de la fortune.
Maynard, *Épigrammes,* La muse avec tous ses appas.

Accord, en un sens analogue, s'est dit spécialement, dans la langue du droit, de diverses sortes de conventions et de contrats qu'il n'est pas nécessaire de définir ici.

Accord s'est aussi employé de cette manière au pluriel.

Sigismond, contrevenant aux *accords* et pactions passées entre Clovis et Gondebauld, fut jetté et toute sa famille dans un puys par les enfans de Clovis.
       Est. Pasquier, *Recherches de la France,* I, 9.

Nous savons comment il a vescu et traité ci-devant avec les huguenots des Pays-Bas. Les articles de *leurs accords* sont imprimez.
Satyre Ménippée, Épître du sieur d'Engoulevent à un sien ami.

Argatiphontidas ne va point aux *accords.*
       Molière, *Amphitryon,* III, 8.

O déesses, une mortelle
Seule à votre longue querelle
Fit succéder d'heureux *accords.*
       J. B. Rousseau, *Odes,* II, 11.

On disait d'un homme : *Il est de tous bons accords,* pour dire Il est d'une humeur aisée, il consent à tout ce que les autres veulent.

Accord et Accords se disent souvent des stipulations préliminaires d'un mariage :

Le Roy voyant tant de perfections en un corps, ne print pas tant de plaisir aux doux *accords de* son mary ne *d*'elle, qu'il feit à penser comme il les pourroit rompre.
       La reine de Navarre, *Heptaméron,* 3e nouvelle.

C'est ce soir même les *accords de* sa fille.
       Sédaine, *le Philosophe sans le savoir,* I, 2.

     ... Nous fera-t-on ce tort
De vouloir pour un songe empescher *nostre accord ?*
       Racan, *les Bergeries,* V, 2.

O belles fleurs sans fruits ! *accords* sans hyménée !
       Rotrou, *Antigone,* V, 1.

Quand les ordres du ciel nous ont faits l'un pour l'autre,
Lise, c'est un *accord* bientôt fait que le *nôtre.*

L'argent étoit touché, les *accords* publiés.
       P. Corneille, *la Suite du Menteur,* IV, 1 ; I, 1.

Accord, dans un sens analogue, et avec les mêmes formes de construction, signifie Consentement, union d'esprit, conformité de volontés.

Nostre poëte représente un mariage plein d'*accord* et de bonne convenance, auquel pourtant il n'y a pas beaucoup de loyauté.
       Montaigne, *Essais,* III, 5.

Accord, lié par la préposition *de* à un nom collectif, peut, en certains cas, avoir le même sens.

Dans l'*accord du* despotisme asiatique, c'est-à-dire de tout gouvernement qui n'est pas modéré, il y a toujours une division réelle.
       Montesquieu, *Grandeur des Romains,* c. 9.

Accord se dit par extension des choses, et en exprime, avec les mêmes formes de construction que lorsqu'il s'agit des personnes, la Convenance, la proportion, les justes rapports.

Pour entendre l'*accord de* nos opinions *avec* les décisions des Papes, il faudroit avoir plus de loisir.
       Pascal, *Provinciales,* V.

Par l'*accord* établi *entre* le corps et l'âme, il se fait naturellement une telle liaison entre les impressions du cerveau et les pensées de l'âme, que l'un ne manque jamais de ramener l'autre.
       Bossuet, *De la Connoissance de Dieu et de soi-même,* c. III, art. 18.

Le goût est une harmonie , un *accord de* l'esprit et *de* la raison.

Mᵐᵉ Dacier, *trad. d'Aristophane,* préface.

On a autrefois convaincu Lansberge d'avoir falsifié ses observations pour les accorder avec ses tables, tant les astronomes sont flattés d'arriver à cet *accord,* et les hommes de jouir de l'opinion d'autrui, même sans fondement.

Fontenelle, *Éloge de Cassini.*

Je ne puis donc que vous exhorter .... à lire .... les ouvrages de M. Nicole ...., où vous trouverez toujours un *accord* parfait *de* la raison et *de* la foi, *de* la religion et *de* la philosophie.

D'Aguesseau, *Instructions à son fils.*

De l'*accord des* lois de la morale *avec* celles de la religion.

Montesquieu, *Esprit des lois,* XXIV, 8.

Ce n'est qu'en se polissant que les hommes ont appris à concilier leur intérêt particulier avec l'intérêt commun, qu'ils ont compris que, par cet *accord,* chaque homme tire plus de la société qu'il ne peut y mettre.

Duclos, *Considérations sur les mœurs,* c. 3.

On est frappé de la grandeur de l'entreprise, de la richesse de la matière, de l'excellence du travail, de l'heureux *accord de* toutes les parties.

Barthélemy, *Voyage d'Anacharsis,* c. 38.

Il s'emploie en ce sens, surtout dans le langage poétique, au pluriel.

Il y a certaines règles qui, étant une fois connues, font sentir plus promptement la beauté de certains *accords.*

Bossuet, *De la Connoissance de Dieu et de soi-même,* c. I, art. 8.

Nous indiquerons ailleurs les *accords de* la lumière et *des* eaux aériennes.

Bernardin de Saint-Pierre, *Harmonies de la nature,* l. II : tableau d'une tempête.

Le ciel n'a point encor, par de si doux *accords,*
Uni tant de vertus aux grâces d'un beau corps.

P. Corneille, *la Mort de Pompée,* III, 3.

Mais, as-tu de la mort contemplé le visage ?
Conçois-tu bien l'horreur de cet affreux passage ?
Connois-tu le désordre où tombent *leurs accords*
Quand l'âme se déprend des attaches du corps ?

Cyrano de Bergerac, *Agrippine,* V, 4.

C'est peu ; son art puissant recompose ces corps,
Des ossemens épars rétablit les *accords.*

Delille, *les Trois règnes,* IV.

Accord, lorsqu'il s'agit des personnes, et aussi, en certains cas, lorsqu'il s'agit des choses, est précédé de la préposition *de* dans un assez grand nombre de locutions. Ainsi on dit :
Être d'accord.

Allons jusqu'au bout , car nous *sommes* pas encore *d'accord.*

Fénelon, *Dialogues sur l'éloquence,* I.

Eh donc ! parlez , *êtes-vous d'accord ?*

Marivaux, *le Legs,* sc. 3.

Quand deux personnes qui pensent *sont d'accord,* sans s'être donné le mot, il y a beaucoup à parier qu'elles ont raison.

Voltaire, *lettres,* 20 décembre 1766, à d'Alembert.

Tous deux opiniâtres, nous n'*étions* jamais *d'accord.*

J. J. Rousseau, *les Confessions,* part. II, liv. VII.

Et jamais conjurés ne *furent* mieux *d'accord.*

P. Corneille, *Cinna,* I, 3.

Ton jargon allemand est superflu , te dis-je,
Car nous *sommes d'accord.*

Molière, *l'Étourdi,* V, 7.

Être d'accord a le sens de *Être arrangé,* dans ces passages :

Je vais appeler mon père pour lui dire que tout *est d'accord.*

Molière, *le Mariage forcé,* sc. 16.

Mon affaire *est d'accord,* et la chose vaut faite.

P. Corneille, *le Menteur,* III, 1.

Être d'accord avec ou *se trouver d'accord.*

Ceux qui ont lu les anciens docteurs, trouveront que je *suis de* très-bon *accord avec* eux en cela.

Calvin, *Institution chrestienne,* liv. I, c. 11, § 12.

Je ne *suis* pas si bien *d'accord avec* vous du jugement que vous faites de nos deux poëtes.

Voiture, *Lettres,* CLXXXVIII, à M. d'Avaux.

Vos adversaires *sont* parfaitement *d'accord avec* les nouveaux thomistes mêmes.

PASCAL, *Provinciales*, XVIII.

Un peu après, Maximin fut vaincu par Licinius, qui *étoit d'accord avec* Constantin.

BOSSUET, *Discours sur l'histoire universelle*, I, 11.

Comme l'erreur n'*est* jamais *d'accord avec* elle-même, ils furent partagés entre eux.

FLÉCHIER, *Histoire de Théodose*, III, 21.

Sa politique générale (de Tibère) n'*étoit* point *d'accord avec* ses passions particulières.

MONTESQUIEU, *Grandeur des Romains*, c. 14.

Quoi qu'il arrive, je *me trouve d'accord avec* madame Geoffrin dans son attachement pour le roi de Pologne.

VOLTAIRE, *Lettres*, 13 novembre 1772.

Dans le chat, la forme du corps et le tempérament *sont d'accord avec* le naturel.

BUFFON, *Histoire naturelle*, Quadrupèdes ; le Chat.

Le ciel *est* bien *d'accord avec* le tout.

DIDEROT, *Salon de 1767*, Ollivier.

L'esprit d'aristocratie, qui présidoit à la formation des cercles, *étoit* favorable à l'élégance et à l'amusement, mais nullement *d'accord avec* la nature d'un État libre.

Mme DE STAËL, *Consid. sur la révol. franç.*, VIe part., c. VII, § 2.

Quand Plaisance si *est d'accord*
Avecques ung jeune desir . . .

CHARLES D'ORLÉANS, *Ballades*, III.

Or, je vous disois donc tantôt que l'adjectif
Devoit *être d'accord avec* le substantif.

REGNARD, *le Distrait*, III, 3.

Être d'accord sur, en, quant à, etc.

En quoi vous *êtes* tous *d'accord*.

PASCAL, *Provinciales*, XVIII.

Nous *sommes d'accord sur* tant de choses, que ce n'est pas la peine de nous disputer sur le reste.

J. J. ROUSSEAU, *Lettres*, 25 mars 1758.

Les moins sévères lois *en* ce point *sont d'accord*.

P. CORNEILLE, *Horace*, V, 3.

Sur l'argent, c'est tout dire, on *est* déjà *d'accord*.

BOILEAU, *Satires*, X.

Et ma bouche et mon cœur *sont d'accord* là-dessus.

DESTOUCHES, *le Philosophe marié*, III, 8.

Être d'accord de, en être d'accord.

Quand nous *serons d'accord de* cette définition, j'espère qu'aisément nous nous accorderons touchant la reverence qui leur est deüe.

H. ESTIENNE, 1er *dialogue du nouv. langage franç. italianizé.*

La science est, à la vérité, un bel ornement, un outil très utile à qui eh sçait bien user ; mais en quel rang il le faut tenir, tous n'*en sont d'accord*.

CHARRON, *de la Sagesse*, I, 61.

Vous *en fustes d'accord* à la somme de vingt mille escus.

SULLY, *OEconomies royales*, t. II, c. 17.

Les géographes ne *sont* pas bien *d'accord du* nom ancien de cette ville.

REGNARD, *la Provençale*.

Dès que toute la famille *en est d'accord avec* moi, cette petite supercherie n'est qu'une bagatelle.

DANCOURT, *les Bourgeoises de qualité*. I, 1.

. . . . L'oreille n'est point flattée, si le jugement n'*est d'accord de* son plaisir.

LA MOTTE, *Discours sur les prix académiques.*

Vaillant, j'*en suis d'accord*, mais vain, fourbe, flatteur.

ROTROU, *Venceslas*, I, 1.

Le roi même *est d'accord de* cette vérité.

P. CORNEILLE, *le Cid*, IV, 2.

César est généreux, j'*en* veux *être d'accord*.

LE MÊME, *la Mort de Pompée*, V, 1.

N'*êtes*-vous pas *d'accord*, mon frère, si c'est elle,
De les laisser tous deux à leur foi mutuelle.

MOLIÈRE, *l'École des maris*. III, 9.

Être d'accord que.

Innocent III, parlant des Roys de France, *est d'accord qu'*en leur temporel, ils ne recognoissent autre supérieur que Dieu et l'espée.

EST. PASQUIER, *Recherches de la France*, III, 17.

Je *suis d'accord avec* vous *que* la vie est trop courte : cent ans d'assurés seroit un temps raisonnable.

BUSSY-RABUTIN, *Lettres*, 11 août 1675, à Mme de Sévigné.

Demeurer d'accord de, en demeurer d'accord.

Je crois qu'il n'y a rien en ceci *dont* tous les doctes ne *demeurent d'accord*.

> DESCARTES, *les Principes de la philosophie*, préface.

Il n'y a presque point de vérités *dont* nous *demeurions* toujours *d'accord*.

> PASCAL, *Pensées*, part. I, art. III.

Le nom de Polixène, que ma cousine a choisi, et celui d'Aminthe, que je me suis donné, ont une grâce *dont* il faut que vous *demeuriez d'accord*.

> MOLIÈRE, *les Précieuses ridicules*, sc. 4.

Oui, elle est capricieuse, j'*en demeure d'accord*; mais tout sied bien aux belles.

> LE MÊME, *le Bourgeois gentilhomme*, III, 10.

Pour les maisons que vous me mandez qui sont meilleures que la nôtre, je n'*en demeure* pas *d'accord*.

> BUSSY-RABUTIN, *Lettres*, 8 décembre 1668, à Mme de Sévigné.

De tous nos défauts, celui *dont* nous *demeurons* le plus aisément *d'accord*, c'est la paresse.

> LA ROCHEFOUCAULD, *Maximes*, CCCXIII.

Quand il jureroit comme un païen qu'il est orthodoxe, on pourroit bien ne pas *demeurer d'accord des* qualités, et le brûler comme hérétique.

> MONTESQUIEU, *Lettres persanes*, XXIX.

Demeurer d'accord que.

On doit *demeurer d'accord que* les François ont quelque chose en eux de poli, de galant, que n'ont point les autres nations.

> MOLIÈRE, *le Sicilien*, sc. 14.

Vos pères ont écrit qu'ils condamnent bien ces hérésies; mais qu'ils ne *demeurent* pas *d'accord que* ces auteurs les aient tenues.

> PASCAL, *Provinciales*, XVII.

Il faut *demeurer d'accord*, à l'honneur de la vertu, *que* les plus grands malheurs des hommes sont ceux où ils tombent par leurs crimes.

> LA ROCHEFOUCAULD, *Maximes*, CLXXXIII.

Je *demeure d'accord*, dit don Pompeyo, *qu'*elle sait émouvoir et toucher.

> LE SAGE, *Gil-Blas*, III, 6.

Tomber d'accord.

Il n'arrive presque jamais que deux philosophes *tombent d'accord*.

> *Logique de Port-Royal*, 3e part., c. 20.

Les cœurs, en sa faveur, soudain *tombent d'accord*.

> P. CORNEILLE, *Théodore*, IV, 4.

Si son père et le mien ne *tombent* point *d'accord*, Tout commerce est rompu, je fais naufrage au port.

> LE MÊME, *le Menteur*, V, 4.

Tomber d'accord de, tomber d'accord que.

Oh çà, veux-tu, Marquis, pour ajuster nos vœux, Que nous *tombions d'accord d'*une chose tous deux?

Non, je *tombe d'accord de* tout ce qu'il vous plaît.

> MOLIÈRE, *le Misanthrope*, III, 1; V, 1.

Celui-ci pourroit bien n'*en* pas *tomber d'accord*.

> PIRON, *la Métromanie*, V, 2.

Se montrer d'accord avec.

Qu'en tout, *avec* soi-même, il *se montre d'accord*.

> BOILEAU, *Art poétique*, III.

Mettre d'accord.

.... Jurant qu'il feroit tout ce qui seroit en luy pour pacifier les Grecs entre eulx et les *mettre d'accord*.

> AMYOT, trad. de Plutarque. *Vie de Lysandre*, c. 3.

Je proposai au régent de *mettre* les prétendants à l'évêché de Bayeux *d'accord* au profit du roi, en le donnant au cardinal de la Trémouille.

> SAINT-SIMON, *Mémoires*, 1716, t. XIV, c. 1.

On disputoit toujours; les Normands arrivèrent et *mirent* tout le monde *d'accord*.

> MONTESQUIEU, *Esprit des lois*, XXI, 11.

Je veux *mettre d'accord* l'amour et la nature, Être père et mari dans cette conjoncture.

> P. CORNEILLE, *Nicomède*, IV, 3.

Un esprit de douceur nous *met d'accord* tous deux.

> MOLIÈRE, *le Dépit amoureux*, III, 4.

Mettez-vous donc *d'accord*, et d'un jugement mûr, Voyez à convenir entre vous du futur.

> LE MÊME, *les Femmes savantes*, V, 3.

Grippe-minaud, le bon apôtre, Jetant des deux côtés la griffe en même temps, *Mit* les plaideurs *d'accord* en croquant l'un et l'autre.

> LA FONTAINE, *Fables*, VII, 16.

Hippocrate dit oui, mais Galien dit non,

Et pour *mettre d'accord* ces deux messieurs ensemble,
Je n'ai pas, pour venir, trop tardé, ce me semble.
           Regnard, *les Folies amoureuses*, III, 5.

Maint plaidoyer succède à cette plaidoirie,
Et l'ennui seul *met* le salon *d'accord.*
           Delille, *la Conversation*, I.

Mettre d'accord avec.

Si quelque chose peut faciliter la vertu, c'est de la *mettre d'accord avec* le plaisir.
           Fénelon, *Dialogues sur l'éloquence*, I.

Il fallait *mettre* ma conduite *d'accord avec* mes principes.
           J. J. Rousseau, *les Confessions*, part. II, liv. IX.

Mettre d'accord la force *avec* la grâce.
           J. B. Rousseau, *Épîtres*, I, 1.

On a écrit avoir quelqu'un d'accord.

Si parla à lui si avisement et si convenablement qu'il eut le comte de Foix *d'accord*, et le laissa passer oultre parmy son pays paisiblement.
           Froissart, *Chroniques*, liv. I, part. II, c. 210.

D'accord est construit d'une manière analogue dans un grand nombre d'expressions, telles que les suivantes :

A la parfin ses conseillers luy respondirent *d'accord.*
           Froissart, *Chroniques*, liv. I, part. I, c. 62.

Voilà la première fois, leur dis-je, que je vous ai vus *d'accord.*
           Pascal, *Provinciales*, IV.

Vous voilà *d'accord* maintenant.
           Molière, *l'Avare*, IV, 4.

Le couple d'amans le mieux *d'accord* et le plus passionné qu'il y eût au monde, employoit l'occasion à verser des pleurs et à pousser des soupirs.
           La Fontaine, *Psyché*, liv. II.

Le sentiment d'Arnauld et des jansénistes semblait trop *d'accord* avec le pur calvinisme.
           Voltaire, *Siècle de Louis XIV*, c. 37.

Cela s'entend, et c'est parler *d'accord.*
           J. B. Rousseau, *Épîtres*, I, 1.

Vous voyant assemblés, je suppose d'abord
Qu'après un peu de bruit vous voilà tous *d'accord.*
           Destouches, *le Philosophe marié*, V, 10.

I.

On dit, par ellipse, *d'accord avec*, pour D'intelligence avec.

Le monde, plein de contradictions et jamais *d'accord avec* lui-même, tantôt dégrade la vertu.....
           Massillon, *Sermons*, I. Pour une profession religieuse.

D'accord avec eux sur les principes de nos devoirs, je ne dispute point sur le reste.
           J.-J. Rousseau, *Lettres*, 4 mars 1764.

Sa physionomie, son ton, ses manières, me parurent *d'accord avec* ses discours.
           Le même, *les Confessions*, part. II, liv. XII.

L'art, *d'accord avec* la nature,
Sert l'amour dans ces lieux charmants.
           Quinault, *le Retour des plaisirs*. prologue.

Je devrais bien plutôt, *d'accord avec* les dieux,
Chérir l'heureux bandeau dont ils couvrent mes yeux.
           Voltaire, *OEdipe*, V, 2.

On dit, pour exprimer l'unanimité des sentiments, *D'un commun accord.*

Notre propos se conduit bien .... *d'un commun accord* suivant ce que nous disions tantost, que les biens ce sont les choses proufitables.
           La Boëtie, *la Mesnagerie de Xénophon.*

La jalousie, augmentée par ces prétentions, fait qu'on résout, *d'un commun accord*, une ambassade en Grèce pour y rechercher les institutions des villes de ce pays.
           Bossuet, *Discours sur l'histoire universelle*, III, 7.

Les anciens ont fait de si belles statues, que, *d'un commun accord*, on les a regardées comme la représentation exacte du corps humain le plus parfait.
           Buffon, *Histoire naturelle*, De l'homme.

D'une voix unanime et *d'un commun accord*,
Les vertus d'un fermier sont dans son coffre-fort.
           Boursault, *Ésope à la cour*, IV, 5.

Cette locution, si usitée, *d'un commun accord*, se trouve déjà dans ces vieux textes :

Par quoi *de commun acort* distrent....
           G. Guiart, *Royaux lignages*, t. I, v. 408.

Et acordé fu, sans descort,
Ensemble *de commun acort*....
           Godefroy de Paris, *Chronique métrique*, v. 8209.

Le mot *accord* peut être précédé, surtout en poésie, de toute autre épithète.

> Et vous, esprits divins, chantez *d'un saint accord*,
> Sa grâce qui vous fit possesseurs de la gloire.
> RACAN, *Psaume CXLVIII.*

> J'aime trop à vous voir vivre *de bon accord*.
> GRESSET, *le Méchant*, II, 3.

On a beaucoup dit, plus brièvement, *d'un accord*.

> Les cardinaux qui tenoient leurs benefices en France, de quoy ils vivoient,... dirent tous, *d'un accord*, que ils vouloient demeurer avecques le roi de France.
> FROISSART, *Chroniques*, l. IV, c. 67.

> . . . . estant en cela *d'ung accord*, et s'entendantz fort bien avec l'empereur. . . .
> DE SELVE, *Lettre* à Henri II, 15 février 1554. (Voir *Négociations de la France dans le Levant*, t. II, p. 306).

> Ces paroles refrenerent et rangerent si bien à la raison les gens de guerre, que toutes les autres liguées (tribus), *d'un accord*, ottroyerent depuis à Æmylius le triumphe.
> AMYOT, trad. de Plutarque. *Vie de Paul-Émile*, c. 55.

> Tant com ils furent *d'un acort*
> Furent-ils mult puissant et fort.
> WACE, *roman de Brut*, v. 3895.

> Entre Escos et les Anglois,
> D'un cuer, *d'un acort*, d'une voix
> Ont entr'elz pris trieve et juré.
> GODEFROY DE PARIS, *Chronique métrique*, v. 5037.

On dit absolument *d'accord*; pour J'y consens, j'en conviens.

> Je suis faible, *d'accord;* un vieux bonhomme doit l'être, c'est la nature pure.
> VOLTAIRE, *Lettres*, 28 octobre 1760.

> Vous êtes un coquin! — *D'accord*.
> MOLIÈRE, *le Dépit amoureux*, I, 4.

> C'est moi qui tiens le rang de chef de la famille.
> — *D'accord.*
> LE MÊME, *les Femmes savantes*, V, 2.

> *D'accord*, puisqu'on le veut, mon père étoit huissier.
> REGNARD, *le Joueur*, V, 4.

> Enfin, ce n'est point là ma valise, — *D'accord*,
> Cependant à la nôtre elle ressemble fort.
> LE MÊME, *les Ménechmes*, I, 2.

> *D'accord*, un esprit lent plus sûrement décide.
> DUFRESNY, *le Faux Sincère*, III, 3.

> Mes vers sont durs, *d'accord*, mais forts de choses.
> VOLTAIRE, *le Temple du goût.*

ACCORD, en musique, signifie l'Union de deux ou de plusieurs sons entendus à la fois et formant harmonie.

> Ung chant ne seroit pas moins melodieux, mais seroit mal gracieulx, se il estoit continuellement en *accort* double sans muer et sans varier ; mais quant l'en transmue d'ung *accort* en autre ensuyvant par maniere deue, adoncques est le chant doulx et delectable.
> NICOLE ORESME, *trad. de la politique d'Aristote*, VII, 7.

> Par ces six notes (de la musique), qui sont appelées *us, ré, my, fa, sol, la*, l'en puet aprandre à chanter, acorder..... le plus rude homme du monde ; ou au moins tant faire, que sçaroit il et pourroit congnoistre les *accors* ou discors avecques tout l'art d'icelle science.
> EUST. DESCHAMPS, *l'Art de Dictier.* Musique.

> Car les *accords* de la musique, soit en voix ou en instrumens, ont bien leurs consonnances par contrariété de sons, se formant par ne scay quoi de similitude et de convenance du hault et du bas.... .
> AMYOT, trad. de Plutarque. *OEuvres morales; De la pluralité d'amis*, c. 10.

> L'Ephore qui couppa si rudement les deux cordes que Phrynis avoit adjoustées à la musique, ne s'esmoye pas, si elle en vaut mieux, ou si les *accords* en sont mieux remplis.
> MONTAIGNE, *Essais*, I, 22.

> La première des nymphes... joignit les *accords* de sa lyre aux douces voix de toutes les autres.
> FÉNELON, *Télémaque*, I.

> La vraie union (dans un corps politique) est une union d'harmonie qui fait que toutes les parties, quelque opposées qu'elles nous paroissent, concourent au bien général, comme des dissonances dans la musique, qui concourent à l'*accord* total.
> MONTESQUIEU, *Grandeur des Romains*, c. 10.

Quoique, dans la pratique, on donne également le titre

de parfait à l'*accord* qui résulte de la proportion harmonique, et à celui qui résulte de la proportion arithmétique, il s'en faut bien cependant que le dernier affecte autant que le premier.

RAMEAU, *Démonstration du principe de l'harmonie.*

On appelle *accord* le mélange de plusieurs sons qui se font entendre à la fois et l'harmonie est proprement une suite d'*accords* qui en se succédant flattent l'organe.

D'ALEMBERT, *Éléments de musique*, c. 1.

C'est donc un principe certain et fondé dans la nature que toute musique où l'harmonie est scrupuleusement remplie, tout accompagnement où les *accords* sont complets, doit faire beaucoup de bruit, mais avoir très-peu d'expression.

Une suite d'*accords* est toujours froide quand la mélodie ne l'anime pas.

J.-J. ROUSSEAU, *Lettre sur la musique françoise.*

Si les sons se font entendre en même temps, ils font *accord*; et ils font un chant ou une mélodie, s'ils se font entendre successivement.

CONDILLAC, *Art d'écrire.*

Et les justes *accords* de ma voix et mon luth
Te publieront partout l'auteur de mon salut,
En publiant ma joie.

RACAN, *Psaume* XLII.

Et marie aux *accords* de ce nouveau cantique,
Ceux des harpes et des tambours.

P. CORNEILLE, *Psaume*, CXLIX.

Lévites, de vos sons prêtez-moi les *accords*.

J. RACINE, *Athalie*, III, 7.

Mes chants vont seconder les *accords* de ma lyre.

J.-B. ROUSSEAU, *Odes*, I, 3.

ACCORD est pris au même sens, mais figurément, dans des passages tels que les suivants :

La concorde commence à présent à se bien repatrier, et à faire resonner quelques vieux *accords*.

LA NOUE, *Discours politiques et militaires*, disc. 20ᵉ.

Voici que tout à coup ceste belle harmonie des Estats commence à perdre ses *accords*.

MATTHIEU, *Histoire des derniers troubles de France*, l. IV.

Quel plus sublime cantique
Que ce concert magnifique
De tous les célestes corps ?.....

Quelle divine harmonie
Résulte de leurs *accords*.

J.-B. ROUSSEAU, *Odes*, I, 2.

Dans le langage poétique, ACCORDS se dit, d'une manière plus générale des Sons que font entendre les voix et les instruments.

Pour cette musique généreuse dont les nobles *accords* élèvent l'esprit et le cœur, les Égyptiens n'avoient garde de la mépriser.

BOSSUET, *Discours sur l'histoire universelle*, III, 3.

Un musicien ... qui, après m'avoir comme enchanté par ses *accords*, semble s'être remis avec son luth dans le même étui.

LA BRUYÈRE, *Caractères*, c. 12.

Ils instituèrent des fêtes en l'honneur des Dieux. Les jeunes filles, ornées de fleurs, et les jeunes garçons les célébroient par leurs danses et par les *accords* d'une musique champêtre.

MONTESQUIEU, *Lettres persanes*, XII.

Chaque arbre était pour moi comme une espèce de lyre, dont les vents tiraient d'ineffables *accords*.

CHATEAUBRIAND, *Lettre sur Rome.*

Ta lyre qui ravit par de si doux *accords*,
T'asservit les esprits dont je n'ai que les corps.

CHARLES IX, *Vers à Ronsard.*

Comme autrefois David, par ses *accords* touchants
Calmoit d'un roi jaloux la sauvage tristesse.

J. RACINE, *Esther*, III, 3.

Aux *accords* d'Amphion, les pierres se mouvoient.

BOILEAU, *Art poétique*, IV.

On dit, *prendre l'accord.*

On *prend l'accord* et le concert commence.

DORAT, *Fables*, II, 15.

On dit, *mettre un instrument d'accord*, pour dire, En monter les cordes juste au ton où elles doivent être.

Voilà un temps fâcheux pour *mettre* un luth *d'accord*.

MOLIÈRE, *le Malade imaginaire*, 1ᵉʳ intermède.

De là une expression proverbiale qui répond à une autre remarquée plus haut :

68.

Mettez, pour me jouer, *vos flûtes* mieux *d'accord*.
LE MÊME, *l'Étourdi*, I, 4.

On dit encore qu'*un instrument est d'accord*, que les *cordes tiennent et ne tiennent pas l'accord*.

ACCORDS se dit, par extension, de la poésie elle-même et des vers.

> Racan dont les tendres *accords*
> Obtiendroient du prince des morts
> Le retour de mille Eurydices.
> LE P. LE MOINE.

Oui, j'en jure Virgile et ses *accords* sublimes.
DELILLE, *l'Imagination*, ch. V.

Par une application analogue à celle qu'il reçoit comme terme de musique, ACCORD exprime en peinture, le bon effet qui résulte de l'harmonie des couleurs et de celle des lumières et des ombres.

L'impression des accords est purement mécanique et physique; qu'a-t-elle à faire au sentiment? et pourquoi devrois-je espérer d'être plus vivement touché d'une belle harmonie que d'un bel *accord* de couleurs.
J.-J. ROUSSEAU, *la Nouvelle Héloïse*, part. I, lettre 49.

... Le jaune, le vert, le blanc, le rouge, mis en opposition, récréent l'œil par l'*accord* le plus parfait.
DIDEROT, *Salon de 1765*, Chardin.

On voit des tableaux modernes perdre leur *accord* en très-peu de temps; on en voit d'anciens qui se sont conservés frais, harmonieux et vigoureux, malgré le laps de temps.
LE MÊME, *même ouvrage*, Essai sur la peinture, c. 11.

> Imitez en peignant et les couleurs locales,
> Et ce parfait *accord* qu'aux objets différens
> Le jour ou l'ombre donne, en raison de leurs plans.

> Si la couleur est franche, elle en a plus d'attraits,
> Garde mieux son *accord* et ne change jamais.

> Et redoutez toujours
> Le difficile *accord* de deux différens jours.
> WATELET, *l'Art de peindre*, ch. II; III.

> Tes mains savent encor, pour le plaisir des yeux,
> Préparer des couleurs l'*accord* harmonieux.
> LEMIERRE, *la Peinture*, ch. II.

C'est par une sorte d'allusion à cet emploi du mot ACCORD dans la langue des arts qu'on l'a appliqué à certaines harmonies naturelles.

La lumière est opposée aux ténèbres, le chaud au froid, la terre à l'eau, et leurs *accords* produisent les jours, les températures et les vues les plus agréables.
BERNARDIN DE SAINT-PIERRE, *Études de la nature*; Étude 1re.

On y voit encore (à Palmyre) une espèce d'arbre dont le feuillage échevelé et les fruits en cristaux, forment, avec les débris pendants, de beaux *accords* de tristesse.
CHATEAUBRIAND, *Génie du christianisme*, IIIe part., l. V, c. 4.

Du verbe ACCORDER on avait fait aussi un autre substantif masculin ACCORDEMENT, les substantifs féminins ACCORDE, ACCORDANCE, ACCORDISON, avec la même variété d'orthographe, c'est-à-dire s'écrivant indifféremment par deux c ou par un seul c, et se prenant à peu près dans les mêmes sens, donnant lieu aux mêmes constructions. Aucun n'est resté; mais celui qui a duré le plus longtemps est :

ACCORDANCE.
Il a eu le sens d'*accord*.

Le roy, qui touzjorz fu piteus, li otroia pais et *accordance*.
Chroniques de Saint-Denis, année 1235. (Voir *Recueil des Histor. de France*, t. XXI, p. 111.)

Faites pais et bonne *accordance*.
YSOPET, I, fable 37. (Voir ROBERT, *Fables inéd.*, t. I, p. 105.)

Par amors et par *accordance*.
Roman de la Rose, v. 3152.

Du temps de Nicot, qui en fait l'observation, il n'était plus guère que terme de musique et s'employait comme tel surtout en poésie;

dans le sens rigoureux du mot ACCORD :

On dit d'une tierce, quinte ou octave que c'est bonne *accordance*.
NICOT, *Thresor de la langue françoise*.

> Là font entr'eus (les astres) lor armonies,
> Qui sunt causes des mélodies
> Et des diversités de tons
> Que par *accordance* metons,
> En toutes manières de chant.
> *Roman de la Rose*, v. 17153.

Puis chantoient chançons de pleur
Sans musicque, ne *accordance*.

Charles d'Orléans, *Rondel :* Dedans la maison de douleur.

Dans un sens moins technique et plus vague :

Moult estoit bele l'*acordance*
De lor piteus chans à oïr.

Roman de la Rose, v. 483.

Hélas, c'étoient des nopces, mais sans danses :
C'estoit un lict, mais lict sans *accordances*
D'hymnes chantez.

Cl. Marot, *Léander et Héro.*

On lit dans Marot, *en commune accordance* :

Et puis chantez *en commune accordance*
Gloire à Dieu seul, paix en terre aux humains !

Cl. Marot, *Ballades,* XIII, 21.

ACCORDAILLES, s. f. pl.

C'est aussi un fort vieux mot, mais qui s'est conservé, comme épousailles, comme fiançailles, dans le langage populaire et rustique et dans le style de la comédie.

Il se dit des Cérémonies qui se font pour signer les articles ou le contrat d'un mariage, les Accords.

On fera les *accordailles*.

Rob. Estienne, *Dict. françois-latin.*

L'aîné Saint-Chaumont meurt en *accordailles*.

Tallemant des Réaux, *historiettes.* Mme de Saint-Chaumont.

Alle vouloit que je fissions aujourd'hui des *accordailles*, et comme je ne veux point d'épousailles, moi, il m'est avis que ces *accordailles* seroient superflues.

Dancourt, *les Trois Cousines,* I, 6.

C'est pour ce soir les *accordailles* de Messieurs Bagnaudier avec mes cousines, et nous pourrons vous mettre de la partie.

Legrand, *les Nouveaux débarqués,* sc. 9.

Quoi ! C'est lundi nos *accordailles*
Et dimanche nos épousailles !

Poisson, *le Zig-zag,* sc. 2.

Monsieur Argan charmé des feintes *accordailles*.

Palaprat, *la Prude du temps,* V, 1.

ACCORDEUR, s. m.

Celui qui fait métier d'accorder certains instruments de musique.

Accordeur, a pu recevoir des sens moraux du verbe *accorder* des significations analogues, celle, par exemple, de Conciliateur, comme dans le passage suivant :

Ceux-là pour gagner les bonnes graces des ministres de l'Estat, qu'ils trouvoient roidis au zele catholique, se moquoient des grandes differences de religion, loüoient les *accordeurs*, oioient les prescheurs.

Agr. d'Aubigné, *Histoire universelle;* t. III, liv. IV, c. 10.

ACCORDOIR, s. m.

Sorte d'Outil qui sert à accorder certains instruments de musique.

ACCORT, TE, adj. (de l'italien *Accorto*, clairvoyant, fin, avisé, et par ce mot d'*Accorgere*, sentir, comprendre, s'aviser de).

Autrefois Accort, accord (voyez le *Glossaire de Sainte-Palaye*).

Ce mot, que ne donne, ni en 1539, ni en 1549, le dictionnaire français-latin de Rob. Estienne, paraît avoir été recueilli pour la première fois en 1606 dans le *Thrésor* de Nicot.

Il était d'importation assez récente. Muret, dans ses notes sur les sonnets 2 et 20 de Ronsard, où il se trouve, l'appelait encore « mot italien, » et les passages suivants, extraits d'ouvrages composés ou publiés dans la seconde moitié du xvie siècle, permettent de fixer approximativement l'époque où nous l'avons reçu d'Italie :

Nous avons depuis trente ou quarante ans emprunté plusieurs mots d'Italie, comme . . . . . *Accort* pour avisé. . . . . .

Est. Pasquier, *Recherches de la France,* VIII, 3.

A celle fin d'estre estimé mieus parlant, il (le courtisan) ne cherchera autre chose qu'à trouver le moyen de faire venir à propos aucun de ces mots, comme *foldtre, fat, acoster, aborder, escorte... Accort.....* les redisant en une mesme heure plus de cent fois, pour autant qu'ils sonnent mieus, ce luy semble, aux oreilles et emplissent davantage la bouche que ces autres vulgaires dictions ..... néantmoins tout cela ne vaudroit rien , si le branslement de teste italiennizé ne servoit de sauce pour lui donner plus grand goust.

J. Tabureau, *Dialogues*, I.

Accort, en raison de son origine, a eu primitivement le sens de Fin, avisé, adroit, habile.

Comme le nombre des traitres est plus grand en nostre temps, aussi est plus grand le nombre des bons esprits et *accorts* pour les descouvrir.

H. Estienne, *Apologie pour Hérodote*, part. I, c. 12.

Encores sont-ils (les loups) par nature si fins et *accorts*, qu'aux forests ils chassent et courent les jeunes cerfs et faons de biche à relais comme feroient chiens courans.

Adjonctions à la Venerie de J. Du Fouilloux ; De la chasse du loup, I.

Que me sert avoir été prudent et *accort* tout le temps de ma vie, si ores que j'avois plus de besoing de sagesse j'ay été moins advisé ?

P. Larivey, *le Laquais*, V, 1.

Que si le chef des enemis est *accord* et pratic en tels affaires, il cognoistra facilement que vostre armée est en peur.

Montluc, *Commentaires*, VIII.

Le libertin courtisan est si *accort* qu'il n'oublie aucun artifice pour couvrir ce qu'il sçayt bien que plusieurs reprouvent.

La Noue, *Discours politiques et militaires*, disc. 24e.

Comme il estoit prince *accort*, qui savoit aussi dextrement choisir ses advantages, pour les mesnager sur des parchemins, que ses prédécesseurs par les armes, Louis unziesme estima ne devoir laisser envoler l'occasion qui se présentoit.

Est. Pasquier, *Recherches de la France*, VI, 11.

De tous les Chefs de la Ligue restoit le Duc d'Aumale, lequel ne fut assez *accort* pour faire sa paix.

Matthieu, *Hist. des dern. troubles de France*, liv. V.

Ceux d'Aquitaine *accorts* et rusez, se retiroient dans les cavernes.

Coeffveteau, *Hist. rom. de L. Florus*, III, 9.

Toutesfois quand je pense un peu en mon courage, Que je ne suis tout seul des femmes abusé Et que de plus *accorts* en ont reçu dommage.....

Ronsard, *Recueil des sonnets*, 20.

Il épousa une femme gentille, Belle, en sa fleur, fine, *accorte* et subtile, Dont Cupidon le sçut tant enflammer, Qu'il aima trop, si l'on peut trop aimer.

Passerat, *la Métamorphose d'un homme en coucou.*

Et pompeuse en habits, fine, *accorte* et rusée, Reluire de joyaux, ainsi qu'une espousée.

Regnier, *Satires*, XIII.

Le plus *accort* amant, lorsqu'elle se déguise, De ses trompeurs attraits ne se peut retirer.

D'Urfé, *l'Astrée*, part. I, liv. IV.

On sait qu'elle est d'un très-puissant lignage, Pleine d'esprit, d'un entretien charmant, Prudente, *accorte*, et surtout belle et sage.

La Fontaine, *Poésies*, Ballade sur la paix des Pyrénées.

Accort, insinuant et quelquefois flateur.

Chaulieu, *Épîtres*, XXX.

On l'a dit, au sens d'Adroit, d'habile, non-seulement en parlant des personnes, mais de l'esprit, des actions, des discours de ces personnes.

Voici une autre négociation qui est assez digne de la bonté de votre cœur et du don de persuader dont Dieu a pourvu votre esprit *accort*.

Voltaire, *Lettres*, 6 décembre 1737.

Son éloquence *accorte* enchaînant avec grâce L'excuse du silence à celle de l'audace.

P. Corneille, *Othon*, II, 1.

Accort, par une extension naturelle, a pris, de bonne heure, le sens de Conciliant, complaisant, civil, d'humeur facile, agréable.

C'est le seul sens qui lui soit donné en 1694 dans la première édition du Dictionnaire de l'Académie, où il est traduit par Courtois.

Les auteurs de ce dictionnaire, s'écartant, avec quelques étymologistes, de la tradition du XVIe siècle, d'après laquelle *Accort* vient de l'italien *accorto*, le présentent comme dérivé de notre mot *cour*, qu'on écrivait autrefois *court*, *cort*, et qui, comme le *corte* des Italiens, s'était formé du bas latin *cortis*, *curtis*, venu lui-même du latin *chors*, *cors*, *cohors* (Voyez Cour).

Figurez-vous la plus jolie petite mignonne, douce, tendre, *accorte* et fraîche.

BEAUMARCHAIS, *le Barbier de Séville*, II, 2.

Je vis ce que je n'avois point encore rencontré ailleurs, de jeunes Grecques sans voile, vives, jolies, *accortes*, et en apparence filles d'Ionie.

CHATEAUBRIAND, *Itinéraire de Paris à Jérusalem*. Voyage dans l'Archipel.

Comme à l'envi les plus *accortes* filles
Se travailloient par leurs flammes gentilles
De me rendre amoureux !

RONSARD, *Amours*, l. II, élégie à son livre.

Voyant une beauté folatrement *accorte*,
Dont l'abord soit facile et l'œil plein de douceur.

REGNIER, *Satires*, VII.

A tous venans, hors nous, elle étoit fort *accorte*.

MONTFLEURY, *la Femme juge et partie*, IV, 3.

Observant tout, flattant avec adresse,
Le favori, le maître et la maîtresse,
Toujours *accort*, et toujours complaisant.

La douce Agnès, Agnès compatissante,
Toujours *accorte* et toujours bien disante.

VOLTAIRE, *la Pucelle*, II.

Berthe était douce, affable, *accorte*, humaine.

LE MÊME, *Contes en vers*. Ce qui plaît aux dames.

Dans cette acception, comme dans la première, ACCORT ne se dit pas moins des choses que des personnes.

Ne me souvient point d'avoir veu n'y ouy une negotiation plus *accorte* ny mieux conduitte.

LE CARDINAL D'OSSAT, *Lettres*, liv. V, lettre 26.

Le père Coton, qui estoit d'un entretien extrêmement doux et *accort* et fort célèbre prédicateur, gagna aussitôt les bonnes grâces de toute la cour.

HARDOUIN DE PÉRÉFIXE, *Hist. de Henri le Grand*, 3e partie, ann. 1602.

... Fort instruit dans son métier de magistrature et dans celui de finance, avec beaucoup d'esprit, et d'un esprit *accort*, gai, agréable (Caumartin).....

SAINT-SIMON, *Mémoires*, 1720, t. XVIII, c. 19.

Ce parler *accort* et ces yeux
Me font devenir furieux.

R. BELLEAU, *la Reconnue*, II, 1.

Je dis les loups, car tous les loups
Ne sont pas de la même sorte,
Il en est d'une humeur *accorte*.....
Mais qui ne sait que ces loups doucereux
De tous les loups sont les plus dangereux.

CH. PERRAULT, *le Chaperon rouge*. Moralité.

ACCORT était noté au XVIIe siècle, dans les dictionnaires de Richelet, de Furetière, de Trévoux, comme déjà vieilli, malgré son introduction si peu ancienne. « C'est un mot, disait Voltaire, au siècle suivant (Commentaire sur Corneille, *Pompée*, IV, 1) qui n'est plus d'usage dans le style noble, et on doit regretter qu'il n'y soit plus. » Il n'a pas laissé de se maintenir, comme le prouvent quelques-uns des exemples qui précèdent.

On n'en peut dire tout à fait autant des autres mots de la même famille. ACCORTESSE a disparu de bonne heure et fait place à ACCORTISE qui est resté, mais s'emploie peu. ACCORTEMENT a duré plus qu'ACCORTESSE, mais ne se trouve plus guère après le XVIIe siècle.

ACCORTISE, s. f. (de l'italien *Accortezza*).

Ce mot a signifié d'abord, comme le mot italien sur lequel il s'est formé, aussi bien qu'*Accortesse*, Subtilité d'esprit, pénétration, finesse; puis, participant aux sens qu'avait reçus par extension le mot *accort*, Souplesse insinuante, humeur complaisante, accommodante, facilité habile, accompagnée de politesse.

Les dictionnaires de Richelet et de Furetière, le dictionnaire de Trévoux, le traitent, comme *accort*, de mot suranné, et le Dictionnaire de l'Académie remarque, à son tour, qu'il est peu d'usage, non pas dans l'édition de 1694 où il manque, mais dans celle de 1718, la première qui l'ait admis.

Son omission dans les éditions suivantes, jusqu'à celles de 1799 et de 1835, qui l'ont rétabli, témoigne des vicissitudes d'oubli et de faveur à travers lesquelles il est venu jusqu'à nous.

Avec son *accortise* ordinaire, il mania si bien les esprits, qu'il fut convenu entre les deux partis, avec un applaudissement universel, de recevoir l'édit.....

MÉZERAY, *Histoire de France*, Henri III, année 1578.

Avec quelle *accortise* et avec quelle prudence fallut-il manier tant d'esprits différents ?

HARDOUIN DE PÉRÉFIXE, *Hist. de Henri le Grand*, 2ᵉ partie, ann. 1589.

Saint-Simon, particulièrement, a fait du mot Ac-CORTISE un très-fréquent usage.

..... Des manières et du commerce, une singulière *accortise* et un grand art de cacher ce qu'il (l'abbé de Tencin) ne vouloit pas être aperçu.....

SAINT-SIMON, *Mémoires*, 1719, t. XVIII, c. 1.

L'exemple suivant rappelle heureusement l'origine italienne du mot.

Les quatre évêques donnèrent quelques explications; l'*accortise* italienne calma la vivacité française, un mot substitué à un autre opéra cette paix qu'on appela la paix de Clément IX et même la paix de l'Église.

VOLTAIRE, *Siècle de Louis XIV*, c. 37.

ACCORTEMENT, adv. (de l'italien *Accortamente*).

« Adviséement » dit Nicot; Subtilement, habilement, prudemment.

Je ne veux point inferer que le sujet doyve controller le commandement de son seigneur ; mais quand il apparoit y avoir grand injustice en icelui, ne vaut-il pas mieux qu'il s'excuse *acortement* de l'acomplir.

LA NOUE, *Discours politiques et militaires*, disc. 10ᵉ.

Caracalla feignit *accortement* d'estre pleinement réconcilié avec Geta.

COEFFETEAU, *Histoire romaine*, XIII.

La merveille fut qu'il (Broglio l'aîné) sut si *accortement* courtiser et arraisonner Puységur qu'il l'infatua de son projet.

SAINT-SIMON, *Mémoires*, 1718, t. XV, c. 19.

Ma bouche *accortement* saura s'en acquitter.

P. CORNEILLE, *Médée*, II, 5.

Vous me jouez, mon frère, assez *accortement*.

LE MÊME, *la Suite du Menteur*, IV, 2.

Par une erreur, quelquefois relevée, d'autres fois reproduite, le grand Vocabulaire a fait d'ACCORTE-MENT un substantif qu'il regrette au même titre qu'*Accortise*.

ACCOSTER, v. a.

Autrefois ACOSTER, ACOUSTER, etc. (Voyez le *Glossaire* de Sainte-Palaye.)

Un passage des *Dialogues* de Tahureau, cité dans un des articles précédents, p. 541, col. 2, établit que ce mot était fort usité au XVIᵉ siècle dans la conversation des gens du monde, des courtisans. Mais ce passage donnerait aussi à penser qu'il était de création ou d'importation récente, ce qu'on ne peut admettre, comme le démontrent quelques exemples qui le font remonter aux plus anciens temps de la langue.

Parmi les étymologistes, les uns dérivent AC-COSTER de notre préposition *à*, et de notre substantif *coste*, *côte*, ou bien encore de notre vieux verbe *costéer*; les autres le disent formé sur l'italien ou sur le bas latin *accostare*. De toutes manières il se rattache également au latin *costa*.

ACCOSTER signifie au propre, comme le définit Nicot, « Se ranger, se mettre au costé de quelqu'un, » approcher, aborder une personne.

Il a généralement, surtout à partir du XVIIᵉ siècle, été regardé, ainsi que ses dérivés *accostable*, et autres, comme du style familier.

Aussi luy, cognoissant la mere n'estre si severe que le pere, print quelque fois, comme inopinement, la hardiesse, en les voyant aller de leur logis jusques à l'eglise, de les *acoster* avecques une familiere et vulgaire reverence, et sans se trop advantager.

LA REINE DE NAVARRE, *Heptameron*, 44ᵉ nouv.

Le flatteur ... essaye premierement à s'approcher de chascun, qu'il veult envelopper, à se loger près de luy et à l'*accoster*, ne plus ne moins que l'on faict es pasturages une beste sauvage que l'on veult apprivoiser.

AMYOT, Trad. de Plutarque, *OEuvres morales*. Comment on pourra discerner le flatteur d'avecques l'amy.

Mes précepteurs domestiques m'ont dit souvent, que j'avois ce langage (le latin), en mon enfance, si prest et si à main, qu'ils craignoient à m'*acoster*.

MONTAIGNE, *Essais*, I, 25.

Ses plus privez amis n'osoyent pas mesme l'*acoster* ce jour là, ains se tenoient tous loin de luy.

Satyre Ménippée, Nouvelles des régions de la lune, c. 10.

Vous ne savez pas, Messieurs, que c'est que de voir chez vous des goujats rompre vos coffres et crocheter vos serrures, des soldats *accoster* vos filles et solliciter vos femmes.

Du Vair, Actions et traités oratoires.

Au milieu de quantité de Cupidons déchaînés trois dames masquées *accostèrent* D. Carlos.

Scarron, Roman comique, I, 9.

S'il s'avise de vous *accoster* par hazard, ne prenez pas garde à ce qu'il vous dira, nous allons le faire enfermer.

Regnard, le Retour imprévu, I, 16.

Son domestique, homme de confiance, étoit très-répandu dans le village, y *accostoit* tout le monde, et on le vit même en conférence avec Montmollin.

J.-J. Rousseau, les Confessions, part. II, liv. XII.

Vous viennent *accoster*, comme personnes yvres
Et disent pour bonjour : Monsieur je fais des livres.

Regnier, Satires, II.

Je voudrois l'*accoster*, s'il est en ma puissance,
Et tacher de lier avec lui connoissance.

Molière, l'École des Maris, I, 3.

Dans le passage suivant, au sens propre d'accoster semble se joindre l'idée accessoire d'habitude; il y est synonyme de Fréquenter, et, comme on le voit dans l'exemple même, de Rechercher :

Le jeune de Balancon *accoste* cette fille (Mlle de Tournon), la recherche.

Marguerite de Valois, Mémoires, 1577.

De même que l'on dit Accoster quelqu'un, on peut dire aussi *être accosté par* quelqu'un, *de* quelqu'un.

Pour monstrer qu'elle ne manquoit non plus d'esprit et de cœur, elle (Fredegonde) harangua ses gens en plein champ, *accostée du* Roy son fils, qui, sans parler, parloit par sa presence beaucoup.

Est. Pasquier, Recherches de la France, X, 2.

Ne m'approchez jamais que de loin... plus d'affaires...
Je serois dégradé de noblesse chez nous
Si j'*étois accosté d'*un lâche tel que vous.

Regnard, les Ménechmes, IV, 5.

L'exemple suivant nous offre accoster employé de cette manière, mais dans un sens particulier, en parlant de l'accouplement des animaux.

I.

La lyonne qui *a été accostée du* léopard va vistement se laver.

S. François de Sales, Introd. à la vie dévote, part. II, c. xviii.

Accoster s'est dit par extension pour Approcher d'une chose.

Touteffois ilz se reculerent en une place et *accosterent* ung viel mur.

Froissart, Chroniques, liv. I, part. II, c. 320.

Accoster peut être employé comme verbe réciproque et se dire de deux personnes qui s'abordent.

Chacun désireux de voir, l'un son frère, l'autre son oncle, son cousin, son ami, ou ses anciens compagnons, demandoit licence aux supérieurs : ce qu'on obtenoit avec peine pour ce qu'il avoit été défendu qu'on *s'acostast*, de crainte d'en venir aux injures, et après aux mains.

La Noue, Discours politiques et militaires, disc. 26^e

La promenade se continue, et nos jeunes gens, qui d'abord étoient à nos côtés, ont peine à se régler sur notre marche; insensiblement ils nous précèdent; ils s'approchent, ils *s'accostent* à la fin, et nous les voyons assez loin devant nous.

J.-J. Rousseau, Émile, liv. V.

Il est plus souvent verbe pronominal et, construit avec la préposition *de*, signifie Aborder quelqu'un, le hanter, le fréquenter. S'*accoster de* appartient au style familier et ne se prend guère qu'en mauvaise part.

Ayant rencontré par le chemin un gentilhomme flamend allant en Angleterre, et *s'en estant accosté*, ...

H. Estienne, Apologie pour Hérodote, t. I, part. II, c. 16.

Je *m'accostay des* principaux du peuple, et leur monstray ce qu'il falloit faire.

Montluc, Commentaires, IV.

Ignace fut un Espagnol... Il *s'accosta de* quelques uns, et entr'autres *d'*un maistre Pasquier Broez, né natif de Dreux.

Est. Pasquier, Recherches de la France, III, 43.

*M'accostant d'*une vieille femme qui gaignoit sa vie à porter vendre les dorures et pierreries dans les maisons particulières, je luy fis entendre que j'avois envie de tirer de l'argent de ce miroir.

D'Urfé, l'Astrée part. II, liv. IV.

Il *s'accosta d'*une voisine de qui il eut une fille qu'on appelle La Touche.
Tallemant des Réaux, Historiettes, Voiture.

Nostre nouveau venu *s'accoste d'*un vieillard,
Et pour en prendre langue il le tire à l'escart.
Agr. D'Aubigné, Tragiques, Princes, liv. II.

Acostez-vous de fidèles critiques.
J.-B. Rousseau, Épîtres, I, 3.

Je *m'accostai d'*un homme à lourde mine.
Voltaire, Sotires, Le pauvre diable.

On a dit, au même sens, *S'acoster à.*

Al roi Winder *s'est acostés.*
Wace, Roman de Brut, v. 5068.

A lui *s'acoste* li bons vassaus Davis.
Ogier de Danemarche, v. 7130.

On a dit aussi, fort anciennement, pour marquer la situation d'un lieu placé près d'un autre, attenant à un autre, *accoster à,* comme on avait dit dans la basse latinité *accostare ad.*

..... *Acostant* d'un costé à la rivière......
Cartulaire de Corbie, 23, ann. 1450; cité dans le Glossaire de Du Cange, addit. nouv. d'Henschel.

Accoster, en termes de marine, se dit d'un bâtiment, d'une embarcation qui vient se ranger le long ou à côté de quelque objet. Il est alors tantôt employé comme verbe actif, *accoster un vaisseau, un quai*; tantôt pris absolument, *on leur cria d'accoster.* De là le terme de commandement *accoste,* quelquefois pris substantivement : *commander l'accoste.*

Li nés (navires) sunt à un port turnées,
Tutes sunt ensemble arivées,
Tutes sunt ensemble *acostées,*
Tutes sunt ensemble aanchrées.
Wace, Roman de Rou, v. 11612.

Il est synonyme d'Aborder dans l'exemple qui suit :

Quant à Douvre ne pot port prendre
le long de la mer a siglé (cinglé)
Et le pays *a acosté.*
Wace, Roman de Brut, v. 5236.

On a dit également, en termes de marine, *s'accoster à terre, accoster à terre,* pour Ranger la côte, la rive, le bord ; *accoster à* un vaisseau pour S'en approcher.

A donc le montant... *se acostera à* terre jusques à ce que l'avalant soit passé.
Ordonnance de 1415; cité dans le Glossaire de Du Cange, addit. d'Henschel.

Les nés (navires) fist à tere *acoter.*
Wace, Roman de Brut, v. 4393.

Prez de Hastingues arrivèrent,
L'une néf à l'altre *acostèrent.*
Le même, Roman de Rou, v. 11618.

Accosté, ée, participe.
Du verbe accoster l'ancien français avait tiré le substantif
Acost.

Et Renart si s'en vait fuyant
Qui n'avoit soing de son *acost.*
Roman du Renart, v. 25915.

ACCOSTANT, ANTE, adj.

Par une forme de langage appliquée à beaucoup de participes, et dont tous sont susceptibles, Accostant a pu être employé comme adjectif, au sens de Poli.

La Rancune, qui étoit d'une *accostante* manière, lui fit d'abord des excuses de ce qu'ils troubloient son repos, et lui demanda ensuite d'où il venoit.
Scarron, Roman comique, II, 2.

Termes étoit poli et *accostant.*
Saint-Simon, Mémoires, 1704, t. IV, c. 12.

ACCOSTABLE, adj. des deux genres.

Ce mot, qui manque aux dictionnaires de Robert Estienne et de Nicot, paraît peu ancien.

Dérivé d'*accoster,* il signifie Qui se laisse aisément approcher, aborder, courtois, civil.

..... Il n'a jamais seu trouver les moyens de s'approcher de vous, tant vous êtes mal *accostable.*
D'Urfé, l'Astrée, part. II, liv. VI.

A ce que j'entens, ce sont gens peu *accostables,* j'auray peine à les trouver.

Voiture, *lettres,* XL, à Mlle Paulet.

Il vous a vu doux, civil, *accostable.*

Boisrobert, *Épîtres,* IV.

Quelque nymphe peu *accostable.*

Regnard, *la Foire Saint-Germain,* II, 4. (Voir Théâtre Ital., t. VI, p. 211.)

On a dit *accostable à :*

Il employoit son éloquence à la défense de ses Citoyens, et ses biens au service de ses amis, estoit *accostable aux* moindres personnes, et caressoit tout le monde.

Perrot d'Ablancourt, trad. de Tacite. *Annales,* XV, 12.

Accoster s'étant dit en parlant des choses aussi bien que des personnes, Accostable a dû recevoir la même extension.

En forme d'échiquier les plats rangés sur table
N'avoient ni le maintien ni la grâce *accostable.*

Regnier, *Satires,* X.

Accostable, depuis assez longtemps inusité, a été remplacé par *abordable.*

Accostable est, comme *accoster,* terme de marine. Il se dit, au sens d'Accessible, d'abordable, d'une terre et d'un bâtiment qu'on peut approcher sans danger.

Quelques dictionnaires citent, parmi les dérivés d'*accoster,* Accostement, sans doute par confusion avec *Accotement,* que donne Cotgrave, et qui vient du verbe dont il va être question.

ACCOTER, v. a.

Très-anciennement Akeuter (voyez le *Glossaire* de Sainte-Palaye).

Accoter, de même origine qu'*accoster,* en diffère très-peu par la forme et par le sens, et a été, avec raison, considéré comme le même mot modifié.

Le léger changement dans l'écriture et la prononciation, qui a permis d'en faire un mot à part, est postérieur à Robert Estienne, qui traduit *accoster* par *fulcire;* il n'était pas bien ancien au temps de

Danet, qui distingue deux *accoster,* dont l'un se prononce *accôter.*

Accoter c'est, dit Nicot, « Appuyer quelque chose, qu'elle ne chée ou verse. »

« On dit, ajoute-t-il, *accoter les roues d'une charrette* quand on met sous l'embature des roues, pierre ou autre chose pour empescher qu'elles ne reculent ou aillent avant, et *accoter une porte,* à ce qu'elle ne se débatte par le vent, ou bien à ce que les battants demeurent ouverts. »

Accoter *une cloison* se lit chez Richelet, qui renvoie *accoter* aux maçons, aux charpentiers et autres gens de métier.

On a dit fort anciennement, en termes de guerre, *être accoté à,* dans le sens de Être posté près de, s'appuyer sur.

Les archiers d'Angleterre estoient *accostez aux* deux lez du chemin.

Froissart, *Chroniques,* l. I, part. I, c. 218.

Accoter s'emploie avec le pronom personnel; S'accoter à :

Al chief d'un ban *s'est acotez..*

Wace, *Roman de Rou,* v. 11,009.

Aus fenestres de marbre *s'est alés acoster.*

Chanson d'Antioche, ch. V, v. 622.

S'accoter sur :

Alle *s'acote sur* le haut de la muraille.

Dancourt, *les Vendanges de Suresnes,* sc. 1.

Lors *s'akeute de sor* l'esclame (le banc),
Si dist heures de Nostre-Dame.

Vies des saints, mss. 'de Sorb. chif. LIX, col. 2; cité par Sainte-Palaye.

C'est une expression familière et peu usitée que, dès le temps de Richelet, on remplaçait volontiers par S'appuyer.

S'accoter peut se dire aussi absolument :

Les airs penchés du petit maître lui donnent une attitude habituelle, qui fait qu'il ne se place jamais qu'il ne *s'accotte.*

Girard, *Synonymes françois.*

69.

Car heurtant une porte, en pensant *m'accoter*,
Ainsi qu'elle obeyt, je vins à culbuter.
RÉGNIER, *Satires*, X.

ACCOTÉ, ÉE, participe.

La seule bougie qui fut sur une table... éclairoit le visage d'un conseiller du parlement *accoté sur* la même table.
BEAUMARCHAIS, *Mémoires*, IV.

Il se dit particulièrement, en termes de blason,
d'une pièce de l'écu placée à côté d'une autre pièce.
Le P. Ménétrier explique en quel cas il faut dire
accoté, ou *accompagné*, en quels cas on peut se servir
de l'un et de l'autre indifféremment.
On lit, chez Joinville, Estienne Pasquier, etc.,
au lieu d'ACCOTER, ACCOSTOYER.

Maintes fois avint que en esté il aloit seoir au bois de
Vincennes, après la messe, et *se accostoïoit à* un chesne.
JOINVILLE, *Histoire de saint Louis.*

(Enguerrand de Marigny) pendant sa faveur, avoit pris
la hardiesse *d'accostoyer* sa statue *de* celle d'un Roy de
France au palais royal à Paris.
Est. PASQUIER, *Recherches de la France*, V, 4.

On avait fait d'ACCOTER les mots suivants :

ACCOTE-POT, s. m.
Ce mot se disait, dans le langage populaire et familier, de Ce que l'on met auprès d'un pot, placé
devant le feu, pour l'empêcher de se renverser.
« Appuipot, étai de pot, » disent Nicot et Monet.
Rabelais, *Pantagruel*, IV, 40, en fait un nom de
cuisinier, et l'écrit *Accodepot*.

ACCOTEMENT, s. m.
L'Action d'*Accoter*, d'appuyer, selon Cotgrave.

ACCOTOIR, s. m.
Autrefois ACCOTOÜER.
Ce qui sert à s'appuyer de côté; ce qui est fait
pour qu'on *s'y accote*.

Je feray une muraille... laquelle... sera plate par

dessus, pour servir d'*accotoüer* à ceux qui se pourme-
neront au devant desdites chambres hautes.

Ils se viendront appuyer sur l'*accotoüer* qui sera fait
exprès, et propre pour cette affaire et estant là accotez ils
verront entièrement toute la beauté du jardin.
BERNARD PALISSY, *Jardin delectable.*

Les *accottoirs* d'un carrosse, d'un fauteuil, d'un confes-
sionnal. Cela vous servira d'*accotoir*.
Dictionnaire de l'Académie, 1762.

ACCOUCHER, v. n. (du simple *Coucher*, voyez
ce mot).
Autrefois ACULCHIER, ACULCHER; ACOLCHIER,
ACOLCIER, ACOLCHER; ACOUCHIER, ACOUCHER, ACOU-
CER; ACCOCHER, ACOCHER; ASCOUCHER, etc. (Voyez
le *Glossaire* de Sainte-Palaye et les exemples ci-
après.)
ACCOUCHER eut d'abord le sens actif de Mettre au
lit, aliter. Monet, qui le traduit, dans cette acception primitive, par *ad cubitum adigere*, en donne
cet exemple :

Le mal l'*a accouché* par force.

De là, le verbe pronominal, autrefois très-usité,
s'accoucher, lequel signifiait Se mettre au lit, mais,
le plus souvent, avec l'idée particulière qui s'attache
au mot s'aliter, c'est-à-dire l'idée d'un repos auquel on est contraint par la maladie. *S'accoucher
malade et s'aliter*, dit Robert Estienne dans son *Dictionnaire françois-latin* en 1549, et répète Nicot,
dans son *Thresor*, en 1606.

Avint à une feiz que li evesches Hely *se fud aculché*
pur reposer.
Les quatre livres des Rois, I, III, 2.

Li quens Joffrois del Perche *s'acoucha* de maladie.
VILLEHARDOUIN, *Conqueste de Constantinoble*, XXIX.

Après advint que celle dame fut enceinte; et le roy son
mary *s'accoucha* malade au lict de la mort.
FROISSART, *Chroniques*, l. I, part. II, c. 49.

On finit par dire, dans le même sens, au lieu de
s'accoucher, *Accoucher* qui devint ainsi verbe neutre.

Del lit ù tu es *aculchiez* ne leveras, einz i murras.
Les quatre livres des Rois, IV, 1, 16.

Mahius de Monmorenci,.... *acoucha* malades, et tant fu agrevé qu'il morut.
VILLEHARDOUIN, *Conqueste de Constantinoble*, LXXXIX.

Le roy de France estoit en l'hostel de Savoye en Angleterre, *acouché* malade, et aggrevoit tous les jours.
FROISSART, *Chroniques*, l. I, part. II, c. 166.

Si partit le Roy d'Angleterre pour y venir et en la ville de Corbeil il *accoucha* malade de la maladie sainct Fiacre, dont il mourut.
ALAIN CHARTIER, *Histoire de Charles VII*.

Comme les femmes, au temps de l'enfantement, gardent le lit, ACCOUCHER toujours verbe neutre, prit de bonne heure la signification particulière d'Enfanter.

> Et madame Hersent la love,
> Qui ses loviax norrist et cove
> Novelement *est acouchie*,
> A chascun donoit sa bouchie.
Roman du Renard, v. 361.

> Rainberge si fu grosse, près d'*acouchier*.
Fabl. et cont. anc., Méon, IV, 220.

ACCOUCHER, en ce sens très-ancien, comme on vient de le voir, est souvent pris absolument.

J'ay escript au trésorier du roy de Navarre bailler à sa femme (de Verdelet) qui est preste d'*accoucher*, argent et ce dont elle aura besoing.
LA REINE DE NAVARRE *Lettres à François Ier*, mars 1542, lettre CXX.

Voilà des douleurs si vives, si extrêmes, si redoublées, si continuelles, des cris si violens, si perçans, que nous comprîmes très-bien qu'elle alloit *accoucher*. La difficulté c'est qu'il n'y avoit pas de sage-femme.
Mme DE SÉVIGNÉ, *Lettres*, 19 novembre 1670.

Tout ce peuple fait des efforts inutiles, semblables à ceux d'une femme dont l'enfant est prêt à sortir, et qui n'a pas assez de force pour *accoucher*.
BOSSUET, *Politique tirée de l'Écriture sainte*, liv. VII, art. 5.

Il ne lui est dû ni douaire, ni convention. Mais à cela près, et qu'il n'*accouche* pas, il est la femme et elle le mari.
LA BRUYÈRE, *Caractères*, c. 3.

On compte environ huit cents personnes livrées aux flammes sous Marie. Une femme grosse *accoucha* dans le bûcher même.

On voyait plusieurs jeunes gens qui portaient sur leurs épaules des vieillards paralytiques, quelques femmes nouvellement *accouchées* emportèrent leurs enfans, et moururent de froid avec eux sur la colline, en regardant de loin les flammes qui consumaient leur patrie.
VOLTAIRE, *Essai sur les mœurs*, c. 136; *Histoire de Charles XII*, liv. VII.

> Et la triste Émilie est morte en *accouchant*.
P. CORNEILLE, *Sertorius*, V, 2.

> Que votre cœur pour moi se laisse un peu toucher.
> Notre femme est, Monsieur, sur le point d'*accoucher*.
REGNARD, *le Joueur*, III, 6.

On dit *accoucher à terme, avant terme*.
Très-souvent aussi ACCOUCHER a un complément formé de la préposition *de* et de son régime.

Vint une novèle à l'empereour Baudoin, dont il fu mout dolent; car la contesse Marie, sa femme, qui remèse (demeurée) estoit grosse en Flandres.... si *acoucha* d'une fille......
VILLEHARDOUIN, *Conqueste de Constantinoble*, CXXX.

Elle *étoit accouchée* d'un beau fils, qui s'appeloit ainsi comme son père.
FROISSART, *Chroniques*, liv. I, part. II, c. 159.

Je veiz une femme morte et son enfant, *dont* elle estoit *accouchée* de nouveau.
COMMYNES, *Mémoires*, II, 14.

Agariste songea une nuict qu'elle avoit enfanté un lion, et peu de jours après elle *accoucha de* Périclès.
AMYOT, *Trad. de Plutarque, Vie de Périclès*, c. 2.

Je vous apprends, quand vous dévriez enrager, que je *suis accouchée* d'un garçon, à qui je vais faire sucer la haine contre vous avec le lait.
Mme DE SÉVIGNÉ, *Lettres*, 15 mars 1647.

Nous y couchâmes et nous n'y dormîmes pas un moment, à cause des hauts cris d'une comédienne, qui s'avisa d'*accoucher* cette nuit proche de notre chambre *de* deux petits comédiens.
CHAPELLE et BACHAUMONT, *Voyage*.

> .... De novel *est acochiée*
> *D*'un moult bel filz et *d*'une fille.
Roman du Renard, v. 20078.

Dis-moi comme sa race, autrefois ancienne,
Dedans Rome *accoucha d'*une Patricienne.

RÉGNIER, *Satires*, X.

Une montagne en mal d'enfant
Jetoit une clameur si haute ,
Que chacun, au bruit accourant,
Crut qu'elle *accoucheroit* sans faute
D'une cité plus grosse que Paris,
Elle *accoucha d'*une souris.

Quoi ! j'*accouche d'*un œuf ! — D'un œuf ? — Oui le
Frais et nouveau pondu.......... [voilà

LA FONTAINE, *Fables*, V, 10; VIII, 6. .

ACCOUCHER prend les auxiliaires *être* et *avoir*,
non pas peut-être toujours indifféremment ; mais
il n'est pas facile d'expliquer sans subtilité en
quels cas l'on doit préférer l'une ou l'autre forme.

Ses parents et ses voisins l'avoient vue grosse de la
fille *dont* elle *avoit accouché*.

VERTOT, *Révolutions Romaines*, liv. V.

Madame de la Tour, à son exemple, planta un autre
arbre dès qu'elle *fut accouchée de* Virginie.

BERNARDIN DE SAINT-PIERRE, *Paul et Virginie*.

ACCOUCHER, en certains cas, redevient verbe actif et signifie Aider une femme à se délivrer de son
fruit.

Je ne t'*accoucheray* pas si doucement qu'une sage-
femme.

PERROT D'ABLANCOURT, trad. de Lucien, *Dialogues des Dieux*, VIII.

Mais, ma bonne, qui vous *accouchera* si vous accou-
chez à Grignan ?

Mme DE SÉVIGNÉ, *Lettres*, 9 août 1671.

ACCOUCHER, avec cette signification active, peut,
en certains cas, devenir verbe pronominal.

Cette femme *s'accouche* elle-même.

FURETIÈRE, *Dictionnaire*.

Il est probable que dans les premiers temps les femmes *s'accouchoient* elles-mêmes.

GOGUET, *De l'origine des lois, des arts et des sciences*, t. II, p. 19.

Dans quelques passages de date ancienne, *s'accoucher* a le sens du neutre *accoucher*.

Il advisa que, s'il advenoit que la roine *s'accouchât d'*ung
filz, il vouloit que Messire Philippe de Valoys, son cousin
germain, en fut mainbour (tuteur) et régent du royaulme ;
jusques atant que son filz seroit en aage d'estre roy.

FROISSART, *Chroniques*, l. I, part. I, c. 49.

Une montagne fut quelquefois en travail d'enfant, et
puis enfin elle *s'accoucha d'*une souris.

AMYOT, trad. de Plutarque, *Vie d'Agésilas*, c. 63.

ACCOUCHER, verbe neutre, s'est dit de bonne
heure, figurément, dans le sens de Produire avec
effort, avec lenteur ; soit sous sa forme absolue :

Les acclamations passèrent tout ce que vous vous en
pouvez figurer. Il n'en fallut pas moins pour rasseurer
Monsieur « qui *avoit accouché* toute la nuit, bien plus
« douloureusement (me dit Madame , le matin), que je
« n'ai jamais accouché de touts mes enfants. »

LE CARDINAL DE RETZ, *Mémoires*, liv. II, année 1651.

..... Il (le père d'Aubenton) se mit à me faire véritablement les yeux doux,....... puis à balbutier, à commencer, à s'interrompre, à se reprendre, enfin il *accoucha*
sans aucun secours de moi.

SAINT-SIMON, *Mémoires*, 1721, t. XIX, c. 9.

Vous aviez une manière particulière de raisonner et
d'envelopper si adroitement ceux à qui vous aviez à faire
dans des arguments dont ils ne prévoyoient pas la conclusion, que vous les ameniez où il vous plaisoit, et c'est ce
que vous appeliez être la sage-femme de leurs pensées et
les faire *accoucher*.

FONTENELLE, *Dialogues des morts*, III, Socrate, Montaigne.

Soit construit avec la préposition *de*.

Accordons luy ce qu'il demande ; voyons quand il *accouchera de* ce dont il est gros.

G. DU BELLAY, *Mémoires*, 1536.

On me mandoit que ce bel esprit y avoit travaillé de
toute sa force ; que douze stances étoient le travail de
douze mois, et qu'encore ne croyoit il pas *en être accouché* à terme, tant il avoit de peine à se contenter.

BALZAC, *Socrate chrestien*, disc. VII.

Au reste vous savez déjà comme cette montagne d'Allemagne est *accouchée d'*une souris sans mal ni douleur.

Mme DE SÉVIGNÉ, *Lettres*, 19 août 1676.

Théodore (personnage des *Conversations chrétiennes*)

sait encore mieux que le Socrate de Platon, faire *accou-cher* ses auditeurs *des* vérités qui étoient en eux.

Fontenelle, Éloge de Malebranche.

Moi qui dans les derniers temps de sa grossesse ne savais que faire, je me suis mis à faire un enfant tout seul : j'*ai accouché* en huit jours *de* Catilina. C'est une plaisanterie de la nature qui a voulu que je fisse en une semaine ce que Crébillon avait été trente ans à faire. Je suis émerveillé des couches de Mme Duchâtelet et épouvanté des miennes.

Voltaire, Lettres, 4 septembre 1749.

Nos meres *ont du* vice avec nous *accouché*,
Et en nous concevant ont conceu le péché.

Agr. d'Aubigné, Tragiques, Vengeances, liv. VI.

A notre impatience offrez votre épigramme.
— Hélas ! c'est un enfant tout nouveau né, Madame ;
Son sort assurément a lieu de vous toucher,
Et c'est daus votre cœur que j'*en viens d'accoucher.*

Molière, les Femmes savantes, III, 1.

Il est vrai ; mais enfin j'*accouehe d'*un dessein
Qui passera l'effort de tout esprit humain.

Regnard, le Légataire universel, IV, 2.

Hélas ! ma muse au gré de l'espoir qui m'enflamme
Dans un premier transport venoit de l'ébaucher ;
Deux fois *du* même enfant pourra-t-elle *accoucher ?*

Piron, la Métromanie, III, 8.

Accoucher, verbe actif, a reçu aussi, par figure, une signification analogue.

Lui-même il éclaircit ma phrase embarrassée,
Vient au devant de mes propos,
Appelle la parole, *accouche* la pensée.

Delille, la Conversation, I.

Accouché, ée, participe.
Il se prend substantivement.

Une *accouchée* et gisante.

Robert Estienne, Dict. fr. lat., 1539.

A propos ce pauvre Pomenars fut taillé avant hier, et souffrit cette opération avec un courage héroïque... Il caquette comme une *accouchée ;* il a eu plus de joie qu'il n'a eu de douleur.

Mme de Sévigné, Lettres, 12 janvier 1680

Mes amitiés à votre *accouchée.*

Mme de Maintenon, Lettres, 5 mai 1684.

Je ferai certainement de mon mieux pour aller rendre mes respects à la belle *accouchée*, au père et au joli enfant.

Voltaire, Lettres, janvier 1735.

On appelle le *caquet de l'accouchée* la conversation ordinairement frivole, qui se fait dans les visites qu'on rend aux femmes en couches.

Dans un livre imprimé à Paris en 1623, sous le titre de *Recueil général des caquets de l'accouchée* on avait réuni plusieurs pièces satiriques sur les mœurs du temps, publiées séparément l'année précédente ; et dont une, la première, avait pour titre *Le caquet de l'accouchée*, et une autre l'*anti-caquet de l'accou-chée.*

Faire l'accouchée est une autre expression proverbiale donnée par quelques lexicographes, et dans la première édition du *Dictionnaire de l'Académie.*

Vous soyez le bien venu, et m'asseure que vous n'avez pas esté peu estonné de me trouver ainsi dans le lict vous qui me congnoissez de longue-main , et sçavez assez que ce n'est pas ma coustume de trop dormir en semblables occasions et encore moins de *faire l'accouchée* dans un lict lorsqu'il faut travailler.

Sully, OEconomies royales, t. II, c. 17.

On dit aussi tant d'un homme que d'une femme, qu'ils *font l'accouchée*, quand ils se tiennent au lit par mollesse sans nécessité.

Furetière, Dictionnaire.

En l'Amérique il y a des peuples où les maris *font les accouchées* à la place de leurs femmes.

Trad. de Herrera et cité dans le Dictionnaire de Furetière et le
Dictionnaire de Trévoux.

ACCOUCHEMENT, s. m.

Il se rapporte tantôt au sens neutre, tantôt au sens actif du verbe *accoucher.*

Dans le premier cas, il exprime l'Action d'enfanter, l'enfantement.

Puissions-nous bientôt changer en actions de grâces, les vœux continuels que nous faisons pour votre heureux *accouchement !*

Bossuet, IIIe Sermon pour le jour de la Pentecôte.

Vous avez traité votre *accouchement* comme celui de la femme du colonel suisse ; vous ne prenez pas assez de bouillon; vous avez caqueté dès le troisième jour; vous vous êtes levée dès le dixième.

Mᵐᵉ ᴅᴇ Sᴇ́ᴠɪɢɴᴇ́, *Lettres*, 30 décembre 1671.

Dans le second cas, on entend par ᴀᴄᴄᴏᴜᴄʜᴇ-ᴍᴇɴᴛ l'Action d'aider une femme à enfanter.

Il paroît qu'en Égypte, de temps immémorial, le soin des *accouchements* étoit confié aux femmes.

Gᴏɢᴜᴇᴛ, *De l'origine des lois, des arts et des sciences*, t. II, p. 21.

> O Jupiter, qui sus de ton cerveau,
> Par un secret d'*accouchement* nouveau,
> Tirer Pallas.......
>
> Lᴀ Fᴏɴᴛᴀɪɴᴇ, *Fables*, X, 7.

Dans l'exemple suivant on trouve l'expression peu usitée *accouchement* d'un enfant.

> Les dettes aujourd'hui, quelque soin qu'on emploie,
> Sont comme les enfants que l'on conçoit en joie,
> Et *dont* avec douleur on fait l'*accouchement*.
>
> Mᴏʟɪᴇ̀ʀᴇ, *l'Etourdi*, I, 6.

Aᴄᴄᴏᴜᴄʜᴇᴍᴇɴᴛ participe aux sens figurés que peut recevoir le verbe *accoucher*.

C'étoit un *accouchement* pour lui (le chancelier d'A-guesseau) que de se déterminer; s'il étoit pressé par un conseil de régence ou autre, il flottoit errant sans se décider jusqu'au moment d'opiner.

Sᴀɪɴᴛ-Sɪᴍᴏɴ, *Mémoires*, 1718, t. XV, c. 16.

Madame du Châtelet n'est point encore accouchée; elle a plus de peine à mettre au monde un enfant qu'un livre. Tous nos *accouchements*, Sire, à nous autres poëtes, sont plus difficiles, à mesure que nous voulons faire de bonne besogne.

Vᴏʟᴛᴀɪʀᴇ, *Lettres*, 31 août 1749.

> Et puisse recevoir tous les grands ornemens
> Qu'enfante le génie en ses *accouchemens*.
>
> Mᴏʟɪᴇʀᴇ, *La gloire du Val de Grâce*.

ACCOUCHEUR, s. m.

Celui dont la profession est de faire des accouchements.

Suivant Astruc (*Traité des maladies des femmes*, t. VII, 1766), et Sue, qui cite son autorité (*Essais historiques sur l'art des accouchements*, 1779), l'u-sage de faire accoucher les femmes par des hommes ne remontait qu'à 1663, aux premières couches de Mᵐᵉ de la Vallière. Cette assertion n'est pas exacte. Ambroise Paré, né en 1518, mort en 1590, avait été surnommé le restaurateur de l'art des accouchements et de la chirurgie. Mauriceau, Lamotte, se sont livrés à la pratique des accouchements depuis le milieu du XVIᵉ siècle. Quoi qu'il en soit, le terme ᴀᴄᴄᴏᴜᴄʜᴇᴜʀ ne date que de la seconde moitié du XVIIᵉ siècle.

Il ne paraît pas qu'il ait trouvé place dans les lexiques avant le dictionnaire français-latin de Danet, 1685.

Ce ne sont pas aujourd'hui les sages-femmes qui accouchent à Paris les princesses, ni les femmes de qualité, mais les *accoucheurs*. Les femmes de bons bourgeois imitent les grandes dames, et se font accoucher par des *accoucheurs*.

Rɪᴄʜᴇʟᴇᴛ, *Dictionnaire*.

S'agit-il de chercher une nourrice, on la fait choisir par l'*accoucheur*.

J.-J. Rᴏᴜssᴇᴀᴜ, *Émile*, I.

On appela à la cour le célèbre Levret, pour accoucher la feue Dauphine. M. le Dauphin lui dit: « Vous êtes bien content M. Levret, d'accoucher madame la Dauphine; cela va vous faire de la réputation. — Si ma réputation n'étoit pas faite, dit tranquillement l'*accoucheur*, je ne serois pas ici. »

Cʜᴀᴍғᴏʀᴛ, *Caractères et anecdotes*.

Aᴄᴄᴏᴜᴄʜᴇᴜʀ a, comme *accoucher* et *accouchement*, son emploi figuré.

Socrate avoit la coutume de dire qu'il exerçoit la fonction d'*accoucheur* à l'égard des esprits, en leur faisant produire au dehors toutes leurs pensées.

Rᴏʟʟɪɴ, *Histoire ancienne*, l. IX, c. 4, § 1.

Que je suis fâché... de ne pas vous écrire tout ce que je fais, à mesure que je travaille! Je suis toujours en mal d'enfant et je voudrais vous avoir pour *accoucheur*.

Vᴏʟᴛᴀɪʀᴇ, *Lettres*, 25 mars 1733.

ACCOUCHEUSE, s. f.

Moins usité que le terme de sage-femme dont on se servait précédemment.

Je m'en vais quérir une *accoucheuse.*

Le Maistre de Sacy (St-Albin), traduction de Térence, An-
drienne, I, 5.

Socrate... eut pour père Sophronisque qui étoit sculpteur en pierre, et pour mère Phanarète, qui étoit *accoucheuse.*

Fénelon, Vies des anciens philosophes, Socrate.

Je voudrais avoir jusqu'aux mémoires de Caïphe et de Pilate. Je voudrais avoir ceux de la cour de Pharaon ; nous verrions comme elle se défendait d'avoir ordonné à toutes les *accoucheuses* égyptiennes de noyer tous les petits mâles hébreux.

Voltaire, Pyrrhonisme de l'histoire, c. xvii.

C'est encore une obligation politique et morale de rendre aux femmes les métiers qui leur appartiennent, comme ceux d'*accoucheuses,* etc.

Bernardin de Saint-Pierre, Études de la nature, III.

ACCOUDER (s'), v. pron. (de *Coude,* voyez ce mot).

Autrefois Accoulder, accouster, accouter, accoder, etc., par deux ou par un seul C. (Voyez le *Glossaire* de Du Cange au mot *accubitare,* le *Glossaire* de Sainte-Palaye et les exemples ci-après) ; Acouder (voyez le dictionnaire de Richelet).

Par quelques-unes de ces formes, et par celles que Sainte-Palaye y joint, aqueuter, akeuter, ce verbe se confond avec *accôter* dont il ne diffère pas beaucoup par le sens (voyez *accoter*).

Accouder paraît tard dans nos lexiques. On ne le trouve ni dans le dictionnaire de Robert Estienne en 1539 et 1549, ni en 1606, dans celui de Nicot.

Il veut dire, en raison de son étymologie, Appuyer sur le coude, et a pu, dans certains cas assez rares, employé comme verbe actif, recevoir un autre régime que le pronom *se ; accouder son bras,* dit Monet.

Hors de là, il est verbe pronominal.

On dit, absolument, s'accouder, et au participe accoudé.

Il n'y a que les incivils qui *s'accoudent* à table.

Monet, dictionnaire.

L'un soustient contre cinq ou six
Qu'estre *accouldé,* c'est musardie.

Cl. Marot, Ballades, VIII.

On dit, plus souvent, *s'accouder sur,* ou *dessus, accoudé sur,* ou *dessus.*

Et luy demouroit seul pensif, se mordant furieusement la levre inférieure ; ores *s'accoudant* en un autre endroict *sur* l'espaule de quelqu'un qui estoit là à propos.

Satyre Ménippée, Nouvelles des régions de la lune, X.

Il le vit *accoudé sur* la fenestre qui regardoit du costé des Sebusiens.

D'Urfé, l'Astrée, part. II, liv. III.

Près d'elle, vers la droite, une table *sur* laquelle elle est *accoudée.*

Diderot, Salon de 1765.

Et Renars, qui tant a mal fet,
Desus le pui *s'est acoutez.*

Roman du Renart, v. 6614.

Jule, plus grand que le grand Jule,
Qui nous sert autant qu'un Hercule
Sur lequel on dit qu'étant las
S'accoudoit autrefois Atlas.

Scarron, Typhon, ch. I.

S'Accouder, accoudé ont pu se construire encore avec d'autres prépositions ;

Avec la préposition *contre :*

Assis sur un fagot, une pipe à la main,
Tristement *accoudé contre* une cheminée,
Les yeux fixes vers terre, et l'âme mutinée,
Je songe aux cruautés de mon sort inhumain.

Saint-Amand, Sonnets, I.

Fort anciennement avec la préposition *à :*

Clarembauz li veillarz est dou mengier levez ;
Au fenestres de maubre *s'est* alez *acoder.*

Parise la duchesse, p. 160.

Avec des prépositions ayant le sens de proche, *emprès, lès, de lez :*

Le suppliant *se accouta emprès* icellui compaignon.

Lettres de rémission de 1379.

Lequel Thomas... *s'acouta de lez* cele tombe.

Mirac. s. Ludovic. Exemples cités dans le glossaire de Du
Cange, addit. de D. Carpentier.

I.

ACC

En travers sur un lit l'ont iluecques jetée;
Et la mauvaise viele *s'est lès* li (près d'elle) *acoutée.*

ADENÈS, *Roman de Berte,* p. 27.

Avec les adverbes *là, y.*

A l'une des fenestres qui fu de marbre bis,
Là s'acouta la dame.

Roman de Gaufrey, v. 376,

Sor l'erbe vert ont les tapis getez;
Raoul *si est* couchiés et *acoutez.*

Raoul de Cambrai, p. 51.

Au lieu de s'ACCOUDER on a dit s'ACCOUDOYER.

Bandée, elle (Marie Stuart) s'agenouille, *s'accoudoyant*
sur un billot.

EST. PASQUIER, *Recherches de la France,* VI, 15.

ACCOUDÉ, ÉE. Participe.
Il a le sens de Formant un coude dans cet ancien
exemple rapporté par Sainte-Palaye.

Les perches sont si bien ployées..... sans estre *accou-
dées.*

Le livre du roi Modus et de la reyne Racio, fol. 8.

ACCOUDOIR, s. m.

Autrefois ACCOUDOUER, ACCOULDOIR, ACOUDOIR
(Voyez les exemples ci-après.)
Ce qui est fait pour qu'on s'y accoude.
Un sens si général l'a rendu propre à des usages
fort divers.
C'est, en termes d'architecture, une Balustrade,
un Mur à hauteur d'appui qu'on pratique devant
une croisée, sur une terrasse, entre les piédestaux et
les socles des colonnes.

Il y a aussi une grande pièce de taffetas noir qui pant
sur l'*accoudoir* dudict portique, devant le Pape.

MONTAIGNE. *Voyages,* p. 162.

Cl. Perrault l'entend en ce dernier sens et s'en sert
pour traduire le mot *podium* dans un passage de sa
traduction de Vitruve (111, 3) qui commence ainsi :

Que si l'on veut faire des trois costez du temple un
accoudoir... etc.

Dans des exemples d'une date assez ancienne, il
est synonyme de Parapet.

On se prend aux *accoudouers* qui sont des deux costez
pour s'aider à grimper.

Pierre BELON, *Singularitez et choses memorables de divers
pays estranges,* II, 40.

Puis me conta qu'ayant acheté une carpe toute vive,
et que voulant mettre le retour de son argent en sa
bourse, il avoit mis sa carpe sur les *accoudouers* du pont,
et qu'elle n'y avoit pas si tost esté, que faisant le sault
de la carpe, elle n'eust saulté en la riviere.

G. BOUCHET, *Serées,* liv. I, 6e serée.

Quant à ce qui est du fer, non seulement les lices et
accoudoirs dudit pont estoient garnis de part et d'autre, mais aussi les grandes pierres qui servoient de li-
ziere audit chemin.

BERGIER, *Histoire des grands chemins de l'empire romain,*
liv. II, c. VI, 5.

On lit, chez Monet, *accoudoir de galère, de perron;*
chez Cotgrave, *chaise à accoudoirs;* dans le dictionnaire de l'Académie, édition de 1694, l'*accoudoir
d'un prie-dieu, d'un carrosse,* ou, absolument, un
accoudoir.
Au lieu d'*accoudoir,* on a dit :

ACCOUDIÈRE, s. f.

(Il) donna de l'esperon à son cheval et le feit saulter
pardessus les *accoudières* dedans la Loyre.

BON. DES PERIERS, *Contes et nouvelles,* nouvelle LVII.

Selon Cotgrave, l'action de s'appuyer sur le coude
à été rendue par le substantif masculin

ACCOUDEMENT.

Ce mot a été repris récemment, en termes d'art
militaire, pour exprimer l'État de rapprochement
des soldats d'infanterie dans les rangs, le Tact des
coudes.

ACCOUPLER, v. a.

Il ne vient pas du bas-latin *acouplare,* lequel en est

au contraire une traduction (voyez D. Carpentier, additions au *Glossaire* de Du Cange); il vient, par l'intermédiaire de notre vieux verbe simple *coupler*, du latin *Copulare*. On peut le rattacher aussi, par notre substantif *couple*, au latin *Copula*.

Autrefois ACUPLER, ACOUPLER; et, comme *coupler* s'écrivait aussi *coubler* (voyez le *Roman de la Rose*, v. 15815; Rabelais, *Gargantua*, I, 10), ACCOUBLER, ACOUBLER.

Coupler a servi longtemps à exprimer, en général, l'action de joindre ensemble, le plus souvent deux par deux, des choses, des animaux, des personnes.

En 1694, l'Académie l'admettait encore dans la première édition de son dictionnaire, mais en ce sens particulier et spécial : « Attacher des chiens de chasse avec une couple pour les mener. »

De bonne heure, à côté du simple *coupler*, a existé, employé aux mêmes usages, le composé ACCOUPLER qui a fini par s'y substituer entièrement.

ACCOUPLER se dit premièrement en parlant des choses de toutes sortes, entre lesquelles on opère un rapprochement, une réunion.

E li maschum (maçons de) Salomon et li maschum Iram les taillerent (les pierres) e parèrent, juinstrent e *acuplèrent*..., e puis les firent venir en Jérusalem.

E sur le mur fud uns paliz de cèdre bien juinz e *acuplez*.
Les quatre livres des Rois, III, v, 18 ; vi, 36.

Ils *avoient* tous *accouplez* leurs engins, dont ils gettoient le feu gregois sur la chaussée du fleuve, vis à vis de noz tandeis (remparts) et gardes.
JOINVILLE, *Histoire de saint Louis.*

Puis leva la main gaulche en l'aer, et retint clous en poing touts les doigtz d'icelle, exceptez le poulce et le doigt indice, desquelz il *accoubla* mollement les deux ongles ensemble.
RABELAIS, *Pantagruel*, III, 20.

Plusieurs fruits sont *accouplés* et voguent comme les doubles pirogues, ou les balises de la mer du Sud. Tel est le double coco des Séchelles.
BERNARDIN DE SAINT-PIERRE, *Études de la nature*, XI.

(Mots) qui, par force et sans choix enrolés
Hurlent d'effroi de se voir *accouplés*.
J.-B. ROUSSEAU, *Épîtres*, II.

ACCOUPLER s'emploie de même en parlant des choses abstraites.

Platon les *accouple* (la douleur et la volupté).
MONTAIGNE, *Essais*, III, 13.

Puisque la place de l'oblat en un monastère et les dismes infeodées furent anciennement destinées pour ceux qui faisoient profession de la guerre, je ne ferois peut estre chose mal à propos si je les *accouplois* ensemblement par un chapitre.
Est. PASQUIER, *Recherches de la France*, III, 39.

Je suis convaincu qu'il n'est pas bon que l'homme soit seul; les âmes humaines veulent être *accouplées* pour valoir tout leur prix.
J.-J. ROUSSEAU, *Nouvelle Héloïse*, II° part., lettre 13.

C'est mal *accouplé*, ce me semble,
Vivre à l'aise et sçavoir ensemble.
Cl. MAROT, *Ier colloque d'Érasme.*

ACCOUPLER se dit, en second lieu, des animaux soumis au même joug, retenus par une même attache; par exemple, des bœufs que l'on attelle à la charrue, des chiens que l'on mène en lesse, etc.

Ses laquais... voient passer des meusniers sur la croupe de leurs mulets *accouplez* trois à trois, qui faisoient une aussi belle diligence que possible.
FURETIÈRE, *le Roman bourgeois.*

Le livre de Job... compte cinq cents paires de bœufs parmi les richesses de Job. Ce mot de paires montre ces bœufs *accouplés* pour le travail.
J.-J. ROUSSEAU, *Essai sur l'origine des langues.*

Li veneres sanz plus d'arest
A fait *acopler* les levriers.
Roman du Renart, v. 22336.

Ne vas pas *accoupler* la panthère et l'agneau.
LEMIERRE, *la Peinture*, ch. III.

Enfin, ACCOUPLER peut, dans ce sens général, se dire aussi des personnes.

Je demande s'il faudra assigner à tous ceux que la mort *accouple* ainsi, un même horoscope.
CALVIN, *Contre l'astrologie judiciaire.*

On le trouve employé de cette manière dans un

ancien texte, mais avec le sens d'Approcher, joindre, attaquer une personne.

Lesquelz ainsi armez apperceurent le suppliant, le *accouplerent* d'un costé et d'autre, et de fait le assailirent.
Lettres de rémission de 1416; cité par D. Carpentier, addit. au *Gloss.* de Du Cange, au mot ACOUPLARE.

ACCOUPLER, toujours dans le même sens, peut être lié par la préposition *avec*, ou la préposition *à*, à un régime indirect;
Par la préposition *avec* :

L'exemple et la contrainte servent de bons maistres en toutes disciplines, ce qu'on expérimente en *accouplant* un jeune bœuf *avec* un vieil, et les faisant marcher ensemble.
Olivier DE SERRES, *Théâtre d'agriculture*, IV, 9.

Vostre ami se fust bien passé de nous *accoupler* avec les mahométans et les infidèles.
BALZAC, *Lettres*, VI, 35.

Par la préposition *à* :

Ceux qui nous jugent par ceste brave apparence du dehors, concluent de mesmes de notre constitution interne, et ne peuvent *accoupler* des facultez populaires et pareilles aux leurs, *à* ces autres facultez qui les estonnent si loin de leur visée.
MONTAIGNE, *Essais*, III, 2.

Au groseiller nous *accouplerons* le framboisier, pour la sympathie de leurs services, servans communément en palissades, et donnans du fruit à manger.
Olivier DE SERRES, *Théâtre d'agriculture*, VI, 10.

Il faut *accoupler* Salomon *à* Bezons : ils ont été tous deux compagnons à la charge d'avocat-général du grand-conseil, et reçus en même temps à l'Académie, *Arcades ambo.*
TALLEMANT DES RÉAUX, *Historiettes*. Salomon-Virelade.

On le trouve construit avec la préposition *en* dans le passage suivant :

Après ce que mort l'eust destachié de la chayne qui *en* mariage l'*accouploit*, le bon bourgeois, etc.
Les Cent nouvelles nouvelles, I.

ACCOUPLER, avec les mêmes formes de construction, mais pris en un sens particulier, qui semble moins ancien que les autres, signifie, en parlant de quelques animaux, Apparier ensemble le mâle et la femelle, pour qu'ils fassent des petits.

Vous n'*accouplerez* point une bête domestique *avec* des animaux d'une autre espèce.
LE MAISTRE DE SACY, trad. de la Bible, *Lévitique*, XIX, 19.

Pour en tirer une race plus ardente et plus courageuse, on les *accouple avec* des chiens molosses.
BARTHÉLEMY, *Voyage d'Anacharsis*, c. 41.

Il est fait à cet emploi particulier d'ACCOUPLER une allusion libre et plaisante dans le passage suivant :

J'ai surtout pour les mariages un talent merveilleux; il n'est point de partis au monde que je ne trouve en peu de temps le moyen d'*accoupler*.
MOLIÈRE, *l'Avare*, II, 6.

ACCOUPLER, avec le pronom personnel, s'emploie dans des constructions semblables ;
Soit en parlant des choses liées entre elles par certains rapports :

Et afin que cette société de l'homme à Dieu *s'accouple* encore par des exemples plaisans; il (Dieu) ne peut faire que deux fois dix ne soient vingt.
MONTAIGNE, *Essais*, II, 12.

Il (Aristote) considère d'abord les principales qualitez tactiles, qui sont la chaleur, la froideur, la secheresse, ou la dureté, et l'humidité ou la liquidité; puis remarquant que deux de ces qualitez se peuvent rencontrer dans un mesme sujet, et que les quatre *se* peuvent *accoupler* en quatre diverses façons, il établit quatre élémens, etc.
ROHAUT, *Physique*, part. I, c. 19.

Soit, ce qui est plus ordinaire, en parlant d'animaux qui se rapprochent pour l'acte de la génération.

A la prime-vère les animaux sont espris du désir de *s'accoupler*.
A. PARÉ, *Le livre des animaux*, c. 11.

Le cheval hongre n'a plus la puissance d'engendrer, mais il peut encore *s'accoupler*, et l'on en a vu des exemples.
BUFFON, *Histoire naturelle*. Quadrupèdes; le Cheval.

Ce n'est que par extension, dans le langage scientifique et au sujet d'unions brutales ou illicites, que le verbe pronominal S'ACCOUPLER s'emploie, en ce sens, en parlant de l'homme.

Mais c'est (chez ceulx de Calicut) un crime capital et irremissible de *s'accoupler à* personne d'aultre condition que la leur.

MONTAIGNE, *Essais*, III, 5.

Parmi tant de nations si différentes de nous, et si différentes entre elles, on n'a jamais trouvé d'hommes isolés, solitaires, errans à l'aventure à la manière des animaux, *s'accouplant* comme eux au hasard et quittant leurs femelles pour chercher seuls leur pâture.

VOLTAIRE, *Essai sur les mœurs*, c. 146.

A une époque très-ancienne, on a dit *s'accoupler avec une personne*, pour Aller de compagnie avec elle.

Oddet Gerbaut leur demanda pourquoy ils avoient pris cet escrin, et qu'ils en vouloient faire. Ils lui dirent qu'il allast avec eux et qu'il en auroit sa part. Quant il vy ce, *se acoupla avecques* eux.

Lettres de remission de 1389; cité par D. Carpentier, addit. au *Glossaire* de Du Cange.

Dans l'exemple suivant, *s'accoupler à* a le sens de S'attaquer à :

Li braconier les chiens descoplent,
Et li brachet *au leu s'acoplent*.

Roman du Renart, v. 1221.

ACCOUPLÉ, ÉE, participe.
Il a, comme on l'a pu voir, les différents sens du verbe.

On appelle en termes d'architecture, *colonnes accouplées*, des colonnes disposées deux à deux, et qui se touchent presque par leurs chapiteaux et par leurs bases.

On dit aussi, dans le même sens, des *pilastres accouplés*. Cl. Perrault, pour exprimer cette disposition, reprend le vieux mot dont s'est formé ACCOUPLER et dit : *colonnes couplées*.

On trouve dans le dictionnaire de Cotgrave, avec le sens de Propre à s'accoupler, l'adjectif des deux genres.

ACCOUPLABLE.
On a dit longtemps, et cela était naturel,

ACCOUPLAGE, s. m.
Soit au sens général de Rapprochement :

Nous n'aurons jamais assez baffoué l'impudence de cet *accouplage*.

MONTAIGNE, *Essais*, II, 12.

Soit au sens particulier de commerce charnel.

Les courages s'amollissent et divertissent par l'*accouplage* des femmes.

Tout le mouvement du monde se résout et rend à cest *accouplage*.

MONTAIGNE, *Essais*, II, 8; III, 5.

ACCOUPLAGE, que les Lexiques du dix-septième siècle renvoient à l'usage populaire, a été généralement remplacé par

ACCOUPLEMENT, s. m.
Ce mot vient de *Couplement*, qui se trouve dans Rabelais, comme *accoupler* de *coupler*.

Il exprime, particulièrement en parlant des animaux, un Assemblage par couple. C'est le seul sens qu'il ait chez Robert Estienne, Nicot, Monet, lesquels en donnent pour exemples ces locutions : *Accouplement de bœufs, accouplement de chiens*.

En architecture, de même que l'on dit, cela a été rappelé plus haut, des *colonnes accouplées*, on dit aussi *accouplement de colonnes*, Arrangement de colonnes disposées deux à deux ; ce qui produit alternativement un petit et un grand entre-colonnement, comme au péristyle du Louvre.

Il s'en faut bien que l'architecture, cet art qui a si peu d'artistes, ait fait les mêmes progrès ; elle n'emploie guère que... l'*accouplement* des colonnes et des consonnances semblables.

BERNARDIN DE SAINT-PIERRE, *Harmonies de la nature*, liv. VIII, sur l'architecture.

L'exemple suivant peut faire comprendre à quelles applications a pu conduire le rapport d'ACCOUPLEMENT avec le verbe *accoupler*.

Plutarque se mit à écrire ceste œuvre excellente des vies qu'il appela Parallelon, comme qui diroit d'*accou-*

plement ou assortissement, pour ce qu'il accouple un Grec avec un Romain.

> AMYOT, Trad. de Plutarque, *Vies des homme illustres.* Aux lecteurs.

ACCOUPLEMENT, dans son acception la plus récente et la plus générale, se dit de l'Union du mâle et de la femelle chez les animaux.

> (Les animaux) ne sont jamais produits que par l'*accouplement* de leurs semblables.
>
> FÉNELON, *Existence de Dieu,* part. I, c. II, 27.

A l'égard des *accouplements* des mulets entre eux, je les ai présumés stériles, parce que, etc.

> BUFFON, *Histoire naturelle.* Quadrupèdes ; le Mulet.

ACCOUPLEMENT, s'est dit par extension, même en parlant de l'homme et de la femme.

> Tu menois le blond hymenée
> Qui devoit solennellement
> De ce fatal *accouplement*
> Célébrer l'heureuse journée.
>
> MALHERBE, *Odes,* au duc de Bellegarde.

On ne s'en sert plus depuis longtemps de cette manière, non plus que du verbe *accoupler,* que dans le langage de la science ou au sujet d'unions brutales et illicites.

Mesprisant Agripa, il disoit qu'il n'estoit point son petit-fils, mais que sa mère Agripine estoit venue de l'incestueux *accouplement* d'Auguste avec sa fille Julia.

> COEFFETEAU, *Histoire romaine,* III.

Vous apprendrez, si vous ne le savez, que l'amour estoit jusqu'alors inconnu parmy les hommes ; tous les *accouplemens* s'y estoient faits à la manière des bestes par un instinct de nature.

> FURETIÈRE, *le Roman bourgeois.*

ACCOUPLE, s. f. (formé de *Couple,* comme *accouplement* de *couplement,* et *accoupler, accouplage* de *coupler*).

Autrefois ACOUPLE.

Ce mot s'est dit, anciennement, en général, et de Ce qui est joint ensemble par couple, par paire, et du nœud, du lien qui forme cette union.

Il n'est plus depuis longtemps d'usage que dans cette seconde acception et signifie, en termes de vénerie, le Lien avec lequel on attache les chiens ensemble.

ACCOURCIR, v. a. (soit de *Acourter,* vieux français, soit de *Acurtare,* bas-latin, et, par ce mot, de *curtare, curtus,* latin).

Autrefois : ACCOURCIR, ACORCIR, ACOURCER, ACORCER, ACOURCIER, ACOURCHER, ACOURCHIER, ACORCHER, etc. (Voyez le *Glossaire* de Sainte-Palaye et les exemples ci-après).

ACCOURCIR veut dire proprement rendre plus court. C'est le contraire d'*allonger,* qu'on lui oppose quelquefois, comme le montrera la suite de cet article.

Il se dit, au sens propre, d'objets matériels de toutes sortes, dont on diminue la longueur, par retranchement, par contraction, etc.

> S'ils ont des chausses, elles seront rapetacées, ou il les faudra eslargir estans trop estroites, ou il les faudra *accourcir* estans trop longues.
>
> G. BOUCHET, *Serées,* liv. III, 30ᵉ serée.

L'usage du diaphragme est d'allonger la concavité de la poitrine en se bandant, et d'*accourcir* la même cavité en se relâchant et en se voûtant de haut en bas.

> BOSSUET, *De la connoissance de Dieu et de soi-même,* c. II, art. 2.

Une des plus difficiles entreprises du fondateur, fut d'*accourcir* les robes et de faire raser les barbes de son peuple : ce. fut là l'objet des plus grands murmures.

> VOLTAIRE, *Anecdotes sur Pierre le Grand.*

> Ses griffes, vainement par Pussort *accourcies,*
> Se rallongent déjà...
>
> BOILEAU, *le Lutrin,* V.

> Et que m'importe enfin, s'il faut qu'on me punisse,
> Qu'on allonge mon corps ou bien qu'on l'*accourcisse.*
>
> MONTFLEURY, *la Femme juge et partie,* V, 9.

ACCOURCIR est ainsi employé, mais par figure, dans les exemples suivants :

> Mais je sais aussi... que le bras du Seigneur n'est pas *accourci.*
>
> FLÉCHIER, *Panégyrique de saint François de Paule.*

Les parques *ont accourci* le fil de ses jours (d'Achille).
> Fénelon, *Télémaque*, XIX.

Le beau fil de tes jours ne peut *être accourci*.
> Tristan, *Mariane*, III, 3.

Accourcir est d'un grand usage, non-seulement au sujet de l'espace, mais encore au sujet du temps. C'est ce que montrent des exemples d'une date très-ancienne.

Et par cel jugement poons noz veir que mariages n'*acource* pas le tans que cil doivent avoir qui tienent par reson de bail.

... Les jors (jours de délai)... que li home poent penre (prendre), ne lor pot li quens *acorchier*, mais alongier les pot il, s'il veut.
> Beaumanoir, *Coutumes du Beauvoisis*, c. xv, 29; lxv, 4.

Dans cet exemple *accourcir les jours* est dit quant à leur nombre; il l'est quant à leur durée dans l'exemple suivant :

A quelle fin est-ce que le soleil allonge tantôt les jours, tantôt les *accourcit* ?
> Malherbe, Trad. du *Traité des bienfaits* de Sénèque, l. IV, c. 13.

De là ces expressions usitées : *Accourcir la vie, les ans, les jours*, etc.

Elle se revint enfin et ne vescut guiere depuis, jugeant chacun que cete secousse lui *acoursit* la vie.
> Montaigne, *Voyages*, p. 216.

La chaleur *accourcissant* sa vie (du ver à soie), et au contraire, la froidure l'allongeant.
> Olivier de Serres, *Théâtre d'agriculture*, V, 15.

Aiant pris par ses tristesses... une mauvaise condition qui lui *accourcit* la vie...
> Agr. d'Aubigné, *Histoire universelle*, t. I, liv. II, c. 16.

... On ne trouvera point que la vie des hommes soit *accourcie* depuis seize cents ans.
> Fleury, *Mœurs des chrétiens*. § VIII, jeûnes.

Vous voyez à Paris un homme qui a de quoi vivre jusqu'au jour du jugement, qui travaille sans cesse et court risque d'*accourcir* ses jours, pour amasser, dit-il, de quoi vivre.
> Montesquieu, *Lettres persanes*, CVII.

Car mains *acorcent* bien lor vie...
> *Roman de la Rose*, v. 17193.

N'ai que faire, por melodie,
Acourcir mon eur ne ma vie.
> *Renart le Contrefait* (voir Robert, *Fables inédites*, t. I, 52-53).

Pour allonger leur gloire *accourcissent* leurs ans.
> J. Du Bellay, *le Poëte courtisan*.

La pasle mort ne peut *accourcir* ceste vie.
> Agr. D'Aubigné, *Tragiques*. Jugement, VII.

Ce jeûne rigoureux n'*accourcit* point sa vie.
> La Fontaine, *la Captivité de saint Malc*.

Accourcir un chemin, c'est En réduire matériellement l'étendue; *accourcir* un voyage, c'est En abréger la durée.

Certes mon seigneur, à ce que je voy, mon voyaige est *accoursy*; car je vous cherchois.
> Herberay des Essarts, *Amadis de Gaule*, I, 41.

Ce jeune prince... se sauva... avec tant de diligence qu'encore qu'il fût poursuivi par des chemins occupés et *accourcis*, il gagna ses États, sans donner dans les piéges qu'on lui avoit tendus en plusieurs endroits.
> Fléchier, *Histoire de Théodose*, II, 65.

Je vous jure que vous *accourcirez* mon voyage.
> Voltaire. *Lettres*, 1er sept. 1750.

Vous trouvant ici
Je trouve en même temps mon voyage *accourci*.
> P. Corneille, *la Suite du Menteur*, I, 1.

Accourcir le repas, pour Le rendre plus court, est une expression analogue.

Nous *accourcîmes* notre repas.
> La Fontaine, *Lettres*, XIV, à M. Simon.

Accourcir le chemin, la route, le voyage, etc., peut se dire, figurément, pour En abréger l'ennui.

Le chemin étoit long et partant ennuyeux,
Pour l'*accourcir* ils disputèrent :
La dispute est d'un grand secours ;
Sans elle on dormiroit toujours.
> La Fontaine, *Fables*, IX, 14.

Accourcir le temps, la journée, etc., se prend dans la même acception figurée.

Il me semble que ceste journée s'est passée si joyeusement, que si nous continuons ainsi les autres, nous accoursirons le temps à force d'honnestes propos.

LA REINE DE NAVARRE, *Heptameron*, 10e Nouvelle.

Pourtant je fais des miennes (heures), à guise d'estrivières, je les *acourcis* ou allonge quand bon me semble.

RABELAIS, *Gargantua*, I, 41.

Vous y trouverez de quoi *accourcir* les plus grands jours de cette saison.

BALZAC, *Lettres*, VII, 7.

On dit et on a dit très-anciennement *accourcir un mot* pour Le rendre plus court :

Nos ancêtres, qui étoient plus prompts que les Romains, *accourcirent* presque tous les mots qu'ils prirent à la langue latine.

BOUHOURS, *Entretiens d'Ariste et d'Eugène*, II.

Par remuement et par canges
Des langages as gens estranges...
Ou acréu ou *acorcié*
Sont li nom des viles cangié.

WACE, *Roman de Brut*, v. 3851.

On a dit, en termes de métrique, *accourcir une syllabe longue*, pour La rendre brève.

(Les poëtes latins) allongeoient les brèves, et *accourcissoient* les longues, comme il leur plaisoit.

BALZAC, *Dissertations critiques*, VIII, 1.

Un Romain, un Athénien de la lie du peuple auroient sifflé un acteur qui *eût* allongé ou *accourci* une syllabe mal à propos.

D'OLIVET, *Prosodie françoise*.

ACCOURCIR s'emploie fréquemment en parlant des retranchements opérés dans les productions de l'esprit : *Accourcir un livre, un discours, une pièce, un acte, une scène*, etc.

Si on ostoit à son maistre Platon ses longues préfaces, ses narrations fabuleuses, et ses importunes digressions, on l'*accourciroit* de la moitié.

BALZAC, *Lettres*, VII, 51.

Je croy néanmoins que, sans faire tort à sa matière, il pouvoit *accourcir* sa digression.

LE MÊME, *Dissertations critiques*, XV.

Il la taille (la vérité), il l'étend, il l'*accourcit*, il la déguise, selon qu'il lui est nécessaire, pour la placer dans ce vain ouvrage de paroles qu'il veut former.

Logique de Port-Royal, IIIe partie, c. 20.

Il y en a que j'ai *accourcis*.

LA FONTAINE, *Contes*, préface 1re édit. de 1667.

Vous demandez qu'on *accourcisse* la scène des deux sœurs au second acte ; cela est fait, sans qu'il vous en coûte rien : j'ai coupé les cotillons d'Iphise et n'ai point touché à la jupe d'Electre.

Les longueurs doivent *être accourcies* ; mais l'étriqué et l'étranglé détruit tout.

VOLTAIRE, *Lettres*, janvier 1750 (à Mlle Clairon) ; 4 octobre 1760.

ACCOURCIR a le sens général de Diminuer, réduire.

Le duc de la Trimouille... fut requis... de s'avancer vers eux, pour les délivrer de plusieurs petites garnisons qui leur *accourcissoient* les vivres.

Agr. D'AUBIGNÉ, *Histoire universelle*, t. I, liv. II, c. 2.

Ce docteur (Boileau), ainsi que le poëte son frère, n'aimoient pas les Jésuites ; ils les définissoient des gens qui allongent le symbole et *accourcissent* le décalogue.

D'ALEMBERT, *Éloge de Despréaux*, not. 5.

Tuit li droit sont *acorci*.
Fab. mss. du R. no 7615, t. I, fo 68, vo col. 1 (cité par Sainte-Palaye).

ACCOURCIR, pris au figuré, peut avoir, on l'a vu déjà dans quelques-uns des exemples qui précèdent, des noms abstraits pour régimes.

Jamais homme ne se défia tant de sa vie, jamais ne fit moins d'estat de sa durée ; ny la santé, que j'ai jouy jusques à présent très vigoureuse et peu souvent interrompue ne m'en allonge l'espérance, ni les maladies ne me l'*accourcissent*.

MONTAIGNE, *Essais*, I, 19.

Ore *ad* sun travail *acurcié*.
MARIE DE FRANCE, *Lai de Milon*, v. 514.

ACCOURCIR se construit quelquefois avec la préposition *de* suivie d'un régime qui sert à marquer le degré de la réduction opérée.

Il y a deux ou trois ans qu'on *accourcit* l'an *de* dix jours en France.

MONTAIGNE, *Essais*, I, 11.

Un second édit... *accourcissoit* les termes *de* moitié.

Agr. D'AUBIGNÉ, *Histoire universelle*, t. III, liv. V, c. 21.

Les juges me livrèrent à l'empoisonneur de la République; il *accourcit* ma vie *de* quelques jours : je mourus tranquillement à l'âge de soixante-dix ans.

VOLTAIRE, *Dictionnaire philosophique*, art. Religion, sect. 2.

Accourcir à, plus ancien et fort rare, a servi au même usage, mais avec cette différence que le régime de la préposition désignait, non pas la quantité retranchée, mais la quantité restant après le retranchement.

... Nous *accourcimes* nostre pain *à* douze onces.

MONTLUC, *Commentaires*, III.

ACCOURCIR peut devenir verbe pronominal.

Audict lieu dont je parle survint question entre les nostres : tant pour les vivres (qui *se* commencèrent à *accourcir*) que pour faulte d'argent...

COMMYNES, *Mémoires*, VIII, 21.

La seule cause de tous les mouvements des membres est que quelques muscles *s'accourcissent* et que leurs opposés s'alongent.

DESCARTES, *les Passions de l'âme*, part. I, art. 2.

Je souhaitai que ma vie pût *s'accourcir* pour arriver tout à coup à une si estimable vieillesse.

FÉNELON, *Télémaque*, V.

L'été, le roi travailloit chez lui, au sortir de table, avec les ministres, et lorsque les jours *s'accourcissoient*, il y travailloit le soir chez Mme de Maintenon.

SAINT-SIMON, *Mémoires*, 1715, t. XIII, c. 12.

Mais après ces trois ou quatre premiers princes, la corruption, le luxe, l'oisiveté, les délices, s'emparent des successeurs; ils s'enferment dans le palais, leur esprit s'affoiblit, leur vie *s'accourcit*, la famille décline.

MONTESQUIEU, *Esprit des lois*, VII, 7.

Comme fait un luiteur entrant dedans l'arène,
Qui se tordant les bras, tout en soy se demène,
S'alonge, *s'accoursit*, ses muscles estendant.

RÉGNIER, *Satires*, I.

S'ACCOURCIR se trouve dans un très-vieux texte, au sens de se baisser.

Por la hache ke il cremeit (craignait),
S'acorsa.

WACE, *Roman de Rou*, v. 13856.

ACCOURCIR peut être employé absolument.

Prenez le bois, vous *accourcirez*.

Dictionnaire de l'Académie.

ACCOURCIR semble pris pour *s'accourcir* et dit par exception, en parlant de personnes qu'il s'agit d'abaisser, dans ces paroles attribuées à Henri IV par un historien :

Je ferai *acourcir* ceux qui s'éleveront contre moi; j'ai sauté des murailles, je franchirai bien les baricades.

Agr. D'AUBIGNÉ, *Histoire universelle*, t. III, liv. V, c. 11.

ACCOURCI, IE, participe.

ACCOURCISSEMENT, s. m.

Diminution d'étendue ou de durée.

Periander me semble comme s'estant trouvé saisy d'une maladie hereditaire de ceste tyrannie... et attirant auprès de soy compaignie de sages hommes, sans approuver ny admettre les *accourcissements* des sommets et appetissements des grands que luy suade et met en avant Thrasybulus mon concitoyen.

AMYOT, trad. de Plutarque. *OEuvres morales*, Le Banquet des sept Sages.

Je ne puis douter que le principe du mouvement de mon bras ne dépende de l'*accourcissement* des muscles.

MALEBRANCHE, *Recherche de la vérité*, l. VI, part. II, c. 8.

L'*accourcissement* de la queue, du museau, des oreilles du chien, provient aussi de la main de l'homme.

BUFFON, *Histoire naturelle*, Dégénération des animaux.

Il n'est guère usité qu'en parlant d'un chemin et des jours.

Par tel moyen ils n'auront gagné aucune chose sinon l'*accourcissement* de leurs jours.

Bernard PALISSY, *De la ville de forteresse.*

Ce passage qu'on a ouvert est un grand *accourcisse-ment* de chemin.

Danet, Dictionnaire fr. lat.

ACCOURCIE, s. f.

Chemin pour accourcir.

C'est aussi un terme de marine peu usité, qu'il appartient aux dictionnaires spéciaux de définir.

Au lieu de ces divers mots on emploie depuis long-temps plus communément dans le même sens, ou dans des sens analogues, le verbe RACCOURCIR, le substantif RACCOURCISSEMENT, et le participe, pris substantivement, RACCOURCI. Voyez ces mots.

ACCOURIR, v. n. (du latin *Accurrere, currere*).

Autrefois ACCORRE, ACQUEURRE, ACQUEURIR, AQUOURIR, etc. (Voyez le *Glossaire* de Sainte-Palaye).

Aller promptement vers un lieu, une personne, une chose.

ACCOURIR se construit avec toutes les prépositions propres à marquer cette idée de tendance, mais, plus particulièrement avec les prépositions *à, dans, vers ;*

Avec la préposition *à* ou *jusqu'à* suivie d'un nom de lieu :

Si vindrent messages *acourans à* Paris, devers le roy de France, envoyez de par les villes du Cotentin.

Froissart, Chroniques, liv. I, part. I, c. 265.

Tant les stimule et embrase (les philosophes) *d'acourir au* lieu, et veoir la personne, en qui est dicte science avoir estably son temple et produire ses oracles

Rabelais, Pantagruel, II, 18.

Thevenin voiant que les plus forts de la ville *avoient accouru à* son logis se moqua des autres.

Agr. d'Aubigné, Histoire universelle, t. II, liv. IV, c. 6.

Au premier bruit d'un mal si étrange, on *accourut à* Saint-Cloud.

Bossuet, Oraison funèbre de la duchesse d'Orléans.

A peine Marie et Dominique les apercevaient de cette hauteur, qu'ils *accouraient jusqu'au* bas de la montagne pour les aider à la remonter.

Bernardin de Saint-Pierre, Paul et Virginie.

Avec la préposition *à* suivie d'un nom de personne :

Mademoiselle de Fare *accourut* d'abord *à* moi, et m'embrassa d'un air folâtre.

Marivaux, Vie de Marianne, part. V.

Un jour se promenant auprès d'un petit bois, il vit *accourir à* lui un eunuque de la reine.

Voltaire, Contes, Zadig.

Avec la préposition *à*, suivie d'un nom de chose :

Adonc s'esveilla le chastelain et tous ceulx de laiens (leans, dedans), qui s'armèrent sitost qu'ilz purent, et vindrent tous *acourans à* la porte pour la refermer.

Froissart, Chroniques, liv. I, part. I, c. 131.

L'altercation fut grande, le badaud peuple de Paris *accourut au* débat de toutes parts.

Rabelais, Pantagruel, III, 37.

Accourez à ce tombeau... et venez voir dans ce spectacle d'infection et de pourriture l'image naturelle de votre âme.

Massillon, Carême. Vendredi de la IVe semaine, Homélie de Lazare.

Il fit prêcher chez eux contre les Français. Ils *accouraient à* ces sermons guerriers qui flattaient leurs passions.

Voltaire, Essai sur les mœurs, c. 113.

. . . . . Quand verrai-je de toutes parts
Tes peuples en chantant *accourir à* tes fêtes ?

J. Racine, Esther, I, 2.

ACCOURIR *à la rumeur, au bruit*, et autres expressions de ce genre, se disent fréquemment pour Courir vers un lieu par suite d'une rumeur, d'un bruit, etc.

Vraysemblablement ils devoient tous périr, si quelques uns des magistrats de la ville....... ne *fussent accourus à la rumeur.*

Scarron, Roman comique, I, 3.

Li autre chien *accoururent au cri.*

Garin le Loherain, t. II, p. 229.

Des païsanz de la cuntrée
Ki *furent acouru el cri*
K'il orent de bien luing oï.

Wace, Roman de Rou, v. 6760.

. . . . Chacun *au bruit accourant*
LA FONTAINE, *Fables*, V, 10.

ACCOURIR *à* est quelquefois suivi de noms abstraits.

Les béaux esprits de Grèce *au* spectacle *accoururent*.
VOLTAIRE, *Contes en vers*, les Trois manières.

Cette forme exprime quelquefois la vivacité avec
laquelle on se porte à une action.

Accourir à la vengeance.
DANET, *Dictionnaire*.

Phalante *accouroit au* secours de son frère.
FÉNELON, *Télémaque*, XIII.

Quand tout un peuple en foule *au* théâtre *accouroit*,
Pour rire de ces dieux qu'au temple il adoroit.
L. RACINE, *Épître* à M. de Valincourt.

ACCOURIR se construit encore avec la préposition
dans, suivie d'un nom de lieu :

Nous vîmes le peuple qui *accouroit* en foule *dans* un
lieu assez voisin du bord de la mer.
FÉNELON, *Télémaque*, V.

Dans Paris révolté l'étranger *accourut*.
VOLTAIRE, *la Henriade*, I.

Avec la préposition *vers* suivie d'un nom de lieu,
de personne, de chose.

Tantost con le vit et cognut,
Brichemers *vers* li *acorut*.
Roman du Renart, v. 18983.

Il voit fuir à grands pas ses naïades craintives
Qui toutes, *accourant vers* leur humide roi,
Par un récit affreux redoublent son effroi.
BOILEAU, *Épîtres*, IV.

Le sens d'ACCOURIR peut encore être complété au
moyen d'autres prépositions telles que *auprès de*,
autour de, *devant*, *sur*, *sous*, etc.

Aussitôt elles allument des flambeaux, elles *accourent*
sur le rivage.
FÉNELON, *Télémaque*, VII.

Quand le primat de Pologne sut que Charles XII avait
nommé le palatin Leczinski, à peu près comme Alexandre avait nommé Abdolonyme, il *accourut auprès du* roi
de Suède pour tâcher de faire changer cette résolution.

Charles combattit à pied entouré de quelques officiers
qui *accoururent* incontinent *autour de* lui.
VOLTAIRE, *Histoire de Charles XII*, liv. III ; IV.

Dès qu'elle paraissait, des perruches vertes comme des
émeraudes, descendaient des lataniers voisins, des perdrix
accouraient sous l'herbe.
BERNARDIN DE SAINT-PIERRE, *Paul et Virginie*.

À cest mot Ysengrins *acort*
Devant le roi entre les autres.
Roman du Renart, v. 14170.

Très-souvent les prépositions *à*, *dans*, *vers*, etc.,
et leurs régimes, sont après ACCOURIR, remplacés
par les adverbes relatifs *où* et *y* ;
Par l'adverbe *où* :

Et vivons désormais loin de la servitude
De ces palais dorez *où* tout le monde *accourt*.
RACAN, *Stances*. Tyrcis, il faut songer, etc.

Par l'adverbe *y*.

Et commençoient les provinces voisines de s'en esmouvoir et *y accourir* à grosses troupes de toutes qualités.
MONTAIGNE, *Essais*, III, 11.

Vous savez l'extrême blessure de Saint-Géran, et comme
sa jolie femme *y est accourue* avec madame de Villars.
Mme DE SÉVIGNÉ, *Lettres*, 22 mai 1674.

Il ne dura que deux fois vingt-quatre heures sans avoir
pu être transporté ; sa femme *y étoit accourue*.
SAINT-SIMON, *Mémoires*, 1699, t. II, c. 19.

As miracles ot tel alée,
Que tot li mons *i acoroit*.
Fabl. et Contes anciens, Méon, t. I, p. 330.

ACCOURIR, peut non-seulement être construit avec
des prépositions ou des adverbes qui servent à rendre le terme de l'action exprimée par le verbe ; il
peut l'être encore avec la préposition *de*, au moyen
de laquelle est indiqué le point de départ de cette
action.

Les parents *accoururent de* côté et d'autre pour accommoder l'affaire.

MONTESQUIEU, *Lettres persanes*, LXX.

Bouffiers, depuis maréchal de France, *accourait* dans ce moment même *de* quelques lieues du champ de bataille avec des dragons, et acheva la victoire.

Le maréchal, en *accourant de* sa gauche *à* son centre, fut blessé, et la bataille fut perdue.

VOLTAIRE, *Siècle de Louis XIV*, c. 16 ; 21.

Du bout de l'horizon *accourt* avec furie
 Le plus terrible des enfants
Que le Nord eût porté jusque là dans ses flancs.

LA FONTAINE, *Fables*, I, 22.

En bien des cas il est inutile de marquer soit le terme, soit le point de départ de l'action exprimée par le verbe ACCOURIR, lequel s'emploie alors absolument.

Cependant les mestayers, qui là auprès challoient les noix, *accoururent* avec leurs grandes gaules.

RABELAIS, *Gargantua*, I, 25.

Tite *accourt*, Tite commande qu'on se hâte d'éteindre la flamme naissante.

BOSSUET, *Discours sur l'histoire universelle*, II, 21.

Accourez, peuples, venez contempler dans la première place du monde, la rare et majestueuse beauté d'une vertu toujours constante.

LE MÊME, *Oraison funèbre de Marie-Thérèse d'Autriche*.

Il (Harcourt) résolut donc de faire le bon citoyen qui cède à ses alarmes et qui *accourt*.

SAINT-SIMON, *Mémoires*, 1708, t. VI, c. 24.

Le bel air ne veut pas qu'il *accoure*, il vient mais négligemment et à son aise.

MARIVAUX, *le Petit maître corrigé*, I, 9.

Le roi, qui était à l'autre bout de la ville, *accourt* bientôt avec le reste de ses six cents gardes.

VOLTAIRE, *Histoire de Charles XII*, l. IV.

Quel charme, au moindre mal qui nous vient menacer
De la voir aussitôt *accourir*, s'empresser !

BOILEAU, *Satires*, X.

Vous m'êtes en dormant un peu triste apparu,
J'ai craint qu'il ne fût vrai, *je suis* vite *accouru*.

Il *accouroit*, un mont en chemin l'arrêta.

Il mange, il crève, on *accourt*.

LA FONTAINE, *Fables*, VIII, 11 ; IX, 7 ; *Contes*, I, 8.

Besme qui, dans la cour attendait sa victime,
Monte, *accourt*, indigné qu'on diffère son crime.

VOLTAIRE, *la Henriade*, II.

Accours, jeune Chromis, je t'aime et je suis belle.

A. CHÉNIER, *Idylles*, fragment.

ACCOURIR est quelquefois, on l'a vu dans plusieurs exemples, accompagné d'un membre de phrase formé par la préposition *pour* et un infinitif son régime, lequel sert à indiquer le motif de l'action exprimée par le verbe.

Tous li pueples de la vile *acourut pour* la merveille véoir.

VILLEHARDOUIN, *Conqueste de Constantinoble*, CXXVII.

Quand je me représente non-seulement les peuples, mais encore les grands du monde *accourant* à l'envi *pour* avoir part à ses bénédictions et à ses prières.

FLÉCHIER, *Panégyrique de saint François de Paule*.

Toutes les ombres *accouroient pour* considérer cet homme vivant, qui paraissoit au milieu de ces morts dans la barque.

FÉNELON, *Télémaque*, XVIII.

Le cri de la douleur émeut les animaux ; ils *accourent pour* se secourir.

BUFFON, *Histoire naturelle*. Des animaux carnassiers.

J'*accours pour* vous en faire un funeste rapport.

P. CORNEILLE, *Rodogune*, V, 4.

Je crois voir les rochers *accourir pour* m'entendre.

BOILEAU, *Épîtres*, VIII.

Quelquefois aussi dans le même cas, ACCOURIR est simplement suivi d'un infinitif.

Quelqu'un *accourt* lui dire qu'il est nommé à un évêché.

LA BRUYÈRE, *Caractères*, c. 8.

Les citoyens en foule *accourent* mêler leurs larmes à celles de sa mère.

MASSILLON, *Carême*, IVe semaine, Sermon sur la/mort.

En pays plein de cerfs, un cerf tomba malade ;
 Incontinent maint camarade
Accourt à son grabat le voir, le secourir,
 Le consoler du moins.

LA FONTAINE, *Fables*, XII, 6.

Accourir avec certains sujets, ou complexes ou collectifs, contribue heureusement à exprimer l'idée d'affluence que plusieurs lexicographes, comme Nicot, Cotgrave, comprennent avec raison, dans sa signification propre.

Les peuples les plus reculés y *accouroient* en foule (aux funérailles de Sésostris).

Fénelon, *Télémaque*, XII.

Les gens de l'un et de l'autre sexe qui *accourent* de toute une ville à ce spectacle.

La Bruyère, *Caractères*, c. 7.

Bientôt toute la ville fut remuée par le nouveau philosophe; savans, magistrats, ecclésiastiques, tout *accourut* pour l'entendre.

Fontenelle, *Éloge de Régis.*

La Sicile *accourut* en foule pour être témoin de son départ (de Scipion).

Rollin, *Traité des études*, liv. VI, 3ᵉ part., c. 2, art. 2.

Accourir, avec un nom de personne pour sujet, peut être pris au figuré.

(L'Église) leur ouvroit son sein; ils y *accouroient* en oule.

Bossuet, *Discours sur l'histoire universelle*, II, 26.

Les Francs *accoururent* à lui (Clovis) de toutes les tribus et les autres chefs se trouvèrent trop foibles pour lui résister.

Montesquieu, *Esprit des lois*, XVIII, 29.

. . . . . Pourquoi n'êtes-vous plus nos frères ?
Avez-vous pour toujours rompu des nœuds si chers ?
Accourez, accourez : nos bras vous sont ouverts.

L. Racine, *la Religion*, ch. VI.

Accourir est toujours pris au figuré, quand on lui donne pour sujet un mot exprimant, soit un objet matériel, soit une abstraction.

Dirent bien que or et argent y *estoient* efforcément *accourus* d'Angleterre et que François sont trop convoiteux.

Froissart, *Chroniques*, liv. I, part. I, c. 10.

En nos guerres, on diroit que les maux en propre personne *acourent* en poste, à fin de les flestrir d'un éternel vitupere.

La Noue, *Discours politiques et militaires*. Discours 19ᵉ.

Quand il s'agit de poursuivre un bien ou de fuir un mal pressant, les esprits *accourent* avec abondance aux cuisses et aux jambes pour hâter la course.

Selon que le sang *accourt* au visage ou s'en retire, il y paroît ou rougeur ou pâleur.

Bossuet, *De la connoissance de Dieu et de soi-même*, c. II, art. 12.

Il me sembloit que mon âme *fût accourue* tout entière dans mes yeux.

La Fontaine, *Songe de Vaux.*

Cicéron, plaidant pour Milon, personnifie les lois et nous les représente comme si elles *accouroient* au secours d'un homme qui se trouve attaqué par des voleurs.

Rollin, *Traité des Études*, liv. IV, c. 3, art. 2, § 5.

. . . . Ton œil, *sur* sa trace *accouru*,
Le suit encor longtemps quand il a disparu.

A. Chénier, *Élégies*, V.

Accourir a des sujets de cette sorte, et le sens de Concourir, contribuer, dans les passages suivants de la *Coutume du Berri*, que cite Sainte-Palaye d'après la Thaumassière.

. . . . . Il faudroit que les conquetz et meubles y *accourissent*. . . . .

Se les conquetz ne pouvoient fournir, les meubles y *accourroient*.

Accourir, à la différence de *courir*, lequel ne forme ses temps passés qu'au moyen du verbe auxiliaire *avoir*, admet également, on l'a pu voir, dans la composition des mêmes temps, le verbe auxiliaire *être*.

De ces deux formes, comme on l'a remarqué, la première (*j'ai accouru*) marque plutôt une action, et la seconde (*je suis accouru*) un état résultant de cette action. Il semble cependant qu'en bien des occasions on les emploie à peu près indifféremment.

Si firent de nuit partir un de leurs varlets qui apporta unes lettres à Niort et *fut* tantôt *accouru*, car il n'y a que quatre lieues.

Froissart, *Chroniques*, liv. I, part. II, c. 360.

Depuis ce temps les rois *ont accouru* de toutes parts à l'Église.

Bossuet, *Discours sur l'histoire universelle*, II, 20.

De totes parz *sunt acoruz.*

Wace, *Roman de Rou*, v. 16130.

Vous faites donc à la fin votre compte,
De me donner la baronne pour bru ;.
C'est sur cela que j'*ai* vite *accouru*.

Voltaire, Nanine, II, 15.

Accouru, ue, participe.

Il s'emploie adjectivement, sans auxiliaire, au lieu de *étant accouru*.

Athalie, *accourue* au bruit pour dissiper la conjuration, fut arrachée de l'enclos du temple.

Dans une sédition, les Juifs *accourus* le tirèrent d'entre les mains des rebelles.

Bossuet, Discours sur l'histoire universelle, I, 6 ; 9.

La reine (d'Espagne) tenant le prince entre ses bras, se montra sur un balcon du palais, y parla au peuple *accouru* de toutes parts.

Saint-Simon, Mémoires, 1710, t. IX, c. 3.

Les eunuques *accourus* au bruit l'ont entouré, il s'est défendu longtemps.

Montesquieu, Lettres persanes, CLIX.

En même temps voilà des archers ou des sergens, *accourus* d'une barrière prochaine, qui percent la foule, m'arrachent l'épée que je tenois, et me saisissent.

Marivaux, le Paysan parvenu, part. III.

Comment un souvenir qu'en vain elle (la mémoire) de-
[mande,
Dans un temps plus heureux promptement *accouru*,
Quand je n'y songeois pas, a-t-il donc reparu ?

Delille, l'Imagination, I.

Du verbe accourir s'étaient formés plusieurs mots recueillis par Robert Estienne, Nicot, Cotgrave, mais bientôt après sortis de l'usage :

Accourement, s. m.

Il exprimait soit l'action d'*accourir*, soit une affluence de personnes *accourant* en quelque endroit.

Accourement et assemblement de gens.

Rob. Estienne, Dictionnaire fr. lat., 1539 et 1549.

Accours, s. m.

Ce mot, synonyme d'*accourement* se disait de plus, en termes de chasse, d'un lieu, dans des plai-

nes, des laudes, entre deux bois, où on poste les levriers pour attendre le passage de la bête.

Doivent estre regardez les *accours* et fuytes du bois où l'on voudra chassier.

Gaston Phœbus, Chasses, mss., p. 311 (cité par Sainte-Palaye).

Accourse, s. f.

Il se trouve dans un vieux texte avec le sens d'Affluence, en parlant des eaux.

...Pourveoir à ce que les *accourses* des eauwes sauvages descendans audit maretz......

Charte de 1555, citée dans le Glossaire de Du Cange, au mot
Putheus (puteus), additions de D. Carpentier.

ACCOUTRER, v. a.

Autrefois, accoultrer, accoustrer, acoustrer, acoustre, acoutre, etc. (Voyez le *Glossaire* de Sainte-Palaye, le *Dictionnaire françois-latin* de Robert Estienne et les exemples ci-après.)

La première de ces anciennes orthographes, que donne Sainte-Palaye, sans en rapporter d'exemples et sur la seule autorité de Bourgoing, avait fait supposer à ce dernier, dans son livre *De origine, usu et ratione vulgarium vocum linguæ gallicæ, italicæ et hispanicæ*, fol. 20, r°, que le mot accoutrer vient du bas latin *culturare*, cultiver, et en a reçu, par figure, ses diverses acceptions, supposition qu'ont depuis adoptée Caseneuve, Richelet et autres.

C'est sans doute en considération de la même orthographe que Ménage a tiré accoutrer de *cultellare*, qui, dans le latin du moyen âge, exprimait, selon lui, l'usage alors très-répandu de plisser les habits, ou, selon Du Cange, de les taillader, par conséquent, dans les deux cas, le soin de les ajuster, de les orner, ce qui pourrait également avoir conduit, par extension et par figure, au sens propre et aux sens figurés d'accoutrer.

D'autre part, la forme accoustrer, très-usitée au xv° et au xvi° siècles (on le verra par les exemples), a donné lieu à des opinions bien différentes sur l'origine si controversée et restée si incertaine de ce mot.

Bourgoing remonte de cette autre orthographe aux verbes de création arbitraire (d'après *consitura* et *constratus*) *acconsiturare, acconstrare*, et par là revient à l'explication qui lui a fait déduire métaphoriquement, des procédés et des soins de la culture, ce qu'exprime le verbe ACCOUTRER.

Le même étymologiste, avant les auteurs du dictionnaire de Trévoux, rattache ACCOUTRER à un mot qui désignait en certains lieux, dans la vieille France, un fonctionnaire ecclésiastique chargé de la garde, de l'entretien, de l'ornement de l'église, le mot *coustre, coutre*, venu probablement de l'allemand *kuster*, qui a la même signification.

Plusieurs dérivent ACCOUTRER d'un autre vieux mot français, *cotte*, et, par lui, d'une racine allemande encore, *kust*, sorte d'habillement, de *kutten*, couvrir.

Enfin, on a remarqué la ressemblance d'ACCOUTRER avec le provençal *acotrar, acoutrat*, dont Raynouard (*Léxique roman*) cite ces exemples, extraits de la *Chronique des Albigeois*, col. 20 et 28 :

Se van ben armar et *acotrar* cascun.
(Ils vont chacun se bien armer et accoutrer.)

Lo fec portar à la grand gleysa ben onestamen *acoutrat*.
(Il le fit porter à la grande église bien honnêtement paré.)

C'est là une ressemblance frappante en effet, et qui atteste l'origine commune des deux mots, sans qu'on doive en conclure que le français a passé par le provençal. Quant à cette origine elle-même, les opinions fort diverses qui viennent d'être rapportées la laissent encore dans le doute.

ACCOUTRER semble s'être dit primitivement de ce qui compose l'habillement, la toilette, au sens de Arranger, agencer, orner.

Et avoit aupres d'elle un jeune enfant qui tenoit ceste fille de la main-gauche, et de la droicte luy *accoustroit* ses cheveux.
G. Bouchet, *Serées*, liv. II, 13e sérée.

Or avoit il laissé croistre tousjours sa barbe, depuis sa desfaitte, sans l'*accoustrer*, tellement qu'elle estoit fort longue.
Amyot, trad. de Plutarque, *Vie d'Antoine*, c. 22.

ACCOUTRER s'est de bonne heure appliqué, par extension, à d'autres choses qu'aux vêtements, aux ajustements, et a pris le sens général de Disposer, préparer, approprier, mettre en état, etc.

Et *fut accoustrée* l'artillerie pour les servir à ce passaige.
Commynes, *Mémoires*, I, 9.

Comme se faict entre les abeilles d'ung jeune taureau *accoustré* selon l'art et praticque d'Aristeus.
Rabelais, *Pantagruel*, V, 3.

Romulus ... couppa un beau grand et droit chesneau ... et l'*accoustra* en forme de trophée.
Amyot, trad. de Plutarque, *Vie de Romulus*, c. 25.

L'ordre ... estoit, que les trois Gonfaloniers ... regarderoient les armes d'un chascun, si elles estoient bien en ordre pour combattre, et sinon incontinent les contraindroient de les faire *accoustrer*.

Là fis *accoustrer* de petits sacs, pour porter de la poudre jusques au nombre de vingt.
Montluc, *Commentaires*, III ; IV.

On a dit ACCOUTRER un logis, une maison, une ville, un fort, un port, un vaisseau, etc.

Et avoit son dict ambassadeur cent ducatz le mois de la seigneurie et son logis bien *accoustré*....
Commynes, *Mémoires*, VII, 18.

L'on *accoustre* diligemment (chez les Turcs) un grand gallion qui estoit à Barberousse.
Morvilliers à François Ier, 24 janvier 1547. (Voy. *Négociations de la France dans le Levant*, t. I, p. 638.)

Madame Blanche..... fist *accoustrer* son eschauffault sur la place où se devoient faire les courses et le combat.
Le loyal Serviteur, c. 13.

Depuis il feit aussi *accoustrer* et fortifier le port du Piræe, ayant considéré la commodité du lieu pour du tout appliquer la ville à la marine.

... Et les y envoya lon sur une galère fort bien équippée de bons hommes de rame, et au demourant parée et *accoustrée* triumphantement.
Amyot, trad. de Plutarque, *Vies de Thémistocle*, c. 38 ; de Camille, c. 15.

ACCOUTRER une route, une terre, etc.

Accoustrez le chemin du Seigneur.

Th. de Beze, trad. du Nouveau-Testament, *S. Matthieu*, III, ·3.

Nous trouvames plusieurs pioniers qui *acoutroient* les chemins.

Montaigne, *Voyages*, p. 73.

Si tu t'enquiers de ce que tu vois le mieux *accoustré*, il ne te celera un seul poinct pour te faire entendre comment il l'a fait.

La Boëtie, *la Mesnagerie de Xénophon.*

Accoutrer un repas, des mets, à manger, etc.

Les habitants de l'isle de Metelin scavent *accoustrer* du fourment, et le composer avec du lait aigre.

Pierre Belon, *Singularitez et choses memorables de divers pays estranges*, I, 59.

Là où on lui *accoustroit* son diner somptueusement.

Enseigner à se nourrir des animaux qui vivoient et crioient encore, ordonner comment il les falloit *accoustrer*, bouillir ou rostir, et les présenter sur la table.

Amyot, trad. de Plutarque, *Vie d'Antoine*, c. 13; *OEuvres morales*, S'il est loysible de manger chair, I.

Des herbes des jardins propres à *accoustrer* viandes.

Du Pinet, trad. de Pline, *Hist. nat.*, XIX, 8.

Ils ont force gibier, becasses, levreaux, qu'ils *acoutrent* d'une façon fort esloignée de la nostre.

Montaigne, *Voyages*, p. 42.

Les vieux ou vieilles qui excederont l'aage susdit, demeureront aux maisons de leurs maitres, pour leur *accoustrer* à manger, et garder la maison.

Montluc, *Commentaires*, III.

Accoutrer un instrument.

Et seroient bien marris de vendre instrument qui ne fut ainsi *accoustré.*

Bon. Des Périers, *Discours*, etc., c. 16, La manière de toucher les lucs et guiternes.

On s'en est même servi de cette manière au sujet du langage et des compositions littéraires :

Quand ils (les Italiens) veulent corriger un peu ceste pesanteur, force leur est d'*accoustrer* leurs mots à la façon des notres...... Or en *accoustrant* ainsi tant les uns que les autres (mots), ils en viennent là quelquefois et prin-cipalement les poëtes, qu'ils parlent un italien qui est françois.

H. Estienne, *Précellence du langage françois.*

Vrayement il me vient souvenir,
Qu'un jour vers luy te vey venir
Pour un chant royal lui monstrer,
Et le prias de l'*acoustrer.*

Cl. Marot, *Épîtres*, II, 12.

Mais on ne doit sus l'eschaffaut montrer
Ce qui se doit au dedans *accoustrer.*

Pelletier du Mans, trad. de l'*Art poétique d'Horace.*

Enfin, accoutrer s'est dit en parlant des choses de l'ordre moral, par exemple des mœurs :

Ne plus ne moins qu'il fault dès la naissance dresser et former les membres des petits enfans, ... aussi fault-il, dès le premier commencement, *accoustrer* et former leurs mœurs.

Amyot, trad. de Plutarque, *OEuvres morales :* Comment il faut nourrir les enfans, VIII.

Accoutrer a été pris dans des sens analogues, en parlant des personnes.

Au propre, *accoutrer une personne*, c'était l'Habiller, la parer, l'armer.

Les mieulx parez et mieulx *acoustrez* que pourroient estre.

... Tous deux estoient fort bien *acoustrez* et accompaignez.

Commynes, *Mémoires*, II, 4; VII, 3.

Ce faict, *estoit* habillé, testonné, *accoustré* et parfumé, durant lequel temps on lui repetoit les leçons du jour de devant.

Rabelais, *Gargantua*, I, 23.

Voilà ung homme *acoustré* de la sorte que les poëtes descripvent Mercure.

Ceulx qui se souloient habiller à la Bouhémienne, je les fay *acoustrer* à la Turque.

Bon. Des Périers, *Cymbalum mundi*, Dialogue, I; II.

La ruze estoit qu'ilz l'envoyassent elle mesme, avec quelque nombre d'autres esclaves, les plus belles, *accoustrées* en bourgeoises et filles de bonne maison.

Amyot, trad. de Plutarque, *Vie de Romulus*, c. 49.

Les Millanoys, tant nobles que marchans,

Audevant vont en triomphe marchans ;
L'on ne sauroit voir gent mieux *accoustrée*.

J. Marot, Poésies, le Voyage de Gênes.

Cet autre Paris, cet Énée,
Avec sa troupe efféminée,
Comme une donzelle *accoutré*,
Poudré, frisé, fardé, mitré.

Scarron, Virgile travesti, IV.

Accoutrer, toujours dit des personnes, mais pris figurément, a servi comme *ornare*, *exornare*, en latin, et, en français, *accommoder*, *arranger*, et autres mots de cette sorte, à exprimer les traitements bons ou mauvais, mais plus souvent mauvais, éprouvés par elles.

Il est pris en bonne part, dans les exemples suivants :

Et disoye les raisons pourquoy son maistre debvoit éviter cette bataille,... et qu'il combatoit pour gens qui ne l'*accoustrerent* jamais pour service qu'il leur feist.

Commynes, Mémoires, VIII, 16.

Il a pleu à Monseigneur me mettre hors de paige, et de sa grâce m'*a accoustré* et mis en ordre de gentilhomme.

Le loyal Serviteur, c. 6.

Dans d'autres passages beaucoup plus nombreux, il a, au moyen de certains modificatifs, le sens de Mettre en mauvais état d'une manière quelconque ;
Soit au physique :

Acheve, dist Pantagruel, je te prie, que nous sçachions comment tu *accoustras* ton baschaz.

Il *fut* si bien *accoustré* que le sang luy sortoit par la bouche, par le nez, par les oreilles, par les œilz.

Rabelais, Pantagruel, II, 14 ; IV, 14.

Je m'en allois coucher à la minuit ou au point du jour *accoustré* de telle sorte, comme un homme que l'on auroit traisné par tous les bourbiers de la ville.

Bernard Palissy, De l'art de terre.

Puis se tirèrent au logis de ce gentilhomme piemontoys quilz trouverent en sa chambre, fort mal *acoustré* de sa jambe.

Le loyal Serviteur, c. 8.

I.

Quand les trois qui restoient veirent leurs compaignons si mal *accoustrez* ils se meirent à fuyr.

Herberay des Essarts, Amadis de Gaule, I, 6.

Je l'*accoustreray* de toutes façons, et en sorte qu'il n'y retournera de sa vie qu'il ne luy en souvienne.

P. Larivey, le Laquais, III, 6.

Je recommanday ces gens là aux soldats. Ils *furent accoustrez* selon la vie qu'ils avoient menée : car il n'en eschappa un seul, que ceux, que j'ay nommez.

Montluc, Commentaires, VI.

Si les ennemis s'estonnent et tournent le dos, sans doute les Reitres les *accoustrent* mal.

La Noue, Discours politiques et militaires, discours 18e.

De l'armee de mer qui se faisoit à Lisbonne, nous avons entendu icy..... que le reste s'estoit sauvé à la Corogne tout mal *accoustré*.

Le cardinal d'Ossat, Lettres, liv. II, lettre 84.

Soit au moral :

Il me souvient aussi d'avoir leu en une librairie d'Italie, un fragment de l'histoire de Diodore Sicilien, auquel il *accoustre* Moyse de toutes façons.

H. Estienne, Apologie pour Hérodote, I, c. 11, § 5.

Ces nouvelles ne furent si cachées, qu'on ne les escrivit tout incontinent en Gascogne. Je vous laisse à pencer come je *fuz accoustré* de ceux qui ne m'aimoient guières.

Montluc, Commentaires, IV.

Accoutrer, en ses divers sens, se construit avec la préposition *de* ;
Dans un sens physique :

...Les quelz il feit *accoustrer de* coeffeures, habillemens et chausseures de femmes, avec des courtes dagues cachées dessoubs leurs vestemens.

Amyot, trad. de Plutarque, Vie de Solon, c. 12.

P. Æmylius...reboursa la riviere du Tybre dedans la galere capitainesse du roi Perseus ..... *accoustrée* magnifiquement *des* armes captives, riches draps de pourpre, et autres despouilles des ennemis.

Le même, même ouvrage, Vie de Paul Émile, c. 50.

Un soldat fort bien *accoustré*
*D'*équipages requis en guerre.

Jodelle, l'Eugène, III, 2.

Je te veux bastir une ode ,
La maçonnant à la mode
De tes palais honorez ,
Qui volontiers ont l'entrée
De grands marbres *accoustrée*
Et *de* hauts piliers dorez.

Ronsard, Odes, II, 1.

Dans un sens moral :

(La philosophie) seule peult *accoustrer* et revestir les jeunes gens *d'*un veritablement digne, viril et parfaict ornement de la raison.

Amyot, trad. de Plutarque, OEuvres morales, Comment il faut ouir.

Accoutrer, construit avec le pronom personnel, a conservé, tant au propre qu'au figuré, les mêmes acceptions.

Au propre, s'accoutrer signifiait S'équipper, s'armer, s'habiller, se parer, s'orner, etc.

Je luy ay baillé IIII^m francs pour *s'acoultrer* et m'acompaigner.

Villers l'Ile-Adam à François Ier, 30 juillet 1521. (Voy. Négociations de la France dans le Levant, t. I, p. 87.)

Apres chascun commença *soy* armer et *accoustrer.*

Rabelais, Gargantua, I, 41.

Incontinent monta en la chambre de son escuyer où il nectoya ses habillemens, *se* peigna et *acoustra* au plus joliement qu'il peut.

Le loyal Serviteur, c. 5.

On disait, au même sens, *s'accoutrer de.*

D'ung roy la grandeur seulement
Ne gist en richesses pompeuses
Ni à *s'accoustrer* richement
*D'*or ni *de* pierres précieuses.

J. Tahureau, Ode à Pierre Tiercelin.

On le disait aussi au sens figuré, en parlant de choses auxquelles on se fait, dont on se sert, dont on s'arme en quelque sorte :

L'éclipsement nouveau des dix jours du pape m'ont prins si bas, que je ne m'*en* puis bonnement *accoustrer.* Je suis des années auxquelles nous comptions autrement.

Montaigne, Essais, III, 10.

Je ne cognois autre et plus présente médecine (contre les passions) que de *s'accoustrer de* la philosophie.

Du Fail de la Hérissaye, les Contes d'Eutropel, XX.

S'accoutrer bien se disait aussi au figuré « d'un qui boit à outrance, » comme parle Nicot.

Accoutrer, dans quelques-uns de ces sens, a pu se dire non-seulement des personnes, mais, figurément, de choses personnifiées :

La philosophie n'est qu'une poésie sophistiquée... toutes les sciences sur-humaines *s'accoustrent du* style poétique.

Montaigne, Essais, II, 12.

S'accoutrer est employé, avec une signification en quelque sorte inverse, dans l'exemple suivant :

Luxure confond tout là où elle *s'acoutre.*

J. de Meung, Testament, v. 1809.

Accoutrer, dans les principaux lexiques du xviie siècle, ceux de Richelet, de Furetière, de l'Académie française, est déjà noté comme vieilli et n'appartenant plus qu'au langage familier et au style plaisant.

Il reparaît quelquefois dans l'un et dans l'autre, chez nos bons auteurs ;

Soit au sens propre :

A son lever, à son coucher, trente seigneurs accouraient..... celui-ci pour l'*accoutrer* d'une chemise, celui-là pour l'armer d'un cimeterre, chacun pour s'emparer du membre dont il avait la surintendance.

Voltaire, Fragments sur l'histoire, art. XIX.

Soit pris au sens figuré :

Je vous soutiens que le pied-plat dont vous me parlez, qui vous *a* si indignement *accoutré* dans son libelle néologique, c'est lui-même (Desfontaines).

Voltaire, Lettres, 10 décembre 1738 à Thiériot.

Ce ne fut tout ; car, à grands coups de gaule,
Le pèlerin vous lui froisse une épaule;
De horions laidement l'*accoutra.*

La Fontaine, Contes, I, 3.

Accoutré, ée, participe.

ACCOUTREMENT, s. m.

Autrefois ACCOUSTREMENT. (Voyez les exemples ci-après.)

ACCOUTREMENT a été pris d'abord, même dans le style élevé, au sens général d'Habillement, d'armement, d'équipage, etc.

Et sembloit bien filz de Roy (le prince de Tarente) tant de sa personne que de son *accoustrement* et compaignie.

COMMYNES, *Mémoires*, V, 3.

Adonc commanda que l'on luy meist en ordre les *accoustremens* necessaires pour recevoir chevalerie.

HERBERAY DES ESSARTS, *Amadis de Gaule*, I, 5.

Exceptez les festes et dimanches esquelz portoient (les religieuses de Theleme) *accoustrement* françois, parce qu'il est plus honorable et mieulx sent la pudicité matronale.

RABELAIS, *Gargantua*, I, 56.

Or ne fut-ce pas le plus fort pour le bon chevalier d'avoir touche aux escus, mais de trouver argent pour avoir chevaulx et *acoustremens*.

Le loyal Serviteur, c. 66.

Martius se desguisa d'une robe, et prit un *accoustrement*, auquel il pensa que lon ne le cognoistroit jamais pour celuy qu'il estoit.

AMYOT, trad. de Plutarque, *Vie de Coriolan*, c. 34.

Comme, aux *accoustremens*, c'est pusillanimité de se vouloir marquer par quelque façon particulière et inusitée; de mesme, au langage, la recherche des phrases nouvelles et des mots peu cogneus, vient d'une ambition scolastique et puerile.

Les *accoustrements* nous eschauffent non de leur chaleur, mais de la nostre, laquelle ils sont propres à couver et nourrir.

Nul *accoustrement* ne peut corrompre un chaste courage.

MONTAIGNE, *Essais*, I, 25, 40; II, 12.

Quand nos peres se trouvoyent ès compaignies ès jours de feste, ils portoyent des *accoustremens* selon leur qualité, mais sans aucune superfluité, et avec cela les faisoyent durer long temps.

LA NOUE, *Discours politiques et militaire*, Disc. 8ᵉ.

Seigneur Chevalier, [cet *accoustrement* que vous me voyez n'est pas le mien propre.

D'URFÉ, *l'Astrée*, part. I, liv. XII.

Être noble ce n'est pas sçavoir bien picquer un cheval, ni manier une épée, ni se pannader avec de riches *accoutremens*.

SOREL, *Francion*, VI.

Sa grand'richesse en tout temps et saison
C'est qu'elle estoit de fort bonne maison,
Et se vestoit, comme simple bergère,
D'*accoustremens* taillez à la légère.

Cl. MAROT, *Balladin*, v. 43.

ACCOUTREMENT n'a pas toujours été pris, en ce sens général, absolument : on disait *accoustrement de la tête* ou *de tête*, en parlant de la coiffure ou du casque.

L'*accoustrement de la teste* estoit selon le temps ; en hyver à la mode françoise, au printemps à l'espagnole.

RABELAIS, *Gargantua*, I, 56.

On eust dit que c'estoient des hommes de fer; car ils avoient des *accoustremens de teste* si proprement assis et représentans au naturel la forme et parties du visage, que, etc.

MONTAIGNE, *Essais*, II, 9.

Quelques uns ont estimé que nos ancestres usoient de cet *accoustrement de teste* (le chaperon) tout ainsi que maintenant les femmes, c'est à dire sans se défeubler.

EST. PASQUIER, *Recherches de la France*, VIII, 18.

Aussi tost on le veit paroistre couvert du sang de ses ennemis, sans que Dieu mercy, ils eussent veu une goutte du sien, encor qu'il fust assez remarquable par un grand panache blanc, qu'il avoit à son *accoustrement de teste*.

MATTHIEU, *Histoire des derniers troubles de France*, V.

ACCOUTREMENT se trouve encore ainsi employé chez quelques écrivains du XVIIᵉ siècle, qui se rapprochent du XVIᵉ par la date de leurs ouvrages ou par les habitudes de leur style.

Nos deux travestis se trouvèrent en leurs nouveaux *accoutrements*, comme si Psyché n'avoit fait toute sa vie autre chose qu'être bergère, et la bergère qu'être princesse.

LA FONTAINE, *Psyché*, II.

Cinq ou six fois cette nuit, en dormant,
Je vous ay veuë en un *accoustrement*
Au prix du quel rien ne me sçauroit plaire.

VOITURE, *Poésies*, Rondeau.

Toutefois, ce mot a vieilli en même temps qu'*accoutrer*, et ne s'est plus guère employé qu'en mauvaise part, dans le style sérieux, par plaisanterie dans le langage familier, servant désormais à exprimer une manière d'être vêtu ou honteuse, ou bizarre, ou ridicule.

Vibius Serenus est ramené par force de son exil, et introduit dans le sénat en un vil et honteux *accoustrement*, le corps tout chargé de chaines et le visage hideux et défiguré.

PERROT D'ABLANCOURT, trad. de Tacite, *Annales*, I, 13.

... C'étoit l'abbé d'Entragues, qui se couchoit très-ordinairement dans cet *accoutrement* (en manteau de lit volant et des mouches), mais toujours en cornettes de femme plus ou moins ajustées.

SAINT-SIMON, *Mémoires*, 1720, t. XVIII, c. 7.

Le bailli, grave personnage
Endossera l'*acoutrement*,
Sous lequel, assez rarement,
Il rend justice en ce village.

CHAULIEU, *Lettres*, I.

Vêtue en homme, en jeune Turc masquée,
Tu ne pouvais, ma nièce, honnêtement
Te dépêtrer de cet *accoutrement*,
Prendre du sexe et l'habit et la mine
Devant les yeux de vingt gardes-marine.

VOLTAIRE, *la Prude*, I, 1.

ACCOUSTREUR ou **ACOUSTREUR**, s. m.

Ce mot, défini par Sainte-Palaye « Qui ajuste, qui arrange, » a été selon lui employé par la Jaille, lequel dit, en parlant de son livre *le Champ de bataille* (fol. 71, r°), qu'il en a été l'auteur, l'*acoustreur* et le présenteur.

ACCOUSTREUR est resté d'usage dans la langue de certains métiers et a place, à ce titre, dans les dictionnaires spéciaux.

D'ACCOUTRER et d'ACCOUTREMENT se sont formés RACCOUTRER, RACCOUTREMENT (Voyez ces mots).

ACCOUTUMER, v. a.

Autrefois ACCOUSTUMER, ACOUSTUMER, ACOSTUMER, etc. (voyez le *Dictionnaire françois latin* de Robert Estienne, le *Glossaire* de Sainte-Palaye et les exemples ci-après).

Évidemment dérivé de *coustumer* et de *coustume*, il est, comme ces mots et tous ceux de la même famille, très-ancien dans notre langue. Peut-être même les mots de la basse latinité, *custuma, custumare, acustumare*, etc.; ceux de la langue italienne, *costuma, costume, costumare, accostumare*, desquels on serait tenté de les faire venir, ne leur sont-ils pas antérieurs. L'origine lointaine et avec le temps, fort effacée, des uns et des autres, se trouve, selon l'opinion la plus commune et la plus probable, dans le latin *consuetudo*.

ACCOUTUMER qui signifie Faire prendre une coutume, une habitude, a, le plus ordinairement, pour régime direct un nom qui désigne la personne que l'on habitue à une chose, à une action, et il se construit, au moyen de la préposition *à*, avec un régime indirect, lequel marque, soit la chose, soit l'action à laquelle cette personne est habituée.

Le régime indirect d'ACCOUTUMER est premièrement un nom, le plus souvent un nom de chose.

Il fault... de jeunesse *accoustumer* les enfants *à* une chose qui est très saincte, c'est qu'ils dient tousjours vérité.

AMYOT, trad. de Plutarque, *OEuvres morales*. Comment il faut nourrir les enfans, XXXIV.

« Lycurgue, dit Plutarque, voulant *accoustumer* ses citoyens *au* fait des armes, laissa la ménage de terre à une maniere de genz qui furent appellez ilotes. »

EST. PASQUIER. *Recherches de la France*, IV, 5.

Il trouve moyen de nous apaiser, de nous *accoutumer* insensiblement *au* discours de sa passion.

MOLIÈRE, *les Précieuses ridicules*, sc. 5.

Il est bien d'*accoutumer* l'armée *à* un même général.

BOSSUET, *Politique tirée de l'Écriture*, liv. IX, art. 6.

Vous le savez, messieurs, à peine sont-ils nés, ces enfants, qu'on les *accoutume à* l'orgueil et *à* la mollesse.

FLÉCHIER, *Panégyrique de saint François de Paule*.

Il falloit relever le courage de nos troupes, les *accoutumer à* vos armes, *à* vos ruses, *à* votre ordre de bataille.

FÉNELON, *Dialogues des Morts*, XXXV, Fabius Maximus et Annibal.

Enfin je l'*accoutume aux* coups de fusil, *aux* boîtes, *aux* canons, *aux* détonations les plus terribles.

J.-J. ROUSSEAU, *Émile*, I.

La main qui les opprime, et que vous soutenez,
Les *accoutume au* joug que vous leur destinèz.
P. Corneille, Sertorius, III, 2.

C'est encor peu de vaincre, il faut savoir séduire,
Flatter l'hydre du peuple, *au* frein l'*accoutumer*,
Et pousser l'art enfin jusqu'à s'en faire aimer.
Voltaire, Mérope, I, 4.

Votre façon d'écrire élégante et fleurie
Vous *accoutume au* ton de la galanterie.
Piron, la Métromanie, II, 9.

Dans le passage suivant, par un renversement de la locution, ACCOUTUMER a pour régime direct le nom de la chose et pour régime indirect le nom de la personne.

Alors qu'ils (les chiens) viennent de la chasse et qu'ils sont mouillez, il suffit seulement qu'ils soient bien chauffez et couchez seichement, sans *leur accoustumer* tant de magnificence.
J. Du Fouilloux, la Vénerie, c. 12.

Le régime indirect d'ACCOUTUMER est, en second lieu, un verbe.

Leur heures de nostre-Dame leur fesoit apprenre (à ses enfans) pour eulx *accoustumer à* oyr leur heures quant il tenoient leur terres.
Joinville, Histoire de saint Louis.

Il (Dieu) vouloit *accoutumer* les élus à se fier à sa promesse, assurés qu'elle s'accomplit tôt ou tard, et toujours dans les temps marqués par son éternelle providence.
Bossuet, Discours sur l'histoire universelle, II, 3.

Il importe au souverain... d'*accoutumer* ses sujets *à* rendre à Dieu et à l'Église le respect et la soumission qui leur sont dus.
Massillon, Petit Carême, IIe dimanche.

Il fut destiné à l'Église, et on lui en donna l'habit, qui assez souvent *accoutume* les enfants *à* croire qu'ils y sont appelés.
Fontenelle, Éloge de Louville.

Il (Pierre le Grand) voulut *accoutumer* aussi les Moscovites *à* ne point connaître de saisons.
Voltaire, Histoire de Charles XII, liv. II.

La générosité de ce grand prince (le prince de Conti) m'*a accoutumé à* accepter et non *à* demander.
J.-J. Rousseau, Lettres, 21 novembre 1768.

Et l'indigne prison où je suis renfermé
A la voir de plus près (la mort) m'*a* même *accoutumé.*
J. Racine, Bajazet, II, 3.

Oui, c'est lui qu'en ces murs un sort aveugle jette,
Et que le ciel encore, à sa perte animé,
A souffrir des affronts n'*a* point *accoutumé.*
Voltaire, OEdipe, II, 4.

On a joint aussi, mais cette forme ne s'est point maintenue, ACCOUTUMER à son régime indirect, au moyen de la préposition *de.*

Il les *a accoutumé d'*obéir et s'assoubjectir aux Romains.
Rob. Estienne, Dictionnaire françois-latin.

Le régime direct d'ACCOUTUMER n'est pas toujours un nom de personne, mais un nom de chose ou un nom abstrait désignant indirectement la personne.

Il faut modérer la légèreté de sa langue dans les choses évidentes, pour l'*accoutumer à* ne point se précipiter dans les choses douteuses et obscures.
Nicole, Essais de morale, traité 5.

Attendons-nous que Dieu fasse toujours de nouveaux miracles, qu'il les rende inutiles en les continuant, qu'il y *accoutume* nos yeux, comme ils le sont *au* cours du soleil et *à* toutes les merveilles de la nature?
Bossuet, Discours sur l'histoire universelle, II, 31.

Accoutumons des rois la fierté despotique
A traiter en égale avec la république.
Voltaire, Brutus, I, 1.

Ce régime direct est quelquefois un nom qui désigne une collection de personnes.

Mais avant que de vous aller embrasser, il faut que j'*accoutume* un peu le monde *à* mon absence.
Voltaire, Lettres, 6 mai 1733.

[France
Quels honneurs! quels respects! jamais roi dans la
N'accoutuma son peuple *à* tant d'obéissance.
Le même, la Henriade, VII.

ACCOUTUMER n'a quelquefois qu'un régime indirect.

On lut avidement ce petit recueil (les Maximes de la

Rochefoucauld); il *accoutuma à* penser et *à* renfermer ses pensées dans un tour vif, précis et délicat.
VOLTAIRE, *Siècle de Louis XIV,* c. 32.

Quelquefois aussi on l'a employé avec un régime direct seulement.

Mais sur toutes choses, il fault exercer et *accoustumer* la mémoire des enfans.
AMYOT, trad. de Plutarque, *OEuvres morales.* Comment il faut nourrir les enfans, XXVIII.

ACCOUTUMER, au passif, a été usité de fort bonne heure, et bien que la Bruyère ait écrit :

L'usage a préféré... dans les verbes, *être accoutumé à souloir.*
Caractères, c. 14.

la première de ces locutions, on va le voir, n'est pas moins ancienne que l'autre, et n'en est pas, non plus, dans tous les cas, l'équivalent.

Être accoutumé se construit également avec la préposition *à,* et avec la préposition *de;*

Avec la préposition *à,* suivie d'un nom :

Cume il (David) out la spée (l'épée) ceinte, alad e asaiad (essaya) s'il se poust cumbatre si armez, kar ne fud pas à tels armes *acustumez.*
Les quatre Livres des Rois; I, XVII, 39.

Que l'enfant *soit accoustumé* et endurcy *à* l'air, *au* chaud et *au* froid.
CHARRON, *De la Sagesse,* III, 14.

Les Dandins ne *sont* point *accoutumés à* cette mode là.
MOLIÈRE, *Georges Dandin,* II, 4.

Glocester, sous le nom de Richard III, jouit deux ans et demi du fruit du plus grand des crimes que l'Angleterre eût encore vus, tout *accoutumée* qu'elle était à ces horreurs.
VOLTAIRE, *Essai sur les mœurs,* c. 117.

Comment vivrez-vous sans les caresses de votre mère *auxquelles* vous *êtes* si *accoutumée?*
BERNARDIN DE SAINT-PIERRE, *Paul et Virginie.*

Leur troupe n'*étoit* pas encore *accoutumée A* la tempête de sa voix.
LA FONTAINE, *Fables,* III, 19.

Mon oreille, Seigneur, *était accoutumée Aux* cris de la victoire et de la renommée.
VOLTAIRE, *l'Orphelin de la Chine,* II, 6.

Avec la préposition *à* suivie d'un verbe :

Nous *sommes* si *accoutumés à* nous déguiser aux autres, qu'enfin nous nous déguisons à nous-mêmes.
LA ROCHEFOUCAULD, *Maximes,* CXIX.

Je comprends l'ennui que vous donne mon départ; vous *étiez accoutumée à* me voir tourner autour de vous.
Mme DE SÉVIGNÉ, *Lettres,* 10 octobre 1673.

Les peuples n'*étoient* pas encore *accoutumés à* mépriser l'autorité de l'ancienne Église, et la réforme, timide encore, révéroit les grands noms des Pères.
BOSSUET, *Histoire des variations des Églises protestantes,* l. III. n. 58.

Je ne m'en étonne pas; ils ne *sont* pas *accoutumés à* suivre la nature.
FÉNELON, *Dialogues sur l'éloquence,* II.

Il (le duc d'Orléans) était né ennuyé et il *étoit* si *accoutumé à* vivre hors de lui-même, qu'il lui *étoit* insupportable d'y rentrer.
SAINT-SIMON, *Mémoires,* 1725, t. XII, c. 15.

Encore si elles avoient la moindre modestie, cette foible image de la vertu pourroit plaire; mais non, les yeux *sont accoutumés à* tout voir, et les oreilles *à* tout entendre.
MONTESQUIEU, *le Temple de Gnide,* c. 4.

L'innocence *à* rougir n'*est* point *accoutumée.*
MOLIÈRE, *Don Garcie de Navarre,* II, 5.

Avec la préposition *de,* suivie d'un verbe, ou ce qui revient au même, avec la particule *en.*

Il firent l'arrière-garde mout bien et mout bel, come cil qui mout bien le savoient faire, quar bien *en estoient acostumé.*
VILLEHARDOUIN, *Conqueste de Constantinoble,* CXLVI.

Et le dict en gaudissant, car ainsi *estoit*-il *accoustumé de* parler.

J'estoye ja *accoustumé d'*y aller sans congié.
COMMYNES, *Mémoires,* I, 3; 6.

Beringhen..... n'*étoit* pas *accoutumé de* mentir.
Mme DE MOTTEVILLE, *Mémoires.*

Pégase n'*étoit* pas *accoutumé de* faire avec moi de longues traites.
REGNARD, *Voyage de Normandie.*

Le soin qu'on eut de garnir la salle d'une foule de docteurs, moines mendiants, qui n'*étoient* pas *accoutumés* de s'y trouver en si grand nombre, fit dire à Pascal, dans ses Provinciales, « qu'il étoit plus aisé de trouver des moines que des raisons. »

Voltaire, Siècle de Louis XIV, c. 37.

N'*èrent* pas bien Irois (Irlandois) armé
Ne *de* combatre *acostumé*.

Wace, roman de Brut, v. 8317.

Le choix entre les locutions *être accoutumé à*, *être accoutumé de*, suivies d'un infinitif, est-il indifférent? Beaucoup l'ont pensé et parmi les exemples cités précédemment, un assez grand nombre sembleraient le prouver. D'autres ont distingué ces locutions par des nuances quelquefois subtiles et d'une évidence contestable. Peut-être doit on se réduire à remarquer que, dans un certain nombre de cas, la première, *être accoutumé à* se rapporte plutôt à une habitude que l'on prend, et la seconde, *être accoutumé de*, à une habitude prise.

Être accoutumé est quelquefois employé absolument dans des passages tels que les suivants :

Votre père vous tient dans ce lieu renfermée,
Depuis un mois, et c'est pour *être accoutumée*.

Le Grand, l'Amour diable, sc. 1.

Nous *étions* élevés, *accoutumés* ensemble.

Gresset, le Méchant, II, 7.

Accoutumer est d'un continuel emploi comme verbe pronominal, et, sous cette forme, reçoit les mêmes régimes indirects ;

Premièrement : des noms de toute sorte, de lieu, de personne, et surtout de chose;

Des noms de personne :

Le peuple voyant passer devant lui plusieurs personnes l'une après l'autre, ne *s'accoutumoit* à aucun d'eux.

Montesquieu, Grandeur des Romains, c. 11.

Le roi, qui ne pouvait d'abord *s'accoutumer à* elle (madame de Maintenon), passa de l'aversion à la confiance et de la confiance à l'amour.

Voltaire, Siècle de Louis XIV, c. 27.

Bientôt on *s'accoutume à* ses maîtres nouveaux.

Voltaire, Irène, III, 6.

Des noms de chose, qu'il s'agisse d'objets matériels ou d'abstractions, de ce qui est en nous ou hors de nous.

Nulle chose ne *se peut accoustumer au* contraire de ce qu'elle a de nature.

Nicole Oresme, trad. d'Aristote, Éthique, 33.

Ne vous semble il pas que ce soit chose singulièrement recommandable, que de *s'accoustumer à* l'humanité?

Amyot, trad. de Plutarque, OEuvres morales, S'il est loysible de manger chair, XII.

Il (César) fait diverses tentatives pour voir si les Romains pourroient *s'accoutumer au* nom de roi.

Bossuet, Discours sur l'histoire universelle, III, 7.

A force de voir tous les jours les mêmes choses, l'esprit *s'y accoutume* aussi bien que les yeux.

Fénelon, Existence de Dieu, I, 1.

Nous avons tous repris courage; ou l'on *s'est accoutumé à* son malheur, ou l'espérance nous soutient le cœur.

Mon Dieu, ma fille, que je *m'accoutume* peu à votre absence!

Faites vous envoyer promptement les fables de la Fontaine, elles sont divines.... C'est une manière de narrer et un style à quoi l'on ne *s'accoutume* point.

On *s'accoutume* quelquefois trop *aux* meilleures choses; on en sent mieux le prix en s'en éloignant un peu.

Mme de Sévigné, Lettres, 1er août 1667; 3 juillet 1675; 20 juillet 1679; 30 mai 1687.

On *s'accoutume à* la beauté; mais on ne *s'accoutume* point *à* la sottise tournée du côté du faux. (Parlant de madame de Fontanges.)

Mme de Caylus, Souvenirs.

L'on *s'accoutume* difficilement *à* une vie qui se passe dans une antichambre.

La Bruyère, Caractères, c. 8.

On *s'accoutume à* sa prospérité propre et on y devient insensible : mais on sent toujours la joie d'être l'auteur de la prospérité d'autrui.

Massillon, Petit Carême, IVe dimanche.

Les hommes *s'accoutument à* tout et *à* la servitude même, pourvu que le maître ne soit pas plus dur que la servitude.

Montesquieu, Esprit des lois, XV, 16.

On ne la sentoit occupée que de son visage, occupée

avec réflexion; elle ne songeoit qu'à lui; elle ne pouvoit pas *s'y accoutumer*.

MARIVAUX, *la Vie de Marianne*, part. V.

Avec le temps tout fut tranquille: on *s'accoutuma au concordat* comme s'il avait toujours existé.

Je suis accoutumé à mes maux, et je ne puis *m'accoutumer aux siens*.

VOLTAIRE, *Essai sur les mœurs*, c. 138; *Lettres*, 3 avril 1752.

Patience; à ta face on *s'accoutumera*.

DESTOUCHES, *le Glorieux*, I, 3.

S'ACCOUTUMER *à* se construit, en second lieu, souvent avec un verbe.

Ils s'exercitent à parler devant que de *s'estre accoustumez à* escouter.

AMYOT, trad. de Plutarque, *OEuvres morales :* Comment il fault ouir, V.

Ne faillés, mes chères amours, à venir au jour que m'avés promis. Plus je vas en avant, et moins je *m'accoustume à* supporter l'absence.

HENRI IV, *Lettres*, 16 avril 1593 (Voir *Lettres missives de Henri IV*, t. III, p. 756).

Vieillir, c'est *s'accoutumer à* mourir.

DU VAIR, *de la constance et consolation es calamitez publiques*, I.

Je vous avoue de bonne foi, ma petite, que je ne puis du tout *m'accoutumer à* vous savoir à deux cents lieues de moi.

Mme DE SÉVIGNÉ, *Lettres*, 11 mars 1671.

L'homme *s'est accoutumé à* n'épargner plus la vie de ses semblables.

BOSSUET, *Discours sur l'histoire universelle*, II, 1.

Il *s'étoit accoutumé à* combattre sans colère, à vaincre sans ambition, à triompher sans vanité, et à ne suivre pour règle de ses actions que la vertu et la sagesse.

FLÉCHIER, *Oraison funèbre de Turenne*.

Les Papes furent souvent obligés de quitter Rome depuis l'onzième siècle, soit pour les révoltes des Romains qui ne pouvoient *s'accoutumer à* les reconnoître pour seigneurs, soit par les schismes des anti-papes.

FLEURY, *Histoire ecclésiastique*, 4e disc.

Rien n'est plus heureux que de ... *s'accoutumer à* porter le joug du Seigneur.

MASSILLON, *Avent*, Délai de la conversion, I.

A une musique où le roi étoit, à Versailles, mademoi-

selle de Melun, qui *s'accoutumoit à* n'être plus si polie, se trouva la première après la dernière duchesse.

C'étoit (Bellesbat) une manière d'éléphant pour la figure, une espèce de bœuf pour l'esprit, qui *s'étoit accoutumé à* se croire courtisan.

SAINT-SIMON, *Mémoires*, 1698, t. II, c. 13; 1706, t. V, c. 4.

Un souverain qui *s'étoit accoutumé* depuis longtemps *à* être homme.

FONTENELLE, *Éloge du czar Pierre*.

Quoi que l'on puisse dire, vous lasserez les caquets, vous fatiguerez la médisance, et l'on *s'accoutumera* insensiblement *à* vous confondre avec les femmes de qualité.

LE SAGE, *Turcaret*, I, 1.

On *s'accoutume* aisément *à* me voir, j'en ai l'expérience; essayez-en.

MARIVAUX, *l'Épreuve*, sc. 2.

Il est bon de *s'accoutumer à* se passer des hommes.

VOLTAIRE, *Lettres*, 26 mars 1754.

Bien des choses ne sont impossibles que parce qu'on *s'est accoutumé à* les regarder comme telles.

DUCLOS, *Considérations sur les mœurs*, c. 2.

Mon Dieu! comme on *s'accoutume* facilement *à* être riche.

PICARD, *les Marionnettes*, II, 7.

Ah! ma sœur, puisqu'enfin mon destin éclairci
Veut que je *m'accoutume à* vous nommer ainsi.

P. CORNEILLE, *Héraclius*, III, 1.

Et faute d'encenseurs pour les défauts qu'ils ont,
Ils *s'accoutumeroient à* se voir tels qu'ils sont.

BOURSAULT, *Ésope à la ville*, III, 4.

Au lieu de *s'accoutumer à*, on a dit autrefois, mais rarement, *s'accoutumer de*.

Thomas Corneille blâme cette construction dans le premier des exemples qui suivent :

Il vous importe de *vous accoutumer de* bonne heure *de* haïr l'injustice.

VOITURE, *Lettres*, IX.

Il (l'homme) *s'est accoutumé d'*en parler (des passions) comme du ciel, des astres, et de tout ce qui est hors de nous.

FLEURY, *Du choix des études*, c. 19.

On *s'accoutume de* donner, comme le monde, à toutes ces passions (la mollesse, l'oisiveté), des noms adoucis.

MASSILLON, *Conférences*, Fuite du monde.

On a dit aussi *s'accoutumer avec :*

Il faut *s'accoutumer* de bonne heure *avec* ces sortes d'idées, si l'on veut se les rendre familières.

CONDILLAC....

S'ACCOUTUMER n'a pas toujours pour sujet un nom de personne, mais un nom de chose désignant la personne.

> Je jouirai longtemps de ses chers entretiens;
> Ses yeux même pourront *s'accoutumer aux* miens.
>
> J. RACINE, Bérénice, III, 2.

> Descends du haut des cieux, auguste Vérité...
> Que l'oreille des rois *s'accoutume à* t'entendre.
>
> VOLTAIRE, la Henriade, I.

S'accoutumer à est quelquefois remplacé par des expressions de ce genre, *accoutumer ses yeux, ses oreilles, son esprit*, etc. *à.*

> Vous devez... *accoutumer votre esprit à* rechercher les effets dans leurs causes les plus éloignées.
>
> BOSSUET, Discours sur l'histoire universelle, III, 2.

> Et je prendrai le soin *d'accoutumer ma bouche*
> *A* ne plus vous nommer que Monsieur de la Souche.
>
> MOLIÈRE, l'École des femmes, I, 1.

> Je prends tout doucement les hommes comme ils [sont.
> *J'accoutume mon âme à* souffrir ce qu'ils font.
>
> LE MÊME, le Misanthrope, I, 1.

En certains cas S'ACCOUTUMER peut être employé absolument.

> Un peu de hardiesse, et songez à répondre résolument sur tout ce qu'il pourra vous dire. — Je ferai du mieux que je pourrai.— Çà, essayons un peu, pour *vous accoutumer.*
>
> MOLIÈRE, les Fourberies de Scapin, I, 3.

Il semble que le verbe ACCOUTUMER ne doive avoir pour régimes directs, à l'actif, pour sujets, au passif, que des noms désignant directement ou indirectement des personnes. En certains cas, cependant, par extension, ou par figure, ces noms ont pu désigner soit des abstractions personnifiées, soit même des objets matériels.

I.

> C'est bien de l'office au bailli qu'il vende les rentes et les issues de la terre (de) son seigneur selonc ce qu'elles *sont accoustumées à* vendre, si mix ne les peut vendre.
>
> BEAUMANOIR, Coutumes du Beauvoisis, I, 17.

> Nous l'avons toujours vue (Anne d'Autriche) recevoir d'un visage égal les peines qui *sont accoutumées de* troubler tous les autres.
>
> Mme DE MOTTEVILLE, Mémoires, année 1651.

> Lorsque nous sommes transportés dans un autre pays, nous devenons malades. Les liquides *étant accoutumés à* une certaine consistance, les solides *à* une certaine disposition, tous les deux *à* un certain degré de mouvement, n'en peuvent plus souffrir d'autre et ils résistent à un nouveau pli.
>
> MONTESQUIEU, Lettres persanes, CXXI.

Au XVIe siècle, par un usage qui a complétement cessé depuis le siècle suivant, ACCOUTUMER a quelquefois eu pour régime direct le nom de la chose à laquelle il s'agit de s'accoutumer. On a dit *accoutumer une chose*, pour *s'accoutumer à une chose*, la prendre en habitude, se la rendre familière. Cette manière de s'exprimer n'est pas sans rapport avec l'emploi actif que fait Montaigne de quelques verbes neutres, disant par exemple, *jouir la vie.*

> Ce povre Roy persecuté de ses propres, *avoit* ja *accoustumé* ses ayses et ses plaisirs, douze ou treize ans, plus que prince qui ait vescu de son temps.
>
> COMMYNES, Mémoires, III, 5.

> D'autant qu'ils (les jeunes chiens) ne sont point enfermez... qu'ils *accoustument* le froid, la pluye, et tout mauvais temps.

> ... Le valet de chiens... doit les mener sur le bord de quelque riviere ou estang... puis les porter bien avant pour les apprendre à nager et *accoutumer* l'eau.
>
> J. DU FOUILLOUX, la Vénerie, c. 10; 13.

> Ostons luy l'estrangeté, prattiquons le, *accoustumons* le (la mort considérée comme un ennemi).

> Nous nous durcissons à tout ce que nous *accoustumons.*
>
> MONTAIGNE, Essais, I, 19 ; III, 9.

> Ceux qui n'*ont* pas *accoutumé* la mer, pâlissent même en temps calme, quand on lève l'ancre, et les matelots rient durant la tempête.
>
> CHARRON, De la Sagesse, II, 7.

73

En toutes ces choses, il n'y a que continuer : les canonnades et arquebuzades estonnent ceux qui ne les *ont* pas *accoustumées*, mais après qu'on les a ouyes souffler aux oreilles, on ne s'en soucie pas tant.

Montluc, Commentaires, VII.

Ceux qui n'ont pas *accoustumé* une viande, la treuvent au commencement d'un goust fascheux qui peu à peu se rend agréable par l'usage.

D'Urfé, l'Astrée, part. I, liv. VI.

La rigueur de la neige estoit si excessive à qui ne l'*avoit* pas *accoustumée*, que plusieurs en transirent de froid.

Vaugelas, trad. de Quinte-Curce, VII, 3.

On a dit, à la même époque, dans la même forme de construction, *accoutumer une personne*, pour la fréquenter.

J'ay veu feu monsieur de Savoye qui *avoit accoustumé* l'Empereur, le roy d'Espagne et veu tant de grands, la craindre et le respecter (Catherine de Médicis) plus que si ce fust esté sa mère.

Brantôme, Vies des dames illustres, Catherine de Médicis.

Ainsi que d'autres verbes, ACCOUTUMER, quoique verbe actif, a été autrefois employé comme verbe neutre, au sens de *être accoutumé*, *s'accoutumer*.

Il apartient au bailli savoir qui avocas *accoustument à* pledier par devant lui.

Beaumanoir, Coutumes du Beauvoisis, V, 19.

Le principal du revenu du pays est le cotton et le sesame, qu'ilz sement au mois de juing. Je ne fais doubte que qui *accoustumeroit* d'en semer en France, qu'elle n'y peust aussi bien venir qu'en Asie.

Pierre Belon, Singularitez et choses memorables de divers pays estranges, II, 1.

Lors *accoutument*-ils *de* gouter le bien de la vertu.

Monet, Dictionnaire.

ACCOUTUMÉ, ÉE, participe.

Comme on dit, au passif, *être accoutumé à*, *être accoutumé de*, on dit aussi, adjectivement, *accoutumé à*, *accoutumé de* ;

ACCOUTUMÉ *à*, suivi d'un nom de chose :

Les François dégoutés de leurs fainéants et *accoutumés*

depuis tant de temps *à* la maison de Charles Martel féconde en grands hommes...

Bossuet, Discours sur l'histoire universelle, I, 11.

Vous êtes trop bonne de me souhaiter du monde; il ne m'en faut point : me voilà *accoutumée à* la solitude.

Mme de Sévigné, Lettres, 13 juin 1680.

Se couvrir d'un cilice, marcher pieds nus, jeûner rigoureusement, chanter la nuit au chœur dans une langue inconnue, tout cela ne rebuta point une femme (madame de la Vallière) *accoutumée à* tant de gloire, de mollesse et de plaisirs.

Voltaire, Siècle de Louis XIV, c. 26.

Avoir pénétré dans ces vastes déserts, dans ces solitudes immenses, où l'on trouve à peine quelques vestiges de l'homme, où la nature, *accoutumée au* plus profond silence, dut être étonnée de s'entendre interroger pour la première fois.

Buffon, Réponse à M. de la Condamine.

Une âme *accoutumée aux* grandes actions
Ne se peut abaisser à des soumissions.

P. Corneille, le Cid, II, 7.

Au plaisir de vous voir mon âme *accoutumée*
Ne vit plus que pour vous...

J. Racine, Bérénice, III, 5.

Médicis la reçut avec indifférence (tête de Coligny),
Sans paraître jouir du fruit de sa vengeance,
Sans remords, sans plaisir, maîtresse de ses sens,
Et comme *accoutumée à* de pareils présents.

Voltaire, la Henriade, II.

ACCOUTUMÉ *à*, suivi d'un nom de personne :

Quoiqu'ils (la princesse de Montpensier et le duc de Guise) ne se fussent point parlé depuis longtemps, ils se trouvèrent *accoutumés* l'un à l'autre, et leurs cœurs se mirent aisément dans un chemin qui ne leur étoit pas inconnu.

Mme de La Fayette, la princesse de Montpensier.

Leurs maîtresses (des filles esclaves) une fois *accoutumées à* elles, ne s'en défont presque jamais.

Montesquieu, Lettres persanes, CXIV.

ACCOUTUMÉ *à*, suivi d'un verbe :

J'ay une ame libre et toute sienne, *accoustumée à* se conduire à sa mode.

Montaigne, Essais, II, 17.

L'homme *accoutumé* à croire divin tout ce qui étoit puissant, comme il se sentoit entraîné au vice par une force invincible, crut aisément que cette force étoit hors de lui, et s'en fit bientôt un dieu.

BOSSUET, *Discours sur l'histoire universelle*, II, 3.

Les Romains, *accoutumés* à se jouer de la nature humaine dans la personne de leurs enfants et de leurs esclaves, ne pouvoient guère connoître cette vertu que nous nommons humanité.

MONTESQUIEU, *Grandeur des Romains*, c. 15.

Vous irritez un roi dont vous voyez l'armée
Nombreuse, obéissante, à vaincre *accoutumée*.
P. CORNEILLE, *Nicomède*, III, 2.

ACCOUTUMÉ *de*, suivi d'un verbe.

... Bussy le clerc, petit procureur, *accoustumé* d'être prosterné à genoux devant la cour de parlement.

Satyre Ménippée, Harangue de M. d'Aubray.

C'est une fille *accoutumée* de vivre de salade.
MOLIÈRE, *l'Avare*, II, 6.

Accoutumé d'apercevoir de loin les objets.
J.-J. ROUSSEAU, *Émile*, I.

Le Parthe *accoutumé* de fuir en combattant.
SEGRAIS, trad. de *l'Énéide*.

On a dit quelquefois *accoutumé avec*, de même que *s'accoutumer avec*.

Crois-tu donc qu'*avec* nous ton cœur *accoutumé*
Puisse ainsi s'arracher aux délices qu'il aime.
L. RACINE, *la Grâce*, III.

ACCOUTUMÉ, dans la même acception, a formé avec d'autres prépositions, *dans*, *parmi*, etc., des constructions que ne recommandaient point des exemples de grande autorité et que l'usage n'a point maintenues.

Ce fer *accoutumé parmi* les grands desseins.
DU RYER, *Thémistocle*, III, 1.

... *Dans* la tendresse un cœur *accoutumé*.
QUINAULT, *Amalasonte*, V, 2.

ACCOUTUMÉ s'est dit, au même sens, absolument.

Je trouve plaisant que madame de Bagnols, qui a laissé ce petit garçon enfant, le retrouve un homme de guerre, tout *accoutumé*, tout délibéré, tout hardi, qui se jette à son cou et qui l'embrasse.

Mme DE SÉVIGNÉ, *Lettres*, 5 juin 1689.

ACCOUTUMÉ se dit en outre, adjectivement, des choses dont on a l'habitude, qui sont devenues habituelles.

..... C'est chose assez *accoustumée* que après le decez de si grans et puissans princes les mutations sont grandes, et y ont les ungz pertes et les aultres gaingz.

COMMYNES, *Mémoires*, prologue.

Toutesfois ils les payerent (les fouaces) au prix *accoustumé*.
RABELAIS, *Gargantua*, I, 25.

Les juges seigneurs et dames arrivez sur le lieu, commença le bon chevalier sans paour et sans reprouche le pas en la manière *accoustumée*.

Le loyal Serviteur, c. 10.

Par le commun train des choses, tu vis pieça par faveur extraordinaire. Tu as passé les termes *accoustumés* de vivre. Rencontrant la dixième légion (César), il n'eut loisir de leur dire, sinon qu'ils eussent souvenance de leur vertu *accoustumée*.

MONTAIGNE, *Essais*, I, 19; II, 34.

Les enfants reçoivent un très grand dommage au changement de l'aliment ja *accoustumé* en un estranger.

CHARRON, *De la Sagesse*, III, 14.

Chose *accoustumée* n'est pas trop prisée.
COTGRAVE, *Dictionnaire*.

Qu'est-ce que nos principes naturels, sinon nos principes *accoutumés*?
PASCAL, *Pensées*, part. I, art. VI, § 19.

A peine sommes-nous échappés d'un péril de mort qu'au lieu de rendre grâces au Ciel de la pitié qu'il a daigné prendre de nous, vous travaillez tout de nouveau à attirer sa colère par vos fantaisies *accoutumées*.

MOLIÈRE, *le Festin de Pierre*, II, 2.

J'ai encore acheté plusieurs terres, à qui j'ai dit, à la manière *accoutumée*, je vous fais parc.
Mme DE SÉVIGNÉ, *Lettres*, 20 mai 1667.

Quoique je me porte présentement assez bien, je ne suis pas entièrement rétabli dans toutes mes forces *accoutumées*.

RANCÉ, *Lettres*, 1er nov. 1670.

73.

L'armée que Julien mena contre les Perses fut poursuivie, dans sa retraite, par des Arabes à qui il avoit refusé le tribut *accoutumé*.

MONTESQUIEU, *Grandeur des Romains*, c. 18.

C'est ma manière *accoustumée*.

Ch. D'ORLÉANS, *Balade :* Je qui suis fortune nommée.

Reprends auprès de moi ta place *accoutumée*.

Adieu, pour observer la forme *accoutumée*,
Je te vais de ma main présenter à l'armée.

P. CORNEILLE, *Cinna*, V, 3 ; *Othon*, III, 4.

Sortez ! que le sérail désormais soit fermé
Et que tout rentre ici dans l'ordre *accoutumé*,

J. RACINE, *Bajazet*, II, 2.

Trouvez-vous au conseil à l'heure *accoutumée*.

BOURSAULT, *Ésope à la cour*, I, 2.

C'est l'inconstante renommée,
Qui, sans cesse les yeux ouverts,
Fait sa revue *accoutumée*
Dans tous les coins de l'univers.

J.-B. ROUSSEAU, *Odes*, III, 2.

En ce sens, ACCOUTUMÉ, comme le *notus* des Latins, s'est quelquefois appliqué, particulièrement chez les poëtes, aux choses que l'habitude rend agréables et chères.

Je n'ay de vous un seul petit message,
Plus ne vous vois aux lieux *accoutumés*.

Cl. MAROT, *Élégies*, I, 9.

J'ai cru remplir au chœur ma place *accoutumée*.

BOILEAU, *le Lutrin*, IV.

Soit que dans le courant du fleuve *accoutumé*
En frissonnant, il plonge......

Chacun retrouve là ses passe-temps chéris,
Son meuble *accoutumé*, ses livres favoris.

DELILLE, *les Jardins*, I ; *l'Homme des champs*, I.

On trouve, dans un ancien lexique, cette locution :

C'est une chose *accoustumée* de faire.

Rob. ESTIENNE, *Dictionnaire fr.-lat.*

ACCOUTUMÉ s'emploie d'une manière analogue, même en parlant des personnes.

Au milieu d'un petit nombre de témoins domestiques et *accoutumés*, le personnage cesse et l'homme prend sa place.

MASSILLON, *Oraison funèbre de Madame*.

Cet emploi du participe ACCOUTUMÉ a donné lieu à la locution *avoir accoutumé* qu'on peut d'ailleurs rapporter à l'emploi, mentionné plus haut, d'ACCOUTUMER, comme verbe neutre, même aux temps simples.

Le plaisir du Roy avoit esté que fusse vestu pareil de luy, ce jour : Il *avoit accoutumé*, de longtemps, *d'*en avoir quelcun qui s'habilloit pareil de luy souvent.

COMMYNES, *Mémoires*, IV, 10.

(César) *avoit accoustumé de* dire qu'il aimoit mieux la victoire qui se conduisoit par conseil que par force.

MONTAIGNE, *Essais*, II, 34.

Ce docteur en langue vulgaire *avoit accoutumé de* dire que depuis tant d'années il travailloit à dégasconner la cour et qu'il n'en pouvoit venir à bout.

BALZAC, *Socrate chrestien*, X^e disc.

L'Amour a *accoutumé de* prêter toutes ses joyes à grosses usures.

VOITURE, *Histoire d'Alcidalis et de Zélide*.

Environ ce temps-là écheut la solennité des jeux Isthmiens, que la Grèce a *accoustumé de* célébrer avec un concours et une affluence incroyable de peuple.

VAUGELAS, trad. de *Quinte-Curce*, IV, 5.

Ils n'*ont* pas *accoutumé de* voir ainsi en détail.

PASCAL, *Pensées*, art. X.

Je n'*ai* point *accoutumé de* dissimuler mes défauts.

P. CORNEILLE, *Examen d'Horace*.

Allez, monsieur, on voit bien que vous n'*avez* point *accoutumé de* parler à des visages.

MOLIÈRE, *le Malade imaginaire*, III, 6.

Le secret n'est pas si rare qu'on le croit entre des gens qui *ont accoutumé de* se mêler de grandes affaires.

LE CARDINAL DE RETZ, *Mémoires*, liv. I, année 1648.

Il savoit mille choses (Louis XIII) auxquelles les esprits mélancoliques *ont accoutumé de* s'adonner.

Mme DE MOTTEVILLE, *Mémoires*.

Le roi l'avoit aimé (le maréchal de Saint-André) dès le temps qu'il étoit dauphin ; et depuis, il l'avoit fait maréchal de France, dans un âge où l'on n'a pas encore *accoutumé de* prétendre aux moindres dignités.

Mme DE LA FAYETTE, *la Princesse de Clèves*, Ire part.

La vue d'un homme vivant lui étoit odieuse, comme la lumière offense les yeux des animaux qui *ont accoutumé de* ne sortir de leurs retraites que pendant la nuit.

FÉNELON, *Télémaque*, XVIII.

M. le duc de Nevers *avoit accoutumé de* partir pour Rome de la même manière dont on va souper à ce qu'on appelle aujourd'hui une guinguette.

Mme DE CAYLUS, *Souvenirs.*

Il prit le chemin qu'*ont accoutumé de* tenir ceux qui affectent la tyrannie.

VERTOT, *Révolutions romaines*, liv. VII.

L'avocat ou conseil qu'on *avait accoutumé de* donner aux accusés.

VOLTAIRE, *Siècle de Louis XIV*, c. 42.

J'avois été touché n'*ayant* pas *accoutumé d*'être traité si honnêtement par des gens en place.

J. J. ROUSSEAU, *les Confessions*, part. II, liv. XII.

Les vierges *avaient accoutumé de* laver leurs robes d'écorce dans ce lieu.

CHATEAUBRIAND, *Atala.*

La colère du roi, comme dit Salomon,
Est terrible, et surtout celle du roi Lion :
Mais ce cerf n'*avoit* pas *accoutumé de* lire.

LA FONTAINE, *Fables*, VIII, 14.

Avoir accoutumé, dans les exemples suivants, est construit également avec un infinitif, mais sans l'intermédiaire de la préposition *de*.

..... On lui fist les mêmes honneurs qu'on *a accoustumé* faire aux plus grands princes.

BRANTÔME, *Vies des capitaines illustres*, disc. 6.

J'ay toujours oy dire que les sages *ont accoustumé* s'accommoder au temps.

P. LARIVEY, *le Laquais*, IV, 5.

Finir aussi il (le temps) *a accoutumé*
Le feu d'amour tant soit-il allumé.

LOUISE LABÉ, *Élégies*, III.

Avoir accoutumé peut se dire quelquefois des choses inanimées, des choses abstraites. Il n'en est pas ainsi selon Bouhours (*Remarques sur la langue françoise*) de *avoir coutume*, qui ne se dit que des personnes.

Le temps qui *a accoutumé de* meurir toute chose.

AMYOT, trad. de Plutarque, *OEuvres morales. Consolation à Apollonius.*

Comme les raions du soleil, qui vagans à leur naturelle liberté, eschauffent doucement et tièdement, s'il sont recueillis et remis au creux d'un miroir ardent, bruslent et consument ce qu'ils *avoient accoustumé de* nourrir et vivifier.

CHARRON, *De la Sagesse*, I, 18.

Mes révérends pères, mes lettres n'*avoient* pas *accoutumé de* se suivre de si près, ni d'être aussi étendues.

PASCAL, *Provinciales*, XVI.

Ce défaut n'*a* pas *accoutumé de* passer pour un défaut.

P. CORNEILLE, *Examen de Clitandre.*

Ce n'est pas seulement une belle-mère que je regrette, ce nom n'a pas *accoutumé d*'imposer toujours; c'est une amie aimable et solide, une société délicieuse.

M. DE GRIGNAN, *Lettre* du 23 mai 1690; à M. de Coulanges.

Les figures avoient un grand pouvoir sur l'esprit de madame de Montespan, ou, pour mieux dire, elle comptoit infiniment sur l'impression qu'elles *ont accoutumé de* faire sur le commun des hommes et les effets qu'elles produisent. C'est sans doute par là qu'elle eut tant de peine à pardonner à mademoiselle de Blois d'être née aussi désagréable.

Mme DE CAYLUS, *Souvenirs.*

Avoir accoutumé s'est aussi employé absolument.

L'escarmouche se dressa..... après que noz suisses eurent, comme ils *ont accoutumé*, baisé la terre.

M^in DU BELLAY, *Mémoires*, liv. III, ann. 1528.

La fortune me favorisa en cette occasion plus qu'elle n'*avoit accoutumé.*

LE CARDINAL DE RETZ, *Mémoires*, part. II, année 1643.

On lui voyoit à tous momens joindre les mains (Louis XIV mourant), et on l'entendoit dire les prières qu'il *avoit accoutumé* en santé.

SAINT-SIMON, *Mémoires*, 1715, t. XII, c. 29.

Je remarquai que ses regards s'attachoient sur moi d'une autre façon qu'ils n'*avoient accoutumé.*

PRÉVOST, *Manon Lescaut*, Ire part.

Saint-Valentin, quand vous venez,
En carême, au commencement,

Receu ne serez vrayement
Ainsi que *acoustumé avez.*
Cɴ. ᴅ'Oʀʟᴇ́ᴀɴs, *Chansons.* Saint Valentin quand vous venez.

Cette forme, *avoir accoutumé* a vieilli, et ce n'est pas sans égard à ce qu'elle offre d'antique ou de suranné qu'il en a été fait usage dans le passage suivant :

Enjoint à tous régents, maîtres-ès-arts et professeurs, d'enseigner comme ils *ont accoustumé.*
Bᴏɪʟᴇᴀᴜ, *Arrêt burlesque.*

Être accoutumé, avoir accoutumé s'est dit sous une forme impersonnelle.

En leurs terres n'*est-il* mie *acoustumé* que il le facent.
Vɪʟʟᴇʜᴀʀᴅᴏᴜɪɴ, *Conqueste de Constantinoble,* XCIV.

Si, comme *il est accoustumé.*
Jᴏɪɴᴠɪʟʟᴇ, *Histoire de saint Louis.*

Il n'a pas *accoutumé* de faire si chaud en ce mois-ci.
Dictionnaire de l'Académie.

Du participe ᴀᴄᴄᴏᴜᴛᴜᴍᴇ́, pris dans le sens habituel, s'est formée la locution familière, *à l'accoutumée,* laquelle signifie Selon la coutume, selon l'usage, à l'ordinaire.

Le Roy pour ce départ (du duc d'Alençon), ne monstra pas meilleur visage au Roy (de Navarre), mon mary; mais, en faisant aussi peu d'estat qu'*à l'accoustumée,* le tenoit toujours de mesme façon.
Mᴀʀɢᴜᴇʀɪᴛᴇ ᴅᴇ Vᴀʟᴏɪs, *Mémoires,* année 1575.

Ceste femme commença *à l'accoustumée* de crier et de tempester.
G. Bᴏᴜᴄʜᴇᴛ, *Serées,* 3ᵉ serée, des femmes et des filles.

Le Pape a encorés la goutte, et ne donna point d'audience hier Vendredy : mais je fus vers Messieurs ses nepveux *à l'accoustumée.*
Lᴇ ᴄᴀʀᴅɪɴᴀʟ ᴅ'Ossᴀᴛ, *Lettres,* liv. III, lettre 96.

Le Parlement de Roüen, se roidissant *à l'accoustumée* contre son Seigneur souverain, fit exécuter à mort, le 7 d'Avril, quelques prisonniers serviteurs du Roy.
Mᴀᴛᴛʜɪᴇᴜ, *Histoire des derniers troubles de France,* V.

Je n'avois point de patience que je ne vinsse retrouver ma chère rivière; le long de laquelle me promenant un jour *à l'accoustumée*..... j'aperçus, etc.
Bᴀʟᴢᴀᴄ, *le Prince,* Avant-propos.

Hé! dites-moi de grâce, de quels breuvages usez-vous pour faire de si plaisans songes? Moi, dit Francion, je bois *à l'accoustumée* du meilleur vin que je puisse trouver.
Sᴏʀᴇʟ, *Francion,* III.

Il vit que le visage de Laban étoit autre qu'*à l'accoutumée.*
Bossᴜᴇᴛ, *Politique tirée de l'Ecriture sainte,* liv. V, art. 2.

On prit en cet ordre le chemin de la terrasse jusqu'à la salle des Suisses, au bas de laquelle se trouva la députation du parlement, de quatre présidens à mortier et de quatre conseillers, *à l'accoustumée.*
Sᴀɪɴᴛ-Sɪᴍᴏɴ, *Mémoires,* 1718, t. XVII, c. 7.

Cette locution s'est quelquefois modifiée, par l'addition du pronom personnel, *à son accoutumée, à mon accoutumée,* etc.

Lesdiguières, *à son accoutumée,* usa fort modérément de sa victoire.
Mᴇ́ᴢᴇʀᴀʏ, *Histoire de France,* Henri III, ann. 1586.

Vous le trouverez (un courrier extraordinaire), je m'assure, assez important pour donner *à votre accoutumée* une singulière application à la ponctuelle exécution de mes ordres.
Lᴏᴜɪs XIV à l'archevêque d'Embrun, 8 février 1665. (Voy. *Négociations relatives à la succession d'Espagne,* t. I. p. 333.)

A monsieur Licidas, *à son accoutumée*
Substitut de la Renommée.
Bᴏᴜʀsᴀᴜʟᴛ, *le Mercure galant,* V, 4.

ACCOUTUMANCE, s. f.

Autrefois ᴀᴄᴄᴏᴜsᴛᴜᴍᴀɴᴄᴇ, ᴀᴄᴏᴜsᴛᴜᴍᴀɴᴄᴇ, ᴀᴄᴏsᴛᴜᴍᴀɴᴄᴇ, ᴀᴄᴏᴜsᴛᴜᴍᴀɴᴄʜᴇ, ᴀᴄᴏsᴛᴏᴍᴀɴᴄᴇ, ᴀᴄᴏᴜsᴛᴜᴍᴇ, etc. (Voyez le *Glossaire* de Sainte-Palaye et les exemples ci-après.)

Action de s'accoutumer, de s'habituer à faire ou à souffrir quelque chose; par suite, Coutume, habitude.

Ces mots, toutefois, ne sont pas entièrement synonymes d'ᴀᴄᴄᴏᴜᴛᴜᴍᴀɴᴄᴇ, lequel exprime proprement les actes qui mènent à la coutume, à l'habitude. C'est une observation faite bien des fois, entre autres par Vaugelas (*Remarques sur la langue françoise*) qui regrettait que, de son temps, un caprice de l'usage eût fait vieillir ᴀᴄᴄᴏᴜᴛᴜᴍᴀɴᴄᴇ; par Bouhours (*Remarques nouvelles sur la langue françoise*), qui applaudissait au rétablissement de ce mot; par beaucoup d'écrivains et de lexicographes, lesquels, depuis, n'ont pas fait difficulté de l'employer, ou de le recommander, bien qu'il fût de nouveau tombé dans une sorte de désuétude imméritée.

ACCOUTUMANCE a été autrefois fort usité au pluriel.

(Urbain VI) voulut... retrancher aux cardinaux plusieurs choses de leurs droiz et oster leurs *acoustumences*.

FROISSART, *Chroniques*, liv. II, c. 48.

Convient que l'âme de l'auditeur soit préparée par bonnes *accoustumances* a ce que elle se delecte et esjoisse en bien.

Nicole ORESME, trad. d'Aristote, *Ethique* 325.

Ayant opinion que telles *accoustumances* nuysoient fort à un homme de guerre.

BRANTÔME, *Vies des capitaines illustres*, disc. 13.

Les petits des ours et des chiens monstrent leur inclination naturelle : mais les hommes se jouant incontinent en des *accoustumances*, en des opinions, en des loix, se changent ou se déguisent facilement.

MONTAIGNE, *Essais*, I, 25.

A quoi nous tenans, tascherons de travailler en cest endroit si dextrement et diligement, sans altérer nos *accoustumances*, que puissions atteindre au but du bon mesnage.

Olivier DE SERRES, *Théâtre d'agriculture*, II, 6.

Il semble que plus tard le singulier d'ACCOUTU-MANCE se soit seul maintenu.

En attendant que le temps amene cette familière cognoissance et *accoustumance* qui rend à la fois doux ce qui de soy-même est beau et honeste.

AMYOT, trad. de Plutarque, *OEuvres morales*, Comment il fault ouir.

Entrant quelquefois aux Parlemens de Thoulouse et de Bourdeaus, despuis que je fuz Lieutenant de Roy en Guyenne, je me suis cent fois estonné, comme il estoit possible, que tant de jeunes hommes s'amusassent ainsi dans un palais, veu que ordinairement le sang boult à la jeunesse. Je croy que ce n'est que quelque *accoustumance*.

MONTLUC, *Commentaires*, III.

J'ay veu un aveugle en la maison de vostre pere, qui sçavoit aussi bien tous les chemins et destours de vostre hameau et se conduisoit aussi bien par tout le logis que j'eusse sceu faire, ayant acquis cela par une longue *accoustumance*.

D'URFÉ, *l'Astrée*, part. II⁰, liv. V.

Sa voix estoit forte : il parloit très-haut et avoit pris cette *accoustumance* auprès de son père qui estoit sourd.

PATRU, *Vie de d'Ablancourt*.

Les actions les plus redoutables de la religion deviennent insensiblement pour nous, par une longue *accoutumance*, comme les actions les plus communes et les plus ordinaires de la vie.

MASSILLON, *Conférences*.

Soit habitude et *accoutumance* à un style qui est plus dans nos manières et plus à notre portée, nous ne pouvons gagner sur nous de préférer la sévère austérité de Démosthène à l'insinuante douceur de Cicéron.

ROLLIN, *Traité des études*, liv. IV, c. 1, § 4.

On dit aussi, absolument, *accoutumance, l'accoutumance*.

Le Deable est philosophe, il scet l'estat et la manière d'omme et sa complexion et en quel vice il est plus enclin ou par nature ou par *accoustumance*, et d'icelle partie il l'assault plus fort.

Le Ménagier de Paris, I⁰ distinction, 3⁰ art., t. I. p. 56.

Or, l'un des plus grands moyens pour divertir cette vicieuse passion, c'est *l'accoustumance*, si, commençants de loing, nous nous escercions à cette continence.

AMYOT, trad. de Plutarque, *OEuvres morales*. De la curiosité.

Si nous considérons..... combien *l'accoustumance* hebete nos sens.

Et à une misérable condition, comme est la nostre, ça esté un très-favorable présent de la nature que *l'accoustumance* qui endort notre sentiment à la souffrance de plusieurs maux.

L'accoustumance est une seconde nature et non moins puissante.

MONTAIGNE, *Essais*, I, 22 ; III, 9 ; 10.

Maintenant recognois-je en moy n'y avoir plus grande tyrannie au monde pour faire trouver les choses bonnes ou mauvaises, que *l'accoustumance*.

Est. PASQUIER, *Lettres*, XIX, 9.

L'accoutumance fait cesser l'admiration.

MALHERBE, *Lettres* à Peiresc, VII, 1606.

... Sentons bien que les accidents mesmes que nous avons craint... s'adoucissent par l'usage et par *l'accoustumance.*

DuVair, *De la constance et consolation ez calamitez publiques*, liv. I.

L'effet de *l'accoutumance* est de changer nos idées, de les rendre plus superficielles et plus confuses, et de faire que l'esprit s'y applique plus légèrement.

Nicole, *du Jugement*, liv. II.

La capacité de l'esprit s'étend et se réserve par *l'accoutumance.*

Logique de Port-Royal, Ier discours.

La jeunesse change ses goûts par l'ardeur du sang et la vieillesse conserve les siens par *l'accoutumance.*

La Rochefoucauld, *Maximes*, CIX.

L'accoutumance nous ôte ce qu'il y a de plus vif dans le sentiment.

Bossuet, *Sermons.* Sur le mystère de la sainte Trinité.

Cette âme qui s'est déjà familiarisée avec les ténèbres que *l'accoutumance* lui rend douces.

Mascaron, *Oraison funèbre d'Henriette d'Angleterre.*

Ces opéras dûrent même se soutenir après lui par l'habitude et la tradition, l'oreille étant de tous les sens le plus docile à *l'accoutumance* et le plus rebelle à la nouveauté.

La Harpe, *Cours de littérature*, c. VI, sect. 4, De l'opéra italien.

Il ne s'en pooit pas tenir
Qu'il ne luy portast reverence
Par la force d'*accoutumance,*

Roman de la Rose, v. 6268.

Ainsi m'est-il ; ce vient d'*accoutumance.*

Charles d'Orléans, *Rondel.* En mes païs...

Le long usaige et dure *accoustumance*
Armoient leur cueur de telle patience.

Cl. Marot, *Opuscules*, Douleur et Volupté.

Le premier qui vit un chameau,
S'enfuit à cet objet nouveau ;
Le second s'approcha ; le troisième osa faire
Un licou pour le dromadaire.
L'accoutumance ainsi nous reud tout familier.

La Fontaine, *Fables*, IV, 10.

Le substantif accoutumance a dû participer aux formes de construction usitées pour le verbe *accoutumer.*

Ainsi, on a dit *accoutumance à* suivi soit d'un nom, soit d'un verbe.

L'*accoustumance à* porter le travail est *accoustumance à* porter la douleur.

Montaigne, *Essais*, I, 25.

Une longue *accoutumance à* aimer madame de Montglas et *à* en être aimé m'obligeoit de me flatter de l'espérance de la pouvoir faire revenir à moi.

Bussy-Rabutin, *Lettre* du 25 décembre 1667 au R. P. D. Côme.

Un esprit abattu et comme dompté par l'*accoutumance au* joug, n'oseroit plus s'enhardir à rien.

Boileau, trad. du *Traité du sublime*, XXXV.

On a dit aussi, de même, *accoutumance de.*

Cela doncques suffise, quant à ce poinct de l'*accoustumance* et de la diversité *de* nourriture.

Tout ainsi comme ceulx qui ont esté longuement enferrez par les pieds, quand on vient à les deslier, pour l'*accoustumance d'*avoir eu si longuement les fers aux pieds, ne peuvent marcher......

Amyot, trad. de Plutarque, *OEuvres morales.* Comment il faut nourrir les enfans, VI ; XVIII.

L'accoutumance et familiarité *des* médecines les rend sans effect et force.

G. Bouchet, *Serées*, liv. I, 10e serée.

Du mot accoutumance, diversement construit, s'étaient formées les locutions ;

Avoir accoutumance :

L'*accoutumance* qu'ils *ont* de tourner dans ce petit cercle, les rend incapables de rien concevoir au delà.

Nicole, *Traité de la foiblesse de l'Homme*, c. 10.

Prendre accoutumance :

La raison en *prent* une *accoustumance* qui est de graude force et efficace.

Amyot, trad. de Plutarque, *OEuvres morales*, sur les progrès de la vertu, VI.

D'accoutumance :

Je l'aime d'*accoutumance*, depuis que j'étois petite.

Dufresny, *le Jaloux honteux*, II, 4.

Je l'ai ainsi *d'accoustumance*,
En gré le preigne qui pourra,
Je n'en feray qu'à ma plaisance.
Ch. D'ORLÉANS, *Balades*. Or ça puisque il faut que reponde.

Par accoutumance.

Les premiers jours qu'ilz se sont despartis, tous ces bons comptes se disent à l'oreille et bas; et après, *par accoustumance*, inadvertence et continuation, s'en parle en disnant, en souppant, et puis est rapporté des deux costez.
COMMYNES, *Mémoires*, II, 8.

Qui dira que les vertus morales s'acquièrent aussi *par accoustumance*, à mon advis, il ne se fourvoyera point.
AMYOT, trad. de Plutarque, *OEuvres morales*. Comment il faut nourrir les enfans, VI.

Étant demeurés jusqu'alors fort en repos dans leur secte, par opiniâtreté ou *par accoutumance*.
ARNAULD (le Dr), *Lettres*, 25 octobre 1685.

Mainte chose desplest novele
Qui *par acoustumance* est bele.
Roman de la Rose, v. 7177.

On a dit *par bonne accoutumance*, *par longue accoutumance*, etc.

Mais se tu veulx ung peu aprendre à porter ceste croix, elle te portera, c'est-à-dire que *par bonne accoustumance*, et bonne voulenté que Dieu t'y verra avoir, il la fera plus legiere et moins griefve.
Le Livre de l'internelle Consolacion, I, 12.

On voit qu'un peu d'humeur (d'eau), *par longue [accoustumance*,
Cave la pierre ferme et la peut consumer.
Ph. DESPORTES, *OEuvres* ; Amours d'Hippolyte, sonnet 45.

Dans les anciens temps de la langue a existé au sens de A l'accoutumée, selon la coutume, l'adverbe

ACCOUSTUMÉEMENT.

Autrement ACOUSTUMÉEMENT, ACCOUTUMÉMENT, ACOUSTUMIÈREMENT, etc. (Voyez le *Glossaire* de Sainte-Palaye et les exemples ci-après.)

E Fenenna ico (cela) li turna à repruce... *acoustuméement*.
Les quatre Livres des Rois, I, 1, 6.

I.

S'il ne trueve ne le segneur ne cil qui le cort tiengne, il doit aler au liu où on les tient *acoustumeement* et atendre dusqu'à hore de miedi.
BEAUMANOIR, *Coutumes du Beauvoisis*, II, 31.

Toujours *acoustuméement*,
Aloit là querre ses herbées.
ADENES, *Cleomades* (cité par Sainte-Palaye).

On trouve dans des textes fort anciens un adjectif qui semble formé de *Coustumier*, *coutumier*,

ACCOUSTUMIER, ÈRE.

Icest lieu... fud... Helchana *acustumiers à* visiter.
Les quatre Livres des Rois, I, 1, 3.

Ico n'en sui mie *acostumiere*.
MARIE DE FRANCE, *Lai de Gugemer*, v. 519.

D'ACCOUTUMER et d'ACCOUTUMANCE se sont formés DÉSACCOUTUMER, DÉSACCOUTUMANCE (voyez ces mots);

Ce vient de male *acoustumance*
Qu'on *acoustume* dès l'enfance ;
Car qui aprent une *coustume*
Mult a envis s'en *descoustume*.
Jean BRUXANT, *Chemin de povrete et de richesse* (Voir le *Menagier de Paris*, t. II, p. 8).

Et RACCOUTUMER (voyez ce mot) :

Nous reviendrons ici...
Pour y voir le beau monde, et vous *raccoutumer*
A la société des personnes d'élite.
DESTOUCHES, *l'Homme singulier*, V, 9.

ACCRÉDITER, v. a.

Autrefois ACRÉDITER. (Voyez les dictionnaires de Cotgrave et de Richelet.)

ACCRÉDITER, recueilli par les lexicographes seulement au XVIIe siècle, est peu ancien. On l'a rattaché soit au bas latin *accredere*, soit à l'italien *accreditare*, soit à l'espagnol *acreditar*. Peut-être a-t-il été tiré directement du français *crédit*. Quoi qu'il en soit, il remonte, comme tous les mots de la même famille, par le supin *creditum*, au latin *credere*.

74

ACCRÉDITER, qui signifie Donner du crédit, concilier la confiance, l'autorité, la faveur, se dit au propre en parlant des personnes.

La recommandation de ses amis l'*a bien accrédité*, mais sa vertu encore davantage.

MONET, *Dictionnaire.*

Ils recevoient de puissans secours pour soutenir leur secte et pour *accréditer* leur parti.

BOURDALOUE, *Pensées sur l'humilité et l'orgueil.*

La province (de Bretagne) gagna en plein tout ce qu'elle prétendoit, et fut heureuse de ne se trouver point de partie puissante en tête, et qu'au contraire le roi ne fût pas fâché de la favoriser pour y faire aimer et *accréditer* M. le comte de Toulouse (nommé au gouvernement de Bretagne).

SAINT-SIMON, *Mémoires*, 1700, t. III, c. 1.

On doit donner une grande attention aux disputes des théologiens, mais il faut la cacher autant qu'il est possible : la peine qu'on paroît prendre à les calmer les *accréditant* toujours, en faisant voir que leur manière de penser est si importante qu'elle décide du repos de l'État et de la sûreté du prince.

MONTESQUIEU, *Grandeur des Romains*, c. 22.

ACCRÉDITER, avec la même sorte de régime, a, dans le langage de la diplomatie, une acception spéciale. *Accréditer* un ministre auprès d'une cour étrangère, d'un état étranger, c'est l'y Faire reconnaître.

Il est fait allusion à cet emploi spécial d'ACCRÉDITER dans les vers suivants.

Les enfants du Midi, les habitants du Nord,
Le rang, la faveur, la naissance,
Pour *être accrédités* dans les cercles de France,
Venaient, dans son salon, prendre leur passe-port
Et recevoir leurs lettres de créance.

DELILLE, *la Conversation*, III, sur Mme Geoffrin.

ACCRÉDITER s'emploie quelquefois ainsi, par allusion, lorsqu'il s'agit de personnes qui se chargent officieusement d'intervenir dans des affaires privées.

ACCRÉDITER se dit, au figuré, en parlant des choses, dans des sens analogues à ceux qu'il reçoit lorsque l'on parle des personnes.

Nous avons beaucoup ri du soupçon dont vous m'honorez, de m'être mis en tête d'*accréditer* les vapeurs.

Mme DE MAINTENON, *Lettres*, XIII, à l'abbé Testu.

Saint Louis chercha à l'*accréditer* (le droit romain) par les traductions qu'il fit faire des ouvrages de Justinien.

Charles Martel avoit besoin du pape pour *accréditer* les titres qu'il avoit, et ceux que lui ou ses enfants pourroient prendre.

MONTESQUIEU, *Esprit des lois*, XXVIII, 42 ; XXX, 11.

(Louis XIV) fixa à chacun de ses ministres les bornes de son pouvoir, se faisant rendre compte de tout par eux à des heures réglées, leur donnant la confiance qu'il fallait pour *accréditer* leur ministère, et veillant sur eux pour les empêcher d'en trop abuser.

VOLTAIRE, *Siècle de Louis XIV*, c. 7.

C'est sans doute un grand avantage qu'un extérieur qui nous annonce favorablement; il *accrédite* par avance les autres qualités dont nous pouvons être ornés.

MONCRIF, *Moyens de plaire.*

Il n'y a que la justesse des expressions qui puisse *accréditer* les tours qu'il est permis de hasarder.

CONDILLAC, *Art d'écrire.*

ACCRÉDITER un bruit, une nouvelle, *accréditer* une opinion, etc. pour Leur donner cours, les répandre, les faire accepter comme vraisemblables ou certains, sont des expressions fort usitées.

N'est-ce donc pas pour moi le devoir le plus sacré de repousser et de confondre, quand je le peux, des calomnies flétrissantes et qui *seraient accréditées* par mon silence.

VOLTAIRE, *Lettres*, 9 janvier 1739.

Le moyen le plus sûr d'*accréditer* une opinion auprès de la frivolité françoise, est d'inventer quelques phrases que tous les sots puissent répéter en croyant dire quelque chose.

D'ALEMBERT, *Éloge de Crébillon.*

ACCRÉDITER s'emploie avec le pronom personnel au propre et au figuré;
Au propre :

On s'opposa à l'acquisition que je voulois faire de la susdite terre du Chaillou, pour m'empêcher de *me* trop *accréditer* dans cette province.

Agr. D'AUBIGNÉ, *Mémoires*, t. I, p. 106.

Les messieurs des grands jours aiment mieux juger des causes criminelles en particulier, que d'entendre des causes civiles dont chacune tient ordinairement une audience, par l'obstination des avocats qui veulent *s'accréditer* par leurs harangues.

FLÉCHIER, *Mémoires sur les grands jours de 1665.*

Dans ces temps-là, la secte des Stoïciens s'étendoit et *s'accréditoit* dans l'empire.

MONTESQUIEU, *Grandeur des Romains*, c. 16.

... Les grands s'élèvent, les eunuques *s'accréditent*, on ne met sur le trône que des enfants, le palais devient l'ennemi de l'empire...

LE MÊME, *Esprit des lois*, V, 7.

Étant instruit que le parti pacifique commençait à *s'accréditer* en Hollande...

VOLTAIRE, *Lettres*, 6 septembre 1743.

Pythagore profita sans doute de ce préjugé, et j'avouerai même, si vous voulez, qu'à l'imitation de quelques législateurs, il employa de pieuses fraudes pour *s'accréditer* auprès de la multitude.

BARTHÉLEMY, *Voyage d'Anacharsis*, c. 75.

Au figuré :

On me mande que l'innocence du duc du Maine *s'accrédite* tous les jours, et que tout tombera sur Malezieu.

Mme DE MAINTENON, *Lettres*, LXII à Madame de Glapion.

Qu'un écrivain d'anecdotes, un compilateur littéraire, transmette à la postérité cette sottise, elle *s'accréditera* avec le temps.

VOLTAIRE, *Préface de Rome sauvée.*

Je serais très-mortifié que ce bruit *s'accréditât*.

LE MÊME, *Lettres*, 27 août 1761.

Au livre des Hébreux, ainsi tout rend hommage,
Et même l'on diroit que pour *s'accréditer*,
La fable en sa naissance a voulu l'imiter.

L. RACINE, *la Religion*, III.

Le raisonner tristement *s'accrédite*.

VOLTAIRE, *Contes en vers.* Ce qui plaît aux dames.

ACCRÉDITÉ, ÉE, participe.

Il est très-ordinaire de l'employer adjectivement, tant au sens propre qu'au sens figuré, comme le verbe lui-même;
Au sens propre :

Plusieurs autres grandement qualifiez et *accreditez* luy en avoient fait parler en ces termes.

SULLY, *OEconomies royales*, t. I, c. 51.

Le parlement fut emprisonné à la Bastille par Bussi le Clerc, simple procureur, mais fort *accrédité* parmi les Seize.

HARDOUIN DE PÉRÉFIXE, *Hist. de Henri le Grand*, Ire part., ann. 1589.

Son beau-père, très-*accrédité* auprès de Darius, l'assura de la protection de ce prince.

BOSSUET, *Discours sur l'histoire universelle*, I, 8.

Ce qui me fera revenir, Madame, ce sera peut-être le moins *accrédité* de mes amis avec une conjoncture favorable.

BUSSY-RABUTIN, *Lettres*, 15 juillet 1675, à Mme de Scudéry.

On eût dit qu'il n'étoit sorti de la cour que pour y être et plus *accrédité* et plus utile.

FLÉCHIER, *Oraison funèbre de Michel le Tellier.*

J'avois soutenu beaucoup d'aventures, d'affaires de rang et d'autre nature, avec des princes du sang et des plus grands et *accrédités* de la cour.

SAINT-SIMON, *Mémoires*, 1714, t. XI, c. 23.

Protesterai-je... que je ne suis ni auteur ni complice de ces clefs qui courent; que je n'en ai donné aucune... que les personnes les plus *accréditées* de la cour ont désespéré d'avoir mon secret?

LA BRUYÈRE, *Discours prononcé dans l'Académie franç.*, préface.

Il n'y avoit point en ce temps-là de médecin à Valladolid plus *accrédité* que le seigneur Sangrado.

LE SAGE, *Gil Blas*, II, 3.

Il faut que les lois leur défendent aussi (aux nobles) le commerce : des marchands si *accrédités* feroient toutes sortes de monopoles.

Les rois, tous les jours moins *accrédités*, crurent n'avoir d'autre parti à prendre que de se mettre entre les mains des ecclésiastiques.

MONTESQUIEU, *Esprit des lois*, V, 8; XXXI, 23.

Corneille devait se souvenir que les dégoûts et les critiques du cardinal de Richelieu, homme plus *accrédité* dans la littérature que le grand Condé, n'avaient pu nuire au Cid.

VOLTAIRE, *Préface du Commentaire de don Sanche d'Aragon.*

Les hommes fins et *accrédités* peuvent tout pendant leur vie; ils fascinent aisément les yeux de la multitude, toujours admiratrice de la prospérité.

J.-J. ROUSSEAU, *Lettres*, 25 février 1768.

74.

Au sens figuré :

Les Jésuites lui étoient de tout temps entièrement dévoués ; et il espéra de la voix touchante et *accréditée* du confesseur.

SAINT-SIMON, *Mémoires*, 1700, t. II, c. 30.

... Les erreurs *accréditées* n'en deviennent que plus respectables.

LA MOTTE, *Discours sur Homère.*

Qu'on me permette cette petite réflexion, qui combat un sentiment reçu et *accrédité* auquel je ne puis opposer que l'expérience.

MARIVAUX, *le Paysan parvenu*, part. VIII.

M. de Torci réfute en peu de mots cette erreur si *accréditée*, et dit expressément que Louis XIV n'y a jamais pensé.

VOLTAIRE, *Supplément au Siècle de Louis XIV*, Iᵉ part.

Nulle fiction en histoire naturelle, nulle fable chez les anciens, n'*a été* plus célébrée, plus répétée, plus *accréditée*.

BUFFON, *Histoire naturelle ; Oiseaux* ; le Cygne.

Rien de si difficile à faire tomber qu'une idée triviale ou un proverbe *accrédité*.

CHAMFORT, *De la Société, des Grands, des Riches, des Gens du monde.*

Dans l'exemple suivant, ACCRÉDITÉ, employé de même, se rapporte à un substantif avec lequel il est en communauté d'origine ; l'un et l'autre venant, comme il a été dit, de *credere*.

On consultait les astrologues, et on y croyait. Cette crédulité, la marque la plus infaillible de l'ignorance, était si *accréditée*, qu'on eut soin de tenir un astrologue caché près de la chambre de la reine Anne d'Autriche au moment de la naissance de Louis XIV.

VOLTAIRE, *Siècle de Louis XIV*, c. 2.

ACCRÉDITÉ est quelquefois associé à des substantifs qui semblent ne pouvoir admettre une telle épithète et il en résulte des oppositions d'un effet piquant.

Faut-il tant d'esprit pour aller à ses fins ? Est-ce donc un prodige qu'un sot riche et *accrédité ?*

LA BRUYÈRE, *Caractères*, c. 6.

Et voyant *contre* Dieu le diable *accrédité*,
N'osent qu'en bégayant prêcher la vérité.

BOILEAU, *Épîtres*, XII.

Deux fripons à brevet, brigands *accrédités*,
Epuisaient contre moi leurs lâches cruautés.

VOLTAIRE, *Discours en vers*, V.

Rien n'est plus dangereux qu'un sot *accrédité*.

LA CHAUSSÉE, *l'École de la Jeunesse*, II, 4.

On voit dans le passage qui vient d'être emprunté à Boileau que la locution *accrédité auprès* a conduit, par analogie, à dire *accrédité contre*.

D'ACCRÉDITER s'est formé DÉCRÉDITER qui a, au propre et au figuré, des sens tout contraires (voyez ce mot ; voyez aussi DISCRÉDIT et DISCRÉDITER.)

ACCROCHER, v. a.

Autrefois ACROCHER, ACROCHIER, ACROCIER (voyez le *Glossaire* de Sainte-Palaye).

Dans un texte de 1236 que cite Du Cange au mot *crochetum*, on lit *acrochare*, qui a dû précéder de bien peu, s'il ne l'a pas suivi, notre verbe *accrocher*. C'est de quelque racine celtique ou plutôt germanique, probablement de *hrook, hrak, hrank*, qui signifie un objet courbé, que sont venus également, dans un ordre chronologique qui ne peut être fixé avec précision, et le vieux mot français *croc* avec tous ses dérivés, et les mots de la basse latinité qui leur correspondent en grand nombre ; *incrocare*, par exemple, qui a avec *croc* et *accrocher* une grande ressemblance et auquel on a rapporté quelquefois l'origine de l'un et de l'autre.

Le rapport assez frappant de toute cette famille de mots avec certains mots grecs, comme Ἀγκύλος, crochu, Ἄγκυρα, croc, crochet, doit sans doute s'expliquer par la parenté qui lie entre elles et rattache à un point de départ commun toutes les langues indo-européennes.

ACCROCHER, au propre, c'est, dit Nicot, « avec un croc harper quelque chose pour la retenir, tirer et aveindre ; » c'est selon l'ancienne définition de l'Académie, « attacher, arrêter à un *crochet* ; » c'est, par extension, exécuter des actes de ce genre avec quelque objet analogue, un hameçon, un clou, etc. Dans ces diverses acceptions, employé absolument ou construit avec la préposition *à*, il peut avoir pour régime, non-seulement, ce qui est le plus ordinaire, un nom de chose, mais quelquefois un nom de personne.

Car il attrapoit l'ung par les jambes, l'aultre par les espaules, l'aultre par la besace... et le paovre haire qui l'avoit feru du bourdon l'*accrocha* par la braguette.

> RABELAIS, *Gargantua*, I, 38.

Niger... se meit luy-mesme à declamer, ayant encore l'areste *accrochée* dedans sa guorge.

> AMYOT, trad. de Plutarque. *OEuvres morales*. Les reigles et preceptes de santé.

Accrocher une bale de marchandises flottant sur l'eau.

> MONET, *Dictionnaire*.

Après avoir *accroché* les beliers, ils les enlevoient en dedans avec des machines.

> DANET, *Dictionnaire* (traduit de César).

Il pendit quelque temps aux crins de son cheval, un pied *accroché* par son éperon *à* la selle, et l'autre pied et le reste du corps attendant le décrochement de ce pied *accroché*.

> SCARRON, *Roman comique*, I, 20.

Mais attendez, je m'en vais vous montrer votre vieillesse; et je courus, en disant ces mots, détacher un petit miroir qui était *accroché à* la tapisserie.

> MARIVAUX, *le Paysan parvenu*, part. II.

Il (Jupiter) donne le fouet à Junon; il l'attache entre le ciel et la terre avec une chaîne d'or; mais le bonhomme Homère ne dît pas *à* quel point fixe cette chaîne *fut accrochée*.

> VOLTAIRE, *Philosophie générale*, Dieu et les hommes, c. 12.

C'est la fureur des enfants de gravir; que le peintre de ruines m'en montre un *accroché à* une grande hauteur.

> DIDEROT, *Salon de 1767*. Robert.

Nous verrons nos pois pousser leurs vrilles précisément à la hauteur où ils commencent à avoir besoin d'appui, et les *accrocher aux* ramées avec une adresse qu'on ne peut attribuer au hasard.

> BERNARDIN DE SAINT-PIERRE, *Études de la nature*, I.

On y voyait *accrochées aux* murs des flûtes, des panetières, des houlettes, des formes à faire des fromages.

> LE MÊME, *l'Arcadie*, I.

Et li ainz (l'hameçon) qui est desouz mis,
Tant l'*acroche* que il l'a pris.

> *Nouv. rec. de fabl. et cont. anc.*, Méon, t. II, p. 398.

Le buisson *accrochoit* les passants à tous coups.

> LA FONTAINE, *Fables*, XII, 7.

En termes de marine, *accrocher* un vaisseau, veut dire jeter des *crocs* et des grappins d'un vaisseau à l'autre, pour venir à l'abordage.

Ils avoient gros croqz et havetz de fer tenans à chaynes, si les gectoyent es nefz lnng dedans lautre et les *accrochoient* ensemble.

Si *accrocherent* à croqz de fer et de chaynes les chevaliers du roi leur nef à cette. Là se commença bataille dure, forte et fière.

> FROISSART, *Chroniques*, liv. I. part. I, c. 121; part. II, c.3.

Ayant jeté une main de fer et *accroché* les navires, ils combattoient et sautoient dans le bord des ennemis.

> DANET, *Dictionnaire fr.-lat.* (traduit de César).

La Reale *accrocha* une galère.

> VAUGELAS, trad. de *Quinte-Curce*, IV, 4.

En comparaison de ces corsaires qui pouvoient bien estre trois ou quatre cens tous biens armez, nous n'estions que peu de gens, et s'ils eussent pù nous *accrocher*, il nous eust bien-tost falu ceder au nombre.

> TAVERNIER, *Voyages de Perse*, liv. II, c. 4.

L'orage s'étoit augmenté si furieusement, qu'enfin les chrétiens et les Turcs songèrent moins à s'entrenuire qu'à se garantir de l'orage. On déprit donc de part et d'autre les crampons de fer dont les galères *avoient été accrochées*, et la patronne turque s'éloigna de la chrétienne.

> SCARRON, *Roman comique*, II, 19.

... Une machine... que depuis on a appelée corbeau, par le moyen de laquelle ils *accrochoient* les vaisseaux des ennemis...

> ROLLIN, *Histoire romaine*, XI, 1.

On combattit (à la bataille de Lépante) corps à corps sur la plupart des galères *accrochées*, comme sur un champ de bataille.

> VOLTAIRE, *Essai sur les mœurs*, c. 159.

Un des vaisseaux, quoiqu'il fût *accroché*,
S'étant quelque peu détaché...

> LA FONTAINE, *Contes*, II, 14.

ACCROCHER se dit aussi, dans un sens particulier, d'une voiture qui, passant trop près d'une autre, la heurte ou l'arrête avec l'extrémité de son moyeu; il se dit du cocher auteur de cet accident, de tout objet qui peut en être la cause.

> Six chevaux attelés à ce fardeau pesant,
> Ont peine à l'émouvoir sur le pavé glissant;
> D'un carosse, en tournant, il *accroche* la roue,
> Et du choc le renverse en un grand tas de boue.
>
> BOILEAU, *Satires*, VI.

On a dit figurément, dans un sens très-voisin du sens propre, *accrocher* une chose à une autre, pour l'y Rattacher, l'y ajouter.

> Je laisseray, ceste lettre du Roy entière au jugement du lecteur, et neantmoins j'y *accrocheray* quelque chose du mien sur l'escorce et aux bords.
>
> MATTHIEU, *Histoire des derniers troubles de France*, III.

Par une figure, d'un usage plus ordinaire, ACCROCHER s'emploie, dans le langage familier, pour Retarder, arrêter. *Accrocher* une affaire, un procès, un jugement, etc.

> *Accrocher* ou arrester ung procès; le jugement d'ung procès est *accroché*.
>
> Rob. ESTIENNE. *Dict. fr.-lat.*, NICOT, *Thresor de la langue franç.*

> On délibère si pourtant on doit interrompre et différer l'exécution de l'arrest... On considère la nouveauté de l'exemple et la conséquence, pour *accrocher* les jugements.
>
> MONTAIGNE, *Essais*, III, 13.

> Il me faut dire librement sur quels articles la paix *a esté accrochée* et ce que vous pourrez faire.
>
> SULLY, *OEconomies royales*, t. I, c. 87.

> Sous lequel prétexte de seureté il pense *accrocher* l'affaire du tout.
>
> LE CARDINAL D'OSSAT, *Lettres*, liv. I, lettre 2.

> Le mariage de mademoiselle de Valence avec M. de Montferrant est un peu *accroché*, car madame de Meklembourg ne veut plus donner les vingt mille écus qu'elle a promis de donner par contrat de mariage.
>
> Mme DE SCUDÉRY, *Lettre du 15 mai 1678*, à Bussy-Rabutin.

> Je me fourrai dans l'esprit que les jésuites, furieux du ton méprisant sur lequel j'avois parlé des colléges, s'étoient emparés de mon ouvrage; que c'étoit eux qui en *accrochoient* l'édition.

> Mon livre (l'*Emile*) est *accroché*, sans que je puisse m'imaginer *à* quoi.
>
> J.-J. ROUSSEAU, *les Confessions*, part. II, liv. XI; *Lettres*, 8 novembre 1761, à M. Duchesne.

> Eh bien! quoi donc? ce béquillard du coche
> Dérange tout, et notre affaire *accroche*.
>
> VOLTAIRE, *l'Enfant prodigue*, II, 6.

A cette manière de parler peut être rapporté l'emploi fait d'ACCROCHÉ, au sens d'Interrompu, dans le passage suivant :

> Ce néantmoins, qui nous ait depuis dit ny quoy ni comment les choses allèrent, au moins des autheurs anciens, il est fort malaisé d'en trouver, ains demeurerent les histoires *accrochées* depuis ce gentil Marcellin jusques vers Procope et Agathie.
>
> Est. PASQUIER, *Recherches de la France*, I, 7.

Par une figure du même genre, qui appartient également au langage familier, ACCROCHER se dit pour Attirer à soi, gagner, obtenir. Il fait entendre que le succès est dû au hasard, à l'adresse, à la ruse, à la mauvaise foi.

> *Accrocher* un gros bénéfice.
>
> MONET, *Dictionnaire*.

> L'amitié du P. Rapin pour vous me plaît et me touche fort. Il songe aussi bien que moi comment et par quel endroit il pourroit *accrocher* votre retour; et il me paroît en avoir tant d'envie, que je crois qu'il en viendra à bout.
>
> Mme DE SCUDÉRY, *Lettre du 6 septembre 1675*, à Bussy-Rabutin.

> ... étoit cette belle duchesse de Montbazon... belle-mère de la fameuse duchesse de Chevreuse, et du mari de cette belle et habile princesse de Guéméné, qui, à leur aide, *accrocha* le tabouret, comme je l'ai raconté.
>
> SAINT-SIMON, *Mémoires*, 1707, t. V, c. 15.

> Coveitise ne set entendre
> A rien qu'à l'autrui *accrochier*.
>
> *Roman de la Rose*, v. 193.

Dans le passage suivant, ACCROCHER est pris à la fois et dans le sens figuré, pour Dérober, et au sens propre avec l'acception, peu conforme à l'usage ordinaire, de Heurter.

> Voyez le grand malheur pour tant de train! on ne voit

goutte šur l'escalier. Moi, en montant, j'ai *accroché* une clef... — On prend garde à ce qu'on fait. *Accrocher* une clef! L'habile homme.

BEAUMARCHAIS, *le Barbier de Séville*, III, 9.

ACCROCHER s'emploie de cette manière en parlant des personnes que l'on arrête, que l'on retient, dont on s'empare, auxquelles on s'attache. Il s'y joint d'ordinaire une idée d'indiscrétion, d'importunité, de surprise, de recherche, de poursuite intéressée.

Sa rivale n'avoit pas manqué de *l'accrocher* de conversation sur ce qu'on lui avoit insinué la veille.

HAMILTON, *Mémoires du comte de Gramont.*

Nous en tenons, madame, et puis prêtons l'oreille
Aux bons chiens de pendards qui nous chantent mer-
[veille,
Qui pour nous *accrocher* feignent tant de langueur.

MOLIÈRE, *le Dépit amoureux*, II, 4.

Dans l'âme elle est du monde, et ses soins tentent
[tout
Pour *accrocher* quelqu'un, sans en venir à bout.

LE MÊME, *le Misanthrope*, III, 3.

Cela se dit dans le courroux;
Mais *aux* hommes par trop vous êtes *accrochées*,
Et vous seriez, ma foi, toutes bien empêchées,
Si le diable les prenoit tous.

LE MÊME, *Amphitryon*, II, 5.

On l'attend, mais ailleurs il est trop *accroché.*

PALAPRAT, *la Prude*, III, 5.

Furetière et d'autres lexicographes citent à ce sujet cet ancien proverbe:

Belle fille et méchante robe trouve toujours qui *l'accroche.*

ACCROCHER, dans le langage de l'ancienne jurisprudence, a servi à exprimer la saisie des biens et l'arrestation des personnes.

Celui qui fait *accrocher* ou arrester un autre en personne, ou ses biens à tort... sera en l'amende de trois livres parisis.

Coutume de Bailleul (voir *Nouv. Cout. gén.*, t. I, p. 980, col. 2).

On a dit, fort anciennement, dans le même style,

en un sens analogue, *accrocher* son adverse partie, pour Lui faire obstacle, l'embarrasser.

Se vostre aversaire viaut prover contre voz par prevelige, soiés gaitant (prenez garde) soutilment de noter les poins dou prevelige; saveir se vous, par aucun point, poés vostre aversaire *acroĉhier* à faire faillir à sa preuve et s'il y a aucuns poins à quei vous le puissiés *acrochier*, si le faites desfaisant (manquant) sa preuve.

Assises de Jérusalem, c. LXXII.

Dans l'exemple suivant, ce sens figuré du mot ACCROCHER se mêle agréablement à son sens propre.

Je comptais faire un voyage à Cirey et passer par Paris à la fin de ce mois, mais il faut attendre que les griffes de la chicane qui nous *accrochent* veuillent bien nous laisser aller.

VOLTAIRE, *Lettres*, 16 sept. 1741.

ACCROCHER, sous sa forme pronominale, s'emploie dans des sens analogues.

On dit, au propre, s'ACCROCHER, s'ACCROCHER à, et des choses et des personnes, pour Être retenu par quelque objet, ou s'y suspendre, s'y attacher.

Mon habit *s'est accroché* à des buissons épineux.

DANET, *Dictionnaire fr.-lat.*

Il entre dans l'appartement et passe sous un lustre où sa perruque *s'accroche* et demeure suspendue.

LA BRUYÈRE, *Caractères*, c. 11.

Il *s'accrocha* le mieux qu'il put *au* diable, qui l'emporta dans le moment.

LE SAGE, *le Diable boiteux*, c. 11.

Il est difficile d'être ému d'un péril qu'on n'éprouvera peut-être jamais... Il faut que je *m'accroche* à l'extrémité de la corde qui te tient suspendu dans les airs, ou je ne frémirai pas.

DIDEROT, *Salon de 1767.* Vernet.

Les plantes appelées grimpantes sont répandues dans tout le règne végétal et réparties, je pense, à chaque espèce verticale; elles ont bien des moyens différents de *s'y accrocher.*

BERNARDIN DE SAINT-PIERRE, *Études de la nature*, XI. Harmonies végétales des plantes.

Deux traîtres de rouliers venoient bride abattue,
Frisant également les côtés de la rue,

Et mon double coquin, se lançant au milieu,
A rencontré si juste et l'un et l'autre essieu,
Qu'ils ont, en *s'accrochant*, emmené mes deux roues.

J.-B. Rousseau, *le Capricieux*, IV, 4.

S'accrocher reçoit des acceptions figurées qui correspondent à celles que peut recevoir *accrocher*.

S'accrocher à une chose, à une personne, c'est S'y attacher, sans titre, sans retenue, par intérêt, etc.

La maison à laquelle il vouloit *s'accrocher*, et qui est fort bonne, ne veut point de lui.

Mme de Sévigné, *Lettres*, 15 nov. 1684.

Ennuyé (l'abbé de Vaubrun) de l'obscurité où il languissoit, il obtint par MM. d'Estrées l'agrément de la charge de lecteur du roi... et ce vilain et dangereux escargot se produisit à la cour et chercha à *s'y accrocher*.

Maisons... étoit ravi de *s'accrocher* au duc de Noailles par vanité...

Saint-Simon, *Mémoires*, 1700, t. II, c. 30; 1715, t. XII, c. 18.

On ne meurt que le moins possible, et, tout mort qu'on est, on tâche encore de tenir à la vie par un marbre où l'on est représenté, par des pierres que l'on a élevées les unes sur les autres, par son tombeau même; on se noie et on *s'accroche à* tout cela.

Fontenelle, *Dialogues des morts.* Cosme de Médicis et Bérénice.

Heureusement celui qui m'enferma, tout geôlier qu'il étoit, n'avoit point la mine impitoyable; il ne m'effraya point; en de pareils moments, on *s'accroche à* tout, et un visage un peu moins féroce que les autres vous paroît le visage d'un bonhomme.

Marivaux, *le Paysan parvenu*, part. III.

Cela ne l'arrête pas; il veut *s'accrocher à* moi, croyant que je peux contribuer à établir sa réputation de bel esprit.

Mme du Deffand, *Lettres*, 5 mars 1774, à H. Walpole.

Les grands seigneurs, n'ayant point d'inquiétude sur leur situation ni sur leur fortune, ont en général plus d'indépendance dans leur manière de voir que cet essaim obscur qui *s'accroche à* la faveur, pour en obtenir quelques dons à chaque occasion nouvelle.

Mme de Staël, *Consid. sur la révolut. franç.*, Ire part., c. 8.

Il dit, reprend son homme, et *s'accrochant à* lui,
Lui paie, en l'assommant, l'arriéré de l'ennui.

Delille, *la Conversation*, I.

S'accrocher, ainsi employé, a ordinairement pour sujet un nom de personne, mais quelquefois aussi un nom abstrait.

Ce que je considère, je l'usurpe : une sotte contenance, une desplaisante grimace, une forme de parler ridicule. Les vices plus : d'autant qu'ils me poignent, ils *s'accrochent à* moy et ne s'en vont pas sans secoüer.

Montaigne, *Essais*, III, 5.

Les erreurs, une fois établies, ont coutume de jeter des racines bien profondes et de *s'accrocher à* différentes choses qui les soutiennent.

Fontenelle, *de l'Origine des Fables.*

S'accrocher a pu se dire absolument, pour Rencontrer un obstacle, éprouver un retard.

J'ai fort approuvé que vous ne vous soyez point ouvert de ce que je vous ai chargé de demander pour ma satisfaction et mon dédommagement en cas de traité depuis que vous eûtes reconnu que la négociation *s'accrochoit* sur le premier point.

Louis XIV à l'archevêque d'Embrun, 26 mars 1662. (Voir *Négociations relatives à la succession d'Espagne*, t. I, p. 127.)

S'accrocher est non-seulement verbe réfléchi, mais verbe réciproque.

M. de Montchevreuil et M. de Villars *s'accrochèrent* l'un à l'autre d'une telle furie; les épées, les rubans, les dentelles, les clinquants, tout se trouva tellement mêlé, brouillé, embarrassé; toutes les parties crochues étoient si parfaitement entrelacées, que nulle main d'homme ne put les séparer... il fallut les arracher de force, et le plus fort l'emporta.

Mme de Sévigné, *Lettres*, 3 janvier 1689.

Nos braves, *s'accrochant*, se prennent aux cheveux.

Boileau, *Satires*, III.

A cet emploi de s'accrocher comme verbe réciproque, peut se rapporter l'exemple suivant, où *accroché* est employé par figure :

Durant que ces deux grands princes estoient *accrochez* l'un à l'autre, les Allemands touchèrent à la main et firent une seconde assemblée à Ausbourg.

Agr. d'Aubigné, *Histoire universelle*, t. I, liv. I, c. 7.

Le verbe réciproque s'ACCROCHER est fort usité en philosophie, lorsqu'il est question de la doctrine des atômes.

Deux atômes crochus, dit un épicurien, *s'accrochent* ensemble. Tout cela est faux, selon son système, car j'ai prouvé que ces deux atômes crochus ne *s'accrochent* jamais, faute de se rencontrer.

FÉNELON, de l'Existence de Dieu, Ire part.

Lucrèce a mis en très-beaux vers la philosophie d'Epicure ; il enchante par ses images ; mais cette philosophie d'atômes qui *s'accrochent* au hasard est si absurde, qu'elle détruit, partout où elle paraît, la beauté de la poésie.

BERNARDIN DE SAINT-PIERRE, Études de la nature, VIII.

Tu deviendras savant : tu sauras, comme moi,
Que rien ne vient de rien, et que des particules...
Rien ne retourne à rien ; de plus, les corpuscules...
Les atômes, d'ailleurs, par un secret lien,   [bien.
Accrochés dans le vuide... Entends-tu bien? — Fort

REGNARD, Démocrite, I, 2.

Les atômes erroient dans un espace immense,
Déclinant de leur route, ils se sont approchés,
Durs, inégaux, sans peine ils *se sont accrochés.*

L. RACINE, la Religion, II.

Il est aussi, comme *accrocher*, terme de marine :

Ung jour entre les autres ung gros navire d'Angleterre dict la Regente et une nef de la royne de France duchesse de Bretaigne nommée la Cordeliere se trouverent et *s'acrocherent* pour combatre.

Le loyal Serviteur, c. 56.

Comme les deux vaisseaux *se fussent* entrechocquez l'un l'autre de front, et *accrochez* avec des crampons et crochets d'airain, Ariamenes saulta dedans la galere d'Aminias et de Sosiclès.

AMYOT, trad. de Plutarque, Vie de Thémistocle, c. 28.

Ces petits vaisseaux d'autrefois *s'accrochoient* soudain et les soldats combattoient des deux parts ; on mettoit sur une flotte toute une armée de terre.

MONTESQUIEU, Grandeur des Romains, c. 4.

ACCROCHER, comme la plupart des verbes actifs, peut être employé absolument.

En somme les unes (les bestes à cornes) ont les cornes

---

fortes et roides pour assaillir les autres, pour hurter et frapper ; d'autres les ont faites à croc, pour *accrocher.*

DU PINET, trad. de Pline, Hist. nat., XI, 37.

Il en est de même du verbe pronominal s'ACCROCHER.

Madame de Mecklembourg *s'accroche* toujours en bon lien : cette femme-là a du savoir faire.

BUSSY-RABUTIN, Lettres, 21 sept. 1679, à Mme de Scudéry.

(Le prince Camille, un des fils de M. le Grand) trouva moyen, comme on a vu, de *s'accrocher* en Lorraine, d'y avoir la première charge de cette petite cour.

SAINT-SIMON, Mémoires, 1715, t. XIII, c. 28.

ACCROCHÉ, ÉE, participe.

D'ACCROCHER se sont formés RACCROCHER et DÉCROCHER (voyez ces mots).

Au même verbe se rattachent aussi comme dérivés, ou peut-être, quelquefois, comme racines, les substantifs suivants qui ne sont pas tous restés dans l'usage.

ACCROC, s. m. (On ne prononce pas le C.)
Autrefois ACROC (voyez le *Glossaire* de Sainte-Palaye).
Selon quelques lexicographes ACCROC s'est dit au propre de Ce qui accroche.

J'ai rencontré un *accroc* qui a déchiré mon habit.

Dictionnaire de Trévoux, dictionnaire de Féraud, etc.

On ne trouve que des *accrocs* dans ce passage.

Grand vocabulaire.

Il ne se dit plus au propre que de la Déchirure faite par ce qui accroche.

Faire un *accroc* à ses habits.

„DANET, Dictionnaire fr.-lat.

ACCROC, dans la langue de l'ancienne jurisprudence, s'est dit, par figure, comme *accrocher*, en parlant de l'Arrestation d'une personne ou de la saisie de ses biens.

Celui qui fait accrocher ou arrester un autre personne,

I.   75

ou ses biens à tort, comme aussi qui s'opposant à l'*acroc* ou arrest, vient à succomber par sentence, sera en l'amende de trois livres parisis.

Coutume de Bailleul (voir *Nouv. Cout. gén.*, t. I, p. 980, col. 2).

Il a reçu aussi de bonne heure le sens figuré, plus général, de Difficulté, d'obstacle, de retardement, qu'il a conservé dans le langage familier.

.....Il ne manquoit plus rien que de dresser les articles (du traité), que nous devions signer dans deux jours, et qui, j'en suis assuré, pouvoient être écrits en moins d'un. M. d'Arlington les devoit achever de concert avec M. l'ambassadeur; mais depuis ce temps-là nous n'avons eu que des retardements. Le premier *accroc* fut sur les îles de Gorée et de Woorne, que M. l'ambassadeur a accordées depuis.....

LE DUC DE BUCKINGHAM à Louis XIV, 19 novemb. 1670. (Voir *Négociations relatives à la succession d'Espagne*, t. III, p. 247.)

Eh quoi! toujours des *accrocs?* deux heures pour une méchante barbe..... chienne de pratique!

BEAUMARCHAIS, *le Barbier de Séville*, III, 2.

ACCROCHE, s. f.

Il s'est dit au propre et au figuré, dans les mêmes sens qu'*accroc.*

Monet le définit au propre : «Croc fiché à la paroy pour y pendre des utensiles. » Il en donne, au sens propre, cet exemple :

Accroches de ronces et épines qui prennent les passans par le manteau.

MONET, *Dictionnaire.*

On lit dans un de nos vieux poëtes :

Armez et de mains et d'*accroches.*

R. BELLEAU, *Poésies*, l'Aymant.

ACCROCHE, au figuré, se disait d'une difficulté survenue dans quelque affaire et de nature à en retarder la conclusion.

Pourvoir à une *accroche* que les négociateurs de la paix de Vervins y avoient laissée nonchalamment.

SULLY, *Œconomies royales*, t. IX, épître liminaire.

Juges, où seront lors vos fuittes, vos *acroches*, Vos exoines (empêchements), délaiz, de chicane les tours?

AGR. D'AUBIGNÉ, *Tragiques* ; Chambre dorée, III.

Danet, en 1685, semblait renvoyer ce mot à l'usage exclusif du palais.

L'Académie française lui a maintenu une place dans son dictionnaire jusqu'en 1762. Depuis il en a disparu.

On y lit encore ANICROCHE, autrefois HANICROCHE, qui s'en est formé (voyez ce mot).

ACCROCHEMENT, s. m.

Autrefois ACCROCHEMENT (voyez le *Glossaire* de Sainte-Palaye et celui de Du Cange au mot *abettum.*)

ACCROCHEMENT est un mot très-peu usité, qui exprime l'Action d'accrocher ou de s'accrocher, soit au propre, soit au figuré;

Au propre :

Je prends par supposition un microscope suffisant et je regarde un de vos atômes : je vois un grand quartier de rocher crochu, de la danse et de l'*accrochement* de pareils quartiers j'attends de voir résulter la pensée.

J.-J. ROUSSEAU, *Lettres*, 15 janvier 1769.

Les petits corps culbutans de travers, Par leur descente en biais vagabonde, Heurtez ensemble ont composé le monde, S'entr'accrochans d'*accrochements* divers.

RONSARD, *Amours*, I, 37.

Au figuré :

Accrochement de procès.

Rob. ESTIENNE, *Dictionnaire fr.-lat.*, 1549.

Je connois, dit la marquise, un homme de qualité qui dit qu'il est frère du mari de la sœur de la femme du prince de..... Il est aisé, dit le duc, avec de pareils *accrochements*, de se faire parent de qui l'on veut.

DE CALLIÈRE, *Du bon et du mauvais usage*, etc., Convers. Iʳᵉ.

ACCROCHEUR, s. m.

C'est de tous les mots de cette famille le plus inusité.

Monet, qui l'a recueilli, l'a traduit par *morator*, dans cette locution : *accrocheur de procès.*

ACCROIRE, v. a. (du simple *Croire*, ou par *accredere*, bas-latin, du latin *credere*).

Autrefois ACROIRE (voyez le *Glossaire* de Sainte-Palaye).

ACCROIRE a été primitivement employé comme *croire*, tantôt en parlant d'une chose que l'on accepte pour véritable :

Tout le meilleur et le plus fort veulz *acroire*. — Croyez donc, dist la dame.

Perceforest, vol. IV, c. 48.

Tantôt en parlant d'une personne en qui l'on se fie, d'un prisonnier, par exemple, que l'on relâche sur parole.

Il m'a prié que je le veulsisse *acroire* jusques à trois semaines et je l'*ai acreu*.

FROISSART, *Chroniques* (cité par Sainte-Palaye.)

Par une extension naturelle, comme, en latin, *credere*, et, dans la basse latinité, *accredere*, il a signifié Croire à la parole d'un emprunteur, lui prêter, ou, ce qui revient au même, Croire à la parole d'un acheteur, lui vendre à crédit.

On a dit, en ce sens, *accroire* une chose.

Fol est qui tel gage *acroît*.

Fabl. mss. du Roi, n° 7218, fol. 203, v°, col. 2 (cité par Sainte-Palaye).

Ou, absolument *accroire*.

.........Il faict mal d'*accroire*,
Ce sçavez-vous bien, à l'estraine.

Farce de Pathelin.

CROIRE est employé de même pour Donner à crédit, dans cet autre passage du même ouvrage :

Or, sire, les voulez-vous *croire* (les aunes de drap)?

Farce de Pathelin.

ACCROIRE n'avait pas encore perdu au XVIᵉ siècle, cette signification.

Accroire quelque argent, *credere pecuniam.*

Rob. ESTIENNE, *Dictionnaire fr.-lat.*, 1539 et 1549.
NICOT, *Thresor de la langue françoise*, 1606.

ACCROIRE exprimait, non-seulement la confiance du prêteur à l'égard de l'emprunteur, mais, par un usage inverse, celle de l'emprunteur à l'égard du prêteur. Il s'employait assez fréquemment, dans le sens d'Emprunter, d'avoir du crédit.

.....le dete que mes pères et me mère *acrurent*.

BEAUMANOIR, *Coutumes du Beauvoisis*, X, 15.

Adoncques fist le conte de Bouquignen assavoir par la cité de Vennes que se ses gens avoient riens *acreu*, quon se tirast avant et ilz seroient paiez.

FROISSART, *Chroniques*, liv. II, c. 83.

Acrois partout sans rien payer.

Jean BRUYANT, *Chemin de povreté et de richesse* dans le *Ménagier de Paris*, t. II, p. 25.

Qui *acroit* et ne rent,
L'ame fait paiement.

Marc et Salem, poëme manuscrit (cité par Sainte-Palaye).

Car qui bien poie (paye) bien *acroît;*
Et de legier pas l'en ne croît
Celui qui pramet (promet) et ne sot (solde, paye).

GODEFROY DE PARIS, *Chron. métrique*, v. 1084.

Les armes prent, et d'ung hardy courage
Passe les monts pour venger cest oultrage ;
Cent ans d'*acru* à une heure se paye.

J. MAROT, *Le voyage de Venise*, l'Autheur.

Précédé du verbe *faire*, ACCROIRE a formé de bonne heure la seule locution dans laquelle depuis longtemps ce verbe soit admis.

Il paraîtrait que cette locution s'est formée également au moyen des deux mots *à croire*, que l'on a dit *faire à croire*, comme on disait *faire à savoir*. *Faire à croire* condamné par Vaugelas, se lit non-seulement dans des auteurs qui l'ont précédé, mais dans d'autres qui l'ont suivi.

Cela doit *faire à croire* qu'il y a autresfois eu des eaux en ce lieu là.

G. BOUCHET, *Serées*, liv. I, 6ᵉ serée.

Numa leur *faisoit à croire* qu'il avoit veu quelques visions estranges.

AMYOT, trad. de Plutarque, *Vie de Numa*, c. 13.

On *faisoit à croire* à quelque povre saint, qui n'y pensoit en nul mal, qu'il avoit eu demie-douzaine de têtes...

H. ESTIENNE, *Apologie pour Hérodote*, part. II, c. 38.

75.

S'il m'étoit permis de faire des observations sur les personnes de ces deux grands hommes (Homère et Virgile), avant que d'en faire sur leurs poëmes, je dirois, Monseigneur, que ce sont de fort honnêtes gens qui ne *s'en faisoient* pas *à croire*.

LE P. RAPIN, *la Comparaison d'Homère et de Virgile*, dédicace.

Les exemples de *faire accroire*, qui veut dire Persuader ce qui n'est pas, remontent très-haut.

Sire il me *fist accroire* menzonge, mais vignet la veriteiz et cele me déliverrat.

SAINT-BERNARD, *Sermons françois*, à la suite des *Quatre livres des Rois*, p. 524.

Il leur disoit qu'ils n'eussent point de paour, et qu'ils ne craignissent point qu'on leur feist aucun mal ; mais il feignoit et leur *faisoit* malicieusement *accroire* cela, pour faire demourer les plus apparents et les plus affectionnez au party populaire.

AMYOT, trad. de Plutarque, *Vie de Lysandre*, c. 4.

Une chose des plus embarrassantes..... est d'éviter le mensonge, et surtout quand on voudroit bien *faire accroire* une chose fausse.

PASCAL, *Provinciales*, IX.

Et lor *fait* tel mençonge *acroire*
Dont il n'y a parole voire (vraie).

Fabl. et Cont. anc., Méon, IV, 289.

Pourquoi me feist l'on *accroire*
La chose, s'elle ne fust pas voire ?

Roman de la Rose, v. 12472.

Un fat
Avoueroit que la cour fait de lui quelque état,
Et passant du mensonge à la sottise extrême,
En le *faisant accroire*, il le croiroit lui-même.

PIRON, *la Métromanie*, IV, 3.

Faire accroire que est aussi d'un usage très-ancien et très-fréquent.

Le temps auquel la lune entre dedans l'ombre de la terre (pendant les éclipses), abusoit les femmes du païs, en leur *faisant accroire que* c'estoit elle qui ostoit la lune du ciel.

AMYOT, trad. de Plutarque, *OEuvres morales*. Les préceptes du mariage.

Ceux-cy nous *font accroire qu*'ils en ont (de leurs imperfections et vices) grande desplaisance et remors au

dedans, mais d'amendement et correction, uy d'interruption, ils ne nous en font rien apparoir.

MONTAIGNE, *Essais*, III, 2.

Il luy ordonna, de maintenir la forme et l'apparence de tout le corps de l'armée, et de faire allumer quantité de feux, afin de *faire accroire* aux barbares, *que le roi y* estoit en personne.

VAUGELAS, trad. de *Quinte-Curce*, V, 4.

Deux ou trois bons succès, qui viennent de la pure libéralité de Dieu, leur donnent bonne opinion d'eux mêmes et leur *font accroire qu*'ils ont fait le bien qu'ils ont reçu.

BALZAC, *Aristippe*, disc. II.

Vous croyez *faire accroire* à une infinité de gens *que* ces points ne sont pas essentiels à la foi.

PASCAL, *Provinciales*, VII.

Il leur pardonne aisément d'avoir peu d'esprit, pourvu qu'ils ne veuillent pas lui *faire accroire qu*'ils en ont beaucoup.

FLÉCHIER, son *portrait* par lui-même.

........Surprendre l'approbation du monde en lui *faisant accroire qu*'ils ont déjà celle de Dieu.

LE MÊME, *Oraison funèbre de M. de Lamoignon.*

Oui, il a voulu nous *faire accroire qu*'il étoit dans la maison et *que* nous étions dehors.

MOLIÈRE, *George Dandin*, III, 12.

J'ai cru, madame..... qu'en vous *faisant accroire que*..... je croyois être veuf..... vous croiriez que..... je n'aurois point de femme.

LE SAGE, *Turcaret*, V, 10.

Ainsi faire honneur, honorer, signifient *faire accroire* à un homme *qu*'il est quelque chose, *qu*'on le distingue.

VOLTAIRE, *Dictionnaire philosophique*, art. Honneur.

Toutesfoys, Lyon, si les ames
Ne s'en vont plus en purgatoire,
On ne me sçauroit *faire accroire*
Que le pape y gaigne beaucoup.

Cl. MAROT, *Épîtres*, II, 9.

On lui *faisait accroire*
Qu'il avait des talents, des vertus, de la gloire.

VOLTAIRE, *Contes en vers*, Éducation d'un prince.

On trouve dans le passage suivant, *faire accroire de*.

Vous *faites accroire de* tirer de l'avantage de mon amitié quoique vous n'en ayez que de la charge.

BALZAC, *Lettres*, IV, 23.

Vaugelas (*Remarques sur la langue françoise*) distingue *faire accroire* de *faire croire*, le premier se disant, selon lui, des choses fausses, et le second des choses vraies : pour quelques-uns qui ont marqué sous une autre forme à peu près la même différence entre les deux locutions, *faire accroire* suppose toujours une intention de tromper que n'implique pas, dans tous les cas, *faire croire*. Ce qu'il peut y avoir de fondé dans ces distinctions, ressort par le rapprochement des deux exemples suivants :

Nous *ferez*-vous *accroire que* ce soit la vérité.

En montrant la vérité on la *fait croire*.

PASCAL. Voyez *Études sur Pascal*, 5ᵉ édit., 1857, p. 261, 273, 544.

Se faire accroire pour Se persuader à soi-même une chose, en avoir la conviction, était au xvıᵉ siècle, et même au commencement du xvııᵉ siècle, une locution fort usitée.

Elle se construisait de diverses sortes ;
1° Avec un infinitif, soit directement :

Meurissant mes conceptions, avec l'aage, je me mis à rechercher les anciennetez de nostre France, en quoy je *me fais accroire* avoir faict quelque avancement, puisque vous-mesmes en avez porté tesmoignage pour moy.

Est. PASQUIER, *Lettres*, VIII, 1, à P. Pithou.

Soit au moyen de la préposition *de*, comme dans la locution rappelée plus haut *faire accroire de*.

Soudain que les jeunes gens estoient frottés à sa robe (de Ronsard), ils *se faisoient accroire d*'estre devenus poëtes.

Est. PASQUIER, *Recherches de la France*, VII, 7.

Lesquelles (les âmes), par une tentation contraire, *se font accroire d*'être purgées de leurs imperfections.

S. FRANÇOIS DE SALES, *Introd. à la vie dévote*, partie I, c. 5.

2° Plus ordinairement, avec la conjonction *que* :

Les uns font *accroire* au monde *qu'*ils croyent ce qu'ils ne croyent pas : les autres, en plus grand nombre, *se le font accroire* à eux-mêmes, ne sachant pénétrer ce que c'est que croire.

Thrasylaus..... qui *se faisoit accroire que* tous les navires qui relaschoient du port de Pyrée et y abordoient, ne travailloient que pour son service.

MONTAIGNE, *Essais*, II, 12.

Chacun *se fait accroire que* la langue vulgaire de son temps est la plus parfaite, et chacun est en cecy trompé.

Est. PASQUIER, *Recherches de la France*, VIII, 3.

On voit par le passage suivant qu'au commencement du xvııᵉ siècle, Vaugelas avait à défendre cette locution et le verbe ACCROIRE lui-même.

Un de nos plus célèbres auteurs croyoit qu'*accroire* étoit un barbarisme et qu'il falloit toujours dire croire ; il dit, par exemple, en un certain lieu, *qui est content de sa suffisance et se veut faire croire qu'il est habile homme*. Qui doute qu'il ne faille dire en cet endroit, *se veut faire accroire ?*

VAUGELAS, *Remarques sur la langue françoise*, 251.

On voit, par l'exemple suivant, qu'on a dit, au même sens, *se faire croire* :

(L'homme) est ici-bas logé au dernier et pire estage de ce monde....., et *se faict croire* qu'il est le maistre commandant à tout.

CHARRON, *De la Sagesse*, I, 42.

La locution *faire accroire de* a conduit à une autre des plus usitées, *en faire accroire*, c'est-à-dire En imposer ;
soit construite avec la préposition *à* :

Ce n'est pas vous, Monseigneur, à qui on peut *en faire accroire*, vous savez le juste prix des choses, et voyez dans les arts des secrets qui ne sont connus que des artistes.

BALZAC, *Lettres*, VI, 6.

Je sçay tout, ne pense pas *m'en faire accroire*.

PERROT D'ABLANCOURT, trad. de Lucien, *Dialogues*, Junon et Jupiter.

Écoutons ce qu'il veut dire, il ne *m'en fera* plus si aisément *accroire*.

DANCOURT, *le Chevalier à la mode*, IV, 2.

Cela est bon, lui répondis-je ; mais je crains que la femme de chambre à qui tu viens de parler, ne *t'en ait fait accroire.* — Non, non, répliqua-t-il, ce n'est point à moi qu'on en donne à garder.

Le Sage, Gil Blas, VIII, 10.

Peuples, combien on *vous en fait accroire* en faisant si souvent intervenir les puissances, pour autoriser le mal qu'elles ignorent et qu'on veut faire en leur nom.

J.-J. Rousseau, Lettres écrites de la Montagne.

Quittons ce fol espoir par qui la vanité
Nous en fait tant *accroire.*

Racan, Ode à Bussy.

Quel seroit notre but de *vous en faire accroire.*

Molière, le Dépit amoureux, III, 8.

Ces prudes-là *nous en font* bien *accroire.*

La Fontaine, Contes, V, 7.

Vous distinguez le faux et le vrai d'une histoire
Et l'on seroit bien fin de *vous en faire accroire.*

Destouches, le Curieux impertinent, IV, 6.

Et toutes se liguant pour *nous en faire accroire,*
S'entendent contre nous comme larrons en foire.

Voltaire, la Femme qui a raison, II, 6.

Soit, ce qui est moins ordinaire, employée absolument.

Cela sent le vieillard qui pour *en faire accroire*
Cache ses cheveux blancs d'une perruque noire.

Molière, l'École des maris, I, 1.

De cette locution s'en est formée une autre, qui n'est pas d'un moindre usage, *s'en faire accroire.*

On a employé primitivement *s'en faire accroire* dans un sens favorable pour Acquérir de l'autorité, du crédit sur l'esprit des autres, emporter leur assentiment, commander leur obéissance.

Enfin il (D. Carlos) estoit un terrible masle ; et s'il eust vescu, assurez-vous qu'il *s'en fust faict acroire,* et qu'il eust mis le pere en curatelle.

Brantôme, Vies des capitaines estrangers, Disc. XLI, art. 11

Quelle brave reine (Catherine de Médicis), et de quelle audace elle *s'en faisoit accroire.*

Le Roy *s'en faisoit* estrangement bien *accroire* sur l'observation de ses lois.

Le même, même ouvrage ; Sur les duels.

A la fin le Roy *s'en fit accroire,* ayant M. de Guyse et M. le Maréchal de Saint-André de son costé.

Montluc, Commentaires, III.

Les fiefs estants ainsy perpétués aux familles des vassaux, ils se voulurent donner permission de les vendre : chose qui leur fust prohibée..... toutefois, non obstant toutes ces prohibitions, les vassaux *s'en firent accroire.....*

Est. Pasquier, l'Interprétation des Institutes de Justinian, III, 51.

Les grandes villes *s'en* voulant *faire accroire,* tascherent à se mettre dans un libertinage absolu.

Sully, OEconomies royales, t. I, c. 57.

On a dit au même sens *s'en faire croire :*

M. le cardinal de Tournon, vieux routier en affaires d'estat, ne pouvoit nullement gouster ce desseing (du colloque de Poissy)..... toutes fois M. le cardinal de Lorraine, que l'on avoit esleu pour porter la parole, *s'en fait croire.*

Est. Pasquier, Lettres, IV, 11.

Depuis, *s'en faire accroire,* toujours pris en mauvaise part, n'a plus voulu dire que Penser avantageusement de soi, se faire, et chercher à faire aux autres, illusion sur son mérite, sa fortune, son crédit, son autorité, etc.

Les Athéniens employent quelquefois leur finesse à *s'en faire accroire* et à se tromper eux-mêmes.

Balzac, Aristippe, Disc. III.

Avec cela point faux (l'abbé Pucelle), bon homme, et bonne tête pour tout, et ne *s'en faisant accroire* sur rien.

Saint-Simon, Mémoires, 1715, t. XIII, c. 16.

Pour un versificateur qui ne doit sa réputation qu'à de faux brillants, dit l'auteur comique, *vous vous en faites* bien *accroire.*

Le Sage, le Diable boiteux, c. 14.

Comment ne pas un peu *s'en faire accroire,* en recevant les mêmes honneurs que les Voltaire, les Montesquieu et tous les hommes illustres du siècle.

J.-J. Rousseau, Lettres, 21 juillet 1753.

Ci gist Jean de Laguy qui *s'en fit* trop *accroire.*

Satyre Ménippée, Nouvelles des régions de la lune, c. 10.

Comme gens entendus, *s'en* veulent *faire accroire*.
Régnier, *Satires*, II.

Un homme un peu content et qui *s'en fait accroire*,
Se voyant méprisé, rabat bien de sa gloire.
P. Corneille, *la Suite du Menteur*, IV, 1.

Elle *s'en fait accroire* et prend des airs trop hauts.
Boursault, *les Mots à la mode*, sc. 1.

Ennemis de Bacchus, rentrez dans le devoir,
    Vos esprits *s'en font trop accroire* ;
Allez, vieux fous, allez apprendre à boire.
Boileau, *Chanson à boire*.

    Alors que le chef est absent,
    Maître valet *s'en fait accroire*.
Voltaire, *les Deux tonneaux*, I, 1.

Du verbe ACCROIRE était venu son contraire DES-CROIRE, que donne encore, en 1718, le dictionnaire de l'Académie, avec cette remarque qu'il n'est d'usage qu'en l'opposant au mot *croire*.

Je ne *le croy* ni ne *le descroy*.
Dictionnaire de l'Académie, 1694, 1718.

ACCROITRE, v. a. (du simple *Croître*, d'*accrescere, crescere*, lat.).

Autrefois ACCROISTRE, ACROITRE, ACRESTRE, etc. (voyez les exemples ci-après.)

A la différence de *croître*, verbe neutre, quelquefois pris dans un sens actif, ACCROITRE est un verbe actif, pris quelquefois dans un sens neutre.

Considéré comme verbe actif, il signifie Rendre plus grand, plus considérable, augmenter, se dit, soit proprement, au sens physique, soit, figurément, au sens moral, de tout ce qui reçoit une augmentation en volume, en étendue, en quantité, en qualité.

Il a, en conséquence, pour régimes ;

Premièrement, des noms de choses :

Accroistre et amenuisier le (claim) puet jusqu'au respons.
(Il peut ajouter à sa plainte ou en retrancher, jusqu'à ce qu'on y ait répondu.)
Le Conseil de Pierre de Fontaines, c. XII, § 8.

Jamais on ne feit assemblée générale des Trois Estats,

en cette France, sans *accroistre* les finances de nos Roys, à la diminution de celles du peuple.

Quant à celuy (au siége épiscopal) de Constantinople, encores qu'il y ait eu quelques prelats gens de bien, si est-ce que la pluspart donnoit ordre d'*accroistre* ce siege plus par brigues et ambition qu'autrement.
Est. Pasquier, *Recherches de la France*, II, 7 ; III, 2.

Un Roy acquiert beaucoup d'honneur, quand il *acroist* son Royaume.
La Noue, *Discours politiques et militaires;* Disc. Ier.

Il voulut aussi *accroistre* l'ordre des chevaliers, et aux trois cens qui estoient desja, en adjouster trois cens autres.
Coeffeteau, *Histoire romaine de L. Florus*, I, 5.

Pourquoi, dit un riche, ne me sera-t-il pas permis d'*accroître* mon fonds ?
Bourdaloue, *Carême.* Sermon sur les richesses.

Surpris lorsqu'ils s'y attendoient le moins, et qu'ils méditoient peut-être de nouveaux moyens d'*accroître* leurs richesses immenses.....
Massillon, *Paraphrases.* Ps. IX.

Le maréchal de Villeroy mena promener le roi chez mademoiselle de Chausseraye, qui s'étoit fait donner, puis fort ajuster et *accroître* une petite maison au bois de Boulogne.
Saint-Simon, *Mémoires*, 1716, t. XIV, c. 11.

Secondement, des noms abstraits :

E les humes le (hommes du) rei sunt venuz devant le rei David, si li unt dit : Deu *acreissed* (puisse-t-il accroître) le num (nom de) Salemun sur le tuen, e magnefied sun trône sur le tuen.
Les quatre Livres des Rois, III, 1, 47.

Messire Henri de Flandres, en sa nouvelle chevalerie, pour son corps avancer, et son honneur *accroistre*, se mist ung jour en la compagnie et cueillette de plusieurs chevaliers.

Pour vostre grâce *accroistre* et que vous ayez mieulx pour vous estoffer à suivre les armes, je vous retiens à tousjours mais pour mon chevalier.
Froissart, *Chroniques*, liv. I, part. I, c. 86 ; part. II, c. 46.

Car le temps qui toutes choses corrode et diminue augmente et *accroit* les bienfaits (la valeur et les bons résultats d'un bienfait).
Rabelais, *Gargantua*, I, 50.

Les habitants de la ville de Pyle luy decernerent en leur conseil de tres-grands honneurs ; il leur descripvit que le temps avoit accoustumé *d'accroistre* les honneurs moderez, et deffacer les immoderez.

> Amyot, trad. de Plutarque, *OEuvres morales*.. Les Dicts notables des Lacedæmoniens.

Tel cuide vanger sa honte qui l'*accroist*.

> Cotgrave, *Dictionnaire*.

Les richesses ne font qu'*accroître* la soif.

> Vaugelas, trad. de Quinte-Curce, VII, 8.

Comme on vist que cet esprit (André Doria) prenoit feu au lieu de cacher ses dégoûts sous une modération apparente, ses ennemis n'oublièrent rien pour les *accroistre*.

> Le Cardinal de Retz, *Conjuration de Fiesque*.

La dernière heure n'en sera pas moins insupportable, et l'habitude de vivre ne fera qu'en *accroître* le désir.

> Bossuet, *Oraison funèbre de Michel le Tellier*.

Ils n'oublient rien pour *accroître* leur servitude.

> La Bruyère, *Caractères*, c. 12.

(Carthage) *accrut* sa puissance par ses richesses, et ensuite ses richesses par sa puissance.

> Montesquieu, *Esprit des lois*, XXI, 2.

Ce désert semblait, pour ainsi dire, *accroître* et prolonger la surface aplanie des flots.

> Chateaubriand, *Itin. de Paris à Jérusalem*, voyage d'Égypte.

Et secorons li riche roi Thieri,
Jouvencel sommes, *acroissons* nostre pris.

> *Garin le Loherain*, t. I, p. 79.

Or est ainsi que Mars Dieu tres-puissant
Plus que jamais va son nom *acroissant*
De bruit et loz.

> J. Marot, *le Voyage de Venise*, Oraison de paix.

Que nous sert l'estudier,
Sinon de nous ennuyer
Et soing dessus soing *accrestre*,

> Ronsard, *Odes*, II, 18.

Alléguez la beauté, la vertu, la jeunesse,
La mort ravit tout sans pudeur :
Un jour le monde entier *accroîtra* sa richesse.

> La Fontaine, *Fables*, VIII, 1.

Si tous ces vains conseils, loin de le réprimer
Ne font qu'*accroître* en lui la fureur de rimer.

> Boileau, *Satires*, VIII.

Leur repentir *accroît* leur zèle, et mon espoir.

> La Fosse, *Manlius*, I, 1.

Vois ce mortel avide accumuler son or,
Sans *accroître* ses biens, il accroît son trésor.

> Delille, *l'Imagination*, VI.

Le régime direct d'ACCROITRE peut enfin être un nom de personne.

Dieu veuille t'*accroistre* et bien ortuner ceste vertu qui reluist en toy.

> Rob. Estienne, *Dictionnaire fr.-lat.*

Monseigneur, je tiens à grand' faveur et honneur l'advis qu'il vous a pleu me donner du petit fils qui vous est nay, et m'en conjouïs avec vous de tout mon cœur, priant Dieu qu'il l'*accroisse*, et le bénisse de toutes sortes de benedictions.

> Le cardinal d'Ossat, *Lettres*, liv. IV, lettre 158.

Voyons si, quand chacun se resoudroit de se perdre pour *accroistre* le roy d'Espagne, il y a moyen de conserver le général de l'Estat et la religion.

> Du Vair, *Actions et Traités oratoires*.

Très bien li dois sa terre maintenir
Et lui *acroistre*, esaucier et norrir.

> *Garin le Loherain*, t. I, p. 157.

Qui trop s'abaisse on dit que Dieu l'*acroult*.

> J. Molinet, *Poésies*, l'A B C sauvaige.

Quelquefois ACCROITRE, outre son régime direct, a un régime indirect qui fait connaître la chose ou la personne en qui a lieu l'augmentation.

Tu me dunas escud de salud, e ço que jo sui paisible *me ad acréud* e multeplied.

> *Les quatre Livres des Rois*, II, XXII, 36.

Selon vraye discipline militaire, jamais ne fault mettre son ennemy en lieu de desespoir, parce que telle nécessité *luy* multiplie sa force et *accroist* le courage, qui jà estoit deject et failly.

> Rabelais, *Gargantua*, I, 43.

Je prevois que tout ce que je vous en dis ne sera que *vous accroistre* le regret que vous aurés de ne vous pouvoir trouver en cette occasion.

> Henri IV, *Lettres*, 22 septembre 1589 (Voir *Lettres missives de Henri IV*, t. III, p. 43).

La prosperité recente *luy* peut aussi *avoir* haussé le cœur, et *accreu* les esperances avec la reputation et authorité.

> Le cardinal d'Ossat, *Lettres*, liv. IV, lettre 121.

Ils croyent les ames de leurs martyrs immortelles, et ont le même sentiment de ceux qui meurent dans le combat; ce qui leur fait mépriser la mort, et *leur accroist* le desir d'engendrer.

Perrot d'Ablancourt, trad. de Tacite, Histoires, V, 1.

ACCROITRE, quel que soit son régime, est souvent lié, par certaines prépositions, avec des mots qui expriment la nature de l'augmentation ;

Par la préposition *par* :

Ce n'est pas pour *accroître* la pompe du deuil *par* des plaintes étudiées.

Bossuet, Oraison funèbre de Mme de Monterby.

Amurat II était un de ces princes turcs qui contribuèrent à la grandeur ottomane; mais il était très-détrompé du faste de cette grandeur qu'il *accroissait par* ses armes; il n'avait d'autre but que la retraite.

Voltaire, Essai sur les mœurs, c. 89.

Par la préposition *en* :

.... Les sainctes doctrines
Leues avoit d'Aristote son maistre,
Qui pour l'instruire, et *en* vertuz *accroistre*
Par grand désir nuict et jour travailloit.

Cl. Marot. Jugement de Minos.

Sire, votre bonté s'est toujours fait cognoistre
A vouloir *en* honneurs et *en* biens nous *accroistre*.

Rob. Garnier, Bradamante, V, 6.

Par la préposition *de* :

Nous avons *accreu* notre langue *de* plusieurs dictions tirées de nous mesmes, comme, pour exemple, de chemin nos predecesseurs firent acheminer.

Est. Pasquier, Recherches de la France, VIII, 3.

Tu n'as peu supporter ton roy si débonnaire, si facile, si familier, qui s'estoit rendu comme concitoyen et bourgeois de ta ville, qu'il a enrichie, qu'il *a* embellie *de* sompteux bastiments, *accreue de* forts et superbes remparts.

Satyre Ménippée, Harangue de M. D'Aubray.

Je ne saurois *accroistre* mon livre *de* tant de raisons, répétées tant de fois et desguisées de tant de couleurs.

Agr. d'Aubigné, Histoire universelle, t. I, liv. IV, c. 7.

Rison *accroit* son bien *d'*usure et *d'*intérêts.

Regnier, Satires, XV.

I.

A ce dernier tour se rapportent des locutions qui servent à marquer dans quelle mesure se fait l'augmentation.

Accroistre de la moitié.
Accroistre d'ung an le labeur.

Rob. Estienne, Dictionnaire fr.-lat.

.......Guillaume Budé..... par tous moyens s'efforçoit d'entretenir le roy en sa bonne délibération, voire la luy *accroistre de plus en plus*.

H. Estienne, Apologie pour Hérodote, part. II, c. 30.

Accroitre d'un an l'exercice de l'office.

Nicot, Thresor de la langue franç.

Cela est incompréhensible que V. A. trouve moyen tous les estez *d'accroistre de* quelque chose cette gloire à laquelle, tous les hyvers précédens, il sembloit qu'il n'eust rien à adjouster.

Voiture, Lettres, CLXXXII, au duc d'Enghien.

Ce trait de son esprit et de son amitié
Accroit pour elle encor mon amour *de moitié*.

Molière, l'École des maris, II, 8.

On a dit au passif, *être accru*, mais cette forme, sans avoir disparu, a vieilli et est peu usitée.

Bien sçay qu'il *avoit esté* nourry et *accreu*, et mis en grand estat par le duc Charles.

Commynes, Mémoires, V, 20.

Quand les semences *furent accrues*, il trouva que le bled estoit espois, vert et gaillard sans comparaison plus qu'en nulle autre partie du champ.

Bernard Palissy, De la marne.

Comme lors, en sa petitesse, on n'en descouvre pas le danger, quand il *est accreu*, on n'en descouvre plus le remède.

Montaigne, Essais, III, 10.

La doute que j'avois euë tousjours auparavant m'*estoit* de nouveau *accrue*.

Le cardinal d'Ossat, Lettres, liv. III, lettre 90.

La corruption des mœurs, qui peut se maintenir jusqu'à un certain point malgré l'instruction, *étoit* infiniment favorisée et *accrue par* l'ignorance.

Fontenelle, Éloge du czar Pierre.

Mais aussi les revenus du roi, c'est-à-dire de l'état

sont accrus depuis, et l'intelligence des finances s'est perfectionnée.

VOLTAIRE, Siècle de Louis XIV, c. 3o.

La beauté de l'infante *étoit* beaucoup *accrue.*

LA FONTAINE, Contes, II, 14.

On emploie plutôt, dans le même sens, le verbe pronominal s'ACCROITRE, lequel, tantôt employé absolument, tantôt construit avec un régime indirect au moyen des prépositions *par, en* et *de,* reçoit pour sujets les régimes attribués précédemment à *accroître;*

Premièrement des noms de chose :

L'université de Paris ne prit tout d'un trait sa fondation ny grandeur, ains *s'accreut* petit à petit *par* divers moyens.

EST. PASQUIER, Recherches de la France, IX, 14.

Ils (les concombres) désirent fort l'eau, sans laquelle ne peuvent vivre : aussi moyennant ce fréquent arrosement, avec merveille *s'accroissent-*ils de jour à autre.

Olivier DE SERRES, Théâtre d'Agriculture, VI, 9.

Ce peuple choisi *s'est accru par* les pertes et par les défaites.

BALZAC, Socrate chrestien, disc. III.

La France *s'accroissoit en* honneur et se regloit par bonne police et le sage gouvernement des Estats.

MEZERAY, Histoire de France. Pépin, ann. 752.

Ils (les empereurs) se vantoient à tort d'avoir détruit une religion qui *s'accroissoit* sous le fer et dans le feu.

BOSSUET, Discours sur l'histoire universelle, II, 26.

La ville d'Orembourg est devenue le refuge des Persans et de leurs fortunes, et *s'est accrue de* leurs calamités.

VOLTAIRE, Histoire de Pierre le Grand, Iᵉ part., c. 1.

Leur source (des passions) est naturelle, il est vrai, mais mille ruisseaux étrangers l'ont grossie ; c'est un grand fleuve qui *s'accroit* sans cesse, et dans lequel on trouveroit à peine quelques gouttes de ses premières eaux.

J.-J. ROUSSEAU, Émile, IV.

Comme on voit que la mer, quand l'orage *s'accroit,*
Vient à se courroucer.

MOLIÈRE, le Dépit amoureux, IV, 2.

Mes ans *se sont accrus,* mes honneurs sont détruits.

J. RACINE, Mithridate, III, 5.

Là sous des chênes vieux, où leurs chiffres gravés
Se sont avec les troncs *accrus* et conservés.

LA FONTAINE, Adonis.

Secondement des noms abstraits :

Ce commencement de désunion (entre le roi de Navarre et Biron, lieutenant du roi en Guyenne) *s'*allant toujours *accroissant.*

MARGUERITE DE VALOIS, Mémoires, ann. 158o.

La haine *s'accroist,* à mesure que le mérite s'élève.

LE CARDINAL DE RETZ, Conjuration de Fiesque.

C'est ainsi que *s'est* formé et *accru* en France le rang des princes étrangers, par entreprises, par conjonctures, pièce à pièce, ainsi que je l'ai déjà fait remarquer.

SAINT-SIMON, Mémoires, 1698, t. II, c. 16.

Vous remarquerez que dans ces guerres civiles qui durèrent si longtemps, la puissance de Rome *s'accrut* sans cesse au dehors.

MONTESQUIEU, Grandeur des Romains, c. 11.

Qui va là ? Hé ! ma peur à chaque pas *s'accroît.*

MOLIÈRE, Amphitryon, I, 1.

Je sais que ton état, encore en sa naissance,
Ne sauroit sans la guerre affermir sa puissance,
Je sais qu'il doit *s'accroître* et que tes grands destins
Ne le borneront pas chez les peuples latins.

P. CORNEILLE, Horace, I, 1.

Cet amour *s'est* longtemps *accru* dans le silence.

J. RACINE, Mithridate, I, 1.

En troisième lieu, des noms de personne :

Naturellement la plupart des gens ont l'œil à *s'accroistre* ou à se saulver, qui ayséement les faict tirer aux plus fors.

COMMYNES, Mémoires, I, 9.

Dieu qui est en soy toute plénitude, et le comble de toute perfection, il ne peut *s'*augmenter et *accroistre* au dedans ; mais son nom se peut augmenter et accroistre par la bénédiction et louange que nous donnons à ses ouvrages extérieurs.

MONTAIGNE, Essais, II, 16.

De là en avant les Papes commencèrent de *s'accroistre* dedans ce royaume *en* prérogative et grandeur d'une autre façon qu'au paravant.

Les Bourguignons commencèrent à *s'accroistre en* grandeur sur le temps de Gratian.

EST. PASQUIER, Recherches de la France, II, 1 ; III, 11.

En quelque estat que la fortune l'eût mis, il (Albert Valstein) songea toujours à *s'accroistre* davantage.

SARASIN, Conspiration de Valstein.

Quelque soin qu'il prenne de s'accroitre et de se multiplier en tant de manières et par tant de titres superbes,
il ne faut qu'une seule mort pour tout abattre et un seul
tombeau pour tout renfermer.

BOSSUET, *Sermons*, Avent; IV.ᵉ dim., sur la Nativité.

Ainsi l'homme, petit en soi et honteux de sa petitesse,
travaille à s'accroitre et se multiplier dans ses titres, dans
ses possessions, dans ses vanités.

LE MÊME, *Sermons*, Carême, IIᵉ semaine, sur l'honneur.

L'homme tâche de s'agrandir et de s'accroître comme
il peut : il pense qu'il s'incorpore tout ce qu'il amasse,
tout ce qu'il acquiert, tout ce qu'il gagne : il s'imagine
croître lui-même avec son train qu'il augmente, avec ses ap-
partements qu'il rehausse, avec son domaine qu'il étend.

BOSSUET, *Sermons*, Dimanche des Rameaux.

Agréable indiscret, qui, conduit par le chant,
Vole de bouche en bouche et s'accroit en marchant

BOILEAU, *Art poétique*, II.

Tenant le bout du fil du moindre procillon,
Un quartier de terrain dans toute une province,
Je m'accrois, je m'étends, j'anticipe, j'évince.

DUFRESNY, *la Réconciliation normande*, III, 8.

ACCROITRE, comme beaucoup d'autres verbes
actifs, on l'a déjà vu, par exemple *abaisser*, *abatardir*, *abîmer*, etc., a été autrefois employé au sens
neutre pour *être accru* ou *s'accroître*, de quelque
nature que fût d'ailleurs le sujet, nom de chose,
nom abstrait, nom de personne.

Rendons grâces à Deu par cuy nostre solaz habondet
et *acrast* en l'exil et en la misère de ceste pérégrination.

S. BERNARD, *Sermons françois*, à la suite des *Quatre livres
des Rois*, p. 546.

La compaignie des seigneurs de France étoit grandement multipliée et *accroissoit* tous les jours.

FROISSART, *Chroniques*, liv. I, p. I, c. 186.

Voilà un tesmoignage comment la mer se diminunt
d'une part, *accroist* d'autre part.

Bernard PALISSY, *Des pierres*.

Ton bien *accroistra* davantaige.

RABELAIS, *Pantagruel*, III, 28.

Si les princes sont touchez de voir le monde bénir la
mémoire de Trajan..... qu'elle *accroisse* hardiment, et
qu'on la nourrisse entre nous le plus qu'on pourra.

MONTAIGNE, *Essais*, II, 16.

Et de rechef : Enfant, puisses-tu *accroistre en* vertu
forte et courageuse, par le moyen de laquelle l'on monte
au ciel.....

Ant. DU VERDIER, *Les diverses leçons*, c. 17.

La licence de mal faire et la témérité des turbulens *accroist* tous les jours pour entreprendre sur vos villes et
places.

HENRI IV, *lettres*, 6 juillet 1578. (Voir *Lettres missives
de Henri IV*, t. I, p. 182.)

L'herbe *accrut* à l'aise par les rues.

MATTHIEU, *Histoire des derniers troubles de France*, V.

La gent nostre seigneur va tousjours *accroissant*,
Et li Turc orguellous forment (beaucoup) amenuisant.

Chanson d'Antioche, ch. VIII, v. 1350.

La puissance chrétienne *accroîtra de moitié*.
Par ce nœud conjugal qui joint notre amitié.

Rob. GARNIER, *Bradamante*, IV, 5.

Mes désirs toutefois *ont accru de moitié*,
Depuis que j'ai connu votre ardente amitié.

MAIRET, *Sophonisbe*, IV, 1.

ACCROITRE, pris dans ce sens neutre, a été quelquefois construit, au moyen de la préposition *à*,
avec un régime indirect, indiquant la chose, ou la
personne au profit de laquelle se fait l'augmentation. Cette locution a dû être abandonnée parcequ'elle se confondait avec une locution analogue
qui s'est conservée.

Peu de gloire me semble *accroistre à* ceulx qui seullement y employent leurs yeulx, au demourant y espar-
gnent leurs forces.

RABELAIS, *Pantagruel*, III, Prologue.

A grand peine s'en trouve t'il un (prince) à qui plaise
l'accroissement de son voisin, si ce n'est que ce qui *accroist
à* l'un tourne a la diminution d'un autre plus grand, duquel on soit encores plus jaloux.

LE CARDINAL D'OSSAT, *Lettres*, liv. III, lettre 117.

La maladie *luy accreut* tellement, qu'on le tint pour
mort ou pour ne devoir plus gueres vivre.

MATTHIEU, *Histoire des derniers troubles de France*, IV.

Une année qu'on aura gagnée sur l'enfance *accroîtra à*
celles qui suivent.

ROLLIN, *Traité des Études*, liv. I, c. I, § 1.

Le courage et la volonté *accroist* de jour à aultre à ceux de nostre party.

HENRI IV, *Lettres*, 30 août 1585. (Voir *Lettres missives de Henri IV*, t. II, p. 127.)

Ici doit trouver sa place la distinction entre *être accru* et *avoir accru : sa fortune était accrue, sa fortune avait accru.* Le premier est la forme passive du verbe; le second se rapporte à sa signification neutre : l'un exprime plutôt l'état de la chose ou de la personne qui s'est accrue, l'autre l'action de s'accroître.

Le verbe neutre ACCROITRE a reçu, en termes de droit, une signification spéciale, il se dit ;

1° De ce qui revient au profit de quelqu'un par la mort ou par l'absence d'une personne ou de toute autre manière.

La part de celui qui renonce à une succession *accroît* à ses cohéritiers.

En toutes les compaignies où il y a bourse commune d'épices, de droits, etc., la part des absens *accroît aux* présens.

FURETIÈRE, *Dictionnaire; Dictionnaire de Trévoux.*

Entre collegataires la portion de l'un *accroît* à l'autre. Parmi les chanoines, la part des absens *accroît aux* présens.

Dictionnaire de l'Académie.

(Colbert) établit..... que s'il se rencontroit quelques jetons qui ne pussent être partagés, ils *accroîtroient* à la distribution de l'assemblée suivante.

Ch. PERRAULT, *Mémoires*, liv. III.

2° Des augmentations légitimes que peut recevoir, par quelque circonstance, une propriété, un état, etc.

Cette portion de terre *est accrue* à son champ, à son héritage, par voie d'alluvion, par atterrissement.

Dictionnaire de l'Académie.

Le participe présent ACCROISSANT a été, à une époque fort ancienne, employé adjectivement, avec le sens de Qui s'élève, qui excelle.

Fu li rois apielés
Carlemainne par tous regnés;

C'est à dire, sire *acroisans*,
Rois et Emperère poisans (puissant).

Ph. MOUSKES, *Chronique*, v. 4384.

Dans la suite on s'en est servi comme d'un titre de prééminence affecté à la dignité impériale.

Willaumes par la grace de Dieu, Rois des Romains et toudis (toujours) *acroissans.*

Philippes, par la grace de Dieu, Empereres de Romanie à touz temps *acroissans.*

Lettres de 1253 et 1265 (citées par Sainte-Palaye).

ACCRU, UE, participe.

On l'emploie adjectivement, sous sa forme absolue, et construit avec les prépositions *par, en, de;*

1° Avec des noms de choses :

On a vu ses biens *accrus* naturellement *par* un si long ministère et par une prévoyante économie.

BOSSUET, *Oraison funèbre de Michel le Tellier.*

Les villes bâties, *accrues* et embellies *par* les Romains subsistaient.

VOLTAIRE, *Essai sur les mœurs*, c. 13.

Athènes *par* mon père *accrue* et protégée.

J. RACINE, *Phèdre*, II, 2.

Plus il le voit *accru* (son trésor), moins il en sait l'usage.

BOILEAU, *Satires*, IV.

2° Avec des noms abstraits :

.....L'hérésie, née dans le concours de tant d'intérêts et d'intrigues, *accrue par* tant de factions et de cabales, fortifiée par tant de guerres et de révoltes.

FLÉCHIER, *Oraison funèbre de Michel le Tellier.*

Voici les historiens de France, où l'on voit d'abord la puissance des Rois se former, mourir deux fois, renaître de même, languir ensuite pendant plusieurs siècles; mais prenant insensiblement des forces, *accrue* de toutes parts, monter à son dernier période.

MONTESQUIEU, *Lettres persanes*, CXXXVI.

3° Avec des noms de personnes.

Recueillis dans leurs ports, *accrus de* leurs soldats,
Nous verrons notre camp grossir à chaque pas

J. RACINE, *Mithridate*, III, 1.

Du verbe ACCROITRE on a tiré un assez grand nombre de substantifs que nous allons passer en revue et dont deux seulement ACCROISSEMENT et ACCRUE sont restés dans l'usage.

ACCROISSEMENT, s. m.

Comme les mots agrandissement, augmentation, par lesquels on le traduit, il exprime, tantôt, au singulier, l'Action de s'accroître, tantôt, au singulier et au pluriel, l'Addition, ou les Additions, que reçoit ce qui est accru. Aussi bien que le verbe dont il est formé, il se dit au propre des choses, et figurément des abstractions et des personnes.

Il est souvent lié par la préposition *de* à des noms qui expriment la chose ou la personne accrue ; ou, si ces noms le précèdent, accompagné, ce qui revient au même, du pronom personnel.

ACCROISSEMENT donc, dans le sens de l'Action de s'accroître, se construit au moyen de la préposition *de* ou du pronom personnel ;

1° Avec des noms de choses et des noms abstraits :

Comme les enfans naissent et croissent en hommes parfaitz, et puis déclinent à vieillesse et à mort, ainsi ont les seigneuries leur commencement et *leur accroissement* et leur déclin.

> Alain CHARTIER, *le Quadriloge.*

Plus ils croissent (les Germains) en auctorité et en grandeur, plus veulent-ils s'augmenter en *accroissement de* pays.

> Est. PASQUIER, *Recherches de la France*, I, 10.

Faire des vœux pour l'*accroissement de* l'empire.

> VAUGELAS, trad. de *Quinte-Curce*, IX, 1.

J'ai un grand respect pour lui (un rhumatisme) ; il a son commencement, *son accroissement*, son période et sa fin.

> Mme DE SÉVIGNÉ, *Lettres*, 2 février 1676.

Pouvons-nous sans ce secours..... porter avec confiance un si grand *accroissement de* notre fardeau.

> BOSSUET, *Oraison funèbre de Michel le Tellier.*

.....Où les pères ont plus soin du salut de leurs héritiers que de l'*accroissement de* leurs héritages....

> FLÉCHIER, *Oraison funèbre de M. de Lamoignon.*

... Tous ensemble procuroient l'*accroissement de* l'État, en s'appliquant à la guerre et à la politique.

> FLEURY, *Du choix des études*, c. 3.

Tout, dans l'ordre des conseils éternels, doit coopérer à la formation et à l'*accroissement de* cette sainte Jérusalem.

> MASSILLON, *Petit Carême*, IIe dim.

On fut étonné de cette force majestueuse dont il (Bossuet) décrit les mœurs, le gouvernement, l'*accroissement* et la chute *des* grands empires.

> VOLTAIRE, *Siècle de Louis XIV*, c. 32.

Nous avons vu que dans l'homme... la durée de la vie est toujours proportionnelle au temps employé à l'*accroissement du* corps.

> BUFFON, *Hist. nat.* Discours sur la nature des oiseaux.

2° Avec des noms abstraits :

Il n'y a nul, selon mon advis, à qui la papauté doive tant pour l'*accroissement de* sa grandeur en spirituel qu'à saint Grégoire.

> Est. PASQUIER, *Recherches de la France*, III, 9.

Extravagant (Albert Valstein) en apparence, mais ne faisant rien sans dessein, et ne manquant jamais du pretexte du bien public, quoy qu'il raportast tout à l'*accroissement de* sa fortune.

> SARASIN, *Conspiration de Valstein.*

Une reine si grande par tant de titres, le devenoit tous les jours par les grandes actions du roi et par le continuel *accroissement de* sa gloire.

> BOSSUET, *Oraison funèbre de Marie-Thérèse d'Autriche.*

3° Avec des noms de personnes.

Or commençoyent ja en ce temps-là les Lacedæmoniens à avoir jalousie de l'*accroissement des* Atheniens.

> AMYOT, trad. de Plutarque. *Vie de Périclès*, c. 7.

Pour les quelz actes, il (Sylla) apperceut que Marius estoit faché contre luy, pour ce qu'il ne lui donnoit plus de commissions honorables, ny matière de faire rien de bon, ains, au contraire, empeschoit le plus qu'il pouvoit *son accroissement*.

> LE MÊME. *Même ouvrage*, *Vie de Sylla*, c. 4.

Souvent aussi, dans cette forme de construction, la préposition *de* a pour régimes des noms qui font connaître en quoi consiste l'*accroissement*.

Mais la cause véritable estoit pour réprimer un peu le roy Mithridate, lequel s'entremettoit de trop de choses, et alloit embrassant un *accroissement de* nouvelle seigneurie, de non moindre estendue que celle qu'il avoit auparavant.

Amyot, trad. de Plutarque, *Vie de Sylla*, c. 7.

Je n'avois point passé par assez de degrés d'instruction et d'*accroissement de* fortune pour pouvoir me tenir au milieu de ce monde avec la hardiesse requise.

Marivaux, *le Paysan parvenu*, partie V.

On dit aussi, en certains cas, *accroissement en*, de même, on l'a vu précédemment, que l'on dit *accroître en* et *accroître de* :

Les chiens prennent en moins d'un an leur *accroissement en* longueur, et ce n'est que dans la seconde année qu'ils achèvent de prendre leur grosseur.

Buffon, *Histoire naturelle*. De la vieillesse et de la mort.

Accroissement, dans ces diverses manières de parler, est souvent employé au pluriel.

L'envie fut étouffée par le mépris qu'il en fit, ou par des *accroissements* perpétuels d'honneur et de gloire.

Fléchier, *Oraison funèbre de Turenne*.

Le bonheur que je goûte dans une retraite délicieuse, dans un loisir toujours occupé des arts et de l'amitié, augmentera par les *accroissements de* votre fortune.

Voltaire, *Lettres*, 30 mai, 1744.

Accroissement s'emploie, très-fréquemment, d'une manière plus indéterminée, sans être construit ou avec le pronom personnel, ou avec la préposition *de*.

Ce qui apporte altération, changement ou ruine surtout aux monarchies, est quand on void en un membre de l'Estat un *accroissement* disproportionné.

La Noue, *Discours militaires et politiques*, disc. Ier.

Dieu est la vérité immuable, qui ne connoît ni défaut, ni progrès, ni déchet, ni *accroissement*.

Bossuet, IVe *sermon*, pour la fête de tous les Saints.

Dans cet *accroissement* infini que notre vanité s'imagine, il (l'homme) ne s'avise jamais de se mesurer à son cercueil, qui seul néanmoins le mesure au juste.

Le même, *Sermons*, sur l'Honneur.

Les rois d'Assyrie, enflés d'un *accroissement* qui ajoutoit à leur monarchie une ville si opulente (Babylone), conçurent de nouveaux desseins.

Le même, *Discours sur l'histoire universelle*, III, 4.

Naples et Sicile, dont l'éloignement et le peu de revenu étoient plutôt un embarras et un sauve-l'honneur qu'un *accroissement*.

Saint-Simon, *Mémoires*, 1700, t. II, c. 29.

D'où viennent ces alternatives de mort et de vie, ces lois d'*accroissement* et de dépérissement?

Buffon, *Hist. naturelle*; De la nature. Seconde vue.

Il y a dans les choses morales, comme dans les physiques, un dernier *accroissement* après lequel il faut qu'elles dépérissent.

Condillac, *Essai sur l'orig. des connaiss. humaines*, part. II, sect. 1, c. 14.

Donner, recevoir, prendre, reprendre, souffrir, etc., *un accroissement, des accroissements, de l'accroissement, son accroissement,* sont des locutions fort usitées.

Donner à quelquun *accroissement en* biens et honneurs.

Rob. Estienne. *Dictionnaire fr.-lat.*

Ainsi prist fin ceste grande famille de Charles Martel en ce dernier Charles; et ainsi *prindrent accroissement* deux autres nouvelles familles : l'une des Othons, dedans l'Allemagne, et celle de Hugues Capet dedans cette France.

Est. Pasquier, *Recherches de la France*, V, 3.

On remarque, dans toute sa vie, que ses amours, ses haines et ses appétits, *reprennent* souvent *un grand accroissement*, après une grande diminution.

Mézeray, *Histoire de France*; Henri III, année 1574.

Taut la doctrine de la probabilité *reçoit d'accroissement* par le temps.

Pascal, *Provinciales*, XIII.

Sa piété s'excitoit toujours assez elle-même, et *prenoit* dans sa propre force *un* continuel *accroissement*.

Bossuet, *Oraison funèbre de Marie-Thérèse d'Autriche*.

Ceux qui voient les plantes *prendre* leur naissance et *leur accroissement* par la chaleur du soleil, pourroient croire qu'il en est le créateur.

Le même, *Discours sur l'histoire universelle*, II, 1.

Sa béatitude (de Dieu) est souverainement parfaite, et ne sauroit *recevoir* aucun *accroissement* ni du dedans, ni du dehors.

Leibnitz. *Théodicée*. De la bonté de Dieu, IIe part., § 218.

L'homme du meilleur esprit est inégal, il *souffre des accroissemens* et des diminutions.

La Bruyère, *Caractères*, c. 11.

Divisée et resserrée sous les Séleucides, elle (la Perse) avait *repris des accroissements* sous Arsacès le Parthien, deux cent cinquante ans avant notre ère.

Son prédécesseur Jules II, sous qui la peinture et l'architecture commencèrent à *prendre de si nobles accroissements*, voulut que Rome eut un temple qui surpassât Sainte-Sophie de Constantinople.

La gloire de Turenne *reçut un* nouvel *accroissement*, quand on sut que tout ce qu'il avait fait dans cette campagne, il l'avait fait malgré la cour.

VOLTAIRE, *Essai sur les mœurs*, c. 5 ; 127 ; *Siècle de Louis XIV*, c. 12.

> Tes arbres vertz *prennent accroissement*.
> Cl. MAROT, *Psaumes*, XXXIX, v. 61.

On a dit absolument *l'accroissement* en traduisant ces paroles de l'Ecriture : *Sed Deus dat incrementum, qui incrementum dat Deus*, et dans des phrases où nos orateurs sacrés semblent y avoir fait allusion.

Il est bien vray que sainct Paul monstre que la doctrine et exhortation, et objurgation ne profitent gueres de soy à changer le cœur de l'homme, quand il dit que celui qui planten'est rien, et celui qui arrouse n'est rien : mais que toute l'efficace gist au Seigneur, qui *donne accroissement*.

CALVIN, *Institution chrétienne*, liv. II, c. v, § 4.

C'est moi qui ai planté, c'est Apollon qui a arrosé, mais c'est Dieu qui a donné *l'accroissement*.

Ainsi celui qui plante n'est rien ; celui qui arrose n'est rien ; mais tout vient de Dieu qui *donne l'accroissement*.

LE MAISTRE DE SACY, *Epître I de S. Paul aux Corinthiens*, III, 6-7.

Est-ce que votre grâce, ô mon Dieu, n'accompagne plus votre parole ? Est-ce que vous nous laissez, selon l'expression de votre apôtre, plantés et arrosés ; mais qu'il ne vous plaît plus de *donner* comme autrefois *l'accroissement* ?

BOURDALOUE, *Sermons*.

Pendant que Bernard plante et arrose, Dieu *donne l'accroissement*.

FÉNELON, *Sermons*. Pour la fête de saint Bernard.

ACCROISSEMENT s'est dit anciennement, et pourrait se dire encore, dans un sens particulier, de Ce qui est ajouté, de quelque manière que ce soit, à une propriété.

> Héritages reçoit *acroissement* et apeticement.
> *Anc. trad. du Digeste*, fol. LXXXI, v°, c. 2.

Se li hons avoit acreu son fief... sans bone cause, et il... rendoit cel *acroissement* à cix sor qui il l'aroit pris, li sires ne l'en porroit riens demauder ; car il loist à çascun rendre ce qu'il a par malvese cause.

BEAUMANOIR, *Coutumes du Beauvoisis*, XLVII, 9.

De là, dans le langage de la jurisprudence, l'emploi spécial de ce mot pour exprimer le droit par lequel une chose accroît à quelque personne ou à quelque fonds.

Cela lui est venu par droit d'*accroissement*. Les terres que l'atterrissement ajoute à un rivage, à une île, appartiennent au propriétaire par droit d'*accroissement*.

Un *accroissement à* la tontine.

Dictionnaire de l'Académie.

ACCROISSANCE, s. f.

Aucun dictionnaire ne le donne avant celui de Nicot et après ceux de Monet et de Cotgrave.

Il s'est dit aux mêmes sens et dans les mêmes constructions qu'ACCROISSEMENT ;

1° Avec le pronom personnel ou suivi de la préposition *de*, pour l'Action de s'accroître :

Or proi-je Diu que, sé il li plaist, il nous doing force de surmonter vos anemis, et *accroissance de* vostre honnour.

Henri DE VALENCIENNES, *Conqueste de Constantinoble*, XII.

Quand on resiste à l'*accroissance d'*une innovation qui vient par violence à s'établir.

Nous appelons agrandir notre nom, l'estendre et semer en plusieurs bouches : nous voulons qu'il y soit receu en bonne part et que cette *sienne accroissance* luy vienne à profit.

Vous ne pouvez imaginer *son acroisssance en* vertu et *en* fortune.

MONTAIGNE, *Essais*, I, 22 ; II, 16 ; 36.

> Sa honte fut *de ma* gloire *accroissance*.
> J. MAROT, *Poésies*, La complaincte de Gênes.

2° Toujours suivi de la préposition *de*, pour l'Addition que reçoit la chose ou la personne qui s'accroît :

> Certes, Minos, ceulx que répute dignes
> D'estre eslevez jusques aux courts divines,

Par bon renom, qui de basse puissance,
Sont parvenus à haultaine *accroissance*
D'honneur et biens.
Cl. Marot, *Jugement de Minos.*

3° Sans être déterminé par le pronom personnel ou la préposition *de*, *une accroissance, cette accroissance*, etc. :

Je ne vise pas de ce costé là (l'ambition), je m'aime trop. Quand je pense à croistre, c'est bassement, d'une *accroissance* contrainte et couarde, proprement pour moy, en santé, en beauté, et en richesse encore.
Montaigne, *Essais*, III, 1.

Las on dit que l'espoir nourrist l'affection,
Et que c'est lui qui donne à l'amour *accroissance*.
Ph. Desportes, *les Amours de Diane*, liv. I, sonnet 54.

4° Sous cette forme absolue, *l'accroissance*.

La naissance ordinaire des choses est imparfaite; elles s'augmentent, se fortifient par *l'accroissance*.
Montaigne, *Essais*, II, 36.

Accroissance, pris d'une manière générale, a signifié Élévation, rang, dignité.

Mais dames sont d'autre façon;
Vient d'elles la grant habondance
De tous les biens dont on s'esjoye,
Et n'est honneur, bien, n'*accroissance*
Que leur haulte bonté n'envoye.
Alain Chartier, *Poésies*, l'Hospital d'amour.

Accroist, s. m.
Quelquefois accrest et au pluriel acroys (voyez le *Glossaire* de Sainte-Palaye).
C'est aussi un synonyme ancien, et depuis longtemps disparu, d'*accroissement*.

Ainsi les dents reçoivent accroissement sans cesse, pour suppleer à leur charge, qui est mascher la viande. Vray est qu'elles semblent demeurer en mesme estat, mais l'*accroist* suit le decroist d'icelles par le moyen de la chaleur et nourriture continuelle qu'icelles reçoivent.
G. Bouchet, *Serées*, liv. III, 27° serée.

On bordera ses allées d'arbres, de ceux qui seront de plus facile *accroist*, et de plus grand profit et plaisir.
Olivier de Serres, *Théâtre d'agriculture*, I, 4.

Dans l'exemple suivant, accroist, employé au pluriel, a le sens particulier de Profits, d'intérêts.

Usuriers veulent compter deux ou trois fois l'an pour avoir leurs *acroys*.
Doctrine de sapience, fol. 27, r° (cité par Sainte-Palaye).

ACCRUE, s. f.
Ce mot, on l'a déjà dit, est, avec *accroissement*, le seul des substantifs formés d'*accroître*, qui se soit maintenu, surtout dans certains sens particuliers.

Il a pu être, aussi bien que les substantifs dont il vient d'être question, employé quelquefois comme synonyme d'*accroissement*.

L'on protestoit encor de faire *accreuë de* nouveaux subsides et levees de deniers, et sur qui? sur un pauvre paysant, detroussé, nud et mis en chemise; ainsi faut-il parler du peuple de France!
Matthieu, *Histoire des derniers troubles de France*, IV.

On s'en sert dans la langue du droit et dans celle de l'histoire naturelle, pour exprimer l'Augmentation que reçoivent une terre par la retraite des eaux, une forêt dont le bois s'étend au-delà de son enceinte.

Accruës de bois, joignans aux bois et forests, ensuivent la nature et condition desdits bois et forests... s'il n'y a fosse ou borne faisant la séparation desdits bois, auquel cas n'y a *accruës*.
Coutume de Chaumont, titre IX, art. 108.

Il est vrai que dans une forêt et dans un pays peu habité il se fait souvent quelques *accrues* qui ne produisent que de méchantes broussailles et que l'on ne compte point quand on veut estimer.
H. Cochin, *OEuvres*, XXIX° cause.

Les végétaux s'étendoient par de grandes *accrues* sur toutes les terres que les eaux laissoient à découvert par leur retraite.

Ce transport ou plutôt ces *accrues* successives *de* bois ne sont pas même nécessaires pour rendre raison de l'existence de ces végétaux dans les pays méridionaux.
Buffon, *Histoire naturelle*, Époques de la nature, V.

Aux mots déjà cités de la même famille que l'usage n'a point conservés (ACCROISSANCE, ACCROIST), il faut ajouter le substantif féminin ACREUSE, enchère; le substantif masculin ACCROISSEUR, enchérisseur; l'adverbe ACCROISSÉMENT, par augmentation, *auctim*, que cite Sainte-Palaye, d'après D. Carpentier et le P. Labbe.

D'ACCROÎTRE et d'ACCROISSEMENT se sont formés DECROÎTRE et DÉCROISSEMENT (voyez ces mots ainsi que SURCROÎTRE, SURCROISSANCE, SURCROIT.)

ACCROUPIR (S'), v. pron. (peut-être du verbe simple *Croupir*, entendu dans un sens analogue, ou, directement, du substantif *croupe*, qu'on a aussi écrit *crope*).

Autrefois ACROUPIR (s'), ACROUPER (s') (voyez le *Glossaire* de Sainte-Palaye); ACROPIR (s'), ACRO-PIR (s') (Voyez les exemples ci-après.)

S'ACCROUPIR signifie, au propre, en parlant des hommes, Se tenir comme assis sur ses talons.

A quoy il prenoit plaisir, comme Demosthene, prince des orateurs grecs, faisoit, quand de luy dist une vieille *acropie* le monstrant au doigt, c'est cestuy là.

Panurge..... restoit *acropy* sur le tillac, tout affligé.
          RABELAIS, *Pantagruel*, II, 10; IV, 18.

Logez pesle mesle plusieurs ensemble dessoubs petites tentes et cabannes estouffées, demourans *accroupis* tout le long du jour, sans pouvoir rien faire.
          AMYOT, trad. de Plutarque, *Vie de Périclès*, c. 66.

Aupres du feu, bergeres *accroupies*...

La porte s'ouvre : Envie elle apperçoit
Qui, *accroupie* à terre, se paissoit
De gros serpens, vipères et couleuvres.
          Cl. MAROT, *Opuscules*, III, Eclogue au Roy; liv. II *de la Métamorphose d'Ovide*, v. 1427.

Or' que l'hyver roidit la glace épesse,
Réchaufons-nous, ma gentille maistresse,
Non *accroupis* dans le fouyer cendreux,
Mais au plaisir des combats amoureux.
          RONSARD, *Amours*, II, 65, Amourette.

Vous serez au fouyer une vieille *accroupie*
Regrettant mon amour.
          LE MÊME, *Poésies pour Hélène*.

Tant qu'Alizon la vieille, *accroupie* au foyer...
Laisse cheoir le fuzeau...
          Ph. DESPORTES, *Épigrammes*, V.

A gauche avoit séance une vieille harpye,
Qui entre ses genoux grommeloit *accroupie*.
          Agr. D'AUBIGNÉ, *Tragiques*, Chambre dorée, III.

La molle oisiveté, sur le seuil *accroupie*,
N'en bouge nuit et jour et fait qu'aux environs
Jamais le chant des coqs, ni le bruit des clairons,
Ne viennent au travail inviter la nature.
          LA FONTAINE, *Songe de Vaux*, I.

S'ACCROUPIR, toujours quand il est employé au propre en parlant des hommes, a servi quelquefois à exprimer des postures analogues, prises pour s'asseoir à terre, de certaines habitudes de corps.

Les gents de ce pays..... ne s'asseoient pas ainsi comme les Turcs, qui *s'accroupissent* à plat de terre, les jambes en croix, à la manière de nos cousturiers; mais les Arabes se tiennent acculez dessus la poincte des pieds, faisant que les talons leur servent de siége.
          Pierre BELON, *Singularitez et choses mémorables de divers pays estranges*, I, 76.

Vous autres, vous mangez sur la terre, *accroupis* comme des sapajous.
          FAVART, *les Trois Sultanes*, II, 8.

A tot le corps de viellesse *acropé*.
          Histoire littéraire de la France, t. XXII, p. 307. Chansons de geste. — *Aspremont*, ms. 8203, f° 100, v°.

S'ACCROUPIR se dit encore au propre des animaux qui s'asseoient sur leur croupe.

Les poules *s'accroupissent* au juchoir pour dormir.
          MONET, *Dictionnaire*.

Au premier signe, ils (les chameaux) plient les genoux et *s'accroupissent* jusqu'à terre pour se laisser charger dans cette situation.
          BUFFON, *Histoire naturelle*, le Chameau et le Dromadaire.

Pour manger à son aise, il *s'accroupit* sur ses talons.
          LE MÊME, *même ouvrage*, Oiseaux; le Secrétaire.

Il étoit toujours *accroupi* et ne vouloit pas marcher.
          LE MÊME, *même ouvrage*, Oiseaux; le Grand fou, espèce III.

Acroupiz s'est enmi la voie,
Moult se doute que l'en nel'voie.

Quand il est à l'eve (l'eau) venuz,
Si *s'acropi* por soi laver.
Roman du Renart v. 1303 ; 5850.

Dedans le ni *s'est acroupi,*
Et le miex qu'il peut s'est tapi.
YSOPET II, fable 7. (Voir Robert, *fables inéd.*, t. I, p. 179.)

D'austre costé, j'oy la bise arriver,
Qui en soufflant me prononce l'hyver,
Dont mes troupeaux, cela craignans, et pis,
Tous en un tas se tiennent *accroupis.*
Cl. MAROT, *Opuscules*, III, Eclogue au Roy.

S'ACCROUPIR est employé de même dans les exemples suivants, où il s'agit de représentations figurées de divers personnages, d'hommes et d'animaux.

Au portail de Notre-Dame, saint Michel est représenté pesant les âmes, tandis que le diable, pour en esca-
moter quelques-unes, *s'accroupit* et se cache sous les balances.
SAINTE-FOIX, *Essais sur Paris.*

... Une foule d'auditeurs, hommes, femmes, enfants,
assis, debout, prosternés, *accroupis,* agenouillés, faisant
passer la même expression par toutes ses différentes
nuances.

Elle (une poule) a son aile pendante, elle est *accroupie,*
ses petits sont sous elle...
DIDEROT, *Salon de 1767,* Vien; Mme Vien.

S'ACCROUPIR, dans une acception figurée, a exprimé l'abandon à l'oisiveté, à la paresse.

Or sus, sus, baille çà ta main; leeve-toy; plus ne soies
acroupie en la pouldriere de recreantise.
CHRISTINE DE PISAN, *le livre des Trois Vertus.*

Quelques jeunes gentilshommes françois..... se fas-
chans d'estre par trop *accroppis* en oisyvétez.
BRANTÔME, *Vies des capitaines illustres,* disc., I.

Je voudrois, sans *nous accroupir* de paresse..... que
nous nous exposassions, pour le bien de nostre pays,
volontairement aux dangers.
Est. PASQUIER, *Pourparler du prince.*

Une fois saisis de cette passion (la tristesse), nous

cherchons quelque coin pour *nous accroupir* et musser de
la vue des hommes.
CHARRON, *De la Sagesse,* I, 33.

A diverses époques, et même très-près de notre
temps, on a employé ACCROUPIR, soit au propre,
soit au figuré, comme verbe actif ;
Au propre :

Accroupissez à ses pieds une autre femme, qui tienne
un pigeon qu'on va sacrifier sans doute.
DIDEROT, *Salon 1765,* Challe.

Sur ses deux courts jarrets *accroupissant* son corps,
La Giraffe.....
DELILLE, *les Trois Règnes,* VII.

Au figuré :

Quel ribaudaille sont ceux-là qui nous veullent
accroupir ?
Lettres de Rémission de 1390 ; cité dans le *Glossaire*
de Du Cange, additions de D. Carpentier.

On trouve employé de même, le composé RAC-
CROUPIR, dans cet ancien texte :

Icellui Willemet se vantoit en disant qu'il avoit *ra-
croupiz* Jehan Lemaire, ou fait tenir tout quoy.
Lettres de Rémission de 1409 ; cité dans le *Glossaire* de Du
Cange, additions de D. Carpentier.

Le mariage, non-seulement apoltronit et *accroupit* les
bons et les grands esprits, mais prive le public de plusieurs belles et grandes choses.
CHARRON, *De la Sagesse,* I, 42.

ACCROUPI, IE, participe.
Il semble pris substantivement dans l'exemple qui
suit :

Laissez à part voz vineuses tavernes,
Museaulx ardans, de rouge enluminez,
Renjeunissez, saillez de vos cavernes,
Vieulx *accroupyz.* ....
Cl. MAROT, *Ballades,* XIV ; Cry du jeu de l'empire
d'Orléans.

En termes de blason le participe ACCROUPI se dit
de tous les animaux assis.

D'azur au lion *accroupi* d'argent,

RICHELET, Dictionnaire.

De là le nom d'une monnoie de Flandre, rappelée dans les textes suivants que cite Sainte-Palaye d'après le Glossaire de Du Cange, additions de D. Carpentier :

Le suppliant bailla audit Alixandre... la somme de xxxvj solz d'*acroupis*, monnoie de Flandres, pour douze deniers la pièce.

Ils allouerent les xl pieces d'icelle monnoye, pour un petit *acroupi*.

Lettres de Rémission de 1398 et 1402.

ACCROUPISSEMENT, s. m.
État d'une personne, d'un animal accroupis.

L'*accroupissement* du lièvre.

RICHELET, FURETIÈRE, Dictionnaires.

Ce mot, de peu d'usage, s'est maintenu dans les dictionnaires ; mais on n'y trouve plus depuis longtemps le substantif féminin ACCROUPIE, qui avait le même sens.

S'uns (Si un) dolans fait une *accroupie*,
Et un enclin devant s'ymage (son image).

Cité dans le Glossaire de Du Cange, additions de D.
Carpentier.

Furetière recueille cette locution *prendre un lièvre à l'accroupie*, identique, pour le sens, à d'autres qu'avait enregistrées Monet à l'occasion des substantifs de notre vieille langue *croupie* et *croupeton* : *chasser un lièvre à la croupie, sur le matin ; guetter le lièvre à croupeton, d'à croupeton.*

Cette expression proverbiale *à croupeton*, ou comme on écrivait encore, *à croupetons, à croppetons*, laquelle répond au participe *accroupi*, est comme définie dans les vers suivants d'un ancien poëte.

Ainsi le bon tems regrettons,
Entre nous pouvres vieilles sottes,
Assises bas *à croppetons*
Tout en ung tas comme pelottes.

VILLON, les regrets de la belle Heaulmyère.

ACCUEILLIR, v. a. (soit du verbe simple *Cueillir* et, par ce mot, du latin *colligere*, soit, directement, du bas-latin *accolligere*).

Autrefois , ACCOILLIR , ACCULLIR , ACEUILLIR , ACOILLIR, ACQUEILLIR, ACUEILLIR, ACUILLIR, AQUEILLIR, AQUEULLIR, AQUILLIR, ESCEUILLIR, ESCUEILLIR, ESCEULLIR, ESCOEILLIR, ESCOILLIR, ESCUILLIR, *etc.* (Voyez le *Glossaire* de Sainte-Palaye, et les exemples ci-après).

ACCUEILLIR, en raison de son origine, a signifié, à une époque ancienne de la langue, Assembler, amasser, acquérir, étant, par cette acception, synonyme de *recueillir*.

La bouche de la rivière du Rosne *avoit accueilli* tant de vase et si grande quantité de sable, que les ondes de la mer y amassoient et entassoient que.....

AMYOT, trad. de Plutarque, Vie de Marius, c. 25.

Acueillir bon los, lisait-on dans un vieux texte auquel renvoye Sainte-Palaye (*anc. poés. fr. mss. avant* 1300, t. IV, p. 1429), et dans le passage suivant qu'il cite plus au long.

Noble Lion le bestail vous appelle,
Et vous devez secourre vos subgis,
Chacez ces loups. . . . .
. . . .
Car vous pourriez par eux estre honnis,
Et *acqueillir* par leur fait povre nom.

Eustache DESCHAMPS, Poés. mss., fol. 232, col. 4.

On a dit aussi, par une application toute contraire, *accueillir la haine.*

Hugues Capet s'impatronisa de l'Estat, sans qu'aucun prince luy fist contre-teste. Vray est que, deux ans après, Charles, oncle de Louis, prit les armes contre luy, mais un peu tard. Outre qu'il *avoit accueilly* la haine publique des François pour s'estre rendu imperialiste en son duché.

Est. PASQUIER, Recherches de la France, V, 3.

En se soumettant trop à ses volontés (de Catherine de Médicis), il parut foible, et *accueillit* la haine extrême qu'on lui portoit.

MÉZERAY, Histoire de France, Henri III, 1576.

77.

On a été conduit de même par la synonymie d'AC-CUEILLIR et d'acquérir, à dire *accueillir du savoir.*

Ils (les Jésuites) débitent le peu de sçavoir qu'ils *ont accueilly* de longtemps.

Est. PASQUIER, *Recherches de la France*, III, 43.

De là, fort anciennement aussi, le verbe prono-minal s'ACCUEILLIR donné, comme *se cueillir*, par Nicot, Cotgrave et même par Monet, au sens de S'assembler, s'amasser; de là, chez Nicot, au même sens, le verbe neutre ACCUEILLIR.

La cour du parlement suppléa à ce défaut, comme si toute la force et vertu de France *se fust* lors *accueillie* au cœur de cette compagnie.

Est. PASQUIER, *Recherches de la France*, III, 26.

Il n'est pas inutile de remarquer l'emploi fait de *se recueillir* au même sens de S'assembler dans des passages tels que le suivant :

Ceulx qui..... n'y osoient retourner (en leur pays), pour les villains faitz dont ilz estoient accusez. Si *se re-cueilloient* ensemble et faisoient nouveaulx cappitaines.

FROISSART, *Chroniques*, liv. I, part. II, c. 147.

Sainte-Palaye cite des exemples de s'ACCUEILLIR, ou selon une des anciennes orthographes du mot, s'ESCUEILLIR, dans le sens de Rassembler ses forces pour faire un effort, prendre un élan.

S'escuillir à la course.

FROISSART, *Chroniques*, liv. IV, c. 12.

Il vint à son destrier qu'il aplaniot doubcement..... mais comme il *se escueilloit* pour monter.....

MÉNARD, *Histoire de Bertrand du Guesclin*, c. 41.

ACCUEILLIR a eu de bonne heure le sens général de Recevoir, qui seul a subsisté, mais auquel on peut rapporter plusieurs emplois du même mot de-puis longtemps sortis de l'usage.

ACCUEILLIR, en ce sens, a premièrement, pour ré-gimes à l'actif, pour sujets au passif, des noms de personnes. Il est alors, le plus souvent, accompagné de compléments qui font connaître de quelle ma-nière la personne est reçue.

Qui estes-vous, qui me *accueillez* de telles paroles ?

Si lui fut bien dit, à ce commencement, que il avoit mal exploité, et *fut* grandement mal *accueilli* de ceux de Londres.

FROISSART, *Chroniques*, liv. I, part. II, c. 347; 394.

Il (Boufflers) *fut accueilli* avec des respects et des sou-missions profondes qui furent reçus gravement et en maître qui daigne accepter un tribut.

SAINT-SIMON, *Mémoires*, 1710, t. VIII, c. 8.

Je fus l'autre jour dans un couvent de ces dervis. Un d'entre eux, vénérable par ses cheveux blancs, *m'accueil-lit* fort honnêtement.

MONTESQUIEU, *Lettres persanes*, LVII.

Je soutiens que, chez les anthropophages, de tels missionnaires *seraient accueillis* le plus gracieusement du monde.

VOLTAIRE, *Lettres chinoises*, VIe lettre.

Je ne serois pas surpris d'être, à la fin, forcé de me réfu-gier chez les Turcs, et je ne doute pas que je n'y *fusse accueilli* avec plus d'humanité et d'équité que chez les chrétiens.

J.-J. ROUSSEAU, *Lettres*, 8 février 1765.

ACCUEILLIR se dit encore, soit à l'actif, soit au passif, avec des compléments de même nature, en parlant des choses.

Aussi qu'est-il arrivé? on a condamné à Rome ses excellents discours, et on y *a* très-bien *accueilli* ses stupi-dités : Quand je dis qu'elles y *sont* bien *accueillies*, ce n'est pas qu'elles soient lues, car on ne lit point à Rome.

VOLTAIRE, *Pyrrhonisme de l'histoire*, III.

Les plus terribles expériences m'ont rendu plus réservé; j'ai appris à n'*accueillir* qu'avec circonspection les nou-veaux visages.

J.-J. ROUSSEAU, *Lettres*, 24 novembre 1770.

ACCUEILLIR, employé absolument, se prend d'or-dinaire dans un sens favorable, soit qu'il s'agisse des personnes, soit qu'il s'agisse des choses;

1° Des personnes, que l'on reçoit favorablement, auxquelles on accorde protection et asile :

..... Le duc, estant retourné en France....., non-seulement n'*est accueilly* du visage, ny récompensé de sa grande despense, mais.....

Est. PASQUIER, *Recherches de la France*, VI, 12.

J'estime que ce soit chose de service et de réputation à sa Majesté, et à toute nostre nation, d'*accueillir* et caresser les gentilshommes estrangers de ceste qualité.

> Le cardinal d'Ossat, *Lettres*, liv. VI, lettre, 41.

C'était une chose aussi admirable qu'éloignée de nos mœurs, de voir ce citoyen..... cultiver les belles-lettres, donner des spectacles au peuple et *accueillir* tous les savants grecs de Constantinople.

> Voltaire, *Essai sur les mœurs*, c. 105.

Un jeune homme qui arrive à Paris avec une figure passable, et qui s'annonce par des talents, est toujours sûr d'*être accueilli*.

> J.-J. Rousseau, *les Confessions*, part. II, liv.VII.

> Sa maudite grimace est partout bien-venue;
> On l'*accueille*, on lui rit, partout il s'insinue.
>> Molière, *le Misanthrope*, I, 1.

> On y voit avec joie, on *accueille*, on honore,
> Tous ceux qu'à votre nom le zèle attache encore.
>> Voltaire, *Tancrède*, II, 1.

À ces exemples on peut joindre les suivants où ACCUEILLIR a pour régimes, au lieu de noms de personnes, des noms abstraits qui désignent indirectement des personnes.

> Nul n'a sur ses vaisseaux *accueilli* ma misère.
>> La Harpe, *Philoctète*, I, 4.

> Vous avez autrefois *accueilli* mon enfance.
>> M. J. Chenier, *Fénelon*, I, 2.

2° Des choses auxquelles on se montre favorable, que l'on encourage.

Dites si vous avez vu autre chose en moi qu'un homme constamment gai..., enclin à la raillerie, mais sans amertume, et l'*accueillant* dans autrui quand elle est assaisonnée.

> Beaumarchais, *Mémoires*, I, supplém.

> ..... Apprenez de moi qu'on ne voit guère
> Les honneurs, en ce siècle, *accueillir* la misère.
>> Piron, *la Métromanie*, V, 4.

À cette acception peuvent être facilement ramenées des expressions, au premier abord assez étranges, que cite Sainte-Palaye d'après d'anciens textes : *Accueillir la semonce* (Laurière, *Gloss. du dr. f.*), c'est-à-dire la Recevoir, y obéir, y déférer; *accueillir un*

ajournement (*Assises de Jérusalem*, p. 41, et 154), son congé (ibid. 101), c'est-à-dire les Accepter.

C'est par une sorte d'antiphrase, que ACCUEILLIR et *être accueilli*, pris absolument, se disent, dans un sens défavorable, des accidents fâcheux auxquels on peut être en butte.

> Povreté *a accueillé* tous les deux (*incessit ambos inopia*).
>> Robert Estienne, *Dictionnaire fr. lat.*

On fit paroistre les prisonniers, parmy lesquels on voyoit le roi mesme encore tout esperdu, et aussi effrayé que si son désastre n'eust fait que l'*accueillir* sur le champ.

A mesme temps, la fortune changeant, l'armée royale, par la longueur du temps, *fut accueillie* de famine.

> Coeffeteau, *Histoire romaine de L. Florus*, II, 12 ; III, 5.

> Tous les maux viennent nous *accueillir*.
>> Bourdaloue, *Dominicales*, I, afflictions des justes.

Que fussiez-vous devenu, si votre dernière disgrâce vous *eût accueilli* dans ces épuisements d'argent où nous vous avons vu ?

> Hamilton, *Mémoires du comte de Gramont.*

Les infirmités et la décrépitude qui *accueillirent* le P. de la Chaise.

> Saint-Simon, *Mémoires*, 1709, t. VII, c. 3.

Je jugeai que le bruit avoit été pour m'attirer et le caillou lancé pour m'*accueillir* à ma sortie.

> J.-J. Rousseau, *les Confessions*, part. II, liv. XII.

> Et quant nous fumes monté en haute mer,
> I grant tempiés si *acoilli* no nef.
>> *Huon de Bordeaux*, v. 4846.

> Car s'il est vray que nature me veuille
> Abandonner, je ne sçay que feray :
> A Vieillesse tenir pié ne pourray,
> Mais conviendra que tout ennuy m'*acueille*.
>> Charles d'Orléans, *Poésiés*, Songe en complainte : Après le jour qui est fait pour travail.

> Depuis que cette tache eut obscurci ma vie...
> Il n'est point de malheur qui ne m'*ait accueilli*.
>> Mairet, *Sophonisbe*, I, 2.

Cet emploi d'ACCUEILLIR est resté des plus ordinaires dans quelques locutions comme *être accueilli de coups, être accueilli d'une tempête.*

Quand les Romains se perforçoient de gravir contremont, ilz *estoient accueilliz de* force coups de dard et de traict qu'ilz leur donnoient de çà et de là par les flancs.

        Amyot, trad. de Plutarque, *Vie de Flamininus,* c. 5.

La flotte de Mardonius ayant voulu doubler le mont Athos pour gagner la Macédoine, *fut accueillie d'*une si violente tempête, que plus de trois cents vaisseaux, avec plus de vingt mille hommes y périrent.

        Rollin, *Histoire ancienne,* liv. VI, c. 1, § 7.

Les deux passages suivants constatent les vicissitudes qu'a éprouvées le mot ACCUEILLIR, quant à l'acception favorable ou défavorable qu'il peut recevoir, étant pris absolument.

M. Coeffeteau et plusieurs autres bons autheurs encore après Amyot, se servent ordinairement de ce mot en mauvaise part et disent *accueilly de la tempeste, accueilly d'une fièvre, accueilly de la famine, accueilly de toutes sortes de malheurs.* Il y a quelques endroits en France, particulièrement le long de la rivière de Loire, où l'on use de cette façon de parler. Mais elle n'est pas si ordinaire à la cour. On s'en sert plustot en bonne part et l'on dit par exemple : *il a esté accueilly favorablement. Accueil* ne se dit jamais aussi qu'en bonne part, si l'on n'y ajoute *mauvais.*

        Vaugelas, *Remarques sur la langue françoise,* p. 332.

Ce verbe est presque passé, on ne s'en sert plus en bonne part : on dit, *il a été bien reçu,* on *lui a fait un accueil favorable,* et non pas, *il a été accueilly favorablement.* On pourroit encore l'employer en mauvaise part, dans le figuré, *accueilli de la tempête, accueilli de toutes sortes de malheurs.*

        Bouhours, *Remarques nouvelles sur la langue françoise.*

ACCUEILLIR s'est dit, absolument, en un sens particulier, de l'action de Recevoir, de recueillir dans une embarcation des passagers, des naufragés.

Il faut crier au batelier qu'il nous vienne *accueillir.*

On envoya une barque pour *accueillir* ceux qui se noyoient après le bris du vaisseau.

        Furetière, *Dictionnaire.*

Nous étions perdus si le capitaine n'eût détaché une chaloupe pour nous *accueillir.*

        Grand Vocabulaire.

A une époque fort ancienne, ACCUEILLIR *à,* ACCUEILLIR *en,* se sont dits au sens d'Admettre, d'associer, lequel implique l'idée de recevoir.

On cite de cette ancienne acception les exemples suivants rapportés par Du Cange et par D. Carpentier, *Glossaire de la basse latinité* au mot *accolligere.*

It em, que ils ne puissent recevoir ès franchises que nous leur avons octroiées fors que enfant d'ouvrier ou de monnoier... ne *acqueillir* ou (au) mestier iceus, ne autres, sens appeller les mestres de noz monnoyes.

        Ordonnance de 1327 (Voir *Ordonn. des Rois de Fr.,* t. I, p. 806.)

Je confirme que l'abbé et le couvent de Saint-Père de Chartres... tiennent... en main morte, pour *accueillir* moi et mes anceseurs *en* leurs prières.

        Charte de 1292.

D'ACCUEILLIR en ce sens s'était formé le substantif ACCUEILLAGE que donne cet ancien texte, dans un acte de 1482 :

Grant Jehan acueillit et alloua à la suppliante une sienne niepce... au moyen dudit *acueillage* de ladite niepce....

        Cité par D. Carpentier, *ibid.*

A la même origine se rattache encore l'emploi ancien du verbe pronominal s'ACCUEILLIR avec la signification de S'associer, s'engager, « s'allouer, » mot auquel on le joignait volontiers.

Jehan Arreau de Chasteau-Raoulz, coutelier, *se* alloua ou *accueilli* à un maistre du dit mestier.

Comme le suppliant *se feust* alloué et *accueilli* avec... Hermen Vandouborne maistre de la nef Marie Quenech... pour le servir..... par la mer.

        Lettres de Rémission de 1387 et de 1414 ; Ex. cités dans le *Glossaire* de Du Cange, addit. de D. Carpentier.

A vos servir tout *m'acuel.*

        Anc. poés. fr. mss. avant 1800, t. III, p. 1231. (Cité par Sainte-Palaye.)

Selon Sainte-Palaye, qui rapporte ces divers exemples, on disait encore de son temps, dans quelques provinces, *accueillir un domestique* pour l'Engager à son service. M. le comte Jaubert, dans son *Glossaire du centre de la France*, 2ᵉ édit. (de 1864), p. 8, en donne aussi des exemples, ainsi que de s'ACCUEILLIR et ACCUEILLAGE pris dans un sens analogue.

Escoutez, va dire un de la Serée, ce que respondit un serviteur à une Dame qui le vouloit *accueillir*.
G. BOUCHET, *Serées*, liv. III, 34ᵉ serée,.

Il a été fait allusion à cette manière de parler dans le vers suivant :

Amour n'*avoit* son servant *accueilly*.
Octavien DE SAINT-GELAIS, *le Séjour d'honneur*.

S'ACCUEILLIR conserve le sens de s'Engager dans le passage suivant d'un écrivain du seizième siècle :

A Aubigné *s'accueillent* trente gentils hommes ou capitaines.
Agr. D'AUBIGNÉ, *Histoire universelle*, t. II. liv. V, c. 13.

ACCUEILLIR n'est plus depuis longtemps verbe pronominal, mais il n'a jamais cessé de pouvoir être employé comme verbe réciproque.

On se recherche peu, on se rencontre avec plaisir, on *s'accueille* avec plus de vivacité que de chaleur.
DUCLOS, *Considérations sur les mœurs*, c. 1.

Par une extension assez naturelle, ACCUEILLIR, dans les temps les plus anciens de la langue, avait passé du sens de Recevoir à ceux de Aller chercher, atteindre, acoster, assaillir, attaquer, prendre, s'emparer, etc. Telle est la signification de ce mot dans le plus ancien des exemples qu'on en puisse citer.

A une feiz li malignes esperiz *acuillid* e traveillad Saül.
Les quatre Livres des Rois, I, XIX, 9.

La trace de cette ancienne acception se retrouve longtemps après dans ce passage d'un écrivain qui a fait, on l'a vu, un grand usage du verbe ACCUEILLIR.

La fureur de César et de Pompée, comme un déluge, ou comme un grand embrasement, s'espandit et s'esprit non-seulement dans la ville, ou dedans l'Italie, mais alla *accueillir* tous les peuples, toutes les nations et toutes les provinces où s'estend l'empire romain.
COEFFETEAU, *Histoire romaine de L. Florus*, IV, 2.

On peut joindre à ces exemples les suivants, tous fort anciens, où ACCUEILLIR, dans un sens analogue, devient quelquefois terme de vénerie.

Les veneurs du Roy Artus *avoient accueilly* un cerf en la forest, lequel vint à la fontaine pour estancher sa soif.
Lancelot du Lac, t. III, fol. 129, v°, col. 1.

Ilz vindrent devant Courtray et *acueillirent*, entour soleil levant, toute la proye de la environ.

Jehan de Launoy, qui se veoit en ce party ce cestoit sans remede, que le feu l'*acueilloit* de si pres qu'il convenoit qu'il fust ars..... ayma plus chier estre occis que ars.
FROISSART, *Chroniques*, liv. I, part. I, c. 107; liv. II, c. 95.

Entra ou (au) dit país d'Espeugne fourrager à tout (avec) cinq cents Engloiz..... et *accueilloient* la proye; c'est assavoir beufs, vaches, moutons et berbiz.
MÉNARD, *Histoire de Bertrand du Guesclin*, c. 224.

D'un vénéour vus dis-geo ci,
Ki un leus *aveit* acoilli.
MARIE DE FRANCE, *Fables*, XLII, 1.

Les chasteaus prenent, mainte vile ont croissi,
Et maintes proies par les chans acoilli.
Garin le Loherain, t. I, p. 69.

ACCUEILLIR, par une extension analogue, signifiait encore, à la même époque, Réprimander, et, dans un sens spécial, Poursuivre en justice.

Fut maudé le conte d'Arondel devant le duc de Lancastre et le comte de Cantebruge : si *fut* moult grandement *acueilli* de ceste advenue (événement); mais il se excusa au plus bel qu'il peut.

Adonc *fut* Pietre du Bois *acueilli* de plait (plaid) et sur lepoint d'estre occis pour la cause de ce qu'il n'avoit autrement conforté Rasse et ses gens.

FROISSART, *Chroniques*, liv. II, c. 36; 97.

Selon Sainte-Palaye, qui emprunte à Froissart quelques-uns de ces exemples, ACCUEILLIR était encore de son temps usité dans ce dernier sens en Normandie.

Accueillir en haine est une expression assez naturelle dont on peut citer quelques anciens exemples :

Le roy Philippe print et *accueillit* ce messire Robert *en si grant hayne*, que se le roy l'eust tenu en son ire, il l'eust fait mourir sans nul remede.

FROISSART, *Chroniques*, liv. I, part. I, c. 54.

ACCUEILLANT, participe présent.

Il y étoit entré (à Marly) doux, poli, gracïeux, *accueillant* tout le monde..... mais il n'étoit plus le même, son audience l'avoit entièrement changé.

SAINT-SIMON, *Mémoires*, 1714, t. XII, c. 2.

Il se dit adjectivement pour Accessible, affable.

Elle (Mme de Rambouillet) étoit bienfaisante et *accueillante*.

SEGRAIS, *Mémoires, anecdotes.*

C'étoit le plus *accueillant* et le plus prévenant de tous les hommes.

BOSSUET, *Politique tirée de l'Écriture-Sainte*, liv. IX, art. 3.

Toujours affable et serein, toujours accessible, toujours *accueillant*, ne retenant de son rang que le privilège de pouvoir être importuné.

MASSILLON, *Oraison funèbre de Messire de Villars.*

C'etoit le ministre le plus affable qui fut jamais; il avoit une femme qui n'étoit pas si simple, mais qui étoit encore plus *accueillante*.

HAMILTON, *Contes*, Fleur d'Épine.

ACCUEILLANT ne se dit pas seulement des personnes, mais, en certains cas, des choses.

La manière grande, noble, aisée, *accueillante* avec discernement, dont elle savoit tenir sa maison....

SAINT-SIMON, *Mémoires*, 1714, t. XI, c. 22.

ACCUEILLI, IE, participe.

Il se prend aussi adjectivement, en parlant des personnes ou des choses pour bien et mal Reçu.

Ces deux livres, si opposés en doctrine et en style, et si différemment *accueillis* dans le monde, y causèrent un grand fracas.

Accueilli partout, quoique peu amusant, il (le maréchal de Choiseul) n'eut d'ennemis et de jaloux que ceux de la vertu même.

SAINT-SIMON, *Mémoires*, 1697, t. I, c. 41; 1711, t. IX, c. 10.

Cette langue grecque, si peu *accueillie* de nos jours...

D'ALEMBERT, *Éloge de Marivaux.*

ACCUEILLI peut avoir un complément formé de la préposition de et de son régime.

Cette locution n'offre rien que de très-ordinaire dans ces passages :

Clément V venant establir sa demeure en France, lorsqu'il feit son entrée dans Lyon, *fut accueilly d*'une infinité de princes et de grands seigneurs.

Est. PASQUIER, *Recherches de la France*, III, 25.

Le prince de Conti... faisoit un triste et humiliant personnage, *accueilly de* personne, abboyé de tous.

SAINT-SIMON, *Mémoires*, 1697, t. II, c. 2.

On changea le nom de cette chambre qui ne s'était appelée que chambre des vacations : elle reçut le titre de chambre royale, elle siégea au Louvre au lieu de siéger aux Augustins, et n'en fut pas mieux *accueillie du* public.

VOLTAIRE, *Histoire du Parlement de Paris*, c. 66.

Il n'en est pas de même des passages suivants, lesquels d'ailleurs s'expliquent par les usages anciens du verbe *accueillir.*

... Mais ces grans facultés que je dis estoient œuvres d'hommes, *accueilliz de* gloire, qui ne congnoissoient d'où ce bien et honneur leur venoit et y procederent selon leur nature et experience.

COMMYNES, *Mémoires*, VII, 17.

Eux qui de longtemps auparavant regrettoient de voir leurs espées *accueillies* et mangées *de* la rouille, et leurs chevaux devenus pesans et engourdis par un trop long repos.

COEFFETEAU, *Histoire romaine de L. Florus*, IV, 12.

Ceste beauté *de* vertu *accueillie,*
Se passera comme une fleur cueillie.
Cl. Marot, Élégies, I, 10.

Le fréquentatif accueilleter se trouve, au sens de Cueillir, dans des vers cités, d'après un très-ancien auteur, par Sainte-Palaye.

D'accueillir on avait aussi formé racueillir.

Viendra jamais le temps que les amours jolies,
Et les Muses je voye en France *racueillies.*
Vauquelin de la Fresnaie, Art poétique françois, III.

Ce mot se rapproche beaucoup de *recueillir* dont il n'est peut être qu'une corruption et qu'on a autrefois confondu, en certaines acceptions, avec accueillir.

Allons nostre chemin et bon pas, et point ne nous desrouterons. Silz viennent à nous, nous les *recueillerons;* mais je croy bien quilz n'en ont nulle voulenté.
Froissart, Chroniques, liv. II, c. 97.

ACCUEIL, s. m.

Autrefois accueil, acuil, aqueuz (pluriel), escoeil, escoel, escueil, escuel, eskeul, etc. (voyez le *Glossaire* de Sainte - Palaye et les exemples ci-après).

Accueil, qui exprime l'Action d'*accueillir* une personne ou une chose, se joint à un fort grand nombre d'adjectifs propres à indiquer de quelle manière cette personne ou cette chose sont *accueillies; un bon, un mauvais, un froid, un favorable, un étrange accueil,* etc.

Il (Henri III) affecta durant quelques mois à paroître populaire, se faisant voir en public avec un *accueil* riant et gracieux.
Mézeray, Histoire de France, Henri III, année 1584.

Ma mie, que dois-je conjecturer d'un aussi langoureux *accueil ?*
Marivaux, l'Épreuve, sc. 12.

Mais son *accueil* plein de bonté, son ton compâtissant, ses manières douces et caressantes, me mirent bientôt à mon aise.
J.-J. Rousseau, les Confessions, part. I, liv. II.

Gente beauté, pleine de doulx *acueil.*
Ch. d'Orléans, Poésies : au temps passé quand nature me fit.

Ce morne et froid *accueil* me surprend à mon tour.
P. Corneille, Horace. II, 2.

Ah! d'un si doux *accueil* je me serois passé.
Molière, Amphitryon, II, 2.

D'un favorable *accueil* honorons son passage.
J. Racine, Alexandre, I, 2.

Pourquoi cet habit noir et ce lugubre *accueil ?*
En peu de temps, vraiment, vous avez pris le deuil.
Regnard, les Ménechmes, II, 3.

Et suis-je criminel quand, par un doux *accueil,*
J'apaise leur courroux, qu'irrite votre orgueil ?
La Fosse, Manlius, I, 3.

Accueil se construit aussi, fréquemment, soit avec la préposition *de* suivi du nom de la personne qui *accueille,* soit avec les pronoms possessifs *mon, ton, son, votre, leur.*

Notre accueil de ce matin t'a fait prendre la chèvre.
Molière, le Bourgeois gentilhomme, III, 10.

Toujours affable et gracieux, lors même qu'il ne lui est pas permis d'être libéral, *son accueil* devient comme le bienfait même qu'il refuse.
Massillon,.....

Je ne savois comment entrer en matière : *l'accueil de* la prieure, tout avenant qu'il étoit, m'avoit découragée.
Marivaux, la Vie de Marianne, partie III.

L'accueil aisé, l'esprit liant, l'humeur facile *des* habitants du pays me rendit le commerce du monde aimable.
J.-J. Rousseau, les Confessions, part. I, liv. V.

Je sais que vos appas vous suivent en tous lieux,
Mais *votre accueil* retient ceux qu'attirent vos yeux.
Molière, le Misanthrope, II, 1.

De *son accueil* gaulois la liberté vous rit.
Dufresny, le Faux Sincère, I, 6.

Accueil pourrait, sous cette forme, être construit avec un autre nom qu'un nom de personne. On dirait fort bien, par exemple, *l'accueil du public, de la cour, de l'opinion,* etc.

Quelquefois dans cette manière de parler, la préposition *de* a pour régime un nom abstrait.

I.

78

L'air natal, *l'accueil de* l'amitié, la beauté des lieux, la saison, tout concourt à réparer les fatigues du plus triste voyage.

> J.-J. Rousseau, *Lettres.* 17 juin 1762.

Faire un bon, un mauvais accueil, un accueil froid, un grand accueil, beaucoup d'accueil, etc. sont des locutions d'un usage très-fréquent.

Je vous recommande surtout de régaler d'un bon visage cette personne-là, et de *lui faire* enfin *tout le meilleur accueil* qu'il vous sera possible.

> Molière, *l'Avare,* III, 1.

Il ne régla jamais sur la faveur ou sur la disgrâce des personnes, *le bon* ou *le mauvais accueil* qu'il *leur* pouvoit *faire.*

> Fléchier, *Oraison funèbre de M. de Lamoignon.*

Une embrassade froide, sans entretien et sans discours, étoit *tout l'accueil* que le prince *faisoit à* un homme qui venoit de sauver l'empire.

> Mascaron, *Oraison funèbre de Turenne.*

Son valet vient; *faites-lui un accueil glacé;* commencez par là ce grand ouvrage que vous méditez.

> Le Sage, *Turcaret,* I, 1.

Le général Vede, qui commandait cette gauche, ayant su *le gracieux accueil* que le roi *avait fait aux* autres généraux.....

> Voltaire, *Histoire de Charles XII,* liv. II.

Quand, prêt à partir pour le monde enchanté, je voyois arriver de malheureux mortels qui venoient me retenir sur la terre, je ne pouvois ni modérer ni cacher mon dépit, et n'étant plus maître de moi, je *leur faisois un accueil si brusque,* qu'il pouvoit porter le nom de *brutal.*

> J.-J. Rousseau, *les Confessions,* part. II, liv. IX.

Mes compagnons de voyage *me firent le plus grand accueil.*

> Duclos, *Voyage en Italie,*

Il évitait de me voir; je l'abordai, il *me fit un accueil très-froid.*

> Beaumarchais, *Mémoires,* part. II, suppl.

Quoi! *faire un tel accueil à* nos soins obligeants?

> Molière, *le Dépit amoureux,* I, 6.

Quel est *l'étrange accueil* qu'on *fait à* votre père, Mon fils?

> J. Racine, *Phèdre,* III, 5.

La locution absolue *faire accueil* se prend toujours en bonne part et signifie Faire une réception civile et honnête.

Pour luy, il *faisoit accueil à* tout le monde, modérant des yeux et de la voix la fureur du soldat.

> Perrot d'Ablancourt, trad. de Tacite, *Histoires,* I, 1.

Nous rencontrâmes un père (religieux jacobin) qui *nous fit accueil* et se mit de la conversation le plus civilement du monde.

> Fléchier, *Mémoires sur les grands jours de 1665.*

Pourquoi les malhonnêtes gens rougiroient-ils de l'être, quand on ne rougit pas de *leur faire accueil?*

> Duclos, *Considérations sur les mœurs,* c. 4.

A quel étrange office, amour, me réduis-tu, De *faire accueil au* vice et chasser la vertu?

> Rotrou, *Venceslas,* I, 2.

On dit aussi *faire beaucoup d'accueil, peu d'accueil, autant d'accueil qu'on en mérite,* etc.

Ils se mirent tous deux en chemin, arrivèrent à Orléans, se présentèrent au Roy, qui ne *leur fit tant d'accueil* et de caresse, que la grandeur de leur qualité et la proximité du sang le requéroit.

> Matthieu, *Histoire des derniers troubles de France,* I.

Il luy *fit fort peu d'accueil.*

> Coeffeteau, *Histoire romaine,* VIII.

Elle (la veuve de Louvois) alloit au souper du roi, qui *lui faisoit* toujours *beaucoup d'accueil.*

> Saint-Simon, *Mémoires,* 1715, t. XIII, c. 28.

Ne voulant pas apparemment l'avoir pour témoin du *peu d'accueil* que je *faisois à* son amour, il se retira avant qu'elle m'abordât.

> Marivaux, *la Vie de Marianne,* part. VI.

Je lui avois cependant été recommandé par madame Boy de La Tour, et il *m'avoit fait beaucoup d'accueil.*

> J.-J. Rousseau, *les Confessions,* part. II, liv. XII.

Cette locution est reconnaissable dans l'exemple suivant, d'une date et d'une forme très-anciennes.

Nul bel semblant, *nul accoilleit* Ne *li a fait* cum il soleit.

> Benoit, *Chron. des ducs de Normandie,* v. 11676.

ACCUEIL se construit avec d'autres verbes, tels que *destiner, garder, préparer,* etc.

> Il a vu *quel accueil lui gardoit* ma colère.
> P. CORNEILLE, *Horace,* V, 3.

> Je sais à son retour *l'accueil* qu'il *me destine.*
> J. RACINE, *Bajazet,* I, 1.

Être d'un bon, d'un mauvais accueil, avoir un accueil avenant, rude, etc., se disent quelquefois d'une réception particulière faite à une personne, plus souvent de la disposition habituelle avec laquelle on reçoit les personnes.

> *Être d'un bon accueil à* tout le monde.
> FLÉCHIER, *Sermons......*

> Il *a* le repart brusque et *l'accueil loup-garou.*
> MOLIÈRE, *l'École des maris,* I, 4.

> Il *a* les yeux sereins et *l'accueil avenant.*
> REGNARD, *le Joueur,* III, 4.

A l'expression *faire un accueil bon, mauvais,* etc., correspond *recevoir un accueil bon, mauvais,* etc., qui ne se rencontre pas moins ordinairement.

> Onze ans de séjour à Monaco l'avoient changée à n'être pas connoissable (Mme de Monaco); elle ne pût se le dissimuler à *l'accueil* qu'elle *reçut* à la cour.
> SAINT-SIMON, *Mémoires,* 1713, t. XI, c. 4.

> Je vous vis encore hier entretenir Valère,
> Et *l'accueil* gracieux qu'il *recevoit de* vous
> Lui permit de nourrir un espoir assez doux.
> P. CORNEILLE, *Horace,* I, 3.

> Je vois au sombre *accueil* que je *reçois de* tous,
> Que je n'ai pas l'honneur d'être connu de vous.
> BOURSAULT, *le Mercure galant,* V, 8.

On se sert aussi, dans le même cas, de verbes d'une signification analogue, tels que *attendre, avoir, rencontrer,* etc.

> Je n'ai pas entrepris de blâmer sa personne;
> Elle est sage, et *l'accueil* qu'*en ont* tous ses amans
> N'aboutit, je le crois, qu'à de vains complim ents.
> LA FONTAINE, *l'Eunuque,* I, 1.

> Surprise d'*un accueil* qu'elle *n'attendoit* pas.
> BOURSAULT, *Ésope à la cour,* III, 9.

> Hormis toi, tout chez toi, *rencontre un doux accueil.*
> BOILEAU, *Satires,* X.

ACCUEIL est peu usité au pluriel; on en trouve, chez nos anciens auteurs, quelques exemples, qui pourraient encore être imités.

> Quelle vanité et perte de temps aux visites, salutations, *accueils* et entretiens mutuels.
> CHARRON, *De la Sagesse,* I, 3.

> Après ces premiers *accueils...* elles s'assirent esloignées de chacun.
> D'URFÉ, *l'Astrée,* part., II, liv. X.

> Comme il sortit (le duc d'Ossone), ce fut des complimens, des *accueils* et des embrassades .....
> SAINT-SIMON, *Mémoires,* 1721, t. XVII, c. 2.

> Il n'y a point d'entr'actes! Comment appelez-vous donc toutes ces pirouettes, ces grands *accueils* et ces chaudes embrassades que les gens du bel air font sur le théâtre pendant qu'on mouche les chandelles ?
> *La Critique de la Cause des femmes,* sc. 3. (Voir théâtre italien, édit. 1717, t. II, p. 75.)

> Non, non, faites l'amour et vendez aux amants
> Vos *accueils,* vos baisers et vos embrassements.
> REGNIER, *Satires,* XIII.

Bel accueil est un des personnages allégoriques que le roman de la Rose a longtemps accrédités dans notre poésie.

> Ainsinc que je me porpensoie
> S'oultre la haie passeroie,
> Ge vi vers moi tout droit venant,
> Ung varlet bel et avenant,
> En qui il n'ot riens que blasmer :
> *Bel accueil* se faisoit clamer,
> Filz fu (de) Courtoisie la sage.
> *Roman de la Rose,* v. 2802.

> Brièvement après devers nous retourna,
> Et amena *Bel accueil* et Plaisance,
> Qui de l'ostel avoient l'ordonnance.
> Ch. D'ORLÉANS, *Poésies :* Au temps passé quand nature me fit.

> Si vins de pensée joyeuse,
> Vers *Bel accueil,* le bien apris,

Qui de sa maiu dextre m'a pris,
Et par un fort estroict sentier,
Me feit entrer au beau pourpris,
Dont il estoit premier portier.
Cl. Marot, le Temple de Cupidon.

Accueil a eu autrefois, comme on le voit dans des exemples cités par Sainte-Palaye, des sens correspondants à ceux que recevait à la même époque le verbe dont il s'était formé;
Le sens d'Asile :

Son temps pert, jeunesce et le sien,
Qui mauvais sert; s'il n'a *escueil*
D'estat, d'office, ou autre bien,
Pour vivre soy.
Eust. Deschamps, Poés. ms. fol. 390, c. 1.

Le sens d'Élan, au propre, et, au figuré, de Désir :

Fut en sa chambre d'un *escueil*.
Eust. Deschamps, Poés. mss. fol. 514, col. 4.

Ils me donnent mout grant *escueil*
D'avoir le bien que j'en recueil.
Froissart, Poés. mss. p. 48, col. 2.

Le sens de Rencontre, de choc :

Hurts, bouttements et *accueils* de chevaux.
La Jaille, Champ de bataille, fol. 37 v°.

De même qu'en certaines acceptions, on a dit autrefois *recueillir* au lieu d'*accueillir*, de même *recueil* a pris quelquefois la place d'accueil. Les exemples de cette substitution ne sont pas rares.

De là vins vers le Roy nostre maistre, qui *me feit* bonne chiere et *bon recueil*.
Commynes, Mémoires, VI, 5.

Gargantua sortit au-devant et *luy firent le meilleur recueil* que peurent.
Rabelais, Gargantua, I, 45.

Qui ne bée point après la faveur des princes, comme après chose de quoy il ne se sauroit passer, ne se picque

pas beaucoup de la froideur de *leur recueil* et de leur visage, ni de l'inconstance de leur volonté.
Montaigne, Essais, III, 10.

.... Epimetheus, mal advisé, la reçeut volontiers (Pandore), et *luy feist grand recueil*.
H. Estienne, Apologie pour Hérodote, t. I., c. 1.

Afin que l'œuvre, duquel le project aura receu tant de faveur et d'honneur, puisse *avoir* d'autant *meilleur recueil* par tout le royaume de sa Majesté.
Le même, la Précellence du langage françois, épître au roy.

O mon ami, Antoine,
N'est jour que me souvienne
Du souverain *recueil*
Que tu *feiz à* Clement.
Cl. Marot, Épitres, I, 24.

De même qu'on a dit *raccueillir* pour *recueillir*, on trouve *racueil* au lieu de *recueil*, probablement par corruption, comme le pense Raynouard (voyez *Journal des savants*, février 1823, p. 116).

Toutes fois veu le bon *raccueil*
De nostre hostesse.
Olivier Basselin, Vaux de vire, XXVII.

Sainte-Palaye donne des exemples des substantifs : Accueillance, accueillage, anciens synonymes d'accueil.

ACCULER, v. a.

Autrefois aculer (voyez le *Glossaire* de Sainte-Palaye).

Ce mot a pu être employé, dans son sens étymologique, pour Asseoir. On le voit par le passage suivant, déjà cité à l'occasion d'*Accroupir*, dont il était, dans cette acception, le synonyme :

Les Arabes se tiennent *acculez* dessus la poincte des pieds, faisants que les talons leur servent de siege.
Pierre Belon, singularitez et choses memorables de divers pays estranges, I, 76.

.... Ressemblant ces jeunes chiens, qui, *acculez* et faisans bonne mine devant un petit enfant tenant un lopin de pain et sa beurrée, le regardent, faisans autant de tours de teste qu'ils voient de morceaux avalez.

Du Fail de la Herissaye, *les Contes d'Eutrapel*, XX.

On a pu dire de même s'ACCULER pour s'Asseoir.

Et puis (Argus) occupe et gaigne
Legerement le hault d'une montaigne
Assez loingtaine, ou *se* sied et *acule*,
Et là seant en toutes partz specule.

Cl. Marot, l. I, *de la Métamorphose*, v. 1318.

De là l'emplói fort rare d'ACCULER au sens de Renverser. On n'en cite que cet exemple :

De sa lance doncq' asserée, verde et roide, rompoit ung huis, enfonçoit ung harnois, *aculoit* ung arbre.

Rabelais, *Gargantua*, I, 23.

De là, aussi, dans le langage familier, l'expression *Acculer des souliers*, au sens où l'on a dit depuis les *esculer*, les *éculer*, pour en Abaisser, en ravaler le quartier.

Tous jours se veaultroit par les fanges et se mascaroit le nez, se chauffouroit le visage, *acculoit* ses souliers.

Rabelais, *Gargantua*, I. 11.

Par une extension naturelle et déjà métaphorique, ACCULER a signifié Pousser, réduire en un lieu sans retraite, qui ne permette pas de reculer.

En cette acception, qui a prévalu, il a été surtout terme de guerre, terme de chasse, et il s'est construit le plus souvent avec les prépositions *à*, *dans*, *en*, *contre*, *sur*, *entre*, et les adverbes *où*, *y*, *là*.

Avec la préposition *à* :

Je ne suis plus ce pauvre Béarnois qu'on vouloit chasser du royaume. Vous souvenez-vous du temps que nous étions à Arcques et que vous mandiez à Paris que vous m'*aviez acculé* au bord de la mer et qu'il faudroit que je me précipitasse dedans pour pouvoir me sauver.

Fénelon, *Dialogues des morts*, IIe part., LXVII, Henri IV et le duc de Mayenne.

Cependant nous manquions tout-à-fait de fourrage, le nez dans le bois, fort engouffrés entre les deux camps et *acculés au* Rhin, tandis que les ennemis avoient abondance de tout.

Saint-Simon, *Mémoires*, 1695, t. I, c. 27.

On ne peut le prendre (le blaireau) qu'en faisant ouvrir le terrier par-dessus, lorsqu'on juge que les chiens l'*ont acculé* jusqu'*au* fond.

Buffon, *Histoire naturelle*. Quadrupèdes ; le Blaireau.

Avec la préposition *dans* :

Au second (tableau) se remarquoit comment il *fut acculé dans* un bois avec les siens par les capitaines Tire-avant et Taille-tout.

Satyre Ménippée, Nouvelles des régions de la lune, c. 10.

Le duc de Mayenne avoit écrit avec asseurance à tous les princes estrangers qu'il tenoit le roy de Navarre *acculé dans* un petit coin, d'où il ne pourroit sortir qu'en se rendant à luy.

Hardouin de Péréfixe, *Hist. de Henri le Grand*, part. II, ann. 1590.

Lui et Démosthène, qui étoit l'autre chef, entrèrent dans l'isle (de Sphacterie), attaquèrent vivement l'ennemi, le poussèrent de poste en poste, et, gagnant toujours du terrain, l'*acculèrent* enfin *dans* le fond de l'isle.

Rollin, *Histoire ancienne*, liv. VII, c. 3, § 4.

Avec la préposition *en* :

Pyrrhus tira devers la ville d'Asculum, là où il s'attacha pour la seconde fois aux Romains, et *feut acculé en* lieux malaisez pour gens de cheval.

Amyot, trad. de Plutarque, *Vie de Pyrrhus*, c. 45.

Le dessein du duc étoit de l'*acculer en* quelque coin de Normandie.

Mézeray, *Histoire de France*, Henri IV, ann. 1589.

Le roy Loys vint jusque en leur estappe
Les assommer, heureux est qui eschappe,
Car de trop pres les print et *accula*
En Aignadel.

J. Marot, *Voyage de Venise*.

Avec la préposition *contre* :

La Vauguyon... laissa sortir la compagnie, et quand il se vit seul avec madame Pelot, il ferma la porte au verrou, enfonça son chapeau dans sa tête, l'*accula contre* sa cheminée, et lui mettant la tête entre ses deux poings, lui dit qu'il ne sçavoit ce qui le tenoit qu'il ne la lui mît en compote pour lui apprendre à l'appeler poltron.

Saint-Simon, *Mémoires*, 1693, t. I, c. 14.

Quant on le faict *contre* un arbre *acculler*.

Guill. Cretin, la Dame qui soubstient les chiens.

Avec la préposition *sur :*

L'armée d'Italie, *acculée sur* la rivière de Gênes, était sans subsistance et privée de tout.

Napoléon, Mémoires, Consuls provisoires, § 3.

Avec la préposition *entre :*

Le gosier escumoit comme à ung verrat que les vaultres (sorte de chiens) *ont aculé contre* les toiles.

Rabelais, Pantagruel, II, prologue.

Ceulx qui avoyent conjuré sa mort, l'environnèrent de tous costez les espées nues en leurs mains, de sorte que, de quelque part qu'il se tournast, il trouvoit tousjour quelques-uns qui le frappoyent... et lui se demenoit ne plus ne moins que la beste sauvage *aculée entre* les veneurs.

Amyot, trad. de Plutarque, Vie de Jules César, c. 16.

M. le duc d'Orléans se fut trouvé maître d'*acculer* sans ressources le prince Eugène *entre* lui et la Savoie que nous tenions.

Saint-Simon, Mémoires, 1706, t. V, c. 10.

Avec l'adverbe *où :*

Il arriva que Doria d'un costé, Dragut de l'autre, entrèrent dans le canal qui est entre Meninge et terre ferme en mesme temps, *où* Dragut se voiant *aculé* et amusant les chrestiens de quelque petit fort, coupa dix lieues de terre et se sauva lui et tous ses vaisseaux.

Agr. D'Aubigné, Histoire universelle, t. I, liv. I, c. 15.

Avec l'adverbe *y :*

Le prince d'Orange étoit campé à l'abbaye de Pure, de manière qu'il n'y pouvoit recevoir de subsistances, et qu'il n'en pouvoit sortir sans avoir les deux armées du roi sur les bras. Il s'y retrancha à la hâte et se repentit bien de s'*y* être laissé *acculer* si promptement.

Saint-Simon, Mémoires, 1693, t. I, c. 2.

Avec l'adverbe *là :*

Le Roy de France mena son armée devant le Chasteau de Verneuil en Normandie, où l'Anglois avoit de si bons capitaines, qu'ils l'*acculèrent là.*

Mézeray, Histoire de France ; Louis VII, dit le Jeune, ann. 1174.

On dit absolument Acculer.

Il advisa le Roy Perion, qui nouvellement l'avoit fait chevalier, tres mal mené par deux chevaliers, qui à l'aide de dix hallebardiers armez l'*avoient acculé* de toutes parts.

Herberay des Essarts, Amadis de Gaule, I, 6.

Othon, pareil à une beste farouche *acculée* qui se rue sur le veneur qui le presse le plus, par un coup de désesse veut enferrer luy-mesme dans les armes d'Auguste qui avoit toujours excité et favorisé ses ennemis.

Mézeray, Histoire de France. Philippe-Auguste, ann. 1214.

Le verbe pronominal s'Acculer, soit construit avec les mêmes prépositions, soit pris absolument, s'emploie dans un sens analogue. Il y a toutefois entre *acculer* et s'*acculer* cette différence, souvent remarquée, que le premier se rapporte plutôt à l'attaque, et le second à la défense. S'*acculer,* c'est se placer dans une position, non pas sans issue, sans chance de retraite, mais qui ne permette pas d'être pris par derrière.

Après qu'il (le Sanglier) a couru une longue espace de temps en faisans ses tours et frayant, il *se* met et *acculé contre* un arbre, à fin que rien ne luy puisse venir que devant et met sa teste contre terre.

Gaston Phébus, à la suite de la Vénerie de Du Fouilloux.

Comme ung tigre eschauffé, s'*acula à* la barrierre du pont à ce quilz ne gaignassent derriere.

Le loyal Serviteur, c. 25.

Abbois où (comme les autres escrivent) abbais, proprement se dit du povre cerf, quand, ne pouvant plus courir, il s'*accule en* quelque lieu le plus avantageux qu'il peut trouver, et là, attendant les chiens, endure d'estre abbayé par eux.

H. Estienne, la Precell. du langage françois.

Or dont, Bernart, qui fors rains as,
Va, si t'*acule à* cel huiset (guichet)
Et si l'entr'ovre un petitet
Tant que li Leus i puisse entrer....

L'asne *s'est à* l'uis *aculé,*
Un petitet l'a esbaé (entrebaillé).
            Roman du Renart, v. 13346.

En termes de manège on dit d'un cheval qui ne va pas assez avant à chacune des voltes, qu'il *s'accule.*

ACCULER, toujours employé avec les mêmes prépositions ou d'une manière absolue, peut se dire métaphoriquement en parlant d'une difficulté insurmontable à laquelle on réduit une personne, soit par la discussion, soit autrement.

Le roi à son tour le pressant de diverses objections et demandes, et le chargeant de toutes parts, *l'accula* enfin *sur* le point de l'exécution faite du muet et comme à la dérobée.

Une pierre, c'est un corps : mais qui presseroit : et corps, qu'est-ce ? substance, et substance quoi ? ainsi de suite, *acculeroit* enfin le repondant *au* bout de son calepin.
         MONTAIGNE, *Essais,* I, 9; III, 13.

La prise de Beaune *acula* le duc de Mayenne, lequel depuis ne fit que battre d'une aisle, et se vid comme au bout de ses esperances.
    MATTHIEU, *Histoire des derniers troubles de France,* V.

Le défaut des personnes faciles et foibles est de tout craindre et tout ménager au point de se laisser *acculer.*
     SAINT-SIMON, *Mémoires,* 1718, t. XVII, c. 11.

On a dit aussi, mais rarement, dans le même sens, *Acculer* une chose.

Acculer ung procès qui estoit en beau chemin.
   • Rob. ESTIENNE, *Dictionnaire françois-latin.*

En certains cas, plus fréquents, ACCULER, avec cette même signification métaphorique, a pour régimes des noms qui désignent une chose ou une abstraction personnifiées.

Les limites de l'honneur (des femmes) ne sont pas retranchez du tout si court..... au bout de sa frontière, il y a quelque estendue, libre, indifferente et neutre. Qui l'a pu chasser et *acculer* à force jusques *dans* son coin et son fort, c'est un mal habile homme s'il n'est satisfait de sa fortune.
        MONTAIGNE, *Essais,* III, 5.

Quelques ans après l'avénement de ce bon roi à la cou-

ronne, il (le duc de Guise) lui conserva la ville de Metz contre un long et obstiné siége de l'empereur Charles V[e], *acculant* toutes ses victoires de telle façon que....
       Est. PASQUIER, *Lettres,* IV, 20.

S'ACCULER peut signifier de même, par métaphore, Se jeter dans quelque embarras, dont il soit difficile de se tirer.

Ce qui m'a paru plaisant en ceci, c'est de les voir *s'acculer* eux-mêmes par leurs propres sophismes, au point d'aimer mieux donner le sentiment aux pierres, que d'accorder une âme à l'homme.
     J.-J. ROUSSEAU, *Lettres,* 17 février 1758.

S'ACCULER, par analogie avec ce qui a été dit plus haut de ce verbe pronominal, pris dans un sens d'extension métaphorique assez voisin du sens propre, peut signifier aussi Persévérer, s'obstiner, rester inébranlable. C'est le sens que lui donne Cotgrave dans cet exemple : *Acculé en son opinion.*

ACCULÉ, ÉE. participe.

Aux acceptions qui lui sont communes avec les autres modes du verbe et dont il a été donné des exemples, il faut ajouter la suivante :

Il se dit, en termes de blason, d'un cheval Cabré, renversé sur sa croupe, ou bien de deux canons sur leurs affuts, dont les culasses sont opposées l'une à l'autre, comme on le voyait, par exemple, au bas des armoiries du grand maître de l'artillerie.

ACCUL, s. m. (on prononce l'L.)

Autrefois ACUL (voyez le *Glossaire* de Sainte-Palaye).

ACCUL se dit, au propre, d'un Lieu sans issue où l'on est *acculé.*

Ceux qui poursuivoient les voleurs les poussèrent dans un *accul* où on les prit.
       Dictionnaire de l'Académie.

ACCUL, ainsi employé au sens propre, est surtout terme de chasse et se dit des lieux où on réduit le gibier, particulièrement du fond du terrier où les chiens poussent les renards, les blaireaux et autres animaux qui se terrent.

Un des plus grands (ours) qu'il estoit possible de voir, percé de plusieurs harquebusades, et ayant six ou sept bris et tronçons de piques et halebardes, embrassa sept ou huict qu'il trouva en l'*accul* d'un haut rocher, avec lesquels il se précipita en bas.

Sully, *OEconomies royales*, t. I, c. 10.

Quand on voit que le renard est à l'*accul*. Avant que de lâcher les bassets, il faut savoir où sont les *acculs*.

Dictionnaire de l'Académie.

Accul se dit, en termes de marine, d'une petite Anse, d'une espèce de crique trop petite pour de grands bâtiments. Richelet cite, d'après quelques voyageurs, cette expression *L'accul de Panama*.

Accul se dit, en termes d'artillerie, des piquets que l'on enfonce pour empêcher le recul du canon.

Accul a pu, comme *Acculer*, être pris métaphoriquement, en parlant d'une Difficulté qu'on ne peut surmonter, d'une limite qu'on ne peut franchir.

L'Espagne est un grand royaume mal peuplé, et qui n'est trop fertile, situé à un *accul*, plus propre à se conserver qu'à s'accroître.

Le duc de Rohan, *Disc. durant les persécutions de Saint-Jean.*

Fort blâmable (M. de Ponchartrin)…, de n'avoir pas senti dequel *accul* de fortune il (M. Pelletier) l'avoit tiré.

Saint-Simon, *Mémoires*, 1699, t. II, c. 21.

On trouve dans la phrase suivante du même écrivain le substantif

ACCULEMENT.

Je le laissai dire là dessus (le régent) et comme prendre haleine de l'*acculement* où j'avois réduit son incomparable fausseté.

Saint-Simon, *Mémoires*, 1718, t. XVII, c. 3.

ACCUMULER. v. a. (de *Accumulare, cumulare, cumulus*, lat.)

Ce verbe, d'après son étymologie, se dit au propre en parlant des choses physiques dont on forme un amas, un tas, un monceau, des choses qu'on entasse, qu'on amoncelle.

Le Rhin se perd dans les sables qu'il *a* lui-même *accumulés.*

Buffon, *Hist. naturelle*, Théorie de la terre.

La mer, qui par son flux et reflux *accumule* les sables sur cette plage, finira par encombrer le chenal, et il arrivera à Suez ce qui est arrivé à Dolzoum.

Volney, *Voyage en Egypte et en Syrie*, État politique de l'Egypte, c. 9.

Accumuler, dans un sens figuré encore très-voisin du sens propre, est d'un fréquent usage lorsqu'il est question des accroissements de la fortune. De là ces expressions si usitées, *accumuler des biens, des richesses, des trésors, des revenus, des arrérages*, etc., et, par analogie, *accumuler des dettes.*

Il semble qu'on ait voulu faire un fonds de quelque importance, en *accumulant* les arrérages de plusieurs années.

Patru, *OEuvres*, IIe plaidoyer.

Accumuler à grands frais des richesses iniques, c'est préparer de grands malheurs à sa postérité.

Massillon, *Paraphrases*, Ps. IX.

Les Dervis ont en leurs mains presque toutes les richesses de l'État ; c'est une société de gens avares qui prennent toujours et ne rendent jamais; ils *accumulent* sans cesse des revenus pour acquérir des capitaux.

Montesquieu, *Lettres persanes*, CXVIII.

De tout temps les princes asiatiques *ont accumulé* des trésors, ils ont été riches de tout ce qu'ils entassaient, au lieu que dans l'Europe les princes sont riches de l'argent qui circule dans leurs Etats.

Voltaire, *Essais sur les mœurs*, c. 8.

Sa race *accumulant* d'immenses héritages.

Le même, *Tancrède*, I, 1.

Accumuler des trésors, se retrouve, dans le passage suivant, mais avec un sens métaphorique :

En *accumulant* dans nos coffres des trésors d'iniquité, sans jamais vouloir séparer le bien d'autrui d'avec le nôtre.

Bossuet, *Oraison funèbre de Marie Thérèse d'Autriche.*

Accumuler se dit aussi, par extension et par figure d'autres avantages que de ceux de la fortune, *accumuler des grandeurs, des dignités, des victoires*, etc.

Il (le comte de Toulouse) n'avoit eu nulle part aux grandeurs que son frère (le duc du Maine) *avoit accumulées* en Titan pour escalader les cieux.

SAINT-SIMON, *Mémoires*, 1716, t. XIV, c. 1.

....A voir tant de malheurs qui fondaient sur la maison d'Autriche, tant de victoires *accumulées* par les Français...

VOLTAIRE, *Siècle de Louis XIV*, c. 3.

ACCUMULER pris au figuré, a souvent aussi pour régimes des mots qui expriment des choses morales, *accumuler des mensonges, des vérités, des idées, des tableaux*, etc.

Afin que nous ne soyons point contreints de *accumuler* beaucoup de passages, pour le present un Pseaume nous suffira.

CALVIN, *Institution chrestienne*, l. I, c. 10, § 2.

Ce qui m'étonne, c'est de voir des hommes *accumuler*, sans crainte, ces obligations, les entasser avec joie les unes sur les autres, et en prendre jusqu'à s'accabler.

BOURDALOUE, *Sermons*. Sur l'état de vie.

... Le maréchal (de Berwick), au contraire, intrépide de cœur, mais timide d'esprit, *accumuloit* toutes les précautions et les ressources, et en trouvoit rarement assez.

SAINT-SIMON, *Mémoires*, 1707, t. V, c. 22.

Comment peut-on *accumuler* tant de sottises et de mensonges ?

VOLTAIRE, *les Honnêtetés littéraires*, XVII.

Un précepteur... *accumule*, sans choix, sans discernement, cent fatras dans sa mémoire.

J.-J. ROUSSEAU, *Émile*, II.

Pour comprendre à quel point la tête me tournoit alors, il ne faut que voir combien tout à la fois j'*accumulai* d'extravagances.

LE MÊME, *les Confessions*, part. I, liv. IV.

Il faut auparavant que je vous montre comment un poëte, en quatre lignes, fait succéder plusieurs instans différens, et croyant n'ordonner qu'un seul tableau, en *accumule* plusieurs.

DIDEROT, *Salon de* 1767, La Grenée.

ACCUMULER, peut être lié à un régime indirect par des prépositions telles que *autour* :

Accumuler l'abondance et la joie *autour* d'eux et faire du travail qui les enrichit une fête continuelle.

J.-J. ROUSSEAU, *la Nouvelle Héloïse*, V, 7.

I.

Et plus souvent *sur*:

Tout ce que peuvent donner de plus glorieux la naissance et la grandeur *accumulées sur* une seule tête, qui ensuite est exposée à tous les outrages de la fortune.

BOSSUET, *Oraison funèbre de la reine d'Angleterre*.

Vous *accumulerez sur* votre tête les biens et les dignités de l'Eglise contre toutes les règles.

MASSILLON, *Discours*. De la vocation à l'état ecclésiastique.

Il y avoit déjà un an que Berwick, qui vouloit tout *accumuler sur* sa tête et le partager à ses enfans, avoit demandé d'être fait duc et pair.

SAINT-SIMON, *Mémoires*, 1710, t. VIII, c. 26.

Il demeure aussi quelque chose de ces satires, c'est la haine et le mépris que leurs auteurs *accumulent sur* leurs personnes.

VOLTAIRE, *Lettres*, 16 juin 1749.

Les méchans *accumulent sur* moi les plus absurdes calomnies, et ne disputent que sur le choix des atrocités.

BEAUMARCHAIS, *Mémoires*, part. I.

Quels maux *sont* en ces lieux *accumulés* sur moi !

VOLTAIRE, *Mérope*, III, 1.

Accumulez sur lui des tourments mérités

DUCIS, *OEdipe chez Admète*, III, 1.

ACCUMULER, construit avec la préposition *sur*, a donné lieu à une manière de parler d'un grand usage, *accumuler sou sur sou, mensonge sur mensonge, crime sur crime*, etc.

Or les vengez doncques si vous poüez, toutes fois je croy que devant que m'eschappiez vous *accumulerez* une injure *sur* l'aultre.

HERBERAY DES ESSARTS, *Amadis de Gaule*, 1, 42.

Qui faict ainsy, n'*accumule* pas louange *sur* louange, ains la transfere d'une chose à une autre.

AMYOT, trad. de Plutarque, *OEuvres morales*, Comment ou peut se louer soi-mesme.

Accumuler bonnes œuvres *sur* bonnes œuvres, et mérites *sur* mérites.

BOURDALOUE, *Sermons*. Sur l'état du péché et l'état de la grâce.

On *accumule* dettes *sur* dettes, on ajoute offenses à offenses, on grossit ce trésor de colère qui retombera sur nous au dernier jour pour nous accabler.

LE MÊME, *Sermons*. Sur la confession.

Quant à vous, mademoiselle, je n'ai pas besoin que l'on me mande ce que vous faites; je le vois d'ici : vous *accumulez* cœurs *sur* cœurs.

> La Fontaine, *Lettres*, à Mlle de Chanmeslay, 1678.

Ne te lasse donc point de protéger les tiens,
Accumule pour eux conquestes *sur* conquestes.
> Racan, *Psaumes*, LIX.

Accumuler, comme Amasser, Entasser, s'emploie absolument en parlant des personnes cupides, des avares.

En vain dit-on aux riches, avec l'Ecclésiaste, que cette ardeur d'amasser et d'*accumuler*, n'est que vanité et affliction d'esprit.

> Bourdaloue, *Carême*. Sermon sur les richesses.

Il (le comte de Croï) passa le reste de sa vie chez lui à *accumuler*.

> Saint-Simon, *Mémoires*, 1716, t. XIV, c. 3.

S'il faut que l'habitant de la campagne *accumule* pour payer ses baux, accumulera-t-il des billets?

> Mirabeau, *Discours*, 6 novembre 1789.

Fureur d'*accumuler*, monstre de qui les yeux
Regardent comme un point tous les bienfaits des dieux,
Te combattrai-je en vain sans cesse en cet ouvrage?

Un homme *accumuloit*, on sait que cette erreur
Va souvent jusqu'à la fureur.
> La Fontaine, *Fables*, VIII, 27; XII, 3.

Et qu'importe qu'on raille?
Accumulez toujours.
> Destouches, *le Dissipateur*, III, 5.

Accumuler, qu'il s'agisse des choses physiques ou des choses morales, peut devenir verbe pronominal.

Les inondations du Nil dûrent, pendant des siècles, écarter tous les colons d'une terre submergée quatre mois de l'année. Ces eaux croupissantes s'*accumulant* continuellement, dûrent longtemps faire un marais de toute l'Egypte.

> Voltaire, *Essai sur les mœurs*, c. 19.

Les pierres se sont formées par couches parallèles et horizontales, qui *se sont* successivement *accumulées* les unes sur les autres.

> Buffon, *Hist. naturelle*, Théorie de la terre, art. 7.

Les maux, les ennuis, les années qui s'*accumulent*, me rendent moins ardent dans mes désirs, et moins actif à les satisfaire.

> J.-J. Rousseau, *Lettres*, 14 octobre 1764.

Accumulé, ée, participe.

Il se prend, au sens physique et au sens moral, adjectivement.

En prenant de l'argent à cinq pour cent, en le prêtant aux rois prédécesseurs de V. M. à dix, à douze, à quinze pour cent, par ce seul profit réitéré et *accumulé*, des particuliers ont fait de grandes et magnifiques fortunes.

> Pellisson, *1er discours au roi*.

Non, rien ne peut remplir mon idée que vous, ô unité qui êtes tout, et devant qui tous les nombres *accumulés* ne seront jamais rien.

> Fénelon, *de l'Existence de Dieu*, II, 3.

Comme le Rhône ressort du lac parfaitement limpide, et y laisse par conséquent les sables et les terres qu'il entraîne des Alpes, ces dépôts *accumulés* tendent à remplir de proche en proche le bassin du lac.

> Saussure, *Voyages dans les Alpes*, t. I, c. 1, § 12.

Là sont *accumulés* tous les trésors de Troie.
> Delille, *Traduction de l'Enéide*, II.

Accumuler est en rapport de signification, comme d'étymologie, avec un vieux verbe qui remonte également, par le substantif *comble*, au latin *cumulus*, le verbe accombler.

Convient à présent *accombler* et adjouster offenses sur offenses.

> M^in Du Bellay, *Mémoires*, liv. VIII, ann. 1549.

Dans d'autres exemples, Accombler et Accumuler sont pris tous deux au sens de *combler*.

Les *accumula* de grans dons par toute manière de libéralité royale.

Tout.... *accomblée* de tous les souhaits que femme de prince sauroit demander en ce monde.

> J. Le Maire de Belges, *Illustrations de Gaule*, liv. I, c. 44; II, 4.

ACCUMULATION. s. f.

Entassement, amas de plusieurs choses ajoutées les unes aux autres.

Ce mot fréquemment employé aujourd'hui, mais que les lexicographes du XVIIe siècle, entre autres Danet et Richelet, disent peu usité, peut, comme le verbe dont il s'est formé, être pris au propre ou au figuré; au sens physique ou au sens moral;

Au sens physique :

On doit conclure que l'Arve a couvert autrefois tout le fond de cette vallée et a élevé ce même fond par l'*accumulation* de ses dépôts.

SAUSSURE, *Voyages dans les Alpes*, t. III, c. 13, § 608.

Au sens moral.

L'*accumulation* de faveurs extraordinaires dont il accabloit le duc d'Epernon..... servoit de texte principal à la ligue.

MÉZERAY, *Histoire de France*, Henri III, ann. 1588.

L'*accumulation* des termes abstraits, qui couvrent souvent le défaut de pensées, et favorisent l'erreur et le sophisme, est un des vices dominant dans les écrivains de nos jours.

LA HARPE, *Cours de littérature*, Introduction.

Il se dit, particulièrement, en rhétorique, de la Figure qui consiste à rassembler dans une période, sous une même forme et dans un même mouvement oratoire, un grand nombre de détails qui développent l'idée principale.

En jurisprudence, *Accumulation de droits* signifie augmentation de droits sur quelque chose. On emploie cette expression, dit Furetière, quand quelqu'un prétend un héritage, un bénéfice, en vertu de plusieurs droits de différente nature, comme par mort, par résignation, etc.

ACCUMULATEUR, TRICE. s.

Celui, celle qui *accumule*.

Un grand *accumulateur* d'écus, de vivres, etc.

Dictionnaire de l'Académie.

Ce mot, peu usité, que donnent les deux dernières éditions, seulement, du dictionnaire de l'Académie, n'est pas, comme on l'a avancé quelquefois, un mot nouveau; on le trouve dans les dictionnaires de Nicot, Oudin, Cotgrave.

ACCUSER, v. a. (du latin *Accusare*, et, par ce mot, de *causa*), quelquefois écrit ACUSER. (Voyez le *Glossaire* de Sainte-Palaye, le Dictionnaire de Richelet, etc.)

ACCUSER signifie, au propre, Mettre en cause; déférer à la justice pour un délit, pour un crime.

Dans le droit criminel actuel, c'est Poursuivre, en vertu d'un arrêt de la chambre des mises en accusation, une personne devant la cour d'assises, pour la faire déclarer coupable du crime qu'on lui impute, et pour obtenir sa condamnation.

ACCUSER, pris au propre, a naturellement pour régimes à l'actif, et pour sujets au passif, des noms de personnes.

E féissent dous (deux) humes avant venir, ki Naboth *acusassent* e sur lui testemoniassent que il out mesparled de Deu meime e del rei.

Les quatre Livres des Rois, III, XXI, 10.

Il loi st bien à celi qui l'*acusa* de soi repentir par fere l'amende de la vilonie et du lait dit que il li dist.

BEAUMANOIR, *Coutumes du Beauvoisis*, VI, 16.

Et à la fin d'icelle harangue protesta avecques serment qu'il *accuseroit* et mettroit en justice celuy qui auroit baillé argent pour se faire eslire, exceptant Sillanus seul.

AMYOT, Trad. de Plutarque, *Vie de Caton d'Utique*, c. 33.

En toutes lesquelles procédures, je trouve deux choses, dont je ne me puis bonnement contenter, par lesquelles il semble que nous affectionnions trop ambitieusement la ruine de celui qui *est accusé.*

EST. PASQUIER, *l'Interprétation des Institutes de Justinian*, IV, 18.

Les Romains ont creu que Caton, qui fut surnommé le Sage, estoit le plus vertueux des citoyens, parce qu'il avoit esté quarante-quatre fois *accusé* et quarante-quatre fois absous.

PATRU, *OEuvres*, XIe Plaidoyer.

Celui qui par le courroux du ciel et de votre Majesté,

79.

s'est vu enlever en un seul jour, et comme d'un coup de foudre, biens, honneur, réputation, serviteurs, famille, amis et santé, sans consolation et sans commerce, qu'avec ceux qui viennent pour l'interroger et l'*accuser*.

PELLISSON, *IIe Discours au Roy sur le procès de M. Fouquet.*

À Rome, il étoit permis à un citoyen d'en *accuser* un autre.

MONTESQUIEU, *Esprit des lois*, VI, 8.

Saint Louis ordonna qu'un écuyer *accusé* par un vilain pourrait combattre à cheval, et que le vilain *accusé* par l'écuyer pourrait combattre à pied.

VOLTAIRE, *Essai sur les mœurs*, c. 100.

Est-ce qu'il n'est jamais permis à celui qui est *accusé*, d'en *accuser* un autre ? où a-t-on pris cette maxime ?

H. COCHIN, *OEuvres*, XLIXe cause.

Le criminel à la torture est forcé d'*accuser* quelques personnes pour la faire cesser; or il peut *accuser* un inno-cent aussi bien qu'un coupable.

SERVAN, *de l'Influence de la philosophie sur l'instruction criminelle.*

J'imite les Romains, encore jeunes d'ans,
À qui l'on permettoit d'*accuser*, impudens,
Les plus vieux de l'estat.

RÉGNIER, *Satires*, I.

Celui qu'un père mort le forçoit d'*accuser*.

P. CORNEILLE, *le Cid*, IV, 2.

Je le crois criminel, puisque vous l'*accusez*.

J. RACINE, *Phèdre*, V, 7.

ACCUSER, dans un sens analogue, répond quelque-fois à Dénoncer.

Il *a accusé* ses complices.
Il *a accusé* bien des gens dans son testament de mort.

Dictionnaire de Trévoux.

On a dit autrefois *accuser en jugement*, comme on le lit dans le *Dictionnaire françois-latin* de Robert Estienne. On ne dit plus depuis longtemps, pour rendre la même idée, que *accuser en justice*. Le *Thre-sor* de Nicot en fait foi.

ACCUSER se construit avec des régimes indirects, qui font connaître quelle personne reçoit l'accusa-tion : *accuser à, accuser envers* se disaient autrefois.

Dont depuis en *fut* mal de court et *accusé au* roi d'An-gleterre...

FROISSART, *Chroniques*, liv. I, part. II, c. 312.

Antiope rejeta sa requeste.... sans l'*accuser envers* Thésée.

L'on nous *a* faulsement *accusez envers* toy.

AMYOT, trad. de Plutarque. *Vie de Thésée*, c. 32 ; *de Romu-lus*, c. 9.

Le fourbe, qui longtemps a pu vous imposer,
Depuis une heure *au* prince *a* su vous *accuser*.

MOLIÈRE, *le Tartufe*, V, 6.

On a dit de même, dans un sens analogue, *excu-ser à, s'excuser à*

Je cherche des raisons pour *excuser à* ma tendresse le relâchement d'amitié qu'elle voyoit en vous.

MOLIÈRE, *le Festin de Pierre*, I, 3.

Non, je te connois mieux, tu veux que je te prie,
Et qu'ainsi mon pouvoir t'*excuse à* ta patrie.

P. CORNEILLE, *Horace*, II, 5.

La dame de ces biens, quittant d'un œil marri
Sa fortune ainsi répandue,
Va *s'excuser à* son mari,
En grand danger d'être battue.

Tout l'Érèbe entendit cette belle homicide
S'excuser au berger, qui ne daigna l'ouïr.

LA FONTAINE, *Fables*, VII, 10 ; XII, 24.

Accuser par devant, *accuser devant*, tous deux d'un ancien usage, se disent encore.

Il le doit *acuser par devant* le segneur...

BEAUMANOIR, *Coutumes du Beauvoisis*, XXXI, 14.

Dolabella, estant proconsul de l'Asie, ou *accusa devant* luy, une femme qui avoit tué son second mary et le filz qu'elle avoit eu de luy.

Est. PASQUIER, *l'Interprétation des Institutes de Justinian*, IV, 20.

Dès qu'on *étoit accusé devant* lui (Valentinien), il suffi-soit d'être riche pour être coupable.

FLÉCHIER, *Histoire de Théodose*, I, 37.

Ils (les Romains) firent *accuser* Persée *devant* eux, pour quelques meurtres et quelques querelles avec des citoyens des villes alliées.

MONTESQUIEU, *Grandeur des Romains*, c. 6.

On dit aussi *accuser auprès*.

ACCUSER reçoit, au moyen de la préposition *de*,

d'autres régimes indirects qui font connaître de quel délit, de quel crime une personne est accusée.

Se uns hons de malvese renommée *acusoit* un home de bone renommée *de* tel cas, il ne devroit pas estre oïs.
BEAUMANOIR, *Coutumes du Beauvoisis*, XXXI, 4.

Les hommes de la ville le prindrent et l'*accusèrent de* trahison.
FROISSART, *Chroniques*, liv. I, part. I, c. 235.

On ne sçauroit prouver les malversations *dont* on l'*accuse*, ni par son bien, car il n'en a point, ni par ses dépenses non plus.
PELLISSON, *I*er *Discours au Roy sur le procès de M. Fouquet.*

Aspasie fut *accusée d'*impiété et *de* mauvaise conduite; Périclès ne la sauva qu'à peine.
ROLLIN, *Histoire ancienne*, liv. VII, c. 1, § 14.

D'un amour criminel Phèdre *accuse* Hippolyte.
J. RACINE, *Phèdre*, IV, 2.

On peut joindre à ces exemples le suivant, où il semble qu'il soit fait une allusion proverbiale au sens propre d'*accuser de*

Me voilà bien chanceuse. Hélas! l'on dit bien vrai;
Qui veut noyer son chien l'*accuse de* la rage.
MOLIÈRE, *les Femmes savantes*, II, 5.

Accuser de est souvent suivi d'un verbe à l'infinitif.

On l'*accusoit* (Biron) *d'*avoir eu des correspondances avec les ennemis du royaume.
HARDOUIN DE PÉRÉFIXE, *Histoire de Henri le Grand*, ann. 1602.

Périclès fit bannir Cimon, faussement *accusé d'*entretenir des liaisons suspectes avec les Lacédémoniens.
BARTHÉLEMY, *Voyage d'Anacharsis*. Introduction.

ACCUSER reçoit pour régime direct, au lieu d'un nom de personne, un nom de chose dans cette locution *accuser un acte faux*, locution qui a vieilli et qu'on remplace aujourd'hui par cette autre *arguer un acte de faux.*

On peut rapprocher de ces locutions celle que contient cet ancien texte :

Uns chevaliers prist une feme, et quant il orent esté

grant piece ensamble, tant qu'il orent enfans, li mariages *fu* après *acusés* et fu depeciés et fu tenus por malvés par le jugement de sainte Église et ot çascuns congié de soi marier aillors.
BEAUMANOIR, *Coutumes du Beauvoisis*, XVIII, 18.

Accuser de peut également recevoir pour régime direct un nom de chose.

Accuser un testament *de* suggestion.
PATRU, *OEuvres*, I*er* Plaidoyer.

ACCUSER, au sens propre, a eu quelquefois pour complément une proposition à laquelle il était lié par la conjonction *que.*

Li tiers cas dont li *acusés* passe par son serement, si est quant aucuns sires *acuse* son tenant *qu'*il ne li a pas paié son campart si comme il doit.
BEAUMANOIR, *Coutumes du Beauvoisis*, XXX, 71.

Il fut... *accusé... qu'*il n'avoit pas bien fait la besogne.
FROISSART, *Chroniques*, liv. I, part. II, c. 308.

ACCUSER, toujours au sens propre, peut dans certains cas, être employé absolument.

Il doit y avoir une proportion entre la faculté d'*accuser* et celle de défendre..... Quand Montesquieu prononce que nos lois sur la manière d'*accuser* sont bonnes, je ne sais s'il ne se trompe pas.
SERVAN, *De l'influence de la philosophie sur l'instruction criminelle.*

ACCUSER, par extension et même aussi par figure, se dit au sujet de simples imputations pour Reprocher quelque défaut, quelque faute à une personne.
Il a encore, dans cette acception, pour régimes à l'actif, pour sujets au passif, des noms de personnes.

La justice sans la force est contredite, la force sans la justice *est accusée.*
PASCAL, *Pensées*, part. I, art. IX, § 9.

Tandis qu'on remercioit un consul qui avoit fui, de n'avoir pas désespéré de la république, on *accusoit* à Carthage Annibal victorieux.
SAINT-EVREMOND, *Réflexions sur les divers génies du peuple Romain*, c. VII.

Cela est bien horrible d'*être accusée* par un mari, lorsqu'on ne lui fait rien qui ne soit à faire.

Molière, *George Dandin*, I, 6.

Comme il (Pompée) avoit souverainement le faible de vouloir être approuvé, il ne pouvoit s'empêcher de prêter l'oreille aux vains discours de ses gens qui le railloient ou l'*accusoient* sans cesse.

Montesquieu, *Grandeur des Romains*, c. 11.

J'étois bien malheureuse de me trouver avec des gens qui m'*accusoient* à si bon marché.

Marivaux, *la Vie de Marianne*, Ire partie.

Quand un roi heureux *accuse* ses ennemis, tous les historiens s'empressent de lui servir de témoins.

Voltaire, *Discours sur la tragédie de Don Pédre*.

J'ai beau chercher des cas où il soit permis d'*accuser*, de juger, de diffamer un homme à son insu, sans vouloir l'entendre, sans souffrir qu'il réponde et même qu'il parle, je ne trouve rien.

J.-J. Rousseau, *Lettres*, 26 février 1770.

Tous *accusent* leurs chefs, tous détestent leur choix.

P. Corneille, *Horace*, III, 2.

Je suis un étrange homme et d'une humeur terrible
D'*accuser* un enfant si sage et si paisible.

Molière, *le Dépit amoureux*, III, 6.

Par un triste regard elle *accuse* les dieux.

J. Racine, *Phèdre*, V, 6.

Un rapport clandestin n'est pas d'un honnête homme;
Quand j'*accuse* quelqu'un, je le dois, et me nomme.

Gresset, *le Méchant*, V, 4.

Accuser, ainsi employé, reçoit fréquemment, outre son régime direct, un régime indirect;

Ce régime, formé au moyen de la préposition *de*, est tantôt un nom, tantôt un verbe à l'infinitif;

Un nom :

Le roy d'Égypte ayant envoyé au peuple quarante mille mines de bled, pour estre distribué entre les bourgeois de la ville, plusieurs feurent *accusez de* bastardise.

Amyot, trad. de Plutarque, *Vie de Périclès*, c. 70.

Apprenez donc de moi que ce n'est pas la mode de m'*accuser de* faiblesse pour mes amis.

Mme de Sévigné, *Lettres*, 26 juillet, 1668.

N'*accusons* que nous *de* nos nouveaux besoins.

Voltaire, *Fragments sur l'Histoire*, art. XX.

Le vice a déjà corrompu mon âme ; c'est le premier de ses effets, de nous faire *accuser* autrui *de* nos crimes.

J.-J. Rousseau, *la Nouvelle Héloïse*, I, 29.

Tyberz li chaz forment s'escuse
De ce *dont* dant Renart l'*acuse*.

Roman du Renart, v. 2035.

Il t'*avoit accusé de* discours médisants.

Molière, *l'Étourdi*, III, 4.

Il ne faut point mentir, ma juste impatience
Vous *accusoit* déjà *de* quelque négligence.

J. Racine, *Bérénice*, I, 4.

Il faut distinguer de ces passages ceux où, comme dans le suivant, *de* signifie *par*.

Tant plus me suis par escript excusé,
Tant plus m'avez *de* parolle *accusé*.

Cl. Marot, *Épîtres*, II, 4.

Un verbe à l'infinitif :

C'est interpréter les princes comme quelques grammairiens expliquent Homère : ils y trouvent ce qui n'y est pas, et l'*accusent d'*être philosophe et médecin, en des endroits où il n'est que faiseur de contes et de chansons.

Balzac, *Aristippe*, disc. III.

Cet homme habile et ambitieux (André Doria) . . . . . . ne manqua pas de ménager des esprits qu'on a de tout temps *accusez d'*aimer naturellement la nouveauté.

Le Cardinal de Retz, *Conjuration de Fiesque*.

Carthage aima toujours les richesses et Aristote l'*accuse d'*y être attachée jusqu'à donner lieu à ses citoyens de les préférer à la vertu.

Bossuet, *Discours sur l'Histoire universelle*, III, 6.

Mais depuis deux jours, la pluie qu'on n'aime point ici, s'est tellement répandue comme en Bretagne et à Paris, qu'on nous *accuse d'*avoir apporté cette mode.

Mme de Sévigné, *Lettres*, 28 mai 1695.

Vous êtes *accusé d'*aimer les Jansénistes et encore plus *de* haïr les jésuites.

Mme de Maintenon, *Lettres*, 11 janvier, 1706.

Les femmes *accusent* les hommes *d'*être volages, et les hommes disent qu'elles sont légères.

La Bruyère, *Caractères*, c. 4.

L'abbé de Verteuil mourut presque aussitôt après mon

arrivée. On m'*accusa* de l'avoir tué d'une indigestion d'esturgeon, dont, en effet, il s'étoit crevé chez moi.
Saint-Simon, Mémoires, 1722, t. XX, c. 12.

S'il y a des gens qui m'*accusent* d'être un hypocrite, c'est parce que je ne suis pas un impie.
J.-J. Rousseau, Lettres, novembre 1762. A M. de
Montmollin.

Les gens de mon minois ne sont point *accusés*
*D'*être, grâces à Dieu, ni fourbes, ni rusés.
Molière, le Dépit amoureux, I. 1.

Vous êtes *accusé* d'être un peu trop distrait.
Regnard, le Distrait, IV, 6.

Accuser, en ce sens comme au sens propre, a eu quelquefois pour complément une proposition à laquelle il était lié par la conjonction *que*.

Cependant vous avez irrité les Seize qui vous *accusent* *qu'*estes un marchand de couronnes et avez mis celle de France au plus offrant.
Satyre Ménippée, Harangue de M. le recteur Roze.

Au jour de l'élection, le duc de Sully l'*accusa* d'opiniâtreté, et *que* ne voulant rien céder, il perdroit tout.
Le duc de Rohan, Mémoires, année 1611.

Accuser, dans la même acception, peut également avoir pour régimes d'autres noms que des noms de personnes.

Il équivaut alors à ces expressions *s'en prendre à*, *se plaindre de*, *censurer*, *blâmer*, *gourmander*, etc.

Telle est généralement la signification d'accuser, construit avec des noms collectifs, des noms de choses personnifiées, des noms abstraits;

Avec des noms collectifs :

Ils continuoient à charger d'opprobres l'Église de Jésus-Christ qu'ils *accusoient* encore, à l'exemple de leurs pères, *de* tous les malheurs de l'empire.
Bossuet, Discours sur l'Histoire universelle, III, 1.

La France et l'Angleterre sont pleines d'écrivains qui croient plaider la cause du genre humain quand ils *accusent* leur patrie.
Voltaire, Supplément au Siècle de Louis XIV, 3e partie.

Avec des noms de choses personnifiées :

On se justifie en *accusant* la fortune, qui de tout temps

a été estimée maîtresse des événements et arbitre souverain des batailles.
Balzac, Aristippe, Discours V.

Vous devez encore faire des excuses au temps, que vous *avez accusé de* trahison.
Mme de Sévigné, Lettres, 20 septembre 1687.

Le roi d'Espagne eut des évanouissements qui firent craindre pour les suites ; on *en accusa* l'air de Ségovie où il étoit depuis quelque temps.
Saint-Simon, Mémoires, 1719, t. XV, c. 5.

Faire le procès du surintendant, c'était *accuser* la mémoire du cardinal Mazarin.
Voltaire, Siècle de Louis XIV, c. 25.

Mais le ciel *accusé de* supporter ces crimes,
     Se veut justifier.
Malherbe, Poésies, V, 13.

Un homme qui s'aimoit sans avoir de rivaux,
Passoit dans son esprit pour le plus beau du monde ;
Il *accusoit* toujours les miroirs d'être faux.
La Fontaine, Fables, I, 11.

Les vents, les mêmes vents, si longtemps *accusés*...
J. Racine, Iphigénie, V, 4.

Qui pourroit, ô soleil, t'*accuser* d'imposture ?
Delille, trad. des Géorgiques, I.

Avec des noms abstraits :

Paris ne peut souffrir ses pasteurs et curez qui blasment et *accusent* ses superstitions et folles vanitez et l'ambition de ses princes.
Satyre Ménipée, Épitre du sieur d'Engoulevent à un sien ami.

Nous avions ouy plusieurs d'entendement qui *accusoient* la facilité des François, *de* ce qu'ils enduroient que le Roy d'Espagne envoyast par la France tous les mandements, assignations, et autres provisions qui se faisoient contre la France mesme.
Le cardinal d'Ossat, Lettres, liv. II, lettre 45.

Combien de fois *accusa*-t-elle *de* lâcheté son obéissance quoique forcée.
Fléchier, Oraison funèbre de Mme d'Aiguillon.

Enfin la république fut opprimée et il n'*en* faut pas *accuser* l'ambition de quelques particuliers ; il faut en accuser l'homme : toujours plus avide du pouvoir à mesure qu'il en a davantage.
Montesquieu, Grandeur des Romains, c. 11.

Je suis comme les chercheurs de pierre philosophale : ils n'*accusent* jamais que leurs opérations, et ils croient que l'art est infaillible.

VOLTAIRE, *Lettres*, 2 mai 1738.

Accusez-en l'éternelle étude du modèle de l'école.

DIDEROT, *Salon de 1765*, Essai sur la peinture.

On *accuse* avec moi toute la composition de Vien *d'*être roide ; et elle l'est.

LE MÊME, *Salon de 1767*, Vien.

N'*accuse* point mon sort, c'est toi seul qui l'as fait.

P. CORNEILLE, *Cinna*, III, 4.

Vous n'*accuserez* point mon caquet désormais.

MOLIÈRE, *le Dépit amoureux*, II, 7.

Je vous *accuse* aussi bien moins que la fortune.

Vous avez vu l'Espagne et surtout les Gaulois,
Contre ces mêmes murs qu'ils ont pris autrefois,
Exciter ma vengeance, et jusque dans la Grèce,
Par des ambassadeurs *accuser* ma paresse.

Elle étoit à l'autel et, peut-être en son cœur
Du fatal sacrifice *accusoit* la lenteur.

J. RACINE, *Andromaque*, III, 2 ; *Mithridate*, III, 3.
Iphigénie, V, 6.

ACCUSER, ainsi employé, a le sens de Dénoncer, qu'il a quelquefois, on l'a vu, pris au propre, dans une acception juridique.

Étrange zèle, qui s'irrite contre ceux qui *accusent* des fautes publiques, et non pas contre ceux qui les commettent.

PASCAL, *Provinciales*, XI.

D'autre part, ACCUSER, en cette acception, a quelquefois pour sujets, au lieu de noms de personnes, des noms de choses, des noms abstraits.

Ce ne sont que gens ramassez, gens qui ont desja accoustumé d'estre batus, et qui ont desja peur d'avoir les bourreaux sur les espaules, tant la conscience les *accuse*.

MONTLUC, *Commentaires*, V.

Je me suis forgé exprès cent sujets légitimes d'un départ si précipité, pour vous justifier du crime dont ma raison vous *accusoit*.

MOLIÈRE, *le Festin de Pierre*, I, 3.

Il (le premier homme) cherche le fond des forêts pour

se dérober à celui qui faisoit auparavant tout son bonheur ; sa conscience l'*accuse*, avant que Dieu parle ; ses malheureuses excuses achèvent de le confondre.

BOSSUET, *Discours sur l'Histoire universelle*, III, 1.

Il me semble déjà que ces murs, que ces voûtes
Vont prendre la parole et prêts à m'*accuser*,
Attendent mon époux pour le désabuser.

J. RACINE, *Phèdre*, III, 3.

Quelquefois le sujet et le régime d'ACCUSER sont également des noms de choses, des noms abstraits.

L'extrême esprit *est accusé de* folie, comme l'extrême défaut.

PASCAL, *Pensées*, part. I, art. IX, § 17.

Elle (la critique) étoit tentée d'*accuser* le cou *d'*être un peu court ; mais elle se reprenoit en considérant que la tête étoit inclinée.

DIDEROT, *Salon de 1767*, Sculpteurs ; Allegrain.

Comptez chacun de vos jours par des plaisirs, par des amours, par des trésors et par des grandeurs, le dernier les *accusera* tous *de* vanité.

BERNARDIN DE SAINT-PIERRE, *Études de la nature*, III.

Des ennemis de Dieu la coupable insolence,
Abusant contre lui de ce profond silence,
Accuse trop longtemps ses promesses *d'*erreur.

J. RACINE, *Athalie*, I, 2.

Où donc est ce grand cœur, dont tantôt l'allégresse
Sembloit du jour trop long *accuser* la paresse ?

BOILEAU, *le Lutrin*, II.

ACCUSER, employé de cette manière, signifie quelquefois Servir de preuve ou, au moins, d'indice contre quelqu'un.

Les informations que la dame de la Lande a fait faire, ne l'*accusent* pas *de* complicité de la débauche de sa fille, mais *d'*une négligence extrême.

Omer TALON, *Œuvres*, XLIXe Plaidoyer, 1649.

Mademoiselle Varthon, plus inquiète que jamais de ce que je pourrois dire, ne songeoit qu'à prendre une contenance qui ne l'*accusât de* rien.

MARIVAUX, *La Vie de Marianne*, part. VIII.

Et vous pouvez le voir sans demeurer confuse
Du crime dont, vers moi, son style vous *accuse*.

MOLIÈRE, *le Misanthrope*, III, 3.

Voyons qui son amour *accusera* des deux.

> J. RACINE, *Mithridate*, III, 4.

Devant les dieux vengeurs mon désespoir m'*accuse*.

> VOLTAIRE, *Sémiramis*, I, 5.

Tout ce qui fut heureux demeure sans excuse,
L'opulence dénonce, et la naissance *accuse*.

> DELILLE, *la Pitié*, III.

ACCUSER, dans un sens très-voisin du précédent, veut dire Révéler, déceler. Nicot et Sainte-Palaye en citent des exemples d'une date ancienne.

Ne aussi reveler n'*accuser* emprinses de guerres, ne autres embusches de son party.

> Robert GAGUIN, *traicté des Hérauts*.

.... Se conduisirent si mal secrettement, que leur entreprise *fut accusée*.

> MONSTRELET, vol. I, c. 236.

Ce sens est resté dans la langue, comme l'attestent des exemples d'époques plus rapprochées.

J'ai une condition singeresse et imitatrice. Quand je me mêlois de faire des vers (et n'en fis jamais que de latins), ils *accusoient* évidemment le poëte que je venois dernièrement de lire, et de mes premiers essais aucuns puent un peu l'estranger.

> MONTAIGNE, *Essais*, III, 3.

La moindre ombre se remarque sur ces vêtements qui n'ont pas encore été salis, et leur vive blancheur en *accuse* toutes les taches.

> BOSSUET, *Oraison funèbre de Marie-Thérèse d'Autriche*.

Et son silence même *accusant* sa noblesse,
Nous dit qu'elle nous cache une illustre princesse.

> J. RACINE, *Iphigénie*, I, 2.

ACCUSER, dans des manières de parler analogues, se prend quelquefois pour Déclarer.

Nous trouvâmes le nombre des tonneaux que j'*avois accusés*.

> MARIVAUX, *le Paysan parvenu*, part. VI.

De là un certain nombre de locutions d'un usage ordinaire.

On dit d'un malade qui déclare éprouver une

I.

sensation, une douleur dans quelque partie du corps, qu'il l'*accuse*.

On dit d'un témoin, d'un narrateur, d'un historien, exacts ou inexacts dans leurs récits, qu'ils *accusent juste*, qu'ils *accusent vrai*, qu'ils *accusent faux*.

La renommée *accuse juste* en contant ce que vous valez.

> MOLIÈRE, *les Précieuses ridicules*, sc. 9.

Chamillart convenoit que Catinat *accusoit vrai* en tout et partout.

> SAINT-SIMON, *Mémoires*, 1702, t. III, c. 24.

J'avais, à la vérité, *accusé juste* le nombre des troupes suédoises et moscovites à la célèbre bataille de Narva.

> VOLTAIRE, *Lettres*, 15 septembre 1740, à M. de Schullembourg.

Mais ce que je puis dire, en vous *accusant vrai*,
C'est que tout à la fois j'étois et triste et gai.

> REGNARD, *le Légataire universel*, I, 2.

Accuser la réception d'une lettre, *accuser réception* d'une lettre, d'un paquet, etc., ou, absolument, *accuser réception*, c'est Donner avis que la lettre, l'objet envoyé, ont été reçus.

Monseigneur, cette-cy ne sera que pour *accuser la reception* des lettres du Roy.

> LE CARDINAL D'OSSAT, *Lettres*, liv. I, lettre 22.

Je vous ay envoié une letre pour M. de Gancourt; je ne sçay si vous l'aures receue; mandez le moy et *accusés* aussy *la reception de* ce paquet icy.

> Mme DE LONGUEVILLE, *Lettres*. (Voir *Revue des Deux Mondes*, août 1851, p. 422.)

J'ai tort, cher Moultou, de ne vous avoir pas *accusé* sur-le-champ *la réception de* l'argent et de l'étoffe.

> J.-J. ROUSSEAU, *Lettres*, 15 août 1765.

On trouve chez le cardinal d'Ossat, dans le même sens, *accuser une lettre* :

J'en avois rendu compte sommairement... par ma dite lettre du 19 septembre, quand sont venues les lettres du Roy et les vostres *que je vous ai accusées* au commencement de la présente.

> LE CARDINAL D'OSSAT, *Lettres*, liv. III, lettre 89.

A certains jeux de cartes, *accuser son jeu*, ou, absolument *accuser*, c'est en Faire connaître ce que les règles veulent qu'on déclare.

Il *a accusé* cinquante de point au piquet.
FURETIÈRE, *Dictionnaire*.

L'emploi d'ACCUSER, au sens de Déceler, révéler, déclarer, a conduit à s'en servir, en termes de peinture, pour dire Indiquer, faire sentir certaines parties ou formes des corps, recouvertes par quelque enveloppe.

Cette acception ne paraît dans le *Dictionnaire de l'Académie* qu'en 1762; dans les *Salons* de Diderot en 1765 et 1767, où s'offraient tant d'occasions de s'en servir, il n'y en a pas trace.

Accuser les os, les muscles sous la peau.

Accuser le nu par le pli des draperies.
Dictionnaire de l'Académie.

ACCUSER, avec le pronom personnel, se prend dans les mêmes sens;

Au propre, pour S'imputer à soi-même un délit, un crime, pour Se déférer à la justice, quelquefois pour Compromettre sa propre cause par un aveu, une défense maladroite.

Tel s'excuse qui *s'accuse*.
COTGRAVE, *Dictionnaire*.

Quoi! sur l'illusion d'une terreur panique
Trahir vos intérêts et la cause publique!
Par cette lâcheté moi-même *m'accuser*!
P. CORNEILLE, *Cinna*, I, 4.

Ils sauront récuser l'injuste stratagème
D'un témoin irrité qui *s'accuse* lui-même.

Phèdre, toujours en proie à sa fureur extrême,
Veut-elle *s'accuser* et se perdre elle-même?
J. RACINE, *Britannicus*, III, 3; *Phèdre*, III, 6.

Il condamne sa fille, elle-même *s'accuse*.
VOLTAIRE, *Tancrède*, IV, 2.

Par extension, par figure, pour S'adresser à soi-même un reproche, un blâme.

Savoir *s'accuser*, et ignorer l'art de s'absoudre.
DIDEROT, *Essai sur les règnes de Claude et de Néron.*

Parce qu'en l'accusant, moi-même je *m'accuse*.
RACAN, *les Bergeries*, III, 2.

Je *me suis accusé de* trop de violence.
P. CORNEILLE, *le Cid*, III, 4.

Du mot piquant dont le cercle s'amuse,
De son succès cruel, le premier il *s'accuse*,
Et souffre du mot dont on rit.
DELILLE, *la Conversation*, III.

S'ACCUSER, comme *accuser*, n'a pas toujours pour sujet un nom de personne.

Votre cœur *s'accusoit de* trop de cruauté.
J. RACINE, *Britannicus*, IV, 3.

S'ACCUSER se dit en parlant de la déclaration de ses péchés au tribunal de la pénitence.

Les enfants de Dieu étoient étonnés de ne plus voir ni l'autel, ni le sanctuaire, ces tribunaux de miséricorde qui justifient ceux qui *s'accusent*.
BOSSUET, *Oraison funèbre de la reine d'Angleterre.*

Elle se jette aux pieds de son juge, et *s'accuse* comme coupable.
FLÉCHIER, *Oraison funèbre de Mme d'Aiguillon.*

Circonstancier à confesse les défauts d'autrui, y pallier les siens, *s'accuser de* ses souffrances, *de* sa patience, dire comme un péché son peu de progrès dans l'héroïsme...
LA BRUYÈRE, *Caractères*, c. 13.

On dit de même, *s'accuser en confession*, ou bien *accuser ses péchés.*
S'ACCUSER est aussi verbe réciproque.

Si les valets ne *s'accusoient* point, on ne sçauroit jamais leurs friponneries.
La Précaution inutile, II, 4. (Voir Théâtre ital., édit. 1717, t. I, p. 449.)

Rien n'use tant l'ardeur de ce nœud qui nous lie
Que les fâcheux besoins des choses de la vie;
Et l'on en vient souvent à *s'accuser* tous deux
De tous les noirs chagrins qui suivent de tels feux.
MOLIÈRE, *les Femmes savantes*, V, 5.

On a autrefois employé, en même temps qu'ACCU-

SER, ENCUSER, INCUSER, tirés tous deux d'un autre verbe latin *incusare*.

Qu'il ne m'*encusast au* lion.
Roman du Renart, v. 6309.

Sans aler encore *à* son père
Incuser le pauvre garçon.
J. A. DE BAIF, *l'Eunuque*, V, 7.

ACCUSÉ, ÉE, participe.

Il a, on l'a vu par quelques-uns des exemples qui précèdent, tous les sens du verbe, et se construit avec les mêmes régimes indirects.

Pris substantivement, il signifie Celui qui est traduit en justice.

Dans un sens plus précis, on nomme *accusé* celui qui est renvoyé devant les tribunaux criminels pour être jugé; jusque-là il n'est que prévenu.

De tex resons seroit li *acusés* creus par se foi.
BEAUMANOIR, *Coutumes du Beauvoisis*, XXX, 68.

Soudain après que le tesmoing a été récollé, on faict venir l'*accusé* devant le juge.
EST. PASQUIER, *l'Interprétation des Institutes de Justinian*, IV, 18.

Nos rois, qui ont toujours fait gloire de rendre la justice à leurs sujets et de la procurer à leurs voisins, ne souffrent pas facilement que leur royaume soit l'asile des méchants, l'abri des *accusés*, et la protection des coupables.
Omer TALON, *OEuvres*, V^e plaidoyer, 1632.

D'où vient.... qu'en tout interrogatoire quelque connoissance qu'on ait de l'*accusé* et de ses affaires, on lui demande cent choses dont on ne doute pas...?
PELLISSON, IIe *Discours au Roy sur le procès de M. Fouquet.*

Les autres juges présument qu'un *accusé* est innocent; ceux-ci (les inquisiteurs) le présument toujours coupable.
MONTESQUIEU, *Lettres persanes*, XXIX.

Nous laissons la contenance du juge pour parler d'un art dangereux, dont j'ai souvent entendu vanter l'utilité; c'est celui d'égarer l'*accusé* par des interrogations captieuses, même par des suppositions fausses, et d'employer enfin l'artifice et le mensonge à découvrir la vérité.
SERVAN, *Discours sur l'administration de la justice criminelle*, 1766.

Devant lui l'*accusé* se trouble, et se confond,
La torture interroge et la douleur répond.
RAYNOUARD, *les Templiers*, V, 5.

De la locution rappelée plus haut *accuser réception*, s'en est formée une autre où ACCUSÉ est aussi substantif. *Accusé de réception* est un mot d'écrit par lequel celui à qui on adresse une lettre, un paquet, reconnaît qu'il l'a reçu.

ACCUSABLE, adj. des deux genres (du latin *Accusabilis*).

Qui peut être accusé.

Ce mot, que donne pour la première fois Danet, et qu'approuvent les auteurs du *Dictionnaire de Trévoux*, ne paraît dans le *Dictionnaire de l'Académie* qu'en 1762.

Les troisièmes sont *accusables* et punissables.
CHARRON, *De la Sagesse*, I, 15.

Suis-je *accusable* encor *du* meurtre de tes proches?
PIRON, *Gustave Wasa*, IV, 6.

On a tiré d'ACCUSER plusieurs substantifs propres à désigner celui ou celle qui accuse.

Tels sont les substantifs depuis longtemps hors d'usage ACCUSERES, ACCUSEIRES, ACCUSIERES, ACCUSERE, ACCUSEUR, ACCUSERESSE, par deux ou par un seul C (voyez le *Glossaire* de Sainte-Palaye) ACCUSANT (voyez le Dictionnaire de Cotgrave).

Tel est ACCUSATEUR, TRICE, qui a prévalu et paraît seul dans les dictionnaires à partir de celui de Robert Estienne.

ACCUSATEUR, TRICE, s. (du latin *Accusator, accusatrix*.)

Celui, celle qui accuse.

Ce mot, pris au sens propre, a, comme le verbe dont on l'a dérivé, un sens judiciaire. Il s'applique à une personne Qui en traduit une autre à raison d'un délit ou d'un crime, devant un tribunal, devant un juge.

Il (Cinna) vouloit faire le procès à Sylla, et luy suscita pour *accusateur* Verginius, l'un des tribuns du peuple.
AMYOT, trad. de Plutarque, *Vie de Sylla*, c. 24.

Quoy faisant, 'on appreste à l'*accusateur* de quoy susciter nouveaulx faulx témoings.

Est. Pasquier, *l'Interprétation des Institutes de Justinian*, IV, 18.

C'étoit autrefois une vilaine chose que de passer pour *accusateur*. Quintilien l'a dit avant moi, et a mis en proverbe : *Accusatoriam vitam agere* ; et parcequ'il y eut un Brutus qui fit à Rome ce sale métier et qui fut appelé *l'accusateur*, Cicéron l'appelle pour cela le déshonneur de la famille des Juniens.

Balzac (cité dans le *Dictionnaire de Trévoux*).

Il a reconnu qu'on peut eschapper à la justice des hommes, mais non pas à celle de Dieu, et qu'en quelque lieu qu'un parricide se trouve, il rencontre un *accusateur*, un juge et un bourreau.

Le Maître, *Plaidoyers*, XXVIII.

Qu'il garde son caractère partout, qu'il ne soit pas Ulysse en un acte, Ajax en un autre ; autrement vous ne serez pas seulement *accusateurs* peu véritables, mais poëtes peu industrieux.

Pellisson, *IIe discours au Roy sur le procès de M. Fouquet.*

Il se trouvoit dans ce procès (de M. de Canillac) une chose très-singulière, et qu'on ne sauroit rencontrer que dans un pays aussi plein de crimes que celui-ci : c'est que l'*accusateur*, celui qui avoit fait l'information, et les témoins, étoient plus criminels que l'accusé même.

Fléchier, *Mémoires sur les grands jours de 1665.*

Il se saisit du coupable et le mena devant le juge avec l'*accusatrice*, qui, malgré le désordre où elle étoit, voulut aller elle-même demander justice de cet attentat.

Le Sage, *Gil Blas*, I, 3.

En général, la puissance législative ne peut pas juger... elle ne peut être qu'*accusatrice*.

A Rome, l'injuste *accusateur* étoit noté d'infamie.

Si dans les temps et dans les lieux où l'on exerçoit ce jugement (l'ostracisme), on ne le trouvoit point odieux, est-ce à nous, qui voyons les choses de si loin, de penser autrement que les *accusateurs*, les juges et l'accusé même ?

Montesquieu, *Esprit des lois*, II, 6 ; XII, 20 ; XXVI, 17.

Enfin la pluralité fut pour la ciguë, mais aussi songeons que les Athéniens, revenus à eux-mêmes, eurent les *accusateurs* et les juges en horreur ; que Mélitus, le principal auteur de cet arrêt, fut condamné à mort.

Voltaire, *Traité sur la tolérance*, c. 7.

Nos lois ont ouvert presque toutes les issues à l'*accusateur*, et les ont presque toutes fermées à l'accusé.

Servan, *de l'Influence de la philosophie sur l'Instruction criminelle.*

Citoyens, je vous parlerai ici avec la franchise d'un homme libre : je cherche parmi vous des juges et je n'y vois que des *accusateurs*.

Desèze, *Défense de Louis XVI.*

Les deux *accusateurs* que lui-même a produits.

P. Corneille, *Nicomède*, III. 8.

On cabale, on suscite
Accusateurs, et gens grevés par ses arrêts.
De nos biens, disent-ils, il s'est fait un palais.

La Fontaine, *Fables*, X, 10.

Accusateur et accusatrice se lient, au moyen de la préposition *de*, avec le nom de la personne ou de la chose accusée.

Gondebaud, roi de Bourgogne, vouloit que si la femme ou le fils de celui qui avoit volé ne révéloit pas le crime, ils fussent réduits en esclavage. Cette loi étoit contre la nature : comment une femme pouvoit-elle être *accusatrice* de son mari.

Montesquieu, *Esprit des lois*, XXVI, 4.

On dit aussi *mon*, *ton*, *son*, *notre*, *votre*, *leur*, etc. *Accusateur*, *accusatrice*.

Il ne peut jamais y avoir de récrimination que quand l'accusé accuse lui-même *son accusateur*.

H. Cochin, *OEuvres*, XLIXe Cause.

De *mes accusateurs* qu'on punisse l'audace.

Pourquoi, par quel caprice
Laissez-vous le champ libre à *votre accusatrice ?*

De vol, de brigandage on nous déclare auteurs,
On nous traîne, on nous livre à *nos accusateurs.*

Racine, *Britannicus*, IV, 2 ; *Phèdre*, V, 1 ; *les Plaideurs*, III, 3.

Le père le plus tendre est *son accusateur.*

Voltaire, *Tancrède*, IV, 2.

Accusateur est employé au même sens, mais par figure, dans les exemples suivants :

La bonté de Dieu est si grande que, sans *accusateur*, il ne nous jugera point.

La Reine de Navarre, *Heptameron*, 26e nouv.

Au dernier jour nos pechez se présenteront comme autant de cruels *accusateurs*.

Nicole (cité par Furetière).

Ses vices
Sont ses *accusateurs*, ses juges, ses supplices.

L. Racine, la Religion, I.

On a désigné quelquefois, même dans le langage
officiel, par l'expression *accusateur public*, Celui qui
poursuit au nom de la société, la punition d'un délit
ou d'un crime.

Aussitôt qu'un homme étoit mort, on l'amenoit en jugement. L'*accusateur public* étoit écouté.

Bossuet, Discours sur l'histoire universelle, III, 3.

*Se porter, se faire, se rendre, se constituer accusa-
teur,* sont des expressions fort usitées.

Il (Clotaire) *se rendit accusateur de* Brunehaut.

Montesquieu, Esprit des lois, XXXI, 1.

Accusateur peut s'entendre aussi, par une extension remarquée dans le verbe *accuser,* de l'Auteur
d'un reproche, d'un blâme.

Vous demandez avec beaucoup de confiance qu'on vous
nomme votre *accusateur :* cet *accusateur,* monsieur, est le
seul homme au monde qui, déposant contre vous, pouvoit se faire écouter de moi, c'est vous-même.

J.-J. Rousseau, Lettres, 10 juillet 1766.

Il cherche de grands mots et vient ici se faire,
Au lieu d'arbitre, *accusateur.*

La Fontaine, Fables, X, 2.

Accusateur aveugle, un mot va te confondre.

L. Racine, la Religion, I.

Accusateur, accusatrice, construits par opposition avec d'autres substantifs, ont été quelquefois, à
des époques assez récentes, pris adjectivement.

Ces traits, toujours divers et toujours les mêmes, épars
jusqu'ici dans quelques feuilles *accusatrices,* seront ras-
semblés et coloriés pour en former un tableau d'horreur
et de vérité.

La Harpe, Cours de littér., part. I, liv. II, c. 4, Appendice.

Bravant d'un peuple ému les yeux *accusateurs,*
Ma mère sacrifie aux dieux libérateurs.

Crébillon, Électre, I, 2.

Quoi, vous osez noircir celui dont la franchise
Fait aux pédants du siècle une guerre permise,
Qui d'un style d'airain flétrit ses corrupteurs
Et signe hardiment ses vers *accusateurs.*

Gilbert, Satires, Mon Apologie.

Du verbe ACCUSER se sont encore formés plusieurs
substantifs exprimant l'action de celui qui accuse.

Tels sont, à une date très-ancienne, ACCUSE et AC-
CUSEMENT, qui ne sont pas restés dans la langue;

Tel est ACCUSATION qui subsiste seul aujourd'hui,
et le seul déjà que donne le Dictionnaire de Robert
Estienne, en 1539.

ACCUSATION, s. f. (du latin *Accusatio*).
Au propre, Action en justice par laquelle on accuse quelqu'un.

J'auray bien agréable que vous le deschargiez de cette
accusation.

Le cardinal de Richelieu, Lettres, 1631.

Cet arrest ôta l'espérance à ses ennemis de le perdre
par cette fausse *accusation,* ne l'ayant pu faire par les
armes.

Le Maître, Plaidoyers, XXV.

On nous accuse d'un rapt, et quoyque cette *accusation*
n'ait ni fondement ni vraisemblance, on a cru pourtant
qu'un jeune étranger, destitué de tout secours, pourroit
aisément estre opprimé.

Patru, OEuvres, XIe Plaidoyer.

Ce n'est que le sens commun qui me fait juger que je
serai toujours reçu à mes faits justificatifs, et qu'on ne me
sçauroit condamner sur une simple *accusation,* sans un
recollement et confrontation avec mes parties.

Molière, M. de Pourceaugnac, II, 12.

Le duel a été approuvé par la présence des rois; il a
décidé de l'innocence des hommes, des *accusations* fausses
et véritables sur des crimes capitaux.

La Bruyère, Caractères, c. 13.

Toute *accusation* doit présenter à la justice un corps
de délit et un coupable. S'il n'y a point de corps de délit,
l'*accusation* tombe, comme étant sans objet : si c'est un

innocent qui est poursuivi, l'*accusation* est mal dirigée: et dans l'un et l'autre cas elle dégénère dans une pure calomnie.

> H. Cochin, *OEuvres*, XLIXe cause.

Je sais que nos lois défendent les perquisitions sur toute autre action que celle qui fait l'objet de l'*accusation*; mais en cela elles ont plutôt voulu limiter les procédures que régler l'opinion du juge, et il seroit bien téméraire de prononcer sur l'injustice ou la vérité d'une *accusation* sans avoir au moins quelque idée du caractère, des mœurs et des intérêts de l'accusé.

> Servan, *Discours sur l'administration de la justice criminelle*, 1766.

On appelle *accusation capitale* celle qui peut faire prononcer la peine de mort.

> ..... A moins qu'ils ne soient arrêtés pour répondre sans délai à une *accusation* que la loi a rendue *capitale*.
> Montesquieu, *Esprit des lois*, XI, 6.

De même qu'on a dit *accusateur public*, on a dit, dans un sens analogue, *accusation publique*.

> Leur tyrannie (des empereurs romains) introduisit une je ne saisquelle engeance de gens qu'on appeloit *Delatores*, du mot *Deferre*, qui est à dire accuser... soubz les empereurs, la licence des *accusations publiques* fust si grande, que le calomniateur étoit nommé délateur, couvrant d'un mot plus doux la délation par eux faicte.
> Est. Pasquier, *l'Interprétation des Institutes de Justinian*, IV, 16.

> Cette sûreté (des citoyens) n'est jamais plus attaquée que dans les *accusations publiques* et privées.
> Montesquieu, *Esprit des lois*, XII, 2.

On appelle *chefs*, *titres d'accusation*, les divers délits ou crimes sur lesquels porte une *accusation*.

> Quand le *titre* de l'*accusation* est un crime public... en telles rencontres, le pardon est cruauté, la protection est connivence au mal, et la dissimulation seroit impiété.
> Omer Talon, *OEuvres*, V^e plaidoyer, 1632.

> Ce matin, monsieur le chancelier a pris son papier et a lu, comme une liste, dix *chefs d'accusation*, sur quoi il ne donnoit pas le temps de répondre.
> Mme de Sévigné, *Lettres*, 1er décembre 1664.

> ... Et je crois que le nom de Canillac et le malheur

d'avoir porté les armes contre le roi, seront deux *chefs d'accusation* tacite qui ne serviront pas beaucoup à le faire absoudre.

> Fléchier, *Mémoires sur les grands jours de 1665*.

> Quelques-uns de ces *titres d'accusation* n'étoient pas si ridicules qu'ils nous paroissent aujourd'hui.
> Montesquieu, *Grandeur des Romains*, c. 14.

Accusation se construit, au moyen de la préposition *de*, avec des noms qui indiquent la nature des délits et des crimes.

> C'est sur ce fondement... que l'*accusation de* lèse-majesté, ce crime, dit Pline, de ceux à qui on ne peut point imputer de crime, fut étendue à ce qu'on voulut.
> Montesquieu, *Grandeur des Romains*, c. 14.

Accusation est quelquefois lié par la préposition *de* à un nom de personne qui désigne soit l'accusateur, soit l'accusé.

> Quiconque entreprenoit l'*accusation de* quelqu'un pour cas qui méritast mort, falloit que tout d'une main il offrist vérifier le crime par armes de sa personne à personne.
> Est. Pasquier, *Recherches de la France*, IV, 1.

> Mais avant que d'entrer dans les *accusations de* M. Fouquet, où consiste la principale et plus considérable partie de ce que je dois représenter à votre majesté, qu'elle me pardonne si ....
> Pellisson, Ier *discours au roy sur le procès de M. Fouquet*.

Accusation se construit, dans le même sens, avec le pronom personnel; mais cette manière de parler *son accusation* est restée plus d'usage dans un sens actif que dans un sens passif, en parlant de l'accusateur plutôt qu'en parlant de l'accusé.

> ... Feut *son accusation* ouye en pleine assemblée du peuple sur la place.
> Amyot, trad. de Plutarque. *Vie de Périclès*, c. 10.

> Encore que *ses accusations* soient incessamment aux oreilles de votre majesté, et que ses défenses n'y soient qu'un moment...
> Pellisson, IIe *discours au roy sur le procès de M. Fouquet*.

> Ses affranchis les plus chers (de Domitien)... voyant... qu'il ne mettoit aucunes bornes à ses méfiances ni à *ses accusations*, s'en défirent.

Témoins les inquisiteurs et le tronc où tout délateur peut à tous les moments jeter avec un billet *son accusation*.
MONTESQUIEU, *Grandeur des Romains*, c. 15 ; *Esprit des lois*, XI, 6.

ACCUSATION reçoit encore, au moyen de la préposition *contre*, un complément qui fait connaître la personne accusée.

Le prince de Galles cabaloit ouvertement contre le roi son père, et faisoit porter *contre* Cadogan des *accusations* au parlement.
SAINT-SIMON, *Mémoires*, 1717, t. XV, c. 5.

On vouloit des prétextes aux *accusations contre* les grands.
MONTESQUIEU, *Esprit des lois*, VII, 13.

ACCUSATION, par une extension figurée qui lui est commune avec tous les mots de la même famille, se dit aussi généralement de tout Reproche, de toute imputation qu'on fait à une personne de quelque faute, de quelque défaut que ce soit.

Les excuses inconsidérées servent d'*accusation*.
MONTAIGNE, *Essais*, III, 5.

Toutes ces *accusations* d'hérésie, qui ne vous coûtent qu'à les avancer hardiment, ne sont bonnes qu'à faire peur aux ignorants et à étonner des femmes.
PASCAL, *Provinciales*, Lettre au R. P. Annat.

L'Évangile, si nous y prenons garde, n'est rien autre chose qu'une continuelle *accusation de* notre vie, en je ne sais combien de *chefs* dont Moïse ni les prophètes n'ont point parlé.
BOURDALOUE, Ier *Avent*. Sermon sur le Jugement dernier.

Jusqu'ici vous avez joué *mes accusations*.
MOLIÈRE, *George Dandin*, III, 8.

Tous les savants étoient autrefois accusés de magie... à présent que ces sortes d'*accusations* sont tombées dans le décri, on a pris un autre tour; et un savant ne sauroit guère éviter le reproche d'irréligion ou d'hérésie.
MONTESQUIEU, *Lettres persanes*, CXLV.

Le silence de l'histoire sur cet événement est une *accusation contre* Charlemagne.

De telles *accusations* ne doivent être avancées que sur des preuves évidentes.
VOLTAIRE, *Essai sur les Mœurs*, c. 16; *Histoire de Pierre le Grand*, IIe part., c. 1.

Former, intenter, porter, etc., une accusation, sont des expressions usitées, dans quelque acception que soit pris d'ailleurs le mot ACCUSATION.

Quel avantage pouvez-vous tirer de l'*accusation* qu'un de vos bons amis *suscita* à ces ecclésiastiques.
PASCAL, *Provinciales*, XVI.

Je n'ai point lu ni ne suis d'humeur à lire leurs écrits (de certains théologiens), ce qui seroit pourtant absolument nécessaire pour prononcer sur les *accusations* que l'on *forme* contre eux, leurs accusateurs pouvant les avoir mal entendus, et s'être trompés dans l'intelligence des passages où sont ces erreurs dout il les accusent.
BOILEAU, *Satires*, XII : Avertissement.

(Selon la loi des francs ripuaires), celui contre qui on *formoit* une demande ou une *accusation* pouvoit, dans la plupart des cas, se justifier en jurant, avec un certain nombre de témoins, qu'il n'avoit point fait ce qu'on lui imputoit.
MONTESQUIEU, *Esprit des lois*, XXVIII, 13.

Il se peut qu'il *portât* de bonne foi cette *accusation* contre son confrère et son ancien ami.
VOLTAIRE, *Siècle de Louis XIV*, c. 38.

Je vois, par votre lettre même, qu'on m'*intente* encore de nouvelles *accusations*.
J.-J. ROUSSEAU, *Lettres*, 30 octobre 1762.

Faire une accusation est plus rare.

Je ne m'étonne donc pas si M. Jurieu a tant déguisé l'*accusation* que je lui *faisois*, aussi bien qu'à M. Claude.
BOSSUET, IIIe *Avertissemet aux Protestants*, sur les lettres de Mr Jurieu.

Par la loi salique, celui qui *faisoit* une demande ou une *accusation* devoit la prouver.
MONTESQUIEU, *Esprit des lois*, XXVIII, 13.

ACCUSATION, dans un sens qui correspond à une des acceptions particulières d'*accuser* et de *s'accuser*, se dit de la Déclaration de ses fautes au tribunal de la pénitence.

Nous entendons tous les jours... des pécheurs qui mêlent à l'*accusation de* leurs fautes les maximes du siècle et le langage des passions.
MASSILLON, *Carême*. Sur la Confession.

On a rappelé plus haut le vieux verbe *encuser*, *incuser*, on en avait tiré le substantif ENCUSEMENT.

Monet joint aux dérivés d'*accuser* deux mots qui correspondent à l'*accusatorius* et à l'*accusatoriè* des Latins, et qu'on peut traduire de même par Qui concerne l'accusateur ou l'accusation, propre à accuser, à la manière d'un accusateur :

ACCUSATOIRE, adj. des deux genres (du latin *Accusatorius*).

ACCUSATOIREMENT, adv. (du latin *Accusatoriè*).

ACCUSATIF, s. m. (du latin *Accusativus*).

Ce mot, qui a passé d'abord sous sa forme latine, puis sous une forme française, de la grammaire des anciens dans celle des modernes, se dit dans les langues où les noms se déclinent, du Cas qui sert principalement à indiquer, à désigner le régime direct des verbes actifs ou transitifs, qui le déclare, l'accuse en quelque sorte.

... « Les cas ont été inventés, dit Varron (*de linguâ latina*, VIII) afin que celui qui parle puisse faire connoître, ou qu'il appelle, ou qu'il donne, ou qu'il accuse... L'*accusatif* fut donc ainsi appelé parce qu'il servoit à accuser... Mais donnons à accuser la signification de déclarer, signification qu'il a même souvent en français, comme quand les négocians disent *accuser la réception d'une lettre*, et les joueurs de piquet *accuser le point*... L'*accusatif* accuse, c'est-à-dire déclare l'objet ou le terme de l'action que le verbe signifie.
DUMARSAIS, *Mélanges de Grammaire tirés de l'Encyclopédie.*

C'est de bonne heure que du latin *accusativus* on a fait le français ACCUSATIF. Dans une pièce où Charles d'Orléans joue sur quelques mots de grammaire, on lit :

Quant rencontré a ung *accusatif.*
Charles d'ORLÉANS, *Rondel*, à Maistre Estienne le Gout.

Bien que la langue française n'ait pas proprement de cas, on a bien souvent, par allusion aux langues anciennes, appelé ACCUSATIF le régime direct de nos verbes actifs.

Comme dans les noms françois il n'y a aucune différence de terminaison qu'entre le singulier et le pluriel, et qu'ils ne se varient point de mesmes que les noms latins, on n'entend point ici par le mot de *cas* ce que les grammairiens latins entendent par le mot *casus*, qu'ils employent pour marquer les différentes cheutes ou desinences que chaque nom peut recevoir dans chaque nombre. On entend seulement... chaque estat dans lequel le nom peut estre considéré... Ces variations ou estats dans chaque nombre singulier et pluriel sont six... appelez en termes de grammaire nominatif, génitif, datif, *accusatif*, vocatif et ablatif... On donne au quatrième cas le nom d'*accusatif*, c'est-à-dire d'accusant, en le dénommant seulement par l'un de ses emplois, qui est d'être regi par les verbes ou par les participes actifs, qui marquent accusation et blasme quoyqu'il soit également bien régi par ceux qui marquent approbation et louange; et généralement par tous ceux que l'on appelle en grammaire verbes actifs.
RÉGNIER DESMARAIS, *Grammaire françoise*, traité de l'article.

En parlant de la langue latine, nous verrons que les Latins ont une inflexion particuliere pour marquer la personne qui est l'objet de l'action, et cette inflexion se nome chés eus *accusatif* : et quoique en fransois nous n'aïons point de pareilles inflexions dans les noms, cependant quelques grammairiens fransois donent le nom d'*accusatif* au mot qui marque l'objet de l'action, come ils donent le nom de nominatif à celui qui marque la personne qui fait l'action.
DANGEAU, *Essais de Grammaire*, disc. X, des parties du verbe, § 71.

Le régime appelle aussitôt un *accusatif* qui ne peut jamais se déplacer.
FÉNELON, *Lettre à l'Académie.*

Si je dis en françois : *César vainquit Pompée*, Pompée étant après le verbe, je juge que c'est le nom de celui qui a été vaincu; c'est le terme de l'action de *vainquit :* mais je ne dis pas pour cela que *Pompée* soit à l'*accusatif*. Les noms françois gardant toujours la même terminaison dans le même nombre, ils ne sont ni à l'*accusatif*, ni au génitif : en un mot ils n'ont ni cas ni déclinaison..... Notre *accusatif*, dit-on, est toujours semblable au nominatif. He! y a-t-il autre chose qui les distingue sinon la place? l'un se met devant et l'autre après : dans l'une et dans l'autre occasion, le nom n'est qu'une simple dénomination.
DUMARSAIS, *Principes de Grammaire tirés de l'Encyclopédie.*

ACENSER, v. a. (venu, soit directement du bas latin *Acensare, accensare*, soit, par le français *cense, cens,* du latin *Census*).

Autrefois ACCENSER, ACCENSIR, ACENSIR, ACENSIVER, ADCENSER, ASSENSER, etc. (Voyez le *Glossaire du droit françois* de Laurière, le dictionnaire de Cotgrave, les *Glossaires* de Du Cange et de Sainte-Palaye.)

ACENSER, terme de l'ancien droit coutumier, signifiait Donner à *cens*, c'est-à-dire sous la redevance d'une certaine rente, soit perpétuelle, soit à long terme, et non susceptible d'accroissement (voyez les mots *cens, censier, censive, censuel,* etc.), un fonds de terre, une maison.

Mineur de vingt-cinq ans ne peut vendre, donner, quitter, engager, *accenser* à long temps, ou autrement aliener aucune chose immeuble sans autorité de tuteur ou curateur, et decret de juge.
Coutumes de Bayonne, tit. IV, art. 1. (Voir *Coutumier général* t. IV, p. 946, c. 1.)

ACENSER signifiait aussi Prendre à *cens*.

On requeneu (ont reconnu) Girart de Nivele et Mengiers Dervi, chambellanc le roi (du roi) de Navarre, que il *ont acensi,* por els et por lor oirs, de roi de Navarre à toujors, les maisons lo (du) roi, qui sont à Bar-sur-Aube.
Texte de 1244, cité par D. Carpentier, supplément au *Glossaire* de Du Cange.

Quiconque *adcense* prez d'aulcun bourgeois ou aultre, et l'en est d'accord du prix sans terme dire, celluy qui *adcense* la chose a terme de payer jusqu'à la Saint-Martin d'hiver.
Coutumes de la ville de Bourges, c. 94. (Voir *Coutumier général,* t. III, p. 885, col. 1.)

Nous prîmes à cens nostre maison que nous avons à Paris, qui fut jadis aux Augustins, et laquelle nous *accensismes* de Reverend Père S. par la grace de Dieu, Evesque de Paris, par vingt livres chacun an.
Glossaire de l'Histoire de Paris, (Cité par Sainte-Palaye.)

ACENSER, soit au propre, soit au figuré, était susceptible de la même extension que le verbe Affermer; on le disait, par exemple, en parlant de certains revenus, de certains droits, d'une charge, etc.

Les communes de Paris s'esmeurent et armerent, et oc-

cirent tous ceux qui *avoient assencé* ces gabelles et ces impositions.
FROISSART, *Chroniques,* liv. II, c. 127.

(Le port de Prevèse) est grand et beau..., y entre une rivière; à ceste cause y a beaucoup de pescheries, lesquelles *sont acensées* de par le grand-seigneur.
Journal de la Croisière du baron de Saint-Blancard, 1537.
(Voir *Négociations de la Fr. dans le Levant,* t. I, p. 344.)

Que toutes les revenus de le dicte ville seront baillées, *acensées* à cris et à recrois.
Ordonnance de Charles V, du 5 septembre 1368. (Voir *Ordonn. des rois de France* t. V, p. 133, art. 20.)

Quar je regart que li provost
Qui *acenssent* les provostez,
Que il plument toz les costez
A ceux qui sont en leur justice.
RUTEBEUF, *de la Vie dou monde.* (Voir Œuvres, t. I, p. 222.)

C'est le même verbe, sous une forme inusitée, et avec la signification générale de Convenir, s'Arranger, qu'il faut reconnaitre dans ce vieux texte:

Robault dist au suppliant qu'il *se achensast* et composast par devers Jehan Fouquart qui tenoit la maletoste d'icelle ville.
Lettre de Rémission de 1404, citée par D. Carpentier, supplément au *Glossaire* de Du Cange.

ACENSÉ, ÉE, participe.

Du verbe ACENSER s'étaient formés plusieurs substantifs avec des sens analogues à sa double signification de donner et de prendre à cens.

ACENSEUR, s. m.

Quelquefois ACCENSEUR, ADCENSEUR, ASCENSEUR, ASSENSEUR, etc. (Voyez le *Glossaire du droit françois* de Laurière, les dictionnaires de Rob. Estienne, de Nicot, de Cotgrave, le *Glossaire* de Sainte-Palaye.) Celui qui donne ou qui prend à cens.

Les fermiers et *ascenseurs* de vignes seront tenus de provigner par chacun an, en chacun arpent d'icelles, de quatre-vingts provins pour le moins.
Coutumes de Berry, tit. XV, art. 8.

Lesquels fermiers ou *adcenseurs* des dits fruits, ou

commis au régime d'iceulx... seront contraints de les rendre et restituer quand il sera ordonné.

> *Coutumes du Bourbonnois*, art. 141. (Voir *Coutumier général*, t. III, p. 964, col. 2 ; p. 1241, col. 2.)

En prenant sa qualité d'*acenseur*, laquelle qualité emporte comme s'il estoit procureur du seigneur à l'effect de la perception des fruicts.

> Gui Coquille, *Questions sur les coutumes*, CCIV.

ACENSEMENT, s. m.

Autrefois ACENSEMENT, ACCENSISSEMENT, ACCENSIVEMENT, ADCENSIVEMENT, ADCENSEMENT, ACENSIVEMENT, ASCENSEMENT, ASCENSIVEMENT, ASSENCEMENT, etc. (Voyez le *Glossaire du droit françois*, de Laurière, les dictionnaires de Rob. Estienne, de Nicot, de Cotgrave, les *Glossaires* de Du Cange et de Sainte-Palaye.)

L'Action de donner ou de prendre à cens.

D'heritage chargé de censive, baillé à rente, emphyteosité ou *accensivement*, le seigneur de la dicte censive prendra lots et ventes.

> *Coutumes de Troyes*, tit. IV, art. 58.

Quand aucun vend aucunes rentes sur son heritage propre ou naissant... telles rentes ou censes cheent en retraict, et non heritages baillez en emphytheosité ou *accensissement*.

> *Coutumes de Troyes*, tit. IX, art. 148. (Voir *Coutumier général*, t. III, p. 243, col. 2 ; p. 250, col. 2.)

Cet *accensement* peut se faire avec le consentement du seigneur.

> *Coutumes générales de Ponthieu et d'Abbeville.* Commentaire à l'art. LXIII.

L'*acensement* de cet héritage, *de cette maison*.

> *Dictionnaire de l'Académie.*

ACENS, s. m.

Autrefois, avec le genre féminin, ACENSE, AÇANSE, ACCENCE, ACCENSE, ADCENSE, etc. (Voyez les dictionnaires de Monet et de Cotgrave, le *Glossaire* de Du Cange au mot *Accensa*, le *Glossaire* du Droit françois de Laurière, le *Glossaire* de Sainte-Palaye, etc.)

Ce mot a été quelquefois synonyme d'*acensement*

et a exprimé l'Acte de donner et de prendre à cens, le contrat qui réglait cette convention :

En *accense* perpétuelle d'aucun héritage, baillé à perpétuel tenement pour aucun cens ou rente,... il n'y a point de retenue au seigneur direct ou lignager.

Les metteurs et enchérisseurs des *accenses* et fermes... sont tenus de bailler plege et caution suffisante pour le payement de leur dite ferme.

> *Coutumes du Bourbonnois*, c. XXIX, art. 442; c. XXXIV, art. 546 (Voir *Coutumier général*, t. III, p. 1266, col. 2 ; 1273, col. 1.)

Quant les... gens d'Eglise baillent leurs hostels à *adcense* à aucunes gens, celluy qui est *adcenseur* doit payer la disme.

> La Thaumassière, *Coutumes de Berry*, c. 87.

On l'a en outre appliqué à la Redevance elle-même spécifiée par le contrat :

Se l'en *adcense* prez ou terre d'aultruy, et il vienne fortune de guerre ou aultrement, par laquelle l'*adcenseur* n'a peu cueillir ni lever aulcune chose, il n'est en rien tenu de payer la dicte *adcense*.

> *Coutumes de la ville de Bourges*, c. XCV. (Voir *Coutumier général*, t. III, p. 885, col. 2.)

Enfin, et c'est la signification qu'il conserve dans les dictionnaires les plus récents, notamment dans les deux dernières éditions du dictionnaire de l'Académie, on a entendu par ce mot une Terre, un héritage quelconque tenu à cens.

Acense est un héritage ou ferme qu'on tient à perpétuité ou à longues années, d'un Seigneur, à certain cens et rente, ou à prix d'argent.

> Ferrière, *Nouvelle introduction à la pratique*, au mot ACENSE.

Cette métairie est une *acense* d'une telle abbaye.

Il n'est pas propriétaire de cet héritage il le tient en *acense* d'un tel seigneur.

> Richelet, *Dictionnaire.*

D'ACENS s'était formée l'expression *contre-acens* par laquelle on désignait une Sûreté donnée par l'*acenseur* à celui de qui il tenait un bien à cens.

Et aucunes fois avient il que cil qui prennent aucun

heritage à cens ou à louage à toz jors, baillent en liu de seurté *contre acens* d'eritage.

BEAUMANOIR, *Coutumes du Beauvoisis,* XXXVIII, 10.

On peut ajouter à cette liste ACCENSAIGE, dont Sainte-Palaye cite l'exemple suivant :

Déclarons et ordonnons pour nous et nos subgez, que ce qui en a esté, ou sera levé par telle manière d'*accensaige* ou ferme, ne pourra estre trait à consequence.

Ordonn. des ducs de Bret., fol. 200, v°.

D. Carpentier donne aussi ACENSIE, ACCENSIÉE.

Ces divers substantifs qui semblent venir du verbe ACENSER, répondent à des substantifs de forme et de signification analogues que la basse latinité avait dérivés du .verbe *accensare,* et auxquels on pourrait aussi, avec vraisemblance, en rapporter l'origine. Tels sont *accensa, accensator, accensamentum, accensiva, accensivio, accensatio.*

ACÉPHALE, adj. des deux genres (du grec ἀκέφαλος, venu lui-même de ἀ privatif et de κεφαλή, tête).

Comme le mot grec duquel on l'a tiré, ACÉPHALE signifie, au propre , Sans tête, et, au figuré, sans chef, sans commencement.

On le dit, au propre :

En termes d'anatomie, de certaines monstruosités;

En termes d'histoire naturelle, de certaines mollusques.

On a vu assez souvent de ces fœtus sans tête, et l'on a appelé par cette raison *acéphales* ces espèces de monstres.

BUFFON, *Histoire naturelle.* Description du cabinet du roi.

ACÉPHALE, dans les acceptions qui viennent d'être indiquées, et, particulièrement en histoire naturelle, s'emploie quelquefois substantivement.

Il a vu des *acéphales,* c'est-à-dire des hommes sans tête.

VOLTAIRE, *Romans,* les Oreilles du Cte de Chesterfield, c. 5.

Les huîtres, les moules, sont des *acéphales.*

Dictionnaire de l'Académie.

ACÉPHALE s'est dit au figuré, dans le langage ec-

clésiastique, soit de certains théologiens indépendants, soit de sectaires ou de sectes non soumis à l'autorité de l'Église, soit enfin de clercs ne vivant pas sous la discipline d'un évêque, d'établissements religieux exempts de la juridiction de l'ordinaire, et relevant immédiatement du saint-siége.

Saint Boniface eut à combattre des prêtres *acéphales* et déréglés, répandus dans l'Allemagne, qui ne reconnoissoient l'autorité d'aucun évêque.

FLEURY, *Discours sur l'histoire ecclésiastique,* III, § 24.

Dès le commencement il y en eut (des fidèles d'Alexandrie) qui se séparoient de lui (P. Monge, patriarche d'Alexandrie) parce qu'en recevant l'hénotique, il n'anathématisoit pas nommément le concile de Chalcédoine. On les appela *acéphales,* c'est-à-dire sans chef, parcequ'ils s'assembloient séparément et ne suivoient pas leur patriarche.

LE MÊME, *Histoire ecclésiastique,* XXIX, § 54.

Au commencement du sixième siècle, l'Église d'Orient étoit divisée en trois partis. Les uns étoient Eutychiens zélés... d'autres étoient *acéphales,* c'est-à-dire sans chef; ils ne s'attachoient à rien de fixe et passoient d'un parti à un autre, selon que leurs intérêts ou les circonstances le demandoient.

L'ABBÉ RACINE, *Abrégé de l'Hist. ecclésiastique,* VIe siècle, art. I, § 1.

Si on a égard à cette possession, il faut autoriser... le monastère dans l'usage d'être *acéphale* et sans supérieur légitime.

BOSSUET, *Pièces concernant l'abbaye de Jouarre.* Premier moyen.

ACÉPHALE pris au figuré a quelquefois signifié Sans commencement ; on l'a dit de certains ouvrages, de certains manuscrits ; et, en parlant de la versification des anciens, de vers tronqués au commencement, particulièrement d'hexamètres commençant par une brève.

On peut voir dans les notes de M. Barnes d'autres exemples de vers *acéphales* d'Homère, dont tout le monde ne conviendra pas.

LE CLERC, *Bibliothèque ancienne,* ann. 1725, part. II, art. 4.

ACERBE, adj. des deux genres (du lat. *Acerbus*). Il signifie au propre Qui est d'un goût âpre. Il se dit du goût lui-même, de la saveur.

81.

Un vin *acerbe* est celui qu'on a fait de raisins qui n'étoient pas mûrs.

Tous les fruits, avant leur maturité, ont un goût *acerbe*.
RICHELET, *Dictionnaire.*

Le fruit appelé nèfle est d'une saveur *acerbe* et austère avant sa maturité.
L'ABBÉ ROZIER, *Cours complet d'agriculture*, au mot NÈFLE.

Une multitude de plantes et de fruits qui font aujourd'hui nos délices, comme le thé, le café, le cacao et notre olive, ont des amertumes et des goûts *acerbes* et insupportables, qu'ils ne perdent que par certaines préparations.
BERNARDIN DE SAINT-PIERRE, *Harmonies de la nature*, I.

Le dictionnaire de l'Académie, en recueillant le mot ACERBE, pour la première fois, en 1762, ne tenait compte que de son emploi au sens propre, et un critique célèbre pouvait se croire fondé, vers le commencement de notre siècle, à en condamner l'usage au figuré, comme on le voit par le passage suivant :

C'est dans cette acception que ce mot latin est devenu français; un vin *acerbe*, un fruit *acerbe*, pour dire un vin, un fruit d'un goût sûr et âpre. Il faut espérer que l'usage fort étrange qu'on en a fait dans la langue révolutionnaire, n'étendra pas les acceptions de ce mot, mais on n'oubliera jamais les formes *acerbes* de Joseph Lebon.
LA HARPE, *Cours de littérature*, part. III, liv. I, c. 8, sect. r.

ACERBE pris figurément, au sens de Sévère, dur, amer, aigre, en parlant des sentiments, des manières, du ton, du langage, était cependant ancien dans notre langue.

Un (perroquet) apperceus a tout (avec) son œil *acerbe*.
J. LOUVEAU, trad. de Straparole, *IV° nuit*, *Fable III.*

Se garde bien un roi d'être superbe
Fier, arrogant et d'avoir cœur *acerbe*.
J. BOUCHET, *Poésies diverses.*

ACERBE s'est dit quelquefois substantivement des substances d'un goût âpre.

Prens des raisins, des lambrucs qui croissent sans cultiver, et ceux de vigne qui est cultivée, et en fais du vin, et gouste dudit vin, et tu trouveras que celui qui est fait sans cultiver, ne sent que l'eau et l'*acerbe*.
Bernard PALISSY, *Abus des médecins.*

Les *acerbes* ne laissent pas d'avoir aussi quelque action sur le plomb.
BUFFON, *Hist. naturelle.* Minéraux; le Plomb.

De l'adjectif ACERBE on avait fait, dans notre ancienne langue, le verbe ACERBER, employé surtout sous sa forme pronominale s'ACERBER:

Il (François Ier) s'*acerba* grandement et avecques paroles d'aigreur leur enjoignit...
Est. PASQUIER, *Pourparler du Prince.*

ACERBITÉ, s. f. (Du latin *Acerbitas.*)
Qualité de ce qui est acerbe.

Ce fruit est d'une *acerbité* insupportable.
Dictionnaire de l'Académie.

Ce mot, que recueillent les deux dernières éditions seulement du dictionnaire de l'Académie, y est donné comme de peu d'usage.

ACÉRER, ACÉRÉ, ÉE. Voyez ACIER.

ACESCENT, TE, adj. T. didactique. (Du latin *Acescens*, participe présent d'*acescere*.)
Qui s'aigrit, qui commence à devenir acide.

On appelle liqueurs et médicaments *acescents* tous ceux qui affectent les organes du goût d'une aigreur piquante.
Encyclopédie, art. ACESCENT.

ACESCENCE, s. f. T. didactique (dérivé d'*acescent*).
Disposition à s'aigrir, à devenir légèrement acide.

L'*acescence* des humeurs, d'un liquide.
Dictionnaire de l'Académie.

ACESCENT et ACESCENCE, donnés par les deux dernières éditions, seulement, du dictionnaire de l'Académie, paraissent peu anciens dans la langue.

ACÉTEUX, EUSE, adj. (Du latin *Acetum*.) Qui a le goût du vinaigre.

Ce mot que recueille le dictionnaire de l'Académie, seulement en 1762, était depuis assez longtemps déja dans la langue, comme en fait foi le premier des exemples suivants.:

Toutes choses *acéteuses* sont fort louées, parce qu'elles irritent l'appétit.

Ambr. PARÉ, *Introd. à la vraye cognoissance de la chirurgie*, XXII, 13.

Cet acide animal et l'acide végétal *acéteux* ou tartareux, contiennent sensiblement beaucoup de cet air fixe ou acide aérien duquel ils tirent leur origine.

BUFFON, *Histoire naturelle*. Minéraux; Acides.

Dans le langage spécial de la chimie, l'adjectif ACÉTEUX s'est joint quelquefois, comme modificatif, au substantif, de même origine, Acide. Il en est de même aujourd'hui de l'adjectif *acétique*.

ACÉTIQUE, adj. des deux genres (du latin *Acetum*).

Il se dit en termes de chimie, de l'acide auquel le vinaigre doit sa propriété caractéristique. Dans le vinaigre l'acide *acétique* est étendu d'eau et associé à des substances dont la nature peut varier.

On obtient de l'acide *acétique* en distillant le vinaigre ordinaire.

Dictionnaire de l'Académie.

ACÉTATE, s. m. Terme générique de chimie (du latin *Acetum*).

Il se dit, des sels produits par la combinaison de l'acide acétique avec différentes bases.

Acétate d'ammoniaque, de cuivre, de mercure, de plomb, de potasse, de soude, de morphine, etc. (combinaison de l'acide acétique avec l'ammoniaque, avec les oxides de cuivre, de mercure, de plomb, avec la potasse, la soude, la morphine, etc.).

Dictionnaire de l'Académie.

Ce mot, qui date de la nomenclature chimique adoptée vers la fin du dernier siècle, n'a été recueilli que dans la sixième édition du dictionnaire de l'Académie, en 1835.

On trouve chez Oudin et Cotgrave, et, d'après eux, dans le *Glossaire* de Sainte-Palaye, deux substantifs féminins qui appartiennent à la même famille de mots, mais ne se sont pas maintenus dans l'usage :

ACÉTEUSE, oseille ;
ACÉTOSITÉ, aigreur.

ACHALANDER, v. a. [Peut-être du vieux verbe simple *Chalander* que donne le dictionnaire de Monet, et tous deux de *Chaland*. (Voyez ce mot.)]

Proprement: Attirer, procurer des chalands à un magasin, à une boutique, à une auberge, etc.

Ce n'est pas ici une fête ordinaire, nous faisons cinq nôces à la fois et voilà comme on *achalande* les guinguettes.

DANCOURT, *l'Impromptu de Surêne*, sc. 19.

Au contraire, c'est moi qui *achalande* votre café, c'est moi qui l'ai mis à la mode ; c'est ma réputation qui vous attire du monde.

VOLTAIRE, *l'Écossaise*, IV, 1.

ACHALANDER s'est dit au propre, mais plus rarement des personnes.

Ce marchand est capable de t'*achalander* en un seul jour.

MONET, *Dictionnaire*.

ACHALANDER, au figuré, signifie Mettre en crédit.

On profane les églises en ce pays-là aussi bien qu'au nôtre, et le temple de Dieu sert de rendez-vous aux godelureaux et aux coquettes, à la honte de ceux qui ont la maudite ambition d'*achalander* leurs Eglises et de s'ôter la pratique les uns aux autres.

SCARRON, *Roman comique*, I, 9.

Visites de marquis n'*achalandent* guère une étude.

Arlequin Grapignan. (Voir Théâtre Italien, 1717, t. I, p. 35.)

Les divinations, les augures, étaient des espèces d'oracles, et sont, je crois, d'une plus haute antiquité ; car il fallait bien des cérémonies, bien du temps pour *achalander* un oracle divin qui ne pouvait se passer de temple et de prêtres ; et rien n'était plus aisé que de dire la bonne aventure dans les carrefours.

VOLTAIRE, *Essai sur les mœurs*, Introduction, c. 31.

. Le galetas devint l'antre de la Sibylle.
L'autre femelle *avoit achalandé* ce lieu.

LA FONTAINE, *Fables*, VII, 15.

Dans la tribune *achalander* son art.

J.-B. ROUSSEAU, *Épîtres*, II, 1.

ACHALANDER est aussi verbe pronominal et peut recevoir pour sujets des noms de chose, des noms de personne, et même au figuré des noms abstraits.

Commencer à *s'achalander*, à avoir nombre de chalands et acheteurs.

MONET, *Dictionnaire*.

Cette boutique commence à *s'achalander* ; si vous voulez *vous achalander*, logez-vous dans un meilleur quartier.

Dictionnaire de l'Académie.

ACHALANDÉ, ÉE, participe.

Il se dit au propre, adjectivement, de tout établissement bien Pourvu de chalands.

Dame ! c'est ici l'Epée royale, bon logis, à pied comme à cheval. La maison est, morgué, bien *achalandée*.

DANCOURT, *la Maison de Campagne*, sc. 25.

Elle me parut assez jolie et je trouvai ses allures si vives, que j'aurois bien jugé, quand son mari ne me l'auroit pas dit, que ce cabaret devoit être fort *achalandé*.

LE SAGE, *Gil Blas*, I, 2.

Fort bien *achalandé*, grâce à son caractère,
Le moulin prit le nom de son propriétaire.

ANDRIEUX, *Contes*, le Meunier de Sans-Souci.

Toujours pris au sens propre, il désigne aussi, dit Rob. Estienne, « Celuy qui a grand concours et affluence d'acheteurs de sa marchandise; duquel le magazin, boutique ou ouvroir est fréquenté d'acheteurs de sa marchandise ou denrée. »

Il y a des artisans bien plus *achalandez* les uns que les autres, plus forts et plus adroits, et qui gagnent par conséquent davantage.

VAUBAN, *Projet d'une dixme royale*. Second fonds.

ACHALANDÉ est susceptible des mêmes acceptions figurées que le verbe lui-même.

Elle en pouvoit fournir (de mensonges) les poëtes et les astrologues les plus *achalandés*.

SCARRON, *Nouvelles tragi-comiques*, les Hypocrites.

La Pebrada est la plus *achalandée* ; elle a la pratique de plusieurs veuves riches à qui elle porte tous les jours sa liste à lire.

LE SAGE, *le Diable boiteux*, c. 6.

On le dit, en badinant, d'une personne Qui a beaucoup d'intrigues.

Cette fille est fort *achalandée*.

FURETIÈRE, *Dictionnaire*.

Sur le verbe ACHALANDER s'était formé, pour exprimer un sens tout contraire, DÉCHALANDER, qui est devenu plus tard DÉSACHALANDER (voyez ce mot).

Dans quelques dictionnaires de date récente on trouve le substantif masculin ACHALANDAGE avec ce double sens : l'Action, l'art d'attirer des chalands ; plus souvent la Clientelle attachée à une maison de commerce. Cette dernière acception appartient déjà à un mot, vieilli, il est vrai, mais non sorti de l'usage, CHALANDISE (voyez ce mot.)

ACHARNER, v. a. (Peut-être du vieux verbe simple *Charner*, et tous deux de *Charn*, chair, formé sur le latin *caro, carnis*.)

Autrefois ANCHARNER (voyez le *Glossaire de Sainte-Palaye*), ENCHARNER, ESCHARNER (voyez les exemples ci-après).

ACHARNER signifie proprement, en termes de chasse, Donner aux chiens, aux oiseaux de proie, dressés par le chasseur, le goût, l'appétit de la chair.

Et qui veut que ses chiens chacent bien le leup, il faut qu'ilz soyent bien *acharnez* : car s'ilz ne sont bien *acharnez*, ilz chacent bien plus doubteusement.

Le livre du Roy Modus, édit. de Blaze, en 1839, fol. 39 v°.

Cy-après s'ensuit comment on doit *acharner* les chiens courans.

Le Trésor de Vénerie (en 1384). Mss. de la bibl. imp. collect. Mouchet, t. 9.

Ce sens primitif s'est encore appliqué aux bêtes

fauves que l'on attire, pour les surprendre, par un morceau de chair :

Et quand le veneur voudra chasser le loup, il doit *encharner* les loups par cette manière...

...Quand on les appelle en hurlant pour les *encharner*...
Gaston Paëbus, *Chasse du loup*, à la suite de *la Venerie* de J. Du Fouilloux.

On a dit, toujours au propre, non-seulement *acharner les chiens, acharner l'oiseau*, mais *acharner le leurre*.

Et garde que ton loirre (leurre) soit bien *encharné* d'un costé et d'autre.
Le livre du roy Modus, édit. de Blaze, en 1839, fol. 81.

Acharner *le leurre* c'était, selon Nicot, « Mettre de la chair dessus pour mieux faire venir l'oiseau au réclame. »

C'est par une allusion métaphorique au sens primitif et propre d'acharner que Montaigne a dit d'excitations imprudentes données à des appétits sensuels :

On les leurre en somme (les femmes) et *acharne* par tous moyens : nous eschauffons et incitons leur imagination sans cesse.
Montaigne, *Essais*, III, 5.

Acharner signifie plus ordinairement, par extension et par figure, Exciter, animer, irriter un animal, un homme contre un autre.

On l'a quelquefois employé en ce sens, absolument :

Donne courage à tes satellites et à tes bourreaux : les voilà défaillis de cœur, arme-les, *acharne* les.
Montaigne, *Essais*, II, 2.

... Mon profond mépris pour les noirceurs a pu *acharner* les méchants, qui ne veulent pas qu'on les croye ainsi sans conséquence.
Beaumarchais, *Mémoires*, part. II.

Plus souvent on le fait suivre des prépositions *contre, sur*.

Ce n'est point, Madame, et ce ne peut être votre dessein d'*acharner* les fidèles *contre* les fidèles.
Balzac, *Discours à la Régente*.

Pour madame de Monglas, je la méprise fort, et ce n'est ni haine ni dépit qui m'*acharne contre* elle : c'est pour me divertir seulement.
Bussy-Rabutin, *Lettres*, 25 juin 1671.

La furie des soldats... se baigna sans pitié dans le sang... et les haines de la religion, avec le souvenir des massacres, l'*acharnèrent* avec plus de rage *sur* les choses saintes que *sur* les profanes.
Mézeray, *Histoire de France*, Henri III, année 1580.

On l'a vu, dans la fameuse bataille des Dunes, arracher les armes des mains des soldats étrangers qu'une férocité naturelle *acharnoit sur* les vaincus.
Fléchier, *Oraison funèbre de Turenne*.

Acharner, dans ce sens figuré, a pu quelquefois recevoir pour régimes, au lieu de noms désignant des personnes, des noms abstraits. Dans les exemples suivants, où il est employé de cette manière, au sens général d'Exciter, animer, irriter, il se trouve tantôt construit avec la préposition *à*, tantôt pris absolument.

Mes pupilles sont venus *constante matrimonio*. Voilà, Messieurs, ce qui établit leur état... voilà ce qui m'*acharne à* soutenir le testament.
Le Mercure galant. Plaidoié. (Voir Théâtre Italien, 1717, t. I, p. 13.)

Qu'allons-nous donc faire par le renvoi de la délibération ? manquer le moment décisif, *acharner* notre amour-propre *à* changer quelque chose à un ensemble que nous n'avons pas même conçu...
Mirabeau, *Discours sur la contribution du quart*, 1789.

Il (le peuple) suit toujours son but, jusqu'à ce qu'il [l'emporte.
Le premier sang versé rend sa fureur plus forte,
il l'amorce, il l'*acharne*...
P. Corneille, *Nicomède*, V, 6.

Acharner, avec le pronom personnel, s'emploie tout à fait de même, et quant aux acceptions, et quant aux constructions.

Ainsi s'acharner, c'est proprement Prendre le goût, l'appétit de la chair, s'en montrer avide, s'attacher à une proie.

On dit, de cette manière, simplement, absolument, s'ACHARNER.

Il y a des oiseaux farouches qui ne *s'acharnent* jamais, et qui se laissent plutôt mourir de faim.

FURETIÈRE, *Dictionnaire.*

> Après lesserés sans attendre
> Tous vos chiens à celuy cerf prendre,
> Qui tretout le dévoreront
> Et par ainsi *s'acharneront.*

Le Trésor de Vénerie (en 1384). Mss. de la bibl. imp. collect. Mouchet, t. 9.

Ou bien, on dit, *s'acharner sur* :

La Buse est toujours affamée et crie toujours. Elle seule, entre les aigles, se paist en l'air de proye morte ; car les autres, après avoir tué leur proye, *s'acharnent dessus* sans se bouger de terre.

DU PINET, trad. de Pline, *Hist. nat.*, X, 3.

Il n'y a qu'eux (les vautours) qui *s'acharnent sur* les cadavres, au point de les déchiqueter jusqu'aux os.

BUFFON, *Histoire naturelle.* Oiseaux de proie ; le Vautour.

> Ayant quelque part ouï dire
> Que l'ours *s'acharne* peu souvent
> *Sur* un corps qui ne vit, ne meut, ni ne respire.

LA FONTAINE, *Fables*, V, 20.

Un vautour *sur* son cœur *s'acharne* incessamment.

DELILLE, trad. de l'*Énéide*, VI.

Ou bien encore on dit *s'acharner à* :

A ceux (aux jeunes chiens) qui courent le lièvre, on ne leur en doit point donner (de *carnage*, de chair)... car si on leur en donne, ils *s'acharneront aux* grosses bestes et ne feront cas des lièvres.

J. DU FOUILLOUX, *la Venerie*, c. 11.

On peut inférer de l'exemple suivant que l'on a dit, dans le même sens, *s'acharner de, s'en acharner.*

Aucuns aussi nomment lougarous les loups qui mangent les hommes après qu'une fois ils *s'en sont acharnés.*

DE LA PORTE, *les Épithètes*, au mot LOUGAROU.

Par extension et par figure, on se sert fréquemment de s'ACHARNER pour dire S'attacher avec fureur, avec opiniâtreté à un adversaire, à un ennemi.

On dit de cette manière *s'acharner contre* :

Contre qui vous *acharnez-vous*, roi d'Israël ?... *contre* un chien mort, contre un ver de terre.

BOSSUET, *Politique tirée de l'Ecriture,* liv. V, art. 2.

On vit encore à cette journée quelle était l'inimitié naturelle entre les Suédois et les Danois. Les officiers de ces deux nations *s'acharnaient* les uns *contre* les autres et tombaient morts percés de coups.

VOLTAIRE, *Histoire de Pierre le Grand*, IIe part., c. 4.

S'acharner sur :

Sauvez les Français ! s'écria-t-il (Henri IV) quand les vainqueurs *s'acharnaient sur* les vaincus.

VOLTAIRE, *Essai sur les mœurs,* c. 174.

Nous vîmes les furies, armées de fouets, *s'acharner* impitoyablement *sur* les coupables.

BARTHÉLEMY, *Voyage d'Anacharsis*, c. 68.

S'acharner contre, *s'acharner sur*, dans leur acception figurée, sont susceptibles de diverses nuances.

Quelquefois ces locutions expriment l'animosité, la persécution :

Celui de ses compagnons qui m'a saisie, m'a cruellement battue et *s'est* même *acharné sur* moi, longtemps après que je ne lui faisois plus de mal.

SCARRON, *Roman comique*, I, 23.

Cette espèce de perversité bizarre qui fait que l'on *s'acharne*, après deux mille ans, *contre* un grand homme, sans autre intérêt, sans autre motif que cette haine pour la vertu qui semble être l'instinct des méchans.

LA HARPE, *Cours de littérature*, liv. II, éloquence, c. 4, sect. 4.

Le dernier siècle, qui *s'acharna sur* tout ce qu'il y a de sacré et de vénérable, ne manqua pas de déclarer la guerre au latin.

J. DE MAISTRE, *du Pape,* liv. I, c. 20.

> Et des dons de l'esprit dévots persécuteurs,
> *S'acharnaient à* l'envi *sur* les pauvres auteurs.

VOLTAIRE, *Épitres*, CX, à Boileau.

Quelquefois elles expriment la satisfaction passionnée de quelque appétit, un attachement obstiné à quelque système, à quelque idée.

Il *s'acharna sur* les entrées et ne fit pas moins d'honneur aux petits pieds. Quand il se fut bien empiffré...

Le Sage, *Gil Blas*, II, 1.

Il me semble que la retraite rend les passions plus vives et plus profondes... dans la solitude, on *s'acharne sur* ses sentimens.

Voltaire, *Lettres*, 31 décembre 1774.

... *S'acharner sur* le passé pour en faire l'immuable loi du présent.

Mme de Staël, *Consid. sur la Révolution franç.*; part. I, c. 14.

On trouve, au même sens que *s'acharner contre* et *s'acharner sur*, la locution *s'acharner après*.

Ta fureur *s'est* par trop *acharnée après* moi.
Molière, *Amphitryon*, III, 10.

On ne dit guère, en ce sens, *s'acharner à*. Il y en a cependant des exemples :

Les corps poussent tousjours avec trop de vigueur les faultes des ministres, quand ils ont tant fait que de *s'y acharner*.

Le Cardinal de Retz, *Mémoires*, part. II, ann. 1649.

Les souvenirs de la terre les poursuivent encore (les damnés du Dante); leurs passions sans but *s'acharnent à* leur cœur.

Mme de Staël, *Corinne*, liv. II, c. 3.

S'acharner à, suivi d'un verbe à l'infinitif ou d'un nom abstrait, signifie Se porter ardemment à une chose, s'y attacher opiniâtrément, s'y appliquer avec excès.

Quand je suis en mauvais estat je *m'acharne au* mal, je m'abandonne par desespoir et me laisse aller vers la cheute.

Montaigne, *Essais*, III, 9.

Ils redoublerent leur courage... et endurerent... un assaut... *auquel* les Espagnols *s'acharnerent* si bien que le pont qu'ils avoient jeté estant emporté par le fil de l'eau, plusieurs allerent à la nage pour l'assaut.

Ceux-là enfilent les courtines à gauche et à droite, et bientost apres les rues; *s'acharnent à* tuer, et mettent sur le pavé plus de 2,000 hommes.

Agr. d'Aubigné, *Histoire universelle*, t. II, liv. II; c. 24; t. III, liv. IV, c. 9.

Ne laissez pas, mon cher monsieur, de *vous acharner à* ce dessein avec l'habileté et l'adresse que vous avez fait jusqu'ici.

De Lionne, lettre du 25 oct. 1667 au chev. de Gremonville. (Voir *Négociations rel. à la succession d'Espagne*, t. II, p. 249.)

S'acharner à vouloir être obéi à quelque prix que ce soit.

Bossuet, *Politique tirée de l'Écriture*, liv. IV, art. 2.

Ils.... *s'acharnent... à* diffamer cette harangue...

La Bruyère, *Discours prononcé dans l'Académie françoise*, préf.

Ce qu'il y avait de plus grand en France *s'acharnait au* combat, et versait son sang dans le faubourg.

Voltaire, *Siècle de Louis XIV*, c. 5.

Comment va la botanique? Pour moi, j'en raffole, je *m'y acharne*, et je n'avance point.

J.-J. Rousseau, *Lettres*, 2 janvier 1767.

Cependant notre âme insensée
S'acharne au vain honneur de demeurer près d'eux
(des grands).
Molière, *Amphitryon*, I, 1.

Il redouble de rage, il *s'acharne à* sa proie.

La Harpe, *Philoctète*, I, 4.

S'acharner à est employé de même, mais rapproché du sens primitif d'*Acharner*, dans le passage suivant d'un auteur du seizième siècle :

Si pour sauver des chiens ma vie fugitive
A l'homme je me rends et de mon gré le suive,
Si à lui j'ai recours, afin de m'esloigner
Des limiers que je sens *à ma mort s'escharner*...

G. Bouchet, *la Complainte du Cerf*, à la suite de *la Venerie* de J. Du Fouilloux.

L'exemple suivant réunit les deux locutions *s'acharner à* et *s'acharner contre* :

Mais vouloir au public immoler ce qu'on aime,
S'acharner au combat *contre* un autre soi-même...

P. Corneille, *Horace*, II, 1.

S'acharner, même en ce sens figuré, peut, selon l'occasion, être employé absolument.

Quel acte fut celui de ces six gentils-hommes qui s'assignerent lieu aux Tournelles, où ils *s'acharnerent* si bien, que quatre demourèrent sur la place, et les autres fort blessez ?

LA NOUE, *Discours politiques et militaires*, Disc. 12ᵉ.

Du torrent de ses vers sans cesse il vous inonde...
.... Il les lit, les relit,
Prétend qu'ils fassent rire et pour peu qu'on en rie
Le poignard sur la gorge, en fait prendre copie,
Rentre en fougue, *s'acharne* impitoyablement,
Et, charmé du flatteur, le paie en l'assommant.

PIRON, *la Métromanie*, I, 3.

ACHARNÉ, ÉE, participe.

Il a les acceptions du verbe et se construit de même.

Au propre il se dit d'un animal « Mis, lancé, adonné, agousté et affriandé à la chair » comme s'exprime Nicot.

Il y a aucuns loups qui mangent des enfans, et aucunes fois les hommes, et ne mangent nulle autre chair depuis qu'ils *y* sont *encharnés*, ainçois se laissent mourir.

Gaston PHÉBUS, *Chasse du loup*, à la suite de *la Venerie* de J. du Fouilloux.

Les petits lionceaux *acharnez* par leurs pères,
Dans leurs affreux repaires,
En déchirant leur proie ont moins de cruauté...

RACAN, *Psaumes*, XVI.

Ou bien encore, et plus ordinairement, d'un animal fortement Excité, irrité contre un autre.

A la fin, comme l'on n'avoit desja presque plus d'espérance qu'il revint, il retourna de la chasse des ennemys avecques deux ou trois de ses familiers seulement, souillé de sang tout frais, comme un gentil levrier *acharné après* la beste.

AMYOT, Trad. de Plutarque. *Vie de Paul Émile*, c. 10.

Luy (le faucon) et l'aigle se font ordinairement la guerre : de sorte qu'on les prend souventefois aggraffez l'un à l'autre, tant sont *acharnez* l'un *sur* l'autre.

DU PINET, trad. de Pline, *Hist. nat.*, X, 8.

On aime à voir les combats des animaux, non le vainqueur *acharné sur* le vaincu.

PASCAL, *Pensées*, part. I, art. IX, § 34.

Au Lion *acharné contre* une bergerie
Il ne paroist pas tant de rage et de furie.

RACAN, *Psaumes*, LVI.

Le vautour *acharné sur* sa timide proie
De ses membres sanglans se repaît avec joie.

VOLTAIRE, *le Désastre de Lisbonne*.

C'est dans un sens figuré, très-voisin du sens propre, que l'auteur de la phrase suivante s'est servi, non sans énergie, d'ACHARNÉ.

Tibère *acharné* et comme irrité par les supplices, croyant que ces exécutions estoient trop lentes, commanda que tout à la fois on fist mourir tous ceux qui se trouveroient dans les prisons accusez d'avoir eu amitié ou alliance avec Séjan.

COEFFETEAU, *Histoire romaine*, II.

Un équivalent curieux de ce mot, sous sa plus vieille forme et avec le sens le plus voisin de son sens primitif et propre, c'est, dans un monument célèbre de la littérature espagnole, l'*Araucana* de Alonzo d'Ercilla, ch. III, str. 25, l'épithète *encarnizada* appliquée à une troupe animée de nouveaux efforts par un premier massacre.

Au figuré, ACHARNÉ se dit des hommes excités, animés, irrités les uns contre les autres, qui se poursuivent et se combattent avec fureur, avec opiniâtreté, qu'il s'agisse soit de combats réels, soit de luttes d'une autre sorte. En ce sens, il peut se rapporter non-seulement à des noms de personnes, mais à certains substantifs collectifs tels que parti, faction, cabale, secte, etc.

Est-ce là tout ce qu'ont pu faire durant si longtemps tant de docteurs si *acharnés sur* un seul.

PASCAL, *Provinciales*, III.

Les rois de Syrie et ceux d'Égypte, *acharnés* les uns *contre* les autres, ne songeoient qu'à se ruiner mutuellement, ou par la force, ou par la fraude.

BOSSUET, *Discours sur l'histoire universelle*, I, 8.

Ce n'étoit plus, dans cet amas confus d'hommes *acharnés* les uns *sur* les autres, que massacre, vengeance, désespoir et fureur brutale.

FÉNELON, *Télémaque*, XV.

Il y avait deux partis dans Constantinople *acharnés* l'un *contre* l'autre pour la religion, à peu près comme dans Jérusalem quand Vespasien et Titus l'assiégèrent.

VOLTAIRE, *Essai sur les mœurs*, c. 91.

Mais peut-on *sur* les gens être tant *acharnée*?
Pour me persécuter, l'enfer l'a déchainée.
REGNARD, *les Ménechmes*, IV, 4.

Acharné à, suivi d'un verbe à l'infinitif, ou d'un nom abstrait, marque, comme *s'acharner à*, une forte attache à quelque chose, une ardeur emportée, une application opiniâtre.

Enfin, sur le soir du jour de Pentecoste, trespassa le roi aagé de 24 ans et dix mois, aiant regné 13 ans; Prince nai avec un esprit vif, prompt à tout, mal nourri, violent ennemi et inesgal ami, *acharné à* toutes sortes d'amours.
Agr. D'AUBIGNÉ, *Histoire universelle*, t. II, liv. II, c. 8.

Le Prince de Galles eut bientost en horreur ce tygre (Pierre le Cruel) *acharné au* sang.
MÉZERAY, *Histoire de France*. Charles V, ann. 1367.

Il prit à mercy tous ceux qui demandoient quartier, et en arracha tant qu'il put des mains des soldats *acharnez à* la tuerie.
HARDOUIN DE PÉRÉFIXE, *Hist. de Henri le Grand*, 2ᵉ partie, année 1590.

Les deux partis déchaînés l'un contre l'autre avec la dernière fureur, ressembloient plus à des loups enragés, *acharnés à* s'entre-déchirer, qu'à des chrétiens et des philosophes qui veulent réciproquement s'éclairer.
J.-J. ROUSSEAU, *les Confessions*, part. II, liv. IX.

... Un fils de qui l'âme *au* plaisir *acharnée*
Absorbe en quatre jours la rente d'une année.
MONTFLEURY, *le Comédien-poète*, I, 1.

D'un peuple d'assassins les troupes effrénées
Par devoir et par zèle *au carnage acharnées*.
VOLTAIRE, *la Henriade*, II.

ACHARNÉ s'emploie aussi absolument.

A présent qu'il est catholique ils se monstrent plus aspres et plus *acharnez* qu'ils ne faisoient avant sa conversion.
LE CARDINAL D'OSSAT, *Lettres*, liv. I, lettre. 8.

Qu'on se représente l'état de l'empire sous Julien : deux factions *acharnées* le partagent.
VOLTAIRE, *Fragments sur l'histoire*, art. VII.

Jésus, au milieu d'un supplice affreux, prie pour ses bourreaux *acharnés*.
J.-J. ROUSSEAU, *Émile*, IV.

ACHARNÉ ne se dit pas seulement des animaux et des hommes, il se rapporte encore à certains noms de choses, tels que combat, mêlée, dispute, calomnie, etc.

Il engage un des combats les plus sanglans et les plus *acharnés* qui se fussent encore donnés entre ces deux nations rivales.
VOLTAIRE, *Histoire de Charles XII*, liv. VII.

Ces calomnies si réitérées, si *acharnées* et si absurdes, ne peuvent ici me porter coup.
LE MÊME, *Lettres*, 27 janvier 1737.

ACHARNEMENT, s. m.
Autrefois ENCHARNEMENT.

Le dictionnaire de Cotgrave est le premier qui donne ce mot. Il était cependant ancien dans la langue, comme en fait foi l'exemple suivant du quatorzième siècle, où, par une acception qui ne s'est point maintenue, il signifie un Appât de chair destiné à attirer dans un piége les bêtes fauves.

Quand le veneur verra qu'ils (les loups) ne voudront manger... il doit remuer la chair de l'*encharnement*, comme est de cheval ou de bœuf...., ou de moutons, ou de brebis, ou de pourceaux, ou asnes, qu'ils mangent volontiers.
Gaston PHÉBUS, *Chasse du loup*, à la suite de *la Venerie* de J. du Fouilloux.

ACHARNEMENT, dérivé d'*acharner*, répond surtout aux sens divers du pronominal s'*acharner* et, comme ces verbes, il s'emploie absolument, ou se construit avec les prépositions *contre* et *à*.

Au propre, c'est l'Action d'un animal qui s'attache opiniâtrément à sa proie.

Il (le loup) mord cruellement et toujours avec d'autant plus d'*acharnement* qu'on lui résiste moins.
BUFFON, *Histoire naturelle*, le Loup.

ACHARNEMENT se dit aussi, proprement, de la Fureur opiniâtre avec laquelle des animaux ou des hommes se battent les uns contre les autres.

On combattait alors de près et l'*acharnement* produisait ces grands massacres dont il y a peu d'exemples depuis que des troupes réglées combattent pour de l'argent, et que les peuples oisifs attendent à quel vainqueur leurs blés appartiendront.

VOLTAIRE, Essai sur les mœurs, c. 115.

Le coq-paon n'a... guère moins d'<i>acharnement</i> a se battre avec les autres mâles que le coq ordinaire.

BUFFON, Histoire naturelle. Oiseaux; le Paon.

Les deux armées croisèrent le fer et le feu avec une bravoure et un <i>acharnement</i> qu'animait une inimitié nationale de dix siècles.

CHATEAUBRIAND, Mémoires d'outre-tombe, Bataille de Waterloo.

On le dit, figurément, d'une Animosité violente, d'une fureur obstinée, d'une application, d'un attachement excessifs.

J'ai vu la critique imprimée de la Princesse de Clèves; elle est exacte et plaisante en beaucoup d'endroits; mais elle a un air d'<i>acharnement</i> qui sent l'envieux ou l'ennemi, et qui ne fait point de quartier; pour la nôtre, c'est une critique de gens de qualité qui donnent la vie après avoir désarmé.

BUSSY-RABUTIN, Lettres, 12 août 1678, à madame de Sévigné.

L'<i>acharnement</i> opiniâtre des Tarquins à fatiguer les Romains par une longue et rude guerre et à soulever contre eux tous leurs voisins, les mit dans la nécessité de se défendre sans ménagement.

ROLLIN, Traité des Etudes, liv. IV, 3e part., c. 2, art. 2; 2e morceau de l'Hist. romaine.

Ceux de l'isle de Thasos s'étant révoltés contre les Athéniens, Cimon les attaqua et défit leur flotte; ils soutinrent leur révolte avec un <i>acharnement</i> qui a peu d'exemples.

LE MÊME, Histoire ancienne, VII, 1.

Presque toujours on se nuit à soi-même en poursuivant son ennemi avec trop de passion et d'<i>acharnement</i>.

VOLTAIRE, Dialogues et Entretiens philosophiques, XV.

Il veut m'excommunier, me proscrire; il ameute la paroisse après moi, il me poursuit avec un <i>acharnement</i> qui tient de la rage.

J.-J. ROUSSEAU, Lettres, 8 août 1765.

Mais les dévots de cœur sont aisés à connoître,
Jamais <i>contre</i> un pécheur ils n'ont d'<i>acharnement</i>;
Ils attachent leur haine au péché seulement.

MOLIÈRE, le Tartufe, I, 5.

ACHARNEMENT semble ne pouvoir se prendre qu'en mauvaise part. C'est, différemment, avec une iro-

nie bienveillante qu'il est employé dans le passage qui suit :

Dès qu'on offre de loin la moindre petite ouverture pour faire du bien, vous saisissez la chose avec un <i>acharnement</i> qui n'a point d'exemple.

VOLTAIRE, Lettres...

Comme beaucoup d'autres substantifs, ACHARNEMENT, particulièrement dans le dix-septième siècle, a été employé au pluriel.

On verra quelquefois dans des maisons saintes, dans de saintes communautés, des <i>acharnemens contre</i> des personnes dont on ne voit point la cause.

BOSSUET, Médit. sur l'Évangile, La Cène, part. II, XVIIe jour.

ACHE, s. f. (du latin <i>Apium</i>, en grec ἄπιον) par changement du P en CH, dit Ménage, comme dans les mots <i>anchoye</i>, <i>seiche</i>, <i>proche</i>, <i>échine</i>, lesquels sont venus de même d'<i>apua</i>, <i>sepia</i>, <i>prope</i>, <i>spina</i>.

Herbe d'un beau vert, plante ombellifère qui ressemble au persil.

On a varié, au XVIe siècle, sur le genre de ce mot, comme le montrent les exemples qui suivent :

L'<i>ache</i> n'est pas <i>bonne</i> à manger.

RÓN. ESTIENNE, J. THIERRY, NICOT, Dict.

Nous disons, quand quelcun est bien malade et en grand danger de la vie, qu'il ne lui faut plus que l'<i>ache</i>, c'est-à-dire la sépulture, pour ce que nous avons accoustumé de couronner les sépultures des morts avec ceste herbe.

AMYOT, trad. de Plutarque, Vie de Timoléon, c. 35.

Sur toutes herbes, l'<i>ache</i> est fort <i>tardif</i> à lever... l'<i>ache</i>, que les Grecs appellent eleoselinum, croit ès lieux humides... en Achaye, on avoit anciennement accoustumé de donner un chapeau de triomphe fait d'<i>ache</i>, à celuy qui emportoit le pris du tournoy qu'on faisoit tous les ans en la foret de Nemæa.

DU PINET, trad. de Pline, Hist. nat., XIX, 7 et 8.

Que l'<i>ache</i>, le lys et les roses ne manquent point au festin.

DACIER, trad. d'Horace, Odes, I, 36.

Dans l'origine, les vainqueurs ne recevoient, pour toute récompense, qu'une simple couronne d'olivier sauvage aux jeux olympiques, de laurier aux jeux pythiens, d'*ache* verte aux jeux néméens, et d'*ache* sèche aux jeux isthmiques.

<small>Goguet, de l'Origine des lois, etc., 3ᵉ époq., liv. VI, art. 3.</small>

Némée, ville fameuse par la solemnité des jeux qu'on y célèbre chaque troisième année en l'honneur de Jupiter... il me suffira d'observer que les Argiens y président et qu'on n'y décerne au vainqueur qu'une couronne d'*ache*.

<small>Barthélemy, Voyage d'Anacharsis, c. 53.</small>

Le front couronné d'*ache* toujours verte et de roses qui vivent si peu, nous nous excitions à jouir de la vie, par la considération de sa brièveté.

<small>Chateaubriand, les Martyrs, V.</small>

ACHEMINER, v. a. (Ainsi que *cheminer*, de *Chemin*, et par ce mot du latin *Caminus*, lequel signifiait originairement un foyer, une voie d'émission pour la fumée, et appliqué successivement à toute espèce d'issue, a été pris, au moyen âge, au sens de *chemin*. Voyez CHEMIN.)

Autrefois ACEMINER (voyez le *Glossaire de Sainte-Palaye*), ACHIMINER, ENCHEMINER (voyez les exemples ci-après).

ACHEMINER, dans l'exemple suivant, de date très-ancienne, a pour régime un mot équivalent à *chemin*, le mot *sentier*, et est pris dans le sens de *poursuivre*, qui le précède et le détermine à cette acception fort inusitée.

Un petit sentier a la roÿne treuvé,
En ce sentier s'en va, si com il plot à Dé (Dieu).
Si l'a tant *porsivi* et tant *acheminé*,
Qu'un hermitage treuve, Dieu en a aouré (adoré).

<small>Adenès, Roman de Berte, p. 64.</small>

ACHEMINER, c'est, proprement, Faire entrer, faire avancer dans un chemin et, comme le traduisent Robert Estienne, Nicot, Monet par des mots de formation analogue, « avoyer, aveier, arrouter. »

Les exemples d'ACHEMINER, pris au sens propre et lié par les prépositions *vers*, *en*, *a*, etc., à des régimes indirects, étaient plus fréquents aux anciennes époques de la langue qu'ils ne le sont devenus depuis.

On a donc dit *acheminer vers* :

Vers dulce France tuit *sunt achiminez*.
<small>Chanson de Roland, st. LIII (éd. de 1851, II, 42).</small>

Et li baron *sont* tôt *acheminé*,
Vers mont-Loom l'admirable cité.
<small>Ogier de Danemarche, v. 10726.</small>

Acheminer en, acheminer à :

Cette vision l'encouragea encore davantage, et l'ayant le matin communiquée à son compagnon, il *achemina* son armée droit *à* Rome.
<small>Amyot, trad. de Plutarque, Vie de Sylla, c. 20.</small>

Le désir des Estats, et notamment du Prince d'Orange, estoit que Monsieur *acheminast* son armée *en* Brabant, et sa personne *à* Anvers.
<small>Agr. d'Aubigné, Histoire universelle, t. II, liv. V, c. 20.</small>

Il s'agissoit..... et de pourvoir à la sortie de Bilhuega de cette nombreuse garnison qui y étoit demeurée enfermée durant la nuit, et qu'il falloit *acheminer en* la Vieille-Castille.
<small>Saint-Simon, Mémoires, 1710, t. IX, c. 4.</small>

Paris a nos jeunes ans,
Puis quand nous sommes plus grands,
On nous *achemine*
De Paris *en* un autre endroit,
Pour la guerre, pour le droit,
Pour la médecine.
<small>J. de la Péruse, Élégie.</small>

ACHEMINER, toujours au sens propre, a pu être construit encore, selon l'occasion, avec d'autres prépositions marquant aussi le mouvement, ou bien avec des adverbes de lieu tels que *y* et *où*.

Les collonels qui demeurèrent (et entr'autres Saunoi, *contre* lequel il fallut *acheminer* l'armée) voulurent estre deschargez publiquement de leur serment.

Nous avons dit que le duc de Mercœur fut destourné de ses entreprises par la nouvelle de l'armée et du siège de Craon ; ce fut là *où* il *achemina* les forces.
<small>Agr. d'Aubigné, Histoire universelle, t. I, liv. I, c. 24 ; liv. III, c. 17.</small>

ACHEMINER, avec les mêmes formes de construction, s'est dit aussi, et se dit encore quelquefois, d'une manière figurée, en parlant soit des personnes préparées à un certain état, soit surtout des choses conduites vers une certaine fin.

Sire, comme il a pleu à Dieu d'*encheminer* les affaires de ce royaulme si heureusement et *à* espoir certain de bon, ferme et constant établissement pour le présent et pour l'advenir...

> Lettre de l'ambassadeur RENARD à Philippe, roi d'Angleterre, janvier 1555 (Voir *Papiers d'État du cardinal de Granvelle*, t. IV, p. 359.)

S'ils osent appeler erreur chose *à* quoy nature mesme nous *achemine*.

Il est mal-aisé que le discours et l'instruction, encore que nostre creance s'y applique volontiers, soient assez puissants pour nous *acheminer jusques à* l'action.

> MONTAIGNE, *Essais*, I, 3; II, 6.

Quand il me fit évesque, puis archevesque, et enfin cardinal, ce fut toujours à condition expresse d'*acheminer* ceste affaire *à sa* perfection, et obliger ma vie et mon âme à l'avancement de la grandeur de Lorraine, et détriment de la maison des Valois.

> *Satyre Ménippée*, Harangue de monsieur le cardinal de Pellevé.

Rien de plus grand ne se peut présenter aux hommes, que ce qui les *achemine à* la conservation de leur vie.

> Ol. DE SERRES, *Théâtre d'agriculture*, dédicace au roi.

> *Achemine* moy *au* cours
> De ta vérité patente.
>
> Cl. MAROT, *Psaumes*, XXI.

Ah! Frosine, la joie *où* vous m'*acheminez*.

> MOLIÈRE, *le Dépit amoureux*, V, 5.

ACHEMINER *à*, en ce sens figuré, a pu être suivi d'un verbe à l'infinitif.

Le premier jour de vostre naissance vous *achemine à* mourir comme *à* vivre.

Celuy qui craint à s'exprimer, nous *achemine à* en penser plus qu'il n'y en a.

Qui oublieroit de bien et saintement vivre et penseroit estre quitte de son devoir, en *y acheminant* et dressant les autres, ce seroit un sot.

> MONTAIGNE, *Essais*, I, 19; III, 5, 10.

On a même dit, avec la même sorte de complément, *acheminer de*, pour Mettre dans le chemin de, en voie de.

Cet usage de mettre einsi par escrit, et laisser tesmoignage de tels ouvrages, qui se voit en Italie et en Allemaigne, est un fort bon éguillon; et tel qui ne se soucie pas du publiq *sera acheminé* par cet esperance de reputation *de* faire quelque chose de bon.

> MONTAIGNE, *Voyages*.

Enfin ACHEMINER, dans des acceptions analogues, exprimant métaphoriquement une certaine action exercée sur la marche, le progrès des choses, a été employé sans régime indirect.

Ce chien, appercevant les meurtriers de son maître, leur court sus avec grands aboys et aspreté de courroux, et par ce premier indice, *achemina* la vengeance de ce meurtre.

> MONTAIGNE, *Essais*, II, 12.

Deux choses, l'une pour le ministre et lors il y en avoit un qui prechoit, et au dessous une autre, où est celui qui *achemine* le chant des psalmes.

Ils ont en usage de faire aporter de l'eau d'un bein près de Pistoïe..... et en tiennent les Apotiqueres d'ici pour en boire, avant celle d'ici, un verre, et tiennent qu'elle *achemine* cete ci, etant active et aperitive.

> LE MÊME, *Voyages*.

Nous desirons voir clair à tout cela devant que d'y engager le nom et l'autorité de sa Majesté, d'autant que nous craignons que le faisant autrement, les passionnez à la paix s'en servent et advantagent pour *acheminer* leur dessein.

> VILLEROY, *Lettre* du 13 juin 1607. (Voir Négociations de M. Jeannin.)

On..... *achemina* la ruine d'Agrippine par les supplices de ses plus proches parens.

> COEFFETEAU, *Histoire romaine*, II.

Il commença d'*acheminer* insensiblement son entreprise, pour laquelle il avoit besoin d'un long temps, d'une grande fortune et de beaucoup d'artifices.

> SARASIN, *la Conspiration de Walstein*.

Par une application naturelle du sens propre d'ACHEMINER, en termes de manège, *acheminer un cheval*, c'est l'Habituer, lorsqu'on le dresse, à marcher devant lui.

ACHEMINER s'emploie plus ordinairement avec le pronom personnel, et, construit comme lorsqu'il est employé dans un sens actif, il signifie au propre. Se mettre en chemin, se diriger vers quelque endroit.

Et partit de Paris, et son jeune fils avec elle, et le comte de Kent et leur suite, et *s'acheminerent devers* Hainaut.
FROISSART, *Chroniques*, liv. 1, part. I, c. 12.

Ils (les Jésuites) débitent le peu de sçavoir qu'ils ont accueilly de longtemps : Et quand leur denrée est vendue, ils *s'acheminent ès* autres lieux.
Est. PASQUIER, *Recherches de la France*, III, 43.

M'étant acheminé à Blois, muni de cette piece, et d'une fievre quarte qui ne me vouloit point quitter.
AGR. D'AUBIGNÉ, *Mémoires*, t. I, p. 29.

Estant résolu de partir..... pour aller accompaigner la Royne ma femme...., lorsqu'elle *s'acheminera en* court, je vous en ai voulu advertir par cette mienne (lettre).
HENRI IV, *Lettres*, 19 janvier 1582. (Voir *Lettres missives de Henri IV*, t. I, p. 436.)

.... Mais le changement d'air acheveroit peut-être de la rétablir (Mme de Grignan), et lui donneroit plus de force pour *s'acheminer en* ce pays-ci, quand la Providence en ordonneroit.
COULANGES, *Lettres*, 6 juin 1696, à Mme de Simiane.

... Il (le cardinal de Bouillon) *s'achemina* enfin *à* Rome *par* l'Allemagne et le Tyrol.
SAINT-SIMON, *Mémoires*, 1713, t. XI, c. 5.

J'ai ma permission de retourner à Vienne, et je compte *m'y acheminer* vers le mois de juin.
J.-B. ROUSSEAU, *Lettres*, 20 janvier 1724.

Entre deus roches se sunt acheminé.
Garin le Loherain, t. I, p. 104.

Droit vers Saint-Gile se sont acheminés.
Raoul de Cambrai, p. 258.

Lors après cele départie,
Eschivant la destre partie,
Vers la senestre *m'achemin*,
Por querre le plus brief chemin.
Roman de la Rose, v. 10061.

Par Auvergne *acheminer*
Se voult le cuers vertueux.
EUST. DESCHAMPS, *Lay de Du Guesclin*.

Il dit : à ce conseil où la raison domine,
Sur ses pas *au* barreau la troupe *s'achemine*.
BOILEAU, *le Lutrin*, V.

S'acheminer à est pris de même au propre dans des phrases où la préposition *à* n'a point pour régime un nom de lieu.

Et sans dire autre chose, et sans marchander *s'achemina* de ce pas courageusement *au* supplice.
MONTAIGNE, *Essais*, I, 3.

Les croisez *s'acheminoient* gais et gaillards *à* l'entreprise de la guerre sainte, comme asseurez d'acquérir le paradis.
Est. PASQUIER (cité par Furetière).

Monsieur de Rosny, par votre importunité je *m'achemine au* secours de Meulan; mais s'il m'en arrive inconvenient, je vous le reprocheray à jamais.
HENRI IV, *Lettres*, 18 février 1590. (Voir *Lettres missives de Henri IV*, t. III, p. 145.)

... Et il (l'abbé de Polignac) reçut cet emploi (l'auditorat de Rote) comme un honnête exil, dont à la fin Torcy lui fit comprendre la nécessité et les avantages, *vers* lesquels néanmoins il *s'achemina* tout le plus tard qu'il put.
SAINT-SIMON, *Mémoires*, 1706, t. V, c. 1.

S'ACHEMINER, toujours au sens propre, s'est dit aussi, et peut se dire encore, absolument.

Ainsi *se acheminèrent*.
COMMYNES, *Mémoires*, I, 6.

Monsieur de Termes s'estoit arresté au bout du pont, comme il entendit que monsieur de Botières *s'acheminoit*.
MONTLUC, *Commentaires*, I.

Le pauvre la Trousse s'en va, et Sévigné *s'achemine* déjà; ils vont à Cologne.
Mme DE SÉVIGNÉ, *Lettres*, 30 décembre 1671.

Je *m'acheminois* gaîment avec mon dévot guide et sa sémillante compagne.
J.-J. ROUSSEAU, *les Confessions*, part. I, liv. II.

Entret en sa veie, si s'est achiminez.
Chanson de Roland, st. XXVI (éd. de 1851, I, 365).

S'ACHEMINER est, comme *acheminer*, susceptible d'acceptions figurées. Il marque alors le progrès d'une personne ou d'une chose vers quelque terme.

Toute cognoissance *s'achemine* en nous par les sens, ce

sont nos premiers maistres; elle commence par eux et se resout en eux.

CHARRON, *De la Sagesse*, I, 12.

Voulez-vous à bon escient *vous acheminer à* la dévotion? cherchez quelque homme de bien qui vous guide et vous conduise.

S. FRANÇOIS DE SALES, *Introduction à la vie dévote*, I, 4.

Je n'ai point trouvé étrange de les voir arriver *où* je les avois vu *s'acheminer*.

BALZAC, *Aristippe*, disc. VII.

Les choses *s'acheminent où* nous voulons.

MOLIÈRE, *Mr de Pourceaugnac*, III, 1.

Tout le monde voyage dans cette vie; l'homme voyage... il vient du néant et *s'achemine vers* la mort.

ABBADIE, *Sermons*. Sur le chemin qui conduit à Dieu.

Antoine, malgré ses protestations, *s'acheminoit* insensiblement *à* la souveraine puissance.

VERTOT, *Révolutions romaines*, XIV.

Cette lutte annuelle et publique des artistes venant à cesser, l'art *s'achemina* rapidement *à* sa décadence.

DIDEROT, *Salon de l'année 1767*.

Je sais par quels moyens sa sagesse profonde
S'achemine à grands pas *à* l'empire du monde.

P. CORNEILLE, *Nicomède*, V, 1.

Depuis ce coup fatal, le pouvoir d'Agrippine,
Vers sa chute à grands pas chaque jour *s'achemine*.

J. RACINE, *Britannicus*, V, 1.

S'ACHEMINER, au figuré, aussi bien qu'au propre, peut être employé absolument.

Voyant que l'entreprise *s'acheminoit* pas à pas, il pense de son costé à ses affaires.

MATTHIEU, *Hist. des derniers troubles de France*, I.

L'œuvre de Dieu *s'acheminoit* et les voies se préparoient insensiblement à l'entier accomplissement des anciens oracles.

BOSSUET, *Discours sur l'histoire universelle*, II, 5.

On est trop heureux de n'être trompé que dans les choses médiocres; les grandes ne laissent pas de *s'acheminer*, et c'est la seule chose dont un grand homme doit être en peine.

FÉNELON, *Télémaque*, XXII.

Il (Louis XIV) y avoit toujours songé (à bannir l'héré-

sie) depuis qu'il gouvernoit, et ce grand dessein *s'étoit acheminé* peu à peu.

L'abbé DE CHOISY, *Mémoires*, IV.

La bonté et la vérité du maréchal de Lorges, si rare à trouver et si effective en lui, m'avoient donné un désir extrême de ce mariage, où je croyois avoir trouvé tout ce qui me manquoit pour me soutenir, *m'acheminer*, et pour vivre agréablement au milieu de tant de proches illustres, et dans une maison aimable.

Tandis que toutes ces résolutions *s'acheminoient* dans le plus profond secret, il en fallut prendre une en même temps sur le choix d'un général en Italie.

SAINT-SIMON, *Mémoires*, 1690, t. I, c. 201; 1706, t. V, c. 6.

Au temps que les cornoilles braient...
Et la froidure *s'achemine*,

RUTEBEUF, *le Dit d'ypocrisie*. (Voir OEuvres, II, 66).

ACHEMINÉ, ÉE, participe.
Il a été pris quelquefois adjectivement;
Soit au propre :

Don Alvaro de Sande ne fut pas plus tost *acheminé*, que dix-huit ou vingt mille chevaux Maures lui furent aux espaules.

LA NOUE, *Discours politiques et militaires*, disc. 18º.

Soit au figuré.

Ilz dirent à Timoleon qu'il s'en vinst luy tout seul devers Icetes, pour le conseiller et l'accompaigner en tous affaires, qui estoient ja si bien *acheminez* qu'il les tenoit pour achevez.

AMYOT, trad. de Plutarque, *Vie de Timoléon*, c. 12.

Ceux qui tiendront la géométrie en main y auront beaucoup d'avantage, pourveu qu'ils soient un peu instruicts et *acheminez en* la practique.

Philibert DE L'ORME, *Architecture*, liv. III, c. 6.

Theophrastes disoit que l'humaine cognoissance, *acheminée* par les sens, pouvoit juger des causes des choses jusqu'à une certaine mesure.

MONTAIGNE, *Essais*, II, 12.

Comme elle se vid assez puissante et les choses *acheminées* selon son désir, elle commanda qu'on ouvrît les portes du palais, et fit sortir son fils Néron en la compagnie de Burrhus.

COEFFETEAU, *Histoire romaine*, IV.

Lorsque la paix estoit bien *acheminée*, il survint un incident qui la retarda de plus d'un an.

Hardouin de Perefixe, *Hist. de Henri le Grand,* part. III, 1596.

ACHEMINEMENT, s. m.

Il a pu être quelquefois employé dans une acception analogue au sens propre d'*acheminer*, de *s'acheminer* et exprimer l'Action de faire avancer, ou de s'avancer vers quelque endroit.

Nostre prompt *acheminement vers* la coste de la mer.....

Sarasin, *Siège de Dunkerque.*

Le maréchal de la Meilleraie retourna à Bourg porter la nouvelle de l'*acheminement* de madame la princesse et de sa suite.

La Rochefoucauld, *Mémoires,*

Dans l'usage le plus ordinaire, acheminement n'a qu'un sens figuré et se dit de Ce qui est propre à faire avancer vers un but, vers un terme, de ce qui y dispose, y prépare, y conduit.

Apprendre à se connoître, c'est le fondement de sagesse et *acheminement à* tout bien.

La (noblesse) naturelle est un *acheminement* et occasion à la personnelle.

Charron, *De la Sagesse,* I, 59.

Le plaisir qu'on prend aux inspirations est un grand *acheminement à* la gloire de Dieu.

S. François de Sales, *Introduction à la vie dévote,* II, 18.

Cette manière de vivre est un merveilleux *acheminement à* la passion.

Pascal, *Discours sur les passions de l'amour.*

Les Pères ont dit que la pénitence étoit un *acheminement à* l'Eucharistie.

Arnauld, *De la fréquente communion,* c. 7.

La venue des faux christs et des faux prophètes sembloit être un plus prochain *acheminement à* la dernière ruine.

Bossuet, *Discours sur l'Histoire universelle,* II, 9.

La seule mollesse inséparable de l'abondance est un *acheminement* presque infaillible *à* la licence des mœurs.

Massillon, *Carême, Danger des prospérités.*

Acheminement à peut être suivi d'un verbe à l'infinitif.

Les hommes reconnoissent leurs défauts plus souvent et plus aisément qu'ils ne s'en corrigent ; mais pourtant c'est un *acheminement à* se corriger.

La Harpe, *Cours de littér.,* part. II, liv. I, poésie, c. 6, sect. 1.

On dit aussi, avant un verbe à l'infinitif, *acheminement pour.*

A quel amy osez-vous fier vos doleances, qui, s'il ne s'en rit, ne s'en serve d'*acheminement* et d'instruction *pour* prendre luy-même sa part à la curée ?·

Montaigne, *Essais,* III, 5.

On donna à Scipion pour département la province de Sicile. C'étoit un *acheminement* certain *pour* passer en Afrique.

· Rollin, *Traité des études,* liv. VI, part. III, c. 2, art. 2.

La reine vient de me donner sur sa cassette une pension de quinze cents livres que je ne demandais pas : c'est un *acheminement pour* obtenir les choses que je demande.

Voltaire, *Lettres,* 13 nov. 1725.

L'*acheminement* d'une chose s'est dit quelquefois pour Ce qui y achemine.

De ma part, discourant en moy tous les derniers déportements de l'empire, je me suis toujours fait accroire que l'un des premiers *acheminements de* sa ruine provint de Constantin.

Est. Pasquier, *Recherches de la France,* I, 7.

Le sénat redoutoit le joug d'une nouvelle tyrannie, *dont* il croyoit que ce massacre estoit une semence et un *acheminement.*

Coeffeteau, *Histoire romaine,* XII.

Ce fut lui encore qui..... lui donna des espérances de l'élection de son fils pour Roi des Romains et de l'*acheminement* insensible *de* la succession à l'empire.

Sarasin, *la Conspiration de Walstein.*

Il seroit bien à désirer, selon mon sens, que ces deux ministres (Buckingham et Arlington) voulussent travailler de concert à l'*acheminement de* cette affaire.

Colbert à Louis XIV, 9 février 1669 (Voir *Négociations relatives à la succession d'Espagne,* t. III, p. 68.)

Acheminement, comme beaucoup de substantifs

semblables, a été employé, au pluriel, avec les mêmes formes de construction, *acheminements à, acheminements de :*

Non-seulement il (le pénitent) déteste le péché, ains encore toutes les affections, dépendances et *acheminements du* péché.

S. François de Sales, Introduction à la vie dévote, I, 8.

Mille *acheminements* secrets *au* crime .

Massillon.....

Ou bien, encore, pris absolument :

J'ai cru que, pourvu que nous conservassions les effets de l'histoire, toutes les circonstances, ou, comme je viens de les nommer, les *acheminements* étoient en notre pouvoir.

P. Corneille, préface de Rodogune.

ACHÉRON, s. m. (transcrit du grec Ἀχέρων et du latin *Acheron*).

Ce mot, à la fois géographique et mythologique chez les anciens, était le nom de certains fleuves en Épire, en Calabre, etc., et d'un des fleuves des enfers. Il est surtout usité dans ce dernier sens chez les modernes.

Il y a plusieurs grands et divers cours, oultre lesquelz s'en trouve quatre principaux, dont le plus grand et dernier, environnant la terre, est nommé Océan. D'un autre costé et à l'opposite de luy court le fleuve d'*Acheron*, passant par lieux deserts dessoubz la terre, et tombe dedans le maretz d'Acherusie, où plusieurs âmes des trespassez arrivent.

J. Leroy, trad. de Platon, le Phédon.

Tout le pays est environné de grands fleuves, dont le nom même fait horreur, le Styx, le Phlégéton, le Cocyte, sans parler d'*Acheron*, qui est un grand marais tout à l'entrée, qui exhale une vapeur si grossiere, que les asmes mesmes des oiseaux ne sçauroient voler par dessus.

Perrot d'Ablancourt, trad. de Lucien, du Deuil.

Il entreprit de descendre aux enfers par un lieu célèbre, qui n'étoit pas éloigné du camp; on l'appeloit Acherontia, à cause qu'il y avoit en ce lieu une caverne affreuse, de laquelle on descendoit sur les rives de l'*Achéron*.

Fénelon, Télémaque, XVIII.

Parmi les fleuves qui l'arrosent (l'Épire) on distingue l'*Achéron*, qui se jette dans un marais de même nom et le Cocyte, dont les eaux sont d'un goût désagréable.

Barthélemy, Voyage d'Anacharsis, c. 36.

J'ai demandé Thésée aux peuples de ces bords,
Où l'on voit l'*Achéron* se perdre chez les morts.

J. Racine, Phèdre, I, 1.

De Styx et d'*Achéron* peindre les noirs torrens.

Boileau, Art poétique, III.

Qui regarde en pitié les fables du Ténare,
Et s'endort au vain bruit de l'*Achéron* avare.

C'est là que l'*Achéron*, bouillonnant à grand bruit,
Dans le Cocyte affreux vomit sa fange immonde.

Delille, trad. des Géorgiques, II; trad. de l'Énéide, VI.

Et ma voix, chez les morts où bientôt je descends,
Au bruit de l'*Achéron* mêlera ses accents.

Lemercier, Agamemnon, II, 7.

Les poëtes le prennent pour l'Enfer même et pour la mort.

Les trois filles de l'*Achéron* ne lui répondirent rien et se contentèrent de la regarder de travers.

La Fontaine, Psyché, II.

On ne voit pas deux fois les rivages des morts,
Seigneur : puisque Thésée a vu les sombres bords,
En vain vous espérez qu'un Dieu nous le renvoie,
Et l'avare *Achéron* ne lâche point sa proie.

J. Racine, Phèdre, II, 5.

Voilà donc le défunt que le sort nous renvoie,
Et l'avare *Achéron* lâche encore sa proie.

Regnard, le Légataire universel, IV, 8.

La peste, puisqu'il faut l'appeler par son nom,
Capable d'enrichir en un jour l'*Achéron*.

La Fontaine, Fables, VII, 1.

On avait fait, soit directement d'Achéron, soit des adjectifs grecs et latins Ἀχερόντειος, Ἀχερόντιος, *Acheronteus, Acheronticus, Acherontius*, des adjectifs encore recueillis dans les lexiques de Cotgrave et de Danet, au commencement du XVIIᵉ siècle, mais qui, très-peu usités, n'ont pas tardé à être tout à fait abandonnés :

Acheronté, ée, que Cotgrave traduit ainsi : « Plongé dans l'Achéron, noyé dans l'enfer, par suite infernal, nourri en enfer, et de là cruel, farouche, affreux. »

Achérontique, des deux genres.
Achérontide, des deux genres.

Ames *achérontides*.

Cotgrave, Dictionnaire.

Quel Cerbère nouveau, quel monstre *achérontide*,
Quel lion ou quel hydre a triomphé d'Alcide?

Rotrou, Hercule mourant, IV, 2.

ACHETER, v. a. (soit du latin *Acceptare*, *acci-pere*, soit du bas-latin *Accaptare*, *accapitare*).

Autrefois achapter, acapter, acater, achater, achepter, achetter, etc. (Voyez le *Glossaire de Sainte-Palaye* et le spécimen du *Trésor des origines de Pougens*.)

Dans plusieurs de ces orthographes paraît la trace de l'étymologie la plus vraisemblable d'acheter, celle par laquelle Caseneuve, Du Cange, Ménage et autres, le tirent du bas latin *Accaptare*, *accapitare*. Ce mot signifiait au moyen âge Former un certain contrat féodal qu'on appelait *Accapitum*, *acaptio*, *acaptamentum*, etc., c'est-à-dire, Prendre un bien d'un seigneur à des conditions déterminées par le droit du temps, par exemple moyennant une somme que l'on payait au moment de l'entrée en jouissance. De cette espèce de marché, par suite duquel les feudataires achetaient en partie les possessions qui leur étaient inféodées, vint naturellement l'application générale du verbe acheter à toutes sortes d'acquisitions faites pour de l'argent. Le verbe italien *accatare*, duquel on fait quelquefois venir acheter, n'a peut-être pas lui-même, c'est l'opinion de Ménage, d'autre origine.

Acheter signifie au propre Acquérir quelque chose moyennant une somme convenue ou par voie d'échange.

Li riches out mult buez e berbiz; li povres n'en out mais une oueille qu'il *out achatée* e nurrie od ses enfanz.

Les quatre Livres des Rois, II, XII, 3.

Aprés, nous deffendons que nos baillifz outréement n'*achatent* ne facent *acheter* par eulz ne par autres, possessions ne terres qui soient en leurs baillies, ne en autre, tant comme il soient en nostre servise.

Joinville, Histoire de saint Louis.

Ce avons nos fait pour le profit de touz et meesmement pour les povres et pour les estranges, qui à Paris vienent *acheter* aucune marchandise.

Est. Boileau, le Livre des Métiers, Establissement des Métiers.

Ilz *acheterent* chacun de petites haquenées pour chevaucher plus à leur aise.

Froissart, Chroniques, liv. I, part. I, c. 44.

Le peuple apportoit des vivres, comme pain petit et bien noir, et le vendoit cher........ J'en feiz *achapter* et faire l'essai devant moi.

Commynes, Mémoires, VIII, 9.

Ce n'est faict de bons voisins, quand venez icy *achapter* nostre beau froument, duquel vous faictes vos guasteaulx et fouaces.

Rabelais, Gargantua, I, 25.

Aussitôt je songeai à *acheter* la maison où il avoit demeuré avec les champs fertiles qu'il possédoit autour.

Fénelon, les Aventures d'Aristonoüs.

Il y a autant d'invention à s'enrichir par un sot livre, qu'il y a de sottise à l'*acheter*.

La Bruyère, Caractères, c. 1.

Il n'avoit d'autre occupation que les livres, ni d'autre divertissement que d'en *acheter*.

Fontenelle, Éloge de l'abbé Gallois.

Un soldat n'eût pas osé refuser le paiement de ce qu'il *achetait*, encore moins aller en maraude, pas même sortir du camp.

Voltaire, Histoire de Charles XII, liv. II.

Je ne puis mieux comparer ce souris qu'à celui de Panurge *achetant* les moutons de Dindenaut.

J.-J. Rousseau, les Confessions, part. II, liv. X.

Né pain, né vin, né char, né capons, né pertris,
Ne truevent qu'*achater*, li mengiers est faillis.

Chanson d'Antioche, ch. III, v. 281.

Je voy qui ung cheval *achette*.

Roman de la Rose, v. 9080.

Je voudrois de l'argent pour *acheter* des jupes.

Th. Corneille, le Galant double, V, sc. dern.

Notre laitière, ainsi troussée,

83.

Comptoit déjà dans sa pensée
Tout le prix de son lait, en employoit l'argent,
Achetoit un cent d'œufs, faisoit triple couvée.
La Fontaine, Fables, VII, 10.

Tout composé et déjà de tant d'auteurs manœuvres
Aucun n'est riche assez pour *acheter* ses œuvres.
Gilbert, Satires, le Dix-huitième siècle.

On a dit de même, au propre, ACHETER un gouvernement, une charge, un titre, etc.

...Et qui n'*achètent* ces titres vains d'occupation et de dignité que pour satisfaire leur orgueil et pour honorer leur paresse.
Fléchier, Oraison funèbre de Michel Le Tellier.

Je ne croyois pas, monsieur, qu'il y eût d'autres affaires, quand on *achète* une charge, que de chercher de l'argent.
Mme de Sévigné, Lettres, 26 nov. 1681.

Conchini *acheta* le marquisat d'Ancre, devint premier ministre.
L'abbé de Choisy, Mémoires, I.

Il (Harleville) *avoit acheté* le gouvernement de Pignerol.
Saint-Simon, Mémoires, 1713, t. XI, c. 7.

Leur patrimoine n'est employé qu'à *acheter* des titres et des dignités qui puissent faire oublier leur nom et la bassesse de leur origine.
Massillon, Carême, IVe dimanche; Sur l'aumône.

Pour éviter l'oisiveté, j'ai *acheté* une charge d'alguazil.
Le Sage, Gil Blas, III, 2.

Le ministère comptait sur l'empressement des bourgeois, dont la vanité *achèterait* à l'envi ces nouvelles charges.
Voltaire, Histoire du parlement de Paris, c. 16.

Là cette femme emplit sa bourse,
Et, sans avoir d'autre ressource,
Gagne de quoi donner un rang à son mari;
Elle *achète* un office, une maison aussi.
La Fontaine, Fables, VII, 15.

Non : j'*achète* une charge et me fais conseiller.
Destouches, l'Irrésolu, V, 6.

ACHETER se lie fréquemment, au moyen des prépositions *de* et *à*, avec le nom qui désigne la personne *de* laquelle, ou *à* laquelle on achète. *Acheter*

d'une personne, acheter à une personne ne sont pas des expressions que l'on emploie tout à fait indifféremment; mais il est difficile de déterminer avec précision la nuance qui les distingue.

Lorsqu'au lieu du substantif on se sert du pronom personnel il faut dans tous les cas, *je lui ai acheté*, et non pas *j'en ai acheté*.

On dit donc, *acheter d'une personne*.

Acheter d'ung vendeur mal asseuré.
Rob. Estienne, Dictionnaire fr.-lat.

A peine *eus*-je *acheté de* ses créanciers les biens de la succession que je fus obligé d'aller à Clazomène.
Fénelon, Aventures d'Aristonoüs.

Théophraste... ce parleur agréable, cet homme qui s'exprimoit divinement, fut reconnu étranger et appelé de ce nom par une simple femme *de* qui il *achetoit* des herbes au marché.
La Bruyère, Discours sur Théophraste.

... C'est un cheval aussi bon qu'il est beau
Et que ces jours passés j'*achetai de* Gaveau.
Molière, les Fâcheux, II, 7.

A cette expression peuvent se rapporter les suivantes : *Acheter de la main, des mains d'une personne, de la succession d'une personne.*

Madame la princesse de Conti, première douairière, *acheta* aussi Choisy *de la succession de* madame de Louvois.
Saint-Simon, Mémoires, 1716, t. XIV, c. 7.

On dit aussi *acheter à une personne*.

Je *vous* l'*achèterai* même si vous voulez, non pas que je m'en soucie beaucoup ; mais j'avois dessein de m'habiller; et, pour vous faire plaisir, tenez, je m'accommoderai de votre robe.
Marivaux, la Vie de Marianne, part. III.

Les prépositions *de* et *à* servent encore à lier ACHETER avec des mots qui expriment le prix de la chose achetée. De là ces expressions :

Acheter de son argent, de ses deniers, des bienfaits de quelqu'un, etc.

Ma coignée, Jupiter, ma coignée, ma coignée : rien

plus, ô Jupiter, que ma coîgnée, ou *deniers* pour *en acheter* une autre.

RABELAIS, *Pantagruel*, IV, prologue.

Conon, Clinias et Hipponicus, incontinent, avant que l'édict feust publié, allerent emprunter de ceulx qui estoyent pecunieux grosse somme de *deniers*, dont ils *achepterent* des heritages.

AMYOT, Trad. de Plutarque, *Vie de Solon*, c. 7.

Nous sommes-nous, qui sommes en vie, enrichis de la paye de nos soldats? *avons*-nous *achapté* de grands biens *des* larrecins que nous avons faits en nos charges?

MONTLUC, *Commentaires*, I.

Le cardinal Jacques de Vitry, qui se trouva à ce siége, *acheta de ses deniers* un grand nombre d'enfants à la mamelle, qu'il réserva pour le baptême.

VERTOT, *Histoire des Chevaliers de Malte*, III.

Qu'il se donne la peine de dire que le roi n'acheta point la terre de Maintenon, mais qu'elle *fut achetée de l'argent* du roi, et par l'avis du roi.

La terre de Maintenon qu'elle *avait achetée des bienfaits* du roi.

VOLTAIRE, *supplément au siècle de Louis XIV* ; 3e partie.

Des deniers du vendeur vous *achetez* sa terre?

DESTOUCHES, *le Dissipateur*, II, 1.

De là encore *acheter à prix d'argent*, *au prix de...*, *à juste prix*, *à vil prix*, *à beaux deniers comptants*, *au poids de l'or*, etc.

Le château de Grunes qui est un des beaux châteaux du monde *fut acaté à bons deniers* de monseigneur Jean de Beauchamp.

FROISSART, *Chroniques*, XIe addition, 1352.

J'*achète* de l'argent *au poids de l'or*.

LE SAGE, *Gil Blas*, III, 3.

Ils *achètent à vil prix* les blés, les bestiaux, les denrées du pays, les trafiquent à Dantzick et en Allemagne, et vendent chèrement aux nobles de quoi satisfaire l'espèce de luxe qu'ils connaissent et qu'ils aiment.

VOLTAIRE, *Histoire de Charles XII*, liv. II.

Se l'on i trove qui la (la viande) vende
A bons deniers soit acatée.

WACE, *Roman de Brut*, v. 10155.

Ne craignés point à achapter ce livre,
A juste prix doncques l'achapterés.

Dixain qui termine une traduction de Térence, d'auteur inconnu, publiée à la fin du XVe siècle, par Antoine Vérard, imprimeur. (Voyez Goujet, *Biblioth. fr.* t. IV, p. 397, 599, éd. de 1742.)

On dit dans un sens analogue, *acheter avec :*

Bien loing d'en venir prendre chez-nous (du blé) comme par cy-devant, ils nous en portent à présent, et au lieu d'*achepter* nos vins *avec* de l'argent, ils les ont prins cette année par eschange avec du bled, en sorte que nous voilà privez par cette introduction d'avoir de l'argent d'aucunes de nos denrées.

D'OPPÉDE à Colbert, 10 novembre 1668. (Voir *Correspondance administrative sous Louis XIV*, t. I, p. 378.)

Acheter pour.

Comment Charles, près de parvenir à l'empire, dépouillait-il ainsi une maison et *achetait-il pour* très-peu de chose le bien d'un autre?

VOLTAIRE, *Annales de l'Empire*, interrègne, 1519.

Acheter à, suivi de verbes à l'infinitif tels que *manger*, *boire*, ne se rapporte plus à la personne de qui l'on achète, au prix auquel on achète, mais à la destination de la chose achetée.

Acheter à, *acheter pour*, suivis d'un nom de personne, marquent souvent pour qui, en faveur de qui une chose est achetée.

Elle (la duchesse de Berry) *acheta*, ou plutôt le roi *pour* elle, une petite maison à l'entrée du bois de Boulogne (la Muette).

SAINT-SIMON, *Mémoires*, 1716, t. XIV, c. 7.

D'un autre côté, je n'avois plus de retraite, et M. de Climal m'en donnoit une; je manquois de hardes, et il m'en *achetoit*.

MARIVAUX, *la Vie de Marianne*, part. I.

C'est dans un sens pareil, au sens de *Acheter à soi*, *pour soi* que se prend quelquefois le verbe pronominal *s'acheter*.

Très-souvent ACHETER est construit sans l'intermédiaire d'une préposition avec des mots qui énoncent la somme reçue par le vendeur.

Les lettres dont j'ai parlé furent *achaptées* d'ung secretaire d'Angleterre soixante-marcz d'argent par le roy.

COMMYNES, *Mémoires*, IV, 1.

Si *achapterent* le châtel ceux de Bayonne, des Anglois, quatre mille francs.

FROISSART, *Chroniques*, liv. II, c. 39.

Madame de Montespan *a acheté* Petit Bourg quarante mille écus.

Mme DE COULANGES, *Lettres*, 13 mai, 1695.

ACHETER peut être en outre accompagné d'un grand nombre de modificatifs qui font connaître les conditions, les avantages, la nature du marché.

Tels sont *acheter argent comptant, au comptant, comptant ; à terme ; à crédit ; à profit ; pour son compte ; par commission ; au mot d'un autre ; en gros, en détail,* etc.

Vous garderez avec eux toutes les lois du commerce et de la société ; *vous achèterez* leurs vivres *argent comptant.*

BOSSUET, *Politique tirée de l'Écriture*, liv. IX, art. 1.

Tels sont encore *acheter cher, bon marché,* etc.

Nuz ne puet estre talemeliers (boulanger) dedans la banliue de Paris, se il n'achate le mestier du roi... et vendent les mestiers devant dit de par le roy cil qui *du roi l'ont achaté,* à l'un talemelier *plus,* à l'autre *mains,* si come il leur semble que bon soit.

Est. BOILEAU, *le Livre des Métiers*, part. I, tit. 1.

Des chiens en envoyoit querir partout : en Espaigne des allans ; de petites levrettes en Bretaigne, levriers, espaigneulx, et les *achaptoit chier.*

COMMYNES, *Mémoires*, VI, 7.

Tout renchérit au-delà du croyable, tandis qu'il ne restoit plus de quoi *acheter au meilleur marché...*

SAINT-SIMON, *Mémoires*, 1707, t. VII, c. 7.

Il céda son château, après avoir honteusement chicané sur le prix avec madame Dorsan, qui *l'acheta plus* qu'il ne valoit, mais qui en avoit envie, et qui le lui paya sur-le-champ.

MARIVAUX, *la Vie de Marianne*, part. IX.

Les hommes s'étant fait des nécessités nouvelles, il (le commerce des colonies) empêche que la France n'*achète chèrement* de l'étranger un superflu devenu nécessaire.

VOLTAIRE, *Essai sur les mœurs*, c. 152.

Enflammé d'un objet qui n'a point de défaut,
Je viens de *l'acheter moins* encor qu'il ne vaut.

MOLIÈRE, *l'Étourdi*, II, 9.

On dit, par extension, *acheter une dignité,* pour Se la faire accorder en corrompant par de l'argent ceux qui en disposent.

Murena, celuy mesme qu'il avoit accusé d'*avoir achepté* le consulat, ne l'abandonna point en ce danger.

AMYOT, Trad. de Plutarque, *Vie de Caton d'Utique*, c. 39.

Rutilius escript qu'il obtint son sixiesme consulat, moyennant de l'argent qu'il feit distribuer par chascune lignée du peuple, et qu'il *l'achepta à deniers comptants.*

LE MÊME, même ouvrage, *Vie de Marius*, c. 9.

Cependant la papauté était à l'encan, ainsi que presque tous les autres évéchés. Benoît VIII et Jean XIX l'*achetèrent* publiquement l'un après l'autre.

VOLTAIRE, *Essai sur les mœurs*, c. 37.

Par une extension semblable, on dit *acheter l'État, une province, une ville* etc., pour S'en assurer, à prix d'argent, la possession, la soumission.

Les huit ou dix mille hommes sont au souverain comme une monnoie dont il *achète* une place ou une victoire.

LA BRUYÈRE, *Caractères*, c. 10.

Thebauld *achàta* Chartres, è Hastainz li vendi.

WACE, *Roman de Rou*, v. 1289.

Un Crassus étonné de sa propre richesse,
Dont l'opulence avide, osant nous insulter,
Asservirait l'État, s'il daignait *l'acheter.*

VOLTAIRE, *Rome sauvée*, II, 3.

ACHETER, avec un nom de personne pour régime, peut être pris au propre lorsqu'il s'agit de l'acquisition d'un esclave.

Diogenes le mesprisera, lequel estant imposé en vente par les brigands qui l'avoyent prins, crioit luy mesme à l'encan : qui veult *achapter* un maistre.

AMYOT, Trad. de Plutarque, *Œuvres morales*, Que le vice est suffisant pour rendre malheureux.

Plusieurs bourgades suisses étaient enclavées dans les domaines vendus à Charles par le duc d'Autriche. Il croyait avoir *acheté* des esclaves.

Le paysan polonais est serf dans la terre et non esclave dans la maison de son seigneur. Nous n'*achetons* des esclaves domestiques que chez les nègres.

VOLTAIRE, *Essai sur les mœurs*, c. 95; 97.

Les habitants de Chio prétendent avoir transmis aux autres nations l'art de cultiver la vigne...... mais on doit blâmer ce peuple d'avoir introduit l'usage d'*acheter* des esclaves.

BARTHÉLEMY, *Voyage d'Anacharsis*, c. 72.

. Il faut, dis-je, pour rompre à toutes choses cours,
Acheter sourdement l'esclave idolâtrée,
Et la faire passer en une autre contrée.

MOLIÈRE, *l'Étourdi*, I, 9.

Dans les mains des Persans jeune enfant apporté,
Je gouverne l'empire où je *fus acheté*.

J. RACINE, *Esther*, II, 1.

ACHETER, toujours avec un nom de personne pour régime, est, en plus d'une occasion, pris au figuré.

On dit *acheter une personne* pour Se la faire livrer moyennant un prix convenu.

Et *achepta* le roy d'Angleterre le conte de Ghines, connestable de France, et le conte de Tancarville, de messire Thomas de Hollande et de ses compaignons, et en paya vingt mille nobles.

FROISSART, *Chroniques*, liv. I, part. I, c. 272.

On pouvait penser que si la cour de Dresde *achetait* Charles XII *du* Kan des Tartares, elle pouvait *acheter* aisément *de* la cour ottomane la liberté des otages polonais.

VOLTAIRE, *Histoire de Charles XII*, liv. VI.

A Robert Ki fu filz Hamon,
Ki à cel tems fu de grant non,
Vendi ses prisons (prisonniers) è livra,
Et cil mult bien les *achata*.

WACE, *Roman de Rou*, v. 16308.

On dit *acheter un auteur* pour Se rendre acquéreur de son ouvrage manuscrit ou imprimé.

Dautant que la cognoissance qu'on prend de moy s'esloigne de mon giste, j'en vaux d'autant mieux. J'achete les imprimeurs en Guienne; ailleurs ils m'*achetent*.

MONTAIGNE, *Essais*, III, 2.

Dès que l'impression fait éclore un poëte,
Il est esclave né de quiconque l'*achète*.

BOILEAU, *Satires*, IX.

On dit *acheter une femme* pour L'obtenir, à prix d'argent, comme épouse ou comme maîtresse.

Tu *achètes* des beautés pour les aimer, mais tu ne les aimes pas parce que tu les *achètes*.

MONTESQUIEU, *le Temple de Gnide*, c. 2.

On n'*achète* ni son ami, ni sa maîtresse.

J.-J. ROUSSEAU, *Émile*, III.

Kenut ad la reine amée,
Sun pesant d'aur l'*ad achatée*.

WACE, *Roman de Rou*, v. 6535.

On a pu dire, dans un sens analogue, *acheter un mari*.

Il osta les douaires des austres mariages, et voulut que les femmes n'apportassent à leurs marys que trois robbes seulement, avecques quelques autres meubles... ne voulant point qu'elles *acheptassent* leurs marys.

AMYOT, Trad. de Plutarque, *Vie de Solon*, c. 9.

Il est, vous dis-je, à moi, je l'*ai* (Ménechme) bien *acheté*,
Entendez-vous, ma nièce.

REGNARD, *les Ménechmes*, V, 2.

On dit *acheter des soldats* pour Les enrôler, les lever, les acquérir, à prix d'argent, ou bien pour les gagner par des largesses.

Donc se pourveut ledit roy de Maillorques de gensdarmes, là où il les pouvoit avoir, et les *achepta* bien chier.

FROISSART, *Chroniques*, liv. I, part. II, c. 333.

Il n'a jamais esté leu ou entendu que aulcuns princes se soyent faictz grands, sinon ceulx qui *acheptent* et attirent à eulx les bons chevaliers. Je diz *acheptent* en les favorisant, honnorant, et distribuant leurs richesses et thresors.

HERBERAY DES ESSARTS, *Amadis de Gaule*, I, 33.

J'ay accoustumé, dit-il, de choisir et non d'*acheter* les soldats.

COEFFETEAU, *Histoire romaine*, VI.

Ils (les soldats) frémirent contre Galba, qui leur disoit, avec courage, qu'il ne savoit pas les *acheter*, mais qu'il savoit les choisir.

MONTESQUIEU, *Grandeur des Romains*, c. 15.

Il (le roi de Pologne) s'engagea à fournir au czar cinquante mille hommes, qu'on devait *acheter* de divers princes.

VOLTAIRE, *Histoire de Charles XII*, liv. II.

Il s'est élevé depuis quelque temps dans la Grèce, des chefs audacieux, qui, après avoir rassemblé des soldats de toutes nations, courent de contrée en contrée, traînent à leur suite la désolation et la mort, prostituent leur valeur à la puissance qui les *achète*, prêts à combattre contre elle au moindre mécontentement.

BARTHÉLEMY, *Voyage d'Anacharsis*, c. 10.

On dit, dans une acception très-voisine de celle-là, *acheter un homme*, ce qui signifie Payer une somme convenue pour qu'il en remplace un autre pendant la durée légale du service militaire.

On dit, d'une manière générale, *acheter une personne*, pour S'assurer à prix d'argent de ses bonnes grâces, de ses services, de son concours, etc.

Ne dit-on pas tous les jours à la reine que le gros bourgeois est à elle, et qu'il n'y a dans Paris que la canaille *acheptée* à prix d'argent qui soit au parlement?

LE CARDINAL DE RETZ, *Mémoires*, part. II, ann. 1649.

Il (Jugurtha) envoya aussitôt à Rome..... deux ambassadeurs, chargés d'une partie de ses trésors, dont ils avoient ordre de lui *acheter* encore de nouveaux protecteurs.

VERTOT, *Révolutions romaines*, IX.

Consuls, prêtres, tribuns, *furent achetés* au prix qu'ils mirent eux-mêmes.

MONTESQUIEU, *Grandeur des Romains*, c. 11.

Tous les Français qui avaient fait la guerre civile étaient soumis, hors le prince de Condé et quelques-uns de ses partisans, dont un ou deux lui étaient demeurés fidèles par amitié et par grandeur d'âme, comme le comte de Coligni et Bouteville; et les autres parce que la cour ne voulut pas les *acheter* assez chèrement.

On *acheta* peu cher quelques magistrats, quelques officiers; et à la fin même le marquis d'Ienne, gouverneur général, devint si traitable, qu'il accepta publiquement après la guerre, une grosse pension et le grade de lieutenant général en France..

VOLTAIRE, *Siècle de Louis XIV*, c. 6, 9.

Dieux! à qui pourrons-nous nous confier sans crainte,
Et de qui nous promettre une amitié sans feinte,
De ceux que la fortune attache à nos côtés,
De ceux que nous avons acquis moins qu'*achetés*?

ROTROU, *Saint-Genest*, III, 1.

Retourner à l'armée! ah! sachez que la reine
La sème d'assassins *achetés* par sa haine.

P. CORNEILLE, *Nicomède*, I, 1.

C'est par allusion à cette manière de parler qu'on a pu dire dans un sens moral, au sujet d'une personne de grande valeur, dont l'acquisition serait précieuse, qu'on ne peut *trop l'acheter*, qu'on devrait *l'acheter au poids de l'or.*

Ung saige homme... ne se pourroit *trop achapter.*

COMMYNES, *Mémoires*, I, 12.

On devroit *acheter* cet homme *au poids de l'or.*

Rob. ESTIENNE, *Dictionnaire fr.-latin.*

Il est très-ordinaire de dire, au lieu d'*acheter une personne*, *acheter son amitié*, *ses bonnes grâces*, *son suffrage*, *son silence*, etc.

Ayant esté desclaré tribun du peuple avecques Metellus et d'autres, il apperceut qu'on alloit marchandant et *acheptant les voix* du peuple quant on vint à l'eslection des consuls..

AMYOT, Trad. de Plutarque, *Vie de Caton d'Utique*, c. 7.

Quoy que j'aye *acheté* bien cher vostre *connoissance*, je ne crois pas l'avoir payée à beaucoup près ce qu'elle vaut.

VOITURE, *Lettres*, XCIX, à M. de Lyonne.

C'étoit de cet argent qu'il *achetoit leurs suffrages.*

MARIVAUX, *le Paysan parvenu*, part. V.

J'ai voulu me divertir en vous causant un peu de frayeur, mais vous en serez quitte pour cela. Ce n'est pas trop vous faire *acheter la complaisance* que je veux bien avoir de vous souffrir ici.

LE SAGE, *le Diable Boiteux*, c. 9.

Quoi! vous croyez qu'il faut que vous *achetiez mon silence!*

VERTOT, *Révolutions romaines*, XIII.

Qu'un prince.... *achète l'amitié* d'un de ses voisins et qu'il vende la sienne à un autre.....

Tous mes amis m'ont conseillé de ne point *acheter le silence* d'un scélérat.

VOLTAIRE, *Discours sur l'hist. de Charles XII; Lettres*, 30 mai 1736.

Denys *eût acheté mon amitié* au poids de l'or; je la mettois à un plus haut prix; je voulois qu'il se pénétrât de ma doctrine, et qu'il apprît à se rendre maître de lui-même pour mériter de commander aux autres.

BARTHÉLEMY, *Voyage d'Anacharsis*, c. 33.

J'*achète* contre lui *les esprits* des Romains.

> P. CORNEILLE, *Cinna*, I, 3.

Sans *acheter les voix* du peuple et du sénat

> CRÉBILLON, *Catilina*, II, 2.

On a dit, par un abus volontaire d'expression, *acheter le cœur* d'une personne, *acheter un cœur,* pour Obtenir à prix d'argent l'apparence de l'amour.

Je ne sache rien de plus méprisable qu'un homme dont on *achète le cœur* et les soins, si ce n'est la femme qui les paye.

> J. J. ROUSSEAU, *la Nouvelle Héloïse*, I, 17.

L'or est d'un grand secours pour *acheter un cœur;* Ce métal en amour est un grand séducteur.

> REGNARD, *le Joueur*, II, 4.

ACHETER, avec des noms de nature abstraite pour régimes, se dit de même en parlant de tous les avantages qu'on peut obtenir par des sacrifices d'argent, *jugements, droits, permissions, privilèges, conditions, traités de paix,* etc.

Encore avoit-il (Antiochus) esté bien aise d'*achepter cette paix* avec quinze mille talents, qu'il paya pour l'amende.

> AMYOT, Trad. de Plutarque, *Vie de Paul-Émile*, c. 11.

A vous dire le vray, je fais grande difficulté d'*acheter cet advantage* à prix d'argent.

> HENRI IV, *Lettres*, 22 fév. 1610, II°. (Voir *Lettres missives de Henri IV*, t. VII, p. 843.)

Je lui répondis (à M. le duc d'Albe)...... qu'il n'étoit point vrai que Votre Majesté eût voulu *acheter les droits* de M. de Savoie qui étoient inutiles à la reine....

> L'ARCHEVÊQUE D'EMBRUN à Louis XIV, 19 mai, 1667. (Voir *Négociations relatives à la succession d'Espagne*, t. II, p. 104.)

Pour obtenir les *privilèges* des jurisconsultes, il suffisoit de *les acheter.*

> FLÉCHIER, *Oraison funèbre de Michel Le Tellier.*

J'aurois bien mieux fait, tout riche que je suis, de m'allier en bonne et franche paysannerie, que de prendre une femme qui se tient au dessus de moi, s'offense de porter mon nom, et pense qu'*avec tout mon bien je n'ai* pas assez *acheté la qualité* de son mari.

> MOLIÈRE, *George Dandin*, I, 1.

La vénalité des charges, c'est-à-dire le *pouvoir de* pro-

téger l'innocence, de punir le crime et de faire justice à tout le monde, *acheté* à deniers comptants, comme une métairie.

> LA BRUYÈRE, *Discours sur Théophraste.*

Il laisse désirer si longtemps ce qu'on attend de lui qu'on croit *l'avoir* bien *acheté* lorsqu'on l'a obtenu.

> LE SAGE, *le Diable boiteux*, c. 18.

Le patriarche de Jérusalem et son historien ne pouvoient ignorer que les prédécesseurs d'Anastase avoient déjà accordé aux hospitaliers la plupart des *privilèges* en question, et sans qu'on se fût jamais plaint qu'ils *les eussent achetés* à prix d'argent.

> VERTOT, *Histoire des chevaliers de Malte*, I.

Cette république (Venise) n'étant point secourue, fut obligée de céder, de rendre Athènes, et d'*acheter* par un tribut annuel *la liberté* de commercer sur la mer Noire.

La France n'était ni assez forte pour ravir *l'empire*, ni assez riche pour *l'acheter.*

> VOLTAIRE, *Essai sur les mœurs*, c. 92; *Siècle de Louis XIV*, c. 6.

L'*honneur* de rendre la justice se vendait alors; et Jonquay pouvait *l'acheter* tout comme un autre.

> LE MÊME, *Fragment sur la justice*, à l'occasion du procès de M. le c^te de Morangiès, contre les Jonquay.

C'est un *droit qu'*à la porte on *achète* en entrant.

> BOILEAU, *Art poétique*, III.

Elle ira la première à cette horrible fête *Acheter le plaisir de* voir tomber sa tête.

> GILBERT, *Satires*, le Dix-huitième siècle.

C'est par allusion à cette manière de parler que, dans l'exemple suivant, l'argent dépensé en aumônes est présenté comme un prix dont on ACHÈTE le ciel.

Quoi! vous seriez riches pour le mal et pauvres pour le bien! Vos revenus suffiroient pour vous perdre, et ils ne suffiroient pas pour vous sauver et pour *acheter le ciel.*

> MASSILLON, *Carême*, Sermon sur l'aumône.

Ici doivent trouver place certaines expressions consacrées;

Acheter un procès, Désintéresser celui qui le soutient pour se substituer en son lieu et place.

Il peignit pathétiquement...... leur vertu barbarement immolée au crédit et à l'autorité, n'ayant pour sou-

I.

tien que la générosité de M. Aubourg, qui avait bien voulu *acheter ce procès.*

> VOLTAIRE, *Fragment sur la justice,* à l'occasion du procès de M. le cᵗᵉ de Morangiès contre les Jonquay.

> Il *achetoit* sous main de petits *procillons*
> Qu'il savoit élever, nourrir de procédures ;
> Il les empâtoit bien, et de ces nourritures
> Il en tiroit de bons et gros procès du Mans.
>
> DUFRESNY, *la Réconciliation normande,* IV, 3.

Acheter des bans, Obtenir à prix d'argent dispense de faire publier des bans de mariage à l'église.

> *Acheter les bans* qui se doibvent faire devant les espousailles.
>
> Rob. ESTIENNE, *Dictionnaire fr.-lat.,*

Acheter des indulgences.

> Les prédicateurs disaient hautement en chaire que . . (quelque péché qu'on eût commis). . . on serait absous en *achetant des indulgences.*
>
> VOLTAIRE, *Essai sur les mœurs,* c. 127.

C'est à des ventes de cette sorte que se rapportent les deux passages suivants et l'usage qui y est fait d'ACHETER.

> Une autre persécution qu'on souffre ce jour-là (le jour des morts, dans l'église des Cordeliers à Riom), c'est celle d'une infinité de petits enfans et de petites filles qui viennent interrompre votre dévotion et vous exhortent d'*acheter un de profundis* ou *les sept psaumes de David.*
>
> FLÉCHIER, *Mémoires sur les grands jours de 1665.*

> Ce n'est rien au fond que cet usage ; et ceux qui reçoivent pour *les choses saintes* ne croient point les vendre, comme ceux qui donnent ne pensent point à *les acheter.*
>
> LA BRUYÈRE, *Caractères,* c. 14.

Quelquefois, par ironie, on donne pour régimes à ACHETER les noms de certaines choses qui ne peuvent être l'objet d'un marché, qu'on ne peut acquérir pour de l'argent.

> Themistocles *achepta* à deniers comptans *l'ambition* d'Epicydes pour le faire debouter de sa poursuite.
>
> AMYOT, Trad. de Plutarque, *Vie de Thémistocle,* c. 11.

Moyennant quarante mille francs il (la Bunelaie) *a acheté* toute *l'expérience* nécessaire pour être à la tête d'une compagnie souveraine, qui est la chambre des comptes de Nantes.

> Mᵐᵉ DE SÉVIGNÉ, *Lettres,* 27 mai 1680.

On dit que vous n'avez pas trop bien vendu votre charge. On n'*achète* chèrement dans ce temps-ci que *des malheurs.*

> VOLTAIRE, *Lettres,* 23 août, 1743.

Ceux qui nous font *acheter leur probité,* ne nous vendent ordinairement que leur honneur.

> VAUVENARGUES, *Réflexions et Maximes,* IV, 4.

ACHETER se dit de même, métaphoriquement, pour Acquérir, autrement que par de l'argent, soit une chose, soit une personne ;

Comme on le voit dans ces deux passages d'un de nos vieux poëtes.

> Mon cœur......
> Une dame tres-honnorée......
> Désire de *vous acheter,*
> Dont je suy joyeulx et d'accort ;
> Pour vous son cueur me veult donner...
>
> Ch. D'ORLÉANS, *Balade,* Mon cueur dormant en nonchaloir.

> Qui m'ostera de ce tourment,
> Il *m'achetera* plainement...
> Tout sien seray......
>
> LE MÊME, *Balade,* Beau fraire, je vous remercie.

De là ces expressions dont quelques-unes, on l'a vu, appartiennent aussi au sens propre du mot ;

Acheter une dignité :

> Ferme génie (le cardinal de Retz) que nous avons vu, en ébranlant l'univers, s'attirer *une dignité* qu'à la fin il voulut quitter comme trop chèrement *achetée.*
>
> BOSSUET, *Oraison funèbre d'Anne de Gonzague.*

Acheter la santé :

> Je ne veux pas non plus finir comme un citoyen de Genève, qui vient de se jeter dans le Rhône, parce qu'avec son argent il n'avait pu *acheter la santé.*
>
> VOLTAIRE, *Lettres,* 22 oct. 1766.

Acheter le repos :

D'un troisième qui, importuné d'un ami pauvre, lui donne enfin quelque secours, l'on dit qu'il *achète son repos*, et non qu'il est libéral.

LA BRUYÈRE, *Caractères*, c. 2.

Acheter la liberté :

J'*achète* noblement un peu de *liberté.*

DESTOUCHES, *le Dissipateur*, II, 4.

Acheter le bonheur :

Cela mesme peult-on dire à ceulx qui estiment tant et reputent si grand heur, que d'avoir force belles terres, force grandes maisons et grosses sommes de deniers comptans : « ouy bien, s'il falloit *achetter la félicité* qui fust à vendre. »

AMYOT, Trad. de Plutarque, *OEuvres morales*, De l'avarice.

Car quant les yeulx qui sont facteurs du cueur
Voyent Plaisir à bon marchié en vente,
Qui les tendroit *d'achatter leur bon eur ?*

Ch. D'ORLÉANS, *Rondel*, Chose qui plaist est à demy vendue.

Acheter la victoire :

Les succès s'accumulaient pour Charles : il disait que c'était aller à la chasse plutôt que faire la guerre, et il se plaignait de ne point *acheter la victoire.*

VOLTAIRE, *Histoire de Charles XII*, liv. III.

Nul ne leur a plus fait *acheter la victoire*
Ni de jours malheureux plus rempli leur histoire.

J. RACINE, *Mithridate*, V, 5.

ACHETER, dans cet emploi métaphorique, est le plus souvent, on l'a déjà pu voir, accompagné de termes qui font connaître au prix de quels efforts, de quelles peines, de quels sacrifices, etc. un avantage a été obtenu.

Il se prend alors tantôt en bonne part ;

Que vous me faites plaisir d'aller à Pau ! ha ! ma chere maistresse, *combien achepterois*-je m'y pouvoir trouver !

Vraiment j'*achepterois bien cher* trois heures de parlement avec vous.

HENRI IV, *lettres*, 25 juin 1586; 22 oct. 1588. (Voir *Lettres missives de Henri IV*, t. II, p. 227, 412.)

Il n'y a point de *prix auquel* je ne voulusse *acheter* vos lettres.

VOITURE, *Lettres*, CLXXXVI, à Costar.

C'est ce que prévoyoit le divin apôtre lorsqu'il avertit ainsi les fidèles : vous *avez été achetés d'un grand prix*, ne vous rendez pas esclaves des hommes.

BOSSUET, *Sermons*, Sur le véritable esprit du christianisme.

Il n'y a point de dépense que je ne fisse, si par là je pouvois trouver le chemin de son cœur. Une femme de qualité a pour moi des charmes ravissans, et c'est un honneur que j'*achèterois au prix de toutes choses.*

MOLIÈRE, *le Bourgeois gentilhomme*, III, 6.

Si les hommes ne sont point capables d'une joie plus sensible que de connoître qu'ils sont aimés, et si les rois sont hommes, peuvent-ils jamais *trop acheter* le cœur de leurs peuples ?

LA BRUYÈRE, *Caractères*, c. 10.

Quant à moi je ne regretterai que vous, et que la tendresse que vous me témoignez; j'*achèterois* la durée de votre vie *de tous les biens imaginables..*

MARIVAUX, *la Vie de Marianne*, part. V.

On ne peult *trop cher achapter*
Mercy, qui est le plus grant bien.

A. CHARTIER, *Poésies*, l'Hospital d'amour.

Si je vous dy bonne nouvelle
Mon cueur que voulez-vous donner ?
— Elle pourroit bien estre telle
Que *moult chier* la vueil *acheter.*

Si vous plaist vendre voz baisiers
J'en *achaitteray* voulentiers
Et en aurez mon cueur en gage.

Ch. D'ORLÉANS, *Balades*, XXXV; *Chansons*, XXX.

Considérez le prix que vous avez coûté;
Non pas qu'elle vous croie *avoir trop acheté;*
Des maux qu'elle a soufferts elle est trop bien payée.

P. CORNEILLE, *Cinna*, II, 1.

Le seul Agamemnon, refusant la victoire,
N'ose *d'un peu de sang acheter* tant de gloire.

J. RACINE, *Iphigénie*, I, 3.

Ici dans un vallon bornant tous mes désirs,
J'*achète à peu de frais* de solides plaisirs.

BOILEAU, *Épîtres*, VI.

Tantôt, et beaucoup plus souvent, en mauvaise part.

84.

ACH

Je souhaiterois avoir plus parfaicte intelligence des choses, mais je ne la veux pas *achepter si cher qu'elle couste.*

MONTAIGNE, *Essais*, II, 10.

Le plaisir ne vient point volontiers ; il se fait recercher, et souvent *acheter plus cher qu'il ne vaut.*

CHARRON, *De la Sagesse*, I, 39.

Pour donner un cours plus libre à ses passions, il (l'enfant prodigue) renonce aux commodités et à la douceur de la maison paternelle et il *achète à ce prix* cette liberté malheureuse.

BOSSUET, *Sermons*, Sur l'amour des plaisirs.

Tous les honneurs du monde lui paroîtroient *trop achetés,* s'ils lui avoient coûté quelque bassesse.

FLÉCHIER, son portrait par lui-même.

Quand voulez-vous mettre fin à cette contrainte et me faire *moins acheter* le bonheur de vous voir ?

MOLIÈRE, *la Comtesse d'Escarbagnas*, sc. 1.

Je n'*achete* point *si cher* des espérances.

DANET, *Dict. franç.-lat.* Trad. de Térence : « Spem pretio non emo. »

Tout persuadé que je sois que rien ici bas ne mérite d'*être acheté au prix du sang humain.*

J. J. ROUSSEAU, *Lettres*, 29 janv. 1768.

Ce que l'oeil despend en plaisir,
Le cœur l'*achete chierement.*

Alors verrons triomphant le plaisir,
Tant *achepté* par tourmenté desir,

FRANÇOIS Ier, *Épître à Mlle d'Heilli.*

De combien de tourment, de peine, et de desir,
Il nous faut *achepter* un moment de plaisir.

RACAN, *les Bergeries*, III, 3.

L'honneur d'un si beau choix *seroit trop acheté,*
Si l'on nous soupçonnoit de quelque lacheté.

Je t'ai préféré même à ceux dont les parents,
Ont jadis dans mon camp tenu les premiers rangs,
A ceux qui *de leur sang* m'ont acheté l'empire.

P. CORNEILLE, *Horace*, II, 8; *Cinna*, V, I.

Ces gens qui, par une âme à l'intérêt soumise,
Font de dévotion mestier et marchandise,
Et veulent *acheter* crédit et dignités
A prix de faux clins-d'yeux et d'élans affectés.

MOLIÈRE, *le Tartuffe*, I, 5.

C'est *acheter* la paix *du sang d'*un malheureux.

J'entrevois vos mépris, je juge à vos discours,
Combien j'achèterois vos superbes secours.

J. RACINE; *Andromaque*, II, 4; *Iphigénie*, IV, 6.

Quel que soit le plaisir que cause la vengeance,
C'est l'*acheter trop cher,* que l'*acheter d'*un bien
Sans qui les autres ne sont rien.

. . . . Puis quand il étoit vieux,
On croyoit l'honorer chaque fois que les hommes
Achetoient de son sang l'indulgence des dieux.

LA FONTAINE, *Fables*, IV, 13 ; X, 2.

Amour me tint longtemps sous son empire,
J'ai retrouvé repos et liberté ;
Mais ce bien-là, certes, je le puis dire,
Si c'en est un, je l'*ai bien acheté.*

J.-B. ROUSSEAU; *Épigrammes*, I, 30.

ACHETER, employé de cette manière, se construit non-seulement avec les prépositions dont on a vu qu'il est fréquemment suivi au sens propre et au sens figuré, mais encore, très-ordinairement, avec la préposition *par.*

Nule chose ne coste plus chiere que cele qui *est achetée par* priere.

BRUNETTO LATINI, *li Tresors*, II, 80.

Il est raisonnable d'*acheter par* la peine d'apprendre ces questions, le droit de les mépriser.

Logique de Port-Royal, 1er discours.

Je ne vois pas que ce soit là un si grand bien qu'il faille l'*acheter par* tant de troubles.

PASCAL, *Provinciales*, XVIII.

Je n'ai jamais assez estimé la grandeur pour l'*acheter par* la haine publique.

LE CARDINAL DE RETZ, *Mémoires*, part. II, année 1658.

Le péché nous *achète par* le plaisir qu'il nous donne.

BOSSUET, *Sermons*, Sur l'amour des plaisirs.

Faut-il dominer à ce prix, et le commandement est-il si doux que les hommes le veuillent *acheter par* des actions si inhumaines ?

LE MÊME, *Discours sur l'histoire universelle*, III, 6.

Affligea-t-il les malheureux, et leur fit-il *acheter par* quelque dureté la justice qu'il leur a rendue ?

FLÉCHIER, *Oraison funèbre de M. de Lamoignon.*

Elle pense à s'en aller en Provence, et je ne pourrois

acheter présentement le plaisir de la voir que *par* sa mauvaise santé.

Mme DE SÉVIGNÉ, Lettres, 21 juillet 1679.

Fiez-vous à mes paroles ; c'est *par* un assez grand prix que j'*achète* la confiance que je vous demande.

Mme DE LA FAYETTE, la Princesse de Clèves, part. III.

Il est si ordinaire à l'homme de n'être pas heureux, et si essentiel à tout ce qui est un bien d'*être acheté par* mille peines, qu'une affaire qui se rend facile devient suspecte.

LA BRUYÈRE, Caractères, c. 11.

D'Angleterre, le czar repassa en Hollande, pour retourner dans ses États par l'Allemagne, remportant avec lui la science de la construction des vaisseaux.... *achetée* courageusement *par* une espèce d'abdication de la dignité royale.

FONTENELLE, Éloge du czar Pierre.

On a déjà vu dans l'article de Louis XI, comment cet Édouard passa la mer et *par* quelle politique mêlée de honte Louis XI *acheta* la retraite de ce roi moins puissant que lui et mal affermi.

VOLTAIRE, Essai sur les mœurs, c. 117.

Chactas *avait acheté* la vertu *par* l'infortune.

CHATEAUBRIAND, Atala.

On dit encore au même sens, acheter avec :

Avec un peu de peine on *achète* la gloire.

ROTROU, Venceslas, II, 2.

Vous *achetiez* sa mort *avec* mon hyménée.

VOLTAIRE, Mérope, IV, 2.

Acheter aux dépens de.

Il fit connoître ...., qu'il lui coûtoit moins d'exposer sa vie que de dissimuler ses sentiments, et qu'il n'*achèteroit* jamais ni de faveur ni de fortune *aux dépens* de sa probité.

FLÉCHIER; Oraison funèbre de M. de Montausier.

Les dons des grands nous coûtent toujours cher, puisqu'il faut toujours les *acheter aux dépens* de la vérité et de la dignité de notre ministère.

MASSILLON, Discours, Du zèle contre les scandales.

Si madame d'Épinay m'est assez chère pour que je renonce à tout afin de l'amuser, comment lui suis-je assez peu cher moi-même, pour qu'elle *achète aux dépens de*

ma santé, *de* ma vie, *de* mon temps, *de* mon repos, et *de* toutes mes ressources, les soins d'un complaisant aussi maladroit ?

J.-J. ROUSSEAU, Lettres, 19 oct. 1757.

Quelquefois la force du sens donne à ACHETER cette signification, sans qu'il soit besoin d'y joindre rien qui la détermine.

Et de là nous pouvons tirer des conséquences
Qu'on n'acquiert point leurs cœurs sans de grandes
               [avances,
Qu'aucun pour nos beaux yeux n'est notre soupirant,
Et qu'il faut *acheter* tous les soins qu'on nous rend.

MOLIÈRE, le Misanthrope, III, 4.

Le bonheur est un bien que nous vend la nature ;
Il n'est point ici bas de moissons sans culture :
Tout veut des soins sans doute et tout *est acheté*.

VOLTAIRE, Discours sur l'homme, IV.

ACHETER, avec les constructions et les acceptions qui viennent d'être définies, a quelquefois remplacé élégamment d'autres verbes;

Par exemple *Payer*, comme on le voit dans ces vers fort anciens:

Vous nos avés tréu (tribut) doné,
Et nous l'avon bien acaté....
Et quant nous l'avon recéu,
Vous le nous avés cher vendu.

WACE, Roman de Brut, v. 6330.

Se ne fussiez au roy de France l'onnorée,
La paour qu'a éue éussiez *achetée*.

ADENÈS, Roman de Berte, p. 155.

Par exemple encore, *Mériter*.

Il *a par* trop de sang *acheté* leur colère.

J. RACINE, Andromaque, I, 2.

ACHETER, construit avec le pronom personnel, a la signification passive de *Être acheté*.

Nous avons ce vice, que nous n'estimons point ce qui croist chez nous; nous n'estimons qui ce qui *s'achepte*, ce qui couste, et s'apporte de dehors.

CHARRON, De la Sagesse, II, 3.

La domination ne *s'achète* qu'*au prix* d'une infinité de servitudes.

NICOLE, *Essais de morale*, 1ᵉʳ traité, l. III, c. 13.

C'est un principe général que l'amour ne *s'achète* que *par* l'amour.

ROLLIN, *Traité des Études*, liv. VI, part. I, art. 4.

Le mérite qui en est l'unique ornement (de votre profession) est le seul bien qui ne *s'achète* point.

D'AGUESSEAU, *Discours*, III.

La paix ne peut pas *s'acheter*, parce que celui qui l'a vendue n'en est que plus en état de la faire acheter encore.

MONTESQUIEU, *Grandeur des Romains*, c. 18.

Le plaisir du repos *s'achète par* la fatigue.

BERNARDIN DE SAINT-PIERRE, *Paul et Virginie*.

Si pour se plaindre et pour larmes jetter,
On pouvoit rompre un malheur survenu,
Les pleurs devroient *au poids d'or s'acheter*.

MELIN DE SAINT-GELAIS, *Épigrammes*.

C'est la première loi des lois de la nature,
Qu'ici bas un plaisir *s'achète avec usure*.

ROTROU, *les Sosies*, II, 2.

On dit, dans un sens analogue, *se faire acheter*.

Les plaisirs qui *se font acheter* par des remords coûtent trop.

MASSILLON, *Carême*, Sermon sur l'enfant prodigue.

ACHETER, comme la plupart des verbes actifs, peut être pris absolument.

Il vouloit vendre, je voulois *acheter*, notre marché fut bientôt conclu.

LE SAGE, *Guzman d'Alfarache*, II, 5.

Ils étoient fâchés de tout ce qui la fâchoit, réjouis de tout ce qui la réjouissoit; avoit-elle un procès, ils disoient, nous plaidons : *achetoit*-elle, nous *achetons*.

MARIVAUX, *la Vie de Marianne*, part. V.

Et partout *achatent* et vendent.

GODEFROY DE PARIS, *Chron. métrique*, v. 8247.

Maistre Francoys fut diligent
D'*achapter*, non pas de payer.

VILLON, *la Repeue de Villon et de ses compaignons*.

Habile eu tous métiers, intrigante parfaite,
Qui prête, vend, revend, brocante, troque, *achète*.

REGNARD, *le Joueur*, V, 2.

ACHETER, par l'usage fréquent qu'on en a dû faire, a naturellement donné lieu à un grand nombre de proverbes et d'expressions proverbiales qui remontent quelquefois à une époque fort ancienne.

Tel est *acheter chat en poche*, pour Se laisser tromper, faute d'examen, sur la valeur de la chose que l'on acquiert :

Vous n'*achetez* pas *un chat en poche*.

MONTAIGNE, *Essais*, I, 42.

Vous êtes-vous mis dans la tête, que Léonard de Pourceaugnac soit un homme à *acheter chat en poche* ?

MOLIÈRE, *M. de Pourceaugnac*, II, 7.

Et au même sens *acheter chat en sac*.

Il en avoit trop veu prendre au trebuchet, et il ne vouloit *acheter chat en sac*, voulant voir dedans et dehors.

MONTLUC, *Commentaires*, VII.

Rutebuez dit que cil est yvres
Quant il *achate chat en sac*.

RUTEBEUF, *la Lection d'ypocrisie*. (Voir Œuvres, II, 72.)

Telles sont les maximes, les manières de parler contenues dans ces vieux textes que rapporte encore Sainte-Palaye :

Qui *plus* l'*acate*, millor l'a.

Ph. MOUSKES, mss. p. 242.

Qui tant l'aime, *tant* l'*achette*.

Eust. DESCHAMPS, *Poés*. mss. fᵒ 426, col. 1.

D'autres que contiennent des recueils du XVIᵉ siècle :

Acheter par francs et vendre par escus.

J. LEBON, *Adages ou proverbes françois*.

Mieulx vault *acheter* qu'emprunter.

Gabr. MEURIER, *Thresor des sentences dorées*.

D'autres encore recueillies par Cotgrave :

Il faut *acheter* maison faite, et femme à faire.

A trop *acheter* n'y a que revendre.

Qui bon l'*achète*, bon le boit.

Trop achète le miel qui sur espines le lèche.

Quelques-unes rapportées par des lexicographes plus modernes.

Qui *achète* ce qu'il ne peut, vend après ce qu'il ne veut.

Être à quelqu'un *à vendre et à acheter* (d'autres disent *et à engager*).

Faire bien acheter, faire acheter bien cher à ses ennemis, sa vie, sa mort, etc.

ACHETÉ, ÉE, participe.

Jouissez d'une gloire avec peine *achetée*.
VOLTAIRE, *Satires*, les Cabales.

ACHETEUR, s. m. Autrefois ACHAPTEUR, ACHATEUR, ACHATERES, ACHATIERRES, ACATERES, ACATERRES, AGATEUR, ACHEPTEUR, ACHETIERES, ACHETIERRES. (Voyez le *Glossaire* de Saint Palaye et les exemples ci-après.)

Celui qui achète.

Employé absolument, ou construit avec la préposition *de*, il correspond au sens propre et aux sens figurés d'ACHETER ;

Au sens propre :

Se pluseur achatent ensemble les offices desus nommez, nous voulons que l'un des *acheteurs* face l'office pour tous les autres.
JOINVILLE, *Histoire de saint Louis*.

S'il avient que heritages soit vendus.. et li vendères s'en repent..... il ne pot fere le marcié nul, se ce n'est par la volenté de l'*aceteur*.
BEAUMANOIR, *Coutumes du Beauvoisis*, XXVII, 8.

Quiconques veut être blaetiers, c'est à savoir venderes de blé, et de toutes autres manières de grain..... et *achatères* à Paris, estre le puet franchement par paiant le tonlieu et la droiture que chascuns grains doit.

Se aucun hom a vendu son blé ou son grain, quel que il soit, mesurer le puet, se li *achateur* le veut recevoir de sa main ; mès, se li *achateres* veut, li mesureur juré le mesurront.
Est. BOILEAU, *le Livre des Métiers*, part. I, tit. III et IV.

Paumée est sennefiance que l'en revest l'*acheteur* par bonne foi de marchié.

Par ce ne perdra pas li *acheterres* son argent.
Li Livres de Jostice et de plet, I, 2; IV, 8.

Vraybis vous portez le minois non mie d'un *achapteur* de moutons, mais bien d'un coupeur de bourses.
RABELAIS, *Pantagruel*, IV, 6.

En somme, par là se rendra-il tel que Caton desire le père de famille : assavoir, plus vendeur, qu'*achepteur*.
Olivier DE SERRES, *Théâtre d'agriculture*, I, 6.

L'empire, mis à l'encan par l'armée trouva un *acheteur*. Le jurisconsulte Didius Julianus hasarda ce hardi marché, et il lui en coûta la vie.
BOSSUET, *Discours sur l'histoire universelle*, I, 10.

Cet *acheteur* de décisions théologiques s'excusait en protestant, qu'il n'avait jamais marchandé et que jamais il n'avait donné l'argent qu'après la signature.
VOLTAIRE, *Essai sur les mœurs*, c. 135.

Du matin jusqu'au soir, il ne voit qu'*acheteurs*.
BOURSAULT, *le Mercure galant*, II, 7.

Son livre aimé du ciel et chéri des lecteurs,
Est souvent chez Barbin entouré d'*acheteurs*.
BOILEAU, *Art poétique*, I.

Au sens figuré :

Jugurtha eut ordre de se retirer de l'Italie. Ce fut pour lors que, sortant dè la ville et tournant plusieurs fois ses regards de ce côté, il dit que Rome n'attendoit pour se vendre qu'un *acheteur*, et qu'elle périroit s'il s'en trouvoit un.
ROLLIN, *Histoire anc.*, liv. II, part. II, c. 2, art. 4.

Si j'oblige un autre homme en vue de m'acquérir des droits sur sa reconnoissance, je ne suis en cela qu'un marchand qui fait le commerce, et même qui ruse avec l'*acheteur*.
J.-J. ROUSSEAU, *Lettres*, 4 oct. 1761.

Comme on dit *acheter* des prétentions, des procès, on appelle celui qui les *achète*, acheteur de *droits litigieux*.

On disait proverbialement :

Il y a plus de fols *acheteurs* que de fols vendeurs.
LOYSEL, *Institut. coutumières*, liv. III, tit. 4.

ACHETEUR signifie aussi Celui qui a l'habitude et la passion d'acheter.

J'oubliois à vous dire que j'appréhende que vous ne soyez un trop grand *acheteur* de livres.

J. RACINE, *Lettre à son fils*, 24 juillet 1698.

Il a quelquefois, en ce sens, un féminin, *c'est une grande acheteuse.*

On trouve chez Nicot et Cotgrave:

ACHETERESSE.

ACHAT, s. m. (Venu soit directement d'*achapter*, *achater*, vieilles formes d'ACHETER, soit des substantifs de la basse latinité dont il a été question plus haut *Accapitum, accaptio, acaptamentum*, etc., que l'on avait traduits par *Acapte, accapte, acap*, et dont est dérivé le mot encore subsistant ACABIT. Voyez ce mot).

Autrefois ACAS, ACAT, ACHAS, ACHATE, ACHEPT, ACHET, ACHAPT, etc. (Voyez le *Glossaire* de Sainte-Palaye et les exemples ci-après).

Rob. Estienne en 1549, Nicot en 1606, Monet en 1636, donnent encore ACHET.

Quelques-unes de ces vieilles formes orthographiques d'ACHAT témoignent, comme celles d'ACHETER, de l'étymologie qui leur est commune.

C'est aussi par une application analogue à ce qui a été remarqué pour ACHETER (voy. p. 659, col. 1), que le substantif qui exprimait d'abord une redevance féodale, comme par exemple dans ce passage:

La terre le roy commença à amender.... si moulteplia tant et amenda, que les ventes, les saisinnes, les *achas* et les autres choses valoient à doubles que quand li Roy y prenoit devant.

JOINVILLE, *Histoire de saint Louis.*

en est venu à signifier une Acquisition, une emplette faite à prix d'argent.

ACHAT est quelquefois employé absolument.

Se il avenoit que aucuns achetast, et un autre du lignage li demandast l'*achat*, et li offrist les deniers à rendre que li *achas* li auroit cousté........

Les Établissements de saint Louis, en 1270, art. 155.
(Voir *Ordonn. des rois de Fr.*, t. I, p. 235.)

.... Le pain d'*achapt* est si mauvais que je n'en puis avaller une bouchée.

P. LARIVEY, *la Veuve*, I, 2.

En fait d'*achat*, mon ami, qu'on préfère toujours le beau et le bon un peu cher au médiocre moins coûteux.

VOLTAIRE, *Lettres*, nov. 1757.

.... Je sais un sûr moyen
Pour rompre cet *achat*, où tu pousses si bien.

MOLIÈRE, *l'Étourdi*, I, 10.

Un fol alloit criant par tous les carrefours
Qu'il vendoit la sagesse, et les mortels crédules
De courir à l'*achat*.

LA FONTAINE, *Fables*, IX, 8.

On le construit aussi très-souvent avec la préposition *de.*

N'ayant autre but que bien employer son argent en *achat de* marchandises.

Pierre BELON, *Singularités et choses mémorables de divers pays estranges*, I, 1.

Le peuple délivré de l'impôt qui se levait sur lui en frais de culte, en aumônes aux moines, en fêtes, en pèlerinages, en *achats de* dispenses ou d'indulgences.

Gœrtz.... négocia l'*achat de* quelques vaisseaux, en acheta six en Bretagne avec des armes de toute espèce.

VOLTAIRE, *Essai sur les mœurs*, c. 127; *Histoire de Charles XII*, liv. VIII.

Je le connoissois, je l'avois vu venir souvent à la maison pour des *achats de* blé.

MARIVAUX, *la Vie de Marianne*, part. IX.

De tout ce que la terre a produit qui eut âme
Végétante et sensible, il n'est rien que la femme
Ne surpasse en misère: il luy faut grand bien mettre
En l'*achapt* d'un mary qui soit de son corps maistre.

Ant. DU VERDIER, *Les diverses leçons*, liv. II, c. 7.

[esclave
Et (nous) pourrions par un prompt *achat de* cette
Empêcher qu'un rival vous prévienne et vous brave.

MOLIÈRE, *l'Étourdi*, I, 2.

Il fondoit là-dessus l'*achat* d'une feuillette
Du meilleur vin des environs.

LA FONTAINE, *Fables*, VII, 11.

Faire achat, faire un achat, faire achat de, renoncer à l'achat, à un achat, etc., sont des locutions fort usitées et quelques-unes fort anciennes.

Se li hom demorant à Paris, veut avoir un sestier de

blé por son mengier en l'*achat* qui li talemalier haubaniers (sorte de boulangers) *a fait*, avoir le puet, se il ou ses commandemens i vienent avant que le sac ou la banne soit close...

Est. BOILEAU, *le Livre des Métiers*, part. I, tit. I.

Il (le duc d'Orléans) craignoit d'être blâmé de *faire un achat* si considérable (le diamant le Régent), tandis qu'on avoit tant de peine à subvenir aux nécessités les plus pressantes.

SAINT-SIMON, *Mémoires*, 1717, t. XV, c. 2.

Vive Dieu! monsieur Ambroise, il faut avouer que vous *avez fait* là *un bon achat*.

LE SAGE, *Gil Blas*, XI, 1.

Après cela M. de Climal parla de linge, et effectivement j'en avois besoin. Encore un autre *achat* que nous allâmes *faire*.

MARIVAUX, *la Vie de Marianne*, part. I.

Et gardés que nus qui l'achat
N'i puisse *faire bon achat*.
Roman de la Rose, v. 13247.

..... Je vais te donner de quoi *faire* pour elle,
L'*achat* de quelque bague ou telle bagatelle
Que tu trouveras bon.

Et l'*achat* fait, ma bague est la marque choisie,
Sur laquelle au premier il doit livrer Célie.
MOLIÈRE, *l'Étourdi*, I, 6; II, 9.

Hispal *fit achat* d'un château.
LA FONTAINE, *Contes*, II, 14.

ACHAT signifie aussi la Chose achetée.

Veux-tu voir mon *achat* ?
NICOT, *Thresor de la langue françoise*.

L'abbé Girard remarque toutefois, distinguant, dans ses synonymes, ACHAT d'*emplette*, que l'un tient plus de l'action d'acheter, et que l'autre emporte avec lui une idée particulière de la chose achetée. Voilà pourquoi, selon lui les épithètes qualificatives se joignent avec grâce au dernier de ces mots; pourquoi l'on dit, par exemple, une *emplette* utile, une *emplette* de goût, ce qui ne conviendrait pas au mot ACHAT.

En revanche, ajoute-t-il, ACHAT paraît être seul propre aux objets considérables, tels que des terres,

des fonds, des maisons, au lieu que le mot *emplette* ne s'applique qu'aux objets de moindre conséquence, ou aux choses d'usage et de service ordinaire, tels que des habits, des bijoux et autres de cette espèce.

Peut-être, est-il permis de marquer une différence analogue entre *achat* et *acquisition*, le premier se disant d'une manière très-générale, en parlant d'objets de toute valeur, grande ou petite, et le second s'employant exclusivement, sauf dans le langage ironique, lorsqu'il est question d'objets de quelque importance.

Achat passe louage était un proverbe du palais, tiré des coutumes de Namur. On entendait par là le Droit de l'acquéreur d'un immeuble à déposséder le locataire.

Au lieu d'ACHAT, on a dit fort anciennement ACHAPTURE.

Si que tout pert son *achapture*.
Roman de la Rose, v. 11368. (Cité par Sainte-Palaye.)

On trouve aussi, rapporté par D. Carpentier, supplément au *Glossaire* de Du Cange, sur le mot *Achetum*, et d'après lui par Sainte-Palaye, dans son *Glossaire de l'ancienne langue françoise*, un autre synonyme d'ACHAT :
ACHETEMENT.

ACHEVER, v. a.

Dans ce verbe l'*e* muet du radical se change en *é* ouvert et prend l'accent grave devant une syllabe muette : j'*achève*, j'*achèverai*, j'*achèverais*, etc.; il est muet lorsque cette syllabe finit par tout autre son : nous *achevons*, j'*achevais*, etc.

ACHEVER, comme notre vieux verbe *chevir*, est venu de *chef*. (Voyez ce mot.)

Autrefois ACHAIFFER, ACHEVIR, ACHIEVER, ACHIVER, ACIEVER, AKIEVER, ARCHIEVER, etc. (Voyez le *Dictionnaire* de Borel, le *Glossaire* de Sainte-Palaye.) On a dit aussi ESCHEVER.

De *chef*, pris, comme en latin *caput*, au sens général de Fin, de bout, s'étaient formées des expressions dont quelques-unes, bien que vieillies, ont

I.

encore place dans nos dictionnaires, et qui, équivalant au verbe ACHEVER, font comprendre l'origine de ce mot : Telles sont :

Traire à chef :

De tote *trait*-il bien *à chef.*
WACE, Roman de Rou, v. 10036.

Venir à chef :

Voyans qu'ils ne pouvoient *venir à chef.........* delaisserent ceste matière.
MONSTRELET, Chroniques, vol. I, c. 71.

N'en *vendroie* jamès *à chief,*
Si sui-ge mors se ne l'*achief,*
Ou s'autre por moi ne l'*achieve.*
Roman de la Rose, v. 4221.

Mettre à chef :

Il pense *mettre à chef* quelque belle entreprise.
REGNIER, Satires, IX.

ACHEVER, c'est donc proprement Mettre à chef, à fin, finir ce qui a été commencé. Cette signification est rendue plus sensible par l'opposition des verbes Commencer, entreprendre, préparer, etc.

Qui oncques riens n'entreprint, riens n'*acheva.*
FROISSART, Chroniques, liv. II, c. 163.

En un mot s'il y a quelque ouvrage qui ne puisse *être* si bien *achevé* par aucun autre que par celui qui l'a commencé, c'est celui auquel je travaille.
DESCARTES, Discours de la méthode, VI.

Dieu prépare dès l'origine du monde, ce qu'il *achève* à la fin des temps.
BOSSUET.....

Cette bouche entr'ouverte qui sembloit vouloir encore *achever* des paroles commencées.
FÉNELON, Télémaque, II.

Ses larmes (de St Augustin) coulèrent alors abondamment, et *achevèrent* ce que son discours avoit commencé.
ROLLIN, Traité des études. Discours préliminaire.

Les évêques, plusieurs intendants, tout le conseil, lui persuadèrent que les soldats, en se montrant seulement, *achèveraient* ce que ses bienfaits et les missions avaient commencé.

L'autre (projet de Léon X) était d'embellir Rome et d'*achever* cette basilique de Saint-Pierre commencée par Jules II et devenue en effet le plus beau monument d'architecture qu'aient jamais élevé les hommes.
VOLTAIRE, Siècle de Louis XIV, c. 36 ; Annales de l'Empire,
Maximilien, 1518.

Les esprits légers commencent beaucoup de choses sans en *achever* aucune.
GIRARD, Synonymes françois.

Le roi vit et ce misérable.....
A commencé le parricide,
Mais il ne l'*a* pas *achevé.*
MALHERBE, Ode, Que direz-vous races futures, 1606.

Si mon crime par là se peut enfin laver,
J'ose tout entreprendre et puis tout *achever,*
P. CORNEILLE, le Cid, V, 7.

Qui, moi ? que remettant ma fille en d'autres bras,
Ce que j'ai commencé je ne l'*achève* pas ?
J. RACINE, Iphigénie, III, 1.

Tout ce qu'il entreprit, je le sus *achever*
VOLTAIRE, Sémiramis, III, 6.

L'astre des cieux, en commençant son cours,
En l'*achevant*, contemplait nos amours.
LE MÊME, Contes en vers, les Trois manières.

Le sens originel et propre d'ACHEVER ressort encore, en beaucoup de cas, à l'actif par des régimes, au passif par des sujets, tels que les mots : Dessein, projet, entreprise, œuvre, ouvrage, besogne, affaire, reste, etc.

Ainsi, comme vous avez ouï, *fut* ceste haulte et hardie emprinse *achevée.*

Ainsi *fut* ceste besogne *achevée.*
FROISSART, Chroniques, liv. I, part. I, c. 23 ; 328.

Il (Louis XI) luy (au duc de Bourbon) print plusieurs places, et *eust achevé* le demourant n'eust esté le secours qui vint de Bourgongne.
COMMYNES, Mémoires, I, 2.

Le bon chevalier qui taschoit d'*achever* son entreprise ne se reposa guères.
Le loyal Serviteur, c. 39.

Jésus Christ *aura* lors pleinement exécuté et *achevé* la

charge qui lui est commise, de conserver son Église et l'a-
mener à salut.

        Calvin, *Institution chrestienne*, liv. II, c. xvi, § 5.

Si les chevaux (du soleil) eussent voulu profiter de la
pente du chemin, ils *eussent achevé* ce qui restoit du jour
en moins d'un demi quart d'heure.

        Scarron, *Roman comique*, I, 1.

Où est donc ma fille et le médecin? — ils sont allés
achever le reste du mariage.

        Molière, *l'Amour médecin*, III, 9.

A la croix, il (Jésus-Christ) regarde dans les prophéties
ce qui lui restoit à faire; il *l'achève*, et dit enfin : » tout
est consommé. »

        Bossuet, *Discours sur l'histoire universelle*, II, 6.

Pour *achever* ces nobles projets, il n'y avoit que la
durée de sa vie dont nous ne croyions pas devoir être en
peine.

        Le même, *Oraison funèbre de la duchesse d'Orléans*.

Je n'*achevai* qu'avant-hier toutes mes affaires à Bour-
billy.

        Mme de Sévigné, *Lettres*, 25 oct. 1673.

Deux hommes fort illustres travaillèrent à la liberté de
Syracuse, Dion et Timoléon. Le premier en jeta les fondements et le second *acheva* entièrement ce grand ouvrage.

        Rollin, *Traité des études*, liv. IV, 3e part., art. 1er.
        4e morceau tiré de l'hist. grecque.

Tant de grands ouvrages, toujours interrompus par
des guerres, allaient peut-être périr avec lui, avant d'a-
voir été achevés.

        Voltaire, *Hist. de Charles XII*, liv. V.

Enhardi par le succès, Solon *acheva* l'ouvrage de sa
législation.

        Barthélemy, *Voyage d'Anacharsis*, Introduction,
        part. II, sect. 1.

    Si je ne fusse en tel prison,
    Bien *achevaisse* ceste afere.

        Fabl. et Cont. anc. Méon, I, 184.

    Car trop fis grant présumpcion
    Quant onques mis m'entencion
    A si très-haute euvre *achever*.

        Roman de la Rose, v. 16422.

Le dessein en est pris, je le veux *achever*.

        J. Racine, *Andromaque*, III, 1.

Achever se construit du reste avec des noms de
toute sorte ;

1° Avec des noms de chose où ce qui en tient lieu
dans la phrase :

Et fut grant dommage dont mort le print si tost comme
en l'aage de xxviii ans ; car, si longuement eust vescu,
achevé eust de grans choses.

Quant l'empereur *eut achevé* son parler, soubdainement
se leva ung bruyt fort merveilleux et estrange parmy ses
almans.

        Le loyal Serviteur, c. 4; 37.

Ce que j'ay à faire avant mourir, pour *l'achever* tout
loisir me semble court, feust-ce d'une heure.

        Montaigne, *Essais*, I, 19.

Les Vestales vinrent aussi au-devant de l'armée avec
des lettres de l'Empereur, qui ne demandoit qu'un jour
pour *achever* le traité. Mais Antonius luy fit reponse,
qu'il ne faloit plus parler d'accord.

        Perrot d'Ablancourt, trad. de Tacite, *Histoires*, III, 11.

Sitost que j'*eus achevé* tout ce cours d'estudes, au bout
duquel on a coustume d'estre reçu au rang des doctes, je
changeai entièrement d'opinion.

        Descartes, *Discours de la méthode*, I.

Le théâtre changea de face si tost que Philippe le Bel
eut achevé son personnage.

        Mézeray, *Histoire de France*. Louis le Hutin, ann. 1314.

Les dictateurs se tiroient quelquefois de la charrue,
qu'ils reprenoient quand l'expédition *estoit achevée*.

        Saint-Évremont, *Réflexions sur les divers génies du peuple
        romain*, c. 2.

Tarquin l'ancien, roi de Rome, après avoir subjugué
une partie de la Toscane, et orné la ville de Rome par des
ouvrages magnifiques, *acheva* son règne.

Il (Sésostris) eut soin de publier par des inscriptions,
que ces grands ouvrages *avoient été achevés* sans fatiguer
ses sujets.

        Bossuet, *Discours sur l'histoire universelle*, I, 7 ; III, 3.

Enfin il fallut finir les grands jours agréablement, et,
après les avoir commencés par une mort illustre, les finir
par un célèbre mariage, et *achever* ainsi la tragi-comédie.
Ce fut sur M. de Vaurouy que le sort tomba.

        Fléchier, *Mémoires sur les grands jours de 1665*.

Lorsque Télémaque *acheva* ce discours, il sentit que la
douce persuasion avoit coulé de ses lèvres et avoit passé
jusqu'au fond des cœurs.

        Fénelon, *Télémaque*, XV.

Le roi voulut voir ce chef-d'œuvre (le Tartufe) avant même qu'il *fût achevé*.

La capitulation *fut achevée*, et cette armée entière fut faite prisonnière de guerre.

J'*achevais* mon nid, et j'ai bien peur d'en être chassé pour jamais.

> Voltaire, *Siècle de Louis XIV*, c. 2; *Histoire de Charles XII*, liv. IV; *Lettres*, 24 juillet 1733.

Ceste bataille n'en ert mais destornée,
Seinz hume mort ne poet *estre achevée*.

> *Chanson de Roland*, st. CCLX.

Quant il *orent* tot *acievé*
Et fait le mur et crénelé.

> Wace, *Roman de Brut*, v. 6314.

Chacun reste interdit l'œil et le bras levé,
Le coup demeure en l'air et n'*est* point *achevé*.

> Rotrou, *Antigone*, I, 2.

Dérobons-nous, mon frère, à ces âmes cruelles
Et laissons-les sans nous *achever* leurs querelles.

> P. Corneille, *Rodogune*, III, 5.

Crainte pourtant de sinistre aventure,
Allons chez nous *achever* l'entretien.

> Molière, *Amphitryon*, I, 2.

.... En *achevant* ces mots épouvantables
Son ombre vers mon lit a paru se baisser.

> J. Racine, *Athalie*, II, 5.

Et le citadin de dire
Achevons tout notre rot.

A peine il *achevoit* ces mots
Que lui-même il sonna la charge,
Fut le trompette et le héros.

Cent humides baisers *achèvent* ses adieux.

> La Fontaine, *Fables*, I, 9; II, 9; *Adonis*.

2° Avec des noms de nature abstraite ou métaphorique.

Vous en avez assez veu qui se sont bien trouvez de mourir, *achevant* par là de grandes miseres.

> Montaigne, *Essais*, I, 19.

Mourir, c'est *achever* le temps qui nous a été donné et que l'on ne nous redonnera jamais.

> Nicole, *Essais de morale*, De la mort.

Ce qui *achève* peut-être notre impuissance à connoître les choses, c'est qu'elles sont simples en elles-mêmes, et que nous sommes composés de deux natures opposées et de divers genre, d'âme et de corps.

> Pascal, *Pensées*, part. I, art. VI.

Le chevalier de Grignan viendra demain, et retournera pour *achever* ses remèdes.

> Mme de Sévigné, *Lettres*, 24 sept. 1677.

Entreprendre de jouer simplement, avec les espérances communes, c'étoit le vrai moyen d'*achever* ma perte.

> Prévost, *Manon Lescaut*, part. I.

Elle (la légion) eut encore de la cavalerie, des hommes de trait et des frondeurs pour poursuivre les fuyards et *achever* la victoire.

> Montesquieu, *Grandeur des Romains*, c. 2.

Tres toz ses faiz vont *achever*.

> Wace, *Roman de Brut*, v. 8630.

Icest message doi-je ben *aciever*.

> Ogier de Danemarche, v. 3580.

Il vient avec mon père *achever* ma ruine.

> Molière, *l'École des Femmes*, V, 6.

Et qu'il n'est point de rois, s'ils sont dignes de l'être,
Qui, sur le trône assis, n'enviassent peut-être
Au-dessus de leur gloire un naufrage élevé,
Que Rome et quarante ans *ont* à peine *achevé*.

Je tremble qu'Athalie, à ne vous rien cacher,
Vous même, de l'autel vous faisant arracher
N'*achève* enfin sur vous ses vengeances funestes.

> J. Racine, *Mithridate*, II, 4; *Athalie*, I, 1.

Ton roi, jeune Biron, t'arrache à ces soldats
Dont les coups redoublés *achevaient* ton trépas.

> Voltaire, *la Henriade*, VIII.

Ah! madame, empêchez qu'on n'*achève* le crime.

> Le Même, *Mérope*, III, 4.

Achever un livre est susceptible de deux sens. Cela peut signifier en Mener à fin la composition.

Mes livres, qui m'avoient été envoyés depuis peu, me fournirent les moyens d'*achever* cet ouvrage.

> J.-J. Rousseau, *les Confessions*, part. II, liv. XII.

Cela peut signifier encore en Terminer la lecture.

Mon fils, comme je vous ai dit, m'a laissé dans le milieu de Cléopâtre, et je l'*achève*; cela est d'une folie dont je vous demande le secret.

Nous *achevons* le Tasse avec plaisir.
Mᵐᵉ ᴅᴇ Séᴠɪɢɴé, *Lettres*, 8 et 12 juillet 1671.

Il en est de même de cette autre expression *achever une lettre*.

C'est quelquefois l'Écrire jusqu'au bout :

J'*achèverai* cette lettre quand il plaira à Dieu.
Mᵐᵉ ᴅᴇ Séᴠɪɢɴé, *Lettres*, 15 avril 1671.

Je vous laisse et je vais *achever* notre lettre.
Pᴀʟᴀᴘʀᴀᴛ, *la Prude*, III, 3.

C'est quelquefois aussi la Lire entièrement.

J'ai autant de peine à quitter cette ennuyeuse lettre que vous en aurez à l'*achever*.
J.-J. Rousseau, *Lettres*, 18 août 1756.

Nous en sommes à la lettre de Valville que je lisois, et que j'*achevai* malgré les soupirs qui me suffoquoient.
Mᴀʀɪᴠᴀᴜx, *la Vie de Marianne*, part. VIII.

Achever une histoire veut dire en Terminer le récit.

La jeune Iris à peine *achevoit* cette histoire
Et ses sœurs avouoient qu'un chemin à la gloire,
C'est l'amour.
Lᴀ Fᴏɴᴛᴀɪɴᴇ, *les Filles de Minée.*

Achever une pièce se dit en parlant non-seulement de l'auteur qui finit de l'écrire, mais aussi des comédiens qui en poursuivent jusqu'au bout la représentation.

Les comédiens l'avoient trouvée froide et ennuyeuse (la comédie); ils avoient même jugé qu'on ne l'*achèveroit* pas.
Lᴇ Sᴀɢᴇ, *Gil Blas*, III, 12.

Achever le jour à faire une chose veut dire Y consacrer le reste de la journée.

... Sans vouloir ici *achever le jour* à vous marquer seulement ses autres exploits.....
Bossuᴇᴛ, *Oraison funèbre du prince de Condé.*

Achever les beaux jours, le beau temps, c'est Jouir de ce qui en reste.

Je vous écris un peu à l'avance, comme on dit en Pro-

vence, pour vous dire que je revins ici (à Livry) dimanche, afin d'*achever le beau temps* et de se reposer.

Je suis venue ici *achever les beaux jours*, et dire adieu aux feuilles.
Mᵐᵉ ᴅᴇ Séᴠɪɢɴé, *Lettres*, 7 octobre 1676; 5 novembre 1677.

Achever ses jours, sa carrière, etc. , c'est Finir sa vie.

Quand vous aurez *achevé le cours de* votre vie, un des fils que je ferai naître de votre sang bâtira le temple, et j'affermirai son trône à jamais.
Bossuᴇᴛ, *Politique tirée de l'Écriture*, liv. IX, art. 4.

Il vit l'éternité s'approcher, et il redoubla ses forces pour *achever* ce qui restoit à fournir de sa *carrière*.
Fʟéᴄʜɪᴇʀ, *Oraison funèbre de M. de Lamoignon.*

Il est temps d'*achever*
Des jours que sans horreur je ne puis conserver.
Vᴏʟᴛᴀɪʀᴇ, *l'Orphelin de la Chine*, V, 1.

Achever sa journée, son année, est pris, poétiquement, au même sens dans ces vers :

Je ne suis qu'au printemps, je veux voir la moisson,
Et comme le soleil, de saison en saison,
    Je veux *achever mon année :*
Brillante sur ma tige et l'honneur du jardin,
Je n'ai vu luire encor que les feux du matin,
    Je veux *achever ma journée.*
A. Cʜéɴɪᴇʀ, *la Jeune Captive.*

Ce sens se retrouve encore, mais avec l'idée accessoire de malheur, dans les expressions que donnent les vers suivants :

Puisqu'en un même jour l'ardeur d'un même zèle
Achève le destin de son amant et d'elle.
P. Cᴏʀɴᴇɪʟʟᴇ, *Horace*, V, 3.

Hécube près d'Ulysse *acheva* sa misère.
J. Rᴀᴄɪɴᴇ, *Andromaque*, I, 2.

Il venait dans mes bras d'*achever* sa misère.
Vᴏʟᴛᴀɪʀᴇ, *Zaïre*, V, 10.

Aᴄʜᴇᴠᴇʀ n'exprime pas toujours simplement l'idée de mettre fin à une chose, mais de la Conduire à sa perfection, à son plus haut degré, soit en bien, soit en mal.

Tant s'en faut que cela soit contre la gloire de J.-C., que c'est le dernier trait qui l'*achève*.

PASCAL, *Pensées*, part. II, art. XII, § 5.

La nature ne manque pas de faire naître dans tous les pays des esprits et des courages ; mais qui lui aide à les former ? Ce qui les forme, ce qui les *achève*, ce sont des sentiments forts et de nobles impressions qui se répandent dans tous les esprits et passent insensiblement de l'un à l'autre.

BOSSUET, *Discours sur l'histoire universelle*, III, 6.

Il n'y a que la vue de la sagesse éternelle qui donne l'être aux esprits, qui puisse pour ainsi dire les *achever* et leur donner la dernière perfection dont ils sont capables.

MALEBRANCHE, *Recherche de la vérité*, préface.

Pour *achever* l'agrément de mon voyage, Hélène ne vient pas avec moi.

Mme DE SÉVIGNÉ, *Lettres*, 6 septembre 1675.

Un homme d'esprit n'est point jaloux d'un statuaire qui vient d'*achever* une belle figure.

LA BRUYÈRE, *Caractères*, c. 2.

J'*achève* ta pensée. — Je l'*achèverois* bien moi-même, si j'en avois envie.

MARIVAUX, *le Jeu de l'Amour et du Hasard*, II, 9.

On fait une tragédie, ma chère nièce, en trois semaines ; il n'y a rien de plus aisé, mais en trois semaines on ne l'*achève* pas.

VOLTAIRE, *Lettres*, 11 juin 1761.

Ces petits prodiges de l'enfance.... souvent dans l'âge mûr sont à peine des hommes ordinaires ; esprits nés avant terme, que la nature s'épuise à faire éclore, et renonce à faire croître, comme si elle ne se sentoit pas la force de les *achever*.

D'ALEMBERT, *Éloge de Despréaux*.

Sa grâce est en sa main, c'est à lui d'y rêver.
— Faites-la tout entière. — Il la peut *achever*.

P. CORNEILLE, *Polyeucte*, III, 3.

Voilà le vrai moyen d'*achever* son destin,
Il ne lui manque plus que de mourir, enfin,
Pour le couronnement de toutes ses sottises.

MOLIÈRE, *l'Étourdi*, V, 11.

Il vit pour *achever* le malheur de Zamore.

VOLTAIRE, *Alzire*, V, 4.

ACHEVER s'est dit en ce sens des sentiments eux-mêmes.

Il n'y a rien de suivi dans les conseils de ces nations sauvages et mal cultivées : si la nature y commence souvent de beaux sentiments, elle ne les *achève* jamais.

BOSSUET, *Discours sur l'histoire universelle*, III, 5.

Pour *achever* le chagrin de cette déesse, Psyché arriva avec un paquet de laine aussi pesant qu'elle.

LA FONTAINE, *Psyché*.

Amor et bonne espérance
De ma grant joie *achiever*
M'a donné force et puissance
Et volonté de chanter.

Anc. poés. fr. mss. avant 1300, t. II, p. 804 (cité par Sainte-Palaye).

On comprend comment, en certains cas, ACHEVER a pu équivaloir à Accomplir.

Ils *avoient* accompli et *achevé* leur desir à l'aide de Dieu, tout à leur plaisir.

Je y vueil envoyer le cueur en lieu du corps pour mon veu *achever*.

FROISSART, *Chroniques*, liv. I, part. I, c. 22 ; 47.

Ou bien encore à Compléter.

Nous entrions cependant dans une autre galerie qui *achève* le tour du cloître (des Jacobins).

FLÉCHIER, *Mémoires sur les grands jours de* 1665.

J'ai, continue-t-il, une sensible affliction et qui m'obligera de renoncer aux estampes pour le reste de mes jours. J'ai tout Calot, hormis une seule, qui n'est pas à la vérité de ses bons ouvrages, au contraire, c'est un des moindres, mais qui m'*achèveroit* Calot.

LA BRUYÈRE, *Caractères*, c. 13.

ACHEVER, avec des noms de personnes pour régimes, a des significations très-diverses.

Achever une personne, c'est quelquefois la Faire arriver au degré de perfection qu'elle peut atteindre.

L'étude commence un honnête homme, et le commerce du monde l'*achève*.

SAINT-ÉVREMONT (cité par Furetière).

Il me représenta que c'étoit une chose absolument nécessaire pour *achever* un joli homme.

LE SAGE, *Gil Blas*, III, 5.

J'en ai fait (de Valogne) un petit Paris pour la belle
jeunesse que j'y attire.—Comment un petit Paris? Savez-
vous bien qu'il faut trois mois de Valogne pour *achever*
un homme de cour.

LE MÊME, *Turcaret*, V, 7.

Ou bien c'est la Rendre entièrement mauvaise.

Il ne vous manquoit plus que d'être hypocrite pour *vous
achever* de tout point, et voilà le comble des abominations.

MOLIÈRE, *le Festin de Pierre*, V, 2.

Achever une personne, c'est le plus souvent lorsqu'elle est blessée, ou fort malade, lui Porter le coup
mortel, amener sa mort.

Adoncques.... commençarent esgorgeter et *achever*
ceulx qu'avoit desja meurtris.

RABELAIS, *Gargantua*, I, 27.

C. Fimbria s'estant frappé trop foiblement, impetra de
son valet de l'*achever*.

MONTAIGNE, *Essais*, II, 13.

Si un homme est blessé à la mort, où ny aye aucun remede et n'y reste qu'un languir très-douloureux, c'est œuvre de charité de l'*achever*, mais qui seroit puny par justice.

CHARRON, *De la Sagesse*, I, 4.

Le commandant se jetta du haut des tours en bas, où
le général le fit *achever* en sa présence.

LA ROCHEFOUCAULD, *Mémoires*.

Lorsqu'un loup est grièvement blessé, les autres le suivent au sang pour l'*achever*.

BUFFON, *Histoire naturelle*. Quadrupèdes; le Loup.

Je me sentois mourant; j'ai peine à comprendre comment cette extravagance ne m'*acheva* pas.

J.-J. ROUSSEAU, *Confessions*, part. II, liv. XI.

Dans l'exemple suivant, ACHEVER, employé de
même, a simplement, comme quelquefois en latin
conficere, le sens de Tuer, sans qu'il s'agisse d'une
personne déjà blessée.

Près d'être enfermé d'eux sa fuite l'a sauvé,
— Et nos soldats trahis ne l'*ont* pas *achevé*.

P. CORNEILLE, *Horace*, III, 6.

ACHEVER est employé d'une manière analogue
dans le passage suivant :

L'Espagne... ne savoit pas que le prince qui lui fit perdre
tant de ses vieux régiments à la journée de Rocroy en
devoit *achever* les restes dans les plaines de Lens.

BOSSUET, *Oraison funèbre du prince de Condé*.

Achever une personne, c'est encore figurément et
familièrement Consommer sa ruine, sa perte, sa défaite, ajouter, autant qu'il est possible, à son malheur, à son affliction, à son embarras, à son ennui,
à son mécontentement, à son ridicule, etc...

Vous vous plaignez de ce qu'il me reste un peu de
conscience, de ce que je ne vous *achève* pas, après vous
avoir accablé.

BALZAC, *Lettres*, XIX, 24.

Notre maison de Paris m'assomme encore tous les jours
et Livry m'*achève*.

Tant y a, je n'en puis plus, et pour m'*achever*, voilà un
homme que j'avois envoyé chez le chevalier de Grignan,
qui me dit qu'il est extraordinairement mal.

Mme DE SÉVIGNÉ, *Lettres*, 26 mars 1671; 29 janvier 1672.

Boisrobert pour *achever* Costar, se mit à lire cette lettre
dont j'ai parlé dans son historiette.

TALLEMANT DES RÉAUX, *Historiettes*, Costar.

Hé! Monsieur, *achevez*-moi, que je vous aye encore
cette obligation-là.

DUFRESNY, *le Chevalier joueur*, V, 7.

Non, sa fierté se meurt; je ne la quitte pas que je ne
l'*aye achevée*.

MARIVAUX, *la Méprise*, sc. 2.

Oh! oui : point de quartier. Il faut l'*achever*, pendant
qu'elle est étourdie.

LE MÊME, *les Fausses confidences*, III, 1.

Il est certain qu'on m'a voulu perdre en France, après
m'avoir perdu en Prusse, et qu'on a engagé ces coquins
de libraires de Berlin et de La Haye à imprimer un ancien manuscrit informe pour m'*achever*.

VOLTAIRE, *Lettres*, 7 février 1754.

Tandis que dans un coin en grondant je m'essuie,
Souvent, pour m'*achever*, il survient une pluie.

BOILEAU, *Satires*, VI.

Dites, pour l'*achever*, du mal de la maison.

GRESSET, *le Méchant*, III, 9.

On peut joindre à ces exemples le suivant, où il s'agit de la raison personnifiée :

.... Il faut donc l'*achever*, et après avoir examiné toutes ses puissances dans leurs effets, reconnaissons-les en elles-mêmes. Voyons si elle a quelques forces et quelques prises capables de saisir la vérité.

PASCAL, *Pensées*. Voy. *des Pensées de Pascal*, p. 302.

Dans un sens plus particulier, *achever une personne* veut dire l'Enivrer complétement.

Il ne falloit plus que cette santé pour l'*achever*.

FURETIÈRE, *Dictionnaire*.

A cette manière de parler se rapporte l'expression proverbiale *achever de peindre*, c'est-à-dire Mettre le dernier trait à la disgrâce d'une personne.

Ce seroyt pour m'*achever de paindre*.

RABELAIS, *Pantagruel*, III, 9.

Il ne nous manque plus que cela pour nous *achever de peindre*.

VOLTAIRE, *Lettres*, 13 février 1773.

Achever de peindre est pris en bonne part au sens de Perfectionner dans cet autre passage :

Je le menai, l'autre jour (Langheac), à Mademoiselle, qui le trouva fort à son gré; il a naturellement de l'esprit et un esprit naturel; nous l'avons cultivé, c'est à la cour et au monde de l'*achever de peindre*.

BUSSY-RABUTIN, *Lettres*, 22 juillet 1690.

Dans l'exemple suivant, au lieu de la locution *m'achever de peindre*, on trouve *achever de me peindre*.

Pour *achever de me peindre*, il m'est arrivé l'un des plus extrêmes malheurs que je pouvois craindre.

HENRI IV, *Lettres*, 10 mars 1588 (Voir *Lettres missives de Henri IV*, t. II, p. 343).

Achever une personne peut être pris en bonne part et signifier Mettre le comble à sa joie, à sa reconnaissance, à son admiration, à son amour, etc.

M. le Prince alla jusque dans la chambre de Vatel et lui dit : Vatel, tout va bien; rien n'étoit si beau que le souper du roi. Il répondit : Monseigneur, votre bonté m'*achève*; je sais que le rôti a manqué à deux tables.

Mme DE SÉVIGNÉ, *Lettres*, 26 avril 1671.

Ah! je ne pensois pas que M. Tibaudier fût poëte, et voilà, pour m'*achever*, que ces deux petits versets-là!

MOLIÈRE, *la Comtesse d'Escarbagnas*, sc. 16.

La jolie figure! disois-je en moi-même. Peste! il faudroit cela pour m'*achever*.

LE SAGE, *Gil Blas*, III, 5.

ACHEVER se construit fréquemment, au moyen de la préposition *de*, avec un autre verbe à l'infinitif, et signifie Mettre à fin, finir quelque action.

Il (Louis XIII) demeura six semaines et davantage, mourant tous les jours sans pouvoir *achever de mourir*.

Mme DE MOTTEVILLE, *Mémoires*, année 1643.

En ces temps, Rome, toujours ennemie du christianisme, fit un dernier effort pour l'éteindre et *acheva de* l'établir.

BOSSUET, *Discours sur l'histoire universelle*, I, 10.

On croit faire grâce à des malheureux quand on n'*achève* pas *de* les opprimer.

FLÉCHIER, *Oraison funèbre de madame de Montausier*.

Vous dites que les dieux ne sont pas encore las de vous persécuter, et moi je dis qu'ils n'ont pas encore *achevé de* vous instruire.

FÉNELON, *Télémaque*, IX.

Si je pouvois être ici huit jours, madame de Lavardin et ses soins *achèveroient de* me guérir.

Mme DE SÉVIGNÉ, *Lettres*, 18 mars 1676.

Il ne s'attache à aucun des mets qu'il n'ait *achevé d'*essayer de tous.

Quelques-uns *achèvent de* se corrompre par de longs voyages, et perdent le peu de religion qui leur restoit.

LA BRUYÈRE, *Caractères*, c. 11; 16.

Quel avilissement pour nous..... si, dans ces chaires mêmes destinées à instruire et à corriger les grands, nous lenr donnons de fausses louanges qui *achèvent de* les séduire!

MASSILLON, *Petit Carême*. Tentations des grands.

De là cette négligence à s'instruire des faits qui doivent servir de matière aux décisions de la justice, cette hardiesse d'expliquer ce qu'on ne sait pas, et de n'*achever d'*apprendre sa cause qu'en *achevant de* la plaider.

D'AGUESSEAU, *Discours*, III.

Ce que je ne disois qu'imparfaitement, ils *achevoient de* le penser et *de* l'exprimer pour moi.

MARIVAUX, *la Vie de Marianne*, part. IV.

Si le génie des langues commence à se former d'après celui des peuples, il n'*achève de* se développer que par le secours des grands écrivains.

CONDILLAC, *Essai sur l'origine des connoissances humaines*, IIᵉ part. sect. 1, c. 15.

On fait tout pour ceux qu'on veut gagner ou *achever d'*engager, et rien pour ceux dont on est sûr.

DUCLOS, *Considérations sur les mœurs*, c. 7.

Je vis au jour la journée, sans souci du lendemain, ou plutôt *j'achève de* vivre avec plus de lenteur que je n'avois compté.

J.-J. ROUSSEAU, *Lettres*, 26 août 1764.

Achevons de mourir en lui disant adieu.

P. CORNEILLE, *Polyeucte*, II, 1.

L'amour *achèveroit de* sortir de mon cœur.

Vérité que j'implore *achève de* descendre.

J. RACINE, *Andromaque*, I, 1; *Esther*, III, 4.

Achève, achève, ami, *de* m'ouvrir ton secret.

LA FOSSE, *Manlius*, II, 1.

J'achève de brocher une pièce en six actes.

PIRON, *la Métromanie*, I, 4.

N'étant déjà plus marbre et pas encore amante,
Entr'ouvrant par degrés ses paupières au jour,
Pour *achever de* vivre elle attendait l'amour.

DELILLE, *l'Imagination*, II.

Dans des passages tels que les suivants, par un tour qui a vieilli, ACHEVER, outre le régime indirect qu'il reçoit au moyen de la préposition *de*, a encore un régime direct, le pronom personnel.

Toutesfois quand elle a cogneu que, des playes que l'aul-

I.

tre m'a faictes, j'estois du tout affoibly par la profusion de mon sang, elle essayoit de *m'achever de* tuer.

HERBERAY DES ESSARTS, *Amadis de Gaule*, I, 5.

Paulus estoit assis auprès d'une roche, attendant que quelqu'un des ennemis vinst *l'achever de* tuer.

AMYOT, trad. de Plutarque. *Vie de Fabius Maximus*, c. 33.

Il (Racan) apprit que celuy qui *l'acheva de* se resoudre (à se confesser avant de mourir) fut Yvrande, gentilhomme qui avoit esté nourry page de la grande ecurie, et qui estoit son escolier en poésie, aussi bien que Racan.

RACAN, *Vie de Malherbe*.

Mademoiselle de Rohan, qui étoit déjà affoiblie par elle-même, *se laissa achever de* vaincre.

Mᵐᵉ DE MOTTEVILLE, *Mémoires*, année 1645.

ACHEVER se construit fréquemment avec le pronom personnel et se dit, passivement, de ce qui va vers sa fin, de ce qui arrive à son terme, ou, par analogie avec une acception expliquée plus haut, de ce qui atteint à son comble, à sa perfection, de ce qui se complète, etc.

Mais enfin ma patience *s'est achevée*, et je ne puis différer plus longtemps à vous supplier très-humblement de me tirer de peine.

VOITURE, *Lettres*, LX; 25 août 1634.

Nous voyons la folie toute formée dans nous-mêmes, sans que nous sachions à quoi il tient qu'elle ne *s'achève* par un entier renversement de notre esprit.

NICOLE, *Essais de morale*.

Ils devroient penser au contraire que la mort n'a pas un être distinct qui la sépare de la vie, mais qu'elle n'est autre chose sinon une vie qui *s'achève*.

Enfin le temple *s'achève*.

BOSSUET, *Sermons*, Sur l'impénitence finale; *Discours sur l'histoire universelle*, II, 11.

Il n'y a point au monde un si pénible métier que celui de se faire un grand nom : la vie *s'achève* que l'on a à peine ébauché son ouvrage.

LA BRUYÈRE, *Caractères*, c. 2.

Le livre *s'achève* à la hâte; on l'envoie à Rome.

Le roi de Suède ne souffrit pas que l'art des ministres traînât les négociations en longueur : il voulut que le

traité *s'achevât* aussi rapidement qu'il était descendu en Zélande.
VOLTAIRE, Essai sur les mœurs, c. 128 ; Hist. de Charles XII, liv. II.

Il vint à reparler dessus le bruit qui court
De la reine, du roi, des princes, de la cour,
Que Paris est bien grand, que le Pont-Neuf *s'achève.*
RÉGNIER, Satires, VIII.

Un grand destin commence, un grand destin *s'achève*,
L'Empire est prêt à choir et la France s'élève.
P. CORNEILLE, Attila, I, 2.

Et je sens là dedans qu'il faudra que je crève
Si de mon triste sort la disgrâce *s'achève.*
MOLIÈRE, l'École des Femmes, IV, 1.

Ou plutôt leur hymen me servira de loi;
S'il *s'achève*, il suffit.
J. RACINE, Iphigénie, II, 1.

S'ACHEVER se dit quelquefois des personnes pour Se perdre entièrement.

Plus il voit madame, plus il *s'achève.*
MARIVAUX, les Fausses confidences, I, 14.

ACHEVER, par une ellipse facile à suppléer, est souvent employé absolument.

Bienheureuse franchise, qui m'a conduit si loin. Qu'elle *achève!* J'essaye à n'avoir exprès besoin de nul.
MONTAIGNE, Essais, III, 9.

Cet homme avoit commencé à bâtir, mais il n'a pu *achever.*
LE MAÎTRE DE SACY, trad. de l'Évangile de St Luc, c. XIV.

Touchez-moi l'épée de quarte, et *achevez* de même.
MOLIÈRE, le Bourgeois gentilhomme, II, 2.

Le vieux Caderousse s'étoit ruiné à ne rien faire; son fils et sa fille *avoient achevé* à jouer.
SAINT-SIMON, Mémoires, 1715, t. XII, c. 8.

De l'ardeur pour entreprendre, du courage pour exécuter; de la constance pour *achever.*
BUFFON, Réponse à M. de la Condamine.

Il me prenoit des palpitations en songeant combien j'allois être jolie; la main me trembloit à chaque épingle que j'attachois; je me hâtois d'*achever*, sans rien précipiter pourtant; je ne voulois rien laisser d'imparfait.
MARIVAUX, la Vie de Marianne, part. I.

Si j'avais voulu limer, polir, *achever* avant d'avoir consulté, j'aurais attendu un an.
VOLTAIRE, Lettres, 14 septembre 1761.

.... Nul n'*achiève*
Ne ne met nule chose à fin.
GODEFROY DE PARIS, Chron. métrique, v. 1619.

Morir vueil ou *achever.*
Anc. poés. fr. mss. avant 1300, t. IV, p. 1580 (cité par Sainte-Palaye).

Achève et prends ma vie après un tel affront.

Comme notre héros se sent près d'*achever*,
C'est peu pour lui de vaincre, il veut encor braver.

Achevez, *achevez*, faites le roi, madame.
P. CORNEILLE, le Cid, I, 3 ; Horace, IV, 4 ; Don Sanche d'Aragon, I, 3.

L'honneur, ô Mascarille, est une belle chose!
A tes nobles travaux ne fais aucune pause,
Et quoiqu'un maître ait fait pour te faire enrager,
Achève pour ta gloire, et non pour l'obliger.
MOLIÈRE, l'Étourdi, III, 1.

Le sacristain *achève* en deux coups de rabot,
Et le pupitre enfin tourne sur son pivot.
BOILEAU, le Lutrin, III.

Je veux perdre un rival; qui me retient le bras?
Je le veux, je le puis, et je n'*achève* pas.
L. RACINE, la Religion, I.

Parle, *achève*, ô mon Dieu! ce sont là de tes coups.
VOLTAIRE, Zaïre, II, 3.

ACHEVER s'emploie sous cette forme, non-seulement au sujet des actes, mais aussi des discours.

... Il a patience neantmoins, et attend jusques à ce que celuy qui parle *ait achevé.*
AMYOT, trad. de Plutarque, OEuvres morales, Comment il fault ouïr, VI.

Idoménée tremblant n'ose lui demander qu'il *achève.*
FÉNELON, Télémaque, VIII.

Va, ma fille, me dit madame de Miran, *achève* et ne t'arrête point là-dessus. Non, ma mère, repris-je, laissez-moi dire tout.
MARIVAUX, la Vie de Marianne, part. IV.

A peine *ai-*je *achevé* que chacun renouvelle,
Par un noble serment, le vœu d'être fidèle.
P. CORNEILLE, Cinna, I, 2.

Sa vertu, dites-vous? — Quoi? que murmures-tu?
Achève, explique-toi sur ce mot de vertu.

.... Mais de grâce, *achevez* vitement :
Depuis longtemps j'écoute; il est bien raisonnable
Que je parle à mon tour...
Molière, l'Étourdi, III, 2; le Dépit amoureux, II, 7.

..... *Achevez*; dites : que vous en semble?
J. Racine, Athalie, IV, 2.

Comment?—vous m'entendez; quel besoin d'*achever*?
Boursault, Ésope à la ville, III, 1.

.... Le maître du tonnerre
Eut à peine *achevé* que chacun applaudit.
La Fontaine, Fables, XI, 2.

C'est ainsi qu'*achevait* l'aveugle en soupirant.
A. Chénier, Idylles, l'Aveugle.

Achever s'est pris encore absolument, mais en un sens neutre, pour *s'achever*, par une ellipse qu'admettait, aux anciens temps de notre langue, l'emploi de la plupart des verbes actifs. (Voyez Abaisser, Abatardir, Abattre, Abîmer, etc.)

Tous ces petits affaires *achevèrent* dans la mi-septembre.
Agr. d'Aubigné, Histoire universelle, t. II, liv. I, c. 17.

La vie d'ome tost *achève*.
Vie de Ste Katerine, ms. de Sorb. chiff. LX, col. 41 (cité par Sainte-Palaye).

Achever, suivi ou non d'un régime direct, ou bien sous sa forme pronominale, peut se construire, au moyen de certaines prépositions, telles que *à*, *sur*, *par*, avec un régime indirect, lequel fait connaître le rapport de l'action achevée à quelque personne ou à quelque chose.

On dit donc *achever à* :

Le même conte qu'il a commencé de faire à quelqu'un, il l'*achève à* celui qui prend sa place.
La Bruyère, Caractères, c. 11.

Je *vous achèverai* le reste une autre fois.
P. Corneille, Rodogune, I, 1.

Soit : mais *achève-moi* du moins la confidence.
Dufresny, la Coquette de village, II, 1.

Achever sur :

Votre folie est prématurée; attendez du moins que le siècle *s'achève sur* votre race.
La Bruyère, Caractères, c. 6.

Et qui sur un époux fit son apprentissage
A bien pu *sur* un fils *achever* son ouvrage.
P. Corneille, Rodogune, V, 4.

Heureux si *sur* son temple *achevant* ma vengeance,
Je puis convaincre enfin sa haine d'impuissance.
J. Racine, Athalie, III, 3.

Achever par :

Leurs jours également sont pour moi dangereux;
J'ai commencé par lui, j'*achèverai par* eux.
P. Corneille, Rodogune, IV, 7.

Achevé, ée, participe.
Il se dit d'une chose Menée à fin, portée à son comble, entière, complète.

Ces parolles *achevées*, Pantagruel luy dit honorablement.
Rabelais, Pantagruel, II, 18.

Après lequel discours *achevé*, il prit congé d'eux.
Amyot, trad. de Plutarque. Vie de Marius, c. 15.

L'hiver n'estoit pas encore bien *achevé* que je me remis à voyager.
Descartes, Discours de la méthode, III.

La nature nous tente continuellement; l'appétit concupiscible désire souvent; mais le péché n'est pas *achevé*, si la raison ne consent.
Pascal, Pensées. Voyez des Pensées de Pascal, appendice, n° 2.

Ne dura mie un jor ne une hore *achevée*.
Wace, Roman de Rou, v. 2710.

Vous verrez par sa mort le désordre *achevé*.
P. Corneille, Héraclius, I, 3.

Ce bel exploit de guerre à nos yeux *achevé*.
Molière, l'Étourdi, II, 14.

.... Mais pour être approuvés
De semblables projets veulent être *achevés*.
J. Racine, Mithridate, III, 1.

Il se dit aussi d'une personne Dont la ruine, la disgrâce, l'embarras, etc., sont complets; ou, lorsqu'il est pris en bonne part, à laquelle il ne manque plus rien d'heureux.

86.

Je ne l'ai reçu chez moi que pour le ruiner; l'affaire est finie. — Mais êtes-vous sûre qu'il soit bien *achevé?*

DANCOURT, *les Fêtes du Cours*, sc. 2.

..... Hier au soir je revins de Poitiers,
D'aujourd'hui seulement je produis mon visage,
Et j'ai déjà querelle, amour et mariage.
Pour un commencement, ce n'est pas mal trouvé.
Vienne encore un procès et je suis *achevé.*

P. CORNEILLE, *le Menteur*, II, 10.

Quelquefois il se construit, comme ACHEVER, au moyen de la préposition *de*, avec un verbe à l'infinitif; il forme ainsi des locutions où ce verbe, sous forme active, est employé passivement.

Il y a trois semaines que je l'attens (un navire anglais); dans deux jours il sera *achevé* .de charger et partira au premier vent.

VOITURE, *Lettres*, XLIII, 22 octobre 1633.

Le succès qu'elle eust (*le Plutus*, comédie d'Aristophane) fut si grand que les Athéniens, surpris et charmés de sa beauté, sans attendre qu'elle fût *achevée* de représenter, ordonnèrent que le nom d'Aristophane seroit écrit au-dessus des noms de tous ses rivaux.

Mlle LEFÈVRE (Mme Dacier), trad. de *Plutus*, préface.

Ce fils (Rémond) étoit un petit homme qui n'étoit pas *achevé* de faire, et comme un biscuit manqué.

SAINT-SIMON, *Mémoires*, 1719, t. XVII, c. 19.

La révision de ce grand ouvrage,... révision bien plus longue et plus pénible qu'une première façon, ne commença qu'en 1672, et il fut *achevé* d'imprimer en 1694.

D'OLIVET, *Histoire de l'Académie françoise.*

De là, la locution rappelée plus haut, *achevé* de peindre.

Regnard oppose plaisamment le sens et la lettre de cette expression, lorsqu'il fait dire par le valet du *Joueur*, au sujet de la dernière disgrâce de son maître amenée par la découverte d'un portrait mis en gage :

... Nous voilà bien *achevés* de peindre.

REGNARD, *le Joueur*, V, 6.

ACHEVÉ est aussi adjectif, et alors il signifie Accompli, parfait, qui a toutes les qualités de son genre.

Ce que je recognus en ceste ville (Cambray) d'estime et de remarque, fust la citadelle, des plus belles et des mieux *achevées* de la chrestienté.

MARGUERITE DE VALOIS, *Mémoires*, 1577.

O mon père! lui dis-je; voilà le passage le plus complet, et le principe le plus *achevé* de toute votre morale.

PASCAL, *Provinciales*, IX.

Il arrive souvent que des choses se présentent plus *achevées* à notre esprit, qu'il ne les pourroit faire avec beaucoup d'art.

LA ROCHEFOUCAULD, *Maximes*, CI.

Vous m'avez quelquefois ouï parler de l'intrépidité du premier président; elle ne parut jamais plus complète ni plus *achevée* qu'en ce rencontre.

LE CARDINAL DE RETZ, *Mémoires*, part. II, 1649.

Comme les vers de ma tragédie d'Horace ont quelque chose de plus net et de moins guindé pour les pensées que ceux du Cid, on peut dire que ceux de cette pièce (Cinna) ont quelque chose de plus *achevé* que ceux d'Horace.

P. CORNEILLE, *Examen de Cinna.*

Dans le dessein que vous avez d'avoir un portrait *achevé* de la personne que vous aimez...

MOLIÈRE, *le Sicilien*, sc. 10.

La France le vit alors accompli par ces derniers traits et avec ce je ne sais quoi d'*achevé* que les malheurs ajoutent aux grandes vertus.

BOSSUET, *Oraison funèbre du prince de Condé.*

S'il y a rien qui fasse voir ce qu'on a dit plusieurs fois, que les vers n'étoient jamais *achevés*, c'est sans doute cette lecture.

PELLISSON, *Histoire de l'Académie.*

L'art y est si *achevé* (chez Démosthène) qu'il n'y paroît point.

Quoi! vous croyez que Démosthène et Cicéron ne savoient point par cœur ces harangues si *achevées* que nous avons d'eux.

FÉNELON, *Dialogues sur l'éloquence*, I, II.

Je fis lire sa lettre à madame de Vins qui en fut ravie, ainsi que ses oncles; je vous dis que c'est une pièce *achevée* pour la naïveté.

Mme DE SÉVIGNÉ, *Lettres*, 8 novembre 1679.

Ce n'étoit pas, répondit-il, une beauté *achevée* ; cependant on ne pouvoit la voir sans l'aimer.

LE SAGE, *le Bachelier de Salamanque*. c. 11.

Cet ouvrage (une lampe d'or) est de Callimaque. Le travail en est si *achevé* qu'on y désire les grâces de la négligence.

BARTHÉLEMY, *Voyage d'Anacharsis*, c. 12.

C'est là ce qui s'appelle un ouvrage *achevé*.

BOILEAU, *Satires*, III.

Dans tous les exemples qui précèdent, ACHEVÉ est pris en bonne part. Il peut se prendre soit en bonne, soit en mauvaise part, lorsque, le construisant avec un nom abstrait, on l'applique à quelque manière d'être physique ou morale dont on veut marquer le plus haut degré. On dit également *une beauté achevée* et *une laideur achevée*, une *bonté achevée* et une *sottise achevée*.

Comme l'a remarqué Bouhours, et comme l'établissent, malgré des assertions contraires, quelques exemples, ACHEVÉ, lorsqu'il s'agit des personnes, peut aussi être pris, soit en bonne part, soit, ce qui se rencontre plus ordinairement, en mauvaise part.

Au premier cas se rapportent les exemples suivants :

Les autres, ayant le génie poétique, expliqueroient l'Écriture avec le style et les figures de l'Écriture même, et ils seroient par là des prédicateurs *achevés*.

FÉNELON, *Dialogues sur l'éloquence*, III.

Accusant Platon d'être tombé en plusieurs endroits, il (Cécilius) parle de l'autre (Lysias) comme d'un auteur *achevé* et qui n'a point de défauts.

BOILEAU, trad. du *Traité du sublime*, c.26.

Ah ! ma sœur, ils sont faits tous deux d'une manière
Que mon âme... Ce sont deux princes *achevés*.

MOLIÈRE, *Psyché*, I, 1.

Les exemples d'ACHEVÉ appliqué adjectivement aux personnes dans un sens défavorable sont très-fréquents.

Mais pour ces francs pécheurs, pécheurs endurcis, pécheurs sans mélange, pleins et *achevés*, l'enfer ne les tient pas.

PASCAL, *Provinciales*, IV.

Le mot de galante... n'est pas assez, celui de coquette *achevée* me semble propre à ce que nous voulons, et je m'en puis servir pour vous dire honnêtement ce qu'elle est.

MOLIÈRE, *M. de Pourceaugnac*, II,

Je ne veux pas qu'on dise dans le monde que la veuve de mon frère, la tante de ma fille, est une folle *achevée*.

DANCOURT, *le Chevalier à la mode*, II, 2.

..... Jamais on n'a vu tyran plus *achevé*.

P. CORNEILLE, *Pertharite*, IV, 2.

Parbleu ! je viens du Louvre où Cléonte, au levé,
Madame, a bien paru ridicule *achevé*.

MOLIÈRE, *le Misanthrope*, II, 4.

Et moi, qui vous connois pour un fourbe *achevé*.

BOURSAULT, *Ésope à la cour*, III, 3.

Car quel malheur qu'il fût si dépravé,
N'étant encor qu'à la fleur de son âge,
Et qu'il portât, sous un si beau plumage,
La fière humeur d'un escroc *achevé*,
L'air d'un payen, le cœur d'un réprouvé.

GRESSET, *Vert-Vert*, IV.

Quelquefois on l'a employé, dans là même acception, sans y joindre de substantif.

Il n'en faut point douter, elles sont *achevées*.

MOLIÈRE, *les Précieuses ridicules*, sc. 4.

Le petit voyage qu'elle a fait à Paris la ramène dans Angoulême plus *achevée* qu'elle n'étoit. L'approche de l'air de la cour a donné à son ridicule de nouveaux agréments, et sa sottise ne fait que croître et embellir.

LE MÊME, *la Comtesse d'Escarbagnas*, sc. 1.

En termes de manége, un cheval *achevé* est un cheval Dressé.

Ce cheval n'est que commencé, mais celui-là est *achevé*. Cette cavale est entièrement *achevée*, car elle est bien dans la main et dans les talons.

RICHELET, *Dictionnaire*.

ACHÈVEMENT, s. m.

Sainte-Palaye cite d'ACHÈVEMENT un ancien exemple, duquel on peut conclure, que primitivement ce mot a signifié Chose à achever, à finir, à exécuter, projet, entreprise, sens qu'a gardé le mot correspondant de la langue anglaise *Achievement*.

Nouveau desir et nouvel *achevement* lui vint au devant, ce fut de trouver la pucelle aux deux dragons.

Perceforest, vol. VI, c. 21.

ACHÈVEMENT, soit construit, au moyen de la préposition de, avec un autre substantif, soit employé
absolument, marque, au propre, L'action d'achever,
la fin, l'exécution entière, l'accomplissement d'une
chose.

Jésus-Christ fut l'achèvement et la perfection des prophéties.
                                    A. CHARTIER, l'Espérance.

Il ne me reste plus qu'à vous conjurer instamment de
réunir vos forces pour l'achèvement d'un ouvrage auquel
vous avez pris part, pour le faire finir promptement.
        COLBERT à l'évêque de Viviers, 28 janvier 1666 (Voir Corresp.
        admin. sous Louis XIV, t. I, p. 212).

Les sauvages examinèrent avec une avide curiosité la
manière dont nos grenadiers françois s'y prenoient pour
donner à ces sortes d'ouvrages le degré d'achèvement
qu'ils exigent.
                    Lettres édifiantes (cité par Féraud, Dict.).

Dix papes de suite contribuèrent, presque sans aucune
interruption, à l'achèvement de la basilique de Saint-
Pierre.
                    VOLTAIRE, Essai sur les mœurs, c. 121.

Ce sont toujours les besoins et les facultés du consom-
mateur qui mettent le prix à la vente ; mais le consom-
mateur n'a pas toujours besoin de la chose fabriquée ou
produite au moment de la récolte ou de l'achèvement des
ouvrages.
                    TURGOT, Sur la formation des richesses, § LXVII.

Et pour l'achèvement d'une plus grande chose.
                    MAIRET, Sophonisbe, III, 1.

ACHÈVEMENT se dit figurément de la Perfection
dont un ouvrage est susceptible.

Dans les ouvrages de l'art, c'est le travail et l'achèvement que l'on considère.
                    BOILEAU (cité par Richelet et Furetière).

Tous les connaisseurs vantent l'achèvement de ce tableau.
                    Dictionnaire de l'Académie, éd. de 1762.

L'union, les concerts et les tons des couleurs...
Qui font les grands effets, les fortes impostures,
L'achèvement de l'art et l'âme des figures.
                    MOLIÈRE, la Gloire du Val-de-Grâce.

ACHÈVEMENT, par analogie avec quelques sens
d'achever, a pu se dire, soit en bonne, soit en mauvaise part, du plus haut degré où puissent être portés un sentiment, une situation.

Ma fille je vous remercie plus de mille fois des trois lignes que vous m'avez écrites ; elles m'ont donné l'achèvement d'une joie complète.
                    Mme DE SÉVIGNÉ, Lettres, 29 novembre 1671.

ACHÈVEMENT peut se dire de Ce qui sert, de ce
qui contribue à terminer, à perfectionner, à compléter, un achèvement, des achèvements.

Je connois des gens d'esprit, et des plus savants en l'art
poétique, qui m'imputent d'avoir négligé d'achever le Cid
et quelques autres de mes poëmes, parce que je n'y
conclus pas précisément le mariage des premiers acteurs
et que je ne les envoie pas marier au sortir du théâtre ; à
quoi il est aisé de répondre, que le mariage n'est point un
achèvement nécessaire pour la tragédie heureuse, ni même
pour la comédie.
                    P. CORNEILLE, Ier discours sur le poëme dramatique.

J'ai cru que pourvu que nous conservassions les effets
de l'histoire, toutes les circonstances où, comme je viens
de les nommer, les achèvemens étoient en notre pouvoir.
                    LE MÊME, Examen de Rodogune.

ACHÈVEMENT est encore employé didactiquement,
comme terme de poétique, dans cet autre passage,
où on le distingue de dénouement.

Ce que nous appelons ici l'achèvement de l'action épique, est le dernier passage de l'agitation et du trouble au
repos et à la tranquillité. Ainsi, il y a bien de la différence entre le dénouement et l'achèvement. Celui-ci n'est
que comme un point et comme un instant sans étendue et
sans durée : mais le dénouement n'est pas sans longueur,
puisqu'il comprend tout ce qui est après le nœud... Tout
l'achèvement (de l'Énéide) est renfermé dans la mort de
Turnus, parce qu'elle fait cesser l'action d'Énée.
                    LE P. LE BOSSU, Traité du poëme épique, II, 17.

Dans la poésie dramatique on appelle ainsi (achèvement) la conclusion qui suit l'événement par lequel l'intrigue est dénouée... L'action des Horaces est finie au
retour d'Horace le jeune, et même avant la scène avec Camille. Cette scène et tout ce qui suit fait une seconde action, dépendante de la première, et qui en est l'achèvement... Comme l'achèvement doit être terrible et tou-

chant dans la tragédie, il doit être plaisant dans la comédie et d'une extrême vivacité. Pour peu qu'il soit lent, il est froid. C'est un défaut qu'on reproche à Molière.

MARMONTEL, *Éléments de littérature*, art. ACHÈVEMENT.

On a dit, au lieu d'ACHÈVEMENT,
ACHEVISSANCE.

Armature de prudence, conduite louable, déduction prospère et glorieuse *achevissance*.

J. LE MAIRE DE BELGES, *Illustrations de Gaule*, I.

Selon Sainte-Palaye, qui rapporte cet exemple, *Glorieuse achevissance*, personnage allégorique, est la dernière des douze dames dans *Le colloque des douze dames*, Mss. du R., n° 1490.

ACHEVEUR, s. m.
Celui qui achève.
Oublié de Rob. Estienne et de Nicot, ce substantif, fort inusité, est rapporté par Monet et par Sainte-Palaye.

Fut l'ung des preux... le mieulx aimé des pucelles, car ce fut leur Dieu, et *de* leurs desirs l'*acheveur*.

Perceforest, vol. V, c. 42.

Et luy qui estoit homme colere, en pensant à l'achevement de ceste oreille, donna, par fantaisie, plus de cent coups de dague à l'*acheveur*.

Bon. DES PÉRIERS, *Nouvelles*, XI.

D'ACHEVER et d'ACHÈVEMENT se sont formés le verbe PARACHEVER, le substantif PARACHÈVEMENT. (Voyez ces mots.)

ACHILLÉE, s. f. (du latin *Achillea*, ou *Achilléis*, ou *Achilleos*, et par ces mots d'*Achilles*, en grec Ἀχιλλεύς.)

T. de botanique, genre de plantes à feuilles radiées et disposées en corymbes. Il est encore désigné par son nom latin dans les exemples suivants :

De là est venu que la gentiane a pris son nom de Gentius, roy des Illyriens, et la lysimachie de Lysimachus,

roy des Macedoniens, et le scordium a esté appelé herbe mithridate, de Mithridate, roy de Pont et de Bithynie, l'*achilleïa* d'Achilles, le centaurium de Chiron le centaure, l'artemisia d'Artemisia, royne de Carie.

Ambr. PARÉ. *Introd. à la vraye cognoissance de la chirurgie*, Préface.

Venons donc à *achillea*, qui print le nom d'Achilles, disciple du centaure Chiron, lequel s'en servit premierement à guerir playes. Et de fait, on dit qu'avec ceste herbe, il guerit le prince Telephus... Mais pour venir au nom d'*achillea*, il y en a qui l'appellent *penaces heraclion* et *sideritis achillea*. Nos latins la nomment *millefolia*.

DU PINET, Trad. de Pline, *Histoire nat.*, XXV, 5.

ACHOPPER, v. n. (du verbe simple CHOPPER, sur l'origine duquel on ne s'accorde pas. Voyez ce mot.)

Autrefois, ACHOPER (voyez les dictionnaires d'Oudin et de Cotgrave), ACHOUPER, AÇOPER, AÇOUPER, ASOUPER, ASOUPPER, ASSOPER, ASSOUPER, ESCHOPPER, etc. (Voyez le supplément de D. Carpentier au *Glossaire* de Du Cange et le *Glossaire* de Sainte-Palaye.)

A quelques-unes de ces formes d'ACHOPPER correspond le bas-latin *Assopire*, dont Du Cange et D. Carpentier citent d'anciens exemples. Cependant, il n'a peut-être pas préexisté au mot français, luimême de date très-ancienne, et peut, au contraire, en avoir été tiré.

Comme CHOPPER, autrefois SOPPER, SOUPER, etc. (Voyez D. Carpentier, supplément au *Glossaire* de Du Cange), son composé ACHOPPER, mot rarement employé, a signifié au propre, Faire un faux pas en heurtant du pied, ou autrement contre quelque chose.

Le chevalier n'a pas mestier, se il se trouve en bataille à l'encontre de nous, que son cheval *achoppe*; car, s'il estoit pris, sa rançon seroit payée.

FROISSART, *Chroniques*, liv. IV, c. 18.

Pour l'eschoison (l'occasion) d'un treffouel (garde-feu) qu'il trouva, *où* il *eschopa*, il chey à terre.

Lettre de rémission de 1399; cité par D. Carpentier, supplément au *Glossaire* de Du Cange, au mot ASSOPIRE.

Ce mot était, à ce qu'il semble, plus fréquemment employé sous une forme pronominale.

Ledit Jehan, qui portoit ledit faiz... en alant à son hostel... Il *se assopa* à aucune chose en la rue et chut en un fangaz.

Le suppliant rencontra une pierre ou mote, *où* il *se asouppa* et cuida cheoir.

Lettres de rémission de 1383 et de 1434 ; cité par D. Carpentier, suppl. au *Gloss.* de Du Cange, au mot ASSOPIRE.

A une perre *s'acopa,*
Si chiet (tombe) en la fosse tot plat.
Roman du Renart, v. 22958, cf. v. 21162.

Le même verbe est employé activement et passivement dans d'autres textes anciens, avec l'acception figurée d'Arrêter, d'interrompre, d'être arrêté, interrompu.

La poursuitte de ceste affaire estoit demeurée *achopée* et interrompue.

Coutume de Haynault, Préambule. (Voir *Cout. gén.,* t. II, p. 41.)

Si nous aloit si *açoupant,*
Et destourbant de nostre affaire...
Mirac. B. M. V. mss., lib. I ; cité par D. Carpentier, suppl. au *Gloss.* de Du Cange au mot ASSOPIRE.

Comme verbe neutre, il a signifié, figurément, Rencontrer une difficulté, et, par suite, tomber dans une erreur.

Mesme c'est le principal but des histoires de la Bible de monstrer que Dieu garde si soigneusement ses serviteurs, qu'il ne les laissera pas *achopper* à une pierre.

Nostre raison et intelligence est enveloppée en tant de manieres de foles resveries pour nous abuser, et est subjette à tant d'erreurs, et *s'achoppe* à tant d'empeschemens, et si souvent tombe en perplexité, qu'elle est bien loin de nous guider certainement.

CALVIN, *Institution chrest.,* liv. 1, c. XVII, § 6 ; liv. II, c. II, § 25.

Il se trouve encore pris en ce sens dans une phrase de Pascal, où quelques éditeurs l'ont remplacé par *choper, échouer.*

L'infinité en petitesse est bien moins visible ; les philosophes ont bien plutôt prétendu d'y arriver, et c'est là *où* tous *ont achoppé.*

PASCAL, *Pensées.* Voyez *des Pensées de Pascal,* p. 290.

Sage n'*achoppe* à tous chicots.

N'*achopon au* seuil de la porte.
J.-A. BAÏF, *les Mimes,* II, v. 369 ; 1093.

De même que de CHOPPER, on avait fait CHOPPEMENT, donné comme peu usité dans les dictionnaires de Richelet, de Furetière, dans le dictionnaire de Trévoux, et rappelé plus tard dans le dictionnaire de Féraud, de même on a fait d'ACHOPPER, ACHOPPEMENT.

ACHOPPEMENT, s. m.

Autrefois ASSOUPEMENT, etc. (voyez les exemples ci-après), ACHOPAIL (voyez le *Glossaire* de Roquefort).

ACHOPPEMENT a été employé au sens propre pour exprimer l'Action marquée par *achopper* de heurter du pied, ou autrement, contre quelque chose.

Comme icellui suppliant *se fust assoupé* ou aheurtié à un joene homme ;... courroucié du delay et empeschement qu'il avoit eu pour cause dudit *assoupement...*

Lettre de rémission, de 1363 ; cité par D. Carpentier, suppl. au *Gloss.* de Du Cange, au mot ASSOPIRE.

Hercule veut qu'on se remue,
Puis il aide les gens : regarde d'où provient
L'*achoppement* qui te retient,
Ote d'autour de chaque roue
Ce malheureux mortier, cette maudite boue.
LA FONTAINE, *Fables,* VI, 18.

ACHOPPEMENT a été plus souvent employé au figuré, par exemple dans la phrase suivante, en parlant de sons qui se heurtent et produisent un hiatus :

Les Italiens ont été obligés de se permettre cet *achoppement* de sons qui détruisent l'harmonie naturelle ; ces hiatus, ces baillements que les Latins étaient soigneux d'éviter.

VOLTAIRE, *Dictionnaire philosophique,* art. A.

Par exemple encore dans des phrases telles que les suivantes où il s'agit de choses de l'ordre moral.

La Palice... a adverty... que ce voyage est un voyage
d'*achoppement*.

LE CARDINAL DE RICHELIEU, *Lettres*, mars 1630 (Voir *Lettres de
Richelieu*, t. III, p. 612).

Adele, fille de France, fut promise à Richard, second
fils de Henry, duc de Guyenne, et dès lors baillée en garde
au père, pour en avoir soin jusqu'à tant qu'elle fust en
nage nubile. Ce lien de reconciliation fut un *achopement*
de haine.

MÉZERAY, *Histoire de France*, Louis VII, dit le Jeune, ann. 1171.

J'ai trop de vanité pour souhaiter que mes enfants fassent un jour une grande fortune. Je serois l'*achoppement*
éternel de la flatterie, et je les mettrois dans l'embarras
vingt fois par jour; ma mémoire seroit incommode, et
mon ombre malheureuse tourmenteroit sans cesse les
vivants.

MONTESQUIEU, *Son portrait par lui-même*.

Un emploi figuré d'ACHOPPEMENT très-ordinaire
est celui que présente la locution *Pierre d'achoppement*.

La phrase suivante fait comprendre comment
cette locution, fort naturelle, s'est formée.

Et me souvient d'un mot italien entr'autres qui leur est
comme *une pierre à laquelle ils ont tous accoustumé de
chopper*.

H. ESTIENNE, 1ᵉʳ dial. du nouveau langage françois italianizé.

De là, *Pierre d'achoppement* et auparavant *Pierre
de choppement* par lesquels on a traduit l'expression
de l'écriture *Lapis offensionis* (Isa., VIII, 14; Paul.,
Rom. IX, 32, 33; Petr. 1 *epist.*, 11, 8. Cf. *Ps. CXC*,
12; *Ecclesiastic.*; XXVII, 29, XXXII, 25); ce qui a
beaucoup contribué à la consacrer, à la répandre,
non-seulement dans le style des écrivains ecclésiastiques, mais dans le langage ordinaire.

Pierre de choppement :

Ceste pierre a commencé estre le chef de l'anglet,
pierre de choppement, et pierre de tresbuchement à ceulx
qui hurtent contre la parolle.

OLIVETAN, trad. de la 1ʳᵉ Épitre de St-Pierre, II, 8 (en 1535).

Helas! ce qui nous a esté donné pour un lien de concorde et de fraternelle amitié, est maintenant par nos
pechez tourné en *pierre de choppement* et de scandale
contre laquelle plusieurs en nos jours ont heurté si lour-

dement qu'ils en sont tresbuchez en la fosse d'heresie et
d'infidelité.

AMYOT, *Acte de grâce après la communion, escrit pour le Roy*.

Pierre d'achoppement.

Et il vous sera sanctuaire, mais il sera *pierre d'achoppement* et rocher de trebuschement aux deux maisons
d'Israël.

Ils ont heurté contre la *pierre d'achoppement*. Je mets
en Sion la *pierre d'achoppement* et la pierre de trebuschement.

Bible de Calvin, 1610 : Isaïe VIII, 14; St Paul, *Épitre aux
Romains*, IX, 32-33.

Pierre d'achoppement peut se prendre en deux
sens;

1° Occasion de faillir, de tomber dans l'erreur :

Il est de votre sagesse d'arracher de la terre des fleurs
de lis ces maudites *pierres d'achoppement* et de scandale.

PATRU, *Œuvres*, VIIᵉ Plaidoyer.

Il est dit qu'il doit être la *pierre d'achoppement* et de
scandale.

Il sera une *pierre d'achoppement* à laquelle plusieurs
heurteront.

PASCAL, *Pensées*, part. II, art. XI, § 2.

C'étoit un des caractères du Messie d'être tout ensemble.... une pierre fondamentale sur laquelle on doit s'appuyer, et une *pierre d'achoppement* et de scandale contre
laquelle on se heurte et on se brise.

BOSSUET, IIᵉ *Sermon*, Sur la Nativité de Notre Seigneur,

Nous sommes les colonnes du sanctuaire, mais qui,
renversées et dispersées dans les places publiques, deviennent des *pierres d'achoppement* aux passants.

MASSILLON, *Discours*, De l'excellence du sacerdoce.

Je sentois qu'une soubrette de cette espèce eût été pour
moi dans une maison une terrible *pierre d'achoppement*,

LE SAGE, *le Bachelier de Salamaque*, 1ʳᵉ part.

Ce panégyrique, où Bossuet trouvoit tant à déployer
son rare talent pour la parole, a été plus d'une fois la
pierre d'achoppement de beaucoup d'autres orateurs.

D'ALEMBERT, *Eloge de Bossuet.*

2° Obstacle, difficulté.

On vouloit encore, et ce fut la plus grande difficulté qui se rencontra, difficulté que d'Ossat appeloit *la pierre d'achoppement,* que cette absolution réhabilitât le Roi dans ses droits à la couronne, dont on le prétendoit déchu par les censures des Papes Sixte V et Grégoire XIV.

Trad. fr. de l'histoire de J. A. de Thou, liv. CXIII, ann. 1595.

L'ineffable et l'incompréhensible mystère de la grâce, aussi peu à portée de notre intelligence et de notre explication que celui de la Trinité, est devenu une *pierre d'achoppement* dans l'Église.

Saint-Simon, *Mémoires,* 1709, t. VII, c. 36.

Cette seule *pierre d'achoppement* peut renverser tout l'édifice des fidèles.

Voltaire, *Lettres,* 10 juin 1760

Je ne veux pas, en tout état de cause, risquer de servir de *pierre d'achoppement* au plus parfait rétablissement de la concorde.

J.-J. Rousseau, *Lettres,* 24 mars 1768.

Le *Lapis offensionis* de l'Écriture est traduit par *Rocher d'achoppement* dans ce passage d'un ancien écrivain :

Quand Isaïe dit, que le Dieu des armées sera en pierre de scandale, et en *rocher d'achoppement* à la maison de Juda et d'Israel, sainct Paul declaire que cela a esté accompli en Jesus Christ.

Calvin, *Institution chrestienne,* liv. I, c. XIII, § 11.

ACHROMATIQUE, adj. des deux genres. (du grec Χρῶμα couleur, précédé de l'ἀ privatif).

T. d'optique. Il se dit des instruments qui font voir les images des objets colorés exactement comme les objets mêmes, sans mélange de couleurs étrangères. *Lunettes achromatiques.*

Il seroit très-utile aujourd'hui de tailler des verres hyperboliques ou elliptiques, si l'on veut donner aux lunettes *achromatiques* toute la perfection dont elles sont susceptibles.

Buffon, *Hist. naturelle,* Minéraux. Partie expérimentale.

ACHROMATISME, s. m. T. d'optique.
Propriété ou effet des lunettes achromatiques.

ACHRONIQUE, Voyez Acronyque.

ACIDE, adj. des deux genres (du latin *Acidus.*)
Qui a une saveur aigre.

Ce phlegme ou pituite est doux ou insipide et non salé ni *acide.*

Ambr. Paré, *Introd. à la vraye cognoissance de la chirurgie,* XX, 25.

Le principe *acide* qui se trouve dans l'argile peut être regardé comme une combinaison de la terre vitrescible avec le feu, l'air et l'eau.

Buffon, *Hist. naturelle.* Époques de la nature, III.

Ce que j'ai dit des odeurs doit s'appliquer aux saveurs, aussi peu déterminées dans leur nomenclature. Les expressions de douce, d'âpre, d'*acide,* ne les caractérisent point.

Bernardin de Saint-Pierre, *Harmonies de la nature,* I, Sur les saveurs.

Le fruit encore vert, la vigne encore *acide.*

A. Chénier, *Idylles.* Arcas et Palémon.

On dit substantivement *l'Acide.*

Le lait tourne facilement à *l'acide.*

J.-J. Rousseau, *Emile,* I.

Les divers degrés de maturité de la plupart des fruits présentent successivement cinq saveurs, savoir : *l'acide,* le doux, le sucré, le vineux et l'amer.

Bernardin de Saint-Pierre, *Études de la nature,* X.

Acide se dit, en chimie, de ce qui jouit des propriétés physiques ou chimiques des acides. *Liqueur acide, sel acide.*

ACIDE, s. m.
Substance solide, liquide ou gazeuse, qui imprime sur la langue une saveur plus ou moins analogue à celle du vinaigre, et qui fait passer au rouge les couleurs bleues des végétaux. *Acide végétal; acide animal; acide minéral; acide acétique, boracique, nitrique, sulfurique, carbonique,* etc.

Son estomac faisoit fort mal ses fonctions, et l'on a vu, par la nature de son mal, que les *acides* très corrosifs qui dominoient dans sa constitution la ruinoient absolument.

FONTENELLE, *Éloge de M. Carré.*

Votre chimie fait toutes les opérations avec des *acides*, des alkalis et de la matière subtile : l'attraction domine jusque dans la chimie anglaise.

VOLTAIRE, *Lettres philosophiques*, XIV.

L'eau a saisi toutes les matières qu'elle pouvoit délayer et dissoudre; elle s'est combinée avec l'air, la terre et le feu pour former les *acides*, les sels, etc.

BUFFON, *Hist. naturelle*. Époques de la nature, III.

La science est une espèce d'*acide* qui dissout tous les métaux, excepté l'or.

J. DE MAISTRE, *du Pape*, IV, 2.

Dès qu'un certain *acide* en notre corps domine
Tout fermente, tout boût, les esprits, les liqueurs.

LA FONTAINE, *le Quinquina*, II.

Les rochers sont dissous par un mordant *acide*.

THOMAS, trad. de la X⁰ satire de Juvénal.

Ces alcalis féconds, ces *acides*, ces sels
Des trois règnes rivaux agents universels.

DELILLE, *les Trois règnes*, VII.

ACIDITÉ, s. f. (du latin *Aciditas*.)
Qualité de ce qui est acide.

Le vinaigre mixtionné avec eau estanche merveilleusement la soif, par la vertu de sa froideur et son *acidité*.

Ambr. PARÉ, *Introd. à la vraye cognoissance de la chirurgie*, XXIV, 23.

Je vis sur ces arbrisseaux des fruits mûrs, j'eus la curiosité d'en goûter, et, leur trouvant une petite *acidité* très-agréable, je me mis à en manger pour me rafraîchir.

J.-J. ROUSSEAU, *les Rêveries du promeneur solitaire*. VII⁰ promenade.

Ces mots ACIDE et ACIDITÉ sont recueillis par les lexicographes à partir de Cotgrave et de Danet. Les suivants : ACIDULE, ACIDULER, ACIDULÉ, ÉE, paraissent plus tard dans les dictionnaires. Le dictionnaire de l'Académie, notamment, ne donne ACIDULE qu'en 1762.

ACIDULE, adj. des deux genres (du latin *Acidulus*),
Qui est légèrement acide.

Eaux minérales *acidules*, liqueur *acidule*.

Dictionnaire de l'Académie.

ACIDULER, v. a. (d'*Acidule*).
Rendre une substance légèrement acide, lui communiquer une saveur aigrelette, au moyen d'une petite quantité de quelque acide. *Il faut aciduler les tisanes de ce malade.*

ACIDULÉ, ÉE, participe.
Il est plus d'usage que le verbe.

Du mot ACIDE se sont encore formés d'autres mots, à l'usage des sciences, admis dans les dictionnaires les plus récents, ACIDIFÈRE, ACIDIFIER, ACIDIFIÉ, ÉE, ACIDIFIANT, ACIDIFICATION, etc.

ACIER, s. m. (du bas latin *Aciarium*, dont on a tiré, en italien, *Aciario*, en espagnol *Acero*, ou, directement, du latin *Acies*.)
Autrefois ACHER, ACHIER, ACIÈS, ARCIER, ASSIER, etc. (Voyez le *Glossaire* de Sainte-Palaye) ACER, etc. (Voyez les exemples ci-après.)
Nom que l'on donne au Fer combiné avec le charbon et devenu susceptible d'acquérir, par certains procédés, un grand degré de dureté.

Del tonlieu et del conduit (du droit et de l'entrée) de fier (fer) et d'*achier* qu'on vent à Paris.

Aciers est de la meisme coustume et de la meisme droiture que fer est en foire et hors de foire.

Est. BOILEAU, *le Livre des Métiers*, part. II, titre XV.

Il transperça les mailles et la poictrine d'*acier* et tout ce qui estoit dessoubz.

Lesquelles clefs il ne trouva pas appareillées; car elles estoient en un coffret long, tout de fin *acier* et fermé d'une petite clef d'*acier*.

FROISSART, *Chroniques*, liv. II, c. 80; IV, 23.

Et donne l'en son divers aux *aciers*, aux fers, aux boys

87.

et aux metaulx, par diverses infusions interposées d'estain, de plomb, d'arain et de cuivre.

Eust. Deschamps, *l'Art de dictier*. Musique.

Au doigt medical d'ieelle (main), eut ung anneau faict des quatre metaulx ensemble, en la plus merveilleuse façon que jamais feut veue sans que l'*assier* froissast l'or, sans que l'argent foullast le cuyvre.

Rabelais, *Gargantua*, I, 8.

Les esmaux de quoy je fais ma besongne, sont faits d'estaing, de plomb, de fer, d'*acier*...

Bernard Palissy, *de l'Art de terre*.

En ceste mesme ville (Thèbes) aussi y a un Hercules d'*acier*, qu'Alcon fit exprès, pour monstrer, par cela, la force du cœur d'Hercules. A Rome pareillement y a des couppes d'*acier* qui furent dediées au temple de Mars Vindicatif.

Du Pinet, trad. de Pline, *Hist. naturelle*, XXXIV, 14.

Aussitôt on assembla des ouvriers pour travailler sur le fer, sur l'*acier* et sur l'airain.

Fénelon, *Télémaque*, XII.

La touche vigoureuse des soldats morts, le brillant mat de l'*acier* donnent de la force au devant du tableau.

Diderot, *Salon de 1767*, Loutherbourg.

Ceingnent espées del *acer* vianeis.

Chanson de Roland, st. LXXVII.

Et Hues de Saint-Pol et son fils Engerrant
As espées d'*acier* vont la presse rompant.

Chanson d'Antioche, ch. II, v. 715.

Le heaume fu d'*achier*; tout l'avoit-on doré,
De rubis precieus trestout avironné.

Doon de Maience, v. 6601.

En son poing tenoit nu le brant fourbi d'*acier*.

Adenès, *Roman de Berte*, p. 33.

L'espée trait dont li *aciers* burnoie (brille).

Audefroy le Bastard, *Bele Emmelos.*(Voir *Romancero fr.*, p. 30.)

Il (Amour) a endementieres (cependant) prise
Une autre floiche que moult prise...
Ele iert (étoit) aguë por percier
Et trenchans cum rasoir d'*acier*.

Roman de la Rose, v. 1849.

Item a maistre Ythier marchant
Auquel je me sens tres tenu
Laisse mon branc d'*acier* tranchant.

Villon, *le Petit testament*.

D'un *acier* pénétrant la pointe de vos flèches
Percera tous les cœurs rebelles à leur roi.

P. Corneille, *Psaumes*, XLIV.

Là sous un autre Ætna sont les vastes fourneaux
Où les Cyclopes noirs font tonner leurs marteaux,
Où le sifflant *acier* coule de la fournaise.

Segrais, trad. de l'*Enéide*, VIII.

.... N'y rencontra pour tout potage
Qu'une lime d'*acier* qu'il se mit à ronger.

La Fontaine, *Fables*, V, 16.

La lime mord l'*acier* et l'oreille en frémit.

L. Racine, *la Religion*, III.

D'un fil d'*acier* poli, non moins fin que solide
Il façonne un réseau que rien ne peut briser.

Voltaire, *Contes en vers*, les Filles de Minée.

L'autre plonge l'*acier* dans les flots frémissants.

Delille, trad. des *Géorgiques*, IV.

Acier est employé au propre dans cette expression métaphorique *Rempart d'acier*, qui désigne une Cuirasse.

Les arquebuses étaient devenues une arme offensive indispensable contre ces *remparts d'acier* dont chaque gendarme était couvert.

Voltaire, *Essai sur les mœurs*, c. 121.

Tremper l'acier, c'est le Faire rougir au feu et le plonger dans l'eau froide, pour le rendre plus dur. De là cette autre expression *la trempe de l'acier*.

Je te demande si le fer ou l'*acier* estant ainsi *trempé*, ne prenoit quelque substance jusques au centre et par toutes les parties, s'ils se pourroyent endurcir par l'action de l'eau.

Bernard Palissy, *De la Marne*.

La principale difference gist en la trempe, et à lui bailler (à l'*acier*) l'eau à propos, quand il est rouge : et certes la bonne *trempe d'acier* et de fer cause souventesfois qu'on parle de plusieurs lieux dont il ne seroit aucune memoire sans cela... Nostre *acier* est beaucoup plus doux que celuy du Levant, ce qui vient quelquefois de la bonté des mines... et quelquefois de la trempe, comme il advient à Sulmone, où y a une eau fort propre à *tremper* le fer et l'*acier*

Du Pinet, trad. de Pline, *Hist. naturelle*, XXXIV, 14.

D'autres *trempent l'acier* dans le flot qui frémit.
Delille, trad. de l'Enéide, VIII.

Acier a été fréquemment employé par métonymie, comme synonyme poétique de mots exprimant une Arme offensive ou défensive, épée, hache, casque, cuirasse, etc. faite ou garnie soit d'acier, soit de fer.

Brandist la hante de l'*acier* poitevin.
Garin le Loherain, t. I, p. 3o.

Parmi le cor li fait le froit *acier* passer.
Adenès, Roman de Berte, p. 6.

Faire tomber l'*acier* prêt à trancher ses jours.
Rotrou, Venceslas, V, 2.

Mais l'*acier* des bourreaux fut plus prompt à trancher.
P. Corneille, Héraclius, II, 6.

J'ai senti tout à coup un homicide *acier*
Que le traître en mon sein a plongé tout entier.
J. Racine, Athalie, II, 5.

Qu'un tranchant *acier* s'apprête
A faire tomber sa tête,
Rien ne le peut émouvoir.
Mme Deshoulières, Ode à M. de La Rochefoucauld.

Dans les flancs de son fils, sa main désespérée,
Enfonce en frémissant le parricide *acier*.
Voltaire, la Henriade, X.

Nos vieux poëtes se plaisaient à dire en ce sens *le fer et l'acier.*

Car la porte estoit toute *et de fer et d'acier.*
Chanson d'Antioche, ch. V, v. 3g5.

Tos iert (tous étaient) armés *et de fer et d'achier.*
Ogier de Danemarche, v. 8267.

N'ont paour de *fer ne d'acier.*
G. Guiart, Royaux lignages, t. I, v. 4225.

Ils disaient *au fer et à l'acier* pour A force ouverte, de vive force.

E li païz desfendre *el fer et à l'achier.*
Wace, Roman de Rou, v. 3959.

Maint chastel prist e mainte vile,
Kar Puille e Calabre et Sezille
Conquist *al fer e al acer.*
Benoît, Chronique des ducs de Normandie, v. 36338.

Acier s'est dit poétiquement, par la même sorte de métonymie, en parlant d'Instruments faits ou garnis soit d'acier, soit de fer.

Ils (les Gaulois) savent encore allumer du feu, sans se servir d'*acier* ni de caillou, en frottant ensemble du bois de lierre et de laurier.
Bernardin de Saint-Pierre, l'Arcadie.

L'*acier* coupe le bois que déchiroient les coins.
Delille, trad. des Géorgiques, I.

Dans les anciens temps de la langue, Acier avec les divers sens qui viennent d'être expliqués, a été employé poétiquement au pluriel.

..... Les bouchiers i fait-elle venir,
Qui portent haches aus *aciers* poitevins.
Garin le Loherain, t. II, p. 3.

El corz li plungent lor *aciers* poitevins.
Mort de Garin, v. 2360.

Mult lor veissiés cols (coups) dobler
Et des *achiers* le fu voler.
Wace, Roman de Brut, v. 8005.

On se sert très-fréquemment, au figuré, de cette qualification, d'*Acier*, pour exprimer, soit au physique, soit au moral, un haut degré de force, de dureté, d'âpreté.
De là ces expressions;
Être d'acier :

Disoient les fols et les outrageux : laissons-les ouvrer; se Audenarde *estoit* ores *d'acier*, si ne pourroit-elle durer contre nous quand nous voudrons.
Froissart, Chroniques, liv. II, c. 63.

Cappitaine grant Jehan, le seigneur de Bayart n'*est* de fer ni *d'acier* nemplus que ung autre.
Le loyal Serviteur, c. 63.

J'ay ouy dire à une dame de par le monde que, quand l'empereur passa par France, un jour qu'il estoit devisant parmy les dames, et qu'elles luy disoient privement qu'il avoit tant bataillé, combattu et travaillé, et que desormais c'estoit assez, et qu'encor qu'il *fust d'acier* il n'y sçauroit fournir....
Brantôme, Vies des Capitaines franç. disc. 46; M. de Montpezat.

Croyez-vous que vos dents impriment leurs outrages

Sur tant de beaux ouvrages ?
Ils *sont* pour vous d'airain , *d'acier*, de diamant.

Rien ne pût attendrir les trois filles d'enfer,
Leurs cœurs *furent d'acier*, leurs mains furent de fer.
La Fontaine, Fables, V, 116 ; Psyché, II.

Des *ongles*, des *griffes d'acier*, des *muscles d'acier*, etc. : ·

Il n'est pas possible de ne pas voir, dans l'image des oiseaux de nuit, celle des esprits de malice et de ténèbres, qui profitent du sommeil et de la négligence pour dévorer leur proie, qui la retiennent avec des *serres* de fer et *d'acier*, quand ils l'ont saisie.
Duguet, Explication de l'ouvrage des six jours.

Quand l'animal porte sonnette,
Sauvage encore et tout grossier,
Avec ses *ongles* tout *d'acier*
Prend le nez du chasseur, happe le pauvre sire ;
Lui de crier, chacun de rire.
La Fontaine, Fables, XII, 12.

Un *cœur d'acier :*

Votre Majesté est... bonne : son *cœur* n'est donc pas *d'acier* ni de marbre.
Balzac, Discours à la Régente.

Quoi ! dans leur dureté ces *cœurs d'acier* s'obstinent.
P. Corneille, Horace, III, 2.

Un *style*, une *plume d'acier :*

Et d'un *style d'acier* écrivant à sa mode
Me tuer tout d'un coup d'un trait de période.
Montfleury, le Procès de la femme juge et partie, sc. 2.

Un *sceptre d'acier.*

Ces fameux conquérans, ces vaillans potentats,
Qui d'un *sceptre d'acier* régissent leurs États,
De ton céleste pain prendront leur nourriture.
Racan, Psaumes, XXI.

On l'a dit même d'une personne dans un proverbe populaire dont Est. Pasquier explique le rapport avec certaines coutumes féodales. Il exprimait les vaines difficultés, les chicanes que pouvait opposer un sei-gneur à un vassal pour retarder son entrée en possession dans un fief.

Nous disons qu'un seigneur de paille combat contre un vassal *d'acier :* cet adage est tiré de quelques-unes de nos coutumes lorsqu'elles traitent de matieres feodales.
Est. Pasquier, Recherches de la France, VIII, 25.

A quelques-unes de ces expressions répondent, légèrement changées par le tour, celles que donnent les exemples suivants :

... Vostre seul visage a fondu tout *l'acier des courages* de vostre province.
Balzac, Lettres, VI, 24.

Espée ot bonne et bien forbie
De *l'acier de forsennerie.*
Roman de la Rose, v. 15739.

J'en ai rougi pour vous quand *l'acier de mes vers*
Burinoit vostre histoire aux yeux de l'univers.
Agr. d'Aubigné, les Tragiques, Princes, II.

Eh bien ! où maintenant est ce brave langage,
Cette roche de foi , cet *acier de courage* ?
Malherbe, les Larmes de saint Pierre.

Du mot Acier se sont formés d'autres mots, l'adjectif Acérin, le substantif Aciérie, le verbe Aciérer, Acéner, dont un seul, le premier, a, de bonne heure, disparu de l'usage.

Acérin, qu'on écrivait encore Acherin, Acerain, voulait dire Fait d'acier. C'était une épithète très-souvent jointe, dans notre antique poésie, aux mots qui désignaient une épée, une flèche, etc.

... Du mot *acier* ont faict (nos ancêtres) *acerain*, duquel ils ont usé souvent avec ce mot *brant* (épée).
H. Estienne, la Précell. du langage françois.

Trancherai-lui la teste à mun brant *acerin.*
Voyage de Charlemagne, v. 743.

A deus poins tint le bon brant *acerin.*
Ogier de Danemarche, v. 7117.

Od (avec) trenchanz lances *acerines.*
Benoît, Chronique des ducs de Normandie, v. 21568.

On trouve même *l'acerin*, pris substantivement pour l'Épée.

Dusqes el (jusqu'au) pis li a mis *l'acerin.*

Ogier de Danemarche, v. 7475.

ACÉRIN pouvait se prendre aussi au figuré dans des acceptions où l'on a vu plus haut que s'emploie la locution *d'acier.*

Il signifie Constant, immuable dans l'exemple suivant :

Mais dex (Dieu) parest si *acharins*
Si très vrais et si enterins,
Que casir ne puet, ne glachier.

Mirac. B. M. V. mss., lib. II, cité par D. Carpentier, supplément au *Gloss.* de Du Cange, au mot ACHERURE.

ACIÉRIE, s. f.

Usine où l'on fabrique l'acier.

ACIÉRER, ACÉRER, v. a.

On l'a écrit encore ASCERER, ASSERER. (Voyez le dictionnaire de Cotgrave et le *Glossaire* de Sainte-Palaye.)

ACIÉRER, c'est aujourd'hui, en termes d'arts, Convertir du fer en acier. On dit *aciérer le fer,* et, par emploi de la forme pronominale, *du fer qui commence à s'aciérer.*

ACIÉRER a été d'usage autrefois, comme il l'est encore sous sa forme plus moderne ACÉRER, au sens de Joindre, appliquer, souder de l'acier à la pointe ou au tranchant d'un outil, d'un instrument de fer, pour le rendre susceptible d'être trempé et de devenir ainsi plus propre à percer ou à couper.

... L'acier dont se font les tranchans se fait en une sorte, et celuy dont on fait les enclumes en une autre : mesmes on accoustre autrement que les precedans l'acier dont on *acere* les pointures des marteaux.

Du PINET, trad. de Pline. *Histoire naturelle,* XXXIV, 14.

On ne peut se servir de cette serpe à moins qu'on ne l'*acère.*

RICHELET, *Dictionnaire.*

On l'a aussi employé dans une acception moins particulière, pour Garnir, armer d'acier, de fer.

Les autres remparoient murailles, dressoient bas-tions.... *asseroient* machicoulis, renouoient herses sarrazinesques...

RABELAIS, *Pantagruel,* III, Prologue.

Enfin on a pu faire d'ACÉRER un emploi métaphorique.

Il faut roidir son courage, affermir son ame, l'endurcir et *acerer* à jouir, sçavoir, entendre, juger toutes choses.

CHARRON, *De la Sagesse,* préface.

Quelques motifs particuliers *acéraient* encore les calomnies et les haines qui doivent préparer les dissensions de Marseille.

MIRABEAU, *Discours,* 26 janvier 1790.

ACÉRÉ, ÉE, participe.

Autrefois, ASSERÉ, HAYCÉRÉ, etc. (Voyez le *Glossaire* de Sainte-Palaye et les exemples ci-après.)

De bonne heure très-usité comme adjectif il a signifié, au propre, Fait d'acier, garni d'acier.

Ce harnais est bien *acéré,* c'est-à-dire bien fourni, bien incorporé et estoffé d'acier.

NICOT, *Thresor de la langue françoise.*

Ce disant le vint attaindre en l'escu qu'il perça oultre : et demeura le fer dans le harnois qui se trouva bien *acéré.*

HERBERAY DES ESSARTS, *Amadis de Gaule,* I, 6.

Le plus souvent ACÉRÉ s'est dit du fer Garni d'acier dont on a ainsi rendu le tranchant plus affilé, la pointe plus aiguë.

Le suppliant avecques ung baston appelé fauchet ou voulge *haycerez,* coupa les liens des dites gerbes.

Lettre de rémission de 1468 ; cité par D. Carpentier, supplément au *Glossaire* de Du Cange au mot ACHERURE.

Et tenoit ung glaive roide et fort à ung long fer bien *aceré.*

L'espée qui estoit roide et bien *acerée* et envoyée de fort bras et de grand'volonté.

Il se arma bien... et print dessoubz son bras une courte hache bien *acerée.*

FROISSART, *Chroniques,* liv. I, part. I, c. 135; part. II, c. 43 ; 59.

De sa lance doncques *asserée* verde et roide, rompoit un huys, enfonçoit un harnoys.

RABELAIS, *Gargantua,* I, 23.

Par les premières filières estoyent toutes armées avec picques petites toutes foys bien poinctues et *asserées*.

LE MÊME, *Pantagruel*, IV, 24.

Tu la nommeras bonne (l'epée), si elle a le tranchant bien affilé pour coupper, et la poincte bien *acerée* pour fausser toute deffence.

MATTHIEU, *Histoire des derniers troubles de France*, III.

Aussi faut estre fourni de plusieurs coutres et socs proprement accommodés, leur fer bien forgé et *aceré*.

Olivier DE SERRES, *Théâtre d'agriculture*, II, 1.

Et prist une saiete dont l'anste est de pomier,
Li fers fu *acérés*...

Chanson d'Antioche, ch. V, v. 594.

ACÉRÉ a été, dès les plus anciens temps, une épithète poétique très-usitée, en parlant d'armes et d'instruments propres à percer et à trancher.

Ferons (frappons) grans cous de nos brans *acérés*.
Garin le Loherain, t. I, p. 104.

Lances *acerées* porterent.
WACE, *Roman de Rou*, v. 12704.

Chascuns feri le sien de la lame *acérée*.
Chanson d'Antioche, ch. VIII, v. 1468.

Leurs ennemis les plus terribles
Ne pourront résister aux efforts invincibles
Des glaives *acérez* qui luiront dans leurs mains.
GODEAU, *Psaumes*, CXLIX.

La plainte qu'on permet à des désespérés
Ne te sauvera pas de ces traits *acérés*.
ROTROU, *Hercule mourant*, V, 3.

Sa langue aux feintes préparée
Ressemble à la pointe *acérée*
Qui part et frappe en un moment.
J.-B. ROUSSEAU, *Odes*, I, 14.

Le premier coup de la lance *acérée*
Fend de Chandos l'armure diaprée.
VOLTAIRE, *la Pucelle*, XIV.

Déjà sous la faux *acérée*
Tombe la javelle dorée
Aux yeux contents du moissonneur.
LEBRUN, *Odes*.

ACÉRÉ, comme la locution *d'acier*, comme l'ancien adjectif *acérin*, s'est pris et se prend encore

figurément, tant au sens physique, qu'au sens moral ;

Au sens physique, pour Perçant, tranchant :

Et sont ces diables de telle nature... leurs dents sont aiguës et tranchantes comme rasoirs, leurs griffes *acérées* et crochues merveilleusement.

Satyre Ménippée, Nouvelles des régions de la lune, c. 4.

Que le coq soit de moienne taille, toutesfois plus grand que petit ; de pennage noir ou rouge obscur, ayant les pieds gros, garnis d'ongles et de griffes, avec les ergots forts et *acérés*.

Olivier DE SERRES, *Théâtre d'agriculture*, V, 11.

(Zadig) eut un songe ; il lui semblait... qu'il reposait mollement sur un lit de roses, dont il sortait un serpent qui le blessait au cœur de sa langue *acérée* et envenimée.

VOLTAIRE, *Contes*, Zadig, c. 7.

Au sens moral, pour Armé, endurci, fortifié, etc.

Cette bonté et felicité de nature,... qui nous tient en belle assiette equable, unis, fermes et *acerés* contre l'effort des passions, chose tres-rare.

La premeditation est celle qui donne la trempe à l'ame et la rend dure, *acerée*, et impenetrable à tout ce qui la veut entamer.

Socrates, par sa sobrieté, avoit une santé forte et *acerée*.
CHARRON, *De la Sagesse*, II, 1 ; III, 39.

Cueur d'amye ou vray amant,
Est *aceré* trop plus que dyamant
Contre infortune.
J. MAROT, *Épistre des Dames de Paris à François Ier*.

Vous qui avez donné ce subject à ma plume,
Vous mesmes qui avez porté sur mon enclume
Ce foudre rougissant *aceré* de fureur.
Agr. D'AUBIGNÉ, *Tragiques*; Princes, II.

ACÉRÉ se dit de discours propres à blesser profondément.

Les brocards les plus cruels et les mieux *acérés* couloient sur lui comme sur toile cirée, pour peu qu'il crût avoir intérêt à les secouer.

SAINT-SIMON, *Mémoires*, 1715, t. XII, c. 18.

De là cette expression *traits acérés* en parlant de satires et de calomnies.

Une langue acérée, un style acéré, une plume acérée, etc., figures aujourd'hui très-admises, paraissaient modernes en 1767, 1787, à Féraud, *Dictionnaire critique de la langue franç.,* et aux auteurs du *Grand vocabulaire.*

Le français ayant été parlé plus qu'aucun autre dialecte européen, est à la fois poli par l'usage et *acéré* pour le but.

Mᵐᵉ de Staël, *de l'Allemagne,* part. I, c. 12.

ACOLYTE, s. m. (d'*Acolythus,* Ἀκόλουθος).
Suivant, assistant, aide.

Quelquefois, conformément à l'étymologie, ACO-LYTHE (voyez Danet, *Dictionnaire françois-latin;* Ménage, *Dictionnaire étymologique,* et les exemples ci-après).

ACOLYTE était, en effet, le nom que l'on donnait primitivement à de jeunes clercs, qui suivaient et servaient les évêques. Il désigne, au propre, un Clerc promu à l'un des quatre ordres mineurs (ceux de portier, de lecteur, d'exorciste, d'acolyte), dont l'office est de porter les cierges, de préparer le feu, l'encensoir, le vin et l'eau, et de servir à l'autel le prêtre, le diacre et le sous-diacre.

On les ordonnoit pour demeurer avec l'evesque, pour le conduire tant pour honnesteté que pour éviter souspeçon, afin qu'il n'allast nulle part sans compagnie et sans tesmoin... Comme ainsi soit qu'*acolythe* signifie aux Grecs celuy qui suit et accompagne.

Calvin, *Institution chrestienne,* liv. IV, c. iv, § 9.

La dignité des evesques et prestres n'estoit qu'une du commencement de nostre religion chrestienne, et lors ils avoient autour d'eux les diacres lecteurs, *acolites,* exorcistes, huissiers, qui tous faisoient part et portion de l'Église.

Est. Pasquier, *Recherches de la France,* III, 37.

Il connoissoit de son côté le troupeau qu'il devoit gouverner, ayant servi sous plusieurs évêques de suite, qui l'avoient promu par dégrés aux différents ordres de lecteur, d'*acolyte,* de diacre.

Fleury, *Discours sur l'histoire ecclésiastique,* II, § 4.

Les ordres mineurs se confèrent sans imposition des mains, et seulement par la tradition de ce qui doit servir

aux fonctions de l'ordre... On fait toucher à l'*acolyte* le chandelier, le cierge et les vases destinés à présenter l'eau et le vin pour le sacrifice : ce qui marque les fonctions auxquelles il est destiné par l'ordre qu'il reçoit.

De Héricourt, *les Lois ecclésiastiques de France,* part. III, c. iv, § 14.

Un groupe d'*acolytes,* vêtu de blanc, fixe la lumière au centre. La procession s'avance de gauche à droite vers le temple.

Cette longue file de prêtres en habits sacerdotaux, ces jeunes *acolytes* vêtus de leurs aubes blanches, ceints de larges ceintures bleues, et jetant des fleurs devant le saint sacrement...

Diderot, *Salon de 1765,* Carle Vanloo; l'Épicié.

Li un èrent cum arcevesque,
E li autre èrent cum évesque,
Li un abbé, li autre muigne
E prestre, diacne, é chanuigne,
E subdiacne, é acolite.

Marie de France, *Purgatoire.*

ACOLYTE se dit familièrement et par plaisanterie, par ironie, d'une Personne qui en accompagne une autre, qui joue le rôle de complaisant, d'un approbateur muet ou, en certains cas, d'un partisan public, d'un assesseur un peu subalterne.

Au moment de son arrivée chez lui (Cellamare) avec ses deux *acolytes,* un détachement de mousquetaires s'empara des portes de la maison.

Pour moi je n'avois été qu'*acolyte* sans qu'il me fût sorti un seul mot de la bouche.

Saint-Simon, *Mémoires,* 1718, t. XVII, c. 14; 1721, t. XVIII, c. 23.

On trouve dans le *Dictionnaire* de Féraud, et dans quelques autres qui l'ont suivi, pour exprimer la qualité d'ACOLYTE, le substantif ACOLYTAT.

ACONIT, s. m. (des mots latin et grec, *Aconitum,* Ἀκόνιτον).
On l'a écrit, comme on le prononce, ACONITE. Voyez les exemples ci-après.

T. de botanique, plante vénéneuse.

L'*aconit* est une herbe qu'aucuns appellent *luparia,*

I.

parce qu'elle tue les loups. Elle croist en Acones dont elle a pris le nom, qui est un village des Periendins.

Ambr. PARÉ, *Introd. à la vraye cognoissance de la chirurgie*, XXIII, 44.

L'*aconit* a ce naturel, de faire mourir ceux qui en usent, sinon que desja ils eussent quelque autre poison dans le corps : car, en ce cas, s'employe seulement à rabbattre la force de la poison qu'il rencontre dedans... Les scorpions demeurent palles, amortis et assopis, comme estans vaincus, à toucher seulement l'*aconit*.

Du PINET, trad. de Pline. *Histoire naturelle*, XXVII, 2.

Si par hazard je rencontre de l'*aconit* et que j'en mette un peu sur ma langue, est-ce un si grand crime?

LA FONTAINE, *Psyché*, II.

Thésée... arriva en ce temps là à Athènes; comme Égée, son père, ne le reconnoissoit pas encore pour son fils, Médée forma le dessein de le faire périr, et elle composa pour cela un breuvage avec l'*aconit*, qu'elle avoit apporté de Scythie, et que l'écume de Cerbère y avoit produit. Dans cette contrée est une caverne sombre, dont l'entrée est presque impénétrable. C'est de là qu'Hercule arracha Cerbère avec une chaîne de diamant... Transporté de rage et de fureur, ce monstre à trois têtes fit retentir l'air de ses hurlemens et souilla de son écume la terre qui depuis ce temps devint féconde en herbes venimeuses. Les rochers où elles croissent leur ont fait donner le nom d'*aconit* (d'ἀϰόνη, rocher).

BANIER, trad. des *Métamorphoses d'Ovide*, VII, 418.

Les plantes venimeuses offrent, comme les animaux nuisibles, d'affreux contrastes par les couleurs meurtries de leurs fleurs, où le noir, le gros bleu et le violet enfumé sont en opposition tranchée avec des nuances tendres; par des odeurs nauséabondes et virulentes; par des feuillages hérissés, teints d'un vert noir et de blanc en dessous: tels sont les *aconits*.

BERNARDIN DE SAINT-PIERRE, *Études de la nature*.

Celuy qui boit, comme a chanté Nicandre,
De l'*aconite*, il a l'esprit troublé,
Tout ce qu'il voit luy semble estre doublé
Et sur ses yeux la nuit se vient espandre.

RONSARD, *pièces retranchées des amours*, XV.

Quele cruele peste
Est plus que l'*aconite* au cors humain funeste ?

Du BARTAS, *la Sepmaine*, 3ᵉ jour.

Là tigres, ni lions, ni l'*aconit* qui tue
N'ont jamais de la mort la terreur répandue.

SEGRAIS, trad. des *Géorgiques*, II.

ACOQUINER, v. a. (soit du vieux verbe *coquiner*, soit du substantif *coquin*, et probablement, par ces mots, des mots latins *Coquus*, cuisinier, *coquina*, cuisine, *coquinus*, de cuisinier ou de cuisine).

Quelquefois ACCOQUINER (voyez les *dictionnaires* de Nicot, de Monet; le *dictionnaire de l'Académie*, édit. de 1718 et de 1740.)

ACOQUINER, c'est, dit Monet, le rapportant à son étymologie latine, « Allécher par la mangeaille. » C'est, selon Nicot, « Rendre quelqu'un ou quelque beste, si privée en sa hantise, qu'elle ne veuille estre nulle part ailleurs. »

De là la signification générale d'Apprivoiser, attirer, attacher, retenir, faire contracter une habitude.

ACOQUINER peut s'employer absolument, c'est-à-dire sans régime indirect, ou même sans aucun régime.

Acoquiner un oiseau.

NICOT, *Thresor de la langue françoise*.

La lecture des romans *acoquine* l'esprit, le jeu *acoquine* et abastardit le courage.

En hyver le feu *acoquine*.

Le mestier de gueux *acoquine* si fort.

Dictionnaire de l'Académie, 1694.

On dit encore ACOQUINER *à*

Qui veut qu'une forme lui serve, fuye à la continuer; nous nous y durcissons; nos forces s'y endorment; six mois apres, vous y aurez si bien *acoquiné* votre estomach, que votre profit, ce ne sera que d'avoir perdu la liberté d'en user autrement sans dommage.

MONTAIGNE, *Essais*, III, 13.

Les femmes sont des animaux d'un naturel bizarre; nous les gâtons par nos douceurs, et je crois, tout de bon, que nous les verrions nous courir, sans tous ces respects et ces soumissions *où* les hommes les *acoquinent*.

MOLIÈRE, *la Princesse d'Élide*, III, 2.

Je ne sais quelle magie *acoquine à* ce maudit métal.

PIRON, *Arlequin-Deucalion*, III, 3.

ACOQUINER s'emploie aussi avec le pronom personnel.

On a dit, absolument, s'ACOQUINER, pour « Prendre le train paresseux d'un coquin, d'un fainéant. »

Il s'est *acoquiné*.

NICOT, *Thresor de la langue françoise.*

Un de la serée venant à reprendre nostre hoste, luy va dire qu'il ne falloit pas bailler l'aumosne aux valides... et qu'en leur donnant ainsi aisement cela les *acoquine.*

G. BOUCHET, *Serées,* liv. III, 30e serée.

— à Quoi! des femmes sont assez sottes pour aller manger au cabaret? — Si c'est une sottise, dites plutôt qu'il est des hommes assez sots pour y mener leurs femmes. Il n'y a pas de mode plus nouvelle présentement. On commence à *acoquiner* les maris, à les mettre dans les parties; comme ils se croyent de tout, ils ne se défient de rien. »

Le Banqueroutier, sc. de la toilette. (Voir Théâtre italien, 1717, t. I, p. 374.)

Plus ordinairement on le construit au moyen de la préposition *à,* avec un régime indirect. Il signifie alors S'attacher trop, s'adonner trop.

Le vieillard *s'est* longuement accoustumé, accommodé et comme *acoquiné à* ce monde.

Un autre argument de foiblesse est de *s'*assubjettir et *acoquiner à* une certaine façon de vivre toute particulière. C'est mollesse poltronne et delicatesse indigne d'un honneste homme.

CHARRON, *De la Sagesse,* I, 36, 37.

Les vanitez que j'ay retracées doyvent suffire pour destourner les esprits de ceux qui ont quelque affection aux choses honnestes et vertueuses, de s'y occuper. Car ils se souillent en se pensant delecter, et *s'acoquinans aux* escrits de mensonge, ils desdaignent ceux où reluit la verité.

LA NOUE, *Discours politiques et militaires,* Disc. 6e.

Il *s'est acoquiné à* la province, et il ne vient presque plus ici que quand il a un livre à faire imprimer.

TALLEMANT DES RÉAUX, *Historiettes;* Perrot d'Ablancourt.

Ces divartissements du moulin, ces ménétriers, ces danses, ces petites chansonnettes, tout ce train là, vois-tu, ne mène à rian de ben : on *s'acoquine à* ça, ça divertit, ça amuse...

DANCOURT, *les Trois cousines,* II, 8.

Je *m'acoquinai* si fort *à* ce métier que je n'en cherchai plus d'autre.

LE SAGE, *Guzman d'Alfarache,* III, 2.

Un artisan qui *s'acoquine au* cabaret est toujours gueux.

Il *s'est acoquiné au* jeu.

FURETIÈRE, *Dictionnaire.*

Il ne faut pas qu'un chien de chasse *s'acoquine à* la cuisine.

Dictionnaire de l'Académie, 1694.

S'acoquiner à est quelquefois suivi d'un verbe à l'infinitif.

Il *s'acoquine* tout le jour au logis *à* ne rien faire.

DANET, *Dictionnaire françois-latin.*

Quand on *s'est* une fois *acoquiné à* faire des vers, l'on ne peut plus s'accoutumer à autre chose.

FURETIÈRE, *Dictionnaire.*

Ce n'est pas une petite affaire, pour un valet d'honneur, d'avoir à soutenir les intérêts d'un maître qui n'a point d'argent. On *s'acoquine à* servir ces gredins-là, je ne sais pourquoi; ils ne payent point de gages, ils querellent, ils rossent quelquefois.

REGNARD, *la Sérénade,* sc. 2.

Quelquefois le régime indirect de s'ACOQUINER est amené par les prépositions *avec, dans, en, auprès.*

Il *s'est acoquiné avec* cette femme débauchée.

DANET, *Dictionnaire françois-latin,* trad. de Plaute.

Je ne sais comment il *s'est acoquiné en* ce pays-là.

Il *s'est acoquiné auprès de* cette femme.

Ce chat *s'acoquine auprès du* feu.

Dictionnaire de l'Académie, 1694.

ACOQUINÉ, ÉE, participe.
Il s'emploie adjectivement.

Tant les hommes sont *acoquinés à* leur estre miserable, qu'il n'est si rude condition qu'ils n'acceptent pour s'y conserver.

MONTAIGNE, *Essais,* II, 37.

— ... Voilà qui est fait. De mes jours je n'y retourne. — Vous ne tiendrez pas votre courage, chevalier. Vous êtes trop *acoquiné à* la comédie pour la quitter.

La Critique de la Cause des femmes, sc. 3. (Voir Théâtre italien, 1717, t. II, p. 74.)

Mon Dieu! qu'*à* tes appas je suis *acoquiné.*
Molière, *le Dépit amoureux*, IV, 4.

Ce mot, de l'usage familier, a une énergie remarquée dans le passage suivant :

Je ne sais ce que l'Académie dira du mot *acoquinée* : mais j'en sens moi toute l'énergie avec vous.
Mad° de Caylus, *Lettres*, XLIV à Mad° de Maintenon, 1714.

Acoquinant, ante, adj. du langage familier. Qui acoquine.

Le feu est *acoquinant.*

Une vie *acoquinante*
Dictionnaire de l'Académie, 1762.

À-COUP, s. m. invariable (de *à* et de *coup*).
Autrefois acop (voyez le *Glossaire* de Sainte-Palaye et les exemples ci-après).
Il semble avoir signifié Coup imprévu, accident, comme on peut le conclure de cet exemple rapporté par Sainte-Palaye :

. . . On peut crier à tel *acoup.*
Alars de Cambray, *Moralités*, ms. de Gaignat, fol. 146, v°, col. 1.

Il s'est conservé dans le sens de Mouvement saccadé, temps d'arrêt brusque. Il se dit en parlant des mouvements de ce genre et des temps d'arrêt qui nuisent à la précision, à la régularité dans les exercices d'équitation et dans les manœuvres d'une troupe.

Agir, marcher, trotter par *à-coup.*

Si le guide d'un peloton ne marche pas également, il occasionne des *à-coup.*
Dictionnaire de l'Académie.

On l'a pris adverbialement pour Promptement, sur le champ; *citò*, *properè*, comme traduisent Nicot et Monet.

Va ton chemin, que tu ne te embastes (tombes) ès mains des malles femmes : mieulx te vauldroit estre en enfer; va ta voye *acop.*
Perceforest, vol. VI, c. 20.

Tous doncques soient par peine meritée
Puniz *acoup* ; c'est sentence arrestée.
Cl. Marot, liv. I, *de la Métamorphose d'Ovide*, v. 477.

De là la locution *tout à coup.* (Voyez les mots coup et tout.)

ACOUSTIQUE, adj. des deux genres (du grec Ἀκουστικός, formé de Ἀκούειν, ouïr.)
Qui sert à produire, à modifier, à percevoir les sons. *Instruments acoustiques. Cornet acoustique.*

Il y a encore plusieurs proportions remarquables, qui forment entre elles des harmonies et des contrastes très-agréables : telle est .... celle des oreilles formées de courbes *acoustiques*, très-ingénieuses, qui ne se rencontrent point dans l'organe auditif des autres animaux, parce qu'il ne devait pas recueillir, comme celui de l'homme, toutes les modulations de la parole.
Bernardin de Saint-Pierre, *Études de la nature*, X; De la figure humaine.

Acoustique est terme d'anatomie. *Nerf acoustique. Conduit acoustique.*
On le dit, en médecine, des maladies qui affectent le sens de l'ouïe, des médicaments propres à y remédier. *Maladies acoustiques. Remèdes acoustiques,* ou, substantivement, *Acoustiques.*
On le dit, en architecture, des dispositions qui rendent une salle, un édifice sonores. *Voûte acoustique.*

ACOUSTIQUE, s. f.
Science qui traite des sons et de leurs diverses qualités. *Traité d'acoustique.*
L'emploi d'acoustique, comme substantif, n'est pas antérieur aux travaux de Sauveur sur la théorie du son.

J'ai donc cru qu'il y avoit une science supérieure à la musique, que j'ai appelée *acoustique*, qui a pour objet le son en général, au lieu que la musique a pour objet le son en tant qu'il est agréable à l'ouïe.

SAUVEUR, *Mémoires de l'Académie des sciences*, 1701, p. 297.

La science qui regarde le sens de l'ouïe, n'a peut-être pas moins d'étendue que celle qui a la vue pour objet, mais elle a été jusqu'ici moins approfondie ..... aussi, M. Sauveur a-t-il pensé que c'étoit là un païs encore peu connu. Il a trouvé cette science plus vaste à mesure qu'il y faisoit plus de progrès; il a cru qu'elle méritoit, aussi bien que l'optique, un nom particulier, et l'a appelée *Acoustique*. C'est au nombre et à l'importance des nouvelles découvertes à justifier ce nouveau nom. On peut déjà prendre pour un morceau d'*acoustique*, ce que l'on a vu de M. Dodart, dans cette histoire, sur la formation de la voix.

Il (Sauveur) entra dans l'Académie, en 1699, déjà rempli d'un grand dessein qu'il méditoit, d'une science presque toute nouvelle qu'il vouloit mettre au jour, de son *acoustique* qui doit être, pour ainsi dire, en regard avec l'optique.

FONTENELLE, *Histoire de l'Académie des sciences*, 1700, p. 131;
Éloge de Sauveur.

La quantité, considérée dans la lumière, donne l'optique ..... la quantité, considérée dans le son, dans sa véhémence, son mouvement, ses dégrés, ses réflexions, sa vitesse, etc., donne l'*acoustique.*

L'*acoustique* est la même science qu'on a autrement appelée phonique.

D'ALEMBERT, *Explication détaillée du système des connoissances humaines ; Encyclopédie*, art. ACOUSTIQUE.

L'*acoustique* est proprement la partie théorique de la musique ; c'est elle qui donne ou doit donner les raisons du plaisir que nous font l'harmonie et le chant, qui détermine les rapports des intervalles harmoniques, qui découvre les affections ou propriétés des cordes vibrantes, etc.

Voilà comment le concours de l'*acoustique* et de la perspective peut perfectionner l'illusion, flatter les sens par des impressions diverses mais analogues, et porter à l'âme un même intérêt avec un double plaisir.

J.-J. ROUSSEAU, *Dictionnaire de musique*, art. ACOUSTIQUE;
OPÉRA.

ACQUÉRIR, v. a.

(*J'acquiers, tu acquiers, il acquiert ; nous acquérons, vous acquérez, ils acquièrent. J'acquérais. J'ai acquis. J'acquis. J'acquerrai. J'acquerrais. Acquiers. Que j'acquière, Que j'acquisse. Acquérant.*) (du lat. *Acquirere, quærere.*)

Autrefois ACQUERRE, AKEURRE, AQUERRE, AQUIRER (voyez le *Glossaire* de Sainte-Palaye); AQUIEUDRE (voyez les exemples ci-après).

ACQUÉRIR signifie au propre Devenir, de quelque manière que ce soit, par achat, par échange, par l'effet d'une donation, par legs, etc., propriétaire d'une chose.

Moult de privilege si sont corrumpu porce c'on a laissié uzer encontre le tans par lequel on pot *aquerre* proprieté.

BEAUMANOIR, *Coutumes du Beauvoisis*, VII, 27.

ACQUÉRIR une terre, une maison, une rente, ACQUÉRIR une charge, etc., sont des expressions fort usitées.

... Qui mettent leur gloire à les *acquérir* (des charges) et non pas à les exercer.

FLÉCHIER, *Oraison funèbre de Michel Le Tellier.*

Je m'occupe actuellement à déposséder les frères jésuites d'un domaine qu'ils *ont acquis* auprès de mon château.

VOLTAIRE, *Lettres*, 12 décembre 1760.

Ne sont-ils pas (les nègres) assez malheureux d'être réduits à la servitude, d'être obligés de toujours travailler sans pouvoir jamais rien *acquérir?*

BUFFON, *Histoire naturelle*, de l'Homme; Variétés dans l'espèce humaine.

ACQUÉRIR se dit aussi fréquemment en parlant de provinces, de villes, de territoires, etc., conquis, cédés, transmis par héritage :

Le roy de France, quelconque soit, ne peult, ni ne doit tenir ne *acquerir* riens sur l'Empire.

FROISSART, *Chroniques*, liv. I, part. I, c. 73.

Le roy Pyrrhus confessoit librement *avoir acquis* plus de villes par l'eloquence de son ambassadeur Cinéas, qu'il n'en avoit conquis par ses armes.

AMYOT, *Projet de l'éloquence royale, composé pour Henri III.*

. . . . Aprez avoir esté maistre d'une partie (de la ville), il a fallu *acquerir* le reste pied à pied, de barricade en barricade.

HENRI IV, *Lettres*, 1er juin 1580. (Voir *Lettres missives de Henri IV*, t. I, p. 304.)

Il (le roi Henri II) avoit gagné, en personne, la bataille de Renti : le Piémont *avoit été acquis;* les Anglois avoient été chassés de France........

Mme DE LA FAYETTE, *la Princesse de Clèves*, part. I.

Maximilien n'*avait acquis* en Italie que quelques villes qu'il devait au succès de la ligue de Cambrai, et qu'il avait prises sur les Vénitiens.

VOLTAIRE, *Essai sur les mœurs*, c. 122.

. . . . nos épées,
Si fortes et si bien trempées,
Qu'il faut leur céder ou mourir,
Donneront à votre couronne
Tout ce que le ciel environne
Quand vous le voudrez *acquerir*.

MALHERBE, liv. II, *Stances*, 1605 : Eh quoi donc, la France féconde.

En parlant de titres, de droits, de priviléges, etc., qu'on se fait concéder, qu'on obtient.

Aimant mieulx retenir la dignité de ses mœurs et de sa vie, que d'*acquerir* celle du consulat, luy-mesme feit sa brigue.

AMYOT, trad. de Plutarque. *Vie de Caton d'Utique*, c. 14.

Comme vous savez, mauvaise possession n'*acquiert* pas droit.

BUSSY-RABUTIN, *Lettres*, 24 mars 1675.

Il a donc, à leur exemple (des saints patriarches), quitté sans peine ce qu'il *avoit acquis* sans empressement.

BOSSUET, *Oraison funèbre de Michel Le Tellier*.

Ce qui fit voir que c'étoit un jeu, c'est qu'il (Auguste) demanda tous les dix ans, qu'on le soulageât de ce poids, et qu'il le porta toujours. C'étoient de petites finesses, pour se faire encore donner ce qu'il ne croyoit pas *avoir* assez *acquis*.

MONTESQUIEU, *Grandeur des Romains*, c. 13.

Par ce pacte de famille, ces États pouvaient aisément tomber à la maison de France ; car si une fille héritière de Philippe III épousait un roi de France, le fils aîné de ce roi *acquérait* un droit à la Hongrie et à la Bohême.

VOLTAIRE, *Annales de l'Empire*, Mathias, 1617-1618.

J'ignorerois un point que n'ignore personne,
Que la vertu l'*acquiert* comme le sang le donne (le titre de gentilhomme).

P. CORNEILLE, *le Menteur*, V, 3.

On dit, très-ordinairement, d'une manière plus générale, ACQUÉRIR du bien, des biens, des richesses, etc.

En ceste escole du commerce des hommes, j'ay souvent remarqué ce vice, qu'au lieu de prendre cognoissance d'autruy, nous ne travaillons qu'à la donner de nous, et sommes plus en peine de debiter nostre marchandise que d'en *acquerir* de nouvelle.

MONTAIGNE, *Essais*, I, 25.

Encores peut-il advenir autre cas qui est que, sans changer de domicile, celui qui est marié en pays coustumier, pour frustrer sa femme, *acquerra* des biens en un pays où communauté n'a point de lieu ; la femme n'aura, elle, aucune part et portion aux biens qui *auront esté* par luy *acquis*.

Est. PASQUIER, *l'Interprétation des Institutes de Justinian*, II, 18.

. . . . . J'entretiens dix mille estrangers et ma maison de ce que j'*acquiers* chascun jour.

HENRI IV, *Lettres*, 16 janvier 1590. (Voir *Lettres missives de Henri IV*, t. III, p. 122.)

C'est par mille hasards que vos ancêtres les *ont acquises* (des richesses) ; mille autres aussi habiles qu'eux n'ont pu en *acquérir*.

PASCAL, *Pensées*, part. I, art. XII, § 1.

Il est impossible, me dit-il, que les richesses qui servent à l'entretien de vos désordres vous soient venues par des voies légitimes. Vous les *avez acquises* injustement.

PRÉVOST, *Manon Lescaut*, part. I.

Cosme de Médicis, né, en 1389, simple citoyen de Florence, vécut sans rechercher de grands titres ; mais il *acquit*, par le commerce, des richesses comparables à celles des plus grands rois de son temps.

VOLTAIRE, *Essai sur les mœurs*, c. 105.

Dès lors à la richesse il fallut renoncer,
Ne pouvant l'*acquérir*, j'appris à m'en passer.

BOILEAU, *Épîtres*, V.

Dans l'exemple suivant : *pour les acquérir*, a le sens particulier de Pour en devenir vraiment propriétaire, et, comme on disait en latin, *ut fiant propriæ*.

Les richesses qui viennent à la haste, s'en vont à la haste aussi : il faut, pour les *acquerir*, travailler et estre diligent.

Satyre Ménippée, Nouvelles des régions de la lune, c. 8.

ACQUÉRIR sert quelquefois à exprimer, au sens physique, certains développements, certains progrès naturels.

Supposons encore qu'elle (la meule) conserve toujours cette vitesse sans en *acquérir* et sans en perdre.

LA BRUYÈRE, *Caractères*, c. 16.

Lorsque le corps *a acquis* toute son étendue, en hauteur et en largeur, par le développement entier de toutes ses parties, il augmente en épaisseur.

Le bœuf, en paissant l'herbe, *acquiert* autant de chair que l'homme ou que les animaux qui ne vivent que de chair et de sang.

BUFFON, *Histoire naturelle*. De la vieillesse et de la mort; le Bœuf.

C'est dans l'état de floraison que les plantes *ont acquis* leur beauté.

Les paysans de cette province (la Finlande) y cultivent le tabac.... à la vérité, c'est une plante annuelle, et qui n'y *acquiert* pas un grand parfum.

BERNARDIN DE SAINT-PIERRE, *Études de la nature*, XI.

ACQUÉRIR se dit aussi, au moral, en parlant de qualités, d'avantages que l'on arrive à posséder.

C'est ainsi que l'on dit figurément :

ACQUÉRIR des facultés, des habitudes, de la prudence, de la politesse, etc.

Pour m'estre, des mon enfance, dressé à mirer ma vie dans celle d'aultruy, j'*ay acquis* une complexion studieuse pour cela.

MONTAIGNE, *Essais*, III, 13.

Un ferme génie qui se trouve né avec cette prudence que les autres hommes cherchent vainement à *acquérir*.

LA BRUYÈRE, *Caractères*, c. 11.

Avoir gagné une espèce courageuse et docile comme celle du chien, c'est *avoir acquis* de nouveaux sens et les facultés qui nous manquent.

BUFFON, *Hist. naturelle*; Animaux domestiques ; le Chien.

Ceux qui n'y ont pas été initiés de bonne heure (à la

politesse), font, dans la suite, de vains efforts pour l'*acquérir*, et ne peuvent jamais en saisir la grâce.

DUCLOS, *Considérations sur les mœurs*, c. 3.

Il y a des qualités que nous ne doutons pas *avoir acquises* parce que nous nous souvenons du temps où nous ne les avions pas.

CONDILLAC, *Art de raisonner*, I, 5.

La beauté morale est celle que nous devons nous efforcer d'*acquérir*, afin que ses rayons divins puissent se répandre dans nos actions et dans nos traits.

BERNARDIN DE SAINT-PIERRE, *Études de la nature*, X.

Au premier coup de canon, au milieu des boulets et des dangers, sa pensée (de Masséna) *acquérait* de la force et de la clarté.

NAPOLÉON, *Mémoires*, Bataille de Lodi, c. 6, § 8.

Tu sçais assez que de mes jeunes ans
Faictz vicieux me furent desplaisans,
Et que vertu je vouluz tant cherir
Que tout mon cueur se meit à l'*acquerir*.

Cl. MAROT, *Jugement de Minos*.

ACQUÉRIR des idées, des connaissances, de l'expérience, des talents, etc.

Et pourtant faut-il que l'enfant de bonne maison voye et aprene de tous les arts liberaux et sciences humaines, en passant par dessus, pour en avoir quelque gout seulement : car d'*acquerir* la perfection de touts, il seroit impossible.

AMYOT, trad. de Plutarque, *OEuvres morales*. Comment il faut nourrir les enfants, XX.

Jadis, du temps des politiques et heretiques Ramus, Galandius et Turnebus, nul ne faisoit profession des lettres qu'il n'*eust* de longue main et à grands fraiz estudié, et *acquis* des arts et des sciences en nos colleges et passé par tous les degrez de la discipline scholastique.

Satyre Ménippée, Harangue de Monsieur le recteur Roze.

Après que j'eus employé quelques années à étudier ainsi dans le livre du monde, et à tâcher d'*acquérir* quelque expérience, je pris un jour résolution d'étudier aussi en moi-même.

J'ai résolu de n'employer le temps qui me reste à vivre à autre chose qu'à tâcher d'*acquérir* quelque connoissance de la nature.

DESCARTES, *Discours de la méthode*, I, VI.

On se sert de la raison comme d'un instrument pour

acquérir les sciences, et on devroit se servir au contraire des sciences comme d'un instrument pour perfectionner sa raison.

Logique de Port-Royal, Ier discours.

Leurs ennemis (des Romains), occupés en Espagne et en Afrique, mettoient en usage leur valeur et *acquéroient* de l'expérience.

Saint-Évremont, *Réflexions sur les divers génies du peuple romain,* c. 7.

Je voudrois qu'un orateur se préparât longtemps, en général, pour *acquérir* un fonds de connoissances, et pour se rendre capable de faire de bons ouvrages.

Fénelon, *Lettre à l'Académie,* IV.

Par là, les Romains *acquirent* une profonde connoissance de l'art militaire.

Montesquieu, *Grandeur des Romains,* c. 1.

Cette connoissance malheureuse des hommes, qu'on *acquiert* trop tard, lui (à Louis XIV) faisait dire aussi : Toutes les fois que je donne une place vacante, je fais cent mécontens et un ingrat.

Voltaire, *Siècle de Louis XIV,* c. 26.

C'est par la communication des pensées d'autrui que l'enfant en *acquiert* et devient lui-même pensant et raisonnable.

Buffon, *Hist. naturelle.* Sur la nature des animaux.

Nous n'*acquérons* des connoissances qu'à proportion que nous démêlons une plus grande quantité de choses, et que nous remarquons mieux les qualités qui les distinguent.

Condillac, *Logique.*

Mais pour *avoir,* trop jeune, *acquis* trop de lumières,
Il est irrésolu sur toutes les matières.

Destouches, *l'Irrésolu,* I, 1.

Acquérir de l'honneur, de la réputation, de la gloire, etc.

Messire Galeas, conte de Vertus, pour grace *acquerir* et louenge en toute sa terre, ne prenoit ni levoit nulles aides ni nulles tailles, ainçois vivoit de ses rentes singulierement.

Froissart, *Chroniques,* liv. II, c. 226.

Ainsi comme le bourgois veille pour acquerir richesses à lui et à ses enfans, le chevalier et le noble veille pour *acquerre* pris et los ou monde.

Le Ménagier de Paris, Ire distinction, art. 3, t. I, p. 57.

L'honneur et bonne renommée que povoit *acquerir* en ce voyaige (d'Italie) la nation françoise.

Commynes, *Mémoires,* VII, 8.

Vous *avez* tant laissé d'honneur en ce monde, et tant *acquis* de reputation en ce peu de temps que vous y avez esté, que comptant vos merites vous estes mort vieil.

Herberay des Essarts, *Amadis de Gaule,* I, 21.

La pluspart de ceulx de ceste maison qui *ont acquis* honneur et reputation pour avoir suivy la vertu, ont eu aussi la fortune favorable, excepté Lucius Paulus, qui mourut en la bataille de Cannes.

Amyot, trad. de Plutarque. *Vie de Paul-Émile,* c. 3.

Le malheur de nostre siecle, aujourd'hui, est tel que, pour *acquerir* reputation d'habile homme, il faut machiavelizer.

Est. Pasquier, *Recherches de la France,* VI, 5.

Ceux qui sont véritablement gens de bien n'*acquièrent* point tant la réputation d'être dévots que font les superstitieux et les hypocrites.

Descartes, *Les Principes de la philosophie.* Épître à la princesse Élisabeth.

La gloire des grands hommes doit se mesurer aux moyens dont ils se sont servis pour l'*acquérir.*

La Rochefoucauld, *Maximes,* CLVII.

Je suis confus des louanges dont vous m'honorez; et je pourrois vous en donner, avec plus de justice, sur les merveilles de votre vie, et principalement sur la gloire que vous *acquites* lorsqu'avec tant d'honnêteté, vous pipates au jeu, pour douze mille écus, ce jeune seigneur étranger que l'on mena chez vous.

Molière, *M. de Pourceaugnac,* I, 4.

Ils ont été tellement épouvantés de notre canon, que les nerfs du dos qui servent à le tourner, et ceux qui font remuer les jambes pour s'enfuir, n'ont pu être arrêtés par la volonté d'*acquérir* de la gloire; et voilà ce qui fait que nous prenons des villes.

Mme de Sévigné, *Lettres,* 5 août 1676.

Rien encore ne se dément dans cette grandeur qu'il *a acquise,* dont il ne doit rien, qu'il l'a payée.

La Bruyère, *Caractères,* c. 6.

La guerre est quelquefois nécessaire, mais c'est la honte du genre humain qu'elle soit parfois inévitable. O rois, ne dites point qu'on doit la désirer pour *acquérir* de la gloire!

Fénelon, *Télémaque,* IX.

Il est presque plus rare de soutenir la gloire et les

honneurs auxquels on succède, que de les *acquérir* soi-
même.

MASSILLON, *Petit Carême*. Tentations des grands.

Le seul d'Estaing parla en homme d'un courage libre
(M. le duc d'Orléans ne l'oublia jamais), et seul aussi y
acquit de l'honneur.

SAINT-SIMON, *Mémoires*, 1706, t. V, c. 10.

Il fut difficile alors de décider lequel *avait acquis* le
plus d'honneur ou de Condé victorieux, ou de Turenne
qui lui avait arraché le fruit de sa victoire.

VOLTAIRE, *Siècle de Louis XIV*, c. 6.

J'avois eu d'anciennes liaisons avec lui (l'abbé de Ma-
bly), mais jamais bien intimes; et j'ai lieu de présumer
que ses sentiments à mon égard avoient changé de nature
depuis que *j'avois acquis* plus de célébrité.

J.-J. ROUSSEAU, *les Confessions*, part. II, liv. XII.

Quant cils jeunes roys vint à terre
Moult s'entremist d'onneur *aquerre*.

G. GUIART, *Royaux lignages*, v. 190.

..... por grans los *aquieudre*.
Roman de la Rose, v. 21077.

Par quel moien pourra honneur *açquerre*
Un capitaine envoié à la guerre.

PÉLETIER DU MANS, trad. de l'*Art poétique d'Horace*.

Nous formons nos ouvrages
Aux moules si parfaits de ces grands personnages,
Qui depuis deux mille ans *ont acquis* le crédit
Qu'en vers rien n'est parfait que ce qu'ils en ont dit.

REGNIER, *Satires*, IX.

ACQUÉRIR du pouvoir, du crédit, de la faveur, du
prix, etc.

Sagement nous n'avons voulu admettre en France ce
concile (de Trente), ... par lequel, en un trait de plume,
le pape *acquerroit* plus d'autorité qu'il n'auroit peu faire
des et depuis la fondation de nostre christianisme.

Est. PASQUIER, *Recherches de la France*, III, 34.

Ceux qui eurent quelque chose de grand, voulurent
acquérir du pouvoir; les ames basses se contentèrent d'a-
masser du bien par toutes sortes de voies.

SAINT-ÉVREMONT, *Réflexions sur les divers génies du peuple romain*, c. 8.

Tout ce que *j'acquiers* en crédit, je le perds en tranquillité.

Mme DE MAINTENON, *Lettres*, XLVIII, à Mme de Frontenac.

Ces petites choses n'*acquièrent* du prix que quand elles
sont soutenues par les grandes.

VOLTAIRE, *Siècle de Louis XIV*, c. 24.

Heureux qui peut en court quelque faveur *acquerre*.
J. DU BELLAY, *Sonnet*.

On ne renonce point aux grandeurs légitimes;
On garde sans remords ce qu'on *acquiert* sans crimes.
P. CORNEILLE, *Cinna*, II, 1.

On dit, en parlant des langues et de leurs accroissements, ACQUÉRIR des mots.

On a retranché, si je ne me trompe, plus de mots qu'on
n'en a introduit ..... je voudrois n'en perdre aucun et
en *acquérir* de nouveaux.

FÉNELON, *Lettre à l'Académie*, III.

On ne dirait plus, comme a fait un de nos vieux
poëtes, ACQUÉRIR un plaisir.

Oncques je n'y peuz *acquerir*
Tant seulement ung doulx plaisir.

Ch. D'ORLÉANS, *Ballades*. Ma dame vous povez savoir.

ACQUÉRIR le cœur, l'amour, l'amitié, la tendresse,
la bienveillance, la faveur, le suffrage, etc., de
quelqu'un, est d'un usage très-ordinaire.

Tel don ou teles convenences ne sont fetes, fors que por
aquerre l'ayde des juges, et nus drois ne doit estre vendus.
BEAUMANOIR, *Coutumes du Beauvoisis*, XXXIV, 33.

J'aymeroye toujours mieulx vivre soubz les saiges que
soubz les folz; car il y a plus de façon de s'en povoir
eschapper, et d'*acquerir* leur grace.

COMMYNES, *Mémoires*, I, 16.

.....: Estrivant à l'encontre des privez souldards en
simplicité de vivre, et en souffrance de labeur, il en alloit
acquerant la bonne grace et bienveuillance d'un chascun.
AMYOT, trad. de Plutarque. *Vie de Marius*, c. 10.

Vous voyez .... quel personnage je joue tous les jours
avec lui, afin d'*acquérir* sa tendresse.
MOLIÈRE, *l'Avare*, I, 1.

Il ne s'empresse pas à *acquérir* l'estime et l'amitié des
uns et des autres.

FLÉCHIER, *Son portrait*, par lui-même.

I.

89

.... Un cœur que vous allez *acquérir* tout entier sans compter le mien.

Marivaux, *la Vie de Marianne*, part. V.

De tel seigneur fait bon l'amour *acquerre*.

Eust. Deschamps (refraiu de la ballade: *De l'amour de Dieu*).

Car toujours je me suis retrait
Vers Loyauté et Esperance
Pour *acquerir* leur bienveillance.

Ch. d'Orléans, *Ballades*. Belle, combien que de mon fait.

On n'*acquiert* point les cœurs sans de grandes avances.

Molière, *le Misanthrope*, III, 5.

Acquérir se dit en parlant des personnes elles-mêmes;

Soit dans cette locution très-usitée, *acquérir des amis*, et d'autres locutions analogues : *Acquérir* des protecteurs, des partisans, etc. :

Sur ce, la bonne royne, toute rejouie et confortée, persevera et se pourvey d'*acquerir amys* parmi le royaulme de France.

Je m'en retourneray par de la, par vostre congé, et vous *acquerray tous les amys* que je pourray.

Froissart, *Chroniques*, liv. I, part. I, c. 8; part. II, c. 204.

Bien le lairroy-je (le cheval)volontiers pour en *acquerir* un *amy*.

Montaigne, *Essais*, I, 27.

Tenez-moi en votre bonne grâce pour votre serviteur le plus affectionné, le plus humble et le plus fidèle que votre honnêteté *ait* jamais *acquis*.

Malherbe, *Lettres à Peiresc*, III, 1606.

Vous avez beau me persuader de mentir pour vous *acquérir des amis*; si je n'avois à dire des vérités pour vous, je n'en parlerois pas.

Bussy-Rabutin, *Lettres*, 22 juillet, 1671, à Mᵐᵉ de Scudéry.

Soit, par une ellipse de pensée facile à suppléer, dans des manières de parler telles que les suivantes, où acquérir a pour régime le nom même de la personne que l'on s'est attachée, ou le pronom qui le représente.

Il est tout vray qu'apres l'avoir long-temps servie par la disposition de la fortune, qui me donna à elle, ses merites m'*ont* depuis tellement *acquis*, que ma volonté a ratifié ce don.

Si Diane, respondit Astrée, doit *estre acquise* par les merites, il n'y a personne qui y doive pretendre plutost que Silvandre.

D'Urfé, *l'Astrée*, part. I, liv. ix; part. II, liv. xi.

Il estimoit que c'estoit un procedé convenable à la grandeur et à la bonté d'un souverain, de ne pas perdre ceux qu'on pouvoit *acquérir*.

Hardouin de Péréfixe, *Histoire de Henri le Grand*, part. II, année 1590.

Ce surintendant (Fouquet) étoit un homme d'une étendue d'esprit et d'une ambition sans bornes; civil, obligeant pour tous les gens de qualité, et qui se servoit des finances pour les *acquérir* et pour les embarquer dans ses intrigues.

Mme de la Fayette, *Histoire d'Henriette d'Angleterre*.

Si ma sœur de Bouju est aussi gaie et aussi libre à la récréation qu'elle l'est dans ses lettres, vous êtes trop heureuses de l'*avoir acquise*.

Mme de Maintenon, *Lettres*, XLIX, 15 août, 1711, à Mme du Pérou.

S'ils (les princes) *acquièrent* quelques-uns de leurs sujets en les achetant, il faut bien, par la même raison, qu'ils en perdent une infinité d'autres en les appauvrissant.

Montesquieu, *Lettres persanes*, CXXIV.

Sa tête est le seul prix dont il peut m'*acquérir*.

Si vous m'aimez encor, que prétendez-vous d'elle?
Et si vous l'*acquérez*, que voulez-vous de moi?

Et si vous refusez par là de m'*acquérir*,
Vous ne sauriez vous-même éviter de périr.

P. Corneille, *Cinna*, I, 2; *Don Sanche d'Aragon*, III, 1; *Attila*, IV, 6.

Il croit vous *acquérir*. — Il verra le contraire.

Destouches, *le Dissipateur*, II, 1.

A la différence du verbe *gagner*, ACQUÉRIR, selon Bouhours (*Doutes sur la langue françoise*, 2ᵉ partie) ne peut se joindre « qu'avec les choses qui nous sont avantageuses, que nous nous proposons comme une fin et à quoy nous employons notre travail et notre industrie. » Il blâme donc ces expressions *acquérir la pauvreté*, *acquérir l'opprobre*, *acquérir une maladie*, et reprend Balzac d'avoir dit (*Lettres choisies*, t. I, p. 42) : « Acquérir des fluxions et des catharrès. » Il ne manque cependant point de passages dans lesquels ACQUÉRIR est pris en mauvaise part, et qui sont contraires au sentiment de Bouhours. L'expression même qu'on reproche à Balzac, affectée chez cet écrivain, est, on le verra, naturelle et piquante dans la phrase d'une époque antérieure, où probablement il l'a prise.

Uns empétra letres dou roi à un provôt; li provoz i vit rasure (rature), si ne les vout recevoir; et li rois dit que se la rasure est en tel leu que ele doie *aquerre* mal à celui qui les letres porte, que les letres sont nules....

Le Livre de Jostice et de Plet, I, 4.

Pour lequel faict ledit messire Hue *acquist* grant'haine de tout le pays et especiallement de la royne d'Angleterre et du conte de Kent, qui estoit frere audit roy d'Angleterre.

Froissart, *Chroniques*, liv. I, part. I, c. 6.

Et à cause de ce qu'il (Savonarole) disoit savoir les choses par revelation, murmuroient plusieurs contre luy, et *acquit* la hayne du pape et de plusieurs de la ville de Florence.

Commynes, *Mémoires*, VIII, 26.

Combien que *ayons acquis* la mort, toutes fois il (Dieu) nous avoit creez à la vie.

Calvin, *Institution chrestienne*, liv. II, c. XVI, § 3.

Ceulx qui demandent au discourant ce à quoy il n'est pas propre de nature . . . . . *acquierent* la reputation de mauvaistié et de malignité.

Amyot, trad. de Plutarque, *OEuvres morales*. Comment il faut ouïr, XVI.

On ne peut vivre en ce monde, sans *acquerir* des ennemis.

J'eusse mieux aimé mourir, qu'*acquerir* une telle reputation.

Montluc, *Commentaires*, IV; VII.

Si les ravages de la guerre et des frais militaires nous ont apporté quatre onces de pauvreté, nos folles et superflues depenses nous en *ont acquis* douze.

Hannibal de Carthage a esté l'un des plus renommez capitaines qui fut onc, cependant il estoit sans pitié, sans foy, cruel et trompeur : ce qui lui a fait *acquerir* le renom de très-mechant homme.

La Noue, *Discours politiques et militaires*. Discours 8ᵉ et 10ᵉ.

Nous . . . . ne serons plus sujets aux gardes et sentinelles, où nous perdons la moitié de nostre temps, con-

sommons notre meilleur aage, et *acquerons* des catarres et maladies qui ruynent nostre santé.

Satyre Ménippée, Épître du sieur d'Engoulevent à un sien amy.

Moneses . . . . pensant surprendre Tigranes et lui enlever Tigranocerta. . . . s'alla presenter devant la ville qu'il trouva si bien pourvue de toutes choses, qu'il n'y *acquit* que de la honte.

Coeffeteau, *Histoire romaine*, V.

Depuis, continuant sa première vie, il réveilla les anciennes inimitiez, et en *acquit* de nouvelles, de sorte qu'il fut privé de ses biens, et confiné dans la petite isle de Sériphe.

Perrot d'Ablancourt, trad. de Tacite, *Annales*, IV, 11.

Le roy Jean, illustre par son courage, mais encore plus signalé par sa mauvaise conduite et son humeur trop ouverte et trop précipitée, succéda aux infortunes de son père, et, pour mieux dire, les *acquit* luy-mesme.

Mézeray, *Histoire de France*. Jean, année 1350.

Et comme ces humeurs ont été là engendrées par une longue succession de temps, elles s'y sont recuites, et *ont acquis* cette malignité qui fume vers la région du cerveau.

Molière, *l'Amour médecin*, II, 5.

Qui mal fet mal *aquiert* et mal le doit trouver.

Doon de Maience, v. 9230.

Fault-il qu'à honte *acquerir* tu t'amuses,
D'escrire ainsi à l'une des neuf Muses?

Cl. Marot, *Épîtres*, I, 22.

Il n'est point de climat dont mon amour fatale
N'*ait acquis* à mon nom la haine générale.

P. Corneille, *Médée*, III, 3.

Sçais-tu qu'on n'*acquiert* rien de bon à me fâcher?

Molière, *l'Étourdi*, I, 2.

Acquérir se construit avec des régimes indirects, au moyen des prépositions *de, par, avec, sur, à.*

Dans la locution *acquérir de*, le régime de la préposition fait quelquefois connaître de qui on tient la chose acquise.

D'autres fois le régime explique la manière dont on l'a acquise, le prix dont on l'a payée, *acquérir de ses deniers, de son argent*, etc.

Si *en acquit* messire Bertrand du Guesclin grand'grace

et grand'renommée de toutes manieres de gens au royaume de France et en fut son nom moult elevé.

FROISSART, *Chroniques*, liv. I, part. II, c. 179.

Sylvain, *de ses deniers a acquis* de la naissance et un nom.

LA BRUYÈRE, *Caractères*, c. 6.

On dit aussi : *acquérir avec.*

Il s'entoure de commodités ingénieuses, et comme on ne les *acquiert* qu'*avec* de l'argent, son ambition décline tout à fait en avarice.

BERNARDIN DE SAINT-PIERRE, *Harmonies de la nature*, VI, Science des enfants.

Il est très-ordinaire d'exprimer le même rapport au moyen de la préposition *par.*

Toutes manières de gens d'honneur qui se desiroient à avancer et *acquerir* grace *par* fait d'armes.

FROISSART, *Chroniques*, liv. I, part. I, c. 133.

Monseigneur, ce n'est plus seulement *par* cette vaillante main et *par* ce grand cœur que vous *acquerrez* de la gloire.

BOSSUET, *Oraison funèbre de la reine d'Angleterre.*

Tu sais *par* quels travaux j'*ai acquis* l'immortalité.

FÉNELON, *Télémaque*, XV.

..... Notre maître et notre Seigneur Jésus-Christ nous *a acquis par* son sang.

MALEBRANCHE, *Recherches de la vérité*, 13e éclaircissement.

Ce n'est pas *par* la comparaison du corps d'un homme avec celui d'un autre homme, ou *par* des mesures actuellement prises sur un grand nombre de sujets, qu'on a pu *acquérir* cette connoissance (des proportions du corps humain).

BUFFON, *Histoire naturelle*, De l'homme; Age viril.

La préposition *sur* sert à marquer un avantage que l'on acquiert à l'égard d'une autre personne.

Ce sont tousjours des obligations que vous *acquerez* de plus en plus *sur* moy.

LE CARDINAL D'OSSAT, *Lettres*, liv. V, lettre 31.

Il s'étendit sur mon procédé avec lui, et me conjura, que la chose réussît ou non, de le regarder désormais comme mon père, et qu'il m'en serviroit en tout, et que

l'obligation que j'*acquérois sur* lui étoit telle qu'il ne pouvoit moins m'offrir.

SAINT-SIMON, *Mémoires*, 1694, t. I, c. 15.

Vous *ai-je acquis sur* eux, en ce dernier effort, La puissance absolue et de vie et de mort?

P. CORNEILLE, *Pompée*, III, 2.

Dans la phrase suivante, *acquérir avec* a le même sens.

Les hommes qui se moquent le plus de ce qu'on appelle sagesse, traitent pourtant si cavalièrement une femme qui se laisse séduire; ils *acquièrent* des droits si insolents *avec* elle; ils la punissent tant de son désordre...

MARIVAUX, *la Vie de Marianne*, part. I.

Une locution d'un grand usage, on l'a déjà pu voir par quelques exemples, est celle où ACQUÉRIR se construit au moyen de la préposition *à*, avec le nom de la chose ou de la personne au profit, et quelquefois au détriment de laquelle, ce dont il s'agit est acquis.

Et ne faisoient nul doute que dans le mois de septembre toute Flandre *seroit acquise à* eux.

FROISSART, *Chroniques*, liv. II, c. 209.

Les Prophetes et Apostres ne se vantent point de leur subtilité et haut savoir, et de tout ce qui *acquiert* credit *aux* hommes.

CALVIN, *Institution chrestienne*, liv. I, c. VII, § 4.

Acquerir et adjouster provinces *à* l'Empire.

Rob. ESTIENNE, *Dictionnaire fr.-lat.*

Cela veritablement *vous acquit* un grand honneur, et faveur envers les Parisiens, dont la pluspart ne sçavoyent pas encore à quoy vous tendiez.

Satyre Ménippée, Harangue de monsieur D'Aubray.

Il n'asseureroit pas par là le Marquisat en sa maison, mais l'*acquerroit* de fait *aux* Espagnols.

LE CARDINAL D'OSSAT, *Lettres*, liv. II, lettre 82.

Qu'il se retire donc, et me laisse jouir du bonheur qu'il *m'a* luy-mesme *acquis.*

D'URFÉ, *l'Astrée*, part. II, liv. VIII.

Tout ce qui pouvoit *acquerir aux* roys la bienveillance de leurs subjets, dependoit d'eux seuls; tout ce qui *leur* en pouvoit *acquerir* la haine ou l'envie, estoit exercé par autres commis à l'exercice de la justice.

DU VAIR, *Actions et traités oratoires.*

Parmy tout cela, Auguste vouloit nettoyer le sénat de beaucoup de personnes indignes qui s'y estoient jettées par faveur; mais outre la difficulté qu'il y rencontra, cela *luy acquit* la haine de ceux qui pensoient avoir esté injustement retranchez.

COEFFETEAU, *Histoire romaine*, I.

Il (Mucien) fortifia Vespasien d'hommes et d'argent; il *lui acquit* des provinces et lui amena des légions.

BALZAC, *Aristippe*, discours I.

Tous ces mépris de la gloire ne *lui* purent *acquerir* le titre de populaire.

PERROT D'ABLANCOURT, trad. de Tacite, *Annales*, I, 11.

Je vous pourrois bien apprendre cent autres traits de lésine qui *lui ont acquis* à bon titre la réputation d'homme d'esprit et d'invention.

SCARRON, *Roman comique*, I, 13.

Agrippa qui *lui* (à Auguste) *avoit acquis* l'empire par sa valeur, lui conseilla, par modération, de le quitter.

SAINT-ÉVREMONT, *Réflexions sur les divers génies du peuple romain*, c. 16.

Il (Mazarin) tenoit trois ou quatre tables où il recevoit des officiers, afin de les *acquérir à lui* par cette bonne chère.

Mᵐᵉ DE MOTTEVILLE, *Mémoires*. année 1650.

L'argent que m'a coûté Mentor *m'a acquis* le plus cher et le plus précieux des amis que j'aie sur la terre.

FÉNELON, *Télémaque*, IV.

De trois amants que ses charmes *lui acquirent* successivement . . . . . . le premier . . . . . .,

LA BRUYÈRE, *Caractères*, c. 3.

. . . . . Les soins qu'il (Fénelon) avoit pris des malades, des blessés, qu'en diverses occasions on avoit portés dans sa ville, *lui avoient acquis* le cœur des troupes.

SAINT-SIMON, *Mémoires*, 1715, t. XII, c. 5.

Mon bonheur ordinaire.
M'acquiert les volontés de la fille et du père.

P. CORNEILLE, *Médée*, I, 1.

Aucuns monstres par moi domptés jusqu'aujourd'hui,
Ne *m'ont acquis* le droit de faillir comme lui.

J. RACINE, *Phèdre*, I, 1.

Et par ce noble exploit *vous acquirent* l'honneur
D'être seuls employés aux autels du Seigneur.

LE MÊME, *Athalie*, IV, 3.

Trop heureux! si toujours femme désordonnée. . .
Elle *t'acquiert* au moins un droit pour la chasser.

BOILEAU, *Satires*, X.

On peut rapporter à la même manière de parler des passages tels que les suivants, où ACQUÉRIR n'est pas construit avec la préposition *à*, et est pris au sens de Procurer.

Le sang des bestes brutes ne peut effacer les pechez, ni *acquerir* vraye saincteté.

Car tout ce qu'il (le diable) a de damnable, il le *s'est acquis* en se destournant de Dieu.

CALVIN, *Institution chrestienne*, liv. I, c. XIV, § 16; liv. II, c. XI, § 4.

A la locution *acquérir à* doit se rapporter l'emploi très-fréquent du verbe pronominal S'ACQUÉRIR;

Soit en parlant des choses dont on se procure la propriété, la possession, avantageuse ou non :

Vostre legereté *se peut* bien *acquerir* de la honte, mais non jamais de l'amour.

Cependant vous devez *vous acquérir* les biens que la fortune luy avoit preparez avec si peu de merites.

D'URFÉ, *l'Astrée*, part. I, liv. I; part. II, liv. VI.

La quatriesme, c'est à dire presque la dernière plaie de l'empire, se receut à Cannes, chétif village de la Pouille, mais qui *s'acquit* du renom par la grandeur de la déconfiture, et se rendit célèbre par la mort de quarante mille Romains.

COEFFETEAU, *Histoire romaine de L. Florus*, II, 6.

Il *s'est acquis* le royaume par un parricide.

VAUGELAS, trad. de Quinte-Curce, VII, 4.

A peine *se fut* il *acquis* (Auguste) l'empire par les légions, qu'il songea à le gouverner par le sénat.

SAINT-ÉVREMONT, *Réflexions sur les divers génies du peuple romain*, c. 16.

Elle alloit *s'acquérir* deux puissants royaumes par des moyens agréables.

BOSSUET, *Oraison funèbre de la duchesse d'Orléans.*

La peinture, qui travaille de la main plus que les autres arts libéraux, *s'est acquis* rang parmi eux, à cause que le dessin, qui est l'âme de la peinture, est un des plus excellents ouvrages de l'esprit.

LE MÊME, *de la Connoissance de Dieu et de soi-même*, c. I, art. 15.

M. d'Ormesson avoit rapporté l'affaire et opiné; mais je ne vous parlai point assez de l'estime extraordinaire qu'il *s'est acquise* par cette action.

Mme DE SÉVIGNÉ, Lettres, 17 décembre 1664.

Je *me suis acquis* le privilége de me mêler à la conversation, et de parler à tort et à travers de toutes choses.

MOLIÈRE, les Amants magnifiques, I, 1.

Il *s'est acquis* une voix claire et délicate.

LA BRUYÈRE, Caractères, c. 13.

C'est aussi par cette autorité de prophète, qu'il (Fénelon) *s'étoit acquise* sur les siens, qu'il s'étoit accoutumé à une domination qui, dans sa douceur, ne vouloit point de résistance.

SAINT-SIMON, Mémoires, 1715, t. XII, c. 5.

Charles V, dit le Sage, pour *s'acquérir* l'affection des citoyens de Paris, leur accorda plusieurs des priviléges de la noblesse.

C'est lui (Maurice, comte de Saxe) qui *s'est acquis* depuis une gloire plus réelle, en sauvant la France à la bataille de Fontenoi, en conquérant la Flandre, et en méritant la réputation du plus grand général de nos jours.

VOLTAIRE, Essai sur les mœurs, c. 98 ; Histoire de Charles XII, liv. VII.

Vos amis croiront *s'être acquis,* par la connoissance de vos défauts, une sorte de supériorité sur vous.

VAUVENARGUES, Conseils à un jeune homme.

Laisse donc ce mestier (la poésie), et, sage, prends le soin
De *t'acquérir* un art qui te serve au besoin.

Pensent-ils, des plus vieux offensant la mémoire,
Par le mépris d'autrui *s'acquérir* de la gloire?

RÉGNIER, Satires, IV, IX.

Dieux! que sur ces démons il *s'est acquis* d'empire.

RACAN, les Bergeries, II, 4.

Ne *vous acquérez* point, par votre dureté,
Un renom odieux à la postérité.

ROTROU, Antigone, II, 2.

Combats, souffre, et *t'acquiers,* en mourant en chrétien,
Par un moment de mal l'éternité d'un bien.

LE MÊME, St-Genest, IV, 2.

Et que deviendra lors cette publique estime,
Qui te vante partout pour un fourbe sublime,
Et que tu *t'es acquise* . en tant d'occasions,
A ne t'être jamais vu court d'inventions?

Est-ce par l'ongle long qu'il porte au petit doigt,
Qu'il *s'est acquis* chez vous l'estime où l'on le voit?

MOLIÈRE, l'Étourdi, III, 1 ; le Misanthrope, II, 1.

D'un espoir amoureux votre cœur est flatté :
Il faut auparavant *s'acquérir* une entrée.

LA FONTAINE, l'Eunuque, II, 4.

Soit en parlant des personnes dont on obtient l'amour, l'amitié, l'alliance, la faveur, le concours, etc., que l'on s'attache.

Carloman passa en Italie, sous couleur d'aller visiter le sépulcre des Apostres, mais en effet pour *s'acquérir* le Pape et le Roy de Lombardie.

Robert, distribuant libéralement ce que son ennemy (Aganon) avoit amassé avec tant d'injustice, *s'acquit* les esprits que le Roy avoit aliénez.

MÉZERAY, Histoire de France, Charlemagne ; Charles III, dit le Simple.

Quand on a assez fait auprès de certaines personnes pour avoir dû *se les acquérir,* si cela ne réussit point, il y a encore une ressource, qui est de ne plus rien faire.

LA BRUYÈRE, Caractères, c. 4.

La compagnie voulut *se l'acquérir,* et elle le nomma, en 1716, pour un de ses honoraires.

FONTENELLE, Éloge de M. d'Argenson.

Pour *se l'acquérir* entièrement (Torcy), M. le duc d'Orléans le combla de caresses, de confiance.

SAINT-SIMON, Mémoires, 1715, t. XIII, c. 17.

Ses manières insinuantes et son adresse à *s'acquérir* des amis, témoignent que Mahomet ne se servoit de la religion que comme d'un expédient de s'agrandir.

BAYLE, Dictionnaire, art. MAHOMET.

Nous sortîmes l'un et l'autre très-satisfaits, lui, de *s'être acquis* un ami puissant, et moi, de me voir assuré de mes six réaux par jour.

LE SAGE, Gil Blas, III, 2.

Toute perte est légère à qui *s'acquiert* un Dieu.

ROTROU, St-Genest, V, 2.

Si d'abord à mes yeux elle parut aimable,
Je viens de la trouver tout à fait adorable;
Et je suis en suspens, si, pour *me l'acquérir,*
Aux extrêmes moyens je ne dois point courir.

MOLIÈRE, l'Étourdi, III, 2.

S'ACQUÉRIR a souvent, comme tous les verbes actifs construits, sous cette forme pronominale, avec un sujet seulement, la signification passive *Être acquis*.

Des libres, les uns sont nobles, les autres roturiers. Et est tout homme reputé roturier, s'il ne prouve sa noblesse, qui *s'acquiert* par lettre ou par le mesnage de la plume, c'est-à-dire par le bénéfice de lettres patentes du prince ou par les armes.

    Est. PASQUIER, *Recherches de la France*, IV, 5.

La gloire qui suit le métier de la guerre ne *s'acquiert* point à bon marché.

    SAINT-ÉVREMONT, *OEuvres mêlées* (cité par Richelet).

Une marque que la justesse qu'on attribue à l'oreille est un ouvrage de raisonnement et de réflexion, c'est qu'elle *s'acquiert* ou se perfectionne par l'art.

    BOSSUET, *de la Connoissance de Dieu et de soi-même*, c. I, art. 8.

Comme si l'honneur pouvoit *s'acquérir* sans travail, et la sagesse sans expérience.

    FLÉCHIER, *Oraison funèbre de Michel Le Tellier*.

La botanique n'est pas une science sédentaire et paresseuse, qui se puisse *acquérir* dans le repos et dans l'ombre d'un cabinet, comme la géométrie et l'histoire.

    FONTENELLE, *Éloge de Tournefort*.

Ce qui lui manque peut *s'acquérir*, on n'acquiert point ce qu'il a.

    DIDEROT, *Salon de 1767*, Loutherbourg.

Régner est un secret dont la haute science
Ne *s'acquiert* que par l'âge et par l'expérience.

    ROTROU, *Venceslas*, I, 1.

Par ma foi, la science
Ne *s'acquiert* point du tout à force d'abstinence.

    REGNARD, *Démocrite*, IV, 6.

Ils n'auroient pu sans doute acquérir la jeunesse,
Mais noblesse *s'acquiert* aussi bien que richesse.

    DUFRESNY, *la Coquette de village*, III, 5.

ACQUÉRIR s'emploie aussi comme tous les verbes actifs, absolument, par ellipse de son régime;
Soit qu'il s'agisse des biens de la fortune :

Li sages larges si est cil qui se prent garde combien il a de patremongne et de bon conquest et de gages, et puis despent et met en bonnes gens ce qu'il pot soufrir sans apeticier et sans *acquerre* malvaisement.

    BEAUMANOIR, *Coutumes du Beauvoisis*, I, 7.

Aristote dit que le propre du mari est d'*acquérir*, et de la femme de conserver.

    Est. PASQUIER, *Recherches de la France*, IV, 21.

Plus ils ont acquis, plus ils veulent *acquérir*.

    BOURDALOUE, *Sermons*. Sur les richesses.

O mon père, lui dis-je, je n'avois pas ouï parler de cette voie d'*acquérir*.

    PASCAL, *Provinciales*, VIII.

Capable d'une seule volupté, celle d'*acquérir* et de ne pas perdre.

    LA BRUYÈRE, *Caractères*, c. 6.

Ce n'est pas l'abondance qui fait le crime, c'est la manière d'*acquérir* et de jouir de ce que l'on possède.

    MASSILLON, *Conférences*.

Les Romains étoient ambitieux par orgueil, et les Carthaginois par avarice; les uns vouloient commander et les autres *acquérir*.

    MONTESQUIEU, *Grandeur des Romains*, c. 4.

Tout chemin d'*acquérir* se ferme à la vieillesse.

    REGNIER, *Satires*, XIII.

Et la justice en vain opposa son pouvoir
A la coupable ardeur d'*acquérir* et d'avoir.

    Th. CORNEILLE, trad. des *Métamorphoses* d'Ovide, I.

La peine d'*acquérir*, le soin de conserver,
Otent le prix à l'or qu'on croit si nécessaire.

    LA FONTAINE, *Fables*, X, 5.

Soit qu'on veuille parler d'un progrès moral.

L'âne, abandonné à la grossièreté du dernier des valets, bien loin d'*acquérir*, ne peut que perdre par son éducation.

    BUFFON, *Histoire naturelle*, Animaux domestiques; l'Ane.

L'expérience prévient les leçons : au moment qu'il connoît sa nourrice, il a (l'enfant) déjà beaucoup acquis.

    J.-J. ROUSSEAU, *Émile*, I.

Le verbe ACQUÉRIR est employé substantivement dans la phrase suivante, d'une date très-ancienne :

Bonne est la substance dont l'*acquérir* ne nuit point à la conscience.

> *Le Ménagier de Paris*, Ire distinction, 9e art., t. I, p. 224.

Par une forme de composition autrefois fort usitée, d'ACQUÉRIR on a fait RACQUÉRIR :

Sa bonté naturelle (d'Anne d'Autriche) qui l'avoit fait adorer du temps du feu roi, se fit connoître de nouveau, et *lui racquit* l'amour de tous les ordres du royaume.

> MONGLAT, *Mémoires*, ann. 1666.

ACQUIS, ISE, participe.
Autrefois AQUIS, AKUIS. (Voyez le *Glossaire* de Sainte-Palaye.)

> Bien *acqueru*, mal *acqueru*,
> Quant fol y fiert, tout est perdu.

C'est une espèce de proverbe, auquel, selon Sainte-Palaye, qui le cite, donna lieu parmi les Bourguignons la mauvaise conduite de leur duc, Charles le Téméraire (voy. Saint-Julien, Mesl. hist., p. 63).

Cet exemple est d'ailleurs conforme, pour le sens, à l'emploi que depuis on n'a cessé de faire du mot ACQUIS. Il n'en est pas ainsi de quelques autres rapportés par le même lexicographe, où ACQUIS est pris dans des acceptions de bonne heure sorties de l'usage.

ACQUIS se prend, adjectivement, dans des sens qui correspondent à ceux du verbe, et se construit de même avec des noms de choses, des noms abstraits, des noms de personnes;

Avec des noms de choses, en parlant de propriétés de toutes sortes; on le modifie alors, très-ordinairement, par l'adjonction des adverbes *bien* et *mal :*

Les choses *mal acquises* mal dépérissent.

Vous dites en proverbe commun : des choses *mal acquises* le tiers hoir ne jouïra.

> RABELAIS, *Pantagruel*, III, 1.

Voilà cinquante pistoles *bien acquises* qu'il vous fait perdre.

> MOLIÈRE, *M. de Pourceaugnac*, I, 1.

Il se vit contraint de quitter la vie, qu'il regrettoit peut-être moins que son argent *mal acquis*.

> SCARRON, *Roman comique*, II, 6.

C'est, mes frères, où tombe celui qui met sa confiance dans les richesses, je dis même dans les richesses *bien acquises*.

> BOSSUET, *Oraison funèbre de Michel Le Tellier.*

Toute la différence que j'y trouve .... c'est que les uns jouissent d'un bien injustement *acquis*, et que les autres abusent d'une fortune légitime.

> MASSILLON, *Carême. Danger des prospérités.*

> Je dis premierement que l'avoir *mal acquis*
> Dois rendre...

> JEHAN DE MEUNG, *Testament*, v. 360.

> Et plus le bien qu'on quitte est noble, grand, exquis,
> Plus qui l'ose quitter le juge *mal acquis*.

> Prince digne, en effet, d'un trône *acquis* sans crime.

> P. CORNEILLE, *Cinna*, II, 1; *Héraclius*, I, 5.

Le bien le mieux *acquis* est celui que l'on donne.

> BOURSAULT, *le Mercure galant*, III, 3.

Avec des noms abstraits, exprimant soit des avantages, soit des qualités, qu'on est arrivé à posséder.

Au premier cas se rapportent les exemples suivants :

Si celles qui ne sçavent rien, qui n'oyent quasi en tout l'an deux bons sermons, qui n'ont le loisir que de penser à gaigner leur pauvre vie, et si fort pressées, gardent tant soigneusement leur chasteté, que doivent faire celles qui, ayant leur vie *acquise*, n'ont d'autre occupation que verser ès sainctes lettres.

> LA REINE DE NAVARRE, *Heptameron*, 5e nouv.

Il advient le plus souvent, au contraire, que chacun choisit plutost à discourir du mestier d'un autre que du sien; estimant que c'est autant de nouvelle reputation *acquise*.

> MONTAIGNE, *Essais*, I, 16.

L'honneur *acquis* est caution de celui qu'on doit acquérir.

> LA ROCHEFOUCAULD, *Maximes*, CCLXX.

> Vous ... dont la modestie égale la grandeur,
> Qui ne pûtes jamais écouter sans pudeur

La louange la plus permise,
La plus juste et la mieux *acquise*.
La Fontaine, *Fables*, X, 15.

Au second cas appartiennent ces autres exemples :

Quelque peu d'étude qu'ait un prélat, on doit croire que les lumières du Saint-Esprit suppléent au défaut de la science *acquise*.
Fléchier, *Mémoires sur les grands jours de* 1665.

Le mérite, en lui (l'abbé de la Chambre), n'étoit pas une chose *acquise*, mais un bien héréditaire.
La Bruyère, *Discours prononcé dans l'Académie françoise,* 15 juin 1693.

Il y a, dans les mathémathiques, un champ d'une immense étendue de connoissances *acquises* et à acquérir.
Buffon, *Manière de traiter l'histoire naturelle.* Discours I.

Le temps qu'on emploie à savoir ce que d'autres ont pensé étant perdu pour apprendre à penser soi-même, on a plus de lumières *acquises* et moins de vigueur d'esprit.
J.-J. Rousseau, *Émile*, I.

Il n'y a point d'idées qui ne soient *acquises*.
Condillac, *Essai sur l'origine des connoissances humaines,* part. I, c. 1, sect. 1.

C'est un petit marquis,
Plein d'un esprit de table au cabaret *acquis*.
Palaprat, *la Prude*, III, 5.

Très-souvent acquis, ainsi employé, est opposé à *naturel*.

Enfin, il avoit avec le *naturel* l'acquis.
Agr. d'Aubigné, *Hist. universelle*, t. III, liv. V, c. 10.

Par une longue et sérieuse méditation, il se forme un courage *acquis* qui n'est pas moins ferme que le *naturel*.
Balzac, *Aristippe*, disc. V.

Combien voit-on de personnes qui ne peuvent plus reconnoître aucune bonne qualité, ni *naturelle*, ni *acquise*, dans ceux contre qui ils ont conçu de l'aversion.
Logique de Port-Royal, IIIᵉ part., c. 20.

Je fis, en entrant, deux ou trois révérences à madame Ferval, qui, je pense, ne prit pas garde si elles étoient bien faites; elle ne me demandoit pas des grâces *acquises*, elle n'en vouloit qu'à mes grâces *naturelles*.
Marivaux, *le Paysan parvenu*, part. IV.

I.

Nos qualités *acquises* sont en même temps plus parfaites et plus défectueuses que nos qualités *naturelles*.
Vauvenargues, *Réflexions diverses.*

Ceux qui l'ont connu rendent justice à sa modestie et à ses qualités tant *acquises* que *naturelles*.
Voltaire, *Contes*, l'Homme aux quarante écus.

Les talents *naturels* se réunissent ici aux qualités *acquises*.
Buffon, *Histoire naturelle.* Animaux domestiques; le Chien.

Par analogie avec les constructions usitées pour le verbe, on dit *acquis de quelqu'un, acquis de ses deniers, acquis avec, acquis par*, etc.

Nos peres . . . plus estimoient la vive soubvenance des humains *acquise par* liberalité, que la mute inscription des arcs, colonnes et pyramides. . . .
Rabelais, *Gargantua*, I, 50.

Toutes les extases ne sont pas comparables, dans l'idée de Dieu, à la moindre vertu *acquise par* le travail d'une humble prière.
Bourdaloue, *Sermons.* Sur la prière.

A mesure que l'eau perd de sa vitesse *acquise par* la chute, elle s'élève et augmente en hauteur.
Fontenelle, *Éloge de Guglielmini.*

Une pauvreté fière, une mâle franchise,
Instruite à détester toute fortune *acquise*
Aux dépens de l'honneur.
J.-B. Rousseau, *Odes*, IV, 12.

On dit enfin *acquis à*; les exemples de cette dernière construction sont très-fréquents.

La possession de mon cœur est une chose qui *vous* est toute *acquise*.
Molière, *le Bourgeois gentilhomme*, V, 3.

Comptez sur moi comme sur la chose du monde qui *vous* est le plus sûrement *acquise*.
Mᵐᵉ de Sévigné, *Lettres*, 29 décembre 1673.

Il est vrai, dit-on, cette somme lui est due et ce droit *lui* est *acquis*.
La Bruyère, *Caractères*, c. 14.

Ils regardent comme un droit *acquis à* la prospérité, d'accabler encore du poids de leur humeur des malheureux qui gémissent déjà sous le joug de leur autorité et de leur puissance.
Massillon, *Petit-Carême*, IVᵉ dimanche.

De là on voyage par l'Estonie et par la Livonie, provinces autrefois contestées entre les Russes, les Suédois et les Polonais, et *acquises* enfin *à* la Suède par la force des armes.

VOLTAIRE, *Histoire de Pierre le Grand*, part. I, c. 9.

Je me souviendrai toujours que c'est au plus fort de mes misères que son noble cœur m'a fait des avances d'amitié ; et la mienne, qui n'a rien de méprisable, *lui est acquise* jusqu'à mon dernier soupir.

J.-J. ROUSSEAU, *Lettres*, 14 avril 1767.

Ce cœur *vous est acquis* après le diadème.

... Toute la gloire *acquise à* ses travaux.

Surtout ce privilège *acquis aux* grandes âmes.

P. CORNEILLE, *Rodogune*, III, 4; *Nicomède*, I, 1; *Sertorius*, III, 4.

C'est sous cette forme que le participe ACQUIS se lie à un nom de personne, lorsqu'il s'agit de marquer le dévouement, l'attachement de cette personne pour une autre.

Je desire aussy ... que vous me renvoyez votre fils ... ne vous en excusez pas, je vous prie, car, en somme, je pense qu'il *m'est acquis*.

HENRI IV, *Lettres*, 10 décembre 1583.(Voir *Lettres missives de Henri IV*, t. l, p. 597).

J'ay voulu desabuser la nymphe .... mais elle est tant *acquise à* Celadon, que tout ce qui l'en veut retirer luy est ennemi declaré.

D'URFÉ, *l'Astrée*, part. I, liv. X.

Le bon abbé *vous est acquis ;* et moi, ne *vous* suis-je pas *acquise ?*

Mᵐᵉ DE SÉVIGNÉ, *Lettres*, 4 décembre, 1675.

Quel peut être le motif de ces libéralités immenses que les princes versent sur leurs courtisans ? Veulent-ils se les attacher ? Ils *leur* sont déjà *acquis* autant qu'ils peuvent l'être.

MONTESQUIEU, *Lettres persanes*, CXXIV.

Bien qu'un péril certain suive votre entreprise, Assurez-vous sur moi, je *vous* suis toute *acquise.*

Vous m'avez épousée et je *vous* suis *acquise.*

P. CORNEILLE, *Médée*, II, 1; *Sophonisbe*, III, 4.

On se sert de la locution *Il est acquis que,* lorsqu'on veut énoncer quelque proposition regardée comme incontestable.

S'il etoit acquis que, dans les animaux, il y eût une seule espèce qui eût été le produit de la dégénération d'une autre espèce.

BUFFON, *Histoire naturelle*. Animaux domestiques; l'Ane.

ACQUIS se prend substantivement : on a dit *l'acquis*, et on dit très-ordinairement *de l'acquis, beaucoup, peu d'acquis, sans acquis, son acquis,* etc., en parlant soit des biens, des avantages dont on est devenu possesseur, soit des qualités qu'on est parvenu à se donner.

Qui aultrement faict, non seulement perdra *l'acquis*, mais aussi patira ce scandale et opprobre, qu'on l'estimera mal et à tort avoir acquis.

RABELAIS, *Pantagruel*, III, 1.

La cour du roi de Navarre se faisoit florissante en brave noblesse, en dames excellentes ; si bien qu'en toutes sortes d'avantages de nature et de *l'acquis*, elle ne s'estimoit pas moins que l'autre.

Agr. D'AUBIGNÉ, *Histoire universelle*, t. II, liv. IV, c. 5.

Parce que *l'acquis* n'est pas si noble que *le naturel*, ni le travail des hommes si estimable que les dons du ciel, on vous pourroit encore dire que sçavoir l'art de plaire ne vaut pas tant que sçavoir plaire sans art.

BALZAC, *Lettres*, XII, 20.

Vous jugez fort bien, madame, du comte de Limoges. Il a *de l'acquis*, mais il n'a point de cette routine du monde, sans laquelle les meilleures qualités sont insupportables, ou du moins ne plaisent pas.

BUSSY-RABUTIN, *Lettres*, 23 mars 1673.

Vous avez trop de mérite, *trop d'acquis*, pour n'avoir que trente-neuf ans.

D'ALLAINVAL, *l'École des bourgeois*, I, 11.

Il (l'éléphant) a *plus d'acquis* que les autres animaux, parce qu'il est plus à portée d'acquérir.

BUFFON, *Histoire naturelle*. Quadrupèdes, l'Éléphant.

Il ne faut pas *autant d'acquis* pour être habile que pour le paroître.

VAUVENARGUES, *Réflexions diverses.*

Cette expression est d'un emploi très-fréquent chez J.-J. Rousseau.

Tout ce frivole *acquis* vaut-il une seule des larmes qu'il lui coûte:

Il (le précepteur) le pourvoit d'*un acquis* de facile étalage et qu'on puisse montrer quand on veut.

Sinon tout à fait inepte, au moins un garçon de peu d'esprit, sans idées, presque *sans acquis*, très-borné, en un mot, à tous égards.

N'étant point pressé (le P. Caton) de montrer *son acquis*, il le montroit si à propos qu'il en paroissoit davantage.

Je me suis trouvé *un grand fonds d'acquis* pour me suffire à moi-même et penser sans le secours d'autrui.

L'attente de la mort, loin d'attiédir mon goût pour l'étude, sembloit l'animer; et je me plaisois d'amasser *un peu d'acquis* pour l'autre monde, comme si j'avois cru n'y avoir que celui que j'aurois emporté.

> J.-J. ROUSSEAU, *Nouvelle Héloïse*, V, 3 ; *Émile*, II ; *Confessions*, part. I, liv. III, V, VI.

On perd souvent *l'acquis* à vouloir davantage.

> P. CORNEILLE, *la Toison d'or*, IV, 4.

J'ai joint à ces talents tout ce que j'ai *d'acquis.*

> DUFRESNY, *la Coquette de village*, I, 1.

Dans les exemples suivants se retrouve le même substantif, mais avec une forme orthographique un peu différente, ACQUIT, laquelle a l'inconvénient de faire confondre ce mot avec un autre substantif, venant du verbe *acquitter* (voyez ce mot.)

Et ne pourroit l'on dire qu'il (Charles le Téméraire) eust jamais eu ung bon jour, depuis qu'il commença à entreprendre de se faire plus grant jusques à son trépas. Quel *acquist* a il eu en ce labeur? ne quel besoin en avoit-il?

> COMMYNES, *Mémoires*, VI, 12.

> Il sembloit bien a leur habit
> Qu'ilz fussent *gens de grant acquit.*
> VILLON, *les Repeues franches.*

ACQUISITION, s. f.

Il se dit en premier lieu de l'Action d'acquérir une propriété, un avantage, une qualité, un ami, un confrère, un partisan, etc., et se construit le plus souvent, au moyen de la préposition *de*, avec des noms de choses, des noms abstraits, des noms de personnes.

Ceste chose .... pas nouvelle ou de nouvel commencée à ceulx qui sont expers au chemin de Dieu et *acquisitions des* vertus.

> *Le Livre de l'internelle Consolacion*, liv. I, c. 2.

Il suffit de penser que l'*acquisition d*'un bien ou la fuite d'un mal est possible pour être incité à la désirer.

> DESCARTES, *les Passions de l'âme*, part. II, art. 58.

L'espérance est une passion qui naît en l'âme quand l'*acquisition de* l'objet aimé est possible quoique difficile.

Le désespoir est une passion qui naît en l'âme, quand l'*acquisition de* l'objet aimé paroît impossible.

> BOSSUET, *de la Connoissance de Dieu et de soi-même*, c. 1, art. 6.

N'est-ce pas quelque chose de réel que de vous apporter en mariage une grande sobriété, l'héritage d'un grand amour de simplicité de parure, et l'*acquisition d*'un grand fonds de haine pour le jeu?

> MOLIÈRE, *l'Avare*, II, 6.

La mémoire est d'une utilité infinie pour les usages de la vie, et surtout pour l'*acquisition des* sciences.

> ROLLIN, *Traité des études*, liv. II, c. 3.

Le monument qui immortalise le cardinal de Mazarin, c'est l'*acquisition de* l'Alsace.

L'*acquisition de* cette terre est une chose importante et digne d'occuper votre esprit plein de ressources et de sagesse.

On ne doit jamais manquer l'*acquisition d*'un homme de mérite.

> VOLTAIRE, *Siècle de Louis XIV*, c. 6 ; *Lettres*, décembre 1737 ; 10 avril 1738.

La plupart des maîtres, des pédans surtout, regardent l'*acquisition* et l'entassement *des* sciences comme l'unique objet de l'éducation.

> J.-J. ROUSSEAU, *Projet d'éducation.*

Quelquefois, dans cette manière de parler, la préposition *de* a pour régime, au lieu du nom de la chose acquise, le nom de la personne qui acquiert. On dit l'*acquisition d*'une personne, *son acquisition.*

L'Église acquerant maison, terre et heritage, pour rendre *son acquisition* valable, il faut qu'elle paye indemnité au seigneur immédiat de la chose acquise.

> Est. PASQUIER, *Recherches de la France*, IV, 5.

De tous ces nouveaux princes qui avaient promis de

faire hommage de *leurs acquisitions* à l'empereur grec, aucun ne tint sa promesse.

VOLTAIRE, *Essai sur les mœurs*, c. 55.

ACQUISITION, pris en ce sens, s'emploie aussi absolument.

Comme les sciences sont differentes en sujets et matieres, en l'apprentissage et *acquisition*, aussi sont-elles en l'utilité, honnesteté, necessité, et encores en la gloire et en gain:

CHARRON, *De la Sagesse*, I, 61.

Je distingue, avec saint Chrysostome, trois choses dans les richesses : l'*acquisition*, la possession et l'usage.

BOURDALOUE, *Sermons*. Sur les richesses.

L'esprit d'*acquisition* porte avec lui l'esprit de conservation et d'usage, et non pas celui de destruction.

MONTESQUIEU, *Esprit des lois*, X, 3.

Cette vertu, il faut qu'on nous la donne, c'est en partie une affaire d'*acquisition*.

MARIVAUX, *la Vie de Marianne*, part. II.

Peuple d'acquisition est une expression usitée dans le langage ecclésiastique, en parlant des chrétiens rachetés par le sang de Jésus-Christ.

S'il (Jésus-Christ) avoit quelque chose à acquérir, c'étoit les fidèles qu'il appelle *le peuple d'acquisition*.

Peuple d'acquisition, vous que le sang du Sauveur Jésus a délivré d'une servitude éternelle...

BOSSUET, *Sermons*, la Toussaint ; l'Exaltation de la sainte croix.

On dit, *faire l'acquisition de, faire acquisition de.*

Fouquet, devenu surintendant, *en fit l'acquisition* (de Belle-isle) de la maison de Retz.

SAINT-SIMON, *Mémoires*, 1718, t. XVII, c. 15.

Elle s'entretient avec Lisette .... d'une certaine maison de campagne qui lui plaît et qu'elle veut louer, en attendant que je lui *en fasse faire l'acquisition.*

LE SAGE, *Turcaret*, IV, 1.

Le roi de Prusse me mande qu'il a *fait acquisition de* vous, Monsieur, et *de* MM. Wolff et Euler. Cela veut-il dire que vous allez à Berlin, ou que vous dirigerez de Paris les travaux académiques ?

VOLTAIRE, *Lettres*, 1er juillet 1740, à Maupertuis.

On dit aussi très-fréquemment *faire une acquisition, des acquisitions.*

C'est quasi le même de ceux qui découvrent peu à peu la vérité dans les sciences, que de ceux qui, commençant à devenir riches, ont moins de peine à *faire de grandes acquisitions*, qu'ils n'ont eu auparavant, étant plus pauvres, à en faire de beaucoup moindres.

DESCARTES, *Discours de la méthode*, VI.

Je ne crois pas le marché de Menilmontant rompu sans ressources ; et, n'en déplaise à madame de Chaulnes, c'est la plus jolie *acquisition* que puisse faire M. de Chaulnes.

Mme DE COULANGES, *Lettres*, 20 juin 1675, à Mme de Sévigné.

Vous êtes si riche, lui disoit un de ses amis, que n'achetez-vous cette charge ? Pourquoi ne pas *faire cette acquisition* qui étendroit votre domaine ?

Quelle grande *acquisition avez-vous faite* en cet homme illustre !

LA BRUYÈRE, *Caractères*, c. 5 ; *Discours prononcé dans l'Académie françoise*, 15 juin 1693.

C'est un bonheur pour les savans que leur réputation doit amener à Paris, d'avoir le loisir de se faire un bon fonds dans le repos d'une province ; le tumulte de Paris ne permet pas assez qu'on *fasse de* nouvelles *acquisitions*, si ce n'est celle de la manière de savoir.

Comme Bologne avoit beaucoup de choses à régler avec Ferrare sur le sujet des eaux, elle envoya le marquis Tanara ambassadeur extraordinaire au pape Alexandre VII, et voulut qu'il fût accompagné de M. Cassini, dans une affaire où les mathématiques avoient la plus grande part. Peut-être aussi Bologne fut-elle bien aise de se payer aux yeux de Rome de l'*acquisition* qu'elle *avoit faite*.

FONTENELLE, *Éloge de M. de Malezieux ; Éloge de Cassini.*

Il (Law) *avoit fait* force *acquisitions* de toutes sortes, et encore plus de dettes.

SAINT-SIMON, *Mémoires*, 1720, t. XVIII, c. 19.

Tous ceux qui connoissoient parfaitement ce nouveau membre du sacré collége, trouvèrent comme moi que l'Église venoit de *faire une* belle *acquisition.*

LE SAGE, *Gil Blas*, X, 1.

Telles furent les *acquisitions* que je *fis* à Motiers en fait de liaisons et de connoissances.

J.-J. ROUSSEAU, *Confessions*, part. II, liv. XII.

ACQUISITION, avec ces diverses formes de construction, se dit aussi de la Chose acquise.

La voilà (la maison); c'est une bonne *acquisition*, n'est-ce pas?

RÉGNARD, *le Retour imprévu*, I, 12.

Il a laissé une bibliothèque de près de vingt mille écus, un médailler et un herbier; nulle autre *acquisition*.

FONTENELLE, *Éloge de M. Morin*.

Un duc d'Autriche lui vendit (à Charles le Téméraire) encore tous les domaines qu'il possédait en Alsace et dans le voisinage des Suisses. Cette *acquisition* était bien au dessus du prix que Charles en avait payé.

VOLTAIRE, *Essai sur les mœurs*, c. 95.

ACQUISITION peut être employé de cette manière dans un sens moral.

Tousjours prest à faire de bien en mieux pour ceulx qui luy estoient redevables, à fin de les entretenir en sa devotion, comme la plus belle *acquisition* qu'il eust sceu faire.

AMYOT, trad. de Plutarque, *Vie de Flamininus*, c. 1.

Il est aisé de voir que la délicatesse est un don de nature et non pas une *acquisition* de l'art.

PASCAL, *Discours sur les passions de l'amour*. Voyez *des Pensées de Pascal*, édit. de 1844, p. 404.

Il ne reste plus à l'homme que le néant et le péché : pour tout fonds, le néant; pour toute *acquisition* le péché.

BOSSUET, *Oraison funèbre d'Anne de Gonzague*.

Ah! c'est vous, s'écria-t-il, c'est vous dont on m'a fait un si bel éloge, je vous retiens à mon service; vous êtes une bonne *acquisition* pour moi.

LE SAGE, *Gil Blas*, VIII, 11.

On a dit au lieu d'ACQUISITION,

ACQUÈREMENT, s. m.

Ce mot se trouve dans Cotgrave, et Sainte-Palaye en cite cet exemple :

Après le trépassement de l'un d'eux, iceulx meubles .... et *acquerements* se divisent, etc.

Coutume de Chasteauneuf en Thimerais. (Voir *Cout. gén.*, t. II, p. 206.)

ACQUÉREUR, s. m.

Celui qui acquiert.

Il se dit principalement de Celui qui acquiert des biens immeubles, et c'est à ce sens que se rapporte le proverbe suivant :

Il y a plus de fous *acquéreurs* que de fous vendeurs.

Dictionnaire de l'Académie, édit. de 1694.

L'*acquéreur* même aussi me plairait en tout point.

COLLIN D'HARLEVILLE, *l'Optimiste*, V, 12.

On dit *se rendre, se porter acquéreur, acquéreur d'une chose*.

Quelquefois on s'est servi de ce mot au sujet de villes, de provinces, de royaumes acquis par la voie des armes ou par des traités.

... Précepteur du feu roy, de querelleuse mémoire, Alexandre dit le Grand, *acquéreur* de l'Asie, Europe, Afrique et autres lieux.

BOILEAU, *Arrest burlesque*.

Dunkerque ajouté à la France par un marché glorieux à l'*acquéreur* et honteux pour le vendeur.

VOLTAIRE, *Siècle de Louis XIV*, c. 25.

Plus que Cesar, des Gaules *acquereur*.

Cl. MAROT, *Chants divers*, XV.

Il pourrait être pris au figuré dans la plupart des occasions où l'on emploie figurément *acquérir* et *acquisition*. C'est ainsi qu'on trouve dans le passage suivant *acquéreur d'amis*.

Il ne restoit d'autres enfans à Soliman que Sélim et Bajazet, cettui-ci dévot et plein de piété selon sa religion, studieux, habile, grand *acquéreur* et conservateur *d'amis*.

AGR. D'AUBIGNÉ, *Histoire universelle*, t. I, liv. II, c. 25.

ACQUÊTER, v. a.

Autrefois AQUESTER, AQUASTER (voyez le *Glossaire de Sainte-Palaye*).

Ce verbe, de forme analogue à l'italien *acquistare*, à l'espagnol *aquistar*, Ménage le tire d'un mot latin, de création arbitraire, *adquæsitare*. Peut-être remonte-t-il simplement par le substantif *quæstus* à *quærere*, ainsi que le verbe *acquérir*, dont il a été, dans les anciens temps de la langue, un synonyme.

ACQUÊTER a eu en effet la signification générale d'*acquérir* dans les exemples suivants, tous de date ancienne, où se reproduisent à peu près les acceptions, les constructions diverses de ce dernier verbe.

On a dit, au propre, ACQUÊTER un bien, un office, etc.

Il y a bien peu de conseillers et presidens qui ne possedent quelque morceau de benefice, qui aide à entretenir les dorures et accoustremens, banquets et menus plaisirs de la maison, voire pour *acquester* avec le temps quelque place noble ou office de plus grand honneur et authorité.

Bernard PALISSY, Jardin delectable.

> Le bien qu'elle *avoit acquesté*
> Est à moi seul.
>
> <div align="right">Bon. DES PÉRIERS, <i>l'Andrie</i>, IV, 6.</div>

ACQUÊTER un pays, une ville, etc.

.... Ayant (le pape) respondu à l'ambassadeur de Venise que Sa Sainteté ne demandoit rien de ce qui *s'acquesteroit* contre le Turc, et n'avoit tant de païs à deffendre comme l'empereur et la seigneurie, et par ainsi il ne devoit faire si grande contribution.

LES ÉVÊQUES DE MACONS ET DE LAVAUR à François Ier, 17 novembre 1537. (Voir Négociations de la France dans le Levant, t. I, p. 357 et 358).

> Après la prinse de Libourne,
> Bressière vint en la cité,
> Pour prendre possession bonne
> De ce qu'on *avoit acquesté*.
>
> <div align="right">MARTIAL D'AUVERGNE, <i>Vigiles de Charles VII.</i></div>

On a dit au figuré *acquester guerdon*.

> ... Qui loyaument
> Veulent *acquester*
> Bon *guerdonnement*,
> Maint mal endurer
> Leur fault.....
>
> <div align="right">Ch. D'ORLÉANS, <i>Ballades.</i> J'oy estrangement, etc.</div>

On a dit aussi simplement, absolument, ACQUÊTER.

Ainsi, comme avarice pense de nuit et de jour à *acquester* et amasser à tort et à droit, ainsi charité et misericorde pensent à accomplir les sept œuvres de misericorde.

Le Menagier de Paris, Ire distinction, 3e art., t. I, p. 58.

> En folle amour peu on *acqueste*.

> Tel d'*acquester* moult se soucye
> Qui n'a ne enfant ne suyvant.
>
> <div align="right">P. GRINGORE, <i>le Chasteau d'amour; les Faintises du monde.</i></div>

De bonne heure ACQUÊTER a servi à exprimer en termes de jurisprudence, l'acquisition d'un immeuble, par un acte quelconque.

Ses ainsnés fix (son fils aîné) n'avoit pas aage d'entrer en l'ommage de ce que se mere *avoit aquesté*.

BEAUMANOIR, Coutumes du Beauvoisis, XII, 10.

C'est aujourd'hui l'unique signification d'ACQUÊTER, qui d'ailleurs a vieilli, et dont on fait peu d'usage.

ACQUÊTÉ, ÉE, participe.
Autrefois ACQUESTÉ.

> C'est grand'honte qu'un bien par le pere *acquesté*,
> Du revenu du lict soit après augmenté.
>
> <div align="right">H. ESTIENNE, <i>Apologie pour Hérodote</i>, part. II, c. 38.</div>

L'ACQUESTÉ est pris substantivement au sens de *l'acquis* (voyez plus haut) dans ces vers d'un vieux poëte :

> Garder bien *l'acquesté* n'est une vertu moindre,
> Qu'acquerir tous les jours et le nouveau adjoindre.
>
> <div align="right">Agr. D'AUBIGNÉ, <i>Tragiques</i>, Princes, II.</div>

ACQUÊT, s. m.

Autrefois ACQUEST, AQUÈS, AQUEST, AQUEZ (voyez le *Glossaire* de Sainte-Palaye).

On s'est quelquefois servi pour les mêmes usages de

ACQUESTE, AQUESTE, s. f.

De même que *acquêter* s'est pris d'une manière générale, pour *acquérir*, ACQUÊT a eu le sens général aussi d'*acquisition*.

Il a donc exprimé l'Action d'acquérir.

Quant clers tient heritage de sen patremongne ou de *s'aqueste*.

BEAUMANOIR, Coutumes du Beauvoisis, XI, 35.

L'*acquet de* cette maison n'est pas seur.
FURETIÈRE, *Dictionnaire.*

Plus souvent on s'en est servi pour désigner la Chose acquise.

On dit en ce sens, absolument, *un acquêt, des acquêts, un bon, un mauvais acquêt, de bons, de mauvais acquêts, l'acquêt, les acquêts de quelqu'un, mon acquêt, leur acquêt,* etc., etc., *faire un acquêt,* etc.

Pour s'accommoder avec Dieu de *ses acquests,* il dit estre tous les jours après à satisfaire par bienfaict aux successeurs de ceux qu'il a derobez.
MONTAIGNE, *Essais,* III, 2.

C'est un bon *acquest* que le bled.
DANET, *Dictionnaire fr.-lat.*

C'est un bon *acquet* que vous *avez fait.*
FURETIÈRE, *Dictionnaire.*

Possédés d'une avare convoitise, vous voulez profiter de tout et ne vous dessaisir de rien, toujours biens sur biens, toujours *acquêts* sur *acquêts,* toujours les mains ouvertes pour recevoir et jamais pour donner.
BOURDALOUE, *Carême.* Sur l'aumône.

Jamais *mal acquest* ne profitte.
VILLON, *Ballades,* Leçon aux enfants perdus.

De vingt paires de bœufs il sillone la plaine;
Tous les ans *ses acquests* augmentent son domaine.
RACAN, *les Bergeries,* I, 3.

Si je *fais peu d'acquêts,* que mes fils s'en accusent!
LA FONTAINE, *l'Eunuque,* III, 7.

C'est à ce sens général d'ACQUÊT que se rapporte le proverbe suivant :

Il n'y a point plus bel *acquest* que *de don.*
DANET, *Dictionnaire fr.-lat.; Dictionnaire de l'Académie,* 1694.

On trouve dans d'autres mentions du même proverbe, au lieu d'ACQUÊT, *acquisition.*

On dict qu'il n'y a point de plus belle *acquisition* que *d'*une donation, tellement qu'une personne estrange donnant à l'un des mariés, il ne faut point faire de doubte que ce qui est donné ne soit commun entre eux.
EST. PASQUIER, *l'Interprétation des Institutes de Justinian,* II, 88.

ACQUÊT s'est dit, en ce sens général, de l'Action de conquérir et des conquêtes.

Est-ce par vantise ou par faits acquis par vaillance? En vérité, dit-il, ce n'est point par vantise ni par *acqueste.*
Perceforest, vol. V, c. 11.

. . . Ores qu'il en eust toute sa vie pacifique jouissance, si toutes fois l'*acquest* deperit en ses hoirs, pareil sera le scandale sus le defunct, et sa memoire en malediction comme de conquerant inique.
RABELAIS, *Pantagruel,* III, 1.

Les princes sont glorieux et combattent plus pour la gloire et l'honneur que pour *acquest.*
MONTLUC, *Commentaires,* III.

ACQUÊT s'est dit aussi, au sens moral, de l'Action d'acquérir certains avantages, certaines qualités, ou de ces avantages, de ces qualités.

Madame, vous n'avez ce jourd'huy *fait* petit *acquest,* ayant tel chevalier à vostre commandement.
HERBERAY DES ESSARTS, *Amadis de Gaule,* I, 22.

Il y a tant de sortes de defauts en la vieillesse, tant d'impuissance,. . . . . que le meilleur *acquest* qu'elle puisse faire, c'est l'affection et amour des siens.

Nostre foy ce n'est pas *nostre acquest,* c'est un pur present de la liberalité d'autruy.

J'ayme et honore le sçavoir, autant que ceux qui l'ont, et, en son vray usage, c'est le plus noble et puissant *acquest des* hommes.

Les amitiés pures, de *nostre acquest,* emportent ordinairement celles aux quelles la communication du climat ou du sang nous joignent.
MONTAIGNE, *Essais,* II, 8, 12; III, 8, 9.

La verité n'est point de *nostre acquest,* invention ni prinse.
CHARRON, *De la Sagesse,* II, 2.

Il y a des gens qui gagnent leur reputation par supercherie. Mais la vostre est un legitime *acquest.*
BALZAC, *Lettres,* V, 16.

On a pu même se servir d'ACQUÊT en parlant des personnes, comme le montrent ces exemples, dont un de date peu ancienne, mais où le mot est peut-être aussi employé par plaisanterie :

Et vous, belle niece, est-il possible que votre beauté soit sans amy ou serviteur ? Ma dame, ce luy respondit-elle, ma beauté ne m'a point faict de tels *acquets*.

La Reine de Navarre, *Heptameron*, nouv^e. 70.

La troupe ne sauroit faire un meilleur *acquêt*.

Piron, *la Métromanie*, IV, 4.

Acquêt a eu aussi le sens général, aujourd'hui vieilli, d'Avantage, de profit, de gain; de là ces expressions :

Beaucoup d'acquêt, peu d'acquêt, sans acquêt.

Le Deable fait six commandemens à l'avaricieux : le premier, que il garde tres bien le sien ; le second qu'il ne le preste *sans acquest....*

Le Ménagier de Paris, Ire distinction, 3e art., t. I, p. 47.

L'Acquêt, les acquêts d'une chose.

Des *acquêts de* son lit accroître son domaine.

Regnier, *Satires*, XIII.

Avoir de l'acquêt à faire une chose, retirer de l'acquêt d'une chose, trouver de l'acquêt dans une chose, etc.

Si prindrent le chemin d'Evreux, mais point n'y *trou-verent d'aquest,* car elle estoit moult bien fermée.

Froissart, *Chroniques*, liv. I, c. 273.

Il n'est pas apparant qu'il se fust mis en peril pour si peu de choses, où il ne povoit *avoir acquest* ne profit.

Commynes, *Mémoires*, V, 1.

La confusion de l'ordre et mesure des pechez est dangereuse. Les meurtriers, les traistres, les tyrans, *y ont trop d'acquest.*

Tout *l'acquest* qu'il *a retiré d'*une si longue poursuite, c'est d'avoir appris à recognoistre sa foiblesse.

Montaigne, *Essais*, II, 2, 12.

Je suis trop franc et trop libre ; aussi *y trouvay-*je fort peu *d'acquest.*

Montluc, *Commentaires*, I.

Il y a de *l'acquêt,* il *n'y a pas d'acquêt à* ou *de* faire une chose, à une chose, en une chose, en une personne, avec une personne, etc.

Il n'y a point d'acquest en luy.

Rob. Estienne, *Dictionnaire fr.-lat.*

Il n'y a point d'acquest à cela.

*Il n'y a point d'acquest d'*acheter de méchante marchandise.

Danet, *Dictionnaire fr.-lat.*

Quel *acquest y a-il* à bien mesnager les terres par le soing d'un tel homme?

La Béotie, *la Mesnagerie de Xénophon.*

Il n'y a point d'acquêt à plaider.

Furetière, *Dictionnaire.*

Quel *acquest y a-il,* luy fut-il dit après Seneque, d'anticiper les maux qui ne viendront que trop tost, et qu'on ne peut eviter?

G. Bouchet, *Serées*, liv. II, 22e serée.

Il y a tousjours plus d'aquest envers les jeunes qu'*à l'endroit* des vieux, qui meurent du jour au lendemain.

P. Larivey, *le Laquais*, II, 3.

Ainsi voit-on *l'acquest* qu'*il y a de* servir un maistre (la sensualité) si liberal de toutes especes de douleurs envers ceux qui veulent plutost adherer à leur ventre qu'à leur entendement.

La Noue, *Discours politiques et militaires*, Disc. 24e.

Avecques lui...........................
....
c'est peu d'acquest.

Farce de Pathelin.

Que fait une femme avec toy
De qui la force et la puissance
Prend de jour en jour decroissance?
Vrayement *il y a de l'acquest,*

Jacq. Grevin, *les Esbahis*, V, 4.

A ces formes de langage appartiennent cet ancien proverbe cité par Sainte-Palaye.

Au contredit n'a point *d'aquest.*

Fabl. mss. du R., n° 7218, fol. 242 r°, col. 1.

Acquêt ne s'est maintenu que comme terme de jurisprudence.

On le dit encore, particulièrement au pluriel, des Biens acquis pendant le mariage par l'un ou l'autre des époux, et qui tombent dans la communauté.

Depuis ce tems (de Louis le Débonnaire) les choses se sont passées de telle façon que les reynes douairieres de France ne prennent aucune communauté aux biens meubles et *acquests* immeubles faits par les roys leurs marys, non plus que les roys aux *acquests* faits par les reynes leurs femmes du consentement d'eux.

Est. Pasquier, *l'Interprétation des Institutes de Justinian*, II, 88.

La feue maréchale gouvernoit absolument son mari, lui faisoit traiter ses enfants de princes : elle n'en a point eu de lui, et, pour frustrer M. de Vitry, elle lui faisoit vendre ses terres et en acheter d'autres, afin qu'ils fussent *acquêts* de la communauté.

Tallemant des Réaux, *Historiettes*. Le maréchal de l'Hôpital.

Acquêts est opposé à *Propres*, Biens qui restent la propriété exclusive de l'un des époux.

Soudain qu'un evesque estoit decedé, le Pape envoyoit arrester par un collecteur tous ses biens, meubles et immeubles, tant *propres* qu'*acquests*.

Est. Pasquier, *Recherches de la France*, III, 23.

... Jusqu'à ce que madame de Lussan s'avisa de prétendre que ce que je demandois, comme faisant partie du legs de ma sœur, étoit un *propre* en sa personne, non un *acquêt*.

Saint-Simon, *Mémoires*, 1707, t. V, c. 26.

Le *propre* est l'ouvrage de la loi ; l'*acquêt*, au contraire, est l'ouvrage de l'homme.

D'Aguesseau, 46e *Plaidoyer*.

Dans les pays où une coutume locale a disposé des *propres*, Bodin dit très-bien qu'il ne faudroit confisquer que les *acquêts*.

Montesquieu, *Esprit des lois*, V, 15.

Lui laissant tout mon bien, meubles, *propres*, *acquêts*, Vaisselle, argent comptant, contrats, maisons, billets.

Regnard, *le Légataire universel*, IV, 6.

Acquêt, dans le langage judiciaire, est souvent joint à *conquêt*, mot de même origine, de même signification, autrefois employé seul comme son synonyme, qu'on en a cependant quelquefois distingué par une différence d'acception expliquée dans quelques-uns des exemples suivants :

Çascuns gentixhons ou hons de poeste, qui n'est pas sers, pot, par nostre coustume, laissier en son testament ses muebles, ses *conquès* et le quint de son heritage là, u il

li plest, exeptés ses enfans as quix il ne pot plus laissier l'un qu'à l'autre.

Beaumanoir, *Coutumes du Beauvoisis*, XII, 3.

A totes les foiz que ge achete heritage, quel qu'il soit, de ma gaagne ou des fruiz et de ma tere c'est *conquez*.

Feme *conquiert* aussi bien comme home.

A totes les foiz que ge aquier mobles par ma marcheandise ou par mon labor, c'est *conquez* de mobles.

Li Livres de Jostice et de Plet, XVI, 28.

Par le droit des Romains, il n'y avoit aucune communauté de biens entre le mary et la femme ; par les coustumes de la France, c'est tout un autre discours, pour autant que l'homme et la femme, conjoints ensemble par leur mariage sont, du jour de leur benediction nuptiale, communs en tous leurs biens meubles, et encore aux *conquests* immeubles faits durant et constant le mariage.

Est. Pasquier, *l'Interprétation des Institutes de Justinian*, II, 88.

Les françois coustumiers entendent par ce dit mot, *acquests*, les acquisitions faites par celuy ou celle qui n'est en lien de mariage, au contraire, par *conquests*, les acquisitions faictes durant et constant la société du mariage : L'energie de ce procedant de la preposition *cum*, dont *conquest* est composé ; et ce quand il est question de communauté sans plus.

Nicot, *Thresor de la langue françoise* (Voyez la même distinction dans le *Dictionnaire* de Monet, dans le *Dictionnaire de Trévoux*).

Parmi nous les biens sont propres, *acquêts* ou *conquêts*.

Montesquieu, *Esprit des lois*, VI, 1.

A cette expression *acquêts*, *conquêts*, Voltaire a substitué *acquit*, *conquit*, dans ces vers :

Il reste donc, notre triste beau-frère,
A faire ici donation entière
De tous vos biens, contrats, *acquis*, *conquis*,
Présents, futurs, à monsieur votre fils.

Voltaire, *l'Enfant prodigue*, I, 1.

On trouve dans de vieux textes, au lieu d'Ac-QUÊTS, Acquises mot dérivé comme *acquis*, *acquisition*, d'*acquérir*.

S'il n'y a enfans du..... mariage, la vesve pourra retenir en propriété la moictié des..... *acquises*, en renonceant...

Coutumes de Metz (Voir *Nouv. Cout. gén.*, t. II, p.404, col. 1 et 2).

Gens mariez entrent, dès la solemnization de leur mariage, en communauté d'acquets et conquets d'immeubles qu'ils font constant iceluy, soit que les femmes soient denommées ès lettres d'*acquises* ou non.

Coutumes d'Espinal (Voir *Nouv. Cout. gén.*, t. I, p. 813).

On trouve aussi dans les vieilles coutumes, d'où les ont tirés Cotgrave, Oudin, Sainte-Palaye,

ACQUESTEUR, ACQUESTERESSE, ACQUÉTEUR, ACQUISITEUR, désignant l'Homme ou la femme qui ont part aux acquêts.

Et après ladite femme qui estoit *acquesteresse*, l'a (l'héritage) depuis le trespassement dudit Guillaume son mary pourfiz et tenu sa vie.

Charte de 1375; cité par D. Carpentier, add. au *Glossaire* de Du Cange au mot AQUISTARE.

ACQUIESCER, v. n. (du latin *Adquiescere*, *acquiescere*, et, par ce mot, de *ad* et *quiescere*.)

On l'a écrit ADQUIESCER. Voyez le *Glossaire* de Sainte-Palaye.

Comme *acquiescere*, ACQUIESCER, construit avec la préposition *en*, a autrefois signifié Se reposer, se complaire dans, être content de, se tenir à, etc.

Je les ay ordinairement veuz bon vouloir en payement prendre, et *en* iceluy *acquiescer*, quand debilité de puissance y a esté associée.

Vous *acquiescerez en* ceste raison.

Et facilement *acquiesçois en* la double recordation de votre auguste majesté.

RABELAIS, *Pantagruel*, III, prologue; 37; IV, 4.

Non seulement il se disoit estre leur Dieu : mais promettoit de l'estre toujours, afin que leur esperance n'*acquiesçant* point *ès* choses presentes, s'estendist à perpetuité.

CALVIN, *Institution chrestienne*, liv. II, c. x, § 9.

Un rapport naturel a conduit de l'idée de repos, soit physique, soit moral, qu'exprimait *acquiescere*, à l'idée de consentement exprimé par ACQUIESCER. Chez les auteurs latins eux-mêmes se rencontrent quelques passages où *acquiescere* a le sens d'*assentiri*, par lequel ACQUIESCER peut être traduit. ACQUIESCER,

en effet, c'est, pour ainsi dire, Se reposer en une chose à laquelle on consent, ne la point contester, y déférer, s'y soumettre, qu'il s'agisse d'ailleurs ou d'une opinion, ou d'un raisonnement, ou d'une demande, ou d'un ordre, ou d'une sentence, enfin de tout ce qui peut être l'objet d'un acte de soumission.

ACQUIESCER a d'ordinaire un régime indirect gouverné par la préposition *à*.

Tel est le vouloir du très bon, très grand Dieu, auquel je *acquiesce*.

RABELAIS, *Pantagruel*, IV, nouveau prologue.

Ceux qui ne veulent *acquiescer* à ceste doctrine, usent d'une cavillation sotte et sans nulle grace.

CALVIN, *Institution chrestienne*, liv. I, c. XVIII, § 2.

Celui qui se resout ne juge plus, il s'arreste et *acquiesce* à ce qu'il tient.

CHARRON, *De la Sagesse*, II, 11.

Au 5e livre de l'histoire ecclesiastique d'Eusebe, vous voyez le clergé de Lyon admonnester doucement Eleuthère, evesque de Rome, d'*acquiescer* à la raison.

Est. PASQUIER, *Recherches de la France*, III, 8.

Ne vouloir pas *acquiescer au* sens d'autruy lors que la raison ou quelque occasion le requiert, c'est signe d'orgueil ou d'opiniastreté.

Mich. DE MARILLAC, *Imitation de Jésus-Christ*.

Puisque vostre honneur vous appelle ailleurs, il faut *acquiescer à* une si douce nécessité.

BALZAC, *Lettres*, V, 17.

Cet archevêque lui ayant dit qu'il ne falloit pas avoir trop d'impatience de mourir, et qu'il falloit souffrir autant que Dieu l'ordonneroit, elle (Anne d'Autriche) y *acquiesça* aussitôt, et fit des actes réitérés de soumission à la volonté de Dieu.

Mme DE MOTTEVILLE, *Mémoires*, 1666.

Les enfants de Dieu *acquiescent au* jugement de l'Église.

BOSSUET, *Doctrine de l'Église*, c. 19.

Il (le saint) connoit la grâce, son efficacité, il n'ignore pas qu'elle lui est nécessaire pour fuir le péché et pratiquer la vertu ; qu'il faut vouloir cette grâce, la désirer, la demander, y *acquiescer*, y coopérer.

LA BRUYÈRE, *Dialogues sur le Quiétisme*, IV.

Si un homme dit que dix-sept et trois font vingt-deux, je me hâte de lui dire : dix-sept et trois ne font que vingt; aussitôt il est vaincu par sa propre lumière et il *acquiesce* à ma correction; le même maître qui parle en moi pour le corriger, parle aussitôt en lui pour lui dire qu'il doit se rendre.

FÉNELON, *de l'Existence de Dieu*, part. I.

Deux jours après, il (Fénelon) publia un mandement fort court, par lequel il se rétracta, condamna son livre, en défendit la lecture, *acquiesça* et se soumit de nouveau à sa condamnation.

SAINT-SIMON, *Mémoires*, 1699, t. II, c. 19.

Mais quand on a vu qu'il (Fontenelle) comparait Descartes à Newton, toute la Société royale de Londres s'est soulevée; loin d'*acquiescer au* jugement, on a critiqué ce discours.

VOLTAIRE, *Lettres philosophiques*, XIV.

Au contraire, si vous voulez me protéger, me faire des dons, obtenir pour moi des grâces, me tirer de mon état, et que j'*acquiesce* à vos bienfaits, vous n'aurez recherché qu'un faiseur de phrases, et vous ne serez plus qu'un grand à mes yeux.

J.-J. ROUSSEAU, *Lettres*, 27 mai 1759.

On comprend que les exemples de ce mot soient rares en poésie, surtout à cause de la difficulté de le faire entrer dans un vers.

Soit fait, dit l'autre, il faut à ton désir
Acquiescer et te faire plaisir.
LA FONTAINE, *Contes*, II, 9.

ACQUIESCER *à* peut être suivi d'un verbe à l'infinitif.

Il (Décébale) delivra aux deputez de l'Empereur toutes les armes, toutes les machines, tous les ouvriers, et particulierement tous les fugitifs de l'armée romaine, et *acquiesça à* ruiner ses places, à rendre celles qu'il avoit usurpées sur ses voisins...

COEFFETEAU, *Histoire romaine*, IX.

ACQUIESCER s'emploie aussi absolument.

L'homme vrayement humble aymeroit mieux qu'un autre dist de luy qu'il est misérable, qu'il n'est rien, qu'il ne vaut rien, que non pas de le dire luy-mesme : au moins s'il sçait qu'on le die, il ne contredit point, mais *acquiesce* de bon cœur : car, croyant véritablement cela, il est bien-ayse qu'on suive son opinion.

S. FRANÇOIS DE SALES, *Introduction à la vie dévote*, part. III, c. 5.

Les doutes étant levés et les erreurs dissipées, non par l'évidence de la raison, mais par une autorité souveraine plus inébranlable et plus ferme que nos plus solides raisonnements, il faut que l'entendement *acquiesce*.

BOSSUET, *Sermon de la Quinquagésime*.

M. de Chevreuse, petit comme l'écolier devant son maître, embarrassé, confus, mais sans altération, *acquiesça* tout court.

SAINT-SIMON, *Mémoires*, 1712, t. X, c. 28.

ACQUIESCER, chez certains mystiques, a servi à désigner une sorte de sacrifice, sur lequel on a fort disputé dans la querelle du quiétisme.

Elle (l'ame) *acquiesce* simplement à la juste condamnation ou elle croit être de la part de Dieu ; ce qui est le comble du désespoir.

L'ame, a-t-il dit (FÉNELON, *Maximes des saints*), est invinciblement persuadée qu'elle est justement réprouvée de Dieu.... C'est donc à sa juste réprobation qu'elle *acquiesce*... c'est de son crime que l'ame est invinciblement persuadée et convaincue : la juste condamnation du crime, du côté de Dieu, est celle qui nous condamne à l'enfer : quand on *acquiesce* à la juste condamnation où l'on croit être du côté de Dieu par son crime, c'est à sa juste condamnation, c'est à la perte éternelle de son salut qu'on *acquiesce*. Ce sentiment est impie de l'aveu de l'auteur; il fait donc *acquiescer* l'ame à l'impiété.

BOSSUET, IIIe écrit sur les Maximes des saints, Question importante, si etc. ; *Préface sur l'instruction pastorale de Mgr de Cambrai*, § 19.

ACQUIESCER s'emploie aussi d'une manière spéciale dans la langue de la jurisprudence.

Procuration pour *acquiescer*.
ROB. ESTIENNE, *Dictionnaire fr.-lat.*

Acquiescer et renoncer à son appel.

Acquiescer par advis de conseil,
NICOT, *Thresor de la langue françoise.*

Acquiescer à l'adverse partie, lui donner gain de cause.
MONET, *Dictionnaire.*

On dit au palais, qu'un homme *acquiesce* à un jugement ou à une sentence, lorsqu'il l'exécute, ou qu'il renonce à l'appel qu'il avoit interjeté. On *acquiesce* expressèment par écrit en consentant à l'exécution d'un jugement, en renonçant à l'appel, ou en se désistant. On *acquiesce* aussi

91.

tacitement, quand on exécute en tout ou en partie, la sentence. On peut néanmoins l'exécuter sans *acquiescer*, pourvu que dans l'acte qui contient l'acquiescement tacite, on proteste d'appeler des chefs qui font préjudice.

Dictionnaire de Trévoux.

Sur ces mémoires la Cour ordonna... 4° que les juges seroient tenus de prononcer contre les accusés, suivant la rigueur des ordonnances, sans prétendre modérer la peine pour obliger les accusés d'*acquiescer à* leurs jugemens...

FLÉCHIER, *Mémoires sur les grands jours de 1665.*

Le czar ne se rendit point aux prières de sa femme; il crut qu'il était important que la sentence fût prononcée publiquement au prince, afin qu'après cet acte solennel il ne pût jamais revenir contre un arrêt *auquel il avait acquiescé* lui-même, et qui le rendant mort civilement, le mettrait pour jamais hors d'état de réclamer la couronne.

VOLTAIRE, *Histoire de Pierre le Grand*, part. II, c. 10.

ACQUIESCÉ, participe.

Il est invariable, se construisant toujours avec l'auxiliaire *avoir*.

ACQUIESCEMENT, s. m.

L'action d'acquiescer.

Comme ACQUIESCER, il se construit avec la préposition *à*.

J'apporte un entier *acquiescement* d'esprit *à* tout ce que vos lettres contiennent.

BALZAC, *Lettres*, V, 15.

La béatitude de l'homme consiste dans un *acquiescement* doux et paisible *à* la condition où l'on se trouve.

SAINT-ÉVREMONT (cité par Furetière).

Un *acquiescement* humble *aux* vérités de la foi.

ABELLI, *Principes de la morale chrétienne*, part. II.

Quoique la vie de cette vierge sainte eût été une conformité continuelle aux ordres du ciel, un *acquiescement* universel *aux* vues et *aux* desseins de Dieu sur elle...

MASSILLON, *Sermons.*.Purification.

Chacun applaudit, et M. Bons, d'un coup de tête réservé, remercia l'auteur de la proposition qu'il avoit faite, et l'assemblée de l'*acquiescement* qu'elle venoit d'y donner.

MARIVAUX, *le Paysan parvenu*, part. VII.

Mon esprit refuse tout *acquiescement à* l'idée de la matière non organisée se mouvant d'elle-même.

J.-J. ROUSSEAU, *Émile*, IV.

En effet, que signifiait l'*acquiescement* royal *à* l'énonciation abstraite des droits naturels?

Mme DE STAËL, *Considér. sur la Révolution franç.*, part. II, c. 9.

ACQUIESCEMENT *à*, comme *acquiescer à*, est quelquefois suivi d'un verbe à l'infinitif.

La foi chrétienne n'est point un pur *acquiescement à* croire, ni une simple soumission de l'esprit, mais un *acquiescement* et une soumission raisonnable.

BOURDALOUE, *Sermons.*.Sur l'accord de la raison et de la foi.

ACQUIESCEMENT peut encore, aussi bien que *acquiescer*, se dire d'une manière absolue.

Si cet *acquiescement* n'étoit pas raisonnable, ce ne seroit plus une vertu.

BOURDALOUE, *Sermons*. Sur l'accord de la raison et de la foi.

Il faut que dans cet *acquiescement* de la volonté, que dans ce consentement, il n'y ait ni violence ni contrainte.

LE MÊME, *Sermons*. Sur le sacrifice religieux.

La contention de tête fatigue, rebute, épuise; l'*acquiescement* de l'esprit et l'union du cœur ne lassent pas de même.

FÉNELON, *Lettre au vidame d'Amiens.*

Les démonstrations mathématiques sont si évidentes, que les plus opiniâtres ne peuvent refuser leur *acquiescement*.

MALEBRANCHE (cité par Furetière).

Les corporations judiciaires... accompagnaient leur *acquiescement* ou leur refus, de remontrances sur l'administration.

Mme DE STAËL, *Considér. sur la Révolution franç.*, part. I, c. 3.

L'emploi du verbe ACQUIESCER par certains mystiques, on l'a vu plus haut, s'est étendu au substantif ACQUIESCEMENT.

Elle (l'âme) fait,... un *acquiescement* simple *à* la condamnation juste où elle croit être de la part de Dieu. Ce sont les propres paroles de l'auteur,... tant s'en faut que l'article de l'auteur convienne avec ceux d'Issy, qu'au contraire on a affecté dans celui-là le terme d'*acquiescement*, qui est expressément défendu dans ceux d'Issy, comme celui qui met le comble au désespoir.

Ces paroles impies autant que barbares de persuasion invincible, de sacrifice absolu, d'*acquiescement* simple à sa damnation, ne sortent jamais de sa bouche (de saint François de Sales). Il ne parle que d'espérance. Ce qu'on appelle *acquiescement* et sacrifice est une peine, une tentation qu'il faut faire détester à l'âme.

Bossuet, IIIᵉ écrit sur les *Maximes des saints;* Question importante si, etc.

Je connois, mon père, une parfaite résignation aux ordres de la Providence, une soumission entière à la volonté de Dieu, une religieuse attention à la bien discerner, soit dans le livre de l'Évangile, soit dans ses commandements, ou dans ceux de son Église, une scrupuleuse attention sur la conduite qui me fait agir, si elle est conforme à la loi de Dieu ou non; y a-t-il un autre abandon que celui-là? Je serois curieux de l'apprendre. — Notre abandon, mon cher monsieur, est un *acquiescement à* tout ce qui se passe en nous, de bon ou de mauvais, sans aucun discernement, regardant en toutes choses vertu ou crime indifféremment, comme ordre et volonté de Dieu.

Mais, mon père, quel moyen y a-t-il, que les pratiques vertueuses qui font mourir le vieil homme et les œuvres de péché, que le sentiment de l'humilité chrétienne, qui est le parfait anéantissement, que l'ensevelissement de l'âme, cette sépulture du chrétien avec J.-C. puissent naître d'un *acquiescement* aveugle et mal entendu *à* tout ce qui se passe en nous, sans aucun discernement de la volonté de Dieu, qui seroit peut-être notre règle infaillible.

La Bruyère, *Dialogues sur le Quiétisme,* VII.

Nouveau système d'oraison, si inconnu à la simplicité de la foi, et qui mettiez l'*acquiescement* oiseux et le fanatisme de vos prières à la place des devoirs et des violences de l'Évangile !

Massillon, *Oraison funèbre de Louis le Grand.*

Acquiescement a part aussi à l'emploi judiciaire d'*acquiescer.*

Lettres d'*acquiescement,* déclarant renonciation à la cause.

Acquiescemens, ou causes que l'on donne gaignées (causæ dediticiæ, non judicatæ).

Rob. Estienne, *Dictionnaire fr.-lat.* 1549.

Une désertion d'appel est un tacite *acquiescement.*

L'exécution d'un jugement, d'un contrat est un vrai *acquiescement.*

On ne revient point contre un *acquiescement.*

Dictionnaire de Trévoux.

ACQUITTER, v. a. (soit directement de *Quitte,* voyez ce mot; soit, par le bas latin *Acquietare,* du latin *quietare, quietus.*)

Autrefois acquicter, acquictier (voyez le *Dict. fr.-lat.* de Rob. Estienne et les exemples ci-après).

Acquitter, qui signifie au propre Rendre quitte d'une dette, ou bien, dans un sens moral, d'une promesse, d'une obligation, etc., a naturellement pour régimes directs des noms de personnes.

Nous trouvons que Cato, curateur de Lucullus, vendit un grand prix les piscines et viviers de son mineur, pour l'*acquiter.*

G. Bouchet, *Serées,* liv. I, 6ᵉ serée.

On s'est servi quelquefois de même du verbe simple quitter (voyez ce mot).

C'est à la charge que vous ne m'en demanderez pas davantage, si vous ne voulez que je vous en die plus que je n'en sçay. — Je vous *quitte,* puis qu'ainsi est... je vous asseure que je ne les *quitteray* pas à si bon marché.

H. Estienne, 1ᵉʳ *Dial. du nouv. lang. fr. italianisé.*

Quelquefois le régime direct d'acquitter est un nom qui désigne collectivement des personnes, comme peuple, famille, compagnie, etc.; ou bien encore, par une sorte de personnification, un nom de chose, terre, propriété, succession, etc.

J'*ai acquitté* ce fonds, je l'ai déchargé de toutes les dettes auxquelles il étoit hypothéqué.

J'*ai acquitté* toute la succession de mon père, elle est franche et quitte.

Furetière, *Dictionnaire.*

Il *a acquitté* sa famille.

Il *a acquitté* la succession.

J'*ai acquitté* entièrement cette propriété.

Il devait sur sa charge, mais il l'*a* tout à fait *acquittée.*

Dictionnaire de l'Académie.

Une personnification analogue a conduit à dire ACQUITTER sa conscience, sa promesse, sa parole, etc.

Mais je croy bien que en la fin il paya trente mille francz pour sa foy *acquitter.*

FROISSART, *Chroniques*, liv. I, part. II, c. 262.

Et ung peu après que j'auray besongné avec mes gens, incontinent seray devers vous, pour *acquitter* ma foy.

A. DE LA SALE, *le Petit Jehan de Saintré*, c. 75.

Nous supplions Votre Majesté de faire *acquitter* nostre parolle.

L'ÉVÊQUE D'ACQS à Catherine de Médicis, 30 novembre et 2 décembre 1571 (Voir *Négociations dans le Levant*, t. III, p. 218, note, col. 2).

Ces promesses (de Henri IV) *furent* fidèlement *acquittées*, lorsqu'enfin, étant roi absolu et paisible, il eût pu refuser de payer ce prix de la rébellion.

VOLTAIRE, *Essai sur les mœurs*, c. 174.

Vos sairement, vos fiance *acquitez.*

Garin le Loherain, t. I, p. 102.

Monsieur *acquittera* la parole donnée.

REGNARD, *le Légataire universel*, II, 5.

On est arrivé de même à dire ACQUITTER une dette, un contrat, une obligation, etc., et à faire ainsi de ce verbe une sorte de synonyme de Exécuter, payer;

Soit au propre :

Je luy ay fait despecher une ordonnance de la somme de trois cens livres laquelle il vous presentera avec cette cy et que je vous prie commander quelle luy *soit acquittée* incontinent.

HENRI IV (12 septembre) dans Sully, *OEcon. roy.*, t. II, c. 32.

Un million qu'elle retira du duché de Réthelois servit à multiplier ses bonnes œuvres, et la première fut d'*acquitter* ce qu'elle devoit, avec une scrupuleuse régularité.

BOSSUET, *Oraison funèbre d'Anne de Gonzague.*

Comme mon frère étoit horriblement persécuté par ceux à qui il devoit, il crut qu'il pourroit prendre quelques deniers sur le courant de l'année 1664, pour *acquitter* les dettes les plus criardes.

Ch. PERRAULT, *Mémoires*, liv. IV.

Vous autres gens de qualité, quand vous avez frappé deux fois sur l'épaule d'un procureur, vous croyez que c'est de l'argent comptant, et qu'un peu de bienveillance *acquitte* toutes vos dettes.

Arlequin Grapignan (Voir *Théâtre ital.*, 1717, t. I, p. 35-36).

Il n'y a point de souverain en Europe, ni peut-être sur la terre, qui ait un tel revenu quand toutes les charges sont *acquittées.*

VOLTAIRE, *Siècle de Louis XV*, c. 34.

Je suis maintenant très en état d'*acquitter* votre petit mémoire sans m'incommoder.

J.-J. ROUSSEAU, *Lettres*, 2 décembre 1765.

LX mile doubles d'or vous ferai compter,
Et sera ma rençon que je veil *aquiter.*

CUVELIER, *Chronique de Bertrand Du Gueselin*, v. 13617.

L'Athlète avoit promis d'en payer un talent :
Mais quand il le vit, le galant
N'en donna que le tiers ; et dit, fort franchement,
Que Castor et Pollux *acquittassent* le reste.

LA FONTAINE, *Fables*, I, 14.

Le testament de l'oncle *acquittera* mes dettes.

REGNARD, *le Légataire universel*, II, 7.

Soit dans un sens moral :

Il (de Belloy) parloit souvent de cette obligation : avons-nous pu mieux *acquitter* sa dette, qu'en vous priant, monsieur, de prendre sa place ?

BUFFON, *Réponse au discours de réception du duc de Duras.*

... Les prévenances et les honnêtetés dont vous m'avez comblé, adressées, dans votre intention comme dans la vérité, à un homme de bien et d'honneur, ont à ma reconnoissance et à mon attachement un droit que je serai toujours empressé d'*acquitter.*

J.-J. ROUSSEAU, *Lettres*, 1771; à M. Dusaulx.

Despréaux, qu'on accusoit d'être avare, rendit tous les revenus d'un bénéfice qu'il avoit possédé pendant huit ans et dont il n'*avoit* pas *acquitté* les devoirs.

D'ALEMBERT, *Eloge de Despréaux*, notes, 38.

On dit aussi dans un sens spécial, ACQUITTER les droits établis sur les marchandises à leur entrée et à leur sortie, et à une époque fort ancienne, on a dit ACQUITTER la marchandise elle-même.

Si *aquitera* chascun sa chose.

Home qui achete beste à Paris, se il l'*aquitte* à Petit-pont, si puet aporter à Paris le cuir et vendre sans coustume doner.

Est. BOILEAU, *le Livre des Métiers*, part. II, tit. II.

Il est fait allusion à cette manière de parler dans ce passage d'un de nos vieux poëtes :

Baron, dist-il, or tost, amont venés.
Bien i poés séurement entrer ;
J'ai le pasaige et la tour *aquité*,
Car j'ai le maistre à m'espée tué
Qui le gardoit et yver et esté.

Huon de Bordeaux, v. 5227.

ACQUITTER, outre son régime direct, reçoit plusieurs sortes de régimes indirects ;

L'un, gouverné par la préposition *de*, fait connaître de quoi on est acquitté :

Ge Ferris dux de Lorregne et Marchis, faiz assavoir... que je franchis et *acquit* tous mes hommes et toutes mes femmes dou Nuef-chastel, *de* toutes toltes et *de* toutes tailles.

Lettre de 1256. (Voir *Ordonnances des rois de France*, t. VII, p. 362).

Quelque bon mesnager du public dira qu'il vaudroit mieux à acquitter le Roy, que de le jetter en nouvelle despense. Je respon que ceci est l'*acquitter* d'une des plus belles dettes à quoy il est obligé, qui est de rendre sa noblesse ornée de vertu.

LA NOUE, *Discours politiques et militaires*, disc. 5e

Le juste paye ce qu'il ne doit pas et *acquitte* les pécheurs *de* ce qu'ils doivent.

BOSSUET, *Discours sur l'histoire universelle*, II, 6.

Il est à craindre qu'ils (les Juges) ne chargent quelquefois la justice de les *acquitter de* cette espèce de dette qu'ils contractent envers les grands.

D'AGUESSEAU.....

Va, va, consolons-nous, Hector, et quelque jour
Le jeu m'*acquittera des* pertes de l'amour.

REGNARD, *le Joueur*, V, sc. dernière.

L'autre, gouverné par *à l'égard de*, *envers*, fait connaître la personne à l'égard de laquelle, envers laquelle on est acquitté.

Je vous prie que ce voyage veuillez entreprendre pour

l'amour de moy, et mon ame *acquitter envers* nostre seigneur.

FROISSART, *Chroniques*, liv. I, c. 47.

En détruisant son propre ouvrage, en me faisant plus de mal qu'il ne m'avoit fait de bien, il m'*acquitte envers* lui *de* toute reconnoissance.

J.-J. ROUSSEAU, *Lettres*, 8 août 1765.

Il semble qu'il vous soit réservé d'*acquitter* la nation *envers* deux de ses plus grands poëtes.

CHAMPFORT, *Éloge de La Fontaine*.

Quelles assez dignes offrandes
Nous *acquitteront envers* Dieu ?

RACAN, *Odes*, au cardinal de Richelieu.

Envers votre valeur *acquittez* ma parole.

ROTROU, *Venceslas*, I, 4.

Pourvu que vous vouliez qu'une main qui m'est chère,
Un fils le digne objet de l'amour de son père,
Xipharès, en un mot, devenant votre époux,
Me venge de Pharnace et m'*acquitte envers* vous.

J. RACINE, *Mithridate*, III, 5.

On a dit autrefois, dans le langage poétique, au lieu d'*acquitter envers*, *acquitter vers*, ou bien encore *acquitter à*.

Si je dois à ce prix *vous acquitter* ma dette.

MOLIÈRE, *l'Étourdi*, V, 9.

Une troisième classe de régimes indirects, gouvernés par *avec*, *par*, *de*, *aux dépens de*, etc., fait connaître de quelle façon on est acquitté.

Oh ! quand elle gagneroit mille pistoles, elle aimeroit mieux mourir que d'*en acquitter* la moindre dette : c'est une chose sacrée que l'argent du jeu, ce sont des fonds pour le plaisir, où l'on ne touche point pour le nécessaire.

DANCOURT, *les Bourgeoises à la mode*, I, 12.

Mais quand on a d'aussi grandes obligations à une femme, en vérité, ce n'est pas *avec* de l'amour qu'un bon cœur les *acquitte* ; il se pénètre de sentimens plus sérieux.

MARIVAUX, *le Paysan parvenu*, part. V.

Je souloye ma jeunesse *acquitter*
A joyeuses escriptures dicter.

Alain CHARTIER, *l'Espérance*.

Quoi que doive un monarque, et dût-il sa couronne,
Il doit à ses sujets encor plus qu'à personne,

Et cesse de devoir quand la dette est d'un rang
A ne point l'*acquitter* qu'*aux dépens* de leur sang.
P. CORNEILLE, *Pompée*, I, 1.

ACQUITTER, construit de ces diverses manières, reçoit assez fréquemment pour sujets, au lieu de noms de personnes, des noms désignant la chose par laquelle, au moyen de laquelle on est rendu quitte.

La mort, dit-on, nous *acquitte de* toutes nos obligations.
MONTAIGNE, *Essais*, I, 7.

Il y a une certaine reconnoissance vive qui ne nous *acquitte* pas seulement *des* bienfaits que nous avons reçus, mais qui fait même que nos amis nous doivent, en leur payant ce que nous leur devons.
LA ROCHEFOUCAULD, *Maximes*, CCCCLX.

Quelle promesse pouvoit m'*acquitter de* ce que je devois à d'autres et à moi-même.
J.-J. ROUSSEAU, *Lettres*, 8 août 1765.

...Je veux *envers* lui que votre main m'*acquitte*.
MOLIÈRE, *les Fâcheux*, III, 6.

Mais je ne prétends pas qu'un impuissant courroux
Dégage ma parole et m'*acquitte envers* vous.
J. RACINE, *Britannicus*, I, 3.

Croyez-vous qu'*envers moi* le remords vous *acquitte ?*
CRÉBILLON, *Électre*, III, 5.

On peut ajouter à ces exemples les suivants, où reparaît l'ancienne locution, remarquée plus haut, *acquitter à*.

Et je ne sais quelle offrande
M'*en* peut *acquitter aux* cieux.
MALHERBE, *Chanson* ; C'est faussement qu'on estime.

Mais quel effort, seigneur, quel assez digne prix
M'*acquittant à* vos soins.....
LA FOSSE, *Manlius*, III, 5.

ACQUITTER, avec le pronom personnel, peut s'employer absolument, au sens de Se rendre quitte ; Lorsqu'il s'agit d'une dette proprement dite :

S'acquicter loyaument et constamment.
Pour *se* mieux *acquicter*.
Rob. ESTIENNE, *Dictionnaire fr.-lat.*

Il ne *se seroit* jamais *acquitté*, si son père ne fût mort.
DANET, *Dictionnaire fr.-lat.*

Je suis homme qui aime à m'*acquitter* le plus tôt que je puis.
MOLIÈRE, *le Bourgeois gentilhomme*, III, 4.

Il (M. de Sévigné) trouve l'invention de dépenser sans paroître, de perdre sans jouer, et de payer sans *s'acquitter*.
Mme DE SÉVIGNÉ, *Lettres*, 27 mai 1680.

Vous *acquitter*, monsieur ? avec quelle monuoie ?
REGNARD, *le Joueur*, I, 8.

Lorsqu'il s'agit de quelque obligation morale :

En (on) ne *s'acquite* pas por rendre la chose trichiée.
Le Conseil de Pierre de Fontaines, c. XVI, § 1.

Elle print en elle cuer vertueux et se reconforta, vainquant nature, pour sa promesse et *soy acquictier* et à son seigneur obeissance païer.
Le Ménagier de Paris, Ire distinction, 6e art. t. I, p. 109.

Il est de la reconnoissance comme de la bonne foi des marchands : elle entretient le commerce ; et nous ne payons pas parce qu'il est juste de *nous acquitter*, mais pour trouver plus facilement des gens qui nous prêtent.
LA ROCHEFOUCAULD, *Maximes*, CCXXIII.

Je vous dois tout, Sire, mais je crois m'*acquitter* en quelque manière, en vous donnant Colbert. (Paroles de Mazarin à Louis XIV.)
L'abbé DE CHOISY, *Mémoires*, II.

Je serai ravi de te faire gagner cent pistoles. J'aime à m'*acquitter*, Pasquin.
REGNARD, *Attendez-moi sous l'orme*, I, 8.

Le roi d'Arragon, Ferdinand le Catholique, pouvait reprendre quelques villes maritimes dans le royaume de Naples, qu'il avait engagées aux Vénitiens. C'était une manière prompte de *s'acquitter*.
VOLTAIRE, *Essai sur les mœurs*, c. 113.

Entre payer ses dettes et *s'acquitter*, je mets une grande différence.
J.-B. ROUSSEAU, *Lettres*, 20 septembre 1722.

Il reçoit des bienfaits, il en a le droit, car il rendroit tout sans croire *s'être acquitté*.
CHAMPFORT, *Éloge de La Fontaine*.

Car d'elle me puis bien servir,
Se loyaument veult *s'acquicter*.
Ch. D'ORLÉANS, *Ballades*, Espoir m'a apporté nouvelle.

Si fusse autant éloquente et aprise,
Comme tu dis, je ferois mon debvoir
De *m'acquitter*.

JANE GAILLARD, *Rondeau*, à Cl. Marot.

Donne-moi seulement le temps de *m'acquitter*.

L. RACINE, *Odes sacrées*, XXI.

De là l'emploi ancien de s'ACQUITTER au sens général de Bien faire son devoir; se bien conduire.

Et fist à la porte mesmement trois de ses filz chevaliers, qui aussi *se acquittèrent* moult bien en leur nouvelle chevalerie.

Vous estes mon filz, car loyaulment *vous vous estes acquité* à ce jour.

FROISSART, *Chroniques*, liv. I, part. I, c. 102, 294.

Après commencerent les dances où tout homme *s'acquitta* le mieulx qu'il peut.

Le loyal Serviteur, c. 13.

Je vous rendray l'honneur que vous me faites, en *m'acquittant* selon vostre vouloir.

LA REINE DE NAVARRE, *Lettres*, 1537. Lettre 81 à François Ier.

A l'emploi absolu de s'ACQUITTER se rapportent quelques proverbes ou expressions proverbiales.

Qui *s'acquitte* s'enrichit.

COTGRAVE, *Dictionnaire*.

Il se ruine à promettre, mais il *s'acquitte* à ne rien tenir.

FURETIÈRE, *Dictionnaire*.

S'ACQUITTER reçoit les divers régimes indirects avec lesquels on a vu plus haut que peut se construire ACQUITTER.

S'ACQUITTER *de* est particulièrement d'un très-fréquent usage, lorsqu'il est question ;

Soit d'une dette, d'un engagement, d'un acte de reconnaissance, de réciprocité :

J'ai promis à ma dame la royne vostre mere, que feroye cest livre; et, pour *moy aquitier de* ma promesse, l'ai-je fait.

JOINVILLE, *Histoire de saint Louis*.

Tous ceux qui *s'acquittent des* devoirs de la reconnoissance ne peuvent pas pour cela se flatter d'être reconnoissants.

Le trop grand empressement qu'on a de *s'acquitter d'*une obligation, est une espèce d'ingratitude.

LA ROCHEFOUCAULD, *Maximes*, CCXXIV,; CCXXVI.

Je lui ai une obligation *dont* il faut que je *m'acquitte* avant toutes choses.

Souffrez que je lui rende ici ce qu'il m'a prêté; que je *m'acquitte* sur le champ *de* la vie que je lui dois par un délai de notre vengeance.

MOLIÈRE, *le Festin de Pierre*, III, 6.

Vous savez de quelle conséquence il est, pour des personnes de condition, de *s'acquitter de* cette sorte de dette.

LE SAGE, *Gil Blas*, III, 3.

Votre hôtesse même m'avoit déjà tirée du plus fort de mes embarras, et je *m'acquitterai de* tout cela dans quelques jours; mais ma reconnoissance sera éternelle.

MARIVAUX, *la Vie de Marianne*, part. II.

Pour ce, veuillez *vous acquicter*
De mon cœur que vous ny donné...
En le gardant en loyaulté...

Ch. D'ORLÉANS, *Ballades*, Bele, s'il vous plait écouter.

Hélas ! *de* tant d'amour et *de* tant de bienfaits,
Mon père, quel moyen de *m'acquitter* jamais?

J. RACINE, *Athalie*, IV, 3.

Allons, il faut partir, il faut que je *m'acquitte*
Des funèbres tributs que sa cendre mérite.

VOLTAIRE, *OEdipe*, V, 2.

De mes dettes je veux aujourd'hui *m'acquitter*.

REGNARD, *le Joueur*, I, 7.

Soit d'une promesse, d'un vœu, d'un acte religieux, d'une obligation morale :

Entre régner et régir, il n'y a pas grande différence, quand on *s'acquite de* son devoir.

EST. PASQUIER, *Recherches de la France*, IX, 22.

Le remède contre cet excès (de l'irrésolution) est de s'accoutumer à former des jugements certains et déterminés touchant toutes les choses qui se présentent, et à croire qu'on *s'acquitte* toujours *de* son devoir lorsqu'on fait ce qu'on juge être le meilleur, encore que peut-être on juge très-mal.

DESCARTES, *les Passions de l'âme*, part. III, art. 170.

Afin de *s'acquitter des* vœux qui avoient esté faits

I.

92

pour sa santé, il célébra des jeux solemnels durant quelques jours en l'honneur d'Esculape et de Minerve.

VAUGELAS, trad. de *Quinte-Curce*, III, 7.

Je ne pourrois *m'acquitter de* la parole que je vous ai donnée, de vous faire savoir leur morale.

PASCAL., *Provinciales*, VIII.

Il y a de la grandeur à *s'acquitter* constamment *des* moindres devoirs.

FLÉCHIER, *Oraison funèbre de M. de Lamoignon.*

Un homme est fidèle à de certaines pratiques de religion, on le voit *s'en acquitter* avec exactitude....

LA BRUYÈRE, *Caractères*, c. 12.

..... J'étois en pèlerinage
Et *m'acquittois d'*un vœu fait pour votre santé.

LA FONTAINE, *Fables*, VIII, 3.

Soit d'un acte de civilité, d'une marque de déférence, de respect, d'obéissance, etc. :

Je *m'acquitte* bien tard, madame, *d'*une telle visite.

MOLIÈRE, *l'Avare*, III, 10.

Les grands hommes, Colbert, sont mauvais courtisans,
Peu faits à *s'acquitter* des devoirs complaisants.

MOLIÈRE, *la Gloire du Val de Grâce.*

Je *m'acquitte*, Monsieur, *de* ce que je vous dois.

Et comment donc ! ne veux-tu pas
Que de mon devoir je *m'acquitte*,
Et que d'Amphitryon j'aille suivre les pas ?

LE MÊME, *les Fâcheux*, III, 2 ; *Amphitryon*, I, 4.

Soit de l'accomplissement d'une mission, d'un ordre, des fonctions d'une place, etc. :

De ces deffiances porter en France fut prié et chargé l'evesque de Lincole, qui bien *s'en acquitta.*

Je obéiray à vous, car c'est raison, et *m'acquitteray de* ce voyage à mon loyal povoir.

FROISSART, *Chroniques*, liv. I, part. I, c. 79 ; liv. II, c. 38.

Le roy ordonna distribuer quinze mil escuz d'or : mais celluy qui eust la charge, en retint une partie, et *s'en acquita* mal.

COMMYNES, *Mémoires*, II, 9.

Il est bien plus facile de se passer des biens, honeurs, dignitez, charges, que s'y bien gouverner et bien *s'en acquiter.*

CHARRON, *De la Sagesse*, I, 50.

Cependant, le Sénat, s'abaissant jusqu'aux plus lâches soumissions, ces mots échappèrent à Tibère : Qu'il n'estoit pas capable de porter tout seul le faix de l'Empire, mais qu'il tâcheroit de *s'acquiter de* la part qui seroit commise à ses soins.

PARROT D'ABLANCOURT, trad. de Tacite, *Annales*, I, 111.

On lui donnoit les derniers rôles, *dont* il *s'acquittoit* très-mal.

SCARRON, *le Roman comique*, I, 8.

Presque tout le monde prend plaisir à *s'acquitter* des petites obligations.

LA ROCHEFOUCAULD, *Maximes*, CCXCIX.

Quoique je n'aie jamais fait jusqu'ici le métier d'un homme qui fait valoir son bien lui-même, je ne *m'en acquitte* pas trop mal.

BUSSY-RABUTIN, *Lettres*, 23 mai 1667, à Mme de Sévigné.

Qui est-ce qui *s'est acquitté* plus dignement *de* cette suprême magistrature que M. Le Tellier ?

FLÉCHIER, *Oraison funèbre de Michel Le Tellier.*

Pour moi je *m'acquitterai* fort mal *de* mon personnage.

Oui vos amants ont arrêté entre eux que vous fussiez ensemble, et nous *nous acquittons de* l'ordre qu'il nous ont donné.

MOLIÈRE, *l'Impromptu de Versailles*, sc. 1 ; *les Fourberies de Scapin*, III, 1.

Leur profession est d'être vus et revus ; et ils ne se couchent jamais sans *s'être acquittés d'*un emploi si sérieux et si utile à la république.

LA BRUYÈRE, *Caractères*, c. 8.

Ne vous y jouez pas ! s'il ne tient qu'à dire des injures, je *m'en acquitterai* aussi bien que vous.

LE SAGE, *Turcaret*, V, 9.

M. d'Audiffret, lieutenant du roi, vendit sa vaisselle d'argent pour secourir les malades ; sa femme, prête d'accoucher, prit elle-même le soin des hôpitaux, pansa de ses mains les blessés, et mourut en *s'acquittant de* ce pieux office.

VOLTAIRE, *Précis du Siècle de Louis XV*, c. 22.

Puis a la qarte leçon dite
Ysengrins, qui bien *s'en aquite.*

Roman du Renart, v. 29275.

Et, pour ce, *de* vostre partie
Acquittez-vous pareillement.

Ch. D'ORLÉANS, *Ballades*, Quelles nouvelles, etc.

Tous ceux que le devoir à mon service engage
Ne *s'en acquittent* pas avec même courage.
> P. Corneille, *le Cid*, IV, 3.

Seul, ou *s'acquitte* mieux *d*'une grande entreprise.
> Rotrou, *Antigone*, III, 5.

Oui, je *me suis* galamment *acquitté*
De la commission que vous m'avez donnée.
> Molière, *Psyché*, III, 1.

Je *m'acquitte* assez bien *de* mon petit emploi.
> J. Racine, *les Plaideurs*, II, 4.

Et *m'acquitter*, seigneur, *du* malheureux emploi
Dont son cœur expirant s'est reposé sur moi.
> Le même, *Phèdre*, V, 6.

Les femmes sont un peu coquettes ; ce n'est rien.
Ce sexe est fait pour plaire ; il *s'en acquitte* bien.
> Collin d'Harleville, *l'Optimiste*, III, 9.

On a dit par raillerie, selon l'auteur du dictionnaire comique, Ph. J. Leroux , d'un homme qui a acheté une charge à crédit, et qui prend de l'argent pour rendre la justice, qu'il *s'acquitte bien de sa charge.*

S'acquitter *de*, avec la même acception, a pu être suivi d'un verbe à l'infinitif.

A ce jour, estoient dedans la Rochelle le sire de Tannay-Bouton, Messire Jaques de Surgeres, Messire Maubrun de Linieres, qui bien *s'acquiterent* aussi *de* prier avec les dessusditz ceulx de la Rochelle.
> Froissart, *Chroniques*, liv. I, part. II, c. 343.

Dans les exemples suivants, d'une date très-ancienne, *s'acquitter d'une chose* signifie, par une ellipse depuis fort inusitée, S'acquitter au sujet d'une chose, faire ce qu'elle rend obligatoire ou convenable.

Hom qui *s'aquite* à Petit-Pont *de* sa marchandise qui vient de dehors, ce marchandise que il acquitte porterail parmi la vile quitement ; et s'il ne la puet vendre, si l'emportera il quitement.
> Est. Boileau, *le Livre des Métiers*, part. II, tit. ii.

Quand le roy de France sceut la mort de son adversaire le roy d'Angleterre et le couronnement du roy Richard, si ne fut mie moins pensieux que devant ; nient moins il n'en monstra nul semblant, mais *se voult acquitter de* la mort de son cousin le roy d'Angleterre, lequel, la paix

durant, il appeloit frère. Et lui fit faire son obsèque aussi notablement et aussi puissamment en la Sainte-Chapelle à Paris, que .... si le roy d'Angleterre eust esté son cousin germain.
> Froissart, *Chroniques*, liv. I, part. II, c. 390.

Chez ce dernier écrivain *s'acquitter d'une personne*, expression également sortie de l'usage, c'est Traiter cette personne de manière à la rendre contente.

Quand le roi d'Écosse lui eut montré sa besogne et sa nécessité, et en quelle instance il estoit là venu, il fut tantôt tout *acquitté de luy* ; car moult bien se sçavoit *acquitter de ceux* dont il esperoit à avoir profit, ainsi que plusieurs grands seigneurs sçavent faire.

Le prince les receut tous liement et *se acquitta* si bellement *d'eulx* que tous s'en contentèrent.
> Froissart, liv. I, part. I, c. 75 ; part. II, c. 158.

On dit, fréquemment, *s'acquitter envers*, *s'acquitter vers*. On a dû dire aussi, de même que *acquitter à*, *s'acquitter à*.

La femme vint al prophète e tute le uvre li mustrad ; e li prophètes cumandat que ele s'en alast, e *vers* ses créanciers *s'en aquitast*, e del surplus seie ses fiz suztenist e cunréast.
> Les quatre Livres des Rois, IV, iv, 7.

Pourquoy, pere saint, je *me vueil acquiter envers* Dieu et *envers* vous et *acquitcray* les ames de mes predecesseurs.
> Froissart, *Chroniques*, liv. II, c. 50.

Ce n'est pas mon intention de *m'aquitter envers* une personne à qui je prens tant de plaisir d'estre redevable.
> Voiture, *Lettres*, XLIII, 22 octobre 1633.

Toute l'Europe a les yeux ouverts pour voir comment un mari si illustre, un frère si puissant, des sujets si fidèles, *s'acquitteront envers* une princesse si auguste *de* droits si sacrés et si inviolables.
> Traité des droits de la reine, 1667. (Voir *Négociations relatives à la succession d'Espagne*, t. II, p. 87.)

Il (Brancas) est persuadé qu'il vous a donné une si belle femme, et qui vous aime si tendrement, que vous ne pouvez jamais en faire assez pour *vous acquitter envers* lui.
> Mme de Sévigné, *Lettres*, 25 juin 1670.

J'ai des biens assez considérables pour pouvoir *m'acquitter envers* vous sans m'incommoder.
> Le Sage, *Gil Blas*, I, 14.

Mais pourquoi vous dire cela? N'avez-vous pas eu le plaisir de m'obliger? Ne me devez-vous pas aussi de la reconnoissance? N'est-ce pas à vous désormais de *vous acquitter envers* moi.

J.-J. Rousseau, Lettres, 8 novembre 1759.

Acquictié me suis, comme doy,
Vers vous et vostre seigneurie.

Ch. d'Orléans, Ballades, Hélas! sire, pardonnez-moi.

César s'efforcera de *s'acquitter vers* vous
De ce qu'il voudroit rendre à cet illustre époux.

P. Corneille, Pompée, III, 4.

De ce que l'on vous doit *envers vous* on *s'acquitte.*

Allons, pour mon époux, Cléanthis, *vers* les Dieux
Nous acquitter de nos hommages.

Molière, le Tartuffe, I, 1 ; Amphitryon, II, 2.

Et *m'acquitter vers* vous *de* mes respects profonds.

J. Racine, Bajazet, III, 2.

De *m'acquitter vers lui* rien ne peut m'empêcher.

Regnard, les Ménechmes, II, 1.

La mort a respecté ces jours que je te doi,
Pour me donner le temps de *m'acquitter vers* toi.

Voltaire, Alzire, II, 2.

S'acquitter envers peut être suivi d'un nom exprimant quelque abstraction personnifiée.

Je définis ainsi le droit de conquête, un droit nécessaire, légitime et malheureux, qui laisse toujours une dette immense pour *s'acquitter envers* la nature humaine.

Montesquieu, Esprit des lois, X, 4.

S'acquitter avec se dit quelquefois au sens de S'acquitter envers.

J'aurois voulu pouvoir lui rendre bon office pour bon office, et *m'acquitter avec* lui de quelque façon.

J.-J. Rousseau, les Confessions, part. II, liv. XII.

À *s'acquitter avec*, en certains cas, répond l'expression plus usitée *s'acquitter par*

Assez de bons sujets, dans toutes les provinces,
Par des vœux impuissants *s'acquittent vers* leurs princes.

P. Corneille, Horace, V, 3.

Et n'ai-je pris sur moi le soin de tout l'État
Que pour *m'en acquitter par* un assassinat?

J. Racine, Andromaque, IV, 3.

S'acquitter a pu être dit, passivement, pour *être acquitté.*

Se (si) Peleterie vient de foire, et ele passe parmi Paris
et ele vait outre, toute *s'acquitera.*

Est. Boileau, le Livre des Métiers, part. II, tit. 11.

En termes de jurisprudence acquitter, et, on peut le dire ici par avance, acquittement ont été longtemps des synonymes, peu employés et conséquemment négligés par les lexicographes, d'*absoudre* et d'*absolution* (voyez ces mots).

Depuis l'institution du jury en 1791, on distingue ces mots par des nuances qui correspondent à la distinction de la question de fait et de la question de droit dans les jugements.

Acquitter et acquittement se rapportent à la déclaration par le jury que l'accusé n'est pas coupable du fait pour lequel il est poursuivi; *absoudre* et *absolution* à l'arrêt de la cour par lequel l'accusé, bien que déclaré coupable par le jury, est cependant exempté de toute peine par les juges, le fait incriminé n'ayant pas été prévu par la loi pénale ou ne pouvant être puni à raison de certaines circonstances exceptionnelles.

Ces expressions sont encore confondues dans le *Code des délits et des peines* du 3 brumaire, an IV, art. 432; mais dans le *Code d'instruction criminelle*, promulgué en 1808, elles sont soigneusement distinguées, comme en font foi quelques-uns des passages suivants.

Tout homme *acquitté* par un juré légal ne peut plus être repris ni accusé à raison du même fait.

Constitution française, 1791, tit. III, c.v, art. 9. Du pouvoir judiciaire.

Lorsque l'accusé aura été déclaré non coupable, le président prononcera qu'il *est acquitté* de l'accusation et ordonnera qu'il soit mis en liberté s'il n'est retenu pour autre cause... L'accusé *acquitté* pourra... obtenir des dommages-intérêts contre ses dénonciateurs, pour fait de calomnie.

La cour prononcera l'*absolution* de l'accusé, si le fait dont il est déclaré coupable n'est pas défendu par une loi pénale.

Dans aucun cas, la partie civile ne pourra poursuivre

l'annulation d'une ordonnance d'*acquittement* ou d'un arrêt d'*absolution ;* mais si l'arrêt a prononcé contre elle des condamnations civiles supérieures aux demandes de la partie *acquittée* ou *absoute*, cette disposition de l'arrêt pourra être annulée sur la demande de la partie civile.

Code d'instruction criminelle, liv. II, tit. II, sect. *ii*, art. 358, 364 ; Tit. III, c. i, § i, art. 412.

D'ACQUITTER on a formé RACQUITTER (voyez ce mot).

ACQUITTÉ, ÉE, participe.

On a dit adjectivement *acquitté de* dans le même sens que Quitte de ; *acquitté envers*, dans le même sens que Quitte envers. Toutefois on a remarqué entre ACQUITTÉ et *quitte*, comme, en général, entre les participes des verbes réciproques et les adjectifs correspondants, cette différence que le premier exprime plutôt l'action ou la rappelle, et que le second exprime le résultat de cette action, l'état où se trouve celui qui l'a faite.

Et pour les causes dessus dictes, elle se tient pour *acquittée* et désobligée *de* la promesse qu'elle jadis luy fist.
Les Cent Nouvelles nouvelles, XXVI.

Acquicté de son serment.

*Acquicté d'*un vœu faict à Dieu.

Acquicté et hors *du* danger duquel il est menacé par la prophétie (defunctus fato).
Rob. ESTIENNE, *Dictionnaire fr.-lat.*

Acquitté des devoirs que je pouvois lui rendre
Dans cette urne avec soin j'ai renfermé sa cendre.

Mais et *vers* la couronne et *vers* vous *acquitté*
J'implore une faveur de votre majesté.
ROTROU, *Antigone*, II, 6 ; *Venceslas*, V, 9.

Puis, *acquittés* un peu *de* ce premier devoir,
Il faudra...

Votre cœur se croit, *vers* ma flamme.
Assez amplement *acquitté*.
MOLIÈRE, *le Tartuffe*, V, 8 ; *Amphitryon*, II, 2.

On a dit au même sens, absolument, ACQUITTÉ.

... Lequel, par ce moyen, fut délivré de sa rençon et par monseigneur Thalebot *acquitté*.
Les Cent Nouvelles nouvelles, V.

Li Rois méismes a jugié
Devant sa cort é otroié
Que Graelent est *aquités*,
Bien doit estres quites clamés.
MARIE DE FRANCE, *Lai de Graelent*, v. 635.

ACQUITTÉ est employé de même, mais dit de la dette elle-même dans le passage suivant :

... Bontés de chose prestée
Est tost rendue et *aquitée ;*
Mès de chose donnée en dons
Doit estre graus li guerredons.
Roman de la Rose, v. 2265.

ACQUITTÉ, pris absolument, se dit d'une manière spéciale, dans le langage des affaires. *Un compte acquitté, un effet acquitté*, sont Un compte, un effet soldé par le débiteur, qui ont été revêtus de l'*acquit* du créancier (voyez ACQUIT).

Vous me ferez plaisir de vouloir bien m'avertir quand ces lettres de change *auront été acquittées*.
VOLTAIRE, *Lettres*, 21 août, 1765.

ACQUIT, s. m.

Autrefois ACQUIS, AQUIT, ACUIT, etc. (voyez les exemples ci-après).

Il entre dans quelques locutions où il exprime d'une manière générale, tant au propre qu'au figuré, l'Action d'acquitter et de s'acquitter. Telles sont :

Payer une chose à l'acquit ou *en l'acquit de quelqu'un, aller à l'acquit de quelqu'un*, c'est-à-dire à sa décharge.

Il *a payé* cette somme *à l'acquit de* son frère.
DANET, *Dictionnaire fr.-lat.*

On dit qu'une caution *paye à l'acquit d'*un débiteur, qu'un payement *va à son acquit*, pour dire qu'on paye pour lui, à sa décharge.
FURETIÈRE, *Dictionnaire*.

J'ai payé cela *à l'acquit de* la succession.

Cela *va à l'acquit des* mineurs.
Dictionnaire de l'Académie, 1694.

Faire quelque chose à l'acquit de sa conscience,

pour l'acquit de sa conscience, c'est-à-dire Pour n'en avoir pas la conscience chargée, *pour l'acquit de son cœur,* c'est-à-dire Pour satisfaire son cœur.

Messieurs, vous estes advertis des troubles qui sont en ce Royaume sur le sujet de la religion, c'est pourquoi je vous ai fait assembler en ce lieu pour reformer les choses que vous verrez en avoir besoin, sans passion quelconque, ni avoir esgard aux particuliers interests, mais seulement à l'honneur de Dieu, *à l'acquit de vos consciences* et au repos public. (Paroles de Henri III au colloque de Poissy.)

　　Agr. d'Aubigné, *Histoire universelle,* t. I, liv. II, c. 24.

On est obligé de s'exposer à toutes les injures *pour l'acquit de sa conscience* et la sûreté de son salut.

　　Bourdaloue, *Exhortations,* Sur le soufflet donné à Jésus-Christ.

Il s'est marié avec une assez belle fille, et cela, dit-il, *pour l'acquit de sa conscience.*

　　Tallemant des Réaux, *Historiettes,* Esprit.

De très-fortes raisons, ma tante; mon repos, *l'acquit de ma conscience.*

　　Dancourt, *Colin-Maillard,* sc. 3.

Une seule chose m'alarmoit dans la publication de ce livre (Émile), et cela, moins pour ma sûreté, que *pour l'acquit de mon cœur.*

　　J.-J. Rousseau, *les Confessions,* part. II, liv. XI.

Et j'ai dû lui laisser un peu de subsistance,
Pour l'acquit de son âme, et de ma conscience.

　　Regnard, *le Légataire universel,* IV, 7.

Faire quelque chose pour l'acquit de sa charge, de son devoir, de sa reconnoissance, etc., c'est-à-dire, Pour satisfaire à ces diverses obligations.

Vous devez toujours appréhender la négligence en *l'acquit de vos devoirs.*

　　Bossuet, *Exhortations,* Sur les devoirs de la vie religieuse.

On dit qu'un juge fait une telle visite, un tel réglement, *pour l'acquit de son devoir, de sa charge.*

　　Furetière, *Dictionnaire.*

Sa mémoire me doit être chère; il devint un homme de bien pour moi. Ceci soit dit *pour l'acquit de ma reconnoissance,* et en réparation du tort que la vérité historique pourra lui faire encore.

　　Marivaux, *la Vie de Marianne,* part. II.

Faire quelque chose par manière d'acquit, c'est-à-dire « Laschement et seulement pour en estre despeché, *defunctoriè, perfunctoriè,* » comme l'explique et le traduit Rob. Estienne.

Numa pensa qu'il falloit que ses subjects n'ouyssent rien du service divin *par maniere d'acquit,* en faisant autre chose.

　　Amyot, trad. de Plutarque, *Vie de Numa,* c. 24.

Et de ceste escharpe, adjousta-t-elle, qu'en dirons-nous? J'avoüe, luy dis-je, que je la luy pris hier, mais ce ne fut que *par maniere d'acquit* et comme desireux de mieux celer l'affection que je vous porte.

　　D'Urfé, *l'Astrée,* part. II, liv. IV.

Le duc d'Urbin s'approcha de Milan; mais comme il ne le faisoit que *par maniere d'acquit,* il tenta seulement les assiégés par de légères escarmouches, puis deslogea de nuit, lorsqu'ils s'apprestoient de s'enfuir de l'autre costé.

　　Mézeray, *Histoire de France,* François Ier, 1536.

Jugez s'il se fust contenté que ses ministres ne luy eussent parlé des choses que *par maniere d'acquit,* après les avoir résolues d'eux-mesmes.

　　Hardouin de Péréfixe, *Hist. de Henri le Grand,* 3e partie, année 1602.

Ce que Mélanchton écrit confidemment à un ami, nous fait bien voir que ce n'étoit que par forme et *par manière d'acquit* qu'on nommoit saint Augustin dans le parti.

　　Bossuet, *Histoire des variations,* V.

Les uns s'informent de la vérité *par manière d'acquit.*

　　Le même, *Politique tirée de l'Écriture,* liv. V, art. 2.

Il prit un luth, et badina tant avant que de chanter, que quand il voulut chanter tout de bon, la Reine, qui en étoit lasse, ne l'écouta point, ou ne l'écouta que *par manière d'acquit.*

　　Tallemant des Réaux, *Historiettes.* Bertrand, neveu de l'évêque de Séez.

Je lui remis aussitôt la boîte qui, par le vif éclat des brillans dont elle étoit garnie, lui réjouit infiniment la vue : elle l'ouvrit, et l'ayant fermée, après avoir considéré la peinture *par manière d'acquit,* elle revint aux pierreries.

Il revoyoit le roi pour la troisième fois, lui rendoit compte, comme il lui plaisoit, de ce qu'il avoit fait ce jour là, et lui demandoit *par manière d'acquit* ses ordres pour le lendemain.

　　Le Sage, *Gil Blas,* VII, 10; VIII, 5.

Pour me faire la cour, qu'as-tu fait ? qu'as-tu dit ?
Quelques mots, en passant, *par manière d'acquit*.
MONTFLEURY, le Mari sans femme, V, I.

On a dit de même anciennement, *par forme d'ac-quit*.

Ils s'en allerent tous riants et sautans en leurs maisons, les uns se mettant au lict, et les autres à desjeuner avant que de dormir sans qu'il demeurast que quelques chetives sentinelles *par forme d'acquit*.
SULLY, OEconomies royales, t. I, c. 95.

Les autres ne servent Dieu que de mine et *par forme d'acquit*.
MATTHIEU, Histoire des derniers troubles de France, II.

Une messe par cérémonie, un sermon par curiosité, une légère aumône *par forme d'acquit*, voilà à quoi se réduit toute sa vie selon Dieu.
BOURDALOUE (cité par Féraud).

Ou, simplement, *par acquit*.

Quand je me prens garde de prez aux plus glorieux exploicts de la guerre, je veoy, ce me semble, que ceulx qui les conduisent n'y employent la deliberation et le conseil que *par acquit*, et que la meilleure part de l'entreprinse, ils l'abandonnent à la fortune.
MONTAIGNE, Essais, I, 23.

Le premier et fondamental avis est de se resoudre à ne vivre point *par acquit*, à l'incertain et à l'aventure.
CHARRON, De la Sagesse, III, 4.

Les autres, hors-mis les Espagnols, tiroient *par acquit*.
Agr. D'AUBIGNÉ, Histoire universelle, t. III, liv. IV, c. 19.

La philosophie commande en reine ; elle donne le temps, on ne le lui donne point. Ce n'est point une beso-gne qu'il faille faire *par acquit*.
MALHERBE, trad. des Épîtres de Sénèque, Épître LIII, 3.

Partant vous faut agir dans cette affaire
Non *par acquit*, mais de tout votre mieux.
LA FONTAINE, Poésies mêlées.

On dit soit au propre, soit figurément, l'ACQUIT d'une dette pour l'Action de l'acquitter.

Il disoit avoir baillié aucune coze en *acquit* de le (la) dette.
BEAUMANOIR, Coutumes du Beauvoisis, XI, 47.

Ils ont converti en aumônes pour l'*acquit de* leurs dettes auprès de Dieu, et pour l'expiation de leurs péchés, ce qu'ils retranchoient à leurs aises et à leurs commodités.
BOURDALOUE, Sermons, Sur l'aumône.

L'abolition d'un droit honteux n'est que l'*acquit d'*une dette envers l'honnêteté.
BEAUMARCHAIS, le Mariage de Figaro, I, 10.

ACQUIT, dans un sens plus particulier, exprime La pièce même qui acquitte, qui décharge, la quit-tance, la décharge.

Se faire délivrer, expédier des *acquits*.
FURETIÈRE, Dictionnaire.

J'en ai un bon *acquit*.

Je fournirai des *acquits* bons et valables.

Mettez votre *acquit* au bas de ce billet.
Dictionnaire de l'Académie.

De là cette expression *pour acquit*, par laquelle on acquitte un billet, une lettre de change, un mé-moire, etc., en mettant simplement au bas ou au dos ces mots suivis de la signature.

Il a été fait quelquefois du mot ACQUIT, même en ce sens technique, un emploi littéraire.

Mais elle vit long-temps. Aviez-vous stipulé qu'elle mourût après avoir signé votre fortune et *l'acquit de* toutes vos dettes ?
LA BRUYÈRE, Caractères, c. 14.

J'ai fait ces vers tout rempli d'assurance ;
Commandez donc, en termes gracieux,
Que, sans tarder, d'un soin officieux,
Celui des Ris qu'avez pour secrétaire,
M'en expédie un *acquit* glorieux.
LA FONTAINE, Poésies mêlées.

ACQUIT, dans une acception spéciale, est un Reçu, constatant qu'on a payé les droits d'entrée ou de sortie de certaines marchandises.

De là ces expressions, *faire, donner, livrer, expé-dier un acquit, prendre, avoir un acquit*, etc.

ACQUIT semble avoir aussi désigné le Droit lui-même ou perçu ou payé.

Si sunt quite pour un *aquit*.

Si ne doivent c'un *aquit*.

Est. Boileau, *le Livre des Métiers*, part. II, tit. II.

Item, comme nous deissons à nous appartenir l'*acuit* ou coustumes de tous poissons pesquiés par les pesqueeurs de Saint-Walery, en quelconque lieu il les vendissent, et de touz autres poissons, dont li *acuis* ou coustume est et doit estre paiés à Saint-Walery; et li diz religieus proposerent au contraire et disoient que à aus appartenoit ledit *acuit* ou coustumes.

Charte de 1321, *de Robert, comte de Dreux; cité par* D. Carpentier, addit. au *Gloss.* de Du Cange, au mot ACQUITUM.

Tous les travers, peages et *acquis*, qui sont entre Paris et la mer...

X solz paris. pour l'*aquit de* une queue de vin poirau.

Ordonnance de 1370; *Charte de* 1391; cité par D. Carpentier, addit. au *Gloss.* de Du Cange, *ibid.*

On s'est servi d'ACQUIT pour exprimer le Bureau de péage et l'on dit *aller à l'acquit, être à l'acquit*, etc.

Le suppliant bailla icellui cheval à Robin de Gaillon pour le mener à l'*acquit* où l'en cuilloit l'imposition d'icelle foire.

Lettre de rémission de 1414; cité par D. Carpentier, addit. au *Gloss.* de Du Cange, *ibid.*

Le substantif ACQUITTEUR, dans le passage suivant, semble désigner les officiers publics préposés au recouvrement des droits d'entrée.

Le peuple avoit espéré sur vostre parole, que vous déboucleriez la rivière et rendriez les chemins et le commerce libre; mais ils voyent au contraire qu'ils sont plus serrez que devant, et que le pain et le peu de bien qu'ils ont pour vivre, ne vient pas de vostre bien-faict, ni de vostre vaillance, mais de la libéralité du Biarnais, et de son bon naturel, ou de l'avarice des *aquiteurs* qui en tirent tout le profit.

Satyre Ménippée, Harangue de monsieur le recteur Roze.

Du mot ACQUIT s'étaient encore formées, dans le langage administratif, des locutions qu'il appartient aux dictionnaires spéciaux d'expliquer.

Acquit de franchise, acquit-à-caution, acquit-à-caution de transit, acquit de payement, acquit de comptant, acquit-patent, etc.

Plusieurs de ces locutions, à dater de 1718, ont trouvé place dans le Dictionnaire de l'Académie, telles sont les substantifs ACQUIT-A-CAUTION, ACQUIT-PATENT.

ACQUIT-A-CAUTION, s. m.

Autorisation que les employés d'une administration fiscale délivrent sur papier timbré, pour que telle marchandise qui n'a point encore payé les droits de consommation, puisse librement circuler d'un entrepôt à un autre, sous la garantie qu'elle parviendra à sa destination.

ACQUIT-PATENT se disait, en termes de chancellerie et de finances, d'un Brevet du roi, scellé du grand sceau, portant gratification de quelque somme d'argent, et servant d'acquit et de décharge à celui qui en devait faire le payement : *un acquit-patent de dix mille écus.*

Et parce qu'il ne paroit pas de cause visible qui ait pu exciter une telle émotion dans une langueur telle que la mienne, on s'imagine que je fais le fin et que j'ai reçu un *acquit-patent*, mais que je l'appelle votre lettre.

Balzac, *Lettres*, IX, 3.

Peut-être craindrez-vous de vous attacher au service des princes, et que mon exemple vous en rebutera; peut-être la taille de l'un (le prince de Conti) ne vous plaira-t-elle pas, peut-être aussi la figure de l'autre (Fouquet). Mandez-moi des nouvelles de celui-ci, et des progrès qu'il a faits depuis mon départ; à combien d'*acquits-patents* il a mis votre liberté.

Bussy-Rabutin, *Lettres*, 16 juin 1654, à Mme de Sévigné.

ACQUIT DU COMPTANT OU DE COMPTANT, Lettres patentes qui étaient expédiées à la décharge du garde du trésor royal, pour les sommes remises comptant entre les mains du roi.

Alors s'étendit sans mesure le fatal usage des *acquits du comptant*, genre de désordre qui eût suffi pour ébranler la monarchie la plus fortement constituée.

Lacretelle, *Histoire de France pendant le* XVIIIe *siècle.*

Dans les passages suivants ACQUIT a le même sens.

Car si scellez mon *acquict*, je suis riche.

Car vous sçavez que tout *acquit* sans scel
Sert beaucoup moins qu'un potage sans sel,
Qu'un arc sans corde, ou qu'un cheval sans selle.

Plaise au roy nostre sire
De commander et dire
Qu'un bel *acquict* on baille
A Marot, qui n'a maille.

Cl. Marot, *Épîtres*, I, 7; *Épigrammes*, I, 3.

Acquit est enfin terme de jeu.

Jouer à l'acquit se dit lorsque, dans une partie de plusieurs personnes, ceux qui ont perdu jouent entre eux à qui payera le tout.

Donner l'acquit, son acquit, un bon, un mauvais acquit se disent, au jeu de billard, en parlant du premier coup qui consiste à placer sa bille sur laquelle l'adversaire doit jouer.

ACQUITTEMENT, s. m.

Il se dit de l'action d'acquitter, en parlant de dettes ou d'obligations pécuniaires.

On a délibéré, dans les Estats (de Bourgogne) tous ces jours icy pour trouver l'*acquittement des* dettes. . . . .

Le duc de Bourbon à Colbert, 28 juin 1662. (Voir *Correspondance administrative sous Louis XIV*, t. I, p. 435.)

Langlée, espèce d'homme fort singulier dans une cour, fut chargé de dresser tous les états de ses dettes avec elle, de toucher les paiemens du roi, et les faire ensuite à ceux à qui madame la duchesse (de Bourgogne) devoit, qui en peu de semaines se trouva quitte, sans que personne de ceux qu'elle craignoit sût les dettes ni l'*acquittement*.

Saint-Simon, *Mémoires*, 1700, t. II, c. 27.

Elle décrète que les fonds destinés à l'*acquittement de* la dette publique et au paiement des intérêts seront séparés des autres dépenses.

Mirabeau, *Discours*, 20 novembre 1789.

Il est employé en ce sens, mais au figuré dans le passage suivant :

Ses emplois, ses dignités, ses richesses, ne lui paroissoient qu'une dette, *dont l'acquittement* exigeoit le sacrifice de sa vie entière.

Le duc de Nivernais, *Réponse* au Discours de réception de l'abbé Trublet, 1761.

Acquittement, on l'a vu plus haut, autrefois synonyme d'absolution, signifie maintenant en droit criminel le renvoi d'un individu déclaré par le jury non coupable du fait pour lequel il a été poursuivi. Voyez les articles du *Code d'instruction criminelle* cités plus haut.

ACRE, s. f.

Acre, comme dans la basse latinité *Acra*, paraît avoir une origine latine, soit qu'on le rapporte à *Acnua, acna*, mesure de terre définie par Varron (*De re rust.* I, 10), et par Columelle (*De re rust.* V, 1), soit qu'on le fasse venir d'*Ager*.

Le mot allemand *Acker*, dont on l'a quelquefois tiré, s'est, probablement, formé lui-même sur *Ager*.

Acre désigne depuis longtemps une Mesure de terre employée en divers pays et d'une étendue différente selon les localités. Il était, dans l'origine usité surtout en Normandie.

Soissante six *acres*... des queles chascune *acre* contient wit vinz perches... seanz ou terrouer de la ville de Villers en Wekesin le Normant.

Charte de 1308; cité par D. Carpentier, addit. au *Glossaire* de Du Cange, au mot Acra.

Les terres roturières. . . doivent de relief douze deniers pour *acre*.

Le manoir, maison, masure avec la court et jardin, doit de relief trois sols, pourveu qu'il ne contienne plus d'une *acre*.

Coustumes du duché de Normandie, Des fiefs et droits féodaux. (Voir *Cout. gén.*, t. I, p. 1010.)

On mesure la terre par portions : les portions ont divers noms selon les lieux, s'estant diversifiées par le temps, dont les plus communes sont aujourd'hui entre nous arpenst, saumées, asnées, journaux, sesterées, *acres*, couples-de-bœufs, qui néantmoins ont diverses mesures selon les divers pays.

Olivier de Serres, *Théâtre d'agriculture*, I, 3.

Acre est substantif masculin dans l'exemple suivant :

La mesure de la province de Normandie est l'*acre*. Cet *acre* est composé, etc.

Vauban, *Projet d'une Dixme royale*, Premier fonds

I.

ÀCRE, adj. des deux genres (de l'adjectif latin *Acer, acris, acre*).

Qui a quelque chose de piquant, de mordicant, de corrosif, etc.

On le dit, au propre, de certaines substances, du sang, de la bile, des humeurs, etc.

Il y a de l'huile d'olives qui est chaude et *âcre*.
Bernard Palissy, *Abus des médecins*.

La saveur en est douce, quoiqu'il soit (un sel) composé d'ingrédients plus salés et plus *âcres* que la saumure.
Fontenelle, *Hist. de l'Académie des sciences*, 1667, t. I, p. 23.

A l'égard du caractère général des nations, la nature l'a formé. Le sang des Chinois et des Indiens est peut-être moins *âcre* que le nôtre, leurs mœurs plus tranquilles.
Voltaire, *Fragments sur l'histoire*, art. 3.

Cette salive qu'ils (les Lamas) lancent dans la colère, est *âcre* et mordicante, au point de faire lever des ampoules sur la peau.
Buffon, *Histoire naturelle*, Quadrupèdes; le Lama.

Le palais de la bouche est plus vivement affecté par ce qui est *âcre* que par ce qui est âpre.
Girard, *Synonymes françois*.

On le dit aussi du goût, de la saveur, *un goût âcre, une saveur âcre*.

Il s'est appliqué, par extension et par figure, à ce qui affecte le sens de l'ouïe.

Ses cris *âcres* et lugubres... et sa voix entrecoupée, qu'elle fait souvent retentir dans le silence de la nuit...
Buffon, *Histoire naturelle*, Oiseaux; l'Effraye.

ÂCRE, dans les passages suivants, souvent cités et discutés, semble avoir un sens à la fois physique et moral.

Non, garde tes baisers, je ne les saurois supporter... ils sont trop *âcres*, trop pénétrants, ils percent, ils brûlent jusqu'à la moelle.

Je ne sais quelle volupté tranquille qui n'a rien d'*âcre* et de sensuel.
J.-J. Rousseau, *la Nouvelle Héloïse*, I, 14, 23.

ÂCRE s'emploie au figuré, en parlant de l'humeur, du ton, des discours, d'une réprimande, d'une critique, etc.

Il est alors joint quelquefois à d'autres mots pris eux-mêmes figurément, tels que *sel, fiel, amertume*, etc.

Je ne vis jamais une joie aussi scandaleuse, ni une plus *âcre amertume*.

Outre ces faits fortement articulés, le *sel* le plus *âcre* étoit répandu partout.
Saint-Simon, *Mémoires*, 1694, t. I, c. 19.

Ces basses grossièretés révoltent tout lecteur honnête homme et font voir que la jalousie rongeait son cœur du *fiel* le plus *âcre* et le plus noir.
Voltaire, *Lettres*, 15 avril 1752.

Les auteurs, les décrets, les livres, cette *âcre fumée* de gloire qui fait pleurer, tout cela sont des folies de l'autre monde auxquelles je ne prends plus de part, et que je vais me hâter d'oublier.
J.-J. Rousseau, *Lettres*, 29 mars 1766.

Quel changement! Tout Paris répétoit les *âcres* et mordans sarcasmes de ce même homme qui, deux ans auparavant et dix ans après, n'a jamais su trouver la chose qu'il avoit à dire, ni le mot qu'il devoit employer.
Le même, *les Confessions*, part. II, liv. IX.

Ce Boileau, si funeste à l'auteur de Pyrame,
Si fin dans la satire, est froid dans l'épigramme.
Rousseau, qui de ce genre eût mérité le prix,
Souvent d'un *sel* trop *âcre* a semé ses écrits.
Le Brun, *Épîtres*, I, 1.

On l'a dit quelquefois même des personnes.

Stanhope qu'il (Cellamare) vit ne lui dissimula pas ses sentiments; il parut défenseur très *âcre* du projet de la quadruple alliance.
Saint-Simon, *Mémoires*, 1718, t. XVI, c. 15.

ÂCRETÉ, s. f.

Qualité de ce qui est âcre.

Comme l'adjectif dont on l'a tiré, il se prend au propre et au figuré.

On dit au propre l'*âcreté* d'une substance, l'*âcreté* du sang, de la bile, des humeurs, etc., une *âcreté* mordante, etc.

L'*âcreté de* la fumée du bois est tesmoignage qu'elle portoit en soy quelque salsitude.

Bernard-PALISSY, Recepte véritable.

Les dites humeurs ont une certaine malignité... qui est causée par l'*âcreté* des humeurs engendrées dans la concavité du diaphragme.

Je vous abandonne à votre mauvaise constitution, à l'intempérie de vos entrailles, à la corruption de votre sang, à l'*âcreté de* votre bile.

MOLIÈRE, le Médecin malgré lui, II, 4 ; le Malade imaginaire,
III, 5.

Tandis qu'il (Louis XI) demande ainsi la vie à un ermite étranger, il croit en ranimer les restes en s'abreuvant de sang qu'on tire à des enfans, dans la fausse espérance de corriger l'*âcreté du* sien.

VOLTAIRE, Essai sur les mœurs, c. 94.

Ces eaux, pour s'échapper se frayant une route,
Coulent le long des joncs et tombent goutte à goutte:
Alors fais-en l'essai ; ton palais révolté,
Connoit ce sol ingrat à *leur* triste *âcreté.*

DELILLE, trad. des Géorgiques, II,

On dit au figuré l'ÂCRETÉ d'un caractère, d'un discours, d'une dispute, etc., l'ÂCRETÉ d'une personne, *avoir de l'âcreté.*

Il (l'abbé de Camps) savoit en effet beaucoup, avec de l'esprit et du jugement, de la vivacité et quelquefois *de l'âcreté.*

SAINT-SIMON, Mémoires, 1721, t. XVIII, c. 26.

Les faits bien vus feraient tomber cette fureur pour la dispute, *dont* l'*âcreté* augmente en raison de l'obscurité et de l'inutilité des objets sur lesquels elle s'exerce.

VOLTAIRE, Lettre aux auteurs de la Gazette littéraire.

Ces petits beaux esprits craignaient la vérité
Et *du* sel de tes vers la piquante *âcreté.*

Gazetier clandestin *dont* la plate *âcreté*
Damne le genre humain de pleine autorité.

LE MÊME, Épîtres, XCV ; Poëme de la loi naturelle.

- A l'emploi fait par J.-J. Rousseau du mot *âcre* (voy. pag. 738, col. 1) répond celui qu'il a fait du mot ÂCRETÉ.

L'extrême douceur de Julie doit tempérer l'*âcreté du* feu qu'elle inspire.

J.-J. ROUSSEAU, la Nouvelle Héloïse, I, 2.

ÂCRETÉ employé absolument et au pluriel se rapporte quelquefois à une disposition maladive de l'estomac, et s'emploie dans le sens d'*aigreurs.*

Ce sont là les aliments ordinaires de tout le monde et les sucs acides qui en résultent donnent des *âcretés*, des nausées et même des vomissements de bile assez fréquents.

VOLNEY, Voyage en Égypte et en Syrie, État politique de la
Syrie, c. 22.

ACRIMONIE, s. f. (du substantif latin *Acrimonia.*)

ACRIMONIE, synonyme d'*âcreté*, semble avoir été plus d'usage au XVIe siècle que ce mot, qui manque au dictionnaire de Rob. Estienne, en 1539 et 1549, à ceux de J. Thierry en 1564 et 1572 et à celui de Nicot en 1606.

Comme *âcreté*, ACRIMONIE se dit au propre et au figuré ;

Au propre :

Acrimonie s'entend des choses mordicatives qui picquent la langue comme aucunes especes de sels, comme la couperose ou vitriol.

Si les apothicaires n'estoyent plus sages et prudens que les medecins à mitiger leurs ordonnances, ils en mettroyent beaucoup à la renverse : car ils ne savent pas la moitié de la force et *acrimonie* des medicamens qu'ils ordonnent.

Bernard PALISSY, Discours admirable, etc. Explication des mots
plus difficiles; Épître au lecteur en tête des Abus des médecins.

L'on craint les *acrimonies* aiguës, et les amertumes que la faim et faulte de manger engendre dedans nostre corps.

AMYOT, trad. de Plutarque, OEuvres morales. Les reigles et les
préceptes de santé.

On usera d'huile d'olive ou d'amandes douces, pour addoucir l'*acrimonie de* leur venin.

Ambr. PARÉ, Introd. à la Vraye cognoissance de la chirurgie, XXI, 35.

Le raifort rabat la vertu du vin, par sa force et *acrimonie*, par laquelle il desseiche et brusle les vapeurs qui troublent les esprits.

G. BOUCHET, Serées, liv. I, 1re serée.

Nos cuisiniers font perdre l'*acrimonie* à la graine de moustarde, l'accoustrant en la poëlle, parmi d'autres brouilleries de cuisine.

DU PINET, trad. de Pline, Hist. nat., XIX, 8.

L'*acrimonie* et la pointe *des* sauces m'agreerent estant jeune.

MONTAIGNE, *Essais*, III, 13.

Il fallait que son sang fût d'une âcreté qui le rendait semblable aux bêtes farouches. Cette *acrimonie*, qui augmente avec l'âge, le réduisit enfin, si l'on en croit Josephe, à un état qui semblait la punition de ses crimes.

Le sirop de limon dans une tisane rafraichissante adoucit l'*acrimonie du* sang, en apaise l'ardeur.

VOLTAIRE, *Nouveau Testament*, d'Hérode ; *Lettres*, déc. 1723.

Au figuré :

Il y a de l'*acrimonie* dans son caractère, dans ses discours.

Dictionnaire de l'Académie.

L'*acrimonie de* son caractère fait le plus grand tort à son esprit.

MERCIER, *Néologie.*

ACRIMONIEUX, EUSE, adj.

Qui a de l'*acrimonie*.

Il participe au sens propre et au sens figuré d'*acrimonie*, sur lequel il s'est formé ;

À son sens propre :

Ces sels sont *acrimonieux*.

Dictionnaire de l'Académie.

À son sens figuré :

Sans parler de ce sel *acrimonieux* et déchirant, et de tant de méchancetés noires dont il (Aristophane) a rempli ses écrits.

BARTHÉLEMY, *Voyage d'Anacharsis*, c. 71.

Tel critique de profession a le style *acrimonieux ;* mais on peut être *acrimonieux* sans être piquant.

MERCIER, *Néologie.*

ACROBATE, s. des deux genres. (d'ἀκροϐατεῖν, marcher sur la pointe du pied, mot dérivé d'ἄκρον, extrémité, et de βαίνω, je marche.)

ACROBATE, assez récemment tiré du grec pour désigner un Danseur, une danseuse de corde, pourrait, d'après son étymologie, s'appliquer également à des danseurs, à des danseuses d'une autre sorte. Il ne répond qu'imparfaitement au grec σχοινοϐάτης, et à son équivalent latin *funambulus*, sur lequel s'est formé, il n'y a pas longtemps non plus, le mot plus caractéristique *Funambule* (voyez ce mot).

Si les obstacles que la vertu rencontre dans ses développements, selon les circonstances où elle est placée, doivent ajouter à son mérite, vous partagerez sans le vif intérêt qu'inspire à l'Académie la noble conduite de J. N. Plège... *acrobate* de province... quel que soit son rang dans la société, il s'est donné dans l'ordre moral une place qui n'a rien à envier aux honneurs et aux dignités du monde. Ce funambule est un très noble citoyen.

Ch. NODIER, *Discours sur les prix de vertu*, 11 août 1836.

ACRONYQUE, adj. des deux genres (de Ἄκρος, extrême, et de νύξ, nuit.)

Ce mot qui, d'après son étymologie, veut dire Qui se fait à l'extrémité de la nuit, lorsqu'elle commence ou lorsqu'elle finit, est terme d'astronomie.

On appelle *lever acronyque* celui d'un astre qui se lève lorsque le soleil se couche ; et *coucher acronyque* celui d'un astre qui se couche lorsque le soleil se lève.

Quelques-uns écrivent à tort ACHRONIQUE.

ACROSTICHE, s. m. (du grec ἀκρόστιχον, ἀκροστιχίς, dérivés d'ἄκρος, extrême, et de στίχος, ligne, vers.)

Ouvrage composé d'autant de vers qu'il y a de lettres dans le nom qu'on a pris pour sujet, et dont chaque vers, quelquefois même chaque hémistiche, commence par une des lettres de ce nom, prises de suite.

Il fit des *acrostiches* et des anagrammes, comme étant chose propre à son génie pédantesque.

SOREL, *Francion*, XI.

Qu'au reste ce ne soient pas (certains passages des livres Sibyllins) des vers composés par une personne en fureur, non seulement tout le poëme le fait bien voir (car il y paroist plus d'art et de soin que d'inspiration et de fureur) mais cela se connoist encore plus particulièrement, en ce qu'il est escrit par *acrostiches*, c'est-à-dire que les lettres initiales de chaque vers estant assemblées, forment un sens; ainsi qu'Ennius a fait dans quelques-unes de ses poésies...

REGNIER-DESMARAIS, trad. de *la Divination* de Cicéron, II, 54.

Prenez un homme tout à fait ignorant, il mettra tous les poëtes du monde en même rang depuis Virgile jusqu'aux faiseurs d'*acrostiches*.

PELLISSON, *Discours sur les ouvrages de Sarasin*.

Don Quichotte... pria Carrasco de vouloir bien lui composer un petit *acrostiche* sur le nom de Dulcinée du Toboso, pour prendre congé d'elle à son départ. Le Bachelier lui représenta que ce nom étant un peu long, un madrigal seroit plus facile et peut-être plus agréable. Don Quichotte insista pour l'*acrostiche* et Carrasco promit de s'en occuper.

FLORIAN, *Don Quichotte*, part. II, c. 4.

Il me souvient qu'un *acrostiche*
Anagrammé par l'Hémistiche
Aussi bien que par les deux bouts,
Passoit pour miracle chez nous.

SAINT-AMANT, *le Poëte crotté*.

Donnez-moi par écrit votre nom et surnom;
J'en veux faire un poëme en forme d'*acrostiche*,
Dans les deux bouts du vers et dans chaque hémistiche.

MOLIÈRE, *les Fâcheux*, III, 2.

Fidele aux ordres d'Apollon,
Nuit et jour, du sacré vallon
Il interdit l'entrée aux faiseurs d'*acrostiches*.

Mme DESHOULIÈRES, *Poésies*, Apothéose de Gas, son chien.

Tel jadis l'*acrostiche* admiré par les sots
Tourmentait le langage et se jouait des mots.

DELILLE, *l'Imagination*, V.

ACROSTICHE est aussi adjectif des deux genres.

Il y a (chez les Hébreux) quelques poëmes qui sont *acrostiches*, c'est-à-dire dont les versets commencent par les lettres de l'alphabet.

FLEURY, *Discours sur l'histoire ecclésiastique*, IX, § 9.

La supposition la plus hardie peut-être et la plus grossière, est celle des prophéties attribuées aux sibylles qui prédisent l'incarnation de Jésus, ses miracles et son supplice en vers *acrostiches*.

VOLTAIRE, *l'Épître aux Romains*, art. 8.

Dans le passage suivant on lit ACROSTICHIDE.

Philibert Gautier de Rouillé a escrit un chant funebre des neuf Muses sur le tombeau d'Anne de Montmorency, pair et connestable de France, avec *Acrostichide* et l'anagrammatisme du dict seigneur.

Ant. DU VERDIER, *Bibliothèque*, p. 949.

ACROTÈRE, s. m. (des mots, latin et grec, *Acroteria*, ἀκρωτήρια, extrémités, en général).
Terme d'architecture.

Dans son acception primitive, toujours subsistante, il s'appliquait particulièrement aux Piédestaux des figures que les anciens plaçaient sur les extrémités rampantes et au sommet des frontons des temples, et, par une extension naturelle, à ces figures elles-mêmes.

Les *acrotères* des coins doivent estre aussi hauts que le milieu du tympan, mais l'*acrotère* du milieu doit estre plus haut que les autres de la huitième partie.

Cl. PERRAULT, trad. de *Vitruve*, III, 3.

Acrotère, généralement, chez les anciens, signifie en grec toute extrémité du corps, comme sont, dans les animaux, le nez, les oreilles et les doigts; et dans les bâtiments, les amortissements des toits, de mesme que dans les navires les éperons qu'ils appelloient rostres. Dans les édifices, les *acrotères* sont particulièrement des piédestaux qui étoient mis au milieu et aux costés des frontons pour soutenir des statues...

LE MÊME, *Ibid.*; note 78.

ACROTÈRE a reçu, dans la langue de l'architecture moderne, d'autres acceptions encore qu'il appartient aux dictionnaires spéciaux d'expliquer. Voyez le *Dictionnaire de l'Académie des beaux-arts*, art. ACROTÈRE.

ACTE, s. m. (en latin *Actus*, et, par ce mot, du verbe *agere*), voyez AGIR.
Effet d'une cause agissante.

En termes de métaphysique, dans une acception générale et abstraite et sous une forme absolue, ACTE se dit par opposition à *puissance*, Capacité d'agir qui n'agit point encore.

> L'*acte* est un accomplissement de la *puissance*.
>
> Leibnitz, *Théodicée*, De la bonté de Dieu, part. I, § 87.

De là ces expressions et ces axiomes, *Etre en puissance ou en acte. Réduire la puissance en acte. Passer de la puissance à l'acte. La conséquence est bonne de l'acte à la puissance. De la puissance à l'acte la conséquence est vicieuse.*

Il sait bien qu'une chose peut être comme une autre, ou *en acte* et selon sa forme, ou *en puissance* et selon ses principes, comme l'épi dans le grain, l'arbre dans son pépin ou dans son noyau, un animal dans son germe, tous les ouvrages, dont l'univers est composé, dans leurs principes primordiaux.

> Bossuet, *Histoire des Variations....*

Le plus ordinairement ACTE se dit d'un Effet produit, d'une opération accomplie par quelque cause, par quelque agent déterminé.

C'est *acte* icy et plusieurs autres feit ce bon religieux durant trois ans qu'il fut amoureux de la religieuse.

> La reine de Navarre, *Heptameron*, 22e nouv.

Dans ceste excellente police de Lycurgue..... on formoit les ames non par des preceptes et par des paroles, mais par des *actes* et des exemples.

> Montaigne, *Essais*, I, 24.

Si être libre est quelque chose et quelque perfection dans chaque *acte*, Dieu y fait cela même qu'on appelle libre.

> Bossuet, *Traité du libre arbitre*, c. 8.

Tout sur la terre m'est devenu si indifférent, que je ne me donnerois pas même la peine de former un désir pour cette vie, quand cet *acte* seul suffiroit pour l'accomplir.

> J.-J. Rousseau, *Lettres*, 16 juin 1772.

> Et faire qu'à jamais
> Je puisse me louer de l'*acte* que je fais.
>
> Molière, *l'École des femmes*, III, 2.

On voit dans ces exemples qu'une sorte de pléonasme nécessaire a produit l'expression *faire un acte*, et une autre dont il sera question plus loin, *faire acte de.*

ACTE, ainsi employé, reçoit des qualifications qui font connaître quelle est la nature, quelle est la cause, l'auteur de l'acte.

Tantôt on qualifie ACTE par un adjectif ou par un participe.

Si tousjours quelque *acte* heroique ne *fays*, la nuict je ne peulx pas dormir.

> Rabelais, *Pantagruel*, V, 16.

Monstrant en cela quelle est son opinion et sa sentence, que le plus bel *acte* et le plus grand que feirent oncques les Grecs, à sçavoir la guerre de Troye, a esté une sottie, comme entreprise pour une mechante femme.

> Amyot, trad. de Plutarque, *Œuvres morales*, Malignité d'Hérodote, XI.

Ce prince (Alexandre) est le souverain patron des *actes* hazardeux.

> Montaigne, *Essais*, 1, 23.

J'en ay veu d'autres parvenir, qui ont porté la picque à six francs de paye, faire des *actes* si belliqueux, et se sont trouvez si capables, qu'il y en a eu prou, qu'estoyent fils de pauvres laboureurs, qui se sont avancez plus avant que beaucoup de nobles, pour leur hardiesse et vertu.

> Montluc, *Commentaires*, I.

C'est vergongne que le beau titre de noblesse serve de couverture aux *actes* indignes.

> La Noue, *Discours politiques et militaires*, disc. 10e.

Rompre une branche pour s'en faire un bâton, se bâtir une hutte, la couvrir de feuillage pour se mettre à l'abri, amasser de la mousse ou du foin pour se faire un lit, sont des *actes* communs à l'animal et au sauvage.

Elle (la nature) prépare en silence les germes de ses productions, elle ébauche par un *acte* unique la forme primitive de tout être vivant.

> Buffon, *Hist. nat.* Quadrupèdes; le Castor; Discours de réception.

Il est toujours sage et avantageux d'encourager les hommes aux *actes* honnêtes; ils sont capables de prendre le pli de la vertu comme du vice.

> Duclos, *Considérations sur les mœurs*, c. 4.

Les habitudes se contractent par des *actes* répétés.

> Condillac, *Art d'écrire*.

..... Sur tous *actes* noirs je hais l'ingratitude.

> Mairet, *Sophonisbe*, IV, 7.

Je veux donc d'un tyran un *acte* tyrannique.

> P. Corneille, *Pertharite*, III, 3.

Les deux mondes sont pleins de ses *actes* guerriers.
Cependant il poursuit encor d'autres lauriers.

LA FONTAINE, Lettres, à M. de Bonrepaux, 1687.

Tantôt on remplace l'épithète qualificative par la préposition *de* suivie de son régime.

Ce n'est pas tant ici un présent qu'un *acte de* reconnoissance.

PERROT D'ABLANCOURT, trad. de Lucien, Épître dédicatoire.

Il s'est défait d'un ennemi pour sauver un père; il a fait un *acte de* piété par sa cruauté même (le fils de M. d'Espinchal).

FLÉCHIER, Mémoires sur les grands jours de 1665.

Le duc de Cumberland surtout fit un *acte de* générosité qui doit être transmis à la postérité.

VOLTAIRE, Précis du siècle de Louis XV, c. 10.

Les premiers *actes de* vertu sont toujours les plus pénibles.

Il n'y a qu'heur et malheur dans ce monde, et il semble que tout *acte de* courage soit un crime dans l'adversité.

J.-J. ROUSSEAU la Nouvelle Héloïse, III, 1 ; les Confessions, part. II, liv. X.

Je ne me repens pas d'un *acte de* vertu.

ROTROU, Venceslas, II, 2.

Notre foi n'admet pas cet *acte de* foiblesse;
Je la dois publier, puisque je la professe.

LE MÊME, Saint-Genest, V, 2.

Que venez-vous de faire? — un *acte de* justice.

P. CORNEILLE, Horace, IV, 6.

Acte de religion s'applique d'une manière générale aux prières et aux œuvres qui manifestent le sentiment religieux.

Dans quelque religion qu'on vive, l'observation des lois, l'amour pour les hommes, la piété envers les parents, sont toujours les premiers *actes de religion.*

MONTESQUIEU, Lettres persanes, XLVI.

Qu'ils s'accoutument à penser comme lui que tout bienfait accordé aux hommes est un *acte de religion.*

THOMAS, Éloge de Marc-Aurèle.

Dans un sens plus particulier, *acte de foi, acte d'espérance, acte de charité, acte d'amour, acte de* contrition, *acte d'humilité*, etc., désignent certains mouvements pieux que l'âme produit au dedans d'elle-même et aussi certaines formules par lesquelles ces mouvements sont exprimés.

Le père de la Tour tira d'elle (Mme de Montespan) un terrible *acte de pénitence*, ce fut de demander pardon à son mari et de se remettre entre ses mains.

..... Et, le voyant plein de connoissance (Monseigneur), mais presque hors d'état de parler, il (le curé) en tira ce qu'il put pour une confession, dont qui que ce soit ne s'étoit avisé, et lui suggéra des *actes de contrition.*

SAINT-SIMON, Mémoires, 1707, t. V, c. 27 ; 1711, t. IX, c. 14.

Les *actes de foi, d'espérance, de charité* disposaient encore le cœur à la vertu.

CHATEAUBRIAND, Génie du christianisme, IV, 16.

Acte de foi, en espagnol ou en portugais, *auto-da-fé*, s'est dit, dans une acception spéciale, de l'Exécution des sentences du tribunal de l'inquisition. L'amende honorable à laquelle les condamnés étaient soumis avant le supplice, était devenue le nom du supplice lui-même.

Le saint office réclame cette créature là qui pourra bien être brûlée au premier *acte de foi.*

LE SAGE, le Diable boiteux, c. 7.

Dans les phrases suivantes, au lieu d'*acte de foi*, on a écrit, par ellipse, ACTE.

A son arrivée il fit faire un amas de tous les prisonniers en divers endroits de l'Espagne pour le faict de la religion, le fit assembler en deux *actes* (comme ils les appellent).

Les Pères de l'inquisition furent malcontens qu'on ne leur reserva quelques troupes de prisonniers à faire un *acte.*

AGR. D'AUBIGNÉ, Histoire universelle, t. I, liv. II, c. 27 ; t. II, liv. I, c. 13.

Aux manières diverses de qualifier le mot ACTE, tantôt par un adjectif, tantôt au moyen de la préposition *de* suivie de son régime, se rapportent encore certaines locutions usuelles.

Acte de folie, de démence, etc. Acte par lequel la

folie, la démence, etc., se manifeste, ou, simplement, dans un langage hyperbolique, Acte déraisonnable.

Acte d'autorité, Acte par lequel on use ou on abuse de son autorité, de son pouvoir.

Acte arbitraire, Acte d'autorité qui n'est fondé sur aucune loi.

Acte hostile, acte d'hostilité, Acte d'agression par lequel un gouvernement, un parti, un individu, se met en état de guerre contre un autre.

Acte de soumission, Acte par lequel on témoigne se soumettre.

Acte de présence, lorsqu'on se présente un moment à quelque endroit, pour satisfaire à quelque devoir, ou par pure civilité.

Acte de complaisance, Démarche à laquelle on n'est point obligé, et dont on ne s'acquitte que par bonté de caractère et par facilité d'humeur.

Acte de bonne volonté, Démarche que l'on fait sans en espérer de succès, uniquement pour prouver l'intérêt que l'on prend à quelqu'un.

Quelquefois dans les expressions qui qualifient ACTE au moyen de la préposition *de* suivie de son régime, ce régime est un nom de personne.

Ainsi, pour exprimer un *acte tyrannique*, au lieu de dire un *acte de tyrannie*, on peut dire un *acte de tyran*, ou l'*acte d'un tyran;* on dit de même un *acte d'honnête homme*, l'*acte d'un bon citoyen*, etc.

Se porter genereusement en une prosperité, c'est *acte d'*homme.

AMYOT, trad. de Plutarque, *OEuvres morales.* Comment il fault nourrir les enfants, XX.

Si jamais soldats firent *acte de* vaillans hommes, ceux-là le firent.

MONTLUC, *Commentaires*, I.

Il fait en nous *acte de* Dieu quand il y habite et qu'il nous possède.

BOSSUET, *Méditations sur l'Evangile,* La Cène, IIᵉ part., LXXᵉ jour.

La douleur ne l'empêcha pas (M. de Soubise) de chercher à tirer parti de la mort de sa femme et du local de sa maison pour faire un *acte de* prince.....

SAINT-SIMON, *Mémoires*, 1709, t. VII, c. 4.

Elle crut faire *acte de* repentante.

LA FONTAINE, *contes*, IV, 10.

Dans certains cas, cette forme de langage, *Acte de,* est employée pour rapporter l'acte dont il s'agit à quelque ordre de faits naturels, sociaux, religieux, etc.;

Le bon et faible Louis XII, roi de France, se vit forcé de faire un faux serment et de jurer qu'il n'avait jamais consommé l'*acte de* mariage avec la fille de Louis XI.

VOLTAIRE, *Mélanges historiques,* Prix de la justice, art. 12.

Ces oiseaux (les oies) préludent aux *actes de* l'amour en allant d'abord s'égayer dans l'eau; ils en sortent pour s'unir.

BUFFON, *Histoire naturelle;* Oiseaux; l'Oie.

Le don de mon empire et de ma liberté
Est l'*acte* le plus grand *de* mon autorité.

VOLTAIRE, *Sémiramis,* I, 7.

Ou bien encore pour le rapporter à quelqu'une de nos facultés, à notre esprit, à notre corps.

Après avoir séparé l'intelligence d'avec les sens et l'imagination, il faut maintenant considérer quels sont les *actes* particuliers *de* l'intelligence.

BOSSUET, *De la connoissance de Dieu et de soi-même,* c. I, art. 12.

Dans le passage suivant, où ACTE est employé de la même manière, la préposition *de* a pour régime, au lieu d'un substantif, un verbe à l'infinitif.

Pour l'*acte d'*imaginer, qui continue après que les sens extérieurs cessent d'agir, il appartient sans difficulté au sens intérieur.

BOSSUET, *De la connoissance de Dieu et de soi-même,* c. I, art. 5.

Très-souvent, dans cette manière de parler, le régime de la préposition *de* sert simplement à faire connaître par quelle personne, ou quelle cause personnifiée, l'ACTE est produit.

Actes et faictz *d'*une personne.

Rob. ESTIENNE, *Dictionnaire françois-latin.*

Les *actes* merveilleux *des* saints.

MAUCROIX, trad. des *Homélies* de saint Chrysostome.

Les causes secondes sont déterminées par le mouvement qui leur a été imprimé, sans avoir besoin d'un *acte* spécial *de* Dieu.

MALEBRANCHE (cité par Furetière).

Nous marchons avec perplexité entre des préjugés et des probabilités, ignorant même jusqu'à la possibilité des choses, et confondant à tous moments les opinions des hommes avec les *actes de* la nature.

La tradition ne nous a transmis que les gestes de quelques nations, c'est-à-dire les *actes d'*une très-petite partie du genre humain.

BUFFON, *Histoire naturelle ; Des époques de la nature.*

Produire et conserver sont l'*acte* perpétuel *de* la puissance, elle n'agit point sur ce qui n'est pas.

J.-J. ROUSSEAU, *Émile,* IV.

On dit de même *ses actes, leurs actes,* etc.

L'efficace toute puissance de l'autorité divine n'a garde de nous ôter notre liberté, puisqu'au contraire elle la fait et dans l'âme et dans *ses actes.*

BOSSUET, *Traité du libre arbitre,* c. 9.

Le pluriel ACTES, traduction du latin *Acta,* s'est étendu au récit des faits accomplis par certains personnages.

Les païens.... publièrent de faux *actes de* Pilate.

Laurent Surius, qui a ramassé les *actes des* saints, meurt à Cologne.

BOSSUET, *Discours sur l'histoire universelle,* II, 26; IV, 16e siècle.

Quiconque est un peu instruit ne s'arrête plus aujourd'hui aux prétendus *actes de* St Pierre par St Lin.

FLEURY, *Discours sur l'histoire ecclésiastique,* I, § 3.

Il (Cédrénus) est bien homme à vous rapporter sur la foi de certains faux *actes de* saint Pierre, qui couroient encore de son temps, que Simon le magicien avoit à sa porte un gros dogue qui dévoroit ceux que son maître ne vouloit pas laisser entrer.

FONTENELLE, *Histoire des oracles,* 1re dissertation, c. 4.

Les *actes de* son martyre (de saint Justin) prouvent qu'il versa son sang pour sa religion avec la même simplicité qu'il écrivit pour elle.

CHATEAUBRIAND, *Génie du christianisme,* I, 1.

Les *Actes des apôtres* particulièrement, sont un livre canonique écrit par saint Luc et contenant une partie de l'histoire des apôtres.

Le livre des *Actes des apôtres* est un trésor spirituel et il n'est pas moins utile que l'Évangile : et comme on peut appeler l'évangile les actes de Jésus-Christ, on appelle aussi le livre des *Actes* l'évangile du saint esprit.

MM. DE PORT-ROYAL, préface des *Actes des apôtres.*

Aussi (les écritures) se soutiennent-elles les unes les autres. Les *Actes des Apôtres* ne font que continuer l'Évangile.....

BOSSUET, *Discours sur l'histoire universelle,* II, 23.

On a encore appelé *Actes des apôtres* un mystère représenté, au moyen âge, par les confrères de la passion.

Le même titre a été donné, par allusion, à un journal que Rivarol, Bergasse et autres publièrent dans les premières années de la révolution de 1789.

ACTE se dit, soit au singulier, soit au pluriel, des Décisions d'une autorité publique, et, par une extension déjà remarquée, des registres, des recueils où sont réunies ces décisions.

On rencontre souvent ces expressions *actes publics; acte du gouvernement, de l'autorité; acte administratif; approuver, infirmer, casser un acte; les actes de la République, du Sénat, des Empereurs; les actes des Parlements, les actes des conciles; acte capitulaire,* c'est-à-dire, Délibération prise dans un chapitre de chanoines et de religieux, etc.

Par *actes,* registres et enseignemens *publics.*

Rob. ESTIENNE, *Dictionnaire fr.-lat.*

L'*acte* par lequel le peuple de Dieu transporta à Simon toute la puissance publique, et lui accorda les droits royaux, est remarquable. Le décret porte, etc.

BOSSUET, *Discours sur l'histoire universelle,* II, 14.

Ce ne sont pas les entretiens particuliers que j'écris, mais seulement les *actes* et les ouvrages *publics.*

LE MÊME, *Histoire des variations,* V.

Les *actes de* ce même concile sont une preuve de la décadence des études.

FLEURY, *Discours sur l'histoire ecclésiastique,* III, § 7.

De ce moment Pierre régna. Son frère Ivan n'eut d'autre part au gouvernement que celle de voir son nom dans les *actes publics.*

VOLTAIRE, *Histoire de Pierre le Grand,* part. I, c. 5.

L'Espagne forcée de nous céder par un *acte* solennel la préséance.

MASSILLON, *Oraison funèbre de Louis le Grand.*

I.

ACTE s'applique à certaines Pièces diplomatiques dans des expressions telles que *acte de renonciation*.

Il faudra donc attendre quelle sorte d'offres on vous fera pour me tenter, et je vous dirai bien que, l'*acte de renonciation* subsistant, elles ne devront pas être médiocres si on veut m'obliger à y entendre.

LOUIS XIV, à l'archevêque d'Embrun, 7 février 1662. (Voir *Négociations relat. à la succession d'Espagne*, t. I, p. 102).

Il arriva un courrier d'Espagne avec la copie de l'*acte de renonciation* du roi d'Espagne passée le 5 novembre en pleines cortès.

SAINT-SIMON, *Mémoires*, 1712, t. X, c. 31.

Cela a conduit naturellement à appeler ACTES les Documents officiels consultés et mis en œuvre par les historiens.

Il y fait voir que les *actes* de la nature de ceux qu'il donne sont les véritables sources de l'histoire, autant qu'elle peut être connue; car il sait bien que tout le fin nous en échappe.

FONTENELLE, *Éloge de Leibnitz*.

On appelle encore *actes publics, authentiques*, etc. ceux qui émanent d'officiers publics ou dans lesquels interviennent des officiers publics, agissant dans l'exercice de leurs fonctions.

En bonne foi, un juge qui a autant de sens que M. Talon, peut-il opposer ces fausses conjectures à des *actes authentiques*.

BUSSY-RABUTIN, *Lettres*, 29 juin 1684.

Tels sont les *actes de l'État civil*, ceux par lesquels des officiers publics constatent les naissances, les mariages, les décès. On dit *un acte de naissance, de mariage, de décès; l'extrait d'un acte de l'état civil* et, dans un sens analogue, *un acte de notoriété*.

ACTE est un terme de jurisprudence.

En matière criminelle on appelle *acte d'accusation* l'Exposé des faits qui sont imputés à un accusé.

En matière civile, ACTE se dit de Tout ce qui se fait entre particuliers, avec ou sans le ministère d'un officier de justice, soit en jugement, soit hors de jugement.

De là, parmi un grand nombre d'expressions techniques qu'il appartient aux dictionnaires spéciaux d'expliquer, *acte par devant notaire; acte sous seing privé*, c'est-à-dire Fait par des particuliers et signé par eux sans l'intervention d'un officier public; *acte de dernière volonté*, testament; *acte de vente; acte double*, acte public ou privé dont on fait deux originaux semblables; *acte judiciaire, acte extrajudiciaire; faire, passer, dresser, signer un acte; faire acte d'héritier*, Faire un acte ou des actes qui supposent que l'on a dessein de se porter héritier; dans une signification analogue, *faire acte de propriété, de possession; un acte en bonne forme; un acte faux; un acte valable; un acte nul; les termes, les clauses, la teneur d'un acte*, etc.

Ils se quittent demain et l'*acte de séparation* est tout dressé chez le notaire.

..... Un *acte* où le praticien n'a rien omis de son jargon et de ses finesses ordinaires; il est *signé* du testateur et des témoins publics, il est *paraphé*, et c'est en cet état qu'il est *cassé* et *déclaré nul*.

LA BRUYÈRE, *Caractères*, c. 5, 14.

Ils ont fait paroître une extrème affliction, et fort bien joué leurs rôles. Mais les voilà qui lèvent le masque et se préparent à faire des *actes d'héritiers* après avoir fait des grimaces de parents.

LE SAGE, *le Diable boiteux*, c. 12.

M. FURET.

C'est une obligation que défunt M. le baron de Porcandorf, votre époux.....

LA BARONNE, *l'interrompant*.

Feu mon époux, Monsieur? cela ne me regarde point; j'ai renoncé à la communauté.

M. TURCARET.

Sûr ce pied-là, on n'a rien à vous demander.

M. FURET.

Pardonnez-moi, Monsieur, l'*acte* étant *signé* par madame.

M. TURCARET.

L'*acte* est donc *solidaire?*

M. FURET.

Oui, Monsieur, très *solidaire* et même *avec déclaration d'emploi*..... Je vais vous en lire les *termes*, ils sont énoncés dans l'exploit.

M. TURCARET.

Voyons si l'*acte* est *en bonne forme*.

LE MÊME, *Turcaret*, IV, 8.

Nous *avons passé*, par devant notaire, un bon *acte* par lequel il me cède, à moi et aux miens, tout ce qui doit lui revenir de la tontine.

LE MÊME, *la Tontine*, sc. 1.

Munissez-vous seulement tous deux d'un *acte de vente* ou *de donation*.

PRÉVOST, *le Doyen de Killerine*, I, 39.

Le notaire n'expédie pas ses *actes* à bon marché.

PICARD, *les Marionnettes*, I, 3.

Sais-je pas qu'étant joints, on est par la coutume
Communs en meubles, biens, immeubles et conquets,
A moins que par un *acte* on n'y renonce exprès.

MOLIÈRE, *l'Ecole des femmes*, IV, 2.

Je reviens dans une heure avec un *acte en forme*.

BOURSAULT, *les Mots à la mode*, sc. 1.

Laissez-moi, s'il vous plaît, l'*acte* qu'on vient de *faire*.
Nous ne pouvons, Monsieur, cet *acte* est un dépôt.

REGNARD, *le Légataire universel*, IV, 6.

L'*acte de vente* est fait; il ne faut que signer.

Ph. POISSON, *les Ruses*, III, 5.

C'est à vous à signer et pour vous et pour moi.
— Parbleu! nous allons *faire* un *acte* bien valable.

DESTOUCHES, *l'Homme singulier*, IV, 9.

Quelques-unes de ces expressions peuvent se rencontrer, mais par allusion et par figure, dans des passages tels que les suivants :

Il y a d'autres gens, Monsieur, qui prennent les civilités pour des *actes passés par devant notaire* et prétendent qu'on leur garantisse jusqu'aux souhaits qu'on fait pour eux.

BALZAC, *Lettres....*

Les promesses de Jésus-Christ et du nouvel héritage nous sont faites par la mort de J. C., qui nous tire par là de l'enfer et nous assure le ciel : et l'*acte* où cette promesse est rédigée, l'instrument où la volonté et la disposition de notre père est écrite, cet *acte*, cet instrument est tout *écrit* de son sang.

BOSSUET, *Méditations sur l'Évangile*, La Cène, 1e part. LXIe jour.

Ces notaires sont gens d'approche difficile :
L'un n'étoit pas chez lui, l'autre étoit par la ville;
Je les ai déterrés où l'on m'avoit instruit,
Dans un jardin, à table, en un petit réduit,

Avec des sœurs qui m'ont paru de bonne mine.
Je crois qu'ils *passoient* là quelqu'*acte* à la sourdine.

REGNARD, *le Légataire universel*, II, 7.

ACTE se dit encore en parlant des Déclarations faites devant un Tribunal, soit spontanément, soit d'après l'ordre de la justice et dont on a constaté l'existence.

A cette acception se rapportent les locutions *demander*, *prendre*, *donner acte*, ou, comme on a dit encore, *avoir acte de*, *tirer acte de*.

Avoir acte de son offre.

Rob. ESTIENNE, *Dictionnaire fr.-lat.*

Il avoit même fait plus, car il *avoit tiré acte de* la visite d'une chapelle bâtie par icelui Savari, où se trouvoient les armes de notre maison.

Agr. D'AUBIGNÉ, *Mémoires*, t. I, p. 97.

Ce matin nous avons *donné acte* à la noblesse *de* l'opposition qu'ils avoient faicte (à la réception du baron de Vauvert), et qu'ils réitéroient devant nous.....

LE DUC DE VERNEUIL, LE MARQUIS DE CASTRIES, ET DE BESONS à Colbert, 12 avril 1669. (Voir *Correspondance administrative sous Louis XIV*, t. I, p. 248.)

Ces locutions sont, comme d'autres rappelées plus haut, assez souvent employées par allusion et par figure.

Vous êtes et serez mon ami dans votre cœur et sans *en prendre acte* inutilement par des civilités incommodes.

BALZAC, *Lettres....*

Cette lettre-ci sera un peu hors de saison quand vous la recevrez, Madame; car il faut qu'elle aille à Paris, et de là en Provence. La date sera vieille, mais *acte de* mes diligences.

BUSSY-RABUTIN, *Lettres*, 29 juillet 1672, à Mme de Sévigné.

Je *prends acte que* Mercure a vu mes cendres dans une urne.

FÉNELON, *Dialogues des morts*, XIX, Alcibiade, Mercure et Caron.

Ce n'est pas la raison qui gouverne parmi vous, mais du moins elle fait sa protestation que les choses devroient aller autrement qu'elles ne vont; que les héritiers, par exemple, devroient regretter leurs parens; ils reçoivent cette protestation et, pour lui *en donner acte*, ils prennent un habit noir.

FONTENELLE, *Dialogues des morts modernes*, VI, Fernand Cortez et Montezume.

94.

Charles d'Anjou arriva le matin au lieu et au jour as-
signés et *prit acte du* défaut de son ennemi qui n'arriva
que sur le soir.

        VOLTAIRE, *Essai sur les mœurs*, c. 100.

Si je fais une bonne action sans témoin, je sais qu'elle
est vue et je *prends acte* pour l'autre vie *de* ma conduite en
celle-ci.

        J.-J. ROUSSEAU, *Emile*, IV.

   Et je viens tout exprès, pour braver l'imposture,
   Vous *en demander acte* en un coin du Mercure.

        BOURSAULT, *le Mercure galant*, V, 7.

L'on dit, dans le langage ordinaire *Prendre acte
de la déclaration, de l'aveu de quelqu'un*, Déclarer
que l'on se prévaudra, dans l'occasion, de la déclaration, de l'aveu qu'il vient de faire;

Prendre acte de sa diligence, de son exactitude,
Faire remarquer qu'on est arrivé des premiers à un
rendez-vous.

Le pluriel ACTES, dans une autre acception spéciale, se dit des Journaux ou mémoires faits par certaines sociétés de savants ou d'hommes de lettres.

Les *actes de* Leipsick, les journaux des savants, nos
histoires, sont pleines de lui en tant que géomètre.

        FONTENELLE, *Éloge de Leibnitz*.

Les *actes de* Leipsick furent les dépositaires de vos ouvrages.

        VOLTAIRE, *Lettres*, 17 novembre 1752.

ACTE, en terme d'école, se dit d'une dispute publique où l'on soutient des thèses. *Un acte de philosophie; un acte de théologie; un acte en Sorbonne; un
acte aux écoles de droit, de médecine; faire, soutenir
un acte; présider, assister à un acte*, etc.

En tous cas Dieu soit loüé et bien humblement vous
remercie de l'honneur que nous avez faict à cest *acte*.

        RABELAIS, *Pantagruel*, II, 20.

Le succès que j'eus dans les *actes de* Sorbonne, me
donna du goût pour ce genre de réputation.

        LE CARDINAL DE RETZ, *Mémoires*, part. I, 1636.

Tout le cours du doctorat s'achevoit en trois années,
sans préjudice des *actes* qu'il falloit *soutenir* de temps en
temps.

        FLEURY, *Discours sur l'histoire ecclésiastique*, V, § 55.

C'est aujourd'hi l'*acte* du pauvre abbé (de Grignan);
quelle folie! On s'en va disputer contre lui, le tourmenter,
le pointiller; il faut qu'il réponde à tout.

        Mme DE SÉVIGNÉ, *Lettres*, 30 mars 1672.

Il s'y est rendu redoutable et il ne s'y *passe* point
d'*acte* où il n'aille argumenter à outrance pour la proposition contraire.

        MOLIÈRE, *le Malade imaginaire*, II, 6.

Il vouloit *faire* un *acte public* sur cette question : Pourquoi, etc.

        FONTENELLE, *Éloge de Boerhaave*.

ACTE, dans l'art dramatique, se dit de chacune
des parties principales dont une pièce de théâtre est
composée et entre lesquelles il y a un intervalle appelé ENTRACTE. Voyez ce mot.

Je voudrois.... que le premier *acte* contînt le fondement de toutes les actions et fermât la porte à tout ce
qu'on voudroit introduire d'ailleurs dans le reste du poëme.

        P. CORNEILLE, Ier *Discours*, De l'utilité et des parties du
        poëme dramatique.

J'ai..... essayé d'imiter les anciens dans cette continuité d'action qui fait que leur théâtre ne demeure jamais vide, les intervalles des *actes* n'étant marqués que par
des hymnes et des moralités du chœur qui ont rapport à
ce qui se passe.

        J. RACINE, *Athalie*, préface.

J'abandonne ma tragédie; le cinquième *acte* ne pouvait
être déchirant; et, sans grand cinquième *acte*, point de
salut.

        VOLTAIRE, *Lettres*, 15 juin 1761.

Une des premières règles que je me suis faites en travaillant..... c'est de diviser l'action principale en cinq
parties bien distinctes, qui fassent autant de tableaux différents, qui ne se confondent pas les uns dans les autres,
et qui mettent ainsi une espèce d'unité dans chaque *acte*.

        LA MOTTE, IIIe *discours sur la tragédie*.

Qu'est-ce qu'un acte? son nom l'exprime : un degré, un
pas de l'action. Dans les intervalles des *actes*, le théâtre
reste vacant; mais l'action ne laisse pas de continuer hors
du lieu de la scène et lorsqu'elle est bien distribuée et développée avec soin, l'on sait d'un *acte* à l'autre ce qui
s'en est passé.

        MARMONTEL, *Éléments de littérature*, art. ACTE.

       Faisant de cet ouvrage
  Une ample comédie à cent *actes* divers,
    Et dont la scène est l'univers.

        LA FONTAINE, *Fables*, V, 1.

Et chaque *acte* en sa pièce est une pièce entière.

Le vicomte indigné sortoit au second *acte*.

Là souvent le héros d'un spectacle grossier
Enfant au premier *acte*, est barbon au dernier.

> BOILEAU, *Satires*, III; *Épîtres*, VII; *Art poétique*, III.

J'achève de brocher une pièce en six *actes*.

> PIRON, *la Métromanie*, I, 4.

On dit quelquefois absolument *un acte* en parlant soit d'une pièce en un acte, soit d'un acte détaché d'une pièce et représenté à part.

Aucun ouvrage peut-être n'a reparu plus souvent sur le théâtre de l'opéra que l'*acte* de Pygmalion. C'est le dernier de tous ces tableaux dont La Motte a composé sa galerie dramatique.

> LA HARPE, *Cours de littérat.*, part. III, liv. I, poésie, c. 6, de l'Opéra.

On s'est quelquefois, par allusion et par figure, servi du mot ACTE, terme d'art dramatique, en parlant de certains événements réels de la vie et de la société.

Ce fut là (la prise de Rouen), l'un des principaux *actes* de nos premières tragedies, d'autant plus remarquable, qu'un Roy y fut tué.

> LA NOUE, *Discours politiques et militaires*, disc. 26e.

La bonne mort honore toute la vie; la mauvaise la diffame; on ne peut bien juger de quelqu'un sans lui faire tort, que l'on ne lui ait vu jouer le dernier *acte de* sa comédie, qui est sans doute le plus difficile.

> CHARRON, *De la Sagesse*, II, 2.

L'on ne peut porter de nous de jugement assuré que l'on ne nous ayt veus jouer le dernier *acte de* notre comédie.

> RACAN, *Lettres*, 26 décembre 1616.

Le dernier *acte* est toujours sanglant, quelque belle que soit la comédie en tout le reste. On jette enfin de la terre sur la tête et en voilà pour jamais.

> PASCAL, *Pensées*, part. II, art. XVII, § 69.

M. le duc d'Orléans m'advoua le soir du jour où ce ridicule *acte* se joua (la détermination de joindre les troupes de Monsieur à celles de M. le prince) qu'il avoit eu bien de la peine à s'y résoudre.

> LE CARDINAL DE RETZ, *Mémoires*, part. III, 1652.

Le Turc (disoit Luther) alloit tomber, et les efforts

qu'il faisoit alors dans la Hongrie étoient le dernier *acte* de la tragédie.

> BOSSUET, *Histoire des variations*, I.

La comédie de la Cour et du Parlement vient de finir par un *acte* fort agréable, et tout le monde paraît content. Ce n'est pas que l'intrigue de la pièce ne puisse recommencer; mais je ne me mêle pas de ces farces-là.

> VOLTAIRE, *Lettres*.....

Dans un sens plus général, mais vieilli, ACTE s'est dit, comme le mot comédie, d'une Pièce de théâtre.

Ay neantmoins esleu.... jouer aussi quelque villageois personnaige entre tant diserts joueurs de ce noble *acte*, plutost qu'estre mis au rang de ceux qui ne servent que d'ombre et de nombre.

> RABELAIS, *Pantagruel*, V, prologue.

Il sera aussi fort bon, qu'il (l'architecte) ne soit du tout ignorant de la théorique de musique, pour sçavoir ..... faire resonner et ouyr la parole et voix, aussi bien de loing que de près, qui est chose requise..... aux auditoires où l'on plaide, aux theatres où se recitent et jouent comedies, tragedies, histoires, et semblables *actes*, afin que ceux qui sont loing puissent aussi bien ouyr, que ceux qui sont près.

> Philibert DE LORME, *Architecture*, liv. I, c. 3.

En une ville d'Allemagne, aucuns jouerent certains *actes* ou comédies esquelles l'un d'entre le peuple representa et joua le personnage d'un diable.

> G. BOUCHET, *Serées*, liv. II, 22e serée.

ACTION, s. f. (du substantif latin *Actio* et, par ce mot, d'*Agere*), voyez AGIR.

Bien que le mot ACTION, en quelque sorte transcrit du latin, ait été, les exemples ci-après le montreront, employé, au XIIIe siècle par Beaumanoir, dans son sens judiciaire, au XIVe par Froissart, dans l'acception qui le rapporte à certains faits de guerre, néanmoins, à cette dernière époque, Nicole Oresme le comprenait parmi les mots qu'il explique à la fin et au commencement de sa traduction de la Politique d'Aristote, « comme propres à cette science de politique, ou qui ne sont pas en commun parler. »

Voici comment il en établit le sens par des rapprochements avec quelques mots ou de signification analogue, où de signification opposée, tels que *faction, contemplation*.

ACTION est operation qui demeure en celluy qui la fait ; si comme veoir et oyr et entendre : et *faction* est operation qui œuvre en matière dehors; si comme édifier et faire drap.

Item ACTION est dicte de operation qui regarde vertu morale et œuvre practique. Et ainsi ACTION est distinguée contre *contemplation* laquelle est operation qui regarde de aucunes vertus intellectuelles.....

> Nicole ORESME, trad. du *Livre de politiques et du livre de économiques* d'Aristote; *Table des expositions des fors motz de politiques*.

Au XVIᵉ siècle, Ambroise Paré établissait une autre distinction entre ACTION et *œuvre*.

..... Et jaçoit que bien souvent sont confondus *action* et *œuvre*, toutes fois, il y a difference entre les deux : car l'*action* demonstre le mouvement à faire quelque chose et l'*œuvre* la chose ja faicte, et du tout accomplie.

> Ambr. PARÉ, *Introd. à la vraye cognoissance de la chir.*, I, 12.

Au XVIIᵉ siècle, Descartes distinguait entre ACTION et *passion*.

Je considère que tout ce qui se fait ou qui arrive de nouveau, est généralement appelé par les philosophes une *passion* au regard du sujet auquel il arrive, et une *action* au regard de celui qui fait qu'il arrive.

> DESCARTES, *les Passions de l'âme*, part. I, art. 1.

Enfin les philosophes et les grammairiens qui se sont occupés de la synonymie des mots français, ont souvent distingué ACTION et *acte*, malgré leur apparente identité, par certaines différences d'acception ou de construction. La principale, c'est que ACTION, comme les mots de même terminaison, marque plutôt l'opération de l'agent, et *acte* l'effet produit.

Dans les êtres spirituels on dit d'ordinaire que l'*acte* est le terme de la faculté agissante, et l'*action* l'exercice de cette faculté.

> P. BUFFIER, *Traité des premières vérités*, part. II, c. 19.

Action a plus de rapport à la puissance qui agit, *acte* en a davantage à l'effet produit par cette puissance : ce qui rend l'un propre à devenir attribut de l'autre. De façon qu'on parleroit avec justesse en disant que nous devons conserver dans nos *actions* la présence d'esprit, et faire en sorte qu'elles soient toutes ou des *actes* de bonté, ou des *actes* d'équité.

> GIRARD, *Synonymes françois*.

ACTION, dans son acception la plus générale exprime d'une manière abstraite et sous une forme absolue, l'Exercice même de la faculté d'agir.

Nostre enfant est bien plus pressé : il ne doit au pédagogisme que les premiers quinze ou seize ans de sa vie : le demeurant est deu à l'*action*. Employons un temps si court aux instructions necessaires.

> MONTAIGNE, *Essais*, I, 25.

Il lui faut (à l'homme) du remuement et de l'*action*, c'est-à-dire qu'il est nécessaire qu'il soit quelquefois agité des passions dont il sent dans son cœur des sources si vives et si profondes.

> PASCAL, *Discours sur les passions de l'amour*. Voyez Des pensées de Pascal, 2ᵉ éd., p. 395.

Les chartreux sont trop dans la solitude, les courtisans sont trop dans l'*action*. Il faudroit un milieu à cela.

> BUSSY-RABUTIN, *Lettres*, 15 mai 1680.

Parmi les sciences, les unes s'attachent à la seule contemplation de la vérité, et pour cela sont appelées spéculatives ; les autres tendent à l'*action*, et sont appelées pratiques.

> BOSSUET, *De la connoissance de Dieu et de soi-même*, c. I, art. 15.

C'est une chose horrible que de tomber entre les mains du Dieu vivant ; entre ces mains où tout est *action*, où tout est vie, rien ne s'affoiblit, ni ne se relâche, ni ne se ralentit jamais.

> BOSSUET, *Oraison funèbre d'Anne de Gonzague*.

Sans envie, sans fard, sans ostentation, toujours grand dans l'*action* et dans le repos, il parut à Chantilli comme à la tête des troupes.

> LE MÊME, *Oraison funèbre du prince de Condé*.

Par cette alliance que nous faisons dans nous-mêmes d'un certain paganisme d'*action* et de vie, avec le christianisme de profession et de créance, nous formons un monstre pire que le paganisme même.

> BOURDALOUE, *Mystères*, Sermon sur la Trinité.

Isocrate avoit transporté l'éloquence de l'*action* et de l'usage à l'amusement et à l'ostentation.

> FÉNELON, *Dialogues sur l'éloquence*, II.

Toutes les fois que l'animal apperçoit quelque objet relatif à ses besoins, le désir ou l'appétit naît et l'*action* suit.

BUFFON, *Histoire naturelle*, Discours sur les animaux.

Avant de délibérer, il faut savoir si l'on peut délibérer. Au physique comme au moral, l'*action* ne vient qu'après la puissance. Il faut être avant de savoir ce que l'on est.

MIRABEAU, *Discours*, 3o janvier 1789.

Celui qui d'un seul mot créa chaque élément
Leur donnant l'*action*, le poids, le mouvement.

ROTROU, *Saint-Genest*, IV, 2.

De là ces expressions : *beaucoup, peu, plus, moins, trop d'action ; sans action; en action ; être en action ; mettre en action, homme d'action, carrière d'action*, etc.

Toutes ces choses, entendement, imagination, raison, discours, esprit, jugement, intelligence, volonté, sont une mesme en essence, mais toutes diverses *en action*.

Les unes (des sciences) sont theoriques et en pure speculation; les autres practiques et *en action*.

CHARRON, *De la Sagesse*, I, 16; I, 57.

C'étoit un cheval entier, ardent, inquiet, toujours *en action*.

SAINT-ÉVREMONT, *Conversation du maréchal d'Hoquincourt avec le Père Canaye*.

Le *peu d'action* que j'eus dans les mesmes temps touchant les Estats Généraux, ne fut pas si approuvé.

LE CARDINAL DE RETZ, *Mémoires*, part. II, 1651.

Tous leurs successeurs, à commencer par leur fils Ninias, ont vécu dans une telle mollesse et *avec si peu d'action*, qu'à peine leur nom est-il venu jusqu'à nous.

L'armée romaine a plus de mouvemens divers, et, par conséquent, *plus d'action* et plus de force que la phalange.

BOSSUET, *Discours sur l'histoire universelle*, III, 4, 6.

Tout le monde ne sait pas douter; on a besoin de lumières pour y parvenir et de force pour s'en tenir là. D'ailleurs le doute est *sans action*, et il faut *de l'action* parmi les hommes.

FONTENELLE, *Dialogues des morts anciens avec les modernes*, V, Straton, Raphaël d'Urbin.

Il faut que les affaires aillent et qu'elles aillent avec un certain mouvement qui ne soit ni trop lent ni trop vite; mais le peuple a toujours *trop d'action* ou *trop peu*.

MONTESQUIEU, *Esprit des lois*, II, 2.

Il n'existoit aucun volcan *en action* avant l'établissement des eaux, et ils n'ont commencé d'agir, ou plutôt ils n'ont pu prendre une action permanente, qu'après leur abaissement.

BUFFON, *Histoire naturelle*, Époques de la nature, IV.

Leur théologie étoit toute en sentiment comme celle de la nature, et leur morale toute *en action* comme celle de l'évangile.

BERNARDIN DE SAINT-PIERRE, *Paul et Virginie*.

A cet emploi général du mot ACTION appartiennent encore des expressions qui marquent la véhémence, la chaleur à dire ou à faire quelque chose : *parler avec action; faire avec action; mettre de l'action dans ce qu'on fait; parler d'action*, etc.

Vous *parlez* à Zélide *avec tant d'action* et avec un visage si sérieux, qu'il semble que vous ayez quelque différend avec elle.

VOITURE, *Hist. d'Alcidalis et de Zélide*.

..... Il paroissoit tant d'esprit sur son visage quand elle *parloit d'action*, qu'il étoit difficile de la voir souvent sans prendre de l'inclination pour elle.

L'abbé DE CHOISY, *Mémoires*, V.

Après cette préface, je me levai brusquement en pied et, me tournant *avec action* vers M. le duc d'Orléans, je lui dis que je ne pouvois donc plus lui taire la juste indignation du public.

SAINT-SIMON, *Mémoires*, 1719, t. VIII, c. 2.

ACTION, se dit aussi, dans une acception moins générale, d'un Exercice déterminé de la faculté d'agir.

Touchant la lune, il n'y a aucune *action* en l'agriculture, où tant estroictement l'on se soit assujetti, qu'au cueillir des greffes.

Olivier DE SERRES, *Théâtre d'agriculture*, VI, 22.

C'est une opinion communément reçue entre les théologiens, que l'*action* par laquelle maintenant il (Dieu) le conserve (le monde), est toute la même que celle par laquelle il l'a créé.

DESCARTES, *Discours de la méthode*, V.

Ceux qui ne peuvent concevoir qu'un corps tombe sans agir sur lui-même, ni qu'il se fasse céder la place, sans agir sur celui qu'il pousse, concevront beaucoup moins que l'âme choisisse sans exercer quelque *action*.

BOSSUET, *Traité du libre arbitre*, c. 9.

Y a-t-il une *action* plus grande au monde que la conduite d'un parti?

LE CARDINAL DE RETZ, *Mémoires*.

ACTION, en ce sens particulier, se dit de l'Opération d'un agent quelconque, physique, chimique, mécanique, immatériel.

Vouloir est une *action* par laquelle nous poursuivons le bien et fuyons le mal.

BOSSUET, *De la connoissance de Dieu et de soi-même*, c. I, art. 18.

Il est vrai que nous voulons, et que vouloir c'est une *action* véritable.

LE MÊME, *Traité du libre arbitre*, c. 9.

On fait alors connaître la nature de l'ACTION, ce qui la produit, ce qui en est le terme, soit par un adjectif ou un participe, soit par des compléments formés au moyen des prépositions *de*, *sur* et de leurs régimes.

Si elles (les diverses espèces de sels) n'ont une mesme saveur et une mesme apparence, et une mesme *action*, cela n'empesche toutes fois qu'elles ne soyent sel.

Bernard PALISSY, *Sels divers*.

L'*action* de l'esprit est.... comme affamée de sçavoir.

CHARRON, *De la Sagesse*, I, 16.

Au lieu de cette philosophie spéculative qu'on enseigne dans les écoles, on en peut trouver une pratique, par laquelle, connoissant la force et les *actions du* feu, *de* l'eau, *de* l'air, *des* astres, *des* cieux et *de* tous les autres corps qui nous environnent, aussi distinctement que nous connoissons les divers métiers de nos artisans, nous les pourrions employer en même façon à tous les usages auxquels ils sont propres, et ainsi nous rendre maîtres et possesseurs de la nature.

DESCARTES, *Discours de la méthode*, VI.

L'*action des* objets *sur* les organes des sens et l'impression qu'ils font devoit être continuée jusqu'au cerveau.

La vivacité des sens est la même chose que la promptitude de *leur action* et la subtilité de leurs organes.

BOSSUET, *De la connoissance de Dieu et de soi-même*, c. II, art. 8.

Mais la cause, s'il vous plaît, qui fait qu'elle a perdu la parole? — Tous nos meilleurs auteurs vous diront que c'est l'empêchement de l'*action de* sa langue.

MOLIÈRE, *le Médecin malgré lui*, II, 6.

Mon éloignement de la cour et l'application extraordinaire que le roi donne avec tant de succès à l'*action de* ses armes, ont été cause que sa majesté a un peu tardé à répliquer à la réponse de la reine d'Espagne.

DE LIONNE à l'archevêque d'Embrun, 10 juillet 1667. (Voir *Négociations relatives à la succession d'Espagne*, tome II, p. 182 et 183.)

Il (Platon) se figuroit Dieu tellement élevé au-dessus des créatures, qu'il ne croyoit pas qu'elles pussent être sorties immédiatement de ses mains, et il mettoit entre elles et lui ce verbe, comme un degré par lequel l'*action* de Dieu pût passer jusqu'à elles.

FONTENELLE, *Histoire des oracles*, 1re dissertation, c. 3.

L'*action* d'une force ne peut pas s'exercer sans qu'il y ait réaction.

L'homme intérieur est double; il est composé de deux principes différents par leur nature et contraires par *leur action*.

BUFFON, *Histoire naturelle*, Discours sur les animaux.

Les brouillards, assez fréquents les matins, cèdent pour l'ordinaire à l'*action du* soleil à mesure qu'il s'élève.

J.-J. ROUSSEAU, *Lettres*, 28 janvier 1763.

On voit de tous côtés, sur les flancs des rochers nuds et escarpés, qui bornent et dominent cette vallée, de grands et profonds sillons parallèles à l'horizon, et d'autres excavations dans lesquelles il est impossible de méconnoître l'*action des* eaux.

SAUSSURE, *Voyages dans les Alpes*, t. I, c. 14, § 352.

Courage! la vertu n'est pas une fumée,
Qui de çà, qui de là s'évanouit en vain;
Elle veut l'*action du* cœur et de la main.

RONSARD, *Hymnes*, II, 6.

De là ces expressions *être sous l'action de*, *tomber sous l'action de*.

Le méchant qui trouble l'ordre public est mis hors des lois civiles, et tombe *sous l'action des* lois criminelles.

DE BONALD, *Législation primitive*, Disc. prélim.

L'homme n'est pas libre *sous l'action de* la police, il est libre *sous l'action de* la loi; et la liberté est assurée, quand la justice est satisfaite.

LE MÊME, *Pensées et discours*, t. II, p. 316.

En certains cas, le complément qui détermine le mot ACTION a pu se former au moyen d'autres prépositions que de et sur; par exemple de la préposition contre.

Mon chagrin est grand..... mais vous ne vous estes point apperçu qu'il incommodast les gens. Toute son action est contre moi.....
BALZAC, Dissertations critiques, XXVI.

ACTION est quelquefois, en ce sens, synonyme d'Activité.

Ces devoirs qu'on ne peut remplir sans une action assidue et constante.
BOURDALOUE, Dominicales, I, Oisiveté.

Il (l'enfant) reprend, dès qu'il est en liberté, toute l'action, toute la gaîté que lui donnent sa vivacité et la nouveauté de ses sensations.
BUFFON, Histoire naturelle, Discours sur les animaux.

On dit particulièrement, en parlant des opérations de l'homme, tant physiques, qu'intellectuelles, action vitale, naturelle, mécanique; l'action de marcher, de courir ; l'action de penser, de réfléchir, de se souvenir, etc.

On l'a aussi employé en ce sens au pluriel, aussi bien que le mot actes.

Nous mangeons bien et beuvons comme les bestes : mais ce ne sont pas actions qui empeschent les offices de nostre ame; en celles là nous gardons nostre advantage sur elles.
MONTAIGNE, Essais, III, 5.

Trop et trop peu de nourriture troublent ses actions (de l'esprit).
PASCAL, Pensées, part. I, art. IV, § I.

.... La logique ayant pour but de donner des regles pour toutes les actions de l'esprit.....
Logique de Port-Royal, IIᵉ discours.

La nature qui nous apprend que ces sens et leurs actions appartiennent proprement à l'âme, nous apprend aussi qu'ils ont leurs organes ou leurs instruments dans le corps.
BOSSUET, De la connoissance de Dieu et de soi-même, c. I, art. I.

Dans un sens moral, ACTION se dit, comme acte,

tant au singulier qu'au pluriel, et avec les mêmes formes de construction, de Tout ce qui se fait.

Comme on dit faire un acte, on dit aussi, par la même sorte de pléonasme, faire une action.

L'action que vous avez faite n'est pas d'un gentilhomme.

Et ce déchainement aujourd'hui me convie
À faire une action qui confonde l'envie.
MOLIÈRE, George Dandin, II, 10 ; les Femmes savantes, IV, 4.

On dit encore accomplir, commettre une action.

Ceux qui vous donneraient de tels conseils, voudraient vous faire commettre une action dont votre âme est incapable.
VOLTAIRE, Lettres, 2 janvier 1739.

Exercer une action est aujourd'hui moins usité.

Encore qu'ils exerçassent (les Romains) envers leurs plus grands ennemis des actions de grande équité, et même de grande clémence, l'ambition ne permettoit pas à la justice de régner dans leurs conseils.
BOSSUET, Discours sur l'histoire universelle, III, 6.

Tantôt ACTION s'emploie absolument, l'action, les actions.

La poésie dramatique est, selon lui (Aristote), une imitation des actions.
P. CORNEILLE, Iᵉʳ discours, De l'utilité et des parties du poème dramatique.

Le travail seroit ennuyeux si j'entrois exactement dans toutes les particularités; mais je ne m'amuserai pas beaucoup au détail des actions.
SAINT-ÉVREMONT, Réflexions sur les divers génies du peuple romain, c. I.

Le gouvernement politique ne sonde pas les cœurs, il ne pèse que les actions.
MASSILLON, Sermons, IVᵉ dimanche de la Passion.

Vous savez l'action, vous la venez d'entendre.
P. CORNEILLE, Horace, V, 2.

Tantôt ACTION est qualifié par un adjectif, par un participe, ou une proposition équivalente.

Cettuy-ci regarde le larrecin comme action deshonorante, et le hait, mais moins que l'indigence.
MONTAIGNE, Essais, III, 2.

I.

C'est en quelque sorte se donner part aux belles *actions* que de les louer de bon cœur.

La Rochefoucauld, *Maximes*, CCCCXXXII.

Il y a de certains grands sentiments, de certaines *actions* nobles et élevées que nous devons moins à la force de notre esprit qu'à la bonté de notre naturel.

Les meilleures *actions* s'altèrent et s'affoiblissent par la manière dont on les fait, et laissent même douter des intentions.

La Bruyère, *Caractères*, c. 4, 9.

Allons, ma fille, dit-elle à Léonor, allons voir le parent de cette bonne dame; c'est une *action* charitable que de visiter les malades.

Le Sage, *le Diable boiteux*, c. 4.

Il n'y a pas moins de grandeur à supporter de grandes injustices, qu'à faire de grandes *actions*.

Voltaire, *Lettres*, juin 1765, à M. le Mi. de Villette.

Il n'y a personne qui n'ait quelquefois occasion de faire une *action* honnête, courageuse, et toutefois sans danger. Le sot la laisse passer, faute de l'apercevoir; l'homme d'esprit la sent et la saisit.

Duclos, *Considérations sur les mœurs*, c. 4.

L'honnête homme ici n'est pas celui qui fait de bonnes *actions*, mais celui qui dit de belles paroles.

J.-J. Rousseau, *la Nouvelle Héloïse*, II, 17.

A Sparte, on ne leur demande (aux dieux) que la grâce de faire de belles *actions*, après en avoir fait de bonnes.

Barthélemy, *Voyage d'Anacharsis*, c. 49.

C'est ici que le sang et la condition
Ne nous permettent pas une lâche *action*.

Rotrou, *Antigone*, III, 5.

Après une *action* pleine, haute, éclatante,
Tout ce qui brille moins remplit mal son attente.

P. Corneille, *Horace*, V, 2.

Je me sens pourtant là remuer une bile
Qui veut me conseiller quelque *action* virile.

Molière, *Sganarelle*, sc. 17.

D'une *action* si noire
Que ne peut avec elle expirer la mémoire.

J. Racine, *Phèdre*, V, 7.

Tantôt la qualification a lieu au moyen de la préposition *de* suivie de son régime.

Les *actions de* vertu ne sont souvent que masques; elles en portent le visage, mais elles n'en ont pas l'essence.

Charron, *De la Sagesse*, II, 3.

Le curé de la paroisse où il estoit qui luy avoit veu faire plusieurs *actions de* piété jugea ne luy pouvoir desnier ce qu'il avoit accoustumé d'accorder aux autres enfants de l'église, et, comme tel, eut soin de le faire enterrer en son cimetière.

Racan, *Lettres*, 26 décembre 1616.

Vous ferez une *action de* justice et digne d'une aussi grande et aussi belle princesse que vous estes.

Voiture, *Lettres*, IX.

Quand ai-je fait quelque *action d'*union avec les hérétiques ou de schisme avec l'église?

Pascal, *Provinciales*, XVII.

Les *actions de* bonté et *de* clémence flattent agréablement l'esprit et gagnent le cœur de tous ceux qui en entendent parler.

Rollin, *Traité des études*, liv. III, c. 2, art. 2.

Les premières *actions* qu'il fit furent des *actions de* clémence et *de* justice.

Fléchier, *Panégyrique de S. Louis*.

Dieu vous y réserve, lui disoit-il, l'*action de* charité la plus précieuse à ses yeux, et la plus méritoire que vous ayez jamais faite.

Marivaux, *la Vie de Marianne*, part. I.

Il peut arriver que, dans cette manière de parler, comme dans d'autres expliquées précédemment, le régime de la préposition *de* soit un verbe à l'infinitif.

Ne trouves tu pas que cette *action d'*embrasser ma défense, sans me connoître, est tout à fait d'un honnête homme.

Molière, *le Malade imaginaire*, I, 4.

Quelquefois ce régime est un nom de personne.

⚜ Comme Childéric a changé de vie, je veux changer de résolution et ne le plus reconnoistre pour roy, puisque luy-mesme ne se connoist plus pour tel, et qu'il dédaigne d'*en* faire les *actions*.

Mézeray, *Histoire de France*. Childéric, ann. 466.

Il aimoit l'Académie des Sciences comme une seconde patrie et il auroit fait pour elle des *actions de* Romain.

Fontenelle, *Éloge de M. Carré*.

Ah ! voilà une *action de* maître.

MARIVAUX, *les Fausses Confidences,* I, 9.

Et que pensez-vous faire ?
— Une *action d'*amant qui veut se satisfaire.
— Une *action d'*un homme à fort petit cerveau,
Que d'aller sans besoin risquer ainsi sa peau.

MOLIÈRE, *le Dépit amoureux,* V, 1.

Le plus souvent, le nom de personne, régime de la préposition *de,* exprime l'auteur de l'ACTION et marque un rapport également indiqué au moyen du pronom possessif.

De la vient que l'on obscurcist les belles et genereuses *actions d'*autruy par de viles interpretations.

CHARRON, *De la Sagesse,* I, 16.

Ses actions (Les actions de Henri IV) avoient été autant de merveilles et d'exemples à la postérité.

LE DUC DE ROHAN, *Discours durant les persécutions de S. Jean.*

Encore que... regardant d'un œil de philosophe ces diverses *actions* et entreprises *de* tous les hommes, il n'y en ait quasi aucune qui ne me semble vaine et inutile....

DESCARTES, *Discours de la méthode,* part. I.

Quoique les hommes se flattent de *leurs* grandes *actions,* elles ne sont pas souvent les effets d'un grand dessein, mais des effets du hasard.

LA ROCHEFOUCAULD, *Maximes,* LVII.

Nous ne pouvons rien, foibles orateurs, pour la gloire des âmes extraordinaires : Le Sage a raison de dire, que « *leurs* seules *actions* les peuvent louer. »

BOSSUET, *Oraison funèbre du prince de Condé.*

Quoiqu'il aimât la gloire, il la cherchoit dans *ses actions,* non pas dans le témoignage des hommes.

FLÉCHIER, *Oraison funèbre de M. de Montausier.*

On est toujours responsable de *ses actions* et de sa conduite.

BOURDALOUE, *Sermons;* Sur la pénitence.

Le motif seul fait le mérite des *actions des* hommes, et le désintéressement y met la perfection.

LA BRUYÈRE, *Caractères,* c. 2.

Les grands sont en spectacle à tout l'univers; *leurs actions* passent de bouche en bouche.

MASSILLON, *Sermons,* la Purification.

On n'y juge pas (dans le monde) les *actions des* hom-

mes comme bonnes, mais comme belles; comme justes, mais comme grandes ; comme raisonnables, mais comme extraordinaires.

MONTESQUIEU, *Esprit des lois,* IV, 2.

Les saiges princes anciens
En tous *leurs* faitz et *actions*
Ont esté trouvés patients.

MARTIAL D'AUVERGNE, *Vigiles de Charles VII.*

Des *actions d'*autrui, teintes de leurs couleurs,
Ils pensent dans le monde autoriser *les leurs.*

C'est par *leurs actions* qu'ils reprennent les nôtres.

MOLIÈRE, *le Tartuffe,* I, 1, 6.

On dit, dans un sens analogue, *les actions de sa vie, les actions de son règne,* etc.

Le jour de la mort est le maistre jour, et juge de tous les autres jours, auquel se doivent toucher et esprouver toutes les *actions de nostre vie.*

CHARRON, *De la Sagesse,* II, 11.

Toutes ses *actions,* jusqu'à celles *de sa vie* privée et unie, ont été bien au delà du vraisemblable.

VOLTAIRE, *Histoire de Charles XII,* liv. VIII.

On dit aussi, d'une manière générale, *les actions de la vie.*

Les *actions de la vie* ne souffrant souvent aucun délai, c'est une vérité très certaine que, lorsqu'il n'est pas en notre pouvoir de discerner les plus vraies opinions, nous devons suivre les plus probables.

DESCARTES, *Discours de la méthode,* III.

ACTION se dit souvent par opposition aux sentiments, aux idées, aux discours.

Il est certain que la complaisance et la flatterie ont beaucoup de part dans l'approbation que l'on donne aux *actions* et aux paroles des personnes de condition.

Logique de Port-Royal, part. III, c. 20.

Tout le monde fut obligé de professer de paroles et d'*actions* la religion catholique romaine.

MÉZERAY, *Histoire de France,* Henri III, 1577.

Tous les hommes sont semblables par les paroles, et ce n'est que les *actions* qui les découvrent différents.

MOLIÈRE, *l'Avare,* I, 1.

95.

Ne pouvant servir le roi par ses *actions* et par ses discours, il le servit par son repos et par son silence.

> FLÉCHIER, *Oraison funèbre de Michel Le Tellier.*

Comme on ne connoît d'abord les hommes que par les paroles, il faut les croire jusqu'à ce que les *actions* les détruisent.

> Mme DE SÉVIGNÉ, *Lettres*, 1670.

S'il (le comte de Chabannes) ne fut pas maître de son cœur il le fut de ses *actions.* Le changement de son âme n'en apporta point dans sa conduite, et personne ne soupçonna son amour.

> Mme DE LA FAYETTE, *la Princesse de Montpensier.*

C'est perdre trop de temps en des discours frivoles
Il faut des *actions* et non pas des paroles.

> J. RACINE, *Iphigénie*, III, 7.

ACTION s'est dit d'une chose non pas faite, mais à faire, dans le sens d'Entreprise.

Partant pour cette grande et fameuse *action*
Vous en mîtes le prix à sa discrétion.

> ROTROU, *Venceslas*, I, 1.

Plût aux dieux que vous même eussiez vu de quel zèle
Cette troupe entreprend une *action* si belle.

> P. CORNEILLE, *Cinna*, I, 2.

Action de grâces que Rob. Estienne écrit, en 1539, *action de grace*, est un Témoignage de reconnaissance, un remerciment.

Il se dit souvent en parlant de la gratitude des hommes les uns à l'égard des autres.

Quelque temps après Néron dit à Sénèque qu'il s'estoit reconcilié avec Thrasea, de quoy Sénèque luy fit des *actions de graces*, qui fut un nouveau sujet de gloire et de danger pour ces grands hommes.

> PERROT D'ABLANCOURT, trad. de Tacite, *Annales*, XV, 3.

Les estats (de Bourgogne) m'ont fait une grande députation pour me charger de leurs très-humbles *actions de grâce* envers S. M. et des assurances du dévouement aveugle qu'ils auront toujours pour toutes ses volontez.

> LE DUC DE BOURBON à Colbert, 12 avril 1674. (Voir *Correspondance administrative sous Louis XIV*, t. I, p. 449.)

Je vous réitère, monsieur, mes *actions de grâces* de l'intérêt que vous voulez bien prendre à moi.

> J.-J. ROUSSEAU, *Lettres*, 25 juillet 1771.

Il se dit surtout lorsqu'il est question de la gratitude de l'homme envers la divinité.

L'armée commença l'*action de grâces*; toute la France suivit.

> BOSSUET, *Oraison funèbre du prince de Condé.*

Cent temples fameux érigés en *actions de grâces* aux dieux tutélaires de toutes les villes, furent les premières aussi bien que les plus belles marques de ses victoires (de Sésostris).

> LE MÊME, *Discours sur l'histoire universelle*, III, 3.

Quelles tendres, mais tranquilles vues, quel surcroît de détachement! Quels vifs élans d'*actions de grâces* d'être préservé du sceptre et du compte qu'il en faut rendre! (mort du Dauphin).

> SAINT-SIMON, *Mémoires*, 1712, t. X, c. 17.

Que ta main, ta langue et ta pensée soient pures de tout péché. Dans tes afflictions, offre à Dieu ta patience; dans le bonheur, rends-lui des *actions de grâce*.

> VOLTAIRE, *Essai sur les mœurs*, c. 5. De la Perse au temps de Mahomet.

De là la locution *en actions de grâces : le Te Deum fut chanté en actions de grâces.*

Action de grâces se dit, dans un sens spécial, d'une prière qui suit le repas, la communion, etc.

ACTION s'est quelquefois appliqué particulièrement à certains actes importants de la vie chrétienne.

Il faut, disoit Mélanchthon, apprendre aux hommes que les sacrements sont des *actions* instituées de Dieu.

> BOSSUET, *Histoire des variations*, VIII.

Quelle folie de s'en tourmenter (de la mort) si ce n'est par rapport au christianisme, et aux dispositions qui sont nécessaires pour cette dernière *action!*

> Mme DE SÉVIGNÉ, *Lettres*, 28 octobre 1685.

Le cardinal (de Rohan) dit deux mots au roi sur cette grande et dernière *action* (les sacrements) pendant laquelle le roi parut très ferme, mais très pénétré de ce qu'il faisoit.

> SAINT-SIMON, *Mémoires*, 1715, t. XII, c. 29.

On le dit, dans une acception particulière, d'un combat, d'un engagement entre des troupes;

Quelquefois, sous cette forme absolue, *une action, plusieurs actions, cette action, l'action*, etc. :

Autrement elle eust esté depuis courue, gastée et robée par trop de fois, et par plusieurs *actions* (la ville de Paris).·

FROISSART, *Chroniques*, liv. I, part. II, c. 66.

La France que vous venez de mettre à couvert de tous les orages qu'elle craignoit, s'étonne qu'à l'entrée de vostre vie vous ayez fait une *action* dont César eût voulu couronner toutes les siennes.

VOITURE, *Lettres*, CXLI; au duc d'Enghien.

Il semble qu'il se multiplie dans une *action*, ni le fer ni le feu ne l'arrêtent.

BOSSUET, *Oraison funèbre du prince de Condé.*

Dans cette confusion (de l'armée des Perses), on ne pouvoit se mouvoir de concert; les ordres ne venoient jamais à temps, et dans une *action* tout alloit comme à l'aventure.

LE MÊME, *Discours sur l'histoire universelle*, III, 5.

Il y a des hommes qui s'exposent volontiers au commencement d'une *action*, et qui se relâchent et se rebutent aisément par sa durée.

LA ROCHEFOUCAULD, *Maximes*, CCXV.

S'est-il trouvé dans une seule *action* où il ne se soit attiré les yeux de toute l'armée.

MASSILLON, *Oraison funèbre de Louis le Grand.*

Villars, fort étourdi d'une *action* faite malgré lui, s'en vouloit tenir là....

La cavalerie monta sur la fin de l'*action* par les brèches dans la ville (de Barcelone).

SAINT-SIMON, *Mémoires*, 1712, t.X, c. 2; 1714, t. XI, c. 24.

Il y a une infinité de gens de guerre qui sont des héros dans l'*action*, et hors de là ne font guères de réflexions sur leur métier.

FONTENELLE, *Éloge de M. Ressons.*

Une dernière *action* décida du sort de Philippe : ce fut la bataille de Cynoscéphales.

ROLLIN, *Traité des études*, liv. VI, part. III, c. 2, art. 2. 3ᵉ Morceau de l'hist. romaine.

Toutes ces *actions* consécutives, conduites avec tant d'art, si patiemment digérées, exécutées avec tant de promptitude, furent également admirées des Français et des ennemis.

VOLTAIRE, *Siècle de Louis XIV*, c. 12.

Les lieux, les temps font l'importance d'une *action*. On a vu dans cette guerre, en Allemagne, en Italie et en Flandre, des batailles de près de cent mille hommes qui n'ont pas eu de grandes suites; mais, à Culloden, une *action*

entre onze mille hommes d'un côté et sept à huit mille de l'autre décida du sort de trois royaumes.

LE MÊME, *Précis du siècle de Louis XIV*, c. 25.

D'autre fois avec certaines qualifications qui en déterminent le sens comme dans cette locution, *action de guerre.*

.... Sans me contenter de celle (gloire) que j'ai acquise et de la part qu'un roi qui fait le métier de véritable capitaine a dans toutes les *actions de guerre* qui se passent en sa présence.

PELLISSON, *Conversations de Louis XIV devant Lille.*

Assez de livres sont pleins de toutes les minuties des *actions de guerre*, et de ces détails de la fureur et de la misère humaine.

VOLTAIRE, *Siècle de Louis XIV*, c. 11.

On dit, en ce sens, *une belle*, *une grande action*, *une action brillante*, *éclatante*, *heureuse*, *téméraire*, *malheureuse*, etc. :

Le passage du Rhin à la nage est une belle *action*, mais elle n'est pas si téméraire que vous pensez.

BUSSY-RABUTIN, *Lettres*, 26 juin 1672, à Mᵐᵉ de Sévigné.

La pluie l'a empêché (le Mᶦˢ de Grignan) d'être le lendemain de l'*action* la plus brillante et la plus dangereuse qu'il y ait encore eu ; c'est la prise d'un ouvrage à corne qui fut enlevé.

Mᵐᵉ DE SÉVIGNÉ, *Lettres*, 25 octobre 1688.

Le maréchal de Boufflers appelle l'*action* qui vient de se passer, (la bataille de Malplaquet), illustre et malheureuse.

Mᵐᵉ DE MAINTENON, *Lettres*, 14 septembre 1709.

Il (Valbelle) s'étoit distingué à la guerre par des *actions* heureuses et brillantes.

SAINT-SIMON, *Mémoires*, 1716, t. XIV, c. 7.

Là dessus toute la compagnie prit mon parti, en disant qu'on devoit me le pardonner; que l'*action* avoit été vive; et que, pour un jeune homme qui n'avoit jamais vu le feu, je ne m'étois point mal tiré d'affaire.

LE SAGE, *Gil Blas*, I, 10.

Tel fut ce passage du Rhin, *action* éclatante et unique.....

VOLTAIRE, *Siècle de Louis XIV*, c. 10.

Une action de vigueur, une action de courage :

Il prit la place en trente jours de tranchée ouverte et

n'y perdit que huit cents hommes, quoiqu'il s'y fût fait cinq *actions de vigueur* très considérables.

FONTENELLE, *Éloge de Vauban.*

Les *actions de courage* les plus brillantes, souvent même des batailles gagnées ne servent qu'à illustrer une nation et non à l'agrandir, quand il y a dans le gouvernement politique un vice radical qui à la longue porte la destruction.

VOLTAIRE, *Essai sur les mœurs*, c. 113.

Engager l'action, rétablir l'action :

Strozzi ayant été blessé à mort et fait prisonnier, il (Ch. de Cossé) se trouva chargé du commandement en chef, et s'il ne lui fut pas possible de *rétablir l'action* il eut du moins la gloire d'une belle retraite et d'avoir sauvé dix huit de nos vaisseaux qu'il ramena en France.

SAINT-FOIX, *Histoire de l'ordre du Saint-Esprit*, 1595.

Entrer en action se dit des troupes qui commencent à agir. *Les armées entrèrent tard en action.* Cette locution a vieilli.

ACTION se lie quelquefois, au moyen de la préposition *de*, à un nom de lieu.

Après la mémorable *action de* l'isle de Ré et durant le fameux siege de la Rochelle.

BOSSUET, *Oraison funèbre de la reine d'Angleterre.*

Cette victoire est peut être la plus complette qui ait jamais été remportée : le combat se donna le jour même de l'*action des* Thermopyles.

ROLLIN, *Histoire ancienne*, liv. VI, c. 2.

C'est par allusion au sens qui fait d'ACTION une sorte de terme de guerre, qu'il a été dit :

Voyons donc ce dernier combat : mais encore un coup, affermissons nous; ne mélons point de foiblesse à une si forte *action* et ne déshonorons point par nos larmes une si belle victoire.

BOSSUET, *Oraison funèbre de la duchesse d'Orléans.*

ACTION, dans une acception qui n'est plus guère d'usage, on peut le regretter, se dit de la Contenance, du maintien, du geste d'une personne.

Cette acception est expliquée par les passages qui suivent :

Il n'y a aucune passion que quelque particulière *action des* yeux ne déclare.

DESCARTES, *les Passions de l'âme*, part. II, art. 113.

D'ordinaire, tout ce qui cause à l'âme de la passion, fait faire au corps quelque *action.*

Ch. LEBRUN, *Conférence tenue en l'Académie royale de peinture et sculpture.*

Elle se rencontre très-fréquemment chez les écrivains du XVIIe siècle :

Sylvandre proféroit ces paroles avec une certaine *action* qui faisoit que Diane mouroit de pitié parce qu'il lui fachoit de le voir dans cette fureur.

D'URFÉ, *l'Astrée*, part. II, liv. VI.

... Il lui fit toutes ces questions là avec beaucoup d'éloquence, et ajoutant à ses paroles le ton de la voix et l'*action des* mains.

SCARRON, *le Roman comique*, II, 16.

Cette belle harangue, prononcée par la bouche du Roi avec une *action* vraiment royale et une grace merveilleuse, fut reçue de toute l'assistance avec un applaudissement général.

MÉZERAY, *Histoire de France*, HENRI III, 1576.

Il rendit l'âme avec une *action* si paisible, si libre, si préméditée, qu'il étoit aisé de juger que personne ne la lui ôtoit, mais qu'il la donnoit de son plein gré.

BOSSUET, *Sermons*, De l'exaltation de la sainte croix.

M. de Nemours! s'écria M. de Clèves avec une *action* qui marquoit du transport et du désespoir.

Mme DE LA FAYETTE, *la Princesse de Clèves*, part. III.

Comme une grande partie des grâces qu'on y a trouvées dépendent de l'*action* et du ton de voix, il importoit qu'on ne les dépouillât pas (*les Précieuses ridicules*) de ces ornemens, et je trouvois que le succès qu'elles avoient eu dans la représentation étoit assez beau pour demeurer là.

On le voit bien, madame, et que tout est naturel en vous. Vos paroles, le ton de votre voix, vos regards, vos pas, *votre action*, et votre ajustement ont je ne sais quel air de qualité, qui enchante les gens.

MOLIÈRE, *les Précieuses ridicules*, préface ; *la Critique de l'École des femmes*, sc. 3.

Je reconnois même ce sourire fin, cette *action* négligée, cette parole douce, simple, insinuante.

FÉNELON, *Télémaque*, IX.

Comme le naturel de certaines nations est plus vif

que le naturel d'autres nations, l'*action des* unes est plus vive que l'*action des* autres. Leurs sentiments, leurs passions s'échappent avec une impétuosité qu'on n'aperçoit pas en d'autres nations.

Dubos, *Réflexions critiques sur la poésie et sur la peinture.*

Si on la loua fort sous son habit de serge, on en fut encore plus charmé lorsqu'elle parut sous un plus riche habillement. Il sembloit qu'elle n'en eût jamais porté d'autres, tant son air étoit noble et *son action* aisée.

Le Sage, *Gil Blas,* X, 9.

Il y a des moments d'une espèce de délire, où il ne faut point juger d'un homme par *son action.*

J.-J. Rousseau, *les Confessions,* part. I, liv. I.

Je vois qu'il a de moi, taille, mine, *action.*

Molière, *Amphitryon,* I, 2.

On dit, dans le même ordre d'acceptions non-seulement une *action,* mais des *actions.*

Il y avoit je ne sçay quel charme dans toutes *ses actions,* qui jettoit l'amour et la joye dans le cœur de tous ceux qui la voyoient.

Voiture, *Histoire d'Alcidalis et de Zélide.*

Sa bouche ne m'a point déclaré la passion qu'il a pour moi; mais dans tous les lieux où il m'a pu voir, ses regards et *ses actions* m'ont toujours parlé si tendrement...

Molière, *l'Amour médecin,* I, 5.

Zayde regardoit toujours vers la mer, avec des *actions* qui firent penser à Gonsalve qu'elle regrettoit quelqu'un qui avoit fait naufrage avec elle.

Mme de la Fayette, *Zayde.*

Mais ces mouvements, en quoi les faites-vous consister? — Dans les paroles et dans *les actions du* corps.

Fénelon, *Dialogues sur l'éloquence,* II.

Une grâce naïve éclate sur son visage, anime *ses* moindres *actions.*

La Bruyère, *Caractères,* c. 12.

Comme poëte physicien, il (Homère) fait des dieux, des causes naturelles, et il leur donne des mœurs, des discours et des *actions* par rapport à la nature des choses que ces divinités représentent.

Mme Dacier, trad. de *l'Iliade,* préface.

Dès le premier abord notre prince étonné
Ne s'est plus souvenu de son front couronné,

Sa frayeur a paru sous sa fausse allégresse,
Toutes *ses actions* ont senti la bassesse.

P. Corneille, *Pompée,* III, 1.

De là *action* ou *actions de,* en *action de,* suivis soit d'un substantif, soit d'un verbe à l'infinitif; locution quelquefois employée pour représenter une certaine attitude, un certain geste.

Roquebrune, là-dessus, fit l'*action d'*un homme qui compte de l'argent en sa main.

Scarron, *le Roman comique,* I, 19.

Quand je revins, je me trouvai dans mon lit, et don Maurique auprès de moi, avec toutes les *actions d'*un homme aussi désespéré que je l'étois.

Mme de la Fayette, *Zayde.*

Je vis bien qu'il parloit de moi, car il me regardoit toujours et faisoit de certaines *actions d'*un homme en colère.

Le comte de Coligny, *Mémoires.*

Action et Actions ont put se dire, dans un sens analogue, en parlant des animaux.

Son *action* (du cheval dompté) est tellement unie à celle de celui qui le mène, qu'il ne s'en fait plus qu'une seule et même *action.*

Bossuet, *Méditations sur l'Évangile,* la Cène, part. II, IVe jour.

L'inconstance de son naturel se marque par l'irrégularité de *ses actions;* elle marche, elle s'arrête, elle court.

Buffon, *Histoire naturelle;* Quadrupèdes: la Chèvre.

Voyant son maître en joie il s'en vient lourdement,
Lève une corne tout usée,
La lui porte au menton fort amoureusement,
Non sans accompagner, pour plus grand ornement,
De son chant gracieux cette *action* hardie.

La Fontaine, *Fables,* IV, 5.

Ces expressions sont aussi appliquées aux représentations figurées de la sculpture, de la peinture, etc.

C'étoit une Minerve qui animoit les arts. Son visage étoit noble et doux, sa taille grande et libre: elle étoit dans une *action* si vive qu'on auroit pu croire qu'elle alloit marcher.

Fénelon, *Télémaque,* XIV.

Autre chose est une attitude, autre chose une *action.*

Les attitudes sont toutes fausses et petites, 'les *actions* toutes belles et vraies.

Point d'attitudes tourmentées, ni recherchées; les *actions* vraies qui conviennent à la peinture.

DIDEROT, *Essai sur la peinture*, I; *Salon de 1765*, Greuze.

On en a fait pareillement usage en parlant de L'expression des passions, des sentiments, sur la scène, du jeu des acteurs.

Je te dirai, moi, sans flatterie, que tu es née pour le théâtre. Tu as du naturel, l'*action* libre et pleine de grâces.

LE SAGE, *Gil Blas*, VII, 7.

Quand on instruit un acteur pour le théâtre, la première leçon qu'on lui donne, c'est d'entrer dans l'esprit de son personnage. Prenez garde, lui dit-on, il faut que vous croyiez être ce que vous représentez; il faut que votre air, le ton de votre voix, votre port, votre démarche, toute *votre action* soit tellement conforme à votre personnage, que vous fassiez, s'il est possible, oublier votre personne.

LE P. ANDRÉ, *Essai sur le beau*, disc. VI.

La voix, le ton, le geste, l'*action*, voilà ce qui appartient à l'acteur; et c'est ce qui nous frappe surtout dans le spectacle des grandes passions.

DIDEROT, *Entretiens sur le Fils naturel*, II.

ACTION se dit encore, comme en latin, particulièrement de Tout ce qui regarde la contenance, le mouvement du corps, les gestes de l'orateur.

Quant à l'*action*, il l'avoit très-mauvaise et telle que sans l'opinion que l'on avoit de luy, elle eust fort despleu.

DU VAIR, *De l'éloquence françoise*.

L'*action* consistant dans la voix et dans le mouvement est comme une certaine éloquence du corps.

DANET, *Dict. fr.-lat.* (trad. de Cicéron: Orat. XVII; Conf. *De Orat.*, III, 59).

C'est là ce qui rend l'*action* si puissante : ce qui la faisoit mettre par Démosthène au-dessus de tout.

L'*action* des Grecs et des Romains étoit bien plus violente que la nôtre.

FÉNELON, *Dialogues sur l'éloquence*, II.

Démosthène avoit chez lui un grand miroir qui étoit son maître pour l'*action*, et devant lequel il déclamoit avant que de parler en public.

ROLLIN, *Traité des études*, liv. V, c. 1, art. 2.

Ses discours (de Bossuet), soutenus d'une *action* noble et touchante, les premiers qu'on eût encore entendus à la cour qui approchassent du sublime.

VOLTAIRE, *Siècle de Louis XIV*, c. 32.

Cette lenteur d'*action*, qui avoit contribué au succès des oraisons funèbres de Fléchier, nuisit à celui de ses sermons...

D'ALEMBERT, *Éloge de Fléchier*.

Ici se place l'expression *langage d'action*, Signes naturels ou artificiels au moyen desquels on supplée à la parole.

Les gestes, les mouvements du visage, et les accens inarticulés, voilà les premiers moyens que les hommes ont eus pour se communiquer leurs pensées. Le langage qui se forme avec ces signes se nomme le *langage d'action*.

CONDILLAC, *Grammaire*.

Par une extension naturelle, le mot ACTION s'est dit, et ne se dit plus guère, d'Un discours public, tel qu'un sermon, une harangue, un plaidoyer; *une action publique, faire une action*, etc.

S'il eust entrepris une grande et véhémente *action*, où il eust fallu desployer les maîtresses voiles de l'éloquence, j'ay opinion qu'il ne luy eust pas réussi.

DU VAIR, *De l'éloquence françoise*.

On a peine à remarquer de la différence entre vos *actions* préméditées et celles que vous faites sur-le-champ et en toutes rencontres, tant il vous est naturel et ordinaire de bien parler et d'être toujours ou disert ou éloquent selon que le sujet le mérite.

VAUGELAS, *Remarques sur la langue françoise*. Épître dédicatoire au chancelier Séguier.

C'est une pensée d'Ovide dans la lettre qu'il écrit de son exil à un jeune homme de ses amis, qui *avoit fait une action publique* et qui la lui avoit envoyée.

BOUHOURS, *Pensées ingénieuses des anciens et des modernes*.

Quoi qu'il en soit, il (M. Talon) *a fait* de très-belles *actions* pendant les grands jours et c'est un excellent génie.

FLÉCHIER, *Mémoires sur les grands jours de 1665*.

M. de Tulle a surpassé tout ce qu'on attendoit de lui dans l'oraison funèbre de M. de Turenne, c'est une *action* pour l'immortalité.

Auriez-vous jamais cru aussi que le P. Bourdaloue,

pour exécuter la dernière volonté du président Perrault, eût fait depuis six jours aux Jésuites la plus belle oraison funèbre de M. le Prince qu'il est possible d'imaginer. Jamais une *action* n'a été admirée avec plus de raison.

Mme DE SÉVIGNÉ, *Lettres*, 6 novembre 1675 ; 15 décembre 1683.

L'art consiste à savoir bien parler et bien écrire, en toutes les rencontres de la vie, non-seulement dans les *actions publiques*, comme ces harangues qui ne se font que pour satisfaire à de certaines formalités, mais dans les délibérations, dans les affaires ordinaires.

- FLEURY, *Du choix des études*, c. 33.

Après cette préparation générale, les préparations particulières coûtent peu : au lieu que, quand on ne s'applique qu'à des *actions* détachées on est réduit à payer de phrases et d'antithèses.

FÉNELON, *Dialogues sur l'éloquence*, I.

On applaudit à la coutume qui s'est introduite dans les tribunaux d'interrompre les avocats au milieu de *leur action*, de les empêcher d'être éloquents et d'avoir de l'esprit, de les ramener au fait........

LA BRUYÈRE, *Caractères*, c. 14.

Quel honneur n'est-ce point pour l'Université, quand un principal met en place des régents qui brillent au dehors par des compositions ou par des *actions publiques* !

ROLLIN, *Traité des études*, liv. VIII, part. II, c. 2, art. 2.

On a, de même, appelé ACTION, une Conférence tenue avec publicité, un acte soutenu publiquement, une thèse.

Tous les projets d'accommodement demeurèrent sans effet : ce que je suis bien aise de remarquer par occasion, afin qu'on ne trouve pas étrange que je n'aie parlé qu'en passant d'une *action* aussi célèbre que la conférence de Ratisbonne.

BOSSUET, *Histoire des variations*, VIII.

Il y a dix semaines que j'ai achevé ma philosophie. Je crois que dans deux mois je pourrai soutenir,...... Je souhaiterois bien que vous fussiez témoin de cette *action* là, comme y ayant beaucoup contribué.

L'abbé de RANCÉ, *Lettres*, 25 mai 1643, à l'abbé Favier.

On appelle exercices, les *actions publiques* dans lesquelles les écoliers rendent compte des auteurs qu'ils ont vus en classe ou en particulier, et de tout ce qui a fait la matière de leurs études.

ROLLIN, *Traité des études*, liv. VIII, part. II, c. 2, art. 2.

I.

ACTION, en parlant de quelques anciens conciles, désigne ce que, dans les derniers conciles, on a appelé Session. *Dans la première action, dans la seconde action du concile, il fut délibéré.*

En termes de jurisprudence, dans une acception renouvelée de la langue judiciaire des Romains, ACTION se dit d'une Demande, d'une poursuite en justice.

Action et droit de poursuyvre en justice ce qui nous est deu.

Rob: ESTIENNE, *Dictionnaire fr.-lat.*

Des contrats, dont nous avons cy-dessus parlé, naissent les *actions* et poursuytes que l'on faict en jugement pour satisfaire à ce que l'on est tenu.

Est PASQUIER, *l'Interprétation des Institutes de Justinian*, IV, 7.

Les Romains, à l'exemple des Grecs, introduisirent des formules d'*actions* et établirent la nécessité de diriger chaque affaire par l'*action* qui lui étoit propre.

MONTESQUIEU, *Esprit des lois*, VI, 4.

Les diverses sortes d'actions admises par les tribunaux ont donné lieu à des locutions très-nombreuses qu'il appartient aux dictionnaires spéciaux d'expliquer : *Action publique; criminelle, civile, au criminel, au civil; personnelle, réelle, mixte; de rapt, de stellionat, d'injures*, etc.; *principale; en garantie; réservée; rédhibitoire; pétitoire, possessoire; hypothécaire*, etc.

A cet emploi judiciaire du mot ACTION appartiennent encore des expressions telles que les suivantes :

Avoir action, c'est-à-dire, Être en droit de former une demande en justice. *Avoir action pour, avoir action contre.*

Et se li vesques (l'évêque) fet mon serf clerc, j'*ai action contre* celi de demander mon damace.

BEAUMANOIR, *Coutumes du Beauvoisis*, XLV, 17.

Ou bien vous vendez tout le droict que vous avez en tel bien. Soubz ce mot de droict, s'entendent les noms, raisons et *actions* que vous y avez.

Est. PASQUIER, *l'Interprétation des Institutes de Justinian*, III, 45.

Celui qui aura gagné aux jeux de hasard, dit Justinien, n'*aura* point *d'action pour* se faire payer, et, au contraire,

celui qui aura perdu pourra répéter ce qu'il aura payé volontairement.

HÉNAULT, *Abrégé chronologique de l'histoire de France.*

Exercer les actions d'une personne, le mari *de sa
femme, le tuteur de son pupille; subroger quelqu'un
en tous ses droits, noms et actions.*
Former, intenter, poursuivre, recevoir une action.

Recevoir l'action d'une partie *contre* une autre.

MONET, *Dictionnaire.*

Ce ne fut qu'à leur retour que je songeai à *former mon
action.*

Là-dessus il commanda à Claudius d'exposer sa demande et de *poursuivre son action.*

VERTOT, *Révolutions romaines,* IV, V.

ACTION se rencontre avec un sens analogue à son
sens judiciaire dans certaines pièces diplomatiques.

Moyennant le payement effectif fait à Sa Majesté très-
chrétienne... ladite sérénissime infante se tiendra pour
contente et se contentera du susdit dot, sans que par ci-
après elle puisse alléguer aucun sien droit, ni *intenter* aucune autre *action* ou demande, prétendant qu'il lui ap-
partienne ou puisse appartenir autres plus grands biens,
droits, raisons et *actions*... attendu que de quelque qualité
et conditions que lesdites *actions* et choses ci-dessus soient,
elle en doit demeurer exclue......

Contrat de mariage de Louis XIV avec Marie-Thérèse, du 7 novembre 1659. (Voir *Négociations relatives à la succession
d'Espagne,* t. I, p. 52 et 53).

...... Ledit seigneur roi catholique...,... renonce, quitte,
cède et transporte...... en faveur et au profit dudit seigneur roi très-chrétien.... tous les droits, *actions* et prétentions...... sur les évêchés, églises, cathédrales et autres quelconques bénéfices étant dans l'étendue desdites
places, pays et bailliages cédés......

Traité de paix de Nimègue. (Voir le même ouvrage, t. IV, p. 665).

Il est fait allusion au sens judiciaire du mot
ACTION dans les passages suivants:

... Tu es le Tout-Puissant, qui en ton affaire propre,
et où ta cause propre est *tirée en action,* te peulx deffendre trop plus qu'on ne sçauroit estimer.

RABELAIS, *Pantagruel,* II, 29.

Le public seroit fondé à *intenter action contre* lui

(Voiture) pour le contraindre à faire imprimer ses œuvres.

VAUGELAS, *Remarques sur la langue françoise.*

Il y a des lois dans les empires contre lesquelles tout
ce qui se fait est nul de droit, et il y a toujours ouverture
à revenir contre dans d'autres circonstances ou d'autres
temps...... L'*action contre* la violence et l'iniquité est im-
mortelle.

BOSSUET......

ACTION appartient à la langue des affaires. Il se
dit de la Part qu'on a dans les bénéfices d'une compagnie de commerce ou de quelque autre société
utile. Il se dit aussi du titre qui constitue cette part.

On entend mieux le commerce en France depuis vingt
ans qu'on ne l'a connu depuis Pharamond jusqu'à
Louis XIV... Il n'y avait guère de ministère ni de juge
qui sût ce que c'était que des *actions,* des primes, le
change, un dividende.

VOLTAIRE, *Observations sur le commerce, le luxe, les monnaies
et les impôts.*

De là des expressions consacrées, telles que les
suivantes :

*Action de la compagnie des Indes, sur la compa-
gnie des Indes, actions dans les Fermes générales.*

Les effets mobiliers, comme l'argent, les billets, les lettres de change, les *actions sur les compagnies,* les vaisseaux, toutes les marchandises appartiennent au monde
entier qui, dans ce rapport, ne compose qu'un seul état
dont toutes les sociétés sont les membres.

MONTESQUIEU, *Esprit des lois,* XX, 23.

Mandez-moi si vous êtes assez heureux pour avoir
quelques *actions dans les fermes générales.*

VOLTAIRE, *Lettres,* 1759, à Thiériot.

*Action de mille francs, de cent francs, etc. Action
nominative; action au porteur; créer, proposer,
donner, avoir, vendre, acheter des actions; pousser
les actions; jeu des actions; les actions gagnent, augmentent, tombent, haussent, baissent, etc.*

Toute cette banque (de Law) finit misérablement; il
fallut *annuler* et brûler les *actions.*

SAINT-SIMON, *Mémoires,* 1721. t. XVIII, c. 28.

Pourvu encore que mes créanciers ne me forcent point
un de ces jours à *vendre à perte* mes *actions.*

J.-B. ROUSSEAU, *Lettres,* 16 mai 1731.

Une pareille misère ne me fit pas augurer en faveur des *actions*, et comme j'étais fort mal en arrivant à Nanci, je remis à deux ou trois jours pour souscrire. Nous trouvâmes à l'hôtel de la compagnie du commerce plusieurs bourgeois et quelques docteurs qui nous dirent que son altesse royale avait défendu très-expressément de *donner des actions* à tous les étrangers.... Après de pressantes sollicitations ils me laissèrent *souscrire pour* cinquante *actions* qui me furent délivrées huit jours après.... aucun étranger n'en a pu *avoir.*

VOLTAIRE, Lettres.....

Le public, séduit par l'appât du gain, s'empressa d'*acheter* avec fureur les *actions* de cette compagnie et de cette banque réunies.

Cette Compagnie paraissant établie sur de si vastes fondements, ses *actions augmentèrent* vingt fois au-delà de leur première valeur.

Le premier moyen réussit, les *actions gagnèrent.*

Il (Law) bouleversait la France en *poussant* les *actions* de cette banque jusqu'à une valeur chimérique.

Paris n'était occupé que du *jeu des actions* auquel Law le fesait jouer.

LE MÊME, Précis du Siècle de Louis XV, c. 2, 60, 61.

On dit, figurément et familièrement, *ses actions haussent, ses actions baissent,* de quelqu'un dont la réputation, dont le crédit s'accroît ou diminue. À cette manière de parler se rapporte le passage suivant où *hausser* est employé dans son sens actif :

> La flotte est arrivée avec les galions ;
> Cela va diablement *hausser nos actions.*
>
> <div style="text-align:right">REGNARD, <i>le Joueur,</i> III, 5.</div>

Dans une acception, depuis longtemps sortie de l'usage, ACTION s'est entendu, comme aujourd'hui *actif*, dettes *actives* (voyez ACTIF), des dettes dont on est créancier.

Les créanciers d'un tel marchand se sont saisis de toutes ses *actions*, pour dire qu'ils se sont saisis de toutes ses dettes actives.

FURETIÈRE, Dictionnaire.

ACTION est enfin terme de poétique, et comme tel il répond, non pas à un sens d'*actio*, qui n'a jamais

été employé dans l'ancienne latinité de cette manière, mais à l'emploi fait par Aristote, dans sa Poétique, des mots πρᾶγμα et πρᾶξις.

Il se dit du principal événement qui fait le sujet d'une composition, où agissent des personnages, *unité, duplicité d'action; continuité de l'action; action principale; action simple, compliquée, complexe, complète,* etc.; *exposer, conduire, préparer, ménager, intriguer, dénouer une action.*

L'unité de l'action est l'une des principales règles du poëme épique, et les épisodes ajoutés à l'*action principale* ne doivent pas corrompre cette unité.

LE P. LE BOSSU, Traité du poème épique.

L'unité d'action consiste, dans la comédie, en l'unité d'intrigue, ou d'obstacles aux desseins des principaux acteurs, et en l'unité de péril dans la tragédie...... Ce mot d'*unité d'action* ne veut pas dire que la tragédie n'en doive faire voir qu'une sur le théâtre. Celle que le poëte choisit pour son sujet doit avoir un commencement, un milieu et une fin; et ces trois parties non-seulement sont autant d'*actions* qui aboutissent à la *principale*, mais, en outre, chacune d'elles en peut contenir plusieurs avec la même subordination. Il n'y doit avoir qu'une *action complète*, qui laisse l'esprit de l'auditeur dans le calme : mais elle ne peut le devenir que par plusieurs autres imparfaites, qui lui servent d'acheminement et tiennent cet auditeur dans une agréable suspension. C'est ce qu'il faut pratiquer à la fin de chaque acte pour rendre l'*action continue.*

P. CORNEILLE, IIIe discours. Des trois unités.

Le nom de poëme dramatique vient d'un mot grec qui signifie agir, pour montrer que la nature de ce poëme consiste dans l'*action*, et dans cette comédie-cy, il ne se passe point d'actions.

MOLIÈRE, la Critique de l'École des femmes, sc. 6.

J'entrepris donc la chose et je m'aperçus qu'en travaillant sur le plan qu'on m'avoit donné, j'exécutois en quelque sorte un dessein qui m'avoit souvent passé dans l'esprit, qui étoit de lier, comme dans les anciennes tragédies grecques, le chœur et le chant avec l'*action.*

J'ai aussi essayé d'imiter des anciens cette *continuité d'action* qui fait que leur théâtre ne demeure jamais vide.....

J. RACINE, Esther, Athalie, préfaces.

Une foiblesse si artificieusement changée en vertu qu'on l'admire, qu'on lui applaudit sur tous les théâtres, et qu'elle doit faire une partie si essentielle des plaisirs publics qu'on ne peut souffrir de spectacle, où non-seulement elle ne soit, mais encore où elle ne règne et n'anime toute l'*action*.

BOSSUET, *Maximes et réflexions sur la comédie*, IV.

Racine.... exact imitateur des anciens, dont il a suivi scrupuleusement la netteté et la *simplicité de l'action*....

Un style de déclamateur, qui arrête l'*action*, cela fait languir.

LA BRUYÈRE, *Caractères*, c. 1.

Tout est *action* sur le théâtre et les plus beaux discours même y seroient insupportables, si ce n'étoient que des discours.

FONTENELLE, *Réflexions sur la poétique*.

On ne sauroit lui reprocher qu'il n'a point observé l'unité de lieu, puisque toute l'*action* se passe dans l'Arche de Noé.

LE SAGE, *le Diable boiteux*, c. 1.

Une tragédie dans laquelle il faut *créer, conduire, intriguer* et *dénouer* une *action* intéressante : ouvrage d'autant plus difficile, que les sujets sont plus rares.

Que l'*action* soit *simple* ou *complexe*, qu'elle s'achève dans un mois ou dans une année, ou qu'elle dure plus long-temps, qu'elle se passe sur la terre ou sur la mer etc., il n'importe.

VOLTAIRE, *Lettres.....*

Qu'est-ce en effet que la vraie comédie. C'est l'art d'enseigner la vertu et les bienséances, en *action* et en dialogues.

LE MÊME, *Lettres*, 23 décembre 1760.

Le prince comprit comment une *action* s'expose, s'intrigue, se *dénoue*.

CONDILLAC, *Grammaire*, Motif des études.

D'un air plus grand encor la poésie épique,
Dans le vaste récit d'une longue *action*,
Se soutient par la fable et vit de fiction.

Que dès les premiers vers, l'*action préparée*
Sans peine du sujet aplanisse l'entrée.

Que l'*action* marchant où la raison la guide
Ne se perde jamais dans une scène vide.

Nous voulons qu'avec art l'*action* se ménage.

BOILEAU, *Art poétique*, III.

ACTION s'entend aussi, dans le même ordre d'ac-

ceptions, du Mouvement imprimé à la composition d'un ouvrage dramatique.

Vous voudriez une tragédie pleine de fracas, d'*action*, de spectacle?

J'ai voulu animer un peu le théâtre en y mettant plus d'*action*.

VOLTAIRE, *Lettres*, 5 mai 1759; 13 octobre 1769.

Gresset se trompe, il n'est pas si coupable.
Un vers heureux et d'un tour agréable
Ne suffit pas ; il faut de l'*action*,
De l'intérêt, du comique, une fable,
Des mœurs du temps un portrait véritable,
Pour consommer cette œuvre du démon.

LE MÊME, *Satires*, le Pauvre Diable.

On dit d'une pièce où les incidents sont nombreux, variés, importants, bien enchaînés entre eux, plus en mouvement de scène, en spectacle qu'en récit, qu'*il y a*, dans cette pièce, *de l'action, beaucoup d'action*. Dans un sens contraire, on dit qu'une tragédie, une comédie, *manquent d'action*.

On dit *en action* par opposition à *en récit*, de ce qui dans une pièce de théâtre est offert aux yeux des spectateurs.

Je commencerai par dire d'Athalie, que c'est là que la catastrophe est admirablement *en action*.

VOLTAIRE, *Dictionnaire philosophique*, art. ART DRAMATIQUE.

ACTION s'applique aussi particulièrement à ce qui rend plus vive, plus frappante, la représentation d'une pièce de théâtre, le mouvement de la scène, les tableaux, le spectacle; on dit en ce sens l'*action théâtrale*, les *actions théâtrales*.

Il faut donner de la chaleur à l'*action théâtrale*.

P. CORNEILLE, *Réflexions sur le poème dramatique*.

On m'a mandé depuis peu qu'on avait essayé à Paris le spectacle que M. Luneau de Bois-Germain avait proposé et qu'il n'a point réussi. Il faut savoir qu'un récit écrit par Racine est supérieur à toutes les *actions théâtrales*.

VOLTAIRE, *Dictionnaire philosophique*, art. ART DRAMATIQUE.

Dans le passage suivant, ACTION s'entend du Rôle actif d'un personnage dramatique.

On ne connoît guères le théâtre si l'on ignore qu'en

bien des occasions le silence y peut être une véritable *action*, et que l'âme en est quelquefois plus fortement remuée que par le discours.

La Motte, Discours sur la tragédie.

Action de théâtre, action tragique, action comique, ont quelquefois désigné, d'une manière générale, dans le style oratoire ou poétique, une Composition, une représentation dramatique.

Ils s'y trouvent (à une prédication) parce qu'ils peuvent y paroître et y briller, y voir et s'y faire voir. Ils s'y trouvent comme à une *action de théâtre.*

Bourdaloue, Dominicales, I, Parole de Dieu.

Écoutons, car Genest dedans cette *action*
Passe aux derniers efforts de sa profession.

Rotrou, Saint Genest, IV, 1.

C'est par allusion à cette manière de parler qu'il est dit, figurément, dans les passages suivants :

Comme je n'étois pas proprement dans l'*action*, et que je ne la voyois même que d'une loge, qui n'étoit qu'un coin du théâtre, je craindrois, si j'entrois trop avant dans le détail, de mêler dans mes vues mes conjectures.

Le cardinal de Retz, Mémoires, part. II, 1652.

Caïn, le premier enfant d'Adam et d'Ève, fait voir au monde naissant la première *action tragique.*

Bossuet, Discours sur l'histoire universelle, I, 1.

D'action se sont formés, outre inaction et réaction (voyez ces mots) un substantif et un verbe, qui se rapportent, chacun, à un des sens particuliers de ce mot, actionnaire et actionner.

ACTIONNAIRE, s. des deux genres. Terme de finance et de commerce.

Celui, celle, qui a une ou plusieurs actions dans une compagnie de finance ou de commerce.

Tant de succès et de gloire éblouirent alors les yeux de la Compagnie (des Indes), des *actionnaires*, et même du ministère.

Voltaire, Essai sur les mœurs, c. 34.

Quelques amateurs des lettres.... associés alors avec d'autres *actionnaires*, firent les fonds du nouvel établissement (le lycée).

La Harpe, Cours de littérature, préface.

Actionnaire se lie au moyen de la préposition *de* avec le nom de la compagnie dans laquelle la personne, dont il s'agit, a des actions. *Actionnaire de la banque de France.*

On dit aussi *Actionnaire dans* telle ou telle entreprise.

On a autrefois appelé *Actionnistes* les Propriétaires d'actions des deux compagnies hollandaises des Indes.

Je me trouve depuis trois ans, moi et mes confrères les *actionnistes*, dans le cas de la définition que le merveilleux écuyer de D. Quichotte faisoit d'un chevalier errant, toujours prêt à être empereur ou roué de coups.

J.-B. Rousseau, Lettres, 26 décembre 1730.

ACTIONNER, v. a.

Il a eu autrefois le sens général de Rendre actif, et, comme le fait voir également l'exemple suivant, on en avait tiré l'adjectif actionnal.

Et puis que tu dis que la chaleur de la marne, des fumiers et de la chaux, n'est pas la cause *actionnale* des vegetations seminales, donne-moy donc à entendre par quelle vertu la marne pourroit *actionner* ces terres infertiles.

Bernard Palissy, De la Marne.

Le même écrivain l'emploie en ce sens absolument.

La chaleur du sel ne peut *actionner*, si elle n'est esmuë par une contre-chaleur.

Bernard Palissy, De la Marne.

Dans l'exemple suivant actionner signifie, Représenter comme acteur, Jouer une pièce de théâtre :

(Labérius) dérogea par la complaisance qu'il eut d'*actionner* une pièce de théâtre.

Bayle, Dictionnaire historique et critique, art. Labérius, note F.

Depuis longtemps, il n'est plus que terme de droit et signifie Agir contre quelqu'un en justice, intenter action contre lui.

Actionner ses débiteurs.

Monet, *Dictionnaire*.

On saisit la sainte, qui soutint son rôle avec constance ; l'on *actionna* les prêtres et le patriarche.

Volney, *Voyage en Égypte et en Syrie*, État politique de la Syrie, c. 2.

Les créanciers de l'État pourront en quelque sorte *actionner* la caisse nationale toutes les fois qu'ils auront à s'en plaindre.

Mirabeau, *Discours*, 6 novembre 1789.

ACTEUR, s. m. (du substantif latin *Actor* et par ce mot d'*agere*. Voyez AGIR).

On s'est autrefois servi d'ACTEUR au sens d'*auteur*, soit qu'on fît confusion entre *actor* et *auctor*, soit qu'on rappelât *actor* au sens primitif qu'il pourrait tenir d'*agere*.

En apres le corps dudit duc d'Orléans mis en terre comme dit est, s'assemblent tous les princes en l'hostel du Roy avecques le conseil royal et autres gens de justice, ausquelz fut commandé par lesdits seigneurs qu'ils feissent bonne diligence d'enquerir se par nulle voye on pourroit appercevoir qui avoit esté l'*acteur*, ne les complices *de* faire ceste besongne.

Monstrelet, *Chroniques*, vol. I, c. 36.

Homs ne pourroit son créateur
Qui *de* tout le monde est *acteur*
Bien amer ne bien honnorer.

G. Machault, *Ms.*, fol. 234 v°, col. 3, cité par Sainte-Palaye.

ACTEUR semble avoir conservé cette ancienne acception dans ce passage d'un écrivain du XVIIe siècle :

Il y a des cartésiens modernes, qui prétendent que Dieu est le seul *acteur*, dont les créatures ne sont que les organes purement passifs.

Leibnitz, *Théodicée*, De la bonté de Dieu, part. I, § 3.

ACTEUR avait plus particulièrement cette signification lorsqu'il était question des productions littéraires.

Car je *acteur* en ay esté soufffisamment informé par les nobles du royaulme de Portingal.

Froissart, *Chroniques*, liv. III, c. 28.

Dame France laidangée (insultée) de ses ennemis, habandonnée de ses amis, apparoist en vision en tres piteux habit à l'*acteur du* présent livre.

Alain Chartier, *le Quadriloge*.

Plusieurs..... ont souvent tiré les courtes espées de leurs bouches pour donner dessus l'*acteur de* cestuy livre.

Molinet, traduction en prose du *Roman de la Rose*, préface.

Si en puis bien trere à garant
Ung *acteur* qui ot non Macrobes.

Roman de la Rose, v. 6.

O vous, messeigneurs qui verrez
Ces vigiles et les lirez,
Ne prenez pas garde à l'*acteur*
Car grandes fautes y trouverez.

Martial d'Auvergne, *Vigiles de Charles VII*.

O saint Gelais, reverent orateur
Besoing seroit que feussiés or *acteur*
De quelque say pour adoucir mes plaings.

G. Crétin, *Déploration sur le trepas de feu Okergan*.

Très reverend evesque magnifique,
Octavien, plein de begnivolence,
Joyeulx *acteur* de haulte rhetorique.

A. de la Vigne à Octavien de Saint-Gelais,

Jean Marot, dans son *Voyage de Gènes*, dit ACTEUR pour *auteur*. Ce même ouvrage imprimé sur un exemplaire corrigé par Jean Marot lui-même, offre, p. 15, le mot *auteur* au lieu d'ACTEUR, et Sainte-Palaye en tire la conséquence que c'est vers ce temps là qu'a cessé l'usage du mot ACTEUR au sens d'*auteur*.

D'autre part Robert Estienne, dans son *Dictionnaire latin-françois* publié en 1539 et 1549, traduisant *actor* par Joueur de farces et non par ACTEUR, on peut en conclure qu'ACTEUR ne se prenait pas encore généralement dans le sens spécial que la locution latine *agere fabulam* avait fait attribuer à *actor* :

Celui qui représente un personnage dans une pièce de théâtre.

Je vous prie : que fait un *acteur* lorsqu'il veut jouer naturellement une passion, que de rappeler autant qu'il peut celles qu'il a ressenties ?

Bossuet, *Maximes et réflexions sur la comédie*, IV.

L'orateur, dit-il (Cicéron) doit avoir la subtilité des

dialecticiens, la science des philosophes, la diction presque des poëtes, la voix et les gestes des plus grands *acteurs*.

FÉNELON, *Dialogues sur l'éloquence*, I.

Cet *acteur* est si vieux qu'il n'y a tête d'homme à Madrid qui puisse dire l'avoir vu débuter.

LE SAGE, *le Diable boiteux*, c. 16.

Apulée, dans son apologie, distingue l'*acteur* comique, l'*acteur* tragique et le mime.

VOLTAIRE, *Des divers changements arrivés dans l'art tragique*.

Ce n'est que depuis quelques années que les *acteurs* ont enfin hasardé d'être ce qu'ils doivent être, des peintures vivantes.

LE MÊME, *Lettres*, 1er mars 1766.

Les gens qui ont les sens exquis, délicats, faciles à ébranler, et les membres obéissants, agiles et flexibles, sont, toutes choses égales d'ailleurs, les meilleurs *acteurs*, les meilleurs pantomimes, les meilleurs singes.

BUFFON, *Histoire naturelle*, Qualités des animaux.

Personne ne va au spectacle pour le plaisir du spectacle, mais pour voir l'assemblée, pour en être vu... L'*acteur* pour eux est toujours l'*acteur*, jamais le personnage qu'il représente. Cet homme qui parle en maître du monde n'est point Auguste, c'est Baron; la veuve de Pompée est Adrienne; Alzire est mademoiselle Gaussin, et le fier sauvage est Grandval.

J.-J. ROUSSEAU, *la Nouvelle Héloïse*, II, 17.

Je ne suis point surpris que loin de les avilir, leur métier (des comédiens grecs) exercé de cette manière, leur donnât cette fierté de courage et ce noble désintéressement qui sembloit quelquefois élever l'*acteur* à son personnage.

LE MÊME, *Lettre sur les spectacles*.

Ne faisons point comme ces *acteurs* qui ne jouent jamais si mal que le jour où la critique est le plus éveillée.

BEAUMARCHAIS, *le Mariage de Figaro*, I, 11.

Ainsi je mets en fait que tous ces grands auteurs
Doivent et leur fortune et leur gloire aux *acteurs*.

R. POISSON, *le Poète basque*, sc. 6.

Il m'a fait à l'abord cent questions frivoles,
Plus haut que les *acteurs* élevant ses paroles.

MOLIÈRE, *les Fâcheux*, I, 1.

Que tu sais bien, Racine, à l'aide d'un *acteur*,
Émouvoir, étonner, ravir un spectateur!

BOILEAU, *Épîtres*, VII.

Le souffleur étourdi; l'*acteur* embarrassé.

PIRON, *la Métromanie*, V, 1.

ACTEUR se construit quelquefois, au moyen de la préposition *de*, avec un nom exprimant soit le genre d'ouvrage, soit le théâtre où joue l'acteur.

Si l'auteur ou l'*acteur* d'une tragédie ne le sait pas émouvoir (le spectateur) et le transporter de la passion qu'il veut exprimer, où tombe-t-il, si ce n'est dans le froid, dans l'ennuyeux, dans le ridicule, selon les règles des maîtres de l'art?

BOSSUET, *Maximes et réflexions sur la comédie*, IV.

La cour de France a dansé sur ce théâtre avec les *acteurs de* l'Opéra et on n'a rien trouvé en cela d'étrange, sinon que la mode de ces divertissements ait fini.

VOLTAIRE, *Zaïre*, dédicace, 2e lettre.

ACTEUR est considéré comme plus noble que comédien, et toutes les professions cherchant volontiers à se relever par une appellation plus haute, il a dû prévaloir dans l'usage des personnes du théâtre. À son tour, il a paru manquer de noblesse et a cédé la place au mot *artiste*, comme l'atteste ce dialogue:

Te voilà donc *acteur*, c'est un métier fort triste.
— En nous parlant, vois-tu, le mot propre est *artiste*.

C. DELAVIGNE, *les Comédiens*, I, 5.

ACTEUR s'applique par analogie, par extension, à quiconque, sans appartenir au théâtre, joue un rôle dans une représentation dramatique.

Quelques *acteurs* nous font faux bond en ce moment.

Donnez-moi pour *acteur* à monsieur Francaleu.

PIRON, *la Métromanie*, I, 2, 3.

ACTEUR, comme en latin *actor*, se dit encore, non-seulement de celui qui représente un personnage dans une pièce de théâtre, mais de ce Personnage lui-même.

Je tiens que l'unité d'action consiste, dans la comédie, en l'unité d'intrigue ou d'obstacle aux desseins des principaux *acteurs*.

La sortie du premier péril ne rend point l'action complète, puisqu'elle en attire un second, et l'éclaircissement d'une intrigue ne met point les *acteurs* en repos, puisqu'il les embarrasse dans une nouvelle.

P. CORNEILLE, IIe Discours, Sur la tragédie.

Il y a une tragédie anglaise dans laquelle le souffleur vient annoncer à la fin que tous les *acteurs* de la pièce ont été tués.

VOLTAIRE, Lettres, 3 octobre 1758.

Ces grands mots dont alors l'*acteur* emplit sa bouche,
Ne partent point d'un cœur que sa misère touche.

BOILEAU, Art poétique, III.

Les deux significations se confondent dans les passages suivants où ACTEUR est appliqué figurément au spectateur lui-même, qui intervient, pour ainsi dire, par sa passion, dans l'action représentée.

On devient bientôt un *acteur* secret dans la tragédie; on y joue sa propre passion; et la fiction au dehors est froide et sans agrément si elle ne trouve au dedans une vérité qui lui réponde.

BOSSUET, Maximes et réflexions sur la comédie, IV.

Dans la tragédie de *Saint Genest*, ce comédien, jouant le rôle d'un martyr chrétien, devient tout à coup chrétien lui-même. Il salue un ange qui lui apparaît de ces mots qui s'appliquent à la fois et au céleste opérateur de la grâce qui le touche, et au personnage, à l'acteur imprévu qui vient se mêler à la représentation :

Descends, céleste *acteur*.

ROTROU, Saint Genest, IV, 5.

Par suite d'une comparaison fort naturelle et dont quelques-uns des exemples précédents peuvent donner une idée, entre le drame et la vie réelle, ACTEUR a été souvent employé par figure en parlant d'un Homme mêlé d'une manière active à un événement, qui, pour ainsi dire, y joue son rôle.

Dieu est le poëte, et les hommes ne sont que les *acteurs* : ces grandes pièces qui se jouent sur la terre ont été composées dans le ciel.

BALZAC, Socrate chrestien, disc. VIII.

En toutes les neuf années suivantes, je ne fis autre chose que rouler çà et là dans le monde, tachant d'y être

spectateur plutôt qu'*acteur* en toutes les comédies qui s'y jouent.

DESCARTES, Discours de la méthode, III.

Les Génois ne vouloient partager avec les François ny les incommodités ny les vivres et sembloient plustost estre spectateurs que principaux *acteurs* de l'entreprise.

MÉZERAY, Histoire de France, Charles VI, ann. 1409.

Tous les *acteurs* firent bien; le théâtre y fut toujours rempli; les scènes n'y furent pas beaucoup diversifiées; mais la pièce y fut belle, d'autant plus qu'elle fut simple.

LE CARDINAL DE RETZ, Mémoires, part. III, 1655.

Des *acteurs* particuliers préparoient une scène dont les grands événements devoient étonner et surprendre toute l'Europe.

Mme DE MOTTEVILLE, Mémoires, ann. 1650.

Vous tiendrez prets au besoin les autres *acteurs* de la comédie.

MOLIÈRE, M. de Pourceaugnac, I, 2.

La paix me paroît fort éloignée. Il y a quelque temps que j'eusse souhaité d'être un des *acteurs*, mais enfin j'ai pris mon parti, et je ne suis plus fâché maintenant de n'être que spectateur *de* cette tragédie.

BUSSY-RABUTIN, Lettres, 15 mars 1678.

La nouveauté des *acteurs*, si j'ose parler ainsi, ne changeoit pas la face de la scène.

FLÉCHIER, Oraison funèbre de Michel Letellier.

Je crois que rien ne peut plus empêcher que nous ne fassions notre mariage; tout enfin est réglé : il me paroît que tous les *acteurs* nécessaires à cette cérémonie s'assembleront de tous côtés entre-ici et quinze jours.

Mme DE SÉVIGNÉ, Lettres, 16 novembre 1694

Dans cent ans le monde subsistera encore en son entier : ce sera le même théâtre et les mêmes décorations; ce ne seront plus les mêmes *acteurs*.

LA BRUYÈRE, Caractères, c. 8.

N'avez-vous plus rien de commun avec le monde? N'*en* êtes-vous pas même un des principaux *acteurs?*

Une nouvelle cour a succédé à celle que vos premiers ans ont vue; de nouveaux personnages sont montés sur la scène, les grands rôles sont remplis par de nouveaux *acteurs*.

MASSILLON, Carême. Sermon sur la mort.

.... Lassé s'attacha à M. le Duc, se fourra dans ses parties obscures, y fut *acteur* commode.....

Il ignoroit donc les machines de la cour, que me découvroient ma liaison avec les *acteurs* principaux des deux sexes, et mon application... à suivre ces sortes de choses...

On traîna un jour le duc de la Ferté à son sermon (du père de la Ferté, son frère) dont après on lui demanda son avis : « L'*acteur*, dit-il, m'a paru assez bon, mais la pièce assez mauvaise. »

SAINT-SIMON, *Mémoires*, 1711, t. IX, c. 12, 22 ; 1716, t. XIV, c.17.

Il portoit ses découvertes aux conférences de feu M. l'abbé Bourdelot, *dont* il étoit un des bons *acteurs*, ou les faisoit imprimer dans le journal des savants.

FONTENELLE, *Éloge de M. Poupart.*

Il tira son épée, et, courant se ranger auprès de don Pèdre, il poussa si vivement avec lui les *acteurs* de la sérénade, qu'ils s'enfuirent tous.

LE SAGE, *le Diable boiteux*, c. 5.

Un prince doit agir avec ses sujets avec candeur, avec franchise, avec confiance. Celui qui a tant d'inquiétudes, de soupçons et de crainte, est un *acteur* qui est embarrassé à jouer son rôle.

MONTESQUIEU, *Esprit des lois*, XII, 23.

Ce monde-ci n'est qu'une œuvre comique
Où chacun fait ses rôles différents.
Là, sur la scène, en habit dramatique,
Brillent prélats, ministres, conquérants.
Pour nous, vil peuple, assis aux derniers rangs,
Troupe futile et des grands rebutée,
Par nous d'en bas la pièce est écoutée.
Mais nous payons, utiles spectateurs ;
Et quand la farce est mal représentée,
Pour notre argent nous sifflons les *acteurs*.

J.-B. ROUSSEAU, *Épigrammes*, I, 14.

ACTEUR se dit familièrement dans le même sens, au sujet de parties de jeu, de parties de plaisir.

Madame de Marbeuf s'accommode de nos lectures, et nous nous accommodons de son jeu, quand il y a des *acteurs*.

Mme DE SÉVIGNÉ, *Lettres*, 27 novembre 1689.

Les grands *acteurs* du lansquenet ne sont pas encore arrivés.

DUFRESNY, *la Joueuse*, II, 8.

D'Acteur s'est formé

I.

ACTRICE, s. f.

Avez-vous, auroit-il dit, des acteurs et des *actrices* qui soient capables de bien faire valoir un ouvrage ? car ma pièce est une pièce....

MOLIÈRE, *l'Impromptu de Versailles*, sc. 1.

Le parterre françois fait sentir la galanterie de la nation jusque dans l'indulgence qu'il a pour les *actrices*.

LA MOTTE, *Discours sur la tragédie.*

Messieurs,... je vous ai vus tantôt si charmés de vos acteurs, et particulièrement de vos *actrices*, que je n'oserois vous avouer que j'en ai jugé tout autrement que vous.

Elle aime encore mieux passer pour honnête fille que pour bonne *actrice*.

LE SAGE, *Gil Blas*, III, 5 ; XII, 3.

C'étoit une tragédie qu'on jouoit, Mithridate, s'il m'en souvient. Ah ! la grande *actrice* que celle qui jouoit Monime.

MARIVAUX, *le Paysan parvenu*, part. V.

Mademoiselle Clairon, je vous demande pardon..... vous êtes une *actrice* admirable ; j'en conviens : mais madame Denis a joué ces deux endroits mieux que vous.

VOLTAIRE, *Lettres*, 12 mars 1758.

Au théâtre de l'Opéra, une *actrice* qui représentoit la Gloire, après avoir chanté quelques vers de son rôle, lui présenta une couronne de laurier qu'elle avoit à la main. La même chose étoit arrivée au maréchal de Villars : ainsi ces deux généraux reçurent à Paris, de la main d'une *actrice*, le même honneur que les Scipion et les Pompée recevoient jadis au Capitole, du peuple et du sénat romain.

THOMAS, *Éloge du maréchal de Saxe.*

Qui ne connoît l'inimitable *actrice*
Représentant ou Phèdre ou Bérénice,
Chimène en pleurs, ou Camille en fureur ?

LA FONTAINE, *Contes*, Belphégor.

Il ne parloit jamais que d'*actrices*, d'*acteurs*,
Et d'un ton décisif, il frondoit les auteurs.

DESTOUCHES, *le Médisant*, III, 8.

C'est par une sorte d'anachronisme que dans le passage suivant on a supposé l'usage du mot ACTRICE à une époque où ce que ce mot désigne n'existait point encore.

Antigone et Ismène, filles d'Œdipe, ont ouvert la scène, couvertes d'un masque. Leur déclamation m'a paru natu-

relle, mais leur voix m'a surpris. Comment nommez-vous
ces *actrices?* ai-je dit. — Théodore et Aristodème, a répondu Philotas : car ici les femmes ne montent pas sur le
théâtre.

           Barthélemy, *Voyage d'Anacharsis*, c. 11.

Le mot ACTRICE s'applique, comme le mot *acteur*,
par analogie, par extension, à des femmes qui, sans
appartenir au théâtre, jouent un rôle dans une représentation dramatique.

     Cependant ayant appris à force de les entendre tous les
autres rôles (d'Esther), je les jouai successivement, à mesure qu'une des *actrices* se trouvoit incommodée.

           Mme DE CAYLUS, *Souvenirs*.

     Esther fut représentée en 1689. Les demoiselles avoient
été formées à la déclamation par l'auteur même qui en fit
d'excellentes *actrices*.

           L. Racine, *Mémoires sur J. Racine*.

ACTRICE a naturellement participé au sens figuré
d'*acteur*.

     Ce gentilhomme donc en cheminant avec nous se mit
à entretenir le Roi de Navarre des galanteries de la cour,
et particulièrement des amours des princesses, où la Reine
sa femme *en* étoit une des premières *actrices*.

           Agr. d'Aubigné, *Mémoires*, t. I, p. 51.

     .... Nous étions allées devant pour voir arriver le
Roi et la Reine et assister à cette action, où nous pre-
nions beaucoup de part, parce que la Reine *en* étoit la
principale *actrice*.

           Mme DE MOTTEVILLE, *Mémoires*, ann. 1645.

     Je suis fort aise du changement de passion du roi : la
scène me paroissoit languir ; et d'ailleurs j'avois des raisons, comme vous savez, de n'aimer pas la principale
actrice.

           Bussy-Rabutin, *Lettres*, 22 juin 1679, à Mme de Montmorency.

     Cette scène venoit d'être jouée dans l'obscurité par deux
actrices.

           Le Sage, *Gil Blas*, II, 7.

ACTIF, IVE, adj. (de l'adjectif latin *Acti-
vus* et par ce mot, d'*agere*. Voyez AGIR.)
Dans son acception la plus générale qui correspond à celles par lesquelles on a commencé plus

haut les articles ACTE, ACTION (p. 741, 750), ACTIF,
signifie Doué d'action, qui a la vertu, la faculté d'a-
gir, qui agit.

     De là des expressions telles que, *être actif*, *prin-
cipe actif*, *vertu active*, *forces actives*, *qualités actives*, etc.

     Les grandes natures ne peuvent rien produire de petit,
ny la véhemence et *force active* qui est en icelles ne peut
jamais demourer oyseuse, tant elle est vifve et subtile.

           Amyot, trad. de Plutarque, *OEuvres morales*, Des délais de la
           justice divine.

     Si nous passons à vouloir mettre dans les corps une
certaine *vertu active* distincte de leur étendue, de leur
figure et de leur mouvement, nous dirons plus que nous
n'entendons.

           Bossuet, *Traité du libre arbitre*, c. 9.

     Tous les animaux se meuvent et cette puissance de se
mouvoir, on l'appelle *force active*.

           Voltaire, *Dialogues et entretiens philosophiques*, XV.

     Dieu, en créant les premiers individus de chaque es-
pèce d'animal et de végétal, a non seulement donné la
forme à la poussière de la terre, mais il l'a rendue vivante
et animée, en renfermant dans chaque individu une quantité plus ou moins grande de *principes actifs*, de molécules organiques, vivantes, indestructibles, et communes
à tous les êtres organisés.

           Buffon, *Hist. naturelle*, Quadrupèdes ; le Bœuf.

     Nous nous ignorons nous mêmes ; nous ne connoissons
ni notre nature, ni notre *principe actif* ; à peine savons
nous si l'homme est un être simple ou composé.

     Nul *être* matériel n'est *actif* par lui même, et moi je le
suis.

     Agir, comparer, choisir sont les opérations d'un *être*
actif et pensant.

           J.-J. Rousseau, *Emile*, IV.

     Partout pays, les pauvres se lèvent matin, travaillent à
la terre, vivent sous le ciel et dans les champs. Ils sont
pénétrés de cette *puissance active* de la nature qui remplit
l'univers.

           Bernardin de Saint-Pierre, *Études de la nature*, IV.

Dans un sens plus particulier, ACTIF se dit des
personnes vives, diligentes, laborieuses.

     ... Ce désir me fit résoudre... à me retirer ici....

parmi la foule d'un grand peuple fort *actif*, et plus soigneux de ses propres affaires que curieux de celles d'autrui.

        DESCARTES, *Discours de la méthode*, III.

Pour se montrer digne de cet honneur et plus grand que sa fortune il paroissoit *actif* et vigilant, aimoit à monter à cheval, et à se faire voir aux soldats.

        PERROT D'ABLANCOURT, trad. de Tacite, *Histoires*, V, 1.

Henry le Grand a esté le plus *actif* et le plus laborieux de tous nos Rois.

        HARDOUIN DE PÉRÉFIXE, *Histoire de Henri le Grand*.

Les rhéteurs furent donc de ces gens *actifs* que les Grecs nommoient *politiques*.

        FLEURY, *Du choix des études*, c. 2.

La Vrillière étoit un petit homme vif, *actif*, qui élevé dans les bureaux de son père en possédoit la routine.

        SAINT-SIMON, *Mémoires*, 1715, t. XIII, c. 17.

Madame Dorsan, jusque-là si *active*, devint infirme et pesante.

        MARIVAUX, *la Vie de Marianne*, part. X.

Les hommes *actifs* supportent plus impatiemment l'ennui que le travail.

        VAUVENARGUES, *Réflexions et maximes*, DXCIX.

Comment un déménagement d'une rue à une autre vous fait-il négliger vos amis, vous qui étiez occupé de les servir quand vous fesiez trois mille lieues? le plus *actif* des hommes serait devenu le plus paresseux?

        VOLTAIRE, *Lettres*, 16 septembre 1752, à La Condamine.

        Ce que je puis vous dire,
C'est qu'ici malgré moi le roi m'a fait conduire,
M'a voulu transplanter, et me faire en un jour,
De philosophe *actif*, un oisif de la cour.

        REGNARD, *Démocrite*, IV, 5.

ACTIF reçoit quelquefois, au moyen des prépositions *à*, *pour*, *dans*, etc., un complément qui en détermine la signification.

... Luy convoiteux et *actif à* choses semblables, luy dit :...

        HERBERAY DES ESSARTS, *Amadis de Gaule*, I, 26.

Et estoit sa chaleur *active aux* affaires de la chose publique jà toute refroidie.

        AMYOT, trad. de Plutarque, *Vie de Pompée*, c. 64.

Quand quelqu'un sçait dextrement se guider et ateindre à quelque digne prix qu'il a desiré, on l'exalte, on lui

porte envie, et dit-on qu'il a l'ame gentille et *active à* la vertu.

        LA NOUE, *Discours politiques et militaires*, Disc. Ier.

On a vu combien du vivant et dans les fins de Charles II, cette princesse (sa veuve) étoit *active pour* les intérêts de l'Empereur.

        SAINT-SIMON, *Mémoires*, 1706, t. V, c. 8.

Jamais homme ne fut si souple et si audacieux à la fois, si plein de ressources dans les disgrâces, si vaste dans ses desseins, ni si *actif dans* ses démarches.

        VOLTAIRE, *Histoire de Charles XII*, liv. VIII.

Sensible à son malheur, mais encor plus *active*
À lui prêter secours par quelque prompt moyen.

        BOURSAULT, *Ésope à la cour*, IV, 2.

Et trouver tout le monde *actif à* censurer.

        PIRON, *la Métromanie*, III, 7.

ACTIF se dit indirectement des personnes, lorsqu'on caractérise par ce mot leurs facultés, leurs sentiments, leurs opérations, leur situation.

Par exemple dans ces expressions, *esprit actif*, *cœur actif*, *âme active*, *imagination*, *vertu active*, etc.

Crassus... avoit besoin de l'execution et *active* vivacité de César à l'encontre de la puissance de Pompée, au gouvernement de la chose publique.

        AMYOT, trad. de Plutarque, *Vie de César*, c. 13.

Les nécessités de la vie présente appesantissent l'esprit, quelque *actif* et pénétrant qu'il soit.

        NICOLE, *Essais de morale*, De la foiblesse humaine.

Sa gaîté (de la Dauphine) jeune, vive, *active*, animoit tout.

        SAINT-SIMON, *Mémoires*, 1712, t. X, c. 16.

La légèreté de l'âge et la vivacité d'un caractère *actif* et prompt ont peine à s'assujettir au travail.

        ROLLIN, *Traité des études*, liv. I, c. 2, art. 2, § 1.

Les soins du Roi, le génie de Vauban... l'*active* intrépidité du prince de Condé, tout cela ne put réparer la faute qu'on avait faite de garder trop de places, d'affaiblir l'armée, et de manquer Amsterdam.

        VOLTAIRE, *siècle de Louis XIV*, c. 10.

Les maux, les langueurs, les peines augmentent sans cesse ma paresse, je n'ai plus rien d'*actif* que le cœur.

        J.-J. ROUSSEAU, *Lettres*, 25 mai 1758.

Tel est le fruit d'une imagination trop *active*, qui exagère par-dessus l'exagération des hommes, et voit toujours plus que ce qu'on lui dit.

LE MÊME. *les Confessions*, part. I, liv. IV.

Dans ce désœuvrement du corps mon âme est encore *active*.

LE MÊME, *les Rêveries du promeneur solitaire*, Ire promenade.

Ce philosophe... (Fontenelle) n'avoit que les vertus d'une âme froide, des vertus molles et peu *actives*, qui pour s'exercer avoient besoin d'être averties, mais qui n'avoient besoin que de l'être.

D'ALEMBERT, *Lettre* à Condorcet sur Mme Geoffrin.

Il ne faut estre aux affaires rétif;
La Royauté est un metier *actif*.

RONSARD, *la Franciade*, IV.

Prendre une part active dans une affaire, y Concourir de son action, de son influence :
Vie active, dans un sens général, soit qu'on l'applique plus particulièrement aux mouvements, aux travaux du corps :

L'exercice et la *vie active* nous feroient un nouvel estomac et de nouveaux goûts.

J.-J. ROUSSEAU, *Émile*, V.

Soit qu'on entende les occupations de la vie civile, les actes de l'homme public :

L'autre est *vie*, civile et *attive*.

Nicole ORESME, trad. d'Aristote, *Ethique*, V, 9.

Il y a communement entre les hommes trois sortes de *vie*, l'une *active*, l'autre contemplative, et la tierce voluptueuse... la contemplative destituée de l'action est inutile ; et l'*active* ne communiquant point avec la contemplative, commet beaucoup de faultes et n'a point d'ornement.

AMYOT, trad. de Plutarque, *OEuvres morales*, Comment il fault nourrir les enfans, XXI.

Un ermite veut dire son avis de ce qu'il y a de plus magnifique et de plus pompeux en la *vie active*.

BALZAC, *le Prince*, c. 1.

Ce fut là le commencement de sa *vie active* et de sa gloire personnelle (de Charles Quint).

VOLTAIRE, *Essai sur les mœurs*, c. 124.

La *vie active* n'a rien qui me tente.

J. J. ROUSSEAU, *Lettre* Ire à M. de Malesherbes.

(Je) vos ai pieça jà descovert
Com ceste lasse *vie active*
Si me tout (ôte) la contemplative.

BENOÎT, *Chronique des ducs de Normandie*, v. 12179.

Vie active, terme de dévotion, Celle qui consiste dans les actes, dans les œuvres, et non pas seulement comme la vie contemplative, expression qui a aussi son sens spirituel, dans les sentiments, les affections intimes de l'âme :

Il (l'abbé Gobelin) n'exige pas une vie toujours mortifiée ; mais il veut une *vie* chrétienne et *active*.

Mme SCARRON, *Lettre* à l'abbé Têtu. (Voy. *Histoire de Mme de Maintenon*, par le duc de Noailles, c. VI, t. I, p. 310.)

La même distinction a été faite au sujet de la philosophie :

La philosophie est contemplative et *active*, elle passe de la spéculation à l'action.

PINTREL, trad. des *Épîtres de Sénèque*, XCI.

Service actif, terme d'administration, diversement appliqué, mais par lequel on exprime, surtout lorsqu'il s'agit d'un militaire, Le temps qu'il passe sous les drapeaux, la situation contraire à celles que désignent les mots Disponibilité, Réserve et Retraite.

Citoyen actif, expression employée dans nos premières constitutions en parlant de l'exercice des droits politiques.

Les cent vingt départements seraient chacun de trente-six mille *citoyens actifs*, c'est-à-dire d'environ deux cent mille âmes.

MIRABEAU, *Discours*, 3 novembre 1789.

ACTIF se dit aussi des choses, soit au sens moral, soit au sens physique, pour exprimer la promptitude, la force, l'énergie de leur action :
Un remède, un poison actif; un feu actif, comme il est dit, par métaphore dans la seconde des deux phrases suivantes :

Le feu est fort *actif, actuosus est ignis*. (Senec.)

DANET, *Dictionnaire fr.-lat.*

Elle (Mme de Montespan) se persuadoit que la peur du diable seul avoit forcé le roi à la quitter....... qu'alors le roi se trouvant veuf, rien ne s'opposeroit à rallumer un feu autrefois si *actif.*

SAINT-SIMON, *Mémoires,* 1707, t. V, c. 27.

Un gouvernement actif.

Le plus *actif* des gouvernements est celui d'un seul.
J.-J. ROUSSEAU, *Contrat social,* III, 2.

ACTIF, en bien des cas, est opposé à *passif.*

Monseigneur d'Acquitaine a esté et est privé de sa liberté *active* et *passive;* *active,* car il ne peut aler hors de son hostel, ou au moins hors de la cité de Paris; *passive,* car nul de quelque condicion qu'il soit, ou de sang, ou d'autre, n'ose parler ne converser avecques lui.
MONSTRELET, *Chroniques,* vol. II, c. 106.

Je suis desgousté de maistrise et *active* et *passive.*
MONTAIGNE, *Essais,* III, 7.

L'imagination est *active,* bruyante; c'est elle qui remue tout et met tous les autres en besogne : l'entendement est action morne et sombre, la memoire est purement *passive.*

CHARRON, *De la Sagesse,* I, 15.

Fort espagnol (Grimaldo) et tout à eux, et comme eux tous dans l'aversion *active* et *passive* des Italiens.

Il fallut se livrer pendant plusieurs jours aux visites *passives* et *actives.*
SAINT-SIMON, *Mémoires,* 1722, t. XX, c. 4, 12.

Dans la sensation le jugement est *passif,* il affirme qu'on sent ce qu'on sent; dans la perception ou idée, le jugement est *actif;* il rapproche, il compare, il détermine les rapports que le sens ne détermine point.

Je suis *actif* quand j'écoute la raison, *passif* quand les passions m'entraînent.
J.-J. ROUSSEAU, *Emile,* III.

Le cœur humain étant composé de passions opposées qui se balancent sans cesse, est en quelque sorte *actif* et *passif,* et a besoin d'aimer et d'être aimé, de consoler et d'être consolé, d'honorer et d'être honoré.
BERNARDIN DE SAINT-PIERRE, *Études de la nature,* X.

Nous gagnâmes le château d'If;
C'est un lieu peu récréatif
Défendu par le fer oisif
De plus d'un soldat maladif,

Qui, de guerrier jadis *actif,*
Est devenu garde *passif.*
CHAPELLE et BACHAUMONT, *Voyage.*

Dettes actives désigne la somme dont on est créancier par opposition à *dettes passives* qui désigne celles dont on est débiteur.

Soubz le nom de succession, sont comprises les *debtes actives* et *passives.*
Est. PASQUIER, *l'Interprétation des Institutes de Justinian,* III, 45.

Il falloit d'abord tirer de chacun une confession de bonne foi, nette et précise, de son bien, ses *dettes actives* et *passives...*
SAINT-SIMON, *Mémoires,* 1710, t. IX, c. 5.

Tu ne me seras pas inutile ; tu tiendras ici le registre de mes *dettes actives et passives.*
LE SAGE, *Gil Blas,* X, 10.

Adieu! J'ai quelque *dette active* et d'importance
Qui devers le midi demande ma présence.
VOLTAIRE, *la Femme qui a raison,* II, 3.

Il faudrait *passives* au lieu d'*actives* dans ces vers :

Voici le contenu de nos *dettes actives :*
Et vous allez bien voir que le compte suivant,
Payé fidèlement, se monte à presque autant.
REGNARD, *le Joueur,* III, 3.

On dit substantivement, dans le même sens, l'*actif* et le *passif:* son *actif* s'élève à tant, son *passif* à tant.
On a dit, en parlant d'élection, *voix active* et *passive,* du droit d'élire et d'être élu.

Il les déclaroit désobéissantes et, comme telles, les privoit de sacrements et de toute voix *active* et *passive* dans les élections.
J. RACINE, *Histoire de Port-Royal.*

ACTIF est également opposé à *passif* en termes de grammaire. Il s'y dit des verbes et des participes qui expriment une action dont l'objet immédiat est énoncé ou sous-entendu. Ainsi, dans ces phrases, *aimer Dieu, servir son ami, bâtir une maison,* etc., ces verbes *aimer, servir* et *bâtir* sont des verbes *actifs ;* et dans celles-ci, *aimant Dieu, servant son ami, bâtissant une maison*, les participes *aimant, servant* et *bâtissant* sont des participes *actifs*.

> Il faut présentement passer au verbe *actif*,
> Car moi, dans mes leçons, je suis expéditif.
> Nous allons commencer par le verbe Amo, j'aime.
> Ne le voulez-vous pas ?
>
> REGNARD, *le Distrait*, III, 3.

C'est peut-être au verbe Aimer qu'il est fait allusion dans ce vers d'une vieille pièce toute en antithèses énigmatiques sur des mots de logique et de Grammaire.

> Je suis *actif*, désignant passion.
>
> CH. D'ORLÉANS, *Ballade*: Je meurs de soif auprès de la fontaine.

On distingue dans les verbes la voix *active* et la voix *passive*. On dit substantivement *l'actif*, le *passif* d'un verbe.

Il est enfin d'usage en grammaire de dire le sens *actif*, le sens *passif*, la signification *active*, la signification *passive* d'un mot, selon que ce mot se rapporte à une action faite ou reçue.

ACTIVITÉ, s. f.

Il répond aux divers sens d'*actif* dont il s'est formé, et dans son acception la plus générale, signifie la Puissance d'agir.

On dit, absolument, L'ACTIVITÉ.

> L'*activité* défaillante se concentre dans le cœur du vieillard ; dans celui de l'enfant elle est surabondante et s'étend au dehors ; il se sent pour ainsi dire assez de vie pour animer tout ce qui l'environne.
>
> J.-J. ROUSSEAU, *Émile*, I.

On dit, au sens moral, l'*activité* de l'âme, de l'esprit, *du* génie, etc.

> La modération ne peut avoir le mérite de combattre l'ambition et de la soumettre : elles ne se trouvent jamais ensemble. La modération est la langueur et le partage de l'âme, comme l'ambition *en* est l'*activité* et l'ardeur.
>
> LA ROCHEFOUCAULD, *Maximes*, CCXCIII.

> Mademoiselle (de Montpensier) a toujours gâté ses affaires par l'*activité* de son tempérament, qui l'a fait

aller trop vite et trop loin en tout ce qu'elle entreprenoit.

> Mme DE MOTTEVILLE, *Mémoires*, année 1651.

> Les matières de la religion sont infiniment élevées au-dessus de nous, et c'est pour cela que nous les perdons de vue, parce qu'elles sont, pour ainsi dire, hors de la sphère et de l'*activité de* notre esprit.
>
> BOURDALOUE, *Carême*. Sermon sur la parfaite observation de la loi.

> Ceux qui mortifient incessamment l'*activité de* leurs sens... peuvent découvrir une infinité de vérités.
>
> MALEBRANCHE, *Recherche de la vérité*, X^e éclaircissement du IIIe livre. Objections, 4e objection.

> Bossuet nourrissoit l'*activité de* son esprit de toutes les connoissances convenables à un ministre de l'Église.
>
> D'ALEMBERT, *Éloge de Bossuet*.

> Leur affection mutuelle et celle de leurs mères occupaient toute l'*activité* de leurs âmes.
>
> BERNARDIN DE SAINT-PIERRE, *Paul et Virginie*.

On dit au sens physique, l'*activité des* corps, *des* éléments, d'*un* poison, d'*un* remède, etc.

> Il essaya l'*activité du* venin en la personne d'un serviteur.
>
> LE P. DELBRUN, *Apparat françois*, 1669. Traduction de Cicéron, pro Cœlio, c. 58.

> L'eau, prise en petite quantité, ne sert qu'à développer les parties de la bile, et qu'à leur donner plus d'*activité*.
>
> LE SAGE, *Gil Blas*, II, 3.

> L'*activité des* corps dépend de l'attraction.
>
> D'ALEMBERT, *Philosophie de Newton*.

> Il (le corps) n'acquiert de l'étendue qu'en perdant de la force et de l'*activité*.
>
> BUFFON, *Histoire naturelle*, De la vieillesse et de la mort.

ACTIVITÉ est pris au même sens, mais figurément, dans cette phrase :

> Cependant ma flamme, qui n'étoit qu'assoupie, reprit toute *son activité*.
>
> MARIVAUX, *la Vie de Marianne*, part. II.

On appelle en physique *sphère d'activité* l'espace dans lequel la faculté d'agir d'un agent naturel est renfermée et hors duquel il n'a point d'action appréciable.

Chacun de ces êtres occupe le centré d'une *sphère d'activité*, dont le diamètre varie au gré de l'éternel géomètre.

J. DE MAISTRE, *Considérations sur la France*, c. 1, § 2.

Figurément, *sphère d'activité* se dit quelquefois Du cercle, de l'étendue des entreprises, des travaux, des projets dont un homme s'occupe et pour lesquels il dirige ou fait agir avec lui un certain nombre de personnes.

Tout est dans la *sphère d'activité* de son génie; il (Diderot) passe des hauteurs de la métaphysique au métier d'un tisserand, et de là il va au théâtre.

VOLTAIRE, *Lettres*, 19 novembre 1760.

Sortir de sa sphère d'activité; étendre la sphère de son activité; dépasser la sphère de son activité; ou abusivement et par ellipse de l'expression principale, *sortir de sa sphère; étendre* ou *dépasser sa sphère.* Ces formes de langage naguères très-fréquentes, et qui semblent modernes sont au fond très-anciennes et empruntées à l'astrologie judiciaire de l'antiquité et du moyen âge. Elles se rapportent à la puissance présumée des astres, à leur action attractive ou répulsive sur les mortels, et par analogie s'appliquent aux influences malignes, aux forces occultes des génies, des démons, des magiciens, etc. Dans une vieille comédie fantastique de Ben Jonson, Satan le Grand Diable parlant à Pug, petit Diable de sa suite, lui dit littéralement :

Mauvais petit fou de démon, tenez-vous à votre place, connoissez juste votre propre force, et ne boutez pas au-delà de la *sphère de votre activité.*

(*The Devil is an Ass.* Voy. The Works of ben Jonson by Gifford, vol. V.)

ACTIVITÉ, dans un sens particulier, signifie Diligence, promptitude, vivacité dans l'action, dans le travail.

De là, encoré, sous une forme absolue, ces expressions *l'activité, une grande, une noble activité,* etc.; *de l'activité, beaucoup, peu d'activité, avec activité,* etc.

Sa pente naturelle est l'oisiveté; il travaille néanmoins

avec activité dans les affaires qui le pressent et il se repose avec nonchalance quand elles sont finies.

LA ROCHEFOUCAULD, *Portrait du cardinal de Retz.* Voy. Lettres de Mme DE SÉVIGNÉ, 19 juin 1675.

... Tantôt opposés front à front et redoublant l'un dans l'autre *l'activité* et la vigilance (Condé et Turenne).

BOSSUET, *Oraison funèbre du prince de Condé.*

Ne craignez point la peine : il faut avoir *de l'activité* pour faire sa fortune.

BUSSY-RABUTIN; *Discours à ses enfants,* instruction pour se conduire dans le monde.

Gil Blas, me dit-il dès la seconde nuit, tu as de l'adresse et *de l'activité;* je prévois que je m'accommoderai bien de ton service.

LE SAGE, *Gil Blas,* II, 1.

L'activité, tout opposée qu'elle est au génie qui fait aimer les sciences et le cabinet, il l'avoit transportée de la guerre à l'Académie.

FONTENELLE, *Éloge de M. Dufay.*

L'activité fait plus de fortunes que la prudence.

VAUVENARGUES, *Réflexions et Maximes,* CLXXXI.

Je n'ai plus *d'activité* pour rien; plus même pour la promenade.

C'étoit là (l'île de Saint-Pierre ou de la Mote), que je comptois exécuter enfin le grand projet de cette vie oiseuse, auquel j'avois inutilement consacré jusqu'alors tout le *peu d'activité* que le ciel m'avoit départie.

J.-J. ROUSSEAU, *les Confessions,* part. II, liv. XII.

Au lieu de peindre en lui *la noble activité.*

BOILEAU, *Épîtres,* IX.

De là, aussi, très-fréquemment, *l'activité* d'une personne, *d'un esprit,* etc., *leur activité.*

Dans un jour de bataille *son activité* se multiplioit, pour ainsi dire, parce qu'il se trouvoit partout.

BOURDALOUE, *Oraison funèbre de Turenne.*

Quelques dispositions que *l'activité de* son humeur lui eût inspirées pour la guerre........ il se crut destiné à guérir les profondes plaies qu'elle avoit faites depuis longtemps à la félicité publique.

LE P. DE LA RUE, *Oraison funèbre de M. le Dauphin.*

Son activité étoit toute de corps (le duc de Charost.)

SAINT-SIMON, *Mémoires,* 1711, t. IX, c. 22.

Le prince (Condé) gagna la bataille par lui-même...
par *son activité* exempte de trouble qui le portait à propos dans tous les endroits.

VOLTAIRE, *Siècle de Louis XIV*, c. 2.

Quelquefois ACTIVITÉ se lie, par la préposition *de*, à un mot qui exprime ce qui est l'objet de l'activité.

Le roi d'Angleterre ne mettait *d'activité* dans sa vie que celle *des* plaisirs.

VOLTAIRE, *Siècle de Louis XIV*, c. 11.

À la même forme grammaticale se rapporte l'expression consacrée, *Activité de service*.

Être en activité de service, en activité, c'est Servir actuellement, exercer actuellement les fonctions de sa place, de son grade, etc.

Dans le langage de l'administration militaire on désigne souvent la situation contraire par le mot *non-activité*.

ACTIVEMENT, adv.

D'une manière active, c'est-à-dire dans le sens philosophique du mot, Effectivement.

Un homme qui est bon citoyen *activement*, n'est pas ordinairement fait pour l'amitié ni pour l'amour.

DUCLOS, *Considérations sur les mœurs*, c. 14.

Ou bien dans une acception plus usuelle et qui répond au sens le plus ordinaire *d'actif*, Avec application, avec promptitude.

Le Dauphin, *activement* attentif, goûtoit toutes mes raisons.

SAINT-SIMON, *Mémoires*, 1731, t. X, c. 1.

L'opposition des mots *actif* et *passif*, s'étend à ACTIVEMENT et *passivement*.

Empescher la liberté de l'esprit, l'on ne sauroit ; le vouloir faire, c'est la plus grande tyrannie qui puisse estre ; le sage s'en gardera bien *activement* et *passivement*, se maintiendra en sa liberté, et ne troublera celle d'autruy.

CHARRON, *De la Sagesse*, II, 2.

ACTIVEMENT est d'un fréquent usage en grammaire, et c'est alors seulement qu'il répond au latin *activè*, lequel n'avait qu'une signification grammaticale. On dit, par exemple, d'un verbe neutre, *il s'emploie quelquefois activement*, pour Il s'emploie dans une signification active. Ainsi Dormir, qui est un verbe neutre, a été employé *activement* dans cette phrase de Bossuet : « Dormez votre sommeil, grands de la terre. »

ACTUEL, ELLE, adj. (d'*Actualis*, mot de la basse latinité, et par ce mot d'*Actus* et d'*agere*. Voyez AGIR).

Il signifie d'abord, en raison de son étymologie, Effectif, réel.

C'est le propre office d'icelui Dieu, de donner issue aux choses confuses. Dont il s'ensuit que la providence de Dieu est *actuelle*, comme l'on dit.

CALVIN, *Institution chrestienne*, liv. I, c. xvi, § 4.

Tout ainsi que les uns doivent residence *actuelle* sur leurs benefices pour l'administration des saincts sacremens, aussi à eux appartiennent les dismes par la seule monstre de leur clocher.

EST. PASQUIER, *Recherches de la France*, III, 41.

Il faut que ce soit une espèce de rempart, pour l'opposer avec jugement, et non pas pour servir de contradiction absolue, de résistance *actuelle*, d'opposition formelle.

OM. TALON, *Discours politiques*, XXIII.

Il (le parlement) ne le connoitra jamais que par une violence *actuelle* et positive qu'on lui fera, et que par un coup qui l'abattra.

LE CARDINAL DE RETZ, *Mémoires*, part. II.

Comme donc plus une chose est *actuelle*, plus elle tient de l'être, il s'ensuit que, plus elle est *actuelle*, plus elle doit tenir de Dieu.

BOSSUET, *Traité du libre arbitre*, c. 8.

Il consacra ce qu'il retiroit tous les ans du travail *actuel* du palais à la subsistance des pauvres.

FLÉCHIER, *Oraison funèbre de M. de Lamoignon*.

C'est par le retranchement *actuel* et effectif de ce que nous reconnoissons être... la cause du péché.

BOURDALOUE, *Avent*, IVe dimanche ; Sur la pénitence.

L'âme peut, avec l'aide de Dieu, s'établir dans une résolution *actuelle* et véritable, de s'éloigner pour jamais du péché.

LE MÊME, *Carême*, V^e semaine, Sur l'état du péché.

C'est en ce sens qu'ACTUEL a pu être opposé à *virtuel*, *potentiel*, *en puissance*, etc., dans des expressions telles que, *intention actuelle*, *volonté actuelle*, etc.

Je suis bien marri du trait que vous a joué le Gascon. Le nom de sa nation vous devoit faire peur, et surtout cette mine plus *potentielle* qu'*actuelle*.

MALHERBE, *Lettres à Peiresc*, VII, 7.

En termes de chirurgie, on appelle *cautère actuel* le fer rouge, par opposition à *cautère potentiel*, les caustiques chimiques.

Application des *cauteres* tant *actuels* que *potentiels*.
Ambr. PARÉ, *Introd. à la vraye cognoissance de la chirurgie*, I, 2.

Ils se servent encore du feu, qui est fort en usage parmy eux, comme j'ay veu un homme qui ayant mal à la teste, se fit appliquer à l'endroit du mal au dessus de l'oreille le bout d'un fer tout rouge qui lui fit un *cautere actuel*, puis il y mit un peu de coton et fut guery.

THÉVENOT, *Voyage de Levant*, c. 27.

Depuis, par suite du rapport naturel de l'idée de l'acte, et de l'idée du temps où l'acte s'accomplit, ACTUEL a joint à son sens primitif, Effectif, réel, le sens de Présent, qui a lieu, qui a cours, qui est usité dans le moment présent.

Cette nouvelle acception ne paraît que tardivement dans quelques lexiques du XVIIe siècle, et même du XVIIIe.

Ceste opinion a lieu en plusieurs nations, nomméement chez les Turcs, mespriseurs de la noblesse de race et de maison, ne faisant compte que de la personnelle et *actuelle* vaillance militaire.

CHARRON, *De la Sagesse*, I, 55.

Quoique la sensation demande, pour être formée, la présence *actuelle* de l'objet, elle peut durer quelque temps après.

BOSSUET, *De la connoissance de Dieu et de soi-même*, c. 1.

I.

Les censeurs jetoient les yeux tous les cinq ans sur la situation *actuelle* de la République.

MONTESQUIEU, *Grandeur des Romains*, c. 8.

Il (Louis XIV) dépensa à ce palais (de Versailles) et aux jardins plus de cinq cents millions qui en font plus de neuf cents de notre espèce (monnaie) *actuelle*.

VOLTAIRE, *Fragments sur l'histoire*, art XXVII.

Dieu le rappelle (l'homme) incessamment à lui, non-seulement par le spectacle *actuel*, mais encore par le développement successif de ses œuvres.

BUFFON, *Histoire naturelle*. Époques de la nature. Prélim.

Ces molécules passent de corps en corps, et servent également à la vie *actuelle* et à la continuation de la vie.

La mémoire... ne peut exister sans l'idée du temps, sans la comparaison des idées antérieures et des idées *actuelles*.

LE MÊME, *même ouvrage*. Quadrupèdes, le Bœuf; Discours sur la nature des animaux.

Si quelqu'un, en entrant chez moi, me demande, que faisiez-vous? cette forme exprime un rapport de simultanéité avec une époque immédiatement antérieure à l'époque *actuelle*.

CONDILLAC, *Grammaire*, c. 8.

Quoique cet ouvrage semble avoir pour objet particulier la connaissance des mœurs de ce siècle, j'espère que l'examen des mœurs *actuelles* pourra servir à faire connoître l'homme de tous les temps.

DUCLOS, *Considérations sur les mœurs*. Introduction.

Pourquoi m'ôter le charme *actuel* de la jouissance, pour dire à d'autres que j'avois joui? Que m'importoient des lecteurs, un public, et toute la terre, tandis que je planois dans le ciel?

J.-J. ROUSSEAU, *les Confessions*, part. I, liv. IV.

ACTUEL, dans l'exemple suivant, semble avoir à la fois les deux significations.

Persuadez-vous donc, Monseigneur (le régent), que vous ne plairez aux états (généraux) qu'autant que vous leur donnerez un soulagement *actuel*, présent, effectif.

SAINT-SIMON, *Mémoires*, 1717, t. XV, c. 1.

Au second sens d'ACTUEL se rapportent ces expressions du langage théologique, *grâce actuelle*, par opposition à *grâce habituelle*; *péché actuel*, par opposition à *péché originel*, etc.

Être en état de grâce avec Dieu, voilà la disposition *habituelle*, et accomplir les œuvres prescrites par le vicaire de Jésus-Christ, voilà la disposition *actuelle*.

On fait un mariage par des considérations purement humaines... on le célèbre au pied de l'autel dans un état *actuel* de péché.

Bourdaloue, Sermons....; Dominicales, II, Sur l'État du mariage.

... Ce vice héréditaire détermine leurs volontés à commettre des péchés *actuels*.

Leibnitz, Théodicée, De la bonté de Dieu, 1re part., § 5.

Actuel se dit des Personnes en activité de service. Le président *actuel* de la chambre.

ACTUELLEMENT, adv.

Il a, comme *actuel*, deux acceptions, dont l'une, primitive, Effectivement, réellement.

Jésus-Christ nous commande de nous chastrer pour le royaume des cieux, et nous arracher les yeux s'ils nous scandalisent. Il fut respondu que ce sont manières de parler pleines d'affection : et que Leontius Evesque de Laodicée pour l'avoir fait *actuellement*, fut puny en l'Église.

G. Bouchet, Serées, liv. II, 19e serée.

Pepin... depesche vers le pape Zacharie, un ambassadeur pour luy bailler son advis, auquel des deux doit appartenir la couronne, ou à celuy qui n'estoit Roy que par contenance, ou à l'autre qui, sans porter le nom, l'estoit *actuellement*.

Est. Pasquier, Recherches de la France, III, 10.

Toute sa vie n'a été qu'un continuel sacrifice ; il n'a souffert qu'une fois *actuellement* la mort ; mais il a offert continuellement à Dieu sa mort et ses autres souffrances.

Nicole, de la Conception de J.-C., c. 4.

Ils ont déchargé les hommes de l'obligation d'aimer Dieu *actuellement*.

Pascal, Provinciales, X.

C'est une conviction en idée, qui n'empêche pas que réellement et *actuellement* je ne préfère l'homme à Dieu.

Bourdaloue, Avent, Respect humain.

On n'est prince que par être de maison *actuellement* souveraine.

Saint-Simon, Mémoires, 1713, t. XI, c. 5.

L'opposition remarquée plus haut (p. 777) dans le langage philosophique entre *actuel* et *virtuel*, *potentiel*, etc., se reproduit au sujet de l'adverbe actuellement.

On doit appliquer choses calefactives, non-seulement *potentiellement*, mais aussi *actuellement*.

Ambr. Paré, Intr. à la vraye cognoissance de la chirurgie, VIII, 4.

Si on ne peut le concevoir (l'être infiniment parfait) que comme existant, parce que l'existence est renfermée dans son essence, on ne sauroit jamais le concevoir comme n'existant pas *actuellement* et n'étant que simplement possible. Le mettre hors de l'existence actuelle au rang des choses purement possibles, c'est anéantir son idée, c'est changer son essence.

Fénelon, de l'Existence de Dieu, part. II, c. 2.

La seconde acception d'actuellement, extension de la première, et d'un usage plus général, c'est Présentement, au moment où l'on parle.

Quand on exerce les sens extérieurs on se sent *actuellement* frappé par l'objet corporel qui est au dehors et qui pour cela doit être présent ; au lieu que l'imagination est affectée de l'objet, soit qu'il soit, ou ne soit pas présent.

Il (Moïse) a joint aux choses passées qui contenoient l'origine et les anciennes traditions du peuple de Dieu, les merveilles que Dieu faisoit *actuellement* pour sa délivrance.

Bossuet, De la connoissance de Dieu et de soi-même, c. 1 ; Discours sur l'histoire universelle, II, 3.

Paroles... dont... le Sauveur des hommes se servoit, lorsque *actuellement* il instituoit cette divine Pâque.

Bourdaloue, Carême, II, Sacrifice de la messe.

Il n'y a rien de plus évident que ce qui pense *actuellement* est *actuellement* quelque chose.

Malebranche, Recherche de la vérité, liv. VI.

Régulus étoit *actuellement* occupé à ensemencer son champ, lorsque les officiers envoyés par le Sénat vinrent lui apprendre qu'il avoit été nommé consul.

Rollin, Histoire romaine, XI, 2.

Un tribun du peuple... fit assigner L. Manlius, qui sortoit *actuellement* de la dictature, sous prétexte que ce patricien traitoit un de ses enfants avec trop de dureté.

Manilius... proposa un nouveau décret qui lui donnoit (à Pompée) le commandement de la guerre contre

Mithridate, quoique L. Lucullus, excellent capitaine, fût revêtu *actuellement* de cet emploi.

Vertot, Révolutions romaines, VIII, XII.

Le siècle de Louis XIV a donné la vogue à la langue française, et nous vivons *actuellement* sur notre crédit.

Voltaire, Lettres, 26 mars 1754.

Dans le commencement de la vie, où la mémoire et l'imagination sont encore inactives, l'enfant n'est attentif qu'à ce qui affecte *actuellement* ses sens.

Le mal que je ne sens point *actuellement* ne m'affecte en aucune sorte.

J.-J. Rousseau, Émile, I; les Rêveries du promeneur solitaire, VIIIe promenade.

D'Actuel on a fait, outre ACTUELLEMENT,

ACTUALITÉ, qui, dans un sens philosophique, signifie;

Soit réalité :

Ce mot (existence) est opposé à celui de néant et plus étendu que ceux de réalité et d'*actualité*, qui sont opposés, le premier à l'apparence, le second à la possibilité simple.

Turgot, art. Existence, dans l'Encyclopédie.

Soit existence présente :

Comme l'idée d'*actualité* constitue le présent, l'idée d'antériorité constitue le passé, et l'idée de postériorité le futur.

Condillac, Grammaire, c. 8.

FIN DU PREMIER VOLUME.

TABLE ALPHABÉTIQUE

DES

PRINCIPAUX ARTICLES CONTENUS DANS CE VOLUME.

FIN DE LA TABLE ALPHABÉTIQUE.